Zugangscode

Nutzungsdauer 24 Monate

ISSMWP-SMALL-PRUNE-UNMET-HIJAZ-NONES

https://www.pearson.de/mylab/mawi6e

Mathematik für Wirtschaftswissenschaftler

Mathematik für Wirtschaftswissenschaftler

Basiswissen mit Praxisbezug

6., aktualisierte Auflage

Übersetzt und fachlektoriert durch
Prof. Dr. Fred Böker

Knut Sydsæter
Peter Hammond
Arne Strøm
Andrés Carvajal

Pearson

Bibliografische Information der Deutschen Nationalbibliothek
Die Deutsche Nationalbibliothek verzeichnet diese Publikation in der Deutschen Nationalbibliografie; detaillierte bibliografische Daten sind im Internet über http://dnb.dnb.de abrufbar.

Authorized translation from the English language edition, entitled ESSENTIAL MATHEMATICS FOR ECONOMIC ANALYSIS, 6 edition (ISBN: 978-1-292-35928-1)

Der Umwelt zuliebe verzichten wir auf Einschweißfolie.

10 9 8 7 6 5 4 3 2 1

26 25 24 23

ISBN 978-3-86894-437-2 (Buch)
ISBN 978-3-86326-338-6 (E-Book)

Zugangscode einlösbar bis 31.10.2025

St.-Martin-Straße 82, D-81541 München

www.pearson.de
A part of Pearson plc worldwide
Programmleitung: Martin Milbradt, mmilbradt@pearson.de
Lektorat: Markus Stahmann, markus.stahmann@pearson.com
Herstellung: Philipp Burkart, pburkart@pearson.de
Projektmanager MyMathLab, Deutsche Version Geogebra: Birger Peil, bpeil@pearson.de
Übersetzung und Fachlektorat: Prof. Dr. Fred Böker, Göttingen
Coverabbildung: © Pavel Sipachev, 123RF
Satz: le-tex publishing services GmbH, Leipzig
Druck und Verarbeitung: Neografia, a. s., Martin-Priekopa

Printed in Slovakia

Inhaltsübersicht

Vorwort 15

Teil I: Vorbereitungen 27

Kapitel 1 Wesentliches aus der Logik und der Mengenlehre 29

Kapitel 2 Algebra 51

Kapitel 3 Gleichungen lösen 109

Kapitel 4 Funktionen einer Variablen 133

Kapitel 5 Eigenschaften von Funktionen 193

Teil II: Differentialrechnung einer Variablen . 225

Kapitel 6 Differentialrechnung 227

Kapitel 7 Anwendungen der Differentialrechnung . . 283

Kapitel 8 Konkave und konvexe Funktionen 355

Kapitel 9 Optimierung 385

Kapitel 10 Integration 423

Kapitel 11 Themen aus der Finanzmathematik und dynamische Systeme 471

Teil III: Multivariate Algebra 521

Kapitel 12 Matrizenalgebra 523

Kapitel 13 Determinanten, Inverse und quadratische Formen 575

Teil IV: Differentialrechnung mehrerer Variablen 643

Kapitel 14 Funktionen mehrerer Variablen 645

Kapitel 15 Partielle Ableitungen im Einsatz 705

Kapitel 16 Multiple Integrale 771

Teil V: Multivariate Optimierung 785

Kapitel 17 Optimierung ohne Nebenbedingungen ... 787

Kapitel 18 Nebenbedingungen in Gleichheit 835

Kapitel 19 Lineare Programmierung 877

Kapitel 20 Nichtlineare Programmierung 929

Anhang 955

Lösungen und Antworten zu den Aufgaben 961

Register 1123

Inhaltsverzeichnis

Vorwort . . . 15

Vorwort zur 6. deutschen Auflage . . . 22

Teil I: Vorbereitungen . . . 27

Kapitel 1 Wesentliches aus der Logik und der Mengenlehre . . . 29

1.1 Wesentliches aus der Mengenlehre . . . 30
1.2 Wesentliches aus der Logik . . . 38
1.3 Mathematische Beweise . . . 44
1.4 Mathematische Induktion . . . 46
Aufgaben zur Wiederholung . . . 49

Kapitel 2 Algebra . . . 51

2.1 Die reellen Zahlen . . . 52
2.2 Potenzen mit ganzzahligen Exponenten . . . 55
2.3 Regeln der Algebra . . . 62
2.4 Brüche . . . 67
2.5 Potenzen mit gebrochenen Exponenten . . . 73
2.6 Ungleichungen . . . 78
2.7 Intervalle und Absolutbeträge . . . 83
2.8 Vorzeichen-Diagramme . . . 87
2.9 Summennotation . . . 90
2.10 Regeln für Summen . . . 94
2.11 Newtons Binomische Formeln . . . 98
2.12 Doppelsummen . . . 102
Aufgaben zur Wiederholung . . . 105

Kapitel 3 Gleichungen lösen 109

3.1 Gleichungen lösen 110
3.2 Gleichungen und ihre Parameter 113
3.3 Quadratische Gleichungen 116
3.4 Einige nichtlineare Gleichungen 122
3.5 Lösung von Gleichungen mit Hilfe von Implikationspfeilen 124
3.6 Zwei lineare Gleichungen in zwei Unbekannten 126
Aufgaben zur Wiederholung 130

Kapitel 4 Funktionen einer Variablen 133

4.1 Einführung 134
4.2 Definitionen 135
4.3 Graphen von Funktionen 142
4.4 Lineare Funktionen 146
4.5 Lineare Modelle 153
4.6 Quadratische Funktionen 157
4.7 Polynome 165
4.8 Potenzfunktionen 174
4.9 Exponentialfunktionen 176
4.10 Logarithmusfunktionen 181
Aufgaben zur Wiederholung 187

Kapitel 5 Eigenschaften von Funktionen 193

5.1 Verschiebung von Graphen 194
5.2 Neue Funktionen aus alten 200
5.3 Inverse Funktionen 204
5.4 Graphen von Gleichungen 211
5.5 Abstand in der Ebene 215
5.6 Allgemeine Funktionen 219
Aufgaben zur Wiederholung 222

Teil II: Differentialrechnung einer Variablen . 225

Kapitel 6 Differentialrechnung 227

6.1 Steigungen von Kurven 228
6.2 Tangenten und Ableitungen 230
6.3 Monoton wachsende und fallende Funktionen 237
6.4 Ökonomische Anwendungen 239
6.5 Eine kurze Einführung zu Grenzwerten 244
6.6 Einfache Regeln der Differentiation 250
6.7 Summen, Produkte und Quotienten 254
6.8 Die Kettenregel 262
6.9 Ableitungen höherer Ordnung 267
6.10 Exponentialfunktionen 270
6.11 Logarithmusfunktionen 274
Aufgaben zur Wiederholung 281

Kapitel 7 Anwendungen der Differentialrechnung 283

7.1 Implizites Differenzieren 284
7.2 Ökonomische Beispiele 292
7.3 Ableitung der Inversen 297
7.4 Lineare Approximationen 300
7.5 Polynomiale Approximationen 306
7.6 Taylor-Formel 310
7.7 Elastizitäten 313
7.8 Stetigkeit 318
7.9 Mehr über Grenzwerte 326
7.10 Der Zwischenwertsatz 336
7.11 Unendliche Folgen 341
7.12 Regeln von L'Hôspital 344
Aufgaben zur Wiederholung 350

Kapitel 8 Konkave und konvexe Funktionen 355

8.1 Intuition 356
8.2 Definitionen 358
8.3 Allgemeine Eigenschaften 367
8.4 Tests der ersten Ableitung 371
8.5 Tests der zweiten Ableitung 375
8.6 Wendestellen 379
Aufgaben zur Wiederholung 383

Kapitel 9 Optimierung 385

9.1 Extremstellen 386
9.2 Einfache Tests auf Extremstellen 389
9.3 Ökonomische Beispiele 394
9.4 Der Extremwertsatz und der Mittelwertsatz 400
9.5 Weitere ökonomische Beispiele 408
9.6 Lokale Extremstellen 413
Aufgaben zur Wiederholung 420

Kapitel 10 Integration 423

10.1 Unbestimmte Integrale 424
10.2 Flächen und bestimmte Integrale 431
10.3 Eigenschaften bestimmter Integrale 439
10.4 Ökonomische Anwendungen 443
10.5 Partielle Integration 451
10.6 Integration durch Substitution 455
10.7 Uneigentliche Integrale 461
Aufgaben zur Wiederholung 468

Kapitel 11 Themen aus der Finanzmathematik und dynamische Systeme 471

11.1 Zinsperioden und effektive Raten 472
11.2 Stetige Verzinsung 476
11.3 Barwert 479
11.4 Geometrische Reihen 481

11.5 Gesamtbarwert . . . 488
11.6 Hypothekenrückzahlungen . . . 493
11.7 Interne Ertragsrate . . . 498
11.8 Ein flüchtiger Blick auf Differenzengleichungen . . . 500
11.9 Wesentliches über Differentialgleichungen . . . 504
11.10 Separierbare und lineare Differentialgleichungen . . . 511
Aufgaben zur Wiederholung . . . 518

Teil III: Multivariate Algebra . . . 521

Kapitel 12 Matrizenalgebra . . . 523

12.1 Matrizen und Vektoren . . . 524
12.2 Systeme linearer Gleichungen . . . 527
12.3 Matrizenaddition . . . 530
12.4 Vektorenalgebra . . . 532
12.5 Matrizenmultiplikation . . . 536
12.6 Regeln für Matrizenmultiplikation . . . 541
12.7 Die Transponierte . . . 549
12.8 Gauß'sche Elimination . . . 552
12.9 Geometrische Interpretation von Vektoren . . . 558
12.10 Geraden und Ebenen . . . 568
Aufgaben zur Wiederholung . . . 572

Kapitel 13 Determinanten, Inverse und quadratische Formen . . . 575

13.1 Determinanten der Ordnung 2 . . . 576
13.2 Determinanten der Ordnung 3 . . . 581
13.3 Determinanten im Allgemeinen . . . 586
13.4 Grundlegende Regeln für Determinanten . . . 589
13.5 Entwicklung nach Co-Faktoren . . . 595
13.6 Die Inverse einer Matrix . . . 599
13.7 Eine allgemeine Formel für die Inverse . . . 605
13.8 Cramer'sche Regel . . . 609
13.9 Das Leontief-Modell . . . 613
13.10 Eigenwerte und Eigenvektoren . . . 618

13.11 Diagonalisierung 626
13.12 Quadratische Formen 630
Aufgaben zur Wiederholung 640

Teil IV: Differentialrechnung mehrerer Variablen 643

Kapitel 14 Funktionen mehrerer Variablen 645

14.1 Funktionen von zwei Variablen 646
14.2 Partielle Ableitungen bei zwei Variablen 650
14.3 Geometrische Darstellung 657
14.4 Flächen 665
14.5 Funktionen von n Variablen 667
14.6 Partielle Ableitungen bei mehreren Variablen 673
14.7 Konvexe Mengen 678
14.8 Konkave und konvexe Funktionen 683
14.9 Ökonomische Anwendungen 695
14.10 Partielle Elastizitäten 697
Aufgaben zur Wiederholung 700

Kapitel 15 Partielle Ableitungen im Einsatz 705

15.1 Eine einfache Kettenregel 706
15.2 Kettenregel für viele Variablen 712
15.3 Implizites Differenzieren entlang einer Höhenlinie 716
15.4 Niveauflächen 723
15.5 Substitutionselastizität 727
15.6 Homogene Funktionen von zwei Variablen 729
15.7 Homogene und homothetische Funktionen 734
15.8 Lineare Approximationen 741
15.9 Differentiale 750
15.10 Gleichungssysteme 755
15.11 Differenzieren von Gleichungssystemen 759
Aufgaben zur Wiederholung 767

Kapitel 16 Multiple Integrale **771**

16.1 Doppelintegrale über endliche Rechtecke 772
16.2 Integration über unendliche Rechtecke 779
16.3 Unstetige Integranden und andere Erweiterungen 781
16.4 Integration bei mehreren Variablen 783

Teil V: Multivariate Optimierung **785**

Kapitel 17 Optimierung ohne Nebenbedingungen . . **787**

17.1 Zwei Variablen: Notwendige Bedingungen 788
17.2 Zwei Variablen: Hinreichende Bedingungen 794
17.3 Lokale Extremstellen 800
17.4 Lineare Modelle mit quadratischer Zielfunktion 806
17.5 Der Extremwertsatz 814
17.6 Funktionen von mehreren Variablen 819
17.7 Komparative Statik und das Envelope-Theorem 825
Aufgaben zur Wiederholung 831

Kapitel 18 Nebenbedingungen in Gleichheit **835**

18.1 Die Methode der Lagrange-Multiplikatoren 836
18.2 Interpretation des Lagrange-Multiplikators 845
18.3 Mehrere Lösungskandidaten 848
18.4 Warum funktioniert die Methode der Lagrange-Multiplikatoren? 851
18.5 Hinreichende Bedingungen 856
18.6 Zusätzliche Variablen und Nebenbedingungen 860
18.7 Komparative Statik 867
Aufgaben zur Wiederholung 874

Kapitel 19 Lineare Programmierung **877**

19.1 Ein grafischer Ansatz 879
19.2 Einführung in die Dualitätstheorie 885
19.3 Das Dualitätstheorem 890
19.4 Eine allgemeine ökonomische Interpretation 896

19.5 Komplementärer Schlupf 899
19.6 Die Simplexmethode, erklärt an einem einfachen Beispiel . 905
19.7 Mehr über die Simplexmethode 908
19.8 Die Simplexmethode im allgemeinen Fall 911
19.9 Dualität mit Hilfe der Simplexmethode 919
19.10 Sensitivitätsanalyse 922
Aufgaben zur Wiederholung 927

Kapitel 20 Nichtlineare Programmierung 929

20.1 Zwei Variablen und eine Nebenbedingung 930
20.2 Mehrere Variablen und Nebenbedingungen in Ungleichungsform 938
20.3 Nichtnegativitätsbedingungen 946
Aufgaben zur Wiederholung 951

Anhang 955

A.1 Geometrie 956
A.2 Das Griechische Alphabet 958
A.3 Literaturverzeichnis 959

Lösungen und Antworten zu den Aufgaben 961

Register 1123

Vorwort

Es war einmal eine Gerade, die hoffnungslos in einen Punkt verliebt war. „Du bist der Anfang und das Ende, der Mittelpunkt, das Innere und die Quintessenz", sagte er ihr zärtlich, aber der leichtfertige Punkt war kein bisschen interessiert, weil er nur Augen hatte für einen wilden und zerzausten Kringel, der niemals den Anschein machte, dass er überhaupt irgendetwas im Sinn hätte. Alle romantischen Träume der Geraden waren vergebens, bis er ... Winkel entdeckte! Nun kann er mit dieser neugefundenen Selbstdarstellung alles sein, was er möchte – ein Quadrat, ein Dreieck, ein Parallelogramm ... Und das ist nur der Anfang!

Norton Juster
(*The Dot and the Line: A Romance in Lower Mathematics* 1963)

Ich kam zu der Einstellung, dass mathematische Analysis nicht eine von vielen Möglichkeiten ist, ökonomische Theorie zu betreiben: Es ist die einzige Möglichkeit. Ökonomische Theorie ist mathematische Analysis. Alles andere ist nur Bilder und Gespräch.

R.E. Lucas, Jr. (2001)

Zielsetzung

Wesentliche Stoffgebiete, deren Beherrschung von heutigen Studierenden der Wirtschaftswissenschaften erwartet wird, verlangen bedeutende mathematische Kenntnisse. Dies gilt sogar für die weniger formale „angewandte" Literatur, deren Studium für Kurse in Gebieten wie Finanzwirtschaft, industrielle Organisation, Arbeitsökonomie und vielen anderen verlangt wird. In der Tat setzt die meiste relevante Literatur Vertrautheit mit vielen mathematischen Handwerkszeugen wie Funktionen von einer und mehreren Variablen sowie ein grundlegendes Verständnis von multivariaten Optimierungsproblemen mit oder ohne Nebenbedingungen voraus. Lineare Algebra wird auch zum Teil in ökonomischer Theorie und in höherem Maße in Ökonometrie benötigt.

Die Zielsetzung von *Mathematik für Wirtschaftswissenschaftler* (Essential Mathematics for Economic Analysis) ist es daher, Studierenden zu helfen, die mathematischen Handwerkszeuge zu erlangen, die sie für ihr Bachelorstudium benötigen. Dies sollte auch ausreichen für das, was einige Studierende während dieses Studiums für eine Forschungsarbeit und Abschlussarbeit benötigen.

Wie der Titel vermuten lässt, ist dies ein Mathematikbuch, in dem das Material so angeordnet ist, dass schrittweises Lernen der mathematischen Themen möglich ist. Das bedeutet, dass wir häufig wirtschaftswissenschaftliche Anwendungen hervorheben und zwar nicht nur, um ein mathematisches Thema zu motivieren. Wir möchten auch angehenden Wirtschaftswissenschaftlern helfen, sich gegenseitig verstärkende Intuition sowohl in Mathematik als auch in Wirtschaftswissenschaften zu erlangen. Durch zahlreiche Beispiele erhalten eine beträchtliche Anzahl von ökonomischen Konzepten und Ideen Aufmerksamkeit in diesem Buch.

Wir betonen jedoch, dass dies kein Buch über Wirtschaftswissenschaften oder sogar über mathematische Wirtschaftswissenschaften ist. Studierende sollten die wirtschaftswissenschaftliche Theorie systematisch in anderen Kursen lernen, die andere Bücher verwenden. Wir waren erfolgreich, wenn sie sich in diesen Kursen auf die Wirtschaftswissenschaften konzentrieren können, indem sie zuvor die relevanten mathematischen Grundlagen, die wir hier präsentieren, gemeistert haben.

Besonderheiten und Begleitmaterial

Dies ist mitnichten das erste Buch, das mit den oben beschriebenen Zielen geschrieben wurde. Aber es profitiert unserer Meinung nach von der Art und Weise, in der es zusammengefügt wurde. Einer der Autoren (Sydsæter) hat einen mathematischen Hintergrund und hat jahrelange Erfahrungen in der Unterrichtung von Materialien dieser Art, vor allem im „Department of Economics" an der Universität Oslo. Viel von dem Material aus diesem Buch erschien urprünglich in Norwegisch und wurde aus norwegischen Textbüchern übersetzt, die in Skandinavien weitverbreitet waren. Der andere Autor (Hammond) hat auf beiden Seiten des Atlantiks in wirtschaftswissenschaftlicher Theorie gelehrt und geforscht und besitzt große Erfahrung in der Beurteilung der verschiedenen Arten, in der mathematische Handwerkszeuge in aktuellen ökonomischen Analysen angewendet werden. Er hat über mehrere Jahre auch Mathematik-Kurse für Wirtschaftswissenschaftler gegeben, insbesondere am „Department of Economics" der Stanford University. Alle Unterkapitel in diesem Buch enden mit Aufgaben. Es gibt darüber hinaus auch viele Aufgaben zur Wiederholung am Ende eines jeden Kapitels. Antworten zu fast allen Aufgaben werden am Ende des Buches gegeben, manchmal mit zahlreichen ausführlichen Lösungsschritten. Probleme, die in den Lösungen mit ● gekennzeichnet sind, haben eine ausführlichere Lösung, die auf der MyMathLab | Mathematik für Wirtschaftswissenschaftler verfügbar ist. Die Antworten zu einigen, eher theoretischen oder komplizierteren Aufgaben finden Sie ebenfalls ausschließlich auf MyMathLab | Mathematik für Wirtschaftswissenschaftler.

Voraussetzungen

Erfahrung zeigt, dass es sehr schwierig ist, ein Buch wie dieses auf einem Niveau zu starten, das viel zu elementar ist.[1]

Heutzutage haben Studierende, die in eine Fachhochschule oder eine Universität eintreten und sich auf Wirtschaftswissenschaften spezialisieren, eine enorme Bandbreite an mathematischem Hintergrund und mathematischer Begabung. Diese reichen am unteren Ende von allenfalls einem unsicheren Verständnis der elementaren Algebra bis hin zu wirklichen Fähigkeiten in der Analysis von Funktionen einer Variablen. Weiterhin sind für allzu viele Studierende der Wirtschaftswissenschaften einige Jahre seit ihrem letzten Mathematikunterricht vergangen. Da wir uns in die Richtung bewegen, dass Mathematik unerlässlich ist für spezielle Studien in den Wirtschaftswissenschaften, halten wir es dementsprechend für notwendig, so viel elementares Material wie möglich anzubieten. Unser Ziel ist es hier, denjenigen mit geringeren mathematischen Kenntnissen die Chance zu geben, mit leichten Problemen zu starten und das Vertrauen zu geben, dass sie diese selbst lösen können.

Was unsere ökonomischen Erörterungen betrifft, sollten Studierende es leichter zu verstehen finden, wenn sie bereits ein gewisses rudimentäres Hintergrundwissen in Ökonomie haben. Trotzdem ist dieser Text häufig verwendet worden, um Studierende in Mathematik für Wirtschaftswissenschaftler zu unterrichten, die zur gleichen Zeit elementare Wirtschaftswissenschaften studieren. Wir sehen auch keinen Grund, warum dieses Material nicht von Studierenden, die an Wirtschaftswissenschaften interessiert sind, bewältigt werden kann, bevor sie begonnen haben, das Thema in einer formalen Lehrveranstaltung zu studieren.

Behandelte Themen

Nach dem einführenden Material in den Kap. 1 bis 3 enthalten die Kap. 4 bis 7 eine ziemlich gemächliche Behandlung der Differentialrechnung einer Variablen. Darauf folgt Kap. 8 über konkave und konvexe Funktionen, dann Kap. 9 über Optimierung, Kap. 10 über Integration und in Kap. 11 einige Modelle der Finazmathematik sowie Differenzen- und Differntialgleichungen. Dies entspricht etwa dem Stoff, den man in einigen elementaren Kursen behandeln wird. Für Studierende mit einer soliden Grundlage in der Analysis einer Variablen reicht es vermutlich aus, wenn sie sich auf einige spezielle Themen in diesen Kapiteln konzentrieren wie Elastizität und Bedingungen für globale Optimierung, die häufig in elementaren Standardkursen nicht gründlich genug behandelt werden.

Wir haben bereits für angehende Wirtschaftswissenschaftler die Bedeutung der Algebra der Matrizen und Determinanten (Kap. 12 und 13), der multivariaten Analysis (Kap. 14–16) und der Optimierungstheorie mit und ohne Nebenbedingungen (Kap. 17–20) betont. Diese letzten neun Kapitel präsentieren in gewissem Sinne das

[1] Kürzlich gab es in einem Test für 120 Studienanfänger in einem elementaren wirtschaftswissenschaftlichen Kurs 35 verschiedene Antworten auf das Problem $(a + 2b)^2$ auszumultiplizieren.

Herz des Buches, auf das sich vermutlich Studierende mit einer soliden Grundlage in Differentialrechnung einer Variablen konzentrieren können.

Erfüllung verschiedener Anforderungen

Der weniger ehrgeizige Studierende kann sich auf das Erlernen der Schlüssel-Konzepte und -Techniken jedes Kapitels beschränken. Oft erscheinen diese eingerahmt in Kästen oder in Farbe, um ihre Wichtigkeit hervorzuheben. Aufgaben sind unerlässlich für den Lernprozess und die leichteren sollten unbedingt versucht werden. Diese Grundlagen sollten den Studierenden genügend mathematischen Hintergrund geben, um die ökonomische Theorie in angewandten Arbeiten vor dem ersten akademischen Abschluss zu verstehen.

Studierende, die ehrgeiziger sind oder die durch Lehrer angeleitet werden, die mehr verlangen, sollten sich auch versuchen, die schwierigeren Probleme zu lösen. Sie können auch das mehr technische Material studieren, welches die Absicht verfolgt, Studierende anzuregen, sich zu fragen, warum ein Resultat wahr ist oder warum ein Problem auf eine spezielle Weise behandelt werden sollte. Je mehr Leser wenigstens etwas mehr zusätzliche mathematische Einsichten gewinnen, indem sie sich durch diese Teile des Buches arbeiten, desto besser.

Die fähigsten Studierenden, insbesondere diejenigen, die eine Promotion in den Wirtschaftswissenschaften oder einem angrenzenden Fachgebiet beabsichtigen, werden von gründlicheren Erklärungen einiger Themen profitieren als wir sie in diesem Buch bieten können. An einigen Stellen nehmen wir uns daher die Freiheit, auf unseren mehr angewandten Folgeband *Further Mathematics for Economic Analysis* (gewöhnlich mit FMEA abgekürzt) hinzuweisen. Dieser ist gemeinsam mit unserem Kollegen Atle Seierstad aus Oslo geschrieben. Insbesondere bietet FMEA eine geeignete Behandlung von Themen wie Systemen von Differenzen- und Differentialgleichungen sowie dynamische Optimierung. Wir denken, dass diese Themen weit über das hinausgehen, was wirklich „essenziell" für alle Studierenden der Wirtschaftswissenschaften ist.

Änderungen in der vierten Auflage

Wir sind erfreut über die Vielzahl der Studierenden und Dozenten in vielen Ländern, die die drei ersten Auflagen dieses Buches offensichtlich wertvoll fanden.[2] Wir waren dadurch ermutigt, den Text noch einmal gründlich zu überarbeiten. Es gibt zahlreiche kleine Änderungen und Verbesserungen, unter anderem die folgenden:

1) Die wesentliche Neuigkeit ist MyMathLab Global,[3] was auf der Seite nach diesem Vorwort und auf der Rückseite des Buches erklärt wird.

[2] Verschiedene englische Versionen dieses Buches sind in Albanisch, Französisch, Deutsch, Ungarisch, Italienisch, Portugiesisch, Spanisch und Türkisch übersetzt worden.
[3] Ersetzt durch MyMathLab für diese sechste Auflage.

2) Neue Aufgaben wurden in jedem Kapitel hinzugefügt.

3) Abbildungen wurden aktualisiert.

Änderungen in der fünften Auflage

Die bedeutendste Änderung in dieser Auflage ist, dass wir tragischerweise den Hauptautor und den Initiator dieses Projektes verloren haben. Unser guter Freund und Kollege Knut Sydsæter starb plötzlich am 29. September 2012, während er in Spanien mit seiner Frau Malinka Staneva in Urlaub war, wenige Tage vor seinem 75. Geburtstag. Ein Nachruf von Jens Stoltenberg, zu der Zeit Premierminister von Norwegen, enthält diese Anerkennung von Knuts Fähigkeiten als einem seiner Lehrer.

> Mit einem kleinen Stück Papier als sein Manuskript führte er mich und Generationen anderer Studenten der Wirtschaftswissenschaften in Mathematik als ein Hilfsmittel in ein Fachgebiet der Wirtschaftswissenschaften ein. Mit professioneller Gewichtung, Engagement und Humor war er sowohl ein anspruchsvoller als auch ein anregender Dozent. Er öffnete die Tür in die Welt der Mathematik. Er zeigte, dass Mathematik eine Sprache ist, die es möglich macht, komplizierte Zusammenhänge in einer einfachen Weise darzustellen.

Auf einer Internetseite, die eine Kopie dieses Nachrufs enthält, findet man auch andere Anerkennungen von Knut, einschließlich einiger Erinnerungen, wie frühere Auflagen dieses Buches entstanden sind.[4]

Abgesehen vom Verlust von Knut als Hauptautor war es klar, dass dieses Buch am Leben erhalten werden musste, den Wünschen folgend, die Knut selbst oft ausgedrückt hatte, während er noch bei uns war. Glücklicherweise gab es bereits Übereinstimmung, dass das Team der Mitautoren durch Andrés Carvajal erweitert werden sollte, einem früheren Kollegen von Peter in Warwick, der während der Vorbereitung der fünften Auflage zur Universität von Kalifornien in Davis wechselte. Andrès hatte bereits eine neue spanische Version der vorausgehenden Auflage dieses Buches hergestellt; jetzt ist er Mitautor dieser neuesten englischen Auflage geworden. Es geht weitgehend auf seine Initiative zurück, dass wir den bedeutenden Schritt unternommen haben, dass Material in den ersten drei Kapiteln gründlich umzuordnen in eine logischere Reihenfolge, wobei es jetzt mit Mengenlehre beginnt.

Die andere bedeutende Änderung ist, wie wir hoffen, unsichtbar für den Leser. Frühere Auflagen wurden mit dem „Plain-TEX"-System hergestellt, dass auf die Jahre um 1980 zurückgeht, zusammen mit einigen raffinierten Makros, die Arne entwickelt hat in Zusammenarbeit mit Arve Michaelsen von der Norwegischen Schriftsetzerfirma Matematisk Sats. Aus technischen Gründen haben wir entschieden, dass die neue Auflage mit der Erweiterung von Plain TEX, genannt LATEX, hergestellt werden sollte, was mittlerweile als internationaler Standard für das Schreiben von mathematischem

[4] Siehe https://web.stanford.edu/~hammond/sydsaeter.html

Material akzeptiert ist. Wir haben deshalb versucht, einige Standard LaTeXPakete anzupassen und zu erweitern, um möglichst viele gute Besonderheiten aus unseren früheren Auflagen zu erhalten.

Änderungen in der sechsten Auflage

Für diese sechste Auflage haben die verbliebenen Autoren entschieden, die Kapitel deutlich umzuordnen. Die vorausgehenden Auflagen enthielten ein Kapitel über lineare Programmierung, was hinter die zwei Kapitel über Matrix-Algebra zurückgestellt wurde. Jedoch war das entscheidende Konzept des komplementären Schlupfes schon vorher in einem früheren Kapitel über nichtlineare Programmierung aufgetreten. Deshalb haben wir die Matrix-Algebra viel weiter nach vorne verschoben, so dass es vor der multivariaten Differential- und Integralrechnung erscheint. Dies ermöglicht es, neue Methoden in unserer Behandlung der multivariaten Differential- und Integralrechnung zu benutzen und auch in den letzten vier Kapiteln, die jetzt ausschließlich der Optimierung gewidmet sind.

Wir haben nicht nur die existierenden Kapitel umgeordnet, sondern wir haben auch ihre Anzahl von 17 auf 20 erhöht. Ein Grund dafür ist, dass wir das Kapitel über Optimierung unter Nebenbedingungen in zwei Kapitel aufgeteilt haben. Der erste Teil, der sich mit Nebenbedingungen in Gleichheitsform befasst, kommt jetzt in Kap. 18 vor Kap. 19 über lineare Programmierung einschließlich der Diskussion des komplementären Schlupfes. Der letzte Teil dieses früheren Kapitels über Nebenbedingungen in Ungleichheitsform ist jetzt das separate Kap. 20.

Es gibt zwei andere neue Kapitel. Kapitel 8 betrachtet konkave und konvexe Funktionen einer Variablen, einschließlich Resultate über Supergradienten konkaver Funktionen und Subgradienten konvexer Funktionen, die eine entscheidende Rolle in der Theorie der Optimierung spielen. Spätere Kapitel erweitern diese Resultate auf Funktionen von 2 und dann n Variablen. Es gibt auch ein kurzes Kapitel (16) über multiple Integrale.

Schließlich erwähnen wir signifikante Ergänzungen in Kap. 13, die Eigenwerte und quadratische Formen betrachten. Diese Erweiterungen erlauben eine extensivere Behandlung, basierend auf der Hesse-Matrix, der Bedingungen zweiter Ordnung, in Kap. 15, für die Konkavität einer Funktion von mehreren Variablen, und in Kap. 17, für die Entscheidung, ob eine kritische Stelle eine Maximum- oder Minimumstelle ist. Als ein Resultat können wir eine etwas bessere Diskussion in Kap. 20 bieten, wie für den Fall konkaver Programmierungsprobleme die Karush-Kuhn-Tucker-Bedingungen hinreichende Bedingungen für eine Optimalstelle liefern.

Andere Danksagungen

Über die Jahre haben wir Hilfe von so vielen Kollegen, Lehrenden an anderen Institutionen und auch Studierenden erhalten, dass es uns unmöglich ist, alle zu erwähnen.

Andrés Carvajal ist zu Dank verpflichtet: Yiqian Zhao und Xinhui Yang für all ihre große Arbeit in der Umarbeitung des Materials für diese Auflage; Professor Janine Wilson für die Ermutigung in der Idee, dass je mehr ökonomische Anwendungen das Buch enthält, desto besser ist die mathematische Erläuterung; Professor Jim Wiseman, für seine Rückmeldung über die vorige Ausgabe und für seine Ideen, wie es verbessert werden könnte; und den folgenden UC Davis Studierenden, die geduldig über verschiedene Kapitel gingen, nach Fehlern suchend und sicherstellend, dass alles in Ordnung ist: Xinghe Bai, Veronica Contreras, Nathan Gee, Anjali Khalasi, Yannan Li, Daniel Scates, Kelly Stangl und Yiping Su.

Wie in früheren Auflagen dieses Buches sind wir sehr glücklich, mit Dankbarkeit die Anregungen und Unterstützung unserer Kontakte zu Pearson anzuerkennen. Für diese sechste Auflage gilt dieser Dank Catherine Yates (Product Manager) und Melanie Carter (Senior Content Producer). Wir sind auch glücklich, erfolgreich mit Vivek Khandelwal von SPi Global zu arbeiten, der verantwortlich ist für das Setzen, und Lou Attwood von SpacedEns Editorial Services, der uns beim Korrekturlesen unterstützte. Alle waren sehr hilfreich und sorgfältig in der Beantwortung unserer häufigen E-Mails in einer freundlichen und ermutigenden Weise, indem sie es sicher machten, dass diese neue Auflage tatsächlich rechtzeitig in Druck gehen konnte.

Auf der mehr akademischen Seite geht ein ganz besonderer Dank an Professor Dr. Fred Böker von der Universität Göttingen, der nicht nur für die Übersetzung ins Deutsche verantwortlich ist, sondern auch außergewöhnliche Sorgfalt bewiesen hat, indem er den von ihm übersetzten mathematischen Details große Aufmerksamkeit geschenkt hat. Wir sind dankbar für die resultierende große Anzahl von wertvollen Verbesserungs- und Korrekturvorschlägen, die er uns weiterhin zukommen lässt, manchmal auf Veranlassung von Dr. Egle Tafenau, die auch die deutsche Version unseres Lehrbuchs in ihrer Lehre verwendet.

Wir sind auch Kenneth Judd von der Hoover Institution in Stanford dankbar, der die Mühe auf sich genommen hat, uns zu überzeugen, dass es Standardpraxis geworden ist, den Namen von William Karush zusammen mit denen von Harold Kuhn und Albert Tucker zu nennen für die Schlüssel-„KKT-Bedingungen", die in Kap. 20 für die Lösung eines nichtlinearen Programmierungsproblem mit Nebenbedingungen in Ungleichheitsform.

Dank auch an Dr. Mauro Bambi an der Durham Universität für die Erschaffung und Auswahl von Fragen für MyLab Maths und an Professor Carsten Berthram Haahr Andersen an der Aarhus Universität in Dänemark für seine Rückmeldung zu MyLab.

Diesen und all den vielen ungenannten Personen und Institutionen, die uns geholfen haben, diesen Text zu ermöglichen, einschließlich denen, deren Kommentare zu unserem früheren Buch vom Verlag an uns weitergeleitet wurden, würden wir gern unsere tiefe Anerkennung und Dankbarkeit aussprechen, verbunden mit der Hoffnung, dass sie das resultierende Produkt als Gewinn für ihre Studierenden betrachten. Das ist es, worin wir alle übereinstimmen, was am Ende wirklich zählt.

Andrés Carvajal, Peter Hammond und Arne Strøm
Davis, Coventry und Oslo, Januar 2021

Vorwort zur 5. deutschen Auflage

Ich möchte mit einem Gedenken in großer Dankbarkeit an Knut Sydsæter beginnen, von dem ich bei den vorausgehenden Übersetzungen so große Unterstüzung in regem E-Mail-Verkehr erhalten habe. So erhielt ich die letzten E-Mails aus seinem spanischem Urlaubsort mit dem Versprechen auf ausführlichere Informationen nach der Rückkehr nach Oslo am 29. September – der Tag, an dem er starb. Ich hatte das große Glück, dass er mich gut drei Monate vorher in Göttingen besuchte, wo ich ihm die Universität und natürlich die Stätten zeigte, an denen Gauss gewohnt, gearbeitet hat bzw. die nach ihm benannt wurden. So waren wir u. a. in der Sternwarte, am Gauss-Weber-Denkmal auf dem Wall und am Gauss-Grab, nicht ahnend, dass . . . , sondern Pläne für weitere zukünftige Besuche schmiedend. An dieser Stelle noch einmal herzlichen Dank an Knut.

Vorwort zur 6. deutschen Auflage

Die deutsche Übersetzung folgt allen Änderungen der englischen Ausgabe. Zusätzlich wurden auch die Kapitel 1 und 2 getauscht, so dass jetzt wieder alles übereinstimmt.

Danken möchte ich dem Team des Pearson-Verlages, den Herren Martin Milbradt, Birger Peil, Markus Stahmann und Philipp Burkart für die gute Zusammenarbeit. Ein großer Dank auch an das englische Autorenteam, vor allem Peter und Arne. Und ein ganz großes Danke an zwei ehemalige Mitarbeiter des Instituts für Statistik und Ökonometrie, Jan Fahrenholz und Fabian Raters. Denn: Just als ich mit der Arbeit an der neuen Auflage beginnen wollte, verabschiedete sich mein Rechner. Und die beiden hatten (neben der neuen Festplatte) großen Anteil daran, dass alles wieder zum Laufen kam.

Nun wünsche ich allen Nutzern viel Freude an der neuen Auflage. Und wenn Sie Fehler finden oder Verbesserungsvorschläge haben, melden Sie sich bitte.

Göttingen
Fred Böker

Onlineinhalte zur deutschen Ausgabe

Seit der 4. erweiterten Auflage wird das Buch durch MyMathLab | Mathematik für Wirtschaftswissenschaftler begleitet.

Interaktives Lernen mit MyMathLab | Mathematik für Wirtschaftswissenschaftler. Grundlage unserer lokalen Lernplattform ist ein am MIT millionenfach erfolgreich erprobtes und entwickeltes interaktives eLearning-Tool für Mathematik, das Studierende beim Aufbereiten des Stoffes und beim schrittweisen Lösen der buchbezogenen

Übungsaufgaben sowie bei den Prüfungsvorbereitungen ideal unterstützt. Profitieren Sie davon, die Übungen Schritt für Schritt durchzugehen. Lernen Sie mit dem zu den meisten Aufgaben dazugehörigen Feedback und lösen Sie sie so lange, bis das rechnerische Handwerk sitzt.

Zur Lernplattform gelangen Sie über folgenden Link: www.mymathlab.com/deutsch. Auf dieser Startseite können Sie sich direkt mit dem am Anfang des Buches stehenden Zugangscode und Hinweisen anmelden.

Kurs anlegen

Über den Navigationspunkt *Kurs-Manager* unter *Kurs erstellen und kopieren* können Sie Ihren Selbstlernkurs zum Buch anlegen. Danach steht Ihnen die gesamte eLearning-Welt von MyMathLab | Mathematik für Wirtschaftswissenschaftler offen.

Hinweise zur Bearbeitung

In einem ersten Schritt haben Sie die Möglichkeit, sich in einem *Orientierungstest* mit der Benutzung der Lernumgebung vertraut zu machen. Sie erfahren dabei u. a. wie Sie Werte eingeben und wie diese dargestellt werden.

Mit diesem Wissen können Sie einen Einstufungstest (Reiter „Aufgaben") absolvieren, der Ihren individuellen Wissenstand ermittelt. Auf Basis der dort erzielten Ergebnisse erstellt Ihnen MyMathLab | Mathematik für Wirtschaftswissenschaftler adaptiv Ihren ganz persönlichen Lernplan, so dass Sie gezielt bestehende Wissenslücken schließen können. Die für Ihren persönlichen Lernplan empfohlenen Aufgaben sind mit gekennzeichnet.

Insgesamt enthält das MyLab zu fast jedem Unterkapitel des Buchs optimierte und neue Aufgaben, die Sie online bearbeiten können. Gekennzeichnet sind diese im Buch mit dem MyLab-Logo.

Verschiedene Lösungsmöglichkeiten

Bei der Bearbeitung der Aufgaben haben Sie in der Regel drei Möglichkeiten, um zur Lösung zu gelangen

1) Die Aufgabe: Die Aufgabe wird gestellt. Der Nutzer gibt seine Lösung ein und bekommt sofort eine Rückmeldung. Ist die Lösung falsch oder teilweise falsch, gibt es Hinweise, oft mit gezielten Verweisen auf die entsprechenden Passagen im Buch. Nach zwei oder manchmal auch mehr Fehlversuchen wird die korrekte Antwort angezeigt. Es besteht die Option eine ähnliche Aufgabe mit leicht geänderten Werten zu bearbeiten.

2) Die geführte Lösung: Hier wird die Lösung in kleinen Schritten mit anderen Zahlenwerten erarbeitet, wobei immer wieder Hinweise mit Verweisen auf das Buch gegeben werden. Wie unter 1.) gibt der Nutzer Lösungen ein, wobei er wieder mehrere Versuche hat und Hinweise bekommt, wo der Fehler stecken könnte. Auch hier gibt es am Schluss wieder die Möglichkeit, es mit einer ähnlichen Aufgabe noch einmal zu versuchen.

3) Die Beispielaufgabe: Hier wird an einem festem Beispiel die Aufgabe vom Anfang bis zum Ende vorgerechnet, wobei jeder Schritt erklärt wird und wie in 2.) (hier jedoch meistens noch intensiver) Hinweise auf die entsprechenden Resultate im Buch gegeben werden.

Somit gibt es für den Studierenden hervorragende didaktische Möglichkeiten, sein Wissen mit sofortiger Bestätigung zu überprüfen, ob er richtig oder falsch liegt. Und nicht nur das: Er bekommt Hilfestellungen. Empfehlenswert ist es, die Aufgaben in der oben angegebenen Reihenfolge 1), 2) und 3) zu bearbeiten, ohne gleich zu verzweifeln, wenn es mit 1) nicht auf Anhieb klappt. Sollten die Schritte 2) und 3) nötig sein, empfiehlt sich am Schluss ein erneuter Versuch mit 1), um sicher zu gehen, dass Sie das mathematische Handwerk auch wirklich selbstständig beherrschen.

Wahr/Falsch-Aufgaben

Zur weiteren Wiederholung und zum besseren Verständnis, gibt es zusätzlich Aufgaben, bei denen der Lernende entscheiden muss, ob die gegebenen Aussagen wahr oder falsch sind. Er bekommt in jedem Fall eine Rückmeldung, warum die Aussage wahr oder falsch ist in den meisten Fällen auch mit einem Verweis auf das Buch.

Wichtig und unerlässlich erscheint mir die selbstständige Arbeit mit dem Buch. Nutzen Sie daher die in den Aufgaben gegebenen Verweise auf die entsprechenden Stellen im Buch. Wenn Sie all diesen Empfehlungen folgen, sollte es mit *Mathe* schon klappen.

Das Didaktische Konzept von Pearson

„Learn a little ... do a little"

Mathematik lernen und das Erlernte behalten funktioniert nur, wenn man es auch anwendet. Daher: „Lernen ... anwenden" oder „Lernen ... tun". Was im *Brückenkurs Mathematik* von Pearson begonnen wurde, findet hier nun seine Fortführung: Zusätzlich zu dem MyMathLab | Mathematik für Wirtschaftswissenschaftler bieten wir mit dem Tool **„Geogebra"** die Möglichkeit, die mathematischen Inhalte dieses Buches in kleinen nachvollziehbaren Einheiten zu erlernen („**Learn a little**") und parallel dazu durch interaktive Aufgabenstellungen, die auch aus der elektronischen Buchvorlage per „Klick" erreichbar sind, das Erlernte gleich anzuwenden. Durch mehrfache Wiederholungen können Sie es solange üben („**do a little**") und vertiefen, bis es „sitzt".

Konkret sind den Beispielen, Definitionen, Theoremen oder Aufgaben im Buch QR-Codes zugeordnet, die mit **Geogebra-Arbeitsblättern** verlinkt sind. Aus der elektronischen Buchvorlage sind diese direkt anklickbar, bei der Druckversion muss ein QR-Scanner eingesetzt werden. Die Arbeitsblätter enthalten passende Aufgabentypen oder auch Anschauungsmaterial in Form animierbarer Grafiken, an denen das zu Erlernende transparent gemacht werden soll. Der Lernende kann seine Ergebnisse direkt überprüfen, da Zwischenergebnisse und Lösungen der Aufgaben anklickbar sind. Die Aufgabentypen enthalten die Möglichkeit, sich weitere andere Aufgaben gleichen Typs generieren zu lassen, d. h. wenn es nicht auf Anhieb mit der Lösung geklappt hat, können weitere Versuche unternommen werden.

Für die 6. Auflage wurde MyMathLab | Mathematik für Wirtschaftswissenschaftler den oben beschriebenen Änderungen im Buch zum großen Teil angepasst und überarbeitet. Zusätzlich gibt es neue Aufgaben, insbesondere in den bisher nur schwach besetzten Kapiteln.

TEIL I

Vorbereitungen

1 Wesentliches aus der Logik und der Mengenlehre 29
2 Algebra 51
3 Gleichungen lösen 109
4 Funktionen einer Variablen 133
5 Eigenschaften von Funktionen 193

Wesentliches aus der Logik und der Mengenlehre

1

ÜBERBLICK

1.1 Wesentliches aus der Mengenlehre 30
1.2 Wesentliches aus der Logik 38
1.3 Mathematische Beweise 44
1.4 Mathematische Induktion 46
Aufgaben zur Wiederholung für Kapitel 1 49

Es ist klar, dass Wirtschaftswissenschaften, wenn es überhaupt eine Wissenschaft ist, eine mathematische Wissenschaft sein muss.

–William Stanley Jevons[1]

Argumente in Mathematik verlangen straffe logische Schlussfolgerungen, Argumente in den modernen Wirtschaftswissenschaften bilden keine Ausnahme von dieser Regel. Es ist daher hilreich für uns, einige grundlegende Konzepte der Logik vorzustellen sowie einen kurzen Abschnitt über mathematische Beweise.

Wir stellen dem eine kurze Einführung in Mengenlehre voraus. Dies ist nicht nur wegen ihrer Bedeutung in der Mathematik nützlich, sondern auch wegen der Rolle, die Mengenlehre in den Wirtschaftswissenschaften spielt: In den meisten ökonomischen Modellen wird angenommen, dass Wirtschaftsakteure ein spezifisches Ziel, wie Profit, verfolgen und eine optimale Wahl aus einer spezifizierten Menge von möglichen Alternativen treffen.

Das Kapitel endet mit einer Diskussion der mathematischen Induktion. Gelegentlich wird diese Methode direkt in ökonomischen Argumentaten gebraucht. Häufiger wird es benötigt, um mathematische Resultate zu verstehen, die Ökonomen benutzen.

1.1 Wesentliches aus der Mengenlehre

Im täglichen Leben gruppieren wir ständig Objekte derselben Art zusammen. Zum Beispiel bezeichnet die Fakultät einer Universität alle Mitglieder ihres akademischen Personals. Ein Garten besteht aus allen Pflanzen, die darin wachsen. Ein Ökonom spricht vielleicht über alle schottischen Firmen mit mehr als 300 Beschäftigten oder über alle Steuerzahler in Deutschland, die 2019 zwischen 50 000 und 100 000 Euro verdient haben. Oder denken Sie an eine Studierende, die überlegt, welche Kombination aus Laptop und Smartphone sie sich für den Gebrauch an der Universität kaufen will. Die Studentin betrachtet vielleicht alle Kombinationen, deren Gesamtpreis nicht höher ist als das, was sie sich leisten kann. In all diesen Fällen haben wir eine Vereinigung von Objekten, die wir als ein Ganzes betrachten möchten. In der Mathematik wird solch eine Vereinigung eine *Menge* genannt und die Objekte, die zu dieser Menge gehören, heißen *Elemente* oder ihre *Mitglieder*.

Die einfachste Methode, eine Menge zu spezifizieren, ist es, alle Mitglieder aufzulisten, in irgendeiner Reihenfolge, zwischen der öffnenden Klammer { und der schließenden Klammer }. Ein Beispiel ist die Menge, deren Mitglieder die ersten drei Buchstaben des Alphabets sind, $S = \{a, b, c\}$. Oder es könnte eine Menge sein, die aus drei Mitgliedern besteht, die durch die Buchstaben a, b und c repräsentiert werden. Zum Beispiel, wenn $a = 0$, $b = 1$ und $c = 2$ ist, dann ist $S = \{0, 1, 2\}$. Außerdem bezeichnet $S = \{a, b, c\}$ die Menge der Wurzeln der kubischen Gleichung $(x-a)(x-b)(x-c) = 0$ in der Unbekannten x, wobei a, b und c drei beliebige reelle Zahlen sind. Verbal werden die Klammern gelesen als „die Menge bestehend aus".

[1] *The Theory of Political Economy* (1871)

Da eine Menge vollständig festgelegt ist, wenn alle ihre Elemente aufgelistet sind, werden zwei Mengen A und B als *gleich* betrachtet, wenn sie genau dieselben Elemente enthalten: Jedes Element von A ist ein Element von B und umgekehrt: Jedes Element von B ist ein Element von A. In diesem Fall schreiben wir $A = B$. Folglich gilt $\{1, 2, 3\} = \{3, 2, 1\}$, weil die Reihenfolge, in der die Elemente gelistet sind, keine Bedeutung hat. Und $\{1, 1, 2, 3\} = \{1, 2, 3\}$, weil eine Menge sich nicht ändert, wenn einige Elemente öfter als einmal gelistet sind.

Das Symbol „$\emptyset$" bezeichnet die Menge, die keine Elemente enthält. Sie wird die *leere Menge* genannt. Beachten Sie, dass es *die* und nicht *eine* leere Menge ist. Dies ist so: Denn dem Prinzip folgend, dass eine Menge vollständig bestimmt ist, wenn man alle ihre Element auflistet, kann es nur eine Menge geben, die keine Elemente enthält. Die leere Menge ist dieselbe, egal ob sie in der Grundschule von einem Kind untersucht wird, das über Kühe nachdenkt, die über den Mond springen können, oder von einem Physiker bei CERN, der an subatomare Teilchen nachdenkt, die sich schneller als mit Lichtgeschwindigkeit bewegen – oder, in der Tat, von Studierenden der Wirtschaftswissenschaften, die dieses Buch lesen!

Spezifikation einer Eigenschaft

Allerdings kann nicht jede Menge definiert werden, indem man alle ihre Mitglieder auflistet. Ein Grund dafür ist, dass manche Mengen unendlich sind, d. h. sie enthalten unendlich viele Mitglieder. Und solche unendlichen Mengen kommen in der Tat sehr häufig in den Wirtschaftswissenschaften vor. Betrachten Sie z. B. die *Budget-Menge*, die in der Konsumforschung auftritt. Nehmen Sie an, es gebe zwei Güter, deren Mengen mit x und y bezeichnet werden. Nehmen Sie weiter an, dass diese zwei Güter zu einem Stückpreis p bzw. q gekauft werden können. Ein Konsumbündel ist ein Paar von Mengen der zwei Güter, (x, y). Sein Wert zu Preisen p und q ist $px + qy$. Nehmen Sie an, dass ein Verbraucher einen Betrag m für den Kauf dieser beiden Güter zur Verfügung hat. Dann ist die *Budget-Beschränkung* $px + qy \leq m$ unter der Annahme, dass der Verbraucher die Freiheit hat, weniger auszugeben. Wenn man ferner akzeptiert, dass die Anzahl der Einheiten, die von jedem Gut konsumiert werden, nichtnegativ sein müssen, dann besteht die *Budget-Menge*, die mit B bezeichnet wird, aus all denjenigen Konsumbündeln (x, y), die die drei Ungleichungen $px + qy \leq m$, $x \geq 0$ und $y \geq 0$ erfüllen. Die Menge B ist in Abb. 4.4.12 gezeigt. Die Standardnotation für solch eine Menge ist

$$B = \{(x, y) \colon px + qy \leq m,\ x \geq 0,\ y \geq 0\} \tag{1.1.1}$$

Die zwei Klammern $\{$ und $\}$ werden weiterhin gebraucht und bedeuten „die Menge bestehend aus". Anstatt alle Mitglieder aufzulisten, was unmöglich ist für die unendliche Menge der Punkte in der dreieckigen Budget-Menge B, wird die Menge in zwei Teilen definiert. Links, vor dem Doppelpunkt, gibt (x, y) die Gestalt eines typischen Mitglieds der Menge B an, hier ein Konsumbündel, das genauer spezifiziert wird durch die jeweilige Anzahl der Einheiten der zwei Güter. Der Doppelpunkt wird gelesen als „so dass"[2] Rechts vom Doppelpunkt werden die drei Eigenschaften, die diese typischen Mitglieder erfüllen müssen, aufgelistet und dadurch ist die Menge

[2] Alternative Notation für „so dass" ist $|$.

dann vollständig spezifiziert. Gleichung (1.1.1) ist ein Beispiel der allgemeinen Spezifikation:

$$S = \{\text{Typisches Mitglied : definierende Eigenschaften}\}$$

Beachten Sie, dass es nicht nur unendliche Mengen sind, die wie hier durch ihre Eigenschaften spezifiziert werden können – endliche Mengen können auch auf diese Weise spezifiziert werden. Tatsächlich *müssen* einige endliche Mengen auf diese Art definiert werden, wie z. B. die Menge aller Menschen, die gegenwärtig leben.

Elemente einer Menge

Wie bereits erwähnt, enthalten Mengen Mitglieder oder Elemente. Es gibt eine Standardnotation, die die Beziehung zwischen einer Menge und ihren Mitgliedern ausdrückt. Zunächst bedeutet

$$x \in S \tag{1.1.2}$$

dass x *ein Element von* S ist. Beachten Sie das spezielle „gehört zu" Symbol $\in$ (welches eine Variante des griechischen Buchstaben ϵ oder „epsilon" ist).

Um auszudrücken, dass x *kein* Mitglied von S ist, schreiben wir $x \notin S$. Zum Beispiel $d \notin \{a, b, c\}$ bedeutet: d ist kein Element der Menge $\{a, b, c\}$.

Um zu sehen, wie die Notation der Mitgliedschaft angewendet werden kann, betrachten Sie wieder das Beispiel der Studienanfängerin, die sowohl ein Laptop als auch ein Smartphone kaufen *muss*. Nehmen Sie an, dass es von jedem Gerät zwei Varianten gibt, „preiswert" und „teuer". Nehmen Sie an, dass die Studentin es sich nicht leisten kann, das teure Smartphone zusammen mit dem teuren Laptop zu kaufen. Dann ist die Menge der drei Kombinationen, die die Studentin sich leisten kann {preiswerter Laptop und preiswertes Smartphone, teures Laptop und preiswertes Smartphone, preiswerter Laptop und teures Smartphone}. Damit ist die Studentin eingeschränkt, eine der drei Kombinationen in dieser Menge zu wählen. Wenn wir die Wahl der Studentin mit s bezeichnen und die finanziell tragbare Menge mit B, können wir sagen, dass die Wahl der Studentin beschränkt ist auf die Voraussetzung, dass $s \in B$. Wenn wir mit t die unbezahlbare Kombination eines teuren Laptops und eines teuren Smartphones bezeichnen, können wir diese Unbezahlbarkeit ausdrücken durch die Schreibweise $t \notin B$.

Es seien A und B zwei beliebige Mengen. Menge A ist eine *Teilmenge* von B, wenn jedes Element von A auch ein Element von B ist. Wir schreiben dann $A \subseteq B$. Insbesondere gilt $A \subseteq A$ und $\emptyset \subseteq A$. Erinnern Sie, dass zwei Mengen *gleich* sind, wenn sie dieselben Elemente enthalten. Aus den Definitionen folgt, dass $A = B$ dann und nur dann, wenn $A \subseteq B$ und $B \subseteq A$.

Um das frühere Beispiel fortzusetzen, nehmen Sie an, dass die Studentin mit einem preiswerten Smartphone zurechtkommen kann, so dass sie sich entschließt, kein teures zu kaufen. Nach dieser Entscheidung, muss sie nur wählen, welchen Laptop sie zusätzlich zu dem preiswerten Smartphone kauft. Bezeichne A die Menge {preiswerter Laptop und preiswertes Smartphone, teurer Laptop und preiswertes Smartphone} der Optionen, die die Studentin nicht ausgeschlossen hat. Dann haben wir $A \subseteq B$.

Mengenoperationen

Mengen können in vielen verschiedenen Weisen kombiniert werden. Besonders wichtig sind die drei Operationen: Die *Vereinigung*, der *Durchschnitt* und die *Differenz* von Mengen, wie in Tabelle 1.1.1 gezeigt wird.

Tabelle 1.1.1: Elementare Mengenoperationen

Notation	Name	Die Menge besteht aus:
$A \cup B$	*A Vereinigung B*	allen Elementen, die zu wenigstens einer der Mengen A und B gehören.
$A \cap B$	*A Durchschnitt B*	allen Elementen, die zu beiden A und B gehören.
$A \setminus B$	*A minus B*	allen Elementen, die zu A, aber nicht zu B gehören.

In Symbolen gilt:

$$A \cup B = \{x\colon x \in A \text{ oder } x \in B\} \tag{1.1.3}$$

$$A \cap B = \{x\colon x \in A \text{ und } x \in B\} \tag{1.1.4}$$

$$A \setminus B = \{x\colon x \in A \text{ und } x \notin B\} \tag{1.1.5}$$

Es ist wichtig, zu bemerken, dass das Wort „oder“ in Mathematik *inklusiv* ist, in dem Sinn, dass eine Aussage „$x \in A$ oder $x \in B$“ die Möglichkeit zulässt, dass $x \in A$ und $x \in B$ *beide* wahr sind.

Beispiel 1.1.1

Es sei $A = \{1, 2, 3, 4, 5\}$ und $B = \{3, 6\}$. Bestimmen Sie $A \cup B$, $A \cap B$, $A \setminus B$ und $B \setminus A$.[3]

Lösung: $A \cup B = \{1, 2, 3, 4, 5, 6\}$, $A \cap B = \{3\}$, $A \setminus B = \{1, 2, 4, 5\}$, $B \setminus A = \{6\}$.

Als ein ökonomisches Beispiel betrachten Sie alle Personen, die in Kalifornien gearbeitet haben während des Jahres 2019. Bezeichne A die Menge all der Arbeitenden, die ein Jahreseinkommen von wenigstens \$ 35 000 hatten; und sei B die Menge all derer, die einen Vermögenswert von wenigstens \$ 200 000 haben. Dann wäre $A \cup B$ die Menge all der Arbeitenden, die mindestens \$ 35 000 verdienten oder einen Vermögenswert von mindestens \$ 200 000 hatten, während $A \cap B$ die Menge derjenigen ist, die mindestens \$ 35 000 verdienten und die auch einen Vermögenswert von mindestens \$ 200 000 hatten. Schließlich wäre $A \setminus B$ die *Menge* derer, die mindestens \$ 35 000 verdienten und deren Vermögenswert geringer war als \$ 200 000.

Wenn zwei Mengen A und B keine gemeinsamen Elemente haben, sagt man, sie seien *disjunkt*. Daher sind die Mengen A und B disjunkt, wenn $A \cap B = \emptyset$.

Eine Ansammlung von Mengen wird oft als *Familie* von Mengen bezeichnet. Wenn man eine bestimmte Familie von Mengen betrachtet, ist es meistens natürlich daran

[3] Hier und im ganzen Buch schreiben wir die Beispiele oft in Form von Aufgaben. Wir schlagen dringend vor, dass Sie zunächst versuchen, das Problem zu lösen, während Sie die Lösung abdecken und dann allmählich die vorgeschlagene Lösung aufdecken, um zu sehen, ob sie richtig liegen.

zu denken, dass jede Menge in dieser Familie eine Teilmenge einer speziellen festen Menge Ω ist, die wir ab jetzt als *Grundmenge* bezeichnen.[4] In dem vorangehenden Beispiel wäre die Menge aller Bewohner von Kalifornien im Jahr 2019 eine offensichtliche Wahl einer Grundmenge.

Wenn A eine Teilmenge der Grundmenge Ω ist, dann ist $\Omega \setminus A$ nach der Definition der Differenz (von Mengen) die Menge derjenigen Elemente von Ω, die nicht zu A gehören. Diese Menge heißt das *Komplement* von A in Ω und wird mit A^c bezeichnet.[5] Wenn man das Komplement einer Menge bestimmt, ist es *sehr* wichtig, darüber im Klaren zu sein, bezüglich welcher Grundmenge Ω das Komplement gebildet werden soll.

Beispiel 1.1.2

Die Grundmenge Ω sei die Menge aller Studierenden einer bestimmten Universität. Unter diesen sei F die Menge der weiblichen Studierenden, M die Menge aller Mathematik-Studierenden, C die Menge der Studierenden, die im Universitätschor sind, B die Menge aller Biologie-Studierenden und T die Menge der Studierenden, die Tennis spielen. Beschreiben Sie die folgenden Mengen: $\Omega \setminus M$, $M \cup C$, $F \cap T$, $M \setminus (B \cap T)$, und $(M \setminus B) \cup (M \setminus T)$.

Lösung: $\Omega \setminus M$ besteht aus denjenigen Studierenden, die nicht Mathematik studieren, $M \cup C$ aus denjenigen Studierenden, die Mathematik studieren und/oder im Chor sind. Die Menge $F \cap T$ besteht aus denjenigen weiblichen Studierenden, die Tennis spielen. Die Menge $M \setminus (B \cap T)$ enthält diejenigen Mathematik-Studierenden, die nicht sowohl Biologie studieren als auch Tennis spielen. Schließlich enthält die letzte Menge $(M \setminus B) \cup (M \setminus T)$ diejenigen Studierenden, die entweder Mathematik, aber nicht Biologie studieren, oder Mathematik studieren, aber nicht Tennis spielen. Können Sie sehen Sie, dass die beiden letzten Mengen gleich sein müssen?[6]

Venn-Diagramme

Wenn man betrachten möchte, in welchem Zusammenhang verschiedene Mengen stehen, ist es sowohl instruktiv als auch extrem hilfreich, jede Menge durch eine Region in der Ebene darzustellen. In dieser Art dargestellte Diagramme heißen *Venn-Diagramme.*[7]

Für Paare von Mengen können die im vorigen Abschnitt besprochenen Definitionen wie in Abb. 1.1.1 illustriert werden. Indem man die Definitionen direkt benutzt oder indem man Mengen durch Venn-Diagramme darstellt, kann man Formeln herleiten, die universell gültig sind, unabhängig davon, welche Mengen betrachtet werden. Zum Beispiel folgt die Formel $A \cap B = B \cap A$ sofort aus der Definition des Durchschnitts zweier Mengen.

---

4 Es wird auch die Bezeichnung *Universalmenge* verwendet.

5 Andere Notationen für das Komplement von A sind u. a. $\complement A$, A' und $\tilde{A}$.

6 Für beliebige Mengen M, B und T gilt: $(M \setminus B) \cup (M \setminus T) = M \setminus (B \cap T)$. Es wird einfacher sein, diese Gleichheit zu verifizieren, wenn Sie die folgende Diskussion der Venn-Diagramme studiert haben.

7 Benannt nach dem englischen Mathematiker John Venn (1834–1923), der der Erste war, der sie extensiv nutzte.

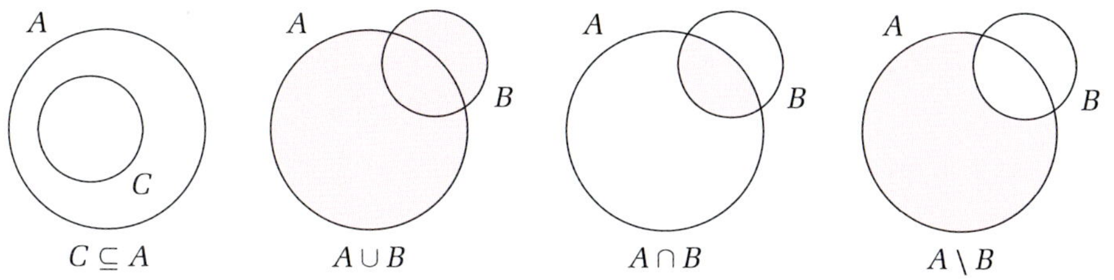

Abbildung 1.1.1: Vier Venn-Diagramme

Wenn man drei allgemeine Mengen A, B und C in einem Venn-Diagramm behandelt, ist es wichtig, das Venn-Diagramm so zu zeichnen, dass alle möglichen Relationen zwischen einem Element und jeder der drei Mengen dargestellt werden. Mit anderen Worten: Wie in Abb. 1.1.3 sollten die acht folgenden verschiedenen Mengen alle nicht leer sein:[8]

(1) $(A \cap B) \setminus C$ (2) $(B \cap C) \setminus A$ (3) $(C \cap A) \setminus B$ (4) $A \setminus (B \cup C)$

(5) $B \setminus (C \cup A)$ (6) $C \setminus (A \cup B)$ (7) $A \cap B \cap C$ (8) $(A \cup B \cup C)^c$

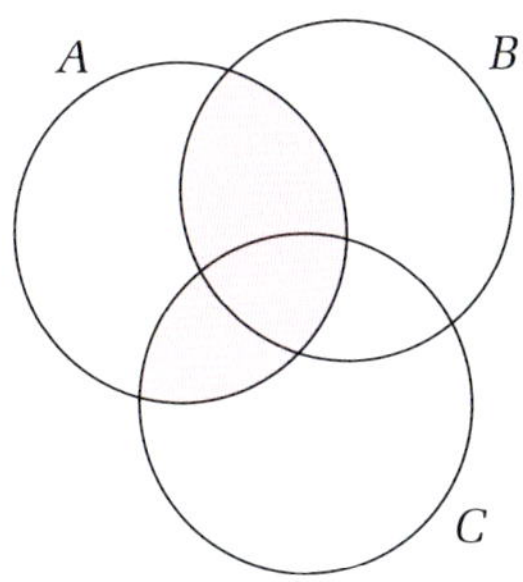

Abbildung 1.1.2: Venn-Diagramm für $A \cap (B \cup C)$

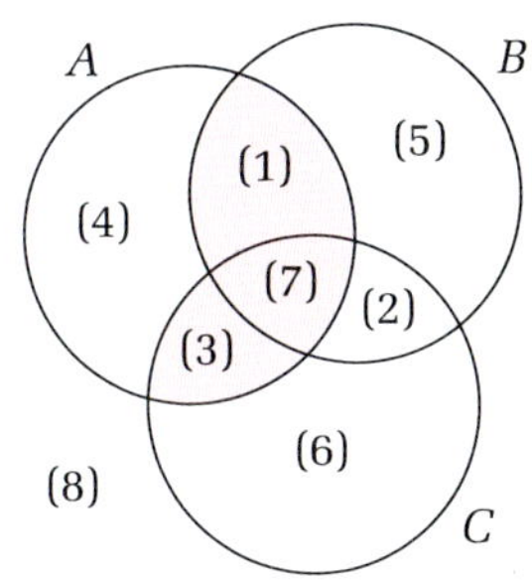

Abbildung 1.1.3: Venn-Diagramm für drei Mengen

Venn-Diagramme sind besonders nützlich, wenn sie beschränkt sind auf nicht mehr als drei Mengen. Betrachten Sie z. B. die folgende mögliche Beziehung zwischen den drei Mengen A, B und C:

$$A \cap (B \cup C) = (A \cap B) \cup (A \cap C) \tag{1.1.6}$$

Wenn man nur die Definitionen in Tabelle 1.1.1 benutzt, ist es etwas schwierig zu verifizieren, dass Gleichung (1.1.6) für alle Mengen A, B und C gilt. Benutzt man jedoch ein Venn-Diagramm, so ist leicht zu sehen, dass die zwei Mengen auf der linken und rechten Seite von (1.1.6) beide durch die Region repräsentiert werden, die aus den drei Regionen besteht, die schattiert sind in Abb. 1.1.2 und auch in Abb. 1.1.3.

[8] Das heißt: Alle sollten nichtleer sein, es sei denn, dass etwas mehr bekannt ist über die Beziehung zwischen den drei Mengen. Zum Beispiel könnte man vorgegeben haben, dass alle drei Mengen disjunkt sein müssen, d. h. $A \cap B \cap C = \emptyset$. In diesem Fall verschwindet Region (7) in Abb. 1.1.3.

Dies bestätigt Gleichung (1.1.6). Ähnliche Argumente ermöglichen den Beweis von:

$$A \cup (B \cap C) = (A \cup B) \cap (A \cup C) \tag{1.1.7}$$

Indem man die Definitionen des Durchschnitts und der Vereinigung oder geeignete Venn-Diagramme benutzt, kann man sehen, dass $A \cup (B \cup C) = (A \cup B) \cup C$ und dass $A \cap (B \cap C) = (A \cap B) \cap C$. In solchen Fällen spielt es keine Rolle, wo die Klammern gesetzt werden, so dass sie weggelassen werden können und die Ausdrücke können geschrieben werden als $A \cup B \cup C$ und $A \cap B \cap C$. Andererseits: Beachten Sie, dass die Klammern im Allgemeinen in den Ausdrücken auf den linken Seiten von den Gleichungen (1.1.6) und (1.1.7) nicht entfernt werden dürfen. Das liegt daran, dass $A \cap (B \cup C)$ im Allgemeinen nicht gleich $(A \cap B) \cup C$ ist und $A \cup (B \cap C)$ im Allgemeinen nicht gleich $(A \cup B) \cap C$ ist.[9]

Beachten Sie jedoch, dass diese Darstellungsmöglichkeit von Mengen in der Ebene leicht unüberschaubar wird, wenn vier oder mehr Mengen beteiligt sind, weil dann ein Venn-Diagramm zum Beispiel für vier Mengen 16 $(= 2^4)$ Regionen enthalten müsste.[10]

Georg Cantor

Der Begründer der Mengenlehre ist Georg Cantor (1845–1918), der in Sankt Petersburg geboren wurde, aber dann nach Deutschland umzog im Alter von elf Jahren. Er wird als einer der großen Mathematiker der Geschichte angesehen. Und dies nicht wegen seiner Beiträge zu den nützlichen, aber ziemlich trivialen Aspekten der Mengenlehre, die wir weiter oben dargestellt haben, sondern man gedenkt Cantor wegen seiner bedeutenden Studie der unendlichen Mengen. Wir wollen hier versuchen, nur einen Hinweis auf die Konsequenzen seiner Theorie zu geben.

Eine Gruppe von Menschen versammelt sich in einem Raum, der eine gewisse Anzahl an Stühlen hat. Wie können wir herausfinden, dass es genau so viele Menschen wie Stühle gibt? Eine Methode wäre, die Stühle zu zählen und die Menschen zu zählen und dann zu sehen, ob sich dieselbe Anzahl ergibt. Alternativ könnten wir alle Menschen bitten, Platz zu nehmen. Wenn sie alle einen eigenen Stuhl haben und kein Stuhl unbesetzt ist, dann gibt es genau so viele Menschen wie Stühle. In diesem Fall korrespondiert jeder Stuhl mit einem Menschen und jeder Mensch mit einem Stuhl, d. h. es gibt eine „Eins-zu-Eins Korrespondenz".

Allgemein sagen Mathematiker, dass zwei Mengen von Elementen dieselbe *Kardinalität* haben, wenn es eine Eins-zu-Eins Korrespondenz zwischen diesen Mengen gibt. Diese Definition gilt auch für Mengen mit unendlichen vielen Elementen. Cantor mühte sich drei Jahre lang ab, um eine überraschende Folgerung dieser Defintion zu zeigen, nämlich dass es genau so viele Punkte in einem Quadrat wie auf einer der Seiten eines Quadrats gibt, in dem Sinne, dass die beiden Mengen dieselbe Kardinalität haben.[11]

9 Demonstieren Sie dies zur Übung, indem Sie die drei Mengen $A = \{1, 2, 3\}$, $B = \{2, 3\}$ und $C = \{4, 5\}$ betrachten oder benutzen Sie ein Venn-Diagramm.

10 Man kann zeigen, dass ein Venn-Diagramm mit n Mengen 2^n Regionen enthalten muss.

11 In einem Brief an den deutschen Mathematiker Richard Dedekind (1831–1916) aus dem Jahre 1877 schrieb Cantor über dieses Resultat: *„Ich sehe es, aber ich glaube es nicht."*

Aufgaben für Kapitel 1.1

1. Sei $A = \{2, 3, 4\}$, $B = \{2, 5, 6\}$, $C = \{5, 6, 2\}$ und $D = \{6\}$.

(a) Entscheiden Sie, welche der folgenden sechs Aussagen wahr sind: $4 \in C$; $5 \in C$; $A \subseteq B$; $D \subseteq C$; $B = C$ und $A = B$.

(b) Listen Sie alle Elemente der folgenden acht Mengen auf: $A \cap B$; $A \cup B$; $A \setminus B$; $B \setminus A$; $(A \cup B) \setminus (A \cap B)$; $A \cup B \cup C \cup D$; $A \cap B \cap C$ und $A \cap B \cap C \cap D$.

2. F, M, C, B und T seien die Mengen aus Beispiel 1.1.2.

(a) Beschreiben Sie die folgenden Mengen: $F \cap B \cap C$, $M \cap F$ und $((M \cap B) \setminus C) \setminus T$.

(b) Schreiben Sie die folgenden Aussagen in Mengennotation:

(i) Alle Biologie-Studierende sind Mathematik-Studierende.

(ii) Es gibt weibliche Studierende der Biologie im Universitätschor.

(iii) Kein Tennisspieler studiert Biologie.

(iv) Die weiblichen Studierenden, die weder Tennis spielen noch zum Universitätschor gehören, studieren alle Biologie.

3. Eine Umfrage ergab, dass 50 Personen Kaffee und 40 Tee mögen. Beide Zahlen schließen 35 ein, die Kaffee und Tee mögen. Schließlich gab es noch 10, die weder Kaffee noch Tee mögen. Wie viele Personen insgesamt haben an der Umfrage teilgenommen?

4. Stellen Sie eine komplette Liste aller verschiedenen Teilmengen der Menge $\{a, b, c\}$ auf. Wie viele gibt es, wenn die leere Menge und die Menge selbst auch dazu gehören? Erstellen Sie dasselbe für die Menge $\{a, b, c, d\}$.

5. Bestimmen Sie, welche der folgenden Formeln gültig sind. Wenn irgendeine Formel falsch ist, so finden Sie ein Gegenbeispiel, um dies zu illustrieren. Nutzen Sie ein Venn-Diagramm, wenn Sie es als hilfreich erachten.

(a) $A \setminus B = B \setminus A$

(b) $A \cap (B \cup C) \subseteq (A \cap B) \cup C$

(c) $A \cup (B \cap C) \subseteq (A \cup B) \cap C$

(d) $A \setminus (B \setminus C) = (A \setminus B) \setminus C$

6. Nutzen Sie Venn-Diagramme, um zu zeigen, dass:
(a) $(A \cup B)^c = A^c \cap B^c$ und (b) $(A \cap B)^c = A^c \cup B^c$

7. Wenn A eine Menge mit einer endlichen Anzahl verschiedener Elemente ist, so bezeichne $n(A)$ ihre *Kardinalität*, definiert als die Anzahl der Elemente in A. Wenn A und B beliebige endliche Mengen sind, so beweisen Sie:

(a) $n(A \cup B) = n(A) + n(B) - n(A \cap B)$

(b) $n(A \setminus B) = n(A) - n(A \cap B)$

8. An einer Umfrage zur Untersuchung der Frage, welche Zeitung A, B oder C sie an einem bestimmten Tag gelesen hatten, nahmen 1000 Personen teil. Die Antworten zeigten, dass 420 A, 316 B und 160 C gelesen hatten. Diese Zahlen schließen 116 ein, die A und B gelesen hatten, 100, die A und C gelesen hatten und 30, die B und C gelesen hatten. Schließlich enthalten all diese Zahlen noch 16, die alle drei Zeitungen gelesen hatten.

➡

➡ Fortsetzung

(a) Wie viele hatten A, aber nicht B gelesen?

(b) Wie viele hatten C, aber weder A noch B gelesen?

(c) Wie viele hatten weder A noch B noch C gelesen?

(d) Bezeichnen Sie die gesamte Menge aller 1000 Personen in der Umfrage mit Ω (die Grundmenge). Unter Verwendung der Notation aus Aufgabe 7 haben wir z. B. $n(A) = 420$ und $n(A \cap B \cap C) = 16$. Beschreiben Sie die Zahlen aus den oben gegebenen Antworten unter Benutzung dieser Notation. Warum ist $n(\Omega \setminus (A \cup B \cup C)) = n(\Omega) - n(A \cup B \cup C)$?

Anspruchsvollere Aufgabe

9. Die in Aufgabe 6 gezeigten Gleichheiten sind Spezialfälle der *Gesetze von De Morgan*. Formulieren Sie diese zwei Gesetze durch Formeln und beweisen Sie diese:

(a) Das Komplement der Vereinigung einer beliebigen Familie von Mengen ist der Durchschnitt der Komplemente von allen Mengen.

(b) Das Komplement des Durchschnitts einer beliebigen Familie von Mengen ist die Vereinigung der Komplemente von allen Mengen.

► Lösungen zu den Aufgaben finden Sie im Anhang des Buches.

1.2 Wesentliches aus der Logik

Mathematische Modelle spielen eine entscheidende Rolle in empirischen Wissenschaften, einschließlich modernen Wirtschaftswissenschaften. Dies war eine nützliche Entwicklung, verlangt jedoch, dass Fachleute mit Sorgfalt arbeiten. Sonst können Fehler in mathematischen Schlussweisen, die leicht passieren können, leicht zu unsinnigen Schlussfolgerungen führen.

Hier ist ein typisches Beispiel, wie fehlerhafte Logik zu einer falschen Antwort führen kann. Das Beispiel involviert Quadratwurzeln, die nach diesem Beispiel kurz besprochen werden.

Beispiel 1.2.1

Nehmen Sie an, dass wir *alle* Werte von x bestimmen wollen, für die die folgende Gleichung erfüllt ist: $x + 2 = \sqrt{4 - x}$.

Indem man jede Seite der Gleichung quadriert, erhält man $(x + 2)^2 = (\sqrt{4 - x})^2$. Ausmultiplizieren der linken Seite und Nutzen der Definition der Quadratwurzel ergibt $x^2 + 4x + 4 = 4 - x$. Umordnen der letzten Gleichung ergibt $x^2 + 5x = 0$. Kürzen durch x ergibt $x + 5 = 0$ und damit $x = -5$.

Nach dieser Schlussfolgerung sollte die Antwort $x = -5$ sein. Wir wollen dies überprüfen. Für $x = -5$, haben wir $x + 2 = -3$. Jedoch ist $\sqrt{4 - x} = \sqrt{9} = 3$, so dass diese Antwort falsch ist.[12]

[12] Merken Sie sich, wie weise es ist, die Probe zu machen, wann immer Sie glauben, eine Gleichung gelöst zu haben. In Beispiel 1.2.4 werden wir erklären, wie der Fehler entstanden ist.

Dieses Beispiel zeigt die Gefahren von Routineberechnungen ohne gründliches Nachdenken auf. Es wird vielleicht leichter, ähnliche Fehler zu vermeiden, nachdem Sie die Struktur solcher logischer Schlussweisen gründlicher studiert haben, die wir im Rest dieses Unterkapitels erörtern werden.

Eine Erinnerung an Quadratwurzeln

Die Quadratwurzel $\sqrt{a}$ einer nichtnegativen Zahl a ist die (eindeutige) nichtnegative Zahl x, so dass $x^2 = a$. Damit ist insbesondere $\sqrt{9} = 3$, weil 3 die einzige nichtnegative Zahl ist, deren Quadrat gleich 9 ist.

Einige ältere mathematische Schriften behaupten vielleicht, dass eine positive Zahl zwei Quadratwurzeln hat, eine positive und eine andere negative. Zum Beispiel könnte $\sqrt{64}$ entweder 8 oder -8 sein. Zulassen von zwei Werten wie diesen gilt mittlerweile als überholt, da es leicht zu Verwirrung führt. Zum Beispiel könnte $\sqrt{49} + \sqrt{25}$ eine der vier Zahlen $7 + 5$, $7 - 5$, $-7 + 5$ und $-7 - 5$ bedeuten. Um solche Verwirrung zu vermeiden, verwenden wir anstelle von $\sqrt{a}$ die deutlichere Notation $\pm\sqrt{a}$, für die Menge $\{\sqrt{a}, -\sqrt{a}\}$, die im Falle $a > 0$ aus den zwei verschiedenen Lösungen von $x^2 = a$ gehört.

Merken Sie sich also, dass $\sqrt{a}$ immer die eindeutige *nichtnegative* Lösung der Gleichung $x^2 = a$ bezeichnet. Natürlich gilt: Wenn a negativ ist, dann hat es überhaupt keine Quadratwurzel (solange wir darauf bestehen, dass die Quadratwurzel eine reelle Zahl sein muss).

Aussagen

Behauptungen, die entweder wahr oder falsch sind, heißen *Aussagen*. Die meisten der Aussagen in diesem Buch sind mathematische Aussagen. Aber andere Arten von Aussagen treten im täglichen Leben auf. „Alle Individuen, die atmen, sind lebendig“ ist ein Beispiel einer wahren Aussage, während die Aussage „Alle Individuen, die atmen, sind gesund“ eine falsche Aussage ist. Beachten Sie: Wenn die Worte in der Formulierung solch einer Aussage keine präzise Bedeutung besitzen, wird es oft schwierig sein, zu entscheiden, ob die Aussage wahr oder falsch ist. Zum Beispiel ist die Ausage „67 ist eine große Zahl“ weder wahr noch falsch ohne präzise Definition einer „großen Zahl“.

Die Aussage „$x^2 - 1 = 0$“ enthält die Variable x. Für eine Behauptung wie dieser können wir durch Einsetzen verschiedener reeller Zahlen für die Variable x viele verschiedene Aussagen erzeugen, einige wahre und einige falsche. Aus diesem Grunde sagen wir, dass solch eine Aussage eine *offene Aussage* ist. In der Tat ist die spezielle Aussage $x^2 - 1 = 0$ wahr für $x = 1$ oder -1, aber sonst nicht. Deshalb ist eine offene Aussage nicht einfach wahr oder falsch. Stattdessen ist sie weder wahr noch falsch, bevor wir einen speziellen Wert für die Variable wählen. Dasselbe gilt für mehrere Variablen im Fall von Behauptungen wie $x^2 + y^2 = 1$.

Implikationen

Um in jedem Schritt einer Kette von logischen Schlüssen die Übersicht zu behalten, ist es oft hilfreich, „*Implikations-Pfeile*" (Folge-Pfeile) zu verwenden. Nehmen Sie an, P und Q seien zwei Aussagen, so dass gilt: Wenn P wahr ist, so ist notwendig auch Q wahr. In diesem Fall schreiben wir gewöhnlich

$$P \implies Q$$

Dies wird gelesen als „P impliziert Q" oder „wenn P, dann Q", oder „Q ist eine Folgerung aus P." oder „Q, wenn P". Ferner, da in diesem Fall Q nicht falsch sein kann, während P wahr ist, kann die Implikation auch gelesen werden als „P nur, wenn Q". Das Symbol $\implies$ ist ein *Implikations-Pfeil* (Folge-Pfeil), der in die Richtung der logischen Implikation zeigt. Daher kann $P \implies Q$ auch geschrieben werden als $Q \impliedby P$.

Beispiel 1.2.2

Hier sind einige Beispiele korrekter Implikationen:[13]

(a) $x > 2 \implies x^2 > 4$

(b) $xy = 0 \implies$ (entweder $x = 0$ oder $y = 0$)

(c) S ist ein Quadrat $\implies$ S ist ein Rechteck

(d) Sie lebt in Paris $\Rightarrow$ Sie lebt in Frankreich.

In manchen Fällen, in denen die Implikation $P \implies Q$ wahr ist, kann es auch möglich sein, einen logischen Schluss in die andere Richtung zu ziehen: $Q \implies P$ (oder $P \impliedby Q$). In solchen Fällen können wir beide Implikationen zusammen in einer einzigen *logischen Äquivalenz* schreiben:

$$P \iff Q$$

Wir sagen dann, dass „P äquivalent zu Q" ist. Weil beide Aussagen „P, wenn Q" und „P nur, wenn Q" wahr sind, sagen wir auch „P dann und nur dann, wenn Q", das im Englischen oft als „P iff Q" (if and only if) geschrieben wird. Wenig überraschend sagen wir dafür auch: „P gilt genau dann, wenn Q gilt." Das Symbol $\iff$ ist ein *Äquivalenz-Pfeil.*

Wir sehen, dass in Beispiel 1.2.2 der Implikations-Pfeil in (b) durch einen Äquivalenz-Pfeil ersetzt werden kann, weil es auch wahr ist, dass $x = 0$ oder $y = 0$ impliziert, dass $xy = 0$ gilt. Beachten Sie jedoch, dass keine andere Implikation in Beispiel 1.2.2 durch einen Äquivalenz-Pfeil ersetzt werden kann, weil:

(a) Selbst wenn x^2 größer ist als 4, ist nicht notwendig wahr, dass x größer ist als 2 (z. B. könnte $x = -3$ sein).

(c) Ein Rechteck ist nicht notwendig ein Quadrat.

(d) Es gibt Millionen Menschen, die in Frankreich leben, aber nicht in Paris.

[13] Natürlich sprechen wir in (d) über Paris in Frankreich und nicht über Paris in Texas oder Paris in Ontario.

Beispiel 1.2.3

Hier sind drei Beispiele korrekter Äquivalenzen:

(a) $(x < -2 \text{ oder } x > 2) \Longleftrightarrow x^2 > 4$

(b) $xy = 0 \Longleftrightarrow (x = 0 \text{ oder } y = 0)$

(c) $A \subseteq B \Longleftrightarrow (B^c \subseteq A^c)$

Das Prinzip der Kontraposition

Nehmen Sie an: P und Q sind Aussagen, so dass die Implikation $P \Rightarrow Q$ gültig ist. Dies bedeutet: *Wenn* P wahr ist, dann muss Q auch wahr sein. Daraus folgt: Wenn Q falsch ist, dann ist P auch falsch. Deshalb haben wir die Implikation (nicht $Q \Rightarrow$ nicht P).

Wir haben gerade gezeigt: $P \Rightarrow Q$ impliziert (nicht $Q \Rightarrow$ nicht P). Nehmen Sie an: Wir ersetzen in dieser Implikation P durch nicht Q und Q durch nicht P. Die neue resultierende Implikation ist: (nicht $Q \Rightarrow$ nicht P) impliziert (nicht nicht $P \Rightarrow$ nicht nicht Q). Aber: (nicht nicht P) ist wahr genau dann, wenn (nicht P) falsch ist. Mit anderen Worten: Genau dann, wenn P wahr ist. In der gleichen Weise können wir sehen, dass (nicht nicht Q) dasselbe ist wie Q.

Damit haben wir gezeigt: $P \Rightarrow Q$ impliziert (nicht $Q \Rightarrow$ nicht P). Und (nicht $Q \Rightarrow$ nicht P) impliziert $P \Rightarrow Q$. Wir formalisieren diese Resultat wie folgt:

Das Prinzip der Kontraposition

Die Aussage $P \Rightarrow Q$ ist logisch äquivalent zu der Aussage

$$\text{nicht } Q \;\Rightarrow\; \text{nicht } P$$

Dieses Prinzip ist oft nützlich für den Beweis mathematischer Resultate.

Notwendige und hinreichende Bedingungen

Es gibt andere häufig genutzte Möglichkeiten die Behauptung auszudrücken, dass die Aussage P die Aussage Q impliziert oder die alternative Behauptung, dass P äquivalent ist zu Q. Daher: Wenn die Aussage P die Aussage Q impliziert, sagen wir: P ist eine „hinreichende Bedingung" für Q. Und schließlich: Damit Q wahr ist, ist hinreichend, dass P wahr ist. Entsprechend wissen wir: Wenn P wahr ist, dann ist es sicher, dass auch Q wahr ist. Weil Q notwendigerweise wahr sein muss, wenn P wahr ist, sagen wir in diesem Fall, dass Q eine „notwendige Bedingung" für P ist. Daher gilt:

Notwendige und hinreichende Bedingungen

(a) $P \Rightarrow Q$ bedeutet sowohl P ist eine *hinreichende Bedingung* für Q als auch äquivalent dazu, dass Q eine *notwendige Bedingung* für P ist.

(b) Der entsprechende verbale Ausdruck für $P \Leftrightarrow Q$ ist: P ist eine *notwenige und hinreichende Bedingung* für Q.

Es lohnt sich zu betonen, wie wichtig es ist, zwischen den drei Aussagen, „P ist eine notwendige Bedingung für Q“, „P ist eine hinreichende Bedingung für Q“ und „P ist eine notwendige und hinreichende Bedingung für Q“ zu unterscheiden. Um diesen Punkt hervorzuheben, betrachten Sie die Aussagen:

Leben in Frankreich ist eine notwendige Bedingung für eine Person, um in Paris zu leben.

und

Leben in Paris ist eine notwendige Bedingung für eine Person, um in Frankreich zu leben.

Die erste Aussage ist selbstverständlich wahr. Aber die zweite ist falsch,[14] weil es möglich ist in Frankreich zu leben, aber außerhalb von Paris. Wahr ist jedoch die folgende Aussage

Leben in Paris ist eine hinreichende Bedingung für eine Person, um in Frankreich zu leben.

Auf den folgenden Seiten werden wir wiederholt von notwendigen Bedingungen, von hinreichenden Bedingungen, wie auch von notwendigen und hinreichenden Bedingungen sprechen – d. h. Bedingungen, die beides, nämlich notwendig und hinreichend sind. Das Verständnis dieser drei und der Unterschiede zwischen ihnen ist eine notwendige Bedingung, um viel von ökonomischen Analysen zu verstehen. Es ist keine hinreichende Bedingung, leider Gottes!

Beispiel 1.2.4

Warum war bei der Lösung des Beispiels 1.2.1 nötig, zu prüfen, dass die gefundenen Werte tatsächlich Lösungen sind? Um dies zu beantworten, müssen wir die logische Struktur unserer Analysis untersuchen. Indem wir mit Buchstaben versehene Implikations-Pfeile benutzen, können wir die dortige „Lösung“ wie folgt beschreiben:

$$
\begin{aligned}
x+2=\sqrt{4-x} &\overset{(a)}{\Longrightarrow} (x+2)^2=4-x \\
&\overset{(b)}{\Longrightarrow} x^2+4x+4=4-x \\
&\overset{(c)}{\Longrightarrow} x^2+5x=0 \\
&\overset{(d)}{\Longrightarrow} x(x+5)=0 \\
&\overset{(e)}{\Longrightarrow} [x=0 \text{ oder } x=-5]
\end{aligned}
$$

Die Implikation (a) ist wahr, weil für alle a, b gilt: $a=b \Longrightarrow a^2=b^2$ und für alle $a \geq 0$ gilt $\left(\sqrt{a}\right)^2=a$. Es ist jedoch wichtig zu beachten, dass diese Implikation nicht durch eine Äquivalenz ersetzt werden kann: Wenn $a^2=b^2$, dann ist entweder $a=b$ oder $a=-b$; es muss nicht wahr sein, dass $a=b$ gilt. Die Implikationen (b), (c), (d) und

[14] Genau so wie die Aussage *Leben in Frankreich ist äquivalent zu Leben in Paris.*

(e) sind auch alle wahr. Darüberhinaus hätten sie alle als Äquivalenzen geschrieben werden können, obwohl dies nicht nötig ist, um die Lösung zu finden. Wir haben also eine Kette von Implikationen erhalten, die von der Gleichung $x + 2 = \sqrt{4 - x}$ zu der Aussage „$x = 0$ oder $x = -5$" führt.

Da die Implikation (a) nicht umgekehrt werden kann, gibt es keine Kette von Implikationen in die umgekehrte Richtung. Alles, was wir herausgefunden haben, ist: Wenn die Zahl x die Gleichung $x + 2 = \sqrt{4 - x}$ erfüllt, dann muss x entweder 0 oder -5 sein; kein anderer Wert kann die gegebene Gleichung erfüllen. Wir haben jedoch noch nicht gezeigt, dass einer der Werte 0 oder -5 tatsächlich die Gleichung erfüllt. Nur nachdem wir versucht haben, 0 und -5 in die Gleichung einzusetzen, sehen wir, dass $x = 0$ die einzige Lösung ist.

Wenn wir auf Beispiel 1.2.1 zurückschauen, können wir jetzt sehen, dass wir dort zwei Fehler begangen haben. Erstens ist die Implikation $x^2 + 5x = 0 \Rightarrow x + 5 = 0$ falsch, weil $x = 0$ auch eine Lösung von $x^2 + 5x = 0$ ist. Zweitens ist es logisch notwendig, zu überprüfen, ob 0 oder -5 tatsächlich die Gleichung erfüllen.

Aufgaben für Kapitel 1.2

1. Es gibt viele andere Arten, Implikationen und Äquivalenzen auszudrücken, abgesehen von denen, die wir schon erwähnt haben. Verwenden Sie geeignete Implikations- oder Äquivalenz-Pfeile, um die folgenden Aussagen darzustellen.

(a) Die Gleichung $2x - 4 = 2$ ist nur erfüllt, wenn $x = 3$.

(b) Wenn $x = 3$ ist, dann ist $2x - 4 = 2$.

(c) Die Gleichung $x^2 - 2x + 1 = 0$ ist erfüllt, wenn $x = 1$ ist.

(d) Wenn $x^2 > 4$ ist, dann ist $|x| > 2$ und umgekehrt.

2. Bestimmen Sie, welche der folgenden Formeln gültig sind. Wenn eine Formel falsch ist, so finden Sie ein Gegenbeispiel, um dies zu illustieren. Nutzen Sie ein Venn-Diagramm, wenn Sie es als hilfreich erachten.

(a) $A \subseteq B \Leftrightarrow A \cup B = B$ (b) $A \subseteq B \Leftrightarrow A \cap B = A$ (c) $A \cap B = A \cap C \Rightarrow B = C$

(d) $A \cup B = A \cup C \Rightarrow B = C$ (e) $A = B \Leftrightarrow (x \in A \Leftrightarrow x \in B)$

3. Bei jeder der folgenden Implikationen, in denen x, y und z Zahlen sind, entscheiden Sie: (i) ob die Implikation wahr ist; und (ii) ob die umgekehrte Implikation wahr ist.

(a) $x = \sqrt{4} \Rightarrow x = 2$ (b) $(x = 2 \text{ und } y = 5) \Rightarrow x + y = 7$

(c) $(x - 1)(x - 2)(x - 3) = 0 \Rightarrow x = 1$ (d) $x^2 + y^2 = 0 \Rightarrow x = 0 \text{ oder } y = 0$

(e) $(x = 0 \text{ und } y = 0) \Rightarrow x^2 + y^2 = 0$ (f) $xy = xz \Rightarrow y = z$

4. Betrachten Sie die Aussage $2x + 5 \geq 13$.

(a) Ist die Bedingung $x \geq 0$ notwendig oder hinreichend oder beides notwendig und hinreichend, damit die Ungleichung erfüllt ist?

(b) Beantworten Sie dieselbe Frage, wenn $x \geq 0$ ersetzt wird durch $x \geq 50$.

(c) Beantworten Sie dieselbe Frage, wenn $x \geq 0$ ersetzt wird durch $x \geq 4$.

➜ Fortsetzung

Anspruchsvollere Aufgabe

5. Wenn P eine Aussage ist, so ist ihre *Negation* die Aussage, die wahr ist, wenn P falsch ist und die falsch ist, wenn P wahr ist. Zum Beispiel ist die Negation der Aussage $2x + 3y \leq 8$ gegeben durch $2x + 3y > 8$. Formulieren Sie für jede der sechs folgenden Aussagen die Negation so einfach wie möglich.

(a) $x \geq 0$ und $y \geq 0$.

(b) Alle x erfüllen $x \geq a$.

(c) Weder x noch y ist kleiner als 5.

(d) Für jedes $\varepsilon > 0$, existiert ein $\delta > 0$ so dass B erfüllt ist.

(e) Jeder mag Katzen.

(f) Jeder liebt jemanden einige Zeit.

► Lösungen zu den Aufgaben finden Sie im Anhang des Buches.

1.3 Mathematische Beweise

In Mathematik werden die wichtigsten Resultate *Theoreme* genannt. Die Konstruktion logisch einwandfreier Beweise für diese Resultate kann oft sehr kompliziert sein.[15] In diesem Buch lassen wir oft formale Beweise von Theoremen weg. Stattdessen legen wir den Schwerpunkt darauf, einen guten intuitiven Hintergrund zu vermitteln über das, was die Theoreme uns sagen wollen. Nichtsdestoweniger ist es dennoch nützlich, etwas über die verschiedenen Beweistypen zu verstehen, die in der Mathematik verwendet werden.

Jedes mathematische Theorem kann formuliert werden als eine oder mehrere Implikationen der Form

$$P \Longrightarrow Q \tag{$*$}$$

wobei P eine Aussage oder eine Reihe von Aussagen darstellt, die *Voraussetzungen* (Prämissen, „das, was wir schon wissen") genannt werden und Q ist eine oder eine Reihe von Aussagen, die *(Schluss-)Folgerungen* („das, was wir wissen wollen") genannt werden.

Gewöhnlich ist es der natürlichste Weg, ein Resultat der Art $(*)$ zu beweisen, indem man mit den Voraussetzungen P beginnt und sich nach und nach zu den Folgerungen Q vorarbeitet. Wir nennen diese Vorgehensweise einen *direkten Beweis*. Manchmal ist es jedoch vorteilhafter, die Implikation $P \Longrightarrow Q$ durch einen *kontrapositiven* oder *indirekten Beweis* zu beweisen. In diesem Fall beginnen wir mit der Annahme, dass Q nicht wahr ist und zeigen dann auf dieser Grundlage, dass P auch nicht wahr sein kann. Dies ist völlig legitim wegen des in Kap. 1.2 dargelegten Prinzips der Kontraposition.

[15] Zum Beispiel betrachtet das „Vierfarben-Theorem" eine Landkarte, die eine Ebene in mehrere Regionen aufteilt, und dabei das Problem der Einfärbung dieser Regionen, so dass keine zwei benachbarte Regionen dieselbe Farbe haben. Wie der Name vermuten lässt, behauptet das Theorem, dass höchstens vier Farben benötigt werden. Das Resultat wurde in der Mitte des 19-ten Jahrhunderts vermutet. Jedoch verlangt der Beweis, dass Hunderttausende von verschiedenen Fällen überprüft werden müssen. Nicht vor den 1980-ern machte ein hochentwickeltes Computerprogramm einen Beweis möglich, den Mathematiker jetzt allgemein als korrekt akzeptieren.

Die Methode des indirekten Beweises ist eng verwandt mit einer anderen Methode, die bekannt ist als *Beweis durch Widerspruch* oder als *Reductio ad absurdum*. Um zu zeigen, dass $P \Rightarrow Q$ wahr ist, nimmt man bei dieser Methode an, dass P wahr ist und Q nicht, und entwickelt dann ein Argument, dass zu etwas führt, das *nicht* wahr sein *kann*. Da P und die Negation von Q zu etwas Absurdem führen, muss es so sein: Wann immer P gilt, dann muss auch Q gelten.

Beispiel 1.3.1

Zeigen Sie: $-x^2 + 5x - 4 > 0 \Longrightarrow x > 0$

Lösung: Wir können jede der drei Beweismethoden verwenden:

(a) *Direkter Beweis:* Nehmen Sie an, dass $-x^2 + 5x - 4 > 0$. Addition von $x^2 + 4$ zu jeder Seite der Ungleichung ergibt $5x > x^2 + 4$. Weil $x^2 + 4 \geq 4$ für alle x, folgt $5x > 4$ und damit $x > 4/5$. Insbesondere ist dann $x > 0$.

(b) *Beweis durch Kontraposition:* Nehmen Sie an, dass $x \leq 0$. Dann ist $5x \leq 0$ und damit ist $-x^2 + 5x - 4$ als Summe von drei nichtpositiven Termen selbst nichtpositiv.

(c) *Beweis durch Widerspruch:* Nehmen Sie an, dass $-x^2 + 5x - 4 > 0$ und $x \leq 0$ gleichzeitig wahr sind. Dann haben wir wie im ersten Schritt des direkten Beweises $5x > x^2 + 4$. Da aber $5x \leq 0$, müssen wir wie im ersten Schritt des Beweises durch Kontraposition schließen, dass $0 > x^2 + 4$. Da Letzteres unmöglich wahr sein kann, haben wir bewiesen, dass $-x^2 + 5x - 4 > 0$ und $x \leq 0$ nicht beide wahr sein können, so dass $-x^2 + 5x - 4 > 0 \Rightarrow x > 0$, wie gewünscht.

Deduktive und induktive Schlussfolgerung

Die gerade vorgestellten Beweismethoden sind alle Beispiele der *deduktiven Schlussweise*, d. h. Schlussweisen, die auf konsistenten Regeln der Logik basieren. Im Gegensatz dazu benutzen viele Zweige der Wissenschaft *induktive Schlussweisen*. Dabei werden allgemeine Schlüsse gezogen, die nur auf wenigen (manchmal auch vielen) Beobachtungen beruhen. Zum Beispiel: Die Aussage „das Preisniveau hat in den letzten n Jahren in jedem Jahr zugenommen, deshalb wird es sicherlich im nächsten Jahr auch zunehmen" demonstiert die induktive Schlussweise. Diese induktive Vorgehensweise ist dennoch von fundamentaler Bedeutung in den experimentellen und empirischen Wissenschaften trotz der Tatsache, dass darauf beruhende Schlussfolgerungen niemals absolut sicher sind. In der Tat, in den Wirtschaftswissenschaften erweisen sich solche Beispiele induktiver Schlussweisen (oder der implizierten Vorhersagen) oft im Nachhinein als falsch.

In der Mathematik ist induktive Schlussweise nicht als Beweismethode anerkannt. Nehmen Sie z. B. an, dass Studierende in einem Geometrie-Kurs zeigen sollen, dass die Summe der Winkel eines Dreiecks immer 180 Grad ist. Wenn sie gewissenhaft so genau wie möglich 1000 verschiedene Dreiecke ausmessen und zeigen, dass in jedem Fall die Summe der Winkel 180 Grad ist, würde das nicht als Beweis für diese Behauptung gelten. Im besten Fall wäre es ein sehr gutes Anzeichen dafür, dass die Behauptung wahr ist, aber es ist kein mathematischer Beweis. Ebenso ist in der Betriebswirtschaft die Tatsache, dass die Gewinne eines Unternehmens in jedem der letzten 20 Jahren angestiegen sind, keine Garantie dafür, dass sie auch in diesem Jahr wieder steigen werden.

Aufgaben für Kapitel 1.3

1. Welche der folgenden Aussagen sind äquivalent zu der (zweifelhaften) Aussage: „Wenn die Inflation steigt, fällt die Arbeitslosigkeit."

(a) Damit die Arbeitslosigkeit fällt, muss die Inflation steigen.

(b) Eine hinreichende Bedingung für das Fallen der Arbeitslosigkeit ist, dass die Inflation steigt.

(c) Arbeitslosigkeit kann nur fallen, wenn die Inflation steigt.

(d) Wenn die Arbeitslosigkeit nicht fällt, steigt die Inflation nicht.

(e) Eine notwendige Bedingung für das Steigen der Inflation ist das Fallen der Arbeitslosigkeit.

2. Analysieren Sie die folgende Grabinschrift mit Hilfe der Logik: *Diejenigen, die ihn kannten, liebten ihn. Diejenigen, die ihn nicht liebten, kannten ihn nicht.* Ist dies vielleicht ein Fall, in dem Poesie besser ist als Logik?

3. Nutzen Sie das Prinzip der Kontraposition, um zu zeigen: Wenn x und y ganze Zahlen sind und xy eine ungerade Zahl ist, dann sind x und y beide ungerade.

1.4 Mathematische Induktion

Anders als induktive Schlussfolgerung ist mathematische oder vollständige Induktion eine Beweisform, die komplett auf Logik beruht. Sie findet weitverbreitete Anwendung, um Formeln und sogar Theoreme zu beweisen, die natürliche Zahlen einbeziehen. Betrachten Sie z. B. die Summe der ersten n ungeraden Zahlen. Eine kleine Rechnung zeigt, dass für $n = 1, 2, 3, 4, 5$ gilt

$$\begin{aligned} 1 &= 1 = 1^2 \\ 1 + 3 &= 4 = 2^2 \\ 1 + 3 + 5 &= 9 = 3^2 \\ 1 + 3 + 5 + 7 &= 16 = 4^2 \\ 1 + 3 + 5 + 7 + 9 &= 25 = 5^2 \end{aligned}$$

Dies lässt ein allgemein gültiges Muster vermuten, nämlich, dass die Summe der ersten n ungeraden Zahlen gleich n^2 ist:

$$A(n): \quad 1 + 3 + 5 + \cdots + (2n - 1) = n^2 \qquad (*)$$

Wir nennen Gleichung $(*)$ die *Induktionshypothese*, eine Aussage, die wir mit $A(n)$ bezeichnen. Um zu zeigen, dass $A(n)$ wirklich für alle n gültig ist, können wir wie folgt vorgehen. Zuerst starten wir mit der *Ausgangssituation*, bezeichnet mit $A(1)$, die behauptet, dass Gleichung $(*)$ korrekt ist, wenn $n = 1$ ist.

Als nächstes fordert der entscheidende *Induktionsschritt*, für jedes $k \geq 1$ zu zeigen: Wenn $A(k)$ wahr ist, dann folgt, dass $A(k+1)$ wahr ist. Mit anderen Worten: Man beweist: $A(k) \Longrightarrow A(k+1)$. Um dies zu tun, addieren wir einfach die $(k+1)$-te ungerade Zahl, welche $2k+1$ ist, zu jeder Seite von $(*)$. Dies ergibt:

$$1 + 3 + 5 + \cdots + (2k-1) + (2k+1) = k^2 + (2k+1) = (k+1)^2$$

Dies ist aber genau $A(k+1)$, wobei: (i) die linke Seite der Formel $(*)$ nicht mit der k-ten ungeraden Zahl $2k-1$ endet, sondern mit der $(k+1)$-ten ungeraden Zahl $2k+1$; (ii) die rechte Seite von $(*)$ von k^2 auf $(k+1)^2$ „angestiegen" ist. Dies beendet den Beweis des „Induktionsschritts", der zeigt: Wenn $A(k)$ gilt, weil die Summe der ersten k ungeraden Zahlen tatsächlich k^2 ist, dann gilt $A(k+1)$, weil die Summe der ersten $k+1$ ungeraden Zahlen gleich $(k+1)^2$ ist.

Gegeben die Ausgangssituation, dass Formel $(*)$ gültig ist für $n = 1$, *impliziert* dieser „Induktionsschritt", dass $(*)$ gültig ist für allgemeines n. Denn wir haben gerade gezeigt: Wenn $(*)$ wahr ist für $n = 1$, dann impliziert der Induktionsschritt, den wir gerade gezeigt haben, dass es auch wahr ist für $n = 2$; und wenn es für $n = 2$ wahr ist, dann ist es auch wahr für $n = 3; \ldots$; und wenn es für n wahr ist, dann ist es wahr für $n + 1$; usw.

Ein Beweis dieser Art heißt *Beweis durch Induktion*.[16] Er verlangt im Induktionsanfang zu zeigen, dass die Formel tatsächlich wahr ist für $n = 1$ und zweitens im Induktionsschritt, dass die Formel auch für $n = k + 1$ gültig ist, *wenn* sie für $n = k$ gültig ist. Es folgt durch Induktion, dass die Formel dann für alle natürlichen Zahlen n gültig ist.

Beispiel 1.4.1

Zeigen Sie durch Induktion, dass für alle positiven ganzen Zahlen n gilt:

$$3 + 3^2 + 3^3 + 3^4 + \cdots + 3^n = \frac{1}{2}(3^{n+1} - 3) \qquad (**)$$

Lösung: Im Induktionsanfang, wenn $n = 1$, sind beide Seiten 3. Für den Induktionsschritt nehmen Sie an, dass $(**)$ gültig ist für $n = k$. Indem wir dann den nächsten Term 3^{k+1} zu beiden Seiten von $(**)$ addieren, ergibt sich:

$$3 + 3^2 + 3^3 + 3^4 + \cdots + 3^k + 3^{k+1} = \frac{1}{2}(3^{k+1} - 3) + 3^{k+1} = \frac{1}{2}(3^{k+2} - 3)$$

Dies ist aber genau $(**)$ für $n = k + 1$ anstelle von k. Damit ist durch Induktion $(**)$ gültig für alle n.

Diesem Beispiel folgend kann die allgemeine Struktur eines Induktionsbeweises wie folgt erklärt werden: Das Ziel ist, eine logische Aussage zu beweisen, zum Beipiel dass eine mathematische Formel $A(n)$, die von n abhängt, für alle natürlichen Zahlen n gültig ist. In den beiden vorausgehenden Beispielen waren die entsprechenden

[16] Argumente über Induktion können zurückverfolgt werden bis zu alten griechischen Philosophen und Mathematikern, einschließlich Plato und Euklid.

Aussagen $A(n)$ gegeben durch:

$$A(n): \quad 1 + 3 + 5 + \cdots + (2n - 1) = n^2$$

und

$$A(n): \quad 3 + 3^2 + 3^3 + 3^4 + \cdots + 3^n = \tfrac{1}{2}(3^{n+1} - 3)$$

Die in jedem Beweis verlangten Schritte sind wie folgt: Zeigen Sie zunächst als Induktionsanfang, dass $A(1)$ gültig ist, d. h. dass die Formel korrekt ist für $n = 1$. Zweitens: Beweisen Sie dann für jede natürliche Zahl k: Wenn $A(k)$ wahr ist, dann folgt, dass $A(k+1)$ wahr sein muss. Dabei wird die Tatsache, dass $A(k)$ wahr ist, die *Induktionshypothese* genannt und der Schritt von $A(k)$ auf $A(k+1)$ heißt *der Induktionsschritt* des Beweises. Wenn $A(1)$ wahr ist und der Induktionsschritt für eine beliebige natürliche Zahl k bewiesen ist, können wir durch Induktion schließen, dass die Aussage $A(n)$ für alle n wahr ist.

Das allgemeine Prinzip kann wie folgt formuliert werden:

Das Prinzip der mathematischen Induktion

Für jede natürliche Zahl n bezeichne $A(n)$ eine Aussage, die von n abhängt. Nehmen Sie an:

(a) $A(1)$ ist wahr; und

(b) für jede natürliche Zahl k gilt: *Wenn* $A(k)$ wahr ist, *dann* ist $A(k+1)$ wahr. (1.4.1)

Es folgt, dass $A(n)$ wahr ist für alle natürlichen Zahlen n.

Das Prinzip der mathematischen Induktion erscheint unmittelbar einleuchtend. Wenn die Gültigkeit von $A(k)$ für jedes k die Gültigkeit von $A(k+1)$ impliziert, dann ist wegen der Gültigkeit von $A(1)$ auch $A(2)$ gültig, was wiederum bedeutet, dass $A(3)$ gültig ist und unbegrenzt so weiter.[17] Das heißt: Wir haben die folgende unendliche Kette von Implikationen bestätigt:

$$A(1) \Rightarrow A(2) \Rightarrow A(3) \Rightarrow \cdots \Rightarrow A(k) \Rightarrow A(k+1) \Rightarrow \cdots$$

Das Prinzip der mathematischen Induktion kann leicht auf den Fall verallgemeinert werden, in dem eine Aussage $A(n)$ wahr ist für jede ganze Zahl größer oder gleich einer beliebigen ganzen Zahl n_0. In der Tat, nehmen Sie an, dass wir beweisen können, dass $A(n_0)$ gültig ist und ferner für jedes $k \geq n_0$: Wenn $A(k)$ wahr ist, dann ist auch $A(k+1)$ wahr. Dann folgt, dass $A(n)$ wahr ist für alle $n \geq n_0$.

[17] Eine Analogie: Betrachten Sie eine Leiter mit einer unendlichen Anzahl von Stufen. Nehmen Sie an, dass Sie die erste Stufe erklimmen können. Nehmen Sie weiter an, dass Sie nach jeder Stufe jeweils die nächste ersteigen können. Dann sind Sie in der Lage, zu jeder beliebigen Stufe hinaufzukommen. Buchstäblich beweisen Induktionsargumente allgemeine Aussagen *Stufe für Stufe*!

Aufgaben für Kapitel 1.4

1. Beweisen Sie durch Induktion, dass für alle natürlichen Zahlen n gilt:

$$1 + 2 + 3 + \cdots + n = \frac{1}{2}n(n+1) \tag{$*$}$$

2. Beweisen Sie durch Induktion:

$$\frac{1}{1 \cdot 2} + \frac{1}{2 \cdot 3} + \frac{1}{3 \cdot 4} + \cdots + \frac{1}{n(n+1)} = \frac{n}{n+1} \tag{$**$}$$

3. Bemerken Sie zunächst, dass $1^3 + 2^3 + 3^3 = 36$ teilbar ist durch 9. Zeigen Sie dann durch Induktion, dass die Summe $n^3 + (n+1)^3 + (n+2)^3$ dreier aufeinander folgender Kubikzahlen immer durch 9 teilbar ist.

4. Sei $A(n)$ die Aussage:

Für jede Menge von n Personen in einem Raum gilt: Alle haben dasselbe Einkommen.

Finden Sie heraus, was an dem folgendem „Induktionsargument" falsch ist:

$A(1)$ ist offensichtlich wahr. Nehmen Sie an, dass $A(k)$ wahr ist für eine natürliche Zahl k. Wir wollen dann beweisen, dass $A(k+1)$ wahr ist. Nehmen Sie also irgendeine Menge von $k+1$ Personen in einem Raum und schicken Sie einen von ihnen nach draußen. Die verbleibenden k Personen haben nach der Induktionshypothese alle dasselbe Einkommen. Bringen Sie die Person zurück in den Raum und schicken Sie stattdessen eine andere Person nach draußen. Wiederum werden die im Raum verbliebenen Personen dasselbe Einkommen haben. Aber dann werden alle $k+1$ Personen dasselbe Einkommen haben. Durch Induktion ist damit bewiesen, dass alle n Personen dasselbe Einkommen haben.

► Lösungen zu den Aufgaben finden Sie im Anhang des Buches.

Aufgaben zur Wiederholung für Kapitel 1

1. Sei $A = \{1, 3, 4\}$, $B = \{1, 4, 6\}$, $C = \{2, 4, 3\}$ und $D = \{1, 5\}$.
Bestimmen Sie $A \cap B$; $A \cup B$; $A \setminus B$; $B \setminus A$; $(A \cup B) \setminus (A \cap B)$; $A \cup B \cup C \cup D$; $A \cap B \cap C$ und $A \cap B \cap C \cap D$.

2. Die Grundmenge sei $\Omega = \{1, 2, 3, 4, \ldots, 11\}$. Definieren Sie $A = \{1, 4, 6\}$ und $B = \{2, 11\}$. Bestimmen Sie $A \cap B$; $A \cup B$; $\Omega \setminus B$; A^c.

3. Eine Fakultät für Geisteswissenschaften hat 1000 Studierende. Die Anzahlen der Studierenden, die die folgenden Sprachen studieren, seien Englisch (E) 780, Französisch (F) 220 und Spanisch (S) 52. Unter diesen sind 110, die Englisch und Französisch, 32, die Englisch und Spanisch, 15, die Französisch und Spanisch studieren. Schließlich sind unter all diesen Zahlen noch 10 Studierende, die alle drei Sprachen studieren.

(a) Wie viele studieren Englisch und Französisch, aber nicht Spanisch?

(b) Wie viele studieren Englisch, aber nicht Französisch?

(c) Wie viele studieren keine Sprachen?

4. Seien x und y reelle Zahlen. Betrachten Sie die folgenden Implikationen und entscheiden Sie in jedem Fall: (i) ob die Implikation wahr ist und (ii) ob die umgekehrte Implikation wahr ist.

(a) $x = 5$ und $y = -3 \Longrightarrow x + y = 2$

(b) $x^2 = 16 \Longrightarrow x = 4$

(c) $(x-3)^2(y+2) > 0 \Longrightarrow y > -2$

(d) $x^3 = 8 \Longrightarrow x = 2$

Anspruchsvollere Aufgabe

5. (Wenn Sie nicht mit Ungleichungen und mit n-ten Potenzen vertraut sind, schauen Sie in Kap. 2.2 und 2.6.) Beweisen Sie das folgende Resultat, das unter dem Namen *Bernoullische Ungleichung* bekannt ist:[18] Für jede reelle Zahl $x \geq -1$ und jede natürliche Zahl n gilt: $(1 + x)^n \geq 1 + nx$

► Lösungen zu den Aufgaben finden Sie im Anhang des Buches.

[18] Benannt nach Jacob Bernoulli (1654–1705), einer aus einer großen Familie von prominenten Mathematikern und anderen Wissenschaftlern.

Algebra

2

2.1 Die reellen Zahlen 52
2.2 Potenzen mit ganzzahligen Exponenten 55
2.3 Regeln der Algebra 62
2.4 Brüche 67
2.5 Potenzen mit gebrochenen Exponenten 73
2.6 Ungleichungen 78
2.7 Intervalle und Absolutbeträge 83
2.8 Vorzeichen-Diagramme 87
2.9 Summennotation 90
2.10 Regeln für Summen 94
2.11 Newtons Binomische Formeln 98
2.12 Doppelsummen 102
Aufgaben zur Wiederholung für Kapitel 2 105

ÜBERBLICK

Die ganzen Zahlen hat der liebe Gott gemacht, alles andere ist Menschenwerk.

–Leopold Kronecker[1]

Dieses einführende Kapitel befasst sich im Wesentlichen mit elementarer Algebra. Wir betrachten jedoch auch ganz kurz einige andere Themen, die es wert sind, wiederholt zu werden. Untersuchungen haben gezeigt, dass auch Studierende mit einem guten mathematischen Hintergrund oft von einer kurzen Wiederholung dessen, was sie in der Vergangenheit gelernt haben, profitieren. Diese Studierenden sollten das Material überfliegen und einige der weniger einfachen Probleme bearbeiten. Diejenigen mit einem schwächeren Hintergrund in Mathematik oder diejenigen, die längere Zeit nichts mit Mathematik zu tun hatten, sollten den Text sorgfältig lesen und dann die meisten der Übungsaufgaben bearbeiten. Diejenigen, die beträchtliche Schwierigkeiten mit diesem Kapitel haben, sollten sich ein elementareres Buch über Algebra suchen.

2.1 Die reellen Zahlen

Wir beginnen mit der Wiederholung einiger einfacher Eigenschaften und Resultate von Zahlen. Die grundlegenden Zahlen sind die *natürlichen Zahlen*:

$$1,\ 2,\ 3,\ 4,\ \ldots \tag{2.1.1}$$

auch *positive ganze Zahlen* genannt. Von diesen sind die Vielfachen von 2 die *geraden Zahlen* 2, 4, 6, 8, ..., während 1, 3, 5, 7, ... die *ungeraden Zahlen* sind. Obwohl das für uns vertraut ist, sind solche Zahlen für uns in Wirklichkeit ziemlich abstrakte und hochentwickelte Konzepte. Die Kultur überschritt eine bemerkenswerte Schwelle, als sie die Idee verstand, dass eine Herde von vier Schafen und eine Sammlung von vier Steinen etwas gemeinsam haben, nämlich die „Vierheit“. Diese Idee wurde dargestellt durch solch primitive Symbole wie ∷ (immer noch verwendet auf Dominosteinen oder Spielkarten), die römische Ziffer IV und schließlich die moderne 4. Die meisten Kinder begreifen diese grundlegende Notation, wenn sie noch sehr jung sind und erweitern sie stetig, wenn sie ihre mathematischen Fähigkeiten entwickeln.

Die positiven ganzen Zahlen, zusammen mit 0 und den *negativen Zahlen* −1, −2, −3, −4, ... bilden die *ganzen Zahlen*:

$$0,\ \pm 1,\ \pm 2,\ \pm 3,\ \pm 4,\ \ldots \tag{2.1.2}$$

Sie können auf einer *Zahlengeraden* wie der in Abb. 2.1.1 dargestellt werden, wobei der Pfeil die Richtung angibt, in der die Zahlen ansteigen.

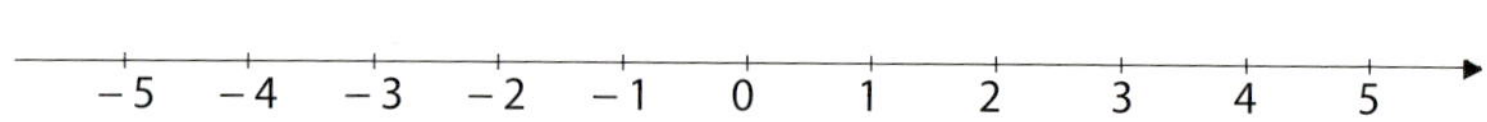

Abbildung 2.1.1: Die Zahlengerade

[1] etwa 1886.

Die *rationalen Zahlen* sind solche Zahlen wie $3/5$, die in der Form a/b geschrieben werden können, wobei a und b beides ganze Zahlen sind und $b \neq 0$. Eine ganze Zahl n ist auch eine rationale Zahl, weil $n = n/1$. Andere Beispiele für rationale Zahlen sind:

$$\frac{1}{2}, \quad \frac{11}{70}, \quad \frac{125}{7}, \quad -\frac{10}{11}, \quad 0 = \frac{0}{1}, \quad -19, \quad -1.26 = -\frac{126}{100}.$$

Die rationalen Zahlen können auch auf der Zahlengeraden dargestellt werden. Stellen Sie sich vor, dass wir zunächst $1/2$ auf der Zahlengeraden markieren und dann alle Vielfachen von $1/2$. Dann markieren wir $1/3$ und alle Vielfachen von $1/3$, dann alle Vielfachen von $1/4$ usw. Es wird Ihnen nachgesehen, wenn Sie denken, dass es „schließlich" keine Lücken mehr geben wird, in denen man andere Zahlen auf der Geraden finden könnte. Dies ist jedoch völlig falsch. Die alten Griechen wussten bereits, dass noch „Löcher" auf der Zahlengeraden bleiben würden, selbst wenn alle rationalen Zahlen markiert wären. So gibt es z. B. keine ganzen Zahlen p und q, so dass $\sqrt{2} = p/q$. Daher ist $\sqrt{2}$ keine rationale Zahl.[2]

Die rationalen Zahlen reichen deshalb nicht aus, um alle möglichen Längen, geschweige denn Flächen und Volumen zu messen. Dieser Mangel kann behoben werden, indem man das Konzept der Zahlen um die sogenannten *irrationalen Zahlen* erweitert. Wie unten erklärt, kann diese Erweiterung auf ganz natürliche Weise mithilfe der Dezimaldarstellung für Zahlen durchgeführt werden.

Die meisten Menschen schreiben Zahlen heute im sogenannten *Dezimalsystem* oder im *System zur Basis 10*. Es ist ein positionales System mit 10 als Basiszahl. Jede natürliche Zahl kann ausschließlich mit den Symbolen 0, 1, 2, ..., 9 geschrieben werden, die (Dezimal-) *Ziffern* genannt werden.[3] Das positionale Dezimalsystem nutzt eine Liste von Dezimalziffern, um eine Summe von Potenzen zur Basis 10 darzustellen, z. B.

$$1984 = 1 \cdot 10^3 + 9 \cdot 10^2 + 8 \cdot 10^1 + 4 \cdot 10^0$$

Jede natürliche Zahl kann eindeutig in dieser Form dargestellt werden. Mithilfe der Zeichen + und − können alle ganzen Zahlen, positive oder negative, in derselben Form geschrieben werden. Dezimalpunkte erlauben es uns auch, rationale Zahlen darzustellen, die keine natürlichen Zahlen sind, z. B.

$$3.1415 = 3 + 1/10^1 + 4/10^2 + 1/10^3 + 5/10^4$$

Rationale Zahlen, die mit einer endlichen Anzahl von Dezimalstellen dargestellt werden können, heißen *endliche Dezimalbrüche*.

Jeder endliche Dezimalbruch ist eine rationale Zahl, aber nicht jede rationale Zahl kann als endlicher Dezimalbruch geschrieben werden. Wir müssen auch *unendliche Dezimalbrüche* zulassen wie z. B.

$$100/3 = 33.333\ldots$$

Dabei deuten die drei Punkte an, dass die Ziffer 3 unendlich oft wiederkehrt.

[2] Der erste vollständige noch existierende Beweis erschien in Euklid's *Elements*, etwa um 300 v. Chr.

[3] Sie erinnern sich vielleicht, dass das englische Wort „digit" einen „Finger" oder einen „Daumen" bedeutet und die meisten Menschen und in der Tat auch andere Primaten 10 davon haben.

Wenn ein Dezimalbruch eine rationale Zahl ist, so ist er immer *periodisch* – d. h. nach einer bestimmten Stelle in der Dezimaldarstellung bricht die Darstellung entweder ab oder eine endliche Folge von Ziffern wiederholt sich unendlich oft, z. B.

$$11/70 = 0.1\underbrace{571428}\underbrace{571428}\ldots$$

Dabei wiederholt sich die Folge der sechs Ziffern 571428 unendlich oft.

Unsere Definition der reellen Zahlen folgt aus der vorangehenden Diskussion. Wir definieren eine *reelle Zahl* als einen beliebigen unendlichen Dezimalbruch. Eine reelle Zahl hat also die Gestalt $x = \pm m.\alpha_1\alpha_2\alpha_3\ldots$, wobei m eine nichtnegative ganze Zahl ist und für jede natürliche Zahl n bezeichnet α_n eine *Dezimalziffer*, die zu der Menge $\{0, 1, 2, 3, 4, 5, 6, 7, 8, 9\}$ gehört.[4]

Wir haben bereits die periodischen Dezimalbrüche als die rationalen Zahlen identifiziert. Darüber hinaus gibt es unendlich viele neue Zahlen in Form der nichtperiodischen Dezimalbrüche. Diese heißen *irrationale Zahlen*. Beispiele sind u. a. $\sqrt{2}$, $-\sqrt{5}$, π, $2^{\sqrt{2}}$ und $0.12112111211112\ldots$.[5]

Wir haben bereits erwähnt, dass jede rationale Zahl als eindeutiger Punkt auf der Zahlengeraden dargestellt werden kann. Selbst wenn alle rationalen Zahlen auf dieser Geraden positioniert sind, wird es immer noch einige „Löcher“ geben, die mit irrationalen Zahlen „geschlossen“ werden können. Daher ist eine ununterbrochene und endlose Gerade mit einem Ursprung und einer positiven Längeneinheit ein geeignetes Modell für die reellen Zahlen. Wir sagen oft, dass es eine *Eins-zu-Eins-Korrespondenz* zwischen den reellen Zahlen und den Punkten auf der Zahlengeraden gibt. Aus diesem Grund spricht man auch oft von der „reellen Geraden“ anstelle der „Zahlengeraden“.

Man sagt von den rationalen Zahlen wie auch von der komplementären Menge der irrationalen Zahlen, dass sie „dicht“ auf der Zahlengeraden liegen. Dies bedeutet, dass man zwischen zwei verschiedenen reellen Zahlen, egal wie nah sie zueinander liegen, immer noch eine rationale und eine irrationale Zahl finden kann – tatsächlich kann man von beiden je unendlich viele finden.

Wendet man sie auf die reellen Zahlen an, so resultiert jede der vier Grundrechenarten, nämlich Addition, Subtraktion, Multiplikation und Division, immer in einer eindeutigen reellen Zahl. Die einzige Ausnahme ist, dass wir nicht durch 0 dividieren dürfen: Mit den Worten des amerikanischen Komikers Steven Wright: „Schwarze Löcher sind dort, wo Gott durch Null teilte.“

Division durch Null

$$\text{Der Quotient } \frac{p}{0} \text{ ist nicht definiert für jede reelle Zahl } p. \tag{2.1.3}$$

[4] Es ist erwähnenswert, dass jeder endliche Dezimalbruch(ausgenommen 0) geschrieben werden kann als ein unendlicher Dezimalbruch mit einer unendlich oft wiederholten 9 am Ende. Zum Beispiel ist $5.347 = 5.346999\ldots$.

[5] Im Allgemeinen finden es Mathematiker sehr schwierig, zu beweisen, dass eine Zahl, die offensichtlich irrational ist, es tatsächlich ist. Zum Beispiel: Während es seit dem Jahr 1776 bekannt is, dass π irrational ist, dauerte es bis 1927, um zu bestimmen, dass $2^{\sqrt{2}}$ irrational ist. Für viele andere Zahlen bleibt die Herausforderung, ihre Irrationalität zu beweisen.

Diese Ausnahme ist sehr wichtig und sollte nicht verwechselt werden mit $0/b = 0$ für alle $b \neq 0$. Beachten Sie insbesondere, dass $0/0$ nicht als irgendeine reelle Zahl definiert ist. Wenn z. B. ein Auto 60 Liter Benzin braucht, um 600 Kilometer zu fahren, dann kann der Benzinverbrauch pro 100 Kilometer oder pro 600/6 Kilometer berechnet werden durch $60/6 = 10$ Liter pro 100 Kilometer. Wenn jedoch gesagt wird, dass ein Auto 0 Liter Benzin braucht, um 0 Kilometer zu fahren, so wissen wir nichts über den Benzinverbrauch dieses Autos; $0/0$ ist nicht definiert.

Aufgaben für Kapitel 2.1

1. Welche der folgenden Aussagen sind wahr?

(a) 1984 ist eine natürliche Zahl.

(b) -5 liegt rechts von -3 auf der Zahlengeraden.

(c) -13 ist eine natürliche Zahl.

(d) Es gibt keine natürliche Zahl, die nicht rational ist.

(e) 3.1415 ist nicht rational.

(f) Die Summe zweier irrationaler Zahlen ist irrational.

(g) $-3/4$ ist rational.

(h) Alle rationalen Zahlen sind reell.

2. Erklären Sie, warum der unendliche Dezimalbruch 1.01001000100001000001 ... keine rationale Zahl ist.

► Lösungen zu den Aufgaben finden Sie im Anhang des Buches.

2.2 Potenzen mit ganzzahligen Exponenten

Sie sollten bereits wissen, dass wir oft 3^4 anstelle des vierfachen Produkts $3 \cdot 3 \cdot 3 \cdot 3$ schreiben. Ferner kann die Zahl $\frac{1}{2} \cdot \frac{1}{2} \cdot \frac{1}{2} \cdot \frac{1}{2} \cdot \frac{1}{2}$ geschrieben werden als $\left(\frac{1}{2}\right)^5$ und $(-10)^3$ ist das dreifache Produkt $(-10)(-10)(-10) = -1000$. In der Tat: Wenn a eine beliebige Zahl und n eine natürliche Zahl ist, dann ist a^n definiert durch

$$a^n = \underbrace{a \cdot a \cdot \ldots \cdot a}_{n \text{ Faktoren}}$$

Wir nennen a^n die *n-te Potenz von a*. Dabei heißt a die *Basis* (Grundzahl) und n ist der *Exponent* (Hochzahl). Wir haben z. B. $a^2 = a \cdot a$ und $x^4 = x \cdot x \cdot x \cdot x$. Wenn $a = p/q$ und $n = 5$, erhalten wir

$$\left(\frac{p}{q}\right)^5 = \frac{p}{q} \cdot \frac{p}{q} \cdot \frac{p}{q} \cdot \frac{p}{q} \cdot \frac{p}{q}$$

Nach Konvention ist die erste Potenz $a^1 = a$, ein „Produkt" mit nur einem Faktor.

Gewöhnlich lassen wir das Multiplikationszeichen weg, wenn keine Missverständnisse zu befürchten sind. Wir schreiben z. B. abc anstelle $a \cdot b \cdot c$. Jedoch ist es sicherer, dass Multiplikationszeichen in Ausdrücken mit Dezimalpunkten wie $1.05^3 = 1.05 \cdot 1.05 \cdot 1.05$ beizubehalten.

Für jede reelle Zahl $a \neq 0$ definieren wir auch die „nullte" Potenz $a^0 = 1$. Daher ist $5^0 = 1$, $(-16.2)^0 = 1$ und $(x \cdot y)^0 = 1$, falls $x \cdot y \neq 0$. Wenn aber $a = 0$, weisen wir a^0 *keinen* numerischen Wert zu. Der Ausdruck 0^0 ist *nicht definiert*.

Wir müssen auch Potenzen mit negativen Exponenten definieren. Was meinen wir mit 3^{-2}? Es erweist sich als vernünftig, 3^{-2} gleich $1/3^2 = 1/9$ zu setzen. Im Allgemeinen definieren wir

$$a^{-n} = \frac{1}{a^n}$$

für jede natürliche Zahl n und $a \neq 0$. Insbesondere ist $a^{-1} = 1/a$. Auf diese Weise haben wir a^x für alle ganzen Zahlen x definiert, unabhängig davon, ob x positiv, negativ oder Null ist.

Eigenschaften von Potenzen

Es gibt einige Rechenregeln für Potenzen, die Sie nicht nur auswendig können müssen, sondern Sie sollten auch verstehen, warum sie gelten. Die zwei wichtigsten sind:

Eigenschaften von Potenzen

Für jede reelle Zahl $a \neq 0$ und alle ganzen Zahlen r und s gilt:

$$\text{(i)}\ a^r \cdot a^s = a^{r+s} \qquad \text{(ii)}\ (a^r)^s = a^{rs} \tag{2.2.1}$$

Überlegen Sie sich gründlich, was diese Regeln aussagen. Gemäß Regel (i) werden Potenzen mit derselben Basis multipliziert, indem man die Exponenten *addiert*, z. B.

$$a^3 \cdot a^5 = \underbrace{a \cdot a \cdot a}_{3\ \text{Faktoren}} \cdot \underbrace{a \cdot a \cdot a \cdot a \cdot a}_{5\ \text{Faktoren}} = \underbrace{a \cdot a \cdot a \cdot a \cdot a \cdot a \cdot a \cdot a}_{3+5=8\ \text{Faktoren}} = a^8 = a^{3+5}$$

Hier ist ein Beispiel für Regel (ii):

$$(a^2)^4 = \underbrace{\underbrace{a \cdot a}_{2\ \text{Faktoren}} \cdot \underbrace{a \cdot a}_{2\ \text{Faktoren}} \cdot \underbrace{a \cdot a}_{2\ \text{Faktoren}} \cdot \underbrace{a \cdot a}_{2\ \text{Faktoren}}}_{4\ \text{Faktoren}} = \underbrace{a \cdot a \cdot a \cdot a \cdot a \cdot a \cdot a \cdot a}_{4 \cdot 2 = 8\ \text{Faktoren}} = a^8 = a^{2 \cdot 4}$$

Division von zwei Potenzen mit derselben Basis (ungleich Null) funktioniert folgendermaßen:

$$a^r \div a^s = \frac{a^r}{a^s} = a^r \frac{1}{a^s} = a^r \cdot a^{-s} = a^{r-s}$$

Wir dividieren also zwei Potenzen mit derselben Basis, indem wir den Exponenten des Nenners *subtrahieren* vom Exponenten des Zählers.[6] Zum Beispiel $a^3 \div a^5 = a^{3-5} = a^{-2}$.

[6] Eine wichtige Motivation für die Definitionen $a^0 = 1$ und $a^{-n} = 1/a^n$ ist, dass die Regeln für Potenzen sowohl für negative und positive Exponenten als auch für Exponenten, die gleich Null sind, gelten sollen. Zum Beispiel wollen wir, dass $a^r \cdot a^s = a^{r+s}$ gültig ist, wenn $r = 5$ und $s = 0$. Dies verlangt, dass $a^5 \cdot a^0 = a^{5+0} = a^5$, so dass wir $a^0 = 1$ setzen müssen. Wenn $a^n \cdot a^m = a^{n+m}$ für $m = -n$ gelten soll, muss $a^n \cdot a^{-n} = a^{n+(-n)} = a^0 = 1$ sein. Da $a^n \cdot (1/a^n) = 1$, *müssen* wir a^{-n} als $1/a^n$ definieren.

Beachten Sie noch, dass

$$(ab)^r = \underbrace{ab \cdot ab \cdot \dots \cdot ab}_{r \text{ Faktoren}} = \underbrace{a \cdot a \cdot \dots \cdot a}_{r \text{ Faktoren}} \cdot \underbrace{b \cdot b \cdot \dots \cdot b}_{r \text{ Faktoren}} = a^r b^r$$

und

$$\left(\frac{a}{b}\right)^r = \underbrace{\frac{a}{b} \cdot \frac{a}{b} \cdot \dots \cdot \frac{a}{b}}_{r \text{ Faktoren}} = \frac{\overbrace{a \cdot a \cdot \dots \cdot a}^{r \text{ Faktoren}}}{\underbrace{b \cdot b \cdot \dots \cdot b}_{r \text{ Faktoren}}} = \frac{a^r}{b^r} = a^r b^{-r}$$

Diese Regeln können auf den Fall mehrerer Faktoren ausgedehnt werden, z. B.

$$(abcde)^r = a^r b^r c^r d^r e^r$$

Wir haben gesehen, dass $(ab)^r = a^r b^r$. Was ist mit $(a+b)^r$? Ein weit verbreiteter Fehler in der elementaren Algebra ist, dass man dies gleichsetzt mit $a^r + b^r$. Jedoch ist z. B. $(2+3)^3 = 5^3 = 125$, aber $2^3 + 3^3 = 8 + 27 = 35$. Daher ist im Allgemeinen $(a+b)^r \neq a^r + b^r$.

Beispiel 2.2.1

Vereinfachen Sie die Ausdrücke

(a) $x^p x^{2p}$, wobei p eine ganze Zahl

(b) $t^s \div t^{s-1}$, wobei $t \neq 0$ und s eine ganze Zahl

(c) $a^2 b^3 a^{-1} b^5$, wobei $a \neq 0$

(d) $\dfrac{t^p t^{q-1}}{t^r t^{s-1}}$, wobei $t \neq 0$ und p, q, r, s ganze Zahlen

Lösung:

(a) $x^p x^{2p} = x^{p+2p} = x^{3p}$

(b) $t^s \div t^{s-1} = t^{s-(s-1)} = t^{s-s+1} = t^1 = t$

(c) $a^2 b^3 a^{-1} b^5 = a^2 a^{-1} b^3 b^5 = a^{2-1} b^{3+5} = a^1 b^8 = ab^8$

(d) $\dfrac{t^p \cdot t^{q-1}}{t^r \cdot t^{s-1}} = \dfrac{t^{p+q-1}}{t^{r+s-1}} = t^{p+q-1-(r+s-1)} = t^{p+q-1-r-s+1} = t^{p+q-r-s}$

Beispiel 2.2.2

Berechnen Sie $x^{-4}y^6$, $x^6 y^{-9}$ und $x^2 y^{-3} + 2x^{-10} y^{15}$, wenn $x^{-2} y^3 = 5$.

Lösung: Beachten Sie zunächst, dass $x^{-2}y^3 = 5$ nur dann möglich ist, wenn $x \neq 0$ und $y \neq 0$. Wie können wir dann in der Berechnung von $x^{-4}y^6$ von der Annahme $x^{-2}y^3 = 5$ Gebrauch machen? Vielleicht erkennen Sie nach kurzer Überlegung, dass $(x^{-2}y^3)^2 = x^{-4}y^6$ und daher $x^{-4}y^6 = 5^2 = 25$. Ähnlich erhält man:

$$x^6 y^{-9} = (x^{-2}y^3)^{-3} = 5^{-3} = 1/5^3 = 1/125$$

und

$$x^2 y^{-3} + 2x^{-10} y^{15} = (x^{-2}y^3)^{-1} + 2(x^{-2}y^3)^5 = 5^{-1} + 2 \cdot 5^5 = 1/5 + 6250 = 6250.2$$

Beispiel 2.2.3

Es passiert leicht, dass beim Rechnen mit Potenzen Fehler gemacht werden. Die folgenden Beispiele sollen einige der häufigsten Fehlerquellen aufzeigen.

(a) Es ist ein großer Unterschied zwischen $(-10)^2 = (-10)(-10) = 100$ und $-10^2 = -(10 \cdot 10) = -100$. Das Quadrat von -10 ist nicht das Negative des Quadrats von 10.

(b) Beachten Sie, dass $(2x)^{-1} = 1/(2x)$. Hier wird das Produkt $2x$ mit -1 potenziert. Andererseits wird jedoch in dem Ausdruck $2x^{-1}$ nur x mit -1 potenziert, so dass $2x^{-1} = 2 \cdot (1/x) = 2/x$.

(c) Das Volumen eines Balles mit Radius r ist $\frac{4}{3}\pi r^3$. Wie groß ist das Volumen, wenn der Radius verdoppelt wird? Das neue Volumen ist:

$$\frac{4}{3}\pi(2r)^3 = \frac{4}{3}\pi(2r)(2r)(2r) = \frac{4}{3}\pi 8r^3 = 8\left(\frac{4}{3}\pi r^3\right)$$

Somit ist das Volumen 8-mal so groß wie das ursprüngliche. Wenn wir den Fehler machen und $(2r)^3$ in $2r^3$ „vereinfachen", würde das Resultat nur eine Verdopplung des Volumens ergeben, was jeglicher Alltagserfahrung widerspricht.

Prozentrechnung und Zinseszins

Potenzen werden in praktisch allen Bereichen der angewandten Mathematik, einschließlich Wirtschaftswissenschaften, gebraucht. Um ihren Nutzen zu illustrieren, erinnern Sie sich, wie sie benötigt werden, um Zinseszinsen zu berechnen.

Erinnern Sie zunächst, dass die Prozentangabe 1 % bedeutet: eins von Hundert oder 0.01. So ist 23 % zum Beispiel $23 \cdot 0.01 = 0.23$. Dann könnnen wir 23 % von 4000 entweder als $4000 \cdot 23/100 = 920$ berechnen oder äquivalent als $4000 \cdot 0.23 = 920$. Es mag auch erwähnenswert sein, eine Feinheit von Prozenten zu betonen, die oft übersehen wird von denen, die nur sehr wenig Mathematik kennen. Dies ist z. B. die Tatsache, dass ein Zuwachs von 100 % benötigt wird, um eine frühere Abnahme von 50 % auszugleichen und eine Abnahme von 50 % um einen früheren Zuwachs von 100 % auszugleichen.[7]

Nehmen Sie an, dass Sie 1000 Euro auf einem Bankkonto anlegen bei 8 % Zinsen am Ende des Jahres. Nach einem Jahr erhalten Sie $1000 \cdot 0.08 = 80$ Euro an Zinsen, so dass das Guthaben auf Ihrem Bankkonto 1080 Euro beträgt. Dies kann so umgeschrieben werden:

$$1000 + \frac{1000 \cdot 8}{100} = 1000\left(1 + \frac{8}{100}\right) = 1000 \cdot 1.08$$

Nehmen Sie an, dass dieser neue Betrag von $1000 \cdot 1.08$ Euro für ein weiteres Jahr auf dem Konto stehen bleibt zu einem Zinssatz von 8 %. Nach dem zweiten Jahr ist der zusätzliche Zinsbetrag $1000 \cdot 1.08 \cdot 0.08$, so dass das Gesamtguthaben anwachsen wird auf

$$1000 \cdot 1.08 + (1000 \cdot 1.08) \cdot 0.08 = 1000 \cdot 1.08(1 + 0.08) = 1000 \cdot (1.08)^2$$

[7] Vergleichen Sie die Wiederholungsaufgabe 20 am Ende dieses Kapitels.

Wenn wir dieses Argument in einer offensichtlichen Weise fortsetzen, sehen wir, dass das Guthaben jedes Jahr um den Faktor 1.08 wächst und nach t Jahren wird es auf $1000 \cdot (1.08)^t$ Euro anwachsen.

Wenn der ursprünglich angelegte Betrag K Euro und der Zinssatz $p\,\%$ pro Jahr ist, wird das Guthaben am Ende des ersten Jahres $K + K \cdot p/100 = K(1 + p/100)$ Euro betragen. Der Wachstumsfaktor pro Jahr ist daher $1 + p/100$. Allgemein gilt: Nach t (ganzen) Jahren wird das Anfangskapital von K Euro anwachsen auf den Betrag von

$$K\left(1 + \frac{p}{100}\right)^t ,$$

wenn der Zinssatz $p\,\%$ pro Jahr ist und die Zinsen jedes Jahr dem Konto gutgeschrieben werden – d. h. es gibt Zinseszinsen.

Dieses Beispiel verdeutlicht ein allgemeines Prinzip:

Exponentielles Wachstum

Eine Größe K, die jedes Jahr um $p\,\%$ anwächst, wird nach t Jahren auf

$$K\left(1 + \frac{p}{100}\right)^t \tag{2.2.2}$$

anwachsen. Dabei wird $1 + \dfrac{p}{100}$ der *Wachstumsfaktor* für ein Wachstum von $p\,\%$ genannt.

Wenn Sie einen Ausdruck wie $(1.08)^t$ sehen, sollten Sie sofort erkennen können, dass dies der Betrag ist, auf den 1 Euro nach t Jahren angewachsen ist, wenn der Zinssatz 8 % pro Jahr ist. Wie ist $(1.08)^0$ zu interpretieren? Nehmen Sie an: Sie legen 1 Euro zu 8 % pro Jahr an und lassen diesen Betrag für 0 Jahre auf Ihrem Konto. Dann werden Sie immer noch nur 1 Euro haben, weil keine Zeit vergangen ist, um irgendwelche Zinsen anzusammeln. Dies erklärt, warum $(1.08)^0$ notwendigerweise gleich 1 sein *muss.*[8]

Beispiel 2.2.4

Ein neues Auto wurde für 30 000 Euro gekauft und es wird angenommen, dass es jedes Jahr 15 % an Wert verliert über einen Zeitraum von 6 Jahren. Wie groß ist der Wert nach 6 Jahren?

Lösung: Nach einem Jahr ist der Wert gefallen auf

$$30\,000 - \frac{30\,000 \cdot 15}{100} = 30\,000\left(1 - \frac{15}{100}\right) = 30\,000 \cdot 0.85 = 25\,500$$

Nach zwei Jahren ist der Wert $30\,000 \cdot (0.85)^2 = 21\,675$, usw. und wir erkennen, dass der Wert nach sechs Jahren $30\,000 \cdot (0.85)^6 \approx 11\,314$ sein wird.

[8] Beachten Sie: $1000 \cdot (1.08)^5$ ist der Betrag, den Sie nach 5 Jahren auf Ihrem Konto haben werden, wenn Sie 1000 Euro zu 8 % Zinsen pro Jahr anlegen. Mit einem Rechner werden Sie schnell herausfinden, dass Sie ungefähr 1469.33 Euro besitzen werden. Ein ziemlich verbreiteter Fehler ist $1000 \cdot (1.08)^5 = (1000 \cdot 1.08)^5 = (1080)^5$ zu setzen. Dies ist 10^{12} (oder eine Billion) mal die richtige Antwort.

Dieses Beispiel verdeutlicht ein allgemeines Prinzip:

Exponentielle Abnahme

Eine Größe K, die jedes Jahr um $p\,\%$ abnimmt, wird nach t Jahren fallen auf

$$K\left(1-\frac{p}{100}\right)^t \tag{2.2.3}$$

Dabei wird $1-\dfrac{p}{100}$ der *Wachstumsfaktor* bei einer jährlichen Abnahme um $p\,\%$ genannt.
(Beachten Sie, dass ein Wachstumsfaktor, der kleiner ist als 1, eine Abnahme bewirkt.)

Brauchen wir wirklich negative Exponenten?

Wie viel Geld hätten Sie vor 5 Jahren bei einer Bank anlegen müssen, um heute 1000 Euro zu haben, vorausgesetzt, dass der Zinssatz 8 % pro Jahr über den ganzen Zeitraum war? Wenn wir diesen Betrag x nennen, so muss $x\cdot(1.08)^5$ gleich 1000 Euro sein, d. h. $x\cdot(1.08)^5 = 1000$. Indem wir auf beiden Seiten durch 1.08^5 dividieren, erhalten wir

$$x=\frac{1000}{(1.08)^5}=1000\cdot(1.08)^{-5}$$

(was ungefähr 681 Euro ist). Daher hätten Sie $(1.08)^{-5}$ Euro vor 5 Jahren anlegen müssen, um heute 1 Euro zu haben, gegeben, dass der Zinssatz konstant gleich 8 % war.

Im Allgemeinen gilt: $P(1+p/100)^{-t}$ Euro *ist der Betrag, den Sie vor t Jahren hätten anlegen müssen, um heute P Euro zu haben, falls der Zinssatz $p\,\%$ pro Jahr gewesen wäre.*

Aufgaben für Kapitel 2.2

1. Berechnen Sie die folgenden Zahlen:

(a) 10^3 (b) $(-0.3)^2$ (c) 4^{-2} (d) $(0.1)^{-1}$

2. Schreiben Sie die folgenden Zahlen als Potenzen von 2:

(a) 4 (b) 1 (c) 64 (d) 1/16

3. Schreiben Sie die folgenden Zahlen als Potenzen:

(a) $15\cdot15\cdot15$ (b) $\left(-\frac{1}{3}\right)\left(-\frac{1}{3}\right)\left(-\frac{1}{3}\right)$ (c) $\frac{1}{10}$ (d) 0.0000001

(e) $tttttt$ (f) $(a-b)(a-b)(a-b)$ (g) $aabbbb$ (h) $(-a)(-a)(-a)$

➡ Fortsetzung

4. Berechnen und vereinfachen Sie die folgenden Ausdrücke:

(a) $2^5 \cdot 2^5$ (b) $3^8 \cdot 3^{-2} \cdot 3^{-3}$ (c) $(2x)^3$ (d) $(-3xy^2)^3$

(e) $\dfrac{p^{24}p^3}{p^4 p}$ (f) $\dfrac{a^4 b^{-3}}{(a^2 b^{-3})^2}$ (g) $\dfrac{3^4(3^2)^6}{(-3)^{15}3^7}$ (h) $\dfrac{p^\gamma (pq)^\sigma}{p^{2\gamma+\sigma} q^{\sigma-2}}$

5. Berechnen und vereinfachen Sie die folgenden Ausdrücke:

(a) $2^0 \cdot 2^1 \cdot 2^2 \cdot 2^3$ (b) $\left(\dfrac{4}{3}\right)^3$ (c) $\dfrac{4^2 \cdot 6^2}{3^3 \cdot 2^3}$

(d) $x^5 x^4$ (e) $y^5 y^4 y^3$ (f) $(2xy)^3$

(g) $\dfrac{10^2 \cdot 10^{-4} \cdot 10^3}{10^0 \cdot 10^{-2} \cdot 10^5}$ (h) $\dfrac{(k^2)^3 k^4}{(k^3)^2}$ (i) $\dfrac{(x+1)^3(x+1)^{-2}}{(x+1)^2(x+1)^{-3}}$

6. Die Formel für die Oberfläche einer Kugel mit Radius r ist $4\pi r^2$.

(a) Um welchen Faktor wächst die Oberfläche, wenn der Radius verdreifacht wird?

(b) Um wieviel % nimmt die Oberfläche zu, wenn der Radius um 16 % zunimmt?

7. Nehmen Sie an, dass a und b positiv sind, während m und n ganze Zahlen sind. Welche der folgenden Gleichungen sind wahr und welche sind falsch?

(a) $a^0 = 0$ (b) $(a+b)^{-n} = 1/(a+b)^n$ (c) $a^m \cdot a^m = a^{2m}$

(d) $a^m \cdot b^m = (ab)^{2m}$ (e) $(a+b)^m = a^m + b^m$ (f) $a^n \cdot b^m = (ab)^{n+m}$

8. Vervollständigen Sie die folgenden Implikationen:

(a) $xy = 3 \implies x^3y^3 = \ldots$ (b) $ab = -2 \implies (ab)^4 = \ldots$

(c) $a^2 = 4 \implies (a^8)^0 = \ldots$ (d) n ganze Zahl $\implies (-1)^{2n} = \ldots$

9. Berechnen Sie: (a) 13 % von 150 (b) 6 % von 2400 (c) 5.5 % von 200

10. Geben Sie für jeden der folgenden Ausdrücke ökonomische Interpretationen an und benutzen Sie dann einen Taschenrechner, um approximative Werte zu finden:

(a) $50 \cdot (1.11)^8$ € (b) $10\,000 \cdot (1.12)^{20}$ € (c) $5000 \cdot (1.07)^{-10}$ €

11. Eine Packung mit 5 Bällen kostet 8.50 Euro. Wenn die Bälle einzeln gekauft werden, kosten Sie 2.00 Euro pro Stück. Wie viel billiger ist es, in Prozent ausgedrückt, die Packung zu erwerben als die Bälle einzeln zu kaufen?

12. (a) 12 000 Euro werden bei 4 % Zinsen pro Jahr auf einem Konto angelegt. Wie hoch ist das Guthaben nach 15 Jahren?

(b) Wie viel Geld (in Euro) hätten Sie vor 5 Jahren bei einer Bank anlegen müssen, um heute 50 000 Euro zu haben, wenn der Zinssatz 6 % gewesen wäre?

13. Eine Größe wächst jedes Jahr um 25 % in einem Zeitraum von 3 Jahren. Wie groß ist das gesamte prozentuale Wachstum p über die Dreijahresperiode?

14. Der jährliche Gewinn eines Unternehmens stieg von 2010 auf 2011 um 20 %, nahm dann aber um 17 % ab von 2011 auf 2012.

➡

➜ Fortsetzung

(a) Welches von den Jahren 2010 und 2012 hatte den höheren jährlichen Gewinn?

(b) Bei welcher prozentualen Abnahme von 2011 auf 2012 wären die jährlichen Gewinne in den zwei Jahren 2010 und 2012 gleich gewesen?

► Lösungen zu den Aufgaben finden Sie im Anhang des Buches.

2.3 Regeln der Algebra

Sie sind sicherlich schon mit den gebräuchlichsten Regeln der Algebra vertraut. Wir haben bereits einige in diesem Kapitel benutzt. Trotzdem erscheint es nützlich, die wichtigsten Regeln zu wiederholen.

Regeln der Algebra

Wenn a, b und c beliebige Zahlen sind, dann gilt:

(a) $a + b = b + a$

(b) $(a + b) + c = a + (b + c)$

(c) $a + 0 = a$

(d) $a + (-a) = 0$

(e) $ab = ba$

(f) $(ab)c = a(bc)$

(g) $1 \cdot a = a$

(h) $a\,a^{-1} = 1$ für $a \neq 0$

(i) $(-a)b = a(-b) = -ab$

(j) $(-a)(-b) = ab$

(k) $a(b + c) = ab + ac$

(l) $(a + b)c = ac + bc$

Beispiel 2.3.1

Diese Regeln werden in den folgenden Gleichheiten benutzt.

(a) $5 + x^2 = x^2 + 5$

(b) $(a + 2b) + 3b = a + (2b + 3b) = a + 5b$

(c) $x \cdot \frac{1}{3} = \frac{1}{3} \cdot x = \frac{1}{3}x$

(d) $(xy)y^{-1} = x(yy^{-1}) = x$

(e) $(-3)5 = 3(-5) = -(3 \cdot 5) = -15$

(f) $(-6)(-20) = 120$

(g) $3x(y + 2z) = 3xy + 6xz$

(h) $(t^2 + 2t)4t^3 = t^2 4t^3 + 2t4t^3 = 4t^5 + 8t^4$

Die Regeln der Algebra aus der obigen Box können auf verschiedene Weisen kombiniert werden und man erhält so zum Beispiel:

$$a(b-c) = a[b+(-c)] = ab + a(-c) = ab - ac$$

$$\text{(Wenn } b = c \text{ impliziert dies, dass } a \cdot 0 = a(b-b) = ab - ab = 0\text{ .)}$$

$$x(a+b-c+d) = xa + xb - xc + xd$$

$$(a+b)(c+d) = ac + ad + bc + bd$$

Abb. 2.3.1 liefert ein geometrisches Argument für die letzte dieser Regeln für den Fall, in dem die Zahlen a, b, c und d alle positiv sind. Die Regel sagt, dass die Fläche $(a+b)(c+d)$ des großen Rechtecks die Summe der Flächen der vier kleinen Rechtecke ist.

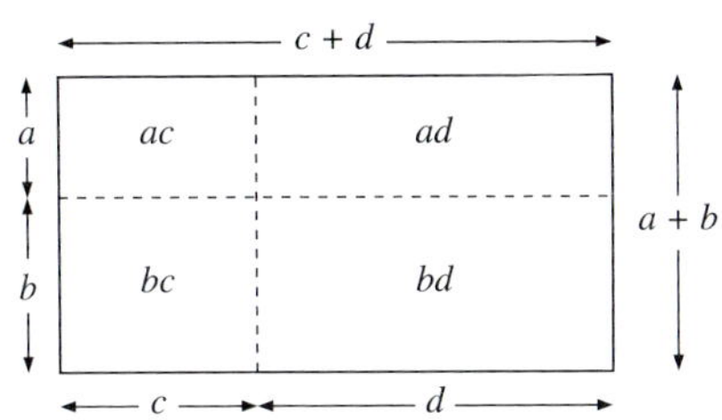

Abbildung 2.3.1: $(a+b)(c+d) = ac + ad + bc + bd$

Die folgenden drei Regeln werden so oft benutzt, dass Sie sich die definitiv einprägen sollten.

Quadratische Identitäten

$$(a+b)^2 = a^2 + 2ab + b^2$$

$$(a-b)^2 = a^2 - 2ab + b^2$$

$$a^2 - b^2 = (a+b)(a-b)$$

Die letzte dieser drei Gleichungen heißt die *Formel für die Differenz von Quadraten*. Die Beweise sind sehr einfach, z. B. $(a+b)^2$ bedeutet $(a+b)(a+b)$, welches gleich $aa + ab + ba + bb = a^2 + 2ab + b^2$ ist.

Beispiel 2.3.2

Berechnen Sie die folgenden Ausdrücke:

(a) $(3x+2y)^2$ (b) $(1-2z)^2$ (c) $(4p+5q)(4p-5q)$

Lösung:

(a) $(3x+2y)^2 = (3x)^2 + 2(3x)(2y) + (2y)^2 = 9x^2 + 12xy + 4y^2$

(b) $(1-2z)^2 = 1 - 2 \cdot 1 \cdot 2z + (2z)^2 = 1 - 4z + 4z^2$

(c) $(4p+5q)(4p-5q) = (4p)^2 - (5q)^2 = 16p^2 - 25q^2$

Wir verwenden oft Klammern mit einem voranstehenden Minuszeichen. Da $(-1)x = -x$, folgt:

$$-(a + b - c + d) = -a - b + c - d$$

In Worten: *Wenn Sie ein Klammernpaar mit voranstehendem Minuszeichen entfernen wollen, müssen Sie die Vorzeichen aller Terme in der Klammer ändern. Dabei dürfen Sie keines vergessen.*

Wir haben gesehen, wie man zwei Faktoren wie $(a + b)$ und $(c + d)$ miteinander multipliziert. Wie berechnet man solche Produkte, wenn es mehrere Faktoren gibt? Hier ist ein Beispiel:

$$\begin{aligned}(a+b)(c+d)(e+f) &= [(a+b)(c+d)](e+f)\\ &= (ac+ad+bc+bd)(e+f)\\ &= (ac+ad+bc+bd)e+(ac+ad+bc+bd)f\\ &= ace+ade+bce+bde+acf+adf+bcf+bdf\end{aligned}$$

Beispiel 2.3.3

Berechnen Sie den Ausdruck $(r + 1)^3$. Verwenden Sie die Lösung, um zu berechnen, um wieviel sich das Volumen eines Balles mit einem Radius von r Metern vergrößert, wenn der Radius um 1 Meter zunimmt.

Lösung:

$$(r+1)^3 = [(r+1)(r+1)]\,(r+1) = (r^2+2r+1)(r+1) = r^3+3r^2+3r+1$$

Ein Ball mit einem Radius von r Metern hat ein Volumen von $\frac{4}{3}\pi r^3$ Kubikmetern. Wenn der Radius um 1 Meter zunimmt, vergrößert sich das Volumen um

$$\frac{4}{3}\pi(r+1)^3 - \frac{4}{3}\pi r^3 = \frac{4}{3}\pi(r^3+3r^2+3r+1) - \frac{4}{3}\pi r^3 = \frac{4}{3}\pi(3r^2+3r+1)$$

Algebraische Ausdrücke

Ausdrücke, die Buchstaben wie $3xy - 5x^2y^3 + 2xy + 6y^3x^2 - 3x + 5yx + 8$ enthalten, werden *algebraische Ausdrücke* genannt. Wir nennen $3xy$, $-5x^2y^3$, $2xy$, $6y^3x^2$, $-3x$, $5yx$ und 8 die *Terme* in dem Ausdruck, der entsteht, wenn wir alle Terme zusammenfügen. Die Zahlen 3, −5, 2, 6, −3 und 5 sind die *numerischen Koeffizienten* der ersten sechs Terme. Zwei Terme, in denen nur die numerischen Koeffizienten verschieden sind, wie z. B. $-5x^2y^3$ und $6y^3x^2$, heißen *Terme vom selben Typ*. Um Ausdrücke zu vereinfachen, sammeln wir Terme vom selben Typ. Dann stellen wir innerhalb jedes Terms die numerischen Koeffizienten an die Spitze und bringen dann die Buchstaben in alphabetische Reihenfolge. Somit ist:

$$3xy - 5x^2y^3 + 2xy + 6y^3x^2 - 3x + 5yx + 8 = x^2y^3 + 10xy - 3x + 8$$

Beispiel 2.3.4

Multiplizieren Sie den folgenden Ausdruck aus und vereinfachen Sie dann:

$$(2pq - 3p^2)(p + 2q) - (q^2 - 2pq)(2p - q)$$

Lösung: Der Ausdruck ist gleich:

$$\begin{aligned} &2pqp + 2pq2q - 3p^3 - 6p^2q - (q^2 2p - q^3 - 4pqp + 2pq^2) \\ &= 2p^2q + 4pq^2 - 3p^3 - 6p^2q - 2pq^2 + q^3 + 4p^2q - 2pq^2 \\ &= -3p^3 + q^3 \end{aligned}$$

Faktorenzerlegung

Wenn wir $49 = 7{\cdot}7$ und $672 = 2{\cdot}2{\cdot}2{\cdot}2{\cdot}2{\cdot}3{\cdot}7$ schreiben, so haben wir die zwei Zahlen 49 bzw. 674 in *Faktoren zerlegt*. Algebraische Ausdrücke können oft auf ähnliche Weise in Faktoren zerlegt werden: Einen *Ausdruck in Faktoren zerlegen*, bedeutet, ihn als ein Produkt von einfacheren Faktoren zu schreiben. Zum Beispiel: $6x^2y = 2 \cdot 3 \cdot x \cdot x \cdot y$ und $5x^2y^3 - 15xy^2 = 5 \cdot x \cdot y \cdot y(xy - 3)$.[9]

Beispiel 2.3.5

Zerlegen Sie jeden der folgenden Ausdrücke in Faktoren:

(a) $5x^2 + 15x$ (b) $-18b^2 + 9ab$ (c) $K(1 + r) + K(1 + r)r$ (d) $\delta L^{-3} + (1 - \delta)L^{-2}$

Lösung:

(a) $5x^2 + 15x = 5x(x + 3)$

(b) $-18b^2 + 9ab = 9ab - 18b^2 = 3 \cdot 3b(a - 2b)$

(c) $K(1 + r) + K(1 + r)r = K(1 + r)(1 + r) = K(1 + r)^2$

(d) $\delta L^{-3} + (1 - \delta)L^{-2} = L^{-3}\,[\delta + (1 - \delta)L]$

Die quadratischen Identitäten können oft (in umgekehrter Richtung) zur Bildung der Faktoren benutzt werden. Sie machen es manchmal möglich, Ausdrücke zu zerlegen, bei denen man auf den ersten Blick keine Faktoren erkennt.

Beispiel 2.3.6

Zerlegen Sie jeden der folgenden Ausdrücke in Faktoren:

(a) $16a^2 - 1$ (b) $x^2y^2 - 25z^2$ (c) $4u^2 + 8u + 4$ (d) $x^2 - x + \frac{1}{4}$

Lösung:

(a) $16a^2 - 1 = (4a + 1)(4a - 1)$

(b) $x^2y^2 - 25z^2 = (xy + 5z)(xy - 5z)$

(c) $4u^2 + 8u + 4 = 4(u^2 + 2u + 1) = 4(u + 1)^2$

(d) $x^2 - x + \frac{1}{4} = (x - \frac{1}{2})^2$

[9] Beachten Sie, dass $9x^2 - 25y^2 = 3 \cdot 3 \cdot x \cdot x - 5 \cdot 5 \cdot y \cdot y$ *keine* Faktorenzerlegung von $9x^2 - 25y^2$ ist. Eine korrekte Faktorenzerlegung ist $9x^2 - 25y^2 = (3x - 5y)(3x + 5y)$.

Manchmal braucht man ein gewisses Maß an Kreativität, um eine Faktorenzerlegung zu finden, wie in diesem Beispiel:

$$\begin{aligned} 4x^2 - y^2 + 6x^2 + 3xy &= (4x^2 - y^2) + 3x(2x + y) \\ &= (2x + y)(2x - y) + 3x(2x + y) \\ &= (2x + y)(2x - y + 3x) \\ &= (2x + y)(5x - y) \end{aligned}$$

Obwohl es schwierig oder vielleicht sogar unmöglich sein kann, einen gegebenen algebraischen Ausdruck zu faktorisieren, ist es sehr leicht eine vermutete Faktorisierung zu verifizieren, indem man einfach die Faktoren multipliziert. Zum Beispiel kann man einfach $(x - a)(x - b)$ ausmultiplizieren, um zu zeigen, dass

$$x^2 - (a + b)x + ab = (x - a)(x - b)$$

Die meisten algebraischen Ausdrücke *können nicht* in Faktoren zerlegt werden. Zum Beispiel gibt es keine Möglichkeit $x^2 + 10x + 50$ als ein Produkt einfacherer Faktoren zu schreiben.[10]

Aufgaben für Kapitel 2.3

1. Berechnen und vereinfachen Sie die folgenden Ausdrücke.

(a) $-3 + (-4) - (-8)$ (b) $(-3)(2 - 4)$ (c) $(-3)(-12)(-\frac{1}{2})$

(d) $-3[4 - (-2)]$ (e) $-3(-x - 4)$ (f) $(5x - 3y)9$

(g) $2x\left(\frac{3}{2x}\right)$ (h) $0 \cdot (1 - x)$ (i) $-7x\frac{2}{14x}$

2. Berechnen und vereinfachen Sie die folgenden Ausdrücke.

(a) $5a^2 - 3b - (-a^2 - b) - 3(a^2 + b)$ (b) $-x(2x - y) + y(1 - x) + 3(x + y)$

(c) $12t^2 - 3t + 16 - 2(6t^2 - 2t + 8)$ (d) $r^3 - 3r^2s + s^3 - (-s^3 - r^3 + 3r^2s)$

3. Berechnen und vereinfachen Sie die folgenden Ausdrücke.

(a) $-3(n^2 - 2n + 3)$ (b) $x^2(1 + x^3)$ (c) $(4n - 3)(n - 2)$

(d) $6a^2b(5ab - 3ab^2)$ (e) $(a^2b - ab^2)(a + b)$ (f) $(x - y)(x - 2y)(x - 3y)$

(g) $(ax + b)(cx + d)$ (h) $(2 - t^2)(2 + t^2)$ (i) $(u - v)^2(u + v)^2$

4. Berechnen und vereinfachen Sie die folgenden Ausdrücke.

(a) $(2t - 1)(t^2 - 2t + 1)$ (b) $(a + 1)^2 + (a - 1)^2 - 2(a + 1)(a - 1)$

(c) $(x + y + z)^2$ (d) $(x + y + z)^2 - (x - y - z)^2$

→

[10] Wenn wir jedoch komplexe Zahlen einführen, dann *kann* $x^2 + 10x + 50$ in Faktoren zerlegt werden.

➜ Fortsetzung

5. Berechnen Sie die folgenden Ausdrücke:

(a) $(x+2y)^2$ (b) $\left(\frac{1}{x}-x\right)^2$ (c) $(3u-5v)^2$ (d) $(2z-5w)(2z+5w)$

6. Vervollständigen Sie die folgenden Ausdrücke:

(a) $201^2-199^2=$ (b) Wenn $u^2-4u+4=1$, dann ist $u=$

(c) $\dfrac{(a+1)^2-(a-1)^2}{(b+1)^2-(b-1)^2}=$

7. Berechnen Sie $1000^2/(252^2-248^2)$ ohne Taschenrechner.

8. Verifizieren Sie die folgenden kubischen Identitäten, die gelegentlich nützlich sind:

(a) $(a+b)^3=a^3+3a^2b+3ab^2+b^3$ (b) $(a-b)^3=a^3-3a^2b+3ab^2-b^3$

(c) $a^3-b^3=(a-b)(a^2+ab+b^2)$ (d) $a^3+b^3=(a+b)(a^2-ab+b^2)$

9. Faktorisieren Sie die folgenden Ausdrücke

(a) $21x^2y^3$ (b) $3x-9y+27z$ (c) a^3-a^2b (d) $8x^2y^2-16xy$

(e) $28a^2b^3$ (f) $4x+8y-24z$ (g) $2x^2-6xy$ (h) $4a^2b^3+6a^3b^2$

(i) $7x^2-49xy$ (j) $5xy^2-45x^3y^2$ (k) $16-b^2$ (l) $3x^2-12$

10. Faktorisieren Sie die folgenden Ausdrücke

(a) $a^2+4ab+4b^2$ (b) K^2L-L^2K (c) $K^{-4}-LK^{-5}$

(d) $9z^2-16w^2$ (e) $-\frac{1}{5}x^2+2xy-5y^2$ (f) a^4-b^4

11. Faktorisieren Sie die folgenden Ausdrücke

(a) x^2-4x+4 (b) $4t^2s-8ts^2$ (c) $16a^2+16ab+4b^2$

(d) $5x^3-10xy^2$ (e) $5x+5y+ax+ay$ (f) $u^2-v^2+3v+3u$

(g) $P^3+Q^3+Q^2P+P^2Q$ (h) K^3-K^2L (i) KL^3+KL

(j) L^2-K^2 (k) $K^2-2KL+L^2$ (l) $K^3L-4K^2L^2+4KL^3$

► Lösungen zu den Aufgaben finden Sie im Anhang des Buches.

2.4 Brüche

Es sei daran erinnert, dass

$$a \div b = \frac{a}{b} \quad \begin{array}{l}\leftarrow \text{Zähler}\\ \leftarrow \text{Nenner}\end{array}$$

Zum Beispiel $5 \div 8 = \frac{5}{8}$. Aus typografischen Gründen schreiben wir oft $5/8$ anstelle $\frac{5}{8}$. Natürlich können wir schreiben $5 \div 8 = 0.625$, um den Bruch als Dezimalzahl auszudrücken. Der Bruch $5/8$ heißt ein *echter Bruch*, da 5 kleiner ist als 8. Der Bruch

19/8 ist ein *unechter Bruch,* weil der Zähler größer als der Nenner (oder gleich dem Nenner) ist. Ein unechter Bruch kann als *gemischte Zahl*[11] geschrieben werden:

$$\frac{19}{8} = 2 + \frac{3}{8} = 2\frac{3}{8}$$

Die wichtigsten Eigenschaften von Brüchen sind im Folgenden aufgelistet und werden anschließend jeweils mit einfachen numerischen Beispielen illustriert. Es ist unbedingt erforderlich, dass Sie diese Regeln beherrschen. Sie sollten daher gründlich prüfen, ob Sie jede dieser Regeln kennen und verstehen.

Eigenschaften von Brüchen

Seien a, b, c und d beliebige Zahlen mit dem Vorbehalt, dass $b \neq 0$, $c \neq 0$ und $d \neq 0$, wenn sie in einem Nenner auftreten. Dann gilt:

(a) $\frac{a \cdot \cancel{c}}{b \cdot \cancel{c}} = \frac{a}{b}$

(b) $\frac{-a}{-b} = \frac{(-a)\cdot(-1)}{(-b)\cdot(-1)} = \frac{a}{b}$

(c) $-\frac{a}{b} = (-1)\frac{a}{b} = \frac{(-1)a}{b} = \frac{-a}{b}$

(d) $\frac{a}{c} + \frac{b}{c} = \frac{a+b}{c}$

(e) $\frac{a}{b} + \frac{c}{d} = \frac{a \cdot d + b \cdot c}{b \cdot d}$

(f) $a + \frac{b}{c} = \frac{a \cdot c + b}{c}$

(g) $a \cdot \frac{b}{c} = \frac{a \cdot b}{c}$

(h) $\frac{a}{b} \cdot \frac{c}{d} = \frac{a \cdot c}{b \cdot d}$

(i) $\frac{a}{b} \div \frac{c}{d} = \frac{a}{b} \cdot \frac{d}{c} = \frac{a \cdot d}{b \cdot c}$

Beispiel 2.4.1

Die folgenden neun Ausdrücke illustrieren die Eigenschaften von Brüchen, in derselben Reihenfolge wie oben:

(a) $\frac{21}{15} = \frac{7 \cdot \cancel{3}}{5 \cdot \cancel{3}} = \frac{7}{5}$

(b) $\frac{-5}{-6} = \frac{5}{6}$

(c) $-\frac{13}{15} = (-1)\frac{13}{15} = \frac{(-1)13}{15} = \frac{-13}{15}$

(d) $\frac{5}{3} + \frac{13}{3} = \frac{18}{3} = 6$

(e) $\frac{3}{5} + \frac{1}{6} = \frac{3 \cdot 6 + 5 \cdot 1}{5 \cdot 6} = \frac{23}{30}$

(f) $5 + \frac{3}{5} = \frac{5 \cdot 5 + 3}{5} = \frac{28}{5}$

(g) $7 \cdot \frac{3}{5} = \frac{21}{5}$

(h) $\frac{4}{7} \cdot \frac{5}{8} = \frac{4 \cdot 5}{7 \cdot 8} = \frac{\cancel{4} \cdot 5}{7 \cdot 2 \cdot \cancel{4}} = \frac{5}{14}$

(i) $\frac{3}{8} \div \frac{6}{14} = \frac{3}{8} \cdot \frac{14}{6} = \frac{\cancel{3} \cdot \cancel{2} \cdot 7}{\cancel{2} \cdot 2 \cdot 2 \cdot 2 \cdot \cancel{3}} = \frac{7}{8}$

---

[11] Beachten Sie: $2\frac{3}{8}$ bedeutet hier 2 *plus* 3/8. Andererseits $2 \cdot \frac{3}{8} = \frac{2\cdot 3}{8} = \frac{3}{4}$ (nach den weiter unten folgenden Regeln). Beachten Sie aber, dass $2\frac{x}{8}$ auch bedeutet $2 \cdot \frac{x}{8}$. Die Notation $\frac{2x}{8}$ oder $2x/8$ ist in diesem Fall offensichtlich vorzuziehen. In der Tat ist $\frac{19}{8}$ oder 19/8 offensichtlich besser als $2\frac{3}{8}$, da es auch hilft, Missverständnisse zu vermeiden.

Von den neun Eigenschaften in der obigen Box ist Eigenschaft (a) besonders wichtig. Es ist die Regel des Kürzens (Vereinfachens) von Brüchen, indem man Zähler und Nenner in Faktoren zerlegt und dann die *gemeinsamen Faktoren* herausstreicht, d. h. Zähler und Nenner durch die gleiche Zahl (ungleich Null) dividiert.[12]

Beispiel 2.4.2

Vereinfachen Sie: (a) $\dfrac{5x^2yz^3}{25xy^2z}$ (b) $\dfrac{x^2+xy}{x^2-y^2}$ (c) $\dfrac{4-4a+a^2}{a^2-4}$

Lösung:

(a) $$\frac{5x^2yz^3}{25xy^2z} = \frac{\cancel{5}\cdot\cancel{x}\cdot x\cdot\cancel{y}\cdot\cancel{z}\cdot z\cdot z}{\cancel{5}\cdot 5\cdot\cancel{x}\cdot\cancel{y}\cdot y\cdot\cancel{z}} = \frac{xz^2}{5y}$$

(b) $$\frac{x^2+xy}{x^2-y^2} = \frac{x(x+y)}{(x-y)(x+y)} = \frac{x}{x-y}$$

(c) $$\frac{4-4a+a^2}{a^2-4} = \frac{(a-2)(a-2)}{(a-2)(a+2)} = \frac{a-2}{a+2}$$

Beispiel 2.4.3

Wenn wir Brüche vereinfachen (kürzen) wollen, dürfen wir nur *gemeinsame* Faktoren entfernen. Ein häufig auftretender Fehler soll durch das folgende Beispiel illustriert werden.

$$\textit{Falsch!} \quad \rightarrow \quad \frac{2\cancel{x}+3y}{\cancel{x}y} = \frac{2+3\cancel{y}}{\cancel{y}} = \frac{2+3}{1} = 5$$

In der Tat haben der Zähler und der Nenner in dem Bruch $(2x+3y)/xy$ keinen gemeinsamen Faktor. Eine korrekte Vereinfachung ist wie folgt: $(2x+3y)/xy = 2/y + 3/x$.

Ein anderer häufiger Fehler ist:

$$\textit{Falsch!} \quad \rightarrow \quad \frac{x}{x^2+2x} = \frac{x}{x^2} + \frac{x}{2x} = \frac{1}{x} + \frac{1}{2}$$

Eine richtige Vereinfachung wäre, den gemeinsamen Faktor x zu kürzen, so dass das Ergebnis $1/(x+2)$ ist.

Die Regeln (d), (e) und (f) in obiger Box werden für die Addition von Brüchen benötigt. Beachten Sie, dass (e) aus (a) und (d) folgt, denn:

$$\frac{a}{b} + \frac{c}{d} = \frac{a\cdot d}{b\cdot d} + \frac{c\cdot b}{d\cdot b} = \frac{a\cdot d + b\cdot c}{b\cdot d}$$

Ein einfache Erweiterung zeigt z. B., dass

$$\frac{a}{b} - \frac{c}{d} + \frac{e}{f} = \frac{adf}{bdf} - \frac{cbf}{bdf} + \frac{ebd}{bdf} = \frac{adf - cbf + ebd}{bdf} \qquad (*)$$

Wenn die Zahlen b, d und f gemeinsame Faktoren haben, treten bei der in $(*)$ auszuführenden Berechnung unnötig große Zahlen auf. Wir können die Berechnung vereinfachen, indem wir zuerst den *kleinsten gemeinsamen Nenner* (kgN) der Brüche

[12] Wenn wir Regel (a) in umgekehrter Richtung benutzen, *erweitern* wir den Bruch, z. B. $5/8 = 5\cdot 125/8\cdot 125 = 625/1000 = 0.625$.

bestimmen. Dazu zerlegen wir jeden Nenner vollständig in Faktoren. Der kgN ist das Produkt aller verschiedenen Faktoren, die in den Nennern erscheinen, jeder Faktor erscheint in seiner höchsten Potenz, in der er in einem der Nenner auftritt. Die Verwendung des kgN wird in dem folgenden Beispiel demonstriert:

Beispiel 2.4.4

Vereinfachen Sie die folgenden Ausdrücke:

(a) $\frac{1}{2} - \frac{1}{3} + \frac{1}{6}$ (b) $\frac{2+a}{a^2b} + \frac{1-b}{ab^2} - \frac{2b}{a^2b^2}$ (c) $\frac{x-y}{x+y} - \frac{x}{x-y} + \frac{3xy}{x^2-y^2}$

Lösung:

(a) Weil $6 = 2 \cdot 3$, ist der kgN gleich 6 und daher ist

$$\frac{1}{2} - \frac{1}{3} + \frac{1}{6} = \frac{1 \cdot 3}{2 \cdot 3} - \frac{1 \cdot 2}{2 \cdot 3} + \frac{1}{2 \cdot 3} = \frac{3-2+1}{6} = \frac{2}{6} = \frac{1}{3}$$

(b) Der kgN ist hier a^2b^2 und daher ist

$$\frac{2+a}{a^2b} + \frac{1-b}{ab^2} - \frac{2b}{a^2b^2} = \frac{(2+a)b}{a^2b^2} + \frac{(1-b)a}{a^2b^2} - \frac{2b}{a^2b^2}$$
$$= \frac{2b+ab+a-ba-2b}{a^2b^2} = \frac{a}{a^2b^2} = \frac{1}{ab^2}$$

(c) Weil $x^2 - y^2 = (x+y)(x-y)$ ist der kgN gleich $(x+y)(x-y)$ und daher ist

$$\frac{x-y}{x+y} - \frac{x}{x-y} + \frac{3xy}{x^2-y^2} = \frac{(x-y)(x-y)}{(x-y)(x+y)} - \frac{(x+y)x}{(x+y)(x-y)} + \frac{3xy}{(x-y)(x+y)}$$
$$= \frac{x^2-2xy+y^2-x^2-xy+3xy}{(x-y)(x+y)} = \frac{y^2}{x^2-y^2}$$

Der Ausdruck $1 - \frac{5-3}{2}$ bedeutet, dass wir von der Zahl 1 die Zahl $\frac{5-3}{2} = \frac{2}{2} = 1$ subtrahieren. Deshalb ist $1 - \frac{5-3}{2} = 0$. Alternativ könnte man so rechnen:

$$1 - \frac{5-3}{2} = \frac{2}{2} - \frac{(5-3)}{2} = \frac{2-(5-3)}{2} = \frac{2-5+3}{2} = \frac{0}{2} = 0$$

Genauso bedeutet

$$\frac{2+b}{ab^2} - \frac{a-2}{a^2b}$$

dass wir $(a-2)/a^2b$ von $(2+b)/ab^2$ subtrahieren:

$$\frac{2+b}{ab^2} - \frac{a-2}{a^2b} = \frac{(2+b)a}{a^2b^2} - \frac{(a-2)b}{a^2b^2} = \frac{(2+b)a-(a-2)b}{a^2b^2} = \frac{2(a+b)}{a^2b^2}$$

Es ist oft hilfreich, zunächst die Zähler der Brüche in Klammern zu setzen, so wie es im nächsten Beispiel gezeigt wird.

Beispiel 2.4.5

Vereinfachen Sie den Ausdruck $\dfrac{x-1}{x+1} - \dfrac{1-x}{x-1} - \dfrac{-1+4x}{2(x+1)}$.

Lösung:

$$\begin{aligned}\frac{x-1}{x+1} - \frac{1-x}{x-1} - \frac{-1+4x}{2(x+1)} &= \frac{(x-1)}{x+1} - \frac{(1-x)}{x-1} - \frac{(-1+4x)}{2(x+1)}\\ &= \frac{2(x-1)^2 - 2(1-x)(x+1) - (-1+4x)(x-1)}{2(x+1)(x-1)}\\ &= \frac{2(x^2-2x+1) - 2(1-x^2) - (4x^2-5x+1)}{2(x+1)(x-1)}\\ &= \frac{x-1}{2(x+1)(x-1)} = \frac{1}{2(x+1)}\end{aligned}$$

Wir beweisen Eigenschaft (i) in der obigen Box, indem wir $(a/b) \div (c/d)$ als Quotienten von Brüchen schreiben:

$$\frac{a}{b} \div \frac{c}{d} = \frac{\frac{a}{b}}{\frac{c}{d}} = \frac{b \cdot d \cdot \frac{a}{b}}{b \cdot d \cdot \frac{c}{d}} = \frac{\frac{\not{b} \cdot d \cdot a}{\not{b}}}{\frac{b \cdot \not{d} \cdot c}{\not{d}}} = \frac{d \cdot a}{b \cdot c} = \frac{a \cdot d}{b \cdot c} = \frac{a}{b} \cdot \frac{d}{c}$$

Wenn wir mit Brüchen von Brüchen (d. h. mit Brüchen im Zähler und Nenner eines Bruches) arbeiten, so sollten wir hervorheben, welches der Bruchstrich des Haupt-Bruches ist, z. B.

$$\frac{a}{\;\frac{b}{c}\;} \quad \text{bedeutet} \quad a \div \frac{b}{c} = \frac{ac}{b} \tag{$*$}$$

während

$$\frac{\;\frac{a}{b}\;}{c} \quad \text{bedeutet} \quad \frac{a}{b} \div c = \frac{a}{bc} \tag{$**$}$$

Natürlich ist es sicherer, im ersten Fall $\dfrac{a}{b/c}$ oder $a/(b/c)$ zu schreiben und $\frac{a/b}{c}$ oder $(a/b)/c$ im zweiten Fall.[13]

Aufgaben für Kapitel 2.4

1. Vereinfachen Sie die folgenden Ausdrücke:

(a) $\dfrac{3}{7} + \dfrac{4}{7} - \dfrac{5}{7}$ (b) $\dfrac{3}{4} + \dfrac{4}{3} - 1$ (c) $\dfrac{3}{12} - \dfrac{1}{24}$ (d) $\dfrac{1}{5} - \dfrac{2}{25} - \dfrac{3}{75}$

(e) $3\dfrac{3}{5} - 1\dfrac{4}{5}$ (f) $\dfrac{3}{5} \cdot \dfrac{5}{6}$ (g) $\left(\dfrac{3}{5} \div \dfrac{2}{15}\right) \cdot \dfrac{1}{9}$ (h) $\left(\frac{2}{3} + \frac{1}{4}\right) \Big/ \left(\frac{3}{4} + \frac{3}{2}\right)$

[13] Als numerisches Beispiel von (∗) und (∗∗) beachten Sie: $\frac{1}{\frac{3}{5}} = \frac{5}{3}$, während $\frac{\frac{1}{3}}{5} = \frac{1}{15}$

➡ Fortsetzung

2. Vereinfachen Sie die folgenden Ausdrücke:

(a) $\frac{x}{10} - \frac{3x}{10} + \frac{17x}{10}$ (b) $\frac{9a}{10} - \frac{a}{2} + \frac{a}{5}$ (c) $\frac{b+2}{10} - \frac{3b}{15} + \frac{b}{10}$

(d) $\frac{x+2}{3} + \frac{1-3x}{4}$ (e) $\frac{3}{2b} - \frac{5}{3b}$ (f) $\frac{3a-2}{3a} - \frac{2b-1}{2b} + \frac{4b+3a}{6ab}$

3. Kürzen Sie gemeinsame Faktoren in den folgenden Ausdrücken:

(a) $\frac{325}{625}$ (b) $\frac{8a^2b^3c}{64abc^3}$ (c) $\frac{2a^2-2b^2}{3a+3b}$ (d) $\frac{P^3-PQ^2}{(P+Q)^2}$

4. Finden Sie die einfachste Form der folgenden Brüche, wenn $x = 3/7$ und $y = 1/14$:

(a) $x + y$ (b) $\frac{x}{y}$ (c) $\frac{x-y}{x+y}$ (d) $13\frac{(2x-3y)}{2x+1}$

5. Vereinfachen Sie die folgenden Ausdrücke:

(a) $\frac{1}{x-2} - \frac{1}{x+2}$ (b) $\frac{6x+25}{4x+2} - \frac{6x^2+x-2}{4x^2-1}$

(c) $\frac{18b^2}{a^2-9b^2} - \frac{a}{a+3b} + 2$ (d) $\frac{1}{8ab} - \frac{1}{8b(a+2)}$

(e) $\frac{2t-t^2}{t+2} \cdot \left(\frac{5t}{t-2} - \frac{2t}{t-2}\right)$ (f) $2 - \frac{a\left(1-\frac{1}{2a}\right)}{0.25}$

6. Vereinfachen Sie die folgenden Ausdrücke:

(a) $\frac{2}{x} + \frac{1}{x+1} - 3$ (b) $\frac{t}{2t+1} - \frac{t}{2t-1}$ (c) $\frac{3x}{x+2} - \frac{4x}{2-x} - \frac{2x-1}{x^2-4}$

(d) $\frac{1/x+1/y}{1/xy}$ (e) $\frac{1/x^2-1/y^2}{1/x^2+1/y^2}$ (f) $\frac{a/x-a/y}{a/x+a/y}$

7. Verifizieren Sie, dass $x^2 + 2xy - 3y^2 = (x+3y)(x-y)$ und vereinfachen Sie dann den Ausdruck

$$\frac{x-y}{x^2+2xy-3y^2} - \frac{2}{x-y} - \frac{7}{x+3y}$$

8. Vereinfachen Sie die folgenden Ausdrücke:

(a) $\left(\frac{1}{4} - \frac{1}{5}\right)^{-2}$ (b) $n - \frac{n}{1-\frac{1}{n}}$ (c) $\frac{1}{1+x^{p-q}} + \frac{1}{1+x^{q-p}}$

(d) $\frac{\frac{1}{x-1} + \frac{1}{x^2-1}}{x - \frac{2}{x+1}}$ (e) $\frac{\frac{1}{(x+h)^2} - \frac{1}{x^2}}{h}$ (f) $\frac{\frac{10x^2}{x^2-1}}{\frac{5x}{x+1}}$

► Lösungen zu den Aufgaben finden Sie im Anhang des Buches.

2.5 Potenzen mit gebrochenen Exponenten

Lehrbücher und Forschungsartikel der Wirtschaftswissenschaften enthalten oft Potenzen mit gebrochenen Exponenten wie z. B. $K^{1/4}L^{3/4}$ und $Ar^{2.08}p^{-1.5}$. Wie definieren wir a^x, wenn x eine rationale Zahl ist? Natürlich wäre es wünschenswert, wenn die gewohnten Regeln für die Potenzrechnung weiterhin gültig blieben.

Sie kennen vermutlich die Bedeutung von a^x, wenn $x = 1/2$. Nämlich, wenn a nichtnegativ und $x = 1/2$, dann definieren wir $a^x = a^{1/2}$ als $\sqrt{a}$, die *Quadratwurzel* von a, d. h. $a^{1/2} = \sqrt{a}$ ist definiert als diejenige nichtnegative Zahl, die mit sich selbst multipliziert a ergibt. Diese Definition ist sinnvoll, da $a^{1/2} \cdot a^{1/2} = a^{1/2+1/2} = a^1 = a$. Beachten Sie, dass jede reelle Zahl r, mit sich selbst multipliziert, nichtnegativ sein muss, egal ob r positiv, negativ oder Null ist. Daher ist für $a \geq 0$

$$a^{1/2} = \sqrt{a}$$

Zum Beispiel ist $\sqrt{16} = 16^{1/2} = 4$, da $4^2 = 16$, während $\sqrt{1/25} = 1/5$, da $1/5 \cdot 1/5 = 1/25$.

Eigenschaften von Quadratwurzeln

(i) Wenn a und b nichtnegative Zahlen sind, dann gilt

$$\sqrt{ab} = \sqrt{a}\sqrt{b}$$

(ii) Wenn a nichtnegativ und b positiv ist, dann gilt

$$\sqrt{\frac{a}{b}} = \frac{\sqrt{a}}{\sqrt{b}}$$

Natürlich können diese zwei Regeln auch in der Form $(ab)^{1/2} = a^{1/2}b^{1/2}$ und $(a/b)^{1/2} = a^{1/2}/b^{1/2}$ geschrieben werden. Zum Beispiel $\sqrt{16 \cdot 25} = \sqrt{16} \cdot \sqrt{25} = 4 \cdot 5 = 20$ und $\sqrt{9/4} = \sqrt{9}/\sqrt{4} = 3/2$.

Beachten Sie, dass die Formeln (i) und (ii) nicht gelten, wenn a oder b oder beide negativ sind. Zum Beispiel $\sqrt{(-1)(-1)} = \sqrt{1} = 1$, während $\sqrt{-1} \cdot \sqrt{-1}$ nicht definiert ist (es sei denn man benutzt komplexe Zahlen).

Es ist wichtig zu wiederholen, dass im Allgemeinen $(a+b)^r \neq a^r + b^r$. Für $r = 1/2$ impliziert dies, dass[14]

$$\sqrt{a+b} \neq \sqrt{a} + \sqrt{b}$$

Beachten Sie auch, dass $(-2)^2 = 4$ und $2^2 = 4$. Daher sind $x = -2$ und $x = 2$ beides Lösungen der Gleichung $x^2 = 4$. Deshalb gilt: $x^2 = 4$ dann und nur dann, wenn $x = \pm\sqrt{4} = \pm 2$. Beachten Sie jedoch, dass das Symbol $\sqrt{4}$ *nur* 2 und nicht -2 bedeutet.

Wir können einen Taschenrechner benutzen und finden heraus, dass $\sqrt{2} \div \sqrt{3} \approx 1.414 \div 1.732 \approx 0.816$. Jedoch ist die Berechnung in dieser Weise unnötig mühsam,

[14] Die folgende Beobachtung illustriert, wie häufig dies nicht beachtet wird: Während einer Prüfung in einem Grundlagenkurs in Mathematik für Ökonomen vereinfachten 22 % der Studierenden den Ausdruck $\sqrt{1/16 + 1/25}$ fälschlicherweise zu $1/4 + 1/5 = 9/20 = 0.45$. In Wirklichkeit ist es $\sqrt{(25/400) + (16/400)} = \sqrt{41/400} = \sqrt{41}/20 \approx 0.32$.

weil sie zwei approximative Quadratwurzeln benötigt, von denen mindestens eine zeitweise zwischengespeichert werden muss. Eine einfachere Alternative geht so: $\sqrt{2} \div \sqrt{3} = \sqrt{2 \div 3} \approx \sqrt{0.667} \approx 0.817$. Nehmen Sie jedoch an, dass wir den *Nenner rational* machen, indem wir Zähler und Nenner mit demselben Term ($\sqrt{3}$) multiplizieren, um alle Wurzelausdrücke aus dem Nenner zu entfernen. Die Rechnung wird dann einfacher, weil sie nur eine Quadratwurzel benötigt:

$$\frac{\sqrt{2}}{\sqrt{3}} = \frac{\sqrt{2} \cdot \sqrt{3}}{\sqrt{3} \cdot \sqrt{3}} = \frac{\sqrt{2 \cdot 3}}{3} = \frac{\sqrt{6}}{3} \approx \frac{2.449}{3} \approx 0.816$$

Manchmal kann die Formel für die Differenz von Quadraten aus Kap. 2.3 benutzt werden, um Quadratwurzeln aus dem Nenner zu eliminieren. Hier ist ein Beispiel:

$$\frac{1}{\sqrt{5} + \sqrt{3}} = \frac{\sqrt{5} - \sqrt{3}}{(\sqrt{5} + \sqrt{3})(\sqrt{5} - \sqrt{3})} = \frac{\sqrt{5} - \sqrt{3}}{5 - 3} = \frac{1}{2}(\sqrt{5} - \sqrt{3})$$

Die *n*-te Wurzel

Was verstehen wir unter $a^{1/n}$, wenn n eine natürliche und a eine positive Zahl ist? Was bedeutet z. B. $5^{1/3}$? Wenn die Regel $(a^r)^s = a^{rs}$, die wir in Kap. 2.2 eingeführt haben, in diesem Fall auch noch gelten soll, dann müsste $(5^{1/3})^3 = 5^1 = 5$ sein. Dies impliziert, dass $5^{1/3}$ eine Lösung der Gleichung $x^3 = 5$ sein muss. Man kann zeigen, dass diese Gleichungsart eine eindeutige positive Lösung hat, die mit $\sqrt[3]{5}$ bezeichnet wird, die *kubische Wurzel* von 5. Deshalb müssen wir $5^{1/3}$ als $\sqrt[3]{5}$ definieren.

Im Allgemeinen ist $(a^{1/n})^n = a^1 = a$. Daher sollten wir die Bruchpotenz $x = a^{1/n}$ als Lösung der Gleichung $x^n = a$ definieren. Man kann wieder zeigen, dass diese Gleichung eine eindeutige positive Lösung hat.[15] Wir bezeichnen diese Lösung mit $\sqrt[n]{a}$, die *n-te Wurzel* von a, implizierend, dass:

$$\sqrt[n]{a} = a^{1/n} \tag{2.5.2}$$

Die *n*-te Wurzel

Wenn a eine positive und n eine natürliche Zahl ist, dann ist $\sqrt[n]{a}$ die eindeutig bestimmte positive Zahl, deren n-te Potenz a ergibt, d. h.

$$\left(\sqrt[n]{a}\right)^n = a \tag{2.5.3}$$

Beispiel 2.5.1

Berechnen Sie die folgenden Bruchpotenzen:

(a) $\sqrt[3]{27}$ (b) $\left(\frac{1}{32}\right)^{1/5}$ (c) $(0.0001)^{0.25} = (0.0001)^{1/4}$

[15] Beispiel 7.10.3 folgend ist eine Möglichkeit des Beweises, den Zwischenwertsatz zu benutzen, der später als Theorem 7.10.1 erscheint. Die Beispiele 2.6.4 und 2.10.3 später in diesem Kapitel schlagen andere Beweise vor, zunächst der Eindeutigkeit, dann der Existenz.

Lösung:

(a) $\sqrt[3]{27} = 3$, da $3^3 = 27$.

(b) $\left(\frac{1}{32}\right)^{1/5} = \frac{1}{2}$, da $\left(\frac{1}{2}\right)^5 = \frac{1}{32}$.

(c) $(0.0001)^{1/4} = 0.1$, da $(0.1)^4 = 0.0001$.

Beispiel 2.5.2

Ein Betrag von 5000 Euro ist auf einem Bankkonto in 15 Jahren angewachsen auf 10 000 Euro. Welcher (konstante) jährliche Zinssatz p liegt hier vor?

Lösung: Nach 15 Jahren ist der Betrag von 5000 Euro angewachsen auf $5000(1 + p/100)^{15}$. Daher haben wir die Gleichung:

$$5000\left(1 + \frac{p}{100}\right)^{15} = 10\,000 \qquad \text{oder} \qquad \left(1 + \frac{p}{100}\right)^{15} = 2$$

Allgemein gilt $(a^t)^{1/t} = a^1 = a$ für $t \neq 0$. Indem wir jede Seite mit 1/15 potenzieren, erhalten wir

$$1 + \frac{p}{100} = 2^{1/15} \quad \text{oder} \quad p = 100(2^{1/15} - 1)$$

Mit einem Taschenrechner erhalten wir $p \approx 4.73$.

Wir definieren jetzt $a^{p/q}$, wenn p eine ganze Zahl, q eine natürliche Zahl und $a > 0$ ist. Betrachten Sie zunächst $5^{2/3}$. Wir haben bereits $5^{1/3}$ definiert. Damit wir die zweite Eigenschaft von Potenzen, Formel (2.2.1(ii)), d. h. $(a^r)^s = a^{rs}$ anwenden können, muss $5^{2/3} = (5^{1/3})^2$ sein. Deshalb müssen wir $5^{2/3}$ als $\left(\sqrt[3]{5}\right)^2$ definieren.

Im Allgemeinen definieren wir für $a > 0$

$$a^{p/q} = \left(a^{1/q}\right)^p = \left(\sqrt[q]{a}\right)^p \tag{2.5.4}$$

wobei p eine ganze Zahl und q eine natürliche Zahl ist. Indem wir die zweite Eigenschaft von Potenzen erneut anwenden, folgt aus dieser Definition:

$$a^{p/q} = \left(a^{1/q}\right)^p = (a^p)^{1/q} = \sqrt[q]{a^p} \tag{2.5.5}$$

Daher können wir, um $a^{p/q}$ zu berechnen, entweder zuerst die q-te Wurzel von a berechnen und das Resultat mit p potenzieren oder zuerst a in die p-te Potenz erheben und daraus die q-te Wurzel ziehen. Wir erhalten in jedem Fall dasselbe Ergebnis[16], z. B.

$$4^{7/2} = (4^7)^{1/2} = 16384^{1/2} = 128 = 2^7 = (4^{1/2})^7$$

Beispiel 2.5.3

Berechnen Sie die Zahlen:

(a) $16^{3/2}$ (b) $16^{-1.25}$ (c) $\left(\frac{1}{27}\right)^{-2/3}$

[16] Tests haben gezeigt, dass viele Studierende zwar in der Lage sind, mit quadratischen Identitäten umzugehen, aber dennoch Fehler machen im Umgang mit komplizierteren Potenzen. Hier sind einige Beispiele solcher Fehler: (a) $(1 + r)^{20}$ ist *nicht* gleich $1^{20} + r^{20}$. (b) Wenn $u = 9 + x^{1/2}$, so folgt *nicht* $u^2 = 81 + x$; stattdessen gilt $u^2 = 81 + 18\sqrt{x} + x$. (c) $(e^x - e^{-x})^p$ ist *nicht* gleich $e^{xp} - e^{-xp}$ (es sei denn $p = 1$).

Lösung:

(a) $16^{3/2} = (16^{1/2})^3 = 4^3 = 64$

(b) $16^{-1.25} = 16^{-5/4} = \dfrac{1}{16^{5/4}} = \dfrac{1}{\left(\sqrt[4]{16}\right)^5} = \dfrac{1}{2^5} = \dfrac{1}{32}$

(c) $\left(\dfrac{1}{27}\right)^{-2/3} = 27^{2/3} = \left(\sqrt[3]{27}\right)^2 = 3^2 = 9$

Beispiel 2.5.4

Hier sind zwei praktische Illustrationen, warum wir Potenzen mit gebrochenen Exponenten brauchen:

(a) Die Formel $S \approx 4.84V^{2/3}$ berechnet die approximative Oberfläche S eines Balles als Funktion seines Volumens V – siehe Aufgabe 11.

(b) Sei Y das Nettosozialprodukt, K der Kapitalstock, L Arbeit und t die Zeit. Eine Formel der Art $Y = 2.262K^{0.203}L^{0.763}(1.02)^t$ erscheint oft in Studien über das nationale Wirtschaftswachstum. Daher kommen Potenzen mit gebrochenen Exponenten oft in den Wirtschaftswissenschaften vor.

Beispiel 2.5.5

Vereinfachen Sie die folgenden Ausdrücke, so dass die Ergebnisse nur positive Exponenten enthalten:

(a) $\dfrac{a^{3/8}}{a^{1/8}}$ (b) $(x^{1/2}x^{3/2}x^{-2/3})^{3/4}$ (c) $\left(\dfrac{10p^{-1}q^{2/3}}{80p^2q^{-7/3}}\right)^{-2/3}$

Lösung:

(a) $\dfrac{a^{3/8}}{a^{1/8}} = a^{3/8-1/8} = a^{2/8} = a^{1/4} = \sqrt[4]{a}$

(b) $(x^{1/2}x^{3/2}x^{-2/3})^{3/4} = (x^{1/2+3/2-2/3})^{3/4} = (x^{4/3})^{3/4} = x$

(c) $\left(\dfrac{10p^{-1}q^{2/3}}{80p^2q^{-7/3}}\right)^{-2/3} = (8^{-1}p^{-1-2}q^{2/3-(-7/3)})^{-2/3} = 8^{2/3}p^2q^{-2} = 4\dfrac{p^2}{q^2}$

Wenn q eine ungerade Zahl und p eine ganze Zahl ist, so kann $a^{p/q}$ sogar definiert werden, wenn a negativ ist. Um zum Beispiel $(-8)^{1/3}$ zu definieren, bemerken wir, dass $(-2)^3 = -8$ und erhalten so, dass $(-8)^{1/3} = \sqrt[3]{-8} = -2$. Jedoch, um $a^{p/q}$ zu definieren, wenn a negativ ist, muss der Nenner q ungerade sein. Sonst, wenn man zulässt, dass q gerade ist, könnte es logische Widersprüche geben wie „$-2 = (-8)^{1/3} = (-8)^{2/6} = \sqrt[6]{(-8)^2} = \sqrt[6]{64} = 2$."

Wir haben bereits gesehen: Wenn a positiv ist, ist es zur Berechnung von $a^{n/m}$ oft einfacher, zuerst $\sqrt[m]{a}$ zu berechnen und dann das Ergebnis in die n-te Potenz zu erheben. Zum Beispiel: $(-64)^{5/3} = (\sqrt[3]{-64})^5 = (-4)^5 = -1024$.

Beispiel 2.5.6

Seien p und q natürliche Zahlen, wobei q ungerade sei. Ferner sei a eine negative reelle Zahl. Bestimmen Sie das Vorzeichen von: (a) $a^{1/q}$; (b) $a^{p/q}$; (c) $a^{-p/q}$.

Lösung:

(a) Weil $(a^{1/q})^q = a$, welches negativ ist, folgt, dass $a^{1/q}$ auch negativ ist.

(b) Beachten Sie, dass $a^{p/q} = (a^{1/q})^p = (-1)^p(-a^{1/q})^p$. Weil $a^{1/q}$ negativ ist und somit $(-a^{1/q})^p$ positiv ist, folgt, dass $a^{p/q}$ dasselbe Vorzeichen hat wie $(-1)^p$. Dies ist genau dann positiv, wenn p gerade ist und negativ genau dann, wenn p ungerade ist.

(c) Weil $a^{p/q} \cdot a^{-p/q} = 1$, muss das Vorzeichen von $a^{-p/q}$ dasselbe sein wie das Vorzeichen von $a^{p/q}$.

Aufgaben für Kapitel 2.5

1. Berechnen Sie die folgenden Zahlen:

(a) $\sqrt{9}$ (b) $\sqrt{1600}$ (c) $(100)^{1/2}$ (d) $\sqrt{9+16}$

(e) $(36)^{-1/2}$ (f) $(0.49)^{1/2}$ (g) $\sqrt{0.01}$ (h) $\sqrt{\frac{1}{25}}$

2. Seien a und b positive Zahlen. Entscheiden Sie, ob das „?" durch $=$ oder $\neq$ ersetzt werden sollte. Begründen Sie Ihre Antwort.

(a) $\sqrt{25 \cdot 16} \ ? \ \sqrt{25} \cdot \sqrt{16}$ (b) $\sqrt{25+16} \ ? \ \sqrt{25} + \sqrt{16}$

(c) $(a+b)^{1/2} \ ? \ a^{1/2} + b^{1/2}$ (d) $(a+b)^{-1/2} \ ? \ (\sqrt{a+b})^{-1}$

3. Lösen Sie die folgenden Gleichungen nach x auf:

(a) $\sqrt{x} = 9$ (b) $\sqrt{x} \cdot \sqrt{4} = 4$ (c) $\sqrt{x+2} = 25$

(d) $\sqrt{3} \cdot \sqrt{5} = \sqrt{x}$ (e) $2^{2-x} = 8$ (f) $2^x - 2^{x-1} = 4$

4. Machen Sie den Nenner rational und vereinfachen Sie dann:

(a) $\frac{6}{\sqrt{7}}$ (b) $\frac{\sqrt{32}}{\sqrt{2}}$ (c) $\frac{\sqrt{3}}{4\sqrt{2}}$ (d) $\frac{\sqrt{54}-\sqrt{24}}{\sqrt{6}}$

(e) $\frac{2}{\sqrt{3}\sqrt{8}}$ (f) $\frac{4}{\sqrt{2y}}$ (g) $\frac{x}{\sqrt{2x}}$ (h) $\frac{x(\sqrt{x}+1)}{\sqrt{x}}$

5. Vereinfachen Sie die folgenden Ausdrücke, indem Sie die Nenner rational machen:

(a) $\frac{1}{\sqrt{7}+\sqrt{5}}$ (b) $\frac{\sqrt{5}-\sqrt{3}}{\sqrt{5}+\sqrt{3}}$ (c) $\frac{x}{\sqrt{3}-2}$

(d) $\frac{x\sqrt{y}-y\sqrt{x}}{x\sqrt{y}+y\sqrt{x}}$ (e) $\frac{h}{\sqrt{x+h}-\sqrt{x}}$ (f) $\frac{1-\sqrt{x+1}}{1+\sqrt{x+1}}$

6. Berechnen Sie die folgenden Zahlen ohne Taschenrechner:

(a) $\sqrt[3]{125}$ (b) $(243)^{1/5}$ (c) $(-8)^{1/3}$ (d) $\sqrt[3]{0.008}$

(e) $81^{1/2}$ (f) $64^{-1/3}$ (g) $16^{-2.25}$ (h) $\left(\frac{1}{3^{-2}}\right)^{-2}$

➜ Fortsetzung

7. Bestimmen Sie approximativ mit einem Taschenrechner:

(a) $\sqrt[3]{55}$ (b) $(160)^{1/4}$ (c) $(2.71828)^{1/5}$ (d) $(1+0.0001)^{10000}$

8. Die Zahl der Bewohner eines Staates wuchs in 12 Jahren von 40 auf 60 Millionen an. Wie groß ist die jährliche prozentuale Wachstumsrate p?

9. Vereinfachen Sie die folgenden Ausdrücke:

(a) $(27x^{3p}y^{6q}z^{12r})^{1/3}$ (b) $\dfrac{(x+15)^{4/3}}{(x+15)^{5/6}}$ (c) $\dfrac{8\sqrt[3]{x^2}\sqrt[4]{y}\sqrt{1/z}}{-2\sqrt[3]{x}\sqrt{y^5}\sqrt{z}}$

10. Vereinfachen Sie die folgenden Ausdrücke so, dass jeder nur einen einzigen Exponenten enthält.

(a) $\left\{\left[(a^{1/2})^{2/3}\right]^{3/4}\right\}^{4/5}$ (b) $a^{1/2}\cdot a^{2/3}\cdot a^{3/4}\cdot a^{4/5}$

(c) $\left\{\left[(3a)^{-1}\right]^{-2}(2a^{-2})^{-1}\right\}/a^{-3}$ (d) $\dfrac{\sqrt[3]{a}\cdot a^{1/12}\cdot\sqrt[4]{a^3}}{a^{5/12}\cdot\sqrt{a}}$

11. Die Formeln für die Oberfläche S und das Volumen V eines Balles mit Radius r sind $S=4\pi r^2$ und $V=(4/3)\pi r^3$. Drücken Sie S als eine Potenzfunktion von V aus.

12. Welche der folgenden Gleichungen gelten für alle reellen x und y?

(a) $(2^x)^2 = 2^{x^2}$ (b) $3^{x-3y} = \dfrac{3^x}{3^{3y}}$

(c) $3^{-1/x} = \dfrac{1}{3^{1/x}}$ $(x \neq 0)$ (d) $5^{1/x} = \dfrac{1}{5^x}$ $(x \neq 0)$

(e) $a^{x+y} = a^x + a^y$ $(a > 0)$ (f) $2^{\sqrt{x}}\cdot 2^{\sqrt{y}} = 2^{\sqrt{xy}}$ (x und y positiv)

13. Wenn ein Unternehmen x Einheiten eines Inputs in einem Herstellungsprozess A verwendet, werden $32x^{3/2}$ Einheiten Output produziert. In einem alternativen Herstellungsprozess B werden $4x^3$ Einheiten Output produziert. Für welche Niveaus des Inputs produziert Prozess A mehr als Prozess B?

► Lösungen zu den Aufgaben finden Sie im Anhang des Buches.

2.6 Ungleichungen

Die reellen Zahlen bestehen aus den positiven Zahlen, sowie der Null und den negativen Zahlen. Wenn a eine positive Zahl ist, schreiben wir $a > 0$ (oder äquivalent $0 < a$) und sagen, dass a größer ist als Null. Wenn die Zahl c negativ ist, schreiben wir $c < 0$ (oder äquivalent $0 > c$).

Eine grundlegende Eigenschaft der positiven Zahlen ist:

$$(a > 0 \text{ und } b > 0) \implies (a+b > 0 \text{ und } a\cdot b > 0) \tag{2.6.1}$$

Allgemein sagen wir, dass *die Zahl a größer ist als die Zahl b* und schreiben $a > b$ (oder sagen, dass b kleiner ist als a und schreiben $b < a$), wenn $a - b$ positiv ist. Also ist $4.11 > 3.12$, weil $4.11 - 3.12 = 0.99 > 0$, und $-3 > -5$, weil $-3-(-5) = 2 > 0$. Auf der in Abb. 2.1.1 gezeigten Zahlengeraden gilt die Ungleichung $a > b$ genau dann, wenn a rechts von b liegt.

Wenn $a > b$, sagen wir oft, dass *a strikt größer ist als b*, um zu betonen, dass $a = b$ ausgeschlossen ist. Wenn $a > b$ oder $a = b$, so schreiben wir $a \geq b$ (oder $b \leq a$) und sagen, dass *a größer oder gleich b ist* oder manchmal, dass *a nicht kleiner als b* ist. Also bedeutet $a \geq b$, dass $a - b \geq 0$ ist. Zum Beispiel $4 \geq 4$ und $4 \geq 2$.[17]

Wir nennen $>$ und $<$ *strikte* Ungleichungen, während $\geq$ und $\leq$ *schwache* Ungleichungen sind. Der Unterschied zwischen schwachen und strikten Ungleichungen ist oft sehr wichtig in ökonomischen Analysen.

Man kann eine Reihe wichtiger Eigenschaften der Ungleichheitszeichen $>$ und $\geq$ beweisen. Zum Beispiel gilt für alle reellen Zahlen a, b und c:

$$a > b \iff a + c > b + c \tag{2.6.2}$$

Der Beweis ist einfach: Für alle Zahlen a, b und c gilt $(a + c) - (b + c) = a + c - b - c = a - b$. Daher gilt $a - b > 0$ genau dann, wenn $a + c - (b + c) > 0$, so dass die Behauptung folgt. Auf der in Abb. 2.6.1 gezeigten Zahlengeraden ist diese Äquivalenz offensichtlich (hier wurde c negativ gewählt):

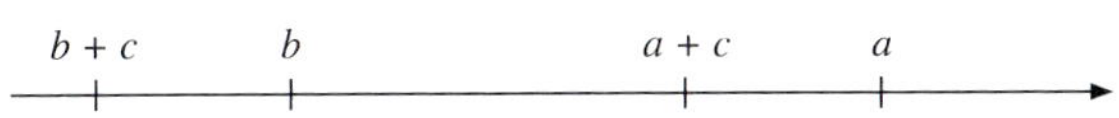

Abbildung 2.6.1: $a > b \iff a + c > b + c$

Um kompliziertere Ungleichungen handhaben zu können, braucht man die folgenden Eigenschaften:

Eigenschaften von Ungleichungen

Seien a, b, c und d reelle Zahlen. Dann gilt:

$$(a > b \text{ und } b > c) \implies a > c \tag{2.6.3}$$

$$(a > b \text{ und } c > 0) \implies ac > bc \tag{2.6.4}$$

$$(a > b \text{ und } c < 0) \implies ac < bc \tag{2.6.5}$$

$$(a > b \text{ und } c > d) \implies a + c > b + d \tag{2.6.6}$$

Alle vier Eigenschaften bleiben gültig, wenn man jedes $>$ durch $\geq$ bzw. jedes $<$ durch $\leq$ ersetzt. Die Eigenschaften folgen alle sehr einfach aus (2.6.1). Zum Beispiel kann (2.6.5) wie folgt bewiesen werden: Sei $a > b$ und $c < 0$. Dann ist $a - b > 0$ und $-c > 0$ und nach (2.6.1) folgt $(a - b)(-c) > 0$. Damit ist $-ac + bc > 0$ und folglich $ac < bc$.

[17] Beachten Sie insbesondere, dass es korrekt *ist* zu schreiben $4 \geq 2$, weil $4 - 2$ positiv oder 0 *ist*.

Nach (2.6.4) und (2.6.5) gilt: Wenn beide Seiten einer Ungleichung multipliziert werden

(a) mit einer positiven Zahl, bleibt die Richtung der Ungleichung erhalten.

(b) mit einer negativen Zahl, kehrt sich die Richtung der Ungleichung um.

Es ist sehr wichtig, dass Sie diese Regeln verstehen und wahrnehmen, dass Sie mit der Alltagserfahrung übereinstimmen. Zum Beispiel kann (2.6.4) so interpretiert werden: Gegeben seien zwei Rechtecke mit derselben Grundlinie. Dasjenige mit der größeren Höhe hat die größere Fläche.

Beispiel 2.6.1

Bestimmen Sie die Werte von x, die die Ungleichung $3x - 5 > x - 3$ erfüllen.

Lösung: Wegen (2.6.2) dürfen wir 5 zu beiden Seiten der Ungleichung addieren. Dies ergibt $3x - 5 + 5 > x - 3 + 5$ oder $3x > x + 2$. Indem wir wieder (2.6.2) benutzen und $(-x)$ zu beiden Seiten addieren, folgt $3x - x > x - x + 2$ und somit $2x > 2$. Schließlich erlaubt uns (2.6.4) beide Seiten mit der positiven Zahl $\frac{1}{2}$ zu multiplizieren, so dass wir $x > 1$ erhalten. Die Argumentation kann offensichtlich umgekehrt werden, so dass die Lösung $x > 1$ ist.

Doppel-Ungleichungen

Zwei Ungleichungen, die gleichzeitig gelten, werden oft als eine *Doppel-Ungleichung* geschrieben. Wenn z. B. $a \leq z$ und gleichzeitig $z < b$, ist es natürlich, $a \leq z < b$ zu schreiben.[18]

Beispiel 2.6.2

Eines Tages war die niedrigste Temperatur in Buenos Aires 50 °F und die höchste war 77 °F. Welches ist die entsprechende Variation der Temperatur in Grad Celsius?[19]

Lösung: Für die Temperatur in Grad Celsius muss gelten

$$50 \leq \frac{9}{5}C + 32 \leq 77\,.$$

Nun erlaubt uns (2.6.1) von jedem der drei Terme 32 abzuziehen. Das Resultat ist

$$50 - 32 \leq \frac{9}{5}C \leq 77 - 32 \quad \text{oder vereinfacht} \quad 18 \leq \frac{9}{5}C \leq 45\,.$$

Schließlich sagt uns (2.6.4), dass Multiplikation aller drei Terme mit der positiven Zahl 5/9 beide Ungleichungen erhält. Daher folgt $10 \leq C \leq 25$. Die Temperatur variierte also zwischen 10 °C und 25 °C.

---

18 Andererseits: Wenn $a \leq z$ und $z > b$ und wenn wir aber nicht wissen, welche der Zahlen a und b die größere ist, so können wir nicht $a \leq b < z$ oder $b \leq a \leq z$ schreiben. Weiterhin versuchen wir die Schreibweise $a \leq z > b$ zu vermeiden.

19 Erinnern Sie: Wenn F die Temperatur in Grad Fahrenheit bezeichnet und C dieselbe Temperatur in Grad Celsius, so gilt $F = \frac{9}{5}C + 32$.

Das folgende Beispiel zeigt eine wichtige Eigenschaft von Potenzfunktionen. Nämlich: Gegeben sei eine reelle Zahl $x > 0$. Wenn die natürliche Zahl n steigt, so: (i) steigt x^n genau dann, wenn $x > 1$; (ii) fällt x^n genau dann, wenn $0 < x < 1$.

Beispiel 2.6.3

Beweisen Sie durch Induktion über n, dass für jede natürliche Zahl n gilt:

(a) Wenn $x > 1$, dann ist $x^{n+1} > x^n > 1$.

(b) Wenn $0 < x < 1$, dann ist $0 < x^{n+1} < x^n < 1$.

Lösung:

(a) Im Fall $x > 1$ ergibt Anwendung der Regel (2.6.4) für Ungleichungen, dass $x \cdot x > x \cdot 1$ und somit $x^2 > x^1 > 1$. Für den Induktionsschritt nehmen Sie an, dass $x^{k+1} > x^k > 1$ für ein $k \geq 1$. Indem Sie die Regel (2.6.4) noch einmal anwenden, ergibt sich $x \cdot x^{k+1} > x \cdot x^k$ und somit $x^{k+2} > x^{k+1} > 1$, was den Induktionsschritt beendet.

(b) Im Fall $1 > x > 0$ ergibt wieder die Anwendung der Regel (2.6.4) für Ungleichungen $x \cdot 1 > x \cdot x$ und somit $1 > x > x^2$. Für den Induktionsschritt nehmen Sie an, dass $1 > x^k > x^{k+1}$ für ein $k \geq 1$. Indem Sie die Regel (2.6.4) noch einmal anwenden, ergibt sich $x \cdot x^k > x \cdot x^{k+1}$ und somit $1 > x^{k+1} > x^{k+2}$, was den Induktionsschritt beendet.

Unser letztes Beispiel betrifft Lösungen der Gleichung $x^n = a$, wobei $a > 0$ eine reelle Zahl ist und n ist eine natürliche Zahl. In Kap. 2.5 haben wir behauptet, dass diese Gleichung eine eindeutige positive Lösung hat, die wir verwendet haben, um die n-te Wurzel $a^{1/n} = \sqrt[n]{a}$ zu definieren. Das folgende Beispiel bietet einen Beweis, dass eine positive Lösung von $x^n = a$ eindeutig ist. Später in Beispiel 2.10.3 bieten wir einen konstruktiven Beweis, dass eine positive Lösung existiert.

Beispiel 2.6.4

Gegeben sei eine natürliche Zahl n. Zeigen Sie:

(a) Wenn $0 < y < x$, dann gilt $y^n < x^n$.

(b) Die Gleichung $x^n - a$ hat eine eindeutige positive Lösung.

Lösung:

(a) Dies ist offensichtlich wahr, wenn $n = 1$. Wenn $n > 1$, dann gilt

$$x^n - y^n = (x - y)(x^{n-1} + x^{n-2}y + \cdots + xy^{n-2} + y^{n-1}) \qquad (*)$$

Der einfachste Weg, dies zu zeigen, ist, das Produkt auf der rechten Seite auszumultipizieren. Die meisten der Terme heben sich gegenseitig auf und es bleibt $x^n - y^n$ übrig. Nun ist der Ausdruck in Klammern in $(*)$ eine Summe von n Termen der Form $x^{n-k}y^{k-1}$ $(k = 1, \ldots, n)$. Jeder Term ist ein Produkt von positiven Zahlen und somit positive nach Aufgabe 7, was auch impliziert, dass die Summe von n positiven Termen positiv ist. Weil $x - y$ positiv ist, ist das Produkt auf der rechten Seite von $(*)$ positiv und so $x^n - y^n > 0$.

(b) Nach (a) gilt: Wenn $x^n = y^n = a$ für positive x und y, dann gilt $x = y$.

Aufgaben für Kapitel 2.6

1. Entscheiden Sie, welche der folgenden Ungleichungen gültig sind:

(a) $-6.15 > -7.16$ (b) $6 \geq 6$ (c) $(-5)^2 \leq 0$ (d) $-\frac{1}{2}\pi < -\frac{1}{3}\pi$

(e) $\frac{4}{5} > \frac{6}{7}$ (f) $2^3 < 3^2$ (g) $2^{-3} < 3^{-2}$ (h) $\frac{1}{2} - \frac{2}{3} < \frac{1}{4} - \frac{1}{3}$

2. Bestimmen Sie die Werte von x, die die folgenden Ungleichungen erfüllen:

(a) $-x - 3 \leq 5$ (b) $3x + 5 < x - 13$ (c) $3x - (x-1) \geq x - (1-x)$

(d) $\frac{2x-4}{3} \leq 7$ (e) $\frac{1}{3}(1-x) \geq 2(x-3)$ (f) $\frac{x}{24} - (x+1) + \frac{3x}{8} < \frac{5}{12}(x+1)$

3. Lösen Sie die folgenden Ungleichungen:

(a) $1 \leq \frac{1}{3}(2x-1) + \frac{8}{3}(1-x) < 16$ (b) $-5 < \frac{1}{x} < 0$

4. Füllen Sie jede Leerstelle mit „$\Rightarrow$“, „$\Leftarrow$“ oder „$\Leftrightarrow$“, um eine wahre Aussage zu vervollständigen:

(a) $x(x+3) < 0$ ____ $x > -3$ (b) $x^2 < 9$ ____ $x < 3$

(c) $x^2 > 0$ ____ $x > 0$ (d) $x > y^2$ ____ $x > 0$

5. Entscheiden Sie, ob die folgenden Ungleichungen für alle x und y gültig sind:

(a) $x + 1 > x$ (b) $x^2 > x$ (c) $x + x > x$ (d) $x^2 + y^2 \geq 2xy$

6. Erinnern Sie die Formel $F = \frac{9}{5}C + 32$ für die Umrechnung von Grad Celsius in Grad Fahrenheit aus Beispiel 2.6.2.

(a) Die Temperatur für die Lagerung von Kartoffeln sollte zwischen 4 °C und 6 °C liegen. Welches sind die entsprechenden Temperaturen in Grad Fahrenheit?

(b) Die Frischhaltegarantie für Milchflaschen ist für 7 Tage gegeben, wenn die Milch bei einer Temperatur von 36 °F bis 40 °F aufbewahrt wird. Finden Sie das entsprechende Temperaturintervall in Grad Celsius.

7. Nehmen Sie an, dass die n Zahlen $a_1, a_2, \ldots, a_n$ alle positiv sind. Nutzen Sie (2.6.1), um durch Induktion zu beweisen, dass die Summe $a_1 + a_2 + \cdots + a_n$ und das Produkt $a_1 \cdot a_2 \cdot \ldots \cdot a_n$ von allen n Zahlen positiv sind.

Anspruchsvollere Aufgabe

8. Wenn a und b zwei positive Zahlen sind, definieren Sie ihr *arithmetisches, geometrisches* bzw. *harmonisches Mittel* durch $m_A = \frac{1}{2}(a+b)$, $m_G = \sqrt{ab}$ und

$$m_H = 2\left(\frac{1}{a} + \frac{1}{b}\right)^{-1}$$

Zeigen Sie, dass $m_A \geq m_G \geq m_H$ mit strikten Ungleichheitszeichen, es sei denn $a = b$.[20]

► Lösungen zu den Aufgaben finden Sie im Anhang des Buches.

[20] Sie sollten zunächst diese Ungleichungen überprüfen, indem Sie einige spezifische Zahlen wählen (evtl. unter Benutzung eines Taschenrechners). Um zu zeigen, dass $m_A \geq m_G$, beginnen Sie mit der offensichtlich gültigen Ungleichung $(\sqrt{a} - \sqrt{b})^2 \geq 0$. Multiplizieren Sie dies dann aus. Um zu zeigen, dass $m_G \geq m_H$, zeigen Sie zunächst, dass $\sqrt{xy} \leq \frac{1}{2}(x+y)$. Setzen Sie dann $x = 1/a$, $y = 1/b$.

2.7 Intervalle und Absolutbeträge

Es seien a und b zwei beliebige Zahlen auf der Zahlengeraden. Dann nennen wir die Menge aller Zahlen, die zwischen a und b liegen ein *Intervall*. In vielen Situationen ist es wichtig, zwischen Intervallen zu unterscheiden, bei denen die Endpunkte zum Intervall dazugehören, und solchen Intervallen, bei denen die Endpunkte nicht dazu gehören. Wenn $a < b$, dann gibt es vier verschiedene Intervalle, die alle a und b als Endpunkte haben, wie in Tabelle 2.7.1 gezeigt wird.

Tabelle 2.7.1: Intervalle auf der reellen Zahlengeraden

Notation	Name	Besteht aus allen x mit:
(a, b)	Das *offene* Intervall von a bis b	$a < x < b$
$[a, b]$	Das *abgeschlossene* Intervall von a bis b	$a \leq x \leq b$
$(a, b]$	Ein *halboffenes* Intervall von a bis b	$a < x \leq b$
$[a, b)$	Ein *halboffenes* Intervall von a bis b	$a \leq x < b$

Beachten Sie, dass ein offenes Intervall keinen seiner Endpunkte enthält, ein abgeschlossenes Intervall jedoch beide Endpunkte enthält. Es gibt in obiger Tabelle zwei halboffene Intervalle, jedes enthält einen seiner Endpunkte, jedoch nicht beide. Alle vier Intervalle haben jedoch dieselbe Länge $b - a$.

Wir stellen Intervalle auf der Zahlengeraden gewöhnlich wie in Abb. 2.7.1 dar, indem wir dazugehörige Endpunkte durch Punkte und nicht dazugehörige Endpunkte an den Spitzen von Pfeilen kennzeichnen.

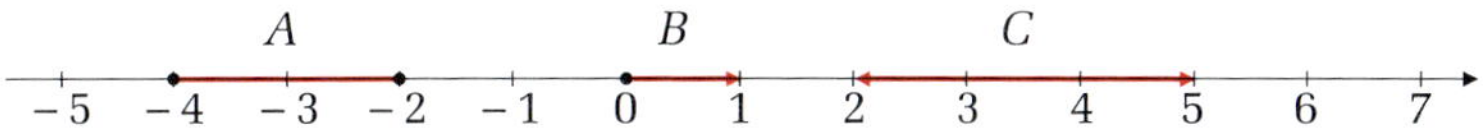

Abbildung 2.7.1: $A = [-4, -2]$, $B = [0, 1)$ und $C = (2, 5)$

Die bisher betrachteten Intervalle waren alle *beschränkte Intervalle*. Wir benutzen das Wort „Intervall" auch für gewisse unbeschränkte Mengen von Zahlen. Zum Beispiel, unter Benutzung der Mengennotation, besteht das Intervall $[a, \infty) = \{x\colon x \geq a\}$ aus allen Zahlen $x \geq a$ und das Intervall $(-\infty, b) = \{x\colon x < b\}$ enthält alle Zahlen mit $x < b$.

Dabei ist „∞" das übliche Symbol für Unendlich. Das Symbol ∞ ist keine Zahl und daher gelten die üblichen Rechenregeln nicht für ∞. Wenn wir die Notation $[a, \infty)$ verwenden, so wollen wir damit aussagen, dass wir *alle* Zahlen betrachten, die größer oder gleich a sind ohne irgendeine obere Schranke für die Größe der Zahlen. Genauso hat das Intervall $(-\infty, b)$ keine untere Schranke.

Es sollte nach den vorangehenden Ausführungen offensichtlich sein, was wir mit (a, ∞) und $(-\infty, b]$ meinen. Gemäß der von uns verwendeten Konvention ist die Menge aller reellen Zahlen ein offenes Intervall, das mit dem Symbol $(-\infty, \infty)$ bezeichnet werden kann.

Das Innere eines Intervalls

Von Zeit zu Zeit müssen wir über die *inneren Punkte* eines Intervalls I sprechen, welches die Punkte in I sind, die keine Endpunkte sind. Dann bildet die Menge aller inneren Punkte von I das *Innere* von I.

Diese Definitionen implizieren: Wenn $a < b$, dann haben die vier verschiedenen Intervalle $[a, b]$, $[a, b)$, $(a, b]$ und (a, b) alle dasselbe Innere, welches das offene Intervall (a, b) ist. Ferner sind die Inneren von $(-\infty, b]$ und von $(-\infty, b)$ beide gleich demselben Intervall $(-\infty, b)$. Ähnliches gilt für $[a, \infty)$ und (a, ∞). Schließlich ist die ganze reelle Gerade $(-\infty, \infty)$ gleich ihrem eigenen Inneren.

Von großer Wichtigkeit über einen inneren Punkt c eines Intervalls I ist, dass er uns einen kleinen „Spielraum“ bietet, der es uns erlaubt den Punkt c ein wenig nach links oder rechts zu verschieben, ohne das Intervall zu verlassen. Mit anderen Worten: Alle Punkte, die hinreichend nahe an c sind, gehören auch zu I. Zeichnen Sie sich ein Bild und Sie werden sehen, was dies bedeutet.

Absolutbetrag

Sei a eine reelle Zahl und stellen Sie sich die Lage dieser Zahl auf der reellen Zahlengeraden vor. Der Abstand zwischen a und 0 heißt der *Absolutbetrag* von a. Wenn a positiv oder 0 ist, so ist der Absolutbetrag die Zahl a selbst; wenn a negativ ist, dann ist, weil ein Abstand positiv sein muss, der Absolutbetrag gleich der positiven Zahl $-a$. Das heißt:

Absolutbetrag

Der *Absolutbetrag* der Zahl a ist die Zahl $|a|$, die definiert ist durch

$$|a| = \begin{cases} a & \text{falls } a \geq 0 \\ -a & \text{falls } a < 0 \end{cases} \qquad (2.7.1)$$

Zum Beispiel $|13| = 13$, $|-5| = -(-5) = 5$, $|-1/2| = 1/2$ und $|0| = 0$. Beachten Sie insbesondere, dass $|-a| = |a|$ gilt.[21]

Beispiel 2.7.1

Berechnen Sie $|x - 2|$ für $x = -3$, $x = 0$ und $x = 4$. Nutzen Sie dann die Definition des Absolubetrages, um $|x - 2|$ umzuschreiben in einen Ausdruck wie in (2.7.1).

[21] Es ist ein verbreiteter Trugschluss, anzunehmen, dass a stets eine positive Zahl bezeichnet, selbst dann, wenn es nicht explizit angegeben wird. Ebenso nehmen die meisten Studierenden an, wenn Sie $-a$ sehen, dass dieser Ausdruck stets negativ ist. Beachten Sie jedoch, dass die Zahl $-a$ positiv ist, wenn a selbst negativ ist. Wenn z. B. $a = -5$, dann ist $-a = -(-5) = 5$. Trotzdem ist es eine übliche Konvention in den Wirtschaftswissenschaften, Variablen so zu definieren, dass ihre Werte, so weit es möglich ist, eher positiv als negativ sind.

Lösung: Unter Benutzung der Definition (2.7.1) für $x = -3$ erhalten wir $|x-2| = |-3-2| = |-5| = 5$. Für $x = 0$ ist $|x-2| = |0-2| = |-2| = 2$. Und für $x = 4$ ergibt sich $|x-2| = |4-2| = |2| = 2$.

Indem wir a durch $x-2$ in (2.7.1) ersetzen, ergibt sich $|x-2| = x-2$, falls $x-2 \geq 0$, d. h. falls $x \geq 2$. Nehmen Sie jedoch $x-2 < 0$ an, d. h. $x < 2$. In diesem Fall ist $|x-2| = -(x-2) = 2-x$. Zusammenfassend gilt:

$$|x-2| = \begin{cases} x-2\,, & \text{falls } x \geq 2 \\ 2-x\,, & \text{falls } x < 2 \end{cases}$$

Eine alternative Definition des Absolutbetrages wäre $|a| = \sqrt{a^2}$. Dies funktioniert wegen des folgenden allgemeineren Resultats, das aus der Diskussion in Kap. 2.5 folgt.

Beispiel 2.7.2

Zeigen Sie: Für eine natürliche Zahl n und eine reelle Zahl $x \neq 0$ gilt

$$\sqrt[n]{x^n} = \begin{cases} x & \text{falls } n \text{ ungerade ist ;} \\ |x| & \text{falls } n \text{ gerade ist .} \end{cases}$$

Lösung: Wenn n ungerade ist, gilt unabhängig vom Vorzeichen von x, das gleich dem Vorzeichen von x^n ist: Die reelle Zahl $y = \sqrt[n]{x^n}$ ist die eindeutige Lösung von $y^n = x^n$. Dies impliziert, dass $y = x$.

Wenn aber n gerade ist und $x \neq 0$, dann ist x^n positiv unabhängig vom Vorzeichen von x. Jetzt ist die reelle Zahl $y = \sqrt[n]{x^n}$ die eindeutige positive Lösung von $y^n = x^n$. Dies impliziert, dass $y = x$, wenn x positiv ist, jedoch $y = -x$ wenn x negativ ist. Damit ist $y = |x|$.

Seien x_1 und x_2 zwei beliebige Zahlen. Der *Abstand* zwischen x_1 und x_2 auf der Zahlengeraden ist gleich $x_1 - x_2$, wenn $x_1 \geq x_2$ und gleich $-(x_1 - x_2)$, wenn $x_1 < x_2$. Deshalb haben wir:

Abstand zwischen Zahlen

Der *Abstand* zwischen x_1 und x_2 auf der Zahlengeraden ist

$$|x_1 - x_2| = |x_2 - x_1| \tag{2.7.2}$$

In Abb. 2.7.2 haben wir zweispitzige Pfeile benutzt, um geometrisch anzudeuten, dass der Abstand zwischen 7 und 2 gleich 5 ist, während der Abstand zwischen -3 und -5 gleich 2 ist. Letzteres ist korrekt, da $|-3-(-5)| = |-3+5| = |2| = 2$.
Nehmen Sie an, dass $|x| = 5$. Welche Werte kann x haben? Es gibt nur zwei Möglichkeiten: entweder $x = 5$ oder $x = -5$, da keine anderen Zahlen den Absolutbetrag 5 haben. Allgemein gilt: Wenn a größer oder gleich 0 ist, dann impliziert $|x| = a$, dass $x = a$ oder $x = -a$. Da Definition (2.7.1) impliziert, dass $|x| \geq 0$ für alle x, hat die Gleichung $|x| = a$ keine Lösung, wenn $a < 0$.

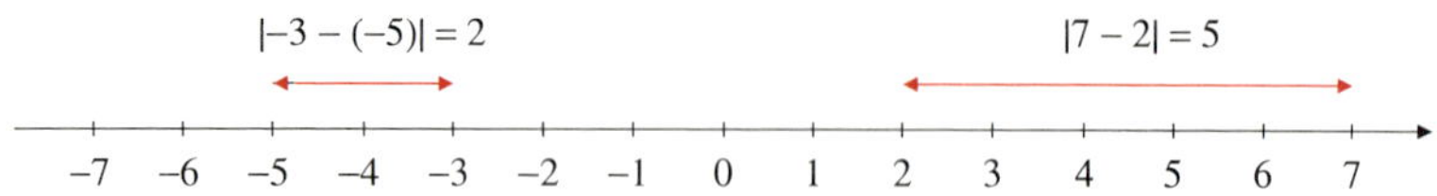

Abbildung 2.7.2: Der Abstand zwischen 7 und 2 und zwischen −3 und −5.

Wenn a eine positive Zahl und $|x| < a$, dann ist der Abstand zwischen x und 0 kleiner als a. Weiterhin ist, wenn a nichtnegativ ist und $|x| \leq a$, der Abstand zwischen x und 0 kleiner oder gleich a. In Symbolen:

$$|x| < a \iff -a < x < a \tag{2.7.3}$$

$$|x| \leq a \iff -a \leq x \leq a \tag{2.7.4}$$

Beispiel 2.7.3

Überprüfen Sie zuerst, ob die Ungleichung $|3x - 2| \leq 5$ gültig ist für $x = -3$, $x = 0$, $x = 7/3$ und $x = 10$. Bestimmen Sie dann alle x, für die Ungleichung gilt.

Lösung: Für $x = -3$ ist $|3x - 2| = |-9 - 2| = 11$; für $x = 0$ ist $|3x - 2| = |-2| = 2$; für $x = 7/3$ ist $|3x - 2| = |7 - 2| = 5$ und für $x = 10$ ist $|3x - 2| = |30 - 2| = 28$. Daher ist die gegebene Ungleichung gültig für $x = 0$ und $x = 7/3$, jedoch nicht für $x = -3$ und $x = 10$.

Für allgemeines x folgt aus (2.7.4), dass die Ungleichung $|3x - 2| \leq 5$ genau dann gilt, wenn $-5 \leq 3x - 2 \leq 5$. Indem wir 2 zu allen drei Ausdrücken addieren, erhalten wir

$$-5 + 2 \leq 3x - 2 + 2 \leq 5 + 2$$

Dies vereinfacht sich zu $-3 \leq 3x \leq 7$. Division durch 3 ergibt $-1 \leq x \leq 7/3$.

Aufgaben für Kapitel 2.7

1. (a) Berechnen Sie $|2x - 3|$ für $x = 0$, $x = 1/2$ und $x = 7/2$.
   (b) Lösen Sie die Gleichung $|2x - 3| = 0$.
   (c) Formen Sie $|2x - 3|$ um, indem Sie die Definition des Absolutbetrages benutzen.

2. (a) Berechnen Sie $|5 - 3x|$ für $x = -1$, $x = 2$ und $x = 4$.
   (b) Lösen Sie die Gleichung $|5 - 3x| = 0$.
   (c) Formen Sie $|5 - 3x|$ um, indem Sie die Definition des Absolutbetrages benutzen.

3. Bestimmen Sie x so, dass die folgenden Ausdrücke gültig sind:
   (a) $|3 - 2x| = 5$ (b) $|x| \leq 2$ (c) $|x - 2| \leq 1$
   (d) $|3 - 8x| \leq 5$ (e) $|x| > \sqrt{2}$ (f) $|x^2 - 2| \leq 1$

➡ Fortsetzung

4. Ein Kunde bestellt eine Eisenstange, deren angekündigte Länge 5 Meter ist mit einer Toleranz von 1 mm, d. h. die Länge der Stange darf nicht mehr als 1 mm von der vereinbarten Länge abweichen. Schreiben Sie eine Spezifizierung der akzetierbaren Stangenlänge x in Metern (a) mit Hilfe einer Doppelungleichung und (b) mit Hilfe des Absolutbetrages.

► Lösungen zu den Aufgaben finden Sie im Anhang des Buches.

2.8 Vorzeichen-Diagramme

Vorzeichen-Diagramme können ein nützliches Hilsmittel sein, um eine Ungleichung zu lösen, in dem Sinn, die Intervalle zu finden, in denen die Ungleichung gilt. Wir beginnen mit einem einfachen Beispiel, dass ihre Konstruktion und Anwendung illustriert.

Beispiel 2.8.1

Überprüfen Sie, ob die Ungleichung $(x-1)(3-x) > 0$ für $x = -3$, $x = 2$ und $x = 5$ erfüllt ist. Bestimmen Sie dann alle Werte von x, die die Ungleichung erfüllen.

Lösung: Für $x = -3$ haben wir $(x-1)(3-x) = (-4) \cdot 6 = -24 < 0$; für $x = 2$ haben wir $(x-1)(3-x) = 1 \cdot 1 = 1 > 0$ und für $x = 5$ haben wir $(x-1)(3-x) = 4 \cdot (-2) = -8 < 0$. Daher ist die Ungleichung für $x = 2$ erfüllt, aber nicht für $x = -3$ oder $x = 5$.

Um die komplette Lösungsmenge zu bestimmen, benutzen wir ein *Vorzeichen-Diagramm*. Dabei wird die Variation des Vorzeichens für jeden Faktor des Produkts bestimmt. Zum Beispiel ist der Faktor $x-1$ negativ, wenn $x < 1$, er ist 0, wenn $x = 1$ und positiv, wenn $x > 1$.

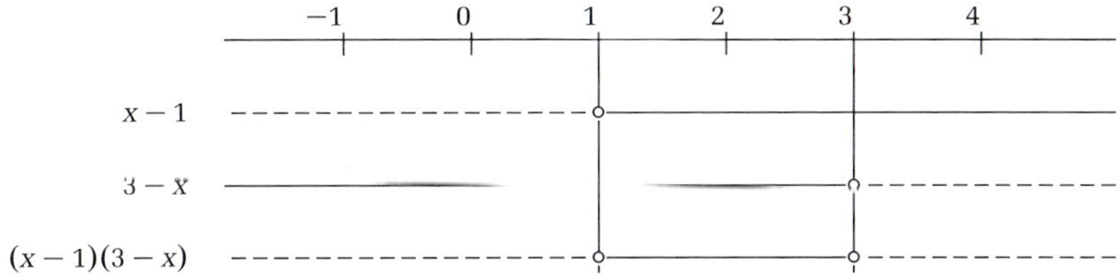

Abbildung 2.8.1: Vorzeichen-Diagramm für $(x-1)(3-x)$

Diese Vorzeichenvariation der zwei Faktoren wie auch ihres Produkts wird in Abb. 2.8.1 dargestellt. Betrachten Sie in diesem Diagramm zuerst die horizontale Gerade, die mit $x-1$ gekennzeichnet ist. Der gestrichelte Teil dieser Geraden, links von der vertikalen Geraden $x = 1$ deutet an, dass $x-1 < 0$, wenn $x < 1$; der kleine Kreis deutet an, dass $x-1 = 0$, wenn $x = 1$. Und die durchgezogene Linie rechts von $x = 1$ symbolisiert, dass $x-1 > 0$, wenn $x > 1$. In ähnlicher Weise stellt die horizontale Gerade, die mit $3-x$ gekennzeichnet ist, die Vorzeichenvariation für $3-x$ dar.

Die Vorzeichenvariation für das Produkt $(x-1)(3-x)$ erhält man wie folgt: Wenn $x < 1$, dann ist $x-1$ negativ und $3-x$ ist positiv und damit das Produkt negativ. Wenn $1 < x < 3$, sind beide Faktoren positiv und damit ist auch das Produkt positiv. Wenn $x > 3$, ist $x-1$ positiv und $3-x$ ist negativ und damit ist das Produkt negativ.

Schlussfolgerung: Die Lösungsmenge besteht aus allen x, die größer als 1 und kleiner als 3 sind. Somit gilt $(x-1)(3-x) > 0 \iff 1 < x < 3$.

Beispiel 2.8.2

Finden Sie alle Werte von p, die die folgende Ungleichung erfüllen:

$$\frac{2p-3}{p-1} > 3-p$$

Lösung: Es ist verlockend, beide Seiten der Ungleichung mit $p-1$ zu multiplizieren. Dann impliziert jedoch Gleichung (2.6.5), dass wir das Ungleichheitszeichen im Fall $p-1 < 0$ umkehren müssen. Somit müssten wir zwischen den zwei Fällen $p-1 > 0$ und $p-1 < 0$ unterscheiden.

Zum Glück gibt es eine eine alternative Methode, die es unnötig macht, zwischen den beiden Fällen zu unterscheiden. Wir beginnen damit, $p-3$ zu beiden Seiten zu addieren. Dies ergibt

$$\frac{2p-3}{p-1} + p - 3 > 0$$

Indem wir $p-1$ zum gemeinsamen Nenner machen, erhalten wir

$$\frac{2p-3+(p-3)(p-1)}{p-1} > 0$$

Beachten Sie, dass der Zähler dieses Bruches sich vereinfacht zu:

$$2p-3+(p-3)(p-1) = 2p-3+p^2-4p+3 = p^2-2p = p(p-2)$$

Damit können wir die Ungleichung reduzieren auf:

$$\frac{p(p-2)}{p-1} > 0$$

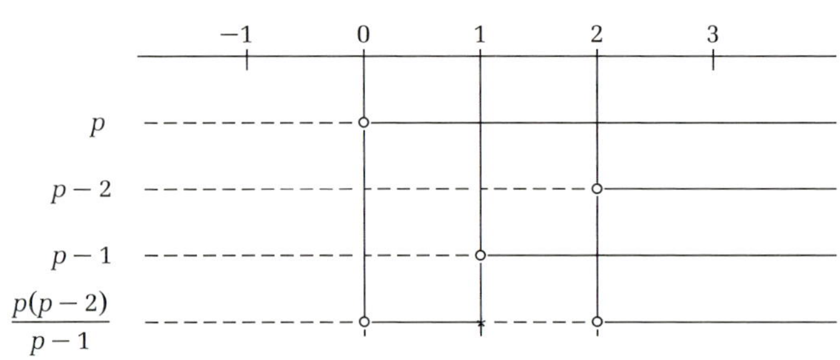

Abbildung 2.8.2: Vorzeichen-Diagramm für $\frac{p(p-2)}{p-1}$

Um die Lösungsmenge dieser Ungleichung zu finden, benutzen wir das Vorzeichen-Diagramm in Abb. 2.8.2, um die Vorzeichenvariation für $p(p-2)/(p-1)$ zu bestimmen ausgehend von der für p, $p-2$ und $p-1$. Wenn z. B. $0 < p < 1$, dann ist p positiv und $(p-2)$ ist negativ und somit ist $p(p-2)$ negativ. Aber $p-1$ ist auch negativ in diesem Intervall, so dass $p(p-2)/(p-1)$ positiv ist. Indem wir in gleicher Weise für alle vier relevanten Intervalle argumentieren, kommen wir zudem gezeigten Vorzeichen-Diagramm.[22] Somit ist die ursprüngliche Ungleichung genau dann erfüllt, wenn $0 < p < 1$ oder $p > 2$.

Zwei Bemerkungen zur Warnung sind hier angebracht: Erstens: Der häufigste Fehler beim Lösen von Ungleichungen ist in Beispiel 2.8.2 angedeutet. Wenn wir mit $p-1$ multiplizieren, bleibt die Ungleichung *nur* dann erhalten, wenn $p-1$ positiv ist – d. h. wenn $p > 1$. Zweitens: Es ist von entscheidender Bedeutung, dass Sie die Methode der Vorzeichen-Diagramme wirklich verstehen. Ein anderer häufiger Fehler wird durch das folgende Beispiel illustriert.

Beispiel 2.8.3

Bestimmen Sie alle Werte von x, die die Ungleichung erfüllen:

$$\frac{(x-2)+3(x+1)}{x+3} \leq 0$$

Lösung: Nehmen Sie an, dass wir das ungeeignete Vorzeichen-Diagramm in Abb. 2.8.3 verwenden.

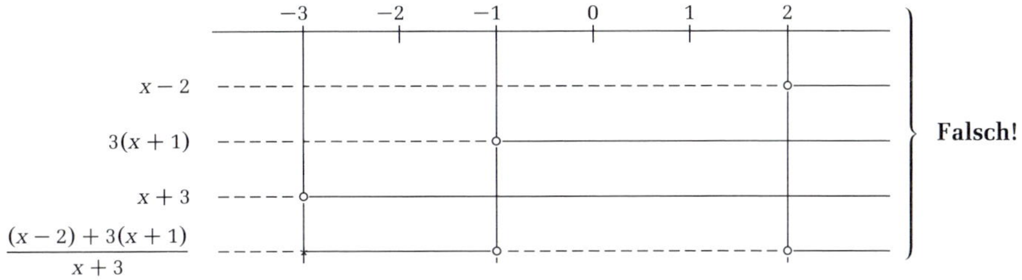

Abbildung 2.8.3: Falsches Vorzeichen-Diagramm für $\frac{(x-2)+3(x+1)}{x+3}$

Nach diesem Vorzeichen-Diagramm in Abb. 2.8.3 sollte die Ungleichung erfüllt sein für $x < -3$ und für $-1 \leq x \leq 2$. Jedoch ergibt sich für $x = -4$ (welches < -3 ist) der Wert des Bruches zu 15, und das ist positiv. Was ist hier schief gegangen? Nehmen Sie an, dass $x < -3$. Dann ist $x-2 < 0$ und $3(x+1) < 0$ und damit ist der Zähler $(x-2)+3(x+1)$ negativ. Da der Nenner $x+3$ auch negativ ist für $x < -3$, ist der Bruch positiv. Die im Diagramm angezeigte Vorzeichenvariation ist daher völlig falsch. Das Produkt zweier negativer Zahlen ist positiv, die Summe jedoch ist negativ und nicht positiv, wie das Vorzeichen-Diagramm vermuten lässt.

[22] Die ursprüngliche Ungleichung ergibt keinen Sinn, wenn $p = 1$. Dies wird angezeigt durch den kleinen Stern an der Stelle $p = 1$ auf der untersten horizontalen Geraden des Diagramms.

Um eine korrekte Lösung des gegebenen Problem zu erhalten, sammeln wir im Zähler zunächst alle Terme desselben Typs, so dass sich die folgende Ungleichung ergibt: $(4x+1)/(x+3) \leq 0$. Konstruieren Sie jetzt ein Vorzeichen-Diagramm für diese Ungleichung, um zu der folgenden richtigen Antwort zu kommen: $-3 < x \leq -1/4$.

Aufgaben für Kapitel 2.8

1. Lösen Sie die folgenden Ungleichungen:

(a) $2 < \dfrac{3x+1}{2x+4}$ (b) $\dfrac{120}{n} + 1.1 \leq 1.85$ (c) $g^2 - 2g \leq 0$

(d) $\dfrac{1}{p-2} + \dfrac{3}{p^2-4p+4} \geq 0$ (e) $\dfrac{-n-2}{n+4} > 2$ (f) $x^4 < x^2$

2. Lösen Sie die folgenden Ungleichungen:

(a) $\dfrac{x+2}{x-1} < 0$ (b) $\dfrac{2x+1}{x-3} > 1$ (c) $5a^2 \leq 125$

(d) $(x-1)(x+4) > 0$ (e) $(x-1)^2(x+4) > 0$ (f) $(x-1)^3(x-2) \leq 0$

(g) $(5x-1)^{10}(x-1) < 0$ (h) $(5x-1)^{11}(x-1) < 0$ (i) $\dfrac{3x-1}{x} > x+3$

(j) $\dfrac{x-3}{x+3} < 2x-1$ (k) $x^2 - 4x + 4 > 0$ (l) $x^3 + 2x^2 + x \leq 0$

3. Lösen Sie die Ungleichung $\left(\dfrac{1}{x} - 1\right) \div \left(\dfrac{1}{x} + 1\right) \geq 1$.

► Lösungen zu den Aufgaben finden Sie im Anhang des Buches.

2.9 Summennotation

Ökonomen machen häufig Gebrauch von Volkszählungs-Daten. Nehmen Sie an, dass ein Land in sechs Regionen aufgeteilt ist. Sei N_i die Anzahl der Bewohner in Region i. Dann ist die Gesamtanzahl der Bewohner gegeben durch

$$N_1 + N_2 + N_3 + N_4 + N_5 + N_6$$

Es ist üblich, eine abkürzende Notation für solche langen Ausdrücke zu verwenden. Der große griechische Buchstabe Sigma, geschrieben als $\sum$, wird gewöhnlich als *Summationssymbol* verwendet. Damit kann die Summe prägnanter geschrieben werden als

$$\sum_{i=1}^{6} N_i$$

Dies wird gelesen „die Summe von $i = 1$ bis $i = 6$ über N_i."

Wenn es n statt 6 Regionen gibt, dann ist

$$N_1 + N_2 + \cdots + N_n \qquad (*)$$

eine Notation für die Gesamtanzahl der Bevölkerung. Hier deuten die Punkte $\cdots$ zwischen den letzten zwei Pluszeichen an, dass sich das offensichtliche Muster fortsetzt und mit dem letzten Term N_n endet. In Summennotation schreiben wir

$$\sum_{i=1}^{n} N_i$$

Diese Notation sagt uns, dass wir die Summe von allen Termen bilden sollen, die entstehen, wenn wir für i aufeinanderfolgende ganzen Zahlen einsetzen, beginnend mit der unteren Grenze $i = 1$ und endend mit der oberen Grenze $i = n$. Das Symbol i heißt der *Summationsindex*. Es ist eine „Hilfsvariable", die durch jeden anderen Buchstaben (der noch nicht für irgendetwas anderes gebraucht wurde) ersetzt werden kann. Daher stellen sowohl $\sum_{j=1}^{n} N_j$ als auch $\sum_{k=1}^{n} N_k$ dieselbe Summe wie in $(*)$ dar.

Genau wie die obere Summationsgrenze kann auch die untere Grenze variiert werden. Betrachten Sie zum Beispiel die Summe

$$\sum_{i=30}^{35} N_i = N_{30} + N_{31} + N_{32} + N_{33} + N_{34} + N_{35}$$

Dies ist die Gesamtanzahl der Bevölkerung in den sechs Regionen, die mit 30 bis 35 beziffert sind.

Nehmen Sie allgemeiner an, dass die untere und obere Grenze die ganzen Zahlen p und q sind mit $q \geq p$. Dann kann die Summe der Zahlen a_i, wenn der Index i über die aufeinander folgenden ganzen Zahlen von $i = p$ bis $i = q$ läuft, geschrieben werden als

$$\sum_{i=p}^{q} a_i = a_p + a_{p+1} + \cdots + a_q$$

Wenn die obere mit der unteren Summationsgrenze übereinstimmt, fällt die „Summe" auf einen Term zusammen. Aber wenn die obere Grenze kleiner als die untere Grenze ist, gibt es überhaupt keine Terme mehr. Deshalb ist es Konvention, diese „Summe" als Null zu betrachten.

Beispiel 2.9.1

Berechnen Sie die folgenden Summen:

(a) $\sum_{i=1}^{5} i^2$ (b) $\sum_{k=3}^{6} (5k - 3)$ (c) $\sum_{j=0}^{2} \frac{(-1)^j}{(j+1)(j+3)}$.

Lösung:

(a) $$\sum_{i=1}^{5} i^2 = 1^2 + 2^2 + 3^2 + 4^2 + 5^2 = 1 + 4 + 9 + 16 + 25 = 55$$

(b) $$\sum_{k=3}^{6} (5k - 3) = (5 \cdot 3 - 3) + (5 \cdot 4 - 3) + (5 \cdot 5 - 3) + (5 \cdot 6 - 3) = 78$$

(c) $$\sum_{j=0}^{2} \frac{(-1)^j}{(j+1)(j+3)} = \frac{1}{1 \cdot 3} + \frac{-1}{2 \cdot 4} + \frac{1}{3 \cdot 5} = \frac{40 - 15 + 8}{120} = \frac{33}{120} = \frac{11}{40}$$

Ökonomen nutzen oft die Summennotation, so dass es wichtig ist zu wissen, wie diese zu interpretieren ist. Oft gibt es neben dem Summationsindex mehrere andere Variablen oder Parameter.

Beispiel 2.9.2

Schreiben Sie die folgenden Ausdrücke als ausführliche Summen:[23]

$$\text{(a)}\ \sum_{i=1}^{n} p_t^{(i)} q^{(i)} \qquad \text{(b)}\ \sum_{j=-3}^{1} x^{5-j} y^j \qquad \text{(c)}\ \sum_{i=1}^{N} (x_{ij} - \bar{x}_j)^2$$

Lösung:

(a) $\sum_{i=1}^{n} p_t^{(i)} q^{(i)} = p_t^{(1)} q^{(1)} + p_t^{(2)} q^{(2)} + \cdots + p_t^{(n)} q^{(n)}$

(b) $\sum_{j=-3}^{1} x^{5-j} y^j = x^8 y^{-3} + x^7 y^{-2} + x^6 y^{-1} + x^5 + x^4 y$

(c) $\sum_{i=1}^{N} (x_{ij} - \bar{x}_j)^2 = (x_{1j} - \bar{x}_j)^2 + (x_{2j} - \bar{x}_j)^2 + \cdots + (x_{Nj} - \bar{x}_j)^2$

Beispiel 2.9.3

Schreiben Sie die folgenden Summen mit Hilfe der Summennotation:

(a) $1 + 3 + 3^2 + 3^3 + \cdots + 3^{81}$ (b) $a_i^6 + a_i^5 b_j + a_i^4 b_j^2 + a_i^3 b_j^3 + a_i^2 b_j^4 + a_i b_j^5 + b_j^6$

Lösung:

(a) Dies ist einfach, wenn wir beachten, dass $1 = 3^0$ und $3 = 3^1$, so dass die Summe geschrieben werden kann als $3^0 + 3^1 + 3^2 + 3^3 + \cdots + 3^{81}$. Der allgemeine Term ist 3^i, und wir erhalten

$$1 + 3 + 3^2 + 3^3 + \cdots + 3^{81} = \sum_{i=0}^{81} 3^i$$

(b) Dies ist schwieriger. Beachten Sie jedoch, dass sich die Indizes i und j nicht verändern. Der Exponent von a_i nimmt in jedem Schritt um 1 ab, von 6 beginnend auf 0, während der Exponent von b_j Schritt für Schritt wächst von 0 beginnend auf 6. Der allgemeine Term hat die Gestalt $a_i^{6-k} b_j^k$, wobei k von 0 bis 6 variiert. Deshalb ist

$$a_i^6 + a_i^5 b_j + a_i^4 b_j^2 + a_i^3 b_j^3 + a_i^2 b_j^4 + a_i b_j^5 + b_j^6 = \sum_{k=0}^{6} a_i^{6-k} b_j^k$$

Beispiel 2.9.4 **(Preisindizes)**

Nehmen Sie an, dass es Preisänderungen für mehrere verschiedene Güter innerhalb eines Landes gibt. Um den Gesamteffekt der Preisänderungen zusammenzufassen,

[23] Beachten Sie, dass t *kein* Summationsindex ist in (a) und j *kein* Summationsindex in (c).

sind eine Reihe von verschiedenen *Preisindizes* vorgeschlagen worden. Betrachten Sie einen „Warenkorb" mit n Gütern, der für jedes $i = 1, \dots, n$ aus $q^{(i)}$ Einheiten des Gutes i besteht. Bezeichne $p_0^{(i)}$ den Preis pro Einheit des Gutes i im Jahr 0 und $p_t^{(i)}$ den Preis pro Einheit des Gutes i im Jahr t. Dann sind die Gesamtkosten des Warenkorbs im Jahr 0 gleich

$$\sum_{i=1}^{n} p_0^{(i)} q^{(i)} = p_0^{(1)} q^{(1)} + p_0^{(2)} q^{(2)} + \cdots + p_0^{(n)} q^{(n)}$$

während die Kosten des Warenkorbs im Jahr t gegeben sind durch:

$$\sum_{i=1}^{n} p_t^{(i)} q^{(i)} = p_t^{(1)} q^{(1)} + p_t^{(2)} q^{(2)} + \cdots + p_t^{(n)} q^{(n)}$$

Indem wir Jahr 0 als Basisjahr verwenden, in dem laut Definion der Preisindex gleich 100 ist, können wir den Preisindex für das Jahr t als 100 mal das Verhältnis der Kosten des festen Warenkorbs im Jahr t zu seinen Kosten im Jahr 0 berechnen. Das heißt: Der Index im Jahr t ist:

$$\frac{\sum_{i=1}^{n} p_t^{(i)} q^{(i)}}{\sum_{i=1}^{n} p_0^{(i)} q^{(i)}} \cdot 100 \qquad (\textit{Preisindex}) \tag{2.9.1}$$

Zum Beispiel: Wenn die Kosten des Warenkorbs 1032 im Jahr 0 und die Kosten desselben Warenkorbs im Jahr t sich auf 1548 belaufen, dann ist der Preisindex $(1548/1032) \cdot 100 = 150$.

Für den Fall, dass die Mengen $q^{(i)}$ die Verbrauchszahlen aus dem Basisjahr 0 sind, heißt dieser Index *Preisindex von Laspeyres*. Wenn aber die Mengen $q^{(i)}$ die Verbrauchszahlen aus dem Jahr t sind, heißt dieser Index *Preisindex von Paasche*.

Aufgaben für Kapitel 2.9

1. Berechnen Sie die folgenden Summen:

(a) $\sum_{i=1}^{10} i$ (b) $\sum_{k=2}^{6} (5 \cdot 3^{k-2} - k)$ (c) $\sum_{m=0}^{5} (2m+1)$

(d) $\sum_{l=0}^{2} 2^{2^l}$ (e) $\sum_{i=1}^{10} 2$ (f) $\sum_{j=1}^{4} \frac{j+1}{j}$

2. Berechnen Sie die folgenden Summen:

(a) $\sum_{k=-2}^{2} 2\sqrt{k+2}$ (b) $\sum_{i=0}^{3} (x+2i)^2$ (c) $\sum_{k=1}^{n} a_{ki} b^{k+1}$ (d) $\sum_{j=0}^{m} f(x_j)\, \Delta x_j$

➡ Fortsetzung

3. Drücken Sie die folgenden Summen in Summennotation aus:

(a) $4 + 8 + 12 + 16 + \cdots + 4n$

(b) $1^3 + 2^3 + 3^3 + 4^3 + \cdots + n^3$

(c) $1 - \frac{1}{3} + \frac{1}{5} - \frac{1}{7} + \cdots + (-1)^n \frac{1}{2n+1}$

(d) $a_{i1}b_{1j} + a_{i2}b_{2j} + \cdots + a_{in}b_{nj}$

(e) $3x + 9x^2 + 27x^3 + 81x^4 + 243x^5$

(f) $a_i^3 b_{i+3} + a_i^4 b_{i+4} + \cdots + a_i^p b_{i+p}$

(g) $a_i^3 b_{i+3} + a_{i+1}^4 b_{i+4} + \cdots + a_{i+p}^{p+3} b_{i+p+3}$

(h) $81297 + 81495 + 81693 + 81891$

4. Berechnen Sie den Preisindex in Beispiel 2.9.4, wenn $n = 3$, $p_0^{(1)} = 1$, $p_0^{(2)} = 2$, $p_0^{(3)} = 3$, $p_t^{(1)} = 2$, $p_t^{(2)} = 3$, $p_t^{(3)} = 4$, $q^{(1)} = 3$, $q^{(2)} = 5$ und $q^{(3)} = 7$.

5. Setzen Sie die korrekten Summationsgrenzen in den Summen auf der rechten Seite ein.

(a) $\sum_{k=1}^{10} (k-2)t^k = \sum_{m=} mt^{m+2}$ (b) $\sum_{n=0}^{N} 2^{n+5} = \sum_{j=} 32 \cdot 2^{j-1}$

6. Seit Anfang 2020 besteht der Europäische Wirtschaftsraum aus 30 Nationen, die dem Prinzip der freien Arbeitsmobilität innerhalb des Gebietes zugestimmt haben. Für das Jahr 2025 sei c_{ij} eine geschätzte Anzahl der Personen, die von Nation i in die Nation j für jedes $i \neq j$ wechseln. Wenn z. B. $i = 25$ und $j = 10$, dann schreiben wir $c_{25,10}$ für c_{ij}. Erläutern Sie die Bedeutung der zwei Summen: (a) $\sum_{j=1}^{30} c_{ij}$, (b) $\sum_{i=1}^{30} c_{ij}$.

7. Entscheiden Sie, welche der folgenden Gleichungen allgemein gültig sind.

(a) $\sum_{k=1}^{n} ck^2 = c \sum_{k=1}^{n} k^2$ (b) $\left(\sum_{i=1}^{n} a_i \right)^2 = \sum_{i=1}^{n} a_i^2$ (c) $\sum_{j=1}^{n} b_j + \sum_{j=n+1}^{N} b_j = \sum_{j=1}^{N} b_j$

(d) $\sum_{k=3}^{7} 5^{k-2} = \sum_{k=0}^{4} 5^{k+1}$ (e) $\sum_{i=0}^{n-1} a_{i,j}^2 = \sum_{k=1}^{n} a_{k-1,j}^2$ (f) $\sum_{k=1}^{n} \frac{a_k}{k} = \frac{1}{k} \sum_{k=1}^{n} a_k$

► Lösungen zu den Aufgaben finden Sie im Anhang des Buches.

2.10 Regeln für Summen

Die folgenden Eigenschaften sind im Umgang mit Summen hilfreich:

$$\sum_{i=1}^{n} (a_i + b_i) = \sum_{i=1}^{n} a_i + \sum_{i=1}^{n} b_i \tag{2.10.1}$$

und

$$\sum_{i=1}^{n} ca_i = c \sum_{i=1}^{n} a_i \tag{2.10.2}$$

Diese Eigenschaften sind bekannt als *Additivität* bzw. *Homogenität*. Die Beweise sind ziemlich einfach und direkt. Zum Beispiel beweist man (2.10.2) so:

$$\sum_{i=1}^{n} ca_i = ca_1 + ca_2 + \cdots + ca_n = c(a_1 + a_2 + \cdots + a_n) = c \sum_{i=1}^{n} a_i$$

Die Homogenitätseigenschaft besagt, dass ein konstanter Faktor aus der Summe herausgezogen werden kann. Wenn insbesondere $a_i = 1$ ist für alle i, dann ist

$$\sum_{i=1}^{n} c = nc \tag{2.10.3}$$

Dies besagt: Wenn man n-mal eine Konstante c summiert, ergibt sich das n-fache von c.

Die Summationsregeln können kombiniert angewendet werden, um Formeln wie die folgende zu erhalten

$$\sum_{i=1}^{n}(a_i + b_i - c_i + d) = \sum_{i=1}^{n} a_i + \sum_{i=1}^{n} b_i - \sum_{i=1}^{n} c_i + nd$$

Beispiel 2.10.1

Berechnen Sie die Summe

$$\sum_{m=2}^{n} \frac{1}{(m-1)m} = \frac{1}{1\cdot 2} + \frac{1}{2\cdot 3} + \cdots + \frac{1}{(n-1)n}$$

und nutzen Sie dabei, dass $\dfrac{1}{(m-1)m} = \dfrac{1}{m-1} - \dfrac{1}{m}$.

Lösung:

$$\begin{aligned}\sum_{m=2}^{n} \frac{1}{(m-1)m} &= \sum_{m=2}^{n}\left(\frac{1}{m-1} - \frac{1}{m}\right) = \sum_{m=2}^{n} \frac{1}{m-1} - \sum_{m=2}^{n} \frac{1}{m} \\ &= \left(\frac{1}{1} + \frac{1}{2} + \frac{1}{3} + \cdots + \frac{1}{n-1}\right) - \left(\frac{1}{2} + \frac{1}{3} + \cdots + \frac{1}{n-1} + \frac{1}{n}\right) \\ &= 1 - \frac{1}{n}\end{aligned}$$

Um die letzte Gleichheit zu erhalten, beachten Sie, dass die Terme $\frac{1}{2}$, $\frac{1}{3}$, $\ldots$, $\frac{1}{n-1}$ sich alle paarweise aufheben. Die einzigen Terme, die nach dieser Aufhebung bleiben sind der erste Term innerhalb der ersten Klammern, welcher 1 ist, und der letzte Term innerhalb der letzten Klammern, welcher $-\frac{1}{n}$ ist.

Dieser wirkungsvolle Aufhebungstrick wird oft benutzt, um einige spezielle Summen dieser Art zu berechnen. Siehe unten Aufgabe 4 für einige weitere Beispiele.

Beispiel 2.10.2

Das *arithmetische Mittel* oder der *Mittelwert* μ_x von T Zahlen $x_1, x_2, \ldots, x_T$ ist definiert als die Summe all dieser Zahlen, dividiert durch die Anzahl der Summanden, T, d. h.

$$\mu_x = \frac{1}{T}\sum_{t=1}^{T} x_t$$

Zeigen Sie, dass $\sum_{t=1}^{T}(x_t - \mu_x) = 0$ und $\sum_{t=1}^{T}(x_t - \mu_x)^2 = \sum_{t=1}^{T} x_t^2 - T\mu_x^2$.

Lösung: Die Differenz $x_t - \mu_x$ zwischen x_t und dem Mittelwert wird die *Abweichung* genannt. Wir nutzen zuerst die obige Definition von μ_x, um zu zeigen, dass die Summe dieser Abweichungen 0 ist:

$$\sum_{t=1}^{T}(x_t - \mu_x) = \sum_{t=1}^{T} x_t - \sum_{t=1}^{T} \mu_x = \sum_{t=1}^{T} x_t - T\mu_x = T\mu_x - T\mu_x = 0$$

Ferner ist die Summe der Quadrate dieser Abweichungen

$$\begin{aligned}\sum_{t=1}^{T}(x_t - \mu_x)^2 &= \sum_{t=1}^{T}(x_t^2 - 2\mu_x x_t + \mu_x^2) = \sum_{t=1}^{T} x_t^2 - 2\mu_x \sum_{t=1}^{T} x_t + \sum_{t=1}^{T} \mu_x^2 \\ &= \sum_{t=1}^{T} x_t^2 - 2\mu_x T\mu_x + T\mu_x^2 = \sum_{t=1}^{T} x_t^2 - T\mu_x^2\end{aligned}$$

Indem wir durch T dividieren, erhalten wir, dass die *mittlere quadratische Abweichung*, $(1/T)\sum_{t=1}^{T}(x_t - \mu_x)^2$, gleich dem Mittel der Quadrate $(1/T)\sum_{t=1}^{T} x_t^2$ minus dem Quadrat μ_x^2 des Mittelwerts ist.

Nützliche Formeln

Ein (sehr) anspruchsvoller Lehrer forderte einst seine Schüler auf, die folgende Summe zu berechnen:[24]

$$81\,297 + 81\,495 + 81\,693 + \cdots + 100\,899$$

Es stellt sich heraus, dass dies 100 Terme sind und dass die Differenz zwischen je zwei aufeinander folgenden Termen konstant gleich 198 ist. Carl Gauß (1777–1855), später einer der weltweit führenden Mathematiker, war in der Klasse und gab (im Alter von 9 Jahren!) die richtige Antwort in nur wenigen Minuten. Sie haben bereits einen entscheidenden Schritt zur Lösung dieses Problems in Aufgabe 1.4.1 unternommen, indem Sie mathematische Induktion angewendet haben, dort für das einfachere Problem zur Bestimmung der Summe $x = 1 + 2 + \cdots + n$. Das Argument von Gauß war wahrscheinlich anders, wie folgt: Schreiben Sie zunächst die Summe x auf zwei Arten

$$x = 1 + 2 + \cdots + (n-1) + n$$
$$x = n + (n-1) + \cdots + 2 + 1$$

Indem man diese zwei Gleichungen Term für Term addiert, d. h. die senkrecht übereinander stehenden Terme jeweils addiert, erhält man

$$\begin{aligned}2x &= (1+n) + [2 + (n-1)] + \cdots + [(n-1) + 2] + (n+1) \\ &= (1+n) + (1+n) + \cdots + (1+n) + (1+n) \\ &= n(1+n)\end{aligned}$$

[24] Diese Version der Geschichte hat offensichtlich ihren Ursprung im Buch *Men of Mathematics* von Eric Temple Bell, zuerst veröffentlicht 1937.

Durch Auflösen nach x erhält man:

$$\sum_{i=1}^{n} i = 1 + 2 + \cdots + n = \frac{1}{2}n(n+1) \tag{2.10.4}$$

Die beiden folgenden Summationsformeln sind gelegentlich nützlich in den Wirtschaftswissenschaften.[25] In Aufgabe 2.10.1 werden Sie aufgefordert, diese Formeln zu beweisen.

$$\sum_{i=1}^{n} i^2 = 1^2 + 2^2 + 3^2 + \cdots + n^2 = \frac{1}{6}n(n+1)(2n+1) \tag{2.10.5}$$

$$\sum_{i=1}^{n} i^3 = 1^3 + 2^3 + 3^3 + \cdots + n^3 = \left(\frac{1}{2}n(n+1)\right)^2 = \left(\sum_{i=1}^{n} i\right)^2 \tag{2.10.6}$$

Dezimalnotation

Die Diskussion in Kap. 2.1 hat gezeigt, wie die Dezimalnotation jede positive reelle Zahl als $x = m.\alpha_1\alpha_2\alpha_3\ldots$ darstellen kann. Dabei ist m eine nichtnegative ganze Zahl. Nach dem Dezimalpunkt zeigt dann für jede natürliche Zahl n das Symbol α_n die n-te *Dezimalstelle* an, die zu der Menge $\{0, 1, 2, \ldots, 9\}$ gehört. Wenn die Dezimaldarstellung nach p Dezimalstellen endet, d. h. $x = m.\alpha_1\alpha_2\alpha_3\ldots\alpha_p$, welches eindeutig zu der endlichen Summe $x = m + \sum_{k=1}^{p} \alpha_k \cdot 10^{-k}$ von ansteigenden negativen Potenzen von 10 korrespondiert.

Wenn die Dezimaldarstllung jedoch niemals endet, nimmt sie die Gestalt $x = m.\alpha_1\alpha_2\ldots\alpha_k\ldots$ an. Dies korrespondiert eindeutig mit der Summe von unendlich vielen Termen, die wir als die unendliche Summe $x = m + \sum_{k=1}^{\infty} \alpha_k \cdot 10^{-k}$ schreiben. Beachten Sie, dass m die größte nichtnegative ganze Zahl ist, so dass $m \leq x$. Dann: Die nichtnegative ganze Zahl $10[m + \alpha_1 \cdot 10^{-1}] = 10m + \alpha_1$ ist die größte, die nicht größer als $x \cdot 10$ usw. In der Tat: Für jede natürliche Zahl p ist die Summe auf p Dezimalstellen, die wir mit S_p bezeichnen, definiert durch $S_p = m + \sum_{k=1}^{p} \alpha_k \cdot 10^{-k}$. Sie hat die Eigenschaft: $S_p \cdot 10^p$ ist die größte ganze Zahl, die nicht größer ist als $x \cdot 10^p$.

In Beispiel 2.6.4 haben wir gezeigt, dass jede positive Lösung der Gleichung $x^n = a$ eindeutig sein muss. Jetzt skizzieren wir eine Methode zur Konstruktion der Lösung.

Beispiel 2.10.3

Beschreiben Sie, wie man die Dezimalzahl $x = m + \sum_{k=1}^{p} \alpha_k \cdot 10^{-k}$ konstruiert, die die eindeutige positive Lösung der Gleichung $x^n = a$ ist, wobei a positiv ist.

Lösung: Wählen Sie zunächst m als die größte nichtnegative ganze Zahl, so dass $m^n \leq a$.

Zweites: Gegeben das im ersten Schritt konstruierte m, wählen Sie α_1 als die größte nichtnegative ganze Zahl, so dass $\left(m + \alpha_1 \cdot 10^{-1}\right)^n \leq a$. Nach Definition von m gilt $(m+1)^n > a \geq m^n$. Dies impliziert, dass $0 \leq \alpha_1 \leq 9$.

Allgemein: Für $p = 1, 2, \ldots$, bezeichne S_{p-1} den Ausdruck $m + \sum_{k=1}^{p-1} \alpha_k \cdot 10^{-k}$ auf $p-1$ Dezimalstellen, der im p-ten Schritt konstruiert wurde. Als Induktionshypothese nehmen Sie an, dass $(S_{p-1})^n \leq a < (S_{p-1} + 10^{2-p})^n$, was wahr ist, wenn $p = 1$ oder 2.

[25] Prüfen Sie, ob diese Formeln für $n = 1, 2$ und 3 gültig sind.

Als nächstes konstruieren wir α_p in der p-ten Dezimalstelle als die größte nichtnegative ganze Zahl, so dass der Ausdruck $S_{p-1} + \alpha_p \cdot 10^{-p}$ mit p Dezimalstellen, den wir mit S_p bezeichnen, die Ungleichung $(S_p)^n \leq a$ erfüllt. Die Induktionshypothese impliziert, dass $0 \leq \alpha_p \leq 9$. Insbesondere hat man $(S_p)^n \leq a < (S_p + 10^{1-p})^n$, was den Induktionsschritt beweist. Somit existiert eine unendliche Folge S_p $(p = 1, 2, \ldots)$ von Dezimalausdrücken mit dieser Eigenschaft.

Wenn Sie in der Lage sind, diese Konstruktion unendlich oft zu wiederholen, wäre das Resultat eine eindeutige Dezimalzahl $x = m + \sum_{k=1}^{\infty} \alpha_k \cdot 10^{-k}$. Nach der Konstruktion ist dies die größtmögliche Dezimalzahl mit $x^n \leq a$. Intuitiv muss sie daher die Gleichung $x^n = a$ erfüllen.

Aufgaben für Kapitel 2.10

1. Beweisen Sie die Formeln (2.10.5) und (2.10.6), indem Sie das Prinzip der mathematischen Induktion aus Kap. 1.4 benutzen.

2. Nutzen Sie die Resultate (2.10.1) bis (2.10.5), um $\sum_{k=1}^{n}(k^2 + 3k + 2)$ zu bestimmen.

3. Beweisen Sie mit den Resultaten (2.10.1) bis (2.10.4) die Summenformel für eine *arithmetische Reihe*:

$$\sum_{i=0}^{n-1}(a + id) = na + \frac{n(n-1)d}{2}$$

Wenden Sie das Resultat auf die Summe an, von der angenommen wird, dass Gauß sie im Alter von 9 Jahren berechnet hat.

4. (a) Zeigen Sie, dass $\sum_{k=1}^{n}(a_{k+1} - a_k) = a_{n+1} - a_1$, indem Sie den in der Lösung zu Beispiel 2.10.1 dargelegten Aufhebungstrick anwenden.

   (b) Benutzen Sie das Resultat aus (a), um die folgenden Ausdrücke zu berechnen:

$$\text{(i)} \sum_{k=1}^{50}\left(\frac{1}{k} - \frac{1}{k+1}\right) \qquad \text{(ii)} \sum_{k=1}^{12}\left(3^{k+1} - 3^k\right) \qquad \text{(iii)} \sum_{k=1}^{n}\left(ar^{k+1} - ar^k\right)$$

► Lösungen zu den Aufgaben finden Sie im Anhang des Buches.

2.11 Newtons Binomische Formeln

Es ist offensichtlich, dass $(a + b)^1 = a + b$. Inzwischen sollten Sie wissen, dass $(a + b)^2 = a^2 + 2ab + b^2$. Schließlich ist es die erste der drei quadratischen Identitäten aus Kap. 2.3, die Sie sich merken sollten. Um die nächsten zwei Potenzen zu erhalten, verwenden wir, dass $(a + b)^3 = (a + b)(a + b)^2$ und $(a + b)^4 = (a + b)(a + b)^3$. Also multiplizieren wir zuerst jede Seite von $(a+b)^2 = a^2+2ab+b^2$ mit $a+b$ und machen dann wieder dasselbe mit dem resultierenden Ausdruck für $(a + b)^3$. Hier sind die

Resultate:

$$\begin{aligned}(a+b)^1 &= a+b\\(a+b)^2 &= a^2+2ab+b^2\\(a+b)^3 &= a^3+3a^2b+3ab^2+b^3\\(a+b)^4 &= a^4+4a^3b+6a^2b^2+4ab^3+b^4\end{aligned}\qquad(2.11.1)$$

Hier ist die entsprechende Formel für $(a+b)^m$, wobei m eine beliebige natürliche Zahl:

Newtons Binomische Formel

$$(a+b)^m = a^m + \binom{m}{1}a^{m-1}b + \cdots + \binom{m}{m-1}ab^{m-1} + \binom{m}{m}b^m \qquad (2.11.2)$$

Formel (2.11.2) beinhaltet für $k = 0, 1, 2, \ldots, m$ die m *Binomialkoeffizienten* $\binom{m}{k}$. Für $m = 1, 2, \ldots, 9$ sind diese alle in Tabelle 2.11.1 gezeigt.[26] Sie bilden die entsprechenden zehn Zeilen (nummeriert von 0 aus) des Dreiecks. Zum Beispiel sind die Zahlen in Zeile 6:

$$\binom{6}{0},\ \binom{6}{1},\ \binom{6}{2},\ \binom{6}{3},\ \binom{6}{4},\ \binom{6}{5},\ \binom{6}{6}$$

Im Prinzip kann diese Tabelle unendlich lange fortgesetzt werden, um beliebig große Werte des Exponenten m zu beinhalten.

Tabelle 2.11.1: Pascal'sches Dreieck

1									
1	1								
1	2	1							
1	3	3	1						
1	4	6	4	1					
1	5	10	10	5	1				
1	6	15	20	15	6	1			
1	7	21	35	35	21	7	1		
1	8	28	56	70	56	28	8	1	
1	9	36	84	126	126	84	36	9	1

26 Obwohl dieses Dreieck nach dem französischen Mathematiker Blaise Pascal (1623–1662) benannt ist, war es tatsächlich schon Jahrhunderte früher bekannt in mehreren verschiedenen Teilen der Welt, einschließlich Indien und China.

Jeder *Binomialkoeffizient* $\binom{m}{k}$ kann gelesen werden als „m über k“ Um dies zu erklären, betrachten Sie den Fall $m = 3$. Damit die Gleichungen (2.11.1) and (2.11.2) konsistent sind, verlangen wir, dass $\binom{3}{1} = \binom{3}{2} = 3$. Betrachten Sie jetzt die folgende Entwicklung von $(a + b)^3$ in $2^3 = 8$ Termen:

$$(a + b)^3 = aaa + aab + aba + abb + baa + bab + bba + bbb$$

In Gleichung (2.11.1) sind die Koeffizienten von a^2b und ab^2 beide gleich 3, weil es $\binom{3}{1} = 3$ Möglichkeiten gibt, einen Faktor b zusammen mit zwei Faktoren a zu wählen, und $\binom{3}{2} = 3$ Möglichkeiten, um zwei Faktoren b zusammen mit einem Faktor a zu wählen. Für allgemeines m und $k \leq m$, gibt die Zahl $\binom{m}{k}$ an, wie viele Möglichkeiten es gibt, k Faktoren b zusammen mit $m-k$ Faktoren a zu wählen, um den Koeffizienten des Terms $a^{m-k}b^k$ zu bilden.

Bevor wir die Binomialkoeffizienten $\binom{m}{k}$ definieren, ist es sinnvoll zuerst die Standardnotation $k!$, gelessen als „k Fakultät“, für das Produkt $1 \cdot 2 \cdot 3 \cdots (k-1) \cdot k$ der ersten k natürlichen Zahlen einzuführen. Das heißt:

$$k! = 1 \cdot 2 \cdot 3 \cdots (k-1) \cdot k \tag{2.11.3}$$

Wir führen auch die Konvention ein, dass $0! = 1$. Denn wie die nullte Potenz $x^0 = 1$ für jede reelle Zahl x soll die Fakultät $0!$ das Produkt von null Zahlen sein. Offensichtlich impliziert die Definition (2.11.3), dass

$$k! = k \cdot [1 \cdot 2 \cdot 3 \cdots (k-1)] = k(k-1)! \quad \text{für} \quad k = 1, 2, \ldots$$

Indem wir diese Formel wiederholt anwenden, um die ersten fünf Fakultäten zu bestimmen, ergibt sich

$$0! = 1\,, \quad 1! = 1 \cdot 0! = 1\,, \quad 2! = 2 \cdot 1! = 2\,, \quad 3! = 3 \cdot 2! = 6\,, \quad 4! = 4 \cdot 3! = 24$$

Diesem Muster folgend sind die nächsten vier Fakultäten $5! = 120$, $6! = 720$, $7! = 5040$, $8! = 10\,320$. Die Fakultätszahlen wachsen bemerkenswert schnell! Da wir es in Kürze benutzen werden, erwähnen wir auch, wie Definition (2.11.3) impliziert: Wenn k und m natürliche Zahlen sind mit $k \leq m$, so gilt:

$$m! = [m(m-1) \cdots (m-k+1)]\,(m-k)! \tag{2.11.4}$$

Nachdem wir jetzt die Notation der Fakultäten erklärt haben, können wir für jedes $m = 1, 2, \ldots$ und dann für jedes $k = 0, 1, 2, \ldots, m$, die Binomialkoeffizienten definieren durch:

$$\binom{m}{k} = \frac{m!}{k!(m-k)!} \tag{2.11.5}$$

Diese Formel impliziert insbesondere, dass

$$\binom{m}{0} = \frac{m!}{0!m!} = 1\,, \quad \binom{m}{1} = \frac{m!}{1!(m-1)!} = m \quad \text{und} \quad \binom{m}{m} = \frac{m!}{m!0!} = 1$$

Wegen Gleichung (2.11.4) ist Definition (2.11.5) äquivalent zu

$$\binom{m}{k} = \frac{m(m-1)\cdots(m-k+1)}{k!}$$

Wenn dann zum Beispiel $m = 5$ ist, haben wir

$$\binom{5}{2} = \frac{5\cdot 4}{1\cdot 2} = 10\,, \qquad \binom{5}{3} = \frac{5\cdot 4\cdot 3}{1\cdot 2\cdot 3} = 10\,, \qquad \binom{5}{4} = \frac{5\cdot 4\cdot 3\cdot 2}{1\cdot 2\cdot 3\cdot 4} = 5$$

Somit impliziert (2.11.2), dass $(a+b)^5 = a^5 + 5a^4b + 10a^3b^2 + 10a^2b^3 + 5ab^4 + b^5$.

Als nächstes erwähnen wir zwei allgemeine Eigenschaften der Zahlen in Tabelle 2.11.1. Die erste Eigenschaft ist, dass die Zahlen offensichtlich symmetrisch um eine vertikale Gerade durch die Mitte sind. Diese Symmetrie kann so ausgedrückt werden:

$$\binom{m}{k} = \binom{m}{m-k} \tag{2.11.6}$$

Zum Beispiel ist $\binom{6}{2} = 15 = \binom{6}{4}$. Allgemein ist diese Symmetrie eine offensichtliche Implikation der Tatsache, dass Vertauschen von k und $m-k$ keinen Unterschied ergibt in der Definition (2.11.5).

Die zweite Eigenschaft ist raffinierter. Abgesehen von der 1 an beiden Enden jeder Zeile, ist jede Zahl in Tabelle 2.11.1 gleich der Summe der zwei benachbarten Zahlen in der darüber liegenden Zeile. Zum Beispiel ist das Element 56 in Zeile 8 gleich der Summe der zwei benachbarten Elemente 21 und 35 genau darüber in Zeile 7. In Symbolen:

$$\binom{m+1}{k} = \binom{m}{k-1} + \binom{m}{k} \tag{2.11.7}$$

In Aufgabe 2 sind Sie aufgefordert, die zwei Eigenschaften in den Gleichungen (2.11.6) und (2.11.7) zu beweisen.

Schließlich bieten wir einen Beweis von Newtons Binomischer Formel. Bevor wir das tun, nutzen wir die Summennotation um sie so auszudrücken:

$$(a+b)^m = a^m + \sum_{k=1}^{m-1} \binom{m}{k} a^{m-k}b^k + b^m \tag{2.11.8}$$

Beispiel 2.11.1

Nutzen Sie mathematische Induktion über m, um Gleichung (2.11.8) für $m = 1, 2, \ldots$ zu beweisen.

Lösung: Wenn $m = 1$, verschwindet der Summenausdruck auf der rechten Seite von (2.11.8) vollständig und die Gleichung ist trivialerweise wahr.

Für den Induktionsschritt nehmen Sie an, dass (2.11.8) gilt für eine spezielle natürliche Zahl m. Indem wir jede Seite von (2.11.8) mit $a+b$ multiplizieren, ergibt sich

$$(a+b)^{m+1} = a^{m+1} + a^m b + \sum_{k=1}^{m-1} \binom{m}{k} (a^{m-k+1}b^k + a^{m-k}b^{k+1}) + ab^m + b^{m+1} \tag{$*$}$$

In diesem Ausdruck ist der Koeffizient von $a^m b$ gleich $1 + \binom{m}{1} = \binom{m}{0} + \binom{m}{1}$, wobei der zweite Term von dem ersten Teil der Summe in (∗) kommt, wenn $k = 1$. Andererseits ist der Koeffizient von ab^m gleich $\binom{m}{m-1} + 1 = \binom{m}{m-1} + \binom{m}{m}$, wobei der erste Term vom zweiten Teil der Summe in (∗) kommt, wenn $k = m - 1$. Für jedes $k = 2, 3, \ldots, m - 1$ ist dann der Koeffizient von $a^{m+1-k}b^k$ gleich $\binom{m}{k-1} + \binom{m}{k}$, wobei der erste Term vom zweiten Teil der Summe in (∗) kommt, wobei k um 1 reduziert ist, während der zweite Term direkt vom ersten Teil der Summe in (∗) kommt.

Es folgt, dass für jedes $k = 1, 2, 3, \ldots, m - 1, m$ der Koeffizient von $a^{m+1-k}b^k$ die Summe $\binom{m}{k-1} + \binom{m}{k}$ ist. Anwendung der Gleichung (2.11.7) reduziert dies auf $\binom{m+1}{k}$. Damit haben wir bewiesen, dass

$$(a + b)^{m+1} = a^{m+1} + \sum_{k=1}^{m} \binom{m+1}{k} a^{m-k+1} b^k + b^{m+1} .$$

Aber dies ist genau Gleichung (2.11.8) mit m ersetzt durch $m + 1$. Dies beendet den Induktionsschritt und somit den Beweis durch Induktion über m.

Aufgaben für Kapitel 2.11

1. Benutzen Sie Newtons Binomische Formel, um $(a + b)^6$ zu bestimmen.

2. (a) Überprüfen Sie durch direkte Berechnung, dass

$$\binom{8}{3} = \binom{8}{8-3} \quad \text{und} \quad \binom{8+1}{4} = \binom{8}{4} + \binom{8}{4-1} .$$

(b) Verwenden Sie Definition (2.11.5), um (2.11.6) und (2.11.7) zu verifizieren.

3. Benutzen Sie die Binomische Formel mit $a = b = 1$, um die Summe $\sum_{k=0}^{m} \binom{m}{k}$ zu berechnen.

► Lösungen zu den Aufgaben finden Sie im Anhang des Buches.

2.12 Doppelsummen

Häufig muss man zwei oder sogar mehr Summenzeichen zusammenfügen. Betrachten Sie z. B. die folgende rechteckige Anordnung von Zahlen.

$$\begin{matrix} a_{11} & a_{12} & \ldots & a_{1n} \\ a_{21} & a_{22} & \ldots & a_{2n} \\ \vdots & \vdots & & \vdots \\ a_{m1} & a_{m2} & \ldots & a_{mn} \end{matrix} \tag{2.12.1}$$

Diese Anordnung kann als *Arbeitsblatt (spreadsheet)* angesehen werden, wie z. B. in einem ökonomischen Beispiel, in dem jedes a_{ij} die Gesamteinnahmen einer Firma aus ihren Verkäufen in Region i im Monat j bezeichnet.

Ein typischer Eintrag in dieser Anordnung hat die Form a_{ij}, wobei i die Zeile bezeichnet und j die Spalte mit $1 \leq i \leq m$ und $1 \leq j \leq n$. Es gibt insgesamt $n \cdot m$ Zahlen. Nehmen Sie an, wir sollen die Summe aller $n \cdot m$ Zahlen in diesem Feld bestimmen.

Eine Möglichkeit ist es, zunächst die Summe der n Zahlen in jeder der m Zeilen zu bestimmen und dann all diese Zeilensummen zu addieren. Die m verschiedenen Zeilensummen können in der Form $\sum_{j=1}^{n} a_{1j}, \sum_{j=1}^{n} a_{2j}, \ldots, \sum_{j=1}^{n} a_{mj}$ geschrieben werden. Die Summe dieser m Zeilensummen ist gleich $\sum_{j=1}^{n} a_{1j} + \sum_{j=1}^{n} a_{2j} + \cdots + \sum_{j=1}^{n} a_{mj}$. Die entscheidende Idee ist, zu realisieren, dass die zweimalige Benutzung der Summennotation es erlaubt, diesen Ausdruck als die Doppelsumme $\sum_{i=1}^{m} \left(\sum_{j=1}^{n} a_{ij} \right)$ zu schreiben.

Alternativ können wir zuerst die Zahlen in jeder der n Spalten addieren und dann diese n Spaltensummen addieren. Dies ergibt:

$$\sum_{i=1}^{m} a_{i1} + \sum_{i=1}^{m} a_{i2} + \cdots + \sum_{i=1}^{m} a_{in} = \sum_{j=1}^{n} \left(\sum_{i=1}^{m} a_{ij} \right) \tag{2.12.2}$$

In beiden Fällen haben wir die Summe aller Zahlen in diesem Zahlenfeld berechnet. Aus diesem Grund muss gelten:

$$\sum_{i=1}^{m} \sum_{j=1}^{n} a_{ij} = \sum_{j=1}^{n} \sum_{i=1}^{m} a_{ij} \tag{2.12.3}$$

Dabei haben wir, der üblichen Praxis folgend, die Klammern weggelassen. Diese Formel besagt, dass es *in einer (endlichen) Doppelsumme nicht auf die Reihenfolge der Summation ankommt.* Es ist wichtig zu bemerken: Damit dies gilt, müssen die Summationsgrenzen für i und j unabhängig voneinander sein.[27] In unserem ökonomischen Beispiel sind beide Doppelsummen gleich den Gesamteinnahmen in allen m Regionen über alle n Monate.

Beispiel 2.12.1

Berechnen Sie $\sum_{i=1}^{3} \sum_{j=1}^{4} (i + 2j)$.

Lösung:

$$\begin{aligned} \sum_{i=1}^{3} \sum_{j=1}^{4} (i + 2j) &= \sum_{i=1}^{3} [(i + 2) + (i + 4) + (i + 6) + (i + 8)] \\ &= \sum_{i=1}^{3} (4i + 20) = 24 + 28 + 32 = 84 \end{aligned}$$

[27] Denn: Eine Änderung der Reihenfolge in einer Doppelsumme wie $\sum_{j=1}^{n} \sum_{i=1}^{j} a_{ij}$ führt zu $\sum_{i=1}^{j} \sum_{j=1}^{n} a_{ij}$, d. h. zu einem Ausdruck, der wenig Sinn macht.

Sie sollten überprüfen, ob Sie dasselbe Resultat erhalten, wenn Sie zunächst über i summieren.

Aufgaben für Kapitel 2.12

1. Berechnen Sie die folgenden Doppelsummen:

(a) $\sum_{i=1}^{3}\sum_{j=1}^{4} i \cdot 3^j$ (b) $\sum_{s=0}^{2}\sum_{r=2}^{4}\left(\frac{rs}{r+s}\right)^2$ (c) $\sum_{i=1}^{m}\sum_{j=1}^{n}(i+j^2)$ (d) $\sum_{i=1}^{m}\sum_{j=1}^{2} i^j$

2. Betrachten Sie eine Gruppe von Personen, von denen jede eine bestimmte Anzahl Einheiten von m verschiedenen Gütern hat. Sei a_{ij} die Anzahl der Einheiten des Gutes i, die Person j besitzt für $i = 1, \dots, m$ und für $j = 1, \dots, n$. Erklären Sie in Worten die Bedeutung der folgenden Summen:

(a) $\sum_{j=1}^{n} a_{ij}$ (b) $\sum_{i=1}^{m} a_{ij}$ (c) $\sum_{j=1}^{n}\sum_{i=1}^{m} a_{ij}$

3. Beweisen Sie, dass die Summe aller Zahlen in dem Dreieck

$$\begin{array}{lllll} a_{11} & & & & \\ a_{21} & a_{22} & & & \\ a_{31} & a_{32} & a_{33} & & \\ \vdots & \vdots & \vdots & \ddots & \\ a_{m1} & a_{m2} & a_{m3} & \cdots & a_{mm} \end{array}$$

geschrieben werden kann als $\sum_{i=1}^{m}\left(\sum_{j=1}^{i} a_{ij}\right)$ und auch $\sum_{j=1}^{m}\left(\sum_{i=j}^{m} a_{ij}\right)$.

Anspruchsvollere Aufgabe

4. Betrachten Sie die $m{\cdot}n$ Zahlen a_{ij} in dem rechteckigen Zahlenfeld (2.12.1). Bezeichnen Sie den arithmetischen Mittelwert aller Zahlen mit $\bar{a}$ und den Mittelwert aller Zahlen in der j-ten Spalte mit $\bar{a}_j$, so dass

$$\bar{a} = \frac{1}{mn}\sum_{r=1}^{m}\sum_{s=1}^{n} a_{rs}\,, \qquad \bar{a}_j = \frac{1}{m}\sum_{r=1}^{m} a_{rj}\,.$$

Beweisen Sie, dass $\bar{a}$ der Mittelwert der Spaltensummen $\bar{a}_j$ $(j = 1, \dots, n)$ ist und dass

$$\sum_{r=1}^{m}\sum_{s=1}^{m}(a_{rj}-\bar{a})(a_{sj}-\bar{a}) = m^2(\bar{a}_j-\bar{a})^2\,. \qquad (*)$$

► Lösungen zu den Aufgaben finden Sie im Anhang des Buches.

Aufgaben zur Wiederholung für Kapitel 2

1. (a) Nehmen Sie an, dass der Preis eines Telefons, der mit a bezeichnet sei, 20 % Mehrwertsteuer einschließt. Welches ist der Preis ohne Mehrwertsteuer?

(b) Eine Person kaufe x_1, x_2 bzw. x_3 Einheiten von drei Gütern, deren Preise pro Einheit p_1, p_2 bzw. p_3 sind. Wie hoch sind die Gesamtausgaben?

(c) Ein Mietwagen kostet F Euro pro Tag als feste Kosten und b Euro pro Kilometer. Wieviel muss ein Kunde zahlen, wenn er x Kilometer an einem Tag fährt?

(d) Ein Unternehmen habe feste Kosten von F Euro pro Jahr und c Euro pro produzierter Einheit. Bestimmen Sie einen Ausdruck für die Gesamtkosten des Unternehmens pro Einheit (Gesamtdurchschnittskosten), wenn das Unternehmen x Einheiten in einem Jahr produziert.

(e) Eine Person habe ein jährliches Einkommen von L Euro und erhält dann eine Erhöhung von $p\%$, gefolgt von einer weiteren Erhöhung um $q\%$. Wie hoch ist das neue Jahreseinkommen nach diesen zwei Erhöhungen?

2. Drücken Sie die folgenden Ausdrücke jeweils als einzelne reelle Zahl in Dezimalnotation aus:

(a) 5^3 (b) 10^{-3} (c) $\dfrac{1}{3^{-3}}$ (d) $\dfrac{-1}{10^{-3}}$

(e) $3^{-2}3^3$ (f) $(3^{-2})^{-3}$ (g) $-\left(\dfrac{5}{3}\right)^0$ (h) $\left(-\dfrac{1}{2}\right)^{-3}$

3. Welches sind die Werte der folgenden Ausdrücke, falls sie definiert sind?

(a) $(0+2)^0$ (b) 0^{-2} (c) $\dfrac{(10)^0}{(0+1)^0}$ (d) $\dfrac{(0+1)^0}{(0+2)^0}$

4. Vereinfachen Sie die folgenden Ausdrücke:

(a) $(2^3 2^{-5})^3$ (b) $\left(\dfrac{2}{3}\right)^{-1} - \left(\dfrac{4}{3}\right)^{-1}$ (c) $(3^{-2} - 5^{-1})^{-1}$ (d) $(1.12)^{-3}(1.12)^3$

5. Vereinfachen Sie die folgenden Ausdrücke:

(a) $(2x)^4$ (b) $(2^{-1} - 4^{-1})^{-1}$ (c) $\dfrac{24x^3y^2z^3}{4x^2yz^2}$

(d) $\left[-(-ab^3)^{-3}(a^6b^6)^2\right]^3$ (e) $\dfrac{a^5 \cdot a^3 \cdot a^{-2}}{a^{-3} \cdot a^6}$ (f) $\left[\left(\dfrac{x}{2}\right)^3 \cdot \dfrac{8}{x^{-2}}\right]^{-3}$

6. Vervollständigen Sie die folgenden Aussagen:

(a) $x^{-1}y^{-1} = 3 \Rightarrow x^3y^3 =$ (b) $x^7 = 2 \Rightarrow (x^{-3})^6(x^2)^2 =$

(c) $\left(\dfrac{xy}{z}\right)^{-2} = 3 \Rightarrow \left(\dfrac{z}{xy}\right)^6 =$ (d) $a^{-1}b^{-1}c^{-1} = 1/4 \Rightarrow (abc)^4 =$

7. Geben Sie für jeden der folgenden Ausdrücke eine ökonomische Interpretation und bestimmen Sie dann ihre approximativen Werte:

(a) $100 \cdot (1.01)^8$ € (b) $50\,000 \cdot (1.15)^{10}$ € (c) $6000 \cdot (1.03)^{-8}$ €

8. (a) 100 000 Euro werden auf einem Konto zu 8 % Zinsen pro Jahr angelegt. Wie groß ist das Kapital nach 10 Jahren, wenn es keine weiteren Einzahlungen oder Abhebungen gibt?

(b) Wie viel Geld hätten Sie vor 6 Jahren auf einem Bankkonto anlegen müssen, um heute 25 000 Euro zu haben, wenn der Zinssatz 8 % pro Jahr gewesen wäre?

9. Berechnen und vereinfachen Sie die folgenden Ausdrücke:

(a) $a(a-1)$ (b) $(x-3)(x+7)$ (c) $-\sqrt{3}\left(\sqrt{3}-\sqrt{6}\right)$ (d) $(1-\sqrt{2})^2$
(e) $(x-1)^3$ (f) $(1-b^2)(1+b^2)$ (g) $(1+x+x^2+x^3)(1-x)$ (h) $(1+x)^4$

10. Faktorisieren Sie die folgenden Ausdrücke:

(a) $25x-5$ (b) $3x^2-x^3y$ (c) $50-x^2$ (d) $a^3-4a^2b+4ab^2$

11. Faktorisieren Sie die folgenden Ausdrücke:

(a) $5(x+2y)+a(x+2y)$ (b) $(a+b)c-d(a+b)$ (c) $ax+ay+2x+2y$
(d) $2x^2-5yz+10xz-xy$ (e) p^2-q^2+p-q (f) $u^3+v^3-u^2v-v^2u$

12. Berechnen Sie die folgenden Ausdrücke ohne Taschenrechner:

(a) $16^{1/4}$ (b) $243^{-1/5}$ (c) $5^{1/7}\cdot 5^{6/7}$ (d) $(4^8)^{-3/16}$
(e) $64^{1/3}+\sqrt[3]{125}$ (f) $(-8/27)^{2/3}$ (g) $(-1/8)^{-2/3}+(1/27)^{-2/3}$ (h) $\dfrac{1000^{-2/3}}{\sqrt[3]{5^{-3}}}$

13. Lösen Sie die folgenden Gleichungen nach x auf:

(a) $2^{2x}=8$ (b) $3^{3x+1}=1/81$ (c) $10^{x^2-2x+2}=100$

14. Bestimmen Sie die Unbekannte x in jeder der folgenden Gleichungen.

(a) $25^5\cdot 25^x=25^3$ (b) $3^x-3^{x-2}=24$ (c) $3^x\cdot 3^{x-1}=81$
(d) $3^5+3^5+3^5=3^x$ (e) $4^{-6}+4^{-6}+4^{-6}+4^{-6}=4^x$ (f) $\dfrac{2^{26}-2^{23}}{2^{26}+2^{23}}=\dfrac{x}{9}$

15. Vereinfachen Sie die folgenden Ausdrücke:

(a) $\dfrac{s}{2s-1}-\dfrac{s}{2s+1}$ (b) $\dfrac{x}{3-x}-\dfrac{1-x}{x+3}-\dfrac{24}{x^2-9}$

(c) $\left(\dfrac{1}{x^2y}-\dfrac{1}{xy^2}\right)\div\left(\dfrac{1}{x^2}-\dfrac{1}{y^2}\right)$

16. Kürzen Sie die folgenden Brüche:

(a) $\dfrac{25a^3b^2}{125ab}$ (b) $\dfrac{x^2-y^2}{x+y}$ (c) $\dfrac{4a^2-12ab+9b^2}{4a^2-9b^2}$ (d) $\dfrac{4x-x^3}{4-4x+x^2}$

17. Lösen Sie die folgenden Ungleichungen:

(a) $2(x-4)<5$ (b) $\dfrac{1}{3}(y-3)+4\geq 2$ (c) $8-0.2x\leq\dfrac{4-0.1x}{0.5}$

(d) $\dfrac{x-1}{-3}>\dfrac{-3x+8}{-5}$ (e) $|5-3x|\leq 8$ (f) $|x^2-4|\leq 2$

18. Die Benutzung eines Mobiltelefons kostet 30 Euro im Monat und zusätzlich 0.16 Euro pro Minute Gebrauch.

(a) Wie hoch sind die Kosten für einen Monat, wenn das Telefon insgesamt x Minuten gebraucht wird?

(b) Welches ist die kleinste und größte Anzahl von *Stunden*, die Sie das Telefon in einem Monat benutzen können, wenn die Telefonrechnung zwischen 102 und 126 Euro liegen soll?

19. Wenn man ein Seil entlang des Äquators um die Erdoberfläche spannen würde, wäre es annähernd kreisförmig und ungefähr 40 Millionen Meter lang. Nehmen Sie an, wir wollten das Seil verlängern, so dass es sich in jedem Punkt einen Meter über dem Äquator befindet. Wie viele zusätzliche Meter Seil brauchen wir? (Der Umfang eines Kreises mit dem Radius r ist $2\pi r$.)

20. (a) Zeigen Sie, dass $a+\dfrac{a\cdot p}{100}-\dfrac{\left(a+\dfrac{a\cdot p}{100}\right)\cdot p}{100}=a\left[1-\left(\dfrac{p}{100}\right)^2\right]$.

(b) Ein Artikel kostet ursprünglich 2 000 Euro. Der Preis wird zunächst um 5 % erhöht und schließlich um 5 % gesenkt. Wie groß ist der Endpreis?

(c) Ein Artikel kostet ursprünglich a Euro. Der Preis wird zunächst um p % erhöht und danach wird der (neue) Preis um p % gesenkt. Wie groß ist der Endpreis? (Nachdem Sie dieses Problem gelöst haben, betrachten Sie bitte den Ausdruck in (a).)

(d) Welches Resultat erhält man, wenn man einen Preis zunächst um p % *senkt* und anschließend um p % *erhöht*?

21. (a) Folgt aus $a>b$ notwendigerweise, dass $a^2>b^2$?

(b) Zeigen Sie: Wenn $a+b>0$, dann impliziert $a>b$, dass $a^2>b^2$.

22. (a) Es sei $a>b$. Verwenden Sie numerische Beispiele, um zu prüfen, ob $1/a>1/b$ oder $1/a<1/b$.

(b) Zeigen Sie: Wenn $a>b$ und $ab>0$, dann gilt $1/b>1/a$.

23. Zeigen Sie, dass für alle reellen Zahlen a und b gilt:

(a) $|ab|=|a|\cdot|b|$ (b) $|a+b|\leq|a|+|b|$

Die Ungleichung in (b) wird *Dreiecksungleichung* genannt.

24. Betrachten Sie ein gleichseitiges Dreieck. Es sei P ein beliebiger Punkt innerhalb des Dreiecks und h_1, h_2 und h_3 seien die kürzesten Entfernungen von P zu jeder der drei Seiten. Zeigen Sie, dass die Summe $h_1 + h_2 + h_3$ unabhängig davon ist, wo der Punkt innerhalb des Dreiecks liegt. (*Hinweis:* Berechnen Sie die Fläche des Dreiecks als Summe der Flächen von drei Dreiecken.)

25. Berechnen Sie die folgenden Summen:

(a) $\sum_{i=1}^{4} \frac{1}{i(i+2)}$ (b) $\sum_{j=5}^{9} (2j-8)^2$ (c) $\sum_{k=1}^{5} \left(\frac{k-1}{k+1}\right)$

(d) $\sum_{n=2}^{5} (n-1)^2(n+2)$ (e) $\sum_{k=1}^{5} \left(\frac{1}{k} - \frac{1}{k+1}\right)$ (f) $\sum_{i=-2}^{3} (i+3)^i$

26. Drücken Sie die folgenden Summen in der Summennotation aus:

(a) $3 + 5 + 7 + \cdots + 199 + 201$ (b) $\frac{2}{1} + \frac{3}{2} + \frac{4}{3} + \cdots + \frac{97}{96}$

(c) $4 \cdot 6 + 5 \cdot 7 + 6 \cdot 8 + \cdots + 38 \cdot 40$ (d) $\frac{1}{x} + \frac{1}{x^2} + \cdots + \frac{1}{x^n}$

(e) $1 + \frac{x^2}{3} + \frac{x^4}{5} + \frac{x^6}{7} + \cdots + \frac{x^{32}}{33}$ (f) $1 - \frac{1}{2} + \frac{1}{3} - \frac{1}{4} + \cdots - \frac{1}{80} + \frac{1}{81}$

27. Welche der folgenden Gleichungen sind immer richtig und welche sind manchmal falsch?

(a) $\sum_{i=1}^{n} a_i = \sum_{j=3}^{n+2} a_{j-2}$ (b) $\sum_{i=1}^{n} (a_i + b_i)^2 = \sum_{i=1}^{n} a_i^2 + \sum_{i=1}^{n} b_i^2$

(c) $\sum_{k=0}^{n} 5a_{k+1,j} = 5 \sum_{k=1}^{n+1} a_{k,j}$ (d) $\sum_{i=1}^{3} \frac{a_i}{b_i} = \frac{\sum_{i=1}^{3} a_i}{\sum_{i=1}^{3} b_i}$

28. Bestimmen Sie die folgenden Summen

(a) $3 + 5 + 7 + \ldots + 197 + 199 + 201$

(b) $1001 + 2002 + 3003 + \ldots + 8008 + 9009 + 10010$

► Lösungen zu den Aufgaben finden Sie im Anhang des Buches.

Gleichungen lösen

3.1 Gleichungen lösen 110

3.2 Gleichungen und ihre Parameter 113

3.3 Quadratische Gleichungen 116

3.4 Einige nichtlineare Gleichungen 122

3.5 Lösung von Gleichungen mit Hilfe von Implikationspfeilen 124

3.6 Zwei lineare Gleichungen in zwei Unbekannten 126

Aufgaben zur Wiederholung für Kapitel 3 130

Der wahre Mathematiker ist kein Jongleur von Zahlen,
sondern von Konzepten.

–Von Ian Stewart *Concepts of Modern Mathematics* (1975)

Nahezu alle Anwendungen der Mathematik verlangen das Lösen von Gleichungen. Wirtschaftswissenschaften bilden da keine Ausnahme. Daher behandelt dieses Kapitel Gleichungstypen, die häufig in ökonomischen Modellen auftauchen.

Viele Studierende sind den Umgang mit algebraischen Ausdrücken und Gleichungen gewohnt, bei denen nur eine Variable auftritt, die gewöhnlich mit x bezeichnet wird. Oft haben sie zunächst Schwierigkeiten, Ausdrücke mit mehreren Variablen und einer Vielzahl von Namen, die durch verschiedene Buchstaben benannt sind, zu handhaben. Für Wirtschaftswissenschaftler ist es jedoch wichtig, mit solchen algebraischen Ausdrücken und Gleichungen umgehen zu können.

3.1 Gleichungen lösen

Eine Gleichung zu *lösen* bedeutet, alle Werte der Variablen zu finden, für die die Gleichung erfüllt ist. Betrachten Sie das folgende einfache Beispiel

$$3x + 10 = x + 4\,,$$

das die *Variable* x enthält. Um die Unbekannte x auf einer Seite der Gleichung zu isolieren, addieren wir $-x$ zu beiden Seiten. Dabei erhalten wir: $2x + 10 = 4$. Indem wir -10 zu beiden Seiten der Gleichung addieren, ergibt sich $2x = 4 - 10 = -6$. Wir dividieren durch 2 und erhalten die Lösung $x = -3$.

Dieses Verfahren war Ihnen wahrscheinlich schon bekannt. Die Methode wird gleich zusammengefasst, wobei zu bemerken ist, dass zwei Gleichungen, die exakt dieselben Lösungen haben *äquivalent* genannt werden.

Äquivalente Gleichungen

Um eine äquivalente Gleichung zu erhalten, tun Sie eins vom Folgenden auf beiden Seiten des Gleichheitszeichens:

(i) Addieren (oder subtrahieren) Sie dieselbe Zahl.

(ii) Multiplizieren Sie mit derselben (oder dividieren Sie durch dieselbe) Zahl $\neq 0$.

Es ist wichtig zu bemerken, dass nicht nur Division durch 0 ausgeschlossen ist; sondern auch Multiplikation mit 0. Zum Beispiel: Multipliziert man beide Seiten der Gleichung $x = 1$ mit 0, so ist das Resultat die triviale Gleichung $0 = 0$. Nun ist es nicht sehr interessant, jedoch unverfänglich, zu behaupten: $x = 1 \Rightarrow 0 = 0$. Aber $0 = 0$ impliziert definitiv nicht, dass $x = 1$ ist, so dass die zwei Gleichungen definitiv nicht äquivalent sind.

Wenn wir es mit komplizierteren Gleichungen mit Klammern und Brüchen zu tun haben, werden wir gewöhnlich zunächst die Klammern ausmultiplizieren, anschließend multiplizieren wir beide Seiten der Gleichung mit dem kleinsten gemeinsamen Nenner aller Brüche.

Beispiel 3.1.1

Lösen Sie die Gleichung $6p - \frac{1}{2}(2p-3) = 3(1-p) - \frac{7}{6}(p+2)$.

Lösung: Erstens: Multiplizieren Sie die Klammern aus: $6p - p + \frac{3}{2} = 3 - 3p - \frac{7}{6}p - \frac{7}{3}$. Zweitens: Multiplizieren Sie beide Seiten mit dem kleinsten gemeinsamen Nenner, der in diesem Fall gleich 6 ist: $36p - 6p + 9 = 18 - 18p - 7p - 14$. Drittens: Sammeln Sie Terme gleichen Typs: $55p = -5$. Daraus folgt: $p = -5/55 = -1/11$.

Wenn ein Wert einer Variablen dazu führt, dass ein Ausdruck in einer Gleichung nicht definiert ist, so ist dieser Wert nicht erlaubt. Zum Beispiel ist für die Variable z der Wert 5 nicht erlaubt in einer Gleichung, die den Ausdruck

$$\frac{z}{z-5}$$

enthält, weil $5/0$ nicht definiert ist. Wie das nächste Beispiel zeigt, kann eine Restriktion wie $z \neq 5$ implizieren, dass eine spezielle Gleichung überhaupt keine Lösung hat.

Beispiel 3.1.2

Bestimmen Sie die Werte von z, die die folgende Gleichung lösen:

$$\frac{z}{z-5} + \frac{1}{3} = \frac{-5}{5-z}$$

Lösung: Wir wissen jetzt, dass z nicht 5 sein kann. Diese Einschränkung bedenkend beseitigen wir die Brüche, indem wir beide Seiten mit $3(z-5)$ multiplizieren, welches ihr kleinster gemeinsamer Nenner ist. Wir erhalten dann $3z + z - 5 = 15$. Diese Gleichung hat die einzige Lösung $z = 5$. Da wir jedoch $z \neq 5$ annehmen mussten, müssen wir schließen, dass die ursprüngliche Gleichung keine Lösung hat.

Das nächste Beispiel zeigt wieder, dass manchmal ein hohes Maß an Sorgfalt nötig ist, um die richtigen Lösungen zu finden.

Beispiel 3.1.3

Lösen Sie die Gleichung

$$\frac{x+2}{x-2} - \frac{8}{x^2-2x} = \frac{2}{x}$$

Lösung: Da $x^2 - 2x = x(x-2)$, ist der kleinste gemeinsame Nenner $x(x-2)$. Wir sehen, dass $x = 2$ und $x = 0$ nicht erlaubt sind, da dann wenigstens einer der Nenner 0 wird. Wenn $x \neq 0$ und $x \neq 2$, können wir beide Seiten der Gleichung mit diesem gemeinsamen Nenner $x(x-2)$ multiplizieren und erhalten:

$$\frac{x+2}{x-2} \cdot x(x-2) - \frac{8}{x(x-2)} \cdot x(x-2) = \frac{2}{x} \cdot x(x-2)$$

Indem wir gemeinsame Faktoren kürzen, reduziert sich dies zu $(x+2)x-8 = 2(x-2)$ oder $x^2+2x-8 = 2x-4$ und somit zu $x^2 = 4$. Gleichungen der Gestalt $x^2 = a$ mit $a > 0$ haben zwei Lösungen $x = \sqrt{a}$ und $x = -\sqrt{a}$. In unserem Fall hat $x^2 = 4$ die Lösungen $x = 2$ und $x = -2$. Jedoch ist $x = 2$ nicht erlaubt für die ursprüngliche Gleichung. Deshalb ist *nur* $x = -2$ eine Lösung.

Häufig verlangt die Lösung eines ökonomischen Problems die Formulierung einer geeigneten *algebraischen* Gleichung.

Beispiel 3.1.4

Ein Unternehmen stellt ein Gut her, dessen Produktion 20 Euro pro Einheit kostet. Außerdem hat das Unternehmen Fixkosten von 2000 Euro. Jede Einheit wird für 75 Euro verkauft. Wie viele Einheiten muss das Unternehmen verkaufen, um einen Gewinn von 14 500 Euro zu erzielen?

Lösung: Bezeichne Q die Anzahl produzierter und verkaufter Einheiten. Dann sind die Einnahmen des Unternehmens $75Q$ und die Gesamtkosten der Produktion sind $20Q + 2000$. Da der Gewinn die Differenz aus den Gesamteinnahmen und den Gesamtkosten ist, kann der Gewinn als $75Q - (20Q + 2000)$ geschrieben werden. Um den gewünschten Gewinn von 14 500 zu erzielen, muss die folgende Gleichung erfüllt werden:

$$75Q - (20Q + 2000) = 14\,500$$

Es ist jetzt leicht, die Lösung zu finden: $Q = 16\,500/55 = 300$ Einheiten

Aufgaben für Kapitel 3.1

1. Lösen Sie jede der folgenden Gleichungen:

   (a) $2x - (5 + x) = 16 - (3x + 9)$ (b) $-5(3x - 2) = 16(1 - x)$

   (c) $4x + 2(x - 4) - 3 = 2(3x - 5) - 1$ (d) $(8x - 7)5 - 3(6x - 4) + 5x^2 = x(5x - 1)$

   (e) $x^2 + 10x + 25 = 0$ (f) $(3x - 1)^2 + (4x + 1)^2 = (5x - 1)(5x + 1) + 1$

2. Lösen Sie jede der folgenden Gleichungen:

   (a) $3x = \frac{1}{4}x - 7$ (b) $\dfrac{x-3}{4} + 2 = 3x$ (c) $\dfrac{1}{2x+1} = \dfrac{1}{x+2}$ (d) $\sqrt{2x+14} = 16$

3. Lösen Sie jede der folgenden Gleichungen:

   (a) $\dfrac{x-3}{x+3} = \dfrac{x-4}{x+4}$ (b) $\dfrac{3}{x-3} - \dfrac{2}{x+3} = \dfrac{9}{x^2-9}$ (c) $\dfrac{6x}{5} - \dfrac{5}{x} = \dfrac{2x-3}{3} + \dfrac{8x}{15}$

4. Lösen Sie die folgenden Probleme, indem Sie zunächst jeweils eine Gleichung formulieren.

   (a) Die Summe von drei aufeinander folgenden natürlichen Zahlen ist um 10 größer als das Doppelte der kleinsten von ihnen. Bestimmen Sie die drei Zahlen.

   (b) Jane erhält doppelten Lohn für jede Stunde, die Sie mehr als 38 Stunden pro Woche arbeitet. In der letzten Woche arbeitete sie 48 Stunden und verdiente insgesamt 812 Euro. Wie hoch ist Janes regulärer Stundenlohn?

→ Fortsetzung

(c) James hat 15 000 Euro zu einer jährlichen Zinsrate von 10 % investiert. Wie viel Geld müßte er zusätzlich bei einer Zinsrate von 12 % investieren, um am Ende des Jahres insgesamt 2100 Euro an Zinsen zu erhalten?

(d) Als Mr. Barnes starb, erhielt seine Witwe 2/3 seines Vermögens, 1/4 teilten sich seine Kinder und der Rest, 100 000 Euro ging an eine wohltätige Organisation. Wie groß war das Vermögen von Mr. Barnes?

5. Lösen Sie die folgenden Gleichungen:

(a) $\frac{3y-1}{4} - \frac{1-y}{3} + 2 = 3y$ (b) $\frac{4}{x} + \frac{3}{x+2} = \frac{2x+2}{x^2+2x} + \frac{7}{2x+4}$

(c) $\frac{2-z/(1-z)}{1+z} = \frac{6}{2z+1}$ (d) $\frac{1}{2}\left(\frac{p}{2}-\frac{3}{4}\right) - \frac{1}{4}\left(1-\frac{p}{3}\right) - \frac{1}{3}(1-p) = -\frac{1}{3}$

6. Frau Preston hat y Euro zur Verfügung, um Äpfel, Bananen und Kirschen zu kaufen. Sie entscheidet sich, für jede Obstsorte den gleichen Geldbetrag auszugeben. Die Preise in Euro pro Kilo sind 3 für Äpfel, 2 für Bananen und 6 für Kirschen. Wie hoch ist das Gesamtgewicht an Obst, das sie kauft und wieviel bezahlt sie pro Kilo Obst?[1]

► Lösungen zu den Aufgaben finden Sie im Anhang des Buches.

3.2 Gleichungen und ihre Parameter

Ökonomen benutzen oft mathematische Modelle, um zu beschreiben, wie verschiedene ökonomische Variablen sich gegenseitig beeinflussen, oder was wir ihre „Interdependenz" nennen. Makroökonomische Modelle z. B. sind dazu konstruiert, die wesentlichen Grundzüge der Wirtschaft eines Landes zu erklären. In diesen Modellen gehört zu den von Ökonomen meistgenutzten Variablen der gesamtwirtschaftliche Output (oder das Bruttoinlandsprodukt, BIP), sowie der Gesamtkonsum und die Gesamtinvestition.

Die einfachste Art eines Zusammenhangs zwischen zwei Variablen tritt dann ein, wenn die Reaktion einer der beiden Variablen auf eine Änderung um eine Einheit in der anderen immer dieselbe ist. In diesem Fall kann der Zusammenhang beschrieben werden durch eine *lineare Gleichung*, wie

$$y = 10x \qquad \text{oder} \qquad y = 3x + 4 \qquad \text{oder} \qquad y = -\frac{8}{3}x - \frac{7}{2} \tag{3.2.1}$$

In diesen drei Fällen ist die Reaktion der Variablen y auf einen Zuwachs der Variablen x um eine Einheit 10 bzw. 3 bzw. $-\frac{8}{3}$.

Die drei Gleichungen (3.2.1) haben eine gemeinsame Struktur. Dies macht es möglich, eine allgemeine Gleichung aufzuschreiben, die alle Spezialfälle enthält, in denen

[1] Dies ist ein Beispiel der Durchschnittskostenberechnung, das wir wieder in Aufg. 14.5.4 aufgreifen werden.

x und y die einzigen zwei Variablen sind:

$$y = ax + b \tag{3.2.2}$$

Dabei sind a und b reelle Zahlen. Zum Beispiel erhält man für $a = 3$ und $b = 4$ den speziellen Fall, in dem $y = 3x + 4$. Beachten Sie: Wenn $a = 0$, dann ist der Wert von y konstant und der Graph der Gleichung ist eine horizontale Gerade. Graphen, die eine senkrechte Gerade darstellen, sind auch möglich. Sie treten ein, wenn x eine Konstante ist, die wir mit c bezeichnen, während y variiert. Um auch diesen Fall einzuschließen, vertauschen wir die Werte von x und y und schreiben $x = c$.

Die Zahlen a und b werden *Parameter* genannt, da sie verschiedene, aber „feste" Werte annehmen können.[2] In den Wirtschaftswissenschaften haben Parameter oft interessante Interpretationen.

Beispiel 3.2.1

Betrachten Sie das grundlegende makroökonomische Modell

$$Y = C + \bar{I} \tag{3.2.3}$$

und

$$C = a + bY \tag{3.2.4}$$

Dabei ist Y das Bruttoinlandsprodukt (BIP), C der Konsum und $\bar{I}$ ist die Gesamtinvestition, die als gegeben betrachtet wird. Gleichung (3.2.3) sagt, dass das BIP laut Definition die Summe aus Konsum und Gesamtinvestition ist. Gleichung (3.2.4) sagt, dass der Konsum eine lineare Funktion des BIP ist. Dabei sind a und b positive Parameter des Modells mit $b < 1$.[3] Lösen Sie das Modell nach Y in Abhängigkeit von $\bar{I}$ und den Parametern auf.

Lösung: Einsetzen von (3.2.4) in (3.2.3) ergibt

$$Y = a + bY + \bar{I}$$

Nun ordnen wir die Gleichung so um, dass alle Terme, die Y enthalten, auf der linken Seite stehen. Dies können wir erreichen, indem wir $-bY$ zu beiden Seiten addieren, so dass bY auf der rechten Seite verschwindet. Das Resultat ist

$$Y - bY = a + \bar{I}$$

Beachten Sie, dass die linke Seite gleich $(1 - b)Y$ ist, so dass $(1 - b)Y = a + \bar{I}$. Indem wir beide Seiten durch $1 - b$ dividieren, damit der Koeffizient von Y gleich 1 wird,

---

2 Lineare Gleichungen werden ausführlicher in Kap. 4.4 behandelt.

3 Der Parameter a wird oft als *autonomer Konsum* bezeichnet, da er den Teil des Konsums darstellt, der *nicht* proportional zum BIP ist. Der Zuwachs des Konsums, der durch den Zuwachs des BIP um eine Einheit bestimmt wird, wird gemessen durch b. Dieser Parameter ist deshalb allgemein bekannt als *Grenzneigung zum Konsum*. Man erhält Spezialfälle des Modells, indem man spezielle numerische Werte für die Parameter einsetzt, wie z. B. $\bar{I} = 100$, $a = 500$, $b = 0.8$ oder $\bar{I} = 150$, $a = 600$, $b = 0.9$. Einsetzen dieser Parameterwerte ergibt $Y = C + 100$ und $C = 500 + 0.8Y$ bzw. $Y = C + 150$ und $C = 600 + 0.9Y$.

erhalten wir die Lösung:

$$Y = \frac{a}{1-b} + \frac{1}{1-b}\bar{I} \tag{3.2.5}$$

Diese Lösung ist eine lineare Gleichung, die Y in Abhängigkeit von $\bar{I}$ und den Parametern a und b ausdrückt.

Beachten Sie die enorme Bedeutung der hier verwendeten Vorgehensweise. Das Modell muss nur ein einziges Mal gelöst werden und dann findet man einfach numerische Antworten, indem man geeignete numerische Werte für die Parameter des Modells einsetzt. Zum Beispiel, wenn $\bar{I} = 100$, $a = 500$, $b = 0.8$, dann ist $Y = 3\,000$.

Ökonomen nennen die Gleichungen (3.2.3) und (3.2.4) gewöhnlich die *strukturelle Form* des Modells, während (3.2.5) die *reduzierte Form* genannt wird. In der reduzierten Form ist die Zahl $1/(1-b)$ auch ein Parameter, der bekannt ist als *Investitionsmultiplikator*, da er die Reaktion des BIP auf eine „exogene" Zunahme der Investition misst.

Natürlich müssen wir oft kompliziertere *nichtlineare Gleichungen* lösen. Diese enthalten oft „fremdartige" Buchstaben, die ihre Parameter und Variablen bezeichnen.

Beispiel 3.2.2

Nehmen Sie an, dass die Gesamtnachfrage nach Geld in einer Volkswirtschaft gegeben sei durch die Formel

$$M = \alpha Y + \beta(r-\gamma)^{-\delta} \tag{$*$}$$

Dabei ist M die in Umlauf befindliche Geldmenge, Y ist das Volkseinkommen, r ist die Zinsrate, während α, β, γ und δ alle positive Parameter sind.

(a) Lösen Sie die Gleichung nach r in Abhängigkeit von den anderen Variablen auf.

(b) Für die USA wurden die vier Parameter für den Zeitraum 1929–1952 geschätzt durch $\alpha = 0.14$, $\beta = 76.03$, $\gamma = 2$ und $\delta = 0.84$. Zeigen Sie, dass r gegeben ist durch:

$$r = 2 + \left(\frac{76.03}{M - 0.14Y}\right)^{25/21}$$

Lösung:

(a) Es folgt sofort aus Gleichung ($*$), dass $(r-\gamma)^{-\delta} = (M - \alpha Y)/\beta$. Indem wir jede Seite mit $-1/\delta$ (welches auch rational ist) potenzieren, erhalten wir:

$$r - \gamma = [(M - \alpha Y)/\beta]^{-1/\delta}$$

Wir addieren γ zu beiden Seiten und nutzen die Gleichheit $(a/b)^{-p} = (b/a)^p$. Dies ergibt die Lösung

$$r = \gamma + \left(\frac{\beta}{M - \alpha Y}\right)^{1/\delta} \tag{$**$}$$

(b) Die angegebenen Werte der vier Parameter implizieren, dass $1/\delta = 1/0.84 = 100/84 = 25/21$. Die angegebene Gleichung folgt dann sofort aus ($**$).

Aufgaben für Kapitel 3.2

1. Bestimmen Sie den Wert von Y für den Fall, in dem $Y = C + 150$ und $C = 600 + 0.9Y$ in dem Modell aus Beispiel 3.2.1. Verifizieren Sie, dass Formel (3.2.5) dasselbe Resultat ergibt.

2. Lösen Sie die folgenden Gleichungen nach x auf:

(a) $\dfrac{1}{ax} + \dfrac{1}{bx} = 2$ (b) $\dfrac{ax+b}{cx+d} = A$ (c) $\dfrac{1}{2}px^{-1/2} - w = 0$

(d) $\sqrt{1+x} + \dfrac{ax}{\sqrt{1+x}} = 0$ (e) $a^2x^2 - b^2 = 0$ (f) $(3+a^2)^x = 1$

3. Lösen Sie die folgenden Gleichungen für die jeweils angegebene Variable:

(a) Die Nachfragefunktion $q = 0.15p + 0.14$ für den Preis p.

(b) Die Angebotsfunktion $S = \alpha + \beta P$ für den Preis P.

(c) Die Fläche eines Dreiecks $A = \frac{1}{2}gh$ für die Grundseite g.

(d) Das Volumen eines Balls $V = \frac{4}{3}\pi r^3$ für seinen Radius r.

(e) Die Produktionsfunktion $AK^\alpha L^\beta = Y_0$ für den Arbeitsinput L.

4. Lösen Sie die folgenden Gleichungen für die angegebene Variable:

(a) $\alpha x - a = \beta x - b$ für x (b) $\sqrt{pq} - 3q = 5$ für p

(c) $Y = 94 + 0.2(Y - (20 + 0.5Y))$ für Y (d) $K^{1/2}\left(\dfrac{1}{2}\dfrac{r}{w}K\right)^{1/4} = Q$ für K

(e) $\dfrac{\frac{1}{2}K^{-1/2}L^{1/4}}{\frac{1}{4}L^{-3/4}K^{1/2}} = \dfrac{r}{w}$ für L (f) $\dfrac{1}{2}pK^{-1/4}\left(\dfrac{1}{2}\dfrac{r}{w}\right)^{1/4} = r$ für K

5. Lösen Sie die folgenden Gleichungen für die angegebene Variable:

(a) $1/s + 1/T = 1/t$ für s (b) $\sqrt{KLM} - \alpha L = B$ für M

(c) $\dfrac{x - 2y + xz}{x - z} = 4y$ für z (d) $V = C\left(1 - \dfrac{T}{N}\right)$ für T

► Lösungen zu den Aufgaben finden Sie im Anhang des Buches.

3.3 Quadratische Gleichungen

Die allgemeine quadratische Gleichung in der unbekannten Variablen x hat die Form

$$ax^2 + bx + c = 0 \tag{3.3.1}$$

Dabei sind die Konstanten a, b und c gegebene reelle Zahlen. Beachten Sie: Wenn $a = 0$, reduziert sich die Gleichung zu $bx + c = 0$, welches eine lineare und keine quadratische Gleichung ist. Deshalb nehmen wir $a \neq 0$ an. Dies erlaubt uns, jeden Term durch a zu dividieren. So erhalten wir die äquivalente Gleichung $x^2 + (b/a)x + c/a = 0$. Jetzt definieren wir $p = b/a$ und $q = c/a$, so dass sich die Gleichung reduziert zu

$$x^2 + px + q = 0 \tag{3.3.2}$$

Zwei Spezialfälle sind einfach zu behandeln. Wenn $q = 0$, so dass die Gleichung keinen „konstanten Term" hat, reduziert sich die Gleichung auf $x^2 + px = 0$. Dies ist äquivalent zu $x(x + p) = 0$. Da ein Produkt von zwei Faktoren nur dann 0 sein kann, wenn wenigstens einer der Faktoren 0 ist, schließen wir, dass $x = 0$ oder $x = -p$ ist. Daher gilt:

$$x^2 + px = 0 \quad \Longleftrightarrow \quad x = 0 \quad \text{oder} \quad x = -p$$

Also: Wenn $p \neq 0$, dann hat die Gleichung $x^2 + px = 0$ die zwei Lösungen $x = 0$ und $x = -p$, aber keine anderen. Alternativ: Wenn $p = 0$, haben wir die triviale Gleichung $x^2 = 0$, deren einzige Lösung $x = 0$ ist.

Der zweite Spezialfall tritt ein, wenn $q \neq 0$, aber $p = 0$, so dass es keinen Term mit x gibt. Daher reduziert sich Gleichung (3.3.2) auf $x^2 + q = 0$. Dann ist $x^2 = -q$ und es sind zwei Fälle zu betrachten. Wenn $q > 0$, hat die Gleichung keine Lösung, weil das Quadrieren einer Zahl niemals zu einem negativen Ergebnis führt. Im anderen Fall, wenn $q \leq 0$, lösen $x = \sqrt{-q}$ und $x = -\sqrt{-q}$ beide die Gleichung. Wie in Kap. 2.5 besprochen, benutzen wir die Notation $x = \pm\sqrt{-q}$, um auszudrücken, dass $\sqrt{-q}$ und $-\sqrt{-q}$ die zwei Werte sind, die $x^2 + q = 0$ lösen. Unter der Annahme $q \leq 0$ können wir in Kurzform schreiben:

$$x^2 + q = 0 \quad \Longleftrightarrow \quad x = \pm\sqrt{-q}$$

Diese Resultate können angewendet werden, um jede Möglichkeit der beiden einfachen Fälle zu lösen.

Beispiel 3.3.1

Lösen Sie die folgenden Gleichungen:

(a) $5x^2 - 8x = 0$ (b) $x^2 - 4 = 0$ (c) $x^2 + 3 = 0$

Lösung:

(a) Indem wir jeden Term durch 5 dividieren, erhalten wir $x^2 - (8/5)x = x(x - 8/5) = 0$, so dass $x = 0$ oder $x = 8/5$.

(b) Die Gleichung ergibt $x^2 = 4$, so dass $x = \pm\sqrt{4} = \pm 2$. Alternativ hat man $x^2 - 4 = (x + 2)(x - 2)$, so dass die Gleichung äquivalent ist zu $(x + 2)(x - 2) = 0$. In jedem Fall erhält man, dass x entweder 2 oder -2 ist.

(c) Da x^2 niemals kleiner als 0 ist, ist die linke Seite der Gleichung $x^2 + 3 = 0$ immer strikt positiv. Daher hat die Gleichung keine Lösung.

Schwierigere Fälle

Wenn beide Koeffizienten p und q in Gleichung (3.3.2) von 0 verschieden sind, wird die Lösung schwieriger. Betrachten Sie z. B. die Gleichung

$$x^2 - (4/3)x - 1/4 = 0\,.$$

Wir könnten natürlich versuchen, die Werte von x, die die Gleichung erfüllen, durch Probieren zu erraten. Jedoch ist es nicht leicht, auf diese Weise, die beiden einzigen Lösungen, die $x = 3/2$ und $x = -1/6$ sind, zu finden. Hier sind zwei Versuche, die Gleichung zu lösen, die fehlschlagen.

(a) Der erste Versuch ordnet die Gleichung $x^2 - (4/3)x - 1/4 = 0$ um zu $x^2 - (4/3)x = 1/4$ und somit $x(x - 4/3) = 1/4$. Somit muss das Produkt von x und $x - 4/3$ gleich $1/4$ sein. Es gibt jedoch unendlich viele Paare von Zahlen, deren Produkt $1/4$ ist, d. h. dies hilft uns wenig, um x zu finden.

(b) Im zweiten Versuch dividieren wir jeden Term durch x und erhalten $x - 4/3 = (1/4) \cdot (1/x)$. Da diese Gleichung Terme sowohl in x und $1/x$ als auch noch einen konstanten Term enthält, sind wir der Lösung nicht näher gekommen.

Tatsächlich brauchen wir eine vollständig neue Idee, um die Gleichung (3.3.2) zu lösen. Das folgende Beispiel illustriert die Idee, die uns eine allgemeine Methode geben wird, um diese schwierigere Gleichung zu lösen.

Beispiel 3.3.2

Lösen Sie die Gleichung $x^2 + 8x - 9 = 0$.

Lösung: Üblicherweise bringt man zunächst 9 auf die rechte Seite:

$$x^2 + 8x = 9 \qquad (*)$$

Da x in zwei Termen vorkommt, ist es jedoch nicht offensichtlich, wie man weiter verfährt. Eine Methode, *quadratische Ergänzung* genannt, einer der ältesten Tricks in der Mathematik, erweist sich hier als hilfreich.

Wir beginnen mit der Erinnerung der quadratischen Identitäten aus Kap. 2.3. Die erste von ihnen impliziert, dass $(x + b)^2 = x^2 + 2bx + b^2$. Indem wir in dieser Identität $b = 4$ setzen, erhalten wir $(x + 4)^2 = x^2 + 8x + 16$, wobei die zwei ersten Terme mit der linken Seite von $(*)$ übereinstimmen. Um auch den dritten Term 16 zu erhalten, addieren wir 16 zu jeder der beiden Seiten von Gleichung $(*)$. Das ergibt:

$$x^2 + 8x + 16 = 9 + 16 \qquad (**)$$

Die linke Seite ist ein vollständiges Quadrat: $x^2 + 8x + 16 = (x + 4)^2$. Damit ist Gl. $(**)$ äquivalent zu

$$(x + 4)^2 = 25 \qquad (***)$$

Nun hat die Gleichung $z^2 = 25$ zwei Lösungen, nämlich $z = \pm\sqrt{25} = \pm 5$. Daher impliziert $(***)$, dass entweder $x + 4 = 5$ oder $x + 4 = -5$. Die gesuchten Lösungen sind deshalb $x = 1$ und $x = -9$.

Alternativ kann Gleichung $(***)$ geschrieben werden als $(x + 4)^2 - 5^2 = 0$. Indem wir die Formel für die Differenz von Quadraten aus Kap. 2.3 benutzen, können wir dies schreiben als $(x + 4 - 5)(x + 4 + 5) = 0$. Dies reduziert sich zu $(x - 1)(x + 9) = 0$. Wir haben daher die folgende *Faktorenzerlegung*

$$x^2 + 8x - 9 = (x - 1)(x + 9)$$

Beachten Sie, dass $(x - 1)(x + 9)$ genau dann 0 ist, wenn $x = 1$ oder $x = -9$ ist.

Der allgemeine Fall

Wir wenden nun die Methode der quadratischen Ergänzung auf die quadratische Gleichung (3.3.2) an. Diese Gleichung hat offensichtlich dieselben Lösungen wie $x^2 + px = -q$. Die Hälfte des Koeffizienten von x ist $p/2$. Wir addieren das Quadrat dieser Zahl zu beiden Seiten der Gleichung und erhalten:

$$x^2 + px + (p/2)^2 = (p/2)^2 - q$$

Die linke Seite ist nun ein vollständiges Quadrat, d. h.

$$(x + p/2)^2 = p^2/4 - q \tag{3.3.3}$$

Beachten Sie: Wenn $p^2/4 - q < 0$, dann ist die rechte Seite negativ. Weil $(x + p/2)^2$ nichtnegativ ist für alle x, schließen wir, dass Gleichung (3.3.3) in diesem Fall keine Lösung hat. Wenn andererseits $p^2/4 - q > 0$, dann folgen aus (3.3.3) zwei Möglichkeiten:

$$x + p/2 = \sqrt{p^2/4 - q} \qquad \text{und} \qquad x + p/2 = -\sqrt{p^2/4 - q}$$

Man findet dann leicht die Werte von x. Diese Formeln gelten auch für $p^2/4 - q = 0$, obwohl sie dann nur eine Lösung $x = -p/2$ ergeben. Zusammenfassend gilt:[4]

pq-Lösungsformel für quadratische Gleichungen

Für $\frac{p^2}{4} \geq q$ gilt

$$x^2 + px + q = 0 \quad \text{genau dann, wenn} \quad x = -\frac{p}{2} \pm \sqrt{\frac{p^2}{4} - q} \tag{3.3.4}$$

Wenn uns eine Gleichung der Gestalt (3.3.1) mit $a \neq 0$ gegeben ist, können wir immer die Lösungen finden, indem wir zunächst durch a dividieren und dann die Lösungsformel (3.3.4) verwenden. Manchmal ist es jedoch nützlich, die Lösung von (3.3.1) in Abhängigkeit von den Original-Koeffizienten a, b und c aus (3.3.1) zu haben. Erinnern Sie: Division der Gleichung (3.3.1) durch a ergibt die äquivalente Gleichung (3.3.2) mit $p = b/a$ und $q = c/a$. Wenn wir diese Werte in (3.3.4) einsetzen, erhalten wir die Lösungen $x = -\frac{b}{2a} \pm \sqrt{\frac{b^2}{4a^2} - \frac{c}{a}}$. Weil $\sqrt{\frac{b^2}{4a^2} - \frac{c}{a}} = \frac{\sqrt{b^2-4ac}}{(2a)}$, implziert dies:

Lösungen der quadratischen Gleichung (abc-Formel)

Wenn $b^2 - 4ac \geq 0$ und $a \neq 0$, dann gilt

$$ax^2 + bx + c = 0 \quad \text{genau dann, wenn} \quad x = \frac{-b \pm \sqrt{b^2 - 4ac}}{2a} \tag{3.3.5}$$

Es ist sicherlich eine lohnende Idee, einige Minuten Ihres Lebens damit zu verbringen, um sich diese Formel oder die äquivalente Formel (3.3.4) gründlich einzuprägen. Wenn Sie dies getan haben, können Sie sofort die Lösung jeder quadratischen

[4] Der Ausdruck $p^2/4 - q$ wird auch Diskriminante genannt.

Gleichung aufschreiben. Nur wenn $b^2 - 4ac \geq 0$ ist, sind die Lösungen reelle Zahlen. Wenn wir die Formel für $b^2 - 4ac < 0$ benutzen, erhalten wir die Quadratwurzel aus einer negativen Zahl und es gibt somit keine reellen Lösungen. Die Lösungen heißen auch oft *Wurzeln* der quadratischen Gleichung.[5]

Beispiel 3.3.3

Nutzen Sie die Lösungsformeln der quadratischen Gleichung, um die Lösungen der Gleichung $2x^2 - 2x - 40 = 0$ zu finden.

Lösung: Schreiben Sie die Gleichung in der Form $2x^2 + (-2)x + (-40) = 0$. Diese Gleichung hat die Gestalt $ax^2 + bx + c = 0$ für den Fall $a = 2$, $b = -2$ und $c = -40$. Somit folgt aus der Lösungsformel (3.3.5)

$$x = \frac{-(-2) \pm \sqrt{(-2)^2 - 4 \cdot 2 \cdot (-40)}}{2 \cdot 2} = \frac{2 \pm \sqrt{4 + 320}}{4} = \frac{2 \pm 18}{4} = \frac{1}{2} \pm \frac{9}{2}$$

Die Lösungen sind daher $x = 1/2 + 9/2 = 5$ und $x = 1/2 - 9/2 = -4$.

Um stattdessen Formel (3.3.4) anzuwenden, teilen wir jeden Term durch 2 und erhalten $x^2 - x - 20 = 0$. Dann sind die Lösungen:

$$x = 1/2 \pm \sqrt{1/4 + 20} = 1/2 \pm \sqrt{81/4} = 1/2 \pm 9/2$$

Dies ergibt dieselben Lösungen wie bisher.

Sei $p^2/4 - q \geq 0$ und seien x_1 und x_2 die Lösungen der Gleichung (3.3.2). Indem wir die Formel für die Differenz von Quadraten benutzen, wie wir es getan haben, um in Beispiel 3.3.2 die Faktorenzerlegung zu erhalten, folgt, dass (3.3.3) äquivalent ist zu $(x - x_1)(x - x_2) = 0$. Es folgt auch:

Faktorenzerlegung einer quadratischen Funktion

Wenn x_1 und x_2 die Lösungen von $ax^2 + bx + c = 0$ sind, so gilt:

$$ax^2 + bx + c = a(x - x_1)(x - x_2) \tag{3.3.6}$$

Dies ist ein sehr wichtiges Resultat, da es zeigt, wie man eine allgemeine quadratische Funktion in Faktoren zerlegt. Wenn $b^2 - 4ac < 0$, gibt es keine Faktorenzerlegung von $ax^2 + bx + c$. Wenn $b^2 - 4ac = 0$, dann ist $x_1 = x_2 = -\frac{b}{2a}$ und $ax^2 + bx + c = a(x - x_1)^2 = a(x - x_2)^2$.

[5] Die Lösungsformel für die quadratische Gleichung ist sehr nützlich. Sie sollten jedoch nicht zu einem unreflektierten „*Fanatiker der Lösungsformel der quadratischen Gleichung*" werden und sie immer benutzen. Wenn z. B. $b = 0$ oder $c = 0$, so haben wir am Anfang dieses Kapitels erklärt, wie die Gleichung sehr leicht gelöst werden kann. Ein anderes Beispiel: Eine Examensfrage verlangte die Lösung der Gleichung $(x - 4)^2 = 0$. Ein Kandidat bewies extremen „*Fanatismus*", multiplizierte die Klammern aus und erhielt $x^2 - 8x + 16 = 0$, benutzte dann die Lösungsformel der quadratischen Gleichung und fand die (korrekte) Antwort $x = 4$. Was hätten Sie in diesem Fall getan?

Beispiel 3.3.4

Zerlegen Sie (wenn möglich) die folgenden quadratischen Funktionen in Faktoren:

(a) $\frac{1}{3}x^2 + \frac{2}{3}x - \frac{14}{3}$ (b) $-2x^2 + 40x - 600$

Lösung:

(a) $\frac{1}{3}x^2+\frac{2}{3}x-\frac{14}{3} = 0$ hat dieselben Lösungen wie $x^2+2x-14 = 0$. Nach Formel (3.3.4) sind die Lösungen $x = -1 \pm \sqrt{1+14} = -1 \pm \sqrt{15}$, welches auch die Lösungen der ursprünglichen Gleichung sind. Anwendung von Gleichung (3.3.6) mit $a = \frac{1}{3}$, $x_1 = -1 + \sqrt{15}$ und $x_2 = -1 - \sqrt{15}$ ergibt die Faktorisierung:

$$\begin{aligned} \frac{1}{3}x^2 + \tfrac{2}{3}x - \tfrac{14}{3} &= \frac{1}{3}\left[x - (-1 + \sqrt{15})\right]\left[x - (-1 - \sqrt{15})\right] \\ &= \frac{1}{3}\left(x + 1 - \sqrt{15}\right)\left(x + 1 + \sqrt{15}\right) \end{aligned}$$

(b) Für $-2x^2 + 40x - 600 = 0$ ist $a = -2$, $b = 40$ und $c = -600$. Damit ist $b^2 - 4ac = 1600 - 4800 = -3200 < 0$. Es gibt also keine Faktorenzerlegung.

Indem wir die rechte Seite der Identität $x^2+px+q = (x-x_1)(x-x_2)$ ausmultiplizieren, erhalten wir $x^2 + px + q = x^2 - (x_1 + x_2)x + x_1x_2$. Indem wir die Koeffizienten gleicher Potenzen von x gleichsetzen, erhalten wir $x_1 + x_2 = -p$ und $x_1x_2 = q$. Daher gilt:

Regeln für quadratische Funktionen

Wenn x_1 und x_2 die Lösungen von $x^2 + px + q = 0$ sind, dann gilt:

$$x_1 + x_2 = -p \qquad \text{und} \qquad x_1x_2 = q \tag{3.3.7}$$

In Worten: Die Summe der zwei Lösungen ist das Negative des Koeffizienten des linearen Terms, während das Produkt der Lösungen gleich dem konstanten Term ist. Man erhält die Formeln (3.3.7) auch, indem man die zwei in (3.3.4) gefundenen Lösungen addiert bzw. multipliziert.

Aufgaben für Kapitel 3.3

1. Lösen Sie die folgenden quadratischen Gleichungen, wenn sie Lösungen haben:

(a) $15x - x^2 = 0$ (b) $p^2 - 16 = 0$ (c) $(q-3)(q+4) = 0$

(d) $2x^2 + 9 = 0$ (e) $x(x+1) = 2x(x-1)$ (f) $x^2 - 4x + 4 = 0$

2. Lösen Sie die folgenden quadratischen Gleichungen, indem Sie die Methode der quadratischen Ergänzung benutzen und zerlegen Sie, wenn möglich, die linke Seite in Faktoren:

(a) $x^2 - 5x + 6 = 0$ (b) $y^2 - y - 12 = 0$ (c) $2x^2 + 60x + 800 = 0$

(d) $-\frac{1}{4}x^2 + \frac{1}{2}x + \frac{1}{2} = 0$ (e) $m(m-5) - 3 = 0$ (f) $0.1p^2 + p - 2.4 = 0$

➡ Fortsetzung

3. Lösen Sie die folgenden Gleichungen mit Hilfe der Lösungsformel für quadratische Gleichungen:

(a) $r^2 + 11r - 26 = 0$ (b) $3p^2 + 45p = 48$ (c) $20\,000 = 300K - K^2$

(d) $r^2 + (\sqrt{3} - \sqrt{2})r = \sqrt{6}$ (e) $0.3x^2 - 0.09x = 0.12$ (f) $\frac{1}{24} = p^2 - \frac{1}{12}p$

4. Lösen Sie die folgenden Gleichungen mit Hilfe der Lösungsformel für quadratische Gleichungen:

(a) $x^2 - 3x + 2 = 0$ (b) $5t^2 - t = 3$ (c) $6x = 4x^2 - 1$

(d) $9x^2 + 42x + 44 = 0$ (e) $30\,000 = x(x + 200)$ (f) $3x^2 = 5x - 1$

5. Lösen Sie die folgenden Probleme:

(a) Bestimmen Sie die Seitenlängen eines Rechtecks, dessen Umfang 40 cm und dessen Fläche 75 cm^2 ist.

(b) Bestimmen Sie zwei aufeinander folgende natürliche Zahlen, deren Summe der Quadrate 13 ist.

(c) In einem rechtwinkligen Dreieck ist die Länge der Hypothenuse 34 cm. Eine der beiden kürzeren Seiten (Katheten) ist 14 cm länger als die andere. Bestimmen Sie die Längen der beiden kürzeren Seiten.

(d) Ein Motorradfahrer fuhr 80 km. Um 16 Minuten zu sparen, musste er 10 km/h schneller als üblich fahren. Welches war seine übliche Geschwindigkeit?

Anspruchsvollere Aufgabe

6. Lösen Sie die folgenden Gleichungen:

(a) $x^3 - 4x = 0$ (b) $x^4 - 5x^2 + 4 = 0$ (c) $z^{-2} - 2z^{-1} - 15 = 0$

► Lösungen zu den Aufgaben finden Sie im Anhang des Buches.

3.4 Einige nichtlineare Gleichungen

Wir untersuchen jetzt eine allgemeinere Form von Gleichungen, in denen das Produkt von mehreren Faktoren Null sein muss. Diese Form umfasst die linearen und auch die quadratischen Gleichungen, wenn sie eine Lösung haben. Solche Gleichungen sind allgegenwärtig in den Wirtschaftswissenschaften, so dass wir in der Lage sein müssen, mit ihnen umzugehen und aus ihnen so viel Informationen zu gewinnen wie möglich.

Beispiel 3.4.1

Lösen Sie jede der folgenden drei separaten Gleichungen:

(a) $x^3\sqrt{x+2} = 0$ (b) $x(y+3)(z^2+1)\sqrt{w-3} = 0$ (c) $x^2 - 3x^3 = 0$

Lösung:

(a) Wenn $x^3\sqrt{x+2} = 0$, dann ist entweder $x^3 = 0$ oder $\sqrt{x+2} = 0$. Die Gleichung $x^3 = 0$ hat nur die eine Lösung $x = 0$, während aus $\sqrt{x+2} = 0$ folgt, dass $x = -2$ ist. Die Lösungen der Gleichung sind daher $x = 0$ und $x = -2$.

(b) Es gibt vier Faktoren in dem Produkt auf der linken Seite. Der Faktor $z^2 + 1$ wird niemals 0. Daher sind die Lösungen: $x = 0$ oder $y = -3$ oder $w = 3$.

(c) Zerlegen Sie zuerst $x^2 - 3x^3$ in Faktoren. Dies ergibt $x^2(1-3x)$. Das Produkt $x^2(1-3x)$ ist dann und nur dann 0, wenn $x^2 = 0$ oder $1 - 3x = 0$. Daher sind $x = 0$ und $x = 1/3$ die Lösungen.[6]

Bei der Lösung dieser Gleichungen haben wir wiederholt die Tatsache benutzt, dass ein Produkt von zwei oder mehr Faktoren genau dann 0 ist, wenn wenigstens einer der Faktoren 0 ist. Insbesondere gilt:

$$ab = ac \quad \text{ist äquivalent zu} \quad a = 0 \quad \text{oder} \quad b = c \tag{3.4.1}$$

Dies ist so, weil die Gleichung $ab = ac$ äquivalent ist zu $ab - ac = 0$ oder $a(b-c) = 0$. Natürlich: Wenn $ab = ac$ und $a \neq 0$, schließen wir aus Gleichung (3.4.1), dass $b = c$.

Beispiel 3.4.2

Welche Schlüsse können wir über die Variablen ziehen, wenn

(a) $x(x+a) = x(2x+b)$ (b) $\lambda y = \lambda z^2$ (c) $xy^2(1-y) - 2\lambda(y-1) = 0$

Lösung:

(a) Die Gleichung kann geschrieben werden als $x(x + a - 2x - b) = 0$, welches sich vereinfacht zu $x(-x+a-b) = 0$. Die Lösungen sind deshalb $x = 0$ und $x = a - b$.

(b) Hier erhält man $\lambda(y - z^2) = 0$, so dass $\lambda = 0$ oder $y = z^2$. (Man vergisst leicht die erste Möglichkeit.)

(c) Die Gleichung ist äquivalent zu

$$xy^2(1-y) + 2\lambda(1-y) = 0\,,$$

was geschrieben werden kann als

$$(1-y)(xy^2 + 2\lambda) = 0$$

Wir schließen aus der letzten Gleichung, dass $1 - y = 0$ oder $xy^2 + 2\lambda = 0$, d. h. $y = 1$ oder $\lambda = -\frac{1}{2}xy^2$.

Schließlich betrachten wir einige Gleichungen mit Brüchen. Erinnern Sie, dass der Bruch a/b nicht definiert ist, wenn $b = 0$ ist. Wenn $b \neq 0$, dann ist $a/b = 0$ äquivalent zu $a = 0$.

[6] Wenn man versucht, eine Gleichung zu lösen, so macht man leicht einen schweren Fehler, indem man einen Faktor wegkürzt, der Null sein könnte. Nehmen Sie z. B. an, dass man den gemeinsamen Faktor x^2 in der Gleichung $x^2 - 3x^3 = 0$ wegkürzt. Das Ergebnis ist $1 - 3x = 0$, woraus $x = 1/3$ folgt. Jedoch ein Teil der Lösung ist $x = 0$, der durch das Kürzen verloren gegangen ist. Es ist daher wichtig, immer zu überprüfen, ob der Faktor, der weggekürzt werden soll, wirklich nicht Null ist.

Beispiel 3.4.3

Lösen Sie die folgenden Gleichungen:

(a) $\frac{1-K^2}{\sqrt{1+K^2}}=0$ (b) $\frac{45+6r-3r^2}{(r^4+2)^{3/2}}=0$ (c) $\frac{x^2-5x}{\sqrt{x^2-25}}=0$

Lösung:

(a) Der Nenner wird niemals 0, so dass der Bruch 0 ist, wenn $1-K^2=0$, d. h. wenn $K=\pm 1$.

(b) Wieder ist der Nenner niemals 0. Der Bruch ist 0, wenn $45+6r-3r^2=0$, d. h. wenn $3r^2-6r-45=0$. Lösen dieser quadratischen Gleichung ergibt $r=-3$ oder $r=5$.

(c) Der Zähler ist gleich $x(x-5)$ und dies ist 0, wenn $x=0$ oder $x=5$ ist. Für $x=0$ ist der Nenner gleich $\sqrt{-25}$, also nicht definiert. Und für $x=5$ ist der Nenner 0. Wir schließen, dass diese Gleichung keine Lösung hat.

Aufgaben für Kapitel 3.4

1. Lösen Sie die folgenden Gleichungen:

(a) $x(x+3)=0$ (b) $x^3(1+x^2)(1-2x)=0$ (c) $x(x-3)=x-3$

(d) $\sqrt{2x+5}=0$ (e) $\frac{x^2+1}{x(x+1)}=0$ (f) $\frac{x(x+1)}{x^2+1}=0$

2. Lösen Sie die folgenden Gleichungen:

(a) $\frac{5+x^2}{(x-1)(x+2)}=0$ (b) $1+\frac{2x}{x^2+1}=0$

(c) $\frac{(x+1)^{1/3}-\frac{1}{3}x(x+1)^{-2/3}}{(x+1)^{2/3}}=0$ (d) $\frac{x}{x-1}+2x=0$

3. Untersuchen Sie, welche Schlüsse über die Variablen gezogen werden können, wenn:

(a) $z^2(z-a)=z^3(a+b),\ a\neq 0$ (b) $(1+\lambda)\mu x=(1+\lambda)y\mu$

(c) $\frac{\lambda}{1+\mu}=\frac{-\lambda}{1-\mu^2}$ (d) $ab-2b-\lambda b(2-a)=0$

► Lösungen zu den Aufgaben finden Sie im Anhang des Buches.

3.5 Lösung von Gleichungen mit Hilfe von Implikationspfeilen

Implikations- und Äquivalenz-Pfeile sind sehr nützlich, um Fehler beim Lösen von Gleichungen zu vermeiden. Betrachten Sie zunächst das folgende Beispiel.

Beispiel 3.5.1

Lösen Sie die Gleichung $(2x-1)^2 - 3x^2 = 2\left(\frac{1}{2} - 4x\right)$.

Lösung: Indem wir $(2x-1)^2$ und auch die rechte Seite ausmultiplizieren, erhalten wir eine neue Gleichung, die offensichtlich dieselben Lösungen hat wie die ursprüngliche Gleichung:

$$(2x-1)^2 - 3x^2 = 2\left(\tfrac{1}{2} - 4x\right) \iff 4x^2 - 4x + 1 - 3x^2 = 1 - 8x$$

Indem man $8x - 1$ zu jeder Seite der zweiten Gleichung addiert und dann Terme gleichen Typs sammelt, erhält man eine andere äquivalente Gleichung:

$$4x^2 - 4x + 1 - 3x^2 = 1 - 8x \iff x^2 + 4x = 0$$

Nun ist $x^2 + 4x = x(x+4)$ und letzteres Produkt ist genau dann 0, wenn $x = 0$ oder $x = -4$ ist. Das heißt:

$$x^2 + 4x = 0 \iff x(x+4) = 0 \iff [x = 0 \quad \text{oder} \quad x = -4]$$

Dabei haben wir in dem letzten Ausdruck zur Klarheit Klammern verwendet. Wenn wir alles zusammen betrachten, haben wir eine Kette von Äquivalenzpfeilen erhalten, die zeigt, dass die gegebene Gleichung für die zwei Werte $x = 0$ und $x = -4$ erfüllt ist und für keine anderen Werte von x.

Beispiel 3.5.2

Lösen Sie die Gleichung $x + 2 = \sqrt{4 - x}$ nach x auf.[7]

Lösung: Quadrieren beider Seiten der gegebenen Gleichung ergibt:

$$(x+2)^2 = \left(\sqrt{4-x}\right)^2$$

Folglich ist $x^2 + 4x + 4 = 4 - x$, d. h. $x^2 + 5x = 0$. Aus der letzten Gleichung folgt: $x(x+5) = 0$, woraus folgt $x = 0$ oder $x = -5$. Also: Eine notwendige Bedingung, damit x die Gleichung $x + 2 = \sqrt{4-x}$ löst, ist $x = 0$ oder $x = -5$. Jedoch: Wenn $x = -5$, ist die linke Seite der Ausgangsgleichung negativ, während die rechte Seite eine Quadratwurzel ist, die wir als nichtnegativ definiert haben. Damit bleibt $x = 0$ als eindeutige Lösung der Gleichung.

Die zur Lösung des Beispiels 3.5.2 angewendete Methode ist am meisten gebräuchlich. Es wird zunächst eine Kette von Implikationen aufgestellt, die mit der gegebenen Gleichung startet und mit der Menge aller möglichen Lösungen endet. Indem wir jeden dieser möglichen Lösungswerte überprüfen, finden wir heraus, welche von ihnen tatsächlich die Gleichung erfüllen. Selbst dann, wenn die Kette von Implikationen auch eine Kette von Äquivalenzen ist, ist solch eine Probe eine nützliche Überprüfung sowohl der Logik als auch der Berechnungen.

[7] Vergleichen Sie mit Beispiel 1.2.1.

Aufgaben für Kapitel 3.5

1. Lösen Sie die Gleichung mit Hilfe von Implikationspfeilen:

$$\frac{(x+1)^2}{x(x-1)} + \frac{(x-1)^2}{x(x+1)} - 2\frac{3x+1}{x^2-1} = 0$$

2. Lösen Sie die folgenden Gleichungen mit Hilfe von Implikationspfeilen:

(a) $x + 2 = \sqrt{4x + 13}$ (b) $|x + 2| = \sqrt{4 - x}$ (c) $x^2 - 2|x| - 3 = 0$

3. Lösen Sie die folgenden Gleichungen mit Hilfe von Implikationspfeilen:

(a) $\sqrt{x - 4} = \sqrt{x + 5} - 9$ (b) $\sqrt{x - 4} = 9 - \sqrt{x + 5}$

4. Betrachten Sie den folgenden Versuch, die Gleichung $x + \sqrt{x + 4} = 2$ zu lösen:

„Es folgt aus der gegebenen Gleichung, dass $\sqrt{x + 4} = 2 - x$. Quadrieren beider Seiten ergibt $x + 4 = 4 - 4x + x^2$. Umordnen der Terme zeigt, dass diese Gleichung $x^2 - 5x = 0$ impliziert. Kürzen von x ergibt $x - 5 = 0$. Und dies ist erfüllt, wenn $x = 5$."

(a) Kennzeichnen Sie mit Pfeilen die Implikationen oder Äquivalenzen, die in dem Text ausgedrückt werden. Welche von ihnen sind korrekt?

(b) Lösen Sie die Gleichung korrekt.

► Lösungen zu den Aufgaben finden Sie im Anhang des Buches.

3.6 Zwei lineare Gleichungen in zwei Unbekannten

Beispiel 3.2.1 zeigt ein makroökonomisches Modell mit zwei Gleichungen. Dort haben wir uns konzentriert auf die Lösung für den Wert des BIP, aber Ökonomen sind oft an der Lösung von *allen* endogenen Variablen in ihren Modellen interessiert. In dem Beispiel sollte auch der Gesamtkonsum in die Lösung einbezogen werden.

Für den Fall von zwei Variablen, die durch zwei lineare Gleichungen in Beziehung stehen, ist eine allgemeine Methode leicht zu entwickeln. Das folgende Beispiel ermöglicht es uns, die Hauptideen zu entwickeln, bevor wir uns mit dem allgemeinen Fall befassen.

Beispiel 3.6.1

Bestimmen Sie die Werte von x und y, die beide Gleichungen erfüllen:

$$2x + 3y = 18$$
$$3x - 4y = -7$$

Lösung: Es gibt zwei allgemeine Wege, ein Gleichungssystem wie dieses zu lösen.

Methode 1: Eine erste Möglichkeit ist es, eine der Variablen zuerst zu behandeln, wie wir es in Kap. 3.2 getan haben, und dann die Lösung dieser Variablen zu benutzen, um nach der anderen aufzulösen. Das heißt, man folgt einem Zwei-Schritte-

Verfahren: (i) Löse eine der beiden Gleichungen nach einer der beiden Variablen in Abhängigkeit von der anderen aus. (ii) Setze das Resultat in die andere Gleichung ein. Es bleibt dann nur eine Gleichung mit einer Unbekannten, die leicht zu lösen ist.[8]

Um diese Methode auf unser System anzuwenden, lösen wir zuerst die erste Gleichung nach y in Abhängigkeit von x auf. Die erste Gleichung $2x + 3y = 18$ impliziert, dass $3y = 18 - 2x$ und damit

$$y = 6 - (2/3)x \qquad (*)$$

Einsetzen dieses Ausdrucks für y in die zweite Gleichung ergibt:

$$3x - 4\left(6 - \tfrac{2}{3}x\right) = -7\,,$$

welches sich reduziert auf $\quad 3x - 24 + \tfrac{8}{3}x = -7$

Multiplikation jeder Seite mit 3 ergibt $9x - 72 + 8x = -21$ oder $17x = 51$. Daher ist $x = 3$. Um y zu bestimmen, nutzen wir $(*)$ noch einmal mit $x = 3$ und erhalten: $y = 6 - \frac{2}{3} \cdot 3 = 4$. Die Lösung des Systems ist daher $x = 3$ und $y = 4$.[9]

Methode 2: Diese Methode basiert auf der Elimination einer der Variablen durch Addition oder Subtraktion eines Vielfachen der einen Gleichung zu (oder von) der anderen. Nehmen Sie an, dass wir y eliminieren wollen. Dazu können wir die erste Gleichung in dem System mit 4 multiplizieren und die zweite mit 3. Die resultierenden Koeffizienten von y sind gleich, abgesehen vom Vorzeichen. Wenn wir dann die transformierten Gleichungen addieren, verschwindet der Term mit y und wir erhalten:

$$\begin{array}{rcr} 8x + 12y & = & 72 \\ 9x - 12y & = & -21 \\ \hline 17x & = & 51 \end{array}$$

Daher ist $x = 3$. Um den Wert von y zu finden, setzen wir 3 für x in eine der Originalgleichungen ein und lösen nach y auf. Dies ergibt $y = 4$ in Übereinstimmung mit dem früheren Resultat.

Analysis von linearen 2×2-Gleichungssystemen

Systeme von zwei Gleichungen in zwei Unbekannten sind gewöhnlich als 2×2-Systeme bekannt. Das allgemeine lineare 2×2-System ist

$$ax + by = c \qquad (3.6.1)$$

$$dx + ey = f \qquad (3.6.2)$$

8 Die Lösung, die wir zu Beispiel 3.2.1 gegeben haben, ging durch den ersten dieser beiden Schritte. Der zweite Schritt wäre (3.2.5) in (3.2.4) einzusetzen, um die Lösung für C zu betimmen, nämlich:

$$C = \frac{a + b\bar{I}}{1 - b}$$

In Kombination mit Gleichung (3.2.5) vervollständigt diese Gleichung die reduzierte Form des Modells.

9 Eine nützliche Kontrolle ist es, solch eine Lösung durch direktes Einsetzen zu überprüfen. In der Tat: Einsetzen von $x = 3$ und $y = 4$ in das Originalsystem der zwei Gleichungen ergibt $2 \cdot 3 + 3 \cdot 4 = 18$ und $3 \cdot 3 - 4 \cdot 4 = -7$.

Dabei sind a, b, c, d, e und f beliebige gegebene Zahlen, während x und y die Variablen oder die „Unbekannten" sind. Bemerken Sie: Wenn $a = 2$, $b = 3$, $c = 18$, $d = 3$, $e = -4$ und $f = -7$, erhalten wir das Gleichungssystem in Beispiel 3.6.1.

Bevor wir uns unbesonnen in eine algebraische Untersuchung stürzen, welche Lösungen es dort geben mag, machen wir vorher die zwei folgenden Dinge: (i) Elimination eines trivialen Falls; (ii) geometrische Analyse der Gleichungen.

Der **triviale Fall** tritt ein, wenn mindestens einer der vier Koeffizienten a, b, d und e null ist. Nehmen Sie z. B. an, dass $e = 0$. Dann wird aus (3.6.2) die einfache Gleichung $dx = f$. Diese hat eine Lösung $x = f/d$, falls $d \neq 0$, überhaupt keine Lösung, wenn $d = 0$ und $f \neq 0$, und lässt x frei wählbar, wenn $d = f = 0$. Wenn x die Gleichung $dx = f$ löst, ist die Lösung der zwei Gleichungen zusammen das Paar (x, y), wobei y durch die Gleichung $by = c - ax$ bestimmt werden kann, vorausgesetzt, dass entweder $b \neq 0$ oder $b = 0$ und $ax = c$.

Im Fall $e \neq 0$, aber mindestens einer von a, b und d gleich null, reduziert sich mindestens eine der zwei Gleichungen zu einer einzigen Gleichung in einer Unbekannten, die sofort gelöst werden kann. Dann kann genau wie im Fall $e = 0$ die andere Unbekannte bestimmt werden durch einfache Substitution, die genau eine Gleichung mit einer einzigen Unbekannten übrig lässt.

Nun zur **geometrischen Analysis**. Nachdem die trivialen Fälle ausgeschlossen sind, ist keiner der vier Koeffizienten a, b, d und e gleich null. Somit können wir Gleichung (3.6.1) durch b dividieren und (3.6.2) durch d. Durch Umordnen erhalten wir das äquivalente Paar von Gleichungen:

$$y = (c - ax)/b \quad \text{und} \quad y = (f - dx)/e \tag{3.6.3}$$

Wie später in Kap. 4.4 erörtert, sind diese die Gleichungen von zwei Geraden in der (x, y)-Ebene, deren Steigungen die Koeffizienten $-a/b$ bzw. $-d/e$ von x sind. Nun gibt es drei verschiedene Fälle, die wir betrachten müssen.

1. Erstens haben wir den *Schneidungsfall*, wenn die Steigungen der zwei Geraden verschieden sind, d. h. $-a/b \neq -d/e$. Multiplikation jeder Seite dieser Ungleichung mit der von null verschiedenen Zahl $-be$ ergibt die äquivalente Ungleichung $ae \neq bd$ oder $ae - bd \neq 0$. In diesem Fall schneiden sich die zwei Geraden und der Schnittpunkt ist die eindeutige Lösung. Dieser Punkt kann bestimmt werden, indem wir entweder Methode 1 oder Methode 2 aus der Lösung von Beispiel 3.6.1 verwenden.
   Alternativ: Beachten Sie, dass die zwei Gleichungen (3.6.3) genau dann eine Lösung (x, y) haben, wenn ihre rechten Seiten gleich sind. D. h. es muss gelten $(c - ax)/b = (f - dx)/e$. Multiplikation jeder Seite mit be ergibt $e(c - ax) = b(f - dx)$, was vereinfacht werden kann zu $ce - bf = (ae - bd)x$. Weil $ae - bd \neq 0$ in diesem Schneidungsfall, impliziert die letzte Gleichung, dass $x = (ce - bf)/(ae - bd)$. Um y zu bestimmen, setzen wir diesen Wert von x in eine der beiden Gleichungen von (3.6.3) ein.

So oder so finden wir dieselbe eindeutige Lösung für beide x und y, nämlich

$$x = \frac{ce - bf}{ae - bd} \quad \text{und} \quad y = \frac{af - cd}{ae - bd} \tag{3.6.4}$$

2. Im zweiten Fall, dem *Parallelfall*, haben die Gleichungen (3.6.1) und (3.6.2) keine Lösung, weil die zwei Geraden (3.6.3) parallel und verschieden sind. Offensichtlich sind diese zwei Geraden genau dann parallel, wenn ihre Steigungen gleich sind, was genau dann der Fall ist, wenn $-a/b = -d/e$. Multiplikation jeder Seite dieser Gleichung mit der von null verschiedenen Zahl $-be$ ergibt die äquivalente Gleichung $ae - bd = 0$. Diese Gleichung gilt natürlich genau dann, wenn Gleichung (3.6.4) keine Lösung hat. Schließlich sind in diesem Fall die zwei durch (3.6.3) gegebenen parallelen Geraden genau dann verschieden, wenn sie die vertikale Achse $x = 0$ in verschiedenen Punkten schneiden, was genau dann der Fall ist, wenn $c/b \neq f/e$ oder $bf \neq ce$.
3. Im dritten *Übereinstimmungsfall*, sind die zwei Geraden (3.6.3) nicht nur parallel, sondern fallen zusammen. Dies geschieht genau dann, wenn die zwei Gleichungen (3.6.1) und (3.6.2) eine und dieselbe Gerade definieren. Dies ist der Fall, wenn $ae - bd = bf - ce = 0$. Dann haben die zwei Gleichungen unendlich viele Lösungen, die entlang jeder dieser zwei übereinstimmenden (zusammenfallenden) Geraden liegen.

Tabelle 3.6.1 spezifiziert für die drei verschiedenen Fälle die Menge der möglichen Lösungen des linearen 2×2-Gleichungssystems, gegeben durch (3.6.1) und (3.6.2). Obwohl wir mit der Annahme starteten, dass alle Koeffizienten a, b, d und e von null verschieden sind, gelten die Resultate in Tabelle 3.6.1 auch dann, wenn einer oder mehrere von ihnen null sind.

Tabelle 3.6.1: Lineare 2×2-Gleichungssysteme

Betrachten Sie das lineare 2×2-Gleichungssystem in (x, y):

$$ax + by = c \quad \text{und} \quad dx + ey = f$$

1. Im **Schneidungsfall**, wenn $ae \neq bd$, gibt es die folgende eindeutige Lösung:

$$x = \frac{ce - bf}{ae - bd} \quad \text{und} \quad y = \frac{af - cd}{ae - bd}$$

2. Im **Parallelfall**, wenn $ae = bd$ und $bf \neq ce$, gibt es keine Lösung.
3. Im **Übereinstimmungsfall**, wenn $ae = bd$ und $bf = ce$, gibt es unendlich viele Lösungen entlang jeder der zwei zusammenfallenden Geraden $ax + by = c$ und $dx + ey = f$.

In Kap. 12.2 werden wir mögliche Lösungen für diese Art linearer Gleichungssysteme betrachten, jedoch mit beliebig vielen Gleichungen und Unbekannten.

Aufgaben für Kapitel 3.6

1. Lösen Sie die folgenden Gleichungssysteme:

(a) $x - y = 5$ und $x + y = 11$ (b) $4x - 3y = 1$ und $2x + 9y = 4$

(c) $3x + 4y = 2.1$ und $5x - 6y = 7.3$

2. Lösen Sie die folgenden Gleichungssysteme:

(a) $\begin{aligned} 5x + 2y &= 3 \\ 2x + 3y &= -1 \end{aligned}$ (b) $\begin{aligned} x - 3y &= -25 \\ 4x + 5y &= 19 \end{aligned}$ (c) $\begin{aligned} 2x + 3y &= 3 \\ 6x + 6y &= -1 \end{aligned}$

3. Lösen Sie die folgenden Gleichungssysteme:

(a) $\begin{aligned} 23p + 45q &= 181 \\ 10p + 15q &= 65 \end{aligned}$ (b) $\begin{aligned} 0.01r + 0.21s &= 0.042 \\ -0.25r + 0.55s &= -0.47 \end{aligned}$

4. (a) Finden Sie zwei Zahlen, deren Summe gleich 52 und deren Differenz gleich 26 ist.

(b) Fünf Tische und 20 Stühle kosten 1800 Euro, während 2 Tische und 3 Stühle 420 Euro kosten. Wie hoch ist der Preis für einen Tisch und für einen Stuhl?

(c) Ein Unternehmen produziert Kopfhörer in zwei Güteklassen, Basic (B) und Premium (P). Für das folgende Jahr ist der geschätzte Output von B um 50 % höher als der von P. Der Gewinn pro verkaufter Einheit ist 300 Euro für P und 200 Euro für B. Wie viel muss von jeder Qualität produziert werden, wenn im folgenden Jahr ein Gewinn von 180 000 Euro erzielt werden soll?

(d) Am Anfang des Jahres hatte eine Person insgesamt 10 000 Euro auf zwei Konten. Die Zinsraten waren 5 % bzw. 7.2 % pro Jahr. Wie groß war das Anfangskapital auf beiden Konten, wenn die Person keine Transaktionen zwischen den beiden Konten vorgenommen hat und insgesamt 676 Euro an Zinsen erhalten hat?

► Lösungen zu den Aufgaben finden Sie im Anhang des Buches.

Aufgaben zur Wiederholung für Kapitel 3

1. Lösen Sie jede der folgenden Gleichungen:

(a) $3x - 20 = 16$ (b) $-5x + 8 + 2x = -(4-x)$ (c) $-6(x-5) = 6(2-3x)$

(d) $\dfrac{4-2x}{3} = -5-x$ (e) $\dfrac{5}{2x-1} = \dfrac{1}{2-x}$ (f) $\sqrt{x-3} = 6$

2. Lösen Sie jede der folgenden Gleichungen:

(a) $\dfrac{x-3}{x-4} = \dfrac{x+3}{x+4}$ (b) $\dfrac{3(x+3)}{x-3} - 2 = 9\dfrac{x}{x^2-9} + \dfrac{27}{(x+3)(x-3)}$

(c) $\dfrac{2x}{3} = \dfrac{2x-3}{3} + \dfrac{5}{x}$ (d) $\dfrac{x-5}{x+5} - 1 = \dfrac{1}{x} - \dfrac{11x+20}{x^2-5x}$

3. Lösen Sie die folgenden Gleichungen nach der angegebenen Variablen auf:

(a) $x = \frac{2}{3}(y-3)+y$ nach y (b) $ax-b = cx+d$ nach x

(c) $AK\sqrt{L} = Y_0$ nach L (d) $px+qy = m$ nach y

(e) $\dfrac{1/(1+r)-a}{1/(1+r)+b} = c$ nach r (f) $Px(Px+Q)^{-1/3}+(Px+Q)^{2/3} = 0$ nach x

4. Lösen Sie die folgenden Gleichungen nach der angegebenen Variablen auf:

(a) $3K^{-1/2}L^{1/3} = 1/5$ nach K (b) $(1+r/100)^t = 2$ nach r

(c) $p - abx_0^{b-1} = 0$ nach x_0 (d) $[(1-\lambda)a^{-\varrho}+\lambda b^{-\varrho}]^{-1/\varrho} = c$ nach b

5. Lösen Sie die folgenden quadratischen Gleichungen:

(a) $z^2 = 8z$ (b) $x^2+2x-35 = 0$ (c) $p^2+5p-14 = 0$

(d) $12p^2-7p+1 = 0$ (e) $y^2-15 = 8y$ (f) $42 = x^2+x$

6. Lösen Sie die folgenden Gleichungen:

(a) $(x^2-4)\sqrt{5-x} = 0$ (b) $(x^4+1)(4+x) = 0$ (c) $(1-\lambda)x = (1-\lambda)y$

7. Johnson legte 1500 Euro an, einen Teil zu 15 % Zinsen und den Rest zu 20 %. Sein jährliches Gesamteinkommen aus diesen beiden Anlagen war 275 Euro. Wieviel hat er jeweils zu den beiden Zinssätzen angelegt?

8. Betrachten Sie das makroökonomische Modell, beschrieben durch die drei Gleichungen:

(i) $Y = C+\bar{I}+G$, (ii) $C = b(Y-T)$, (iii) $T = tY$

Hier bedeutet b die Grenzneigung zum Konsum und t die Zinsrate. Diese Parameter sind beide positiv und kleiner als 1. Die Variable Y bezeichnet das Bruttoinlandsprodukt (BIP), während C für die Konsumausgaben steht, $\bar{I}$ ist die Gesamtinvestition, T sind die Steuereinnahmen und G die Staatsausgaben.

(a) Drücken Sie Y und C in Abhängigkeit von $\bar{I}$, G und den Parametern aus.

(b) Was passiert mit Y und C, wenn t wächst?

9. Berechnen Sie $x-y$, wenn $5^{3x} = 25^{y+2}$ und $x-2y = 8$.

Anspruchsvollere Aufgabe

10. Lösen Sie die folgenden Gleichungssysteme:

(a) $\dfrac{2}{x}+\dfrac{3}{y} = 4$, $\dfrac{3}{x}-\dfrac{2}{y} = 19$ (b) $3\sqrt{x}+2\sqrt{y} = 2$, $2\sqrt{x}-3\sqrt{y} = \dfrac{1}{4}$ (c) $x^2+y^2 = 13$, $4x^2-3y^2 = 24$

► Lösungen zu den Aufgaben finden Sie im Anhang des Buches.

Funktionen einer Variablen

4

4.1 Einführung 134
4.2 Definitionen 135
4.3 Graphen von Funktionen 142
4.4 Lineare Funktionen 146
4.5 Lineare Modelle 153
4.6 Quadratische Funktionen 157
4.7 Polynome 165
4.8 Potenzfunktionen 174
4.9 Exponentialfunktionen 176
4.10 Logarithmusfunktionen 181
Aufgaben zur Wiederholung für Kapitel 4 187

ÜBERBLICK

Die Mathematik ist nicht so sehr ein Fachgebiet als vielmehr eine Methode, jedes Fachgebiet zu studieren; sie ist nicht so sehr eine Wissenschaft als eine Lebensweise.

–George F.J. Temple (1981)

Funktionen sind in praktisch jedem Gebiet der reinen und angewandten Mathematik wichtig, einschließlich der auf Wirtschaftswissenschaften angewandten Mathematik. Die Sprache ökonomischer Analysen ist voll von Begriffen wie Nachfrage- und Angebotsfunktionen, Kostenfunktionen, Produktionsfunktionen, Konsumfunktionen usw. Obwohl Lehrer der elementaren Wirtschaftswissenschaften Terme wie Nachfrage- und Angebotskurven bevorzugen, sind dies nur grafische Darstellungen zugrunde liegender Funktionen. In diesem Kapitel bieten wir eine Diskussion von Funktionen einer reellen Variablen, illustriert durch einige sehr wichtige ökonomische Beispiele.

4.1 Einführung

Eine Variable ist eine Funktion einer anderen Variablen, wenn die erste Variable von der zweiten *abhängt*. Zum Beispiel ist die Fläche eines Kreises eine Funktion seines Radius. Wenn der Radius r gegeben ist, dann ist die Fläche F bestimmt: $F = \pi r^2$, wobei π die numerische Konstante 3.14159... ist.

Man braucht keine mathematische Formel, um die Idee auszudrücken, dass eine Variable eine Funktion einer anderen Variablen ist. Eine Tabelle kann auch die Beziehung aufzeigen. Tabelle 4.1.1 z. B. zeigt das Wachstum der Gesamtkonsumausgaben, gemessen in Euro, ohne Berücksichtigung der Inflation in der Europäischen Union.[1] Die Tabelle läuft vom ersten Quartal 2013, das wir als 13Q1 schreiben, bis zum letzten Quartal 2014, das wir als 14Q4 schreiben. Sie definiert Konsumaugaben, bezeichnet mit C als Funktion des Kalenderquartals, bezeichnet mit Q.

Tabelle 4.1.1: Konsumausgaben in der EU, 2013Q1–2014Q4 (Milliarden Euro)

Q	13Q1	13Q2	13Q3	13Q4	14Q1	14Q2	14Q3	14Q4
C	1 917.5	1 924.9	1 934.3	1 946.0	1 958.6	1 973.4	1 995.1	2 008.2

In der Umgangssprache benutzen wir manchmal das Wort „Funktion“ in einer ähnlichen Weise. Zum Beispiel könnten wir sagen, dass die Kindersterblichkeitsrate eines Landes eine Funktion der Qualität des Gesundheitswesens ist, oder dass das Sozialprodukt eines Landes eine Funktion des Investitionsniveaus ist.

[1] Die EU wuchs von 27 auf 28 Mitgliedssaaten, als Kroatien am 1. Juli 2013 Mitglied wurde.

Die Abhängigkeit zwischen zwei reellen Variablen kann auch durch einen Graphen illustriert werden. In Abb. 4.1.1 haben wir eine Kurve dargestellt, die vor einigen Jahren angeblich eine wichtige Rolle gespielt hat in der Diskussion über die „Schattenwirtschaft". Es zeigt die vermutete Beziehung zwischen dem Einkommensteuersatz eines Landes und seinen Gesamtsteuereinnahmen. Offensichtlich: Wenn der Steuersatz 0 % ist, dann sind die Steuereinnahmen 0. Wenn der Steuersatz jedoch 100 % beträgt, dann werden die Steuereinnahmen auch (ungefähr) 0 sein, da niemand mehr bereit ist zu arbeiten, wenn das gesamte Einkommen konfisziert wird. Von dieser Kurve, die eine beachtliche Kontroverse erzeugt hat, wird angenommen, dass sie von dem amerikanischen Ökonomen Arthur Laffer, der diese Aussage dann später populär machte, in einem Restaurant auf die Rückseite einer Serviette gezeichnet wurde.[2]

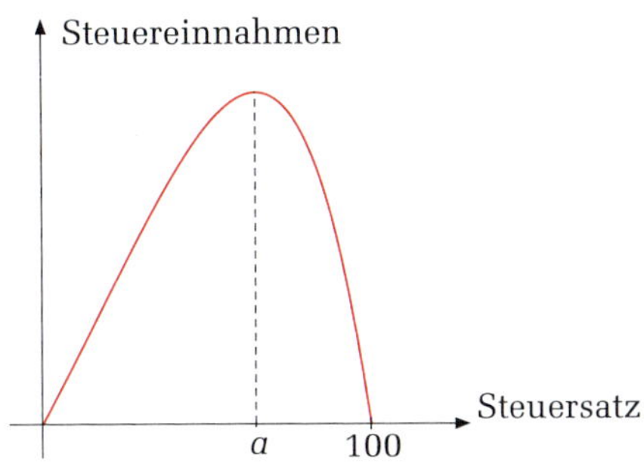

Abbildung 4.1.1: Die „Laffer-Kurve", die die Steuereinnahmen in Beziehung zum Steuersatz bringt

In manchen Situationen ist ein Graph einer Formel vorzuziehen. Ein solcher Fall ist ein Elektrokardiogramm (EKG), das das Herzschlagmuster eines Patienten zeigt. Hier untersucht der Arzt das Muster der Wiederholungen direkt an den Graphen; der Patient könnte sterben, bevor der Arzt eine Formel, die das EKG-Bild approximiert, verstehen würde.

Alle bisher betrachteten Zusammenhänge haben eine Charakteristik gemeinsam: Eine bestimmte Regel setzt jeden Wert der einen Variablen mit einen bestimmten Wert einer anderen Variablen in Beziehung. Im EKG-Beispiel ist die Funktion die Regel, die die elektrische Aktivität als Funktion der Zeit zeigt.

In all unseren Beispielen wird implizit angenommen, dass die Variablen gewissen Beschränkungen unterworfen sind. Zum Beispiel sind in Tabelle 4.1.1 nur die acht Quartale in den zwei Jahren 2013 und 2014 relevant.

4.2 Definitionen

Die Beispiele im vorangehenden Abschnitt führen zu der folgenden allgemeinen Definition, wobei D eine Menge von reellen Zahlen ist:

[2] Tatsächlich gab es viele Ökonomen, die schon früher dieselbe Idee hatten. Siehe z. B. Teil (b) in Beispiel 7.2.2.

Funktion

Eine (reellwertige) *Funktion* einer reellen Variablen x mit *Definitionsbereich* D ist eine Regel $x \mapsto f(x)$, die jeder Zahl x in D eine eindeutige reelle Zahl $f(x)$ zuordnet. Die Menge aller möglichen resultierenden Werte $f(x)$, die man erhält, wenn x im gesamten Definitionsbereich variiert, nennt man den *Wertebereich* von f.

Das Wort „Regel" wird hier in einem sehr weiten Sinn benutzt. *Jede* Regel mit den beschriebenen Eigenschaften darf eine Funktion genannt werden. Es ist egal, ob diese Regel durch eine Formel gegeben ist, in Worten beschrieben ist, durch eine Tabelle spezifiziert ist, durch eine Kurve illustriert ist oder auf irgendeine andere Weise ausgedrückt ist.

Viele Funktionen werden mit Buchstaben, wie f, g, F, oder φ bezeichnet. Wenn f eine Funktion und x eine Zahl aus dem Definitionsbereich D ist, dann bezeichnet $f(x)$ diejenige Zahl, die die Funktion f der Zahl x zuordnet. Das Symbol $f(x)$ wird gesprochen als „f von x". Es ist wichtig, den Unterschied zwischen f, welches ein Symbol für die Funktion (die Regel) ist, und $f(x)$ zu beachten, welches den Wert von f an der speziellen Stelle x aus dem Definitionsbereich bezeichnet.

Wenn f eine Funktion ist, so bezeichnen wir manchmal mit y den Wert von f an der Stelle x, so dass $y = f(x)$. Dann nennen wir x die *unabhängige Variable* oder das *Argument* von f, während y die *abhängige Variable* genannt wird, weil der Wert y (im Allgemeinen) vom Wert von x abhängt. Der Definitionsbereich von f ist dann die Menge aller möglichen Werte der unabhängigen Variablen, während der Wertebereich die Menge der zugehörigen Werte der abhängigen Variablen ist. In den Wirtschaftswissenschaften wird x oft die *exogene* Variable genannt, von der angenommen wird, das sie *außerhalb* des ökonomischen Modells festgelegt wird, während für jedes gegebene x die Gleichung $y = f(x)$ dazu dient, die *endogene* Variable y *innerhalb* des ökonomischen Modells zu bestimmen.

Eine Funktion wird oft durch eine Formel definiert, wie $y = 8x^2+3x+2$. Die Funktion ist dann die Regel $x \mapsto 8x^2 + 3x + 2$, die jedem Wert von x die Zahl $8x^2 + 3x + 2$ zuordnet.

Notation für Funktionen

Um mit der relevanten Notation vertraut zu werden, hilft es, einige Beispiele von Funktionen zu betrachten, die durch Formeln definiert sind.

Beispiel 4.2.1

Eine Funktion sei für alle reellen Zahlen durch die folgende Regel definiert:

Ordne jeder Zahl ihre dritte Potenz zu.

Diese Funktion ordnet der Zahl 0 den Wert $0^3 = 0$ zu, der Zahl 3 den Wert $3^3 = 27$, der Zahl -2 den Wert $(-2)^3 = (-2)(-2)(-2) = -8$ und der Zahl $1/4$ den Wert $(1/4)^3 = 1/64$. Allgemein ordnet sie der Zahl x die Zahl x^3 zu. Wenn wir diese dritte Potenz-Funktion mit f bezeichnen, dann ist $f(x) = x^3$. Somit ist $f(0) = 0^3 = 0$, $f(3) = 3^3 = 27$, $f(-2) = (-2)^3 = -8$, $f(1/4) = (1/4)^3 = 1/64$. Indem wir a für x in die Formel für

f einsetzen, erhalten wir $f(a) = a^3$, während

$$f(a+1) = (a+1)^3 = (a+1)(a+1)(a+1) = a^3 + 3a^2 + 3a + 1$$

Ein häufiger Fehler ist die Annahme, dass $f(a) = a^3$ impliziert, dass $f(a+1) = a^3 + 1$. Der Fehler kann illustriert werden, indem wir uns eine einfache Interpretation von f ansehen. Wenn a die Seitenlänge eines Würfels ist, gemessen in Metern, so ist $f(a) = a^3$ das Volumen des Würfels in Kubikmetern, d. h. in m^3. Nehmen Sie an, dass jede Kante des Würfels um 1 m verlängert wird. Dann ist das Volumen des neuen Würfels $f(a+1) = (a+1)^3\,m^3$, wie in Abb. 4.2.1 gezeigt. Andererseits kann die Zahl $a^3 + 1$ interpretiert werden als das gesamte Volumen, dass man erhält, wenn ein Würfel mit der Seitenlänge a um einen Würfel mit der Seitenlänge 1 vergrößert wird, wie in Abb. 4.2.2 gezeigt. Die zwei Bilder machen es deutlich, dass das erste Volumen $(a+1)^3$ ziemlich viel größer ist als das zweite Volumen $a^3 + 1$. In der Tat können wir die binomische Formel (2.11.2) nutzen, um die genaue Differenz zu berechnen:

$$(a+1)^3 - (a^3+1) = a^3 + 3a^2 + 3a + 1 - a^3 - 1 = 3a^2 + 3a = 3a(a+1)$$

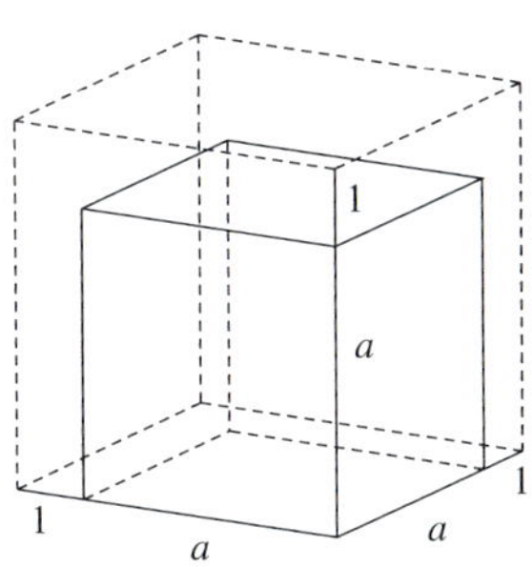

Abbildung 4.2.1: Volumen $f(a+1) = (a+1)^3$

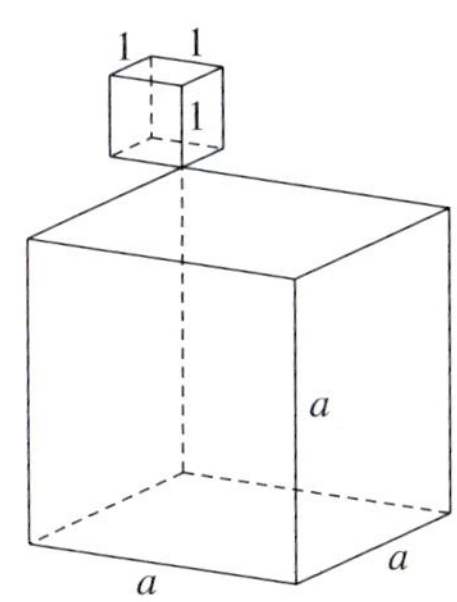

Abbildung 4.2.2: Volumen $a^3 + 1$

Beispiel 4.2.2

Nehmen Sie an, dass für jede nichtnegative ganze Zahl x die Gesamtkosten in Euro für die Herstellung von x Einheiten eines Produktes gegeben seien durch:

$$C(x) = 100x\sqrt{x} + 500$$

(a) Bestimmen Sie die Kosten für die Herstellung von 16 Einheiten.

(b) Nehmen Sie an, dass das Unternehmen bereits a Einheiten produziert. Bestimmen Sie den *Zuwachs* der Kosten für die Herstellung einer weiteren Einheit.

Lösung:

(a) Die Kosten für die Herstellung von 16 Einheiten findet man, indem man 16 für x in die Formel für $C(x)$ einsetzt:

$$C(16) = 100 \cdot 16\sqrt{16} + 500 = 100 \cdot 16 \cdot 4 + 500 = 6900$$

(b) Die Kosten für die Produktion von a Einheiten sind $C(a) = 100a\sqrt{a} + 500$ und die Kosten für die Herstellung von $a+1$ Einheiten sind $C(a+1)$, so dass der Zuwachs der Kosten gegeben ist durch

$$\begin{aligned} C(a+1) - C(a) &= 100(a+1)\sqrt{a+1} + 500 - 100a\sqrt{a} - 500 \\ &= 100\left[(a+1)\sqrt{a+1} - a\sqrt{a}\right] \end{aligned}$$

In der ökonomischen Theorie untersuchen wir häufig Funktionen, die neben den unabhängigen Variablen von einer Vielzahl von Parametern abhängen. Eine offensichtliche Verallgemeinerung von Beispiel 4.2.2 folgt.

Beispiel 4.2.3

Nehmen Sie an, dass die Kosten für die Herstellung von x Einheiten eines Gutes gegeben seien durch

$$C(x) = Ax\sqrt{x} + B\,,$$

wobei A und B Konstanten sind. Bestimmen Sie die Kosten für die Herstellung von 0, 10 und $x + \Delta x$ Einheiten, wobei Δx eine reelle Zahl ist, die die Änderung in der Menge der produzierten Einheiten beschreibt.

Lösung: Die Kosten für die Herstellung von 0 Einheiten sind $C(0) = A \cdot 0 \cdot \sqrt{0} + B = 0 + B = B$.[3] Ähnlich ist $C(10) = A10\sqrt{10} + B$. Indem wir $x + \Delta x$ für x in die gegebene Formel einsetzen, erhalten wir schließlich

$$C(x + \Delta x) = A(x + \Delta x)\sqrt{x + \Delta x} + B$$

Bisher haben wir x verwendet, um die unabhängige Variable zu bezeichnen. Wir könnten aber genauso gut jedes andere Symbol verwenden. So definieren z. B. alle folgenden Formeln exakt genau dieselbe Funktion (und daher können wir sagen $f = g = \varphi$):

$$f(x) = x^4\,, \qquad g(t) = t^4\,, \qquad \varphi(\xi) = \xi^4$$

Aus diesem Grund könnten wir diese Funktion auch als $x \mapsto x^4$ ausdrücken oder alternativ als $f(\cdot) = (\cdot)^4$. Hier wird angenommen, dass der Punkt zwischen den Klammern durch eine beliebige Zahl oder einen beliebigen Buchstaben oder sogar durch eine andere Funktion (wie $1/y$) ersetzt werden kann. Also

$$1 \mapsto 1^4 = 1\,, \qquad k \mapsto k^4 \quad \text{und} \quad 1/y \mapsto (1/y)^4$$

oder alternativ

$$f(1) = (1)^4 = 1\,, \quad f(k) = k^4 \qquad \text{und} \quad f(1/y) = (1/y)^4$$

[3] Der Parameter B entspricht einfach den Fixkosten. Dies sind die Kosten, die gezahlt werden müssen unabhängig davon, ob tatsächlich produziert wird oder nicht, wie beispielsweise die jährliche Lizenzgebühr eines Taxi-Unternehmens.

Definitionsbereich und Wertebereich

Sofern der Definionsbereich einer Funktion nicht schon offensichtlich ist, bleibt ihre Definition unvollständig, bis ihr Definionsbereich explizit spezifiziert worden ist. Der natürliche Definitionsbereich der Funktion f, definiert durch $f(x) = x^3$, ist die Menge aller reellen Zahlen. In Beispiel 4.2.2, in dem $C(x) = 100x\sqrt{x} + 500$ die Kosten für die Herstellung von x Einheiten eines Produktes bezeichnete, wurde der Definitionsbereich als die Menge der nichtnegativen ganzen Zahlen angegeben. Tatsächlich ist ein natürlicherer Definitionsbereich gegeben durch die Menge der Zahlen 0, 1, 2, $\ldots, x_0$, wobei x_0 die maximale Anzahl der Einheiten ist, die das Unternehmen produzieren kann. Jedoch ist für ein Unternehmen wie eine Eisenerzmine, wo der Output x als eine stetige Variable wie Tonnen Eisenerz betrachtet werden kann, der natürliche Definitionsbereich das abgeschlossene Intervall $[0, x_0]$.

Wir wollen folgende Konvention vereinbaren: *Wenn eine Funktion durch eine algebraische Formel definiert ist, so besteht der Definitionsbereich aus allen Werten der unabhängigen Variablen, für die die Formel einen eindeutigen Wert ergibt, wenn kein anderer Definitionsbereich explizit angegeben ist.*

Beispiel 4.2.4

Finden Sie die Definitionsbereiche von

(a) $f(x) = 1/(x+3)$ (b) $g(x) = \sqrt{2x+4}$ (c) $h(x) = \dfrac{3}{\sqrt{x+1}-3}$

Lösung:

(a) Für $x = -3$ reduziert sich die Formel zu dem bedeutungslosen Ausdruck „1/0." Für alle anderen Werte von x liefert die Formel eine wohldefinierte Zahl $f(x)$. Daher besteht der Definitionsbereich aus allen Zahlen $x \neq -3$.

(b) Der Ausdruck $\sqrt{2x+4}$ ist eindeutig definiert für alle x, für die $2x + 4$ nichtnegativ ist. Lösen der Ungleichung $2x + 4 \geq 0$ nach x ergibt $x \geq -2$. Daher ist der Definitionsbereich von g das Intervall $[-2, \infty)$.

(c) Wie in (a) müssen wir den Ausdruck „1/0" vermeiden. Das bedeutet: $\sqrt{x+1}-3 \neq 0$, so dass wir $x = 8$ nicht zulassen dürfen. Wie in (b) verlangt andererseits der Ausdruck $\sqrt{x+1}$, dass $x + 1 \geq 0$, was wiederum $x \geq -1$ verlangt. Der Definitionsbereich von h ist die Menge aller x, die diese beiden Bedingungen erfüllen, nämlich die Vereinigung der zwei Intervalle $[-1, 8)$ und $(8, \infty)$.

Sei f eine Funktion mit Definitionsbereich D. Die Menge aller Werte $f(x)$, die die Funktion annimmt, heißt der *Wertebereich* von f. Häufig bezeichnen wir den Definitionsbereich von f mit D_f und den Wertebereich mit R_f (R von range $\hat{=}$ Wertebereich). Diese Konzepte werden in Abb. 4.2.3 illustriert unter Benutzung der Idee des Graphen einer Funktion, was wir formal in Kap. 4.3 betrachten werden.

Alternativ können wir uns eine Funktion f als Maschine $x \mapsto f(x)$ vorstellen, die so funktioniert: Wenn x aus dem Definitionsbereich ein Input ist, so ist der Output $f(x)$. Der Wertebereich von f ist dann die Menge all der Zahlen, die wir als Output erhalten, wenn wir alle Zahlen aus dem Definitionsbereich als Input verwenden. Wenn wir versuchen eine Zahl als Input zu nutzen, die nicht im Definitionsbereich liegt, arbeitet die Maschine nicht und es gibt keinen Output.

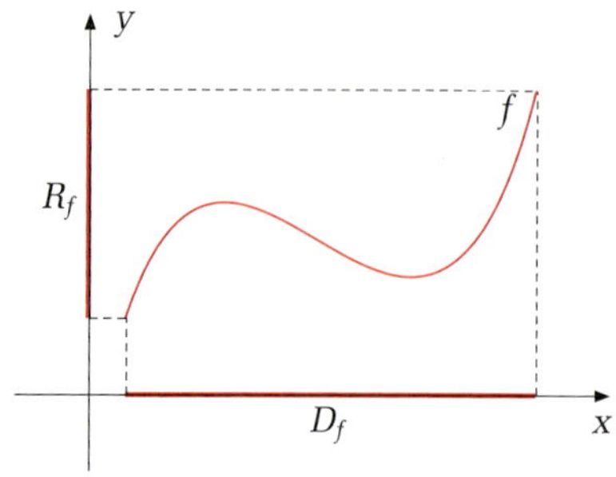

Abbildung 4.2.3: Definitionsbereich D_f und Wertebereich R_f von f

Beispiel 4.2.5

Betrachten Sie die Funktion $g(x) = \sqrt{2x+4}$.

(a) Zeigen Sie, dass die Zahl 4 zu ihrem Wertebereich gehört.

(b) Bestimmen Sie den gesamten Wertebereich von g.

Lösung:

(a) Um zu zeigen, dass 4 im Wertebereich von g liegt, müssen wir eine Zahl x finden, so dass $g(x) = 4$. Das heißt: Wir müssen die Gleichung $\sqrt{2x+4} = 4$ für x lösen. Indem wir beide Seiten der Gleichung quadrieren, erhalten wir $2x+4 = 4^2 = 16$, d. h. $x = 6$. Weil $g(6) = 4$, gehört die Zahl 4 zum Wertebereich R_g.

(b) Um den ganzen Wertebereich von g zu bestimmen, müssen wir die Frage beantworten: Welches sind die möglichen Werte von $\sqrt{2x+4}$, wenn x durch das ganze Intervall $[-2, \infty)$ läuft? Für $x = -2$ hat man $\sqrt{2x+4} = 0$ und $\sqrt{2x+4}$ kann niemals negativ sein. Wir behaupten: Welche Zahl $y_0 \geq 0$ auch gewählt wird, es existiert immer eine Zahl x_0, so dass $\sqrt{2x_0+4} = y_0$. In der Tat: Quadrieren beider Seiten der letzten Gleichung ergibt $2x_0 + 4 = y_0^2$ und damit $2x_0 = y_0^2 - 4$, welches $x_0 = \frac{1}{2}(y_0^2 - 4)$ impliziert. Weil $y_0^2 \geq 0$, haben wir $x_0 = \frac{1}{2}\left(y_0^2 - 4\right) \geq \frac{1}{2}(-4) = -2$. Daher: Für jede Zahl $y_0 \geq 0$ haben wir eine Zahl $x_0 \geq -2$ gefunden, so dass $g(x_0) = y_0$. Der Wertebereich von g ist deshalb $[0, \infty)$.

Selbst wenn eine Funktion vollständig durch eine Formel spezifiziert ist, einschließlich des Definitionsbereiches, ist es nicht immer leicht, den Wertebereich der Funktion zu finden. So ist es z. B. schwer, ohne die Methoden der Differentialrechnung, die wir noch einführen müssen, den Wertebereich R_f exakt zu finden für eine Funktion wie $f(x) = 3x^3 - 2x^2 - 12x - 3$, definiert auf $D_f = [-2, 3]$.

Eine Funktion f heißt *(schwach) monoton wachsend*, oder *nichtfallend*, wenn aus $x_1 < x_2$ folgt $f(x_1) \leq f(x_2)$ und *strikt monoton wachsend*,[4] wenn aus $x_1 < x_2$ folgt, dass $f(x_1) < f(x_2)$. *Monoton fallende* und *strikt monoton fallende* Funktionen sind in einer entsprechenden Weise definiert. (siehe Kap. 6.3.) Die Funktion g in Beispiel 4.2.5 ist strikt monoton wachsend auf $[-2, \infty)$.

[4] Statt *strikt* wird auch *streng* gesagt, statt *wachsend* auch *steigend*.

Aufgaben für Kapitel 4.2

1. Es sei $f(x) = x^2 + 1$.

(a) Berechnen Sie: $f(0)$, $f(-1)$, $f(1/2)$ und $f(\sqrt{2})$.

(b) Für welche Werte von x gilt

(i) $f(x) = f(-x)$? (ii) $f(x+1) = f(x) + f(1)$? (iii) $f(2x) = 2f(x)$?

2. Nehmen Sie an, dass $F(x) = 10$ ist für alle x. Bestimmen Sie: $F(0)$, $F(-3)$ und $F(a+h) - F(a)$.

3. Es sei $f(t) = a^2 - (t-a)^2$, wobei a eine Konstante ist.

(a) Berechnen Sie: $f(0)$, $f(a)$, $f(-a)$ und $f(2a)$.

(b) Berechnen Sie: $3f(a) + f(-2a)$.

4. Sei $f(x) = x/(1+x^2)$.

(a) Berechnen Sie $f(-1/10)$, $f(0)$, $f(1/\sqrt{2})$, $f(\sqrt{\pi})$ und $f(2)$.

(b) Zeigen Sie, dass $f(-x) = -f(x)$ für alle x und dass $f(1/x) = f(x)$ für $x \neq 0$.

5. Es sei $F(t) = \sqrt{t^2 - 2t + 4}$. Berechnen Sie $F(0)$, $F(-3)$ und $F(t+1)$.

6. Die Kosten für die Herstellung von x Einheiten eines Gutes seien $C(x) = 1000 + 300x + x^2$.

(a) Berechnen Sie $C(0)$, $C(100)$ und $C(101) - C(100)$.

(b) Berechnen Sie $C(x+1) - C(x)$ und erklären Sie in Worten die Bedeutung dieser Differenz.

7. Die Nachfrage nach Baumwolle als Funktion ihres Preises in den USA wurde für den Zeitraum 1915–1919 mit geeigneten Einheiten für den Preis P und die Menge Q geschätzt durch $Q = D(P) = 6.4 - 0.3P$.

(a) Finden Sie jeweils die Nachfrage, wenn der Preis 8, 10, und 10.22 ist.

(b) Wie hoch ist der Preis, wenn die Nachfrage 3.13 ist?

8. (a) Es sei $f(x) = 100x^2$. Zeigen Sie, dass $f(tx) = t^2 f(x)$ für alle t gilt.

(b) Es sei $P(x) = x^{1/2}$. Zeigen Sie, dass $P(tx) = t^{1/2}P(x)$ für alle $t \geq 0$ gilt.

9. Die Kosten für die Beseitigung von $p\,\%$ der Verunreinigungen in einem See seien $b(p) = 10p/(105-p)$.

(a) Bestimmen Sie $b(0)$, $b(50)$ und $b(100)$.

(b) Was bedeutet $b(50+h) - b(50)$? $(h \geq 0)$

10. Nur für sehr spezielle „additive" Funktionen gilt $f(a+b) = f(a) + f(b)$ für alle a und b. Bestimmen Sie, ob $f(2+1) = f(2) + f(1)$ für jede der folgenden Funktionen gilt:

(a) $f(x) = 2x^2$ (b) $f(x) = -3x$ (c) $f(x) = \sqrt{x}$

➡

➜ Fortsetzung

11. (a) Es sei $f(x) = Ax$. Zeigen Sie, dass $f(a+b) = f(a) + f(b)$ für alle a und b.

(b) Es sei $f(x) = 10^x$. Zeigen Sie, dass $f(a+b) = f(a) \cdot f(b)$ für alle natürlichen Zahlen a und b.

12. Ein Freund von Ihnen behauptet, dass $(x+1)^2 = x^2+1$. Können Sie ein geometrisches Argument verwenden, um zu zeigen, dass dies falsch ist?

13. Bestimmen Sie die Definitionsbereiche der Funktionen, die durch die folgenden Formeln definiert sind:

(a) $y = \sqrt{5-x}$ (b) $y = \dfrac{2x-1}{x^2-x}$ (c) $y = \sqrt{\dfrac{x-1}{(x-2)(x+3)}}$

14. Sei $f(x) = (3x+6)/(x-2)$.

(a) Bestimmen Sie den Definitionsbereich von f.

(b) Zeigen Sie, dass die Zahl 5 im Wertebereich von f liegt, indem Sie eine Zahl x finden, so dass $(3x+6)/(x-2) = 5$ gilt.

(c) Zeigen Sie, dass die Zahl 3 nicht im Wertebereich von f liegt.

15. Bestimmen Sie den Definitionsbereich und den Wertebereich von $g(x) = 1 - \sqrt{x+2}$.

► Lösungen zu den Aufgaben finden Sie im Anhang des Buches.

4.3 Graphen von Funktionen

Sie erinnern vielleicht von einem elementaren Mathematikkurs, dass man ein *kartesisches* (oder *rechtwinkliges*) Koordinatensystem erhält, indem man zunächst zwei aufeinander senkrecht stehende Geraden zeichnet, die Koordinatenachsen genannt werden. Die zwei Achsen sind die *x-Achse* (oder die *horizontale (waagerechte) Achse*, auch Abszisse) und die *y-Achse* (oder die *vertikale (senkrechte) Achse*, auch Ordinate). Die Stelle O, an der sich die zwei Achsen schneiden, heißt der *Ursprung*. Wir messen die reellen Zahlen entlang jeder dieser Geraden wie in Abb. 4.3.1 gezeigt wird. Der Einheitsabstand auf der x-Achse ist nicht notwendig derselbe wie auf der y-Achse, obwohl dies in Abb. 4.3.1 der Fall ist.

Das kartesische Koordinatensystem in Abb. 4.3.1 heißt auch die *xy-Ebene*. Die Koordinatenachsen teilen die Ebene in vier Quadranten, die traditionell wie in Abb. 4.3.1 nummeriert sind. Jeder Punkt P in der Ebene kann als ein Paar (a, b) von reellen Zahlen dargestellt werden. Diese Zahlen findet man, indem man zwei gestrichelte Linien wie in Abb. 4.3.2 zeichnet, die senkrecht zu den zwei Achsen sind. Der spezielle Punkt, der durch (a, b) dargestellt wird, ist dort, wo $x = a$ und $y = b$. Er liegt dort, wo die vertikale Gerade $x = a$ die horizontale Geraden $y = b$ schneidet.

Umgekehrt repräsentiert jedes Paar reeller Zahlen einen eindeutigen Punkt in der Ebene. Wenn z. B. in Abb. 4.3.2 das geordnete Paar $(3, 4)$ gegeben ist, so liegt der zugehörige Punkt P im Schnittpunkt von $x = 3$ mit $y = 4$. Damit liegt der Punkt P drei

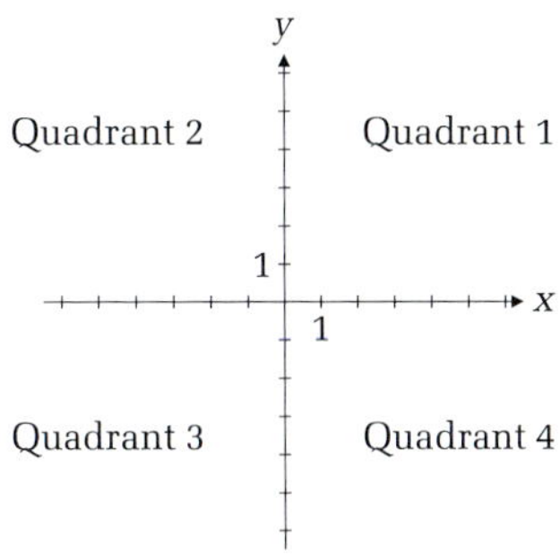

Abbildung 4.3.1: Ein Koordinatensystem

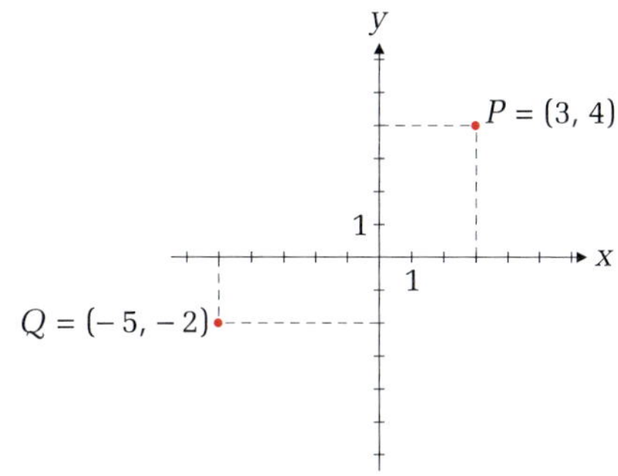

Abbildung 4.3.2: Punkte $(3, 4)$ *und* $(-5, -2)$

Einheiten rechts von der y-Achse und vier Einheiten über der x-Achse. Wir nennen $(3, 4)$ die *Koordinaten* von P. Analog: Punkt Q liegt 5 Einheiten links von der y-Achse und 2 Einheiten unter der x-Achse, so dass die Koordinaten von Q gegeben sind durch $(-5, -2)$.

Beachten Sie, dass wir (a, b) ein *geordnetes Paar* nennen, weil es auf die Reihenfolge der zwei Zahlen in dem Paar ankommt. So stellen z. B. $(3, 4)$ und $(4, 3)$ zwei verschiedene Punkte dar. In der Tat: Die zwei Punkte (a, b) und (b, a) stimmen genau dann überein, wenn $a = b$.

Wie Sie sicherlich wissen: Jede Funktion einer Variablen kann durch einen Graphen in solch einem rechtwinkligen Koordinatensystem dargestellt werden. Weil die Gestalt des Graphen die Eigenschaften der Funktion widerspiegelt, hilft uns dies, die Funktion zu visualisieren.

Graph

Der *Graph* einer Funktion f ist die Menge aller geordneten Paare $(x, f(x))$, wobei x zum Definitionsbereich von f gehört.

Beispiel 4.3.1

Betrachten Sie die Funktion $f(x) = x^2 - 4x + 3$. Die Werte von $f(x)$ sind für einige ausgewählte Werte von x in der Tabelle 4.3.1 gegeben. Nehmen Sie an: Wir zeichnen die fünf Punkte $(0, 3)$, $(1, 0)$, $(2, -1)$, $(3, 0)$ und $(4, 3)$ aus dieser Tabelle in eine xy-Ebene und zeichnen dann eine glatte Kurve durch diese Punkte. Das Resultat ist der Graph der Funktion, wie in Abb. 4.3.3 gezeigt.[5]

Tabelle 4.3.1: Werte von $f(x) = x^2 - 4x + 3$

x	0	1	2	3	4
$f(x) = x^2 - 4x + 3$	3	0	−1	0	3

[5] Dieser Graph wird eine *Parabel* genannt, wie Sie in Kap. 4.6 sehen werden.

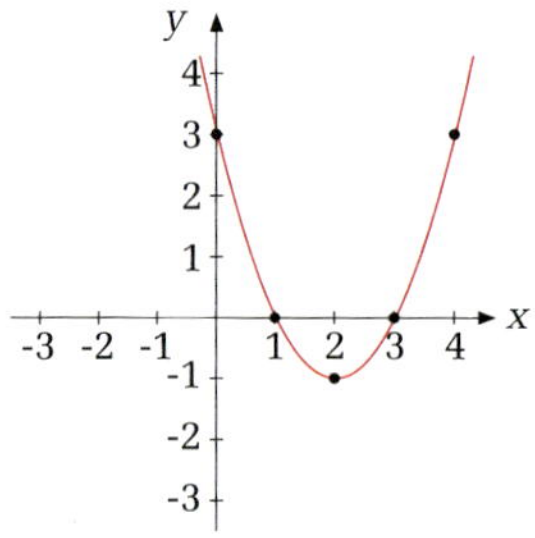

Abbildung 4.3.3: Der Graph von $f(x) = x^2 - 4x + 3$

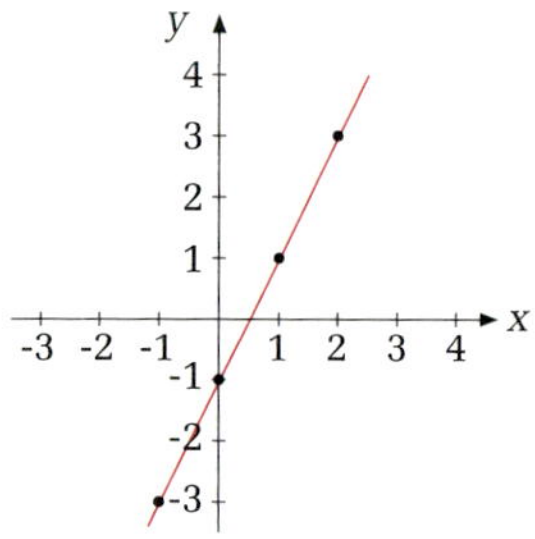

Abbildung 4.3.4: Der Graph von $g(x) = 2x - 1$

Beispiel 4.3.2

Finden Sie einige Punkte des Graphen von $g(x) = 2x - 1$ und skizzieren Sie ihn.

Lösung: Es gilt $g(-1) = 2 \cdot (-1) - 1 = -3$, $g(0) = 2 \cdot 0 - 1 = -1$ und $g(1) = 2 \cdot 1 - 1 = 1$. Ferner ist $g(2) = 3$. Es gibt unendlich viele Punkte auf dem Graphen, so dass wir sie nicht alle aufschreiben können. In Abb. 4.3.4 sind die vier Stellen $(-1, -3)$, $(0, -1)$, $(1, 1)$ und $(2, 3)$ durch Punkte markiert, die alle auf einer Geraden liegen. Diese Gerade ist der Graph.

Einige wichtige Graphen

Die Abb. 4.3.5–4.3.10 zeigen die Graphen sechs spezieller Funktionen. Diese kommen so oft vor, dass Sie lernen sollten, sie zu erkennen. Für jede Funktion sollten Sie die Gestalt des Graphen bestätigen, indem Sie sich eine Tabelle von Funktionswerten anlegen wie in Tabelle 4.3.1.

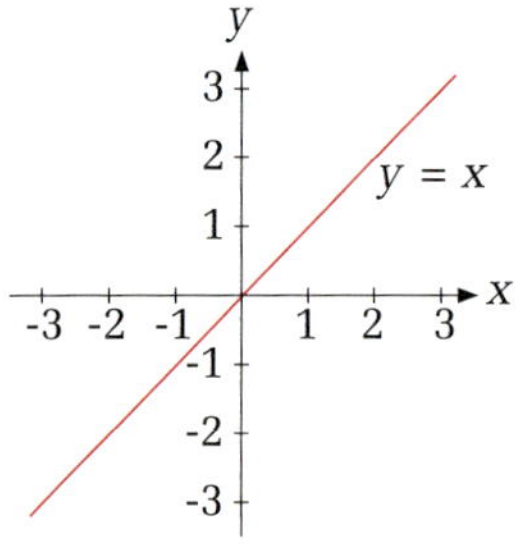

Abbildung 4.3.5: $y = x$

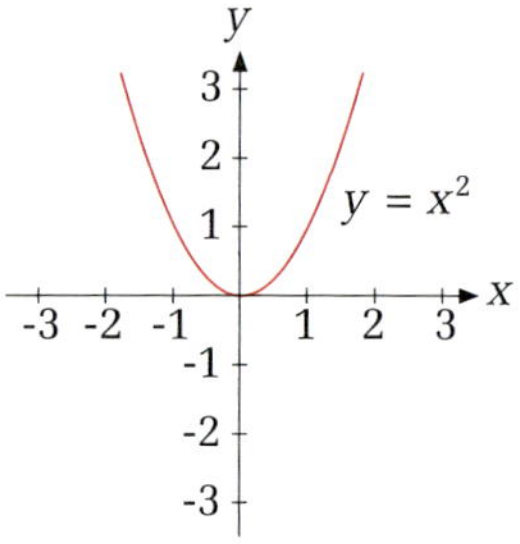

Abbildung 4.3.6: $y = x^2$

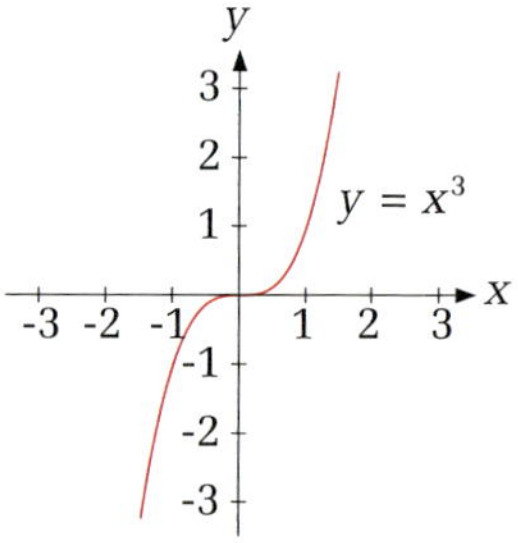

Abbildung 4.3.7: $y = x^3$

Beachten Sie: Beim Zeichnen des Graphen einer Funktion müssen wir versuchen, genug Punkte zu berücksichtigen. Andernfalls könnten wir einige wichtige Eigenschaften der Funktion übergehen. Tatsächlich können wir durch das bloße Plotten einer endlichen Menge von Punkten niemals vollständig sicher sein, dass wir alle Höhen und Tiefen zwischen diesen Punkten erfassen. Für kompliziertere Funktionen benötigen wir Techniken der Differentialrechnung, um zu untersuchen, wie viele Höhen und Tiefen es wirklich gibt.

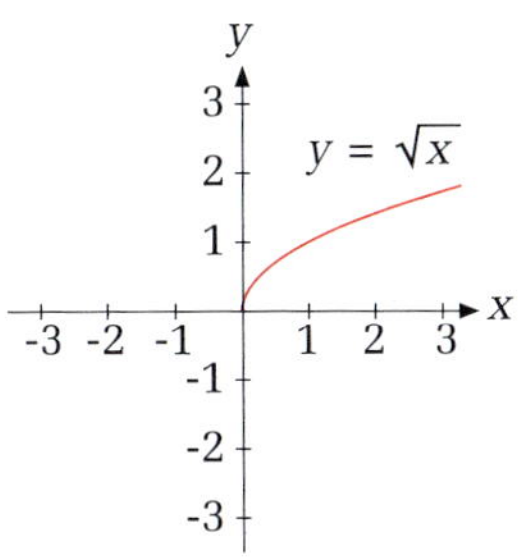

Abbildung 4.3.8: $y = \sqrt{x}$

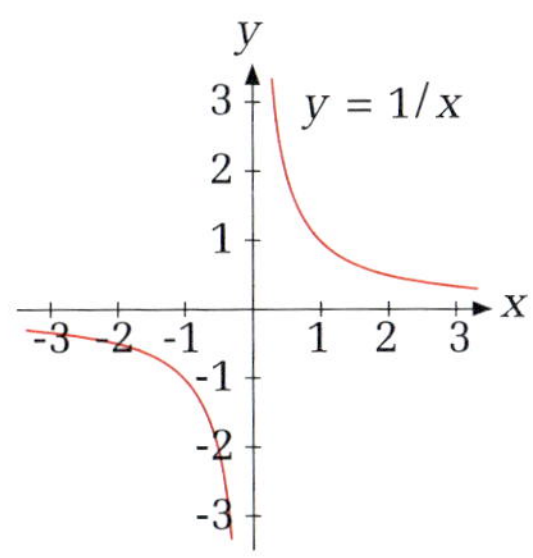

Abbildung 4.3.9: $y = 1/x$

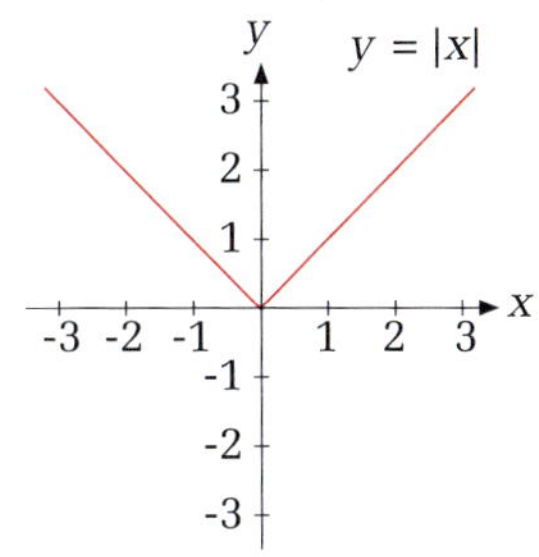

Abbildung 4.3.10: $y = |x|$

Aufgaben für Kapitel 4.3

1. Zeichnen Sie alle fünf Punkte $(2, 3)$, $(-3, 2)$, $(-3/2, -2)$, $(4, 0)$ und $(0, 4)$ in ein Koordinatensystem.

2. Der Graph der Funktion f ist in Abb. 4.3.11 dargestellt.

(a) Bestimmen Sie: $f(-5)$, $f(-3)$, $f(-2)$, $f(0)$, $f(3)$ und $f(4)$ durch Betrachtung des Graphen.

(b) Bestimmen Sie den Definitionsbereich und den Wertebereich von f.

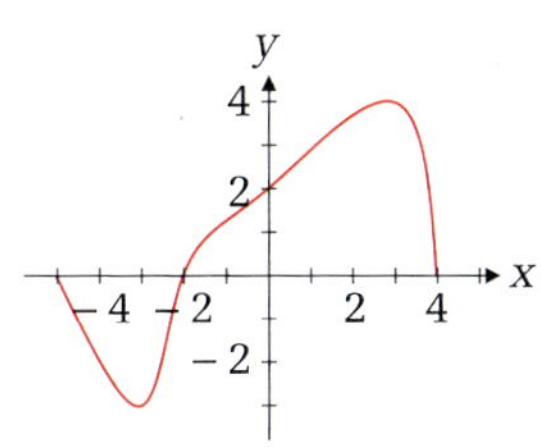

Abbildung 4.3.11: Aufgabe 2

3. Füllen Sie die Tabellen aus und zeichnen Sie die Graphen der folgenden Funktionen:

(a)

x	0	1	2	3	4
$g(x) = -2x + 5$					

(b)

x	-2	-1	0	1	2	3	4
$h(x) = x^2 - 2x - 3$							

(c)

x	-2	-1	0	1	2
$F(x) = 3^x$					

(d)

x	-2	-1	0	1	2	3
$G(x) = 1 - 2^{-x}$						

► Lösungen zu den Aufgaben finden Sie im Anhang des Buches.

4.4 Lineare Funktionen

Lineare Gleichungen kommen sehr oft in den Wirtschaftswissenschaften vor. Erinnern Sie von Gleichung (3.2.2): Die typische lineare Gleichung ist:

$$y = ax + b \tag{4.4.1}$$

Dabei sind a und b Konstanten. Wie wir in Beispiel 4.3.2 gesehen haben, ist der Graph dieser Gleichung eine Gerade. Wenn wir mit f die Funktion bezeichnen, die x den Funktionswert y zuordnet, dann ist $f(x) = ax + b$. In diesem Fall wird f eine *lineare* Funktion genannt.

Wählen Sie einen beliebigen Wert von x. Dann ist

$$f(x+1) - f(x) = a(x+1) + b - ax - b = a \tag{4.4.2}$$

Dies zeigt, dass a die Änderung des Funktionswertes misst, wenn x um 1 Einheit wächst. Aus diesem Grunde wird die Zahl a die *Steigung* der Geraden (oder der Funktion) genannt. Wenn die Steigung a positiv ist, ist die Gerade nach rechts oben ansteigend. Ferner: Je größer der Wert von a, desto steiler ist die Gerade. Andererseits: Wenn a negativ ist, ist die Gerade nach rechts unten abfallend. Dann misst der Absolutbetrag von a die Steilheit der Gerade. Wenn z. B. $a = -3$, dann ist die Steilheit 3. Im Spezialfall $a = 0$ ist die Steilheit Null, weil die Gerade horizontal ist: Die Gerade $y = ax + b$ wird zu $y = b$ für alle x.

Die drei verschiedenen Fälle werden in den Abb. 4.4.1 bis 4.4.3 illustriert. Wenn $x = 0$, dann ist $y = ax + b = b$. Diese Zahl b heißt der *y-Achsenabschnitt* oder oft nur Achsenabschnitt.

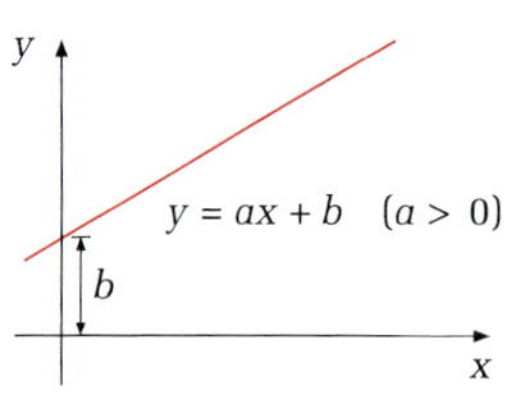

Abbildung 4.4.1: Steigend

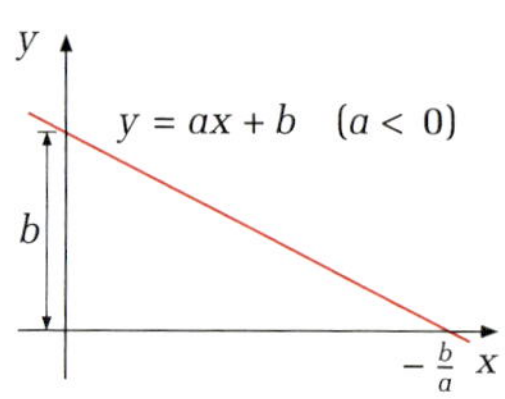

Abbildung 4.4.2: Fallend

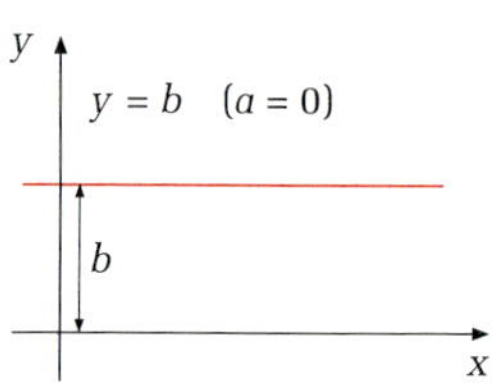

Abbildung 4.4.3: Konstant

Beispiel 4.4.1

Bestimmen und interpretieren Sie die Steigungen der folgenden Geraden.

(a) Die Kostenfunktion für die US Steel Corp. über den Zeitraum 1917–1938 wurde geschätzt als $C = 55.73x + 182\,100\,000$, wobei C die Gesamtkosten in Dollar pro Jahr sind und x ist die Stahlproduktion in Tonnen pro Jahr.

(b) Die Nachfragefunktion für monatliche Fahrgemeinschaftstouren in einer großen Stadt wurde approximativ geschätzt als $q = -4.5p + 150$, wobei $10 \leq p \leq 20$ der Preis pro Meile (in Einheiten einer bestimmten Währung) und q ist die Anzahl der Fahrten in Millionen.

Lösung:

(a) Die Steigung ist 55.73, d. h. wenn die Produktion um 1 Tonne steigt, dann *steigen* die Kosten um $ 55.73.

(b) Die Steigung ist –4.5, d. h. wenn der Preis um eine Einheit steigt, dann *fällt* die Anzahl der Fahrgemeinschaftstouren um 4.5 Millionen.

Die Berechung der Steigung einer Geraden in der Ebene ist einfach. Wählen Sie zwei verschiedene Punkte $P = (x_1, y_1)$ und $Q = (x_2, y_2)$ auf der Geraden, wie in Abb. 4.4.4 gezeigt. Die Steigung der Geraden ist der Quotient $(y_2 - y_1)/(x_2 - x_1)$.

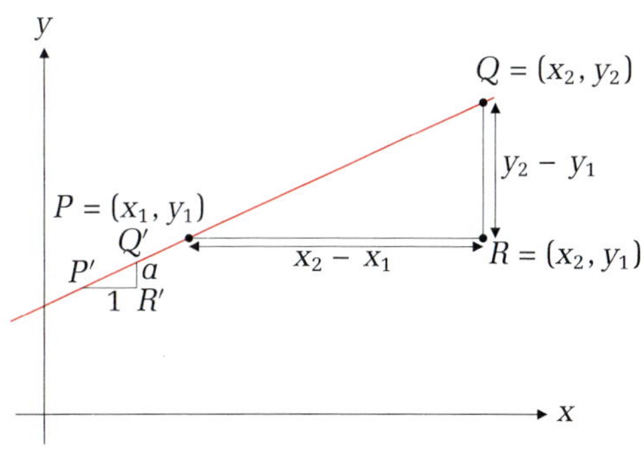

Abbildung 4.4.4: Steigung $a = (y_2 - y_1)/(x_2 - x_1)$

Wenn wir die Steigung mit a bezeichnen, so gilt:

Steigung einer Geraden

Die *Steigung* der nicht-vertikalen Geraden l ist

$$a = \frac{y_2 - y_1}{x_2 - x_1}, \qquad x_1 \neq x_2, \tag{4.4.3}$$

wobei (x_1, y_1) und (x_2, y_2) zwei beliebige verschiedene Punkte auf l sind. (Wenn l zwei verschiedene Punkte (x_1, y_1) und (x_2, y_2) mit $x_1 = x_2$ enthält, dann ist die Gerade vertikal.)

Indem wir Zähler und Nenner von $(y_2 - y_1)/(x_2 - x_1)$ mit -1 multiplizieren, erhalten wir $(y_1 - y_2)/(x_1 - x_2)$. Dies zeigt, dass es keinen Unterschied macht, welcher Punkt P und welcher Q ist. Ferner: Nehmen Sie an, dass wir anstelle von P und Q die Punkte P' und Q' in Abb. 4.4.4 verwenden, um die Steigung zu bestimmen. Dann bekommen wir dieselbe Antwort, weil die Eigenschaften ähnlicher Dreiecke implizieren, dass die Quotienten $Q'R'/P'R'$ und QR/PR in dem kleinen und großen Dreieck in Abb. 4.4.4 gleich sein müssen. Aus diesem Grunde ist die Zahl $a = (y_2 - y_1)/(x_2 - x_1)$ immer gleich der Änderung des Wertes von y, wenn x um eine Einheit wächst; diese Änderung ist konstant und gleich der Steigung der Geraden.

Beispiel 4.4.2

Bestimmen Sie die Steigungen der drei Geraden l, m und n, deren Graphen in den Abb. 4.4.5 bis 4.4.7 gezeigt werden.

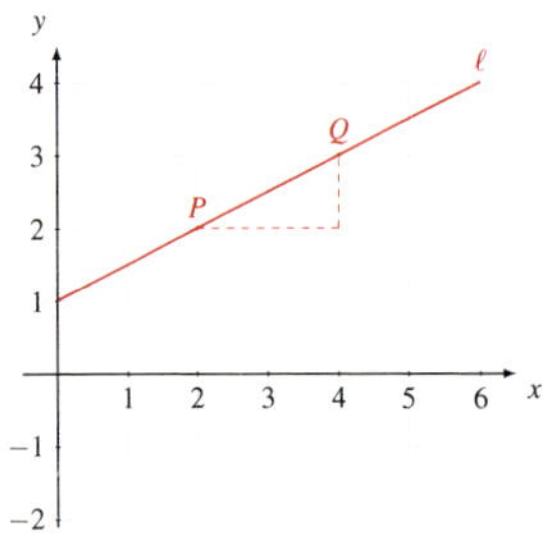

Abbildung 4.4.5: Die Gerade l

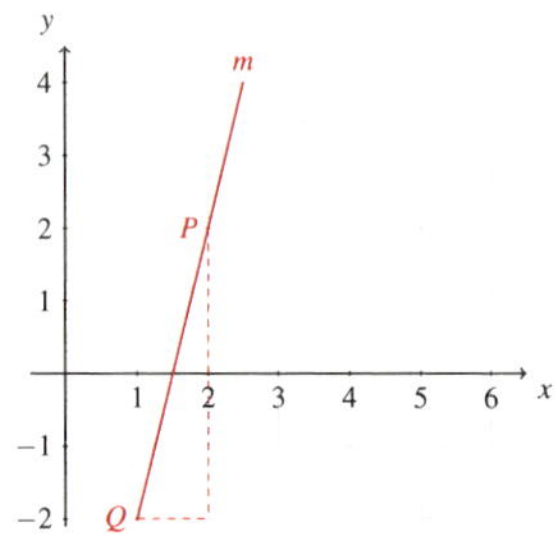

Abbildung 4.4.6: Die Gerade m

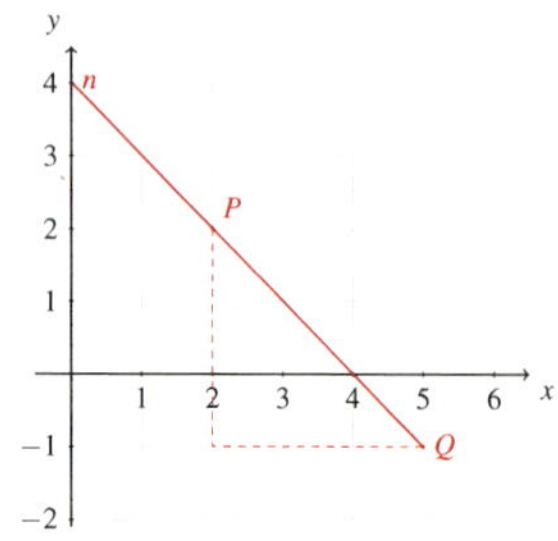

Abbildung 4.4.7: Die Gerade n

Lösung: Die Geraden l, m und n gehen alle durch den Punkt $P = (2, 2)$. In Abb. 4.4.5 ist der Punkt $Q = (4, 3)$, in Abb. 4.4.6 ist $Q = (1, -2)$ und in Abb. 4.4.7 ist $Q = (5, -1)$. Nach Gleichung (4.4.3) sind die entsprechenden Steigungen der Geraden l, m und n gleich

$$a_l = \frac{3-2}{4-2} = \frac{1}{2}\,, \qquad a_m = \frac{-2-2}{1-2} = 4\,, \qquad a_n = \frac{-1-2}{5-2} = -1$$

Die Punkt-Steigungs- und die Zwei-Punkte-Formel

Wir wollen die Gleichung einer Geraden durch den Punkt $P = (x_1, y_1)$ bestimmen, deren Steigung a ist. Wenn (x, y) ein weiterer Punkt auf der Geraden ist, impliziert die Anwendung der Gleichung (4.4.3) mit x und y anstelle x_2 und y_2, dass für die Steigung a gelten muss:

$$\frac{y - y_1}{x - x_1} = a \tag{4.4.4}$$

Wenn die Steigung a gegeben ist, ergibt die Multiplikation jeder Seite mit $x - x_1$, dass $y - y_1 = a(x - x_1)$. Also:

Punkt-Steigungs-Formel einer Geraden

Die Gleichung der Geraden mit Steigung a durch den Punkt (x_1, y_1) ist

$$y - y_1 = a(x - x_1) \tag{4.4.5}$$

Beachten Sie bei der Anwendung dieser Formel, dass x_1 und y_1 feste Zahlen sind, die Koordinaten des gegebenen Punktes P auf der Geraden. Andererseits sind x und y Variablen, die Koordinaten eines beliebigen Punktes auf der Geraden.

Beispiel 4.4.3

Bestimmen Sie die Gleichung der Geraden durch den Punkt $(-2, 3)$ mit der Steigung -4. Bestimmmen Sie dann den y-Achsenabschnitt und den Punkt, in dem die Gerade die x-Achse schneidet (den x-Achsenabschnitt).

Lösung: Die Punkt-Steigungs-Formel mit $(x_1, y_1) = (-2, 3)$ und $a = -4$ ergibt die Gleichung $y - 3 = (-4)[x - (-2)]$, d. h. $y - 3 = -4(x + 2)$. Dies impliziert $4x + y = -5$. Den y-Achsenabschnitt erhalten wir für $x = 0$. Also ist $y = -5$. Die Gerade schneidet die x-Achse in einem Punkt, in dem $y = 0$ ist, d. h. dort, wo $4x = -5$ oder $x = -5/4$. Der Schnittpunkt mit der x-Achse ist also $(-5/4, 0)$.[6]

Häufig müssen wir die Gleichung der Geraden bestimmen, die durch zwei gegebene verschiedene Punkte verläuft. Um dies zu tun, können wir die Steigungsformel (4.4.3) mit der Punkt-Steigungs-Formel (4.4.5) verbinden.

Zwei-Punkte-Formel einer Geraden

Die Gleichung einer Geraden durch (x_1, y_1) und (x_2, y_2), wobei $x_1 \neq x_2$, erhält man wie folgt:

1. Berechnen Sie die Steigung der Geraden, d. h.

$$a = \frac{y_2 - y_1}{x_2 - x_1}$$

2. Setzen Sie den Ausdruck für a in die Punkt-Steigungs-Formel ein. Das Resultat ist

$$y - y_1 = \frac{y_2 - y_1}{x_2 - x_1}(x - x_1) \tag{4.4.6}$$

Beispiel 4.4.4

Bestimmen Sie die Gleichung der Geraden durch $(-1, 3)$ und $(5, -2)$.

Lösung: Sei $(x_1, y_1) = (-1, 3)$ und $(x_2, y_2) = (5, -2)$. Dann erhält man aus der Zwei-Punkte-Formel (4.4.6)

$$y - 3 = \frac{-2 - 3}{5 - (-1)}[x - (-1)] = -\frac{5}{6}(x + 1)$$

Vereinfacht: $5x + 6y = 13$

Grafische Lösungen von linearen Gleichungen

Kapitel 3.6 behandelt algebraische Methoden zur Lösung eines Systems von zwei linearen Gleichungen mit zwei Unbekannten. Jede Gleichung ist linear und damit sind ihre Graphen Geraden. Die Koordinaten jedes Punktes auf der Geraden erfüllen die Gleichung dieser Geraden. Also: Die zwei Geraden schneiden sich genau dann

[6] Es ist eine gute Übung für Sie, den Graphen zu zeichnen und diese Lösung zu verifizieren.

in einem Punkt der Ebene, wenn die Koordinaten dieses Punktes beide Gleichungen erfüllen.

Beispiel 4.4.5

Lösen Sie jedes der drei Gleichungspaare auf grafische Weise:
(a) $x + y = 5$ und $x - y = -1$ (b) $3x + y = -7$ und $x - 4y = 2$
(c) $3x + 4y = 2$ und $6x + 8y = 24$

Lösung:

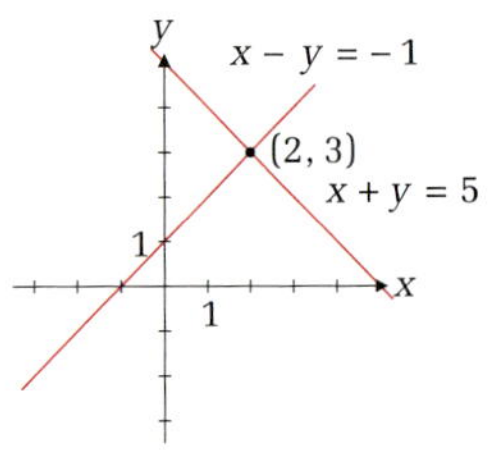

Abbildung 4.4.8: $x + y = 5$ und $x - y = -1$

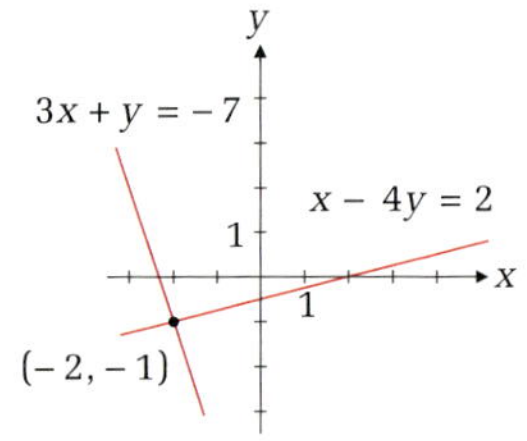

Abbildung 4.4.9: $3x + y = -7$ und $x - 4y = 2$

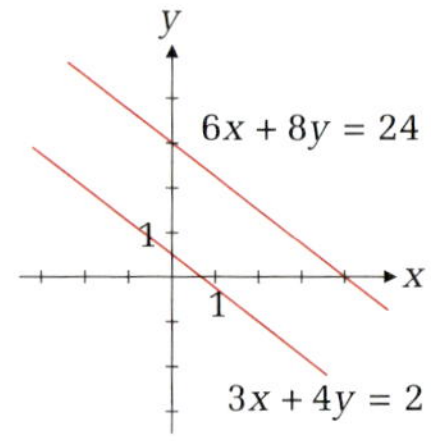

Abbildung 4.4.10: $3x + 4y = 2$ und $6x + 8y = 24$

(a) Abb. 4.4.8 zeigt die Graphen der Geraden $x + y = 5$ und $x - y = -1$. Es gibt nur einen Schnittpunkt, nämlich $(2, 3)$. Die Lösung des Gleichungssystems ist daher $x = 2$, $y = 3$.

(b) Abb. 4.4.9 zeigt die Graphen der Geraden $3x + y = -7$ und $x - 4y = 2$. Es gibt nur einen Schnittpunkt, nämlich $(-2, -1)$. Die Lösung des Gleichungssystems ist daher $x = -2$, $y = -1$.

(c) Abb. 4.4.10 zeigt die Graphen der Geraden $3x + 4y = 2$ und $6x + 8y = 24$. Diese Geraden sind parallel und haben keinen Schnittpunkt. Das Gleichungssystem hat keine Lösungen.

Lineare Ungleichungen

Dieses Unterkapitel endet mit der Erörterung, wie lineare Ungleichungen geometrisch dargestellt werden. Wir präsentieren zwei Beispiele.

Beispiel 4.4.6

Skizzieren Sie in der xy-Ebene die Menge $\{(x, y): 2x + y \leq 4\}$ aller geordneten Zahlenpaare (x, y), die die Ungleichung $2x + y \leq 4$ erfüllen.

Lösung: Die Ungleichung kann geschrieben werden als $y \leq -2x + 4$. Die Menge der Punkte (x, y), die die Gleichung $y = -2x + 4$ erfüllen, bilden eine Gerade. Deshalb muss die Menge der Punkte (x, y), die die Ungleichung $y \leq -2x + 4$ erfüllen, y-Werte haben, die unter den entsprechenden Punkten auf der Geraden $y = -2x + 4$ liegen. Sie muss daher aus allen Punkten bestehen, die auf oder unter dieser Geraden liegen. Siehe Abb. 4.4.11.

Beispiel 4.4.7

Eine Person habe ein Budget von m Euro zum Kauf zweier Güter zur Verfügung. Die Preise der zwei Güter seien p und q Euro pro Einheit, beide positiv. Nehmen Sie an, die Person kauft x Einheiten des ersten Gutes und y Einheiten des zweiten Gutes. Unter der Annahme, dass negative Einkäufe dieser Güter unmöglich sind, muss gelten: $x \geq 0$ und $y \geq 0$. Unter der weiteren Annahme, dass nicht das ganze Budget ausgegeben werden muss, folgt, dass die Person eingeschränkt ist auf die *Budget-Menge*

$$B = \{(x, y)\colon \; px + qy \leq m, \; x \geq 0, \; y \geq 0\}$$

wie in Gl. (1.1.1). Skizzieren Sie die Budget-Menge in der xy-Ebene. Bestimmen Sie die Steigung der Budget-Geraden $px + qy = m$ und ihren x- und y-Achsenabschnitt.

Lösung: Die Menge der Punkte (x, y), die $x \geq 0$ und $y \geq 0$ erfüllen, ist der erste (nichtnegative) Quadrant. Wenn wir die zusätzliche Forderung $px + qy \leq m$ erheben, erhalten wir den dreieckigen Bereich B, der in Abb. 4.4.12 gezeigt ist.

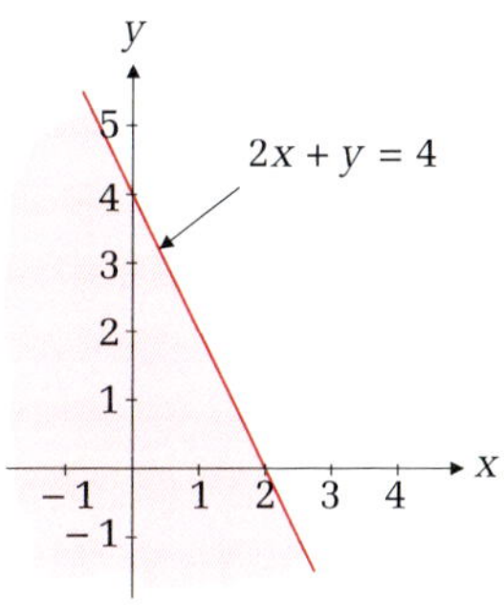

Abbildung 4.4.11: $\{(x, y)\colon \; 2x + y \leq 4\}$

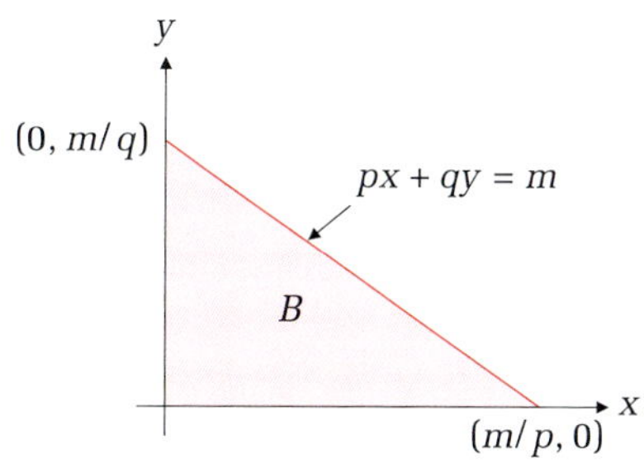

Abbildung 4.4.12: Budget-Menge: $px + qy \leq m$, $x \geq 0$ *und* $y \geq 0$

Wenn $px + qy = m$, dann ist $qy = -px + m$ und deshalb $y = (-p/q)x + m/q$. Dies zeigt, dass die Steigung gleich $-p/q$ ist. Die Budget-Gerade schneidet die x-Achse, wenn $y = 0$ ist. Dann ist $px = m$ und somit $x = m/p$. Die Budget-Gerade schneidet die y-Achse, wenn $x = 0$ ist. Dann ist $qy = m$ und somit $y = m/q$. Damit sind die zwei Schnittpunkte $(m/p, 0)$ und $(0, m/q)$, wie in Abb. 4.4.12 gezeigt wird.

Eine Budget-Gerade wie in Beispiel 4.4.7 kommt so oft in ökonomischen Kursen vor, dass es sich lohnt alle Details der Abb. 4.4.12 im Gedächtnis zu behalten.

Aufgaben für Kapitel 4.4

1. Bestimmen Sie die Steigungen der Geraden durch die folgenden Paare von Punkten:

   (a) $(2, 3)$ und $(5, 8)$ (b) $(-1, -3)$ und $(2, -5)$ (c) $\left(\frac{1}{2}, \frac{3}{2}\right)$ und $\left(\frac{1}{3}, -\frac{1}{5}\right)$

➡ Fortsetzung

2. Zeichnen Sie die Graphen der folgenden Geraden:

(a) $3x + 4y = 12$ (b) $\frac{x}{10} - \frac{y}{5} = 1$ (c) $x = 3$

3. Nehmen Sie an, die Nachfrage D nach einem Gut sei eine lineare Funktion seines Preises pro Einheit, P. Wenn der Preis 10 Euro ist, ist die Nachfrage 200 Einheiten und wenn der Preis 15 Euro ist, ist die Nachfrage 150 Einheiten. Bestimmen Sie die Nachfragefunktion.

4. Entscheiden Sie, welche der folgenden Zusammenhänge zwischen zwei Variablen linear sind:

(a) $5y + 2x = 2$ (b) $P = 10(1 - 0.3t)$ (c) $C = (0.5x + 2)(x - 3)$

(d) $p_1x_1 + p_2x_2 = R$, wobei p_1, p_2 und R Konstanten sind.

5. Eine Druckerei verlangt 1400 Euro als Preis für die Herstellung von 100 Kopien eines Berichts und 3000 Euro für 500 Kopien. Was wäre der Preis für den Druck von 300 Kopien, wenn Sie eine lineare Relation unterstellen?

6. Bestimmen Sie die Steigungen der fünf Geraden L_1 bis L_5, die in Abb. 4.4.13 gezeigt werden und geben Sie die Gleichungen an, die diese Geraden beschreiben.

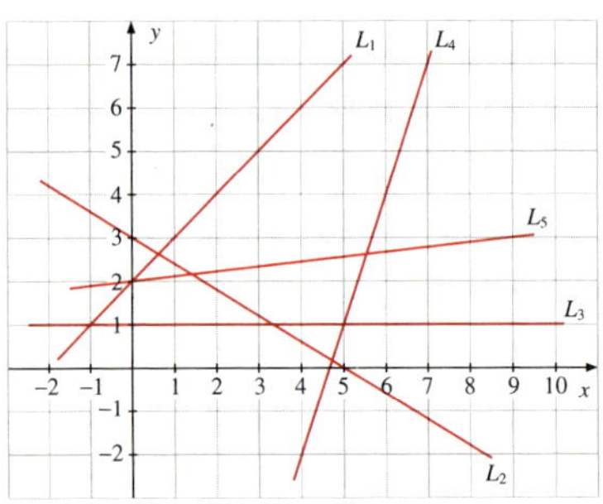

Abbildung 4.4.13: Geraden L_1 bis L_5

7. Bestimmen Sie die Gleichungen der folgenden Geraden:

(a) L_1 geht durch $(1, 3)$ und hat die Steigung 2.

(b) L_2 geht durch $(-2, 2)$ und $(3, 3)$.

(c) L_3 geht durch den Ursprung und hat die Steigung $-1/2$.

(d) L_4 geht durch $(a, 0)$ und $(0, b)$ mit $a \neq 0$.

8. Lösen Sie die folgenden drei Gleichungssysteme grafisch, wenn möglich:

(a) $x - y = 5$ und $x + y = 1$ (b) $x + y = 2, x - 2y = 2$ und $x - y = 2$

(c) $3x + 4y = 1$ und $6x + 8y = 6$

9. Skizzieren Sie in der xy-Ebene die Menge aller Zahlenpaare (x, y), die die folgenden Ungleichungen erfüllen:

(a) $2x + 4y \geq 5$ (b) $x - 3y + 2 \leq 0$ (c) $100x + 200y \leq 300$

10. Skizzieren Sie in der xy-Ebene die Menge aller Zahlenpaare (x, y), die alle drei folgenden Ungleichungen erfüllen: $3x + 4y \leq 12$, $x - y \leq 1$ und $3x + y \geq 3$

▶ Lösungen zu den Aufgaben finden Sie im Anhang des Buches.

4.5 Lineare Modelle

Lineare Zusammenhänge treten oft in mathematischen Modellen auf. Eine Illustration ist Beispiel 2.6.2, wo wir die lineare Gleichung $F = \frac{9}{5}C + 32$ benutzt haben, um die in Grad Celsius gemessene Temperatur umzurechnen in dieselbe Temperatur, gemessen in Grad Fahrenheit. Die meisten der linearen Modelle in den Wirtschaftswissenschaften sind Approximationen komplizierterer Modelle. Zwei typische Zusammenhänge dieser Art wurden in Beispiel 4.4.1 gezeigt. Statistische Methoden sind entwickelt worden, um lineare Funktionen zu konstruieren, die aktuelle Daten so gut wie möglich approximieren. Wir wollen einen sehr naiven Versuch betrachten, ein lineares Modell, basierend auf einigen Bevölkerungsdaten, zu konstruieren.

Beispiel 4.5.1

Ein Bericht der Vereinten Nationen schätzte die europäische Bevölkerung im Jahr 1960 auf 606 Millionen und dass sie auf 657 Millionen im Jahr 1970 anwachsen würde. Benutzen Sie diese Schätzungen, um eine lineare Funktion der Zeit t zu konstruieren, die die Bevölkerung in Europa approximiert. Nutzen Sie dann diese Gleichung, um die Bevölkerung in 1930, 2000 und 2015 zu schätzen.

Lösung: Sei t die Anzahl der Jahre seit 1960, so dass $t = 0$ gleich 1960, $t = 1$ gleich 1961 ist usw. Sei P die europäische Bevölkerung in Millionen. Wir repräsentieren ihr Wachstum durch eine eine lineare Gleichung der Gestalt $P = at + b$. Die Daten sagen uns, dass der Graph dieser Funktion eine Gerade sein muss, die durch die Punkte $(t_1, P_1) = (0, 606)$ und $(t_2, P_2) = (10, 657)$ verläuft. Daher benutzen wir die Zwei-Punkte-Formel (4.4.6) und ersetzen darin x und y durch t und P. Dies ergibt

$$P - 606 = \frac{657 - 606}{10 - 0}(t - 0) = \frac{51}{10}t$$

oder

$$P = 5.1\,t + 606 \qquad (*)$$

In Tabelle 4.5.1 haben wir unsere Schätzungen mit denen der UN verglichen. Beachten Sie: Weil $t = 0$ dem Jahr 1960 entspricht, wird $t = -30$ dem Jahr 1930 entsprechen.

Tabelle 4.5.1: Bevölkerungsschätzung für Europa (in Millionen)

Jahr	1930	2000	2015
t	−30	40	55
UN-Schätzungen	549	726	738
Formel (∗) ergibt	555	810	887

Beachten Sie, dass die Steigung der Geraden (∗) gleich 5.1 ist. Dies bedeutet: Wenn die europäische Bevölkerung sich entsprechend Gleichung (∗) entwickelt hätte, wäre der jährliche Zuwachs in der Bevölkerung konstant und gleich 5.1 Millionen gewesen.[7]

Beispiel 4.5.2 **(Die Konsumfunktion)**

„Keynesianische makroökonomische Theorie" ist der Begriff, der von den meisten Ökonomen benutzt wird, um eine Kollektion von Modellen zu beschreiben, die nach dem einflussreichen britischen Ökonomen John Maynard Keynes (1883–1946) benannt sind. Ein Hauptmerkmal dieser Modelle ist die Behauptung, dass, wenigstens auf kurze Sicht, das Niveau der wirtschaftlichen Aktivität, gemessen am Volkseinkommen Y, bestimmt ist durch die Gesamtnachfrage der Wirtschaft. Weiter wird angenommen, dass die gesamten Konsumausgaben für Güter und Dienstleistungen, bezeichnet mit C, eine Funktion des Volkseinkommens Y sind, d. h. $C = f(Y)$, wobei $f(Y)$ die *Konsumfunktion* ist. Dem Werk von Keynes Mitarbeiter Richard F. Kahn (1905–1989) in Cambridge folgend wird in vielen Modellen angenommen, dass die Konsumfunktion linear ist, so dass $C = a + bY$. Die Steigung b dieser Geraden wird die *Grenzneigung zum Konsum* genannt. Wenn z. B. C und Y in Milliarden Euro gemessen werden, sagt uns die Zahl b, um wie viele Milliarden Euro der Konsum zunimmt, wenn das Volkseinkommen um 1 Milliarde Euro ansteigt. Den Erkenntnissen Kahns folgend wird gewöhnlich angenommen, dass die Zahl b zwischen 0 und 1 liegt.

Der norwegische Ökonom Trygve Haavelmo,[8] schätzte in einer Untersuchung der US-Wirtschaft für den Zeitraum 1929–1941 die folgende Konsumfunktion $C = 95.05 + 0.712\,Y$. Hier ist die Grenzneigung zum Konsum gleich 0.712.

Beispiel 4.5.3 **(Angebot und Nachfrage)**

Über eine feste Zeitperiode, wie eine Woche, wird die Anzahl der Einheiten eines Gutes, die Verbraucher nachfragen (d. h. bereit sind zu kaufen), vom Preis dieses Gutes abhängen. Im Allgemeinen wird die Nachfrage zurückgehen, wenn der Preis steigt.[9] Auch die Anzahl der Einheiten, die die Hersteller innerhalb einer gewissen Zeitperiode bereit sind, dem Markt anzubieten, hängt vom Preis ab, den sie erzielen können. Im Allgemeinen wird das Angebot steigen, wenn der Preis steigt. Daher sehen typische Nachfrage- und Angebotsfunktionen so aus, wie in Abb. 4.5.1 angedeutet.

---

[7] Tatsächlich wuchs die europäische Bevölkerung ungewöhnlich schnell in den 60-er Jahren. Natürlich wuchs sie ungewöhnlich langsam, als Millionen in den Kriegsjahren 1939–1945 starben. Wir sehen, dass die Formel (∗) verglichen mit den UN-Schätzungen keine sehr guten Resultate liefert. Für eine bessere Lösung, das Bevölkerungswachstum zu approximieren, betrachten Sie bitte Beispiel 4.9.1.

[8] (1911–1999). Er erhielt den Nobelpreis im Jahr 1989.

[9] Für gewisse Luxusgüter, wie Parfüm, die oft als Geschenke gegeben werden, kann die Nachfrage steigen, wenn der Preis steigt. Für unbedingt lebensnotwendige Güter, wie z. B. Insulin für Diabetiker, kann die Nachfrage fast unabhängig vom Preis sein. Gelegentlich sind Diätwaren auch „Giffen-Güter", für die die Nachfrage steigt, wenn der Preis steigt. Die angebotene Erklärung ist, dass diese Nahrungsmittel so wichtig sind für das Überleben eines sehr armen Haushalts, dass ein Anstieg im Preis das Realeinkommen substanziell erniedrigt und so alternative Quellen der Ernährung finanziell noch weniger tragbar macht.

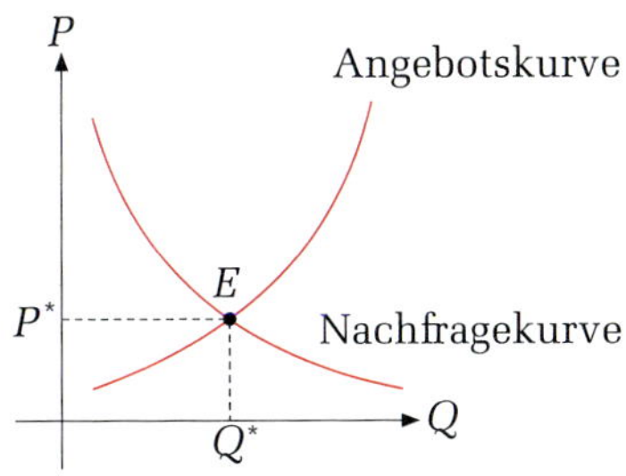

Abbildung 4.5.1: Nachfrage- und Angebotskurve

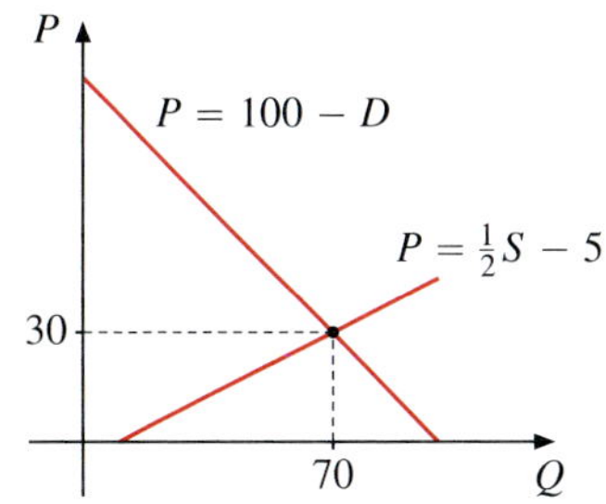

Abbildung 4.5.2: $D = 100 - P$ und $S = 10 + 2P$

In Abb. 4.5.1 stellt der Punkt E, in dem sich die die Nachfrage- und Angebotskurve schneiden, ein *Gleichgewicht* dar. Der Preis P^*, bei dem dies eintritt, ist der *Gleichgewichtspreis* und die zugehörige Menge Q^* ist die *Gleichgewichtsmenge*. Damit ist der Gleichgewichtspreis P^* so definiert, dass die Verbraucher die gleiche Menge des Gutes kaufen wollen beim Preis P^* wie die Hersteller bei diesem Preis verkaufen wollen.

Betrachten Sie als ein sehr einfaches Beispiel die folgende lineare Nachfragefunktion $D = 100 - P$ und Angebotsfunktion $S = 10 + 2P$. Die inversen Funktionen sind $P = 100 - D$ und $P = \frac{1}{2}S - 5$, deren Graphen in Abb. 4.5.2 gezeigt sind.[10] Die nachgefragte Menge D ist gleich der angebotenen Menge S, wenn $100 - P = 10 + 2P$, d. h. $3P = 90$. Der Gleichgewichtspreis ist also $P^* = 30$ mit der zugehörigen Gleichgewichtsmenge $Q^* = 70$.

Eine Besonderheit der Abb. 4.5.1 und 4.5.2 ist, dass, obwohl die nachgefragten und angebotenen Mengen gewöhnlich als Funktionen des Preises betrachtet werden, Ökonomen den Preis auf der vertikalen Achse und die Menge auf der horizontalen Achse messen. Dies ist die Standard-Praxis in der elementaren Preistheorie seit den fundamentalen Ideen des französischen Mathematikers und Ökonomen Antoine-Augustin Cournot (1801–1877) und mehrerer anderer europäischer Zeitgenossen im späten 19-ten Jahrhundert. Der englische Ökonom Alfred Marshall (1842–1924) tat viel, diese Praxis im späten 19-ten Jahrhundert zu popularisieren.

[10] Wenn man eine lineare Angebotsfunktion spezifiziert, kann das Vorzeichen des konstanten Terms problematisch sein. In dem gerade betrachteten Fall hat eine negative Konstante die intuitiv nicht erklärbare Implikation, dass das Angebot positiv ist auch dann, wenn der Preis Null ist – in unserem Fall sind es 10 Einheiten. Eine Möglichkeit, dass so etwas passieren kann, wäre es, dass der Hersteller einen Vorrat dieses Produkts besitzt und dieses leicht verderblich ist. Aber ein positives und bei niedrigen Preisen wachsendes Angebot zu haben, kann inkonsistent mit dem Verhalten des Herstellers sein. Die Schwierigkeit ist, dass eine positive Konstante auch ein Problem mit sich bringt: Dass bei gewissen niedrigen Preisen das Angebot des Herstellers negativ ist. Wir werden über diese Probleme hinwegsehen, aber sie mögen als eine Warnung dienen, dass zu sehr vereinfachte Modelle, manchmal unerwünschte Besonderheiten zeigen können.

Beispiel 4.5.4 **(Lineare Angebots- und Nachfragefunktionen)**

Betrachten Sie die folgenden allgemeinen linearen Nachfrage- und Angebotsmodelle: $D = a - bP$ und $S = \alpha + \beta P$, wobei a und b positive Parameter der Nachfragefunktion D sind, während α und β positive Parameter der Angebotsfunktion sind.[11]

Der Gleichgewichtspreis P^* tritt ein, wenn die Nachfrage gleich dem Angebot ist, d. h. $D = S$ an der Stelle $P = P^*$. Dies impliziert $a - bP^* = \alpha + \beta P^*$ oder $a - \alpha = (\beta + b)P^*$. Die zugehörige Gleichgewichtsmenge ist $Q^* = a - bP^*$. Daher herrscht Gleichgewicht, wenn

$$P^* = \frac{a - \alpha}{\beta + b}, \qquad Q^* = a - b\frac{a - \alpha}{\beta + b} = \frac{a\beta + \alpha b}{\beta + b}$$

Aufgaben für Kapitel 4.5

1. Die Konsumfunktion $C = 4141 + 0.78\,Y$ wurde für das Vereinigte Königreich für den Zeitraum 1949–1975 geschätzt. Wie hoch ist die Grenzneigung zum Konsum?

2. Bestimmen Sie den Gleichgewichtspreis für jedes der folgenden linearen Modelle für Angebot und Nachfrage:

   (a) $D = 75 - 3P$ und $S = 2P$ (b) $D = 100 - 0.5P$ und $S = 10 + 0.5P$

3. Die Gesamtkosten C für die Herstellung von x Einheiten eines gewissen Gutes seien eine lineare Funktion von x. Aufzeichnungen zeigen, dass einmal 100 Einheiten mit Gesamtkosten von 200 Euro hergestellt wurden. Ein anderes Mal wurden 150 Einheiten mit Gesamtkosten von 275 Euro hergestellt. Stellen Sie die lineare Gleichung für die Gesamtkosten C in Abhängigkeit von der Anzahl produzierter Einheiten x auf.

4. Die Ausgaben eines Haushalts für Konsumgüter, C, hängen vom Einkommen des Haushalts, y, in der folgenden Weise ab: Wenn das Haushaltseinkommen 1000 Euro beträgt, sind die Ausgaben für Konsumgüter 900 Euro und für jede Steigerung des Einkommens um 100 Euro steigen die Ausgaben für Konsumgüter um 80 Euro. Drücken Sie die Ausgaben für Konsumgüter als Funktion des Einkommens aus. Unterstellen Sie dabei einen linearen Zusammenhang.

5. Für die meisten Wirtschaftsgüter wie Autos, elektronische Ausrüstung und Möbel *vermindert* sich der Wert in jedem Jahr. Wenn man annimmt, dass der Wert eines Wirtschaftsgutes sich in jedem Jahr um einen festen Prozentsatz des Anfangswertes verringert, so spricht man von *linearer Abschreibung*.

   (a) Nehmen Sie an, dass ein Auto, das ursprünglich 20 000 Euro gekostet hat, jedes Jahr 10 % an Wert verliert. Geben Sie eine Formel für seinen Wert $P(t)$ nach t Jahren an.

➡

[11] Solche linearen Angebots- und Nachfragefunktionen spielen eine wichtige Rolle in den Wirtschaftswissenschaften. Es ist häufig der Fall, dass der Markt für ein bestimmtes Produkt wie Kupfer näherungsweise durch geeignet geschätzte lineare Nachfrage- und Angebotsfunktionen dargestellt werden kann.

➡ Fortsetzung

(b) Eine Waschmaschine mit Anfangswert 500 Euro sei nach 10 Jahren vollständig abgeschrieben (lineare Abschreibung). Geben Sie eine Formel für ihren Wert $W(t)$ nach t Jahren an.

► Lösungen zu den Aufgaben finden Sie im Anhang des Buches.

4.6 Quadratische Funktionen

Ökonomen sind oft der Auffassung, dass lineare Funktionen zu einfach sind, um ökonomische Phänomene mit hinreichender Genauigkeit zu modellieren. In der Tat verwenden viele ökonomische Modelle Funktionen, die entweder bis auf einen Minimalwert fallen und dann steigen oder ansteigen auf einen Maximalwert und dann fallen. Einige einfache Funktionen mit dieser Eigenschaft sind die allgemeinen *quadratischen* Funktionen, die wir zuerst in Kap. 3.3 gesehen haben. Ihre allgemeine Form ist:

$$f(x) = ax^2 + bx + c \tag{4.6.1}$$

Dabei sind a, b und c Konstanten mit $a \neq 0$ (sonst wäre die Funktion linear).

Allgemein wird der Graph von $f(x) = ax^2 + bx + c$ eine *Parabel* genannt. Die Gestalt dieser Parabel ähnelt ganz grob $\cap$, wenn $a < 0$ und $\cup$, wenn $a > 0$. Drei typische Beispiele werden in Abb. 4.6.1 bis 4.6.3 gezeigt.

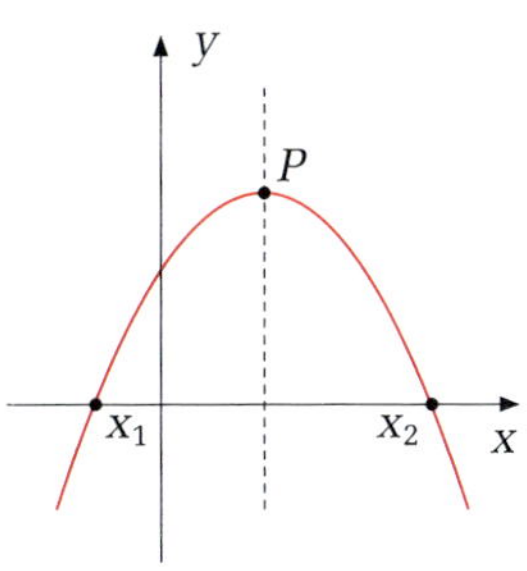

Abbildung 4.6.1: $a < 0$, $b^2 > 4ac$

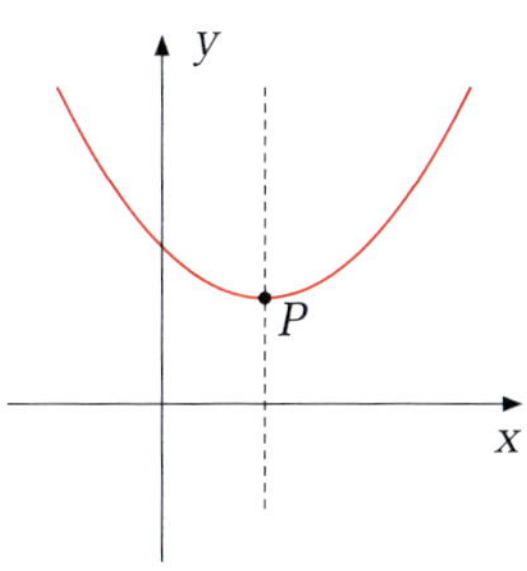

Abbildung 4.6.2: $a > 0$, $b^2 < 4ac$

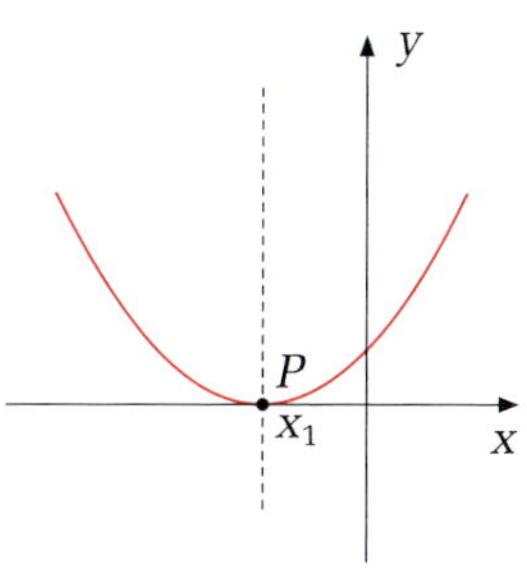

Abbildung 4.6.3: $a > 0$, $b^2 = 4ac$

Um mehr über die Funktion $f(x) = ax^2 + bx + c$ zu lernen, stellen wir diese zwei Fragen:

(a) Für welche Werte von x (falls es welche gibt) ist $ax^2 + bx + c = 0$?

(b) Welches sind die Koordinaten des Extrempunktes (Maximum- oder Minimumpunktes) P, der auch *Scheitelpunkt* der Parabel genannt wird?

Die Antwort auf Frage (a) wurde schon gegeben durch die Lösungsformel (3.3.5) für quadratische Gleichungen und die anschließende Diskussion dieser Formel.

Die einfachste Möglichkeit, Frage (b) zu behandeln, ist Ableitungen zu benutzen, welches das Thema von Kap. 6 ist, insbesondere Aufgabe 6.2.7. Wir wollen uns jedoch kurz anschauen, wie die „Methode der quadratischen Ergänzung“ aus Kap. 3.3 die

Frage (b) beantworten kann. Diese Methode ergibt:

$$f(x) = ax^2 + bx + c = a\left(x + \frac{b}{2a}\right)^2 - \frac{b^2 - 4ac}{4a} \tag{4.6.2}$$

Dies ist leicht nachzuvollziehen, indem man die rechte Seite ausmultipliziert und gleiche Terme zusammenfasst. Wenn x variiert, ändert sich nur der Wert von $a(x + b/2a)^2$. Der quadratische Term ist nur dann 0, wenn $x = -b/2a$. Wenn $a > 0$ ist, ist dieser Term niemals kleiner als 0. Das bedeutet: Wenn $a > 0$ ist, nimmt die Funktion $f(x)$ ihr Minimum an, wenn $x = -b/2a$ ist. Der Minimumwert von $f(x)$ ist:

$$f(-b/2a) = -(b^2 - 4ac)/4a = c - b^2/4a$$

Andererseits: Wenn $a < 0$, dann ist $a(x + b/2a)^2 \leq 0$ für alle x und der quadratische Term ist nur dann 0, wenn $x = -b/2a$. Daher nimmt in diesem zweiten Fall die Funktion $f(x)$ ihr Maximum an, wenn $x = -b/2a$. Der Maximumwert ist $f(-b/2a) = c - b^2/4a$.

Zusammenfassend haben wir das Folgende gezeigt:

Extrema von quadratischen Funktionen

Wenn $a < 0$,

hat $f(x) = ax^2 + bx + c$ sein *Maximum* an der Stelle $x = -\dfrac{b}{2a}$ (4.6.3)

Wenn $a > 0$,

hat $f(x) = ax^2 + bx + c$ sein *Minimum* an der Stelle $x = -\dfrac{b}{2a}$ (4.6.4)

Die *Symmetrieachse* für eine Parabel ist die vertikale Gerade, um die ihr Graph symmetrisch ist. In den Abb. 4.6.1 bis 4.6.3 ist diese Achse als gestrichelte Linie durch den *Scheitelpunkt* der Parabel eingezeichnet, der in jedem Fall als Punkt P markiert ist. Um dies zu begründen: In Kap. 5.2 wird eine allgemeine Funktion f als *symmetrisch um* $x = x_0$ definiert, falls $f(x_0 + t) = f(x_0 - t)$ für alle t. Für jede Zahl t setzen wir jetzt $x = -\frac{b}{2a} \pm t$ in Formel (4.6.2) ein und erhalten:

$$f\left(-\frac{b}{2a} + t\right) = at^2 - \frac{b^2 - 4ac}{4a} = f\left(-\frac{b}{2a} - t\right)$$

Dies bestätigt, dass die quadratische Funktion $f(x) = ax^2 + bx + c$ tatsächlich symmetrisch ist um die vertikale Gerade $x = -b/2a$, die durch den Extrempunkt P verläuft.

Quadratische Optimierungsprobleme in den Wirtschaftswissenschaften

Viele ökonomische Analysen befassen sich mit Optimierungsproblemen. Wirtschaftswissenschaften sind im Grunde die Wissenschaften der Entscheidungsfindung und

Optimierungsprobleme sind die Form, in der Entscheidungen mathematisch modelliert werden. Eine allgemeine Diskussion solcher Probleme muss zurückgestellt werden, bis wir die notwendigen Werkzeuge aus der Analysis entwickelt haben. Hier zeigen wir, wie die einfachen Resultate aus diesem Kapitel über die Maximierung quadratischer Funktionen verwendet werden können, um einige grundlegende ökonomische Ideen zu veranschaulichen.

Beispiel 4.6.1 **(Erwartung)**

Nehmen Sie an: Eine Urne enthalte T Bälle, jeder mit einer Nummer beschrieben. Einer der Bälle wird zufällig gezogen und sie sind aufgefordert, zu raten, welche Nummer auf dem gezogenen Ball steht. Wir bezeichnen mit y_t die Nummer, die auf Ball t, für $t = 1, 2, \ldots, T$ geschrieben steht. Ihre Aufgabe ist es, eine Schätzung, nennen wir sie $\hat{y}$, abzugeben, die nahe an y_t ist.

Offensichtlich ist der Fehler in Ihrer Schätzung $\hat{y}$, wenn Ball t gezogen wurde, gleich $|y_t - \hat{y}|$. Hier benutzen wir den Absolutbetrag der Differenz zwischen Ihrer Schätzung und der tatsächlichen Zahl, weil Unterschätzen der Wahrheit genau so schlimm erscheint wie Überschätzen um denselben Betrag. Eine alternative Möglichkeit, solch ein symmetrisches Maß für den Fehler zu erhalten, ist es, das Quadrat der Differenz $(y_t - \hat{y})^2$ zu benutzen. Aus Gründen, die später klar werden, wird dieser sogenannte *quadratische Fehler* weitverbreitet in Statistik genutzt. In der Tat: Statistiker nehmen allgemein an, dass die Schätzung einer Person in dieser Situation den (arithmetischen) *mittleren quadratischen Fehler* minimieren sollte, der in Beispiel 2.10.2 definiert wurde. Das heißt: Die Schätzung einer Person sollte so gewählt werden, dass sie die folgende *Verlustfunktion* minimiert.

$$L(\hat{y}) = \frac{1}{T}\sum_{t=1}^{T}(y_t - \hat{y})^2$$

Indem wir die Summationsregeln (2.10.1) bis (2.10.3) verwenden, erhalten wir:

$$L(\hat{y}) = \frac{1}{T}\sum_{t=1}^{T} y_t^2 - \frac{1}{T}\sum_{t=1}^{T} 2y_t\hat{y} + \frac{1}{T}\sum_{t=1}^{T}\hat{y}^2 = \frac{1}{T}\sum_{t=1}^{T} y_t^2 - \left(\frac{2}{T}\sum_{t=1}^{T} y_t\right)\hat{y} + \hat{y}^2$$

Indem wir die Notation μ_y für den Mittelwert der Zahlen $y_1, y_2, \ldots, y_T$ verwenden, können wir dies umschreiben als:

$$L(\hat{y}) = \frac{1}{T}\sum_{t=1}^{T} y_t^2 - 2\mu_y\hat{y} + \hat{y}^2 \qquad (*)$$

Dies ist eine quadratische Funktion in $\hat{y}$, wie Gleichung (4.6.1) mit $a = 1$ und $b = -2\mu_y$. Es folgt aus Gleichung (4.6.4), dass die Schätzung, die die Verlustfunktion minimiert, gegeben ist durch:

$$\hat{y} = -\frac{b}{2a} = -\frac{2\mu_y}{2} = \mu_y$$

Das heißt: Die Schätzung, die den mittleren quadratischen Fehler minimiert, ist genau der Erwartungswert der *Zufallsvariablen* y. Dies ist der Grund, warum der Mittelwert von y oft bezeichnet wird als sein *Erwartungswert*.

Beispiel 4.6.2

Nehmen Sie an: Wenn eine Firma Q Einheiten Output produziert und verkauft, erzielt es einen Preis P pro Einheit, gegeben durch $P = 102 - 2Q$. Nehmen Sie weiter an: Die Kosten der Firma für die Produktion und den Verkauf von Q Einheiten sind $C = 2Q + \frac{1}{2}Q^2$. Dann ist der Gewinn der Firma[12]

$$\pi(Q) = PQ - C = (102 - 2Q)Q - \left(2Q + \frac{1}{2}Q^2\right) = 100Q - \frac{5}{2}Q^2$$

Bestimmen Sie den Wert von Q, der den Gewinn maximiert, und berechnen Sie den zugehörigen maximalen Gewinn.

Lösung: Mit Formel (4.6.3) erhalten wir, dass der Gewinn maximiert wird für

$$Q = Q^* = -\frac{100}{2 \cdot (-5/2)} = 20$$

Der resultierende Gewinn ist:

$$\pi^* = \pi(Q^*) = 100 \cdot 20 - \frac{5}{2} \cdot 400 = 1000$$

Dieses Beispiel ist ein Spezialfall des Monopolistenproblems, das im nächsten Beispiel untersucht wird.

Beispiel 4.6.3 **(Ein Monopolistenproblem)**

Betrachten Sie ein Unternehmen, dass der einzige Anbieter des von ihm hergestellten Produktes ist, möglicherweise einer patentierten Medizin, und somit eine Monopolstellung genießt. Es werde angenommen, dass die Gesamtkosten des Monopolisten gegeben sind durch die quadratische Funktion

$$C = \alpha Q + \beta Q^2$$

ihres Outputs $Q \geq 0$, wobei α und β positive Konstanten sind. Für jedes Q wird angenommen, dass der Preis P pro Einheit, zu dem der Output verkauft wird, bestimmt ist durch die lineare „inverse" Nachfragefunktion

$$P = a - bQ\,,$$

wobei a und b Konstanten sind mit $a > 0$ und $b \geq 0$. Somit ist für jedes nichtnegative Q der Gesamterlös R des Monopolisten gegeben durch die quadratische Funktion $R = PQ = (a - bQ)Q$ und der Gewinn durch die quadratische Funktion

$$\pi(Q) = R - C = (a - bQ)Q - \alpha Q - \beta Q^2 = (a - \alpha)Q - (b + \beta)Q^2$$

12 In der Mathematik wird der griechische Buchstabe π verwendet, um das konstante Verhältnis 3.1415... zwischen dem Umfang und dem Durchmesser eines Kreises zu bezeichnen. In den Wirtschaftswissenschaften wird diese Konstante nicht sehr oft gebraucht. Ferner bezeichnen p und P gewöhnlich einen Preis, so dass man π verwendet, um den Profit (Gewinn) zu bezeichnen.

Nehmen Sie an, dass es das Ziel des Monopolisten ist, die Gewinnfunktion $\pi = \pi(Q)$ zu maximieren. Bestimmen Sie dann das optimale Outputniveau Q^M und den optimalen Gewinn π^M.

Lösung: Indem wir (4.6.3) verwenden, sehen wir, dass π sein Maximum erreicht, wenn

$$Q^M = \frac{a - \alpha}{2(b + \beta)} \tag{4.6.5}$$

mit

$$\pi^M = \frac{(a-\alpha)^2}{2(b+\beta)} - (b+\beta)\frac{(a-\alpha)^2}{4(b+\beta)^2} = \frac{(a-\alpha)^2}{4(b+\beta)}$$

Dieses Resultat ist gültig, wenn $a > \alpha$. Wenn $a \le \alpha$, wird das Unternehmen nichts produzieren und man hat in diesem Fall $Q^M = 0$ und $\pi^M = 0$. Die zwei Fälle sind in den Abb. 4.6.4 und 4.6.5 illustriert. In beiden Abbildungen ist der Teil der Parabel links von $Q = 0$ gestrichelt dargestellt, weil er nicht wirklich relevant ist wegen der natürlichen Forderung, dass $Q \ge 0$ sein muss. Der mit Q^M in (4.6.5) assoziierte Preis und die zugehörigen Kosten können durch Routine-Algebra gefunden werden.

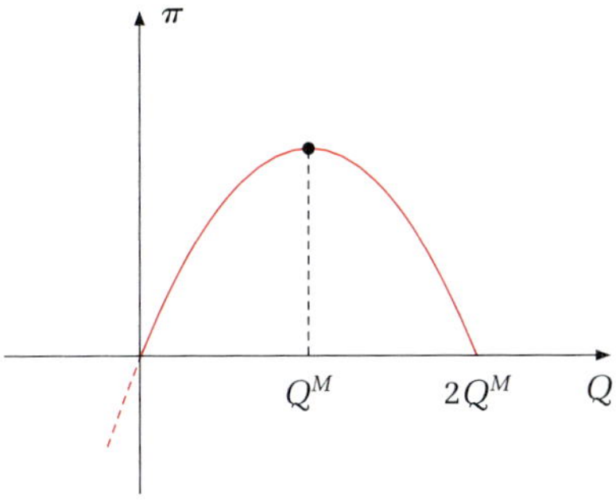

Abbildung 4.6.4: Die Gewinnfunktion, $a > \alpha$

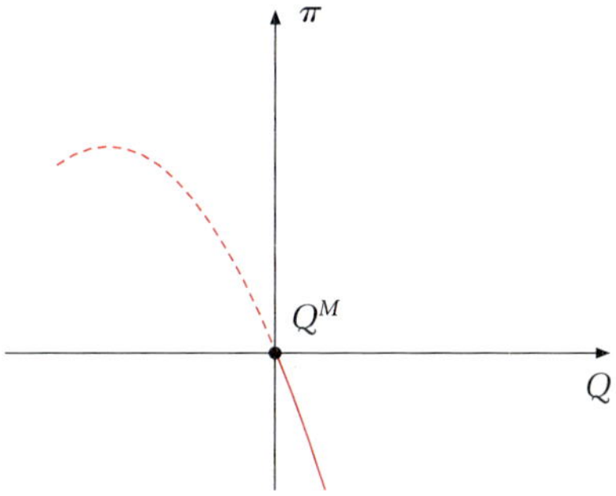

Abbildung 4.6.5: Die Gewinnfunktion, $a \le \alpha$

Wenn wir $b = 0$ setzen in der Preisfunktion $P = a - bQ$, dann ist $P = a$ für alle Q. In diesem Fall beeinflusst die Wahl der Menge durch das Unternehmen überhaupt nicht den Preis und deshalb sagt man: Das Unternehmen ist *vollständig wettbewerbsfähig*. Indem wir in diesem Fall in unseren früheren Ausdrücken a durch P ersetzen, sehen wir, dass der Gewinn maximiert wird durch das Produktionsniveau

$$Q^* = \frac{P - \alpha}{2\beta} \tag{4.6.6}$$

Der resultierende maximale Gewinn ist

$$\pi^* = \frac{(P-\alpha)^2}{4\beta}$$

vorausgesetzt, dass $P > \alpha$. Wenn $P \le \alpha$, so ist $Q^* = 0$ und $\pi^* = 0$.

Auflösen der Gleichung (4.6.6) nach P ergibt $P = \alpha + 2\beta Q^*$. Daher stellt

$$P = \alpha + 2\beta Q \tag{4.6.7}$$

die *Angebotskurve* dieses vollständig wettbewerbsfähigen Unternehmens für $P > \alpha$ dar. Für $P \leq \alpha$ ist der gewinnmaximierende Output Q^* gleich 0. Die Angebotskurve, die den Preis auf dem Markt in Beziehung setzt zu der von dem Unternehmen gewählten Größe des Outputs wird in Abb. 4.6.6 gezeigt. Sie enthält alle Punkte auf dem Streckenabschnitt zwischen dem Ursprung und $(0, \alpha)$, wo der Preis für das Unternehmen zu niedrig ist, um irgendeinen Gewinn bei der Produktion eines positiven Outputs zu erzielen.

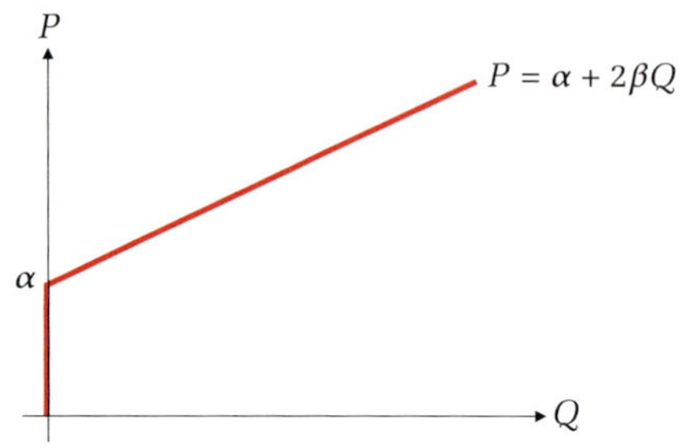

Abbildung 4.6.6: Die Angebotskurve eines vollständig wettbewerbsfähigen Unternehmens

Kehren wir zurück zu dem Monopol-Unternehmen (das keine Angebotskurve hat). Wenn es irgendwie dazu gebracht werden könnte, wie ein wettbewerbsfähiges Unternehmen zu handeln, würde es sich unter der Annahme eines gegebenen Preises auf der Angebotskurve (4.6.7) befinden. Bei der gegebenen Nachfragekurve $P = a - bQ$, tritt Gleichgewicht zwischen Angebot und Nachfrage ein, wenn (4.6.7) auch erfüllt ist und somit $P = a - bQ = \alpha + 2\beta Q$. Durch Auflösen der zweiten Gleichung nach Q und anschließendes Einsetzen für P und π sehen wir, dass der Output im Gleichgewicht, der zugehörige Preis und der Gewinn gegeben wären durch

$$Q^e = \frac{a - \alpha}{b + 2\beta}, \qquad P^e = \frac{2a\beta + \alpha b}{b + 2\beta}, \qquad \pi^e = \frac{\beta(a - \alpha)^2}{(b + 2\beta)^2}$$

Um den Monopolisten dazu zu bringen, ein wettbewerbsfähiges Unternehmen zu imitieren, indem es sich auf (Q^e, P^e) einstellt, könnte es notwendig sein, den Output des Monopolisten zu besteuern (oder zu subventionieren). Nehmen Sie an, dass der Monopolist eine spezielle Steuer der Höhe τ pro Einheit des Outputs zahlen muss. Da die Steuerzahlungen $\tau \cdot Q$ zu den Kosten des Unternehmens hinzuzufügen sind, ist die neue Gesamtkostenfunktion

$$C = \alpha Q + \beta Q^2 + \tau Q = (\alpha + \tau)Q + \beta Q^2$$

Indem wir dieselben Berechnungen wie zuvor ausführen, jedoch mit α ersetzt durch $\alpha + \tau$, erhalten wir für die Wahl der Outputgröße des Monopolisten

$$Q_\tau^M = \begin{cases} \dfrac{a - \alpha - \tau}{2(b + \beta)}, & \text{falls } a \geq \alpha + \tau \\ 0, & \text{sonst} \end{cases}$$

Somit ist $Q_\tau^M = Q^e$, wenn

$$\frac{a - \alpha - \tau}{2(b + \beta)} = \frac{a - \alpha}{b + 2\beta}$$

Auflösen dieser Gleichung nach τ ergibt:

$$\tau = -\frac{(a-\alpha)b}{b+2\beta}$$

Beachten Sie, dass τ tatsächlich negativ ist. Dies zeigt auf, dass es wünschenswert ist, den Output des Unternehmens zu *subventionieren*, um zu zusätzlicher Produktion zu ermuntern.[13]

Aufgaben für Kapitel 4.6

1. Sei $f(x) = x^2 - 4x$.

(a) Vervollständigen Sie die folgende Tabelle und nutzen Sie diese, um den Graphen von f zu skizzieren:

x	-1	0	1	2	3	4	5
$f(x)$							

(b) Nutzen Sie Gl. (4.6.4), um die Minimumstelle von f zu bestimmen.

(c) Lösen Sie die Gleichung $f(x) = 0$.

2. Sei $f(x) = -\frac{1}{2}x^2 - x + \frac{3}{2}$.

(a) Vervollständigen Sie die folgende Tabelle und nutzen Sie diese, um den Graphen von f zu skizzieren:

x	-4	-3	-2	-1	0	1	2
$f(x)$							

(b) Nutzen Sie Gl. (4.6.3), um die Maximumstelle von f zu bestimmen.

(c) Lösen Sie die Gleichung $f(x) = 0$.

(d) Zeigen Sie, dass $f(x) = -\frac{1}{2}(x-1)(x+3)$. Nutzen Sie dies, um zu untersuchen, wie das Vorzeichen von $f(x)$ mit x variiert. Vergleichen Sie das Ergebnis mit ihrem Graphen.

3. Bestimmen Sie die Maximum-/Minimumpunkte, indem Sie (4.6.3) oder (4.6.4) verwenden:

(a) $x^2 + 4x$ (b) $x^2 + 6x + 18$ (c) $-3x^2 + 30x - 30$

(d) $9x^2 - 6x - 44$ (e) $-x^2 - 200x + 30\,000$ (f) $x^2 + 100x - 20\,000$

4. Finden Sie für jede der quadratischen Funktionen in Aufgabe 3 die Nullstellen und schreiben Sie, wo möglich, die Funktion in der Gestalt $a(x-x_1)(x-x_2)$.

[13] Natürlich empfindet man Subvention von Monopolisten gewöhnlich als ungerecht und viele zusätzliche Komplikationen müssten sorgfältig in Erwägung gezogen werden, bevor eine erstrebenswerte Methode für die Behandlung von Monopolisten formuliert werden könnte. Die vorangehende Analyse zeigt noch, dass es moralisch erstrebenswert ist, den Preis eines Monopolisten oder seinen Gewinn zu senken. Es könnte viel besser sein, dies direkt zu tun als seinen Output zu besteuern.

➡ Fortsetzung

5. Finden Sie Lösungen der folgenden Gleichungen, wobei a und b Parameter sind.

(a) $x^2 - 3ax + 2a^2 = 0$ (b) $x^2 - (a+b)x + ab = 0$ (c) $2x^2 + (4b-a)x = 2ab$

6. Ein Modell in der Theorie effizienter Anleihemärkte verwendet die Funktion

$$U(x) = 72 - (4+x)^2 - (4-rx)^2 ,$$

wobei r eine Konstante ist. Bestimmen Sie denjenigen Wert von x, für den $U(x)$ seinen größten Wert annimmt.

7. Ein Landwirt hat 1000 Meter Zaun zur Verfügung, um eine rechteckige Einzäunung vorzunehmen, wie es in Abb. 4.6.7 gezeigt ist. Die Grundseite habe die Länge $250 + x$. Dann ist die Höhe $250 - x$, wie in der Abbildung zu sehen ist.

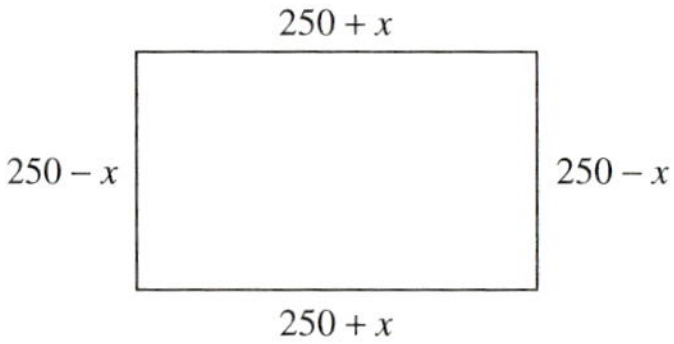

Abbildung 4.6.7: Ein Grundstück

(a) Bestimmen Sie die Werte von x und die Flächen der drei Rechtecke, deren Grundseiten 100, 250 bzw. 350 Meter lang sind.

(b) Welche Wahl von x ergibt die maximale Fläche?[14]

8. Wenn ein Kakao-Importeur Q Tonnen Kakao in England verkauft, so ist der dort erzielte Preis gegeben durch $P_E = \alpha_1 - \frac{1}{3}Q$. Wenn er Q Tonnen von seiner einzigen Bezugsquelle in Ghana kauft, ist der Preis $P_G = \alpha_2 + \frac{1}{6}Q$. Zusätzlich kostet es γ pro Tonne, um den Kakao von dem Anbieter in Ghana zu den Kunden in England (dem einzigen Markt des Importeurs) zu transportieren. Die Zahlen α_1, α_2 und γ sind alle positiv.

(a) Drücken Sie den Gewinn des Kakao-Importeurs als Funktion von Q, der Anzahl transportierter Tonnen, aus.

(b) Nehmen Sie an, dass $\alpha_1 - \alpha_2 - \gamma > 0$ und bestimmen Sie die gewinnmaximierende Ladung Kakao. Was passiert, wenn $\alpha_1 - \alpha_2 - \gamma \leq 0$?

(c) Nehmen Sie an, dass die Regierung in Ghana, eine Exportsteuer auf Kakao der Höhe τ pro Tonne erhebt. Finden Sie einen neuen Ausdruck für den Gewinn des Importeurs und die neue den Gewinn maximierende Ladungsgröße.

(d) Berechnen Sie die Steuereinnahmen der Ghanaischen Regierung als Funktion von τ und vergleichen Sie den Graphen dieser Funktion mit der in Abb. 4.1.1 dargestellten Laffer-Kurve.

(e) Beraten Sie die Ghanaische Regierung, wie sie so viel Steuereinnahmen wie möglich erzielen kann.

---

[14] In der Antike wurden beim Verkauf rechteckiger Landflächen an Bauern von gewissen Landvermessern Verträge geschrieben, in denen nur der Umfang spezifiziert wurde. Als Resultat waren die Parzellen lange und schmale Rechtecke.

➡

→ Fortsetzung

Anspruchsvollere Aufgabe

9. Es seien $a_1, a_2, \ldots, a_n$ und $b_1, b_2, \ldots, b_n$ beliebige reelle Zahlen. Die Ungleichung

$$(a_1b_1 + a_2b_2 + \cdots + a_nb_n)^2 \leq (a_1^2 + a_2^2 + \cdots + a_n^2)(b_1^2 + b_2^2 + \cdots + b_n^2) \qquad (4.6.8)$$

wird *Cauchy-Schwarz-Ungleichung* genannt.

(a) Überprüfen Sie die Ungleichung für $n = 2$, wenn $a_1 = -3$, $a_2 = 2$, $b_1 = 5$ und $b_2 = -2$.

(b) Beweisen Sie (4.6.8) mit Hilfe des folgenden Tricks: Definieren Sie f für alle x durch

$$f(x) = (a_1x + b_1)^2 + \cdots + (a_nx + b_n)^2$$

Es sollte offensichtlich sein, dass $f(x) \geq 0$ für alle x ist. Schreiben Sie $f(x)$ als $Ax^2 + Bx + C$, wobei die Ausdrücke für die Koeffizienten A, B und C in Beziehung stehen zu den Termen in (4.6.8). Da $Ax^2 + Bx + C \geq 0$ für alle x, muss gelten $B^2 - 4AC \leq 0$. Warum?

(c) Argumentieren Sie, dass daraus (4.6.8) folgt.

► Lösungen zu den Aufgaben finden Sie im Anhang des Buches.

4.7 Polynome

Kubische Funktionen

Nach der Betrachtung linearer und quadratischer Funktionen ist der logische nächste Schritt, *kubische Funktionen* der Gestalt

$$f(x) = ax^3 + bx^2 + cx + d \qquad (4.7.1)$$

zu untersuchen, wobei a, b, c und d Konstanten sind mit $a \neq 0$. Es ist relativ leicht, das Verhalten linearer und quadratischer Funktionen zu untersuchen. Kubische Funktionen sind wesentlich komplizierter, da sich die Form ihrer Graphen drastisch ändert, wenn die Koeffizienten a, b, c und d variieren. Zwei Beispiele sind in den Abb. 4.7.1 und 4.7.2 gegeben. Kubische Funktionen treten gelegentlich in ökonomischen Modellen auf.

Beispiel 4.7.1

Betrachten Sie ein Unternehmen, das ein einziges Gut herstellt. Die Gesamtkosten für die Herstellung von Q Einheiten des Gutes seien $C(Q)$. Kostenfunktionen haben oft die folgenden Eigenschaften: Erstens ist $C(0)$ positiv, weil fixe Anfangskosten auftreten. Wenn die Produktion steigt, steigen die Kosten auch. Zu Beginn steigen die Kosten schnell, aber die Rate der Steigerung verlangsamt sich, wenn die Fertigungseinrichtungen zu einem höheren Anteil jeder Arbeitswoche genutzt werden. Jedoch steigen die Kosten bei einem höheren Produktionsniveau wieder mit einer schnelleren Rate, z. B. wegen technischer Engpässe und Zahlung von Überstun-

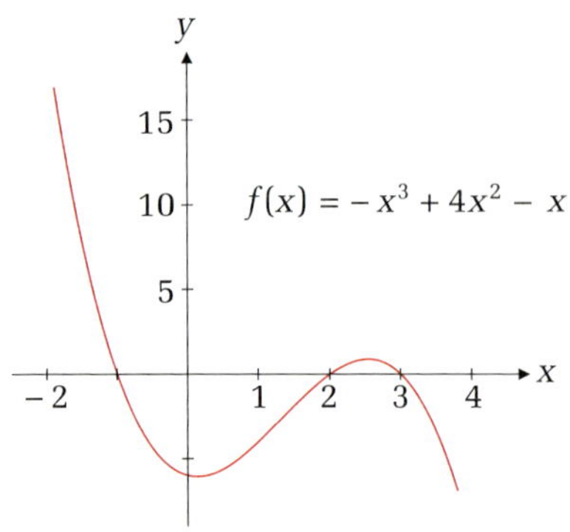

Abbildung 4.7.1: Eine kubische Funktion

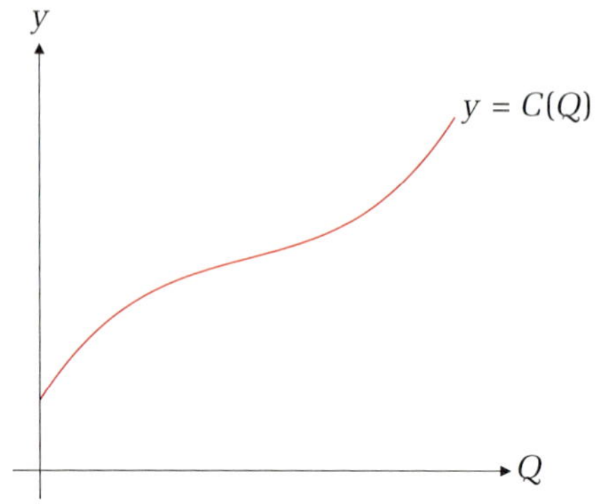

Abbildung 4.7.2: Eine kubische Kostenfunktion

den an die Beschäftigten. Die kubische Kostenfunktion $C(Q) = aQ^3 + bQ^2 + cQ + d$ weist diese Verhaltensweise auf, vorausgesetzt, dass $a > 0$, $b < 0$, $c > 0$, $d > 0$ und $3ac > b^2$ ist. Solch eine Funktion ist in Abb. 4.7.2 skizziert.

Kubische Kostenfunktionen, deren Koeffizienten ein anderes Vorzeichenmuster haben, sind auch untersucht worden. So ergab z. B. die Untersuchung eines bestimmten Kraftwerks, dass über eine gewisse Periode die Kosten des Brennmaterials als Funktion des Outputs Q gegeben waren durch

$$C(Q) = -Q^3 + 214.2Q^2 - 7900Q + 320\,700$$

Beachten Sie jedoch: Diese Kostenfunktion kann nicht für alle Q gültig sein, da aus ihr folgen würde, dass die Kosten des Brennmaterials für hinreichend große Q negativ wären.

Die genauere Untersuchung kubischer Funktionen wird einfacher mit den Methoden der Differentalrechnung, wie wir später sehen werden.

Allgemeine Polynome

Lineare, quadratische und kubische Funktionen sind alles Beispiele von *Polynomen*.

Allgemeines Polynom

Die Funktion P, die für alle x definiert ist durch

$$P(x) = a_n x^n + a_{n-1} x^{n-1} + \cdots + a_1 x + a_0 \,, \tag{4.7.2}$$

wobei $a_0, a_1, \ldots, a_n$ Konstanten sind mit $a_n \neq 0$, heißt das *allgemeine Polynom vom Grade* n mit den *Koeffizienten* $a_n, a_{n-1}, \ldots, a_0$.

Wenn z. B. $n = 4$, erhalten wir $P(x) = a_4x^4 + a_3x^3 + a_2x^2 + a_1x + a_0$, welches die allgemeine *quartische Funktion* oder *Polynom vom Grad 4* ist. Natürlich gibt es viele Funktionen wie $5 + x^{-2}$ oder $1/(x^3 - x + 2)$, die keine Polynome sind.

Definition (4.7.2) schreibt das Polynom als Summe abnehmender Potenzen von x. Wenn $|x| > 1$, so dass $|x|^n$ mit n steigt, wird der bedeutendste Term nach vorn gestellt. Aber speziell, wenn $|x| < 1$, gibt es Vorteile die umgekehrte Reihenfoge zu benutzen, mit der man auch Summennotation verwenden kann, um $P(x) = \sum_{k=0}^{n} a_k x^k$ zu schreiben.

Faktorenzerlegung von Polynomen

Wie alle algebraischen Ausdrücke können Polynome addiert, subtrahiert und multipliziert werden. Ein Polynom kann auch dividiert werden durch ein anderes Polynom, wobei sich eine Funktion ergibt, die definiert ist an allen Stellen, wo der Nenner ungleich null ist. Manchmal ist das Resultat dieser Division ein neues Polynom. Aber manchmal ist es wie bei der Division einer ganzen Zahl durch eine andere ganze Zahl: Es bleibt ein Rest. Hier ist ein nützliches Resultat:

Restglied-Theorem

Sei $P(x)$ ein Polynom vom Grad m und $Q(x)$ ein Polynom vom Grad n, wobei $m > n$. Dann gibt es ein eindeutiges Paar von Polynomen $q(x)$ vom Grad $m - n$ und $r(x)$ vom Grad kleiner als n, so dass

$$P(x) = q(x)Q(x) + r(x) \tag{4.7.3}$$

Offensichtlich kann Gleichung (4.7.3) so geschrieben werden:

$$\frac{P(x)}{Q(x)} = q(x) + \frac{r(x)}{Q(x)} \quad \text{für alle } x \text{ mit } Q(x) \neq 0$$

In diesem Sinn ist das Polynom $r(x)$ das, was übrig bleibt nach dem Versuch, $P(x)$ durch $Q(x)$ zu dividieren. Deshalb nennen wir es *Restglied*.

Wenn (4.7.3) gilt mit $r(x) = 0$ für alle x, sagen wir, dass $Q(x)$ *ein Faktor von* $P(x)$ *ist* oder dass $P(x)$ *teilbar ist durch* $Q(x)$. Dann ist $P(x) = q(x)Q(x)$ oder $P(x)/Q(x) = q(x)$.

Ein wichtiger Spezialfall ist $Q(x) = x - a$. Dann hat $Q(x)$ den Grad 1, so dass der Rest $r(x)$ Grad 0 haben muss und daher eine Konstante ist. In diesem Spezialfall gilt

$$P(x) = q(x)(x - a) + r \quad \text{für alle } x$$

Insbesondere für $x = a$ erhalten wir $P(a) = r$. Daher gilt: $x - a$ teilt $P(x)$ dann und nur dann, wenn $P(a) = 0$. Diese wichtige Beobachtung kann wie folgt formuliert werden:

Faktorenzerlegung eines Polynoms

$$\text{Das Polynom } P(x) \text{ hat den Faktor } x - a \text{ genau dann, wenn } P(a) = 0 \tag{4.7.4}$$

Beispiel 4.7.2

Zeigen Sie, dass $x - 5$ ein Faktor des Polynoms $P(x) = x^3 - 3x^2 - 50$ ist.

Lösung: $P(5) = 125 - 75 - 50 = 0$, so dass $x - 5$ nach (4.7.4) ein Faktor von $P(x)$ ist. In der Tat: Es gilt $P(x) = (x - 5)(x^2 + 2x + 10)$.

In zahlreichen Problemen der Mathematik und ihren Anwendungen treten Polynome auf. Häufig ist man besonders daran interessiert, die Anzahl und die Lage der *Nullstellen* von $P(x)$ zu finden, d. h. der Werte von x, für die $P(x) = 0$ gilt.

Die *allgemeine Gleichung n-ter Ordnung* hat die Form

$$a_n x^n + a_{n-1} x^{n-1} + \cdots + a_1 x + a_0 = 0 \tag{4.7.5}$$

Es wird bald gezeigt werden, dass diese Gleichung *höchstens n* (reelle) Lösungen hat, die auch *Wurzeln* genannt werden. Sie braucht jedoch keine Lösungen zu haben. Das entsprechende Polynom n-ten Grades hat einen Graphen, der höchstens $n - 1$ *Extrempunkte* hat, in denen die Funktion von strikt ansteigend auf strikt fallend oder umgekehrt wechselt. Es können jedoch weniger Extrempunkte sein. So hat z. B. die Gleichung 100. Ordnung $x^{100} + 1 = 0$ keine Lösung, da $x^{100} + 1$ immer größer oder gleich 1 ist und der zugehörige Graph hat nur einen Extrempunkt an der Stelle $x = 0$.

Entsprechend dem *Fundamentalsatz der Algebra* kann jedes Polynom der Gestalt (4.7.2) als ein Produkt von Polynomen ersten und zweiten Grades geschrieben werden. Es folgt aus (4.7.4), dass jede Nullstelle $x = a$ eines Polynoms $P(x)$ zu einem verschiedenen Faktor der Form $x - a$ führt. Also: Wenn $P(x)$ vom Grad n is, so kann es *höchstens n* verschiedene Nullstellen haben.

Ganzzahlige Lösungen

Beachten Sie, dass jede ganze Zahl m, die die kubische Gleichung

$$-x^3 + 4x^2 - x - 6 = 0 \tag{$*$}$$

erfüllt, die Gleichung $m(-m^2 + 4m - 1) = 6$ erfüllen muss. Da $-m^2 + 4m - 1$ auch eine ganze Zahl ist, muss m ein Faktor des konstanten Terms 6 sein. Da ± 1, ± 2, ± 3 und ± 6 die Faktoren von 6 sind, sind sie die einzigen möglichen ganzzahligen Lösungen. Direktes Einsetzen in die linke Seite der Gleichung $(*)$ ergibt, dass von diesen acht Möglichkeiten -1, 2 und 3 die Lösungen der Gleichung sind. Eine Gleichung dritten Grades hat höchstens drei Lösungen, so dass wir alle gefunden haben. In der Tat gilt:

$$-x^3 + 4x^2 - x - 6 = -(x + 1)(x - 2)(x - 3)$$

Im Allgemeinen kann Gleichung (4.7.5) umgeschrieben werden als

$$x(a_n x^{n-1} + a_{n-1} x^{n-2} + \cdots + a_1) = -a_0 \tag{4.7.6}$$

Wenn also die Koeffizienten $a_n, a_{n-1}, \ldots, a_1, a_0$ alle ganzzahlig sind und wenn x eine ganzzahlige Lösung von (4.7.5) ist, dann ist der Ausdruck in Klammern auf der linken Seite von (4.7.6) auch eine ganze Zahl. Dies impliziert, dass x ein Faktor von a_0 sein muss. Zusammengefasst:

Ganzzahlige Lösungen

Betrachten Sie die Gleichung

$$a_n x^n + a_{n-1}x^{n-1} + \cdots + a_1 x + a_0 = 0\,, \qquad (4.7.7)$$

wobei die Koeffizienten a_n, a_{n-1}, ..., a_1, a_0 alle ganze Zahlen sind. Dann müssen alle ganzzahligen Lösungen Faktoren des konstanten Terms a_0 sein.

Beispiel 4.7.3

Bestimmen Sie alle möglichen ganzzahligen Lösungen der Gleichung

$$\tfrac{1}{2}x^3 - x^2 + \tfrac{1}{2}x - 1 = 0$$

Lösung: Wir multiplizieren beide Seiten der Gleichung mit 2, um die äquivalente Gleichung $x^3 - 2x^2 + x - 2 = 0$ zu erhalten, deren Koeffizienten alle ganzzahlig sind. Nun müssen alle ganzzahligen Lösungen Faktoren von 2 sein, so dass die einzig möglichen Lösungen ± 1 und ± 2 sind. Eine Überprüfung dieser vier Möglichkeiten zeigt, dass $x = 2$ die einzige ganzzahlige Lösung ist. Und da $x^3 - 2x^2 + x - 2 = (x-2)(x^2+1)$, ist dies die einzige reelle Lösung.

Beispiel 4.7.4

Bestimmen Sie mögliche quadratische und kubische Funktionen, die die Graphen in den Abb. 4.7.3 bzw. 4.7.4 haben.

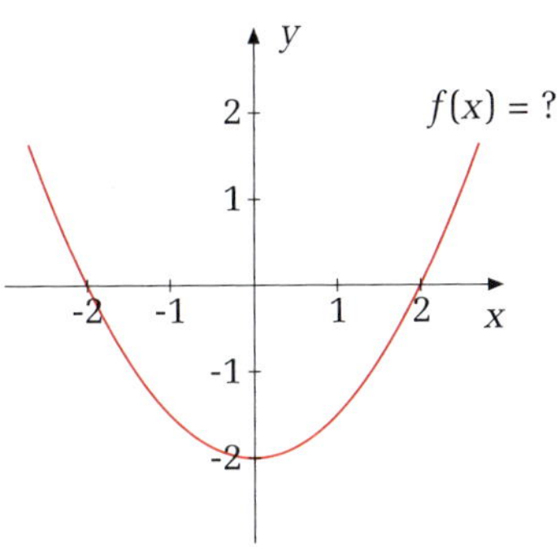

Abbildung 4.7.3: Eine quadratische Funktion

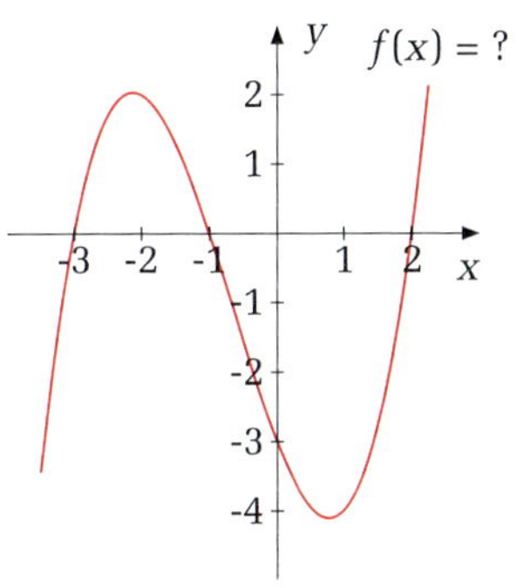

Abbildung 4.7.4: Eine kubische Funktion

Lösung: Abb. 4.7.3: Da der Graph die x-Achse in den zwei Punkten $x = -2$ und $x = 2$ schneidet, versuchen wir es mit der quadratischen Funktion $f(x) = a(x-2)(x+2)$. Dann ist $f(0) = -4a$. Entsprechend dem Graphen ist $f(0) = -2$ und somit $a = 1/2$ und damit

$$f(x) = \frac{1}{2}(x-2)(x+2) = \frac{1}{2}x^2 - 2$$

Abb. 4.7.4: Da die Gleichung $f(x) = 0$ die Lösungen $x = -3, -1, 2$ hat, probieren wir die kubische Funktion $f(x) = b(x+3)(x+1)(x-2)$. Dann ist $f(0) = -6b$. Entsprechend dem Graphen ist $f(0) = -3$. Somit ist $b = 1/2$ und daher

$$f(x) = \frac{1}{2}(x+3)(x+1)(x-2)$$

Polynom-Division

Man kann Polynome in fast genau der gleichen Weise dividieren, wie man Zahlen schriftlich dividiert. Um sich an schriftliche Division zu erinnern, betrachten Sie zunächst ein einfaches numerisches Beispiel:

$$\begin{array}{rcrcl}
2735 & \div & 5 & = & 500 + 40 + 7 \\
\underline{2500} & \leftarrow & 500 \times 5 & & \\
235 & & & & \\
\underline{200} & \leftarrow & 40 \times 5 & & \\
35 & & & & \\
\underline{35} & \leftarrow & 7 \times 5 & & \\
0 & & & & \leftarrow \text{der Rest}
\end{array}$$

Beachten Sie die Pfeile: Zu seiner Rechten wird jeweils eine Dezimalstelle der Antwort mit dem Divisor multipliziert. Dieses Produkt ist nach links zu übertragen. Alsdann weist jede horizontale Linie Sie an, die Zahl unmittelbar über der Linie zu subtrahieren von der darüberstehenden Zahl.[15] Am Ende erhalten wir die Antwort $2735 \div 5 = 547$.

Als Nächstes zeigen wir, wie man eine ähnliche Methode auf dieses Beispiel

$$(-x^3 + 4x^2 - x - 6) \div (x - 2)$$

der Polynomdivision anwendet. Hier sind die Schritte:

$$\begin{array}{rcccl}
-x^3 + 4x^2 - x - 6 & \div & x - 2 & = & -x^2 + 2x + 3 \\
\underline{-x^3 + 2x^2 \phantom{- x - 6}} & \leftarrow & -x^2(x-2) & & \\
+ 2x^2 - x - 6 & & & & \\
\underline{+ 2x^2 - 4x } & \leftarrow & 2x(x-2) & & \\
+ 3x - 6 & & & & \\
\underline{+ 3x - 6} & \leftarrow & 3(x-2) & & \\
0 & & & & \leftarrow \text{der Rest}
\end{array}$$

Wir schließen, dass $(-x^3 + 4x^2 - x - 6) \div (x - 2) = -x^2 + 2x + 3$. Es ist jedoch leicht zu sehen, dass $-x^2 + 2x + 3 = -(x+1)(x-3)$. Somit ist

$$-x^3 + 4x^2 - x - 6 = -(x+1)(x-3)(x-2)$$

[15] Sie sind vielleicht an eine etwas andere Anordnung der Zahlen gewöhnt, die Idee ist jedoch immer dieselbe.

Beispiel 4.7.5

Zeigen Sie, dass das Polynom $P(x) = -2x^3 + 2x^2 + 10x + 6$ eine Nullstelle an der Stelle $x = 3$ hat und faktorisieren Sie dann das Polynom.

Lösung: Indem wir $x = 3$ einsetzen, erhalten wir $P(3) = 0$. Nach (4.7.4) gilt: $P(x)$ hat $x - 3$ als einen Faktor. Indem wir die Division $(-2x^3 + 2x^2 + 10x + 6) \div (x - 3)$ durchführen, erhalten wir das Ergebnis $-2x^2 - 4x - 2 = -2(x + 1)^2$. Damit ist $P(x) = -2(x - 3)(x + 1)^2$.

Polynom-Division mit einem Rest

Die Division $2734 \div 5$ ergibt 546 und es bleibt ein Rest von 4. Somit ist $2734/5 = 546 + 4/5$. Wir betrachten eine ähnliche Form der Division für Polynome.

Beispiel 4.7.6

Führen Sie die Division $(x^4 + 3x^2 - 4) \div (x^2 + 2x)$ durch.

Lösung: Indem wir wie gewohnt vorgehen[16], erhalten wir:

$$\begin{array}{llllll}
x^4 & & +\,3x^2 & -\,4 & \div \quad x^2 + 2x & = x^2 - 2x + 7 \\
\underline{x^4} & \underline{+\,2x^3} & & & \leftarrow \quad x^2(x^2 + 2x) & \\
 & -\,2x^3 & +\,3x^2 & -\,4 & & \\
 & \underline{-\,2x^3} & \underline{-\,4x^2} & & \leftarrow \; -2x(x^2 + 2x) & \\
 & & 7x^2 & -\,4 & & \\
 & & \underline{7x^2} & \underline{+\,14x} & \leftarrow \quad 7(x^2 + 2x) & \\
 & & & -\,14x - 4 & & \leftarrow \text{ der Rest}
\end{array}$$

Es folgt, dass $x^4 + 3x^2 - 4 = (x^2 - 2x + 7)(x^2 + 2x) + (-14x - 4)$ und somit:

$$\frac{x^4 + 3x^2 - 4}{x^2 + 2x} = x^2 - 2x + 7 - \frac{14x + 4}{x^2 + 2x}$$

Das Restglied-Theorem resultiert aus der Behauptung: Wenn man ein Polynom $P(x)$ durch ein anderes Polynom $Q(x)$ mit niedrigerem Grad dividiert, dann funktioniert diese Division immer und liefert ein Resultat, dass (4.7.3) erfüllt.

Rationale Funktionen

Eine *rationale Funktion* ist eine Funktion $R(x) = P(x)/Q(x)$, die als Quotient von zwei Polynomen $P(x)$ und $Q(x)$ ausgedrückt werden kann. Diese Funktion ist definiert für alle x mit $Q(x) \neq 0$.

[16] Das Polynom $x^4 + 3x^2 - 4$ hat keine Terme mit x^3 und x. Deshalb haben wir einigen Zwischenraum zwischen den Potenzen von x eingeschoben, um Raum zu erhalten für Terme mit x^3 und x, die im Laufe der Berechnungen entstehen.

Die rationale Funktion $R(x)$ heißt *echt*, wenn der Grad von $P(x)$ kleiner ist als der von $Q(x)$. Wenn der Grad von $P(x)$ nicht kleiner ist als der von $Q(x)$, wird $R(x)$ eine *unechte* rationale Funktion genannt. Indem wir Polynom-Division wie in Beispiel 4.7.6 durchführen, kann jede unechte rationale Funktion als Summe eines Polynoms und einer echten rationalen Funktion geschrieben werden.

Beispiel 4.7.7

Eine der einfachsten Typen einer rationalen Funktion ist

$$R(x) = \frac{ax+b}{cx+d},$$

wobei $c \neq 0$, denn für $c = 0$ wäre $R(x)$ entweder eine lineare Funktion, wenn $d \neq 0$, oder sonst wäre es nicht definiert, wenn auch $d = 0$.

Der Graph von R ist eine *Hyperbel*. Siehe Abb. 5.1.7 für ein typisches Beispiel, in dem $R(x) = (3x-5)/(x-2)$ ist.[17] Ein sehr einfacher Fall ist $R(x) = a/x$, wobei $a > 0$. Abbildung 4.7.5 zeigt den Teil des Graphen dieser Funktion im ersten Quadranten. Beachten Sie, dass die schattierte Fläche $A = x_0(a/x_0) = a$ immer gleich a ist, unabhängig davon, welchen Punkt P wir auf der Kurve wählen.

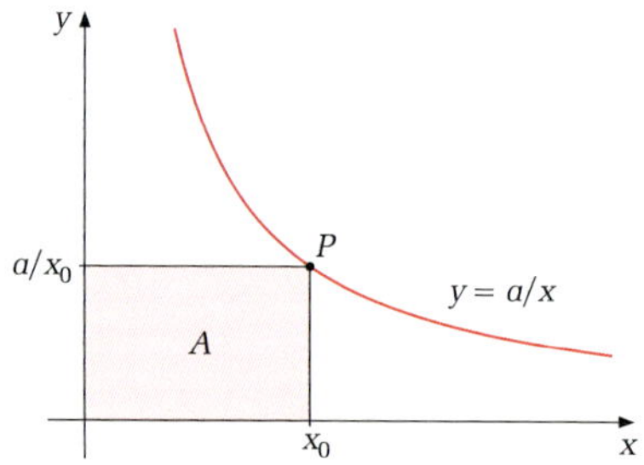

Abbildung 4.7.5: Die Fläche A ist unabhängig von P

Die Untersuchung des Verhaltens komplizierterer rationaler Funktionen wird einfacher, wenn wir geeignete Werkzeuge aus der Analysis eingeführt haben.[18]

Aufgaben für Kapitel 4.7

1. Bestimmen Sie alle ganzzahligen Lösungen der folgenden Gleichungen:

(a) $x^4 - x^3 - 7x^2 + x + 6 = 0$ (b) $2x^3 + 11x^2 - 7x - 6 = 0$

(c) $x^4 + x^3 + 2x^2 + x + 1 = 0$ (d) $\frac{1}{4}x^3 - \frac{1}{4}x^2 - x + 1 = 0$

[17] Siehe auch am Ende des Kapitels 5.5.
[18] Siehe z. B. Aufgabe 7.9.9.

➡ Fortsetzung

2. Bestimmen Sie alle ganzzahligen Lösungen der folgenden Gleichungen:

(a) $x^2 + x - 2 = 0$ (b) $x^3 - x^2 - 25x + 25 = 0$ (c) $x^5 - 4x^3 - 3 = 0$

3. Führen Sie die folgenden Divisionen durch:

(a) $(2x^3 + 2x - 1) \div (x - 1)$ (b) $(x^4 + x^3 + x^2 + x) \div (x^2 + x)$

(c) $(x^5 - 3x^4 + 1) \div (x^2 + x + 1)$ (d) $(3x^8 + x^2 + 1) \div (x^3 - 2x + 1)$

4. Finden Sie mögliche Formeln für jedes der drei Polynome, deren Graphen in Abb. 4.7.6 bis 4.7.8 gezeigt werden.

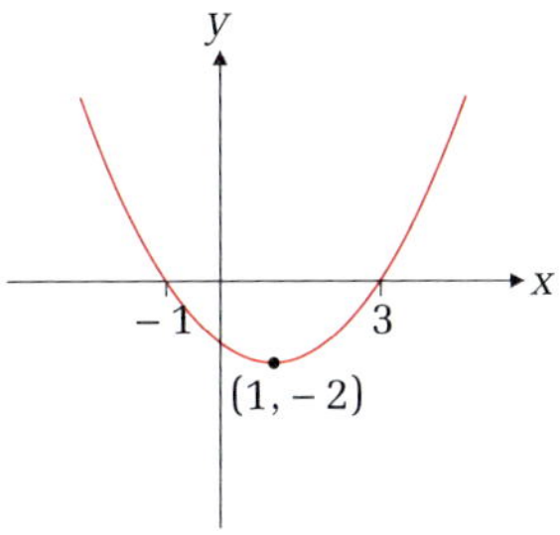

Abbildung 4.7.6: Aufgabe 4 (a)

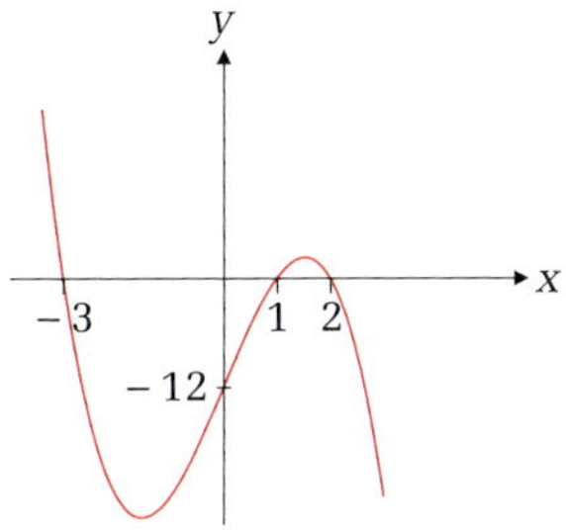

Abbildung 4.7.7: Aufgabe 4 (b)

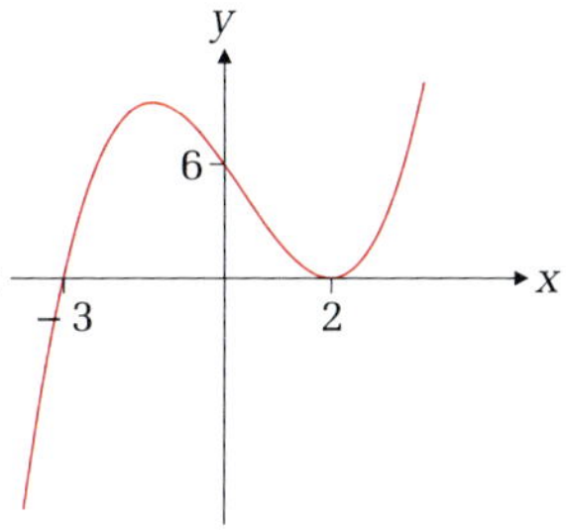

Abbildung 4.7.8: Aufgabe 4 (c)

5. Führen Sie die folgenden Divisionen durch:

(a) $(x^2 - x - 20) \div (x - 5)$ (b) $(x^3 - 1) \div (x - 1)$ (c) $(-3x^3 + 48x) \div (x - 4)$

6. Zeigen Sie, dass die Division $(x^4 + 3x^2 + 5) \div (x - c)$ für alle Werte von c ein Restglied übrig lässt.

7. Zeigen Sie: Wenn sowohl $c \neq 0$ als auch $cx + d \neq 0$, dann gilt:
$$\frac{ax + b}{cx + d} = \frac{a}{c} + \frac{bc - ad}{c(cx + d)}$$

8. Die folgende Funktion wurde in der Nachfrage-Forschung verwendet:

$$E = \alpha \frac{x^2 - \gamma x}{x + \beta}$$

mit Konstanten α, β und γ. Führen Sie die Division $(x^2 - \gamma x) \div (x + \beta)$ durch und benutzen Sie das Resultat, um E als eine Summe einer linearen Funktion und eines geeigneten Bruches darzustellen.

► Lösungen zu den Aufgaben finden Sie im Anhang des Buches.

4.8 Potenzfunktionen

Wir haben in Kap. 2.5 gesehen, wie die Zahl x^r für alle positiven rellen Zahlen x und für alle rationalen Zahlen r definiert werden kann. Damit x^r für alle reellen Zahlen r definiert ist, müssen wir x^r auch betrachten, wenn r irrational ist. Wie definieren wir z. B. einen Ausdruck wie 5 potenziert mit der irrationalen Zahl π? Weil π nahe bei 3.1 ist, sollten wir erwarten, dass 5^π ungefähr

$$5^{3.1} = 5^{31/10} = \sqrt[10]{5^{31}}$$

ist, welches definiert *ist*. Eine noch bessere Approximation ist

$$5^\pi \approx 5^{3.14} = 5^{314/100} = 5^{157/50} = \sqrt[50]{5^{157}}$$

Wir können fortfahren, indem wir immer mehr Dezimalstellen in der Darstellung von $\pi = 3.141\,592\,653\,5\ldots$ verwenden. Das Resultat wird mit jeder weiteren Dezimalstelle näher an 5^π liegen. Damit sollte die Bedeutung von 5^π einigermaßen klar sein. Für den Moment jedoch wollen wir damit zufrieden sein, dass wir mit Hilfe eines Rechners herausfinden, dass $5^\pi \approx 156.993$. Später bietet Kap. 7.11 eine ausführlichere Diskussion, wie x^r als ein Grenzwert zu definieren ist, wenn r irrational ist.

Potenzfunktion

Die allgemeine *Potenzfunktion* ist für $x > 0$ definiert durch die Formel

$$f(x) = Ax^r\,, \tag{4.8.1}$$

wobei r und A Konstanten sind.

Wenn wir die Potenzfunktion betrachten, nehmen wir immer an, dass $x > 0$ ist. Der Grund dafür ist, dass für viele Werte von r, wie z. B. $r = 1/2$, das Symbol x^r für negative Werte von x nicht definiert ist. Und wir schließen $x = 0$ aus, weil 0^r nicht definiert ist, wenn $r \leq 0$.

Graphen von Potenzfunktionen

Betrachten Sie die Potenzfunktion $f(x) = x^r$ auf dem Definitionsbereich $x > 0$. Sie ist definiert für alle reellen Zahlen r. Für jedes reelle r haben wir immer $f(1) = 1^r = 1$, so dass der Graph der Funktion durch den Punkt $(1, 1)$ in der xy-Ebene verläuft. Das Verhalten des Graphen hängt entscheidend vom Wert von r ab, wie es die Abb. 4.8.1–4.8.3 zeigen.

Falls $0 < r < 1$, ist der Graph wie der in Abb. 4.8.1, der dem Graphen von $f(x) = x^{0.5}$ ähnelt, der in Abb. 4.3.8 gezeigt ist. Für $r > 1$ ist der Graph wie der in Abb. 4.8.2 gezeigte; z. B. für $r = 2$ ist der Graph die rechte Hälfte der Parabel $y = x^2$, die in Abb. 4.3.6 gezeigt ist. Schließlich wird für $r < 0$ der Graph in Abb. 4.8.3 gezeigt, welcher für $r = -1$ die Hälfte der Hyperbel $y = 1/x$ ist, die in Abb. 4.3.9 gezeigt wird. Abb. 4.8.4 zeigt, wie der Graph von $y = x^r$ sich ändert mit variierenden positiven Werten des Exponenten r.

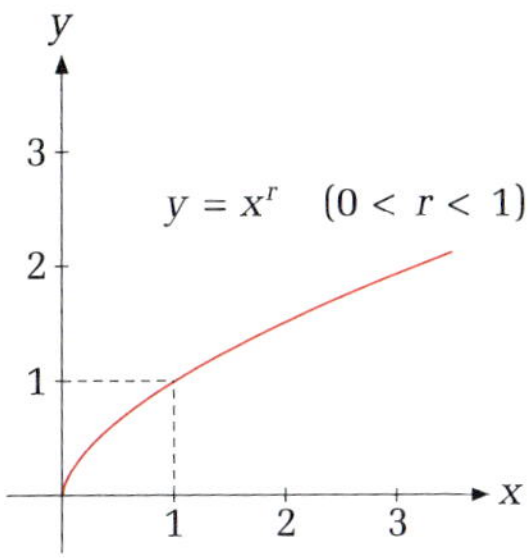

Abbildung 4.8.1: $0 < r < 1$

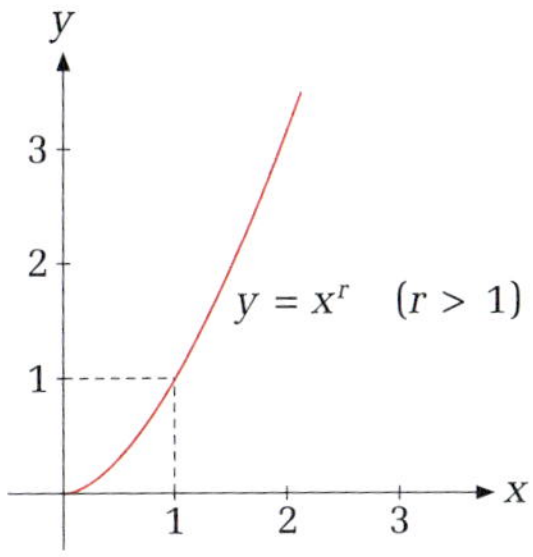

Abbildung 4.8.2: $r > 1$

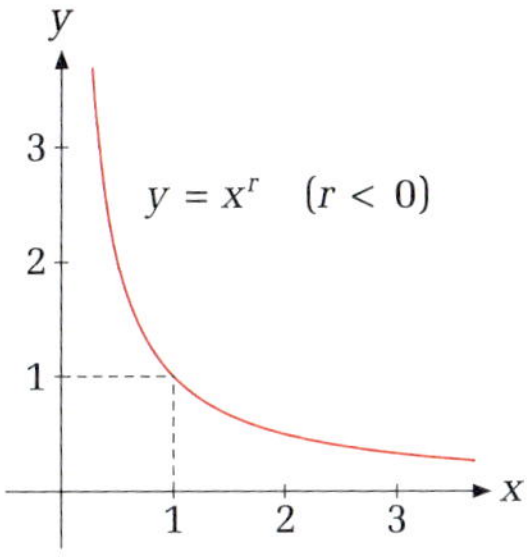

Abbildung 4.8.3: $r < 0$

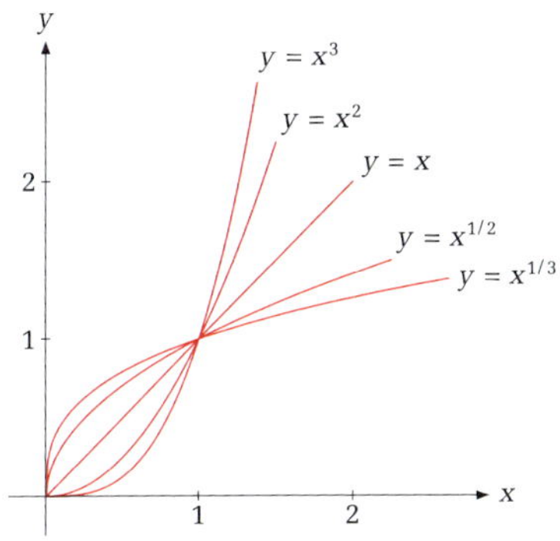

Abbildung 4.8.4: $y = x^r$

Aufgaben für Kapitel 4.8

1. Skizzieren Sie die Graphen von $y = x^{-3}$, $y = x^{-1}$, $y = x^{-1/2}$ und $y = x^{-1/3}$, definiert für $x > 0$.

2. Benutzen Sie einen Rechner, um approximative Werte für (a) $\sqrt{2}^{\sqrt{2}}$ (b) π^{π} zu finden.

3. Lösen Sie die folgenden Gleichungen nach x auf:

(a) $2^{2x} = 8$ (b) $3^{3x+1} = 1/81$ (c) $10^{x^2-2x+2} = 100$

4. Bestimmen Sie t, wenn gilt: (a) $3^{5t}9^t = 27$ (b) $9^t = (27)^{1/5}/3$

► Lösungen zu den Aufgaben finden Sie im Anhang des Buches.

4.9 Exponentialfunktionen

Eine Größe, die pro Zeiteinheit um einen festen Faktor wächst (oder fällt), nennt man *exponentiell wachsend* (oder *fallend*). Wenn dieser feste Faktor a ist, führt dies zu der Exponentialfunktion

$$f(t) = Aa^t \,, \tag{4.9.1}$$

wobei $a > 0$ und A Konstanten sind. Im Folgenden werden wir den Fall betrachten, in dem A positiv ist. Aber wenn A negativ ist, können wir stattdessen $-f(t) = (-A)a^t$ betrachten und dann das Vorzeichen wechseln.

Beachten Sie: Aus $f(t) = Aa^t$ folgt $f(t+1) = Aa^{t+1} = Aa^t \cdot a^1 = af(t)$, so dass der Wert von f zur Zeit $t+1$ das a-fache des Wertes von f zur Zeit t ist. Wenn $a > 1$, dann ist f monoton wachsend. Wenn $0 < a < 1$, dann ist f monoton fallend. (Siehe Abb. 4.9.1 und 4.9.2.) Da $f(0) = Aa^0 = A$, können wir immer schreiben $f(t) = f(0)a^t$.

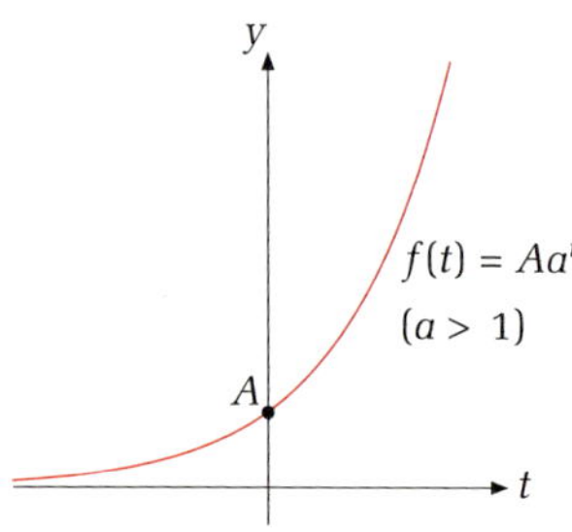

Abbildung 4.9.1: $f(t) = Aa^t$, $a > 1$

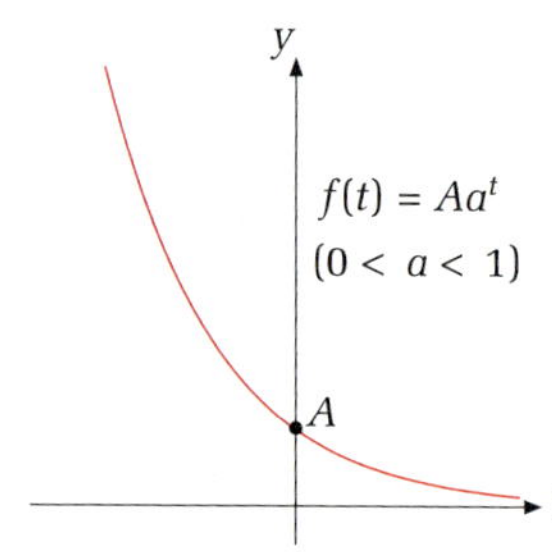

Abbildung 4.9.2: $f(t) = Aa^t$, $0 < a < 1$

Es ist wichtig, den entscheidenden Unterschied zu erkennen zwischen der Exponentialfunktion $f(x) = a^x$ und der typischen Potenzfunktion $g(x) = x^a$, die in Kap. 4.8 erörtert wurde. In der Tat: Bei der Exponentialfunktion a^x variiert der Exponent, während die Basis konstant ist. Bei der Potenzfunktion x^a dagegen ist der Exponent eine Konstante, während die Basis variiert.

Exponentialfunktionen treten in vielen wirtschaftswissenschaftlichen, sozialwissenschaftlichen und physikalischen Modellen auf. So sind z. B. wirtschaftliches Wachstum, Bevölkerungswachstum, stetig akkumulierter Zins, radioaktiver Zerfall und abnehmendes Analphabetentum alle durch Exponentialfunktionen beschrieben worden. Darüberhinaus ist die Exponentialfunktion eine der wichtigsten Funktionen in der Statistik. Hier ist eine Anwendung:

Beispiel 4.9.1 **(Bevölkerungswachstum)**

Betrachten Sie eine wachsende Population wie die von Europa im 20. Jahrhundert. In Beispiel 4.5.1 haben wir eine lineare Funktion $P = 5.1\,t + 606$ konstruiert, wobei P die Größe der Population in Millionen bezeichnet, $t = 0$ entspricht dem Jahr 1960, als die Größe der Population 606 Millionen war und $t = 10$ entspricht dem Jahr 1970, als die Population auf 657 Millionen geschätzt wurde. Diese lineare Formel sagt aus, dass es einen konstanten jährlichen Zuwachs von 5.1 Millionen gab, was sehr unangemessen erscheint. Schließlich impliziert sie, dass für Jahre vor 1841, wenn $t \le -119$, die Population Europas negativ war!

In der Tat; Nach Schätzungen der UN wuchs die Bevölkerung Europas um ungefähr 0.45 % pro Jahr im Zeitraum 1960 bis 2000. Wenn die Wachstumsrate dann konstant gewesen wäre, so wäre, beginnend mit einer Populationsgröße von 606 Millionen im Jahre 1960, die Größe der Population in 1961 gleich $606 \cdot 1.0045$ gewesen (siehe Kap. 2.2), d. h. ungefähr 609 Millionen. Im nächsten Jahr, in 1962, wäre sie angewachsen auf $606 \cdot 1.0045^2$, d. h. auf ungefähr 611 Millionen. Tatsächlich wäre die Bevölkerung jedes Jahr um den Faktor 1.0045 gewachsen. Dann wäre die Einwohnerzahl t Jahre nach 1960 gleich

$$P(t) = 606 \cdot 1.0045^t$$

gewesen. Damit ist $P(t)$ eine Exponentialfunktion der Gestalt (4.9.1). Für das Jahr 2015, das $t = 55$ entspricht, ergibt die Formel die Schätzung $P(55) \approx 776$ Millionen.[19]

Viele Länder, besonders in Afrika, haben in letzter Zeit ein wesentlich größeres Bevölkerungswachstum gehabt als Europa. So war z. B. in den 1970-er und 1980-er Jahren die jährliche Wachstumsrate in der Bevölkerung Zimbabwes nahe bei 3.5 %. Lassen wir $t = 0$ dem Zensus-Jahr 1969 entsprechen, als die Einwohnerzahl 5.1 Millionen war. Bei dieser Wachstumsrate ist die Einwohnerzahl t Jahre nach 1969 gleich $P(t) = 5.1 \cdot 1.035^t$. Wenn wir $P(20)$, $P(40)$ und $P(60)$ nach dieser Formel berechnen, erhalten wir ungefähr 10, 20 und 40. Damit verdoppelt sich die Einwohnerzahl Zimbabwes ungefähr nach 20 Jahren; während der nächsten 20 Jahre verdoppelt sie sich wieder usw. Wir sagen, dass die *Verdopplungszeit* der Einwohnerzahl annähernd 20 Jahre ist. Natürlich ist diese Art der Extrapolation, so weit in die Zukunft hinein, sehr zweifelhaft, da das exponentielle Wachstum einer Population nicht für immer weiter gehen kann. Wenn die Wachstumsrate weiterhin 3.5 % jährlich bliebe und es keine Emigration gäbe, dann hätte im Jahr 2296 der durchschnittliche Bewohner in Zimbabwe im Durchschnitt nur 1 Quadratmeter Land zur Verfügung. Siehe Aufgabe 4.10.10.

Beispiel 4.9.2 **(Zinseszinsen)**

Wie wir in Kap. 2.2 gesehen haben, wächst ein Sparkonto von K Euro, das jedes Jahr um p % Zinsen steigt, nach t Jahren an auf $K(1 + p/100)^t$. Nach dieser Formel mit $K = 1$ wird eine Einlage von 1 Euro, der pro Jahr 8 % „verdient" (so dass $p = 8$), nach t Jahren angewachsen sein auf $(1 + 8/100)^t = 1.08^t$ Euro.

Tabelle 4.9.1 zeigt wie schnell das Sparkonto wächst. Nach 30 Jahren ist 1 Euro auf dem Sparkonto auf mehr als 10 Euro und nach 200 Jahren auf mehr als 4.8 Millionen Euro gewachsen!

Tabelle 4.9.1: Wie 1 Euro auf einem Sparkonto mit der Zeit wächst bei einem jährlichen Zinssatz von 8 %

t	1	2	5	10	20	30	50	100	200
$(1.08)^t$	1.08	1.17	1.47	2.16	4.66	10.06	46.9	2199.8	4 838 949.6

[19] Die aktuelle Einwohnerzahl ergab sich als ungefähr 738 Millionen. Dies zeigt die Einschränkungen solch naiver Hochrechnungen.

Beachten Sie, dass der Ausdruck 1.08^t eine Exponentialfunktion vom Typ (4.9.1) definiert mit $a = 1.08$. Auch wenn a nur geringfügig größer als 1 ist, wird $f(t)$ sehr schnell anwachsen, wenn t groß wird.

Beispiel 4.9.3 **(Stetige Abschreibung)**

Jedes Jahr nimmt der Wert von vielen Wirtschaftsgütern wie Autos, elektronischen Geräten oder Möbeln ab. Wenn man annimmt, dass der Wert eines Wirtschaftsgutes jedes Jahr um einen festen Prozentsatz abnimmt, dann wird die *Abschreibung* des Wertes *stetig* genannt.[20]
Nehmen Sie an, dass ein Auto, das zur Zeit $t = 0$ den Wert P_0 hat, anschließend jedes Jahr mit einer Rate von 20 % an Wert verliert über einen Zeitraum von insgesamt 5 Jahren. Wie hoch ist sein Wert $A(t)$ zur Zeit t für $t = 1, 2, 3, 4, 5$?

Lösung: Nach 1 Jahr ist sein Wert $P_0 - (20P_0/100) = P_0(1 - 20/100) = P_0(0.8)^1$. Das heißt sein Wert nimmt jedes Jahr mit dem Faktor 0.8 ab, so dass sein Wert nach t Jahren $A(t) = P_0(0.8)^t$ ist. Insbesondere ist $A(5) = P_0(0.8)^5 \approx 0.32P_0$, so dass sein Wert nach 5 Jahren abgenommen hat auf ungefähr 32 % des Anfangswertes.

Die wichtigsten Eigenschaften der Exponentialfunktion sind im Folgenden zusammengefasst:

Die allgemeine Exponentialfunktion

Die *allgemeine Exponentialfunktion* mit der Basis $a > 0$ ist

$$f(x) = Aa^x ,$$

wobei a der Faktor ist, mit dem $f(x)$ sich ändert, wenn x um 1 steigt.
Für jede Einheit Zuwachs von x gilt bei $A > 0$:

1. Wenn $a = 1 + p/100$ mit $p > 0$, dann steigt $f(x)$ um $p\%$.
2. Wenn $a = 1 - p/100$ mit $0 < p < 100$, dann fällt $f(x)$ um $p\%$.

Die natürliche Exponentialfunktion

Jede Basis a von $f(x) = Aa^x$ führt zu einer anderen Exponentialfunktion. In der Mathematik führt ein besonderer Wert von a zu einer Exponentialfunktion, die weitaus bedeutender ist als alle anderen. Man könnte vielleicht meinen, dass $a = 2$ oder $a = 10$ diese spezielle Basis ist. Gewiss sind Potenzen zur Basis 2 wichtig in der EDV und Potenzen zur Basis 10 treten in unserem gewöhnlichen Dezimalzahlensystem auf. Trotzdem, sobald wir etwas Analysis studiert haben, wird es sich herausstellen, dass die wichtigste Basis einer Exponentialfunktion eine irrationale Zahl ist, die wenig größer als 2.7 ist. In der Tat ist die Bedeutung dieser Zahl so herausragend, dass sie mit dem einzelnen Buchstaben e bezeichnet wird, wahrscheinlich deshalb, weil es der erste Buchstabe des Wortes „exponentiell" ist. Der Wert auf 15 Dezimalstellen

[20] Erinnern Sie den Fall der linearen Abschreibung, der in Aufgabe 4.5.5 behandelt wurde.

ist[21]

$$e = 2.718\,281\,828\,459\,045\ldots \quad (4.9.2)$$

Viele Formeln in der Analysis werden viel einfacher, wenn e als Basis für Exponentialfunktionen verwendet wird. Die zu dieser Basis e gehörige Exponentialfunktion

$$f(x) = e^x \quad (4.9.3)$$

wird die *natürliche Exponentialfunktion* genannt. In den Beispielen 7.5.4 und 7.6.2 werden wir eine explizite Möglichkeit angeben, wie man e^x mit beliebiger Genauigkeit approximieren kann. Die Graphen der Funktionen $f(x) = e^x$ und $f(x) = e^{-x}$ sind in Abb. 4.9.3 gegeben. Natürlich gelten alle Regeln für Potenzen auch für die natürliche Exponentialfunktion. Insbesondere

$$\text{(a)}\ e^s e^t = e^{s+t} \qquad \text{(b)}\ e^s/e^t = e^{s-t} \qquad \text{(c)}\ (e^s)^t = e^{st}$$

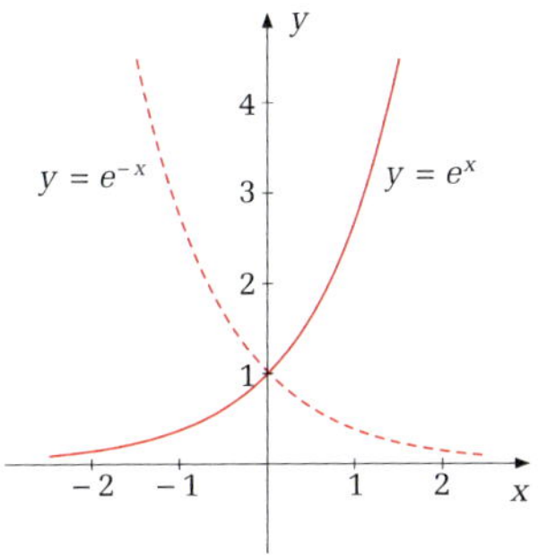

Abbildung 4.9.3: Die Graphen von $y = e^x$ und $y = e^{-x}$

Potenzen mit e als Basis, sogar e^1, sind schwierig per Hand zu berechnen. Ein Taschenrechner mit einer $\boxed{e^x}$-Funktionstaste kann dies jedoch unverzüglich erledigen. So erhält man z. B., dass $e^{1.0} \approx 2.7183$, $e^{0.5} \approx 1.6487$ und $e^{-\pi} \approx 0.0432$ ist.

Manchmal wird die Notation $\exp(u)$ oder sogar $\exp u$ anstelle von e^u verwendet. Falls u ein komplizierter Ausdruck wie $x^3 + x\sqrt{x - 1/x} + 5$ ist, ist es sicherlich viel einfacher, $\exp(x^3 + x\sqrt{x - 1/x} + 5)$ anstelle von $e^{x^3 + x\sqrt{x-1/x}+5}$ zu lesen und zu schreiben.

Aufgaben für Kapitel 4.9

1. Ein Sparkonto mit einer Anfangseinlage von 100 Euro bringt pro Jahr 12 % Zinsen ein. Wie hoch ist der Betrag auf dem Sparkonto nach t Jahren? Fertigen Sie eine Tabelle ähnlich zu Tabelle 4.9.1 an und hören Sie dabei bei 50 Jahren auf.

[21] Obwohl die Zahl e bereits 100 Jahre früher bekannt war, war der Schweizer Wissenschaftler und Mathematiker Leonhard Euler (1707–1783) der erste, der sie mit dem Buchstaben e bezeichnete. Er bewies, dass sie irrational ist und berechnete sie auf 23 Dezimalstellen.

➜ Fortsetzung

2. Füllen Sie die folgende Tabelle aus und skizzieren Sie die Graphen von $y = 2^x$ und $y = 2^{-x}$.

x	−3	−2	−1	0	1	2	3
2^x							
2^{-x}							

3. Die *Dichtefunktion der Standardnormalverteilung*

$$\varphi(x) = \frac{1}{\sqrt{2\pi}} e^{-\frac{1}{2}x^2}$$

ist eine der wichtigsten Funktionen in der Statistik. Ihr Graph wird oft die „Glockenkurve" genannt, wegen seiner Gestalt. Benutzen Sie Ihren Rechner, um die folgende Tabelle auszufüllen:

x	−2	−1	0	1	2
$y = \varphi(x)$					

4. Welche der folgenden Gleichungen definieren *keine* Exponentialfunktionen von x?

(a) $y = 3^x$ (b) $y = x^{\sqrt{2}}$ (c) $y = (\sqrt{2})^x$

(d) $y = x^x$ (e) $y = (2.7)^x$ (f) $y = 1/2^x$

5. Nehmen Sie an, dass alle Preise mit derselben proportionalen (Inflations-) Rate von 19 % pro Jahr steigen. Nutzen Sie für ein Gut, das gegenwärtig P_0 kostet, die implizierte Formel für den Preis nach t Jahren, um die folgenden Preise vorherzusagen:

(a) Ein 20 kg Sack voll Korn, der heute 16 Euro kostet, nach 5 Jahren.

(b) Ein 4.40 Euro teure Kanne Kaffee nach 10 Jahren.

(c) Ein 250 000 Euro teures Hauses nach 4 Jahren.

6. Bestimmen Sie mögliche Exponentialfunktionen, deren Graphen A bis C in den Abb. 4.9.4 bis 4.9.6 gezeigt sind.

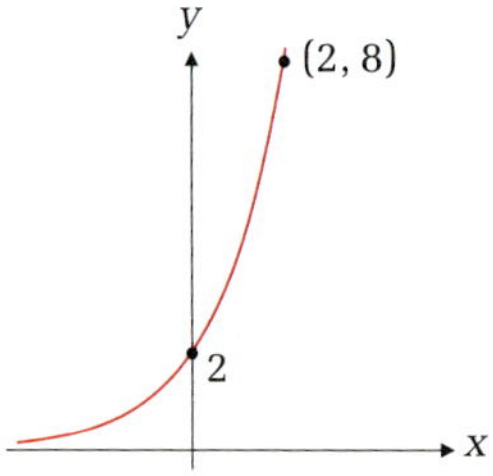

Abbildung 4.9.4: Graph A

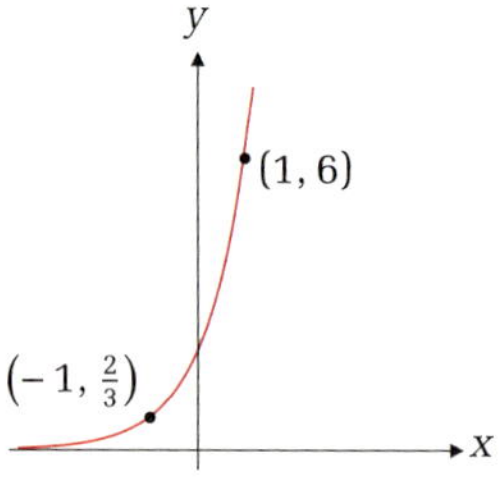

Abbildung 4.9.5: Graph B

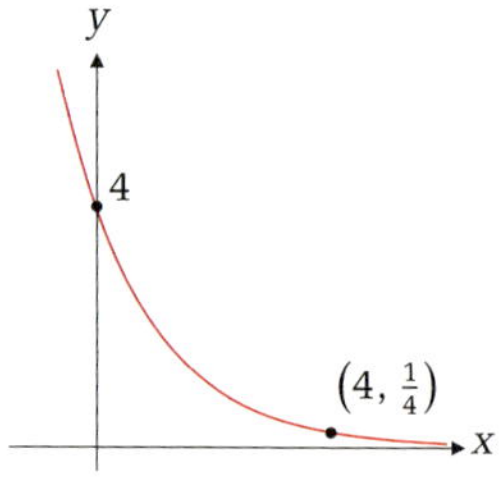

Abbildung 4.9.6: Graph C

► Lösungen zu den Aufgaben finden Sie im Anhang des Buches.

4.10 Logarithmusfunktionen

Ökonomen haben oft mit Fragen wie diesen zu tun:

(a) Wie lange wird es bei der gegenwärtigen Inflationsrate dauern, bis das Preisniveau sich verdreifacht hat?

(b) Wie lange dauert es, bis die Weltbevölkerung sich verdoppelt hat, wenn sie mit 2 % pro Jahr wächst?

(c) Wie lange dauert es, bis ein Sparkonto mit einem Anfangskapital von 1000 Euro bei einem jährlichen Zinssatz von 8 % einen Betrag von 10 000 Euro erreicht hat?

All diese Fragen erfordern, dass Gleichungen der Gestalt $a^x = b$ nach x aufzulösen sind. Das Problem (c) z. B. reduziert sich darauf, dasjenige x zu finden, das die Gleichung $1000(1.08)^x = 10\,000$ erfüllt.

Wir beginnen mit Gleichungen, in denen die Basis des Exponenten gleich e ist. Und dies ist, wie Sie sich erinnern, die irrationale Zahl 2.718 .... Hier sind drei Beispiele: $e^x = 4$; $5e^{-3x} = 16$ und $A\alpha e^{-\alpha x} = k$. In all diesen Gleichungen erscheint die Unbekannte x als ein Exponent. Wir führen deshalb die folgende nützliche Definition ein. Falls $e^u = b$ ist, nennen wir u den *natürlichen Logarithmus* von b und wir schreiben $u = \ln b$. Daher haben wir die folgende Definition des Symbols $\ln b$:

Natürlicher Logarithmus

Für jede positive Zahl b ist sein natürlicher Logarithmus $\ln b$ die eindeutige Lösung der Gleichung

$$e^{\ln b} = b \qquad (4.10.1)$$

Also: $\ln b$ ist der Exponent, mit dem Sie e potenzieren müssen, um b zu erhalten.

Da e^u eine strikt monoton wachsende Funktion von u ist, folgt, dass $\ln b$ durch die Definition (4.10.1) eindeutig bestimmt *ist*. Sie sollten sich diese Definition merken. Sie bildet die Grundlage für diesen gesamten Abschnitt und für einen großen Teil dessen, was später kommt. Das folgende Beispiel illustriert, wie diese Definition anzuwenden ist.

Beispiel 4.10.1

Bestimmen Sie folgende Zahlen:

(a) $\ln 1$ (b) $\ln e$ (c) $\ln(1/e)$ (d) $\ln 4$ (e) $\ln(-6)$

Lösung:

(a) $\ln 1 = 0$, da $e^0 = 1$ und damit ist 0 der Exponent von e, den Sie benötigen, um 1 zu erhalten.

(b) $\ln e = 1$, da $e^1 = e$ und damit ist 1 der Exponent von e, den Sie benötigen, um e zu erhalten.

(c) $\ln(1/e) = \ln e^{-1} = -1$, da -1 der Exponent von e ist, um $1/e$ zu erhalten.

(d) $\ln 4$ ist der Exponent von e, den Sie benötigen, um 4 zu erhalten. Da $e^1 \approx 2.7$ und $e^2 = e^1 \cdot e^1 \approx 2.7 \cdot 2.7 \approx 7.3$, muss die Zahl $\ln 4$ zwischen 1 und 2 liegen. Indem Sie einen Rechner benutzen, sollten Sie in der Lage sein, durch Ausprobieren eine gute Approximation von $\ln 4$ zu finden. Es ist jedoch einfacher 4 einzugeben und die $\boxed{\ln x}$-Taste zu drücken. Sie erhalten dann sofort, dass $\ln 4 \approx 1.386$ ist. Damit ist $e^{1.386} \approx 4$.

(e) $\ln(-6)$ wäre der Exponent, mit dem Sie e potenzieren müssten, um -6 zu erhalten. Da e^x positiv ist für alle x, ist $\ln(-6)$ offensichtlich nicht definiert. (Dasselbe gilt für $\ln x$ immer dann, wenn $x \leq 0$.)

Die folgende Box zeigt eine grundlegende Eigenschaften für passende Referenzen.

Grundeigenschaften des natürlichen Logarithmus

$\ln 1 = 0$, $\ln e = 1$ und allgemein

$$\ln e^x = x \text{ für alle reellen } x; \quad x = e^{\ln x} \text{ für alle reellen } x > 0 \tag{4.10.2}$$

Natürlich wurden die ersten zwei Gleichheiten in Teil (a) und (b) von Beispiel 4.10.1 bewiesen. Um (4.10.2) zu beweisen, beachten Sie zuerst, dass $x = e^{\ln x}$ genau Definition (4.10.1) ist, mit b ersetzt durch x. Aber wenn dann $x = \ln y$, so folgt, dass $y = e^x$ und somit $\ln e^x = \ln y = x$.
Die folgende Box enthält einige andere wichtige Regeln für natürliche Logarithmen.

Regeln für die natürliche Logarithmusfunktion ln:

Seien x und y beliebige positive reelle Zahlen.

(a) Der Logarithmus des *Produkts* xy ist die *Summe* der Logarithmen von x und y, d. h. $\ln(xy) = \ln x + \ln y$.

(b) Der Logarithmus des *Quotienten* x/y ist die *Differenz* aus dem Logarithmus des Zählers und des Nenners, d. h. $\ln \frac{x}{y} = \ln x - \ln y$.

(c) Der Logarithmus der *Potenz* x^p ist gleich dem Exponenten p multipliziert mit dem Logarithmus der Basis x, d. h. $\ln x^p = p \ln x$.

(4.10.3)

Um (a) zu zeigen, beachten Sie zunächst, dass die Definition des natürlichen Logarithmus impliziert, dass $e^{\ln x} = x$, $e^{\ln y} = y$ und $e^{\ln(xy)} = xy$. Es folgt, dass

$$e^{\ln(xy)} = xy = e^{\ln x} e^{\ln y} = e^{\ln x + \ln y}, \tag{$*$}$$

wobei im letzten Schritt die Regel $e^s e^t = e^{s+t}$ benutzt wurde. Allgemein impliziert $e^u = e^v$, dass $u = v$, so dass wir aus $(*)$ schließen, dass $\ln(xy) = \ln x + \ln y$.

Die Beweise der Regeln (b) und (c) beruhen auf den Regeln $e^s/e^t = e^{s-t}$ bzw. $(e^s)^t = e^{st}$ und bleiben dem Leser überlassen.
Man *ist in der Versuchung* $\ln(x + y)$ durch $\ln x + \ln y$ zu ersetzen, aber dies ist völlig falsch. Tatsächlich ist $\ln x + \ln y$ gleich $\ln(xy)$ und nicht gleich $\ln(x + y)$.

Logarithmus einer Summe

Es gibt keine einfachen Formeln für $\ln(x+y)$ und $\ln(x-y)$

Hier sind einige Beipiele, in denen die vorangehenden Regeln angewendet werden.

Beispiel 4.10.2

Drücken Sie (a) $\ln 4$, (b) $\ln \sqrt[3]{2^5}$ und (c) $\ln(1/16)$ als Vielfache von $\ln 2$ aus.

Lösung:

(a) $\ln 4 = \ln(2 \cdot 2) = \ln 2 + \ln 2 = 2\ln 2$. Oder: $\ln 4 = \ln 2^2 = 2\ln 2$.

(b) Es gilt $\sqrt[3]{2^5} = 2^{5/3}$. Deshalb ist $\ln \sqrt[3]{2^5} = \ln 2^{5/3} = (5/3)\ln 2$.

(c) $\ln(1/16) = \ln 1 - \ln 16 = 0 - \ln 2^4 = -4\ln 2$. Oder: $\ln(1/16) = \ln 2^{-4} = -4\ln 2$.

Beispiel 4.10.3

Lösen Sie die folgenden Gleichungen nach x auf:

(a) $5e^{-3x} = 16$ (b) $A\alpha e^{-\alpha x} = k$ (c) $(1.08)^x = 10$ (d) $e^x + 4e^{-x} = 4$

Lösung:

(a) Bilden Sie ln auf jeder Seite der Gleichung. Sie erhalten dann $\ln(5e^{-3x}) = \ln 16$. Die Produktregel ergibt $\ln(5e^{-3x}) = \ln 5 + \ln e^{-3x}$. Nach Regel (4.10.2) ist $\ln e^{-3x} = -3x$. Daher ist $\ln 5 - 3x = \ln 16$, woraus folgt, dass

$$x = \frac{1}{3}(\ln 5 - \ln 16) = \frac{1}{3}\ln\frac{5}{16}$$

(b) Wir argumentieren wie in (a) und erhalten $\ln(A\alpha e^{-\alpha x}) = \ln k$ oder $\ln(A\alpha) + \ln e^{-\alpha x} = \ln k$, so dass $\ln(A\alpha) - \alpha x = \ln k$. Schließlich folgt

$$x = \frac{1}{\alpha}\left[\ln(A\alpha) - \ln k\right] = \frac{1}{\alpha}\ln\frac{A\alpha}{k}$$

(c) Wieder bilden wir auf beiden Seiten der Gleichung den ln und erhalten $x\ln 1.08 = \ln 10$. Damit ist die Lösung $x = \ln 10/\ln 1.08$ und das ist ≈ 29.9. So dauert es knapp 30 Jahre bis 1 Euro auf 10 Euro angewachsen ist, wenn der Zinssatz 8 % beträgt. (Siehe Tabelle 4.9.1 in Beispiel 4.9.2.)

(d) Man ist in der Versuchung, mit $\ln(e^x + 4e^{-x}) = \ln 4$ zu beginnen, aber dies führt nicht weiter, da $\ln(e^x + 4e^{-x})$ nicht weiter ausgerechnet werden kann. Stattdessen setzen wir $u = e^x$ in die Gleichung ein. Weil $e^{-x} = 1/e^x = 1/u$ wird die Gleichung zu $u + 4/u = 4$. Da $u \neq 0$ dürfen wir jede Seite mit u multiplizieren und erhalten dabei die quadratische Gleichung $u^2 + 4 = 4u$, die sich auf $(u-2)^2 = 0$ reduziert. Somit ist $u = 2$ die einzige Lösung. Da $u = e^x = 2$ folgt $x = \ln 2$.

Die Funktion $g(x) = \ln x$

Für jede positive Zahl x ist die Zahl $\ln x$ definiert durch $e^{\ln x} = x$. In anderen Worten: $u = \ln x$ ist die Lösung der Gleichung $e^u = x$. Diese Definition ist illustriert in

Abb. 4.10.1. Die *natürliche Logarithmusfunktion* von x, definiert für alle $x > 0$, ist dann die Funktion g, definiert durch:

$$g(x) = \ln x\,, \tag{4.10.4}$$

Stellen Sie sich x als einen Punkt vor, der sich auf der vertikalen Achse vom Ursprung aus aufwärts bewegt. Wenn x von Werten kleiner als 1 auf Werte größer als 1 ansteigt, so steigt $g(x)$ von negativen auf positive Werte an. Da e^u gegen 0 strebt, wenn u große negative Werte annimmt, so nimmt $g(x)$ große negative Werte an, wenn x gegen 0 strebt. Indem man die Definition von $\ln x$ wiederholt, dann $y = \ln x$ einsetzt und dann ln auf beiden Seiten bildet, ergibt sich Gleichung (4.10.2): d. h. $e^{\ln x} = x$ für alle $x > 0$ und $\ln e^y = y$ für alle y.

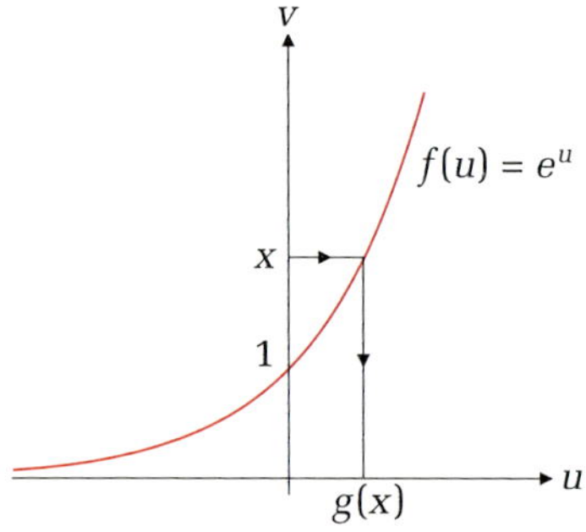

Abbildung 4.10.1: Konstruktion von $g(x) = \ln x$

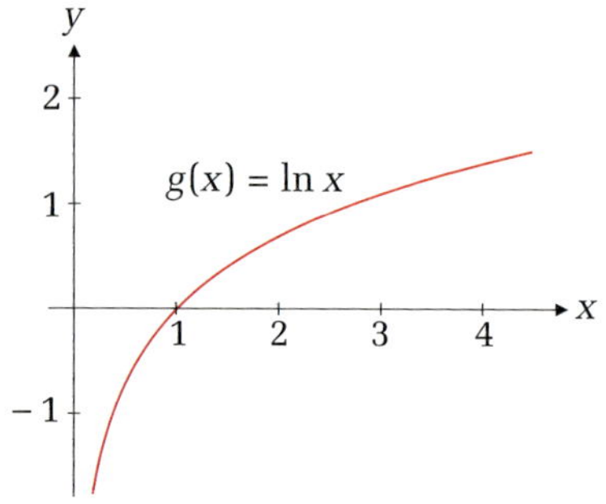

Abbildung 4.10.2: $g(x) = \ln x$

Abbildung 4.10.2 zeigt den Graphen von $g(x) = \ln x$, dessen Gestalt Sie sich merken sollten. Man kann den Graphen erhalten, indem man den Graphen in Abb. 4.10.1 an der 45°-Linie spiegelt, so dass die u- und v-Achsen vertauscht werden und zur y- bzw. x-Achse in Abb. 4.10.2 werden. Nach Beispiel 4.10.1 haben wir $g(1/e) = -1$, $g(1) = 0$ und $g(e) = 1$. Bemerken Sie, dass diese Werte gut mit dem Graphen übereinstimmen.

Logarithmen mit anderen Basen als e

Erinnern Sie sich, dass wir $\ln x$ als den Exponenten definiert haben, mit dem wir die Basis e potenzieren müssen, um x zu erhalten. Manchmal ist es nützlich, Logarithmen zu haben, deren Basis eine andere Zahl als e ist. Vor vielen Jahren, bevor die Nutzung von mechanischen und dann elektronischen Rechnern weit verbreitet war, wurden häufig Tabellen mit Logarithmen zur Basis 10 verwendet, um komplizierte Rechnungen mit Multiplikationen, Divisionen, Quadratwurzeln usw. zu vereinfachen.[22]

Nehmen Sie an, dass a eine feste positive Zahl ist (meist größer als 1 gewählt). Falls $a^u = x$, dann nennen wir u den *Logarithmus von x zur Basis a* und schreiben $u = \log_a x$. Das Symbol $\log_a x$ ist dann für jede positive Zahl x definiert durch:

[22] Einer der Autoren erinnert sich daran, stolzer Besitzer eines Buches gewesen zu sein, mit etwa 200 Seiten für eine sehr lange Tabelle von Logarithmen zur Basis 10, alle auf 7 Dezimalstellen.

Logarithmus von x zur Basis a

$$a^{\log_a x} = x \tag{4.10.5}$$

Zum Beispiel ist $\log_2 32 = 5$, da $2^5 = 32$, während $\log_{10}(1/100) = -2$, da $10^{-2} = 1/100$. Beachten Sie, dass $\ln x$ gleich $\log_e x$.

Indem wir ln auf beiden Seiten von (4.10.5) bilden und dann Regel (c) anwenden, erhalten wir $\log_a x \cdot \ln a = \ln x$. Vorausgesetzt, dass $a > 1$ und somit $\ln a \neq 0$, folgt:

$$\log_a x = \frac{1}{\ln a} \ln x \tag{4.10.6}$$

Dies offenbart, dass der Logarithmus von x im System mit der Basis a proportional zu $\ln x$ ist mit dem Proportionalitätsfaktor $1/\ln a$. Es folgt unmittelbar, dass $\log_a 1 = 0$ und $\log_a a = 1$ und ferner, dass $\log_a$ denselben Regeln gehorcht wie ln:

$$\text{(a)}\ \log_a(xy) = \log_a x + \log_a y\,, \qquad \text{(b)}\ \log_a(x/y) = \log_a x - \log_a y$$
$$\text{(c)}\ \log_a x^p = p \log_a x\,, \tag{4.10.7}$$

Zum Beispiel folgt Regel (a) direkt aus der entsprechenden Regel für ln, weil:

$$\log_a(xy) = \frac{1}{\ln a}\ln(xy) = \frac{1}{\ln a}(\ln x + \ln y) = \frac{1}{\ln a}\ln x + \frac{1}{\ln a}\ln y = \log_a x + \log_a y$$

Verdopplungszeiten

Wenn $a > 1$ und $A > 0$, ist die Exponentialfunktion $f(t) = Aa^t$ eine monoton wachsende Funktion der Zeit t. Ihre *Verdopplungszeit* ist definiert als die Zeit, die $f(t)$ braucht, um sich zu verdoppeln. D. h. startend von $f(0) = A$ zur Zeit $t = 0$, ist die Verdopplungszeit t^* gegeben durch $f(t^*) = Aa^{t^*} = 2A$ und nach Kürzen von A, durch

$$a^{t^*} = 2 \tag{4.10.8}$$

Damit ist die Verdopplungszeit der Exponentialfunktion $f(t) = Aa^t$ die Potenz, zu der a erhoben werden muss, um 2 zu erhalten. In Aufgabe 11 werden Sie zeigen, dass die Verdopplungszeit unabhängig ist von dem Jahr, das Sie als Startzeitpunkt verwenden.

Indem wir den natürlichen Logarithmus jeder Seite von (4.10.8) bilden, erhalten wir $\ln(a^{t^*}) = t^* \ln a = \ln 2$ und damit $t^* = \ln 2/\ln a$. Dann impliziert (4.10.6), dass $t^* = 1/\log_2 a$. Schließlich bilden wir den Logarithmus zur Basis a auf jeder Seite von (4.10.8) und erhalten $\log_a(a^{t^*}) = t^* \log_a a = t^* = \log_a 2$. Zusammengefasst:

Verdopplungszeit

Für $a > 1$ und $A > 0$ hat die Exponentialfunktion $f(t) = Aa^t$ eine eindeutige *Verdopplungszeit* t^*, die Lösung der Gleichung $a^{t^*} = 2$. Es gilt:

$$t^* = \frac{\ln 2}{\ln a} = \log_a 2 = \frac{1}{\log_2 a} \tag{4.10.9}$$

Beispiel 4.10.4

Benutzen Sie Ihren Taschenrechner, um die Verdopplungszeit zu bestimmen von

(a) einer Population, wie der von Zimbabwe, die jährlich um 3.5 % wächst (womit Sie die früheren Rechnungen bestätigen).

(b) der Einwohnerzahl Kenyas in den 1980-er Jahren, deren jährliche Wachstumsrate in der Dekade 4.2 % war, die höchste Rate irgendeines Landes in der Welt.

Lösung:

(a) Die Verdopplungszeit t^* ist gegeben durch die Gleichung $1.035^{t^*} = 2$. Berechnungen mit einem Taschenrechner zeigen, dass $1.035^{15} \approx 1.68$, während $1.035^{25} \approx 2.36$. Damit muss t^* zwischen 15 und 25 liegen. Da $1.035^{20} \approx 1.99$, ist t^* nahe bei 20. Tatsächlich gilt $t^* = \ln 2/\ln 1.035 \approx 20.15$.

(b) Die Verdopplungszeit t^* ist gegeben durch die Gleichung $1.042^{t^*} = 2$, deren eindeutige Lösung $t^* = \ln 2/\ln 1.042$ ist. Mit einem Taschenrechner finden wir heraus, dass $t^* \approx 16.85$. Damit würde sich die Einwohnerzahl Kenyas bei einer Wachstumsrate von 4.2 % in weniger als 17 Jahren verdoppeln.

Aufgaben für Kapitel 4.10

1. Drücken Sie die folgenden Zahlen als Vielfache von ln 3 aus:

(a) $\ln 9$ (b) $\ln \sqrt{3}$ (c) $\ln \sqrt[5]{3^2}$ (d) $\ln(1/81)$

2. Lösen Sie die folgenden Gleichungen nach x auf:

(a) $3^x = 8$ (b) $\ln x = 3$ (c) $\ln(x^2 - 4x + 5) = 0$

(d) $\ln[x(x-2)] = 0$ (e) $\dfrac{x \ln(x+3)}{x^2+1} = 0$ (f) $\ln(\sqrt{x} - 5) = 0$

3. Lösen Sie die folgenden Gleichungen nach x auf:

(a) $3^x 4^{x+2} = 8$ (b) $3 \ln x + 2 \ln x^2 = 6$ (c) $4^x - 4^{x-1} = 3^{x+1} - 3^x$

(d) $\log_2 x = 2$ (e) $\log_x e^2 = 2$ (f) $\log_3 x = -3$

4. Gegeben sei $f(t) = Ae^{rt}$ und $g(t) = Be^{st}$ mit $A > 0$, $B > 0$ und $r \neq s$. Lösen Sie die Gleichung $f(t) = g(t)$ nach t auf.

5. Für das Jahr 1990 wurde das BIP (Bruttoinlandsprodukt) Chinas auf $1.2 \cdot 10^{12}$ US-Dollar geschätzt, während das der USA in demselben Jahr $5.6 \cdot 10^{12}$ US-Dollar war. Die jährlichen Wachstumsraten der beiden Länder wurden auf 9 % bzw. 2 % geschätzt. Dies impliziert, dass t Jahre nach 1990 das BIP der beiden Länder Ae^{rt} bzw. Be^{st} sein sollte, wobei $r = 0.09$, $s = 0.02$ und A, B sind geeignete Konstanten. Nehmen Sie an, dass diese Wachstumsraten erhalten bleiben und verwenden Sie die Antwort zu Aufgabe 4, um das Datum zu bestimmen, an dem die BIP der beiden Länder gleich sein sollten.

➡ Fortsetzung

6. Nehmen Sie an, dass alle Variablen in den folgenden Formeln positiv sind. Welche Formeln gelten immer und welche sind manchmal falsch?

(a) $(\ln A)^4 = 4\ln A$

(b) $\ln B = 2\ln\sqrt{B}$

(c) $\ln A^{10} - \ln A^4 = 3\ln A^2$

(d) $\ln\dfrac{A+B}{C} = \ln A + \ln B - \ln C$

(e) $\ln\dfrac{A+B}{C} = \ln(A+B) - \ln C$

(f) $\ln\dfrac{A}{B} + \ln\dfrac{B}{A} = 0$

(g) $p\ln(\ln A) = \ln(\ln A^p)$

(h) $p\ln(\ln A) = \ln(\ln A)^p$

(i) $\dfrac{\ln A}{\ln B + \ln C} = \ln A(BC)^{-1}$

7. Vereinfachen Sie die folgenden Ausdrücke, wobei in a) $x > 0$ und in c) $y > 0$ vorausgesetzt wird:

(a) $\exp[\ln(x)] - \ln[\exp(x)]$ (b) $\ln[x^4\exp(-x)]$ (c) $\exp[\ln(x^2) - 2\ln y]$

8. Wie groß wäre die Verdopplungszeit der Einwohnerzahl Europas, wenn sie mit einer Rate von 0.72 % jährlich wüchse?

9. Die Einwohnerzahl Botswanas wurde im Jahre 1989 auf 1.22 Millionen geschätzt und die Wachstumsrate auf 3.4 % jährlich. Geben Sie eine Formel für die Einwohnerzahl zur Zeit t an, wenn $t = 0$ dem Jahr 1989 entspricht. Wie groß ist die Verdopplungszeit?

10. Die Fläche von Zimbabwe ist annähernd $3.91 \cdot 10^{11}$ Quadratmeter. Lösen Sie bezugnehmend auf Beispiel 4.9.1 und unter Benutzung eines Taschenrechners die Gleichung $5.1 \cdot 10^6 \cdot 1.035^t = 3.91 \cdot 10^{11}$ nach t auf und interpretieren Sie die Lösung.

11. Es sei $f(t) = Aa^t$. Beweisen Sie, dass $a^{t^*} = 2$, falls $f(t + t^*) = 2f(t)$. Dies zeigt, dass die Verdopplungszeit t^* der allgemeinen Exponentialfunktion unabhängig von der Anfangszeit t ist.

► Lösungen zu den Aufgaben finden Sie im Anhang des Buches.

Aufgaben zur Wiederholung für Kapitel 4

1. Sei $f(x) = 3 - 27x^3$.

(a) Berechnen Sie $f(0)$, $f(-1)$, $f(1/3)$ und $f(\sqrt[3]{2})$.

(b) Zeigen Sie, dass $f(x) + f(-x) = 6$ für alle x.

2. Sei $F(x) = 1 + \dfrac{4x}{x^2+4}$.

(a) Berechnen Sie $F(0)$, $F(-2)$, $F(2)$ und $F(3)$.

(b) Wie verhält sich $F(x)$, wenn x große positive oder große negative Werte annimmt?

(c) Fertigen Sie eine grobe Skizze des Graphen von F an.

3. Abbildung 4.W.1 zeigt die Graphen einer quadratischen Funktion f und einer linearen Funktion g. Benutzen Sie die Graphen, um diejenigen x zu bestimmen, für die: (a) $f(x) \leq g(x)$ (b) $f(x) \leq 0$ (c) $g(x) \geq 0$.

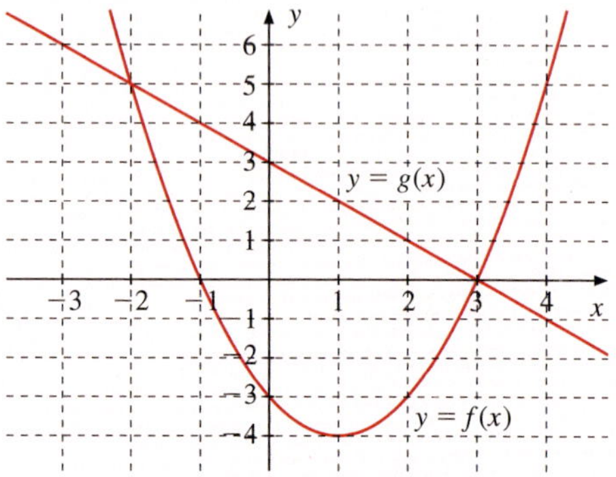

Abbildung 4.W.1: Zwei Funktionen

4. Bestimmen Sie die Definitionsbereiche der folgenden Funktionen:

(a) $f(x) = \sqrt{x^2 - 1}$ (b) $g(x) = \dfrac{1}{\sqrt{x-4}}$ (c) $h(x) = \sqrt{(x-3)(5-x)}$

5. Die Kosten der Herstellung von x Einheiten eines Gutes seien gegeben durch $C(x) = 100 + 40x + 2x^2$.

(a) Bestimmen Sie $C(0)$, $C(100)$ und $C(101) - C(100)$.

(b) Bestimmen Sie $C(x+1) - C(x)$ und erklären Sie in Worten die Bedeutung dieser Differenz.

6. Bestimmen Sie die Steigungen der folgenden Geraden:

(a) $y = -4x + 8$ (b) $3x + 4y = 12$ (c) $\dfrac{x}{a} + \dfrac{y}{b} = 1$

7. Bestimmen Sie die Gleichungen für die folgenden Geraden:

(a) L_1 geht durch $(-2, 3)$ und hat die Steigung -3.

(b) L_2 geht durch $(-3, 5)$ und $(2, 7)$.

(c) L_3 geht durch (a, b) und $(2a, 3b)$, wobei $a \neq 0$.

8. Bestimmen Sie $f(-3)$, wenn $f(x) = ax + b$, $f(2) = 3$ und $f(-1) = -3$ ist.

9. Füllen Sie die folgende Tabelle aus und fertigen Sie dann eine grobe Skizze des Graphen der Funktion $y = x^2 e^x$ an.

x	-5	-4	-3	-2	-1	0	1
$y = x^2 e^x$							

10. Bestimmen Sie die Gleichung der Parabel $y = ax^2 + bx + c$, die durch die drei Punkte $(1, -3)$, $(0, -6)$ und $(3, 15)$ verläuft, d. h. bestimmen Sie a, b und c.

11. Falls ein Unternehmen Q Tonnen eines Produktes verkauft, ist der pro Tonne erzielte Preis $P = 1000 - \frac{1}{3}Q$. Der Preis, den das Unternehmen pro Tonne zu zahlen hat, ist $P = 800 + \frac{1}{5}Q$. Zusätzlich gibt es Transportkosten der Größe 100 pro Tonne.

(a) Drücken Sie den Gewinn π des Unternehmens als Funktion von Q, der Anzahl verkaufter Tonnen, aus und bestimmen Sie die den Gewinn maximierende Menge.

(b) Nehmen Sie an, dass die Regierung eine Steuer der Höhe 10 pro Tonne auf das Produkt des Unternehmens erhebt. Bestimmen Sie den neuen Ausdruck für den Gewinn $\hat{\pi}$ und die neue verkaufte Menge, die den Gewinn maximiert.

12. Nehmen Sie in Beispiel 4.6.2 an, dass eine Steuer der Höhe τ pro hergestellter Einheit erhoben wird. Welches Produktionsniveau maximiert jetzt den Gewinn, wenn $\tau < 100$ ist?

13. Ein Unternehmen produziert ein Gut und erzielt 100 Euro für jede verkaufte Einheit. Die Kosten für die Herstellung und den Verkauf von x Einheiten sind $20x + 0.25x^2$ Euro.

(a) Bestimmen Sie das Produktionsniveau, das den Gewinn maximiert.

(b) Es werde eine Steuer von 10 Euro pro Einheit erhoben. Welches ist jetzt das optimale Produktionsniveau?

(c) Beantworten Sie die Frage in (b), wenn der Verkaufspreis pro Einheit p ist, die Gesamtkosten für die Herstellung und den Verkauf von x Einheiten $\alpha x + \beta x^2$ sind und die Steuer pro Einheit τ ist, wobei $\tau \leq p - \alpha$.

14. Schreiben Sie die folgenden Polynome als Produkte linearer Faktoren:

(a) $p(x) = x^3 + x^2 - 12x$ (b) $q(x) = 2x^3 + 3x^2 - 18x + 8$

15. Welche der folgenden Divisionen hinterlassen keinen Rest? (a und b seien Konstanten, n eine natürliche Zahl.)

(a) $(x^3 - x - 1)/(x - 1)$ (b) $(2x^3 - x - 1)/(x - 1)$

(c) $(x^3 - ax^2 + bx - ab)/(x - a)$ (d) $(x^{2n} - 1)/(x + 1)$

16. Bestimmen Sie die Werte von k, für die das Polynom $q(x)$ ein Teiler des Polynoms $p(x)$ ist, wenn:

(a) $p(x) = x^2 - kx + 4$; $q(x) = x - 2$

(b) $p(x) = k^2x^2 - kx - 6$; $q(x) = x + 2$

(c) $p(x) = x^3 - 4x^2 + x + k$; $q(x) = x + 2$

(d) $p(x) = k^2x^4 - 3kx^2 - 4$; $q(x) = x - 1$

17. Die kubische Funktion $p(x) = \frac{1}{4}x^3 - x^2 - \frac{11}{4}x + \frac{15}{2}$ hat drei reelle Nullstellen. Verifizieren Sie, dass $x = 2$ eine von ihnen ist und finden Sie die beiden anderen.

18. Im Jahr 1964 trat in Tanzania ein Fünfjahresplan in Kraft, der u. a. vorsah, das reale Pro-Kopf-Einkommen in den nächsten 15 Jahren zu verdoppeln. Welches ist die durchschnittliche jährliche Wachstumsrate des realen Pro-Kopf-Einkommens, die verlangt werden muss, um das Ziel zu erreichen?

19. Erinnern Sie: (i) Der Zusammenhang zwischen der Temperatur in Grad Celsius (C) und Grad Fahrenheit (F) ist linear; (ii) Wasser friert bei 0 °C und 32 °F und (iii) Wasser kocht bei 100 °C und 212°F.

(a) Bestimmen Sie die Gleichung, die C in F umrechnet.

(b) Welche Temperatur wird in beiden Skalen durch dieselbe Zahl gemessen?

20. Lösen Sie die folgenden Gleichungen nach t auf:

(a) $x = e^{at+b}$ (b) $e^{-at} = 1/2$ (c) $\frac{1}{\sqrt{2\pi}} e^{-t^2/2} = \frac{1}{8}$

21. Abbildung 4.W.2 zeigt den Graphen der Funktion $f(x) = (ax + b)/(x + c)$. Welche der Konstanten a, b und c sind positiv, Null oder negativ?

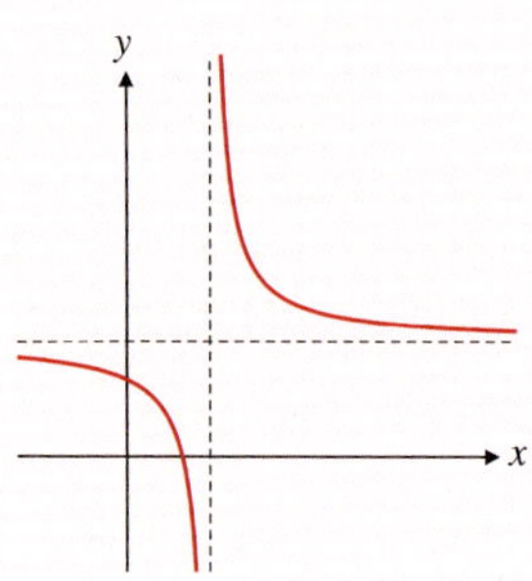

Abbildung 4.W.2: Graph von $y = \frac{ax+b}{x+c}$

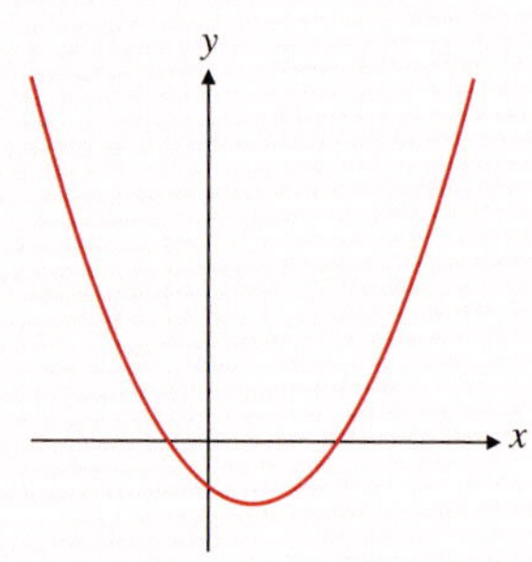

Abbildung 4.W.3: Graph von $y = px^2 + qx + r$

22. Abbildung 4.W.3 zeigt den Graphen der Funktion $y = g(x) = px^2 + qx + r$. Welche der Konstanten p, q und r sind positiv, Null oder negativ?

23. Bestimmen Sie für jede der unten gegebenen Funktionen (a)–(e) den zu ihr passenden Graphen aus A–F in den Abb. 4.W.4 bis 4.W.9. Geben Sie dann in (f) eine geeignete Funktion an, die zu dem sechsten (bisher noch nicht zugeordneten) Graphen passt.

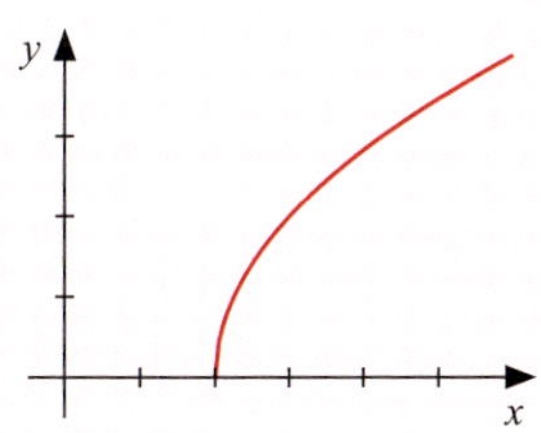

Abbildung 4.W.4: Graph A

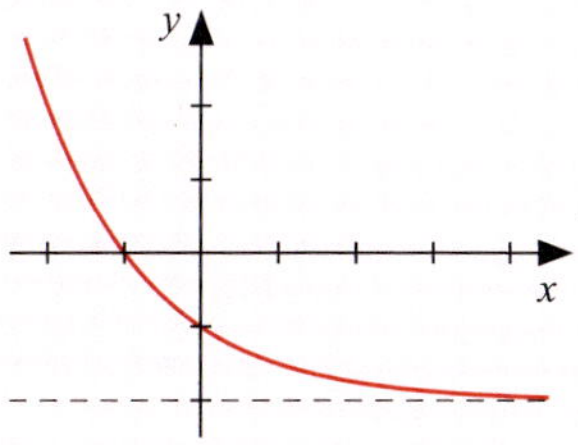

Abbildung 4.W.5: Graph B

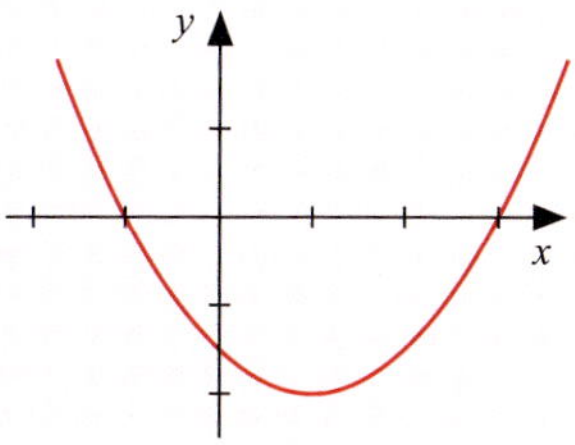

Abbildung 4.W.6: Graph C

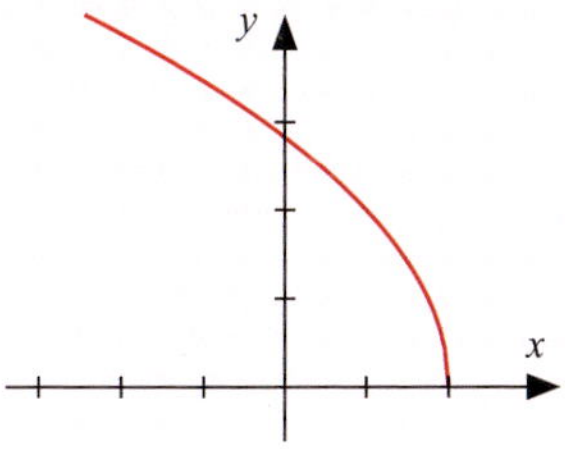

Abbildung 4.W.7: Graph D

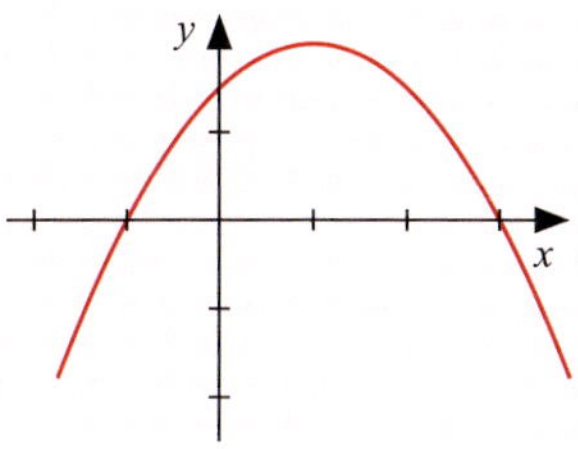

Abbildung 4.W.8: Graph E

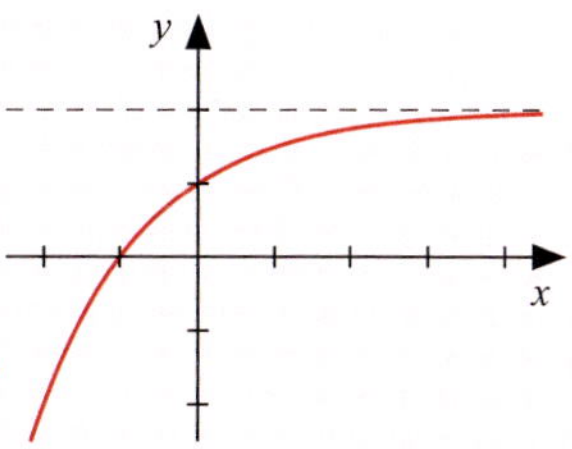

Abbildung 4.W.9: Graph F

(a) $y = \frac{1}{2}x^2 - x - \frac{3}{2}$ ____ (b) $y = 2\sqrt{2-x}$ ____ (c) $y = -\frac{1}{2}x^2 + x + \frac{3}{2}$ ____

(d) $y = \left(\frac{1}{2}\right)^x - 2$ ____ (e) $y = 2\sqrt{x-2}$ ____ (f) $y =$ ____

24. Beweisen Sie die folgenden Gleichheiten mit geeigneten Einschränkungen der Variablen:

(a) $\ln x - 2 = \ln(x/e^2)$ (b) $\ln x - \ln y + \ln z = \ln \frac{xz}{y}$

(c) $3 + 2\ln x = \ln(e^3 x^2)$ (d) $\frac{1}{2}\ln x - \frac{3}{2}\ln\frac{1}{x} - \ln(x+1) = \ln\frac{x^2}{x+1}$

► Lösungen zu den Aufgaben finden Sie im Anhang des Buches.

Eigenschaften von Funktionen

5

5.1 Verschiebung von Graphen 194
5.2 Neue Funktionen aus alten 200
5.3 Inverse Funktionen 204
5.4 Graphen von Gleichungen 211
5.5 Abstand in der Ebene 215
5.6 Allgemeine Funktionen 219
Aufgaben zur Wiederholung für Kapitel 5 222

ÜBERBLICK

Das Paradoxon ist nun vollständig nachgewiesen, dass die stärksten Abstraktionen die wahren Waffen sind, mit denen wir unsere Gedanken zu konkreten Tatsachen kontrollieren.

–Alfred North Whitehead (1925)

Dieses Kapitel beginnt mit der genaueren Untersuchung von Funktionen einer Variablen und ihrer Graphen. Insbesondere werden wir untersuchen, wie sich Änderungen in den Funktionen in Verschiebungen ihrer Graphen auswirken und wie man neue Funktionen aus alten konstruieren kann. Weiterhin diskutieren wir, wann eine Funktion eine Inverse hat und erklären, wie eine inverse Funktion den Effekt der Ausgangsfunktion rückgängig macht.

Jede Gleichung in zwei Variablen kann durch eine Kurve (oder eine Menge von Punkten) in der xy-Ebene dargestellt werden. Einige Beispiele illustrieren dies. Das Kapitel endet mit einer Diskussion des allgemeinen Konzepts einer Funktion, welches eins der wichtigsten Konzepte in der Mathematik ist, von großer Bedeutung auch in den Wirtschaftswissenschaften.

5.1 Verschiebung von Graphen

Die Produktionsaufnahme einer bedeutenden neuen Ölquelle wird die Angebotskurve für Öl beeinflussen – mit Konsequenzen für den Gleichgewichtspreis. Die Übernahme einer verbesserten Technologie in der Produktion eines Gutes wird eine Aufwärtsverschiebung der Produktionsfunktion hervorrufen und eine Abwärtsverschiebung der Kostenfunktion.

In diesem Abschnitt untersuchen wir im Allgemeinen, wie der Graph einer Funktion $f(x)$ in Beziehung steht zu den Graphen der nahestehenden Funktionen $f(x) + c, f(x + c), cf(x)$ und $f(-x)$, wobei c eine Konstante ist. Bevor wir allgemeine Regeln formulieren, betrachten wir das folgende Beispiel.

Beispiel 5.1.1

Der Graph der Funktion $y = \sqrt{x}$ ist in Abb. 4.3.8 dargestellt. Skizzieren Sie die Graphen von $y = f(x)$ für die acht Funktionen $\sqrt{x} + 2$, $\sqrt{x} - 2$, $\sqrt{x + 2}$, $\sqrt{x - 2}$, $2\sqrt{x}$, $\sqrt{x/2}$, $-\sqrt{x}$ und $\sqrt{-x}$.

Lösung: Die Abb. 5.1.1 bis 5.1.5 zeigen alle den Graphen von $y = \sqrt{x}$ als dieselbe gestrichelte Kurve.

Die Graphen von $y = \sqrt{x} + 2$ und $y = \sqrt{x} - 2$, die in Abb. 5.1.1 als durchgezogene Linie gezeichnet sind, erhält man offensichtlich, indem man den Graphen von $y = \sqrt{x}$ um zwei Einheiten nach oben bzw. nach unten verschiebt.

Die Funktion $y = \sqrt{x + 2}$ ist definiert für $x + 2 \geq 0$, d. h. für $x \geq -2$. Ihren Graphen, der in Abb. 5.1.2 dargestellt ist, erhält man, indem man den Graphen von $y = \sqrt{x}$ um zwei Einheiten nach links verschiebt. In gleicher Weise erhält man den Graphen von $y = \sqrt{x - 2}$, indem man den Graphen von $y = \sqrt{x}$ um zwei Einheiten nach rechts verschiebt, wie in Abb. 5.1.2 gezeigt wird.

Den Graphen von $y = 2\sqrt{x}$ erhält man, indem man den Graphen von f vertikal aufwärts streckt mit einem Faktor zwei, wie in Abb. 5.1.3 gezeigt wird. Dieselbe Abbildung zeigt, wie der Graph von $y = \sqrt{x/2}$ entsteht, indem man den von f vertikal abwärts streckt mit einem Faktor $\sqrt{1/2} = \frac{1}{2}\sqrt{2}$.

Den Graphen von $y = -\sqrt{x}$ erhält man, indem man den Graphen von $y = \sqrt{x}$ an der x-Achse spiegelt, wie in Abb. 5.1.4 gezeigt wird.

Betrachten Sie schließlich die Funktion $y = \sqrt{-x}$, die definiert ist für $-x \geq 0$, d. h. für $x \leq 0$. Ihren Graphen in Abb. 5.1.5 erhält man, indem man den Graphen von $y = \sqrt{x}$ an der y-Achse spiegelt.

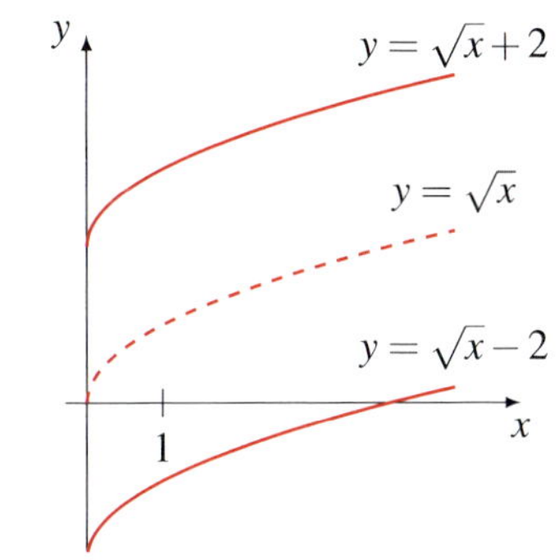

Abbildung 5.1.1: $y = \sqrt{x} \pm 2$

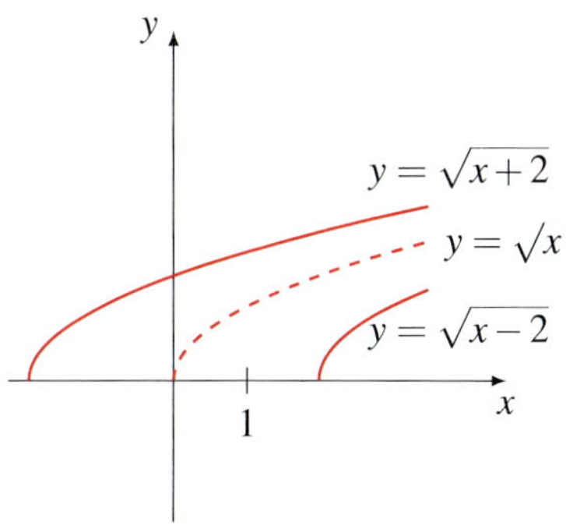

Abbildung 5.1.2: $y = \sqrt{x \pm 2}$

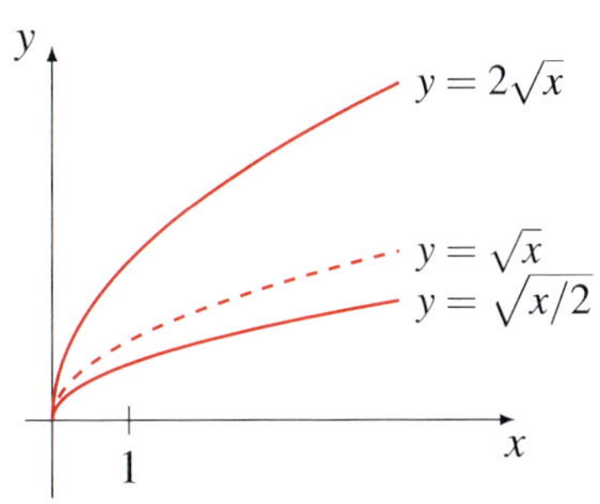

Abbildung 5.1.3: $y = 2\sqrt{x}$ *und* $y = \sqrt{x/2}$

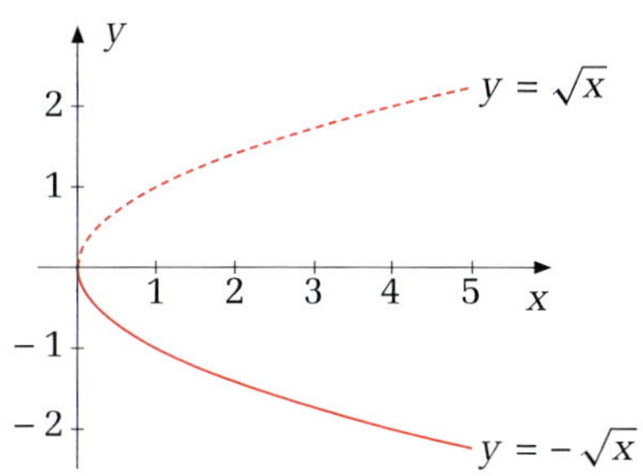

Abbildung 5.1.4: $y = -\sqrt{x}$

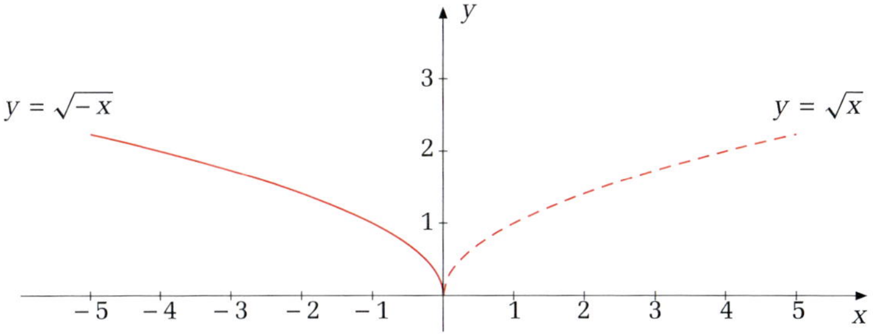

Abbildung 5.1.5: $y = \sqrt{-x}$

Hier sind einige allgemeinen Regeln für die Verschiebung des Graphen einer Funktion:

Allgemeine Regeln für die Verschiebung des Graphen von $y = f(x)$

Wenn $y = f(x)$ ersetzt wird durch

(i) $y = f(x) + c$, wird der Graph um c Einheiten nach oben verschoben, wenn $c > 0$; er wird nach unten verschoben, wenn $c < 0$ ist.

(ii) $y = f(x + c)$, wird der Graph um c Einheiten nach links verschoben, wenn $c > 0$; er wird nach rechts verschoben, wenn $c < 0$ ist. (5.1.1)

(iii) $y = cf(x)$, wird der Graph vertikal gestreckt, wenn $c > 1$; er wird vertikal gestaucht, wenn $0 < c < 1$; er wird vertikal gestreckt und an der x-Achse gespiegelt, wenn $c < -1$; vertikal gestaucht und an der x-Achse gespiegelt, wenn $-1 < c < 0$.

(iv) $y = f(-x)$, wird der Graph an der y-Achse gespiegelt.

Wenn die unabhängige Variable y ist und $x = g(y)$, dann sollte man in den obigen Regeln die Worte „oben" mit „rechts", sowie „unten" mit „links" vertauschen. In der dritten Regel wird das Wort „vertikal" zu „horizontal"; und in dieser und der letzten Regel wird der Term „y-Achse" zu „x-Achse".

Wendet man diese Regeln auf die Graphen in den Abb. 4.3.5 bis 4.3.10 an, kann man mit Leichtigkeit eine Vielzahl nützlicher Graphen skizzieren, wie das folgende Beispiel zeigt.

Beispiel 5.1.2

Skizzieren Sie die Graphen von (a) $y = 2 - (x + 2)^2$ (b) $y = \dfrac{1}{x - 2} + 3$

Lösung:

(a) Zunächst wird $y = x^2$ an der x-Achse gespiegelt, um den Graphen von $y = -x^2$ zu erhalten. Dieser neue Graph wird dann zwei Einheiten nach links verschoben und

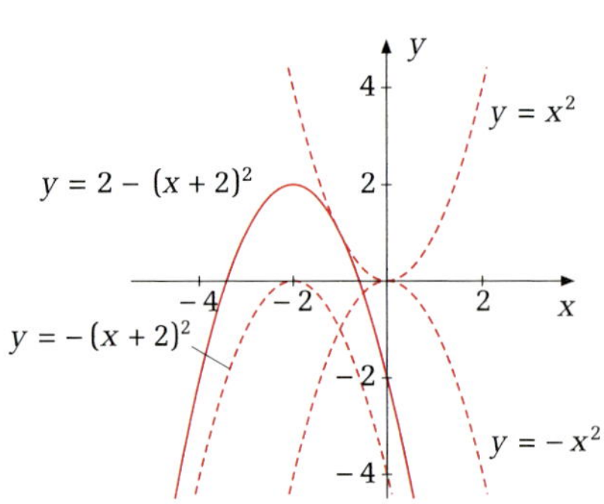

Abbildung 5.1.6: $y = 2 - (x + 2)^2$

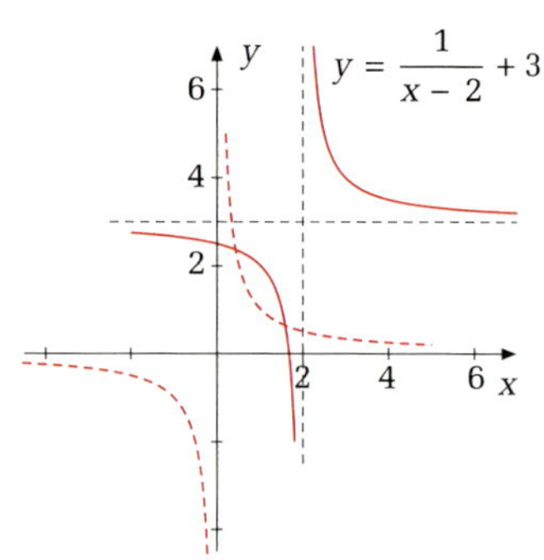

Abbildung 5.1.7: $y = 1/(x - 2) + 3$

man erhält den Graphen von $y = -(x+2)^2$. Schließlich wird dieser neue Graph um zwei Einheiten nach oben verschoben und wir erhalten den in Abb. 5.1.6 gezeigten Graphen.

(b) Beginnen Sie mit dem Graphen von $y = 1/x$ in Abb. 4.3.9. Verschiebung dieses Graphen um zwei Einheiten nach rechts ergibt den Graphen von $y = 1/(x-2)$ (nicht gezeigt). Indem man diesen um drei Einheiten nach oben verschiebt, erhalten wir den Graphen von $y = 1/(x-2) + 3$, wie in Abb. 5.1.7.

Beispiel 5.1.3

In Beispiel 4.5.3 untersuchten wir die Nachfrage- und Angebotsfunktionen $D = 100 - P$ und $S = 10 + 2P$, wobei sich der Gleichgewichtspreis $P^* = 30$ mit der zugehörigen Menge $Q^* = 70$ ergab. Nehmen Sie an, dass es eine Verschiebung in der Angebotsfunktion nach rechts gibt, so dass das neue Angebot zum Preis P gleich $\tilde{S} = 16 + 2P$ ist. Dann ist der neue Gleichgewichtspreis $\tilde{P}^*$ bestimmt durch die Gleichung $100 - \tilde{P}^* = 16 + 2\tilde{P}^*$. Wie in Abb. 5.1.8 gezeigt, ergibt dies $\tilde{P}^* = 28$ mit der entsprechenden Menge $\tilde{Q}^* = 100 - 28 = 72$. Daher ist der neue Gleichgewichtspreis niedriger als der alte, während die Menge größer ist. Die Verschiebung der Angebotskurve nach außen von S nach $\tilde{S}$ bewirkt, dass der Gleichgewichtspunkt sich nach rechts unten auf der unveränderten Nachfragekurve bewegt.

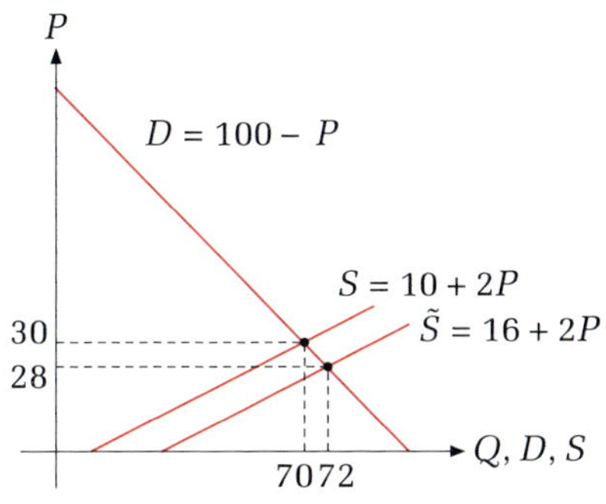

Abbildung 5.1.8: Eine Verschiebung im Angebot

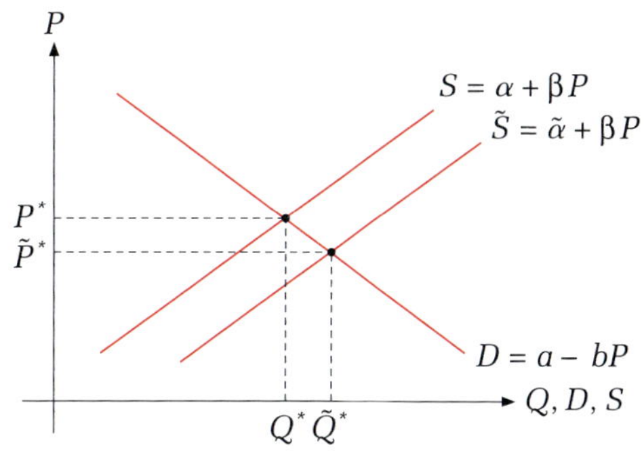

Abbildung 5.1.9: Eine Verschiebung im Angebot

In Beispiel 4.5.4 haben wir die allgemeine lineare Nachfrage- und Angebotsfunktion $D = a - bP$ und $S = \alpha + \beta P$ untersucht, wobei a, b, α und β alle positive Parameter sind. Der Gleichgewichtspreis P^* und die zugehörige Gleichgewichtsmenge Q^* sind gegeben durch

$$P^* = \frac{a-\alpha}{\beta+b} \quad \text{und} \quad Q^* = \frac{a\beta+\alpha b}{\beta+b}$$

Nehmen Sie an, dass es eine Verschiebung in der Angebotsfunktion gibt, wie in Abb. 5.1.9 gezeigt, so dass das neue Angebot für jeden Preis P gleich $\tilde{S} = \tilde{\alpha} + \beta P$ ist, wobei $\tilde{\alpha} > \alpha$. Dann ist der neue Gleichgewichtspreis $\tilde{P}^*$ bestimmt durch die Gleichung $a - b\tilde{P}^* = \tilde{\alpha} + \beta\tilde{P}^*$, die impliziert, dass

$$\tilde{P}^* = \frac{a-\tilde{\alpha}}{\beta+b} \quad \text{mit} \quad \tilde{Q}^* = a - b\tilde{P}^* = \frac{a\beta+\tilde{\alpha} b}{\beta+b}$$

Die Differenzen zwischen den neuen und alten Gleichgewichtspreisen und Gleichgewichtsmengen sind

$$\tilde{P}^* - P^* = \frac{\alpha - \tilde{\alpha}}{\beta + b} \qquad \text{und} \qquad \tilde{Q}^* - Q^* = \frac{(\tilde{\alpha} - \alpha)b}{\beta + b} = -b(\tilde{P}^* - P^*)$$

Wir sehen in Abb. 5.1.9, dass $\tilde{P}^*$ kleiner ist als P^* (weil $\tilde{\alpha} > \alpha$), während $\tilde{Q}^*$ größer ist als Q^*. Die Rechtsverschiebung in der Angebotsfunktion von S nach $\tilde{S}$ impliziert, dass sich der Gleichgewichtspreis nach unten und nach rechts entlang der unveränderten Nachfragekurve bewegt. Aufwärtsverschiebungen in der Angebotskurve, die z. B. aus Besteuerung oder erhöhten Kosten resultieren, können in derselben Weise analysiert werden. Genauso ist es mit Verschiebungen in der Nachfragekurve.

Beispiel 5.1.4

Nehmen Sie an, dass eine Person, die y Euro in einem gegebenen Jahr verdient, $f(y)$ Euro an Einkommenssteuer bezahlt. Die Regierung beschließt, die Einkommenssteuer zu senken.

Ein Vorschlag ist es, jeder Person zu erlauben, d Euro von ihrem zu versteuernden Einkommen abzuziehen, bevor die Steuer berechnet wird.

Ein alternativer Vorschlag sieht vor, Einkommenssteuer auf den vollen Betrag des zu versteuernden Einkommens zu erheben und dann jeder Person einen „Steuer-Rabatt" zu geben, der die Steuerschuld um c Euro reduziert. Illustrieren Sie die beiden Vorschläge grafisch für eine „normale" Steuerfunktion f. Markieren Sie dasjenige Einkommen y^*, bei dem die beiden Vorschläge dieselbe Steuer ergeben.

Lösung: Die Funktion $T = f(y)$, deren Graph in Abb. 5.1.10 dargestellt ist, ist eine sogenannte „progressive" Besteuerung, in der nach Definition der durchschnittliche Steuersatz, $T/y = f(y)/y$, eine monoton wachsende Funktion von y ist.[1] Wenn das zu versteuernde Einkommen y und der Abzug vom zu versteuernden Einkommen d ist, dann ist $y - d$ das reduzierte zu versteuernde Einkommen und damit ist die Steuerschuld $f(y - d)$. Um den Graphen von $T_1 = f(y - d)$ zu erhalten, verschieben wir den Graphen der ursprünglichen Steuerfunktion um d Einheiten nach rechts.

Den Graphen von $T_2 = f(y) - c$ erhält man, indem man den Graphen von $T = f(y)$ um c Einheiten nach unten verschiebt. Das Einkommen y^*, welches dieselbe Steuer

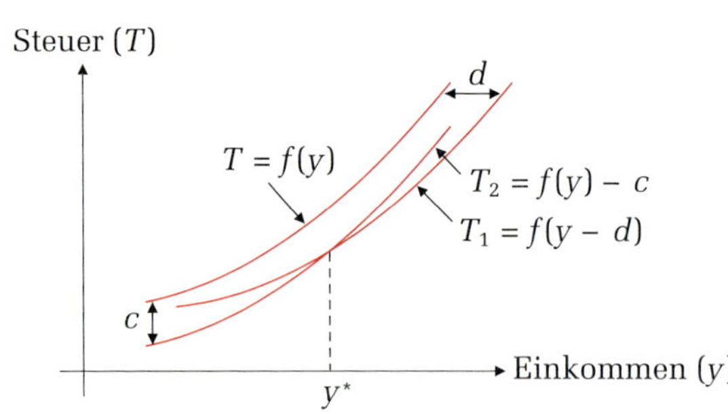

Abbildung 5.1.10: Die Graphen von $T_1 = f(y - d)$ und $T_2 = f(y) - c$

[1] Beispiel 5.4.4 betrachtet die US-Bundeseinkommenssteuer, die diese Eigenschaft hat.

für die zwei verschiedenen Vorschläge ergibt, ist gegeben durch die Gleichung

$$f(y^* - d) = f(y^*) - c$$

Beachten Sie, dass $T_1 > T_2$, wenn $y < y^*$, dass aber $T_1 < T_2$, wenn $y > y^*$. Damit ist der Steuerrabatt besser für diejenigen, die ein kleines Einkommen haben, während Abzug von zu versteuerndem Einkommen günstiger ist für diejenigen, die ein hohes Einkommen haben (wie zu erwarten war).

Aufgaben für Kapitel 5.1

1. Verwenden Sie den Graphen von $y = x^2$ in Abb. 4.3.6 und die Regeln zur Verschiebung von Graphen, um die folgenden Graphen zu skizzieren

(a) $y = x^2 + 1$ (b) $y = (x + 3)^2$ (c) $y = 3 - (x + 1)^2$

2. Nehmen Sie an, dass $y = f(x)$ den in Abb. 5.1.11 dargestellten Graphen hat. Skizzieren Sie die Graphen von:

(a) $y = f(x - 2)$ (b) $y = f(x) - 2$ (c) $y = f(-x)$

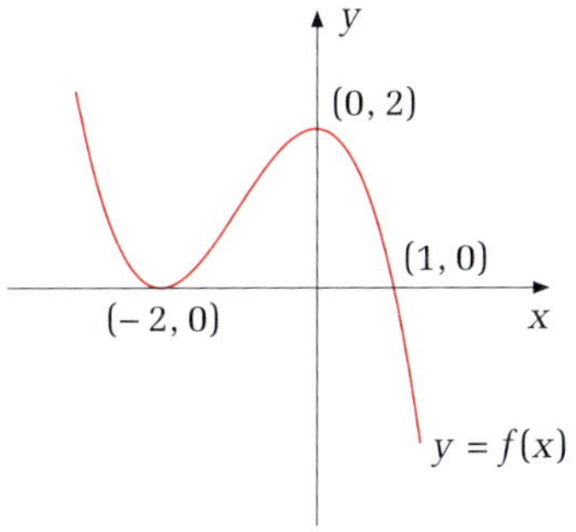

Abbildung 5.1.11: Funktion f für Aufgabe 2

3. Nehmen Sie an, dass es in dem ersten Modell des Beispiels 5.1.3 eine positive Verschiebung in der Nachfrage gibt, so dass die neue Nachfrage zum Preis P gleich $\tilde{D} = 106 - P$ ist. Finden Sie den neuen Gleichgewichtspunkt und illustrieren Sie dies in einem Graphen.

4. Verwenden Sie Abb. 4.3.10 und die Regeln für die Verschiebung von Graphen, um den Graphen von $y = 2 - |x + 2|$ zu skizzieren.

5. Starten Sie mit dem Graphen der Funktion $f(x) = 1/x^2$ und skizzieren Sie dann den Graphen von $g(x) = 2 - (x + 2)^{-2}$.

6. Nehmen Sie in Beispiel 5.1.4 an, dass $f(y) = Ay + By^2$, wobei A und B positive Parameter sind. Bestimmen Sie y^* in diesem Fall.

► Lösungen zu den Aufgaben finden Sie im Anhang des Buches.

5.2 Neue Funktionen aus alten

Abb. 5.2.1 zeigt Graphen der Anzahl männlicher und weiblicher Studierender, die an einer bestimmten Universität im Zeitraum von 1986 bis 1997 eingeschrieben waren. Seien $f(t)$ und $m(t)$ die Anzahlen der weiblichen und männlichen Studierenden im Jahr t, während $n(t)$ die Gesamtanzahl der Studierenden bezeichne. Natürlich ist $n(t) = f(t) + m(t)$. Man erhält den Graphen der Gesamtanzahl $n(t)$, indem man den Graphen von $f(t)$ über den Graphen von $m(t)$ stapelt, wie es in Abb. 5.2.2 gezeigt ist.

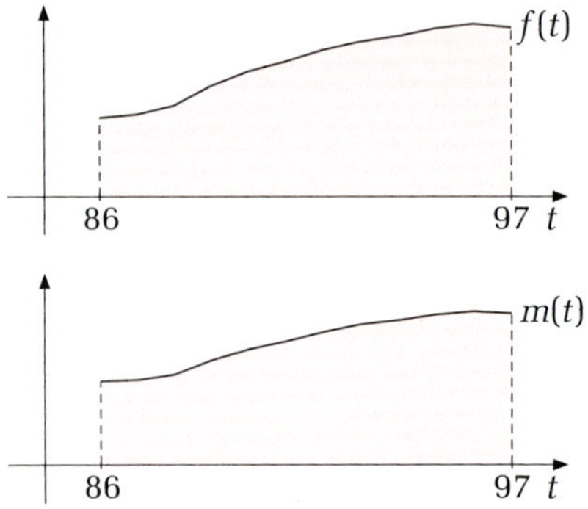

Abbildung 5.2.1: Männliche und weibliche Studierende

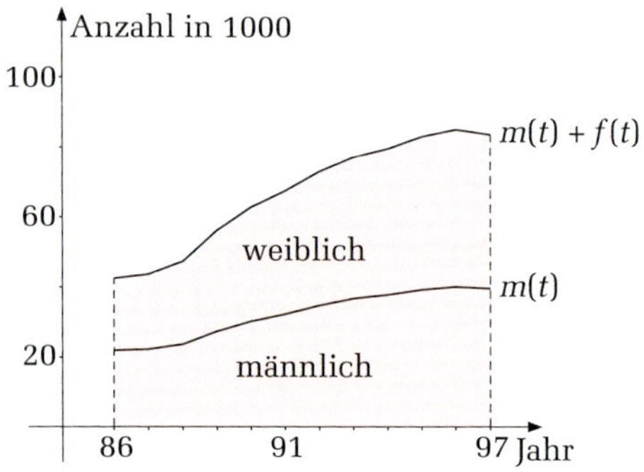

Abbildung 5.2.2: Gesamtanzahl Studierende

Nehmen Sie im Allgemeinen an, dass f und g zwei Funktionen sind, die beide auf einer Menge A von reellen Zahlen definiert sind. Die Funktion h, die durch die Formel $h(x) = f(x) + g(x)$ definiert ist, wird die *Summe* von f und g genannt und wir schreiben $h = f + g$. Die Funktion k, die durch $k(x) = f(x) - g(x)$ definiert ist, wird die *Differenz* zwischen f und g genannt, und wir schreiben $k = f - g$. Für das Beispiel im vorigen Absatz ist die Differenz zwischen der Anzahl weiblicher und männlicher Studierender im Jahr t gleich $f(t) - m(t)$. Den Graphen dieser Funktion kann man erhalten, indem man den Graphen von $f(t)$ über den Graphen von $-m(t)$ setzt.

Summen und Differenzen kommen oft in ökonomischen Modellen vor. Betrachten Sie die folgenden typischen Beispiele.

Beispiel 5.2.1

Die Kosten der Herstellung von Q Einheiten eines Gutes seien $C(Q)$. Die Kosten pro produzierter Einheit $A(Q) = C(Q)/Q$ heißen dann *Durchschnittskosten*. Wenn insbesondere

$$C(Q) = aQ^3 + bQ^2 + cQ + d$$

eine Kostenfunktion von dem in Abb. 4.7.2 gezeigten Typ ist, so sind die Durchschnittskosten

$$A(Q) = aQ^2 + bQ + c + \frac{d}{Q}$$

Damit ist $A(Q)$ eine Summe einer quadratischen Funktion $y = aQ^2 + bQ + c$ und der Hyperbel $y = d/Q$. Um den Graphen der Durchschnittskostenfunktion $A(Q)$ zu erhalten, muss man die in Abb. 5.2.4 gezeigte Hyperbel über die in Abb. 5.2.3 gezeigte Parabel $y = aQ^2 + bQ + c$ stapeln. Abb. 5.2.5 zeigt das Resultat.

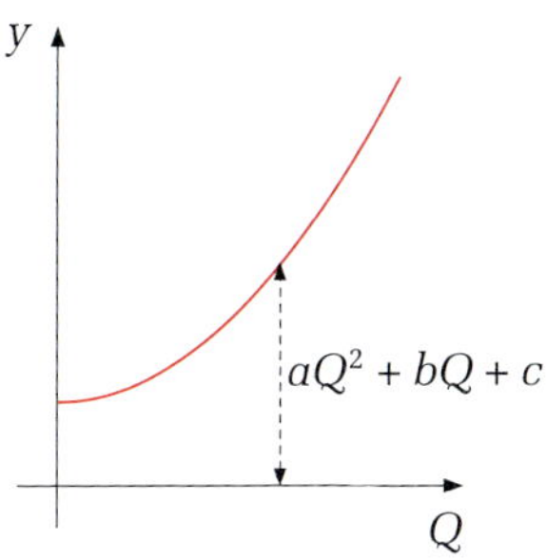

Abbildung 5.2.3:
Graph von $aQ^2 + bQ + c$

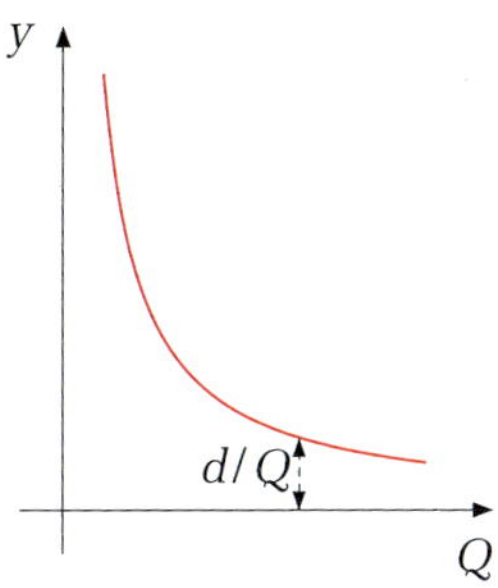

Abbildung 5.2.4:
Graph von d/Q

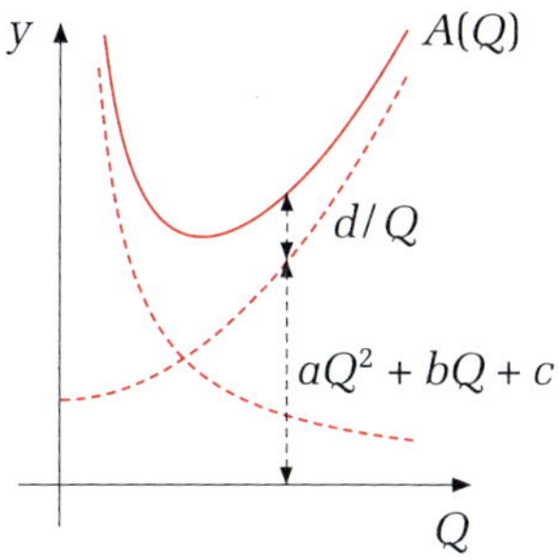

Abbildung 5.2.5:
Graph von $A(Q)$

Beachten Sie, dass für kleine Werte von Q der Graph von $A(Q)$ nahe am Graphen von $y = d/Q$ liegt, da d/Q groß ist, wenn Q klein ist. Für große Werte von Q andererseits, ist der Graph nahe an der Parabel, da d/Q klein ist, wenn Q groß ist.

Bezeichne jetzt $R(Q)$ die *Einnahmen* aus dem Verkauf von Q Einheiten. Dann ist der *Gewinn* $\pi(Q)$ gegeben durch $\pi(Q) = R(Q) - C(Q)$. Abbildung 5.2.6 illustriert, wie der Graph der Gewinnfunktion $\pi(Q)$ konstruiert wird. In diesem Fall erhält das Unternehmen einen festen Preis p pro Einheit, so dass der Graph von $R(Q)$ eine Gerade durch den Ursprung ist. Der Graph von $-C(Q)$ muss zu $R(Q)$ addiert werden.

Schließlich: Das Produktionsniveau, das den Gewinn maximiert, ist Q^*, wo die Höhe der Geraden $y = R(Q) = pQ$ so weit wie möglich über der Kurve $y = C(Q)$ ist.

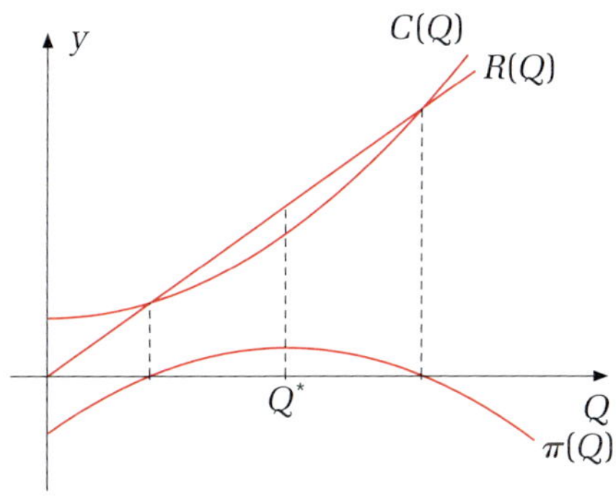

Abbildung 5.2.6: $\pi(Q) = R(Q) - C(Q)$

Produkte und Quotienten

Nehmen Sie an, dass die zwei Funktionen f und g auf demselben Definitionsbereich A definiert sind. Dann heißt die Funktion h, die durch $h(x) = f(x) \cdot g(x)$ definiert ist, das *Produkt* von f und g. Wir schreiben $h = f \cdot g$ (oder einfach fg). Die Funktion k, definiert an den Stellen, wo $g(x) \neq 0$, durch $k(x) = f(x)/g(x)$, wird der *Quotient* von f und g genannt und wir schreiben $k = f/g$. Wir haben bereits viele Beispiele von diesen Operationen gesehen. Anders als bei $f+g$ und $f-g$ ist es schwierig, nützliche Regeln über das Verhalten der Graphen von fg und f/g, basierend auf den Graphen von f und g, anzugeben.

Verkettung von Funktionen

Nehmen Sie an, dass die Nachfrage nach einem Gut eine Funktion x seines Preises ist. Nehmen Sie an, dass der Preis p nicht konstant ist, sondern von der Zeit t abhängt. Dann ist es natürlich, die Nachfrage nach einem Gut als eine Funktion der Zeit zu betrachten. Im Allgemeinen: Wenn y eine Funktion von x ist und z eine Funktion von y, dann kann z als Funktion von x betrachtet werden. Wir nennen z eine *verkettete Funktion* von x. Nehmen Sie an: Wir bezeichnen die zwei involvierten Funktionen mit f und g, wobei $y=f(x)$ und $z=g(y)$. Dann können wir y durch $f(x)$ ersetzen in der letzten Gleichung und können somit z in der Form $z=g(f(x))$ schreiben.

Beachten Sie: Wenn wir z berechnen, wenden wir zunächst f auf x an, um $y=f(x)$ zu erhalten und dann wenden wir g auf y an. Hier wird $f(x)$ die *innere Funktion* genannt, während g die *äußere Funktion* genannt wird. Die Funktion, die x auf $z=g(f(x))$ abbildet, wird die *Verkettung* (Hintereinanderschaltung, Komposition) von g mit f genannt. Dies wird oft mit $g \circ f$ bezeichnet und wird als „g von f" gelesen. Formal:

Verkettung von g mit f

Seien f und g Funktionen mit Definitionsbereichen D_f und D_g und Wertebereichen R_f und R_g. Unter der Voraussetzung $R_f \subseteq D_g$ ist die *Verkettung* von g mit f die Funktion $h=g\circ f$ mit Definitionsbereich $D_h=D_f$ und Wertebereich $R_h \subseteq R_g$, die definiert ist durch

$$h(x)=g(f(x)) \tag{5.2.1}$$

Wenn die Voraussetzung $R_f \subseteq D_g$ nicht erfüllt ist, gibt es Werte von x, für die $f(x)$ definiert ist, aber $h(x)$ nicht. Allgemein kann es Werte von z im Wertebereich R_g von g geben, die nicht im Wertebereich R_h von h liegen.

Es ist leicht, $g\circ f$ typografisch mit $g\cdot f$ zu verwechseln. Aber diese zwei Funktionen sind jedoch völlig verschieden definiert. Wenn wir $g\circ f$ an der Stelle x berechnen, berechnen wir zuerst $f(x)$ und dann g an der Stelle $f(x)$. Andererseits ist das Produkt $g\cdot f$ von g und f die Funktion, deren Wert an einer bestimmten Stelle x einfach das Produkt von $g(x)$ und $f(x)$ ist, d. h. $(g\cdot f)(x)=g(x)\cdot f(x)$.

Während $g\circ f$ die Funktion bezeichnet, die x auf $g(f(x))$ abbildet, bezeichnet die umgekehrte Notation $f\circ g$ die Funktion, die x auf $f(g(x))$ abbildet. Also haben wir:

$$(f\circ g)(x)=f\,(g(x)) \quad \text{und} \quad (g\circ f)(x)=g\,(f(x))$$

Gewöhnlich sind $f\circ g$ und $g\circ f$ ganz verschiedene Funktionen. Wenn z. B. $g(v)=2-v^2$ und $f(u)=u^3$, dann ist $(f\circ g)(x)=(2-x^2)^3$, während $(g\circ f)(x)=2-(x^3)^2=2-x^6$. Die zwei resultierenden Polynome sind nicht dieselben.

Beispiel 5.2.2

Schreiben Sie die folgenden Funktionen als Verkettung von Funktionen:

(a) $z = (x^3 + x^2)^{50}$ (b) $z = e^{-(x-\mu)^2}$, wobei μ eine Konstante ist.

Lösung:

(a) Wenn ein Wert von x gegeben ist, berechnen Sie zunächst $x^3 + x^2$, welches die innere Funktion ergibt: $f(x) = x^3 + x^2$. Dann bilden Sie die fünfzigste Potenz des Ergebnisses, so dass die äußere Funktion $g(y) = y^{50}$ ist. Daher ist $g(f(x)) = g(x^3 + x^2) = (x^3 + x^2)^{50}$.

(b) Wählen Sie die innere Funktion als $f(x) = -(x - \mu)^2$ und die äußere Funktion als $g(y) = e^y$. Dann ist $g(f(x)) = g(-(x - \mu)^2) = e^{-(x-\mu)^2}$. Alternativ hätten wir auch $f(x) = (x - \mu)^2$ und $g(y) = e^{-y}$ wählen können.

Symmetrie

Für die Funktion $f(x) = x^2$ gilt $f(-x) = f(x)$. Das gilt auch für jede gerade Potenz x^{2n}, wenn n eine ganze positive oder negative Zahl ist. Inspiriert durch dieses Beispiel nennen wir eine Funktion f, für die $f(-x) = f(x)$ für alle x aus dem Definitionsbereich von f gilt, eine *gerade* Funktion. Dies impliziert, dass der Graph von f *symmetrisch zur y-Achse* ist, wie in Abb. 5.2.7 gezeigt wird.

Andererseits erfüllt jede ungerade Potenz x^{2n+1} wie z. B. $f(x) = x^3$ die Gleichung $f(-x) = -f(x)$. Wenn $f(-x) = -f(x)$ für alle x aus dem Definitionsbereich von f gilt, wird f eine *ungerade* Funktion genannt. In diesem Fall, der in Abb. 5.2.8 gezeigt wird, hat der Graph von f die „ungerade" (!) Symmetrieeigenschaft: Der Graph bleibt unverändert, wenn er um 180° um den Urspung gedreht wird, entweder im Uhrzeigersinn oder gegen den Uhrzeiger.

Schließlich heißt f *symmetrisch um a*, wenn $f(a + x) = f(a - x)$ für alle x. Dann ist der Graph von f *symmetrisch zur Geraden* $x = a$, wie in Abb. 5.2.9 dargestellt wird. In Kap. 4.6 haben wir gezeigt, dass die quadratische Funktion $f(x) = ax^2 + bx + c$ mit $a \neq 0$ symmetrisch zur Geraden $x = -b/2a$ ist. Ein zweites Beispiel ist die verkettete Funktion $z = e^{-(x-\mu)^2}$ aus Beispiel 5.2.2(b), die symmetrisch um $x = \mu$ ist.

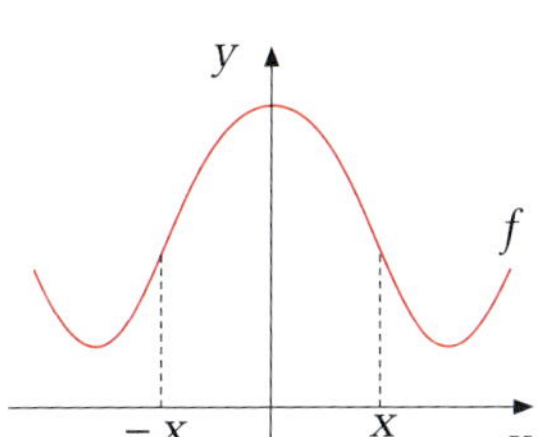

Abbildung 5.2.7: Gerade Funktion

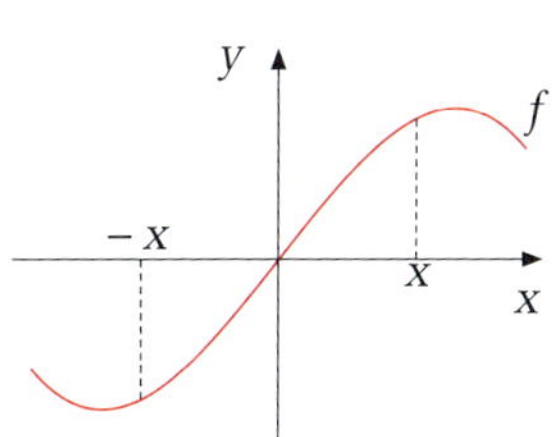

Abbildung 5.2.8: Ungerade Funktion

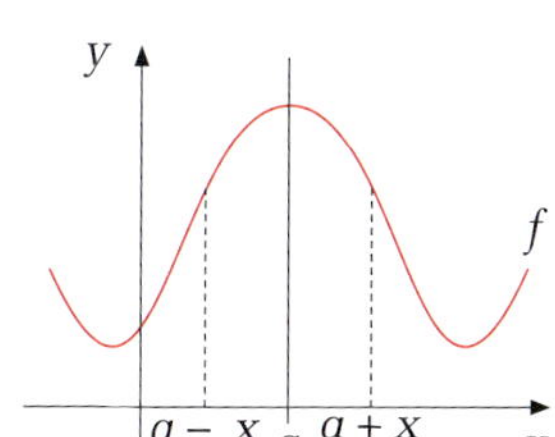

Abbildung 5.2.9: Symmetrisch um $x = a$

Aufgaben für Kapitel 5.2

1. Nehmen Sie $x > 0$ an. Zeichnen Sie drei Graphen wie die in den Abb. 5.2.1 und 5.2.2, die zeigen, wie der Graph von $y = \frac{1}{4}x^2 + 1/x$ entsteht aus der Addition des Graphen von $1/x$ oberhalb des Graphen von $y = \frac{1}{4}x^2$.

2. Skizzieren Sie die Graphen der folgenden Funktionen:

(a) $y = \sqrt{x} - x$ (b) $y = e^x + e^{-x}$ (c) $y = e^{-x^2} + x$

3. Sei $f(x) = 3x - x^3$ und $g(x) = x^3$. Berechnen Sie die sechs Ausdrücke: $(f + g)(x)$, $(f - g)(x)$, $(fg)(x)$, $(f/g)(x)$, $f(g(1))$ und $g(f(1))$.

4. Sei $f(x) = 3x + 7$. Berechnen Sie $f(f(x))$ und finden Sie den Wert x^* mit $f(f(x^*)) = 100$.

5. Berechnen Sie $\ln(\ln e)$ und $(\ln e)^2$. Was bemerken Sie?[2]

► Lösungen zu den Aufgaben finden Sie im Anhang des Buches.

5.3 Inverse Funktionen

Nehmen Sie an, dass die nachgefragte Menge D für ein Gut abhängig ist vom Preis P pro Einheit gemäß $D = 30/P^{1/3}$. Diese Formel gibt uns die Nachfrage D an, die zu einem gegebenen Preis P korrespondiert. Wenn z. B. $P = 27$, dann ist $D = 30/27^{1/3} = 10$. Somit ist D eine Funktion von P. Das heißt $D = f(P)$ mit $f(P) = 30/P^{1/3}$. Bemerken Sie, dass die Nachfrage sinkt, wenn der Preis steigt.

Aus der Sicht des Herstellers mag es jedoch natürlicher sein, den Output als etwas anzusehen, das er wählen kann, um dann den resultierenden Preis zu betrachten. Daher möchte der Hersteller die *inverse* Nachfragefunktion kennen, in der der Preis von der verkauften Menge abhängt, anstatt anders herum. In unserem Beispiel erhält man diese funktionale Beziehung, indem man $D = 30/P^{1/3}$ nach P auflöst. Wir erhalten zunächst $P^{1/3} = 30/D$ und dann $(P^{1/3})^3 = (30/D)^3$, so dass $P = 27\,000/D^3$. Diese Gleichung gibt uns den Preis P an, der zu einem gegebenen Output D korrespondiert. Wenn z. B. $D = 10$, dann ist $P = 27\,000/10^3 = 27$. In diesem Fall ist P eine Funktion $g(D)$ von D mit $g(D) = 27\,000/D^3$.

Die zwei Variablen D und P in diesem Beispiel stehen derart in Beziehung zu einander, dass jede von ihnen als Funktion der anderen betrachtet werden kann. In der Tat: Die zwei Funktionen

$$f(P) = 30P^{-1/3} \qquad \text{und} \qquad g(D) = 27\,000D^{-3} \tag{5.3.1}$$

sind *invers* zueinander. Wir sagen, dass f die Inverse von g und dass g die Inverse von f ist.

[2] Dies illustriert: Wenn wir die Funktion f^2 durch $f^2(x) = (f(x))^2$ definieren, dann gilt im Allgemeinen: $f^2(x) \neq f(f(x))$.

Beachten Sie, dass die zwei Funktionen f und g genau dieselben Informationen enthalten. Zum Beispiel kann die Tatsache, dass beim Preis 27 die Nachfrage gleich 10 ist, entweder durch f oder durch g ausgedrückt werden: $f(27) = 10$ und $g(10) = 27$ sind vollkommen äquivalent. In Beispiel 4.5.3 haben wir eine noch einfachere Nachfragefunktion $D = 100 - P$ betrachtet. Wenn wir nach P auflösen, erhalten wir $P = 100 - D$, welches als inverse Nachfragefunktion bezeichnet wurde.

Nehmen Sie allgemein an, dass f eine Funktion mit Definitionsbereich $D_f = A$ ist. Das bedeutet: Zu jedem x in A gehört eine eindeutige Zahl $f(x)$. Erinnern Sie: Wenn f den Definitionsbereich A hat, dann ist der Wertebereich (= „range") von f die Menge $B = R_f = \{f(x) : x \in A\}$, die auch mit $f(A)$ bezeichnet wird. Damit besteht der Wertebereich B aus allen Zahlen $f(x)$, die man erhält, wenn man x in A variieren lässt. Nun sagt man, dass die Funktion f *Eins zu Eins* oder *umkehrbar eindeutig* (auch: *eineindeutig*) in A ist, wenn f niemals denselben Wert an zwei verschiedenen Stellen in A annimmt. Mit anderen Worten: Für jedes y in B, gibt es genau ein x in A, so dass $y = f(x)$. Äquivalent ist: f ist umkehrbar eindeutig in A, wenn gilt: Wenn x_1 und x_2 beide in A liegen und $x_1 \neq x_2$, dann ist auch $f(x_1) \neq f(x_2)$.

Es ist offensichtlich: Wenn eine Funktion in ganz A entweder strikt wachsend oder strikt fallend ist, dann ist sie umkehrbar eindeutig. Eine spezielle umkehrbar eindeutige Funktion f ist in Abb. 5.3.1 dargestellt. Die Funktion g, die in Abb. 5.3.2 gezeigt wird, ist nicht umkehrbar eindeutig, da z. B. die zwei x-Werte x_1 und x_2 beide auf denselben y-Wert y_1 abgebildet werden.

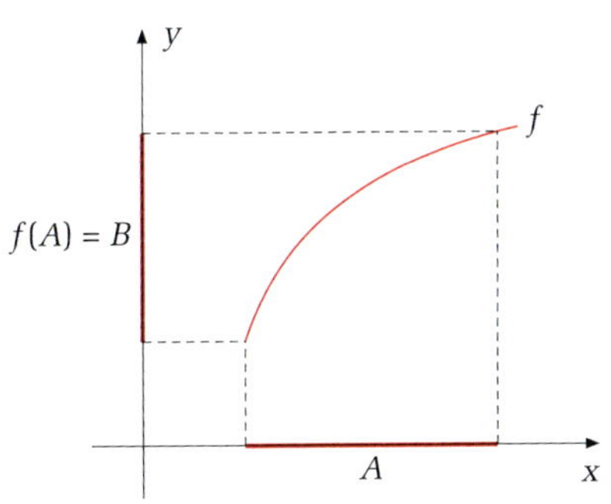

Abbildung 5.3.1: f ist Eins zu Eins mit Definitionsbereich A und Wertebereich B. f hat eine Inverse.

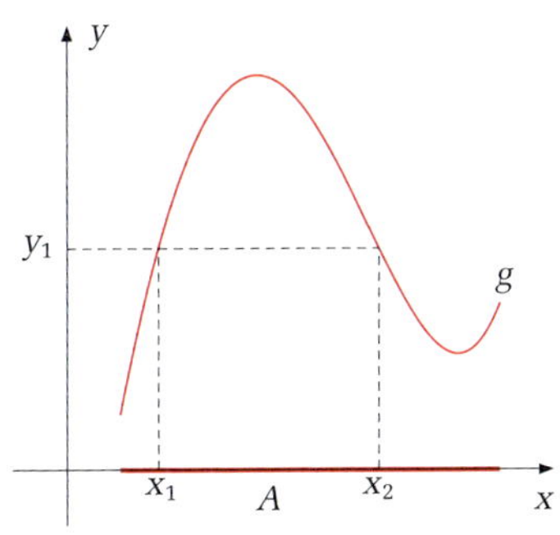

Abbildung 5.3.2: g ist nicht Eins zu Eins, hat daher keine Inverse in A.

Definition der inversen Funktion

Sei f eine Funktion mit Definitionsbereich A und Wertebereich B. Genau dann, wenn f umkehrbar eindeutig ist, hat sie eine *inverse Funktion* g mit Definitionsbereich B und Wertebereich A. Die Funktion g ist durch die folgende Regel gegeben: Für jedes $y \in B$ ist der Wert $g(y)$ die eindeutig bestimmte Zahl x in A mit $f(x) = y$. Dann gilt:

$$g(y) = x \iff y = f(x) \qquad (\text{für alle } x \in A \text{ und } y \in B) \tag{5.3.2}$$

Es ist eine direkte Folgerung aus (5.3.2), dass

$$g(f(x)) = x \quad \text{für alle } x \in A \qquad \text{und} \qquad f(g(y)) = y \quad \text{für alle } y \in B \tag{5.3.3}$$

Die Gleichung $g(f(x)) = x$ zeigt, was geschieht, wenn wir zuerst f anwenden auf x und dann g auf $f(x)$: Wir erhalten x zurück, weil g *rückgängig macht, was* f *mit* x *gemacht hat.* Beachten Sie: Wenn g die Inverse einer Funktion f ist, dann ist f auch die Inverse von g. Wenn g die Inverse von f ist, so ist es Standard, die Notation f^{-1} für g zu verwenden.[3]

Um in dem Eingangbeispiel die Funktionen f und g zu bestimmen, die in Gleichung (5.3.1) auftreten, lösten wir die Gleichung $D = 30/P^{1/3}$, um P in Abhängigkeit von D auszudrücken. In einfachen Fällen können wir dieselbe Methode verwenden, um die Inverse einer gegebenen Funktion zu finden (und damit automatisch nachweisen, dass die Inverse existiert). Hier sind einige weitere Beispiele:

Beispiel 5.3.1

Lösen Sie die folgenden Gleichungen nach x auf und finden Sie die entsprechenden inversen Funktionen:

(a) $y = 4x - 3$ (b) $y = \sqrt[5]{x+1}$ (c) $y = \dfrac{3x-1}{x+4}$

Lösung:

(a) Indem wir die Gleichung nach x auflösen, erhalten wir die folgenden Äquivalenzen für alle x und alle y:

$$y = 4x - 3 \iff 4x = y + 3 \iff x = \tfrac{1}{4}y + \tfrac{3}{4}$$

Wir schließen, dass $f(x) = 4x - 3$ und $g(y) = \frac{1}{4}y + \frac{3}{4}$ invers zueinander sind.

(b) Wir erheben zunächst jede Seite in die fünfte Potenz und erhalten damit die Äquivalenzen

$$y = \sqrt[5]{x+1} \iff y^5 = x + 1 \iff x = y^5 - 1$$

Diese gelten für alle x und alle y. Damit haben wir gezeigt, dass $f(x) = \sqrt[5]{x+1}$ und $g(y) = y^5 - 1$ invers zueinander sind.

(c) Multiplikation beider Seiten der Gleichung mit $x+4$ ergibt: $y(x+4) = 3x-1$. Aus dieser Gleichung folgt $yx + 4y = 3x - 1$ oder $x(3 - y) = 4y + 1$. Auflösen nach x in Abhängigkeit von y ergibt:

$$x = \frac{4y+1}{3-y}$$

Wir schließen, dass $f(x) = (3x-1)/(x+4)$ und $g(y) = (4y+1)/(3-y)$ invers zueinander sind. Beachten Sie, dass f nur definiert ist für $x \neq -4$ und g ist nur definiert für $y \neq 3$. Deshalb ist die Äquivalenz in (5.3.2) nur mit diesen Einschränkungen gültig.

[3] Dies ist manchmal verwirrend. Wenn a eine Zahl ist, so dass $a \neq 0$, dann steht a^{-1} für $1/a$. Aber $f^{-1}(x)$ bedeutet *nicht* $1/f(x) = (f(x))^{-1}$. Zum Beispiel: Die zwei Funktionen, definiert durch $y = 1/(x^2+2x+3)$ und $y = x^2+2x+3$ sind *nicht* invers zueinander, sondern reziprok, d. h. die eine ist der Kehrwert der anderen und umgekehrt.

Eine geometrische Charakterisierung inverser Funktionen

In unserem einführenden Beispiel besagt Gleichung (5.3.1), dass $f(P) = 30P^{-1/3}$ und $g(D) = 27\,000D^{-3}$ inverse Funktionen sind. Wegen der konkreten Interpretation der Symbole P und D war es naheliegend, die Funktionen so zu beschreiben, wie wir es getan haben. In anderen Situationen kann es angebracht sein, dieselben Variablen als Argumente sowohl in f als auch in g zu verwenden. In Beispiel 5.3.1(a) haben wir gesehen, dass $f(x) = 4x - 3$ und $g(y) = \frac{1}{4}y + \frac{3}{4}$ invers zueinander sind. Wenn wir in der Funktion g auch x anstelle von y als Variable benutzen, erhalten wir, dass

$$f(x) = 4x - 3 \quad \text{und} \quad g(x) = \tfrac{1}{4}x + \tfrac{3}{4} \quad \text{Inverse zueinander sind.} \qquad (*)$$

Analog können wir auf der Basis von Teil (b) desselben Beispiels sagen:

$$f(x) = (x+1)^{1/5} \quad \text{und} \quad g(x) = x^5 - 1 \quad \text{sind Inverse zueinander.} \qquad (**)$$

Die zwei Graphen irgendeines Paares inverser Funktionen f und g, wie diejenigen in $(*)$ und $(**)$, haben eine interessante geometrische Eigenschaft. In der Tat: Sie müssen Spiegelbilder zueinander sein bezüglich der Geraden $y = x$. Dies wird in Abb. 5.3.3 und 5.3.4 illustriert.

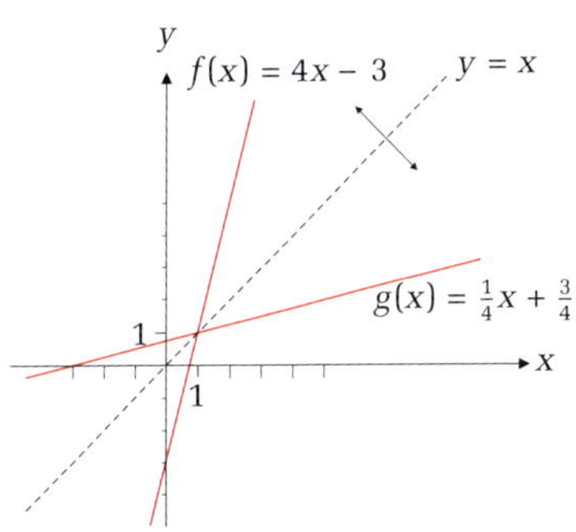

Abbildung 5.3.3: f und g sind Inverse

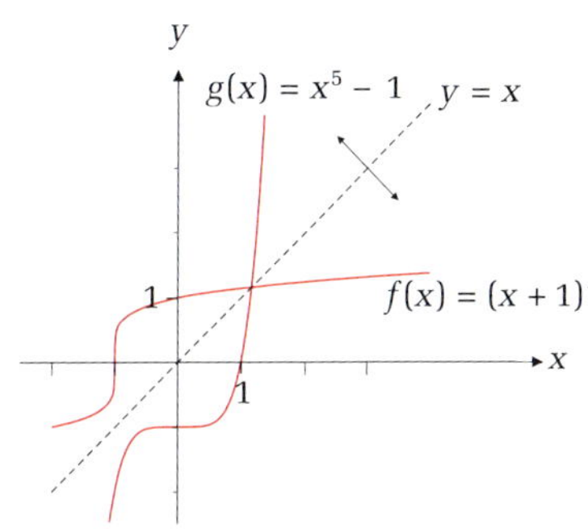

Abbildung 5.3.4: f und g sind Inverse

Nehmen Sie allgemein an, das f und g Inverse zueinander sind. Die Tatsache, dass (a, b) auf dem Graphen von f liegt, bedeutet, dass $b = f(a)$ ist. Gemäß (5.3.2) impliziert dies $g(b) = a$, so dass (b, a) auf dem Graphen von g liegt. Aufgabe 8 fordert Sie auf zu zeigen, dass (a, b) und (b, a) symmetrisch zur Geraden $y = x$ liegen. Dies führt zu folgendem Schluss:

Symmetrie inverser Funktionen

Nehmen Sie an, dass die zwei Funktionen f und g Inverse zueinander sind. Vorausgesetzt, dass die Einheiten auf den Koordinatenachsen dieselben sind, sind die Graphen von $y = f(x)$ und $y = g(x)$ symmetrisch zur Geraden $y = x$. (5.3.4)

Wenn die Funktionen f und g Inverse zueinander sind, dann sind nach Definition (5.3.2) die Gleichungen $y = f(x)$ und $x = g(y)$ äquivalent. Die zwei Funktionen haben tatsächlich exakt denselben Graphen, obwohl wir im zweiten Fall x als abhängig von y betrachten sollten, anstatt anders herum. Andererseits sind die Graphen von $y = f(x)$ und $y = g(x)$ symmetrisch zur Geraden $y = x$.

Die Beispiele 4.5.3 und 5.1.3 z. B. erörtern Nachfrage- und Angebotskurven. Man kann dabei an die Graphen einer Funktion denken, wo die Menge Q vom Preis P abhängt oder gleichwertig an die Graphen der inversen Funktion, wo der Preis P von der Menge Q abhängt.

In allen bisher betrachteten Beispielen konnte die Inverse durch bekannte Formeln ausgedrückt werden. Es zeigt sich jedoch, dass selbst, wenn eine Funktion eine Inverse hat, es unmöglich sein kann, diese in Form einer Funktion auszudücken, die wir kennen. *Inverse Funktionen sind in der Tat eine wichtige Quelle neuer Funktionen.* Ein typischer Fall entsteht in Zusammenhang mit der Exponentialfunktion. Wir haben in Kap. 4.9 gezeigt, dass $y = e^x$ strikt monoton wachsend ist und dass es gegen 0 strebt, wenn x gegen $-\infty$ strebt und gegen ∞, wenn x gegen ∞ strebt. Daher existiert für jedes positive y ein eindeutig bestimmtes x, so dass $e^x = y$ gilt. In Kap. 4.10 nannten wir die neue Funktion die natürliche Logarithmusfunktion, bezeichnet mit ln. Nach Definition haben wir die Äquivalenz $y = e^x \iff x = \ln y$. Diese Äquivalenz demonstriert, dass die *Funktionen* $f(x) = e^x$ *und* $g(y) = \ln y$ *Inverse zueinander sind.* Weil die ln-Funktion in so vielen Zusammenhängen erscheint, ist sie umfangreich tabelliert worden und darüber hinaus als Spezialtaste auf vielen Taschenrechnern vorhanden.[4]

Wenn f und g Inverse zueinander sind, ist der Definitionsbereich von f gleich dem Wertebereich von g und umgekehrt. Betrachten Sie die folgenden Beispiele.

Beispiel 5.3.2

Die Funktion $f(x) = \sqrt{3x + 9}$, definiert auf dem Intervall $[-3, \infty)$, *ist* strikt monoton wachsend und hat daher eine Inverse. Finden Sie eine Formel für die Inverse. Verwenden Sie x als die freie Variable für beide Funktionen.

Lösung: Wenn x von -3 bis ∞ ansteigt, dann steigt der Funktionswert $f(x)$ von 0 bis ∞, d. h. der Wertebereich von f ist $[0, \infty)$. Daher hat f eine Inverse g, definiert auf $[0, \infty)$. Um eine Formel für die Inverse zu finden, lösen wir die Gleichung $y = \sqrt{3x + 9}$ nach x auf. Quadrieren ergibt $y^2 = 3x + 9$. Auflösen nach x ergibt: $x = \frac{1}{3}y^2 - 3$. Indem wir in diesem Ausdruck x und y vertauschen, um x zur freien Variablen zu machen, erhalten wir die inverse Funktion von f als $g(x) = \frac{1}{3}x^2 - 3$, definiert auf $[0, \infty)$. Siehe Abb. 5.3.5.

---

[4] Wenn ein Taschenrechner eine gewisse Funktion f als Taste zur Verfügung hat, dann wird er gewöhnlich auch eine andere Taste für die inverse Funktion f^{-1} haben. Wenn er z. B. eine $\boxed{e^x}$-Taste hat, wird er auch eine $\boxed{\ln x}$-Taste haben. Nun impliziert die Definition der inversen Funktion, dass $f^{-1}(f(x)) = x$. Wenn wir als eine Zahl x eingeben, dann die $\boxed{f}$-Taste drücken, gefolgt von der $\boxed{f^{-1}}$-Taste, dann sollten wir x zurückerhalten. Wenn Sie Zugang haben zu der richtigen Sorte von Rechnern, können Sie experimentieren, indem Sie, 5 drücken, dann die $\boxed{e^x}$-Taste, gefolgt von der $\boxed{\ln x}$-Taste. Sie sollten wieder 5 erhalten. Rundungsfehler könnten ein Grund sein, warum Sie nicht exakt 5 erhalten.

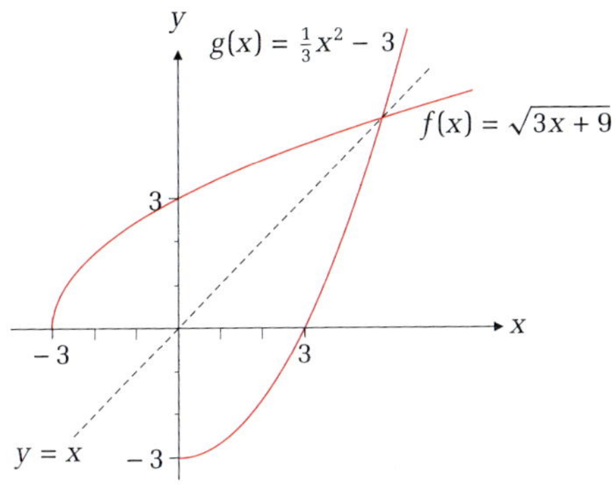

Abbildung 5.3.5: $f(x) = \sqrt{3x+9}$ *und* $g(x) = \frac{1}{3}x^2 - 3$

Beispiel 5.3.3

Betrachten Sie die Funktion f, definiert durch die Formel $f(x) = 4\ln(\sqrt{x+4} - 2)$.

(a) Für welche Werte von x ist $f(x)$ definiert? Bestimmen Sie den Wertebereich von f.

(b) Finden Sie eine Formel für ihre Inverse. Verwenden Sie x als freie Variable.

Lösung:

(a) Damit $\sqrt{x+4}$ definiert ist, muss $x \geq -4$ sein. Damit aber $\ln(\sqrt{x+4}-2)$ definiert ist, müssen wir auch sicher stellen, dass $\sqrt{x+4}-2 > 0$. Aber $\sqrt{x+4}-2 > 0$ impliziert, dass $\sqrt{x+4} > 2$ oder $x+4 > 4$ und somit $x > 0$. Der Definitionsbereich von f ist deshalb $(0, \infty)$. Wenn x von nahe bei 0 bis ∞ variiert, wächst $f(x)$ von $-\infty$ bis ∞. Der Wertebereich von f ist deshalb $(-\infty, \infty)$.

(b) Wenn $y = 4\ln(\sqrt{x+4} - 2)$, dann ist $\ln(\sqrt{x+4} - 2) = y/4$, so dass $\sqrt{x+4} - 2 = e^{y/4}$ und damit $\sqrt{x+4} = 2 + e^{y/4}$. Quadrieren beider Seiten ergibt $x + 4 = (2 + e^{y/4})^2 = 4 + 4e^{y/4} + e^{y/2}$, so dass $x = 4e^{y/4} + e^{y/2}$. Die inverse Funktion mit x statt y als freier Variable ist deshalb $y = e^{x/2} + 4e^{x/4}$. Sie ist definiert auf $(-\infty, \infty)$ mit Wertebereich $(0, \infty)$.

Aufgaben für Kapitel 5.3

1. Die Nachfrage D als Funktion des Preises P sei gegeben durch $D = \frac{32}{5} - \frac{3}{10}P$. Lösen Sie die Gleichung nach P auf und finden Sie die inverse Funktion.

2. Die Nachfrage D nach Zucker in den USA in der Zeit 1915–1929 als Funktion des Preises P wurde geschätzt als $D = f(P) = 157.8/P^{0.3}$. Lösen Sie die Gleichung nach P auf und finden Sie so die Inverse von f.

3. Bestimmen Sie die Definitionsbereiche, die Wertebereiche und die Inversen für die durch die folgenden Formeln gegebenen Funktionen

(a) $y = -3x$ (b) $y = 1/x$ (c) $y = x^3$ (d) $y = \sqrt{\sqrt{x} - 2}$

➡ Fortsetzung

4. Die Funktion f sei definiert durch die folgende Tabelle:

x	-4	-3	-2	-1	0	1	2
$f(x)$	-4	-2	0	2	4	6	8

(a) Bezeichnen Sie die Inverse von f mit f^{-1}. Welches ist ihr Definitionsbereich? Welches ist der Wert von $f^{-1}(2)$?

(b) Finden Sie eine Formel für eine Funktion $f(x)$, definiert für alle reellen x, die mit dieser Tabelle übereinstimmt. Welches ist die Formel für ihre Inverse?

5. Warum hat $f(x) = x^2$ für $x \in (-\infty, \infty)$ keine inverse Funktion? Zeigen Sie, dass f, eingeschränkt auf $[0, \infty)$ eine Inverse hat und bestimmen Sie diese.

6. Formalisieren Sie die folgenden Aussagen:

(a) Halbieren und Verdoppeln sind inverse Operationen.

(b) Die Operation: „Multipliziere eine Zahl mit 3 und subtrahiere dann 2" ist invers zu der Operation: „Addiere 2 zu der Zahl und dividiere dann durch 3".

(c) Die Operation „Subtrahiere 32 von einer Zahl und multipliziere das Ergebnis mit 5/9" ist das Inverse der Operation: „Multipliziere eine Zahl mit 9/5 und addiere dann 32". „Fahrenheit in Grad Celsius und Grad Celsius in Grad Fahrenheit".[5]

7. Sei $Q = f(C)$ die Funktion, die Ihnen sagt, wie viele Kilogramm Karotten Sie für einen bestimmten Geldbetrag C kaufen können. Was sagt Ihnen dann die inverse Funktion f^{-1}?

8. Betrachten Sie ein Koordinatensystem in der Ebene:

(a) Zeigen Sie, dass die Punkte $(3, 1)$ und $(1, 3)$ symmetrisch zur Geraden $y = x$ sind und ebenso die Punkte $(5, 3)$ und $(3, 5)$.

(b) Nutzen Sie Eigenschaften kongruenter Dreiecke, um zu beweisen, dass die Punkte (a, b) und (b, a) in der Ebene symmetrisch zur Geraden $y = x$ sind. Welches ist der Punkt, der in der Mitte zwischen diesen beiden Punkten liegt?

9. Bestimmen Sie die Inversen der folgenden Funktionen, wobei x die unabhängige Variable ist:

(a) $f(x) = (x^3 - 1)^{1/3}$ (b) $f(x) = \dfrac{x+1}{x-2}$ (c) $f(x) = (1 - x^3)^{1/5} + 2$

10. Die durch die folgenden Formeln definierten Funktionen sind strikt monoton wachsend in ihrem Definitionsbereich. Bestimmen Sie den Definitionsbereich jeder inversen Funktion und jeweils eine Formel für die Inverse.

(a) $y = e^{x+4}$ (b) $y = \ln x - 4,\ \ x > 0$ (c) $y = \ln(2 + e^{x-3})$

Anspruchsvollere Aufgabe

11. Bestimmen Sie die Inverse von $f(x) = \frac{1}{2}(e^x - e^{-x})$. (*Hinweis:* Lösen Sie eine Gleichung zweiten Grades in $z = e^x$.)

► Lösungen zu den Aufgaben finden Sie im Anhang des Buches.

[5] Siehe Beispiel 2.6.2 und Wiederholungsaufgabe 4.19.

5.4 Graphen von Gleichungen

Die drei Gleichungen $x\sqrt{y} = 2$, $x^2 + y^2 = 16$ und $y^3 + 3x^2y = 13$ sind jeweils ein Beispiel einer Gleichung in zwei Variablen x und y. Eine *Lösung* solch einer Gleichung ist ein geordnetes Paar (a, b), so dass die Gleichung erfüllt ist, wenn wir x durch a und y durch b ersetzen. Die *Lösungsmenge* der Gleichung ist die Menge aller solcher Lösungen. Die Darstellung aller Paare aus der Lösungsmenge in einem kartesischen Koordinatensystem ergibt eine Menge, die der *Graph* der Gleichung genannt wird.

Beispiel 5.4.1

Finden Sie einige Lösungen für jede der Gleichungen $x\sqrt{y} = 2$ und $x^2 + y^2 = 16$ und versuchen Sie, ihre Graphen zu skizzieren.

Lösung: Aus $x\sqrt{y} = 2$ erhalten wir $y = 4/x^2$. Daher ist es leicht, entsprechende Werte für x und y zu finden, wie sie in Tabelle 5.4.1 gegeben sind. Der Graph ist in Abb. 5.4.1 dargestellt, mit den vier Punkten aus der Tabelle.

Tabelle 5.4.1: Lösungen von $x\sqrt{y} = 2$

x	1	2	4	6
y	4	1	1/4	1/9

Für $x^2+y^2 = 16$ gilt: Wenn $y = 0$, dann ist $x^2 = 16$ und somit $x = \pm 4$. Zwei Lösungen sind: $(4, 0)$ und $(-4, 0)$. In Tabelle 5.4.2 sind einige weitere Lösungen gegeben. In Abb. 5.4.2 haben wir die in der Tabelle gegebenen Punkte dargestellt. Der Graph in Abb. 5.4.2 scheint ein Kreis zu sein. Dies wird in Kap. 5.5 bestätigt.

Tabelle 5.4.2: Lösungen von $x^2 + y^2 = 16$

x	-4	-3	-1	0	1	3	4
y	0	$\pm\sqrt{7}$	$\pm\sqrt{15}$	± 4	$\pm\sqrt{15}$	$\pm\sqrt{7}$	0

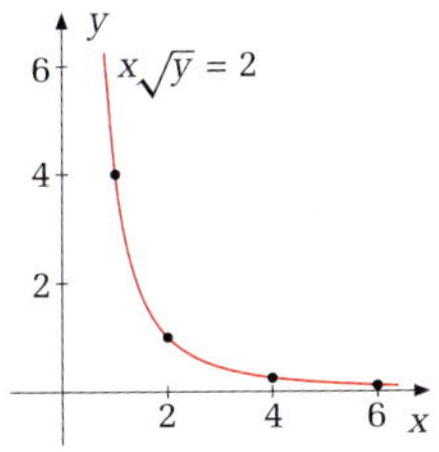

Abbildung 5.4.1: $x\sqrt{y} = 2$

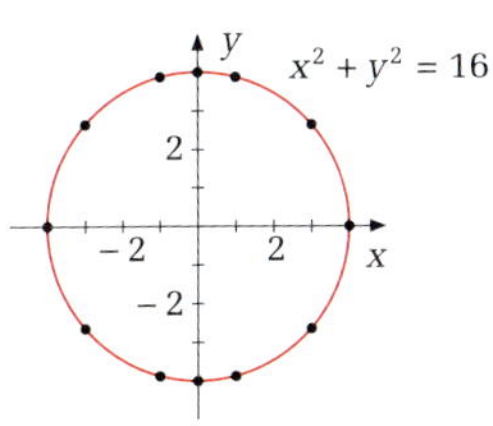

Abbildung 5.4.2: $x^2 + y^2 = 16$

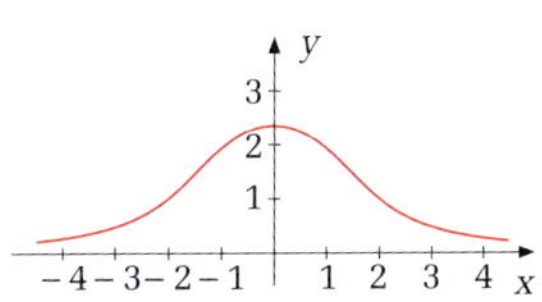

Abbildung 5.4.3: $y^3 + 3x^2y = 13$

Beispiel 5.4.2

Was können Sie über den Graphen der Gleichung $y^3 + 3x^2y = 13$ sagen?

Lösung: Wenn $x = 0$, dann ist $y^3 = 13$, so dass $y = \sqrt[3]{13} \approx 2.35$. Daher liegt $(0, \sqrt[3]{13})$ auf dem Graphen. Beachten Sie: Weil x quadriert wird, gilt: Wenn (x_0, y_0) auf dem Graphen liegt, dann auch $(-x_0, y_0)$. Daher ist der Graph symmetrisch zur y-Achse. Beachten Sie, dass $(2, 1)$ und damit auch $(-2, 1)$ Lösungen sind.

Wenn wir die Gleichung in der Form

$$y = \frac{13}{y^2 + 3x^2} \tag{5.4.1}$$

schreiben, sehen wir, dass für keinen Punkt (x, y) auf dem Graphen $y \leq 0$ sein kann, so dass der ganze Graph oberhalb der x-Achse liegt. Aus (5.4.1) folgt auch: Wenn $|x|$ groß ist, dann muss y klein sein.

Abbildung 5.4.3 zeigt den Graphen, der mit diesen Erkenntnissen übereinstimmt. Lösen der Gleichung (5.4.1) nach x zeigt, dass er aus allen Punkten (x, y) besteht, für die $x = \pm\sqrt{(13 - y^3)/3y}$ gilt.

Test mit einer vertikalen Geraden

Graphen verschiedener Funktionen können unzählbar viele verschiedene Formen haben. Jedoch sind nicht alle Kurven in der Ebene Graphen von Funktionen. Per Definition ordnet eine Funktion jedem Punkt x aus dem Definitionsbereich nur einen y-Wert zu. *Der Graph einer Funktion hat deshalb die Eigenschaft, dass eine vertikale Gerade durch eine beliebige Stelle der x-Achse höchstens einen Schnittpunkt mit dem Graphen hat.* Dieser einfache *Test mit einer vertikalen Geraden* ist in den Abb. 5.4.4 und 5.4.5 illustriert.

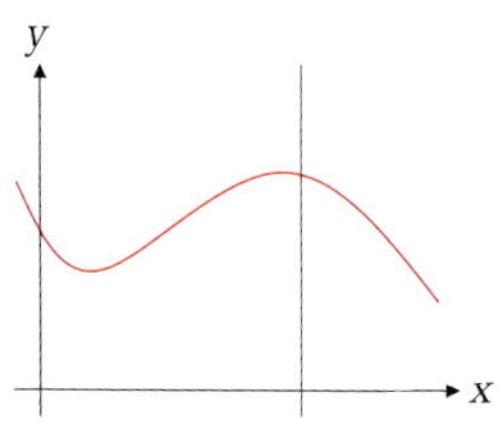

Abbildung 5.4.4: Eine Funktion.

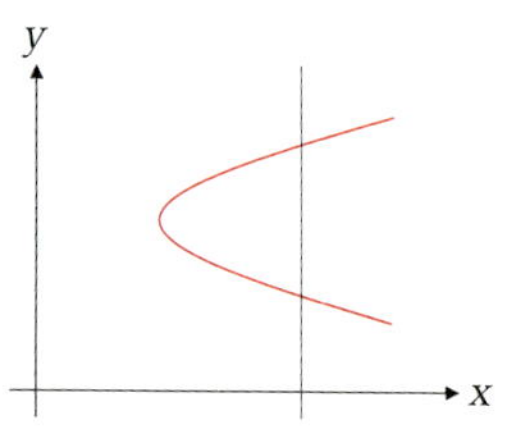

Abbildung 5.4.5: Keine Funktion.

Der Graph des Kreises $x^2 + y^2 = 16$ in Abb. 5.4.2 ist ein typisches Beispiel eines Graphen, der *keine* Funktion darstellt, da er nicht den Test mit der vertikalen Geraden besteht. Eine vertikale Gerade $x = a$ für ein a mit $-4 < a < 4$ schneidet den Kreis in *zwei* Punkten. Wenn wir die Gleichung $x^2 + y^2 = 16$ nach y auflösen, erhalten wir $y = \pm\sqrt{16 - x^2}$. Beachten Sie, dass der obere Halbkreis allein der Graph der Funktion $y = \sqrt{16 - x^2}$ ist, und der untere Halbkreis ist der Graph der Funktion $y = -\sqrt{16 - x^2}$. Diese beiden Funktionen sind auf dem Intervall $[-4, 4]$ definiert.

Wahl der Einheiten

Eine Funktion einer Variablen ist eine Regel, die Zahlen aus ihrem Definitionsbereich Zahlen in ihrem Wertebereich zuordnet. Wenn wir eine empirische Relation durch eine Funktion beschreiben, müssen wir zuerst die Maßeinheiten festlegen. Zum Beispiel könnten wir Zeit in Jahren, Tagen oder Wochen messen. Wir könnten Geld in Dollar, Yen oder Euro messen. Die getroffene Wahl wird den durch den Graphen der Funktion vermittelten visuellen Eindruck beeinflussen.

Die Abb. 5.4.6 und 5.4.7 zeigen beide die Zeitreihen des Gesamtkonsums während der Periode 2009–2018 für die 28 Länder, die zur EU gehörten im Jahre 2018. Die Daten sind in *derzeitigen* Euro, d. h. es hat keine Korrektur gegeben, um den Effekt der Inflation zu berücksichtigen. Diese Graphen zeigen einen Standardtrick, der oft benutzt wird, um beim Betrachter Eindrücke empirischer Zusammenhänge zu beeinflussen. In beiden Diagrammen ist die Zeit in Jahren gemessen und der Konsum in Milliarden Euro. Sie stellen beide dieselbe Funktion dar. Aber wenn Sie versuchen wollten, ein Auditorium durch die Leistungsfähigkeit der europäischen Wirtschaft zu beeindrucken, welche Abbildung würden Sie wählen?

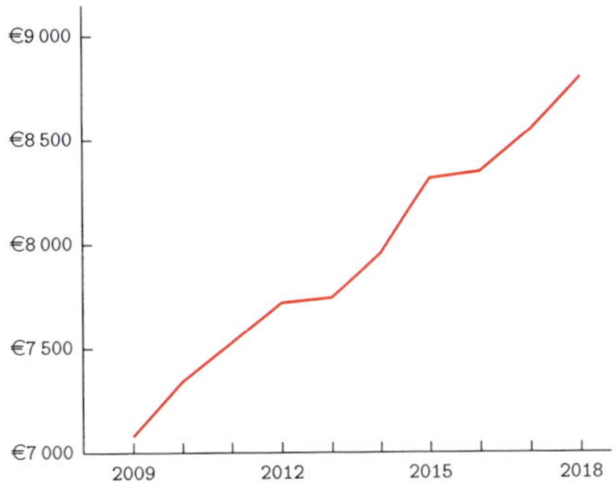

Abbildung 5.4.6: Eine optimistische Sicht.

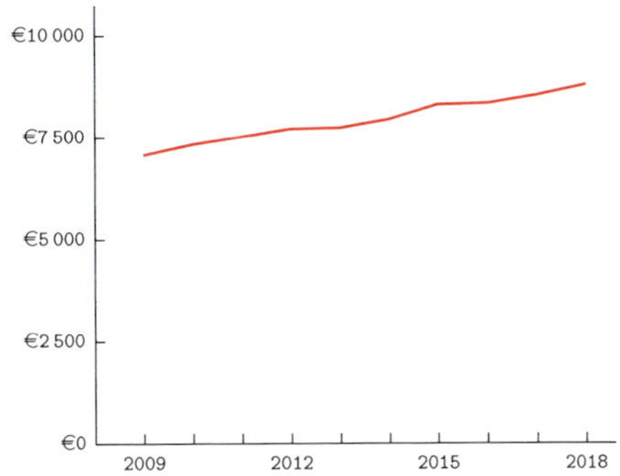

Abbildung 5.4.7: Eine pessimistische Sicht.

Abschnittsweise definierte Funktionen

Manchmal ist eine Funktion in mehreren Abschnitten definiert, indem eine separate Formel gegeben ist für jeden aus einer Anzahl disjunkter Teile des Definitionsbereiches. Ein Beispiel, das Ihnen bereits bekannt sein sollte, ist die Funktion $y = |x|$ des Absolutbetrages, definiert in Gleichung (2.7.1).[6] Zwei weitere Beispiele solcher *abschnittsweise definierter Funktionen* folgen jetzt.

[6] Wie in Beispiel 2.7.2 ausgeführt, würde die alternative Definition $y = \sqrt{x^2}$ es vermeiden, separate Formeln für verschiedene Teile der reellen Zahlengeraden zu haben. Noch unterscheidet die übliche Definition von $y = |x|$ zwischen den Fällen $x > 0$ und $x < 0$.

Beispiel 5.4.3

Zeichnen Sie den Graphen der Funktion f, die definiert ist durch:

$$f(x) = \begin{cases} -x & \text{für } x \leq 0 \\ x^2 & \text{für } 0 < x \leq 1 \\ 1.5 & \text{für } x > 1 \end{cases}$$

Lösung: Der Graph ist in Abb. 5.4.8 gezeichnet. Der Pfeil an der Stelle $(1, 1.5)$ deutet an, dass dieser Punkt nicht zum Graphen der Funktion gehört. Wie wir in Kap. 7.8 erklären werden, hat die Funktion eine *Unstetigkeit* an der Stelle $x = 1$.

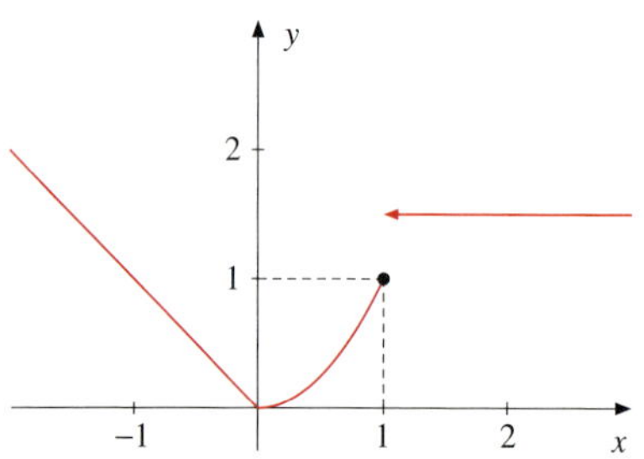

Abbildung 5.4.8: Funktion in Beispiel 3.

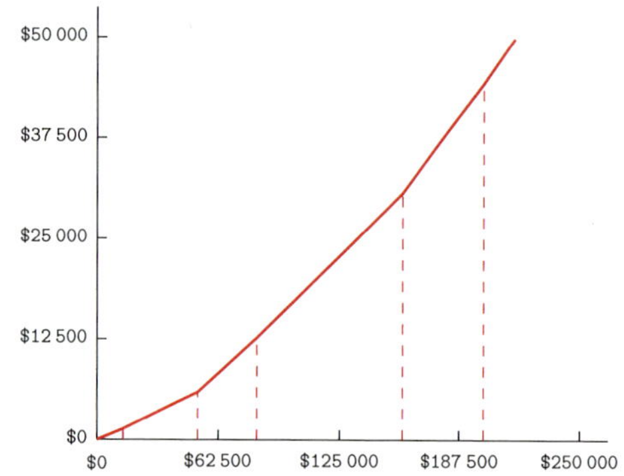

Abbildung 5.4.9: US-Bundeseinkommenssteuer in 2018

Beispiel 5.4.4 **(US-Bundeseinkommenssteuer, 2018)**

In Abb. 5.4.9 zeigen wir einen Teil des Graphen der Einkommenssteuer, die ein Haushaltsvorstand zu zahlen hat, als eine Funktion des Nettoeinkommens.[7] Für Nettoeinkommen unter 13 600$, war der Steuersatz 10 %, so dass eine Person mit Einkommen x an Steuern $y = 0.1x$ zu zahlen hatte. Für Einkommen im Bereich zwischen 13 601$ und 51 800$ waren die zu zahlenden Steuern 1 360$ plus 12 % des Einkommens über 13 600$: Eine Person mit Einkommen x in diesem Bereich zahlte $y = 1360 + 0.12(x - 13600)$ an Steuern. Der Koeffizient von $0.12 = 12\,\%$ ist bekannt als *Grenzsteuersatz* für Einkommen in diesem Bereich. Die Grenzsteuersätze für höhere Einkommensbereiche sind höher, was die Tatsache erklärt, dass der Graph steiler wird, wenn wir uns weiter nach rechts bewegen. Zum Beispiel für Einkommen zwischen 82 501$ und 157 500$ war der Grenzsteuersatz 24 %; er erreicht 37 % für Einkommen oberhalb von 500 001$. In der Finanzwissenschaft sind Steuerfunktionen, deren Grenzraten ansteigen mit dem Einkommen der Steuerzahler oft als *progressiv* bekannt.

7 Natürlich ist Abb. 5.4.9 eine Idealisierung. Die wahre Einkommenssteuerfunktion ist nur für ganzzahlige Dollarwerte definiert. Genauer: Ihr Graph ist der einer unstetigen „Treppenfunktion" mit kleinen Aufwärtssprüngen immer dann, wenn das Einkommen um einen weiteren Dollar steigt. Wir bemerken auch, dass das zu versteuernde Nettoeinkommen persönliche Freibeträge, Freibeträge für Kinder und andere Angehörige ausschließt wie auch verschiedene Abzüge vom „bereinigten Bruttoeinkommen" für anerkannte Unkosten wie Hypothekenzinsen für ein Eigenheim.

Aufgaben für Kapitel 5.4

1. Bestimmen Sie einige spezielle Lösungen der folgenden zwei Gleichungen und skizzieren Sie dann ihre Graphen.

(a) $x^2 + 2y^2 = 6$ (b) $y^2 - x^2 = 1$

2. Versuchen Sie, den Graphen von $\sqrt{x} + \sqrt{y} = 5$ zu skizzieren, indem Sie einige spezielle Lösungen bestimmen.

3. Die Funktion F ist definiert für alle $r \geq 0$ durch die folgende Formel:

$$F(r) = \begin{cases} 0 & \text{für } r \leq 7500 \\ 0.044(r - 7500) & \text{für } r > 7500 \end{cases}$$

Berechnen Sie $F(100\,000)$ und skizzieren Sie den Graphen von F.

► Lösungen zu den Aufgaben finden Sie im Anhang des Buches.

5.5 Abstand in der Ebene

Seien $P_1 = (x_1, y_1)$ und $P_2 = (x_2, y_2)$ zwei Punkte in der xy-Ebene wie in Abb. 5.5.1 gezeigt. Nach dem Satz des Pythagoras, der im Anhang gegeben ist, erfüllt der Abstand d zwischen P_1 und P_2 die Gleichung $d^2 = (x_2 - x_1)^2 + (y_2 - y_1)^2$. Daraus folgt die folgende wichtige Formel:

Abstandsformel

Der Abstand zwischen den zwei Punkten (x_1, y_1) und (x_2, y_2) ist

$$d = \sqrt{(x_2 - x_1)^2 + (y_2 - y_1)^2} \qquad (5.5.1)$$

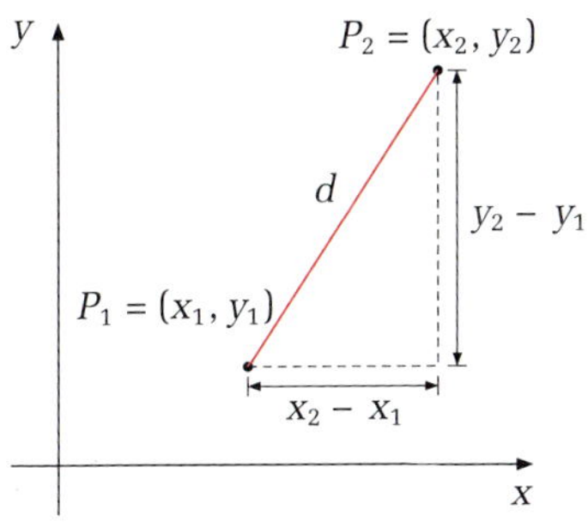

Abbildung 5.5.1: Abstand zwischen zwei allgemeinen Punkten P_1 und P_2

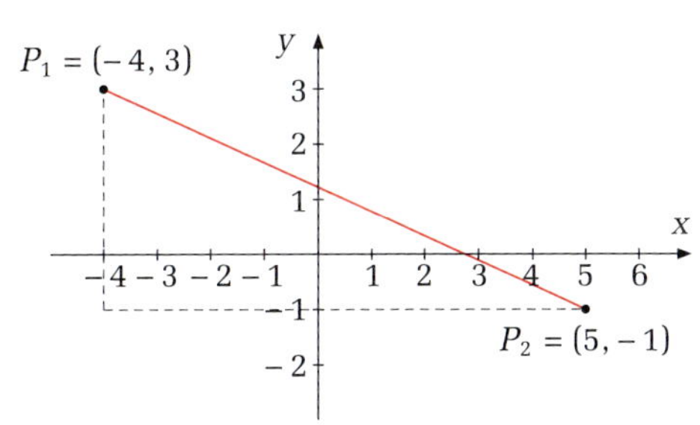

Abbildung 5.5.2: Abstand zwischen den zwei Punkten $(-4, 3)$ und $(5, -1)$.

Wir haben zwei Punkte im ersten Quadranten betrachtet, um die Abstandsformel zu beweisen. Es zeigt sich, dass dieselbe Formel gültig ist, unabhängig davon, wo die zwei Punkte P_1 und P_2 liegen. Beachten Sie auch: Da $(x_1 - x_2)^2 = (x_2 - x_1)^2$ und $(y_1 - y_2)^2 = (y_2 - y_1)^2$, macht es keinen Unterschied, welcher Punkt P_1 und welcher P_2 ist.

Manche finden, dass Formel (5.5.1) schwer zu verstehen ist. Es könnte helfen, sie vollständig in Worten auszudrücken. Sie sagt uns, dass wir den Abstand zwischen zwei Punkten in der Ebene wie folgt finden können: *Erstens: Bilden Sie die Differenz zwischen den x-Koordinaten und quadrieren Sie das Ergebnis. Zweitens: Machen Sie dasselbe mit den y-Koordinaten. Addieren Sie dann die zwei Resultate. Zum Schluss: Ziehen Sie die Quadratwurzel.*

Beispiel 5.5.1

Bestimmen Sie den Abstand d zwischen $P_1 = (-4, 3)$ und $P_2 = (5, -1)$.

Lösung: Siehe Abb. 5.5.2 für eine Illustration. Mit (5.5.1) für $x_1 = -4$, $y_1 = 3$ und $x_2 = 5$, $y_2 = -1$ ergibt sich

$$d = \sqrt{(5 - (-4))^2 + (-1 - 3)^2} = \sqrt{9^2 + (-4)^2} = \sqrt{81 + 16} = \sqrt{97} \approx 9.85$$

Kreise

Es sei (a, b) ein Punkt in der Ebene. *Der Kreis mit Radius r und Mittelpunkt in (a, b) ist die Menge aller Punkte (x, y), deren Abstand von (a, b) gleich r ist.* Anwenden der Abstandsformel auf einen typischen Punkt (x, y) auf dem in Abb. 5.5.3 gezeigten Kreis ergibt die Gleichung

$$\sqrt{(x - a)^2 + (y - b)^2} = r$$

Quadrieren beider Seiten ergibt:

Gleichung eines Kreises

Die Gleichung eines Kreises mit Mittelpunkt in (a, b) und Radius r ist

$$(x - a)^2 + (y - b)^2 = r^2 \qquad (5.5.2)$$

Ein Graph von (5.5.2) ist in Abb. 5.5.3 gezeigt. Beachten Sie: Wenn $a = b = 0$ und $r = 4$, dann reduziert sich (5.5.2) auf $x^2 + y^2 = 16$. Dies ist die Gleichung eines Kreises mit Mittelpunkt $(0, 0)$ und Radius 4, wie in Abb. 5.4.2 gezeigt.

Beispiel 5.5.2

Bestimmen Sie die Gleichung des Kreises mit Mittelpunkt $(-4, 1)$ und Radius 3.

Lösung: Siehe Abb. 5.5.4. Hier ist $a = -4$, $b = 1$ und $r = 3$. Somit ist die Gleichung des Kreises nach (5.5.2) gleich

$$(x + 4)^2 + (y - 1)^2 = 9 \qquad (*)$$

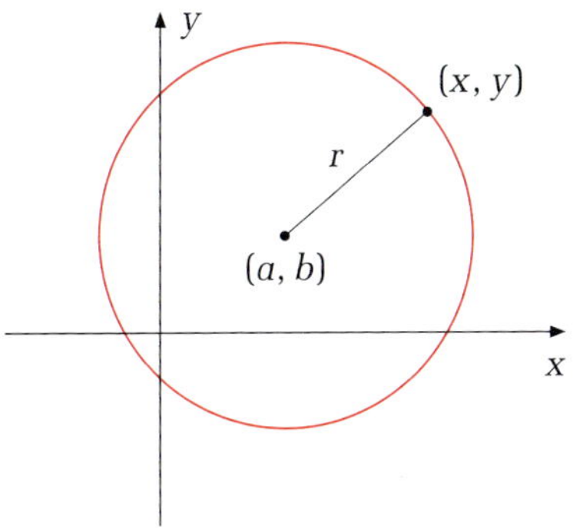

Abbildung 5.5.3: Kreis mit Mittelpunkt in (a, b) und Radius r

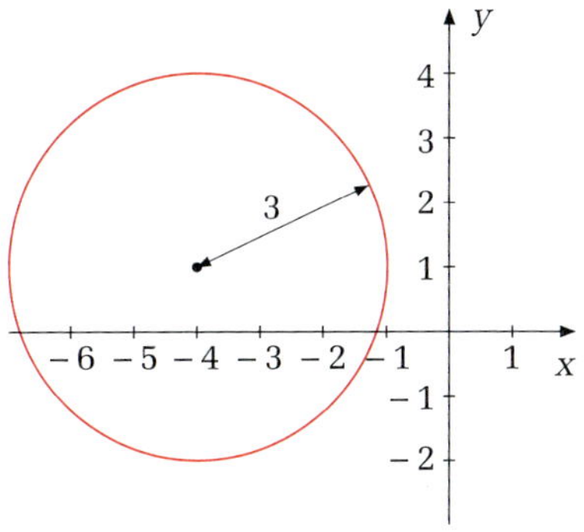

Abbildung 5.5.4: Kreis mit Mittelpunkt in $(-4, 1)$ und Radius 3

Indem wir die Quadrate ausrechnen, folgt $x^2 + 8x + 16 + y^2 - 2y + 1 = 9$. Sammeln von gleichen Termen ergibt:

$$x^2 + y^2 + 8x - 2y + 8 = 0 \tag{$**$}$$

Gleichung $(**)$ hat den Nachteil, dass wir den Mittelpunkt und den Radius des Kreises nicht unmittelbar ablesen können. Wenn wir jedoch mit Gleichung $(**)$ starten, ermöglicht uns die Methode der „quadratischen Ergänzung“, $(*)$ herzuleiten, wie in Aufgabe 5 gezeigt wird.

Ellipsen und Hyperbeln

Alle Planeten, die Erde eingeschlossen, bewegen sich um die Sonne auf Umlaufbahnen, die annähernd elliptisch sind. Dadurch sind Ellipsen ein sehr wichtiger Kurventyp in der Physik und Astronomie. Gelegentlich erscheinen Ellipsen auch in den Wirtschaftswissenschaften und in der Statistik.

Die einfachste Ellipsenform hat die Gleichung

$$\frac{(x - x_0)^2}{a^2} + \frac{(y - y_0)^2}{b^2} = 1 \tag{5.5.3}$$

Diese *Ellipse* hat ihren Mittelpunkt in (x_0, y_0), und der Graph wird in Abb. 5.5.5 gezeigt. Beachten Sie: Wenn $a = b$ ist, dann degeneriert die Ellipse zu einem Kreis mit Radius $r = a = b$.

Ändert man das Pluszeichen in Gleichung (5.5.3) in ein Minuszeichen ergibt sich eine andere Art von Kurve, die eine *Hyperbel* genannt wird. Die Abb. 5.5.6 und 5.5.7 zeigen die entsprechenden Graphen der zwei *Hyperbeln*

$$\frac{(x - x_0)^2}{a^2} - \frac{(y - y_0)^2}{b^2} = +1 \quad \text{und} \quad \frac{(x - x_0)^2}{a^2} - \frac{(y - y_0)^2}{b^2} = -1 \tag{5.5.4}$$

Jede dieser zwei Abbildungen enthält auch zwei gestrichelte Linien durch den Mittelpunkt (a, b). Diese Geraden sind die *Asymptoten*, die, nach Definition, resultieren, indem man sie um den Mittelpunkt rotieren lässt, bis sie so nah wie möglich an der

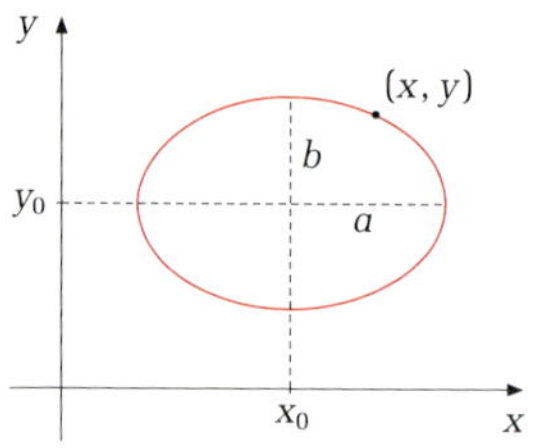

Abbildung 5.5.5: Ellipse

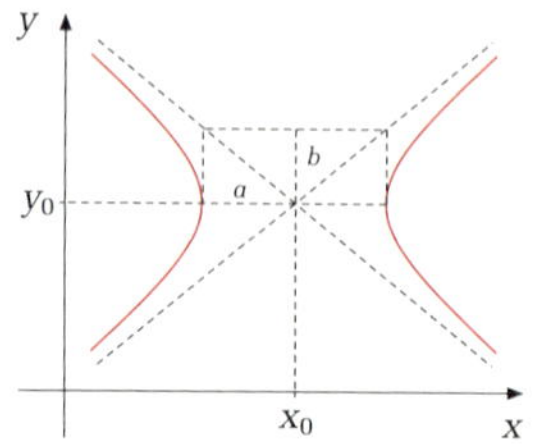

Abbildung 5.5.6: Hyperbel

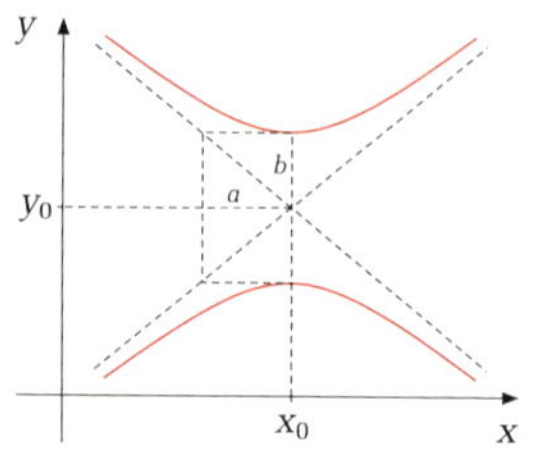

Abbildung 5.5.7: Hyperbel

Hyperbel sind, ohne sie ganz zu berühren. Diese Asymptoten sind in jeder Abbildung dieselben Geraden. Ihre Gleichungen sind $y - y_0 = \pm(b/a)(x - x_0)$.

Wir beenden dieses Kapitel, indem wir die allgemeine quadratische Gleichung

$$Ax^2 + Bxy + Cy^2 + Dx + Ey + F = 0 \,, \tag{5.5.5}$$

betrachten, wobei A, B und C nicht alle 0 sind. Ihr Graph hat eine der folgenden drei Formen:

(i) Falls $4AC > B^2$: entweder eine Ellipse (möglicherweise ein Kreis) oder ein einzelner Punkt oder leer.

(ii) Falls $4AC = B^2$: entweder eine Parabel oder eine Gerade oder zwei parallele Geraden oder leer.

(ii) Falls $4AC < B^2$: entweder eine Hyperbel oder zwei Geraden, die sich schneiden.

Aufgaben für Kapitel 5.5

1. Bestimmen Sie die Abstände zwischen den folgenden Paaren von Punkten:

(a) $(1, 3)$ und $(2, 4)$ (b) $(-1, 2)$ und $(-3, 3)$ (c) $(3/2, -2)$ und $(-5, 1)$

(d) (x, y) und $(2x, y + 3)$ (e) (a, b) und $(-a, b)$ (f) $(a, 3)$ und $(2 + a, 5)$

2. Der Abstand zwischen $(2, 4)$ und $(5, y)$ ist $\sqrt{13}$. Bestimmen Sie y und erklären Sie geometrisch, warum es zwei Werte für y geben muss.

3. Bestimmen Sie die Abstände zwischen jedem Paar von Punkten:

(a) $(3.998, 2.114)$ und $(1.130, -2.416)$ (b) $(\pi, 2\pi)$ und $(-\pi, 1)$

4. Bestimmen Sie die Gleichungen der Kreise mit:

(a) Mittelpunkt $(2, 3)$ und Radius 4.

(b) Mittelpunkt $(2, 5)$ und einem Punkt in $(-1, 3)$.

5. Um zu zeigen, dass der Graph von $x^2+y^2-10x+14y+58 = 0$ ein Kreis ist, können wir so argumentieren: Ordnen Sie die Gleichung zunächst um, so dass $(x^2 - 10x) + (y^2 + 14y) = -58$. Ergänzung der beiden Quadrate ergibt: $(x^2-10x+5^2)+(y^2+14y+7^2) = -58 + 5^2 + 7^2 = 16$. Damit erhalten wir die Gleichung

$$(x - 5)^2 + (y + 7)^2 = 16 \,,$$

➡

➜ Fortsetzung

deren Graph ein Kreis mit Mittelpunkt $(5, -7)$ und Radius $\sqrt{16} = 4$ ist. Benutzen Sie diese Methode, um den Mittelpunkt und den Radius für die beiden Kreise mit den folgenden Gleichungen zu finden:

(a) $x^2 + y^2 + 10x - 6y + 30 = 0$ (b) $3x^2 + 3y^2 + 18x - 24y = -39$

6. Zeigen Sie: Wenn die Entfernung vom Punkt (x, y) zum Punkt $(-2, 0)$ zweimal so groß wie die Entfernung von (x, y) zu $(4, 0)$ ist, dann muss (x, y) auf dem Kreis mit Mittelpunkt $(6, 0)$ und Radius 4 liegen.

7. In Beispiel 4.7.7 haben wir die Funktion $y = (ax + b)/(cx + d)$ betrachtet und behauptet, dass der Graph dieser Funktion für $c \neq 0$ eine Hyperbel ist. Überlegen Sie, wie dies mit der Klassifizierung (i) bis (iii), die nach Formel (5.5.5) gegeben wurde, übereinstimmt.

Anspruchsvollere Aufgaben

8. Betrachten Sie die Gleichung $x^2 + y^2 + Ax + By + C = 0$, wobei A, B und C Konstanten sind. Zeigen Sie, dass der Graph ein Kreis ist, wenn $A^2 + B^2 > 4C$. Verwenden Sie die Methode aus Aufgabe 5, um seinen Mittelpunkt und seinen Radius zu bestimmen. Was passiert, wenn $A^2 + B^2 \leq 4C$ ist?

9. Betrachten Sie Gleichung (5.5.5) für den Fall, dass $A > 0$ und $D = E = 0$. Nutzen Sie die Methode der quadratischen Ergänzung, um die mögliche Gestalt des Graphen zu untersuchen.

▶ Lösungen zu den Aufgaben finden Sie im Anhang des Buches.

5.6 Allgemeine Funktionen

Bisher haben wir Funktionen einer Variablen studiert. Dies sind Funktionen, deren Definitionsbereich eine Menge reeller Zahlen ist und deren Wertebereich auch eine Menge reeller Zahlen ist. Jedoch verlangt eine realistische Beschreibung vieler ökonomischer Phänomene die gleichzeitige Betrachtung einer großen Anzahl von Variablen. Zum Beispiel ist die Nachfrage nach einem Gut wie Butter eine Funktion von mehreren Variablen wie der Preis des Gutes, die Preise von komplementären Gütern wie Brot oder Substituten wie Olivenöl oder Margarine. Es kann auch abhängen vom Einkommen des Verbrauchers, dem Rat seines Arztes, wie viele vegan sind usw.

Tatsächlich haben Sie wahrscheinlich schon viele spezielle Funktionen von mehreren Variablen gesehen. Betrachten Sie zum Beispiel die Formel $V = \pi r^2 h$ für das Volumen V eines Zylinders mit dem Grundradius r und der Höhe h.[8] Diese Formel definiert eine Funktion von zwei Variablen. Wir können eine von diesen zwei Variablen ändern, ohne den Wert der anderen Variablen zu beeinflussen. In der Tat: Für jedes Paar positiver Zahlen (r, h), gibt es einen eindeutig bestimmten Wert für das

[8] Natürlich bezeichnet in diesem Fall π die mathematische Konstante $\pi \approx 3.14159$.

Volumen V. Um zu betonen, dass V von beiden Werten r und h abhängt, schreiben wir

$$V(r, h) = \pi r^2 h$$

Für $r = 2$ und $h = 3$ erhalten wir $V(2, 3) = 12\pi$, während $r = 3$ und $h = 2$ das Volumen $V(3, 2) = 18\pi$ ergibt. Weiterhin ergibt $r = 1$ und $h = 1/\pi$ das Volumen $V(1, 1/\pi) = 1$. Beachten Sie insbesondere, dass $V(2, 3) \neq V(3, 2)$.

In einigen abstrakten ökonomischen Modellen genügt es manchmal zu wissen, dass es eine funktionale Beziehung zwischen Variablen gibt, ohne diese Abhängigkeit genauer zu spezifizieren. Nehmen Sie z. B. an, dass auf einem Markt drei Güter verkauft werden, deren Preise pro Einheit p, q und r sind. Dann nehmen Ökonomen gewöhnlich an, dass die Nachfrage eines Konsumenten mit Einkommen m nach einem der Güter durch eine Funktion $f(p, q, r, m)$ mit vier Variablen gegeben ist, ohne notwendigerweise die präzise Form dieser Funktion anzugeben.

Eine ausführliche Diskussion von Funktionen mehrerer Variablen beginnt in Kap. 14. In diesem Abschnitt wird ein noch allgemeinerer Typ von Funktionen eingeführt. Diese Konzept einer Funktion ist fundamental wichtig in praktisch jedem Bereich der reinen und angewandten Mathematik, einschließlich ihrer Anwendungen in den Wirtschaftswissenschaften. Hier ist die allgemeine Definition:

Funktion

Eine *Funktion von A nach B* ist eine Regel, die jedem Element in der Menge A ein und nur ein Element in der Menge B zuordnet. (5.6.1)

Das folgende Beispiel zeigt wie weitreichend das Konzept einer Funktion sein kann.

Beispiel 5.6.1

(a) Die Funktion, die die Fläche jedes Dreiecks in einer Ebene angibt.

(b) Die Funktion, die die Sozialversicherungsnummer oder eine andere Identifikationszahl jedes Steuerzahlers bestimmt.

(c) Die Funktion, die für jeden Punkt P in einer horizontalen Ebene den Punkt bestimmt, der 3 Einheiten über P liegt.

(d) Sei A die Menge aller möglichen Aktionen, die eine Person in einer bestimmten Situation wählen kann. Nehmen Sie an, dass jede Aktion $a \in A$ ein gewisses Resultat hervorruft (wie einen Gewinn) $\varphi(a)$. Auf diese Weise haben wir eine Funktion φ mit Definitionsbereich A definiert.

Wenn wir die Funktion mit f bezeichnen, so ist die Menge A, auf der sie definiert ist, der *Definitionsbereich* von f. Und die andere Menge B, die die Funktionswerte enthält, nennt man das *Ziel* oder den *Zielbereich*. Dies verallgemeinert die in Kap. 4.2 gegebenen Definitionen: Die zwei Mengen A und B müssen nicht aus Zahlen bestehen, sondern können Mengen aus beliebigen Elementen sein. Schließlich: Die Definition einer Funktion verlangt die Spezifikation dreier Objekte: (i) einen Definitionsbereich A, (ii) ein Ziel B und (iii) eine Regel, die *jedem* Element in A ein *eindeutiges* Element in B zuordnet.[9]

Eine wichtige Forderung in der Definition einer Funktion ist, dass zu jedem Element im Definitionsbereich A ein *eindeutiges* Element im Zielraum B gehört. Zum Beispiel ist es sinnvoll, von der Funktion zu sprechen, die jedem Kind die Mutter zuordnet, die das Kind geboren hat. Andererseits definiert die Regel, die jedem Kind die Tante zuordnet, im Allgemeinen keine Funktion, weil viele Kinder mehr als eine Tante haben.

Um Ihr Verständnis dieser Ideen zu testen, erklären Sie, warum die folgende Regel, im Gegensatz zu der in Beispiel 5.6.1(c), keine Funktion definiert: „Ordne einem Punkt P in der Ebene einen Punkt zu, der drei Einheiten entfernt von P liegt."

Wenn f eine Funktion mit Definitionsbereich A und Zielbereich B ist, sagen wir oft, dass f eine *Funktion von A nach B* ist und schreiben $f\colon A \to B$. Die funktionale Beziehung wird oft wie in Abb. 5.6.1 dargestellt.

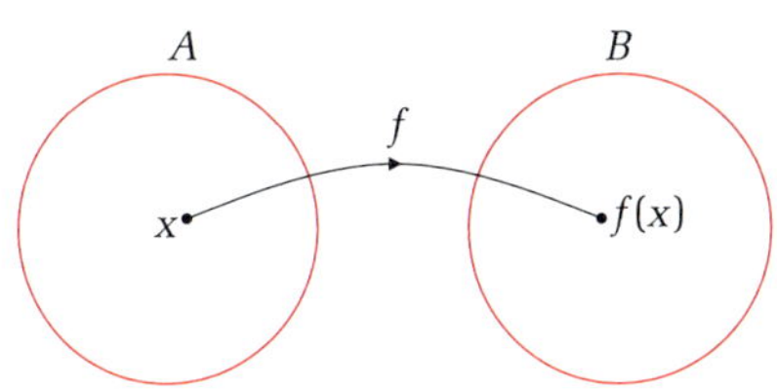

Abbildung 5.6.1: Eine Funktion von A nach B

Manchmal werden anstelle von „Funktion" andere Worte gebraucht, z. B. *Transformation* oder *Abbildung*. Manchmal wird die Notation $x \mapsto f(x)$ benutzt, um eine Funktion zu kennzeichnen, die jeden Punkt x aus dem Defintionsbreich A auf einen eindeutigen Punkt $f(x)$ im Zielbereich B abbildet.[10]
Der spezielle Wert $f(x)$ heißt oft das *Bild* des Elementes x bei der Funktion f. Die Menge der Elemente in B, die Bilder von wenigstens einem Element in A sind, wird der *Wertebereich* ($\hat{=}$ „range") der Funktion genannt. Damit ist der Wertebereich eine Teilmenge des Zielbereiches. Wenn wir den Wertebereich von f mit R_f bezeichnen, dann ist $R_f = \{f(x)\colon x \in A\}$. Dies wird auch als $f(A)$ geschrieben. Der Wertebereich der Funktion in Beispiel 5.6.1(a) ist die Menge aller positiven Zahlen. In Beispiel 5.6.1(c) ist der Wertebereich die (ganze) horizontale Ebene, die entsteht, wenn man die ursprüngliche Ebene um drei Einheiten nach oben verschiebt.

Die Definition einer Funktion verlangt, dass jedem Element in A nur *ein* Element in B zugeordnet wird. Jedoch können verschiedene Elemente in A auf dasselbe Element in B abgebildet werden. In Beispiel 5.6.1(a) z. B. haben viele verschiedene Dreiecke dieselbe Fläche. Wenn jedes Element aus B das Bild höchstens eines Elementes in A ist, heißt die Funktion f *Eins zu Eins* oder *umkehrbar eindeutig*. Andernfalls, wenn ein oder mehrere Elemente von B die Bilder von mehr als einem Element in A sind, ist die Funktion f „Viele zu Eins", d. h. nicht umkehrbar eindeutig.[11]

[9] Trotzdem unterlassen wir in vielen Situationen die explizite Spezifikation der Mengen A und/oder B, wenn es vom Kontext her offensichtlich ist, welches diese Mengen sind.

[10] Die etwas vollständigere Notation $A \ni x \mapsto f(x) \in B$ macht zusätzlich den Definitionsbereich und den Zielbereich von f deutlich.

[11] Wenn eine Relation „Eins zu Viele" ist, ist es nicht einmal eine Funktion.

Die „Sozialversicherungsfunktion“ in Beispiel 5.6.1(b) ist umkehrbar eindeutig, weil zwei verschiedene Steuerzahler immer verschiedene Sozialversicherungsnummern haben sollten. Können Sie erklären, warum die in Beispiel 5.6.1(c) definierte Funktion auch umkehrbar eindeutig ist, während es die Funktion, die jedem Kind seine oder ihre Mutter zuordnet, nicht ist?

Inverse Funktionen

Die Definition der inversen Funktion in Kap. 5.3 kann leicht verallgemeinert werden auf allgemeine Funktionen. Nehmen Sie an, dass f eine umkehrbar eindeutige Funktion von einer Menge A in eine Menge B ist, und setzen Sie voraus, dass der Wertebereich von f ganz B ist. Wir können dann eine Funktion g von B nach A durch die folgende Regel definieren: Ordne jedem Element v aus B das eindeutig bestimmte Element $u = g(v)$ aus A zu, das f auf v abbildet – d. h. dasjenige u, das $v = f(u)$ erfüllt. Weil f umkehrbar eindeutig (Eins zu Eins) ist, kann es nur ein u in A geben, so dass $v = f(u)$ ist, d. h. g ist eine Funktion, ihr Defintionsbereich ist B und ihr Zielraum und Wertebereich sind beide gleich A. Die Funktion g heißt die *inverse Funktion* von f. Zum Beispiel ist die Inverse der in Beispiel 5.6.1(b) erwähnten Sozialversicherungsfunktion die Funktion, die jeder Sozialversicherungsnummer die eindeutige Person zuordnet, die diese Nummer hat.

Aufgaben für Kapitel 5.6

1. Welche der folgenden Regeln definieren Funktionen?

(a) Die Regel, die jeder Person in einem Klassenraum seine oder ihre Körpergröße zuordnet.

(b) Die Regel, die jeder Mutter ihr jüngstes, heute lebendes Kind zuordnet.

(c) Die Regel, die der Fläche eines Rechtecks den Umfang des Rechtecks zuordnet.

(d) Die Regel, die dem Volumen eines kugelförmigen Balles seine Oberfläche zuordnet.

(e) Die Regel, die dem Zahlenpaar (x, y) das Zahlenpaar $(x + 3, y)$ zuordnet.

2. Entscheiden Sie, welche der in Aufgabe 1 definierten Funktionen umkehrbar eindeutig sind und damit eine Inverse haben. Bestimmen Sie die Inverse, wenn sie existiert.

► Lösungen zu den Aufgaben finden Sie im Anhang des Buches.

Aufgaben zur Wiederholung für Kapitel 5

1. Nutzen Sie Abb. 4.3.5 bis 4.3.10 und die Regeln zur Verschiebung von Graphen, um die Graphen der folgenden Funktionen zu skizzieren

(a) $y = |x| + 1$ (b) $y = |x + 3|$ (c) $y = 3 - |x + 1|$

2. Es sei $f(x) = x^3 - 2$ und $g(x) = (1-x)x^2$. Berechnen Sie:

$$(f+g)(x)\,;\quad (f-g)(x)\,;\quad (fg)(x)\,;\quad (f/g)(x)\,;\quad f(g(1)) \text{ und } g(f(1))\,.$$

3. Betrachten Sie die Nachfrage- und Angebotsfunktionen $D = 150 - \frac{1}{2}P$ und $S = 20 + 2P$.

(a) Bestimmen Sie den Gleichgewichtspreis P^* und die zugehörige Gleichgewichtsmenge Q^*.

(b) Nehmen Sie an, dass dem Hersteller eine Steuer von 2 Euro pro Einheit auferlegt wird. Wie wird dies den Gleichgewichtspreis beeinflussen?

(c) Berechnen Sie die Gesamteinnahmen des Herstellers vor der Steuereinführung (R^*) und nach der Steuereinführung ($\widehat{R}$).

4. Die Nachfrage D als Funktion des Preises P sei gegeben durch $D = \frac{32}{5} - \frac{3}{10}P$. Lösen Sie die Gleichung nach P auf und bestimmen Sie die inverse Nachfragefunktion.[12]

5. Die Nachfrage D nach einem Produkt sei als Funktion des Preises P gegeben durch $D = 120 - 5P$. Lösen Sie die Gleichung auf nach P und bestimmen Sie so die inverse Nachfragefunktion.

6. Finden Sie die Inversen der durch die folgenden Formeln gegebenen Funktionen:

(a) $y = 100 - 2x$ (b) $y = 2x^5$ (c) $y = 5e^{3x-2}$

7. Die folgenden zwei Funktionen sind beide strikt monoton wachsend in ihren Definitionsbereichen. Bestimmen Sie jeweils den Definitionsbereich ihrer Inversen und eine Formel für die Inverse, die x als freie Variable verwendet.

(a) $f(x) = 3 + \ln(e^x - 2)$, definiert für $x \in (\ln 2, \infty)$;

(b) $f(x) = \dfrac{a}{e^{-\lambda x} + a}$, wobei a und λ positiv sind, definiert für $x \in (-\infty, \infty)$.

8. Bestimmen Sie die Abstände zwischen den folgenden Paaren von Punkten:

(a) $(2, 3)$ und $(5, 5)$ (b) $(-4, 4)$ und $(-3, 8)$ (c) $(2a, 3b)$ und $(2-a, 3b)$

9. Finden Sie die Gleichungen der Kreise mit:

(a) Mittelpunkt $(2, -3)$ und Radius 5.

(b) Mittelpunkt $(-2, 2)$ und durch den Punkt $(-10, 1)$ verlaufend.

10. Ein Punkt P bewegt sich in der Ebene, so dass er immer den gleichen Abstand zu jedem der Punkte $A = (3, 2)$ und $B = (5, -4)$ hat. Bestimmen Sie eine einfache Gleichung, die die Koordinaten (x, y) von P erfüllen müssen. (*Hinweis:* Berechnen Sie das Quadrat des Abstands von P zu den Punkten A bzw. B.)nopagebreak

[12] Siehe Aufgabe 4.2.7 für eine ökonomische Interpretation.

11. Jede Person in einem Team hat rote Blutkörperchen, die zu genau einer von vier Blutgruppen gehören, die mit A, B, AB und O bezeichnet werden. Betrachten Sie die Funktion, die jeder Person in dem Team seine oder ihre Blutgruppe zuordnet. Kann diese Funktion umkehrbar eindeutig sein, wenn das Team aus fünf Personen besteht?

► Lösungen zu den Aufgaben finden Sie im Anhang des Buches.

TEIL II

Differentialrechnung einer Variablen

6	Differentialrechnung	227
7	Anwendungen der Differentialrechnung	283
8	Konkave und konvexe Funktionen	355
9	Optimierung	385
10	Integration	423
11	Themen aus der Finanzmathematik und dynamische Systeme	471

Differentialrechnung

6.1 Steigungen von Kurven ... 228
6.2 Tangenten und Ableitungen ... 230
6.3 Monoton wachsende und fallende Funktionen 237
6.4 Ökonomische Anwendungen ... 239
6.5 Eine kurze Einführung zu Grenzwerten ... 244
6.6 Einfache Regeln der Differentiation ... 250
6.7 Summen, Produkte und Quotienten ... 254
6.8 Die Kettenregel ... 262
6.9 Ableitungen höherer Ordnung ... 267
6.10 Exponentialfunktionen ... 270
6.11 Logarithmusfunktionen ... 274
Aufgaben zur Wiederholung für Kapitel 6 ... 281

6

ÜBERBLICK

Wenn man an sie (die Differentialrechnung) nur als eine fortgeschrittenere Technik denkt, erfasst man nicht ihren wahren Gehalt. In ihr wird die Mathematik zu einer dynamischen Methode des Denkens, und das ist ein größerer geistiger Schritt im Aufstieg des Menschen.

–Jacob Bronowski (1973)

Eine wichtige Aufgabe in vielen wissenschaftlichen Disziplinen, einschließlich der Wirtschaftswissenschaften, ist die Untersuchung, wie schnell gewisse Größen sich mit der Zeit ändern. Um die zukünftige Position eines Planeten zu berechnen, um das Wachstum der Population einer biologischen Spezies vorherzusagen oder um die zukünftige Nachfrage nach einem Gut zu schätzen, brauchen Wissenschaftler Informationen über Änderungsraten.

Das grundlegende und zentrale Konzept, das Mathematiker nutzen, um die Änderungsrate einer Funktion zu beschreiben, ist die Ableitung. Dieses Kapitel definiert die Ableitung einer Funktion und präsentiert einige der wichtigen Regeln zu ihrer Berechnung.

Isaac Newton (England, 1642–1727) und Gottfried Wilhelm Leibniz (Deutschland, 1646–1716) entdeckten die meisten dieser allgemeinen Regeln unabhängig von einander. Ihre Entdeckungen waren der Beginn der Differentialrechnung, die eine wesentliche Grundlage für die moderne Wissenschaft war. Differentialrechnung ist auch von entscheidender Bedeutung in der Entwicklung der modernen Wirtschaftswissenschaften gewesen.

6.1 Steigungen von Kurven

Wenn wir den Graphen einer Funktion untersuchen, würden wir gern ein präzises Maß für die Steilheit des Graphen in jedem seiner Punkte haben. Wir wissen für die Funktion $y = ax + b$, dass ihr Graph eine Gerade ist mit der konstanten Steigung a. Wenn a groß und positiv ist, dann steigt die Gerade steil von links nach rechts; wenn a groß und negativ ist, fällt die Gerade steil ab. Wenn aber der Graph einer beliebigen Funktion nicht linear ist, wie steil ist er dann?

Gegeben sei ein Punkt P auf dem Graphen einer Funktion oder auf einer anderen Kurve in der xy-Ebene. Eine Tangente an die Kurve in P ist eine Gerade, die die Kurve in P gerade berührt. So ist es eine natürliche Antwort, die Steilheit oder *Steigung* einer Kurve *in einem Punkt P* als die Steigung der Tangente in P zu definieren.

Betrachten Sie die mit $y = f(x)$ bezeichnete Kurve in Abb. 6.1.1 und den Punkt P mit den Koordinaten $(x_0, f(x_0))$. Die mit L bezeichnete Gerade ist die Tangente in P. Weil diese Gerade die Steigung $\frac{1}{2}$ hat, ist die Steilheit der Kurve im Punkt P gleich $\frac{1}{2}$.

Die Steigung der Tangente an den Graphen in P heißt die *Ableitung* von f an der Stelle $x = x_0$. Die übliche Notation für diese Zahl ist $f'(x_0)$ (gesprochen als „*f Strich* x_0"). In Abb. 6.1.1 haben wir $f'(x_0) = 1/2$. Allgemein gilt:

Ableitung

$$f'(x_0) \text{ ist die Steigung der Tangente an die Kurve } y = f(x) \text{ im Punkt } (x_0, f(x_0)) \tag{6.1.1}$$

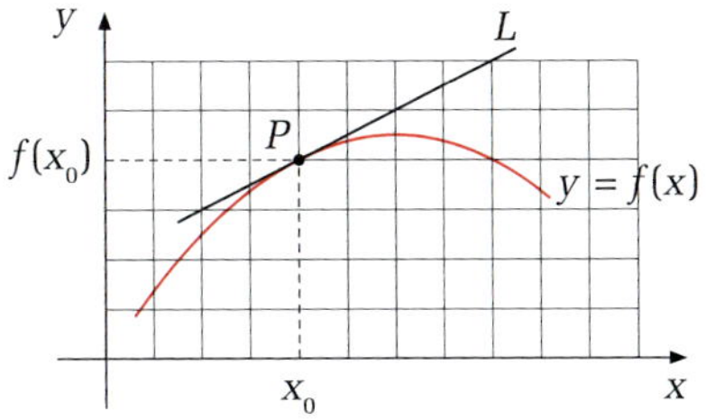

Abbildung 6.1.1: $f'(x_0) = 1/2$

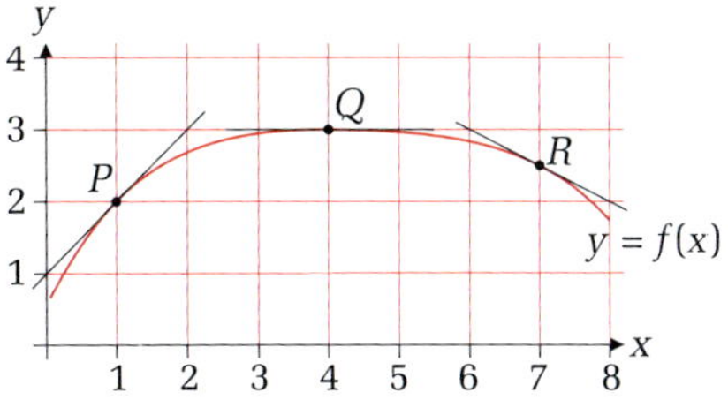

Abbildung 6.1.2: Beispiel 6.1.1

Zur Vorsicht ein wichtiger Hinweis: Wenn wir die Ableitung einer Funktion an einer bestimmten Stelle definieren, beziehen wir uns auf *die* Tangente. Implizit nehmen wir an, dass es *nur eine* Tangente an die Kurve gibt an dieser Stelle. Wenn die Kurve einen „Knick" hat im Punkt $(x_0, f(x_0))$, dann gibt es mehrere Geraden, die die Kurve nur in diesem Punkt berühren und als alternative Tangenten dienen könnten. In diesem Fall definieren wir *nicht* die Ableitung der Funktion an der Stelle $x = x_0$. Stattdessen sagen wir, dass $f'(x_0)$ nicht existiert.

Beispiel 6.1.1

Bestimmen Sie $f'(1)$, $f'(4)$ und $f'(7)$ für die Funktion, deren Graph in Abb. 6.1.2 gegeben ist.

Lösung: Im Punkt $P = (1, 2)$ geht die Tangente durch $(0, 1)$ und hat somit die Steigung 1. Im Punkt $Q = (4, 3)$ ist die Tangente horizontal und hat damit die Steigung 0. Im Punkt $R = (7, 2\frac{1}{2})$ geht die Tangente durch $(8, 2)$ und hat damit die Steigung $-\frac{1}{2}$. Somit ist $f'(1) = 1$, $f'(4) = 0$ und $f'(7) = -1/2$.

Aufgaben für Kapitel 6.1

1. Abb. 6.1.3 zeigt den Graphen einer Funktion f. Geben Sie die Werte $f(3)$ und $f'(3)$ an.

2. Abb. 6.1.4 zeigt den Graphen einer Funktion g. Geben Sie die Werte $g(5)$ und $g'(5)$ an.

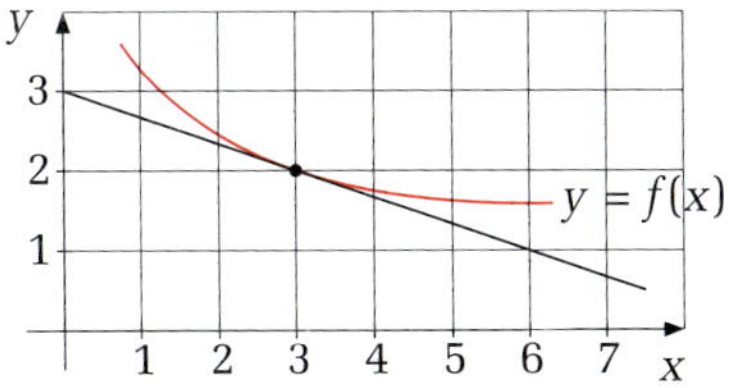

Abbildung 6.1.3: Aufgabe 1

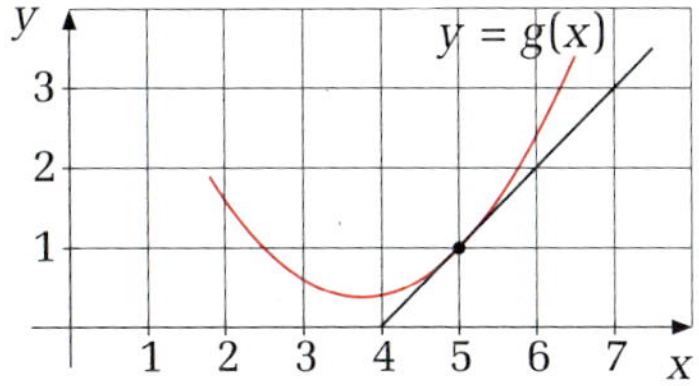

Abbildung 6.1.4: Aufgabe 2

► Lösungen zu den Aufgaben finden Sie im Anhang des Buches.

6.2 Tangenten und Ableitungen

Im vorigen Abschnitt haben wir nur eine ziemlich vage geometrische Definition der Tangente an eine Kurve in einem Punkt gegeben. Wir haben nur gesagt, dass es eine Gerade ist, die die Kurve in diesem Punkt gerade berührt. In Zukunft brauchen wir eine präzisere und formalere Definition dieses Konzepts, die wir jetzt bereitstellen werden.
Die Idee hinter dieser geometrischen Definition ist leicht zu verstehen. Betrachten Sie Abb. 6.2.1, in der P ein Punkt auf einer Kurve in der xy-Ebene ist. Weiterhin zeigt PT die Gerade an, die die Tangente an die Kurve im Punkt P ist. Für den Fall, dass die Kurve der Graph einer Funktion ist, müssen wir die Steigung der Tangente PT finden, um die Ableitung in P zu bestimmen.

Um diese Steigung zu bestimmen, nehmen Sie einen weiteren Punkt Q auf der Kurve. Die ganze Gerade durch P und Q heißt eine *Sekante*, weil sie die Kurve in mindestens zwei Punkten schneidet. Somit kann diese Gerade benutzt werden, um all das von der Kurve abzuschneiden, das nicht zwischen diesen beiden Punkten liegt. Nehmen Sie jetzt an, dass wir P festhalten, aber den anderen Punkt Q entlang der Kurve auf P zu bewegen. Dann wird die Sekante um P rotieren, wie in Abb. 6.2.2 angedeutet. Wenn sich die Gerade dreht, wird die Differenz zwischen den Steigungen der Geraden PQ und PT in der Abbildung stetig auf null sinken. Wenn die Differenz der Steigungen null erreicht, wird die Sekante PQ die *Tangente* PT erreicht haben. Die Steigung der Tangente muss deshalb mit dem Grenzwert der Steigung von PQ übereinstimmen.

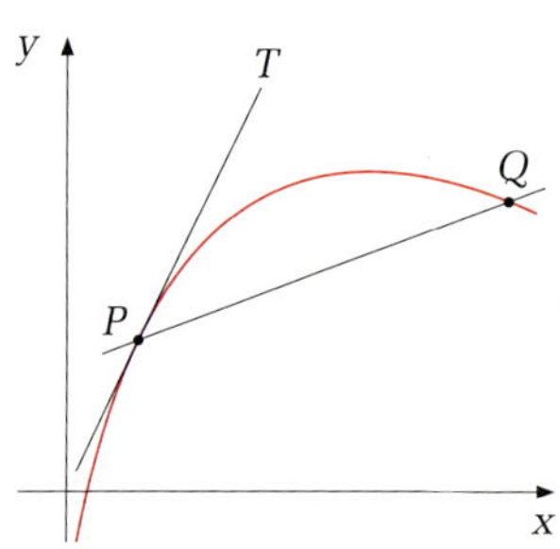

Abbildung 6.2.1: Eine Sekante

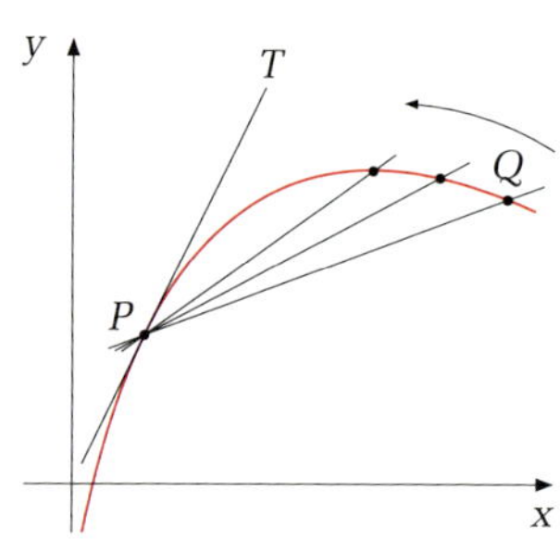

Abbildung 6.2.2: Sekanten und die Tangente

Nehmen Sie an, dass die Kurve in Abb. 6.2.1 der Graph einer Funktion f ist. Abbildung 6.2.3 stellt wieder die Kurve dar, die Punkte P und Q und die Tangente PT in Abb. 6.2.1. Der Punkt P in Abb. 6.2.3 hat die Koordinaten $(x_0, f(x_0))$. Der Punkt Q liegt auch auf dem Graphen von f. Nehmen Sie an, dass die x-Koordinate von Q gleich $x_0 + \Delta x$ ist, wobei $\Delta x \neq 0$. Weil Q auf dem Graphen von f liegt, ist die y-Koordinate von Q gleich $f(x_0 + \Delta x)$. Daher hat der Punkt Q die Koordinaten $(x_0 + \Delta x, f(x_0 + \Delta x))$. Nach Gleichung (4.4.3) ist die Steigung der Sekante PQ daher:

$$\frac{f(x_0 + \Delta x) - f(x_0)}{\Delta x} \tag{6.2.1}$$

Der Bruch (6.2.1) wird *Differenzen-Quotient* oder auch *Newton-Quotient* von f genannt.

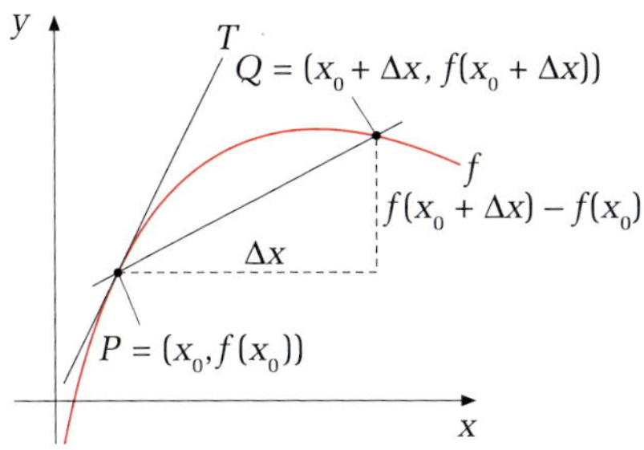

Abbildung 6.2.3: Newton-Quotient

Wir sind interessiert zu wissen, was mit diesem Newton-Quotienten passiert, wenn Δx nahe an 0 herankommt und Q sich somit auf P zu bewegt. Beachten Sie, dass wir nicht einfach $\Delta x = 0$ setzen dürfen in Formel (6.2.1), weil Δx der Nenner des Quotienten ist, der deshalb nicht definiert ist. In der Tat sind beide, der Zähler und der Nenner, gleich 0, so dass der Quotient „0/0" wäre, was keine reelle Zahl ist.

Nach diesem falschen Start, fokussieren wir uns stattdessen jetzt auf die Tatsache, dass der Newton-Quotient die Steigung der Sekante PQ ist. Und: Diese Steigung nähert sich der Steigung der Tangente PT, wenn Q sich P annähert, was geschieht, wenn Δx sich 0 annähert. In mathematischer Sprache ausgedrückt: Wir betrachten den Grenzwert von (6.2.1), wenn Δx gegen 0 strebt und somit Q gegen P strebt. In der Tat: Wir *definieren* die Steigung der Tangente in P als den Grenzwert der Steigung der Sekante PQ, wenn Δx gegen 0 strebt. Mathematiker benutzen jetzt die abgekürzte Notation $\lim_{\Delta x \to 0}$, um anzuzeigen „der Grenzwert, wenn Δx gegen null strebt" für jeden folgenden Ausdruck mit Δx. Dies führt zu folgender Definition:

Definition der Ableitung

Die Ableitung der Funktion f an der Stelle x_0, bezeichnet mit $f'(x_0)$, ist

$$f'(x_0) = \lim_{\Delta x \to 0} \frac{f(x_0 + \Delta x) - f(x_0)}{\Delta x} \tag{6.2.2}$$

Die Zahl $f'(x_0)$ gibt die Steigung der Tangente an die Kurve $y = f(x)$ im Punkt $(x_0, f(x_0))$ an. Nach der Punkt-Steigungsformel ist die Gleichung für eine Gerade durch (x_1, y_1) mit der Steigung b gegeben durch $y = y_1 + b(x - x_1)$. Daher erhalten wir:

Definition der Tangente

Vorausgesetzt, dass die Ableitung $f'(x_0)$, gegeben durch (6.2.2), existiert, gibt es eine eindeutige Tangente an den Graphen der Funktion $y = f(x)$ im Punkt $(x_0, f(x_0))$. Deren Gleichung ist:

$$y = f(x_0) + f'(x_0)(x - x_0) \tag{6.2.3}$$

Bisher ist das Konzept eines Grenzwerts in der Definition von $f'(x_0)$ etwas ungenau. In Kap. 6.5 wird dieses Konzept ausführlicher diskutiert. Weil es ziemlich kompliziert ist, müssen wir uns bis dahin weitgehend auf die Intuition verlassen. Betrachten Sie das folgende einfache Beispiel.

Beispiel 6.2.1

Sei $f(x) = x^2$.

(a) Nutzen Sie (6.2.2), um $f'(x_0)$ zu berechnen.

(b) Bestimmen Sie insbesondere $f'(1/2)$ und $f'(-1)$.

(c) Geben Sie graphische Illustrationen und bestimmen Sie die Gleichung der Tangente für jeden der zwei Punkte $(1/2, 1/4)$ und $(-1, 1)$.

Lösung:

(a) Für $f(x) = x^2$ haben wir $f(x_0 + \Delta x) = (x_0 + \Delta x)^2 = x_0^2 + 2x_0\Delta x + (\Delta x)^2$ und damit

$$f(x_0 + \Delta x) - f(x_0) = (x_0^2 + 2x_0\Delta x + (\Delta x)^2) - x_0^2 = 2x_0\Delta x + (\Delta x)^2$$

Deshalb erhalten wir für alle $\Delta x \neq 0$

$$\frac{f(x_0 + \Delta x) - f(x_0)}{\Delta x} = \frac{2x_0\Delta x + (\Delta x)^2}{\Delta x} = \frac{\Delta x(2x_0 + \Delta x)}{\Delta x} = 2x_0 + \Delta x \qquad (*)$$

Die letzte Gleichheit gilt, weil wir durch Δx kürzen können, solange $\Delta x \neq 0$ ist. Wenn jedoch Δx gegen 0 strebt, so strebt $2x_0 + \Delta x$ offensichtlich gegen $2x_0$. Daher können wir schreiben

$$f'(x_0) = \lim_{\Delta x \to 0} \frac{f(x_0 + \Delta x) - f(x_0)}{\Delta x} = \lim_{\Delta x \to 0} (2x_0 + \Delta x) = 2x_0$$

Dies zeigt: Wenn $f(x) = x^2$, dann ist $f'(x_0) = 2x_0$.

(b) Für $x_0 = 1/2$, erhalten wir $f'(1/2) = 2 \cdot 1/2 = 1$. Ähnlich folgt $f'(-1) = 2 \cdot (-1) = -2$.

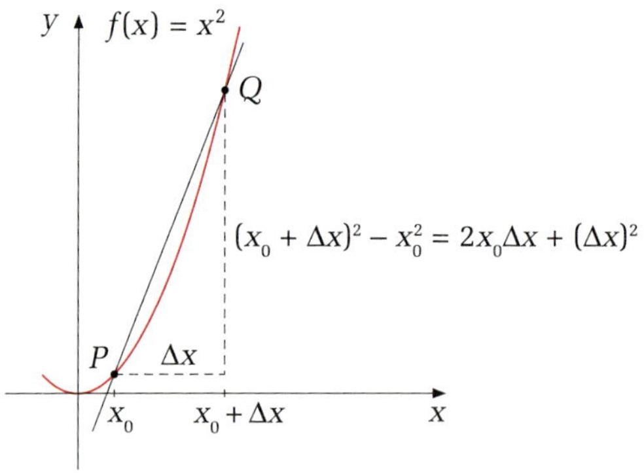

Abbildung 6.2.4: Eine Sekante von $f(x) = x^2$

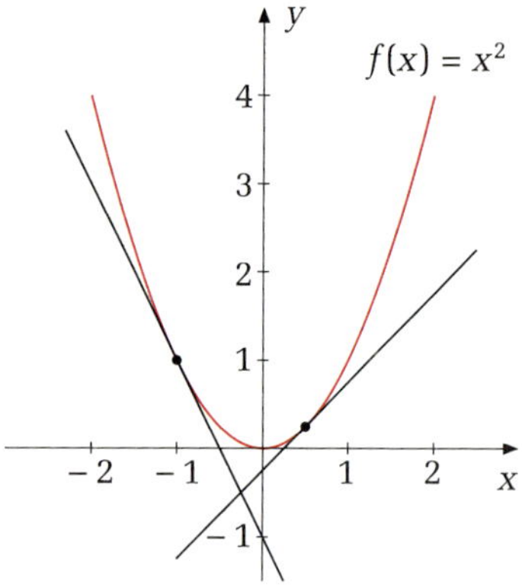

Abbildung 6.2.5: Tangenten von $f(x) = x^2$

(c) Abb. 6.2.4 zeigt eine graphische Illustration von (∗). In Abb. 6.2.5 haben wir die Tangenten an die Kurve $y = x^2$ gezeichnet für $x_0 = 1/2$ und $x_0 = -1$. Für $x_0 = 1/2$ haben wir $f(x_0) = (1/2)^2 = 1/4$ und $f'(1/2) = 1$. Nach (6.2.3) ist die Gleichung der Tangente durch $y - 1/4 = 1 \cdot (x - 1/2)$ oder $y = x - 1/4$ gegeben.[1] Beachten Sie, dass die Formel $f'(x_0) = 2x_0$ für $x_0 < 0$ ergibt, dass $f'(x_0) < 0$ ist, und für $x_0 > 0$, dass $f'(x_0) > 0$. Stimmt dies mit dem Graphen überein?

Wenn f eine relativ einfache Funktion ist, können wir $f'(x_0)$ mit dem folgenden Rezept finden:

Berechnung der Ableitung

Um die Ableitung $f'(x_0)$ von f an der Stelle x_0 zu berechnen:

(i) Addieren Sie Δx zu x_0 und berechnen Sie $f(x_0 + \Delta x)$.

(ii) Berechnen Sie die zugehörige Änderung im Funktionswert: $f(x_0 + \Delta x) - f(x_0)$.

(iii) Bilden Sie für $\Delta x \neq 0$ den Differenzenquotienten (6.2.1). (6.2.4)

(iv) Vereinfachen Sie den Bruch in Schritt (iii) so weit wie möglich. Falls möglich, kürzen Sie Δx aus Zähler und Nenner, um den Differenzenquotienten zu vereinfachen.

(v) Dann ist $f'(x_0)$ der Grenzwert, gegen den der vereinfachte Differenzenquotient strebt, wenn Δx gegen 0 geht.

Lassen Sie uns dieses Rezept auf ein anderes Beispiel anwenden.

Beispiel 6.2.2

Berechnen Sie $f'(x_0)$, wenn $f(x) = x^3$.

Lösung: Wir folgen Schritt für Schritt dem Rezept in (6.2.4).

(i) $f(x_0 + \Delta x) = (x_0 + \Delta x)^3 = x_0^3 + 3x_0^2\Delta x + 3x_0(\Delta x)^2 + (\Delta x)^3$

(ii) $f(x_0 + \Delta x) - f(x_0) = (x_0^3 + 3x_0^2\Delta x + 3x_0(\Delta x)^2 + (\Delta x)^3) - x_0^3$
$= 3x_0^2\Delta x + 3x_0(\Delta x)^2 + (\Delta x)^3$

(iii)–(iv) $$\frac{f(x_0 + \Delta x) - f(x_0)}{\Delta x} = \frac{3x_0^2\Delta x + 3x_0(\Delta x)^2 + (\Delta x)^3}{\Delta x} = 3x_0^2 + 3x_0\Delta x + (\Delta x)^2$$

(v) Wenn Δx gegen 0 geht, dann geht $3x_0\Delta x + (\Delta x)^2$ auch gegen 0; deshalb strebt der ganze Ausdruck $3x_0^2 + 3x_0\Delta x + (\Delta x)^2$ gegen $3x_0^2$. Folglich ist $f'(x_0) = 3x_0^2$.

[1] Können Sie zeigen, dass die andere in Abb. 6.2.5 gezeichnete Tangente die Gleichung $y = -2x - 1$ hat?

Wir haben somit gezeigt, dass der Graph der Funktion $f(x) = x^3$ an der Stelle $x = x_0$ eine Tangente mit der Steigung $3x_0^2$ hat. Beachten Sie, dass $f'(x_0) = 3x_0^2 > 0$ ist, wenn $x_0 \neq 0$, und $f'(0) = 0$. Die Tangente zeigt nach rechts aufwärts für alle $x_0 \neq 0$ und ist horizontal im Ursprung. Sie sollten den Graphen von $f(x) = x^3$ in Abb. 4.3.7 betrachten, um dieses Verhalten zu bestätigen.

Das Rezept funktioniert gut für einfache Funktionen wie die in Beispiel 6.2.1 und 6.2.2. Aber für kompliziertere Funktionen wie z. B. $f(x) = \sqrt{3x^2 + x + 1}$ ist es unnötig mühsam. Die leistungsfähigen Regeln, die in Kap. 6.6 erklärt werden, ermöglichen es, dass die Ableitungen von ganz komplizierten Funktionen sehr leicht bestimmt werden können. Das Verständnis dieser Regeln beruht jedoch auf einem präziseren Konzept von Grenzwerten, das wir in Kap. 6.5 bereitstellen werden.

Zur Notation

Wir haben in Beispiel 6.2.1 gezeigt: Wenn $f(x) = x^2$, dann gilt $f'(x_0) = 2x_0$ für jedes x_0. Wir benutzen gewöhnlich x als Symbol für eine Größe, die jeden beliebigen Wert annehmen kann. Deshalb schreiben wir $f'(x) = 2x$. Wenn wir diese Notation benutzen, so sind unsere Resultate aus den letzten beiden Beispielen die folgenden:

$$f(x) = x^2 \;\Rightarrow\; f'(x) = 2x \tag{6.2.5}$$

$$f(x) = x^3 \;\Rightarrow\; f'(x) = 3x^2 \tag{6.2.6}$$

Das Resultat in (6.2.5) ist ein Spezialfall der folgenden Regel, die Sie in Aufgabe 7 beweisen sollen: Für gegebene Konstanten a, b und c gilt

$$f(x) = ax^2 + bx + c \implies f'(x) = 2ax + b \tag{6.2.7}$$

Hier sind einige Anwendungen von (6.2.7):

$$\begin{aligned}
f(x) &= 3x^2 + 2x + 5 && \implies f'(x) = 2 \cdot 3x + 2 = 6x + 2 \\
f(x) &= -16 + \frac{1}{2}x - \frac{1}{16}x^2 && \implies f'(x) = \frac{1}{2} - \frac{1}{8}x \\
f(x) &= (x - p)^2 = x^2 - 2px + p^2 && \implies f'(x) = 2x - 2p
\end{aligned}$$

Im letzten Beispiel ist p eine Konstante. Wenn wir mit y den typischen Wert der Funktion $y = f(x)$ bezeichnen, so bezeichnen wir die Ableitung oft mit y'. Wir können dann schreiben:

$$y = x^3 \implies y' = 3x^2$$

Mehrere andere Notationen werden oft für die Ableitung in der Mathematik und ihren Anwendungen gebraucht. Eine von ihnen, die ursprünglich auf Leibniz zurückgeht, ist die *Differential-Notation*. Wenn $y = f(x)$ ist, so schreiben wir anstelle $f'(x)$

$$\frac{\mathrm{d}y}{\mathrm{d}x} \quad \text{oder} \quad \frac{\mathrm{d}f(x)}{\mathrm{d}x} \quad \text{oder} \quad \frac{\mathrm{d}}{\mathrm{d}x}f(x) \tag{6.2.8}$$

Zum Beispiel, wenn $y = x^2$, dann ist

$$\frac{dy}{dx} = 2x \qquad \text{oder} \qquad \frac{d}{dx}(x^2) = 2x$$

Wir können das Symbol „d/dx" als eine Anweisung auffassen, den folgenden Ausdruck nach x zu differenzieren.[2] Im mathematischen Jargon bedeutet die Instruktion „d/dx" „differenziere bezüglich x".

Wenn wir andere Buchstaben als f, x und y verwenden, ändert sich die Notation für die Ableitung entsprechend. Zum Beispiel:

$$P(t) = t^2 \Longrightarrow P'(t) = 2t\,; \quad Y = K^3 \Longrightarrow Y' = 3K^2 \quad \text{und} \quad F = \pi r^2 \Longrightarrow dF/dr = 2\pi r$$

Aufgaben für Kapitel 6.2

1. Es sei $f(x) = 4x^2$. Zeigen Sie, dass $\frac{f(5+\Delta x)-f(5)}{\Delta x} = 40 + 4\Delta x$ für $\Delta x \neq 0$. Nutzen Sie dieses Resultat, um $f'(5)$ zu bestimmen. Vergleichen Sie die Antwort mit (6.2.7).

2. Es sei $f(x) = 3x^2 + 2x - 1$.

(a) Zeigen Sie, dass $\frac{f(x+\Delta x)-f(x)}{\Delta x} = 6x + 2 + 3\Delta x$ für $\Delta x \neq 0$. Benutzen Sie dieses Resultat, um $f'(x)$ zu bestimmen.

(b) Bestimmen Sie insbesondere $f'(0)$, $f'(-2)$ und $f'(3)$. Bestimmen Sie auch die Gleichung der Tangente an den Graphen im Punkt $(0, -1)$.

3. Die Nachfragefunktion für ein Gut mit dem Preis P ist gegeben durch die Formel $D(P) = a - bP$. Nutzen Sie die Regel (6.2.7), um $dD(P)/dP$ zu bestimmen.

4. Die Kosten für die Herstellung von x Einheiten eines Gutes seien gegeben durch die Formel $C(x) = p + qx^2$. Nutzen Sie die Regel (6.2.7), um $C'(x)$ zu bestimmen.[3]

5. Zeigen Sie für $f(x) = \frac{1}{x} = x^{-1}$ $(x \neq 0)$, dass

$$\frac{f(x+\Delta x) - f(x)}{\Delta x} = -\frac{1}{x(x+\Delta x)}$$

Nutzen Sie dieses Resultat, um zu zeigen: $f(x) = x^{-1} \Rightarrow f'(x) = -x^{-2}$ für alle $x \neq 0$.

6. Bestimmen Sie in jedem der folgenden Fälle die Steigung der Tangente an den Graphen der Funktion f in dem angegebenen Punkt:

(a) $f(x) = 3x + 2$ in $(0, 2)$

(b) $f(x) = x^2 - 1$ in $(1, 0)$

(c) $f(x) = 2 + \frac{3}{x}$ in $(3, 3)$

(d) $f(x) = x^3 - 2x$ in $(0, 0)$

(e) $f(x) = x + \frac{1}{x}$ in $(-1, -2)$

(f) $f(x) = x^4$ in $(1, 1)$

➡

2 Im Moment wollen wir bei dem Symbol „dy/dx" nur an seine Bedeutung als $f'(x)$ denken und wollen es nicht betrachten als $dy \div dx$ (d. h. dy geteilt durch dx). Kapitel 7.4 wird das Konzept des *Differentials* einer Funktion einführen, was die Notation ausführlicher klären wird.

3 In Kap. 6.4 wird diese Ableitung als *Grenzkosten* betrachtet.

➡ Fortsetzung

7. Sei $f(x) = ax^2 + bx + c$.

(a) Zeigen Sie, dass $[f(x + \Delta x) - f(x)]/\Delta x = 2ax + b + a\Delta x$. Benutzen Sie dies, um zu zeigen, dass $f'(x) = 2ax + b$.

(b) Für welchen Wert von x ist $f'(x) = 0$? Erklären Sie dieses Resultat im Zusammenhang mit (4.6.3) und (4.6.4).

8. Abb. 6.2.6 zeigt den Graphen einer Funktion f. Bestimmen Sie das Vorzeichen der Ableitung $f'(x)$ an den Stellen $x = a, b, c$ und d.

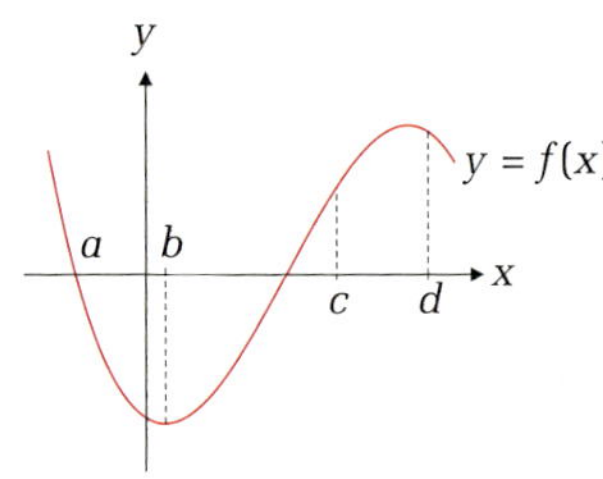

Abbildung 6.2.6: Aufgabe 8

9. Sei $f(x) = \sqrt{x} = x^{1/2}$ für $x \geq 0$.

(a) Zeigen Sie, dass $\left(\sqrt{x + \Delta x} - \sqrt{x}\right)\left(\sqrt{x + \Delta x} + \sqrt{x}\right) = \Delta x$.

(b) Nutzen Sie das Resultat aus (a), um zu zeigen, dass der Differenzenquotient von $f(x)$ gleich $1/\left(\sqrt{x + \Delta x} + \sqrt{x}\right)$ ist.

(c) Nutzen Sie das Resultat aus (b), um zu zeigen, dass für $x > 0$ gilt: $f'(x) = \frac{1}{2\sqrt{x}} = \frac{1}{2}x^{-1/2}$

10. Sei $f(x) = ax^3 + bx^2 + cx + d$.

(a) Zeigen Sie, dass der Differenzenquotient $3ax^2 + 2bx + c + 3ax\Delta x + a(\Delta x)^2 + b\Delta x$ für $\Delta x \neq 0$ ist und bestimmen Sie $f'(x)$.

(b) Zeigen Sie, dass das Resultat in (a) das Beispiel 6.2.2 und Aufgabe 7 verallgemeinert.

Anspruchsvollere Aufgabe

11. Wenden Sie die Resultate aus Aufgabe 2.3.8 an, um zuerst zu zeigen, dass

$$\left[(x + \Delta x)^{1/3} - x^{1/3}\right]\left[(x + \Delta x)^{2/3} + (x + \Delta x)^{1/3}x^{1/3} + x^{2/3}\right] = \Delta x$$

Folgen Sie dann dem Argument aus der Lösung zu Aufgabe 9, um zu zeigen, dass gilt: $f(x) = x^{1/3} \implies f'(x) = \frac{1}{3}x^{-2/3}$

► Lösungen zu den Aufgaben finden Sie im Anhang des Buches.

6.3 Monoton wachsende und fallende Funktionen

Die Begriffe *monoton wachsend* und *monoton fallend* sind schon gebraucht worden, um das Verhalten einer Funktion zu beschreiben, wenn wir uns von *links nach rechts* entlang ihres Graphen bewegen. Um eine exakte Terminologie festzulegen, führen wir die folgenden Definitionen ein. Wir nehmen an, dass in allen Fällen f definiert sei auf einem Intervall I und dass x_1 und x_2 Zahlen aus diesem Intervall sind.

Monoton wachsende und fallende Funktionen

Falls für alle $x_1 \in I$ und $x_2 \in I$ mit $x_2 > x_1$ gilt:

$f(x_2) \geq f(x_1)$, dann ist f *monoton wachsend* in I

$f(x_2) > f(x_1)$, dann ist f *strikt monoton wachsend* in I

$f(x_2) \leq f(x_1)$, dann ist f *monoton fallend* in I

$f(x_2) < f(x_1)$, dann ist f *strikt monoton fallend* in I

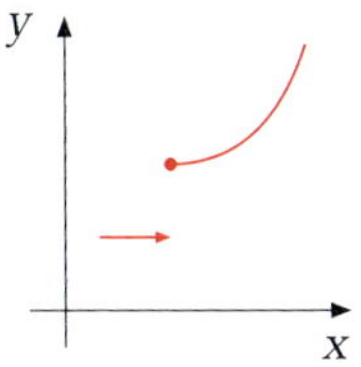

Abbildung 6.3.1: Monoton wachsend

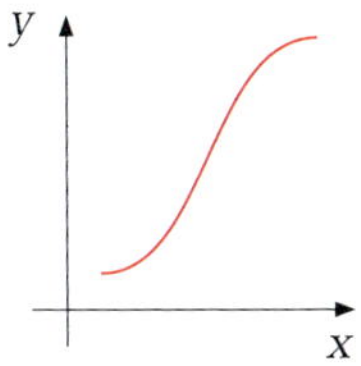

Abbildung 6.3.2: Strikt monoton wachsend

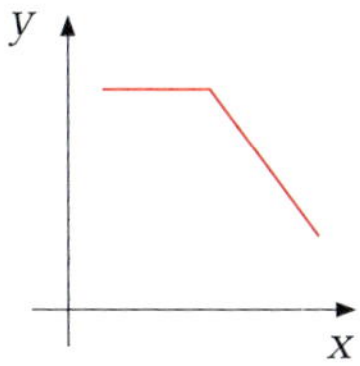

Abbildung 6.3.3: Monoton fallend

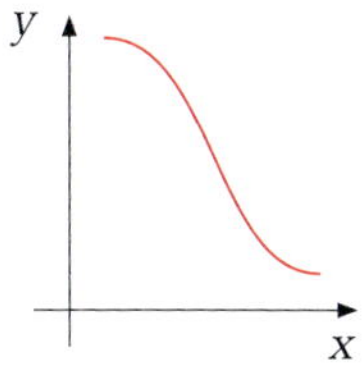

Abbildung 6.3.4: Strikt monoton fallend

Abb. 6.3.1–6.3.4 veranschaulichen diese Definitionen. Beachten Sie, dass wir zulassen, dass eine monoton wachsende oder fallende Funktion Bereiche hat, in denen der Graph horizontal verläuft. Dies ist nicht ganz in Übereinstimmung mit der Umgangssprache. Nur wenige Leute würden sagen, dass ihr Gehalt monoton steigend ist, wenn es unverändert bleibt! Aus diesem Grunde nämlich wird eine monoton wachsende Funktion manchmal nichtfallend und eine monoton fallende Funktion manchmal nichtwachsend genannt.

Um mit Hilfe dieser Definitionen zu bestimmen, auf welchen Intervallen, eine Funktion (strikt) monoton wachsend oder (strikt) monoton fallend ist, müssen wir das Vorzeichen von $f(x_2) - f(x_1)$ für alle $x_2 > x_1$ untersuchen. Gewöhnlich ist es ziemlich schwierig, dies direkt anhand der Werte von $f(x)$ an verschiedenen Stellen x zu überprüfen. Zum Glück bietet das Vorzeichen der Ableitung einen guten Test, ob eine Funktion monoton wachsend oder fallend ist:

$$f'(x) \geq 0 \text{ für alle } x \text{ in dem Intervall } I \iff f \text{ ist monoton wachsend auf } I \quad (6.3.1)$$

$$f'(x) \leq 0 \text{ für alle } x \text{ in dem Intervall } I \iff f \text{ ist monoton fallend auf } I \quad (6.3.2)$$

Die Tatsache, dass die Ableitung einer Funktion die Steigung der Tangente an ihren Graphen ist, macht die Äquivalenzen in 6.3.1 und 6.3.2 nahezu offensichtlich. Hier ist eine weitere, ebenso korrekte Feststellung:

$$f'(x) = 0 \text{ für alle } x \text{ im Intervall } I \iff f \text{ ist konstant auf } I \tag{6.3.3}$$

Exakte Beweise von (6.3.1)–(6.3.3) basieren auf dem Mittelwertsatz, der Thema ist in Kap. 9.4.

Beispiel 6.3.1

Nutzen Sie das Resultat (6.2.7), um die Ableitung von $f(x) = \frac{1}{2}x^2 - 2$ zu bestimmen. Untersuchen Sie dann, wo f monoton wachsend/fallend ist.

Lösung: Es gilt $f'(x) = x$ und das ist nichtnegativ für $x \geq 0$ und nichtpositiv, wenn $x \leq 0$. Wir schließen daraus, dass f monoton wachsend ist auf $[0, \infty)$ und monoton fallend auf $(-\infty, 0]$. Siehe Abb. 6.3.5.

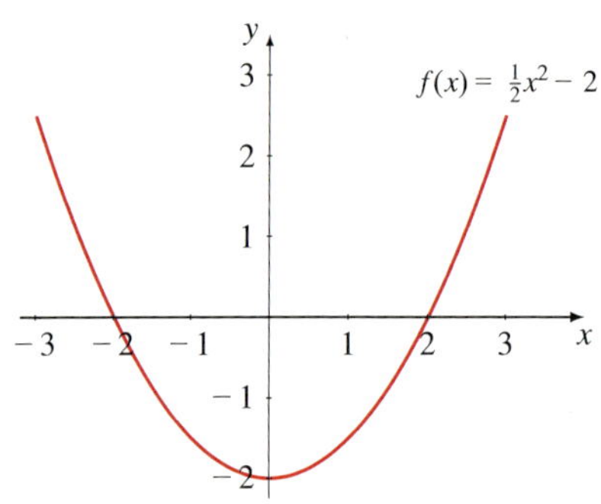

Abbildung 6.3.5: $f(x) = \frac{1}{2}x^2 - 2$

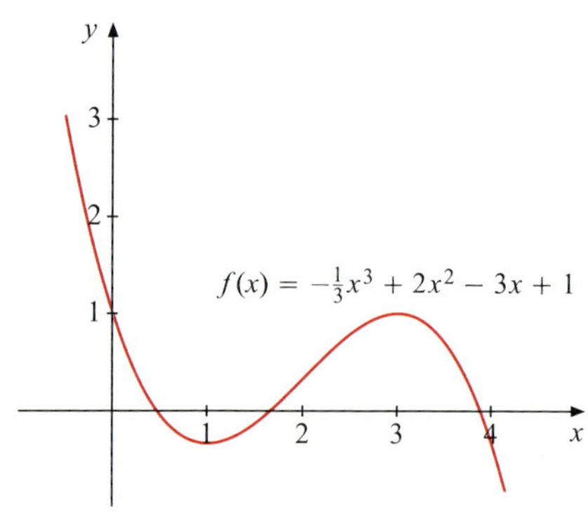

Abbildung 6.3.6: $f(x) = -\frac{1}{3}x^3 + 2x^2 - 3x + 1$

Beispiel 6.3.2

Untersuchen Sie, wo $f(x) = -\frac{1}{3}x^3 + 2x^2 - 3x + 1$ monoton wachsend/fallend ist. Verwenden Sie das Resultat aus Aufgabe 6.2.10, um die Ableitung zu finden.

Lösung: Die Formel aus der Aufgabe kann verwendet werden mit $a = -1/3$, $b = 2$, $c = -3$ und $d = 1$. Daher ist $f'(x) = -x^2 + 4x - 3$. Lösen der Gleichung $f'(x) = -x^2 + 4x - 3 = 0$ ergibt $x = 1$ und $x = 3$ und damit $f'(x) = -(x-1)(x-3) = (x-1)(3-x)$. Ein Vorzeichen-Diagramm für $(x-1)(3-x)$ ergibt, dass $f'(x) = (x-1)(3-x)$ nichtnegativ ist im Intervall $[1, 3]$ und nichtpositiv in $(-\infty, 1]$ und in $[3, \infty)$.[4] Wir schließen daraus, dass $f(x)$ monoton wachsend in $[1, 3]$ und monoton fallend in $(-\infty, 1]$ und in $[3, \infty)$ ist. Siehe Abb. 6.3.6.

[4] Siehe Beispiel 2.8.1.

Wenn $f'(x)$ strikt positiv in einem Intervall ist, so sollte die Funktion strikt monoton wachsend sein. In der Tat gilt:

$$f'(x) > 0 \text{ für alle } x \text{ in dem Intervall } I \implies f \text{ ist strikt monoton wachsend in } I \quad (6.3.4)$$

$$f'(x) < 0 \text{ für alle } x \text{ in dem Intervall } I \implies f \text{ ist strikt monoton fallend in } I \quad (6.3.5)$$

Die Implikationen in (6.3.4) und (6.3.5) sind nur *hinreichende* Bedingungen dafür, dass f strikt monoton wachsend oder fallend ist. Sie können nicht umgekehrt werden, um notwendige Bedingungen zu ergeben. Man sieht jedoch oft die folgende Aussage: „Nehmen Sie an, dass f strikt monoton wachsend ist – d. h. $f'(x) > 0$." Das Beispiel $f(x) = x^3$ zeigt, dass diese Aussage falsch ist, da $f'(0) = 0$, obwohl f strikt monoton wachsend – siehe Aufgabe 3. Eine Funktion kann strikt monoton wachsend sein, auch wenn die Ableitung in gewissen Punkten 0 ist.[5]

Aufgaben für Kapitel 6.3

1. Verwenden Sie (6.2.7), (6.3.1) und (6.3.2), um die Werte von x zu finden, für die $f(x) = x^2 - 4x + 3$ monoton wachsend/fallend ist. Vergleichen Sie mit Abb. 4.3.3.

2. Nutzen Sie das Resultat in Aufgabe 6.2.10, um zu untersuchen, wo $f(x) = -x^3 + 4x^2 - x - 6$ monoton wachsend/fallend ist. Vergleichen Sie mit Abb. 4.7.1.

3. Zeigen Sie algebraisch, dass $f(x) = x^3$ strikt monoton wachsend ist, indem Sie das Vorzeichen untersuchen von:

$$x_2^3 - x_1^3 = (x_2 - x_1)(x_1^2 + x_1x_2 + x_2^2) = (x_2 - x_1)\left[\left(x_1 + \frac{1}{2}x_2\right)^2 + \frac{3}{4}x_2^2\right]$$

► Lösungen zu den Aufgaben finden Sie im Anhang des Buches.

6.4 Ökonomische Anwendungen

Die Ableitung einer Funktion an einer bestimmten Stelle wurde als Steigung der Tangente an ihren Graphen an dieser Stelle definiert. Wirtschaftswissenschaftler interpretieren die Ableitung auf viele bedeutende Weisen, beginnend mit der Änderungsrate einer ökonomischen Variablen.

Nehmen Sie an, dass eine Größe y in Beziehung zu einer Größe x steht durch $y = f(x)$. Wenn x den Wert x_0 hat, dann ist der Wert der Funktion gleich $f(x_0)$. Nehmen Sie an, dass x_0 auf $x_0 + \Delta x$ geändert wird. Der neue Wert von y ist dann $f(x_0 + \Delta x)$

[5] Andererseits: Nehmen Sie an, dass $f'(x) \geq 0$ für alle x in I und $f'(x) = 0$ in nur endlich vielen Punkten in I. Dann ist $f'(x) > 0$ in jedem Teilintervall zwischen zwei benachbarten Nullstellen von $f'(x)$ und damit ist f strikt monoton wachsend auf jedem Teilintervall. Es folgt, dass f strikt monoton wachsend auf dem ganzen Intervall ist.

und die Änderung im Funktionswert, wenn sich x von x_0 auf $x_0 + \Delta x$ ändert, ist $f(x_0+\Delta x)-f(x_0)$. Die Änderung in y pro Einheit Änderung in x hat einen besonderen Namen. Sie wird die *durchschnittliche Änderungsrate von f über dem Intervall von x_0 bis $x_0 + \Delta x$* genannt. Sie ist gleich

$$\frac{f(x_0 + \Delta x) - f(x_0)}{\Delta x}$$

Beachten Sie, dass dieser Bruch genau gleich dem Newton-Quotienten (Differenzen-Quotienten) von f an der Stelle x_0 ist. Wenn wir den Grenzwert für Δx gegen 0 bilden, erhalten wir die Ableitung von f an der Stelle x_0, die wir wie folgt interpretieren:

Änderungsrate

Die *Änderungsrate* von f an der Stelle x_0 ist $f'(x_0)$.

Dieses sehr wichtige Konzept tritt immer dann auf, wenn wir Größen untersuchen, die sich ändern. Wenn Zeit t die unabhängige Variable ist, benutzen wir oft die „Punktnotation" $\dot{x}$, um die Zeitableitung $\mathrm{d}x/\mathrm{d}t$ von x nach t anzuzeigen. Zum Beispiel, wenn $x(t) = t^2$, schreiben wir $\dot{x}(t) = 2t$. Wir sprechen oft bei einer Zeitableitung wie dieser von der *momentanen* Änderungsrate.

Beispiel 6.4.1

Sei $N(t)$ die Anzahl der Individuen in der Population einer Tiergattung zur Zeit t. Wenn t anwächst auf $t + \Delta t$, dann ist die Änderung in der Population gleich $N(t + \Delta t) - N(t)$ Individuen. Daher ist

$$\frac{N(t + \Delta t) - N(t)}{\Delta t}$$

die *durchschnittliche Änderungsrate*. Wenn wir den Grenzwert für Δt gegen 0 bilden, erhalten wir $\dot{N}(t) = \mathrm{d}N/\mathrm{d}t$ für *die momentane Änderungsrate der Population zur Zeit t*.

In Beispiel 4.5.1 wurde die Formel $P = 5.1\,t + 606$ benutzt als eine (ungenaue) Schätzung der Einwohner Europas in Millionen t Jahre nach 1960. In diesem Fall ist die Änderungsrate $\mathrm{d}P/\mathrm{d}t = 5.1$ Millionen pro Jahr, konstant für alle t.

Beispiel 6.4.2

Sei $K(t)$ der Kapitalstock in einer Wirtschaft zur Zeit t. Die Änderungsrate $\dot{K}(t)$ von $K(t)$ heißt dann *Nettoinvestitionsrate*[6] zur Zeit t und wird gewöhnlich mit $I(t)$ bezeichnet, so dass

$$\dot{K}(t) = I(t) \tag{6.4.1}$$

[6] Dies unterscheidet sich von der Bruttoinvestition, weil einige Investitionen benötigt werden, um abgeschriebenes Kapital zu ersetzen.

Manchmal sind wir daran interessiert, das Verhältnis $f'(x_0)/f(x_0)$ zu untersuchen. Dieses Verhältnis kann wie folgt interpretiert werden:

Relative Änderungsrate

Die *relative Änderungsrate* von f an der Stelle x_0 ist $\dfrac{f'(x_0)}{f(x_0)}$.

Beispiel 6.4.3

Wie in Beispiel 6.4.1 sei $N(t)$ die Anzahl der Tiere zur Zeit t. Wenn t anwächst auf $t + \Delta t$, dann ist *die durchschnittliche relative Änderungsrate* dieser Zahl gleich

$$\frac{1}{N(t)} \frac{N(t + \Delta t) - N(t)}{\Delta t}$$

Der Grenzwert für $\Delta t \to 0$ ergibt $\dfrac{1}{N(t)}\dot{N}(t) = \dfrac{1}{N(t)} \dfrac{\mathrm{d}N(t)}{\mathrm{d}t}$ für *die momentane relative Änderungsrate* der Tierpopulation zur Zeit t.

In den Wirtschaftswissenschaften treten solche relativen Änderungsraten oft auf. Sie werden manchmal *proportionale Änderungsraten* genannt. Sie werden häufig in Prozentzahlen pro Zeiteinheit angegeben – z. B. Prozent pro Jahr.[7] Oft werden wir eine Variable als wachsend mit z. B. 3 % im Jahr beschreiben, wenn die relative Änderungsrate jedes Jahr 3/100 = 0.03 ist.

Beispiel 6.4.4

Betrachten Sie ein Unternehmen, das ein bestimmtes Gut in einer gegebenen Periode produziert. Seien $C(x)$ die Kosten für die Produktion von x Einheiten. Für die Ableitung $C'(x)$ an der Stelle x wird der Begriff *Grenzkosten* an der Stelle x verwendet. Entsprechend der Definition gilt

$$C'(x) = \lim_{\Delta x \to 0} \frac{C(x + \Delta x) - C(x)}{\Delta x} \tag{6.4.2}$$

Wenn Δx im Absolutbetrag klein ist, erhalten wir die Approximation

$$C'(x) \approx \frac{C(x + \Delta x) - C(x)}{\Delta x} \tag{6.4.3}$$

Die Differenz $C(x + \Delta x) - C(x)$ gibt die *Mehrkosten* für die Produktion von zusätzlichen Δx Einheiten Output an. Für kleines Δx können diese Mehrkosten linear approximiert werden durch $C'(x) \cdot \Delta x$, d. h. durch das Produkt aus den Grenzkosten und der Änderung im Output. Dies gilt auch, wenn $\Delta x < 0$, was eine Verringerung der Produktion und unter der Voraussetzung $C'(x) > 0$ eine Verringerung der Kosten bedeutet.

[7] oder pro anno, für diejenigen, die denken, dass Latein noch eine nützliche Sprache ist.

Beachten Sie: Setzt man $\Delta x = 1$ in (6.4.3), so sind die Grenzkosten *approximativ* gleich

$$C'(x) \approx C(x+1) - C(x) \tag{6.4.4}$$

Die Grenzkosten sind daher annähernd gleich den *Mehrkosten* $C(x+1) - C(x)$, d. h. den *zusätzlichen Kosten für die Herstellung einer weiteren Einheit, d. h. einer Einheit mehr als x*. In elementaren Büchern der Wirtschaftswissenschaften werden die Grenzkosten oft als Differenz $C(x+1) - C(x)$ definiert, da weitergehende Konzepte aus dem Bereich der Differentialrechnung nicht benutzt werden können.

In diesem Buch bieten wir manchmal vergleichbare ökonomische Interpretationen an, die die Änderung einer Funktion betrachten, wenn eine Variable x um eine Einheit erhöht wird. Es wäre korrekter, die Änderung der Funktion pro Einheit Zuwachs zu betrachten für kleine Zuwächse. Hier ist ein Beispiel.

Beispiel 6.4.5

Seien $C(x)$ die Kosten in Millionen Euro für die Beseitigung von x % der Verschmutzung in einem See. Geben Sie eine ökonomische Interpretation von $C'(50) = 3$.

Lösung: Wegen der linearen Approximation $C(50 + \Delta x) - C(50) \approx C'(50)\Delta x$ ist die präzise Interpretation von $C'(50) = 3$, dass beginnend bei 50 % die Mehrkosten für je 1 % an Verschmutzung, das zusätzlich entfernt werden soll, ungefähr 3 Millionen Euro sind. Weniger präzise kann man sagen: $C'(50) = 3$ bedeutet, dass es ungefähr 3 Millionen Euro mehr kostet, um 51 % anstelle von 50 % der Verschmutzung zu beseitigen.

Ähnlich wie in obigen Beispielen verwenden Ökonomen häufig das Wort „Grenz-", um eine Ableitung anzudeuten. Um nur zwei von vielen weiteren Beispielen anzudeuten, erwähnen wir die *Grenzneigung zum Konsum* als Ableitung der Konsumfunktion bezüglich des Einkommens und das *Grenzprodukt* (oder *-produktivität*) der Arbeit als Ableitung der Produktionsfunktion bezüglich des Arbeitsinputs.

Das Konzept ist so bedeutend, dass es einem großem Teil unseres Verständnisses der Wirtschaftswissenschaften zugrunde liegt. Zum Beispiel, Adam Smith (1723–1790), von vielen als Begründer der klassischen Nationalökonomie angesehen, mühte sich ab, zu verstehen, warum ein nicht lebenswichtiges Gut wie ein Diamant mehr wert sein konnte als ein lebenswichtiges Gut wie Wasser. Mit Hilfe der Grenzkostenrechnung erklärten Carl Menger (1840–1921), Léon Walras (1834–1910) und Stanley Jevons (1835–1882) dieses scheinbare Paradoxon: vor die Wahl gestellt zwischen *nur* Wasser oder *nur* Diamanten, würden die Menschen sicherlich Wasser wählen, da es lebenswichtig ist; aber bei gegebenem Wasser und gegebenen Diamanten, die eine Person bereits besitzt, würden sie eventuell ein *weiteres* Glass Wasser geringer bewerten als einen *weiteren* Diamanten. Dieses grundlegende Verständnis der optimalen Entscheidungen geht zurück auf die drei Ökonomen, die als Begründer der „Grenzwert"-Schule der Wirtschaftswissenschaften betrachtet werden.

Aufgaben für Kapitel 6.4

1. Sei $C(x) = x^2 + 3x + 100$ die Kostenfunktion eines Unternehmens. Zeigen Sie, dass die durchschnittliche Änderungsrate pro Einheit Output, wenn x sich von 100 auf $100 + \Delta x$ ändert, wobei $\Delta x \neq 0$, gleich

$$\frac{C(100 + \Delta x) - C(100)}{\Delta x} = 203 + \Delta x$$

ist. Wie hoch sind die Grenzkosten $C'(100)$? Verwenden Sie dann (6.2.7), um $C'(x)$ und insbesondere $C'(100)$ zu bestimmen.

2. Die Kostenfunktion eines Unternehmens sei $C(x) = \bar{C} + cx$. Geben Sie eine ökonomische Interpretation der Parameter c und $\bar{C}$.

3. Wenn die Gesamtersparnis eines Landes eine Funktion $S(Y)$ des Bruttosozialprodukts Y ist, dann heißt $S'(Y)$ die *Grenzneigung zum Sparen* oder MPS (= „marginal propensity to save"). Bestimmen Sie MPS für die folgenden Funktionen:

(a) $S(Y) = \bar{S} + sY$ (b) $S(Y) = 100 + 0.1Y + 0.0002Y^2$

4. Mit $T(y)$ sei die Einkommenssteuer bezeichnet, die eine Person als Funktion ihres Einkommens y zu bezahlen hat. Dann wird $T'(y)$ als *Grenzsteuersatz* bezeichnet. Betrachten Sie den Fall $T(y) = t(y - a) - b$, wobei t eine konstante Zahl im Intervall $(0, 1)$ ist, während a und b nichtnegative Konstanten sind. Charakterisieren Sie diese Steuerfunktion, indem Sie den Grenzsteuersatz bestimmen.

5. Es bezeichne $x(t)$ die noch vorhandene Anzahl Barrel Öl in einer Quelle zur Zeit t, wobei die Zeit in Minuten gemessen wird. Wie ist die Gleichung $\dot{x}(0) = -3$ zu interpretieren?

6. Die Gesamtkosten zur Herstellung von $x \geq 0$ Einheiten eines Gutes seien $C(x) = x^3 - 90x^2 + 7500x$.

(a) Benutzen Sie das Resultat aus Aufgabe 6.2.10, um die Grenzkostenfunktion $C'(x)$ zu berechnen.

(b) Für welchen Wert von x sind die Grenzkosten am geringsten?

7. (a) Die Gewinnfunktion eines Unternehmens sei $\pi(Q) = 24Q - Q^2 - 5$. Bestimmen Sie den Grenzgewinn und den Wert Q^* von Q, der den Gewinn maximiert.

(b) Die Erlösfunktion eines Unternehmens sei $R(Q) = 500Q - \frac{1}{3}Q^3$. Bestimmen Sie den Grenzerlös.

(c) Bestimmen Sie für die spezielle Kostenfunktion $C(Q) = -Q^3 + 214.2Q^2 - 7900Q + 320\,700$, die in Beispiel 4.7.1 betrachtet wurde, die Grenzkosten.

8. Beziehen Sie sich auf die in Beispiel 6.4.4 gegebene Definition und berechnen Sie die Grenzkosten in den folgenden zwei Fällen:

(a) $C(x) = a_1x^2 + b_1x + c_1$ (b) $C(x) = a_1x^3 + b_1$

► Lösungen zu den Aufgaben finden Sie im Anhang des Buches.

6.5 Eine kurze Einführung zu Grenzwerten

In Kap. 6.2 wurde die Ableitung einer Funktion basierend auf dem Konzept eines Grenzwertes definiert. Dasselbe Konzept hat viele andere Anwendungen in Mathematik wie auch in den Wirtschaftswissenschaften, so dass wir es jetzt näher betrachten sollten. Wir geben hier eine vorläufige Definition und formulieren einige wichtige Regeln für Grenzwerte. In Kap. 7.9 diskutieren wir den Begriff des Grenzwerts genauer.

Beispiel 6.5.1

Betrachten Sie die Funktion F, definiert durch die Formel

$$F(x) = \frac{e^x - 1}{x} ,$$

wobei die Zahl $e \approx 2.718$ die Basis für die natürliche Exponentialfunktion ist, die in Kap. 4.9 eingeführt wurde. Beachten Sie: Für $x = 0$ ist $e^0 = 1$ und der Bruch entartet dann in den absurden Ausdruck „0/0“. Daher ist die Funktion F nicht definiert für $x = 0$. Man kann aber dennoch fragen, was mit $F(x)$ passiert, wenn x nahe bei 0 ist. Mit Hilfe eines Taschenrechners finden wir die in Tabelle 6.5.1 gezeigten Werte. Für $x = 0$, wo $F(x)$ nicht definiert ist, enthält die Tabelle „0/0“.

Tabelle 6.5.1: Werte von $F(x) = (e^x - 1)/x$, wenn x nahe bei 0

x	−0.1	−0.001	−0.0001	0	0.0001	0.001	0.1
$F(x)$	0.9516	0.9995	1.0000	„0/0“	1.0001	1.0005	1.0517

Man erkennt an der Tabelle: Je näher x an 0 herankommt, desto näher kommt der Bruch $F(x)$ dem Wert 1. Es liegt deshalb nahe, anzunehmen, dass $F(x)$ im Grenzfall gegen 1 strebt, wenn x gegen 0 strebt. Wie wir in der Tat später argumentieren werden, ist unsere Definition von e motiviert durch die Voraussetzung, dass dieser Grenzwert gleich 1 ist. Deshalb schreiben wir:

$$\lim_{x \to 0} \frac{e^x - 1}{x} = 1 \qquad \text{oder} \qquad \frac{e^x - 1}{x} \to 1 , \quad \text{wenn} \quad x \to 0$$

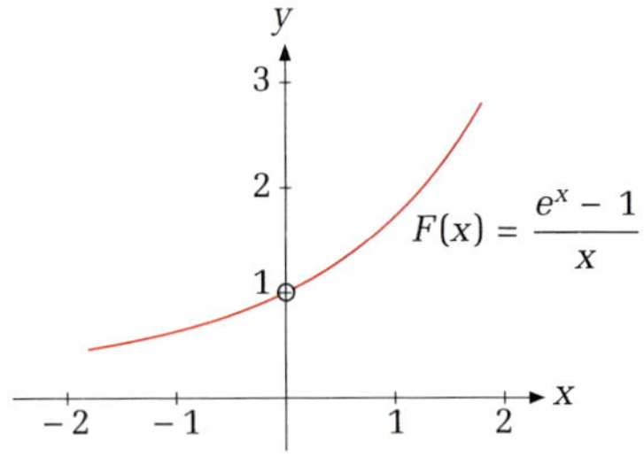

Abbildung 6.5.1: $y = \frac{e^x - 1}{x}$

Abb. 6.5.1 zeigt einen Teil des Graphen von F. Die Funktion F ist definiert für alle x, außer für $x = 0$ und $\lim_{x\to 0} F(x) = 1$. Ein kleiner Kreis soll andeuten, dass der entsprechende Punkt $(0, 1)$ nicht zum Graphen von F gehört.

Nehmen Sie im Allgemeinen an, dass eine Funktion f definiert ist für alle x in der Nähe von x_0, aber nicht notwendig an der Stelle $x = x_0$. Dann sagen wir, dass *die Zahl A der Grenzwert von $f(x)$ ist, wenn x gegen x_0 strebt*, falls $f(x)$ gegen A strebt, wenn x gegen x_0 strebt (aber nicht gleich x_0 ist). Wir schreiben

$$\lim_{x\to x_0} f(x) = A \qquad \text{oder} \qquad f(x) \to A\,, \quad \text{wenn} \quad x \to x_0$$

Es ist jedoch möglich, dass der Wert von $f(x)$ nicht gegen eine feste Zahl strebt, wenn x gegen x_0 strebt. Dann sagen wir, dass $\lim_{x\to x_0} f(x)$ *nicht existiert* oder dass $f(x)$ *keinen Grenzwert hat, wenn x gegen x_0 strebt.*

Beispiel 6.5.2

Untersuchen Sie den Grenzwert $\lim_{h\to 0} \frac{\sqrt{h+1}-1}{h}$ unter Benutzung eines Taschenrechners.

Lösung: Indem wir Zahlen h nahe bei 0 wählen, konstruieren wir Tabelle 6.5.2:

Tabelle 6.5.2: Werte von $F(h) = (\sqrt{h+1}-1)/h$, wenn h nahe bei 0 ist

h	−0.5	−0.2	−0.1	−0.01	0	0.01	0.1	0.2	0.5
$F(h)$	0.586	0.528	0.513	0.501	„0/0"	0.499	0.488	0.477	0.449

Die Tabelle lässt vermuten, dass $\lim_{h\to 0} \frac{\sqrt{h+1}-1}{h} = 0.5$ ist.

Die Grenzwerte, die wir angeblich in den Beispielen 6.5.1 und 6.5.2 gefunden haben, basieren beide auf zweifelhaften numerischen Verfahren. Können wir z. B. in Beispiel 6.5.2 wirklich sicher sein, dass unsere Vermutung korrekt ist? Wenn wir h noch näher an 0 wählen, könnte der Bruch dann gegen einen anderen Wert als 0.5 streben? Könnte er vielleicht überhaupt keinen Grenzwert haben? Weitere numerische Berechnungen unterstützen unseren Glauben, dass die anfängliche Vermutung korrekt ist, aber wir können niemals eine Tabelle anfertigen, die *alle* Werte von h nahe bei 0 enthält. Daher: Egal wie viele numerische Berechnungen wir machen, diese allein können niemals mit Sicherheit bestätigen, welches der wahre Grenzwert ist.

Dies zeigt die Notwendigkeit, ein strenges Verfahren zur Bestimmung von Grenzwerten zu haben, das auf einer präzisen mathematischen Definition des Grenzwertbegriffs beruht. Diese präzise Definition wird in Kap. 7.9 gegeben. Hier werden wir nur eine vorläufige Definition angeben, die die richtige Idee übermitteln soll.

Grenzwert

Der Ausdruck

$$\lim_{x \to x_0} f(x) = A \tag{6.5.1}$$

bedeutet, dass wir $f(x)$ so nah an A finden können, wie wir wollen, indem wir darauf achten, dass x hinreichend nah an x_0, aber nicht gleich x_0 ist.

Wir betonen:

(a) Die Zahl $\lim_{x \to x_0} f(x)$ hängt davon ab, wie $f(x)$ sich verhält für Werte von x in der Nähe von x_0, aber nicht davon, was mit f genau an der Stelle $x = x_0$ passiert. In der Tat: Wenn wir $\lim_{x \to x_0} f(x)$ bestimmen, sind wir nicht einfach am Funktionswert $f(x_0)$ interessiert, auch nicht daran, ob f überhaupt an der Stelle x_0 definiert ist.

(b) Wenn wir $\lim_{x \to x_0} f(x)$ berechnen, müssen wir x-Werte auf beiden Seiten von x_0 in Betracht ziehen.

Regeln für Grenzwerte

Da man Grenzwerte nicht wirklich nur mit Hilfe numerischer Berechnungen bestimmen kann, nutzen wir stattdessen einfache Regeln. Deren Gültigkeit können wir später nachweisen, sobald wir eine exakte Definition des Grenzwerts als ein mathematisches Konzept haben. Diese Regeln sind sehr einfach und wir haben schon einige von ihnen im vorigen Abschnitt benutzt.

Nehmen Sie an, dass f und g als Funktionen von x in einer Umgebung von x_0 (aber nicht notwendig in x_0) definiert sind. Dann gelten die folgenden Regeln, die in einer Weise aufgeschrieben sind, so dass sie später einfacher zu zitieren sind.[8]

Regeln für Grenzwerte

Wenn $\lim_{x \to x_0} f(x) = A$ und $\lim_{x \to x_0} g(x) = B$ ist, dann gilt:

$$\lim_{x \to x_0} \left[f(x) \pm g(x)\right] = A \pm B \tag{6.5.2}$$

$$\lim_{x \to x_0} \left[f(x) \cdot g(x)\right] = A \cdot B \tag{6.5.3}$$

$$\lim_{x \to x_0} \frac{f(x)}{g(x)} = \frac{A}{B}, \quad \text{falls } B \neq 0 \tag{6.5.4}$$

$$\lim_{x \to x_0} \left[f(x)\right]^r = A^r, \quad \text{falls } A^r \text{ definiert und } r \text{ eine reelle Zahl ist} \tag{6.5.5}$$

Es ist einfach, intuitive Erläuterungen für diese Regeln zu geben. Nehmen Sie an, dass $\lim_{x \to x_0} f(x) = A$ und $\lim_{x \to x_0} g(x) = B$. Diese Gleichungen implizieren: Wenn x nahe an x_0 ist, dann ist $f(x)$ nahe an A und $g(x)$ ist nahe an B. So sollte nach unserer

[8] Wegen der Identitäten $f(x) - g(x) = f(x) + (-1)g(x)$ und $f(x)/g(x) = f(x)(g(x))^{-1}$ ist es klar, dass einige dieser Regeln aus anderen folgen.

Intuition die Summe $f(x)+g(x)$ nahe an $A+B$, die Differenz $f(x)-g(x)$ nahe an $A-B$, das Produkt $f(x)g(x)$ nahe an $A \cdot B$ sein usw.

Die Regeln (6.5.2) und (6.5.3) können mehrfach verwendet werden, um die neuen erweiterte Regeln zu erhalten:

$$\lim_{x \to x_0} [f_1(x) + f_2(x) + \cdots + f_n(x)] = \lim_{x \to x_0} f_1(x) + \lim_{x \to x_0} f_2(x) + \cdots + \lim_{x \to x_0} f_n(x)$$

$$\lim_{x \to x_0} [f_1(x) \cdot f_2(x) \cdot \ldots \cdot f_n(x)] = \lim_{x \to x_0} f_1(x) \cdot \lim_{x \to x_0} f_2(x) \cdot \ldots \cdot \lim_{x \to x_0} f_n(x)$$

In Worten: *Der Grenzwert einer Summe ist die Summe der Grenzwerte und der Grenzwert eines Produkts ist das Produkt der Grenzwerte.*

Es gibt zwei Spezialfälle, in denen der Grenzwert offensichtlich ist. Erstens: Die Funktion $f(x)$ sei gleich dem konstanten Wert c für jedes x. Für jeden Punkt x_0 gilt dann $\lim_{x \to x_0} c = c$. Zweitens: Wenn $f(x) = x$ ist, dann gilt offensichtlich $\lim_{x \to x_0} f(x) = \lim_{x \to x_0} x = x_0$ für jeden Punkt x_0. Die Kombination dieser zwei einfachen Grenzwerte mit den allgemeinen Regeln erlaubt die einfache Berechnung von Grenzwerten für gewisse Verknüpfungen von Funktionen.

Beispiel 6.5.3

Nutzen Sie die in (6.5.2) bis (6.5.5) gegebenen Regeln, um die folgenden Grenzwerte zu berechnen:

(a) $\lim_{x \to -2} (x^2 + 5x)$ (b) $\lim_{x \to 4} \dfrac{2x^{3/2} - \sqrt{x}}{x^2 - 15}$ (c) $\lim_{x \to x_0} Ax^n$

Lösung:

(a) Nach Regel (6.5.2) ist $\lim_{x \to -2} (x^2 + 5x)$ gleich $\lim_{x \to -2} (x \cdot x) + \lim_{x \to -2} (5 \cdot x)$. Indem man Regel (6.5.3) zweimal anwendet, kann letzteres berechnet werden als:

$$\lim_{x \to -2} x \cdot \lim_{x \to -2} x + \lim_{x \to -2} 5 \cdot \lim_{x \to -2} x$$

Damit folgt:

$$\lim_{x \to -2} (x^2 + 5x) = (-2)(-2) + 5 \cdot (-2) = -6$$

(b) $$\lim_{x \to 4} \frac{2x^{3/2} - \sqrt{x}}{x^2 - 15} = \frac{2 \lim_{x \to 4} x^{3/2} - \lim_{x \to 4} \sqrt{x}}{\lim_{x \to 4} x^2 - 15} = \frac{2 \cdot 4^{3/2} - \sqrt{4}}{4^2 - 15} = \frac{2 \cdot 8 - 2}{16 - 15} = 14$$

(c) $$\lim_{x \to x_0} Ax^n = \big(\lim_{x \to x_0} A\big)\big(\lim_{x \to x_0} x^n\big) = A \cdot \big(\lim_{x \to x_0} x\big)^n = A \cdot x_0^n$$

Dieses letzte Beipiel war einfach. Die Beispiele 6.5.1 und 6.5.2 waren schwieriger, da sie einen Bruch enthielten, in dem sowohl der Zähler als auch der Nenner gegen 0 streben. Eine einfache Beobachtung kann uns manchmal helfen, solche Grenzwerte zu bestimmen, vorausgesetzt, dass sie existieren. Weil $\lim_{x \to x_0} f(x)$ nur von solchen Werten von f abhängen kann, wenn x nahe bei, aber nicht gleich x_0 ist, haben wir das folgende Resultat:

Gleichheit von Grenzwerten

Wenn die Funktionen f und g gleich sind für alle x in der Nähe von x_0, aber nicht notwendig für $x = x_0$, dann gilt

$$\lim_{x \to x_0} f(x) = \lim_{x \to x_0} g(x) \tag{6.5.6}$$

immer dann, wenn einer der beiden Grenzwerte existiert.

Hier sind einige Beispiele dafür, wie diese Regel angewendet wird.

Beispiel 6.5.4

Berechnen Sie den Grenzwert $\lim\limits_{x \to 2} \dfrac{3x^2 + 3x - 18}{x - 2}$.

Lösung: Wir sehen, dass Zähler und auch Nenner gegen 0 streben, wenn x gegen 2 strebt. Weil der Zähler $3x^2 + 3x - 18$ gleich 0 ist für $x = 2$, hat er $x - 2$ als Faktor und es gilt: $3x^2 + 3x - 18 = 3(x - 2)(x + 3)$. Daher ist

$$f(x) = \frac{3x^2 + 3x - 18}{x - 2} = \frac{3(x - 2)(x + 3)}{x - 2}$$

Für $x \neq 2$, können wir $x - 2$ im Zähler und im Nenner entfernen und erhalten $3(x + 3)$. Damit sind die Funktionen $f(x)$ und $g(x) = 3(x + 3)$ für alle $x \neq 2$ gleich. Nach (6.5.6) gilt dann

$$\lim_{x \to 2} \frac{3x^2 + 3x - 18}{x - 2} = \lim_{x \to 2} 3(x + 3) = 3(2 + 3) = 15$$

Beispiel 6.5.5

Berechnen Sie die Grenzwerte: (a) $\lim\limits_{h \to 0} \dfrac{\sqrt{h + 1} - 1}{h}$; (b) $\lim\limits_{x \to 4} \dfrac{x^2 - 16}{4\sqrt{x} - 8}$.

Lösung:

(a) Der Zähler und der Nenner streben beide gegen 0, wenn h gegen 0 strebt, so dass Regel (6.5.4) nicht angewendet werden kann. Aber ein kleiner Trick rettet den Tag. Wir multiplizieren Zähler und Nenner mit $\sqrt{h + 1} + 1$ und erhalten

$$\frac{\sqrt{h + 1} - 1}{h} = \frac{\left(\sqrt{h + 1} - 1\right)\left(\sqrt{h + 1} + 1\right)}{h\left(\sqrt{h + 1} + 1\right)} = \frac{h + 1 - 1}{h\left(\sqrt{h + 1} + 1\right)} = \frac{1}{\sqrt{h + 1} + 1}$$

Dabei wurde im letzten Schritt der gemeinsame Faktor h gekürzt. Für alle $h \neq 0$ (und $h \geq -1$) ist die gegebene Funktion gleich $1/(\sqrt{h + 1} + 1)$ und dieser Ausdruck strebt gegen $1/2$, wenn $h \to 0$. Wir schließen daraus, dass der Grenzwert unserer Funktion gleich $1/2$ ist. Dies bestätigt das Ergebnis aus Beispiel 6.5.2.

(b) Weil $x = 4$ den undefinierten Ausdruck „0/0" ergibt, nutzen wir wieder einen Trick, um den Bruch wie folgt in Faktoren zu zerlegen:

$$\frac{x^2 - 16}{4\sqrt{x} - 8} = \frac{(x + 4)(x - 4)}{4\left(\sqrt{x} - 2\right)} = \frac{(x + 4)\left(\sqrt{x} + 2\right)\left(\sqrt{x} - 2\right)}{4\left(\sqrt{x} - 2\right)} \tag{$*$}$$

Der letzte Schritt nutzt die Zerlegung $x - 4 = (\sqrt{x} + 2)(\sqrt{x} - 2)$, die für $x \geq 0$ korrekt ist. Im letzten Bruch von (∗), können wir $\sqrt{x} - 2$ kürzen, wenn $\sqrt{x} - 2 \neq 0$ ist, d. h. wenn $x \neq 4$ ist. Benutzung von (6.5.6) erlaubt uns wieder, den Grenzwert auf jeder Seite von (∗) zu bilden:

$$\lim_{x \to 4} \frac{x^2 - 16}{4\sqrt{x} - 8} = \lim_{x \to 4} \frac{1}{4}(x + 4)(\sqrt{x} + 2) = \frac{1}{4}(4 + 4)(\sqrt{4} + 2) = 8$$

Aufgaben für Kapitel 6.5

1. Nutzen Sie die Regeln für Grenzwerte zur Bestimmung von:

(a) $\lim\limits_{x \to 0}(3 + 2x^2)$ (b) $\lim\limits_{x \to -1} \frac{3 + 2x}{x - 1}$ (c) $\lim\limits_{x \to 2}(2x^2 + 5)^3$

(d) $\lim\limits_{t \to 8}(5t + t^2 - \frac{1}{8}t^3)$ (e) $\lim\limits_{y \to 0} \frac{(y + 1)^5 - y^5}{y + 1}$ (f) $\lim\limits_{z \to -2} \frac{1/z + 2}{z}$

2. Untersuchen Sie die folgenden Grenzwerte mit Hilfe eines Taschenrechners:

(a) $\lim\limits_{\Delta x \to 0} \frac{1}{\Delta x}(2^{\Delta x} - 1)$ (b) $\lim\limits_{\Delta x \to 0} \frac{1}{\Delta x}(3^{\Delta x} - 1)$ (c) $\lim\limits_{\lambda \to 0} \frac{1}{\lambda}(3^{\lambda} - 2^{\lambda})$

3. Betrachten Sie den Grenzwert $\lim\limits_{x \to 1} \frac{x^2 + 7x - 8}{x - 1}$.

(a) Untersuchen Sie den Grenzwert numerisch, indem Sie eine Wertetabelle des Quotienten anlegen, wenn x nahe bei 1 ist.

(b) Bestimmen Sie den Grenzwert genau, indem Sie die Methode aus Beispiel 6.5.4 anwenden.

4. Berechnen Sie die folgenden Grenzwerte, wobei $\Delta x \neq 0$ in (f):

(a) $\lim\limits_{x \to 2}(x^2 + 3x - 5)$ (b) $\lim\limits_{y \to -3} \frac{1}{y + 8}$ (c) $\lim\limits_{x \to 0} \frac{x^3 - 2x - 1}{x^5 - x^2 - 1}$

(d) $\lim\limits_{x \to 0} \frac{x^3 + 3x^2 - 2x}{x}$ (e) $\lim\limits_{\Delta x \to 0} \frac{(x + \Delta x)^3 - x^3}{\Delta x}$ (f) $\lim\limits_{x \to 0} \frac{(x + \Delta x)^3 - x^3}{\Delta x}$

5. Berechnen Sie die folgenden Grenzwerte:

(a) $\lim\limits_{h \to 2} \frac{\frac{1}{3} - \frac{2}{3h}}{h - 2}$ (b) $\lim\limits_{x \to 0} \frac{x^2 - 1}{x^2}$ (c) $\lim\limits_{t \to 3} \sqrt[3]{\frac{32t - 96}{t^2 - 2t - 3}}$

(d) $\lim\limits_{h \to 0} \frac{\sqrt{h + 3} - \sqrt{3}}{h}$ (e) $\lim\limits_{t \to -2} \frac{t^2 - 4}{t^2 + 10t + 16}$ (f) $\lim\limits_{x \to 4} \frac{2 - \sqrt{x}}{4 - x}$

6. Berechnen Sie die folgenden Grenzwerte für $f(x) = x^2 + 2x$:

(a) $\lim\limits_{x \to 1} \frac{f(x) - f(1)}{x - 1}$ (b) $\lim\limits_{x \to 2} \frac{f(x) - f(1)}{x - 1}$

(c) $\lim\limits_{\Delta x \to 0} \frac{f(2 + \Delta x) - f(2)}{\Delta x}$ (d) $\lim\limits_{x \to x_0} \frac{f(x) - f(x_0)}{x - x_0}$

(e) $\lim\limits_{\Delta x \to 0} \frac{f(x_0 + \Delta x) - f(x_0)}{\Delta x}$ (f) $\lim\limits_{\Delta x \to 0} \frac{f(x_0 + \Delta x) - f(x_0 - \Delta x)}{\Delta x}$

➡ Fortsetzung

Anspruchsvollere Aufgabe

7. Berechnen Sie die folgenden Grenzwerte, wobei in Teil (c) n eine natürliche Zahl sei.

(a) $\lim\limits_{x\to 2} \dfrac{x^2-2x}{x^3-8}$ (b) $\lim\limits_{\Delta x\to 0} \dfrac{\sqrt[3]{27+\Delta x}-3}{\Delta x}$ (*Hinweis:* Setzen Sie $u=\sqrt[3]{27+\Delta x}$.)

(c) $\lim\limits_{x\to 1} \dfrac{x^n-1}{x-1}$

► Lösungen zu den Aufgaben finden Sie im Anhang des Buches.

6.6 Einfache Regeln der Differentiation

Erinnern Sie, dass Gleichung (6.2.2) die Ableitung einer Funktion f definiert durch die Formel

$$f'(x) = \lim_{\Delta x\to 0} \frac{f(x+\Delta x)-f(x)}{\Delta x} \qquad (*)$$

Wenn dieser Grenzwert existiert, sagen wir, dass f *differenzierbar* ist an der Stelle x. Das Bestimmen der Ableitung einer Funktion heißt *Differentiation*. Es ist nützlich, sich diesen Prozess als eine Operation vorzustellen, die eine Funktion f in eine neue Funktion f' transformiert, die definiert ist für die Werte von x, für die der Grenzwert in $(*)$ existiert. Falls $y=f(x)$, so können wir die Symbole y' und dy/dx als Alternativen zu $f'(x)$ verwenden.

In Kap. 6.2 haben wir die Formel $(*)$ benutzt, um einige einfache Funktionen zu differenzieren. Es ist jedoch schwierig und zeitaufwendig, Formel $(*)$ in jedem einzelnen Fall direkt anzuwenden. Wir beginnen jetzt mit einem systematischen Programm, um allgemeine Regeln zu finden, die schließlich mechanische und effiziente Verfahren zur Bestimmung der Ableitung von sehr vielen differenzierbaren Funktionen ergeben, die durch eine Formel definiert sind, wie kompliziert diese auch sein mag. Wir fangen mit einigen einfachen Regeln an.

Ableitung einer Konstanten

Wenn f eine konstante Funktion ist, dann ist ihre Ableitung 0:

$$f(x) = A \Longrightarrow f'(x) = 0 \qquad (6.6.1)$$

Das Resultat ist leicht geometrisch zu sehen. Der Graph von $f(x)=A$ ist eine gerade Linie, parallel zur x-Achse. Die Tangente an diesen Graphen ist die Gerade selbst, welche die Steigung 0 in jedem Punkt hat, wie in Abb. 6.6.1 gezeigt. Sie sollten jetzt die Definition von $f'(x)$ verwenden, um dieselbe Antwort zu erhalten.
Die beiden nächsten Regeln sind auch sehr nützlich.

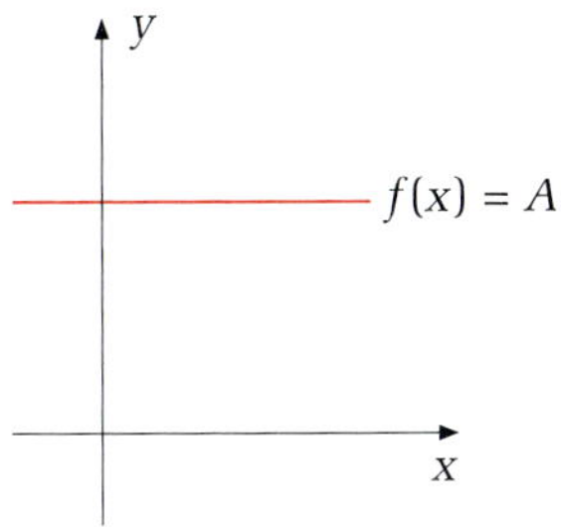

Abbildung 6.6.1: $f(x) = A$

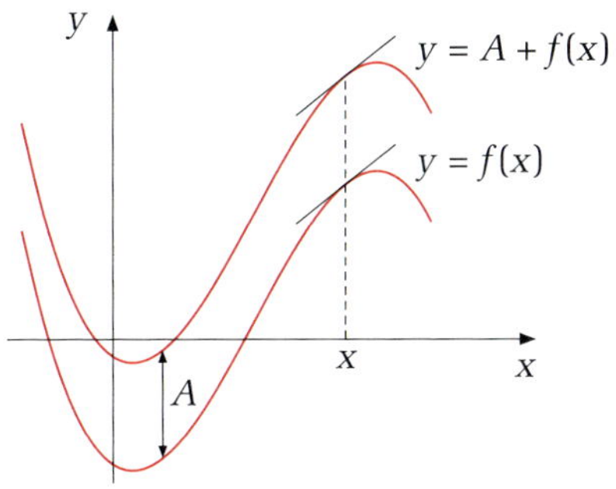

Abbildung 6.6.2: $f(x)$ und $A + f(x)$

Einfache Regeln

Wenn man Ableitungen bildet, verschwinden additive Konstanten, während multiplikative Konstanten erhalten bleiben:

$$y = A + f(x) \quad \Longrightarrow \quad y' = f'(x) \tag{6.6.2}$$

$$y = Af(x) \quad \Longrightarrow \quad y' = Af'(x) \tag{6.6.3}$$

Regel (6.6.2) wird in Abb. 6.6.2 illustriert, für den Fall, dass A positiv ist. Erinnern Sie nach Kap. 5.1, dass man den Graphen von $A + f(x)$ erhält, indem man den Graphen von $f(x)$ um A Einheiten in Richtung der y-Achse nach oben verschiebt. Daher müssen die Tangenten an die zwei Kurven $y = f(x)$ und $y = f(x) + A$ an derselben Stelle x parallel sein. Insbesondere müssen sie dieselbe Steigung haben. Sie sollten wieder versuchen, die Definition von $f'(x)$ zu verwenden, um diese Behauptung formal zu beweisen.

Wir wollen Regel (6.6.3) unter Verwendung der Definition der Ableitung beweisen. Wenn $g(x) = Af(x)$, dann ist

$$g(x + \Delta x) - g(x) = Af(x + \Delta x) - Af(x) = A[f(x + \Delta x) - f(x)]$$

und damit

$$g'(x) = \lim_{\Delta x \to 0} \frac{g(x + \Delta x) - g(x)}{\Delta x} = A \lim_{\Delta x \to 0} \frac{f(x + \Delta x) - f(x)}{\Delta x} = Af'(x)$$

Für eine ökonomische Illustration der Regel (6.6.3) nehmen Sie an, dass $R(t)$ die Verkaufseinnahmen der Firma A zur Zeit t bezeichnen. Nehmen Sie zusätzlich an, dass die Verkaufseinnahmen $S(t)$ der Firma B zu jeder Zeit dreimal so groß wie die von A sind. Dann ist die absolute Wachstumsrate der Einnahmen von B dreimal größer als die der Einnahmen von A. In mathematischer Notation: $S(t) = 3R(t) \Longrightarrow S'(t) = 3R'(t)$. Trotzdem: Die *relativen* Wachstumsraten der beiden Firmen $R'(t)/R(t)$ und $S'(t)/S(t)$ *sind gleich*.

In der Notation von Leibniz können die drei Resultate (6.6.1)–(6.6.3) wie folgt geschrieben werden:

$$\frac{\mathrm{d}}{\mathrm{d}x} A = 0\,, \qquad \frac{\mathrm{d}}{\mathrm{d}x}[A + f(x)] = \frac{\mathrm{d}}{\mathrm{d}x} f(x)\,, \qquad \frac{\mathrm{d}}{\mathrm{d}x}[Af(x)] = A \frac{\mathrm{d}}{\mathrm{d}x} f(x)$$

Beispiel 6.6.1

Nehmen Sie an, wir kennen $f'(x)$. Finden Sie Ausdrücke für die Ableitungen der folgenden Funktionen:

(a) $5 + f(x)$ (b) $f(x) - \frac{1}{2}$ (c) $4f(x)$ (d) $-\frac{f(x)}{5}$ (e) $\frac{Af(x) + B}{C}$, wobei $C \neq 0$

Lösung: Mit den Regeln (6.6.2) und (6.6.3) erhalten wir:

(a) $\frac{\mathrm{d}}{\mathrm{d}x}(5 + f(x)) = f'(x)$

(b) $\frac{\mathrm{d}}{\mathrm{d}x}\left[f(x) - \frac{1}{2}\right] = \frac{\mathrm{d}}{\mathrm{d}x}\left[-\frac{1}{2} + f(x)\right] = f'(x)$

(c) $\frac{\mathrm{d}}{\mathrm{d}x}[4f(x)] = 4f'(x)$

(d) $\frac{\mathrm{d}}{\mathrm{d}x}\left[-\frac{f(x)}{5}\right] = \frac{\mathrm{d}}{\mathrm{d}x}\left[-\frac{1}{5}f(x)\right] = -\frac{1}{5}f'(x)$

(e) $\frac{\mathrm{d}}{\mathrm{d}x}\left[\frac{Af(x) + B}{C}\right] = \frac{\mathrm{d}}{\mathrm{d}x}\left[\frac{A}{C}f(x) + \frac{B}{C}\right] = \frac{A}{C}f'(x)$

Potenzregel

Wenige Regeln der Differentiation sind nützlicher als die folgende:

Potenzregel

Für eine gegebene Konstante r nehmen Sie an, dass entweder (i) r eine natürliche Zahl oder (ii) $x > 0$. Dann gilt:

$$f(x) = x^r \implies f'(x) = rx^{r-1} \tag{6.6.4}$$

Für $r = 2$ und $r = 3$ wurde Regel (6.6.4) in den Gleichungen (6.2.5) und (6.2.6) bestätigt. Wenn r eine natürliche Zahl $n > 3$ ist, wird die Regel am einfachsten bestätigt, indem man die Regel (6.7.3) für die Differentiation von Produkten benutzt, wie in Beispiel 6.7.5 gezeigt wird. Wenn r eine negative ganze Zahl $-n$ ist, wenden wir auf $1/x^n$ die Regel für die Differentiation von Quotienten an, wie in Beispiel 6.7.8 gezeigt wird. Schließlich: Wenn $x > 0$, werden wir in Kap. 6.11 die Gleichheiten $\ln(xr) = r \ln x$ und somit $xr = \exp(r \ln x)$ verwenden, um Gleichung (6.11.7) herzuleiten, die besagt, dass Regel (6.6.4) für alle reellen Potenzen r gültig ist.

Beispiel 6.6.2

Nutzen Sie Regel (6.6.4), um die Ableitungen zu berechnen von:

(a) $y = x^5$ (b) $y = 3x^8$ (c) $y = \frac{x^{100}}{100}$.

Lösung:

(a) $y = x^5 \implies y' = 5x^{5-1} = 5x^4$

(b) $y = 3x^8 \implies y' = 3 \cdot 8x^{8-1} = 24x^7$

(c) $y = \frac{x^{100}}{100} = \frac{1}{100}x^{100} \implies y' = \frac{1}{100}100x^{100-1} = x^{99}$

Beispiel 6.6.3

Nehmen Sie an, dass alle relevanten Variablen positiv sind. Verwenden Sie dann Regel (6.6.4) zur Berechnung von:

(a) $\frac{\mathrm{d}}{\mathrm{d}x}(x^{-0.33})$ (b) $\frac{\mathrm{d}}{\mathrm{d}r}(-5r^{-3})$ (c) $\frac{\mathrm{d}}{\mathrm{d}p}(Ap^{\alpha}+B)$ (d) $\frac{\mathrm{d}}{\mathrm{d}x}\left(\frac{A}{\sqrt{x}}\right)$

Lösung:

(a) $\frac{\mathrm{d}}{\mathrm{d}x}(x^{-0.33}) = -0.33x^{-0.33-1} = -0.33x^{-1.33}$

(b) $\frac{\mathrm{d}}{\mathrm{d}r}(-5r^{-3}) = (-5)(-3)r^{-3-1} = 15r^{-4}$

(c) $\frac{\mathrm{d}}{\mathrm{d}p}(Ap^{\alpha}+B) = A\alpha p^{\alpha-1}$

(d) $\frac{\mathrm{d}}{\mathrm{d}x}\left(\frac{A}{\sqrt{x}}\right) = \frac{\mathrm{d}}{\mathrm{d}x}(Ax^{-1/2}) = A\left(-\frac{1}{2}\right)x^{-1/2-1} = -\frac{1}{2}Ax^{-3/2} = \frac{-A}{2x\sqrt{x}}$

Beispiel 6.6.4

Es bezeichne $r > 0$ das Einkommen eines Haushalts, gemessen z. B. in Euro pro Jahr. Die *Pareto-Einkommensverteilung* wird beschrieben durch die Formel

$$f(r) = \frac{B}{r^{\beta}} = Br^{-\beta} \tag{6.6.5}$$

Dabei sind B und β positive Konstanten. Wie ausführlicher in Kap. 10.4 erklärt wird, ist $f(r)\Delta r$ annähernd der Anteil der Personen in der Population, deren Einkommen zwischen r und $r + \Delta r$ liegt. Die Verteilungsfunktion (6.6.5) ergibt eine gute Approximation für Einkommen oberhalb eines gewissen Schwellenwertes. In diesem Fall lagen empirische Schätzungen von β gewöhnlich im Intervall $2.4 < \beta < 2.6$.

Indem wir (6.6.4) benutzen, erhalten wir $f'(r) = -\beta Br^{-\beta-1} = -\beta B/r^{\beta+1}$, so dass $f'(r) < 0$ und damit $f(r)$ strikt monoton fallend ist.

Aufgaben für Kapitel 6.6

1. Berechnen Sie die Ableitungen der folgenden Funktionen:

(a) $y = 5$ (b) $y = x^4$ (c) $y = 9x^{10}$ (d) $y = \pi^7$

2. Nehmen Sie an, wir kennen $g'(x)$. Bestimmen Sie Ausdrücke für die Ableitungen der folgenden Funktionen:

(a) $2g(x) + 3$ (b) $-\frac{1}{6}g(x) + 8$ (c) $\frac{g(x) - 5}{3}$

3. Bestimmen Sie die Ableitungen der folgenden Funktionen:

(a) x^6 (b) $3x^{11}$ (c) x^{50} (d) $-4x^{-7}$

(e) $\frac{x^{12}}{12}$ (f) $-\frac{2}{x^2}$ (g) $\frac{3}{\sqrt[3]{x}}$ (h) $-\frac{2}{x\sqrt{x}}$

➡ Fortsetzung

4. Berechnen Sie: (a) $\frac{\mathrm{d}}{\mathrm{d}r}(4\pi r^2)$ (b) $\frac{\mathrm{d}}{\mathrm{d}y}(Ay^{b+1})$ (c) $\frac{\mathrm{d}}{\mathrm{d}A}\left(\frac{1}{A^2\sqrt{A}}\right)$

5. Erklären Sie, warum $f'(x_0) = \lim\limits_{x \to x_0} \frac{f(x)-f(x_0)}{x-x_0}$. Benutzen Sie dann diese Formel, um $f'(x_0)$ zu finden, wenn $f(x) = x^2$.

6. Finden Sie für jede der folgenden Funktionen eine Funktion $F(x)$, die $f(x)$ als Ableitung hat, d. h. eine Funktion, die $F'(x) = f(x)$ erfüllt.[9]

(a) $f(x) = x^2$ (b) $f(x) = 2x + 3$ (c) $f(x) = x^a$ für $a \neq -1$

Anspruchsvollere Aufgabe

7. Die folgenden Grenzwerte sind alle in der Form $\lim\limits_{\Delta x \to 0} [f(x_0 + \Delta x) - f(x_0)]/\Delta x$ geschrieben. Nutzen Sie Ihre Kenntnisse über Ableitungen, um diese Grenzwerte zu bestimmen.

(a) $\lim\limits_{\Delta x \to 0} \frac{(5+\Delta x)^2 - 5^2}{\Delta x}$ (b) $\lim\limits_{\Delta s \to 0} \frac{(\Delta s + 1)^5 - 1}{\Delta s}$

(c) $\lim\limits_{\Delta x \to 0} \frac{5(x+\Delta x)^2 + 10 - 5x^2 - 10}{\Delta x}$

► Lösungen zu den Aufgaben finden Sie im Anhang des Buches.

6.7 Summen, Produkte und Quotienten

Nehmen Sie an, dass wir $f'(x)$ und $g'(x)$ kennen. Welches sind dann die Ableitungen von $f(x)+g(x)$, $f(x)-g(x)$, $f(x)\cdot g(x)$ und $f(x)/g(x)$? Sie werden sicherlich die beiden ersten korrekt erraten, aber sicherlich nicht so leicht die beiden letzten, es sei denn, Sie haben die Antworten bereits gelernt.

Summen und Differenzen

Nehmen Sie an, dass f und g beide auf einer Menge A von reellen Zahlen definiert sind.

Ableitungen von Summen und Differenzen

Wenn f und g beide differenzierbar sind an der Stelle x, dann sind die Summe $f+g$ und die Differenz $f-g$ auch differenzierbar an der Stelle x und es gilt:

$$F(x) = f(x) \pm g(x) \implies F'(x) = f'(x) \pm g'(x) \tag{6.7.1}$$

In Leibniz' Notation:

$$\frac{\mathrm{d}}{\mathrm{d}x}\big(f(x) \pm g(x)\big) = \frac{\mathrm{d}}{\mathrm{d}x}f(x) \pm \frac{\mathrm{d}}{\mathrm{d}x}g(x)$$

[9] Beachten Sie, dass Sie nicht $f'(x)$ finden sollen.

Wir können einen formalen Beweis von (6.7.1) geben.

Beweis: Betrachten Sie den Fall, in dem $F(x) = f(x) + g(x)$: Der Newton-Quotient von F ist

$$\frac{F(x+\Delta x)-F(x)}{\Delta x} = \frac{(f(x+\Delta x)+g(x+\Delta x))-(f(x)+g(x))}{\Delta x}$$
$$= \frac{f(x+\Delta x)-f(x)}{\Delta x} + \frac{g(x+\Delta x)-g(x)}{\Delta x}$$

Wenn $\Delta x \to 0$ strebt, streben die letzten zwei Brüche gegen $f'(x)$ bzw. $g'(x)$ und daher strebt die Summe dieser Brüche gegen $f'(x) + g'(x)$. Somit ist:

$$F'(x) = \lim_{\Delta x \to 0} \frac{F(x+\Delta x)-F(x)}{\Delta x} = f'(x) + g'(x)$$

Dies beweist (6.7.1) für die Summe. Der Beweis des Resultats für die Differenz ist ähnlich – nur einige der Vorzeichen ändern sich in offensichtlicher Weise.

Beispiel 6.7.1

Berechnen Sie $\frac{d}{dx}\left(3x^8 + \frac{x^{100}}{100}\right)$.

Lösung: Indem wir (6.7.1) und die Ergebnisse aus Beispiel 6.6.2 benutzen, erhalten wir:

$$\frac{d}{dx}\left(3x^8 + \frac{x^{100}}{100}\right) = \frac{d}{dx}(3x^8) + \frac{d}{dx}\left(\frac{x^{100}}{100}\right) = 24x^7 + x^{99}$$

Beispiel 6.7.2

In Beispiel 6.4.4 bezeichnete $C(x)$ die Kosten für die Produktion von x Einheiten eines gewissen Gutes in einer gegebenen Zeitperiode. Wenn $R(x)$ den Erlös aus dem Verkauf dieser x Einheiten ist, dann ist die Gewinnfunktion die Differenz aus dem Erlös und den Kosten, $\pi(x) = R(x) - C(x)$. Nach (6.7.1) ist $\pi'(x) = R'(x) - C'(x)$. Insbesondere ist $\pi'(x) = 0$, wenn $R'(x) = C'(x)$. In Worten: *Der Grenzgewinn ist 0, wenn der Grenzerlös gleich den Grenzkosten ist.*

Regel (6.7.1) kann auf Summen mit beliebig vielen Termen verallgemeinert werden. Zum Beispiel

$$\frac{d}{dx}[f(x) - g(x) + h(x)] = f'(x) - g'(x) + h'(x) \tag{6.7.2}$$

Dies sehen wir, indem wir $f(x) - g(x) + h(x)$ als $[f(x) - g(x)] + h(x)$ schreiben und dann (6.7.1) zweimal anwenden. Wenn wir die obigen Regeln wiederholt anwenden einschließlich der Potenzregel (6.6.4), wird es zu Routine, jedes Polynom zu differenzieren.

Produkte

Sei $f(x) = x$ und $g(x) = x^2$, dann ist $(f \cdot g)(x) = x^3$. Es gilt $f'(x) = 1$, $g'(x) = 2x$ und $(f \cdot g)'(x) = 3x^2$. Also ist die Ableitung von $(f \cdot g)(x)$ *nicht* gleich $f'(x) \cdot g'(x) = 2x$. Die richtige Regel für die Differentiation eines Produkts ist ein wenig komplizierter.

Die Ableitung eines Produkts

Wenn f und g beide an der Stelle x differenzierbar sind, dann ist es auch das Produkt $F = f \cdot g$ und

$$F(x) = f(x) \cdot g(x) \Longrightarrow F'(x) = f'(x) \cdot g(x) + f(x) \cdot g'(x) \qquad (6.7.3)$$

In Worten formuliert: *Die Ableitung des Produkts zweier Funktionen ist gleich der Ableitung der ersten Funktion, multipliziert mit der zweiten, plus der ersten, multipliziert mit der Ableitung der zweiten Funktion.* Die Formel ist jedoch verdaulicher als diese Worte.

In Leibniz' Notation wird die Produktregel so ausgedrückt:

$$\frac{\mathrm{d}}{\mathrm{d}x}[f(x) \cdot g(x)] = \left[\frac{\mathrm{d}}{\mathrm{d}x} f(x)\right] \cdot g(x) + f(x) \cdot \left[\frac{\mathrm{d}}{\mathrm{d}x} g(x)\right]$$

Bevor wir zeigen, warum (6.7.3) gültig ist, sind hier zwei Beispiele:

Beispiel 6.7.3

Bestimmen Sie $h'(x)$, wenn $h(x) = (x^3 - x) \cdot (5x^4 + x^2)$. Bestätigen Sie die Antwort, indem Sie $h(x)$ als ein einziges Polynom schreiben und dann das Resultat differenzieren.

Lösung: Wir sehen, dass $h(x) = f(x) \cdot g(x)$ mit $f(x) = x^3 - x$ und $g(x) = 5x^4 + x^2$ ist. Es gilt $f'(x) = 3x^2 - 1$ und $g'(x) = 20x^3 + 2x$. Daher ist nach (6.7.3)

$$h'(x) = f'(x) \cdot g(x) + f(x) \cdot g'(x) = (3x^2 - 1) \cdot (5x^4 + x^2) + (x^3 - x) \cdot (20x^3 + 2x)$$

Gewöhnlich vereinfachen wir die Antwort, indem wir die Klammern ausmultiplizieren, um nur ein einziges Poynom zu erhalten. Einfache Berechnungen ergeben $h'(x) = 35x^6 - 20x^4 - 3x^2$.

Alternativ könnten wir zunächst in dem Ausdruck für $h(x)$ die Klammern ausmultiplizieren, um ein einzelnes Polynom zu erhalten, d. h. in diesem Fall $h(x) = 5x^7 - 4x^5 - x^3$. Ableiten mit Hilfe der Potenzregel (6.6.4) und der Summen- und Differenzregel (6.7.1) ergibt $h'(x) = 35x^6 - 20x^4 - 3x^2$.

Beispiel 6.7.4

Sei $D(P)$ die Nachfragefunktion für ein Produkt. Wenn der Hersteller $D(P)$ Einheiten zum Preis P pro Einheit verkauft, ist sein Erlös $R(P)$ gegeben durch $R(P) = PD(P)$. Üblicherweise ist $D'(P)$ negativ, weil die Nachfrage zurückgeht, wenn der Preis steigt. Nach der Produktregel (6.7.3) der Differentiation gilt

$$R'(P) = D(P) + PD'(P) \qquad (*)$$

Nehmen Sie für eine ökonomische Interpretation an, dass P um einen Euro steigt. Der Erlös $R(P)$ ändert sich aus zwei Gründen. Zunächst steigt $R(P)$ um $1 \cdot D(P)$, weil jede der $D(P)$ Einheiten einen Euro mehr einbringt. Jedoch führt ein Preisanstieg um einen Euro zu einer Änderung der Nachfrage um $D(P+1) - D(P)$ Einheiten, was annähernd

$D'(P)$ ist. Der (positive) Verlust aufgrund des Preisanstiegs um einen Euro ist dann $-PD'(P)$, was von $D(P)$ zu subtrahieren ist, um $R'(P)$ zu erhalten wie in Gleichung $(*)$. Der resultierende Ausdruck drückt nur die einfache Tatsache aus, dass $R'(P)$, die totale Änderungsrate von $R(P)$, das ist, was Sie gewinnen minus das, was Sie verlieren.

Wir bieten jetzt einen Beweis für die Produktregel der Differentiation:

Beweis von (6.7.3)*:* Nehmen Sie an, dass f und g beide an der Stelle x differenzierbar sind, so dass die Newton-Quotienten

$$\frac{f(x+\Delta x)-f(x)}{\Delta x} \quad \text{und} \quad \frac{g(x+\Delta x)-g(x)}{\Delta x}$$

gegen $f'(x)$ bzw. $g'(x)$ streben, wenn Δx gegen 0 strebt. Wir müssen zeigen, dass der Newton-Quotient von $F = f \cdot g$ auch gegen einen Grenzwert strebt, der konkret gleich $f'(x)g(x)+f(x)g'(x)$ ist. Der Newton-Quotient von F ist

$$\frac{F(x+\Delta x)-F(x)}{\Delta x} = \frac{f(x+\Delta x)g(x+\Delta x)-f(x)g(x)}{\Delta x} \tag{$**$}$$

Um weiter zu kommen, müssen wir die rechte Seite (RS) irgendwie transformieren, um auf die Newton-Quotienten von f und g zu kommen. Wir benutzen einen Trick: Der Zähler der RS bleibt unverändert, wenn wir die Zahl $f(x)g(x+\Delta x)$ sowohl subtrahieren als auch addieren. Daher erhalten wir nach geeigneter Umordnung der Terme

$$\begin{aligned}\frac{F(x+\Delta x)-F(x)}{\Delta x} &= \frac{f(x+\Delta x)g(x+\Delta x)-f(x)g(x+\Delta x)+f(x)g(x+\Delta x)-f(x)g(x)}{\Delta x}\\ &= \frac{f(x+\Delta x)-f(x)}{\Delta x}g(x+\Delta x)+f(x)\frac{g(x+\Delta x)-g(x)}{\Delta x}\end{aligned}$$

Wenn jetzt Δx gegen 0 strebt, streben die zwei Newton-Quotienten gegen $f'(x)$ bzw. $g'(x)$. Ferner können wir $g(x+\Delta x)$ für $\Delta x \neq 0$ schreiben als

$$g(x+\Delta x) = \left[\frac{g(x+\Delta x)-g(x)}{\Delta x}\right]\Delta x + g(x)$$

Die Produktregel für Grenzwerte und die Definition von $g'(x)$ zusammen implizieren, dass $g(x+\Delta x)$ gegen $g'(x)\cdot 0 + g(x) = g(x)$ stebt, wenn Δx gegen 0 strebt. Es folgt, dass der Newton-Quotient von F, der durch $(**)$ gegeben ist, gegen $f'(x)g(x)+f(x)g'(x)$ strebt, wenn Δx gegen 0 strebt.

Um es jetzt abzuschließen, nachden wir gesehen haben, wie man das Produkt zweier Funktionen differenziert, wollen wir Produkte von mehr als zwei Funktionen betrachten. Nehmen Sie z. B. an, dass $y = f(x)g(x)h(x)$. Wie erhält man y'? Wir adaptieren die Technik zum Beweis von (6.7.2) und setzen $y = \big[f(x)g(x)\big]h(x)$. Eine doppelte Anwendung von (6.7.3) für die Differentiation des Produkts ergibt:

$$\begin{aligned}y' &= [f(x)g(x)]'\,h(x) + [f(x)g(x)]\,h'(x)\\ &= \big[f'(x)g(x)+f(x)g'(x)\big]\,h(x) + f(x)g(x)h'(x)\\ &= f'(x)g(x)h(x) + f(x)g'(x)h(x) + f(x)g(x)h'(x)\end{aligned}$$

Wenn keine der drei Funktionen gleich 0 ist, dann können wir das Resultat wie folgt schreiben:[10]

$$\frac{(fgh)'}{fgh} = \frac{f'}{f} + \frac{g'}{g} + \frac{h'}{h}$$

[10] Wenn die Funktionen alle positiv sind, ist dieses Resultat mit logarithmischer Differentiation einfacher zu zeigen. Siehe Kap. 6.11.

In analoger Weise kann man leicht das Resultat für ein Produkt von n Funktionen schreiben. In Worten: Die relative Änderungsrate eines n-fachen Produkts ist gleich der Summe der n relativen Raten, mit denen sich jeder Faktor ändert.

Das nächste Beispiel nutzt die Produktregel, um die Potenzregel zu bestätigen für den Fall, dass der Exponent eine natürliche Zahl ist.

Beispiel 6.7.5 **(Potenzregel für x^n)**

Nutzen Sie mathematische Induktion, um zu bestätigen, dass für alle reellen x die Potenzregel

$$f(x) = x^n \Longrightarrow f'(x) = nx^{n-1} \tag{6.7.4}$$

gilt, wenn n eine natürliche Zahl ist.

Lösung: Wie in Zusammenhang mit (6.6.4) erörtert, gilt das Resultat (6.7.4) für $n = 1, 2, 3$. Nehmen Sie an, dass es gilt, wenn $n = m$ für eine natürliche Zahl m. Die Regel für die Differentiation des Produkts $x^{m+1} = x \cdot x^m$ impliziert dann:

$$\frac{\mathrm{d}}{\mathrm{d}x}x^{m+1} = \left(\frac{\mathrm{d}}{\mathrm{d}x}x\right)x^m + x\left(\frac{\mathrm{d}}{\mathrm{d}x}x^m\right) = 1 \cdot x^m + x \cdot mx^{m-1} = (m+1)x^m$$

Dies bestätigt (6.7.4) für $n = m + 1$, welches der Induktionsschritt ist. Der Beweis ist vollständig.

Quotienten

Da wir die Komplikationen mit Formel (6.7.3) für die Ableitung eines Produkts noch in Erinnerung haben, werden wir etwas vorsichtiger sein, einen schnellen Tipp der entsprechenden Formel für die Ableitung eines Quotienten abzugeben.

Nehmen Sie an, dass $F(x) = f(x)/g(x)$, wobei f und g an der Stelle x differenzierbar sind mit $g(x) \neq 0$. In der Tat ist es ganz einfach, eine Formel für $F'(x)$ zu finden, wenn wir *annehmen*, dass $F(x)$ differenzierbar *ist*. Aus $F(x) = f(x)/g(x)$ folgt, dass $f(x) = F(x)g(x)$. Daher ergibt die Produktregel $f'(x) = F'(x) \cdot g(x) + F(x) \cdot g'(x)$. Da wir $g(x) \neq 0$ angenommen haben, können wir die letzte Gleichung nach $F'(x)$ auflösen und erhalten

$$F'(x) = \frac{f'(x) - F(x)g'(x)}{g(x)} = \frac{f'(x) - [f(x)/g(x)]\,g'(x)}{g(x)}$$

Indem wir Zähler und Nenner des letzten Bruches mit $g(x)$ multiplizieren, erhalten wir die folgende wichtige Formel:

Die Ableitung eines Quotienten

Wenn f und g an der Stelle x differenzierbar sind und $g(x) \neq 0$, dann ist $F = f/g$ differenzierbar an der Stelle x und

$$F(x) = \frac{f(x)}{g(x)} \Longrightarrow F'(x) = \frac{f'(x) \cdot g(x) - f(x) \cdot g'(x)}{(g(x))^2} \tag{6.7.5}$$

In Worten: *Die Ableitung eines Quotienten ist gleich der Ableitung des Zählers, multipliziert mit dem Nenner, minus dem Zähler, multipliziert mit der Ableitung des Nenners und diese Differenz wird dann durch das Quadrat des Nenners geteilt.* In einfacherer Notation haben wir $(f/g)' = (f'g - fg')/g^2$.

Beachten Sie, dass in der Produktregel die beiden Funktionen in symmetrischer Weise erscheinen, so dass sie leicht zu merken ist. In der Formel für die Ableitung eines Quotienten müssen die zwei Ausdrücke im Zähler in der richtigen Reihenfolge stehen. Hier ist eine Möglichkeit zu prüfen, ob Sie die richtige Reihenfolge haben. Schreiben Sie die Ihrer Meinung nach korrekte Formel auf. Setzen Sie $g \equiv 1$, d. h. $g(x) = 1$ für alle x. Dann ist $g' \equiv 0$ und Ihre Formel sollte sich auf f' reduzieren. Wenn Sie $-f'$ erhalten, dann sind Ihre Vorzeichen falsch.

Formel (6.7.5) wurde hergeleitet *unter der Annahme*, dass f/g differenzierbar ist. In Aufgabe 6.8.13 sollen Sie zeigen, dass dieser Quotient tatsächlich differenzierbar ist.

Beispiel 6.7.6

Berechnen Sie $F'(x)$ und $F'(4)$, wenn

$$F(x) = \frac{3x-5}{x-2}$$

Lösung: Wir wenden Formel (6.7.5) an mit $f(x) = 3x - 5$ und $g(x) = x - 2$. Dann ist $f'(x) = 3$ und $g'(x) = 1$. Somit erhalten wir für $x \neq 2$:

$$F'(x) = \frac{3 \cdot (x-2) - (3x-5) \cdot 1}{(x-2)^2} = \frac{3x - 6 - 3x + 5}{(x-2)^2} = \frac{-1}{(x-2)^2}$$

Um $F'(4)$ zu bestimmen, setzen wir $x = 4$ in die Formel für $F'(x)$ ein und erhalten $F'(4) = -1/(4-2)^2 = -1/4$. Beachten Sie, dass $F'(x) < 0$ für alle $x \neq 2$. Daher ist F strikt monoton fallend für $x < 2$ und für $x > 2$. Beachten Sie, dass $F(x) = 3 + 1/(x-2)$. Der Graph wird in Abb. 5.1.7 gezeigt.

Beispiel 6.7.7

Seien $C(x)$ die Gesamtkosten für die Herstellung von x Einheiten eines Gutes. Dann sind $C(x)/x$ die *Durchschnittkosten* für die Produktion von x Einheiten. Bestimmen Sie einen Ausdruck für $\frac{d}{dx}\left[\frac{C(x)}{x}\right]$.

Lösung:

$$\frac{d}{dx}\left[\frac{C(x)}{x}\right] = \frac{C'(x)x - C(x)}{x^2} = \frac{1}{x}\left[C'(x) - \frac{C(x)}{x}\right] \tag{6.7.6}$$

Dies zeigt, dass die Durchschnittskosten mit wachsendem Output genau dann steigen, wenn die Grenzkosten $C'(x)$ die Durchschnittskosten $C(x)/x$ übersteigen.[11]

[11] In ähnlicher Weise gilt: Wenn ein Basketball-Team einen neuen Spieler für sich verpflichtet, steigt die Durchschnittsgröße des Teams genau dann, wenn die Größe des neuen Spielers die alte Durchschnittsgröße übersteigt.

Die Formel für die Ableitung eines Quotienten wird symmetrischer, wenn wir relative Änderungsraten betrachten. Aus (6.7.5) folgt mit einfachen Berechnungen

$$F(x) = \frac{f(x)}{g(x)} \implies \frac{F'(x)}{F(x)} = \frac{f'(x)}{f(x)} - \frac{g'(x)}{g(x)} \tag{6.7.7}$$

Das heißt: *Die relative Änderungsrate eines Quotienten ist gleich der relativen Änderungsrate des Zählers minus der relativen Änderungsrate des Nenners.*

Vergleichen Sie (6.7.7) mit der Formel

$$\frac{(f(x)g(x))'}{f(x)g(x)} = \frac{f'(x)}{f(x)} + \frac{g'(x)}{g(x)}$$

für die relative Änderungsrate eines Produkts.

Sei $W(t)$ der nominale Lohnsatz und $P(t)$ der Preisindex zur Zeit t. Dann wird $w(t) = W(t)/P(t)$ der *reale Lohnsatz* genannt. Nach (6.7.7) ist

$$\frac{\dot{w}(t)}{w(t)} = \frac{\dot{W}(t)}{W(t)} - \frac{\dot{P}(t)}{P(t)}$$

Das heißt: Die relative Änderungsrate des realen Lohnsatzes ist gleich der Differenz aus den relativen Änderungsraten des nominalen Lohnsatzes und des Preisindex. Wenn daher der nominale Lohn mit einer Rate von 5 % pro Jahr steigt, die Preise aber um 6 % steigen, dann fallen die realen Löhne um 1 %. Und: Wenn die Inflation dazu führt, dass Löhne und Preise mit derselben relativen Rate steigen, dann ist der reale Lohnsatz konstant.

Schließlich ist hier eine weitere Version der Potenzregel (6.6.4):

Beispiel 6.7.8 **(Potenzregel für x^{-n})**

Sei n eine natürliche Zahl. Zeigen Sie, dass die Funktion $f(x) = x^{-n}$ differenzierbar ist für alle $x \neq 0$ und dass $f'(x) = -nx^{-n-1}$.

Lösung: Wir wenden die Quotientenregel an auf $1/x^n$. Sie impliziert, dass x^{-n} differenzierbar ist für alle $x \neq 0$ mit der Ableitung

$$\frac{\mathrm{d}}{\mathrm{d}x}x^{-n} = \frac{\mathrm{d}}{\mathrm{d}x}\left(\frac{1}{x^n}\right) = \frac{0 \cdot x^n - 1 \cdot nx^{n-1}}{(x^n)^2} = -nx^{-n-1}$$

Aufgaben für Kapitel 6.7

1. Differenzieren Sie die folgenden Funktion nach x.

(a) $x + 1$ (b) $x + x^2$ (c) $3x^5 + 2x^4 + 5$

(d) $8x^4 + 2\sqrt{x}$ (e) $\frac{1}{2}x - \frac{3}{2}x^2 + 5x^3$ (f) $1 - 3x^7$

2. Differenzieren Sie die folgenden Funktion nach x.

(a) $\frac{3}{5}x^2 - 2x^7 + \frac{1}{8} - \sqrt{x}$ (b) $(2x^2 - 1)(x^4 - 1)$ (c) $\left(x^5 + \frac{1}{x}\right)(x^5 + 1)$

➡ Fortsetzung

3. Differenzieren Sie die folgenden Funktion nach x.

(a) $\frac{1}{x^6}$ (b) $x^{-1}(x^2+1)\sqrt{x}$ (c) $\frac{1}{\sqrt{x^3}}$ (d) $\frac{x+1}{x-1}$

(e) $\frac{x+1}{x^5}$ (f) $\frac{3x-5}{2x+8}$ (g) $3x^{-11}$ (h) $\frac{3x-1}{x^2+x+1}$

4. Differenzieren Sie die folgenden Funktion nach x.

(a) $\frac{\sqrt{x}-2}{\sqrt{x}+1}$ (b) $\frac{x^2-1}{x^2+1}$ (c) $\frac{x^2+x+1}{x^2-x+1}$

5. Sei $x = f(L)$ der Output, wenn L Einheiten Arbeit als Input verwendet werden. Nehmen Sie an, dass $f(0) = 0$ und dass $f'(L) > 0$, $f''(L) < 0$ für alle $L > 0$. Die durchschnittliche Produktivität ist definiert durch die Formel $g(L) = f(L)/L$.

(a) Sei $L^* > 0$. Kennzeichnen Sie in einem Bild die Werte von $f'(L^*)$ und $g(L^*)$. Welcher ist der größere?

(b) Wie ändert sich die durchschnittliche Produktivität, wenn der Arbeitsinput steigt?

6. Bestimmen Sie für jede der folgenden Funktionen die Intervalle, in denen die Funktion monoton wachsend ist.

(a) $y = 3x^2 - 12x + 13$ (b) $y = \frac{1}{4}(x^4 - 6x^2)$ (c) $y = \frac{2x}{x^2+2}$ (d) $y = \frac{x^2-x^3}{2(x+1)}$

7. Bestimmen Sie die Gleichungen für die Tangenten an die Graphen der folgenden Funktionen an den angegebenen Stellen:

(a) $y = 3 - x - x^2$ in $x = 1$ (b) $y = \frac{x^2-1}{x^2+1}$ in $x = 1$

(c) $y = \left(\frac{1}{x^2}+1\right)(x^2-1)$ in $x = 2$ (d) $y = \frac{x^4+1}{(x^2+1)(x+3)}$ in $x = 0$

8. Betrachten Sie eine Ölquelle, wobei $x(t)$ die Förderungsrate in Barrel pro Tag und $p(t)$ der Preis in Euro pro Barrel, beides zur Zeit t. Dann ist $R(t) = p(t)x(t)$ der Erlös in Euro pro Tag. Bestimmen Sie einen Ausdruck für $\dot{R}(t)$ und geben Sie eine ökonomische Interpretation für den Fall, dass $p(t)$ und $x(t)$ beide monoton steigend sind. (*Hinweis:* $R(t)$ steigt aus zwei Gründen.)

9. Differenzieren Sie die folgenden Funktionen bezüglich t:

(a) $\frac{at+b}{ct+d}$ (b) $t^n\left(a\sqrt{t}+b\right)$ (c) $\frac{1}{at^2+bt+c}$

10. Wenn $f(x) = \sqrt{x}$, dann ist $f(x)\cdot f(x) = x$. Nutzen Sie die Produktregel, um eine Formel für $f'(x)$ zu finden. Vergleichen Sie diese mit dem Ergebnis aus Aufgabe 6.2.9.

11. Nehmen Sie an, dass $r = -n$, wobei n eine natürliche Zahl ist. Nutzen Sie die Beziehung $x^{-n} = 1/x^n$ und die Quotientenregel (6.7.5), wenn $x \neq 0$, um die Potenzregel zu beweisen, die besagt, dass $y = x^r \Rightarrow y' = rx^{r-1}$.

► Lösungen zu den Aufgaben finden Sie im Anhang des Buches.

6.8 Die Kettenregel

Nehmen Sie an, dass y eine Funktion von x und z eine Funktion von y ist. Erinnern Sie von Kap. 5.2, dass in diesem Fall z eine verkettete Funktion von x ist. Nehmen Sie jetzt an, dass x sich ändert. Dies führt zu einer zweistufigen „Kettenreaktion": zuerst reagiert y direkt auf die Änderung in x; zweitens reagiert z auf die induzierte Änderung in y. Nehmen Sie weiter an, dass wir die Änderungsraten dy/dx und dz/dy kennen. Wie erhalten wir dann die Änderungsrate dz/dx? Es stellt sich heraus, dass wir eine sehr einfache Regel nutzen können.

Die Kettenregel

Wenn z eine differenzierbare Funktion von y und y eine differenzierbare Funktion von x ist, dann ist z eine differenzierbare Funktion von x und es gilt

$$\frac{dz}{dx} = \frac{dz}{dy} \cdot \frac{dy}{dx} \tag{6.8.1}$$

Der Gebrauch der Leibniz' Notation in (6.8.1) sollte es erleichtern, sich die Kettenregel zu merken. Das liegt daran, dass die linke Seite von (6.8.1) genau das ist, was sich ergibt, wenn wir die zwei Symbole dy auf der rechten Seite „kürzen". Natürlich ist dies nur eine Gedächtnisstütze, weil dz/dy und dy/dx keine Brüche sind, sondern nur Symbole für zwei verschiedene Ableitungen. Außerdem: Da dy keine Zahl ist, ist Kürzen *nicht* definiert![12] Deshalb müssen wir in unserer folgenden Diskussion vorsichtiger sein.

Ein wichtiger Spezialfall liegt vor, wenn z eine Potenzfunktion ist.

Die verallgemeinerte Potenzregel

Wenn $z = y^r$ und y eine differenzierbare Funktion von x ist, dann gilt:

$$z' = ry^{r-1}y' \tag{6.8.2}$$

Die Kettenregel ist sehr leistungsfähig. Die Leichtigkeit im Umgang kommt mit zunehmender Praxis.

Beispiel 6.8.1

Bestimmen Sie dz/dx, wenn

(a) $z = y^5$ und $y = 1 - x^3$ (b) $z = \dfrac{10}{(x^2 + 4x + 5)^7}$

Lösung:

(a) Hier können wir (6.8.1) direkt anwenden. Da $dz/dy = 5y^4$ und $dy/dx = -3x^2$, erhalten wir

$$\frac{dz}{dx} = \frac{dz}{dy} \cdot \frac{dy}{dx} = 5y^4(-3x^2) = -15x^2y^4 = -15x^2(1 - x^3)^4$$

---

[12] Es wurde darauf hingewiesen, dass „Beweis" von (6.8.1) durch Kürzen von dy nicht viel besser ist als $64/16 = 4$ zu „beweisen", indem man die beiden Sechsen streicht: $\not{6}4/1\not{6} = 4$

Beachten Sie den letzten Schritt, in dem wir die Definition von y benutzt haben, um die Antwort auf eine Funktion von x zu reduzieren.

(b) Hier schreiben wir $y = x^2 + 4x + 5$. Dies impliziert, dass z die Potenzfunktion $10y^{-7}$ ist. Anwenden der verallgemeinerten Potenzregel (6.8.2) ergibt

$$\frac{dz}{dx} = 10(-7)y^{-8}y' = -70y^{-8}(2x+4) = \frac{-140(x+2)}{(x^2+4x+5)^8}$$

Nach ein wenig Übung werden die Zwischenschritte unnötig. Um z. B. die verkettete Funktion

$$z = (\underbrace{1 - x^3}_{y})^5$$

zu differenzieren, könnten wir uns angeregt durch Teil (a) von Beispiel 6.8.1 *z vorstellen* als $z = y^5$ mit $y = 1 - x^3$. Wir können dann sowohl y^5 als auch $1 - x^3$ im Kopf differenzieren und sofort das Ergebnis hinschreiben $z' = 5(1-x^3)^4(-3x^2)$.

Beachten Sie: Wenn Sie $y = x^5/5$ nach der Quotientenregel differenzieren, erhalten Sie die richtige Antwort, begehen aber einen kleinen „mathematischen Gewaltakt". Denn es ist viel einfacher y als $y = (1/5)x^5$ zu schreiben, denn dann erhalten Sie $y' = (1/5)5x^4 = x^4$. Unnötig mühsam ist es auch, die Quotientenregel anzuwenden, um die in Teil (b) von Beispiel 6.8.1 gegebene Funktion zu differenzieren. Die verallgemeinerte Potenzregel ist viel effektiver.

Beispiel 6.8.2

Differenzieren Sie die Funktionen:

(a) $z = (x^3 + x^2)^{50}$ (b) $z = \left(\dfrac{x-1}{x+3}\right)^{1/3}$ (c) $z = \sqrt{x^2+1}$

Lösung:

(a) Führen Sie die Variable $y = x^3 + x^2$ ein, so dass $z = (x^3 + x^2)^{50} = y^{50}$. Dann ist $y' = 3x^2 + 2x$ und nach (6.8.2) folgt

$$z' = 50y^{50-1} \cdot y' = 50(x^3 + x^2)^{49}(3x^2 + 2x)$$

(b) Wir verwenden wieder (6.8.2), dieses Mal mit $y = (x-1)/(x+3)$, woraus folgt:

$$z = \left(\frac{x-1}{x+3}\right)^{1/3} = y^{1/3}$$

Die Quotientenregel ergibt zunächst

$$y' = \frac{1 \cdot (x+3) - (x-1) \cdot 1}{(x+3)^2} = \frac{4}{(x+3)^2}$$

und schließlich

$$z' = \frac{1}{3}y^{(1/3)-1} \cdot y' = \frac{1}{3}\left(\frac{x-1}{x+3}\right)^{-2/3} \cdot \frac{4}{(x+3)^2} = \frac{4}{3}(x-1)^{-2/3}(x+3)^{-4/3}$$

(c) Bemerken Sie zunächst, dass $z = \sqrt{x^2 + 1} = (x^2 + 1)^{1/2}$, so dass $z = y^{1/2}$, wobei $y = x^2 + 1$. Daher ist

$$z' = \frac{1}{2}y^{(1/2)-1} \cdot y' = \frac{1}{2}(x^2 + 1)^{-1/2} \cdot 2x = \frac{x}{\sqrt{x^2 + 1}}$$

Die Formulierung der Kettenregel mag als sehr abstrakt und schwierig erscheinen. Wenn wir jedoch die in (6.8.1) auftretenden Ableitungen als Änderungsraten interpretieren, erscheint die Kettenregel ziemlich intuitiv, wie das nächste ökonomische Beispiel zeigen wird.

Beispiel 6.8.3

Die Nachfrage x nach einem Gut hängt vom Preis p ab, von dem wir annehmen, dass er von der Zeit t abhängt. Dann ist x eine verkettete Funktion von t. Anwenden der Kettenregel ergibt

$$\frac{\mathrm{d}x}{\mathrm{d}t} = \frac{\mathrm{d}x}{\mathrm{d}p} \cdot \frac{\mathrm{d}p}{\mathrm{d}t}$$

Nehmen Sie z. B. an, dass die Nachfrage nach Butter um 5 000 Kilogramm abnimmt, wenn der Preis um 1 Euro pro Kilogramm steigt. Dann ist $\mathrm{d}x/\mathrm{d}p \approx -5\,000$. Nehmen Sie ferner an, dass der Preis pro Kilogramm um fünf Cent pro Monat steigt, so dass $\mathrm{d}p/\mathrm{d}t \approx 0.05$. Wie hoch ist der Rückgang der Nachfrage in Kilogramm pro Monat?

Lösung: Da der Preis um 0.05 Euro pro Monat steigt und die Nachfrage um 5000 Kilogramm je Euro Preissteigerung zurückgeht, *sinkt* die Nachfrage um ungefähr $5\,000 \cdot 0.05 = 250$ Kilogramm pro Monat. Dies bedeutet, dass $\mathrm{d}x/\mathrm{d}t \approx -250$, gemessen in Kilogramm pro Monat.

Das nächste Beispiel verwendet mehrfach die Kettenregel.

Beispiel 6.8.4

Bestimmen Sie $x'(t)$, wenn $x(t) = 5\left(1 + \sqrt{t^3 + 1}\right)^{25}$.

Lösung: Im ersten Schritt sei $x(t) = 5u^{25}$, wobei $u = 1 + \sqrt{t^3 + 1}$. Dann folgt:

$$x'(t) = 5 \cdot 25u^{24}\frac{\mathrm{d}u}{\mathrm{d}t} = 125u^{24}\frac{\mathrm{d}u}{\mathrm{d}t} \qquad (*)$$

Die Besonderheit in diesem Beispiel ist, dass wir $\mathrm{d}u/\mathrm{d}t$ nicht unmittelbar hinschreiben können. Um $\mathrm{d}u/\mathrm{d}t$ zu bestimmen, müssen wir die Kettenregel ein zweites Mal anwenden. Sei $u = 1 + \sqrt{v} = 1 + v^{1/2}$, wobei $v = t^3 + 1$. Dann ist

$$\frac{\mathrm{d}u}{\mathrm{d}t} = \tfrac{1}{2}v^{(1/2)-1} \cdot \frac{\mathrm{d}v}{\mathrm{d}t} = \tfrac{1}{2}v^{-1/2} \cdot 3t^2 = \tfrac{1}{2}(t^3 + 1)^{-1/2} \cdot 3t^2 \qquad (**)$$

Schließlich ergibt Einsetzen von $(**)$ in $(*)$

$$x'(t) = 125\left(1 + \sqrt{t^3 + 1}\right)^{24} \cdot \tfrac{1}{2}(t^3 + 1)^{-1/2} \cdot 3t^2$$

Nehmen Sie wie im letzten Beispiel an, dass x eine Funktion von u, u eine Funktion von v und v wiederum eine Funktion von t ist. Dann ist x eine verkettete Funktion von t und die Kettenregel kann zweimal angewendet werden, so dass folgt:

$$\frac{\mathrm{d}x}{\mathrm{d}t} = \frac{\mathrm{d}x}{\mathrm{d}u} \cdot \frac{\mathrm{d}u}{\mathrm{d}v} \cdot \frac{\mathrm{d}v}{\mathrm{d}t}$$

Dies ist genau die Formel, die in Beispiel 6.8.4 verwendet wurde. Wiederum ist die Notation suggestiv, weil die linke Seite genau das ist, was wir erhalten würden, wenn wir sowohl $\mathrm{d}u$ als auch $\mathrm{d}v$ auf der rechten Seite „kürzen" würden.

Eine alternative Formulierung der Kettenregel

Obwohl Leibniz' Notation es sehr leicht macht, sich die Kettenregel zu merken, hat sie den Nachteil, dass sie nicht genau angibt, an welcher Stelle jede Ableitung zu berechnen ist. Wir beheben dies, indem wir für die auftretenden Funktionen Namen einführen. So sei $y = f(x)$ und $z = g(y)$. Dann kann z in der Form

$$z = (g \circ f)(x) = g\big(f(x)\big)$$

geschrieben werden. Dabei ist z eine *verkettete Funktion* von x, wie in Kap. 5.2 betrachtet, mit g als *äußerer Funktion* und $f(x)$ als *Kern* oder *innerer Funktion*.

Die Kettenregel

Wenn f differenzierbar ist an der Stelle x_0 und g differenzierbar ist an der Stelle $y_0 = f(x_0)$, dann ist die verkettete Funktion $F = g \circ f$ differenzierbar an der Stelle x_0 und

$$F'(x_0) = g'(y_0)f'(x_0) = g'\big(f(x_0)\big)f'(x_0) \tag{6.8.3}$$

In Worten: *Um eine verkettete Funktion zu differenzieren, differenzieren Sie zunächst die äußere Funktion bezüglich der inneren Funktion und multiplizieren Sie dies mit der Ableitung der inneren Funktion.*

Beispiel 6.8.5

Bestimmen Sie die Ableitung der verketteten Funktion $F(x) = g(f(x))$ an der Stelle $x_0 = -3$ für $g(y) = y^3$ und $f(x) = 2 - x^2$.

Lösung: In diesem Fall ist $g'(y) = 3y^2$ und $f'(x) = -2x$. Mit (6.8.3) ergibt sich $F'(-3) = g'(f(-3))f'(-3)$. Nun ist $f(-3) = 2 - (-3)^2 = 2 - 9 = -7$; $f'(-3) = 6$ und $g'(f(-3)) = g'(-7) = 3(-7)^2 = 3 \cdot 49 = 147$. Somit ist $F'(-3) = g'(f(-3))f'(-3) = 147 \cdot 6 = 882$.

Schließlich zeigen wir, dass die Kettenregel korrekt ist. Mit dieser alternativen Formulierung ist man versucht, für (6.8.3) wie folgt zu argumentieren:

Fehlerhafter Beweis von (6.8.3): Wir nutzen vereinfachte Notation wie oben mit $z = F(x) = g(y)$ und $y = f(x)$. Definieren Sie jetzt: $\Delta z = F(x) - F(x_0)$ sowie $\Delta y = y - y_0 = f(x) - f(x_0)$ und

$\Delta x = x - x_0$. Da die Funktion f stetig ist, gilt $\Delta y \to 0$, wenn $x \to x_0$ und somit

$$F'(x_0) = \lim_{x \to x_0} \frac{F(x) - F(x_0)}{x - x_0} = \lim_{\Delta x \to 0} \frac{\Delta z}{\Delta x} = \lim_{\Delta x \to 0} \left(\frac{\Delta z}{\Delta y} \cdot \frac{\Delta y}{\Delta x} \right)$$
$$= \lim_{\Delta y \to 0} \frac{\Delta z}{\Delta y} \cdot \lim_{\Delta x \to 0} \frac{\Delta y}{\Delta x} = \frac{\mathrm{d}z}{\mathrm{d}y} \cdot \frac{\mathrm{d}y}{\mathrm{d}x} = g'(y_0) f'(x_0)$$

Es gibt da jedoch eine Falle, da Δy gleich 0 sein kann für Werte von x, die beliebig nahe an x_0 sind und dann ist $\Delta z / \Delta y$ nicht definiert. Ein korrektes Argument geht wie folgt:

Korekter Beweis von (6.8.3)*:* Definieren Sie die Hilfsfunktionen φ und γ wie folgt:

$$\varphi(x) = \begin{cases} \dfrac{f(x) - f(x_0)}{x - x_0} & \text{falls } x \neq x_0 \\ f'(x_0) & \text{falls } x = x_0 \end{cases} \qquad \gamma(y) = \begin{cases} \dfrac{g(y) - g(y_0)}{y - y_0} & \text{falls } y \neq y_0 \\ g'(y_0) & \text{falls } y = y_0 \end{cases}$$

Die in (6.8.3) geltenden Voraussetzungen implizieren, dass $\lim_{x \to x_0} \varphi(x) = \varphi(x_0)$ und $\lim_{y \to y_0} \gamma(y) = \gamma(y_0)$. Weiterhin gilt für alle x in einem Intervall um x_0 und alle y in einem Intervall um y_0:

$$f(x) - f(x_0) = \varphi(x)(x - x_0) \qquad \text{und} \qquad g(y) - g(y_0) = \gamma(y)(y - y_0)$$

Es folgt, dass für Δx nahe bei 0,

$$\begin{aligned} F(x_0 + \Delta x) - F(x_0) &= g(f(x_0 + \Delta x)) - g(f(x_0)) \\ &= \gamma(f(x_0 + \Delta x)) \cdot [f(x_0 + \Delta x) - f(x_0)] \\ &= \gamma(f(x_0 + \Delta x)) \cdot \varphi(x_0 + \Delta x) \cdot \Delta x \end{aligned}$$

und somit

$$F'(x_0) = \lim_{\Delta x \to 0} \frac{F(x_0 + \Delta x) - F(x_0)}{\Delta x} = \gamma(f(x_0)) \cdot \varphi(x_0) = g'(f(x_0)) f'(x_0)$$

Aufgaben für Kapitel 6.8

1. Verwenden Sie die Kettenregel (6.8.1), um jeweils $\mathrm{d}z/\mathrm{d}x$ zu bestimmen:

(a) $z = 5y^4$, wobei $y = 1 + x^2$ (b) $z = y - y^6$, wobei $y = 1 + 1/x$

2. Berechnen Sie

(a) $\mathrm{d}Y/\mathrm{d}t$, wenn $Y = -3(V+1)^5$ und $V = \frac{1}{3}t^3$.

(b) $\mathrm{d}K/\mathrm{d}t$, wenn $K = AL^a$ und $L = bt + c$, wobei A, a, b und c positive Konstanten sind.

3. Bestimmen Sie die Ableitungen der folgenden Funktionen, wobei a, p, q und b Konstanten sind:

(a) $y = \dfrac{1}{(x^2 + x + 1)^5}$ (b) $y = \sqrt{x + \sqrt{x + \sqrt{x}}}$ (c) $y = x^a(px + q)^b$

4. Y sei eine Funktion von K und K eine Funktion von t. Finden Sie eine Formel für die Ableitung von Y bezüglich t an der Stelle $t = t_0$.

5. Bestimmen Sie eine Formel für $\mathrm{d}Y/\mathrm{d}t$, wenn $Y = F(K)$ und $K = h(t)$ ist.

➜ Fortsetzung

6. Betrachten Sie die Nachfragefunktion $x = b - \sqrt{ap - c}$, wobei a, b und c positive Konstanten sind, x ist die Anzahl der nachgefragten Einheiten und p der Preis pro Einheit mit $p > c/a$. Berechnen Sie $\mathrm{d}x/\mathrm{d}p$.

7. Bestimmen Sie eine Formel für $h'(x)$, wenn (a) $h(x) = f(x^2)$ und (b) $h(x) = g(x^n f(x))$.

8. Es sei $s(t)$ der von einem Auto in t Stunden zurückgelegte Weg in Kilometern. Es sei $B(s)$ die Anzahl Liter Benzin, die das Auto benötigt, um s Kilometer zu fahren. Geben Sie eine Interpretation der Funktion $b(t) = B(s(t))$ und bestimmen Sie eine Formel für $b'(t)$.

9. Nehmen Sie an, dass $C = 20q - 4q\left(25 - \frac{1}{2}x\right)^{1/2}$, wobei q eine Konstante und $x < 50$ ist. Bestimmen Sie $\mathrm{d}C/\mathrm{d}x$.

10. Differenzieren Sie jeden der folgenden Ausdrücke auf zwei verschiedene Arten:

(a) $y = (x^4)^5 = x^{20}$ (b) $y = (1-x)^3 = 1 - 3x + 3x^2 - x^3$

11. Nehmen Sie an, Sie investieren 1000 Euro zu p% Zinsen pro Jahr. Es bezeichne $g(p)$ den Betrag in Euro, den Sie nach 10 Jahren haben werden.

(a) Geben Sie ökonomische Interpretationen von $g(5) \approx 1629$ und $g'(5) \approx 155$.

(b) Bestimmen Sie zur Überprüfung der Zahlen in (a) eine Formel für $g(p)$ und berechnen Sie dann $g(5)$ und $g'(5)$.

12. Es sei f differenzierbar in x. Bestimmen Sie Ausdrücke für die Ableitungen der folgenden Funktionen:

(a) $x + f(x)$ (b) $[f(x)]^2 - x$ (c) $[f(x)]^4$ (d) $x^2 f(x) + [f(x)]^3$

(e) $xf(x)$ (f) $\sqrt{f(x)}$ (g) $\dfrac{x^2}{f(x)}$ (h) $\dfrac{[f(x)]^2}{x^3}$

13. (a) Nutzen Sie ein direktes Argument, um zu zeigen, dass die Funktion $\varphi(x) = 1/x$ differenzierbar ist für alle $x \neq 0$.

(b) Nehmen Sie an, dass die Funktionen f und g beide differenzierbar sind an der Stelle x mit $g(x) \neq 0$. Nutzen Sie (a), um zu zeigen, dass die Funktionen $1/g(x)$ und $f(x)/g(x)$ beide differenzierbar sind an der Stelle x.

► Lösungen zu den Aufgaben finden Sie im Anhang des Buches.

6.9 Ableitungen höherer Ordnung

Sei $f(x)$ eine differenzierbare Funktion von x. Die Ableitung $f'(x)$ ist wieder eine Funktion von x, die *erste Ableitung* von f genannt wird. Wenn f' auch differenzierbar ist bezüglich x, dann können wir f' auch wieder differenzieren. Das Resultat $(f')'$ wird die *zweite Ableitung* von f genannt und prägnanter als f'' geschrieben. Wir verwenden $f''(x)$, um damit die zweite Ableitung von f an der Stelle x zu bezeichnen.

Beispiel 6.9.1

Bestimmen Sie $f'(x)$ und $f''(x)$, wenn $f(x) = 2x^5 - 3x^3 + 2x$.

Lösung: Die Regeln für die Differentiation von Polynomen implizieren $f'(x) = 10x^4 - 9x^2 + 2$. Dann differenzieren wir jede Seite dieser Gleichung und erhalten $f''(x) = 40x^3 - 18x$.

Die verschiedenen Formen der Notation für die zweite Ableitung sind analog zu denen für die erste Ableitung. Wir schreiben z. B. $y'' = f''(x)$ für die zweite Ableitung von $y = f(x)$. Die Leibniz-Notation wird auch für die zweite Ableitung benutzt. In der Notation $\mathrm{d}y/\mathrm{d}x$ oder $\mathrm{d}f(x)/\mathrm{d}x$ für die erste Ableitung interpretieren wir das Symbol $\mathrm{d}/\mathrm{d}x$ als einen Operator, der besagt, dass wir den folgenden Ausdruck nach x differenzieren sollen. Man erhält die zweite Ableitung, indem man den Operator $\mathrm{d}/\mathrm{d}x$ zweimal anwendet: $f''(x) = (\mathrm{d}/\mathrm{d}x)(\mathrm{d}/\mathrm{d}x)f(x)$. Wir denken dabei gewöhnlich an $f''(x) = (\mathrm{d}/\mathrm{d}x)^2 f(x)$ und schreiben dies daher wie folgt:

$$f''(x) = \frac{\mathrm{d}^2 f(x)}{\mathrm{d}x^2} \qquad \text{oder} \qquad y'' = \frac{\mathrm{d}^2 y}{\mathrm{d}x^2}$$

Legen Sie Ihre besondere Aufmerksamkeit darauf, wo die oberen Indizes stehen! Natürlich muss sich die Notation y'' für die zweite Ableitung ändern, wenn die betreffende Variable einen anderen Namen als y hat.

Beispiel 6.9.2

Bestimmen Sie:

(a) Y'', wenn $Y = AK^a$ eine Funktion von $K > 0$ ist, wobei A und a Konstanten sind.

(b) $\mathrm{d}^2L/\mathrm{d}t^2$, wenn $L = \dfrac{t}{t+1}$ und $t \geq 0$.

Lösung:

(a) Einmalige Differentiation von $Y = AK^a$ bezüglich K ergibt $Y' = AaK^{a-1}$. Nochmalige Differentiation bezüglich K ergibt $Y'' = Aa(a-1)K^{a-2}$.

(b) Zuerst benutzen wir die Quotientenregel und erhalten

$$\frac{\mathrm{d}L}{\mathrm{d}t} = \frac{\mathrm{d}}{\mathrm{d}t}\left(\frac{t}{t+1}\right) = \frac{1 \cdot (t+1) - t \cdot 1}{(t+1)^2} = (t+1)^{-2}\,.$$

Damit folgt:

$$\frac{\mathrm{d}^2L}{\mathrm{d}t^2} = \frac{\mathrm{d}}{\mathrm{d}t}(t+1)^{-2} = -2(t+1)^{-3} = \frac{-2}{(t+1)^3}$$

Dritte und höhere Ableitungen

Wenn $y = f(x)$, so heißt die Ableitung von $y'' = f''(x)$ bezüglich x die *dritte Ableitung* und wir verwenden dafür gewöhnlich die Notation $y''' = f'''(x)$. Es ist von der Notation her schwerfällig, immer mehr und mehr Striche zu verwenden, um die wiederholte Differentiation anzudeuten, so dass die *vierte Ableitung* gewöhnlich mit

$y^{(4)} = f^{(4)}(x)$ bezeichnet wird.[13] Dieselbe Ableitung kann auch als $\mathrm{d}^4y/\mathrm{d}x^4$ ausgedrückt werden. Im Allgemeinen bezeichne

$$y^{(n)} = f^{(n)}(x) \quad \text{oder} \quad \frac{\mathrm{d}^n y}{\mathrm{d}x^n}$$

die *n-te Ableitung* von f an der Stelle x. Die Zahl n heißt die *Ordnung* der Ableitung. Zum Beispiel bezeichnet $f^{(6)}(x_0)$ die sechste Ableitung von f, berechnet an der Stelle x_0, die man nach sechsmaligem Differenzieren findet.

Beispiel 6.9.3

Berechnen Sie alle Ableitungen bis einschließlich zur vierten Ordnung von der Funktion $f(x) = 3x^{-1} + 6x^3 - x^2$, wobei $x \neq 0$.

Lösung: Wiederholte Differentiation ergibt

$$f'(x) = -3x^{-2} + 18x^2 - 2x\,, \qquad f''(x) = 6x^{-3} + 36x - 2$$
$$f'''(x) = -18x^{-4} + 36\,, \qquad f^{(4)}(x) = 72x^{-5}$$

Aufgaben für Kapitel 6.9

1. Berechnen Sie die zweiten Ableitungen von:

   (a) $y = x^5 - 3x^4 + 2$ (b) $y = \sqrt{x}$ (c) $y = (1 + x^2)^{10}$

2. Bestimmen Sie $\mathrm{d}^2y/\mathrm{d}x^2$, wenn $y = \sqrt{1 + x^2} = (1 + x^2)^{1/2}$.

3. Berechnen Sie:

   (a) y'' für $y = 3x^3 + 2x - 1$ (b) Y''' für $Y = 1 - 2x^2 + 6x^3$
   (c) $\mathrm{d}^3z/\mathrm{d}t^3$ für $z = 120t - (1/3)t^3$ (d) $f^{(4)}(1)$ für $f(z) = 100z^{-4}$

4. Bestimmen Sie $g''(2)$, wenn $g(t) = \dfrac{t^2}{t-1}$.

5. Bestimmen Sie Formeln für y'' und y''', wenn $y = f(x)g(x)$.

6. Bestimmen Sie $\mathrm{d}^2L/\mathrm{d}t^2$, wenn $L = 1/\sqrt{2t - 1}$.

7. Wenn $u(y)$ den Nutzen eines Individuums bezeichnet, das Einkommen y zu haben, dann ist $R = -yu''(y)/u'(y)$ der Koeffizient der relativen Risikoaversion.[14] Berechnen Sie R für die folgenden Nutzenfunktionen, wobei A_1, A_2 und ρ positive Konstanten mit $\rho \neq 1$ sind und wir nehmen an, dass $y > 0$ ist:

   (a) $u(y) = A_1 y$ (b) $u(y) = \sqrt{y}$ (c) $u(y) = A_1 - A_2 y^{-2}$ (d) $u(y) = A_1 + A_2 \dfrac{y^{1-\rho}}{1-\rho}$

➡

[13] Wir müssen die Zahl 4 in Klammern setzen, so dass es nicht mit y^4, der vierten Potenz von y, verwechselt wird.
[14] Dagegen ist $R_A = -u''(y)/u'(y)$ der Koeffizient der *absoluten Risikoaversion*.

➜ Fortsetzung

8. Das US Verteidigungsministerium beklagte 1985, dass der Kongress den Verteidigungsetat reduziert habe. Der Abgeordnete Gray wies darauf hin, dass der Etat nicht verringert worden war; der Kongress hatte lediglich die Zuwachsrate reduziert. Bezeichnen Sie mit P die Höhe des Verteidigungsetats und übersetzen Sie diese zwei Behauptungen in Aussagen über die Vorzeichen von P' und P''.

9. Ein Satz in einer Zeitung: „Die Wachstumsrate von Bankkrediten steigt mit einer zunehmenden Rate.“ Wenn $L(t)$ die gesamten Bankkredite zur Zeit t bezeichnen, so ersetzen Sie den Satz in eine mathematische Aussage über das Vorzeichen einer geeigneten Ableitung von L.

► Lösungen zu den Aufgaben finden Sie im Anhang des Buches.

6.10 Exponentialfunktionen

Exponentialfunktionen wurden in Kap. 4.9 eingeführt. Es wurde gezeigt, dass sie gut geeignet sind, um gewisse ökonomische Phänomene wie Wachstum und Zinseszinsen zu beschreiben. Insbesondere haben wir die *natürliche* Exponentialfunktion $f(x) = e^x$ eingeführt, wobei $e \approx 2.71828$. Eine alternative Notation ist $\exp x$.

Jetzt erklären wir, warum diese spezielle Funktion den Namen „natürlich“ verdient. Betrachten Sie den Newton-Quotienten von $f(x) = e^x$:

$$\frac{f(x+\Delta x) - f(x)}{\Delta x} = \frac{e^{x+\Delta x} - e^x}{\Delta x} \tag{$*$}$$

Wenn wir jetzt begründen können, dass dieser Newton-Quotient gegen einen Grenzwert strebt, wenn Δx gegen 0 strebt, dann folgt, dass $f(x) = e^x$ differenzierbar und dass $f'(x)$ genau gleich diesem Grenzwert ist.

Um die rechte Seite von $(*)$ zu vereinfachen, machen wir Gebrauch von der Regel $e^{x+\Delta x} = e^x \cdot e^{\Delta x}$, um $e^{x+\Delta x} - e^x$ als $e^x(e^{\Delta x} - 1)$ zu schreiben. Somit kann $(*)$ geschrieben werden als:

$$\frac{f(x+\Delta x) - f(x)}{\Delta x} = e^x \cdot \frac{e^{\Delta x} - 1}{\Delta x} \tag{$**$}$$

Wir berechnen jetzt den Grenzwert der rechten Seite, wenn Δx gegen 0. Beachten Sie, dass e^x eine Konstante ist, wenn wir nur Δx variieren. Für $(e^{\Delta x} - 1)/\Delta x$ haben wir in Beispiel 6.5.1 argumentiert, dass dieser Bruch gegen 1 konvergiert, wenn Δx gegen 0 strebt, obwohl in dem Beispiel die Variable x und nicht Δx war. Fürs Erste wollen wir einfach akzeptieren, dass $\lim_{\Delta x \to 0} \frac{1}{\Delta x}(e^{\Delta x} - 1) = 1$. Indem wir den Grenzwert von $(**)$ für $\Delta x \to 0$ bilden, ergibt sich:

Ableitung der natürlichen Exponentialfunktion

$$f(x) = e^x \implies f'(x) = e^x \tag{6.10.1}$$

Also hat die *natürliche Exponentialfunktion* $f(x) = e^x$, *die bemerkenswerte Eigenschaft, dass ihre Ableitung gleich der Funktion selbst ist.* Dies ist der Hauptgrund dafür, dass diese Funktion so oft in der Mathematik und ihren Anwendungen auftaucht. Eine Folgerung aus (6.10.1) ist, dass wiederholtes Differenzieren zunächst $f''(x) = e^x$ ergibt und dann $f^{(n)}(x) = e^x$ für alle natürlichen Zahlen n.

Weil $e^x > 0$ für alle x, sind $f'(x)$ und $f''(x)$ beide positiv. Daher sind sowohl f als auch f' strikt monoton wachsend. Dies bestätigt die in Abb. 4.9.3 erkennbare konvexe Gestalt, wo der Graph sich mit der hohlen Seite nach oben krümmt. (Siehe Kap. 8 für mehr über konvexe Funktionen.)

Indem wir (6.10.1) mit den anderen Regeln der Differentiation verbinden, können wir Ausdrücke differenzieren, in denen die Exponentialfunktion e^x vorkommt.

Beispiel 6.10.1

Bestimmen Sie die erste und zweite Ableitung von

(a) $y = x^3 + e^x$ (b) $y = x^5 e^x$ (c) $y = e^x / x$

Lösung:

(a) Es ist $y' = 3x^2 + e^x$ und $y'' = 6x + e^x$.

(b) Wir wenden zuerst die Produktregel an: $y' = 5x^4 e^x + x^5 e^x = x^4 e^x (5 + x)$. Um y'' zu berechnen, differenzieren wir $y' = 5x^4 e^x + x^5 e^x$ ein weiteres Mal und erhalten:

$$y'' = 20x^3 e^x + 5x^4 e^x + 5x^4 e^x + x^5 e^x = x^3 e^x (x^2 + 10x + 20)$$

(c) Anwendung der Quotientenregel auf $y = \dfrac{e^x}{x}$ ergibt $y' = \dfrac{e^x x - e^x \cdot 1}{x^2} = \dfrac{e^x(x-1)}{x^2}$.
Wenn wir $y' = \dfrac{e^x x - e^x}{x^2}$ ein weiteres Mal nach x differenzieren, erhalten wir:

$$y'' = \frac{(e^x x + e^x - e^x)x^2 - (e^x x - e^x)2x}{(x^2)^2} = \frac{e^x(x^2 - 2x + 2)}{x^3}$$

Jetzt untersuchen wir einige der sehr komplizierten Möglichkeiten, die entstehen, wenn (6.10.1) in Kombination mit der Kettenregel (6.8.1) benutzt wird. Beachten Sie zunächst, dass $y = e^{g(x)}$ umgeschrieben werden kann als $y = e^u$, wobei $u = g(x)$. Dann ist $y' = e^u \cdot u'$ und $u' = g'(x)$, so dass:

$$y = e^{g(x)} \quad \Longrightarrow \quad y' = e^{g(x)} g'(x) \tag{6.10.2}$$

Beispiel 6.10.2

Differenzieren Sie die Funktionen:

(a) $y = e^{-x}$ (b) $y = x^p e^{ax}$, wobei p und a Konstanten sind (c) $y = \sqrt{e^{2x} + x}$

Lösung:

(a) Direkte Anwendung von (6.10.2) ergibt $y = e^{-x} \Rightarrow y' = e^{-x} \cdot (-1) = -e^{-x}$. Diese Ableitung ist immer negativ, so dass die Funktion strikt monoton fallend ist. Weiterhin ist $y'' = e^{-x} > 0$, so dass die negative Steigung gegen 0 geht. Dies stimmt mit dem in Abb. 4.9.3 gezeigten Graphen überein.

(b) Die Ableitung von e^{ax} ist ae^{ax}. Mit der Produktregel folgt dann

$$y' = px^{p-1}e^{ax} + x^p a e^{ax} = x^{p-1}e^{ax}(p + ax)$$

(c) Sei $y = \sqrt{e^{2x} + x} = \sqrt{u}$ mit $u = e^{2x} + x$. Dann ist $u' = 2e^{2x} + 1$, wobei wir die Kettenregel benutzt haben. Indem wir die Kettenregel noch einmal anwenden, erhalten wir:

$$y = \sqrt{e^{2x} + x} = \sqrt{u} \Rightarrow y' = \frac{1}{2\sqrt{u}} \cdot u' = \frac{2e^{2x} + 1}{2\sqrt{e^{2x} + x}}$$

Beispiel 6.10.3

Bestimmen Sie für jede der folgenden Funktionen die Intervalle, in denen sie monoton wachsend sind:

(a) $y = e^x/x$ (b) $y = x^4 e^{-2x}$ (c) $y = xe^{-\sqrt{x}}$

Lösung:

(a) Nach Beispiel 6.10.1(c) ist $y' = e^x(x-1)/x^2$, so dass $y' \geq 0$ ist, wenn $x \geq 1$ ist. Daher ist y monoton wachsend auf $[1, \infty)$.

(b) Nach Beispiel 6.10.2(b) mit $p = 4$ und $a = -2$ ist $y' = x^3 e^{-2x}(4 - 2x)$. Ein Vorzeichen-Diagramm ergibt, dass y monoton wachsend ist im Intervall $[0, 2]$.

(c) Die Funktion ist nur für $x \geq 0$ definiert. Mit der Kettenregel folgt, dass für $x > 0$ die Ableitung von $e^{-\sqrt{x}}$ gleich $-e^{-\sqrt{x}}/\left(2\sqrt{x}\right)$ ist, so dass nach der Produktregel die Ableitung von $y = xe^{-\sqrt{x}}$ gegeben ist durch

$$y' = 1 \cdot e^{-\sqrt{x}} - \frac{xe^{-\sqrt{x}}}{2\sqrt{x}} = e^{-\sqrt{x}}\left(1 - \frac{1}{2}\sqrt{x}\right)$$

Dabei folgte die zweite Gleichheit aus der Tatsache, dass $x/\sqrt{x} = \sqrt{x}$. Es folgt, dass y monoton wachsend ist, wenn $x > 0$ und $1 - \frac{1}{2}\sqrt{x} \geq 0$ ist. Weil $y = 0$, wenn $x = 0$ und $y > 0$, wenn $x > 0$, folgt, dass y monoton wachsend ist in $[0, 4]$.

Ein verbreiteter Fehler beim Differenzieren von Exponentialfunktionen ist, anzunehmen, dass die Ableitung von e^x gleich „xe^{x-1}" ist. Tatsächlich ist dies die Ableitung von e^x bezüglich e. Die Exponentialfunktion e^x wurde mit der Potenzfunktion e^x von e verwechselt!

Eigenschaften der natürlichen Exponentialfunktion

Die natürliche Exponentialfunktion

$$f(x) = \exp(x) = e^x$$

ist differenzierbar und strikt monoton wachsend. Es gilt $f'(x) = f(x) = e^x$. Die folgenden Eigenschaften gelten für alle Exponenten s und t:

(a) $e^s e^t = e^{s+t}$ (b) $e^s/e^t = e^{s-t}$ (c) $(e^s)^t = e^{st}$

Ferner gilt:

$$\lim_{x \to -\infty} e^x = 0 \quad \text{und} \quad \lim_{x \to \infty} e^x = \infty \tag{6.10.3}$$

Um die Behauptungen in (6.10.3) zu begründen, erweitern wir das in Kap. 6.5 eingeführte Konzept des Grenzwerts, um Grenzwerte für $x \to \pm\infty$ zu erlauben und somit auch, wenn $|x|$ unendlich groß wird. Die erste Aussage in (6.10.3) folgt so: Wenn $0 < h < 1$, dann folgt, egal wie klein h sein mag, dass $0 < e^x < h$ für alle $x < \ln h < 0$. Ähnlich: Die zweite Aussage in (6.10.3) folgt so: Egal wie groß y sein mag, es gilt $e^x > y$ für alle $x > \ln y$.

Differenzieren anderer Exponentialfunktionen

Bisher haben wir nur die Ableitung von e^x, wobei $e = 2.71828\ldots$ ist, betrachtet. Wie können wir $y = a^x$ differenzieren, wenn a irgendeine positive Konstante ist? Nach Definition (4.10.1) haben wir $a = e^{\ln a}$. Indem wir die allgemeine Eigenschaft $(e^r)^s = e^{rs}$ verwenden, erhalten wir die Formel

$$a^x = \left(e^{\ln a}\right)^x = e^{(\ln a)x}$$

Dies zeigt, dass wir in Situationen, in denen die Funktion a^x auftaucht, genauso gut mit der speziellen Exponentialfunktion e^{bx} arbeiten können, wobei die Konstante b gleich $\ln a$ ist. Insbesondere können wir a^x differenzieren, indem wir $e^{x \ln a}$ differenzieren. Nach (6.10.2) erhalten wir mit $g(x) = (\ln a)x$, dass

$$y = a^x \;\Rightarrow\; y' = a^x \ln a \tag{6.10.4}$$

Beispiel 6.10.4

Bestimmen Sie die Ableitungen von: (a) $f(x) = 10^{-x}$ (b) $g(x) = x2^{3x}$

Lösung:

(a) Umschreiben ergibt $f(x) = 10^{-x} = 10^u$, wobei $u = -x$. Mit (6.10.4) und der Kettenregel folgt: $f'(x) = -10^{-x} \ln 10$.

(b) Wir schreiben $y = 2^{3x} = 2^u$ mit $u = 3x$. Nach der Kettenregel ist

$$y' = (2^u \ln 2)u' = (2^{3x} \ln 2) \cdot 3 = 3 \cdot 2^{3x} \ln 2$$

Wir wenden die Produktregel an auf $g(x) = x2^{3x} = xy$ und erhalten

$$g'(x) = 1 \cdot 2^{3x} + x \cdot 3 \cdot 2^{3x} \ln 2 = 2^{3x}(1 + 3x \ln 2)$$

Aufgaben für Kapitel 6.10

1. Bestimmen Sie die Ableitungen erster Ordnung bezüglich x von:

(a) $y = e^x + x^2$ (b) $y = 5e^x - 3x^3 + 8$ (c) $y = \dfrac{x}{e^x}$ (d) $y = \dfrac{x + x^2}{e^x + 1}$

(e) $y = -x-5-e^x$ (f) $y = x^3 e^x$ (g) $y = e^x x^{-2}$ (h) $y = (x + e^x)^2$

➡ Fortsetzung

2. Bestimmen Sie die Ableitungen erster Ordnung der folgenden Funktionen bezüglich t, wobei a, b, c, p und q Konstanten sind.

(a) $x = (a + bt + ct^2)e^t$ (b) $x = \dfrac{p + qt^3}{te^t}$ (c) $x = \dfrac{(at + bt^2)^2}{e^t}$

3. Bestimmen Sie die Ableitungen erster und zweiter Ordnung von:

(a) $y = e^{-3x}$ (b) $y = 2e^{x^3}$ (c) $y = e^{1/x}$ (d) $y = 5e^{2x^2-3x+1}$

4. Bestimmen Sie die Intervalle, in denen die folgenden Funktionen monoton wachsend sind:

(a) $y = x^3 + e^{2x}$ (b) $y = 5x^2e^{-4x}$ (c) $y = x^2e^{-x^2}$

5. Bestimmen Sie die Intervalle, in denen die folgenden Funktionen monoton wachsend sind:

(a) $y = x^2/e^{2x}$ (b) $y = e^x - e^{3x}$ (c) $y = \dfrac{e^{2x}}{x + 2}$

6. Bestimmen Sie:

(a) $\dfrac{\mathrm{d}}{\mathrm{d}x}(e^{(e^x)})$ (b) $\dfrac{\mathrm{d}}{\mathrm{d}t}(e^{t/2} + e^{-t/2})$ (c) $\dfrac{\mathrm{d}}{\mathrm{d}t}\left(\dfrac{1}{e^t + e^{-t}}\right)$ (d) $\dfrac{\mathrm{d}}{\mathrm{d}z}(e^{z^3} - 1)^{1/3}$

7. Differenzieren Sie:

(a) $y = 5^x$ (b) $y = x2^x$ (c) $y = x^2 2^{x^2}$ (d) $y = e^x 10^x$

► Lösungen zu den Aufgaben finden Sie im Anhang des Buches.

6.11 Logarithmusfunktionen

In Kap. 4.10 haben wir die natürliche Logarithmusfunktion $g(x) = \ln x$ eingeführt. Sie ist definiert für alle $x > 0$ und hat den folgenden Graphen (reproduziert nach Abb. 4.10.2):

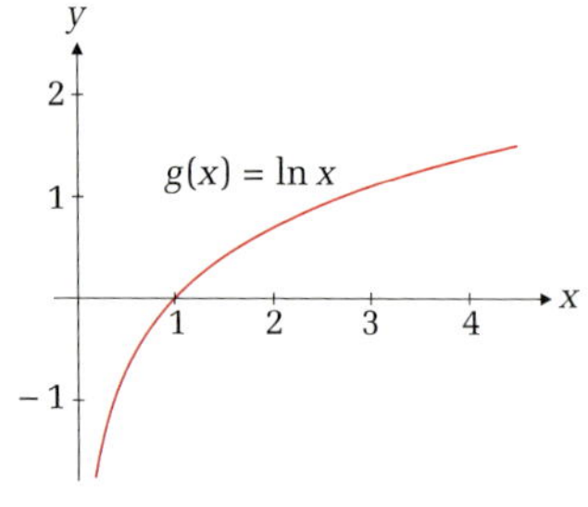

Abbildung 6.11.1: Graph der Logarithmusfunktion $g(x) = \ln x$

Nach Kap. 5.3 hat diese Funktion $f(x) = e^x$ als ihre *Inverse*. Wenn wir *annehmen*, dass $g(x) = \ln x$ für alle $x > 0$ eine Ableitung hat, so können wir diese sehr leicht finden. Betrachten Sie dazu die $g(x) = \ln x$ definierende Gleichung

$$e^{g(x)} = x \qquad (*)$$

Wir nutzen (6.10.2) und differenzieren jede Seite von $(*)$ nach x und erhalten $e^{g(x)}g'(x) = 1$. Da $e^{g(x)} = x$, impliziert dies $xg'(x) = 1$ und somit $g'(x) = 1/x$. Damit haben wir:

Ableitung der natürlichen Logarithmusfunktion

$$g(x) = \ln x \implies g'(x) = \frac{1}{x} \qquad (6.11.1)$$

Für alle $x > 0$ haben wir $g'(x) > 0$. Dies impliziert, dass $g(x)$ *strikt* monoton wachsend ist. Beachten Sie auch, dass $g''(x) = -1/x^2$ und dies ist kleiner als 0 für alle $x > 0$, so dass $g(x)$ konkav ist, d. h. sie krümmt sich mit der hohlen Seite nach unten. (Siehe Kap. 8 für mehr über konkave Funktionen.) Dies wird durch die Gestalt des Graphen in Abb. 6.11.1 bestätigt. In der Tat wächst die Funktion $\ln x$ sehr langsam: zum Beispiel überschreitet $\ln x$ den Wert 10 erst, wenn $x > 22\,026$, da aus $\ln x = 10$ folgt $x = e^{10} \approx 22\,026.5$.

Beispiel 6.11.1

Berechnen Sie y' und y'', wenn (a) $y = x^3 + \ln x$ (b) $y = x^2 \ln x$ (c) $y = \frac{\ln x}{x}$

Lösung:

(a) Wir finden sehr leicht, dass $y' = 3x^2 + \dfrac{1}{x}$. Weiter ist $y'' = 6x - \dfrac{1}{x^2}$.

(b) Die Produktregel ergibt $y' = 2x \ln x + x^2(1/x) = 2x \ln x + x$. Differentiation des letzten Ausdrucks nach x ergibt $y'' = 2 \ln x + 2x(1/x) + 1 = 2 \ln x + 3$.

(c) Hier verwenden wir die Quotientenregel:

$$y' = \frac{(1/x)x - (\ln x) \cdot 1}{x^2} = \frac{1 - \ln x}{x^2}$$

Nochmalige Differentiation ergibt:

$$y'' = \frac{-(1/x)x^2 - (1 - \ln x)2x}{(x^2)^2} = \frac{2 \ln x - 3}{x^3}$$

Wir müssen oft verkettete Funktion betrachten, die natürliche Logarithmen enthalten. Da $\ln u$ nur dann definiert ist, wenn $u > 0$ ist, ist eine verkettete Funktion der Gestalt $y = \ln h(x)$ nur für solche Werte von x definiert, für die $h(x) > 0$ gilt.

Die Kombination der Regel für die Differentiation von $\ln x$ mit der Kettenregel ermöglicht uns, viele verschiedene Typen von Funktionen zu differenzieren. Nehmen Sie z. B. an, dass $y = \ln h(x)$ ist, wobei $h(x)$ differenzierbar und positiv ist. Nach der Kettenregel folgt aus $y = \ln u$ mit $u = h(x)$, dass $y' = (1/u)u' = \big(1/h(x)\big)h'(x)$ ist, so dass:

Ableitung des natürlichen Logarithmus einer Funktion

Wenn $h(x) > 0$ für alle x, dann gilt:

$$y = \ln h(x) \implies y' = \frac{h'(x)}{h(x)} \tag{6.11.2}$$

Bemerken Sie: Wenn $N(t)$ eine Funktion von t ist mit $N(t) > 0$ für alle t, dann ist die Ableitung ihres natürlichen Logarithmus

$$\frac{\mathrm{d}}{\mathrm{d}t} \ln N(t) = \frac{1}{N(t)} \frac{\mathrm{d}N(t)}{\mathrm{d}t} = \frac{\dot{N}(t)}{N(t)}$$

Dies ist die relative Wachstumsrate von $N(t)$.

Beispiel 6.11.2

Bestimmen Sie die Definitionsbereiche der folgenden Funktionen und berechnen Sie dann ihre Ableitungen:

(a) $y = \ln(1-x)$ (b) $y = \ln(4-x^2)$ (c) $y = \ln\left(\frac{x-1}{x+1}\right) - \frac{x}{4}$

Lösung:

(a) $\ln(1-x)$ ist definiert, wenn $1-x > 0$, d. h. wenn $x < 1$ ist. Um die Ableitung zu bestimmen, verwenden wir (6.11.2) mit $h(x) = 1-x$. Dann ist $h'(x) = -1$ und

$$y' = \frac{-1}{1-x} = \frac{1}{x-1}$$

(b) $\ln(4-x^2)$ ist definiert, wenn $4-x^2 > 0$ ist, was genau dann erfüllt ist, wenn $-2 < x < 2$. Für das Intervall $(-2, 2)$ ergibt Formel (6.11.2) dann

$$y' = \frac{-2x}{4-x^2} = \frac{2x}{x^2-4}$$

(c) Wir können $y = \ln u - \frac{1}{4}x$ schreiben, wobei $u = (x-1)/(x+1)$. Damit die Funktion definiert ist, verlangen wir $u > 0$. Ein Vorzeichen-Diagramm zeigt, dass dies erfüllt ist, wenn $x < -1$ oder $x > 1$ oder genau dann, wenn $|x| > 1$. Mit (6.11.2) erhalten wir:

$$y' = \frac{u'}{u} - \frac{1}{4} \quad \text{mit} \quad u' = \frac{1 \cdot (x+1) - 1 \cdot (x-1)}{(x+1)^2} = \frac{2}{(x+1)^2}$$

Wir schließen daraus:

$$y' = \frac{2(x+1)}{(x+1)^2(x-1)} - \frac{1}{4} = \frac{9-x^2}{4(x^2-1)} = \frac{(3-x)(3+x)}{4(x-1)(x+1)}$$

Beispiel 6.11.3

Bestimmen Sie die Intervalle, in denen die folgenden Funktionen monoton wachsend sind:

(a) $y = x^2 \ln x$ (b) $y = 4x - 5\ln(x^2+1)$ (c) $y = 3\ln(1+x) + x - \frac{1}{2}x^2$

Lösung:

(a) Die Funktion ist definiert für $x > 0$ und

$$y' = 2x \ln x + x^2(1/x) = x(2 \ln x + 1)$$

Daher gilt $y' \geq 0$, wenn $\ln x \geq -1/2$, d. h. wenn $x \geq e^{-1/2}$ ist. Also ist y monoton wachsend im Intervall $[e^{-1/2}, \infty)$.

(b) Es ist

$$y' = 4 - \frac{10x}{x^2+1} = \frac{4(x-2)\left(x-\frac{1}{2}\right)}{x^2+1}$$

Ein Vorzeichen-Diagramm ergibt, dass y monoton wachsend ist in den Intervallen $\left(-\infty, \frac{1}{2}\right]$ und $\left[2, \infty\right)$.

(c) Die Funktion ist definiert für $x > -1$ und

$$y' = \frac{3}{1+x} + 1 - x = \frac{(2-x)(2+x)}{x+1}$$

Ein Vorzeichen-Diagramm ergibt, dass y monoton wachsend ist im Intervall $(-1, 2]$.

Eigenschaften der natürlichen Logarithmusfunktion

Die natürliche Logarithmusfunktion

$$g(x) = \ln x$$

ist differenzierbar und strikt monoton wachsend in $(0, \infty)$. Es gilt:

$$g'(x) = 1/x\,, \qquad g''(x) = -1/x^2$$

Nach Definition gilt $e^{\ln x} = x$ für alle $x > 0$ und $\ln e^x = x$ für alle x. Die folgenden Eigenschaften gelten für alle $x > 0$ und alle $y > 0$:

(a) $\ln(xy) = \ln x + \ln y$ (b) $\ln(x/y) = \ln x - \ln y$ (c) $\ln x^p = p \ln x$

Ferner gilt

$$\ln x \to -\infty \quad \text{für} \quad x \to 0 \text{ von rechts} \tag{6.11.3}$$

und

$$\lim_{x\to\infty} \ln x = \infty \tag{6.11.4}$$

Die Grenzwerte in (6.11.3) und (6.11.4) können bestätigt werden, indem wir die Argumente zum Beweis von (6.10.3) adaptieren. In der Tat hat man für jedes $y < 0$, egal wie groß $|y|$ sein mag, dass $\ln x < y$, wenn $0 < x < e^y$. Dies rechtfertigt (6.11.3). Außerdem: Für jedes $z > 0$, egal wie groß, hat man, dass $\ln x > z$ für alle $x > e^z$. Dies rechtfertigt (6.11.4).

Logarithmisches Differenzieren

Wenn man einen Ausdruck differenzieren will, der Produkte, Quotienten, Wurzeln, Potenzen und Kombinationen davon enthält, ist es oft vorteilhaft *logarithmische Differentiation* zu benutzen. Die Methode wird an zwei Beispielen illustriert:

Beispiel 6.11.4

Bestimmen Sie die Ableitung von $y = x^x$, definiert für alle $x > 0$.

Lösung: Erinnern Sie: Die Potenzregel der Differentiation, $y = x^a \implies y' = ax^{a-1}$, verlangt, dass der Exponent a eine Konstante ist. Andererseits verlangt die Regel $y = a^x \implies y' = a^x \ln a$, dass die Basis a eine Konstante ist. In dem Ausdruck x^x variieren beide, der Exponent und die Basis, mit x, so dass keine der zwei Regeln verwendet werden kann.

Stattdessen bilden wir zunächst auf beiden Seiten den natürlichen Logarithmus. Dies ergibt $\ln y = x \ln x$. Differenziert man auf beiden Seiten nach x, ergibt sich $y'/y = 1 \cdot \ln x + x(1/x) = \ln x + 1$. Multiplikation mit $y = x^x$ ergibt das Resultat:

$$y = x^x \implies y' = x^x(\ln x + 1)$$

Beispiel 6.11.5

Bestimmen Sie die Ableitung von $y = [A(x)]^\alpha [B(x)]^\beta [C(x)]^\gamma$, wobei α, β und γ Konstanten sind, während A, B und C Funktionen sind mit positiven Werten für alle $x > 0$.

Lösung: Bilden Sie zunächst den natürlichen Logarithmus auf beiden Seiten. Dies ergibt:

$$\ln y = \alpha \ln(A(x)) + \beta \ln(B(x)) + \gamma \ln(C(x))$$

Differenzieren Sie jetzt auf beiden Seiten nach x. Dies ergibt:

$$\frac{y'}{y} = \alpha \frac{A'(x)}{A(x)} + \beta \frac{B'(x)}{B(x)} + \gamma \frac{C'(x)}{C(x)}$$

Nach Multiplikation mit y ergibt sich:

$$y' = \left[\alpha \frac{A'(x)}{A(x)} + \beta \frac{B'(x)}{B(x)} + \gamma \frac{C'(x)}{C(x)}\right] [A(x)]^\alpha [B(x)]^\beta [C(x)]^\gamma$$

In Gleichung (4.10.6) haben wir gezeigt, dass der Logarithmus von x zur Basis a, der mit $\log_a x$ bezeichnet wird, die Gleichung $\log_a x = \frac{1}{\ln a} \ln x$ erfüllt. Differenziert man jede Seite nach x, ergibt sich sofort:

$$y = \log_a x \Rightarrow y' = \frac{1}{\ln a} \frac{1}{x} \tag{6.11.5}$$

Approximation der Zahl e

Wenn $g(x) = \ln x$, dann ist $g'(x) = 1/x$ und insbesondere $g'(1) = 1$. Um die nächste Gleichung herzuleiten, nutzen wir der Reihe nach: (i) Die Definition von $g'(1)$; (ii) die

Tatsache, dass $\ln 1 = 0$ und (iii) die Regel $\ln x^p = p \ln x$. Das Resultat ist:

$$1 = g'(1) = \lim_{\Delta x \to 0} \frac{\ln(1+\Delta x) - \ln 1}{\Delta x} = \lim_{\Delta x \to 0} \frac{1}{\Delta x} \ln(1+\Delta x) = \lim_{\Delta x \to 0} \ln(1+\Delta x)^{1/\Delta x}$$

Weil $\ln(1+\Delta x)^{1/\Delta x}$ gegen 1 strebt, wenn Δx gegen 0 strebt, und die Exponentialfunktion stetig ist, folgt, dass $(1+\Delta x)^{1/\Delta x}$ selbst gegen $\exp 1 = e$ streben muss, d. h.

Die Eulersche Zahl *e*

$$e = \lim_{\Delta x \to 0} (1+\Delta x)^{1/\Delta x} \tag{6.11.6}$$

Um diesen Grenzwert zu illustrieren, zeigt Tabelle 6.11.1 einige Funktionswerte, die mit einem Rechner berechnet wurden. Diese Zahlen scheinen zu bestätigen, dass die Dezimalentwicklung 2.718281828..., die Gleichung (4.9.2) für e gegeben hat, korrekt beginnt. Natürlich ist dies keinerlei Beweis dafür, dass der Grenzwert existiert, aber es zeigt, dass immer bessere Approximationen von e erreicht werden können, wenn man Δx immer kleiner wählt.[15]

Tabelle 6.11.1: Werte von $(1+\Delta x)^{1/\Delta x}$, wenn $\Delta x > 0$ immer kleiner wird

Δx	1	1/2	1/10	1/1000	10^{-6}	10^{-10}
$(1+\Delta x)^{1/\Delta x}$	2	2.25	2.5937...	2.7169...	2.7182805...	2.7182818283...

Potenzfunktionen

In Kap. 6.6 haben wir behauptet, dass für alle reellen Zahlen r und alle $x > 0$ gilt:

$$f(x) = x^r \implies f'(x) = rx^{r-1} \tag{6.11.7}$$

Diese wichtige Regel, früher als (6.6.4) gegeben, wurde bisher nur bewiesen, wenn der Exponent r eine ganze Zahl ist. In diesem Fall gilt sie für alle reellen x, wenn $r > 0$, und für alle $x \neq 0$, wenn $r \leq 0$.

Nehmen Sie allgemeiner an, dass x und r beide reelle Zahlen sind mit $x > 0$. Da $x = \exp(\ln x)$ ist, erhalten wir dann $x^r = [\exp(\ln x)]^r = \exp(r \ln x)$. Wir nutzen die Kettenregel mit $y = r \ln x$ zur Differentiation und erhalten:

$$\frac{d}{dx}(x^r) = \frac{d}{dx}\exp(r \ln x) = \frac{d(\exp(y))}{dy} \cdot \frac{dy}{dx} = \exp(y) \cdot \frac{r}{x} = x^r \frac{r}{x} = rx^{r-1}$$

Dies rechtfertigt, dass die Potenzregel auch dann zur Ableitung von x^r bezüglich x benutzt werden kann, wenn r keine ganze Zahl, aber $x > 0$ ist.

[15] Beispiel 7.5.4 zeigt eine bessere Möglichkeit, e^x zu approximieren für beliebiges reelles x.

Aufgaben für Kapitel 6.11

1. Berechnen Sie die ersten und zweiten Ableitungen von:

(a) $y = \ln x + 3x - 2$ (b) $y = x^2 - 2\ln x$ (c) $y = x^3 \ln x$ (d) $y = \dfrac{\ln x}{x}$

2. Bestimmen Sie die Ableitungen von:

(a) $y = x^3(\ln x)^2$ (b) $y = \dfrac{x^2}{\ln x}$ (c) $y = (\ln x)^{10}$ (d) $y = (\ln x + 3x)^2$

3. Bestimmen Sie die Ableitungen von:

(a) $\ln(\ln x)$ (b) $\ln\sqrt{1-x^2}$ (c) $e^x \ln x$ (d) $e^{x^3} \ln x^2$

(e) $\ln(e^x + 1)$ (f) $\ln(x^2 + 3x - 1)$ (g) $2(e^x - 1)^{-1}$ (h) e^{2x^2-x}

4. Bestimmen Sie die Definitionsbereiche der Funktionen, die definiert sind durch:

(a) $y = \ln(x+1)$ (b) $y = \ln\left(\dfrac{3x-1}{1-x}\right)$ (c) $y = \ln|x|$

5. Bestimmen Sie die Definitionsbereiche der Funktionen, die definiert sind durch:

(a) $y = \ln(x^2 - 1)$ (b) $y = \ln(\ln x)$ (c) $y = \dfrac{1}{\ln(\ln x) - 1}$

6. Bestimmen Sie die Intervalle, wo die folgenden Funktionen monoton wachsend sind:

(a) $y = \ln(4 - x^2)$ (b) $y = x^3 \ln x$ (c) $y = \dfrac{(1-\ln x)^2}{2x}$

7. Bestimmen Sie die Gleichungen der Tangenten an den Graphen von

(a) $y = \ln x$ in den drei Punkten mit den x-Koordinaten: 1, $\frac{1}{2}$ und e;

(b) $y = xe^x$ in den drei Punkten mit den x-Koordinaten: 0, 1 und -2.

8. Benutzen Sie logarithmische Differentiation, um $f'(x)/f(x)$ zu bestimmen, wenn:

(a) $f(x) = x^{2x}$ (b) $f(x) = \sqrt{x-2}\,(x^2+1)(x^4+6)$ (c) $f(x) = \left(\dfrac{x+1}{x-1}\right)^{1/3}$

9. Differenzieren Sie die folgenden Funktionen mit Hilfe logarithmischer Differentiation:

(a) $y = (2x)^x$ (b) $y = x^{\sqrt{x}}$ (c) $y = (\sqrt{x})^x$

10. Zeigen Sie: Wenn u und v differenzierbare Funktionen von x sind und $u > 0$, dann gilt

$$y = u^v \Rightarrow y' = u^v\left(v' \ln u + \frac{vu'}{u}\right)$$

Anspruchsvollere Aufgabe

11. Wenn $f(x) = e^x - 1 - x$, dann ist $f'(x) = e^x - 1 > 0$ für alle $x > 0$. Die Funktion $f(x)$ ist daher strikt monoton wachsend in dem Intervall $[0, \infty)$. Da $f(0) = 0$, folgt, dass $f(x) > 0$ ist für alle $x > 0$ und damit $e^x > 1 + x$ für alle $x > 0$. Benutzen Sie dieselbe Methode, um folgende Ungleichungen zu beweisen:

(a) $e^x > 1 + x + x^2/2$ für $x > 0$

(b) $\frac{1}{2}x < \ln(1+x) < x$ für $0 < x < 1$

(c) $\ln x < 2(\sqrt{x} - 1)$ für $x > 1$

► Lösungen zu den Aufgaben finden Sie im Anhang des Buches.

Aufgaben zur Wiederholung für Kapitel 6

1. Sei $f(x) = x^2 - x + 2$. Zeigen Sie, dass der Newton-Quotient $2x - 1 + \Delta x$ ist. Nutzen Sie dies, um $f'(x)$ zu bestimmen.

2. Es sei $f(x) = -2x^3 + x^2$. Berechnen Sie den Newton-Quotienten und bestimmen Sie $f'(x)$.

3. Berechnen Sie die Ableitungen erster und zweiter Ordnung für die folgenden Funktionen:

(a) $y = 2x - 5$ (b) $y = \frac{1}{3}x^9$ (c) $y = 1 - \frac{1}{10}x^{10}$

(d) $y = 3x^7 + 8$ (e) $y = \frac{1}{10}(x - 5)$ (f) $y = x^5 - x^{-5}$

(g) $y = \frac{1}{4}x^4 + \frac{1}{3}x^3 + \frac{1}{2}5^2$ (h) $y = x^{-1} + x^{-3}$

4. Es seien $C(Q)$ die Kosten für die Herstellung von Q Einheiten eines Produkts pro Monat. Wie ist $C'(1000) = 25$ zu interpretieren? Nehmen Sie an, der zu erzielende Preis sei fest bei 30 und der gegenwärtige Output pro Monat sei 1000. Lohnt es sich, die Produktion zu erweitern?

5. Bestimmen Sie die Gleichungen der Tangenten an die Graphen der folgenden Funktionen an den angegebenen Stellen:

(a) $y = -3x^2$ für $x = 1$ (b) $y = \sqrt{x} - x^2$ für $x = 4$

(c) $y = \dfrac{x^2 - x^3}{x + 3}$ für $x = 1$

6. Es bezeichne $A(x)$ die Kosten in Euro für den Bau eines Hauses mit einer Grundfläche von x Quadratmetern. Wie ist $A'(100) = 250$ zu interpretieren?

7. Differenzieren Sie die folgenden Funktionen:

(a) $f(x) = x(x^2 + 1)$ (b) $g(w) = w^{-5}$ (c) $h(y) = y(y - 1)(y + 1)$

(d) $G(t) = \dfrac{2t + 1}{t^2 + 3}$ (e) $\varphi(\xi) = \dfrac{2\xi}{\xi^2 + 2}$ (f) $F(s) = \dfrac{s}{s^2 + s - 2}$

8. Bestimmen Sie die Ableitungen:

(a) $\dfrac{d}{da}(a^2t - t^2)$ (b) $\dfrac{d}{dt}(a^2t - t^2)$ (c) $\dfrac{d}{d\varphi}\left(x\varphi^2 - \sqrt{\varphi}\right)$

9. Benutzen Sie die Kettenregel, um dy/dx zu bestimmen:

(a) $y = 10u^2$, wobei $u = 5 - x^2$ (b) $y = \sqrt{u}$, wobei $u = \dfrac{1}{x} - 1$

10. Berechnen Sie:

(a) $\mathrm{d}Z/\mathrm{d}t$, wenn $Z = (u^2 - 1)^3$ und $u = t^3$.

(b) $\mathrm{d}K/\mathrm{d}t$, wenn $K = \sqrt{L}$ und $L = 1 + 1/t$.

11. Es seien $a(t)$ und $b(t)$ differenzierbare Funktionen von t mit positiven Werten, wobei A, α und β Konstanten sind. Bestimmen Sie Ausdrücke für $\dot{x}/x$, wobei:

(a) $x(t) = a(t)^2 \cdot b(t)$ (b) $x(t) = A \cdot a(t)^\alpha \cdot b(t)^\beta$

(c) $x(t) = A \cdot \left[a(t)^\alpha + b(t)^\beta\right]^{\alpha+\beta}$

12. Es sei $R = S^\alpha$, $S = 1 + \beta K^\gamma$ und $K = At^p + B$. Bestimmen Sie $\mathrm{d}R/\mathrm{d}t$.

13. Bestimmen Sie die Ableitungen für die folgenden Funktionen, wobei a, b, p und q konstant sind:

(a) $h(L) = (L^a + b)^p$ (b) $C(Q) = aQ + bQ^2$ (c) $P(x) = \left(ax^{1/q} + b\right)^q$

14. Bestimmen Sie die ersten Ableitungen von:

(a) $y = -7e^x$ (b) $y = e^{-3x^2}$ (c) $y = \dfrac{x^2}{e^x}$ (d) $y = e^x \ln(x^2 + 2)$

(e) $y = e^{5x^3}$ (f) $y = 2 - x^4 e^{-x}$ (g) $y = (e^x + x^2)^{10}$ (h) $y = \ln(\sqrt{x} + 1)$

15. Bestimmen Sie die Intervalle, in denen die folgenden Funktionen monoton wachsend sind:

(a) $y = (\ln x)^2 - 4$ (b) $y = \ln(e^x + e^{-x})$ (c) $y = x - \dfrac{3}{2}\ln(x^2 + 2)$

16. (a) Sei $\pi(Q) = QP(Q) - cQ$, wobei P eine differenzierbare Funktion und c eine Konstante ist. Bestimmen Sie einen Ausdruck für $\mathrm{d}\pi/\mathrm{d}Q$.

(b) Sei $\pi(L) = PF(L) - wL$, wobei F eine differenzierbare Funktion und P und w Konstanten sind. Bestimmen Sie einen Ausdruck für $\mathrm{d}\pi/\mathrm{d}L$.

► Lösungen zu den Aufgaben finden Sie im Anhang des Buches.

Anwendungen der Differentialrechnung

7

7.1 Implizites Differenzieren 284
7.2 Ökonomische Beispiele 292
7.3 Ableitung der Inversen 297
7.4 Lineare Approximationen 300
7.5 Polynomiale Approximationen 306
7.6 Taylor-Formel 310
7.7 Elastizitäten 313
7.8 Stetigkeit 318
7.9 Mehr über Grenzwerte 326
7.10 Der Zwischenwertsatz 336
7.11 Unendliche Folgen 341
7.12 Regeln von L'Hôspital 344
Aufgaben zur Wiederholung für Kapitel 7 350

ÜBERBLICK

Obwohl es ein Paradoxon zu sein scheint,
die Wissenschaften sind dominiert von der Idee der Approximation.

–Bertrand Russell

Viele ökonomische Modelle beziehen Funktionen ein, die implizit durch eine oder mehrere Gleichungen definiert sind. Wir beginnen dieses Kapitel, indem wir zeigen, wie die Ableitungen solcher Funktionen berechnet werden, einschließlich der Ableitung der Inversen. Es ist für Ökonomen sehr wichtig, die Technik des impliziten Differenzierens zu beherrschen.

Als Nächstes betrachten wir lineare Approximationen und Differentiale, gefolgt von einer Diskussion der Approximation durch quadratische Funktionen oder durch Polynome höherer Ordnung. Kapitel 7.6 behandelt die Taylor-Formel, die es ermöglicht, den resultierenden Fehler zu untersuchen, wenn eine Funktion durch ein Polynom approximiert wird. Eine Erörterung des wichtigen ökonomischen Konzepts der Elastizität folgt in Kap. 7.7.

Das Wort stetig ist auch in der Umgangssprache gebräuchlich. Wir benutzen es insbesondere, um Änderungen zu charakterisieren, die allmählich und nicht plötzlich eintreten. Dieser Gebrauch steht in enger Beziehung zur Idee einer stetigen Funktion. Wir erörtern dieses Konzept in Kap. 7.8 und erläutern die nahe Beziehung zum Begriff des Grenzwerts. Grenzwerte und Stetigkeit sind Schlüsselideen in der Mathematik und sind auch in der Anwendung der Mathematik auf ökonomische Probleme sehr wichtig. Das praktische Beispiel, basierend auf Vermögenssteuern, das wir am Ende von Kap. 7.8 präsentieren, hilft, dies zu verdeutlichen.

Unser nächstes Thema sind Grenzwerte, deren vorläufige Diskussion in Kap. 6.5 notwendigerweise sehr lückenhaft war. In Kap. 7.9 betrachten wir dieses Konzept näher und erweitern es in zahlreiche Richtungen. Als Nächstes präsentieren wir den Zwischenwertsatz, der die Idee präzisiert, dass eine stetige Funktion einen „zusammenhängenden" Graphen hat. Dies ermöglicht den Beweis, dass gewisse Gleichungen Lösungen haben. Daran anschließend gibt es eine kurze Diskussion der Newton-Methode zur approximativen Lösung von Gleichungen. Dann schließt sich ein kurzer Abschnitt über unendliche Folgen an. Schließlich bringt Kap. 7.12 die Regeln von L'Hôspital für unbestimmte Formen, die manchmal nützlich sind, um Grenzwerte zu bestimmen.

7.1 Implizites Differenzieren

Das vorige Kapitel war dem Thema gewidmet, Wege zu erkunden, wie man eine Funktion differenzieren kann, die durch eine explizite Formel der Art $y = f(x)$ gegeben ist. Jetzt untersuchen wir, wie man Funktionen differenziert, die implizit durch eine Gleichung, wie $g(x, y) = c$, gegeben sind, wobei c eine Konstante ist. Wir beginnen mit einem sehr einfachen Fall.

Beispiel 7.1.1

Betrachten Sie die folgende Gleichung in x und y:

$$xy = 5 \tag{7.1.1}$$

Wenn $x = 1$, dann ist $y = 5$. Und $x = 3$ ergibt $y = 5/3$. Ferner ergibt $x = 5$ den Wert $y = 1$. Im Allgemeinen gibt es für jede Zahl $x \neq 0$ eine eindeutig bestimmte Zahl y, so dass das Paar (x, y) die Gleichung (7.1.1) erfüllt. Wir sagen: Gleichung (7.1.1) definiert y implizit als eine Funktion von x. Der Graph der Gleichung (7.1.1) ist für $x > 0$ in Abb. 7.1.1 gezeigt.

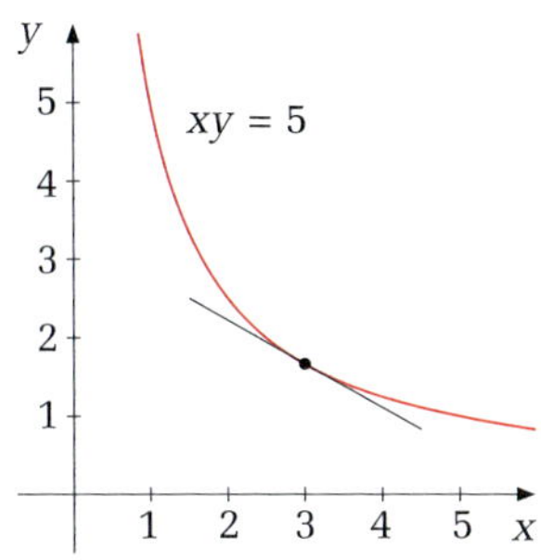

Abbildung 7.1.1: $xy = 5$, mit $x > 0$

Ökonomen brauchen oft die Steigung der Tangente in einem beliebigen Punkt auf solch einem Graphen, d. h. sie benötigen die Ableitung von y als Funktion von x. Die Antwort kann durch *implizites Differenzieren* der Gleichung (7.1.1) gefunden werden, die y als Funktion von x definiert. Wenn wir diese Funktion mit f bezeichnen und dann y durch $f(x)$ ersetzen, erhalten wir die neue Gleichung

$$xf(x) = 5 \qquad \text{für alle} \quad x > 0 \tag{7.1.2}$$

Gleichung (7.1.2) enthält nur die eine Variable x. Weil ihre linke und rechte Seite für alle $x > 0$ gleich sind, muss die Ableitung der linken Seite nach x gleich der Ableitung der rechten Seite nach x sein. Aber die Ableitung der Konstanten 5 ist 0. Wenn wir $xf(x)$ differenzieren, müssen wir die Produktregel anwenden. Gleichsetzen der Ableitungen der zwei Seiten der Gleichung (7.1.2) bezüglich x ergibt:

$$1 \cdot f(x) + xf'(x) = 0$$

Für alle $x > 0$ folgt dann:

$$f'(x) = -\frac{f(x)}{x}$$

Wenn $x = 3$ ist, dann ist $f(3) = 5/3$ und daher $f'(3) = -(5/3)/3 = -5/9$. Diese numerischen Werte stimmen offensichtlich mit Abb. 7.1.1 überein.

Gewöhnlich führen wir keinen expliziten Namen wie f für y als Funktion von x ein. Stattdessen differenzieren wir einfach jede Seite von (7.1.1) nach x, wobei wir uns daran erinnern, dass y eine differenzierbare Funktion von x ist. Wiederum nach der Produktregel führt dies zu $y + xy' = 0$. Auflösen nach y' ergibt:

$$y' = -\frac{y}{x} \tag{7.1.3}$$

Für dieses spezielle Beispiel gibt es eine andere Möglichkeit, das Ergebnis zu finden. Aus Gleichung (7.1.2) erhalten wir durch Auflösen nach y, dass $y = 5/x = 5x^{-1}$. Differenzieren jeder Seite dieser Gleichung ergibt direkt $y' = 5(-1)x^{-2} = -5/x^2$. Beachten Sie, dass Substitution von $5/x$ für y in (7.1.3) wieder $y' = -5/x^2$ ergibt.

Beispiel 7.1.2

In Beispiel 5.4.2 untersuchten wir den in Abb. 7.1.2 gezeigten Graphen der Gleichung

$$y^3 + 3x^2y = 13 \tag{$*$}$$

Er verläuft durch den Punkt (2, 1). Bestimmen Sie die Steigung des Graphen in diesem Punkt.

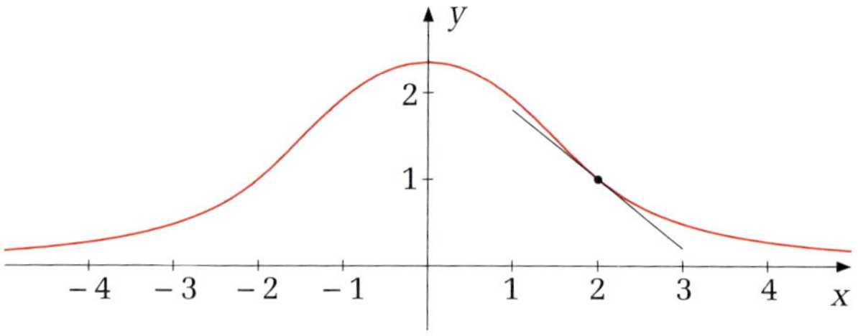

Abbildung 7.1.2: Der Graph von $y^3 + 3x^2y = 13$

Lösung: Wenn wir in diesem Fall y als eine explizite Funktion von x ausdrücken würden, müssten wir eine kubische Gleichung lösen. Stattdessen benutzen wir implizite Differentiation. Wo immer y auftaucht, denken wir es uns als unspezifizierte Funktion von x. Dadurch wird der Ausdruck $y^3 + 3x^2y$ zu einer differenzierbaren Funktion von x und Gleichung $(*)$ verlangt, dass sie konstant gleich 13 für alle x ist. Beim Differenzieren jeder Seite von $(*)$ sehen wir, dass die Ableitung von $y^3 + 3x^2y$ nach x gleich Null sein muss für alle x.

Nach der Kettenregel ist die Ableitung von y^3 nach x gleich $3y^2y'$. Nach der Produktregel ist die Ableitung von $3x^2y$ gleich $6xy + 3x^2y'$. Daher ergibt die Differentiation von $(*)$

$$3y^2y' + 6xy + 3x^2y' = 0 \tag{7.1.4}$$

Auflösen dieser Gleichung nach y' ergibt:

$$y' = \frac{-6xy}{3x^2 + 3y^2} = \frac{-2xy}{x^2 + y^2} \tag{7.1.5}$$

Für $x = 2$ und $y = 1$ erhalten wir $y' = -4/5$, was mit Abb. 7.1.2 übereinstimmt.[1]

[1] Siehe auch Abb. 5.4.3.

Die Beispiele 7.1.1 und 7.1.2 illustrieren die folgende allgemeine Methode.

Implizites Differenzieren

Wenn zwei Variablen x und y durch eine Gleichung in Beziehung stehen, erhalten Sie y' so:

(i) Differenzieren Sie jede Seite der Gleichung nach x, betrachten Sie dabei y als Funktion von x.

(ii) Lösen Sie die resultierende Gleichung nach y' auf.

Wir bemerken, dass gewöhnlich in Schritt (i) die Kettenregel benutzt werden muss.

Kapitel 7.2 enthält zahlreiche ökonomische Beispiele dieses Verfahrens. Eine besonders wichtige Anwendung dieser Methode findet sich in Kap. 9, in dem wir für Optimierungsprobleme, deren Parameter sich ändern, untersuchen, wie diese Änderungen die Lösung beeinflussen.

Beispiel 7.1.3

Die Gleichung $x^2y^3 + (y+1)e^{-x} = x+2$ definiert y als eine differenzierbare Funktion von x in einer Umgebung von $(x, y) = (0, 1)$. Berechnen Sie y' in diesem Punkt.

Lösung: Implizite Differentiation nach x ergibt

$$2xy^3 + x^2 3y^2 y' + y'e^{-x} + (y+1)(-e^{-x}) = 1$$

Einsetzen von $x = 0$ und $y = 1$ ergibt $y' + 2(-1) = 1$, woraus $y' = 3$ folgt.

Beispiel 7.1.4

Nehmen Sie an, dass y durch die Gleichung

$$g(xy^2) = xy + 1 \qquad (*)$$

implizit als Funktion von x definiert wird, wobei g eine gegebene differenzierbare Funktion einer Variablen ist. Bestimmen Sie einen Ausdruck für y'.

Lösung: Wir differenzieren jede Seite der Gleichung nach x, wobei wir y als Funktion von x betrachten. Die Ableitung von $g(xy^2)$ nach x ist $g'(xy^2)(y^2 + x2yy')$. Differenzieren von $(*)$ ergibt somit $g'(xy^2)(y^2 + x2yy') = y + xy'$. Auflösen nach y' ergibt:

$$y' = \frac{y\left[yg'(xy^2) - 1\right]}{x\left[1 - 2yg'(xy^2)\right]}$$

Beispiel 7.1.5

Nehmen Sie an, dass eine Person zu entscheiden hat, wieviel von ihrem gegenwärtigen Einkommen sie für zukünftigen Konsum sparen will.[2] In den Wirtschaftswissenschaften ist es üblich anzunehmen, dass eine Funktion, $u(c)$, definiert auf den

[2] Beispiel 9.5.4 wird dieses Problem weiter untersuchen.

positiven reellen Zahlen, den Wert misst, den ein Verbraucher aus dem Konsum c in einer gegebenen Periode hat. Wenn sie c_t im Jahr t konsumiert, ist ihr „momentaner Nutzen" gleich $u(c_t)$. Ökonomen nehmen gewöhnlich an, dass das Individuum ungeduldig ist, in dem Sinne, dass es gegenwärtigen Konsum höher bewertet als zukünftigen Konsum. Wir nehmen der Einfachheit halber an, dass das Individuum nur für zwei Perioden lebt, die wir „Gegenwart" und „Zukunft" nennen. Dann modellieren wir ihren „intertemporalen Nutzen" als

$$u(c_1) + \beta u(c_2) \tag{7.1.6}$$

Hier ist β ein konstanter Parameter mit $0 \le \beta \le 1$. Ihre Differenz zu 1 misst die Ungeduld des Individuums. Ökonomen nennen die Zahl β den „Diskontierungsfaktor" des Individuums.

Offensichtlich wird vermehrtes Sparen den gegenwärtigen Konsum, bezeichnet mit c_1, reduzieren. Um wieviel muss sich ihr zukünftiger Konsum c_2 ändern, damit ihr intertemporaler Nutzen, gegeben durch (7.1.6), konstant bleibt? Nehmen Sie an, dass ohne irgendeine Änderung im Sparen ihr intertemporales Nutzenniveau $\bar{U}$ wäre. Um unsere frühere Notation beizubehalten, setzen wir $x = c_1$ und $y = c_2$. Es folgt, dass y implizit als Funktion von x definiert ist durch

$$u(x) + \beta u(y) = \bar{U} \tag{7.1.7}$$

Die Frage, die wir gestellt haben, ist, um wieviel sich y ändern muss, wenn x sich ändert. Unter der Annahme, dass die Änderung Δx in x klein ist, ist die approximative Änderung in y gegeben durch $y' \cdot \Delta x$. Um y' zu bestimmen, differenzieren wir jede Seite von (7.1.7) nach x und erhalten:

$$u'(x) + \beta u'(y)y' = 0$$

Dies impliziert:

$$y' = -\frac{u'(x)}{\beta u'(y)} \tag{7.1.8}$$

Es ist normal, anzunehmen, dass $u'(c) > 0$ für alle c, so dass das Individuum es vorzieht, mehr zu konsumieren. Unter dieser Annahme ist $y' < 0$, was so ist, wie es sein sollte: Wenn der gegenwärtige Konsum der Person *abnimmt*, dann *muss* ihr zukünftiger Konsum *zunehmen*, wenn sie indifferent bleiben soll. Der Quotient $u'(x)/u'(y)$ ist ein Beispiel dafür, was in den Wirtschaftswissenschaften als „Grenzrate der Substitution" bekannt ist, in diesem Beispiel zwischen gegenwärtigem und zukünftigem Konsum. Im Fall $x = y$ oder $c_1 = c_2$ ist diese Grenzrate der Substitution $1/\beta$. Im Fall $0 < \beta < 1$ und somit $1/\beta > 1$ misst also diese Grenzrate der Substitution, wieviel mehr Wert im Grenzfall dem gegenwärtigem Konsum gegenüber dem zukünftigen Konsum beigemessen wird in jedem Punkt, in dem Konsum in beiden Zeitperioden gleich groß ist. Dieses Konzept wird genauer in Kap. 15.3 untersucht.

Die zweite Ableitung implizit definierter Funktionen

Die folgenden Beispiele zeigen, wie die zweite Ableitung einer Funktion zu berechnen ist, die implizit durch eine Gleichung wie (7.1.1) definiert ist.

Beispiel 7.1.6

Berechnen Sie y'', wenn y implizit als eine Funktion von x gegeben ist durch $xy = 5$.

Lösung: In Beispiel 7.1.1 haben wir durch implizite Differentiation herausgefunden, dass $y + xy' = 0$ und somit $y' = -y/x$ für alle $x \neq 0$. Erneute implizite Differentiation der Gleichung $y + xy' = 0$ nach x, unter Beachtung, dass y und y' beide von x abhängen, ergibt $y' + y' + xy'' = 0$ und somit $y'' = -2y'/x$. Einsetzen von $y' = -y/x$ ergibt $y'' = 2y/x^2$.

Wir sehen: Wenn $y > 0$, dann ist $y'' > 0$. Dies stimmt mit Abb. 7.1.1 überein, da der Graph nach oben gekrümmt ist. Da $y = 5/x$ ist, erhalten wir auch $y'' = 10/x^3$.

Um y'' zu bestimmen, können wir auch mit der Formel $y' = -y/x$ starten, die als (7.1.3) in Beispiel 7.1.1 vorkam. Wir wenden die Quotientenregel an, um diesen Bruch nach x zu differenzieren. Unter erneuter Beachtung, dass y von x abhängt, erhalten wir:[3]

$$y'' = \frac{d}{dx}\left(\frac{-y}{x}\right) = -\frac{y'x - y}{x^2} = -\frac{(-y/x)x - y}{x^2} = \frac{2y}{x^2}$$

Beispiel 7.1.7

Bestimmen Sie für die Funktion, die in Beispiel 7.1.2 implizit durch die Gleichung $y^3 + 3x^2y = 13$ definiert war, y'' im Punkt $(2, 1)$.

Lösung: Der einfachste Weg ist, jede Seite der Gleichung (7.1.4) nach x zu differenzieren. Die Ableitung von $3y^2y'$ nach x ist $(6yy')y' + 3y^2y'' = 6y(y')^2 + 3y^2y''$. Die zwei anderen Terme werden auf die gleiche Art differenziert und wir erhalten

$$6y(y')^2 + 3y^2y'' + 6y + 6xy' + 6xy' + 3x^2y'' = 0$$

Setzen Sie jetzt $x = 2$, $y = 1$ und den Wert $y' = -4/5$ ein, den wir bereits in Beispiel 7.1.2 erhalten haben. Auflösen der resultierenden Gleichung ergibt $y'' = 78/125$.

Ein offensichtlicher alternativer Ansatz ist es, den Bruch auf der rechten Seite von (7.1.5) nach x zu differenzieren.

Beispiel 7.1.8

Erinnern Sie das intertemporale Nutzenproblem, das in Beispiel 7.1.5 untersucht wurde. Die Paare (x, y), die Gleichung (7.1.7) erfüllen, sind die Kombinationen von gegenwärtigem und zukünftigem Konsum, für die der intertemporale Nutzen der Person konstant bleibt. Der Graph all dieser Paare ist bekannt als die *Indifferenzkurve*, die in Abb. 7.1.3 dargestellt ist.

Gleichung (7.1.8) sagt $y' = -u'(x)/\beta u'(y)$, so dass $y' < 0$. Dies sagt uns, dass die Indifferenzkurve abwärts geneigt ist. Ferner ist, wie in Beispiel 7.1.5 erörtert, der Absolutbetrag ihrer Steigung in jedem Punkt (a, b), gegeben durch $|y'| = u'(a)/\beta u'(b)$, die Grenzrate der Substitution in jenem Punkt.

Wir können jetzt das Vorzeichen von y'' bestimmen, das uns mehr über die Gestalt der Indifferenzkurve erzählen kann. In der Tat: Differentiation der Gleichung $y' =$

[3] In diesem einfachen Fall können wir die Antwort direkt überprüfen. Da $y = 5x^{-1}$ und $y' = -5x^{-2}$, erhalten wir $y'' = 10x^{-3}$.

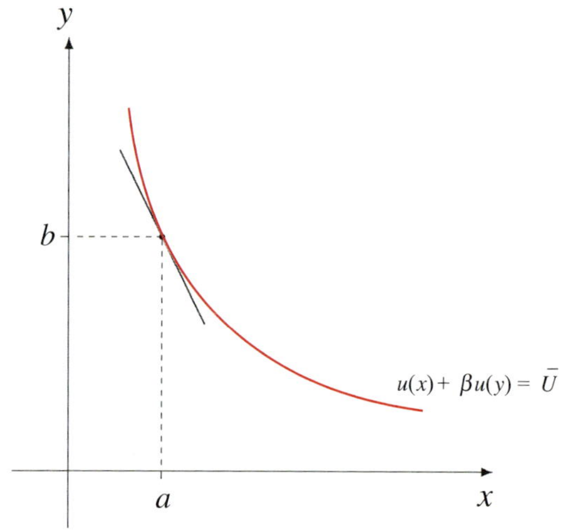

Abbildung 7.1.3: Eine Indifferenzkurve

$-u'(x)/\beta u'(y)$ nach x ergibt:

$$y'' = -\frac{u'(y)u''(x) - u'(x)u''(y)y'}{\beta[u'(y)]^2} = -\frac{1}{\beta[u'(y)]^2}\left(u'(y)u''(x) + \frac{[u'(x)]^2}{\beta u'(y)}u''(y)\right) \qquad (*)$$

Dabei haben wir $y' = -u'(x)/\beta u'(y)$ ein zweites Mal benutzt, um y' zu ersetzen.

Ökonomen nehmen normalerweise an, dass die erste Ableitung von u, obwohl positiv, abfallend ist. Die Idee ist, dass jede zusätzliche Einheit des Konsums der Person einen kleineren Zuwachs im Nutzen gibt als die vorhergehende. Diese Annahme kann ausgedrückt werden durch $u''(c) < 0$ für alle $c > 0$. Dies impliziert, dass in $(*)$ sowohl $u''(x) < 0$ als auch $u''(y) < 0$, so dass $y'' > 0$.

Abbildung 7.1.3 zeigt eine typische Indifferenzkurve, wie auch die Tangente an die Kurve im Punkt (a, b). Die Steigung der Tangente ist y', gegeben durch Gleichung (7.1.8). Der Absolutbetrag dieser Steigung ist die Grenzrate der Substitution. Im Kontext dieses Beispiels wird es „intertemporale" Grenzrate der Substitution zwischen gegenwärtigem und zukünftigem Konsum genannt.

Gleichung $(*)$ sagt uns, dass $y'' > 0$, so dass y' monoton wachsend ist. Da $y' < 0$, folgt dass der Absolutbetrag von y' fällt, wenn x wächst. Dies korrespondiert mit der Tatsache, dass die Indifferenzkurve flacher wird, wenn man sich nach unten und nach rechts bewegt. Die ökonomische Interpretation ist, dass der Zuwachs in zukünftigem Konsum, der nötig ist, ein Opfer im gegenwärtigen Konsum zu kompensieren, um so niedriger ist, je höher der gegenwärtige Konsum der Person ist.

Aufgaben für Kapitel 7.1

1. Bestimmen Sie y' durch implizites Differenzieren, wenn $3x^2 + 2y = 5$. Überprüfen Sie Ihre Lösung, indem Sie die Gleichung nach y auflösen und dann differenzieren.

→ Fortsetzung

2. Bestimmen Sie dy/dx und d^2y/dx^2 durch implizites Differenzieren, wenn $x^2y = 1$. Überprüfen Sie Ihre Lösung, indem Sie die Gleichung nach y auflösen und dann differenzieren.

3. Bestimmen Sie dy/dx und d^2y/dx^2 durch implizites Differenzieren, wenn

(a) $x - y + 3xy = 2$ (b) $y^5 = x^6$

4. Eine Kurve in der uv-Ebene sei gegeben durch $u^2 + uv - v^3 = 0$. Berechnen Sie dv/du durch implizites Differenzieren. Bestimmen Sie den Punkt (u, v) auf der Kurve, in dem $dv/du = 0$ und $u \neq 0$ ist.

5. Nehmen Sie an, dass y eine differenzierbare Funktion von x ist, die die Gleichung $2x^2 + 6xy + y^2 = 18$ erfüllt. Bestimmen Sie y' und y'' im Punkt $(x, y) = (1, 2)$.

6. Beantworten Sie für jede der folgenden Gleichungen die Frage: Wenn $y = f(x)$ eine differenzierbare Funktion ist, die die Gleichung erfüllt, was ist dann y'? Hier ist a eine positive Konstante.

(a) $x^2 + y^2 = a^2$ (b) $\sqrt{x} + \sqrt{y} = \sqrt{a}$ (c) $x^4 - y^4 = x^2y^3$ (d) $e^{xy} - x^2y = 1$

7. Betrachten Sie die Kurve $2xy - 3y^2 = 9$.

(a) Bestimmen Sie die Steigung der Tangente im Punkt $(x, y) = (6, 1)$.

(b) Berechnen Sie auch die zweite Ableitung in diesem Punkt.

8. Nehmen Sie in jeder folgenden Gleichung an, dass g eine gegebene differenzierbare Funktion einer Variablen ist. Nehmen Sie an, dass die Gleichung y implizit als eine Funktion von x definiert. Bestimmen Sie jeweils einen Ausdruck für y'.

(a) $xy = g(x) + y^3$ (b) $g(x + y) = x^2 + y^2$ (c) $(xy + 1)^2 = g(x^2y)$

9. Nehmen Sie an, dass F eine differenzierbare Funktion einer Variablen mit $F(0) = 0$ und $F'(0) \neq -1$ ist. Nehmen Sie weiter an, dass y implizit als eine differenzierbare Funktion von x definiert ist durch die Gleichung

$$x^3F(xy) + e^{xy} = x$$

Bestimmen Sie einen Ausdruck für y' im Punkt $(x, y) = (1, 0)$.

10. Die in Abb. 7.1.4 gezeigte elegante Kurve ist als *Lemniskate* bekannt. Ende des 17. Jahrhunderts entdeckte der Schweizer Mathematiker Johann Bernoulli (1667–1748), dass sie der Graph der Gleichung

$$(x^2 + y^2)^2 = a^2(x^2 - y^2)$$

ist, wobei a eine positive Konstante ist.

(a) Bestimmen Sie die Steigung der Tangente an diese Kurve in einem Punkt (x, y), in dem $y \neq 0$ ist.

(b) Bestimmen Sie diejenigen Punkte auf der Kurve, in denen die Tangente parallel zur x-Achse ist.

→

➡ Fortsetzung

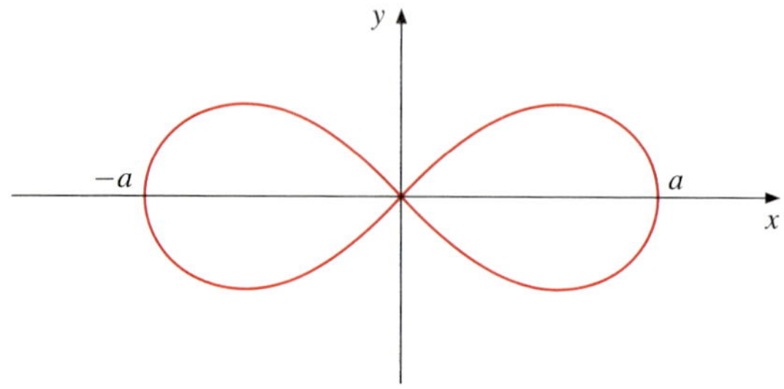

Abbildung 7.1.4: Eine Lemniskate

► Lösungen zu den Aufgaben finden Sie im Anhang des Buches.

7.2 Ökonomische Beispiele

Nur wenige mathematische Techniken sind in den Wirtschaftswissenschaften wichtiger als implizites Differenzieren, da so viele Funktionen in ökonomischen Modellen implizit durch eine Gleichung oder durch ein System von Gleichungen definiert werden. Oft haben die Variablen andere Namen als x und y, so dass es nötig ist, das Differenzieren von Gleichungen mit anderen Namen für die Variablen zu üben.

Beispiel 7.2.1

Beispiel 3.2.1 präsentierte ein makroökonomisches Standardmodell zur Bestimmung des Volkseinkommens. Die etwas verallgemeinerte Version in Beispiel 4.5.2 besteht aus zwei Gleichungen: (i) $Y = C + \bar{I}$ und (ii) $C = f(Y)$. Hier sagt Gl. (i) aus, dass BIP, hier mit Y bezeichnet, sich aufteilt in den Konsum C und die Investition $\bar{I}$. Letztere wird als exogene Konstante angenommen. Andererseits ist Gl. (ii), die in Beispiel 4.5.2 präsentierte verallgemeinerte Konsumfunktion. Wir nehmen an, dass $f'(Y)$, die *Grenzneigung zum Konsum*, zwischen 0 und 1 liegt.

(a) Betrachten Sie zunächst den Spezialfall, in dem $C = f(Y) = 95.05 + 0.712\,Y$, wie in Haavelmo's Schätzung der Konsumfunktion, die in Beispiel 4.5.2 diskutiert wurde. Nutzen Sie Gleichung (i) und (ii), um in diesem Fall Y in Abhängigkeit von $\bar{I}$ zu bestimmen.

(b) Die Rückkehr zum Fall der allgemeinen Funktion $f(Y)$ und Einsetzen des Ausdrucks für C von (ii) in (i) ergibt $Y = f(Y) + \bar{I}$. Nehmen Sie an, dass diese Gleichung Y als eine differenzierbare Funktion von $\bar{I}$ definiert. Bestimmen Sie einen Ausdruck für $\mathrm{d}Y/\mathrm{d}\bar{I}$.

(c) Nehmen Sie an, dass $f''(Y)$ existiert und bestimmen Sie $Y'' = \mathrm{d}^2Y/\mathrm{d}\bar{I}^2$.

Lösung:

(a) In diesem Spezialfall ist $Y = 95.05 + 0.712\,Y + \bar{I}$. Auflösen nach Y ergibt

$$Y = (95.05 + \bar{I})/(1 - 0.712) \approx 3.47\,\bar{I} + 330.03$$

Insbesondere ist $\mathrm{d}Y/\mathrm{d}\bar{I} \approx 3.47$. Dies zeigt an, dass ein Zuwachs von $\bar{I}$ um 1 Milliarde Euro zu einem Zuwachs im BIP von ungefähr 3.47 Milliarden Euro führt.

(b) Differenzieren von $Y = f(Y) + \bar{I}$ nach $\bar{I}$ unter Benutzung der Kettenregel ergibt

$$\frac{\mathrm{d}Y}{\mathrm{d}\bar{I}} = f'(Y)\frac{\mathrm{d}Y}{\mathrm{d}\bar{I}} + 1 \qquad \text{oder äquivalent} \qquad \frac{\mathrm{d}Y}{\mathrm{d}\bar{I}}[1 - f'(Y)] = 1 \tag{7.2.1}$$

Auflösen nach $\mathrm{d}Y/\mathrm{d}\bar{I}$ ergibt

$$\frac{\mathrm{d}Y}{\mathrm{d}\bar{I}} = \frac{1}{1 - f'(Y)} \tag{7.2.2}$$

Wenn z. B. $f'(Y) = 1/2$, dann ist $\mathrm{d}Y/\mathrm{d}\bar{I} = 2$. Wenn $f'(Y) = 0.712$ wie in (a), dann ist $\mathrm{d}Y/\mathrm{d}\bar{I} \approx 3.47$. Im Allgemeinen impliziert die Annahme, dass $f'(Y)$ zwischen 0 und 1 liegt, dass auch $1 - f'(Y)$ zwischen 0 und 1 liegt. Daher ist $1/[1 - f'(Y)]$ immer größer als 1. In diesem Modell wird daher ein Zuwachs in der Investition um eine Milliarde Euro immer zu einem Zuwachs des BIP führen, der größer als eine Milliarde Euro ist. Außerdem gilt: Je größer $f'(Y)$, die Grenzneigung zum Konsum, desto kleiner ist $1 - f'(Y)$ und desto größer ist $\mathrm{d}Y/\mathrm{d}\bar{I}$.

(c) Um Y'' zu finden, differenzieren wir die erste Gleichung in (7.2.1) implizit nach $\bar{I}$. Die Ableitung von $f'(Y)$ nach $\bar{I}$ ist $f''(Y)(\mathrm{d}Y/\mathrm{d}\bar{I})$. Die Ableitung des Produkts $f'(Y)(\mathrm{d}Y/\mathrm{d}\bar{I})$ nach $\bar{I}$ ergibt

$$\frac{\mathrm{d}}{\mathrm{d}\bar{I}}\left(f'(Y)\frac{\mathrm{d}Y}{\mathrm{d}\bar{I}}\right) = f''(Y)\frac{\mathrm{d}Y}{\mathrm{d}\bar{I}}\frac{\mathrm{d}Y}{\mathrm{d}\bar{I}} + f'(Y)\frac{\mathrm{d}^2Y}{\mathrm{d}\bar{I}^2}$$

Die gesuchte Ableitung erfüllt daher:

$$\frac{\mathrm{d}^2Y}{\mathrm{d}\bar{I}^2} = f''(Y)\left(\frac{\mathrm{d}Y}{\mathrm{d}\bar{I}}\right)^2 + f'(Y)\frac{\mathrm{d}^2Y}{\mathrm{d}\bar{I}^2} \tag{7.2.3}$$

Es folgt aus (7.2.3) und dann (7.2.2), dass

$$\frac{\mathrm{d}^2Y}{\mathrm{d}\bar{I}^2} = \frac{f''(Y)}{[1 - f'(Y)]}\left(\frac{\mathrm{d}Y}{\mathrm{d}\bar{I}}\right)^2 = \frac{f''(Y)}{[1 - f'(Y)]^3}$$

Beispiel 7.2.2

Nehmen Sie an, dass in dem linearen Angebots- und Nachfragemodell in Beispiel 4.5.4 dem Verbraucher eine Steuer von τ pro Einheit auferlegt wird, so dass der Preis von P auf $P + \tau$ steigt. Dann ist

$$D = a - b(P + \tau)\,, \qquad S = \alpha + \beta P \tag{7.2.4}$$

Hier sind a, b, α und β positive Konstanten. Der Gleichgewichtspreis wird bestimmt, indem man Angebot und Nachfrage gleichsetzt, so dass

$$a - b(P + \tau) = \alpha + \beta P \tag{7.2.5}$$

(a) Gleichung (7.2.5) definiert den Preis P implizit als eine Funktion der Steuer τ. Berechnen Sie $\mathrm{d}P/\mathrm{d}\tau$ durch implizite Differentiation. Wie ist das Vorzeichen?

Wie ist das Vorzeichen von $\frac{d}{d\tau}(P+\tau)$? Überprüfen Sie das Resultat, indem Sie die Gleichung (7.2.5) zunächst nach P auflösen und dann $dP/d\tau$ explizit bestimmen.

(b) Berechnen Sie die Steuereinnahmen T als Funktion von τ. Für welchen Wert von τ nimmt die quadratische Funktion T ihr Maximum an?

(c) Verallgemeinern Sie das Modell, indem Sie annehmen, dass $D = f(P+\tau)$ und $S = g(P)$, wobei f und g differenzierbare Funktionen mit $f' < 0$ und $g' > 0$ sind. Die Gleichgewichtsbedingung $f(P+\tau) = g(P)$ definiert P implizit als eine differenzierbare Funktion von τ. Bestimmen Sie einen Ausdruck für $dP/d\tau$ durch implizite Differentiation. Illustrieren Sie dies grafisch.

Lösung:

(a) Differenzieren von (7.2.5) nach τ ergibt:

$$-b\left(\frac{dP}{d\tau}+1\right) = \beta\frac{dP}{d\tau}$$

Lösen dieser Gleichung ergibt:

$$\frac{dP}{d\tau} = \frac{-b}{b+\beta}$$

Wir sehen, dass $dP/d\tau$ negativ ist. Da P der vom Hersteller erzielte Preis ist, wird dieser Preis fallen, wenn die Steuerrate τ steigt. Aber $P+\tau$ ist der vom Konsumenten zu zahlende Preis. Weil

$$\frac{d}{d\tau}(P+\tau) = \frac{dP}{d\tau}+1 = \frac{-b}{b+\beta}+1 = \frac{-b+b+\beta}{b+\beta} = \frac{\beta}{b+\beta}$$

ist, sehen wir, dass $0 < d(P+\tau)/d\tau < 1$. Das heißt, dass der Verbraucherpreis $P+\tau$ steigt, jedoch ist der Preisanstieg geringer als der Steueranstieg.

Wenn wir (7.2.5) nach P auflösen, erhalten wir

$$P = \frac{a-\alpha-b\tau}{b+\beta} = \frac{a-\alpha}{b+\beta} - \frac{b}{b+\beta}\tau$$

Diese Gleichung zeigt, dass der Herstellergleichgewichtspreis P eine lineare Funktion von τ, der Steuer pro Einheit, ist mit der Steigung $-b/(b+\beta)$.

(b) Die gesamten Steuereinnahmen sind $T = S\tau = (\alpha+\beta P)\tau$, wobei P der Gleichgewichtspreis ist. Daher ist

$$T = \left[\alpha+\beta\left(\frac{a-\alpha}{b+\beta}-\frac{b}{b+\beta}\tau\right)\right]\tau = \frac{-b\beta}{b+\beta}\tau^2 + \frac{a\beta+\alpha b}{b+\beta}\tau$$

Der Analysis in Kap. 4.6 folgend hat diese quadratische Funktion ihr Maximum an der Stelle $\tau = (\alpha b+\beta a)/2b\beta$.

(c) Differenzieren der Gleichung $f(P+\tau) = g(P)$ nach τ ergibt

$$f'(P+\tau)\left(\frac{dP}{d\tau}+1\right) = g'(P)\frac{dP}{d\tau} \tag{7.2.6}$$

Auflösen nach $\mathrm{d}P/\mathrm{d}\tau$ ergibt

$$\frac{\mathrm{d}P}{\mathrm{d}\tau} = \frac{f'(P+\tau)}{g'(P) - f'(P+\tau)}$$

Da $f' < 0$ und $g' > 0$ ist, sehen wir, dass auch in diesem Fall $\mathrm{d}P/\mathrm{d}\tau$ negativ ist. Ferner ist

$$\frac{\mathrm{d}}{\mathrm{d}\tau}(P+\tau) = \frac{\mathrm{d}P}{\mathrm{d}\tau} + 1 = \frac{f'(P+\tau)}{g'(P) - f'(P+\tau)} + 1 = \frac{g'(P)}{g'(P) - f'(P+\tau)}$$

Dies impliziert, dass $0 < \mathrm{d}(P+\tau)/\mathrm{d}\tau < 1$.

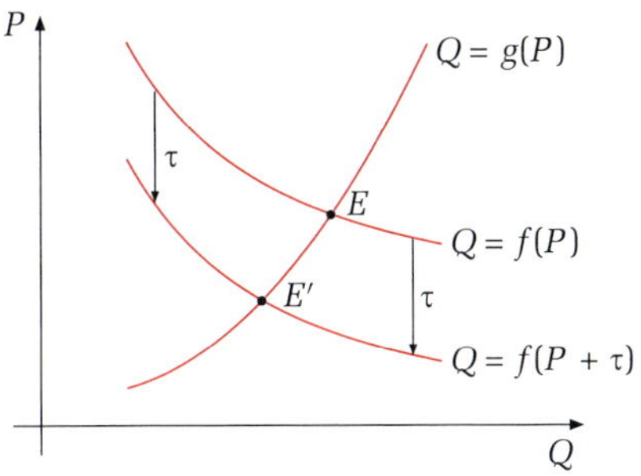

Abbildung 7.2.1: Verschiebung der Nachfragekurve

Abbildung 7.2.1 zeigt einen Graphen, der diese Antwort illustriert. Wie in den Wirtschaftswissenschaften üblich, tragen wir auf der horizontalen Achse die Menge und auf der vertikalen Achse den Preis ab. Die Nachfragekurve, mit der Steuer im Preis einbezogen, wird dargestellt durch die Kurve $Q = f(P+\tau)$. Man erhält den zugehörigen Graphen, indem man den Graphen von $Q = f(P)$, der auch der Graph der inversen Nachfragekurve $P = f^{-1}(Q)$ ist, um τ Einheiten nach unten verschiebt. Der verschobene Graph ist der von $P = f^{-1}(Q) - \tau$, der auch der Graph von $Q = f(P+\tau)$ ist.

Die Abbildung bestätigt: Wenn die Steuer τ steigt, ist das neue Gleichgewicht in E', wo die neue Menge kleiner als E ist. Das gleiche gilt für den Preis, den die Anbieter erhalten. Trotzdem steigt der Preis $P+\tau$, der von den Käufern zu zahlen ist, weil die Abnahme in P kleiner als die Zunahme in τ ist.

Aufgaben für Kapitel 7.2

1. Nach einer Studie stand im Zeitraum 1925–1937 in Stockholm die Nachfrage Q nach Butter zum Preis P durch die Gleichung $Q \cdot P^{1/2} = 38$ in Beziehung. Bestimmen Sie $\mathrm{d}Q/\mathrm{d}P$ durch implizites Differenzieren. Überprüfen Sie die Antwort, indem Sie eine alternative Methode zur Berechnung der Ableitung verwenden.

2. Betrachten Sie ein den Gewinn maximierendes Unternehmen, das ein einziges Gut produziert. Wenn das Unternehmen einen festen Preis pro verkaufter Einheit erhält, ist der Gewinn aus Q verkauften Einheiten $\pi(Q) = PQ - C(Q)$, wobei $C(Q)$ die Kostenfunktion ist. Nehmen Sie an, dass $C'(Q) > 0$ und $C''(Q) > 0$. In Beispiel 9.5.1 wird

→ Fortsetzung

gezeigt, dass $Q = Q^* > 0$ den Gewinn maximiert, vorausgesetzt, dass

$$P = C'(Q^*)\,. \tag{$*$}$$

Somit sind im Optimum die Grenzkosten gleich dem Preis pro Einheit.

(a) Bestimmen Sie durch implizites Differenzieren von $(*)$ nach P einen Ausdruck für $\mathrm{d}Q^*/\mathrm{d}P$.

(b) Kommentieren Sie das Vorzeichen von $\mathrm{d}Q^*/\mathrm{d}P$.

3. Betrachten Sie die Gleichung $AP^{-\alpha}r^{-\beta} = S$, wobei A, α, β und S positive Konstanten sind. Die linke Seite der Gleichung drückt die Nachfrage nach einem Gut als eine monoton fallende Funktion sowohl des Preises P als auch der Zinsrate r aus. Im Gleichgewicht muss diese Nachfrage gleich einer festen Größe des Angebots S sein.

(a) Bilden Sie auf beiden Seiten den natürlichen Logarithmus und bestimmen Sie $\mathrm{d}P/\mathrm{d}r$ durch implizites Differenzieren.

(b) Wie reagiert der Gleichgewichtspreis auf einen Anstieg der Zinsrate?

4. Eine Erweiterung des Standardmodells der Makroökonomie in Beispiel 7.2.1 auf eine für internationalen Handel offene Wirtschaft ergibt:

(i) $Y = C + \bar{I} + \bar{X} - M$, (ii) $C = f(Y)$, (iii) $M = g(Y)$.

Hier ist $\bar{X}$ eine exogene Konstante, die die Exporte bezeichnet, während M das Volumen der Importe bezeichnet. Die Konsumfunktion f in (ii) erfüllt $0 < f'(Y) < 1$. Die Funktion g in (iii) wird *Importfunktion* genannt und es wird $0 < g'(Y) < f'(Y)$ angenommen.

(a) Setzen Sie (ii) und (iii) ein in (i), um eine Gleichung zu erhalten, die Y als Funktion der exogenen Investition $\bar{I}$ definiert.

(b) Bestimmen Sie einen Ausdruck für $\mathrm{d}Y/\mathrm{d}\bar{I}$ durch implizites Differenzieren. Diskutieren Sie das Vorzeichen von $\mathrm{d}Y/\mathrm{d}\bar{I}$.

(c) Bestimmen Sie einen Ausdruck für $\mathrm{d}^2Y/\mathrm{d}\bar{I}^2$.

5. Bestimmen Sie einen Ausdruck für $\mathrm{d}^2P/\mathrm{d}\tau^2$ in Teil (c) von Beispiel 7.2.2, indem Sie Gleichung (7.2.6) nach τ differenzieren.

6. In Beispiel 7.2.2 haben wir ein Angebot- und Nachfragemodell untersucht, in dem die Konsumenten eine Steuer bezahlen müssen. Nehmen Sie stattdessen jetzt an, dass die Produzenten eine Steuer pro verkaufter Einheit zu zahlen haben, die gleich einem Anteil τ des erzielten Verkaufspreises P ist, wobei $0 < \tau < 1$ ist. Dies impliziert, dass die Gleichgewichtsbedingung mit Steuer jetzt wie folgt ist:

$$f(P) = g(P - \tau P) \tag{$*$}$$

Wir nehmen an, dass $f' < 0$ und $g' > 0$.

(a) Differenzieren Sie $(*)$ bezüglich τ und finden Sie einen Ausdruck für $\mathrm{d}P/\mathrm{d}\tau$.

(b) Bestimmen Sie das Vorzeichen von $\mathrm{d}P/\mathrm{d}\tau$ und geben Sie dafür eine ökonomische Interpretation.

► Lösungen zu den Aufgaben finden Sie im Anhang des Buches.

7.3 Ableitung der Inversen

Kapitel 5.3 bot eine Einführung von inversen Funktionen. Wie dort erklärt: Wenn f eine umkehrbar eindeutige Funktion ist, die auf einem Intervall I definiert ist, dann hat sie eine inverse Funktion g, die auf dem Wertebereich $f(I)$ von f definiert ist. Welche Beziehung besteht zwischen den Ableitungen von f und g? Hier ist ein einfaches Beispiel.

Beispiel 7.3.1

Vorausgesetzt, dass $a \neq 0$, sind die beiden linearen Funktionen $f(x) = ax + b$ und $g(x) = (x - b)/a$ Inverse zueinander, wie Sie verifizieren können. Die Graphen sind Geraden, die symmetrisch zur Geraden $y = x$ sind. Die Steigungen sind a bzw. $1/a$. Schauen Sie noch einmal zurück auf Abb. 5.3.3 und beachten Sie, dass dieses Resultat bestätigt wird, denn dort ist die Steigung von f gleich 4 und die Steigung von g ist $1/4$.

Allgemeiner: Erinnern Sie: Wenn f und g Inverse zueinander sind, dann gilt für alle x aus I:

$$g\big(f(x)\big) = x \tag{7.3.1}$$

Durch implizites Differenzieren, *vorausgesetzt, dass* f und g beide differenzierbar sind, können wir sehr leicht die Beziehung zwischen den Ableitungen von f und g finden. In der Tat: Differenzieren von (7.3.1) nach x ergibt $g'\big(f(x)\big)f'(x) = 1$. Für jedes x mit $f'(x) \neq 0$ gilt daher $g'(f(x)) = 1/f'(x)$.

Die wichtigsten Eigenschaften inverser Funktionen werden im folgenden Theorem zusammengefasst. Erinnern Sie, dass ein Punkt eines Intervalls genau dann ein *innerer Punkt* ist, wenn er *nicht* einer der beiden Endpunkte des Intervalls ist.

Theorem 7.3.1 (Inverse Funktionen)

Wenn f differenzierbar und strikt monoton wachsend (oder strikt monoton fallend) in einem Intervall I ist, dann hat f eine inverse Funktion g, die strikt monoton wachsend (strikt monoton fallend) im Intervall $f(I)$ ist. Wenn außerdem x_0 ein innerer Punkt von I und $f'(x_0) \neq 0$ ist, dann ist g differenzierbar in $y_0 = f(x_0)$ und

$$g'(y_0) = \frac{1}{f'(x_0)} \tag{7.3.2}$$

Formel (7.3.2) wird wie folgt angewendet, um die Ableitung von g in einem Punkt y_0 zu finden. Bestimmen Sie, wenn möglich, zunächst den Punkt x_0 in I, für den $f(x_0) = y_0$ ist. Berechnen Sie anschließend $f'(x)$ und bestimmen Sie $f'(x_0)$. Wenn $f'(x_0) \neq 0$ ist, dann hat g eine Ableitung in y_0, die durch $g'(y_0) = 1/f'(x_0)$ gegeben ist. Eine Implikation von (7.3.2) ist, dass f' und g' dasselbe Vorzeichen haben müssen. Also: Wenn f strikt monoton wachsend (fallend) ist, dann ist g strikt monoton wachsend (fallend) und umgekehrt.

Die geometrische Interpretation von Formel (7.3.2) wird in Abb. 7.3.1 gezeigt, wo f und g Inverse zueinander sind. Die Koordinaten von P sind $(x_0, y_0))$, während Q der

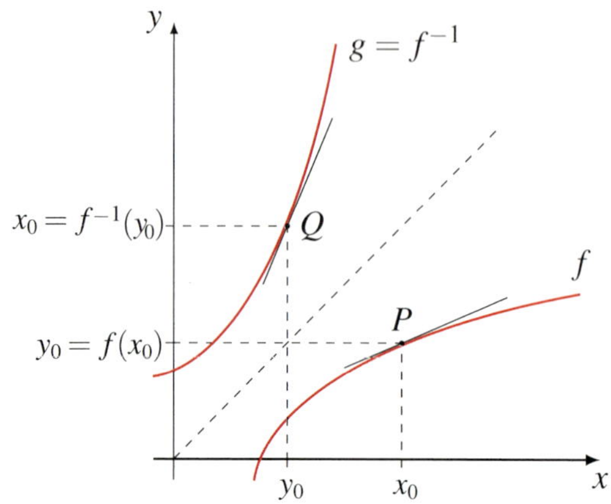

Abbildung 7.3.1: Die Steigung in P ist y′ und die Steigung in Q ist 1/y′

Punkt (y_0, x_0) ist. Die Steigung der Tangente in P sei $y' = f'(x_0)$. Dann ist die Steigung der Tangente in Q gleich $g'(y_0)) = 1/y'$.

Beispiel 7.3.2

Die Funktion f sei für alle reellen x definiert durch die Formel $f(x) = x^5 + 3x^3 + 6x - 3$. Zeigen Sie, dass f eine inverse Funktion g hat. Gegeben sei $f(1) = 7$. Verwenden Sie Formel (7.3.2), um $g'(7)$ zu bestimmen.

Lösung: Differenzieren von $f(x)$ ergibt $f'(x) = 5x^4 + 9x^2 + 6$. Offensichtlich ist $f'(x) > 0$ für alle x, so dass f strikt monoton wachsend und folglich umkehrbar eindeutig ist. Sie hat daher eine inverse Funktion g. Um $g'(7)$ zu bestimmen, verwenden wir Formel (7.3.2) mit $x_0 = 1$ und $y_0 = 7$. Da $f'(1) = 20$ ist, erhalten wir $g'(7) = 1/f'(1) = 1/20$. Beachten Sie, dass wir $g'(7)$ exakt bestimmt haben, obwohl es unmöglich ist, eine algebraische Formel für die inverse Funktion g zu finden.

Beispiel 7.3.3

Nehmen Sie an, dass f und g beide zweimal differenzierbare Funktionen sind, die invers zueinander sind. Finden Sie einen Ausdruck für $g''\big(f(x)\big)$, indem Sie $g'\,(f(x)) = 1/f'(x)$ nach x differenzieren, in jedem Punkt, in dem $f'(x) \neq 0$. Haben f'' und g'' dieselben oder entgegengesetzte Vorzeichen?

Lösung: Differentiation jeder Seite der Gleichung $g'\,(f(x)) = 1/f'(x)$ nach x ergibt

$$g''\big(f(x)\big)f'(x) = (-1)\big(f'(x)\big)^{-2}f''(x)$$

Es folgt für $f'(x) \neq 0$, dass

$$g''\big(f(x)\big) = -\frac{f''(x)}{\big(f'(x)\big)^3} \tag{7.3.3}$$

Wenn $f' > 0$ ist, dann haben $f''(x)$ und $g''\big(f(x)\big)$ entgegengesetzte Vorzeichen. Sie haben jedoch dasselbe Vorzeichen, wenn $f' < 0$ ist. Insbesondere gilt: Wenn f strikt monoton wachsend und $f''(x) < 0$ für alle x ist, dann ist die Inverse g strikt monoton wachsend und $g''(x) > 0$ für alle x, wie in Abb. 7.3.1 gezeigt wird.

Es ist üblich, Formel (7.3.2) in der irreführend einfachen Weise

$$\frac{dx}{dy} = \frac{1}{dy/dx} \tag{7.3.4}$$

zu schreiben, als ob man dx und dy wie gewöhnliche Zahlen behandeln könnte. Formel (7.3.3) zeigt, dass eine ähnliche Verwendung der Differentialnotation für die zweiten Ableitungen drastisch fehlschlägt. Die „Formel $d^2x/dy^2 = 1/(dy^2/d^2x)$" ergibt z. B. überhaupt keinen Sinn.

Beispiel 7.3.4

Nehmen Sie an, dass man anstelle der linearen Nachfragefunktion in Beispiel 4.5.4 die Funktion $\ln Q = a - b\ln P$ hat. Diese Funktion ist linear in den Logarithmen des Preises und der Menge und sie ist daher als *log-linear* bekannt.[4]

(a) Drücken Sie Q als Funktion von P aus und zeigen Sie, dass $dQ/dP = -bQ/P$.

(b) Drücken Sie P als Funktion von Q aus und bestimmen Sie dP/dQ.

(c) Zeigen Sie, dass Ihre Lösung die Gleichung $dP/dQ = 1/(dQ/dP)$ erfüllt, wie durch (7.3.4) impliziert.

Lösung:

(a) Indem man auf beiden Seiten die e-Funktion anwendet, ergibt sich $Q = e^{a-b\ln P} = e^a(e^{\ln P})^{-b} = e^a P^{-b}$, so dass $dQ/dP = -be^a P^{-b-1} = -bQ/P$.

(b) Indem man $Q = e^a P^{-b}$ nach P auflöst, ergibt sich $P = e^{a/b}Q^{-1/b}$, so dass $dP/dQ = (-1/b)e^{a/b}Q^{-1-1/b}$.

(c) Indem man zuerst (b) anwendet und dann (a) erhält man $dP/dQ = (-1/b)P/Q = 1/(dQ/dP)$.

Aufgaben für Kapitel 7.3

1. Die für alle x durch $f(x) = e^{2x-2}$ definierte Funktion hat eine Inverse g. Bestimmen Sie x, so dass $f(x) = 1$. Wenden Sie dann (7.3.2) an, um $g'(1)$ zu bestimmen. Überprüfen Sie Ihr Resultat, indem Sie eine Formel für g bestimmen.

2. Die Funktion f sei für $-2 \leq x \leq 2$ definiert durch die Formel $f(x) = \frac{1}{3}x^3\sqrt{4-x^2}$.

(a) Bestimmen Sie die Intervalle, in denen f monoton wachsend bzw. monoton fallend ist und skizzieren Sie dann den Graphen von f.

(b) Erklären Sie, warum f eine inverse Funktion g auf $[0, \sqrt{3}]$ hat und berechnen Sie $g'(\frac{1}{3}\sqrt{3})$. (*Hinweis:* $f(1) = \frac{1}{3}\sqrt{3}$.)

3. Sei f für alle x definiert durch $f(x) = \ln(2 + e^{x-3})$.

(a) Zeigen Sie, dass f strikt monoton wachsend ist und bestimmen Sie den Wertebereich von f.

(b) Bestimmen Sie einen Ausdruck für die Inverse g von f. Wo ist g definiert?

(c) Verifizieren Sie, dass $f'(3) = 1/g'(f(3))$.

[4] Bemerken Sie, dass die inverse Nachfragefunktion ausgedrückt werden kann als: $\ln P = \frac{1}{b}(a - \ln Q)$, was auch log-linear ist.

➡ Fortsetzung

4. Nach Aufgabe 5.3.2 war die Nachfrage nach Zucker in den USA in der Zeit 1915–1929 als Funktion des Preises P gegeben durch $D = 157.8/P^{0.3}$. Bestimmen Sie $\mathrm{d}P/\mathrm{d}D$, indem Sie (7.3.4) verwenden.

5. Verwenden Sie (7.3.4), um $\mathrm{d}x/\mathrm{d}y$ zu bestimmen, wenn

(a) $y = e^{-x-5}$ (b) $y = \ln(e^{-x} + 3)$ (c) $xy^3 - x^3y = 2x$

► Lösungen zu den Aufgaben finden Sie im Anhang des Buches.

7.4 Lineare Approximationen

Vieles in der modernen Wirtschaftsanalyse beruht auf numerischen Berechnungen, beinahe immer nur approximativ. Anstatt mit einer komplizierten Funktion zu arbeiten, approximieren wir diese oft durch eine viel einfachere. Da lineare Funktionen besonders einfach sind, erscheint es natürlich, zuerst zu versuchen, eine „lineare Approximation" zu benutzen.

Betrachten Sie eine Funktion $f(x)$, die an der Stelle $x = x_0$ differenzierbar ist. Nehmen Sie an, dass wir den Graphen von f durch seine Tangente in dem konkreten Punkt $(x_0, f(x_0))$ approximieren, wie in Abb. 7.4.1 gezeigt ist. Nach Formel (6.2.3) ist diese Gerade der Graph der Funktion $y = p(x) = f(x_0) + f'(x_0)(x - x_0)$.

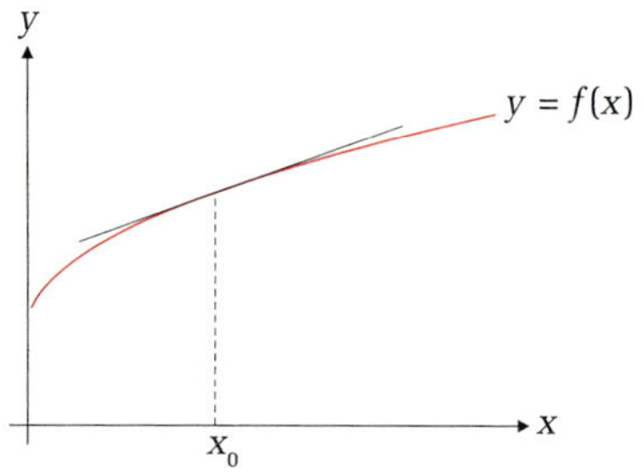

Abbildung 7.4.1: Approximation einer Funktion durch ihre Tangente

Lineare Approximation einer differenzierbaren Funktion f um $x = x_0$

Für x in der Nähe von x_0 gilt:

$$f(x) \approx f(x_0) + f'(x_0)(x - x_0) \tag{7.4.1}$$

Beachten Sie, dass die Funktion $f(x)$ und ihre lineare Approximation $p(x) = f(x_0) + f'(x_0)(x - x_0)$ denselben Funktionswert und dieselbe Ableitung an der Stelle $x = x_0$ haben.[5]

[5] Man kann beweisen: Wenn f differenzierbar ist, dann gilt $f(x) - f(x_0) = f'(x_0)(x - x_0) + \varepsilon(x)(x - x_0)$, wobei $\varepsilon(x) \to 0$, wenn $x \to x_0$. Das heißt, falls $x - x_0$ sehr klein ist, dann ist ε sehr klein und $\varepsilon(x)(x - x_0)$ ist „sehr-sehr klein".

Beispiel 7.4.1

Bestimmen Sie die lineare Approximation an $f(x) = \sqrt[3]{x}$ um $x = 1$.

Lösung: Wir haben $f(x) = \sqrt[3]{x} = x^{1/3}$, so dass $f(1) = 1$ und $f'(x) = \frac{1}{3}x^{-2/3}$, woraus folgt, dass $f'(1) = \frac{1}{3}$. Einsetzen dieser Werte in (7.4.1) mit $x_0 = 1$ ergibt:

$$\sqrt[3]{x} \approx f(1) + f'(1)(x-1) = 1 + \tfrac{1}{3}(x-1) \qquad \text{(für alle } x \text{ in der Nähe von 1)}$$

Zum Beispiel ist $\sqrt[3]{1.03} \approx 1 + \frac{1}{3}(1.03 - 1) = 1.01$. Der korrekte Wert auf 4 Dezimalstellen ist 1.0099.

Beispiel 7.4.2

Nutzen Sie (7.4.1), um zu zeigen, dass $\ln(1 + x) \approx x$ für x in der Nähe von 0.

Lösung: Mit $f(x) = \ln(1+x)$ erhalten wir $f(0) = 0$ und $f'(x) = 1/(1+x)$, was $f'(0) = 1$ impliziert. Mit (7.4.1) ergibt sich dann $\ln(1 + x) \approx x$.

Beispiel 7.4.3 **Die 70-er Regel:**

Nehmen Sie an, dass ein Betrag K jährlich $p\%$ Zinsen einbringt. Dann ist die Verdopplungszeit des Geldbetrages auf dem Konto gleich $t^* = \ln 2/\ln(1 + p/100)$ – nach Formel (4.10.9) in Kap. 4.10. Die Kombination der Approximationen $\ln(1+x) \approx x$ aus Beispiel 7.4.2 mit $\ln 2 \approx 0.7$ ergibt:

$$t^* = \frac{\ln 2}{\ln(1 + p/100)} \approx \frac{0.7}{p/100} = \frac{70}{p}$$

Dies ergibt die „70-Regel“, nach der gilt: Wenn der Zinssatz $p\%$ pro Jahr ist, dann ist die Verdopplungszeit ungefähr 70, dividiert durch p. Wenn z. B. $p = 3.5\%$ ist, dann ist t^* gleich 20, welches nahe zu dem exakten Wert $t^* = \ln 2/\ln 1.035 \approx 20.1$ ist.[6]

Beispiel 7.4.4

Verwenden Sie (7.4.1), um eine Approximation für $(1.001)^{50}$ zu finden.

Lösung: Wir setzen $f(x) = x^{50}$. Dann ist $f(1) = 1$ und $f'(x) = 50x^{49}$, so dass $f'(1) = 50 \cdot 1^{49} = 50$ ist. Anwenden von Formel (7.4.1) mit $x = 1.001$ und $x_0 = 1$ ergibt:

$$(1.001)^{50} \approx 1 + 50 \cdot 0.001 = 1.05$$

(Mit einem Rechner erhalten wir die genauere Approximation $(1.001)^{50} \approx 1.0512$.)

6 Luca Pacioli, von vielen als der Vater der doppelten Buchführung betrachtet, stellte in Venedig im Jahr 1494 eine äquivalente „72-Regel“ auf, in der $t^* = 72/p$. Dies ist günstiger, weil 72 durch mehr ganze Zahlen teilbar ist als 70. Eine genauere Approximation ist die „69.3-Regel“, weil $\ln 2 \approx 0.693$ auf drei Dezimalstellen.

Das Differential einer Funktion

Betrachten Sie eine differenzierbare Funktion $f(x)$ und bezeichnen Sie mit $\mathrm{d}x$ eine beliebige kleine Änderung in der Variablen x. In dieser Notation ist „$\mathrm{d}x$“ nicht das Produkt von d und x. Sondern das Symbol $\mathrm{d}x$ stellt eine kleine Änderung im Wert von x dar. Der Ausdruck $f'(x)\,\mathrm{d}x$ heißt das *Differential* von $y = f(x)$. Dieses Differential wird mit $\mathrm{d}y$ (oder $\mathrm{d}f(x)$) bezeichnet, so dass

$$\mathrm{d}y = f'(x)\,\mathrm{d}x \tag{7.4.2}$$

Beachten Sie, dass $\mathrm{d}y$ proportional zu $\mathrm{d}x$ ist mit der Ableitung $f'(x)$ als Proportionalitätsfaktor.

Wenn sich nun x um $\mathrm{d}x$ ändert, dann ist die entsprechende Änderung in $y = f(x)$ gleich

$$\Delta y = f(x + \mathrm{d}x) - f(x) \tag{7.4.3}$$

Nehmen Sie an, dass wir in der linearen Approximation (7.4.1) das x durch $x + \mathrm{d}x$ und x_0 durch x ersetzen. Das Ergebnis ist $f(x + \mathrm{d}x) \approx f(x) + f'(x)\,\mathrm{d}x$. Wenn wir die obigen Definitionen von $\mathrm{d}y$ und Δy in (7.4.2) bzw. (7.4.3) verwenden, erhalten wir die Approximation $\Delta y \approx \mathrm{d}y$.

Das Differential $\mathrm{d}y$ ist nicht der tatsächliche Zuwachs in y, wenn x auf $x + \mathrm{d}x$ geändert wird, sondern es ist die Änderung in y, die eintreten würde, wenn y sich weiterhin mit der festen Rate $f'(x)$ ändern würde, wenn x sich auf $x + \mathrm{d}x$ ändert. In Abb. 7.4.2 ist der Fehler grafisch dargestellt, der aus der Verwendung der Approximation $\mathrm{d}y$ anstelle der exakten Änderung Δy entsteht, und zwar als Abstand $|\Delta y - \mathrm{d}y|$ zwischen den Punkten R und Q.

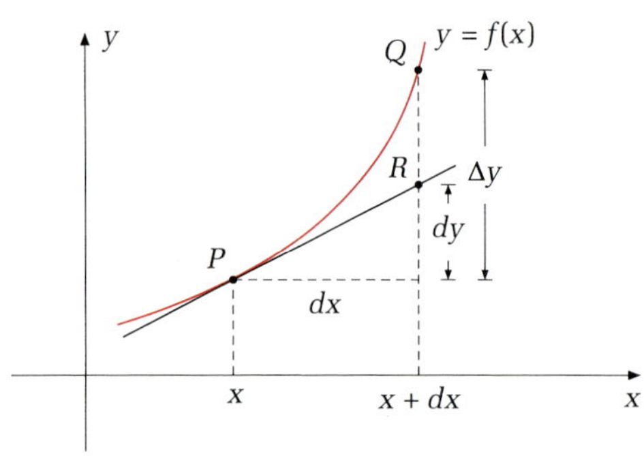

Abbildung 7.4.2: Das Differential $\mathrm{d}y$ *und* $\Delta y = f(x + \mathrm{d}x) - f(x)$

Um diesen Fehler weiter zu untersuchen, betrachten Sie zunächst die Bewegung von P nach Q entlang des Graphen: Wenn x sich nach $x + \mathrm{d}x$ bewegt und sich also um $\mathrm{d}x$ ändert, ist die tatsächliche Änderung in der vertikalen Höhe des Punktes gleich $f(x + \mathrm{d}x) - f(x) = \Delta y$. Nehmen Sie stattdessen an, dass wir uns nur entlang der Tangente an den Graphen im Punkt P bewegen können. Der Gang von P nach R entlang der Tangente, der x um $\mathrm{d}x$ ändert, induziert eine entsprechende Änderung in der Höhe um $\mathrm{d}y$. Wie nach Abb. 7.4.2 zu vermuten ist, ist die Approximation $\Delta y \approx \mathrm{d}y$ gewöhnlich besser, wenn $\mathrm{d}x$ im Absolutbetrag kleiner ist. Dies rührt daher, dass die

Länge $|RQ| = |\Delta y - \mathrm{d}y|$ der Strecke RQ gegen 0 strebt, wenn $\mathrm{d}x$ gegen 0 strebt. In der Tat wird $|RQ|$ so schnell klein, dass der Quotient $|RQ|/\mathrm{d}x$ gegen 0 strebt, wenn $\mathrm{d}x \to 0$. Siehe Aufgabe 12.

Regeln für Differentiale

Die Notation $(\mathrm{d}/\mathrm{d}x)(\cdot)$ fordert dazu auf, den Ausdruck, der durch $\cdot$ innerhalb der Klammern repräsentiert wird, nach x zu differenzieren. Zum Beispiel $(\mathrm{d}/\mathrm{d}x)(x^3) = 3x^2$. Analog bezeichnet $\mathrm{d}(\cdot)$ das Differential von dem, was innnerhalb der Klammern steht. Zum Beispiel $\mathrm{d}(x^3) = 3x^2\,\mathrm{d}x$.

Beispiel 7.4.5

Berechnen Sie die folgenden Differentiale:

(a) $\mathrm{d}\big(Ax^a + B\big)$, wobei A, B und a Konstanten sind

(b) $\mathrm{d}\big(f(K)\big)$, wobei f eine differenzierbare Funktion von K ist

Lösung:

(a) Wir setzen $f(x) = Ax^a + B$ und erhalten $f'(x) = Aax^{a-1}$, so dass $\mathrm{d}\big(Ax^a + B\big) = Aax^{a-1}\,\mathrm{d}x$.

(b) $\mathrm{d}(f(K)) = f'(K)\,\mathrm{d}K$.

Regeln für Differentiale

Seien f und g differenzierbare Funktionen von x und a und b seien Konstanten. Dann gelten die folgenden Regeln:

$$\mathrm{d}(af + bg) = a\,\mathrm{d}f + b\,\mathrm{d}g \tag{7.4.4}$$

$$\mathrm{d}(fg) = g\,\mathrm{d}f + f\,\mathrm{d}g \tag{7.4.5}$$

und, wenn $g \neq 0$,

$$\mathrm{d}\left(\frac{f}{g}\right) = \frac{g\,\mathrm{d}f - f\,\mathrm{d}g}{g^2} \tag{7.4.6}$$

Hier ist ein Beweis der Regel (7.4.5):

$$\mathrm{d}(fg) = (fg)'\,\mathrm{d}x = (f'g + fg')\,\mathrm{d}x = gf'\,\mathrm{d}x + fg'\,\mathrm{d}x = g\,\mathrm{d}f + f\,\mathrm{d}g$$

Die zwei anderen Regeln werden in ähnlicher Weise bewiesen.

Nehmen Sie an, dass $y = f(x)$ und dass $x = g(t)$ eine Funktion von t ist. Dann ist $y = h(t) = f\big(g(t)\big)$ eine Funktion von t. Das Differential von $y = h(t)$ ist $\mathrm{d}y = h'(t)\,\mathrm{d}t$. Nach der Kettenregel ist $h'(t) = f'\,(g(t))\,g'(t)$, so dass $\mathrm{d}y = f'\big(g(t)\big)g'(t)\,\mathrm{d}t$ ist. Da jedoch $x = g(t)$ ist, ist das Differential von x gleich $\mathrm{d}x = g'(t)\,\mathrm{d}t$ und daher $\mathrm{d}y = f'(x)\,\mathrm{d}x$. Dies zeigt: *Wenn $y = f(x)$ ist, dann ist das Differential von y gleich $\mathrm{d}y = f'(x)\,\mathrm{d}x$, egal ob x von einer anderen Variablen abhängt oder nicht.*

Ökonomen benutzen oft Differentiale in ihren Modellen. Es folgt ein typisches Beispiel.

Beispiel 7.4.6

Betrachten Sie wieder das makroökonomische Modell aus Beispiel 7.2.1. Bestimmen Sie das Differential $\mathrm{d}Y$ ausgedrückt in Abhängigkeit von $\mathrm{d}\bar{I}$. Wenn die Beschäftigung N auch eine Funktion $N = g(Y)$ des Volkseinkommens Y ist, bestimmen Sie das Differential $\mathrm{d}N$, ausgedrückt in Abhängigkeit von $\mathrm{d}\bar{I}$.

Lösung: Indem wir das Differential von Gleichung (i) in Beispiel 7.2.1 bilden, erhalten wir $\mathrm{d}Y = \mathrm{d}C + \mathrm{d}\bar{I}$. Indem wir dasselbe für Gleichung (ii) machen, ergibt sich $\mathrm{d}C = f'(Y)\,\mathrm{d}Y$. Einsetzen von $\mathrm{d}C$ aus dem letzten Ausdruck in den ersten und Auflösen nach $\mathrm{d}Y$ ergibt

$$\mathrm{d}Y = \frac{1}{1-f'(Y)}\,\mathrm{d}\bar{I}$$

Dies stimmt mit Formel (7.2.2) überein. Aus $N = g(Y)$ folgt $\mathrm{d}N = g'(Y)\,\mathrm{d}Y$, so dass

$$\mathrm{d}N = \frac{g'(Y)}{1-f'(Y)}\,\mathrm{d}\bar{I}$$

Ökonomen behaupten gewöhnlich, dass die Beschäftigung steigt, wenn das Volkseinkommen steigt (also $g'(Y) > 0$) und dass die Grenzneigung zum Konsum, $f'(Y)$, zwischen 0 und 1 liegt. Nach der obigen Formel für $\mathrm{d}N$ implizieren diese Behauptungen: Wenn die Investition steigt, dann steigt auch die Beschäftigung.

Aufgaben für Kapitel 7.4

1. Zeigen Sie, dass $\sqrt{1+x} \approx 1 + \frac{1}{2}x$ für x nahe bei 0 und illustrieren Sie diese Approximation, indem Sie die Graphen von $y = 1 + \frac{1}{2}x$ und $y = \sqrt{1+x}$ im selben Koordinatensystem zeichnen.

2. Verwenden Sie (7.4.1), um die lineare Approximation an $f(x) = (5x+3)^{-2}$ um $x = 0$ zu bestimmen.

3. Bestimmen Sie die linearen Approximationen an die folgenden Funktionen um $x = 0$:

   (a) $f(x) = (1+x)^{-1}$ (b) $f(x) = (1+x)^5$ (c) $f(x) = (1-x)^{1/4}$

4. Bestimmen Sie die lineare Approximation an $F(K) = AK^{\alpha}$ um $K = 1$.

5. Seien p, q und r Konstanten. Bestimmen Sie die folgenden Differentiale:

   (a) $\mathrm{d}(10x^3)$ (b) $\mathrm{d}(5x^3 - 5x^2 + 5x + 5)$ (c) $\mathrm{d}(1/x^3)$ (d) $\mathrm{d}(\ln x)$
   (e) $\mathrm{d}(x^p + x^q)$ (f) $\mathrm{d}(x^p x^q)$ (g) $\mathrm{d}(px+q)^r$ (h) $\mathrm{d}(e^{px} + e^{qx})$

➜ Fortsetzung

6. (a) Zeigen Sie, dass $(1+x)^m \approx 1 + mx$ für x nahe bei 0.

(b) Verwenden Sie dies, um die Approximation folgender Zahlen zu bestimmen:
(i) $\sqrt[3]{1.1} = \left(1 + \frac{1}{10}\right)^{1/3}$ (ii) $\sqrt[5]{33} = 2\left(1 + \frac{1}{32}\right)^{1/5}$ (iii) $\sqrt[3]{9} = \sqrt[3]{8+1}$ (iv) $(0.98)^{25}$

7. Berechnen Sie $\Delta y = f(x + \mathrm{d}x) - f(x)$ und das Differential $\mathrm{d}y = f'(x)\,\mathrm{d}x$ für die folgenden Fälle:

(a) $f(x) = x^2 + 2x - 3$ für $x = 2$ und (i) $\mathrm{d}x = 1/10$ oder (ii) $\mathrm{d}x = 1/100$

(b) $f(x) = 1/x$ für $x = 3$ und (i) $\mathrm{d}x = -1/10$ oder (ii) $\mathrm{d}x = -1/100$

(c) $f(x) = \sqrt{x}$ für $x = 4$ und (i) $\mathrm{d}x = 1/20$ oder (ii) $\mathrm{d}x = 1/100$

8. Die Gleichung $3xe^{xy^2} - 2y = 3x^2 + y^2$ definiert y als differenzierbare Funktion von x um den Punkt $(x, y) = (1, 0)$.

(a) Bestimmen Sie die Steigung des Graphen in diesem Punkt durch implizites Differenzieren.

(b) Welches ist die lineare Approximation von y um $x = 1$?

9. Ein Kreis mit Radius r hat die Fläche $F(r) = \pi r^2$. Dann ist $F'(r) = 2\pi\, r$ der Umfang des Kreises.

(a) Erklären Sie die Approximation $F(r + \mathrm{d}r) - F(r) \approx 2\pi\, r\,\mathrm{d}r$ geometrisch.

(b) Erklären Sie die Approximation $V(r + \mathrm{d}r) - V(r) \approx 4\pi\, r^2\,\mathrm{d}r$ geometrisch, wobei $V(r) = \frac{4}{3}\pi\, r^3$ das Volumen und $V'(r) = 4\pi\, r^2$ die Oberfläche einer Kugel mit Radius r ist.

10. Nehmen Sie an, dass ein Betrag K für eine Kreditkarte berechnet wird, für die der Zinssatz $p\%$ pro Jahr ist. Dann wird, falls zuvor keine Zahlungen ausgeführt werden, die Schuld nach t Jahren angewachsen sein auf $K_t = K(1 + p/100)^t$ (sogar ohne Strafzahlungen für das Ausbleiben von Mindestzahlungen). Verwenden Sie die Approximation $\ln(1 + p/100) \approx p/100$, hergeleitet in Beispiel 7.4.2, um zu zeigen, dass $\ln K_t \approx \ln K + pt/100$. Finden Sie den entsprechenden approximativen Zinssatz in Prozent p, wie auch den exakten Zinssatz p^*, für den sich die Schuld nach t Jahren verdoppelt.

11. Betrachten Sie die Funktion $g(\mu) = A(1+\mu)^{a/(1+b)} - 1$, wobei A, a und b positive Konstanten sind. Bestimmen Sie die lineare Approximation der Funktion um den Punkt $\mu = 0$.

12. Die Funktion f sei differenzierbar an der Stelle x. Zeigen Sie: Wenn $\Delta x \to 0$, dann strebt der Fehler in der linearen Approximation $f(x + \Delta x) \approx f(x) + f'(x)\Delta x$ schneller gegen 0 als Δx es tut. Mit anderen Worten,

$$\lim_{\Delta x \to 0} \frac{f(x + \Delta x) - (f(x) + f'(x)\Delta x)}{\Delta x} = 0$$

► Lösungen zu den Aufgaben finden Sie im Anhang des Buches.

7.5 Polynomiale Approximationen

Der vorangehende Abschnitt diskutierte die Approximation von Funktionen einer Variablen durch lineare Funktionen. Insbesondere wurde in Beispiel 7.4.1 die Approximation

$$\sqrt[3]{x} \approx 1 + \tfrac{1}{3}(x-1)$$

für x in der Nähe von 1 betrachtet. In diesem Fall haben an der Stelle $x = 1$ die zwei Funktionen $y = \sqrt[3]{x}$ und $y = 1 + \frac{1}{3}(x-1)$ beide denselben Wert 1 und dieselbe Ableitung 1/3. Approximation durch lineare Funktionen kann jedoch unzureichend genau sein. Daher liegt es nahe, quadratische Approximationen oder Approximationen durch Polynome höherer Ordnung zu probieren.

Quadratische Approximationen

Wir beginnen damit, zu zeigen, wie eine zweimal differenzierbare Funktion $y = f(x)$ in der Nähe von $x = x_0$ durch ein quadratisches Polynom

$$p(x) = A + B(x - x_0) + C(x - x_0)^2 \tag{7.5.1}$$

approximiert werden kann. Bei festem x_0 sind drei Koeffizienten A, B und C zu bestimmen. Wir nutzen dazu drei Bedingungen. Speziell an der Stelle $x = x_0$ richten wir es so ein, dass für $f(x)$ und $p(x)$, gegeben durch (7.5.1), gilt: Sie haben (i) denselben Funktionswert; (ii) denselben Wert der Ableitung und (iii) denselben Wert der zweiten Ableitung. In Symbolen geschrieben verlangen wir: $f(x_0) = p(x_0)$, $f'(x_0) = p'(x_0)$ und $f''(x_0) = p''(x_0)$. Nun ist $p'(x) = B + 2C(x - x_0)$ und $p''(x) = 2C$. Nach Einsetzen von $x = x_0$ in diese Ausdrücke muss gelten:

$$A = p(x_0) = f(x_0)\,, \quad B = p'(x_0) = f'(x_0)\,, \quad C = \tfrac{1}{2}p''(x_0) = \tfrac{1}{2}f''(x_0)$$

Daher gilt das Folgende:

Quadratische Approximation an $f(x)$ um $x = x_0$

Für x in der Nähe von x_0 gilt:

$$f(x) \approx f(x_0) + f'(x_0)(x - x_0) + \tfrac{1}{2}f''(x_0)(x - x_0)^2 \tag{7.5.2}$$

Beachten Sie, dass wir im Vergleich zu (7.4.1) nur den Extraterm mit $(x - x_0)^2$ hinzugefügt haben. Für $x_0 = 0$ insbesondere erhalten wir die folgende Approximation für x in der Nähe von 0:

$$f(x) \approx f(0) + f'(0)x + \tfrac{1}{2}f''(0)x^2 \tag{7.5.3}$$

Beispiel 7.5.1

Bestimmen Sie die quadratische Approximation für $f(x) = \sqrt[3]{x}$ um $x = 1$.

Lösung: Hier ist $f'(x) = \frac{1}{3}x^{-2/3}$ und $f''(x) = \frac{1}{3}(-\frac{2}{3})x^{-5/3}$. Es folgt, dass $f'(1) = \frac{1}{3}$ und $f''(1) = -\frac{2}{9}$. Da $f(1) = 1$ ist, folgt mit (7.5.2):

$$\sqrt[3]{x} \approx 1 + \tfrac{1}{3}(x-1) - \tfrac{1}{9}(x-1)^2 \qquad \text{(für } x \text{ in der Nähe von 1)}$$

Zum Beispiel ist $\sqrt[3]{1.03} \approx 1 + \frac{1}{3} \cdot 0.03 - \frac{1}{9}(0.03)^2 = 1 + 0.01 - 0.0001 = 1.0099$. Dies ist auf 4 Dezimalstellen korrekt und daher besser als die in Beispiel 7.4.1 hergeleitete lineare Approximation.

Beispiel 7.5.2

Bestimmen Sie die quadratische Approximation für $y = y(x)$ um $x = 0$, wenn y implizit als Funktion von x in der Nähe von $(x, y) = (0, 1)$ durch $xy^3 + 1 = y$ definiert ist.

Lösung: Implizites Differenzieren nach x ergibt

$$y^3 + 3xy^2y' = y' \qquad (*)$$

Einsetzen von $x = 0$ und $y = 1$ in $(*)$ ergibt $y' = 1$. Differenzieren von $(*)$ nach x ergibt jetzt

$$3y^2y' + (3y^2 + 6xyy')y' + 3xy^2y'' = y''$$

Durch Einsetzen von $x = 0$, $y = 1$ und $y' = 1$ erhalten wir $y'' = 6$. Daher ist nach (7.5.3)

$$y(x) \approx y(0) + y'(0)x + \tfrac{1}{2}y''(0)x^2 = 1 + x + 3x^2$$

Approximationen höherer Ordnung

Bisher haben wir lineare und quadratische Approximationen betrachtet. Für Funktionen mit Ableitungen dritter und höherer Ordnung können wir noch bessere Approximationen in der Nähe eines Punktes finden, indem wir Polynome höheren Grades benutzen. Nehmen Sie an, dass wir eine Funktion $f(x)$ über einem Intervall, dass $x = x_0$ enthält, durch ein Polynom n-ten Grades der Gestalt

$$p(x) = A_0 + A_1(x - x_0) + A_2(x - x_0)^2 + A_3(x - x_0)^3 + \cdots + A_n(x - x_0)^n \qquad (7.5.4)$$

approximieren wollen. Das Polynom $p(x)$ hat $n + 1$ Koeffizienten. Daher können wir $n + 1$ Bedingungen an dieses Polynom stellen:

$$f(x_0) = p(x_0)\,, \qquad f'(x_0) = p'(x_0)\,, \qquad \ldots\,, \qquad f^{(n)}(x_0) = p^{(n)}(x_0)$$

Diese Bedingungen verlangen, dass $p(x)$ und seine ersten n Ableitungen mit dem Funktionswert von $f(x)$ und den ersten n Ableitungen an der Stelle $x = x_0$ übereinstimmen.

Wir wollen sehen, welches diese Bedingungen sind, wenn $n = 3$ ist. In diesem Fall ist

$$p(x) = A_0 + A_1(x - x_0) + A_2(x - x_0)^2 + A_3(x - x_0)^3$$

Wiederholte Differentiation ergibt die drei Gleichungen:

$$p'(x) = A_1 + 2A_2(x - x_0) + 3A_3(x - x_0)^2$$
$$p''(x) = 2A_2 + 2 \cdot 3A_3(x - x_0)$$
$$p'''(x) = 2 \cdot 3A_3$$

Für $x = x_0$ haben wir daher $p(x_0) = A_0$, $p'(x_0) = 1!\,A_1$, $p''(x_0) = 2!\,A_2$, $p'''(x_0) = 3!\,A_3$. Dies impliziert die folgende Approximation:

$$f(x) \approx f(x_0) + \frac{1}{1!}f'(x_0)(x - x_0) + \frac{1}{2!}f''(x_0)(x - x_0)^2 + \frac{1}{3!}f'''(x_0)(x - x_0)^3$$

Wir haben damit einen weiteren Term zur quadratischen Approximation (7.5.2) hinzugefügt.

Der allgemeine Fall, wenn $n > 3$, folgt demselben Muster und wir erhalten die folgende Approximation für $f(x)$ durch ein Polynom n-ten Grades.

Taylor-Approximation für $f(x)$ um $x = x_0$

Für x in der Nähe von x_0 gilt:

$$f(x) \approx f(x_0) + \frac{f'(x_0)}{1!}(x - x_0) + \frac{f''(x_0)}{2!}(x - x_0)^2 + \cdots + \frac{f^{(n)}(x_0)}{n!}(x - x_0)^n \quad (7.5.5)$$

Das Polynom auf der rechten Seite von (7.5.5) heißt das *Taylor-Polynom* oder *die Taylor-Approximation* n-ter Ordnung für f um $x = x_0$. Die Funktion f und ihr Taylor-Polynom n-ter Ordnung haben daher eine hochgradige Berührung an der Stelle $x = x_0$, so dass es berechtigt ist anzunehmen, dass die Approximation in (7.5.5) gut über ein (möglicherweise kleines) Intervall mit Mittelpunkt $x = x_0$ ist.

Das nächste Unterkapitel untersucht den Fehler, der sich aus der polynomialen Approximation ergibt. Für den Fall, dass f selbst ein Polynom ist, dessen Grad n nicht übersteigt, wird die Formel in jedem Punkt exakt ohne jeglichen Approximationsfehler.

Beispiel 7.5.3

Bestimmen Sie die Taylor-Approximation dritter Ordnung für $f(x) = \sqrt{1+x}$ um $x = 0$.

Lösung: Wir schreiben $f(x) = \sqrt{1+x} = (1 + x)^{1/2}$. Dann ist

$$f'(x) = \tfrac{1}{2}(1+x)^{-1/2}, \quad f''(x) = \tfrac{1}{2}\left(-\tfrac{1}{2}\right)(1+x)^{-3/2}, \quad f'''(x) = \tfrac{1}{2}\left(-\tfrac{1}{2}\right)\left(-\tfrac{3}{2}\right)(1+x)^{-5/2}$$

Für $x = 0$ ergibt sich $f(0) = 1$, $f'(0) = 1/2$, $f''(0) = (1/2)(-1/2) = -1/4$ und schließlich $f'''(0) = (1/2)(-1/2)(-3/2) = 3/8$. Daher erhalten wir mit (7.5.5) für den Fall $n = 3$

$$f(x) \approx 1 + \frac{1}{1!}\frac{1}{2}x + \frac{1}{2!}\left(-\frac{1}{4}\right)x^2 + \frac{1}{3!}\frac{3}{8}x^3 = 1 + \frac{1}{2}x - \frac{1}{8}x^2 + \frac{1}{16}x^3$$

Beispiel 7.5.4

Schreiben Sie für jede natürliche Zahl n die Taylor-Approximation n-ter Ordnung auf für $f(x) = e^x$ um $x = 0$.

Lösung: Dieser Fall ist besonders einfach, da alle Ableitungen von f gleich e^x sind und daher $f^{(k)}(0) = 1$ für alle $k = 1, 2, \dots, n$ ist. Daher ergibt (7.5.5)

$$e^x \approx 1 + \frac{x}{1!} + \frac{x^2}{2!} + \cdots + \frac{x^n}{n!} \tag{7.5.6}$$

Dies ist ein wichtiges Resultat, das in Erinnerung bleiben sollte.

Aufgaben für Kapitel 7.5

1. Bestimmen Sie die quadratischen Approximationen für die folgenden Funktionen um die gegebenen Punkte:

(a) $f(x) = (1+x)^5$ um $x = 0$

(b) $F(K) = AK^\alpha$ um $K = 1$

(c) $f(\varepsilon) = \left(1 + \frac{3}{2}\varepsilon + \frac{1}{2}\varepsilon^2\right)^{1/2}$ um $\varepsilon = 0$

(d) $H(x) = (1-x)^{-1}$ um $x = 0$

2. Bestimmen Sie die Taylor-Approximation fünfter Ordnung für $f(x) = \ln(1+x)$ um $x = 0$.

3. Bestimmen Sie die Taylor-Approximation zweiter Ordnung für $f(x) = 5\left(\ln(1+x) - \sqrt{1+x}\right)$ um $x = 0$.

4. Eine Studie über Einstellungen zum Risiko basiert auf der Approximation

$$U(y+m) \approx U(y) + U'(y)m + \tfrac{1}{2}U''(y)m^2$$

der Nutzenfunktion eines Verbrauchers, wobei y das Anfangseinkommen des Verbrauchers und m ein zufälliger Gewinn, den der Verbraucher erhalten könnte. Erklären Sie, wie man auf diese Approximation kommt.

5. Nehmen Sie an, dass y implizit als Funktion von x durch die Gleichung $1 + x^3y + x = y^{1/2}$ definiert ist. Bestimmen Sie die quadratische Approximation für y um $(x, y) = (0, 1)$.

6. Gegeben sei die Funktion $x(t)$ durch die Bedingungen $x(0) = 1$ und $\dot{x}(t) = tx(t) + 2[x(t)]^2$. Bestimmen Sie das Taylor-Polynom zweiter Ordnung für $x(t)$ um $t = 0$.

7. Bestätigen Sie die Approximation $e^{\sigma\sqrt{t/n}} \approx 1 + \sigma\sqrt{t/n} + \sigma^2 t/2n$.

8. Bestätigen Sie die Approximation $\left(1 + \frac{p}{100}\right)^n \approx 1 + n\frac{p}{100} + \frac{n(n-1)}{2}\left(\frac{p}{100}\right)^2$.

9. Die Funktion h sei definiert für alle $x > 0$ durch $h(x) = (x^p - x^q)/(x^p + x^q)$, wobei $p > q > 0$. Bestimmen Sie das Taylor-Polynom erster Ordnung für $h(x)$ um $x = 1$.

► Lösungen zu den Aufgaben finden Sie im Anhang des Buches.

7.6 Taylor-Formel

Jede Approximation wie (7.5.5) ist von begrenztem Nutzen, wenn nicht irgendetwas über den resultierenden Fehler bekannt ist. Die Taylor-Formel beseitigt diesen Nachteil. Diese Formel wird häufig von Ökonomen benutzt und sie wird als eines der Hauptresultate der mathematischen Analysis angesehen. Betrachten Sie die folgende Taylor-Approximation n-ter Ordnung um $x = 0$, die sich ergibt für $x_0 = 0$ in (7.5.5):

$$f(x) \approx f(0) + \frac{1}{1!}f'(0)x + \frac{1}{2!}f''(0)x^2 + \cdots + \frac{1}{n!}f^{(n)}(0)x^n \qquad (*)$$

Abgesehen von $x = 0$ sind die Funktion $f(x)$ und das Taylor-Polynom auf der rechten Seite von $(*)$ gewöhnlich verschieden. Die Differenz zwischen den beiden wird sowohl von x als auch von n abhängen und heißt der *Rest* oder das Restglied nach n Termen. Wir bezeichnen es mit $R_{n+1}(x)$. Daher ist

$$f(x) = f(0) + \frac{1}{1!}f'(0)x + \cdots + \frac{1}{n!}f^{(n)}(0)x^n + R_{n+1}(x) \qquad (7.6.1)$$

Das folgende Theorem gibt eine wichtige explizite Formel für den Rest.[7] Der Beweis wird auf Kap. 9.4 zurückgestellt.

Lagrange'sche Form des Restgliedes

Nehmen Sie an, dass f in einem Intervall, das 0 und $x \neq 0$ enthält, $n + 1$ mal differenzierbar ist. Dann kann das in (7.6.1) gegebene Restglied $R_{n+1}(x)$ geschrieben werden als

$$R_{n+1}(x) = \frac{1}{(n+1)!}f^{(n+1)}(c)x^{n+1} \qquad (7.6.2)$$

für eine Zahl c strikt zwischen 0 und x.

Wenn wir diese Formel für $R_{n+1}(x)$ in (7.6.1) verwenden, erhalten wir

Taylor-Formel

Nehmen Sie an, dass f in einem ganzen Intervall, das 0 und $x \neq 0$ enthält, $n + 1$ mal differenzierbar ist. Dann gilt

$$f(x) = f(0) + \frac{1}{1!}f'(0)x + \cdots + \frac{1}{n!}f^{(n)}(0)x^n + \frac{1}{(n+1)!}f^{(n+1)}(c)x^{n+1} \qquad (7.6.3)$$

für eine Zahl c strikt zwischen 0 und x.

Beachten Sie, dass das Restglied den vorangehenden Termen in der Summe ähnelt. Der einzige Unterschied ist, dass in der Formel für das Restglied, die $(n+1)$-te Ableitung $f^{(n+1)}$ an der Stelle c berechnet wird, wobei c eine nicht näher spezifizierte Zahl

[7] Der englische Mathematiker Brook Taylor (1685–1731) hatte bereits 1715 polynomiale Approximationen in der allgemeinen Form $(*)$ gefunden. Der italienisch-französische Mathematiker Joseph-Louis Lagrange (1736–1813) (geboren als Giuseppe Luigi Lagrangia) bewies (7.6.2) ungefähr 50 Jahre später.

zwischen 0 und x ist, während in allen anderen Termen die Ableitung an der Stelle 0 berechnet wird. Die Zahl c ist nicht fest, da sie im Allgemeinen sowohl von x als auch von n abhängt.

Wenn wir $n = 1$ in Formel (7.6.3) setzen, erhalten wir für ein c strikt zwischen 0 und x:

$$f(x) = f(0) + f'(0)x + \tfrac{1}{2}f''(c)x^2 \tag{7.6.4}$$

Diese Formel sagt uns, dass $\frac{1}{2}f''(c)x^2$ der Fehler ist, der sich ergibt, wenn wir $f(x)$ durch die zugehörige lineare Approximation um $x = 0$ ersetzen.
Wie benutzen wir die Restglied-Formel? Sie ermöglicht die Abschätzung einer oberen Grenze für den resultierenden Fehler, wenn wir f ersetzen durch seine Taylor-Polynom-Approximation n-ter Ordnung. Nehmen Sie z. B. an, dass für alle x in einem Intervall I der Absolutbetrag von $f^{(n+1)}(x)$ höchstens M ist. Dann sagt uns Formel (7.6.3), dass in diesem Intervall

$$|R_{n+1}(x)| \leq \frac{M}{(n+1)!}|x|^{n+1} \tag{7.6.5}$$

Beachten Sie, dass für große n und x nahe bei 0 das Restglied $|R_{n+1}(x)|$ aus zwei Gründen klein ist: Erstens, wenn n groß ist, dann ist die Zahl $(n+1)!$ im Nenner in (7.6.5) groß und zweitens, wenn $|x|$ kleiner ist als 1, dann ist $|x|^{n+1}$ auch klein, wenn n groß ist.

Beispiel 7.6.1

Verwenden Sie Formel (7.6.4) zur Approximation der Funktion

$$f(x) = \sqrt{25 + x} = (25 + x)^{1/2}$$

Verwenden Sie das Resultat zur Abschätzung von $\sqrt{25.01}$ mit einer oberen Grenze für den Absolutbetrag des Restgliedes.

Lösung: Um (7.6.4) anzuwenden, differenzieren wir zunächst:

$$f'(x) = \frac{1}{2}(25 + x)^{-1/2} \quad \text{und} \quad f''(x) = \frac{1}{2}\left(-\frac{1}{2}\right)(25 + x)^{-3/2}$$

Dann ist $f(0) = 5$, während $f'(0) = 1/2 \cdot 1/5 = 1/10$ und $f''(c) = -(1/4)(25 + c)^{-3/2}$. Somit existiert nach (7.6.4) für alle $x \neq 0$ ein c zwischen 0 und x, so dass

$$\sqrt{25 + x} = 5 + \frac{1}{10}x + \frac{1}{2}\left(-\frac{1}{4}\right)(25 + c)^{-3/2}x^2 = 5 + \frac{1}{10}x - \frac{1}{8}(25 + c)^{-3/2}x^2 \tag{$*$}$$

Um $\sqrt{25.01}$ abzuschätzen, schreiben wir $25.01 = 25 + 0.01$ und benutzen $(*)$. Wenn $x = 0.01$, dann liegt c zwischen 0 und 0.01 und somit ist $25 + c > 25$. Dann ist $(25 + c)^{-3/2} < (25)^{-3/2} = 1/125$, so dass für den Absolutbetrag des Restgliedes in $(*)$ gilt:

$$|R_2(0.01)| = \left|\frac{-1}{8}(25 + c)^{-3/2}\left(\frac{1}{100}\right)^2\right| \leq \frac{1}{80\,000} \cdot \frac{1}{125} = 10^{-7}$$

Wir schließen, dass $\sqrt{25.01} \approx 5 + 1/10 \cdot 1/100 = 5.001$ ist mit einem Fehler, der kleiner als 10^{-7} ist.

Beispiel 7.6.2

Bestimmen Sie die Taylor-Formel für $f(x) = e^x$ und schätzen Sie das Restglied für $n = 3$ und $x = 0.1$ ab.

Lösung: Aus Beispiel 7.5.4 folgt, dass es eine Zahl c zwischen 0 und x gibt, so dass

$$e^x = 1 + \frac{x}{1!} + \frac{x^2}{2!} + \cdots + \frac{x^n}{n!} + \frac{x^{n+1}}{(n+1)!}e^c \tag{7.6.6}$$

Weil c strikt zwischen 0 und x liegt, folgt, dass $|c| < |x|$. Und für das Restglied $R_{n+1}(x) = \frac{x^{n+1}}{(n+1)!}e^c$ in (7.6.6) gilt $|R_{n+1}(x)| < \frac{|x|^{n+1}e^{|x|}}{(n+1)!}$ für jedes feste $x \neq 0$. Wähle jetzt m, so dass $m \geq 2|x|$ und so $|x|/m \leq \frac{1}{2}$. Für jedes $n > m$ sichert damit diese Wahl von m, dass $|x|/k < \frac{1}{2}$ für $k = m+2, m+3, \ldots, n+1$ und damit

$$|R_{n+1}(x)| < \frac{|x|^{n+1}e^{|x|}}{(n+1)!} = \frac{|x|^{m+1}e^{|x|}}{(m+1)!}|x|^{n-m}\frac{(m+1)!}{(n+1)!} < \frac{|x|^{m+1}e^{|x|}}{(m+1)!}2^{-(n-m)}$$

Wenn nun $n \to \infty$, hat man $2^{-(n-m)} \to 0$ und somit offensichtlich auch $|R_{n+1}(x)| \to 0$. Für jedes x kann man deshalb (7.6.6) nutzen, um den Wert von e^x mit beliebiger Genauigkeit zu bestimmen. Dennoch ist der Absolutbetrag des Quotienten zweier aufeinanderfolgender Terme vor dem Restglied in (7.6.6) gleich $(|x^n|/n!) \div (|x^{n-1}|/(n-1)!) = |x|/n$. Daher sind im Fall $|x| > 1$ wenigstens $|x|$ Terme nötig, bevor sukzessive Terme aufhören zu steigen und dieser Quotient unter 1 fällt, was den Termen erlaubt, die Annäherung an 0 zu beginnen. Wenn also $|x|$ gross ist, sind eine große Anzahl an Termen nötig für eine akkurate Approximation.

Für $n = 3$ und $x = 0.1$ impliziert Gleichung (7.6.6), dass für ein c im Intervall $(0, 0.1)$ gilt:

$$e^{0.1} = 1 + \frac{1}{10} + \frac{1}{200} + \frac{1}{6000} + \frac{(0.1)^4}{24}e^c \tag{$*$}$$

Für $c < 0.1$ haben wir $e^c < e^{0.1}$. Wir behaupten, dass $e^{0.1} < 1.2$. Um dies zu beweisen, beachten Sie, dass $(1.2)^{10} \approx 6.2 > e$, so dass $e < (1.2)^{10}$ und damit $e^c < e^{0.1} < [(1.2)^{10}]^{0.1} = 1.2$. Daher ist

$$\left|R_4\left(\frac{1}{10}\right)\right| = \frac{(0.1)^4}{24}e^c < \frac{1}{240\,000}1.2 = 0.000\,005 = 5 \cdot 10^{-6}$$

Der Fehler, der entsteht, wenn man das Restglied in $(*)$ weglässt, ist daher kleiner als $5 \cdot 10^{-6}$.

Nehmen Sie an, dass wir die Taylor-Formel auf einem Intervall um $x = x_0$ anstelle $x = 0$ betrachten. Die ersten $n+1$ Terme auf der rechten Seite der Gleichung (7.6.3) sind durch diejenigen der Gleichung (7.5.5) zu ersetzen und das neue Restglied ist

$$R_{n+1}(x) = \frac{1}{(n+1)!}f^{(n+1)}(c)(x-x_0)^{n+1}) \tag{7.6.7}$$

für ein c strikt zwischen x und x_0. Es ist leicht zu zeigen, dass (7.6.7) aus den Gleichungen (7.6.2) und (7.6.3) folgt, indem man die Funktion g betrachtet, die durch $g(t) = f(x_0 + t)$ definiert ist, wenn t nahe bei 0 ist.

Aufgaben für Kapitel 7.6

1. Schreiben Sie die Taylor-Formel (7.6.3) mit $n = 2$ für $f(x) = \ln(1 + x)$ auf.

2. (a) Nutzen Sie die Approximation

$$(1 + x)^m \approx 1 + mx + \tfrac{1}{2}m(m-1)x^2$$

und die Tatsache, dass $\sqrt[3]{25} = 3(1 - 2/27)^{1/3}$, um einen approximaten Wert von $\sqrt[3]{25}$ zu finden.

(b) Nutzen Sie einen ähnlichen Anfangswert, um eine Approximation von $\sqrt[5]{33}$ zu finden.

Überprüfen Sie dann diese Approximationen mit Hilfe eines Rechners.

3. Zeigen Sie, dass $\sqrt[3]{9} = 2\,(1 + 1/8)^{1/3}$ ist. Benutzen Sie Formel (7.6.3) mit $n = 2$, um $\sqrt[3]{9}$ auf drei Dezimalstellen zu berechnen.

4. Sei $g(x) = \sqrt[3]{1 + x}$.

(a) Bestimmen Sie das Taylor-Polynom der Ordnung 2 von $g(x)$ um den Ursprung.

(b) Zeigen Sie, dass für $x \geq 0$ gilt: $|R_3(x)| \leq 5x^3/81$

(c) Bestimmen Sie $\sqrt[3]{1003}$ auf 7 Dezimalstellen.

► Lösungen zu den Aufgaben finden Sie im Anhang des Buches.

7.7 Elastizitäten

Ökonomen untersuchen häufig, wie die Nachfrage nach einem gewissen Gut, wie z. B. Kaffee, auf Preisänderungen reagiert. Wir können fragen, um wieviel die nachgefragte Menge, gemessen in Einheiten wie Kilogramm, zurückgeht pro Einheit Preisanstieg, gemessen in Einheiten wie Euro. Die Antwort ist eine konkrete Zahl. Aber dies ist ziemlich unbefriedigend, weil die Zahl entscheidend von diesen Einheiten abhängt: Ist es gemessen in Kilo pro Euro oder in Pfund pro Dollar? Zum Beispiel: Um zu wissen, ob die Nachfrage nach Kaffee in der Eurozone oder in den USA sensitiver für Preiänderungen ist, müssen wir die verschiedenen Einheiten für die Menge und den Preis angleichen. Ein anderes Problem entsteht, weil der Anstieg des Preises um 1 Euro bei einem Kilogramm Kaffee als beträchtlich angesehen werden kann, während der Anstieg des Preises eines Autos um 1 Euro unbedeutend ist.

Solche Schwierigkeiten werden weitgehend eliminiert, wenn wir stattdessen relative Preis- und Mengenänderungen betrachten. Speziell können wir fragen, um welchen *Prozentsatz* sich die nachgefragte Menge nach Kaffee ändert, wenn der Preis um 1 % steigt. Die resultierende Zahl hängt überhaupt nicht von den Einheiten ab, in denen die Mengen und die Preise gemessen werden. Dieser numerische Quotient heißt die *Preiselastizität der Nachfrage*. Wie die Ableitung einer Funktion hängt diese Elastizität von dem Preis ab, bei dem sie gemessen wird.

Nehmen Sie an: Wir lesen, dass 1960 in einem bestimmten Land die Preiselastizität von Butter auf -1 geschätzt wurde. Dies bedeutet: Wenn alle anderen Faktoren, die die Nachfrage beeinflussen, konstant bleiben, würde ein Anstieg des Preises um 1 % zu einer Verringerung der Nachfrage um 1 % führen. Nehmen Sie an: Wir lesen auch, dass die Preiselastizität von Kartoffeln auf -0.2 geschätzt wurde. Wie ist dies zu interpretieren? Was ist Ihrer Meinung nach der Grund dafür, dass der Absolutbetrag dieser Elastizität um so viel kleiner ist als der für Butter?

Nehmen Sie an, dass die Nachfrage nach einem Gut durch die Funktion $x = D(P)$ des Preises P beschrieben werden kann. Wenn sich der Preis von P auf $P + \Delta P$ ändert, verändert sich auch die nachgefragte Menge, die mit x bezeichnet wird. Die absolute Änderung in x ist $\Delta x = D(P + \Delta P) - D(P)$, und die *relative* oder *proportionale* Änderung ist

$$\frac{\Delta x}{x} = \frac{D(P + \Delta P) - D(P)}{D(P)}$$

Das Verhältnis zwischen den relativen Änderungen in der nachgefragten Menge und im Preis ist

$$\frac{\Delta x}{x} \div \frac{\Delta P}{P} = \frac{P}{x}\frac{\Delta x}{\Delta P} = \frac{P}{D(P)}\frac{D(P + \Delta P) - D(P)}{\Delta P} \tag{7.7.1}$$

Wenn $\Delta P = P/100$, so dass P um 1 % steigt, dann wird (7.7.1) zu $(\Delta x/x)\cdot 100$, welches die prozentuale Änderung in der nachgefragten Menge ist. Wir nennen das Verhältnis in (7.7.1) *die durchschnittliche Elastizität von x im Intervall* $[P, P + \Delta P]$. Beachten Sie, dass die in (7.7.1) definierte Zahl sowohl von der Preisänderung ΔP als auch vom Preis P abhängt. Aber es ist dimensionslos in dem Sinne, dass es keinen Unterschied macht, ob die Mengenänderung in Tonnen, Kilogramm oder Pfund oder ob die Preisänderung in Dollar, Pfund oder Euro gemessen wird.

Wir würden die Elastizität von D in P gern so definieren, dass sie auch nicht von der Größe des Zuwachses in P abhängt. Dies ist möglich, wenn D eine differenzierbare Funktion von P ist. Denn dann ist es natürlich, die Elastizität von D bezüglich P als Grenzwert des Quotienten in (7.7.1) zu definieren, wenn ΔP gegen 0 strebt. Differenzierbarkeit impliziert aber, dass der Newton-Quotient $[D(P + \Delta P) - D(P)]/\Delta P$ gegen $D'(P)$ strebt, wenn ΔP gegen 0 strebt. Somit erhalten wir:

Preiselasizität der Nachfrage

Die Elastizität der Nachfragefunktion $D(P)$ bezüglich des Preises P ist

$$\frac{P}{D(P)}\frac{\mathrm{d}D(P)}{\mathrm{d}P} \tag{7.7.2}$$

Oft können wir eine gute Approximation der Elastizität erhalten, indem wir $\Delta P/P = 1/100 = 1\,\%$ setzen und $P\,\Delta x/(x\,\Delta P)$ berechnen.

Die allgemeine Definition der Elastizität

Die obige Definition der Elastizität betraf eine Funktion, die die nachgefragte Menge als Funktion des Preises bestimmte. Ökonomen betrachten jedoch auch die Einkommenselastizität der Nachfrage, wenn die Nachfrage als Funktion des Einkommens betrachtet wird. Sie betrachten auch Elastizitäten des Angebots, Elastizitäten der Substitution und viele andere Arten von Elastizitäten. Es ist daher hilfreich zu sehen, wie die Elastizität für eine allgemeine differenzierbare Funktion definiert werden kann. Gleichzeitig führen wir die Notation $\mathrm{El}_x f(x)$ für die Elastizität der Funktion f bezüglich x ein.

Elastizität

Wenn f an der Stelle x differenzierbar und $f(x) \neq 0$ ist, dann ist die Elastizität von f bezüglich x gleich

$$\mathrm{El}_x f(x) = \frac{x}{f(x)} f'(x) \tag{7.7.3}$$

Beispiel 7.7.1

Bestimmen Sie die Elastizität von $f(x) = Ax^b$, wobei A und b Konstanten sind mit $A \neq 0$.

Lösung: In diesem Fall ist $f'(x) = Abx^{b-1}$. Daher ist $\mathrm{El}_x Ax^b = (x/Ax^b)Abx^{b-1} = b$, so dass gilt:

$$f(x) = Ax^b \Longrightarrow \mathrm{El}_x f(x) = b \tag{7.7.4}$$

Die Elastizität der Potenzfunktion Ax^b bezüglich x ist einfach der Exponent b. Somit hat diese Funktion eine konstante Elastizität. Tatsächlich ist dies der einzige Funktionstyp, der eine konstante Elastizität hat. Sie sollen dies in Aufgabe 11.10.6 zeigen.

Beispiel 7.7.2

Nehmen Sie an, dass die nachgefragte Menge für ein Gut, als Funktion des Preises, gegeben ist durch $D(P) = 8000P^{-1.5}$. Berechnen Sie die Elastizität von $D(P)$ und bestimmen Sie die exakte prozentuale Änderung der nachgefragten Menge, wenn der Preis um 1 % von $P = 4$ aus ansteigt.

Lösung: Mit (7.7.4) folgt $\mathrm{El}_P D(P) = -1.5$, so dass ein Anstieg des Preises um 1 % eine Abnahme der Nachfrage um ungefähr 1.5 % verursacht.

In diesem Fall können wir auch die Abnahme in der Nachfrage exakt berechnen. Wenn der Preis 4 ist, ist die nachgefragte Menge $D(4) = 8000 \cdot 4^{-1.5} = 1000$. Wenn der Preis $P = 4$ um 1 % steigt, ist der neue Preis $4 \cdot 1.01 = 4.04$. Die *Änderung* der Nachfrage ist also:

$$\Delta D = D(4.04) - D(4) = 8000 \cdot 4.04^{-1.5} - 1000 = -14.81$$

Die prozentuale Änderung in der Nachfrage von $D(4)$ ist $-(14.81/1000) \cdot 100 = -1.481\,\%$.

Beispiel 7.7.3

Es bezeichne $D(P)$ die Nachfragefunktion für ein Produkt. Durch den Verkauf von $D(P)$ Einheiten zum Preis P hat der Hersteller den Erlös $R(P) = P \cdot D(P)$. Die Elastizität von $R(P)$ bezüglich P ist

$$\mathrm{El}_P R(P) = \frac{P}{R(P)} \frac{\mathrm{d}}{\mathrm{d}P}[P \cdot D(P)] = \frac{1}{D(P)}[D(P) + P \cdot D'(P)] = 1 + \mathrm{El}_P D(P)$$

Beachten Sie: Wenn $\mathrm{El}_P D(P) = -1$, dann ist $\mathrm{El}_P R(P) = 0$. Das heißt, wenn die Preiselastizität der Nachfrage in einem Punkt gleich -1 ist, dann hat eine kleine Preisänderung (fast) keinen Einfluss auf den Erlös. Allgemeiner gilt: Der durch eine Preisänderung erzeugte Grenzerlös $\mathrm{d}R/\mathrm{d}P$ ist positiv, wenn die Preiselastizität der Nachfrage größer als -1, und negativ, wenn die Elastizität kleiner als -1 ist.

Ökonomen verwenden oft die folgende Terminologie:

1. Wenn $|\mathrm{El}_x f(x)| > 1$, dann ist f elastisch an der Stelle x.
2. Wenn $|\mathrm{El}_x f(x)| = 1$, dann ist f 1-elastisch (ausgeglichen elastisch) an der Stelle x.
3. Wenn $|\mathrm{El}_x f(x)| < 1$, dann ist f unelastisch an der Stelle x.
4. Wenn $|\mathrm{El}_x f(x)| = 0$, dann ist f vollkommen unelastisch an der Stelle x.
5. Wenn $|\mathrm{El}_x f(x)| = \infty$, dann ist f vollkommen elastisch an der Stelle x.

Wenn $y = f(x)$ eine inverse Funktion $x = g(y)$ hat, dann impliziert Theorem 7.3.1

$$\mathrm{El}_y g(y) = \frac{y}{g(y)} g'(y) = \frac{f(x)}{x} \frac{1}{f'(x)} = \frac{1}{\mathrm{El}_x f(x)} \tag{7.7.5}$$

Eine Formulierung, die gut zu (7.3.2) passt, ist so:

$$\mathrm{El}_y x = \frac{1}{\mathrm{El}_x y} \tag{7.7.6}$$

Es gibt einige Regeln für Elastizitäten von Summen, Produkten, Quotienten und verketteten Funktionen, die gelegentlich nützlich sind. Sie sollten daher vielleicht die Regeln in Aufgabe 9 herleiten.

Elastizitäten als logarithmische Ableitungen

Nehmen Sie an, dass die zwei Variablen x und y wie in Beispiel 7.7.1 durch die Gleichung $y = Ax^b$ in Beziehung stehen, wobei x, y und A alle positiv sind. Wenn wir den natürlichen Logarithmus auf beiden Seiten der Gleichung bilden, dann die Regeln für Logarithmen aus Kap. 4.10 anwenden, erhalten wir

$$\ln y = \ln A + b \ln x \tag{7.7.7}$$

Also ist $\ln y$ eine lineare Funktion von $\ln x$. Daher sagen wir, dass (7.7.7) eine *loglineare* Beziehung zwischen x und y ist.

Für die Funktion $y = Ax^b$ wissen wir aus Beispiel 7.7.1, dass $\mathrm{El}_x y = b$. Deshalb sehen wir aus (7.7.7), dass $\mathrm{El}_x y$ gleich der (doppelten) logarithmischen Ableitung $\mathrm{d}(\ln y)/\mathrm{d}(\ln x)$ ist, die gleich der konstanten Steigung dieser loglinearen Beziehung ist. Dieses Beispiel illustriert die allgemeine Regel, dass Elastizitäten gleich solchen logarithmischen Ableitungen sind. In der Tat: Wenn x und y beide positive Variablen sind, wobei y eine differenzierbare Funktion von x ist, dann zeigt ein Beweis, der auf mehrfacher Anwendung der Kettenregel beruht, dass

$$\mathrm{El}_x y = \frac{x}{y}\frac{\mathrm{d}y}{\mathrm{d}x} = \frac{\mathrm{d}(\ln y)}{\mathrm{d}(\ln x)} \tag{7.7.8}$$

Die Transformation von der ursprünglichen Gleichung $y = Ax^b$ zu Gleichung (7.7.7) sieht man oft in ökonomischen Modellen, manchmal mit Logarithmen zu anderen Basen als e.

Aufgaben für Kapitel 7.7

1. Bestimmen Sie die Elastizitäten der durch die folgenden Formeln gegebenen Funktionen:

(a) $3x^{-3}$ (b) $-100x^{100}$ (c) $\sqrt{x}$ (d) $A/x\sqrt{x}$, wobei A eine Konstante ist

2. Eine Untersuchung der Verkehrswirtschaft verwendet die Beziehung $T = 0.4K^{1.06}$, wobei K die Ausgaben für den Straßenbau und T ein Maß für das Verkehrsaufkommen sind. Bestimmen Sie die Elastizität von T bezüglich K. Zu ungefähr welcher prozentualen Änderung des Verkehrsaufkommens führt nach diesem Modell eine Erhöhung der Ausgaben um 1 %?

3. Eine Untersuchung der norwegischen Staatseisenbahnen ergab, dass für Fahrten bis zu 60 km die Preiselastizität des Verkehraufkommens ungefähr gleich -0.4 war.

(a) Welches sind nach dieser Studie die Konsequenzen einer Erhöhung der Fahrpreise um 10 %?

(b) Die entsprechende Elastizität für Reisen über 300 km wurde zu ungefähr -0.9 berechnet. Können Sie einen Grund dafür erkennen, warum diese Elastizität im Absolutbetrag größer ist als die vorige?

4. Verwenden Sie Definition (7.7.3), um $\mathrm{El}_x y$ für die folgenden Funktionen zu bestimmen, wobei a und p Konstanten sind.

(a) $y = e^{ax}$ (b) $y = \ln x$ (c) $y = x^p e^{ax}$ (d) $y = x^p \ln x$

5. Zeigen Sie, dass $\mathrm{El}_x (f(x))^p = p\mathrm{El}_x f(x)$, wobei p eine Konstante ist.

6. Für den Zeitraum 1927 bis 1941 wurde die Nachfrage D nach Äpfeln in den USA als Funktion des Einkommens r geschätzt als $D = Ar^{1.23}$, wobei A eine Konstante ist. Bestimmen und interpretieren Sie die Einkommenselastizität der Nachfrage oder die *Engel-Elastizität*, die definiert ist als Elastizität von D bezüglich r.

➡ Fortsetzung

7. Eine Studie der Verkehrssysteme in 37 amerikanischen Städten schätzte die durchschnittliche Fahrzeit zur Arbeit, m (in Minuten), als eine Funktion der Einwohnerzahl N. Sie fanden heraus, dass $m = e^{-0.02}N^{0.19}$. Schreiben Sie die Beziehung in loglinearer Form. Wie groß ist der Wert von m, wenn $N = 480\,000$ ist?

8. Zeigen Sie, dass bei der Bestimmung von Elastizitäten gilt:

(a) Multiplikative Konstanten verschwinden: $\mathrm{El}_x Af(x) = \mathrm{El}_x f(x)$

(b) Additive Konstanten verschwinden *nicht*: $\mathrm{El}_x[A + f(x)] = \frac{f(x)\mathrm{El}_x f(x)}{A+f(x)}$

Anspruchsvollere Aufgaben

9. Zeigen Sie: Wenn f und g differenzierbare Funktionen von x mit positiven Funktionswerten sind und A eine Konstante ist, dann gelten die folgenden Regeln, wenn die entsprechenden Elastizitäten definiert sind. Dabei schreiben wir z. B. $\mathrm{El}_x f$ anstelle $\mathrm{El}_x f(x)$.

(a) $\mathrm{El}_x A = 0$

(b) $\mathrm{El}_x(fg) = \mathrm{El}_x f + \mathrm{El}_x g$

(c) $\mathrm{El}_x\left(f/g\right) = \mathrm{El}_x f - \mathrm{El}_x g$

(d) $\mathrm{El}_x(f+g) = \dfrac{f\,\mathrm{El}_x f + g\,\mathrm{El}_x g}{f+g}$

(e) $\mathrm{El}_x(f-g) = \dfrac{f\,\mathrm{El}_x f - g\,\mathrm{El}_x g}{f-g}$

(f) $\mathrm{El}_x f\big(g(x)\big) = \mathrm{El}_u f(u)\mathrm{El}_x g \;\; (u = g(x))$

10. Verwenden Sie die Regeln aus Aufgabe 9, um das Folgende zu berechnen:

(a) $\mathrm{El}_x(-10x^{-5})$ (b) $\mathrm{El}_x(x + x^2)$ (c) $\mathrm{El}_x(x^3 + 1)^{10}$

(d) $\mathrm{El}_x(\mathrm{El}_x 5x^2)$ (e) $\mathrm{El}_x(1 + x^2)$ (f) $\mathrm{El}_x\left(\dfrac{x-1}{x^5+1}\right)$

► Lösungen zu den Aufgaben finden Sie im Anhang des Buches.

7.8 Stetigkeit

Man kann sagen: Eine Funktion $y = f(x)$ ist stetig, wenn kleine Änderungen in der unabhängigen Variablen x zu kleinen Änderungen im Funktionswert y führen. Geometrisch gesehen *ist eine Funktion stetig auf einem Intervall, wenn ihr Graph zusammenhängend ist – d. h. keine Sprünge aufweist.* Ein Beispiel ist in Abb. 7.8.1 dargestellt.

Es wird oft gesagt, dass eine Funktion stetig ist, wenn ihr Graph gezeichnet werden kann, ohne den Bleistift vom Papier abzuheben. Andererseits: Wenn der Graph einen oder mehrere Sprünge enthält, sagen wir, dass f *unstetig* ist. Daher ist die Funktion, deren Graph in Abb. 7.8.2 gezeigt wird, unstetig an der Stelle $x = x_0$, jedoch stetig in allen anderen Stellen ihres Definitionsbereichs. Der Graph zeigt, dass $f(x) < 0$ für alle $x < x_0$, jedoch $f(x) > 0$ für alle $x \geq x_0$, so dass es einen Sprung an der Stelle $x = x_0$ gibt.

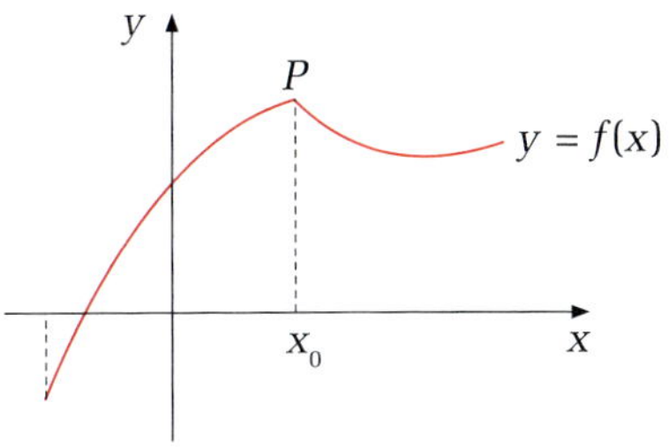

Abbildung 7.8.1: Eine stetige Funktion

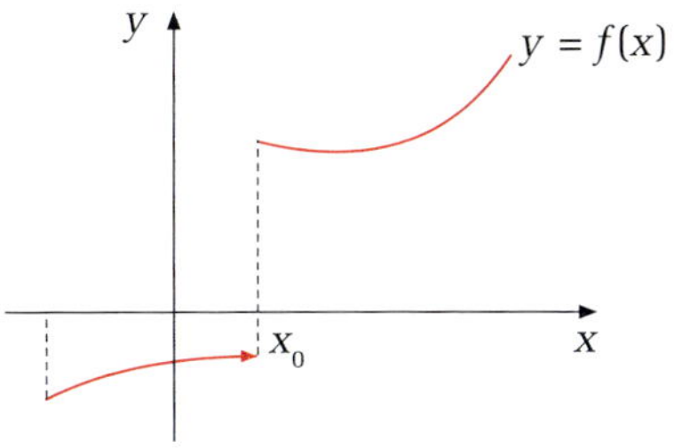

Abbildung 7.8.2: Eine unstetige Funktion

Warum sind wir daran interessiert, zwischen stetigen und unstetigen Funktionen zu unterscheiden? Ein bedeutender Grund ist, dass wir gewöhnlich mit numerischen Approximationen arbeiten müssen. Wenn z. B. eine Funktion f durch eine Formel gegeben ist und wir $f(\sqrt{2})$ berechnen wollen, betrachten wir es gewöhnlich als selbstverständlich, dass wir $f(1.4142)$ berechnen können und eine gute Approximation an $f(\sqrt{2})$ erhalten. In Wirklichkeit wird dabei implizit angenommen, dass f stetig ist. Wenn das so ist, muss dann, weil 1.4142 nahe an $\sqrt{2}$ ist, der Wert $f(1.4142)$ nahe an $f(\sqrt{2})$ sein.

In Anwendungen der Mathematik in den Natur- und Wirtschaftswissenschaften stellt eine Funktion oft die Änderung eines Phänomens mit der Zeit dar. Die Stetigkeit der Funktion wird dann die Stetigkeit des Phänomens widerspiegeln, im Sinne allmählicher und nicht plötzlicher Änderungen. Zum Beispiel ist die Körpertemperatur einer Person eine Funktion der Zeit, die sich von einen Wert auf einen anderen ändert, indem sie zuvor alle dazwischen liegenden Werte passiert hat.

Auf der anderen Seite ist der Marktpreis von Rohöl, wenn wir es genau genug betrachten, eigentlich eine unstetige Funktion der Zeit. Ein Grund ist der, dass der Preis, gewöhnlich gemessen in Dollar pro Barrel, immer eine ziemlich kleine Anzahl von Dezimalstellen haben muss. Ein zweiter und interessanterer Grund für gelegentliche große Preissprünge ist die plötzliche Ankunft einer Nachricht oder einer Unruhe, die entweder die Nachfrage- oder die Angebotsfunktion signifikant beeinflusst. Ein Beispiel könnte ein plötzlicher, nicht angekündigter Wechsel in der Regierung eines großen Öl exportierenden Landes sein. Ein anderes Beispiel wäre es, wenn mehrere Öl exportierende Länder mit von der Regierung gelenkten Operationen beschließen, ihr Angebot zu reduzieren.

Die wirtschaftliche Analyse braucht eine Definition der Stetigkeit, die nicht allein auf intuitiven geometrischen Ideen basiert. Die Bereitstellung einer präziseren Definition, basierend auf Grenzwerten, ist unser nächstes Thema.

Stetigkeit in Form von Grenzwerten

Wie oben erörtert, ist eine Funktion $y = f(x)$ stetig an der Stelle $x = x_0$, wenn kleine Änderungen in x kleine Änderungen in $f(x)$ hervorrufen. Anders ausgedrückt: Wenn x nahe an x_0 ist, dann muss $f(x)$ nahe an $f(x_0)$ sein. Dies motiviert die folgende Definition:

Stetigkeit

Die Funktion f ist *stetig* an der Stelle $x = x_0$, wenn

$$\lim_{x \to x_0} f(x) = f(x_0) \tag{7.8.1}$$

Diese Definizion impliziert: Damit f an der Stelle $x = x_0$ stetig ist, müssen die folgenden drei Bedingungen alle erfüllt sein:

(i) Die Funktion f muss an der Stelle $x = x_0$ definiert sein.

(ii) Der Grenzwert von $f(x)$, wenn x gegen x_0 strebt, muss existieren.

(iii) Dieser Grenzwert muss gleich $f(x_0)$ sein. Wenn nicht alle drei Bedingungen erfüllt sind, sagen wir, dass f *unstetig* ist an der Stelle x_0.

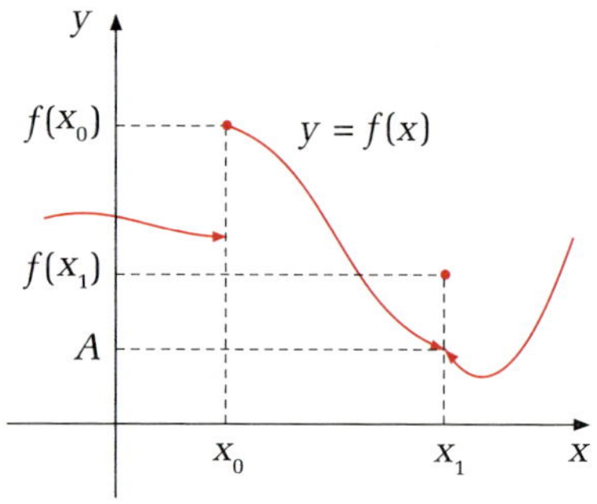

Abbildung 7.8.3: Eine unstetige Funktion

Abbildung 7.8.3 unterscheidet zwischen zwei wichtigen Arten von Unstetigkeiten, die auftreten können. An der Stelle $x = x_0$ ist die Funktion unstetig, weil $f(x)$ offensichtlich keinen Grenzwert hat, wenn x gegen x_0 strebt. Daher ist Bedingung (ii) nicht erfüllt. Diese Art der Unstetigkeit, wird „irreparabel" genannt, da sie nicht behoben werden kann, indem man f an der Stelle $x = x_0$ geeignet umdefiniert.

Andererseits existiert der Grenzwert von $f(x)$, wenn x gegen x_1 strebt, und ist gleich A. Da aber $A \neq f(x_1)$ ist, ist Bedingung (iii) nicht erfüllt, so dass f an der Stelle x_1 unstetig ist. Dies ist eine „reparable" Unstetigkeit, die verschwindet, wenn die Funktion an der Stelle $x = x_1$ umdefiniert wird und $f(x_1)$ gleich A gesetzt wird.

Eigenschaften von stetigen Funktionen

Mathematiker haben viele wichtige Resultate entdeckt, die nur für stetige Funktionen gelten. Es ist deshalb wichtig, zu wissen, wie man entscheiden kann, ob eine gegebene Funktion stetig ist oder nicht. In der Tat: Für viele Typen von Funktionen machen es die in Kap. 6.5 für Grenzwerte gegebenen Regeln leicht, ihre Stetigkeit zu begründen.

Beachten Sie zunächst: Wegen $\lim_{x \to x_0} c = c$ und $\lim_{x \to x_0} x = x_0$ in jedem Punkt x_0 gilt:

$$\text{Die zwei Funktionen} \quad f(x) = c \quad \text{und} \quad f(x) = x \quad \text{sind überall stetig.} \tag{7.8.2}$$

Dies ist, wie es sein sollte, da die Graphen dieser Funktionen Geraden sind.

Definition (7.8.1) und die Regeln für Grenzwerte (6.5.2)–(6.5.5) implizieren offensichtlich folgende Resultate:

Eigenschaften von stetigen Funktionen

Wenn f und g stetig in x_0 sind, so gilt:

(a) Die Summe $f + g$ und die Differenz $f - g$ sind stetig in x_0.

(b) Das Produkt fg und der Quotient f/g, falls $g(x_0) \neq 0$, sind stetig in x_0.

(c) Für jede reelle Zahl r ist die Potenz $[f(x)]^r$ stetig in jedem Punkt x_0, in dem $[f(x_0)]^r$ definiert ist. (7.8.3)

(d) Wenn f eine Inverse hat auf dem Intervall I, dann ist die Inverse f^{-1} stetig auf $f(I)$.

Um zum Beispiel den ersten Teil von (b) zu beweisen, nehmen Sie an, dass f und g beide stetig in x_0 sind. Dann gilt $f(x) \to f(x_0)$ und $g(x) \to g(x_0)$, wenn $x \to x_0$. Nach den Regeln für Grenzwerte gilt dann $f(x)g(x) \to f(x_0)g(x_0)$, wenn $x \to x_0$, und dies bedeutet genau, dass fg stetig in $x = x_0$ ist. Das Resultat in (d) ist etwas trickreicher zu beweisen, aber es ist leicht zu glauben, wenn man realisiert, dass die Graphen von f und ihrer Inversen f^{-1} symmetrisch zur Geraden $y = x$ sind, wie wir in Kap. 5.3 gesehen haben.

Durch Verbindung dieser Eigenschaften und (7.8.2) folgt z. B., dass $h(x) = x + 8$ und $k(x) = 3x^3 + x + 8$ stetig sind. Allgemein gilt: Da ein Polynom eine Summe von stetigen Funktionen ist, ist es überall stetig. Betrachten Sie eine rationale Funktion:

$$R(x) = \frac{P(x)}{Q(x)}\,, \quad \text{wobei } P(x) \text{ und } Q(x) \text{ Polynome sind}$$

Eigenschaft (b) impliziert, dass $R(x)$ stetig ist in allen x, für die $Q(x) \neq 0$ ist.

Betrachten Sie jetzt eine verkettete Funktion $g(f(x))$, wobei f und g beide stetig sind. Wenn x nahe an x_0 ist, dann ist wegen der Stetigkeit von f in x_0 auch $f(x)$ nahe an $f(x_0)$. Wiederum wird $g(f(x))$ nahe an $g(f(x_0))$ sein, weil g stetig in $f(x_0)$ ist. Damit ist $g(f(x))$ stetig in x_0. In Kürze: *Verkettungen von stetigen Funktionen sind stetig.*

Zusammenfassend haben wir das folgende leistungsfähige allgemeine Resultat:

Erhalt der Stetigkeit

Eine Funktion ist stetig in allen Stellen, wo sie definiert ist, vorausgesetzt, dass sie konstruiert werden kann aus anderen stetigen Funktionen durch Kombination einer oder mehrerer der folgenden Operationen: Addition, Subtraktion, Multiplikation, Division (außer durch Null) und Verkettung. (7.8.4)

Indem wir die gerade erörterten Regeln anwenden, wird gewöhnlich ein einziger Blick auf die Formel, die die Funktion definiert, genügen, um die Stellen zu bestimmen, in denen sie stetig ist.

Beispiel 7.8.1

Bestimmen Sie, für welche Werte x die Funktionen f und g stetig sind:

(a) $f(x) = \dfrac{x^4 + 3x^2 - 1}{(x-1)(x+2)}$ (b) $g(x) = (x^2+2)\left(x^3 + \dfrac{1}{x}\right)^4 + \dfrac{1}{\sqrt{x+1}}$

Lösung:

(a) Dies ist eine rationale Funktion, die stetig ist für alle x, für die der Nenner $(x-1)(x+2) \neq 0$. Daher ist f stetig für alle x außer 1 und -2.

(b) Diese Funktion ist definiert, wenn $x \neq 0$ und $x+1 > 0$ ist. Wegen der Eigenschaften (a), (b) und (c) in (7.8.3) ist g stetig im Definitionsbereich $(-1, 0) \cup (0, \infty)$.

Wenn man weiß, wo eine Funktion stetig ist, wird die Berechnung vieler Grenzwerte vereinfacht. Wenn die Funktion f in $x = x_0$ stetig ist, dann kann der Grenzwert von $f(x)$ für x gegen x_0 bestimmt werden, indem man einfach $f(x_0)$ berechnet. Da z. B. die Funktion $f(x) = x^2 + 5x$, die wir in Beispiel 6.5.3 untersucht haben, eine stetige Funktion von x ist, ist

$$\lim_{x \to -2} (x^2 + 5x) = f(-2) = (-2)^2 + 5(-2) = 4 - 10 = -6$$

Natürlich ist die einfache Berechnung von $f(-2)$ viel leichter, als die Regeln für Grenzwerte anzuwenden.

Funktionen, wie die in den Beispielen 5.4.3 und 5.4.4, sind „abschnittsweie" definiert durch verschiedene Formeln, die sich auf disjunkte Intervalle beziehen. Solche abschnittsweise definierten Funktionen sind häufig in den Verbindungsstellen unstetig. Ein anderes Beispiel: Der Betrag an Porto, das Sie für einen Brief bezahlen, ist eine unstetige Funktion des Gewichts. (Solange wir vorgedruckte Briefmarken benutzen, wird es außerordentlich ungewöhnlich sein, eine „Portofunktion" zu haben, die auch nur annähernd stetig ist.) Andererseits, wenn eine Steuerfunktion gegeben ist, die so ähnlich aussieht wie die in Beispiel 5.4.4, so ist die Steuer, die Sie bezahlen (im Wesentlichen) eine stetige Funktion ihres Nettoeinkommens.

Beispiel 7.8.2

Ein ökonomisch bedeutungsvolles Beispiel einer unstetigen Funktion ist die Besteuerung von Hauskäufen in UK vor der Reform am 3. Dezember 2014. Jeder Käufer eines Hauses hatte eine Steuer zu bezahlen, die „Stempelsteuer" – oder offiziell „Stamp Duty Land Tax" genannt wurde, gewöhnlich abgekürzt als SDLT. Vor dem 3. Dezember 2014 wurde SDLT erhoben mit einem anwachsenden Durchschnittssteuersatz laut

Tabelle 7.8.1: Steuersatz auf englische Hausverkäufe vor dem 3. Dezember 2014

Kaufpreis des Objekts	Rate der SDLT
Bis 125 000 £	Null
> 125 000 £ bis 250 000 £	2 %
> 250 000 £ bis 925 000 £	5 %
> 925 000 £ bis 1.5 Millionen £	10 %
Über 1.5 Millionen £	12 %

„Flächengründung". Vom 24. März 2012 bis 3. Dezember 2014, waren diese Steuersätze wie in Tabelle 7.8.1 gezeigt.[8]

Eine wichtige Implikation dieses Besteuerungssystems war, dass die Höhe der zu zahlenden Steuer immer dann einen unstetigen Sprung macht, wenn der Steuersatz anstieg. Insbesondere war die Steuer auf ein Haus, dass für 125 000 £ gekauft wurde, gleich Null. Wenn das Haus aber stattdessen für 125 001 £ gekauft wurde, stieg die zu zahlende Steuer an auf 2 % des Kaufpreises, was gleich 2 500.02 £ ist. Ähnlich: Die Steuer auf ein Haus, das für 250 000 £ gekauft wurde, war 2 % des Kaufpreises, was gleich 5 000 £ ist. Wenn aber das Haus stattdessen für 250 001 £ gekauft worden wäre, würde die zu zahlende Steuer ansteigen auf 5 % des Kaufpreises, was 12 500.05 £ ist. Abbildung 7.8.4 zeigt einen Graphen dieser alten SDLT Ertragsfunktion mit unstetigen Sprüngen bei jedem der vier Preise, bei denen es einen Anstieg des Steuersatzes gibt. Abbildung 7.8.5 ist ein Balkendiagramm, das die Häufigkeitsverteilung der Hauskäufe zu verschiedenen Preisen für das Jahr 2006 zeigt.[9] Nicht überraschend gibt es große

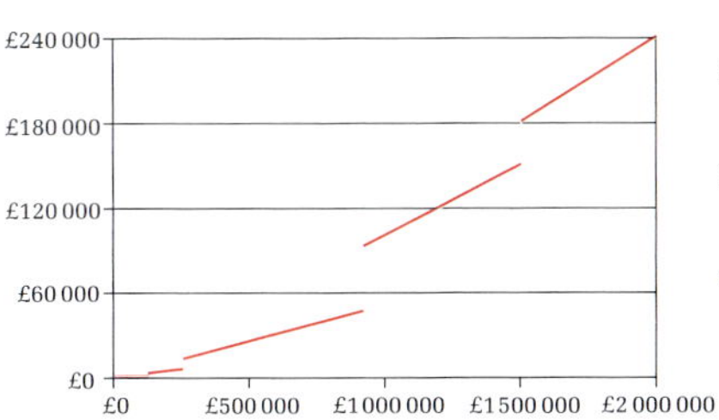

Abbildung 7.8.4: SDLT *Ertragsfunktion*

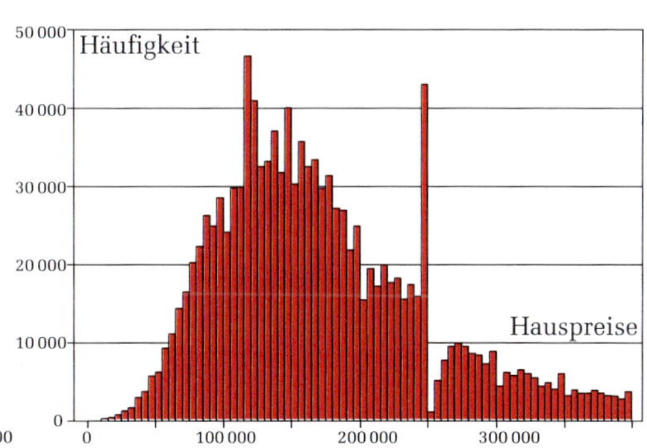

Abbildung 7.8.5: Häufigkeitsverteilung der Hausverkäufe

[8] Die offizielle Quelle ist http:/www.hmrc.gov.uk/sdlt/rates-tables.htm#3

[9] Dieses Balkendiagramm basiert, mit der freundlichen Erlaubnis des Autors auf dem Artikel von Teemu Lyytikäinen und Christian Hilber mit dem Titel „Housing transfer taxes and household mobility: Distortion on the housing or labour market?" verfügbar bei http://econpapers.repec.org/paper/ferwpaper/47.htm

Mulden in der Verteilung, gerade oberhalb eines Preises, bei dem der Steuersatz steigt. Beachten Sie insbesondere den hohen Anstieg der Häufigkeit in dem Balken genau links von 250 000 £ und den großen Rückgang bis fast auf Null in dem Balken genau rechts von 250 000 £.

Ein Ökonom kann dies einfach erklären. Schließlich: Wenn Käufer und Verkäufer sich geeinigt haben, dass ein Haus tatsächlich 251 000 £ wert ist, worauf eine Steuer von 12 550 £ zu zahlen ist, könnten sie sich stattdessen einigen, den Kaufpreis zu protokollieren als 249 000 £, auf den die zu zahlende Steuer nur 4 950 £ beträgt. Dies erspart dem Käufer 7 600 £ an Steuern, wovon er einiges verwenden könnte, um dem Verkäufer wenigstens 2 000 £ extra für „Einrichtungsgegenstände" wie Teppiche und Vorhänge zu zahlen, die im Vereinigten Königreich oft nicht mit im Preis des Hauses eingeschlossen sind.[10]

Letztendlich erkannte das UK-Finanzministerium, dass dies ein ernsthafter Mangel in dem Steuersystem war.[11] Somit wurde am 3. Dezember 2014 angekündigt, dass das SDLT Steuersystem sofort reformiert werden sollte. Es wurde dem US-Bundeseinkommenssteuersystem ähnlich, das in Beispiel 5.4.4 beschrieben wurde, mit mehreren Bereichen. Zwischen diesen Bereichen würde die Grenzrate ansteigen, aber der durchschnittliche Steuersatz und die zu zahlende Gesamtsteuer sind beide stetige Funktionen des Preises. Es bleibt abzuwarten, ob dieser Schritt hin zur Stetigkeit zu einer regelmäßigeren Häufigkeitsverteilung der Preise führt, die für englische Häuser und das Land, auf dem sie gebaut sind, gezahlt werden.[12]

Übrigens beschrieb der *Economist* in seiner Diskussion dieser Steuerreform in der Ausgabe vom 6. Dezember 2014 die neue Ertragsfunktion als „weniger knickig". Dies ist mathematischer Unsinn. Knicke sind Ecken, in denen sich die Steigung der Tangente an den Graphen unstetig ändert.[13] Also sind Knicke verschieden von Sprüngen. Das alte Verfahren hatte Sprünge, aber sonst keine Knicke. Das neue Programm hat Knicke, aber, weil es stetig ist, keine Sprünge.

[10] Lyytikäinen und Hilber weisen darauf hin, dass es 2003, als SDLT ein älteres System ersetzte, „geplant war, gegen Steuerhinterziehung vorzugehen. In dem alten System war es möglich, Steuern zu vermeiden, indem man „bewegliche und unbewegliche Einrichtungsgegenstände", separat zu überhöhten Preisen verkaufte. In dem gegenwärtigen System [in 2006] wird der Verkauf von beweglichen und unbeweglichen Einrichtungsgegenständen zusammen mit der Immobilie erklärt und das Grundbuchamt vergleicht den Kaufpreis mit typischen Preisen in dem Gebiet, um Steuerhinterziehung zu entdecken." Die Unregelmäßigkeiten in der Häufigkeitsverteilung von Hauspreisen lassen vermuten, dass solche Hinterziehung unzureichend verhindert wurde, gelinde gesagt.

[11] Tatsächlich wurden diese Steuern nur in England und Wales erhoben, nicht in Schottland und Nordirland.

[12] Eine spätere Reform, datiert auf den 22 November 2017 führte tatsächlich wieder das unstetige Flächengründungssystem ein, aber nur für Erstkäufer von Wohneigentum, vorgesehen als ein Hauptwohnsitz mit Werten zwischen 300 000 £ und 500 000 £. Siehe https://assets.publishing.service.gov.uk/government/uploads/system/uploads/attachment_data/file/759714/Stamp_Duty_Land_Tax_relief_for_first_time_buyers_-_guidance_note.pdf

[13] Wie in (7.9.4) erörtert.

Aufgaben für Kapitel 7.8

1. Welche der folgenden Funktionen sind offensichtlich stetige Funktionen der Zeit?

(a) Der Preis einer Unze Gold auf dem Züricher Goldmarkt.

(b) Die Körpergröße eines heranwachsenden Kindes.

(c) Die Höhe eines Flugzeugs über dem Meeresspiegel.

(d) Die von einem Auto zurückgelegte Strecke.

2. Seien f und g für alle x definiert durch

$$f(x) = \begin{cases} x^2 - 1\,, & \text{für } x \leq 0 \\ -x^2\,, & \text{für } x > 0 \end{cases} \quad \text{und} \quad g(x) = \begin{cases} 3x - 2\,, & \text{für } x \leq 2 \\ -x + 6\,, & \text{für } x > 2 \end{cases}$$

Zeichnen Sie von jeder Funktion den Graphen. Ist f stetig an der Stelle $x = 0$? Ist g stetig an der Stelle $x = 2$?

3. Für welche Werte von x sind die durch die folgenden Formeln definierten Funktionen stetig?

(a) $x^5 + 4x$ (b) $\dfrac{x}{1-x}$ (c) $\dfrac{1}{\sqrt{2-x}}$

(d) $\dfrac{x}{x^2+1}$ (e) $\dfrac{x^8 - 3x^2 + 1}{x^2 + 2x - 2}$ (f) $\dfrac{1}{\sqrt{x}} + \dfrac{x^7}{(x+2)^{3/2}}$

4. Abbildung 7.8.6 zeigt für jedes x die Höhe y eines Flugzeugs über dem Punkt des Erdbodens vertikal unter dem Flugzeug. Zeichnen Sie den Graphen von y als Funktion von x. Ist y eine stetige Funktion von x?

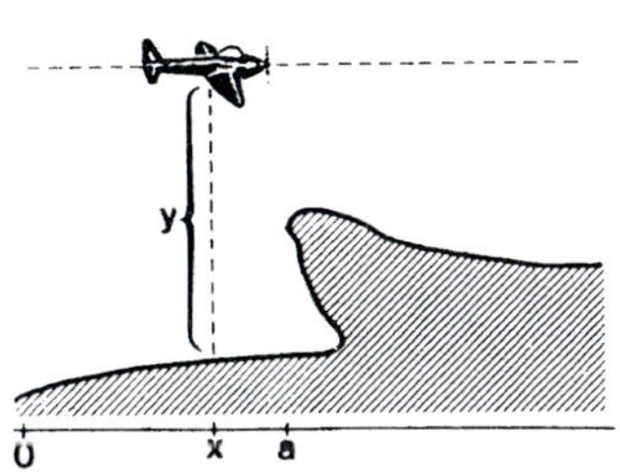

Abbildung 7.8.6: Aufgabe 4

5. Für welche Werte von a ist die folgende Funktion stetig für alle x?

$$f(x) = \begin{cases} ax - 1\,, & \text{für } x \leq 1 \\ 3x^2 + 1\,, & \text{für } x > 1 \end{cases}$$

6. Skizzieren Sie den Graphen einer Funktion f, die auf einem Intervall umkehrbar eindeutig ist, aber weder strikt monoton wachsend noch strikt monoton fallend ist. (*Hinweis:* f kann nicht stetig sein.)

► Lösungen zu den Aufgaben finden Sie im Anhang des Buches.

7.9 Mehr über Grenzwerte

Kapitel 6.5 enthielt eine vorläufige Diskussion von Grenzwerten. Wir werden dies jetzt durch zusätzliche Konzepte und Resultate ergänzen und die Erörterung weiterhin auf einem intuitiven Niveau halten. Der Grund für diese allmähliche Annäherung ist, dass es wichtig und ganz leicht ist, ausreichende Kenntnisse über Grenzwerte zu erlangen. Die Erfahrung zeigt jedoch, dass die Art der präzisen Definition, zu der wir hinführen wollen, eine größere Herausforderung darstellt als es die Beweise tun, die auf solch einer Definition beruhen.

Nehmen Sie an, dass f definiert ist für alle x in der Nähe von x_0, jedoch nicht notwendig in x_0. Nach Definition (6.5.1) hat die Funktion $f(x)$ die Zahl A als ihren Grenzwert, wenn x gegen x_0 strebt, wenn die Zahl $f(x)$ beliebig nahe an A gewählt werden kann, indem man x hinreichend nahe an, aber nicht gleich x_0 wählt. In diesem Fall sagen wir, dass der Grenzwert existiert. Betrachten wir jetzt einen Fall, in dem der Grenzwert nicht existiert.

Beispiel 7.9.1

Versuchen Sie $\lim_{x \to -2} \frac{1}{(x+2)^2}$ zu bestimmen mit Hilfe eines Taschenrechners.

Lösung: Die Wahl von x-Werten, die sich -2 nähern, ergibt die Werte in Tabelle 7.9.1.

Tabelle 7.9.1: Werte von $1/(x+2)^2$, wenn x nahe an -2

x	-1.8	-1.9	-1.99	-1.999	-2.0	-2.001	-2.01	-2.1	-2.2
$1/(x+2)^2$	25	100	10 000	1 000 000	*	1 000 000	10 000	100	25

*: nicht definiert

Wenn x näher und näher an -2 herankommt, sehen wir, dass der Wert des Bruches größer und größer wird. Indem wir noch weitere Werte zu der Tabelle berechnen, sehen wir z. B., dass für $x = -2.0001$ und $x = -1.9999$ der Wert des Bruches 100 Millionen ist. Abbildung 7.9.1 zeigt den Graphen von $f(x) = 1/(x+2)^2$. Die Gerade $x = -2$ wird eine *vertikale Asymptote* für den Graphen von f genannt.
In der Tat: Wir können offensichtlich den Bruch so groß machen, wie wir wollen, indem wir x genügend nah an -2 wählen. Somit strebt der Bruch nicht gegen einen

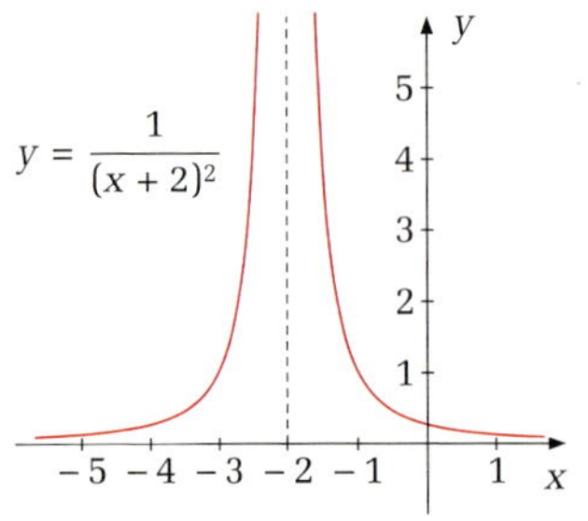

Abbildung 7.9.1: $f(x) \to \infty$, wenn $x \to -2$

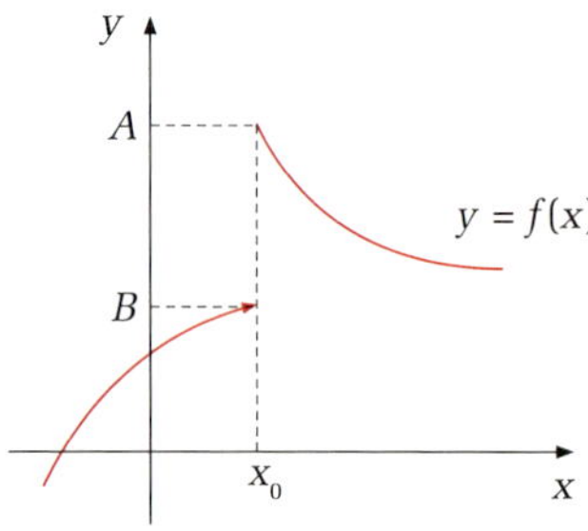

Abbildung 7.9.2: $\lim_{x \to x_0} f(x)$ existiert nicht.

Grenzwert, wenn x gegen -2 strebt. Stattdessen sagen wir, dass er „gegen Unendlich strebt" und schreiben

$$\frac{1}{(x+2)^2} \to \infty \qquad \text{wenn} \qquad x \to -2$$

Beachten Sie, dass ∞ *keine* Zahl ist, so dass ∞ *kein* Grenzwert ist.

Einseitige Grenzwerte

Die Funktion, deren Graph in Abb. 7.9.2 gezeigt wird, hat offensichtlich keinen Grenzwert, wenn x gegen x_0 strebt. Jedoch sieht man aus der Abbildung, dass $f(x)$ gegen die Zahl B strebt, wenn x gegen x_0 strebt mit Werten von x, die kleiner als x_0 sind. Wir sagen deshalb, dass der *Grenzwert von $f(x)$, wenn x von links gegen x_0 strebt, gleich B ist,* und wir schreiben

$$\lim_{x \to x_0^-} f(x) = B \quad \text{oder} \quad f(x) \to B\,, \quad \text{wenn} \quad x \to x_0^-$$

Analog zeigt Abb. 7.9.2 auch: Wenn x gegen x_0 strebt mit Werten, die größer sind als x_0, dann strebt $f(x)$ gegen die Zahl A. Dementsprechend sagen wir, dass der *Grenzwert von $f(x)$, wenn x von rechts gegen x_0 strebt, gleich A ist,* und wir schreiben

$$\lim_{x \to x_0^+} f(x) = A \quad \text{oder} \quad f(x) \to A\,, \quad \text{wenn} \quad x \to x_0^+$$

Wir nennen diese Grenzwerte *einseitige Grenzwerte*, den ersten *linksseitig* und den zweiten *rechtsseitig*. Sie werden manchmal auch *Grenzwert von unten* bzw. *Grenzwert von oben* genannt.

Eine notwendige und hinreichende Bedingung, dass der (gewöhnliche) Grenzwert existiert, ist, dass die beiden einseitigen Grenzwerte von f an der Stelle x_0 existieren und gleich sind:

$$\lim_{x \to x_0} f(x) = A \iff \left[\lim_{x \to x_0^-} f(x) = A \text{ und } \lim_{x \to x_0^+} f(x) = A \right] \tag{7.9.1}$$

Es sollte jetzt auch klar sein, was gemeint ist mit

$$f(x) \to \pm\infty\,, \quad \text{wenn} \quad x \to x_0^- \quad \text{und} \quad f(x) \to \pm\infty\,, \quad \text{wenn} \quad x \to x_0^+$$

Das Beispiel $\lim_{x \to 0^+} \ln x = -\infty$ ist bereits erklärt worden bei der Begründung von Gleichung (6.11.3).

Beispiel 7.9.2

Abb. 7.9.3 zeigt den Graphen einer Funktion f, die auf dem Intervall $[0, 9]$ definiert ist. Benutzen Sie die Abbildung, um zu prüfen, dass die folgenden Aussagen über Grenzwerte korrekt sind:

$$\lim_{x \to 2} f(x) = 3, \ \lim_{x \to 4^-} f(x) = 1/2, \ \lim_{x \to 4^+} f(x) = 3 \text{ und } \lim_{x \to 6^-} f(x) = \lim_{x \to 6^+} f(x) = -\infty$$

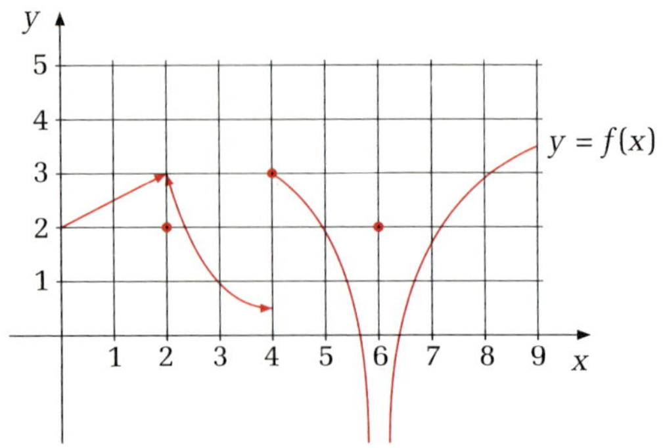

Abbildung 7.9.3: Eine Funktion, definiert auf $[0,9]$

Gleichung (7.9.1) folgend erlauben wir uns selbst, einfach $\lim_{x\to 6} f(x) = -\infty$ zu schreiben, auch wenn weder der linksseitige noch der rechtsseitige Grenzwert tatsächlich existiert.

Beispiel 7.9.3

Erklären Sie die folgenden Grenzwerte:

$$\frac{1}{\sqrt{2-x}} \to \infty\,, \quad \text{wenn } x \to 2^-\,, \qquad \frac{-1}{\sqrt{x-2}} \to -\infty\,, \quad \text{wenn } x \to 2^+$$

Lösung: Wenn x geringfügig kleiner als 2 ist, dann ist $2-x$ klein und positiv. Daher ist $\sqrt{2-x}$ nahe an 0, und $1/\sqrt{2-x}$ ist eine große positive Zahl. Zum Beispiel ist $1/\sqrt{2-1.9999} = 1/\sqrt{0.0001} = 100$. Wenn x gegen 2^- strebt, so strebt $1/\sqrt{2-x}$ gegen ∞.

Der andere Grenzwert ergibt sich auf ähnliche Weise. Denn wenn x geringfügig größer als 2 ist, dann ist $\sqrt{x-2}$ positiv und nahe an 0. Damit ist $-1/\sqrt{x-2}$ eine große negative Zahl.

Einseitige Stetigkeit

Die Einführung einseitiger Grenzwerte erlaubt uns, einseitige Stetigkeit zu definieren. Nehmen Sie an, dass f auf dem halboffenen Intervall $(c, x_0]$ definiert ist. Wenn $f(x)$ gegen $f(x_0)$ strebt, wenn x gegen x_0^- strebt, sagen wir, dass f *stetig von links* an der Stelle x_0 ist. Ähnlich sagen wir, wenn f auf $[x_0, d)$ definiert ist, dass f *stetig von rechts* an der Stelle x_0 ist, wenn $f(x)$ gegen $f(x_0)$ strebt, wenn x gegen x_0^+ strebt. Wegen (7.9.1) sehen wir, dass eine Funktion f genau dann stetig an der Stelle x_0 ist, wenn f an der Stelle x_0 sowohl stetig von links als auch von rechts ist.

Beispiel 7.9.4

Betrachten Sie wieder die Funktion f, deren Graph in Abb. 7.9.3 gezeigt wird. Da $\lim_{x\to 4^+} f(x)$ existiert und gleich $f(4) = 3$ ist, folgt, dass f stetig von rechts ist an der

Stelle $x = 4$. An der Stelle $x = 2$ ist $\lim_{x\to 2^-} f(x) = \lim_{x\to 2^+} f(x) = 3$, aber ein Punkt im Graphen zeigt an, dass $f(2) = 2$. Es folgt, dass f weder rechts- noch linksstetig an der Stelle $x = 2$ ist.

Betrachten Sie eine Funktion f, die auf einem abgeschlossenen, beschränkten Intervall $[a, b]$ definiert ist. Wir sagen gewöhnlich, dass f stetig in $[a, b]$ ist, wenn es nicht nur an jeder Stelle des offenen Intervalls (a, b) stetig ist, sondern auch sowohl rechtsstetig an der Stelle a als auch linksstetig an der Stelle b ist. Es sollte offensichtlich sein, wie Stetigkeit auf halboffenen Intervallen zu definieren ist. Die Stetigkeit einer Funktion an allen Stellen eines Intervalls (einschließlich der einseitigen Stetigkeit in den Endpunkten) ist oft die Mindestvoraussetzung, wenn wir von „gutartigen" Funktionen sprechen.

Grenzwerte im Unendlichen

Wir können auch die Terminologie der Grenzwerte verwenden, um das Verhalten einer Funktion zu beschreiben, wenn ihr Argument im positiven oder negativen Bereich unendlich groß wird. Sei f für beliebig große positive Zahlen x definiert. Wir sagen, dass $f(x)$ *den Grenzwert A hat, wenn x gegen unendlich strebt*, wenn $f(x)$ beliebig nah an A gewählt werden kann, indem man x hinreichend groß wählt. Wir schreiben

$$\lim_{x\to\infty} f(x) = A \quad \text{oder} \quad f(x) \to A\,, \quad \text{wenn} \quad x \to \infty$$

In der gleichen Weise sagt

$$\lim_{x\to-\infty} f(x) = B \quad \text{oder} \quad f(x) \to B\,, \quad \text{wenn} \quad x \to -\infty$$

aus, dass $f(x)$ beliebig nahe an B gewählt werden kann, indem man für x eine hinreichend große negative Zahl wählt. Die zwei Grenzwerte sind in Abb. 7.9.4 illustriert. Die horizontale Gerade $y = A$ ist eine *horizontale Asymptote* für den Graphen von f, wenn x gegen ∞ strebt, während $y = B$ eine horizontale Asymptote für den Graphen ist, wenn x gegen $-\infty$ strebt.

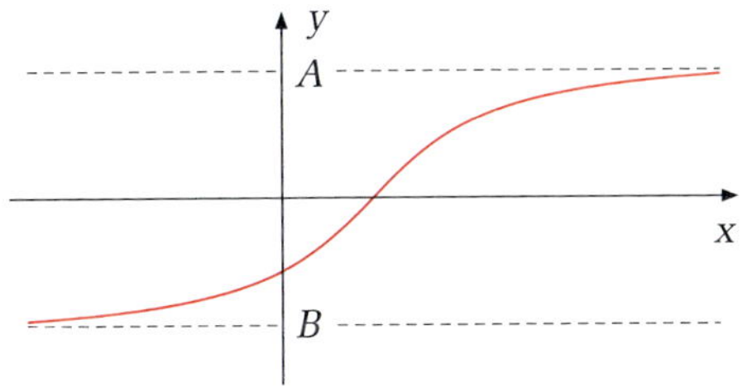

Abbildung 7.9.4: $y = A$ und $y = B$ sind horizontale Asymptoten.

Wir bemerken, dass $\lim_{x\to-\infty} e^x = 0$ bereits erörtert wurde, als einer der zwei in (6.10.3) auftretenden Grenzwerte begründet wurde. Wir bemerken auch, dass $\lim_{x\to\infty} e^x = +\infty$ ein Grenzwert im Unendlichen ist, der in (6.10.3) erschien, während $\lim_{x\to+\infty} \ln x = +\infty$ in (6.11.4) erschien.

Beispiel 7.9.5

Untersuchen Sie die folgenden Funktionen, wenn $x \to \infty$ und $x \to -\infty$:

(a) $f(x) = \dfrac{3x^2 + x - 1}{x^2 + 1}$ (b) $g(x) = \dfrac{1 - x^5}{x^4 + x + 1}$

Lösung:

(a) Außer an der Stelle $x = 0$ können wir jeden Term im Zähler und im Nenner durch die höchste Potenz von x, welche x^2 ist, dividieren und erhalten

$$f(x) = \frac{3x^2 + x - 1}{x^2 + 1} = \frac{3 + (1/x) - (1/x^2)}{1 + (1/x^2)}$$

Wenn x im Absolutbetrag groß ist, dann sind sowohl $1/x$ als auch $1/x^2$ nahe an 0. Daher ist $f(x)$ beliebig nahe an 3, wenn $|x|$ hinreichend groß ist, und es gilt $f(x) \to 3$, wenn $x \to -\infty$ und wenn $x \to \infty$.

(b) Wenn Sie beachten, dass

$$g(x) = \frac{1 - x^5}{x^4 + x + 1} = \frac{(1/x^4) - x}{1 + (1/x^3) + 1/x^4},$$

sollten Sie in der Lage sein, das Argument selbst zu Ende bringen, indem Sie ähnlich wie in Teil (a) vorgehen. Man erhält $g(x) \to +\infty$, wenn $x \to -\infty$, aber $g(x) \to -\infty$, wenn $x \to +\infty$.

Warnungen

Wir haben die ursprüngliche Definition eines Grenzwertes in mehrere verschiedene Richtungen verallgemeinert. Für dieses erweiterte Grenzwertkonzept gelten die in Kap. 6.5 gegebenen Regeln für Grenzwerte weiterhin. So sind z. B. alle üblichen Regeln für Grenzwerte gültig, wenn wir links- oder rechtsseitige Grenzwerte betrachten. Auch wenn wir $x \to x_0$ durch $x \to \infty$ oder $x \to -\infty$ ersetzen, sind wieder die entsprechenden Eigenschaften der Grenzwerte gültig. Vorausgesetzt, dass mindestens einer der beiden Grenzwerte A und B nicht Null ist, bleiben die vier Regeln (6.5.2)–(6.5.5) gültig, wenn höchstens einer von A und B unendlich ist.

Wenn jedoch $f(x)$ und $g(x)$ beide gegen ∞ streben, wenn x gegen x_0 strebt, ist mehr Vorsicht geboten. Da die Funktionswerte $f(x)$ und $g(x)$ jeder für sich beliebig groß gemacht werden können, wenn x hinreichend nahe an x_0 ist, können auch $f(x) + g(x)$ und $f(x)g(x)$ beliebig groß gemacht werden. Aber im Allgemeinen können wir nichts über die Grenzwerte von $f(x) - g(x)$ und $f(x)/g(x)$ aussagen. Die Grenzwerte dieser Ausdrücke werden davon abhängen, wie „schnell" $f(x)$ bzw. $g(x)$ gegen ∞ streben, wenn x gegen x_0 strebt. Kurz formuliert gilt:

Eigenschaften von unendlichen Grenzwerten

Wenn $f(x) \to \infty$ und $g(x) \to \infty$, wenn $x \to x_0$, dann gilt:

$$f(x) + g(x) \to \infty \text{ und } f(x)g(x) \to \infty, \quad \text{wenn } x \to x_0 \tag{7.9.2}$$

Es gibt jedoch keine Regel für die Grenzwerte von $f(x) - g(x)$ und $f(x)/g(x)$, wenn $x \to x_0$.

Daher ist es wichtig zu beachten, dass die Grenzwerte von $f(x) - g(x)$ und $f(x)/g(x)$ ohne weitere Informationen über f und g nicht bestimmt werden können. Wir wissen nicht einmal, ob diese Grenzwerte existiern oder nicht. Das folgende Beispiel illustriert einige der Möglichkeiten.

Beispiel 7.9.6

Gegeben seien $f(x) = 1/x^2$ und $g(x) = 1/x^4$. Wenn $x \to 0$, dann gilt $f(x) \to \infty$ und $g(x) \to \infty$. Untersuchen Sie den Grenzwert für $x \to 0$ für jeden der folgenden vier Ausdrücke:

$$f(x) - g(x)\,, \qquad g(x) - f(x)\,, \qquad \frac{f(x)}{g(x)}\,, \qquad \frac{g(x)}{f(x)}$$

Lösung: $f(x) - g(x) = (x^2 - 1)/x^4$. Wenn $x \to 0$, strebt der Zähler gegen -1 und der Nenner gegen 0. Der Bruch strebt daher gegen $-\infty$. Für die anderen drei Grenzwerte haben wir:

$$g(x) - f(x) = \frac{1 - x^2}{x^4} \to \infty\,, \qquad \frac{f(x)}{g(x)} = x^2 \to 0\,, \qquad \frac{g(x)}{f(x)} = \frac{1}{x^2} \to \infty$$

Die obigen vier Beispiele sollen illustieren, dass unendliche Grenzwerte mit äußerster Sorgfalt zu handhaben sind. Andere knifflige Beispiele beziehen sich auf das Produkt $f(x)g(x)$ zweier Funktionen, wobei $g(x)$ gegen 0 strebt, wenn x gegen x_0 strebt. Strebt das Produkt $f(x)g(x)$ auch gegen 0, wenn x gegen x_0 strebt? Nicht notwendigerweise. Wenn $f(x)$ gegen einen endlichen Grenzwert A strebt, dann wissen wir, dass $f(x)g(x)$ gegen $A \cdot 0 = 0$ strebt. Wenn aber $f(x)$ gegen $\pm\infty$ strebt, dann ist es leicht, Beispiele zu konstruieren, in denen das Produkt $f(x)g(x)$ nicht gegen 0 strebt. Sie sollten selbst versuchen, einige Beispiele zu konstruieren, bevor Sie sich Aufgabe 4 zuwenden.

Stetigkeit und Differenzierbarkeit

Betrachten Sie die Funktion f, deren Graph in Abb. 7.9.5 dargestellt ist. Im Punkt $(x_0, f(x_0))$ hat der Graph keine eindeutige Tangente. Daher hat f keine Ableitung an der Stelle $x = x_0$, obwohl f stetig ist an der Stelle $x = x_0$. Eine Funktion kann also stetig in einem Punkt sein, ohne dort differenzierbar zu sein. Ein Standardbeispiel ist die Absolutbetragsfunktion, deren Graph in Abb. 4.3.10 gezeigt wird: Diese Funktion ist überall stetig, aber im Ursprung nicht differenzierbar.

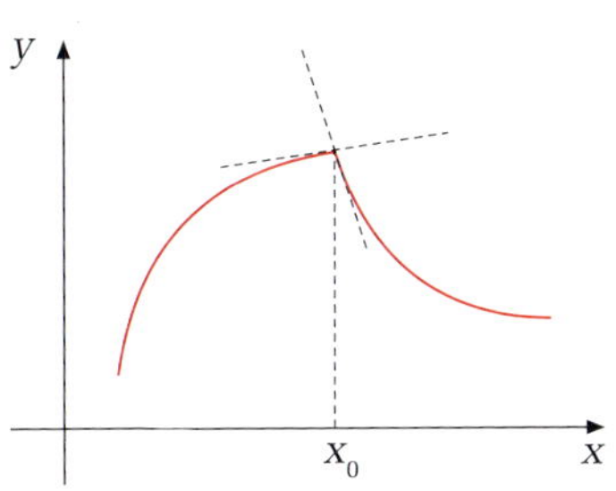

Abbildung 7.9.5: f ist stetig, aber nicht differenzierbar in $x = x_0$.

Andererseits impliziert Differenzierbarkeit die Stetigkeit:

Stetigkeit und Differenzierbarkeit

Wenn f an der Stelle $x = x_0$ differenzierbar ist, dann ist f stetig an der Stelle $x = x_0$. (7.9.3)

Der Beweis dieses Resultats ist in der Tat nicht schwierig:

Beweis: Die Funktion f ist an der Stelle $x = x_0$ stetig, vorausgesetzt, dass $f(x_0 + \Delta x) - f(x_0)$ gegen 0 strebt, wenn $\Delta x \to 0$. Nun gilt für $\Delta x \neq 0$,

$$f(x_0 + \Delta x) - f(x_0) = \frac{f(x_0 + \Delta x) - f(x_0)}{\Delta x} \cdot \Delta x \qquad (*)$$

Wenn f an der Stelle $x = x_0$ differenzierbar ist, dann strebt nach Definition der Newton-Quotient $[f(x_0 + \Delta x) - f(x_0)]/\Delta x$ gegen die Zahl $f'(x_0)$, wenn $\Delta x \to 0$. Deshalb strebt die rechte Seite von $(*)$ gegen $f'(x_0) \cdot 0 = 0$, wenn $\Delta x \to 0$. Dies beweist, dass f stetig ist an der Stelle $x = x_0$.

Nehmen Sie an, dass f eine Funktion ist, deren Newton-Quotient gegen einen Grenzwert strebt, wenn Δx mit positiven Werten gegen 0 strebt. Der Grenzwert heißt dann die *rechtsseitige Ableitung* von f an der Stelle x_0. Die *linksseitige Ableitung* von f an der Stelle x_0 wird ähnlich definiert. Wenn die einseitigen Grenzwerte des Newton-Quotienten existieren, dann verwenden wir die Notation

$$f'(x_0^+) = \lim_{\Delta x \to 0^+} \frac{f(x_0 + \Delta x) - f(x_0)}{\Delta x}, \qquad f'(x_0^-) = \lim_{\Delta x \to 0^-} \frac{f(x_0 + \Delta x) - f(x_0)}{\Delta x} \qquad (7.9.4)$$

Nehmen Sie an, dass die Funktion f stetig ist an der Stelle x_0 und links- und rechtsseitige Ableitungen hat mit $f'(x_0^+) \neq f'(x_0^-)$. In diesem Fall, wenn die zwei Ableitungen verschieden sind, sagt man, dass der Graph von f einen *Knick* hat an der Stelle $(x_0, f(x_0))$.

Beispiel 7.9.7 **(US-Bundeseinkommenssteuer, 2018)**

Sei $\tau(x)$ die Steuerschuld einer Person, deren Einkommen x war in 2018, beide Beträge in US-Dollar angegeben. Diese Einkommenssteuerfunktion τ wurde in Beispiel 5.4.4 erörtert und Abb. 5.4.9 zeigt ihren Graphen. Dieser Graph hat Knicke, z. B. an den Stellen $x = 13\,600$ und $x = 51\,800$. In der Tat für Einkommen unter 13 600 war die Steuerrate 10 %, während ein Steuerzahler mit einem Einkommen zwischen 13 600 \$ und 51 800 \$ an Steuern 10 % der „ersten" 13 600 \$ und 12 % auf den Teil seines Einkommens über 13 600 \$ zahlte. Daher gibt es einen Knick an der Stelle 13 600 \$ mit $\tau'(13\,600^-) = 0.1$ und $\tau'(13\,600^+) = 0.12$. Ähnlich ist ein weiterer Knick an der Stelle 51 800 \$, wo $\tau'(51\,800^-) = 0.12$ und $\tau'(51\,800^+) = 0.22$. Der höchste Knick war an der Stelle 500 000 \$, wo der höchste Grenzsteuersatz eintritt. Weil dieser 37 % ist, ist $\tau'(500\,000^+) = 0.37$.

Eine strenge Definition von Grenzwerten

In unserer vorläufigen Definition (6.5.1) des Begriffs Grenzwert interpretierten wir $\lim_{x \to x_0} f(x) = A$ so, dass wir $f(x)$ so nahe an A wählen können, wie wir wollen, indem wir x hinreichend nahe an (aber nicht gleich) x_0 wählen. Jetzt machen wir den Begriff Nähe präziser, indem wir Gleichung (2.7.2) folgen: Zwei Zahlen y und z sind nah zu einander, wenn der Abstand $|y - z|$ zwischen ihnen klein ist. Dies ermöglicht es, unsere bisherige Definition wie folgt umzuformulieren:

Grenzwert

$\lim_{x \to x_0} f(x) = A$ bedeutet, dass *wir* $|f(x) - A|$ *so klein wie möglich machen können für alle* $x \neq x_0$ *mit* $|x - x_0|$ *hinreichend klein.*

Gegen Ende des 19. Jahrhunderts entdeckten einige der zu jener Zeit besten Mathematiker der Welt, dass diese Definition auf die folgende Weise präzisiert werden kann:[14]

Die ϵ–δ Definition des Grenzwerts

Wir sagen, dass $f(x)$ den Grenzwert A hat für x gegen x_0, wenn für jede Zahl $\varepsilon > 0$ eine Zahl $\delta > 0$ existiert, so dass $|f(x) - A| < \varepsilon$ für alle x mit $0 < |x - x_0| < \delta$. Wenn dies gilt, sagen wir, dass $f(x)$ gegen A strebt, wenn x gegen x_0 strebt und schreiben

$$\lim_{x \to x_0} f(x) = A \tag{7.9.5}$$

Diese Definition bildet die Grundlage aller mathematisch präziser Arbeit über Grenzwerte. Abbildung 7.9.6 illustriert die Definition. In der Abbildung impliziert die Definition, dass für jedes $\varepsilon > 0$ und jedes assoziierte δ der Graph von f innerhalb der rechteckigen Box $PQRS$ bleiben muss für alle $x \neq x_0$ in $(x_0 - \delta, x_0 + \delta)$. Insbesondere kann der Graph nicht vom Inneren der Box zu ihrem Äußeren wechseln ohne einen

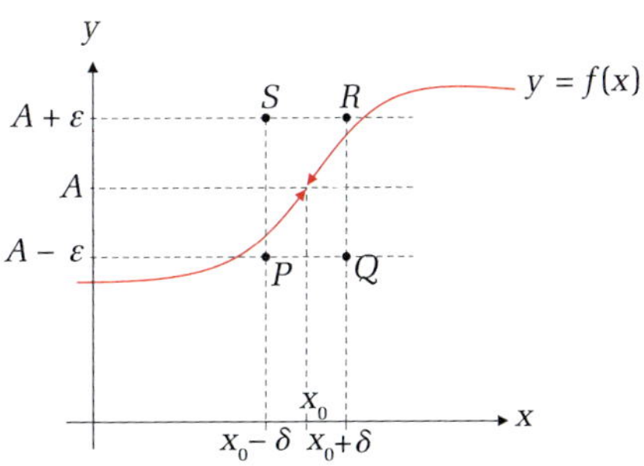

Abbildung 7.9.6: Definition des Grenzwerts

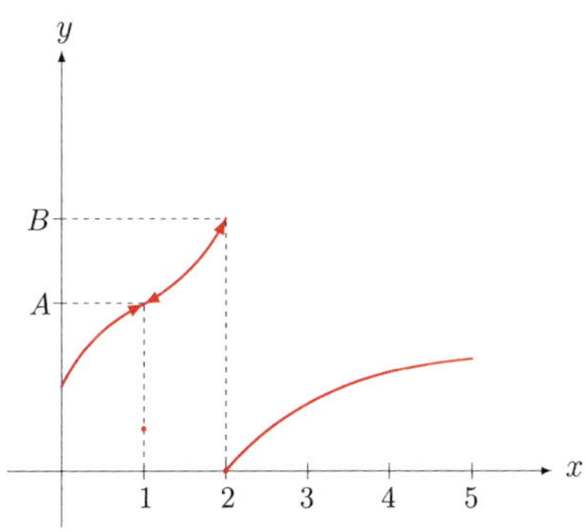

Abbildung 7.9.7: Aufgabe 1

[14] Diese spezielle Idee wird oft den deutschen Mathematikern Eduard Heine (1821–1881) und Karl Weierstrass (1815–1897) zugeschrieben, obwohl es darüber keinen Konsens gibt.

der horizontalen Streckenabschnitte PQ oder RS zu kreuzen. Stattdessen muss er die vertikalen Streckenabschnitte PS und QR kreuzen.

Das *Betrachten* dieser formalen ε–δ Definition des Grenzwertkonzepts sollte als ein Teil jeder allgemeinen Mathematikausbildung betrachtet werden. In diesem Buch stützen wir uns jedoch nur auf ein intuitives Verständnis von Grenzwerten.

Aufgaben für Kapitel 7.9

1. Die Funktion f, definiert für $0 < x < 5$, hat den in Abb. 7.9.7 gezeigten Graphen. Bestimmen Sie die folgenden Grenzwerte:

(a) $\lim_{x\to 1^-} f(x)$ (b) $\lim_{x\to 1^+} f(x)$ (c) $\lim_{x\to 2^-} f(x)$ (d) $\lim_{x\to 2^+} f(x)$

2. Berechnen Sie die folgenden Grenzwerte:

(a) $\lim_{x\to 0^+} (x^2 + 3x - 4)$ (b) $\lim_{x\to 0^-} \frac{x+|x|}{x}$ (c) $\lim_{x\to 0^+} \frac{x+|x|}{x}$

(d) $\lim_{x\to 0^+} \frac{-1}{\sqrt{x}}$ (e) $\lim_{x\to 3^+} \frac{x}{x-3}$ (f) $\lim_{x\to 3^-} \frac{x}{x-3}$

3. Berechnen Sie:

(a) $\lim_{x\to\infty} \frac{x-3}{x^2+1}$ (b) $\lim_{x\to-\infty} \sqrt{\frac{2+3x}{x-1}}$ (c) $\lim_{x\to\infty} \frac{(ax-b)^2}{(a-x)(b-x)}$

4. Seien $f_1(x) = x$, $f_2(x) = x$, $f_3(x) = x^2$ und $f_4(x) = 1/x$. Bestimmen Sie $\lim_{x\to\infty} f_i(x)$ für $i = 1, 2, 3, 4$. Untersuchen Sie dann, ob die Regeln für Grenzwerte aus Kap. 6.5 angewendet werden können auf die folgenden Grenzwerte, wenn $x \to \infty$.

(a) $f_1(x) + f_2(x)$ (b) $f_1(x) - f_2(x)$ (c) $f_1(x) - f_3(x)$ (d) $f_1(x)/f_2(x)$

(e) $f_1(x)/f_3(x)$ (f) $f_1(x)f_2(x)$ (g) $f_1(x)f_4(x)$ (h) $f_3(x)f_4(x)$

5. Die Gerade $y = ax + b$ heißt *Asymptote* an die Kurve $y = f(x)$ für $x \to \infty$ (oder $x \to -\infty$), falls

$$f(x) - (ax + b) \to 0\,, \quad \text{wenn} \quad x \to \infty \quad (\text{oder } x \to -\infty)$$

Diese Bedingung bedeutet, dass der vertikale Abstand zwischen einem Punkt $(x, f(x))$ auf der Kurve und dem entsprechenden Punkt $(x, ax + b)$ auf der Geraden gegen 0 strebt, wenn $x \to \pm\infty$, wie in Abb. 7.9.8 gezeigt.

Nehmen Sie an, dass $f(x) = P(x)/Q(x)$ eine rationale Funktion ist, in der der Grad des Polynoms $P(x)$ um genau eins größer ist als der des Polynoms $Q(x)$. In diesem Fall hat $f(x)$ eine Asymptote. Um diese zu finden, beginnt man mit der Durchführung der Polynomdivision $P(x) \div Q(x)$, die in Kap. 4.7 erklärt wurde. Das Resultat wird ein Polynom vom Grad 1 sein und ein Restterm, der gegen 0 konvergiert, wenn $x \to \pm\infty$. Verwenden Sie diese Methode, um die Asymptoten für die Graphen jeder der folgenden Funktionen von x zu bestimmen:

(a) $\frac{x^2}{x+1}$ (b) $\frac{2x^3 - 3x^2 + 3x - 6}{x^2 + 1}$ (c) $\frac{3x^2 + 2x}{x - 1}$ (d) $\frac{5x^4 - 3x^2 + 1}{x^3 - 1}$

➡ Fortsetzung

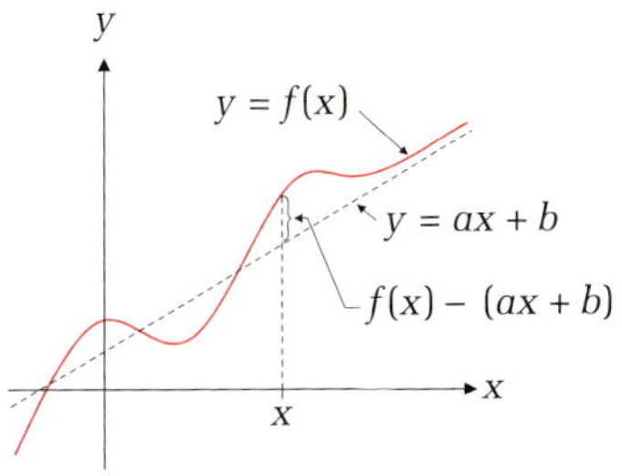

Abbildung 7.9.8: Aufgabe 5

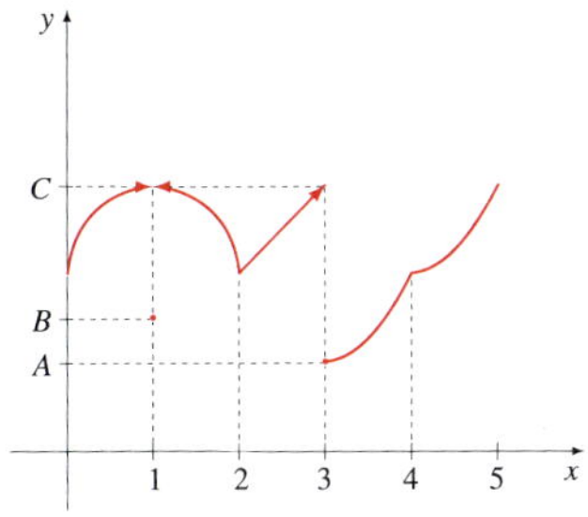

Abbildung 7.9.9: Aufgabe 7

6. Betrachten Sie die Kostenfunktion, die für alle $x \geq 0$ definiert ist durch:

$$C(x) = A\frac{x(x+b)}{x+c} + d$$

Dabei sind A, b, c und d positive Konstanten. Bestimmen Sie die Asymptoten.

7. Sei f die Funktion, die definiert ist für alle x mit $0 < x < 5$ und deren Graph in Abb. 7.9.9 gezeigt wird. Untersuchen Sie die Stetigkeit und Differenzierbarkeit der Funktion an jeder der Stellen:
(a) $x = 1$; (b) $x = 2$; (c) $x = 3$ und (d) $x = 4$.

8. Zeichnen Sie den Graphen der Funktion f, die durch $f(x) = 0$ für $x \leq 0$ und $f(x) = x$ für $x > 0$ definiert ist. Berechnen Sie $f'(0^+)$ und $f'(0^-)$.

9. Betrachten Sie die Funktion f, die definiert ist durch:

$$f(x) = \frac{3x}{-x^2 + 4x - 1}$$

Berechnen Sie $f'(x)$ und nutzen Sie dann ein Vorzeichen-Diagramm, um zu bestimmen, wo die Funktion monoton wachsend ist. (Die Funktion ist nicht definiert, wenn $-x^2 + 4x - 1 = 0$, was für $x = 2 \pm \sqrt{3}$ der Fall ist.)

► Lösungen zu den Aufgaben finden Sie im Anhang des Buches.

7.10 Der Zwischenwertsatz

Ein wichtiger Grund für die Einführung des Konzepts einer stetigen Funktion war, die Idee einer Funktion zu präzisieren, deren Graph zusammenhängend ist, in dem Sinn, dass er keine Sprünge aufweist. Das folgende Resultat, das mit der ε-δ-Definition eines Grenzwerts bewiesen werden kann, drückt diese Eigenschaft in mathematischer Sprache aus.

Theorem 7.10.1 (Der Zwischenwertsatz)

Sei f eine stetige Funktion auf dem Intervall $[a, b]$.

(i) Wenn $f(a)$ und $f(b)$ verschiedene Vorzeichen haben, dann gibt es wenigstens ein c in (a, b), so dass $f(c) = 0$.

(ii) Wenn $f(a) \neq f(b)$, dann gibt es für jeden *Zwischenwert* y in dem offenen Intervall zwischen $f(a)$ und $f(b)$ wenigstens ein c in (a, b) mit $f(c) = y$.

Die Aussage in Teil (ii) folgt, indem man Teil (i) auf die Funktion $g(x) = f(x) - y$ anwendet. Sie sollten ein Bild zeichnen, um sich selbst zu überzeugen, dass eine Funktion, für die es kein solches c gibt, wenigstens eine Unstetigkeitsstelle haben muss.

Wenn eine Gleichung gegeben ist, die nicht explizit gelöst werden kann, dann ist Theorem 7.10.1 wichtig, indem es die Existenz einer Lösung garantiert. Wir verschieben den Beweis auf Kap. 7.11.

Beispiel 7.10.1

Zeigen Sie, dass die Gleichung $x^6 + 3x^2 - 2x - 1 = 0$ wenigstens eine Lösung c zwischen 0 und 1 hat.

Lösung: Das Polynom $f(x) = x^6 + 3x^2 - 2x - 1$ ist stetig für alle x und insbesondere für x in $[0, 1]$. Ferner ist $f(0) = -1$ und $f(1) = 1$. Nach Theorem 7.10.1 existiert wenigstens eine Zahl c in $(0, 1)$, so dass $f(c) = 0$ ist.

Manchmal ist es wichtig, zu beweisen, dass eine spezielle Gleichung eine eindeutige Lösung hat. Betrachten Sie das folgende Beispiel.

Beispiel 7.10.2

Zeigen Sie, dass die Gleichung $2x - 5e^{-x}(1 + x^2) = 0$ eine eindeutige Lösung hat und dass diese im Intervall $(0, 2)$ liegt.

Lösung: Definieren Sie $g(x) = 2x - 5e^{-x}(1 + x^2)$. Dann ist $g(0) = -5$ und $g(2) = 4 - 25/e^2$. In der Tat ist $g(2) > 0$, da $e > 5/2$. Nach dem Zwischenwertsatz muss die stetige Funktion g daher mindestens eine Nullstelle in $(0, 2)$ haben. Beachten Sie ferner, dass

$$g'(x) = 2 + 5e^{-x}(1 + x^2) - 10xe^{-x} = 2 + 5e^{-x}(1 - 2x + x^2) = 2 + 5e^{-x}(x - 1)^2$$

Nun ist $g'(x) > 0$ für alle x, so dass g strikt monoton wachsend ist. Daher kann g nur eine Nullstelle haben.

Das folgende Beispiel bestätigt die Behauptung in Kap. 2.5, dass für jedes $a > 0$ die n-te Wurzel $\sqrt[n]{a}$ eindeutig definiert ist als Lösung der Gleichung $x^n = a$.

Beispiel 7.10.3

Sei n eine natürliche Zahl mit $n \geq 2$, während a eine positive reelle Zahl ist. Zeigen Sie, dass die Gleichung $x^n = a$ eine eindeutige Lösung x^* zwischen 1 und a hat.

Lösung: Beachten Sie, dass die Funktion $f(x) = x^n$ als das n-fache Produkt der Funktion $g(x) = x$ stetig ist für alle x. Jetzt betrachten wir zwei Fälle:

1. $0 < a < 1$: Hier impliziert Beispiel 2.6.3, dass $a^n < a$, so dass $f(a) < a < f(1)$.
2. $a > 1$: Hier impliziert Beispiel 2.6.3, dass $a^n > a$, so dass $f(a) > a > f(1)$.

In beiden Fällen impliziert also der Zwischenwertsatz die Existenz von x^* zwischen 1 und a, so dass $f(x^*) = a$. Außerdem ist die Funktion f differenzierbar für alle $x > 0$ mit $f'(x) = nx^{n-1} > 0$ für alle x. Dies garantiert, dass die Lösung x^* von $f(x) = a$ eindeutig ist.

Das Newton-Verfahren

Der Zwischenwertsatz kann oft angewendet werden, um zu zeigen, dass eine Gleichung $f(x) = 0$ eine Lösung in einem gegebenen Intervall hat, aber er sagt nichts darüber aus, wo man diese Nullstelle findet. In diesem Abschnitt werden wir eine effektive Methode erklären, wie man eine gute approximative Lösung findet. Die Methode wurde zuerst von Isaac Newton vorgeschlagen. Sie hat eine einfache geometrische Interpretation.

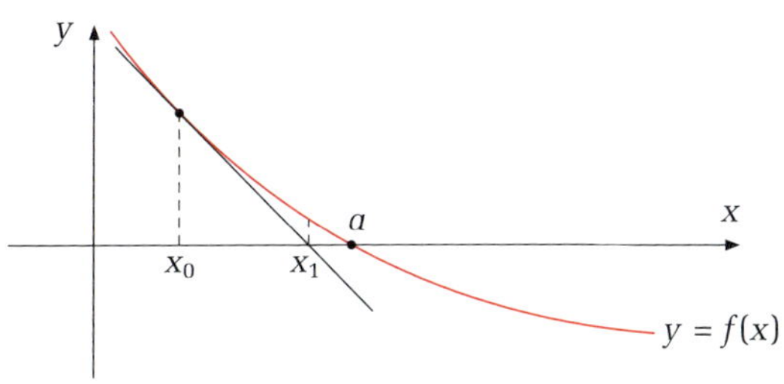

Abbildung 7.10.1: Newton-Verfahren

Betrachten Sie den Graphen der Funktion $y = f(x)$ in Abb. 7.10.1. Er hat eine Nullstelle an der Stelle $x = a$, aber diese Nullstelle ist nicht bekannt. Um sie zu finden, beginnen Sie mit x_0 als einer ersten Abschätzung von a. Es ist gewöhnlich besser, mit x_0 zu beginnen, das nicht zu weit von a entfernt ist, wenn das möglich ist.

Um die Abschätzung x_0 zu verbessern, konstruieren wir die Tangente an den Graphen im Punkt $(x_0, f(x_0))$. Die nächste Abschätzung ist die Stelle x_1, wo die Tangente die x-Achse schneidet, wie in Abb. 7.10.1 gezeigt ist.

Oft ist x_1 eine bedeutend bessere Abschätzung von a als x_0. In der Tat, wenn f zufällig linear ist, dann stimmt die konstruierte Tangente mit dem Graphen der Funktion überein. Dies impliziert, dass $f(x_1) = 0$ und somit $x_1 = a$. Tatsächlich kann dies durch sehr glücklichen Zufall passieren, sogar wenn f nicht linear ist.

Andernfalls, wenn für die Schätzung x_1 gilt, dass $f(x_1) \neq 0$, wiederholen wir das Vorgehen, indem wir die Tangente an die Kurve im Punkt $(x_1, f(x_1))$ konstruieren. Sei x_2 die Stelle, an der diese neue Tangente die x-Achse schneidet. Durch Wiederholung dieses Verfahrens erhalten wir eine Folge $x_1, x_2, \ldots$ von Stellen, die im Allgemeinen sehr schnell gegen a konvergiert.
Es ist leicht, Formeln für x_1, x_2, ... zu finden. Die Steigung der Tangente an der Stelle x_0 ist $f'(x_0)$. Nach der Punkt-Steigungsformel ist die Gleichung für die Tangente durch den Punkt $(x_0, f(x_0))$ mit der Steigung $f'(x_0)$ gegeben durch

$$y - f(x_0) = f'(x_0)(x - x_0)$$

In dem Punkt, in dem diese Tangente die x-Achse schneidet, ist $y = 0$ und $x = x_1$. Daher ist $-f(x_0) = f'(x_0)(x_1 - x_0)$. Indem wir diese Gleichung nach x_1 auflösen, erhalten wir die erste neue Approximation

$$x_1 = x_0 - \frac{f(x_0)}{f'(x_0)} \tag{$*$}$$

Der nächste Schritt startet an der Stelle x_1, die wir gerade gefunden haben, und benutzt dasselbe Vorgehen, um die zweite neue Approximation x_2 zu bestimmen. Um die relevante Formel zu erhalten, müssen wir auf der linken Seite von $(*)$ die Endstelle x_1 durch x_2 ersetzen und dann auf der rechten Seite die Startstelle x_0 durch x_1 ersetzen. Das Resultat ist

$$x_2 = x_1 - \frac{f(x_1)}{f'(x_1)}$$

Im Allgemeinen erhalten wir die n-te Approximation x_n, indem wir dasselbe Verfahren n mal durchführen. Um $(*)$ passend zu modifizieren, müssen wir x_1 durch x_n und x_0 durch x_{n-1} ersetzen. Dies ergibt die folgende Formel:

Newton-Verfahren

Solange $f'(x_n) \neq 0$, erzeugt das Newton-Verfahren die Folge von Punkten, gegeben durch die Formel:

$$x_{n+1} = x_n - \frac{f(x_n)}{f'(x_n)}, \qquad n = 0, 1, \ldots \tag{7.10.1}$$

Oft konvergiert die unendliche Folge $x_1, x_2, \ldots$ schnell gegen eine Nullstelle von f.

Beispiel 7.10.4

In Beispiel 7.10.1 betrachteten wir die Funktion

$$f(x) = x^6 + 3x^2 - 2x - 1$$

Nutzen Sie das Newton-Verfahren einmal, um einen approximativen Wert für die Nullstelle von f in dem Intervall $[0, 1]$ zu finden.

Lösung: Wählen Sie $x_0 = 1$. Dann ist $f(x_0) = f(1) = 1$. Da $f'(x) = 6x^5 + 6x - 2$ ist, haben wir $f'(1) = 10$. Gleichung (7.10.1) für $n = 0$ ergibt:

$$x_1 = 1 - \frac{f(1)}{f'(1)} = 1 - \frac{1}{10} = \frac{9}{10} = 0.9$$

Beispiel 7.10.5

Wenden Sie das Newton-Verfahren zweimal an, um einen approximativen Wert für $\sqrt[15]{2}$ zu bestimmen.

Lösung: Wir brauchen eine Gleichung der Gestalt $f(x) = 0$, die $x = \sqrt[15]{2} = 2^{1/15}$ als Lösung hat. Die Gleichung $x^{15} = 2$ hat diese Lösung. Somit setzen wir $f(x) = x^{15} - 2$. Wählen Sie $x_0 = 1$. Dann ist $f(x_0) = f(1) = -1$. Da $f'(x) = 15x^{14}$, haben wir $f'(1) = 15$. Gleichung (7.10.1) mit $n = 0$ ergibt daher:

$$x_1 = 1 - \frac{f(1)}{f'(1)} = 1 - \frac{-1}{15} = \frac{16}{15} \approx 1.0667$$

Weiter ist

$$x_2 = x_1 - \frac{f(x_1)}{f'(x_1)} = \frac{16}{15} - \frac{f(16/15)}{f'(16/15)} = \frac{16}{15} - \frac{(16/15)^{15} - 2}{15(16/15)^{14}} \approx 1.04729412$$

Mithilfe eines geeigneten Rechners lässt sich zeigen, dass dies tatsächlich auf 8 Dezimalstellen korrekt ist.

Wie schnell konvergiert das Newton Verfahren?

Eine oft verwendete Faustregel besagt: Um eine Approximation zu erhalten, die auf k Stellen korrekt ist, wenden Sie das Newton-Verfahren gerade so lange an, bis die ersten k Dezimalstellen der Approximation x_n dieselben sind wie die von x_{n-1}. Dies könnten jedoch mehr Schritte sein als nötig, wie das folgende Resultat zeigt.

Theorem 7.10.2 (Konvergenz des Newton-Verfahrens)

Nehmen Sie an, dass f zweimal differenzierbar ist mit $f(x^*) = 0$ und $f'(x^*) \neq 0$ und dass es Zahlen $K > 0$ und $\delta > 0$ gibt mit $K\delta < 1$, so dass

$$\frac{|f(x)f''(x)|}{f'(x)^2} \leq K|x - x^*|$$

für alle x in dem offenen Intervall $I = (x^* - \delta, x^* + \delta)$.

Dann gilt: Wenn die unendliche Folge $x_1, x_2, \ldots$ in Gleichung (7.10.1) mit einem x_0 in I startet, so konvergiert sie gegen x^* mit einem Fehler $|x_n - x^*|$, für den für alle n gilt:

$$|x_n - x^*| \leq \frac{(\delta K)^{2^n}}{K}$$

In den meisten Fällen ist das Newton-Verfahren sehr effizient. Trotzdem kann es manchmal passieren, dass die durch Gleichung (7.10.1) definierte Folge $x_1, x_2, \ldots$ nicht konvergiert. Abb. 7.10.2 zeigt ein Beispiel, in dem x_1 eine viel schlechtere Approximation für a ist als x_0 es war. Gewöhnlich schlägt das Newton-Verfahren nur dann fehl, wenn der Absolutbetrag von $f'(x_n)$ für einige n zu klein wird. Natürlich bricht Formel (7.10.1) vollständig zusammen, wenn $f'(x_n) = 0$ ist.

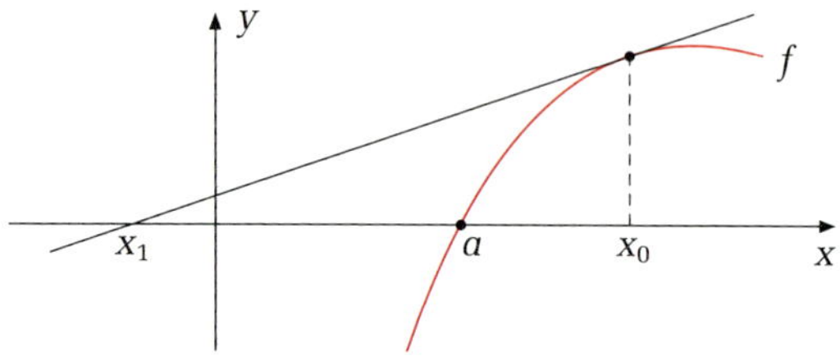

Abbildung 7.10.2: Newton-Verfahren

Aufgaben für Kapitel 7.10

1. Zeigen Sie, dass jede der folgenden Gleichungen wenigstens eine Lösung in dem gegebenen Intervall hat.

(a) $x^7 - 5x^5 + x^3 - 1 = 0$ in $(-1, 1)$ (b) $x^3 + 3x - 8 = 0$ in $(1, 3)$

(c) $\sqrt{x^2 + 1} = 3x$ in $(0, 1)$ (d) $e^{x-1} = 2x$ in $(0, 1)$

2. Erkären Sie, warum jeder, der heute größer als 1 Meter ist, irgendwann einmal genau 1 Meter groß war.

3. Finden Sie eine bessere Approximation zu $\sqrt[3]{17} \approx 2.5$, indem Sie das Newton-Verfahren einmal anwenden.

4. Die Gleichung $x^4 + 3x^3 - 3x^2 - 8x + 3 = 0$ hat eine ganzzahlige Lösung. Bestimmen Sie diese. Die drei weiteren Lösungen sind in der Nähe von -1.9, 0.4 und 1.5. Bestimmen Sie bessere Approximationen für jede Lösung, die keine ganze Zahl ist, indem Sie das Newton-Verfahren einmal anwenden.

5. Die Gleichung $(2x)^x = 15$ hat eine Lösung, die annähernd eine ganze Zahl ist. Bestimmen Sie eine bessere Approximation, indem Sie das Newton-Verfahren einmal anwenden.

6. In Abb. 7.10.1 ist $f(x_0) > 0$ und $f'(x_0) < 0$. Ferner ist x_1 rechts von x_0. Zeigen Sie, dass dies mit der Formel (7.10.1) für $n = 0$ übereinstimmt. Prüfen Sie die anderen Kombinationen der Vorzeichen von $f(x_0)$ und $f'(x_0)$, um sowohl geometrisch als auch analytisch zu sehen, auf welcher Seite von x_0 der Punkt x_1 liegt.

► Lösungen zu den Aufgaben finden Sie im Anhang des Buches.

7.11 Unendliche Folgen

Wir begegnen oft Funktionen wie denen im Newton-Verfahren, die jeder natürlichen Zahl n eine Zahl $s(n)$ zuordnen. Solch eine Funktion heißt eine *unendliche Folge* oder einfach nur eine Folge. Ihre Glieder $s(1), s(2), s(3), \ldots, s(n), \ldots$ werden gewöhnlich mit Indizes bezeichnet: $s_1, s_2, s_3, \ldots, s_n, \ldots$. Wir verwenden oft die prägnantere Notation $(s_n)_{n=1}^{\infty}$ oder einfach (s_n) für eine beliebige unendliche Folge.[15] Wenn z. B. $s(n) = 1/n$ für $n = 1, 2, 3, \ldots$, dann sind die Glieder dieser Folge

$$1\,, \quad \frac{1}{2}\,, \quad \frac{1}{3}\,, \quad \frac{1}{4}\,, \quad \ldots\,, \quad \frac{1}{n}\,, \quad \ldots$$

Wenn wir n groß genug wählen, können die Glieder dieser Folge beliebig klein gemacht werden. Wir sagen, dass die Folge gegen 0 *konvergiert.* Allgemein definieren wir: *Eine Folge* $\{s_n\}$ konvergiert *gegen eine Zahl s, wenn s_n beliebig nahe an s gewählt werden kann, indem man n hinreichend groß wählt.* In diesem Fall schreiben wir

$$\lim_{n\to\infty} s_n = s \qquad \text{oder} \qquad s_n \to s\,, \quad \text{wenn } n \to \infty$$

Diese Definition ist nur eine Anpassung der früheren Definition $f(x) \to A$, wenn $x \to \infty$. Alle üblichen Regeln für Grenzwerte aus Kap. 6.5 gelten auch für Grenzwerte von Folgen.

Wenn eine Folge nicht gegen eine reelle Zahl konvergiert, sagt man, dass sie *divergiert.* Betrachten Sie die folgenden zwei Folgen:

$$\{2^n\}_{n=0}^{\infty} \qquad \text{und} \qquad \{(-1)^n\}_{n=1}^{\infty}$$

Erklären Sie, warum diese beide divergieren.[16]

Beispiel 7.11.1

Für $n \geq 3$ sei A_n die Fläche eines regulären Polygons mit n gleichen Seiten und n gleichen Winkeln, manchmal n-Polygon genannt, das in einen Kreis mit Radius 1 einbeschrieben ist. Für $n = 1$ oder $n = 2$ kollabiert das Polygon zu einem einem einzelnen Punkt bzw. zu einem Intervall auf einer Geraden. Beide haben die Fläche Null, so dass wir $A_1 = A_2 = 0$ setzen.

Danach für $n = 3$ ist A_3 die Fläche eines Dreiecks; für $n = 4$ ist A_4 die Fläche eines Quadrats, für $n = 5$ ist A_5 die Fläche eines Pentagons usw. – siehe Abb. 7.11.1.

Die Fläche A_n wächst offensichtlich mit n, ist aber immer kleiner als die Zahl π, die als Fläche eines Kreises mit Radius 1 definiert werden kann. Es erscheint intuitiv offensichtlich, dass wir die Differenz zwischen den Flächen A_n und π so klein machen können, wie wir wollen, indem wir n hinreichend groß wählen. Dies rechtfertigt die Behauptung, dass $A_n \to \pi$, wenn $n \to \infty$.

[15] Die alternative Notation $\{s_n\}_1^{\infty}$ oder einfach $\{s_n\}$ wird manchmal genutzt. Ein Grund, sie zu vermeiden, ist, dass sie eine ungeordnete Menge andeutet, während eine Folge eine geordnete Menge ist.

[16] Gelegentlich, wie bei der ersten dieser Folgen, ist der Anfangsindex nicht 1, sondern eine andere ganze Zahl, hier 0.

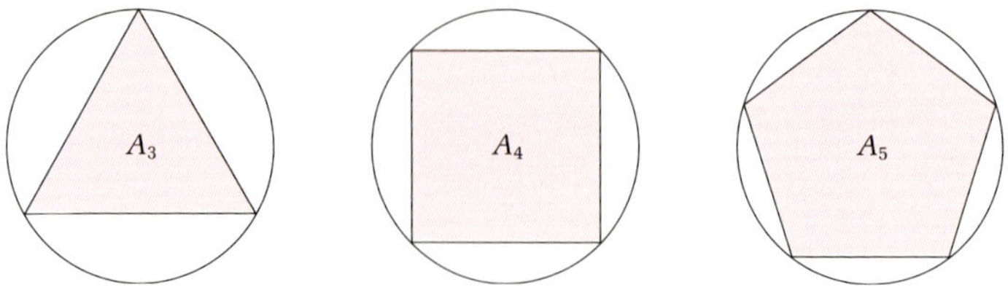

Abbildung 7.11.1: Drei Polygone

Beispiel 7.11.2

Gleichung (6.11.6) besagt, dass $\lim_{\Delta x \to 0}(1 + \Delta x)^{1/\Delta x}$ gleich $e = 2.718\ldots$ ist. Wenn wir $\Delta x = 1/n$ setzen, dann gilt $\Delta x \to 0$, wenn die natürliche Zahl $n \to \infty$. Dies ergibt den folgenden wichtigen Grenzwert:

$$e = \lim_{n\to\infty}(1 + 1/n)^n \qquad (7.11.1)$$

Beweis des Zwischenwertsatzes

Nehmen Sie an, dass die zwei Folgen $\{a_n\}_{n=1}^{\infty}$ und $\{b_n\}_{n=1}^{\infty}$ gemeinsam die folgende Bedingung erfüllen:

$$a_n \leq a_{n+1} \leq b_{n+1} \leq b_n \qquad \text{für alle } n = 1, 2\ldots \qquad (7.11.2)$$

Nehmen Sie zusätzlich an, dass

$$\lim_{n\to\infty}|b_n - a_n| = 0 \qquad (7.11.3)$$

Eine fundamentale Eigenschaft der reellen Zahlen besagt dann, dass die zwei Folgen einen gemeinsamen Grenzwert c^* haben, so dass $\lim_{n\to\infty} a_n = \lim_{n\to\infty} b_n = c^*$.

Diese Eigenschaft ermöglicht uns, den Zwischenwertsatz wie folgt zu beweisen:

Beweis von Theorem 7.10.1: Betrachten Sie die folgende Konstruktion einer schrumpfenden Folge von Intervallen $[a_n, b_n]$. Starten Sie mit $a_0 = a$ und $b_0 = b$. Dann haben $f(a_0)$ und $f(b_0)$ entgegengesetzte Vorzeichen, nach Voraussetzung. Sei c_0 der Mittelpunkt $\frac{1}{2}(a_0 + b_0)$ des Intervalls $[a_0, b_0]$. Wenn $f(c_0) = 0$, dann setzen wir $c = c_0$ und die Konstruktion ist beendet.

Andernfalls, d. h. wenn $f(c_0) \neq 0$, dann haben entweder $f(c_0)$ und $f(a_0)$ entgegengesetzte Vorzeichen oder $f(c_0)$ und $f(b_0)$ haben entgegengesetzte Vorzeichen. Im ersten Fall wählen Sie $a_1 = a_0$ und $b_1 = c_0$; im zweiten Fall wählen Sie $a_1 = c_0$ und $b_1 = b_0$. Auf diese Weise haben wir ein neues Intervall $[a_1, b_1]$ konstruiert, so dass $f(a_1)$ und $f(b_1)$ entgegengesetzte Vorzeichen haben. Ferner impliziert unsere Konstruktion, dass entweder $|b_1 - a_1| = |c_0 - a_0| = \frac{1}{2}|b_0 - a_0|$ oder $|b_1 - a_1| = |b_0 - c_0| = \frac{1}{2}|b_0 - a_0|$. In jedem Fall ist das neue Intervall halb so lang wie das alte. Bemerken Sie noch, dass $a_0 \leq a_1 \leq b_1 \leq b_0$.

Diese Konstruktion kann so oft wie nötig wiederholt werden, um eine Folge von Intervallen $[a_n, b_n]$ mit $|b_{n+1} - a_{n+1}| = \frac{1}{2}|b_n - a_n|$ zu erzeugen, so dass die Funktionswerte $f(a_n)$ und $f(b_n)$ entgegengesetzte Vorzeichen in diesen Endpunkten haben. Die Konstruktion ist nach n Schritten beendet, wenn wir einen Punkt c_n erreichen, für den $f(c_n) = 0$. Andernfalls erhält man eine unendliche Folge von Intervallen $[a_n, b_n]$, deren Länge die Gleichung $|b_n - a_n| = 2^{-n}|b_0 - a_0|$ erfüllt und somit gegen Null konvergiert. Außerdem ist die Folge a_n der unteren Grenzen nichtfallend und die Folge b_n der oberen Grenzen ist nicht-steigend.

Nach Konstruktion erfüllen die zwei Folgen $\{a_n\}_{n=1}^{\infty}$ und $\{b_n\}_{n=1}^{\infty}$ die Gleichungen (7.11.2) und (7.11.3). Daher existiert eine reelle Zahl c^*, die ein gemeinsamer Grenzwert ist, gegen den a_n von unten konvergiert und gegen den b_n von oben konvergiert. Wir haben aber angenommen, dass die Funktion f stetig ist auf dem Intervall $[a, b]$, so dass Definition (7.8.1) impliziert, dass sowohl $f(a_n) \to f(c^*)$ als auch $f(b_n) \to f(c^*)$, wenn $n \to \infty$.

Beachten Sie jetzt: Weil $f(a_n)$ und $f(b_n)$ immer entgegengesetzte Vorzeichen haben, gilt $f(a_n)f(b_n) \leq 0$ für alle $n = 0, 1, 2, \ldots$. Dann implizieren die obigen Grenzwerteigenschaften, dass

$$[f(c^*)]^2 = \lim_{n\to\infty} f(a_n)f(b_n) \leq 0$$

Aber dies ist nur möglich, wenn $f(c^*) = 0$, so dass wir $c = c^*$ nehmen können.

Wir bemerken, dass die fundamentalen Eigenschaften (7.11.2) und (7.11.3) der reellen Zahlen, die in diesem Beweis benutzt wurden, nicht gelten, wenn wir uns auf die Menge der rationalen Zahlen beschränken. In der Tat: Betrachten Sie die Funktion $f(x) = x^2 - 2$ auf dem Intervall $[1, 2]$. Alle andere Bedingungen des Zwischenwertsatzes sind erfüllt. Man kann eine unendliche Folge von Intervallen $[a_n, b_n]$ mit allen obigen Eigenschaften konstruieren. Es gibt jedoch keinen Grenzwert unter den rationalen Zahlen. In der Tat gibt es keine rationale Zahl, so dass $f(x) = 0$, weil $\sqrt{2}$ irrational ist.

Irrationale Zahlen als Grenzwerte von Folgen

In Beispiel 7.11.1 betrachten wir die Folge $\{A_n\}$ der Flächen regulärer n-Polygone und haben gezeigt, dass diese Folge gegen die irrationale Zahl $\pi = 3.14159265\ldots$ konvergiert. Aber am Ende von Kap. 2.10 betrachteten wir aufeinander folgende Dezimalentwicklungen. Im Fall von π erzeugen diese Entwicklungen die Folge $s_1 = 3.1$, $s_2 = 3.14$, $s_3 = 3.141$, $s_4 = 3.1415$, usw. Hier ist jedes s_n die Entwicklung von π auf n Dezimalstellen. Nach Konstruktion hat man $s_n \leq \pi \leq s_n + 10^{-n}$, weil s_n der größte Bruch mit n Dezimalstellen sein muss, der nicht größer ist als π. In der Tat: Das Paar von Folgen $\{s_n\}$ und $\{s_n + 10^{-n}\}$ erfüllen (7.11.2) und (7.11.3). Dies impliziert, dass sie einen gemeinsamen Grenzwert haben, wenn $n \to \infty$, der gleich π sein muss.

Sei a eine feste positive reelle Zahl. In Kap. 2.5 wurde die Potenz a^x definiert, wenn x rational ist. Und in Kap. 4.8 wurde vorgeschlagen, wie a^x zu definieren ist, wenn x irrational ist, indem der Spezialfall 5^{π} betrachtet wurde. Sei jetzt r eine beliebige irrationale Zahl. Dann gibt es, genau wie für π eine Folge r_n von rationalen Zahlen, so dass $r_n \to r$, wenn $n \to \infty$. Die Potenz a^{r_n} ist wohldefiniert für alle n. Da r_n gegen r konvergiert, ist es vernünftig a^r als Grenzwert von a^{r_n} zu definieren, wenn n gegen unendlich geht:

$$a^r = \lim_{n\to\infty} a^{r_n} \qquad (*)$$

Tatsächlich gibt es unendlich viele Folgen (r_n) von rationalen Zahlen, die gegen eine gegebene irrationale Zahl r konvergieren. Man kann jedoch zeigen, dass der Grenzwert in $(*)$ existiert und unabhängig davon ist, welche Folge wir wählen.

Aufgaben für Kapitel 7.11

1. Gegeben sei $\alpha_n = \dfrac{3-n}{2n-1}$ und $\beta_n = \dfrac{n^2+2n-1}{3n^2-2}$, $n = 1, 2, \ldots$ Bestimmen Sie die folgenden Grenzwerte:

   (a) $\lim\limits_{n\to\infty} \alpha_n$ (b) $\lim\limits_{n\to\infty} \beta_n$ (c) $\lim\limits_{n\to\infty} (3\alpha_n + 4\beta_n)$

   (d) $\lim\limits_{n\to\infty} \alpha_n\beta_n$ (e) $\lim\limits_{n\to\infty} \alpha_n/\beta_n$ (f) $\lim\limits_{n\to\infty} \sqrt{\beta_n - \alpha_n}$

2. Untersuchen Sie die Konvergenz der Folgen, deren allgemeiner Term wie folgt ist

   (a) $s_n = 5 - \dfrac{2}{n}$ (b) $s_n = \dfrac{n^2-1}{n}$ (c) $s_n = \dfrac{3n}{\sqrt{2n^2-1}}$

3. Zeigen Sie, dass $e^x = \lim\limits_{n\to\infty}\left(1 + \dfrac{x}{n}\right)^n$ für $x > 0$ gilt.[17]

► Lösungen zu den Aufgaben finden Sie im Anhang des Buches.

7.12 Regeln von L'Hôspital

Wir müssen oft den Grenzwert eines Quotienten untersuchen, wenn x gegen x_0 strebt, wobei sowohl Zähler als auch Nenner gegen 0 streben. Wir schreiben dann

$$\lim_{x\to x_0} \frac{f(x)}{g(x)} = „0/0“$$

Wir nennen solch einen Grenzwert eine *unbestimmte Form vom Typ 0/0*. Hier kann x_0 durch x_0^+, x_0^-, ∞ oder $-\infty$ ersetzt werden. Die Worte „unbestimmte Form“ deuten an, dass der Grenzwert – oder der einseitige Grenzwert – nicht ohne weitere Untersuchung gefunden werden kann.

Wir beginnen mit dem einfachen Fall, in dem f und g differenzierbar sind an der Stelle $x = x_0$ mit $f(x_0) = g(x_0) = 0$. Wenn $x \neq x_0$ und $g(x) \neq g(x_0)$ sind, dann erlaubt uns einige Routinealgebra, zu schreiben

$$\frac{f(x)}{g(x)} = \frac{[f(x) - f(x_0)]/(x - x_0)}{[g(x) - g(x_0)]/(x - x_0)}$$

Die rechte Seite ist der Quotient von zwei Newton-Quotienten. Indem wir den Grenzwert für $x \to x_0$ bilden, sehen wir unter der Voraussetzung, dass $g'(x_0) \neq 0$ ist, dass dieser Quotient gegen $f'(x_0)/g'(x_0)$ strebt. Damit erhalten wir das folgende Resultat:

[17] Derselbe Grenzwert gilt auch für $x < 0$.

Regel von L'Hôspital

Die Funktionen f und g seien beide differenzierbar an der Stelle $x = x_0$ mit $f(x_0) = g(x_0) = 0$ und $g'(x_0) \neq 0$. Dann gilt

$$\lim_{x \to x_0} \frac{f(x)}{g(x)} = \frac{f'(x_0)}{g'(x_0)} \tag{7.12.1}$$

Nach (7.12.1) können wir, unter der Voraussetzung $g'(x_0) \neq 0$, den Grenzwert einer unbestimmten Form vom Typ „0/0" finden, indem wir den Zähler und den Nenner separat differenzieren.

Beispiel 7.12.1

Verwenden Sie die Regel von L'Hôspital, um den in Beispiel 6.5.1 gefundenen Grenzwert zu bestätigen, nämlich:

$$\lim_{x \to 0} \frac{e^x - 1}{x} = 1$$

Lösung: Setzen Sie $f(x) = e^x - 1$ und $g(x) = x$ in Gl. (7.12.1). Beachten Sie, dass $f(0) = e^0 - 1 = 0$ und $g(0) = 0$. Weiterhin gilt $f'(x) = e^x$ und $g'(x) = 1$, so dass $f'(0) = g'(0) = 1$. Gleichung (7.12.1) impliziert daher:

$$\lim_{x \to 0} \frac{e^x - 1}{x} = \frac{f'(0)}{g'(0)} = \frac{1}{1} = 1$$

Beispiel 7.12.2

Nehmen Sie an, dass $x > 0$ und $y > 0$. Berechnen Sie

$$\lim_{\lambda \to 0} \frac{x^\lambda - y^\lambda}{\lambda}$$

Lösung: Bei diesem Grenzwert werden x und y konstant gehalten. Wir definieren $f(\lambda) = x^\lambda - y^\lambda$ und $g(\lambda) = \lambda$. Dann ist $f(0) = g(0) = 0$. Indem wir die Regel $(d/dx)a^x = a^x \ln a$ benutzen, erhalten wir $f'(\lambda) = x^\lambda \ln x - y^\lambda \ln y$, so dass $f'(0) = \ln x - \ln y$ ist. Weiterhin ist $g'(\lambda) = 1$ und somit $g'(0) = 1$. Mit L'Hôspitals Regel folgt

$$\lim_{\lambda \to 0} \frac{x^\lambda - y^\lambda}{\lambda} = \frac{\ln x - \ln y}{1} = \ln \frac{x}{y}$$

Insbesonders für $y = 1$ erhalten wir das folgende nützliche Resultat:

$$\lim_{\lambda \to 0} \frac{x^\lambda - 1}{\lambda} = \ln x \tag{7.12.2}$$

Nehmen Sie an, dass wir eine „0/0" Form wie in (7.12.1) haben, aber dass auch $f'(x_0)/g'(x_0)$ vom Typ „0/0"ist. Da $g'(x_0) = 0$ ist, bricht das Argument für (7.12.1) zusammen. Was können wir dann tun? Gut: Zähler und Nenner noch einmal separat differenzieren. Wenn wir immer noch einen Ausdruck vom Typ „0/0" erhalten, fahren wir fort, Zähler und Nenner so lange zu differenzieren, bis der Grenzwert bestimmt ist, wenn das möglich ist. Hier ist ein Beispiel aus der Statistik.

Beispiel 7.12.3

Bestimmen Sie

$$\lim_{x\to 0} \frac{e^{xt} - 1 - xt}{x^2}$$

Lösung: Der Zähler und der Nenner sind beide 0 an der Stelle $x = 0$. Zweimalige Anwendung der Regel von L'Hôspital ergibt:

$$\lim_{x\to 0} \frac{e^{xt} - 1 - xt}{x^2} = „0/0" = \lim_{x\to 0} \frac{te^{xt} - t}{2x} = „0/0" = \lim_{x\to 0} \frac{t^2 e^{xt}}{2} = \frac{1}{2}t^2$$

Hier folgen zwei wichtige Warnungen, die die häufigsten Fehler beim Versuch der Anwendung der Regel von L'Hôspital betreffen:

1. Überprüfen Sie, dass Sie wirklich eine unbestimmte Form haben. Andernfalls ergibt die Regel gewöhnlich ein fehlerhaftes Resultat, wie Aufgabe 5 zeigt.
2. Berechnen Sie den Grenzwert des Quotienten f'/g' für $x \to x_0$; differenzieren Sie *nicht* f/g als einen Quotienten.

Die hier erklärte und zur Lösung von Beispiel 7.12.3 verwendete Methode beruht auf dem folgenden Theorem 7.12.1. Beachten Sie, dass die Voraussetzungen bezüglich f und g schwächer sind als die in den bisherigen Beispielen. Zum Beispiel müssen f und g nicht einmal differenzierbar sein an der Stelle $x = x_0$. Damit enthält das Theorem eine allgemeinere Version der Regel von L'Hôspital.

Theorem 7.12.1 (Regel von L'Hôspital für „0/0" Formen)

Nehmen Sie an:

(i) Die Funktionen f und g sind differenzierbar in einem Intervall (α, β), das x_0 enthält, eventuell mit Ausnahme der Stelle x_0;

(ii) $f(x)$ und $g(x)$ streben beide gegen 0, wenn x gegen x_0 strebt;

(iii) $g'(x) \neq 0$ für alle $x \neq x_0$ in (α, β);

(iv) $f'(x)/g'(x) \to L$, wenn $x \to x_0$, wobei L endlich, ∞ oder $-\infty$ sein kann.

Dann gilt:

$$\lim_{x\to x_0} \frac{f(x)}{g(x)} = \lim_{x\to x_0} \frac{f'(x)}{g'(x)} = L$$

Erweiterungen der Regel von L'Hôspital

Die Regel von L'Hôspital kann auf einige andere Fälle verallgemeinert werden. Zum Beispiel kann x_0 ein Endpunkt des Intervalls (α, β) sein. Somit kann $x \to x_0$ durch $x \to x_0^+$ oder $x \to x_0^-$ ersetzt werden. Außerdem ist leicht zu sehen, dass x_0 durch ∞ oder $-\infty$ ersetzt werden kann, wie Aufgabe 4 und 8 zeigen.

Die Regel ist auch auf andere unbestimmte Formen wie „$\pm\infty / \pm\infty$" anwendbar. Aufgabe 9 regt eine Möglichkeit des Beweises an, überlässt es aber dem Leser, die

Details zu vervollständigen. Hier ist ein Beispiel, wie die Regel angewendet werden kann:

$$\lim_{x\to\infty} \frac{\ln x}{x} = „\infty/\infty“ = \lim_{x\to\infty} \frac{1/x}{1} = 0 \tag{7.12.3}$$

In der Tat kann manchmal eine Vielzahl von anderen unbestimmten Formen durch algebraische Umformungen oder Substitutionen in Ausdrücke der Gestalt, die wir bereits erwähnt haben, transformiert werden.

Beispiel 7.12.4

Bestimmen Sie $L = \lim\limits_{x\to\infty}\left(\sqrt[5]{x^5 - x^4} - x\right)$.

Lösung: Bemerken Sie zunächst, dass dies ein „$\infty - \infty$“ Fall ist. Wir nutzen einige algebraische Umformungen, um es auf einen „0/0“ Fall zu reduzieren. Für $x \neq 0$ gilt:

$$\sqrt[5]{x^5 - x^4} - x = \left[x^5(1 - 1/x)\right]^{1/5} - x = x(1 - 1/x)^{1/5} - x$$

Umschreiben der rechten Seite führt zu:

$$\lim_{x\to\infty}(\sqrt[5]{x^5 - x^4} - x) = \lim_{x\to\infty} \frac{(1 - 1/x)^{1/5} - 1}{1/x} = „0/0“$$

Mit der Regel von L'Hôspital erhalten wir:

$$L = \lim_{x\to\infty} \frac{(1/5)\,(1 - 1/x)^{-4/5}\,(1/x^2)}{-1/x^2} = \lim_{x\to\infty}\left[-\frac{1}{5}\left(1 - \frac{1}{x}\right)^{-4/5}\right] = -\frac{1}{5}$$

Beispiel 7.12.5

Nehmen Sie an: Wenn ein Unternehmen als Input $K > 0$ Einheiten Kapital und $L > 0$ Einheiten Arbeit verwendet, dann ist der Output $Y = F(K, L)$ gegeben durch:

$$Y = A\left[aK^{-\varrho} + (1 - a)L^{-\varrho}\right]^{-1/\varrho} \tag{*}$$

wobei $A > 0$, $a \in (0, 1)$ und $\varrho \neq 0$ Konstanten sind. Halten Sie A, K, L und a konstant und wenden Sie die Regel von L'Hôspital auf $z = \ln[Y/A]$ an, wenn $\varrho \to 0$, um zu zeigen, dass[18]

$$\lim_{\rho\to 0}\left\{A\left[aK^{-\rho} + (1 - a)L^{-\rho}\right]^{-1/\rho}\right\} = AK^aL^{1-a} \tag{**}$$

Lösung: Wir erhalten

$$z = \ln\left(aK^{-\varrho} + (1 - a)L^{-\varrho}\right)^{-1/\varrho} = -\ln\left(aK^{-\varrho} + (1 - a)L^{-\varrho}\right)/\varrho \to „0/0“ \quad \text{für } \varrho \to 0$$

[18] Der Ausdruck auf der rechten Seite von (∗) ist in den Wirtschaftswissenschaften bekannt als CES-Funktion („konstante Elastizität der Substitution“). Der Ausdruck auf der rechten Seite von (∗∗) ist die Cobb-Douglas Produktionsfunktion. Funktionen von zwei Variblen, wie diese, werden nicht eher als in Kap. 14 systematisch untersucht. Trotzdem: Dieses Beispiel zeigt, wie die Anwendung der Regel von L'Hôspital auf eine Funktion von zwei Variablen ein ökonomisch signifikantes Resultat ergibt.

Weil $(\mathrm{d}/\mathrm{d}\rho)K^{-\rho} = -K^{-\rho}\ln K$ und $(\mathrm{d}/\mathrm{d}\rho)L^{-\rho} = -L^{-\rho}\ln L$, folgt nach der Regel von L'Hôspital:

$$\lim_{\varrho\to 0} z = \lim_{\varrho\to 0}\left(\frac{aK^{-\varrho}\ln K + (1-a)L^{-\varrho}\ln L}{aK^{-\varrho} + (1-a)L^{-\varrho}}\right)\Big/1 = a\ln K + (1-a)\ln L = \ln K^a L^{1-a}$$

Daher gilt $e^z \to K^a L^{1-a}$. Nach der Definition von z folgt, dass $F(K,L) \to AK^a L^{1-a}$, wenn $\varrho \to 0$.

Ein wichtiger Grenzwert

Wenn a eine beliebige Zahl größer als 1 ist, dann gilt $a^x \to \infty$ für $x \to \infty$. Zum Beispiel gilt $(1.0001)^x \to \infty$ für $x \to \infty$. Weiterhin gilt für eine beliebige positive Zahl p, dass $x^p \to \infty$ für $x \to \infty$. Wenn wir $(1.0001)^x$ und x^{1000} vergleichen, ist es klar, dass der erste Ausdruck zunächst ganz langsam anwächst, während der zweite sehr schnell wächst. Trotzdem „überholt" $(1.0001)^x$ irgendwann einmal x^{1000}. Allgemein kann man beweisen, dass für gegebenes $a > 1$ und jede feste positive Zahl p gilt:

$$\lim_{x\to\infty}\frac{x^p}{a^x} = 0 \tag{7.12.4}$$

Zum Beispiel konvergieren x^2/e^x und $x^{10}/(1.1)^x$ beide gegen 0, wenn x gegen ∞ konvergiert. Dieses Resultat ist tatsächlich bemerkenswert. Es kann kurz so zusammgefasst werden, indem man sagt, dass für eine beliebige Basis $a > 1$ *die Exponentialfunktion a^x schneller wächst als jede Potenz x^p von x*. Noch kürzer und bündiger:„Exponentiale besiegen Potenzen." (Für $p \leq 0$ ist der Grenzwert offensichtlich 0.)

Um (7.12.4) zu beweisen, betrachten wir den Logarithmus der Funktion auf der linken Seite. d. h.

$$\ln\frac{x^p}{a^x} = p\ln x - x\ln a = x\left(p\frac{\ln x}{x} - \ln a\right) \tag{$*$}$$

Nun gilt für $x \to \infty$, dass $\ln x/x \to 0$ wegen (7.12.3). Somit konvergiert der Term in Klammern in $(*)$ gegen $-\ln a$, was negativ ist, weil $a > 1$. Es folgt aus $(*)$, dass $\ln(x^p/a^x) \to -\infty$ und somit $x^p/a^x = \exp[\ln(x^p/a^x)] \to 0$, weil $e^z \to 0$, wenn $z \to -\infty$.

Aufgaben für Kapitel 7.12

1. Verwenden Sie die Regel von L'Hôspital zur Bestimmung von:

(a) $\displaystyle\lim_{x\to 3}\frac{3x^2-27}{x-3}$ (b) $\displaystyle\lim_{x\to 0}\frac{e^x-1-x-\frac{1}{2}x^2}{3x^3}$ (c) $\displaystyle\lim_{x\to 0}\frac{e^{-3x}-e^{-2x}+x}{x^2}$

2. Bestimmen Sie die Grenzwerte: (a) $\displaystyle\lim_{x\to a}\frac{x^2-a^2}{x-a}$ (b) $\displaystyle\lim_{x\to 0}\frac{2\sqrt{1+x}-2-x}{2\sqrt{1+x+x^2}-2-x}$.

3. Verwenden Sie die Regel von L'Hôspital, um die folgenden Grenzwerte zu bestimmen:

(a) $\displaystyle\lim_{x\to 1}\frac{x-1}{x^2-1}$ (b) $\displaystyle\lim_{x\to -2}\frac{x^3+3x^2-4}{x^3+5x^2+8x+4}$ (c) $\displaystyle\lim_{x\to 2}\frac{x^4-4x^3+6x^2-8x+8}{x^3-3x^2+4}$

(d) $\displaystyle\lim_{x\to 1}\frac{\ln x - x + 1}{(x-1)^2}$ (e) $\displaystyle\lim_{x\to 1}\frac{1}{x-1}\ln\left(\frac{7x+1}{4x+4}\right)$ (f) $\displaystyle\lim_{x\to 1}\frac{x^x - x}{1-x+\ln x}$

➡ Fortsetzung

4. Bestimmen Sie die folgenden Grenzwerte:

(a) $\lim\limits_{x\to\infty} \dfrac{\ln x}{\sqrt{x}}$ (b) $\lim\limits_{x\to 0^+} x \ln x$ (c) $\lim\limits_{x\to 0^+} (xe^{1/x} - x)$

5. Finden Sie den Fehler in der folgenden Schlussweise:

$$\lim_{x\to 1} \frac{x^2+3x-4}{2x^2-2x} = \lim_{x\to 1} \frac{2x+3}{4x-2} = \lim_{x\to 1} \frac{2}{4} = \frac{1}{2}$$

Welches ist der korrekte Wert des ersten Grenzwerts?

6. Bestimmen Sie für $\beta > 0$ und $\gamma > 0$ den Grenzwert $\lim\limits_{v\to 0^+} \dfrac{1-(1+v^\beta)^{-\gamma}}{v}$.
(*Hinweis:* Betrachten Sie zunächst den Fall $\beta = 1$.)

7. In dem Kontext der Beispiele 7.1.5 und 7.1.8 ist die Familie der CES-Nuzenfunktionen gegeben durch[19]

$$u(c) = \begin{cases} \dfrac{c^{1-\rho}-1}{1-\rho}, & \text{wenn } \rho \neq 1 \\ \ln c, & \text{wenn } \rho = 1 \end{cases}$$

für alle $c > 0$. Verwenden Sie die Regel von l'Hôspital, um zu zeigen, dass $\lim\limits_{\rho\to 1} \dfrac{c^{1-\rho}-1}{1-\rho} = \ln c$. In diesem Sinne ist die Familie „stetig in ρ".

Anspruchsvollere Aufgaben

8. Nehmen Sie an, dass f und g beide für alle großen Werte von x differenzierbar sind und dass $f(x)$ und $g(x)$ beide gegen 0 konvergieren, wenn $x \to \infty$. Wenn zusätzlich $\lim_{x\to\infty} g'(x) \neq 0$ ist, so zeigen Sie, dass

$$\lim_{x\to\infty} \frac{f(x)}{g(x)} = „0/0" = \lim_{x\to\infty} \frac{f'(x)}{g'(x)},$$

indem Sie $x = 1/t$ im ersten Quotienten setzen und dann die Regel von L'Hôspital anwenden, wenn $t \to 0^+$.

9. Nehmen Sie an, dass $\lim_{x\to x_0} f(x)/g(x) = „\pm\infty/\infty" = L \neq 0$, wobei f und g differenzierbare Funktionen sind, deren Ableitungen $f'(x)$ und $g'(x)$ gegen einen Grenzwert ungleich Null konvergieren, wenn x gegen x_0 konvergiert. Zeigen Sie durch Anwendung der Regel von L'Hôspital auf den äquivalenten Grenzwert $\lim_{x\to x_0} [1/g(x)]/[1/f(x)] = „0/0"$, dass $L = \lim_{x\to x_0} [f'(x)/g'(x)]$, vorausgesetzt, dass dieser Grenzwert existiert.

► Lösungen zu den Aufgaben finden Sie im Anhang des Buches.

[19] Siehe Beispiel 7.12.5. Diese sind auch bekannt als konstante relative Risiko-Aversion oder CRRA Bevorzugungen.

Aufgaben zur Wiederholung für Kapitel 7

1. Nutzen Sie implizite Differentiation, um dy/dx und d^2y/dx^2 für jede der folgenden Gleichungen zu bestimmen:

(a) $5x + y = 10$ (b) $xy^3 = 125$ (c) $e^{2y} = x^3$

Überprüfen Sie dies, indem Sie jede Gleichung nach y als Funktion von x auflösen und dann differenzieren.

2. Berechnen Sie y', wenn y implizit durch die Gleichung $y^5 - xy^2 = 24$ definiert ist. Wird y' jemals 0?

3. Der Graph der Gleichung $x^3 + y^3 = 3xy$ verläuft durch den Punkt $(3/2, 3/2)$. Bestimmen Sie die Steigung der Tangente an die Kurve in diesem Punkt. Diese Gleichung hat einen interessanten Graphen, der *Descartes' Folium* genannt wird und in Abb. 7.W.1 dargestellt ist.

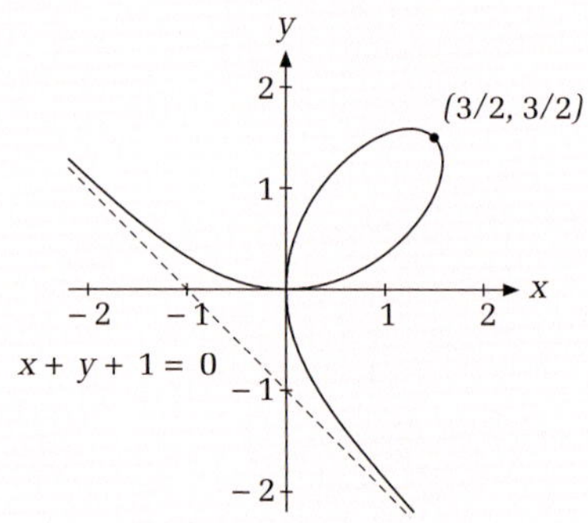

Abbildung 7.W.1: Descartes' Folium

4. (a) Bestimmen Sie die Steigung der Tangente an die Kurve $x^2y + 3y^3 = 7$ in $(x, y) = (2, 1)$.

(b) Zeigen Sie, dass $y'' = -210/13^3$ in $(2, 1)$.

5. Sei $K^{1/3}L^{1/3} = 24$. Berechnen Sie dL/dK durch implizites Differenzieren.

6. Die Gleichung

$$\ln y + y = 1 - 2\ln x - 0.2(\ln x)^2$$

definiert y als Funktion von x für $x > 0$, $y > 0$. Berechnen Sie y' und zeigen Sie, dass $y' = 0$ für $x = e^{-5}$.

7. Betrachten Sie das folgende makrökomische Modell:

(i) $Y = C + I$ (ii) $C = f(Y - T)$ (iii) $T = \alpha + \beta Y$

Dabei ist Y das BIP, C der Konsum, T bezeichnet die Steuern und die Parameter α und β sind Konstanten. Nehmen Sie an, dass $f' \in (0,1)$ und $\beta \in (0,1)$.

(a) Leiten Sie die Gleichung $Y = f((1-\beta)Y - \alpha) + I$ aus den Gleichungen (i)–(iii) her.

(b) Differenzieren Sie die Gleichung in (a) implizit bezüglich I und bestimmen Sie einen Ausdruck für $\mathrm{d}Y/\mathrm{d}I$.

(c) Untersuchen Sie das Vorzeichen von $\mathrm{d}Y/\mathrm{d}I$.

8. (a) Bestimmen Sie y', wenn y implizit durch die Gleichung $x^2 - xy + 2y^2 = 7$ gegeben ist.

(b) Bestimmen Sie die Punkte auf dem Graphen der Gleichung, in denen die Tangente horizontal ist und in denen sie vertikal ist. Stimmen Ihre Resultate mit dem in Abb. 7.W.2 gezeigten Graphen überein?

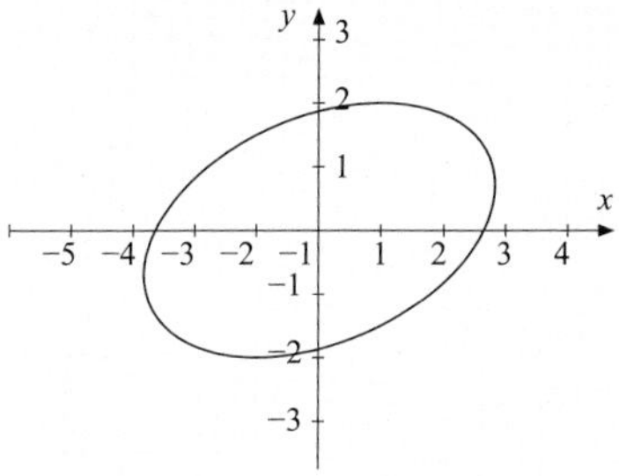

Abbildung 7.W.2: Aufgabe 8

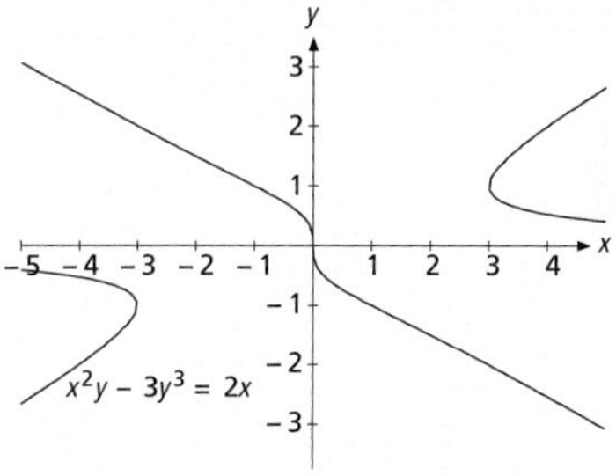

Abbildung 7.W.3: Aufgabe 9

9. Der Graph der Gleichung $x^2y - 3y^3 = 2x$ geht durch den Punkt $(x,y) = (-1,1)$.

(a) Bestimmen Sie die Steigung des Graphen in diesem Punkt.

(b) Bestimmen Sie die Punkte, in denen der Graph eine vertikale Tangente hat. Zeigen Sie, dass kein Punkt auf dem Graphen eine horizontale Tangente hat. Stimmen Ihre Resultate mit dem in Abb. 7.W.3 gezeigten Graphen überein?

10. Sei f die Funktion, definiert durch die Formel $f(x) = \frac{1}{2}\ln\frac{1+x}{1-x}$.

(a) Bestimmen Sie den Definitionsbereich und den Wertebereich von f.

(b) Zeigen Sie, dass f eine Inverse g hat und bestimmen Sie eine Formel für die Inverse. Beachten Sie, dass $f(\frac{1}{2}) = \frac{1}{2}\ln 3$ ist. Bestimmen Sie $g'(\frac{1}{2}\ln 3)$ auf zwei verschiedene Arten.

11. Sei $f(x)$ für alle $x > 0$ definiert durch $f(x) = (\ln x)^3 - 2(\ln x)^2 + \ln x$.

(a) Berechnen Sie $f(e^2)$ und bestimmen Sie die Nullstellen von $f(x)$.

(b) Zeigen Sie, dass $f(x)$, definiert auf dem Intervall $[e,\infty)$, eine inverse Funktion h hat und bestimmen Sie dann $h'(2)$.

12. Bestimmen Sie die quadratischen Approximationen um $x = 0$ zu den folgenden Funktionen:

(a) $f(x) = \ln(2x + 4)$ (b) $g(x) = (1 + x)^{-1/2}$ (c) $h(x) = xe^{2x}$

13. Bestimmen Sie die Differentiale:

(a) $\mathrm{d}(\sqrt{1 + x^2})$ (b) $\mathrm{d}(4\pi r^2)$ (c) $\mathrm{d}(100K^4 + 200)$ (d) $\mathrm{d}(\ln(1 - x^3))$

14. Berechnen Sie das Differential von $f(x) = \sqrt{1 + x^3}$. Welches ist die approximative Änderung in $f(x)$, wenn x sich von $x = 2$ auf $x = 2 + \mathrm{d}x$ ändert, wobei $\mathrm{d}x = 0.2$ ist?

15. Verwenden Sie Formel (7.6.6) mit $n = 5$, um einen angenäherten Wert für $\sqrt{e}$ zu bestimmen. Zeigen Sie, dass die Antwort auf drei Dezimalstellen genau ist. (*Hinweis:* Für $0 < z < 1/2$ gilt $e^z < e^{1/2} < 2$.)

16. Bestimmen Sie die quadratische Approximation für $y = y(x)$ um $(x, y) = (0, 1)$, wenn y implizit als Funktion von x durch die Gleichung $y + \ln y = 1 + x$ definiert ist.

17. Bestimmen Sie jeweils die Werte von x, in denen die durch die folgenden Formeln definierten Funktionen stetig sind:

(a) $e^x + e^{1/x}$ (b) $\dfrac{\sqrt{x} + 1/x}{x^2 + 2x + 2}$ (c) $\dfrac{1}{\sqrt{x + 2}} + \dfrac{1}{\sqrt{2 - x}}$

18. Sei f eine gegebene differenzierbare Funktion einer Variablen. Nehmen Sie an, dass jede der folgenden Gleichungen y implizit als eine Funktion von x definiert. Bestimmen Sie jeweils einen Ausdruck für y'.

(a) $x = f(y^2)$ (b) $xy^2 = f(x) - y^3$ (c) $f(2x + y) = x + y^2$

19. Die Nachfrage nach Margarine (Marg) und nach Mahlzeiten (Mah) außer Haus in Großbritannien wurden während der Zeit 1920–1937 als Funktionen des persönlichen Einkommens r geschätzt durch $D_{\text{Marg}} = Ar^{-0.165}$ bzw. $D_{\text{Mah}} = Br^{2.39}$ für geeignete Konstanten A und B. Bestimmmen und interpretieren Sie die (Engel-) Elastizitäten von D_{Marg} und D_{Mah} bezüglich r.

20. Bestimmen Sie die Elastizitäten der durch die folgenden Formeln gegebenen Funktionen:

(a) $50x^5$ (b) $\sqrt[3]{x}$ (c) $x^3 + x^5$ (d) $\dfrac{x - 1}{x + 1}$

21. Die Gleichung $x^3 - x - 5 = 0$ hat eine Wurzel in der Nähe von 2. Bestimmen Sie eine Approximation an diese Wurzel, indem Sie die Newton-Methode einmal anwenden mit $x_0 = 2$.

22. Zeigen Sie, dass $f(x) = e^{\sqrt{x}} - 3$ eine eindeutige Nullstelle im Intervall $(1, 4)$ hat. Bestimmen Sie einen approximativen Wert für diese Nullstelle, indem Sie die Newton-Methode einmal mit $x_0 = 1$ anwenden.

23. Berechnen Sie die Grenzwerte:

(a) $\lim\limits_{x \to 3^-} (x^2 - 3x + 2)$ (b) $\lim\limits_{x \to -2^+} \frac{x^2 - 3x + 14}{x + 2}$ (c) $\lim\limits_{x \to -1} \frac{3 - \sqrt{x + 17}}{x + 1}$

(d) $\lim\limits_{x \to 0} \frac{(2 - x)e^x - x - 2}{x^3}$ (e) $\lim\limits_{x \to 3} \left(\frac{1}{x - 3} - \frac{5}{x^2 - x - 6} \right)$ (f) $\lim\limits_{x \to 4} \frac{x - 4}{2x^2 - 32}$

(g) $\lim\limits_{x \to 2} \frac{x^2 - 3x + 2}{x - 2}$ (h) $\lim\limits_{x \to -1} \frac{4 - \sqrt{x + 17}}{2x + 2}$ (i) $\lim\limits_{x \to \infty} \frac{(\ln x)^2}{3x^2}$

24. Untersuchen Sie den folgenden Grenzwert für verschiedene Werte der Konstanten a, b, c und d unter der Annahme, dass b und d positiv sind:

$$\lim_{x \to 0} \frac{\sqrt{ax + b} - \sqrt{cx + d}}{x}$$

25. Berechnen Sie $\lim\limits_{x \to 0} \frac{a^x - b^x}{e^{ax} - e^{bx}}$, wobei $a \neq b$ und a und b beide positiv sind.

26. Die Gleichung $x^{21} - 11x + 10 = 0$ hat eine Lösung an der Stelle $x = 1$ und eine andere Lösung im Intervall $(0, 1)$. Beginnen Sie mit $x_0 = 0.9$ und wenden Sie das Newton-Verfahren so lange an, bis Sie die Lösung auf drei Dezimalstellen genau haben.

► Lösungen zu den Aufgaben finden Sie im Anhang des Buches.

Konkave und konvexe Funktionen

8

8.1 Intuition 356

8.2 Definitionen 358

8.3 Allgemeine Eigenschaften 367

8.4 Tests der ersten Ableitung 371

8.5 Tests der zweiten Ableitung 375

8.6 Wendestellen 379

Aufgaben zur Wiederholung für Kapitel 8 383

ÜBERBLICK

Wir können nur ein kurzes Stück nach vorne sehen, aber wir können dort viel sehen, was getan werden muss.

–Alan Turing (1950)

Ob eine Funktion konkav oder konvex ist, ist entscheidend für viele Resultate in den Wirtschaftswissenschaften, insbesondere die Vielzahl, die Maximierung oder Minimierung betrifft. Gemäß den allgemeinen Definitionen, die wir einführen, kann eine Funktion konkav oder konvex sein, egal ob sie differenzierbar ist oder nicht.

Wir beginnen in Kap. 8.1 mit der Einführung einer geometrischen Intuition, bevor wir uns den Schlüsseldefinitionen in Kap. 8.2 zuwenden. Während die Definitionen selbst einfach zu verstehen sind, kann es unnötig schwierig sein, zu entscheiden, ob eine spezielle Funktion sie erfüllt. Daher schließen wir in Kap. 8.3 die Betrachtung der Eigenschaften von Summen, Verkettungen und Inversen konkaver Funktionen an. Als Nächtes führt Kap. 8.4 die Begriffe der Supergradienten und Subgradienten ein und untersucht ihre Verbindungen zu Funktionen, die konkav bzw. konvex sind. Danach betrachtet Kap. 8.5 die auf der zweiten Ableitung basierenden Charakterisierungen, die Ökonomen sehr oft nutzen, um zu bestimmen, ob eine Funktion konkav oder konvex ist. Das abschließende Kap. 8.6 betrachtet kurz Wendestellen, die auftreten an der Grenze zwischen einem Intervall, in dem eine Funktion konkav ist, und einem anschließenden Intervall, in dem sie konvex ist.

8.1 Intuition

Stellen Sie sich eine Person vor, die in einer Höhle lebt, die eine Wäscheleine am Höhlendach aufhängen muss, das so geformt ist, wie die in Abb. 8.1.1 gezeigte Kurve. Die Form macht es möglich: Wenn Halterungen im Dach in den Punkten A und B befestigt sind, wird eine Wäscheleine zwischen den zwei Halterungen den Zweck erfüllen.

Stellen Sie sich jetzt vor, dass einer der von derselben Person am häufigsten genutzten Wege in und aus der Höhle heraus über einen bedeutenden Bach geht. Lieber, als jedes Mal auf den Boden des Baches hinab zu klettern und dann auf der anderen Seite wieder hinauf zu klettern, würde die Person ein Seil benutzen, um den Bach zu überqueren. Vorausgesetzt, dass der Bach wie der Graph in Abb. 8.1.2 geformt ist, ist dies auch möglich. Man kann Halterungen an den Punkten C und D befestigen und ein Seil zwischen den zwei Halterungen aufhängen.[1]

[1] Abb. 8.1.1 und 8.1.2 zeigen die Wäscheleine und das Seil in einer komplett geraden Linie zwischen den zwei Halterungen an den beiden Enden. Dies ist eine Idealisierung. Denn, wenn man versucht die Leine oder das Seil komplett gerade zu machen, muss man, es sei denn sie sind gewichtslos, mehr und mehr Spannung anwenden, bis eventuell entweder eine Halterung bricht oder das Seil selbst reißt.

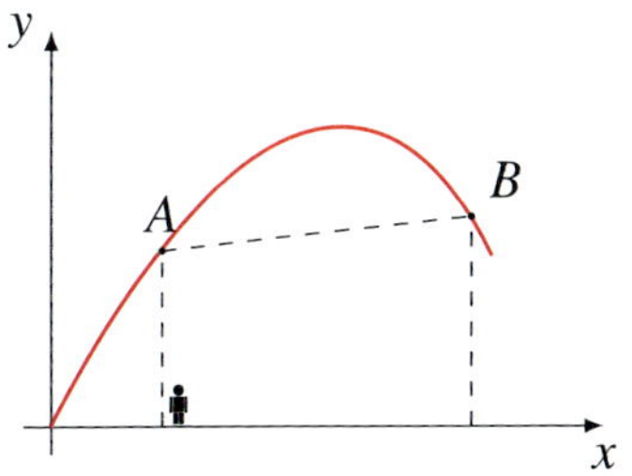

Abbildung 8.1.1: Wäscheleine, von einem Höhlendach hängend

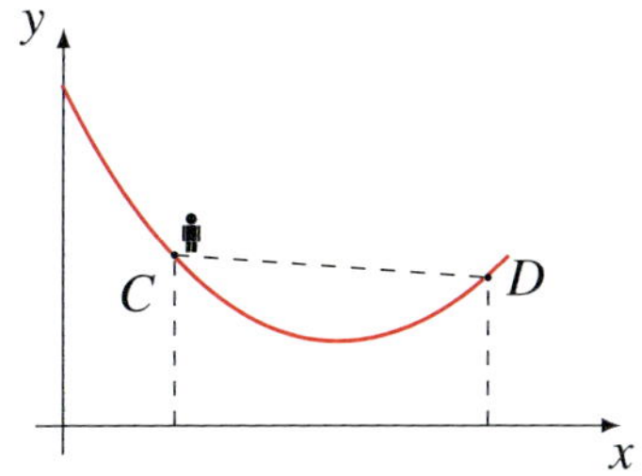

Abbildung 8.1.2: Seil über einen Bach

In beiden Fällen ist die Art, wie der Graph sich wölbt, entscheidend. In Abb. 8.1.1 ist der Streckenabschnitt, der die Punkte A und B verbindet, vollständig unter dem Höhlendach. In Abb. 8.1.2 ist der Abschnitt zwischen C und D vollständig über dem Bach.

Diese zwei Eigenschaften sind so wichtig, dass Mathematiker ihnen spezielle Namen gegeben haben. Die erste ist *Konkavität* genannt, abgeleitet von der lateinischen Wurzel *cav*, was „Höhle" bedeutet. Der Name der zweiten Eigenschaf, *Konvexität*, ist weniger eine Gedächtnisstütze. Er kommt aus dem lateinischen *convexus*, was „(nach außen) gewölbt" bedeutet.[2]

Natürlich gibt es Graphen, bei denen weder eine Wäscheleine darunter noch ein Seil darüber möglich sind. Ein solcher ist der Graph in Abb. 8.1.3. Betrachten Sie einen Streckenabschnitt zwischen den Punkten E und F, der an jedem Ende befestigt ist. Der Abschnitt kann keine Wäscheleine sein, die frei vom Höhlendach hängt, noch kann es ein Seil sein, das vollständig über dem Boden hängt. Also verletzt dieser Graph sowohl die Eigenschaften der Konkavität als auch die der Konvexität.

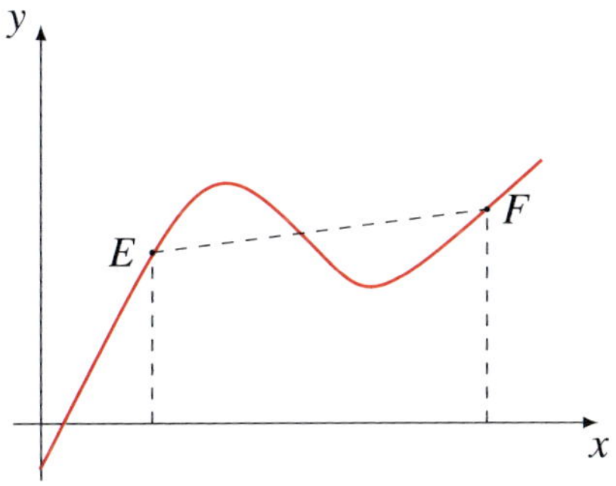

Abbildung 8.1.3: Weder eine Höhle noch ein Bach

[2] Eine Person unter dem Graphen von Abb. 8.1.2 könnte erklären, dass es unmöglich ist, eine gerade Wäscheleine unter dem Dach von Nägeln bei C und D zu hängen, weil hier, anders als bei einem typischerem Höhlendach, ein sperriges Hindernis ist.

8.2 Definitionen

Sei I ein Intervall auf der reellen Zahlenachse.

Konkave Funktion

Eine Funktion f, definiert auf I, heißt *konkav* auf I, falls

$$f(\lambda a + (1-\lambda)b) \geq \lambda f(a) + (1-\lambda)f(b) \tag{8.2.1}$$

für alle a und b in I und alle Zahlen λ in $[0, 1]$.

Diese Eigenschaft erfasst die Intuition, zu versuchen, eine Wäscheleine aufzuhängen zwischen den zwei Punkten $A = (a, f(a))$ und $B = (b, f(b))$, wie in Abb. 8.2.1 gezeigt. Um dies zu sehen, betrachten Sie zuerst den Wert $\lambda a + (1-\lambda)b$ von x, der auf der linken Seite der Ungleichung (8.2.1) auftritt. Man hat $x = b$, wenn $\lambda = 0$, und $x = a$, wenn $\lambda = 1$. Wenn λ variiert von 0 bis 1, erhalten wir *jeden* Wert $x = \lambda a + (1-\lambda)b$ zwischen a und b.

Rufen Sie die Zweipunkteformel aus Kap. 4.4 in Erinnerung. Sie sagt uns: Die Gerade durch $A = (a, f(a))$ und $B = (b, f(b))$ hat die Gleichung

$$y - f(a) = \frac{f(b) - f(a)}{b - a}(x - a)$$

Wenn $x = \lambda a + (1-\lambda)b$, hat man $x - a = (1-\lambda)(b-a)$ und so $(x-a)/(b-a) = 1-\lambda$. Für den entsprechenden y-Wert auf der Geraden durch die Punkte A und B gilt dann $y - f(a) = (1-\lambda)[f(b) - f(a)]$ oder $y = \lambda f(a) + (1-\lambda)f(b)$. Dies zeigt uns: Der Streckenabschnitt, der A und B verbindet, besteht aus der Menge der Punkte

$$\{(\lambda a + (1-\lambda)b,\ \lambda f(a) + (1-\lambda)f(b)) : 0 \leq \lambda \leq 1\}$$

Andererseits besteht der Teil des Graphen von $y = f(x)$, der sich von A nach B erstreckt aus der Menge der Punkte

$$\{(\lambda a + (1-\lambda)b,\ f(\lambda a + (1-\lambda)b) : 0 \leq \lambda \leq 1\}$$

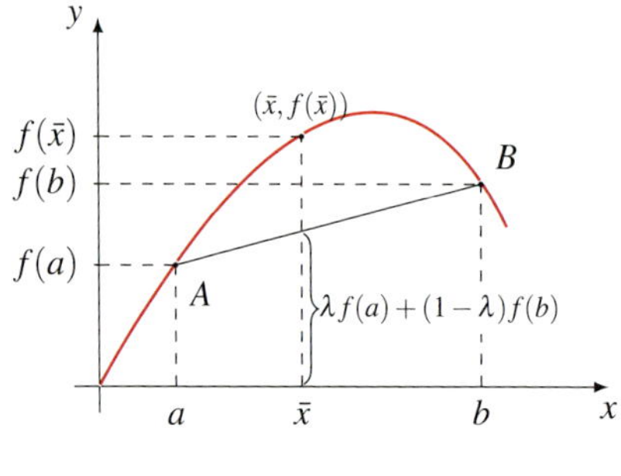

Abbildung 8.2.1: Eine konkave Funktion

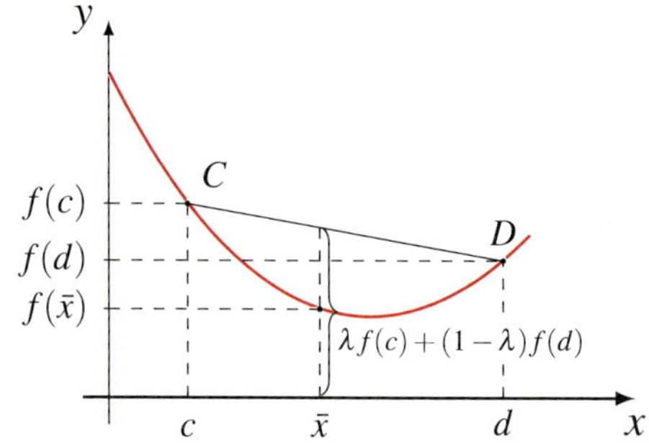

Abbildung 8.2.2: Eine konvexe Funktion

Somit sagt die Ungleichung (8.2.1), dass jeder Punkt auf diesem Teil des Graphen von f nicht tiefer als der entsprechende Punkt auf dem Streckenabschnitt von A bis B ist. Mit anderen Worten: Die Funktion f ist konkav genau dann, wenn der Graph von f niemals abfällt unter den Streckenabschnitt, der zwei beliebige Punkte auf dem Graphen verbindet.

Eine konkave Funktion ist also eine, deren Graph seine hohle Seite unterhalb hat. Wenn der Graph seine hohle Seite oben hat, wird die Funktion *konvex* genannt.

Konvexe Funktion

Eine Funktion f, definiert auf I, heißt *konvex* auf I, wenn

$$f(\lambda c + (1-\lambda)d) \leq \lambda f(c) + (1-\lambda)f(d) \tag{8.2.2}$$

für alle c und d in I und alle Zahlen λ in $[0, 1]$.

Diese Eigenschaft ist in Abb.8.2.2 dargestellt. Wieder kann *jedes* x zwischen c und d geschrieben werden als $x = \lambda c + (1-\lambda)d$ für ein $0 \leq \lambda \leq 1$. Damit besagt die Ungleichung (8.2.2), dass der Graph von f niemals die Verbindungsstrecke von C nach D übersteigt.

Es ist wichtig zu verstehen: Ob eine Funktion konkav oder konvex ist, ist unabhängig davon, ob die Funktion steigend oder fallend ist. Vier Möglichkeiten werden in den Abb. 8.2.3–8.2.6 gezeigt, die gründlich studiert werden sollten. Wir bemerken auch: Oft ist I die gesamte reelle Zahlengerade. In dem Fall wird das Intervall nicht explizit erwähnt.

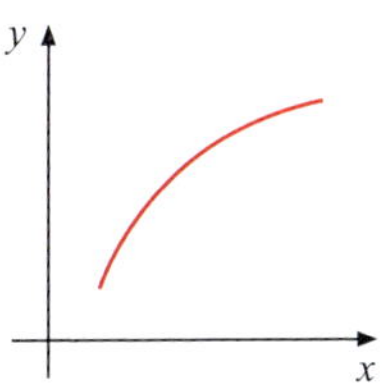

Abbildung 8.2.3: Wachsend, konkav

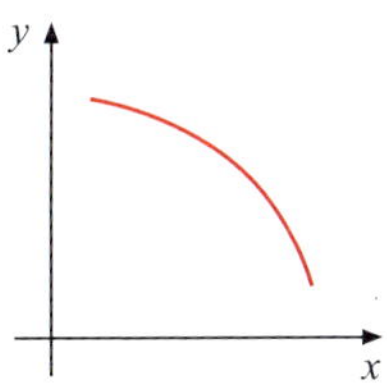

Abbildung 8.2.4: Fallend, konkav

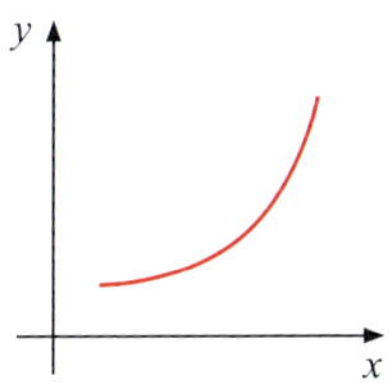

Abbildung 8.2.5: Wachsend, konvex

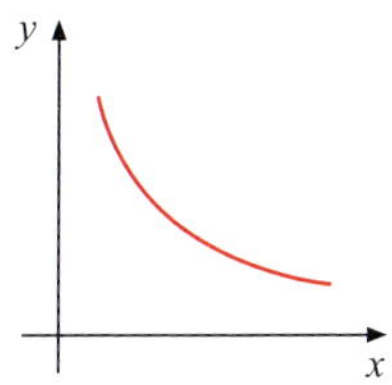

Abbildung 8.2.6: Fallend, konvex

Beispiel 8.2.1

(a) Der Graph in Abb. 8.2.7 zeigt den Weizenertrag $Y(N)$, wenn N (amerikanische) Pfund eines Düngemittels pro Acre (= 4047 Quadratmeter) verwendet wurden. Die Ergebnisse basieren auf Versuchen mit Düngemitteln in Iowa im Jahre 1952. Die Funktion ist konkav: wenn wir den gewichteten Durchschnitt des Outputs berechnen, der mit 50 und mit 250 Pfund Dünger pro Acre erzielt wurde, wird das Resultat niedriger sein als wenn wir zuerst einen gewichteten Durchschnitt von 50 und 250 Pfund, also mit denselben Gewichten bilden und dann den Ertrag berechnen, der mit der Menge von Düngern pro Acre erzielt wurde.

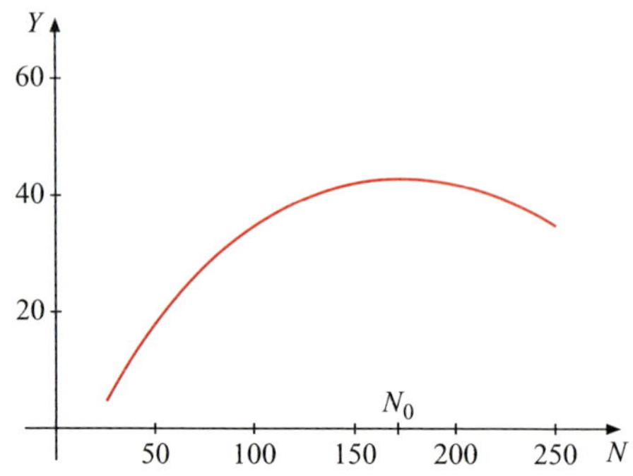

Abbildung 8.2.7: Weizenertrag

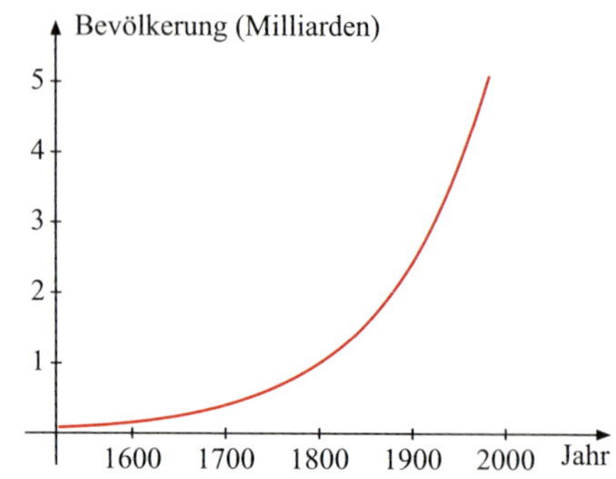

Abbildung 8.2.8: Weltbevölkerung

(b) Abbildung 8.2.8 zeigt einen groben Graphen der Funktion $P(t)$, die die Weltbevölkerung (in Milliarden) angibt für jedes Jahr t zwischen 1500 und 2000. Die Abbildung zeigt, dass $P(t)$ nicht nur wachsend ist, sondern auch konvex: Zum Beispiel: Ein einfacher Durchschnitt der Population in 1600 und der Population in 2000 übersteigt deutlich die Population in 1800.

Beispiel 8.2.2

Betrachten Sie wieder das intertemporale Entscheidungsproblem aus Beispiel 7.1.5. Zur Vereinfachung nehmen Sie an, dass der Diskontierungsfaktor β gleich 1 ist. Nehmen Sie außerdem an, dass die momentane Nutzenfunktion $u(c)$ konkav ist.

Stellen Sie sich vor, dass der Person die Wahl zwischen drei alternativen Konsumplänen angeboten wurde. Der erste ist (C, c), wobei $C \geq c$, d. h. sie konsumiert in der ersten Periode nicht weniger als in der zweiten. Der zweite Plan ist (c, C), so dass der Konsum nicht geringer ist in der zweiten Periode. Die dritte Alternative erlaubt ihr in jeder Periode dieselbe durchschnittliche Menge zu konsumieren:

$$\bar{c} = \frac{1}{2}(C + c)$$

Selbst ohne Kenntnis der exakten Funktion u erlaubt die Annahme, dass sie konkav ist, den Ökonomen zu schließen, dass für dieses Individuum die dritte Alternative mit gleichem Konsum in beiden Perioden *wenigstens so gut* wie eine der zwei ersten ist. In der Tat können wir (8.2.1) anwenden mit $\lambda = \frac{1}{2}$, um zu zeigen, dass die Konkavität impliziert:

$$u(\bar{c}) + u(\bar{c}) = 2u\left(\frac{1}{2}(C + c)\right) \geq 2\left[\frac{1}{2}u(C) + \frac{1}{2}u(c)\right] = u(C) + u(c) \tag{8.2.3}$$

Beispiel 8.2.3

Nutzen Sie ein Resultat aus Aufgabe 2.6.8, um zu zeigen, dass (i) die Funktion $f(x) = \sqrt{x}$ konkav ist auf dem Intervall $[0, \infty)$; (ii) die Funktion $g(x) = x^2$ konvex ist auf der reellen Zahlengeraden $(-\infty, \infty)$; (iii) die lineare Funktion $h(x) = ax + b$ sowohl konkav als auch konvex ist in $(-\infty, \infty)$.

Lösung: (i) Aufgabe 2.6.8 sagt uns, dass für jedes Paar von positiven Zahlen a und b gilt:

$$\sqrt{ab} \leq \frac{1}{2}(a+b) \tag{$*$}$$

Offensichtlich gilt diese Ungleichung auch, wenn eine oder beide der Zahlen a und b gleich 0 sind. Für jedes λ in $[0,1]$ gilt $\lambda(1-\lambda) \geq 0$. Somit impliziert $(*)$, dass für alle nichtnegativen Zahlen a und b gilt:

$$\begin{aligned} 2\lambda(1-\lambda)\sqrt{ab} &\leq \lambda(1-\lambda)(a+b) \\ &= \lambda(1-\lambda)a + \lambda(1-\lambda)b \\ &= \lambda(1-\lambda)a + [1-(1-\lambda)](1-\lambda)b \\ &= \lambda a - \lambda^2 a + (1-\lambda)b - (1-\lambda)^2 b \end{aligned}$$

Nach Umordnen von Termen ist dies äquivalent zu

$$\lambda^2 a + 2\lambda(1-\lambda)\sqrt{ab} + (1-\lambda)^2 b \leq \lambda a + (1-\lambda)b$$

Dies kann umgeschrieben werden als

$$(\lambda\sqrt{a} + (1-\lambda)\sqrt{b})^2 \leq \lambda a + (1-\lambda)b$$

Da die Wurzelfunktion $f(x) = \sqrt{x}$ monoton wachsend in x ist, erhalten wir

$$\lambda\sqrt{a} + (1-\lambda)\sqrt{b} \leq \sqrt{\lambda a + (1-\lambda)b}$$

Für beliebige a, b und λ reduziert sich dies zu der Ungleichung (8.2.1), die besagt, dass die Funktion $f(x) = \sqrt{x}$ konkav ist.

(ii) Um zu zeigen, dass g konvex ist, betrachten Sie, bei gegebenen a, b und λ in $[0,1]$, die Differenz zwischen den zwei Seiten der Ungleichung (8.2.2). Für die Funktion $g(x) = x^2$ ist dies

$$\begin{aligned} &g(\lambda a + (1-\lambda)b) - (\lambda g(a) + (1-\lambda)g(b)) \\ &= (\lambda a + (1-\lambda)b)^2 - \lambda a^2 - (1-\lambda)b^2 \\ &= \lambda^2 a^2 + 2\lambda(1-\lambda)ab + (1-\lambda)^2 b^2 - \lambda a^2 - (1-\lambda)b^2 \\ &= \lambda(\lambda-1)a^2 + 2\lambda(1-\lambda)ab + (1-\lambda)(1-\lambda-1)b^2 \\ &= \lambda(\lambda-1)(a^2 - 2ab + b^2) = \lambda(\lambda-1)(a-b)^2 \end{aligned} \tag{$**$}$$

Für alle λ in $[0,1]$ haben wir $\lambda(\lambda-1) \leq 0$, so dass der finale Ausdruck in $(**) \leq 0$ ist. Nach (8.2.2) beweist dies, dass g konvex ist.

(iii) Um zu sehen, dass h sowohl konkav als auch konvex ist, bemerken Sie einfach, dass

$$\lambda h(x) + (1-\lambda)h(y) = \lambda(ax+b) + (1-\lambda)(ay+b) = h(\lambda x + (1-\lambda)y)$$

Diese Gleichung impliziert, dass $h(x)$ die Ungleichung (8.2.1) erfüllt, die nach der Definition der Konkavität verlangt wird, und auch die Ungleichung (8.2.2), die nach der Definition der Konvexität verlangt wird.

Dieses Beispiel erforderte eine Menge Arbeit, um die Konkavität oder Konvexität der zwei ersten relativ einfachen Funktionen zu verifizieren. In der Tat: Ein schneller Blick auf ihre Graphen in Abb. 4.3.6 und 4.3.8 lässt das Resultat als ziemlich offensichtlich erscheinen. Glücklicherweise werden wir unten sehen, dass es statt Nutzung der direkten Definitionen (8.2.1) und (8.2.2) einfachere Möglichkeiten, basierend auf Ableitungen, gibt, um die Konkavität und/oder Konvexität einer Funktion zu bestimmen. Es gibt auch die in Beispiel 8.2.5 gezeigte Möglichkeit.

Für den Moment ist es wichtig, zu bemerken, dass die *einzigen* Funktionen, die *sowohl* konkav *als auch* konvex sind, die linearen Funktionen sind, die in Kap. 4.4 eingeführt wurden. Jetzt führen wir strengere Versionen der Konkavität und Konvexität ein, die keine Funktion gleichzeitig erfüllen kann.

Nehmen Sie in den Ungleichungen (8.2.1) und (8.2.2) an, dass wir uns auf den nichttrivialen Fall beschränken, in dem $a \neq b$ und $0 < \lambda < 1$, was genau dann gilt, wenn $\lambda a + (1 - \lambda)b \notin \{a, b\}$. Dann ist eine Funktion f

1. *strikt konkav*, wenn Gleichung (8.2.1) immer mit strikter Ungleichheit erfüllt ist;
2. *strikt konvex* wenn Gleichung (8.2.2) immer mit strikter Ungleichheit erfüllt ist.

Beispiel 8.2.4

Nehmen Sie im Fall von Beispiel 2 an, dass $C > c$ und dass die Funktion u strikt konkav ist. Dann können wir unsere Schlussfolgerung verstärken und sagen, dass die Person den Konsumplan $(\bar{c}, \bar{c})$ *strikt bevorzugt*, den Konsumplan, der ihr denselben Konsum in der Gegenwart wie in der Zukunft bietet. Dies kommt so: Die schwache Ungleichung (8.2.3) führt zu der strikten Ungleichung

$$u(\bar{c}) + u(\bar{c}) = 2u\left(\frac{1}{2}(C + c)\right) > 2\left[\frac{1}{2}u(C) + \frac{1}{2}u(c)\right] = u(C) + u(c) \tag{8.2.4}$$

Dieses Resultat ist wichtig in der Makroökonomie, wo es bekannt ist als *Konsumglättung*. Es ist eine fundamentale Implikation der strikten Konkavität der momentanen Nutzenfunktion. Es ist wichtig zu bemerken, dass es nicht unsere Vereinfachungsannahme $\beta = 1$ verlangt. In der Tat: Nehmen Sie an, dass wir für einen gegebenen Konsumplan (c_1, c_2) mit $c_1 \neq c_2$ den folgenden speziellen gewichteten Durchschnitt definieren:

$$\bar{c} = \frac{1}{1+\beta}c_1 + \frac{\beta}{1+\beta}c_2$$

Dann impliziert die strikte Konkavität von u, dass

$$u(\bar{c}) + \beta u(\bar{c}) = (1+\beta)u(\bar{c}) > (1+\beta)\left[\frac{1}{1+\beta}u(c_1) + \frac{\beta}{1+\beta}u(c_2)\right] = u(c_1) + \beta u(c_2)$$

Charakterisierung durch Steigungen

Fassen wir zusammen:

Konkave und konvexe Funktionen

Eine Funktion f, definiert auf einem Intervall I ist

(i) *konkav*, wenn für alle a und b in I und für alle λ in $[0, 1]$ gilt

$$f(\lambda a + (1 - \lambda)b) \geq \lambda f(a) + (1 - \lambda)f(b) \tag{8.2.1}$$

Wenn die Ungleichung strikt ist, wenn $a \neq b$ und $0 < \lambda < 1$, dann ist f *strikt konkav*.

(ii) *konvex*, wenn für alle a und b in I und für alle λ in $[0, 1]$ gilt

$$f(\lambda a + (1 - \lambda)b) \leq \lambda f(a) + (1 - \lambda)f(b)) \tag{8.2.2}$$

Wenn die Ungleichung strikt ist, wenn $a \neq b$ und $0 < \lambda < 1$, dann ist f *strikt konvex*.

In Kap. 6.2, insbesondere in den Abb. 6.2.1 und 6.2.2 führten wir die Notation der Sekante ein als eine Gerade, die durch zwei verschiedene Punkte des Graphen einer Funktion verläuft. In (6.2.1) definierten wir den Newton-Quotienten als Steigung solch einer Sekante. Solche Steigungen können genutzt werden für eine alternative Charakterisierung konkaver und konvexer Funktionen. Gegeben seien eine Funktion f, definiert auf einem Intervall I, sowie zwei verschiedene Punkte $(a, f(a))$ und $(b, f(b))$ auf ihrem Graphen mit $a \neq b$. Es bezeichne $s(a, b)$ die *Steigung* der Sekante, die diese zwei Punkte verbindet, definiert durch

$$s(a, b) = \frac{f(a) - f(b)}{a - b} \tag{8.2.5}$$

Beachten Sie, dass diese Definition offensichtlich impliziert, dass $s(a, b) = s(b, a)$, so dass es keine Rolle spielt, wer von dem Paar $\{a, b\}$ kleiner ist als der andere.

Betrachten Sie jetzt die konkave Funktion, deren Graph, wie in Fig. 8.2.1 gezeigt, sich nach unten bewegt, wenn man sich nach rechts bewegt. Offensichtlich gibt es eine Sekante, die jedes verschiedene Paar von Punkten verbindet in der Menge $\{(a, f(a)), (\bar{x}, f(\bar{x})), (b, f(b))\}$. Weil der Graph sich nach unten krümmt, erfüllen diese drei Steigungen (positiv oder negativ) offensichtlich die Gleichung

$$s(a, \bar{x}) > s(a, b) > s(\bar{x}, b) \tag{8.2.6}$$

Andererseits: Für die konvexe Funktion, deren Graph in Abb. 8.2.2 gezeigt wird, der sich nach oben krümmt, wenn man sich nach rechts bewegt, gilt für die entsprechenden drei Steigungen

$$s(c, \bar{x}) < s(c, d) < s(\bar{x}, d) \tag{8.2.7}$$

Ungleichungen wie diese bieten eine Charakterisierung von konkaven oder konvexen Funktionen.

Theorem 8.2.1 (Steigungs-Charakterisierung)

Eine Funktion $f(x)$, definiert auf einem Intervall I ist:

(i) konkav genau dann, wenn für jedes feste a in I die Steigung $s(a,x)$ monoton fallend ist in x;

(ii) strikt konkav genau dann, wenn für jedes feste a in I die Steigung $s(a,x)$ strikt monoton fallend ist in x;

(iii) konvex genau dann, wenn für jedes feste a in I die Steigung $s(a,x)$ monoton wachsend ist in x;

(iv) strikt konvex genau dann, wenn für jedes feste a in I die Steigung $s(a,x)$ strikt monoton wachsend ist in x.

Beweis: Betrachten Sie drei Punkte a, x, y aus dem Intervall I, für die entweder $a < y < x$ oder $a > y > x$ gilt. Definieren Sie jetzt $\lambda = (y-a)/(x-a)$. Dann ist $\lambda \in (0,1)$ und $y = \lambda x + (1-\lambda)a$. Nach Definition von s gilt

$$s(a,y) - s(a,x) = \frac{f(y)-f(a)}{y-a} - \frac{f(x)-f(a)}{x-a} = \frac{f(y)-f(a)}{\lambda(x-a)} - \frac{\lambda[f(x)-f(a)]}{\lambda(x-a)}$$

und somit

$$s(a,y) - s(a,x) = \frac{f(y) - [\lambda f(x) + (1-\lambda)f(a)]}{\lambda(x-a)} \qquad (*)$$

Falls $x > a$, folgt, da $\lambda > 0$, aus Gleichung $(*)$, dass der Ausdruck $f(y) - [\lambda f(x) + (1-\lambda)f(a)]$ dasselbe Vorzeichen hat wie $s(a,y) - s(a,x)$, während er im Fall $x < a$ das entgegengesetzte Vorzeichen hat.

Um (i) zu beweisen, betrachten Sie ein Tripel a, x, y von Stellen mit $a < y < x$ und $y = \lambda x + (1-\lambda)a$, wobei $\lambda \in (0,1)$. Wenn dann $s(a,x)$ monoton fallend ist in x, hat man $s(a,y) - s(a,x) \geq 0$, so dass aus $(*)$ folgt, dass $f(y) - [\lambda f(x) + (1-\lambda)]f(a) \geq 0$. Dies impliziert, dass f konkav ist.

Umgekehrt, wenn f konkav ist, hat man $f(y) - [\lambda f(x) + (1-\lambda)]f(a) \geq 0$ und so folgt nach $(*)$, im Fall $a < y < x$, dass $s(a,y) - s(a,x) \geq 0$. Alternativ: Im Fall $a > y > x$ zeigt dasselbe Argument, dass $s(a,y) - s(a,x) \leq 0$. In jedem Fall ist die Steigung $s(a,x)$ monoton fallend in x.

Um (ii) zu beweisen, ersetzen Sie jede schwache Ungleichung ≥ 0 oder ≤ 0 im obigen Beweis von (i) durch das entsprechende strikte Ungleichheitszeichen.

Um (iii) und (iv) zu beweisen, ersetzen Sie einfach f durch $-f$ und nutzen Sie Teil (i) oder (ii), wie jeweils passend. ■

Theorem 8.2.1 ermöglicht, dass die Resultate in Beispiel 8.2.3 viel einfacher hergeleitet werden können.

Beispiel 8.2.5

Zeigen Sie mit Hilfe von Theorem 8.2.1, dass (i) die Funktion $f(x) = \sqrt{x}$ strikt konkav ist auf dem Intervall $[0, \infty)$; (ii) die Funktion $g(x) = x^2$ strikt konvex ist auf der reellen Zahlengeraden $(-\infty, \infty)$; (iii) die lineare Funktion $h(x) = ax + b$ sowohl konkav als auch konvex ist auf $(-\infty, \infty)$.

Lösung:

(i) Für jedes feste $a \geq 0$ und jedes $x \neq a$ mit $x \geq 0$ gilt für die Steigung

$$s(a, x) = \frac{\sqrt{x} - \sqrt{a}}{x - a} = \frac{1}{\sqrt{x} + \sqrt{a}}$$

Dies ist offensichtlich strikt monoton fallend in x, so dass f strikt konkav ist.

(ii) Hier erfüllt die Steigung für jedes feste a und jedes $x \neq a$ die Gleichung

$$s(a, x) = \frac{x^2 - a^2}{x - a} = x + a$$

Dies ist offensichtlich strikt monoton wachsend in x, so dass g strikt konvex ist.

(iii) Für jedes feste y und jedes $x \neq y$ gilt in diesem Fall für die Steigung

$$s(y, x) = \frac{(ax + b) - (ay + b)}{x - y} = a$$

Da die Steigung konstant ist, ist sie sowohl monoton wachsend als auch monoton fallend in x, so dass h konkav und konvex ist.

Aufgaben für Kap. 8.2

1. Betrachten Sie die Funktion, deren Graph in Abb. 8.2.9 dargestellt ist. Ist die Funktion konkav, strikt konkav, konvex oder strikt konvex?

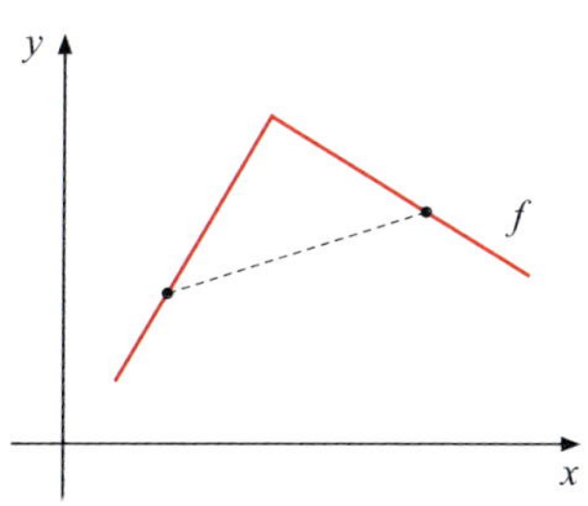

Abbildung 8.2.9: Aufgabe 1

2. Zeigen Sie:
   (a) Eine strikt konkave Funktion ist konkav.
   (b) Eine Funktion kann beides konkav und konvex sein.
   (c) Eine Funktion kann konkav und nicht strikt konkav sein.
   (d) Eine strikt konkave Funktion kann nicht konvex sein.

3. Entscheiden Sie für jede der zwei Funktionen, deren Graphen in den Abb. 8.2.7 und 8.2.8 dargestellt sind, ob sie konkav, strikt konkav, konvex oder strikt konvex sind.

4. Nehmen Sie an, dass ein Unternehmen, wie das in Beispiel 5.2.1 Kosten für die Produktion von $Q \geq 0$ Einheiten ihres Produkts hat, gegeben durch die strikt konvexe Funktion $c(Q)$, wobei $c(0) = 0$. Nehmen Sie auch an, dass das Unternehmen die Möglichkeit hat, einen zweiten Betrieb zu eröffnen mit derselben Kostenfunktion und dann einen Teil seiner Produktion in dem Betrieb herzustellen. Sollte es das tun?

➡ Fortsetzung

5. Nutzen Sie Theorem 8.2.1, um zu zeigen, dass die US-Bundeseinkommenssteuer-Funktion, die in Beispiel 5.4.4 eingeführt wurde, konvex, aber nicht strikt konvex ist.

Anspruchsvollere Aufgaben

6. Beweisen Sie: Wenn die Funktion f monoton wachsend und strikt konkav ist auf dem Intervall I, dann muss sie strikt monoton wachsend sein auf I. (*Hinweis:* Wenn f monoton wachsend, aber nicht strikt monoton wachsend ist, dann muss es ein Intervall geben, auf dem es konstant ist.)

7. Betrachten Sie für jedes $n = 2, 3, \ldots$ die Potenzfunktion, die für alle reellen x durch $f(x) = x^n$ definiert ist. Nutzen Sie Theorem 8.2.1, um zu zeigen, dass:
   (a) Wenn $n = 2$, ist die Funktion x^2 strikt konvex über $(-\infty, \infty)$;
   (b) Für jedes $n = 2, 3, \ldots$ ist die Funktion x^n strikt konvex über $[0, \infty)$;
   (c) Wenn n gerade ist, ist die Funktion x^n strikt konvex über $(-\infty, 0]$;[3]
   (d) Wenn n ungerade ist, ist die Funktion x^n strikt konkav auf $(-\infty, 0]$.

   (*Hinweis:* Für (c) und (d) betrachten Sie die Relation zwischen den Steigungen $s(-a, -x)$ und $s(a, x)$.)

8. Sei f eine Funktion, definiert auf einem Intervall I, die die Definition der Stetigkeit aus Kap. 7.8 erfüllt. Eine hinreichende Bedingung, dass f konkav ist, ist, dass es *mittelpunktkonkav* ist,[4] was verlangt, dass für alle Stellen a und b von I gilt

$$f\left(\frac{1}{2}a + \frac{1}{2}b\right) \geq \frac{1}{2}f(a) + \frac{1}{2}f(b)$$

   Analog ist f *mittelpunktkonvex*, wenn die umgekehrte Ungleichung gilt. Nutzen Sie die Regeln der Exponential- und Logarithmusfunktionen, um zu zeigen, dass $f(x) = \ln x$ mittelpunktkonkav und $g(x) = e^x$ mittelpunktkonvex ist, was impliziert, dass $\ln x$ konkav ist, während e^x konvex ist.

9. Sei f eine konkave Funktion auf einem Intervall I. Zeigen Sie: Für jede natürliche Zahl n, alle Mengen $x_1, x_2, \ldots, x_n$ von n Punkten in I und alle Mengen $\lambda_1, \lambda_2, \ldots, \lambda_n$ von n positiven Zahlen mit $\sum_{i=1}^{n} \lambda_i = 1$ gilt:

$$f\left(\sum_{i=1}^{n} \lambda_i x_i\right) \geq \sum_{i=1}^{n} \lambda_i f(x_i)$$

   (*Hinweis:* Erinnern Sie sich an das Prinzip der mathematischen Induktion.)

► Lösungen zu den Aufgaben finden Sie im Anhang des Buches.

3 Aufgabe 8.3.6 fordert Sie auf, zu zeigen, dass sie strikt konvex ist auf der ganzen reellen Zahlengeraden.

4 Die Bedingung hat ihren Namen von der Tatsache, dass $\frac{1}{2}a + \frac{1}{2}b$ der Mittelpunkt des Intervalls auf der Zahlengeraden mit den Endpunkten a und b ist, und $(\frac{1}{2}a + \frac{1}{2}b, \frac{1}{2}f(a) + \frac{1}{2}f(b))$ ist der Mittelpunkt des Streckenabschnitts, der die zwei Punkte $(a, f(a))$ und $(b, f(b))$ auf dem Graphen der Funktion f verbindet.

8.3 Allgemeine Eigenschaften

Dieser Abschnitt präsentiert einige interessante Eigenschaften konkaver und konvexer Funktionen. Unser erstes Resultat über Vielfache konkaver und konvexer Funktionen ist unmittelbar einsichtig.

Anmerkung: Wenn f (strikt) konkav und a eine Konstante ist, dann ist af (strikt) konkav, wenn $a > 0$, und (strikt) konvex, wenn $a < 0$. Analog: Für eine (strikt) konvexe Funktion g ist die Funktion ag (strikt) konvex, wenn $a > 0$ und (strikt) konkav, wenn $a < 0$.

Summen konkaver Funktionen

Nehmen Sie an, dass f und g konkave Funktionen auf dem Intervall I sind und dass $h(x) = f(x) + g(x)$. Dann erhält man für jedes Paar von Stellen a und b in I und jede Zahl λ in $[0, 1]$:

$$h(\lambda a + (1-\lambda)b) = f(\lambda a + (1-\lambda)b) + g(\lambda a + (1-\lambda)b)$$

Da beide, f und g, konkav sind, folgt;

$$f(\lambda a + (1-\lambda)b) \geq \lambda f(a) + (1-\lambda)f(b) \quad \text{und} \quad g(\lambda a + (1-\lambda)b) \geq \lambda g(a) + (1-\lambda)g(b)$$

Dies impliziert

$$\begin{aligned} h(\lambda a + (1-\lambda)b) &\geq \lambda f(a) + (1-\lambda)f(b) + \lambda g(a) + (1-\lambda)g(b) \\ &= \lambda[f(a) + g(a)] + (1-\lambda)[f(b) + g(b)] \\ &= \lambda h(a) + (1-\lambda)h(b) \end{aligned}$$

und zeigt damit, dass h auch konkav ist. Beachten Sie auch sofort: Wenn zusätzlich wenigstens eine von f und g strikt konkav ist, dann ist es auch h. Ein analoges Argument zeigt, dass die Summe von zwei konvexen Funktionen immer konvex ist und strikt konvex, wenn wenigstens eine von den zweien strikt konvex ist.

Beispiel 8.3.1

Prüfen Sie die Konvexität/Konkavität der Funktion $f(x) = x^2 - 2x + 2$

Beweis: In Beispiel 8.2.3 haben wir gezeigt, dass x^2 und $-2x + 2$ beide konvexe Funktionen sind. Als Summe von zwei konvexen Funktionen ist f konvex.

Minima von konkaven Funktionen

Nehmen Sie wieder an, dass f und g konkave Funktionen sind auf einem Intervall I. Betrachten Sie die Funktion h, definiert auf I durch $h(x) = \min\{f(x), g(x)\}$. Das heißt: Für jedes x in I ist der Wert $h(x)$ der kleinere oder das Minimum der zwei Zahlen $f(x)$ und $g(x)$. Nun: Für jedes gegebene Paar von Stellen a und b in I und jede Zahl λ in $[0, 1]$ implizieren die Definition von h und die Konkavität von f und g zusammen, dass

$$f(\lambda a + (1-\lambda)b) \geq \lambda f(a) + (1-\lambda)f(b) \geq \lambda h(a) + (1-\lambda)h(b) \qquad (*)$$

$$\text{und} \quad g(\lambda a + (1-\lambda)b) \geq \lambda g(a) + (1-\lambda)g(b) \geq \lambda h(a) + (1-\lambda)h(b) \qquad (**)$$

Offensichtlich: Wenn irgend drei Zahlen u, v, w sowohl $u \geq w$ als auch $v \geq w$ erfüllen, dann gilt für ihr Minimum $\min\{u, v\} \geq w$. Also: Die zwei Ungleichungen $(*)$ und $(**)$ zusammen implizieren, dass

$$h(\lambda a + (1-\lambda)b) = \min\{f(\lambda a + (1-\lambda)b), g(\lambda a + (1-\lambda)b)\} \geq \lambda h(a) + (1-\lambda)h(b)$$

Dies beweist, dass h konkav ist auf dem Intervall I.

Andererseits: Wenn $h(x) = \max\{f(x), g(x)\}$, wobei f und g konvexe Funktionen sind, dann ist $-h(x) = \min\{-f(x), -g(x)\}$ das Minimum von zwei konkaven Funktionen, also konkav. Es folgt, dass h, welches das Maximum von zwei konvexen Funktionen ist, konvex ist.

In Aufgabe 4 sollen Sie diese Resultate erweitern und zeigen, dass das Minimum einer endlichen Anzahl von konkaven Funktionen konkav ist. Es folgt natürlich, dass das Maximum einer endlichen Anzahl konvexer Funktionen konvex ist.

Beispiel 8.3.2

Zeigen Sie, dass die Absolutbetragsfunktion $f(x) = |x|$ konvex ist.

Beweis: Beachten Sie, dass $|x| = \max\{x, -x\}$. Dies ist konvex, da es das Maximum der zwei konvexen Funktionen x und $-x$ ist.

Verkettung konkaver Funktionen

Wir nehmen weiter an, dass die Funktion f konkav ist auf dem Intervall I. Sei g eine monoton wachsende und konkave Funktion, definiert auf dem Wertebereich von f. In der Notation von Kap. 5.2 betrachten wir die verkettete Funktion $h(x) = g(f(x))$. Um zu sehen, ob h konkav ist, wählen Sie zwei verschiedene Punkte a und b im Intervall I sowie eine Zahl λ mit $0 < \lambda < 1$. Nun:

1. Weil f konkav ist, gilt $f(\lambda a + (1-\lambda)b) \geq \lambda f(a) + (1-\lambda)f(b)$.
2. Weil g monoton wachsend ist, gilt $g(f(\lambda a + (1-\lambda)b)) \geq g(\lambda f(a) + (1-\lambda)f(b))$.
3. Weil g konkav ist, gilt $g(\lambda f(a) + (1-\lambda)f(b)) \geq \lambda g(f(a)) + (1-\lambda)g(f(b))$.
4. Nach Definition von h gilt $h(\lambda a+(1-\lambda)b) = g(f(\lambda a+(1-\lambda)b))$ sowie $g(f(a)) = h(a)$ und $g(f(b)) = h(b)$. Deshalb ist auch die Funktion h konkav, weil die Ungleichungen in den Schritten 2 und 3 zusammen implizieren, dass

$$h(\lambda a + (1-\lambda)b) \geq \lambda h(a) + (1-\lambda)h(b)$$

Beachten Sie, dass der Beweis verlangt, dass die externe Funktion g nicht nur konkav ist, sondern auch monoton wachsend. Wenn f strikt konkav ist und g beides, strikt monoton wachsend und konkav, kann man die zwei schwachen Ungleichungen in den Schritten 1 und 2 des obigen Arguments durch strikte Ungleichungen ersetzen. Dann hat man, auch wenn die Ungleichung in Schritt 3 schwach ist, immer noch eine strikte Ungleichung im letzten Schritt 4. Dieses modifizierte Argument beweist, dass die verkettete Funktion h auch strikt konkav ist.

Das analoge Resultat gilt für konvexe Funktionen: Wenn f (strikt) konvex und g (strikt) monoton wachsend und konvex ist, dann ist h (strikt) konvex.

Beispiel 8.3.3

Prüfen Sie die Konvexität/Konkavität der Funktion $f(x) = ax^2 + bx + c$.

Lösung: Ob diese Funktion konkav oder konvex ist, hängt vom Vorzeichen der Zahl a ab. Wenn $a = 0$, wissen wir aus Beispiel 8.2.3, dass f beides, konkav und konvex ist.

Betrachten Sie als Nächstes den Fall $a > 0$. Nach Beispiel 8.2.3 wissen wir, dass x^2 konvex ist. Und so folgt aus der Bemerkung am Anfang von Kap. 8.3, dass ax^2 konvex ist. Da $bx + c$ auch konvex ist, folgt, dass $f(x) = g(x^2) + bx + c$ konvex ist.

Nehmen Sie schließlich an, dass $a < 0$. Dann ist ax^2 konkav, und da $bx + c$ auch konkav ist, folgt, dass auch $f(x)$ konkav ist.

Inverse von konkaven Funktionen

Für die letzte allgemeine Eigenschaft von konkaven oder konvexen Funktionen betrachten wir die Inverse $g = f^{-1}$ einer Funktion f, die *monoton wachsend und konkav* ist. Weil f konkav ist und $g = f^{-1}$, gilt für alle Stellen a und b und jede Zahl λ in $[0, 1]$:

$$f(\lambda g(a) + (1-\lambda)g(b)) \geq \lambda f(g(a)) + (1-\lambda)f(g(b)) = \lambda a + (1-\lambda)b \qquad (*)$$

Da f monoton wachsend, ist es auch g, wie in Theorem 7.3.1 gezeigt wurde. Daher gilt:

$$g(f(\lambda g(a) + (1-\lambda)g(b))) \geq g(\lambda a + (1-\lambda)b) \qquad (**)$$

Weil $g = f^{-1}$, folgt

$$\lambda g(a) + (1-\lambda)g(b) \geq g(\lambda a + (1-\lambda)b)$$

Somit ist g *konvex*. Dies ist illustriert in Abb. 7.3.1. Mit dem Risiko der Wiederholung: *Die Inverse einer monoton wachsenden und konkaven Funktion ist monoton wachsend, aber konvex.*

Beispiel 8.3.4

In Aufgabe 8.2.8 sollen Sie zeigen, dass die Logarithmusfunktion $\ln x$ konkav ist und die Exponentialfunktion e^x konvex ist. Beachten Sie, dass nur eins der zwei Argumente wirklich notwendig war. Da sie invers zu einander sind und beide monoton wachsend sind, impliziert die Konkavität von $\ln x$ die Konvexität von e^x und umgekehrt.

Nehmen Sie andererseits an, dass f *monoton fallend und konkav* ist mit der Inversen $g = f^{-1}$. Die Konkavität von f impliziert wieder $(*)$. Weil f monoton fallend ist, ist es auch g, was die Ungleichung in $(**)$ umdreht. Also:

$$g(f(\lambda g(a) + (1-\lambda)g(b))) \leq g(\lambda a + (1-\lambda)b)$$

Weil $g = f^{-1}$, folgt:

$$\lambda g(a) + (1 - \lambda)g(b) \leq g(\lambda a + (1 - \lambda)b)$$

Also: g ist auch *konkav*. Das heißt: *Die Inverse einer monoton fallenden und konkaven Funktion ist monoton fallend und auch konkav.*

Für konvexe Funktion gelten wie zuvor ähnliche Resultate. Wenn die Funktion monoton wachsend und konvex ist, ist ihre Inverse auch monoton wachsend, aber konkav. Wenn sie jedoch monoton fallend und konvex ist, ist die Inverse beides, monoton fallend und konvex.

Aufgaben für Kap. 8.3

1. Zeigen Sie: Wenn f strikt konkav ist und g konkav ist, dann ist $f + g$ strikt konkav.
2. Nutzen Sie die Tatsache, dass $\sqrt{x}$ konkav ist, um zu beweisen, dass für $x \geq 0$ und $a \geq 0$ die Funktion $f(x) = ax^2 + b$ konvex ist.
3. In Kap. 8.3 zeigten wir, dass die verkettete Funktion $g \circ f$ konkav ist, wenn f und g beide konkav sind und g momoton wachsend. Wir haben auch gezeigt, dass $g \circ f$ strikt konkav ist, wenn f strikt konkav ist und g strikt monoton wachsend. Zeigen Sie, dass diese beiden Eigenschaften strikt gelten müssen: Geben Sie insbesondere zwei Beispiele, wo jeweils eine Eigenschaft nur schwach gilt und obwohl die andere Eigenschaft strikt gilt, ist die verkettete Funktion $g \circ f$ nur (schwach) konkav.
4. Sei I ein Intervall auf der reellen Zahlenachse. Für jedes $i = 1, 2, \ldots, n$ sei die auf I definierte Funktion $f_i(x)$ konkav. Zeigen Sie durch Induktion über n, dass die Funktion $f^*(x)$, definiert auf I durch $f^*(x) = \min\{f_i(x) : i = 1, 2, \ldots, n\}$ konkav ist.
5. Betrachten Sie die zwei Funktionen $f(x) = -|x-1|$ und $g(x) = |x+1|$, beide definiert auf $(-\infty, \infty)$.
   (a) Zeigen Sie, dass f konkav ist und dass g konvex ist auf $(-\infty, \infty)$.
   (b) Für welche Werte von a und b ist die auf dem Intervall (a, b) definierte Funktion $f + g$ (i) konkav; (ii) konvex; (iii) sowohl konkav als auch konvex; (iv) weder konkav noch konvex? (Fall (iv) zeigt: Wenn f konkav ist und g konvex ist, muss die Funktion $f + g$ weder konkav noch konvex sein.)
6. Betrachten Sie wieder für jedes $n = 2, 3, \ldots$ die Potenzfunktion, definiert für alle x durch $f(x) = x^n$. Nutzen Sie die Resultate aus Aufgabe 8.2.7 und die für die Verkettung von konvexen Funktionen, um zu zeigen: Wenn n gerade ist mit $n = 2m \geq 4$, dann ist $x^n = (x^2)^m$ strikt konvex über ganz $(-\infty, \infty)$.

► Lösungen zu den Aufgaben finden Sie im Anhang des Buches.

8.4 Tests der ersten Ableitung

Abbildung 8.4.1 reproduziert Abb. 7.4.1, die den Graphen der linearen Approximation $y = f(x_0) + f'(x_0)(x - x_0)$ an die differenzierbare Funktion f um die Stelle x_0 illustriert. Dieser Graph ist natürlich die Tangente an der Stelle x_0 an den Graphen der Funktion f. Weil die Funktion f zufällig konkav ist, liegt diese Tangente vollständig oberhalb des Graphen der Funktion. Aus diesem Grund, ist ihre Steigung, die gleich der Ableiung $f'(x_0)$ an der Stelle x_0 ist, als ein *Supergradient* bekannt.

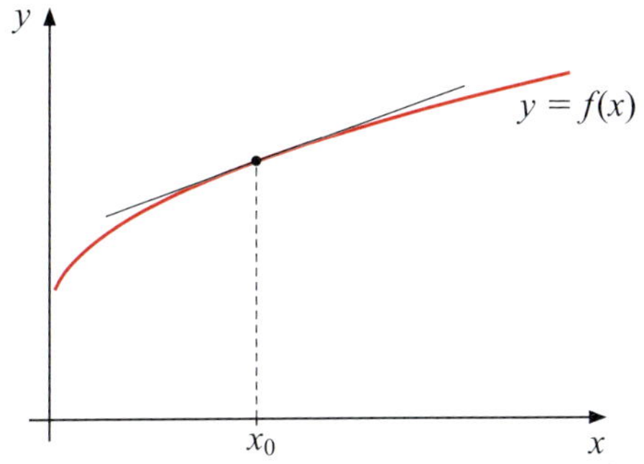

Abbildung 8.4.1: Supergradient einer konkaven Funktion

Wenn eine Funktion konvex statt konkav ist, wird die Tangente in einem Punkt vollständig unterhalb des Graphen liegen. In diesem Fall ist die Ableitung $f'(x_0)$ an der Stelle x_0 als ein *Subgradient* bekannt.

Dies motiviert die folgenden Definitionen:

Supergradienten und Subgradienten

Sei $f(x)$ eine Funktion, definiert auf einem Intervall I, und x_0 eine Stelle in I. Die reelle Zahl p ist

(i) ein *Supergradient* von f an der Stelle $x = x_0$,
wenn $f(x) \leq f(x_0) + p(x - x_0)$ für alle x in I. (8.4.1)

(ii) ein *Subgradient* von f an der Stelle $x = x_0$,
wenn $f(x) \geq f(x_0) + p(x - x_0)$ für alle x in I. (8.4.2)

Theorem 8.4.1 (Notwendige Bedingungen für Konkavität und Konvexität)

Die Funktion f sei definiert auf einem Intervall I und differenzierbar an einer inneren Stelle x_0 von I. Dann gilt:

(i) Wenn f konkav ist, dann ist $f'(x_0)$ ein Supergradient an der Stelle x_0.

(ii) Wenn f konvex ist, dann ist $f'(x_0)$ ein Subgradient an der Stelle x_0.

Beweis: Im Fall $x > x_0$ betrachten Sie ein $\Delta x > 0$, so dass $x_0 + \Delta x < x$. Weil f konkav ist, folgt nach Theorem 8.2.1, dass die Steigung $s(x_0, x) = [f(x) - f(x_0)]/(x - x_0)$ monoton fallend ist in x. Es folgt, dass $s(x_0, x_0 + \Delta x) \geq s(x_0, x)$ und damit

$$\frac{f(x_0 + \Delta x) - f(x_0)}{\Delta x} \geq \frac{f(x) - f(x_0)}{x - x_0}$$

Wenn wir die Grenzwerte für $\Delta x \to 0^+$ bilden, impliziert die Definition der Ableitung

$$f'(x_0) = \lim_{\Delta x \to 0^+} \frac{f(x_0 + \Delta x) - f(x_0)}{\Delta x} \geq \frac{f(x) - f(x_0)}{x - x_0}$$

Weil $x - x_0 > 0$, folgt, dass $f(x) - f(x_0) \leq f'(x_0)(x - x_0)$.

Im Fall $x < x_0$, betrachten Sie ein $\Delta x < 0$, so dass $x_0 + \Delta x > x$. Mit einem ähnlichen Argument wie im Fall $x > x_0$ erhält man $s(x_0, x_0 + \Delta x) \leq s(x_0, x)$ und damit

$$f'(x_0) = \lim_{\Delta x \to 0^-} \frac{f(x_0 + \Delta x) - f(x_0)}{\Delta x} \leq \frac{f(x) - f(x_0)}{x - x_0}$$

Weil $x - x_0 < 0$, folgt, dass auch in diesem Fall $f(x) - f(x_0) \leq f'(x_0)(x - x_0)$.

Dies beendet den Beweis für den konkaven Fall. Der konvexe Fall kann in der gleichen Weise bewiesen werden. Jedoch ist es viel einfacher und schneller, zu sehen, dass die Subgradient-Eigenschaft (8.4.2) für die Funktion f äquivalent ist zu der Supergradient-Eigenschaft (8.4.1) der Funktion $-f$.

Erinnern Sie die Definitionen der links- und rechtsseitigen Ableitungen in Gleichung (7.9.4). Man kann den obigen Beweis erweitern, um zu zeigen: Wenn f eine konkave Funktion ist, definiert auf dem Intervall I und wenn x_0 ein innerer Punkt von I ist, dann gilt:

1. Die linksseitige Ableitung $f'(x_0^-)$ und die rechtsseitige Ableitung $f'(x_0^+)$ existieren, selbst dann, wenn $f'(x_0)$ nicht existiert.
2. Es gilt $f'(x_0^-) \geq f'(x_0^+)$ und jedes p in dem Intervall $[f'(x_0^+), f'(x_0^-)]$ ist ein Supergradient.

Merken Sie sich als eine Folgerung, dass eine konkave Funktion, definiert auf einem Intervall, wenigstens einen Supergradienten an jeder inneren Stelle des Intervalls hat.

Wie immer: Wenn diese Resultate gegeben sind, falls f konkav ist, so gibt es offensichtlich entsprechende Resultate, falls f konvex ist.

Supergradienten und Subgradienten bieten auch wichtige hinreichende Bedingungen für die Konkavität oder Konvexität einer Funktion.

Theorem 8.4.2 (Hinreichende Bedingungen für Konkavität und Konvexität)

Nehmen Sie an, dass die Funktion f definiert ist auf einem Intervall I. Dann ist f

(i) konkav, wenn es einen Supergradienten hat an jeder Stelle in I;

(ii) konvex, wenn es einen Subgradienten hat an jeder Stelle in I.

Hier ist ein einfacher Beweis für Fall (i); der Beweis für Fall (ii) ist ähnlich.

Beweis: Halten Sie a und b fest in I und λ in $[0, 1]$. Sei $c = \lambda a + (1 - \lambda)b$. Nehmen Sie an, dass f einen Supergradienten hat an der Stelle c, den wir mit p bezeichnen. Nun impliziert (8.4.1), dass

$$f(a) \leq f(c) + p(a - c) \qquad (*)$$

$$f(b) \leq f(c) + p(b - c) \qquad (**)$$

Multiplizieren Sie jetzt beide Seiten von $(*)$ mit λ und dann beide Seiten von $(**)$ mit $1 - \lambda$. Beide Ungleichungen bleiben erhalten, weil beide Multiplikatoren nichtnegativ sind. Addieren der zwei resultierenden Ungleichungen und anschließendes Umordnen ergibt

$$\lambda f(a) + (1 - \lambda)f(b) \leq [\lambda + (1 - \lambda)]f(c) + p[\lambda(a - c) + (1 - \lambda)(b - c)] = f(c)$$

Die letzte Gleichung gilt, weil die zwei Koeffizienten in den eckigen Klammern sich auf 1 bzw. 0 reduzieren. Dies gilt für alle a, b, c mit $c = \lambda a + (1 - \lambda)b$, so dass f konkav ist.

Die Kombination der Resultate aus Theorem 8.4.1 und Theorem 8.4.2 ergibt:

Charakterisierung von konkaven und konvexen Funktionen

Die Funktion f sei differenzierbar auf einem offenen Intervall I. Dann gilt:

(i) f ist konkav genau dann, wenn für alle x_0 und x in I gilt:

$$f(x) \leq f(x_0) + f'(x_0)(x - x_0) \qquad (8.4.3)$$

(ii) f ist konvex genau dann, wenn für alle x_0 und x in I gilt:

$$f(x) \geq f(x_0) + f'(x_0)(x - x_0) \qquad (8.4.4)$$

Bemerken Sie, dass wir von den Supergradienten- und Subgradientenungleichungen (8.4.3) und (8.4.4) als *Charakterisierungen* gesprochen haben. Dies ist eine Möglichkeit zu betonen, dass für eine differenzierbare Funktion die Eigenschaften logisch äquivalent zu Konkavität oder Konvexität sind, d. h. sie sind beides, notwendig und hinreichend. Die folgenden Beispiele zeigen, wie diese Charakterisierung durch Supergradienten oder Subgradienten genutzt werden kann, um direkt auf Konkavität oder Konvexität zu prüfen.

Beispiel 8.4.1

In Beispiel 8.2.3 haben wir gezeigt, dass $f(x) = \sqrt{x}$ konkav ist, dass $g(x) = x^2$ konvex ist und dass $h(x) = ax + b$ beides, konkav und konvex, ist. Nutzen Sie geeignete Supergradient- oder Subgradienteigenschaften, um diese Schlüsse zu bestätigen, basierend auf der Tatsache, dass diese Funktionen differenzierbar sind (mit Ausnahme von f, wenn $x \leq 0$).

Lösung: Erstens: Für $x > 0$ und $x_0 > 0$ ist die lineare Approximation an $f(x)$ um $x = x_0$:

$$f(x_0) + f'(x_0)(x - x_0) = \sqrt{x_0} + \frac{1}{2\sqrt{x_0}}(x - x_0) = \tfrac{1}{2}\left(\sqrt{x_0} + \sqrt{x^2/x_0}\right) \qquad (*)$$

Indem wir die Ungleichung $m_A \geq m_G$ aus Aufgabe 2.6.8 für die Zahlen $\sqrt{x_0}$ und $\sqrt{x^2/x_0}$ nutzen, erhalten wir

$$\tfrac{1}{2}\left(\sqrt{x_0} + \sqrt{x^2/x_0}\right) \geq \sqrt{\sqrt{x_0} \cdot \sqrt{x^2/x_0}} = \sqrt{x} = f(x) \qquad (**)$$

Die Gleichungen $(*)$ und $(**)$ zusammen bestätigen (8.4.3), welches die Ungleichung ist, damit $f'(x_0)$ ein Supergradient von f an der Stelle x_0 ist. Da dies für alle $x_0 > 0$ gilt, folgt, dass f konkav ist.

Beachten Sie für die Funktion g: Die lineare Approximation um $x = x_0$ ist:

$$g(x_0) + g'(x_0)(x - x_0) = x_0^2 + 2x_0(x - x_0) = 2x_0 x - x_0^2$$

Die Ungleichung $(x_0 - x)^2 \geq 0$ sagt uns, dass $x_0^2 + x^2 \geq 2x_0 x$, so dass

$$g(x) = x^2 \geq 2x_0 x - x_0^2 = g(x_0) + g'(x_0)(x - x_0)$$

Dies bestätigt die Subgradientenungleichung in (8.4.4), so dass g konvex ist.

Schließlich ist die Funktion h identisch mit ihrer linearen Approximation an irgendeiner Stelle. Somit sind beide schwachen Ungleichungen (8.4.3) und (8.4.4) unmittelbar mit Gleichheit erfüllt.

Beispiel 8.4.2

Nutzen Sie die Subgradientenungleichung in (8.4.4), um zu verifizieren, dass die Funktion $f(x) = x^2 - 2x + 2$ konvex ist.

Lösung: Die lineare Approximation um x_0 ist

$$f(x_0) + f'(x_0)(x - x_0) = x_0^2 - 2x_0 + 2 + (2x_0 - 2)(x - x_0) = -x_0^2 + 2x_0 x - 2x + 2$$

nach einiger Manipulation. Wieder ist $x_0^2 + x^2 \geq 2x_0 x$, so dass wir die Subgradientenungleichung haben:

$$f(x_0) + f'(x_0)(x - x_0) \leq x^2 - 2x + 2 = f(x)$$

8.5 Tests der zweiten Ableitung

Erinnern Sie aus Kap. 6.3, wie das Vorzeichen der ersten Ableitung bestimmt, ob eine Funktion monoton wachsend oder monoton fallend ist auf einem Intervall I. In der Tat: Wenn $f'(x) \geq 0$ (oder $f'(x) \leq 0$) auf I, dann ist f monoton wachsend (oder fallend) auf I, und umgekehrt. Die zweite Ableitung $f''(x)$ ist die Ableitung von $f'(x)$. Daher:

$$f''(x) \geq 0 \text{ auf } I \iff f' \text{ ist monoton wachsend auf } I \qquad (8.5.1)$$

$$f''(x) \leq 0 \text{ auf } I \iff f' \text{ ist monoton fallend auf } I \qquad (8.5.2)$$

Die Äquivalenz in (8.5.1) ist illustriert in Abb. 8.5.1. Die Steigung $f'(x)$ der Tangente an der Stelle x ist monoton wachsend, wenn x wächst. Andererseits ist die Steigung der Tangente an den Graphen in Abb. 8.5.2 monoton fallend, wenn x wächst.

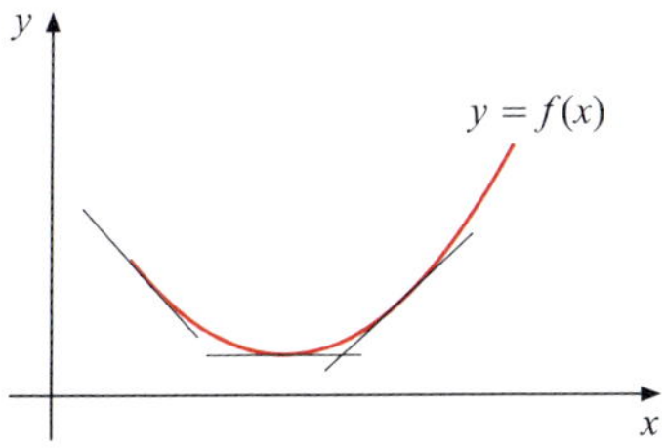

Abbildung 8.5.1: Die Steigung der Tangente wächst, wenn x wächst.

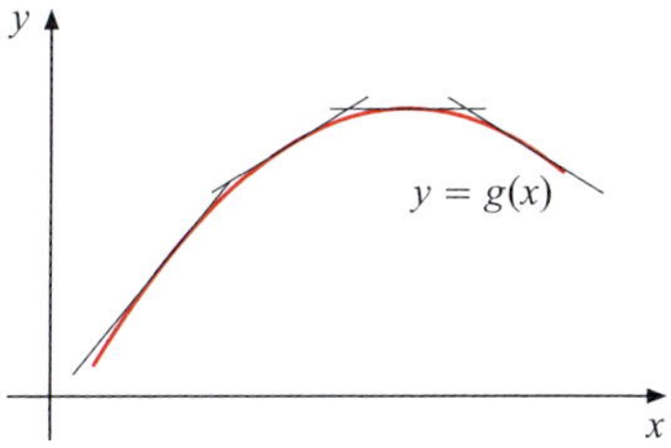

Abbildung 8.5.2: Die Steigung der Tangente fällt, wenn x wächst.

Um Ihnen in der Visualisierung zu helfen, stellen Sie sich vor, dass Sie mit einem Lineal an der Kurve entlang gleiten und es an jeder Stelle nach der Tangente an die Kurve ausrichten. Wenn das Lineal sich an der Kurve entlang bewegt von links nach rechts, dreht sich die Tangente gegen den Uhrzeiger in Abb. 8.5.1, aber mit dem Uhrzeiger in Abb. 8.5.2. Dies gibt uns die folgende Charakterisierung. Es involviert das Innere eines Intervalls, welches, wie sie erinnern sollten, das *offene* Intervall mit denselben Endpunkten ist.

Konkave und konvexe Funktionen

Sei f stetig auf dem Intervall I und zweimal differenzierbar im Inneren von I. Dann gilt:

$$f \text{ ist konkav auf } I \iff f''(x) \leq 0 \text{ für alle } x \text{ im Inneren von } I \qquad (8.5.3)$$

$$f \text{ ist konvex auf } I \iff f''(x) \geq 0 \text{ für alle } x \text{ im Inneren von } I \qquad (8.5.4)$$

Beispiel 8.5.1

Prüfen Sie die Konvexität/Konkavität der folgenden Funktionen:

(a) $f(x) = x^2 - 2x + 2$ (b) $f(x) = ax^2 + bx + c$

Lösung:

(a) Hier ist $f'(x) = 2x - 2$, so dass $f''(x) = 2$. Weil $f''(x) > 0$ für alle x, ist die Funktion f konvex, was bestätigt, was wir in Beispiel 8.4.2 gezeigt haben.

(b) Hier ist $f'(x) = 2ax + b$, so dass $f''(x) = 2a$. Wenn $a = 0$, dann ist f linear. In diesem Fall erfüllt die Funktion f sowohl (8.5.3) als auch (8.5.4), so dass sie sowohl konkav als auch konvex ist. Wenn $a > 0$, ist $f''(x) > 0$, so dass f konvex ist. Wenn $a < 0$, dann ist $f''(x) < 0$, so dass f konkav ist. Diese Schlüsse sind dieselben wie die in Beispiel 8.3.3.

Beispiel 8.5.2

Untersuchen Sie die Konkavität/Konvexität der Produktionsfunktion $Y = AK^a$, definiert für alle $K \geq 0$, wobei $A > 0$ und $a > 0$.

Lösung: Aus Beispiel 6.9.2 haben wir $Y'' = Aa(a-1)K^{a-2}$. Nun gibt es drei Fälle:

(i) Wenn $a \in (0, 1)$, dann ist der Koeffizient $Aa(a-1) < 0$, so dass $Y'' < 0$ für alle $K > 0$. Daher ist die Funktion konkav. Der Graph von $Y = AK^a$ für $0 < a < 1$ ist dargestellt in Abb. 8.5.3.

(ii) Wenn andererseits $a > 1$, dann ist $Y'' > 0$ und Y ist eine konvexe Funktion von K, wie in Abb. 8.5.4 dargestellt.

(iii) Wenn schließlich $a = 1$, dann ist Y linear und somit konkav und konvex.

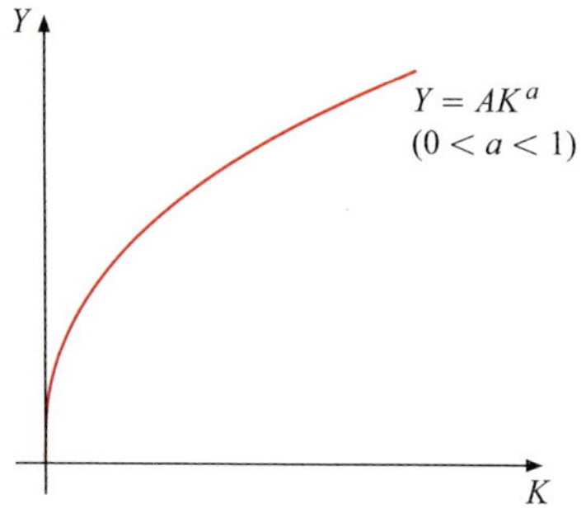

Abbildung 8.5.3: Konkave Produktionsfunktion

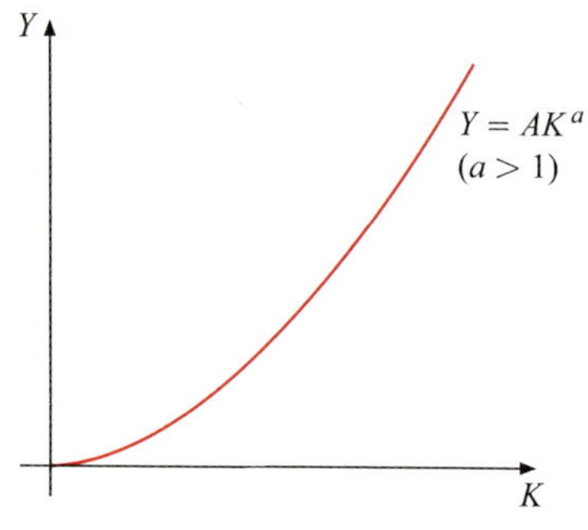

Abbildung 8.5.4: Konvexe Produktionsfunktion

Beispiel 8.5.3

Die Funktionen f und g seien beide zweimal differenzierbar. Nutzen Sie den Test der zweiten Ableitung (8.5.3), um zu zeigen: Wenn beide konkav sind, dann ist es auch ihre Summe.

Lösung: Sei $h(x) = f(x) + g(x)$. Zweifache Anwendung der Gleichung (6.7.1) ergibt $h''(x) = f''(x) + g''(x)$. Da f und g beide konkav sind, gilt $f''(x) \leq 0$ und $g''(x) \leq 0$ für alle x. Dies impliziert $h''(x) \leq 0$, so dass auch h konkav ist.

Beispiel 8.5.4

Die Funktionen U und g seien beide monoton wachsend und konkav mit $U' \geq 0$, $U'' \leq 0$, $g' \geq 0$ und $g'' \leq 0$. Nutzen Sie die Gleichungen (6.3.1) und (8.5.3), um zu bestätigen, dass die verkettete Funktion $f(x) = g(U(x))$ auch monoton wachsend und konkav ist.

Lösung: Anwendung der Kettenregel ergibt

$$f'(x) = g'(U(x)) \cdot U'(x) \tag{$*$}$$

Weil g' und U' beide ≥ 0 sind, ist $f'(x) \geq 0$. Daher ist die Funktion f monoton wachsend. In Worten: *Eine monoton wachsende Transformation einer monoton wachsenden Funktion ist monoton wachsend.*

Um $f''(x)$ zu bestimmen, müssen wir das Produkt auf der rechten Seite von $(*)$ nach x differenzieren. Nach der Kettenregel ist die Ableitung von $g'(U(x))$ gleich $g''(U(x)) \cdot U'(x)$. Also:

$$f''(x) = g''(U(x)) \cdot [U'(x)]^2 + g'(U(x)) \cdot U''(x) \tag{$**$}$$

Weil $g'' \leq 0$, $g' \geq 0$ und $U'' \leq 0$, folgt $f''(x) \leq 0$. Wieder in Worten: *Eine monoton wachsende konkave Transformation einer konkaven Funktion ist konkav.*

Die Tests der zweiten Ableitung in (8.5.3) und (8.5.4) sind sehr geschickt. Für den konkaven Fall beweisen wir jetzt (8.5.3). Für den konvexen Fall (8.5.4) betrachten Sie die konkave Funktion $-f$.

Beweis von (8.5.3): Zuerst zeigen wir, dass die Annahme $f''(x) \leq 0$ für alle x im Inneren des Intervalls I hinreichend ist, damit f konkav ist. In der Tat: Wählen Sie eine feste Stelle x_0 in I und beachten Sie: Wie in Kap. 7.6 gezeigt, impliziert die Taylor-Formel mit Restglied im Fall $n = 1$, dass man für jedes x in I eine Stelle z im Inneren von I finden kann, so dass

$$f(x) = f(x_0) + f'(x_0)(x - x_0) + \tfrac{1}{2}f''(z)(x - x_0)^2$$

Somit impliziert die Annahme $f''(z) \leq 0$ für alle z im Inneren von I die Supergradienteigenschaft $f(x) \leq f(x_0) + f'(x_0)(x - x_0)$ für alle x in I. Nach (8.4.3) ist dies hinreichend, damit f konkav ist.

Umgekehrt: Betrachten Sie eine feste Stelle x_0 im Definitionsbereich I sowie eine Zahl $\Delta x \neq 0$. Wenn f konkav ist, dann impliziert die Supergradienteigenschaft in Gleichung (8.4.3), dass

$$f(x_0 + \Delta x) \leq f(x_0) + f'(x_0)\Delta x \quad \text{und} \quad f(x_0) \leq f(x_0 + \Delta x) + f'(x_0 + \Delta x)(-\Delta x)$$

Addition dieser zwei Ungleichungen, anschließende Elimination der gemeinsamen Terme $f(x_0 + \Delta x) + f(x_0)$ ergibt:

$$0 \leq f'(x_0)\Delta x + f'(x_0 + \Delta x)(-\Delta x)$$

Division dieser Ungleichung durch die negative Zahl $-(\Delta x)^2$ führt zu:

$$\frac{f'(x_0 + \Delta x) - f'(x_0)}{\Delta x} \leq 0$$

Aber der Ausdruck auf der linken Seite ist der Newton-Quotient der Funktion f' an der Stelle x_0. Für $\Delta x \to 0$ bleibt diese schwache Ungleichung erhalten. Weil f zweimal differenzierbar ist an der Stelle x_0, ergibt dies $f''(x_0) \leq 0$. Damit ist der Beweis vollständig.

Zum Schluss geben wir einen entsprechenden Test der zweiten Ableitung für strikte Konkavität oder Konvexität an. Es ist wichtig zu bemerken, dass er nur teilweise gültig ist. Genauer: Die Bedingung ist hinreichend. Aber sie ist nicht notwendig. Aufgabe 4 fragt Sie nach einem Beispiel dafür.

Strikt konkave und konvexe Funktionen

Sei f stetig im Intervall I und zweimal differenzierbar im Inneren von I. Dann gilt:

$$f''(x) < 0 \text{ für alle } x \text{ im Inneren von } I \implies f \text{ ist strikt konkav auf } I \tag{8.5.5}$$

$$f''(x) > 0 \text{ für alle } x \text{ im Inneren von } I \implies f \text{ ist strikt konvex auf } I \tag{8.5.6}$$

Aufgaben für Kap. 8.5

1. Verifizieren Sie die Resultate in Aufgabe 8.2.8 betreffend die Konkavität/Konvexität der zwei Funktionen $\ln x$ (definiert für $x > 0$) und e^x (definiert für alle reellen x).
2. Betrachten Sie die Summe der zwei Funktionen $f(x) = -x^2$, welche strikt konkav ist auf $[0, \infty)$, und $g(x) = x^3$, welche strikt konvex ist auf $[0, \infty)$. Für welche Intervalle (a, b) mit $0 \leq a < b$ ist $f + g$ (a) konkav; (b) konvex; (c) weder konkav noch konvex? (Dies zeigt, dass die Summe einer konkaven und einer konvexen Funktion konkav, konvex oder keins von beiden sein kann.)
3. Die Funktionen $f(x)$ und $g(x)$ seien beide zweimal differenzierbar und konkav. Zeigen Sie: Wenn g monoton wachsend ist, dann ist die verkettete Funktion $h(x) = g(f(x))$ auch konkav.
4. Geben Sie ein Beispiel, um zu zeigen, dass $f''(x) < 0$ für alle x in (a, b) keine notwendige Bedingung dafür ist, dass die Funktion f strikt konkav ist auf (a, b).
5. Die Funktion f sei auf dem Intervall I zweimal differenzierbar und konkav mit $f' \neq 0$.
   (a) Nutzen Sie Theorem 7.3.1, um zu zeigen, dass die inverse Funktion $g(y) = f^{-1}(y)$ wohldefiniert und zweimal differenzierbar ist auf dem Wertebereich $f(I)$.
   (b) Nutzen Sie Gleichung (7.3.3), um zu zeigen, dass für jedes x in I die Vorzeichen von $f''(x)$ und $g''(f(x))$ gleich oder entgegengesetzt sind, je nachdem ob f monoton fallend oder wachsend ist.
   (c) *Anspruchsvollere Aufgabe* Falls $f'' \neq 0$ in ganz I, diskutieren Sie, wie die Resultate für Inverse in Kap. 8.3 verstärkt werden können für Funktionen, die strikt konkav oder strikt konvex sind.

► Lösungen zu den Aufgaben finden Sie im Anhang des Buches.

8.6 Wendestellen

Stellen, an denen eine Funktion aus einer konvexen in eine konkave Funktion übergeht oder *umgekehrt*, heißen *Wendestellen*. Für zweimal differenzierbare Funktionen ist hier eine Definition:

Wendestelle

Wenn die Funktion f zweimal differenzierbar ist, heißt die Stelle c eine *Wendestelle* für f, falls ein Intervall (a, b) um c herum existiert, so dass:

$$\begin{aligned} &\text{(a) } f''(x) \geq 0 \text{ in } (a, c) \text{ und } f''(x) \leq 0 \text{ in } (c, b)\,; \\ &\text{oder} \\ &\text{(b) } f''(x) \leq 0 \text{ in } (a, c) \text{ und } f''(x) \geq 0 \text{ in } (c, b)\,. \end{aligned} \tag{8.6.1}$$

Kurz gesagt: $x = c$ ist eine Wendestelle, wenn $f''(x)$ das *Vorzeichen wechselt* an der Stelle $x = c$.[5] Wir bezeichnen auch den Punkt $(c, f(c))$ als einen Wendepunkt auf dem Graphen. Abb. 8.6.1 zeigt ein Beispiel aus der Mathematik, während Abb. 8.6.2 ein Beispiel vom Wintersport zeigt: es zeigt ein (nicht ganz realistisches) Profil einer Sprungschanze. Der Punkt P, wo der Abhang am steilsten ist, ist ein Wendepunkt.

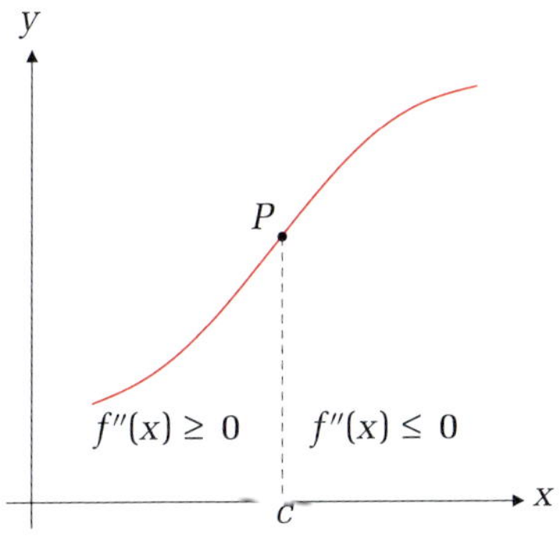

Abbildung 8.6.1: Der Punkt P ist ein Wendepunkt des Graphen; x = c ist eine Wendestelle für die Funktion.

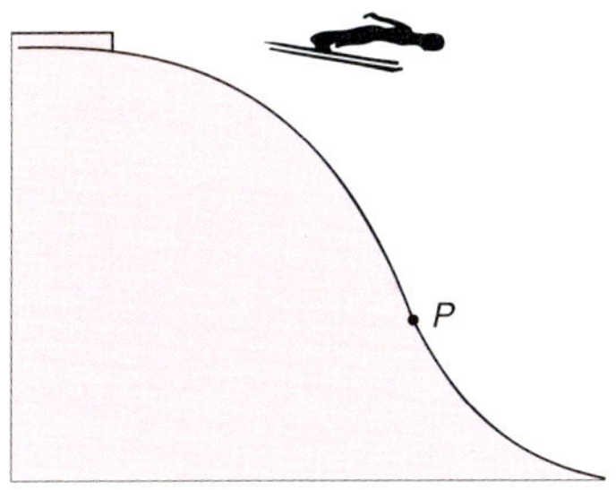

Abbildung 8.6.2: Der Punkt P, in dem die Steigung am steilsten ist, ist ein Wendepunkt.

[5] Wir bemerken, dass das, was ein Mathematiker als einen Umkehrpunkt einer Funktion f bezeichnen würde, nämlich ein Punkt, in dem sich das Vorzeichen von $f'(x)$ ändert, irrtümlicher Weise im populären Sprachgebrauch als Wendestelle bezeichnet wird. Vielleicht ist es zu viel erwartet, dass die Umgangssprache Änderungen im Vorzeichen der zweiten Ableitung in Betracht zieht!

Wenn wir nach möglichen Wendestellen einer Funktion suchen, benutzen wir gewöhnlich Teil (ii) des folgenden Theorems:

Theorem 8.6.1 (Test auf Wendestellen)

Sei f eine Funktion mit einer stetigen zweiten Ableitung in einem Intervall I, und c sei ein innerer Punkt von I.

(i) Falls c eine Wendestelle für f ist, dann ist $f''(c) = 0$.

(ii) Falls $f''(c) = 0$ und f'' das Vorzeichen an der Stelle c wechselt, dann ist c eine Wendestelle für f.

Der Beweis dieses Theorems ist ziemlich einfach:

Beweis:

(i) Weil $f''(x) \leq 0$ auf einer Seite von c und $f''(x) \geq 0$ auf der anderen Seite und weil f'' stetig ist, muss $f''(c) = 0$ gelten.

(ii) Falls f'' das Vorzeichen wechselt an der Stelle c, ist c laut Definition eine Wendestelle für f.

Dieses Theorem impliziert, dass $f''(c) = 0$ eine *notwendige* Bedingung dafür ist, dass c eine Wendestelle ist. Sie ist jedoch keine hinreichende Bedingung, da $f''(c) = 0$ nicht impliziert, dass f'' das Vorzeichen an der Stelle $x = c$ wechselt. Ein typischer Fall wird im nächsten Beispiel gegeben.

Beispiel 8.6.1

Zeigen Sie, dass die Funktion $f(x) = x^4$ keine Wendestelle in $x = 0$ hat, obwohl $f''(0) = 0$.

Lösung: Hier ist $f'(x) = 4x^3$ und $f''(x) = 12x^2$, so dass $f''(0) = 0$. Aber es ist $f''(x) > 0$ für alle $x \neq 0$, und somit wechselt f'' nicht das Vorzeichen an der Stelle $x = 0$. Daher ist $x = 0$ keine Wendestelle. Dies wird bestätigt durch den Graphen von f, der in Abb. 8.6.3 zu sehen ist.

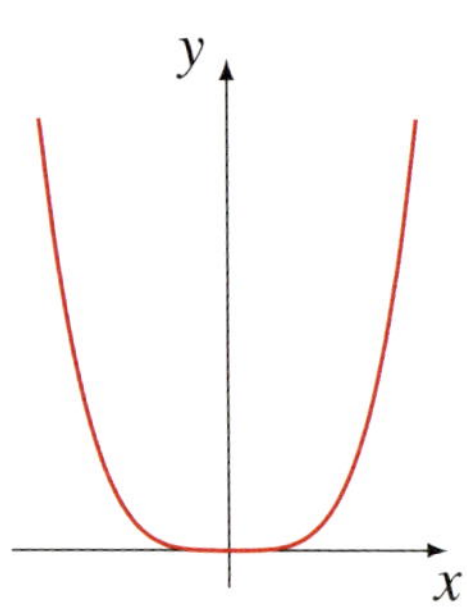

Abbildung 8.6.3: $y = x^4$

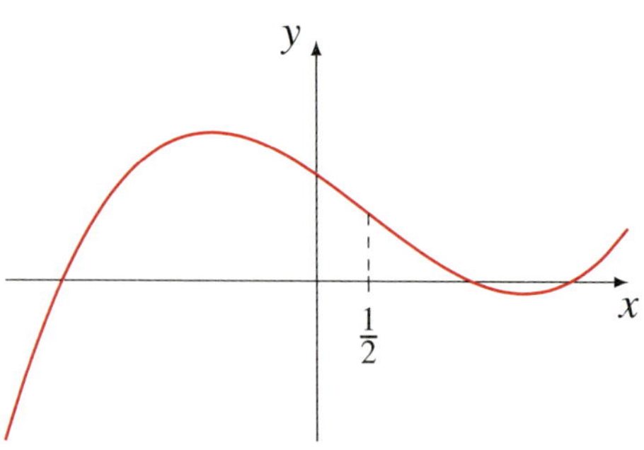

Abbildung 8.6.4: $y = \frac{1}{9}x^3 - \frac{1}{6}x^2 - \frac{2}{3}x + 1$

Beispiel 8.6.2

Bestimmen Sie mögliche Wendestellen für $f(x) = \frac{1}{9}x^3 - \frac{1}{6}x^2 - \frac{2}{3}x + 1$.

Lösung: Wir haben $f'(x) = \frac{1}{3}(x+1)(x-2)$ und $f''(x) = \frac{2}{3}x - \frac{1}{3} = \frac{2}{3}\left(x - \frac{1}{2}\right)$. Somit ist $f''(x) \leq 0$ für $x \leq 1/2$, während $f''(1/2) = 0$ und $f''(x) \geq 0$ für $x > 1/2$. Gemäß Teil (ii) in Theorem 8.6.1 ist $x = 1/2$ eine Wendestelle für f. Dies wird bestätigt durch Abb. 8.6.4.

Beispiel 8.6.3

Bestimmen Sie mögliche Wendestellen für $f(x) = x^6 - 10x^4$.

Lösung: In diesem Fall ist $f'(x) = 6x^5 - 40x^3$ und

$$f''(x) = 30x^4 - 120x^2 = 30x^2(x^2 - 4) = 30x^2(x-2)(x+2)$$

Ein Vorzeichen-Diagramm für f'' ist wie folgt:

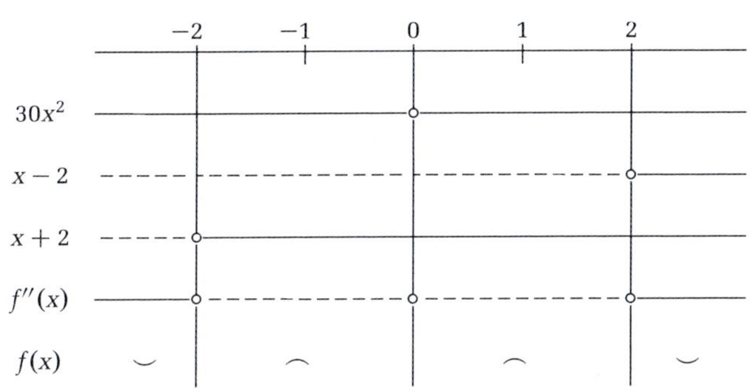

Aus dem Vorzeichen-Diagramm sehen wir, dass f'' an den Stellen $x = -2$ und $x = 2$ das Vorzeichen wechselt, so dass diese Stellen Wendestellen sind. Da f'' an der Stelle $x = 0$ nicht das Vorzeichen wechselt, ist dies keine Wendestelle, obwohl $f''(0) = 0$.

In ökonomischen Modellen kommen oft Funktionen vor, die Wendestellen haben. Die Kostenfunktion in Abb. 4.7.2 ist ein typisches Beispiel. Hier ist ein weiteres Beispiel.

Beispiel 8.6.4

Ein Unternehmen produziert ein Gut und braucht dazu nur einen Input. Für $x \geq 0$ sei $y = f(x)$ der erzielte Output bei x Einheiten Input. Dann heißt f eine *Produktionsfunktion*. Ihre erste Ableitung misst den Zuwachs im Output, wenn man den verwendeten Input infinitesimal erhöht; diese Ableitung wird das *Grenzprodukt* des Unternehmens genannt. Es wird oft angenommen, dass der Graph einer Produktionsfunktion „S-förmig" ist, d.h. das Grenzprodukt $f'(x)$ ist bis zu einem gewissen Produktionsniveau c monoton wachsend und dann monoton fallend. Abbildung 8.6.1 zeigt solch eine Produktionsfunktion. Falls f zweimal differenzierbar ist, dann ist $f''(x) \geq 0$ in $[0, c]$ und $f''(x) \leq 0$ in $[c, \infty)$. Daher ist f zunächst konvex und dann konkav mit c als Wendestelle. Beachten Sie, dass $x = c$ die Stelle ist, an der das Grenzprodukt ein Maximum annimmt.

Aufgaben für Kapitel 8.6

1. Sei f für alle x definiert durch $f(x) = x^3 + \frac{3}{2}x^2 - 6x + 10$.

(a) Bestimmen Sie die Stellen c, an denen $f'(c) = 0$ und bestimmen Sie die Intervalle, in denen f monoton wachsend ist.

(b) Bestimmen Sie die Wendestelle für f.

2. Entscheiden Sie, wo die folgenden Funktionen konvex sind und bestimmen Sie mögliche Wendestellen:

(a) $f(x) = \dfrac{x}{1+x^2}$ (b) $g(x) = \dfrac{1-x}{1+x}$ (c) $h(x) = xe^x$

3. Bestimmen Sie für jede der sechs Funktionen, die durch die folgenden Formeln definiert sind, die Wendestellen und bestimmen Sie die Intervalle, in denen die Funktionen konvex/konkav sind.

(a) $y = (x+2)e^{-x}$ (b) $y = \ln x + 1/x$ (c) $y = x^3e^{-x}$

(d) $y = (\ln x)/x^2$ (e) $y = e^{2x} - 2e^x$ (f) $y = (x^2 + 2x)e^{-x}$

4. Bestimmen Sie die Wendestellen der Funktion f, deren Graph in Abb. 8.6.5 gezeigt wird.

5. Bestimmen Sie die Zahlen a und b, so dass der Graph von $f(x) = ax^3 + bx^2$ durch $(-1, 1)$ verläuft und eine Wendestelle in $x = 1/2$ hat.

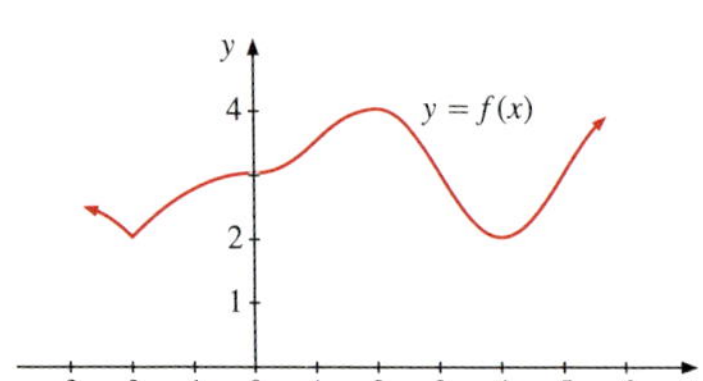

Abbildung 8.6.5: Aufgabe 8.6.4

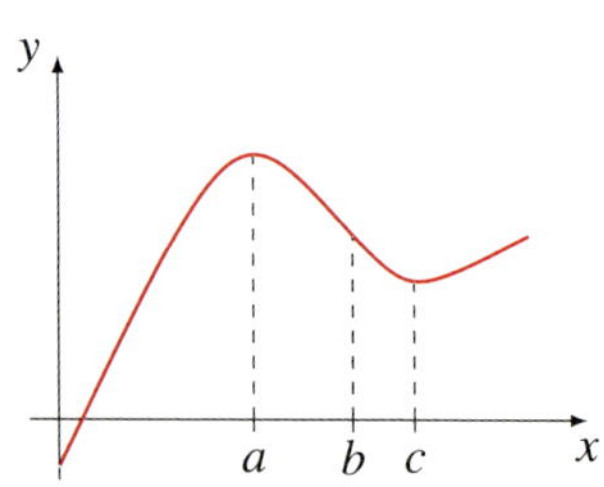

Abbildung 8.6.6: Wiederholungsaufgabe 3

► Lösungen zu den Aufgaben finden Sie im Anhang des Buches.

Aufgaben zur Wiederholung für Kapitel 8

1. Sei $f(x) = \sqrt{x}$ und $g(y) = y^3$. Bestimmen Sie die Konkavität/Konvexität der verketteten Funktion $g(f(x))$. Widerspricht dies einem der Resultate für verkettete Funktionen aus Kap. 8.3?
2. Sei $g(x) = 3x^3 - \frac{1}{5}x^5$.
   (a) Bestimmen Sie $g'(x)$ und $g''(x)$.
   (b) Wo ist g monoton wachsend und wo konkav?
   (c) Skizzieren Sie den Graphen von g.
3. Sei $f(x)$ die zweimal differenzierbare Funktion, deren Graph in Abb. 8.6.6 dargestellt ist. Welche der folgenden vier Kombinationen von vier Aussagen ist korrekt?
   (a) $f'(a) = 0, \quad f''(b) > 0, \quad f'(c) = 0, \quad f''(c) > 0$
   (b) $f'(a) = 0, \quad f'(b) < 0, \quad f''(b) = 0, \quad f''(c) > 0$
   (c) $f''(a) < 0, \quad f''(b) = 0, \quad f'(c) = 0, \quad f''(c) = 0$
   (d) $f''(a) > 0, \quad f''(b) = 0, \quad f'(c) = 0, \quad f''(c) > 0$
4. Bestimmen Sie die Intervalle der Konkavität/Konvexität für jede der folgenden Funktionen:
   (a) $f(x) = 2x^3 - 12x^2 + 5$ (b) $f(x) = x + 4/x$ (c) $f(x) = \dfrac{x}{x^2 + 16}$
5. Für $x \neq 0$ sei $f(x) = e^{1/x}$. Berechnen Sie $f'(x)$ und $f''(x)$. Bestimmen Sie dann, wo f konkav/konvex ist.
6. Betrachten Sie die kubische Kostenunktion, die für $x \geq 0$ definiert ist durch $C(x) = ax^3 + bx^2 + cx + d$, wobei für die Parameter gilt: $a > 0$, $b < 0$, $c > 0$ und $d > 0$. Bestimmen Sie die Intervalle, wo die Funktion konvex ist und wo sie konkav ist. Bestimmen Sie auch die eindeutige Wendestelle.
7. Nutzen Sie ein einzelnes Koordinatensystem, um die Graphen von zwei konkaven Funktionen f und g zu zeichnen, die beide für alle x definiert sind. Sei die Funktion h definiert durch $h(x) = \min\{f(x), g(x)\}$. Das heißt: Für jedes x ist die Zahl $h(x)$ die kleinere von $f(x)$ und $g(x)$. Zeichnen Sie den Graphen von h und erklären Sie, warum diese Funktion auch konkav ist.

► Lösungen zu den Aufgaben finden Sie im Anhang des Buches.

Optimierung

9.1 Extremstellen 386
9.2 Einfache Tests auf Extremstellen 389
9.3 Ökonomische Beispiele 394
9.4 Der Extremwertsatz und der Mittelwertsatz . 400
9.5 Weitere ökonomische Beispiele 408
9.6 Lokale Extremstellen 413
Aufgaben zur Wiederholung für Kapitel 9 420

ÜBERBLICK

9

Wenn Sie wirklichen Realismus möchten, dann schauen Sie sich die Welt um sich herum an; wenn Sie Verständnis erreichen möchten, dann schauen Sie auf Theorien.

–Robert Dorfman (1964)

Die beste Möglichkeit zu finden, eine spezielle Aufgabe zu erledigen, involviert das, was man ein Optimierungsproblem *nennt. Beispiele treten in fast allen Gebieten menschlicher Aktivität auf. Ein Manager sucht diejenigen Input-Kombinationen, wie Kapital und Arbeit, die den Gewinn maximieren oder die Kosten minimieren. Ein Landwirt möchte wissen, welche Menge Dünger pro Hektar den höchsten Ernteertrag gibt. Eine Ölgesellschaft möchte die optimale Förderungsrate ihrer Quellen finden.*

Im Allgemeinen sind keine mathematischen Methoden in den Wirtschaftswissenschaften wichtiger als diejenigen, die zur Lösung von Optimierungsproblemen konzipiert sind. Obwohl in den Wirtschaftswissenschaften bei diesen Problemen gewöhnlich mehrere Variablen involviert sind, zeigen die Beispiele der quadratischen Optimierung in Kap. 4.6 auf, wie wertvolle ökonomische Einsichten aus einfachen univariaten Optimierungsproblemen gewonnen werden können.

9.1 Extremstellen

Diejenigen Stellen im Definitionsbereich einer Funktion, in denen diese ihren größten und ihren kleinsten Wert annimmt, werden gewöhnlich Maximum- und Minimumstellen genannt. Daher definieren wir:

Maximum- und Minimumstellen

Wenn $f(x)$ den Definitionsbereich D hat, dann ist

(i) $c \in D$ eine *Maximumstelle* für f und $f(c)$ ist der *Maximumwert*, wenn

$$f(x) \leq f(c) \quad \text{für alle } x \text{ in } D \tag{9.1.1}$$

(ii) $d \in D$ eine *Minimumstelle* für f und $f(d)$ ist der *Minimumwert*, wenn

$$f(x) \geq f(d) \quad \text{für alle } x \text{ in } D \tag{9.1.2}$$

Wenn wir nicht zwischen Maximum- und Minimumstellen unterscheiden müssen, nutzen wir die kollektiven Namen *Extremstellen* oder *Extrema*, wo die Funktion einen Extremwert annimmt. Andere Autoren sprechen von *Optimalstellen*, wo die Funktion einen *Optimalwert* annimmt. Einige Autoren bevorzugen eine andere Terminologie, indem sie die Extremwerte als das Maximum oder Minimum bezeichen und die Stellen, in denen diese Werte erreicht werden als *Maximierer* oder *Minimierer*.

Wenn der Wert von f an der Stelle c strikt größer als an jeder anderen Stelle in D ist, dann ist c eine *strikte Maximumstelle*. Entsprechend ist d eine *strikte Minimumstelle*, falls $f(x) > f(d)$ für alle $x \in D$, $x \neq d$. Als kollektive Namen benutzen wir die Begriffe *Optimalstellen* und *Optimalwerte* oder *Extremstellen* und *Extremwerte*. Offensichtlich ist eine Stelle c eine strikte Maximumstelle von f in D genau dann, wenn c die einzige Stelle in D ist, die f maximiert. Entsprechendes gilt für Minimumstellen.

Falls f eine Funktion mit Definitionsbereich D ist, dann ist die Funktion $-f$ definiert für alle x in D durch $(-f)(x) = -f(x)$. Beachten Sie, dass $f(x) \leq f(c)$ für alle x in D genau dann gilt, wenn $-f(x) \geq -f(c)$ für alle x in D. Daher maximiert die Stelle c die Funktion f in D genau dann, wenn sie $-f$ in D minimiert. Diese einfache Beobachtung, die in Abb. 9.1.1 illustriert ist, kann benutzt werden, um ein Maximierungsproblem in ein entsprechendes Minimierungsproblem zu konvertieren und umgekehrt.

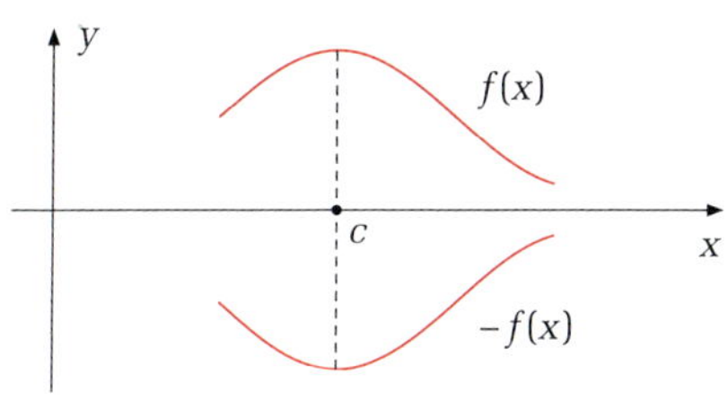

Abbildung 9.1.1: Die Stelle c ist eine Maximumstelle für $f(x)$ und eine Minimumstelle für $-f(x)$.

Manchmal, wie bei den quadratischen Optimierungsproblemen in Kap. 4.6 können wir die Maximum- und Minimumstellen einer Funktion finden, indem wir einfach die Formel untersuchen, die sie definiert. Hier sind zwei weitere Beispiele:

Beispiel 9.1.1

Bestimmen Sie mögliche Maximum- und Minimumstellen für:

(a) $f(x) = 3 - (x - 2)^2$ (b) $g(x) = \sqrt{x-5} - 100$ für $x \geq 5$

Lösung:

(a) Da $(x-2)^2 \geq 0$ für alle x, folgt $f(x) \leq 3$ für alle x. Es ist jedoch $f(x) = 3$, wenn $(x-2)^2 = 0$, d. h. für $x = 2$. Deshalb ist $x = 2$ eine Maximumstelle für f. Da $f(x) \to -\infty$, wenn $x \to \infty$, hat f kein Minimum.

(b) Da $\sqrt{x-5} \geq 0$ für alle $x \geq 5$, folgt $g(x) \geq -100$ für alle $x \geq 5$. Da $g(5) = -100$, schließen wir, dass $x = 5$ eine Minimumstelle ist. Da $g(x) \to \infty$, wenn $x \to \infty$, hat g kein Maximum.

Nur selten können wir Extremstellen so einfach wie in Beispiel 9.1.1 finden. Für typischere Probleme ist eine wesentliche Beobachtung: Falls f eine differenzierbare Funktion ist, die ein Maximum oder Minimum an einer inneren Stelle c ihres Definitionsbereiches hat, dann muss die Tangente an ihren Graphen an dieser Stelle horizontal (parallel zur x-Achse) sein. Daher muss gelten: $f'(c) = 0$. Stellen c, in denen

f differenzierbar ist und $f'(c) = 0$ ist, heißen *kritische* oder *stationäre Stellen* für f. Präzise formuliert hat man das folgende Theorem:

Theorem 9.1.1 (Notwendige Bedingung erster Ordnung)

Nehmen Sie an, dass die Funktion f differenzierbar ist in einem Intervall I und dass c ein innerer Punkt von I ist. Wenn c eine Maximum- oder Minimumstelle für f in I ist, dann muss es eine kritische Stelle für f sein, d. h.

$$f'(c) = 0 \tag{9.1.3}$$

Beweis: Nehmen Sie an, dass f ein Maximum an der Stelle c hat. Wenn der Absolutbetrag von Δx hinreichend klein ist, dann ist $c + \Delta x \in I$, weil c ein innerer Punkt von I ist. Weil c eine Maximumstelle ist, gilt $f(c + \Delta x) - f(c) \leq 0$. Wenn also Δx hinreichend klein und positiv ist, dann gilt für den Newton-Quotienten $[f(c + \Delta x) - f(c)]/\Delta x \leq 0$. Der Grenzwert dieses Quotienten für $\Delta x \to 0^+$ ist deshalb auch ≤ 0. Da aber $f'(c)$ existiert, ist dieser Grenzwert gleich $f'(c)$, so dass $f'(c) \leq 0$. Für kleine negative Werte von Δx andererseits erhalten wir $[f(c + \Delta x) - f(c)]/\Delta x \geq 0$. Der Grenzwert dieses Ausdrucks für $\Delta x \to 0^-$ ist deshalb ≥ 0. Somit ist $f'(c) \geq 0$. Wir haben jetzt beides bewiesen, dass $f'(c) \leq 0$ und dass $f'(c) \geq 0$, so dass $f'(c) = 0$ ist.

Der Beweis für den Fall, dass c eine Minimumstelle ist, ist ähnlich.

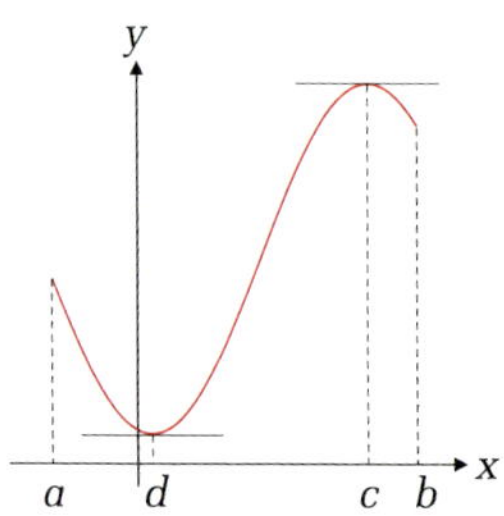

Abbildung 9.1.2: Zwei kritische Stellen

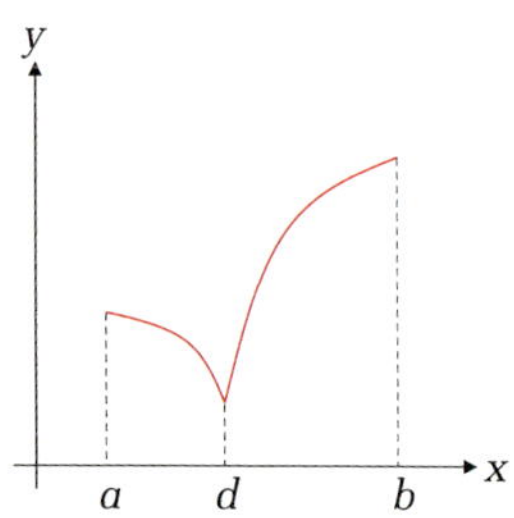

Abbildung 9.1.3: Keine kritischen Stellen

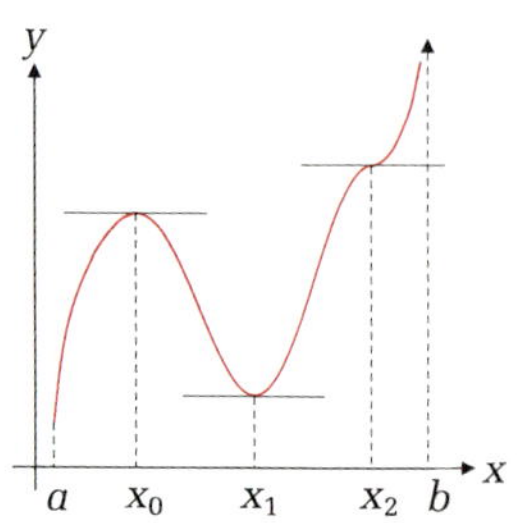

Abbildung 9.1.4: Keine inneren Extrema

Bevor wir beginnen, andere Eigenschaften von Maxima und Minima systematisch zu untersuchen, stellen wir drei geometrische Beispiele bereit, um die Rolle zu illustieren, die kritische Stellen in der Optimierungstheorie spielen. Abb. 9.1.2 zeigt den Graphen einer Funktion f, die auf einem abgeschlossenen Intervall $[a, b]$ definiert ist und zwei kritische Stellen c und d hat. An der Stelle c liegt ein Maximum vor, an der Stelle d ein Minimum.

Abb. 9.1.3 zeigt den Graphen einer Funktion, die keine kritischen Stellen hat. Es gibt ein Maximum im Endpunkt b und ein Minimum an der inneren Stelle d. An der Stelle d ist die Funktion nicht differenzierbar, so dass Theorem 9.1.1 nicht anwendbar ist. An der Stelle b, ist die linksseitige Ableitung nicht 0.

Bedingung (9.1.3) ist bekannt als eine Bedingung erster Ordnung, da sie sich auf die erste Ableitung der Funktion bezieht. Theorem 9.1.1 impliziert, dass (9.1.3) eine *notwendige* Bedingung für eine differenzierbare Funktion f ist, ein Maximum oder Minimum an einer inneren Stelle ihres Definitionsbereiches zu haben. Die Bedingung ist weit davon entfernt, auch hinreichend zu sein. Dies ist in Abb. 9.1.4 illustriert, wo f drei kritische Stellen x_0, x_1 und x_2 hat, aber keine von ihnen ist eine Extremstelle. Im Endpunkt a liegt ein Minimum vor, während der Endpunkt b eine Maximumstelle ist.[1] An der kritischen Stelle x_0 hat die Funktion f ein „lokales Maximum" in dem Sinne, dass ihr Wert in diesem Punkt größer ist als in allen Nachbarstellen. Analog hat sie in x_1 ein „lokales Minimum", während x_2 eine kritische Stelle ist, an der weder ein lokales Maximum noch ein lokales Minimum vorliegt. Tatsächlich ist x_2 ein Spezialfall einer *Wendestelle* der Art, wie wir sie in Kap. 8.6 studiert haben.

Abb. 9.1.2 illustriert, was in den meisten ökonomischen Anwendungen passiert, wo Maximum- und Minimumstellen gewöhnlich an kritischen inneren Stellen auftreten. Jedoch illustrieren die Abb. 9.1.3 und 9.1.4 Situationen, die auch in ökonomischen Problemen vorkommen *können*. Tatsächlich repräsentieren die drei Abbildungen wichtige verschiedene Aspekte univariater Optimierungsprobleme. Weil solche Probleme so wichtig sind in den Wirtschaftswissenschaften, müssen wir über die vagen geometrischen Erkenntnisse hinausgehen. Stattdessen brauchen wir eine stabilere analytische Grundlage, die solide auf präzise formulierten mathematischen Resultaten beruht.

Aufgaben für Kapitel 9.1

1. Benutzen Sie Argumente, die ähnlich denen in Beispiel 9.1.1 sind, um die Maximum- oder Minimumstellen für die folgenden Funktionen zu finden:

(a) $f(x) = \dfrac{8}{3x^2 + 4}$ (b) $g(x) = 5(x+2)^4 - 3$ (c) $h(x) = \dfrac{1}{1+x^4}$ für $x \in [-1, 1]$

(d) $F(x) = \dfrac{-2}{2+x^2}$ (e) $G(x) = 2 - \sqrt{1-x}$ (f) $H(x) = 100 - e^{-x^2}$

► Lösungen zu den Aufgaben finden Sie im Anhang des Buches.

9.2 Einfache Tests auf Extremstellen

In vielen Fällen können wir Maximal- oder Minimalwerte einer Funktion finden, indem wir einfach das Vorzeichen der ersten Ableitung untersuchen. Nehmen Sie an, dass die Funktion $f(x)$ differenzierbar ist in einem Intervall I und dass sie nur eine kritische Stelle $x = c$ hat. Nehmen Sie ferner an, dass $f'(x) \geq 0$ für alle x in I mit $x \leq c$, während $f'(x) \leq 0$ für alle x in I mit $x \geq c$. Dann ist $f(x)$ monoton wachsend links von c und monoton fallend rechts von c. Dies zeigt, dass $f(x) \leq f(c)$ für alle $x \leq c$ und $f(x) \leq f(c)$ für alle $x \geq c$. Es folgt, dass $x = c$ eine Maximumstelle für f in I ist, wie in Abb. 9.2.1 illustriert wird.

Für den Fall, dass die Ungleichungen strikt sind, gibt es ein stärkeres Resultat. In der Tat: Nehmen Sie an, dass $f'(x) > 0$ für alle x in I mit $x < c$, während $f'(x) < 0$ für alle x in I mit $x > c$. Dann ist $f(x)$ strikt monoton wachsend links von c und strikt

[1] Oder es könnte sein, dass b nicht im Definitionsbereich der Funktion liegt und dass $f(x)$ gegen ∞ strebt, wenn x gegen b strebt.

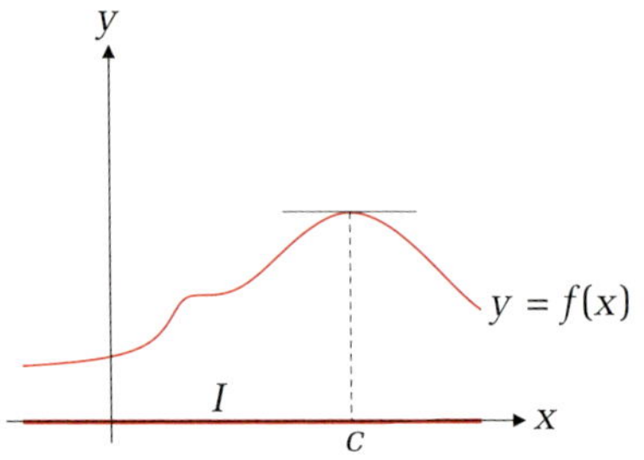

Abbildung 9.2.1: $x = c$ ist eine Maximumstelle.

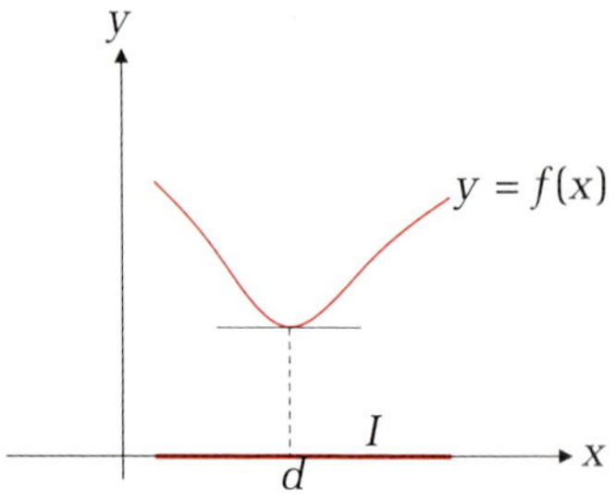

Abbildung 9.2.2: $x = d$ ist eine Minimumstelle.

monoton fallend rechts von c. Es folgt, dass $x = c$ eine strikte Maximumstelle ist für f in I, wie in Abb. 9.2.1 illustriert wird. Mit offensichtlichen Modifikationen gilt ein ähnliches Resultat für strikte Minimumstellen, wie in Abb. 9.2.2 durch die Stelle d illustriert wird. Zusammenfassend gilt:[2]

Theorem 9.2.1 (Test der ersten Ableitung auf Extrema)

Nehmen Sie an, dass die Funktion $f(x)$ differenzierbar ist in einem Intervall I um die kritische Stelle c herum.

(i) Falls $f'(x) \geq 0$ für $x < c$ und $f'(x) \leq 0$ für $x > c$, dann ist $x = c$ eine Maximumstelle für f in I. Wenn ferner beide schwache Ungleichungen strikt sind für alle $x \neq c$ in I, dann ist c eine strikte Maximumstelle.

(ii) Falls $f'(x) \leq 0$ für $x < c$ und $f'(x) \geq 0$ für $x > c$, dann ist $x = c$ eine Minimumstelle für f in I. Wenn ferner beide schwache Ungleichungen strikt sind für alle $x \neq c$ in I, dann ist c eine strikte Minimumstelle.

Beispiel 9.2.1

Betrachten Sie die Funktion f, die für alle x definiert ist durch

$$f(x) = e^{2x} - 5e^x + 4 = (e^x - 1)(e^x - 4)$$

(a) Bestimmen Sie die Nullstellen von $f(x)$ und berechnen Sie $f'(x)$.

(b) Bestimmen Sie die Intervalle, in denen f monoton wachsend und fallend ist und bestimmen Sie mögliche Extremstellen und die zugehörigen Extremwerte.

(c) Untersuchen Sie $\lim_{x \to -\infty} f(x)$ und skizzieren Sie den Graphen von f.

Lösung:

(a) $f(x) = (e^x - 1)(e^x - 4) = 0$, wenn $e^x = 1$ und wenn $e^x = 4$. Daher ist $f(x) = 0$ für $x = 0$ und für $x = \ln 4$. Differenzieren von $f(x)$ ergibt $f'(x) = 2e^{2x} - 5e^x$.

(b) $f'(x) = 2e^{2x} - 5e^x = e^x(2e^x - 5)$. Daher gilt $f'(x) = 0$ für $e^x = 5/2 = 2.5$, d. h. $x = \ln 2.5$. Ferner ist $f'(x) < 0$ für $x < \ln 2.5$ und $f'(x) > 0$ für $x > \ln 2.5$. Daher ist

[2] Viele Bücher über Mathematik für Ökonomen lehren die Studierenden, immer die Bedingungen zweiter Ordnung, wie die, die wir in Theorem 9.6.2 präsentieren, zu überprüfen, auch wenn dieser Test der ersten Ableitung viel einfacher zu handhaben ist.

$f(x)$ strikt monoton fallend im Intervall $(-\infty, \ln 2.5)$ und strikt monoton wachsend in $(\ln 2.5, \infty)$. Daher hat $f(x)$ ein striktes Minimum an der Stelle $x = \ln 2.5$ mit $f(\ln 2.5) = (2.5-1)(2.5-4) = -2.25$. Da $f(x) \to \infty$, wenn $x \to \infty$, gibt es kein Maximum.

(c) Wenn $x \to -\infty$, dann strebt e^x gegen 0 und $f(x)$ strebt gegen 4. Der Graph ist in Abb. 9.2.3 dargestellt. Beachten Sie, dass die gestrichelte Gerade $y = 4$ eine horizontale Asymptote für den Graphen ist, wenn $x \to -\infty$.

Beispiel 9.2.2

Die Konzentration eines Arzneimittels im Blut, gemessen in Milligramm pro Liter, ist t Stunden nach der Injektion gegeben durch die Formel $c(t) = t/(t^2+4)$ für $t \geq 0$. Finden Sie den Zeitpunkt und die Höhe der maximalen Konzentration.

Lösung: Differenzieren der Formel bezüglich t ergibt

$$c'(t) = \frac{1 \cdot (t^2+4) - t \cdot 2t}{(t^2+4)^2} = \frac{4-t^2}{(t^2+4)^2} = \frac{(2+t)(2-t)}{(t^2+4)^2}$$

Für $t \geq 0$ bestimmt der Term $2 - t$ allein das Vorzeichen des Quotienten, weil alle anderen Terme positiv sind. Wenn $t < 2$, dann ist $c'(t) > 0$, während für $t > 2$ gilt $c'(t) < 0$. Wir schließen, dass $t = 2$ eine strikte Maximumstelle ist. Daher ist die Konzentration des Arzneimittels 2 Stunden nach der Injektion am höchsten. Da $c(2) = 1/4$, ist die (strikte) maximale Konzentration 0.25 Milligramm pro Liter.

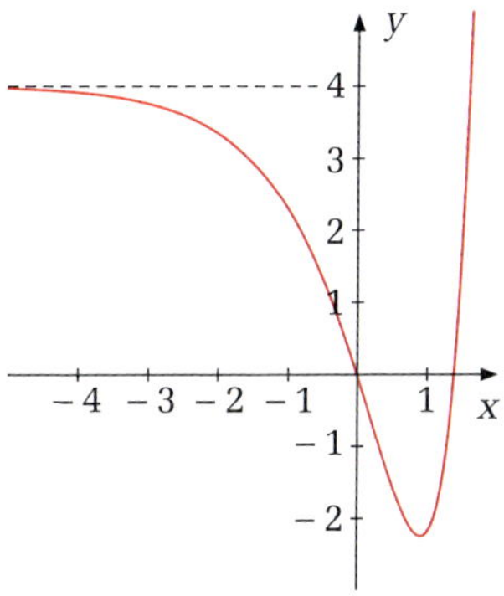

Abbildung 9.2.3: $f(x) = e^{2x} - 5e^x + 4$

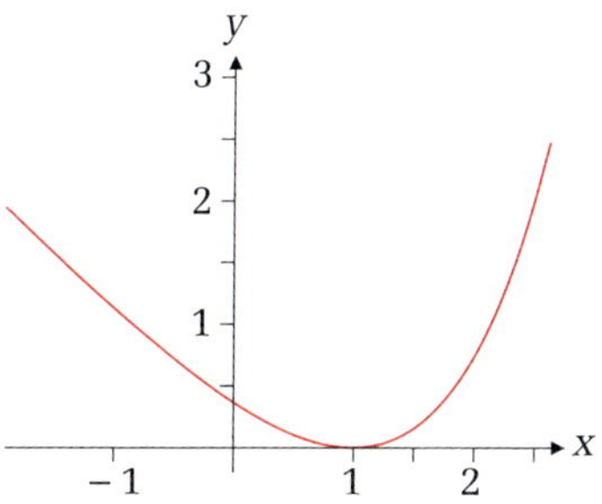

Abbildung 9.2.4: $f(x) = e^{x-1} - x$

Extremstellen für konkave und konvexe Funktionen

Sei f eine konvave Funktion, definiert auf einem Interval I. Erinnern Sie Teil (i) des Theorems 8.4.1: Wenn f differenzierbar ist an einer Stelle x_0 ihres Definitionsbereiches, dann ist ihre Ableitung $f'(x_0)$ an der Stelle x_0 ein Supergradient. Wenn also c eine kritische Stelle im Inneren von I ist, dann ist ihre Ableitung $f'(c)$, die gleich null ist, ein Supergradient. Dann impliziert die Supergradientungleichung, dass für alle x

in I gilt

$$f(x) - f(c) \le f'(c)(x - c) = 0 \cdot (x - c) = 0$$

Es folgt, dass c eine Maximumstelle von f ist. Natürlich impliziert Teil (ii) von Theorem 8.4.1 ein ähnliches Resultat für konvexe Funktionen, was besagt, dass jede innere kritische Stelle einer konvexen Funktion eine Minimumstelle ist. Zusammengefasst:

Theorem 9.2.2 (Extrema von konkaven und konvexen Funktionen)

Sei f eine Funktion, definiert in einem Intervall I, und sei c eine kritische Stelle für f im Inneren von I.

(i) Wenn f konkav ist, dann ist c eine Maximumstelle für f in I.

(ii) Wenn f konvex ist, dann ist c eine Minimumstelle für f in I.

Wir betonen, dass diese Resultate auch dann gelten, wenn f nicht differenzierbar ist an Stellen in I, d. h. andere Stellen als die kritische Stelle.

Beispiel 9.2.3

Betrachten Sie die Funktion f, die für alle x durch $f(x) = e^{x-1} - x$ definiert ist. Zeigen Sie, dass f konvex ist und bestimmen Sie ihre Minimumstelle. Skizzieren Sie den Graphen.

Lösung: Hier ist $f'(x) = e^{x-1} - 1$ und $f''(x) = e^{x-1} > 0$, so dass f konvex ist. Bei der Suche nach kritischen Stellen beachten Sie, dass $f'(x) = e^{x-1} - 1 = 0$ dann und nur dann, wenn $x = 1$. Aus Theorem 9.2.2 folgt, dass $x = 1$ die Funktion f minimiert. Siehe Abb. 9.2.4 für den Graphen von f, der das Resultat bestätigt.

Das folgende Eindeutigkeitsresultat ist eine wichtige Eigenschaft von Extremstellen für eine Funktion, die entweder strikt konkav oder strikt konvex ist.

Theorem 9.2.3 (Extrema von strikt konkaven und strikt konvexen Funktionen)

Sei f eine Funktion, definiert in einem Intervall I.

(i) Wenn f strikt konkav ist, dann ist eine Maximumstelle für f in I eindeutig.

(ii) Wenn f strikt konvex ist, dann ist eine Minimumstelle für f in I eindeutig.

Beweis: Sei x^* eine Maximumstelle für f in I und sei x irgendeine andere Stelle in I. Wenn f strikt konkav ist, dann gilt

$$f(x^*) \ge f(\tfrac{1}{2}x + \tfrac{1}{2}x^*) > \tfrac{1}{2}f(x) + \tfrac{1}{2}f(x^*)$$

Es folgt, dass $f(x^*) > f(x)$, so dass x keine Maximumstelle sein kann. Wenn f strikt konvex ist und x^* eine Minimumstelle ist, kehren Sie die Ungleichungen einfach um.

Aufgaben für Kapitel 9.2

1. Bezeichne y die durchschnittliche wöchentliche Menge an Schweinefleisch, in Millionen Pfund, die 1948 in Chicago hergestellt wurde und sei x der gesamte wöchentliche Arbeitsaufwand, in Tausend Stunden. Eine Studie schätzte den Zusammenhang $y = -2.05 + 1.06x - 0.04x^2$. Bestimmen Sie den Wert von x, der y maximiert, indem Sie die Variation des Vorzeichens von y' untersuchen.

2. Bestimmen Sie die Ableitung der Funktion h, die für alle x definiert ist durch die Formel $h(x) = 8x/(3x^2 + 4)$. Beachten Sie, dass $h(x) \to 0$ für $x \to \pm\infty$. Untersuchen Sie die Variation des Vorzeichens von $h'(x)$, um die Extremstellen von $h(x)$ zu finden.

3. Die Höhe einer Blütenpflanze nach t Monaten ist gegeben durch $h(t) = \sqrt{t} - \frac{1}{2}t$ für $t \in [0, 3]$. Zu welcher Zeit ist die Pflanze am höchsten?

4. Zeigen Sie, dass gilt

$$f(x) = \frac{2x^2}{x^4 + 1} \quad \Rightarrow \quad f'(x) = \frac{4x(1 + x^2)(1 + x)(1 - x)}{(x^4 + 1)^2}$$

und bestimmen Sie den Maximalwert von f in $[0, \infty)$.

5. Bestimmen Sie mögliche Extremstellen für $g(x) = x^3 \ln x$ für $x \in (0, \infty)$.

6. Bestimmen Sie mögliche Extremstellen für $f(x) = e^{3x} - 6e^x$ für $x \in (-\infty, \infty)$.

7. Bestimmen Sie das Maximum von $y = x^2 e^{-x}$ in $[0, 4]$.

8. Verwenden Sie Theorem 9.2.2, um diejenigen Werte von x zu finden, die die durch die folgenden Formeln gegebenen Funktionen maximieren/minimieren:

(a) $y = e^x + e^{-2x}$ (b) $y = 9 - (x - a)^2 - 2(x - b)^2$ (c) $y = \ln x - 5x$ für $x > 0$

9. Betrachten Sie n Zahlen $a_1, a_2, \ldots, a_n$. Bestimmen Sie diejenige Zahl $\bar{x}$, die die beste Approximation an diese Zahlen liefert in dem Sinne, dass die Distanzfunktion d minimiert wird:

$$d(x) = (x - a_1)^2 + (x - a_2)^2 + \cdots + (x - a_n)^2$$

Anspruchsvollere Aufgabe

10. Nach der großen Nordsee-Flutkatastrophe im Jahre 1953 initiierte die holländische Regierung ein Forschungsprojekt, um die optimale Höhe der Deiche zu bestimmen. In einem der Modelle musste derjenige Wert von x gefunden werden, der die Funktion $f(x) = I_0 + kx + Ae^{-\alpha x}$ für $x \geq 0$ minimiert. Dabei bezeichnet x die Anzahl der Meter, um die die Deiche erhöht werden sollten, $I_0 + kx$ sind die Konstruktionskosten und $Ae^{-\alpha x}$ ist eine Schätzung des durch eine potentielle Überflutung erwarteten Verlustes. Die Parameter I_0, k, A und α sind alle positive Konstanten.

(a) Nehmen Sie an, dass $A\alpha > k$. Bestimmen Sie $x_0 > 0$, das $f(x)$ minimiert.

➡

➡ Fortsetzung

(b) Die Konstante A ist definiert als $A = p_0 V(1 + 100/\delta)$, wobei p_0 die Wahrscheinlichkeit ist, dass die Deiche überflutet werden, wenn sie nicht erneuert werden. V sind die geschätzten Kosten eines Flutschadens und δ ist eine Zinsrate. Zeigen Sie, dass:

$$x_0 = \frac{1}{\alpha} \ln \left[\frac{\alpha p_0 V}{k} \left(1 + \frac{100}{\delta} \right) \right]$$

Untersuchen Sie, was mit x_0 geschieht, wenn eine der Variablen p_0, V, δ oder k ansteigt. Kommentieren Sie die Plausibiltät der Ergebnisse[3].

► Lösungen zu den Aufgaben finden Sie im Anhang des Buches.

9.3 Ökonomische Beispiele

Dieses Unterkapitel präsentiert einige andere interessante Beispiele ökonomischer Optimierungsprobleme.

Beispiel 9.3.1 (Ökonometrie: Lineare Regression I)

Empirische Wirtschaftswissenschaft befasst sich mit der Analyse von Daten, um zu versuchen, ein Muster zu erkennen, das hilft, die Vergangenheit zu verstehen und eventuell die Zukunft vorherzusagen. Zum Beispiel können Daten über Preis und Menge eines bestimmten Gutes wie Erdgas genutzt werden beim Versuch, eine Nachfragefunktion zu schätzen. Diese könnte dann genutzt werden, um vorherzusagen, wie die Nachfrage auf zukünftige Preisänderungen reagieren wird. Die am häufigsten gebrauchte Technik zur Schätzung solch einer Funktion ist *lineare Regression*.

Nehmen Sie an, man denkt, dass Variable y von Variable x abhängt. Nehmen Sie an, dass wir Beobachtungen (x_t, y_t) der beiden Variablen zu den Zeiten $t = 1, 2, \ldots, T$ haben. Zur Vereinfachung nehmen Sie an, dass beide Variablen den arithmetischen Mittelwert null haben.[4] In Symbolen bedeutet dies:

$$\mu_x = \frac{1}{T} \sum_{t=1}^{T} x_t = 0 \quad \text{und} \quad \mu_y = \frac{1}{T} \sum_{t=1}^{T} y_t = 0$$

Dann versucht die Technik der linearen Regression, eine lineare Funktion $y = \beta x$ an die Daten anzupassen, wie in Abb. 9.3.1 angedeutet. Natürlich ist eine exakte Anpassung nur möglich, wenn eine Zahl β existiert, für die $y_t = \beta x_t$ für $t = 1, 2, \ldots, T$. Dies ist selten der Fall. Im Allgemeinen kann β gewählt werden, so dass man stattdessen hat:

$$y_t = \beta x_t + e_t\,, \qquad t = 1, 2, \ldots, T$$

[3] Das Problem ist erörtert in D. van Dantzig, „Economic Decision Problems for Flood Prevention." *Econometrica*, 24 (1956): 276–287.

[4] Diese Annahme ist restriktiv, wenn wir an x und y als primitive Rohdaten denken. Andererseits mag ein Analytiker denken, dass die Abweichungen, z. B. der Zinsrate von ihrem historischen Durchschnitt analoge Abweichungen der Arbeitslosigkeit bewirken kann. In dem Fall werden die Mittelwerte der Rohdaten von jeder Beobachtung subtrahiert. Dann folgt aus Beispiel 2.10.2, dass die resultierenden *verringerten* Daten die Annahme erfüllen.

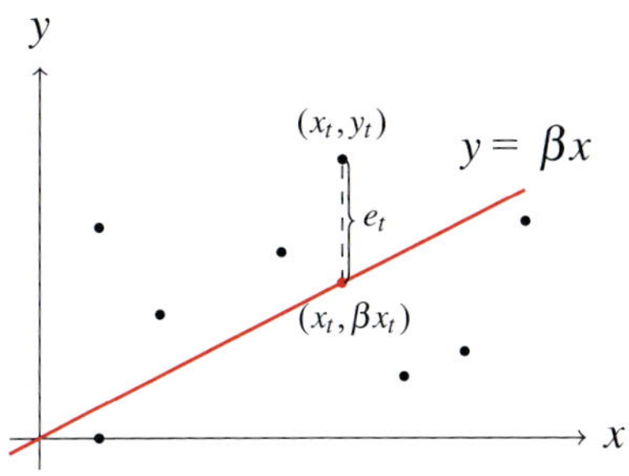

Abbildung 9.3.1: Lineare Regression

Dabei sind e_t *Fehler* oder *Residuen*. Offensichtlich hofft man, dass die Fehler klein sein werden, im Durchschnitt. Deshalb wird der Parameter β so gewählt, dass die Fehler irgendwie so „klein wie möglich" werden. Eine Idee wäre, die Summe $\sum_{t=1}^{T}(y_t - \beta x_t)$ gleich null zu setzen. Jedoch würden in diesem Fall große positive Abweichungen große negative Abweichungen aufheben. In der Tat: Die Summe der Fehler könnte null sein, obwohl die Gerade weit davon entfernt ist, eine gute Anpassung zu geben. Wir müssen irgendwie verhindern, dass große positive Fehler große negative Fehler aufheben. Gewöhnlich wird dies getan durch Minimierung der quadratischen „Verlustfunktion"

$$L(\beta) = \frac{1}{T}\sum_{t=1}^{T} e_t^2 = \frac{1}{T}\sum_{t=1}^{T}(y_t - \beta x_t)^2 \tag{$*$}$$

Diese ist gleich dem mittleren (oder durchschnittlichen) quadratischen Fehler. Ausmultiplizieren der Quadrate ergibt

$$L(\beta) = \frac{1}{T}\sum_{t=1}^{T}\left(y_t^2 - 2\beta x_t y_t + \beta^2 x_t^2\right) \tag{$**$}$$

Dies ist eine quadratische Funktion von β.

Wir werden zeigen, wie wir die *kleinste-Quadrate-Schätzer* von β erhalten. Um dies zu tun, ist es hilfreich, einige Standardnotation einzuführen:

$$\sigma_{xx} = \frac{1}{T}\sum_{t=1}^{T} x_t^2, \qquad \sigma_{yy} = \frac{1}{T}\sum_{t=1}^{T} y_t^2 \quad \text{und} \quad \sigma_{xy} = \frac{1}{T}\sum_{t=1}^{T} x_t y_t$$

Dabei bezeichnen σ_{xx} und σ_{yy} die *statistischen Varianzen* der entsprechenden zwei Variablen x und y, während σ_{xy} ihre *Kovarianz* bezeichnet. Im Folgenden werden wir annehmen, dass die x_t *nicht alle gleich* sind, so dass $\sigma_{xx} > 0$. Dann wird der Ausdruck $(**)$ für $L(\beta)$ gleich

$$L(\beta) = \beta^2\sigma_{xx} - 2\beta\sigma_{xy} + \sigma_{yy}$$

Die Bedingung erster Ordnung (9.1.3) für ein Minimum von $L(\beta)$ erhält die Form:

$$L'(\beta) = 2\beta\sigma_{xx} - 2\sigma_{xy} = 0$$

Somit ist die eindeutige kritische Stelle von $L(\beta)$ gleich $\hat{\beta} = \sigma_{xy}/\sigma_{xx}$. Ferner ist $L''(\beta) = 2\sigma_{xx} > 0$, so dass Gleichung (8.5.4) uns sagt, dass L konvex ist. Es folgt aus Theorem 9.2.2: Die kritische Stelle $\hat{\beta}$ minimiert $L(\beta)$. Das Problem ist dann gelöst:

Die Gerade durch den Ursprung, die sich am besten den Beobachtungen (x_1, y_1), (x_2, y_2), ..., (x_T, y_T) anpasst, in dem Sinn, dass sie den mittleren quadratischen Fehler, gegeben durch (∗), minimiert, ist $y = \hat{\beta}x$, wobei $\hat{\beta} = \sigma_{xy}/\sigma_{xx}$.

Beispiel 9.3.2

Nehmen Sie an, dass $Y(N)$ Scheffel (= „bushel") Weizen geerntet werden pro acre ($= 4\,047\,\text{m}^2$) Land, wenn N Pfund Düngemittel pro acre verwendet werden. Falls P der Preis in Dollar pro Scheffel Weizen ist und q der Preis in Dollar pro Pfund Düngemittel, dann ist der Gewinn in Dollar pro acre

$$\pi(N) = PY(N) - qN$$

für $N \geq 0$. Nehmen Sie an, dass es ein N^* gibt mit $\pi'(N) \geq 0$ für $N \leq N^*$ und $\pi'(N) \leq 0$ für $N \geq N^*$. Dann maximiert N^* den Gewinn und $\pi'(N^*) = 0$, d. h. $PY'(N^*) - q = 0$, so dass

$$PY'(N^*) = q \qquad (*)$$

Wir geben eine ökonomische Interpretation dieser Bedingung. Nehmen Sie an, dass N^* Einheiten des Düngemittels verwendet werden und wir erwägen, N^* um eine Einheit zu erhöhen. Was gewinnen wir? Falls N^* um eine Einheit erhöht wird, so werden $Y(N^* + 1) - Y(N^*)$ mehr Scheffel produziert. Nun ist $Y(N^* + 1) - Y(N^*) \approx Y'(N^*)$. Für jedes dieser Scheffel erhalten wir P Dollar, so dass gilt: *Durch Erhöhung von N^* um eine Einheit gewinnen wir ungefähr $PY'(N^*)$ Dollar.* Andererseits gilt auch: *Durch Erhöhung von N^* um eine Einheit verlieren wir q Dollar.* Denn dies sind die Kosten für eine Einheit des Düngemittels. Daher können wir (∗) wie folgt interpretieren: Um den Gewinn zu maximieren, sollten Sie die Menge des Düngemittels auf dasjenige Niveau N^* einstellen, bei dem ein zusätzliches Pfund Düngemittel Gewinne und Verluste ausgleicht.

(a) In einem (unrealistischen) Beispiel sei $Y(N) = \sqrt{N}$, $P = 10$ und $q = 0.5$. Bestimmen Sie die Menge des Düngemittels, die den Gewinn in diesem Fall maximiert.

(b) In einer landwirtschaftlichen Studie in Iowa wurde die Ertragsfunktion $Y(N)$ für das Jahr 1952 geschätzt als

$$Y(N) = -13.62 + 0.984N - 0.05N^{1.5}$$

Bestimmen Sie die Menge des Düngemittels, die den Gewinn maximiert, falls der Weizenpreis 1.40$ pro Scheffel und der Preis des Düngemittels 0.18$ pro Pfund ist.

Lösung:

(a) Die Gewinnfunktion ist

$$\pi(N) = PY(N) - qN = 10N^{1/2} - 0.5N\,, \qquad N \geq 0$$

Dann ist $\pi'(N) = 5N^{-1/2} - 0.5$. Wir sehen, dass $\pi'(N^*) = 0$, falls $(N^*)^{-1/2} = 0.1$ und damit $N^* = 100$. Weiterhin folgt, dass $\pi'(N) \geq 0$, falls $N \leq 100$ und $\pi'(N) \leq 0$ für $N \geq 100$. Wir schließen, dass $N^* = 100$ den Gewinn maximiert. Siehe Abb. 9.3.2.

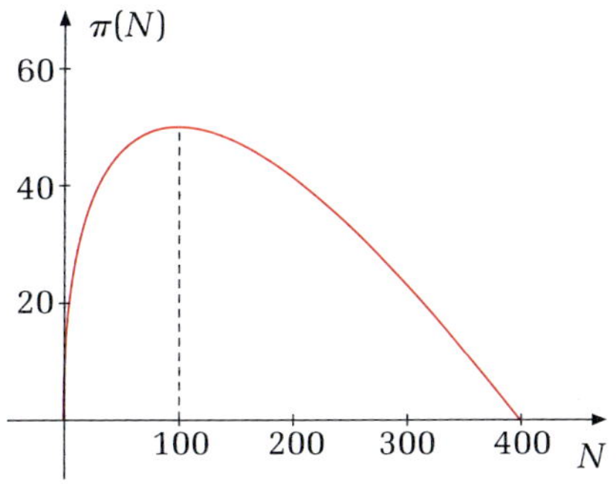

Abbildung 9.3.2: Beispiel 9.3.2 (a)

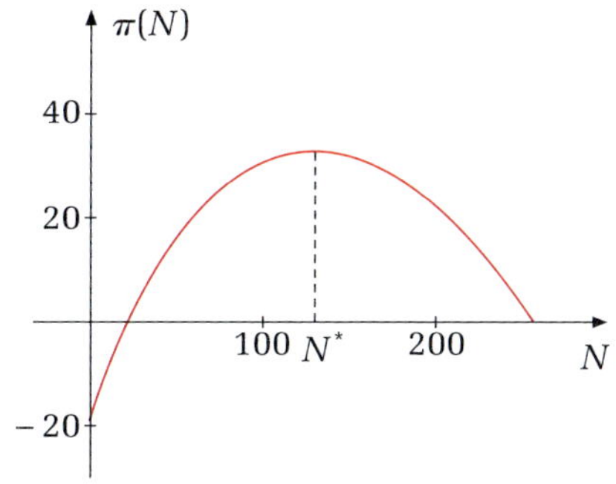

Abbildung 9.3.3: Beispiel 9.3.2 (b)

(b) In diesem Fall ist die Gewinnfunktion

$$\begin{aligned}\pi(N) &= 1.4(-13.62 + 0.984N - 0.05N^{1.5}) - 0.18N \\ &= -19.068 + 1.1976N - 0.07N^{1.5}\end{aligned}$$

so dass

$$\pi'(N) = 1.1976 - 0.07 \cdot 1.5N^{0.5} = 1.1976 - 0.105\sqrt{N}$$

Daher gilt $\pi'(N^*) = 0$, wenn $0.105\sqrt{N^*} = 1.1976$. Dies impliziert, dass

$$\sqrt{N^*} = \frac{1.1976}{0.105} \approx 11.4 \quad \text{und damit} \quad N^* \approx (11.4)^2 \approx 130$$

Indem wir den Ausdruck für $\pi'(N)$ untersuchen, sehen wir, dass $\pi'(N)$ links von N^* positiv und rechts von N^* negativ ist. Daher maximiert $N^* \approx 130$ den Gewinn. Der Graph von $\pi(N)$ wird in Abb. 9.3.3 gezeigt.

Beispiel 9.3.3

Die Gesamtkosten zur Herstellung von $Q > 0$ Einheiten eines Gutes seien $C(Q) = aQ^2 + bQ + c$, wobei a, b und c positive Konstanten sind.

(a) Bestimmen Sie denjenigen Wert von Q, der die Durchschnittskosten $A(Q) = C(Q)/Q$ minimiert in dem Spezialfall, wenn $C(Q) = 2Q^2 + 10Q + 32$.

(b) Zeigen Sie, dass im allgemeinen Fall die Durchschnittskostenfunktion ein Minimum hat an der Stelle $Q^* = \sqrt{c/a}$. Zeichnen Sie in dasselbe Koordinatensystem die Graphen der Durchschnittskosten, der Grenzkosten und die Gerade $P = aQ + b$.

Lösung:

(a) Wir erhalten hier $A(Q) = 2Q+10+32/Q$, so dass $A'(Q) = 2-32/Q^2$ und $A''(Q) = 64/Q^3$. Die einzige kritsche Stelle, in der $A'(Q) = 0$, tritt ein, wenn $Q = 4$. Da $A''(Q) > 0$ für alle $Q > 0$, ist die Funktion A konvex. Es folgt, dass $Q = 4$ eine Minimumstelle ist.

(b) Hier ist $A(Q) = aQ + b + c/Q$, so dass $A'(Q) = a - c/Q^2$ und $A''(Q) = 2c/Q^3$. Da $A''(Q) > 0$ für alle $Q > 0$, ist die Funktion $A(Q)$ konvex und da $A'(Q) = 0$

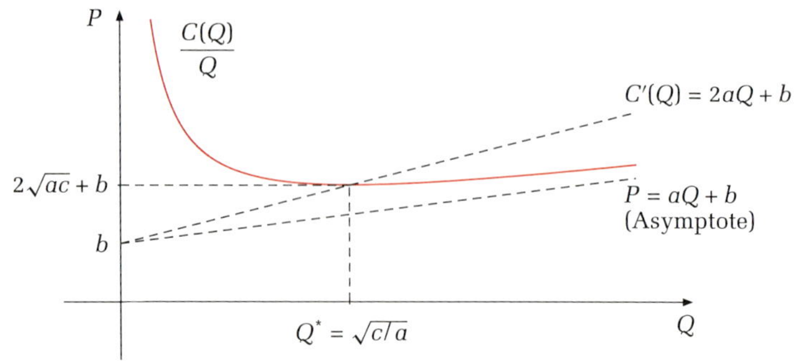

Abbildung 9.3.4: Durchschnittskostenfunktion in Beispiel 9.3.3

für $Q^* = \sqrt{c/a}$, ist dies eine Minimumstelle. Die Graphen sind gezeichnet in Abb. 9.3.4. Beachten Sie, dass an der Minimumstelle Q^* die Grenzkosten gleich den Durchschnittskosten sind. Dies ist kein Zufall, weil es allgemein gilt, dass $A'(Q) = 0$ genau dann, wenn $C'(Q) = A(Q)$ gilt.[5]

Das folgende Beispiel zeigt in typischer Weise, wie Ökonomen implizites Differenzieren nutzen, um zu zeigen, wie eine Änderung eines Parameters die Lösung eines Optimierungsproblems beeinflusst.

Beispiel 9.3.4

Für einen Monopolisten gelte die inverse Nachfragefunktion $P(Q)$, die den Preis pro Einheit bezeichnet, den Käufer zahlen, wenn der Output Q ist. Der Monopolist hat konstante Durchschnittskosten k pro produzierter Einheit.

(a) Bestimmen Sie die Gewinnfunktion $\pi(Q)$. Verifizieren Sie dann, dass die Bedingung erster Ordnung für maximalen Gewinn bei $Q = Q^*(k) > 0$ gegeben ist durch:

$$P'(Q^*(k))Q^*(k) + P(Q^*(k)) = k \qquad (*)$$

(b) Finden Sie durch implizites Differenzieren von $(*)$ eine Formel für die Ableitung des optimalen Outputs $Q^*(k)$ des Monopolisten bezüglich k.

(c) Drücken Sie den maximalen Gewinn des Monopolisten als eine Funktion $\pi^*(k)$ aus. Wie reagiert der optimale Gewinn auf Änderungen in k?

Lösung:

(a) Die Gewinnfunktion ist $\pi(Q) = P(Q)Q - kQ$, so dass $\pi'(Q) = P'(Q)Q + P(Q) - k$. Damit $Q = Q^*(k) > 0$ den Gewinn $\pi(Q)$ maximiert, muss die Bedingung erster Ordnung $\pi'(Q^*(k)) = 0$ gelten. Dies ist äquivalent zu $(*)$.

(b) Unter der Annahme, dass Gleichung $(*)$ $Q^*(k)$ als differenzierbare Funktion von k definiert, erhalten wir, nachdem wir das Argument k aus $Q^*(k)$ entfernen, wo

[5] Siehe Beispiel 6.7.7. Die minimalen Durchschnittskosten sind $A(Q^*) = a\sqrt{c/a} + b + c/\sqrt{c/a} = \sqrt{ac} + b + \sqrt{ac} = 2\sqrt{ac} + b$.

immer es angebracht ist:

$$P''(Q^*)\frac{\mathrm{d}Q^*}{\mathrm{d}k}Q^* + P'(Q^*)\frac{\mathrm{d}Q^*}{\mathrm{d}k} + P'(Q^*)\frac{\mathrm{d}Q^*}{\mathrm{d}k} = 1$$

Auflösen nach $\mathrm{d}Q^*/\mathrm{d}k$ ergibt

$$\frac{\mathrm{d}Q^*}{\mathrm{d}k} = \frac{1}{P''(Q^*)Q^* + 2P'(Q^*)}$$

(c) Optimaler Gewinn $\pi^*(k)$ tritt ein, wenn $Q = Q^*(k)$ und somit $\pi^*(k) = P(Q^*(k)) \cdot Q^*(k) - kQ^*(k)$. Differenzieren jeder Seite dieser Gleichung nach k ergibt:

$$\frac{\mathrm{d}\pi^*}{\mathrm{d}k} = P'(Q^*)\frac{\mathrm{d}Q^*}{\mathrm{d}k}Q^* + P(Q^*)\frac{\mathrm{d}Q^*}{\mathrm{d}k} - Q^* - k\frac{\mathrm{d}Q^*}{\mathrm{d}k}$$

Die drei Terme, die $\mathrm{d}Q^*/\mathrm{d}k$ enthalten, fallen jedoch wegen der Bedingung erster Ordnung $(*)$ alle heraus. Somit gilt: $\mathrm{d}\pi^*/\mathrm{d}k = -Q^*$. Wenn also die Kosten um eine Einheit steigen, fällt der optimale Gewinn um ungefähr Q^*, das Niveau des optimalen Outputs.

Aufgaben für Kapitel 9.3

1. (a) Ein Unternehmen produziert $Q = 2\sqrt{L}$ Einheiten eines Gutes, wenn L Einheiten Arbeit verwendet werden, als einziger Input. Der erzielte Preis pro Einheit Output sei 160 Euro und die Kosten pro Einheit Arbeit seien 40 Euro. Welcher Wert von L maximiert den Gewinn $\pi(L)$?

(b) Ein Unternehmen produziert $Q = f(L)$ Einheiten eines Gutes, wenn L Einheiten Arbeit als einziger Input verwendet werden. Nehmen Sie an, dass $f'(L) > 0$ und $f''(L) < 0$. Der erzielte Preis pro Einheit Output sei gleich 1 und der Preis pro Einheit Arbeit gleich w. Welches ist die Bedingung erster Ordnung für die Maximierung des Gewinns an der Stelle $L = L^*$?

(c) Bestimmen Sie durch implizites Differenzieren der Bedingung erster Ordnung in (b) nach w, wie sich L^* ändert, wenn w sich ändert.

2. Nehmen Sie in Beispiel 9.3.4 an, dass $P(Q) = a - Q$ und dass $0 < k < a$.

(a) Bestimmen Sie den gewinnmaximierenden Qutput Q^* und den dazugehörigen Gewinn $\pi(Q^*)$ des Monopolisten.

(b) Wie reagiert der Gewinn des Monopolisten auf Änderungen von k? Bestimmen Sie $\mathrm{d}\pi(Q^*)/\mathrm{d}k$.

(c) Die Regierung vertritt die Auffassung, dass der Monopolist zu wenig produziert. Sie möchte den Monopolisten veranlassen $\hat{Q} = a - k$ Einheiten zu produzieren, indem Sie eine Subvention der Höhe s pro Einheit Output gewährt. Berechnen Sie diejenige Höhe s der Subvention, die nötig ist, um das Ziel zu erreichen.

3. Aus einem quadratischen Zinnblech, dessen Seiten 18 cm lang sind, soll eine offene quadratische Schachtel der Tiefe x hergestellt werden, indem gleich große Quadrate mit der Seitenlänge x cm in jeder Ecke ausgeschnitten werden und dann über die

➡ Fortsetzung

Ecken gefaltet werden. Zeichnen Sie ein Bild und zeigen Sie, dass das Volumen der Schachtel für $x \in [0, 9]$ gegeben ist durch:

$$V(x) = x(18 - 2x)^2 = 4x^3 - 72x^2 + 324x$$

Bestimmen Sie auch die Maximumstelle von V in $[0, 9]$.

4. In einem ökonomischen Modell ist der Anteil der Familien, deren Einkommen nicht größer als x ist und die einen Heimcomputer haben, gegeben durch $p(x) = a + k(1 - e^{-cx})$, wobei a, k und c positive Konstanten sind. Bestimmen Sie $p'(x)$ und $p''(x)$. Hat $p(x)$ ein Maximum? Skizzieren Sie den Graphen von p.

5. Die Steuer T, die eine Person auf ihr Einkommen w zahlt, sei gegeben durch $T = a(bw + c)^p + kw$, wobei a, b, c und k positive Konstanten sind und $p > 1$. Dann ist die durchschnittliche Steuerrate

$$\overline{T}(w) = \frac{T}{w} = a\frac{(bw + c)^p}{w} + k$$

Bei welchem Niveau des Einkommens hat ein Steuerzahler die minimale durchschnittliche Steuerrate zu zahlen?

► Lösungen zu den Aufgaben finden Sie im Anhang des Buches.

9.4 Der Extremwertsatz und der Mittelwertsatz

Das wichtigste Resultat, das wir bisher in diesem Kapitel benutzt haben, um Extremstellen zu lokalisieren, sind die Bedingungen erster Ordnung in Theorem 9.2.1. Diese verlangen, dass die Funktion auf einer Seite dieser Stelle ständig wächst und auf der anderen Seite ständig fällt. Jedoch können viele Funktionen, deren Ableitung diese Bedingungen verletzt, trotzdem ein Maximum oder Minimum haben. Dieser Abschnitt zeigt, wie mögliche Extremstellen einer wichtigen Klasse solcher Funktionen zu lokalisieren sind.

Beispiel 9.2.3 zeigt, dass es relativ einfach ist, Funktionen zu finden, die keine Extremstellen haben. Aber ein noch einfacherer Fall ist die Funktion $f(x) = x$, die auf der ganzen reellen Zahlenachse definiert ist. Das folgende Theorem enthält wichtige hinreichende Bedingungen für die Existenz von Extremstellen.

Theorem 9.4.1 (Der Extremwertsatz)

Sei f eine stetige Funktion, definiert auf einem abgeschlossenen und beschränkten Intervall $[a, b]$. Dann existiert eine Stelle d in $[a, b]$, an der f ein Minimum hat und eine Stelle c in $[a, b]$, an der f ein Maximum hat, d. h. es gilt

$$f(d) \leq f(x) \leq f(c) \quad \text{für alle } x \text{ in } [a, b]$$

Eines der häufigsten Missverständnisse des Extremwertsatzes wird durch die folgende Behauptung in einer Examensarbeit illustriert: „Die Funktion ist stetig. Da sie jedoch nicht auf einem abgeschlossenen beschränkten Intervall definiert ist, zeigt der Extremwertsatz, dass es kein Maximum gibt.“ Das Missverständnis ist hier das folgende: Obwohl die Bedingungen des Theorems hinreichend sind, sind sie keineswegs *notwendig* für die Existenz einer Extremstelle. In Aufgabe 9 werden Sie eine Funktion untersuchen, die auf einem Intervall definiert ist, das weder abgeschlossen noch beschränkt ist, und darüber hinaus ist die Funktion nicht einmal stetig. Dennoch hat die Funktion sowohl ein Maximum als auch ein Minimum.

Im Allgemeinen kann jedoch die Existenz von Extremstellen nicht garantiert werden, wenn die Voraussetzungen des Theorems nicht erfüllt sind. In der Tat zeigen die Abb. 9.4.1 bis 9.4.3 die Graphen von drei Funktionen, die zwei der drei Annahmen in Theorem 9.4.1 erfüllen, die dritte jedoch nicht. In jedem der Fälle hat die Funktion kein Maximum, obwohl sie ein Minimum hat.

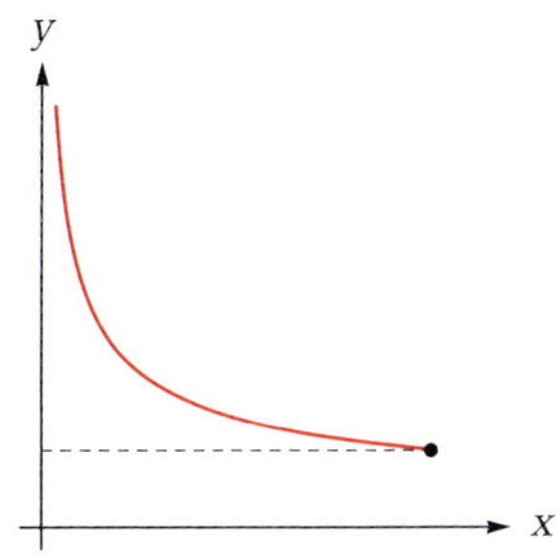

Abbildung 9.4.1: Der Definitionsbereich ist nicht abgeschlossen

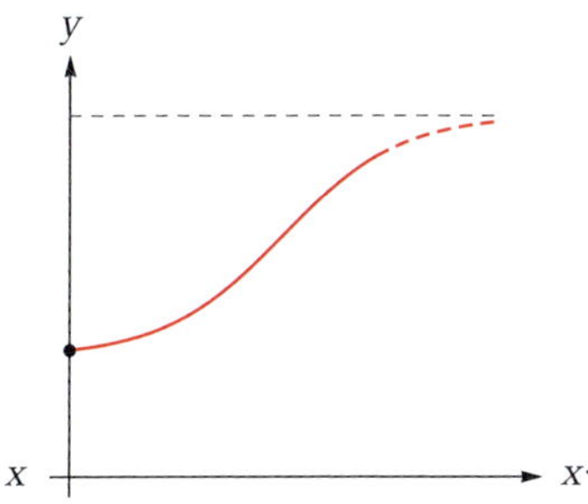

Abbildung 9.4.2: Der Definitionsbereich ist unbeschränkt

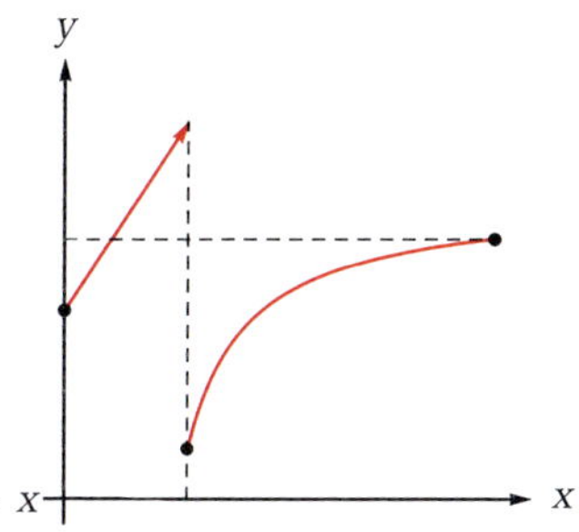

Abbildung 9.4.3: Eine unstetige Funktion

Der Beweis des Extremwertsatzes ist etwas aufwendig.[6] Dennoch ist es leicht, das Resultat zu erfassen. Stellen Sie sich zum Beispiel eine Bergetappe eines Radrennens wie die Tour de France vor. Da Straßen normalerweise nicht über Klippen gehen, ist die Höhe der Straße über dem Meeresspiegel eine stetige Funktion der zurückgelegten Distanz, wie in Abb. 9.4.4 illustriert wird. Wie die Abbildung auch zeigt, muss die Etappe den Fahrradfahrer über einen höchsten Punkt P und einen niedrigsten Punkt Q bringen. Natürlich könnten diese Punkte auch am Start oder am Ziel der Etappe sein.

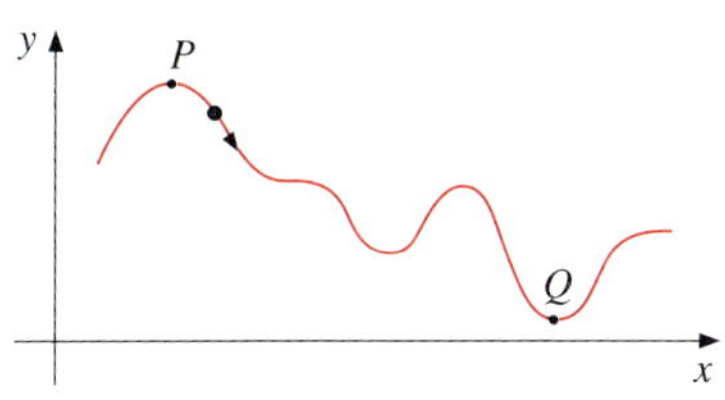

Abbildung 9.4.4: Höhe als Funktion der Distanz

[6] Der Originalbeweis stammt von dem deutschen Mathematiker Karl Weierstrass (1815–1897). Im Wesentlichen ist das Argument: Wenn eine stetige Funktion auf einem abgeschlossenen und beschränkten Intervall definiert ist, dann ist auch ihr Wertebereich abgeschlossen und beschränkt. Die Endpunkte des Wertebereichs sind genau die Extremwerte der Funktion.

Wie man nach Maxima und Minima sucht

Nehmen Sie an, wir wissen, dass eine Funktion f ein Maximum und/oder ein Minimum in einem beschränkten Intervall I hat. Das Optimum muss entweder in einem inneren Punkt von I oder in einem der Endpunkte auftreten. Wenn es in einem inneren Punkt von I eintritt, in dem f differenzierbar ist, dann ist die Ableitung f' an dieser Stelle null. Eine weitere Möglichkeit ist, dass das Optimum an einer Stelle eintritt, wo f nicht differenzierbar ist. Zusammengefasst: Jede Extremstelle muss zu einer der drei verschiedenen Mengen gehören:

(a) Innere Punkte von I, in denen $f'(x) = 0$ ist;

(b) Endpunkte von I, falls sie zu I gehören;

(c) Innere Punkte von I, in denen f' nicht existiert.

Punkte, die eine dieser drei Bedingungen erfüllen, wollen wir *Kandidaten für Extremstellen* nennen. Ob sie wirklich Extremstellen sind, mus entschieden werden durch gründlichen Vergleich der relevanten Funktionswerte, wie weiter unten erklärt wird. Ein typisches Beispiel, dass ein Minimum in einem Punkt vom Typ (c) auftreten kann, ist in Abb. 9.1.3 zu sehen. Jedoch sind die meisten Funktionen, die Ökonomen untersuchen, überall differenzierbar, so dass das folgende Rezept die meisten interessanten Probleme abdeckt.

Auffinden der Extrema von Funktionen

Sei f eine differenzierbaren Funktion, definiert auf einem abgeschlossenen beschränkten Intervall $[a, b]$. Um die Maximal- und Minimalwerte zu bestimmen, gehen Sie wie folgt vor:

(i) Bestimmen Sie alle kritischen Stellen von f in (a, b). Das sind nach Definition die Stellen x in (a, b), die die Bedingung erster Ordnung $f'(x) = 0$ erfüllen.

(ii) Berechnen Sie den Funktionswert von f in den Endpunkten a und b des Intervalls und auch an allen kritischen Stellen.

(iii) Der größte der in (ii) gefundenen Funktionswerte ist der Maximalwert und der kleinste Funktionswert ist der Minimalwert von f in $[a, b]$.

Eine differenzierbare Funktion ist stetig und damit garantiert der Extremwertsatz, dass Maximum- und Minimumstellen existieren, vorausgesetzt, dass der Definitionsbereich abgeschlossen und beschränkt ist. Indem wir dem gerade gegebenen Rezept folgen, können wir im Prinzip diese Extremstellen finden.

Beispiel 9.4.1

Bestimmen Sie die Maximal- und Minimalwerte für $x \in [0, 3]$ von

$$f(x) = 3x^2 - 6x + 5$$

Lösung: Die Funktion ist überall differenzierbar und $f'(x) = 6x-6 = 6(x-1)$. Daher ist $x = 1$ die einzige kritische Stelle. Die Kandidaten für Extremstellen sind daher $x = 1$ sowie die Endpunkte 0 und 3. Wir berechnen die Werte von f an diesen drei Stellen. Die Ergebnisse sind $f(1) = 2$, $f(0) = 5$ und $f(3) = 14$. Wir schließen, dass der Maximalwert 14 ist und am Endpunkt $x = 3$ angenommen wird. Der Minimalwert ist 2, angenommen an der inneren Stelle $x = 1$.

Beispiel 9.4.2

Bestimmen Sie die Maximal- und Minimalwerte für $x \in [-1, 3]$ von

$$f(x) = \tfrac{1}{4}x^4 - \tfrac{5}{6}x^3 + \tfrac{1}{2}x^2 - 1$$

Lösung: Die Funktion ist überall differenzierbar und

$$f'(x) = x^3 - \tfrac{5}{2}x^2 + x = x\left(x^2 - \tfrac{5}{2}x + 1\right)$$

Als Lösungen der quadratischen Gleichung $x^2 - \frac{5}{2}x + 1 = 0$ erhalten wir $x = 1/2$ und $x = 2$. Daher ist $f'(x) = 0$ für $x = 0$, $x = 1/2$ und $x = 2$. Diese drei Stellen, zusammen mit den beiden Endpunkten -1 und 3 des Intervalls bilden die fünf Kandidaten für Extremstellen. Wir erhalten:

$$f(-1) = 7/12,\ f(0) = -1,\ f(1/2) = -185/192,\ f(2) = -5/3 \quad \text{und} \quad f(3) = 5/4$$

Daher ist der Maximalwert von f gleich $5/4$ an der Stelle $x = 3$. Der Minimalwert ist $-5/3$ an der Stelle $x = 2$.

Beachten Sie, dass wir die Maximum- und Minimumwerte gefunden haben, ohne die Vorzeichenvariation von $f'(x)$ zu untersuchen oder andere Tests zu nutzen, wie die Bedingungen zweiter Ordnung.

In den Beispielen 9.4.1 und 9.4.2 konnte man ganz einfach alle Lösungen der Gleichung $f'(x) = 0$ finden. In vielen Fällen könnte jedoch das Bestimmen aller Lösungen von $f'(x) = 0$ ein beachtliches oder sogar unüberwindbares Problem bilden. Betrachten Sie z. B. die für alle $x \in [-1, 5]$ durch

$$f(x) = x^{26} - 32x^{23} - 11x^5 - 2x^3 - x + 28$$

definierte Funktion. Als ein Polynom ist die Funktion stetig. Somit hat sie ein Maximum und ein Minimum in $[-1, 5]$. Es ist jedoch unmöglich, eine exakte Lösung der Gleichung $f'(x) = 0$ zu bestimmen, was ein Polynom vom Grad 25 einbezieht.

Schwierigkeiten dieser Art treten oft in praktischen Optimierungsproblemen auf. In der Tat kann nur in sehr speziellen Fällen die Gleichung $f'(x) = 0$ exakt gelöst werden. Glücklicherweise gibt es numerische Standardcomputeralgorithmen, die in den meisten Fällen Stellen liefern, die beliebig nahe an der tatsächlichen Lösung solcher Gleichungen liegen. Einige basieren auf der Newton-Methode, die in Kap. 7.10 diskutiert wurde. Noch besser: Einige Algorithmen sind speziell konstruiert, um Extremstellen einer Funktion zu finden.

Der Mittelwertsatz

Dieser Abschnitt befasst sich mit dem Mittelwertsatz, der ein Hauptwerkzeug ist, das es ermöglicht, Resultate der Analysis präzise zu beweisen. Dieser Abschnitt ist etwas anspruchsvoller als der Rest des Buches und kann daher als optional betrachtet werden.

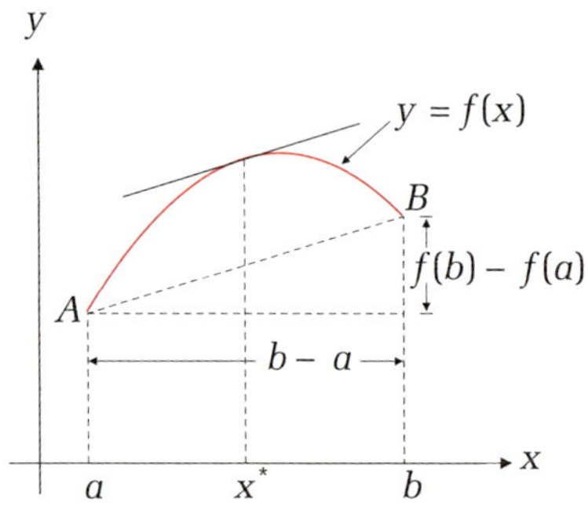

Abbildung 9.4.5: Der Mittelwertsatz

Betrachten Sie eine Funktion f, die definiert und stetig ist auf einem abgeschlossenen Intervall $[a, b]$, sowie differenzierbar in dem offenen Intervall (a, b). Wie in Abb. 9.4.5 illustriert, verbindet der Graph von f die Endunkte A und B durch eine zusammenhängende Kurve, die an jeder Stelle von (a, b) eine Tangente hat. Es scheint geometrisch plausibel, dass es mindestens einen Wert x^* von x zwischen a und b gibt, wo die Tangente an den Graphen parallel zur Geraden AB ist, wie in Abb. 9.4.5 gezeigt ist. Die Gerade AB hat die Steigung $[f(b) - f(a)]/(b - a)$. Somit ist die Bedingung, dass die Tangente in $(x^*, f(x^*))$ parallel zur Geraden AB ist, gegeben durch $f'(x^*) = [f(b) - f(a)]/(b - a)$. In der Tat kann x^* so gewählt werden, dass der vertikale Abstand zwischen dem Graphen von f und AB so groß wie möglich ist. Der folgende Beweis beruht auf dieser Tatsache.

Theorem 9.4.2 (Der Mittelwertsatz)

Sei f stetig auf dem abgeschlossenen und beschränkten Intervall $[a, b]$, sowie differenzierbar im offenen Intervall (a, b). Dann gibt es wenigstens eine Stelle x^* in (a, b), so dass

$$f'(x^*) = \frac{f(b) - f(a)}{b - a} \tag{9.4.1}$$

Beweis: Nach der Zwei-Punkte-Formel einer Geraden (4.4.6) hat die Gerade, die A und B in Abb. 9.4.5 verbindet die Gleichung

$$y - f(a) = \frac{f(b) - f(a)}{b - a}(x - a)$$

Der vertikale Abstand zwischen dem Graphen von f und der Geraden AB ist deshalb gegeben durch die Funktion

$$g(x) = f(x) - f(a) - \frac{f(b) - f(a)}{b - a}(x - a)$$

Offensichtlich ist $g(a) = g(b) = 0$. Beachten Sie, dass

$$g'(x) = f'(x) - \frac{f(b) - f(a)}{b - a} \tag{$*$}$$

Die Funktion $g(x)$ übernimmt offensichtlich von f die Eigenschaft der Stetigkeit in $[a, b]$ und Differenzierbarkeit in (a, b). Nach dem Extremwertsatz hat $g(x)$ ein Maximum und ein Minimum in $[a, b]$. Da $g(a) = g(b)$, muss wenigstens eine dieser Extremstellen x^* in (a, b) liegen. (Wenn $g(x) \equiv 0$ in ganz $[a, b]$, dann sind alle Stellen in $[a, b]$ Extremstellen für g.) Theorem 9.1.1 sagt uns, dass $g'(x^*) = 0$, so dass die Behauptung aus $(*)$ folgt.

Beispiel 9.4.3

Überprüfen Sie den Mittelwertsatz für $f(x) = x^3 - x$, definiert auf dem Intervall $[0, 2]$.

Lösung: Wir erhalten $[f(2) - f(0)]/(2 - 0) = 3$ und $f'(x) = 3x^2 - 1$. Die Gleichung $f'(x) = 3$ ist äquivalent zu $3x^2 = 4$ und dies hat zwei Lösungen $x = \pm 2\sqrt{3}/3$. Die positive Lösung $x^* = 2\sqrt{3}/3$ ist in $(0, 2)$. Für dieses x^* gilt:

$$f'(x^*) = \frac{f(2) - f(0)}{2 - 0}$$

Damit ist der Mittelwertsatz in diesem Fall bestätigt.

Zwei Implikationen des Mittelwertsatzes

Dieser Unterabschnitt enthält formale Beweise und kann als optional betrachtet werden.

Der Mittelwertsatz kann genutzt werden, um die versprochenen Beweise der Gleichungen (6.3.1), (6.3.2) und (6.3.3) zu liefern. In der Tat: Erinnern Sie von Kap. 6.3, dass eine Funktion f *monoton wachsend* ist in I, falls $f(x_2) \geq f(x_1)$ für $x_2 > x_1$ mit x_1 und x_2 in I.

Erstens: Die Definition der Ableitung macht es offensichtlich: Falls $f(x)$ monoton wachsend und differenzierbar ist, dann ist $f'(x) \geq 0$. Um die Umkehrung zu beweisen, nehmen Sie an, dass die Funktion f stetig ist in dem Intervall I und dass für alle x im Innern von I die Ableitung existiert und $f'(x) \geq 0$ erfüllt. Seien x_1 und x_2 zwei beliebige Zahlen in I mit $x_2 > x_1$. Nach dem Mittelwertsatz existiert eine Zahl x^* in (x_1, x_2), so dass

$$f(x_2) - f(x_1) = f'(x^*)(x_2 - x_1) \tag{9.4.2}$$

Da $x_2 > x_1$ und $f'(x^*) \geq 0$, folgt $f(x_2) \geq f(x_1)$, so dass $f(x)$ monoton wachsend ist. Dies beweist die Aussage (6.3.1). Die Äquivalenz in (6.3.2) kann bewiesen werden, indem man die Bedingung für $-f$ betrachtet, um monoton wachsend zu sein. Schließlich erfordert (6.3.3), dass f und $-f$ monoton wachsend sind.[7]

Wir können den Mittelwertsatz auch benutzen, um die Lagrange'sche Restglied-Formel zu beweisen:

Beweis von (7.6.2): Wir beginnen mit dem Beweis, dass die Formel korrekt ist für $n = 1$. In diesem Fall reduziert sie sich zu Gleichung (7.6.4). Für $x \neq 0$ definieren wir die Funktion $S(x)$ implizit durch die Gleichung

$$f(x) = f(0) + f'(0)x + \tfrac{1}{2}S(x)x^2 \qquad (*)$$

Um (7.6.4) zu bestätigen, zeigen wir, dass es eine Zahl c zwischen 0 und x gibt, so dass $S(x) = f''(c)$. Halten Sie x fest und definieren Sie die Funktion g für alle t zwischen 0 und x durch

$$g(t) = f(x) - [f(t) + f'(t)(x-t) + \tfrac{1}{2}S(x)(x-t)^2] \qquad (**)$$

Dann implizieren die Definitionen $(*)$ und $(**)$, dass

$$g(0) = f(x) - [f(0) + f'(0)x + \tfrac{1}{2}S(x)x^2] = 0 \quad \text{und} \quad g(x) = 0$$

Damit existiert nach dem Mittelwertsatz eine Zahl c strikt zwischen 0 und x, so dass $g'(c) = 0$. Indem wir $(**)$ bezüglich t differenzieren und dabei x festhalten, erhalten wir

$$g'(t) = -f'(t) + f'(t) - f''(t)(x-t) + S(x)(x-t)$$

Indem wir $t = c$ setzen, ergibt sich $g'(c) = -f''(c)(x-c) + S(x)(x-c)$. Da $g'(c) = 0$ und $c \neq x$, folgt $S(x) = f''(c)$. Somit haben wir (7.6.4) bewiesen.

Der Beweis für den Fall $n > 1$ basiert auf genau derselben Idee, indem wir $(*)$ und $(**)$ in naheliegender Weise verallgemeinern.

Aufgaben für Kapitel 9.4

1. Bestimmen Sie das Maximum und das Minimum und zeichnen Sie den Graphen von $f(x) = 4x^2 - 40x + 80$, für $x \in [0, 8]$.

2. Bestimmen Sie das Maximum und das Minimum von jeder Funktion über dem angegebenen Intervall:

(a) $f(x) = -2x - 1$ in $[0, 3]$

(b) $f(x) = x^3 - 3x + 8$ in $[-1, 2]$

(c) $f(x) = \dfrac{x^2 + 1}{x}$ in $[1/2, 2]$

(d) $f(x) = x^5 - 5x^3$ in $[-1, \sqrt{5}]$

(e) $f(x) = x^3 - 4500x^2 + 6 \cdot 10^6 x$ in $[0, 3000]$

3. Nehmen Sie an, dass die Funktion g durch $g(x) = \frac{1}{5}(e^{x^2} + e^{2-x^2})$ für alle $x \in [-1, 2]$ definiert ist. Berechnen Sie $g'(x)$ und bestimmen Sie die Extremstellen von g.

[7] Alternativ folgt es einfach, indem wir Gleichung (9.4.2) verwenden.

➡ Fortsetzung

4. Ein Sportverein plant, ein Flugzeug zu chartern und berechnet seinen Mitgliedern, die einen Sitzplatz kaufen, 10 % Gebühren auf den Preis, den sie bezahlen. Der Preis wird durch die Chartergesellschaft festgesetzt. Der Standardpreis für jeden Passagier ist 800 Euro. Für jeden über 60 hinausgehenden Passagier, erhalten alle Reisenden (einschließlich der ersten 60) einen Rabatt von 10 Euro. Das Flugzeug kann höchstens 80 Passagiere befördern.

(a) Wieviel Gebühren werden bei 61, 70, 80 und $60 + x$ Passagieren verdient?

(b) Bestimmen Sie die Anzahl der Passagiere, die die gesamten Gebühren, die der Sportverein einnimmt, maximieren.

5. Die Funktion f sei für $x \in [1, e^3]$ definiert durch $f(x) = (\ln x)^3 - 2(\ln x)^2 + \ln x$.

(a) Berechnen Sie $f(e^{1/3})$, $f(e^2)$ und $f(e^3)$. Bestimmen Sie die Nullstellen von $f(x)$.

(b) Bestimmen Sie die Extremstellen von f.

(c) Zeigen Sie, dass f, eingeschränkt auf $[e, e^3]$ eine inverse Funktion g hat und bestimmen Sie $g'(2)$.

Anspruchsvollere Aufgaben

6. Bestimmen Sie für die folgenden Funktionen alle Zahlen x^* in den jeweils angegebenen Intervallen $[a, b]$, so dass $f'(x^*) = [f(b) - f(a)]/(b - a)$:

(a) $f(x) = x^2$ in $[1, 2]$ (b) $f(x) = \sqrt{1 - x^2}$ in $[0, 1]$

(c) $f(x) = 2/x$ in $[2, 6]$ (d) $f(x) = \sqrt{9 + x^2}$ in $[0, 4]$

7. Sie sollen von Punkt A in einem See zu Punkt B segeln. Was hat der Mittelwertsatz über Ihre Reise zu sagen?

8. Betrachten Sie die Funktion f, die für alle $x \in [-1, 1]$ definiert ist durch

$$f(x) = \begin{cases} x & \text{für } x \in (-1, 1) \\ 0 & \text{für } x = -1 \quad \text{und für} \quad x = 1 \end{cases}$$

Ist diese Funktion stetig? Nimmt f ein Maximum oder Minimum an?

9. Sei f für alle x in $(0, \infty)$ definiert durch

$$f(x) = \begin{cases} x + 1 & \text{für } x \in (0, 1] \\ 1 & \text{für } x \in (1, \infty) \end{cases}$$

Beweisen Sie, dass f Maximal- und Minimalwerte annimmt. Weisen Sie nach, dass trotzdem *keine* der Bedingungen im Extremwertsatz erfüllt ist.

► Lösungen zu den Aufgaben finden Sie im Anhang des Buches.

9.5 Weitere ökonomische Beispiele

Beispiel 9.5.1

Ein Unternehmen, das ein einzelnes Gut herstellt, möchte seinen Gewinn maximieren. Bezeichne $R(Q)$ den Gesamterlös in Euro, der in einer bestimmten Periode durch die Produktion und den Verkauf von Q Einheiten erzielt wird. Seien $C(Q)$ die zugehörigen Gesamtkosten in Euro. Der durch die Produktion und den Verkauf von Q Einheiten erzielte Gewinn ist dann

$$\pi(Q) = R(Q) - C(Q) \tag{$*$}$$

Aufgrund technischer Einschränkungen gibt es eine maximale Menge $\bar{Q}$, die von dem Unternehmen in einer gegebenen Periode produziert werden kann. Nehmen Sie auch an, dass die Funktionen R und C stetig sind in dem Intervall $[0, \bar{Q}]$ und differenzierbar in $(0, \bar{Q})$. Dann ist die Gewinnfunktion π auch stetig in $[0, \bar{Q}]$ und hat somit einen Maximalwert. In Spezialfällen könnte dieses Maximum an der Stelle $Q = 0$ oder $Q = \bar{Q}$ eintreten. Falls nicht, liegt ein „inneres Maximum" vor, wo das Produktionsniveau Q^* die Gleichung $\pi'(Q^*) = 0$ erfüllt und somit

$$R'(Q^*) = C'(Q^*) \tag{9.5.1}$$

Daher *sollte die Produktion auf ein Niveau eingestellt werden, in dem der Grenzerlös gleich den Grenzkosten ist.*

Betrachten Sie den „konkurrierenden" Fall, in dem der Markt den Preis P bestimmt, den das Unternehmen pro verkaufter Einheit erhält und über den es keine Kontrolle hat. Dann ist $R(Q) = PQ$ und (9.5.1) nimmt die folgende Form an:

$$P = C'(Q^*) \tag{9.5.2}$$

Also sollte in dem Fall, in dem ein inneres Maximum angenommen wird, *die Produktion auf das Niveau eingestellt werden, bei dem die Grenzkosten gleich dem Preis pro Einheit des Gutes sind.*

Es ist durchaus möglich, dass das Unternehmen Funktionen $R(Q)$ und $C(Q)$ hat, für die die Gleichung (9.5.1) mehrere Lösungen hat. Wenn das der Fall ist, tritt der maximale Gewinn an derjenigen Stelle Q^* unter den Lösungen von (9.5.1) ein, die den höchsten Wert von $\pi(Q^*)$ ergibt.

Gleichung (9.5.1) hat eine ökonomische Interpretation ähnlich wie die entsprechende Optimalitätsbedingung in Beispiel 9.3.2. Nehmen Sie an, wir erwägen, die Produktion von dem Niveau Q^* aus um eine Einheit zu erhöhen. Dies würde den Erlös um den Betrag $R(Q^* + 1) - R(Q^*) \approx R'(Q^*)$ erhöhen. Es würde die Kosten um den Betrag $C(Q^* + 1) - C(Q^*) \approx C'(Q^*)$ erhöhen. Gleichung (9.5.1) setzt $R'(Q^*)$ und $C'(Q^*)$ gleich, so dass die approximativen zusätzlichen Einnahmen durch den Verkauf einer Extraeinheit durch die approximativen zusätzlichen Kosten für die Herstellung dieser Einheit ausgeglichen werden.

Beispiel 9.5.2

Nehmen Sie an, dass das Unternehmen in dem vorangehenden Beispiel einen Festpreis von $P = 121$ Euro pro Einheit erzielt und dass die Kostenfunktion gegeben ist durch $C(Q) = 0.02Q^3 - 3Q^2 + 175Q + 500$. Das Unternehmen kann höchstens $\bar{Q} = 110$ Einheiten produzieren.

(a) Legen Sie eine Tabelle mit den Werten der drei Funktionen $R(Q) = 121Q$, $C(Q)$ und $\pi(Q) = R(Q) - C(Q)$ für $Q = 0, 10, 30, 50, 70, 90$ und 110 an. Zeichnen Sie die Graphen von $R(Q)$ und $C(Q)$ in dasselbe Koordinatensystem.

(b) Nutzen Sie die Graphen in (a), um approximative Antworten auf die folgenden Fragen zu finden:
   (i) Wie viele Einheiten müssen produziert werden, damit das Unternehmen einen Gewinn erzielt?
   (ii) Wie viele Einheiten müssen produziert werden, damit der Gewinn 2000 Euro beträgt?
   (iii) Welches Produktionsniveau maximiert den Gewinn?

(c) Berechnen Sie eine exakte Antwort auf Frage (iii) in Teil (b).

(d) Nehmen Sie an, das Unternehmen produziert mit voller Kapazität von 110 Einheiten. Welches ist der kleinste Preis pro Einheit, den das Unternehmen berechnen muss, um kein Geld zu verlieren?

Lösung:

(a) Wir bilden die folgende Tabelle:

Q	0	10	30	50	70	90	110
$R(Q) = 121Q$	0	1 210	3 630	6 050	8 470	10 890	13 310
$C(Q)$	500	1 970	3 590	4 250	4 910	6 530	10 070
$\pi(Q) = R(Q) - C(Q)$	−500	−760	40	1 800	3 560	4 360	3 240

Die Graphen von $R(Q)$ und $C(Q)$ sind in Abb. 9.5.1 dargestellt.

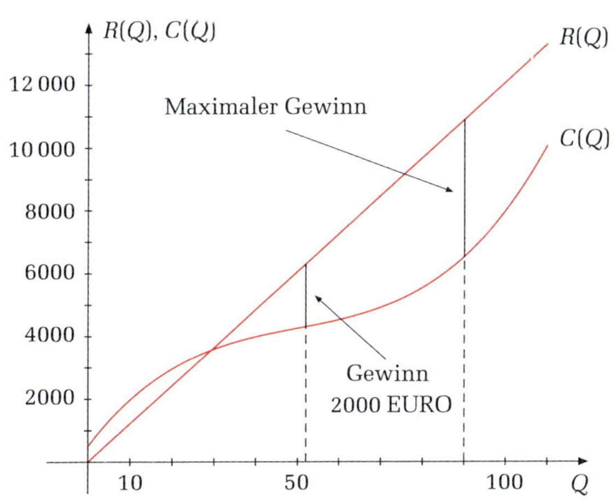

Abbildung 9.5.1: Erlös, Kosten und Gewinn

(b) (i) Das Unternehmen erzielt einen Gewinn, wenn $\pi(Q) > 0$, d. h. wenn $R(Q) > C(Q)$. Die Abbildung zeigt, dass $R(Q) > C(Q)$, wenn Q größer als ungefähr 30 ist.

(ii) Wir müssen herausfinden, wo der „Abstand" zwischen $R(Q)$ und $C(Q)$ gleich 2000 ist. Dies scheint der Fall zu sein, wenn $Q \approx 52$ ist.

(iii) Der Gewinn ist am größten, wenn der Abstand zwischen $R(Q)$ und $C(Q)$ am größten ist. Dies scheint der Fall zu sein, wenn $Q \approx 90$ ist.

(c) Wir setzen die Formel für $C'(Q)$ in Gleichung (9.5.2) ein mit $P = 121$. Das Resultat ist $121 = 0.06Q^2 - 6Q + 175$. Auflösen dieser quadratischen Gleichung ergibt $Q = 10$ und $Q = 90$. Wir wissen, dass $\pi(Q)$ eine Maximumstelle in $[0, 110]$ haben muss. Unter Einbeziehung der zwei Endpunkte sind die vier Kandidaten: $Q = 0$, $Q = 10$, $Q = 90$ und $Q = 110$. Unter Benutzung der Tabelle aus (a) sehen wir: Die zugehörigen Gewinne dieser Größen sind:

$$\pi(0) = -500\,, \quad \pi(10) = -760\,, \quad \pi(90) = 4360\,, \quad \pi(110) = 3240$$

Das Unternehmen erzielt deshalb maximalen Gewinn, wenn es 90 Einheiten herstellt.

(d) Wenn der Preis pro Einheit P ist, dann ist der Gewinn aus der Herstellung von 110 Einheiten

$$\pi(110) = P \cdot 110 - C(110) = 110P - 10\,070$$

Der kleinste Preis P, der gewährleistet, dass das Unternehmen keinen Verlust macht, wenn es 110 Einheiten produziert, muss die Gleichung $\pi(110) = 0$ erfüllen, d. h. $110P = 10\,070$ mit der Lösung $P \approx 91.55$. Dies sind die Durchschnittskosten für die Produktion von 110 Einheiten. Der Preis muss mindestens 91.55 Euro sein, wenn der Erlös ausreichend sein soll, um die Kosten der Produktion bei voller Kapazität zu decken.

Beispiel 9.5.3

In dem Modell des vorigen Beispiels nahm das Unternehmen den Preis als gegeben an. Betrachten Sie das andere Extrem, in dem das Unternehmen eine Monopolstellung im Verkauf des Gutes hat. Nehmen Sie an, dass der Preis $P(Q)$ pro Einheit mit Q nach der Formel $P(Q) = 100 - \frac{1}{3}Q$ für $Q \in [0, 300]$ variiert. Nehmen Sie jetzt an, dass die Kostenfunktion

$$C(Q) = \frac{1}{600}Q^3 - \frac{1}{3}Q^2 + 50Q + \frac{1000}{3}$$

ist. Dann ist der Gewinn

$$\pi(Q) = QP(Q) - C(Q) = -\frac{1}{600}Q^3 + 50Q - \frac{1000}{3}$$

Bestimmen Sie das Produktionsniveau, das den Gewinn maximiert und berechnen Sie den maximalen Gewinn.

Lösung: Die Ableitung von $\pi(Q)$ ist $\pi'(Q) = -(Q^2/200) + 50$. Daher gilt $\pi'(Q) = 0$ für $Q^2 = 10\,000$. Da $Q < 0$ nicht zulässig, ist $Q = 100$ die einzige kritische Stelle. Die Werte von $\pi(Q)$ in den Endpunkten von $[0, 300]$ sind $\pi(0) = -1000/3$ und $\pi(300) =$

$-91\,000/3$. Da $\pi(100) = 3000$, schließen wir, dass $Q = 100$ tatsächlich den Gewinn maximiert und der maximale Gewinn ist 3000.

Beispiel 9.5.4

(Sei entweder ein Borger oder ein Verleiher)[8] Erinnern Sie sich an Beispiel 7.1.5 und nehmen Sie an, ein Studierender habe ein gegenwärtiges Einkommen y_1 und erwarte ein zukünftiges Einkommen y_2. Sei δ seine Diskontierungsrate.[9] Er plant einen gegenwärtigen Konsum $c_1 > 0$ und zukünftigen Konsum $c_2 > 0$ mit der Absicht die Nutzenfunktion

$$U = \ln c_1 + \frac{1}{1+\delta} \ln c_2 \qquad (*)$$

zu maximieren. Wenn er $c_1 > y_1$ wählt, muss er den Betrag $c_1 - y_1$ borgen. Dann wird der zukünftige Konsum, nach Rückzahlung des Kreditbetrages mit Zinsen, berechnet zur Rate r, gegeben sein durch

$$c_2 = y_2 - (1+r)(c_1 - y_1)$$

Alternativ: Wenn er $c_1 < y_1$ wählt, spart er jetzt den Betrag $y_1 - c_1$. Dann wird der zukünftige Konsum einschließlich der Zinsen zur Rate r und Ersparnisse

$$c_2 = y_2 + (1+r)(y_1 - c_1)$$

sein. Bestimmen Sie den optimalen Leih- oder Sparplan.

Lösung: Ob der Studierende leiht oder spart, der Konsum in der zweiten Periode ist in beiden Fällen

$$c_2 = y_2 - (1+r)(c_1 - y_1)$$

Wenn wir diesen Wert von c_2 in $(*)$ einsetzen, sehen wir, dass der Studierende c_1 so wählen möchte, dass

$$U = \ln c_1 + \frac{1}{1+\delta} \ln[y_2 - (1+r)(c_1 - y_1)] \qquad (**)$$

maximiert wird. Wir können die Aufmerksamkeit offensichtlich auf das Intervall $0 < c_1 < y_1 + (1+r)^{-1} y_2$ beschränken, wo c_1 und c_2 beide positiv sind. Indem wir $(**)$ bezüglich der Wahlvariablen c_1 differenzieren, erhalten wir

$$\frac{\mathrm{d}U}{\mathrm{d}c_1} = \frac{1}{c_1} - \frac{1+r}{1+\delta} \cdot \frac{1}{y_2 - (1+r)(c_1 - y_1)}$$

Indem wir die Brüche so umschreiben, dass sie einen gemeinsamen Nenner haben, erhalten wir

$$\frac{\mathrm{d}U}{\mathrm{d}c_1} = \frac{(1+\delta)[y_2 - (1+r)(c_1 - y_1)] - (1+r)c_1}{c_1(1+\delta)[y_2 - (1+r)(c_1 - y_1)]}$$

---

8 Nach Skakespeare, Polonius Rat an Hamlet war: „Kein Borger sei und auch Verleiher nicht".

9 In der Notation von Beispiel 7.1.5 impliziert dies, dass für den Diskontierungsfaktor β gilt: $\beta = 1/(1+\delta)$

Nach Umordnen des Zählers und Nullsetzen der Ableitung erhalten wir

$$\frac{\mathrm{d}U}{\mathrm{d}c_1} = \frac{(1+\delta)[(1+r)y_1 + y_2] - (2+\delta)(1+r)c_1}{c_1(1+\delta)[y_2 - (1+r)(c_1 - y_1)]} = 0 \qquad (**)$$

Da wir annehmen, dass $y_2 - (1+r)(c_1 - y_1) > 0$ ist die eindeutige Lösung dieser Gleichung

$$c_1^* = \frac{(1+\delta)[(1+r)y_1 + y_2]}{(2+\delta)(1+r)} = y_1 + \frac{(1+\delta)y_2 - (1+r)y_1}{(2+\delta)(1+r)}$$

Aus (∗∗∗) folgt, dass für $c_1 < c_1^*$ gilt $\mathrm{d}U/\mathrm{d}c_1 > 0$, während für $c_1 > c_1^*$ gilt $\mathrm{d}U/\mathrm{d}c_1 < 0$. Wir schließen nach dem Test der ersten Ableitung in Theorem 9.2.1, dass c_1^* tatsächlich U maximiert. Ferner borgt der Studierende genau dann, wenn $(1+\delta)y_2 < (1+r)y_1$. In dem wahrscheinlicheren Fall, dass $(1+\delta)y_2 > (1+r)y_1$, weil zukünftiges Einkommmen bedeutend höher ist als das gegenwärtige Einkommen, wird er borgen. Nur wenn zufällig $(1+\delta)y_2$ exakt gleich $(1+r)y_1$ ist, wird er „weder ein Borger noch ein Verleiher sein".

Bei dieser Diskussion ist jedoch der Unterschied zwischen Guthaben- und Sollzinsen, den man in der Realität immer vorfindet (auch zu Shakespeares Zeiten), vernachlässigt worden.

Aufgaben für Kapitel 9.5

1. Nehmen Sie mit Bezug auf Beispiel 9.5.1 an, dass $R(Q) = 10Q - Q^2/1000$ für alle $Q \in [0, 10\,000]$ und dass $C(Q) = 5000 + 2Q$ für alle $Q \geq 0$. Bestimmen Sie den Wert von Q, der den Gewinn maximiert.

2. Mit Bezug auf Beispiel 9.5.1 sei $R(Q) = 80Q$ und $C(Q) = Q^2 + 10Q + 900$. Das Unternehmen kann höchstens 50 Einheiten produzieren.

(a) Zeichnen Sie die Graphen von R und C in dasselbe Koordinatensystem.

(b) Beantworten Sie die folgenden Fragen sowohl grafisch als auch durch Berechnung:
(i) Wie viele Einheiten müssen hergestellt werden, damit das Unternehmen einen Gewinn erzielt?
(ii) Wie viele Einheiten müssen hergestellt werden, damit das Unternehmen seinen Gewinn maximiert?

3. Ein Unternehmen der Pharmazie produziert Penizillin. Der Verkaufspreis pro Einheit ist 200, während die Kosten für die Herstellung von x Einheiten gegeben sind durch $C(x) = 500\,000 + 80x + 0.003x^2$. Das Unternehmen kann höchstens 30 000 Einheiten herstellen. Welcher Wert von x maximiert den Gewinn?

4. Betrachten Sie Beispiel 9.5.1 und bestimmen Sie das Produktionsniveau, das den Gewinn maximiert, wenn

(a) $R(Q) = 1840Q$ und $C(Q) = 2Q^2 + 40Q + 5000$

➡ Fortsetzung

(b) $R(Q) = 2240Q$ und $C(Q) = 2Q^2 + 40Q + 5000$

(c) $R(Q) = 1840Q$ und $C(Q) = 2Q^2 + 1940Q + 5000$

5. Der Preis, den ein Unternehmen für eine Einheit eines Gutes erzielt, variiert mit der Nachfrage Q entsprechend der Formel $P(Q) = 18 - 0.006Q$. Die Gesamtkosten sind $C(Q) = 0.004Q^2 + 4Q + 4500$.

(a) Bestimmen Sie den Gewinn $\pi(Q)$ und den Wert von Q, der den Gewinn maximiert.

(b) Bestimmen Sie eine Formel für die Elastizität von $P(Q)$ bezüglich Q und bestimmen Sie denjenigen Wert Q^* von Q, für den die Elastizität gleich -1 ist.

(c) Zeigen Sie, dass der Grenzerlös an der Stelle Q^* gleich null ist.

6. Mit Bezug auf Beispiel 9.5.1 sei $R(Q) = PQ$ und $C(Q) = aQ^b + c$, wobei P, a, b und c positive Konstanten sind mit $b > 1$. Bestimmen Sie unter Verwendung von Theorem 9.2.2 denjenigen Wert von Q, der den Gewinn $\pi(Q)$ maximiert.

► Lösungen zu den Aufgaben finden Sie im Anhang des Buches.

9.6 Lokale Extremstellen

Bisher sind in diesem Kapitel sogenannte *globale* Optimierungsprobleme erörtert worden. Der Grund für diese Terminologie ist, dass wir den größten oder kleinsten Wert einer Funktion gesucht haben, wenn wir die Funktionswerte an *allen* Stellen ihres Definitionsbereiches ohne irgendeine Ausnahme vergleichen. In angewandten Optimierungsproblemen, insbesondere solchen, die in den Wirtschaftswissenschaften auftreten, sind es gewöhnlich diese globalen Extrema, die von Interesse sind. Jedoch ist man manchmal auch an den lokalen Maxima und Minima einer Funktion interessiert. In diesem Fall vergleichen wir den Funktionswert an der in Frage kommenden Stelle nur mit alternativen Funktionswerten an nahe gelegenen Stellen.

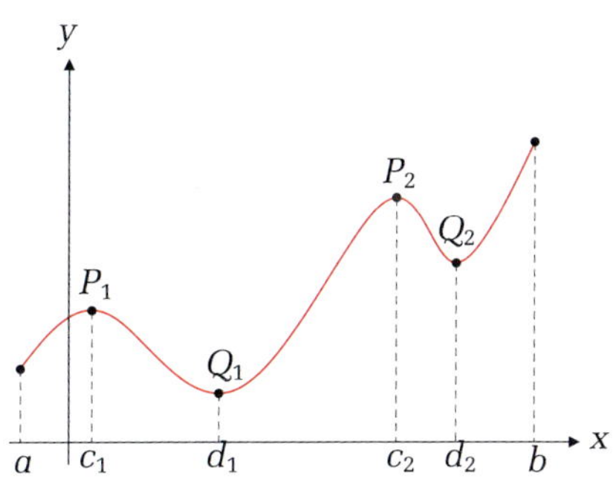

Abbildung 9.6.1: c_1, c_2 und b sind lokale Maximumstellen; a, d_1 und d_2 sind lokale Minimumstellen.

Betrachten Sie Abb. 9.6.1 und stellen Sie sich vor, dass der Graph das Profil einer Landschaft darstellt. Dann repräsentieren die Berggipfel P_1 und P_2 lokale Maxima, während die Talsohlen Q_1 und Q_2 lokale Minima darstellen. Die genauen Definitionen, die wir benötigen, sind wie folgt:

Lokale Extrema

Die Funktion f hat:

(i) ein *lokales Maximum* an der Stelle c, falls ein Intervall (α, β) um c herum existiert, so dass

$$f(x) \leq f(c) \text{ für alle } x \text{ in } (\alpha, \beta), \text{ die zum Definitionsbereich von } f \text{ gehören.} \tag{9.6.1}$$

(ii) ein *lokales Minimum* an der Stelle c, falls ein Intervall (α, β) um c herum existiert, so dass

$$f(x) \geq f(c) \text{ für alle } x \text{ in } (\alpha, \beta), \text{ die zum Definitionsbereich von } f \text{ gehören.} \tag{9.6.2}$$

Eine lokale Extremstelle ist *strikt*, falls $f(x) \neq f(c)$ für alle $x \neq c$ in (α, β), die zum Definitionsbereich von f gehören.

Beachten Sie in Abb. 9.6.1, dass Definition (9.6.2) eines lokalen Minimums für den Endpunkt a gilt, denn: Vorausgesetzt, dass $\alpha < a$, kann nur das halboffene Teilintervall $[a, \beta)$ von (α, β) im Definitionsbereich von f sein. Analog gilt Definition (9.6.2) für den anderen Endpunkt b, denn: Vorausgesetzt, dass $\beta > b$ kann nur das halboffene Teilintervall (α, b) von (α, β) im Definitionsbereich von f sein.[10] Somit impliziert Definition (9.6.2), dass die Stellen a, d_1 und d_2 in Abb. 9.6.1 strikte lokale Minimumstellen sind, wobei d_1 eine globale Minimumstelle ist. Analog impliziert Definition (9.6.1), dass die Stellen b, c_1 und c_2 strikte lokale Maximumstellen sind, wobei b eine globale Maximumstelle ist.

Funktionswerte, die zu lokalen Maximum/Minimumstellen gehören, heißen *lokale Maximum/Minimumwerte*. Als kollektive Namen verwenden wir die Terme *lokale Extremstellen* und *lokale Extremwerte*.

Eine lokale Maximumstelle c ist eine *strikte lokale Maximumstelle*, wenn man (9.6.1) modifiziert zu $f(x) < f(c)$ für alle x in (α, β) mit $x \neq c$, die zum Definitionsbereich von f gehören. Eine ähnliche Modifikation von (9.6.2) wird zur Definition von *strikten lokalen Minimumstellen* verwendet.

Bei der Suche nach (globalen) Maximum- und Minimumstellen war Theorem 9.1.1 sehr hilfreich. Tatsächlich gilt dasselbe Resultat für lokale Extremstellen:

In einer lokalen Extremstelle im Innern des Defintionsbereiches einer differenzierbaren Funktion muss die Ableitung null sein.

[10] Einige Autoren beschränken die Definition einer lokalen Maximum/Minimumstelle auf *innere* Stellen des Definitionsbereiches der Funktion. Entsprechend dieser Definition ist eine globale Maximumstelle, die keine innere Stelle ist, keine lokale Maximumstelle. Es erscheint vernünftig, dass eine globale Maximum/Minimumstelle immer auch eine lokale Maximum/Minimumstelle sein sollte, so dass wir bei den Definitionen (9.6.1) und (9.6.2) bleiben.

Dies ist einleuchtend, wenn wir uns erinnern, dass im Beweis des Theorems 9.1.1 das Verhalten der Funktion nur in einem kleinen Intervall um die Optimalstelle herum betrachtet werden musste. Folglich können wir uns bei der Suche nach möglichen lokalen Maxima und Minima einer auf einem Intervall I definierten Funktion f auf folgende Typen von Stellen beschränken: (i) Innere Stellen in I mit $f'(x) = 0$; (ii) Endpunkte von I, falls sie zu I gehören, und (iii) innere Stellen x in I, in denen $f'(x)$ nicht existiert.
Wir haben damit *notwendige* Bedingungen dafür aufgestellt, dass eine auf einem Intervall I definierte Funktion f eine lokale Extremstelle hat. Aber wie entscheiden wir, ob eine Stelle, die die notwendigen Bedingungen erfüllt, eine lokale Maximumstelle, eine lokale Minimumstelle oder keins von beiden ist? Im Gegensatz zu globalen Extremstellen hilft es hier nicht, die Funktionswerte an den verschiedenen Stellen zu berechnen. Um den Grund dafür zu erkennen, betrachten Sie wieder die Funktion, deren Graph in Abb. 9.6.1 dargestellt ist. Der Punkt P_1 ist ein strikter lokaler Maximumpunkt und Q_2 ist ein strikter lokaler Minimumpunkt, jedoch ist der Funktionswert in P_1 *kleiner* als der Funktionswert in Q_2.

Der Test der ersten Ableitung

Es gibt zwei Hauptwege, um zu bestimmen, ob eine gegebene kritische Stelle eine lokale Maximumstelle, eine lokale Minimumstelle oder keins von beiden ist. Einer von ihnen basiert auf der Untersuchung des Vorzeichens der ersten Ableitung um die kritische Stelle herum. Es ist eine einfache Modifikation von Theorem 9.2.1.

Theorem 9.6.1 (Test der ersten Ableitung auf lokale Extrema)

Betrachten Sie die Funktion $y = f(x)$ und nehmen Sie an, dass c eine kritische Stelle von f ist.

(i) Falls $f'(x) \geq 0$ in einem Intervall (a, c) links von c und $f'(x) \leq 0$ in einem Intervall (c, b) rechts von c, dann ist $x = c$ eine lokale Maximumstelle.

(ii) Falls $f'(x) \leq 0$ in einem Intervall (a, c) links von c und $f'(x) \geq 0$ in einem Intervall (c, b) rechts von c, dann ist $x = c$ eine lokale Minimumstelle.

(iii) Falls $f'(x) > 0$ sowohl in einem Intervall (a, c) links von c als auch in einem Intervall (c, b) rechts von c, dann ist $x = c$ keine lokale Extremstelle für f. Derselbe Schluss gilt, falls $f'(x) < 0$ auf beiden Seiten von c.

Nur Fall (iii) ist noch nicht durch Theorem 9.2.1 abgedeckt. In der Tat: Wenn $f'(x) > 0$ in (a, c) und auch in (c, b), dann ist $f(x)$ strikt monoton wachsend in $(a, c]$ und auch in $[c, b)$. Dann kann $x = c$ keine lokale Extremstelle sein.

Beispiel 9.6.1

Klassifizieren Sie die kritischen Stellen von $f(x) = \frac{1}{9}x^3 - \frac{1}{6}x^2 - \frac{2}{3}x + 1$.

Lösung: Wie in Beispiel 8.6.2 erhalten wir $f'(x) = \frac{1}{3}x^2 - \frac{1}{3}x - \frac{2}{3} = \frac{1}{3}(x+1)(x-2)$. Daher sind $x = -1$ und $x = 2$ die kritischen Stellen. Das Vorzeichen-Diagramm für $f'(x)$ ist:

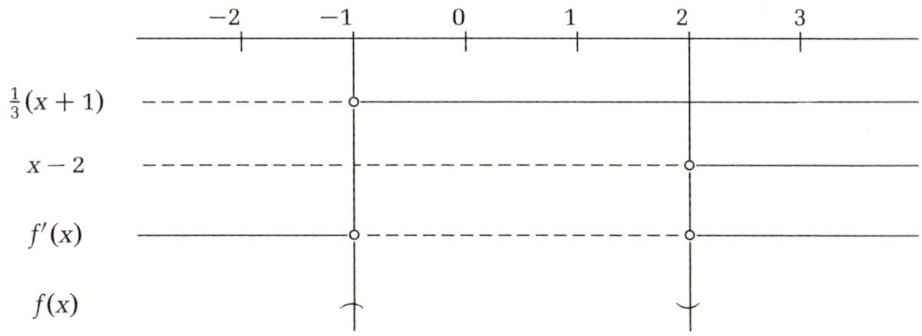

Wir schließen aus diesem Vorzeichen-Diagramm, dass $x = -1$ eine lokale Maximumstelle ist, während $x = 2$ eine lokale Minimumstelle ist.

Beispiel 9.6.2

Klassifizieren Sie die kritischen Stellen von $f(x) = x^2e^x$.

Lösung: Durch Differenzieren erhalten wir $f'(x) = 2xe^x + x^2e^x = xe^x(2+x)$. Dann gilt $f'(x) = 0$ für $x = 0$ und für $x = -2$. Ein Vorzeichen-Diagramm zeigt, dass f ein lokales Maximum an der Stelle $x = -2$ hat und ein lokales und auch globales Minimum an der Stelle $x = 0$. Der Graph von f ist in Abb. 9.6.2 dargestellt.

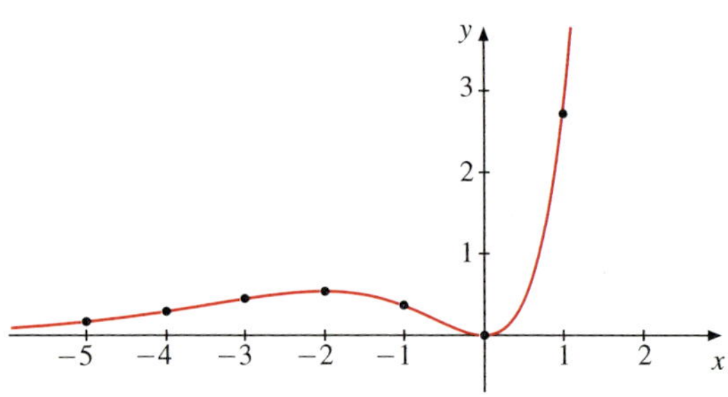

Abbildung 9.6.2: $f(x) = x^2e^x$

Der Test der zweiten Ableitung

Die meisten praktischen Probleme in den Wirtschaftswissenschaften beinhalten eine Funktion, die durch eine explizite Formel definiert ist. Dann wird der Test der ersten Ableitung aus Theorem 9.6.1 allein bestimmen, ob eine kritische Stelle ein lokales Maximum, ein lokales Minimum oder keins von beiden ist. Der Test verlangt die Kenntnis des Vorzeichens von $f'(x)$ auf beiden Seiten, also links und rechts von der gegebenen kritischen Stelle. Der nächste Test verlangt nur die Kenntnis der beiden ersten Ableitungen der Funktion, jedoch nur an der kritischen Stelle selbst.

Theorem 9.6.2 (Test der zweiten Ableitung auf lokale Extrema)

Sei f eine zweimal differenzierbare Funktion in einem Intervall I, und c sei eine innere Stelle von I.

(i) Wenn $f'(c) = 0$ und $f''(c) < 0$, dann ist $x = c$ eine strikte lokale Maximumstelle.

(ii) Wenn $f'(c) = 0$ und $f''(c) > 0$, dann ist $x = c$ eine strikte lokale Minimumstelle.

(iii) Wenn $f'(c) = 0$ und $f''(c) = 0$, dann kann $x = c$ eine loklae Maximumstelle, eine lokale Minimumstelle oder keins von beiden sein.

Beweis von Teil (i): Nach Definition von $f''(c)$ als Ableitung von $f'(x)$ an der Stelle c ist

$$f''(c) = \lim_{\Delta x \to 0} \frac{f'(c + \Delta x) - f'(c)}{\Delta x} = \lim_{\Delta x \to 0} \frac{f'(c + \Delta x)}{\Delta x}$$

Da $f''(c) < 0$, folgt $f'(c + \Delta x)/\Delta x < 0$, falls $|\Delta x|$ hinreichend klein ist. Insbesondere, falls Δx eine kleine positive Zahl ist, ist $f'(c + \Delta x) < 0$, so dass f' negativ in einem Intervall rechts von c ist. Genauso sehen wir, dass f' positiv in einem Intervall links von c ist. Aber dann ist c eine strikte lokale Maximumstelle für f.

Teil (ii) kann genauso bewiesen werden.

In dem nicht aussagefähigen Teil (iii), in dem $f'(c) = f''(c) = 0$, kann „alles" passieren. Betrachten Sie die drei Funktionen $f(x) = x^4$, $f(x) = -x^4$ und $f(x) = x^3$, deren Graphen in den Abb. 9.6.3 bis 9.6.5 zu sehen sind. Alle erfüllen $f'(0) = f''(0) = 0$. Die Stelle $x = 0$ ist für sie eine Minimumstelle, eine Maximumstelle bzw. eine Wendestelle (siehe Kap. 8.6). Gewöhnlich kann wie bei diesen drei Funktionen der Test der ersten Ableitung verwendet werden, um die kritischen Stellen zu klassifizieren, in denen $f'(c) = f''(c) = 0$ gilt.

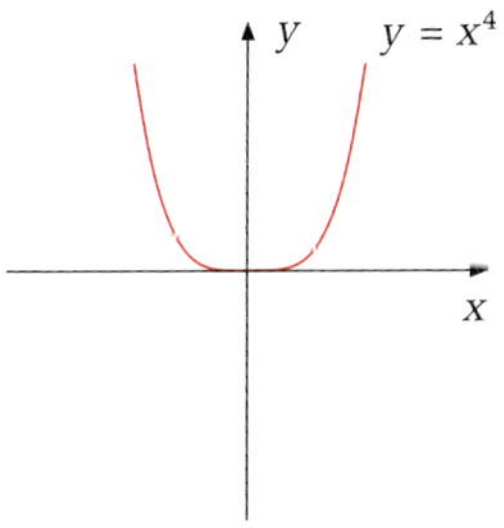

Abbildung 9.6.3: Striktes Minimum

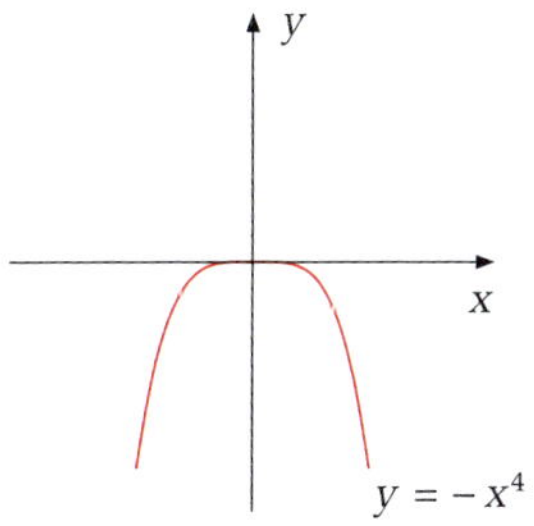

Abbildung 9.6.4: Striktes Maximum

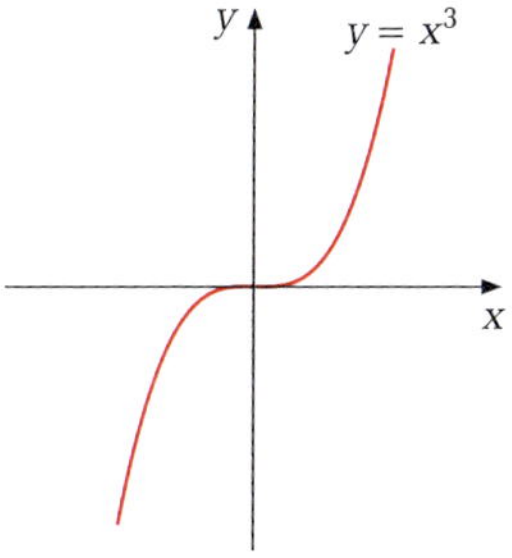

Abbildung 9.6.5: Wendestelle

Beispiel 9.6.3

Klassifizieren Sie die kritischen Stellen von $f(x) = \frac{1}{9}x^3 - \frac{1}{6}x^2 - \frac{2}{3}x + 1$, indem Sie den Test der zweiten Ableitung anwenden.

Lösung: Wir sahen in Beispiel 9.6.1, dass

$$f'(x) = \frac{1}{3}x^2 - \frac{1}{3}x - \frac{2}{3} = \frac{1}{3}(x + 1)(x - 2)$$

mit den zwei kritischen Stellen $x = -1$ und $x = 2$. Ferner ist $f''(x) = \frac{2}{3}x - \frac{1}{3}$, so dass $f''(-1) = -1$ und $f''(2) = 1$. Aus Theorem 9.6.2 folgt, dass $x = -1$ eine lokale Maximumstelle und $x = 2$ eine lokale Minimumstelle ist. Dies bestätigt die Resultate in Beispiel 9.6.1.

Beispiel 9.6.4

Klassifizieren Sie die kritischen Stellen von $f(x) = x^2e^x$, indem Sie den Test der zweiten Ableitung anwenden.

Lösung: Nach Beispiel 9.6.2 haben wir $f'(x) = 2xe^x + x^2e^x$ mit den beiden kritischen Stellen $x = 0$ und $x = -2$. Die zweite Ableitung von f ist

$$f''(x) = 2e^x + 2xe^x + 2xe^x + x^2e^x = e^x(2 + 4x + x^2)$$

An den zwei kritischen Stellen haben wir $f''(0) = 2 > 0$ und $f''(-2) = -2e^{-2} < 0$. Es folgt aus Theorem 9.6.2, dass $x = 0$ eine strikte lokale Minimumstelle und $x = -2$ eine strikte lokale Maximumstelle ist. Dies bestätigt die Resultate aus Beispiel 9.6.2.

Theorem 9.6.2 kann verwendet werden, um eine nützliche notwendige Bedingung für lokale Extrema zu erhalten. Nehmen Sie an, dass f zweimal differenzierbar ist in dem Intervall I und dass c eine innere Stelle von I ist, in dem ein lokales Maximum vorliegt. Dann ist $f'(c) = 0$. Ferner ist $f''(c) > 0$ unmöglich, da nach Teil (ii) von Theorem 9.6.2 diese Ungleichung implizieren würde, dass c ein striktes lokales Minimum ist. Daher muss $f''(c) \leq 0$ sein. Genauso sehen wir, dass $f''(c) \geq 0$ eine notwendige Bedingung für ein lokales Minimum ist. Kurz gesagt: Wir erhalten die folgenden Bedingungen zweiter Ordnung:

Notwendige Bedingungen zweiter Ordnung

Wenn die Funktion f zweimal differenzierbar ist, dann gilt:

$$\text{Die Stelle } c \text{ ist eine lokale Maximumstelle für } f \Longrightarrow f''(c) \leq 0 \tag{9.6.3}$$

$$\text{Die Stelle } c \text{ ist eine lokale Minimumstelle für } f \Longrightarrow f''(c) \geq 0 \tag{9.6.4}$$

Viele Resultate in ökonomischen Analysen beruhen eher darauf, ein geeignetes Vorzeichen der zweiten Ableitung zu postulieren als eine geeignete Variation des Vorzeichens der ersten Ableitung zu fordern.

Beispiel 9.6.5

Nehmen Sie an, dass dem Unternehmen in Beispiel 9.5.1 eine Verkaufssteuer von τ Euro pro Einheit auferlegt wird. Der Gewinn des Unternehmens aus der Produktion und dem Verkauf von Q Einheiten ist dann $\pi(Q) = R(Q) - C(Q) - \tau Q$. Um den Gewinn für eine Menge Q^* mit $0 < Q^* < \bar{Q}$ zu maximieren, muss $\pi'(Q^*) = 0$ sein. Daher muss gelten:

$$R'(Q^*) - C'(Q^*) - \tau = 0 \tag{$*$}$$

Nehmen Sie an, dass $R''(Q^*) < 0$ und $C''(Q^*) > 0$. Gleichung $(*)$ definiert Q^* implizit als eine differerenzierbare Funktion von τ. Bestimmen Sie einen Ausdruck für $\mathrm{d}Q^*/\mathrm{d}\tau$ und diskutieren Sie das Vorzeichen. Berechnen Sie auch die Ableitung bezüglich τ des Optimalwertes $\pi(Q^*)$ der Gewinnfunktion und zeigen Sie, dass $\mathrm{d}\pi(Q^*)/\mathrm{d}\tau = -Q^*$.

Lösung: Differenzieren von $(*)$ nach τ ergibt

$$R''(Q^*)\frac{\mathrm{d}Q^*}{\mathrm{d}\tau} - C''(Q^*)\frac{\mathrm{d}Q^*}{\mathrm{d}\tau} - 1 = 0$$

Auflösen nach $\mathrm{d}Q^*/\mathrm{d}\tau$ ergibt

$$\frac{\mathrm{d}Q^*}{\mathrm{d}\tau} = \frac{1}{R''(Q^*) - C''(Q^*)} \qquad (**)$$

Die Annahmen über die Vorzeichen von R'' und C'' implizieren, dass $\mathrm{d}Q^*/\mathrm{d}\tau < 0$. Daher wird die optimale Anzahl der produzierten Einheiten abnehmen, wenn die Steuerrate τ steigt.

Der optimale Wert der Gewinnfunktion ist $\pi(Q^*) = R(Q^*) - C(Q^*) - \tau Q^*$. Indem wir die Abhängigkeit von Q^* von τ in Betracht ziehen, erhalten wir

$$\begin{aligned}\frac{\mathrm{d}\pi(Q^*)}{\mathrm{d}\tau} &= R'(Q^*)\frac{\mathrm{d}Q^*}{\mathrm{d}\tau} - C'(Q^*)\frac{\mathrm{d}Q^*}{\mathrm{d}\tau} - Q^* - \tau\frac{\mathrm{d}Q^*}{\mathrm{d}\tau}\\ &= \left[R'(Q^*) - C'(Q^*) - \tau\right]\frac{\mathrm{d}Q^*}{\mathrm{d}\tau} - Q^*\\ &= -Q^*\end{aligned}$$

Beachten Sie, dass die eckige Klammer wegen der Bedingung erster Ordnung $(*)$ verschwindet. Dies ist ein Beispiel des „Envelope-Theorems“, das in Kap. 18.7 erörtert werden wird. Wenn die Verkaufssteuer um 1 Cent ansteigt, dann nimmt der Gewinn um angenähert Q^* Cent ab, wobei Q^* die Anzahl der im Optimum produzierten Einheiten ist.

Aufgaben für Kapitel 9.6

1. Betrachten Sie die Funktion f, die für alle x durch $f(x) = x^3 - 12x$ definiert ist. Bestimmen Sie die kritischen Stellen von f und klassifizieren Sie diese, indem Sie sowohl den Test der ersten Ableitung als auch den Test der zweiten Ableitung verwenden.

2. Bestimmen Sie mögliche lokale Extremstellen und Extremwerte für die folgenden Funktionen:

(a) $f(x) = -2x - 1$ (b) $f(x) = x^3 - 3x + 8$ (c) $f(x) = x + \dfrac{1}{x}$

(d) $f(x) = x^5 - 5x^3$ (e) $f(x) = \frac{1}{2}x^2 - 3x + 5$ (f) $f(x) = x^3 + 3x^2 - 2$

3. Die Funktion f sei gegeben durch die Formel $f(x) = \left(1 + \dfrac{2}{x}\right)\sqrt{x+6}$.

➡

➡ Fortsetzung

(a) Bestimmen Sie den Definitionsbereich von f und die Intervalle, wo $f(x)$ positiv ist.

(b) Bestimmen Sie mögliche lokale Extremstellen.

(c) Untersuchen Sie $f(x)$, wenn $x \to 0^-$, $x \to 0^+$ und $x \to \infty$. Bestimmen Sie auch den Grenzwert von $f'(x)$, wenn $x \to \infty$. Hat f in seinem Definitionsbereich ein Maximum oder ein Minimum?

4. Abb. 9.6.6 zeigt die *Ableitung* einer Funktion f. Welche der Stellen a, b, c, d und e sind lokale Maximumstellen für f, lokale Minimumstellen für f oder keines von beiden?

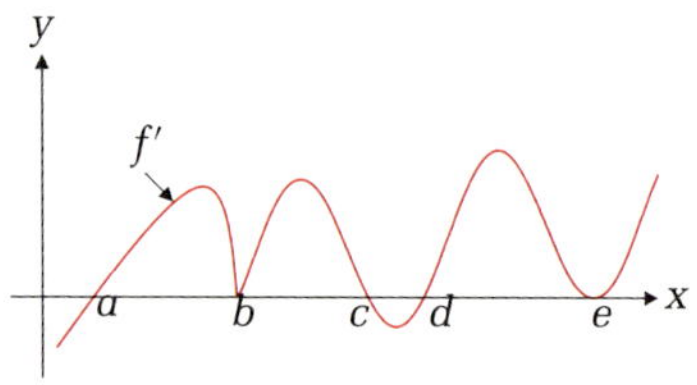

Abbildung 9.6.6: Aufgabe 4

5. Sei $f(x) = x^3 + ax^2 + bx + c$. Welche Forderungen müssen an die Konstanten a, b und c gestellt werden, damit die Funktion (a) ein lokales Minimum an der Stelle $x = 0$ hat? (b) kritische Stellen in $x = 1$ und $x = 3$ hat?

6. Bestimmen Sie die lokalen Extremstellen für (a) $f(x) = x^3 e^x$; (b) $g(x) = x^2 2^x$.

Anspruchsvollere Aufgabe

7. Bestimmen Sie die lokalen Extremstellen von $f(x) = x^3 + ax + b$. Benutzen Sie die Antwort, um zu zeigen, dass die Gleichung $f(x) = 0$ genau dann drei verschiedene reelle Lösungen hat, wenn $4a^3 + 27b^2 < 0$ ist.

► Lösungen zu den Aufgaben finden Sie im Anhang des Buches.

Aufgaben zur Wiederholung für Kapitel 9

1. Sei $f(x) = \dfrac{x^2}{x^2 + 2}$.

(a) Berechnen Sie $f'(x)$ und bestimmen Sie, wo $f(x)$ monoton wachsend/fallend ist.

(b) Bestimmen Sie mögliche Wendestellen.

(c) Bestimmen Sie den Grenzwert von $f(x)$ für $x \to \pm\infty$ und skizzieren Sie den Graphen von $f(x)$.

2. Die Produktionsfunktion eines Unternehmens sei $Q(L) = 12L^2 - \frac{1}{20}L^3$, wobei L die Anzahl der Arbeitskräfte bezeichne und $L \in [0, 200]$.

(a) Welche Anzahl der Arbeitskräfte maximiert den Output $Q(L)$?

(b) Bezeichne L^* die Anzahl der Arbeitskräfte, die den Output pro Arbeitskraft $Q(L)/L$ maximiert. Bestimmen Sie L^* und beachten Sie, dass $Q'(L^*) = Q(L^*)/L^*$. Ist dies ein Zufall?

3. Ein Bauer hat 1 000 Meter Zaun zur Verfügung um eine rechteckige Einzäunung vorzunehmen wie in Aufgabe 4.6.7. Dieses Mal ist jedoch eine der Seiten ein gerades Flussufer, so dass an dieser Seite kein Zaun benötigt wird. Wie lang sollten die Seiten gewählt werden, um die eingezäunte Fläche zu maximieren?

4. Durch die Produktion und den Verkauf von Q Einheiten eines Gutes erzielt ein Unternehmen den Gesamterlös $R(Q) = -0.0016Q^2 + 44Q$ und hat dabei die Kosten $C(Q) = 0.0004Q^2 + 8Q + 64\,000$.

(a) Welches Produktionsniveau maximiert den Gewinn?

(b) Zeigen Sie, dass $\mathrm{El}_Q C(Q)$ ist ≈ 0.12 für $Q = 1000$. Interpretieren Sie dieses Resultat.

5. Der Preis P, der pro Einheit aus der Produktion und dem Verkauf von $Q \geq 0$ Einheiten erzielt wird, ist $P = a - bQ^2$. Die Kosten für die Produktion und den Verkauf von Q Einheiten sind $C = \alpha + \beta Q$. Die Konstanten a, b, α und β sind alle positiv mit $a \geq \beta$. Bestimmen Sie den Wert von Q, der den Gewinn maximiert.

6. Ein wettbewerbsfähiges Unternehmen erzielt einen Preis p für jede Einheit ihres Outputs und zahlt einen Preis w für jede Einheit ihres einzigen variablen Inputs. Es hat außerdem Fixkosten der Höhe F. Der Output aus der Verwendung von x Einheiten des variablen Inputs ist $f(x) = \sqrt{x}$.

(a) Bestimmen Sie die Erlös-, Kosten- und Gewinnfunktion als Funktionen von x.

(b) Schreiben Sie die Bedingungen erster Ordnung für die Gewinnmaximierung auf und geben Sie dafür eine ökonomische Interpretation. Überprüfen Sie, ob der Gewinn an einer Stelle, die die Bedingungen erster Ordnung erfüllt, tatsächlich maximiert wird.

7. Sei $g(x) = x - 2\ln(x + 1)$.

(a) Wo ist die Funktion g definiert?

(b) Bestimmen Sie $g'(x)$ und $g''(x)$.

(c) Bestimmen Sie mögliche Extremstellen und Wendestellen von g und skizzieren Sie dann den Graphen.

8. Sei $f(x) = \ln(x + 1) - x + \dfrac{x^2}{2} - \dfrac{x^3}{6}$.

(a) Bestimmen Sie den Definitionsbereich der Funktion f und zeigen Sie, dass $f'(x) = \dfrac{x^2 - x^3}{2(x+1)}$ für alle x aus dem Definitionsbereich.

(b) Bestimmen Sie mögliche Extrem- und Wendestellen.

(c) Bestimmen Sie den Grenzwert von $f(x)$ für $x \to (-1)^+$, und skizzieren Sie den Graphen im Intervall $(-1, 2]$.

9. Betrachten Sie die für alle x definierte Funktion $h(x) = e^x/(2 + e^{2x})$.

(a) Wo ist h monoton wachsend/fallend? Bestimmen Sie mögliche Maximum-/Minimumstellen für h.

(b) Wenn man den Definitionsbereich einschränkt auf $(-\infty, 0]$, hat h eine Inverse. Warum? Bestimmen Sie einen Ausdruck für diese inverse Funktion.

10. Sei $f(x) = \left(e^{2x} + 4e^{-x}\right)^2$.

(a) Bestimmen Sie $f'(x)$ und $f''(x)$.

(b) Bestimmen Sie, wo f monoton wachsend/fallend ist und zeigen Sie, dass f konvex ist.

(c) Bestimmen Sie mögliche globale Extremstellen für f.

Anspruchsvollere Aufgaben

11. Sei $a > 0$. Betrachten Sie die Funktion $f(x) = \frac{x}{\sqrt[3]{x^2 - a}}$.

(a) Bestimmen Sie den Definitionsbereich D_f von f und die Intervalle, in denen $f(x)$ positiv ist. Zeigen Sie, dass der Graph von f symmetrisch um den Ursprung ist.

(b) Wo ist f monoton wachsend und wo monoton fallend? Bestimmen Sie mögliche lokale Extremstellen.

(c) Bestimmen Sie mögliche Wendestellen von f.

12. Klassifizieren Sie die kritischen Stellen von $f(x) = \dfrac{6x^3}{x^4 + x^2 + 2}$, indem Sie den Test der ersten Ableitung anwenden. Skizzieren Sie den Graphen von f.

► Lösungen zu den Aufgaben finden Sie im Anhang des Buches.

Integration

10

10.1 Unbestimmte Integrale 424
10.2 Flächen und bestimmte Integrale 431
10.3 Eigenschaften bestimmter Integrale 439
10.4 Ökonomische Anwendungen 443
10.5 Partielle Integration 451
10.6 Integration durch Substitution 455
10.7 Uneigentliche Integrale 461
Aufgaben zur Wiederholung für Kapitel 10 468

ÜBERBLICK

Was heißt das für ein Leben führen, sich und die Jungens ennuyieren?

–Mephistopheles zu Faust in Johann Wolfgang von Goethes *Faust*

Das Hauptthema in Kap. 6 und 7 war Differentialrechnung, die direkt auf viele interessante ökonomische Probleme angewendet werden kann. Ökonomen, insbesondere wenn sie Statistik machen, stehen jedoch oft vor dem mathematischen Problem, eine Funktion aus Informationen über ihre Ableitung zu finden. Dieser Prozess der Rekonstruktion einer Funktion aus ihrer Ableitung kann als „Umkehrung" der Differentiation betrachtet werden. Mathematiker nennen diesen Prozess Integration.

Es gibt einfache Formeln, die seit alten Zeiten für die Berechnung der Fläche eines Dreiecks bekannt sind und somit für jedes Polygon, das nach Definition ganz durch Geraden begrenzt ist und so in Dreiecke aufgeteilt werden kann, die sich nur in ihren Eckpunkten berühren. Vor mehr als 4000 Jahren jedoch befassten sich die Babylonier mit dem Problem, ein genaues Maß für den Inhalt ebener Flächen zu finden, die wie z. B. ein Kreis nicht durch Geraden begrenzt sind. Die Bestimmung dieser Art von Flächen ist sehr eng mit der Berechnung eines Integrals verknüpft.

Außer einer Einführung in die Integralrechnung wird dieses Kapitel auch wichtige Anwendungen von Integralen diskutieren, die Ökonomen kennen sollten. Ihre Anwendungen auf Differentialgleichungen wird im letzten Teil des nächsten Kapitels erörtert, das sich mit einfachen dynamischen Modellen befasst.

10.1 Unbestimmte Integrale

Nehmen Sie an, dass wir die Funktion F nicht kennen, aber wir wissen, dass ihre Ableitung gleich x^2 ist, so dass $F'(x) = x^2$. Was ist F? Da die Ableitung von x^3 gleich $3x^2$ ist, sehen wir, dass $\frac{1}{3}x^3$ die Ableitung x^2 hat. Aber auch $\frac{1}{3}x^3 + C$, wobei C eine beliebige Konstante ist, hat diese Ableitung, da additive Konstanten beim Differenzieren verschwinden.

Es sei $G(x)$ eine beliebige Funktion, die x^2 als ihre Ableitung hat. Dann ist die Ableitung von $G(x) - \frac{1}{3}x^3$ gleich 0 für alle x. Aber nach (6.3.3) muss eine Funktion, deren Ableitung für alle x gleich 0 ist, konstant sein. Dies zeigt, dass

$$F'(x) = x^2 \iff F(x) = \frac{1}{3}x^3 + C \qquad \text{mit einer beliebigen Konstanten } C$$

Beispiel 10.1.1

Nehmen Sie an, dass die Grenzkostenfunktion eines Unternehmens $C'(Q) = 2Q^2 + 2Q + 5$ ist und dass die Fixkosten 100 sind. Bestimmen Sie die Kostenfunktion $C(Q)$.

Lösung: Indem wir jeden der drei Terme in dem Ausdruck für $C'(Q)$ separat betrachten, erkennen wir, dass die Kostenfunktion die Gestalt $C(Q) = \frac{2}{3}Q^3 + Q^2 + 5Q + c$ haben muss. Denn: Wenn wir diese Funktion differenzieren, erhalten wir genau $2Q^2 + 2Q + 5$. Nun sind aber die Fixkosten 100, d. h. $C(0) = 100$. Indem wir $Q = 0$ in die vorgeschlagene Formel für $C(Q)$ einsetzen, erhalten wir $c = 100$. Daher muss die gesuchte Kostenfunktion $C(Q) = \frac{2}{3}Q^3 + Q^2 + 5Q + 100$ sein.

Nehmen Sie an, dass $f(x)$ und $F(x)$ zwei Funktionen von x sind mit der Eigenschaft $f(x) = F'(x)$ für alle x in einem Intervall I. Wir kommen dann von F zu f, indem wir die Ableitung bilden. So könnte der umgekehrte Prozess des Übergangs von f zu F treffend als Bilden der *Gegenableitung* bezeichnet werden. Der üblichen mathematischen Praxis folgend, nennen wir F ein *unbestimmtes Integral* von f über dem Intervall I und bezeichnen es mit $\int f(x)\,dx$. Wenn zwei Funktionen dieselbe Ableitung über ein ganzes Intervall haben, ist die Ableitung ihrer Differenz null, so dass diese Differenz eine Konstante sein muss. Also:

Das unbestimmte Integral

Wenn $F'(x) = f(x)$, dann ist

$$\int f(x)\,dx = F(x) + C\,, \qquad \text{wobei } C \text{ eine beliebige Konstante ist.} \tag{10.1.1}$$

Zum Beispiel impliziert die Lösung zu Beispiel 10.1.1, dass

$$\int (2x^2 + 2x + 5)\,dx = \frac{2}{3}x^3 + x^2 + 5x + C$$

Das Symbol $\int$ ist das *Integralzeichen* und die in (10.1.1) erscheinende Funktion $f(x)$ ist der *Integrand*. Wir nutzen die Notation dx, um anzudeuten, dass x die *Integrationsvariable* ist. Schließlich ist noch C eine *Integrationskonstante*. Wir lesen (10.1.1) so: Das unbestimmte Integral von $f(x)$ bezüglich x ist $F(x)$ plus eine Konstante. Wir nennen es ein *unbestimmtes* Integral, da $F(x) + C$ nicht als eine Funktion zu betrachten ist, sondern als eine ganze Klasse von Funktionen, die alle dieselbe Ableitung f haben.

Differentiation jeder Seite von (10.1.1) zeigt direkt, dass

$$\frac{d}{dx}\int f(x)\,dx = f(x) \tag{10.1.2}$$

Das heißt: Die Ableitung eines unbestimmten Integrals ist gleich dem Integranden. Ferner kann (10.1.1) offensichtlich umgeschrieben werden als

$$\int F'(x)\,dx = F(x) + C \tag{10.1.3}$$

In diesem Sinne *heben sich Integration und Differentiation gegenseitig auf.*

Einige wichtige Integrale

Es gibt einige wichtige Integrationsformeln, die unmittelbar aus den entsprechenden Regeln für die Differentiation folgen. Sei r eine feste Zahl $\neq -1$. Da die Ableitung von $x^{r+1}/(r+1)$ gleich x^r ist, folgt

Integral einer Potenzfunktion

Wenn $r \neq -1$, dann gilt

$$\int x^r \, dx = \frac{1}{r+1} x^{r+1} + C \qquad (10.1.4)$$

Dieses sehr wichtige Resultat sagt aus, dass man das unbestimmte Integral einer Potenz von x (außer x^{-1}) erhält, indem man den Exponenten von x um 1 erhöht, dann durch den neuen Exponenten dividiert, bevor man zum Schluss noch eine Integrationskonstante addiert. Hier sind drei bedeutende Beispiele:

Beispiel 10.1.2

(a) $\displaystyle\int x \, dx = \int x^1 \, dx = \frac{1}{1+1} x^{1+1} + C = \frac{1}{2} x^2 + C$

(b) $\displaystyle\int \frac{1}{x^3} \, dx = \int x^{-3} \, dx = \frac{1}{-3+1} x^{-3+1} + C = -\frac{1}{2x^2} + C$

(c) $\displaystyle\int \sqrt{x} \, dx = \int x^{1/2} \, dx = \frac{1}{1/2+1} x^{1/2+1} + C = \frac{2}{3} x^{3/2} + C$

Für $r = -1$ ist die Formel in (10.1.4) nicht gültig, da die rechte Seite eine Division durch Null verlangen würde, was bedeutungslos ist. In diesem Fall ist der Integrand $1/x$ und die Aufgabe ist nun, eine Funktion zu finden, die $1/x$ als ihre Ableitung hat. Nun hat $F(x) = \ln x$ diese Eigenschaft, ist aber nur für $x > 0$ definiert. Beachten Sie jedoch, dass $\ln(-x)$ für $x < 0$ definiert ist und nach der Kettenregel die Ableitung $[1/(-x)](-1) = 1/x$ hat. Erinnern Sie auch, dass $|x| = x$, falls $x \geq 0$ und $|x| = -x$, falls $x < 0$. Daher gilt unabhängig von $x > 0$ oder $x < 0$:

Integral von 1/x

$$\int \frac{1}{x} \, dx = \ln |x| + C \qquad (10.1.5)$$

Betrachten Sie jetzt die Exponentialfunktion. Die Ableitung von e^x ist e^x. Daher ist $\int e^x \, dx = e^x + C$. Allgemeiner: Da die Ableitung von $(1/a)e^{ax}$ gleich e^{ax} ist, gilt:

Integral der Exponentialfunktion

Wenn $a \neq 0$, dann gilt:

$$\int e^{ax} \, dx = \frac{1}{a} e^{ax} + C \qquad (10.1.6)$$

Für $a > 0$ können wir $a^x = e^{(\ln a)x}$ schreiben. Also: Vorausgesetzt, dass $\ln a \neq 0$, weil $a \neq 1$, können wir a in (10.1.6) ersetzen durch $\ln a$ und erhalten:

Integral einer beliebigen Exponentialfunktion

Wenn $a > 0$ und $a \neq 1$, gilt:

$$\int a^x \, dx = \frac{1}{\ln a} a^x + C \tag{10.1.7}$$

Die Formeln (10.1.4)–(10.1.7) sind Beispiele, wie aus der Kenntnis der Ableitung einer Funktion, gegeben durch eine Formel, automatisch ein entsprechendes unbestimmtes Integral folgt. In der Tat, stellen Sie sich vor, es wäre möglich, eine vollständige Tabelle aufzustellen mit jeder Funktion, von der wir wissen, wie sie zu differenzieren ist, in der ersten Spalte und der entsprechenden Ableitung in der zweiten Spalte. So würde z. B. neben dem Eintrag $y = x^2 e^x$ in der ersten Spalte in der zweiten Spalte $y' = 2xe^x + x^2 e^x$ stehen. Da Integration die Umkehrung der Differentiation ist, schließen wir auf das zugehörige Integrationsresultat $\int (2xe^x + x^2 e^x) \, dx = x^2 e^x + C$ für eine Konstante C.

Sogar nach dieser übermenschlichen Anstrengung würden Sie vergeblich nach e^{-x^2} in der zweiten Spalte dieser Tabelle suchen. Der Grund ist, dass es keine „elementare" Funktion gibt, die e^{-x^2} als ihre Ableitung hat. In der Tat wird das Integral von e^{-x^2} benutzt in der Definition einer sehr speziellen „Fehlerfunktion", die wegen ihrer Beziehung zur „Normalverteilung" eine herausragende Rolle in der Statistik spielt – siehe Aufgaben 4.9.3 und 10.7.12. Es gibt unzählige solcher „unausführbarer Integrale". Eine Liste nur sehr weniger ist gegeben in (10.3.9).

Indem wir systematisch die geeigneten Regeln benutzen, können wir sehr komplizierte Funktionen *differenzieren*. Andererseits kann das Bestimmen des unbestimmten Integrals von sogar ganz einfachen Funktionen sehr schwierig oder sogar unmöglich sein. Wo es möglich ist, haben Mathematiker eine Vielzahl von *Integrationsmethoden* entwickelt, die helfen sollen, diese Aufgaben zu lösen. Einige dieser Methoden werden im Rest dieses Kapitels erklärt werden.

Gewöhnlich ist es jedoch sehr leicht zu überprüfen, ob ein vorgeschlagenes unbestimmtes Integral korrekt ist. Wir differenzieren es einfach, um zu sehen, ob ihre Ableitung wirklich gleich dem Integranden ist.

Beispiel 10.1.3

Bestätigen Sie, dass für $x > 0$ gilt: $\int \ln x \, dx = x \ln x - x + C$

Lösung: Wir setzen $F(x) = x \ln x - x + C$. Differenzieren ergibt

$$F'(x) = 1 \cdot \ln x + x \cdot (1/x) - 1 = \ln x + 1 - 1 = \ln x$$

Dies zeigt, dass die Integralformel korrekt ist.

Einige allgemeine Regeln

Die Differentiationsregeln (6.6.3) und (6.7.1) implizieren sofort, dass $(aF(x))' = aF'(x)$ und $(F(x) + G(x))' = F'(x) + G'(x)$. Diese Gleichheiten ergeben die folgenden Regeln:

Grundlegende Integrationsregeln

$$\int af(x)\,\mathrm{d}x = a\int f(x)\,\mathrm{d}x, \text{ wenn } a \text{ eine Konstante ist} \tag{10.1.8}$$

$$\int [f(x) + g(x)]\,\mathrm{d}x = \int f(x)\,\mathrm{d}x + \int g(x)\,\mathrm{d}x \tag{10.1.9}$$

Regel (10.1.8) besagt, dass ein konstanter Faktor vor das Integral gezogen werden kann, während Regel (10.1.9) zeigt, dass das Integral einer Summe die Summe der Integrale ist. Wiederholte Anwendung dieser zwei Regeln ergibt:

$$\int [a_1 f_1(x) + \cdots + a_n f_n(x)]\,\mathrm{d}x = a_1\int f_1(x)\,\mathrm{d}x + \cdots + a_n\int f_n(x)\,\mathrm{d}x \tag{10.1.10}$$

Beispiel 10.1.4

Nutzen Sie (10.1.10) zur Berechnung von:

(a) $\int (3x^4 + 5x^2 + 2)\,\mathrm{d}x$ (b) $\int \left(\frac{3}{x} - 8e^{-4x}\right)\mathrm{d}x$

Lösung:

(a) Neben (10.1.10) nutzen wir auch (10.1.4) und erhalten

$$\begin{aligned}\int (3x^4 + 5x^2 + 2)\,\mathrm{d}x &= 3\int x^4\,\mathrm{d}x + 5\int x^2\,\mathrm{d}x + 2\int 1\,\mathrm{d}x \\ &= 3\left(\frac{1}{5}x^5 + C_1\right) + 5\left(\frac{1}{3}x^3 + C_2\right) + 2(x + C_3) \\ &= \frac{3}{5}x^5 + \frac{5}{3}x^3 + 2x + 3C_1 + 5C_2 + 2C_3 \\ &= \frac{3}{5}x^5 + \frac{5}{3}x^3 + 2x + C\end{aligned}$$

Da C_1, C_2 und C_3 beliebige Konstanten sind, ist auch $3C_1 + 5C_2 + 2C_3$ eine beliebige Konstante. Daher haben wir sie in der letzten Zeile zur Vereinfachung durch die einzige Konstante C ersetzt. In zukünftigen Beispielen dieser Art werden wir gewöhnlich die zwei mittleren der vier Gleichungen weglassen.

(b) $\int \left(\frac{3}{x} - 8e^{-4x}\right)\mathrm{d}x = 3\int \frac{1}{x}\,\mathrm{d}x + (-8)\int e^{-4x}\,\mathrm{d}x = 3\ln|x| + 2e^{-4x} + C$

Bisher haben wir immer x als Integrationsvariable benutzt. In Anwendungen haben die Variablen oft andere Namen. Dies macht jedoch keinen Unterschied in den Integrationsregeln.

Beispiel 10.1.5

Bestimmen Sie: (a) $\int \frac{B}{r^{2.5}}\,\mathrm{d}r$ (b) $\int (a + bs + cs^2)\,\mathrm{d}s$ (c) $\int (1 + t)^3\,\mathrm{d}t$

(d) $\int (1 + t)^n\,\mathrm{d}t$, wobei n eine natürliche Zahl.

Lösung:

(a) Schreiben Sie $\frac{B}{r^{2.5}}$ als $Br^{-2.5}$. Nach Formel (10.1.4) mit dem Exponenten $r = -2.5$ und der Variablen r anstelle x erhalten wir

$$\int \frac{B}{r^{2.5}}\,\mathrm{d}r = B\int r^{-2.5}\,\mathrm{d}r = B\frac{1}{-2.5+1}r^{-2.5+1} + C = -\frac{B}{1.5r^{1.5}} + C$$

(b) $$\int (a + bs + cs^2)\,\mathrm{d}s = as + \frac{1}{2}bs^2 + \frac{1}{3}cs^3 + C$$

(c) $\int (1+t)^3\,\mathrm{d}t = \int (1 + 3t + 3t^2 + t^3)\,\mathrm{d}t = t + \frac{3}{2}t^2 + t^3 + \frac{1}{4}t^4 + C$. Beachten Sie: Weil $(1+t)^4 = 1 + 4t + 6t^2 + 4t^3 + t^4$, kann dieses Ergebnis geschrieben werden als $\frac{1}{4}(1+t)^4 + C'$ mit einer anderen Konstanten C'.

(d) Inspiriert durch die Antwort zu (c) und die Tatsache, dass $\int y^n\,\mathrm{d}y = y^{n+1}/(n+1) + C$, könnte man vermuten, dass $\int (1+t)^n\,\mathrm{d}t = (1+t)^{n+1}/(n+1) + C$. Dies ist leicht zu bestätigen durch direkte Differentiation. Alternativ: Integrieren Sie durch Substitution, wie in Kap. 10.6 erklärt wird.

Aufgaben für Kapitel 10.1

1. Bestimmen Sie die folgenden Integrale, indem Sie Formel (10.1.4) benutzen:

(a) $\int x^{13}\,\mathrm{d}x$ (b) $\int x\sqrt{x}\,\mathrm{d}x$ (c) $\int \frac{1}{\sqrt{x}}\,\mathrm{d}x$ (d) $\int \sqrt{x\sqrt{x\sqrt{x}}}\,\mathrm{d}x$

(e) $\int e^{-x}\,\mathrm{d}x$ (f) $\int e^{x/4}\,\mathrm{d}x$ (g) $\int 3e^{-2x}\,\mathrm{d}x$ (h) $\int 2^x\,\mathrm{d}x$

2. Bei der Herstellung eines Produkts seien die Grenzkosten für die Herstellung von x Einheiten $C'(x)$ und die Fixkosten $C(0)$. Bestimmen Sie die Gesamtkostenfunktion $C(x)$, wenn:

(a) $C'(x) = 3x + 4$ und $C(0) = 40$ (b) $C'(x) = ax + b$ und $C(0) = C_0$

3. Bestimmen Sie die folgenden Integrale:

(a) $\int (x^3 + 2x - 3)\,\mathrm{d}x$ (b) $\int (x-1)^2\,\mathrm{d}x$ (c) $\int (x-1)(x+2)\,\mathrm{d}x$

(d) $\int (x+2)^3\,\mathrm{d}x$ (e) $\int (e^{3x} - e^{2x} + e^x)\,\mathrm{d}x$ (f) $\int \frac{x^3 - 3x + 4}{x}\,\mathrm{d}x$

4. Bestimmen Sie die folgenden Integrale:

(a) $\int \frac{(y-2)^2}{\sqrt{y}}\,\mathrm{d}y$ (b) $\int \frac{x^3}{x+1}\,\mathrm{d}x$ (c) $\int x(1+x^2)^{15}\,\mathrm{d}x$

(*Hinweis:* Multiplizieren Sie in Teil (a) zunächst $(y-2)^2$ aus und dividieren Sie dann jeden Term durch $\sqrt{y}$. Verwenden Sie in Teil (b) Polynomdivision wie in Kap. 4.7. Welches ist in Teil (c) die Ableitung von $(1+x^2)^{16}$?)

5. Zeigen Sie, dass

(a) $\int x^2 \ln x\,\mathrm{d}x = \frac{1}{3}x^3 \ln x - \frac{1}{9}x^3 + C$

➡ Fortsetzung

(b) $\int \sqrt{x^2+1}\,\mathrm{d}x = \frac{1}{2}x\sqrt{x^2+1} + \frac{1}{2}\ln\left(x+\sqrt{x^2+1}\right) + C$

6. Nehmen Sie an, dass die *Ableitung* von f den in Abb. 10.1.1 gegebenen Graphen hat.

(a) Schlagen Sie eine quadratische Formel für $f'(x)$ vor.

(b) Bestimmen Sie eine explizite Funktion $f(x)$ mit $f(0) = 2$, die diese Ableitung hat.

(c) Skizzieren Sie den Graphen von $f(x)$.

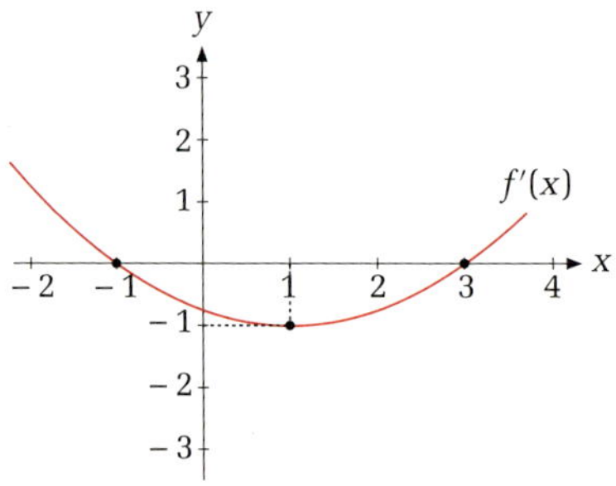

Abbildung 10.1.1: Aufgabe 6

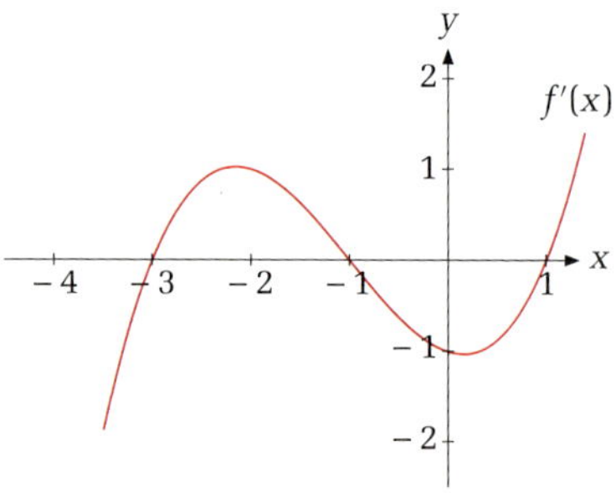

Abbildung 10.1.2: Aufgabe 7

7. Nehmen Sie an, dass $f(0) = 0$ und dass die *Ableitung* $f'(x)$ von f den in Abb. 10.1.2 gezeigten Graphen hat. Skizzieren Sie den Graphen von $f(x)$ und bestimmen Sie eine explizite Funktion, die diesen Graphen hat.

8. Zeigen Sie, dass $\int 2x\ln(x^2+a^2)\,\mathrm{d}x = (x^2+a^2)\ln(x^2+a^2) - x^2 + C$ ist.

9. Zeigen Sie: Wenn $a \neq 0$ und $p \neq -1$, dann gilt:
$\int (ax+b)^p\,\mathrm{d}x = \frac{1}{a(p+1)}(ax+b)^{p+1} + C$

10. Nutzen Sie die Antwort zu Aufgabe 9 zur Bestimmung der folgenden Integrale:
(a) $\int (2x+1)^4\,\mathrm{d}x$ (b) $\int \sqrt{x+2}\,\mathrm{d}x$ (c) $\int \frac{1}{\sqrt{4-x}}\,\mathrm{d}x$.

11. Bestimmen Sie $F(x)$, wenn:
(a) $F'(x) = \frac{1}{2}e^x - 2x$ und $F(0) = \frac{1}{2}$ (b) $F'(x) = x(1-x^2)$ und $F(1) = \frac{5}{12}$

12. Bestimmen Sie die allgemeine Form einer Funktion f, deren zweite Ableitung gleich x^2 ist. Bestimmen Sie $f(x)$, wenn wir zusätzlich noch $f(0) = 1$ und $f'(0) = -1$ verlangen.

13. Sei $f''(x) = x^{-2} + x^3 + 2$ für $x > 0$ und $f(1) = 0$, $f'(1) = 1/4$. Bestimmen Sie $f(x)$.

► Lösungen zu den Aufgaben finden Sie im Anhang des Buches.

10.2 Flächen und bestimmte Integrale

Dieser Abschnitt wird zeigen, wie man das Konzept des Integrals benutzen kann, um Flächeninhalte vieler Regionen in der Ebene zu berechnen. Dieses Problem ist in der Ökonomie seit mehr als 4 000 Jahren von Bedeutung. Wie alle großen Flüsse haben der Tigris und der Euphrat im alten Mesopotamien sowie der Nil in Ägypten gelegentlich ihren Verlauf als Ergebnis einer schweren Flut verändert. Einige Bauern haben neues Land gewonnen, während andere Land verloren haben. Da auf Landflächen oft Steuern erhoben wurden, war es notwendig, die Fläche einer Parzelle neu zu berechnen, deren Grenze ein unregelmäßig verlaufendes Flussufer sein könnte.

Um das Jahr 360 v. Chr. entwickelte der griechische Mathematiker Eudoxos eine allgemeine *Ausschöpfungsmethode* zur Bestimmung der Flächen unregelmäßig begrenzter Regionen in der Ebene. Die Idee war, die Region auszuschöpfen durch eine steigende Anzahl inliegender polygonaler Regionen, deren Flächen exakt berechnet werden können, indem man die Summe der Flächen endlich vieler Dreiecke bildet. Vorausgesetzt, dass im Grenzfall diese Folge die Fläche tatsächlich „ausschöpt", indem jeder Punkt eingeschlossen wird, können wir die *Fläche* der Region als Grenzwert der ansteigenden Folge von Flächen der einbeschriebenen Polygone definieren. Darüber hinaus kann man den Fehler jeder endlichen Approximation begrenzen, indem man die Region umschreibt mit einer abnehmenden Folge von polygonalen Regionen, deren Durchschnitt die Region selbst ist.

Eudoxos und Archimedes verwendeten unter anderem diese Ausschöpfungsmethode, um sehr genaue Approximationen der Flächen einer Vielzahl spezifischer ebener Regionen zu bestimmen, wie z. B. eine kreisförmige Scheibe, wie in Beispiel 7.11.1 betrachtet. Die Methode konnte exakte Antworten liefern, jedoch nur in einer begrenzten Anzahl von Spezialfällen, hauptsächlich wegen der damit verbundenen algebraischen Probleme. Es vergingen fast 1900 Jahre nach Eudoxos, bis eine exakte Methode entwickelt werden konnte, die das, was wir heute Integralrechnung nennen, mit der neuen Differentialrechnung, die auf Newton und Leibniz zurückgeht, verbindet. Neben der Möglichkeit Flächen mit beliebiger Genauigkeit zu berechnen, haben ihre Ideen viele andere Anwendungsmöglichkeiten. Die Darstellung der präzisen logischen Beziehungen zwischen der Differentiation und der Integration ist eine der Hauptleistungen der mathematischen Analysis. Es ist sogar behauptet worden, dass diese Entdeckung die allein wichtigste in allen Wissenschaften ist.

Das Problem, das in diesem Abschnitt betrachtet und gelöst werden soll, ist in Abb. 10.2.1 illustriert: *Wie berechnen wir die Fläche A unter dem Graphen einer stetigen und nichtnegativen Funktion f über dem Intervall $[a, b]$?*

Sei t ein beliebiger Punkt in $[a, b]$ und $A(t)$ bezeichne die Fläche unter der Kurve $y = f(x)$ über dem Intervall $[a, t]$, wie in Abb. 10.2.2 gezeigt wird. Offensichtlich ist $A(a) = 0$, da es keine Fläche von a bis a gibt. Andererseits ist die Fläche in Abb. 10.2.1 gleich $A = A(b)$. Es ist offensichtlich von Abb. 10.2.2, weil f überall positiv ist, dass $A(t)$ wächst, wenn t wächst. Nehmen Sie an, dass wir t um eine positive Größe Δt erhöhen. Dann ist $A(t + \Delta t)$ die Fläche unter der Kurve $y = f(x)$ über dem Intervall $[a, t + \Delta t]$. Daher ist die Differenz $A(t + \Delta t) - A(t)$ die Fläche ΔA unter der Kurve über dem Intervall $[t, t + \Delta t]$, wie in Abb. 10.2.3 gezeigt ist.

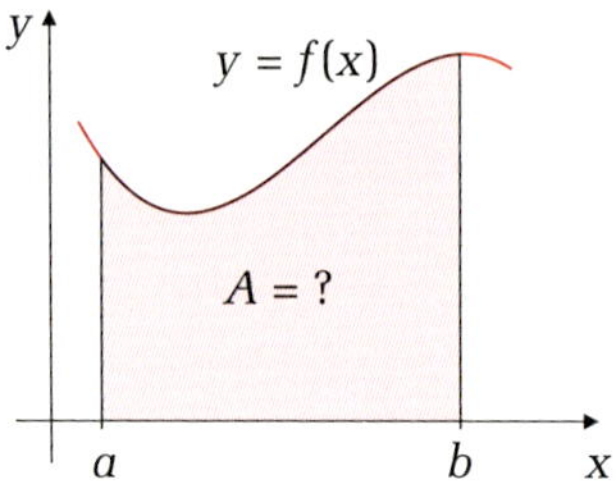

Abbildung 10.2.1: Fläche A unter dem Graphen

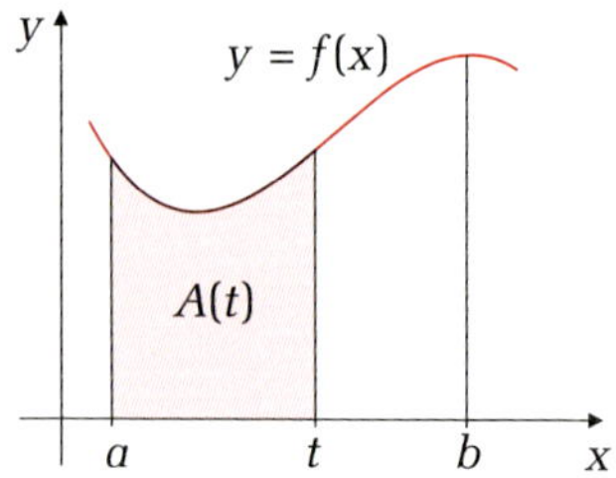

Abbildung 10.2.2: Fläche A(t) über [a, t]

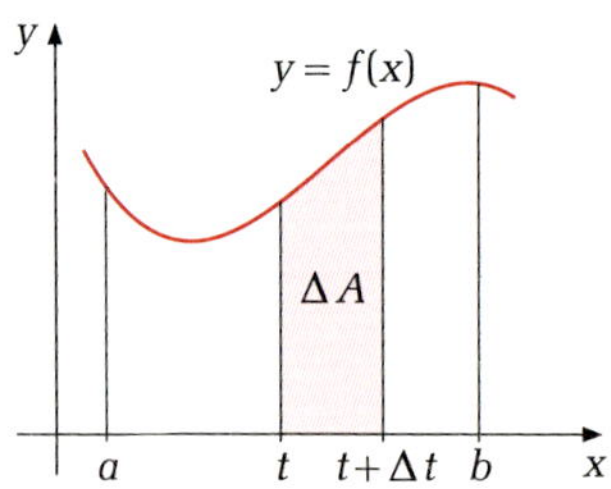

Abbildung 10.2.3: Änderung in der Fläche, ΔA

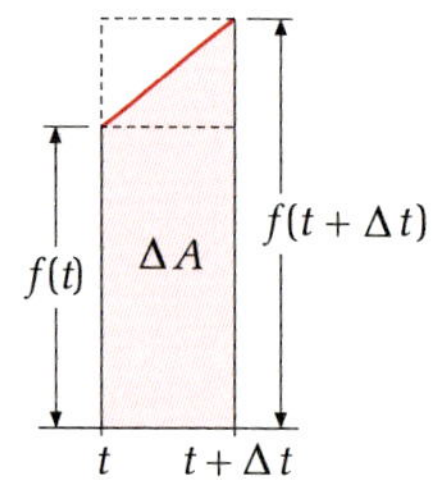

Abbildung 10.2.4: Approximation von ΔA

In Abb. 10.2.4 wurde die Fläche ΔA vergrößert dargestellt. Sie kann nicht größer sein als die Fläche des Rechtecks mit der Grundseite Δt und der Höhe $f(t + \Delta t)$ und sie kann nicht kleiner sein als die Fläche des Rechtecks mit der Grundseite Δt und der Höhe $f(t)$. Daher hat man für alle $\Delta t > 0$

$$f(t)\,\Delta t \leq A(t + \Delta t) - A(t) \leq f(t + \Delta t)\,\Delta t \qquad (*)$$

Da $\Delta t > 0$, impliziert dies

$$f(t) \leq \frac{A(t + \Delta t) - A(t)}{\Delta t} \leq f(t + \Delta t) \qquad (**)$$

Wir wollen untersuchen, was mit $(**)$ passiert, wenn $\Delta t \to 0$. Das Intervall $[t, t + \Delta t]$ schrumpft zusammen auf den einzelnen Punkt t. Weil wir annehmen, dass f stetig ist, strebt der Funktionswert $f(t + \Delta t)$ gegen $f(t)$. Somit ist der Quotient $[A(t + \Delta t) - A(t)]/\Delta t$ eingeschränkt zwischen $f(t)$ und einer Größe $f(t + \Delta t)$, die gegen $f(t)$ strebt. Dieser Quotient muss deshalb im Grenzfall gegen $f(t)$ streben, wenn $\Delta t \to 0$.

Beachten Sie jetzt, dass $[A(t+\Delta t)-A(t)]/\Delta t$ der Newton-Quotient der Funktion $A(t)$ ist, welche die Fläche unter dem Graphen von f über dem Intervall $[0, t]$ misst. Dies führt uns zu dem bemerkenswerten Ergebnis, dass die Funktion $A(t)$ differenzierbar ist mit der Ableitung

$$A'(t) = f(t) \quad \text{für alle } t \text{ in } (a, b) \qquad (***)$$

Dies beweist: *Die Ableitung der Flächen-Funktion $A(t)$ ist gleich der „Höhen"-Funktion $f(t)$ der Kurve, und die Flächenfunktion ist deshalb eins der unbestimmten Integrale von $f(t)$.*[1]

Wir verwenden jetzt x als freie Variable. Nehmen Sie an, dass $F(x)$ ein beliebiges unbestimmtes Integral von $f(x)$ ist. Dann ist $F'(x) = f(x)$ und somit $A'(x) - F'(x) = 0$ für $x \in (a, b)$. Die Äquivalenz (6.3.3) in Kap. 6 zeigt dann, dass $A(x) = F(x) + C$ für eine Konstante C. Erinnern Sie, dass $A(a) = 0$ ist. Dann ist $0 = A(a) = F(a) + C$, so dass $C = -F(a)$. Deshalb gilt:

$$A(x) = F(x) - F(a)\,, \quad \text{wobei} \quad F(x) = \int f(x)\,\mathrm{d}x \tag{10.2.1}$$

Beachten Sie, dass dieses Argument für ein beliebiges unbestimmtes Integral F von f gilt. Wenn wir irgend ein anderes unbestimmtes Integral G von f haben, dann ist $A(x)$ auch gleich $G(x) - G(a)$.

Beispiel 10.2.1

Berechnen Sie die Fläche unter der Parabel $f(x) = x^2$ über dem Intervall $[0, 1]$.

Lösung: Die gesuchte Fläche ist die schattierte Region in Abb. 10.2.5. Die Fläche ist gleich $A = F(1) - F(0)$, wobei $F(x)$ ein unbestimmtes Integral von x^2 ist. Nun ist $\int x^2\,\mathrm{d}x = \frac{1}{3}x^3 + C$, so dass wir $F(x) = \frac{1}{3}x^3$ wählen. Daher ist die gesuchte Fläche

$$A = F(1) - F(0) = \frac{1}{3} \cdot 1^3 - \frac{1}{3} \cdot 0^3 = \frac{1}{3}$$

Abb. 10.2.5 legt nahe, dass diese Antwort glaubhaft ist, da die schattierte Fläche ungefähr 1/3 der Fläche des angedeuteten Quadrats mit der Seitenlänge 1 ausmacht.

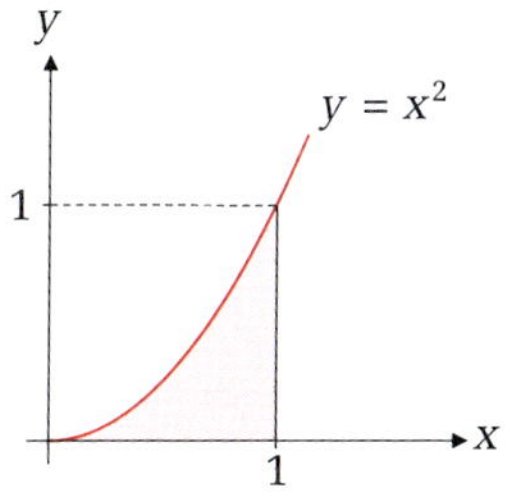

Abbildung 10.2.5: $y = x^2$

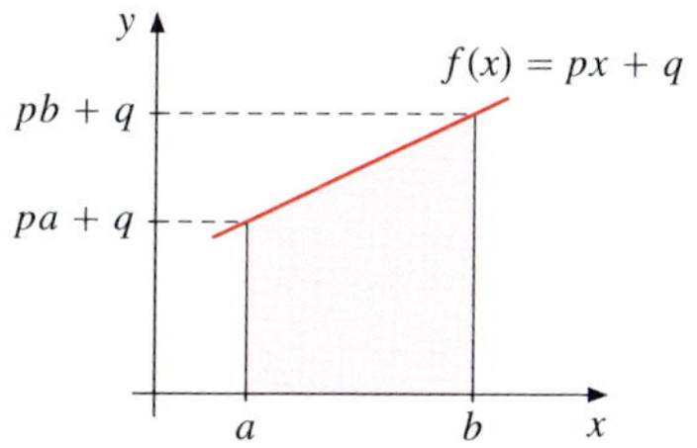

Abbildung 10.2.6: $y = px + q$

[1] Die Funktion f in den Abb. 10.2.3 und 10.2.4 ist monoton wachsend im Intervall $[t, t + \Delta t]$. Es ist leicht zu sehen, dass dieselbe Schlussfolgerung immer gilt, wenn die Funktion f stetig ist im abgeschlossenen Intervall $[t, t + \Delta t]$. Ersetzen Sie auf der linken Seite von $(*)$ einfach $f(t)$ durch $f(c)$, wobei c eine Minimumstelle der stetigen Funktion f in dem Intervall ist, und auf der rechten Seite ersetzen Sie $f(t + \Delta t)$ durch $f(d)$, wobei d eine Maximumstelle von f in $[t, t + \Delta t]$ ist. Wegen der Stetigkeit müssen $f(c)$ und $f(d)$ beide gegen $f(t)$ streben, wenn $\Delta t \to 0$. Somit gilt $(***)$ auch für beliebige stetige Funktionen f.

Das Argument, das zu (10.2.1) führt, basiert auf ziemlich intuitiven Betrachtungen. Formal ziehen Mathematiker es vor, die Fläche unter dem Graphen einer stetigen und nichtnegativen Funktion f über dem Intervall $[a, b]$ als die Zahl $F(b) - F(a)$ zu *definieren*, wobei $F'(x) = f(x)$. Das dabei entstehende Konzept einer Fläche stimmt mit dem üblichen Konzept für Regionen, die durch Geraden begrenzt sind, überein. Das nächste Beispiel bestätigt dies in einem Spezialfall.

Beispiel 10.2.2

Bestimmen Sie die Fläche A unterhalb der Geraden $f(x) = px + q$ über dem Intervall $[a, b]$, wobei a, b, p und q alle positiv sind mit $b > a$.

Lösung: Die Fläche ist in Abb. 10.2.6 schattiert dargestellt. Sie ist gleich $F(b) - F(a)$, wobei $F(x)$ ein unbestimmtes Integral von $px + q$ ist. Nun ist $\int (px + q)\,\mathrm{d}x = \frac{1}{2}px^2 + qx + C$. Die einfachste Wahl eines unbestimmten Integrals ist $F(x) = \frac{1}{2}px^2 + qx$, und somit ist

$$A = F(b) - F(a) = \left(\frac{1}{2}pb^2 + qb\right) - \left(\frac{1}{2}pa^2 + qa\right) = \frac{1}{2}p(b^2 - a^2) + q(b - a) \qquad (*)$$

Wie Abb. 10.2.6 zeigt, ist die Fläche A die Summe von zwei Flächen. Die erste ist die eines Rechtecks mit der Grundseite $b - a$ und der Höhe $pa + q$. Die zweite Fläche ist die eines Dreiecks mit der Grundseite $b - a$, dessen Höhe $p(b - a)$ ist. Die Gesamtfläche ist $(b - a)(pa + q) + \frac{1}{2}p(b - a)^2$. Dies ist gleich der Antwort in $(*)$, wie Sie überprüfen sollten.

Das bestimmte Integral

Sei f eine auf dem Intervall $[a, b]$ definierte stetige Funktion. Nehmen Sie an, dass die Funktion F stetig ist auf $[a, b]$ und die Ableitung $F'(x) = f(x)$ für jedes x in (a, b) hat. Dann heißt die Differenz $F(b) - F(a)$ das *bestimmte Integral* von f über $[a, b]$. Wir haben bereits weiter oben festgestellt, dass diese Differenz nicht von dem unbestimmten Integral von f abhängt, das wir als F gewählt haben. Das bestimmte Integral von f über $[a, b]$ ist deshalb eine *Zahl*, die nur von der Funktion f und den Zahlen a und b abhängt. Wir bezeichnen diese Zahl mit

$$\int_a^b f(x)\,\mathrm{d}x \qquad (10.2.2)$$

Diese Notation macht beides deutlich, den Integranden $f(x)$ (die Funktion, die wir integrieren) und das Integrationsintervall $[a, b]$. Die zwei Endpunkte a und b heißen *untere* bzw. *oberere Integrationsgrenze*.

Die Variable x in Gleichung (10.2.2) ist eine *Hilfsvariable* in dem Sinne, dass sie durch jede andere Variable ersetzt werden könnte, die nicht irgendwo anders in dem Ausdruck vorkommt. Zum Beispiel sind

$$\int_a^b f(x)\,\mathrm{d}x = \int_a^b f(y)\,\mathrm{d}y = \int_a^b f(\xi)\,\mathrm{d}\xi$$

alle gleich $F(b) - F(a)$. Aber Sie sollten niemals etwas schreiben wie $\int_a^y f(y)\,dy$ mit derselben Variablen sowohl als obere Grenze als auch als Hilfsvariable der Integration. Dann wäre es unmöglich, y zu interpretieren, so dass es bedeutungslos wäre.

Die Differenz $F(b) - F(a)$ zwischen den Werten des unbestimmten Integrals $F(x)$ wird mit $\Big|_a^b F(x)$ oder alternativ mit $\big[F(x)\big]_a^b$ bezeichnet. Daher haben wir:

Das bestimmte Integral

$$\int_a^b f(x)\,dx = \Big|_a^b F(x) = F(b) - F(a) \qquad (10.2.3)$$

wobei F irgendein unbestimmtes Integral von f ist über einem Intervall, das a und auch b enthält.

Beispiel 10.2.3

Berechnen Sie die bestimmten Integrale: (a) $\int_2^5 e^{2x}\,dx$ (b) $\int_{-2}^2 (x - x^3 - x^5)\,dx$

Lösung:

(a) Da $\int e^{2x}\,dx = \frac{1}{2}e^{2x} + C$, ist

$$\int_2^5 e^{2x}\,dx = \Big|_2^5 \frac{1}{2}e^{2x} = \frac{1}{2}e^{10} - \frac{1}{2}e^4 = \frac{1}{2}e^4(e^6 - 1)$$

(b)

$$\int_{-2}^2 (x - x^3 - x^5)\,dx = \Big|_{-2}^2 \left(\frac{1}{2}x^2 - \frac{1}{4}x^4 - \frac{1}{6}x^6\right)$$
$$= \left(2 - 4 - \frac{64}{6}\right) - \left(2 - 4 - \frac{64}{6}\right) = 0$$

Im nächsten Unterabschnitt erklären wir, warum $f(x) = x - x^3 - x^5$ einen Graph hat, der symmetrisch zum Ursprung ist, und warum die Antwort zu Teil (b) deshalb gleich 0 sein muss.

Definition (10.2.3) verlangt nicht notwendig $a < b$. Wenn jedoch $a > b$ und $f(x)$ positiv über dem gesamten Intervall $[b, a]$ ist, so ist $\int_a^b f(x)\,dx$ eine negative Zahl. Beachten Sie auch, dass (10.2.3) sinnvoll ist, ohne das bestimmte Integral notwendigerweise geometrisch als Fläche unter einer Kurve zu interpretieren. Tatsächlich kann es in Abhängigkeit vom Kontext verschiedene Interpretationen haben. Wenn z. B. $f(r)$ eine Einkommensdichtefunktion ist wie in Kap. 10.4, dann ist $\int_a^b f(r)\,dr$ der Anteil der Personen mit Einkommen zwischen a und b.

Obwohl die Notation für bestimmte und unbestimmte Integrale ähnlich ist, sind diese beiden Integrale vollständig verschieden. Tatsächlich bezeichnet $\int_a^b f(x)\,dx$ eine einzelne Zahl, während $\int f(x)\,dx$ eine unendliche Menge von ähnlichen Funktionen repräsentiert, die alle $f(x)$ als ihre Ableitung haben.

Die Fläche, wenn $f(x)$ negativ ist

Falls f definiert ist in $[a, b]$ und $f(x) \geq 0$ über $[a, b]$, dann ist $\int_a^b f(x)\,dx$ die Fläche unterhalb des Graphen von f über $[a, b]$. Wenn aber $f(x) \leq 0$ für alle x in $[a, b]$, dann schließen der Graph von f, die x-Achse und die zwei Geraden $x = a$ und $x = b$ nach wie vor eine Fläche ein, etwa wie die in Abb. 10.2.7 als A markierte. Tatsächlich: Wenn wir $g(x) = -f(x)$ in $[a, b]$ definieren, haben wir $g(x) \geq 0$, so dass $\int_a^b g(x)\,dx$ die Fläche unterhalb des Graphen von g über $[a, b]$ misst. Aber es folgt, nach der Konstruktion, dass dies genauso groß ist wie die Fläche A, die in Abb. 10.2.8 dargestellt ist. Es folgt dann, dass die Fläche über f und unter $[a, b]$ gleich $\int_a^b (-f)(x)\,dx$ ist. Wir haben ein Minuszeichen vor den Integranden gesetzt, weil die Fläche einer Region nichtnegativ sein muss, während das bestimmte Integral von f über $[a, b)$ negativ ist. In Kürze werden wir von Regel (10.3.3) sehen, dass es gleichbedeutend ist, das Minuszeichen vor das Integral zu setzen.

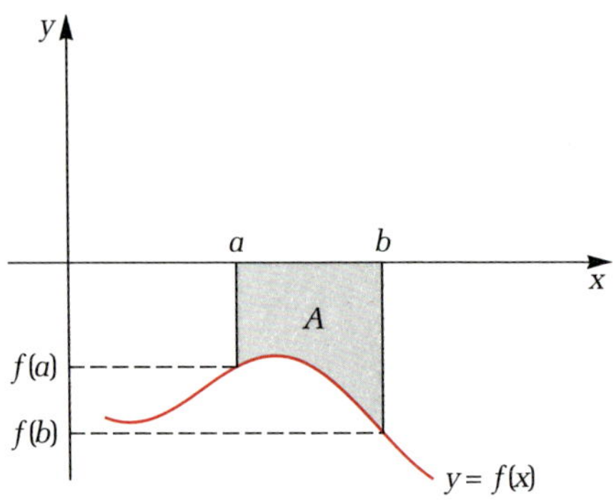

Abbildung 10.2.7: $f(x) \leq 0$

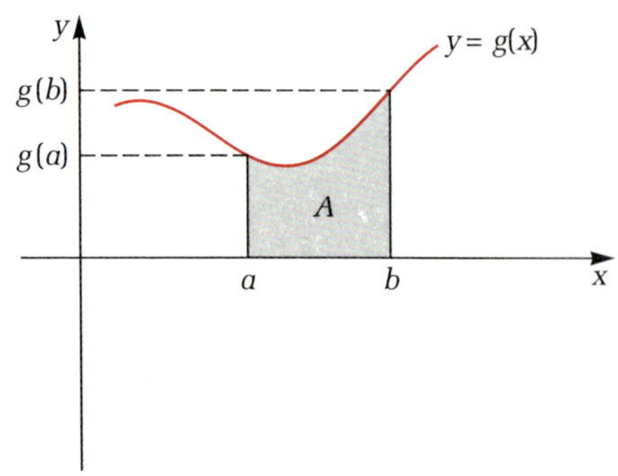

Abbildung 10.2.8: $g(x) = -f(x) \geq 0$

Beispiel 10.2.4

Abbildung 10.2.9 zeigt den Graphen von $f(x) = e^{x/3} - 3$. Berechnen Sie die schattierte Fläche A zwischen der x-Achse und dem Graphen über dem Intervall $[0, b]$ wobei $b = 3\ln 3$ gewählt wurde, weil dort $f(b) = 0$.

Lösung: Weil $f(x) \leq 0$ im Intervall $[0, 3\ln 3]$, erhalten wir

$$A = -\int_0^{3\ln 3} \left(e^{x/3} - 3\right) dx = -\Big|_0^{3\ln 3} \left(3e^{x/3} - 3x\right)$$

$$= -(3e^{\ln 3} - 3 \cdot 3\ln 3) + 3e^0 = -9 + 9\ln 3 + 3 = 9\ln 3 - 6 \approx 3.89$$

Ist die Antwort plausibel? Ja, weil die in Abb. 10.2.9 schattierte Menge eine Fläche zu haben scheint, die ein wenig kleiner ist als die des Dreiecks mit den Eckpunkten $(0, 0)$, $(0, -2)$ und $(4, 0)$, dessen Fläche 4 ist, und ein wenig größer als die Fläche des einbeschriebenen Dreiecks mit den Eckpunkten $(0, 0)$, $(0, -2)$ und $(3\ln 3, 0)$, dessen Fläche $3\ln 3 \approx 3.30$ ist.

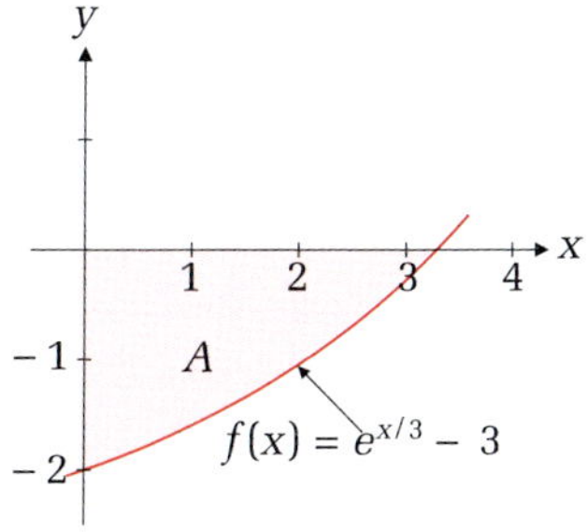

Abbildung 10.2.9: $e^{x/3} - 3$

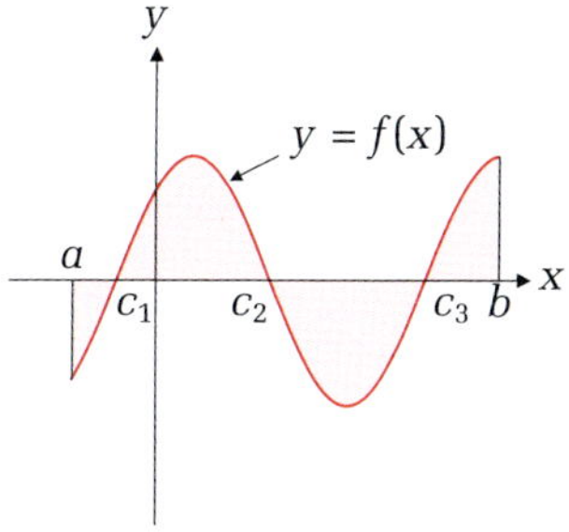

Abbildung 10.2.10: Eine Funktion mit positiven und negativen Werten

Nehmen Sie an, dass die Funktion f definiert und stetig ist auf $[a, b]$. Nehmen Sie weiter an, dass f, wie es in Abb. 10.2.10 gezeigt ist, in einigen Teilintervallen positiv, aber in anderen negativ ist, weil der Graph die x-Achse an den drei Stellen c_1, c_2, c_3 schneidet. Dann ist das bestimmte Integral $\int_a^b f(x)\,\mathrm{d}x$ die Summe der zwei schattierten Fläche oberhalb der x-Achse, abzüglich der Summe der zwei schattierten Flächen unterhalb der x-Achse. Betrachten Sie andererseits die Gesamtfläche, die begrenzt ist durch den Graphen von f, die x-Achse und die Geraden $x = a$ und $x = b$. Um diese zu berechnen, müssen wir entsprechend den vorangehenden Definitionen nacheinander die positiven Flächen in jedem Teilintervall $[a, c_1]$, $[c_1, c_2]$, $[c_2, c_3]$ und $[c_3, b]$ bestimmen. Schließlich müssen wir diese vier Flächen addieren und erhalten die Antwort

$$-\int_a^{c_1} f(x)\,\mathrm{d}x + \int_{c_1}^{c_2} f(x)\,\mathrm{d}x - \int_{c_2}^{c_3} f(x)\,\mathrm{d}x + \int_{c_3}^{b} f(x)\,\mathrm{d}x$$

In der Tat illustriert dies ein allgemeines Resultat: Die Fläche zwischen dem Graphen einer Funktion f und der x-Achse ist gegeben durch das bestimmte Integral $\int_a^b |f(x)|\,\mathrm{d}x$ des Absolutwertes des Integranden $f(x)$. Dies ist gleich der Fläche unter dem Graphen der nichtnegativen Funktion $|f(x)|$.

Aufgaben für Kapitel 10.2

1. Berechnen Sie die Flächen unter den Graphen über $[0, 1]$ von:

(a) $f(x) = x^3$ (b) $f(x) = x^{10}$

2. Berechnen Sie die Fläche, die begrenzt ist durch den Graphen jeder der folgenden Funktionen über dem angegebenen Intervall. Skizzieren Sie in (c) den Graphen und kennzeichnen Sie die gesuchte Fläche, indem Sie diese schraffieren.

(a) $f(x) = 3x^2$ in $[0, 2]$ (b) $f(x) = x^6$ in $[0, 1]$

(c) $f(x) = e^x$ in $[-1, 1]$ (d) $f(x) = 1/x^2$ in $[1, 10]$

➡ Fortsetzung

3. Berechnen Sie die Fläche, die begrenzt ist durch den Graphen von $f(x) = 1/x^3$, die x-Achse und die zwei Geraden $x = -2$ und $x = -1$. Fertigen Sie eine Zeichnung an. (*Hinweis:* $f(x) < 0$ in $[-2, -1]$.)

4. Berechnen Sie die Fläche, die begrenzt ist durch den Graphen von $f(x) = \frac{1}{2}(e^x + e^{-x})$, die x-Achse und die Geraden $x = -1$ und $x = 1$.

5. Berechnen Sie die folgenden Integrale:

(a) $\int_0^1 x\,dx$ (b) $\int_1^2 (2x + x^2)\,dx$ (c) $\int_{-2}^3 (\frac{1}{2}x^2 - \frac{1}{3}x^3)\,dx$

(d) $\int_0^2 (t^3 - t^4)\,dt$ (e) $\int_1^2 \left(2t^5 - \frac{1}{t^2}\right) dt$ (f) $\int_2^3 \left(\frac{1}{t-1} + t\right) dt$

6. Sei $f(x) = x(x-1)(x-2)$.

(a) Berechnen Sie $f'(x)$. Wo ist $f(x)$ monoton wachsend?

(b) Skizzieren Sie den Graphen von f und berechnen Sie $\int_0^1 f(x)\,dx$.

7. Der Gewinn eines Unternehmens als Funktion seines Outputs $x > 0$ ist gegeben durch $f(x) = 4000 - x - \frac{3\,000\,000}{x}$.

(a) Bestimmen Sie dasjenige Niveau des Outputs, das den Gewinn maximiert. Skizzieren Sie den Graphen von f.

(b) Der aktuelle Output variiert zwischen 1000 und 3000 Einheiten. Berechnen Sie den durchschnittlichen Gewinn

$$I = \frac{1}{2000} \int_{1000}^{3000} f(x)\,dx$$

8. Berechnen Sie die Integrale

(a) $\int_1^3 \frac{3x}{10}\,dx$ (b) $\int_{-3}^{-1} \xi^2\,d\xi$ (c) $\int_0^1 \alpha e^{\beta\tau}\,d\tau \quad (\beta \neq 0)$ (d) $\int_{-2}^{-1} \frac{1}{y}\,dy$

► Lösungen zu den Aufgaben finden Sie im Anhang des Buches.

10.3 Eigenschaften bestimmter Integrale

Aus der Definition des bestimmten Integrals können die folgenden vier Eigenschaften abgeleitet werden.

Eigenschaften bestimmter Integale

Wenn f eine stetige Funktion auf einem Intervall ist, das die Punkte a, b und c enthält, dann gilt:

$$\int_a^b f(x)\,\mathrm{d}x = -\int_b^a f(x)\,\mathrm{d}x \tag{10.3.1}$$

$$\int_a^a f(x)\,\mathrm{d}x = 0 \tag{10.3.2}$$

$$\int_a^b \alpha f(x)\,\mathrm{d}x = \alpha \int_a^b f(x)\,\mathrm{d}x, \text{ wobei } \alpha \text{ eine beliebige Zahl} \tag{10.3.3}$$

$$\int_a^b f(x)\,\mathrm{d}x = \int_a^c f(x)\,\mathrm{d}x + \int_c^b f(x)\,\mathrm{d}x \tag{10.3.4}$$

Wenn das bestimmte Integral als eine Fläche interpretiert wird, ist (10.3.4) die Additivitätseigenschaft von Flächen, wie in Abb. 10.3.1 illustriert wird. Natürlich lässt sich (10.3.4) leicht auf den Fall verallgemeinern, in dem wir das Intervall $[a, b]$ in eine beliebige endliche Anzahl von Teilintervallen zerlegen.

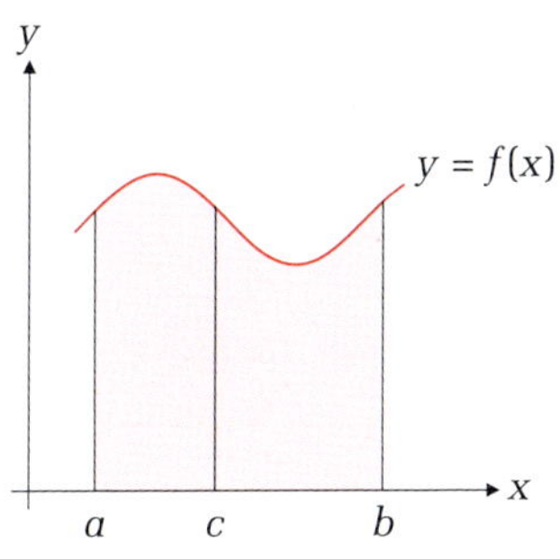

Abbildung 10.3.1: $\int_a^b f(x)\,\mathrm{d}x = \int_a^c f(x)\,\mathrm{d}x + \int_c^b f(x)\,\mathrm{d}x$

Die Gleichungen (10.3.3) und (10.3.4) sind das Gegenstück für bestimmte Integrale der Regel für Integale mit einer multiplikativen Konstanten (10.1.8) bzw. der Summationseigenschaft (10.1.9) für unbestimmte Integrale. In der Tat: Wenn f und g stetig in $[a, b]$ sind und wenn α und β reelle Zahlen sind, dann ist es leicht zu zeigen, dass

$$\int_a^b [\alpha f(x) + \beta g(x)]\,\mathrm{d}x = \alpha \int_a^b f(x)\,\mathrm{d}x + \beta \int_a^b g(x)\,\mathrm{d}x \tag{10.3.5}$$

Diese Regel kann offensichtlich wieder auf mehr als zwei Funktionen erweitert werden.

Differentiation bezüglich der Integrationsgrenzen

Nehmen Sie an, dass $F'(x) = f(x)$ für alle x in einem offenen Intervall (a, b). Nehmen Sie weiter an, dass $a < t < b$. Es folgt, dass $\int_a^t f(x)\,\mathrm{d}x = \Big|_a^t F(x) = F(t) - F(a)$, so dass

$$\frac{\mathrm{d}}{\mathrm{d}t} \int_a^t f(x)\,\mathrm{d}x = F'(t) = f(t) \tag{10.3.6}$$

Mit anderen Worten: *Die Ableitung des bestimmten Integrals nach der oberen Integrationsgrenze ist gleich dem Integranden, berechnet an dieser Grenze.*

Entsprechend ist $\int_t^b f(x)\,\mathrm{d}x = \Big|_t^b F(x) = F(b) - F(t)$, so dass

$$\frac{\mathrm{d}}{\mathrm{d}t} \int_t^b f(x)\,\mathrm{d}x = -F'(t) = -f(t) \tag{10.3.7}$$

Mit anderen Worten: *Die Ableitung des bestimmten Integrals nach der unteren Integrationsgrenze ist gleich dem Negativen des Integranden, berechnet an dieser Grenze.*

Diese Resultate sind nicht überraschend: Nehmen Sie an, dass $f(x) \geq 0$ und $t < b$. Wir können $\int_t^b f(x)\,\mathrm{d}x$ als Fläche unter dem Graphen von f über dem Intervall $[t, b]$ interpretieren. Dann schrumpft das Intervall, wenn t wächst und die Fläche wird abnehmen mit einer Rate, die durch den Wert des Integranden an der unteren Grenze gegeben ist.

Die Resultate in (10.3.6) und (10.3.7) können verallgemeinert werden. Dazu seien $a(t)$ und $b(t)$ differenzierbar und $f(x)$ stetig. Dann ist

$$\frac{\mathrm{d}}{\mathrm{d}t} \int_{a(t)}^{b(t)} f(x)\,\mathrm{d}x = f(b(t))\,b'(t) - f(a(t))\,a'(t) \tag{10.3.8}$$

Um diese Formel zu beweisen, nehmen Sie an, dass F ein unbestimmtes Integral von f ist, so dass $F'(x) = f(x)$. Dann gilt $\int_u^v f(x)\,\mathrm{d}x = F(v) - F(u)$, so dass insbesondere

$$\int_{a(t)}^{b(t)} f(x)\,\mathrm{d}x = F(b(t)) - F(a(t))$$

Wenn wir die Kettenregel benutzen, um die rechte Seite dieser Gleichung nach t zu differenzieren, erhalten wir $F'(b(t))b'(t) - F'(a(t))a'(t)$. Jedoch ist $F'(b(t)) = f(b(t))$ und $F'(a(t)) = f(a(t))$, so dass Gleichung (10.3.8) resultiert.[2]

Stetige Funktionen sind integrierbar

Sei $f(x)$ eine stetige Funktion in $[a, b]$. Dann haben wir $\int_a^b f(x)\,\mathrm{d}x$ als die Zahl $F(b) - F(a)$ definiert, wobei $F(x)$ eine Stammfunktion ist, deren Ableitung $f(x)$ ist. In einigen Fällen sind wir in der Lage, einen expliziten Ausdruck für $F(x)$ anzugeben. Aber das ist nicht immer der Fall. Betrachten Sie zum Beispiel die Dichtefunktion der Standard-Normalverteilung in Statistik. Es ist die positivwertige Funktion $f(x) = (1/\sqrt{2\pi})e^{-x^2/2}$, deren Graph in der Antwort zu Aufgabe 4.9.3 dargestellt ist.

[2] Formel (10.3.8) ist ein Spezialfall der Leibniz-Formel, die in FMEA, Kap. 4.2, erörtert wird.

Es ist unmöglich, eine explizite Standardfunktion von x anzugeben, deren Ableitung $f(x)$ ist. Dennoch *ist* $f(x)$ stetig auf jedem Intervall $[a, b]$ der reellen Zahlengeraden, so dass die Fläche unter dem Graphen von f über diesem Intervall definitiv existiert und gleich $\int_a^b f(x)\,\mathrm{d}x$ ist.

Tatsächlich kann man beweisen, dass jede stetige Funktion eine Gegenableitung hat. Hier sind einige Integrale, die tatsächlich „unlösbar" sind, es sei denn man würde spezielle neue Funktionen einführen:

$$\int e^{x^2}\,\mathrm{d}x\,, \quad \int e^{-x^2}\,\mathrm{d}x, \quad \int \frac{e^x}{x}\,\mathrm{d}x, \quad \int \frac{1}{\ln x}\,\mathrm{d}x \quad \text{und} \quad \int \frac{1}{\sqrt{x^4+1}}\,\mathrm{d}x \tag{10.3.9}$$

Das Riemann-Integral

Die bisher erörterte Art des Integrals, die auf der Gegenableitung basiert, heißt das *Newton-Leibniz* oder *N-L-Integral.* Es ist nur eins unter vielen Arten eines Integrals, die Mathematiker betrachtet haben. Für stetige Funktionen ergeben sie alle dasselbe Resultat wie das N-L-Integral. Wir skizzieren kurz das sogenannte *Riemann-Integral* als ein prominentes Beispiel.[3] Seine Definition steht in enger Beziehung zur Ausschöpfungsmethode, die in Kap. 10.2 beschrieben wurde.

Sei f eine Funktion, die definiert und *beschränkt* ist in dem Intervall $[a, b]$. Für jede feste natürliche Zahl n zerlegen wir $[a, b]$ in n Teile, indem wir Punkte $a = x_0 < x_1 < x_2 < \cdots < x_{n-1} < x_n = b$ wählen. Wir wählen auch eine beliebige Zahl ξ_i in jedem Intervall $[x_i, x_{i+1}]$. Sei $\Delta x_i = x_{i+1} - x_i$ für $i = 0, 1, \ldots, n-1$. Dann wird die Summe

$$f(\xi_0)\Delta x_0 + f(\xi_1)\Delta x_1 + \cdots + f(\xi_{n-1})\Delta x_{n-1} \tag{10.3.10}$$

von n Termen eine mit der Funktion f assoziierte *Riemann-Summe* genannt. Sie sollten ein Bild zeichnen, um diese Konstruktion zu verstehen.

Die Summe (10.3.10) hängt offensichtlich von f ab. Aber sie hängt auch von der Zerlegung und der Wahl der verschiedenen Stellen ξ_i ab. Nehmen Sie jedoch an: Wenn n gegen ∞ strebt und gleichzeitig die größte der Zahlen $\Delta x_0, \Delta x_1, \ldots, \Delta x_{n-1}$ gegen 0 strebt, existiert der Grenzwert der Riemann-Summe (10.3.10) immer. Dann heißt f *Riemann-integrierbar* oder *R-integrierbar* in dem Intervall $[a, b]$. Ferner definieren wir das *Riemann-Integral* oder *R-Integral* von f über $[a, b]$ als Grenzwert dieser Riemannsumme. Also:

$$\int_a^b f(x)\,\mathrm{d}x = \lim \sum_{i=0}^{n-1} f(\xi_i)\,\Delta x_i$$

Lehrbücher der mathematischen Analysis zeigen, dass dieser Grenzwert unabhängig davon ist, wie die ξ_i gewählt werden, so dass der Wert des R-Integrals wohldefiniert ist. Sie zeigen auch, dass jede stetige Funktion R-integrierbar ist, und dass ihr R-Integral (10.2.3) erfüllt. Das N-L-Integral und das R-Integral stimmen also für stetige Funktionen überein. Aber das R-Integral ist definiert für einige (unstetige) Funktionen, deren N-L-Integral nicht existiert.

[3] Eingeführt durch den deutschen Mathematiker Bernhard Riemann (1826–1866).

Aufgaben für Kapitel 10.3

1. Berechnen Sie die folgenden Integrale:

(a) $\int_0^5 (x + x^2)\,dx$ (b) $\int_{-2}^{2} (e^x - e^{-x})\,dx$ (c) $\int_2^{10} \frac{1}{x-1}\,dx$ (d) $\int_0^1 2xe^{x^2}\,dx$

(e) $\int_{-4}^{4} (x-1)^3\,dx$ (f) $\int_1^2 (x^5 + x^{-5})\,dx$ (g) $\int_0^4 \frac{1}{2}\sqrt{x}\,dx$ (h) $\int_1^2 \frac{1+x^3}{x^2}\,dx$

2. Es sei $\int_a^b f(x)\,dx = 8$ und $\int_a^c f(x)\,dx = 4$. Bestimmen Sie $\int_c^b f(x)\,dx$.

3. Bestimmen Sie $I = \int_0^1 (f(x) - g(x))\,dx$, wenn $\int_0^1 (f(x) - 2g(x))\,dx = 6$ und $\int_0^1 (2f(x) + 2g(x))\,dx = 9$.

4. Es seien p, q und r positive Konstanten. Berechnen Sie das Integral $\int_0^1 x^p(x^q + x^r)\,dx$.

5. Bestimmen Sie die Funktion $f(x)$, wenn $f'(x) = ax^2 + bx$, $f'(1) = 6$, $f''(1) = 18$ und $\int_0^2 f(x)\,dx = 18$.

6. Berechnen Sie die folgenden Integrale. Nehmen Sie an, dass alle Konstanten in (d) positiv sind:

(a) $\int_0^3 \left(\frac{1}{3}e^{3x-2} + \frac{1}{x+2}\right) dx$ (b) $\int_0^1 (x^2 + 2)^2\,dx$

(c) $\int_0^1 \frac{x^2 + x + \sqrt{x+1}}{x+1}\,dx$ (d) $\int_1^b \left(A\frac{x+b}{x+c} + \frac{d}{x}\right) dx$

7. Sei $F(x) = \int_0^x (t^2 + 2)\,dt$ und $G(x) = \int_0^{x^2} (t^2 + 2)\,dt$. Bestimmen Sie $F'(x)$ und $G'(x)$.

8. Definieren Sie $H(t) = \int_0^{t^2} K(\tau)e^{-\varrho\tau}\,d\tau$, wobei $K(\tau)$ eine gegebene stetige Funktion und ϱ eine Konstante ist. Bestimmen Sie $H'(t)$.

9. Bestimmen Sie:

(a) $\frac{d}{dt}\int_0^t x^2\,dx$ (b) $\frac{d}{dt}\int_t^3 e^{-x^2}\,dx$

(c) $\frac{d}{dt}\int_{-t}^{t} \frac{1}{\sqrt{x^4+1}}\,dx$ (d) $\frac{d}{d\lambda}\int_{-\lambda}^{2} (f(t) - g(t))\,dt$

10. Bestimmen Sie die Fläche zwischen den beiden Parabeln, die durch die Gleichungen $y + 1 = (x-1)^2$ und $3x = y^2$ definiert sind. (*Hinweis:* Die Schnittpunkte haben ganzzahlige Koordinaten.)

➡

➜ Fortsetzung

Anspruchsvollere Aufgaben

11. Eine Theorie zur Investitionsrechnung verwendet die Funktion W, die für alle $T > 0$ definiert ist durch

$$W(T) = \frac{K}{T}\int_0^T e^{-\varrho t}\,\mathrm{d}t$$

wobei K und ϱ positive Konstanten sind. Berechnen Sie das Integral und zeigen Sie dann, dass $W(T)$ Werte in dem Intervall $(0, K)$ annimmt und strikt monoton fallend ist. (*Hinweis:* Siehe Aufgabe 6.11.11.)

12. Betrachten Sie die Funktion f, die für alle $x > 0$ definiert ist durch $f(x) = 4\ln(\sqrt{x+4} - 2)$.

(a) Zeigen Sie, dass f eine inverse Funktion g hat und bestimmen Sie eine Formel für g.

(b) Zeichnen Sie die Graphen von f und g in demselben Koordinatensystem.

(c) Geben Sie eine geometrische Interpretation von $A = \int_5^{10} 4\ln(\sqrt{x+4} - 2)\,\mathrm{d}x$ und erklären Sie, warum

$$A = 10 \cdot a - \int_0^a (e^{x/2} + 4e^{x/4})\,\mathrm{d}x$$

ist, wobei $a = f(10)$. Benutzen Sie diese Gleichung, um A in Abhängigkeit von a auszudrücken.

► Lösungen zu den Aufgaben finden Sie im Anhang des Buches.

10.4 Ökonomische Anwendungen

Wir haben das bestimmte Integral motiviert als eine Möglichkeit, die Fläche unter einer Kurve zu bestimmen. Bestimmte Intgrale treten jedoch in vielen anderen mathematischen und ökonomischen Kontexten auf. In Statistik und Ökonometrie zum Beispiel werden viele Wahrscheinlichkeitsverteilungen wie die Normalverteilung definiert als das Integral einer speziellen stetigen Dichtefunktion. Dieser Abschnitt präsentiert einige andere Beispiele, die zeigen, warum Integrale in den Wirtschaftswissenschaften wichtig sind.

Förderung aus einer Ölquelle

Nehmen Sie an, dass ein Ölproduzent zur Zeit $t = 0$ mit der Förderung von Öl aus einer Quelle beginnt, die zu der Zeit K Barrel Öl enthält. Bezeichne $x(t)$ den Restvorrat an Öl in der Quelle zur Zeit t, gemessen als Anzahl Barrel. Insbesondere ist $x(0) = K$. Wenn wir annehmen, dass wir kein Öl in die Quelle zurückpumpen können, dann ist $x(t)$ eine monoton fallende Funktion von t. Betrachten Sie ein Zeitintervall $[t, t + \Delta t]$, wobei $\Delta t > 0$. Die Menge Öl, die in diesem Intervall gefördert wird, ist $x(t) - x(t + \Delta t)$, die Reduktion des Vorrats. Die Förderung pro Zeiteinheit ist daher

$$\frac{x(t) - x(t + \Delta t)}{\Delta t} = -\frac{x(t + \Delta t) - x(t)}{\Delta t} \tag{$*$}$$

Wenn wir annehmen, dass $x(t)$ differenzierbar ist, dann strebt der Quotient $(*)$ gegen $-\dot{x}(t)$, wenn Δt gegen Null strebt. Wenn wir mit $u(t)$ die *Förderungsrate* zur Zeit t bezeichnen, so haben wir $\dot{x}(t) = -u(t)$ mit $x(0) = K$. Die Lösung dieser Gleichung ist

$$x(t) = K - \int_0^t u(\tau)\,\mathrm{d}\tau \tag{$**$}$$

Wir überprüfen $(**)$ wie folgt. Zunächst setzen wir $t = 0$ und erhalten $x(0) = K$. Wenn wir ferner $(**)$ nach t differenzieren, so erhalten wir mit Regel (10.3.6), dass $\dot{x}(t) = -u(t)$.

Das Resultat $(**)$ kann wie folgt interpretiert werden: Die Menge Öl, die zur Zeit t noch übrig ist, ist gleich der Anfangsmenge K, verringert um die Menge, die in der Zeitspanne $[0, t]$ gefördert wurde, nämlich $\int_0^t u(\tau)\,\mathrm{d}\tau$.

Wenn die Förderungsrate konstant ist mit $u(t) = \bar{u}$, dann folgt aus $(**)$

$$x(t) = K - \int_0^t \bar{u}\,\mathrm{d}\tau = K - \Big|_0^t\, \bar{u}\tau = K - \bar{u}t$$

Insbesondere wird die Quelle leer sein, wenn $x(t) = 0$, d. h. wenn $K - \bar{u}t = 0$, also wenn $t = K/\bar{u}$. (Natürlich hätte man diese spezielle Antwort auf direkterem Wege ohne Rückgriff auf die Integralrechnung finden können.)

Dieses Beispiel illustriert zwei Konzepte, für die es wichtig ist, dass sie in vielen ökonomischen Argumenten zu unterscheiden sind. Die Größe $x(t)$ ist ein *Bestand*, gemessen in Barrel. Auf der anderen Seite ist $u(t)$ ein *„Fluss“* (eine Bewegung), gemessen in Barrel *pro Zeiteinheit*.

Einkommensverteilung

In vielen Ländern können Daten von Einkommenssteuerbehörden verwendet werden, um Eigenschaften der Einkommensverteilung innerhalb eines gegebenen Jahres zu vergleichen oder um zu untersuchen, wie sich die Verteilung von Jahr zu Jahr ändert. Nehmen Sie an, wir messen das jährliche Einkommen in Euro. Sei $F(r)$ der Anteil der Personen, die nicht mehr als r Euro in einem speziellen Jahr erhalten. Wenn es nun n Personen in der Population gibt, so ist $nF(r)$ die Anzahl der Personen, deren Einkommen nicht größer als r ist. Wenn r_0 das kleinste und r_1 das höchste (registrierte) Einkommen in der Gruppe ist, so sind wir an der Funktion F interessiert, die im Intervall $[r_0, r_1]$ definiert ist. Da r ein Vielfaches von 0.01 Euro und $F(r)$ ein Vielfaches von $1/n$ sein muss, macht die Definition von F die Funktion F unstetig und deshalb auch nicht differenzierbar in $[r_0, r_1]$. Wenn die Population jedoch aus einer großen Anzahl Personen besteht, dann ist es gewöhnlich möglich, eine „glatte“ Funktion zu finden, die eine gute Approximation an die wahre Einkommensverteilung liefert. Nehmen Sie deshalb an, dass F eine Funktion mit einer stetigen mit f bezeichneten Ableitung ist, so dass $f(r) = F'(r)$ für alle r in (r_0, r_1). Gemäß der Definition der Ableitung haben wir für alle kleinen Δr

$$f(r)\,\Delta r \approx F(r+\Delta r) - F(r)$$

Somit ist $f(r)\,\Delta r$ ungefähr gleich dem Anteil der Personen mit einem Einkommen zwischen r und $r + \Delta r$. Die Funktion f wird *Einkommensdichtefunktion* genannt und F ist die assoziierte *kumulative Verteilungsfunktion*.[4]

Nehmen Sie an, dass f eine stetige Einkommensdichtefunktion für eine gewisse Population mit Einkommen in dem Intervall $[r_0, r_1]$ ist. Falls $r_0 \le a \le b \le r_1$, dann implizieren die vorausgehende Diskussion und die Definition des bestimmten Integrals, dass $\int_a^b f(r)\,\mathrm{d}r$ der Anteil der Personen mit Einkommen in $[a, b]$ ist. Daher ist die *Anzahl der Personen* mit Einkommen in $[a, b]$

$$N = n\int_a^b f(r)\,\mathrm{d}r \tag{10.4.1}$$

Wir wollen jetzt einen Ausdruck für das Gesamteinkommen all derer finden, die zwischen a und b Euro verdienen. Sei $M(r)$ das Gesamteinkommen all derer, die nicht mehr als r Euro während des Jahres verdienen und betrachten Sie das Einkommensintervall $[r, r + \Delta r]$. Es gibt ungefähr $nf(r)\,\Delta r$ Personen mit Einkommen in diesem Intervall. Jede von ihnen hat ein Einkommen, das ungefähr gleich r ist, so dass das Gesamteinkommen dieser Personen $M(r + \Delta r) - M(r)$ ungefähr gleich $nrf(r)\,\Delta r$ ist. Somit haben wir

$$\frac{M(r+\Delta r) - M(r)}{\Delta r} \approx nrf(r)$$

Die Approximation wird (im Allgemeinen) besser, wenn Δr kleiner wird. Indem wir den Grenzwert für $\Delta r \to 0$ bilden, erhalten wir $M'(r) = nrf(r)$. Indem wir über das Intervall von a bis b integrieren, erhalten wir $M(b) - M(a) = n\displaystyle\int_a^b rf(r)\,\mathrm{d}r$. Daher ist das *Gesamteinkommen* der Personen mit Einkommen in $[a, b]$

$$M = n\int_a^b rf(r)\,\mathrm{d}r \tag{10.4.2}$$

Das zu (10.4.2) führende Argument kann exakter gemacht werden: $M(r+\Delta r)-M(r)$ ist das Gesamteinkommen all derer, die ein Einkommen in dem Intervall $[r, r + \Delta r]$ haben, wenn $\Delta r > 0$ ist. In diesem Einkommensintervall gibt es $n[F(r + \Delta r) - F(r)]$ Personen, von denen jede wenigstens r und höchstens $r + \Delta r$ verdient. Damit gilt

$$nr\big[F(r+\Delta r) - F(r)\big] \le M(r+\Delta r) - M(r) \le n(r+\Delta r)\big[F(r+\Delta r) - F(r)\big] \tag{$*$}$$

Falls $\Delta r > 0$, ergibt die Division durch Δr

$$nr\,\frac{F(r+\Delta r) - F(r)}{\Delta r} \le \frac{M(r+\Delta r) - M(r)}{\Delta r} \le n(r+\Delta r)\frac{F(r+\Delta r) - F(r)}{\Delta r} \tag{$**$}$$

Andererseits, wenn $\Delta r < 0$, bleiben die Ungleichungen in $(*)$ unverändert, während die Ungleichungen in $(**)$ sich umdrehen. So oder so, für $\Delta r \to 0$ folgt $nrF'(r) \le M'(r) \le nrF'(r)$, so dass $M'(r) = nrF'(r) = nrf(r)$ ist.

---

[4] Leser, die einige Kenntnisse der elementaren Statistik haben, werden die Analogie zu Dichtefunktionen und kumulativen Wahrscheilichkeitsverteilungsfunktionen erkennen.

Betrachten Sie die Gruppe aller Personen, deren Einkommen in einem bestimmten Intervall $[a, b]$ liegt. Die Anzahl der Personen N in dieser Gruppe ist gegeben durch Gleichung (10.4.1), und ihr Gesamteinkommen M ist gegeben durch Gleichung (10.4.2). Das Einkommen pro Kopf in dieser Gruppe, auch als ihr „mittleres Einkommen“ bekannt, ist der Quotient M/N. Formal ist dann das *mittlere Einkommen* der Personen mit Einkommen in dem Intervall $[a, b]$ gleich:

$$m = \frac{M}{N} = \frac{n\int_a^b rf(r)\,\mathrm{d}r}{n\int_a^b f(r)\,\mathrm{d}r} = \frac{\int_a^b rf(r)\,\mathrm{d}r}{\int_a^b f(r)\,\mathrm{d}r} \tag{10.4.3}$$

Eine Funktion, die die aktuelle Einkommensverteilung sehr gut approximiert, insbesondere für hohe Einkommen, ist die *Pareto-Verteilung*, die in Beispiel 6.6.4, insbesonder Gleichung (6.6.5) kurz betrachtet wurde. Für diese Verteilung ist der Anteil der Personen, die höchstens r Euro verdienen, gegeben durch

$$f(r) = \frac{B}{r^{\beta}} \tag{10.4.4}$$

Hier sind B und β positive Konstanten. Empirische Schätzungen für β liegen gewöhnlich im Bereich $2.4 < \beta < 2.6$. Für Werte von r in der Nähe von 0 ist die Formel von keinem Wert. Tatsächlich divergiert das Integral $\int_0^a f(r)\,\mathrm{d}r$ gegen ∞, wie man mit den Argumenten aus Kap. 10.7 sehen wird.

Beispiel 10.4.1

Betrachten Sie eine Population von n Personen, in der die Dichtefunktion für die Einkommensverteilung für diejenigen, die ein Einkommen zwischen a und b haben, gegeben ist durch $f(r) = B/r^{2.5}$. Hier ist $b > a > 0$ und B ist positiv. Bestimmen Sie das mittlere Einkommen in dieser Gruppe.

Lösung: Nach (10.4.1) ist die Gesamtanzahl der Personen in dieser Gruppe

$$N = n\int_a^b Br^{-2.5}\,\mathrm{d}r = nB\Big|_a^b \left(-\tfrac{2}{3}r^{-1.5}\right) = \tfrac{2}{3}nB\left(a^{-1.5} - b^{-1.5}\right)$$

Nach (10.4.2) ist das Gesamteinkommen dieser Personen

$$M = n\int_a^b rBr^{-2.5}\,\mathrm{d}r = nB\int_a^b r^{-1.5}\,\mathrm{d}r = -2nB\Big|_a^b r^{-0.5} = 2nB\left(a^{-0.5} - b^{-0.5}\right)$$

Nach (10.4.3) ist das mittlere Einkommen der Gruppe

$$m = \frac{M}{N} = \frac{2nB(a^{-0.5} - b^{-0.5})}{\frac{2}{3}nB(a^{-1.5} - b^{-1.5})} = 3\frac{a^{-0.5} - b^{-0.5}}{a^{-1.5} - b^{-1.5}}$$

Nehmen Sie an, dass b sehr groß ist. Dann sind $b^{-0.5}$ und $b^{-1.5}$ beide sehr nahe an 0 und somit ist $m \approx 3a$. Das mittlere Einkommen derjenigen, die wenigstens a verdienen, ist deshalb ungefähr $3a$.

Der Einfluss der Einkommensverteilung auf die Nachfrage

Offensichtlich hängt die Nachfrage eines Verbrauchers nach einem bestimmten Gut von dessen Preis p ab. Außerdem lernen Ökonomen sehr schnell, dass die Nachfrage auch vom Einkommen r des Verbrauchers abhängt. Hier betrachten wir die gesamte nachgefragte Menge für eine Gruppe von Verbrauchern, deren individuelle Nachfrage durch dieselbe stetige Funktion $D(p, r)$ eines einzelnen Preises p sowie des individuellen Einkommens r beschrieben wird, deren Verteilung durch eine stetige Dichtefunktion $f(r)$ auf dem Intervall $[a, b]$ gegeben ist.

Für einen gegebenen Preis p, bezeichne $T(r)$ die gesamte Nachfrage nach diesem Gut durch alle Personen, deren Einkommen r nicht übersteigt. Betrachten Sie das Einkommensintervall $[r, r + \Delta r]$, wobei $\Delta r > 0$. Es gibt ungefähr $nf(r)\,\Delta r$ Personen mit einem Einkommen in diesem Intervall. Da jede von ihnen ungefähr $D(p, r)$ Einheiten des Gutes nachfragt, ist die gesamte Nachfrage all dieser Personen ungefähr $nD(p, r)f(r)\,\Delta r$. Jedoch ist die tatsächliche Gesamtnachfrage der Personen mit einem Einkommen in dem Interval$[r, r + \Delta r]$ nach Definition gleich $T(r + \Delta r) - T(r)$. Deshalb muss gelten $T(r + \Delta r) - T(r) \approx nD(p, r)f(r)\,\Delta r$ und daher

$$\frac{T(r + \Delta r) - T(r)}{\Delta r} \approx nD(p, r)f(r)$$

Die Approximation verbessert sich im Allgemeinen, wenn Δr kleiner wird. Indem wir den Grenzwert für $\Delta r \to 0$ bilden, erhalten wir $T'(r) = nD(p, r)f(r)$. Nach Definition des bestimmten Integrals muss deshalb gelten

$$T(b) - T(a) = n \int_a^b D(p, r)f(r)\,\mathrm{d}r$$

Aber $T(b) - T(a)$ ist die Gesamtnachfrage für das Gut durch alle Personen mit einem Einkommen in dem Intervall $[a, b]$. Diese Gesamtnachfrage wird natürlich vom Preis p abhängen. Deshalb bezeichnen wir es mit $x(p)$. Dies impliziert, dass die Gesamtnachfrage dieser Personen, als eine Funktion von p gegeben ist durch:

$$x(p) = \int_a^b nD(p, r)f(r)\,\mathrm{d}r \tag{10.4.5}$$

Beispiel 10.4.2

Die Einkommensverteilungsfunktion für alle Personen mit einem Einkommen zwischen a und b sei wie die in Beispiel 10.4.1. Die Nachfragefunktion einer Person mit Einkommen r sei $D(p, r) = Ap^{-1.5}r^{2.08}$. Berechnen Sie die Gesamtnachfragefunktion.

Lösung: Mit (10.4.5) erhalten wir

$$x(p) = \int_a^b nAp^{-1.5}r^{2.08}Br^{-2.5}\,\mathrm{d}r = nABp^{-1.5}\int_a^b r^{-0.42}\,\mathrm{d}r$$

Daher ist

$$x(p) = nABp^{-1.5} \Big|_a^b \frac{1}{0.58}r^{0.58} = \frac{nAB}{0.58}p^{-1.5}(b^{0.58} - a^{0.58})$$

Konsumenten- und Produzentenrente

Ökonomen sind daran interessiert, zu untersuchen, wieviel Konsumenten und Produzenten in der Gesamtheit profitieren oder verlieren, wenn die Marktbedingungen sich ändern. Ein verbreitetes (jedoch theoretisch fragwürdiges) Maß dieser Vergünstigungen, das von vielen angewandten Ökonomen verwendet wird, ist die Konsumenten- und Produzentenrente, die weiter unten definiert wird.[5] Der Gleichgewichtspunkt E in Abb. 10.4.1 tritt ein, wenn die Nachfrage- und Angebotskurve sich kreuzen, so dass die Nachfrage gleich dem Angebot ist. Der zugehörige Gleichgewichtspreis P^* ist derjenige Preis, der die Konsumenten veranlasst, genau dieselbe Menge zu kaufen (nachzufragen), die die Produzenten bereit sind, bei diesem Preis anzubieten, wie in Beispiel 4.5.3. Entsprechend der Nachfragekurve in Abb. 10.4.1, gibt es Konsumenten, die bereit sind, mehr als P^* pro Einheit zu bezahlen. Ja sogar, wenn der Preis fast so hoch ist wie P_1, gibt es noch einige Kunden, die einige Einheiten auch zu diesem Preis kaufen möchten. Der Gesamtbetrag, der von allen Konsumenten „gespart" wird, wenn sie das Gut zu einem Preis kaufen, der niedriger ist als derjenige, den sie maximal zu zahlen bereit wären, bezeichnet man als *Konsumentenrente*, bezeichnet mit CS.

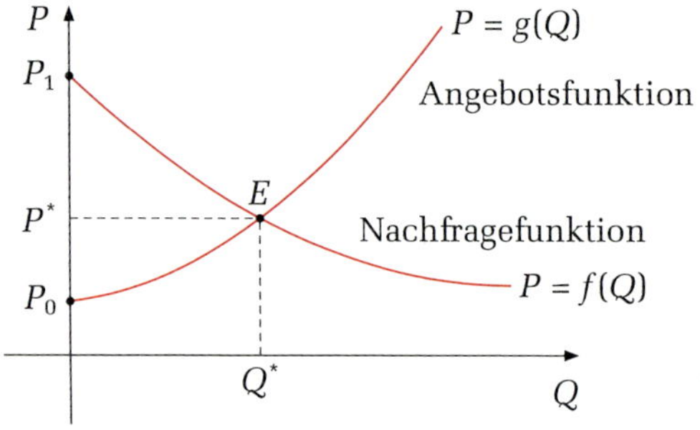

Abbildung 10.4.1: Marktgleichgewicht

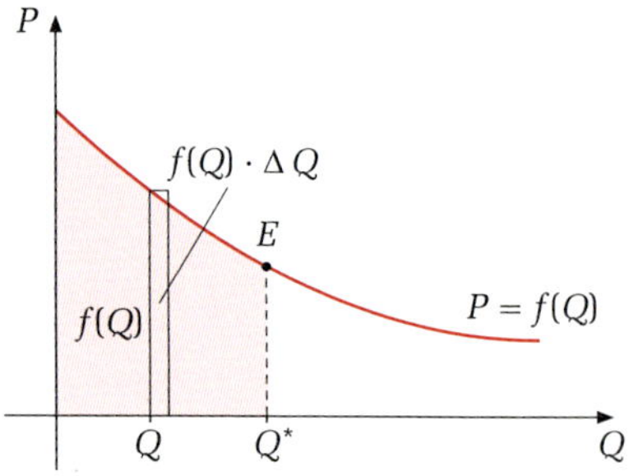

Abbildung 10.4.2: Konsumentenrente, CS

Betrachten Sie das in Abb. 10.4.2 angedeutete schmale Rechteck, dessen linke Ecke auf der verikalen Geraden durch den mit Q bezeichneten Punkt mit den Koordinaten $(Q, 0)$ liegt. Es hat die Grundseite ΔQ und die Höhe $f(Q)$, so dass seine Fläche $f(Q)\,\Delta Q$ ist. Diese Fläche stellt ungefähr den maximalen zusätzlichen Betrag dar, den Konsumenten für zusätzliche ΔQ Einheiten zum Preis $f(Q)$ zu zahlen bereit sind, nachdem sie schon Q Einheiten zum Preis $f(Q)$ gekauft haben. Für alle diejenigen Konsumenten, die bereit sind, das Gut zum Preis P^* oder zu einem höheren Preis zu kaufen, ist der Gesamtbetrag, den sie zu zahlen bereit sind, die Gesamtfläche unter der inversen Nachfragekurve über dem Intervall $[0, Q^*]$, d. h. $\int_0^{Q^*} f(Q)\,\mathrm{d}Q$. Diese Fläche ist in Abb. 10.4.2 schattiert dargestellt. Wenn alle Konsumenten zusammen Q^* Einheiten des Gutes kaufen, sind die Gesamtkosten P^*Q^*. Dies wird dargestellt durch die Fläche des Rechtecks mit der Grundseite Q^* und der Höhe P^*. Es kann deshalb durch das Integral $\int_0^{Q^*} P^*\,\mathrm{d}Q$ ausgedrückt werden. Die Konsumentenrente (consumer

[5] Siehe z. B. H. Varian: *Intermediate Microeconomics*, 8. Aufl., Norton, 2009, für eine ausführlichere Behandlung.

surplus) ist definiert als der Gesamtbetrag, den Konsumenten zu zahlen bereit sind, verringert um den Betrag, den sie tatsächlich zahlen. Diese Differenz ist gleich dem Integral

$$CS = \int_0^{Q^*} [f(Q) - P^*] \, dQ \tag{10.4.6}$$

In Abb. 10.4.3 ist $\int_0^{Q^*} f(Q)\,dQ$ die Fläche OP_1EQ^*, während P^*Q^* die Fläche OP^*EQ^* ist. Somit ist die Konsumentenrente CS gleich der Fläche P^*P_1E zwischen der inversen Nachfragekurve und der horizontalen Geraden $P = P^*$. In Abb. 10.4.3 ist dies die schwächer schattierte Fläche links von der Kurve $P = f(Q)$, welche zwischen der P-Achse und dem Teil P_1E der Kurve $P = f(Q)$ oberhalb des Preises P^* liegt.

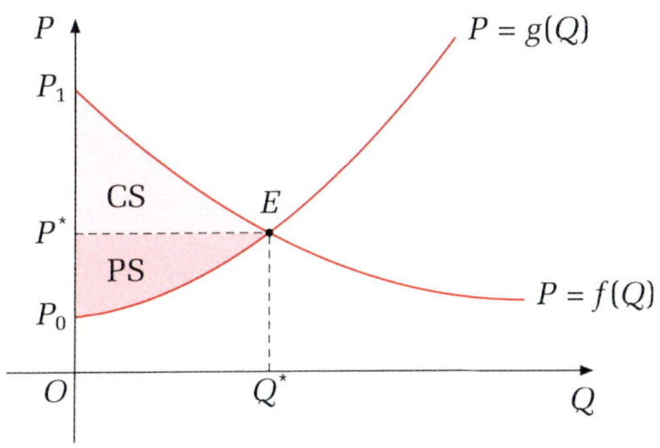

Abbildung 10.4.3: Konsumenten- und Produzentenrente, CS und PS

Viele Produzenten erzielen auch einen positiven Nutzen oder „Überschuss", wenn sie zum Gleichgewichtspreis P^* verkaufen, weil sie bereit sind, das Gut zu einem niedrigeren Preis als P^* zu verkaufen. In Abb. 10.4.3 sieht man: Selbst wenn der Preis fast so niedrig wie P_0 ist, sind einige Produzenten noch bereit, das Gut anzubieten. Betrachten Sie den Gesamtüberschuss aller Produzenten, die einen höheren als denjenigen Preis erzielen, zu dem sie bereit wären, ihr Gut zu verkaufen. Er ist gleich dem Gesamtbetrag P^*Q^*, den die Produzenten aktuell erhalten, verringert um den Betrag, bei dem sie bereit wären, Q^* Einheiten anzubieten. Wir nennen diese Differenz die *Produzentenrente* (producer surplus), bezeichnet mit PS.

Geometrisch wird sie durch die dunkel schattierte Menge in Abb. 10.4.3 dargestellt. Analytisch ist sie definiert durch

$$PS = \int_0^{Q^*} [P^* - g(Q)] \, dQ \tag{10.4.7}$$

In Abb. 10.4.3 sind die Einnahmen P^*Q^* wieder die Fläche OP^*EQ^*, während $\int_0^{Q^*} g(Q)\,dQ$ die Fläche OP_0EQ^* ist. Somit ist PS gleich der Fläche P^*P_0E zwischen der inversen Angebotskurve $P = g(Q)$ und der Geraden $P = P^*$. In Abb. 10.4.3 ist dies die dunkler schattierte Fläche links von der Angebotskurve – d. h. zwischen der P-Achse und dem Teil der Angebotskurve unterhalb des Preises P^*.

Beispiel 10.4.3

Nehmen Sie an, dass die inverse Nachfragefunktion gegeben ist durch $P = f(Q) = 50 - 0.1Q$ und die inverse Angebotsfunktion durch $P = g(Q) = 0.2Q + 20$. Bestimmen Sie den Gleichgewichtspreis. Berechnen Sie dann die Konsumenten- und Produzentenrente.

Lösung: Die Gleichgewichtsmenge ist bestimmt durch die Gleichung $50 - 0.1Q^* = 0.2Q^* + 20$, die $Q^* = 100$ ergibt. Dann ist $P^* = 0.2Q^* + 20 = 40$. Daher ist

$$\text{CS} = \int_0^{100} [50 - 0.1Q - 40]\,\mathrm{d}Q = \int_0^{100} [10 - 0.1Q]\,\mathrm{d}Q = \Big|_0^{100} (10Q - 0.05Q^2) = 500$$

und

$$\text{PS} = \int_0^{100} [40 - (0.2Q + 20)]\,\mathrm{d}Q = \int_0^{100} [20 - 0.2Q]\,\mathrm{d}Q = \Big|_0^{100} (20Q - 0.1Q^2) = 1000$$

Aufgaben für Kapitel 10.4

1. Nehmen Sie an, dass die Förderungsrate $u(t)$ aus einer Ölquelle exponentiell mit der Zeit fällt mit $u(t) = \bar{u}e^{-at}$, wobei $\bar{u}$ und a positive Konstanten sind. Finden Sie bei einem gegebenem Anfangsbestand $x(0) = K$ einen Ausdruck $x(t)$ für den Restvorrat an Öl zur Zeit t. Unter welcher Bedingung wird die Quelle niemals ausgeschöpft?

2. Folgen Sie dem Vorgehen in den Beispielen 10.4.1 und 10.4.2 und:

(a) Bestimmen Sie das durchschnittliche Einkommen m im Intervall $[b, 2b]$, wenn $f(r) = Br^{-2}$. Nehmen Sie dabei an, dass es n Personen in der Population gibt.

(b) Nehmen Sie an, dass die Nachfragefunktion der Personen gleich $D(p, r) = Ap^{\gamma} r^{\delta}$ mit $A > 0, \gamma < 0, \delta > 0, \delta \neq 1$ ist. Berechnen Sie die Gesamtnachfrage $x(p)$, indem Sie Formel (10.4.5) benutzen.

3. Lösen Sie die Gleichung $S = \int_0^T e^{rt}\,\mathrm{d}t$ nach T auf.

4. Sei $K(t)$ der Kapitalbestand einer Volkswirtschaft zur Zeit t. Dann ist die mit $I(t)$ bezeichnete *Netto-Investition* zur Zeit t gegeben durch die Zuwachsrate $\dot{K}(t)$ von $K(t)$.

(a) Es sei $I(t) = 3t^2 + 2t + 5$ $(t \geq 0)$. Wie hoch ist der gesamte Zuwachs im Kapitalbestand im Intervall von $t = 0$ bis $t = 5$?

(b) Es sei $K(t_0) = K_0$. Bestimmen Sie einen Ausdruck für den gesamten Zuwachs im Kapitalbestand von der Zeit $t = t_0$ bis $t = T$, wenn die Investitionsfunktion $I(t)$ wie in Teil (a) ist.

5. Eine Öl-Gesellschaft plant die Ölförderung aus einem ihrer Felder mit heutigem Beginn zur Zeit $t = 0$, wobei t die in Jahren gemessene Zeit ist. Die Gesellschaft hat die Wahl zwischen zwei verschiedenen Förderungsprofilen f und g, die die Rate des Produktionsstroms angeben, gemessen in Barrel Öl pro Jahr. Beide Förderungsprofile gehen über 10 Jahre, wobei $f(t) = 10t^2 - t^3$ und $g(t) = t^3 - 20t^2 + 100t$ für t in $[0, 10]$.

➡ Fortsetzung

(a) Skizzieren Sie die beiden Profile in demselben Koordinatensystem.

(b) Zeigen Sie, dass $\int_0^t g(\tau)\,d\tau \geq \int_0^t f(\tau)\,d\tau$ für alle t in $[0, 10]$.

(c) Die Gesellschaft verkauft ihr Öl zu einem durch $p(t) = 1 + 1/(t+1)$ gegebenen Preis pro Einheit. Die Gesamterlöse der beiden Profile sind dann gegeben durch $\int_0^{10} p(t)f(t)\,dt$ bzw. $\int_0^{10} p(t)g(t)\,dt$. Berechnen Sie diese Integrale. Welches der beiden Förderungsprofile erzielt den höheren Erlös?

6. Nehmen Sie an, dass die inverse Nachfrage- und Angebotsfunktion für ein bestimmtes Gut gegeben seien durch $P = f(Q) = 200 - 0.2Q$ bzw. $P = g(Q) = 20 + 0.1Q$. Bestimmen Sie den Gleichgewichtspreis und die Gleichgewichtsmenge und berechnen Sie die Konsumenten- und Produzentenrente.

7. Nehmen Sie an, dass die inverse Nachfrage- und Angebotsfunktion für ein bestimmtes Gut gegeben seien durch $P = f(Q) = 6000/(Q + 50)$ bzw. $P = g(Q) = Q + 10$. Bestimmen Sie den Gleichgewichtspreis und die Gleichgewichtsmenge und berechnen Sie die Konsumenten- und Produzentenrente.

► Lösungen zu den Aufgaben finden Sie im Anhang des Buches.

10.5 Partielle Integration

Mathematiker, Statistiker und Ökonomen müssen oft Integrale wie z. B. $\int x^3 e^{2x}\,dx$ berechnen, deren Integrand ein Produkt von zwei Funktionen ist. Wir wissen, dass $\frac{1}{4}x^4$ als Ableitung x^3 hat und dass $\frac{1}{2}e^{2x}$ die Ableitung e^{2x} hat. Jedoch das Produkt $\frac{1}{8}x^4 e^{2x}$ von $\frac{1}{4}x^4$ und $\frac{1}{2}e^{2x}$ hat bestimmt nicht $x^3 e^{2x}$ als Ableitung. Allgemein: Weil die Ableitung eines Produkts nicht das Produkt der Ableitungen ist, ist das Integral eines Produkts *nicht* das Produkt der Integrale.

Die korrekte Regel für die Ableitung eines Produkts erlaubt uns, eine wichtige und nützliche Regel für die Integration von Produkten herzuleiten. Nach der Produktregel der Differentiation (6.7.3) gilt

$$\big(f(x)g(x)\big)' = f'(x)g(x) + f(x)g'(x) \qquad (*)$$

Bilden Sie jetzt auf beiden Seiten in $(*)$ das unbestimmte Integral und nutzen Sie dann die Regel (10.1.9), die besagt, dass das Integral einer Summe die Summe der Integrale ist. Das Resultat ist

$$f(x)g(x) = \int f'(x)g(x)\,dx + \int f(x)g'(x)\,dx$$

Dabei wurden die Integrationskonstanten in beiden unbestimmten Integralen implizit weggelassen. Umordnen dieser letzten Gleichung ergibt die folgende Formel:

Formel der partiellen Integration

$$\int f(x)g'(x)\,dx = f(x)g(x) - \int f'(x)g(x)\,dx \qquad (10.5.1)$$

Auf den ersten Blick erscheint diese Formel überhaupt nicht hilfreich. Jedoch werden die folgenden Beispiele zeigen, dass dieser Eindruck ganz falsch ist, wenn man gelernt hat, diese Formel in geeigneter Weise anzuwenden.

Nehmen Sie an, dass wir eine Funktion $H(x)$ integrieren sollen, die in der Form $f(x)g'(x)$ geschrieben werden kann. Indem wir (10.5.1) anwenden, kann das Problem transformiert werden in die Integration von $f'(x)g(x)$. Im Allgemeinen kann eine Funktion $H(x)$ auf mehrere verschiedene Weisen als $f(x)g'(x)$ geschrieben werden. Es kommt daher darauf an, f und g so zu wählen, dass es leichter ist $\int f'(x)g(x)\,dx$ zu bestimmen als $\int f(x)g'(x)\,dx$.

Beispiel 10.5.1

Verwenden Sie die partielle Integration, um $\int xe^x\,dx$ zu bestimmen.

Lösung: Um (10.5.1) zu benutzen, müssen wir den Integranden in der Form $f(x)g'(x)$ schreiben. Es sei $f(x) = x$ und $g'(x) = e^x$, was $g(x) = e^x$ impliziert. Dann ist $f(x)g'(x) = xe^x$, so dass nach (10.5.1) gilt:

$$\int \underbrace{x \cdot e^x}_{f(x)g'(x)}\,dx = \underbrace{x \cdot e^x}_{f(x)g(x)} - \int \underbrace{1 \cdot e^x}_{f'(x)g(x)}\,dx = xe^x - \int e^x\,dx = xe^x - e^x + C$$

Die Ableitung von $xe^x - e^x + C$ ist in der Tat $e^x + xe^x - e^x = xe^x$, so dass die Integration korrekt durchgeführt wurde.

Eine geeignete Wahl von f und g ermöglichte uns, das Integral zu berechnen. Wir wollen sehen, was passiert, wenn wir die Rollen von f und g vertauschen und es stattdessen mit $f(x) = e^x$ und $g'(x) = x$ versuchen. Dann ist $g(x) = \frac{1}{2}x^2$. Wieder ist $f(x)g'(x) = e^x x = xe^x$ und nach (10.5.1):

$$\int \underbrace{e^x \cdot x}_{f(x)g'(x)}\,dx = \underbrace{e^x \cdot \frac{1}{2}x^2}_{f(x)g(x)} - \int \underbrace{e^x \cdot \frac{1}{2}x^2}_{f'(x)g(x)}\,dx$$

In diesem Fall ist das Integral auf der rechten Seite komplizierter als das ursprüngliche. Wir schließen, dass diese alternative Wahl von f und g das Integral nicht vereinfacht hat.

Beispiel 10.5.1 zeigt, warum wir sorgfältig sein müssen, wie wir den Integranden aufteilen. Erkenntnisse, wie man eine geschickte Wahl macht, wenn es eine gibt, kommen nur mit der Praxis.

Manchmal funktioniert partielle Integration nicht, indem sie ein einfacheres Integral liefert, sondern indem sie ein ähnliches liefert, wie in Teil (a) des nächsten Beispiels.

Beispiel 10.5.2

Berechnen Sie die folgenden Integrale: (a) $I = \int (1/x) \ln x \, dx$ (b) $J = \int x^3 e^{2x} \, dx$.

Lösung:

(a) Die Wahl von $f(x) = 1/x$ und $g'(x) = \ln x$ führt nicht weiter. Wählen wir stattdessen $f(x) = \ln x$ und $g'(x) = 1/x$, so folgt:

$$I = \int \frac{1}{x} \ln x \, dx = \int \underbrace{\ln x \cdot \frac{1}{x}}_{f(x)g'(x)} dx = \underbrace{\ln x \cdot \ln x}_{f(x)g(x)} - \int \underbrace{\frac{1}{x} \cdot \ln x}_{f'(x)g(x)} dx$$

Dies funktioniert besser, weil das letzte Integral genau das ist, mit dem wir angefangen haben, nämlich I selbst. So muss also $I = (\ln x)^2 - I + C_1$ gelten mit einer Konstanten C_1. Auflösen nach I ergibt $I = \frac{1}{2}(\ln x)^2 + \frac{1}{2}C_1$. Wir setzen $C = \frac{1}{2}C_1$ und schließen

$$\int \frac{1}{x} \ln x \, dx = \frac{1}{2}(\ln x)^2 + C$$

Wie immer sollte man die Antwort prüfen, indem man $\frac{1}{2}(\ln x)^2$ nach x differenziert.

(b) Wir beginnen, indem wir ziemlich locker wie folgt argumentieren. Differentiation macht x^3 einfacher, indem es den Exponenten in der Ableitung $3x^2$ von 3 auf 2 reduziert. Andererseits ist e^{2x} ungefähr genauso einfach zu differenzieren wie zu integrieren. Deshalb wählen wir $f(x) = x^3$ und $g'(x) = e^{2x}$, so dass die partielle Integration uns sagt, dass wir f differenzieren und g' integrieren müssen. Dies ergibt $f'(x) = 3x^2$ und wir können $g(x) = \frac{1}{2}e^{2x}$ wählen. Deshalb ist

$$J = \int x^3 e^{2x} \, dx = x^3 \left(\frac{1}{2}e^{2x}\right) - \int (3x^2)\left(\frac{1}{2}e^{2x}\right) dx = \frac{1}{2}x^3 e^{2x} - \frac{3}{2}\int x^2 e^{2x} \, dx \quad (*)$$

Das letzte Integral *ist* etwas einfacher als dasjenige, mit dem wir begonnen hatten, da der Exponent von x reduziert wurde. Nochmalige partielle Integration ergibt

$$\int x^2 e^{2x} \, dx = x^2 \left(\frac{1}{2}e^{2x}\right) - \int (2x)\left(\frac{1}{2}e^{2x}\right) dx = \frac{1}{2}x^2 e^{2x} - \int x e^{2x} \, dx \quad (**)$$

Indem wir die partielle Integration ein drittes und letztes Mal anwenden, erhalten wir

$$\int x e^{2x} \, dx = x\left(\frac{1}{2}e^{2x}\right) - \int \frac{1}{2}e^{2x} \, dx = \frac{1}{2}x e^{2x} - \frac{1}{4}e^{2x} + C_1 \quad (***)$$

Indem wir nacheinander die Ergebnisse von (∗∗∗) und (∗∗) in (∗) einsetzen, erhalten wir mit $3C_1/2 = C$:

$$J = \frac{1}{2}x^3 e^{2x} - \frac{3}{4}x^2 e^{2x} + \frac{3}{4}x e^{2x} - \frac{3}{8}e^{2x} + C$$

Es ist eine gute Idee, Ihre Arbeit zu überprüfen, indem Sie nachweisen, dass $dJ/dx = x^3 e^{2x}$ ist.

Es gibt ein entsprechendes Resultat für bestimmte Integrale. Aus der Definition des bestimmten Integrals und der Produktregel für Differentiation folgt

$$\int_a^b [f'(x)g(x) + f(x)g'(x)]\,dx = \int_a^b \frac{d}{dx}[f(x)g(x)]\,dx = \Big|_a^b f(x)g(x)$$

Offensichtlich impliziert dies

$$\int_a^b f(x)g'(x)\,dx = \Big|_a^b f(x)g(x) - \int_a^b f'(x)g(x)\,dx \tag{10.5.2}$$

Beispiel 10.5.3

Berechnen Sie $\int_0^{10} (1 + 0.4t)e^{-0.05t}\,dt$.

Lösung: Setzen Sie $f(t) = 1 + 0.4t$ und $g'(t) = e^{-0.05t}$. Dann können wir $g(t) = -20e^{-0.05t}$ wählen, so dass mit (10.5.2) folgt:

$$\begin{aligned}\int_0^{10} (1 + 0.4t)e^{-0.05t}\,dt &= \Big|_0^{10} (1 + 0.4t)(-20)e^{-0.05t} - \int_0^{10} (0.4)(-20)e^{-0.05t}\,dt \\ &= -100e^{-0.5} + 20 + 8\int_0^{10} e^{-0.05t}\,dt \\ &= -100e^{-0.5} + 20 + 8\Big|_0^{10} (-20)e^{-0.05t} \\ &= -100e^{-0.5} + 20 - 160(e^{-0.5} - 1) \\ &= 180 - 260e^{-0.5} \approx 22.3\end{aligned}$$

Aufgaben für Kapitel 10.5

1. Benutzen Sie partielle Integration zur Berechnung von:

(a) $\int xe^{-x}\,dx$ (b) $\int 3xe^{4x}\,dx$ (c) $\int (1 + x^2)e^{-x}\,dx$ (d) $\int x\ln x\,dx$

2. Benutzen Sie partielle Integration zur Berechnung von:

(a) $\int_{-1}^{1} x\ln(x + 2)\,dx$ (b) $\int_0^2 x2^x\,dx$ (c) $\int_0^1 x^2e^x\,dx$ (d) $\int_0^3 x\sqrt{1 + x}\,dx$

In Teil (d) sollten Sie den Integranden zeichnen und entscheiden, ob Ihre Antwort plausibel ist.

3. Benutzen Sie partielle Integration zur Berechnung von:

(a) $\int_1^4 \sqrt{t}\,\ln t\,dt$ (b) $\int_0^2 (x - 2)e^{-x/2}\,dx$ (c) $\int_0^3 (3 - x)3^x\,dx$

4. Natürlich: $f(x) = 1 \cdot f(x)$ für jede Funktion $f(x)$. Benutzen Sie diese Tatsache und partielle Integration, um zu beweisen, dass $\int f(x)\,dx = xf(x) - \int xf'(x)\,dx$. Wenden Sie diese Formel auf $f(x) = \ln x$ an. Vergleichen Sie mit Beispiel 10.1.3.

➔ Fortsetzung

5. Gegeben sei $\varrho \neq -1$. Zeigen Sie, dass $\int x^{\varrho} \ln x \, \mathrm{d}x = \frac{x^{\varrho+1}}{\varrho+1} \ln x - \frac{x^{\varrho+1}}{(\varrho+1)^2} + C$.

6. Berechnen Sie die folgenden Integrale, für $r \neq 0$:

(a) $\int_0^T bte^{-rt} \, \mathrm{d}t$ (b) $\int_0^T (a+bt)e^{-rt} \, \mathrm{d}t$ (c) $\int_0^T (a-bt+ct^2)e^{-rt} \, \mathrm{d}t$

► Lösungen zu den Aufgaben finden Sie im Anhang des Buches.

10.6 Integration durch Substitution

In diesem Abschnitt werden wir sehen, wie die Kettenregel der Differentiation zu einer wichtigen Methode für die Berechnung vieler komplizierter Integrale führt. Wir beginnen mit einem zweiteiligen Beispiel, das ein unbestimmtes Integral mit einem bestimmten Integral verbindet.

Beispiel 10.6.1

Berechnen Sie die Integrale: (a) $\int (x^2+10)^{50} 2x \, \mathrm{d}x$ (b) $\int_0^b xe^{-cx^2} \, \mathrm{d}x$, wobei $c \neq 0$

Lösung:

(a) Versuche mit partieller Integration scheitern. Ausmultiplizieren von $(x^2+10)^{50}$ ergibt ein Polynom mit 51 Termen, die anschließende Integration Term für Term würde im Prinzip funktionieren, wäre jedoch extrem mühsam. Stattdessen führen wir $u = x^2 + 10$ als eine neue Variable ein. Indem wir Differentialnotation benutzen, sehen wir, dass $\mathrm{d}u = 2x \, \mathrm{d}x$. Indem wir dies in das Integral $\int (x^2+10)^{50} 2x \, \mathrm{d}x$ einsetzen, erhalten wir $\int u^{50} \, \mathrm{d}u$. Dieses Integral ist leicht zu lösen, in der Tat: $\int u^{50} \, \mathrm{d}u = \frac{1}{51} u^{51} + C$. Weil $u = x^2 + 10$, ergibt sich

$$\int (x^2+10)^{50} 2x \, \mathrm{d}x = \frac{1}{51}(x^2+10)^{51} + C \qquad (*)$$

Um dies zu betsätigen, nutzen wir die Kettenregel, um die rechte Seite von $(*)$ zu differenzieren. Die Ableitung ist genau gleich dem Integranden $(x^2+10)^{50} 2x$, so dass $(*)$ korrekt ist.

(b) Zuerst betrachten wir das unbestimmte Integral $\int xe^{-cx^2} \, \mathrm{d}x$ und substituieren $u = -cx^2$. Dann ist $\mathrm{d}u = -2cx \, \mathrm{d}x$ und damit $x \, \mathrm{d}x = -\mathrm{d}u/(2c)$, so dass:

$$\int xe^{-cx^2} \, \mathrm{d}x = \int \frac{-1}{2c} e^u \, \mathrm{d}u = -\frac{1}{2c} e^u + C = -\frac{1}{2c} e^{-cx^2} + C$$

Das bestimmte Integral ist

$$\int_0^b xe^{-cx^2} \, \mathrm{d}x = -\frac{1}{2c} \Big|_0^b e^{-cx^2} = \frac{1}{2c}[1 - e^{-cb^2}]$$

In beiden Teilen des Beispiels 10.6.1 konnte der Integrand in der Form $f(u)u'$ geschrieben werden, wobei $u = g(x)$ ist. In Teil (a) setzten wir $f(u) = u^{50}$ mit $u = g(x) = x^2 + 10$. In Teil (b) setzten wir $f(u) = e^u$ mit $u = g(x) = -cx^2$. Dann ist der Integrand xe^{-cx^2} gleich $f\big(g(x)\big)g'(x)$, multipliziert mit der Konstanten $-1/(2c)$.

Wir wollen dieselbe Methode versuchen mit dem allgemeineren Integral

$$\int f(g(x))g'(x)\,dx$$

Wenn wir $u = g(x)$ setzen, dann ist $du = g'(x)\,dx$ und das Integral reduziert sich auf $\int f(u)\,du$. Nehmen Sie an, dass wir ein unbestimmtes Integral $F(u)$ finden können, so dass $F'(u) = f(u)$. Dann hätten wir $\int f(u)\,du = F(u) + C$. Dies impliziert $\int f\big(g(x)\big)g'(x)\,dx = F\big(g(x)\big) + C$.

Ergibt diese rein formale Methode immer das richtige Resultat? Um Sie zu überzeugen, dass dies der Fall ist, nutzen wir die Kettenregel, um $F\big(g(x)\big) + C$ nach x zu differenzieren. Die Ableitung ist $F'\big(g(x)\big)g'(x)$, was genau gleich $f\big(g(x)\big)g'(x)$ ist. Somit ist die folgende Regel bestätigt:

Integration durch Substitution (Wechsel der Variablen)

Nehmen Sie an, dass g differenzierbar ist und dass f ein unbestimmtes Integral hat im relevanten Wertebereich von g. Setzt man $u = g(x)$, so erhält man:

$$\int f(g(x))g'(x)\,dx = \int f(u)\,du \tag{10.6.1}$$

Beispiel 10.6.2

Berechnen Sie $\int 8x^2(3x^3 - 1)^{16}\,dx$.

Lösung: Hier substituieren wir $u = 3x^3 - 1$. Dann ist $du = 9x^2\,dx$, so dass $8x^2\,dx = \frac{8}{9}\,du$. Daher ist

$$\int 8x^2(3x^3-1)^{16}\,dx = \frac{8}{9}\int u^{16}\,du = \frac{8}{9}\cdot\frac{1}{17}u^{17} + C = \frac{8}{153}(3x^3-1)^{17} + C$$

Das bestimmte Integral in Teil (b) von Beispiel 10.6.1 kann einfacher berechnet werden, indem man die Integrationsgrenzen „überträgt". Wir hatten die Substitution $u = -cx^2$ genutzt. Wenn x von 0 bis b variiert, so variiert u von 0 bis $-cb^2$. Daher dürfen wir schreiben:

$$\int_0^b xe^{-cx^2}\,dx = \int_0^{-cb^2} -\frac{1}{2c}e^u\,du = -\frac{1}{2c}\Big|_0^{-cb^2} e^u = \frac{1}{2c}(1 - e^{-cb^2})$$

Diese Methode der Übertragung der Integrationsgrenzen funktioniert allgemein. In der Tat: Entsprechend zur Formel (10.6.1) für die Integration durch Substitution für ein unbestimmtes Integral führt die Substitution $u = g(x)$ für das bestimmte Integral zu

$$\int_a^b f\big(g(x)\big)g'(x)\,dx = \int_{g(a)}^{g(b)} f(u)\,du \tag{10.6.2}$$

Das Argument ist einfach: Vorausgesetzt, dass $F'(u) = f(u)$, erhalten wir

$$\int_a^b f(g(x))g'(x)\,dx = \Big|_a^b F(g(x)) = F(g(b)) - F(g(a)) = \int_{g(a)}^{g(b)} f(u)\,du$$

Beispiel 10.6.3

Berechnen Sie das Integral $\int_1^e \frac{1+\ln x}{x}\,dx$.

Lösung: Wir versuchen die Substitution $u = 1 + \ln x$. Dann ist $du = (1/x)\,dx$. Wenn $x = 1$, dann ist $u = 1$. Und wenn $x = e$, dann ist $u = 2$. Somit haben wir

$$\int_1^e \frac{1+\ln x}{x}\,dx = \int_1^2 u\,du = \frac{1}{2}\Big|_1^2 u^2 = \frac{1}{2}(4-1) = \frac{3}{2}$$

Schwierigere Fälle

Die bisher betrachteten Beispiele für die Integration durch Substitution waren relativ einfach. Jetzt gehen wir zu einigen anspruchsvolleren Anwendungen dieser wichtigen Methode über.

Beispiel 10.6.4

Finden Sie eine Substitution, die die Berechnung von $\int \frac{x-\sqrt{x}}{x+\sqrt{x}}\,dx$ ermöglicht unter der Annahme $x > 0$.

Lösung: Da $\sqrt{x}$ sowohl im Zähler als auch im Nenner erscheint, versuchen wir das Integral durch die Substitution $u = \sqrt{x}$ zu vereinfachen. Dann ist $x = u^2$ und $dx = 2u\,du$, so dass

$$\int \frac{x-\sqrt{x}}{x+\sqrt{x}}\,dx = \int \frac{u^2-u}{u^2+u}2u\,du = 2\int \frac{u^2-u}{u+1}\,du$$

Um dieses letzte Integral auszurechenen, benutzen wir die in Kap. 4.7 eingeführte Technik der Polynomdivision von $(u^2 - u) \div (u + 1)$ mit einem Rest. Wir erhalten:

$$\begin{aligned}\int \frac{x-\sqrt{x}}{x+\sqrt{x}}\,dx &= 2\int \left(u - 2 + \frac{2}{u+1}\right)du \\ &= u^2 - 4u + 4\ln|u+1| + C\end{aligned}$$

Um die endgültige Antwort zu erhalten, ersetzen wir u durch $\sqrt{x}$ in dem letzten Ausdruck und beachten dabei, dass $\sqrt{x} + 1 > 0$ für alle x. Dies ergibt:

$$\int \frac{x-\sqrt{x}}{x+\sqrt{x}}\,dx = x - 4\sqrt{x} + 4\ln(\sqrt{x}+1) + C$$

Das letzte Beispiel zeigt die Methode, die sehr häufig angewendet wird. Wir können sie wie folgt zusammenfassen:

Eine allgemeine Methode

Um $\int G(x)\,\mathrm{d}x$ zu bestimmen:

1. Wählen Sie einen „Teil" von $G(x)$ aus und führen Sie diesen „Teil" als eine neue Variable $u = g(x)$ ein.
2. Berechnen Sie $\mathrm{d}u = g'(x)\,\mathrm{d}x$.
3. Verwenden Sie die Substitution $u = g(x)$, die impliziert, dass $\mathrm{d}u = g'(x)\,\mathrm{d}x$, um, wenn möglich, $\int G(x)\,\mathrm{d}x$ in ein Integral der Gestalt $\int f(u)\,\mathrm{d}u$ zu transformieren.
4. Verwenden Sie gewöhnliche Integration, um, wenn möglich, $\int f(u)\,\mathrm{d}u = F(u) + C$ zu bestimmen.
5. Ersetzen Sie u durch $g(x)$. Die endgültige Antwort ist dann $\int G(x)\,\mathrm{d}x = F\big(g(x)\big) + C$.

Im dritten Schritt dieser allgemeinen Methode ist es entscheidend, dass die Substitution zu einem Integranden $f(u)$ führt, der nur u (und $\mathrm{d}u$) enthält ohne irgendeine verbleibende Abhängigkeit von x. Vermutlich ist der häufigste Fehler bei der Integration durch Substitution, dass $\mathrm{d}x$ durch $\mathrm{d}u$ ersetzt wird, ohne die korrekte Formel $\mathrm{d}u = g'(x)\,\mathrm{d}x$ zu verwenden.

Beachten Sie: Wenn eine spezielle Substitution nicht zum Ziel führt, kann man immer eine andere versuchen. Aber wie in Kap. 10.3 erklärt, gibt es immer die Möglichkeit, egal wie intensiv man gesucht hat, dass überhaupt keine Substitution funktioniert.

Beispiel 10.6.5

Beerechnen Sie die Integrale: (a) $\int x^3\sqrt{1+x^2}\,\mathrm{d}x$ (b) $\int_0^1 x^3\sqrt{1+x^2}\,\mathrm{d}x$.

Lösung:

(a) Wir folgen den Schritten 1 bis 5:

1. Wir wählen einen „Teil" von $x^3\sqrt{1+x^2}$ als neue Variable. Wir wollen $u = \sqrt{1+x^2}$ versuchen.
2. Wenn $u = \sqrt{1+x^2}$, dann ist $u^2 = 1 + x^2$ und damit $2u\,\mathrm{d}u = 2x\,\mathrm{d}x$, was $u\,\mathrm{d}u = x\,\mathrm{d}x$ impliziert. Beachten Sie, dass dies einfacher ist als u direkt zu differenzieren.
3. $\int x^3\sqrt{1+x^2}\,\mathrm{d}x = \int x^2\sqrt{1+x^2}\,x\,\mathrm{d}x = \int (u^2-1)uu\,\mathrm{d}u = \int (u^4-u^2)\,\mathrm{d}u$
4. $\int (u^4-u^2)\,\mathrm{d}u = \frac{1}{5}u^5 - \frac{1}{3}u^3 + C$
5. $\int x^3\sqrt{1+x^2}\,\mathrm{d}x = \frac{1}{5}\left(\sqrt{1+x^2}\right)^5 - \frac{1}{3}\left(\sqrt{1+x^2}\right)^3 + C$

(b) Um das bestimmte Integral zu berechnen, kombinieren wir die Resultate in den Schritten 3 und 4 von Teil (a), beachten dabei, dass $u = 1$, wenn $x = 0$, und $u =$

$\sqrt{2}$, wenn $x = 1$. Das Resultat ist

$$\int_0^1 x^3\sqrt{1+x^2}\,dx = \Big|_1^{\sqrt{2}} \left(\frac{1}{5}u^5 - \frac{1}{3}u^3\right) = \frac{4\sqrt{2}}{5} - \frac{2\sqrt{2}}{3} - \frac{1}{5} + \frac{1}{3} = \frac{2}{15}(\sqrt{2}+1)$$

In diesem Beispiel führt auch die Substitution $u = 1 + x^2$ zum Ziel.

Integration von rationalen Funktionen und Partialbrüchen

In Kap. 4.7 haben wir eine rationale Funktion als den Quotienten $P(x)/Q(x)$ zweier Polynome definiert. Nur gelegentlich müssen Ökonomen solche Funktionen integrieren. Deshalb geben wir nur zwei Beispiele, die ein Verfahren illustrieren, dass man allgemeiner verwenden kann. Ein Beispiel war bereits in Beispiel 10.6.4, wo eine Substitution den Integranden in die rationale Funktion $(u^2 - u)/(u + 1)$ transformierte. Wie in dem Beispiel erklärt, konnte die Methode der Polynomdivision mit einem Rest, die wir in Kap. 4.7 eingeführt haben, diese Funktion vereinfachen, so dass sie direkt integriert werden konnte.

Das Beispiel war besonders einfach, weil der Nenner ein Polynom vom Grad 1 in x war. Wenn der Grad des Nenners jedoch größer als 1 ist, ist es jedoch im allgemeinen nötig die Polynomdivision mit einer *Partialbrucherweiterung* des Restes zu kombinieren. Hier ist ein Beispiel:

Beispiel 10.6.6

Berechnen Sie das Integral $\displaystyle\int \frac{x^4 + 3x^2 - 4}{x^2 + 2x}\,dx$.

Lösung: Wir wenden Polynomdivision auf den Integranden an und kommen zu dem Ergebnis:

$$\frac{x^4 + 3x^2 - 4}{x^2 + 2x} = x^2 - 2x + 7 - \frac{14x + 4}{x^2 + 2x}$$

Integration des ersten Teils der rechten Seite ergibt $\displaystyle\int (x^2 - 2x + 7)\,dx = \frac{1}{3}x^3 - x^2 + 7x + C_0$. Der letzte Term ist jedoch ein Bruch mit einem Nenner vom Grad 2. Er ist jedoch das Produkt der Faktoren x und $x + 2$. Um einen Integranden zu bekommen, den wir integrieren können, erweitern wir diesen Term zu der folgenden Summe von zwei Partialbrüchen.

$$\frac{14x + 4}{x(x + 2)} = \frac{A}{x} + \frac{B}{x + 2}$$

Dabei sind A und B Konstanten, die zu bestimmen sind. Beachten Sie, dass der Bruch nicht definiert ist für $x = 0$ und $x = -2$. Für alle anderen x erhalten wir durch Multiplikation jeder Seite der Gleichung mit dem gemeinsamen Nenner $x(x + 2)$, dass $14x + 4 = A(x + 2) + Bx$, oder $(14 - A - B)x + 4 - 2A = 0$. Damit dies für alle $x \neq 0$ und alle $x \neq -2$, für die der Bruch definiert ist, gültig ist, verlangen wir, dass der Koeffizient $14 - A - B$ von x und die Konstante $4 - 2A$ gleich 0 sind. Indem wir diese beiden Gleichungen simultan lösen, erhalten wir $A = 2$ und $B = 12$. Damit können wir schließlich den vierten Restterm integrieren und erhalten

$$\int \frac{14x + 4}{x^2 + 2x}\,dx = \int \frac{2}{x}\,dx + \int \frac{12}{x + 2}\,dx = 2\ln|x| + 12\ln|x + 2| + C$$

Somit ist die endgültige Antwort

$$\int \frac{x^4 + 3x^2 - 4}{x^2 + 2x}\, dx = \frac{1}{3}x^3 - x^2 + 7x + 2\ln|x| + 12\ln|x+2| + C$$

Diese Antwort sollte natürlich durch direkte Differentiation überprüft werden.

Aufgaben für Kapitel 10.6

1. Bestimmen Sie die folgenden Integrale mit Hilfe von (10.6.1):

(a) $\int (x^2+1)^8\, 2x\, dx$ (b) $\int (x+2)^{10}\, dx$ (c) $\int \frac{2x-1}{x^2-x+8}\, dx$

2. Bestimmen Sie die folgenden Integrale mittels einer geeigneten Substitution:

(a) $\int x(2x^2+3)^5\, dx$ (b) $\int x^2 e^{x^3+2}\, dx$ (c) $\int \frac{\ln(x+2)}{2x+4}\, dx$

(d) $\int x\sqrt{1+x}\, dx$ (e) $\int \frac{x^3}{(1+x^2)^3}\, dx$ (f) $\int x^5\sqrt{4-x^3}\, dx$

3. Bestimmen Sie die folgenden Integrale:

(a) $\int_0^1 x\sqrt{1+x^2}\, dx$ (b) $\int_1^e \frac{\ln y}{y}\, dy$ (c) $\int_1^3 \frac{1}{x^2} e^{2/x}\, dx$ (d) $\int_5^8 \frac{x}{x-4}\, dx$

Hinweis: Nutzen Sie in (d) als alternative Methoden beides: (i) Integration durch Substitution; (ii) Partialbrucherweiterung, wie in Beispiel 10.6.6.

4. Lösen Sie für $x > 2$ die Gleichung $\int_3^x \frac{2t-2}{t^2-2t}\, dt = \ln\left(\frac{2}{3}x - 1\right)$.

5. Zeigen Sie, dass $\int_{t_0}^{t_1} S'(x(t))\dot{x}(t)\, dt = S(x(t_1)) - S(x(t_0))$.

Anspruchsvollere Aufgaben

6. Berechnen Sie die folgenden Integrale:

(a) $\int_0^1 (x^4 - x^9)(x^5-1)^{12}\, dx$ (b) $\int \frac{\ln x}{\sqrt{x}}\, dx$ (c) $\int_0^4 \frac{1}{\sqrt{1+\sqrt{x}}}\, dx$

7. Berechnen Sie:

(a) $\int_1^4 \frac{e^{\sqrt{x}}}{\sqrt{x}(1+e^{\sqrt{x}})}\, dx$ (b) $\int_0^{1/3} \frac{1}{e^x+1}\, dx$ (c) $\int_{8.5}^{41} \frac{1}{\sqrt{2x-1} - \sqrt[4]{2x-1}}\, dx$

(*Hinweis:* Substitutieren Sie in (b) $t = e^{-x}$ und in (c) $z^4 = 2x - 1$.)

8. Nutzen Sie eine Substitution zur Elimination der beiden rationalen Eponenten in $x^{1/2}$ und $x^{1/3}$, um das Integral $I = \int \frac{x^{1/2}}{1-x^{1/3}}\, dx$ zu bestimmen.

➜

➡ Fortsetzung

9. Verwenden Sie die in Beispiel 10.6.6 vorgeschlagene Methode der Partialbrüche, um $f(x) = \dfrac{cx + d}{(x-a)(x-b)}$ als eine Summe von zwei Brüchen zu schreiben und verwenden Sie dann das Resultat zur Integration von

(a) $\displaystyle\int \frac{x}{(x+1)(x+2)}\,\mathrm{d}x$ (b) $\displaystyle\int \frac{(1-2x)}{x^2-2x-15}\,\mathrm{d}x$

► Lösungen zu den Aufgaben finden Sie im Anhang des Buches.

10.7 Uneigentliche Integrale

Integration über unendliche Intervalle

In Teil (b) von Beispiel 10.6.1 haben wir bewiesen, dass für $c \neq 0$

$$\int_0^b xe^{-cx^2}\,\mathrm{d}x = \frac{1}{2c}(1 - e^{-cb^2})$$

Nun lassen wir b gegen unendlich gehen. Unter der Voraussetzung $c > 0$ strebt der Ausdruck auf der rechten Seite gegen $1/(2c)$. Daher scheint es naheliegend zu schreiben

$$\int_0^\infty xe^{-cx^2}\,\mathrm{d}x = \frac{1}{2c}$$

In der Statistik und in den Wirtschaftswissenschaften treten solche Integrale sehr oft auf. Nehmen Sie im Allgemeinen an, dass f eine Funktion ist, die stetig ist für alle $x \geq a$. Dann ist $\int_a^b f(x)\,\mathrm{d}x$ definiert für jedes $b \geq a$. Wir können dann b gegen unendlich gehen lassen und das zugehörige *uneigentliche Integral* $\int_a^\infty f(x)\,\mathrm{d}x$ betrachten. Falls $\int_a^b f(x)\,\mathrm{d}x$ gegen einen endlichen Grenzwert strebt, wenn $b \to \infty$, sagen wir, dass es *konvergiert* und dass f *integrierbar über* $[a, \infty)$ ist. Man hat in diesem Fall

$$\int_a^\infty f(x)\,\mathrm{d}x = \lim_{b\to\infty} \int_a^b f(x)\,\mathrm{d}x \tag{10.7.1}$$

Wenn es keinen *endlichen Grenzwert* gibt, sagt man, dass das uneigentliche Integral *divergiert*.

Analog definieren wir, wenn f stetig ist für alle $x \leq b$

$$\int_{-\infty}^b f(x)\,\mathrm{d}x = \lim_{a\to-\infty} \int_a^b f(x)\,\mathrm{d}x \tag{10.7.2}$$

Falls dieser Grenzwert existiert, sagt man, dass das uneigentliche Integral konvergiert. Andernfalls divergiert es.

Falls $f(x) \geq 0$ in $[a, \infty)$, interpretieren wir das Integral (10.7.1) als *Fläche* unter dem Graphen von f über dem Intervall $[a, \infty)$. Hier ist ein Beispiel:

Beispiel 10.7.1

Die Dichtefunktion der *Exponentialverteilung* in der Statistik ist für alle $x \geq 0$ definiert durch $f(x) = \lambda e^{-\lambda x}$, wobei λ eine positive Konstante ist. Die Fläche unter dem Graphen von f über $[0, \infty)$ ist in Abb. 10.7.1 illustriert. Zeigen Sie, dass diese Fläche gleich 1 ist.

Lösung: Für $b > 0$ ist die Fläche unter dem Graphen von f über $[0, b]$ gleich

$$\int_0^b \lambda e^{-\lambda x}\,dx = \Big|_0^b \left(-e^{-\lambda x}\right) = -e^{-\lambda b} + 1$$

Für $b \to \infty$, strebt $-e^{-\lambda b} + 1$ gegen 1. Deshalb ist

$$\int_0^\infty \lambda e^{-\lambda x}\,dx = \lim_{b\to\infty} \int_0^b \lambda e^{-\lambda x}\,dx = \lim_{b\to\infty} \left(-e^{-\lambda b} + 1\right) = 1$$

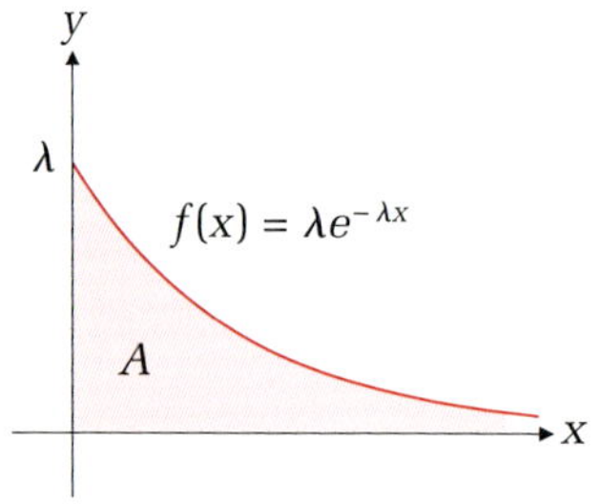

Abbildung 10.7.1: Fläche A hat eine unbeschränkte Grundlinie, aber die Höhe fällt so schnell gegen 0, dass die Gesamtfläche 1 ist.

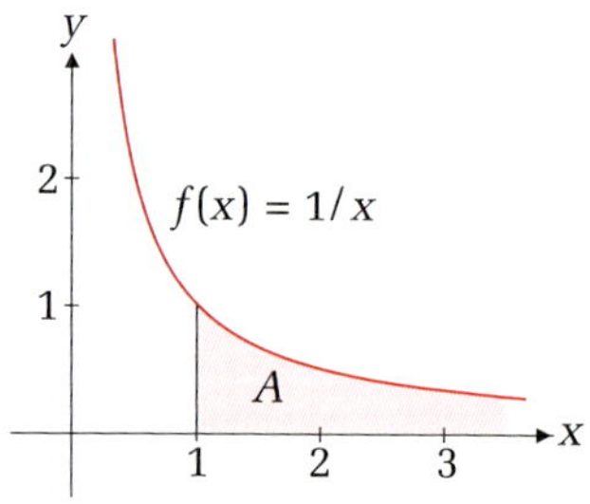

Abbildung 10.7.2: „$A = \int_1^\infty (1/x)\,dx = \infty$." Die Funktion $1/x$ geht nicht genügend schnell gegen 0, so dass das uneigentliche Integral divergiert.

Beispiel 10.7.2

Zeigen Sie, dass für $a > 1$

$$\int_1^\infty \frac{1}{x^a}\,dx = \frac{1}{a-1} \qquad (*)$$

Untersuchen Sie dann das uneigentliche Integral im Fall $a = 1$ und im Fall $a < 1$.

Lösung: Für $a \neq 1$ und $b > 1$ ist

$$\int_1^b \frac{1}{x^a}\,dx = \int_1^b x^{-a}\,dx = \Big|_1^b \frac{1}{1-a} x^{1-a} = \frac{1}{1-a}\left(b^{1-a} - 1\right) \qquad (**)$$

Für $a > 1$ gilt $b^{1-a} = 1/b^{a-1} \to 0$, wenn $b \to \infty$. Daher folgt $(*)$ aus $(**)$ für $b \to \infty$.

Für $a = 1$ ist die rechte Seite von $(**)$ nicht definiert. Dennoch ist $\int_1^b (1/x)\,dx = \ln b - \ln 1 = \ln b$ und dies strebt gegen ∞, wenn b gegen ∞ strebt. Somit divergiert $\int_1^\infty (1/x)\,dx$ gegen $+\infty$, wie in Abb. 10.7.2 angedeutet.

Für $a < 1$ strebt der letzte Ausdruck in $(**)$ gegen ∞, wenn b gegen ∞ strebt. Daher divergiert das Integral auch in diesem Fall.

Falls beide Integrationsgrenzen unendlich sind, ist das uneigentliche Integral einer stetigen Funktion f auf $(-\infty, \infty)$ definiert durch

$$\int_{-\infty}^{\infty} f(x)\,\mathrm{d}x = \int_{-\infty}^{0} f(x)\,\mathrm{d}x + \int_{0}^{\infty} f(x)\,\mathrm{d}x \tag{10.7.3}$$

Falls *beide* Integrale auf der rechten Seite konvergieren, sagt man, dass das uneigentliche Integral $\int_{-\infty}^{\infty} f(x)\,\mathrm{d}x$ *konvergiert*; andernfalls *divergiert* es. Anstelle 0 könnte man jede andere reelle Zahl c als Unterteilungspunkt wählen. Der Wert, der dem Integral zugeordnet wird, wird immer derselbe sein, vorausgesetzt, dass das Integral konvergiert.

Es ist wichtig zu beachten, dass die Definition (10.7.3) verlangt, dass beide Integrale auf der rechten Seite konvergieren. Beachten Sie insbesondere, dass

$$\lim_{b\to\infty} \int_{-b}^{b} f(x)\,\mathrm{d}x \tag{10.7.4}$$

nicht die Definition von $\int_{-\infty}^{+\infty} f(x)\,\mathrm{d}x$ ist. Aufgabe 4 enthält ein Beispiel, in dem das Integral (10.7.3) konvergiert, das Integral in (10.7.4) jedoch divergiert, weil $\int_{-b}^{0} f(x)\,\mathrm{d}x \to -\infty$, wenn $b \to \infty$ und $\int_{0}^{b} f(x)\,\mathrm{d}x \to \infty$, wenn $b \to \infty$. Somit ist (10.7.4) eine unakzeptable Definition von $\int_{-\infty}^{\infty} f(x)\,\mathrm{d}x$, während (10.7.3) akzeptabel ist.

Das folgende Resultat ist sehr wichtig in Statistik. Es steht auch in Beziehung zu Aufgabe 12.

Beispiel 10.7.3

Zeigen Sie, dass das folgende Integral für $c > 0$ konvergiert, und berechnen Sie seinen Wert:

$$\int_{-\infty}^{+\infty} xe^{-cx^2}\,\mathrm{d}x$$

Lösung: In der Einleitung zu diesem Abschnitt haben wir an Teil (b) des Beispiels 10.6.1 erinnert, wo gezeigt wird, dass $\int_{0}^{\infty} xe^{-cx^2}\,\mathrm{d}x = 1/2c$. In derselben Weise sehen wir, dass

$$\int_{-\infty}^{0} xe^{-cx^2}\,\mathrm{d}x = \lim_{a\to-\infty} \int_{a}^{0} xe^{-cx^2}\,\mathrm{d}x = \lim_{a\to-\infty} \Big|_{a}^{0} -\frac{1}{2c}e^{-cx^2} = -\frac{1}{2c}$$

Es folgt, dass

$$\int_{-\infty}^{\infty} xe^{-cx^2}\,\mathrm{d}x = -\frac{1}{2c} + \frac{1}{2c} = 0 \tag{10.7.5}$$

Eine andere Möglichkeit, dies zu zeigen, ist zu bemerken, dass die Funktion $f(x) = xe^{-cx^2}$ die Eigenschaft $f(-x) = -f(x)$ für alle x erfüllt. Somit ist ihr Graph symmetrisch zum Ursprung. Für alle $a \leq 0$ gilt deshalb $\int_{a}^{0} xe^{-cx^2}\,\mathrm{d}x = -\int_{0}^{-a} xe^{-cx^2}\,\mathrm{d}x$. Deshalb muss das Integral $\int_{-\infty}^{0} xe^{-cx^2}\,\mathrm{d}x$ auch gegen den Grenzwert $-1/2c$ konvergieren.

Integrale unbeschränkter Funktionen

Wir wenden uns jetzt uneigentlichen Integralen zu, bei denen der *Integrand* nicht beschränkt ist. Betrachten Sie zunächst die Funktion $f(x) = 1/\sqrt{x}$ mit $x \in (0, 2]$, deren

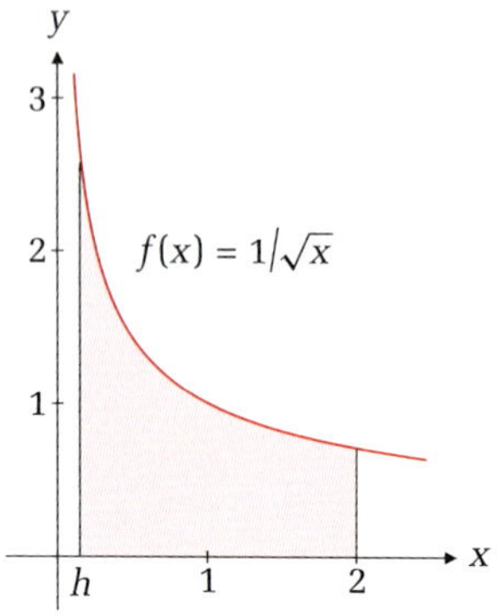

Abbildung 10.7.3: $f(x) = 1/\sqrt{x}$

Graph in Abb. 10.7.3 gezeigt ist. Beachten Sie, dass $f(x) \to \infty$, wenn $x \to 0^+$. Die Funktion f ist stetig im Intervall $[h, 2]$ für jede feste Zahl h in $(0, 2)$. Daher existiert das bestimmte Integral von f über dem Intervall $[h, 2]$ und

$$\int_h^2 \frac{1}{\sqrt{x}}\,\mathrm{d}x = \Big|_h^2\ 2\sqrt{x} = 2\sqrt{2} - 2\sqrt{h}$$

Der Grenzwert dieses Ausdrucks für $h \to 0^+$ ist $2\sqrt{2}$. Dann gilt nach Definition

$$\int_0^2 \frac{1}{\sqrt{x}}\,\mathrm{d}x = 2\sqrt{2}$$

Man sagt, dass das uneigentliche Integral in diesem Fall konvergiert und die Fläche unter dem Graphen von f über dem Intervall $(0, 2]$ ist $2\sqrt{2}$. Die Fläche von $1/\sqrt{x}$ über dem Intervall $(h, 2]$ ist auch in Abb. 10.7.3 dargestellt. Wenn $h \to 0$ wird die schattierte Fläche unbeschränkt, aber der Graph von f nähert sich so schnell der y-Achse, dass die Gesamtfläche endlich ist.

Nehmen wir allgemeiner an, dass f eine stetige Funktion auf dem Intervall $(a, b]$ ist, dass aber $f(x)$ an der Stelle $x = a$ nicht definiert ist. Dann definieren wir

$$\int_a^b f(x)\,\mathrm{d}x = \lim_{h\to 0^+} \int_{a+h}^b f(x)\,\mathrm{d}x \tag{10.7.6}$$

falls der Grenzwert existiert und man sagt, dass das uneigentliche Integral von f in diesem Fall *konvergiert*. Falls $f(x) \geq 0$ in $(a, b]$, können wir das Integral als die *Fläche unter dem Graphen* von f über dem Intervall $(a, b]$ identifizieren.

Falls f in b nicht definiert ist, können wir in derselben Weise definieren

$$\int_a^b f(x)\,\mathrm{d}x = \lim_{h\to 0^+} \int_a^{b-h} f(x)\,\mathrm{d}x \tag{10.7.7}$$

falls der Grenzwert existiert. In diesem Fall sagen wir, dass das uneigentliche Integral von f *konvergiert*.

Nehmen Sie jetzt an, dass f in (a, b) stetig ist, dass es aber sein kann, dass f in a oder b nicht einmal definiert ist. Nehmen Sie z. B. an, dass $f(x) \to -\infty$, wenn $x \to$

a^+ und $f(x) \to +\infty$, wenn $x \to b^-$. In diesem Fall sei c eine beliebige feste Zahl in (a, b). Dann sagt man, vorausgesetzt, dass die zwei Integrale $\int_a^c f(x)\,\mathrm{d}x$ und $\int_c^b f(x)\,\mathrm{d}x$ konvergieren, dass f in (a, b) *integrierbar* ist und wir definieren

$$\int_a^b f(x)\,\mathrm{d}x = \int_a^c f(x)\,\mathrm{d}x + \int_c^b f(x)\,\mathrm{d}x \tag{10.7.8}$$

Hier hängt weder die Konvergenz des Integrals noch sein Wert von der Wahl von c in (a, b) ab. Andererseits: Wenn eins der Integrale auf der rechten Seite von (10.7.8) nicht konvergiert, ist die linke Seite nicht wohldefiniert.

Ein Test auf Konvergenz

Der folgende Konvergenztest für Integrale ist oft nützlich, da er nicht die Berechnung des Integrals verlangt.

Theorem 10.7.1 (Ein Vergleichstest auf Konvergenz)

Nehmen Sie an, dass für alle $x \geq a$ die Funktionen f und g stetig sind und $|f(x)| \leq g(x)$. Falls $\int_a^\infty g(x)\,\mathrm{d}x$ konvergiert, dann konvergiert auch $\int_a^\infty f(x)\,\mathrm{d}x$ und

$$\left| \int_a^\infty f(x)\,\mathrm{d}x \right| \leq \int_a^\infty g(x)\,\mathrm{d}x$$

Wenn wir den Fall betrachten, in dem $f(x) \geq 0$ ist, kann Theorem 10.7.1 wie folgt interpretiert werden: Falls die Fläche unter dem Graphen von g endlich ist, dann ist auch die Fläche unter dem Graphen von f endlich, weil der Graph von f an keiner Stelle aus $[a, \infty)$ über dem Graphen von g liegt. Dieses Resultat erscheint ziemlich plausibel, insbesondere nach der Zeichnung eines geeigneten Bildes, so dass wir keinen analytischen Beweis geben werden. Ein entsprechendes Resultat gilt für den Fall, in dem die untere Integrationsgrenze $-\infty$ ist. Es können auch ähnliche Vergleichsteste für unbeschränkte Funktionen, die auf beschränkten Intervallen definiert sind, bewiesen werden.

Beispiel 10.7.4

Integrale der Gestalt

$$\int_{t_0}^\infty U\big(c(t)\big)e^{-\alpha t}\,\mathrm{d}t \tag{$*$}$$

treten oft in der ökonomischen Wachstumstheorie auf. Hier bezeichnet $c(t)$ den Konsum zur Zeit t, U ist eine momentane Nutzenfunktion und α ist eine positive Diskontierungsrate. Nehmen Sie an, dass Zahlen M und β mit $\beta < \alpha$ existieren, so dass

$$\big|U\big(c(t)\big)\big| \leq Me^{\beta t} \tag{$**$}$$

für alle $t \geq t_0$ und für jedes mögliche Konsumniveau $c(t)$ zur Zeit t. Damit wächst der absolute Wert des Nutzens des Konsums mit einer Rate, die kleiner ist als die Diskontierungsrate α. Beweisen Sie, dass in diesem Fall das Nutzenintegral ($*$) konvergiert.

Lösung: Wegen $(**)$ haben wir $|U(c(t))e^{-\alpha t}| \leq Me^{-(\alpha-\beta)t}$ für alle $t \geq t_0$. Ferner ist

$$\int_{t_0}^{T} Me^{-(\alpha-\beta)t}\,\mathrm{d}t = \Big|_{t_0}^{T} -\frac{M}{\alpha-\beta}e^{-(\alpha-\beta)t} = \frac{M}{\alpha-\beta}\left[e^{-(\alpha-\beta)t_0} - e^{-(\alpha-\beta)T}\right]$$

Weil $\alpha - \beta > 0$, strebt der letzte Ausruck gegen $[M/(\alpha-\beta)]\,e^{-(\alpha-\beta)t_0}$, wenn $T \to \infty$. Es folgt aus Theorem 10.7.1, dass $(*)$ konvergiert.

Beispiel 10.7.5

Die Funktion $f(x) = e^{-x^2}$ ist extrem wichtig in Statistik. Wenn sie mit der speziellen Konstante $1/\sqrt{\pi}$ multipliziert wird, ist sie eine zur *Gauß'schen-* oder *Normal-*Verteilung gehörige Dichtefunktion. Wir wollen zeigen, dass das uneigentliche Integral

$$\int_{-\infty}^{+\infty} e^{-x^2}\,\mathrm{d}x \tag{$*$}$$

konvergiert. Erinnern Sie von Kap. 10.1, dass das unbestimmte Integral von $f(x) = e^{-x^2}$ nicht durch „elementare" Funktionen ausgedrückt werden kann. Da $f(x) = e^{-x^2}$ jedoch symmetrisch ist zur y-Achse, folgt $\int_{-\infty}^{\infty} e^{-x^2}\,\mathrm{d}x = 2\int_0^{\infty} e^{-x^2}\,\mathrm{d}x$. Deshalb reicht es zu zeigen, dass $\int_0^{\infty} e^{-x^2}\,\mathrm{d}x$ konvergiert. Um dies zu zeigen, zerlegen Sie das Integrationsintervall, so dass

$$\int_0^{\infty} e^{-x^2}\,\mathrm{d}x = \int_0^1 e^{-x^2}\,\mathrm{d}x + \int_1^{\infty} e^{-x^2}\,\mathrm{d}x \tag{$**$}$$

Natürlich stellt das Integral $\int_0^1 e^{-x^2}\,\mathrm{d}x$ kein Problem dar, da es das Integral einer stetigen Funktion über einem beschränkten Intervall ist. Andererseits: Für $x \geq 1$ hat man $x^2 \geq x$ und somit $0 \leq e^{-x^2} \leq e^{-x}$. Nun: $\int_1^{\infty} e^{-x}\,\mathrm{d}x$ konvergiert (gegen $1/e$), so dass nach Theorem 10.7.1 das Integral $\int_1^{\infty} e^{-x^2}\,\mathrm{d}x$ auch konvergieren muss. Aus $(**)$ folgt, dass $\int_0^{\infty} e^{-x^2}\,\mathrm{d}x$ konvergiert. Somit konvergiert das Integral $(*)$, aber wir haben seinen Wert nicht gefunden. In der Tat fortgeschrittenere Integrationstechniken werden in FMEA verwendet, um zu zeigen, dass

$$\int_{-\infty}^{+\infty} e^{-x^2}\,\mathrm{d}x = \sqrt{\pi} \tag{10.7.9}$$

Aufgaben für Kapitel 10.7

1. Bestimmen Sie die folgenden Integrale, wenn sie konvergieren. Geben Sie diejenigen an, die divergieren.

(a) $\int_1^{\infty} \frac{1}{x^3}\,\mathrm{d}x$ (b) $\int_1^{\infty} \frac{1}{\sqrt{x}}\,\mathrm{d}x$ (c) $\int_{-\infty}^{0} e^x\,\mathrm{d}x$ (d) $\int_0^{a} \frac{x}{\sqrt{a^2-x^2}}\,\mathrm{d}x$ $(a > 0)$

➡ Fortsetzung

2. In der Statistik ist die *Rechteck-Verteilung* auf dem Intervall $[a, b]$ gekennzeichnet durch ihre Dichtefunktion f, die für alle x definiert ist durch $f(x) = 1/(b-a)$ für $x \in [a, b]$ und $f(x) = 0$ für $x \notin [a, b]$, wobei $b > a$. Bestimmen Sie:

(a) $\int_{-\infty}^{+\infty} f(x)\,\mathrm{d}x$ (b) $\int_{-\infty}^{+\infty} xf(x)\,\mathrm{d}x$ (c) $\int_{-\infty}^{+\infty} x^2 f(x)\,\mathrm{d}x$

3. Bestimmen Sie im Zusammenhang mit der in Beispiel 10.7.1 definierten Exponentialverteilung die folgenden Integrale:

(a) $\int_0^{\infty} x\lambda e^{-\lambda x}\,\mathrm{d}x$ (b) $\int_0^{\infty} \left(x - \frac{1}{\lambda}\right)^2 \lambda e^{-\lambda x}\,\mathrm{d}x$ (c) $\int_0^{\infty} \left(x - \frac{1}{\lambda}\right)^3 \lambda e^{-\lambda x}\,\mathrm{d}x$

Die drei Zahlen, die Sie bestimmen, heißen in dieser Reihenfolge: der *Erwartungswert*, die *Varianz* und das *dritte zentrale Moment* der Exponentialverteilung.

4. Zeigen Sie, dass $\int_{-\infty}^{+\infty} x/(1+x^2)\,\mathrm{d}x$ divergiert, dass aber $\lim_{b\to\infty} \int_{-b}^{b} x/(1+x^2)\,\mathrm{d}x$ konvergiert.

5. Die Funktion f sei für alle $x > 0$ durch $f(x) = (\ln x)/x^3$ definiert.

(a) Bestimmen Sie die Maximum- und Minimumpunkte von f, falls es welche gibt.

(b) Untersuchen Sie die Konvergenz von $\int_0^1 f(x)\,\mathrm{d}x$ und $\int_1^{\infty} f(x)\,\mathrm{d}x$.

6. Nutzen Sie Theorem 10.7.1, um die Konvergenz von $\int_1^{\infty} \frac{1}{1+x^2}\,\mathrm{d}x$ nachzuweisen.

7. Zeigen Sie, dass $\int_{-2}^{3} \left(\frac{1}{\sqrt{x+2}} + \frac{1}{\sqrt{3-x}}\right)\mathrm{d}x = 4\sqrt{5}$.

8. Das Integral $z = \int_0^{\infty} e^{-rs} D(s)\,\mathrm{d}s$ stellt den gegenwärtigen zu einer konstanten Zinsrate r diskontierten Wert des zeitabhängigen Abschreibungsbetrages $D(s)$ dar, definiert für alle $s \geq 0$. Bestimmen Sie z als eine Funktion von τ in den folgenden zwei Fällen:

Konstante Abschreibung mit $D(s) = 1/\tau$ für $0 \leq s \leq \tau$ und $D(s) = 0$ für $s > \tau$.

Lineare Abschreibung mit $D(s) = 2(\tau - s)/\tau^2$ für $0 \leq s \leq \tau$ und $D(s) = 0$ für $s > \tau$.

9. Nehmen Sie an, dass Sie $\int_{-1}^{+1} (1/x^2)\,\mathrm{d}x$ berechnen, indem Sie die Definition des Integrals ohne gründliches Nachdenken verwenden. Zeigen Sie, dass Sie ein negatives Resultat erhalten, obwohl der Integrand nirgends negativ ist. Wo liegt der Fehler?

10. Zeigen Sie, dass das Integral $\int_0^1 (\ln x/\sqrt{x})\,\mathrm{d}x$ konvergiert und bestimmen Sie seinen Wert. (*Hinweis:* Siehe Teil (b) von Aufg. 10.6.6.)

11. Bestimmen Sie das Integral $I_k = \int_1^{\infty} \left(\frac{k}{x} - \frac{k^2}{1+kx}\right)\mathrm{d}x$, wobei k eine positive Konstante ist. Bestimmen Sie den Grenzwert von I_k für $k \to \infty$, falls er existiert.

➡

➡ Fortsetzung

Anspruchsvollere Aufgabe

12. In der Statistik ist die Dichtefunktion der Nomalverteilung oder Gauß'schen Verteilung mit Erwartungswert μ und Varianz σ^2 definiert durch $f(x) = \frac{1}{\sigma\sqrt{2\pi}} \exp\left[-\frac{(x-\mu)^2}{2\sigma^2}\right]$ für alle reellen x.[7]
Zeigen Sie, dass

(a) $\int_{-\infty}^{+\infty} f(x)\,dx = 1$ (b) $\int_{-\infty}^{+\infty} xf(x)\,dx = \mu$ (c) $\int_{-\infty}^{+\infty} (x-\mu)^2 f(x)\,dx = \sigma^2$

(*Hinweis:* Verwenden Sie die Substitution $u = (x-\mu)/\sqrt{2}\sigma$, zusammen mit den Gleichungen (10.7.9) und (10.7.5).

► Lösungen zu den Aufgaben finden Sie im Anhang des Buches.

Aufgaben zur Wiederholung für Kapitel 10

1. Bestimmen Sie die folgenden Integrale:

(a) $\int (-16)\,dx$ (b) $\int 5^5\,dx$ (c) $\int (3-y)\,dy$ (d) $\int (r - 4r^{1/4})\,dr$

(e) $\int x^8\,dx$ (f) $\int x^2\sqrt{x}\,dx$ (g) $\int \frac{1}{p^5}\,dp$ (h) $\int (x^3 + x)\,dx$

2. Bestimmen Sie die folgenden Integrale:

(a) $\int 2e^{2x}\,dx$ (b) $\int (x - 5e^{\frac{2}{5}x})\,dx$

(c) $\int (e^{-3x} + e^{3x})\,dx$ (d) $\int \frac{2}{x+5}\,dx$

3. Berechnen Sie die folgenden Integrale:

(a) $\int_0^{12} 50\,dx$ (b) $\int_0^2 (x - \frac{1}{2}x^2)\,dx$ (c) $\int_{-3}^{3} (u+1)^2\,du$

(d) $\int_1^5 \frac{2}{z}\,dz$ (e) $\int_2^{12} \frac{3}{t+4}\,dt$ (f) $\int_0^4 v\sqrt{v^2+9}\,dv$

[7] Die Formel für diese Funktion, zusammen mit ihrem glockenförmigen Graphen und ein Portrait ihres Entdeckers Carl Friedrich Gauß (1777–1855) waren auf dem deutschen 10-DM-Schein abgebildet, der von 1991 bis 2001, d. h. in der Dekade vor der Einführung des Euro, im Umlauf war.

4. Bestimmen Sie die folgenden Integrale:

(a) $\int_1^{\infty} \frac{5}{x^5}\,dx$ (b) $\int_0^1 x^3(1+x^4)^4\,dx$ (c) $\int_0^{\infty} \frac{-5t}{e^t}\,dt$

(d) $\int_1^e (\ln x)^2\,dx$ (e) $\int_0^2 x^2\sqrt{x^3+1}\,dx$ (f) $\int_{-\infty}^0 \frac{e^{3z}}{e^{3z}+5}\,dz$

(g) $\int_{1/2}^{e/2} x^3\ln(2x)\,dx$ (h) $\int_1^{\infty} \frac{e^{-\sqrt{x}}}{\sqrt{x}}\,dx$

5. Bestimmen Sie die folgenden Integrale:

(a) $\int_0^{25} \frac{1}{9+\sqrt{x}}\,dx$ (b) $\int_2^7 t\sqrt{t+2}\,dt$ (c) $\int_0^1 57x^2\sqrt[3]{19x^3+8}\,dx$

6. Bestimmen Sie $F'(x)$, wenn

(a) $F(x) = \int_4^x \left(\sqrt{u} + \frac{x}{\sqrt{u}}\right) du$ (b) $F(x) = \int_{\sqrt{x}}^x \ln u\,du$

7. Sei $C(Y)$ eine Konsumfunktion, für die die Grenzrate des Konsums gegeben sei durch $C'(Y) = 0.69$ für alle Y. Bestimmen Sie $C(Y)$, wenn $C(0) = 1000$.

8. Bei der Herstellung eines Produkts sind die Grenzkosten für die Herstellung von x Einheiten gegeben durch $C'(x) = \alpha e^{\beta x} + \gamma$ mit $\beta \neq 0$ und die fixen Kosten sind C_0. Bestimmen Sie die Gesamtkostenfunktion $C(x)$.

9. Es seien f und g zwei stetige Funktionen auf $[-1, 3]$ mit $\int_{-1}^3 (f(x)+g(x))\,dx = 6$ und $\int_{-1}^3 (3f(x)+4g(x))\,dx = 9$. Bestimmen Sie $\int_{-1}^3 (f(x)+2g(x))\,dx$.

10. In den folgenden zwei Fällen sei die inverse Nachfragefunktion $f(Q)$ und die inverse Angebotsfunktion $g(Q)$. Bestimmen Sie jeweils den Gleichgewichtspreis und die Gleichgewichtsmenge und berechnen Sie dann die Konsumenten- und Produzentenrente.

(a) $f(Q) = 100 - 0.05Q$ und $g(Q) = 10 + 0.1Q$.

(b) $f(Q) = \frac{50}{Q+5}$ und $g(Q) = 4.5 + 0.1Q$.

11. Sei f für $t > 0$ definiert durch $f(t) = 4\,\frac{(\ln t)^2}{t}$.

(a) Bestimmen Sie $f'(t)$ und $f''(t)$.

(b) Bestimmen Sie mögliche lokale Extrempunkte und skizzieren Sie den Graphen von f.

(c) Berechnen Sie die Fläche unter dem Graphen von f über dem Intervall $[1, e^2]$.

12. Nehmen Sie, wie in Kap. 10.4 erörtert, an, dass eine Population von n Personen eine Einkommensdichtefunktion $f(r) = (1/m)e^{-r/m}$ mit r in $[0, \infty)$ hat, wobei m eine positive Konstante ist.

(a) Zeigen Sie, dass m das mittlere Einkommen ist.

(b) Die Nachfragefunktion sei $D(p, r) = ar - bp$. Berechnen Sie die Gesamtnachfrage $x(p)$, wenn $f(r)$ die Einkommensdichtefunktion ist.

► Lösungen zu den Aufgaben finden Sie im Anhang des Buches.

Themen aus der Finanzmathematik und dynamische Systeme

11

11.1 Zinsperioden und effektive Raten 472
11.2 Stetige Verzinsung 476
11.3 Barwert 479
11.4 Geometrische Reihen 481
11.5 Gesamtbarwert 488
11.6 Hypothekenrückzahlungen 493
11.7 Interne Ertragsrate 498
11.8 Ein flüchtiger Blick auf Differenzengleichungen 500
11.9 Wesentliches über Differentialgleichungen 504
11.10 Separierbare und lineare Differentialgleichungen 511
Aufgaben zur Wiederholung für Kapitel 11 518

ÜBERBLICK

Ich kann die Bewegungen von Himmelskörpern berechnen, aber nicht den Wahnsinn von Menschen.

–Isaac Newton[1]

Dieses Kapitel beginnt mit der Behandlung einiger grundlegender Themen in der Finanzmathematik. Das Hauptinteresse ist, zu untersuchen, wie die Werte von Kapitalanlagen und Krediten zu verschiedenen Zeiten durch Zinsraten beeinflusst werden. Kap. 2.2 und 4.9 haben bereits einige elementare Berechnungen von Zinseszinsen bei verschiedenen konstanten Raten erörtert. Dieses Kapitel geht einen Schritt weiter und betrachtet Themen, wie Änderungen in der Häufigkeit, mit der Zinsen anfallen. Es wird auch das Konzept des effektiven Zinssatzes, des stetig angehäuften Zinses, des gegenwärtigen Wertes zukünftiger Ansprüche, Annuitäten, Hypothekenzahlungen und der internen Ertragsrate bei Investitionsprojekten betrachtet. Einige wichtige Berechnungen benötigen die Summenformel für geometrische Reihen, die wir deshalb herleiten.

In den drei letzten Unterkapiteln geben wir eine kurze Einführung in einige einfache dynamische Modelle. In Kap. 11.8 betrachten wir Differenzengleichungen. Darauf folgen Differentialgleichungen in den Kap. 11.9 und 11.10.

11.1 Zinsperioden und effektive Raten

In Werbungen, die Sparkonten oder Kredite anbieten, wird der Zins gewöhnlich als *jährliche Rate*, auch *nominale Rate* genannt, angegeben, auch dann, wenn die Zinsen aktuell häufiger als einmal pro Jahr gezahlt werden. Die *Zinsperiode* ist die Zeit, die zwischen zwei aufeinander folgenden Zeitpunkten liegt, zu denen die Zinsen dem Konto gutgeschrieben werden. Für einige Bankkonten ist die Zinsperiode ein Jahr, aber es wird mehr und mehr üblich für Finanzinstitute, andere Zinspläne anzubieten. So werden z. B. bei vielen Bankkonten die Zinsen täglich gutgeschrieben, bei anderen wenigstens monatlich. Falls eine Bank eine jährliche Zinsrate von 1.5 % mit monatlicher Zinsgutschrift anbietet, so werden $\frac{1}{12} \cdot 1.5\,\% = 0.125\,\%$ des Kapitals am Ende jeden Monats dem Konto hinzugefügt. Dies illustriert, dass die jährliche Rate dividiert werden muss durch die Anzahl der Zinsperioden, um die *periodische Rate*, das ist die Zinsrate pro Periode, zu erhalten.

Nehmen Sie an: Eine Kapitalanlage der Höhe S_0 erbringt $p\,\%$ Zinsen pro Periode, z. B. pro Jahr. Wie in Kap. 2.2 erklärt, wird es nach t Perioden angewachsen sein auf den Betrag $S(t) = S_0(1+r)^t$, wobei $r = p/100$, welches $p\,\%$ entspricht. *In jeder Periode wächst das Kapital um den Faktor* $1 + r$.

Die Formel geht davon aus, dass der Zins dem Kapital am Ende jeder Periode gutgeschrieben wird. Nehmen Sie an, dass die jährliche Zinsrate $p\,\%$ ist, dass die Zinsen aber halbjährlich gutgeschrieben werden, d. h. zweimal im Jahr, mit der Rate

[1] Newton zugesprochen. Es wird behauptet, dass er dies 1720 gesagt habe, nachdem er viel von seinem Vermögen duch das Platzen der später sogenannten Südseeblase verloren hatte.

$\frac{1}{2}p\,\%$. Dann ist das Kapital nach einem halben Jahr angewachsen auf

$$S_0 + S_0 \frac{p/2}{100} = S_0\left(1 + \frac{r}{2}\right)$$

Dies illustiert, wie *das Kapital in jedem Halbjahr um den Faktor* $1+r/2$ *wächst.* Nach 2 Perioden, d. h. nach einem Jahr wird es angewachsen sein auf $S_0(1+r/2)^2$ und nach t Jahren auf

$$S_0\left(1 + \frac{r}{2}\right)^{2t}$$

Beachten Sie, dass eine halbjährliche Zinszahlung zur Rate $\frac{1}{2}r$ für einen Geldanleger besser ist als eine jährliche Zinszahlung zur Rate r. Dies folgt aus der Tatsache, dass $(1 + \frac{1}{2}r)^2 = 1 + r + \frac{1}{4}r^2 > 1 + r$.

Nehmen Sie noch allgemeiner an, dass Zinsen zu $\frac{p}{n}\,\%$ dem Kapital zu n verschiedenen Zeitpunkten, die gleichmäßig über das Jahr verteilt sind, gutgeschrieben werden. So ist z. B. $n = 4$, falls die Zinsen vierteljährlich gutgeschrieben werden; es ist $n = 12$, falls sie monatlich gutgeschrieben werden, usw. Dann *wird das Kapital jedes Jahr mit einem Faktor* $(1+r/n)^n$ *multipliziert.* Nach t Jahren ist das Kapital angewachsen auf

$$S_0\left(1 + \frac{r}{n}\right)^{nt} \tag{11.1.1}$$

Beispiel 11.2.3 zeigt: Je größer n ist, desto schneller häufen sich die Zinsen beim Anleger an.

Beispiel 11.1.1

Ein Guthaben von 5000 Euro wird auf einem Konto angelegt zu einer jährlichen Zinsrate von 9 %, wobei die Zinsen vierteljährlich gutgeschrieben werden. Wie viel wird nach 8 Jahren auf dem Konto sein?

Lösung: Die periodische Rate r/n ist $0.09/4 = 0.0225$ pro Quartal. Die Anzahl der Quartale in 8 Jahren ist $4 \cdot 8 = 32$. Somit ergibt Formel (11.1.1):

$$5000(1 + 0.0225)^{32} \approx 10\,190.52$$

Beispiel 11.1.2

Wie lange wird es dauern, bis die 5000 Euro in Beispiel 11.1.1 auf 15 000 Euro angewachsen sind?

Lösung: Nach N vierteljährlichen Zinsgutschriften wird das Guthaben anwachsen auf $5000(1 + 0.0225)^N$ Euro. Dies erreicht 15 000 Euro, wenn $1.0225^N = 3$. Wir bilden auf beiden Seiten den natürlichen Logarithmus und erhalten die Gleichung $N \ln 1.0225 = \ln 3$, so dass

$$N = \frac{\ln 3}{\ln 1.0225} \approx 49.37$$

Somit dauert es ungefähr 49.37 vierteljährliche Perioden, d. h. ungefähr 12 Jahre und vier Monate, bis das Guthaben auf 15 000 Euro angewachsen ist.

Effektive Zinsrate

Ein Verbraucher, der einen Kredit benötigt, erhält möglicherweise verschiedene Angebote konkurrierender Geldinstitute. Es ist deshalb wichtig zu wissen, wie die verschiedenen Angebote zu vergleichen sind. Das Konzept der *effektiven Zinsrate* wird häufig bei solchen Vergleichen verwendet.

Betrachten Sie einen Kredit mit einer jährlichen Zinsrate von 9 %, wobei die Zinsen mit einer Rate von $\frac{9}{12}\,\% = 0.75\,\%$ 12-mal im Jahr berechnet werden. Wenn zwischenzeitlich keine Zinsen gezahlt werden, wird eine Anfangsschuld S_0 nach einem Jahr angewachsen sein auf eine Schuld von $S_0(1 + 0.09/12)^{12} \approx S_0 \cdot 1.094$. In der Tat, solange keine Zinsen gezahlt werden, wird die Schuld mit einer konstanten proportionalen Rate wachsen, die (ungefähr) 9.4 % pro Jahr beträgt. Wir nennen aus diesem Grund 9.4 % die effektive jährliche Zinsrate. Allgemeiner definieren wir:

Effektive jährliche Zinsrate

Wenn die Zinsen n-mal im Jahr zu einer Zinsrate von r/n pro Periode berechnet werden, dann ist die effektive jährliche Zinsrate R definiert durch

$$R = \left(1 + \frac{r}{n}\right)^n - 1 \qquad (11.1.2)$$

Die effektive jährliche Zinsrate ist unabhängig vom Betrag S_0. Für einen gegebenen Wert von $r > 0$ ist sie monoton wachsend in n, wie in Beispiel 11.2.3 gezeigt wird.

Beispiel 11.1.3

Welches ist die effektive jährliche Zinsrate R, die zu einer jährlichen Zinrate von 9 % gehört, wenn die Zinsen (i) vierteljährlich oder (ii) monatlich berechnet werden?

Lösung:

(i) Nach Formel (11.1.2) mit $r = 0.09$ und $n = 4$ ist die effektive Zinsrate gleich

$$R = (1 + \tfrac{0.09}{4})^4 - 1 = (1 + 0.0225)^4 - 1 \approx 0.0931 \quad \text{oder} \quad 9.31\,\%$$

(ii) In diesem Fall ist $r = 0.09$ und $n = 12$, so dass die effektive Zinsrate gegeben ist durch:

$$R = (1 + \tfrac{0.09}{12})^{12} - 1 = (1 + 0.0075)^{12} - 1 \approx 0.0938 \quad \text{oder} \quad 9.38\,\%$$

Ein typischer Fall, in dem wir die effektive Zinsrate verwenden können, um verschiedene finanzielle Angebote zu vergleichen, ist der folgende.

Beispiel 11.1.4

Welches Angebot ist besser, wenn Geld auf einem Sparkonto angelegt werden soll: 5.9 % mit vierteljährlicher Zinsgutschrift oder 6 % mit halbjährlicher Zinsgutschrift?

Lösung: Nach (11.1.2) sind die effektiven Zinsraten für die zwei Angebote

$$R = (1 + 0.059/4)^4 - 1 \approx 0.0603\,, \qquad R = (1 + 0.06/2)^2 - 1 = 0.0609$$

Das zweite Angebot ist deshalb besser für den Sparer.

In vielen Ländern gibt es eine offizielle gesetzliche Definition einer effektiven Zinsrate die verschiedene Formen fixer Kosten oder „Abschlussgebühren", die bei Aufnahme eines Kredits entstehen, in Betracht zieht. Die *effektive Zinsrate* ist dann definiert als diejenige Zinsrate, bei der der gesamte gegenwärtige Wert aller Kosten gleich der Höhe des Kredits ist. Dies ist die interne Ertragsrate, wie sie in Kap. 11.7 definiert wird, gegenwärtige Werte werden in Kap. 11.3 erörtert.

Aufgaben für Kapitel 11.1

1. (a) Wie hoch ist das Guthaben nach 5 Jahren, wenn 8000 Euro zu einer jährlichen Zinsrate von 5 % angelegt werden, die (i) monatlich oder (ii) täglich (mit 365 Tagen in einem Jahr) berechnet werden?

(b) Wie lange dauert es, bis sich die 8000 Euro bei monatlicher Zinsgutschrift verdoppelt haben?

2. Ein Betrag von 5000 Euro wird mit 3 % pro Jahr verzinst.

(a) Auf welche Höhe ist dieser Betrag nach 10 Jahren angewachsen?

(b) Wie lange dauert es, bis die 5000 Euro sich verdreifacht haben?

3. Welche jährliche prozentuale Wachstumsrate ist nötig, damit das BIP eines Landes nach 100 Jahren 100-mal so groß ist? (Nutzen Sie die Approximation $\sqrt[100]{100} \approx 1.047$.)

4. Ein Betrag von 2000 Euro wird zu 7 % pro Jahr angelegt.

(a) Wie hoch ist das Guthaben auf dem Konto nach (i) 2 Jahren; (ii) 10 Jahren?

(b) Wie lange dauert es ungefähr, bis das Guthaben 6000 Euro erreicht?

5. Berechnen Sie die effektive jährliche Zinsrate, wenn die nominale Zinsrate 17 % ist und die Zinsen (i) halbjährlich; (ii) vierteljährlich; (iii) monatlich berechnet werden.

6. Was ist vorteilhafter für den Kreditnehmer: (i) einen Kredit mit einer jährlichen Zinsrate von 21.5 % mit jährlicher Zinszahlung aufzunehmen; oder (ii) einen Kredit mit einer jährlichen Zinsrate von 20 % mit vierteljährlicher Zinszahlung aufzunehmen?

7. Eine Summe von 12 000 Euro wird zu 4 % jährlichem Zins angelegt.

(a) Auf welche Höhe ist dieser Betrag nach 15 Jahren angewachsen?

(b) Wie viel hätten Sie vor 5 Jahren auf einem Sparkonto anlegen müssen, um heute 50 000 Euro zu haben, wenn die jährliche Zinsrate über den ganzen Zeitraum 5 % gewesen wäre?

➡

➜ Fortsetzung

8. Eine Kreditkarte wird angeboten, wobei die Zinsen auf die Außenstände mit 2 % pro Monat berechnet werden. Wie hoch ist die effektive jährliche Zinsrate?

9. Wie hoch ist die nominale jährliche Zinsrate, wenn die effektive jährliche Zinsrate 28 % bei vierteljährlicher Zinsberechnung ist?

► Lösungen zu den Aufgaben finden Sie im Anhang des Buches.

11.2 Stetige Verzinsung

Wir haben im vorhergehenden Unterkapitel gesehen: Wenn die Zinsen mit der Rate r/n dem Anfangskapital S_0 an n verschiedenen Zeitpunkten des Jahres gutgeschrieben werden, dann wird das Kapital jedes Jahr mit einem Faktor $(1 + r/n)^n$ multipliziert. Nach t Jahren ist das Kapital angewachsen auf $S_0(1 + r/n)^{nt}$. In der Realität gibt es eine Grenze, wie oft die Zinsen dem Konto gutgeschrieben werden können. Wir wollen jedoch untersuchen, was mit dem Ausdruck geschieht, wenn die jährliche Häufigkeit n gegen Unendlich strebt. Wir setzen $r/n = 1/m$. Dann ist $n = mr$ und somit

$$S_0\left(1 + \frac{r}{n}\right)^{nt} = S_0\left(1 + \frac{1}{m}\right)^{mrt} = S_0\left[\left(1 + \frac{1}{m}\right)^{m}\right]^{rt} \tag{11.2.1}$$

Wenn $n \to \infty$ bei festem r, so folgt $m = n/r \to \infty$ und nach Beispiel 7.11.2 haben wir $(1 + 1/m)^m \to e$. Daher strebt der Ausdruck in (11.2.1) gegen S_0e^{rt}, wenn n gegen Unendlich strebt, wobei impliziert wird, dass die Zinsen immer häufiger gutgeschrieben werden. Im Grenzfall sprechen wir von *stetiger Verzinsung*:

Stetige Verzinsung

Wenn die jährliche Zinsrate r ist, so wächst bei stetiger Verzinsung ein Kapital S_0 nach t Jahren an auf

$$S(t) = S_0e^{rt} \tag{11.2.2}$$

Beispiel 11.2.1

Nehmen Sie an, dass eine Summe von 5000 Euro auf einem Sparkonto angelegt wird bei einer jährlichen Zinsrate von 9 %. Wie hoch ist das Guthaben nach 8 Jahren bei stetiger Verzinsung?

Lösung: Mit Formel (11.2.2) mit $r = 9/100 = 0.09$ sehen wir, dass das Guthaben

$$5000e^{0.09\cdot 8} = 5000e^{0.72} \approx 10\,272.17$$

ist. Dies ist mehr als im Fall vierteljährlicher Verzinsung, der in Beispiel 11.1.1 untersucht wurde.

Wenn $S(t) = S_0 e^{rt}$ wie in (11.2.2), so ergibt Ableiten nach Formel (6.10.2), dass $S'(t) = S_0 r e^{rt} = rS(t)$. Es folgt, dass $S'(t)/S(t) = r$. Mit der in Kap. 6.4 eingeführten Terminologie gilt also:

Bei stetiger Verzinsung zur Rate r wächst das Kapital mit der konstanten relativen Rate r, so dass $S'(t)/S(t) = r$.

Aus (11.2.2) folgern wir, dass $S(1) = S_0 e^r$, so dass das Kapital im ersten Jahr um den Faktor e^r wächst. Allgemein ist $S(t+1) = S_0 e^{r(t+1)} = S_0 e^{rt} e^r = S(t) e^r$. Daher gilt:

Bei stetiger Verzinsung zur Zinsrate r wächst das Kapital jedes Jahr um einen festen Faktor e^r.

Vergleich verschiedener Zinsperioden

Für eine feste Zinsrate von $p\,\% = 100r$ pro Jahr zeigt Beispiel 11.2.3, dass stetige Verzinsung am besten für den Geldgeber ist. Jedoch ist für vergleichsweise niedrige Zinsraten, wenn die Anzahl der Jahre der stetigen Verzinsung nicht zu groß ist, der Unterschied zwischen jährlicher und stetiger Verzinsung ganz klein.

Beispiel 11.2.2

Bestimmen Sie den Betrag K, auf den 1 Euro im Laufe eines Jahres wächst, wenn die Zinsrate 8 % pro Jahr ist und die Zinsen (a) jährlich; (b) halbjährlich; (c) stetig gutgeschrieben werden.

Lösung: In diesem Fall ist $r = 8/100 = 0.08$ und wir erhalten:

(a) $K = (1 + 0.08) = 1.08$

(b) $K = (1 + 0.08/2)^2 = 1.04^2 = 1.0816$

(c) $K = e^{0.08} \approx 1.08329$

Wenn wir entweder die Zinsrate oder die Anzahl der Jahre erhöhen, über die die Zinsen angesammelt werden, dann wächst die Differenz zwischen jährlicher und stetiger Verzinsung.

In Kap. 11.1 wurde die effektive jährliche Zinsrate definiert durch die Formel $(1 + r/n)^n - 1$, wenn der Zins n-mal im Jahr mit der Rate r/n pro Periode berechnet wird. Wenn wir in dieser Formel n gegen Unendlich gehen lassen, sehen wir, dass der Ausdruck gegen

$$e^r - 1 \tag{11.2.3}$$

konvergiert. Dies wird die *effektive Zinsrate* bei stetiger Verzinsung zur jährlichen Rate r genannt.

Teil (d) des folgenden Beispiels 11.2.3 zeigt insbesondere, dass *stetige Verzinsung zur Zinsrate r für den Geldgeber profitabler ist als n-malige Zinszahlungen pro Jahr zu einer Zinsrate r/n.*

Beispiel 11.2.3

(a) Definieren Sie die Funktion $h(u) = \ln(1+u) - u/(1+u)$ für alle $u \geq 0$. Zeigen Sie, dass für alle $u > 0$ gilt: (i) $h'(u) > 0$; (ii) $h(u) > 0$.

(b) Betrachten Sie für ein $r > 0$ die Funktion $g(x) = (1 + r/x)^x$ für alle $x > 0$. Nutzen Sie logarithmische Differentiation, um zu zeigen, dass

$$g'(x) = g(x)\left[\ln(1 + r/x) - \frac{r/x}{1 + r/x}\right] > 0$$

(c) Zeigen Sie, dass $(1 + r/n)^n$ strikt monoton wächst mit der natürlichen Zahl n.

(d) Zeigen Sie, dass $(1 + r/n)^n < e^r$ für $n = 1, 2, \ldots$.

Lösung:

(a) (i) Wir haben $h'(u) = \frac{1}{1+u} - \frac{(1+u)-u}{(1+u)^2} = \frac{(1+u)-1}{(1+u)^2} = \frac{u}{(1+u)^2} > 0$.
(ii) Außerdem gilt $h(0) = h'(0) = 0$, so dass $h(u) > 0$ für alle $u > 0$.

(b) $\ln g(x) = x \ln(1 + r/x)$, so dass

$$\frac{d}{dx}[\ln g(x)] = \ln(1 + r/x) - \frac{x(r/x^2)}{1 + r/x} = \ln(1 + r/x) - \frac{r/x}{1 + r/x} = h(r/x) > 0$$

(c) Weil $(1+r/n)^n = g(n) > 0$ und $\ln g(x)$ strikt monoton wachsend ist in x für $x > 0$, folgt, dass $(1 + r/n)^n$ strikt monoton wachsend ist in n.

(d) Das Argument, dass wir für Gleichung (11.2.2) genutzt haben, zeigt insbesondere, dass $(1 + r/n)^n \to e^r$, wenn $n \to \infty$. Es folgt aus Teil (c), dass $(1 + r/n)^n < e^r$ für $n = 1, 2, \ldots$.

Aufgaben für Kapitel 11.2

1. (a) Auf welchen Betrag wachsen 8 000 Euro nach 5 Jahren bei stetiger Verzinsung, falls die jährliche Zinsrate 5 % ist?

(b) Wie lange dauert es, bis sich das Anfangskapital verdoppelt hat?

2. Ein Betrag von 1000 Euro wird mit 5 % pro Jahr verzinst. Auf welche Summe ist dieser Betrag nach (a) 10 Jahren und (b) nach 50 Jahren angewachsen, wenn die Zinsen (i) monatlich; (ii) stetig gutgeschrieben werden?

3. (a) Bestimmen Sie die effektive Zinsrate, die zu einer jährlichen Zinsrate von 10 % bei stetiger Verzinsung gehört.

(b) Welches ist der maximale Betrag an Zinseszinsen, der bei einer jährlichen Zinsrate von 10 % erzielt werden kann?

4. Der Wert v_0 eines neuen Autos nimmt stetig ab mit einer jährlichen Rate von 10 %, was impliziert, dass sein Wert nach t Jahren gegeben ist durch $v(t) = v_0 e^{-\delta t}$, wobei $\delta = 0.1$. Wie viele Jahre dauert es, bis das Auto 90 % seines ursprünglichen Wertes verloren hat?

5. Der Wert einer Maschine nimmt stetig ab mit einer jährlichen Rate von 6 %. Wie viele Jahre dauert es, bis sich der Wert der Maschine halbiert hat?

► Lösungen zu den Aufgaben finden Sie im Anhang des Buches.

11.3 Barwert

Die Summe von 1000 Euro heute bar in Ihrer Hand ist mehr wert als 1000 Euro, die Sie zu einem zukünftigen Zeitpunkt erhalten sollen. Ein wichtiger Grund ist, dass Sie die 1000 Euro investieren können und hoffen, damit Zinsen oder andere positive Erträge zu erzielen. Ein anderer Grund ist: Falls zu erwarten ist, dass Preise auf Grund einer Inflation steigen, dann werden 1000 Euro zu einem zukünftigen Zeitpunkt weniger Kaufkraft haben als 1000 Euro heute.

Wenn die Zinsrate 11 % pro Jahr ist, werden die ursprünglichen 1000 Euro nach 1 Jahr angewachsen sein auf den Betrag $1000(1 + 11/100) = 1110$, und nach 6 Jahren werden sie auf $1000(1+11/100)^6 = 1000 \cdot (1.11)^6 \approx 1870$ angewachsen sein. Dies zeigt, dass bei einer Zinsrate von 11 % pro Jahr 1000 Euro heute denselben Wert haben wie 1110 nächstes Jahr oder 1870 Euro in 6 Jahren. Dementsprechend gilt: Wenn der Betrag von 1110 Euro in 1 Jahr zur Zahlung fällig ist und der Zinssatz 11 % pro Jahr ist, dann ist der *Barwert* (oder der *gegenwärtige Wert*) dieses Betrages 1000 Euro. Da 1000 Euro weniger sind als 1110 Euro, sprechen wir oft von 1000 Euro als dem *gegenwärtigen diskontierten Wert* (oder PDV von „present discounted value") von 1110 Euro im nächsten Jahr. Der Quotient $1000/1110 = 1/(1+11/100) \approx 0.9009$ wird der (jährliche) *Diskontierungsfaktor* genannt. Dessen Kehrwert 1.11 ist eins plus die *Diskontierungsrate*. Diese Definition macht die Diskontierungsrate gleich der Zinsrate von 11 %. Ähnlich: Wenn die Zinsrate 11 % pro Jahr ist, dann ist der PDV von 1870 Euro, die von heute an in 6 Jahren fällig sind, gleich 1000 Euro. Wieder wird der Quotient $1000/1870 \approx 0.53$ *Diskontierungsfaktor* genannt, dieses Mal für Geld, das in 6 Jahren fällig ist.

Nehmen Sie an, dass ein Betrag K nach t Jahren, vom gegenwärtigen Datum aus gerechnet, zur Zahlung fällig ist. Welches ist der *Barwert*, wenn die Zinsrate p % pro Jahr ist? Äquivalent: Wie viel müsste heute bei einer jährlichen Zinsrate von p % angelegt werden, um nach t Jahren den Betrag K zur Verfügung zu haben? Wenn die Zinsen jährlich gezahlt werden, wird ein Betrag A nach t Jahren auf $A(1 + p/100)^t$ angewachsen sein, so dass $A(1+p/100)^t = K$ gelten muss. Damit ist der heute anzulegende Betrag $A = K(1+p/100)^{-t} = K(1+r)^{-t}$, wobei $r = p/100$. Hier ist der jährliche Diskontierungsfaktor gleich $(1 + r)^{-1}$ und $(1 + r)^{-t}$ ist der Diskontierungsfaktor für t Jahre. Wenn die Zinsen aber stetig berechnet werden, wird der Betrag A nach t Jahren angewachsen sein auf Ae^{rt}. Daher muss gelten $Ae^{rt} = K$ oder $A = Ke^{-rt}$. Hier ist e^{-rt} der Diskontierungsfaktor. Zusammengefasst gilt:

Gegenwärtiger diskontierter Wert

Die Zinsrate oder die Diskontierungsrate sei p % pro Jahr. Sei $r = p/100$. Dann ist der *gegenwärtige diskontierte Wert* oder PDV eines Betrages K, der in t Jahren zur Zahlung fällig ist:

$$K(1 + r)^{-t} \quad \text{bei jährlicher Verzinsung} \tag{11.3.1}$$

$$Ke^{-rt} \quad \text{bei stetiger Verzinsung} \tag{11.3.2}$$

Beispiel 11.3.1

Bestimmen Sie den Barwert von 100 000 Euro, die nach 15 Jahren zur Zahlung fällig sind, falls die Zinsrate 6 % pro Jahr ist bei (a) jährlicher oder (b) stetiger Verzinsung.

Lösung:

(a) Nach (11.3.1) ist der Barwert $100\,000(1+0.06)^{-15} \approx 41\,726.51$.

(b) Nach (11.3.2) ist der Barwert $100\,000e^{-0.06 \cdot 15} = 100\,000e^{-0.9} \approx 40\,656.97$.

Wie erwartet ist der Barwert bei stetiger Verzinsung der kleinere, weil das Kapital bei stetiger Verzinsung am schnellsten wächst.

Beispiel 11.3.2 **(Wann sollte man einen Baum fällen?)**

Betrachten Sie einen Baum, der zur Zeit $t = 0$ gepflanzt wurde. Sei $P(t)$ sein aktueller Marktwert zur Zeit t, wobei $P(t)$ differenzierbar sei mit $P(t) > 0$ für alle $t \geq 0$. Nehmen Sie an, dass die Zinsrate $100r$ % pro Jahr ist und nehmen Sie stetige Verzinsung an.

(a) Zu welcher Zeit t^* sollte dieser Baum gefällt werden, wenn man seinen gegenwärtigen diskontierten Wert maximieren möchte?

(b) Die optimale Fällzeit t^* hängt von der Zinsrate r ab. Bestimmen Sie $\mathrm{d}t^*/\mathrm{d}r$.

Lösung:

(a) Der Barwert ist $f(t) = P(t)e^{-rt}$ und die Ableitung davon ist

$$f'(t) = P'(t)e^{-rt} + P(t)(-r)e^{-rt} = e^{-rt}\big[P'(t) - rP(t)\big] \qquad (*)$$

Eine notwendige Bedingung, damit $f(t)$ durch $t^* > 0$ maximiert wird, ist $f'(t^*) = 0$. Dies tritt ein, wenn

$$P'(t^*) = rP(t^*) \qquad (**)$$

Der Baum sollte deshalb zu der Zeit t^* gefällt werden, zu der die relative Wachstumsrate des Wertes des Baumes gleich der Zinsrate ist. Natürlich müssen einige Bedingungen an f gestellt werden, damit t^* eine Maximumstelle ist. Es genügt, wenn $P'(t) \geq rP(t)$ für $t < t^*$ und $P'(t) \leq rP(t)$ für $t > t^*$.

(b) Indem wir $(**)$ nach r differenzieren, erhalten wir

$$P''(t^*)\frac{\mathrm{d}t^*}{\mathrm{d}r} = P(t^*) + rP'(t^*)\frac{\mathrm{d}t^*}{\mathrm{d}r}$$

Auflösen nach $\mathrm{d}t^*/\mathrm{d}r$ ergibt

$$\frac{\mathrm{d}t^*}{\mathrm{d}r} = \frac{P(t^*)}{P''(t^*) - rP'(t^*)} \qquad (***)$$

Indem wir $(*)$ nach t differenzieren, erhalten wir

$$f''(t) = P''(t)e^{-rt} - rP'(t)e^{-rt} - P'(t)re^{-rt} + r^2P(t)e^{-rt}$$

Betrachten Sie die Bedingung zweiter Ordnung $f''(t^*) < 0$. Nach $(**)$ ist dies genau dann erfüllt, wenn

$$e^{-rt}[P''(t^*) - 2rP'(t^*) + r^2P(t^*)] = e^{-rt}[P''(t^*) - rP'(t^*)] < 0$$

In diesem Fall ist $\mathrm{d}t^*/\mathrm{d}r < 0$. Die optimale Wachstumszeit verkürzt sich also, wenn r steigt, was die Förster ungeduldiger macht. Insbesondere ist für gegebenes $r > 0$ das optimale t^* kleiner als die Zeit, die den gegenwärtigen Marktwert $P(t)$ maximiert, welche nur für $r = 0$ optimal ist.

Wir haben nicht berücksichtigt, wie der Grund, auf dem der Baum gewachsen ist, nach dem Fällen genutzt werden kann – z. B. durch Pflanzung eines neuen Baumes. Diese Verallgemeinerung wird in Aufgabe 11.4.8 betrachtet.

Aufgaben für Kapitel 11.3

1. Bestimmen Sie den gegenwärtigen Wert von 350 000 Euro, die nach 10 Jahren fällig sind, wenn die Zinsrate 8 % pro Jahr ist bei (a) jährlicher oder (b) stetiger Verzinsung.

2. Bestimmen Sie den Barwert von 50 000 Euro, die nach 5 Jahren fällig sind, wenn die jährliche Zinsrate 5.75 % ist, bei (a) jährlicher oder (b) stetiger Verzinsung.

3. Betrachten Sie mit Bezug auf Beispiel 11.3.2 den Fall, in dem $f(t) = (t+5)^2 e^{-0.05t}$ für alle $t \geq 0$.

   (a) Bestimmen Sie den Wert von t, der $f(t)$ maximiert, und untersuchen Sie die Variation des Vorzeichens von $f'(t)$.

   (b) Bestimmen Sie $\lim_{t\to\infty} f(t)$ und zeichnen Sie den Graphen von f.

► Lösungen zu den Aufgaben finden Sie im Anhang des Buches.

11.4 Geometrische Reihen

Geometrische Reihen haben viele Anwendungen in den Wirtschaftswissenschaften und der Finanzmathematik. Wir werden sie hier benutzen zur Berechnung von Annuitäten und Hypothekenzahlungen.

Beispiel 11.4.1

In diesem Jahr hat ein Unternehmen Jahreseinnahmen von 100 Millionen Euro. Es wird erwartet, dass diese Einnahmen um 16 % pro Jahr während der nächsten Dekade gesteigert werden können. Wie hoch sind die erwarteten Einnahmen im zehnten Jahr und wie hoch sind die erwarteten Gesamteinnahmen über die gesamte Periode?

Lösung: Die erwarteten Einnahmen im zweiten Jahr, in Millionen Euro, betragen $100 \cdot (1 + 16/100) = 100 \cdot 1.16$ Millionen Euro, und im dritten Jahr sind es $100 \cdot (1.16)^2$. Im zehnten Jahr sind die erwarteten Einnahmen $100 \cdot (1.16)^9$. Die erwarteten Gesamteinnahmen in der gesamten Dekade sind daher

$$100 + 100 \cdot 1.16 + 100 \cdot (1.16)^2 + \cdots + 100 \cdot (1.16)^9$$

Wenn wir einen Rechner benutzen, um diese zehn verschiedenen Zahlen zu addieren, finden wir heraus, dass diese Summe ungefähr 2 132 Millionen Euro ist.

Die Bestimmung der Summe in Beispiel 11.4.1 durch Addition zehn verschiedener Zahlen auf einem Rechner war sehr mühsam. Wenn es unendlich viele Terme gibt, ist diese Methode offensichtlich unmöglich. Es gibt eine einfachere Methode, wie wir jetzt erklären.

Betrachten Sie die n Zahlen $a, ak, ak^2, \ldots, ak^{n-1}$. Jeder Term entsteht, indem sein Vorgänger mit einer Konstanten k multipliziert wird. Wir wollen die Summe

$$s_n = a + ak + ak^2 + \cdots + ak^{n-2} + ak^{n-1} \tag{11.4.1}$$

dieser Zahlen bestimmen. Wir nennen diese Summe eine endliche *geometrische Reihe* mit dem *Quotienten* k. Die Summe in Beispiel 11.4.1 tritt ein, wenn $a = 100$, $k = 1.16$ und $n = 10$.

Um die Summe s_n der Reihe zu bestimmen, verwenden wir einen Trick. Multiplizieren Sie zunächst beide Seiten von (11.4.1) mit k. Sie erhalten dann

$$ks_n = ak + ak^2 + ak^3 + \cdots + ak^{n-1} + ak^n$$

Indem man (11.4.1) von dieser Gleichung subtrahiert, ergibt sich

$$ks_n - s_n = ak^n - a \tag{11.4.2}$$

Wir kommen zu dieser Antwort, da alle anderen $n - 1$ Terme sich aufheben. Dies ist der entscheidende Punkt des Tricks!

Falls $k = 1$, sind alle Terme in (11.4.1) gleich a und wir sehen sofort, dass die Summe gleich $s_n = an$ ist. Für $k \neq 1$ jedoch impliziert (11.4.2), dass

$$s_n = a\frac{k^n - 1}{k - 1}$$

Folglich gilt:

Summenformel für eine endliche geometrische Reihe

Für $k \neq 1$ gilt:

$$a + ak + ak^2 + \cdots + ak^{n-1} = a \cdot \frac{k^n - 1}{k - 1} \tag{11.4.3}$$

Beispiel 11.4.2

Für die Summe in Beispiel 11.4.1 haben wir $a = 100$, $k = 1.16$ und $n = 10$. Daher ergibt (11.4.3):

$$100 + 100 \cdot 1.16 + \cdots + 100 \cdot (1.16)^9 = 100\,\frac{(1.16)^{10} - 1}{1.16 - 1}$$

Es sind jetzt viel weniger Operationen auf dem Rechner nötig als in Beispiel 11.4.1, um zu zeigen, dass die Summe ungefähr 2 132 ist.

Unendliche geometrische Reihen

Betrachten Sie die unendliche Folge von Zahlen

$$1, \quad \frac{1}{2}, \quad \frac{1}{4}, \quad \frac{1}{8}, \quad \frac{1}{16}, \quad \frac{1}{32}, \quad \ldots$$

Jeder Term in der Folge wird durch Halbieren seines Vorgängers gebildet, so dass der n-te Term gleich $1/2^{n-1}$ ist. Die Summe der n ersten Terme ist eine endliche geometrische Reihe mit dem Quotienten $k = 1/2$ und dem ersten Term $a = 1$. Daher ergibt (11.4.3)

$$1 + \frac{1}{2} + \frac{1}{2^2} + \cdots + \frac{1}{2^{n-1}} = \frac{1 - \left(\frac{1}{2}\right)^n}{1 - \frac{1}{2}} = 2(1 - 2^{-n}) = 2 - \frac{1}{2^{n-1}} \tag{$*$}$$

Wir fragen uns nun, was gemeint ist mit der „unendlichen Summe"

$$1 + \frac{1}{2} + \frac{1}{2^2} + \frac{1}{2^3} + \cdots + \frac{1}{2^{n-1}} + \cdots \tag{$**$}$$

Weil alle Terme positiv sind und es unendlich viele von ihnen gibt, neigen Sie vielleicht dazu zu denken, dass die Summe unendlich groß sein muss. Wenn wir jedoch Formel ($*$) betrachten, sehen wir, dass die Summe der n ersten Terme gleich $2 - 1/2^{n-1}$ ist. Diese Zahl ist niemals größer als 2 unabhängig davon, wie groß wir n wählen. Wenn n wächst, kommt der Term $1/2^{n-1}$ näher und näher an 0 heran und die Summe in ($*$) strebt gegen 2 als Grenzwert. Daher ist es naheliegend, die unendliche Summe in ($**$) als die Zahl 2 zu *definieren*.

Wir fragen allgemein, welche Bedeutung der „unendlichen Summe"

$$a + ak + ak^2 + \cdots + ak^{n-1} + \cdots \tag{11.4.4}$$

gegeben werden kann. Wir verwenden dieselbe Idee wie in ($**$) und betrachten die Summe s_n der n ersten Terme in (11.4.4). Nach (11.4.3) ist für $k \neq 1$:

$$s_n = a\,\frac{1 - k^n}{1 - k}$$

Was geschieht mit diesem Ausdruck, wenn n gegen Unendlich geht? Die Antwort hängt offensichtlich von k^n ab, weil nur dieser Term von n abhängt. Und k^n strebt gegen 0, wenn $-1 < k < 1$, während k^n gegen keinen Grenzwert strebt, wenn $k > 1$ oder $k \leq -1$ ist.[2] Es folgt: Wenn $|k| < 1$, dann konvergiert die Summe s_n der n ersten Terme in (11.4.4) gegen den Grenzwert $a/(1 - k)$, wenn n gegen Unendlich strebt. In diesem Fall *definieren* wir diesen Grenzwert als die Summe von (11.4.4) und wir sagen, dass die unendliche Reihe in (11.4.4) *konvergiert*. Zusammengefasst:

Summenformel für eine unendliche geometrische Reihe

Falls $|k| < 1$, gilt:

$$a + ak + ak^2 + \cdots + ak^{n-1} + \cdots = \frac{a}{1 - k} \tag{11.4.5}$$

[2] Wenn Sie nicht überzeugt sind von dieser Behauptung, so untersuchen Sie die Fälle $k = -2$, $k = -1$, $k = -1/2$, $k = 1/2$ und $k = 2$.

Wir erweitern jetzt die Notation für Summen, die in Kap. 2.9 eingeführt wurde, auf unendliche Summen. Im Fall $|k| < 1$ können wir dann Gleichung (11.4.5) schreiben als

$$\sum_{n=1}^{\infty} ak^{n-1} = \frac{a}{1-k}, \tag{11.4.6}$$

Wenn jedoch $|k| \geq 1$, sagen wir, dass die unendliche Reihe (11.4.4) *divergiert*. Eine divergente Reihe hat keine endliche Summe. Die Divergenz ist offensichtlich für $|k| > 1$. Falls $k = 1$, so ist $s_n = na$ und dies strebt gegen $+\infty$, falls $a > 0$ oder gegen $-\infty$, falls $a < 0$. Falls $k = -1$, dann ist s_n gleich a, wenn n ungerade ist, aber 0, wenn n gerade ist; wieder gibt es keinen Grenzwert für $n \to \infty$ (abgesehen vom trivialen Fall $a = 0$).

Beispiel 11.4.3

Bestimmen Sie die Summe der unendlichen Reihe

$$1 + 0.25 + (0.25)^2 + (0.25)^3 + (0.25)^4 + \cdots$$

Lösung: Nach Formel (11.4.5) erhält man mit $a = 1$ und $k = 0.25$:

$$1 + 0.25 + (0.25)^2 + (0.25)^3 + (0.25)^4 + \cdots = \frac{1}{1-0.25} = \frac{1}{0.75} = \frac{4}{3}$$

Beispiel 11.4.4

Eine grobe Schätzung der gesamten Öl- und Gasreserven unter dem norwegischen Festlandsockel zu Beginn des Jahres 1999 betrug $13 \cdot 10^9 = 13$ Milliarden Tonnen. Die Förderung in dem Jahr lag bei ungefähr $250 \cdot 10^6 = 250$ Millionen Tonnen.

(a) Wann werden die Reserven erschöpft sein, wenn die Förderung auf demselben konstanten Niveau fortgesetzt wird?

(b) Nehmen Sie an, dass die Förderung jedes Jahr um 2 % pro Jahr reduziert wird, beginnend im Jahr 1999. Wie lange werden die Reserven in diesem Fall reichen?

Lösung:

(a) Bei $13 \cdot 10^9$ Tonnen Reserven, die mit einer Rate von $250 \cdot 10^6$ Tonnen pro Jahr gefördert werden, werden die Reserven für t Jahre reichen, wobei t die Gleichung $250 \cdot 10^6 t = 13 \cdot 10^9$ erfüllt. Daher ist $t = 13 \cdot 10^9 \div 250 \cdot 10^6 = 52$. Somit werden die Reserven 52 Jahre nach dem Beginn in 1999 erschöpft sein, d. h. am Ende des Jahres 2050.

(b) In 1999 war die Förderung $a = 250 \cdot 10^6$. In 2000 wäre sie $a - 2a/100 = a \cdot 0.98$. In 2001 wäre sie $a \cdot 0.98^2$, usw. Wenn dies für immer fortgesetzt würde, wäre die gesamte geförderte Menge

$$a + a \cdot 0.98 + a \cdot (0.98)^2 + \cdots + a \cdot (0.98)^{n-1} + \cdots$$

Diese geometrische Reihe hat den Quotienten $k = 0.98$. Nach (11.4.5) ist diese unendliche Summe

$$s = \frac{a}{1-0.98} = 50a$$

Da $a = 250 \cdot 10^6$, ist die Summe $s = 50 \cdot 250 \cdot 10^6 = 12.5 \cdot 10^9$, welches etwas kleiner ist als $13 \cdot 10^9$. Die Förderung kann deshalb unendlich lange fortgesetzt werden und es bleiben $= 0.5 \cdot 10^9 = 500$ Millionen Tonnen als „verlorene Vermögenswerte“ übrig, die niemals gefördert werden.

Allgemeine Reihen[3]

Wir betrachten kurz allgemeine unendliche Reihen, die nicht notwendig geometrische Reihen sind und mit

$$a_1 + a_2 + a_3 + \cdots + a_n + \cdots \tag{11.4.7}$$

bezeichnet sind. Was bedeutet es, wenn man sagt, dass diese unendliche Reihe konvergiert? In Analogie zur Definition für geometrische Reihen bilden wir die „endliche“ Summe s_n der n ersten Terme:

$$s_n = a_1 + a_2 + \cdots + a_n \tag{11.4.8}$$

Insbesondere ist $s_1 = a_1$, $s_2 = a_1 + a_2$, $s_3 = a_1 + a_2 + a_3$ usw. Mit wachsendem n enthält diese Partialsumme s_n mehr und mehr Terme der Reihe. Wenn s_n gegen einen Grenzwert s strebt, wenn n gegen ∞ strebt, ist es naheliegend, s als die Summe *aller* Terme in der Reihe zu betrachten. Wir sagen dann, dass die unendliche Reihe *konvergent* ist mit der Summe s. Wenn aber s_n nicht gegen einen endlichen Grenzwert strebt, wenn n gegen ∞ geht, sagen wir, dass die Reihe *divergent* ist. Die Reihe hat dann keine Summe.[4]

Für eine geometrische Reihe machte es der einfache Ausdruck, den wir für s_n gefunden hatten, leicht, die Summe zu bestimmen, wenn Konvergenz vorliegt. Für die meisten Reihen gibt es jedoch keine so einfache Formel für die Summe der ersten n Terme, so dass es sehr schwierig sein kann, zu bestimmen, ob die Reihe konvergiert oder nicht. Trotzdem gibt es sehr viele sogenannte *Konvergenz-* und *Divergenzkriterien*, die in vielen Fällen das Problem lösen. Diese Kriterien werden in den Wirtschaftswissenschaften selten direkt verwendet.

Wir wollen eine allgemeine Bemerkung machen: Wenn die Reihe (11.4.7) konvergiert, dann muss der n-te Term gegen 0 konvergieren, wenn n gegen ∞ geht. Das Argument ist einfach: Wenn die Reihe konvergent ist, dann wird s_n in (11.4.8) gegen einen Grenzwert s streben, wenn $n \to \infty$. Nun ist $a_n = s_n - s_{n-1}$ und nach der Definition der Konvergenz wird auch s_{n-1} gegen s konvergieren, wenn $n \to \infty$. Es folgt, dass $a_n = s_n - s_{n-1}$ gegen $s - s = 0$ konvergieren muss, wenn $n \to \infty$. Kurz gesagt:

$$a_1 + a_2 + \cdots + a_n + \cdots \text{ konvergiert} \implies \lim_{n \to \infty} a_n = 0 \tag{11.4.9}$$

Konvergenz von a_n gegen 0 ist notwendig für die Konvergenz der Reihe, aber nicht hinreichend. Das bedeutet: Eine Reihe kann die Bedingung $\lim_{n \to \infty} a_n = 0$ erfüllen und trotzdem divergieren. Dies wird durch das folgende Standardbeispiel gezeigt:

[3] Dieser Abschnitt kann als optional betrachtet werden.
[4] Wie bei Grenzwerten von Funktionen: Wenn $s_n \to \pm\infty$ für $n \to \infty$, wird dies nicht als Grenzwert betrachtet.

Beispiel 11.4.5

Betrachten Sie die *harmonische Reihe*

$$1 + \tfrac{1}{2} + \tfrac{1}{3} + \tfrac{1}{4} + \cdots + \tfrac{1}{n} + \cdots \tag{11.4.10}$$

Ihr n-ter Term ist $1/n$, was gegen 0 konvergiert. Aber die Reihe ist dennoch divergent. Um das zu sehen, fassen wir die Terme in der folgenden Weise zusammen:

$$1 + \tfrac{1}{2} + (\tfrac{1}{3} + \tfrac{1}{4}) + (\tfrac{1}{5} + \cdots + \tfrac{1}{8}) + (\tfrac{1}{9} + \cdots + \tfrac{1}{16}) + (\tfrac{1}{17} + \cdots + \tfrac{1}{32}) + \cdots \tag{$*$}$$

Zwischen dem ersten Paar von Klammern sind die zwei Terme $1/3$ und $1/4$, deren Summe größer ist als $2/4 = 1/2$. Zwischen dem zweiten Paar von Klammern gibt es vier Terme, drei größer als $1/8$ und der letzte gleich $1/8$, so dass ihre Summe größer als $4/8 = 1/2$ ist. Zwischen dem dritten Paar von Klammern gibt es acht Terme, sieben größer als $1/16$ und der letzte gleich $1/16$, so dass ihre Summe größer als $8/16 = 1/2$ ist. Dieses Muster wiederholt sich unendlich oft: Zwischen dem n-ten Paar von Klammern gibt es 2^n Terme, von denen $2^n - 1$ größer als 2^{-n-1} sind, während der letzte gleich 2^{-n-1} ist, so dass ihre Summe größer als $2^n \cdot 2^{-n-1} = 1/2$ ist. Deshalb: Egal wie groß n sein mag: Wenn m groß genug ist (genauer, wenn $m \geq 2^n$), dann ist die Summe der m ersten Terme in $(*)$ größer als $\frac{1}{2}n$, der Summe von n Termen, die alle gleich $\frac{1}{2}$ sind. Deshalb muss die Reihe in $(*)$ divergieren.[5]

Im Allgemeinen sind Sie aufgefordert, in Aufgabe 11 zu zeigen, dass gilt:

$$\sum_{n=1}^{\infty} \frac{1}{n^p} \text{ ist konvergent} \iff p > 1 \tag{11.4.11}$$

Aufgaben für Kapitel 11.4

1. (a) Bestimmen Sie s_n, die Summe der endlichen geometrischen Reihe

$$1 + \frac{1}{3} + \frac{1}{3^2} + \cdots + \frac{1}{3^{n-1}}$$

(b) Welches ist der Grenzwert von s_n, wenn n gegen ∞ geht?

(c) Bestimmen Sie die Summe $\sum_{n=1}^{\infty}(1/3^{n-1})$.

2. Bestimmen Sie die Summen der folgenden geometrischen Reihen:

(a) $\frac{1}{5} + (\frac{1}{5})^2 + (\frac{1}{5})^3 + (\frac{1}{5})^4 + \cdots$

(b) $0.1 + (0.1)^2 + (0.1)^3 + (0.1)^4 + \cdots$

(c) $517 + 517(1.1)^{-1} + 517(1.1)^{-2} + 517(1.1)^{-3} + \cdots$

(d) $a + a(1+a)^{-1} + a(1+a)^{-2} + a(1+a)^{-3} + a(1+a)^{-4} + \cdots$, für $a > 0$

(e) $5 + \dfrac{5 \cdot 3}{7} + \dfrac{5 \cdot 3^2}{7^2} + \cdots + \dfrac{5 \cdot 3^{n-1}}{7^{n-1}} + \cdots$

[5] Nach H.H. Goldstine (1977): „Die Bestimmung von $\sum 1/n$ beanspruchte Leibniz Zeit seines Lebens für sich, aber die Lösung kam ihm nie in den Sinn."

➡ Fortsetzung

3. Entscheiden Sie, ob die folgenden Reihen geometrisch sind und bestimmen Sie die Summen derjenigen geometrischen Reihen, die konvergieren.

(a) $8 + 1 + 1/8 + 1/64 + \cdots$ (b) $-2 + 6 - 18 + 54 - \cdots$

(c) $2^{1/3} + 1 + 2^{-1/3} + 2^{-2/3} + \cdots$ (d) $1 - 1/2 + 1/3 - 1/4 + \cdots$

4. Untersuchen Sie die Konvergenz der folgenden geometrischen Reihen und bestimmen Sie ihre Summen, wenn sie existieren:

(a) $\frac{1}{p} + \frac{1}{p^2} + \frac{1}{p^3} + \cdots$ (b) $x + \sqrt{x} + 1 + \frac{1}{\sqrt{x}} + \cdots$ (c) $\sum_{n=1}^{\infty} x^{2n}$

5. Bestimmen Sie die Summe $\sum_{k=0}^{\infty} b\left(1 + \frac{p}{100}\right)^{-k}$, für $p > 0$.

6. Der Welt-Gesamtverbrauch an Eisen war 1971 ungefähr $794 \cdot 10^6$ Tonnen. Nehmen Sie an, dass der Verbrauch jedes Jahr um 5 % ansteigt und dass die 1971 für den Abbau verfügbaren Ressourcen $249 \cdot 10^9$ Tonnen waren. Wie lange werden die in der Welt verfügbaren Ressourcen an Eisen reichen?

7. Der Welt-Gesamtverbrauch an Naturgas war 1994 gleich 1 824 Millionen Tonnen Öl-Äquivalent (MTOE). Die Reserven am Ende jenen Jahres wurden auf 128 300 MTOE geschätzt. Wie lange werden die Reserven reichen, wenn der Verbrauch in jedem der kommenden Jahre um 2 % steigt und keine neuen Quellen entdeckt werden?

8. Betrachten Sie Beispiel 11.3.2. Nehmen Sie an, dass unmittelbar, nachdem ein Baum gefällt wird, ein neuer Baum derselben Art gepflanzt wird. Wenn wir annehmen, dass ein neuer Baum zu den Zeiten t, $2t$, $3t$ usw. gepflanzt wird, dann wird der Barwert aller Bäume gleich $f(t) = P(t)e^{-rt} + P(t)e^{-2rt} + \cdots$ sein.

(a) Bestimmen Sie die Summe dieser unendlichen geometrischen Reihe.

(b) Zeigen Sie: Wenn $f(t)$ ein Maximum für ein $t^* > 0$ hat, dann ist $P'(t^*)/P(t^*) = r/(1 - e^{-rt^*})$

(c) Bestimmen Sie den Grenzwert $P'(t^*)/P(t^*)$ für $r \to 0$.

9. Zeigen Sie, dass die folgenden Reihen divergieren:

(a) $\sum_{n=1}^{\infty} \frac{n}{1+n}$ (b) $\sum_{n=1}^{\infty} (101/100)^n$ (c) $\sum_{n=1}^{\infty} \frac{1}{(1+1/n)^n}$

10. Untersuchen Sie die Konvergenz oder Divergenz der folgenden Reihen:

(a) $\sum_{n=1}^{\infty} \left(\frac{100}{101}\right)^n$ (b) $\sum_{n=1}^{\infty} \frac{1}{\sqrt{n}}$ (c) $\sum_{n=1}^{\infty} \frac{1}{n^{1.00000001}}$

(d) $\sum_{n=1}^{\infty} \frac{1+n}{4n-3}$ (e) $\sum_{n=1}^{\infty} \left(-\frac{1}{2}\right)^n$ (f) $\sum_{n=1}^{\infty} (\sqrt{3})^{1-n}$

11. Verwenden Sie die Resultate aus Beispiel 10.7.2, um die Äquivalenz in (11.4.11) zu beweisen.
(*Hinweis:* Zeichnen Sie für $p > 0$ den Graphen der Funktion $f(x) = x^{-p}$ in $[1, \infty)$. Interpretieren Sie dann jede der zwei Summen $\sum_{n=1}^{\infty} n^{-p}$ und $\sum_{n=2}^{\infty} n^{-p}$ geometrisch als Summe einer unendlichen Anzahl von Rechtecken.)

► Lösungen zu den Aufgaben finden Sie im Anhang des Buches.

11.5 Gesamtbarwert

Nehmen Sie an, dass drei aufeinander folgende jährliche Zahlungen zu tätigen sind, 1000 Euro nach 1 Jahr, dann 1500 Euro nach 2 Jahren und 2000 Euro nach 3 Jahren. Wie viel muss heute auf einem Konto angelegt werden, um genügend Rücklagen zur Deckung dieser drei Zahlungen zu haben, wenn die Zinsrate 11 % pro Jahr ist? Wir nennen diesen Betrag den *Barwert* der drei Zahlungen.

Um 1000 Euro nach 1 Jahr zu haben, müssen wir heute einen Betrag x_1 anlegen, wobei gelten muss: $x_1(1 + 0.11) = 1000$, so dass

$$x_1 = \frac{1000}{1 + 0.11} = \frac{1000}{1.11}$$

Um 1500 Euro nach 2 Jahren zu haben, müssen wir heute einen Betrag x_2 anlegen, wobei gelten muss: $x_2(1 + 0.11)^2 = 1500$, so dass

$$x_2 = \frac{1500}{(1 + 0.11)^2} = \frac{1500}{(1.11)^2}$$

Um schließlich 2000 Euro nach 3 Jahren zu bekommen, müssen wir heute einen Betrag x_3 anlegen, wobei gelten muss $x_3(1 + 0.11)^3 = 2000$, so dass

$$x_3 = \frac{2000}{(1 + 0.11)^3} = \frac{2000}{(1.11)^3}$$

Somit ist der Gesamtbetrag A ist, der heute angelegt werden muss, um alle drei Zahlungen zu decken, welches der Gesamtbarwert der drei Zahlungen ist, gegeben durch

$$A = \frac{1000}{1.11} + \frac{1500}{(1.11)^2} + \frac{2000}{(1.11)^3}$$

Der Gesamtbetrag ist ungefähr $A \approx 900.90 + 1217.43 + 1462.38 = 3580.71$.

Nehmen Sie allgemein an, dass n aufeinander folgende Zahlungen $a_1, \ldots, a_n$ zu tätigen sind, wobei a_1 nach 1 Jahr, a_2 nach 2 Jahren gezahlt werden muss usw. Wie viel muss heute auf einem Konto angelegt werden, um genügend Rücklagen zur Deckung all dieser zukünftigen Zahlungen zu haben, wenn die jährliche Zinsrate r ist? Mit anderen Worten: Welches ist der *Barwert* all dieser Zahlungen?

Um a_1 nach 1 Jahr zu erhalten, müssen wir heute $a_1/(1 + r)$ anlegen; um a_2 nach 2 Jahren zu haben, müssen wir heute $a_2/(1 + r)^2$ anlegen usw. Der Gesamtbetrag P_n, der heute angelegt werden muss, um all diese n Zahlungen zu decken, ist deshalb

$$P_n = \frac{a_1}{1 + r} + \frac{a_2}{(1 + r)^2} + \cdots + \frac{a_n}{(1 + r)^n} \tag{11.5.1}$$

Dabei ist P_n der *Barwert* der n Teilzahlungen.

Eine *Annuität* ist eine Folge von gleichen Zahlungen, die über einen gewissen Zeitraum zu festen Zeitspannen, normalerweise ein Jahr, fällig sind. Wenn $a_1 = a_2 = \cdots = a_n = a$ in Gleichung (11.5.1) ist, dann gibt uns die Gleichung den Barwert einer Annuität an. In diesem Fall ist die Summe in (11.5.1) eine endliche geometrische Reihe mit n Termen. Der erste Term ist $a/(1 + r)$ und der Quotient ist $1/(1 + r)$. Nach der Summenformel (11.4.3) für eine endliche geometrische Reihe mit $k = (1 + r)^{-1}$ ist die Summe

$$P_n = \frac{a}{(1 + r)} \frac{1 - (1 + r)^{-n}}{1 - (1 + r)^{-1}} = \frac{a}{r}\left[1 - \frac{1}{(1 + r)^n}\right]$$

Dabei gilt die zweite Gleichung, weil der Nenner des mittleren Ausdrucks sich auf r reduziert. Zusammengefasst:

Barwert einer Annuität

Betrachten Sie eine Annuität mit Zahlungsbetrag a pro Periode über n Perioden bei einer Zinsrate r pro Periode, wobei jede Zahlung am Ende der Periode fällig ist. Der Barwert ist gegeben durch

$$P_n = \frac{a}{1+r} + \cdots + \frac{a}{(1+r)^n} = \frac{a}{r}\left[1 - \frac{1}{(1+r)^n}\right] \tag{11.5.2}$$

Diese Summe ist illustriert in Abb. 11.5.1.

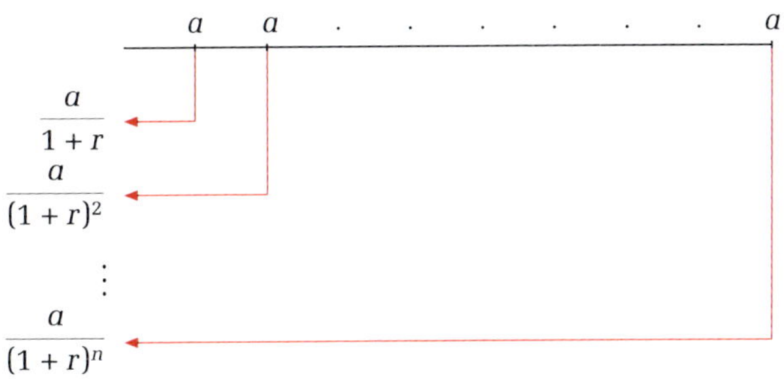

Abbildung 11.5.1: Barwert einer Annuität

Formel (11.5.2) gibt den Barwert von n zukünftigen Forderungen an, jede von, sagen wir, a Euro. Nehmen Sie an, dass wir wissen wollen, wie viel sich auf dem Konto nach n Perioden, unmittelbar nach der letzten Zahlung, angesammelt hat. Dies ist der *zukünftige Wert* F_n der Annuität, gegeben durch:

$$F_n = a + a(1+r) + a(1+r)^2 + \cdots + a(1+r)^{n-1} \tag{$*$}$$

Diese andere Summe ist in Abb. 11.5.2 illustriert:

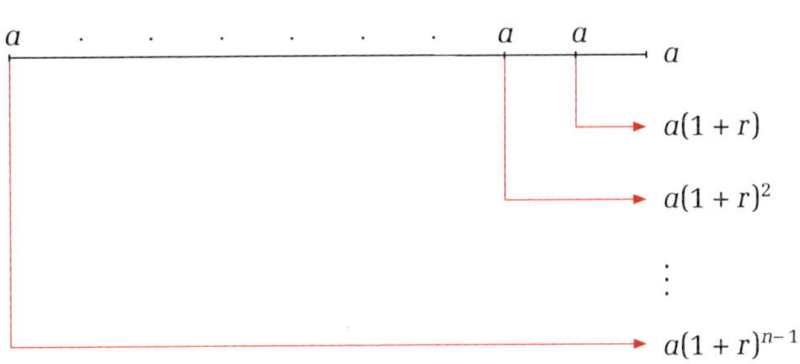

Abbildung 11.5.2: Zukünftiger Wert einer Annuität

Die Summenformel für eine geometrische Reihe ergibt:

$$F_n = \frac{a[1-(1+r)^n]}{1-(1+r)} = \frac{a}{r}[(1+r)^n - 1]$$

Wir können auch den (nicht diskontierten) zukünftigen Wert bestimmen, indem wir beachten, dass in dem Spezialfall, in dem $a_i = a$ für alle i, die Terme der rechten Seite von $(*)$ diejenigen der rechten Seite von (11.5.1), wenn $a_1 = a_2 = \cdots = a_n = a$, aber in umgekehrter Reihenfolge und multipliziert mit dem Zinsfaktor $(1+r)^n$ sind. Dies zeigt, dass $F_n = P_n(1+r)^n$ und somit:

Zukünftiger Wert einer Annuität

Wenn ein Betrag a in jeder von insgesamt n Perioden zu einer Zinsrate r pro Periode auf einem Konto angelegt wird, dann ist der zukünftige Wert des Kontos unmittelbar nach der letzten Einzahlung gleich

$$F_n = \frac{a}{r}[(1+r)^n - 1] \tag{11.5.3}$$

Beispiel 11.5.1

Berechnen Sie den gegenwärtigen und den zukünftigen Wert einer Einzahlung von 1000 Euro in jedem der kommenden 8 Jahre, wenn die jährliche Zinsrate 6 % ist.

Lösung: Um den gegenwärtigen Wert zu bestimmen, wenden wir Formel (11.5.2) mit $a = 1000$, $n = 8$ und $r = 6/100 = 0.06$ an. Dies ergibt

$$P_8 = \frac{1000}{0.06}\left(1 - \frac{1}{(1.06)^8}\right) \approx 6209.79\,.$$

Der zukünftige Wert wird mit Formel (11.5.3) bestimmt. Diese ergibt

$$F_8 = \frac{1000}{0.06}\left[(1.06)^8 - 1\right] \approx 9897.47\,.$$

Alternativ: $F_8 = P_8(1.06)^8 \approx 6209.79 \cdot (1.06)^8 \approx 9897.47$.

Betrachten Sie jetzt eine Kapitalanlage, die auf Dauer pro Periode den Betrag a auszahlt, wobei die Zinsrate $r > 0$ sei. Um den Barwert zu bestimmen, modifizieren wir Formel (11.5.2), indem wir n gegen Unendlich gehen lassen. Dann strebt $(1+r)^n$ gegen Unendlich und P_n gegen a/r. Also haben wir im Grenzfall

$$\frac{a}{1+r} + \frac{a}{(1+r)^2} + \cdots = \frac{a}{r} \tag{11.5.4}$$

Beispiel 11.5.2

Berechnen Sie den Barwert einer fortlaufenden Zahlung des Betrages von 1000 Euro am Ende jeden Jahres, wenn die jährliche Zinsrate 14 % ist.

Lösung: Nach Formel (11.5.4) erhalten wir

$$\frac{1000}{1+0.14} + \frac{1000}{(1+0.14)^2} + \cdots = \frac{1000}{0.14} \approx 7142.86$$

Barwert eines stetigen Einkommensstromes

Bisher haben wir den gegenwärtigen und zukünftigen Wert einer Reihe zukünftiger Zahlungen erörtert, die zu spezifischen diskreten Zeitpunkten fällig sind. Es mag jedoch sinnvoll sein, Kapitalanlagen zu betrachten, die stetig anwachsen, wie die Erträge aus einem kommerziellen, wachsenden Forst. Deshalb betrachten wir einen Einkommensstrom, wobei

1. das Einkommen stetig empfangen wird von der Zeit $t = 0$ bis zur Zeit $t = T$ mit der variablen Rate $f(t)$ Euro pro Jahr zu jeder Zeit t;
2. die Zinsen stetig berechnet werden zur festen Rate r pro Jahr.

Bezeichne $P(t)$ den gegenwärtigen diskontierten Wert (PDV = „present discounted value") aller im Zeitintervall $[0, t]$ empfangenen Zahlungen. Dies bedeutet, dass $P(T)$ den Geldbetrag darstellt, den Sie zur Zeit $t = 0$ anlegen müssten, um den gleichen Wert zu erhalten wie der, der aus dem stetig anfallenden Einkommensstrom $f(t)$ über dem Zeitintervall $[0, T]$ resultiert. Für gegebenes $\Delta t > 0$ ist der Barwert des im Intervall $[t, t+\Delta t]$ empfangenen Einkommens gleich $P(t+\Delta t)-P(t)$. Falls Δt klein ist, so ist das in diesem Intervall empfangene Einkommen ungefähr $f(t)\Delta t$ und der PDV dieses Betrages ist ungefähr $f(t)e^{-rt}\Delta t$. Damit ist $P(t + \Delta t) - P(t) \approx f(t)e^{-rt}\Delta t$ und somit

$$[P(t + \Delta t) - P(t)]/\Delta t \approx f(t)e^{-rt} \tag{11.5.5}$$

Diese Approximation wird besser, je kleiner Δt ist. In der Tat: Die linke Seite von (11.5.5) ist der Newton-Quotient von $P(t)$ zur Zeit t, dessen Grenzwert für $\Delta t \to 0$ die Ableitung $P'(t)$ ist. Somit impliziert (11.5.5), dass $P'(t) = f(t)e^{-rt}$. Weil $P(0) = 0$, impliziert die Definition des bestimmten Integrals, dass $P(T) = \int_0^T f(t)e^{-rt}\,dt$. Somit ist der *Barwert* (gegenwärtige diskontierte Wert) zur Zeit 0 dieses stetigen Einkommensstroms:

$$\text{PDV} = \int_0^T f(t)e^{-rt}\,dt \tag{11.5.6}$$

Gleichung (11.5.6) gibt den Wert zur Zeit 0 des Einkommensstromes $f(t)$ an. Der zukünftige diskontierte Wert (FDV = „future discounted value") zur Zeit T dieses Einkommensstoms ist $e^{rT}\int_0^T f(t)e^{-rt}\,dt$. Weil e^{rT} eine Konstante ist, können wir das Integral umschreiben als

$$\text{FDV} = \int_0^T f(t)e^{r(T-t)}\,dt \tag{11.5.7}$$

Eine einfache Modifikation des Arguments, das zu (11.5.6) geführt hat, gibt uns den diskontierten Wert (DV = „discounted value") zu einer beliebigen Zeit $s \in [0, T]$ von dem Teil des Einkommensstroms $f(t)$, der nach der Zeit s empfangen wurde. In der Tat ist der DV zur Zeit s des Einkommensstroms $f(t)$, empfangen in dem kleinen Zeitintervall $[t, t + dt]$ gleich $f(t)e^{-r(t-s)}\,dt$. Integration über das Zeitintervall $[s, T]$ ergibt:

$$\text{DV} = \int_s^T f(t)\,e^{-r(t-s)}\,dt \tag{11.5.8}$$

Im Fall $s = 0$ reduziert sich Formel (11.5.8) zu (11.5.6), wie man erwarten würde.

Beispiel 11.5.3

Bestimmen Sie den PDV und den FDV eines konstanten Einkommensstroms von 1 000 Euro pro Jahr über die nächsten 10 Jahre unter der Annahme einer jährlicher Zinsrate von 8 % bei stetiger Verzinsung.

Lösung: Wir wenden die Formeln (11.5.6) und (11.5.7) mit $r = 0.08$ und $f(t) = 1000$ für t aus dem Intervall $[0, 10]$ an. Die Antworten sind:

$$\text{PDV} = \int_0^{10} 1000e^{-0.08t}\mathrm{d}t = \Big|_0^{10} 1000\left(-\frac{e^{-0.08t}}{0.08}\right) = \frac{1000}{0.08}(1 - e^{-0.8}) \approx 6883.39$$

und

$$\text{FDV} = e^{0.08\cdot 10} \cdot \text{PDV} \approx e^{0.8} \cdot 6883.39 \approx 15\,319.27$$

Aufgaben für Kapitel 11.5

1. Welches ist der Barwert von 15 jährlichen Einlagen von 3 500 Euro, wenn die erste Einlage nach einem Jahr stattfindet und die jährliche Zinsrate 12 % ist?

2. Ein Betrag war für viele Jahre auf einem Konto angelegt bei der konstanten jährlichen Zinsrate von 4 %. Jetzt beträgt das Guthaben auf dem Konto 100 000 Euro. Wie viel war vor 10 Jahren auf dem Konto?

3. Sie legen für 4 Jahre am Ende eines jeden Jahres 10 000 Euro auf einem Konto an bei einer jährlichen Zinsrate von 6 %. Wie viel ist am Ende des vierten Jahres auf dem Konto?

4. Nehmen Sie an, dass Ihnen die folgenden Optionen angeboten werden: (i) 13 000 Euro gezahlt nach 10 Jahren, oder (ii) 1 000 Euro gezahlt jedes Jahr für 10 Jahre, erste Zahlung heute. Welche dieser Alternativen würden Sie wählen, wenn die jährliche Zinsrate 6 % über die ganze Periode ist?

5. Einem Autor ist ein Honorar für ein Buch zu zahlen. Es wurden ihm zwei alternative Angebote gemacht:

(a) Dem Autor können sofort 21 000 Euro gezahlt werden.

(b) Es gibt 5 gleiche jährliche Zahlungen von 4 600 Euro, wobei die erste sofort gezahlt wird. Welches dieser Angebote hat den höheren Wert, wenn die Zinsrate 6 % pro Jahr ist?

6. Berechnen Sie den Barwert einer Reihe am Ende jeden Jahres erfolgender fortlaufender Zahlungen von 1 500 Euro, wenn die Zinsrate 8 % pro Jahr ist.

7. Ein Treuhänderfond wird mit einer einzigen Zahlung K eingerichtet. Der Betrag wird zu einer festen jährlichen Zinsrate r angelegt. Der Fond zahlt einen festen jährlichen

➜ Fortsetzung

Betrag aus. Die erste Zahlung ist ein Jahr nach der Einrichtung des Fonds fällig. Welches ist der größte Betrag, der jedes Jahr ausgezahlt werden kann, wenn der Fond für immer andauern soll?

8. Der gegenwärtige diskontierte Wert einer Zahlung D, die mit einer konstanten Rate g wächst, wenn die Diskontierungsrate r ist, ist gegeben durch

$$\frac{D}{1+r} + \frac{D(1+g)}{(1+r)^2} + \frac{D(1+g)^2}{(1+r)^3} + \cdots$$

Dabei sind r und g positiv. Welches ist die Bedingung für Konvergenz? Zeigen Sie: Wenn die Reihe konvergiert, dann muss für ihre Summe P_0 gelten: $P_0 = D/(r-g)$

9. Bestimmen Sie den PDV und FDV eines konstanten Einkommensstroms von 500 Euro pro Jahr über die nächsten 15 Jahre bei einer jährlichen Zinsrate von 8 % und stetiger Verzinsung.

► Lösungen zu den Aufgaben finden Sie im Anhang des Buches.

11.6 Hypothekenrückzahlungen

Nehmen Sie an, dass eine Familie eine Hypothek auf ein Haus zu einem festen Zinssatz aufnimmt. Dies bedeutet, dass, wie bei einer Annuität, gleiche Zahlungen in jeder Periode fällig sind – sagen wir am Ende eines jeden Monats. Regelmäßige Zahlungen dauern an, bis der Kredit abbezahlt ist, sagen wir nach 20 Jahren. Jede Rückzahlung besteht zu einem Teil aus Zinsen auf die ausstehenden Schulden und zum anderen Teil einer Rückzahlung zur Reduzierung der ausstehenden Schulden. Der Zinsanteil ist am größten für die erste Periode, weil die Zinsen dann auf den ganzen Kredit zu zahlen sind. Aber er ist am kleinsten in der letzten Periode, weil die ausstehende Schuld klein ist. Für die Kapitalrückzahlung, die die Differenz aus der festen monatlichen Zahlung und den Zinsen ist, ist es genau anders herum.

Beispiel 11.6.1

Eine Person leiht 50 000 Euro zu Beginn eines Jahres und verpflichtet sich, dies in 5 gleichen Teilbeträgen am Ende eines jeden Jahres mit 15 % Zinsen, die jährlich berechnet werden, abzuzahlen. Bestimmen Sie den jährlichen Zahlungsbetrag.

Lösung: Nehmen Sie an, dass die fünf Rückzahlungen jeweils die Höhe a Euro haben. Dann ist nach Formel (11.5.2) der gegenwärtige Wert dieser Zahlungen in Euro

$$\frac{a}{1.15} + \frac{a}{(1.15)^2} + \frac{a}{(1.15)^3} + \frac{a}{(1.15)^4} + \frac{a}{(1.15)^5} = \frac{a}{0.15}\left[1 - \frac{1}{(1.15)^5}\right]$$

Der Zahlungsbetrag muss so gewählt werden, dass diese Summe gleich 50 000 Euro ist, so dass gelten muss

$$\frac{a}{0.15}\left[1 - \frac{1}{(1.15)^5}\right] = 50\,000 \qquad (*)$$

Dies hat die Lösung $a \approx 14\,915.78$. Alternativ können wir die Summe der zukünftigen Werte aller Rückzahlungen berechnen und diese Summe dem zukünftigem Wert des ursprünglichen Kredits gleichsetzen. Dies ergibt die Gleichung

$$a + a(1.15) + a(1.15)^2 + a(1.15)^3 + a(1.15)^4 = 50\,000(1.15)^5$$

Dies ist äquivalent zu $(*)$.

Um zu zeigen, wie der Zins- und der Tilgungsanteil der jährlichen Zahlung von 14 915.78 Euro von Jahr zu Jahr variieren, konstruieren wir die folgende Tabelle:

Jahr	Zahlung	Zinsen	Tilgung	Restschulden
1	14 915.78	7 500.00	7 415.78	42 584.22
2	14 915.78	6 387.63	8 528.15	34 056.07
3	14 915.78	5 108.41	9 807.37	24 248.70
4	14 915.78	3 637.31	11 278.47	12 970.23
5	14 915.78	1 945.55	12 970.23	0

Beachten Sie, dass die Zinszahlung jedes Jahr 15 % der Restschulden aus dem vorigen Jahr sind. Der Rest jeder jährlichen Zahlung von 14 915.78 Euro ist der Tilgungsbetrag in dem Jahr. Dieser wird von den ausstehenden Schulden des vorigen Jahres subtrahiert. Abb. 11.6.1 ist ein Diagramm, das für jedes Jahr die Zins- und Tilgungszahlungen zeigt:

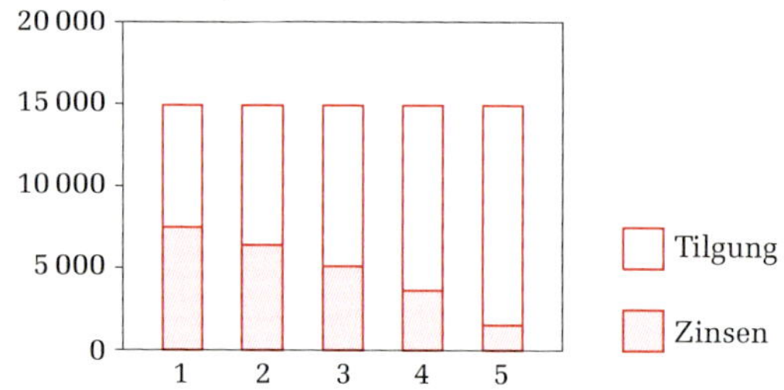

Abbildung 11.6.1: Zins- und Tilgungszahlungen in Beispiel 11.6.1

Nehmen Sie an, dass ein Kredit über K Euro in n gleichen Teilzahlungen von a Euro pro Periode zurückgezahlt wird bei einer Zinsrate von p % pro Periode. Eigentlich ist dies eine Annuität mit einer Zinsrate $r = p/100$. Nach (11.5.2) muss die Zahlung a pro Periode die folgende Gleichung erfüllen:

$$K = \frac{a}{r}\left[1 - \frac{1}{(1+r)^n}\right] = \frac{a}{r}\left[1 - (1+r)^{-n}\right] \tag{11.6.1}$$

Auflösen nach a ergibt:

$$a = \frac{rK}{1 - (1+r)^{-n}} \tag{11.6.2}$$

Beispiel 11.6.2

Nehmen Sie an, dass der Kredit in Beispiel 11.6.1 durch monatliche Zahlungen am Ende jeden Monats bei einer nominalen Zinsrate von 15 % pro Jahr und monatlicher Verzinsung zurückgezahlt wird. Nutzen Sie Formel (11.6.2), um den monatlichen Zahlungsbetrag zu bestimmen.

Lösung: Die Zinsperiode ist ein Monat und die monatliche Zinsrate ist $15/12 = 1.25\,\%$, so dass $r = 1.25/100 = 0.0125$. Ferner ist $n = 5 \cdot 12 = 60$, so dass mit $K = 50\,000$ aus Formel (11.6.2) folgt:

$$a = \frac{0.0125 \cdot 50\,000}{1 - 1.0125^{-60}} \approx 1\,189.50$$

Die bisher betrachteten Annuitäten waren *nachschüssige* Annuitäten, bei denen jede Zahlung am *Ende* der Zahlungsperiode getätigt wird. Falls die Zahlung in jeder Periode am Anfang der Periode getätigt wird, wird die Annuität eine *vorschüssige Annuität* genannt. Diese Art der Annuität kann leicht behandelt werden, indem wir sie wie eine nachschüssige Annuität betrachten mit der Ausnahme, dass es eine sofortige Anfangszahlung gibt.

Beispiel 11.6.3

Eine Person nimmt einen Kredit über 335 000 Euro auf, der in 15 gleichen Zahlungen der Höhe a Euro zurückgezahlt werden soll; die erste Zahlung soll sofort erfolgen und die weiteren zu Beginn jedes folgenden Jahres. Bestimmen Sie a, wenn die jährliche Zinsrate 14 % ist.

Lösung: Der gegenwärtige Wert der ersten Zahlung ist offensichtlich a. Den gegenwärtigen Wert der folgenden 14 Rückzahlungen findet man, indem man Formel (11.6.1) mit $r = 0.14$ und $n = 14$ anwendet. Die Summe der Barwerte (gegenwärtigen Werte) muss gleich 335 000 Euro sein:

$$a + \frac{a}{0.14}\left[1 - \frac{1}{(1 + 0.14)^{14}}\right] = 335\,000$$

Dies reduziert sich auf $a + 6.0020715a = 335\,000$. Auflösen nach a ergibt $a \approx 47\,843$ Euro.

Einige Darlehensgeber bevorzugen es, einen festen Betrag als Zahlung für jede Periode festzusetzen und den Kredit über so viele Perioden laufen zu lassen, bis die Schuld abbezahlt ist. Diese Art der Kreditabzahlung funktioniert im Wesentlichen wie eine Annuität. Der Unterschied ist, dass es eine Schlusskorrektur bei der letzten Zahlung gibt, damit der gegenwärtige Wert aller Zahlungen gleich dem geborgten Betrag ist. In diesem Fall ist es üblich, Gleichung (11.6.1) nach n aufzulösen. Beachten Sie, dass

$$K = \frac{a}{r}[1 - (1 + r)^{-n}] \iff \frac{1}{(1 + r)^n} = 1 - \frac{rK}{a} = \frac{a - rK}{a} \iff (1 + r)^n = \frac{a}{a - rK}$$

Wenn wir den natürlichen Logarithmus auf beiden Seiten bilden, ergibt sich $n \ln(1 + r) = \ln\big[a/(a - rK)\big]$. Daraus folgt:

Anzahl der Rückzahlungen

Die Anzahl der Perioden, die benötigt werden, um einen Kredit der Höhe K mit Teilzahlungen der Höhe a pro Periode zurückzuzahlen, wenn die Zinsrate r pro Periode ist, ist gegeben durch die kleinste ganze Zahl n, so dass

$$n \geq \frac{\ln a - \ln(a - rK)}{\ln(1 + r)} \tag{11.6.3}$$

Wenn diese Gleichung mit strikter Ungleichung gilt, muss die letzte Zahlung kleiner sein als a.

Beispiel 11.6.4

Ein Kredit über 50 000 Euro bei einer jährlichen Zinsrate von 15 % ist durch Zahlung von 20 000 Euro an Zins- und Tilgungsleistungen am Ende jedes der kommenden Jahre abzulösen, bis der Kredit vollständig zurückgezahlt ist. Wann ist der Kredit zurückgezahlt und wie hoch ist die Abschlusszahlung?

Lösung: Wir beginnen mit der Berechnung der Anzahl n der jährlichen Zahlungen von 20 000 Euro, die benötigt werden, um die 50 000 Euro zurückzuzahlen. Nach (11.6.3) mit $r = 0.15$, $a = 20\,000$ und $K = 50\,000$ erhalten wir n als die kleinste ganze Zahl größer als oder gleich

$$\frac{\ln(20\,000) - \ln(20\,000 - 0.15 \cdot 50\,000)}{\ln(1 + 0.15)} = \frac{\ln 1.6}{\ln 1.15} \approx 3.3629$$

Somit sind vier Zahlungen nötig, die ersten drei von 20 000 Euro, gefolgt von einer zusätzlichen Restzahlung im vierten Jahr. Um diese Restzahlung zu bestimmen, berechnen wir den zukünftigen Wert der drei Zahlungen von 20 000 Euro, drei Jahre nachdem der Kredit aufgenommen wurde. Dieser Wert ist:

$$20\,000 \cdot (1.15)^2 + 20\,000 \cdot 1.15 + 20\,000 = \frac{20\,000}{0.15}\left[(1.15)^3 - 1\right]) \approx 69\,450$$

Der zukünftige Wert des Kredits von 50 000 Euro nach denselben drei Jahren ist $50\,000 \cdot (1.15)^3 = 76\,043.75$. Damit ist die Restschuld nach der dritten Zahlung $76\,043.75 - 69\,450 = 6\,593.75$. Wenn die Restschuld und die darauf anfallenden Zinsen ein Jahr später gezahlt werden, so ist der fällige Betrag gleich $6\,593.75 \cdot 1.15 = 7\,582.81$.

Einzahlungen innerhalb einer Zinsperiode

Viele Sparkonten haben eine Zinsperiode von einem Jahr oder wenigstens einem Monat. Wenn Sie einen Betrag *innerhalb* einer Zinsperiode einzahlen, wird die Sparkasse oft nur einfache Zinsen und nicht Zinseszinsen berechnen. In diesem Fall wird, wenn Sie eine Einzahlung innerhalb einer Zinsperiode tätigen, am Ende der Periode der eingezahlte Betrag mit dem Faktor $1 + rt$ multipliziert, wobei t der verbleibende Anteil der Zinsperiode ist.

Beispiel 11.6.5

Am Ende jeden Quartals, beginnend mit dem 31. März 2009, zahlt eine Person 100 Euro auf ein Sparkonto, wobei die Zinsen jährlich mit einer Rate von 10 % pro Jahr gezahlt werden. Wie viel ist am 31. Dezember 2011 auf dem Konto?

Lösung: Die Einzahlungen während des Jahres 2009 werden in der folgenden Abbildung illustriert:

31.3.	30.6.	30.9.	31.12.
100	100	100	100

Diese vier Einzahlungen werden am Ende jedes Quartals innerhalb des Jahres 2009 getätigt. Um das Guthaben am Ende des Jahres 2009 (der Zinsperiode) zu bestimmen, benutzen wir einfache Verzinsung (d. h. keine Zinseszinsen). Dies ergibt:

$$100\left(1+0.10\cdot\frac{3}{4}\right)+100\left(1+0.10\cdot\frac{2}{4}\right)+100\left(1+0.10\cdot\frac{1}{4}\right)+100=415$$

Indem wir dasselbe für die Jahre 2010 und 2011 machen, ersetzen wir die ursprünglichen 12 Einzahlungen durch den Betrag 415.00 am Ende jedes der Jahre 2009, 2010 und 2011, wie hier gezeigt:

31/12/2009	31/12/2010	31/12/2011
415	415	415

Das Guthaben am Ende der drei Jahre ist $415\cdot(1.10)^2+415\cdot 1.10+415=1\,373.65$. Somit hat die Person am 31. Dezember 2011 den Betrag 1 373.65 Euro.

Aufgaben für Kapitel 11.6

1. Eine Person leiht 80 000 Euro am Anfang eines Jahres.

(a) Nehmen Sie an, dass dieser Betrag durch 10 Zahlungen gleicher Höhe am Ende jeden Jahres bei einer Zinsrate von 7 % und jährlicher Verzinsung zurückzuzahlen ist. Bestimmen Sie den jährlichen Zahlungsbetrag.

(b) Nehmen Sie an, dass der Kredit durch 120 gleiche Zahlungen am Ende jeden Monats bei einer nominalen Zinsrate von 7 % und monatlicher Verzinsung zurückzuzahlen ist. Bestimmen Sie den monatlichen Zahlungsbetrag.

2. Nehmen Sie an, dass Sie über 6 Jahre jedes Jahr 8 000 Euro auf einem Sparkonto bei einer Zinsrate von 7 % anlegen. Wie viel Geld haben Sie unmittelbar nach der letzten Einzahlung? Wie viel haben Sie 4 Jahre nach der letzten Einzahlung?

3. Ronald investiert in ein Projekt, das sein Geld in 20 Jahren verdreifacht. Welches ist die Zinsrate, wenn wir jährliche Verzinsung annehmen? Welches, wenn wir stetige Verzinsung annehmen?

➡ Fortsetzung

Anspruchsvollere Aufgabe

4. Ein Bauunternehmen möchte ein Baugelände kaufen und hat die Wahl zwischen drei verschiedenen Zahlungsplänen:

(i) Zahle 670 000 Euro in bar.

(ii) Zahle 120 000 Euro pro Jahr über 8 Jahre, wobei der erste Teilbetrag sofort zu zahlen ist.

(iii) Zahle 220 000 Euro in bar und danach 70 000 Euro pro Jahr über 12 Jahre, wobei die erste Teilzahlung nach 1 Jahr fällig ist.

Bestimmen Sie, welcher Zahlungsplan am billigsten ist, wenn die Zinsrate 11.5 % ist und das Unternehmen wenigstens 670 000 Euro in bar zur Verfügung hat? Was geschieht, wenn die Zinsrate 12.5 % ist?

► Lösungen zu den Aufgaben finden Sie im Anhang des Buches.

11.7 Interne Ertragsrate

Nehmen Sie an, dass die Zahlen $a_0, a_1, \ldots, a_n$ die bei einem Investitionsprojekt erzielten Erträge in $n+1$ aufeinander folgenden Jahren darstellen. Negative Zahlen repräsentieren Verluste, während positive Zahlen Gewinne darstellen, so dass jedes a_i tatsächlich der *Nettoertrag* ist. Außerdem denken wir uns a_i als mit dem Jahr i assoziiert, wobei a_0 zur gegenwärtigen Periode gehört. In den meisten Investitionsprojekten ist a_0 eine große negative Zahl, weil eine große Ausgabe positiven Erträgen vorangeht. Wenn wir eine Zinsrate von $p\,\%$ pro Jahr betrachten und $r = p/100$ setzen, dann ist der gegenwärtige Nettowert der aus dem Projekt hervorgehenden Gewinne gegeben durch

$$A = a_0 + \frac{a_1}{1+r} + \frac{a_2}{(1+r)^2} + \cdots + \frac{a_n}{(1+r)^n}$$

Mehrere verschiedene Kriterien werden zum Vergleich alternativer Investitionsprojekte benutzt. Eins ist einfach dieses: Wählen Sie dasjenige Projekt, dessen Gewinne den größten Barwert haben. Die verwendete Zinsrate könnte eine für Kapitalinvestitionen akzeptierte Rate sein. Ein anderes Kriterium basiert auf der *internen Ertragsrate*, die als diejenige Zinsrate definiert ist, bei der der Barwert aller Zahlungen gleich 0 ist.

Als einfaches Beispiel stellen Sie sich vor, dass Sie einen Betrag a investieren, der ein Jahr später den Ertrag b einbringt. Dann ist die Ertragsrate die Zinsrate r, die den Barwert des Investitionsprojektes zu 0 macht, d. h. r muss die Gleichung $-a + (1+r)^{-1}b = 0$ erfüllen, so dass $r = (b/a) - 1$ ist. Wenn z. B. $a = 1000$ und $b = 1200$, so ist die Ertragsrate $r = (1200/1000) - 1 = 0.2$ oder 20 % pro Jahr.
Für ein allgemeines Investitionsprojekt mit den Erträgen $a_0, a_1, \ldots, a_n$ ist die interne Ertragsrate eine Zahl r, so dass

$$a_0 + \frac{a_1}{1+r} + \frac{a_2}{(1+r)^2} + \cdots + \frac{a_n}{(1+r)^n} = 0 \tag{11.7.1}$$

Wenn zwei Investitionsprojekte jeweils eine eindeutige Ertragsrate haben, so ist es ein Auswahlkriterium, das Projekt zu bevorzugen, das die höhere interne Ertragsrate hat. Beachten Sie, dass (11.7.1) eine polynomiale Gleichung vom Grad n in dem Diskontierungsfaktor $(1+r)^{-1}$ ist. Im Allgemeinen hat diese Gleichung keine eindeutige positive Lösung r.

Beispiel 11.7.1

Ein Investitionsprojekt hat eine Anfangsauslage von 50 000 Euro und am Ende der nächsten zwei Jahre die Erträge 30 000 bzw. 40 000 Euro. Bestimmen Sie die zugehörige interne Ertragsrate.

Lösung: In diesem Fall nimmt Gleichung (11.7.1) die folgende Gestalt an:

$$-50\,000 + \frac{30\,000}{1+r} + \frac{40\,000}{(1+r)^2} = 0$$

Setzen Sie $s = (1+r)^{-1}$. Dann wird aus der Gleichung

$$40\,000s^2 + 30\,000s - 50\,000 = 0$$

oder $4s^2+3s-5 = 0$. Ihre einzige positive Lösung ist $s \approx 0.804$. Dann ist $r = 1/s-1 \approx 0.243 = 24.3\,\%$.

Nehmen Sie an, dass $a_0 < 0$ und $a_1, \ldots, a_n$ alle > 0 sind. Dann hat Gleichung (11.7.1) eine eindeutige Lösung r^*, die $1+r^* > 0$ erfüllt. Somit gibt es eine eindeutige interne Ertragsrate $r^* > -1$. Außerdem: Die interne Ertragsrate ist positiv, falls $\sum_{i=0}^{n} a_i > 0$. Sie sind aufgefordert, diese Resultate in Aufgabe 3 zu beweisen.

Aufgaben für Kapitel 11.7

1. Ein Investitionsprojekt hat eine Anfangsauslage von 50 000 Euro und am Ende jedes der nächsten zwei Jahre Erträge von 30 000 Euro. Bestimmen Sie die zugehörige interne Ertragsrate r.

2. Nehmen Sie an, dass wir in Gleichung (11.7.1) haben: $a_0 < 0$ und $a_i = a > 0$ für $i = 1, 2, \ldots$. Bestimmen Sie einen Ausdruck für die interne Ertragsrate im Grenzfall $n \to \infty$.

3. Betrachten Sie ein Investitionsprojekt mit einem Anfangsverlust, so dass $a_0 < 0$ ist. Danach gebe es keine weiteren Verluste. Nehmen Sie auch an, dass die Summe der späteren Gewinne größer ist als der Anfangsverlust. Beweisen Sie, dass es eine eindeutige interne Ertragsrate $r^* > -1$ gibt, und dass $r^* > 0$, falls $\sum_{i=0}^{n} a_i > 0$. (*Hinweis:* Definieren Sie $f(r)$ als den Ausdruck auf der linken Seite von (11.7.1). Untersuchen Sie dann die Vorzeichen von $f(r)$ und $f'(r)$ im Intervall $(0, \infty)$.)

4. Von einer Investition in eine bestimmte Maschine wird erwartet, dass sie jedes Jahr einen Gewinn von 400 000 Euro erbringt. Welches ist der maximale Preis, der für die

➡ Fortsetzung

Maschine gezahlt werden sollte, wenn sie eine Lebenszeit von sieben Jahren hat, die Zinsrate 17.5 % ist und der jährliche Gewinn am Ende jeden Jahres anfällt?

Anspruchsvollere Aufgaben

5. Ein Investitionsprojekt hat eine Anfangsauslage von 100 000 Euro und am Ende jedes der nächsten 20 Jahre einen Ertrag von 10 000 Euro. Zeigen Sie, dass es eine eindeutige positive interne Ertragsrate gibt und bestimmen Sie ihren approximativen Wert. (*Hinweis:* Verwenden Sie $s = (1 + r)^{-1}$ als eine neue Variable. Zeigen Sie, dass die Gleichung, die Sie für s erhalten, eine eindeutige positive Lösung hat. Verifizieren Sie, dass $s = 0.928$ eine angenäherte Lösung ist.)

6. Anton ist verpflichtet, Bertold 1 000 Euro jährlich über 5 Jahre zu zahlen, beginnend am Ende des ersten Jahres. Bertold verkauft diesen Anspruch an Carl für 4 340 Euro in bar. Finden Sie eine Gleichung, die die Ertragsrate p bestimmt, die Carl aus dieser Investition erzielt. Zeigen Sie, dass p ein wenig kleiner als 5 % ist.

► Lösungen zu den Aufgaben finden Sie im Anhang des Buches.

11.8 Ein flüchtiger Blick auf Differenzengleichungen

Viele der Größen, die Ökonomen untersuchen, wie Einkommen, Konsum und Ersparnisse, werden in festen Zeitabständen aufgezeichnet – z. B. täglich, wöchentlich, vierteljährlich oder jährlich. Gleichungen, die solche Größen zu verschiedenen diskreten Zeitpunkten in Beziehung setzen, werden *Differenzengleichungen* genannt. In der Tat können Differenzengleichungen angesehen werden als Ebenbilder in diskreter Zeit von Differentialgleichungen in stetiger Zeit, die wir in Kap. 11.9 und 11.10 untersuchen werden.

Mit $t = 0, 1, 2, \ldots$ bezeichnen wir verschiedene diskrete Zeitperioden oder Zeitpunkte. Gewöhnlich nennen wir $t = 0$ die *Anfangsperiode*. Wenn $x(t)$ eine Funktion ist, die für $t = 0, 1, 2, \ldots$ definiert ist, schreiben wir oft $x_0, x_1, x_2, \ldots$ für $x(0), x(1), x(2), \ldots$ und allgemein schreiben wir x_t für $x(t)$.

Ein einfaches Beispiel einer Differenzengleichung erster Ordnung ist

$$x_{t+1} = ax_t \tag{11.8.1}$$

für $t = 0, 1, \ldots$, wobei a eine Konstante ist. Dies ist eine Gleichung erster Ordnung, da der Wert einer Funktion in der Periode $t + 1$ zu dem Wert derselben Funktion nur in der vorausgehenden Periode t in Beziehung gesetzt wird. Nehmen Sie an, dass x_0 bekannt ist. Wiederholte Anwendung von (11.8.1) ergibt $x_1 = ax_0$, dann $x_2 = ax_1 = a \cdot ax_0 = a^2x_0$, dann $x_3 = ax_2 = a \cdot a^2x_0 = a^3x_0$ usw. Allgemein gilt:

$$x_t = x_0a^t\,, \qquad t = 0, 1, \ldots \tag{11.8.2}$$

Die Funktion $x_t = x_0a^t$ erfüllt (11.8.1) für alle t, wie man leicht nachvollziehen kann. Für den gegebenen Wert von x_0 gibt es selbstverständlich keine andere Funktion, die diese Gleichung erfüllt.

Beispiel 11.8.1

Betrachten Sie die Differenzengleichung $x_{t+1} = 0.2x_t$ für $t = 0, 1, \ldots$, wobei $x_0 = 100$. Aus Gleichung (11.8.2) folgt $x_t = 100(0.2)^t$.

Beispiel 11.8.2

Es bezeichne K_t den Kontostand zu Beginn der Periode t, wobei die Zinsrate pro Periode gleich r sei. Dann ist der Kontostand zur Zeit $t+1$ gegeben durch die Differenzengleichung $K_{t+1} = K_t + rK_t = (1+r)K_t$ für $t = 0, 1, \ldots$. Es folgt sofort aus (11.8.2), dass $K_t = K_0(1+r)^t$, wie uns bereits aus Kap. 2.2 und aus dem Anfang dieses Kapitels wohlbekannt ist. Allgemein beschreibt diese Differenzengleichung das Wachstum zu einer konstanten proportionalen Rate r pro Periode.

Beispiel 11.8.3 (Ein Multiplikator-Akzelerator-Modell ökonomischen Wachstums)

Es sei Y_t das BIP, I_t die Gesamtinvestition und S_t die Gesamtersparnis – jeweils in der Periode t. Nehmen Sie an, dass die Ersparnisse proportional zum BIP sind und dass die Investition proportional zur Änderung des Einkommens von Periode t zu $t+1$ ist. Dann gilt für $t = 0, 1, 2, \ldots$,

$$\text{(i)}\ S_t = \alpha Y_t \qquad \text{(ii)}\ I_{t+1} = \beta(Y_{t+1} - Y_t) \qquad \text{(iii)}\ S_t = I_t$$

Die letzte Gleichung ist die Gleichgewichtsbedingung, dass die Ersparnisse in jeder Periode gleich den Investitionen sind. Hier sind α und β positive Konstanten und wir nehmen an, dass $\beta > \alpha > 0$. Leiten Sie eine Differenzengleichung her, die den Pfad von Y_t bei gegebenem Y_0 bestimmt, und lösen Sie die Gleichung.

Lösung: Aus (i) und (iii) folgt: $I_t = \alpha Y_t$ und somit $I_{t+1} = \alpha Y_{t+1}$. Indem wir dies in (ii) einsetzen, ergibt sich $\alpha Y_{t+1} = \beta(Y_{t+1} - Y_t)$ oder $(\alpha - \beta)Y_{t+1} = -\beta Y_t$. Daher gilt:

$$Y_{t+1} = \frac{\beta}{\beta - \alpha} Y_t = \left(1 + \frac{\alpha}{\beta - \alpha}\right) Y_t \qquad (*)$$

Mit (11.8.2) erhalten wir die Lösung

$$Y_t = \left(1 + \frac{\alpha}{\beta - \alpha}\right)^t Y_0 \qquad \text{für } t = 0, 1, 2, \ldots$$

Lineare Gleichungen erster Ordnung mit konstanten Koeffizienten

Betrachten Sie jetzt die lineare Differenzengleichung erster Ordnung

$$x_{t+1} = ax_t + b\,, \qquad (11.8.3)$$

für $t = 0, 1, 2, \ldots$, wobei a und b konstante Koeffizienten sind. Gleichung (11.8.1) ist der Spezialfall mit $b = 0$. Beginnend mit einem gegebenen x_0, können wir x_t für kleine

t algebraisch berechnen. Es gilt

$$\begin{aligned} x_1 &= ax_0 + b \\ x_2 &= ax_1 + b = a(ax_0 + b) + b = a^2 x_0 + (a+1)b \\ x_3 &= ax_2 + b = a(a^2 x_0 + (a+1)b) + b = a^3 x_0 + (a^2 + a + 1)b \end{aligned}$$

usw. Das Muster ist klar ersichtlich. Allgemein haben wir

$$x_t = a^t x_0 + (a^{t-1} + a^{t-2} + \cdots + a + 1)b$$

Es ist einfach zu überprüfen, dass (11.8.3) erfüllt ist. Nach der Summenformel für geometrische Reihen gilt: $1 + a + a^2 + \cdots + a^{t-1} = (1 - a^t)/(1 - a)$ für $a \neq 1$. Daher gilt:

Lineare Gleichungen erster Ordnung mit konstanten Koeffizienten

Für $a \neq 1$ gilt:

$$x_{t+1} = ax_t + b \Longleftrightarrow x_t = a^t \left(x_0 - \frac{b}{1-a} \right) + \frac{b}{1-a} \quad \text{für } t = 0, 1, 2, \ldots \qquad (11.8.4)$$

Wenn $a = 1$, haben wir $1 + a + \cdots + a^{t-1} = t$ und $x_t = x_0 + tb$ für $t = 1, 2, \ldots$.

Beispiel 11.8.4

Lösen Sie die Differenzengleichung $x_{t+1} = \frac{1}{3} x_t - 8$.

Lösung: Mit (11.8.4) erhalten wir die Lösung $x_t = \left(\frac{1}{3}\right)^t (x_0 + 12) - 12$.

Gleichgewichtszustände und Stabilität

Betrachten Sie die Lösung von $x_{t+1} = ax_t + b$, die in (11.8.4) gegeben ist. Falls $x_0 = b/(1-a)$, dann reduziert sich die Lösung zu $x_t = b/(1-a)$ für alle t. Aus diesem Grunde wird die Konstante $x^* = b/(1-a)$ ein *Gleichgewichtszustand* oder ein *stationärer* Zustand für die Differenzengleichung $x_{t+1} = ax_t + b$ genannt.

Alternativ: Bemerken Sie: Wenn x^* ein Gleichgewichtszustand ist, muss es eine Lösung der Differenzengleichung geben, die $x_t = x^*$ für alle t erfüllt. Im Fall von (11.8.3) muss gelten $x_{t+1} = x_t = x^*$ und somit $x^* = ax^* + b$. Für $a \neq 1$ erhalten wir deshalb $x^* = b/(1-a)$ wie bisher.

Nehmen Sie an, dass die Konstante a in (11.8.3) $|a| < 1$ oder äquivalent $-1 < a < 1$ erfüllt. Dann gilt $a^t \to 0$ für $t \to \infty$, so dass Gleichung (11.8.4) impliziert:

$$x_t \to x^* = b/(1-a) \qquad \text{für} \qquad t \to \infty$$

Für $|a| < 1$ konvergiert daher die Lösung gegen den Gleichgewichtszustand, wenn $t \to \infty$. Die Gleichung wird dann *global asymptotisch stabil* genannt. Wenn aber $|a| > 1$, dann strebt der Absolutbetrag von a^t gegen ∞, wenn $t \to \infty$. Gleichung (11.8.4) impliziert jetzt, dass x_t sich immer weiter vom Gleichgewichtszustand entfernt, es sei denn $x_0 = b/(1-a)$. Dann wird Gleichung (11.8.3) *instabil* genannt. Illustrationen der verschiedenen Möglichkeiten sind in Kap. 11.1 von FMEA zu finden.

Beispiel 11.8.5

Die Gleichung in Beispiel 11.8.4 ist stabil, da $a = 1/3$. Der Gleichgewichtszustand ist -12. Die in dem Beispiel gegebene Lösung zeigt, dass $x_t \to -12$, wenn $t \to \infty$.

Beispiel 11.8.6 (Hypothekenrückzahlungen)

Ein Spezialfall der Differenzengleichung (11.8.3) liegt vor, wenn eine Familie einen Betrag K zur Zeit 0 als Hypothek auf ein Haus leiht. Nehmen Sie an, dass es eine feste Zinsrate r pro Periode (gewöhnlich eher ein Monat als ein Jahr) gibt. Nehmen Sie auch an, dass es konstante Rückzahlungsbeträge der Höhe a pro Periode gibt, bis die Hypothek nach n Perioden (z. B. 360 Monate = 30 Jahre) abbezahlt ist. Die ausstehende Forderung oder die *Schuld* b_t auf den Kredit in der Periode t erfüllt die Differenzengleichung $b_{t+1} = (1+r)b_t - a$ mit $b_0 = K$ und $b_n = 0$. Diese Differenzengleichung kann mit (11.8.4) gelöst werden. Dies ergibt

$$b_t = (1 + r)^t (K - a/r) + a/r$$

Jedoch ist $b_t = 0$, wenn $t = n$, so dass $0 = (1 + r)^n(K - a/r) + a/r$. Auflösen nach K ergibt

$$K = \frac{a}{r}[1 - (1 + r)^{-n}] = a\sum_{t=1}^{n}(1 + r)^{-t} \qquad (*)$$

Der ursprüngliche Kredit ist deshalb gleich dem gegenwärtigen diskontierten Wert von n gleichen Rückzahlungen der Höhe a pro Periode, beginnend in Periode 1. Auflösen nach a ergibt

$$a = \frac{rK}{1 - (1 + r)^{-n}} = \frac{rK(1 + r)^n}{(1 + r)^n - 1} \qquad (**)$$

Die Formeln $(*)$ und $(**)$ sind dieselben wie die in den Gleichungen (11.6.1) und (11.6.2), die wir auf direktere Weise hergeleitet haben.

Aufgaben für Kapitel 11.8

1. Bestimmen Sie die Lösungen der folgenden Differenzengleichungen.

(a) $x_{t+1} = -2x_t$ (b) $6x_{t+1} = 5x_t$ (c) $x_{t+1} = -0.3x_t$

2. Bestimmen Sie die Lösungen der folgenden Differenzengleichungen mit den gegebenen Werten für x_0:

(a) $x_{t+1} = x_t - 4, \quad x_0 = 0$ (b) $x_{t+1} = \frac{1}{2}x_t + 2, \quad x_0 = 6$

(c) $2x_{t+1} + 6x_t + 5 = 0, \quad x_0 = 1$ (d) $x_{t+1} + x_t = 8, \quad x_0 = 2$

3. Nehmen Sie an: Das Angebot zum Preis P_t sei $S(P_t) = \alpha P_t - \beta$ und die Nachfrage zum Preis P_{t+1} sei $D(P_{t+1}) = \gamma - \delta P_{t+1}$. Lösen Sie die Differenzengleichung $S(P_t) = D(P_{t+1})$ unter der Annahme, dass alle Konstanten positiv sind.

► Lösungen zu den Aufgaben finden Sie im Anhang des Buches.

11.9 Wesentliches über Differentialgleichungen

In der ökonomischen Wachstumstheorie, in Untersuchungen der Ausschöpfung natürlicher Ressourcen, in vielen Modellen der Umweltökonomie und in vielen anderen Gebieten der Wirtschaftswissenschaften begegnet man Gleichungen, in denen die Unbekannten nicht nur Funktionen einschließen, sondern auch die Ableitungen dieser Funktionen. Solche Gleichungen werden *Differentialgleichungen* genannt. Ihre Untersuchung ist einer der faszinierendsten Bereiche der Mathematik.

Wir werden hier nur wenige einfache Typen von Differentialgleichungen betrachten. Sie enthalten Funktionen einer unabhängigen Variablen, die wir mit t bezeichnen, weil die meisten Differentialgleichungen in den Wirtschaftswissenschaften die Zeit als die unabhängige Variable haben.

Wir haben bereits den einfachsten Typ einer Differentialgleichung gelöst. Gegeben sei eine bestimmte Funktion $f(t)$. Bestimmen Sie alle Funktionen, die $f(t)$ als ihre Ableitung haben. Dies verlangt, die Gleichung $\dot{x}(t) = f(t)$ nach der unbekannten Funktion $x(t)$ aufzulösen, wobei $\dot{x}$ die Ableitung von x bezüglich der Zeit t bezeichnet. Wir wissen bereits, dass die Antwort das unbestimmte Integral ist:

$$\dot{x}(t) = f(t) \iff x(t) = \int f(t)\,\mathrm{d}t + C$$

Wir nennen $x(t) = \int f(t)\,\mathrm{d}t + C$ die *allgemeine* Lösung der Gleichung $\dot{x}(t) = f(t)$.

Betrachten wir nun einige anspuchsvollere Typen von Differentialgleichungen.

Das Gesetz des exponentiellen Wachstums

Bezeichne $x(t)$ eine ökonomische Größe wie das BIP von China zur Zeit t. Das Verhältnis $\dot{x}(t)/x(t)$ wurde früher schon die *relative Änderungsrate* dieser Größe genannt. Viele ökonomische Modelle postulieren, dass die relative Änderungsrate eine Konstante r ist. Dann gilt für alle t:

$$\dot{x}(t) = rx(t) \tag{11.9.1}$$

Welche Funktionen haben eine konstante relative Änderungsrate? Für $r = 1$ ist die Differentialgleichung $\dot{x} = x$, und wir wissen, dass die Ableitung von $x(t) = e^t$ gleich $\dot{x}(t) = e^t$ ist, dieselbe Funktion. Allgemeiner gilt: Die Funktion $x(t) = Ae^t$ erfüllt die Gleichung $\dot{x} = x$ für alle Werte der Konstanten A.

Durch Probieren werden Sie vermutlich herausfinden, dass $x(t) = Ae^{rt}$ eine Lösung von (11.9.1) ist. In jedem Fall ist es einfach nachzuprüfen: Wenn $x(t) = Ae^{rt}$, dann ist $\dot{x}(t) = Are^{rt} = rx(t)$. Ferner können wir beweisen, dass keine andere Funktion (11.9.1) erfüllt: Multiplizieren Sie dazu Gleichung (11.9.1) mit der positiven Funktion e^{-rt} und sammeln Sie alle Terme auf der linken Seite. Dies ergibt

$$\dot{x}(t)e^{-rt} - rx(t)e^{-rt} = 0 \tag{11.9.2}$$

Gleichung (11.9.2) muss genau dieselben Lösungen haben wie (11.9.1). Jedoch ist die linke Seite dieser Gleichung die Ableitung des Produkts $x(t)e^{-rt}$. Somit kann (11.9.2) umgeschrieben werden als $\frac{\mathrm{d}}{\mathrm{d}t}[x(t)e^{-rt}] = 0$. Es folgt, dass $x(t)e^{-rt}$ gleich einer Konstanten A sein muss. Daher hat jede Lösung der Gleichung (11.9.1) die Form

$x(t) = Ae^{rt}$. Um den Wert der Konstanten A zu bestimmen, beachten Sie, wenn der Wert von $x(t)$ für $t = 0$ gleich x_0 ist, dann ist $x_0 = Ae^0 = A$. Wir schließen daraus:

Exponentielles Wachstum

$$\dot{x}(t) = rx(t) \text{ mit } x(0) = x_0 \iff x(t) = x_0 e^{rt} \tag{11.9.3}$$

Beispiel 11.9.1

Es bezeichne $S(t)$ den Wert der Verkäufe eines bestimmten Gutes pro Zeiteinheit, berechnet zur Zeit t. Nehmen Sie an, dass keine Werbungsaktivitäten stattfindem, so dass die Verkäufe mit der konstanten proportionalen Rate $a > 0$ abnehmen, so dass $\dot{S}(t) = -aS(t)$.

(a) Bestimmen Sie einen Ausdruck für $S(t)$, wenn der Wert der Verkäufe zur Zeit 0 gleich S_0 ist.

(b) Lösen Sie die Gleichung $S_0e^{-at} = \frac{1}{2}S_0$ für t. Interpretieren Sie die Antwort.

Lösung:

(a) Dies ist eine Gleichung vom Typ (11.9.1) mit $x = S$ und $r = -a$. Nach (11.9.3) ist die Lösung $S(t) = S_0e^{-at}$.

(b) Aus $S_0e^{-at} = \frac{1}{2}S_0$ erhalten wir $e^{-at} = \frac{1}{2}$. Indem wir den natürlichen Logarithmus auf beiden Seiten bilden, erhalten wir $-at = \ln(1/2) = -\ln 2$ und damit $t = \ln 2/a$. Dies gibt an, wie lange es dauert, bis die Verkäufe auf die Hälfte gesunken sind.

Gleichung (11.9.1) wurde oft das *Gesetz des natürlichen Wachstums* genannt. Unabhängig von seinem Namen, ist es wahrscheinlich die wichtigste Differentialgleichung in den Wirtschaftswissenschaften. Deshalb sollten alle Ökonomen wissen, wie sie zu lösen ist.

Dieselbe Gleichung ist auch wichtig in Biologie. Nehmen Sie an, dass $x(t)$ die Anzahl der Individuen in einer Population zur Zeit t bezeichne. Die Population könnte z. B. eine bestimmte Kolonie von Bakterien oder Polarbären in der Arktis sein. In solch einer Situation kann die proportionale Wachstumsrate $\dot{x}(t)/x(t)$ die *Wachstumsrate pro Kopf* der Population genannt werden. Wenn es weder Immigration noch Emigration gibt, dann ist die Wachstumsrate pro Kopf gleich der Differenz zwischen den Geburts- und Sterberaten pro Kopf. Diese Raten werden von vielen Faktoren wie Nahrungsangebot, Altersverteilung, verfügbarer Lebensraum, Feinden, Krankheit und Parasiten u. a. abhängen.

Gleichung (11.9.1) spezifiziert ein einfaches Modell für das Wachstum einer Population, das so genannte *Malthus-Gesetz*. Nach der Lösung (11.9.3) gilt: Wenn die Wachstumsrate pro Kopf konstant ist, dann muss die Population exponentiell wachsen. In der Realität kann exponentielles Wachstum natürlich nur für begrenzte Zeit stattfinden. Es ist an der Zeit, einige allgemeinere Modelle für das Wachstum einer Population zu betrachten.

Eine andere Möglichkeit (11.9.1) zu lösen, ist es, Logarithmen zu bilden. Beachten Sie, dass $d\ln x/dt = \dot{x}/x = r$, so dass $\ln x(t) = \int r\,dt = rt + C$. Dies impliziert, dass

$x(t) = e^{rt+C} = e^{rt}e^C = Ae^{rt}$, wobei $A = e^C$. In der Tat erlaubt eine verallgemeinerte Version von Gleichung (11.9.1), für die Wachstumsrate r eine Funktion der Zeit $r(t)$ zu nehmen. Dies führt zu der Differentialgleichung:

$$\dot{x}(t) = r(t)x(t) \tag{11.9.4}$$

Vorausgesetzt, dass $x(t) \neq 0$, kann dies umgeordnet werden zu:

$$\frac{\mathrm{d}}{\mathrm{d}t} \ln x(t) = \frac{\dot{x}(t)}{x(t)} = r(t)$$

Die Lösung ist $\ln x(t) - \ln x(0) = R(t)$, wobei $R(t) = \int_0^t r(s)\,\mathrm{d}s$. Nach Anwendung der Exponentialfunktion erhalten wir $x(t) = x(0)e^{R(t)}$.

In Anwendungen ist es manchmal nützlich, einen „Anfangswert" für eine Differentialgleichung zu einem anderen Zeitpunkt t als $t = 0$ zu haben. Dies ist leicht getan, da $t = 0$ im Wesentlichen nicht mehr als eine Konvention ist. Das heißt: Wenn die Entwicklung von x gegeben ist durch Gleichung (11.9.1), so wissen wir von (11.9.3), dass für jedes t_0 und jedes t gilt:

$$x(t_0) = x_0 e^{rt_0} \quad \text{und} \quad x(t) = x_0 e^{rt}$$

Nun ist letzteres äquivalent zu

$$x(t) = x_0 e^{r(t-t_0+t_0)} = x_0 e^{r(t-t_0)} e^{t_0} = (x_0 e^{t_0}) e^{r(t-t_0)} = x(t_0) e^{r(t-t_0)}$$

Somit wurde der Anfangsreferenzpunkt der Gleichung auf t_0 verschoben.

Wachstum gegen eine obere Schranke

Nehmen Sie an, dass die Populationsgröße $x(t)$ eine gewisse Kapazitätsgrenze K nicht überschreiten kann. Nehmen Sie zusätzlich an, dass die Änderungsrate der Populationsgröße proportional zur Abweichung von dieser Kapazitätsgrenze ist. Dies wird ausgedrückt durch die Gleichung:

$$\dot{x}(t) = a[K - x(t)] \tag{11.9.5}$$

Mit einem kleinen Trick ist es leicht, alle Lösungen dieser Gleichung zu finden. Definieren Sie eine neue Funktion $u(t) = K - x(t)$, die zu jeder Zeit die Abweichung der Populationsgröße von der Kapazitätsgrenze K misst. Dann ist $\dot{u}(t) = -\dot{x}(t)$. Wenn wir dies in (11.9.5) einsetzen, erhalten wir $-\dot{u}(t) = au(t)$ oder $\dot{u}(t) = -au(t)$. Dies ist eine Gleichung wie (11.9.1). Die Lösung ist $u(t) = Ae^{-at}$, so dass $K - x(t) = Ae^{-at}$ und damit $x(t) = K - Ae^{-at}$. Falls $x(0) = x_0$, so ist $x_0 = K - A$ und damit $A = K - x_0$. Es folgt:

Beschränktes exponentielles Wachstum

$$\dot{x}(t) = a[K - x(t)] \text{ mit } x(0) = x_0 \iff x(t) = K - (K - x_0)e^{-at} \tag{11.9.6}$$

In Aufgabe 4 werden wir sehen, dass dieselbe Gleichung das Bevölkerungswachstum in Ländern beschreiben kann, in denen die eingeborene Bevölkerung eine feste relative Wachstumsrate hat, wo es aber auch jedes Jahr eine feste numerische Quote von Immigranten gibt. Dieselbe Gleichung kann auch viele andere Phänomene beschreiben, von denen einige in anderen Aufgaben zu diesem Kapitel erörtert werden.

Beispiel 11.9.2

Bezeichne $x(t)$ eine Population in Millionen Individuen zur Zeit t. Nehmen Sie an, dass $x(t)$ startet mit 50 Millionen zur Zeit $t = 0$ und dann einer Differentialgleichung (11.9.5) folgt mit $a = 0.05$ und einer Aufnahmekapazität von $K = 200$ Millionen. Bestimmen Sie die Lösung von (11.9.5) in diesem Fall und skizzieren Sie dann den Graphen der Lösung.

Lösung: Mit (11.9.6) finden wir für $a = 0.05$ und $K = 200$ die Lösung

$$x(t) = 200 - (200 - 50)e^{-0.05t} = 200 - 150e^{-0.05t}$$

Der Graph ist in Abb. 11.9.1 gezeichnet.

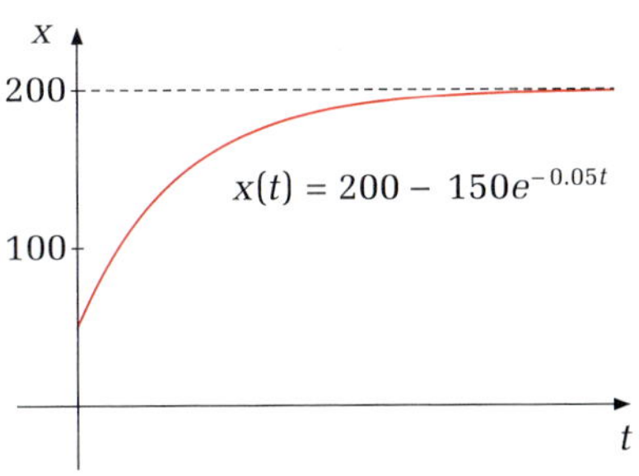

Abbildung 11.9.1: Wachstum gegen das Niveau 200

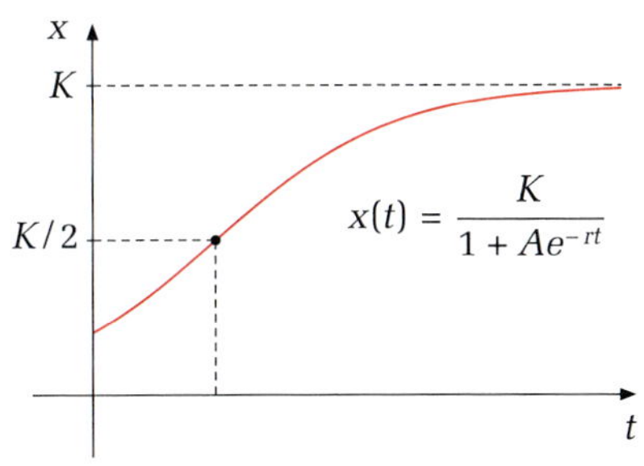

Abbildung 11.9.2: Logistisches Wachstum gegen Niveau K

Beachten Sie: Die Differentialgleichung (11.9.5) ist ein Spezialfall der allgemeinen Gleichung

$$\dot{x} + ax = b \tag{11.9.7}$$

Ein trivialer Fall tritt ein, wenn $a = 0$ ist. Die Lösung ist $x(t) = bt + C$. Indem wir diesen Fall ausschließen, zeigen wir, wie eine Transformation der Variablen von x in $y = x - b/a$ eine Transformation von (11.9.7) in (11.9.1) bewirkt, deren Lösung schon bekannt ist.[6] In der Tat: Einsetzen von $x = y + b/a$ in (11.9.7) ergibt die neue Differentialgleichung $\dot{y} + a(y + b/a) = b$, die sich auf $\dot{y} + ay = 0$ reduziert. Dies ist natürlich genau die Differentialgleichung (11.9.1), jedoch mit x ersetzt durch y und r ersetzt durch $-a$. Die Lösung hat deshalb die Form $y = Ae^{-at}$, wobei A eine Konstante ist. Weil $x = y + b/a$, ist die Lösung von $\dot{x} + ax = b$ gleich

$$x(t) = Ae^{-at} + b/a \tag{11.9.8}$$

6 Kap. 11.10 bietet einige Motivation für diese Transformation.

Logistisches Wachstum

Anstelle der Differentialgleichung (11.9.5) ist es eine realistischere Annahme, dass die relative Wachstumsrate annähernd konstant ist, wenn die Population klein ist, dass sie aber gegen Null konvergiert, wenn die Population sich ihrer Kapazitätsgrenze K nähert. Eine spezielle Form dieser Annahme wird ausgedrückt durch die Gleichung

$$\dot{x}(t) = rx(t)\left(1 - \frac{x(t)}{K}\right) \tag{11.9.9}$$

In der Tat gilt: Wenn die Population $x(t)$ im Verhältnis zu K klein ist, so dass $x(t)/K$ klein ist, dann ist $\dot{x}(t) \approx rx(t)$ und das impliziert, dass $x(t)$ (ungefähr) exponentiell anwächst. Wenn $x(t)$ jedoch größer wird und sich K annähert, wird der Abnahmefaktor $1 - x(t)/K$ viel kleiner und verliert so an Bedeutung. Im Allgemeinen behaupten wir: Wenn $x(t)$ die Gleichung (11.9.9) erfüllt und nicht identisch gleich Null ist, dann muss $x(t)$ die Form

$$x(t) = \frac{K}{1 + Ae^{-rt}} \tag{11.9.10}$$

haben für eine Konstante A. Die Funktion x in (11.9.10) wird eine *logistische Funktion* genannt.

Beweis: Um Gleichung (11.9.10) zu beweisen, verwenden wir einen Trick: Nehmen Sie an, dass $x = x(t)$ nicht 0 ist und führen Sie die neue Variable $u = u(t) = -1 + K/x$ ein. Differentiation unter Anwendung der Kettenregel ergibt dann $\dot{u} = -K\dot{x}/x^2$. Einsetzen von $\dot{x}$ aus (11.9.9) ergibt $\dot{u} = -Kr/x + r = r(-K/x + 1) = -ru$. Daher ist $u = u(t) = Ae^{-rt}$ für eine Konstante A. Aber dann ist $-1 + K/x(t) = Ae^{-rt}$. Auflösen dieser Gleichung nach $x(t)$ ergibt schließlich (11.9.10).

Nehmen Sie an, dass eine Population aus x_0 Individuen besteht zur Zeit $t = 0$, so dass $x(0) = x_0$. Gleichung (11.9.10) ergibt dann $x_0 = K/(1 + A)$, so dass $A = (K - x_0)/x_0$. Alles in allem haben wir gezeigt, dass die eindeutige Lösung zu (11.9.9) mit $x(0) = x_0$ gegeben ist durch:

$$x(t) = \frac{K}{1 + Ae^{-rt}}, \quad \text{wobei} \quad A = \frac{K - x_0}{x_0} \tag{11.9.11}$$

Falls $0 < x_0 < K$, so folgt aus (11.9.11), dass $x(t)$ strikt monoton wachsend ist und dass $x(t) \to K$ für $t \to \infty$, unter der Annahme $r > 0$. Wir sagen in diesem Fall, dass es ein *logistisches Wachstum* gegen das Niveau K gibt. Der Graph der Lösung wird in Abb. 11.9.2 gezeigt. Er hat einen Wendepunkt mit der Höhe $K/2$ über der t-Achse. Wir überprüfen dies, indem wir Gleichung (11.9.9) nach t differenzieren. Das Resultat ist $\ddot{x} = r\dot{x}(1-x/K) + rx(-\dot{x}/K) = r\dot{x}(1-2x/K)$. Somit ist $\ddot{x} = 0$, wenn $x = K/2$ und $\ddot{x} > 0$ für $x < K/2$ und $\ddot{x} < 0$ für $x > K/2$.

Gleichungen vom Typ (11.9.9), deren Lösungen logistische Funktionen der Gestalt (11.9.10) sind, erscheinen in vielen ökonomischen Modellen. Einige von ihnen werden in den Aufgaben behandelt.

Die Differentialgleichung (11.9.9) kann auch ausgedrückt werden in der einfacheren Form

$$\dot{x} + ax = bx^2$$

Dabei ist $a = -r$ und $b = -r/K$. Außer der trivialen Lösung $x = 0$, ist die Lösung gegeben durch (11.9.10), wobei $r = -a$ und $K = -r/b = a/b$. Es folgt: Die nichttriviale Lösung von $\dot{x} + ax = bx^2$ ist:

$$x(t) = \frac{a/b}{1 + Ae^{at}} = \frac{a}{b - A_1 e^{at}} \tag{11.9.12}$$

Dabei besteht zwischen den Konstanten A und A_1 die Beziehung $A_1 = -bA$.

Zusammenfassung

Die einfachen Differentialgleichungen, die in diesem Kapitel betrachtet wurden, sind so wichtig, dass wir diese und ihre allgemeinen Lösungen in einer Form präsentieren, die ihre gemeinsame Struktur betont. Wie es oft in der Literatur der Differentialgleichungen geschieht, vereinfachen wir die Notation, so dass $x(t)$ und $\dot{x}(t)$ zu x und $\dot{x}$ werden.

Lösungen einiger einfacher Differentialgleichungen

$$\dot{x} = ax \text{ für alle } t \iff x = Ae^{at} \text{ für eine Konstante } A \tag{11.9.3}$$

$$\dot{x} + ax = b \text{ für alle } t \iff x = Ae^{-at} + \frac{b}{a} \text{ für eine Konstante } A \tag{11.9.8}$$

$$\dot{x} + ax = bx^2 \text{ für alle } t \iff x = \frac{a}{b - Ae^{at}} \text{ für eine Konstante } A \tag{11.9.12}$$

Beachten Sie, dass wir in (11.9.8) annehmen müssen, dass $a \neq 0$. Außerdem haben wir in (11.9.12) die triviale Lösung $x(t) = 0$ für alle t ignoriert.

Aufgaben für Kapitel 11.9

1. Für welche der folgenden Funktionen ist die relative Änderungsrate, $\dot{x}/x$ konstant?

(a) $x = 5t + 10$ (b) $x = \ln(t+1)$ (c) $x = 5e^t$

(d) $x = -3 \cdot 2^t$ (e) $x = e^{t^2}$ (f) $x = e^t + e^{-t}$

2. Nehmen Sie an, dass das Grundkapital $K(t)$ eines Unternehmens die Differentialgleichung $\dot{K}(t) = I - \delta K(t)$ erfüllt, wobei die Investition I konstant ist und $\delta K(t)$ bezeichnet die Abschreibung, wobei δ eine positive Konstante ist.

(a) Bestimmen Sie die Lösung der Gleichung, wenn das Grundkapital zur Zeit $t = 0$ gleich K_0 ist.

(b) Es sei $\delta = 0.05$ und $I = 10$. Erklären Sie, was mit $K(t)$ für $t \to \infty$ geschieht, wenn (i) $K_0 = 150$ und (ii) $K_0 = 250$.

3. Es bezeichne $N(t)$ die Anzahl der Personen in einem Land, deren Wohnung einen Breitband-Internetzugang hat. Nehmen Sie an, dass die Rate, mit der neue Personen

→ Fortsetzung

einen Zugang erhalten, proportional ist zu der Anzahl der Personen, die noch keinen Zugang haben. Wenn die Größe der Population P ist, so ist die Differentialgleichung für $N(t)$ daher gleich $\dot{N}(t) = k(P - N(t))$, wobei k eine positive Konstante ist. Bestimmen Sie die Lösung dieser Gleichung, wenn $N(0) = 0$. Bestimmen Sie dann den Grenzwert von $N(t)$ für $t \to \infty$.

4. Die jährliche natürliche Wachstumsrate (Geburten minus Sterbefälle) eines Landes sei 2 %. Zusätzlich gebe es eine Netto-Immigration von 40 000 Personen pro Jahr. Stellen Sie eine Differentialgleichung für die Funktion $N(t)$ auf, welche die Anzahl der Personen in dem Land zur Zeit t (gemessen in Jahren) bezeichne. Nehmen Sie an, dass die Population zur Zeit $t = 0$ gleich 2 000 000 ist. Bestimmen Sie $N(t)$.

5. Wie in den Beispielen 4.5.1 und 4.9.1 bezeichne $P(t)$ die Größe der Bevölkerung Europas in Millionen t Jahre nach dem Jahr 1960. Nach UN-Schätzungen ist $P(0) = 606$ und $P(10) = 657$. Nehmen Sie an, dass $P(t)$ exponenentiell wächst mit $P(t) = 606e^{kt}$. Berechnen Sie k und bestimmen Sie dann $P(15)$, $P(40)$ und $P(55)$, welches die Schätzungen der Bevölkerungsgröße in 1975, in 2000 und in 2015 sind.

6. Wenn eine Bakterien-Kolonie starkem ultraviolettem Licht ausgesetzt wird, werden die Bakterien durch die Vernichtung ihrer DNA abgetötet. In einem Labor-Experiment wurde herausgefunden, dass die Anzahl der lebenden Bakterien annähernd exponentiell mit der Länge der Zeit abnahm, die sie dem ultravioletten Licht ausgesetzt waren. Nehmen Sie an, dass 70.5 % der Bakterien 7 Sekunden nach Beginn der Bestrahlung noch am Leben sind. Welcher Prozentsatz wird nach 30 Sekunden noch am Leben sein? Wie lange dauert es, bis 95 % der Bakterien abgetötet sind?

7. Lösen Sie die folgenden Differentialgleichungen, indem Sie je nach Eignung eine der Formeln (11.9.3), (11.9.8) und (11.9.12) verwenden:

(a) $\dot{x} = -0.5x$ (b) $\dot{K} = 0.02K$ (c) $\dot{x} = -0.5x + 5$

(d) $\dot{K} - 0.2K = 100$ (e) $\dot{x} + 0.1x = 3x^2$ (f) $\dot{K} = K(-1 + 2K)$

8. Eine Untersuchung der britischen landwirtschaftlichen Technisierung von 1950 an schätzte die Anzahl y der im Einsatz befindlichen Traktoren (gemessen in Tausend) als eine Funktion von t (gemessen in Jahren, so dass $t = 0$ dem Jahr 1950 entspricht) approximativ durch $y(t) = 250 + x(t)$, wobei $x = x(t)$ die folgende logistische Differentialgleichung erfüllt: $\dot{x} = 0.34x(1 - x/230)$, und $x(0) = 25$.

(a) Bestimmen Sie einen Ausdruck für $y(t)$.

(b) Bestimmen Sie den Grenzwert von $y(t)$ für $t \to \infty$, und zeichnen Sie den Graphen von $y(t)$.

9. In einem Modell für die Ausbreitung einer Grippe in einer Gruppe von 1 000 in Quarantäne befindlichen Personen bezeichne $N(t)$ die Anzahl der Gruppenmitglieder, die Grippe bekommen t Tage, nachdem alle Mitglieder der Gruppe mit einem Infektionsträger in Kontakt waren. Nehmen Sie an, dass

$$\dot{N}(t) = 0.39N(t)\left[1 - \frac{N(t)}{1\,000}\right] \quad \text{und} \quad N(0) = 1$$

→

➜ Fortsetzung

(a) Bestimmen Sie eine Formel für $N(t)$. Wie viele Gruppenmitglieder bekommen eine Grippe nach 20 Tagen?

(b) Wie viele Tage dauert es, bis 800 erkrankt sind?

(c) Werden irgendwann alle 1 000 Personen eine Grippe bekommen?

10. Die logistische Funktion (11.9.9) wurde verwendet, um den Bestand gewisser Fischpopulationen zu beschreiben. Nehmen Sie an, dass solch eine Population abgefischt wird mit einer Rate, die proportional zu dem Bestand ist, so dass

$$\dot{x}(t) = rx(t)\left[1 - \frac{x(t)}{K}\right] - f\,x(t)$$

(a) Lösen Sie diese Gleichung, wenn die Population zur Zeit $t = 0$ gleich x_0 ist.

(b) Nehmen Sie an, dass $f > r$ ist. Untersuchen Sie den Grenzwert von $x(t)$, wenn $t \to \infty$.

Anspruchsvollere Aufgabe

11. Nach dem *Newtonschen Abkühlungsgesetz* ist die Rate, mit der sich ein warmer Gegenstand abkühlt, proportional zu der Differenz zwischen der Temperatur des Gegenstandes und der Temperatur der Umgebung. Wenn die Temperatur des Gegenstandes zur Zeit t gleich $T(t)$ ist und die (konstante) Temperatur der Umgebung gleich C ist, dann ist $\dot{T}(t) = k[C - T(t)]$ für eine Konstante $k > 0$. Beachten Sie, dass dies eine Gleichung von dem in (11.9.6) gegebenen Typ ist. Um 12 Uhr mittags betritt die Polizei einen Raum und entdeckt einen toten Körper. Sie messen sofort seine Temperatur, die 35 Grad Celsius ist. Um 1 Uhr nachmittags messen sie wieder die Temperatur, die jetzt auf 32 Grad gesunken ist. Die Raumtemperatur ist konstant bei 20 Grad. Wann starb die Person? (*Hinweis:* Sei die Temperatur $T(t)$, wobei t in Stunden gemessen wird und 12 Uhr mittags entspricht $t = 0$.)

► Lösungen zu den Aufgaben finden Sie im Anhang des Buches.

11.10 Separierbare und lineare Differentialgleichungen

In diesem letzten Unterkapitel betrachten wir zwei allgemeine Typen von Differentialgleichungen, denen man häufig in den Wirtschaftswissenschaften begegnet. Die Erörterung wird nur kurz sein – für eine ausführlichere Behandlung verweisen wir den Leser auf FMEA.

Separierbare Gleichungen

Eine Differentialgleichung der Gestalt

$$\dot{x} = f(t)g(x) \tag{11.10.1}$$

wird *separierbar* genannt. Hier ist die unbekannte Funktion $x = x(t)$ und ihre Änderungsrate $\dot{x}$ ist gegeben als das Produkt einer Funktion $f(t)$, die nur von t abhängt, und einer anderen Funktion $g(x)$, die nur von x abhängt. Ein einfacher Fall ist $\dot{x} = tx$, welches offensichtlich separierbar ist, während es $\dot{x} = t + x$ nicht ist. Tatsächlich waren alle Differentialgleichungen, die wir in Kap. 11.9 betrachtet haben, separierbare Gleichungen vom speziellen Typ $\dot{x} = g(x)$ mit $f(t) \equiv 1$. So ist z. B. die Gleichung $\dot{x} + ax = bx^2$ in (11.9.12) separierbar, da sie umgeschrieben werden kann als $\dot{x} = g(x)$, wobei $g(x) = -ax + bx^2$.

Die folgende allgemeine Methode für die Lösung separierbarer Gleichungen wird in FMEA begründet.

Methode zur Lösung separierbarer Differentialgleichungen

(i) Schreiben Sie Gleichung (11.10.1) als

$$\frac{\mathrm{d}x}{\mathrm{d}t} = f(t)g(x) \qquad (*)$$

(ii) Trennen Sie die Variablen:

$$\frac{1}{g(x)}\,\mathrm{d}x = f(t)\,\mathrm{d}t$$

(iii) Integrieren Sie jede Seite:

$$\int \frac{1}{g(x)}\,\mathrm{d}x = \int f(t)\,\mathrm{d}t$$

(iv) Berechnen Sie die zwei Integrale, falls möglich, um eine Lösung von $(*)$ zu erhalten, evtl. in impliziter Form. Lösen Sie, wenn möglich, nach $x(t)$ auf.

Beachten Sie, dass wir in Schritt (ii) durch $g(x)$ dividiert haben unter der impliziten Annahme, dass $g(x) \neq 0$. Wenn es jedoch ein a gibt mit $g(a) = 0$, dann ist $x(t) = a$ für alle t eine spezielle Lösung der Gleichung $(*)$. In der logistischen Gleichung (11.9.9) sind z. B. $x(t) = 0$ für alle t und $x(t) = K$ für alle t jeweils spezielle Lösungen.

Beispiel 11.10.1

Lösen Sie die Differentialgleichung $\mathrm{d}x/\mathrm{d}t = e^t x^2$ und bestimmen Sie die Lösungskurve, die auch die *Integralkurve* genannt wird, die durch den Punkt $(t, x) = (0, 1)$ verläuft.

Lösung: Wir bemerken zunächst, dass $x(t) \equiv 0$ eine (triviale) Lösung ist. Um die anderen Lösungen zu finden, folgen wir den verbleibenden Schritten (ii)–(iv) des Rezepts:

(ii) Trennung der Variablen: $(1/x^2)\,\mathrm{d}x = e^t\,\mathrm{d}t$;

(iii) Integration: $\int (1/x^2)\,\mathrm{d}x = \int e^t\,\mathrm{d}t$;

(iv) Berechnung der Integrale: $-1/x = e^t + C$;

Aus dem Ergebnis in (iv) folgt

$$x = \frac{-1}{e^t + C} \qquad (**)$$

Um die Integralkurve durch $(0,1)$ zu bestimmen, müssen wir den korrekten Wert von C bestimmen. Da wir $x = 1$ für $t = 0$ verlangen, folgt aus $(**)$, dass $1 = -1/(1+C)$, so dass $C = -2$. Somit ist die Integralkurve, die durch $(0,1)$ verläuft, gegeben durch $x = -1/(e^t - 2) = 1/(2 - e^t)$.

Beispiel 11.10.2 **(Volkswirtschaftliches Wachstum[7])**

Sei $X = X(t)$ das Bruttosozialprodukt, $K = K(t)$ der Kapitalbestand und $L = L(t)$ die Anzahl der Arbeiter in einem Land zur Zeit t. Nehmen Sie an, dass für alle $t \geq 0$:

$$\text{(a)}\ X = \sqrt{K}\sqrt{L} \qquad \text{(b)}\ \dot{K} = 0.4X \qquad \text{(c)}\ L = e^{0.04t}$$

Leiten Sie aus diesen Gleichungen eine einzige Differentialgleichung für $K = K(t)$ her. Bestimmen Sie die Lösung dieser Gleichung, die $K(0) = 10\,000$ erfüllt.[8]

Lösung: Aus den Gleichungen (a)–(c) erhalten wir die alleinige Differentialgleichung

$$\dot{K} = \frac{\mathrm{d}K}{\mathrm{d}t} = 0.4\sqrt{K}\sqrt{L} = 0.4e^{0.02t}\sqrt{K} \tag{i}$$

Diese ist selbstverständlich separierbar. Nach dem Rezept erhalten wir sukzessive die Gleichungen:
(ii) $\frac{1}{\sqrt{K}}\,\mathrm{d}K = 0.4e^{0.02t}\,\mathrm{d}t$; (iii) $\int \frac{1}{\sqrt{K}}\,\mathrm{d}K = \int 0.4e^{0.02t}\,\mathrm{d}t$; (iv) $2\sqrt{K} = 20e^{0.02t} + C$.

Wenn $K = 10\,000$ für $t = 0$, dann ist $2\sqrt{10\,000} = 20 + C$, so dass $C = 180$. Dann ist $\sqrt{K} = 10e^{0.02t} + 90$ und somit ist die gesuchte Lösung

$$K(t) = (10e^{0.02t} + 90)^2 = 100(e^{0.02t} + 9)^2$$

Das Kapital-Arbeits-Verhältnis hat in diesem Modell einen etwas bizarren Grenzwert. Für $t \to \infty$ gilt:

$$\frac{K(t)}{L(t)} = 100 \times \frac{(e^{0.02t} + 9)^2}{e^{0.04t}} = 100\left[\frac{e^{0.02t} + 9}{e^{0.02t}}\right]^2 = 100(1 + 9e^{-0.02t})^2 \to 100$$

Beispiel 11.10.3

Lösen Sie die separierbare Differentialgleichung $(\ln x)\dot{x} = e^{1-t}$.

Lösung: Nach dem Rezept erhalten wir

(i) $\ln x \frac{\mathrm{d}x}{\mathrm{d}t} = e^{1-t}$;

(ii) $\ln x\,\mathrm{d}x = e^{1-t}\,\mathrm{d}t$;

(iii) $\int \ln x\,\mathrm{d}x = \int e^{1-t}\,\mathrm{d}t$;

(iv) $x\ln x - x = -e^{1-t} + C$, wobei das Resultat aus Beispiel 10.1.3 verwendet wurde.

[7] Dies ist ein Spezialfall des Wachstumsmodells von Solow-Swan, das gemeinsam von dem amerikanischen Nobelpreisträger Robert Solow (geboren 1924) und dem ausstralischem Ökonomen Trevor Swan (1918–1989) entwickelt wurde. Siehe Beispiel 5.7.3 in FMEA.

[8] In (a) haben wir eine Cobb-Douglas Produktionsfunktion; (b) besagt, dass die Gesamtinvestition proportional zum Output ist; (c) impliziert, dass das Potenzial der Arbeitskräfte exponentiell anwächst.

Die gesuchten Funktionen $x = x(t)$ sind diejenigen, die die letzte Gleichung für alle t in einem Intervall erfüllen.

Warum sagen wir „in einem Intervall“? Beachten Sie, dass $x \ln x - x \geq -1$ für alle reellen Zahlen x. Somit verlangt die Gleichung $x \ln x - x = -e^{1-t} + C$, dass $C \geq -1 + e^{1-t}$ und somit $e^{1-t} \leq C + 1$. Dies ist äquivalent zu $t \geq 1 - \ln(C + 1)$.

Wir sagen gewöhnlich, dass wir eine Differentialgleichung gelöst haben, obwohl die Lösung wie in Beispiel 11.10.3 nicht explizit als Funktion von t ausgedrückt werden kann. Der entscheidende Punkt ist, dass wir die Lösung implizit durch eine Gleichung ausgedrückt haben, die die Ableitung dieser unbekannten Funktion nicht enthält.

Lineare Gleichungen erster Ordnung

Eine *lineare Differentialgleichung erster Ordnung* in der unbekannten Funktion $x = x(t)$, definiert auf einem Intervall I, ist eine, die in der Gestalt

$$\dot{x} + a(t)x = b(t) \tag{11.10.2}$$

geschrieben werden kann, wobei $a(t)$ und $b(t)$ stetige Funktionen von t in I sind. Gleichung (11.10.2) wird „erster Ordnung“ genannt, weil nur die erste Ableitung von x vorkommt und keine höheren Ableitungen. Sie wird „linear“ genannt, weil die linke Seite eine lineare Funktion von x und $\dot{x}$ ist.

Der Spezialfall, wenn $a(t)$ und $b(t)$ beide Konstanten sind, wurde in Kap. 11.9 erörtert. Dort führten wir die neue Variable $y = x - b/a$ ein, um die Lösung in (11.9.8) zu finden. Diese kann geschrieben werden als

$$\dot{x} + ax = b \iff x = Ce^{-at} + \frac{b}{a} \tag{11.10.3}$$

wobei C eine Konstante ist. In der Tat: Die Gleichung ist separierbar, so dass uns auch das Rezept für separierbare Gleichungen zu der Lösung führen wird.

Falls wir $C = 0$ setzen, erhalten wir die konstante Lösung $x(t) = b/a$. Wir sagen, dass $x = b/a$ ein *Gleichgewichtszustand* oder ein *stationärer Zustand* der Gleichung $\dot{x}+ax = b$ in (11.10.2) ist. Beachten Sie, wie man diese Lösung von $\dot{x}+ax = b$ erhalten kann, indem man $\dot{x} = 0$ setzt und dann die resultierende Gleichung nach x auflöst.

Wenn die Konstante a positiv ist, dann konvergiert die Lösung $x = Ce^{-at} + b/a$ in (11.10.3) gegen b/a, wenn $t \to \infty$. In diesem Fall nennt man die Gleichung *stabil*, weil jede Lösung der Gleichung gegen ein Gleichgewicht konvergiert, wenn t gegen Unendlich strebt. Stabilitätstheorie ist ein wichtiges Thema für Differentialgleichungen, die in den Wirtschaftswissenschaften auftreten.[9]

Beispiel 11.10.4

Bestimmen Sie die Lösung der Gleichung $\dot{x} + 3x = -9$ und untersuchen Sie, ob die Gleichung stabil ist.

Lösung: Nach (11.10.3) ist die Lösung $x = Ce^{-3t} - 3$. Hier ist der Gleichgewichtszustand $x = -3$. Ferner ist die Gleichung stabil, weil $a = 3 > 0$, so dass $x \to -3$, wenn $t \to \infty$.

[9] Für eine ausführliche Diskussion von Stabilität siehe z. B. FMEA.

Beispiel 11.10.5 **(Ein stabiler Preisangleichungs-Mechanismus)**

Bezeichne $D(P) = a - bP$ die Nachfragefunktion und $S(P) = \alpha + \beta P$ die Angebotsfunktion für ein bestimmtes Gut, wenn der Preis P ist. Hier sind a, b, α und β positive Konstanten. Nehmen Sie an, dass der Preis $P = P(t)$ mit der Zeit variiert und dass $\dot{P}$ proportional zu dem Nachfrageüberschuss $D(P) - S(P)$ ist, d. h.

$$\dot{P} = \lambda[D(P) - S(P)]$$

Dabei ist λ eine positive Konstante. Indem wir die Ausdrücke für $D(P)$ und $S(P)$ in diese Gleichung einsetzen, erhalten wir $\dot{P} = \lambda(a - bP - \alpha - \beta P)$. Umordnen ergibt

$$\dot{P} + \lambda(b + \beta)P = \lambda(a - \alpha)$$

Gemäß (11.10.3) ist die Lösung

$$P = Ce^{-\lambda(b+\beta)t} + \frac{a - \alpha}{b + \beta}$$

Weil $\lambda(b + \beta)$ positiv ist, konvergiert P für t gegen Unendlich gegen den Gleichgewichtspreis $P^e = (a - \alpha)/(b + \beta)$, für den $D(P^e) = S(P^e)$ gilt. Daher ist das Gleichgewicht stabil.

Variable rechte Seite

Betrachten Sie jetzt den Fall, in dem die rechte Seite nicht konstant ist:

$$\dot{x} + ax = b(t) \tag{11.10.4}$$

In diesem Fall ist die Gleichung nicht mehr separierbar. Trotzdem hilft uns ein schlauer Trick, die Lösung zu finden. Wir multiplizieren jede Seite von (11.10.4) mit dem positiven Faktor e^{at}, der ein *integrierender Faktor* genannt wird. Dies führt zu der äquivalenten Gleichung

$$\dot{x}e^{at} + axe^{at} = b(t)e^{at} \tag{$*$}$$

Obwohl es im Voraus nicht offensichtlich sein mag, diese Idee wirkt gut, weil die linke Seite von $(*)$ genau die Ableitung des Produkts xe^{at} ist. Daher ist $(*)$ äquivalent zu

$$\frac{\mathrm{d}}{\mathrm{d}t}(xe^{at}) = b(t)e^{at} \tag{$**$}$$

Dies kann durch einfache Integration gelöst werden. Denn: Nach der Definition des unbestimmten Integrals gilt Gleichung $(**)$ für alle t in einem Intervall genau dann, wenn $xe^{at} = \int b(t)e^{at}\,\mathrm{d}t + C$ für eine Konstante C. Indem wir diese Gleichung mit e^{-at} multiplizieren, erhalten wir die Lösung für x. Kurz formuliert:

Nicht unabhängige lineare Gleichung erster Ordnung

$$\dot{x} + ax = b(t) \iff x = Ce^{-at} + e^{-at}\int e^{at}b(t)\,\mathrm{d}t \tag{11.10.5}$$

Beispiel 11.10.6

Bestimmen Sie die Lösung von $\dot{x} + x = t$ und finden Sie die Lösungskurve durch $(t, x) = (0, 0)$.

Lösung: Nach (11.10.5) ist für $a = 1$ und $b(t) = t$ die Lösung gegeben durch

$$x = Ce^{-t} + e^{-t}\int te^t\,dt = Ce^{-t} + e^{-t}(te^t - e^t) = Ce^{-t} + t - 1$$

Dabei haben wir, Beispiel 10.5.1 folgend, partielle Integration verwendet, um $\int te^t\,dt$ zu bestimmen. Falls $x = 0$ für $t = 0$, erhalten wir $0 = C - 1$, so dass $C = 1$. Die gesuchte Lösungskurve ist $x = e^{-t} + t - 1$.

Beispiel 11.10.7 **(Volkswirtschaftliches Wachstum)**

Betrachten Sie das folgende Modell volkswirtschaftlichen Wachstums:

$$\text{(a)}\quad X(t) = 0.2K(t) \qquad \text{(b)}\quad \dot{K}(t) = 0.1X(t) + H(t) \qquad \text{(c)}\quad N(t) = 50e^{0.03t}$$

Dieses Modell ist gedacht, die Besonderheiten eines Entwicklungslandes zu erfassen. Hier ist $X(t)$ das Gesamt-Bruttoinlandsprodukt pro Jahr, $K(t)$ ist der Kapitalbestand, $H(t)$ ist der Netto-Zustrom ausländischer Investitionen pro Jahr und $N(t)$ ist die Größe der Bevölkerung, alles gemessen zur Zeit t. In (a) nehmen wir an, dass das Produktionsvolumen proportional zum Kapitalbestand ist, wobei der Proportionalitätsfaktor 0.2 die *durchschnittliche Produktivität des Kapitals* genannt wird. In (b) nehmen wir an, dass das Gesamtwachstum des Kapitals pro Jahr gleich der Summe aus den internen Ersparnissen und den Netto-Auslandsinvestitionen ist. Wir nehmen an, dass die Ersparnisse proportional zur Produktion mit dem Proportionalitätsfaktor 0.1 sind, der die *Sparquote* genannt wird. Schließlich sagt uns (c), dass die Bevölkerung mit einer konstanten proportionalen Wachstumsrate von 0.03 zunimmt.

Nehmen Sie an, dass $H(t) = 10e^{0.04t}$ gilt. Leiten Sie aus diesen Gleichungen eine Differentialgleichung für $K(t)$ her. Bestimmen Sie die Lösung, gegeben dass $K(0) = 200$ ist. Bestimmen Sie auch einen Ausdruck für $x(t) = X(t)/N(t)$, welches das Bruttoinlandsprodukt pro Kopf ist.

Lösung: Aus (a) und (b) folgt, dass $K(t)$ die lineare Gleichung

$$\dot{K}(t) - 0.02K(t) = 10e^{0.04t}$$

erfüllen muss. Mit (11.10.5) erhalten wir die Lösung

$$\begin{aligned} K(t) &= Ce^{0.02t} + e^{0.02t}\int e^{-0.02t}10e^{0.04t}\,dt \\ &= Ce^{0.02t} + 10e^{0.02t}\int e^{0.02t}\,dt \\ &= Ce^{0.02t} + \frac{10}{0.02}e^{0.04t} = Ce^{0.02t} + 500e^{0.04t} \end{aligned}$$

Für $t = 0$, wo $K(0) = C + 500$, müssen wir $K(0) = 200$ haben. Somit ist $C = -300$ und dann ist

$$K(t) = 500e^{0.04t} - 300e^{0.02t} \qquad (*)$$

Die Produktion pro Kopf ist $x(t) = X(t)/N(t) = 0.2K(t)/50e^{0.03t} = 2e^{0.01t} - 1.2e^{-0.01t}$.

Das Lösen der allgemeinen linearen Differentialgleichung (11.10.2) ist etwas komplizierter. Wieder einmal verweisen wir den interessierten Leser auf FMEA für eine detaillierte Behandlung. Für den Moment jedoch definieren wir $A(t)$ als das unbestimmte Integral $\int a(t)\,\mathrm{d}t$ des Koeffizienten $a(t)$ von x in Gleichung (11.10.2). Dann stellt sich heraus, dass die Exponentialfunktion $e^{A(t)}$ ein integrierender Faktor ist, den wir anwenden können, wie wir es in der Herleitung von (11.10.5) getan haben. In der Tat: Multiplikation beider Seiten von (11.10.2) mit dieser Exponentialfunktion ergibt

$$\dot{x}e^{A(t)} + a(t)xe^{A(t)} = b(t)e^{A(t)}$$

Da wir angenommen haben, dass $A(t) = \int a(t)\,\mathrm{d}t$, ist die linke Seite dieser Gleichung gleich der Ableitung $\frac{\mathrm{d}}{\mathrm{d}t}(xe^{A(t)})$. Somit kann die Gleichung umgeschrieben werden als $\frac{\mathrm{d}}{\mathrm{d}t}(xe^{A(t)}) = b(t)e^{A(t)}$. Integration beider Seiten dieser Gleichung ergibt $xe^{A(t)} = C + \int b(t)e^{A(t)}\,\mathrm{d}t$, wobei C eine Konstante ist. Schließlich ergibt die Multiplikation jeder Seite mit $e^{-A(t)}$ die Lösung

$$x = Ce^{-A(t)} + e^{-A(t)} \int e^{A(t)}b(t)\,\mathrm{d}t$$

Dies verallgemeinert Gleichung (11.10.5) auf den Fall, in dem $a(t)$ keine Konstante a ist.

Aufgaben für Kapitel 11.10

1. Lösen Sie die Gleichung $x^4\dot{x} = 1 - t$. Bestimmen Sie die Integralkurve durch $(t, x) = (1, 1)$.

2. Lösen Sie die folgenden Differentialgleichungen:

(a) $\dot{x} = e^{2t}/x^2$ (b) $\dot{x} = e^{-t+x}$ (c) $\dot{x} - 3x = 18$

(d) $\dot{x} = (1+t)^6/x^6$ (e) $\dot{x} - 2x = -t$ (f) $\dot{x} + 3x = te^{t^2-3t}$

3. Es bezeichne $y = \alpha k e^{\beta t}$ den Output als Funktion des Kapitals k, wobei der Faktor $e^{\beta t}$ auf dem technischen Fortschritt beruht. Nehmen Sie an, dass ein konstanter Anteil $s \in (0, 1)$ des Outputs gespart wird und dass die Kapitalansammlung gleich den Ersparnissen ist. Dann haben wir die separierbare Differentialgleichung $\dot{k} = s\alpha k e^{\beta t}$ mit $k(0) = k_0$. Die Konstanten α, β und k_0 sind positiv. Bestimmen Sie die Lösung.

4. Es sei $Y = Y(t)$ das BIP, $C(t)$ der Konsum und $\bar{I}$ die Investition, die konstant sei. Es gelte $\dot{Y} = \alpha(C + \bar{I} - Y)$ und $C = aY + b$, wobei a, b und α positive Konstanten sind mit $a < 1$.

(a) Leiten Sie eine Differentialgleichung her, in der Y die einzige Variable ist, die von t abhängt.

(b) Bestimmen Sie deren Lösung, wenn $Y(0) = Y_0$ gegeben ist. Wie verhält sich $Y(t)$, wenn $t \to \infty$?

➡ Fortsetzung

5. In einem Wachstumsmodell sei die Produktion Q eine Funktion des Kapitals K und der Arbeit L. Es gelte (a) $\dot{K} = \gamma Q$; (b) $Q = K^{\alpha} L$; (c) $\dot{L}/L = \beta$ mit $L(0) = L_0$. Es sei $\beta \neq 0$ und $\alpha \in (0, 1)$. Leiten Sie eine Differentialgleichung für K her. Lösen Sie diese Gleichung, wenn $K(0) = K_0$.

6. Wie in Kap. 7.7 bezeichne $\mathrm{El}_t x(t)$ die Elastizität von $x(t)$ bezüglich t. Nehmen Sie an, dass t und x beide positiv sind und dass a eine Konstante ist. Bestimmen Sie $x(t)$, wenn $\mathrm{El}_t x(t) = a$ für alle $t > 0$.

► Lösungen zu den Aufgaben finden Sie im Anhang des Buches.

Aufgaben zur Wiederholung für Kapitel 11

1. Ein Betrag von 5 000 Euro erbringt 3 % Zinsen pro Jahr.

(a) Auf welches Guthaben ist dieser Betrag nach 10 Jahren angewachsen?

(b) Wie lange dauert es, bis die 5 000 Euro sich verdoppeln?

2. Ein Betrag von 8 000 Euro wird zu 5 % pro Jahr angelegt.

(a) Wie hoch ist das Guthaben auf dem Konto nach 3 Jahren?

(b) Wie hoch ist das Guthaben nach 13 Jahren?

(c) Wie lange dauert es ungefähr, bis das Guthaben 32 000 Euro erreicht?

3. Welches Angebot ist von einem Kreditnehmer zu bevorzugen: (i) zu einer jährlichen Zinsrate von 11 % bei jährlicher Verzinsung zu leihen oder (ii) bei einer jährlichen Zinsrate von 10 % mit monatlicher Verzinsung zu leihen?

4. Nehmen Sie an, dass eine Summe von 15 000 Euro auf einem Konto bei einer jährlichen Zinsrate von 7 % angelegt wird. Wie hoch ist das Guthaben nach 12 Jahren, wenn die Zinsen stetig berechnet werden?

5. (a) Auf welchen Betrag sind 8 000 Euro nach 3 Jahren angewachsen, wenn die jährliche Zinsrate 6 % bei stetiger Verzinsung ist?

(b) Wie lange dauert es, bis die 8000 Euro sich verdoppelt haben?

6. Bestimmen Sie die Summen der folgenden unendlichen Reihen:

(a) $44 + 44 \cdot 0.56 + 44 \cdot (0.56)^2 + \cdots$

(b) $\sum_{n=0}^{\infty} 20 \left(\frac{1}{1.2}\right)^n$

(c) $3 + \frac{3 \cdot 2}{5} + \frac{3 \cdot 2^2}{5^2} + \cdots + \frac{3 \cdot 2^{n-1}}{5^{n-1}} + \cdots$

(d) $\sum_{j=-2}^{\infty} \frac{1}{20^j}$

7. Ein konstanter Einkommensstrom von a Euro pro Jahr wird für die nächsten T Jahre erwartet.

(a) Bestimmen Sie seinen PDV unter der Annahme einer jährlichen Zinsrate r bei stetiger Verzinsung.

(b) Welches ist der Grenzwert des PDV für $T \to \infty$? Vergleichen Sie dieses Resultat mit Gleichung (11.5.4).

8. Am Beginn eines Jahres werden 5 000 Euro auf ein Sparkonto eingezahlt bei 4 % jährlichen Zinsen. Wie hoch ist das Guthaben nach 4 Jahren?

9. Am Ende jeden Jahres werden über 4 Jahre jeweils 5000 Euro auf ein Sparkonto eingezahlt bei 4 % jährlichen Zinsen. Wie hoch ist das Guthaben unmittelbar nach der vierten Einzahlung?

10. Nehmen Sie an, dass Sie 10 000 Euro auf Ihrem Sparkonto hatten am 1. Januar 2006. Die jährliche Zinsrate ist 4 %. Sie haben sich verpflichtet, jedes Jahr einen festen Betrag K über 8 Jahre einzuzahlen, die erste Einzahlung am 1. Januar 2009. Welche Wahl des festen Betrages K impliziert, dass Sie unmittelbar nach der letzten Einzahlung ein Guthaben von 70 000 Euro haben?

11. Ein Unternehmen leiht 500 000 Euro zu Beginn eines Jahres von einer Bank und soll diesen Betrag in 10 gleichen Teilbeträgen am Ende jeden Jahres zurückzahlen bei jährlicher Verzinsung zu 7 %.

(a) Bestimmen Sie den jährlichen Zahlungsbetrag. Wie hoch ist der Gesamtbetrag, der an die Bank gezahlt wird?

(b) Wie hoch ist der Gesamtbetrag, wenn das Unternehmen zweimal im Jahr zahlen muss?

12. Lucy hat die Wahl zwischen den folgenden drei Optionen:

(i) Sie erhält 3 200 Euro jedes Jahr für 10 Jahre. Die erste Zahlung ist nach 1 Jahr fällig.

(ii) Sie erhält heute 7 000 Euro und danach 3 000 Euro pro Jahr für 5 Jahre. Die erste Zahlung ist nach 1 Jahr fällig.

(iii) Sie erhält pro Jahr 4 000 Euro für 10 Jahre. Die erste Zahlung ist nach 5 Jahren fällig.

Die jährliche Zinsrate ist 8 %. Berechnen Sie die Barwerte dieser drei Optionen. Zu welcher Option würden Sie Lucy raten?

13. Nehmen Sie mit Bezug auf Beispiel 11.3.2 an, dass der Marktwert des Baumes $P(t) = 100e^{\sqrt{t}/2}$ ist, so dass sein Barwert $f(t) = 100e^{\sqrt{t}/2}e^{-rt}$ ist.

(a) Bestimmen Sie die optimale Fällzeit t^*. Zeigen Sie durch Untersuchung des Vorzeichens von $f'(t)$, dass Sie tatsächlich das Maximum gefunden haben. Wie groß ist t^*, wenn $r = 0.05$ ist?[10]

(b) Lösen Sie dasselbe Problem, wenn $P(t) = 200e^{-1/t}$ und $r = 0.04$ ist.

14. Die Einkünfte aus einer neuen Ölquelle sind am Anfang ($t = 0$) gleich 1 Million Euro pro Jahr und es wird angenommen, dass dies gleichmäßig auf 5

Millionen Euro pro Jahr nach 10 Jahren ansteigen wird. Wenn wir die Zeit in Jahren messen und mit $f(t)$ die Einkünfte (in Millionen Euro) pro Zeiteinheit zur Zeit t bezeichnen, so folgt, dass $f(t) = 1 + 0.4t$. Wenn $F(t)$ die Gesamteinnahmen bezeichnen, die sich über das Zeitintervall $[0, t]$ ansammeln, so ist $F'(t) = f(t)$.

(a) Berechnen Sie die Gesamteinnahmen über die 10-Jahresperiode, d. h. $F(10)$.

(b) Bestimmen Sie den Barwert des Einkommensstroms über das Zeitintervall $[0, 10]$, wenn wir stetige Verzinsung zur Rate $r = 0.05$ pro Jahr annehmen.

15. Lösen Sie die folgenden Differenzengleichungen mit den gegebenen Werten von x_0:

(a) $x_{t+1} = -0.1x_t$ mit $x_0 = 1$ (b) $x_{t+1} = x_t - 2$ mit $x_0 = 4$

(c) $2x_{t+1} - 3x_t = 2$ mit $x_0 = 2$

16. Lösen Sie die folgenden Differentialgleichungen:

(a) $\dot{x} = -3x$ (b) $\dot{x} + 4x = 12$ (c) $\dot{x} - 3x = 12x^2$

(d) $5\dot{x} = -x$ (e) $3\dot{x} + 6x = 10$ (f) $\dot{x} - \frac{1}{2}x = x^2$

17. Lösen Sie die folgenden Differentialgleichungen:

(a) $\dot{x} = tx^2$ (b) $2\dot{x} + 3x = -15$ (c) $\dot{x} - 3x = 30$

(d) $\dot{x} + 5x = 10t$ (e) $\dot{x} + \frac{1}{2}x = e^t$ (f) $\dot{x} + 3x = t^2$

18. Bezeichne $V(x)$ die Anzahl der Liter Treibstoff, die noch im Treibstofftank eines Flugzeugs vorhanden sind, nachdem es x km geflogen ist. Nehmen Sie an, dass $V(x)$ die Differentialgleichung $V'(x) = -aV(x) - b$ erfüllt, wobei a und b positive Konstanten sind. (Damit ist der Treibstoffverbrauch pro km die Konstante $b > 0$ plus den zusätzlichen Betrag $aV(x)$ aufgrund des Gewichts des restlichen Treibstoffes.)

(a) Bestimmen Sie die Lösung der Gleichung mit $V(0) = V_0$.

(b) Wie viele km, x^*, kann das Flugzeug fliegen, wenn es mit V_0 Litern im Tank startet?

(c) Welches ist die Mindestanzahl an Litern V_m, die beim Start benötigt wird, wenn das Flugzeug $\hat{x}$ km fliegen soll?

(d) Setzen Sie $b = 8$, $a = 0.001$, $V_0 = 12\,000$ und $\hat{x} = 1200$. Bestimmen Sie in diesem Fall x^* und V_m.

► Lösungen zu den Aufgaben finden Sie im Anhang des Buches.

[10] Beachten Sie, dass t^* fällt, wenn r steigt.

TEIL III

Multivariate Algebra

12 Matrizenalgebra 523
13 Determinanten, Inverse und quadratische Formen 575

Matrizenalgebra

12

12.1 Matrizen und Vektoren 524
12.2 Systeme linearer Gleichungen 527
12.3 Matrizenaddition 530
12.4 Vektorenalgebra 532
12.5 Matrizenmultiplikation 536
12.6 Regeln für Matrizenmultiplikation 541
12.7 Die Transponierte 549
12.8 Gauß'sche Elimination 552
12.9 Geometrische Interpretation von Vektoren 558
12.10 Geraden und Ebenen 568
Aufgaben zur Wiederholung für Kapitel 12 572

ÜBERBLICK

Tatsächlich spielen Modelle in der Wirtschaft im Grunde dieselbe Rolle wie in der Mode. Sie liefern klare Rahmenbedingungen, innerhalb derer man sein Material zum eigenen Vorteil präsentieren kann ... Eine nützliche Rolle, doch mit der Gefahr behaftet, dass der Designer sich durch seinen persönlichen Hang zum Modell davontragen lässt, während der Kunde vielleicht vergisst, dass das Modell fortschrittlicher gestaltet ist als die Realität.

–Jaques H. Drèze (1984)

Die meisten mathematischen Modelle, die von Ökonomen verwendet werden, verwenden letztendlich ein System mit mehreren Gleichungen, die gewöhnlich ausdrücken, wie eine oder mehrere endogene Variablen von mehreren exogenen Parametern abhängen. Wenn diese Gleichungen alle linear sind, gehört die Untersuchung solcher Systeme in ein Gebiet der Mathematik, das Lineare Algebra *genannt wird. Selbst wenn die Gleichungen nichtlinear sind, kann viel aus linearen Approximationen in der Nähe der Lösung, an der wir interessiert sind, gelernt werden. Zum Beispiel können wir lernen, wie die Lösung reagiert auf kleine Veränderungen in den exogenen Parametern.*

In der Tat bilden lineare Modelle dieser Art die logische Basis für die ökonometrischen Techniken, die routinemäßig in den meisten modernen empirischen Analysen verwendet werden. Lineare Modelle sind viel einfacher zu verstehen, wenn wir einige mathematische Schlüsselkonzepte wie Matrizen, Vektoren und Determinanten verwenden. Diese sowie ihre Anwendungen auf ökonomische Modelle werden in diesem und im nächsten Kapitel eingeführt.

Es ist wichtig zu betonen, dass die Nützlichkeit der linearen Algebra bei weitem die Möglichkeit übersteigt, Systeme linearer Gleichungen zu lösen. Gebiete der angewandten Mathematik, die auf linearer Algebra beruhen, schließen z. B. die Theorie der Differential- und Differenzengleichungen, lineare und nichtlineare Optimierungstheorie sowie Statistik und Ökonometrie ein.

12.1 Matrizen und Vektoren

Eine *Matrix* ist einfach eine rechteckige Anordnung von Zahlen, betrachtet als ein mathematisches Objekt. Nehmen Sie an, dass die Anordnung *m Zeilen* und *n Spalten* hat. Dann haben wir eine m-Kreuz-n-Matrix, geschrieben als $m \times n$. Wir bezeichnen eine Matrix gewöhnlich mit fetten Großbuchstaben wie **A**, **B** usw. Im Allgemeinen hat eine $m \times n$-Matrix die Gestalt

$$\mathbf{A} = \begin{pmatrix} a_{11} & a_{12} & \dots & a_{1n} \\ a_{21} & a_{22} & \dots & a_{2n} \\ \vdots & \vdots & & \vdots \\ a_{m1} & a_{m2} & \dots & a_{mn} \end{pmatrix} \tag{12.1.1}$$

Man sagt, dass die Matrix **A** in (12.1.1) die *Ordnung* (oder *Dimension*) $m \times n$ hat. Die mn Zahlen, die **A** bilden, werden ihre *Elemente* oder *Einträge* genannt. Insbesondere bezeichnet a_{ij} das Element in der i-ten Zeile und j-ten Spalte. In Kurzform wird die

$m \times n$-Matrix in (12.1.1) oft als $(a_{ij})_{m\times n}$ ausgedrückt oder noch einfacher als (a_{ij}), wenn die Ordnung $m \times n$ offensichtlich (oder unwichtig) ist.

Beispiel 12.1.1

Die folgenden vier rechteckigen Anordnungen sind alle Matrizen:

$$\mathbf{A} = \begin{pmatrix} 3 & -2 \\ 5 & 8 \end{pmatrix}, \quad \mathbf{B} = \begin{pmatrix} -1, & 2, & \sqrt{3}, & 16 \end{pmatrix}, \quad \mathbf{C} = \begin{pmatrix} -1 & 2 \\ 8 & 5 \\ 7 & 6 \\ 1 & 1 \end{pmatrix} \quad \text{und} \quad \mathbf{D} = \begin{pmatrix} 3 \\ -1 \\ 12 \end{pmatrix}$$

Matrix **A** ist eine 2×2-, **B** eine 1×4-, **C** eine 4×2- und **D** eine 3×1-Matrix. Ferner ist $a_{21} = 5$ und $c_{32} = 6$. Beachten Sie, dass a_{23} und c_{23} beide nicht definiert sind, da **A** und **C** nur zwei Spalten haben.

Eine Matrix mit entweder nur einer Zeile oder nur einer Spalte wird ein *Vektor* genannt. Es ist üblich zwischen einem *Zeilenvektor*, der nur eine Zeile hat, und einem *Spaltenvektor*, der nur eine Spalte hat, zu unterscheiden. In Beispiel 12.1.1 ist Matrix **B** ein Zeilenvektor, während **D** ein Spaltenvektor ist. Es ist üblich Zeilen- oder Spaltenvektoren mit kleinen fetten Buchstaben wie **x** oder **y** und nicht mit Großbuchstaben zu bezeichnen.

Daher schreiben wir, wenn **a** ein $1 \times n$-Zeilenvektor ist:

$$\mathbf{a} = (a_1, a_2, \ldots, a_n)$$

Die n Zahlen $a_1, a_2, \ldots, a_n$ werden die *Koordinaten* oder *Komponenten* von **a** genannt, wobei a_i seine i-te Koordinate oder Komponente bezeichnet. Um zu betonen, dass ein Vektor n Komponenten hat, sagen wir, dass er die *Dimension* n hat und nennen ihn einen *n-dimensionalen Vektor*.

Beispiel 12.1.2

Konstruieren Sie die 4×3-Matrix $\mathbf{A} = (a_{ij})_{4\times 3}$ mit $a_{ij} = 2i - j$ für alle i und j.

Lösung: Die Matrix **A** hat $4 \cdot 3 = 12$ Elemente. Da $a_{ij} = 2i - j$, ist $a_{11} = 2 \cdot 1 - 1 = 1$, $a_{12} = 2 \cdot 1 - 2 = 0$, $a_{13} = 2 \cdot 1 - 3 = -1$ usw. Die vollständige Matrix ist

$$\mathbf{A} = \begin{pmatrix} 2\cdot 1 - 1 & 2\cdot 1 - 2 & 2\cdot 1 - 3 \\ 2\cdot 2 - 1 & 2\cdot 2 - 2 & 2\cdot 2 - 3 \\ 2\cdot 3 - 1 & 2\cdot 3 - 2 & 2\cdot 3 - 3 \\ 2\cdot 4 - 1 & 2\cdot 4 - 2 & 2\cdot 4 - 3 \end{pmatrix} = \begin{pmatrix} 1 & 0 & -1 \\ 3 & 2 & 1 \\ 5 & 4 & 3 \\ 7 & 6 & 5 \end{pmatrix}$$

Nehmen Sie an: Für eine $m \times n$-Matrix gilt $m = n$, so dass sie dieselbe Anzahl Spalten wie Zeilen hat. Dann wird sie eine *quadratische Matrix* der Ordnung n genannt. In diesem Fall, wenn $\mathbf{A} = (a_{ij})_{n\times n}$, bilden die n Elemente $a_{11}, a_{22}, \ldots, a_{nn}$ die *Hauptdiagonale*, die von dem Element a_{11}, oben links, zu dem Element a_{nn}, unten rechts, verläuft. So ist z. B. die Matrix **A** in Beispiel 12.1.1 eine quadratische Matrix der Ordnung 2, deren Hauptdiagonale aus den Zahlen 3 und 8 besteht. Beachten Sie, dass nur eine quadratische Matrix eine Hauptdiagonale haben kann.

Beispiel 12.1.3

In Kap. 3.6 haben wir das lineare System von zwei Gleichungen in den zwei unbekannten Variablen x und y betrachtet. Es hatte die Form:

$$\begin{aligned} ax + by &= c \\ dx + ey &= f \end{aligned} \tag{12.1.2}$$

Es ist üblich, die Koeffizienten dieser Unbekannten durch die folgende 2×2-Matrix auszudrücken:

$$\begin{pmatrix} a & b \\ d & e \end{pmatrix}$$

Außerdem bilden die zwei Konstanten auf der rechten Seite den Spaltenvektor

$$\begin{pmatrix} c \\ f \end{pmatrix}$$

Betrachten Sie z. B. das System

$$\begin{aligned} 3x - 2y &= 5 \\ 5x + y &= -2 \end{aligned}$$

Seine Koeffizientenmatrix und der Spaltenvektor der rechten Seite sind:

$$\begin{pmatrix} 3 & -2 \\ 5 & 1 \end{pmatrix} \quad \text{und} \quad \begin{pmatrix} 5 \\ -2 \end{pmatrix}$$

Beispiel 12.1.4

Betrachten Sie eine Ladenkette mit vier Filialen, die jeweils acht verschiedene Güter verkaufen. Es bezeichne a_{ij} den Wert in Euro der Verkäufe des Gutes i in der Filiale j während eines bestimmten Monats. Eine geeignete Art der Darstellung dieser Daten ist in der 8×4-Matrix

$$\mathbf{A} = \begin{pmatrix} a_{11} & a_{12} & a_{13} & a_{14} \\ a_{21} & a_{22} & a_{23} & a_{24} \\ \vdots & \vdots & \vdots & \vdots \\ a_{81} & a_{82} & a_{83} & a_{84} \end{pmatrix}$$

Die acht Zeilen beziehen sich auf die acht Güter, während die vier Spalten sich auf die vier Filialen beziehen. Wenn z. B. $a_{73} = 225$ ist, bedeutet dies, dass die Verkäufe des Gutes 7 in Filiale 3 in dem fraglichen Monat den Wert 225 Euro hatten.

Wenn $\mathbf{A} = (a_{ij})_{m\times n}$ und $\mathbf{B} = (b_{ij})_{m\times n}$ zwei $m\times n$-Matrizen sind, dann werden $\mathbf{A}$ und $\mathbf{B}$ *gleich* genannt und wir schreiben $\mathbf{A} = \mathbf{B}$, vorausgesetzt, dass $a_{ij} = b_{ij}$ für alle $i = 1, 2, \dots, m$ und $j = 1, 2, \dots, n$. Daher sind zwei Matrizen $\mathbf{A}$ und $\mathbf{B}$ gleich, wenn sie dieselbe Ordnung haben *und* wenn alle entsprechenden Elemente gleich sind. Wenn $\mathbf{A}$ und $\mathbf{B}$ *nicht* gleich sind, dann schreiben wir $\mathbf{A} \neq \mathbf{B}$.

Beispiel 12.1.5

Geben Sie Bedingungen an, unter denen

$$\begin{pmatrix} 3 & t-1 \\ 2t & u \end{pmatrix} = \begin{pmatrix} t & 2v \\ u+1 & t+w \end{pmatrix}$$

ist.

Lösung: Beide Seiten der Gleichung sind 2×2-Matrizen, jede mit vier Elementen. Deshalb verlangt Gleichheit, dass alle vier Gleichungen $3 = t$, $t - 1 = 2v$, $2t = u + 1$ und $u = t + w$ zwischen Paaren von entsprechenden Elementen erfüllt sind. Wenn wir diese Gleichungen simultan lösen, folgt, dass die zwei Matrizen genau dann gleich sind, wenn $t = 3, v = 1, u = 5$ und $w = 2$. Dann sind beide Matrizen gleich $\begin{pmatrix} 3 & 2 \\ 6 & 5 \end{pmatrix}$.

Aufgaben für Kapitel 12.1

1. Bestimmen Sie die Ordnung von jeder der folgenden Matrizen:

(a) $\mathbf{A} = \begin{pmatrix} 3 & 4 \\ 7 & -2 \end{pmatrix}$ (b) $\mathbf{T} = \begin{pmatrix} 0.85 & 0.10 & 0.10 \\ 0.05 & 0.55 & 0.05 \end{pmatrix}$ (c) $\mathbf{C} = \begin{pmatrix} c_{11} & \dots & c_{1j} & \dots & c_{1n} \\ \vdots & & \vdots & & \vdots \\ c_{i1} & \dots & c_{ij} & \dots & c_{in} \\ \vdots & & \vdots & & \vdots \\ c_{m1} & \dots & c_{mj} & \dots & c_{mn} \end{pmatrix}$

2. Konstruieren Sie die Matrix $\mathbf{A} = (a_{ij})_{3\times 3}$, wobei $a_{ii} = 1$ für $i = 1, 2, 3$ und $a_{ij} = 0$ für $i \neq j$ für alle Paare $i \neq j$ ist.

3. Bestimmen Sie, für welche Werte von u und v die folgende Gleichheit gilt:

$$\begin{pmatrix} (1-u)^2 & v^2 & 3 \\ v & 2u & 5 \\ 6 & u & -1 \end{pmatrix} = \begin{pmatrix} 4 & 4 & u \\ v & -3v & u-v \\ 6 & v+5 & -1 \end{pmatrix}$$

► Lösungen zu den Aufgaben finden Sie im Anhang des Buches.

12.2 Systeme linearer Gleichungen

In Kap. 3.6 haben wir bereits Systeme von zwei simultanen linearen Gleichungen in zwei Variablen betrachtet. Beispiel 12.1.3 zeigte, wie Matrizen genutzt werden können, um solche Systeme prägnanter auszudrücken. Wir nutzen jetzt diese Ideen, um allgemeine Systeme linearer Gleichungen systematischer zu untersuchen.

Der erste entscheidende Schritt ist es, eine geeignete Notation für ein großes lineares Gleichungssystem einzuführen. Speziell betrachten wir m Gleichungen in n Unbekannten, wobei m größer, gleich oder kleiner als n sein kann. Wenn die Unbekannten mit $x_1, \ldots, x_n$ bezeichnet werden, schreiben wir gewöhnlich solch ein System in der Gestalt

$$\begin{aligned} a_{11}x_1 + a_{12}x_2 + \cdots + a_{1n}x_n &= b_1 \\ a_{21}x_1 + a_{22}x_2 + \cdots + a_{2n}x_n &= b_2 \\ \cdots\cdots\cdots\cdots\cdots\cdots\cdots\cdots\cdots \\ a_{m1}x_1 + a_{m2}x_2 + \cdots + a_{mn}x_n &= b_m \end{aligned} \tag{12.2.1}$$

Dabei werden $a_{11}, a_{12}, \ldots, a_{mn}$ die *Koeffizienten* des Systems genannt und $b_1, \ldots, b_m$ werden die *konstanten Terme* oder die *rechten Seiten* genannt. Alle sind reelle Zahlen.

Beachten Sie sorgsam die Reihenfolge der Indizes. Im Allgemeinen ist a_{ij} der Koeffizient in der i-ten Gleichung der j-ten Variablen, welche x_j ist. Einer oder mehrere dieser Koeffizienten können 0 sein. In der Tat ist das System leichter zu untersuchen und zu lösen, wenn viele Koeffizienten 0 sind.

Eine *Lösung* des Systems (12.2.1) ist eine Liste von n Zahlen $s_1, s_2, \ldots, s_n$, die alle Gleichungen gleichzeitig erfüllen, wenn wir $x_1 = s_1$, $x_2 = s_2, \ldots, x_n = s_n$ setzen. Gewöhnlich wird eine Lösung als $(s_1, s_2, \ldots, s_n)$ geschrieben. Beachten Sie, dass die Reihenfolge, in der wir die Komponenten schreiben, wesentlich ist in dem folgenden Sinne: Selbst, wenn $(s_1, s_2, \ldots, s_n)$ (12.2.1) erfüllt, dann wird eine umgeordnete Liste wie $(s_n, s_{n-1}, \ldots, s_1)$ gewöhnlich *keine* Lösung sein.

Wenn das System (12.2.1) wenigstens eine Lösung hat, sagt man, dass es *konsistent* ist. Wenn das System keine Lösung hat, sagt man, dass es *inkonsistent* ist.

Beispiel 12.2.1

(a) Schreiben Sie das System der Gleichungen (12.2.1), wenn $n = m = 3$ und $a_{ij} = i + j$ für $i, j = 1, 2, 3$, während $b_i = i$ für $i = 1, 2, 3$.

(b) Verifizieren Sie, dass $(x_1, x_2, x_3) = (2, -1, 0)$ eine Lösung ist, aber dass $(x_1, x_2, x_3) = (2, 0, -1)$ keine Lösung ist.

Lösung: Die Koeffizienten sind $a_{11} = 1 + 1 = 2$, $a_{12} = 1 + 2 = 3$ usw. Voll ausgeschrieben ist das Gleichungssystem

$$\begin{aligned} 2x_1 + 3x_2 + 4x_3 &= 1 \\ 3x_1 + 4x_2 + 5x_3 &= 2 \\ 4x_1 + 5x_2 + 6x_3 &= 3 \end{aligned}$$

Wenn wir $(x_1, x_2, x_3) = (2, -1, 0)$ in das System einsetzen, sehen wir, dass alle drei Gleichungen erfüllt sind. Damit ist dies eine Lösung. Andererseits: Wenn wir die Reihenfolge der Zahlen 2, −1 und 0 so ändern, dass sie das Tripel $(x_1, x_2, x_3) = (2, 0, -1)$ bilden, dann ist $2x_1 + 3x_2 + 4x_3 = 0$, so dass die erste Gleichung nicht erfüllt ist. Somit ist $(2, 0, -1)$ keine Lösung des Gleichungssystems.

Es ist üblich, die Koeffizienten der Unbekannten in dem System (12.2.1) durch die $m \times n$-Matrix $\mathbf{A}$ darzustellen, die wie in (12.1.1) angeordnet ist. Dann heißt $\mathbf{A}$ die *Ko-*

effizientenmatrix von (12.2.1). Der *Vektor der Konstanten* auf der rechten Seite des Systems ist

$$\mathbf{b} = \begin{pmatrix} b_1 \\ b_2 \\ \vdots \\ b_m \end{pmatrix}$$

Beispiel 12.2.2

Die Koeffizientenmatrix des Systems

$$\begin{aligned} 3x_1 - 2x_2 + 6x_3 &= 5 \\ 5x_1 + x_2 + 2x_3 &= -2 \end{aligned}$$

ist

$$\begin{pmatrix} 3 & -2 & 6 \\ 5 & 1 & 2 \end{pmatrix}$$

Der Vektor der Konstanten des Systems ist derselbe wie in Beispiel 12.1.3.

Aufgaben für Kapitel 12.2

1. Entscheiden Sie, welche der folgenden einzelnen Gleichungen in den Variablen x, y, z und w linear sind und welche nicht.

(a) $3x - y - z - w = 50$ (b) $\sqrt{3}x + 8xy - z + w = 0$

(c) $3.33x - 4y + \dfrac{800}{3}z = 3$ (d) $3(x + y - z) = 4(x - 2y + 3z)$

(e) $(x - y)^2 + 3z - w = -3$ (f) $2a^2x - \sqrt{|b|}\,y + (2 + \sqrt{|a|}\,)z = b^2$

2. Seien x_1, y_1, x_2 und y_2 vier Konstanten und betrachten Sie die folgenden Gleichungen in den vier Variablen a, b, c und d.[1]

$$\begin{aligned} ax_1^2 + bx_1y_1 + cy_1^2 + d &= 0 \\ ax_2^2 + bx_2y_2 + cy_2^2 + d &= 0 \end{aligned}$$

Ist dies ein lineares Gleichungssystem in a, b, c und d?

3. Schreiben Sie das System von Gleichungen (12.2.1) auf, wenn $n = 4$, $m = 3$ und

$$a_{ij} = i + 2j + (-1)^i$$

für $i = 1, 2, 3$, $j = 1, 2, 3, 4$, während $b_i = 2^i$ für $i = 1, 2, 3$.

4. Schreiben Sie das System von Gleichungen (12.2.1) auf, wenn $n = m = 4$ und $a_{ij} = 1$ für alle $i \neq j$, während $a_{ii} = 0$ für $i = 1, 2, 3, 4$. Summieren Sie die vier Gleichungen auf, um eine einfache Gleichung für $\sum_{i=1}^{4} x_i$ zu erhalten. Lösen Sie dann das ganze System.

5. Betrachten Sie eine Menge von n Personen, von denen jede eine Menge von m verschiedenen Gütern besitzt. Sei a_{ij} die Anzahl der Einheiten des Gutes i, die Person j besitzt, für $i = 1, 2, \ldots, m$ und $j = 1, 2, \ldots, n$.

[1] Wir bemerken, dass in *fast* allen anderen Fällen in diesem Buch die Buchstaben a, b, c und d Konstanten bezeichnen!

➡ Fortsetzung

(a) Was stellt die Liste $(a_{1j}, a_{2j}, \ldots, a_{mj})$ dar?

(b) Erklären Sie in Worten, was die Summen $a_{11}+a_{12}+\cdots+a_{1n}$ und $a_{i1}+a_{i2}+\cdots+a_{in}$ ausdrücken.

(c) Es bezeichne p_i den Preis pro Einheit des Gutes i für $i = 1, 2, \ldots, m$. Wie hoch ist der Gesamtwert der Güter, die Person j besitzt?

6. Trygve Haavelmo (1911–1999), ein norwegischer Nobelpreisgewinner für Wirtschaftswissenschaften, entwickelte ein Modell für die Volkswirtschaft der USA für die Jahre 1929–1941, das auf den folgenden vier Gleichungen basierte:

$$\text{(i)}\quad C = 0.712Y + 95.05 \qquad \text{(ii)}\quad Y = C + X - S$$

$$\text{(iii)}\quad S = 0.158(C + X) - 34.30 \qquad \text{(iv)}\quad X = 93.53$$

Dabei bezeichnet X die Gesamtinvestition, Y ist das verfügbare Einkommen, S ist die Gesamtersparnis der Unternehmen und C ist der Gesamtkonsum. Schreiben Sie das Gleichungssystem in der Form (12.2.1), wenn die Variablen in der Reihenfolge X, Y, S und C auftreten. Bestimmen Sie dann die Lösung des Systems.

► Lösungen zu den Aufgaben finden Sie im Anhang des Buches.

12.3 Matrizenaddition

Matrizen können als bloße rechteckige Anordnungen von Zahlen betrachtet worden, die Informationen speichern können. Die wirkliche Motivation für die Einführung von Matrizen ist jedoch, dass es nützliche Regeln für ihre Handhabung gibt. Diese korrespondieren in gewissem Umfang mit den bekannten Regeln der gewöhnlichen Algebra.

Kehren wir zurück zu Beispiel 12.1.4. Dort repräsentierte die 8×4-Matrix **A** für einen bestimmten Monat den Wert in Euro der gesamten Verkäufe der acht Güter in den vier Filialen. Nehmen Sie an, dass die Werte in Euro der Verkäufe im nächsten Monat gegeben sind durch eine entsprechende 8×4-Matrix $\mathbf{B} = (b_{ij})_{8\times 4}$. Die Gesamteinnahmen von jedem dieser Güter in jeder der Filialen im Laufe dieser 2 Monate zusammen wäre dann durch eine neue 8×4-Matrix $\mathbf{C} = (c_{ij})_{8\times 4}$ gegeben, wobei $c_{ij} = a_{ij} + b_{ij}$ für $i = 1, \ldots, 8$ und für $j = 1, \ldots, 4$. Die Matrix **C** wird die „Summe" von **A** und **B** genannt und wir schreiben $\mathbf{C} = \mathbf{A} + \mathbf{B}$.

Matrizenaddition

Wenn $\mathbf{A} = (a_{ij})_{m\times n}$ und $\mathbf{B} = (b_{ij})_{m\times n}$ zwei Matrizen derselben Ordnung sind, definieren wir die *Summe* von **A** und **B** als die $m\times n$-Matrix $(a_{ij} + b_{ij})_{m\times n}$. Damit ist

$$\mathbf{A} + \mathbf{B} = (a_{ij})_{m\times n} + (b_{ij})_{m\times n} = (a_{ij} + b_{ij})_{m\times n} \qquad (12.3.1)$$

Somit addieren wir zwei Matrizen derselben Ordnung, indem wir die entsprechenden Elemente addieren. Nun argumentieren wir: Um eine Matrix mit einem *Skalar* (was nur ein anderes Wort für eine Zahl in Matrizen- oder Vektoralgebra ist) zu multiplizieren, müssen wir *jedes* Element in der Matrix mit diesem Skalar multiplizieren.

Kehren wir zu der Ladenkette in Beispiel 12.1.4 zurück und nehmen wir an, dass die Verkäufe von jedem Gut in jeder Filiale genau dieselben waren in den beiden Monaten, die wir betrachten. Dies bedeutet: Wir haben $a_{ij} = b_{ij}$ für alle $i =, 1, \ldots 8$ und für alle $j = 1, \ldots 4$, so dass $\mathbf{A} = \mathbf{B}$. Daher hat die Summe $\mathbf{C} = \mathbf{A} + \mathbf{B}$ die Elemente $c_{ij} = 2a_{ij}$ für alle i und alle j. In diesem Fall würden wir gerne sagen, dass die Matrix $\mathbf{C}$ das „Zweifache" oder das „Doppelte" der Matrix $\mathbf{A}$ ist. Dies motiviert die folgende Definition.

Multiplikation einer Matrix mit einem Skalar

Wenn $\mathbf{A} = (a_{ij})_{m\times n}$ und α eine relle Zahl ist, definieren wir das Produkt $\alpha\mathbf{A}$ durch

$$\alpha\mathbf{A} = \alpha(a_{ij})_{m\times n} = (\alpha a_{ij})_{m\times n} \qquad (12.3.2)$$

Beispiel 12.3.1

Berechnen Sie $\mathbf{A} + \mathbf{B}$, $3\mathbf{A}$ und $(-\frac{1}{2})\mathbf{B}$, wenn

$$\mathbf{A} = \begin{pmatrix} 1 & 2 & 0 \\ 4 & -3 & -1 \end{pmatrix} \quad \text{und} \quad \mathbf{B} = \begin{pmatrix} 0 & 1 & 2 \\ 1 & 0 & 2 \end{pmatrix}$$

Lösung: Mit den Gleichungen (12.3.1) oder (12.3.2), je nachdem, welche geeignet ist, ergibt sich:

$$\mathbf{A} + \mathbf{B} = \begin{pmatrix} 1 & 3 & 2 \\ 5 & -3 & 1 \end{pmatrix}, \quad 3\mathbf{A} = \begin{pmatrix} 3 & 6 & 0 \\ 12 & -9 & -3 \end{pmatrix}, \quad (-\tfrac{1}{2})\mathbf{B} = \begin{pmatrix} 0 & -\frac{1}{2} & -1 \\ -\frac{1}{2} & 0 & -1 \end{pmatrix}$$

Die Matrix $(-1)\mathbf{A}$ wird gewöhnlich mit $-\mathbf{A}$ bezeichnet. Dann kann die Differenz $\mathbf{A} - \mathbf{B}$ zwischen zwei Matrizen $\mathbf{A}$ und $\mathbf{B}$ derselben Ordnung definiert werden als $\mathbf{A} + (-\mathbf{B})$. In unserem Beispiel der Ladenkette bezeichnet $\mathbf{B} - \mathbf{A}$ die (Netto) Änderung in den Verkaufseinnahmen vom ersten Monat zum zweiten für jedes Gut in jeder Filiale. Positive Einträge stellen Zuwächse dar und negative repräsentieren Abnahmen.

Mit den obigen Definitionen ist es leicht, die folgenden nützlichen Regeln abzuleiten.

Regeln für Matrizenaddition und Multiplikation mit Skalaren

Seien $\mathbf{A}$, $\mathbf{B}$ und $\mathbf{C}$ beliebige $m\times n$-Matrizen und α und β seien reelle Zahlen. Außerdem bezeichne $\mathbf{0}$ die $m\times n$-Matrix, die nur aus Nullen besteht, die sogenannte *Nullmatrix*. Dann gilt:

(a) $(\mathbf{A} + \mathbf{B}) + \mathbf{C} = \mathbf{A} + (\mathbf{B} + \mathbf{C})$ (b) $\mathbf{A} + \mathbf{B} = \mathbf{B} + \mathbf{A}$

(c) $\mathbf{A} + \mathbf{0} = \mathbf{A}$ (d) $\mathbf{A} + (-\mathbf{A}) = \mathbf{0}$ (12.3.3)

(e) $(\alpha + \beta)\mathbf{A} = \alpha\mathbf{A} + \beta\mathbf{A}$ (f) $\alpha(\mathbf{A} + \mathbf{B}) = \alpha\mathbf{A} + \alpha\mathbf{B}$

Jede dieser Regeln folgt direkt aus den Definitionen und den entsprechenden Regeln für gewöhnliche Zahlen. Wegen Regel (a) besteht keine Notwendigkeit, irgendwelche Klammern zu setzen in Summen wie $\mathbf{A}+\mathbf{B}+\mathbf{C}$. Beachten Sie auch, dass die Definitionen (12.3.1) und (12.3.2) z. B. implizieren, dass $\mathbf{A}+\mathbf{A}+\mathbf{A}$ gleich $3\mathbf{A}$ ist.

Aufgaben für Kapitel 12.3

1. Berechnen Sie $\mathbf{A}+\mathbf{B}$ und $3\mathbf{A}$, wenn $\mathbf{A}=\begin{pmatrix}0 & 1\\ 2 & 3\end{pmatrix}$ und $\mathbf{B}=\begin{pmatrix}1 & -1\\ 5 & 2\end{pmatrix}$.

2. Berechnen Sie $\mathbf{A}+\mathbf{B}$, $\mathbf{A}-\mathbf{B}$ und $5\mathbf{A}-3\mathbf{B}$, wenn
$\mathbf{A}=\begin{pmatrix}0 & 1 & -1\\ 2 & 3 & 7\end{pmatrix}$ und $\mathbf{B}=\begin{pmatrix}1 & -1 & 5\\ 0 & 1 & 9\end{pmatrix}$.

► Lösungen zu den Aufgaben finden Sie im Anhang des Buches.

12.4 Vektorenalgebra

Erinnern Sie sich daran, dass eine Matrix mit nur einer Zeile ein *Zeilenvektor* genannt wird und eine Matrix mit nur einer Spalte ein *Spaltenvektor*. Wir beziehen uns auf beide als *Vektoren* und bezeichnen sie mit kleinen fetten Buchstaben. Selbstverständlich enthalten der Zeilenvektor $(7, 13, 4)$ und der Spaltenvektor

$$\begin{pmatrix}7\\ 13\\ 4\end{pmatrix}$$

genau dieselbe Information. In der Tat: Sowohl die numerischen Elemente als auch ihre Reihenfolge sind dieselben, nur die Anordnung der Zahlen ist verschieden.

Vektoroperationen

Da ein Vektor nur ein spezieller Typ einer Matrix ist, gelten die für Matrizen dargestellten algebraischen Operationen genauso auch für Vektoren. Somit haben wir:

(i) Zwei n-Vektoren $\mathbf{a}$ und $\mathbf{b}$ sind genau dann *gleich*, wenn alle ihre n entsprechenden Komponenten gleich sind. Wir schreiben dann $\mathbf{a}=\mathbf{b}$.

(ii) Wenn $\mathbf{a}$ und $\mathbf{b}$ zwei n-Vektoren sind, so ist ihre *Summe*, die mit $\mathbf{a}+\mathbf{b}$ bezeichnet wird, derjenige n-Vektor, den man erhält, wenn man jede Komponente von $\mathbf{a}$ zu der entsprechenden Komponente von $\mathbf{b}$ addiert.[2]

[2] Wenn zwei Vektoren nicht dieselbe Dimension haben, so ist ihre Summe und auch ihre Differenz einfach nicht definiert. Man sollte auch keinen Zeilenvektor zu einen Spaltenvektor addieren, auch dann nicht, wenn sie dieselbe Dimension haben.

(iii) Wenn **a** ein n-Vektor und t eine reelle Zahl ist, definieren wir $t\mathbf{a}$ als denjenigen n-Vektor, dessen Komponenten das t-fache der entsprechenden Komponenten von **a** sind.

(iv) Die *Differenz* zwischen zwei n-Vektoren **a** und **b** ist definiert als $\mathbf{a}-\mathbf{b} = \mathbf{a}+(-1)\mathbf{b}$.

Wenn **a** und **b** zwei n-Vektoren und t und s reelle Zahlen sind, sagt man, dass der n-Vektor $t\mathbf{a} + s\mathbf{b}$ eine *Linearkombination* von **a** und **b** ist. In Symbolen gilt bei Verwendung von Spaltenvektoren

$$t\begin{pmatrix} a_1 \\ a_2 \\ \vdots \\ a_n \end{pmatrix} + s\begin{pmatrix} b_1 \\ b_2 \\ \vdots \\ b_n \end{pmatrix} = \begin{pmatrix} ta_1 + sb_1 \\ ta_2 + sb_2 \\ \vdots \\ ta_n + sb_n \end{pmatrix}$$

Linearkombinationen findet man sehr häufig in den Wirtschaftswissenschaften. Nehmen Sie z. B. an, dass **a** und **b** Warenvektoren sind, deren j-te Komponente die Menge der Ware mit der Nummer j ist. Wenn nun t Personen alle denselben Warenvektor **a** und s Personen alle den Warenvektor **b** kaufen, dann stellt der Vektor $t\mathbf{a} + s\mathbf{b}$ den Gesamtwarenvektor dar, der von allen $t + s$ Personen zusammen gekauft wird.

Natürlich sind die Regeln für Matrizenaddition und Multiplikation mit einem Skalar, die wir in Kap. 12.3 gesehen haben, auch auf Vektoren anwendbar.

Das innere Produkt

Betrachten wir vier verschiedene Güter wie Äpfel, Bananen, Kirschen und Datteln. Nehmen Sie an, Sie kaufen den Warenvektor $\mathbf{x} = (5, 3, 6, 7)$. Dies bedeutet natürlich, dass Sie fünf Einheiten (sagen wir Kilo) Äpfel, 3 Kilo Bananen usw. kaufen. Nehmen Sie an, dass die Preise dieser vier verschiedenen Waren pro Kilo durch den Preisvektor $\mathbf{p} = (4, 5, 3, 8)$ gegeben sind, was bedeutet, dass der Preis pro Kilo des ersten Gutes 4 Euro ist, der Preis pro Kilo des zweiten Gutes ist 5 Euro usw. Dann haben Sie $4 \cdot 5 = 20$ Euro für Äpfel, $5 \cdot 3 = 15$ Euro für Bananen usw. ausgegeben. Dann ist der Gesamtwert der Früchte, die Sie kaufen, gleich $4 \cdot 5 + 5 \cdot 3 + 3 \cdot 6 + 8 \cdot 7 = 109$.

Nun können wir den ausgegebenen Gesamtbetrag als das Resultat einer mit $\mathbf{p}\cdot\mathbf{x}$ bezeichneten Operation betrachten, die wir auf die zwei Vektoren **p** und **x** anwenden. Die Operation wird das *innere Produkt, Skalarprodukt* oder *Punktprodukt* von **p** und **x** genannt. Im Allgemeinen haben wir die folgende Definition, die hier für Zeilenvektoren formuliert ist:

Inneres Produkt

Das innere Produkt der n-Vektoren $\mathbf{a} = (a_1, a_2, \ldots, a_n)$ und $\mathbf{b} = (b_1, b_2, \ldots, b_n)$ ist definiert als

$$\mathbf{a} \cdot \mathbf{b} = a_1b_1 + a_2b_2 + \cdots + a_nb_n = \sum_{i=1}^{n} a_ib_i \qquad (12.4.1)$$

Beachten Sie, dass das innere Produkt von zwei Vektoren kein Vektor, sondern eine *Zahl* ist. Man erhält es einfach durch Multiplikation aller Paare (a_j, b_j) (für $j = 1, 2, \ldots, n$) entsprechender Komponenten in den zwei Vektoren **a** und **b** und anschließender Addition all dieser Produkte. Beachten Sie, dass $\mathbf{a} \cdot \mathbf{b}$ *nur dann definiert ist, wenn* **a** und **b** beide dieselbe Dimension haben.

Wir haben vorher schon den Fall betrachtet, dass **p** ein Preisvektor ist, dessen n Komponenten in Euro pro Kilo gemessen werden, während **x** ein Warenvektor ist, dessen n Komponenten in Kilo gemessen werden. In diesem Fall ist für jedes $j = 1, 2, \ldots, n$ das Produkt $p_j x_j$ der Geldbetrag, gemessen in Euro, der für Gut j ausgegeben wurde. Dann ist das innere Produkt $\mathbf{p} \cdot \mathbf{x} = \sum_{j=1}^{n} p_j x_j$ der Gesamtbetrag, der für die n Güter ausgegeben wurde, gemessen in Euro.

Beispiel 12.4.1

Es sei $\mathbf{a} = (1, -2, 3)$ und $\mathbf{b} = (-3, 2, 5)$. Berechnen Sie $\mathbf{a} \cdot \mathbf{b}$.

Lösung: Wir erhalten $\mathbf{a} \cdot \mathbf{b} = 1 \cdot (-3) + (-2) \cdot 2 + 3 \cdot 5 = 8$.

Hier sind fünf wichtige Eigenschaften des inneren Produkts:

Regeln für das innere Produkt

Falls **a**, **b** und **c** jeweils n-Vektoren sind und α ein Skalar ist, dann gilt

(a) $\mathbf{a} \cdot \mathbf{b} = \mathbf{b} \cdot \mathbf{a}$

(b) $(\alpha \mathbf{a}) \cdot \mathbf{b} = \mathbf{a} \cdot (\alpha \mathbf{b}) = \alpha(\mathbf{a} \cdot \mathbf{b})$

(c) $\mathbf{a} \cdot (\mathbf{b} + \mathbf{c}) = \mathbf{a} \cdot \mathbf{b} + \mathbf{a} \cdot \mathbf{c}$

(d) $\mathbf{a} \cdot \mathbf{a} \geq 0$

(e) $\mathbf{a} \cdot \mathbf{a} = 0$ dann und nur dann, wenn $\mathbf{a} = \mathbf{0}$

Hier sind die Regeln (a) und (b) einfache Folgerungen aus den Definitionen. Regel (a) besagt, dass das innere Produkt *kommutativ* ist, in dem Sinn, dass die Vertauschung der Reihenfolge der zwei zu multiplizierenden Vektoren ihr Produkt nicht verändert. Regel (c) ist das *Distributivgesetz*, welches auch aus der Definition folgt. Die Regeln (a) und (c) zusammen implizieren, dass

$$(\mathbf{a} + \mathbf{b}) \cdot \mathbf{c} = \mathbf{a} \cdot \mathbf{c} + \mathbf{b} \cdot \mathbf{c}$$

Ferner implizieren die Regeln (d) und (e) zusammen, dass

$$\mathbf{a} \cdot \mathbf{a} > 0 \Leftrightarrow \mathbf{a} \neq 0 \,.$$

Um zu sehen, warum diese Aussage wahr ist, beachten Sie zuerst, dass $\mathbf{a} \cdot \mathbf{a} = a_1^2 + a_2^2 + \cdots + a_n^2$. Dies ist immer nichtnegativ. Außerdem ist es nach Regel (e) dann und nur dann Null, wenn alle Komponenten a_i von **a** gleich 0 sind.

Aufgaben für Kapitel 12.4

1. BerechnenSie $\mathbf{a} + \mathbf{b}$, $\mathbf{a} - \mathbf{b}$, $2\mathbf{a} + 3\mathbf{b}$ und $-5\mathbf{a} + 2\mathbf{b}$, wenn $\mathbf{a} = \begin{pmatrix} 2 \\ -1 \end{pmatrix}$ und $\mathbf{b} = \begin{pmatrix} 3 \\ 4 \end{pmatrix}$.

2. Es sei $\mathbf{a} = (1, 2, 2)$, $\mathbf{b} = (0, 0, -3)$ und $\mathbf{c} = (-2, 4, -3)$. Bestimmen Sie die drei Vektoren $\mathbf{a} + \mathbf{b} + \mathbf{c}$, $\mathbf{a} - 2\mathbf{b} + 2\mathbf{c}$, $3\mathbf{a} + 2\mathbf{b} - 3\mathbf{c}$.

➡ Fortsetzung

3. Bestimmen Sie x, y und z, wenn $3(x, y, z) + 5(-1, 2, 3) = (4, 1, 3)$.

4. Was wissen Sie über die Komponenten von $\mathbf{x}$, wenn $\mathbf{x} + \mathbf{0} = \mathbf{0}$ ist?

5. Was wissen Sie über die Komponenten von $\mathbf{x}$, wenn $0\mathbf{x} = \mathbf{0}$ ist?

6. Schreiben Sie den Vektor $(4, -11)$ als Linearkombination von $(2, -1)$ und $(1, 4)$.

7. Lösen Sie die Vektorgleichung $4\mathbf{x} - 7\mathbf{a} = 2\mathbf{x} + 8\mathbf{b} - \mathbf{a}$ nach $\mathbf{x}$ in Termen von $\mathbf{a}$ und $\mathbf{b}$ auf.

8. Seien $\mathbf{a}$ und $\mathbf{b}$ die zwei Vektoren aus Aufgabe 1. Berechnen Sie die drei inneren Produkte $\mathbf{a} \cdot \mathbf{a}$, $\mathbf{a} \cdot \mathbf{b}$ und $\mathbf{a} \cdot (\mathbf{a} + \mathbf{b})$. Verifizieren Sie dann, dass $\mathbf{a} \cdot \mathbf{a} + \mathbf{a} \cdot \mathbf{b} = \mathbf{a} \cdot (\mathbf{a} + \mathbf{b})$.

9. Für welche Werte von x ist das innere Produkt von $(x, x-1, 3)$ und $(x, x, 3x)$ gleich 0?

10. Ein Bauunternehmen plant mehrere Häuser von drei verschiedenen Typen zu bauen: fünf vom Typ A, sieben vom Typ B und 12 vom Typ C. Nehmen Sie an, dass für Häuser vom Typ A je 20 Einheiten Holz gebraucht werden, für Typ B je 18 Einheiten und für Typ C je 25 Einheiten.

(a) Schreiben Sie einen 3-dimensionalen Vektor $\mathbf{x}$, dessen Koordinaten die Anzahl der Häuser von jedem Typ angeben.

(b) Schreiben Sie einen Vektor $\mathbf{u}$ auf, der die verschiedenen Holzmengen angibt, die für je ein Haus von jedem der drei Typen benötigt werden.

(c) Bestimmen Sie die Gesamtmenge an Holz, die benötigt wird, und zeigen Sie, dass diese durch das innere Produkt $\mathbf{u} \cdot \mathbf{x}$ gegeben ist.

11. Ein Unternehmen produziert nichtnegative Outputmengen $z_1, z_2, \ldots, z_n$ von n verschiedenen Gütern und benutzt als Input die nichtnegativen Mengen $x_1, x_2, \ldots, x_n$ derselben n Güter. Definieren Sie für jedes Gut i durch $y_i = z_i - x_i$ den Netto-Output des Gutes i. Es sei p_i der Preis des Gutes i. Sei $\mathbf{p} = (p_1, \ldots, p_n)$, $\mathbf{x} = (x_1, \ldots, x_n)$, $\mathbf{y} = (y_1, \ldots, y_n)$ und $\mathbf{z} = (z_1, \ldots, z_n)$.

(a) Berechnen Sie die Einnahmen und die Kosten des Unternehmens.

(b) Zeigen Sie, dass der Gewinn des Unternehmens durch das Skalarprodukt $\mathbf{p} \cdot \mathbf{y}$ gegeben ist. Was ist, wenn $\mathbf{p} \cdot \mathbf{y}$ negativ ist?

12. Ein Unternehmen produziert das erste von zwei Gütern als seinen Output und benutzt dabei das zweite Gut als Input. Sein Netto-Outputvektor, definiert wie in Aufgabe 11, ist $\begin{pmatrix} 2 \\ -1 \end{pmatrix}$. Der Preisvektor ist $(1, 3)$. Bestimmmen Sie den Inputvektor, den Outputvektor, die Kosten, die Einnahmen, den Wert des Netto-Outputs und den Gewinn oder Verlust des Unternehmens.

► Lösungen zu den Aufgaben finden Sie im Anhang des Buches.

12.5 Matrizenmultiplikation

Die Regeln, die wir für die Addition oder Subtraktion von Matrizen und die Multiplikation einer Matrix mit einem Skalar gegeben haben, sollten alle ganz natürlich und intuitiv erscheinen. Die Regel, die wir jetzt geben wollen für die Matrizenmultiplikation ist jedoch viel raffinierter.[3] Bevor wir jedoch die Regel angeben, motivieren wir sie, indem wir uns ansehen, wie ein spezielles Gleichungssystem zu bearbeiten ist.

Betrachten Sie z. B. die folgenden zwei Systeme linearer Gleichungen:

$$\begin{aligned} y_1 &= b_{11}x_1 + b_{12}x_2 \\ y_2 &= b_{21}x_1 + b_{22}x_2 \\ y_3 &= b_{31}x_1 + b_{32}x_2 \end{aligned} \qquad \text{(i)}$$

und

$$\begin{aligned} z_1 &= a_{11}y_1 + a_{12}y_2 + a_{13}y_3 \\ z_2 &= a_{21}y_1 + a_{22}y_2 + a_{23}y_3 \end{aligned} \qquad \text{(ii)}$$

Die Koeffizientenmatrizen dieser zwei Gleichungssysteme sind

$$\mathbf{B} = \begin{pmatrix} b_{11} & b_{12} \\ b_{21} & b_{22} \\ b_{31} & b_{32} \end{pmatrix} \quad \text{und} \quad \mathbf{A} = \begin{pmatrix} a_{11} & a_{12} & a_{13} \\ a_{21} & a_{22} & a_{23} \end{pmatrix}$$

Das System (i) drückt die drei y-Variablen durch die zwei x-Variablen aus, während in (ii) die zwei z-Variablen durch die y-Variablen ausgedrückt werden. Somit müssen die z-Variablen in Beziehung zu den x-Variablen stehen. In der Tat: Nehmen Sie dazu die Ausdrücke für y_1, y_2 und y_3 in (i) und setzen Sie diese in (ii) ein. Das Resultat ist

$$\begin{aligned} z_1 &= a_{11}(b_{11}x_1 + b_{12}x_2) + a_{12}(b_{21}x_1 + b_{22}x_2) + a_{13}(b_{31}x_1 + b_{32}x_2) \\ z_2 &= a_{21}(b_{11}x_1 + b_{12}x_2) + a_{22}(b_{21}x_1 + b_{22}x_2) + a_{23}(b_{31}x_1 + b_{32}x_2) \end{aligned}$$

Sammeln Sie jetzt die Terme mit x_1, gefolgt von denen mit x_2. Dies ergibt:

$$\begin{aligned} z_1 &= (a_{11}b_{11} + a_{12}b_{21} + a_{13}b_{31})x_1 + (a_{11}b_{12} + a_{12}b_{22} + a_{13}b_{32})x_2 \\ z_2 &= (a_{21}b_{11} + a_{22}b_{21} + a_{23}b_{31})x_1 + (a_{21}b_{12} + a_{22}b_{22} + a_{23}b_{32})x_2 \end{aligned}$$

Die Koeffizienten von x_1 und x_2 in diesen Ausdrücken können in der folgenden 2×2 Koeffizientenmatrix dargestellt werden

$$\mathbf{C} = \begin{pmatrix} a_{11}b_{11} + a_{12}b_{21} + a_{13}b_{31} & a_{11}b_{12} + a_{12}b_{22} + a_{13}b_{32} \\ a_{21}b_{11} + a_{22}b_{21} + a_{23}b_{31} & a_{21}b_{12} + a_{22}b_{22} + a_{23}b_{32} \end{pmatrix}$$

Die Matrix **A** ist 2×3 und **B** ist 3×2. Insbesondere *hat* **B** *so viele Zeilen wie* **A** *Spalten hat.*

[3] Es ist verlockend das Produkt von zwei Matrizen $\mathbf{A} = (a_{ij})_{m\times n}$ und $\mathbf{B} = (b_{ij})_{m\times n}$ derselben Ordnung einfach als die Matrix $\mathbf{C} = (c_{ij})_{m\times n}$ zu definieren, wobei man jedes Element $c_{ij} = a_{ij}b_{ij}$ erhält, indem man die Einträge der zwei Matrizen Term für Term multipliziert. Dies ist eine respektable Matrizenoperation, die das *Hadamard-Produkt* von **A** und **B** erzeugt. Jedoch ist die Definition der Matrizenmultiplikation, die wir geben, bei weitem diejenige, die am meisten in linearer Algebra gebraucht wird.

Beachten Sie: Wenn wir $\mathbf{C} = (c_{ik})_{2\times 2}$ setzen, dann erhält man die Zahl

$$c_{11} = a_{11}b_{11} + a_{12}b_{21} + a_{13}b_{31}$$

als das innere Produkt der ersten Zeile in **A** und der ersten Spalte in **B**. Genauso ist c_{12} das innere Produkt der ersten Zeile in **A** und der zweiten Spalte in **B**, usw. Allgemein ist jedes Element c_{ik} das innere Produkt der i-ten Zeile in **A** und der k-ten Spalte in **B**.

Die Matrix **C** in diesem Beispiel wird das *(Matrizen-)Produkt* von **A** und **B** genannt und wir schreiben $\mathbf{C} = \mathbf{AB}$. Hier ist ein numerisches Beispiel.

Beispiel 12.5.1

Nach Definition ist in diesem Beispiel das Matrizenprodukt **AB**:

$$\begin{pmatrix} 1 & 0 & 3 \\ 2 & 1 & 5 \end{pmatrix} \begin{pmatrix} 1 & 3 \\ 2 & 5 \\ 6 & 2 \end{pmatrix} = \begin{pmatrix} 1\cdot 1 + 0\cdot 2 + 3\cdot 6 & 1\cdot 3 + 0\cdot 5 + 3\cdot 2 \\ 2\cdot 1 + 1\cdot 2 + 5\cdot 6 & 2\cdot 3 + 1\cdot 5 + 5\cdot 2 \end{pmatrix} = \begin{pmatrix} 19 & 9 \\ 34 & 21 \end{pmatrix}$$

Um das Argument auf allgemeine Matrizen zu erweitern, nehmen Sie an, dass wie in (i) die Variablen $y_1, \ldots, y_n$ linear in Termen von $x_1, \ldots, x_p$ ausgedrückt werden und dass wie in (ii) $z_1, \ldots, z_m$ linear in Termen von $y_1, \ldots, y_n$ ausgedrückt werden. Dann können $z_1, \ldots, z_m$ linear in Termen von $x_1, \ldots, x_p$ ausgedrückt werden. Vorausgesetzt, dass die Matrix **B** wirklich so viele Zeilen hat wie **A** Spalten hat, führt das Resultat, das wir erhalten, direkt zu der folgenden Definition:

Matrizenmultiplikation

Nehmen Sie an, dass $\mathbf{A} = (a_{ij})_{m\times n}$ und dass $\mathbf{B} = (b_{jk})_{n\times p}$. Dann ist das Produkt $\mathbf{C} = \mathbf{AB}$ die $m\times p$-Matrix $\mathbf{C} = (c_{ik})_{m\times p}$, deren Element in der i-ten Zeile und k-ten Spalte das innere Produkt der i-ten Zeile von **A** und der k-ten Spalte von **B** ist. Das heißt:

$$c_{ik} = \sum_{j=1}^{n} a_{ij}b_{jk} = a_{i1}b_{1k} + a_{i2}b_{2k} + \cdots + a_{ij}b_{jk} + \cdots + a_{in}b_{nk} \qquad (12.5.1)$$

Beachten Sie: Um den Eintrag c_{ik} in Zeile i und Spalte k von **C** zu erhalten, multiplizieren wir jede Komponente a_{ij} in der i-ten Zeile von **A** mit der entsprechenden Komponente b_{jk} in der k-ten Spalte von **B** und addieren dann alle Produkte. Eine Möglichkeit der Visualisierung der Matrizenmultiplikation ist diese:

$$\begin{pmatrix} a_{11} \ldots & a_{1j} & \ldots a_{1n} \\ \vdots & \vdots & \vdots \\ \boxed{a_{i1} \ldots} & \boxed{a_{ij}} & \boxed{\ldots a_{in}} \\ \vdots & \vdots & \vdots \\ a_{m1} \ldots & a_{mj} & \ldots a_{mn} \end{pmatrix} \begin{pmatrix} b_{11} \ldots & \boxed{b_{1j}} & \ldots b_{1p} \\ \vdots & \vdots & \vdots \\ b_{j1} \ldots & \boxed{b_{kj}} & \ldots b_{kp} \\ \vdots & \vdots & \vdots \\ b_{n1} \ldots & \boxed{b_{nj}} & \ldots b_{np} \end{pmatrix} = \begin{pmatrix} c_{11} \ldots & c_{1j} & \ldots c_{1p} \\ \vdots & \vdots & \vdots \\ c_{i1} \ldots & \boxed{c_{ij}} & \ldots c_{ip} \\ \vdots & \vdots & \vdots \\ c_{m1} \ldots & c_{mj} & \ldots c_{mp} \end{pmatrix}$$

Es ist wichtig zu wiederholen, dass das Matrizenprodukt **AB** dann nur dann definiert ist, wenn die Anzahl der Spalten in **A** gleich der Anzahl der Zeilen in **B** ist. Und, wenn es definiert, hat das Produkt **AB** so viele Zeilen wie **A** und so viele Spalten wie **B**.

Beachten Sie auch, dass **AB** definiert sein kann, selbst wenn **BA** es nicht ist. Wenn z. B. **A** eine 6×3- und **B** eine 3×5-Matrix ist, dann ist **AB** definiert als 6×5-Matrix, während **BA** nicht definiert ist.

Beispiel 12.5.2

Sei

$$\mathbf{A} = \begin{pmatrix} 0 & 1 & 2 \\ 2 & 3 & 1 \\ 4 & -1 & 6 \end{pmatrix} \quad \text{und} \quad \mathbf{B} = \begin{pmatrix} 3 & 2 \\ 1 & 0 \\ -1 & 1 \end{pmatrix}$$

Berechnen Sie das Matrizenprodukt **AB**. Ist das Produkt **BA** definiert?

Lösung: **A** ist 3×3 und **B** ist 3×2, so dass **AB** die folgende 3×2-Matrix ist:[4]

$$\mathbf{AB} = \begin{pmatrix} 0 & 1 & 2 \\ 2 & 3 & 1 \\ 4 & -1 & 6 \end{pmatrix} \begin{pmatrix} 3 & 2 \\ 1 & 0 \\ -1 & 1 \end{pmatrix} = \begin{pmatrix} -1 & 2 \\ 8 & 5 \\ 5 & 14 \end{pmatrix}$$

Das Matrixprodukt **BA** ist nicht definiert, weil die Anzahl der Spalten in **B** nicht gleich der Anzahl der Zeilen in **A** ist.

Beachten Sie, dass in Beispiel 12.5.2 das Matrizenprodukt **AB** definiert war, aber **BA** nicht. Aufgabe 1 und Beispiel 12.6.4 zeigen, wie selbst in Fällen, in denen **AB** und **BA** beide definiert sind, sie gewöhnlich nicht gleich sind. Um diesen wichtigen Unterschied zwischen den zwei Matrizenprodukten zu betonen, sagen wir, wenn wir **AB** schreiben, dass wir **A** *von rechts* mit **B** multiplizieren, während wir in **BA** die Matrix **A** *von links* mit **B** multiplizieren.

Beispiel 12.5.3

Drei Firmen teilen sich den Markt für ein bestimmtes Gut. Firma A hat anfangs 20 % des Marktes, Firma B hat 60 % und Firma C hat 20 %. Im Laufe des nächsten Jahres ergeben sich die folgenden Änderungen:

(a) Firma A behält 85 % seiner Kunden, verliert 5 % an B und 10 % an C;

(b) Firma B behält 55 % seiner Kunden, verliert 10 % an A und 35 % an C;

(c) Firma C behält 85 % seiner Kunden, verliert 10 % an A und 5 % an B.

Wir können die Marktanteile dieser drei Firmen durch einen *Marktanteilsvektor* darstellen, der als ein Spaltenvektor **s** definiert ist, dessen Komponenten alle nichtnegativ sind und sich auf 1 aufsummieren. Definieren Sie die Matrix **T** und den anfängli-

[4] Wir haben Einfärbung benutzt, um anzuzeigen, wie das Element in der zweiten Zeile und ersten Spalte von **AB** gebildet wird. Es ist das innere Produkt der zweiten Zeile in **A** und der ersten Spalte in **B**; dieses ist $2 \cdot 3 + 3 \cdot 1 + 1 \cdot (-1) = 8$.

chen Marktanteilsvektor **s** durch

$$\mathbf{T} = \begin{pmatrix} 0.85 & 0.10 & 0.10 \\ 0.05 & 0.55 & 0.05 \\ 0.10 & 0.35 & 0.85 \end{pmatrix} \quad \text{und} \quad \mathbf{s} = \begin{pmatrix} 0.2 \\ 0.6 \\ 0.2 \end{pmatrix}$$

Bemerken Sie, dass wir jedes Element t_{ij} als den Prozentsatz der Kunden von j definiert haben, die in der nächsten Periode Kunden von i werden. Deshalb wird **T** die *Übergangsmatrix* genannt.
Berechnen Sie den Vektor **Ts**. Zeigen Sie dann, dass er auch ein Marktanteilsvektor ist und geben Sie eine Interpretation. Welches ist die Interpretation von **T**(**Ts**), **T**(**T**(**Ts**)), ... ?

Lösung: Direkte Berechnung ergibt:

$$\mathbf{Ts} = \begin{pmatrix} 0.85 & 0.10 & 0.10 \\ 0.05 & 0.55 & 0.05 \\ 0.10 & 0.35 & 0.85 \end{pmatrix} \begin{pmatrix} 0.2 \\ 0.6 \\ 0.2 \end{pmatrix} = \begin{pmatrix} 0.25 \\ 0.35 \\ 0.40 \end{pmatrix}$$

Da $0.25 + 0.35 + 0.40 = 1$, ist das Produkt **Ts** auch ein Marktanteilsvektor. Man erhält das erste Element in **Ts** durch die Berechnung

$$0.85 \cdot 0.2 + 0.10 \cdot 0.6 + 0.10 \cdot 0.2 = 0.25$$

Dabei ist $0.85 \cdot 0.2$ der Martanteil von A, der nach einem Jahr erhalten bleibt, während $0.10 \cdot 0.6$ der Anteil ist, den A von B gewinnt und $0.10 \cdot 0.2$ ist der Anteil, den A von C gewinnt. Die Summe ist deshalb der Gesamtmarktanteil von A nach 1 Jahr. Die anderen Elemente in **Ts** können ähnlich interpretiert werden. Somit muss **Ts** der neue Marktanteilsvektor nach 1 Jahr sein. Dann ist **T**(**Ts**) (was sie in Aufgabe 8 berechnen sollen) der Marktanteilsvektor nach einem weiteren Jahr – d. h. nach 2 Jahren usw.

Gleichungssysteme in Matrizenform

Die Definition der Matrizenmultiplikation erlaubt uns, lineare Gleichungssysteme in sehr kompakter Form mit Hilfe von Matrizenmultiplikationen zu schreiben. Betrachten Sie z. B. das Gleichungssystem

$$\begin{aligned} 3x_1 + 4x_2 &= 5 \\ 7x_1 - 2x_2 &= 2 \end{aligned}$$

Definieren Sie jetzt die 2×2-Koeffizientenmatrix **A**, den 2-Vektor **x** der Unbekannten und den 2-Vektor der rechten Seiten **b** durch

$$\mathbf{A} = \begin{pmatrix} 3 & 4 \\ 7 & -2 \end{pmatrix}, \quad \mathbf{x} = \begin{pmatrix} x_1 \\ x_2 \end{pmatrix} \quad \text{und} \quad \mathbf{b} = \begin{pmatrix} 5 \\ 2 \end{pmatrix}$$

Dann sehen wir, dass

$$\mathbf{Ax} = \begin{pmatrix} 3 & 4 \\ 7 & -2 \end{pmatrix} \begin{pmatrix} x_1 \\ x_2 \end{pmatrix} = \begin{pmatrix} 3x_1 + 4x_2 \\ 7x_1 - 2x_2 \end{pmatrix}$$

Somit ist das ursprüngliche Gleichungssystem äquivalent zu der Matrizengleichung $\mathbf{Ax} = \mathbf{b}$.

Betrachten Sie allgemein das lineare Gleichungssystem (12.2.1) mit m Gleichungen und n Unbekannten. Nehmen Sie an, wir definieren

$$\mathbf{A} = \begin{pmatrix} a_{11} & a_{12} & \dots & a_{1n} \\ a_{21} & a_{22} & \dots & a_{2n} \\ \vdots & \vdots & & \vdots \\ a_{m1} & a_{m2} & \dots & a_{mn} \end{pmatrix}, \quad \mathbf{x} = \begin{pmatrix} x_1 \\ x_2 \\ \vdots \\ x_n \end{pmatrix} \quad \text{und} \quad \mathbf{b} = \begin{pmatrix} b_1 \\ b_2 \\ \vdots \\ b_m \end{pmatrix}$$

Somit hat $\mathbf{A}$ die Ordnung $m \times n$ und $\mathbf{x}$ die Ordnung $n \times 1$. Das Matrizenprodukt $\mathbf{Ax}$ ist dann definiert und hat die Ordnung $m \times 1$. Ferner kann leicht man zeigen, dass (12.2.1) geschrieben werden kann als $\mathbf{Ax} = \mathbf{b}$. Diese sehr prägnante Schreibweise erweist sich als überaus nützlich.

Aufgaben für Kapitel 12.5

1. Berechnen Sie die Produkte **AB** und **BA**, soweit möglich, wenn **A** und **B** wie folgt gegeben sind:

(a) $\begin{pmatrix} 0 & -2 \\ 3 & 1 \end{pmatrix}$ und $\begin{pmatrix} -1 & 4 \\ 1 & 5 \end{pmatrix}$ (b) $\begin{pmatrix} 8 & 3 & -2 \\ 1 & 0 & 4 \end{pmatrix}$ und $\begin{pmatrix} 2 & -2 \\ 4 & 3 \\ 1 & -5 \end{pmatrix}$

(c) $\begin{pmatrix} -1 & 0 \\ 2 & 4 \end{pmatrix}$ und $\begin{pmatrix} 3 & 1 \\ -1 & 1 \\ 0 & 2 \end{pmatrix}$ (d) $\begin{pmatrix} 0 \\ -2 \\ 4 \end{pmatrix}$ und $\begin{pmatrix} 0 & -2 & 3 \end{pmatrix}$

2. Berechnen Sie $3\mathbf{A} + 2\mathbf{B} - 2\mathbf{C} + \mathbf{D}$, $\mathbf{AB}$ und $\mathbf{C}(\mathbf{AB})$ für die Matrizen

$$\mathbf{A} = \begin{pmatrix} 2 & 4 \\ 1 & 2 \end{pmatrix}, \quad \mathbf{B} = \begin{pmatrix} -2 & 4 \\ 1 & -2 \end{pmatrix}, \quad \mathbf{C} = \begin{pmatrix} 2 & 3 \\ 6 & 9 \end{pmatrix} \quad \text{und} \quad \mathbf{D} = \begin{pmatrix} 1 & 1 \\ 1 & 3 \end{pmatrix}$$

3. Bestimmen Sie die sechs Matrizen $\mathbf{A} + \mathbf{B}$, $\mathbf{A} - \mathbf{B}$, $\mathbf{AB}$, $\mathbf{BA}$, $\mathbf{A}(\mathbf{BC})$ und $(\mathbf{AB})\mathbf{C}$ für

$$\mathbf{A} = \begin{pmatrix} 1 & 2 & -3 \\ 5 & 0 & 2 \\ 1 & -1 & 1 \end{pmatrix}, \quad \mathbf{B} = \begin{pmatrix} 3 & -1 & 2 \\ 4 & 2 & 5 \\ 2 & 0 & 3 \end{pmatrix} \quad \text{und} \quad \mathbf{C} = \begin{pmatrix} 4 & 1 & 2 \\ 0 & 3 & 2 \\ 1 & -2 & 3 \end{pmatrix}.$$

4. Schreiben Sie die folgenden Gleichungssysteme als Matrizengleichungen:

(a) $\begin{aligned} x_1 + x_2 &= 3 \\ 3x_1 + 5x_2 &= 5 \end{aligned}$ (b) $\begin{aligned} x_1 + 2x_2 + x_3 &= 4 \\ x_1 - x_2 + x_3 &= 5 \\ 2x_1 + 3x_2 - x_3 &= 1 \end{aligned}$ (c) $\begin{aligned} 2x_1 - 3x_2 + x_3 &= 0 \\ x_1 + x_2 - x_3 &= 0 \end{aligned}$

5. Betrachten Sie die drei Matrizen

$$\mathbf{A} = \begin{pmatrix} 2 & 2 \\ 1 & 5 \end{pmatrix}, \quad \mathbf{B} = \begin{pmatrix} 2 & 0 \\ 3 & 2 \end{pmatrix} \quad \text{und} \quad \mathbf{I} = \begin{pmatrix} 1 & 0 \\ 0 & 1 \end{pmatrix}.$$

➡ Fortsetzung

(a) Bestimmen Sie eine Matrix **C**, für die $(\mathbf{A} - 2\mathbf{I})\mathbf{C} = \mathbf{I}$ gilt.

(b) Gibt es eine Matrix **D**, für die $(\mathbf{B} - 2\mathbf{I})\mathbf{D} = \mathbf{I}$ gilt?

6. Es sei **A** eine $m \times n$-Matrix und **B** eine andere Matrix, so dass beide Produkte **AB** und **BA** definiert sind. Welche Ordnung muss **B** haben?

7. Bestimmen Sie alle Matrizen **B**, die mit $\mathbf{A} = \begin{pmatrix} 1 & 2 \\ 2 & 3 \end{pmatrix}$ „kommutieren" in dem Sinne, dass $\mathbf{AB} = \mathbf{BA}$.

8. Berechnen Sie $\mathbf{T}(\mathbf{Ts})$ in Beispiel 12.5.3.

► Lösungen zu den Aufgaben finden Sie im Anhang des Buches.

12.6 Regeln für Matrizenmultiplikation

In Kap. 12.5 haben wir gesehen, dass Matrizenmultiplikation komplizierter ist als die ziemlich offensichtlichen Operationen der Addition von Matrizen und der Multiplikation mit einem Skalar, die in Kap. 12.3 behandelt wurden. Daher müssen wir sorgfältig untersuchen, welche Regeln anwendbar sind. Wir haben bereits bemerkt, dass das Kommutativgesetz $\mathbf{AB} = \mathbf{BA}$ *nicht* allgemein gilt. Die folgenden wichtigen Regeln *sind* jedoch allgemein gültig.

Regeln für Matrizenmultiplikation

Seien **A**, **B** und **C** Matrizen und α ein Skalar. Wenn die Ordnungen der gegebenen Matrizen so sind, dass die Matrixoperationen definiert sind, dann gilt:

$$(\mathbf{AB})\mathbf{C} = \mathbf{A}(\mathbf{BC}) \tag{12.6.1}$$

$$\mathbf{A}(\mathbf{B} + \mathbf{C}) = \mathbf{AB} + \mathbf{AC} \tag{12.6.2}$$

$$(\mathbf{A} + \mathbf{B})\mathbf{C} = \mathbf{AC} + \mathbf{BC} \tag{12.6.3}$$

$$(\alpha\mathbf{A})\mathbf{B} = \mathbf{A}(\alpha\mathbf{B}) = \alpha(\mathbf{AB}) \tag{12.6.4}$$

Regel (12.6.1) ist bekannt als das *Assoziativgesetz*, während die Regeln (12.6.2) und (12.6.3) die *links-* bzw. *rechtsseitigen Distributivgesetze* sind. Beachten Sie, dass hier zwei Gesetze angegeben werden, da anders als bei Zahlen die Matrizenmultiplikation nicht *kommutativ* ist und somit im Allgemeinen $\mathbf{A}(\mathbf{B} + \mathbf{C})$ verschieden ist von $(\mathbf{B} + \mathbf{C})\mathbf{A}$.

Beispiel 12.6.1

Verifizieren Sie die Regeln (12.6.1)–(12.6.2) für die folgenden Matrizen:

$$\mathbf{A} = \begin{pmatrix} 1 & 2 \\ 0 & 1 \end{pmatrix}, \quad \mathbf{B} = \begin{pmatrix} 0 & -1 \\ 3 & 2 \end{pmatrix} \quad \text{und} \quad \mathbf{C} = \begin{pmatrix} 1 & 1 \\ 2 & 1 \end{pmatrix}$$

Lösung: Alle Operationen der Multiplikation und Addition sind definiert mit

$$\mathbf{AB} = \begin{pmatrix} 6 & 3 \\ 3 & 2 \end{pmatrix}, \qquad (\mathbf{AB})\mathbf{C} = \begin{pmatrix} 6 & 3 \\ 3 & 2 \end{pmatrix}\begin{pmatrix} 1 & 1 \\ 2 & 1 \end{pmatrix} = \begin{pmatrix} 12 & 9 \\ 7 & 5 \end{pmatrix}$$

$$\mathbf{BC} = \begin{pmatrix} -2 & -1 \\ 7 & 5 \end{pmatrix}, \qquad \mathbf{A}(\mathbf{BC}) = \begin{pmatrix} 1 & 2 \\ 0 & 1 \end{pmatrix}\begin{pmatrix} -2 & -1 \\ 7 & 5 \end{pmatrix} = \begin{pmatrix} 12 & 9 \\ 7 & 5 \end{pmatrix}$$

Daher ist in diesem Fall $(\mathbf{AB})\mathbf{C} = \mathbf{A}(\mathbf{BC})$. Ferner ist

$$\mathbf{B}+\mathbf{C} = \begin{pmatrix} 1 & 0 \\ 5 & 3 \end{pmatrix}, \qquad \mathbf{A}(\mathbf{B}+\mathbf{C}) = \begin{pmatrix} 1 & 2 \\ 0 & 1 \end{pmatrix}\begin{pmatrix} 1 & 0 \\ 5 & 3 \end{pmatrix} = \begin{pmatrix} 11 & 6 \\ 5 & 3 \end{pmatrix}$$

und

$$\mathbf{AC} = \begin{pmatrix} 5 & 3 \\ 2 & 1 \end{pmatrix}, \qquad \mathbf{AB}+\mathbf{AC} = \begin{pmatrix} 6 & 3 \\ 3 & 2 \end{pmatrix} + \begin{pmatrix} 5 & 3 \\ 2 & 1 \end{pmatrix} = \begin{pmatrix} 11 & 6 \\ 5 & 3 \end{pmatrix}$$

Somit gilt $\mathbf{A}(\mathbf{B}+\mathbf{C}) = \mathbf{AB}+\mathbf{AC}$.

Die Regeln (12.6.1)–(12.6.4) für die Matrizenmultiplikation können einfach bewiesen werden, indem man sorgfältig die Definitionen der relevanten Operationen sowie die Regeln für das innere Produkt anwendet. Um dies zu illustrieren, beweisen wir jetzt das Assoziativgesetz (12.6.1):

Beweis der Regel (12.6.1)*:* Nehmen Sie an, dass $\mathbf{A} = (a_{ij})_{m\times n}$, $\mathbf{B} = (b_{jk})_{n\times p}$ und $\mathbf{C} = (c_{kl})_{p\times q}$. Es ist leicht zu überprüfen, dass diese Ordnungen implizieren, dass $(\mathbf{AB})\mathbf{C}$ und $\mathbf{A}(\mathbf{BC})$ beide als $m\times q$-Matrizen definiert sind. Wir müssen zeigen, dass ihre entsprechenden Einträge alle gleich sind.

Das Element in Zeile i und Spalte ℓ von $(\mathbf{AB})\mathbf{C}$ wird mit $[(\mathbf{AB})\mathbf{C}]_{i\ell}$ bezeichnet und ist das innere Produkt der i-ten Zeile in $\mathbf{AB}$ und der ℓ-ten Spalte in $\mathbf{C}$. Ähnlich für das Element $[\mathbf{A}(\mathbf{BC})]_{i\ell}$ von $\mathbf{A}(\mathbf{BC})$. Wenn wir die Summennotation benutzen, müssen wir die mittlere Gleichung in der folgenden Kette beweisen.

$$[(\mathbf{AB})\mathbf{C}]_{i\ell} = \sum_{k=1}^{p}\left(\sum_{j=1}^{n} a_{ij}b_{jk}\right)c_{k\ell} = \sum_{j=1}^{n} a_{ij}\left(\sum_{k=1}^{p} b_{jk}c_{k\ell}\right) = [\mathbf{A}(\mathbf{BC})]_{i\ell}$$

Aber diese mittlere Gleichung gilt, weil die Doppelsummen auf jeder Seite beide gleich der Summe aller np Terme $a_{ij}b_{jk}c_{k\ell}$ sind, wenn j von 1 bis n und k von 1 bis p läuft.

Wir betonen, dass der Beweis der Regel (12.6.1) verlangt, im Detail zu prüfen, dass jedes Element von $(\mathbf{AB})\mathbf{C}$ gleich dem entsprechenden Element von $\mathbf{A}(\mathbf{BC})$ ist. Dieselbe Art der Überprüfung ist nötig, um die drei anderen Regeln zu beweisen. Wir überlassen die Details dieser Beweise dem Leser.

Wegen (12.6.1) werden in einem Matrizenprodukt wie $\mathbf{ABC}$ keine Klammern verlangt. Natürlich ist ein entsprechendes Resultat für Produkte mit mehr Faktoren gültig.

Eine nützliche Technik in der Matrizenalgebra ist es, neue Resultate durch Anwendung der Regeln (12.6.1) bis (12.6.4), wenn nötig durch mehrfache Anwendung, zu beweisen, anstelle die individuellen Elemente zu untersuchen. Betrachten Sie z. B. die Aussage: Wenn $\mathbf{A} = (a_{ij})$ und $\mathbf{B} = (b_{ij})$ beide $n\times n$-Matrizen sind, dann gilt

$$(\mathbf{A}+\mathbf{B})(\mathbf{A}+\mathbf{B}) = \mathbf{AA}+\mathbf{AB}+\mathbf{BA}+\mathbf{BB} \qquad (12.6.5)$$

Um diese Aussage zu beweisen, beachten Sie zunächst, dass die Regeln (12.6.2) und (12.6.3) zusammen implizieren, dass

$$(\mathbf{A}+\mathbf{B})(\mathbf{A}+\mathbf{B}) = (\mathbf{A}+\mathbf{B})\mathbf{A} + (\mathbf{A}+\mathbf{B})\mathbf{B} = (\mathbf{AA}+\mathbf{BA}) + (\mathbf{AB}+\mathbf{BB})$$

Gleichung (12.6.5) folgt jetzt aus den Regeln (a) und (b) für Matrizenaddition aus Kap. 12.3.

Potenzen von Matrizen

Wenn $\mathbf{A}$ eine quadratische Matrix ist, schreiben wir das Produkt $\mathbf{AA}$ als $\mathbf{A}^2$. Das Assoziativgesetz (12.6.1) zeigt, dass $(\mathbf{A})^2\mathbf{A} = (\mathbf{AA})\mathbf{A} = \mathbf{A}(\mathbf{AA}) = \mathbf{A}(\mathbf{A})^2$, so dass wir dieses Produkt unmissverständlich als $\mathbf{A}^3$ schreiben können. Allgemein schreiben wir für jede natürliche Zahl n

$$\mathbf{A}^n = \underbrace{\mathbf{AA}\cdots\mathbf{A}}_{n\,\text{Faktoren}}$$

Beispiel 12.6.2

Berechnen Sie für die Matrix $\mathbf{A} = \begin{pmatrix} 1 & -1 \\ 0 & 1 \end{pmatrix}$ die Potenzen $\mathbf{A}^2$, $\mathbf{A}^3$ und $\mathbf{A}^4$. Erraten Sie dann die allgemeine Form von $\mathbf{A}^n$. Bestätigen Sie dann Ihre Vermutung, indem Sie das Prinzip der vollständigen Induktion benutzen, dass in Kap. 1.4 eingeführt wurde.

Lösung: Routineberechnung zeigt, dass

$$\mathbf{A}^2 = \mathbf{AA} = \begin{pmatrix} 1 & -2 \\ 0 & 1 \end{pmatrix}, \quad \mathbf{A}^3 = \mathbf{A}^2\mathbf{A} = \begin{pmatrix} 1 & -3 \\ 0 & 1 \end{pmatrix} \quad \text{und} \quad \mathbf{A}^4 = \mathbf{A}^3\mathbf{A} = \begin{pmatrix} 1 & -4 \\ 0 & 1 \end{pmatrix}$$

Eine angemessene Vermutung ist daher, dass für alle natürlichen Zahlen n gilt

$$\mathbf{A}^n = \begin{pmatrix} 1 & -n \\ 0 & 1 \end{pmatrix} \tag{$*$}$$

Wir bestätigen dies durch vollständige Induktion über n. Formel $(*)$ *ist* korrekt für $n = 1$. *Nehmen Sie als Induktionshypothese an,* dass sie korrekt ist für $n = k$, d. h.

$$\mathbf{A}^k = \begin{pmatrix} 1 & -k \\ 0 & 1 \end{pmatrix}$$

Dann gilt

$$\mathbf{A}^{k+1} = \mathbf{A}^k\mathbf{A} = \begin{pmatrix} 1 & -k \\ 0 & 1 \end{pmatrix}\begin{pmatrix} 1 & -1 \\ 0 & 1 \end{pmatrix} = \begin{pmatrix} 1 & -k-1 \\ 0 & 1 \end{pmatrix} = \begin{pmatrix} 1 & -(k+1) \\ 0 & 1 \end{pmatrix}$$

Dies vollendet den Induktionsschritt, der zeigt: Wenn $(*)$ gültig ist für $n = k$, dann auch für $n = k + 1$. Es folgt, dass $(*)$ für alle natürlichen Zahlen n gilt.

Beispiel 12.6.3

Nehmen Sie an, dass $\mathbf{P}$ und $\mathbf{Q}$ zwei $n \times n$-Matrizen sind mit der Eigenschaft $\mathbf{PQ} = \mathbf{Q}^2\mathbf{P}$. Zeigen Sie, dass $(\mathbf{PQ})^2 = \mathbf{Q}^6\mathbf{P}^2$.

Lösung: Der Beweis ist einfach, wenn wir wiederholt Regel (12.6.1) benutzen und zweimal $\mathbf{PQ}$ durch $\mathbf{Q}^2\mathbf{P}$ ersetzen:

$$(\mathbf{PQ})^2 = (\mathbf{PQ})(\mathbf{PQ}) = (\mathbf{Q}^2\mathbf{P})(\mathbf{Q}^2\mathbf{P}) = (\mathbf{Q}^2\mathbf{P})\mathbf{Q}(\mathbf{QP}) = \mathbf{Q}^2(\mathbf{PQ})(\mathbf{QP})$$

Indem wir noch zweimal $\mathbf{PQ}$ durch $\mathbf{Q}^2\mathbf{P}$ ersetzen, ergibt sich

$$(\mathbf{PQ})^2 = \mathbf{Q}^2(\mathbf{Q}^2\mathbf{P})(\mathbf{QP}) = \mathbf{Q}^2\mathbf{Q}^2(\mathbf{PQ})\mathbf{P} = \mathbf{Q}^2\mathbf{Q}^2(\mathbf{Q}^2\mathbf{P})\mathbf{P} = \mathbf{Q}^2\mathbf{Q}^2\mathbf{Q}^2\mathbf{P}^2 = \mathbf{Q}^6\mathbf{P}^2$$

Beachten Sie, dass es nahezu unmöglich wäre, dieses Beispiel durch Betrachtung der individuellen Elemente zu lösen. Wichtig ist auch zu bemerken, dass im Allgemeinen $(\mathbf{PQ})^2$ *nicht* gleich $\mathbf{P}^2\mathbf{Q}^2$ ist.

Die Einheitsmatrix

Die *Einheitsmatrix* der Ordnung n, die mit $\mathbf{I}_n$ (oder oft nur $\mathbf{I}$) bezeichnet wird, ist die $n \times n$-Matrix, die Einsen entlang der Hauptdiagonalen enthält und sonst nur Nullen:

$$\mathbf{I}_n = \begin{pmatrix} 1 & 0 & \dots & 0 \\ 0 & 1 & \dots & 0 \\ \vdots & \vdots & \ddots & \vdots \\ 0 & 0 & \dots & 1 \end{pmatrix}_{n \times n}$$

Wenn $\mathbf{A}$ eine beliebige $m \times n$-Matrix ist, so ist es Routine, die Regel (12.5.1) für Matrizenmultiplikation zu benutzen, um zu verifizieren, dass $\mathbf{AI}_n = \mathbf{A}$ ist. Genauso gilt: Wenn $\mathbf{B}$ eine beliebige $n \times m$-Matrix ist, dann ist $\mathbf{I}_n\mathbf{B} = \mathbf{B}$.

Aus der Definition der Matrizenmultiplikation folgt, dass für jede $n \times n$-Matrix $\mathbf{A}$ gilt:

$$\mathbf{AI}_n = \mathbf{I}_n\mathbf{A} = \mathbf{A} \tag{12.6.6}$$

Daher ist $\mathbf{I}_n$ das Matrix-Äquivalent zur 1 im System der reellen Zahlen. In der Tat ist sie die einzige Matrix mit dieser Eigenschaft. Um dies zu zeigen, nehmen Sie an, dass $\mathbf{E}$ eine beliebige $n \times n$-Matrix ist mit $\mathbf{AE} = \mathbf{A}$ für alle $n \times n$-Matrizen $\mathbf{A}$. Wenn wir insbesondere $\mathbf{A} = \mathbf{I}_n$ setzen, ergibt sich $\mathbf{I}_n\mathbf{E} = \mathbf{I}_n$. Aber $\mathbf{I}_n\mathbf{E} = \mathbf{E}$ nach (12.6.6). Daher ist $\mathbf{E} = \mathbf{I}_n$.

Zu vermeidende Fehler

Die Regeln der Matrizenalgebra machen viele Argumente sehr leicht. Aber es ist äußerst wichtig, sich keine neuen Regeln auszudenken, die nicht funktionieren, wenn allgemeine Matrizen multipliziert werden, selbst dann, wenn sie für Zahlen – d. h. für 1×1-Matrizen funktionieren. Betrachten Sie z. B. Gleichung (12.6.5). Es ist verlockend den Ausdruck $\mathbf{AA} + \mathbf{AB} + \mathbf{BA} + \mathbf{BB}$ auf der rechten Seite zu $\mathbf{AA} + 2\mathbf{AB} + \mathbf{BB}$ zu vereinfachen. Dies ist falsch! Selbst wenn $\mathbf{AB}$ und $\mathbf{BA}$ beide definiert sind, ist $\mathbf{AB}$

nicht notwendig gleich **BA**. Wie das nächste Beispiel zeigt: Matrizenmultiplikation ist *nicht* kommutativ.

Beispiel 12.6.4

Zeigen Sie, dass für $\mathbf{A} = \begin{pmatrix} 2 & 0 \\ 0 & 3 \end{pmatrix}$ und $\mathbf{B} = \begin{pmatrix} 0 & 1 \\ 1 & 0 \end{pmatrix}$ gilt: $\mathbf{AB} \neq \mathbf{BA}$

Lösung: Direkte Berechnung zeigt, dass $\mathbf{AB} = \begin{pmatrix} 0 & 2 \\ 3 & 0 \end{pmatrix} \neq \mathbf{BA} = \begin{pmatrix} 0 & 3 \\ 2 & 0 \end{pmatrix}$.

Ein weiteres Resultat, das nicht von Skalaren auf Matrizen erweitert werden kann, ist das folgende: Wenn a und b reelle Zahlen sind, dann impliziert $ab = 0$, dass entweder a oder b gleich 0 ist. Das entsprechende Resultat ist nicht wahr für Matrizen, da **AB** die Nullmatrix sein kann, wenn weder **A** noch **B** die Nullmatrix ist. Das folgende Beispiel illustriert dies.

Beispiel 12.6.5

Berechnen Sie **AB**, wenn $\mathbf{A} = \begin{pmatrix} 3 & 1 \\ 6 & 2 \end{pmatrix}$ und $\mathbf{B} = \begin{pmatrix} 1 & 2 \\ -3 & -6 \end{pmatrix}$.

Lösung: Direkte Berechnung ergibt $\mathbf{AB} = \begin{pmatrix} 3 & 1 \\ 6 & 2 \end{pmatrix} \begin{pmatrix} 1 & 2 \\ -3 & -6 \end{pmatrix} = \begin{pmatrix} 0 & 0 \\ 0 & 0 \end{pmatrix}$.

Eine andere Regel für reelle Zahlen ist: Wenn $ab = ac$ und $a \neq 0$, dann können wir jede Seite der Gleichung mit $1/a$ multiplizieren und erhalten $b = c$. Dies ist die Kürzungsregel. Eine unmittelbare Folgerung aus Beispiel 12.6.5 ist, dass die entsprechende Kürzungs-„Regel“ für Matrizen nicht gültig ist, denn dort ist $\mathbf{AB} = \mathbf{A0}$ und $\mathbf{A} \neq \mathbf{0}$, jedoch $\mathbf{B} \neq \mathbf{0}$. Zusammenfassend gilt allgemein:

(i) $\mathbf{AB} \neq \mathbf{BA}$;
(ii) $\mathbf{AB} = \mathbf{0}$ impliziert nicht, dass entweder $\mathbf{A} = \mathbf{0}$ oder $\mathbf{B} = \mathbf{0}$;
(iii) $\mathbf{AB} = \mathbf{AC}$ und $\mathbf{A} \neq \mathbf{0}$ implizieren nicht, dass $\mathbf{B} = \mathbf{C}$.

Hier besagt (i), dass die Matrizenmultiplikation im Allgemeinen nicht *kommutativ* ist, während (iii) zeigt, dass die Kürzungsregel nicht allgemein für die Matrizenmultiplikation gültig ist.[5]
Die folgenden zwei Beispiele illustrieren natürliche Anwendungen der Matrizenmultiplikation.

Beispiel 12.6.6

Ein Unternehmen benötigt m verschiedene Rohmaterialien $R_1, R_2, \ldots, R_m$, um die n verschiedenen Güter $V_1, V_2, \ldots, V_n$ herzustellen. Für $i = 1, \ldots, m$ und $j = 1, \ldots, n$ sei a_{ij} die Menge des Rohmaterials R_i, die benötigt wird, um eine Einheit des Gutes V_j

[5] Die Kürzungsregel (iii) *ist* jedoch gültig, wenn **A** eine sogenannte Inverse hat. Siehe Kap. 13.6.

herzustellen. Diese *Inputkoeffizienten* bilden die Matrix

$$\mathbf{A} = (a_{ij})_{m\times n} = \begin{pmatrix} a_{11} & a_{12} & \cdots & a_{1n} \\ a_{21} & a_{22} & \cdots & a_{2n} \\ \vdots & \vdots & & \vdots \\ a_{m1} & a_{m2} & \cdots & a_{mn} \end{pmatrix}$$

Nehmen Sie an, dass das Unternehmen eine monatliche Produktion von u_j Einheiten des Gutes V_j für $j = 1, 2, \ldots, n$ plant. Dieser Plan kann durch eine $n\times 1$-Matrix (Spaltenvektor) **u** dargestellt werden, der der monatliche Produktionsvektor des Unternehmens genannt wird:

$$\mathbf{u} = \begin{pmatrix} u_1 \\ u_2 \\ \vdots \\ u_n \end{pmatrix}$$

Da a_{i1} insbesondere die Menge des Rohmaterials R_i ist, die benötigt wird, um eine Einheit des Gutes V_1 herzustellen, folgt, dass $a_{i1}u_1$ die Menge des Rohmaterials R_i ist, die nötig ist, um u_1 Einheiten des Gutes V_1 herzustellen. Analog ist $a_{ij}u_j$ die benötigte Menge für u_j Einheiten von $V_j (j = 2, \ldots, n)$. Die gesamte monatlich notwendige Menge des Rohmaterials R_i ist deshalb

$$a_{i1}u_1 + a_{i2}u_2 + \cdots + a_{in}u_n = \sum_{j=1}^{n} a_{ij}u_j$$

Dies ist das innere Produkt des i-ten Zeilenvektors in **A** und des Spaltenvektors **u**. Der monatliche Bedarfsvektor **r** des Unternehmens ist deshalb gegeben durch das Matrizenprodukt $\mathbf{r} = \mathbf{Au}$. Daher ist **r** eine $m\times 1$-Matrix, oder ein Spaltenvektor.

Nehmen Sie an, dass die Preise der m Rohmaterialien $p_1, p_2, \ldots, p_m$ pro Einheit sind. Wenn wir den Preisvektor $\mathbf{p} = (p_1, p_2, \ldots, p_m)$ definieren, so sind die gesamten monatlichen Kosten K für die Beschaffung der erforderlichen Rohmaterialien, um den Vektor **u** produzieren zu können, gegeben durch die Summe $\sum_{i=1}^{m} p_i r_i$. Diese Summe kann auch als das Matrizenprodukt **pr** geschrieben werden, so dass $K = \mathbf{pr} = \mathbf{p}(\mathbf{Au})$ ist. Aber Regel (12.6.1) sagt uns, dass die Matrizenmultiplikation assoziativ ist, so dass wir $K = \mathbf{pAu}$ ohne Klammern schreiben dürfen.

Beispiel 12.6.7

Abb. 12.6.1 zeigt die Anzahl der täglichen Flugverbindungen zwischen größeren Flughäfen in drei verschiedenen Ländern A, B und C. Die an die Verbindungslinien geschriebenen Zahlen zeigen die Anzahl der Verbindungsflüge zwischen den zwei Flughäfen. Zum Beispiel gibt es von Flughafen b_3 in Land B vier Flüge pro Tag zu Flughafen c_3 in Land C, aber keinen zu Flughafen c_2 in Land C.

Die relevanten Daten können auch durch die folgenden zwei erweiterten Matrizen dargestellt werden, in denen wir zu jeder Zeile und Spalte das Label des entsprechen-

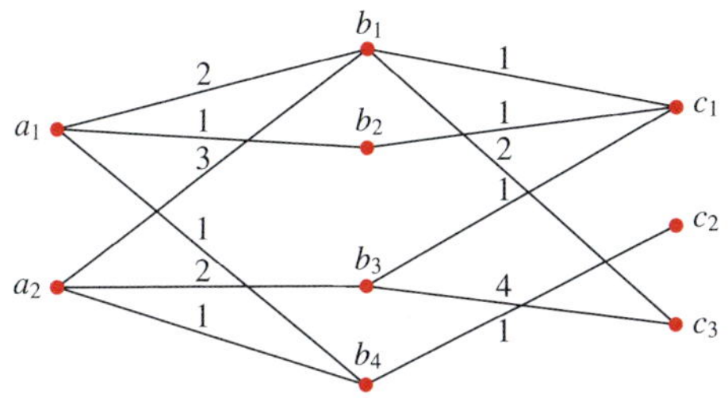

Abbildung 12.6.1: Flugverbindungen

den Flughafens hinzugefügt haben.

$$\mathbf{P}:\quad \begin{array}{c} \\ a_1 \\ a_2 \end{array} \begin{array}{c} \begin{array}{cccc} b_1 & b_2 & b_3 & b_4 \end{array} \\ \begin{pmatrix} 2 & 1 & 0 & 1 \\ 3 & 0 & 2 & 1 \end{pmatrix} \end{array} \qquad \mathbf{Q}:\quad \begin{array}{c} \\ b_1 \\ b_2 \\ b_3 \\ b_4 \end{array} \begin{array}{c} \begin{array}{ccc} c_1 & c_2 & c_3 \end{array} \\ \begin{pmatrix} 1 & 0 & 2 \\ 1 & 0 & 0 \\ 1 & 0 & 4 \\ 0 & 1 & 0 \end{pmatrix} \end{array}$$

Jedes Element p_{ij} der Matrix **P** stellt die Anzahl der möglichen Flüge zwischen a_i und b_j dar, während jedes Element q_{jk} von **Q** die Anzahl der möglichen Flüge zwischen b_j und c_k darstellt. Wie viele Möglichkeiten gibt es, von a_i nach c_k zu kommen, indem man zwei Flüge mit einmal Umsteigen in Land B benutzt? Zwischen a_2 und c_3 z. B. gibt es $3 \cdot 2 + 0 \cdot 0 + 2 \cdot 4 + 1 \cdot 0 = 14$ Möglichkeiten. Dies ist das innere Produkt des zweiten Zeilenvektors in **P** und des dritten Spaltenvektors in **Q**. Dieselben Argumente sind für jedes a_i und c_k anwendbar. Somit ist die Gesamtanzahl der Flugverbindungen zwischen den verschiedenen Flughäfen in den Ländern A und C gegeben durch das Matrizenprodukt

$$\mathbf{R} = \mathbf{PQ} = \begin{pmatrix} 2 & 1 & 0 & 1 \\ 3 & 0 & 2 & 1 \end{pmatrix} \begin{pmatrix} 1 & 0 & 2 \\ 1 & 0 & 0 \\ 1 & 0 & 4 \\ 0 & 1 & 0 \end{pmatrix} = \begin{pmatrix} 3 & 1 & 4 \\ 5 & 1 & 14 \end{pmatrix}$$

Aufgaben für Kapitel 12.6

1. Überprüfen Sie das Distributivgesetz $\mathbf{A}(\mathbf{B} + \mathbf{C}) = \mathbf{AB} + \mathbf{AC}$, wenn

$$\mathbf{A} = \begin{pmatrix} 1 & 2 \\ 3 & 4 \end{pmatrix}, \mathbf{B} = \begin{pmatrix} 2 & -1 & 1 & 0 \\ 3 & -1 & 2 & 1 \end{pmatrix} \quad \text{und} \quad \mathbf{C} = \begin{pmatrix} -1 & 1 & 1 & 2 \\ -2 & 2 & 0 & -1 \end{pmatrix}$$

2. Berechnen Sie das Matrizenprodukt

$$\begin{pmatrix} x & y & z \end{pmatrix} \begin{pmatrix} a & d & e \\ d & b & f \\ e & f & c \end{pmatrix} \begin{pmatrix} x \\ y \\ z \end{pmatrix}.$$

➡ Fortsetzung

3. Überprüfen Sie durch tatsächliches Multiplizieren, dass $(\mathbf{AB})\mathbf{C} = \mathbf{A}(\mathbf{BC})$ gilt, wenn

$$\mathbf{A} = \begin{pmatrix} a_{11} & a_{12} \\ a_{21} & a_{22} \end{pmatrix}, \quad \mathbf{B} = \begin{pmatrix} b_{11} & b_{12} \\ b_{21} & b_{22} \end{pmatrix} \quad \text{und} \quad \mathbf{C} = \begin{pmatrix} c_{11} & c_{12} \\ c_{21} & c_{22} \end{pmatrix}$$

4. Berechnen Sie die folgenden Matrizenprodukte:

(a) $\begin{pmatrix} 1 & 0 & 0 \\ 0 & 1 & 0 \\ 0 & 0 & 1 \end{pmatrix}\begin{pmatrix} 5 & 3 & 1 \\ 2 & 0 & 9 \\ 1 & 3 & 3 \end{pmatrix}$ (b) $\begin{pmatrix} 1 & 2 & -3 \end{pmatrix}\begin{pmatrix} 1 & 0 & 0 \\ 0 & 1 & 0 \\ 0 & 0 & 1 \end{pmatrix}$

5. Nehmen Sie an, dass **A** und **B** quadratische Matrizen der Ordnung n sind:

(a) Zeigen Sie, dass im Allgemeinen

(a) $(\mathbf{A} + \mathbf{B})(\mathbf{A} - \mathbf{B}) \neq \mathbf{A}^2 - \mathbf{B}^2$ (b) $(\mathbf{A} - \mathbf{B})(\mathbf{A} - \mathbf{B}) \neq \mathbf{A}^2 - 2\mathbf{AB} + \mathbf{B}^2$.

Finden Sie für jeden Fall eine notwendige und hinreichende Bedingung für Gleichheit.

6. Eine quadratische Matrix **A** heißt *idempotent*, falls $\mathbf{A}^2 = \mathbf{A}$.

(a) Zeigen Sie, dass die folgende Matrix idempotent ist: $\begin{pmatrix} 2 & -2 & -4 \\ -1 & 3 & 4 \\ 1 & -2 & -3 \end{pmatrix}$.

(b) Zeigen Sie: Wenn $\mathbf{AB} = \mathbf{A}$ und $\mathbf{BA} = \mathbf{B}$, dann sind **A** und **B** beide idempotent.

(c) Zeigen Sie: Wenn **A** idempotent ist, dann gilt $\mathbf{A}^n = \mathbf{A}$ für alle positiven ganzen Zahlen n.

7. Seien **P** und **Q** jeweils $n \times n$-Matrizen und es gelte $\mathbf{P}^3\mathbf{Q} = \mathbf{PQ}$. Zeigen Sie, dass $\mathbf{P}^5\mathbf{Q} = \mathbf{PQ}$.

Anspruchsvollere Aufgabe

8. Betrachten Sie die allgemeine 2×2-Matrix $\mathbf{A} = \begin{pmatrix} a & b \\ c & d \end{pmatrix}$.

(a) Zeigen Sie, dass $\mathbf{A}^2 = (a + d)\mathbf{A} - (ad - bc)\mathbf{I}_2$.

(b) Verwenden Sie (a), um ein Beispiel einer Matrix 2×2-Matrix **A** zu finden, so dass $\mathbf{A}^2 = \mathbf{0}$, aber $\mathbf{A} \neq \mathbf{0}$.

(c) Verwenden Sie Teil (a), um zu zeigen: Wenn für eine 2×2-Matrix **A** gilt $\mathbf{A}^3 = \mathbf{0}$, dann gilt $\mathbf{A}^2 = \mathbf{0}$.

(*Hinweis:* Multiplizieren Sie die Gleichung in Teil (a) mit **A** und benutzen Sie die Gleichung $\mathbf{A}^3 = \mathbf{0}$, um eine Gleichung zu erhalten, die Sie dann noch einmal mit **A** multiplizieren sollten.)

► Lösungen zu den Aufgaben finden Sie im Anhang des Buches.

12.7 Die Transponierte

Betrachten Sie eine $m{\times}n$-Matrix **A**. Die *Transponierte* von **A**, die mit $\mathbf{A}'$ oder manchmal mit $\mathbf{A}^\top$ bezeichnet wird, ist als die $n{\times}m$-Matrix definiert, deren erste Zeile die erste Spalte von **A** ist, deren zweite Zeile die zweite Spalte von **A** ist, usw. Daher ist die Transponierte der $m{\times}n$-Matrix

$$\mathbf{A} = (a_{ij})_{m\times n} = \begin{pmatrix} a_{11} & a_{12} & \dots & a_{1n} \\ a_{21} & a_{22} & \dots & a_{2n} \\ \vdots & \vdots & & \vdots \\ a_{m1} & a_{m2} & \dots & a_{mn} \end{pmatrix}$$

die $n{\times}m$-Matrix

$$\mathbf{A}' = (a'_{rs})_{n\times m} = \begin{pmatrix} a'_{11} & a'_{12} & \dots & a'_{1m} \\ a'_{21} & a'_{22} & \dots & a'_{2m} \\ \vdots & \vdots & & \vdots \\ a'_{n1} & a'_{n2} & \dots & a'_{nm} \end{pmatrix} = \begin{pmatrix} a_{11} & a_{21} & \dots & a_{m1} \\ a_{12} & a_{22} & \dots & a_{m2} \\ \vdots & \vdots & & \vdots \\ a_{1n} & a_{2n} & \dots & a_{mn} \end{pmatrix} \qquad (12.7.1)$$

Kurz und bündig: Wir haben geschrieben $\mathbf{A}' = (a'_{rs})$, wobei $a'_{rs} = a_{sr}$ für alle r und s. Die Indizes r und s mussten vertauscht werden, weil z. B. die i-te Zeile von **A** zur i-ten Spalte von $\mathbf{A}'$ wird, während die j-te Spalte von **A** zur j-ten Zeile von $\mathbf{A}'$ wird.

Beispiel 12.7.1

Bestimmen Sie $\mathbf{A}'$ und $\mathbf{B}'$, wenn

$$\mathbf{A} = \begin{pmatrix} -1 & 0 \\ 2 & 3 \\ 5 & -1 \end{pmatrix} \quad \text{und} \quad \mathbf{B} = \begin{pmatrix} 1 & -1 & 0 & 4 \\ 2 & 1 & 1 & 1 \end{pmatrix}.$$

Lösung: Anwendung der Definition (12.7.1) der Transponierten ergibt:

$$\mathbf{A}' = \begin{pmatrix} -1 & 2 & 5 \\ 0 & 3 & -1 \end{pmatrix} \quad \text{und} \quad \mathbf{B}' = \begin{pmatrix} 1 & 2 \\ -1 & 1 \\ 0 & 1 \\ 4 & 1 \end{pmatrix}.$$

Beispiel 12.7.2

Nehmen Sie an, dass wir die zwei n-Vektoren

$$\mathbf{a} = \begin{pmatrix} a_1 \\ \vdots \\ a_n \end{pmatrix} \quad \text{und} \quad \mathbf{b} = \begin{pmatrix} b_1 \\ \vdots \\ b_n \end{pmatrix}$$

als $n{\times}1$-Matrizen behandeln. Dann ist die Transponierte $\mathbf{a}'$ eine $1{\times}n$-Matrix, so dass das Matrizenprodukt $\mathbf{a}'\mathbf{b}$ wohl definiert ist als eine $1{\times}1$-Matrix. In der Tat:

$$\mathbf{a}'\mathbf{b} = (a_1b_1 + a_2b_2 + \dots + a_nb_n)$$

Wir sehen, dass das einzelne Element der Matrix $\mathbf{a}'\mathbf{b}$ genau das innere Produkt der zwei Vektoren $\mathbf{a}$ und $\mathbf{b}$ ist und mit einer leichten Änderung der Notation schreiben wir oft $\mathbf{a}'\mathbf{b} = \mathbf{a} \cdot \mathbf{b}$.

Es ist üblich in den Wirtschaftswissenschaften, einen typischen Vektor $\mathbf{x}$ als einen Spaltenvektor zu betrachten, wenn nichts anderes vereinbart wurde. Dies gilt insbesondere, wenn es ein Mengen- oder Warenvektor ist. Eine andere allgemeine Konvention ist es, einen Preisvektor als einen Zeilenvektor zu betrachten, oft mit $\mathbf{p}'$ bezeichnet. Dann ist $\mathbf{p}'\mathbf{x}$ die 1×1-Matrix, deren einziges Element gleich dem inneren Produkt $\mathbf{p} \cdot \mathbf{x}$ ist.

Die folgenden Regeln gelten für das Transponieren von Matrizen:

Regeln für das Transponieren

Gegeben seien zwei Matrizen $\mathbf{A}$ und $\mathbf{B}$ und ein Skalar α.

$$(\mathbf{A}')' = \mathbf{A} \tag{12.7.2}$$

$$(\mathbf{A}+\mathbf{B})' = \mathbf{A}' + \mathbf{B}' \text{ , wenn } \mathbf{A}+\mathbf{B} \text{ definiert ist} \tag{12.7.3}$$

$$(\alpha\mathbf{A})' = \alpha\mathbf{A}' \tag{12.7.4}$$

$$(\mathbf{A}\mathbf{B})' = \mathbf{B}'\mathbf{A}' \text{ , wenn } \mathbf{A}\mathbf{B} \text{ definiert ist} \tag{12.7.5}$$

Die Überprüfung der ersten drei Regeln ist sehr leicht, und Sie sollten diese im Detail nachweisen, indem Sie die Tatsache benutzen, dass $a'_{ij} = a_{ji}$ für jedes i, j ist. Wir beweisen jetzt die letzte Regel:

Beweis von (12.7.5)*:* Nehmen Sie an: $\mathbf{A}$ ist $m \times n$ und $\mathbf{B}$ ist $n \times p$, so dass $\mathbf{AB}$ definiert ist als eine $m\times p$-Matrix. Es folgt: $\mathbf{A}'$ ist $n \times m$ und $\mathbf{B}'$ ist $p \times n$, so dass $\mathbf{B}'\mathbf{A}'$ auch definiert ist. Es folgt: Beide $(\mathbf{AB})'$ und $\mathbf{B}'\mathbf{A}'$ sind $p \times m$. Daher bleibt zu zeigen, dass alle entsprechenden Paare von Elementen in diesen zwei $p\times m$-Matrizen gleich sind.

Nun ist das *ki* Element der Transponierten $(\mathbf{AB})'$ nach Definition das *ik* Element von $\mathbf{AB}$, und dieses ist:

$$a_{i1}b_{1k} + a_{i2}b_{2k} + \cdots + a_{in}b_{nk} \tag{$*$}$$

Andererseits ist das *ki* Element in $\mathbf{B}'\mathbf{A}'$ gleich

$$b'_{k1}a'_{1i} + b'_{k2}a'_{2i} + \cdots + b'_{kn}a'_{ni} \tag{$**$}$$

Nach Definition der Transponierten gilt $b'_{kj} = b_{jk}$ und $a'_{ji} = a_{ij}$ für alle $j = 1, \ldots, n$. So wird der Ausdruck in $(**)$ zu

$$b_{1k}a_{i1} + b_{2k}a_{i2} + \cdots + b_{nk}a_{in} \tag{$***$}$$

Da $a_{ij}b_{jk} = b_{jk}a_{ij}$ für alle $j = 1, \ldots, n$, sind die Summen in $(*)$ und $(***)$ selbstverständlich gleich, wie verlangt.

Beispiel 12.7.3

Sei $\mathbf{x}$ der Spaltenvektor $(x_1, x_2, \ldots, x_n)'$. Dann ist $\mathbf{x}'$ ein Zeilenvektor mit n Elementen. Nach Beispiel 12.7.3 ist das Produkt $\mathbf{x}'\mathbf{x}$ gleich dem Skalarprodukt $\mathbf{x}\cdot\mathbf{x}$, welches gleich $\sum_{i=1}^{n} x_i^2$ ist.

Das umgekehrte Produkt $\mathbf{x}\mathbf{x}'$ jedoch ist als Produkt einer $n\times1$ und einer $1\times n$-Matrix in dieser Reihenfolge eine $n\times n$-Matrix, deren Element an der Stelle *ij* gleich x_ix_j ist.

Symmetrische Matrizen

Quadratische Matrizen mit der Eigenschaft, dass sie gleich ihrer eigenen Transponierten sind, werden *symmetrisch* genannt. Zum Beispiel

$$\begin{pmatrix} -3 & 2 \\ 2 & 0 \end{pmatrix}, \quad \begin{pmatrix} 2 & -1 & 5 \\ -1 & -3 & 2 \\ 5 & 2 & 8 \end{pmatrix} \quad \text{und} \quad \begin{pmatrix} a & b & c \\ b & d & e \\ c & e & f \end{pmatrix}$$

sind alle symmetrisch. Solche Matrizen verdienen ihren Namen, weil sie symmetrisch zu der Hauptdiagonalen sind, in dem Sinn, dass $a_{ij} = a_{ji}$ für alle i und j. Formal:

Symmetrische Matrix

Die Matrix $\mathbf{A} = (a_{ij})_{n \times n}$ ist symmetrisch genau dann, wenn $a_{ij} = a_{ji}$ für alle i, j. Etwas prägnanter,

$$\mathbf{A} \text{ ist } \textit{symmetrisch} \iff \mathbf{A} = \mathbf{A}'$$

Beispiel 12.7.4

Zeigen Sie: Wenn $\mathbf{X}$ eine $m \times n$-Matrix ist, dann sind $\mathbf{XX}'$ und $\mathbf{X}'\mathbf{X}$ beide symmetrisch.

Lösung: Beachten Sie zunächst, dass $\mathbf{XX}'$ eine $m \times m$-Matrix ist, während $\mathbf{X}'\mathbf{X}$ eine $n \times n$-Matrix ist. Mit Regel (12.7.5) und dann (12.7.2) erhalten wir

$$(\mathbf{XX}')' = (\mathbf{X}')'\mathbf{X}' = \mathbf{XX}'$$

Dies zeigt, dass $\mathbf{XX}'$ symmetrisch ist. Der Beweis, dass $\mathbf{X}'\mathbf{X}$ symmetrisch ist, ist beinahe identisch.

Aufgaben für Kapitel 12.7

1. Bestimmen Sie die Transponierten der drei Matizen

$$\mathbf{A} = \begin{pmatrix} 3 & 5 & 8 & 3 \\ -1 & 2 & 6 & 2 \end{pmatrix}, \quad \mathbf{B} = \begin{pmatrix} 0 \\ 1 \\ -1 \\ 2 \end{pmatrix} \quad \text{und} \quad \mathbf{C} = \begin{pmatrix} 1 & 5 & 0 & -1 \end{pmatrix}$$

2. Sei $\mathbf{A} = \begin{pmatrix} 3 & 2 \\ -1 & 5 \end{pmatrix}$, $\mathbf{B} = \begin{pmatrix} 0 & 2 \\ 2 & 2 \end{pmatrix}$ und $\alpha = -2$.

(a) Berechnen Sie die acht Matizen $\mathbf{A}'$, $\mathbf{B}'$, $(\mathbf{A}+\mathbf{B})'$, $(\alpha\mathbf{A})'$, $\mathbf{AB}$, $(\mathbf{AB})'$, $\mathbf{B}'\mathbf{A}'$ und $\mathbf{A}'\mathbf{B}'$.

(b) Überprüfen Sie dann für diese speziellen Werte von $\mathbf{A}$, $\mathbf{B}$ und α die Regeln (12.7.2) bis (12.7.5).

➡ Fortsetzung

3. Zeigen Sie, dass die Matrizen $\mathbf{A} = \begin{pmatrix} 3 & 2 & 3 \\ 2 & -1 & 1 \\ 3 & 1 & 0 \end{pmatrix}$ und $\mathbf{B} = \begin{pmatrix} 0 & 4 & 8 \\ 4 & 0 & 13 \\ 8 & 13 & 0 \end{pmatrix}$ beide symmetrisch sind.

4. Bestimmen Sie alle Werte von a, für die die Matrix $\begin{pmatrix} a & a^2-1 & -3 \\ a+1 & 2 & a^2+4 \\ -3 & 4a & -1 \end{pmatrix}$ symmetrisch ist.

5. Ist das Produkt zweier symmetrischer Matrizen notwendigerweise symmetrisch?

6. Es seien $\mathbf{A}_1$, $\mathbf{A}_2$ und $\mathbf{A}_3$ drei Matrizen, für die alle relevanten Produkte alle definiert sind. Zeigen Sie, dass

$$(\mathbf{A}_1\mathbf{A}_2\mathbf{A}_3)' = \mathbf{A}_3'\mathbf{A}_2'\mathbf{A}_1'$$

Verallgemeinern Sie dies auf Produkte von n Matrizen.

7. Eine $n \times n$-Matrix $\mathbf{P}$ wird *orthogonal* genannt, wenn $\mathbf{P}'\mathbf{P} = \mathbf{I}_n$.

(a) Zeigen Sie für $\lambda = \pm 1/\sqrt{2}$, dass die Matrix $\mathbf{P} = \begin{pmatrix} \lambda & 0 & \lambda \\ \lambda & 0 & -\lambda \\ 0 & 1 & 0 \end{pmatrix}$ orthogonal ist.

(b) Zeigen Sie, dass die 2×2-Matrix $\begin{pmatrix} p & -q \\ q & p \end{pmatrix}$ genau dann orthogonal ist, wenn $p^2 + q^2 = 1$ ist.

(c) Zeigen Sie, dass das Produkt von zwei orthogonalen $n \times n$-Matrizen orthogonal ist.

8. Definieren Sie die zwei Matrizen $\mathbf{T}$ und $\mathbf{S}$ durch

$$\mathbf{T} = \begin{pmatrix} p & q & 0 \\ \frac{1}{2}p & \frac{1}{2} & \frac{1}{2}q \\ 0 & p & q \end{pmatrix} \quad \text{und} \quad \mathbf{S} = \begin{pmatrix} p^2 & 2pq & q^2 \\ p^2 & 2pq & q^2 \\ p^2 & 2pq & q^2 \end{pmatrix}, \text{ wobei } p + q = 1.$$

(a) Zeigen Sie, dass $\mathbf{T} \cdot \mathbf{S} = \mathbf{S}$, dass $\mathbf{T}^2 = \frac{1}{2}\mathbf{T} + \frac{1}{2}\mathbf{S}$ und dass $\mathbf{T}^3 = \frac{1}{4}\mathbf{T} + \frac{3}{4}\mathbf{S}$ gilt.

(b) Gehen Sie von der Hypothese aus, dass für $n = 2, 3, \ldots$ Konstanten α_n und β_n existieren, so dass $\mathbf{T}^n = \alpha_n\mathbf{T} + \beta_n\mathbf{S}$. Nutzen Sie unter dieser Hypothese die Resultate aus Teil (a), um α_{n+1} und β_{n+1} als Funktionen von α_n und β_n auszudrücken. Nutzen Sie diese Relationen für eine Vermutung von Formeln für die Konstanten α_n und β_n. Beweisen Sie dann diese Formeln duch Induktion.

► Lösungen zu den Aufgaben finden Sie im Anhang des Buches.

12.8 Gauß'sche Elimination

In Beispiel 3.6.1 wurde das Verfahren zur Elimination Unbekannter als Methode 2 zur Lösung von zwei simultanen Gleichung in zwei Unbekannten eingeführt. Dasselbe Verfahren kann erweitert werden auf größere Gleichungssysteme. Wegen seiner Effiziens ist es der Startpunkt für Computeralgorithmen. Um zu sehen, wie es funktioniert, betrachten Sie zunächst das folgende Beispiel.

Beispiel 12.8.1

Bestimmen Sie alle möglichen Lösungen des Systems

$$\begin{aligned} 2x_2 - x_3 &= -7 \\ x_1 + x_2 + 3x_3 &= 2 \\ -3x_1 + 2x_2 + 2x_3 &= -10 \end{aligned} \qquad \text{(i)}$$

Lösung: Die Idee ist, das Gleichungssystem so zu modifizieren, dass: (a) x_1 erscheint nur in der ersten Gleichung; (b) x_2 erscheint nur in der ersten und zweiten Gleichung; (c) x_3 schließlich bleibt als einzige Variable in der dritten Gleichung. Und wir müssen natürlich sicherstellen, dass das modifizierte Gleichungssystem genau dieselben Lösungen hat wie das Originalsystem.

In dem Beispiel beginnen wir mit dem Vertauschen der beiden ersten Gleichungen, was sicherlich nicht die Lösungsmenge verändern wird. Wir erhalten

$$\begin{aligned} x_1 + x_2 + 3x_3 &= 2 \\ 2x_2 - x_3 &= -7 \\ -3x_1 + 2x_2 + 2x_3 &= -10 \end{aligned} \qquad \text{(ii)}$$

Dies hat x_1 aus der zweiten Gleichung entfernt. Der nächste Schritt ist es, die erste Gleichung in (ii) zu benutzen, um x_1 aus der dritten Gleichung zu eliminieren. Dies wird erreicht, wenn wir das Dreifache der ersten Gleichung zur letzten Gleichung addieren.[6] Dies ergibt

$$\begin{aligned} x_1 + x_2 + 3x_3 &= 2 \\ 2x_2 - x_3 &= -7 \\ 5x_2 + 11x_3 &= -4 \end{aligned} \qquad \text{(iii)}$$

Nachdem wir x_1 aus den beiden letzten Gleichungen eliminiert haben, ist der nächste Schritt in dem systematischen Vorgehen, die zweite Gleichung in (iii) mit $1/2$ zu multiplizieren, so dass der Koeffizient von x_2 zu 1 wird. Damit haben wir

$$\begin{aligned} x_1 + x_2 + 3x_3 &= 2 \\ x_2 - \tfrac{1}{2}x_3 &= -\tfrac{7}{2} \\ 5x_2 + 11x_3 &= -4 \end{aligned} \qquad \text{(iv)}$$

Als Nächstes eliminieren wir x_2 aus der letzten Gleichung, indem wir die zweite Gleichung mit -5 multiplizieren und das Resultat zu der letzten Gleichung addieren. Dies ergibt

$$\begin{aligned} x_1 + x_2 + 3x_3 &= 2 \\ x_2 - \tfrac{1}{2}x_3 &= -\tfrac{7}{2} \\ \tfrac{27}{2}x_3 &= \tfrac{27}{2} \end{aligned} \qquad \text{(v)}$$

Schließlichmultiplizieren wir die letzte Gleichung mit $\frac{2}{27}$ und erhalten $x_3 = 1$. Danach können die zwei anderen Unbekannten leicht durch „Rückwärtseinsetzen" gefunden werden: Einsetzen von $x_3 = 1$ in die zweite Gleichung in (v) ergibt $x_2 =$

[6] Man erhält dasselbe Resultat, wenn man die erste Gleichung nach x_1 auflöst, was $x_1 = -x_2 - 3x_3 + 2$ ergibt, und dann dies in die letzte Gleichung einsetzt.

-3. Danach: Einsetzen von $x_2 = -3$ und $x_3 = 1$ in die erste Gleichung in (v) ergibt $x_1 = 2$. Die einzige Lösung des gegebenen Gleichungssystems ist daher $(x_1, x_2, x_3) = (2, -3, 1)$.

Unser Eliminationsverfahren hat eine „Treppenstufenform" im System (v) erzeugt mit x_1, x_2 und x_3 als *führenden Einträgen*. In Matrizennotation haben wir

$$\begin{pmatrix} 1 & 1 & 3 \\ 0 & 1 & -1/2 \\ 0 & 0 & 1 \end{pmatrix} \begin{pmatrix} x_1 \\ x_2 \\ x_3 \end{pmatrix} = \begin{pmatrix} 2 \\ -7/2 \\ 1 \end{pmatrix}$$

Die Koeffizientenmatrix auf der linken Seite ist eine *obere Dreiecksmatrix*, da alle von Null verschiedene Elemente auf oder oberhalb der Hauptdiagonalen sind. Ferner sind in diesem Beispiel alle Diagonalelemente gleich 1.

Die in Beispiel 12.8.1 illustrierte Lösungsmethode wird *Gauß'sche Elimination* genannt, oder manchmal auch *Gauß-Jordan-Methode*. Die Operationen, die auf das gegebene Gleichungssystem angewendet wurden, um zu dem System (v) zu gelangen, werden *elementare Zeilenoperationen* genannt. Diese kommen in drei verschiedenen Arten vor:

1. Vertauschen eines Paares von Zeilen wie in dem Schritt von (i) nach (ii) in der obigen Lösung. Dies wird angezeigt durch einen geeigneten beidseitigen Pfeil, der die zwei Zeilen verbindet.
2. Multiplizieren einer Zeile mit einem von Null verschiedenen Skalar, wie in den Schritten von (iii) nach (iv) in der obigen Lösung. Dies wird angezeigt, indem man den skalaren Multiplikator neben die entsprechende Zeile schreibt.
3. Addieren eines Vielfachen einer Zeile zu einer anderen Zeile, wie in den Schritten von (ii) nach (iii) und von (iv) nach (v) in der obigen Lösung. Dies wird angezeigt, indem man den skalaren Multiplikator neben die entsprechende Zeile schreibt und dann einen Pfeil verwendet, der diese Zahl mit der anderen Zeile verbindet.

Manchmal werden die elementaren Zeilenoperationen fortgesetzt, bis wir auch Nullen oberhalb der führenden Einträge erhalten haben. In dem obigen Beispiel erfordert dies drei weitere Operationen vom Typ 3. Die erste ist wie hier angezeigt wird:

$$\begin{aligned} x_1 + x_2 + 3x_3 &= 2 \quad \leftarrow\!\urcorner \\ x_2 - \tfrac{1}{2}x_3 &= -\tfrac{7}{2} \quad -1 \\ x_3 &= 1 \end{aligned} \tag{12.8.1}$$

Dies führt zu:

$$\begin{aligned} x_1 \qquad + \tfrac{7}{2}x_3 &= \tfrac{11}{2} \quad \leftarrow\!\!-\!\!-\!\!\urcorner \\ x_2 - \tfrac{1}{2}x_3 &= -\tfrac{7}{2} \quad \leftarrow\!\urcorner \quad | \\ x_3 &= 1 \qquad \tfrac{1}{2} \quad -\tfrac{7}{2} \end{aligned} \tag{12.8.2}$$

Die Darstellung (12.8.2) zeigt die nächsten *zwei* Operationen an, die die Zeilen 1 bzw. 2 betreffen. Das Endergenis ist das einfache Gleichungssystem $x_1 = 2$, $x_2 = -3$ und $x_3 = 1$.

Wir wollen diese Methode auf ein anderes Beispiel anwenden.

Beispiel 12.8.2

Bestimmen Sie alle möglichen Lösungen des folgenden Gleichungssystems:

$$\begin{aligned} x_1 + 3x_2 - x_3 &= 4 \\ 2x_1 + x_2 + x_3 &= 7 \\ 2x_1 - 4x_2 + 4x_3 &= 6 \\ 3x_1 + 4x_2 &= 11 \end{aligned}$$

Lösung: Wir beginnen mit drei Operationen, um x_1 aus der zweiten, dritten und vierten Gleichung zu entfernen, wie unten angezeigt:

$$\begin{aligned} x_1 + 3x_2 - x_3 &= 4 \quad -2 \quad -2 \quad -3 \\ 2x_1 + x_2 + x_3 &= 7 \leftarrow \\ 2x_1 - 4x_2 + 4x_3 &= 6 \leftarrow \\ 3x_1 + 4x_2 &= 11 \leftarrow \end{aligned}$$

Das Resultat ist:

$$\begin{aligned} x_1 + 3x_2 - x_3 &= 4 \\ -5x_2 + 3x_3 &= -1 \qquad \times\left(-\tfrac{1}{5}\right) \\ -10x_2 + 6x_3 &= -2 \\ -5x_2 + 3x_3 &= -1 \end{aligned}$$

Dabei haben wir auch die nächste Operation angezeigt, nämlich Multiplikation der Zeile 2 mit $-\frac{1}{5}$. Weitere Operationen an dem Resultat führen zu

$$\begin{aligned} x_1 + 3x_2 - \phantom{\tfrac{3}{5}}x_3 &= 4 \\ x_2 - \tfrac{3}{5}x_3 &= \tfrac{1}{5} \qquad 10 \quad 5 \\ -10x_2 + 6x_3 &= -2 \leftarrow \\ -5x_2 + 3x_3 &= -1 \leftarrow \end{aligned}$$

und dann zu

$$\begin{aligned} x_1 + 3x_2 - \phantom{\tfrac{3}{5}}x_3 &= 4 \leftarrow \\ x_2 - \tfrac{3}{5}x_3 &= \tfrac{1}{5} \qquad -3 \\ 0 &= 0 \\ 0 &= 0 \end{aligned}$$

Wir haben jetzt die Treppenstufenform konstruiert. Die zwei letzten Gleichungen sind überflüssig, so dass wir sie weglassen, während wir eine weitere Zeilenoperation durchführen, um eine Null oberhalb des führenden Eintrags x_2 zu erhalten. Das Resultat ist:

$$\begin{aligned} x_1 + \tfrac{4}{5}x_3 &= \tfrac{17}{5} \\ x_2 - \tfrac{3}{5}x_3 &= \tfrac{1}{5} \end{aligned}$$

Äquivalent gilt:

$$\begin{aligned} x_1 &= -\tfrac{4}{5}x_3 + \tfrac{17}{5} \\ x_2 &= \tfrac{3}{5}x_3 + \tfrac{1}{5} \end{aligned} \qquad (*)$$

Offensichtlich kann x_3 frei gewählt werden. Danach sind dann x_1 und x_2 eindeutig bestimmt durch $(*)$. Indem wir $x_3 = t$ setzen, können wir die Menge aller möglichen Lösungen so darstellen:

$$(x_1, x_2, x_3) = \left(-\tfrac{4}{5}t + \tfrac{17}{5},\ \tfrac{3}{5}t + \tfrac{1}{5},\ t\right), \quad \text{wobei } t \text{ eine beliebige reelle Zahl ist.}$$

Diese Lösung wird weiter in Beispiel 15.10.1 diskutiert.

Gauß'sches Eliminationsverfahren

Um ein lineares Gleichungssystem zu lösen:

(i) Erzeugen Sie eine Treppenstufenform mit 1 als Koeffizienten für jeden von Null verschiedenen führenden Eintrag.

(ii) Erzeugen Sie Nullen über jedem führenden Eintrag.

(iii) Man erhält die allgemeine Lösung, indem man die Unbekannten, die als führende Einträge auftreten nur durch diejenigen Unbekannten ausdrückt, die nicht als führende Einträge auftreten. Die letzteren Unbekannten, wenn es welche gibt, können dann frei gewählt werden.

Die Anzahl der Unbekannten, die frei gewählt werden können, möglicherweise gibt es keine, ist gleich der Anzahl der *Freiheitsgrade*.

Die Beschreibung des Rezepts nimmt an, dass das System Lösungen hat. Das Gauß'sche Eliminationsverfahren kann jedoch auch benutzt werden, um zu zeigen, ob ein lineares Gleichungssystem inkonsistent ist, d. h. dass es keine Lösung hat. Bevor wir Ihnen ein Beispiel dafür zeigen, wollen wir ein Hilfsmittel einführen, dass die Menge der benötigten Notation erheblich reduziert. Wenn wir auf die letzten zwei Beispiele zurückschauen, bemerken wir, dass wir nur die Koeffizienten des Gleichungssystems zu kennen brauchen und den Vektor der rechten Seiten, während die Variablen nur dazu dienen, anzudeuten, zu welcher Spalte die verschiedenen Koeffizienten gehören. Daher kann Beispiel 12.8.2 wie folgt dargestellt werden durch die *erweiterten Koeffizientenmatrizen*, wobei jede eine extra Spalte hat, die aus dem zugehörigen Vektor der rechten Seiten der Gleichungen besteht.

$$\begin{pmatrix} 1 & 3 & -1 & 4 \\ 2 & 1 & 1 & 7 \\ 2 & -4 & 4 & 6 \\ 3 & 4 & 0 & 11 \end{pmatrix} \begin{matrix} -2 \quad -2 \quad -3 \\ \leftarrow \\ \leftarrow \\ \leftarrow \end{matrix} \sim \begin{pmatrix} 1 & 3 & -1 & 4 \\ 0 & -5 & 3 & -1 \\ 0 & -10 & 6 & -2 \\ 0 & -5 & 3 & -1 \end{pmatrix} \times \left(-\tfrac{1}{5}\right)$$

$$\sim \begin{pmatrix} 1 & 3 & -1 & 4 \\ 0 & 1 & -\frac{3}{5} & \frac{1}{5} \\ 0 & -10 & 6 & -2 \\ 0 & -5 & 3 & -1 \end{pmatrix} \begin{matrix} 10 \quad 5 \\ \leftarrow \\ \leftarrow \end{matrix} \sim \begin{pmatrix} 1 & 3 & -1 & 4 \\ 0 & 1 & -\frac{3}{5} & \frac{1}{5} \\ 0 & 0 & 0 & 0 \\ 0 & 0 & 0 & 0 \end{pmatrix} \begin{matrix} \leftarrow \\ -3 \end{matrix}$$

$$\sim \begin{pmatrix} 1 & 0 & \frac{4}{5} & \frac{17}{5} \\ 0 & 1 & -\frac{3}{5} & \frac{1}{5} \\ 0 & 0 & 0 & 0 \\ 0 & 0 & 0 & 0 \end{pmatrix}$$

Die obige Darstellung zeigt die *elementaren Zeilenoperationen*, die wir auf die vier aufeinanderfolgenden verschiedenen erweiterten 4×4-Matrizen angewendet haben. Und wir haben das Äquivalenzsymbol $\sim$ zwischen zwei Matrizen geschrieben, um anzudeuten, dass die letztere durch elementare Operationen auf die erste entstanden ist. Dies ist gerechtfertigt, da solche Operationen immer ein äquivalentes Gleichungssystem erzeugen. Beachten Sie sorgsam, wie das Gleichungssystem in Beispiel 12.8.2 durch die erste Matrix dargestellt wird und wie die letzte Matrix äquivalent ist zu dem System, das aus den zwei Gleichungen $x_1 + \frac{4}{5}x_3 = \frac{17}{5}$ und $x_2 - \frac{3}{5}x_3 = \frac{1}{5}$ besteht.

Beispiel 12.8.3

Für welche Werte der Zahlen a, b und c hat das folgende Gleichungssystem Lösungen? Bestimmen Sie die Lösungen, wenn sie existieren.

$$\begin{aligned} x_1 - 2x_2 + x_3 + 2x_4 &= a \\ x_1 + x_2 - x_3 + x_4 &= b \\ x_1 + 7x_2 - 5x_3 - x_4 &= c \end{aligned}$$

Lösung: Wir stellen das Gleichungssystem durch seine erweiterte Koeffizientenmatrix dar, führen dann elementare Zeilenoperationen durch, wie sie von der Gauß' schen Eliminationsmethode verlangt werden:

$$\begin{pmatrix} 1 & -2 & 1 & 2 & a \\ 1 & 1 & -1 & 1 & b \\ 1 & 7 & -5 & -1 & c \end{pmatrix} \begin{matrix} -1 \quad -1 \\ \longleftarrow\!\rfloor \quad \\ \longleftarrow\!\!\!\longrightarrow\!\rfloor \end{matrix} \sim \begin{pmatrix} 1 & -2 & 1 & 2 & a \\ 0 & 3 & -2 & -1 & b-a \\ 0 & 9 & -6 & -3 & c-a \end{pmatrix} \begin{matrix} \\ -3 \\ \longleftarrow\!\rfloor \end{matrix}$$

$$\sim \begin{pmatrix} 1 & -2 & 1 & 2 & a \\ 0 & 3 & -2 & -1 & b-a \\ 0 & 0 & 0 & 0 & 2a-3b+c \end{pmatrix}$$

Dieletzte Zeile repräsentiert die Gleichung $0 \cdot x_1 + 0 \cdot x_2 + 0 \cdot x_3 + 0 \cdot x_4 = 2a - 3b + c$. Das System hat deshalb nur dann Lösungen, wenn $2a - 3b + c = 0$ gilt. In diesem Fall hat die letzte Zeile nur Nullen und wir fahren fort mit elementaren Zeilenoperationen, bis wir zu der folgenden Matrix kommen

$$\begin{pmatrix} 1 & 0 & -\frac{1}{3} & \frac{4}{3} & \frac{1}{3}(a+2b) \\ 0 & 1 & -\frac{2}{3} & -\frac{1}{3} & \frac{1}{3}(b-a) \\ 0 & 0 & 0 & 0 & 0 \end{pmatrix}$$

Diese repräsentiert das Gleichungssystem

$$\begin{aligned} x_1 - \frac{1}{3}x_3 + \frac{4}{3}x_4 &= \frac{1}{3}(a+2b) \\ x_2 - \frac{2}{3}x_3 - \frac{1}{3}x_4 &= \frac{1}{3}(b-a) \end{aligned}$$

Hier können x_3 und x_4 frei gewählt werden. Sobald sie jedoch gewählt sind, sind x_1 und x_2 eindeutig bestimmte lineare Funktionen von $s = x_3$ und $t = x_4$. Die Lösung ist:

$$x_1 = \tfrac{1}{3}(a+2b) + \tfrac{1}{3}s - \tfrac{4}{3}t$$
$$x_2 = \tfrac{1}{3}(b-a) \quad + \tfrac{2}{3}s + \tfrac{1}{3}t$$

Dabei sind s und t beliebige reelle Zahlen.

Aufgaben für Kapitel 12.8

1. Lösen Sie die folgenden Gleichungssysteme durch Gauß'sche Elimination.

(a) $$\begin{aligned} x_1 + x_2 &= 3 \\ 3x_1 + 5x_2 &= 5 \end{aligned}$$

(b) $$\begin{aligned} x_1 + 2x_2 + x_3 &= 4 \\ x_1 - x_2 + x_3 &= 5 \\ 2x_1 + 3x_2 - x_3 &= 1 \end{aligned}$$

(c) $$\begin{aligned} 2x_1 - 3x_2 + x_3 &= 0 \\ x_1 + x_2 - x_3 &= 0 \end{aligned}$$

2. Nutzen Sie Gauß'sche Elimination, um zu erörtern, welches für verschiedene Werte von a und b die möglichen Lösungen des folgenden Systems sind.

$$\begin{aligned} x + y - z &= 1 \\ x - y + 2z &= 2 \\ x + 2y + az &= b \end{aligned}$$

3. Bestimmen Sie diejenigen Werte von c, für die das folgende Gleichungssystem eine Lösung hat und bestimmen Sie für diese Werte von c die vollständige Lösung.

$$\begin{aligned} 2w + x + 4y + 3z &= 1 \\ w + 3x + 2y - z &= 3c \\ w + x + 2y + z &= c^2 \end{aligned}$$

4. Bestimmen Sie die Werte von a, für die das folgende Gleichungssystem eine eindeutige Lösung hat:

$$\begin{aligned} ax + y + (a+1)z &= b_1 \\ x + 2y + z &= b_2 \\ 3x + 4y + 7z &= b_3 \end{aligned}$$

5. Bestimmen Sie alle Lösungen des folgenden Gleichungssystems:

$$\begin{aligned} \tfrac{3}{4}x + y + \tfrac{7}{4}z &= b_1 \\ x + 2y + z &= b_2 \\ 3x + 4y + 7z &= b_3 \end{aligned}$$

► Lösungen zu den Aufgaben finden Sie im Anhang des Buches.

12.9 Geometrische Interpretation von Vektoren

Vektoren sind im Gegensatz zu Matrizen leicht geometrisch zu interpretieren, zumindest wenn ihre Dimension zwei oder vielleicht drei ist. Tatsächlich ist das Wort „Vektor" vom Ursprung her aus dem Lateinischen und wurde gebraucht, um beides

„Träger" und „Passagier" zu bezeichnen. Insbesondere steht das Wort in Beziehung zu dem Vorgang, eine Person oder ein Objekt von einem Ort zu einem anderen zu bewegen. Diesbezüglich denkt ein Biologe bei einem „Vektor" an den Träger einer Krankheit, wie es Mosquitos für Malaria sind.

In der xy-Ebene kann jede Verschiebung durch die Distanz a_1, die in x-Richtung zurückgelegt wurde und die Distanz a_2, die in y-Richtung zurückgelegt wurde, beschrieben werden. Eine Bewegung in der Ebene ist damit eindeutig beschrieben durch ein geordnetes Paar oder einen 2-Vektor (a_1, a_2). Wie Abb. 12.9.1 zeigt, kann solch eine Bewegung dargestellt werden durch einen Pfeil vom Startpunkt P zum Endpunkt Q.

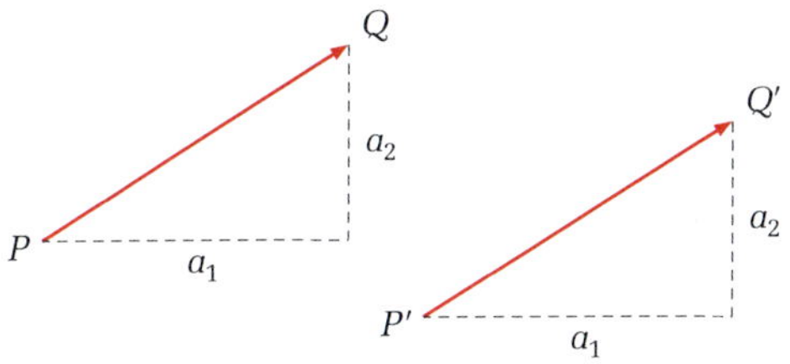

Abbildung 12.9.1: Vektoren als Bewegungen in der Ebene

Wenn wir den Pfeil parallel verschieben, so dass er in P' beginnt und in Q' endet, beschreibt der resultierende Pfeil genau dieselbe Bewegung, da die x- und y-Komponenten immer noch a_1 bzw. a_2 sind. Der Vektor von P nach Q wird mit $\overrightarrow{PQ}$ bezeichnet und wir bezeichnen ihn als einen *geometrischen Vektor* oder eine *gerichtete Strecke*. Zwei geometrische Vektoren, die dieselbe Richtung und dieselbe Länge haben, werden als gleich bezeichnet (fast in derselben Weise wie die zwei Brüche $2/6$ und $1/3$ gleich sind, weil sie dieselbe reelle Zahl darstellen).

Nehmen Sie an, dass der geometrische Vektor $\mathbf{a} = (a_1, a_2)$ eine Bewegung von $P = (p_1, p_2)$ nach $Q = (q_1, q_2)$ bewirkt. Dann ist das Paar (a_1, a_2), das die Bewegung in der x- und y-Richtung beschreibt, gegeben durch $a_1 = q_1 - p_1$, $a_2 = q_2 - p_2$ oder durch $(a_1, a_2) = (q_1, q_2) - (p_1, p_2)$. Dies wird in Abb. 12.9.2 illustriert.

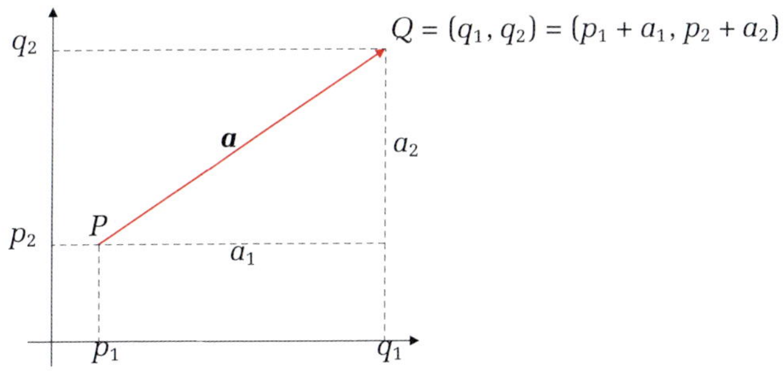

Abbildung 12.9.2: Vektoren als geordnete Paare

Wenn andererseits das Paar (a_1, a_2) gegeben ist, dann erhält man die entsprechende Verschiebung, wenn man sich a_1 Einheiten in Richtung der x-Achse bewegt sowie a_2 Einheiten in Richtung der y-Achse. Wenn wir im Punkt $P = (p_1, p_2)$ starten, dann kommen wir im Punkt Q mit den Koordinaten $(q_1, q_2) = (p_1 + a_1, p_2 + a_2)$ an, wie auch in Abb. 12.9.2 gezeigt wird.

Diese Korrespondenz macht es nur zu einer Frage der Zweckmäßigkeit, ob wir bei einem Vektor an ein geordnetes Paar von Zahlen (a_1, a_2) oder an eine gerichtete Strecke wie $\overrightarrow{PQ}$ in Abb. 12.9.2 denken.

Vektoroperationen

Wenn wir Vektoren durch gerichtete Streckenabschnitte darstellen, kann man den Vektoroperationen $\mathbf{a} + \mathbf{b}$, $\mathbf{a} - \mathbf{b}$ und $t\mathbf{a}$ interessante geometrische Interpretationen geben. Lassen Sie $\mathbf{a} = (a_1, a_2)$ und $\mathbf{b} = (b_1, b_2)$ beide im Ursprung $(0, 0)$ des Koordinatensystems beginnen.

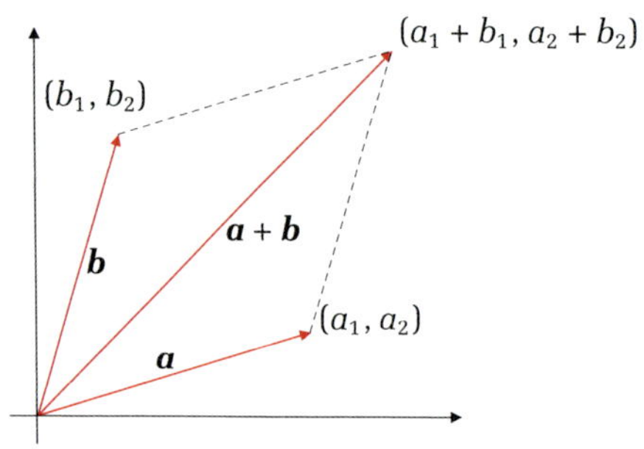

Abbildung 12.9.3: Vektoraddition

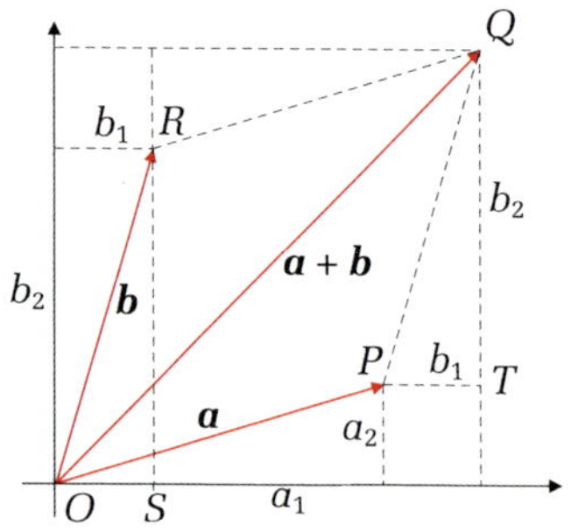

Abbildung 12.9.4: Geometrie der Vektoraddition

Die in Abb. 12.9.3 gezeigte Summe $\mathbf{a} + \mathbf{b}$ ist die Diagonale in dem durch die Seiten $\mathbf{a}$ und $\mathbf{b}$ bestimmten Parallelogramm. Der geometrische Grund dafür kann in Abb. 12.9.4 gesehen werden, in der die beiden rechtwinkligen Dreiecke OSR und PTQ kongruent sind. Daher ist OR parallel zu PQ und hat dieselbe Länge, so dass $OPQR$ ein Parallelogramm ist.[7]

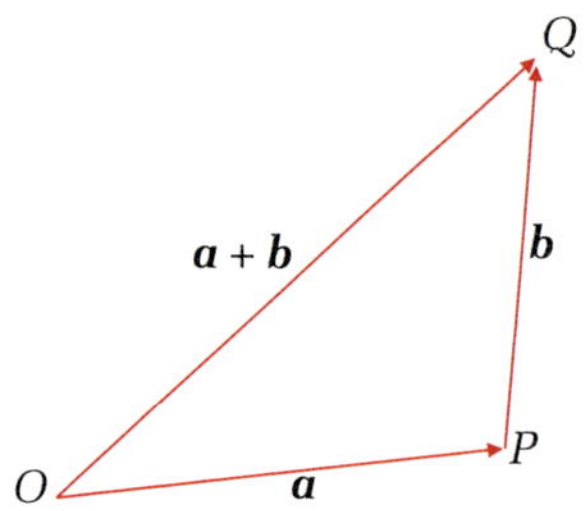

Abbildung 12.9.5: Vektoraddition

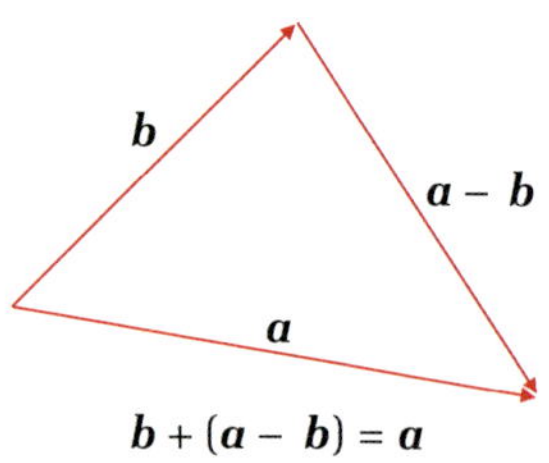

Abbildung 12.9.6: Vektorsubtraktion

[7] Dieses Parallelogramm-Gesetz der Addition von Vektoren wird denjenigen Lesern vertraut sein, die Physik studiert haben. Zum Beispiel: Wenn $\mathbf{a}$ und $\mathbf{b}$ zwei Kräfte darstellen, die auf ein Teilchen in O wirken, dann wird die alleinige kombinierte Kraft $\mathbf{a}+\mathbf{b}$, die auf das Teilchen einwirkt, denselben physikalischen Effekt hevorrufen.

Das Parallelogramm-Gesetz der Addition wird auch in Abb. 12.9.5 illustriert. Eine Möglichkeit der Interpretation dieser Abbildung ist die folgende: Wenn **a** Sie von O nach P und **b** Sie von P nach Q bringt, dann bringt Sie die kombinierte Bewegung $\mathbf{a} + \mathbf{b}$ von O nach Q. Ferner wieder mit Blick auf Abb. 12.9.4, bringt **b** Sie von O nach R, während **a** Sie von R nach Q bringt. Somit bringt Sie die kombinierte Bewegung $\mathbf{b} + \mathbf{a}$ von O nach Q. Dies zeigt natürlich, dass $\mathbf{a} + \mathbf{b} = \mathbf{b} + \mathbf{a}$.

Abb. 12.9.6 enthält eine geometrische Interpretation des Vektors $\mathbf{a} - \mathbf{b}$. Beachten Sie sorgfältig die Richtung des geometrischen Vektors $\mathbf{a} - \mathbf{b}$. Und beachten Sie, dass $\mathbf{b} + (\mathbf{a} - \mathbf{b}) = \mathbf{a} = (\mathbf{a} - \mathbf{b}) + \mathbf{b}$ ist.

Die geometrische Interpretation von $t\mathbf{a}$, wobei t eine reelle Zahl ist, ist auch direkt einleuchtend. Wenn $t > 0$ ist, dann ist $t\mathbf{a}$ der Vektor mit derselben Richtung wie **a** und dessen Länge das t-fache der Länge von **a** beträgt. Wenn $t < 0$ ist, ist die Richtung entgegengesetzt und die Länge wird mit dem Absolutbetrag von t multipliziert. In der Tat ist die Multiplikation mit t wie eine Umskalierung des Vektors **a**. Deshalb wird die Zahl t oft ein *Skalar* genannt.

3-dimensionaler Raum

Erinnern Sie, wie wir für einen gegebenen Punkt in der Ebene ein Paar reeller Zahlen genutzt haben, um ihn darzustellen mit Referenz zu einem rechteckigen Koordinatensystem, dass durch zwei gegenseitig orthogonale Koordinatenachsen festgelegt ist. Dies macht die Ebene zu einem zweidimensionalen Raum, der oft 2-Raum genannt wird und mit $\mathbb{R}^2$ bezeichnet wird. Analog kann jeder Punkt oder Vektor im dreidimensionalen Raum, auch 3-Raum genannt und mit $\mathbb{R}^3$ bezeichnet, dargestellt werden als ein geordnetes Tripel von reellen Zahlen.

Die drei Dimensionen des Raumes $\mathbb{R}^3$ reichen aus, um drei gegenseitig orthogonale Koordinatenachsen zu ermöglichen, die in Abb. 12.9.7 graphisch dargestellt sind. Die drei Geraden, die orthogonal zueinander sind und sich im Punkt O in der Abbildung schneiden sind die *Koordinatenachsen*. Sie werden gewöhnlich die x-Achse, y-Achse bzw. z-Achse genannt. Wir wählen eine Einheit, um die Länge jeder Achse zu messen. Wir wählen auch eine positive Richtung entlang jeder Achse, angezeigt durch einen Pfeil.

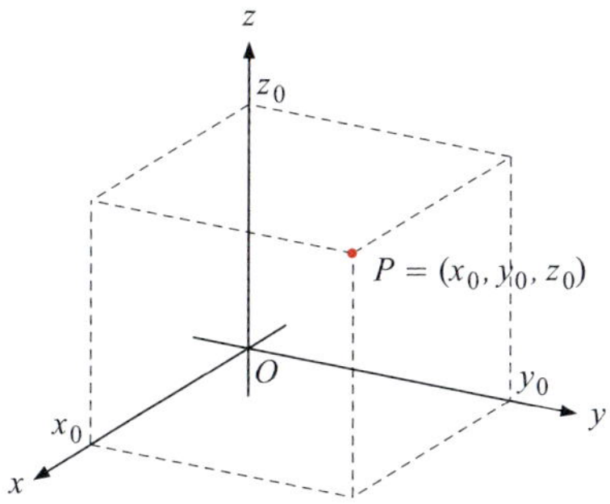

Abbildung 12.9.7: Ein Koordinatensystem

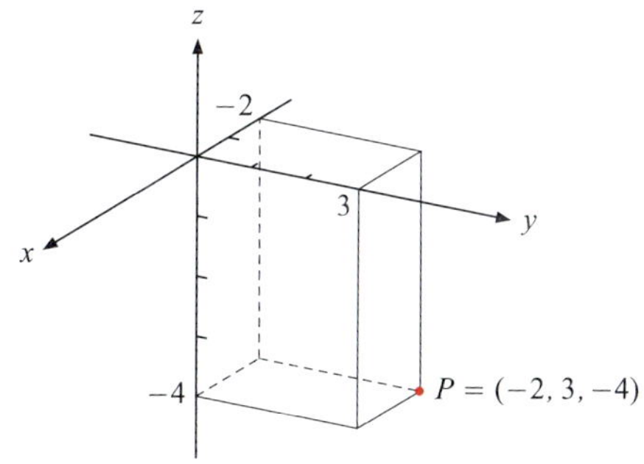

Abbildung 12.9.8: $P = (-2, 3, -4)$

Die Gleichung $x = 0$ wird erfüllt durch alle Punkte in der eindeutig bestimmten *Koordinatenebene*, die die y-Achse und die z-Achse enthält. Diese heißt die yz-Ebene. Zwei andere Koordinatenebenen sind die xy-Ebene, in der $z = 0$ ist, und die xz-Ebene, in der $y = 0$ ist. Wir sprechen oft von der xy-Ebene als der horizontalen Ebene, wobei die z-Achse senkrecht durch sie hindurch geht.

Jede Koordinatenebene teilt den Raum in zwei *Halbräume*. Zum Beispiel die xy-Ebene, deren Gleichung $z = 0$ ist, teilt den Raum in zwei Regionen: (i) oberhalb der xy-Ebene, wo $z > 0$; (ii) unterhalb der xy-Ebene, wo $z < 0$. Die drei Koordinatenebenen zusammen teilen den Raum in 8 *Oktanten*. Der spezielle Oktant, in dem $x \geq 0$, $y \geq 0$ und $z \geq 0$, wird der *nichtnegative Oktant* genannt.

Jeder Punkt P im 3-Raum hat nun ein zugehöriges Tripel (x_0, y_0, z_0), das die jeweiligen Abstände zu den nächstliegenden Punkten in den drei Ebenen $x = 0$, $y = 0$ und $z = 0$ angibt. Umgekehrt ist es klar, dass jedes Tripel von drei reellen Zahlen auch einen eindeutigen Punkt im Raum bestimmt, wie in Abb. 12.9.7 angedeutet. Beachten Sie insbesondere, dass für negatives z_0 der Punkt (x_0, y_0, z_0) unterhalb der xy-Ebene mit $z = 0$ liegt. Abb. 12.9.8 zeigt, wie der Punkt P mit den Koordinaten $(-2, 3, -4)$ anzulegen ist. Der Punkt P in Abb. 12.9.7 liegt im positiven Oktanten, wo x, y und z alle positiv sind.

Außerdem gibt es, wie bei geordneten Paaren in der Ebene, eine natürliche Korrespondenz zwischen: (i) jedem geordneten Tripel (a_1, a_2, a_3) und (ii) einem geometrischen Vektor oder einer Bewegung im 3-Raum, betrachtet als ein gerichteter Streckenabschnitt. Das Parallelogramm-Gesetz der Addition bleibt im $\mathbb{R}^3$ gültig, wie auch die geometrische Interpretation der Multiplikation eines Vektors mit einem Skalar.

n-dimensionaler Raum

Der 3-dimensionale Raum $\mathbf{R}^3$ aller geordneten Tripel reeller Zahlen kann offensichtlich erweitert werden auf den n-dimensionalen Raum $\mathbf{R}^n$ aller n-Vektoren. Diese Vektoren wurden eingeführt in Kap. 12.1 entweder als Zeilenvektoren, d. h. $1 \times n$-Matrizen, oder als Spaltenvektoren, d. h. $n \times 1$-Matrizen. Dann ist es üblich, die Menge aller möglichen n-Vektoren $\mathbf{x} = (x_1, x_2, \ldots, x_n)$ von reellen Zahlen den *Euklidischen n-dimensionalen Raum* oder *n-dimensionalen Raum* zu nennen, der mit $\mathbb{R}^n$ bezeichnet wird.

Für $n = 1$, $n = 2$ und $n = 3$ haben wir geometrische Darstellungen von $\mathbb{R}^n$ als eine Gerade, eine Ebene bzw. als 3-dimensionaler Raum. Wenn jedoch $n \geq 4$ haben weder n-Vektoren noch der n-dimensionale Raum $\mathbb{R}^n$, zu dem sie gehören, irgendeine natürliche räumliche Interpretation. Weil viele Eigenschaften von $\mathbb{R}^2$ und $\mathbb{R}^3$ sich auf $\mathbb{R}^n$ übertragen lassen, wird trotzdem manchmal eine geometrische Sprachweise benutzt, um seine Eigenschaften zu erörtern. Insbesondere bleiben die Regeln für die Addition, Subtraktion und Multiplikation von Vektoren mit einem Skalar, die in Kap. 12.4 dargelegt wurden, in $\mathbb{R}^n$ genau dieselben wie in $\mathbb{R}^2$ und $\mathbb{R}^3$.

Abstände und Länge von Vektoren

In Kap. 5.5 haben wir die Formel für den Abstand zwischen zwei Punkten in der Ebene angegeben. Nun wollen wir dasselbe für Punkte im dreidimensionalen Raum tun.

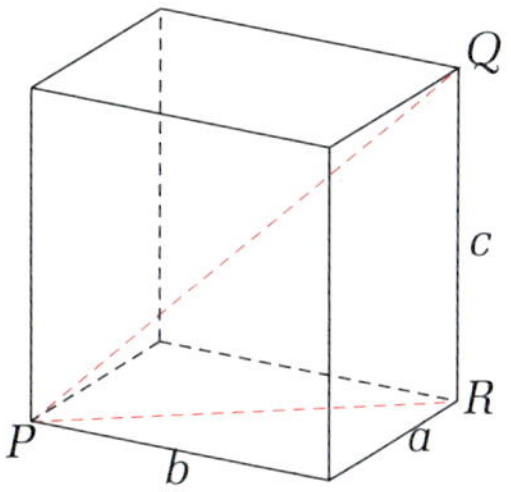

Abbildung 12.9.9: Der Abstand zwischen den Punkten P und Q, bezeichnet mit PQ

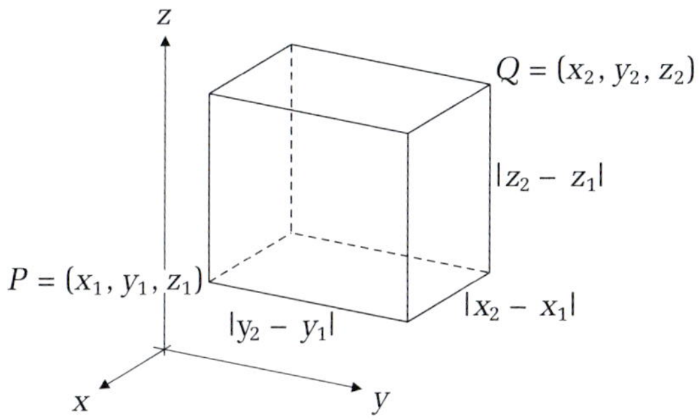

Abbildung 12.9.10: Der Abstand zwischen zwei typischen Punkten

Betrachten Sie eine rechteckige Box (einen Quader) mit Seiten der Länge a, b und c, wie in Abb. 12.9.9 gezeigt. Nach dem Satz von Pythagoras ist $(PR)^2 = a^2 + b^2$. Und eine zweite Anwendung dieses Satzes ergibt $(PQ)^2 = (PR)^2 + (RQ)^2 = a^2 + b^2 + c^2$. Es folgt, dass die Diagonale, die die Punkte P und Q, die gegenüberliegende Ecken des Quaders sind, die Länge $PQ = \sqrt{a^2 + b^2 + c^2}$ hat.

Als nächstes bestimmen wir den Abstand zwischen zwei typischen Punkten $P = (x_1, y_1, z_1)$ und $Q = (x_2, y_2, z_2)$ im 3-dimensionalen Raum, wie in Abb. 12.9.10 illustriert. Diese zwei Punkte liegen genau in gegenüberliegenden Ecken eines Quaders mit den Seitenlängen $a = |x_2 - x_1|$, $b = |y_2 - y_1|$ und $c = |z_2 - z_1|$. Wenn wir dies in unser Resultat für den Quader in Abb. 12.9.9 einsetzen, erhalten wir

$$(PQ)^2 = |x_2 - x_1|^2 + |y_2 - y_1|^2 + |z_2 - z_1|^2 = (x_2 - x_1)^2 + (y_2 - y_1)^2 + (z_2 - z_1)^2$$

Dies motiviert die folgende Definition:

Abstand

Der *Abstand* d zwischen den zwei Punkten (x_1, y_1, z_1) und (x_2, y_2, z_2) im 3-dimensionalen Raum ist

$$d = \sqrt{(x_2 - x_1)^2 + (y_2 - y_1)^2 + (z_2 - z_1)^2} \qquad (12.9.1)$$

Beispiel 12.9.1

Berechnen Sie den Abstand d zwischen den Punkten $(1, 2, -3)$ und $(-2, 4, 5)$.

Lösung: Nach Formel (12.9.1) gilt

$$d = \sqrt{(-2-1)^2 + (4-2)^2 + (5-(-3))^2} = \sqrt{(-3)^2 + 2^2 + 8^2} = \sqrt{77} \approx 8.77$$

Wir definieren auch die *Länge* oder *Norm* des 3-dimensionalen Vektors $\mathbf{a} = (a_1, a_2, a_3)$, die wir mit $\|\mathbf{a}\|$ bezeichnen, als den Abstand zwischen $\mathbf{a}$ und dem 3-dimensionalen Nullvektor $\mathbf{0} = (0, 0, 0)$. Nach Formel (12.9.1) sowie der Definition des inneren Produkts in Kap. 12.4 erhalten wir

$$\|\mathbf{a}\| = \sqrt{a_1^2 + a_2^2 + a_3^2} = \sqrt{\mathbf{a} \cdot \mathbf{a}} \tag{12.9.2}$$

Die zwei Definitionen (12.9.1) und (12.9.2) implizieren offensichtlich, dass der Abstand $d(\mathbf{u}, \mathbf{v})$ in $\mathbb{R}^3$ zwischen den zwei 3-dimensionalen Vektoren $\mathbf{u} = (u_1, u_2, u_3)$ und $\mathbf{v} = (v_1, v_2, v_3)$ gleich der Distanz zwischen $\mathbf{u} - \mathbf{v}$ und $\mathbf{0}$ ist, welches die Länge von $\mathbf{u} - \mathbf{v}$ ist. Daher gilt $d(\mathbf{u}, \mathbf{v}) = d(\mathbf{u} - \mathbf{v}, \mathbf{0}) = \|\mathbf{u} - \mathbf{v}\|$.

Jetzt gehen wir über zum n-dimensionalen Raum und den folgenden Definitionen:

Länge und Abstand im n-dimensionalen Raum

Wenn $\mathbf{a} = (a_1, a_2, \ldots, a_n)$, definieren wir die *Länge*, oder *Norm*, des Vektors durch

$$\|\mathbf{a}\| = \sqrt{a_1^2 + a_2^2 + \cdots + a_n^2} = \sqrt{\mathbf{a} \cdot \mathbf{a}} \tag{12.9.3}$$

Der *Abstand* zwischen zwei n-dimensionalen Vektoren $\mathbf{u}$ und $\mathbf{v}$ ist

$$d(\mathbf{u}, \mathbf{v}) = \|\mathbf{u} - \mathbf{v}\| = \sqrt{(u_1 - v_1)^2 + (u_2 - v_2)^2 + \cdots + (u_n - v_n)^2} \tag{12.9.4}$$

Beachten Sie, dass Definition (12.9.3) für jeden Vektor $\mathbf{a}$ in $\mathbb{R}^n$ impliziert, dass

$$\|\alpha\mathbf{a}\| = \sqrt{(\alpha\mathbf{a}) \cdot (\alpha\mathbf{a})} = |\alpha|\sqrt{\mathbf{a} \cdot \mathbf{a}} = |\alpha|\,\|\mathbf{a}\| \text{ für alle reellen } \alpha \tag{12.9.5}$$

$$\|\mathbf{a}\| \geq 0 \text{ für alle } n\text{-Vektoren } \mathbf{a}, \text{ mit } \|\mathbf{a}\| = 0 \text{ genau dann, wenn } \mathbf{a} = \mathbf{0} \tag{12.9.6}$$

Dies stimmt überein mit den Regeln (b), (d) und (e) für innere Produkte, die in Kap. 12.4 dargestellt wurden.

Die Cauchy-Schwarz-Ungleichung

Definition(12.9.3) spezifiziert $\|\mathbf{a}\|$ als die Entfernung im $\mathbb{R}^n$ des Punktes $(a_1, a_2, \ldots, a_n)$ vom Ursprung $(0, 0, \ldots, 0)$. In Aufgabe 4.6.9 wurden Sie aufgefordert die berühmte *Cauchy-Schwarz–Ungleichung* zu beweisen. Wenn wir die jetzt eingeführte Notation verwenden, kann diese Ungleichung ausgedrückt werden als $(\mathbf{a} \cdot \mathbf{b})^2 \leq \|\mathbf{a}\|^2\|\mathbf{b}\|^2$. Weil $\|\mathbf{a}\|\|\mathbf{b}\| \geq 0$ nach Definition (12.9.3) ist dies äquivalent zu

$$|\mathbf{a} \cdot \mathbf{b}| \leq \|\mathbf{a}\| \cdot \|\mathbf{b}\| \tag{12.9.7}$$

Beispiel 12.9.2

Überprüfen Sie die Cauchy-Schwarz-Ungleichung (12.9.7) für die zwei 3-Vektoren $\mathbf{a} = (1, -2, 3)$ und $\mathbf{b} = (-3, 2, 5)$.

Lösung: Wir erhalten

$$\|\mathbf{a}\| = \sqrt{1^2 + (-2)^2 + 3^2} = \sqrt{14} \quad \text{und} \quad \|\mathbf{b}\| = \sqrt{(-3)^2 + 2^2 + 5^2} = \sqrt{38}$$

InBeispiel 12.4.1 haben wir für das innere Produkt $\mathbf{a} \cdot \mathbf{b} = 8$ erhalten. Somit besagt Ungleichung (12.9.7), dass $8 \leq \sqrt{14}\sqrt{38}$, was mit Sicherheit wahr ist, denn es gilt $\sqrt{14} > 3$ und $\sqrt{38} > 6$.

Orthogonalität

Betrachten Sie zwei n-Vektoren $\mathbf{a}$ und $\mathbf{b}$ in $\mathbb{R}^n$, wobei $n \geq 2$. Abbildung (12.9.6) folgend nutzen wir Abb. 12.9.11, um die drei Vektoren $\mathbf{a}$, $\mathbf{b}$ und $\mathbf{a} - \mathbf{b}$ in der eindeutigen zweidimensionalen Ebene $\mathbb{R}^n$ darzustellen, die die drei Punkte O, A, und B enthält.

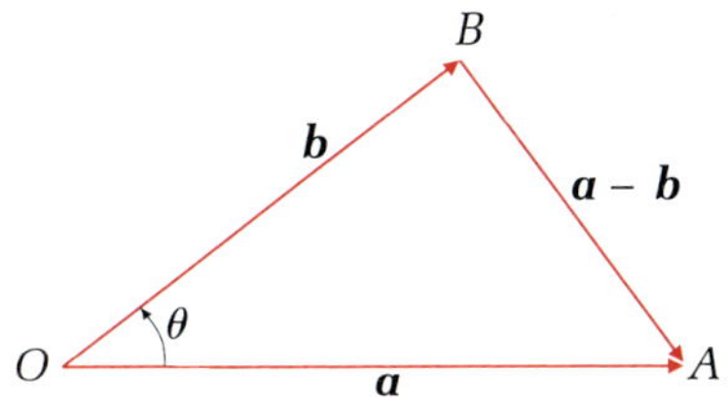

Abbildung 12.9.11: Der Winkel zwischen **a** *und* **b**

Nach dem Satz von Pythagoras ist der Winkel θ zwischen den zwei Vektoren $\mathbf{a}$ und $\mathbf{b}$ genau dann ein rechter Winkel, wenn $(OA)^2 + (OB)^2 = (AB)^2$ oder $\|\mathbf{a}\|^2 + \|\mathbf{b}\|^2 = \|\mathbf{a} - \mathbf{b}\|^2$. Dies impliziert, dass $\theta = 90°$ genau dann gilt, wenn

$$\mathbf{a} \cdot \mathbf{a} + \mathbf{b} \cdot \mathbf{b} = (\mathbf{a} - \mathbf{b}) \cdot (\mathbf{a} - \mathbf{b}) = \mathbf{a} \cdot \mathbf{a} - \mathbf{a} \cdot \mathbf{b} - \mathbf{b} \cdot \mathbf{a} + \mathbf{b} \cdot \mathbf{b} \qquad (*)$$

Da $\mathbf{a} \cdot \mathbf{b} = \mathbf{b} \cdot \mathbf{a}$, verlangt Gleichung $(*)$, dass $2\mathbf{a} \cdot \mathbf{b} = 0$ und somit $\mathbf{a} \cdot \mathbf{b} = 0$. Wenn der Winkel zwischen zwei Vektoren $\mathbf{a}$ und $\mathbf{b}$ gleich $90°$ ist, sagt man, dass die Vektoren *orthogonal* sind und wir schreiben $\mathbf{a} \perp \mathbf{b}$. Damit haben wir bewiesen, dass zwei Vektoren im $\mathbb{R}^n$ genau dann orthogonal sind, wenn ihr inneres Produkt gleich 0 ist. In Symbolen:

$$\mathbf{a} \perp \mathbf{b} \iff \mathbf{a} \cdot \mathbf{b} = 0 \qquad (12.9.8)$$

Seien $\mathbf{a}$ und $\mathbf{b}$ zwei vom Nullvektor verschiedene Vektoren im $\mathbb{R}^n$. Anwendung elementarer Trigonometrie auf Abb. 12.9.11 zeigt, dass der *Winkel* θ zwischen ihnen das eindeutige $\theta \in [0, \pi]$ ist mit

$$\cos\theta = \frac{\mathbf{a} \cdot \mathbf{b}}{\|\mathbf{a}\| \cdot \|\mathbf{b}\|} \qquad (12.9.9)$$

Diese Definition ist sinnvoll, da die Cauchy-Schwarz-Ungleichung impliziert, dass die rechte Seite einen Absolutbetrag ≤ 1 hat. Beachten Sie außerdem, dass nach (12.9.9) gilt: $\cos\theta = 0$ genau dann, wenn $\mathbf{a} \cdot \mathbf{b} = 0$. Dies stimmt mit (12.9.8) überein, da für $\theta \in [0, \pi]$ gilt $\cos\theta = 0$ genau dann, wenn $\theta = \pi/2$ ist.

Beispiel 12.9.3

Nehmen Sie an, wir beobachten wiederholt Preis und Nachfrage nach einem Gut. Nach n Beobachtungen haben wir die n Paare (p_1, d_1), (p_2, d_2), …, (p_n, d_n), wobei p_i

den Preis bezeichnet und d_i ist die Nachfrage bei der Beobachtung i für $i = 1, 2, \ldots, n$. Definieren Sie die statistischen Mittelwerte

$$\bar{p} = \frac{1}{n}\sum_{i=1}^{n} p_i \quad \text{und} \quad \bar{d} = \frac{1}{n}\sum_{i=1}^{n} d_i$$

und schreiben Sie die n Abweichungen der beobachteten Paare (p_i, d_i) von diesen Mittelwerten als die Vektoren

$$\mathbf{a} = (p_1 - \bar{p}, p_2 - \bar{p}, \ldots, p_n - \bar{p}), \quad \mathbf{b} = (d_1 - \bar{d}, d_2 - \bar{d}, \ldots, d_n - \bar{d})$$

In Statistik wird der Quotient $\mathbf{a} \cdot \mathbf{b}/\|\mathbf{a}\| \cdot \|\mathbf{b}\|$, der auf der rechten Seite der Gleichung (12.9.9) erscheint, der *Korrelationskoeffizient* genannt und oft mit ϱ bezeichnet. Es ist ein Maß des Grades der „Korrelation" zwischen den Preisen und den nachgefragten Mengen in den Daten. Wenn $\varrho = 1$ ist, gibt es eine positive Konstante $\alpha > 0$, so dass $d_i - \bar{d} = \alpha(p_i - \bar{p})$. Dies impliziert, dass Nachfrage und Preis *vollständig korreliert* sind. Es ist jedoch plausibler, dass $\varrho = -1$ ist, da diese Beziehung für ein $\alpha < 0$ gilt. Allgemein gilt: Für $\varrho > 0$ sind die Variablen *positiv korreliert*, während für $\varrho < 0$ die Variablen *negativ korreliert* sind und für $\varrho = 0$ sind sie *unkorreliert*.

Beispiel 12.9.4 (Orthogonalität in der Ökonometrie)

In Beispiel 9.3.1 über lineare Regression haben wir angenommen, dass für die Mittelwerte der Beobachtungen von x und y gilt $\mu_x = \mu_y = 0$. Dann wurde der Regressionskoeffizient β so gewählt, dass er den *mittleren quadratischen Fehler* der Verlustfunktion

$$L(\beta) = \frac{1}{T}\sum_{t=1}^{T} e_t^2 = \frac{1}{T}\sum_{t=1}^{T} (y_t - \beta x_t)^2$$

minimiert. Dies ergab, dass man $\hat{\beta} = \sigma_{xy}/\sigma_{xx}$ wählen muss, wobei σ_{xx} die Varianz von x_t und σ_{xy} die Kovarianz von x_t und y_t ist. Für $t = 1, 2, \ldots, T$ sind die resultierenden Fehler

$$\hat{e}_t = y_t - \hat{\beta} x_t = y_t - \frac{\sigma_{xy}}{\sigma_{xx}} x_t$$

Nach unserer Annahme, dass $\mu_x = \mu_y = 0$ folgt sofort, dass für den mittleren Fehler gilt

$$\frac{1}{T}\sum_{t=1}^{T} \hat{e}_t = \frac{1}{T}\sum_{t=1}^{T} y_t - \hat{\beta}\sum_{t=1}^{T} x_t = \mu_y - \hat{\beta}\mu_x = 0 \qquad (*)$$

Außerdem ist

$$\frac{1}{T}\sum_{t=1}^{T} x_t \hat{e}_t = \frac{1}{T}\sum_{t=1}^{T} x_t y_t - \frac{1}{T}\frac{\sigma_{xy}}{\sigma_{xx}}\sum_{t=1}^{T} x_t^2 = \sigma_{xy} - \frac{\sigma_{xy}}{\sigma_{xx}}\sigma_{xx} = 0 \qquad (**)$$

Wir definieren die drei Vektoren $\mathbf{1} = (1, 1 \ldots, 1)$, $\mathbf{x} = (x_1, \ldots, x_T)$ und $\hat{\mathbf{e}} = (\hat{e}_1, \ldots, \hat{e}_T)$. Dann zeigt Gleichung $(*)$, dass $\hat{\mathbf{e}}$ und $\mathbf{1}$ orthogonal sind, während $(**)$ zeigt, dass $\hat{\mathbf{e}}$ und $\mathbf{x}$ orthogonal sind.

Aufgaben für Kapitel 12.9

1. Es sei $\mathbf{a} = (5, -1)$ und $\mathbf{b} = (-2, 4)$. Berechnen Sie $\mathbf{a} + \mathbf{b}$ und $-\frac{1}{2}\mathbf{a}$ und illustrieren Sie dies geometrisch mit Vektoren, die im Ursprung beginnen.

2. Es sei $\mathbf{a} = (3, 1)$ und $\mathbf{b} = (-1, 2)$. Definieren Sie $\mathbf{x} = \lambda\mathbf{a} + (1 - \lambda)\mathbf{b}$ für einen Skalar λ.

(a) Berechnen Sie $\mathbf{x}$, wenn $\lambda = 0$, $1/4$, $1/2$, $3/4$ und 1 ist. Illustrieren Sie die Antworten.

(b) Sei $\lambda \in [0, 1]$. Welche Punktmenge durchläuft dann $\mathbf{x} = \lambda\mathbf{a} + (1 - \lambda)\mathbf{b}$?

(c) Zeigen Sie: Wenn $\lambda \in \mathbb{R}$, dann durchläuft $\mathbf{x}$ die gesamte Gerade durch $(3, 1)$ und $(-1, 2)$.

3. Zeichnen Sie ein dreidimensionales Koordinatensystem einschließlich einer Box wie die in den Abb. 12.9.7 und 12.9.8. Markieren Sie dann in diesem Koordinatensystem die vier Punkte $P = (3, 0, 0)$, $Q = (0, 2, 0)$, $R = (0, 0, -1)$ und $S = (3, -2, 4)$.

4. Beschreiben Sie geometrisch die Menge der Punkte (x, y, z) in drei Dimensionen, wenn:

(a) $y = 2$ und $z = 3$, während x frei variiert; (b) $y = x$, während z frei variiert.

5. Sei $\mathbf{a} = (1, 2, 2)$, $\mathbf{b} = (0, 0, -3)$ und $\mathbf{c} = (-2, 4, -3)$. Berechnen Sie $\|\mathbf{a}\|$, $\|\mathbf{b}\|$ und $\|\mathbf{c}\|$. Verifizieren Sie dann, dass $\mathbf{a}$ und $\mathbf{b}$ die Cauchy-Schwarz-Ungleichung (12.9.7) erfüllen.

6. Sei $\mathbf{a} = (1, 2, 1)$ und $\mathbf{b} = (-3, 0, -2)$.

(a) Bestimmen Sie Zahlen x_1 und x_2, so dass $x_1\mathbf{a} + x_2\mathbf{b} = (5, 4, 4)$.

(b) Zeigen Sie, dass es keine reellen Zahlen x_1 und x_2 gibt mit $x_1\mathbf{a} + x_2\mathbf{b} = (-3, 6, 1)$.

7. Überprüfen Sie, welche der folgenden drei Paare von Vektoren orthogonal sind:

(a) $(1, 2)$ und $(-2, 1)$ (b) $(1, -1, 1)$ und $(-1, 1, -1)$ (c) $(a, -b, 1)$ und $(b, a, 0)$

8. Für welche Werte von x sind die 4-Vektoren $(x, -x - 8, x, x)$ und $(x, 1, -2, 1)$ orthogonal?

Anspruchsvollere Aufgaben

9. In Aufgabe 12.7.7 wurde eine $n{\times}n$-Matrix $\mathbf{P}$ als orthogonal definiert, wenn $\mathbf{P}'\mathbf{P} = \mathbf{I}_n$. Zeigen Sie, dass $\mathbf{P}$ genau dann orthogonal ist, wenn alle Paare von zwei verschiedenen Spalten (oder alle Paare von zwei verschiedenen Zeilen) orthogonale Vektoren sind.

10. Es seien $\mathbf{a}$ und $\mathbf{b}$ zwei n-Vektoren. Zeigen Sie die *Dreiecksungleichung*: $\|\mathbf{a} + \mathbf{b}\| \leq \|\mathbf{a}\| + \|\mathbf{b}\|$. (*Hinweis:* Beachten Sie, dass $\|\mathbf{a} + \mathbf{b}\|^2 = (\mathbf{a} + \mathbf{b}) \cdot (\mathbf{a} + \mathbf{b})$. Verwenden Sie dann die Cauchy-Schwarz-Ungleichung (12.9.7).)

► Lösungen zu den Aufgaben finden Sie im Anhang des Buches.

12.10 Geraden und Ebenen

Es seien $\mathbf{a} = (a_1, a_2, a_3)$ und $\mathbf{b} = (b_1, b_2, b_3)$ zwei verschiedene Vektoren im $\mathbb{R}^3$. Stellen Sie sich darunter Pfeile vom Ursprung zu den Punkten mit den Koordinaten (a_1, a_2, a_3) bzw. (b_1, b_2, b_3) vor. Die Gerade L durch diese zwei Punkte ist in Abb. 12.10.1 dargestellt.

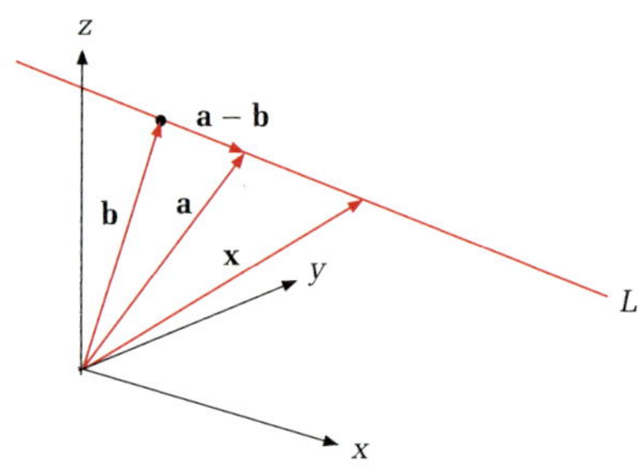

Abbildung 12.10.1: Gerade L geht durch **a** *und* **b**

Definieren Sie jetzt den Vektor $\mathbf{x}(t) = (x_1(t), x_2(t), x_3(t))$ für jede reelle Zahl t durch

$$\mathbf{x}(t) = \mathbf{b} + t(\mathbf{a} - \mathbf{b}) = t\mathbf{a} + (1-t)\mathbf{b} \tag{12.10.1}$$

Dadurch wird $\mathbf{x}(t)$ zu einer Funktion von t, für die $\mathbf{x}(0) = \mathbf{b}$ und $\mathbf{x}(1) = \mathbf{a}$ gilt. In Abb. 12.10.1 bewegt sich der Punkt $\mathbf{x}(t)$ nach links, wenn t abnimmt, aber nach rechts, wenn t wächst. Nach den geometrischen Regeln für Vektoren, die in Kap. 12.9 dargestellt wurden, ist der spezielle in Abb. 12.10.1 mit $\mathbf{x}$ markierte Vektor approximativ $\mathbf{b} + 2.5(\mathbf{a} - \mathbf{b})$. Wenn t alle reellen Zahlen durchläuft, hat die durch (12.10.1) definierte Funktion $\mathbf{x}(t)$ einen Wertebereich, der aus der ganzen Geraden L besteht.

Im Raum $\mathbb{R}^n$ können wir das nach Entfernung der drei mit x, y und z markierten Achsen aus Abb. 12.10.1 resultierende Diagramm auffassen, als zeige es die vier Vektoren $\mathbf{a}$, $\mathbf{b}$, $\mathbf{x}$ und $\mathbf{a} - \mathbf{b}$ in der eindeutigen zweidimensionalen Ebene, die $\mathbf{a}$, $\mathbf{b}$ und den Ursprung $\mathbf{0}$ enthält. Dort ist auch die eindeutige Gerade L, die durch $\mathbf{a}$ und $\mathbf{b}$ verläuft und auch $\mathbf{x}$ enthält. Diese Gerade erfüllt die folgende Definition:

Gerade im n-dimensionalen Raum

Die Gerade L in $\mathbb{R}^n$ durch die zwei verschiedenen Punkte $\mathbf{a} = (a_1, \ldots, a_n)$ und $\mathbf{b} = (b_1, \ldots, b_n)$ ist der Wertebereich der Funktion $\mathbf{x}(t) = (x_1(t), \ldots, x_n(t))$, definiert für jede reelle Zahl t durch

$$\mathbf{x}(t) = t\mathbf{a} + (1-t)\mathbf{b} = \mathbf{b} + t(\mathbf{a} - \mathbf{b}) \tag{12.10.2}$$

Bezüglich der Koordinaten von $\mathbf{a}$ und $\mathbf{b}$ ist Gleichung (12.10.2) äquivalent zu

$$x_1(t) = ta_1 + (1-t)b_1, x_2(t) = ta_2 + (1-t)b_2, \ldots, x_n(t) = ta_n + (1-t)b_n \tag{12.10.3}$$

Nach Definition (12.10.2) sowie Regel (12.9.5) gilt für alle reellen t

$$\|\mathbf{x}(t) - \mathbf{b}\| = \|t(\mathbf{a} - \mathbf{b})\| = |t|\|\mathbf{a} - \mathbf{b}\| \qquad (12.10.4)$$

Falls $t > 0$ folgt, weil $\mathbf{x}(t)$ und $\mathbf{a}$ auf derselben Seite von $\mathbf{b}$ sind, dass t gleich dem Quotienten $\|\mathbf{x}(t)-\mathbf{b}\|/\|\mathbf{a}-\mathbf{b}\|$ aus dem Abstand zwischen $\mathbf{x}(t)$ und $\mathbf{b}$ und dem Abstand zwischen $\mathbf{a}$ und $\mathbf{b}$ ist. Wenn aber $t < 0$, dann ist t das Negative dieses Quotienten, weil $\mathbf{x}(t)$ und $\mathbf{a}$ auf entgegengesetzten Seiten von $\mathbf{b}$ sind.

Beispiel 12.10.1

Beschreiben Sie die Gerade im $\mathbb{R}^3$ durch die zwei Punkte $(1, 2, 2)$ und $(-1, -1, 4)$. Wo schneidet sie die x_1x_2-Ebene?

Lösung: Nach (12.10.3) ist die Gerade gegeben durch die drei Gleichungen:

$$\begin{aligned} x_1 &= t \cdot 1 + (1-t) \cdot (-1) &&= 2t - 1 \\ x_2 &= t \cdot 2 + (1-t) \cdot (-1) &&= 3t - 1 \\ x_3 &= t \cdot 2 + (1-t) \cdot 4 &&= 4 - 2t \end{aligned}$$

Diese Gerade schneidet die x_1x_2-Ebene, wenn $x_3 = 0$ ist. Dann ist $4 - 2t = 0$, so dass $t = 2$ ist. Dies impliziert $x_1 = 3$ und $x_2 = 5$. Es folgt, dass die Gerade die x_1x_2-Ebene in dem Punkt $(3, 5, 0)$ schneidet, wie in Abb. 12.10.2 gezeigt wird.

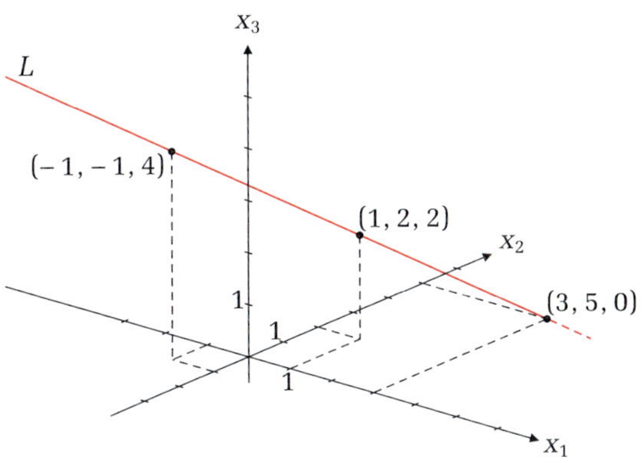

Abbildung 12.10.2: Gerade L durch $(1, 2, 2)$ und $(-1, -1, 4)$

Sei $\mathbf{p} = (p_1, \ldots, p_n) \in \mathbb{R}^n$. Die Gerade L in $\mathbb{R}^n$ durch $\mathbf{p}$ in derselben Richtung wie der Vektor $\mathbf{a} = (a_1, \ldots, a_n) \neq \mathbf{0}$ ist die Menge aller $\mathbf{x} \in \mathbb{R}^n$, für die es eine reelle Zahl t gibt, so dass

$$\mathbf{x} = \mathbf{p} + t\mathbf{a} \qquad (12.10.5)$$

Beachten Sie: Nach Gl. (12.10.2) ist die Gerade durch $\mathbf{p}$ in Richtung $\mathbf{a} \neq \mathbf{0}$ die Gerade durch $\mathbf{p}$ und $\mathbf{p} + \mathbf{a}$. Umgekehrt: Wenn $\mathbf{a} \neq \mathbf{b}$, ist die Gerade durch $\mathbf{a}$ und $\mathbf{b}$ die Gerade durch $\mathbf{b}$ in Richtung $\mathbf{a} - \mathbf{b}$.

Hyperebenen

Wie in Abb. 12.10.3 gezeigt, ist eine Ebene $\mathscr{P}$ im $\mathbb{R}^3$ definiert durch einen Punkt $\mathbf{a} = (a_1, a_2, a_3)$ in der Ebene sowie durch einen Vektor $\mathbf{p} = (p_1, p_2, p_3) \neq (0, 0, 0)$, der orthogonal oder rechtwinklig zu jeder Geraden in der Ebene ist. Man sagt dann, dass der Vektor $\mathbf{p}$ eine *Normale* zu der Ebene ist. Somit gilt: Wenn $\mathbf{x} = (x_1, x_2, x_3)$ irgendein anderer Punkt als $\mathbf{a}$ in $\mathscr{P}$ ist, dann hat der Vektor $\mathbf{x} - \mathbf{a}$ eine Richtung orthogonal zu $\mathbf{p}$. Deshalb muss das innere Produkt von $\mathbf{p}$ und $\mathbf{x} - \mathbf{a}$ gleich 0 sein, so dass

$$\mathbf{p} \cdot (\mathbf{x} - \mathbf{a}) = 0 \tag{12.10.6}$$

Es folgt, dass Gl. (12.10.6) die allgemeine Gleichung einer Ebene in $\mathbb{R}^3$ ist, die durch den Punkt $\mathbf{a}$ geht mit der Normalen $\mathbf{p} \neq \mathbf{0}$.

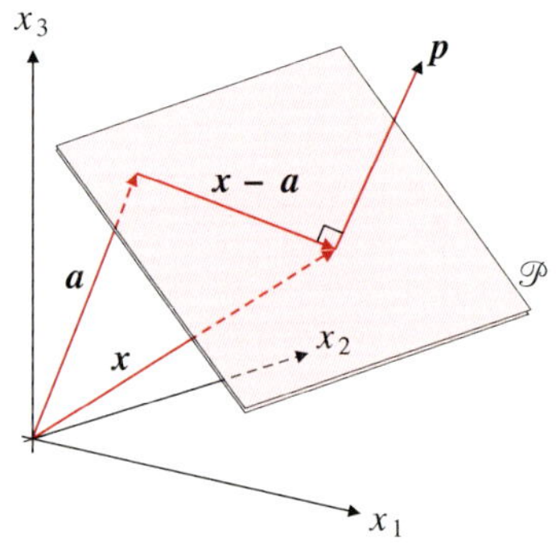

Abbildung 12.10.3: Eine Hyperebene in $\mathbb{R}^3$

Beispiel 12.10.2

Bestimmen Sie die Gleichung der Ebene in $\mathbb{R}^3$ durch den Punkt $\mathbf{a} = (2, 1, -1)$ mit $\mathbf{p} = (-1, 1, 3)$ als eine Normale. Schneidet die Gerade in Beispiel 12.10.1 diese Ebene?

Lösung: Nach Gl. (12.10.6) ist die Gleichung der Ebene

$$-1 \cdot (x_1 - 2) + 1 \cdot (x_2 - 1) + 3(x_3 - (-1)) = 0$$

oder äquivalent $-x_1 + x_2 + 3x_3 = -4$. Die Gerade in Beispiel 12.10.1 ist gegeben durch die drei Gleichungen $x_1 = 2t - 1$, $x_2 = 3t - 1$ und $x_3 = 4 - 2t$. Es folgt: In einem Punkt, wo diese Gerade die Ebene schneidet, muss gelten:

$$-(2t - 1) + (3t - 1) + 3(4 - 2t) = -4$$

Lösen dieser Gleichung nach t ergibt $t = 16/5$. Somit ist der eindeutige Schnittpunkt gegeben durch $x_1 = 32/5 - 1 = 27/5$, $x_2 = 43/5$ und $x_3 = -12/5$.

Motiviert durch diese Charakterisierung einer Ebene in $\mathbb{R}^3$ führen wir die folgende allgemeine Definition in $\mathbb{R}^n$ ein.

Hyperebene im n-dimensionalen Raum

Die Hyperebene H in $\mathbb{R}^n$ durch $\mathbf{a} = (a_1, \ldots, a_n)$, die orthogonal zu dem Nichtnullvektor $\mathbf{p} = (p_1, \ldots, p_n)$ ist, ist die Menge aller Punkte $\mathbf{x} = (x_1, \ldots, x_n)$ mit

$$\mathbf{p} \cdot (\mathbf{x} - \mathbf{a}) = 0 \tag{12.10.7}$$

Beachten Sie: Wenn man die Normale $\mathbf{p}$ durch ein skalares Vielfaches $s\mathbf{p}$ ersetzt, wobei $s \neq 0$ ist, so wird genau dieselbe Menge von Vektoren $\mathbf{x}$ die Gleichung (12.10.7) der Hyperebene erfüllen.

Wenn wir die Koordinatendarstellung der Vektoren verwenden, hat die durch (12.10.7) definierte Hyperebene die Gleichung

$$p_1(x_1 - a_1) + p_2(x_2 - a_2) + \cdots + p_n(x_n - a_n) = 0 \tag{12.10.8}$$

oder äquivalent $p_1x_1 + p_2x_2 + \cdots + p_nx_n = A$, wobei $A = p_1a_1 + p_2a_2 + \cdots + p_na_n$.

Beispiel 12.10.3

Eine Person hat einen Betrag m für den Kauf von n verschiedenen Gütern zur Verfügung, deren Preise pro Einheit $p_1, p_2, \ldots, p_n$ sind. Diese Person kann sich jeden Warenvektor $\mathbf{x} = (x_1, x_2, \ldots, x_n)$ leisten, der die Budget-Ungleichung

$$p_1x_1 + p_2x_2 + \cdots + p_nx_n \leq m \tag{12.10.9}$$

erfüllt. Wenn (12.10.9) mit Gleichheit erfüllt ist, wird dadurch die *Budget-Hyperebene* beschrieben, deren Normale der Preisvektor $(p_1, p_2, \ldots, p_n)$ ist.

Gewöhnlich wird implizit angenommen, dass $x_1 \geq 0$, $x_2 \geq 0$, ..., $x_n \geq 0$ gilt. Für den Fall von 2 Gütern haben wir schon eine graphische Darstellung der Budget-Menge in Abb. 4.4.12 gefunden.[8] Für ein Beispiel mit $n = 3$ siehe Abb. 12.10.4. In beiden Fällen ist der Preisvektor normal zu der Budget-Hyperebene.

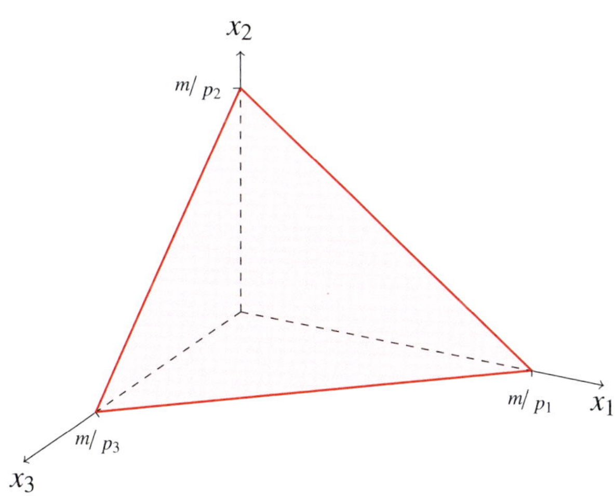

Abbildung 12.10.4: Budget-Hyperebene

[8] Die Notation, die wir dort benutzt haben, war $p_1 = p$ und $p_2 = q$.

Aufgaben für Kapitel 12.10

1. Bestimmen Sie die Gleichung der Geraden,

(a) die durch die Punkte $(3, -2, 2)$ und $(10, 2, 1)$ geht.

(b) die durch den Punkt $(1, 3, 2)$ geht und dieselbe Richtung wie der Vektor $(0, -1, 1)$ hat.

2. Die Gerade L in $\mathbb{R}^3$ sei gegeben durch die drei Gleichungen $x_1 = -t + 2$, $x_2 = 2t - 1$ und $x_3 = t + 3$.

(a) Zeigen Sie, dass der Punkt $\mathbf{a} = (2, -1, 3)$ auf L liegt, aber $(1, 1, 1)$ nicht.

(b) Bestimmen Sie die Gleichung der Ebene $\mathscr{P}$ durch $\mathbf{a}$, die orthogonal zu L ist.

(c) Bestimmen Sie den Punkt P, in dem L die Ebene $3x_1 + 5x_2 - x_3 = 6$ schneidet.

3. Bestimmen Sie die Gleichung der Ebene durch die drei Punkte $(1, 0, 2)$, $(5, 2, 1)$ und $(2, -1, 4)$.

4. Nehmen Sie in Beispiel 12.10.3 an, dass der Preisvektor $(2, 3, 5)$ ist und dass Sie sich gerade den Warenvektor $(10, 5, 8)$ leisten können. Welche Ungleichung beschreibt Ihre Budget-Beschränkung?

5. Sei $\mathbf{a} = (-2, 1, -1)$.

(a) Zeigen Sie, dass $\mathbf{a}$ ein Punkt in der Ebene $-x + 2y + 3z = 1$ ist.

(b) Bestimmen Sie die Gleichung der Normalen in $\mathbf{a}$ zu der Ebene in Teil (a).

► Lösungen zu den Aufgaben finden Sie im Anhang des Buches.

Aufgaben zur Wiederholung für Kapitel 12

1. Konstruieren Sie die zwei Matrizen $\mathbf{A} = (a_{ij})_{2\times 3}$, wobei (a) $a_{ij} = i + j$ und (b) $a_{ij} = (-1)^{i+j}$.

2. Gegeben seien die Matrizen

$$\mathbf{A} = \begin{pmatrix} 2 & 0 \\ -1 & 1 \end{pmatrix}, \quad \mathbf{B} = \begin{pmatrix} -1 & 2 \\ 1 & -1 \end{pmatrix}, \quad \mathbf{C} = \begin{pmatrix} 2 & 3 \\ 1 & 4 \end{pmatrix} \quad \text{und} \quad \mathbf{D} = \begin{pmatrix} 1 & 1 & 1 \\ 1 & 3 & 4 \end{pmatrix}$$

Berechnen Sie (wenn möglich)

(a) $\mathbf{A} - \mathbf{B}$ (b) $\mathbf{A} + \mathbf{B} - 2\mathbf{C}$ (c) $\mathbf{AB}$ (d) $\mathbf{C}(\mathbf{AB})$

(e) $\mathbf{AD}$ (f) $\mathbf{DC}$ (g) $2\mathbf{A} - 3\mathbf{B}$ (h) $(\mathbf{A} - \mathbf{B})'$

(i) $(\mathbf{C}'\mathbf{A}')\mathbf{B}'$ (j) $\mathbf{C}'(\mathbf{A}'\mathbf{B}')$ (k) $\mathbf{D}'\mathbf{D}'$ (l) $\mathbf{D}'\mathbf{D}$

3. Schreiben Sie die folgenden drei Gleichungssysteme in Matrizennotation:

(a) $$\begin{aligned} 2x_1 - 5x_2 &= 3 \\ 5x_1 + 8x_2 &= 5 \end{aligned}$$

(b) $$\begin{aligned} x + y + z + t &= a \\ x + 3y + 2z + 4t &= b \\ x + 4y + 8z \phantom{{}+ 4t} &= c \\ 2x \phantom{{}+ 4y} + z - t &= d \end{aligned}$$

(c) $$\begin{aligned} (a-1)x + 3y - 2z &= 5 \\ ax + 2y - z &= 2 \\ x - 2y + 3z &= 1 \end{aligned}$$

4. Bestimmen Sie die Matrizen $\mathbf{A}+\mathbf{B}$, $\mathbf{A}-\mathbf{B}$, $\mathbf{AB}$, $\mathbf{BA}$, $\mathbf{A}(\mathbf{BC})$ und $(\mathbf{AB})\mathbf{C}$, wenn

$$\mathbf{A} = \begin{pmatrix} 0 & 1 & -2 \\ 3 & 4 & 5 \\ -6 & 7 & 15 \end{pmatrix}, \quad \mathbf{B} = \begin{pmatrix} 0 & -5 & 3 \\ 5 & 2 & -1 \\ -4 & 2 & 0 \end{pmatrix} \quad \text{und} \quad \mathbf{C} = \begin{pmatrix} 6 & -2 & -3 \\ 2 & 0 & 1 \\ 0 & 5 & 7 \end{pmatrix}.$$

5. Finden Sie reelle Zahlen a, b und x, so dass

$$\begin{pmatrix} a & b \\ x & 0 \end{pmatrix}\begin{pmatrix} 2 & 1 \\ 1 & 1 \end{pmatrix} - \begin{pmatrix} 1 & 0 \\ 2 & 1 \end{pmatrix}\begin{pmatrix} a & b \\ x & 0 \end{pmatrix} = \begin{pmatrix} 2 & 1 \\ 4 & 4 \end{pmatrix}$$

6. Sei $\mathbf{A}$ die Matrix $\begin{pmatrix} a & b & 0 \\ -b & a & b \\ 0 & -b & a \end{pmatrix}$, wobei a und b beliebige Konstanten sind.

(a) Bestimmen Sie $\mathbf{AA} = \mathbf{A}^2$.

(b) Eine quadratische Matrix $\mathbf{B}$ heißt *schiefsymmetrisch*, wenn $\mathbf{B} = -\mathbf{B}'$, wobei $\mathbf{B}'$ die Transponierte von $\mathbf{B}$ ist. Zeigen Sie: Wenn $\mathbf{C}$ eine beliebige Matrix ist, so dass $\mathbf{C}'\mathbf{BC}$ definiert ist, so ist $\mathbf{C}'\mathbf{BC}$ schiefsymmetrisch, wenn $\mathbf{B}$ es ist. Wann ist die oben definierte Matrix $\mathbf{A}$ schiefsymmetrisch?

(c) Zeigen Sie: Wenn $\mathbf{A}$ eine quadratische Matrix ist, dann ist $\mathbf{A}_1 = \frac{1}{2}(\mathbf{A} + \mathbf{A}')$ symmetrisch und $\mathbf{A}_2 = \frac{1}{2}(\mathbf{A} - \mathbf{A}')$ ist schiefsymmetrisch. Verifizieren Sie, dass $\mathbf{A} = \mathbf{A}_1 + \mathbf{A}_2$ ist und erklären Sie in Worten, was Sie gerade gezeigt haben.

7. Lösen Sie jedes der drei folgenden Gleichungssysteme durch Gauß'sche Elimination.

(a) $$\begin{aligned} x_1 + 4x_2 &= 1 \\ 2x_1 + 2x_2 &= 8 \end{aligned}$$

(b) $$\begin{aligned} 2x_1 + 2x_2 - x_3 &= 2 \\ x_1 - 3x_2 + x_3 &= 0 \\ 3x_1 + 4x_2 - x_3 &= 1 \end{aligned}$$

(c) $$\begin{aligned} x_1 + 3x_2 + 4x_3 &= 0 \\ 5x_1 + x_2 + x_3 &= 0 \end{aligned}$$

8. Benutzen Sie Gauß'sche Elimination, um herauszufinden, für welche Werte von a das folgende Gleichungssystem Lösungen hat. Bestimmen Sie dann alle möglichen Lösungen.

$$\begin{aligned} x + ay + 2z &= 0 \\ -2x - ay + z &= 4 \\ 2ax + 3a^2y + 9z &= 4 \end{aligned}$$

9. Sei $\mathbf{a} = (-1, 5, 3), \mathbf{b} = (1, 1, -3)$ und $\mathbf{c} = (-1, 2, 8)$. Berechnen Sie $\|\mathbf{a}\|$, $\|\mathbf{b}\|$ und $\|\mathbf{c}\|$. Verifizieren Sie, dass die Cauchy-Schwarz-Ungleichung für $\mathbf{a}$ und $\mathbf{b}$ erfüllt ist.

10. Seien $\mathbf{P}$ und $\mathbf{Q}$ zwei $n \times n$-Matrizen mit $\mathbf{PQ} - \mathbf{QP} = \mathbf{P}$.

(a) Zeigen, Sie, dass $\mathbf{P}^2\mathbf{Q} - \mathbf{QP}^2 = 2\,\mathbf{P}^2$ und $\mathbf{P}^3\mathbf{Q} - \mathbf{QP}^3 = 3\,\mathbf{P}^3$.

(b) Verwenden Sie vollständige Induktion, um zu zeigen, dass $\mathbf{P}^k\mathbf{Q} - \mathbf{QP}^k = k\,\mathbf{P}^k$ für $k = 1, 2, \ldots$.

► Lösungen zu den Aufgaben finden Sie im Anhang des Buches.

Determinanten, Inverse und quadratische Formen

13

13.1 Determinanten der Ordnung 2 576
13.2 Determinanten der Ordnung 3 581
13.3 Determinanten im Allgemeinen 586
13.4 Grundlegende Regeln für Determinanten . . . 589
13.5 Entwicklung nach Co-Faktoren 595
13.6 Die Inverse einer Matrix 599
13.7 Eine allgemeine Formel für die Inverse 605
13.8 Cramer'sche Regel 609
13.9 Das Leontief-Modell 613
13.10 Eigenwerte und Eigenvektoren 618
13.11 Diagonalisierung 626
13.12 Quadratische Formen 630
Aufgaben zur Wiederholung für Kapitel 13 640

ÜBERBLICK

Sie wissen: Wir wurden alle aus dem gleichen Grund Mathematiker:
Wir waren faul.

–Maxwell A. (Max) Rosenlicht (1949)

Dieses Kapitel setzt das Studium der Matrizenalgebra fort. Das erste Thema, das behandelt wird, ist die Determinante *einer quadratischen Matrix. Obwohl es nur eine Zahl ist, bestimmt sie trotzdem für sich allein einige Schlüsseleigenschaften der n^2 Elemente einer $n \times n$-Matrix. Einige Ökonomen betrachten Determinanten als nahezu nutzlos, weil Berechnungen, die auf ihnen beruhen, sehr ineffizient sind, wenn die Matrix groß ist. Trotzdem sind sie wichtig in vielen Gebieten der Mathematik, die für Ökonomen von Interesse sind.*

Nach der Einführung von Determinanten in Kap. 13.1 bis 13.5 betrachten wir in Kap. 13.6 und 13.7 das fundamental wichtige Konzept der Inversen einer quadratischen Matrix und ihre wichtigsten Eigenschaften. Inverse Matrizen spielen eine Hauptrolle bei der Lösung linearer Gleichungssysteme. Sie sind auch wichtig in der Ökonometrie bei der Herleitung einer linearen Beziehung, die eine Datenmenge so gut wie möglich approximiert.

Als Nächstes wird in Kap. 13.8 die Cramer'sche Regel für die Lösung eines Systems von n linearen Gleichungen mit n Unbekannten erörtert. Obwohl sie für die Lösung von Gleichungssystemen mit mehr als 3 Unbekannten zunehmend ineffizienter wird, wird die Cramer'sche Regel häufig in theoretischen Untersuchungen verwendet. Ein wichtiges Theorem über homogene Gleichungssysteme wird auch diskutiert. Kapitel 13.9 gibt eine kurze Einführung in das Leontiefsche Input/Output-Modell.

Das Kapitel endet mit einigem Material, das wichtig ist, wenn man Konkavität oder Konvexität von Funktionen mehrerer Variablen betrachtet sowie Bedingungen zweiter Ordnung für Optimierung. Kap. 13.10 befasst sich mit Eigenwerten und Eigenvektoren, Kap. 13.11 mit Diagonalisierung quadratischer Matrizen und das letzte Kap. 13.12 mit quadratischen Formen.

13.1 Determinanten der Ordnung 2

Betrachten Sie das Paar linearer Gleichungen

$$\begin{aligned} a_{11}x_1 + a_{12}x_2 &= b_1 \\ a_{21}x_1 + a_{22}x_2 &= b_2 \end{aligned} \tag{13.1.1}$$

Die zugehörige Koeffizientenmatrix ist:

$$\mathbf{A} = \begin{pmatrix} a_{11} & a_{12} \\ a_{21} & a_{22} \end{pmatrix}$$

Indem wir eine Methode anwenden wie die in Kap. 12.8 dargestellte, finden wir eine Lösung des Gleichungssystems (13.1.1). Bezeichne D die Zahl $a_{11}a_{22} - a_{21}a_{12}$.

Vorausgesetzt, dass $D \neq 0$, hat das System (13.1.1) eine eindeutige Lösung, nämlich:

$$x_1 = \frac{b_1 a_{22} - b_2 a_{12}}{a_{11}a_{22} - a_{21}a_{12}}, \qquad x_2 = \frac{b_2 a_{11} - b_1 a_{21}}{a_{11}a_{22} - a_{21}a_{12}} \tag{13.1.2}$$

Insbesondere ist die Konstante D der gemeinsame Nenner D in (13.1.2). Daher bestimmt der Wert von D, ob das System (13.1.1) eine eindeutige Lösung hat. Teils aus diesem Grund wird die Zahl $D = a_{11}a_{22} - a_{21}a_{12}$ die „Determinante" der Matrix $\mathbf{A}$ genannt. Diese Derminante wird entweder mit $\det(\mathbf{A})$ oder häufiger, wie in diesem Buch, einfach mit $|\mathbf{A}|$ bezeichnet. Daher:

Determinante einer 2×2-Matrix

Für eine 2×2-Matrix $\mathbf{A} = (a_{ij})_{2\times 2}$ ist ihre *Determinante*

$$|\mathbf{A}| = \begin{vmatrix} a_{11} & a_{12} \\ a_{21} & a_{22} \end{vmatrix} = a_{11}a_{22} - a_{21}a_{12} \tag{13.1.3}$$

Für eine 2×2-Matrix sagt man, dass ihre Determinante die *Ordnung* 2 hat. Für den Spezialfall der Determinanten der Ordnung 2 ist die Regel zur Berechnung von $|\mathbf{A}|$ so: (a) Multiplizieren Sie die Elemente in der Hauptdiagonalen miteinander, (b) multiplizieren Sie die Elemente außerhalb der Diagonalen miteinander, (c) subtrahieren Sie das Produkt der Elemente außerhalb der Diagonalen vom Produkt der Diagonalelemente.

Beispiel 13.1.1

Direkte Berechnung ergibt:

$$\begin{vmatrix} 4 & 1 \\ 3 & 2 \end{vmatrix} = 4\cdot 2 - 3\cdot 1 = 5\,, \quad \begin{vmatrix} b_1 & a_{12} \\ b_2 & a_{22} \end{vmatrix} = b_1 a_{22} - b_2 a_{12}\,, \quad \begin{vmatrix} a_{11} & b_1 \\ a_{21} & b_2 \end{vmatrix} = b_2 a_{11} - b_1 a_{21}$$

Geometrisch stellt jede der zwei Gleichungen in (13.1.1) den Graphen einer Geraden dar. Wenn $D = |\mathbf{A}| \neq 0$ ist, schneiden sich die beiden Geraden in einem eindeutigen Punkt (x_1, x_2), der durch (13.1.2) gegeben ist. Wenn aber $D = |\mathbf{A}| = 0$ ist, werden die Ausdrücke für x_1 und x_2 in (13.1.2) bedeutungslos. In der Tat hat das Gleichungssystem (13.1.1) in diesem Fall: (i) entweder keine Lösung, weil die zwei Geraden verschieden sind, aber parallel verlaufen; (ii) oder es hat unendlich viele Lösungen, weil die beiden Geraden zusammenfallen.

Die zwei letzten Teile von Beispiel 13.1.1 zeigen uns, wie die *Zähler* der Ausdrücke für x_1 und x_2 in der Lösung (13.1.2) auch als Determinanten geschrieben werden können. In der Tat erhält man, vorausgesetzt, dass $|\mathbf{A}| \neq 0$

$$x_1 = \frac{1}{|\mathbf{A}|}\begin{vmatrix} b_1 & a_{12} \\ b_2 & a_{22} \end{vmatrix} \quad \text{und} \quad x_2 = \frac{1}{|\mathbf{A}|}\begin{vmatrix} a_{11} & b_1 \\ a_{21} & b_2 \end{vmatrix} \tag{13.1.4}$$

Dies ist ein Spezialfall eines Resultats, das als *Cramer'sche Regel*[1] bekannt ist. Sie ist sehr gut geeignet, wenn es nur zwei Gleichungen in zwei Unbekannten gibt. Wie aber

[1] Benannt nach dem Schweizer Mathematiker Gabriel Cramer, 1704–1752.

Aufgabe 8 zeigt, ist es oft einfacher, insbesondere makroökonomische Gleichungen durch einfache Substitution zu lösen.

Beispiel 13.1.2

Nutzen Sie (13.1.4) zur Lösung von

$$\begin{aligned} 2x_1 + 4x_2 &= 7 \\ 2x_1 - 2x_2 &= -2 \end{aligned}$$

Lösung: Anwendung von (13.1.4) sowie der Definition (13.1.3) ergibt

$$x_1 = \frac{\begin{vmatrix} 7 & 4 \\ -2 & -2 \end{vmatrix}}{\begin{vmatrix} 2 & 4 \\ 2 & -2 \end{vmatrix}} = \frac{-6}{-12} = \frac{1}{2} \quad \text{und} \quad x_2 = \frac{\begin{vmatrix} 2 & 7 \\ 2 & -2 \end{vmatrix}}{\begin{vmatrix} 2 & 4 \\ 2 & -2 \end{vmatrix}} = \frac{-18}{-12} = \frac{3}{2}$$

Jetzt sollten Sie durch Einsetzen prüfen, dass $x_1 = 1/2$, $x_2 = 3/2$ tatsächlich eine Lösung ist.

Beispiel 13.1.3

Benutzen Sie (13.1.4), um Q_1^D und Q_2^D in Abhängigkeit von den Parametern zu bestimmen, wenn

$$\begin{aligned} 2(b+\beta_1)Q_1^D + bQ_2^D &= a - \alpha_1 \\ bQ_1^D + 2(b+\beta_2)Q_2^D &= a - \alpha_2 \end{aligned}$$

Lösung: Die Determinante der Koeffizientenmatrix ist

$$\Delta = \begin{vmatrix} 2(b+\beta_1) & b \\ b & 2(b+\beta_2) \end{vmatrix} = 4(b+\beta_1)(b+\beta_2) - b^2$$

Vorausgesetzt, dass $\Delta \neq 0$ ist, ist die Lösung für Q_1^D nach (13.1.4)

$$Q_1^D = \frac{\begin{vmatrix} a-\alpha_1 & b \\ a-\alpha_2 & 2(b+\beta_2) \end{vmatrix}}{\Delta} = \frac{2(b+\beta_2)(a-\alpha_1) - b(a-\alpha_2)}{\Delta}$$

Für Q_2^D finden wir einen ähnlichen Ausdruck.

Im nächsten Unterkapitel wird die Cramer'sche Regel erweitert auf 3 Gleichungen in 3 Unbekannten und in Kap. 13.8 auf n Gleichungen in n Unbekannten.

Eine geometrische Interpretation

Determinanten der Ordnung 2 haben eine schöne geometrische Interpretation. Nehmen Sie an, dass wir die zwei Zeilen der Matrix $\mathbf{A} = (a_{ij})_{2\times 2}$ als die zwei 2-Vektoren darstellen, wie in Abb. 13.1.1 gezeigt. Dann ist ihre Determinante gleich der schraffierten Fläche des Parallelogramms. Wenn wir die zwei Zeilen jedoch vertauschen, dann wird die Determinante eine negative Zahl, die gleich dem Negativen der schraffierten Fläche ist.

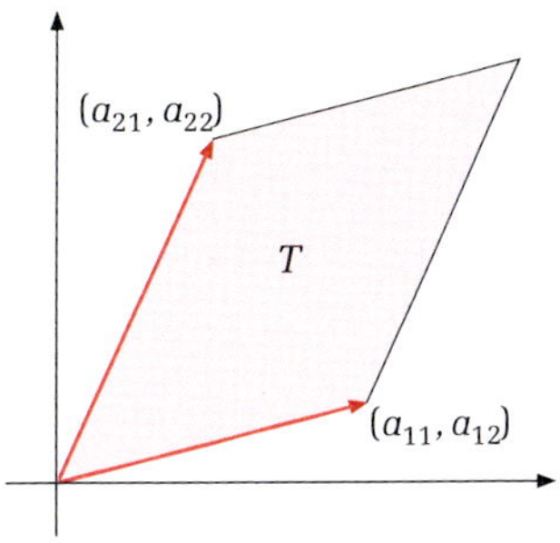

Abbildung 13.1.1: Fläche T ist der Absolutbetrag der Determinante, Gl. (13.1.3)

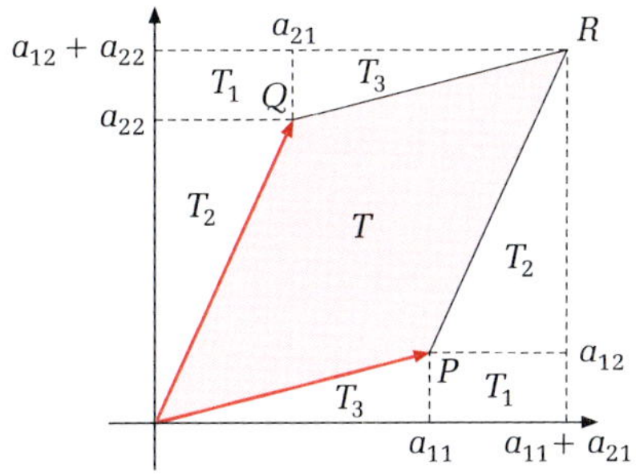

Abbildung 13.1.2: Illustration der Gl. (13.1.5)

Abb. 13.1.2 illustriert, warum die in Abb. 13.1.1 aufgestellte Behauptung wahr ist. Wir wollen die Fläche T bestimmen. Beachten Sie: Die Fläche des ganzen Rechtecks in Abb. 13.1.2 ist

$$2T_1 + 2T_2 + 2T_3 + T = (a_{11} + a_{21})(a_{12} + a_{22})\,, \tag{13.1.5}$$

wobei $T_1 = a_{12}a_{21}$, $T_2 = \frac{1}{2}a_{21}a_{22}$ und $T_3 = \frac{1}{2}a_{11}a_{12}$. Mit einiger elementarer Algebra folgt $T = a_{11}a_{22} - a_{21}a_{12}$.

Beachten Sie, dass ein besonders einfacher Fall eintritt, wenn $a_{12} = 0$. Dann ist die durch die zwei Zeilen der Matrix bestimmte Fläche wie in Abb. 13.1.3 gezeigt. Somit kann die Fläche von T einfach berechnet werden als das Produkt ihrer Basis und ihrer Höhe, nämlich $a_{11}a_{22}$. In der Tat: Für diesen Fall hat man $T_1 = T_3 = 0$ sowie $a_{12} = 0$, so dass Gl. (13.1.5) sich reduziert auf $2T_2 + T = (a_{11} + a_{21})a_{22}$. Weil $T_2 = \frac{1}{2}a_{21}a_{22}$, folgt, dass $T = a_{11}a_{22} = |\mathbf{A}|$ in diesem einfachen Fall.

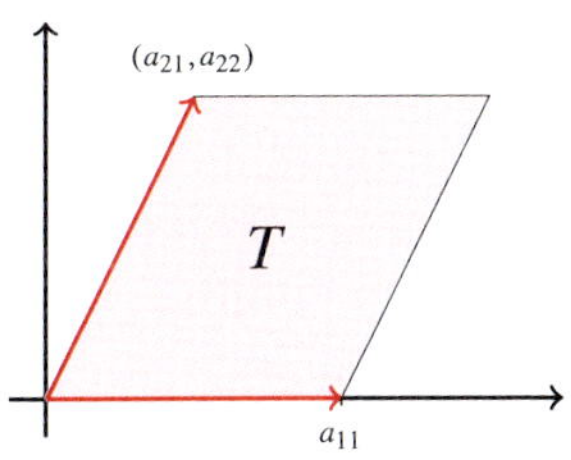

Abbildung 13.1.3: Fläche T ist der Absolutbetrag der Determinant, Gl. (13.1.3), *wenn* $a_{12} = 0$

Aufgaben für Kapitel 13.1

1. Berechnen Sie die folgenden Determinanten:

(a) $\begin{vmatrix} 3 & 0 \\ 2 & 6 \end{vmatrix}$ (b) $\begin{vmatrix} a & a \\ b & b \end{vmatrix}$ (c) $\begin{vmatrix} 2-x & 1 \\ 8 & -x \end{vmatrix}$ (d) $\begin{vmatrix} a+b & a-b \\ a-b & a+b \end{vmatrix}$ (e) $\begin{vmatrix} 3^t & 2^t \\ 3^{t-1} & 2^{t-1} \end{vmatrix}$

➜ Fortsetzung

2. Illustrieren Sie die geometrische Interpretation in Abb. 13.1.1 für die Determinante in Aufgabe 1 (a).

3. Verwenden Sie die Cramer'sche Regel (13.1.4), um die folgenden Gleichungssysteme nach x und y aufzulösen. Überprüfen Sie jede Antwort durch Einsetzen.

(a) $\begin{aligned} 3x - y &= 8 \\ x - 2y &= 5 \end{aligned}$ (b) $\begin{aligned} x + 3y &= 1 \\ 3x - 2y &= 14 \end{aligned}$ (c) $\begin{aligned} ax - by &= 1 \\ bx + ay &= 2 \end{aligned}$

4. Die *Spur* einer quadratischen Matrix **A** ist die Summe der Diagonalelemente und wird mit $\operatorname{tr}(\mathbf{A})$ bezeichnet. Gegeben sei die variable Matrix $\mathbf{A} = \begin{pmatrix} a & 3 \\ b & 1 \end{pmatrix}$. Bestimmen Sie Zahlen a und b, so dass $\operatorname{tr}(\mathbf{A}) = 0$ und $|\mathbf{A}| = -10$.

5. Bestimmen Sie alle Lösungen der Gleichung $\begin{vmatrix} 2-x & 1 \\ 8 & -x \end{vmatrix} = 0$

6. Zeigen Sie, dass $|\mathbf{AB}| = |\mathbf{A}| \cdot |\mathbf{B}|$ gilt für die Matrizen $\mathbf{A} = \begin{pmatrix} a_{11} & a_{12} \\ a_{21} & a_{22} \end{pmatrix}$ und $\mathbf{B} = \begin{pmatrix} b_{11} & b_{12} \\ b_{21} & b_{22} \end{pmatrix}$.[2]

7. Finden Sie zwei 2×2-Matrizen **A** und **B**, so dass $|\mathbf{A} + \mathbf{B}| \neq |\mathbf{A}| + |\mathbf{B}|$.

8. Sei Y das BIP und C der private Konsum und nehmen Sie an, dass die Investition I_0 und die Staatsausgaben G_0 exogen sind. Verwenden Sie die Cramer'sche Regel zur Lösung des Gleichungssystems

$$Y = C + I_0 + G_0 \quad \text{und} \quad C = a + bY\,,$$

wobei a und b Konstanten sind mit $b < 1$. Suchen Sie dann nach einem alternativen Weg, um diese Gleichungen zu lösen.

Anspruchsvollere Aufgabe

9. Betrachten Sie das folgende makroökonomische Modell zweier Nationen $i = 1, 2$, die nur miteinander handeln.

$$\begin{aligned} Y_1 &= C_1 + A_1 + X_1 - M_1\,; & C_1 &= c_1 Y_1\,; & M_1 &= m_1 Y_1 = X_2 \\ Y_2 &= C_2 + A_2 + X_2 - M_2\,; & C_2 &= c_2 Y_2\,; & M_2 &= m_2 Y_2 = X_1 \end{aligned}$$

Hier ist für jede Nation $i = 1, 2$, die Variable Y_i ihr BIP, C_i ihr Konsum, A_i ihre exogenen Ausgaben, X_i bezeichnet ihre Exporte und M_i ihre Importe.

(a) Interpretieren Sie die zwei Gleichungen $M_1 = X_2$ und $M_2 = X_1$.

(b) Gegeben das System von 8 Gleichungen in 8 Unbekannten, nutzen Sie Substitution, um es auf ein Paar von simultanen Gleichungen in den endogenen Variablen Y_1 und Y_2 zu reduzieren. Lösen Sie dann nach den Werten von Y_1 und Y_2 als Funktionen der exogenen Variablen A_1 und A_2 auf.

(c) Wie wirkt sich eine Erhöhung von A_1 auf Y_2 aus? Interpretieren Sie Ihre Antwort.

► Lösungen zu den Aufgaben finden Sie im Anhang des Buches.

[2] Dies ist ein Spezialfall der späteren Regel (13.4.1).

13.2 Determinanten der Ordnung 3

Betrachten Sie das allgemeine System von drei linearen Gleichungen in drei Unbekannten

$$\begin{aligned} a_{11}x_1 + a_{12}x_2 + a_{13}x_3 &= b_1 \\ a_{21}x_1 + a_{22}x_2 + a_{23}x_3 &= b_2 \\ a_{31}x_1 + a_{32}x_2 + a_{33}x_3 &= b_3 \end{aligned} \tag{13.2.1}$$

Hier hat die Koeffizientenmatrix **A** die Ordnung 3×3. Wenn wir die Eliminationsmethode zusammen mit einigen schwierigen algebraischen Berechnungen anwenden, kann dieses System schließlich nach x_1, x_2 und x_3 aufgelöst werden, außer in einem entarteten Fall. Der resultierende Ausdruck für x_1 ist

$$x_1 = \frac{b_1 a_{22} a_{33} - b_1 a_{23} a_{32} - b_2 a_{12} a_{33} + b_2 a_{13} a_{32} + b_3 a_{12} a_{23} - b_3 a_{22} a_{13}}{a_{11} a_{22} a_{33} - a_{11} a_{23} a_{32} + a_{12} a_{23} a_{31} - a_{12} a_{21} a_{33} + a_{13} a_{21} a_{32} - a_{13} a_{22} a_{31}} \tag{13.2.2}$$

Wir wollen die Geduld und das Augenlicht des Lesers nicht dreimal in Anspruch nehmen, indem wir auch noch die entsprechenden Ausdrücke für x_2 und x_3 angeben. Wir behaupten jedoch, dass diese Ausdrücke denselben Nenner haben wie x_1. Dieser gemeinsame Nenner wird die *Determinante* von **A** genannt und wird mit det(**A**) oder |**A**| bezeichnet. Wenn sie Null ist, haben wir einen entarteten Fall. Daher:

Determinante einer 3×3-Matrix

Für eine 3×3-Matrix **A** ist ihre *Determinante*

$$|\mathbf{A}| = \begin{vmatrix} a_{11} & a_{12} & a_{13} \\ a_{21} & a_{22} & a_{23} \\ a_{31} & a_{32} & a_{33} \end{vmatrix} = \begin{cases} a_{11}a_{22}a_{33} - a_{11}a_{23}a_{32} + a_{12}a_{23}a_{31} \\ \qquad - a_{12}a_{21}a_{33} + a_{13}a_{21}a_{32} - a_{13}a_{22}a_{31} \end{cases} \tag{13.2.3}$$

Entwicklung nach Co-Faktoren

Die rechte Seite von (13.2.3) ist die Summe von sechs Termen. Sie sieht auf den ersten Blick sehr chaotisch aus. Aber eine Methode, die Entwicklung nach Co-Faktoren genannt wird, macht es relativ einfach, all diese Terme aufzuschreiben. Beachten Sie zunächst, dass jedes der drei Elemente a_{11}, a_{12} und a_{13} in der ersten Zeile von **A** in genau zwei Termen von (13.2.3) vorkommt. Indem wir Terme zusammenfassen, kann |**A**| geschrieben werden als

$$|\mathbf{A}| = a_{11}(a_{22}a_{33} - a_{23}a_{32}) - a_{12}(a_{21}a_{33} - a_{23}a_{31}) + a_{13}(a_{21}a_{32} - a_{22}a_{31})$$

Indem wir die Regel für die Berechnung von Determinanten der Ordnung 2 anwenden, sehen wir, dass dies dasselbe ist wie

$$|\mathbf{A}| = a_{11} \begin{vmatrix} a_{22} & a_{23} \\ a_{32} & a_{33} \end{vmatrix} - a_{12} \begin{vmatrix} a_{21} & a_{23} \\ a_{31} & a_{33} \end{vmatrix} + a_{13} \begin{vmatrix} a_{21} & a_{22} \\ a_{31} & a_{32} \end{vmatrix} \tag{13.2.4}$$

In dieser Weise kann die Berechnung einer Determinante der Ordnung 3 reduziert werden auf die Berechnung von drei Determinanten der Ordnung 2. Beachten Sie, dass a_{11} multipliziert wird mit der Determinante der Ordnung 2, die man erhält, wenn man die *erste* Zeile und die *erste* Spalte aus $|\mathbf{A}|$ entfernt. Genauso wird a_{12}, versehen mit einem Minuszeichen, multipliziert mit der Determinante, die man erhält, wenn man die *erste* Zeile und die *zweite* Spalte aus $|\mathbf{A}|$ entfernt. Schließlich wird a_{13} multipliziert mit der Determinante, die man erhält, wenn man die *erste* Zeile und die *dritte* Spalte aus $|\mathbf{A}|$ entfernt.

Beispiel 13.2.1

Nutzen Sie (13.2.4), um

$$|\mathbf{A}| = \begin{vmatrix} 3 & 0 & 2 \\ -1 & 1 & 0 \\ 5 & 2 & 3 \end{vmatrix}$$

zu berechnen.

Lösung: Direkte Anwendung der Formeln (13.2.4) und (13.1.3) ergibt:

$$|\mathbf{A}| = 3 \cdot \begin{vmatrix} 1 & 0 \\ 2 & 3 \end{vmatrix} - 0 \cdot \begin{vmatrix} -1 & 0 \\ 5 & 3 \end{vmatrix} + 2 \cdot \begin{vmatrix} -1 & 1 \\ 5 & 2 \end{vmatrix} = 3 \cdot 3 - 0 \cdot (-3) + 2 \cdot (-7) = -5$$

Beispiel 13.2.2

Nutzen Sie (13.2.4), um zu zeigen, dass

$$|\mathbf{A}| = \begin{vmatrix} 1 & a & a^2 \\ 1 & b & b^2 \\ 1 & c & c^2 \end{vmatrix} = (b-a)(c-a)(c-b)$$

Lösung: Direkte Berechnung ergibt:

$$|\mathbf{A}| = 1 \cdot \begin{vmatrix} b & b^2 \\ c & c^2 \end{vmatrix} - a \cdot \begin{vmatrix} 1 & b^2 \\ 1 & c^2 \end{vmatrix} + a^2 \cdot \begin{vmatrix} 1 & b \\ 1 & c \end{vmatrix} = bc^2 - b^2c - a(c^2 - b^2) + a^2(c-b)$$

Es wird nicht von Ihnen erwartet, dass Sie „sehen“, dass diese 6 Terme in der Form $(b-a)(c-a)(c-b)$ geschrieben werden können. Stattdessen sollten Sie den Ausdruck $(b-a)[(c-a)(c-b)]$ ausmultiplizieren und die Gleichheit auf diese Weise verifizieren.

Eine sorgfältige Betrachtung des Zählers in (13.2.2) zeigt, dass er auch als eine Determinante geschrieben werden kann. Dasselbe gilt für die entsprechenden Formeln für x_2 und x_3. In der Tat gilt, wenn $|\mathbf{A}| \neq 0$ ist, kann die Lösung des Gleichungssystems (13.2.1) geschrieben werden als:

$$x_1 = \frac{\begin{vmatrix} b_1 & a_{12} & a_{13} \\ b_2 & a_{22} & a_{23} \\ b_3 & a_{32} & a_{33} \end{vmatrix}}{|\mathbf{A}|}, \quad x_2 = \frac{\begin{vmatrix} a_{11} & b_1 & a_{13} \\ a_{21} & b_2 & a_{23} \\ a_{31} & b_3 & a_{33} \end{vmatrix}}{|\mathbf{A}|}, \quad x_3 = \frac{\begin{vmatrix} a_{11} & a_{12} & b_1 \\ a_{21} & a_{22} & b_2 \\ a_{31} & a_{32} & b_3 \end{vmatrix}}{|\mathbf{A}|} \qquad (13.2.5)$$

Dies ist die Cramer'sche Regel für die Lösung von (13.2.1), wenn es drei Gleichungen in drei Unbekannten gibt. Siehe Kap. 13.8 für einen vollständigen Beweis von (13.2.5) für den allgemeinen Fall von n Gleichungen in n Unbekannten.

Jede Determinante, die in den Zählern der Ausdrücke für x_1, x_2 und x_3 in (13.2.5) auftaucht, enthält eine Spalte, die gleich

$$\begin{pmatrix} b_1 \\ b_2 \\ b_3 \end{pmatrix}$$

ist. Dies ist natürlich der Vektor der rechten Seiten in (13.2.1). Dieser spezielle Spaltenvektor bewegt sich von Spalte 1 bei der Lösung für x_1 zu Spalte 2 bei der Lösung für x_2 und schließlich zu Spalte 3 bei der Lösung für x_3. Dies macht es sehr leicht, sich die Cramer'sche Regel zu merken.

Die in (13.2.4) benutzte Methode für die Berechnung des Wertes einer 3×3-Determinante wird *Entwicklung nach den Co-Faktoren der Zeile* 1 genannt. Wenn wir uns auf die Elemente in Zeile i anstelle von Zeile 1 fokussieren, finden wir wieder heraus, dass $|\mathbf{A}| = a_{i1}C_{i1} + a_{i2}C_{i2} + a_{i3}C_{i3}$, wobei für $j = 1, 2, 3$ der Co-Faktor C_{ij} gleich $(-1)^{i+j}$ mal die Determinante der 2×2-Matrix ist, die wir erhalten, indem wir Zeile i und Spalte j aus $\mathbf{A}$ streichen. Deshalb können wir für $j = 1, 2$ oder 3 den Wert der Determinante auch bestimmen durch Entwicklung nach den Co-Faktoren der Zeile i. Ferner stellt sich heraus, dass $|\mathbf{A}| = a_{1j}C_{1j} + a_{2j}C_{2j} + a_{3j}C_{3j}$. Mit anderen Worten können wir die Determinante berechnen durch Entwicklung nach den Co-Faktoren der Spalte j. Siehe Kap. 13.5 für mehr über die Entwicklung nach Co-Faktoren.

Beispiel 13.2.3

Lösen Sie das folgende Gleichungssystem nach der Cramer'schen Regel:

$$\begin{aligned} 2x_1 + 2x_2 - x_3 &= -3 \\ 4x_1 + 2x_3 &= 8 \\ 6x_2 - 3x_3 &= -12 \end{aligned}$$

Lösung: In diesem Fall ist die Determinante $|\mathbf{A}|$, die in (13.2.5) erscheint, gleich:

$$|\mathbf{A}| = \begin{vmatrix} 2 & 2 & -1 \\ 4 & 0 & 2 \\ 0 & 6 & -3 \end{vmatrix} = -24$$

Wie Sie nachprüfen sollten, sind die drei Zähler in (13.2.5):

$$\begin{vmatrix} -3 & 2 & -1 \\ 8 & 0 & 2 \\ -12 & 6 & -3 \end{vmatrix} = -12\,, \quad \begin{vmatrix} 2 & -3 & -1 \\ 4 & 8 & 2 \\ 0 & -12 & -3 \end{vmatrix} = 12\,, \quad \begin{vmatrix} 2 & 2 & -3 \\ 4 & 0 & 8 \\ 0 & 6 & -12 \end{vmatrix} = -72$$

Somit ergibt (13.2.5) die Lösungen $x_1 = (-12)/(-24) = 1/2$, $x_2 = 12/(-24) = -1/2$ und $x_3 = (-72)/(-24) = 3$. Wenn wir dies in das ursprüngliche System von Gleichungen einsetzen, sehen wir, dass dies eine korrekte Lösung ist.

Eine geometrische Interpretation

Wie Determinanten der Ordnung 2, haben auch die der Ordnung 3 eine geometrische Interpretation, die in Abb. 13.2.1 gezeigt wird. Die Zeilen der Determinante entsprechen den drei verschiedenen in dem Diagramm dargestellten 3-Vektoren. Statt eines Quaders, dessen sechs Seiten alle Rechtecke sind (mit rechten Winkeln an jeder Ecke), bilden diese Seiten ein „Parallelepiped" ist, dessen sechs Seiten alle Parallelogramme sind, d. h. Vierecke, deren gegenüberliegende Seiten parallel sind. Dann muss das Volumen dieses Parallelepipeds gleich dem Absolutbetrag der Determinante $|\mathbf{A}|$ sein, wie sie durch Gl. (13.2.3) definiert ist.

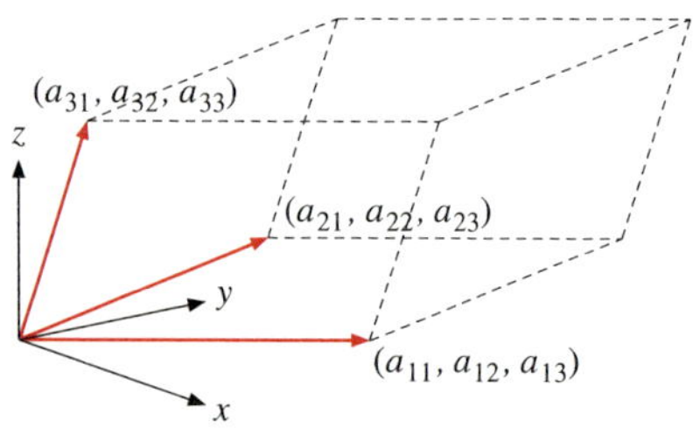

Abbildung 13.2.1: Parallelepiped, aufgespannt durch die drei Zeilenvektoren in der Matrix

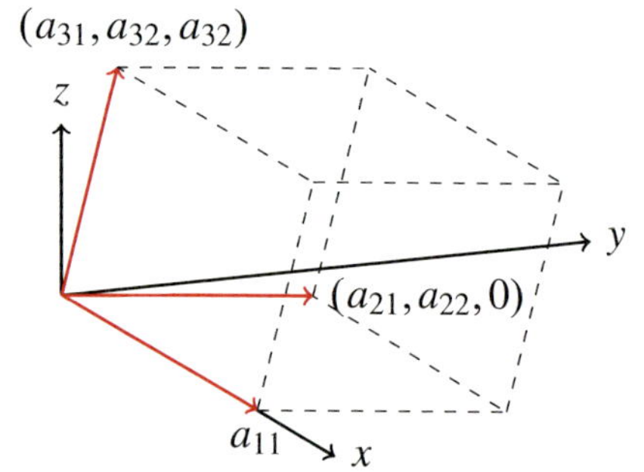

Abbildung 13.2.2: Parallelepiped für den Fall $a_{12} = a_{13} = a_{23} = 0$

Um zu sehen, warum dies so ist, ist es hilfreich, den einfachen Fall zu betrachten, in dem $a_{12} = a_{13} = a_{23} = 0$, wenn das Parallelepiped so aussieht wie in Abb. 13.2.2. Das Parallelogramm, dass die Basis des Parallelepipeds bildet, ist ähnlich zu dem in Abb. 13.1.3. Wie wir in Kap. 13.1 gesehen haben, ist seine Fläche gleich dem Absolutbetrag der Determinante

$$\begin{vmatrix} a_{11} & 0 \\ a_{21} & a_{22} \end{vmatrix} = a_{11}a_{22}$$

Um dann das Volumen zu berechnen, müssen wir nur die Fläche der Basis mit der Höhe des Parallelepipeds multiplizieren, welche gleich $|a_{33}|$ ist. Wir erhalten so das Volumen als den Absolubetrag von

$$a_{11}a_{22}a_{33} = a_{33}\begin{vmatrix} a_{11} & 0 \\ a_{21} & a_{22} \end{vmatrix} = \begin{vmatrix} a_{11} & 0 & 0 \\ a_{21} & a_{22} & 0 \\ a_{31} & a_{32} & a_{33} \end{vmatrix}$$

Die Regel von Sarrus

Hier ist eine alternative Möglichkeit zur Berechnung von Determinanten der Ordnung 3, die viele Anwender als angenehm empfinden. Bilden Sie zunächst eine 3×5-Matrix, wie unten gezeigt, indem Sie zwei Kopien der Originalmatrix hintereinander schreiben, aber dann die Kopie der letzten Spalte weglassen.

$$\begin{array}{ccc:cc} a_{11} & a_{12} & a_{13} & a_{11} & a_{12} \\ a_{21} & a_{22} & a_{23} & a_{21} & a_{22} \\ a_{31} & a_{32} & a_{33} & a_{31} & a_{32} \end{array}$$

Multiplizieren Sie zunächst entlang der drei nach rechts abfallenden Linien, geben Sie all diesen Produkten ein Pluszeichen und bilden Sie die Summe:

$$a_{11}a_{22}a_{33} + a_{12}a_{23}a_{31} + a_{13}a_{21}a_{32}$$

Multiplizieren Sie dann entlang der nach rechts aufsteigenden Linien, geben Sie all diesen Produkten ein Minuszeichen und bilden Sie die Summe:

$$-a_{13}a_{22}a_{31} - a_{11}a_{23}a_{32} - a_{12}a_{21}a_{33}$$

Die Summe all dieser sechs Terme ist genau gleich der Formel (13.2.3) für die Determinante $|\mathbf{A}|$ der Ordnung 3. Es ist sehr wichtig zu bemerken, dass diese Regel, die als *Regel von Sarrus* bekannt ist, *nur für Determinanten der Ordnung 3 anwendbar ist.*

Aufgaben für Kapitel 13.2

1. Verwenden Sie (13.2.4) oder die Regel von Sarrus, um die folgenden Determinanten zu berechnen:

(a) $\begin{vmatrix} 1 & -1 & 0 \\ 1 & 3 & 2 \\ 1 & 0 & 0 \end{vmatrix}$ (b) $\begin{vmatrix} 1 & -1 & 0 \\ 1 & 3 & 2 \\ 1 & 2 & 1 \end{vmatrix}$ (c) $\begin{vmatrix} a & b & c \\ 0 & d & e \\ 0 & 0 & f \end{vmatrix}$ (d) $\begin{vmatrix} a & 0 & b \\ 0 & e & 0 \\ c & 0 & d \end{vmatrix}$

2. Sei

$$\mathbf{A} = \begin{pmatrix} 1 & -1 & 0 \\ 1 & 3 & 2 \\ 1 & 2 & 1 \end{pmatrix} \quad \text{und} \quad \mathbf{B} = \begin{pmatrix} 1 & 2 & 3 \\ 2 & 3 & 4 \\ 0 & 1 & -1 \end{pmatrix}$$

Berechnen Sie $\mathbf{AB}$, $|\mathbf{A}|$, $|\mathbf{B}|$, $|\mathbf{A}|\cdot|\mathbf{B}|$ und $|\mathbf{AB}|$. Verifizieren Sie dann, dass $|\mathbf{AB}| = |\mathbf{A}|\cdot|\mathbf{B}|$.

3. Verwenden Sie die Cramer'sche Regel, um die folgenden Gleichungssystem zu lösen. Überprüfen Sie Ihre Antworten.

(a) $\begin{aligned} x_1 - x_2 + x_3 &= 2 \\ x_1 + x_2 - x_3 &= 0 \\ -x_1 - x_2 - x_3 &= -6 \end{aligned}$ (b) $\begin{aligned} x_1 - x_2 &= 0 \\ x_1 + 3x_2 + 2x_3 &= 0 \\ x_1 + 2x_2 + x_3 &= 0 \end{aligned}$ (c) $\begin{aligned} x + 3y - 2z &= 1 \\ 3x - 2y + 5z &= 14 \\ 2x - 5y + 3z &= 1 \end{aligned}$

4. Zeigen Sie, dass $\begin{vmatrix} 1+a & 1 & 1 \\ 1 & 1+b & 1 \\ 1 & 1 & 1+c \end{vmatrix} = abc + ab + ac + bc.$

5. Gegeben sei die Matrix $\mathbf{A} = \begin{pmatrix} a & 1 & 0 \\ 0 & -1 & a \\ -b & 0 & b \end{pmatrix}$. Bestimmen Sie zwei Zahlen a und b, so dass $\text{Spur}(\mathbf{A}) = 0$ und $|\mathbf{A}| = 12$, wobei $\text{Spur}(\mathbf{A})$ die Summe der Hauptdiagonalelemente von $\mathbf{A}$ ist.

➡ Fortsetzung

6. Lösen Sie die Gleichung $\begin{vmatrix} 1-x & 2 & 2 \\ 2 & 1-x & 2 \\ 2 & 2 & 1-x \end{vmatrix} = 0.$

(*Hinweis*: Alle Lösungen der Gleichung sind ganze Zahlen.)

7. Definieren Sie für jeden Wert des reellen Parameters t die Matrix $\mathbf{A}_t = \begin{pmatrix} 1 & t & 0 \\ -2 & -2 & -1 \\ 0 & 1 & t \end{pmatrix}$.

(a) Berechnen Sie die Determinante von $\mathbf{A}_t$ und zeigen Sie, dass sie niemals 0 ist.

(b) Berechnen Sie das Matrizenprodukt $\mathbf{A}_t^3$ und zeigen Sie dann, dass es einen Wert von t gibt, so dass $\mathbf{A}_t^3$ gleich der Einheitsmatrix $\mathbf{I}_3$ ist.

8. Betrachten Sie das einfache makroökonomische Modell, das durch die drei folgenden Gleichungen beschrieben wird

$$\text{(i) } Y = C + A_0 \qquad \text{(ii) } C = a + b(Y - T) \qquad \text{(iii) } T = d + tY$$

Dabei ist Y das BIP, C der Konsum, T sind die Steuereinnahmen, A_0 sind die konstanten (exogenen) autonomen Ausgaben und a, b, d und t sind alles positive Parameter. Nehmen Sie an, dass $b(1-t) < 1$. Bestimmen Sie die Gleichgewichtswerte der endogenen Variablen Y, C und T durch: (a) sukzessive Elimination oder Substitution, (b) durch Aufschreiben der drei Gleichungen in Matrixform und Anwendung der Cramer'schen Regel.

► Lösungen zu den Aufgaben finden Sie im Anhang des Buches.

13.3 Determinanten im Allgemeinen

Dieses Unterkapitel gibt eine Definition der $n \times n$-Determinanten, die besonders nützlich ist für den Beweis allgemeiner Resultate. Wenn Sie nicht so interessiert an diesen Beweisen sind, können Sie diesen Abschnitt übergehen und sich stattdessen auf die Entwicklung nach Co-Faktoren, die in Kap. 13.5 erklärt wird, in allen ihren Arbeiten mit Determinanten beziehen.

In Gl. (13.2.3) haben wir die Determinante einer 3×3-Matrix $\mathbf{A} = (a_{ij})_{3\times 3}$ ausgedrückt in der Form:

$$a_{11}a_{22}a_{33} - a_{11}a_{23}a_{32} + a_{12}a_{23}a_{31} - a_{12}a_{21}a_{33} + a_{13}a_{21}a_{32} - a_{13}a_{22}a_{31} \tag{13.3.1}$$

Eine genauere Untersuchung dieser Summe zeigt ein bestimmtes Muster auf. Jeder Term ist das Produkt von drei verschiedenen Elementen der Matrix. Jedes Produkt enthält genau ein Element aus jeder Zeile von $\mathbf{A}$, sowie genau ein Element aus jeder Spalte.

Nun gibt es in einer 3×3-Matrix genau sechs verschiedene Möglichkeiten, drei Elemente auszuwählen, die ein Element aus jeder Zeile und ein Element aus jeder Spalte enthalten. Alle sechs entsprechenden Produkte erscheinen in (13.3.1). Betrachten Sie jetzt die sechs Muster, die aus je drei Kreisen bestehen, die in Abb. 13.3.1 dargestellt sind. Sie sollten im Moment die Linien und Zeichen unter jedem Muster außer Acht lassen. Die sechs verschiedenen Muster von drei Kreisen sind angeordnet in der Reihenfolge der entsprechenden Produkte von drei Termen, die in Formel (13.3.1) vorkommen.

Es bleibt, das Vorzeichen von jedem Term in (13.3.1) zu bestimmen, welches sich wiederholt als das Vorzeichen der entsprechenden Muster in Abb. 13.3.1. Wie machen wir das? In Abb. 13.3.1 haben wir jedes Paar von Kreisen in jeder Box durch eine Linie verbunden. Diese Linie ist durchgezogen, wenn sie nach rechts aufsteigt. Aber sie ist gestrichelt, wenn sie nach rechts abfallend ist. Zählen Sie jetzt die Anzahl der durchgezogenen Linien in jeder der sechs Boxen, und prüfen Sie, ob diese ungerade oder gerade ist. Dieses Verfahren führt zu der folgenden Regel:

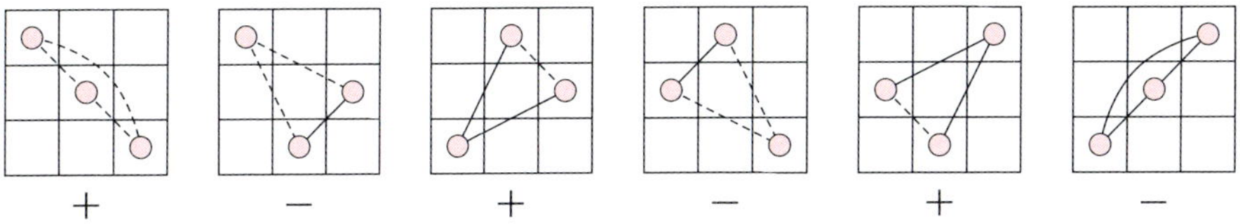

Abbildung 13.3.1: Die Terme einer 3×3-Determinante

Die Vorzeichenregel

Um das Vorzeichen eines Terms in der Summe zu bestimmen, markieren Sie alle Elemente, die in diesem Produkt in einem entsprechendem Muster auftauchen. Verbinden Sie alle möglichen Paare in dem Muster durch Linien. Diese Linien werden dann entweder nach rechts fallen oder steigen. Wenn die Anzahl der steigenden Linien gerade ist, erhält der entsprechende Term ein Pluszeichen, wenn sie ungerade ist, ein Minuszeichen.

Wir wollen diese Regel auf die sechs Boxen in Abb. 13.3.1 anwenden. In der ersten Box steigen z. B. keine Linien, so dass $a_{11}a_{22}a_{33}$ ein Pluszeichen erhält. In der vierten Box steigt genau eine Linie, so dass $a_{12}a_{21}a_{33}$ ein Minuszeichen erhält. Ähnlich geht man für die anderen vier Boxen vor.

Nehmen Sie an, dass $\mathbf{A} = (a_{ij})_{n\times n}$ eine beliebige $n\times n$-Matrix ist. Nehmen Sie an, dass wir n Elemente aus $\mathbf{A}$ herausgreifen, und zwar genau ein Element aus jeder Zeile und genau ein Element aus jeder Spalte. Das Produkt dieser n Elemente kann geschrieben werden in der Gestalt

$$a_{1r_1} \cdot a_{2r_2} \cdot \dots \cdot a_{nr_n}$$

Hier stellt die Reihenfolge $r_1, r_2, \dots, r_n$ der zweiten Indizes, die die Spalten angeben, eine Vertauschung (oder Permutation) der sukzessiven Zeilennummern $1, 2, \dots, n$ dar. Die Zahlen $1, 2, \dots, n$ können auf $n! = 1 \cdot 2 \dots (n-1)n$ verschiedene Weisen vertauscht werden: In der Tat: Für das erste Element r_1 gibt es n Möglichkeiten, für jede dieser ersten Möglichkeiten gibt es $n-1$ Möglichkeiten für das zweite Element r_2 usw. Somit sind insgesamt $n!$ verschiedene Produkte von n Faktoren zu betrachten.

Für eine gegebene $n\times n$-Matrix $\mathbf{A}$ sind wir nun in der Lage, ihre Determinante zu definieren, die mit $\det(\mathbf{A})$ oder $|\mathbf{A}|$ bezeichnet wird:

Definition einer Determinante

Sei $\mathbf{A}$ eine $n\times n$-Matrix. Dann ist $|\mathbf{A}|$ eine Summe von $n!$ Termen, wobei gilt:

1. Jeder Term ist das Produkt von n Elementen der Matrix, mit einem Element aus jeder Zeile und einem Element aus jeder Spalte. Ferner muss jedes Produkt aus genau n Faktoren, in dem jede Zeile und jede Spalte genau einmal repräsentiert ist, in dieser Summe erscheinen.
2. Das Vorzeichen jedes Terms erhält man durch Anwendung der Vorzeichenregel.

Wenn wir $(\pm)$ benutzen, um die richtige durch die Vorzeichenregel bestimmte Wahl eines Plus- oder Minuszeichens zu bezeichnen, können wir schreiben:

$$|\mathbf{A}| = \begin{vmatrix} a_{11} & a_{12} & \dots & a_{1n} \\ a_{21} & a_{22} & \dots & a_{2n} \\ \vdots & \vdots & \ddots & \vdots \\ a_{n1} & a_{n2} & \dots & a_{nn} \end{vmatrix} = \sum (\pm) a_{1r_1} a_{2r_2} \dots a_{nr_n} \qquad (13.3.2)$$

Sie sollten sich die Zeit nehmen, um zu sehen, wie diese Definition im Fall einer 2×2-Matrix übereinstimmt mit (13.1.3).

Beispiel 13.3.1

Betrachten Sie die Determinante einer beliebigen 4×4-Matrix $\mathbf{A} = (a_{ij})_{4\times 4}$. Sie besteht aus $4! = 4 \cdot 3 \cdot 2 \cdot 1 = 24$ Termen. Einer dieser Terme ist $a_{13}a_{21}a_{32}a_{44}$ und die entsprechenden Faktoren sind die eingerahmten Elemente in der folgenden Anordnung.

$$|\boldsymbol{A}| = \begin{vmatrix} a_{11} & a_{12} & \boxed{a_{13}} & a_{14} \\ \boxed{a_{21}} & a_{22} & a_{23} & a_{24} \\ a_{31} & \boxed{a_{32}} & a_{33} & a_{34} \\ a_{41} & a_{42} & a_{43} & \boxed{a_{44}} \end{vmatrix}$$

Welches Vorzeichen muss dieser Term erhalten? Nach der Vorzeichenregel muss dieser Term ein Pluszeichen erhalten, weil es zwei nach rechts aufsteigende Linien gibt.[3] Nutzen Sie drei weitere ähnliche Diagramme, um zu überprüfen, dass die drei anderen in der folgenden Summe aufgeführten Terme alle das korrekte Vorzeichen haben:

$$|\mathbf{A}| = a_{11}a_{22}a_{33}a_{44} - a_{12}a_{21}a_{33}a_{44} + \cdots + a_{13}a_{21}a_{32}a_{44} - \cdots + a_{14}a_{23}a_{32}a_{41}$$

Beachten Sie, dass es 20 andere Terme gibt, die wir weggelassen haben.

Die Determinante einer $n \times n$-Matrix wird eine *Determinante der Ordnung n* genannt. Im Allgemeinen ist es schwierig, Determinanten direkt nach der Definition (13.3.2) zu berechnen, auch wenn n nur 4 oder 5 ist. Wenn $n > 5$ ist, ist der Aufwand gewöhnlich enorm. Für $n = 6$ z. B. ist $n! = 720$ und somit gibt es 720 Terme in der Summe, durch die die Determinante definiert ist. Glücklicherweise gibt es andere Methoden, die auf den in Kap. 12.8 behandelten elementaren Zeilenoperationen beruhen und die den Aufwand erheblich reduzieren. Zahlreiche Standard-Computerprogramme für die Berechnung von Determinanten basieren auf solchen Methoden.

Es gibt wenige Spezialfälle, in denen es einfach ist, eine Determinante zu berechnen, selbst wenn die Ordnung hoch ist. Ein prominentes Beispiel ist

$$\begin{vmatrix} a_{11} & a_{12} & \dots & a_{1n} \\ 0 & a_{22} & \dots & a_{2n} \\ \vdots & \vdots & \ddots & \vdots \\ 0 & 0 & \dots & a_{nn} \end{vmatrix} = a_{11}a_{22}\dots a_{nn} \tag{13.3.3}$$

Hier sind alle Elemente *unterhalb* der Hauptdiagonalen 0. Die Matrix, deren Determinante in (13.3.3) gegeben ist, wird eine *obere Dreiecksmatrix* genannt, da alle von Null verschiedenen Elemente in dem Dreieck auf oder oberhalb der Hauptdiagonalen liegen. Für eine obere Dreiecksmatrix hat die Summe in (13.3.2) höchstens einen Term, der nicht Null ist, und die Determinante kann berechnet werden, indem man das Produkt aller Elemente in der Hauptdiagonalen bildet. Um zu sehen, warum dies so ist, beachten Sie Folgendes: Um einen Term zu erhalten, der nicht 0 ist, müssen wir a_{11} aus Spalte 1 wählen. Aus Spalte 2 können wir nicht a_{12} wählen, da wir bereits a_{11} aus der ersten Zeile gewählt haben. Daher müssen wir aus der zweiten Spalte a_{22} wählen, um einen Term zu erhalten, der verschieden von 0 ist. Aus der dritten Spalte müssen wir mit ähnlichen Argumenten a_{33} wählen usw. Damit kann nur der Term $a_{11}a_{22}\dots a_{nn} \neq 0$ sein. Natürlich ist auch dieser Term Null, wenn mindestens ein Element a_{ii} in der Hauptdiagonalen Null ist. Das Vorzeichen dieses Terms ist Plus, da keine Linie, die ein in diesem Produkt auftauchendes Paar von Elementen verbindet, nach rechts aufsteigend ist.

Wenn eine Matrix eine Transponierte einer oberen Dreiecksmatrix ist, so dass alle Elemente *oberhalb* der Hauptdiagonalen 0 sind, so ist die Matrix eine *untere Dreiecksmatrix*. Indem wir im Wesentlichen dieselben Argumente wie für (13.3.3) benutzen, sehen wir, dass die Determinante einer unteren Dreiecksmatrix auch gleich dem Produkt der Elemente in ihrer Hauptdiagonalen ist:

$$\begin{vmatrix} a_{11} & 0 & \dots & 0 \\ a_{21} & a_{22} & \dots & 0 \\ \vdots & \vdots & \ddots & \vdots \\ a_{n1} & a_{n2} & \dots & a_{nn} \end{vmatrix} = a_{11}a_{22}\dots a_{nn} \tag{13.3.4}$$

[3] Wir haben die gestrichelten Linien weggelassen, weil sie nicht zählen.

Aufgaben für Kapitel 13.3

1. Verwenden Sie die Definition (13.3.2) einer Determinante zusammen mit der Vorzeichenregel, um jede der folgenden zu berechnen:

(a) $\begin{vmatrix} 1 & 0 & 0 & 0 \\ 0 & 2 & 0 & 0 \\ 0 & 0 & 3 & 0 \\ 0 & 0 & 0 & 4 \end{vmatrix}$ (b) $\begin{vmatrix} 1 & 0 & 0 & 1 \\ 0 & 1 & 0 & 0 \\ 0 & 0 & 1 & 0 \\ a & b & c & d \end{vmatrix}$ (c) $\begin{vmatrix} 1 & 0 & 0 & 2 \\ 0 & 1 & 0 & -3 \\ 0 & 0 & 1 & 4 \\ 2 & 3 & 4 & 11 \end{vmatrix}$

2. Nehmen Sie an, dass die zwei $n \times n$-Matrizen $\mathbf{A}$ und $\mathbf{B}$ beide obere Dreiecksmatrizen sind. Zeigen Sie, dass $|\mathbf{AB}| = |\mathbf{A}||\mathbf{B}|$.

3. Die Determinante der folgenden 5×5-Matrix besteht aus $5! = 120$ Termen. Einer von ihnen ist das Produkt der eingerahmten Elemente. Schreiben Sie diesen Term mit seinem korrekten Vorzeichen auf.

$$\begin{vmatrix} a_{11} & \boxed{a_{12}} & a_{13} & a_{14} & a_{15} \\ a_{21} & a_{22} & \boxed{a_{23}} & a_{24} & a_{25} \\ a_{31} & a_{32} & a_{33} & a_{34} & \boxed{a_{35}} \\ \boxed{a_{41}} & a_{42} & a_{43} & a_{44} & a_{45} \\ a_{51} & a_{52} & a_{53} & \boxed{a_{54}} & a_{55} \end{vmatrix}$$

4. Schreiben Sie den durch die eingerahmten Elemente bestimmten Term mit seinem korrekten Vorzeichen auf.

$$\begin{vmatrix} a_{11} & a_{12} & a_{13} & a_{14} & \boxed{a_{15}} \\ a_{21} & a_{22} & a_{23} & \boxed{a_{24}} & a_{25} \\ a_{31} & \boxed{a_{32}} & a_{33} & a_{34} & a_{35} \\ a_{41} & a_{42} & \boxed{a_{43}} & a_{44} & a_{45} \\ \boxed{a_{51}} & a_{52} & a_{53} & a_{54} & a_{55} \end{vmatrix}$$

5. Lösen Sie die folgende Gleichung nach x auf:

$$\begin{vmatrix} 2-x & 0 & 3 & 0 \\ 1 & 2-x & 0 & 3 \\ 0 & 0 & 2-x & 0 \\ 0 & 0 & 1 & 2-x \end{vmatrix} = 0$$

► Lösungen zu den Aufgaben finden Sie im Anhang des Buches.

13.4 Grundlegende Regeln für Determinanten

Definition (13.3.2) der Determinante einer $n \times n$-Matrix $\mathbf{A}$ impliziert eine Reihe wichtiger Eigenschaften. Acht sind unten ausgeführt. Alle sind von theoretischem Interesse, aber einige machen es auch leichter, Determinanten zu berechnen.

Theorem 13.4.1 (Regeln für Determinanten)

Gegeben sei eine $n \times n$-Matrix $\mathbf{A}$. Dann gilt:

(i) Wenn alle Elemente in einer Zeile (oder Spalte) von $\mathbf{A}$ gleich 0 sind, dann ist $|\mathbf{A}| = 0$.

(ii) $|\mathbf{A}'| = |\mathbf{A}|$, wobei $\mathbf{A}'$ die Transponierte von $\mathbf{A}$ ist.

(iii) Wenn alle Elemente in einer einzelnen Zeile (oder Spalte) von $\mathbf{A}$ mit einer Zahl α multipliziert werden, wird die Determinante mit α multipliziert.

(iv) Wenn zwei Zeilen (oder zwei Spalten) von $\mathbf{A}$ vertauscht werden, wechselt die Determinante das Vorzeichen, der Absolutwert bleibt unverändert.

(v) Wenn zwei der Zeilen (oder Spalten) von $\mathbf{A}$ proportional sind, dann ist $|\mathbf{A}| = 0$.

(vi) Der Wert der Determinante von $\mathbf{A}$ bleibt unverändert, wenn das Vielfache einer Zeile (oder einer Spalte) zu einer anderen Zeile (oder Spalte) von $\mathbf{A}$ addiert wird.

(vii) Die Determinante des Produkts zweier $n \times n$-Matrizen $\mathbf{A}$ und $\mathbf{B}$ ist das Produkt der Determinanten der beiden Faktoren:

$$|\mathbf{AB}| = |\mathbf{A}| \cdot |\mathbf{B}| \tag{13.4.1}$$

(viii) Wenn α eine reelle Zahl ist, dann gilt

$$|\alpha \mathbf{A}| = \alpha^n |\mathbf{A}| \tag{13.4.2}$$

Es sollte in Erinnerung gebracht werden, dass im Allgemeinen die Determinante einer Summe *nicht* die Summe der Determinanten ist:

$$|\mathbf{A} + \mathbf{B}| \neq |\mathbf{A}| + |\mathbf{B}| \tag{13.4.3}$$

In Aufgabe 13.1.7 wurde nach einem Beispiel für diese allgemeine Ungleichheit gefragt.

Unsere geometrischen Interpretationen von Determinanten der Ordnung 2 und 3 bestätigen mehrere dieser Regeln. Regel (iii) z. B. mit, sagen wir, $\alpha = 2$, gibt die folgende Tatsache wieder: Wenn einer der Vektoren in Abb. 13.1.1 oder 13.2.1 in der Länge verdoppelt wird, dann ist die Fläche oder das Volumen zweimal so groß. Es ist eine gute Übung zu versuchen, den Regeln (i), (v) und (viii) geometrische Interpretationen zu geben.

Beweise für die meisten dieser Eigenschaften werden am Ende dieses Unterkapitels gegeben. Zunächst wollen wir sie jedoch in einigen Spezialfällen für 2×2-Matrizen illustrieren.

(i) $\begin{vmatrix} a_{11} & a_{12} \\ 0 & 0 \end{vmatrix} = a_{11} \cdot 0 - a_{12} \cdot 0 = 0.$

(ii) $|\mathbf{A}| = \begin{vmatrix} a_{11} & a_{12} \\ a_{21} & a_{22} \end{vmatrix} = a_{11}a_{22} - a_{12}a_{21}$, während $|\mathbf{A}'| = \begin{vmatrix} a_{11} & a_{21} \\ a_{12} & a_{22} \end{vmatrix} = a_{11}a_{22} - a_{12}a_{21}$.

(iii) $\begin{vmatrix} a_{11} & a_{12} \\ \alpha a_{21} & \alpha a_{22} \end{vmatrix} = a_{11}(\alpha a_{22}) - a_{12}(\alpha a_{21}) = \alpha(a_{11}a_{22} - a_{12}a_{21}) = \alpha \begin{vmatrix} a_{11} & a_{12} \\ a_{21} & a_{22} \end{vmatrix}$.

(iv) $\begin{vmatrix} a_{21} & a_{22} \\ a_{11} & a_{12} \end{vmatrix} = a_{21}a_{12} - a_{11}a_{22} = -(a_{11}a_{22} - a_{12}a_{21}) = -\begin{vmatrix} a_{11} & a_{12} \\ a_{21} & a_{22} \end{vmatrix}$.

(v) $\begin{vmatrix} a_{11} & a_{12} \\ \beta a_{11} & \beta a_{12} \end{vmatrix} = a_{11}(\beta a_{12}) - a_{12}(\beta a_{11}) = \beta(a_{11}a_{12} - a_{11}a_{12}) = 0.$[4]

(vi) Multiplizieren Sie jedes Element in der ersten Zeile einer Determinante der Ordnung 2 mit α und addieren Sie dies zu dem entsprechenden Element in der zweiten Zeile. Das heißt:[5]

$$\begin{vmatrix} a_{11} & a_{12} \\ a_{21} & a_{22} \end{vmatrix} \begin{matrix} \alpha \\ \hookleftarrow \end{matrix} = \begin{vmatrix} a_{11} & a_{12} \\ a_{21} + \alpha a_{11} & a_{22} + \alpha a_{12} \end{vmatrix} = a_{11}(a_{22} + \alpha a_{12}) - a_{12}(a_{21} + \alpha a_{11})$$
$$= a_{11}a_{22} + \alpha a_{11}a_{12} - a_{12}a_{21} - \alpha a_{12}a_{11} = a_{11}a_{22} - a_{12}a_{21}$$
$$= \begin{vmatrix} a_{11} & a_{12} \\ a_{21} & a_{22} \end{vmatrix}$$

Die Determinante ändert ihren Wert nicht.

(vii) In Aufgabe 13.1.6 wurde bereits nach einem Beweis dieser Regel für allgemeine 2×2-Matrizen gefragt.

(viii) $\begin{vmatrix} \alpha a_{11} & \alpha a_{12} \\ \alpha a_{21} & \alpha a_{22} \end{vmatrix} = \alpha a_{11}\alpha a_{22} - \alpha a_{12}\alpha a_{21} = \alpha^2(a_{11}a_{22} - a_{12}a_{21}) = \alpha^2 \begin{vmatrix} a_{11} & a_{12} \\ a_{21} & a_{22} \end{vmatrix}$

Theorem 13.4.1 führt einige der wichtigsten Regeln für Determinanten auf. Vertrautheit mit ihrer Anwendung kommt nur durch das Rechnen vieler Aufgaben.

Regel (vi) ist besonders nützlich für die Berechnung großer oder komplizierter Determinanten.[6] Die Idee ist, die Matrix in eine (obere oder untere) Dreiecksmatrix umzuwandeln. Dies kann erreicht werden durch Anpassung der Gauß'schen Eliminationsmethode, die in Kap. 12.8 beschrieben wurde. Wir geben zwei Beispiele mit 3×3-Matrizen.

Beispiel 13.4.1

$$\begin{vmatrix} 1 & 5 & -1 \\ -1 & 1 & 3 \\ 3 & 2 & 1 \end{vmatrix} \begin{matrix} 1 \\ \hookleftarrow \\ \end{matrix} = \begin{vmatrix} 1 & 5 & -1 \\ -1+1 & 1+5 & 3+(-1) \\ 3 & 2 & 1 \end{vmatrix} = \begin{vmatrix} 1 & 5 & -1 \\ 0 & 6 & 2 \\ 3 & 2 & 1 \end{vmatrix} \begin{matrix} -3 \\ \big| \\ \hookleftarrow \end{matrix}$$
$$= \begin{vmatrix} 1 & 5 & -1 \\ 0 & 6 & 2 \\ 0 & -13 & 4 \end{vmatrix} \begin{matrix} \\ \frac{13}{6} \\ \hookleftarrow \end{matrix} = \begin{vmatrix} 1 & 5 & -1 \\ 0 & 6 & 2 \\ 0 & 0 & 25/3 \end{vmatrix} = 1 \cdot 6 \cdot \frac{25}{3} = 50$$

[4] Diese Regel hilft, das Resultat in Beispiel 13.2.2 teilweise zu bestätigen. Beachten Sie, dass das Produkt $(b-a)(c-a)(c-b)$ gleich 0 ist, wenn $b = a$, $c = a$ oder $c = b$ ist und in jedem dieser drei Fälle sind zwei Zeilen der Matrix proportional, d. h. in der Tat gleich.

[5] Beachten Sie sorgfältig die Art, in der wir diese Operation andeuten – siehe auch Kap. 12.8.

[6] Um eine allgemeine 10×10-Determinante nach der Definition (13.3.2) direkt zu berechnen, sind nicht weniger als $10! - 1 = 3\,628\,799$ Operationen der Addition oder Multiplikation nötig! Systematische Anwendung der Regel (vi) kann die Anzahl der nötigen Operationen auf ungefähr 380 reduzieren.

Hier wurde im ersten Schritt die erste Zeile zur zweiten Zeile addiert, um eine Null in der ersten Spalte zu erhalten. In Schritt 2 wurde das (−3)-fache der ersten Zeile zur dritten addiert, was eine zweite Null in der ersten Spalte ergibt. In Schritt 3 wurde das 13/6-fache der zweiten Zeile zur dritten addiert, was eine weitere Null in der zweiten Spalte hervorruft. Beachten Sie die Art und Weise, in der wir diese Operationen angedeutet haben. Am Ende führen sie zu einer oberen Dreiecksmatrix, deren Determinante mit Hilfe der Formel (13.3.3) leicht zu berechnen ist.

Beispiel 13.4.2

In diesem Beispiel resultieren die erste und dritte Gleichheit aus der gleichzeitigen Anwendung von mehr als einer Operation. Die zweite Gleichheit nutzt Regel (iii). Die vierte Gleichheit folgt aus Formel (13.3.3).

$$\begin{vmatrix} a+b & a & a \\ a & a+b & a \\ a & a & a+b \end{vmatrix} \begin{matrix} \leftarrow \\ 1 \\ 1 \end{matrix} = \begin{vmatrix} 3a+b & 3a+b & 3a+b \\ a & a+b & a \\ a & a & a+b \end{vmatrix}$$

$$= (3a+b)\begin{vmatrix} 1 & 1 & 1 \\ a & a+b & a \\ a & a & a+b \end{vmatrix} \begin{matrix} -a \quad -a \\ \leftarrow \\ \leftarrow \end{matrix} = (3a+b)\begin{vmatrix} 1 & 1 & 1 \\ 0 & b & 0 \\ 0 & 0 & b \end{vmatrix}$$

$$= (3a+b)\cdot 1 \cdot b \cdot b = b^2(3a+b)$$

Beispiel 13.4.3

Prüfen Sie, dass $|\mathbf{AB}| = |\mathbf{A}| \cdot |\mathbf{B}|$, wenn

$$\mathbf{A} = \begin{pmatrix} 1 & 5 & -1 \\ -1 & 1 & 3 \\ 3 & 2 & 1 \end{pmatrix} \quad \text{und} \quad \mathbf{B} = \begin{pmatrix} 3 & 0 & 2 \\ -1 & 1 & 0 \\ 5 & 2 & 3 \end{pmatrix}$$

Lösung: In Beispiel 13.4.1 haben wir gezeigt, dass $|\mathbf{A}| = 50$. Mit der Regel von Sarrus oder anderswie sollten Sie verifizieren, dass $|\mathbf{B}| = -5$. Ferner ergibt die Multiplikation der zwei Matrizen

$$\mathbf{AB} = \begin{pmatrix} -7 & 3 & -1 \\ 11 & 7 & 7 \\ 12 & 4 & 9 \end{pmatrix}$$

Wieder nach der Regel von Sarrus oder mit anderen Methoden erhalten wir $|\mathbf{AB}| = -250 = 50 \cdot (-5)$. Dies bestätigt, dass $|\mathbf{AB}| = |\mathbf{A}| \cdot |\mathbf{B}|$.

Für allgemeine $n \times n$-Matrizen geben wir Argumente für Theorem 13.4.1, eine Regel nach der anderen:

(i): Jeder der $n!$ Terme in der Determinante muss ein Element aus derjenigen Zeile (oder Spalte) enthalten, die nur aus Nullen besteht. Deshalb ist die Determinante 0.

(ii): Jeder Term in $|\mathbf{A}|$ ist das Produkt aus Einträgen, die so aus $\mathbf{A}$ gewählt werden, dass aus jeder Zeile und jeder Spalte genau ein Element auftritt. Deshalb müssen auch genau dieselben Terme in $|\mathbf{A}'|$ auftauchen.

Das Vorzeichen von jedem Term hängt ab von der Anzahl der Linien, die ein Paar (i, j) mit einem anderen Paar (k, l) verbinden und aufwärts gerichtet sind, was dann und nur dann eintritt, wenn $i-k$ und $j-l$ entgegengesetzte Vorzeichen haben. Aber jede Linie, die (i, j) mit (k, l) in $\mathbf{A}$ verbindet, entspricht genau einer und nur einer Linie, die (j, i) mit (l, k) in $\mathbf{A}'$ verbindet. Außerdem haben die Paare $i-k$ und $j-l$ genau dann entgegengesetzte Vorzeichen, wenn die zugehörigen Paare $k-i$ und $l-j$ entgegengesetzte Vorzeichen haben, da beide Vorzeichen umgekehrt sind. Daher stimmt jeder Term in $\mathbf{A}$ mit einem zugehörigen Term in $\mathbf{A}'$ überein, der auch dasselbe Vorzeichen hat.

(iii): Sei $\mathbf{B}$ die Matrix, die man aus $\mathbf{A}$ erhält, indem man jedes Element in einer bestimmten Zeile (oder Spalte) von $\mathbf{A}$ mit α multipliziert. Dann ist jeder Term in der Summe, die $|\mathbf{B}|$ definiert, gleich α multipliziert mit dem entsprechenden Term in der Summe, die $|\mathbf{A}|$ definiert. Daher ist $|\mathbf{B}| = \alpha|\mathbf{A}|$.

(iv): Wenn zwei Zeilen, oder zwei Spalten, vertauscht werden, bleiben die Terme in der Definition (13.3.2) der Determinante dieselben, abgesehen davon, dass sich das Vorzeichen in jedem Term umkehrt. Dies zu zeigen, verlangt jedoch ein ziemlich kompliziertes Argument, so dass wir nur diese kurze Erklärung anbieten.[7]

(v): Nach Regel (iii) kann der Proportionalitätsfaktor vor die Determinante gezogen werden. Die resultierende Determinante hat dann zwei gleiche Zeilen (oder Spalten). Wenn wir die zwei Zeilen (oder Spalten) vertauschen, verändert sich die Determinante nicht. Aber nach Regel (iv) wechselt die Determinante ihr Vorzeichen. Daher ist $|\mathbf{A}| = -|\mathbf{A}|$. Dies impliziert $|\mathbf{A}| = 0$.

(vi): Für den Fall, dass das α-fache der Zeile i zur Zeile j addiert wird, hat man

$$\begin{aligned}&\sum \pm\, a_{1r_1} \ldots a_{ir_i} \ldots (a_{jr_j} + \alpha a_{ir_j}) \ldots a_{nr_n} \\ &\quad = \sum \pm a_{1r_1} \ldots a_{ir_i} \ldots a_{jr_j} \ldots a_{nr_n} + \alpha \sum \pm a_{1r_1} \ldots a_{ir_i} \ldots a_{ir_j} \ldots a_{nr_n}\end{aligned}$$

Aber nach Regel (v) ist die letzte Summe Null, weil sie gleich einer Determinante ist, in der die Zeilen i und j gleich sind. Somit reduziert sich die linke Seite auf $|\mathbf{A}| + \alpha \cdot 0 = |\mathbf{A}|$.

(vii): Der Beweis dieser Regel für den Fall $n = 2$ ist Gegenstand der Aufgabe 13.1.6. Der Fall, in dem $\mathbf{A}$ und $\mathbf{B}$ beide obere Dreiecksmatrizen sind, wird durch Aufgabe 13.3.2 abgedeckt. Man kann den allgemeinen Fall beweisen, indem man elementare Zeilen- und Spaltenoperationen verwendet, um $\mathbf{A}$ und $\mathbf{B}$ in obere Dreiecksmatrizen umzuwandeln. Wir lassen den Beweis jedoch aus.

(viii): Man erhält die Matrix $\alpha\mathbf{A}$, indem man *jede* Zeile in $\mathbf{A}$ mit α multipliziert. Dies bedingt n Multiplikationen, eine für jede Zeile. Nach Regel (iii), n-mal angewendet, ist $|\alpha\mathbf{A}| = \alpha^n|\mathbf{A}|$.

Aufgaben für Kapitel 13.4

1. Sei $\mathbf{A} = \begin{pmatrix} 1 & 2 \\ 3 & 4 \end{pmatrix}$ und $\mathbf{B} = \begin{pmatrix} 3 & 4 \\ 5 & 6 \end{pmatrix}$.

(a) Berechnen Sie $\mathbf{AB}$, $\mathbf{BA}$, $\mathbf{A}'\mathbf{B}'$ und $\mathbf{B}'\mathbf{A}'$.

(b) Zeigen Sie, dass $|\mathbf{A}| = |\mathbf{A}'|$ und $|\mathbf{AB}| = |\mathbf{A}| \cdot |\mathbf{B}|$.

(c) Ist $|\mathbf{A}'\mathbf{B}'| = |\mathbf{A}'| \cdot |\mathbf{B}'|$?

2. Sei $\mathbf{A} = \begin{pmatrix} 2 & 1 & 3 \\ 1 & 0 & 1 \\ 1 & 2 & 5 \end{pmatrix}$. Bestimmen Sie zunächst $\mathbf{A}'$ und zeigen Sie dann, dass $|\mathbf{A}| = |\mathbf{A}'|$.

[7] Die meisten Bücher über lineare Algebra enthalten Beweise dieser Regel und von Regel (vii), die wir auch unbewiesen lassen.

➡ Fortsetzung

3. Berechnen Sie die folgenden drei Determinanten so einfach wie möglich:

(a) $\begin{vmatrix} 3 & 0 & 1 \\ 1 & 0 & -1 \\ 2 & 0 & 5 \end{vmatrix}$ (b) $\begin{vmatrix} 1 & 2 & 3 & 4 \\ 0 & -1 & 2 & 4 \\ 0 & 0 & 3 & -1 \\ -3 & -6 & -9 & -12 \end{vmatrix}$ (c) $\begin{vmatrix} a_1 - x & a_2 & a_3 & a_4 \\ 0 & -x & 0 & 0 \\ 0 & 1 & -x & 0 \\ 0 & 0 & 1 & -x \end{vmatrix}$

4. Seien **A** und **B** beide 3×3-Matrizen mit $|\mathbf{A}| = 3$ und $|\mathbf{B}| = -4$. Betrachten Sie die sechs Ausdrücke $|\mathbf{AB}|$, $3|\mathbf{A}|$, $|-2\mathbf{B}|$, $|4\mathbf{A}|$, $|\mathbf{A}| + |\mathbf{B}|$ und $|\mathbf{A} + \mathbf{B}|$. Geben Sie für gegebene Werte von **A** und **B** für jeden Ausdruck seinen numerischen Wert an, wenn dieser eindeutig bestimmt ist. Andernfalls spezifizieren Sie, dass der Wert nicht eindeutig bestimmt ist.

5. Berechnen Sie $\mathbf{A}^2$ und $|\mathbf{A}|$ für die Matrix $\mathbf{A} = \begin{pmatrix} a & 1 & 4 \\ 2 & 1 & a^2 \\ 1 & 0 & -3 \end{pmatrix}$.

6. Zeigen Sie, dass jede der folgenden Determinanten Null ist:

(a) $\begin{vmatrix} 1 & 2 & 3 \\ 2 & 4 & 5 \\ 3 & 6 & 8 \end{vmatrix}$ (b) $\begin{vmatrix} 1 & a & b+c \\ 1 & b & c+a \\ 1 & c & a+b \end{vmatrix}$ (c) $\begin{vmatrix} x-y & x-y & x^2-y^2 \\ 1 & 1 & x+y \\ y & 1 & x \end{vmatrix}$

7. Berechnen Sie $\mathbf{X}'\mathbf{X}$ und $|\mathbf{X}'\mathbf{X}|$, wenn

$$\mathbf{X} = \begin{pmatrix} 1 & 0 & 0 \\ 1 & 1 & 1 \\ 1 & 2 & 0 \\ 1 & 0 & 1 \end{pmatrix}.$$

8. Berechen Sie $|\mathbf{A}_a|$ für jedes a, wenn $\mathbf{A}_a = \begin{pmatrix} a & 2 & 2 \\ 2 & a^2+1 & 1 \\ 2 & 1 & 1 \end{pmatrix}$.
Für $a = 1$ berechnen Sie $|\mathbf{A}_1^6|$.

9. Zeigen Sie für eine orthogonale Matrix **P**, wie sie in Aufgabe 12.7.7 definiert wurde, dass $|\mathbf{P}|$ gleich 1 oder −1 sein muss.

10. Eine quadratische Matrix **A** der Ordnung n heißt *involutiv*, wenn $\mathbf{A}^2 = \mathbf{I}_n$.

(a) Zeigen Sie, dass die Determinante einer involutiven Matrix gleich 1 oder −1 ist.

(b) Zeigen Sie, dass für alle a die zwei Matrizen $\begin{pmatrix} -1 & 0 \\ 0 & -1 \end{pmatrix}$ und $\begin{pmatrix} a & 1-a^2 \\ 1 & -a \end{pmatrix}$ beide involutiv sind.

(c) Zeigen Sie, dass die quadratische Matrix **A** genau dann involutiv ist, wenn $(\mathbf{I}_n - \mathbf{A})(\mathbf{I}_n + \mathbf{A}) = \mathbf{0}$.

11. Entscheiden Sie, welche der folgenden Gleichungen (allgemein) wahr oder falsch sind:

(a) $\begin{vmatrix} a & b \\ c & d \end{vmatrix} = -\begin{vmatrix} a & -b \\ c & -d \end{vmatrix} = 2\begin{vmatrix} a/2 & b/2 \\ c/2 & d/2 \end{vmatrix}$ (b) $\begin{vmatrix} a & b \\ c & d \end{vmatrix} = \begin{vmatrix} a & b \\ 0 & 0 \end{vmatrix} + \begin{vmatrix} 0 & 0 \\ c & d \end{vmatrix}$

(c) $\begin{vmatrix} a & b \\ c & d \end{vmatrix} = \begin{vmatrix} 0 & b \\ 0 & d \end{vmatrix} + \begin{vmatrix} a & b \\ c & d \end{vmatrix} = \begin{vmatrix} a & 0 & b \\ -1 & 1 & 0 \\ c & 0 & d \end{vmatrix}$ (d) $\begin{vmatrix} a & b \\ c & d \end{vmatrix} = \begin{vmatrix} a & b \\ c-2a & d-2b \end{vmatrix}$

➡

➡ Fortsetzung

12. Sei **B** eine gegebene $n \times n$-Matrix. Eine $n \times n$-Matrix **P** heißt *vertauschbar* mit **B**, wenn **BP** = **PB**. Zeigen Sie: Wenn **P** und **Q** beide mit **B** vertauschbar sind, dann ist auch **PQ** mit **B** vertauschbar.

Anspruchsvollere Aufgaben

13. Zeigen Sie ohne Berechnung der Determinanten, dass

$$\begin{vmatrix} b^2+c^2 & ab & ac \\ ab & a^2+c^2 & bc \\ ac & bc & a^2+b^2 \end{vmatrix} = \begin{vmatrix} 0 & c & b \\ c & 0 & a \\ b & a & 0 \end{vmatrix}^2$$

14. Zeigen Sie das folgende nützliche Resultat. (Von dem Beispiel 13.4.2 ein Spezialfall ist für $n = 3$.)

$$D_n = \begin{vmatrix} a+b & a & \dots & a \\ a & a+b & \dots & a \\ \vdots & \vdots & \ddots & \vdots \\ a & a & \dots & a+b \end{vmatrix} = b^{n-1}(na+b)$$

► Lösungen zu den Aufgaben finden Sie im Anhang des Buches.

13.5 Entwicklung nach Co-Faktoren

In Kap. 13.2, in dem Determinanten der Ordnung 3 behandelt wurden, führten wir das Thema der Entwicklung nach Co-Faktoren ein. Wir gaben Formel (13.2.4) als Regel für die Berechnung solcher Determinanten an. Diese Formel enthielt Co-Faktoren, ausgedrückt als Determinanten der Ordnung 2. In diesem Unterkapitel wollen wir die Entwicklung nach Co-Faktoren für Determinanten der Ordnung $n \geq 3$ betrachten, einschließlich Formeln, die Co-Faktoren enthalten, ausgedrückt als Determinanten der Ordnung $n - 1$.

Entsprechend der Definition (13.3.2) ist die Determinante einer $n \times n$-Matrix $\mathbf{A} = (a_{ij})$ eine Summe von $n!$ Termen. Jeder Term enthält ein Element aus jeder Zeile und ein Element aus jeder Spalte. Betrachten Sie insbesondere Zeile i: Greifen Sie zuerst alle die Terme heraus, die a_{i1} als einen Faktor haben, dann alle Terme, die a_{i2} als einen Faktor haben usw. Da alle diese gewählten Terme genau einen Faktor aus Zeile i enthalten, bekommen wir auf diese Weise alle Terme von $|\mathbf{A}|$. Deshalb können wir schreiben

$$|\mathbf{A}| = a_{i1}C_{i1} + a_{i2}C_{i2} + \cdots + a_{ij}C_{ij} + \cdots + a_{in}C_{in} \tag{13.5.1}$$

Die Koeffizienten $C_{i1}, \dots, C_{in}$ sind die *Co-Faktoren* der Elemente $a_{i1}, \dots, a_{in}$. Gl. (13.5.1) wird die *Co-Faktorentwicklung von* $|\mathbf{A}|$ *entlang* (oder nach) *Zeile i* genannt.

Analog hat man die *Co-Faktorentwicklung von* $|\mathbf{A}|$ *entlang* (oder nach) *Spalte j*, nämlich:

$$|\mathbf{A}| = a_{1j}C_{1j} + a_{2j}C_{2j} + \cdots + a_{ij}C_{ij} + \cdots + a_{nj}C_{nj} \tag{13.5.2}$$

Was die Entwicklungen (13.5.1) und (13.5.2) extrem nützlich macht, ist das folgende Verfahren zur Berechnung eines Co-Faktors C_{ij} der Determinante $|\mathbf{A}|$. Streichen Sie zunächst die i-te Zeile und j-te Spalte, um zu einer Determinante der Ordnung $n-1$ zu gelangen, die ein *Minor* genannt wird. Multiplizieren Sie dann den Minor mit dem Faktor $(-1)^{i+j}$. Dies ergibt den Co-Faktor C_{ij}, der in Symbolen gegeben ist durch

$$C_{ij} = (-1)^{i+j} \begin{vmatrix} a_{11} & \dots & a_{1,j-1} & a_{1j} & a_{1,j+1} & \dots & a_{1n} \\ a_{21} & \dots & a_{2,j-1} & a_{2j} & a_{2,j+1} & \dots & a_{2n} \\ \vdots & & \vdots & \vdots & \vdots & & \vdots \\ a_{i1} & \dots & a_{i,j-1} & \boxed{a_{ij}} & a_{i,j+1} & \dots & a_{in} \\ \vdots & & \vdots & \vdots & \vdots & & \vdots \\ a_{n1} & \dots & a_{n,j-1} & a_{nj} & a_{n,j+1} & \dots & a_{nn} \end{vmatrix} \tag{13.5.3}$$

Beachten Sie, dass wir ein Kästchen gezeichnet haben, um das spezielle Element a_{ij} zu kennzeichen. Ferner haben wir Linien durch die Zeile i und die Spalte j gezogen, die beide aus der Determinante $|\mathbf{A}|$ zu streichen sind.

Die Behauptung ist, dass man die Determinante $|\mathbf{A}|$ bestimmen kann, indem man die Co-Faktoren, die durch Formel (13.5.3) definiert sind, entweder einsetzt in Formel (13.5.1) für eine Zeile i oder in Formel (13.5.2) für eine Spalte j. Wir übergehen den Beweis. Aber wenn wir zurückschauen auf (13.2.4), bestätigt es (13.5.3) in dem Spezialfall, wenn wir eine Determinante der Ordnung 3 entlang ihrer ersten Zeile entwickeln. In der Tat: Die drei relevanten Co-Faktoren sind

$$C_{11} = (-1)^{1+1} \begin{vmatrix} a_{22} & a_{23} \\ a_{32} & a_{33} \end{vmatrix}, \qquad C_{12} = (-1)^{1+2} \begin{vmatrix} a_{21} & a_{23} \\ a_{31} & a_{33} \end{vmatrix}, \qquad C_{13} = (-1)^{1+3} \begin{vmatrix} a_{21} & a_{22} \\ a_{31} & a_{32} \end{vmatrix}$$

Indem wir dies in Formel (13.5.1) für Zeile $i = 1$ einsetzen, ergibt sich $|\mathbf{A}| = a_{11}C_{11} + a_{12}C_{12} + a_{13}C_{13}$, was genau mit (13.2.4) übereinstimmt.

Für $n > 3$ ist Formel (13.5.3) ziemlich kompliziert. Die Untersuchung des folgenden Beispiels sollte ihr Verständnis unterstützen.

Beispiel 13.5.1

Überprüfen Sie, dass der Co-Faktor des Elements c in der Determinante

$$|\mathbf{A}| = \begin{vmatrix} 3 & 0 & 0 & 2 \\ 6 & 1 & \boxed{c} & 2 \\ -1 & 1 & 0 & 0 \\ 5 & 2 & 0 & 3 \end{vmatrix} \quad \text{gleich} \quad C_{23} = (-1)^{2+3} \begin{vmatrix} 3 & 0 & 2 \\ -1 & 1 & 0 \\ 5 & 2 & 3 \end{vmatrix}$$

ist. Bestimmen Sie dann den Wert von $|\mathbf{A}|$, indem Sie (13.5.2) und Beispiel 13.2.1 verwenden.

Lösung: Da das Element c in Zeile 2 und Spalte 3 steht, ist der zugehörige Co-Faktor korrekt angegeben worden. Um den numerischen Wert von $|\mathbf{A}|$ zu bestimmen, verwenden wir Co-Faktoren-Entwicklung nach der *dritten Spalte*, weil diese mehr Nullen enthält als jede andere Zeile oder Spalte. Indem wir die Antwort aus Beispiel 13.2.1 verwenden, ergibt sich

$$|\mathbf{A}| = a_{23}C_{23} = c \cdot (-1)^{2+3} \begin{vmatrix} 3 & 0 & 2 \\ -1 & 1 & 0 \\ 5 & 2 & 3 \end{vmatrix} = c \cdot (-1)(-5) = 5c$$

In Beispiel 13.5.1 hat Spalte 3 nur einen Term, der von Null verschieden ist, so dass die Entwicklung nach Co-Faktoren entlang dieser Spalte besonders einfach ist. Selbst wenn anfangs nicht genug Nullen da sind, können wir oft mehr durch Anwendung der Regel (vi) in Theorem 13.4.1 erzeugen. Die folgenden zwei Beispiele illustrieren diese Methode.

Beispiel 13.5.2

$$\begin{vmatrix} 3 & -1 & 2 \\ 0 & -1 & -1 \\ 6 & 1 & 2 \end{vmatrix} \begin{matrix} -2 \\ \big\downarrow \\ \leftarrow \end{matrix} = \begin{vmatrix} 3 & -1 & 2 \\ 0 & -1 & -1 \\ 0 & 3 & -2 \end{vmatrix} \overset{(*)}{=} 3 \begin{vmatrix} -1 & -1 \\ 3 & -2 \end{vmatrix} = 3(2+3) = 15$$

Um die mit (∗) gekennzeichnete Gleichheit zu erhalten, entwickeln Sie nach Spalte 1.

Beispiel 13.5.3

$$\begin{vmatrix} 2 & 0 & 3 & -1 \\ 0 & 4 & 0 & 0 \\ 0 & 1 & -1 & 2 \\ 3 & 2 & 5 & -3 \end{vmatrix} \overset{(*)}{=} (-1)^{2+2} \cdot 4 \begin{vmatrix} 2 & 3 & -1 \\ 0 & -1 & 2 \\ 3 & 5 & -3 \end{vmatrix} \begin{matrix} -3/2 \\ \big\downarrow \\ \leftarrow \end{matrix} = 4 \begin{vmatrix} 2 & 3 & -1 \\ 0 & -1 & 2 \\ 0 & 1/2 & -3/2 \end{vmatrix}$$

$$\overset{(**)}{=} 4 \cdot 2 \begin{vmatrix} -1 & 2 \\ 1/2 & -3/2 \end{vmatrix} = 8\left(\tfrac{3}{2} - \tfrac{2}{2}\right) = 4$$

Für Gleichheit (∗) entwickeln Sie nach Zeile 2. Für Gleichheit (∗∗) entwickeln Sie nach Spalte 1.

Entwicklung nach anderen Co-Faktoren

Gemäß den Formeln (13.5.1) und (13.5.2) für die Entwicklung nach Co-Faktoren gilt: Wenn jedes Element a_{ij} in einer Zeile oder Spalte einer Determinante mit dem entsprechenden Co-Faktor C_{ij} multipliziert wird und dann alle Produkte addiert werden, ergibt das Resultat den Wert der Determinante. Was geschieht, wenn wir die Elemente einer Zeile mit den Co-Faktoren einer verschiedenen (anderen) Zeile multiplizieren? Oder die Elemente einer Spalte mit den Co-Faktoren einer anderen Spalte? Betrachten Sie das folgende Beispiel.

Beispiel 13.5.4

Wenn $\mathbf{A} = (a_{ij})_{3\times3}$ ist, dann ist die Co-Faktorentwicklung von $|\mathbf{A}|$ entlang der zweiten Zeile gleich

$$|\mathbf{A}| = a_{21}C_{21} + a_{22}C_{22} + a_{23}C_{23}$$

Nehmen Sie an, wir ersetzen die Elemente a_{21}, a_{22} und a_{23} der zweiten Zeile durch a, b und c. Dann bleiben die zugehörigen Co-Faktoren C_{21}, C_{22} und C_{23} unverändert. Somit ist die Co-Faktor-Enwicklung der neuen Determinante entlang der zweiten Zeile

$$\begin{vmatrix} a_{11} & a_{12} & a_{13} \\ a & b & c \\ a_{31} & a_{32} & a_{33} \end{vmatrix} = aC_{21} + bC_{22} + cC_{23} \tag{$*$}$$

Nehmen Sie insbesondere an, dass wir a, b und c in $(*)$ durch a_{11}, a_{12} und a_{13} aus Zeile 1 oder durch a_{31}, a_{32} und a_{33} aus Zeile 3 ersetzen. In beiden Fällen werden zwei Zeilen der Determinante in $(*)$ gleich, so dass die rechte Seite gleich 0 wird. Daher gilt

$$a_{11}C_{21} + a_{12}C_{22} + a_{13}C_{23} = 0$$
$$a_{31}C_{21} + a_{32}C_{22} + a_{33}C_{23} = 0$$

Das bedeutet: Die Summe der Produkte aller Elemente entweder in Zeile 1 oder Zeile 3 multipliziert mit den entsprechenden Co-Faktoren der Zeile 2 ist Null.

Offensichtlich kann das in diesem Beispiel verwendete Argument verallgemeinert werden: Wenn wir die Elemente einer Zeile mit den Co-Faktoren einer anderen Zeile multiplizieren und die Produkte aufaddieren, so ist das Resultat gleich 0. Das Gleiche gilt, wenn wir die Elemente einer Spalte mit den Co-Faktoren einer anderen Spalte multiplizieren und dann aufaddieren.

Wir fassen alle Resultate in diesem Abschnitt in folgendem Theorem zusammen:

Theorem 13.5.1 (Entwicklung einer Determinante nach Co-Faktoren)

Sei $\mathbf{A} = (a_{ij})_{n \times n}$. Nehmen Sie an, dass die Co-Faktoren C_{ij} wie in (13.5.3) definiert sind. Dann gilt:

(i) $a_{i1}C_{i1} + a_{i2}C_{i2} + \cdots + a_{in}C_{in} = |\mathbf{A}|$;

(ii) Falls $k \neq i$, gilt $a_{i1}C_{k1} + a_{i2}C_{k2} + \cdots + a_{in}C_{kn} = 0$;

(iii) $a_{1j}C_{1j} + a_{2j}C_{2j} + \cdots + a_{nj}C_{nj} = |\mathbf{A}|$;

(iv) Falls $k \neq j$, gilt $a_{1j}C_{1k} + a_{2j}C_{2k} + \cdots + a_{nj}C_{nk} = 0$.

Theorem 13.5.1 besagt, dass die Entwicklung einer Determinante nach Zeile i mit Hilfe der Co-Faktoren der Zeile k verschwindet, wenn $k \neq i$ und gleich $|\mathbf{A}|$ ist, wenn $k = i$. Genauso gilt: Die Entwicklung nach Spalte j mit Hilfe der Co-Faktoren in Spalte k verschwindet, wenn $k \neq j$, und ist gleich $|\mathbf{A}|$, wenn $k = j$.

Aufgaben für Kapitel 13.5

1. Berechnen Sie die folgenden Determinanten:

(a) $\begin{vmatrix} 1 & 2 & 4 \\ 1 & 3 & 9 \\ 1 & 4 & 16 \end{vmatrix}$ (b) $\begin{vmatrix} 1 & 2 & 3 & 4 \\ 0 & -1 & 0 & 11 \\ 2 & -1 & 0 & 3 \\ -2 & 0 & -1 & 3 \end{vmatrix}$ (c) $\begin{vmatrix} 2 & 1 & 3 & 3 \\ 3 & 2 & 1 & 6 \\ 1 & 3 & 0 & 9 \\ 2 & 4 & 1 & 12 \end{vmatrix}$

➡ Fortsetzung

2. Berechnen Sie die folgenden Determinanten:

(a) $\begin{vmatrix} 0 & 0 & a \\ 0 & b & 0 \\ c & 0 & 0 \end{vmatrix}$ (b) $\begin{vmatrix} 0 & 0 & 0 & a \\ 0 & 0 & b & 0 \\ 0 & c & 0 & 0 \\ d & 0 & 0 & 0 \end{vmatrix}$ (c) $\begin{vmatrix} 0 & 0 & 0 & 0 & 1 \\ 0 & 0 & 0 & 5 & 1 \\ 0 & 0 & 3 & 1 & 2 \\ 0 & 4 & 0 & 3 & 4 \\ 6 & 2 & 3 & 1 & 2 \end{vmatrix}$

► Lösungen zu den Aufgaben finden Sie im Anhang des Buches.

13.6 Die Inverse einer Matrix

Die Zahl 1 ist die „multiplikative Identität" im System der reellen Zahlen in dem Sinn, dass $1 \cdot \alpha = \alpha \cdot 1 = \alpha$ für alle reellen α. Ferner: Wenn $\alpha \neq 0$, dann gibt es eine eindeutig bestimmte Zahl α^{-1} mit der Eigenschaft, dass $\alpha\alpha^{-1} = \alpha^{-1}\alpha = 1$ ist. Wir nennen α^{-1} die (multiplikative) Inverse von α. In Kap. 12.6 haben wir $n \times n$-Einheitsmatrix $\mathbf{I}$ eingeführt, mit Elementen gleich 1 alle entlang der Hauptdiagonalen und gleich 0 überall sonst.[8] Es ist die multiplikative Identität unter $n \times n$-Matrizen in dem Sinn, dass $\mathbf{IX} = \mathbf{XI} = \mathbf{X}$ für alle $n \times n$-Matrizen $\mathbf{X}$. In Analogie zu dem System der reellen Zahlen suchen wir nach einer (multiplikativen) Inversen $\mathbf{X}$ einer $n \times n$-Matrix $\mathbf{A}$, die $\mathbf{AX} = \mathbf{XA} = \mathbf{I}$ erfüllt.

Formal: Für eine gegebene Matrix $\mathbf{A}$ sagen wir, dass $\mathbf{X}$ eine *Inverse* von $\mathbf{A}$ ist, wenn gilt:

$$\mathbf{AX} = \mathbf{XA} = \mathbf{I} \tag{13.6.1}$$

Vorausgesetzt, dass solch eine Inverse existiert, sagt man, dass die Matrix $\mathbf{A}$ *invertierbar* ist. Die äquivalenten Gleichungen $\mathbf{XA} = \mathbf{AX} = \mathbf{I}$ implizieren, dass die Matrix $\mathbf{A}$ auch eine Inverse von $\mathbf{X}$ ist. Damit sind $\mathbf{A}$ und $\mathbf{X}$ gegenseitig Inverse voneinander.

Beachten Sie, dass die zwei Matrizenprodukte $\mathbf{AX}$ und $\mathbf{XA}$ nur dann definiert und gleich sind, wenn $\mathbf{A}$ und $\mathbf{X}$ quadratische Matrizen derselben Ordnung sind. *Daher können nur quadratische Matrizen Inverse haben.* Aber nicht einmal alle quadratische Matrizen haben eine Inverse, wie Teil (b) in dem folgenden Beispiel zeigt.

Beispiel 13.6.1

(a) Zeigen Sie, dass

$$\mathbf{A} = \begin{pmatrix} 5 & 6 \\ 5 & 10 \end{pmatrix} \quad \text{und} \quad \mathbf{X} = \begin{pmatrix} 1/2 & -3/10 \\ -1/4 & 1/4 \end{pmatrix}$$

Inverse voneinander sind.

(b) Zeigen Sie, dass $\mathbf{A} = \begin{pmatrix} 1 & 0 \\ 0 & 0 \end{pmatrix}$ keine Inverse hat.

[8] Ab jetzt schreiben wir oft $\mathbf{I}$ anstelle $\mathbf{I}_n$, wenn die Ordnung n der Einheitsmatrix offensichtlich erscheint.

Lösung:

(a) Wir berechnen einfach direkt, dass

$$\begin{pmatrix} 5 & 6 \\ 5 & 10 \end{pmatrix} \begin{pmatrix} 1/2 & -3/10 \\ -1/4 & 1/4 \end{pmatrix} = \begin{pmatrix} 5/2 - 6/4 & -15/10 + 6/4 \\ 5/2 - 10/4 & -15/10 + 10/4 \end{pmatrix} = \begin{pmatrix} 1 & 0 \\ 0 & 1 \end{pmatrix}$$

und genauso verifizieren wir, dass $\mathbf{XA} = \mathbf{I}$ ist.

(b) Bemerken Sie, dass für alle reellen Zahlen x, y, z und w gilt

$$\begin{pmatrix} 1 & 0 \\ 0 & 0 \end{pmatrix} \begin{pmatrix} x & y \\ z & w \end{pmatrix} = \begin{pmatrix} x & y \\ 0 & 0 \end{pmatrix}$$

Weil das Element in Zeile 2 und Spalte 2 der letzten Matrix 0 ist und nicht 1, gibt es keine Möglichkeit x, y, z und w zu wählen, so dass das Produkt dieser zwei Matrizen gleich $\mathbf{I}$ ist.

Es tauchen die folgenden Fragen auf: (i) *Welche Matrizen haben Inverse?* (ii) *Kann eine gegebene Matrix mehr als eine Inverse haben?* (iii) *Wie finden wir die Inverse, falls sie existiert?*

In Bezug auf Frage (i) ist es leicht, eine *notwendige* Bedingung dafür zu finden, dass eine Matrix $\mathbf{A}$ eine Inverse hat. In der Tat folgt aus (13.6.1) und Regel (vii) in Theorem 13.4.1, dass $|\mathbf{AX}| = |\mathbf{A}| \cdot |\mathbf{X}| = |\mathbf{I}|$. Mit (13.3.3) sehen wir, dass die Einheitsmatrix beliebiger Ordnung die Determinante 1 hat. Wenn also $\mathbf{X}$ eine Inverse von $\mathbf{A}$ ist, dann ist $|\mathbf{A}| \cdot |\mathbf{X}| = 1$. Weil $|\mathbf{A}| = 0$ dieser Gleichung widersprechen würde, schließen wir, dass $|\mathbf{A}| \neq 0$ eine notwendige Bedingung für die Existenz einer Inversen von $\mathbf{A}$ ist.

Wie wir in Kap. 13.7 sehen werden, ist die Bedingung $|\mathbf{A}| \neq 0$ auch *hinreichend* für die Existenz einer Inversen von $\mathbf{A}$. Daher gilt für eine quadratische Matrix

$$\mathbf{A} \text{ hat eine Inverse} \iff |\mathbf{A}| \neq 0 \tag{13.6.2}$$

Eine quadratische Matrix $\mathbf{A}$ wird *singulär* genannt, wenn $|\mathbf{A}| = 0$ ist und *nichtsingulär*, wenn $|\mathbf{A}| \neq 0$ ist. Nach (13.6.2) hat eine Matrix genau dann eine Inverse, wenn sie nichtsingulär ist.

Zu Frage (ii) ist die Antwort: Eine Matrix kann nicht mehr als eine Inverse haben. Nehmen Sie nämlich an: $\mathbf{X}$ erfüllt (13.6.1) und außerdem gelte $\mathbf{AY} = \mathbf{I}$ für eine quadratische Matrix $\mathbf{Y}$. Dann gilt

$$\mathbf{Y} = \mathbf{IY} = (\mathbf{XA})\mathbf{Y} = \mathbf{X}(\mathbf{AY}) = \mathbf{XI} = \mathbf{X}$$

Ein ähnliches Argument zeigt: Wenn $\mathbf{YA} = \mathbf{I}$ gilt, dann ist $\mathbf{Y} = \mathbf{X}$. *Damit ist die Inverse von* $\mathbf{A}$ *eindeutig, wenn sie existiert.*

Wenn die Inverse von $\mathbf{A}$ existiert, wird sie gewöhnlich als $\mathbf{A}^{-1}$ geschrieben. Während wir für Zahlen $a^{-1} = 1/a$ schreiben können, hat das Symbol $\mathbf{I}/\mathbf{A}$ *keine* Bedeutung. *Division von Matrizen ergibt keinen Sinn.* Beachten Sie auch: Selbst wenn das Produkt $\mathbf{A}^{-1}\mathbf{B}$ definiert ist, ist es gewöhnlich völlig verschieden von $\mathbf{BA}^{-1}$, weil die Matrizenmultiplikation im Allgemeinen nicht kommutativ ist.

Die vollständige Antwort auf Frage (iii) wird im nächsten Unterkapitel gegeben. Im Moment betrachten wir nur den Fall der 2×2-Matrizen.

Beispiel 13.6.2

Bestimmen Sie die Inverse von $\mathbf{A} = \begin{pmatrix} a & b \\ c & d \end{pmatrix}$, wenn sie existiert.

Lösung: Wir suchen eine 2×2-Matrix $\mathbf{X}$, so dass $\mathbf{AX} = \mathbf{I}$ gilt. Danach ist leicht zu überprüfen, dass auch $\mathbf{XA} = \mathbf{I}$ gilt. Die Lösung von $\mathbf{AX} = \mathbf{I}$ verlangt, Zahlen x, y, z und w zu finden, so dass

$$\begin{pmatrix} a & b \\ c & d \end{pmatrix}\begin{pmatrix} x & y \\ z & w \end{pmatrix} = \begin{pmatrix} 1 & 0 \\ 0 & 1 \end{pmatrix}$$

Die Matrizenmultiplikation impliziert, dass

$$ax + bz = 1\,, \quad cx + dz = 0\,, \quad ay + bw = 0 \quad \text{und} \quad cy + dw = 1 \qquad (*)$$

Beachten Sie, dass wir hier zwei verschiedene Gleichungssysteme mit je zwei Gleichungen in zwei Unbekannten haben. Das eine ist durch die zwei Gleichungen auf der linken Seite, das andere durch die zwei Gleichungen auf der rechten Seite gegeben. Beide Systeme haben $\mathbf{A}$ als gemeinsame Koeffizientenmatrix. Falls $|\mathbf{A}| = ad - bc \neq 0$, ergibt sich die eindeutige Lösung nach der Cramer'schen Regel (13.1.4).

$$x = \frac{d}{ad-bc}\,, \qquad z = \frac{-c}{ad-bc}\,, \qquad y = \frac{-b}{ad-bc}\,, \qquad w = \frac{a}{ad-bc}$$

Damit haben wir das folgende Resultat bewiesen:

Inverse einer Matrix der Ordnung 2

Unter der Voraussetzung $|\mathbf{A}| = ad - bc \neq 0$ gilt:

$$\mathbf{A} = \begin{pmatrix} a & b \\ c & d \end{pmatrix} \implies \mathbf{A}^{-1} = \frac{1}{ad-bc}\begin{pmatrix} d & -b \\ -c & a \end{pmatrix} \qquad (13.6.3)$$

Beachten Sie, dass in der inversen Matrix die Diagonalelemente der ursprünglichen 2×2-Matrix vertauscht sind, während die Elemente außerhalb der Diagonalen das Vorzeichen gewechselt haben. Und dann wird die ganze Matrix dividiert durch die Determinante von $\mathbf{A}$.

Für quadratische Matrizen der Ordnung 3 kann man die Cramer'sche Regel (13.2.5) verwenden, um eine Formel für die Inverse herzuleiten. Wieder ist die Bedingung für die Existenz der Inversen, dass die Determinante der Koeffizientenmatrix nicht 0 ist. Die vollständigen Details werden in Kap. 13.7 angegeben.

Einige nützliche Implikationen

Wenn $\mathbf{A}^{-1}$ die Inverse von $\mathbf{A}$ ist, dann ist $\mathbf{A}^{-1}\mathbf{A} = \mathbf{I}$ und $\mathbf{AA}^{-1} = \mathbf{I}$. Tatsächlich impliziert jede dieser Gleichungen die andere in dem Sinne, dass

$$\mathbf{AX} = \mathbf{I} \iff \mathbf{X} = \mathbf{A}^{-1} \qquad (13.6.4)$$

$$\mathbf{YA} = \mathbf{I} \iff \mathbf{Y} = \mathbf{A}^{-1} \qquad (13.6.5)$$

Die Implikationen in der Richtung $\Leftarrow$ folgen sofort aus der Definition einer inversen Matrix. Um $\Rightarrow$ in (13.6.4) zu beweisen, nehmen Sie an, dass $\mathbf{AX} = \mathbf{I}$ gilt. Dann ist $|\mathbf{A}| \cdot |\mathbf{X}| = 1$ und somit $|\mathbf{A}| \neq 0$. Nach (13.6.2) existiert daher $\mathbf{A}^{-1}$. Wenn wir $\mathbf{AX} = \mathbf{I}$ von links mit $\mathbf{A}^{-1}$ multiplizieren, ergibt sich $\mathbf{X} = \mathbf{A}^{-1}$. Der Beweis von $\Rightarrow$ in (13.6.5) ist beinahe derselbe.

Die Implikationen (13.6.4) und (13.6.5) werden wiederholt benutzt, um Eigenschaften von Inversen zu beweisen. Hier sind zwei Beispiele.

Beispiel 13.6.3

Bestimmen Sie die Inverse der $n \times n$-Matrix $\mathbf{A}$, falls $\mathbf{A} - \mathbf{A}^2 = \mathbf{I}$ gilt.

Lösung: Die Matrizengleichung $\mathbf{A} - \mathbf{A}^2 = \mathbf{I}$ ergibt $\mathbf{A}(\mathbf{I} - \mathbf{A}) = \mathbf{I}$. Aber dann folgt aus (13.6.4), dass $\mathbf{A}$ die Inverse $\mathbf{A}^{-1} = \mathbf{I} - \mathbf{A}$ hat.

Beispiel 13.6.4

Sei $\mathbf{B}$ eine von der Nullmatrix verschiedene $n \times n$-Matrix, so dass $\mathbf{B}^2 = 3\mathbf{B}$. Zeigen Sie, dass es eine eindeutige Zahl s gibt, so dass $\mathbf{I} + s\mathbf{B}$ die Inverse von $\mathbf{I} + \mathbf{B}$ ist.

Lösung: Wegen (13.6.5) genügt es eine Zahl s zu finden, so dass $(\mathbf{I} + s\mathbf{B})(\mathbf{I} + \mathbf{B}) = \mathbf{I}$ gilt. Wiederholte Anwendung der Regeln für Matrizenmultiplikation, der Definition von $\mathbf{I}$ und der Gleichung $\mathbf{B}^2 = 3\mathbf{B}$ zusammen implizieren:

$$(\mathbf{I} + s\mathbf{B})(\mathbf{I} + \mathbf{B}) = \mathbf{II} + \mathbf{IB} + s\mathbf{BI} + s\mathbf{B}^2 = \mathbf{I} + \mathbf{B} + s\mathbf{B} + 3s\mathbf{B} = \mathbf{I} + (1 + 4s)\mathbf{B}$$

Und dies ist gleich $\mathbf{I}$ genau dann, wenn $(1 + 4s)\mathbf{B} = \mathbf{0}$ ist. Da $\mathbf{B} \neq \mathbf{0}$ gilt dies genau dann, wenn $1 + 4s = 0$ oder genau dann, wenn $s = -1/4$.

Eigenschaften der Inversen

Wir werden nun einige nützliche Regeln für die Inverse beweisen.

Theorem 13.6.1 (Eigenschaften der Inversen)

Es seien $\mathbf{A}$ und $\mathbf{B}$ invertierbare $n \times n$-Matrizen. Dann gilt:

(a) Die Matrix $\mathbf{A}^{-1}$ ist invertierbar und $(\mathbf{A}^{-1})^{-1} = \mathbf{A}$.

(b) Die Matrix $\mathbf{AB}$ ist invertierbar und $(\mathbf{AB})^{-1} = \mathbf{B}^{-1}\mathbf{A}^{-1}$.

(c) Die transponierte Matrix $\mathbf{A}'$ ist invertierbar und $(\mathbf{A}')^{-1} = (\mathbf{A}^{-1})'$.

(d) $(c\mathbf{A})^{-1} = c^{-1}\mathbf{A}^{-1}$ für jede Zahl $c \neq 0$.

Um diese Eigenschaften zu beweisen, verwenden wir in jedem Fall (13.6.4) oder (13.6.5):

(a) Nach (13.6.1) haben wir $\mathbf{A}^{-1}\mathbf{A} = \mathbf{I}$. Wenden Sie jetzt (13.6.4) mit $\mathbf{A}$ ersetzt durch $\mathbf{A}^{-1}$ an. Dies ergibt $\mathbf{A} = (\mathbf{A}^{-1})^{-1}$.

(b) Nach Regel (12.6.1) sowie den Definitionen von $\mathbf{I}$ und der inversen Matrix haben wir

$$(\mathbf{AB})(\mathbf{B}^{-1}\mathbf{A}^{-1}) = \mathbf{A}(\mathbf{BB}^{-1})\mathbf{A}^{-1} = \mathbf{AIA}^{-1} = \mathbf{AA}^{-1} = \mathbf{I}$$

Aus (13.6.4) folgt, dass $(\mathbf{AB})^{-1} = \mathbf{B}^{-1}\mathbf{A}^{-1}$.

(c) Regel (12.7.5) besagt, dass $(\mathbf{AC})' = \mathbf{C}'\mathbf{A}'$ für jede $n \times n$-Matrix $\mathbf{C}$. Anwenden dieser Regel auf $\mathbf{C} = \mathbf{A}^{-1}$ impliziert $(\mathbf{A}^{-1})'\mathbf{A}' = (\mathbf{AA}^{-1})' = \mathbf{I}' = \mathbf{I}$. Nach (13.6.5) folgt, dass $(\mathbf{A}')^{-1} = (\mathbf{A}^{-1})'$.

(d) Hier impliziert Regel (12.6.4), dass $(c\mathbf{A})(c^{-1}\mathbf{A}^{-1}) = cc^{-1}\mathbf{A}\mathbf{A}^{-1} = 1 \cdot \mathbf{I} = \mathbf{I}$. Aus (13.6.4) folgt, dass $(c\mathbf{A})^{-1} = c^{-1}\mathbf{A}^{-1}$.

Nehmen Sie an, dass die invertierbare Matrix $\mathbf{A}$ symmetrisch ist, d. h. $\mathbf{A}' = \mathbf{A}$. Dann impliziert Regel (c), dass $(\mathbf{A}^{-1})' = (\mathbf{A}')^{-1} = \mathbf{A}^{-1}$, so dass $\mathbf{A}^{-1}$ symmetrisch ist. Zusammenfassend: *Die Inverse einer symmetrischen Matrix ist symmetrisch.*

Beachten Sie auch, dass Regel (b) auf Produkte von mehreren Matrizen verallgemeinert werden kann. Wenn z. B. $\mathbf{A}$, $\mathbf{B}$ und $\mathbf{C}$ alle invertierbare $n \times n$-Matrizen sind, dann ist

$$(\mathbf{ABC})^{-1} = [(\mathbf{AB})\mathbf{C}]^{-1} = \mathbf{C}^{-1}(\mathbf{AB})^{-1} = \mathbf{C}^{-1}(\mathbf{B}^{-1}\mathbf{A}^{-1}) = \mathbf{C}^{-1}\mathbf{B}^{-1}\mathbf{A}^{-1}$$

Beachten Sie noch die Annahmen in (b), dass $\mathbf{A}$ und $\mathbf{B}$ beides $n \times n$-Matrizen sind. In Statistik und Ökonometrie betrachten wir oft Produkte der Gestalt $\mathbf{XX}'$, wobei $\mathbf{X}$ eine $n \times m$-Matrix mit $n \neq m$ ist. Dann ist $\mathbf{XX}'$ eine $n \times n$-Matrix. Falls die Determinante $|\mathbf{XX}'|$ nicht 0 ist, dann existiert $(\mathbf{XX}')^{-1}$, aber Eigenschaft (b) ist nicht anwendbar, da $\mathbf{X}^{-1}$ und $\mathbf{X}'^{-1}$ nur definiert sind, wenn $n = m$ ist.

Lösung von Gleichungen durch Matrizeninversion

Sei $\mathbf{A}$ eine $n \times n$-Matrix. Für eine beliebige Matrix $\mathbf{B}$ untersuchen wir, ob es Matrizen $\mathbf{X}$ und $\mathbf{Y}$ mit geeigneter Ordnung gibt, so dass $\mathbf{AX} = \mathbf{B}$ und $\mathbf{YA} = \mathbf{B}$. Damit die erste Gleichung möglich ist, muss die Zeilenanzahl der Matrix $\mathbf{B}$ gleich n sein, während für die zweite Gleichung die Spaltenanzahl der Matrix $\mathbf{B}$ gleich n sein muss. Diese vorausgehenden Betrachtungen sollten für die Erklärung des folgenden Resultats helfen.

Theorem 13.6.2

Sei $\mathbf{A}$ eine $n \times n$-Matrix mit $|\mathbf{A}| \neq 0$.

$$\text{Wenn } \mathbf{B} \text{ } n \text{ Zeilen hat, gilt:} \quad \mathbf{AX} = \mathbf{B} \iff \mathbf{X} = \mathbf{A}^{-1}\mathbf{B} \tag{13.6.6}$$

$$\text{Wenn } \mathbf{B} \text{ } n \text{ Spalten hat, gilt:} \quad \mathbf{YA} = \mathbf{B} \iff \mathbf{Y} = \mathbf{BA}^{-1} \tag{13.6.7}$$

Beweis: (Dies ist leicht.) Vorausgesetzt, dass $|\mathbf{A}| \neq 0$ und die Zeilenanzahl von $\mathbf{B}$ gleich n ist, können wir jede Seite der Gleichung $\mathbf{AX} = \mathbf{B}$ in (13.6.6) von links mit $\mathbf{A}^{-1}$ multiplizieren. Dies ergibt $\mathbf{A}^{-1}(\mathbf{AX}) = \mathbf{A}^{-1}\mathbf{B}$. Da $(\mathbf{A}^{-1}\mathbf{A})\mathbf{X} = \mathbf{IX} = \mathbf{X}$, schließen wir, dass $\mathbf{X} = \mathbf{A}^{-1}\mathbf{B}$ die einzig mögliche Lösung der Gleichung $\mathbf{AX} = \mathbf{B}$ ist. Andererseits sehen wir durch Einsetzen von $\mathbf{X} = \mathbf{A}^{-1}\mathbf{B}$ in $\mathbf{AX} = \mathbf{B}$, dass dieser Wert von $\mathbf{X}$ wirklich die Gleichung erfüllt.

Der Beweis von (13.6.7) ist ähnlich: Multiplizieren Sie jede Seite von $\mathbf{YA} = \mathbf{B}$ von rechts mit $\mathbf{A}^{-1}$.

Beispiel 13.6.5

Lösen Sie das folgende Gleichungssystem mithilfe von Theorem 13.6.2:

$$\begin{aligned} 2x + y &= 3 \\ 2x + 2y &= 4 \end{aligned}$$

Lösung: Wir definieren die Matrizen

$$\mathbf{A} = \begin{pmatrix} 2 & 1 \\ 2 & 2 \end{pmatrix}, \qquad \mathbf{x} = \begin{pmatrix} x \\ y \end{pmatrix} \quad \text{und} \quad \mathbf{b} = \begin{pmatrix} 3 \\ 4 \end{pmatrix}$$

Dann ist das System äquivalent zu der Matrizengleichung $\mathbf{Ax} = \mathbf{b}$. Weil $|\mathbf{A}| = 2 \neq 0$ ist, hat die Matrix $\mathbf{A}$ eine Inverse. Nach Gleichung (13.6.6) für den Fall, dass $\mathbf{B}$ und $\mathbf{X}$ beide nur eine Spalte haben, gilt $\mathbf{x} = \mathbf{A}^{-1}\mathbf{b}$. Nach Anwendung von (13.6.3) zur Bestimmung von $\mathbf{A}^{-1}$ erhalten wir

$$\begin{pmatrix} x \\ y \end{pmatrix} = \mathbf{A}^{-1} \begin{pmatrix} 3 \\ 4 \end{pmatrix} = \frac{1}{2} \begin{pmatrix} 2 & -1 \\ -2 & 2 \end{pmatrix} \begin{pmatrix} 3 \\ 4 \end{pmatrix} = \begin{pmatrix} 1 & -1/2 \\ -1 & 1 \end{pmatrix} \begin{pmatrix} 3 \\ 4 \end{pmatrix} = \begin{pmatrix} 1 \\ 1 \end{pmatrix}$$

Daher ist die Lösung $x = 1$, $y = 1$.

Sie sollten durch Einsetzen überprüfen, dass dies wirklich die korrekte Lösung für Beispiel 13.6.5 ist. Bemerken Sie auch, dass es viel einfacher ist, das Gleichungssystem zu lösen, indem man die erste Gleichung von der zweiten subtrahiert, wobei man sofort $y = 1$ erhält, woraus folgt, dass $x = 1$.

Aufgaben für Kapitel 13.6

1. Zeigen Sie:

(a) $\begin{pmatrix} 3 & 0 \\ 2 & -1 \end{pmatrix}^{-1} = \begin{pmatrix} 1/3 & 0 \\ 2/3 & -1 \end{pmatrix}$ (b) $\begin{pmatrix} 1 & 1 & -3 \\ 2 & 1 & -3 \\ 2 & 2 & 1 \end{pmatrix}^{-1} = \begin{pmatrix} -1 & 1 & 0 \\ 8/7 & -1 & 3/7 \\ -2/7 & 0 & 1/7 \end{pmatrix}$

2. Bestimmen Sie Zahlen a und b, so dass $\mathbf{A}$ die Inverse von $\mathbf{B}$ wird, wenn

$$\mathbf{A} = \begin{pmatrix} 2 & -1 & -1 \\ a & 1/4 & b \\ 1/8 & 1/8 & -1/8 \end{pmatrix} \quad \text{und} \quad \mathbf{B} = \begin{pmatrix} 1 & 2 & 4 \\ 0 & 1 & 6 \\ 1 & 3 & 2 \end{pmatrix}$$

3. Lösen Sie die folgenden Gleichungssysteme, indem Sie Theorem 13.6.2 anwenden und dann Formel (13.6.3):

(a) $\begin{aligned} 2x - 3y &= 3 \\ 3x - 4y &= 5 \end{aligned}$ (b) $\begin{aligned} 2x - 3y &= 8 \\ 3x - 4y &= 11 \end{aligned}$ (c) $\begin{aligned} 2x - 3y &= 0 \\ 3x - 4y &= 0 \end{aligned}$

4. Gegeben sei $\mathbf{A} = \frac{1}{2}\begin{pmatrix} -1 & -\sqrt{3} \\ \sqrt{3} & -1 \end{pmatrix}$. Zeigen Sie, dass $\mathbf{A}^3 = \mathbf{I}_2$ ist und benutzen Sie dann dies, um $\mathbf{A}^{-1}$ zu bestimmen.

5. Gegeben sei die Matrix $\mathbf{A} = \begin{pmatrix} 0 & 1 & 0 \\ 0 & 1 & 1 \\ 1 & 0 & 1 \end{pmatrix}$.

(a) Berechnen Sie $|\mathbf{A}|$, $\mathbf{A}^2$, $\mathbf{A}^3$ und $\mathbf{A}^3 - 2\mathbf{A}^2 + \mathbf{A} - \mathbf{I}_3$.

➡ Fortsetzung

(b) Nutzen Sie die letzte Berechnung, um zu zeigen, dass $\mathbf{A}$ eine Inverse hat und dass $\mathbf{A}^{-1} = (\mathbf{A} - \mathbf{I}_3)^2$.

(c) Bestimmen Sie eine Matrix $\mathbf{P}$ mit $\mathbf{P}^2 = \mathbf{A}$. Gibt es irgendwelche anderen Matrizen mit dieser Eigenschaft?

6. Gegeben sei $\mathbf{A} = \begin{pmatrix} 2 & 1 & 4 \\ 0 & -1 & 3 \end{pmatrix}$.

(a) Berechnen Sie $\mathbf{AA}'$, $|\mathbf{AA}'|$ und $(\mathbf{AA}')^{-1}$.

(b) Die Matrizen $\mathbf{AA}'$ und $(\mathbf{AA}')^{-1}$ in Teil (a) sind beide symmetrisch. Ist dies ein Zufall?

7. Sei $\mathbf{B} = \begin{pmatrix} -1/2 & 5 \\ 1/4 & -1/2 \end{pmatrix}$.
Berechnen Sie $\mathbf{B}^2 + \mathbf{B}$ und $\mathbf{B}^3 - 2\mathbf{B} + \mathbf{I}$. Bestimmen Sie dann $\mathbf{B}^{-1}$.

8. Nehmen Sie an, dass $\mathbf{X}$ eine $m{\times}n$-Matrix ist und dass $|\mathbf{X}'\mathbf{X}| \neq 0$ ist. Zeigen Sie, dass für die durch $\mathbf{A} = \mathbf{I}_m - \mathbf{X}(\mathbf{X}'\mathbf{X})^{-1}\mathbf{X}'$ definierte Matrix $\mathbf{A}^2 = \mathbf{A}$ gilt (und somit idempotent ist, wie es in Aufgabe 12.6.6 definiert wurde.)

9. Sei

$$\mathbf{A} = \begin{pmatrix} -2 & 0 & 1 \\ 1 & -1 & 5 \end{pmatrix}, \quad \mathbf{B} = \begin{pmatrix} 3 & 1 \\ 0 & 1 \\ -1 & 2 \end{pmatrix}, \quad \mathbf{C} = \begin{pmatrix} 1 & 2 \\ 3 & 4 \end{pmatrix} \quad \text{und} \quad \mathbf{D} = \begin{pmatrix} -9 & 3 \\ -8 & 17 \end{pmatrix}.$$

Bestimmen Sie eine Matrix $\mathbf{X}$, für die $\mathbf{AB} + \mathbf{CX} = \mathbf{D}$ gilt.

10. Sei $\mathbf{C}$ eine $n{\times}n$-Matrix mit $\mathbf{C}^2 + \mathbf{C} = \mathbf{I}$.

(a) Zeigen Sie, dass $\mathbf{C}^{-1} = \mathbf{I} + \mathbf{C}$.

(b) Zeigen Sie, dass $\mathbf{C}^3 = -\mathbf{I} + 2\mathbf{C}$ und $\mathbf{C}^4 = 2\mathbf{I} - 3\mathbf{C}$.

► Lösungen zu den Aufgaben finden Sie im Anhang des Buches.

13.7 Eine allgemeine Formel für die Inverse

Das vorige Unterkapitel präsentiert die wichtigsten Tatsachen über Inverse und ihre Eigenschaften. Als solches enthält es, „was jeder Wirtschaftswissenschaftler wissen sollte." Es ist vielleicht weniger wichtig für Ökonomen, viel darüber zu wissen, wie man die Inverse von großen Matrizen berechnet, da leistungsfähige Computerprogramme verfügbar sind. Trotzdem wird in diesem Abschnitt eine explizite Formel für die Inverse einer nichtsingulären $n{\times}n$-Matrix $\mathbf{A}$ präsentiert. Obwohl diese Formel extrem ineffizient für die Berechnung der Inversen großer Matrizen ist, ist sie von theoretischem Interesse. Der Schlüssel zu dieser Formel sind die Regeln für die Entwicklung von Determinanten nach Co-Faktoren.

Es bezeichnen $C_{11}, \dots, C_{nn}$ die n^2 Co-Faktoren der Elemente in $\mathbf{A}$. Nach Theorem 13.5.1 ergeben die n^2 Entwicklungen durch Co-Faktoren für $i, k = 1, \dots, n$ die n^2 Gleichungen

$$a_{i1}C_{k1} + a_{i2}C_{k2} + \cdots + a_{in}C_{kn} = \begin{cases} |\mathbf{A}|\,, & \text{falls } i = k \\ 0\,, & \text{falls } i \neq k \end{cases} \tag{$*$}$$

Beachten Sie, dass jede Summe auf der linken Seite sehr ähnlich aussieht wie die Art des inneren Produkts, das in der Definition der Matrizenmultiplikation auftritt. In der Tat reduzieren sich alle n^2 verschiedenen Gleichungen in $(*)$ auf die einzige Matrizengleichung

$$\begin{pmatrix} a_{11} & a_{12} & \dots & a_{1n} \\ \vdots & \vdots & & \vdots \\ a_{i1} & a_{i2} & \dots & a_{in} \\ \vdots & \vdots & & \vdots \\ a_{n1} & a_{n2} & \dots & a_{nn} \end{pmatrix} \begin{pmatrix} C_{11} & \dots & C_{k1} & \dots & C_{n1} \\ C_{12} & \dots & C_{k2} & \dots & C_{n2} \\ \vdots & & \vdots & & \vdots \\ C_{1n} & \dots & C_{kn} & \dots & C_{nn} \end{pmatrix} = \begin{pmatrix} |\mathbf{A}| & 0 & \dots & 0 \\ 0 & |\mathbf{A}| & \dots & 0 \\ \vdots & \vdots & \ddots & \vdots \\ 0 & 0 & \dots & |\mathbf{A}| \end{pmatrix} \tag{$**$}$$

Die Matrix auf der rechten Seite von $(**)$ ist hier gleich dem Produkt $|\mathbf{A}| \cdot \mathbf{I}_n$ aus dem Skalar $|\mathbf{A}|$ und der Einheitsmatrix. Für die linke Seite von $(**)$ bezeichne $\mathbf{C}^+ = (C_{ij})_{n\times n}$ die Matrix aller Co-Faktoren von $\mathbf{A}$. Dann ist die zweite Matrix in dem Produkt auf der linken Seite $\mathbf{C}^+$, nur dass ihre Zeilen- und Spaltenindizes vertauscht sind. Sie ist damit die *Transponierte* $(\mathbf{C}^+)'$ von $(\mathbf{C}^+)$. Diese spezielle Matrix wird die *Adjunkte* von $\mathbf{A}$ genannt und mit $\text{adj}(\mathbf{A})$ bezeichnet. Damit ist

$$\text{adj}(\mathbf{A}) = (\mathbf{C}^+)' = \begin{pmatrix} C_{11} & \dots & C_{k1} & \dots & C_{n1} \\ C_{12} & \dots & C_{k2} & \dots & C_{n2} \\ \vdots & & \vdots & & \vdots \\ C_{1n} & \dots & C_{kn} & \dots & C_{nn} \end{pmatrix} \tag{13.7.1}$$

Nun macht es Definition (13.7.1) möglich, Gleichung $(**)$ als $\mathbf{A}\,\text{adj}(\mathbf{A}) = |\mathbf{A}| \cdot \mathbf{I}_n$ zu schreiben. Für den Fall, dass $|\mathbf{A}| \neq 0$ ist, impliziert dies offensichtlich, dass $\mathbf{A}^{-1} = (1/|\mathbf{A}|) \cdot \text{adj}(\mathbf{A})$. Zusammengefasst:

Theorem 13.7.1 (Allgemeine Formel für die Inverse)

Jede quadratische Matrix $\mathbf{A} = (a_{ij})_{n\times n}$ mit Determinante $|\mathbf{A}| \neq 0$ hat eine eindeutige Inverse $\mathbf{A}^{-1}$, die $\mathbf{A}\mathbf{A}^{-1} = \mathbf{A}^{-1}\mathbf{A} = \mathbf{I}$ erfüllt. Diese inverse Matrix ist gegeben durch

$$\mathbf{A}^{-1} = \frac{1}{|\mathbf{A}|} \cdot \text{adj}(\mathbf{A}) \tag{13.7.2}$$

Falls $|\mathbf{A}| = 0$ ist, dann gibt es keine Matrix $\mathbf{X}$, so dass $\mathbf{AX} = \mathbf{XA} = \mathbf{I}$.

Beispiel 13.7.1

Nutzen Sie Theorem 13.7.1, um zu zeigen, dass die Matrix $\mathbf{A} = \begin{pmatrix} 2 & 3 & 4 \\ 4 & 3 & 1 \\ 1 & 2 & 4 \end{pmatrix}$ eine Inverse hat. Bestimmen Sie dann diese Inverse.

Lösung: Nach Theorem 13.7.1 hat $\mathbf{A}$ genau dann eine Inverse, wenn $|\mathbf{A}| \neq 0$. Hier erhalten wir $|\mathbf{A}| = -5$, so dass die Inverse existiert. Die Co-Faktoren von $\mathbf{A}$ sind

$$C_{11} = \begin{vmatrix} 3 & 1 \\ 2 & 4 \end{vmatrix} = 10\,, \qquad C_{12} = -\begin{vmatrix} 4 & 1 \\ 1 & 4 \end{vmatrix} = -15\,, \qquad C_{13} = \begin{vmatrix} 4 & 3 \\ 1 & 2 \end{vmatrix} = 5$$

$$C_{21} = -\begin{vmatrix} 3 & 4 \\ 2 & 4 \end{vmatrix} = -4\,, \qquad C_{22} = \begin{vmatrix} 2 & 4 \\ 1 & 4 \end{vmatrix} = 4\,, \qquad C_{23} = -\begin{vmatrix} 2 & 3 \\ 1 & 2 \end{vmatrix} = -1$$

$$C_{31} = \begin{vmatrix} 3 & 4 \\ 3 & 1 \end{vmatrix} = -9\,, \qquad C_{32} = -\begin{vmatrix} 2 & 4 \\ 4 & 1 \end{vmatrix} = 14\,, \qquad C_{33} = \begin{vmatrix} 2 & 3 \\ 4 & 3 \end{vmatrix} = -6$$

Nach den Formeln (13.7.2) und (13.7.1) ist die Inverse von $\mathbf{A}$ gleich

$$\mathbf{A}^{-1} = \frac{1}{|\mathbf{A}|}\begin{pmatrix} C_{11} & C_{21} & C_{31} \\ C_{12} & C_{22} & C_{32} \\ C_{13} & C_{23} & C_{33} \end{pmatrix} = -\frac{1}{5}\begin{pmatrix} 10 & -4 & -9 \\ -15 & 4 & 14 \\ 5 & -1 & -6 \end{pmatrix}$$

Man sollte das Resultat prüfen, indem man zeigt, dass $\mathbf{A}\mathbf{A}^{-1} = \mathbf{I}$.

Bestimmung der Inversen durch elementare Zeilenoperationen

Theorem 13.7.1 enthielt eine allgemeine Formel für die Inverse einer nichtsingulären Matrix. Obwohl diese Formel theoretisch wichtig ist, ist sie nutzlos für die Berechnung von Matrizen, die viel größer als 2×2 sind.

Stattdessen beginnt ein effizientes Verfahren zur Bestimmung der Inversen einer invertierbaren $n{\times}n$-Matrix $\mathbf{A}$ mit der Bildung der $n{\times}2n$-Matrix $(\mathbf{A} \mid \mathbf{I})$, die aus den n Spalten von $\mathbf{A}$, gefolgt von einem senkrechten Strich und dann den n Spalten von $\mathbf{I}$ besteht. Wir wenden dann eine Folge von elementaren Zeilenoperationen auf diese Matrix an, um, wenn möglich, die Anfangsmatrix $(\mathbf{A} \mid \mathbf{I})$ in eine finale Matrix $(\mathbf{I} \mid \mathbf{B})$ zu transformieren, deren n erste Spalten die Einheitsmatrix $\mathbf{I}$ bilden. Wenn diese Transformation gelingt, so folgt, dass $\mathbf{B} = \mathbf{A}^{-1}$ ist. Wenn es unmöglich ist, solche Zeilenoperationen erfolgreich durchzuführen, dann liegt es daran, dass $\mathbf{A}$ keine Inverse hat. Die Methode wird durch das folgende Beispiel illustriert.

Beispiel 13.7.2

Nutzen Sie elementare Zeilenoperationen zur Bestimmung der Inversen von

$$\mathbf{A} = \begin{pmatrix} 1 & 3 & 3 \\ 1 & 3 & 4 \\ 1 & 4 & 3 \end{pmatrix}.$$

Lösung: Schreiben Sie zuerst die 3×6-Matrix, deren erste drei Spalten die Spalten von $\mathbf{A}$ sind und deren letzte drei Spalten die Spalten der 3×3-Einheitsmatrix sind:

$$(\mathbf{A} \mid \mathbf{I}) = \left(\begin{array}{ccc|ccc} 1 & 3 & 3 & 1 & 0 & 0 \\ 1 & 3 & 4 & 0 & 1 & 0 \\ 1 & 4 & 3 & 0 & 0 & 1 \end{array}\right)$$

Die Idee ist jetzt, elementare Operationen auf die Matrix anzuwenden, so dass am Ende die drei ersten Spalten eine Einheitsmatrix bilden. Dann bilden die drei letzten Spalten die Inverse von $\mathbf{A}$.

Im ersten Schritt multiplizieren wir die erste Zeile mit -1 und addieren das Resultat zu der zweiten Zeile. Dies ergibt eine Null in der zweiten Zeile und ersten Spalte. Sie sollten jetzt in der Lage sein, die anderen verwendeten Operationen zu verstehen und auch nachvollziehen können, warum sie gewählt wurden. Beachten Sie, dass in der letzten Operation die Zeile 2 und 3 vertauscht werden.

$$\left(\begin{array}{ccc|ccc} 1 & 3 & 3 & 1 & 0 & 0 \\ 1 & 3 & 4 & 0 & 1 & 0 \\ 1 & 4 & 3 & 0 & 0 & 1 \end{array}\right) \begin{array}{l} -1 \\ \leftarrow \\ \end{array} \sim \left(\begin{array}{ccc|ccc} 1 & 3 & 3 & 1 & 0 & 0 \\ 0 & 0 & 1 & -1 & 1 & 0 \\ 1 & 4 & 3 & 0 & 0 & 1 \end{array}\right) \begin{array}{l} -1 \\ \\ \leftarrow \end{array}$$

$$\sim \left(\begin{array}{ccc|ccc} 1 & 3 & 3 & 1 & 0 & 0 \\ 0 & 0 & 1 & -1 & 1 & 0 \\ 0 & 1 & 0 & -1 & 0 & 1 \end{array}\right) \begin{array}{l} \leftarrow \\ \\ -3 \end{array} \sim \left(\begin{array}{ccc|ccc} 1 & 0 & 3 & 4 & 0 & -3 \\ 0 & 0 & 1 & -1 & 1 & 0 \\ 0 & 1 & 0 & -1 & 0 & 1 \end{array}\right) \begin{array}{l} \leftarrow \\ -3 \\ \end{array}$$

$$\sim \left(\begin{array}{ccc|ccc} 1 & 0 & 0 & 7 & -3 & -3 \\ 0 & 0 & 1 & -1 & 1 & 0 \\ 0 & 1 & 0 & -1 & 0 & 1 \end{array}\right) \begin{array}{l} \\ \leftrightarrow \\ \leftrightarrow \end{array} \sim \left(\begin{array}{ccc|ccc} 1 & 0 & 0 & 7 & -3 & -3 \\ 0 & 1 & 0 & -1 & 0 & 1 \\ 0 & 0 & 1 & -1 & 1 & 0 \end{array}\right)$$

Daher ist $\mathbf{A}^{-1} = \begin{pmatrix} 7 & -3 & -3 \\ -1 & 0 & 1 \\ -1 & 1 & 0 \end{pmatrix}$. Dies kann geprüft werden, indem man verifiziert, dass $\mathbf{AA}^{-1} = \mathbf{I}$.

Aufgaben für Kapitel 13.7

1. Verwenden Sie Theorem 13.7.1, um die Inversen der folgenden Matrizen zu berechnen, wenn sie existieren:

   (a) $\begin{pmatrix} 2 & 3 \\ 4 & 5 \end{pmatrix}$ (b) $\begin{pmatrix} 1 & 0 & 2 \\ 2 & -1 & 0 \\ 0 & 2 & -1 \end{pmatrix}$ (c) $\begin{pmatrix} 1 & 0 & 0 \\ -3 & -2 & 1 \\ 4 & -16 & 8 \end{pmatrix}$

2. Bestimmen Sie die Inverse von $\mathbf{A} = \begin{pmatrix} -2 & 3 & 2 \\ 6 & 0 & 3 \\ 4 & 1 & -1 \end{pmatrix}$.

3. Bestimmen Sie $(\mathbf{I} - \mathbf{A})^{-1}$, wenn $\mathbf{A} = \begin{pmatrix} 0.2 & 0.6 & 0.2 \\ 0 & 0.2 & 0.4 \\ 0.2 & 0.2 & 0 \end{pmatrix}$.

➡ Fortsetzung

4. Wiederholte Beobachtungen eines Phänomens führten zu p verschiedenen Gleichungssystemen

$$\begin{aligned} a_{11}x_1 + \cdots + a_{1n}x_n &= b_{1k} \\ \cdots\cdots&\cdots\cdots \\ a_{n1}x_1 + \cdots + a_{nn}x_n &= b_{nk} \end{aligned} \qquad (*)$$

für $k = 1, \ldots, p$, die alle dieselbe $n{\times}n$-Koeffizientenmatrix (a_{ij}) haben. Erklären Sie, wie man die p Lösungen $(x_{k1}, \ldots, x_{kn})$ $(k = 1, \ldots, p)$ aller Systeme gleichzeitig findet, indem man elementare Zeilenoperationen anwendet und dabei Folgendes erhält:

$$\begin{pmatrix} a_{11} & \ldots & a_{1n} & b_{11} & \ldots & b_{1p} \\ \vdots & \ddots & \vdots & \vdots & & \vdots \\ a_{n1} & \ldots & a_{nn} & b_{n1} & \ldots & b_{np} \end{pmatrix} \sim \begin{pmatrix} 1 & \ldots & 0 & b^*_{11} & \ldots & b^*_{1p} \\ \vdots & \ddots & \vdots & \vdots & & \vdots \\ 0 & \ldots & 1 & b^*_{n1} & \ldots & b^*_{np} \end{pmatrix}$$

Welches ist dann die Lösung des Gleichungssystems $(*)$, wenn es ein r gibt, so dass der Vektor der rechten Seiten die Komponenten b_{jr} für $j = 1, \ldots, n$ hat?

5. Verwenden Sie die Methode der elementaren Zeilenoperationen, die in Beispiel 13.7.2 beschrieben wurde, um die Inversen, falls sie existieren, für jede der drei Matrizen zu berechnen:

(a) $\mathbf{A} = \begin{pmatrix} 1 & 2 \\ 3 & 4 \end{pmatrix}$ (b) $\mathbf{B} = \begin{pmatrix} 1 & 2 & 3 \\ 2 & 4 & 5 \\ 3 & 5 & 6 \end{pmatrix}$ (c) $\mathbf{C} = \begin{pmatrix} 3 & 2 & -1 \\ -1 & 5 & 8 \\ -9 & -6 & 3 \end{pmatrix}$

► Lösungen zu den Aufgaben finden Sie im Anhang des Buches.

13.8 Cramer'sche Regel

Die Cramer'sche Regel für die Lösung von n linearen Gleichungen in n Unbekannten ist eine direkte Verallgemeinerung derselben Regel für Gleichungssysteme mit 2 oder 3 Unbekannten, wie in den Formeln (13.1.4) und (13.2.5) dargelegt. Betrachten Sie das System

$$\begin{aligned} a_{11}x_1 + a_{12}x_2 + \cdots + a_{1n}x_n &= b_1 \\ a_{21}x_1 + a_{22}x_2 + \cdots + a_{2n}x_n &= b_2 \\ \cdots\cdots\cdots&\cdots\cdots \\ a_{n1}x_1 + a_{n2}x_2 + \cdots + a_{nn}x_n &= b_n \end{aligned} \qquad (13.8.1)$$

Für $j = 1, \ldots, n$ bezeichne D_j die Determinante, die man aus $|\mathbf{A}|$ erhält, wenn man die ursprüngliche j-te Spalte durch die alternative Spalte ersetzt, deren Elemente $b_1, b_2, \ldots, b_n$ sind. Also:

$$D_j = \begin{vmatrix} a_{11} & \ldots & a_{1,j-1} & b_1 & a_{1,j+1} & \ldots & a_{1n} \\ a_{21} & \ldots & a_{2,j-1} & b_2 & a_{2,j+1} & \ldots & a_{2n} \\ \vdots & & \vdots & \vdots & \vdots & & \vdots \\ a_{n1} & \ldots & a_{n,j-1} & b_n & a_{n,j+1} & \ldots & a_{nn} \end{vmatrix} \qquad (13.8.2)$$

Die Co-Faktorentwicklung von D_j entlang ihrer j-ten Spalte ergibt

$$D_j = C_{1j}b_1 + C_{2j}b_2 + \cdots + C_{nj}b_n \tag{13.8.3}$$

Dabei sind die Co-Faktoren $C_{ij}(i = 1, \dots, n)$ durch (13.5.3) gegeben. Nun haben wir:

Theorem 13.8.1 (Cramer'sche Regel)

Das allgemeine lineare Gleichungssystem (13.8.1) mit n Gleichungen und n Unbekannten hat genau dann eine eindeutige Lösung, wenn die Koeffizientenmatrix $\mathbf{A}$ nichtsingulär ist ($|\mathbf{A}| \neq 0$). In diesem Fall ist die Lösung

$$x_1 = \frac{D_1}{|\mathbf{A}|}, \quad x_2 = \frac{D_2}{|\mathbf{A}|}, \quad \dots, \quad x_n = \frac{D_n}{|\mathbf{A}|} \tag{13.8.4}$$

wobei $D_1, D_2, \dots, D_n$ die durch (13.8.2) definierten Determinanten sind.

Ein Beweis des hinreichenden Teils ist wie folgt:

Beweis von $\Leftarrow$: Das System (13.8.1) kann in Matrixform geschrieben werden als $\mathbf{Ax} = \mathbf{b}$. Nehmen Sie an, dass $|\mathbf{A}| \neq 0$ ist. Dann existiert die Inverse $\mathbf{A}^{-1}$ und Gl. (13.6.6) impliziert, dass es eine eindeutige Lösung $\mathbf{x} = \mathbf{A}^{-1}\mathbf{b}$ gibt. Indem wir die Formeln (13.7.2) und (13.7.1) benutzen, kann diese Lösung geschrieben werden als

$$\begin{pmatrix} x_1 \\ x_2 \\ \vdots \\ x_n \end{pmatrix} = \frac{1}{|\mathbf{A}|} \begin{pmatrix} C_{11} & C_{21} & \cdots & C_{n1} \\ C_{12} & C_{22} & \cdots & C_{n2} \\ \vdots & \vdots & \ddots & \vdots \\ C_{1n} & C_{2n} & \cdots & C_{nn} \end{pmatrix} \begin{pmatrix} b_1 \\ b_2 \\ \vdots \\ b_n \end{pmatrix} \tag{$*$}$$

Dabei sind die Co-Faktoren C_{ij} gegeben durch (13.5.3). Für jedes $j = 1, 2, \dots, n$ ist die j-te Zeile von ($*$) gleich

$$x_j = \frac{1}{|\mathbf{A}|}(C_{1j}b_1 + C_{2j}b_2 + \cdots + C_{nj}b_n) = \frac{D_j}{|\mathbf{A}|}$$

Dabei folgt die letzte Gleichheit aus Formel (13.8.3). Dies beweist (13.8.4).

Der notwendige Teil wird ausführlich in FMEA bewiesen. Hier werden wir im nächsten Unterabschnitt nur einige Intuition hinter dem Argument geben.

Beispiel 13.8.1

Finden Sie für alle Werte von p die Lösungen des Systems:

$$\begin{aligned} px + y \phantom{{}+z} &= 1 \\ x - y + z &= 0 \\ 2y - z &= 3 \end{aligned}$$

Lösung: Eine Entwicklung nach den Co-Faktoren der ersten Zeile oder ersten Spalte ergibt für die Determinante der Koeffizientenmatrix:

$$|\mathbf{A}| = \begin{vmatrix} p & 1 & 0 \\ 1 & -1 & 1 \\ 0 & 2 & -1 \end{vmatrix} = 1 - p$$

Nach Theorem 13.8.1 hat das System eine eindeutige Lösung genau dann, wenn $1 - p \neq 0$ ist, oder äquivalent genau dann, wenn $p \neq 1$ ist. In diesem Fall sind die Determinanten in (13.8.2) gleich

$$D_1 = \begin{vmatrix} 1 & 1 & 0 \\ 0 & -1 & 1 \\ 3 & 2 & -1 \end{vmatrix}, \quad D_2 = \begin{vmatrix} p & 1 & 0 \\ 1 & 0 & 1 \\ 0 & 3 & -1 \end{vmatrix} \quad \text{und} \quad D_3 = \begin{vmatrix} p & 1 & 1 \\ 1 & -1 & 0 \\ 0 & 2 & 3 \end{vmatrix}$$

Wir erhalten $D_1 = 2$, $D_2 = 1 - 3p$ und $D_3 = -1 - 3p$. Wenn $p \neq 1$, ergibt Gl. (13.8.4) die Lösung

$$x = \frac{D_1}{|\mathbf{A}|} = \frac{2}{1-p}, \qquad y = \frac{D_2}{|\mathbf{A}|} = \frac{1-3p}{1-p}, \qquad z = \frac{D_3}{|\mathbf{A}|} = \frac{-1-3p}{1-p}$$

Andererseits: Im Fall $p = 1$ wird die erste Gleichung zu $x + y = 1$. Indem wir die zwei letzten der drei Originalgleichungen addieren, ergibt sich $x + y = 3$. Es gibt keine Lösung für diese zwei sich widersprechenden Gleichungen.[9]

Homogene Gleichungssysteme

Betrachten Sie den Spezialfall, in dem die rechte Seite des Gleichungssystems (13.8.1) nur aus Nullen besteht. Dann wird das System aus n Gleichungen und n Unbekannten, dessen Matrixform $\mathbf{Ax} = \mathbf{0}$ ist, *homogen* genannt. Ein homogenes System hat immer die sogenannte *triviale Lösung* $x_1 = x_2 = \cdots = x_n = 0$. Oft ist es wichtig, zu wissen, wann ein homogenes System *nichttriviale* Lösungen hat.

Theorem 13.8.2 (Nichttriviale Lösungen homogener Systeme)

Bezeichne $\mathbf{A}$ die Koeffizientenmatrix $(a_{ij})_{n \times n}$ und $\mathbf{0}$ den n-dimensionalen Spalten-Nullvektor. Dann hat das homogene lineare Gleichungssystem die Gestalt

$$\mathbf{Ax} = \mathbf{0} \tag{13.8.5}$$

Es hat nichttriviale Lösungen genau dann, wenn $|\mathbf{A}| = 0$.

Wie bei Theorem 13.8.1 beweisen wir nur einen Teil dieses Resultats, den notwendigen Teil in diesem Fall:

Beweis von $\Rightarrow$: Nehmen Sie an, dass $|\mathbf{A}| \neq 0$. Dann existiert die Inverse $\mathbf{A}^{-1}$ und Gl. (13.6.6) impliziert, dass es eine eindeutige Lösung $\mathbf{x} = \mathbf{A}^{-1}\mathbf{0}$ gibt. Weil $\mathbf{A}^{-1}\mathbf{0} = \mathbf{0}$, hat das System nur die triviale Lösung. Mit anderen Worten: *Das System* (13.8.5) *kann nur dann nichttriviale Lösungen haben, wenn die Determinante* $|\mathbf{A}|$ *verschwindet.*

Für den hinreichenden Teil können Konzepte aus FMEA verwendet werden, um zu zeigen: Wenn $|\mathbf{A}| = 0$, dann ist der Rang von $\mathbf{A}$ kleiner als n, so dass das System (13.8.5) mindestens einen Freiheitsgrad hat. Das bedeutet: Außer der trivialen Lösung

[9] Es könnte aufschlussreich sein, dieses Problem mit Gauß'scher Elimination zu lösen, indem man mit dem Vertauschen der zwei ersten Gleichungen beginnt.

gibt es unendlich viele nichttriviale Lösungen, die die Gestalt $\alpha\mathbf{x}$ haben, wobei $\mathbf{x} \neq \mathbf{0}$ und α ist eine beliebige Zahl $\neq 0$.

Theorem 13.8.2 ermöglicht uns, folgendes zu beweisen:

Beweis von ⇒ in Theorem 13.8.1: Im Fall $|\mathbf{A}| = 0$ gibt es zwei Möglichkeiten. Erstens: Das Gleichungssystem (13.8.1), das wir in Matrixform $\mathbf{Ax} = \mathbf{b}$ schreiben, kann keine Lösungen haben. Zweitens: Es kann wenigstens eine spezielle Lösung $\mathbf{x}^P$ haben. Aber nach Theorem 13.8.2 hat das zugehörige homogene System $\mathbf{Ax} = \mathbf{0}$ mit Sicherheit Lösungen der Gestalt $\alpha\mathbf{x}^H$, wobei $\mathbf{x}^H$ ein von Null verschiedener Vektor mit $\mathbf{Ax}^H = \mathbf{0}$ und α eine beliebige reelle Zahl ist. Dann sind auch alle Vektoren der Gestalt $\mathbf{x}^P + \alpha\mathbf{x}^H$ Lösungen des Gleichungssystems $\mathbf{Ax} = \mathbf{b}$. Insbesondere hat (13.8.1) nur dann eine eindeutige Lösung, wenn $|\mathbf{A}| \neq 0$.

Nehmen Sie an, dass $\mathbf{x}^P$ eine spezielle Lösung von $\mathbf{Ax} = \mathbf{b}$ ist und dass $\hat{\mathbf{x}}$ eine alternative Lösung ist. Dann ist $\mathbf{A}\hat{\mathbf{x}} = \mathbf{Ax}^P = \mathbf{b}$, was $\mathbf{A}(\hat{\mathbf{x}} - \mathbf{x}^P) = \mathbf{0}$ impliziert. Es folgt, dass die allgemeine Lösung von $\mathbf{Ax} = \mathbf{b}$ die Summe $\mathbf{x} = \mathbf{x}^P + \mathbf{x}^H$ aus einer speziellen Lösung $\mathbf{x}^P$ und irgendeiner Lösung $\mathbf{x}^H$ des homogenen Systems $\mathbf{Ax} = \mathbf{0}$ ist.

Beispiel 13.8.2

Bestimmen Sie die Werte von λ, für die das folgende Gleichungssystem nichttriviale Lösungen hat:

$$\begin{aligned} 5x + 2y + z &= \lambda x \\ 2x + y \quad &= \lambda y \\ x \quad + z &= \lambda z \end{aligned} \qquad (*)$$

Lösung: Die Variablen x, y und z erscheinen auf beiden Seiten der Gleichungen. Deshalb bringen wir das System zunächst auf die Standardform:

$$\begin{aligned} (5-\lambda)x + 2y + z &= 0 \\ 2x + (1-\lambda)y \quad &= 0 \\ x \quad + (1-\lambda)z &= 0 \end{aligned}$$

Nach Theorem 13.8.2 hat dieses homogene System genau dann eine nichttriviale Lösung, wenn die Koeffizientenmatrix singulär ist, d. h. genau dann, wenn:

$$\begin{vmatrix} 5-\lambda & 2 & 1 \\ 2 & 1-\lambda & 0 \\ 1 & 0 & 1-\lambda \end{vmatrix} = 0$$

Mit Hilfe der Entwicklung nach Co-Faktoren ist es Routine, den Wert der Determinante zu bestimmen, welcher $\lambda(1-\lambda)(\lambda-6)$ ist. Daher hat das Gleichungssystem $(*)$ genau dann nichttriviale Lösungen, wenn $\lambda = 0$, 1 oder 6 ist.[10]

[10] Wenn wir die später in Kap. 13.10 erklärte Terminologie verwenden, so berechnen wir in diesem Beispiel die Eigenwerte der Koeffizientenmatrix, die auf der linken Seite des Gleichungssystems $(*)$ erscheint.

Aufgaben für Kapitel 13.8

1. Verwenden Sie die Cramer'sche Regel, um die folgenden zwei Gleichungssysteme zu lösen:

(a) $$\begin{aligned} x + 2y - z &= -5 \\ 2x - y + z &= 6 \\ x - y - 3z &= -3 \end{aligned}$$

(b) $$\begin{aligned} x + y \qquad\quad &= 3 \\ x \quad + z \quad &= 2 \\ y + z + u &= 6 \\ y \qquad + u &= 1 \end{aligned}$$

2. Verwenden Sie Theorem 13.8.1, um zu zeigen, dass das folgende Gleichungssystem für alle Werte von b_1, b_2, b_3 eine Lösung hat. Bestimmen Sie diese Lösung.

$$\begin{aligned} 3x_1 + x_2 \qquad\quad &= b_1 \\ x_1 - x_2 + 2x_3 &= b_2 \\ 2x_1 + 3x_2 - x_3 &= b_3 \end{aligned}$$

3. Zeigen Sie, dass das homogene Gleichungssystem

$$\begin{aligned} ax + by + cz &= 0 \\ bx + cy + az &= 0 \\ cx + ay + bz &= 0 \end{aligned}$$

genau dann eine nichttriviale Lösung hat, wenn $a^3 + b^3 + c^3 - 3abc = 0$ ist.

► Lösungen zu den Aufgaben finden Sie im Anhang des Buches.

13.9 Das Leontief-Modell

Um zu illustrieren, warum lineare Gleichungssysteme in den Wirtschaftswissenschaften wichtig sind, diskutieren wir kurz ein einfaches Beispiel des Leontief-Modells.

Beispiel 13.9.1

Irgendwann einmal gab es in einem alten Land, vielleicht nicht sehr weit entfernt von Norwegen, eine Volkswirtschaft, die nur drei Industrien hatte. Diese waren Fischfang, Forstwirtschaft und Bootsbau.

(i) Für die Produktion jeder Tonne Fisch wird der Betrieb von α Fischerbooten benötigt.

(ii) Für die Produktion jeder Tonne Holz werden β Tonnen Fisch benötigt als Lebensmittelzugabe für die tatkräftigen Forstarbeiter.

(iii) Für die Produktion jedes Fischerbootes werden γ Tonnen Holz benötigt.

Dies sind die einzigen Inputgrößen, die für jeden dieser drei Industriezweige benötigt werden. Nehmen Sie an, dass es keine zusätzliche externe Nachfrage nach Fischerbooten gibt, weil ihr einziger Nutzen die Hilfe beim Fischfang ist. Bestimmen Sie, welchen Gesamtoutput jeder der drei Industriezweige produzieren muss, um die zusätzliche Nachfrage nach d_1 Tonnen Fisch für die Ernährung der allgemeinen Einwohnerschaft und d_2 Tonnen Holz für den Hausbau erfüllen zu können.

Lösung: Es bezeichne x_1 die Gesamtanzahl zu produzierender Tonnen Fisch, x_2 die Gesamtanzahl Tonnen Holz und x_3 die Gesamtanzahl zu produzierender Fischerboote.

Betrachten Sie zunächst die Nachfrage nach Fisch. Da βx_2 Tonnen Fisch benötigt werden, um x_2 Einheiten Holz zu produzieren und da die zusätzliche Nachfrage nach Fisch d_1 ist, müssen wir $x_1 = \beta x_2 + d_1$ haben. Beachten Sie, dass die Produktion von Fischerbooten keinen Fisch als Input verlangt, so dass es keinen Term mit x_3 gibt.

Im Falle von Holz zeigt ein ähnliches Argument, dass die Gleichung $x_2 = \gamma x_3 + d_2$ erfüllt sein muss. Für den Bootsbau schließlich gilt, dass nur die Fischindustrie Fischerboote braucht. Es gibt in diesem Fall keine zusätzliche externe Nachfrage, so dass $x_3 = \alpha x_1$ ist. Deshalb müssen die drei folgenden Gleichungen erfüllt sein:

$$\text{(i) } x_1 = \beta x_2 + d_1 \quad \text{(ii) } x_2 = \gamma x_3 + d_2 \quad \text{(iii) } x_3 = \alpha x_1 \qquad (*)$$

Eine Möglichkeit, diese Gleichungen zu lösen, beginnt damit, Gleichung (iii) zu verwenden und $x_3 = \alpha x_1$ in (ii) einzusetzen. Dies ergibt $x_2 = \gamma\alpha x_1 + d_2$. Wenn wir dies in (i) einsetzen, ergibt sich $x_1 = \alpha\beta\gamma x_1 + \beta d_2 + d_1$. Unter der Voraussetzung $\alpha\beta\gamma \neq 1$ können wir diese letzte Gleichung nach x_1 auflösen und erhalten $x_1 = (d_1 + \beta d_2)/(1 - \alpha\beta\gamma)$. Die entsprechenden Ausdrücke für die zwei anderen Variablen sind leicht zu finden. Die Ergebnisse sind:

$$x_1 = \frac{d_1 + \beta d_2}{1 - \alpha\beta\gamma}, \qquad x_2 = \frac{\alpha\gamma d_1 + d_2}{1 - \alpha\beta\gamma}, \qquad x_3 = \frac{\alpha d_1 + \alpha\beta d_2}{1 - \alpha\beta\gamma} \qquad (**)$$

Selbstverständlich macht diese Lösung für (x_1, x_2, x_3) nur Sinn, wenn $\alpha\beta\gamma < 1$ ist. Wir wollen jetzt nachdenken über die ökonomische Bedeutung dieser entscheidenden Ungleichung.

Nehmen Sie an, wir fixieren die zusätzlichen Nachfragen (d_1, d_2) nach Fisch und Holz und betrachten einen Zuwachs in einem der drei Parameter α, β und γ. Dieser Zuwachs kann betrachtet werden als Rückgang der Produktivität, welche Industrie auch immer direkt betroffen ist. Offenbar müssen jedoch alle drei Outputniveaus (x_1, x_2, x_3), gegeben durch $(**)$, ansteigen. Der Grund ist: Welche Industrie auch immer weniger effizient geworden ist, es wird mehr Input von einer anderen Industrie verlangt. Diese Ausführung beeinflusst wiederum die übrigen Industrien.

Betrachten Sie im Allgemeinen irgendwelche Zuwächse in den drei Parametern α, β und γ, so dass zusammen $\alpha\beta\gamma$ sich dem Wert 1 nähert. Dann wird die Volkswirtschaft so viel weniger produktiv, dass alle benötigten Outputniveaus, gegeben durch $(**)$, gegen $+\infty$ streben. Noch schlimmer: Wenn $\alpha\beta\gamma > 1$, gibt es keine Lösung von $(**)$, für die x_1, x_2 und x_3 alle positiv sind. Es sei denn, wir erlauben, dass wenigstens einer von (d_1, d_2) negativ wird. Dies bedeutet, dass die Volkswirtschaft so unproduktiv geworden ist, dass sie eine auswärtige Versorgung mit Fisch oder Holz benötigt, um zu funktionieren. Oder mit Booten, wenn wir Gleichung (iii) in $(*)$ ersetzen durch $x_3 = \alpha x_1 + d_3$, wobei $d_3 < 0$. Beachten Sie, wenn man sich von einer produktiven Volkswirtschaft zu einer unproduktiven bewegt, begegnet man einem kritischen Fall, wenn $\alpha\beta\gamma = 1$, in dem die Lösung von $(**)$ undefiniert ist.

Zusammengefasst: Wenn $\alpha\beta\gamma \geq 1$, dann ist es ohne Hilfe von außen unmöglich für diese Volkswirtschaft, irgendwelche positiven zusätzlichen Nachfragen nach Fisch oder Holz zu erfüllen, weil die Produktion in der Volkswirtschaft zu ineffizient ist.

Das allgemeine Leontief-Modell

In Beispiel 13.9.1 haben wir kurz ein einfaches Beispiel des Leontief-Modells betrachtet. Allgemein beschreibt das Leontief-Modell eine Volkswirtschaft mit n miteinander verbundenen Industrien, von denen jede ein einzelnes Gut produziert und dabei nur einen Produktionsprozess verwendet. Um ihr Gut zu produzieren, muss jede Industrie normalerweise Inputgüter von wenigstens einer der anderen Industrien benutzen. So braucht z. B. die Stahlindustrie Güter aus dem Eisenbergbau und der Kohleindustrie sowie von vielen anderen Industrien. Zusätzlich zur Versorgung der anderen Industrien mit ihrem Gut, hat jede Industrie noch eine externe Nachfrage nach ihrem Gut von Verbrauchern, Regierungen, Ausländern usw. Die für die Erfüllung der externen Nachfrage von jedem Gut benötigte Menge wird die *Endnachfrage* genannt.

Für eine gegebene Industrie i bezeichne x_i die gesamte Anzahl an Einheiten des Gutes i, die sie in einem bestimmten Jahr produzieren wird. Ferner sei

$$a_{ij} = \begin{array}{l}\text{die Anzahl Einheiten des Gutes } i \text{, die benötigt werden, um eine} \\ \text{Einheit des Gutes } j \text{ zu produzieren.}\end{array} \tag{13.9.1}$$

Eine wichtige Eigenschaft des Leontief-Modells ist die Annahme, dass der Inputbedarf direkt proportional zu der Menge des zu produzierenden Outputs ist. Deshalb:

$$a_{ij}x_j = \begin{array}{l}\text{die Anzahl der Einheiten des Gutes } i \text{, die benötigt werden, um} \\ x_j \text{ Einheiten des Gutes } j \text{ zu produzieren.}\end{array} \tag{13.9.2}$$

Damit die Kombination von x_1 Einheiten des Gutes 1, x_2 Einheiten des Gutes $2, \ldots, x_n$ Einheiten des Gutes n produziert werden kann, muss jede Industrie i insgesamt

$$a_{i1}x_1 + a_{i2}x_2 + \ldots + a_{in}x_n$$

Einheiten des Gutes i bereitstellen. Wenn wir verlangen, dass Industrie i auch b_i Einheiten zur Erfüllung der Endnachfrage bereithalten soll, so verlangt das Gleichgewicht zwischen Angebot und Nachfrage, dass

$$x_i = a_{i1}x_1 + a_{i2}x_2 + \ldots + a_{in}x_n + b_i$$

Dies gilt für alle $i = 1, 2, \ldots, n$. Damit gelangen wir zu folgendem Gleichungssystem:

$$\begin{aligned} x_1 &= a_{11}x_1 + a_{12}x_2 + \cdots + a_{1n}x_n + b_1 \\ x_2 &= a_{21}x_1 + a_{22}x_2 + \cdots + a_{2n}x_n + b_2 \\ &\ldots\ldots\ldots\ldots\ldots\ldots\ldots\ldots\ldots\ldots \\ x_n &= a_{n1}x_1 + a_{n2}x_2 + \cdots + a_{nn}x_n + b_n \end{aligned} \tag{13.9.3}$$

Beachten Sie, dass x_1 in der ersten Gleichung sowohl auf der linken Seite als auch im ersten Term der rechten Seite auftaucht. In der zweiten Gleichung erscheint x_2

sowohl auf der linken Seite als auch im zweiten Term auf der rechten Seite usw. Um das System (13.9.3) in Standardform zu bringen, bringen wir alle Terme, die $x_1, \ldots, x_n$ enthalten, auf die linke Seite und ordnen dann um. Es ergibt sich das Gleichungssystem

$$\begin{array}{rcl} (1-a_{11})\,x_1 - \quad a_{12}x_2 - \ldots - \quad a_{1n}x_n &=& b_1 \\ -a_{21}\;x_1 + (1-a_{22})x_2 - \ldots - \quad a_{2n}x_n &=& b_2 \\ \ldots\ldots\ldots\ldots\ldots\ldots\ldots\ldots\ldots\ldots\ldots\ldots && \\ -a_{n1}\;x_1 - \quad a_{n2}x_2 - \ldots + (1-a_{nn})x_n &=& b_n \end{array} \tag{13.9.4}$$

Dieses System von Gleichungen wird das *Leontief-System* genannt. Die Zahlen a_{11}, a_{12}, ..., a_{nn} werden die *Input-* (oder *technischen*) *Koeffizienten* genannt. Wenn eine Menge von Endnachfragegrößen $(b_1, b_2, \ldots, b_n)$ gegeben ist, gibt eine Lösung $(x_1, x_2, \ldots, x_n)$ von (13.9.4) die Outputgrößen für jede Industrie an, so dass die gesamten Nachfragen der anderen Industrien und die Endnachfrage erfüllt werden können. Natürlich ergeben nur nichtnegative Werte für x_i einen Sinn, da industrielle Aktivitäten typischerweise nicht rückgängig zu machen sind.

Es ist naheliegend, Matrizenalgebra zu benutzen, um das Leontief-Modell zu untersuchen. Definieren Sie die Matrizen:

$$\mathbf{A} = \begin{pmatrix} a_{11} & a_{12} & \cdots & a_{1n} \\ a_{21} & a_{22} & \cdots & a_{2n} \\ \vdots & \vdots & \ddots & \vdots \\ a_{n1} & a_{n2} & \cdots & a_{nn} \end{pmatrix}, \quad \mathbf{x} = \begin{pmatrix} x_1 \\ x_2 \\ \vdots \\ x_n \end{pmatrix} \quad \text{und} \quad \mathbf{b} = \begin{pmatrix} b_1 \\ b_2 \\ \vdots \\ b_n \end{pmatrix} \tag{13.9.5}$$

Die Elemente der Matrix **A** sind die Input-Koeffizienten, so dass sie die *Input-* oder *Leontief-Matrix* genannt wird. Erinnern Sie, dass das Element a_{ij} die Anzahl der Einheiten des Gutes i bezeichnet, die zur Produktion einer Einheit des Gutes j benötigt wird.

Mit diesen Definitionen kann das System (13.9.3) ausgedrückt werden als

$$\mathbf{x} = \mathbf{A}\mathbf{x} + \mathbf{b} \tag{13.9.6}$$

Diese Gleichung ist offensichtlich äquivalent zu der Gleichung $\mathbf{x} - \mathbf{A}\mathbf{x} = \mathbf{b}$. Wenn $\mathbf{I}_n$ die Einheitsmatrix der Ordnung n bezeichnet, dann ist $(\mathbf{I}_n - \mathbf{A})\mathbf{x} = \mathbf{I}_n\mathbf{x} - \mathbf{A}\mathbf{x} = \mathbf{x} - \mathbf{A}\mathbf{x}$. Somit ist Gl. (13.9.3) äquivalent zu der folgenden Matrixversion von (13.9.4):[11]

$$(\mathbf{I}_n - \mathbf{A})\mathbf{x} = \mathbf{b} \tag{13.9.7}$$

Nehmen Sie jetzt an, dass wir Preise in das Leontief-Modell einführen und dass p_i der Preis einer Einheit des Gutes i ist. Da a_{ij} die Anzahl der Einheiten des Gutes i bezeichnet, die zur Produktion einer Einheit des Gutes j benötigt wird, ist die Summe $a_{1j}p_1 + a_{2j}p_2 + \ldots + a_{nj}p_n$ gleich den Gesamtkosten der n Güter, die benötigt werden, um eine Einheit des Gutes j zu produzieren. Der Ausdruck

$$p_j - a_{1j}p_1 - a_{2j}p_2 - \ldots - a_{nj}p_n$$

[11] Beachten Sie insbesondere, dass „$\mathbf{x} - \mathbf{A}\mathbf{x} = (1 - \mathbf{A})\mathbf{x}$" unsinnig ist, da $1 - \mathbf{A}$ mit der Zahl 1 bedeutungslos ist.

ist die Differenz zwischen dem Preis einer Einheit des Gutes j und den Kosten zur Produktion dieser Einheit. Dies wird der *Stückgewinn* in der Branche j genannt, den wir mit v_j bezeichnen. Für alle Branchen $j = 1, 2, \ldots, n$ gilt dann:

$$\begin{array}{ccccccccc} p_1 & - & a_{11}p_1 & - & a_{21}p_2 - & \ldots & - & a_{n1}p_n & = v_1 \\ p_2 & - & a_{12}p_1 & - & a_{22}p_2 - & \ldots & - & a_{n2}p_n & = v_2 \\ \cdots & & \cdots & & \cdots & & & \cdots & \cdots \\ p_n & - & a_{1n}p_1 & - & a_{2n}p_2 - & \ldots & - & a_{nn}p_n & = v_n \end{array} \tag{13.9.8}$$

Beachten Sie, dass die Input-Output-Koeffizienten a_{ij} in transponierter Ordnung erscheinen. Wenn wir die Vektoren

$$\mathbf{p} = \begin{pmatrix} p_1 \\ p_2 \\ \vdots \\ p_n \end{pmatrix} \quad \text{und} \quad \mathbf{v} = \begin{pmatrix} v_1 \\ v_2 \\ \vdots \\ v_n \end{pmatrix} \tag{13.9.9}$$

definieren, sehen wir, dass (13.9.8) in der Matrixform $\mathbf{p} - \mathbf{A}'\mathbf{p} = \mathbf{v}$ geschrieben werden kann oder

$$(\mathbf{I}_n - \mathbf{A}')\mathbf{p} = \mathbf{v} \tag{13.9.10}$$

Transponieren Sie jetzt jede Seite von (13.9.10) und benutzen Sie dabei Gl. (12.7.5). Weil $\mathbf{I}_n' = \mathbf{I}_n$ und $(\mathbf{A}')' = \mathbf{A}$, ist das Resultat

$$\mathbf{p}'(\mathbf{I}_n - \mathbf{A}) = \mathbf{v}' \tag{13.9.11}$$

Offensichtlich steht dies in enger Beziehung zu (13.9.7). Siehe z. B. Aufgabe 7.

Aufgaben für Kapitel 13.9

1. In Beispiel 13.9.1 sei $\alpha = 1/2$, $\beta = 1/4$, $\gamma = 2$, $d_1 = 100$ und $d_2 = 80$. Schreiben Sie das System (∗) in diesem Fall auf und bestimmen Sie die Lösung des Systems. Bestätigen Sie, dass diese Lösung gegeben ist durch die allgemeinen Formeln in (∗∗).

2. Betrachten Sie eine Volkswirtschaft, die in einen landwirtschaftlichen Sektor A und einen industriellen Sektor I aufgeteilt ist. Um eine Einheit im Sektor A zu produzieren, wird 1/6 Einheit aus A und 1/4 Einheit aus I benötigt. Um eine Einheit in Sektor I zu produzieren, wird 1/4 Einheit aus A und 1/4 Einheit aus I benötigt. Nehmen Sie an, dass die Endnachfragen in jedem der zwei Sektoren 60 Einheiten betragen.

(a) Schreiben Sie das Leontief-System für diese Volkswirtschaft auf.

(b) Wie viele Einheiten muss jeder Sektor produzieren, um die Endnachfragen zu erfüllen?

3. Betrachten Sie das Leontief-Modell, das durch das Gleichungssystem (13.9.4) beschrieben ist.

(a) Welches ist die Interpretation der Bedingung $a_{ii} = 0$ für alle i?

(b) Welches ist die Interpretation der Summe $a_{i1} + a_{i2} + \cdots + a_{in}$?

➡

➡ Fortsetzung

(c) Welches ist die Interpretation des Zeilenvektors $(a_{1j}, a_{2j}, \ldots, a_{nj})$ der Input-Koeffizienten?

(d) Können Sie irgendeine Interpretation der Summe $a_{1j} + a_{2j} + \cdots + a_{nj}$ geben?

4. Schreiben Sie das System (13.9.4) auf, wenn $n = 2$, $a_{11} = 0.2$, $a_{12} = 0.3$, $a_{21} = 0.4$, $a_{22} = 0.1$, $b_1 = 120$ und $b_2 = 90$ ist. Welches ist die Lösung dieses Systems?

5. Betrachten Sie ein Input-Output-Modell mit 3 Sektoren. Sektor 1 ist die Schwerindustrie, Sektor 2 ist die Leichtindustrie und Sektor 3 ist die Landwirtschaft. Die Inputanforderungen pro Einheit für jeden dieser drei Sektoren sind durch die folgende Tabelle gegeben:

	Schwerindustrie	Leichtindustrie	Landwirtschaft
Input der Schwerindustriegüter	$a_{11} = 0.1$	$a_{12} = 0.2$	$a_{13} = 0.1$
Input der Leichtindustriegüter	$a_{21} = 0.3$	$a_{22} = 0.2$	$a_{23} = 0.2$
Input der Landwirtschaftsgüter	$a_{31} = 0.2$	$a_{32} = 0.2$	$a_{33} = 0.1$

Nehmen Sie an, dass die Endnachfragen für die drei Güter, die durch diese drei Industrien produziert werden, 85, 95 bzw. 20 Einheiten sind. Es seien x_1, x_2 und x_3 die Anzahl der Einheiten, die in den drei Sektoren produziert werden müssen. Schreiben Sie das Leontief-System für dieses Problem auf. Verifizieren Sie, dass $x_1 = 150$, $x_2 = 200$ und $x_3 = 100$ eine Lösung ist.

6. Schreiben Sie die Input-Matrix für das einfache Leontief-Modell aus Beispiel 13.9.1 auf. Vergleichen Sie die in diesem Beispiel diskutierte Bedingung der effizienten Produktion mit der Forderung, dass die Summe der Elemente in jeder Spalte der Input-Matrix kleiner als 1 sein soll.

7. Nehmen Sie an, dass $\mathbf{x} = \mathbf{x}_0$ eine Lösung von (13.9.3) ist und dass $\mathbf{p}' = \mathbf{p}_0'$ eine Lösung von (13.9.11) ist. Zeigen Sie, dass $\mathbf{p}_0'\mathbf{b} = \mathbf{v}'\mathbf{x}_0$ gilt.

► Lösungen zu den Aufgaben finden Sie im Anhang des Buches.

13.10 Eigenwerte und Eigenvektoren

Viele angewandte Probleme, besonders in der dynamischen Volkswirtschaftslehre, beinhalten fortlaufende Potenzen $\mathbf{A}^n$ $(n = 1, 2, \ldots)$ einer quadratischen Matrix $\mathbf{A}$. Sei $\mathbf{x}$ ein gegebener von Null verschiedener Vektor. Wenn die Dimension von $\mathbf{A}$ sehr groß ist, ist es gewöhnlich ein größeres Problem, $\mathbf{A}^5\mathbf{x}$ zu berechnen oder, noch schlimmer, $\mathbf{A}^{100}\mathbf{x}$. Nehmen Sie jedoch an, dass es einen Skalar λ gibt, der zusammen mit dem gegebenen Vektor $\mathbf{x}$ zufällig die spezielle Eigenschaft erfüllt, dass

$$\mathbf{A}\mathbf{x} = \lambda\mathbf{x} \tag{13.10.1}$$

In diesem Fall hätten wir $\mathbf{A}^2\mathbf{x} = \mathbf{A}(\mathbf{A}\mathbf{x}) = \mathbf{A}(\lambda\mathbf{x}) = \lambda\mathbf{A}\mathbf{x} = \lambda\lambda\mathbf{x} = \lambda^2\mathbf{x}$ und allgemein $\mathbf{A}^n\mathbf{x} = \lambda^n\mathbf{x}$. Viele der Eigenschaften von $\mathbf{A}$ und $\mathbf{A}^n$ können hergeleitet werden, indem man die Paare $(\lambda, \mathbf{x})$ mit $\mathbf{x} \neq \mathbf{0}$ findet, die Gl. (13.10.1) erfüllen. Diese erfüllen die folgende Definition:

Eigenwerte und Eigenvektoren

Ein von null verschiedener Vektor $\mathbf{x}$, der die Gl. (13.10.1) löst, wird ein *Eigenvektor* von $\mathbf{A}$ genannt und der zugehörige Skalar λ wird ein *Eigenwert* genannt.

Die Eigenwerte und Eigenvektoren einer Matrix werden auch als ihre charakteristischen Werte und Vektoren bezeichnet.[12]

Es sollte beachtet werden: Wenn $\mathbf{x}$ ein Eigenvektor zum Eigenvektor λ ist, dann ist es auch $\alpha\mathbf{x}$ für jeden Skalar $\alpha \neq 0$. Die Null-Lösung $\mathbf{x} = \mathbf{0}$ von (13.10.1) ist natürlich nicht sehr interessant, weil $\mathbf{A}\mathbf{0} = \lambda\mathbf{0}$ für jede quadratische Matrix $\mathbf{A}$ und jeden Skalar λ.

Matrizen der Ordnung 2

Im Fall $n = 2$ reduziert sich Gl. (13.10.1) zu

$$\begin{pmatrix} a_{11} & a_{12} \\ a_{21} & a_{22} \end{pmatrix} \begin{pmatrix} x_1 \\ x_2 \end{pmatrix} = \lambda \begin{pmatrix} x_1 \\ x_2 \end{pmatrix}$$

Dies ist die Matrixdarstellung des Gleichungssystems

$$\begin{aligned} a_{11}x_1 + a_{12}x_2 &= \lambda x_1 \\ a_{21}x_1 + a_{22}x_2 &= \lambda x_2 \end{aligned}$$

Dieses System kann umgeschrieben werden als

$$\begin{aligned} (a_{11} - \lambda)x_1 + \qquad a_{12}x_2 &= 0 \\ a_{21}x_1 + (a_{22} - \lambda)x_2 &= 0 \end{aligned}$$

In Matrixform ist dies das System

$$(\mathbf{A} - \lambda\mathbf{I})\mathbf{x} = \mathbf{0} \tag{13.10.2}$$

Dabei bezeichnet $\mathbf{I}$ die Einheitsmatrix der Ordnung 2. Nach Theorem 13.8.2 hat dieses homogene Gleichungssystem genau dann eine Lösung $\mathbf{x} \neq \mathbf{0}$, wenn die Determinante

[12] Das englische Wort „eigenvalue“ ist eine teilweise Übersetzung des deutschen Wortes „Eigenwert“, das der mathematische Gigant David Hilbert (1862–1943) in seiner Arbeit über Integralgleichungen 1912 einführte. Das deutsche (und holländische) Wort *eigen* übersetzt sich ungefähr als das Adjektiv „own“, gewählt, um anzuzeigen, dass die lineare Funktion $\mathbf{A}\mathbf{x}$ auf der linken Seite von Gl. (13.10.1) den Nicht-Nullvektor $\mathbf{x}$ in ein skalares Vielfaches von sich selbst abbildet. Lateinische Sprachen wie Französisch, Italienisch, Portugisisch und Spanisch verwenden auch Formulierungen, die ein Wort einschließen, das „eigen“ oder „selbst“ bedeutet, um Eigenwerte und Eigenvektoren zu beschreiben.

der Koeffizientenmatrix, d. h. $|\mathbf{A} - \lambda\mathbf{I}|$ *gleich* 0 ist. Bei der Berechnung dieser 2×2-Determinante erhalten wir die Gleichung

$$|\mathbf{A} - \lambda\mathbf{I}| = \begin{vmatrix} a_{11} - \lambda & a_{12} \\ a_{21} & a_{22} - \lambda \end{vmatrix} = \lambda^2 - (a_{11} + a_{22})\lambda + (a_{11}a_{22} - a_{12}a_{21}) = 0 \qquad (13.10.3)$$

Somit sind die Eigenwerte λ die Lösungen dieser quadratischen Gleichung und die Eigenvektoren sind die Nichtnull-Vektoren $\mathbf{x}$, die das Gleichungssystem (13.10.2) erfüllen.

Beispiel 13.10.1

Bestimmen Sie die Eigenwerte und die zugehörigen Eigenvektoren der 2×2-Matrix $\mathbf{A} = \begin{pmatrix} 1 & 2 \\ 3 & 0 \end{pmatrix}$.

Lösung: Für diese Matrix ist die Eigenwert-Gleichung (13.10.3)

$$|\mathbf{A} - \lambda\mathbf{I}| = \begin{vmatrix} 1 - \lambda & 2 \\ 3 & -\lambda \end{vmatrix} = \lambda^2 - \lambda - 6 = 0$$

Diese quadratische Gleichung hat die zwei Lösungen $\lambda_1 = -2$ und $\lambda_2 = 3$, welches die Eigenwerte von $\mathbf{A}$ sind.

Für den Eigenwert $\lambda = \lambda_1 = -2$ reduzieren sich die zwei Gleichungen des Systems (13.10.2) beide zu $3x_1 + 2x_2 = 0$. Indem wir $x_2 = t$ setzen, erhalten wir $x_1 = -\frac{2}{3}t$. Die zu $\lambda_1 = -2$ gehörigen Eigenvektoren sind die von Null verschiedenen skalaren Vielfachen

$$\mathbf{x} = t\begin{pmatrix} -2/3 \\ 1 \end{pmatrix}, \quad t \neq 0$$

des Vektors $\begin{pmatrix} -2/3 \\ 1 \end{pmatrix}$. Indem wir $t = -3s$ können wir die Eigenvektoren äquivalent schreiben als

$$\mathbf{x} = s\begin{pmatrix} 2 \\ -3 \end{pmatrix}, \quad s \neq 0$$

Für den anderen Eigenwert $\lambda = 3$ impliziert das System (13.10.2), dass $x_1 = x_2$. Die zugehörigen Eigenvektoren sind die von Null verschiedenen skalaren Vielfachen

$$t\begin{pmatrix} 1 \\ 1 \end{pmatrix}, \quad t \neq 0$$

Für eine allgemeine 2×2-Matrix $\mathbf{A}$ sind ihre Eigenwerte λ_1 und λ_2 die zwei Wurzeln der quadratischen Gleichung (13.10.3). Wenn diese Wurzeln gegeben sind, kann die linke Seite von Gl. (13.10.3) geschrieben werden als

$$\begin{aligned} \lambda^2 - (a_{11} + a_{22})\lambda + (a_{11}a_{22} - a_{12}a_{21}) &= (\lambda - \lambda_1)(\lambda - \lambda_2) \\ &= \lambda^2 - (\lambda_1 + \lambda_2)\lambda + \lambda_1\lambda_2 \end{aligned} \qquad (13.10.4)$$

Wir sehen an Gl. (13.10.4), dass die Summe $\lambda_1 + \lambda_2$ der Eigenwerte gleich $a_{11} + a_{22}$ ist, die Summe der Diagonalelemente. Dies wird auch die *Spur* der Matrix genannt und wird mit Spur(**A**) bezeichnet. Das Produkt $\lambda_1\lambda_2$ der Eigenwerte ist gleich $a_{11}a_{22} - a_{12}a_{21} = |\mathbf{A}|$. In Symbolen:

$$\lambda_1 + \lambda_2 = \text{Spur}(\mathbf{A}) \quad \text{und} \quad \lambda_1\lambda_2 = |\mathbf{A}| \tag{13.10.5}$$

Viele dynamische Modelle beinhalten eine quadratische Matrix. Ihre Eigenwerte bestimmen die Stabilitätseigenschaften des Modells. Es ist wichtig, zu wissen, wann die Eigenwerte reell sind und welche Vorzeichen sie haben. Im 2×2-Fall ist Gl. (13.10.3) quadratisch mit den Wurzeln

$$\begin{aligned} \lambda_{1,2} &= \tfrac{1}{2}(a_{11} + a_{22}) \pm \sqrt{\tfrac{1}{4}(a_{11} + a_{22})^2 - (a_{11}a_{22} - a_{12}a_{21})} \\ &= \tfrac{1}{2}\,\text{Spur}(\mathbf{A}) \pm \sqrt{\tfrac{1}{4}(\text{Spur}(\mathbf{A}))^2 - |\mathbf{A}|} \end{aligned} \tag{13.10.6}$$

Diese zwei Wurzeln sind genau dann reell, wenn $(\text{Spur}(\mathbf{A}))^2 \geq 4|\mathbf{A}|$ oder $(a_{11}+a_{22})^2 \geq 4(a_{11}a_{22} - a_{12}a_{21})$, was äquivalent ist zu $(a_{11} - a_{22})^2 + 4a_{12}a_{21} \geq 0$. Wenn im Besonderen die Matrix symmetrisch ist, weil $a_{12} = a_{21}$, dann haben wir die Summe von zwei Quadraten und somit sind beide Eigenwerte reell. Aber Beispiel 13.10.1 zeigt, dass eine Matrix reelle Eigenwerte haben kann, auch wenn sie nicht symmetrisch ist. Andererseits zeigt das folgende Beispiel, dass die orthogonale 2×2-Matrix, die in Teil (b) von Aufgabe 12.7.7 behandelt wurde, keine reellen Eigenwerte hat, abgesehen von einem ausgearteten Fall, in dem es entweder die Einheitsmatrix oder das Negative der Einheitsmatrix ist.

Beispiel 13.10.2

Beweisen Sie, dass jede Matrix $\mathbf{P} = \begin{pmatrix} p & -q \\ q & p \end{pmatrix}$ mit $q \neq 0$ und $p^2 + q^2 = 1$ keine reellen Eigenwerte hat.

Lösung: In diesem Fall ist Gl. (13.10.3) gleich

$$|\mathbf{P} - \lambda\mathbf{I}| = \begin{vmatrix} p-\lambda & -q \\ q & p-\lambda \end{vmatrix} = (p-\lambda)^2 + q^2$$

Es folgt, dass $|\mathbf{P}-\lambda\mathbf{I}| > 0$ für alle reellen λ, abgesehen von dem ausgearteten Fall, wenn $q = 0$ und somit $p = \pm 1$, was $\mathbf{P} = \pm\mathbf{I}_2$ impliziert.

Wir beschließen unsere Behandlung der 2×2-Matrizen nit den folgenden nützlichen Regeln, die impliziert sind aus der Diskussion um (13.10.6):

Regeln für die Eigenwerte von 2×2-Matrizen

Für eine 2×2-Matrix **A** sind ihre zwei Eigenwerte reell dann und nur dann, wenn $(\text{Spur}(\mathbf{A}))^2 \geq 4|\mathbf{A}|$, was gilt, wenn (aber *nicht* nur wenn) die Matrix symmetrisch ist. Falls die Eigenwerte reell sind, gilt:

(a) Beide sind positiv genau dann, wenn $|\mathbf{A}| > 0$ und $\text{Spur}(\mathbf{A}) > 0$;

(b) beide sind negativ genau dann, wenn $|\mathbf{A}| > 0$ und $\text{Spur}(\mathbf{A}) < 0$;

(c) sie haben entgegengesetzte Vorzeichen genau dann, wenn $|\mathbf{A}| < 0$;

(d) sie stimmen überein genau dann, wenn $|\mathbf{A}| = \frac{1}{4}(\text{Spur}(\mathbf{A}))^2$;

(e) es gibt einen Eigenwert 0 genau dann, wenn $|\mathbf{A}| = 0$. Und dann ist der andere Eigenwert $\text{Spur}(\mathbf{A})$.

Matrizen der Ordnung *n*

Wir wollen uns kurz dem allgemeinen Fall zuwenden, in dem $\mathbf{A}$ eine $n \times n$-Matrix ist. Wie im 2×2-Fall gilt: Wenn $\mathbf{A}$ eine $n \times n$-Matrix ist, dann ist ein Skalar λ ein *Eigenwert* von $\mathbf{A}$, wenn es einen von Null verschiedenen n-Vektor $\mathbf{x}$ gibt, so dass Gl. (13.10.1) gilt. In diesem Fall ist $\mathbf{x}$ ein zu λ gehöriger *Eigenvektor* von $\mathbf{A}$. Wenn der Vektor $\mathbf{x}$ die Komponenten $x_1, \ldots, x_n$ hat, dann kann (13.10.1) geschrieben werden als

$$\begin{aligned}
(a_{11} - \lambda)x_1 + a_{12}x_2 + \cdots + a_{1n}x_n &= 0 \\
a_{21}x_1 + (a_{22} - \lambda)x_2 + \cdots + a_{2n}x_n &= 0 \\
\cdots\cdots\cdots\cdots\cdots\cdots\cdots\cdots\cdots\cdots\cdots & \\
a_{n1}x_1 + a_{n2}x_2 + \cdots + (a_{nn} - \lambda)x_n &= 0
\end{aligned} \tag{13.10.7}$$

Ein zu λ gehöriger Eigenvektor ist eine nichttriviale Lösung $(x_1, \ldots, x_n)$ von (13.10.7).

Nehmen Sie noch einmal an, dass wir das System (13.10.7) umschreiben in Matrixform $(\mathbf{A} - \lambda\mathbf{I})\mathbf{x} = \mathbf{0}$, wie in Gl. (13.10.2), wobei $\mathbf{I}$ jetzt die Einheitsmatrix der Ordnung n bezeichnet. Beachten Sie, dass dies die homogene Matrixgleichung (13.8.5) ist, wobei aber die Matrix $\mathbf{A}$ ersetzt ist durch $\mathbf{A} - \lambda\mathbf{I}$. Somit hat nach Theorem 13.8.2 die Gleichung $(\mathbf{A} - \lambda\mathbf{I})\mathbf{x} = \mathbf{0}$ eine nichttriviale Lösung $\mathbf{x} \neq \mathbf{0}$ genau dann, wenn die Koeffizientenmatrix die Gleichung $|\mathbf{A} - \lambda\mathbf{I}| = 0$ erfüllt.

Um die Lösungen dieser Gleichung zu untersuchen, betrachten Sie die Funktion $p(\lambda)$, die für alle reellen λ definiert ist durch

$$p(\lambda) = |\mathbf{A} - \lambda\mathbf{I}| = \begin{vmatrix} a_{11} - \lambda & a_{12} & \ldots & a_{1n} \\ a_{21} & a_{22} - \lambda & \ldots & a_{2n} \\ \vdots & \vdots & \ddots & \vdots \\ a_{n1} & a_{n2} & \ldots & a_{nn} - \lambda \end{vmatrix} \tag{13.10.8}$$

Im Fall $n = 2$ hat man $p(\lambda) = (a_{11} - \lambda)(a_{22} - \lambda) - a_{12}a_{21}$, welches eine quadratische Funktion $\lambda^2 - \lambda\,\text{Spur}(\mathbf{A}) + |\mathbf{A}|$ ist. Die zwei Wurzeln λ_1 und λ_2, die gleich den Eigenwerten von $\mathbf{A}$ sind, haben eine Summe $\lambda_1 + \lambda_2$, die gleich $\text{Spur}(\mathbf{A})$ ist, und ein Produkt $\lambda_1\lambda_2$, das gleich der Determinante $|\mathbf{A}|$ ist.

Für $n > 2$ geben wir das folgende entsprechende Resultat für $n \times n$-Matrizen an. Es enthält die *Spur* von $\mathbf{A}$, die definiert ist durch

$$\text{Spur}(\mathbf{A}) = a_{11} + a_{22} + \cdots + a_{nn}$$

Theorem 13.10.1 (Charakteristisches Polynom)

Die Funktion $p(\lambda)$, definiert durch Gl. (13.10.8), ist ein Polynom vom Grad n und wird das *charakteristische Polynom* von $\mathbf{A}$ genannt. Die Gleichung $p(\lambda) = 0$ hat n Wurzeln (reell oder komplex, eventuell mehrfache), welches die n Eigenwerte $\lambda_1, \lambda_2, \ldots, \lambda_n$ sind. Dieses Polynom hat die Gestalt

$$p(\lambda) = (-1)^n(\lambda - \lambda_1)(\lambda - \lambda_2)\ldots(\lambda - \lambda_n) = (-\lambda)^n + \mathrm{Spur}(\mathbf{A})(-\lambda)^{n-1} + \cdots + |\mathbf{A}|$$

Ferner erfüllen die n Eigenwerte von $\mathbf{A}$ die Gleichung

$$\mathrm{Spur}(\mathbf{A}) = \lambda_1 + \lambda_2 + \cdots + \lambda_n \quad \text{und} \quad |\mathbf{A}| = \lambda_1\lambda_2\ldots\lambda_n$$

Beweis: Nach Gl. (13.3.2) ist die Determinante in Gl. (13.10.8) die Summe von $n!$ Termen, jeweils gebildet aus dem Produkt von n Termen, das genau ein Element aus jeder Zeile und genau ein Element aus jeder Spalte der Matrix $\mathbf{A}-\lambda\mathbf{I}$ enthält. Ein Term ist das Produkt $(a_{11}-\lambda)(a_{22}-\lambda)\cdots(a_{nn}-\lambda)$ der n Terme auf der Hauptdiagonalen von $\mathbf{A} - \lambda\mathbf{I}$. Diese Produkt ist offensichtlich ein Polynom vom Grad n in λ, deren zwei führende Terme $(-\lambda)^n$ und $\mathrm{Spur}(\mathbf{A})(-\lambda)^{n-1}$ sind. Aber der Koeffizient von λ^{n-1} in dem Polynom $p(\lambda)$ ist $(-1)^n(-\lambda_1 - \lambda_2 - \cdots - \lambda_n) = (-1)^{n-1}(\lambda_1 + \lambda_2 + \cdots + \lambda_n)$.

Jedes der anderen $n!-1$ Produkte ist ein Polynom vom Grad k in λ, wobei k die Anzahl der Diagonalelemente in dem Produkt ist. Diese Anzahl erfüllt $k \leq n-2$. Denn, wenn $n-1$ Diagonalelemente einbezogen sind, muss auch das eine übrige Diagonalelement einbezogen werden. Daher muss die Gesamtsumme aller anderen $n!-1$ Produkte ein Polynom vom Grad $n-2$ sein.

Indem wir zum Schluss $\lambda = 0$ setzen, ergibt sich der konstante Term des Polynoms. Definition (13.10.8) impliziert, dass dies $p(0) = |\mathbf{A}|$ ist. Aber es ist auch gleich $(-1)^n(-\lambda_1)(-\lambda_2)\ldots(-\lambda_n)$, so dass $|\mathbf{A}| = \lambda_1\lambda_2\ldots\lambda_n$.

Die Gleichung

$$p(\lambda) = |\mathbf{A} - \lambda\mathbf{I}| = 0 \tag{13.10.9}$$

wird die *charakteristische Gleichung* von $\mathbf{A}$ genannt. Weil $p(\lambda)$ ein Polynom vom Grad n in λ ist, impliziert der Fundamentalsatz der Algebra, der in Kap. 4.7 behandelt wurde, dass die charakteristische Gl. (13.10.9) *genau n Wurzeln* hat, vorausgesetzt, dass wir komplexe Wurzeln einbeziehen und mehrfache Wurzeln entsprechend zählen. Da diese Wurzeln eventuell nicht alle reell sind, verlangt ein volles Verständnis von Eigenwerten und Eigenvektoren Kenntnisse von *komplexen* Zahlen. Wir verweisen für eine detailliertere Studie dieses Themas auf FMEA. Hier schließen wir ab mit einem Beispiel einer 3×3-Matrix.

Beispiel 13.10.3

Bestimmen Sie die Eigenwerte und zugehörigen Eigenvektoren der Matrix

$$\mathbf{A} = \begin{pmatrix} 5 & -6 & -6 \\ -1 & 4 & 2 \\ 3 & -6 & -4 \end{pmatrix}$$

Lösung: Nach einigen Routineberechnungen kann man zeigen, dass für das charakteristische Polynom gilt:

$$|\mathbf{A} - \lambda\mathbf{I}| = \begin{vmatrix} 5-\lambda & -6 & -6 \\ -1 & 4-\lambda & 2 \\ 3 & -6 & -4-\lambda \end{vmatrix} = -(\lambda-2)^2(\lambda-1)$$

Die zwei verschiedenen Wurzeln $\lambda_1 = 1$ und $\lambda_2 = 2$ sind die Eigenwerte von $\mathbf{A}$.

Für $\lambda_1 = 1$ sind die Eigenvektoren die von Null verschiedenen Lösungen der Matrixgleichung

$$(\mathbf{A} - \mathbf{I})\mathbf{x} = \begin{pmatrix} 4 & -6 & -6 \\ -1 & 3 & 2 \\ 3 & -6 & -5 \end{pmatrix} \begin{pmatrix} x_1 \\ x_2 \\ x_3 \end{pmatrix} = \begin{pmatrix} 0 \\ 0 \\ 0 \end{pmatrix}$$

Mit Gauss'scher Elimination oder einem ähnlichen Verfahren kann gezeigt werden: Diese Lösungen haben die Form

$$\mathbf{x} = t \begin{pmatrix} 3 \\ -1 \\ 3 \end{pmatrix}, \quad t \neq 0$$

Für $\lambda_2 = 2$ sind die Eigenvektoren die von Null verschiedenen Lösungen des Gleichungssystems

$$\begin{aligned} 3x_1 - 6x_2 - 6x_3 &= 0 \\ -x_1 + 2x_2 + 2x_3 &= 0 \\ 3x_1 - 6x_2 - 6x_3 &= 0 \end{aligned}$$

Die drei Gleichungen sind alle proportional, so dass nur eine von ihnen relevant ist. Für die zweite Gleichung ist jedes von Null verschiedene (x_1, x_2, x_3) mit $x_1 = 2x_2 + 2x_3$ die Lösung. Die Lösung hat deshalb die Form

$$\mathbf{x} = \begin{pmatrix} 2s + 2t \\ s \\ t \end{pmatrix} = \begin{pmatrix} 2 \\ 1 \\ 0 \end{pmatrix} s + \begin{pmatrix} 2 \\ 0 \\ 1 \end{pmatrix} t$$

wobei s und t nicht beide gleich 0 sind.

Beispiel 13.10.4

Sei $\mathbf{D} = \operatorname{diag}(a_1, \ldots, a_n)$ eine $n \times n$-Diagonalmatrix mit Diagonalelementen $a_1, \ldots, a_n$. Das charakteristische Polynom ist

$$|\mathbf{D} - \lambda\mathbf{I}| = (a_1 - \lambda)(a_2 - \lambda) \cdots (a_n - \lambda)$$

Daher sind die Eigenwerte von $\mathbf{D}$ genau die Diagonalelemente von $\mathbf{D}$. Sei $\mathbf{e}_j$ der j-te Einheitsvektor in $\mathbb{R}^n$, so definiert, dass seine j-te Komponente gleich 1 ist, aber alle anderen Komponenten gleich 0. Dann ist $\mathbf{D}\mathbf{e}_j$ ein Vektor der Gestalt $\lambda\mathbf{e}_j$, wobei alle Komponenten außer der j-ten gleich Null sind. In der Tat: $\mathbf{D}\mathbf{e}_j = a_j\mathbf{e}_j$. Es folgt, dass für jedes $j = 1, 2, \ldots, n$ jedes von Null verschiedene Vielfache von $\mathbf{e}_j$ ein Eigenvektor zum Eigenwert a_j ist.

Beispiel 13.10.5

Bezeichnen $t = 0, 1, \ldots$ verschiedene Zeitperioden. Nehmen Sie an, wir wissen, dass die Entwicklung einiger n-Vektoren $\mathbf{x}$ von ökonomischen Variablen bestimmt ist durch die folgende „Differenzengleichung“: Wenn die Variablen den Wert $\mathbf{x}_t$ zur Zeit t annehmen, dann sind sie in der nächsten Periode gegeben durch $\mathbf{x}_{t+1} = \mathbf{A}\mathbf{x}_t$, wobei $\mathbf{A}$ eine bekannte konstante $n \times n$-Koeffizientenmatrix ist.

Nehmen Sie weiter an, dass die Entwicklung dieses Vektors startet mit einem Anfangswert $\mathbf{x}_0$. Nach wiederholter Anwendung der Differenzengleichung $\mathbf{x}_{t+1} = \mathbf{A}\mathbf{x}_t$ erhalten wir dann:

$$\begin{aligned}
\mathbf{x}_1 &= \mathbf{A}\mathbf{x}_0 \\
\mathbf{x}_2 &= \mathbf{A}\mathbf{x}_1 = \mathbf{A}\mathbf{A}\mathbf{x}_0 = \mathbf{A}^2\mathbf{x}_0 \\
\mathbf{x}_3 &= \mathbf{A}\mathbf{x}_2 = \mathbf{A}\mathbf{A}^2\mathbf{x}_0 = \mathbf{A}^3\mathbf{x}_0 \\
&\vdots \\
\mathbf{x}_t &= \mathbf{A}\mathbf{x}_{t-1} = \mathbf{A}\mathbf{A}^{t-1}\mathbf{x}_0 = \mathbf{A}^t\mathbf{x}_0
\end{aligned} \qquad (*)$$

Nehmen Sie auch an, dass $\mathbf{x}_0$ ein Eigenvektor für die Matrix $\mathbf{A}$ ist mit zugehörigem Eigenwert λ. Dann haben wir

$$\mathbf{A}\mathbf{x}_0 = \lambda\mathbf{x}_0$$

In diesem Fall wird die Folge in $(*)$ ganz einfach

$$\begin{aligned}
\mathbf{x}_1 &= \mathbf{A}\mathbf{x}_0 = \lambda\mathbf{x}_0 \\
\mathbf{x}_2 &= \mathbf{A}\mathbf{x}_1 = \mathbf{A}\lambda\mathbf{x}_0 = \lambda\mathbf{A}\mathbf{x}_0 = \lambda\lambda\mathbf{x}_0 = \lambda^2\mathbf{x}_0 \\
\mathbf{x}_3 &= \mathbf{A}\mathbf{x}_2 = \mathbf{A}\lambda^2\mathbf{x}_0 = \lambda^2\mathbf{A}\mathbf{x}_0 = \lambda^2\lambda\mathbf{x}_0 = \lambda^3\mathbf{x}_0 \\
&\vdots \\
\mathbf{x}_t &= \mathbf{A}\mathbf{x}_{t-1} = \mathbf{A}\lambda^{t-1}\mathbf{x}_0 = \lambda^{t-1}\mathbf{A}\mathbf{x}_0 = \lambda^{t-1}\lambda\mathbf{x}_0 = \lambda^t\mathbf{x}_0
\end{aligned} \qquad (**)$$

Nun beschreibt die Gleichung $\mathbf{x}_t = \lambda^t\mathbf{x}_0$ die Entwicklung, wenn die Zeit fortschreitet, des n-Vektors $\mathbf{x}$ von Variablen unter der Annahme, dass der Anfangswert $\mathbf{x}_0$ ein Eigenvektor der Koeffizientenmatrix ist. Das System $(**)$ zeigt auch, dass das Vorzeichen und die Größe des zugehörigen Eigenwertes kritisch sind in der Bestimmung dieser Entwicklung. Wenn z. B. $\lambda = 1$, dann bleiben die Variablen konstant für alle Zeiten, während sie bei $\lambda = -1$ pendeln zwischen $\mathbf{x}_0$ in geraden Perioden und $-\mathbf{x}_0$ in ungeraden Perioden. Ferner: Wenn $|\lambda| < 1$, dann konvergieren alle Komponenten von $\mathbf{x}_t$ gegen 0, wenn $t \to \infty$. Aber wenn $|\lambda| > 1$, dann wird mindestens eine Komponente von $\mathbf{x}_t$ gegen Unendlich divergieren, wenn $t \to \infty$.

Aufgaben für Kap. 13.10

1. Bestimmen Sie für jede der folgenden Matrizen die Eigenwerte und die zugehörigen Eigenvektoren:

(a) $\begin{pmatrix} 2 & -7 \\ 3 & -8 \end{pmatrix}$ (b) $\begin{pmatrix} 1 & 4 \\ 6 & -1 \end{pmatrix}$ (c) $\begin{pmatrix} 2 & 0 & 0 \\ 0 & 3 & 0 \\ 0 & 0 & 4 \end{pmatrix}$

➡ Fortsetzung

2. Nehmen Sie an, dass für die symmetrische Matrix $\mathbf{A} = \begin{pmatrix} a & b & c \\ b & d & e \\ c & e & f \end{pmatrix}$ bekannt ist, dass sie die drei Eigenwerte $\lambda_1 = 3$, $\lambda_2 = 1$ und $\lambda_3 = 4$ hat mit den zugehörigen Eigenvektoren

$$\mathbf{v}_1 = \begin{pmatrix} 1 \\ 0 \\ -1 \end{pmatrix}, \quad \mathbf{v}_2 = \begin{pmatrix} 1 \\ 2 \\ 1 \end{pmatrix} \quad \text{und} \quad \mathbf{v}_3 = \begin{pmatrix} 1 \\ -1 \\ 1 \end{pmatrix}$$

Bestimmen Sie die numerischen Werte von a, b, c, d, e, f.

► Lösungen zu den Aufgaben finden Sie im Anhang des Buches.

13.11 Diagonalisierung

Wir beginnen mit einem einfachen und nützlichen Resultat. Seien $\mathbf{A}$ und $\mathbf{P}$ jeweils $n \times n$-Matrizen, wobei $\mathbf{P}$ invertierbar sei. Dann haben

$$\mathbf{A} \quad \text{und} \quad \mathbf{P}^{-1}\mathbf{A}\mathbf{P} \quad \text{dieselben Eigenwerte} \tag{13.11.1}$$

Dies gilt, weil die zwei Matrizen dasselbe charakteristische Polynom haben:

$$|\mathbf{P}^{-1}\mathbf{A}\mathbf{P} - \lambda\mathbf{I}| = |\mathbf{P}^{-1}(\mathbf{A} - \lambda\mathbf{I})\mathbf{P}| = |\mathbf{P}^{-1}|\,|\mathbf{A} - \lambda\mathbf{I}|\,|\mathbf{P}| = |\mathbf{A} - \lambda\mathbf{I}|$$

Dabei haben wir die Produktregel für Determinanten benutzt, wie sie in Teil (vii) des Theorems 13.4.1 angegeben ist. Diese Regel impliziert auch, dass $|\mathbf{P}^{-1}| = 1/|\mathbf{P}|$. Das folgende Theorem bestätigt dies und zeigt auch, wie die Matrix $\mathbf{P}$ jeden Eigenvektor der ersten Matrix in einen Eigenvektor der zweiten Matrix transformiert, der zu demselben Eigenwert gehört.

Theorem 13.11.1

Seien $\mathbf{A}$ und $\mathbf{P}$ jeweils $n \times n$-Matrizen, wobei $\mathbf{P}$ invertierbar sei. Dann ist der von Null verschiedene Vektor $\mathbf{x}$ ein Eigenvektor von $\mathbf{P}^{-1}\mathbf{A}\mathbf{P}$ mit Eigenwert λ genau dann, wenn $\mathbf{P}\mathbf{x}$ ein Eigenvektor von $\mathbf{A}$ ist mit demselben Eigenwert λ.

Beweis: Bemerken Sie zunächst: Wenn für einen n-Vektor $\mathbf{x}$ gilt $\mathbf{P}\mathbf{x} = \mathbf{0}$, dann folgt, weil $\mathbf{P}$ invertierbar ist, dass $\mathbf{x} = \mathbf{P}^{-1}\mathbf{P}\mathbf{x} = \mathbf{0}$. Umgekehrt: Wenn $\mathbf{x} \neq \mathbf{0}$, dann ist $\mathbf{P}\mathbf{x} \neq \mathbf{0}$.

$\mathbf{B}$ bezeichne $\mathbf{P}^{-1}\mathbf{A}\mathbf{P}$. Nehmen Sie an, dass λ und $\mathbf{x} \neq \mathbf{0}$ ein Eigenwert und zugehöriger Eigenvektor von $\mathbf{B}$ sind, weil sie gemeinsam $\mathbf{B}\mathbf{x} = \lambda\mathbf{x}$ erfüllen. Somit gilt $\mathbf{P}^{-1}\mathbf{A}\mathbf{P}\mathbf{x} = \lambda\mathbf{x}$. Multiplikation der letzen Gleichung von links mit der Matrix $\mathbf{P}$ impliziert

$$\lambda\mathbf{P}\mathbf{x} = \mathbf{P}\mathbf{P}^{-1}\mathbf{A}\mathbf{P}\mathbf{x} = \mathbf{I}\mathbf{A}\mathbf{P}\mathbf{x} = \mathbf{A}\mathbf{P}\mathbf{x}$$

Ferner impliziert $\mathbf{x} \neq \mathbf{0}$, dass $\mathbf{P}\mathbf{x} \neq \mathbf{0}$. Es folgt, dass $\mathbf{P}\mathbf{x}$ ein Eigenvektor von $\mathbf{A}$ ist mit Eigenwert λ.

Für die Umkehrung beachten Sie: $\mathbf{B} = \mathbf{P}^{-1}\mathbf{A}\mathbf{P}$ impliziert $\mathbf{A} = \mathbf{P}\mathbf{B}\mathbf{P}^{-1} = \mathbf{Q}^{-1}\mathbf{B}\mathbf{Q}$, wobei $\mathbf{Q} = \mathbf{P}^{-1}$ und so $\mathbf{Q}^{-1} = \mathbf{P}$. Wenden Sie jetzt das Resultat des ersten Teils des Beweises an, mit $\mathbf{A}$ und $\mathbf{P}$ ersetzt durch $\mathbf{B}$ und $\mathbf{Q}$. Es folgt: Wenn λ und $\mathbf{P}\mathbf{x} = \mathbf{y} \neq \mathbf{0}$ ein Eigenwert und zugehöriger Eigenvektor von $\mathbf{A} = \mathbf{Q}^{-1}\mathbf{B}\mathbf{Q}$ sind, dann sind λ und $\mathbf{Q}\mathbf{y} = \mathbf{P}^{-1}\mathbf{P}\mathbf{x} = \mathbf{x}$ ein Eigenwert und zugehöriger Eigenvektor von $\mathbf{B}$.

Jetzt führen wir die folgende Schlüsseldefinition ein:

Eine $n \times n$-Matrix $\mathbf{A}$ ist *diagonalisierbar*, wenn es eine invertierbare $n \times n$-Matrix $\mathbf{P}$ und eine $n \times n$-Diagonalmatrix $\mathbf{D}$ gibt, so dass:

$$\mathbf{P}^{-1}\mathbf{A}\mathbf{P} = \mathbf{D} \tag{13.11.2}$$

Wenn $\mathbf{A}$ diagonalisierbar ist, so dass (13.11.2) gilt, dann impliziert entweder Gl. (13.11.1) oder Theorem 13.11.1, dass die Matrizen $\mathbf{A}$ und $\mathbf{D}$ dieselben Eigenwerte haben. Aber dann zeigt Beispiel 13.10.4, dass die Eigenwerte der Diagonalmatrix $\mathbf{D}$ ihre Diagonalelemente sind. Es folgt, dass $\mathbf{P}^{-1}\mathbf{A}\mathbf{P} = \text{diag}(\lambda_1, \ldots, \lambda_n)$, wobei $\lambda_1, \ldots, \lambda_n$ die Eigenwerte sind von $\mathbf{A}$. Es stellen sich zwei Fragen:

(A) Welche quadratischen Matrizen sind diagonalisierbar?

(B) Wenn $\mathbf{A}$ diagonalisierbar ist, wie finden wir dann die Matrix $\mathbf{P}$ in (13.11.2)?

Die Antworten zu diesen beiden Fragen geben wir in dem nächsten Theorem:

Theorem 13.11.2 (Diagonalisierbare Matrizen)

Eine $n \times n$-Matrix $\mathbf{A}$ ist *diagonalisierbar* genau dann, wenn es eine invertierbare $n \times n$-Matrix $\mathbf{P}$ gibt, deren Spalten die n Eigenvektoren $\mathbf{x}_1, \ldots, \mathbf{x}_n$ von $\mathbf{A}$ sind mit $\lambda_1, \ldots, \lambda_n$ als zugehörigen Eigenwerten. In diesem Fall gilt

$$\mathbf{P}^{-1}\mathbf{A}\mathbf{P} = \text{diag}(\lambda_1, \ldots, \lambda_n) \tag{13.11.3}$$

Beweis: Nehmen Sie an, dass die Matrix $\mathbf{P}$ mit Eigenvektoren als Spalten invertierbar ist. Dann ist $\mathbf{A}\mathbf{P}$ die Matrix, deren j-te Spalte für jedes $j = 1, 2, \ldots, n$ gleich $\mathbf{A}\mathbf{x}_j$ ist und somit gleich $\lambda_j\mathbf{x}_j$ wegen der Voraussetzung, dass $\mathbf{x}_j$ ein Eigenvektor mit zugehörigem Eigenwert λ_j ist. Aber $\lambda_j\mathbf{x}_j$ ist offensichtlich die j-te Spalte der Matrix $\mathbf{P}\mathbf{D}$, wobei $\mathbf{D} = \text{diag}(\lambda_1, \ldots, \lambda_n)$. Da alle n Spalten der zwei Matrizen $\mathbf{A}\mathbf{P}$ und $\mathbf{P}\mathbf{D}$ gleich sind, haben wir $\mathbf{A}\mathbf{P} = \mathbf{P}\mathbf{D}$. Weil $\mathbf{P}$ invertierbar ist nach Voraussetzung, können wir von links mit $\mathbf{P}^{-1}$ multiplizieren, um (13.11.3) zu erhalten.

Wenn umgekehrt $\mathbf{A}$ diagonalisierbar ist, dann muss nach Definition (13.11.2) gelten. Multiplikation von links mit $\mathbf{P}$ ergibt $\mathbf{A}\mathbf{P} = \mathbf{P}\mathbf{D}$. Dann müssen die Spalten von $\mathbf{P}$ Eigenvektoren von $\mathbf{A}$ sein und die Diagonalelemente von $\mathbf{D}$ müssen die entsprechenden Eigenwerte sein.

Beispiel 13.11.1

Es folgt aus (13.11.3), dass $\mathbf{A} = \mathbf{P}\,\mathrm{diag}(\lambda_1, \ldots, \lambda_n)\,\mathbf{P}^{-1}$. Es folgt aus Aufgabe 3, dass für jede natürliche Zahl m gilt

$$\mathbf{A}^m = \mathbf{P}\,\mathrm{diag}(\lambda_1^m, \ldots, \lambda_n^m)\,\mathbf{P}^{-1} \tag{13.11.4}$$

Wenn $\mathbf{A}$ diagonalisierbar ist, bietet dies eine einfache Formel zur Berechnung von $\mathbf{A}^m$, selbst dann, wenn m groß ist.

Der symmetrische Fall

Viele der in den Wirtschaftswissenschaften verwendeten Matrizen sind symmetrisch. Ein Grund dafür ist die Schlüsselrolle symmetrischer Matrizen in der Theorie der multivariablen Optimierung, das Thema in Kap. 17. Obwohl viele nichtsymmetrische Matrizen nicht diagonalisiert werden können, stellt sich heraus, dass *jede* symmetrische Matrix diagonalisierbar ist. Ferner: Die invertierbare Matrix $\mathbf{P}$, die in der Diagonalisierung (13.11.3) von Theorem 13.11.2 auftritt, hat die spezielle Eigenschaft der *Orthogonalität*, die wir bereits in Aufgabe 12.7.7 und in Beispiel 13.10.2 angesprochen haben. Hier ist eine formale Definition:

> Eine $n \times n$-Matrix $\mathbf{P}$ heißt *orthogonal*, wenn für sie und ihre Transponierte $\mathbf{P}'$ zusammen gilt $\mathbf{P}'\mathbf{P} = \mathbf{I}$, was $\mathbf{P}' = \mathbf{P}^{-1}$ impliziert.

Diese Definition impliziert, dass eine Matrix $\mathbf{P}$ genau dann orthogonal ist, wenn ihre Transponierte $\mathbf{P}'$ auch orthogonal ist. Ferner: Betrachten Sie für ein Paar von Vektoren $\mathbf{x}$ und $\mathbf{y}$ das durch (12.4.1) definierte Punktprodukt der transformierten Vektoren $\mathbf{Px}$ und $\mathbf{Py}$. Nach Beispiel 12.7.2 muss dafür gelten:

$$(\mathbf{Px}) \cdot (\mathbf{Py}) = (\mathbf{Px})'(\mathbf{Py}) = \mathbf{x}'\mathbf{P}'\mathbf{P}\mathbf{y} = \mathbf{x}'\mathbf{I}\mathbf{y} = \mathbf{x}'\mathbf{y} = \mathbf{x} \cdot \mathbf{y}$$

Von den folgenden Definitionen (12.9.3), (12.9.8) und (12.9.9) folgt, dass die Multiplikation von links mit einer orthogonalen Matrix $\mathbf{P}$ die Länge $\sqrt{\mathbf{x} \cdot \mathbf{x}}$ eines Vektor $\mathbf{x}$ erhält, wie auch die Orthogonalität und den Winkel zwischen einem Paar von Vektoren $\mathbf{x}$ und $\mathbf{y}$.

Bezeichne $\mathbf{x}_1, \ldots, \mathbf{x}_n$ die Liste der n Spaltenvektoren einer orthogonalen Matrix $\mathbf{P}$. Dann sind ihre jeweiligen Transponierten $\mathbf{x}_1', \ldots, \mathbf{x}_n'$ die Zeilenvektoren der transponierten Matrix $\mathbf{P}'$. Mit dieser Notation ist die Bedingung der Orthogonalität $\mathbf{P}'\mathbf{P} = \mathbf{I}$ äquivalent zu einem System von n^2 Gleichungen, die besagen, dass für alle Paare (i, j) das innere Produkt $\mathbf{x}_i'\mathbf{x}_j$ der Spalten i und j in $\mathbf{P}$ gleich $\mathbf{x}_i'\mathbf{x}_j = 1$, wenn $i = j$, aber $\mathbf{x}_i'\mathbf{x}_j = 0$, wenn $i \neq j$. Damit haben wir gemäß den Definitionen (12.9.8) und (12.9.3) das folgende Resultat:

Theorem 13.11.3 (Charakterisierung einer orthogonalen Matrix)

Die $n \times n$-Matrix $\mathbf{P}$ ist genau dann orthogonal, wenn ihre Spalten $\mathbf{x}_1, \ldots, \mathbf{x}_n$ gegenseitig orthogonale Vektoren sind und alle die Länge 1 haben.

Für symmetrische Matrizen haben wir jetzt das folgende wichtige Diagonalisierungs-Resultat:[13]

Theorem 13.11.4 (Spektraltheorem für Symmetrische Matrizen)

Die $n \times n$-Matrix $\mathbf{A}$ sei symmetrisch. Dann gilt:

(a) Jeder Eigenwert von $\mathbf{A}$ ist reell.

(b) Je zwei zu verschiedenen Eigenwerten gehörige Eigenvektoren sind orthogonal.

(c) Es gibt eine *orthogonale* $n \times n$-Matrix $\mathbf{P}$ mit Spalten $\mathbf{v}_1, \mathbf{v}_2, \ldots, \mathbf{v}_n$, so dass

$$\mathbf{P}^{-1}\mathbf{A}\mathbf{P} = \begin{pmatrix} \lambda_1 & 0 & \cdots & 0 \\ 0 & \lambda_2 & \cdots & 0 \\ \vdots & \vdots & \ddots & \vdots \\ 0 & 0 & \cdots & \lambda_n \end{pmatrix} \tag{13.11.5}$$

Für $i = 1, 2, \ldots, n$ ist jedes Diagonalelement λ_i ein Eigenwert von $\mathbf{A}$ mit dem zugehörigen Eigenvektor $\mathbf{v}_i$ der Länge 1.

Beweis: (a) Sei λ ein Eigenwert von $\mathbf{A}$, eventuell komplex, so dass $\mathbf{Ax} = \lambda\mathbf{x}$ für einen Vektor $\mathbf{x} \neq \mathbf{0}$, der komplexe Komponenten haben kann.[14] Dann ist $(\overline{\mathbf{Ax}})'(\mathbf{Ax})$ eine reelle Zahl ≥ 0. Außerdem hat man, da $\mathbf{A}$ eine symmetrische Matrix ist mit reellen Einträgen, dass $\overline{\mathbf{A}} = \mathbf{A} = \mathbf{A}'$ und $(\overline{\mathbf{Ax}})' = (\overline{\mathbf{A}}\overline{\mathbf{x}})' = \overline{\mathbf{x}}'\mathbf{A}$. Somit gilt:

$$0 \leq (\overline{\mathbf{Ax}})'(\mathbf{Ax}) = (\overline{\mathbf{x}}'\mathbf{A})(\mathbf{Ax}) = (\overline{\mathbf{x}}'\mathbf{A})(\lambda\mathbf{x}) = \lambda\overline{\mathbf{x}}'(\mathbf{Ax}) = \lambda\overline{\mathbf{x}}'(\lambda\mathbf{x}) = \lambda^2\,\overline{\mathbf{x}}'\mathbf{x}\,.$$

Da $\overline{\mathbf{x}}'\mathbf{x}$ eine positive reelle Zahl ist, folgt, dass λ^2 reell und ≥ 0 ist. Wir schließen, dass λ reell ist.

(b) Sei $\mathbf{Ax}_i = \lambda_i\mathbf{x}_i$ und $\mathbf{Ax}_j = \lambda_j\mathbf{x}_j$ mit $\lambda_i \neq \lambda_j$. Da $\mathbf{A}$ symmetrisch ist, ergibt Transponieren der zweiten Gleichung $\mathbf{x}_j'\mathbf{A} = \lambda_j\mathbf{x}_j'$. Multiplikation dieser Gleichung von rechts mit $\mathbf{x}_i$ ergibt $\mathbf{x}_j'\mathbf{Ax}_i = \lambda_j\mathbf{x}_j'\mathbf{x}_i$, und Multiplikation der ersten Gleichung von links mit $\mathbf{x}_j'$ ergibt $\mathbf{x}_j'\mathbf{Ax}_i = \lambda_i\mathbf{x}_j'\mathbf{x}_i$. Aber dann haben wir $\lambda_i\mathbf{x}_i'\mathbf{x}_j = \lambda_j\mathbf{x}_i'\mathbf{x}_j$, was $(\lambda_i - \lambda_j)\mathbf{x}_i'\mathbf{x}_j = 0$ impliziert. Da $\lambda_i \neq \lambda_j$, folgt, dass $\mathbf{x}_i'\mathbf{x}_j = 0$. Somit sind $\mathbf{x}_i$ und $\mathbf{x}_j$ orthogonale Vektoren.

(c) Unser Beweis beschränkt die Aufmerksamkeit auf den Fall, wenn es n verschiedene Eigenwerte $\lambda_1, \lambda_2, \ldots, \lambda_n$ gibt. Nach Teil (a) sind alle Eigenwerte reell und deshalb

[13] 1904 gab Hilbert den Namen „Spektraltheorie" für eine Studie der Eigenwerte von linearen Operatoren, die allgemeiner sind als quadratische Matrizen. Erst spät in den 1920ern wurde die enge Verbindung zur Quantenmechanik der Lichtspektra erkannt.

[14] Dieser Beweis ist der einzige Teil des Buches, der *komplexe* Zahlen benutzt. Diese haben die Form $x = a + ib$, wobei a und b reell sind und i ist die *imaginäre* Einheit, die laut Definition $i^2 = -1$ erfüllt. Die *komplexe Konjugierte* von $x = a + ib$ ist definiert als $\overline{x} = a - ib$. Es gibt ähnliche Definitionen der komplexen Konjugierten für jeden Vektor oder jede Matrix mit komplexen Komponenten. Zwei Schlüsseleigenschaften der komplexen Konjugierten, die in dem Beweis benutzt werden, sind, dass für jeden komplexen n-Vektor $\mathbf{x}$ und jede komplexe $n \times n$-Matrix $\mathbf{A}$ gilt: (i) $\overline{\mathbf{x}}'\mathbf{x}$ ist reell und ≥ 0, mit $\overline{\mathbf{x}}'\mathbf{x} > 0$, wenn $\mathbf{x} \neq \mathbf{0}$; (ii) $\overline{\mathbf{Ax}} = \overline{\mathbf{A}}\overline{\mathbf{x}}$.

sind es auch die n zugehörigen Eigenvektoren $\mathbf{x}_1, \mathbf{x}_2, \ldots, \mathbf{x}_n$. Weil die Eigenwerte verschieden sind, sind nach Teil (b) diese Eigenvektoren gegenseitig orthogonal. Ersetzen Sie jetzt jeden Eigenvektor $\mathbf{x}_j$ durch $\mathbf{x}_j/\|\mathbf{x}_j\|$, so dass der neu skalierte Eigenvektor die Länge 1 hat. Betrachten Sie die Matrix $\mathbf{P}$, deren entsprechenden Spalten die n umskalierten Eigenvektoren sind. Nach Theorem 13.11.3 ist die $n\times n$-Matrix $\mathbf{P}$ orthogonal. Ferner erfüllt die Matrix $\mathbf{P}$ die hinreichende Bedingung in Theorem 13.11.2, dass $\mathbf{A}$ diagonalisierbar ist. Schließlich ist Gl. (13.11.3) erfüllt, die Gl. (13.11.5) impliziert.

Im allgemeinen Fall, wenn einige der Eigenwerte übereinstimmende reelle Wurzeln der charakteristischen Gleichung sind, ist es immer noch möglich, rekursiv n Eigenvektoren zu konstruieren, die die Spalten einer orthogonalen Matrix bilden. Für einen Beweis siehe z. B. Theorem 8.2.5 in Körner (2013).

Aufgaben für Kap. 13.11

1. Verifizieren Sie Gl. (13.11.5) für die folgenden Matrizen, indem Sie die Matrix $\mathbf{P}$ explizit bestimmen:

(a) $\begin{pmatrix} 2 & 1 \\ 1 & 2 \end{pmatrix}$ (b) $\begin{pmatrix} 1 & 1 & 0 \\ 1 & 1 & 0 \\ 0 & 0 & 2 \end{pmatrix}$ (c) $\begin{pmatrix} 1 & 3 & 4 \\ 3 & 1 & 0 \\ 4 & 0 & 1 \end{pmatrix}$

2. Seien die Matrizen $\mathbf{A}_k$ und $\mathbf{P}$ gegeben durch

$$\mathbf{A}_k = \begin{pmatrix} 1 & k & 0 \\ 3 & -2 & -1 \\ 0 & -1 & 1 \end{pmatrix} \quad \text{und} \quad \mathbf{P} = \begin{pmatrix} 1/\sqrt{10} & -3/\sqrt{35} & 3/\sqrt{14} \\ 0 & 5/\sqrt{35} & 2/\sqrt{14} \\ 3/\sqrt{10} & 1/\sqrt{35} & -1/\sqrt{14} \end{pmatrix}$$

(a) Bestimmen Sie die charakteristische Gleichung von $\mathbf{A}_k$ und zeigen Sie, dass sie eine Lösung gleich 1 hat.

(b) Bestimmen Sie die Werte von k, für die alle Eigenwerte von $\mathbf{A}_k$ reell sind. Welches sind die Eigenwerte für $k = 3$?

(c) Zeigen Sie, dass die Spalten von $\mathbf{P}$ Eigenvektoren von $\mathbf{A}_3$ sind, und berechnen Sie das Matrixprodukt $\mathbf{P}'\mathbf{A}_3\mathbf{P}$. Was sehen Sie?

3. (a) Beweisen Sie: Wenn $\mathbf{A} = \mathbf{PDP}^{-1}$, wobei $\mathbf{P}$ und $\mathbf{D}$ jeweils $n\times n$-Matrizen sind, dann gilt $\mathbf{A}^2 = \mathbf{PD}^2\mathbf{P}^{-1}$.

(b) Zeigen Sie durch Induktion, dass $\mathbf{A}^m = \mathbf{PD}^m\mathbf{P}^{-1}$ für jede positive ganze Zahl m.

4. Nutzen Sie Gl. (13.11.1), um zu beweisen: Wenn $\mathbf{A}$ und $\mathbf{B}$ beide invertierbare $n\times n$-Matrizen sind, dann haben $\mathbf{AB}$ und $\mathbf{BA}$ dieselben Eigenwerte.

► Lösungen zu den Aufgaben finden Sie im Anhang des Buches.

13.12 Quadratische Formen

Viele Anwendungen von Mathematik in den Wirtschaftswissenschaften, einschließlich unserer Diskussion der multivariaten Optimierung in Kap. 17, nutzen eine spezielle Art einer Funktion von n Variablen, die eine *quadratische Form* genannt wird.

Eine allgemeine quadratische Form in zwei Variablen ist

$$Q(x_1, x_2) = a_{11}x_1^2 + a_{12}x_1x_2 + a_{21}x_2x_1 + a_{22}x_2^2 \tag{13.12.1}$$

Es folgt aus der Definition der Matrizenmultiplikation, dass

$$Q(x_1, x_2) = (x_1, x_2)\begin{pmatrix} a_{11} & a_{12} \\ a_{21} & a_{22} \end{pmatrix}\begin{pmatrix} x_1 \\ x_2 \end{pmatrix} \tag{13.12.2}$$

Natürlich ist $x_1x_2 = x_2x_1$, so dass wir schreiben können $a_{12}x_1x_2 + a_{21}x_2x_1 = (a_{12} + a_{21})x_1x_2$. Nehmen Sie an, wir ersetzen a_{12} und a_{21} beide durch ihren Durchschnitt $\frac{1}{2}(a_{12} + a_{21})$. Dann sind die neuen Zahlen a_{12} und a_{21} gleich, ohne dass $Q(x_1, x_2)$ sich ändert. Daher können wir in (13.12.1) annehmen, dass $a_{12} = a_{21}$. Dadurch wird die Matrix $(a_{ij})_{2\times 2}$ in (13.12.2) symmetrisch und dann ist

$$Q(x_1, x_2) = a_{11}x_1^2 + 2a_{12}x_1x_2 + a_{22}x_2^2 \tag{13.12.3}$$

Besonders in der Optimierungstheorie sind wir oft interessiert an Bedingungen über die Koeffizienten a_{11}, a_{12} und a_{22}, die gewährleisten, dass $Q(x_1, x_2)$ in (13.12.3) dasselbe Vorzeichen hat für alle (x_1, x_2). Eigentlich gibt es fünf Fälle, die zu betrachten sind in Abhängigkeit davon, was mit dem Vorzeichen von $Q(x_1, x_2)$ passiert, wenn das Paar (x_1, x_2) alle möglichen Werte außer $(0, 0)$ annimmt, wenn $Q(x_1, x_2) = 0$ trivialerweise. In der Tat: Je nachdem, ob $Q(x_1, x_2) > 0$, $Q(x_1, x_2) \geq 0$, $Q(x_1, x_2) < 0$ oder $Q(x_1, x_2) \leq 0$ für alle $(x_1, x_2) \neq (0, 0)$, werden beide, die quadratische Form $Q(x_1, x_2)$ und ihre assoziierte symmetrische Matrix in (13.12.2) *positiv definit*, *positiv semidefinit*, *negativ definit* oder *negativ semidefinit* genannt. Es gibt einen fünften Fall, wenn es Vektoren (x_1^*, x_2^*) und (y_1^*, y_2^*) gibt, so dass $Q(x_1^*, x_2^*) < 0$ und $Q(y_1^*, y_2^*) > 0$. Dann wird die quadratische Form $Q(x_1, x_2)$ *indefinit* genannt. Somit nimmt eine indefinite quadratische Form sowohl negative als auch positive Werte an. Indefinitheit sollte angesehen werden als ein gewöhnlich auftretender Fall.

Manchmal können wir das Vorzeichen einer quadratischen Form wie in dem nächsten Beispiel sofort sehen.

Beispiel 13.12.1

Bestimmen Sie die Definitheit der folgenden fünf quadratischen Formen:

$$Q_1 = x_1^2 + x_2^2\,, \quad Q_2 = -x_1^2 - x_2^2\,, \quad Q_3 = (x_1 - x_2)^2 = x_1^2 - 2x_1x_2 + x_2^2$$
$$Q_4 = -(x_1 - x_2)^2 = -x_1^2 + 2x_1x_2 - x_2^2\,, \quad Q_5 = x_1^2 - x_2^2$$

Lösung: Q_1 ist positiv definit, weil es immer ≥ 0 ist und nur 0 ist, wenn beide x_1 und x_2 gleich 0 sind. Q_3 ist positiv semidefinit, weil es immer ≥ 0 ist. Aber es ist nicht positiv definit, weil es 0 ist, wenn z. B. $x_1 = x_2 = 1$ ist. Q_5 ist indefinit, weil es 1 ist für $x_1 = 1, x_2 = 0$. Aber es ist -1 für $x_1 = 0, x_2 = 1$. Offensichtlich ist $Q_2 = -Q_1$ negativ definit und $Q_4 = -Q_3$ ist negativ semidefinit.

In Beispiel 13.12.1 war es sehr einfach, das Vorzeichen von allen fünf quadratischen Formen zu bestimmen. Im Allgemeinen ist diese Aufgabe schwieriger. Dennoch, in dem Fall, den wir betrachtet haben mit zwei Variablen und einer zugehörigen symmetrischen 2×2-Matrix, ist der alte Trick der quadratischen Ergänzung hilfreich. In der Tat: Vorausgesetzt, dass $a_{11} > 0$, impliziert Gl. (13.12.3), dass

$$Q(x_1, x_2) = a_{11}\left(x_1 + \frac{a_{12}}{a_{11}}x_2\right)^2 + \left(a_{22} - \frac{a_{12}^2}{a_{11}}\right)x_2^2 \tag{13.12.4}$$

Nun haben wir:

Die quadratische Form $Q(x_1, x_2)$ und ihre zugehörige symmetrische Matrix $(a_{ij})_{2\times 2}$ sind:

(a) positiv definit $\iff a_{11} > 0$ und $a_{11}a_{22} - a_{12}^2 > 0$ (13.12.5)

(b) positiv semidefinit $\iff a_{11} \geq 0,\ a_{22} \geq 0$ und $a_{11}a_{22} - a_{12}^2 \geq 0$ (13.12.6)

(c) negativ definit $\iff a_{11} < 0$ und $a_{11}a_{22} - a_{12}^2 > 0$ (13.12.7)

(d) negativ semidefinit $\iff a_{11} \leq 0,\ a_{22} \leq 0$ und $a_{11}a_{22} - a_{12}^2 \geq 0$ (13.12.8)

Beweis: Um $\Leftarrow$ in Teil (a) zu beweisen, nehmen Sie an, dass $a_{11} > 0$ und $a_{11}a_{22} - a_{12}^2 > 0$. Nach (13.12.4) gilt $Q(x_1, x_2) \geq 0$ für alle (x_1, x_2). Wenn $Q(x_1, x_2) = 0$, dann ist $x_1 + a_{12}x_2/a_{11} = 0$ und $x_2^2 = 0$, so dass $x_1 = x_2 = 0$.

Um $\Rightarrow$ in Teil (a) zu beweisen, nehmen Sie an, dass $Q(x_1, x_2) > 0$ für alle $(x_1, x_2) \neq (0, 0)$. Insbesondere ist $Q(1, 0) = a_{11} > 0$. Daher ist (13.12.4) gültig, so dass $Q(-a_{12}/a_{11}, 1) = (a_{11}a_{22} - a_{12}^2)/a_{11}$. Weil $a_{11} > 0$ und $Q(-a_{12}/a_{11}, 1) > 0$, folgt, dass $a_{11}a_{22} - a_{12}^2 > 0$.

Um $\Leftarrow$ in Teil (b) zu beweisen, nehmen Sie zunächst an, dass $a_{11} \geq 0$, $a_{22} \geq 0$ und $a_{11}a_{22} - a_{12}^2 \geq 0$. Wenn $a_{11} = 0$, dann impliziert $a_{11}a_{22} - a_{12}^2 \geq 0$, dass $a_{12} = 0$ und somit $Q(x_1, x_2) = a_{22}x_2^2 \geq 0$ für alle (x_1, x_2). Aber im Fall $a_{11} > 0$ und $a_{11}a_{22} - a_{12}^2 \geq 0$ impliziert Gl. (13.12.4) offensichtlich, dass $Q(x_1, x_2) \geq 0$ für alle (x_1, x_2).

Um $\Rightarrow$ in Teil (b) zu beweisen, nehmen Sie an, dass $Q(x_1, x_2)$ positiv semidefinit ist. Dann gilt insbesondere $Q(1, 0) = a_{11} \geq 0$ und $Q(0, 1) = a_{22} \geq 0$. Um das Vorzeichen von $a_{11}a_{22} - a_{12}^2$ zu bestimmen, betrachten Sie zuerst den Fall, wenn $a_{11} > 0$ und somit (13.12.4) gültig ist. Weil Q als positiv semidefinit angenommen wird, gilt $Q(-a_{12}/a_{11}, 1) = a_{22} - a_{12}^2/a_{11} \geq 0$, so dass $a_{11}a_{22} - a_{12}^2 \geq 0$. Andernfalls, wenn $a_{11} = 0$, gilt $Q(x_1, 1) = 2a_{12}x_1 + a_{22}$. Nun ist $a_{12} \leq 0$, denn sonst würde die Wahl von $x_1 < -\frac{1}{2}a_{22}/a_{12}$ zu $Q(x_1, 1) < 0$ führen. Analog $a_{12} \geq 0$, denn sonst würde die Wahl von $x_1 > -\frac{1}{2}a_{22}/a_{12}$ zu $Q(x_1, 1) < 0$ führen. Es folgt, dass auch $a_{12} = 0$ und somit $a_{11}a_{22} - a_{12}^2 = 0$.

Schließlich folgen die Teile (c) und (d) leicht aus den Teilen (a) und (b), weil $Q(x_1, x_2)$ offensichtlich negativ definit oder semidefinit genau dann, wenn $-Q(x_1, x_2) = -a_{11}x_1^2 - 2a_{12}x_1x_2 - a_{22}x_2^2$ positiv definit bzw. semidefinit ist. ∎

Beispiel 13.12.2

Nutzen Sie eine der Bedingungen (13.12.5)–(13.12.8), welche auch immer passend ist, um die Definitheit oder Semidefinitheit zu untersuchen von

(a) $Q(x_1, x_2) = 5x_1^2 - 2x_1x_2 + x_2^2$ (b) $Q(x_1, x_2) = -4x_1^2 + 12x_1x_2 - 9x_2^2$

Lösung:

(a) Beachten Sie, dass $a_{11} = 5$, $a_{12} = -1$ (nicht -2!) und $a_{22} = 1$. Also: $a_{11} > 0$ und $a_{11}a_{22} - a_{12}^2 = 5 - 1 = 4 > 0$. Somit impliziert (13.12.5), dass $Q(x_1, x_2)$ positiv definit ist.

(b) Hier ist $a_{11} = -4$, $a_{12} = 6$ (nicht 12!) und $a_{22} = -9$. Es folgt, dass $a_{11} \leq 0$, $a_{22} \leq 0$ und $a_{11}a_{22} - a_{12}^2 = 36 - 36 = 0 \geq 0$. Nach (13.12.8) ist $Q(x_1, x_2)$ negativ semidefinit.

Beachten Sie: Die Bedingungen (13.12.5) und (13.12.7) sagen nichts über das Vorzeichen von a_{22}. Um zu erklären, warum, beachten Sie, wie $a_{11}a_{22} - a_{12}^2 > 0$ impliziert, dass $a_{11}a_{22} > a_{12}^2 \geq 0$, so dass $a_{11}a_{22} > 0$. Es folgt, dass a_{11} und a_{22} entweder beide positiv oder beide negativ sind. Somit wäre es überflüssig, eine Bedingung über das Vorzeichen von a_{22} hinzuzufügen.
In den Bedingungen (13.12.6) und (13.12.8) können wir jedoch die Bedingung über das Vorzeichen von a_{22} nicht weglassen. Betrachten Sie z. B. $Q(x_1, x_2) = -x_2^2$, welches Gl. (13.12.1) ist mit $a_{11} = 0$, $a_{12} = 0$ und $a_{22} = -1$. Obwohl $a_{11} \geq 0$ und $a_{11}a_{22} - a_{12}^2 = 1 \geq 0$, ist die quadratische Form offensichtlich nicht positiv semidefinit, weil $Q(0, 1) = -1 < 0$.

Quadratische Formen in *n* Variablen

Eine *quadratische Form* in n Variablen ist eine Funktion Q, die ausgedrückt werden kann als

$$Q(x_1, \ldots, x_n) = \sum_{i=1}^{n}\sum_{j=1}^{n} a_{ij}x_ix_j = a_{11}x_1^2 + a_{12}x_1x_2 + \cdots + a_{ij}x_ix_j + \cdots + a_{nn}x_n^2 \quad (13.12.9)$$

mit konstanten Koeffizienten a_{ij}. Jeder Term in der Doppelsumme enthält entweder das Quadrat x_i^2 einer Variablen oder das Produkt x_ix_j von genau zwei verschiedenen Variablen. Um die Struktur der quadratischen Form besser zu erkennen, schreiben wir sie so:

$$\begin{aligned} Q(x_1, \ldots, x_n) = \quad & a_{11}x_1^2 + a_{12}x_1x_2 + \cdots + a_{1n}x_1x_n \\ & + a_{21}x_2x_1 + a_{22}x_2^2 + \cdots + a_{2n}x_2x_n \\ & \cdots\cdots\cdots\cdots\cdots\cdots\cdots\cdots \\ & + a_{n1}x_nx_1 + a_{n2}x_nx_2 + \cdots + a_{nn}x_n^2 \end{aligned} \quad (13.12.10)$$

Nehmen Sie an, wir setzen $\mathbf{x} = (x_1, x_2, \ldots, x_n)'$ und $\mathbf{A} = (a_{ij})_{n\times n}$. Nach Definition der Matrizenmultiplikation folgt, dass

$$Q(x_1, \ldots, x_n) = Q(\mathbf{x}) = \mathbf{x}'\mathbf{A}\mathbf{x} \quad (13.12.11)$$

Wenn wir dem Argument folgen, dass wir zur Herleitung des symmetrischen Ausdrucks (13.12.3), wenn $n = 2$, in (13.12.10) benutzt haben, können wir annehmen, dass $a_{ij} = a_{ji}$ für alle i und j. Dann ist $\mathbf{A}$ in (13.12.11) die *mit Q assoziierte symmetrische Matrix* und Q ist eine *symmetrische quadratische Form*.

Beispiel 13.12.3

Schreiben Sie $Q(x_1, x_2, x_3) = 3x_1^2 + 6x_1x_3 + x_2^2 - 4x_2x_3 + 8x_3^2$ in der Matrixform (13.12.11), wobei **A** symmetrisch ist.

Lösung: Wir schreiben zunächst Q wie folgt:

$$Q = 3x_1^2 + 0 \cdot x_1x_2 + 3x_1x_3 + 0 \cdot x_2x_1 + x_2^2 - 2x_2x_3 + 3x_3x_1 - 2x_3x_2 + 8x_3^2$$

Dann ist $Q = \mathbf{x}'\mathbf{A}\mathbf{x}$, wobei $\mathbf{A} = \begin{pmatrix} 3 & 0 & 3 \\ 0 & 1 & -2 \\ 3 & -2 & 8 \end{pmatrix}$ und $\mathbf{x} = \begin{pmatrix} x_1 \\ x_2 \\ x_3 \end{pmatrix}$.

Als Nächstes wollen wir die Definitionen nach (13.12.3) und die zugehörigen Charakterisierungs-Resultate wie (13.12.5) bis (13.12.8) auf allgemeine quadratische Formen verallgemeinern.

Definitheit einer quadratischen Form

Eine quadratische Form $Q(\mathbf{x}) = \mathbf{x}'\mathbf{A}\mathbf{x}$, wie auch ihre assoziierte symmetrische Matrix **A** werden *positiv definit*, *positiv semidefinit*, *negativ definit* oder *negativ semidefinit* genannt, je nachdem, ob für alle $\mathbf{x} \neq \mathbf{0}$ gilt

$$Q(\mathbf{x}) > 0\,, \quad Q(\mathbf{x}) \geq 0\,, \quad Q(\mathbf{x}) < 0\,, \quad Q(\mathbf{x}) \leq 0$$

Die quadratische Form $Q(\mathbf{x})$ heißt *indefinit*, wenn es Vektoren $\mathbf{x}^*$ und $\mathbf{y}^*$ gibt, so dass $Q(\mathbf{x}^*) < 0$ und $Q(\mathbf{y}^*) > 0$. Somit nimmt eine indefinite quadratische Form sowohl negative als auch positive Werte an.

Der einfachste Weg, die Definitheit einer quadratischen Form zu bestimmen, ist oft, einfach die Vorzeichen der Eigenwerte der assoziierten Matrix zu betrachten. Erinnern Sie, dass nach Theorem 13.11.4 diese Eigenwerte alle reell sind. Hier ist das elegante Resultat:

Theorem 13.12.1

Sei $Q = \mathbf{x}'\mathbf{A}\mathbf{x}$ eine quadratische Form, wobei die Matrix **A** symmetrisch ist. Bezeichnen $\lambda_1, \lambda_2, \ldots, \lambda_n$ die (reellen) Eigenwerte von **A**. Dann gilt:

(a) Q ist positiv definit $\iff$ $\lambda_1 > 0,\ \lambda_2 > 0,\ \ldots,\ \lambda_n > 0$

(b) Q ist positiv semidefinit $\iff$ $\lambda_1 \geq 0,\ \lambda_2 \geq 0,\ \ldots,\ \lambda_n \geq 0$

(c) Q ist negativ definit $\iff$ $\lambda_1 < 0,\ \lambda_2 < 0,\ \ldots,\ \lambda_n < 0$

(d) Q ist negativ semidefinit $\iff$ $\lambda_1 \leq 0,\ \lambda_2 \leq 0,\ \ldots,\ \lambda_n \leq 0$

(e) Q ist indefinit $\iff$ **A** hat positive und auch negative Eigenwerte

Beweis: Nach Theorem 13.11.4 existiert eine orthogonale Matrix $\mathbf{P}$, so dass $\mathbf{P}'\mathbf{AP} = \mathbf{P}^{-1}\mathbf{AP}$ die Matrix $\text{diag}(\lambda_1, \lambda_2, \ldots, \lambda_n)$ ist. Für einen gegebenen n-dimensionalen Spaltenvektor $\mathbf{x}$ sei $\mathbf{y} = (y_1, y_2, \ldots, y_n)'$ der n-dimensioanel Spaltenvektor, definiert durch $\mathbf{y} = \mathbf{P}^{-1}\mathbf{x}$. Dann gilt $\mathbf{x} = \mathbf{Py}$ und auch $\mathbf{x} = \mathbf{0}$ genau dann, wenn $\mathbf{y} = \mathbf{0}$. Es folgt:

$$\mathbf{x}'\mathbf{Ax} = \mathbf{y}'\mathbf{P}'\mathbf{APy} = \mathbf{y}'\,\text{diag}(\lambda_1, \lambda_2, \ldots, \lambda_n)\,\mathbf{y} = \lambda_1 y_1^2 + \lambda_2 y_2^2 + \cdots + \lambda_n y_n^2 \qquad (13.12.12)$$

Somit gilt: $\mathbf{x}'\mathbf{Ax} \geq 0$ (bzw. ≤ 0) für alle $\mathbf{x} \neq \mathbf{0}$ genau dann, wenn $\mathbf{y}'\mathbf{P}'\mathbf{APy} \geq 0$ (bzw. ≤ 0) für alle $\mathbf{y} \neq \mathbf{0}$. Also: $\mathbf{x}'\mathbf{Ax} > 0$ (bzw. < 0) für alle $\mathbf{x} \neq \mathbf{0}$ genau dann, wenn $\mathbf{y}'\mathbf{P}'\mathbf{APy} > 0$ (bzw. < 0) für alle $\mathbf{y} \neq \mathbf{0}$. Weil $\mathbf{y}'\mathbf{P}'\mathbf{APy} = \lambda_1 y_1^2 + \lambda_2 y_2^2 + \cdots + \lambda_n y_n^2$, folgen die Teile (a)–(d) alle unmittelbar. Ferner tritt Fall (e) genau dann ein, wenn keiner der Fälle (a)–(d) wahr ist.

Beispiel 13.12.4

Nutzen Sie Theorem 13.12.1, um die Definitheit der quadratischen Form $Q = -x_1^2 + 6x_1x_2 - 9x_2^2 - 2x_3^2$ zu bestimmen.

Lösung: Die zugehörige symmetrische Matrix und das mit Q assoziierte charakteristische Polynom sind

$$\mathbf{A} = \begin{pmatrix} -1 & 3 & 0 \\ 3 & -9 & 0 \\ 0 & 0 & -2 \end{pmatrix} \quad \text{und} \quad \begin{vmatrix} -1-\lambda & 3 & 0 \\ 3 & -9-\lambda & 0 \\ 0 & 0 & -2-\lambda \end{vmatrix}$$

Die charakteristische Gleichung ist

$$\begin{aligned} |\mathbf{A} - \lambda\mathbf{I}| &= (-2-\lambda)[(1+\lambda)(9+\lambda) - 9] = -(\lambda+2)(\lambda^2 + 10\lambda) \\ &= -\lambda(\lambda+2)(\lambda+10) = 0 \end{aligned}$$

Somit sind die Eigenwerte 0, -2 und -10. Weil alle nicht positiv sind, sagt Theorem 13.12.1 uns, dass die quadratische Form negativ semidefinit (aber nicht negativ definit) ist.

Es sollte angemerkt werden, dass die Definitheit der quadratischen Form in Beispiel 13.12.4 sehr leicht zu überprüfen ist, indem man bemerkt, dass für alle $(x_1, x_2, x_3) \neq (0, 0, 0)$ gilt

$$Q = -x_1^2 + 6x_1x_2 - 9x_2^2 - 2x_3^2 = -(x_1 - 3x_2)^2 - 2x_3^2 \leq 0$$

mit $Q < 0$, wenn nicht $x_1 = 3x_2$.

Charakterisierung durch Hauptminoren

Um die charakteristischen Resultate (13.12.5) bis (13.12.8) zu verallgemeinern auf symmetrische $n\times n$-Matrizen, benötigen wir einige neue Konzepte. In Kap. 13.5 haben wir die Minoren einer Matrix definiert. Wir benötigen einige spezielle Minoren, um die Definitheit von quadratischen Formen zu bestimmen.

Ein beliebiger *Hauptminor* der Ordnung r in einer $n\times n$-Matrix $\mathbf{A} = (a_{ij})$ ist die Determinante einer $r\times r$-Matrix, die man erhält, wenn man $n - r$ Zeilen und Spalten der gleichen Nummern aus **A** streicht. Das heißt: Die i-te Zeile wird genau dann gestrichen, wenn die i-te Spalte auch gestrichen wird. Dies impliziert, dass ein Hauptminor der Ordnung r immer genau r Elemente der Hauptdiagonalen enthält. Die Determinante $|\mathbf{A}|$ selbst ist auch der spezielle Hauptminor, in dem keine Zeilen oder Spalten entfernt wurden.

Beachten Sie: Wenn eine Matrix **A** symmetrisch ist, so sind es auch alle Matrizen, die zu den Hauptminoren von **A** gehören.

Ein Hauptminor heißt ein *führender Hauptminor* der Ordnung r $(1 \leq r \leq n)$, wenn er aus den ersten („führenden") r Zeilen und Spalten von $|\mathbf{A}|$ besteht. Somit: Für jedes r gibt es $\binom{n}{r}$ Hauptminoren der Ordnung r, aber nur einen führenden Hauptminor der Ordnung r.

Beispiel 13.12.5

Schreiben Sie alle Hauptminoren und führende Hauptminoren auf von

$$\mathbf{A} = \begin{pmatrix} a_{11} & a_{12} \\ a_{21} & a_{22} \end{pmatrix} \quad \text{und} \quad \mathbf{B} = \begin{pmatrix} b_{11} & b_{12} & b_{13} \\ b_{21} & b_{22} & b_{23} \\ b_{31} & b_{32} & b_{33} \end{pmatrix}$$

Lösung: Wenn wir Zeile 2 und Spalte 2 in **A** entfernen, erhalten wir (a_{11}), welches die Determinante a_{11} hat. Wenn wir Zeile 1 und Spalte 1 in **A** entfernen, erhalten wir (a_{22}), welches die Determinante a_{22} hat. Die Hauptminoren von **A** sind deshalb a_{11}, a_{22} und $|\mathbf{A}|$. Die *führenden* Hauptminoren sind a_{11} und $|\mathbf{A}|$.

Die Hauptminoren von **B** sind $|\mathbf{B}|$ selbst und

$$b_{11}\,, \quad b_{22}\,, \quad b_{33}\,, \quad \begin{vmatrix} b_{11} & b_{12} \\ b_{21} & b_{22} \end{vmatrix}, \quad \begin{vmatrix} b_{11} & b_{13} \\ b_{31} & b_{33} \end{vmatrix} \quad \text{und} \quad \begin{vmatrix} b_{22} & b_{23} \\ b_{32} & b_{33} \end{vmatrix}$$

und die führenden Hauptminoren sind b_{11}, $\begin{vmatrix} b_{11} & b_{12} \\ b_{21} & b_{22} \end{vmatrix}$ und $|\mathbf{B}|$ selbst.

Sei $\mathbf{A} = (a_{ij})_{n\times n}$ eine beliebige $n\times n$-Matrix. Ihre führenden Hauptminoren sind

$$D_k = \begin{vmatrix} a_{11} & a_{12} & \cdots & a_{1k} \\ a_{21} & a_{22} & \cdots & a_{2k} \\ \vdots & \vdots & \ddots & \vdots \\ a_{k1} & a_{k2} & \cdots & a_{kk} \end{vmatrix}, \quad k = 1,\, 2,\, \ldots,\, n \tag{13.12.13}$$

Für aufeinanderfolgende Werte von k erhält man diese aus **A** nach dem folgenden Muster:

$$\begin{vmatrix} a_{11} & a_{12} & a_{13} & \cdots & a_{1n} \\ a_{21} & a_{22} & a_{23} & \cdots & a_{2n} \\ a_{31} & a_{32} & a_{33} & \cdots & a_{3n} \\ \vdots & \vdots & \vdots & \ddots & \vdots \\ a_{n1} & a_{n2} & a_{n3} & \cdots & a_{nn} \end{vmatrix} \tag{13.12.14}$$

Bei gegebenem $k = 1, 2, \ldots, n$ und einer Teilmenge K, die aus k Elementen aus der Menge $\{1, 2, \ldots, n\}$ besteht, bezeichne Δ_k^K den Hauptminor der Ordnung k. Dies ist die Determinante der $k \times k$-Teilmatrix von $\mathbf{A}$, deren Diagonalelemente die Menge $\{a_{ii} : i \in K\}$ bilden. Offensichtlich impliziert diese Definition, dass für jedes $k = 1, 2, \ldots, n$ der Hauptminor $\Delta_k^{\{1,2,\ldots,k\}}$ gleich dem führenden Hauptminor D_k ist.
Diese Definitionen ermöglichen uns, das folgende Theorem zu formulieren:

Theorem 13.12.2 (Sylvesters Kriterium)

Gegeben sei die symmetrische Matrix $\mathbf{A}$. Betrachten Sie die quadratische Form

$$Q(\mathbf{x}) = \sum_{i=1}^{n} \sum_{j=1}^{n} a_{ij} x_i x_j = \mathbf{x}' \mathbf{A} \mathbf{x}$$

Für jedes $k = 1, \ldots, n$ bezeichne D_k den führenden Hauptminor der Ordnung k, definiert durch (13.12.13). Ferner bezeichne Δ_k^K einen beliebigen Hauptminor der Ordnung k von $\mathbf{A}$. Dann ist Q

(a) positiv definit $\iff D_k > 0$ für alle $k = 1, \ldots, n$

(b) positiv semidefinit $\iff \Delta_k^K \geq 0$ für alle Δ_k^K von jeder Ordnung k

(c) negativ definit $\iff (-1)^k D_k > 0$ für alle $k = 1, \ldots, n$

(d) negativ semidefinit $\iff (-1)^k \Delta_k^K \geq 0$ für alle Δ_k^K von jeder Ordnung k

Für den Fall $n = 2$ sind die Folgerungen aus Theorem 13.12.2 gegeben in (13.12.5)–(13.12.8), was bereits bewiesen wurde. Für den Fall $n > 2$ beachten Sie zunächst: Wenn $\mathbf{B}$ eine $k \times k$-Matrix ist, dann impliziert Regel (viii) aus Theorem 13.4.1, dass $|-\mathbf{B}| = |(-1)\mathbf{B}| = (-1)^k |\mathbf{B}|$. Aber die quadratische Form $Q = \sum \sum a_{ij} x_i x_j$ ist negativ definit (oder semidefinit) genau dann, wenn $-Q = \sum \sum (-a_{ij}) x_i x_j$ positiv definit (oder semidefinit) ist. Es folgt, dass die Teile (c) und (d) in Theorem 13.12.2 aus den Teilen (a) bzw. (b) folgen.

In dem wichtigen Spezialfall, wenn $\mathbf{A}$ eine Diagonalmatrix ist, ist jeder Hauptminor Δ_k^K oder führende Hauptminor D_k das Produkt einer Teilmenge von Diagonalelementen, die auch die Eigenwerte von $\mathbf{A}$ sind. Nun sagt uns Theorem 13.12.1, wie die Definitheit von $\mathbf{A}$ in Beziehung steht zu den Vorzeichen dieser Eigenwerte, so dass Theorem 13.12.2 einfach zu beweisen ist in diesem Spezialfall. Für einen Beweis, der für eine allgemeine symmetrische Matrix $\mathbf{A}$ gilt, siehe zum Beispiel Kap. 7.6 in Meyer (2000).

Warnung: Ein ziemlich verbreitetes Missverständnis ist es, dass man, um eine hinreichende Bedingung für positive Semidefinitheit einer symmetrischen Matrix $\mathbf{A}$ zu erhalten, jede Ungleichung $D_k > 0$ in Teil (a) von Theorem 13.12.2 abschwächen kann zu $D_k \geq 0$. Jedoch sagt uns Teil (b), dass die Bedingung für positive Semidefinitheit das Vorzeichen von *jedem* Hauptminor einbezieht, nicht nur von jedem führenden Hauptminor. Für ein Gegenbeispiel siehe die Anmerkung, die auf Beispiel 13.12.2 folgt.

Beispiel 13.12.6

Nutzen Sie Theorem 13.12.2 zur Bestimmung der Definitheit der quadratischen Formen (a) $Q = 3x_1^2 + 6x_1x_3 + x_2^2 - 4x_2x_3 + 8x_3^2$; (b) $Q = -x_1^2 + 6x_1x_2 - 9x_2^2 - 2x_3^2$.

Lösung: Es macht Sinn, die führenden Hauptminoren zuerst zu prüfen, falls die Matrix sich als definit statt nur semidefinit herausstellt.

(a) Die zugehörige symmetrische Matrix **A** wurde in Beispiel 13.12.3 untersucht. Ihre führenden Hauptminoren sind

$$D_1 = 3\,, \quad D_2 = \begin{vmatrix} 3 & 0 \\ 0 & 1 \end{vmatrix} = 3 \quad \text{und} \quad D_3 = \begin{vmatrix} 3 & 0 & 3 \\ 0 & 1 & -2 \\ 3 & -2 & 8 \end{vmatrix} = 3$$

Alle sind positiv, so dass wir schließen können, dass Q positiv definit ist.

(b) Wir sind dieser quadratischen Form schon in Beispiel 13.12.4 begegnet. Die zugehörige symmetrische Matrix ist

$$\mathbf{A} = \begin{pmatrix} -1 & 3 & 0 \\ 3 & -9 & 0 \\ 0 & 0 & -2 \end{pmatrix}$$

Beachten Sie, dass die zweite Zeile von **A** das -3-fache ihrer ersten Zeile ist. Daher sind die führenden Hauptminoren $D_1 = -1$, $D_2 = 0$ und $D_3 = 0$. Es folgt, dass keine der Bedingungen in den Teilen (a), (b) oder (c) von Theorem 13.12.2 erfüllt sind.

Um die Bedingungen in Teil (d) von Theorem 13.12.2 zu prüfen, untersuchen wir alle Hauptminoren von **A**, einschließlich derer, die nicht führend sind. Wie in Beispiel 13.12.5 hat die 3×3-Matrix **A** drei Hauptminoren der Ordnung 1, deren Werte die drei Diagonalelemente sind. Diese Hauptminoren erfüllen daher

$$(-1)^1\Delta_1^{\{1\}} = (-1)(-1) = 1\,, \quad (-1)^1\Delta_1^{\{2\}} = (-1)(-9) = 9\,, \quad (-1)^1\Delta_1^{\{3\}} = (-1)(-2) = 2$$

Es gibt auch drei Hauptminoren zweiter Ordnung, für die gilt

$$\Delta_2^{\{1,2\}} = \begin{vmatrix} -1 & 3 \\ 3 & -9 \end{vmatrix} = 0\,, \qquad \Delta_2^{\{1,3\}} = \begin{vmatrix} -1 & 0 \\ 0 & -2 \end{vmatrix} = 2\,, \qquad \Delta_2^{\{2,3\}} = \begin{vmatrix} -9 & 0 \\ 0 & -2 \end{vmatrix} = 18$$

Daher ist $(-1)^2\Delta_2^{\{1,2\}} = 0$, $(-1)^2\Delta_2^{\{1,3\}} = 2$ und $(-1)^2\Delta_2^{\{2,3\}} = 18$. Schließlich erfüllt der einzige Hauptminor dritter Ordnung $(-1)^3\Delta_3^{\{1,2,3\}} = (-1)^3 D_3 = 0$. Es folgt, dass für $k = 1, 2, 3$ gilt $(-1)^k\Delta_k^K \geq 0$ für jeden Hauptminor Δ_k^K der Ordnung k in der Matrix **A**. Dies erfüllt die hinreichende Bedingung in Teil (d) von Theorem 13.12.2. Es folgt, dass Q negativ semidefinit ist.

Unsere Beobachtung nach Beispiel 13.12.4 verträgt Wiederholung: Die Untersuchung der zweiten quadratischen Form in Beispiel 13.12.6 ist viel einfacher, wenn man erkennt, dass $Q = -(x_1 - 3x_2)^2 - 2x_3^2$.

Aufgaben für Kapitel 13.12

1. Nutzen Sie die Bedingungen (13.12.5)–(13.12.8), welche auch immer geeignet ist, um die Definitheit oder Semidefinitheit zu bestimmen von
   (a) $Q(x_1, x_2) = -x_1^2 + 2x_1x_2 - 6x_2^2$ (b) $Q(x_1, x_2) = 4x_1^2 + 2x_1x_2 + 25x_2^2$
2. Schreiben Sie die Doppelsumme in Gl. (13.12.9) aus, wenn $n = 3$ und $a_{ij} = a_{ji}$ für $i, j = 1, 2, 3$.
3. Bestimmen Sie die symmetrische Matrix **A**, die assoziiert ist mit jeder der folgenden quadratischen Formen:
   (a) $x^2 + 2xy + y^2$ (b) $ax^2 + bxy + cy^2$
   (c) $3x_1^2 - 2x_1x_2 + 3x_1x_3 + x_2^2 + 3x_3^2$
4. Bestimmen Sie die symmetrische Matrix **A**, die assoziiert ist mit der quadratischen Form
   $$3x_1^2 - 2x_1x_2 + 4x_1x_3 + 8x_1x_4 + x_2^2 + 3x_2x_3 + x_3^2 - 2x_3x_4 + x_4^2$$
5. Nutzen Sie Theorem 13.12.1 oder Theorem 13.12.2 oder anderes, um die Definitheit zu bestimmen von
   (a) $Q = x_1^2 + 8x_2^2$ (b) $Q = 5x_1^2 + 2x_1x_3 + 2x_2^2 + 2x_2x_3 + 4x_3^2$
   (c) $Q = -(x_1 - x_2)^2$ (d) $Q = -3x_1^2 + 2x_1x_2 - x_2^2 + 4x_2x_3 - 8x_3^2$
6. Sei $\mathbf{A} = (a_{ij})_{n\times n}$ symmetrisch und positiv semidefinit. Beweisen Sie, dass
   $$\mathbf{A} \text{ positiv definit ist} \iff |\mathbf{A}| \neq 0$$
7. Für welche Werte von c ist die quadratische Form $Q(x, y) = 3x^2 - (5+c)xy + 2cy^2$: (i) positiv definit; (ii) positiv semidefinit; (iii) indefinit?
8. Sei **B** eine $n\times n$-Matrix. Zeigen Sie, dass die Matrix $\mathbf{A} = \mathbf{B}'\mathbf{B}$ positiv semidefinit ist. Können Sie eine notwendige und hinreichende Bedingung für **B** finden, so dass **A** positiv definit statt nur positiv semidefinit ist?
9. Nutzen Sie Theorem 13.12.2, um zu zeigen: Wenn die quadratische Form $Q = \mathbf{x}'\mathbf{A}\mathbf{x}$ in (13.12.11) positiv definit ist, dann gilt: (a) $a_{ii} > 0$ for $i = 1, \dots, n$; (b) $\begin{vmatrix} a_{ii} & a_{ij} \\ a_{ji} & a_{jj} \end{vmatrix} > 0$ für alle $i, j = 1, \dots, n$ mit $i < j$.

Anspruchsvollere Aufgabe

10. Sei **A** eine symmetrische Matrix. Schreiben Sie ihr charakteristisches Polynom (13.10.8) als
    $$\varphi(\lambda) = (-1)^n(\lambda^n + a_{n-1}\lambda^{n-1} + \cdots + a_1\lambda + a_0)$$
    Beweisen Sie, dass **A** negativ definit ist genau dann, wenn $a_i > 0$ für $i = 0, 1, \dots, n-1$.

► Lösungen zu den Aufgaben finden Sie im Anhang des Buches.

Aufgaben zur Wiederholung für Kapitel 13

1. Berechnen Sie die folgenden Determinanten:

(a) $\begin{vmatrix} 5 & -2 \\ 3 & -2 \end{vmatrix}$ (b) $\begin{vmatrix} 1 & a \\ a & 1 \end{vmatrix}$ (c) $\begin{vmatrix} (a+b)^2 & a-b \\ (a-b)^2 & a+b \end{vmatrix}$ (d) $\begin{vmatrix} 1-\lambda & 2 \\ 2 & 4-\lambda \end{vmatrix}$

2. Berechnen Sie die folgenden Determinanten. Verwenden Sie dabei in (b) und (c) geeignete elementare Zeilenoperationen.

(a) $\begin{vmatrix} 2 & 2 & 3 \\ 0 & 3 & 5 \\ 0 & 4 & 6 \end{vmatrix}$ (b) $\begin{vmatrix} 4 & 5 & 6 \\ 5 & 6 & 8 \\ 6 & 7 & 9 \end{vmatrix}$ (c) $\begin{vmatrix} 31 & 32 & 33 \\ 32 & 33 & 35 \\ 33 & 34 & 36 \end{vmatrix}$

3. Bestimmen Sie $\mathbf{A}$, wenn $\mathbf{A}^{-1} - 2\mathbf{I}_2 = -2\begin{pmatrix} 1 & 1 \\ 1 & 0 \end{pmatrix}$.

4. Für jedes reelle t sei $\mathbf{A}_t = \begin{pmatrix} 1 & 0 & t \\ 2 & 1 & t \\ 0 & 1 & 1 \end{pmatrix}$ und $\mathbf{B} = \begin{pmatrix} 1 & 0 & 0 \\ 0 & 0 & 1 \\ 0 & 1 & 0 \end{pmatrix}$.

(a) Für welche Werte von t hat $\mathbf{A}_t$ eine Inverse?

(b) Bestimmen Sie eine Matrix $\mathbf{X}$, so dass $\mathbf{B} + \mathbf{X}\mathbf{A}_1^{-1} = \mathbf{A}_1^{-1}$.

5. Definieren Sie die zwei 3×3-Matrizen $\mathbf{A} = \begin{pmatrix} q & -1 & q-2 \\ 1 & -p & 2-p \\ 2 & -1 & 0 \end{pmatrix}$ und $\mathbf{E} = \begin{pmatrix} 1 & 1 & 1 \\ 1 & 1 & 1 \\ 1 & 1 & 1 \end{pmatrix}$.

(a) Berechnen Sie $|\mathbf{A}|$ und $|\mathbf{A} + \mathbf{E}|$.

(b) Für welche Werte von p und q hat $\mathbf{A} + \mathbf{E}$ eine Inverse?

(c) Warum hat $\mathbf{BE}$ keine Inverse für jede 3×3-Matrix $\mathbf{B}$?

6. Benutzen Sie die Cramer'sche Regel, um die Werte von t zu bestimmen, für die das Gleichungssystem

$$\begin{aligned} -2x + 4y - tz &= t - 4 \\ -3x + y + tz &= 3 - 4t \\ (t-2)x - 7y + 4z &= 23 \end{aligned}$$

eine eindeutige Lösung für die drei Variablen x, y und z hat.

7. Zeigen Sie: Wenn $\mathbf{A}$ eine $n \times n$-Matrix mit $\mathbf{A}^4 = \mathbf{0}$ ist, dann ist

$$(\mathbf{I} - \mathbf{A})^{-1} = \mathbf{I} + \mathbf{A} + \mathbf{A}^2 + \mathbf{A}^3 .$$

8. Sei $\mathbf{U}$ die $n{\times}n$-Matrix, in der alle n^2 Elemente gleich 1 sind.

(a) Zeigen Sie, dass $(\mathbf{I}_n + a\mathbf{U})(\mathbf{I}_n + b\mathbf{U}) = \mathbf{I}_n + (a + b + nab)\mathbf{U}$ für alle reelle Zahlen a und b gilt.

(b) Verwenden Sie das Resultat aus (a), um die Inverse von $\mathbf{A} = \begin{pmatrix} 4 & 3 & 3 \\ 3 & 4 & 3 \\ 3 & 3 & 4 \end{pmatrix}$. zu bestimmen.

9. Seien $\mathbf{A}$, $\mathbf{B}$, $\mathbf{C}$, $\mathbf{X}$ und $\mathbf{Y}$ $n{\times}n$-Matrizen mit $|\mathbf{A}| \neq 0$, die die zwei folgenden Gleichungen erfüllen: $\mathbf{AX} + \mathbf{Y} = \mathbf{B}$ und $\mathbf{X} + 2\mathbf{A}^{-1}\mathbf{Y} = \mathbf{C}$. Bestimmen Sie $\mathbf{X}$ und $\mathbf{Y}$, ausgedrückt in Termen von $\mathbf{A}$, $\mathbf{B}$ und $\mathbf{C}$.

10. Betrachten Sie das folgende Gleichungssystem in den Unbekannten x, y, z:

$$\begin{aligned} ax + y + \ \ 4z &= 2 \\ 2x + y + a^2 z &= 2 \\ x \qquad - \ \ 3z &= a \end{aligned}$$

(a) Für welche Werte von a hat das Gleichungssystem eine, keine oder unendlich viele Lösungen?

(b) Ersetzen Sie die die rechten Seite des Gleichungssystems durch b_1, b_2 bzw. b_3. Bestimmen Sie eine notwendige und hinreichende Bedingung dafür, dass das neue System unendlich viele Lösungen hat.

11. Sei $\mathbf{A} = \begin{pmatrix} 11 & -6 \\ 18 & -10 \end{pmatrix}$.

(a) Berechnen Sie $|\mathbf{A}|$. Zeigen Sie, dass es eine reelle Zahl c gibt, so dass $\mathbf{A}^2 + c\mathbf{A} = 2\mathbf{I}_2$. Bestimmen Sie dann die Inverse von $\mathbf{A}$.

(b) Zeigen Sie, dass es keine 2×2-Matrix $\mathbf{B}$ gibt, so dass $\mathbf{B}^2 = \mathbf{A}$.

12. Nehmen Sie an, dass $\mathbf{A}$ und $\mathbf{B}$ invertierbare $n{\times}n$-Matrizen sind. Zeigen Sie: Wenn $\mathbf{A}'\mathbf{A} = \mathbf{I}_n$ gilt, dann gilt $(\mathbf{A}'\mathbf{B}\mathbf{A})^{-1} = \mathbf{A}'\mathbf{B}^{-1}\mathbf{A}$.

13. Untersuchen Sie, für welche Werte der Konstanten a und b das Gleichungssystem

$$\begin{aligned} ax + y &= 3 \\ x + z &= 2 \\ y + az + bu &= 6 \\ y + u &= 1 \end{aligned}$$

eine eindeutige Lösung in den Unbekannten x, y, z und u hat. Wenn sie existiert, bestimmen Sie die eindeutige Lösung, ausgedrückt in Termen von a und b.

14. Zeigen Sie, dass $\begin{vmatrix} a + x & b + y \\ c & d \end{vmatrix} = \begin{vmatrix} a & b \\ c & d \end{vmatrix} + \begin{vmatrix} x & y \\ c & d \end{vmatrix}$.

Anspruchsvollere Aufgaben

15. Die 3×3-Matrix **B** erfülle die Gleichung $\mathbf{B}^3 = -\mathbf{B}$. Zeigen Sie, dass **B** keine Inverse haben kann. (*Hinweis:* Nutzen Sie Teil (vii) aus Theorem 13.4.1.)

16. Seien **A**, **B** und **C** jeweils $n \times n$-Matrizen, die sich nur in der r-ten Zeile unterscheiden, wobei die r-te Zeile in **C** gleich der Summe der r-ten Zeilen von **A** und **B** ist. Zeigen Sie, dass dann $|\mathbf{A}| + |\mathbf{B}| = |\mathbf{C}|$ gilt.
(*Hinweis:* Betrachten Sie die Co-Faktor-Entwicklungen der Determinanten entlang der r-ten Zeile.)

17. Lösen Sie die folgende Gleichung nach x auf:

$$\begin{vmatrix} x & a & x & b \\ b & x & a & x \\ x & b & x & a \\ a & x & b & x \end{vmatrix} = 0 \,.$$

(*Hinweis:* Nutzen Sie elementare Zeilen- oder Spaltenoperationen, um die Determinante zu berechnen.)

18. Beweisen Sie, dass λ genau dann ein Eigenwert der Matrix **A** ist, wenn λ ein Eigenwert von $\mathbf{A}'$ ist.

19. Sei **A** eine quadratische Matrix und sei λ ein Eigenwert von **A**. Beweisen Sie: Wenn $|\mathbf{A}| \neq 0$, dann ist $\lambda \neq 0$. Zeigen Sie in diesem Fall, dass $1/\lambda$ ein Eigenwert der Inversen $\mathbf{A}^{-1}$ ist.

20. Sei $\mathbf{A} = (a_{ij})_{n\times n}$ eine Matrix, in der für jedes $j = 1, 2, \ldots, n$ für die j-te Spalte gilt $\sum_{i=1}^{n} a_{ij} = 1$. Beweisen Sie, dass $\lambda = 1$ ein Eigenwert von **A** ist.

21. Finden Sie für jede der folgenden Matrizen die Eigenwerte und die jeweiligen zugehörigen Eigenvektoren:

(a) $\begin{pmatrix} 2 & 1 & -1 \\ 0 & 1 & 1 \\ 2 & 0 & -2 \end{pmatrix}$ (b) $\begin{pmatrix} 1 & -1 & 0 \\ -1 & 2 & -1 \\ 0 & -1 & 1 \end{pmatrix}$

(*Hinweis:* Die Eigenwerte sind alle ganzzahlig.)

► Lösungen zu den Aufgaben finden Sie im Anhang des Buches.

TEIL IV

Differentialrechnung mehrerer Variablen

14	Funktionen mehrerer Variablen	645
15	Partielle Ableitungen im Einsatz	705
16	Multiple Integrale	771

Funktionen mehrerer Variablen

14

14.1 Funktionen von zwei Variablen 646
14.2 Partielle Ableitungen bei zwei Variablen 650
14.3 Geometrische Darstellung 657
14.4 Flächen 665
14.5 Funktionen von n Variablen 667
14.6 Partielle Ableitungen bei mehreren Variablen 673
14.7 Konvexe Mengen 678
14.8 Konkave und konvexe Funktionen 683
14.9 Ökonomische Anwendungen 695
14.10 Partielle Elastizitäten 697
Aufgaben zur Wiederholung für Kapitel 14 700

ÜBERBLICK

> Die Mathematik ist kein vorsichtiger Marsch auf einer freien Schnellstraße, sondern eine Reise in eine fremdartige Wildnis, in der sich die Forscher oft verlieren.
>
> –W. S. Anglin (1992)

Die zwei ersten Teile dieses Buch behandeln fast ausschließlich Funktionen einer Variablen. Jedoch verlangt eine realistische Beschreibung ökonomischer Phänomene oft die Betrachtung einer großen Zahl an Variablen. So hängt z. B. die Nachfrage eines Verbrauchers nach einem Gut wie Orangensaft nicht nur von seinem Preis, sondern auch vom Einkommen des Verbrauchers sowie den Preisen von Substituten wie anderen Softdrinks oder komplementären Gütern wie anderen Nahrungsmitteln ab.

So gehen wir jetzt über zu Funktionen mehrerer Variablen. Das meiste, was Ökonomen über sie wissen müssen, besteht aus relativ einfachen Erweiterungen der in den früheren Kapiteln für Funktionen einer Variablen dargestellten Eigenschaften. Weiterhin treten die meisten Schwierigkeiten bereits beim Übergang von einer zu zwei Variablen auf. Um den Lesern die Überwindung dieser Schwierigkeiten zu erleichtern, behandeln die Kap. 14.1 bis 14.3 ausschließlich Funktionen von zwei Variablen. Diese haben Graphen im dreidimensionalen Raum, die man sogar in zweidimensionalen Abbildungen darstellen kann – wenn auch mit einigen Schwierigkeiten. Wie jedoch das obige Beispiel mit der Nachfrage nach Orangensaft vermuten lässt, gibt es viele interessante ökonomische Probleme, die mathematisch nur durch Funktionen mit vielen Variablen dargestellt werden können. Diese werden in den Kap. 14.4 bis 14.9 erörtert. Das letzte Unterkapitel, 14.10, ist dem ökonomisch wichtigen Begriff der Elastizität gewidmet.

14.1 Funktionen von zwei Variablen

Wir beginnen mit der folgenden Definition, wobei D eine Teilmenge der xy-Ebene ist.

Funktionen von zwei Variablen

Eine *Funktion f von zwei Variablen x und y mit Definitionsbereich D* ist eine Regel, die eine genau spezifizierte Zahl

$$f(x, y) \text{ zu jeder Stelle } (x, y) \text{ in } D \tag{14.1.1}$$

festlegt.

Wenn f eine Funktion von zwei Variablen ist, so bezeichnen wir oft mit einem Buchstaben wie z den Wert von f an der Stelle (x, y), so dass $z = f(x, y)$ ist. Wir nennen dann x und y die *unabhängigen Variablen* oder die *Argumente* von f, während z die *abhängige Variable* genannt wird, weil der Wert z, im Allgemeinen, von den Werten von x und y abhängt. Der *Definitionsbereich* der Funktion f ist dann die Menge aller möglichen Paare (x, y) der unabhängigen Variablen, wo $f(x, y)$ definiert ist, während der *Wertebereich* die Menge der zugehörigen Werte der abhängigen Variablen ist. In den Wirtschaftswissenschaften werden x und y oft die *exogenen* Variablen genannt, während z die *endogene* Variable ist.[1]

Beispiel 14.1.1

Betrachten Sie die Funktion f, die jedem Zahlenpaar (x, y) die Zahl $2x + x^2y^3$ zuordnet. Die Funktion f ist daher definiert durch

$$f(x, y) = 2x + x^2y^3$$

Geben Sie $f(1, 0)$, $f(0, 1)$, $f(-2, 3)$ und $f(a + 1, b)$ an.

Lösung: Zunächst ist $f(1, 0)$ der Wert von f, wenn $x = 1$ und $y = 0$ ist. Somit ist $f(1, 0) = 2 \cdot 1 + 1^2 \cdot 0^3 = 2$. Analog ist $f(0, 1) = 2 \cdot 0 + 0^2 \cdot 1^3 = 0$ und $f(-2, 3) = 2 \cdot (-2) + (-2)^2 \cdot 3^3 = -4 + 4 \cdot 27 = 104$. Schließlich finden wir $f(a + 1, b)$, indem wir x durch $a + 1$ und y durch b ersetzen in der Formel für $f(x, y)$. Dies ergibt $f(a + 1, b) = 2(a + 1) + (a + 1)^2 b^3$.

Beispiel 14.1.2

Eine Untersuchung über die Nachfrage nach Milch ergab den Zusammenhang

$$x = A\frac{m^{2.08}}{p^{1.5}},$$

wobei x der Milchkonsum, p der relative Preis von Milch, m das Einkommen pro Familie und A eine positive Konstante ist. Diese Gleichung definiert x als eine Funktion von p und m, immer wenn beide positiv sind. Beachten Sie, dass der Milchkonsum zunimmt, wenn das Einkommen m wächst und abnimmt, wenn der Milchpreis steigt, was plausibel erscheint.

Beispiel 14.1.3

Eine Funktion von zwei Variablen, die in vielen ökonomischen Modellen erscheint, ist

$$F(x, y) = Ax^a y^b, \tag{14.1.2}$$

wobei A, a und b Konstanten sind. Ökonomen nehmen gewöhnlich an, dass F nur für $x > 0$ und $y > 0$ definiert ist.

Eine Funktion F der Gestalt (14.1.2) wird allgemein eine *Cobb-Douglas-Funktion* genannt.[2] Sie wird sehr häufig verwendet, um gewisse Produktionsprozesse zu beschreiben. Dann werden x und y die *Inputfaktoren* genannt, während $F(x, y)$ die

[1] In ökonomischen Modellen mit mehreren simultanen Gleichungen ist die Unterscheidung zwischen exogenen und endogenen Variablen sehr viel differenzierter.

[2] Die Funktion in (14.1.2) ist benannt nach den zwei amerikanischen Forschern C. W. Cobb und P. H. Douglas, die sie, mit $a + b = 1$, in einer 1927 veröffentlichten Arbeit über die Schätzung von Produktionsfunktionen verwendeten. Die Funktion sollte jedoch eigentlich eine „Wicksell-Funktion", genannt werden, da der schwedische Ökonom Knut Wicksell (1851–1926) solche Produktionsfunktionen vor 1900 eingeführt hat.

Anzahl der produzierten Einheiten oder der *Output* ist. In diesem Fall wird F eine *Produktionsfunktion* genannt.

Beachten Sie, dass die in Beispiel 14.1.2 definierte Funktion eine Cobb-Douglas-Funktion ist, weil $x = Ap^{-1.5}m^{2.08}$ ist.

Es ist wichtig, gründlich vertraut zu werden mit der Standardnotation für Funktionen.

Beispiel 14.1.4

Bestimmen Sie für die in Beispiel 14.1.3 gegebene Funktion F einen Ausdruck für $F(2x, 2y)$ und für $F(tx, ty)$, wobei t eine beliebige positive Zahl ist. Bestimmen Sie auch einen Ausdruck für $F(x + \Delta x, y) - F(x, y)$. Geben Sie dazu ökonomische Interpretationen.

Lösung: Wir erhalten

$$F(2x, 2y) = A(2x)^a(2y)^b = A2^ax^a2^by^b = 2^a2^bAx^ay^b = 2^{a+b}F(x, y)$$

Wenn F eine Produktionsfunktion ist, zeigt dies: Wenn jeder der Inputfaktoren verdoppelt wird, dann ist der Output 2^{a+b}-mal so groß. Wenn z. B. $a + b = 1$ ist, dann bewirkt die Verdopplung jedes Produktionsfaktors eine Verdopplung des Outputs. Im allgemeinen Fall ist

$$F(tx, ty) = A(tx)^a(ty)^b = At^ax^at^by^b = t^at^bAx^ay^b = t^{a+b}F(x, y) \qquad (*)$$

(Wie formulieren Sie dieses Resultat mit Ihren eigenen Worten?)[3]

Schließlich sehen wir, dass

$$F(x + \Delta x, y) - F(x, y) = A(x + \Delta x)^ay^b - Ax^ay^b = Ay^b[(x + \Delta x)^a - x^a] \qquad (**)$$

Dies gibt die Änderung im Output an, wenn der erste Inputfaktor um Δx Einheiten geändert wird, während der andere Inputfaktor unverändert bleibt. Nehmen Sie z. B. an, dass $A = 100$, $a = 1/2$ und $b = 1/4$, so dass $F(x, y) = 100x^{1/2}y^{1/4}$. Wenn wir jetzt $x = 16$, $y = 16$ und $\Delta x = 1$ wählen, so impliziert $(**)$ die folgende Änderung des Outputs:

$$F(16 + 1, 16) - F(16, 16) = 100 \cdot 16^{1/4}[17^{1/2} - 16^{1/2}] = 100 \cdot 2[\sqrt{17} - 4] \approx 24.6$$

Wenn wir also den ersten Inputfaktor von 16 auf 17 erhöhen, während wir den zweiten Inputfaktor konstant auf 16 Einheiten halten, dann erhöhen wir die Produktion um ungefähr 24.6 Einheiten.

Definitionsbereiche

Für Funktionen, die in den Wirtschaftswissenschaften untersucht werden, gibt es gewöhnlich explizite oder implizite Restriktionen an den Bereich, auf dem die Funktion

[3] Wegen der Eigenschaft $(*)$ nennen wir die Funktion F *homogen vom Grade $a + b$*. Homogene Funktionen werden in den Kap. 15.6 und 15.7 untersucht.

definiert ist. Wenn z. B. $f(x, y)$ eine Produktionsfunktion ist, nehmen wir gewöhnlich an, dass die Inputgrößen nichtnegativ sind, d. h. $x \geq 0$ und $y \geq 0$. In den Wirtschaftswissenschaften ist es oft von äußerster Wichtigkeit zu klären, welches die Definitionsbereiche der verwendeten Funktionen sind.

In derselben Weise wie für Funktionen einer Variablen nehmen wir an, wenn nichts anderes vereinbart ist, dass der Definitionsbereich einer Funktion, die durch eine Formel definiert ist, der größte Bereich ist, in dem die Formel einen sinnvollen und eindeutigen Wert liefert.

Manchmal ist es hilfreich, ein Bild des Definitionsbereiches in der xy-Ebene zu zeichnen.

Beispiel 14.1.5

Bestimmen für jede der zwei Funktionen, die durch die folgenden Formeln gegeben sind, den Definitionsbereich und zeichnen Sie einen Graphen dieses Bereichs in der xy-Ebene.

(a) $f(x, y) = \sqrt{x-1} + \sqrt{y}$ (b) $g(x, y) = \dfrac{2}{(x^2+y^2-4)^{1/2}} + \sqrt{9-(x^2+y^2)}$

Lösung:

(a) Die zwei Quadratwurzeln $\sqrt{x-1}$ und $\sqrt{y}$ ergeben nur dann einen Sinn, wenn $x \geq 1$ und $y \geq 0$. Der (unbeschränkte) Definitionsbereich, in dem beide Ungleichungen erfüllt sind, ist in Abb. 14.1.1 dargestellt.

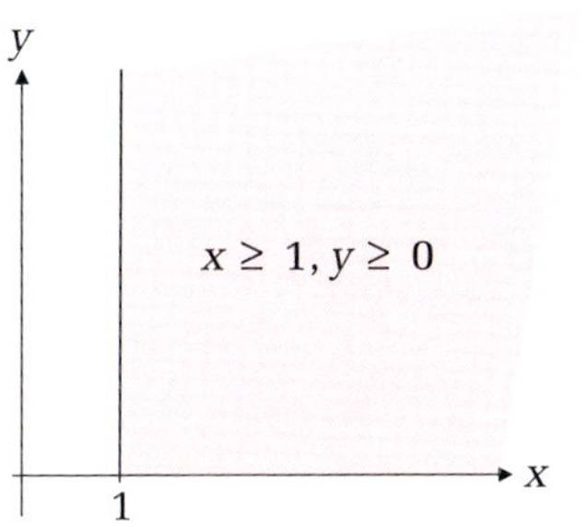

Abbildung 14.1.1: Definitionsbereich von $f(x, y)$

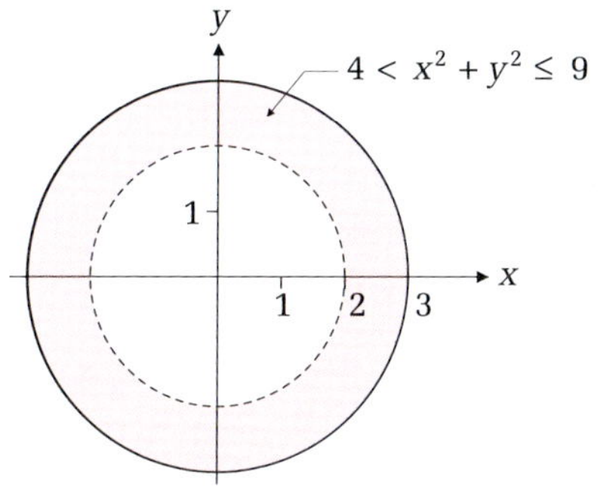

Abbildung 14.1.2: Definitionsbereich von $g(x, y)$

(b) Die Quadratwurzel $(x^2+y^2-4)^{1/2} = \sqrt{x^2+y^2-4}$ ist nur definiert, wenn $x^2+y^2 \geq 4$. Ferner muss gelten $x^2+y^2 \neq 4$, denn sonst ist der Nenner gleich 0. Ferner müssen wir $9-(x^2+y^2) \geq 0$ oder $x^2+y^2 \leq 9$ verlangen. Alles in allem muss deshalb gelten $4 < x^2+y^2 \leq 9$. Da der Graph von $x^2+y^2 = r^2$ aus allen Punkten auf dem Kreis mit Mittelpunkt im Urspung und Radius r besteht, ist der Definitionsbereich die Menge der Punkte (x, y), die außerhalb des Kreises aber nicht auf dem Kreis $x^2+y^2 = 4$ liegen und innerhalb des Kreises oder auf dem Kreis $x^2+y^2 = 9$ liegen. Diese Menge ist in Abb. 14.1.2 gezeigt, wobei der durchgezogene Kreis zum Definitionsbereich gehört, der gestrichelte Kreis jedoch nicht.

Aufgaben für Kapitel 14.1

1. Sei $f(x,y) = x + 2y$. Bestimmen Sie die Werte von $f(0,1)$, $f(2,-1)$, $f(a,a)$ und $f(a + \Delta x, b) - f(a,b)$.

2. Sei $f(x,y) = xy^2$. Bestimmen Sie die Werte von $f(0,1)$, $f(-1,2)$, $f(10^4, 10^{-2})$, $f(a,a)$, $f(a + \Delta x, b)$ und $f(a, b + \Delta y) - f(a,b)$.

3. Sei $f(x,y) = 3x^2 - 2xy + y^3$. Bestimmen Sie die Werte von $f(1,1)$, $f(-2,3)$, $f(1/x, 1/y)$ sowie von $p = [f(x + \Delta x, y) - f(x,y)]/\Delta x$ und $q = [f(x, y + \Delta y) - f(x,y)]/\Delta y$.

4. Sei $f(x,y) = x^2 + 2xy + y^2$.

(a) Bestimmen Sie die Werte von $f(-1,2)$, $f(a,a)$ und $f(a + h, b) - f(a,b)$.

(b) Zeigen Sie, dass $f(2x, 2y) = 2^2 f(x,y)$ und dass $f(tx, ty) = t^2 f(x,y)$ für alle t.

5. Sei $F(K,L) = 10K^{1/2}L^{1/3}$ für $K \geq 0$ und $L \geq 0$. Bestimmen Sie die Werte von $F(1,1)$, $F(4,27)$, $F(9, 1/27)$, $F(3, \sqrt{2})$, $F(100, 1000)$ und $F(2K, 2L)$.

6. Untersuchen Sie die Definitionsbereiche der durch die folgenden Formeln gegebenen Funktionen und zeichnen Sie dann diese in der xy-Ebene.

(a) $\dfrac{x^2 + y^3}{y - x + 2}$ (b) $\sqrt{2 - (x^2 + y^2)}$ (c) $\sqrt{(4 - x^2 - y^2)(x^2 + y^2 - 1)}$

7. Bestimmen Sie die Definitionsbereiche der durch die folgenden Formeln definierten Funktionen:

(a) $1/(e^{x+y} - 3)$ (b) $\ln(x-a)^2 + \ln(y-b)^2$ (c) $2\ln(x-a) + 2\ln(y-b)$

► Lösungen zu den Aufgaben finden Sie im Anhang des Buches.

14.2 Partielle Ableitungen bei zwei Variablen

Für eine Funktion $y = f(x)$ von einer Variablen ist die Ableitung $f'(x)$ eine Zahl, die die Änderungsrate der Funktion misst, wenn x sich ändert. Für eine Funktion von zwei Variablen, wie $z = f(x,y)$, möchten wir auch untersuchen, wie schnell sich der Funktionswert ändert in Abhängigkeit von einer Änderung im Wert von einer der beiden unabhängigen Variablen. Wenn z. B. $f(x,y)$ der Gewinn eines Unternehmens ist, wenn es die Mengen x und y zweier verschiedener Inputs verwendet, möchten wir wissen, ob und um wieviel sich der Gewinn ändern kann, wenn wir entweder x oder y variieren.

Betrachten Sie als Beispiel die Funktion

$$z = x^3 + 2y^2 \qquad (*)$$

Nehmen Sie zunächst an, dass y konstant gehalten wird. Dann ist $2y^2$ eine Konstante und dies impliziert, dass z reduziert wurde auf eine Funktion einer einzigen Variablen x. Natürlich ist, weil x^3 differenzierbar ist, die Änderungsrate von z bezüglich x gegeben durch

$$\frac{dz}{dx} = 3x^2$$

Andererseits können wir x in (∗) festhalten und untersuchen, wie z variiert, wenn y variiert. Dazu muss die Ableitung von z nach y gebildet werden, während x konstant gehalten wird. Das Resultat ist

$$\frac{dz}{dy} = 4y$$

Offensichtlich gibt es viele andere Variationen, die wir untersuchen könnten. So könnten wir z. B. x und y gleichzeitig variieren. Jedoch werden wir uns in diesem Abschnitt auf Variationen *entweder* in x *oder* in y beschränken.

Für Funktionen von zwei Variablen schreiben Mathematiker (und Ökonomen) gewöhnlich $\partial z/\partial x$ anstelle von dz/dx für die Ableitung von z nach x, wenn y konstant gehalten wird. Diese kleine Änderung in der Notation, das Ersetzen von d durch ∂ soll den Leser daran erinnern, dass sich nur eine unabhängige Variable ändert, während die andere(n) festgehalten wird (werden). In der gleichen Weise schreiben wir $\partial z/\partial y$ anstelle von dz/dy, wenn y variiert und x festgehalten wird. Mit dieser Notation haben wir

$$z = x^3 + 2y^2 \implies \frac{\partial z}{\partial x} = 3x^2 \quad \text{und} \quad \frac{\partial z}{\partial y} = 4y$$

Allgemein führen wir die folgenden Definitionen ein:

Partielle Ableitungen

Falls $z = f(x, y)$, dann ist

$\partial z/\partial x$ die Ableitung von $f(x, y)$ nach x, wenn y konstant gehalten wird (14.2.1)

$\partial z/\partial y$ die Ableitung von $f(x, y)$ nach y, wenn x konstant gehalten wird (14.2.2)

Wenn $z = f(x, y)$ ist, bezeichnen wir die Ableitung $\partial z/\partial x$ auch durch $\partial f/\partial x$, und dies wird die *partielle Ableitung* von z (oder f) nach x genannt. Genauso ist $\partial z/\partial y = \partial f/\partial y$ die *partielle Ableitung* von z (oder f) nach y. Beachten Sie, dass $\partial f/\partial x$ die Änderungsrate von $f(x, y)$ bezüglich x ist, wenn y konstant gehalten wird und Entsprechendes gilt für $\partial f/\partial y$. Natürlich kann es zwei verschiedene partielle Ableitungen geben, weil es zwei Variablen gibt.

Es ist gewöhnlich leicht, die partiellen Ableitungen einer Funktion $z = f(x, y)$ zu bestimmen. Wenn Sie $\partial f/\partial x$ bestimmen wollen, denken Sie sich einfach y als eine Konstante und differenzieren Sie $f(x, y)$ nach x, als ob f eine Funktion von x allein wäre. Die Regeln für das Bilden von Ableitungen von Funktionen einer Variablen können alle verwendet werden, wenn wir $\partial f/\partial x$ berechnen wollen. Dasselbe gilt für $\partial f/\partial y$. Wir wollen einige weitere Beispiele betrachten.

Beispiel 14.2.1

Bestimmen Sie die partiellen Ableitungen der folgenden Funktionen:

(a) $f(x, y) = x^3y + x^2y^2 + x + y^2$ (b) $f(x, y) = \dfrac{xy}{x^2 + y^2}$

Lösung:

(a) Indem wir y konstant halten, ergibt sich $\frac{\partial f}{\partial x} = 3x^2y + 2xy^2 + 1$.
Ähnlich ergibt sich, wenn wir x konstant halten, $\frac{\partial f}{\partial y} = x^3 + 2x^2y + 2y$.

(b) Für diese Funktion folgt aus der Quotientenregel

$$\frac{\partial f}{\partial x} = \frac{y(x^2+y^2) - 2xxy}{(x^2+y^2)^2} = \frac{y^3 - x^2y}{(x^2+y^2)^2}, \qquad \frac{\partial f}{\partial y} = \frac{x^3 - y^2x}{(x^2+y^2)^2}$$

Bemerken Sie, dass die Funktion symmetrisch in x und y ist, in dem Sinne, dass der Funktionswert unverändert bleibt, wenn wir x und y vertauschen. Indem wir x und y in der Formel für $\partial f/\partial x$ vertauschen, erhalten wir daher die korrekte Formel für $\partial f/\partial y$.

Es ist eine gute Übung für Sie, $\partial f/\partial y$ in der üblichen Weise zu bestimmen und zu überprüfen, dass die oben stehende Antwort korrekt ist.

Es werden oft zahlreiche andere Formen der Notation benutzt, um die partiellen Ableitungen von $z = f(x,y)$ zu bezeichnen. Einige der gebräuchlichsten sind

$$\frac{\partial f}{\partial x} = \frac{\partial z}{\partial x} = z'_x = f'_x(x,y) = f'_1(x,y) = \frac{\partial}{\partial x}f(x,y) = \frac{\partial f(x,y)}{\partial x} = \frac{\partial f}{\partial x}(x,y)$$
$$\frac{\partial f}{\partial y} = \frac{\partial z}{\partial y} = z'_y = f'_y(x,y) = f'_2(x,y) = \frac{\partial}{\partial y}f(x,y) = \frac{\partial f(x,y)}{\partial y} = \frac{\partial f}{\partial y}(x,y)$$

Unter diesen finden wir $f'_1(x,y)$ und $f'_2(x,y)$ am meisten zufriedenstellend. Hier bezieht sich der tief gestellte numerische Index auf die Position des Arguments in der Funktion. So bezeichnet f'_1 die partielle Ableitung bezüglich der ersten Variablen und f'_2 bezüglich der zweiten Variablen. Diese Notation erinnert uns auch daran, dass die partiellen Ableitungen selbst Funktionen von x und y sind. Schließlich sind $f'_1(a,b)$ und $f'_2(a,b)$ passende Bezeichnungen der Werte der partiellen Ableitungen an einer speziellen Stelle (a,b) anstatt an der allgemeinen Stelle (x,y). Wenn z. B. die Funktion $f(x,y) = x^3y + x^2y^2 + x + y^2$ aus Beispiel 14.2.1(a) gegeben ist, so hat man

$$f'_1(x,y) = 3x^2y + 2xy^2 + 1, \; f'_1(a,b) = 3a^2b + 2ab^2 + 1$$

Insbesondere ist $f'_1(0,0) = 1$ und $f'_1(-1,2) = 3(-1)^2 2 + 2(-1)2^2 + 1 = -1$.

Wir bemerken, dass die alternativen Notationen $f'_x(x,y)$ und $f'_y(x,y)$ oft verwendet werden, aber sie sind manchmal zu unklar, wenn sie im Zusammenhang mit verketteten Funktionen verwendet werden. Was ist z. B. mit dem Ausdruck $f'_x(x^2y, x-y)$ gemeint?

Erinnern Sie sich daran, dass die zwei Ausdrücke $f'_1(x,y)$ und $f'_2(x,y)$ Zahlen darstellen, die die Änderungsraten von f bezüglich x bzw. y messen. Wenn z. B. $f'_1(x,y) > 0$, dann wird ein kleiner Zuwachs in x zu einem Zuwachs von $f(x,y)$ führen.

Beispiel 14.2.2

In Beispiel 14.1.2 haben wir die Funktion $x = Ap^{-1.5}m^{2.08}$ untersucht. Bestimmen Sie die partiellen Ableitungen von x bezüglich p und m, und diskutieren Sie ihre Vorzeichen.

Lösung: Wir erhalten mit den üblichen Regeln für die Differentiation einer Funktion von einer Variablen $\partial x/\partial p = -1.5Ap^{-2.5}m^{2.08}$ und $\partial x/\partial m = 2.08Ap^{-1.5}m^{1.08}$. Da A, p und m positiv sind, ist $\partial x/\partial p < 0$ und $\partial x/\partial m > 0$. Diese Vorzeichen sind in Übereinstimmug mit den abschließenden Bemerkungen in Beispiel 14.1.2.

Formale Definitionen der partiellen Ableitungen

Bisher waren alle Funktionen, die wir in diesem Kapitel betrachtet haben, durch explizite Formeln gegeben, für die wir die partiellen Ableitungen finden konnten, indem wir die gewöhnlichen Regeln der Differentiation verwendet haben. Wenn diese Regeln jedoch nicht angewendet werden können, müssen wir auf die formale Definition der partiellen Ableitung zurückgreifen. Diese wird in der folgenden ziemlich offensichtlichen Weise aus der Definition der Ableitung für Funktionen einer Variablen hergeleitet.

Bei gegebener Funktion $z = f(x, y)$ von zwei Variablen, können wir für jedes feste y die Funktion $g(x) = f(x, y)$ von einer Variablen definieren. Dann ist die partielle Ableitung von $f(x, y)$ bezüglich x einfach $g'(x)$. Nach Definition der Ableitung gilt

$$g'(x) = \lim_{\Delta x \to 0} \frac{g(x + \Delta x) - g(x)}{\Delta x} \tag{14.2.3}$$

Weil $f_1'(x, y) = g'(x)$, so folgt:

Partielle Ableitungen

Sei $f(x, y)$ eine Funktion von zwei Variablen. Dann ist, vorausgesetzt, dass die relevanten Grenzwerte existieren

$$f_1'(x, y) = \lim_{\Delta x \to 0} \frac{f(x + \Delta x, y) - f(x, y)}{\Delta x} \tag{14.2.4}$$

$$f_2'(x, y) = \lim_{\Delta y \to 0} \frac{f(x, y + \Delta y) - f(x, y)}{\Delta y} \tag{14.2.5}$$

Falls der Grenzwert in (14.2.4) nicht existiert, so sagen wir, dass $f_1'(x, y)$ *nicht existiert* oder dass f an der Stelle *nicht differenzierbar* ist bezüglich x. Analog, wenn der Grenzwert in (14.2.5) nicht existiert, dann existiert $f_2'(x, y)$ nicht und f ist nicht differenzierbar bezüglich y an der Stelle. So ist z. B. die Funktion $f(x, y) = |x| + |y|$ nicht differenzierbar, weder nach x noch nach y, an der Stelle $(x, y) = (0, 0)$.

Wenn Δx dem Absolutbetrag nach klein ist, dann erhalten wir aus Gl. (14.2.4) die Approximation

$$f_1'(x, y) \approx \frac{f(x + \Delta x, y) - f(x, y)}{\Delta x} \tag{14.2.6}$$

Analog: Wenn Δy dem Absolutbetrag nach klein ist, dann impliziert Gl. (14.2.5)

$$f_2'(x, y) \approx \frac{f(x, y + \Delta y) - f(x, y)}{\Delta y} \tag{14.2.7}$$

Diese zwei Approximationen können wie folgt interpretiert werden:

Approximationen der partiellen Ableitungen

(i) Die partielle Ableitung $f_1'(x, y)$ ist ungefähr gleich der Änderung in $f(x, y)$ pro Einheit Erhöhung von x, wenn y konstant gehalten wird.

(ii) Die partielle Ableitung $f_2'(x, y)$ ist ungefähr gleich der Änderung in $f(x, y)$ pro Einheit Erhöhung von y, wenn x konstant gehalten wird.

Diese Approximation müssen mit Vorsicht verwendet werden. Grob gesagt, wird jede nicht zu ungenau sein, vorausgesetzt, dass die partiellen Ableitungen nicht zu stark auf den aktuellen Intervallen variieren. Natürlich galt diese Warnung auch für den Ein-Variablen-Fall, den wir zuerst in Kap. 6.4 gesehen haben und dann in Kap. 7.4. Aber sie gilt hier mit größerem Nachdruck, da sogar eine anscheinend kleine Variation entweder in x oder in y zu einer signifikanten Änderung in, sagen wir mal, $f_1'(x, y)$ führen kann. Kap. 15.8 und FMEA diskutieren solche Approximationen detaillierter.

Beispiel 14.2.3

Sei $Y = F(K, L)$ die Anzahl der produzierten Einheiten, wenn K Einheiten Kapital und L Einheiten Arbeit als Input in einem Produktionsprozess verwendet werden. Welches ist die ökonomische Interpretation von $F_K'(100, 50) = 5$?

Lösung: Die Aussage $F_K'(100, 50) = 5$ bedeutet: Startet man von $K = 100$ und hält man den Arbeitsinput konstant bei 50, so bewirkt ein kleiner Anstieg in K einen Anstieg des Outputs um fünf Einheiten pro Einheit Anstieg in K.

Partielle Ableitungen höherer Ordnung

Falls $z = f(x, y)$ ist, dann werden $\partial f/\partial x$ und $\partial f/\partial y$ die *partiellen Ableitungen erster Ordnung* genannt. Diese partiellen Ableitungen sind im Allgemeinen wieder Funktionen von zwei Variablen. Aus $\partial f/\partial x$ können wir, vorausgesetzt, dass diese Ableitung selbst wieder differenzierbar ist, zwei neue Funktionen erzeugen, indem wir die partiellen Ableitungen bezüglich x und y bilden. In der gleichen Weise können wir die partiellen Ableitungen von $\partial f/\partial y$ bezüglich x und y bilden. Die vier Funktionen, die wir erhalten, wenn wir in dieser Weise zweimal differenzieren, heißen die *partiellen Ableitungen zweiter Ordnung* von $f(x, y)$. Sie werden wie folgt ausgedrückt:

$$\frac{\partial}{\partial x}\left(\frac{\partial f}{\partial x}\right) = \frac{\partial^2 f}{\partial x^2}, \quad \frac{\partial}{\partial x}\left(\frac{\partial f}{\partial y}\right) = \frac{\partial^2 f}{\partial x \partial y}, \quad \frac{\partial}{\partial y}\left(\frac{\partial f}{\partial x}\right) = \frac{\partial^2 f}{\partial y \partial x} \quad \text{und} \quad \frac{\partial}{\partial y}\left(\frac{\partial f}{\partial y}\right) = \frac{\partial^2 f}{\partial y^2}$$

Um abzukürzen, sprechen wir manchmal von den „partiellen" erster und zweiter Ordnung, unterdrücken dabei das Wort „Ableitungen".

Beispiel 14.2.4

Für die Funktion in Teil (a) von Beispiel 14.2.1 erhalten wir durch Differentiation ihrer zwei partiellen Ableitungen erster Ordnung

$$\frac{\partial^2 f}{\partial x^2} = 6xy + 2y^2, \quad \frac{\partial^2 f}{\partial y \partial x} = 3x^2 + 4xy, \quad \frac{\partial^2 f}{\partial x \partial y} = 3x^2 + 4xy \quad \text{und} \quad \frac{\partial^2 f}{\partial y^2} = 2x^2 + 2$$

Wie bei den partiellen Ableitungen erster Ordnung werden auch bei den partiellen Ableitungen zweiter Ordnung zahlreiche andere Arten der Notation verwendet. So wird z. B. $\partial^2 f/\partial x^2$ auch mit $f''_{11}(x,y)$ oder $f''_{xx}(x,y)$ bezeichnet. Genauso kann $\partial^2 f/\partial y\partial x$ auch als $f''_{12}(x,y)$ oder $f''_{xy}(x,y)$ geschrieben werden. Beachten Sie, dass $f''_{12}(x,y)$ bedeutet, dass wir $f(x,y)$ zuerst bezüglich des ersten Arguments x und dann bezüglich des zweiten Arguments y differenzieren. Um $f''_{21}(x,y)$ zu bestimmen, müssen wir in der umgekehrten Reihenfolge differenzieren. Es ist wichtig, zu erkennen, dass diese Gepflogenheiten implizieren, dass

$$f''_{xy}(x,y) = \frac{\partial}{\partial y}\frac{\partial f}{\partial x} = \frac{\partial^2 f}{\partial y \partial x} \quad \text{und} \quad f''_{yx}(x,y) = \frac{\partial}{\partial x}\frac{\partial f}{\partial y} = \frac{\partial^2 f}{\partial x \partial y} \tag{14.2.8}$$

mit jeweils vertauschter Reihenfolge von x und y.

In Beispiel 14.2.4 sind diese beiden „gemischten" partiellen Ableitungen zweiter Ordnung gleich. Für die meisten Funktionen $z = f(x,y)$ wird es tatsächlich der Fall sein, dass

$$\frac{\partial^2 f}{\partial x \partial y} = \frac{\partial^2 f}{\partial y \partial x} \tag{14.2.9}$$

Hinreichende Bedingungen für diese Gleichheit werden in Theorem 14.6.1 angegeben.

Es ist sehr wichtig, die exakte Bedeutung der verschiedenen Symbole, die hier eingeführt wurden, zu beachten. Zum Beispiel wäre es ein schwerwiegender Fehler zu glauben, dass die zwei Ausdrücke in (14.2.9) gleich sind, weil $\partial x \partial y$ dasselbe ist wie $\partial y \partial x$. Wie (14.2.8) klar machen sollte, ist der Ausdruck auf der linken Seite von (14.2.9) die partielle Ableitung von $\partial f/\partial y$ bezüglich x, während die rechte Seite die partielle Ableitung von $\partial f/\partial x$ bezüglich y ist. Es ist eine bemerkenswerte Tatsache und keine Trivialität, dass die zwei gewöhnlich gleich sind.

Es ist auch wichtig zu beachten, dass $\partial^2 z/\partial x^2$ ganz verschieden von $(\partial z/\partial x)^2$ ist. Wenn z. B. $z = x^2 + y^2$, dann ist $\partial z/\partial x = 2x$. Daher ist $\partial^2 z/\partial x^2 = 2$, während $(\partial z/\partial x)^2 = 4x^2$ ist.

Wir können partielle Ableitungen dritter, vierter und höherer Ordnung analog definieren. So schreiben wir z. B. $\partial^4 z/\partial x \partial y^3 = z^{(4)}_{yyyx}$, wenn wir z zunächst dreimal nach y differenzieren und dann das Resultat nach x differenzieren. Hier ist ein weiteres Beispiel.

Beispiel 14.2.5

Bestimmen Sie für $f(x,y) = x^3 e^{y^2}$ die partiellen Ableitungen erster und zweiter Ordnung an der Stelle $(x,y) = (1,0)$.

Lösung: Um $f'_1(x,y)$ zu bestimmen, differenzieren wir $x^3 e^{y^2}$ nach x, wobei wir y als eine Konstante betrachten. Wenn y eine Konstante ist, dann ist auch e^{y^2} eine Konstante. Daher gilt $f'_1(x,y) = 3x^2 e^{y^2}$. An der Stelle $(x,y) = (1,0)$ haben wir

$$f'_1(1,0) = 3 \cdot 1^2 e^{0^2} = 3$$

Um $f'_2(x,y)$ zu bestimmen, differenzieren wir $f(x,y)$ nach y, wobei wir x als eine Konstante betrachten:

$$f'_2(x,y) = x^3 2y e^{y^2} = 2x^3 y e^{y^2}$$

An der Stelle $(x,y) = (1,0)$ haben wir $f'_2(1,0) = 0$.

Um die partielle Ableitung zweiter Ordnung $f''_{11}(x,y)$ zu bestimmen, müssen wir $f'_1(x,y)$ noch einmal nach x differenzieren, wobei wir y als eine Konstante betrachten. Daher ist $f''_{11}(x,y) = 6xe^{y^2}$ und damit

$$f''_{11}(1,0) = 6 \cdot 1e^{0^2} = 6$$

Um $f''_{22}(x,y)$ zu bestimmen, müssen wir $f'_2(x,y) = 2x^3ye^{y^2}$ noch einmal nach y differenzieren, wobei wir x als eine Konstante betrachten. Da ye^{y^2} ein Produkt von zwei Funktionen ist, die beide von y abhängen, verwenden wir die Produktregel und erhalten

$$f''_{22}(x,y) = (2x^3)(1 \cdot e^{y^2} + y2ye^{y^2}) = 2x^3e^{y^2} + 4x^3y^2e^{y^2}$$

Indem wir dies an der Stelle $(1,0)$ berechnen, erhalten wir $f''_{22}(1,0) = 2$. Ferner ist

$$f''_{12}(x,y) = \frac{\partial}{\partial y}[f'_1(x,y)] = \frac{\partial}{\partial y}(3x^2e^{y^2}) = 3x^2 2ye^{y^2} = 6x^2ye^{y^2} \text{ und}$$
$$f''_{21}(x,y) = \frac{\partial}{\partial x}[f'_2(x,y)] = \frac{\partial}{\partial x}(2x^3ye^{y^2}) = 6x^2ye^{y^2}$$

Daher ist $f''_{12}(x,y) = f''_{21}(x,y)$ für alle x und y mit $f''_{12}(1,0) = f''_{21}(1,0) = 0$.

Aufgaben für Kapitel 14.2

1. Bestimmen Sie $\partial z/\partial x$ und $\partial z/\partial y$ für jede der folgenden Funktionen:

(a) $z = 2x + 3y$ (b) $z = x^2 + y^3$ (c) $z = x^3y^4$ (d) $z = (x+y)^2$

2. Bestimmen Sie $\partial z/\partial x$ und $\partial z/\partial y$ für jede der folgenden Funktionen:

(a) $z = x^2 + 3y^2$ (b) $z = xy$ (c) $z = 5x^4y^2 - 2xy^5$ (d) $z = e^{x+y}$
(e) $z = e^{xy}$ (f) $z = e^x/y$ (g) $z = \ln(x+y)$ (h) $z = \ln(xy)$

3. Bestimmen Sie $f'_1(x,y)$, $f'_2(x,y)$ und $f''_{12}(x,y)$ für jede der folgenden Funktionen:

(a) $f(x,y) = x^7 - y^7$ (b) $f(x,y) = x^5 \ln y$ (c) $f(x,y) = (x^2 - 2y^2)^5$

4. Bestimmen Sie alle partiellen Ableitungen erster und zweiter Ordnung für jede der folgenden Funktionen:

(a) $z = 3x + 4y$ (b) $z = x^3y^2$ (c) $z = x^5 - 3x^2y + y^6$
(d) $z = x/y$ (e) $z = (x-y)/(x+y)$ (f) $z = \sqrt{x^2 + y^2}$

5. Bestimmen Sie alle partiellen Ableitungen erster und zweiter Ordnung für jede der folgenden Funktionen:

(a) $z = x^2 + e^{2y}$ (b) $z = y \ln x$ (c) $z = xy^2 - e^{xy}$ (d) $z = x^y$

6. Die geschätzte Produktionsfunktion für eine gewisse Fischerei ist $F(S,E) = 2.26\, S^{0.44}E^{0.48}$, wobei S den Bestand an Hummer bezeichnet, E den Fangaufwand und $F(S,E)$ den Fang.

➡ Fortsetzung

(a) Bestimmen Sie $F'_S(S, E)$ und $F'_E(S, E)$.

(b) Zeigen Sie, dass $SF'_S + EF'_E = kF$ für eine passende Konstante k ist.

7. Zeigen Sie: Wenn $z = (ax + by)^2$ ist, dann gilt $xz'_x + yz'_y = 2z$.

8. Sei $z = \frac{1}{2}\ln(x^2 + y^2)$. Zeigen Sie, dass $\partial^2 z/\partial x^2 + \partial^2 z/\partial y^2 = 0$ ist.

9. Nehmen Sie an: Wenn ein Haushalt x Einheiten eines Gutes und y Einheiten eines anderen Gutes konsumiert, sei der Nutzen beschrieben durch die Funktion $s(x, y) = 2\ln x + 4\ln y$. Nehmen Sie an, dass der Haushalt zur Zeit 20 Einheiten des ersten und 30 Einheiten des zweiten Gutes konsumiert. Wie groß ist der approximative Zuwachs des Nutzens aus dem Konsum einer weiteren Einheit: (a) des ersten Gutes? (b) des zweiten Gutes?

► Lösungen zu den Aufgaben finden Sie im Anhang des Buches.

14.3 Geometrische Darstellung

Bei der Untersuchung von Funktionen einer Variablen haben wir gesehen, wie nützlich es war, die Funktion durch ihren Graphen in einem Koordinatensystem in der Ebene darzustellen. Dieses Unterkapitel zeigt, wie man Funktionen von zwei Variablen durch Graphen visualisieren kann, die Flächen im (dreidimensionalen) Raum (oder 3-Raum) bilden.

Der Graph einer Funktion von zwei Variablen

Nehmen Sie an, dass $z = f(x, y)$ eine Funktion von zwei Variablen ist, die auf einem Definitionsbereich D in der xy-Ebene definiert ist. Der *Graph* der Funktion f ist die Menge aller Punkte $(x, y, f(x, y))$ im 3-Raum, die man erhält, wenn man (x, y) „durch ganz D laufen lässt“. Falls f eine hinreichend „nette“ Funktion ist, wird der Graph von f eine zusammenhängende Fläche im 3-Raum sein, wie z. B. der Graph in Abb. 14.3.1. Wenn insbesondere (x_0, y_0) eine Stelle im Definitionsbereich D ist, sehen wir, wie man den Punkt $P = (x_0, y_0, f(x_0, y_0))$ auf der Fläche erhalten kann, indem man $f(x_0, y_0)$ als „Höhe“ von f an der Stelle (x_0, y_0) betrachtet.

Ein 3D-Drucker (oder ein talentierter Bildhauer mit viel Zeit und Ressourcen) könnte im Prinzip diesen dreidimensionalen Graphen der Funktion $z = f(x, y)$ konstruieren oder als ein anderes Beispiel den in Abb. 14.3.2 gezeigten Graphen der Funktion $z = x^4 - 3x^2y^2 + y^4$. Sogar die Zeichnung von Bildern wie in Abb. 14.3.1 und 14.3.2, die die Funktionen in zwei Dimensionen darstellen, verlangen beachtliche artistische Fähigkeiten.[4]

[4] Computergrafiken können sehr leicht Graphen von ganz komplizierten Funktionen von zwei Variablen produzieren. Diese können rotiert, gefärbt oder sonstwie transformiert werden, um die Gestalt des Graphen besser darzustellen.

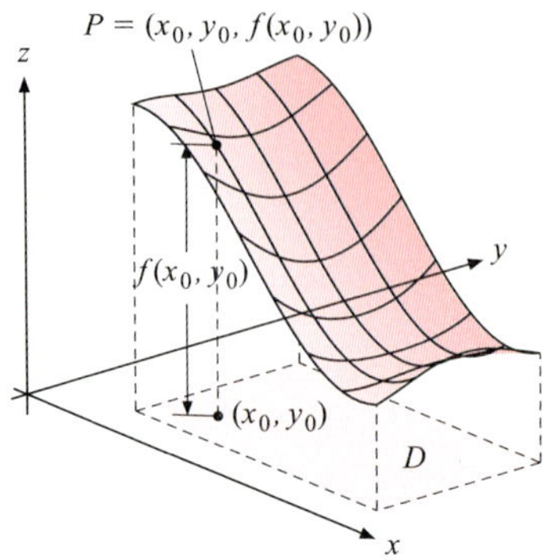

Abbildung 14.3.1: Graph von $z = f(x, y)$

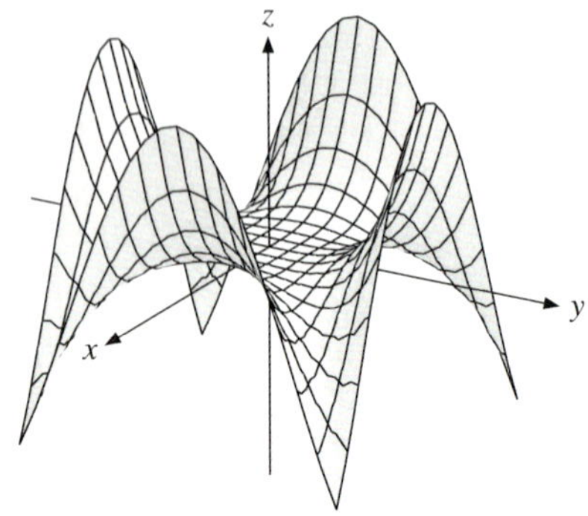

Abbildung 14.3.2: Graph von $z = x^4 - 3x^2y^2 + y^4$

Wir beschreiben jetzt eine zweite Art der geometrischen Darstellung, die oft besser funktioniert, wenn wir uns auf zwei Dimensionen, wie hier auf die Seiten dieses Buches, beschränken müssen.

Höhenlinien

Geschickte Hersteller von Landkarten können einige topografische Eigenschaften der Erdoberfläche wie Berge und Täler auch im begrenzten Raum einer ebenen Fläche darstellen. Die übliche Methode verwendet eine Reihe von *Höhenlinien* oder *Niveaulinien*, die Punkte auf der Karte verbinden, die Orte auf der Erdoberfläche mit der gleichen Höhe über dem Meeresspiegel darstellen. So kann es z. B. Höhenlinien geben, die zu 100 Meter über dem Meeresspiegel gehören, und andere für 200, 300 und 400 Meter über dem Meeresspiegel usw. Vor der Küste oder an Plätzen wie dem Tal des Jordan-Flusses, der in das Tote Meer mündet, kann es beispielsweise Niveaulinien für 100 Meter unter dem Meeresspiegel geben usw. Wo die Niveaulinien näher zusammenliegen, wird dadurch eine stärkere Steigung angedeutet. So kann die Untersuchung einer Karte mit Höhenlinien einen guten Eindruck vermitteln, wie die Höhe auf dem Boden variiert.

Dieselbe Idee kann für die geometrische Darstellung einer beliebigen Funktion $z = f(x, y)$ verwendet werden. Der Graph der Funktion im 3-Raum wird so visualisiert, als würde er von horizontalen Ebenen parallel zur xy-Ebene geschnitten. Die resultierende Schnittfläche zwischen jeder Ebene und dem Graphen wird dann auf die xy-Ebene projiziert. Wenn die Schnittebene $z = c$ ist, dann heißt die Projektion der Schnittfläche auf die xy-Ebene die *Höhenlinie* oder Niveaulinie von f zur Höhe c. Diese Höhenlinie besteht aus allen Punkten, die die Gleichung $f(x, y) = c$ erfüllen. Abb. 14.3.3 illustriert die Konstruktion solch einer Höhenlinie.

Beispiel 14.3.1

Betrachten Sie die Funktion von zwei Variablen, die durch die Gleichung

$$z = x^2 + y^2 \qquad (*)$$

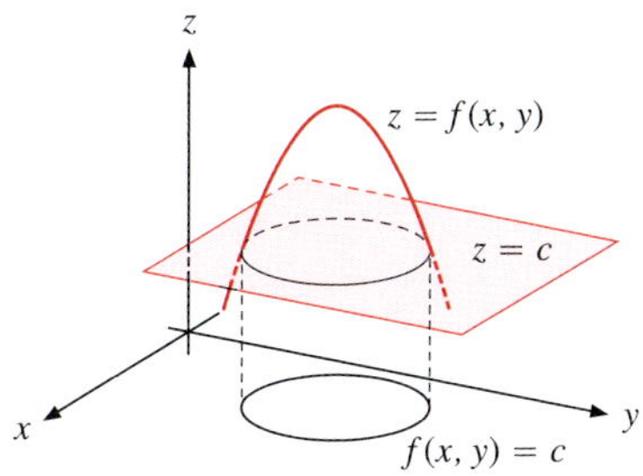

Abbildung 14.3.3: Der Graph von $z = f(x, y)$ und eine ihrer Höhenlinien

definiert ist. Welches sind ihre Höhenlinien? Zeichnen Sie eine Menge von Höhenlinien und den Graphen der Funktion.

Lösung: Die Variable z kann nur Werte ≥ 0 annehmen. Jede Höhenlinie hat die Gleichung

$$x^2 + y^2 = c$$

für ein $c \geq 0$. Wir sehen, dass dies Kreise in der xy-Ebene mit dem Mittelpunkt im Ursprung und mit Radius $\sqrt{c}$ sind, wie in Abb. 14.3.4, die auch die Höhenlinien für $c = 1, 2, 3, 4, 5$ zeigt.

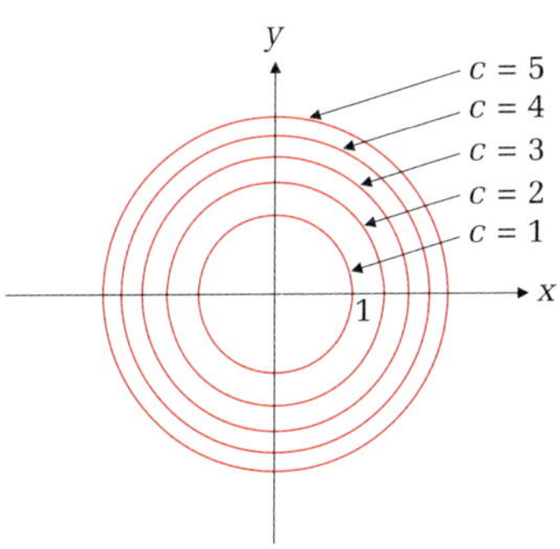

Abbildung 14.3.4: Lösungen von $x^2 + y^2 = c$

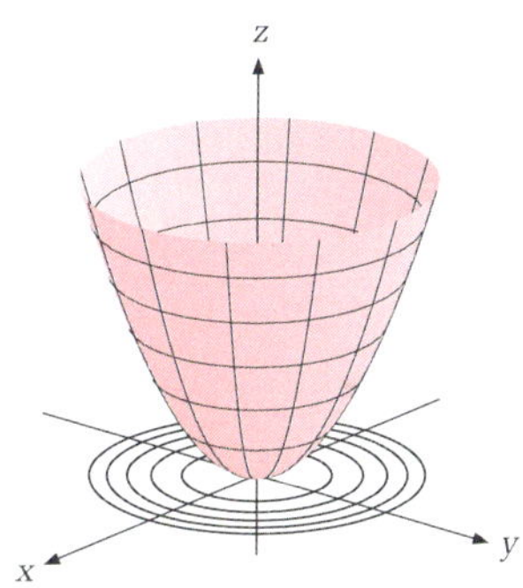

Abbildung 14.3.5: Der Graph von $z = x^2 + y^2$

Wir wenden uns jetzt dem dreidimensionalen Graphen der durch (∗) definierten Funktion zu. Für $y = 0$ erhalten wir $z = x^2$. Dies impliziert, dass der Graph von (∗) die xz-Ebene (wo $y = 0$ ist) in einer Parabel schneidet. Analog erhalten wir für $x = 0$, dass $z = y^2$, und dies ist der Graph einer Parabel in der yz-Ebene. Und in der Tat erhält man den Graphen von (∗), indem man die Parabel $z = x^2$ um die z-Achse rotieren lässt. Diese Rotationsfläche wird ein *Paraboloid* genannt und ihr unterster Teil ist in Abb. 14.3.5 gezeigt. Diese Abbildung zeigt auch die fünf angehobenen Kreise, die zu den fünf Höhenlinien in der xy-Ebene korrespondieren, die in Abb. 14.3.4 gezeigt sind.

Beispiel 14.3.2

Nehmen Sie an, dass $F(K, L)$ den Output eines Unternehmens bezeichnet, wenn der Kapitaleinsatz K und der Arbeitseinsatz L beträgt. Eine Höhenlinie für die Funktion ist eine Kurve in der KL-Ebene, die gegeben ist durch $F(K, L) = Y_0$, wobei Y_0 eine Konstante ist. Diese Kurve heißt eine *Isoquante* („gleiche Menge" bedeutend). Betrachten Sie die Cobb-Douglas-Funktion $F(K, L) = AK^aL^b$ mit $a + b < 1$ und $A > 0$. Die Abb. 14.3.6 bzw. 14.3.7 zeigen einen Teil des Graphen in der Nähe des Ursprungs und drei der Isoquanten.

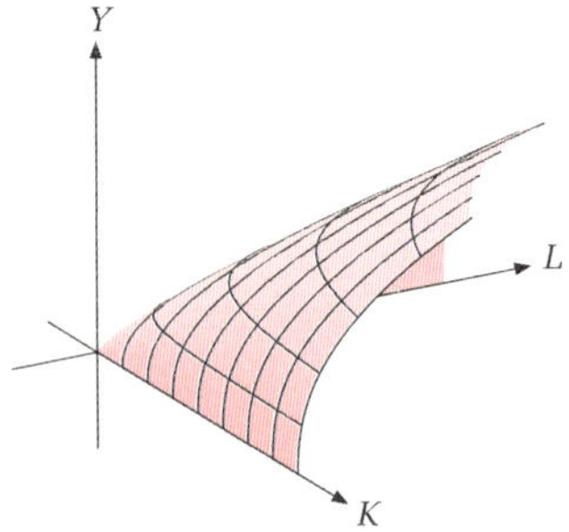

Abbildung 14.3.6: Graph einer Cobb-Douglas-Produktionsfunktion

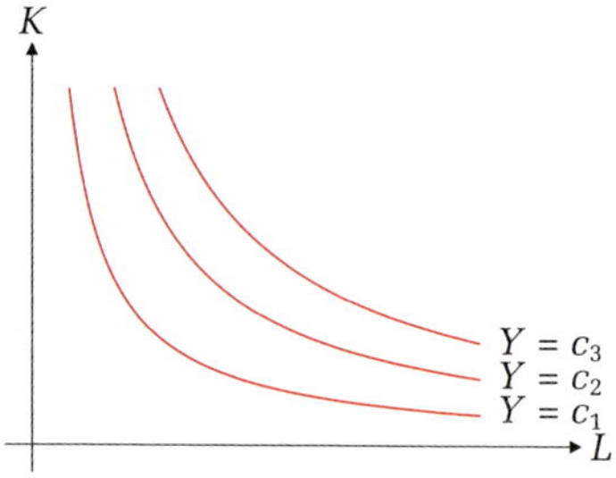

Abbildung 14.3.7: Isoquanten einer Cobb-Douglas-Produktionsfunktion

Beispiel 14.3.3

Zeigen Sie, dass alle Punkte (x, y), die $xy = 3$ erfüllen, auf einer Höhenlinie der folgenden Funktion liegen:

$$g(x, y) = \frac{3(xy + 1)^2}{x^4y^4 - 1}$$

Lösung: Indem wir $xy = 3$ in dem Ausdruck für g substituieren, erhalten wir

$$g(x, y) = \frac{3(xy + 1)^2}{(xy)^4 - 1} = \frac{3(3 + 1)^2}{3^4 - 1} = \frac{48}{80} = \frac{3}{5}$$

Dies zeigt, dass für alle (x, y) mit $xy = 3$ der Wert von $g(x, y)$ eine Konstante, nämlich $3/5$ ist. Damit ist gezeigt, dass jeder Punkt (x, y), der $xy = 3$ erfüllt, auf einer Höhenlinie (zur Höhe $3/5$) für g liegt.[5]

Geometrische Interpretationen der partiellen Ableitungen

Partielle Ableitungen erster Ordnung haben eine interessante geometrische Interpretation. Sei $z = f(x, y)$ eine Funktion von zwei Variablen, deren Graph in Abb. 14.3.8 dargestellt ist. Wir halten den Wert von y fest an der Stelle b. Die Punkte $(x, y, f(x, y))$ auf dem Graphen von f mit $y = b$ sind diejenigen, die auf der Kurve K_y liegen, die in der Abbildung eingezeichnet ist. Die partielle Ableitung $f'_x(a, b)$ ist die Ableitung von

[5] Tatsächlich ist $g(x, y) = 3(c + 1)^2/(c^4 - 1)$, falls $xy = c \neq \pm 1$, so dass diese Gleichung eine Höhenlinie von g darstellt für jeden Wert von $c \neq \pm 1$.

$z = f(x, b)$ nach x an der Stelle $x = a$ und ist deshalb die Steigung der Tangente ℓ_y an die Kurve K_y an der Stelle $x = a$. Genauso ist $f'_y(a, b)$ die Steigung der Tangente ℓ_x an die Kurve K_x an der Stelle $y = b$.

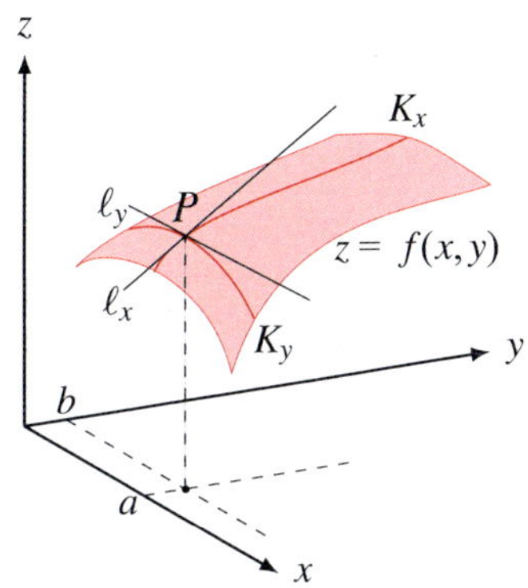

Abbildung 14.3.8: Partielle Ableitungen

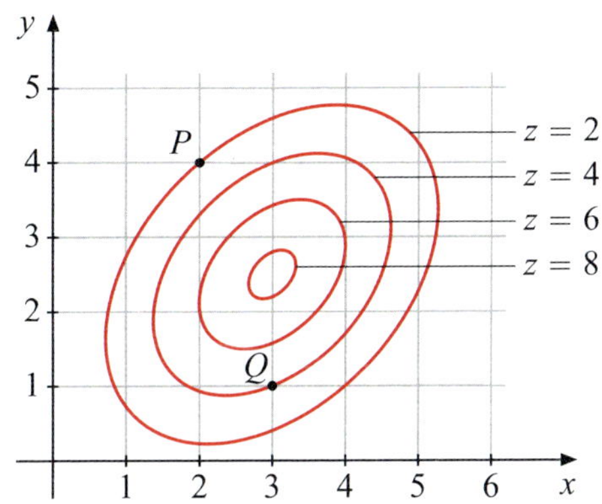

Abbildung 14.3.9: Höhenlinien

Diese geometrische Interpretation der zwei partiellen Ableitungen kann auf eine andere Weise erklärt werden. Stellen Sie sich vor, dass der Graph von f aussieht wie die Oberfläche eines Berges, wie in Abb. 14.3.8, und nehmen Sie an, dass wir am Punkt P mit den Koordinaten $(a, b, f(a, b))$ in drei Dimensionen stehen, wo die Höhe $f(a, b)$ Einheiten über der xy-Ebene ist. Die Steigung des Geländes an der Stelle P variiert, wenn wir in verschiedene Richtungen blicken. Nehmen Sie insbesondere an, dass wir in die Richtung parallel zur positiven x-Achse schauen. Dann ist $f'_x(a, b)$ ein Maß für die „Steilheit" in dieser Richtung, die in Abb. 14.3.8 negativ ist. Der Grund ist, dass eine Bewegung von P aus entlang der Tangente ℓ_x in die Richtung von anwachsendem x uns abwärts führt. In derselben Weise sehen wir, dass $f'_y(a, b)$ ein Maß für die „Steilheit" entlang ℓ_y in die Richtung von wachsendem y ist. In Abb. 14.3.8 sehen wir, dass $f'_y(a, b)$ positiv ist, d. h. die Steigung ist in dieser Richtung aufwärts.

Wir wollen jetzt kurz die geometrische Interpretation der „direkten" partiellen Ableitungen zweiter Ordnung f''_{xx} und f''_{yy} betrachten. Betrachten Sie die Kurve K_y auf dem Graphen von f in der Abb. 14.3.8. Es sieht so aus, als ob $f''_{xx}(x, b)$ negativ ist, weil $f'_x(x, b)$ abnimmt, wenn x zunimmt entlang dieser Kurve. Insbesondere ist $f''_{xx}(a, b) < 0$. In derselben Weise sehen wir, dass bei einer Bewegung entlang K_x die partielle Ableitung $f'_y(a, y)$ fällt, wenn y steigt, so dass $f''_{yy}(a, y) < 0$. Insbesondere ist $f''_{yy}(a, b) < 0$.

Die gemischten partiellen Ableitungen f''_{xy} und f''_{yx} sind nicht so einfach geometrisch zu interpretieren. Betrachten Sie wieder die Kurve K_y in Abb. 14.3.8. Erinnern Sie, dass ihre Position bestimmt ist durch den Wert von y, nämlich b, den wir festhalten, wenn wir die partielle Ableitung nach x berechnen. Die erste partielle Ableitung ist $f'_x(x, b)$, welches die Steigung der Geraden ℓ_y in Richtung der x-Achse ist. Stellen Sie sich jetzt vor, dass Sie b leicht erhöhen, so dass die Kurve K_y in Richtung der y-Achse verschoben wird. Natürlich verschiebt sich die ℓ_y-Kurve auch und ihre Steigung kann sich ändern. Die gemischte partielle Ableitung f''_{xy} misst die Größe dieser Änderung.

Beispiel 14.3.4

Betrachten Sie Abb. 14.3.9, die einige Höhenlinien einer Funktion $z = f(x, y)$ zeigt. Beantworten Sie auf Basis dieser Abbildung die folgenden Fragen:

(a) Welche Vorzeichen haben $f'_x(x, y)$ und $f'_y(x, y)$ an den Stellen P und Q? Schätzen Sie auch den Wert von $f'_x(3, 1)$ ab.

(b) Welches sind die Lösungen der Gleichungen (i) $f(3, y) = 4$ und (ii) $f(x, 4) = 6$?

(c) Welches ist der größte Wert, den $f(x, y)$ annehmen kann, wenn $x = 2$ ist und für welchen Wert y tritt dieses Maximum ein?

Lösung:

(a) Wenn Sie an der Stelle P stehen, befinden Sie sich auf der Höhenlinie $f(x, y) = 2$. Wenn Sie in die Richtung der positiven x-Achse schauen, entlang der Geraden $y = 4$, dann werden Sie sehen, dass das Gelände ansteigt, da die nächsten Höhenlinien zu größeren z-Werten gehören. Daher ist $f'_x > 0$. Wenn Sie an der Stelle P stehen und in die Richtung der positiven y-Achse, entlang $x = 2$ blicken, fällt das Gelände ab. Daher muss an der Stelle P gelten: $f'_y < 0$. An der Stelle Q finden wir auf ähnliche Weise, dass $f'_x < 0$ und $f'_y > 0$ ist. Um $f'_x(3, 1)$ abzuschätzen, benutzen wir, dass $f'_x(3, 1) \approx f(4, 1) - f(3, 1) = 2 - 4 = -2$ ist.[6]

(b) Gleichung (i) hat die Lösungen $y = 1$ und $y = 4$, weil die Gerade $x = 3$ die Höhenlinie $f(x, y) = 4$ in $(3, 1)$ und in $(3, 4)$ schneidet. Gleichung (ii) hat keine Lösungen, weil die Gerade $y = 4$ die Höhenlinie $f(x, y) = 6$ überhaupt nicht schneidet.

(c) Der höchste Wert von c, für den die Höhenlinie $f(x, y) = c$ einen Punkt mit der Geraden $x = 2$ gemeinsam hat, ist $c = 6$. Der größte Wert von $f(x, y)$, wenn $x = 2$ ist, ist daher 6 und wir sehen aus Abb. 14.3.9, dass dieser Maximalwert angenommen wird, wenn $y \approx 2.2$ ist.

Gradientenvektoren

Wir beschließen dieses Unterkapitel, indem wir eine geometrische Interpretation der zwei partiellen Ableitungen in der xy-Ebene geben. An jeder Stelle $(x, y) = (a, b)$ können die zwei partiellen Ableitungen zusammen geschrieben werden als das geordnete Paar

$$(f'_1(a, b), f'_2(a, b)) \tag{14.3.1}$$

Dieses Paar repräsentiert einen Punkt in der Ebene, der in Abb. 14.3.10 mit $\nabla f(a, b)$ bezeichnet ist.[7]

Wie in Abb. 12.9.1 haben wir auch mit einem Pfeil den zweidimensionalen Vektor eingezeichnet, der zu einer Bewegung gehört, die im Ursprung startet und an der Stelle $\nabla f(a, b)$ endet. Nehmen Sie an, dass wir wie in Abb. 12.9.2 diesen Vektor verschieben, so dass sein Startpunkt statt im Ursprung an der Stelle (a, b) ist. Die Stelle in

[6] Diese Approximation ist weit entfernt von Genauigkeit. Wenn wir $y = 1$ festhalten und x um eine Einheit *verringern*, dann ist $f(2, 1) \approx 4$, welches die Abschätzung $f'_x(3, 1) \approx 4 - 4 = 0$ ergibt. „Die Karte" hat zu wenige Höhenlinien in der Nähe von Q.

[7] Das Symbol ∇, das etwa so aussieht wie ein umgedrehtes Δ, wird oft ausgesprochen als „nabla", oder manchmal als „del". Die alten Griechen verwendeten das Wort „nabla" für eine Harfe, dessen ausländische Herkunft bestritten wird.

Abb. 14.3.10, wo der verschobene Vektor endet, hat die Koordinaten, die man erhält, indem man den Vektor (a, b) zu dem Vektor (14.3.1) addiert.

$$(a, b) + \nabla f(a, b) = (a + f_1'(a, b), b + f_2'(a, b))$$

Diese Eigenschaft veranlasst uns, das durch (14.3.1) gegebene geordnete Paar $\nabla f(a, b)$ als den *Gradientenvektor der Funktion f an der Stelle* (a, b) zu definieren.

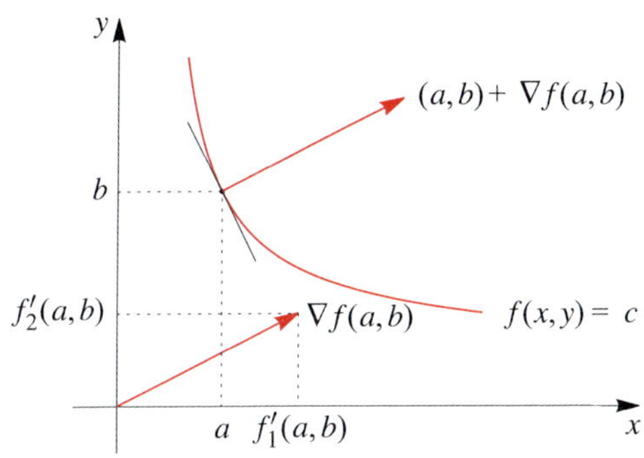

Abbildung 14.3.10: Der Gradientenvektor

In Abb.14.3.10 haben wir auch eine Gerade durch den Punkt (a, b) gezeichnet, die orthogonal zu dem verschobenen Vektor ist und von (a, b) nach $(a, b) + \nabla f(a, b)$ geht. Wie das Bild vermuten lässt, ist diese Gerade die Tangente an die Höhenlinie durch (a, b) an dieser Stelle. In der Tat, wie wir in FMEA erklären, gibt es drei wichtige Ideen, die Sie sich merken sollten:

1. Die Gerade, die senkrecht ist zum Pfeil, ist auch Tangente an die Höhenlinie. Dies impliziert, dass eine kleine Änderung in (x, y) in Richtung dieser Geraden den Wert der Funktion unverändert lässt.
2. Eine kleine Änderung in (x, y) in Richtung des Pfeils verursacht andererseits den größtmöglichen Zuwachs im Wert der Funktion. Ein Schritt in die entgegengesetzte Richtung des Pfeils würde die größtmögliche Verringerung des Funktionswertes bewirken.
3. Die Länge des Pfeils zeigt die Änderungsrate an, mit der die Funktion wachsen würde nach einer Verschiebung von (x, y) in dieser Richtung. Je länger der Pfeil, desto schneller der Zuwachs.

Der durch (14.3.1) definierte Gradientenvektor ist ein sehr nützliches Objekt. In einer weiter fortgeschrittenen Differentialrechnung erlaubt es uns, unsere Analysis zu verallgemeinern auf Änderungen in (x, y) in jede Richtung der Ebene und nicht nur parallel zu einer der zwei Achsen. Außerdem: Für eine gegebene Funktion $z = f(x_1, \dots x_n) = f(\mathbf{x})$ von n Variablen, die differenzierbar ist an der Stelle des n-Vektors $\mathbf{x}^0 = (x_1^0, \dots x_n^0)$, geben wir in FMEA ähnliche Resultate bezüglich Tangenten an eine Höhenebene und auch über die Rate, mit der f in verschiedene Richtungen anwächst. Diese Resultate sind verbunden mit dem n-dimensionalen Gradientenvektor von f an der Stelle $\mathbf{x}^0$, der definiert ist durch

$$\nabla f(\mathbf{x}^0) = (f_1'(\mathbf{x}^0), f_2'(\mathbf{x}^0), \dots, f_n'(\mathbf{x}^0) \tag{14.3.2}$$

Aufgaben für Kapitel 14.3

1. Zeigen Sie, dass $x^2 + y^2 = 6$ eine Höhenlinie von $f(x, y) = \sqrt{x^2 + y^2} - x^2 - y^2 + 2$ ist.

2. Zeigen Sie, dass $x^2 - y^2 = c$ eine Höhenlinie von $f(x, y) = e^{x^2} e^{-y^2} + x^4 - 2x^2y^2 + y^4$ für alle Werte der Konstanten c ist.

3. Erklären Sie, warum sich zwei Höhenlinien der Funktion $z = f(x, y)$, die zu verschiedenen Werten von z gehören, nicht schneiden können.

4. Sei $f(x)$ eine Funktion einer Variablen. Die Gleichung $g(x, y) = f(x)$ definiert eine Funktion von zwei Variablen ohne y in ihrer Formel. Erklären Sie, wie man den Graphen von g aus dem Graphen von f erhält. Illustrieren Sie dies mit den zwei Funktionen $f(x) = x$ und $f(x) = -x^3$.

5. Zeichnen Sie die Graphen der folgenden Funktionen im dreidimensionalen Raum und zeichnen Sie für jede einige Höhenlinien:

   (a) $z = 3 - x - y$ (b) $z = \sqrt{3 - x^2 - y^2}$

6. Abb. 14.3.11 zeigt einige Höhenlinien für die Funktion $z = f(x, y)$.
   (a) Wie groß ist $f(2, 3)$? Lösen Sie die Gleichung $f(x, 3) = 8$ für x.
   (b) Bestimmen Sie den kleinsten Wert von $z = f(x, y)$, wenn $x = 2$ ist. Welches ist der zugehörige Wert von y?
   (c) Welches sind die Vorzeichen von $f_1'(x, y)$ und $f_2'(x, y)$ an den Stellen A, B und C? Schätzen Sie die Werte dieser zwei partiellen Ableitungen an der Stelle A ab.

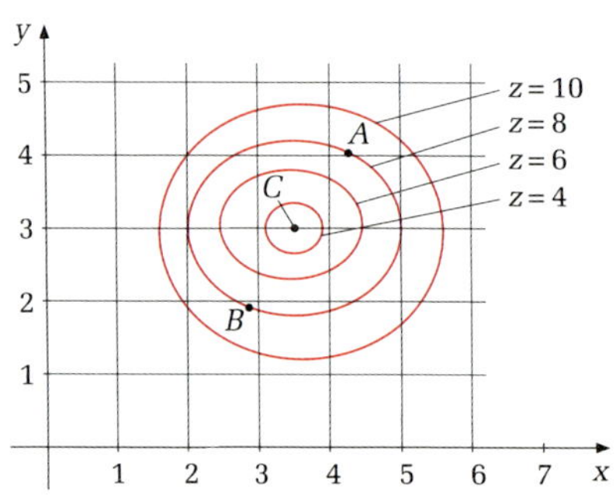

Abbildung 14.3.11: Aufgabe 6

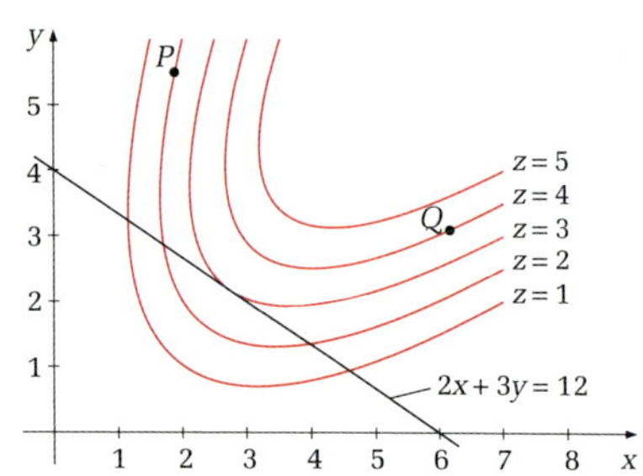

Abbildung 14.3.12: Aufgabe 7

7. Abb. 14.3.12 zeigt einige Höhenlinien für eine Funktion $z = f(x, y)$ zusammen mit der Geraden $2x + 3y = 12$.
   (a) Welche Vorzeichen haben f_x' und f_y' an den Stellen P und Q?
   (b) Bestimmen Sie mögliche Lösungen der Gleichungen (i) $f(1, y) = 2$ und (ii) $f(x, 2) = 2$.
   (c) Welches ist der größte Wert von $f(x, y)$ unter denjenigen (x, y), die $2x + 3y = 12$ erfüllen?

➡ Fortsetzung

Anspruchsvollere Aufgabe

8. Nehmen Sie an, dass $F(x, y)$ eine Funktion ist, von der wir nur wissen, dass: (i) $F(0, 0) = 0$; (ii) $F_1'(x, y) \geq 2$ für alle (x, y); (iii) $F_2'(x, y) \leq 1$ für alle (x, y). Was kann über die relativen Größen von $F(0, 0)$, $F(1, 0)$, $F(2, 0)$, $F(0, 1)$ und $F(1, 1)$ gesagt werden? Schreiben Sie alle Ungleichungen auf, die zwischen diesen Zahlen gelten müssen.

► Lösungen zu den Aufgaben finden Sie im Anhang des Buches.

14.4 Flächen

In Kap. 5.4 haben wir gesehen, wie eine Gleichung in *zwei* Variablen, wie $f(x, y) = c$, durch eine Menge von Punkten im Koordinatensystem dargestellt werden kann, die der Graph der Gleichung genannt wird. In einer ähnlichen Weise kann eine Gleichung in den *drei* Variablen x, y und z, wie $g(x, y, z) = c$, durch eine Punktmenge im 3-Raum dargestellt werden, die auch der *Graph* der Gleichung genannt wird. Dieser Graph besteht aus allen Tripeln (x, y, z), die die Gleichung erfüllen. Er bildet oft das, was wir eine *Fläche* im 3-Raum nennen.

Eine der einfachsten Typen einer Gleichung in drei Variablen ist

$$ax + by + cz = d \tag{14.4.1}$$

wobei a, b und c nicht alle 0 sind. Dieser spezielle Fall von Gl. (12.10.7) ist die allgemeine Gleichung für eine Ebene im dreidimensionalen Euklidischen Raum. Unter der Annahme, dass a und b nicht beide 0 sind, schneidet der Graph dieser Gleichung die xy-Ebene, wenn $z = 0$ ist. Dann ist $ax + by = d$ und dies ist eine Gerade in der xy-Ebene, es sei denn $a = b = 0$. In der gleichen Weise sehen wir, dass der Graph die beiden anderen Koordinatenachsen in Geraden schneidet, vorausgesetzt, dass höchstens einer von a, b und c gleich Null ist.

Wir benennen die Koeffizienten um und betrachten die Gleichung

$$p_1x_1 + p_2x_2 + p_3x_3 = m \tag{14.4.2}$$

wobei p_1, p_2, p_3 und m alle positiv sind. Dies ist die Budget-Gleichung, die wir in Beispiel 12.10.3 betrachtet haben, für eine Person, die einen Betrag m für den Kauf von drei Gütern zur Verfügung hat, deren Preise p_1, p_2 und p_3 pro Einheit sind. Wenn die Person x_1 Einheiten des ersten, x_2 Einheiten des zweiten und x_3 Einheiten des dritten Gutes kauft, sind die Gesamtausgaben gleich der linken Seite von Gl. (14.4.2). Nur solche Tripel (x_1, x_2, x_3), die (14.4.2) erfüllen, können gekauft werden, wenn die Ausgaben gleich m sein müssen. Unter der Annahme, dass die Person keine negativen Mengen von einem der drei Güter kaufen kann, jedoch weniger ausgeben kann, ist die *Budget-Menge* definiert durch

$$B = \{(x_1, x_2, x_3) \colon p_1x_1 + p_2x_2 + p_3x_3 \leq m,\ x_1 \geq 0,\ x_2 \geq 0,\ x_3 \geq 0\}$$

Diese bildet den dreidimensionalen Körper, der durch die drei Koordinatenebenen und die Budget-Ebene gebildet wird, wie in Abb. 12.10.4.

Eine andere ziemlich interessante Fläche, *Ellipsoid* genannt, erscheint in Abb. 14.4.1. Es schneidet die drei Achsen an den Stellen $(\pm a, 0, 0)$, $(0, \pm b, 0)$ und $(0, 0, \pm c)$, wobei $a > b = c$. Einige Leser mögen vielleicht die Gestalt eines Rugby-Balles erkennen.

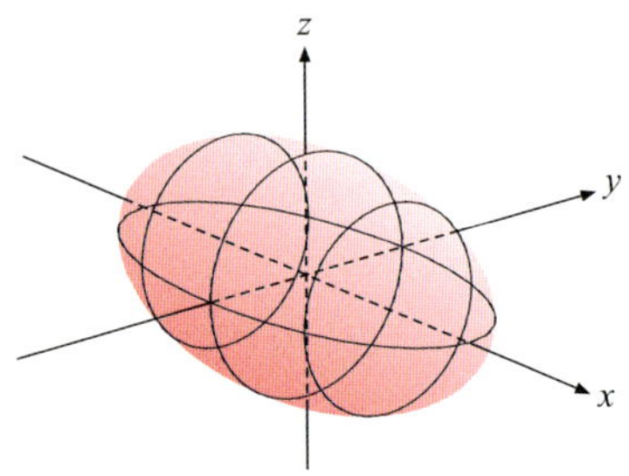

Abbildung 14.4.1: $x^2/a^2 + y^2/b^2 + z^2/c^2 = 1$, *wobei* $a > b = c$

Kugeln im 3-Raum

Sei (a, b, c) ein Punkt im 3-Raum. Die Kugel mit dem Radius r und dem Mittelpunkt in (a, b, c) ist die Menge aller Punkte (x, y, z), deren Abstand von (a, b, c) gleich r ist. Mit der Abstandsformel (12.9.1) erhalten wir

$$\sqrt{(x-a)^2 + (y-b)^2 + (z-c)^2} = r$$

Das Quadrieren beider Seiten ergibt:

Gleichung für eine Kugel

Die Gleichung für eine *Kugel* im 3-Raum mit Mittelpunkt in (a, b, c) und Radius r ist

$$(x-a)^2 + (y-b)^2 + (z-c)^2 = r^2 \qquad (14.4.3)$$

Beispiel 14.4.1

Bestimmen Sie die Gleichung der Kugel mit Mittelpunkt in $(-2, -2, -2)$ und Radius 4.

Lösung: Nach Formel (14.4.3) ist die Gleichung

$$(x-(-2))^2 + (y-(-2))^2 + (z-(-2))^2 = 4^2$$

Dies kann vereinfacht werden zu

$$(x+2)^2 + (y+2)^2 + (z+2)^2 = 16$$

Beispiel 14.4.2

Wie interpretieren Sie den Ausdruck $(x+4)^2+(y-3)^2+(z+5)^2$? Ist es: (a) die Kugel mit Mittelpunkt im Punkt $(-4,3,-5)$; (b) der Abstand zwischen den Punkten (x,y,z) und $(-4,3,-5)$ oder (c) das Quadrat des Abstandes zwischen den Punkten (x,y,z) und $(-4,3,-5)$?

Lösung: Nur (c) ist korrekt.

Aufgaben für Kapitel 14.4

1. Skizzieren Sie die Graphen der Flächen im 3-Raum, die durch die folgenden Gleichungen beschrieben werden:

   (a) $x = a$ (b) $y = b$ (c) $z = c$

2. Bestimmen Sie die Abstände zwischen den folgenden Paaren von Punkten:

   (a) $(-1,2,3)$ und $(4,-2,0)$ (b) (a,b,c) und $(a+1,b+1,c+1)$.

3. Geben Sie die Gleichung der Kugel mit Mittelpunkt in $(2,1,1)$ und Radius 5 an.

4. Welches ist die geometrische Interpretation der Gleichung $(x+3)^2+(y-3)^2+(z-4)^2 = 25$?

5. Nehmen Sie an, dass der Graph von $z = x^2+y^2$ ein Paraboloid wie in Abb. 14.3.5 ist. Falls der Punkt (x,y,z) auf diesem Paraboloid liegt, interpretieren Sie den Ausdruck $(x-4)^2+(y-4)^2+\left(z-\frac{1}{2}\right)^2$.

► Lösungen zu den Aufgaben finden Sie im Anhang des Buches.

14.5 Funktionen von n Variablen

Viele der wichtigsten Funktionen, die wir in den Wirtschaftswissenschaften untersuchen, wie das BIP eines Landes, hängen von einer sehr großen Zahl von Variablen ab. Mathematiker und Ökonomen drücken diese Abhängigkeit aus, indem sie sagen, dass das BIP eine *Funktion* der verschiedenen Variablen ist.

Wir folgen der in Kap. 12.1 eingeführten Notation und nennen jede geordnete Menge von n Zahlen $(x_1, x_2, \ldots, x_n)$ einen *n-Vektor*, bezeichnet mit $\mathbf{x}$.

Funktionen von n Variablen

Gegeben sei ein Definitionsbereich D von n-Vektoren. *Eine Funktion f von n Variablen $x_1, \ldots, x_n$ mit Definitionsbereich D* ist eine Regel, die jedem n-Vektor $\mathbf{x} = (x_1, \ldots, x_n)$ in D eine eindeutige Zahl

$$f(\mathbf{x}) = f(x_1, \ldots, x_n) \tag{14.5.1}$$

zuordnet.

Beispiel 14.5.1

(a) Die Nachfrage nach Zucker in den Vereinigten Staaten im Zeitraum 1929–1935 wurde geschätzt, so dass sie annähernd duch die folgende Formel beschrieben werden kann:

$$x = 108.83 - 6.0294p + 0.164w - 0.4217t$$

Dabei ist x die Nachfrage nach Zucker, p der Preis von Zucker, w ein Produktionsindex und t die Zeit (wobei $t = 0$ dem Jahr 1929 entspricht).

(b) Die folgende Formel ist eine Schätzung der Nachfrage nach Bier im Vereinigten Königreich:

$$x = 1.058\, x_1^{0.136} x_2^{-0.727} x_3^{0.914} x_4^{0.816}$$

Hier ist die nachgefragte Menge x eine Funktion von vier Variablen: x_1, das Einkommen des Individuums; x_2, der Preis des Bieres; x_3, ein allgemeiner Preisindex für alle anderen Güter und x_4, die Stärke des Bieres.

Die einfachere der zwei Funktionen in Beispiel 14.5.1 ist die in Teil (a). Denn die Variablen p, w und t erscheinen hier nur in der ersten Potenz und sie werden nur mit Konstanten und nicht miteinander multipliziert. Solche Funktionen werden *linear* genannt.[8] Allgemein hat eine *lineare Funktion* in n Variablen die Gestalt.

$$f(x_1, x_2, \dots, x_n) = a_1 x_1 + a_2 x_2 + \cdots + a_n x_n + b\,, \qquad (14.5.2)$$

wobei $a_1, a_2, \dots, a_n$ und b Konstanten sind,

Die Funktion in Teil (b) des Beispiels 14.5.1 ist ein Spezialfall der allgemeinen Cobb-Douglas-Funktion

$$F(x_1, x_2, \dots, x_n) = A x_1^{a_1} x_2^{a_2} \cdots x_n^{a_n} \qquad (14.5.3)$$

wobei $A > 0$, a_1, ..., a_n Konstanten sind. Die Funktion ist definiert für alle $x_1 > 0, x_2 > 0, \dots, x_n > 0$. Sie wird sehr oft in diesem Buch benutzt.

Beachten Sie: Indem wir den natürlichen Logarithmus auf beiden Seiten von (14.5.3) bilden, erhalten wir

$$\ln F = \ln A + a_1 \ln x_1 + a_2 \ln x_2 + \cdots + a_n \ln x_n \qquad (14.5.4)$$

Dies zeigt, dass die Cobb-Douglas-Funktion *log-linear* (oder ln-linear) ist, weil $\ln F$ eine lineare Funktion von $\ln x_1, \ln x_2, \dots, \ln x_n$ ist.

Beispiel 14.5.2

Nehmen Sie an, dass ein Ökonom die Preise von Äpfeln in n verschiedenen Läden erfasst hat und die n positiven Zahlen $x_1, x_2, \dots, x_n$ aufgezeichnet hat. In der Statistik werden mehrere verschiedene Maße für den durchschnittlichen Preis verwendet.

[8] Dies ist eine ziemlich verbreitete Terminologie, obwohl Mathematiker darauf bestehen würden, dass f eigentlich *affin* genannt werden sollte, wenn $b \neq 0$ und *linear* nur dann, wenn $b = 0$ ist.

Drei der gebräuchlichsten sind die folgenden, die in Aufgabe 2.6.8 für den Fall $n = 2$ verwendet wurden.

(a) das *arithmetische* Mittel: $$\bar{x}_A = \frac{1}{n}(x_1 + x_2 + \cdots + x_n)$$

(b) das *geometrische* Mittel: $$\bar{x}_G = \sqrt[n]{x_1 x_2 \dots x_n}$$

(c) das *harmonische* Mittel: $$\bar{x}_H = \frac{1}{\frac{1}{n}\left(\frac{1}{x_1} + \frac{1}{x_2} + \cdots + \frac{1}{x_n}\right)}$$

Beachten Sie, dass $\bar{x}_A$ eine lineare Funktion von $x_1, \dots, x_n$, während $\bar{x}_G$ und $\bar{x}_H$ nichtlineare Funktionen sind, obwohl $\bar{x}_G$ log-linear ist.

Wenn z. B. die folgenden vier Beobachtungen $x_1 = 1$, $x_2 = 2$, $x_3 = 3$ und $x_4 = 4$ gegeben sind, dann ist

$$\bar{x}_A = (1 + 2 + 3 + 4)/4 = 2.5\,, \quad \bar{x}_G = \sqrt[4]{1 \cdot 2 \cdot 3 \cdot 4} = \sqrt[4]{24} \approx 2.21$$
$$\text{und} \quad \bar{x}_H = [(1/1 + 1/2 + 1/3 + 1/4)/4]^{-1} = 48/25 = 1.92$$

In diesem Fall gilt $\bar{x}_H < \bar{x}_G < \bar{x}_A$. Wie Sie es in Aufgabe 2.6.8 für $n = 2$ zeigen sollten, stellt es sich heraus, dass für allgemeines n die entsprechenden schwachen Ungleichungen gelten:

$$\bar{x}_H \leq \bar{x}_G \leq \bar{x}_A \tag{14.5.5}$$

Beispiel 14.5.3

Ein Haushalt muss entscheiden, welche Mengen von n verschiedenen Gütern es während einer gegebenen Zeitspanne kauft. In der Konsumforschung wird oft angenommen, dass die Präferenzen des Haushalts durch eine Nutzenfunktion $U(x_1, x_2, \dots, x_n)$ dargestellt werden kann, die die Genugtuung des Hauhalts durch den Erwerb von x_1 Einheiten des Gutes Nr. 1, x_2 Einheiten des Gutes Nr. 2 usw. misst. Dies ist ein wichtiges ökonomisches Beispiel einer Funktion von n Variablen, auf das wir mehrere Male zurückkommen werden.
Ein Modell der Konsumnachfrage ist das *System der linearen Ausgaben*, welches auf der folgenden speziellen Nutzenfunktion basiert:

$$U(x_1, x_2, \dots, x_n) = a_1 \ln(x_1 - c_1) + a_2 \ln(x_2 - c_2) + \cdots + a_n \ln(x_n - c_n)$$

Diese Funktion hängt von den $2n$ nichtnegativen Parametern $a_1, a_2, \dots, a_n$ und $c_1, c_2, \dots, c_n$ ab. Hier repräsentiert jedes c_i die Menge des i-ten Gutes, die der Haushalt zum Überleben braucht. Einige oder sogar alle der Konstanten c_i können gleich 0 sein.

Weil $\ln z$ nur definiert ist, wenn $z > 0$ ist, sehen wir, dass alle Ungleichungen $x_1 > c_1, x_2 > c_2, \dots, x_n > c_n$ gelten müssen, damit $U(x_1, x_2, \dots x_n)$ definiert ist. Natürlich impliziert die Bedingung $a_i > 0$, dass der Verbraucher mehr von dem speziellen Gut i haben möchte.

Grenzwerte und Stetigkeit bei n Variablen

In den Kap. 7.8 und 7.9 führten wir das Konzept der Stetigkeit für Funktionen einer Variablen ein, das wir in (7.8.1) dargelegt haben. Hier erweitern wir dieses Konzept auf Funktionen von mehreren Variablen. Kurz gesagt ist eine Funktion $z = f(x_1, x_2, \ldots, x_n) = f(\mathbf{x})$ von n Variablen *stetig*, wenn kleine Änderungen in dem n-Vektor $\mathbf{x}$ der unabhängigen Variablen zu kleinen Änderungen des Funktionswertes $f(\mathbf{x})$ führen.

Um dies präziser auszudrücken, müssen wir zuerst genau angeben, was wir mit einer „kleinen Änderung" in dem n-Vektor $\mathbf{x}$ meinen. In einer Dimension sagt man, dass die Änderung von a auf x klein ist, wenn $|x-a|$ klein ist. Wir bemerken natürlich, dass $|x-a| = \sqrt{(x-a)^2}$. In n Dimensionen betrachten wir dann die Norm $\|\mathbf{x}-\mathbf{a}\|$ ihrer Differenz $\mathbf{x} - \mathbf{a}$, die in (12.9.4) definiert war als

$$\|\mathbf{x} - \mathbf{a}\| = \sqrt{(x_1 - a_1)^2 + (x_2 - a_2)^2 + \cdots + (x_n - a_n)^2}$$

Insbesondere sagt man, dass die Änderung von $\mathbf{a}$ auf $\mathbf{x}$ klein ist, wenn die Norm $\|\mathbf{x}-\mathbf{a}\|$ klein ist.

Diese Definition erlaubt die folgende offensichtliche Erweiterung auf eine Funktion $z = f(\mathbf{x})$ von n Variablen der formlosen Definition eines Grenzwertes, die in Kap. 6.5 gegeben wurde, sowie der späteren formaleren Definition in Kap. 7.9.

Grenzwert einer Funktion von *n* Variablen

$\lim_{\mathbf{x}\to\mathbf{a}} f(\mathbf{x}) = A$ bedeutet, dass $|f(\mathbf{x}) - A|$ so klein wie möglich gemacht werden kann für alle $\mathbf{x} \neq \mathbf{a}$ mit $\|\mathbf{x} - \mathbf{a}\|$ hinreichend klein.

Etwas formaler sagen wir, dass $f(\mathbf{x})$ den Grenzwert A hat, wenn $\mathbf{x}$ gegen $\mathbf{a}$ strebt, wenn für jede Zahl $\varepsilon > 0$ eine zugehörige Zahl $\delta > 0$ existiert, so dass $|f(\mathbf{x}) - A| < \varepsilon$ für jedes $\mathbf{x}$ mit $0 < \|\mathbf{x} - \mathbf{a}\| < \delta$.

Hier ist die versprochene Erweiterung der Definition der Stetigkeit in (7.8.1) auf Funktionen von n Variablen

Stetigkeit

Die Funktion $f(\mathbf{x})$ ist *stetig in* $\mathbf{x} = \mathbf{a}$, wenn $\lim\limits_{\mathbf{x}\to\mathbf{a}} f(\mathbf{x}) = f(\mathbf{a})$ (14.5.6)

Genau wie im Fall einer Variablen haben wir die folgende nützliche Regel:

Erhalt der Stetigkeit

Jede Funktion von n Variablen, die aus stetigen Funktionen durch Kombination der Operationen der Addition, Subtraktion, Multiplikation, Division und Verkettung von Funktionen konstruiert werden kann, ist überall dort stetig, wo sie definiert ist.

Wenn eine Funktion einer Variablen stetig ist, so ist sie auch stetig, wenn sie als eine Funktion von mehreren Variablen betrachtet wird. So ist z. B. $f(x, y, z) = x^2$ eine stetige Funktion von x, y und z, weil kleine Änderungen in x, y und z höchstens zu kleinen Änderungen in x^2 führen.

Beispiel 14.5.4

Wo sind die durch die folgenden Formeln gegebenen Funktionen stetig?

(a) $f(x, y, z) = x^2y + 8x^2y^5z - xy + 8z$ (b) $g(x, y) = \dfrac{xy - 3}{x^2 + y^2 - 4}$

Lösung:

(a) Als Summe von Produkten von positiven Potenzen ist f definiert und stetig für alle x, y und z.

(b) Die Funktion g ist definiert und stetig für alle Paare (x, y), abgesehen von denen, die auf dem Kreis $x^2+y^2 = 4$ liegen. Dort ist der Nenner Null und somit ist $g(x, y)$ dort nicht definiert.

Darstellung von Funktionen von *n*-Variablen

In Kap. 12.9 führten wir den n-dimensionalen Raum $\mathbb{R}^n$ als die Menge aller möglichen n-Vektoren $\mathbf{x} = (x_1, x_2, \ldots, x_n)$ ein, von denen jeder eine geordnete Menge von n reellen Zahlen ist. Nehmen Sie an, dass die Gleichung $z = f(x_1, x_2, \ldots, x_n) = f(\mathbf{x})$ eine Funktion von n Variablen darstellt. Wenn $n = 1$, ist ihr Graph definiert als die Menge in der Ebene $\mathbb{R}^2$, die aus allen Paaren $(x_1, f(x_1))$ besteht mit x_1 aus dem Definitionsbereich von f. Er bildet oft eine Kurve in der Ebene. Wenn $n = 2$, ist ihr Graph definiert als die Menge in dem 3-Raum $\mathbb{R}^3$, die aus allen Tripeln $(x_1, x_2, f(x_1, x_2))$ besteht mit (x_1, x_2) aus dem Definitionsbereich von f. Er bildet oft eine Fläche im 3-Raum. Für allgemeines n, einschließlich $n \geq 3$, wäre eine entsprecheden Definition des Graphen von f eine Teilmenge von $\mathbb{R}^{n+1}$. Selbst wenn es Punkten im Raum $\mathbb{R}^{n+1}$ an der offensichtlichen Interpretation wie bei Punkten in $\mathbb{R}^2$ oder $\mathbb{R}^3$ fehlt, wenn $n \geq 3$, benutzen wir dennoch diese Definition des Graphen einer Funktion von drei oder mehr Variablen.

Speziell, wenn $z = f(x_1, x_2, \ldots, x_n) = f(\mathbf{x})$ eine Funktion von n Variablen ist, definieren wir den *Graphen* von f als die Menge aller Punkte $(\mathbf{x}, f(\mathbf{x}))$ in $\mathbb{R}^{n+1}$, für die $\mathbf{x}$ zum Definitionsbereich von f gehört. Wir nennen diesen Graphen auch eine *Fläche* (oder manchmal eine *Hyperfläche*) in $\mathbb{R}^{n+1}$.

Für $z = z_0$ (eine Konstante) wird die Menge aller Punkte in $\mathbb{R}^n$, die $f(\mathbf{x}) = z_0$ erfüllen, eine *Höhenfläche* von f genannt. Beachten Sie: Wenn $n = 3$, können diese Höhenkurven im Prinzip in $\mathbf{R}^3$ dargestellt werden, selbst wenn der Graph der Funktion in $\mathbf{R}^4$ keine direkte graphische Darstellungsweise hat. Wenn $f(\mathbf{x})$ eine lineare Funktion wie $a_1x_1+a_2x_2+\cdots+a_nx_n+b$ ist, wird jede Höhenfläche, welche eine Gerade wäre, wenn $n = 2$, oder eine Ebene, wenn $n = 3$, eine *Hyperebene* genannt, wenn $n > 3$.

In der Produktions- und auch in der Verbrauchertheorie ist es üblich, den Höhenflächen einen anderen Namen zu geben. Wenn $x = f(\mathbf{v}) = f(v_1, v_2, \ldots, v_n)$ die hergestellte Menge ist, wenn die eingesetzten Mengen von n verschiedenen Produktionsfaktoren gleich v_1, v_2, …, v_n sind, werden die Höhenflächen, auf denen

$f(v_1, v_2, \ldots, v_n) = x_0$ (konstant) ist, *Isoquanten* genannt, wie in Beispiel 14.3.2. Andererseits, wenn $u = U(\mathbf{x})$ eine Nutzenfunktion ist, die die Präferenzen des Verbrauchers darstellt, wird die Höhenfläche, auf der $U(\mathbf{x}) = u_0$ ist, eine *Indifferenzfläche* genannt.

Aufgaben für Kapitel 14.5

1. Gegeben sei $f(x, y, z) = xy + xz + yz$.

(a) Bestimmen Sie $f(-1, 2, 3)$ und $f(a+1, b+1, c+1) - f(a, b, c)$.

(b) Zeigen Sie, dass $f(tx, ty, tz) = t^2 f(x, y, z)$ für alle t.

2. Eine Studie über Milchproduktion ergab

$$y = 2.90\, x_1^{0.015} x_2^{0.250} x_3^{0.350} x_4^{0.408} x_5^{0.030},$$

wobei y der Output an Milch ist, und $x_1, \ldots, x_5$ sind die Mengen von fünf verschiedenen Inputfaktoren.

(a) Was würde mit y passieren, wenn alle Produktionsfaktoren verdoppelt würden?

(b) Schreiben Sie die Beziehung in loglinearer Form.

3. Eine Rentenversicherung entscheidet 720 Millionen \$ in Aktien des Unternehmens XYZ Inc. anzulegen, ein Unternehmen mit einem schwankendem Aktienpreis. Anstatt alles auf einmal zu investieren und somit das Risiko eines unangemessen hohen Preises einzugehen, praktiziert die Versicherung „Durchschnittskostenbildung" indem es in 6 aufeinanderfolgenden Wochen jeweils 120 Millionen \$ investiert. Die zu zahlenden Preise sind 50\$ pro Aktie in der ersten Woche und dann 60\$, 45\$, 40\$, 75\$ und dann 80\$ in den folgenden fünf Wochen.

(a) Wie viele Aktien werden insgesamt gekauft?

(b) Welches ist die genaueste Bestimmung des Durchschnittspreises: das arithmetische Mittel, das geometrische Mittel oder das harmonische Mittel?

4. Eine amerikanische Bank A und eine europäische Bank E vereinbaren ein Swapgeschäft. In n folgenden Wochen $w = 1, 2, \ldots, n$ wird Bank A Euro im Wert von 100 Millionen \$ von Bank E kaufen zu einem Preis p_w pro Euro, der durch den Wechselkurs am Ende der Woche w bestimmt wird. Nach n Wochen:

(a) Wie viele Euro wird Bank A gekauft haben?

(b) Was ist der Dollarpreis pro Euro, der im Durchschnitt gezahlt wurde?

Anspruchsvollere Aufgabe

5. Es wurde beobachtet, dass drei Maschinen A, B und C während eines Arbeitstages von 8 Stunden 60, 80 bzw. 40 Einheiten eines Produkts fertigen. Der durchschnittliche Output ist dann 60 Einheiten pro Tag. Wir sehen, dass A, B und C für die Herstellung einer Einheit 8, 6 bzw. 12 Minuten benötigen.

(a) Wenn alle Maschinen gleich effizient wären und gemeinsam an einem Tag $60 + 80 + 40 = 180$ Einheiten produzierten, wieviel Zeit wäre dann nötig, um eine Einheit zu produzieren? (Beachten Sie, dass die Antwort nicht $(8 + 6 + 12)/3$ ist.)

➡

➡ Fortsetzung

(b) Nehmen Sie an, dass n Maschinen $A_1, A_2, \dots, A_n$ gleichzeitig dasselbe Produkt in einem Zeitintervall der Länge T produzieren. Die Produktionszeiten pro Einheit seien $t_1, t_2, \dots, t_n$. Zeigen Sie: Wenn alle Maschinen gleich effizient wären und zusammen genau dieselbe Gesamtmenge in der Zeitspanne T produziert hätten, dann wäre die Zeit, die jede Maschine benötigt, um eine Einheit herzustellen, genau gleich dem harmonischen Mittel $\bar{t}_H$ von $t_1, t_2, \dots, t_n$.

► Lösungen zu den Aufgaben finden Sie im Anhang des Buches.

14.6 Partielle Ableitungen bei mehreren Variablen

Das letzte Unterkapitel enthielt mehrere ökonomische Beispiele von Funktionen mit mehreren Variablen. Dementsprechend müssen wir das Konzept der partiellen Ableitung auf Funktionen mit mehr als zwei Variablen erweitern.

Partielle Ableitungen in *n* Variablen

Falls $z = f(\mathbf{x}) = f(x_1, x_2, \dots, x_n)$, dann bezeichnet $\partial f/\partial x_i$ für $i = 1, 2, \dots, n$ die partielle Ableitung von $f(x_1, x_2, \dots, x_n)$ nach x_i, wenn alle anderen Variablen x_j, für$j \neq i$, konstant gehalten werden. (14.6.1)

Vorausgesetzt, dass sie alle existieren, gibt es somit n partielle Ableitungen erster Ordnung, eine für jede Variable x_i, für $i = 1, \dots, n$. Andere Notationen, die für die partiellen Ableitungen erster Ordnung der Funktion $z = f(x_1, x_2, \dots, x_n)$ verwendet werden, sind z. B.

$$\frac{\partial f}{\partial x_i} = \frac{\partial z}{\partial x_i} = \partial z/\partial x_i = z'_i = f'_i(x_1, x_2, \dots, x_n)$$

Beispiel 14.6.1

Bestimmen Sie die partiellen Ableitungen erster Ordnung von $f(x_1, x_2, x_3) = 5x_1^2 + x_1x_2^3 - x_2^2x_3^2 + x_3^3$.

Lösung: Wir erhalten

$$f'_1 = 10x_1 + x_2^3\,, \qquad f'_2 = 3x_1x_2^2 - 2x_2x_3^2\,, \qquad f'_3 = -2x_2^2x_3 + 3x_3^2$$

Wie in (14.2.6) haben wir die folgende grobe Approximation:

Partielle Ableitung, Approximation

Die partielle Ableitung $\partial z/\partial x_i$ ist annähernd gleich der Änderung pro Einheit in $z = f(x_1, x_2, \dots, x_n)$, verursacht durch eine Erhöhung von x_i, während alle anderen x_j, für $j \neq i$, konstant gehalten werden. (14.6.2)

In Symbolen gilt für kleines Δx_i:

$$f_i'(x_1, \ldots, x_n) \approx \frac{f(x_1, \ldots, x_{i-1}, x_i + \Delta x_i, x_{i+1}, \ldots, x_n) - f(x_1, \ldots, x_{i-1}, x_i, x_{i+1}, \ldots, x_n)}{\Delta x_i} \tag{14.6.3}$$

Für jede der n partiellen Ableitungen erster Ordnung $\partial z/\partial x_i$ von f haben wir n partielle Ableitungen zweiter Ordnung:

$$\frac{\partial}{\partial x_j}\left(\frac{\partial f}{\partial x_i}\right) = \frac{\partial^2 f}{\partial x_j \partial x_i} = z_{ij}''$$

Dabei ist vorauszusetzen, dass alle Ableitungen existieren. Hier können beide, i und j, jeden der Werte $1, 2, \ldots, n$ annehmen, so dass es insgesamt n^2 partielle Ableitungen zweiter Ordnung gibt.

Es ist üblich, diese partiellen Ableitungen zweiter Ordnung in einem quadratischen $n{\times}n$-Feld wie folgt anzugeben

$$f''(\mathbf{x}) = \begin{pmatrix} f_{11}''(\mathbf{x}) & f_{12}''(\mathbf{x}) & \ldots & f_{1n}''(\mathbf{x}) \\ f_{21}''(\mathbf{x}) & f_{22}''(\mathbf{x}) & \ldots & f_{2n}''(\mathbf{x}) \\ \vdots & \vdots & \ddots & \vdots \\ f_{n1}''(\mathbf{x}) & f_{n2}''(\mathbf{x}) & \ldots & f_{nn}''(\mathbf{x}) \end{pmatrix} \tag{14.6.4}$$

Der Terminologie aus Kap. 12 folgend ist die rechte Seite von (14.6.4) eine $n{\times}n$-Matrix, die wir die *Hesse-Matrix* von f an der Stelle $\mathbf{x} = (x_1, x_2, \ldots, x_n)$ nennen.
Die n partiellen Ableitungen zweiter Ordnung f_{ii}'', die man durch zweimaliges Differenzieren bezüglich derselben Variablen erhält, werden *direkte partielle Ableitungen zweiter Ordnung* genannt; die anderen f_{ij}'', in denen $i \neq j$, werden *gemischte* oder *gekreuzte* partielle Ableitungen zweiter Ordnung genannt.

Beispiel 14.6.2

Bestimmen Sie die Hesse-Matrix der Funktion f, die in Beispiel 14.6.1 definiert wurde.

Lösung: Wir differenzieren die in Beispiel 14.6.1 ermittelten partiellen Ableitungen erster Ordnung. Die resultierende Hesse-Matrix ist:

$$\begin{pmatrix} f_{11}'' & f_{12}'' & f_{13}'' \\ f_{21}'' & f_{22}'' & f_{23}'' \\ f_{31}'' & f_{32}'' & f_{33}'' \end{pmatrix} = \begin{pmatrix} 10 & 3x_2^2 & 0 \\ 3x_2^2 & 6x_1x_2 - 2x_3^2 & -4x_2x_3 \\ 0 & -4x_2x_3 & -2x_2^2 + 6x_3 \end{pmatrix}$$

Beispiel 14.6.3

Für eine quadratische Matrix $\mathbf{A}$ betrachten Sie die quadratische Funktion $q(\mathbf{x})$ von n Variablen, die für jeden n-Vektor $\mathbf{x} = (x_1, x_2, \ldots, x_n)$ definiert ist durch die Doppelsumme

$$q(\mathbf{x}) = \mathbf{x}'\mathbf{A}\mathbf{x} = \sum_{i=1}^{n}\sum_{j=1}^{n} a_{ij}x_ix_j \tag{14.6.5}$$

Zeigen Sie, dass für jeden n-Vektor $\mathbf{x}$ die Hesse-Matrix $\mathbf{q}''(\mathbf{x})$ von $q(\mathbf{x})$ gleich der Summe $\mathbf{A} + \mathbf{A}'$ von $\mathbf{A}$ und ihrer Transponierten ist und dass diese Summe symmetrisch ist.

Lösung: Um die partielle Differentiation einfacher zu machen, separieren wir die quadratischen Terme in der Doppelsumme (14.6.5) und schreiben diese als

$$q(\mathbf{x}) = \sum_{i=1}^{n} a_{ii}x_i^2 + \sum_{i \neq j} a_{ij}x_ix_j \qquad (*)$$

Nun sind für jedes $k = 1, 2, \ldots, n$ die Terme in $(*)$, die die Variable x_k enthalten $a_{kk}x_k^2$, sowie $a_{kj}x_kx_j$ für jedes $j \neq k$, wenn $i = k$ und auch $a_{ik}x_ix_k$ für jedes $i \neq k$, wenn $j = k$. Es folgt: Die Differentiation der Summe $(*)$ Term für Term partiell nach x_k ergibt

$$q_k'(\mathbf{x}) = \frac{\partial}{\partial x_k}q(\mathbf{x}) = 2a_{kk}x_k + \sum_{j \neq k} a_{kj}x_j + \sum_{i \neq k} a_{ik}x_i \qquad (**)$$

So ist offenbar $q_{kk}''(\mathbf{x}) = 2a_{kk}$. Ferner sind für jedes $\ell = 1, 2, \ldots, n$ mit $\ell \neq k$ die Terme in $(**)$, die x_ℓ enthalten gleich $a_{k\ell}x_\ell$, wenn $j = \ell$ und $a_{\ell k}x_\ell$, wenn $i = \ell$. Nochmalige partielle Differentiation von $(**)$ ergibt deshalb $q_{k\ell}''(\mathbf{x}) = a_{k\ell} + a_{\ell k}$, wenn $\ell \neq k$.

Zusammengefasst: Nach Ersetzen von k durch i und ℓ durch j sehen wir, dass für alle Elemente $q_{ij}''(\mathbf{x})$ der Hesse-Matrix $q''(\mathbf{x})$ gilt:

$$q_{ii}'' = 2a_{ii} \ (i = 1, \ldots, n) \quad \text{und} \quad q_{ij}'' = q_{ji}'' = a_{ij} + a_{ji} \ (i, j = 1, \ldots, n)$$

Nach Definition der transponierten Matrix $\mathbf{A}'$ folgt, dass $q''(\mathbf{x}) = \mathbf{A} + \mathbf{A}'$.

In dem wichtigen Spezialfall, wenn $\mathbf{A}' = \mathbf{A}$, weil $\mathbf{A}$ symmetrisch ist, definiert dann Gl. (14.6.5) die quadratische Form in Gl. (13.12.9) die assoziiert ist zu $\mathbf{A}$ und Beispiel 14.6.3 zeigt, dass ihre Hesse-Matrix $q''(\mathbf{x}) = 2\mathbf{A}$ erfüllt.

Youngs Theorem

Wenn $z = f(x_1, x_2, \ldots, x_n)$, dann sind die beiden gemischten partiellen Ableitungen z_{ij}'' und z_{ji}'' gewöhnlich gleich, wie sie es in Beispiel 14.6.2 und 14.6.3 waren, d. h.

$$\frac{\partial}{\partial x_j}\left(\frac{\partial f}{\partial x_i}\right) = \frac{\partial}{\partial x_i}\left(\frac{\partial f}{\partial x_j}\right)$$

Dies bedeutet, dass die Reihenfolge der Differentiation keine Rolle spielt und dass die Hesse-Matrix symmetrisch ist. Das nächste Theorem präzisiert ein allgemeineres Resultat.

Theorem 14.6.1 (Youngs Theorem)

Nehmen Sie an, dass alle partiellen Ableitungen m-ter Ordnung der Funktion $f(x_1, x_2, \ldots, x_n)$ stetig sind. Wenn zwei von ihnen bezüglich jeder der Variablen die gleiche Anzahl von Differentiationen verlangen, dann sind sie notwendigerweise gleich.

Um dieses Resultat zu erklären, nehmen Sie an, dass $m = m_1 + \cdots + m_n$ und dass $f(x_1, x_2, \ldots, x_n)$ partiell differenziert wird m_1-mal nach x_1, m_2-mal nach x_2, ... und m_n-mal nach x_n. Natürlich können einige der ganzen Zahlen $m_1, \ldots, m_n$ Null sein. Nehmen Sie weiter an, dass alle diese partiellen Ableitungen m-ter Ordnung selbst stetige Funktionen sind. Dann kommen wir unabhängig von der Reihenfolge der Differentiation exakt zu demselben Resultat, weil jede der sich schließlich ergebenden partiellen Ableitungen gleich

$$\frac{\partial^m f}{\partial x_1^{m_1} \partial x_2^{m_2} \ldots \partial x_n^{m_n}}$$

ist. Insbesondere gilt für den Fall, in dem $m = 2$ ist, für $i = 1, \ldots, n$ und $j = 1, \ldots, n$

$$\frac{\partial^2 f}{\partial x_j \partial x_i} = \frac{\partial^2 f}{\partial x_i \partial x_j},$$

falls beide partiellen Ableitungen stetig sind. Ein Beweis von Youngs Theorem wird in den meisten angewandten Büchern der Analysis gegeben. Aufgabe 11 zeigt, dass die gemischten partiellen Ableitungen nicht immer gleich sind.

Formale Definitionen der partiellen Ableitungen

In Kap. 14.2 haben wir eine formale Definition der partiellen Ableitungen für Funktionen von zwei Variablen angegeben. Dies geschah durch Modifikation der Definition der Ableitung für eine Funktion einer Variablen. Dieselbe Modifikation funktioniert für Funktionen von n Variablen.

In der Tat: Wenn $z = f(x_1, \ldots, x_n)$, dann können wir für jedes $i = 1, 2, \ldots, n$ die Funktion

$$g(x_i) = f(x_1, \ldots, x_{i-1}, x_i, x_{i+1}, \ldots, x_n)$$

einer einzigen Variablen x_i definieren, indem wir uns alle anderen Variablen x_j außer x_i als Konstante denken. Indem wir der Begründung von (14.2.4) und (14.2.5) für den Fall von zwei Variablen folgen, impliziert die Definition der partiellen Ableitung offensichtlich, dass $\partial z/\partial x_i = g'(x_i)$. Jetzt können wir die Definition (6.2.2) von $g'(x_i)$ verwenden, vorausgesetzt der Grenzwert existiert. Wir erhalten

$$\frac{\partial z}{\partial x_i} = \lim_{\Delta x \to 0} \frac{f(x_1, \ldots, x_i + \Delta x_i, \ldots, x_n) - f(x_1, \ldots, x_i, \ldots, x_n)}{\Delta x_i} \tag{14.6.6}$$

Wie in Kap. 14.2 sagen wir, falls der Grenzwert in (14.6.6) nicht existiert, dass $\partial z/\partial x_i$ *nicht existiert* oder dass z an dieser Stelle nicht nach x_i differenzierbar ist. In ähnlicher Weise gilt die Approximation in (14.6.3), weil der Bruch auf der rechten Seite von Gleichung (14.6.6) nah am Grenzwert ist, wenn $\Delta x_i \neq 0$ klein genug ist.

Nahezu alle Funktionen, die wir betrachten, haben überall in ihrem Definitionsbereich stetige partielle Ableitungen. Falls $z = f(x_1, x_2, \ldots, x_n)$ stetige partielle Ableitungen erster Ordnung in ihrem Definitionsbereich D hat, nennen wir f *stetig differenzierbar* in D. In diesem Fall wird f eine C^1*-Funktion* auf D genannt. Wenn alle partiellen Ableitungen bis zur Ordnung k existieren und stetig sind, wird f eine C^k*-Funktion* genannt.

Aufgaben für Kapitel 14.6

1. Berechnen Sie $F_1'(1,1,1)$, $F_2'(1,1,1)$ und $F_3'(1,1,1)$ für $F(x,y,z) = x^2 e^{xz} + y^3 e^{xy}$.

2. Berechnen Sie alle partiellen Ableitungen erster Ordnung der folgenden Funktionen:

(a) $f(x,y,z) = x^2 + y^3 + z^4$ (b) $f(x,y,z) = 5x^2 - 3y^3 + 3z^4$

(c) $f(x,y,z) = xyz$ (d) $f(x,y,z) = x^4/yz$

(e) $f(x,y,z) = (x^2 + y^3 + z^4)^6$ (f) $f(x,y,z) = e^{xyz}$

3. Seien x und y die Einwohnerzahlen von zwei Städten und d die Entfernung zwischen ihnen. Nehmen Sie an, dass die Anzahl der Reisenden T zwischen den zwei Städten gegeben ist durch $T = kxy/d^n$, wobei k und n positive Konstanten sind.[9] Bestimmen Sie $\partial T/\partial x$, $\partial T/\partial y$ und $\partial T/\partial d$ und diskutieren Sie ihre Vorzeichen.

4. Es sei g für alle (x,y,z) definiert durch

$$g(x,y,z) = 2x^2 - 4xy + 10y^2 + z^2 - 4x - 28y - z + 24$$

(a) Berechnen Sie $g(2,1,1)$, $g(3,-4,2)$ und $g(1,1,z_0 + \Delta z) - g(1,1,z_0)$.

(b) Bestimmen Sie alle partiellen Ableitungen erster und zweiter Ordnung.

5. Sei $\pi(p,r,w) = \frac{1}{4}p^2(1/r + 1/w)$. Bestimmen Sie die partiellen Ableitungen von π nach p, r und w.

6. Bestimmen Sie alle partiellen Ableitungen erster und zweiter Ordnung von $w(x,y,z) = 3xyz + x^2y - xz^3$.

7. Wenn $f(x,y,z) = p(x) + q(y) + r(z)$, was ist dann f_1', f_2' und f_3'?

8. Bestimmen Sie die Hesse-Matrizen von

(a) $f(x,y,z) = ax^2 + by^2 + cz^2$ (b) $g(x,y,z) = Ax^a y^b z^c$

9. Zeigen Sie: Wenn $w = \left(\dfrac{x-y+z}{x+y-z}\right)^h$, dann ist $x\dfrac{\partial w}{\partial x} + y\dfrac{\partial w}{\partial y} + z\dfrac{\partial w}{\partial z} = 0$.

10. Definieren Sie die Funktion $f(x,y,z) = x^{y^z}$ für $x > 0$, $y > 0$ und $z > 0$. Bestimmen Sie die partiellen Ableitungen erster Ordnung, indem Sie $\ln f$ differenzieren.

Anspruchsvollere Aufgabe

11. Definieren Sie die Funktion $f(x,y) = xy(x^2 - y^2)/(x^2 + y^2)$, wenn $(x,y) \neq (0,0)$ und $f(0,0) = 0$. Finden Sie Ausdrücke für $f_1'(0,y)$ und $f_2'(x,0)$ und zeigen Sie dann, dass $f_{12}''(0,0) = -1$ und $f_{21}''(0,0) = 1$. Zeigen Sie, dass dies Youngs Theorem nicht widerspricht, weil f_{12}'' und f_{21}'' beide unstetig sind im Punkt $(0,0)$.

► Lösungen zu den Aufgaben finden Sie im Anhang des Buches.

[9] Insbesondere für $n = 2$ beziehen sich Ökonomen darauf als ein „Gravitationsmodell", dem Newtonschen „Abstandsquadratgesetz" der Massenanziehung zwischen zwei Punktmassen folgend.

14.7 Konvexe Mengen

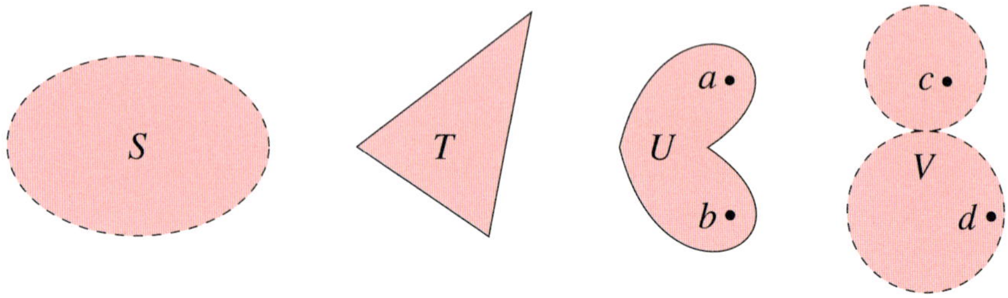

Abbildung 14.7.1: Zwei konvexe und zwei nichtkonvexe Mengen

Eine Menge in der Ebene wird *konvex* genannt, wenn jedes Paar von Punkten in der Menge durch eine Strecke verbunden werden kann, die ganz in der Menge liegt. Beispiele sind die Mengen S und T in Abb. 14.7.1. Für beide Mengen gilt: Wenn Sie *irgendein* Paar von Punkten nehmen und dann die Strecke zeichnen, die sie verbindet, so wird diese die Menge nicht verlassen. Dies gilt nicht für die zwei anderen Mengen U und V. Zum Beispiel die Strecke, die die Punkte a und b in U verbindet, verläuft auch außerhalb der Menge U. Dasselbe gilt für die Punkte c und d in V. Diese zwei Mengen sind deshalb nicht konvex.

Selbstverständlich gibt es nichtkonvexe Mengen, in denen man *einige* Paare von Punkten finden kann, die man durch Strecken verbinden kann, die ganz innerhalb der Menge verlaufen. Dies ist wahr für die Mengen U und V in Abb. 14.7.1. Aber die Eigenschaft der Konvexität verlangt, dass die Verbindungsstrecke zwischen *jedem* Paar von zwei Punkten ganz innerhalb der Menge verläuft. Damit eine Menge nichtkonvex ist, reicht es deshalb, wenn es zwei Punkte gibt, für die die Verbindungsstrecke die Menge irgendwo verlässt.

Beispiel 14.7.1 **(Budget-Menge)**

Betrachten Sie noch einmal Beispiel 4.4.7. Ein Verbraucher kann alle nichtnegativen Mengen x und y von zwei Gütern kaufen unter der Einschränkung, dass die Gesamtausgaben höchstens m sind, wenn die Preise der zwei Güter $p > 0$ bzw. $q > 0$ sind. Die Budget-Menge des Verbrauchers, die in Abb. 4.4.12 gezeigt wurde, ist

$$B = \{(x, y) : \; px + qy \leq m, \; x \geq 0, \; y \geq 0\}$$

An der früheren Abbildung ist leicht zu erkennen, dass je zwei Punkte in der Menge B durch eine Strecke verbunden sind, die ganz innerhalb B verläuft. Deshalb ist B konvex.

Beispiel 14.7.2 **(Ein unteilbares Gut)**

Nehmen Sie in der Verbrauchersituation des vorigen Beispiels an, dass das zweite Gut *unteilbar* ist in dem Sinn, dass es nur verfügbar ist in ganzzahligen Mengen. Dies gilt z. B. für Autos oder Mobiltelephone. Wenn $\mathbb{Z}_+$ die Menge der nichtnegativen ganzen Zahlen bezeichnet, dann ist die Bedingung, dass $y \in \mathbb{Z}_+$. Wenn wir annehmen, dass das erste Gut keiner Unteilbarkeitsbedingung unterworfen ist, so ist die Budget-Menge jetzt

$$\{(x, y) : px + qy \leq m, \ x \geq 0, \ y = 0, 1, 2, \ldots\} = \{(x, y) : px + qy \leq m, \ x \geq 0, \ y \in \mathbb{Z}_+\}$$

Diese Menge besteht aus den horizontalen Strecken, die in Abb. 14.7.2 illustriert sind. Jede horizontale Strecke gehört zu einem anderen ganzzahligen Niveau y und sie besteht aus allen Werten von $x \geq 0$, die $px \leq m - qy$ für den Wert von y erfüllen.

Um zu zeigen, dass die Budget-Menge in diesem Fall nicht konvex ist, nehmen Sie zwei Bündel auf verschiedenen horizontalen Strecken. Weil y eingeschränkt ist auf die Menge $\mathbb{Z}_+$, ist es dann offensichtlich, dass die Strecke, die diese zwei verbindet nicht komplett innerhalb der Budget-Menge liegt.

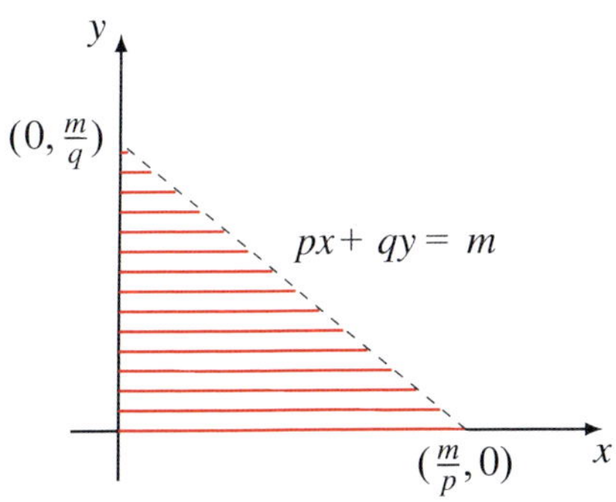

Abbildung 14.7.2: Die Budget-Menge in Beispiel 14.7.2

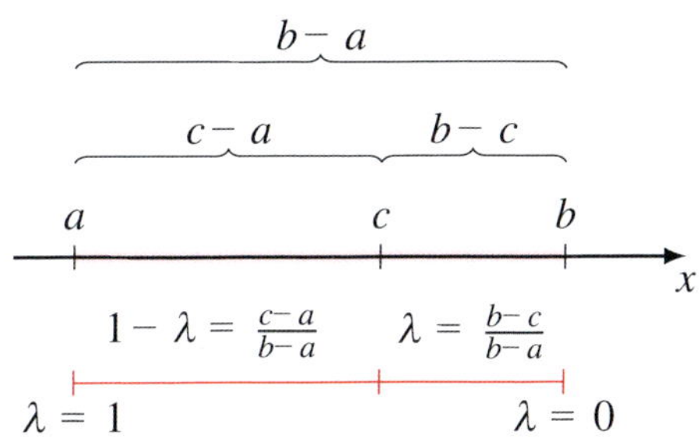

Abbildung 14.7.3: c als gewichteter Durchschnitt von a und b

Für eine formalere Definition von Konvexität, müssen wir das Konzept einer „Strecke, die zwei Punkte verbindet" beschreiben. Im Fall der reellen Zahlengeraden ist bei zwei gegebenen Zahlen a und b mit $a < b$ die sie verbindende Strecke einfach das abgeschlossene Intervall $[a, b]$. Beachten Sie auch, dass $a \leq c \leq b$ dann und nur dann, wenn c zu dem Intervall $[a, b]$ gehört. In dem Fall haben wir

$$c = \frac{b - c}{b - a}a + \frac{c - a}{b - a}b$$

Nun sei $\lambda = (b - c)/(b - a)$. Dann ist $1 - \lambda = (c - a)/(b - a)$, während $0 \leq \lambda \leq 1$ und

$$c = \lambda a + (1 - \lambda)b \tag{14.7.1}$$

Auf diese Weise wurde die Zahl c ausgedrückt als ein *gewichteter Durchschnitt* von a und b, mit Gewichten λ bzw. $1-\lambda$. Abbildung 14.7.3 illustriert diese Konstruktion. Die Länge $b-a$ des Intervalls $[a, b]$ ist im Verhältnis der Differenzen $b-c$ und $c-a$ geteilt. Die resultierenden Gewichte werden dann den zwei Punkten a und b zugeordnet, unter Beachtung, dass $\lambda = 0$ dem Fall $c = b$ entspricht, während $\lambda = 1$ zu $c = a$ gehört. Dieses Verfahren ermöglicht es, jeden Punkt c in $[a, b]$ zu schreiben wie in Gl. (14.7.1) für ein eindeutig bestimmtes λ in $[0, 1]$. Somit können wir schreiben

$$[a, b] = \{c \in \mathbb{R} : c = \lambda a + (1-\lambda)b \text{ für ein } \lambda \text{ in } [0, 1]\}$$

oder prägnanter

$$[a, b] = \{\lambda a + (1-\lambda)b : \lambda \in [0, 1]\}$$

Sobald wir die eindimensionale reelle Zahlengerade überschreiten, erinnern Sie: Gemäß der Definition (12.10.2) ist die eindeutige Gerade in $\mathbb{R}^n$ durch zwei verschiedene n-Vektoren **a** und **b** der gesamte Wertebereich der wie folgt definierten Funktion

$$\mathbf{x}(\lambda) = \lambda\mathbf{a} + (1-\lambda)\mathbf{b} = \mathbf{b} + \lambda(\mathbf{a}-\mathbf{b}) , \tag{14.7.2}$$

wenn λ sich über ganz $\mathbb{R}$ bewegt. Abbildung 12.10.1 zeigt diese Gerade im dreidimensionalen Fall und Abb. 14.7.4 im zweidimensionalen Fall, wobei die Strecke zwischen **a** und **b** besonders hervorgehoben ist.

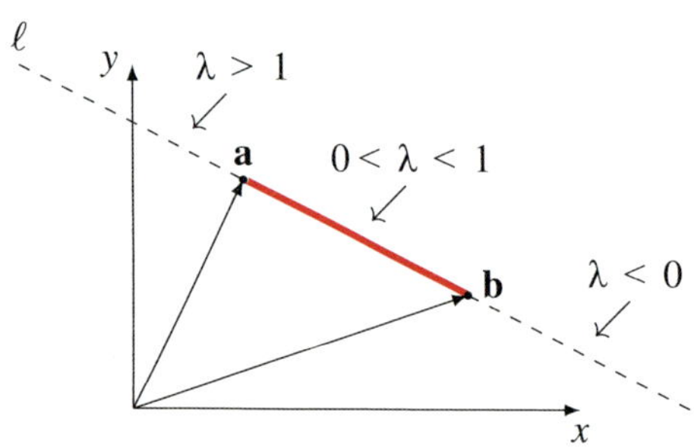

Abbildung 14.7.4: Die Strecke, die **a** *und* **b** *verbindet.*

Beachten Sie, dass für jedes n, auch $n = 1$ gilt: Wenn λ anwächst von großen negativen zu großen positiven Zahlen, so bewegt sich der Punkt $\mathbf{x}(\lambda)$, der definiert ist durch Gl. (14.7.2) wie folgt: (i) Startet, wenn $\lambda < 0$, auf der anderen Seite von **b**, von **a** aus gesehen; (ii) passiert **b**, wenn $\lambda = 0$; (iii) bewegt sich entlang der Strecke von **b** in Richtung **a**, wenn λ von 0 auf 1 anwächst; (iv) passiert **a**, wenn $\lambda = 1$; (v) ist auf der Seite von **a**, weg von **b**, wenn $\lambda > 1$ und bewegt sich weiter weg von **a**, wenn λ anwächst über 1 hinaus. Insbesondere durch Anwendung von Gl. (14.7.2) mit λ zwischen 0 und 1 erhalten wir jeden Punkt in dem „Interval" $[\mathbf{a}, \mathbf{b}]$ wie in Gl. (14.7.1), jedoch jetzt in n Dimensionen.

Wenn wir dies im Blick haben, ist es jetzt einfach, die Definitionen einer Strecke und einer konvexen Menge in $\mathbb{R}^n$ zu formulieren:

Definitionen einer Strecke und einer konvexen Menge im n-Raum

1. Für zwei verschiedene Vektoren $\mathbf{a}$ und $\mathbf{b}$ in $\mathbb{R}^n$ ist die *Strecke* $[\mathbf{a}, \mathbf{b}]$, die $\mathbf{a}$ mit $\mathbf{b}$ verbindet, die Teilmenge des $\mathbb{R}^n$, definiert durch

$$[\mathbf{a}, \mathbf{b}] = \{\lambda \mathbf{a} + (1 - \lambda)\mathbf{b} \colon \lambda \in [0, 1]\} \tag{14.7.3}$$

2. Eine Menge S in $\mathbb{R}^n$ heißt *konvex*, wenn die Strecke $[\mathbf{a}, \mathbf{b}]$, die $\mathbf{a}$ mit $\mathbf{b}$ verbindet, eine Teilmenge von S ist für alle verschiedenen Vektoren $\mathbf{a}$ und $\mathbf{b}$ in S. Oder äquivalent, wenn:

$$\lambda \mathbf{a} + (1 - \lambda)\mathbf{b} \in S \text{ für alle } \mathbf{a}, \mathbf{b} \text{ in } S \text{ und alle } \lambda \text{ in } [0, 1] \tag{14.7.4}$$

Eine andere Möglichkeit, sich diese Definition zu merken, ist es, eine *konvexe Kombination* zweier Punkte $\mathbf{a}$ und $\mathbf{b}$ in $\mathbb{R}^n$ zu definieren als Menge aller Punkte, die geschrieben werden kann als $\lambda \mathbf{a} + (1 - \lambda)\mathbf{b}$ mit λ in $[0, 1]$. Damit ist die Strecke $[\mathbf{a}, \mathbf{b}]$, die $\mathbf{a}$ und $\mathbf{b}$ verbindet, die Menge aller konvexen Kombinationen dieser zwei Punkte. Und eine Menge ist konvex genau dann, wenn sie alle konvexen Kombinationen von jedem in ihr enthaltenen Punktepaar enthält.

Beispiel 14.7.3

Wir können jetzt formal den Schluss aus Beispiel 14.7.1 verifizieren, dass bei zwei Gütern die Standardbudget-Menge B, die in Beispiel 4.4.7 definiert wurde, konvex ist. Fixieren Sie dazu zwei Bündel $\mathbf{a} = (a_1, a_2)$ und $\mathbf{b} = (b_1, b_2)$ in B sowie *ein* $\lambda \in [0, 1]$. Nach Definition von B haben wir $a_1 \geq 0$, $a_2 \geq 0$, $b_1 \geq 0$, $b_2 \geq 0$ sowie die Budget-Ungleichungen $pa_1 + qa_2 \leq m$ und $pb_1 + qb_2 \leq m$.

Sei (x, y) die konvexe Kombination $\lambda \mathbf{a} + (1 - \lambda)\mathbf{b}$, d. h.

$$x = \lambda a_1 + (1 - \lambda)b_1 \quad \text{und} \quad y = \lambda a_2 + (1 - \lambda)b_2$$

Da $\lambda \in [0, 1]$, haben wir $\lambda \geq 0$ und $1 - \lambda \geq 0$. Weil $a_1 \geq 0$ und $b_1 \geq 0$, können wir ferner schließen, dass $\lambda a_1 \geq 0$ und $(1 - \lambda)b_1 \geq 0$. Dies wiederum impliziert, dass

$$x = \lambda a_1 + (1 - \lambda)b_1 \geq 0 \tag{i}$$

Analog haben wir

$$y = \lambda a_2 + (1 - \lambda)b_2 \geq 0 \tag{ii}$$

Mithilfe der Definition des inneren Produkts aus Kap. 12.4 folgt aus (i) und (ii), dass

$$\begin{aligned}(p, q) \cdot (x, y) = px + qy &= p[\lambda a_1 + (1 - \lambda)b_1] + q[\lambda a_2 + (1 - \lambda)b_2] \\ &= \lambda(pa_1 + qa_2) + (1 - \lambda)(pb_1 + qb_2)\end{aligned} \tag{iii}$$

Jetzt nutzen wir noch einmal die Ungleichungen $\lambda \geq 0$ und $1 - \lambda \geq 0$, aber dieses Mal in Kombination mit den Budget-Ungleichungen und erhalten

$$\lambda(pa_1 + qa_2) \leq \lambda m \quad \text{und} \quad (1 - \lambda)(pb_1 + qb_2) \leq (1 - \lambda)m \tag{iv}$$

Indem wir (iii) mit der Summe dieser zwei Ungleichungen vereinen, ergibt sich

$$(p, q) \cdot (x, y) \leq \lambda m + (1 - \lambda)m = m \tag{v}$$

Die Bedingungen (i), (ii) und (v) zusammen implizieren, dass das Bündel (x, y) in der Budget-Menge ist. Da die zwei Punkte $\mathbf{a} = (a_1, a_2)$ und $\mathbf{b} = (b_1, b_2)$ in B und auch der Skalar $\lambda \in [0, 1]$ beliebig waren, beweist dieses Argument, dass die Menge B konvex ist.

Beispiel 14.7.4

Nehmen Sie an, dass eines der Güter unteilbar ist, wie in Beispiel 14.7.2. Dann ist die Budget-Menge nicht mehr konvex. Um dies zu sehen, nehmen Sie an, dass $m > q$. Dies impliziert, dass die Bündel $(0, 0)$ und $(0, 1)$ beide in der Budget-Menge des Beispiels sind. Dann ist das Bündel $(0, 1/2)$ eine konvexe Kombination von $(0, 0)$ und $(0, 1)$ mit $\lambda = 1/2$. Jedoch ist es nicht in der Budget-Menge, da die Menge des unteilbaren Gutes y keine ganze Zahl ist.

Beachten Sie insbesondere, dass die leere Menge und auch jede Menge, die nur aus einem Punkt besteht, konvex sind. Intuitiv gesprochen muss eine konvexe Menge „zusammenhängend“ sein ohne „Löcher“ und ihr Rand darf an keiner Stelle nach „innen gekrümmt“ sein.

Durchschnitt und Vereinigung konvexer Mengen

Wenn S und T zwei konvexe Mengen sind, dann ist ihr Durchschnitt $S \cap T$ auch konvex. Die Vereinigung von konvexen Mengen ist jedoch gewöhnlich nicht konvex.

Der Grund, warum dieses Resultat wahr ist, kann in Abb. 14.7.5 gesehen werden. Da die zwei Mengen S und T beide konvex sind, ist ihr Durchschnitt auch konvex, aber ihre Vereinigung ist es nicht. Der formale Beweis der ersten Aussage ist in der Tat fast genau so einfach wie das graphische Argument:

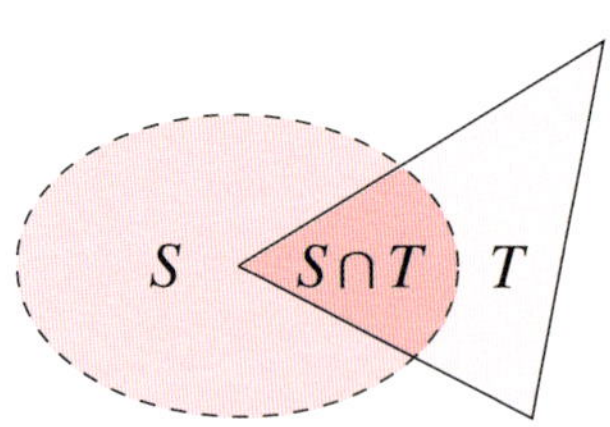

Abbildung 14.7.5: Die Mengen S, T und $S \cap T$ sind alle konvex; die Menge $S \cup T$ nicht

Beweis: Nehmen Sie an, dass $\mathbf{a}$ und $\mathbf{b}$ beide in $S \cap T$ liegen. Dann liegen $\mathbf{a}$ und $\mathbf{b}$ beide in S und in T. Weil S konvex ist, muss jede konvexe Kombination von $\mathbf{x}$ und $\mathbf{y}$ in S liegen. Dasselbe gilt für T. Es folgt, dass die konvexe Kombination im Durchschnitt $S \cap T$ liegt. Dies bedeutet, dass $S \cap T$ konvex ist.

Aufgaben für Kapitel 14.7

1. Bestimmen Sie, welche der folgenden Mengen konvex sind, indem Sie jede von ihnen in der xy-Ebene zeichnen.

   (a) $\{(x, y): x^2 + y^2 < 2\}$ (b) $\{(x, y): x \geq 0,\ y \geq 0\}$

   (c) $\{(x, y): x^2 + y^2 > 8\}$ (d) $\{(x, y): x \geq 0,\ y \geq 0,\ xy \geq 1\}$

   (e) $\{(x, y): xy \geq 1\}$ (f) $\{(x, y): \sqrt{x} + \sqrt{y} \leq 2\}$

2. Wenn S und T zwei beliebige Mengen sind, ist das *kartesische Produkt* $S \times T$ von S und T definiert als die Menge

$$S \times T = \{(s, t): s \in S,\ t \in T\}$$

aller geordneten Paare (s, t) mit $s \in S$ und $t \in T$ (siehe Kap. 4.3).

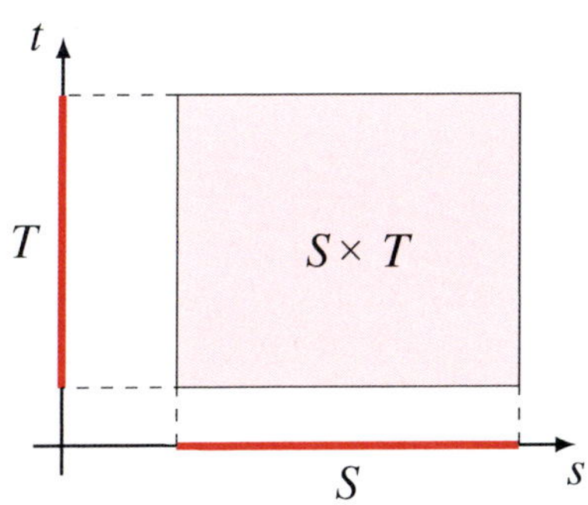

Abbildung 14.7.6: Aufgabe 2

(a) Beweisen Sie für den in Abb 14.7.6 illustrierten Fall, in dem S und T beide Intervalle auf der reellen Zahlengeraden sind, also konvex sind, dass $S \times T$ eine konvexe Teilmenge der Ebene ist.

(b) Das kartesische Produkt von $\mathbb{R}^m$ und $\mathbb{R}^n$ kann mit $\mathbb{R}^{m+n}$ identifiziert werden über die Korrespondenz zwischen dem Paar $((x_1, \ldots x_m), (y_1, \ldots y_n))$ in $\mathbb{R}^m \times \mathbb{R}^n$ und $(x_1, \ldots, x_m, y_1, \ldots, y_n)$ in $\mathbb{R}^{m+n}$. Gegeben seien zwei beliebige konvexe Mengen S und T in $\mathbb{R}^m$ bzw. $\mathbb{R}^n$. Ist das kartesische Produkt $S \times T$ konvex in $\mathbb{R}^{m+n}$?

► Lösungen zu den Aufgaben finden Sie im Anhang des Buches.

14.8 Konkave und konvexe Funktionen

Zwei Variablen

Erinnern Sie von Kap. 8, dass eine Funktion einer Variablen $y = f(x)$, definiert auf einem Intervall I, konkav genannt wird, wenn ihr Graph aussieht wie $\cap$, mit seiner hohlen Seite nach unten gewandt, wie ein Höhlendach. Andererseits ist die Funktion $y = f(x)$ konvex auf I, wenn ihr Graph aussieht wie $\cup$, mit seiner hohlen Seite nach oben gewandt, wie ein Bach.

Wir suchen jetzt nach einer Definition, die gültig ist für Funktionen von mehr als einer Variablen. Intuition, die auf der Geometrie im Fall von einer Variablen basiert, schlägt dies vor: *Eine Funktion f ist* konkav (konvex), *wenn sie auf einer konvexen Menge definiert ist und die Strecke, die zwei beliebige Punkte auf ihrem Graphen verbindet, niemals oberhalb (unterhalb) des Graphen ist.*

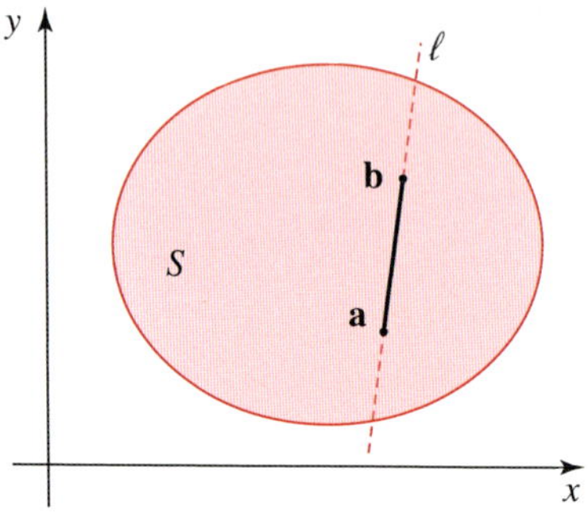

Abbildung 14.8.1: Ein konvexer Definitionsbereich für $f(x, y)$

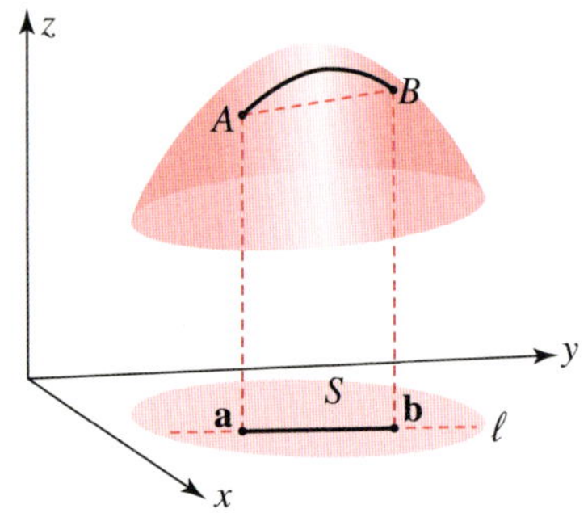

Abbildung 14.8.2: Eine konvave Funktion, definiert auf S

Um es zu ermöglichen, den Graphen einer Funktion in drei Dimensionen zu zeichnen, betrachten wir den Spezialfall, wenn $z = f(x, y)$ eine Funktion von zwei Variablen ist. Nehmen Sie an, dass f definiert ist auf einer konvexen Menge S, illustriert in Abb. 14.8.1, die die speziellen Punkte $\mathbf{a} = (a_1, a_2)$ und $\mathbf{b} = (b_1, b_2)$ als zwei ihrer Elemente hat. Abbildung 14.8.1 zeigt auch die eindeutige Gerade ℓ in der xy-Ebene, die diese zwei Punkte enthält. Aus der Diskussion um die Gleichungen (14.7.3) und (14.7.4) herum impliziert Konvexität von S, dass jeder Punkt von ℓ, der zu der Strecke $[\mathbf{a}, \mathbf{b}]$ gehört, die diese zwei Punkte verbindet, auch in S liegt.

Abbildung 8.2.1 zeigte den Graphen in zwei Dimensionen einer konkaven Funktion einer Variablen. Das Analogon für eine Funktion von zwei Variablen ist ein Graph in drei Dimensionen, ein Teil davon ist in Abb. 14.8.2 dargestellt. Das Bild enthält auch die schattierte mit S markierte Fläche, die alle Punkte enthält, für deren Koordinaten (x, y, z) gilt (x, y) in S und $z = 0$. Dies ist offensichtlich eine Kopie der Menge S aus Abb. 14.8.1.

Der Graph von f besteht aus allen Punkten (x, y, z) im 3-Raum, für die (x, y) in S und $z = f(x, y)$. Er enthält die zwei speziellen Punkte A und B, die in Abb. 14.8.2 gezeigt sind. Ihre Koordinaten in drei Dimensionen sind

$$(\mathbf{a}, f(\mathbf{a})) = (a_1, a_2, f(a_1, a_2)) \quad \text{und} \quad (\mathbf{b}, f(\mathbf{b})) = (b_1, b_2, f(b_1, b_2))$$

Weil f auf der ganzen konvexen Menge S definiert ist, ist es insbesondere für jede Stelle (x, y) auf der Strecke $[\mathbf{a}, \mathbf{b}]$ definiert. Abbildung 14.8.2 enthält eine Kurve, die die zwei Punkte A und B verbindet und die hervorgehoben ist. Sie ist der Teil des Graphen von f, definiert auf S, der in Abb. 14.8.2 oberhalb der Strecke $[\mathbf{a}, \mathbf{b}]$ in der Ebene $z = 0$ liegt. Diese Kurve besteht aus allen Tripeln (x, y, z) in $\mathbb{R}^3$, wobei (x, y) eine konvexe Kombination von $\mathbf{a}$ und $\mathbf{b}$ ist und $z = f(x, y)$. Die durchgezogene Gerade, die die zwei Endpunkte A und B dieser Kurve verbindet liegt niemals über der hervorgehobenen Kurve, die A und B verbindet, die den relevanten Teil des Graphen der Funktion bildet. Dies ist genau das, was von einer Funktion f verlangt wird, um konkav zu sein, wie im Folgenden ausgeführt:

Konkave und konvexe Funktionen

Sei $z = f(\mathbf{x})$ eine Funktion, definiert auf eine konvexen Menge S in der Ebene. Dann ist f *konkav*, wenn für alle **a** und **b** in S und für alle λ in $[0, 1]$ gilt

$$f(\lambda\mathbf{a} + (1-\lambda)\mathbf{b}) \geq \lambda f(\mathbf{a}) + (1-\lambda)f(\mathbf{b}) \tag{14.8.1}$$

Analog: f ist *konvex* auf S, wenn für alle **a** und **b** in S und für alle λ in $[0, 1]$ gilt

$$f(\lambda\mathbf{a} + (1-\lambda)\mathbf{b}) \leq \lambda f(\mathbf{a}) + (1-\lambda)f(\mathbf{b}) \tag{14.8.2}$$

Offensichtlich implizieren diese Definitionen, dass f genau dann konkav ist, wenn $-f$ konvex ist.

Die Argumente von f sind in diesen zwei Definitionen in Vektorform geschrieben. Für die Funktion $z = f(x, y)$ von zwei Variablen ist eine äquivalente Version von (14.8.1) so

$$f(\lambda x_1 + (1-\lambda)x_2, \lambda y_1 + (1-\lambda)y_2) \geq \lambda f(x_1, y_1) + (1-\lambda)f(x_2, y_2)$$

Ähnliches gilt für Gl. (14.8.2). Es ist auch hilfreich zu bemerken, dass die Ungleichungen (14.8.1) und (14.8.2) identisch sind zu (8.2.1) bzw. (8.2.2), außer dass f jetzt zwei Argumente hat. Dies zeigt, dass die Definitionen von Konkavität und Konvexität, die wir gerade gegeben haben, einfache Erweiterungen von denen sind, die wir in Kap. 8 gegeben haben.

Wie in dem Kapitel gilt: Wenn die Ungleichung (14.8.1) *immer* strikt ist, wenn $\mathbf{a} \neq \mathbf{b}$ und $0 < \lambda < 1$, dann ist f *strikt konkav*. Und wenn die Ungleichung (14.8.2) *immer* strikt ist, wenn $\mathbf{a} \neq \mathbf{b}$ und $0 < \lambda < 1$, dann ist die Funktion *strikt konvex*. Nicht überraschend: f ist genau dann strikt konvex, wenn $-f$ strikt konkav ist.

Es ist gewöhnlich unpraktisch, die Definition direkt anzuwenden, um zu zeigen, dass eine Funktion konkav oder konvex ist in einem gegebenen Fall. Wir werden später eine Anzahl von Theoremen entwickeln, die uns oft helfen, mit Leichtigkeit zu entscheiden, ob eine Funktion konkav oder konvex ist. Trotzdem ist hier ein Beispiel, in dem wir die Definition direkt benutzen.

Beispiel 14.8.1

Betrachten Sie die Funktion $f(x, y)$ von zwei Variablen, die definiert ist durch $f(x, y) = 1 - x^2$ (obwohl y nicht erscheint in der Formel für f). Zeigen Sie, dass f konkav ist. Ist sie strikt konkav?

Lösung: Seien (x_1, y_1) und (x_2, y_2) zwei beliebige Stellen in der Ebene. Damit f konkav ist, müssen wir zeigen, dass für alle λ in $[0, 1]$ gilt

$$f(\lambda x_1 + (1-\lambda)x_2,\ \lambda y_1 + (1-\lambda)y_2) \geq \lambda f(x_1, y_1) + (1-\lambda)f(x_2, y_2) \tag{$*$}$$

Indem wir die Definition von f benutzen, sehen wir, dass die Ungleichung $(*)$ äquivalent ist zu

$$1 - [\lambda x_1 + (1-\lambda)x_2]^2 \geq \lambda(1 - x_1^2) + (1-\lambda)(1 - x_2^2)$$

oder zu

$$1 - [\lambda x_1 + (1-\lambda)x_2]^2 - \lambda(1 - x_1^2) - (1-\lambda)(1 - x_2^2) \geq 0 \qquad (**)$$

Indem wir ausmultiplizieren und alle gleichen Terme auf der linken Seite der Ungleichung $(**)$ sammeln, ergibt sich der Ausdruck

$$\lambda(1-\lambda)[x_1^2 - 2x_1x_2 + x_2^2] = \lambda(1-\lambda)(x_1 - x_2)^2 \qquad (***)$$

Dieser Ausdruck ist offensichtlich nichtnegativ für alle λ in $[0, 1]$. Somit ist $(**)$ erfüllt, was bestätigt, dass $f(x, y)$ konkav ist.

Wenn $x_1 = x_2$, ist der Ausdruck $(***)$ Null, was Gleichheit in $(**)$ und somit in $(*)$ impliziert für alle Werte von y_1 und y_2, selbst wenn $y_1 \neq y_2$. Es folgt, dass f nicht strikt konkav sein kann.

Die Funktion einer Variablen $g(x) = 1 - x^2$ ist konkav. Das vorangehende Beispiel hat gezeigt, dass sie auch konkav ist, wenn man sie als Funktion der zwei Variablen x und y betrachtet.

Abbildung 14.8.3 zeigt einen Teil des Graphen einer speziellen Funktion der Form $f(x, y) = g(x)$. Hier ist g konkav und deshalb auch f. Durch jeden Punkt auf dem Graphen gibt es eine Gerade, parallel zur y-Achse, die *in* dem Graphen liegt. Dies zeigt, dass f nicht strikt konkav sein kann, auch wenn g es ist.

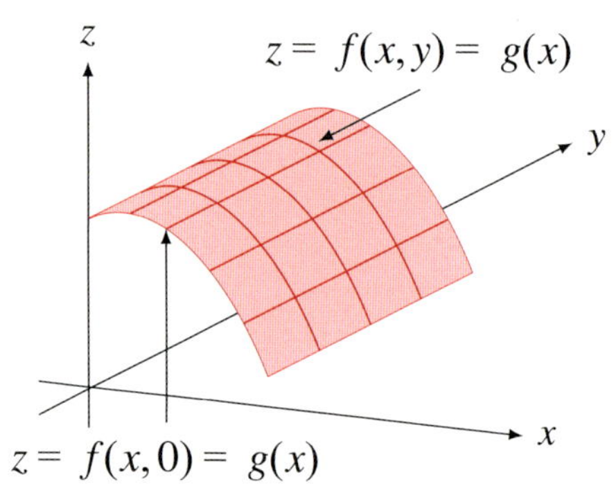

Abbildung 14.8.3: Funktion $g(x)$ strikt konkav, aber $f(x, y)$ nur konkav

Beispiel 14.8.2

Betrachten Sie die lineare (affine) Funktion $f(x, y) = ax + by + c$, wobei a, b und c Konstanten sind. Es folgt unmittelbar aus der Definition, dass f beides konkav und konvex ist. Der Graph von f ist eine Ebene in $\mathbb{R}^3$. Alle Punkte auf der Strecke zwischen zwei beliebigen Punkten in der Ebene liegen innerhalb derselben Ebene.

Summen und verkettete Funktionen

In Kap. 8.3 haben wir einige nützliche Resultate dargestellt für Summen und Verkettungen von Funktionen, die konkav oder konvex sind. Mit nur einigen offensichtlich formalen Modifikationen gelten dieselben Resultate auch für Funktionen von zwei Variablen. Da die Art des Beweises für sie eigentlich genau dieselbe ist, geben wir sie hier nur an ohne weitere Diskussion.

Theorem 14.8.1 (Eigenschaften von konkaven Funktionen)

Sei S eine konvexe Teilmenge in der Ebene und $f(x, y)$ eine auf S definierte Funktion.

(i) Sei h die Funktion, definiert auf S durch $h(x, y) = -f(x, y)$. Dann ist f (strikt) konkav genau dann, wenn h (strikt) konvex ist.

(ii) Nehmen Sie jetzt an, dass $g(x, y)$ eine andere Funktion ist, die auf S definiert ist. Wenn f und g beide konkav sind, dann ist es auch die Funktion $f(x, y) + g(x, y)$. Wenn entweder f oder g auch strikt konkav ist, dann ist es auch die Funktion $f(x, y) + g(x, y)$.

(iii) Sie $F(z)$ eine monoton wachsende und konkave Funktion, definiert auf einem Intervall, das den Wertebereich von f enthält. Wenn f konkav ist, dann ist es auch die verkettete Funktion $F(f(x, y))$. Wenn f strikt konkav ist und F strikt monoton wachsend sowie konkav, dann ist $F(f(x, y))$ strikt konkav.

Diese Resultate können kombiniert werden, um weitere Resultate zu erhalten und Eigenschaften von konvexen Funktionen zu erhalten.

Konkavität und Konvexität unter Verwendung zweiter Ableitungen

Für Funktionen einer Variablen bieten die vier Charakterisierungen (8.5.3) bis (8.5.6) oft eine schnelle Möglichkeit, zu entscheiden, wo eine Funktion (strikt) konkav oder (strikt) konvex ist, indem man das Vorzeichen der zweiten Ableitung untersucht. Für Funktionen von zwei Variablen gibt es einen entsprechenden Test, der oft genutzt wird.

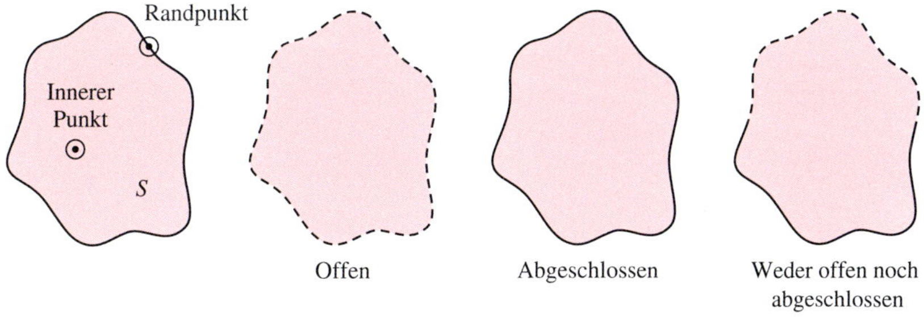

Abbildung 14.8.4: Offene und abgeschlossene Mengen

Unser Test auf Konkavität oder Konvexität verlangt, das Konzept eines offenen Intervalls auf der Geraden $\mathbb{R}^1$ auf das einer offenen Menge in der Ebene $\mathbb{R}^2$ zu erweitern. Zunächst wird ein Punkt **a** ein *innerer Punkt* einer Menge S in $\mathbb{R}^2$ genannt, wenn es einen Kreis mit Mittelpunkt in **a** gibt, so dass alle Punkte innerhalb des Kreises in S liegen. Dies ist illustriert durch den Punkt, der als „innerer Punkt" in Abb. 14.8.4 markiert ist. Andererseits: Wenn jeder Kreis um **a** wenigstens einen Punkt aus S und wenigstens einen Punkt, der nicht zu S gehört, dann wird **a** ein *Randpunkt* von S genannt. Schließlich ist **a** ein *äußerer Punkt* von S, wenn es einen Kreis mit Mittelpunkt in **a** gibt, der keinen Punkt von S enthält. Beachten Sie: Weil jeder Kreis seinen Mittelpunkt enthält, kann kein äußerer Punkt von S zu S gehören.

Eine Menge S in $\mathbb{R}^2$ ist *offen*, wenn alle ihre Punkte innere Punkte sind. Dies trifft zu für die zweite in Abb. 14.8.4 illustrierte Menge, wo wir Randpunkte, die zu der Menge gehören, durch eine durchgezogene Kurve kennzeichnen, und solche, die nicht zu der Menge gehören, durch eine gestrichelte Linie. Einige andere Beispiele sind u. a.: der offene erste Quadrant $\{(x, y) \colon x > 0,\ y > 0\}$; die Menge $\{(x, y) \colon x^2 + y^2 < 1\}$ aller Punkte strikt innerhalb des Einheitskreises; das offene Rechteck $\{(x, y) \colon 0 < x < 5,\ 2 < y < 4\}$; die ganze Ebene $\mathbb{R}^2$ und die leere Menge $\varnothing$.

In allen außer dem letzten dieser Beispiele wird es von einem Bild her offensichtlich sein, dass wir für jeden Punkt in der Menge einen kleinen Kreis um diesen Punkt finden können, so dass alles innerhalb des Kreises zu der Menge gehört. Aber wie ist es mit der leeren Menge? Gut: Es gibt dort überhaupt keinen Punkt in $\varnothing$, so dass jeder Punkt in $\varnothing$ trivialerweise ein innerer Punkt ist.

Die Menge aller inneren Punkte einer Menge S wird das *Innere* von S genannt. Es ist nicht schwer zu zeigen, dass das Innere von S eine offene Menge ist.

Ein Randpunkt von S gehört nicht notwendig zu S. Wenn S alle ihre Randpunkte enthält, wie die dritte Menge in Abb. 14.8.4, dann wird S *abgeschlossen* genannt. Beachten Sie, dass eine Menge, die einige aber nicht alle ihrer Randpunkte enthält, wie die letzte der in Abb. 14.8.4 illustrierten Mengen, weder offen noch abgeschlossen ist. In der Tat ist eine Menge abgeschlossen genau dann, wenn ihr Komplement offen ist.[10]

Bei einer gegebenen Teilmenge S der Ebene bilden ihr Inneres, Äußeres und der Rand zusammen eine „Partition" der gesamten Ebene in drei paarweise disjunkte Mengen. Von diesen drei Mengen, sind das Innere und das Äußere von S beide offen, während der Rand, der das Innere von S von seinem Äußeren „trennt", abgeschlossen ist.

Diese Illustrationen geben nur sehr lockere Indikationen darüber, was es für eine Menge bedeutet entweder offen oder abgeschlossen zu sein. Natürlich: Wenn eine Menge nicht einmal präzise definiert ist, ist es unmöglich endgültig zu entscheiden, ob sie offen oder abgeschlossen ist.

Nachdem wir das Konzept einer offenen Menge erklärt haben, können wir das folgende Resultat formulieren:

---

[10] In der Alltagssprache sind die Wörter „offen" und „abgeschlossen" Antonyme: ein Geschäft ist entweder offen oder geschlossen. In der Topologie jedoch ist eine Menge, die einige aber nicht alle ihrer Randpunkte enthält weder offen noch abgeschlossen. Um die Sache noch eigenartiger zu machen, gibt es in der Topologie immer Mengen, die auf Englisch „clopen" sind, d. h. die *beides* offen (open) *und* abgeschlossen (closed) sind. In $\mathbb{R}^2$ sind darunter $\varnothing$ und $\mathbb{R}^2$ selbst. Dies wird erklärt in FMEA.

Konkavität und Konvexität, Bedingungen mithilfe der zweiten Ableitungen

Nehmen Sie an, dass die Funktion $z = f(x, y)$ definiert und zweimal stetig differenzierbar ist (C^2-Funktion) auf einer Menge S, die offen und konvex ist. Dann gilt:

$$f \text{ ist konkav} \iff f''_{11} \leq 0,\ f''_{22} \leq 0 \text{ und } f''_{11}f''_{22} - (f''_{12})^2 \geq 0 \tag{14.8.3}$$

$$f \text{ ist konvex} \iff f''_{11} \geq 0,\ f''_{22} \geq 0 \text{ und } f''_{11}f''_{22} - (f''_{12})^2 \geq 0 \tag{14.8.4}$$

Für strikte Konkavität oder Konvexität sind hier hinreichende, aber nicht notwendige Bedingungen:

$$f''_{11} < 0 \text{ und } f''_{11}f''_{22} - (f''_{12})^2 > 0 \implies f \text{ ist strikt konkav} \tag{14.8.5}$$

$$f''_{11} > 0 \text{ und } f''_{11}f''_{22} - (f''_{12})^2 > 0 \implies f \text{ ist strikt konvex} \tag{14.8.6}$$

Die Ungleichungen in allen vier Aussagen müssen in allen Punkten (x, y) in S gelten.

Die Implikationen in (14.8.5) und (14.8.6) können nicht umgekehrt werden. Zum Beispiel ist die Funktion $f(x, y) = x^4 + y^4$ strikt konvex auf der ganzen Ebene, obwohl $f''_{11}(0, 0) = 0$.

Beachten Sie auch, dass die zwei in (14.8.5) spezifizierten Ungleichungen zusammen implizieren, dass auch $f''_{22}(x, y) < 0$.[11] Analog implizieren die zwei Ungleichungen in (14.8.6) zusammen, dass $f''_{22} > 0$.

Beispiel 14.8.3

Sei $f(x, y) = 2x - y - x^2 + 2xy - y^2$ für alle (x, y). Ist f konkav/konvex?

Lösung: Hier ist $f''_{11} = -2$, $f''_{12} = f''_{21} = 2$ und $f''_{22} = -2$. Daher ist $f''_{11}f''_{22} - (f''_{12})^2 = 0$. Somit sind alle drei Bedingungen in (14.8.3) erfüllt, so dass f konkav ist für alle (x, y).

Beispiel 14.8.4

Bestimmen Sie die größte Menge S, auf der $f(x, y) = x^2 - y^2 - xy - x^3$ konkav ist.

Lösung: Hier ist $f''_{11} = 2 - 6x$, $f''_{12} = f''_{21} = -1$ und $f''_{22} = -2$. Daher ist $f''_{11} \leq 0$ genau dann, wenn $x \geq 1/3$. Ferner ist $f''_{11}f''_{22} - (f''_{12})^2 = 12x - 5 \geq 0$ genau dann, wenn $x \geq 5/12$. Da $5/12 > 1/3$, schließen wir aus (14.8.3), dass die Menge S aus allen (x, y) besteht, für die $x \geq 5/12$.

Beispiel 14.8.5

Überprüfen Sie die (strikte) Konkavität oder Konvexität der Cobb-Douglas-Funktion, definiert auf der Menge $S = \{(x, y) \colon x > 0,\ y > 0\}$ durch $f(x, y) = x^a y^b$, wobei für die Parameter a und b zusammen gilt $a \geq 0$, $b \geq 0$ und $a + b \leq 1$.

[11] In der Tat: Die zweite Ungleichung impliziert, dass $f''_{11}f''_{22} > (f''_{12})^2 \geq 0$. Somit müssen f''_{11} und f''_{22} dasselbe Vorzeichen haben.

Lösung: Hier ist $f''_{11} = a(a-1)x^{a-2}y^b$, $f''_{12} = abx^{a-1}y^{b-1}$ und $f''_{22} = b(b-1)x^a y^{b-2}$. Da a und b aus dem Intervall $[0,1]$, gilt $f''_{11} \leq 0$ und $f''_{22} \leq 0$. Überall in S gilt ferner $f''_{11}f''_{22} - (f''_{12})^2 = abx^{2a-2}y^{2b-2}(1-a-b) \geq 0$. Somit sind die Bedingungen in Gl. (14.8.3) erfüllt, so dass $f(x,y)$ konkav ist in S. Im Fall $a > 0$, $b > 0$ und $a + b < 1$ gilt $f''_{11} < 0$ und $f''_{11}f''_{22} - (f''_{12})^2 > 0$. Dann impliziert (14.8.5), dass f strikt konkav ist.

Schließlich haben wir in (14.6.2) die Notation eingeführt für die symmetrische Hesse-Matrix, die sich im Fall einer Funktion von zwei Variablen reduziert auf

$$\mathbf{f}''(x,y) = \begin{pmatrix} f''_{11}(x,y) & f''_{12}(x,y) \\ f''_{21}(x,y) & f''_{22}(x,y) \end{pmatrix}$$

Studierende, die bereits mit Determinanten vertraut sind, werden wissen, dass nach (13.1.3) gilt $|\mathbf{f}''| = f''_{11}f''_{22} - (f''_{12})^2$. Mit dieser Notation sind die Bedingungen (14.8.3)–(14.8.6) vielleicht leichter zu merken, wenn sie wie folgt neu formuliert werden:

Konkavität und Konvexität unter Verwendung zweiter Ableitungen

Sei die Funktion $z = f(x,y)$ definiert und eine C^2-Funktion auf einer offenen und konvexen Menge S in der Ebene. Dann gilt:

$$f \text{ ist konkav} \iff f''_{11} \leq 0,\ f''_{22} \leq 0 \text{ und } |\mathbf{f}''| \geq 0 \qquad (14.8.7)$$

$$f \text{ ist konvex} \iff f''_{11} \geq 0,\ f''_{22} \geq 0 \text{ und } |\mathbf{f}''| \geq 0 \qquad (14.8.8)$$

$$f''_{11} < 0 \text{ und } |\mathbf{f}''| > 0 \implies f \text{ ist strikt konkav} \qquad (14.8.9)$$

$$f''_{11} > 0 \text{ und } |\mathbf{f}''| > 0 \implies f \text{ ist strikt konvex} \qquad (14.8.10)$$

Dabei sollen die Ungleichungen in den vier Aussagen überall in S gelten.

Mehrere Variablen

Wir betrachten jetzt Bedingungen für die Konkavität oder Konvexität einer Funktion $z = f(\mathbf{x})$ von $n > 2$ Variablen, die definiert ist auf einer Teilmenge S des $\mathbb{R}^n$. Natürlich können wir nicht mehr den Graphen von f zeichnen, da dies eine Menge im $(n+1)$-Raum ist und $n + 1 > 3$. Trotzdem ist es ziemlich einfach, die Konzepte und Definitionen einer konvexen Menge und einer (strikt) konkaven (oder konvexen) Funktion im Fall von zwei Variablen (x, y), den wir bisher betrachtet haben, zu übertragen auf den Fall von n Variablen, spezifiziert durch den n-Vektor $\mathbf{x}$.

Erstens: Beachten Sie, dass die Definitionen (14.8.1) und (14.8.2) einer konkaven und konvexen Funktion bereits so ausgedrückt sind, dass der Definitionsbereich S der Funktion $z = f(\mathbf{x})$ eine Teilmenge des $\mathbb{R}^n$ sein kann. Um die Definitionen zu verwenden, müssen wir jedoch prüfen, ob der Definitionsbereich S von $z = f(\mathbf{x})$ eine konvexe Menge ist. Nach den Definitionen (14.7.3) und (14.7.4) ist eine Menge S in $\mathbf{R}^n$ genau dann konvex, wenn sie für jedes Paar von Punkten $\mathbf{a}$, $\mathbf{b}$ in S die Strecke $[\mathbf{a}, \mathbf{b}]$ enthält, die aus allen konvexen Kombinationen von $\mathbf{a}$ und $\mathbf{b}$ besteht. Für dreidimensionale Mengen, wie die in Abb. 14.8.5 ist eine graphische Darstellung noch

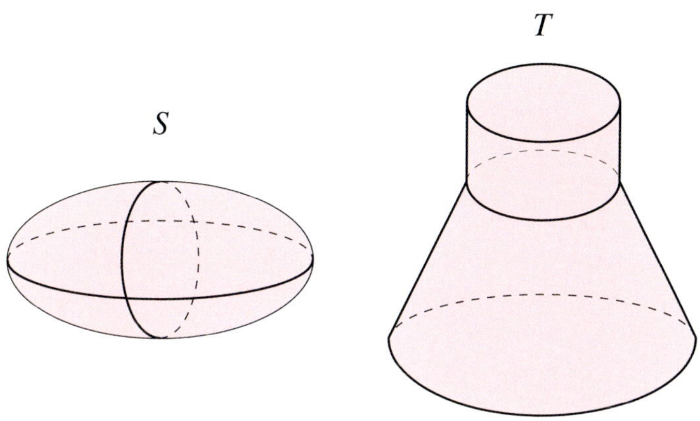

Abbildung 14.8.5: Eine konvexe und eine nicht-konvexe Menge in $\mathbb{R}^3$

möglich und ermöglicht uns, zu sehen, dass die Menge S, die geformt ist wie ein massiver Rugbyball, konvex ist, anders als die Menge T, die ein Körper ist, dessen Berandung geformt ist wie ein Erlenmeyerkolben oder eine Kaffeekanne mit einem Hals und einem enganliegenden Deckel obenauf. Für $n > 3$ müssen wir uns jedoch auf Definition (14.7.4) verlassen, um zu bestimmen, ob eine Menge S in $\mathbf{R}^n$ konvex oder nicht-konvex ist.

Zweitens: Wir müssen unsere früheren Definitionen eines inneren Punktes und einer offenen Menge von der Ebene $\mathbb{R}^2$ auf den $\mathbb{R}^n$ erweitern. In der Tat ist die Modifikation ziemlich offensichtlich: Damit ein Punkt $\mathbf{a}$ in $\mathbb{R}^n$ ein innerer Punkt der Menge S ist, muss es eine Kugel anstelle eines Kreises mit Mittelpunkt $\mathbf{a}$ geben, so dass alle Punkte in der Kugel in S liegen. Um dies klar zu verstehen, sollten Sie vielleicht die Definition (14.4.3) einer Kugel mit Mittelpunkt $\mathbf{a}$ und Radius r in $\mathbb{R}^3$ in Erinnerung rufen, welche in $\mathbb{R}^n$ zu der Menge $\{\mathbf{x}\colon \|\mathbf{x} - \mathbf{a}\| = r\}$ wird. Mit dieser Definition ändert sich die einer offenen Menge nicht: Eine Menge S in $\mathbb{R}^n$ ist offen, wenn jeder Punkt von S im Inneren von S ist.

Drittens: Selbst wenn wir den Graphen von $z = f(\mathbf{x})$ nicht zeichnen können, wenn $\mathbf{x}$ ein n-Vektor ist mit $n \geq 3$, ist eine zweidimensionale graphische Darstellung der Ungleichungen in den Definitionen (14.8.1) und (14.8.2) noch möglich. In der Tat: Betrachten Sie bei zwei gegebenen verschiedenen Punkten $\mathbf{a}$ und $\mathbf{b}$ der konvexen Menge S die Funktion $\varphi(t)$ einer Variablen, die für alle t in dem Intervall $[0, 1]$ definiert ist durch:

$$\varphi(t) = f\,(t\mathbf{a} + (1 - t)\mathbf{b})$$

Als Funktion nur einer Variablen hat sie einen Graphen in zwei Dimensionen. Dieser Graph ist eine Kurve in der Ebene, die die zwei Endpunkte $(t, z) = (0, f(\mathbf{b}))$ und $(t, z) = (1, f(\mathbf{a}))$ verbindet. Dann besagt Definition (14.8.1) z. B.: Wenn f konkav ist, dann muss jeder Punkt auf der Kurve, die der Graph von $z = \varphi(t)$ für $0 \leq t \leq 1$ ist, auf oder oberhalb der Strecke liegen, die ihre zwei Endpunkte verbindet. Diese Strecke ist die Menge $\{(t, z)\colon 0 \leq t \leq 1 \text{ und } z = t\mathbf{a} + (1 - t)\mathbf{b}\}$. Eine andere Folgerung aus der Konkavität von $z = f(\mathbf{x})$ ist, dass die Funktion $z = \varphi(t)$ konkav ist über ganz $[0, 1]$. Mit anderen Worten: f ist konkav über der Strecke $[\mathbf{a}, \mathbf{b}]$. Umgekehrt: Wenn f konkav ist über jeder Strecke in S, dann ist f konkav über S.

Viertens: Es ist leicht zu sehen, dass die Resultate aus Theorem 14.8.1 sich übertragen von Funktionen von zwei Variablen auf Funktionen von n Variablen.

Viel weniger einfach ist die Charakterisierung einer konkaven oder konvexen Funktion mit Hilfe ihrer zweiten Ableitungen. Schon die Bedingungen in (14.8.3) bis (14.8.6) für Funktionen von zwei Variablen sind bestimmt komplizierter als ihre Gegenstücke (8.5.3) bis (8.5.6) für Funktionen einer Variablen. Sie verlangen auch, dass die Funktion f stetige partielle Ableitungen erster und zweiter Ordnung hat. Es gibt noch mehr Komplikationen bei der Betrachtung einer Funktion von $n \geq 3$ Variablen. Die unten gegebenen Bedingungen betreffen die Definitheit der Hesse-Matrix, die auf den in Kap. 13.12 eingeführten Definitionen beruhen. Siehe FMEA für weitere Diskussion des Resultats.

Theorem 14.8.2 (Konkavität und Konvexität unter Verwendung zweiter Ableitungen)

Die Funktion $f(\mathbf{x})$ sei eine auf der offenen und konvexen Menge S im Raum $\mathbb{R}^n$ definierte C^2-Funktion. Es bezeichne $\mathbf{f}''(\mathbf{x})$ die Hesse-Matrix, definiert in (14.6.4). Dann gilt:

(i) f ist konkav genau dann, wenn für alle $\mathbf{x}$ in S die Matrix $\mathbf{f}''(\mathbf{x})$ negativ semidefinit ist;

(ii) f ist konvex genau dann, wenn für alle $\mathbf{x}$ in S die Matrix $\mathbf{f}''(\mathbf{x})$ positiv semidefinit ist;

(iii) f ist strikt konkav, wenn für alle $\mathbf{x}$ in S die Matrix $\mathbf{f}''(\mathbf{x})$ negativ definit ist;

(iv) f ist strikt konvex, wenn für alle $\mathbf{x}$ in S die Matrix $\mathbf{f}''(\mathbf{x})$ positiv definit ist.

Wie bei den entsprechenden Resultaten für Funktionen von einer oder zwei Variablen ist zu beachten: Obwohl die in den Teilen (i) und (ii) spezifizierten Bedingungen notwendig und hinreichend sind, damit f konkav oder konvex ist, sind die in den Teilen (iii) und (iv) spezifizierten Bedingungen hinreichend, aber nicht notwendig für f, um strikt konkav oder strikt konvex zu sein.

Beispiel 14.8.6

Zeigen Sie, dass die Funktion, die für alle reellen x_1, x_2 und x_3 definiert ist durch

$$f(x_1, x_2, x_3) = 100 - 2x_1^2 - x_2^2 - 3x_3 - x_1x_2 - e^{x_1+x_2+x_3}$$

strikt konkav ist.

Lösung: Wir müssen zeigen, dass die Hesse-Matrix von f negativ definit ist. Routineberechnungen der partiellen Ableitungen erster und zweiter Ordnung von f zeigen, dass

$$\mathbf{f}''(x_1, x_2, x_3) = \begin{pmatrix} -4-e^u & -1-e^u & -e^u \\ -1-e^u & -2-e^u & -e^u \\ -e^u & -e^u & -e^u \end{pmatrix}$$

wobei $u = x_1 + x_2 + x_3$. Nach Theorem 13.12.2 reicht es zu zeigen, dass für die drei Hauptminoren von $\mathbf{f}''$ gilt: (i) $f''_{11} < 0$; (ii) $\begin{vmatrix} f''_{11} & f''_{12} \\ f''_{21} & f''_{22} \end{vmatrix} > 0$; (iii) $|\mathbf{f}''| < 0$.

Beachten Sie zuerst, dass $f''_{11} = -4 - e^u < 0$. Um (ii) zu prüfen, subtrahieren wir die erste Zeile des Hauptminors zweiter Ordnung von seiner zweiten Zeile und erhalten

$$\begin{vmatrix} f''_{11} & f''_{12} \\ f''_{21} & f''_{22} \end{vmatrix} = \begin{vmatrix} -4 - e^u & -1 - e^u \\ -1 - e^u & -2 - e^u \end{vmatrix} = \begin{vmatrix} -4 - e^u & -1 - e^u \\ 3 & -1 \end{vmatrix} = 7 + 4e^u > 0$$

Um für (iii) die Determinante von $\mathbf{f}''(x_1, x_2, x_3)$ zu berechnen, subtrahieren wir zuerst ihre dritte Zeile von der ersten und auch der zweiten Zeile, nutzen dann die Co-Faktorentwicklung nach der dritten Spalte. Das Resultat ist

$$|\mathbf{f}''| = \begin{vmatrix} -4 - e^u & -1 - e^u & -e^u \\ -1 - e^u & -2 - e^u & -e^u \\ -e^u & -e^u & -e^u \end{vmatrix} = \begin{vmatrix} -4 & -1 & 0 \\ -1 & -2 & 0 \\ -e^u & -e^u & -e^u \end{vmatrix} = (-e^u) \begin{vmatrix} -4 & -1 \\ -1 & -2 \end{vmatrix} = -7e^u < 0$$

Nach Theorem 13.12.2 zeigt dieses Vorzeichenmuster, dass die Hesse-Matrix $\mathbf{f}''$ negativ definit ist, so dass f strikt konkav ist.

Anstelle eines Beweises der Charakterisierung, die wir in Theorem 14.8.2 gegeben haben, bieten wir ein informatives Beispiel.

Beispiel 14.8.7

Zeigen Sie für eine gegebene symmetrische Matrix $\mathbf{A} = (a_{ij})_{n \times n}$, dass die auf $\mathbb{R}^n$ durch $f(\mathbf{x}) = \mathbf{x}'\mathbf{A}\mathbf{x}$ definierte Funktion konkav, strikt konkav, konvex oder strikt konvex je nachdem, ob die Matrix $\mathbf{A}$ negativ semidefinit, negativ definit, positiv semidefinit oder positiv definit ist. Betrachten Sie zuerst den Spezialfall, wenn $\mathbf{A}$ eine Diagonalmatrix ist. Behandeln Sie dann den allgemeinen Fall, indem Sie die Diagonalisierung $\mathbf{P}'\mathbf{A}\mathbf{P}$ von $\mathbf{A}$ betrachten, deren Existenz durch das Spektraltheorem 13.11.4 gesichert ist.

Lösung: In dem Spezialfall, wonn $\mathbf{A}$ die $n \times n$-Diagonalmatrix $\mathbf{D} = \text{diag}(\lambda_1, \lambda_2, \ldots, \lambda_n)$ ist, ist die quadratische Form $f(\mathbf{x}) = \mathbf{x}'\mathbf{D}\mathbf{x} = \sum_{i=1}^n \lambda_i x_i^2$. Nun ist jeder Term $\lambda_i x_i^2$ der Summe strikt konkav, beides konkav und konvex oder strikt konvex je nachdem, ob λ_i negativ, Null oder positiv ist. Es folgt aus Theorem 14.8.1, erweitert auf Funktionen von n Variablen, dass die Summe aller n Terme konkav oder strikt konkav oder konvex oder strikt konvex ist je nachdem, ob die Koeffizienten λ_i, die die Eigenwerte der Diagonalmatrix $\mathbf{D}$ sind, alle gleichzeitig nichtpositiv oder negativ oder nichtnegativ oder positiv sind. Nach Theorem 13.12.1 ist dies äquivalent dazu, dass $\mathbf{D}$ negativ semidefinit oder negativ definit oder positiv semidefinit oder positiv definit ist.

Für den allgemeinen Fall gilt: Weil $\mathbf{A}$ symmetrisch ist, impliziert das Spektraltheorem 13.11.4, dass $\mathbf{A}$ eine Diagonalisierung $\mathbf{D} = \mathbf{P}'\mathbf{A}\mathbf{P}$ hat, wobei $\mathbf{P}$ orthogonal ist in dem Sinn, dass $\mathbf{P}^{-1} = \mathbf{P}'$. Mit Argumenten wie im Beweis von Theorem 13.12.1 ergibt sich, dass die Diagonalelemente von $\mathbf{D}$ die Eigenwerte von beiden, $\mathbf{D}$ und $\mathbf{A}$, sind. Ferner ergibt sich, indem man Gl. (13.12.12) folgt, dass $\mathbf{x}'\mathbf{A}\mathbf{x} = \mathbf{y}'\mathbf{D}\mathbf{y} = \sum_{i=1}^n \lambda_i y_i^2$, wobei $\mathbf{y} = \mathbf{P}'\mathbf{x}$. Wie in dem vorigen Spezialfall, wenn $\mathbf{A}$ diagonal ist, folgt das Resultat aus Theorem 13.12.1.

Erinnern Sie von Beispiel 14.6.3, dass bei einer gegebenen symmetrischen $n \times n$-Matrix $\mathbf{A}$ für die Hesse-Matrix der quadratischen Form $\mathbf{x}'\mathbf{A}\mathbf{x}$ gilt $\mathbf{f}'' = 2\mathbf{A}$.

Dieses Resultat und sein Beweis sollten Ihnen helfen, die Wichtigkeit und Nützlichkeit des Spektraltheorems 13.11.4 in Ihrem Gedächtnis zu bestärken wie auch Theorem 13.12.1, das die Definitheit der quadratischen Form durch die Vorzeichen der Eigenwerte der zugeordneten symmetrischen Matrix charakterisiert. Ein sehr eng verwandtes Resultat wird in Kap. 17 erscheinen, wenn wir Bedingungen zweiter Ordnung für Optimierung betrachten.

Aufgaben für Kapitel 14.8

1. Welche der Funktionen, deren Graphen unten in Abb. 14.8.6 gezeigt werden, sind (voraussichtlich) konvex/konkav, strikt konkav/strikt konvex?

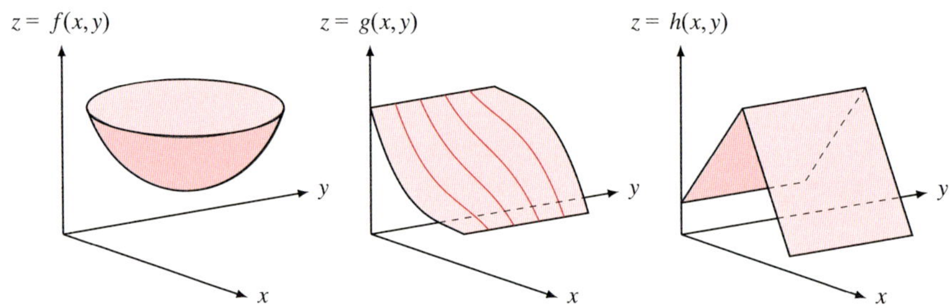

Abbildung 14.8.6: Aufgabe 1

2. Für welche Werte der Konstante a ist die folgende Funktion konkav/konvex?

$$f(x, y) = -6x^2 + (2a + 4)xy - y^2 + 4ay$$

3. Untersuchen Sie die Konvexität/Konkavität der folgenden Funktionen:

   (a) $z = x + y - e^x - e^{x+y}$ (b) $z = e^{x+y} + e^{x-y} - \frac{1}{2}y$ (c) $w = (x + 2y + 3z)^2$

   (*Hinweis:* Für Teil (c): Erkennen Sie, dass w eine quadratische Form ist und bestimmen Sie ihr Vorzeichen. Nutzen Sie dann das Resultat aus Beispiel 14.8.7.)

Anspruchsvollere Aufgabe

4. Nehmen Sie an, dass $z = f(x, y)$ eine Produktionsfunktion ist, die den Output z als eine Funktion des Paares (x, y) nichtnegativer Inputfaktoren bestimmt. Nehmen Sie an, dass $f(0, 0) = 0$. Und für jedes feste (x, y) mit $x \geq 0$ und $y \geq 0$ für alle $\lambda > 0$ sei $g(\lambda; x, y) = f(\lambda x, \lambda y)/\lambda$. Zeigen Sie, dass:

   (a) Wenn f zweimal stetig differenzierbar und konkav ist, dann gilt $f''_{11}(x, y) \leq 0$ und $f''_{22}(x, y) \leq 0$ für alle x, y (so dass jedes Grenzprodukt monoton fallend ist).

   (b) Wenn f konkav ist, dann ist $g(\lambda; x, y)$ monoton fallend als Funktion von λ für jedes $x \geq 0$ und $y \geq 0$.

   (c) Für den Fall, dass es ein festes Paar (x, y) gibt mit $x \geq 0$ und $y \geq 0$, so dass f „konstante Erträge" ergibt in dem Sinn, dass $g(\lambda; x, y)$ unabhängig ist von λ, dann ist f nicht strikt konkav.

➜ Fortsetzung

(*Hinweis:* Für Teile (b) und (c): Zeigen Sie für ein gegebenes festes $x \geq 0$ und $y \geq 0$ mit $(x, y) \neq (0, 0)$, dass $g(\lambda; x, y)$ die Steigung $s(0, \lambda)$ von $f(\lambda x, \lambda y)$ ist, betrachtet als eine Funktion einer Variablen λ, definiert für alle $\lambda \geq 0$. Nutzen Sie dann Theorem 8.2.1.)

► Lösungen zu den Aufgaben finden Sie im Anhang des Buches.

14.9 Ökonomische Anwendungen

Dieses Unterkapitel behandelt mehrere ökonomische Anwendungen partieller Ableitungen.

Beispiel 14.9.1

Betrachten Sie eine landwirtschaftliche Produktionsfunktion $Y = F(K, L, T)$, wobei Y der produzierte Output, K das investierte Kapital, L der Arbeitsinput und T die verwendete landwirtschaftliche Nutzfläche ist. Dann wird $\partial Y/\partial K = F'_K$ das *Grenzprodukt des Kapitals* genannt. Es ist die Änderungsrate des Outputs Y bezüglich K, wenn L und T konstant gehalten werden. Ähnlich sind $\partial Y/\partial L = F'_L$ und $\partial Y/\partial T = F'_T$ die *Grenzprodukte der Arbeit* bzw. *der Nutzfläche*. Wenn z. B. K der Wert der Kapitalanlage in Euro ist und $\partial Y/\partial K = 5$ ist, dann würde eine Erhöhung des Kapitaleinsatzes um ΔK Einheiten zu einer Erhöhung des Outputs um ungefähr $5\Delta K$ Einheiten führen.

Nehmen Sie insbesondere an, dass F eine Cobb-Douglas-Funktion ist: $F(K, L, T) = AK^a L^b T^c$, wobei A, a, b und c positive Konstanten sind. Bestimmen Sie die Grenzprodukte und die partiellen Ableitungen zweiter Ordnung. Diskutieren Sie ihre Vorzeichen.

Lösung: Die Grenzprodukte sind

$$F'_K = AaK^{a-1}L^bT^c\,, \qquad F'_L = AbK^aL^{b-1}T^c\,, \qquad F'_T = AcK^aL^bT^{c-1}$$

Wenn K, L und T alle positiv sind, sind die Grenzprodukte alle positiv. Daher wird eine Erhöhung des Kapitals, der Arbeit oder der Nutzfläche zu einer Erhöhung des Outputs führen.

Die gemischten partiellen Ableitungen zweiter Ordnung, die auch gekreuzte partielle Ableitungen genannt werden, sind:[12]

$$F''_{KL} = AabK^{a-1}L^{b-1}T^c\,, \quad F''_{KT} = AacK^{a-1}L^bT^{c-1}\,, \quad F''_{LT} = AbcK^aL^{b-1}T^{c-1}$$

Beachten Sie, dass alle diese gemischten partiellen Ableitungen positiv sind. Für je zwei Inputfaktoren sagen wir, dass sie *komplementär* sind, da „mehr" von einem das Grenzprodukt des anderen erhöht.

Die direkten partiellen Ableitungen zweiter Ordnung sind

$$F''_{KK} = Aa(a-1)K^{a-2}L^bT^c\,, \quad F''_{LL} = Ab(b-1)K^aL^{b-2}T^c\,, \quad F''_{TT} = Ac(c-1)K^aL^bT^{c-2}$$

[12] Überprüfen Sie selbst, dass Youngs Theorem 14.6.1 gilt, indem Sie in umgekehrter Reihenfolge differenzieren, um F''_{LK}, F''_{TK} bzw. F''_{TL} zu erhalten.

Zum Beispiel ist F''_{KK} die partielle Ableitung des Grenzprodukts des Kapitals, F'_K, nach K. Wenn $a < 1$, dann ist $F''_{KK} < 0$, und dies bedeutet ein abnehmendes Grenzprodukt des Kapitals. D. h. eine kleine Erhöhung des investierten Kapitals wird zu einer Abnahme des Grenzprodukts des Kapitals führen. Wir können dies so interpretieren: Obwohl kleine Zuwächse des Kapitals einen Anstieg des Outputs bewirken, so dass $F'_K > 0$, geschieht dieser Anstieg mit einer abnehmenden Rate, da $F''_{KK} < 0$. Ähnliches gilt für Arbeit, falls $b < 1$, und für die Nutzfläche, falls $c < 1$.

Beispiel 14.9.2

Sei x das BIP eines Landes und sei y ein Maß der Umweltverschmutzung. Wenn die Funktion $u(x, y)$ vorgibt, das gesamte Wohlbefinden der Gesellschaft zu messen, welche Vorzeichen erwarten Sie dann für $u'_x(x, y)$ und $u'_y(x, y)$? Können Sie erraten, was Ökonomen gewöhnlich über das Vorzeichen von $u''_{xy}(x, y)$ annehmen?

Lösung: Es ist plausibel anzunehmen, dass das Wohlbefinden steigt, wenn das BIP steigt, aber fällt, wenn die Umweltverschmutzung steigt. Daher werden wir gewöhnlich $u'_x(x, y) > 0$ und $u'_y(x, y) < 0$ erwarten. Nach Gl. (14.6.3), angewendet auf die Funktion $u'_x(x, y)$, ist ihre partielle Ableitung $u''_{xy} = (\partial/\partial y)(u'_x)$ annähernd gleich der Änderung in u'_x pro Einheit Anstieg in y, der Umweltverschmutzung. Ferner ist u'_x der approximative Zuwachs im Wohlbefinden pro Einheit Anstieg von x.

Es wird oft angenommen, dass $u''_{xy} < 0$. Dies impliziert, dass der Anstieg im Wohlbefinden, der aus einem kleinen Anstieg Δx im BIP x resultiert, vermutlich abnimmt, wenn der Grad der Umweltverschmutzung wächst.[13] Wegen Youngs Theorem 14.6.1, impliziert die Ungleichung $u''_{xy} < 0$ dann $u''_{yx} < 0$. Daher nimmt der Anstieg im Wohlbefinden, der auf die erwartete etwas kleinere Umweltverschmutzung zurückgeht, welches ungefähr $-u'_y$ pro Einheit ist, mit dem Konsum x zu. Dies stimmt mit der hoch kontroversen Ansicht überein, dass arme Menschen, die Umweltverschmutzung leichter tolerieren werden.[14]

Aufgaben für Kapitel 14.9

1. Eine Schätzung der Nachfrage nach Geld M in den Vereinigten Staaten für den Zeitraum 1929–1952 verwendet die Gleichung

$$M = 0.14Y + 76.03(r - 2)^{-0.84}$$

Dabei ist Y das jährliche Volkseinkommen und r bezeichnet die Zinsrate in Prozent pro Jahr, wobei $r > 2$. Bestimmen Sie die partiellen Ableitungen $\partial M/\partial Y$ und $\partial M/\partial r$ und erörtern Sie dann ihre Vorzeichen.

[13] Hier ist ein Beispiel: Wenn ein überzeugter Nichtraucher in einem rauchgefüllten Raum sitzt, kann die zusätzliche Genugtuung durch ein etwas größeres Stück Kuchen abnehmen, wenn die Konzentration des Rauches zu stark zunimmt.

[14] Eine ungewöhnliche Kontroverse entstand aus der Behauptung, dass das Abladen von umweltschädlichen Aktivitäten auf arme Länder, wo sie besser toleriert würden, besser sein könnte für die Welt insgesamt. Die bedauernswerte Geschichte einer „gefälschten" World Bank „toxic memo", die dies vorschlägt, ist dargelegt in der Ausgabe von Mai 2001 des *Harvard Magazine*, verfügbar unter https://www.harvardmagazine.com/2001/05/toxic-memo.html.

➡ Fortsetzung

2. Es seien a und b positive Konstanten. Berechnen Sie die Ausdrücke $KY'_K + LY'_L$ für:

   (a) $Y = AK^a + BL^a$ (b) $Y = AK^aL^b$ (c) $Y = \dfrac{K^2L^2}{aL^3 + bK^3}$

3. Die Nachfrage D nach einem Firmenprodukt hängt von dem Preis p ab, den es berechnet, und von dem Preis q, den eine konkurrierende Firma berechnet. Sie ist gegeben durch $D(p, q) = a - bpq^{-\alpha}$, wobei a, b und α positive Konstanten sind mit $\alpha < 1$. Bestimmen Sie die partiellen Ableitungen $D'_p(p, q)$ und $D'_q(p, q)$ und kommentieren Sie dann ihre Vorzeichen.

4. Sei $F(K, L, M) = AK^aL^bM^c$. Zeigen Sie, dass $KF'_K + LF'_L + MF'_M = (a + b + c)F$.

5. Seien $D(p, q)$ und $E(p, q)$ die Nachfragen für zwei Güter, wenn die Preise pro Einheit p bzw. q sind. Nehmen Sie an, dass die Güter *substitutiv* im Verbrauch sind, wie z. B. Butter und Margarine. Welches sind die normalen Vorzeichen der partiellen Ableitungen von D und E nach p und q?

6. Bestimmen Sie $\partial U/\partial x_i$, wenn $U(x_1, x_2, \ldots, x_n) = 100 - e^{-x_1} - e^{-x_2} - \cdots - e^{-x_n}$.

Anspruchsvollere Aufgabe

7. Berechnen Sie den Ausdruck $KY'_K + LY'_L$ für die CES-Produktionsfunktion, gegeben durch
$$Y = Ae^{\lambda t}\left[aK^{-\varrho} + bL^{-\varrho}\right]^{-\mu/\varrho} .$$

► Lösungen zu den Aufgaben finden Sie im Anhang des Buches.

14.10 Partielle Elastizitäten

In Kap. 7.7 wurde das Konzept der Elastizität für Funktionen einer Variablen eingeführt. Hier erweitern wir jetzt das Konzept auf Funktionen mehrerer Variablen. Dies ermöglicht es uns, z. B. Preis- und Einkommenselastizitäten der Nachfrage sowie verschiedene Preiselastizitäten zu betrachten.

Zwei Variablen

Sei $z = f(x, y)$. Wir nutzen die partiellen Ableitungen von z, wenn sie existieren, um die partiellen Elastitiztäten von z bezüglich x und y zu definieren durch

$$\mathrm{El}_x z = \frac{x}{z}\frac{\partial z}{\partial x}\,, \qquad \mathrm{El}_y z = \frac{y}{z}\frac{\partial z}{\partial y} \tag{14.10.1}$$

Häufig berichten Ökonomen eher von der Elastizität als von der partiellen Elastizität. Daher ist $\mathrm{El}_x z$ die Elastizität von z bezüglich x, wenn y konstant gehalten wird und $\mathrm{El}_y z$ ist die Elastizität von z bezüglich y, wenn x konstant gehalten wird. Die Zahl $\mathrm{El}_x z$ ist, in grober Annäherung, gleich der prozentualen Änderung in z, die durch einen 1%-igen Anstieg in x verursacht wird, wenn y konstant gehalten wird. $\mathrm{El}_y z$ hat eine entsprechende Interpretation.

Wie in Kap. 7.7 können Elastizitäten, wenn alle Variablen positiv sind, als logarithmische Ableitungen ausgedrückt werden. Dementsprechend ist

$$\mathrm{El}_x z = \frac{\partial \ln z}{\partial \ln x}, \qquad \mathrm{El}_y z = \frac{\partial \ln z}{\partial \ln y} \tag{14.10.2}$$

Beispiel 14.10.1

Bestimmen Sie die partielle Elastizität $\mathrm{El}_x z$, wenn
(a) $z = Ax^a y^b$ (b) $z = xye^{x+y}$ $(x > 0, y > 0)$.

Lösung:

(a) Wenn wir die Elastizität von $Ax^a y^b$ bezüglich x bestimmen wollen, wird die Variable y und somit Ay^b konstant gehalten. Aus Beispiel 7.7.1 erhalten wir $\mathrm{El}_x z = a$. In derselben Weise folgt $\mathrm{El}_y z = b$.

(b) Hier bietet sich Formel (14.10.2) an. Indem wir die natürlichen Logarithmen bilden, erhalten wir $\ln z = \ln x + \ln y + x + y = \ln x + \ln y + e^{\ln x} + y$. Daher ist $\mathrm{El}_x z = \partial \ln z / \partial \ln x = 1 + e^{\ln x} = 1 + x$.

Beispiel 14.10.2

Die Nachfrage D_1 nach Kartoffeln in den USA im Zeitraum 1927 bis 1941 wurde durch $D_1 = Ap^{-0.28} m^{0.34}$ geschätzt, wobei p der Preis für Kartoffeln und m das mittlere Einkommen ist. Die Nachfrage nach Äpfeln wurde durch $D_2 = Bq^{-1.27} m^{1.32}$ geschätzt, wobei q der Preis von Äpfeln ist.

Bestimmen Sie die Preiselastizitäten $\mathrm{El}_p D_1$ und $\mathrm{El}_q D_2$, sowie die Einkommenselastizitäten der Nachfrage $\mathrm{El}_m D_1$ und $\mathrm{El}_m D_2$, und kommentieren Sie ihre Vorzeichen.

Lösung: Nach Teil (a) von Beispiel 14.10.1 ist $\mathrm{El}_p D_1 = -0.28$. Wenn der Preis von Kartoffeln um h % steigt, fällt die Nachfrage um $0.28h$ %. Weiter ist $\mathrm{El}_q D_2 = -1.27$, $\mathrm{El}_m D_1 = 0.34$ und $\mathrm{El}_m D_2 = 1.32$.

Beide Preiselastizitäten $\mathrm{El}_p D_1$ und $\mathrm{El}_q D_2$ sind negativ. Somit sinkt die Nachfrage in beiden Fällen, wenn der Preis steigt, wie es plausibel erscheint. Beide Einkommenselastizitäten $\mathrm{El}_m D_1$ und $\mathrm{El}_m D_2$ sind positiv, so dass die Nachfrage steigt, wenn das mittlere Einkommen steigt, wie es wieder plausibel erscheint. Beachten Sie, dass die Nachfrage nach Äpfeln sensitiver als die Nachfrage nach Kartoffeln sowohl bezüglich Preis- als auch bezüglich Einkommenssteigerungen ist. Dies erscheint auch plausibel, da zu jener Zeit für die meisten Verbraucher Kartoffeln lebensnotwendiger waren als Äpfel.

Mehr Variablen

Für die Funktion $z = f(x_1, x_2, \ldots, x_n) = f(\mathbf{x})$, definieren wir die *(partielle) Elastizität* von z, oder von f, bezüglich x_i als die Elastizität von z bezüglich x_i, wenn die anderen $n-1$ Variablen alle konstant gehalten werden. Wenn wir annehmen, dass alle

Variablen positiv sind, können wir schreiben:

$$\mathrm{El}_i\, z = \frac{x_i}{f(\mathbf{x})}\frac{\partial f(\mathbf{x})}{\partial x_i} = \frac{x_i}{z}\frac{\partial z}{\partial x_i} = \frac{\partial \ln z}{\partial \ln x_i} \tag{14.10.3}$$

Somit ist für kleine Änderungen die Zahl $\mathrm{El}_i\, z$ annähernd gleich der prozentualen Änderung in z pro 1 % Anstieg in x_i, wenn alle anderen Variablen x_j konstant gehalten werden. Außer $\mathrm{El}_i\, z$ sind andere häufig genutzte Formen der Notation u. a. $\mathrm{El}_i f(\mathbf{x})$, $\mathrm{El}_{x_i} z$, ε_i, e_i, und $\hat{z}_i$. Letzteres wird natürlich „z i Dach" gesprochen.

Beispiel 14.10.3

Nehmen Sie an, dass $D = Ax_1^{a_1}x_2^{a_2}\cdots x_n^{a_n}$ definiert ist für alle $x_1 > 0, x_2 > 0, \ldots, x_n > 0$, wobei $A > 0$ und $a_1, a_2, \ldots, a_n$ Konstanten sind. Bestimmen Sie die Elastizität von D bezüglich x_i für $i = 1, \ldots, n$.

Lösung: Die Berechnung der partiellen Elastizität bezüglich einem x_i verlangt von uns, dass wir alle Faktoren außer $x_i^{a_i}$ konstant halten. Daher können wir Gleichung (7.7.3) anwenden und erhalten $\mathrm{El}_i D = a_i$.

Nehmen Sie als einen Spezialfall dieses Beispiels an, dass die Nachfrage nach Gut i gegeben ist durch

$$D_i = Am^{\alpha} p_i^{-\beta} p_j^{\gamma} \tag{14.10.4}$$

wobei m das Einkommen, p_i der eigene Preis und p_j der Preis eines Substitutsgutes ist. Dann ist α die Einkommenselastizität bezüglich der Nachfrage, definiert wie in Beispiel 14.10.2. Andererseits ist $-\beta$ die Elastizität der Nachfrage bezüglich Änderungen im eigenen Preis p_i, so dass es die *Eigenpreiselastizität* der Nachfrage genannt wird. Da jedoch Eigenpreiselastizitäten der Nachfrage gewöhnlich negativ sind, beschreibt man oft eher β denn $-\beta$ als Eigenpreiselastizität. Schließlich ist γ die Elastizität der Nachfrage bezüglich des Preises des Substitutsgutes. In Analogie zu den in Kap. 14.6 definierten gekreuzten partiellen Ableitungen wird es die *Kreuzpreiselastizität* der Nachfrage genannt.

Bei der durch Gl. (14.10.4) gegebenen Nachfragefunktion, ist der Anteil des Einkommens, der für Gut i ausgegeben wird, gleich

$$\frac{p_i D_i}{m} = Am^{\alpha-1} p_i^{1-\beta} p_j^{\gamma}$$

Wenn die Einkommenselastizität $\alpha < 1$ ist, ist dieser Anteil eine fallende Funktion des Einkommens. Ökonomen beschreiben ein Gut mit dieser Eigenschaft als ein *notwendiges* Gut. Wenn andererseits $\alpha > 1$, steigt der Anteil des Einkommens, der für Gut i ausgegeben wird, mit dem Einkommen. In diesem Fall nennen Ökonomen Gut i ein *Luxusgut*. Wenn wir uns auf Beispiel 14.10.2 beziehen, implizieren diese Definitionen, dass im Zeitraum 1927–1941, der die Jahre der großen Wirtschaftskrise einschließt, Kartoffeln ein notwendiges Gut, Äpfel jedoch ein (relatives) Luxusgut waren.

Aufgabe 4 betrachtet diese Unterscheidung zwischen notwendigen und Luxusgütern für allgemeinere Nachfragefunktionen.

Aufgaben für Kapitel 14.10

1. Bestimmen Sie die partiellen Elastizitäten von z bezüglich x und y in folgenden Fällen:

   (a) $z = xy$ (b) $z = x^2y^5$ (c) $z = x^n e^x y^n e^y$ (d) $z = x + y$

2. Gegeben sei $z = (ax_1^d + bx_2^d + cx_3^d)^g$, wobei a, b, c, d und g Konstanten sind. Bestimmen Sie $\sum_{i=1}^{3} \mathrm{El}_i\, z$.

3. Gegeben sei $z = x_1^p \cdots x_n^p \exp(a_1x_1 + \cdots + a_nx_n)$, wobei $a_1, \ldots, a_n$ und p Konstanten sind. Bestimmen Sie die partiellen Elastizitäten von z bezüglich $x_1, \ldots, x_n$.

4. Es bezeichne $D(p, m)$ eine typische Nachfrage eines Verbrauchers nach einem bestimmten Gut als Funktion seines Preises p und dem eigenen Einkommen m. Zeigen Sie, dass der Anteil pD/m des Einkommens, der für das Gut ausgegeben wird, mit dem Einkommen wächst, wenn $\mathrm{El}_m D > 1$ (in dem Fall ist es ein „Luxusgut", während es ein „notwendiges Gut" ist, wenn $\mathrm{El}_m D < 1$).

► Lösungen zu den Aufgaben finden Sie im Anhang des Buches.

Aufgaben zur Wiederholung für Kapitel 14

1. Sei $f(x, y) = 3x - 5y$. Bestimmen Sie die Werte von $f(0, 1)$, $f(2, -1)$, $f(a, a)$ und $f(a + \Delta x, b) - f(a, b)$.

2. Sei $f(x, y) = 2x^2 - 3y^2$. Bestimmen Sie die Werte von $f(-1, 2)$, $f(2a, 2a)$, $f(a, b + \Delta y) - f(a, b)$ und $f(tx, ty) - t^2 f(x, y)$.

3. Sei $f(x, y, z) = \sqrt{x^2 + y^2 + z^2}$. Bestimmen Sie die Werte von $f(3, 4, 0)$, $f(-2, 1, 3)$ und $f(tx, ty, tz)$ für $t \geq 0$.

4. Sei $Y = F(K, L) = 15K^{1/5}L^{2/5}$ die Anzahl der produzierten Outputeinheiten, wenn K Einheiten Kapital und L Einheiten Arbeit als Input verwendet werden.

   (a) Berechnen Sie $F(0, 0)$, $F(1, 1)$ und $F(32, 243)$.

   (b) Bestimmen Sie einen Ausdruck für $F(K + 1, L) - F(K, L)$ und geben Sie dafür eine ökonomische Interpretation.

   (c) Berechnen Sie $F(32 + 1, 243) - F(32, 243)$ und vergleichen Sie das Ergebnis mit dem, das Sie erhalten, wenn Sie $F'_K(32, 243)$ berechnen.

   (d) Zeigen Sie, dass $F(tK, tL) = t^k F(K, L)$ für eine Konstante k.

5. Eine Studie über gewerblichen Fischfang kam zu dem Schluss, dass der jährliche Heringfang Y als Funktion des Fangaufwands K und des Heringsbestands S gegeben ist durch $Y(K, S) = 0.06157K^{1.356}S^{0.562}$.

(a) Bestimmen Sie $\partial Y/\partial K$ und $\partial Y/\partial S$.

(b) Was geschieht mit dem Fang, wenn K und S beide verdoppelt werden?

6. Für welche Paare von Zahlen (x, y) sind die durch die folgenden Formeln gegebenen Funktionen definiert?

(a) $3xy^3 - 45x^4 - 3y$ (b) $\sqrt{1 - xy}$ (c) $\ln(2 - (x^2 + y^2))$

7. Für welche Paare von Zahlen (x, y) sind die durch die folgenden Formeln gegebenen Funktionen definiert?

(a) $\dfrac{1}{\sqrt{x + y - 1}}$ (b) $\sqrt{x^2 - y^2} + \sqrt{x^2 + y^2 - 1}$ (c) $\sqrt{y - x^2} - \sqrt{\sqrt{x} - y}$

8. Vervollständigen Sie die folgenden Implikationen:

(a) $z = (x^2y^4 + 2)^5 \Longrightarrow \dfrac{\partial z}{\partial x} =$

(b) $F(K, L) = (\sqrt{K} + \sqrt{L})^2 \Longrightarrow \sqrt{K}\dfrac{\partial F}{\partial K} =$

(c) $F(K, L) = (K^a + L^a)^{1/a} \Longrightarrow KF'_K(K, L) + LF'_L(K, L) =$

(d) $g(t, w) = \dfrac{3t}{w} + wt^2 \Longrightarrow \dfrac{\partial^2 g}{\partial w \partial t} =$

(e) $g(t_1, t_2, t_3) = (t_1^2 + t_2^2 + t_3^2)^{1/2} \Longrightarrow g'_3(t_1, t_2, t_3) =$

(f) $f(x, y, z) = 2x^2yz - y^3 + x^2z^2 \Longrightarrow f'_1(x, y, z) = \quad , f''_{13}(x, y, z) =$

9. Für alle (x, y) sei f definiert durch $f(x, y) = (x - 2)^2(y + 3)^2$.

(a) Berechnen Sie $f(0, 0)$, $f(-2, -3)$ und $f(a + 2, b - 3)$.

(b) Bestimmen Sie f'_x und f'_y.

10. Verifizieren Sie, dass die Punkte $(-1, 5)$ und $(1, 1)$ auf derselben Höhenlinie für die Funktion $g(x, y) = (2x + y)^3 - 2x + 5/y$ liegen.

11. Verifizieren Sie, dass $x - y = c$ für jedes $c \neq 0$ eine Höhenlinie für $F(x, y) = \ln(x^2 - 2xy + y^2) + e^{2x-2y}$ ist.

12. Sei $f(x, y) = x^4 + 2y^2 - 4x^2y + 4y$ für alle (x, y).

(a) Bestimmen Sie $f'_1(x, y)$ und $f'_2(x, y)$.

(b) Bestimmen Sie alle Paare (x, y), die beide Gleichungen $f'_1(x, y) = 0$ und $f'_2(x, y) = 0$ erfüllen.

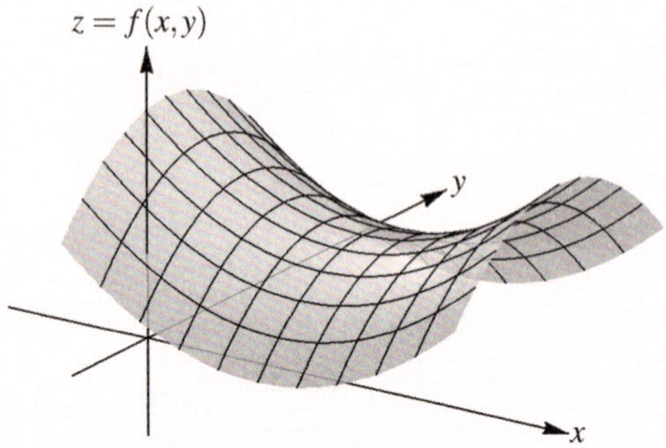

Abbildung 14.W.1: Aufgabe 13

13. Der Graph der Funktion $z = f(x,y) = (x-\frac{1}{2})^2-(y-\frac{1}{2})^2+\frac{1}{2}$ ist in Abb. 14.W.1 dargestellt.

(a) Nutzen Sie diesen Graphen, um zu bestimmen, ob die Funktion konkav, strikt konkav, konvex oder strikt konvex ist.

(b) Nutzen Sie die Gl. (14.8.7) bis (14.8.10), um Ihre Schlüsse zu bestätigen.

14. Sei f für alle x, y definiert durch $f(x,y) = x - y - x^2$.

(a) Nutzen Sie (14.8.3), um zu zeigen, dass f konkav ist.

(b) Zeigen Sie, dass $-e^{-f(x,y)}$ konkav ist.

15. Sei $f(x,y) = ax^2+2bxy+cy^2+px+qy+r$, wobei a, b, c, p, q und r Konstanten sind.

(a) Zeigen Sie: f ist (i) strikt konkav, wenn $ac-b^2>0$ und $a<0$; (ii) strikt konvex, wenn $ac-b^2>0$ und $a>0$.

(b) Finden Sie notwendige und hinreichende Bedingungen, damit $f(x,y)$ konkav/konvex ist.

16. Bestimmen Sie die partiellen Elastizitäten von z bezüglich x und y in den folgenden Fällen:

(a) $z = x^3y^{-4}$ (b) $z = \ln(x^2+y^2)$ (c) $z = e^{x+y}$ (d) $z = (x^2+y^2)^{1/2}$

17. (a) Sei $F(x,y) = e^{2x}(1-y)^2$. Bestimmen Sie $\partial F/\partial y$.

(b) Sei $F(K,L,M) = (\ln K)(\ln L)(\ln M)$. Bestimmen Sie F'_L und F''_{LM}.

(c) Sei $w = x^x y^x z^x$ mit x, y und z positiv. Bestimmen Sie w'_x durch logarithmische Differentiation.

Anspruchsvollere Aufgaben

18. Berechnen Sie $\partial^{p+q}z/\partial y^q \partial x^p$ an der Stelle $(0, 0)$ für:

(a) $z = e^x \ln(1 + y)$

(b) $z = e^{x+y}(xy + y - 1)$

(*Hinweis:* Zeigen Sie zuerst durch Induktion über n, dass $\frac{d^n}{du^n} e^u u = e^u(u+n)$.)

19. Zeigen Sie: Wenn $u = Ax^a y^b$, dann kann $u''_{xy}/u'_x u'_y$ als Funktion von u allein ausgedrückt werden. Verwenden Sie dies, um zu zeigen, dass

$$\frac{1}{u'_x}\frac{\partial}{\partial x}\left(\frac{u''_{xy}}{u'_x u'_y}\right) = \frac{1}{u'_y}\frac{\partial}{\partial y}\left(\frac{u''_{xy}}{u'_x u'_y}\right)$$

► Lösungen zu den Aufgaben finden Sie im Anhang des Buches.

Partielle Ableitungen im Einsatz

15

15.1 Eine einfache Kettenregel 706

15.2 Kettenregel für viele Variablen 712

15.3 Implizites Differenzieren entlang einer Höhenlinie 716

15.4 Niveauflächen 723

15.5 Substitutionselastizität 727

15.6 Homogene Funktionen von zwei Variablen .. 729

15.7 Homogene und homothetische Funktionen .. 734

15.8 Lineare Approximationen 741

15.9 Differentiale 750

15.10 Gleichungssysteme 755

15.11 Differenzieren von Gleichungssystemen 759

Aufgaben zur Wiederholung für Kapitel 15 767

ÜBERBLICK

Die Logik genehmigt lediglich die Eroberungen der Intuition.

–Jacques S. Hadamard (1945)

Ökonomen benutzen oft die Formulierung „Komparative Statik", um eine besondere Technik zu beschreiben, die partielle Ableitungen benutzt. Die Untersuchung startet mit einem mathematischen Modell, das zeigt, wie ökonomische Größen, wie Nachfrage und Angebot, bestimmt sind als endogenene Variablen, die ein Gleichungssystem erfüllen. Es stellt sich dann die Frage, wie diese Variablen auf Änderungen in exogenen Parametern, wie Präferenzen oder Produktivitätsschocks reagieren. Allgemeiner: Wenn die Parameter eines Optimierungsproblems sich ändern, was geschieht dann mit seiner Lösung? Oder was passiert mit der Lösung eines Gleichungssystems, das ein Gleichgewicht zwischen Nachfrage und Angebot beschreibt? Einige einfache Beispiele werden in diesem Kapitel untersucht, anspruchsvollere Probleme werden in FMEA behandelt.

Bei der Differentiation von Funktionen einer Variablen, ist die Kettenregel, die in Kap. 6.8 eingeführt wurde, ein entscheidendes Werkzeug. Hier führen die Kap. 15.1 bis 15.4 das ein, was wir benötigen, um die Kettenregel auf Funktionen von zwei oder mehr Variablen zu verallgemeinern. Danach diskutiert Kap. 15.5 das Konzept der Substitutionselasitzität, das Ökonomen oft benutzen, um die „Krümmung" einer Höhenlinie zu beschreiben. Ein anderes wichtiges Thema in den Wirtschaftswissenschaften betrifft homogene und homothetische Funktionen, die in den Kap. 15.6 und 15.7 untersucht werden. Dann betrachten Kap. 15.8 und 15.9 lineare Approximationen und dann Differentiale. Die zwei letzten Unterkapitel 15.10 und 15.11 befassen sich mit Gleichungssystemen sowie mit einigen Eigenschaften ihrer Differentiale.

15.1 Eine einfache Kettenregel

Viele ökonomische Modelle verwenden verkettete Funktionen, die für Funktionen einer Variablen in Kap. 6.8 eingeführt wurde. Hier betrachten wir Funktionen von mehreren Variablen, die selbst wieder Funktionen von anderen Basis-Variablen sind. So betrachten z. B. viele Modelle ökonomischen Wachstums den Output als Funktion von Kapital und Arbeit, die beide Funktionen der Zeit sind. Wie variiert dann der Output mit der Zeit? Allgemeiner: Was geschieht mit dem Wert einer verketteten Funktion, wenn ihre Basis-Variablen sich ändern? Dies ist das allgemeine Problem, das wir in diesem und den nächsten drei Unterkapiteln behandeln.

Nehmen Sie an, dass $z = f(x, y)$ eine Funktion von x und y ist, wo beide $x = g(t)$ und $y = h(t)$ Funktionen einer Variablen t sind. Indem wir die Ausdrücke für x und y in $z = f(x, y)$ einsetzen, erhalten wir die verkettete Funktion

$$z = F(t) = f(g(t), h(t))$$

Dies reduziert z auf eine Funktion von t allein. Eine Änderung in t wird im Allgemeinen zu einer Änderung in beiden Funktionen $g(t)$ und $h(t)$ führen, sowie zu einer resultierenden Änderung in $z = F(t)$. Wie ändert sich dann z, wenn t sich ändert? Wird z. B. ein kleiner Anstieg in t zu einem Anstieg oder einer Abnahme in z führen? Die Antwort auf solche Fragen wird viel einfacher, wenn wir einen Ausdruck für $\mathrm{d}z/\mathrm{d}t$, die Änderungsrate von z bezüglich t, gefunden haben. Dies ist gegeben durch die folgende Erweiterung auf zwei Variablen der Kettenregel, die in Kap. 6.8 eingeführt wurde:

Kettenregel

Sei $z = f(x, y)$ mit $x = g(t)$ und $y = h(t)$. Wenn f eine C^1-Funktion ist (d. h. f hat stetige partielle Ableitungen erster Ordnung) und g und h differenzierbar sind, dann gilt

$$\frac{\mathrm{d}z}{\mathrm{d}t} = f_1'(x, y)\frac{\mathrm{d}x}{\mathrm{d}t} + f_2'(x, y)\frac{\mathrm{d}y}{\mathrm{d}t} \tag{15.1.1}$$

Es ist wichtig, den genauen Inhalt von (15.1.1) zu verstehen. Es wird die Ableitung von $z = f(x, y)$ bezüglich t angegeben, wenn x und y beide differenzierbare Funktionen von t sind. Diese Ableitung heißt die *totale Ableitung* von z bezüglich t. Nach (15.1.1) tritt ein Beitrag zu der totalen Ableitung ein, weil die erste Variable x in $f(x, y)$ von t abhängt. Der erste Beitrag ist $f_1'(x, y)\,\mathrm{d}x/\mathrm{d}t$. Ein zweiter Beitrag entsteht, weil die zweite Variable y in $f(x, y)$ auch von t abhängt. Dieser zweite Beitrag ist $f_2'(x, y)\,\mathrm{d}y/\mathrm{d}t$. Die totale Ableitung $\mathrm{d}z/\mathrm{d}t$ ist die *Summe* der zwei Beiträge.

Hinweis: Es ist wichtig zu realisieren: Wenn f nicht C^1 ist, dann kann Formel (15.1.1) fehlschlagen, wie Aufgabe 9 zeigt.

Beispiel 15.1.1

Bestimmen Sie $\mathrm{d}z/\mathrm{d}t$, wenn $z = f(x, y) = x^2 + y^3$ mit $x = t^2$ und $y = 2t$.

Lösung: In diesem Fall ist $f_1'(x, y) = 2x$, $f_2'(x, y) = 3y^2$, $\mathrm{d}x/\mathrm{d}t = 2t$ und $\mathrm{d}y/\mathrm{d}t = 2$. Einsetzen dieser vier Ausdrücke in Formel (15.1.1) ergibt

$$\frac{\mathrm{d}z}{\mathrm{d}t} = 2x \cdot 2t + 3y^2 \cdot 2 = 4tx + 6y^2 = 4t^3 + 24t^2$$

Dabei ergibt sich die letzte Gleichheit, indem man die entsprechenden Funktionen von t für x bzw. y substituiert. In einem einfachen Fall wie diesem können wir die Kettenregel überprüfen, indem wir $x = t^2$ und $y = 2t$ in die Formel für $f(x, y)$ einsetzen und dann nach t differenzieren. Das Resultat ist

$$z = x^2 + y^3 = (t^2)^2 + (2t)^3 = t^4 + 8t^3 \Longrightarrow \frac{\mathrm{d}z}{\mathrm{d}t} = 4t^3 + 24t^2$$

Dies ist dieselbe Antwort wie zuvor.

Beispiel 15.1.2

Bestimmen Sie $\mathrm{d}z/\mathrm{d}t$, wenn $z = f(x, y) = xe^{2y}$ mit $x = \sqrt{t}$ und $y = \ln t$ ist.

Lösung: Hier ist $f_1'(x, y) = e^{2y}$, $f_2'(x, y) = 2xe^{2y}$, $\mathrm{d}x/\mathrm{d}t = 1/2\sqrt{t}$ und $\mathrm{d}y/\mathrm{d}t = 1/t$. Nun impliziert $y = \ln t$, dass $e^{2y} = e^{2\ln t} = (e^{\ln t})^2 = t^2$ so dass mit Formel (15.1.1) folgt:

$$\frac{\mathrm{d}z}{\mathrm{d}t} = e^{2y}\frac{1}{2\sqrt{t}} + 2xe^{2y}\frac{1}{t} = t^2\frac{1}{2\sqrt{t}} + 2\sqrt{t}\,t^2\frac{1}{t} = \frac{5}{2}t^{3/2}$$

Wie in Beispiel 15.1.1 können wir die Kettenregel direkt überprüfen, indem wir $x = \sqrt{t}$ und $y = \ln t$ in die Formel für $f(x, y)$ einsetzen. Wenn wir das tun, ergibt sich $z = xe^{2y} = \sqrt{t} \cdot t^2 = t^{5/2}$ und die Ableitung davon ist $\mathrm{d}z/\mathrm{d}t = \frac{5}{2}t^{3/2}$.

Hier sind einige typische Beispiele, wie Ökonomen (15.1.1) anwenden.

Beispiel 15.1.3

Sei $D = D(p, m)$ die Nachfrage eines Konsumenten nach einem Gut als Funktion des Preises p und des Einkommens m des Konsumenten. Nehmen Sie an, dass $p = p(t)$ und $m = m(t)$ beides differenzierbare Funktionen der Zeit t sind. Somit ist die Nachfrage eine Funktion $D = D(p(t), m(t))$ von t allein. Finden Sie einen Ausdruck für $\dot{D}/D$, die relative Wachstumsrate von D.

Lösung: Wenn wir die Ableitungen bezüglich der Zeit mit „Punkten" bezeichnen, ergibt sich mit (15.1.1)

$$\dot{D} = \frac{\partial D(p, m)}{\partial p}\dot{p} + \frac{\partial D(p, m)}{\partial m}\dot{m}$$

Der erste Term auf der rechten Seite gibt die Auswirkung auf die Nachfrage an, die entsteht, weil sich der Preis p ändert. Der zweite Term gibt den Effekt der Änderung in m an. Wir können die relative Änderungsrate von D schreiben als

$$\frac{\dot{D}}{D} = \frac{p}{D}\frac{\partial D(p, m)}{\partial p}\frac{\dot{p}}{p} + \frac{m}{D}\frac{\partial D(p, m)}{\partial m}\frac{\dot{m}}{m} = \frac{\dot{p}}{p}\,\mathrm{El}_p D + \frac{\dot{m}}{m}\,\mathrm{El}_m D$$

Hier folgt die letzte Gleichheit aus der Formel für die partielle Elastizität, die in Kap. 14.10 eingeführt wurde. Somit findet man die relative Änderungsrate, indem man die relativen Änderungsraten des Preises und des Einkommens mit ihren jeweiligen partiellen Elastizitäten multipliziert und dann addiert.

Beispiel 15.1.4

Wie in Beispiel 14.9.2 bezeichne $u(x, y)$ die Gesamtwohlfahrt einer Gesellschaft, wobei x das BIP bezeichnet und y ist ein Maß des Grades der Umweltverschmutzung. Wie in dem Beispiel nehmen Sie an, dass $u'_x(x, y) > 0$ und $u'_y(x, y) < 0$.

Nehmen Sie jetzt an, dass die Umweltverschmutzung zunimmt, wenn die Wirtschaft wächst, so dass die Umweltverschmutzung eine monoton wachsende Funktion $y = h(x)$ von x mit $h'(x) > 0$ ist. Dann wird die Gesamtwohlfahrt eine Funktion $U(x) = u(x, h(x))$ von x allein. Bestimmen Sie eine notwendige Bedingung dafür, dass $U(x)$ ein Maximum an der Stelle $x = x^* > 0$ hat und geben Sie dieser Bedingung eine ökonomische Interpretation.

Lösung: Nach Theorem 9.1.1 ist eine notwendige Bedingung für ein Maximum von $U(x)$ an der Stelle $x^* > 0$, dass $U'(x^*) = 0$. Wir nutzen jetzt die Kettenregel (15.1.1) und erhalten:

$$U'(x) = u'_x(x, h(x)) \cdot 1 + u'_y(x, h(x)) \cdot h'(x) \qquad (*)$$

Damit $U'(x^*) = 0$ ist, muss gelten:

$$u'_x(x^*, h(x^*)) = -u'_y(x^*, h(x^*)) \cdot h'(x^*) \qquad (**)$$

Um diese Bedingung zu interpretieren, denken Sie daran, x^* um einen kleinen Betrag δ zu erhöhen. Nach Gleichung (14.2.6) ist der Gewinn aufgrund der Erhöhung des BIP ungefähr $u'_x(x^*, h(x^*))\delta$. Andererseits steigt der Grad der Umweltbelastung um ungefähr $h'(x^*)\delta$ Einheiten. Aber wir verlieren $-u'_y(x^*, h(x^*))\delta$ an Gesamtwohlfahrt pro Einheit mehr Umweltbelastung, so dass wir insgesamt $-u'_y(x^*, h(x^*))h'(x^*)\delta$ verlieren wegen der zunehmenden Umweltbelastung aufgrund der Erhöhung in x^*. Gleichung $(**)$ sagt gerade aus, dass der direkte Gewinn durch eine Erhöhung von x^* um einen kleinen Betrag δ gleich dem indirekten Verlust durch die gestiegene Umweltverschmutzung sein muss, die aus diesem Zuwachs resultiert. Sonst könnte eine kleine Änderung im Wohlbefinden erreicht werden durch eine kleine Änderung δ in x, deren Vorzeichen übereinstimmt mit dem Vorzeichen von $U'(x^*)$, gegeben durch Gl. $(*)$.

Ableitungen höherer Ordnung

Manchmal brauchen wir die zweite Ableitung einer verketteten Funktion. Eine allgemeine Formel für $\mathrm{d}^2z/\mathrm{d}t^2$, die auf Formel (15.1.1) basiert, wird in Aufgabe 8 behandelt. Hier betrachten wir einen Spezialfall, der in der Optimierungstheorie relevant ist, dem Thema von Kap. 17. Es betrifft die Funktion F, die beschreibt, was mit f geschieht, wenn man sich von dem Punkt (a, b) fortbewegt zu $(a + t\ell, b + tk)$. Wenn $t > 0$, geht diese Bewegung in die Richtung (ℓ, k), wenn aber $t < 0$, geht sie in die umgekehrte Richtung $(-\ell, -k)$. Siehe Abb. 15.1.1.

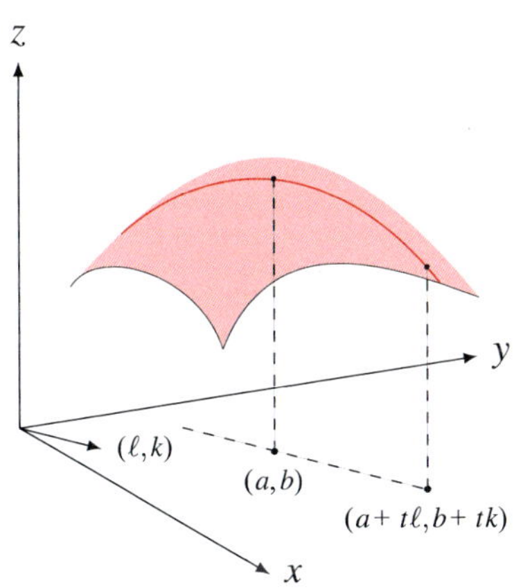

Abbildung 15.1.1: $F(t) = f(a + t\ell, b + tk)$

Beispiel 15.1.5

Nehmen Sie an, dass $z = f(x, y)$, wobei $x = a + t\ell$ und $y = b + tk$. Wenn wir (a, b) und (ℓ, k) festhalten, wird z eine Funktion von t allein. Bestimmen Sie Ausdrücke für $F'(t)$ und $F''(t)$.

Lösung: Mit $x = a + t\ell$ und $y = b + tk$ erhalten wir $F(t) = f(x, y)$. Mit (15.1.1) folgt

$$F'(t) = f_1'(x, y)\frac{dx}{dt} + f_2'(x, y)\frac{dy}{dt} = f_1'(a + t\ell, b + tk)\ell + f_2'(a + t\ell, b + tk)k$$

Um die zweite Ableitung $F''(t)$ zu bestimmen, müssen wir ein zweites Mal nach t differenzieren. Dies ergibt

$$F''(t) = \frac{d}{dt}f_1'(x, y)\ell + \frac{d}{dt}f_2'(x, y)k \tag{$*$}$$

Um die Ableitungen auf der rechten Seite zu bestimmen, müssen wir wieder die Kettenregel (15.1.1) anwenden. Dies ergibt:

$$\frac{d}{dt}f_1'(x, y) = f_{11}''(x, y)\frac{dx}{dt} + f_{12}''(x, y)\frac{dy}{dt} = f_{11}''(x, y)\ell + f_{12}''(x, y)k$$
$$\frac{d}{dt}f_2'(x, y) = f_{21}''(x, y)\frac{dx}{dt} + f_{22}''(x, y)\frac{dy}{dt} = f_{21}''(x, y)\ell + f_{22}''(x, y)k$$

Nach Einsetzen dieser zwei Ausdrücke in ($*$) unter Nutzen der Gleichheit $f_{12}'' = f_{21}''$ nach Youngs Theorem, um zu vereinfachen, folgt

$$F''(t) = f_{11}''(x, y)\ell^2 + 2f_{12}''(x, y)\ell k + f_{22}''(x, y)k^2$$

Ein Beweis der Kettenregel

Keine der früheren Regeln für partielle Differentiation reicht aus, um zu zeigen, dass die Kettenregel (15.1.1) für eine Funktion von zwei Variablen gültig ist. Stattdessen erweitern wir das Argument, das benutzt wurde, um in Kap. 6.8 die Kettenregel für Funktionen einer Variablen zu beweisen.

Beweis von (15.1.1)*:* Nehmen Sie an, dass $z = f(x, y)$ stetig differenzierbar ist, während $x = g(t)$ und $y = h(t)$ beide differenzierbar sind. Halten Sie s fest, das in den Definitionsbereichen von g und h liegt, und auch $a = g(s)$ und $b = h(s)$. Für die gegebene Funktion $F(t) = f(g(t), h(t))$ müssen wir die folgende Version von Gleichung (15.1.1) beweisen:

$$F'(a) = f_1'(a, b)g'(s) + f_2'(a, b)h'(s)$$

Definieren Sie die folgenden zwei Funktionen von (x, y):

$$\varphi_1(x, y) = \begin{cases} \dfrac{f(x, y) - f(a, y)}{x - a} & \text{falls } x \neq a \\ f_1'(a, y) & \text{falls } x = a \end{cases} \quad \text{und} \quad \varphi_2(x, y) = \begin{cases} \dfrac{f(x, y) - f(x, b)}{y - b} & \text{falls } y \neq b \\ f_2'(x, b) & \text{falls } y = b \end{cases}$$

Definieren Sie auch die folgenden Funktionen von t:

$$\gamma(t) = \begin{cases} \dfrac{g(t) - a}{t - s} & \text{falls } t \neq s \\ g'(s) & \text{falls } t = s \end{cases} \quad \text{und} \quad \eta(t) = \begin{cases} \dfrac{h(t) - b}{t - s} & \text{falls } t \neq s \\ h'(s) & \text{falls } t = s \end{cases}$$

Nach Konstruktion gelten die folgenden sechs Eigenschaften:

(i) für alle y, $\lim_{x \to a} \varphi_1(x, y) = \varphi_1(a, y)$;
(ii) für alle x, $\lim_{y \to b} \varphi_2(x, y) = \varphi_2(x, b)$;
(iii) $\lim_{t \to s} \gamma(t) = \gamma(s)$ und $\lim_{t \to s} \eta(t) = \eta(s)$;
(iv) $f(x, y) - f(a, y) = \varphi_1(x, y)(x - a)$;

(v) $f(x,y) - f(x,b) = \varphi_2(x,y)(y-b)$;
(vi) $g(t) - a = \gamma(t)(t-s)$ und $h(t) - b = \eta(t)(t-s)$.

Nun gilt für alle δ hinreichend nahe bei 0:

$$\begin{aligned} F(s+\delta) - F(s) &= f(g(s+\delta), h(s+\delta)) - f(g(s), h(s)) \\ &= f(g(s+\delta), h(s+\delta)) - f(a, h(s+\delta)) + f(a, h(s+\delta)) - f(a,b) \\ &= \varphi_1(g(s+\delta), h(s+\delta))[g(s+\delta) - a] + \varphi_2(a, h(s+\delta))[h(s+\delta) - b] \\ &= \varphi_1(g(s+\delta), h(s+\delta))\gamma(s+\delta)\delta + \varphi_2(a, h(s+\delta))\eta(s+\delta)\delta \end{aligned}$$

Dabei gilt die erste Gleichheit nach Definition von F, die zweite addiert und subtrahiert nur dieselbe Zahl, die dritte nutzt die Eigenschaften (iv) und (v) und die letzte nutzt Eigenschaft (vi). Für den Newton-Quotienten von F an der Stelle s folgt:

$$\frac{F(s+\delta) - F(s)}{\delta} = \varphi_1(g(s+\delta), h(s+\delta))\gamma(s+\delta) + \varphi_2(a, h(s+\delta))\eta(s+\delta)$$

Nach Definition der Ableitung folgt:

$$F'(s) = \lim_{\delta \to 0} [\varphi_1(g(s+\delta), h(s+\delta))\gamma(s+\delta) + \varphi_2(a, h(s+\delta))\eta(s+\delta)] \qquad (*)$$

Wegen Eigenschaft (iii) gilt $\gamma(s+\delta) \to g'(s)$ und $\eta(s+\delta) \to h'(s)$, wenn $\delta \to 0$. Da h differenzierbar ist, ist es auch stetig und somit gilt $h(s+\delta) \to b$. Wegen (ii) folgt

$$\varphi_2(a, h(s+\delta)) \to f_2'(a,b) \qquad (**)$$

Es bleibt nur noch der Term $\varphi_1(g(s+\delta), h(s+\delta))$ übrig, der etwas komplizierter ist. Da g auch stetig ist, folgt $g(s+\delta) \to a$. Da f stetig differenzierbar ist, sind f_1' und φ_1 stetige Funktionen. Somit implizieren Eigenschaft (i) zusammen mit der Stetigkeit von $h(t)$ an der Stelle $t = s$, dass

$$\lim_{\delta \to 0} \varphi_1(g(s+\delta), h(s+\delta)) = \varphi_1(a,b) = f_1'(a,b) \qquad (**)$$

Einsetzen von (**) und (***) in (*) ergibt:

$$\begin{aligned} F'(s) &= \lim_{\delta \to 0} [\varphi_1(g(s+\delta),\ h(s+\delta))\gamma(s+\delta)] + \lim_{\delta \to 0} [\varphi_2(a,\ h(s+\delta))\eta(s+\delta)] \\ &= \varphi_1(a,b)g'(s) + f_2'(a,b)h'(s) = f_1'(a,b)g'(s) + f_2'(a,b)h'(s) \end{aligned}$$

Aufgaben für Kapitel 15.1

1. Bestimmen Sie in den folgenden Fällen $\mathrm{d}z/\mathrm{d}t$, indem Sie die Kettenregel (15.1.1) verwenden. Überprüfen Sie jede Antwort, indem Sie zuerst die Ausdrücke für x und y einsetzen und dann differenzieren.

(a) $z = F(x,y) = x + y^2, \quad x = t^2, \quad y = t^3$

(b) $z = F(x,y) = x^p y^q, \quad x = at, \quad y = bt$

2. Bestimmen Sie $\mathrm{d}z/\mathrm{d}t$, wenn:

(a) $z = F(x,y) = x \ln y + y \ln x$ mit $x = t + 1$ und $y = \ln t$;

(b) $z = F(x,y) = \ln x + \ln y$ mit $x = Ae^{at}$ und $y = Be^{bt}$.

3. Es sei $z = F(t,y)$ und $y = g(t)$. Bestimmen Sie eine Formel für $\mathrm{d}z/\mathrm{d}t$. Betrachten Sie insbesondere den Fall $z = t^2 + ye^y$ und $y = t^2$.

4. Bestimmen Sie eine Formel für $\mathrm{d}Y/\mathrm{d}L$, wenn $Y = F(K,L)$ und $K = g(L)$.

➡

➡ Fortsetzung

5. Es sei $Y = 10KL - \sqrt{K} - \sqrt{L}$. Nehmen Sie ferner an, dass $K = 0.2t + 5$ und $L = 5e^{0.1t}$. Bestimmen Sie $\mathrm{d}Y/\mathrm{d}t$ für $t = 0$.

6. Seien $x = g(t)$, $y = h(t)$ und $G(x)$ differenzierbare Funktionen. Was ergibt sich durch Anwendung der Kettenregel (15.1.1) für die folgenden Funktionen $f(x,y)$? (a) $f(x,y) = x + y$; (b) $f(x,y) = x - y$; (c) $f(x,y) = x \cdot y$; (d) $f(x, y = x/y$; (e) $f(x,y) = G(x)$.

Anspruchsvollere Aufgaben

7. Betrachten Sie Beispiel 15.1.4 mit $u(x,y) = \ln(x^\alpha + y^\alpha) - \alpha \ln y$ und $y = h(x) = \sqrt[3]{ax^4 + b}$ mit positiven Konstanten α, a und b. Bestimmen Sie für diesen Fall das optimale x^*.

8. Nehmen Sie an, dass $z = F(x,y)$, $x = g(t)$ und $y = h(t)$. Ändern Sie die Lösung zu Beispiel 15.1.5 so ab, dass Sie einen Beweis der Formel

$$\frac{\mathrm{d}^2 z}{\mathrm{d}t^2} = \frac{\partial z}{\partial x}\frac{\mathrm{d}^2 x}{\mathrm{d}t^2} + \frac{\partial z}{\partial y}\frac{\mathrm{d}^2 y}{\mathrm{d}t^2} + \frac{\partial^2 z}{\partial x^2}\left(\frac{\mathrm{d}x}{\mathrm{d}t}\right)^2 + 2\frac{\partial^2 z}{\partial x \partial y}\left(\frac{\mathrm{d}x}{\mathrm{d}t}\right)\left(\frac{\mathrm{d}y}{\mathrm{d}t}\right) + \frac{\partial^2 z}{\partial y^2}\left(\frac{\mathrm{d}y}{\mathrm{d}t}\right)^2$$

erhalten unter geeigneten Annahmen über F, g und h.

9. Betrachten Sie die Funktion $f\colon \mathbb{R}^2 \to \mathbb{R}$, die definiert ist durch

$$f(x,y) = \begin{cases} \dfrac{y^3}{x^2 + y^2}, & \text{falls } (x,y) \neq (0,0) \\ 0, & \text{falls } (x,y) = (0,0) \end{cases}$$

Nehmen Sie weiter an, dass $x(t) = at$ und $y(t) = bt$, wobei $a \neq 0$ und $b \neq 0$ Konstanten sind.

(a) Bestimmen Sie $f_1'(0,0)$ und $f_2'(0,0)$.

(b) Sei $z(t) = f(x(t), y(t))$. Bestimmen Sie $z'(0)$.

(c) Zeigen Sie, dass $z'(0) \neq f_1'(x(0), y(0))\dfrac{\mathrm{d}x}{\mathrm{d}t} + f_2'(x(0), y(0))\dfrac{\mathrm{d}y}{\mathrm{d}t}$.

(d) Erklären Sie, warum die Ungleichheit in Teil (c) der Kettenregel in Gl. (15.1.1) nicht widerspricht.

► Lösungen zu den Aufgaben finden Sie im Anhang des Buches.

15.2 Kettenregel für viele Variablen

Ökonomen benötigen oft allgemeinere Kettenregeln als die einfache, die für zwei Variablen im vorigen Unterkapitel dargestellt wurde. Aufgabe 11, zum Beispiel, betrachtet das Beispiel eines Eisenbahnunternehmens, dessen Fahrpreise während der Stoßzeiten und außerhalb der Stoßzeiten von einer Aufsichtsbehörde festgesetzt werden. Die anstehenden Kosten für den Betrieb von genügend Zügen für den Transport aller Passagiere hängt von der Nachfrage für beide Arten von Fahrten ab. Diese Nachfragen werden offensichtlich beeinflusst sowohl durch die Preise in Stoßzeiten als auch außerhalb der Stoßzeiten, weil einige Passagiere ihre Reisezeit nach der Differenz der Fahrpreise auswählen. Die allgemeine Kettenregel, die wir präsentieren wollen, erlaubt uns, herauszufinden, wie diese Kosten sich ändern, wenn einer der Fahrpreise erhöht wird.

Ein allgemeines Problem dieser Art betrifft die Funktion $z = f(x,y)$, $x = g(t,s)$ und $y = h(t,s)$. In diesem Fall ist z eine Funktion von beiden Variablen, t und s, mit

$$z = F(t,s) = f(g(t,s), h(t,s))$$

Hier macht es Sinn, beide partiellen Ableitungen $\partial z/\partial t$ und $\partial z/\partial s$ zu betrachten. Wenn wir s festhalten, dann ist z eine Funktion von t allein. Vorausgesetzt, dass f eine C^1-Funktion ist und g und h partiell nach t differenzierbar sind, dürfen wir Kettenregel (15.1.1) anwenden. Genauso: Indem wir t festhalten, können wir z partiell nach s differenzieren, vorausgesetzt, dass f eine C^1-Funktion ist, g und h partiell nach s differenzierbar sind. Das Resultat ist das folgende:

Die Kettenregel

Wenn $z = f(x,y)$ mit $x = g(t,s)$ und $y = h(t,s)$, dann gilt:

$$\frac{\partial z}{\partial t} = f_1'(x,y)\frac{\partial x}{\partial t} + f_2'(x,y)\frac{\partial y}{\partial t} \qquad (15.2.1)$$

und

$$\frac{\partial z}{\partial s} = f_1'(x,y)\frac{\partial x}{\partial s} + f_2'(x,y)\frac{\partial y}{\partial s} \qquad (15.2.2)$$

Beispiel 15.2.1

Bestimmen Sie $\partial z/\partial t$ und $\partial z/\partial s$, wenn $z = f(x,y) = x^2 + 2y^2$ mit $x = t - s^2$ und $y = ts$.

Lösung: Wir erhalten

$$f_1'(x,y) = 2x\,, \quad f_2'(x,y) = 4y\,, \quad \frac{\partial x}{\partial t} = 1\,, \quad \frac{\partial x}{\partial s} = -2s\,, \quad \frac{\partial y}{\partial t} = s\,, \quad \frac{\partial y}{\partial s} = t$$

Die Formeln (15.2.1) und (15.2.2) ergeben deshalb:

$$\frac{\partial z}{\partial t} = 2x \cdot 1 + 4y \cdot s = 2(t - s^2) + 4tss = 2t - 2s^2 + 4ts^2$$
$$\frac{\partial z}{\partial s} = 2x \cdot (-2s) + 4y \cdot t = 2(t - s^2)(-2s) + 4tst = -4ts + 4s^3 + 4t^2s$$

Es ist eine gute Übung, diese Antworten zu überprüfen, indem Sie zunächst z als eine Funktion von t und s ausdrücken und dann die partiellen Ableitungen direkt bestimmen.

Beispiel 15.2.2

Bestimmen Sie $z_t'(1,0)$, falls $z = e^{x^2} + y^2 e^{xy}$ mit $x = 2t + 3s$ und $y = t^2 s^3$.

Lösung: Wir erhalten

$$\frac{\partial z}{\partial x} = 2xe^{x^2} + y^3 e^{xy}\,, \quad \frac{\partial z}{\partial y} = 2ye^{xy} + xy^2 e^{xy}\,, \quad \frac{\partial x}{\partial t} = 2\,, \quad \frac{\partial y}{\partial t} = 2ts^3$$

Indem wir eine etwas prägnantere Notation verwenden, ergibt die Kettenregel:

$$z'_t(t,s) = \frac{\partial z}{\partial x}\frac{\partial x}{\partial t} + \frac{\partial z}{\partial y}\frac{\partial y}{\partial t} = (2xe^{x^2} + y^3 e^{xy}) \cdot 2 + (2ye^{xy} + xy^2 e^{xy}) \cdot 2ts^3$$

Wenn $t = 1$ und $s = 0$ ist, dann ist $x = 2$ und $y = 0$, so dass $z'_t(1,0) = 4e^4 \cdot 2 = 8e^4$.

Allgemeine Systeme

In der Theorie der Verbrauchernachfrage nehmen Ökonomen normalerweise an, dass der Nutzen eines Haushalts abhängt von der Anzahl der Einheiten von jedem Gut, die es verbrauchen kann. Die Anzahl der verbrauchten Einheiten wird wiederum von den Preisen dieser Güter abhängen und vom Einkommen des Haushalts. Somit steht der Nutzen des Haushalts indirekt in Beziehung zu allen Preisen und zum Einkommen. Um wieviel reagiert dann der Nutzen auf eine Erhöhung in einem der Preise oder auf eine Erhöhung des Einkommens? Die folgende allgemeine Kettenregel enthält eine Erweiterung auf diese Art von Problemen.

Nehmen Sie an, dass $z = f(x_1, \ldots, x_n)$, wobei für jedes $i = 1, 2, \ldots, n$ die Variable x_i gegeben ist durch die Funktion $x_i = g_i(t_1, \ldots, t_m)$ der m Variablen $t_1, \ldots, t_m$. Indem wir für alle Variablen x_i als Funktionen der Variablen t_j in die Funktion f substituieren, wird z als eine *verkettete Funktion* gleich:

$$z = F(t_1, \ldots, t_m) = f(g_1(t_1, \ldots, t_m), \ldots, g_n(t_1, \ldots, t_m))$$

In Vektornotation schreiben wir $z = F(\mathbf{t}) = f(\mathbf{x}(\mathbf{t}))$. Eine offensichtliche Verallgemeinerung von (15.2.1) und (15.2.2) ist wie folgt:

Die allgemeine Kettenregel

Wenn $z = f(x_1, \ldots, x_n)$ stetig differenzierbar ist und die Funktionen $x_i = g_i(t_1, \ldots, t_m)$ für jedes $i = 1, 2, \ldots, n$ differenzierbar sind, dann gilt für jedes $j = 1, 2, \ldots, m$

$$\frac{\partial z}{\partial t_j} = \frac{\partial z}{\partial x_1}\frac{\partial x_1}{\partial t_j} + \frac{\partial z}{\partial x_2}\frac{\partial x_2}{\partial t_j} + \cdots + \frac{\partial z}{\partial x_n}\frac{\partial x_n}{\partial t_j} \tag{15.2.3}$$

Dies ist eine wichtige Formel, die jeder Ökonom verstehen sollte. Eine kleine Änderung in einer Basisvariablen t_j führt zu einer Kettenreaktion. Zunächst hängt im Allgemeinen jedes x_i von t_j ab, so dass es sich ändert, wenn t_j sich ändert. Dies wiederum beeinflusst z. Der Beitrag zu der totalen Ableitung von z nach t_j, der aus der Änderung in x_i resultiert, ist $(\partial z/\partial x_i)(\partial x_i/\partial t_j)$. Formel (15.2.3) zeigt, dass $\partial z/\partial t_j$ die Summe all dieser Beiträge ist. In alternativer Notation gilt:

$$F'_j(\mathbf{t}) = f'_1(\mathbf{x}(\mathbf{t}))\frac{\partial g_1}{\partial t_j}(\mathbf{t}) + f'_2(\mathbf{x}(\mathbf{t}))\frac{\partial g_2}{\partial t_j}(\mathbf{t}) + \cdots + f'_n(\mathbf{x}(\mathbf{t}))\frac{\partial g_n}{\partial t_j}(\mathbf{t})$$

Beispiel 15.2.3

In Beispiel 14.9.1 wurde eine landwirtschaftliche Produktionsfunktion $Y = F(K, L, T)$ betrachtet, wobei Y der Ertrag der Ernte, K das investierte Kapital, L die eingesetzte Arbeit und T die zum Wachsen der Ernte verwendete landwirtschaftliche Nutzfläche ist. Nehmen Sie an, dass K, L und T alle Funktionen der Zeit sind, die mit t bezeichnet wird. Nach (15.2.3) erhält man dann:

$$\frac{\mathrm{d}Y}{\mathrm{d}t} = \frac{\partial F}{\partial K}\frac{\mathrm{d}K}{\mathrm{d}t} + \frac{\partial F}{\partial L}\frac{\mathrm{d}L}{\mathrm{d}t} + \frac{\partial F}{\partial T}\frac{\mathrm{d}T}{\mathrm{d}t}$$

In dem Spezialfall, in dem F die Cobb-Douglas-Funktion $F(K, L, T) = AK^aL^bT^c$ ist, gilt:

$$\frac{\mathrm{d}Y}{\mathrm{d}t} = aAK^{a-1}L^bT^c\frac{\mathrm{d}K}{\mathrm{d}t} + bAK^aL^{b-1}T^c\frac{\mathrm{d}L}{\mathrm{d}t} + cAK^aL^bT^{c-1}\frac{\mathrm{d}T}{\mathrm{d}t} \tag{$*$}$$

Wenn wir die Ableitungen bezüglich der Zeit mit Punkten bezeichnen und jeden Term in $(*)$ durch $Y = AK^aL^bT^c$ dividieren, erhalten wir

$$\frac{\dot{Y}}{Y} = a\frac{\dot{K}}{K} + b\frac{\dot{L}}{L} + c\frac{\dot{T}}{T}$$

Die relative Änderungsrate des Outputs ist deshalb eine gewichtete Summe der relativen Änderungsraten des Kapitals, der Arbeit und der Anbaufläche. Die Gewichte sind die entsprechenden Exponenten a, b und c.

Aufgaben für Kapitel 15.2

1. Verwenden Sie (15.2.1) und (15.2.2), um $\partial z/\partial t$ und $\partial z/\partial s$ für die folgenden Fälle zu berechnen:

(a) $z = F(x, y) = x + y^2$, wobei $x = t - s$ und $y = ts$;

(b) $z = F(x, y) = 2x^2 + 3y^3$, wobei $x = t^2 - s$ und $y = t + 2s^3$.

2. Verwenden Sie (15.2.1) und (15.2.2), um $\partial z/\partial t$ und $\partial z/\partial s$ für die folgenden Fälle zu berechnen:

(a) $z = xy^2$, wobei $x = t + s^2$ und $y = t^2s$;

(b) $z = \dfrac{x-y}{x+y}$, wobei $x = e^{t+s}$ und $y = e^{ts}$.

3. Sei $z = F(u, v, w)$, wobei $u = r^2$, $v = -2s^2$ und $w = \ln r + \ln s$. Bestimmen Sie $\partial z/\partial r$ und $\partial z/\partial s$.

4. Sei $z = F(x)$, wobei $x = g(t_1, t_2)$. Bestimmen Sie $\partial z/\partial t_1$ und $\partial z/\partial t_2$.

5. Sei $x = F(s, g(s), h(s, t))$. Bestimmen Sie $\partial x/\partial s$ und $\partial x/\partial t$.

6. Sei $z = F(u, v, w)$, wobei $u = f(x, y)$, $v = x^2h(y)$ und $w = 1/y$. Bestimmen Sie $\partial z/\partial x$ und $\partial z/\partial y$.

7. Verwenden Sie die allgemeine Kettenregel (15.2.3), um $\partial w/\partial t$ für die folgenden Fälle zu bestimmen:

➡ Fortsetzung

(a) $w = xy^2z^3$, wobei $x = t^2$, $y = s$ und $z = t$;

(b) $w = x^2 + y^2 + z^2$, wobei $x = \sqrt{t+s}$, $y = e^{ts}$ und $z = s^3$.

8. Bestimmen Sie Ausdrücke für $\mathrm{d}z/\mathrm{d}t$, wenn:

(a) $z = F(t, t^2, t^3)$ (b) $z = F(t, f(t), g(t^2))$

9. Es sei $Z = G + Y^2 + r^2$, wobei Y und r beide Funktionen von G sind. Bestimmen Sie $\mathrm{d}Z/\mathrm{d}G$.

10. Es sei $Z = G + I(Y, r)$, wobei I eine differenzierbare Funktion von zwei Variablen ist und Y und r beide Funktionen von G sind. Bestimmen Sie $\mathrm{d}Z/\mathrm{d}G$.

11. Jede Woche hat eine S-Bahngesellschaft langfristige Kosten $C = aQ_1 + bQ_2 + cQ_1^2$, um Q_1 Passagierkilometer während der Haupverkehrszeit und Q_2 Passagierkilometer während der Schwachlaststunden anzubieten. Als Funktionen der Fahrpreise p_1 und p_2 pro Kilometer für die Hauptverkehrszeit bzw. Schwachlaststunden sind die Nachfragen für die beiden Arten des Angebots $Q_1 = Ap_1^{-\alpha_1}p_2^{\beta_1}$ und $Q_2 = Bp_1^{\alpha_2}p_2^{-\beta_2}$, wobei die Konstanten $A, B, \alpha_1, \alpha_2, \beta_1, \beta_2$ alle positiv sind. Bestimmen Sie die partiellen Ableitungen von C bezüglich p_1 und p_2 unter der Annahme, dass das Unternehmen genügend Züge vorhält, um die Nachfrage zu erfüllen.

12. Es sei $u = \ln(x^3 + y^3 + z^3 - 3xyz)$. Zeigen Sie, dass

(a) $x\dfrac{\partial u}{\partial x} + y\dfrac{\partial u}{\partial y} + z\dfrac{\partial u}{\partial z} = 3$ (b) $(x + y + z)\left(\dfrac{\partial u}{\partial x} + \dfrac{\partial u}{\partial y} + \dfrac{\partial u}{\partial z}\right) = 3$

13. Es sei $z = f(x^2y)$, wobei f eine differenzierbare Funktion einer Variablen ist. Zeigen Sie, dass $x\dfrac{\partial z}{\partial x} = 2y\dfrac{\partial z}{\partial y}$.

14. Bestimmen Sie eine Formel für $\partial u/\partial r$, wenn $u = f(x, y, z, w)$, wobei f eine C^1-Funktion und x, y, z und w alle differenzierbare Funktionen von zwei Variablen r und s sind.

15. Sei $u = xyzw$, wobei $x = r + s$, $y = r - s$, $z = rs$ und $w = r/s$. Bestimmen Sie $\partial u/\partial r$, wenn $(r, s) = (2, 1)$ ist.

► Lösungen zu den Aufgaben finden Sie im Anhang des Buches.

15.3 Implizites Differenzieren entlang einer Höhenlinie

Ökonomen müssen oft Funktionen differenzieren, die implizit durch eine Gleichung definiert sind. In Kap. 7.2 wurden einige einfache Fälle betrachtet. Es ist eine gute Idee, diese Beispiele jetzt nochmals anzusehen. Hier betrachten wir das Problem von einem allgemeineren Standpunkt aus.

Sei F eine C^1-Funktion von zwei Variablen. Betrachten Sie die Gleichung $F(x,y) = c$, wobei c eine Konstante ist. Die Gleichung stellt eine Höhenlinie für F dar, wie in Kap. 14.3 definiert. Nehmen Sie an, dass diese Gleichung y implizit als eine Funktion $y = f(x)$ von x in einem Intervall I definiert, wie es in Abb. 15.3.1 illustriert wird. Dies bedeutet, dass

$$F(x, f(x)) = c \tag{15.3.1}$$

für alle x in I. Welches ist die Ableitung von $y = f(x)$, falls f differenzierbar ist? Wenn der Graph von f wie der in Abb. 15.3.1 gegebene Graph aussieht, ist es das geometrische Problem, die Steigung des Graphen in jedem Punkt wie z. B. in P zu finden.[1]

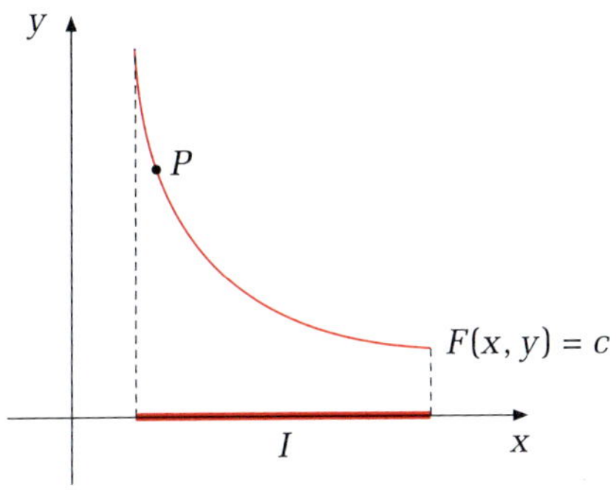

Abbildung 15.3.1: Differentiation entlang einer Höhenlinie

Um einen Ausdruck für diese Steigung zu finden, führen wir die Hilfsfunktion u ein, die für alle x in I durch $u(x) = F(x, f(x))$ definiert ist. Da F eine C^1-Funktion ist, folgt aus der Kettenregel

$$u'(x) = F_1'(x, f(x)) \cdot 1 + F_2'(x, f(x)) \cdot f'(x)$$

Und zusammen mit der Definition der Funktion u impliziert Gl. (15.3.1), dass $u(x) = c$ für alle x in I. Die Ableitung einer Konstanten ist 0, so dass folgt

$$u'(x) = F_1'(x, f(x)) + F_2'(x, f(x)) \cdot f'(x) = 0$$

Wenn wir $f(x)$ durch y ersetzen und nach $f'(x) = y'$ auflösen, kommen wir zu der Schlussfolgerung:

Steigung einer Höhenlinie

Wenn $F(x,y) = c$, dann gilt unter der Voraussetzung $F_2'(x,y) \neq 0$

$$y' = -\frac{F_1'(x,y)}{F_2'(x,y)} \tag{15.3.2}$$

[1] Ein Spezialfall dieses Problems war Beispiel 7.1.5.

Dies ist ein wichtiges Resultat. Bevor Sie jedoch diese Formel für y' anwenden, sollten Sie daran denken, dass das Paar (x, y) die Gleichung $F(x, y) = c$ erfüllen muss. Beachten Sie andererseits, dass es nicht nötig ist, die Gleichung $F(x, y) = c$ explizit nach y aufzulösen, bevor Sie (15.3.2) anwenden, um y' zu bestimmen. Beispiel 15.3.3 zeigt, wie dies wichtig sein kann.

Dasselbe Argument, mit x und y vertauscht, ergibt ein analoges Resultat zu (15.3.2). Also: Wenn x eine stetig differenzierbare Funktion von y ist, die $F(x, y) = c$ erfüllt, dann gilt

$$F(x, y) = c \implies \frac{dx}{dy} = -\frac{\partial F/\partial y}{\partial F/\partial x} = -\frac{F'_2(x, y)}{F'_1(x, y)} \tag{15.3.3}$$

vorausgesetzt, dass $\partial F/\partial x \neq 0$.

Beispiel 15.3.1

Nutzen Sie Formel (15.3.2), um y' zu bestimmen, wenn $xy = 5$ ist.

Lösung: Wir setzen $F(x, y) = xy$. Dann ist $F'_1(x, y) = y$ und $F'_2(x, y) = x$. Daher ergibt (15.3.2)

$$y' = -\frac{F'_1(x, y)}{F'_2(x, y)} = -\frac{y}{x}$$

Dies bestätigt das Resultat in Beispiel 7.1.1.

Beispiel 15.3.2

Bestimmen Sie für die durch $x^3 + x^2y - 2y^2 - 10y = 0$ gegebene Kurve die Steigung und die Gleichung der Tangente im Punkt $(x, y) = (2, 1)$.

Lösung: Sei $F(x, y) = x^3 + x^2y - 2y^2 - 10y$. Dann ist die gegebene Gleichung äquivalent zu $F(x, y) = 0$ und dies ist eine Höhenlinie für F. Beachten Sie zuerst, dass $F(2, 1) = 0$ ist, was bestätigt, dass $(x, y) = (2, 1)$ ein Punkt auf der Höhenlinie ist. Außerdem ist $F'_1(x, y) = 3x^2 + 2xy$ und $F'_2(x, y) = x^2 - 4y - 10$. Somit impliziert (15.3.2), dass

$$y' = -\frac{3x^2 + 2xy}{x^2 - 4y - 10}$$

Insbesondere für $x = 2$ und $y = 1$ erhält man $y' = 8/5$. Dann impliziert die Punkt-Steigungs-Formel für eine Gerade, dass die Tangente in $(2, 1)$ die folgende Gleichung haben muss: $y - 1 = (8/5)(x - 2)$ oder $5y = 8x - 11$. Siehe Abb. 15.3.2, in der die Kurve mit einem Computerprogramm gezeichnet wurde. Beachten Sie, dass es für viele Werte von x mehr als einen zugehörigen Wert von y gibt, so dass (x, y) auf der Kurve liegt. So liegen z. B. die zwei Punkte $(2, 1)$ und $(2, -4)$ mit $x = 2$ beide auf der Kurve. Beachten Sie, dass $y' = 0.4$ in $(2, -4)$. Dies zu bestätigen, wäre eine gute Praxis.

Beispiel 15.3.3

Nehmen Sie an: Die Gleichung $e^{xy^2} - 2x - 4y = c$ definiert y implizit als eine differenzierbare Funktion $y = f(x)$ von x. Bestimmen Sie einen Wert der Konstanten c, so dass $f(0) = 1$ ist. Bestimmen Sie dann y' an der Stelle $(x, y) = (0, 1)$.

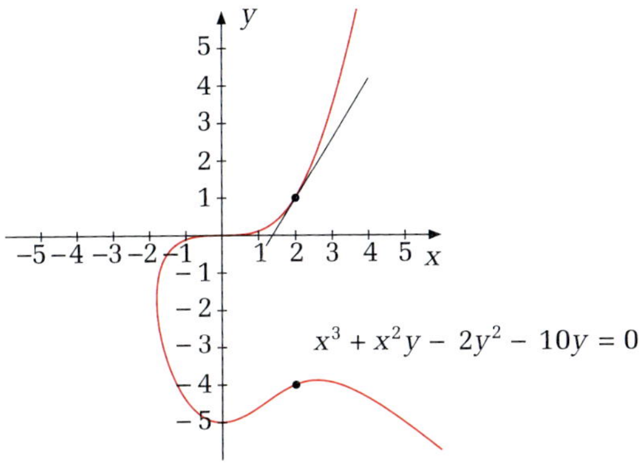

Abbildung 15.3.2: Beispiel 15.3.2

Lösung: Wenn $x = 0$ und $y = 1$ ist, wird aus der Gleichung $1-4 = c$, so dass $c = -3$.

Um die Ableitung von y' zu bestimmen, definieren Sie $F(x, y) = e^{xy^2} - 2x - 4y$. Dann ist $F_1'(x, y) = y^2e^{xy^2} - 2$ und $F_2'(x, y) = 2xye^{xy^2} - 4$. Aus (15.3.2) erhalten wir daher $y' = -\frac{F_1'(x,y)}{F_2'(x,y)} = -\frac{y^2e^{xy^2}-2}{2xye^{xy^2}-4}$. An der Stelle $(x, y) = (0, 1)$ erhalten wir $y' = -1/4$.

Beachten Sie, dass es in diesem Beispiel unmöglich war, $e^{xy^2} - 2x - 4y = -3$ explizit nach y aufzulösen. Trotzdem haben wir es geschafft, einen expliziten Ausdruck für die Ableitung von y nach x zu bestimmen.

Hier ist ein wichtiges ökonomisches Beispiel mit einer Funktion, die implizit durch eine Gleichung definiert ist, die besagt, dass die Nachfrage gleich dem Angebot sein muss.

Beispiel 15.3.4

Wir verallgemeinern Beispiel 7.2.2 und nehmen an, dass $D = f(t, P)$ die Nachfrage nach einem Gut ist, die vom Preis P vor den Steuern wie auch von der pro Einheit erhobenen Verkaufssteuer abhängt, die mit t bezeichnet wird. Nehmen Sie an, dass $S = g(P)$ die Angebotsfunktion ist. Im Gleichgewicht, d. h. wenn das Angebot gleich der Nachfrage ist, hängt der Gleichgewichtspreis $P = P(t)$ von t ab. In der Tat muss $P = P(t)$ die Gleichung

$$f(t, P) = g(P) \qquad (*)$$

für alle t in einem relevanten Intervall erfüllen. Nehmen Sie an: Gleichung $(*)$ definiert P implizit als eine differenzierbare Funktion von t. Bestimmen Sie einen Ausdruck für $\mathrm{d}P/\mathrm{d}t$ und diskutieren Sie das Vorzeichen.

Lösung: Sei $F(t, P) = f(t, P) - g(P)$. Dann wird $(*)$ zu $F(t, P) = 0$ ist, so dass mit Formel (15.3.2) folgt:

$$\frac{\mathrm{d}P}{\mathrm{d}t} = -\frac{F_t'(t,P)}{F_P'(t,P)} = -\frac{f_t'(t,P)}{f_P'(t,P) - g'(P)} = \frac{f_t'(t,P)}{g'(P) - f_P'(t,P)} \qquad (**)$$

Es ist plausibel anzunehmen, dass $g'(P) > 0$, d. h. das Angebot nimmt zu, wenn der Preis steigt; und dass auch $f_t'(t, P)$ und $f_P'(t, P)$ beide < 0 sind, d. h. die Nachfrage nimmt ab, wenn entweder die Steuer oder der Preis steigt. Dann sagt uns (∗∗), dass $\mathrm{d}P/\mathrm{d}t < 0$ ist. Dies impliziert, dass der Preis vor Steuern, mit dem die Anbieter konfrontiert sind, abnimmt, wenn die Steuern steigen. Somit sind die Anbieter wie auch die Verbraucher nachteilig beeinflusst, wenn die Steuern auf ihr Produkt steigen. Natürlich können wir Formel (∗∗) auch durch implizites Differenzieren von (∗) nach t herleiten. Dies ergibt:

$$f_t'(t, P) \cdot 1 + f_P'(t, P)\frac{\mathrm{d}P}{\mathrm{d}t} = g'(P)\frac{\mathrm{d}P}{\mathrm{d}t}$$

Auflösen dieser Gleichung nach $\mathrm{d}P/\mathrm{d}t$ ergibt wieder (∗∗).

Grenzrate der Substitution

Ökonomen sind oft interessiert an der Steigung der Tangente an eine Höhenlinie in einem bestimmten Punkt. Oftmals ist die Höhenlinie abwärts geneigt, aber Ökonomen bevorzugen eine positive Antwort. Inspiriert durch Beispiel 7.1.5, ändern wir somit das Vorzeichen der durch (15.3.2) definierten Steigung und verwenden dafür einen speziellen Namen:

Grenzrate der Substitution

Der Quotient

$$R_{yx} = \frac{F_x'(x, y)}{F_y'(x, y)} \tag{15.3.4}$$

ist bekannt als *Grenzrate der Substitution von y für x*, abgekürzt als GRS.

Beachten Sie, dass $R_{yx} = -y' \approx -\Delta y/\Delta x$, wenn wir uns entlang der Höhenlinie $F(x, y) = c$ bewegen. Falls insbesondere $\Delta x = -1$, dann ist $R_{yx} \approx \Delta y$. Daher ist R_{yx} ungefähr die Menge von y, die wir hinzufügen müssen pro Einheit, die wir von x entfernt haben, wenn wir auf derselben Höhenlinie bleiben wollen.

Beispiel 15.3.5

Sei $F(K, L) = 100$ eine Isoquante für eine Produktionsfunktion, wobei K der Kapitalinput, L der Arbeitinput und 100 der Output ist. Betrachten Sie Abb. 15.3.3. In allen

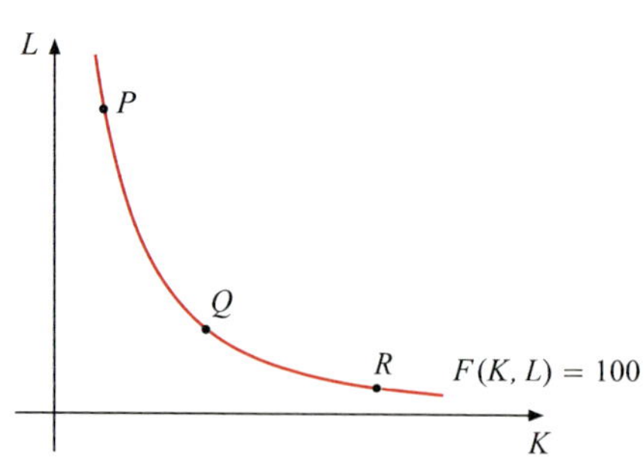

Abbildung 15.3.3: Eine Isoquante

Punkten P, Q und R werden 100 Einheiten produziert. In P wird wenig Kapital- und viel Arbeitsinput verwendet. Die Steigung der Isoquante in P ist annähernd -4, so dass GRS in P annähernd 4 ist. Dies bedeutet: Für je vier Einheiten Arbeit, die weggenommen werden, reicht das Hinzufügen von nur einer Einheit Kapital, um sicher zu stellen, dass der Output bei (ungefähr) 100 Einheiten verbleibt. Vorausgesetzt, dass die Einheiten so gewählt sind, dass Kapital und Arbeit denselben Preis haben, ist in P Kapital „wertvoller" als Arbeit. In Q ist GRS ungefähr 1, so dass Kapital und Arbeit gleich „wertvoll" sind. Schließlich ist GRS in R ungefähr 1/5, so dass in diesem Punkt ungefähr fünf Einheiten Kapital nötig sind, um den Verlust von einer Einheit Arbeit zu kompensieren.

Die zweite Ableitung

Wie in Gl. (15.3.1) nehmen Sie an, dass die Gleichung $F(x,y) = c$ einer Höhenlinie implizit die Funktion $y = f(x)$ definiert. Manchmal müssen Ökonomen wissen, ob diese Funktion konkav oder konvex ist. Eine Möglichkeit, dies herauszufunden, ist es, y'' zu berechnen, d. h. die Ableitung von $y' = -F_1'(x,y)/F_2'(x,y)$. Wir schreiben $G(x) = F_1'(x,y)$ und $H(x) = F_2'(x,y)$, wobei y eine Funktion von x ist. Nun wollen wir $y' = -G(x)/H(x)$ nach x differenzieren. Nach der Quotientenregel der Differentiation ist

$$y'' = -\frac{G'(x)H(x) - G(x)H'(x)}{[H(x)]^2} \tag{$*$}$$

Wenn wir in Erinnerung behalten, dass y eine Funktion von x ist, sind $G(x)$ und $H(x)$ beide verkettete Funktionen. Deshalb differenzieren wir beide nach der Kettenregel und erhalten

$$G'(x) = F_{11}''(x,y) \cdot 1 + F_{12}''(x,y) \cdot y'$$
$$H'(x) = F_{21}''(x,y) \cdot 1 + F_{22}''(x,y) \cdot y'$$

Unter der Annahme, dass F eine C^2-Funktion ist, impliziert Youngs Theorem 14.6.1, dass $F_{12}'' = F_{21}''$. Ersetzen Sie jetzt y' in den beiden vorangehenden Gleichungen durch den Quotienten $-F_1'/F_2'$ und setzen dann die Resultate in $(*)$ ein. Nach einigen algebraischen Vereinfachungen ergibt dies die Formel

$$y'' = -\frac{1}{(F_2')^3}[F_{11}''(F_2')^2 - 2F_{12}''F_1'F_2' + F_{22}''(F_1')^2] \tag{15.3.5}$$

Anwendung der Formel (13.2.3) für die Determinante einer 3×3-Matrix erlaubt uns, dieses Resultat in einer einprägsameren Form auszudrücken als:

$$\frac{d^2y}{dx^2} = \frac{1}{(F_2')^3}\begin{vmatrix} 0 & F_1' & F_2' \\ F_1' & F_{11}'' & F_{12}'' \\ F_2' & F_{21}'' & F_{22}'' \end{vmatrix}$$

Dies verlangt natürlich, dass $F_2' \neq 0$.

Gelegentlich wird Formel (15.3.5) in theoretischen Argumenten benutzt. Gewöhnlich ist es jedoch leichter, y'' durch direktes Differenzieren zu bestimmen wie in den Beispielen, die wir in Kap. 7.1 betrachtet haben.

Beispiel 15.3.6

Verwenden Sie (15.3.5), um y'' zu bestimmen, wenn $xy = 5$.

Lösung: Mit $F(x, y) = xy$ haben wir $F'_1 = y$, $F'_2 = x$, $F''_{11} = 0$, $F''_{12} = 1$ und $F''_{22} = 0$. Nach (15.3.5) erhalten wir

$$y'' = -\frac{1}{x^3}(-2 \cdot 1 \cdot y \cdot x) = \frac{2y}{x^2}$$

Dies ist dasselbe Resultat wie das, das wir in Beispiel 7.1.6 erhalten haben.

Aufgaben für Kapitel 15.3

1. Verwenden Sie Formel (15.3.2) mit $F(x, y) = 2x^2 + 6xy + y^2$ und $c = 18$, um y' zu bestimmen, wenn y implizit durch $2x^2 + 6xy + y^2 = 18$ definiert ist. Vergleichen Sie mit dem Resultat in Aufgabe 7.1.5.

2. Für jede der folgenden Höhenlinien verwenden Sie Formel (15.3.2), um y' zu bestimmen, und dann (15.3.5), um y'' zu bestimmen.

(a) $x^2y = 1$ (b) $x - y + 3xy = 2$ (c) $y^5 - x^6 = 0$

3. Eine Kurve in der xy-Ebene sei gegeben durch die Gleichung $2x^2 + xy + y^2 - 8 = 0$.

(a) Bestimmen Sie y', y'' und die Gleichung für die Tangente im Punkt $(2, 0)$.

(b) Welche Punkte auf der Kurve haben eine horizontale Tangente?

4. Die Gleichung $3x^2 - 3xy^2 + y^3 + 3y^2 = 4$ definiert y implizit als eine Funktion $h(x)$ von x in einer Umgebung des Punktes $(1, 1)$. Bestimmen Sie $h'(1)$.

5. Nehmen Sie an, dass die Nachfrage $D(P, r)$ nach einem bestimmten Gut (wie z. B. einem Elektroauto) vom Preis P pro Einheit und der Zinsrate r abhängt. Welche Vorzeichen sollte man für die partiellen Ableitungen von D nach P und r erwarten? Nehmen Sie an, dass das Angebot S konstant ist, so dass im Gleichgewicht $D(P, r) = S$. Differenzieren Sie implizit, um $\mathrm{d}P/\mathrm{d}r$ zu bestimmen und kommentieren Sie das Vorzeichen.

6. Es bezeichne $D = f(R, P)$ die Nachfrage nach einem Gut, wenn P der Preis und R der Werbeaufwand ist. Welche Vorzeichen sollte man für die partiellen Ableitungen f'_R and f'_P erwarten? Wenn das Angebot $S = g(P)$ ist, verlangt Gleichgewicht in dem Markt, dass $f(R, P) = g(P)$ ist. Bestimmen Sie $\mathrm{d}P/\mathrm{d}R$. Diskutieren Sie das Vorzeichen.

7. Sei f eine differenzierbare Funktion einer Variablen und seien a und b zwei Konstanten. Nehmen Sie an: Durch die Gleichung $x - az = f(y - bz)$ wird z als eine differenzierbare Funktion von x und y definiert. Beweisen Sie, dass z die Gleichung $az'_x + bz'_y = 1$ erfüllt.

► Lösungen zu den Aufgaben finden Sie im Anhang des Buches.

15.4 Niveauflächen

Betrachten Sie die Funktion $F(x,y,z)$ von drei Variablen. Sie hat Niveauflächen im dreidimensionalen Raum, die aus allen Tripeln (x,y,z) bestehen, die für einen Wert der Konstanten c die Gleichung $F(x,y,z) = c$ erfüllen. Oft enthält diese Niveaufläche den Graph einer Funktion $z = f(x,y)$, die für alle (x,y) in einem gewissen Definitionsbereich A, welcher eine offene Menge in der Ebene ist, implizit durch die Gleichung $F(x,y,z) = c$ definiert ist. Betrachten Sie die Funktion g, die definiert ist durch $g(x,y) = F(x,y,f(x,y))$ für alle (x,y) in A. Dann gilt für alle (x,y) in diesem Definitionsbereich A

$$g(x,y) = F(x,y,f(x,y)) = c \tag{15.4.1}$$

Nehmen Sie an, dass die Funktionen F und f beide differenzierbar sind. Da die Gleichung (15.4.1) für alle (x,y) in A gelten muss, müssen die partiellen Ableitungen g'_x und g'_y beide 0 sein. Jedoch ist $g(x,y)$ eine verkettete Funktion von x und y, deren partielle Ableitungen durch die allgemeine Kettenregel (15.2.3) bestimmt werden können. Deshalb ist

$$g'_x = F'_x \cdot 1 + F'_z \cdot z'_x = 0\,, \qquad g'_y = F'_y \cdot 1 + F'_z \cdot z'_y = 0$$

Vorausgesetzt, dass $F'_z \neq 0$, impliziert dies die folgenden Ausdrücke für die partiellen Ableitungen von $z = f(x,y)$:

$$F(x,y,z) = c \quad \Longrightarrow \quad z'_x = -\frac{F'_x}{F'_z} \quad \text{und} \quad z'_y = -\frac{F'_y}{F'_z} \tag{15.4.2}$$

Wir betonen noch einmal, dass Gl. (15.4.2) es ermöglicht, z'_x und z'_y selbst dann zu finden, wenn es unmöglich ist, die Gleichung $F(x,y,z) = c$ explizit nach z als Funktion von x und y aufzulösen.

Beispiel 15.4.1

Die Gleichung $x - 2y - 3z + z^2 = -2$ definiert implizit z als eine zweimal differenzierbare Funktion von x und y um den Punkt $(x,y,z) = (0,0,2)$. Bestimmen Sie z'_x und z'_y und dann z''_{xx}, z''_{xy} und z''_{yy}. Bestimmen Sie auch die Werte all dieser partiellen Ableitungen in $(x,y) = (0,0)$.

Lösung: Sei $F(x,y,z) = x - 2y - 3z + z^2$ und $c = -2$. Dann ist $F'_x = 1$, $F'_y = -2$ und $F'_z = 2z - 3$. Falls $z \neq 3/2$, gilt $F'_z \neq 0$, so dass mit Formel (15.4.2) folgt

$$z'_x = -\frac{1}{2z-3} \quad \text{und} \quad z'_y = -\frac{-2}{2z-3} = \frac{2}{2z-3}$$

Insbesondere für $x = 0$, $y = 0$ und $z = 2$ erhalten wir $z'_x = -1$ und $z'_y = 2$.

Wir erhalten z''_{xx}, indem wir den Ausdruck für z'_x partiell nach x differenzieren. Wenn wir beachten, dass z eine Funktion von x und y ist, erhalten wir in der Nähe von $(x,y,z) = (0,0,2)$, dass $z''_{xx} = (\partial/\partial x)(-(2z-3)^{-1}) = (2z-3)^{-2}2z'_x$. An der Stelle $(x,y,z) = (0,0,2)$, wo $z'_x = -1$, erhalten wir:

$$z''_{xx} = \frac{\partial}{\partial x} z'_x = \frac{\partial}{\partial x}[-(2z-3)^{-1}] = (2z-3)^{-2}2z'_x = \frac{-2}{(2z-3)^3} = -2$$

Entsprechend

$$z''_{xy} = \frac{\partial}{\partial y} z'_x = \frac{\partial}{\partial y}[-(2z-3)^{-1}] = (2z-3)^{-2} 2z'_y = \frac{4}{(2z-3)^3} = 4$$

und

$$z''_{yy} = \frac{\partial}{\partial y} z'_y = \frac{\partial}{\partial y}[2(2z-3)^{-1}] = -2(2z-3)^{-2} 2z'_y = \frac{-8}{(2z-3)^3} = -8$$

Beispiel 15.4.2

Ein Unternehmen produziert $Q = f(L)$ Einheiten eines Gutes unter Einsatz von L Arbeitseinheiten. Wir nehmen an, dass $f'(L) > 0$ und $f''(L) < 0$, so dass f strikt monoton wachsend und strikt konkav ist.[2]

(a) Schreiben Sie die Gewinnfunktion auf, falls das Unternehmen P Euro pro Einheit erhält und w Euro für eine Arbeitseinheit zahlt. Bestimmen Sie dann die Bedingungen erster Ordnung für die Maximierung des Gewinns an der Stelle $L^* > 0$.

(b) Untersuchen Sie durch implizites Differenzieren der Bedingungen erster Ordnung, wie Änderungen in P und w die optimale Wahl von L^* beeinflussen.

Lösung:

(a) Die Gewinnfunktion ist $\pi(L) = Pf(L) - wL$, so dass $\pi'(L) = Pf'(L) - w$. Nach Theorem 9.1.1 muss ein optimales L^* die Bedingung erster Ordnung erfüllen:

$$Pf'(L^*) - w = 0 \qquad (*)$$

(b) Wenn wir $F(P, w, L^*) = Pf'(L^*) - w$ definieren, so ist $(*)$ äquivalent zu $F(P, w, L^*) = 0$. Nach Formel (15.4.2) ist dann:

$$\frac{\partial L^*}{\partial P} = -\frac{F'_P}{F'_{L^*}} = -\frac{f'(L^*)}{Pf''(L^*)} \quad \text{und} \quad \frac{\partial L^*}{\partial w} = -\frac{F'_w}{F'_{L^*}} = -\frac{-1}{Pf''(L^*)} = \frac{1}{Pf''(L^*)}$$

Die Annahmen über die Vorzeichen von f' und f'' implizieren, dass $\partial L^*/\partial P > 0$ und $\partial L^*/\partial w < 0$. Daher steigt der optimale Arbeitsinput, wenn der Preis P steigt, während er fällt, wenn die Arbeitskosten steigen. Dies stimmt mit der üblichen ökonomischen Intuition überein.[3]

Beispiel 15.4.3 (Gewinne durch Suchen)

Nehmen Sie an, ein Bäcker beabsichtigt, x^0 Einheiten Mehl zu kaufen. Gerade jetzt kann es zu einem Preis von p^0 Euro pro Kilo gekauft werden. Der Bäcker erwartet aber, dass Suchen bei anderen Verkäufern einen niedrigeren Preis aufdecken wird. Es sei $p(t)$ der niedrigste Preis pro Einheit, den der Bäcker erwartet, nachdem er t Stunden den Markt abgesucht hat. Es ist plausibel anzunehmen, dass $p'(t) < 0$. Da es gewöhnlich mit fortschreitender Suche schwieriger wird, niedrigere Preise zu finden, nehmen wir ferner an, dass $p''(t) > 0$.

Nehmen Sie an, der Stundenlohn des Bäckers sei w Euro. Durch t Stunden Suche auf dem Markt spart der Bäcker $p^0 - p(t)$ Euro für jedes gekaufte Kilo, so dass

2 Siehe Aufgabe 3, in der ein Spezialfall betrachtet wird.

3 Ökonomen ziehen oft implizites Differenzieren vor anstatt auf Formel (15.4.2) zu vertrauen.

die Gesamtersparnis beim Kauf von x^0 Einheiten $[p^0 - p(t)]x^0$ ist. Andererseits kostet das Suchen für t Stunden wt an verloren gegangenem Lohn. Somit ist der erwartete Gewinn des Bäckers für t Stunden Suche gleich

$$\pi(t) = [p^0 - p(t)]x^0 - wt$$

Eine notwendige Bedingung erster Ordnung dafür, dass $t = t^* > 0$ den Gewinn des Bäckers maximiert, ist

$$\pi'(t^*) = -p'(t^*)x^0 - w = 0 \qquad (*)$$

Diese Bedingung ist auch hinreichend, weil $\pi''(t) = -p''(t)x^0 < 0$ für alle t.

Um $(*)$ zu interpretieren, schreiben wir es um als $-p'(t^*)x^0 = w$. Nehmen Sie nun an, dass der Bäcker für einen kleinen Bruchteil τ einer Stunde länger sucht. Der erwartete Gewinn aus dem Fund eines niedrigeren Preises ist $[p(t^*) - p(t^* + \tau)]x_0$, was ungefähr gleich $-p'(t^*)\tau x_0$ ist. Andererseits verliert der Bäcker $w\tau$ an Lohneinkommen. Somit sagt die Bedingung erster Ordnung, dass der Bäcker solange suchen sollte, bis der Grenzgewinn pro Einheit zusätzlicher Suchzeit gerade ausgeglichen wird durch den Lohnausfall.

Die optimale Suchzeit t^* hängt von x^0 und w ab. Ökonomen wollen typischerweise wissen, wie t^* sich ändert, wenn x^0 oder w sich ändern. Wir sehen, dass Gl. $(*)$ hier ähnlich ist zu Gl. $(*)$ in Beispiel 15.4.2, aber mit $x^0 = -P$, $p = f$ und $t^* = L^*$. Es folgt sofort, dass

$$\frac{\partial t^*}{\partial x^0} = -\frac{p'(t^*)}{p''(t^*)x^0} > 0 \quad \text{und} \quad \frac{\partial t^*}{\partial w} = -\frac{1}{p''(t^*)x^0} < 0$$

wobei die Vorzeichen so wie angegeben sind, weil $p'(t^*) < 0$, $p''(t^*) > 0$ und $x^0 > 0$. Damit steigt die optimale Suchzeit, wenn die Anzahl der Einheiten, die gekauft werden sollen, zunimmt und fällt, wenn der Stundenlohn steigt.

Diese qualitativen Resultate kann man leicht durch geometrische Argumente erhalten. Abb. 15.4.1 illustriert, dass die optimale Suchzeit t^* gleich demjenigen Wert von t ist, für den die Tangente an die Kurve $R = (p^0 - p(t))x^0$ die Steigung w hat und somit parallel zu $C = wt$ ist. Wenn x^0 zunimmt, expandiert die R-Kurve vertikal, aber nicht horizontal, so dass sich t^* nach rechts bewegt. Wenn andererseits w zunimmt, dreht sich die Gerade $C = wt$ gegen den Uhrzeiger um den Ursprung, so dass das optimale t^* abnehmen wird.

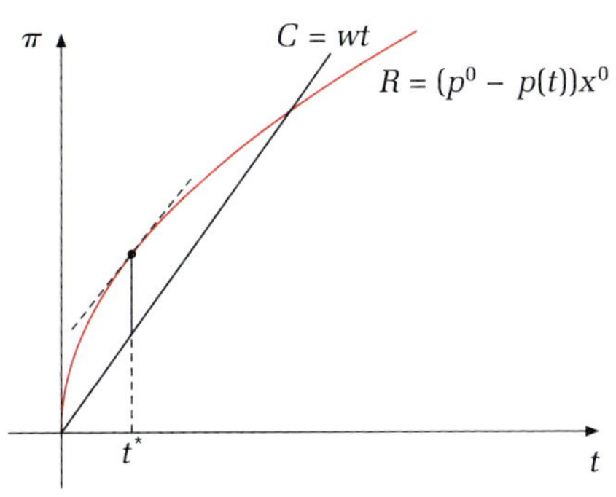

Abbildung 15.4.1: Optimale Suche

Der allgemeine Fall

Die vorangehende Analyse kann auf jede beliebige Zahl von Variablen erweitert werden. Unter der Annahme, dass $\partial F/\partial z \neq 0$, erhalten wir:

$$F(x_1, \ldots, x_n, z) = c \quad \Longrightarrow \quad \frac{\partial z}{\partial x_i} = -\frac{\partial F/\partial x_i}{\partial F/\partial z} \quad \text{für alle } i = 1, 2, \ldots, n \tag{15.4.3}$$

Der Beweis davon ist eine direkte Erweiterung der Argumentation, die wir für Gl. (15.4.2) gegeben haben, so dass wir es dem Leser überlassen.

Aufgaben für Kapitel 15.4

1. Verwenden Sie (15.4.2), um $\partial z/\partial x$ für die folgenden Gleichungen zu finden:
(a) $3x + y - z = 0$ (b) $xyz + xz^3 - xy^2z^5 = 1$ (c) $e^{xyz} = 3xyz$

2. Bestimmen Sie z'_x, z'_y und z''_{xy}, wenn $x^3 + y^3 + z^3 - 3z = 0$ ist.

3. Betrachten Sie das Problem aus Beispiel 15.4.2.
(a) Nehmen Sie an, dass $Q = f(L) = \sqrt{L}$. Schreiben Sie die Bedingung erster Ordnung in Gl. (∗) für diesen Fall auf und bestimmen Sie dann einen expliziten Ausdruck für L^* als Funktion von P und w. Bestimmen Sie die partiellen Ableitungen von L^* nach P und w. Verifizieren Sie dann, dass ihre Vorzeichen so sind, wie sie in dem Beispiel bestimmt wurden.
(b) Nehmen Sie an, dass die Gewinnfunktion ersetzt wird durch $\pi(L) = Pf(L) - C(L, w)$, wobei $C(L, w)$ die „Kostenfunktion" ist. Welches ist die Bedingung erster Ordnung, damit L^* in diesem Fall optimal ist? Bestimmen Sie die partiellen Ableitungen von L^* bezüglich P und w.

4. Für alle $x > 0$ und $y > 0$ definiert die Gleichung $x^y + y^z + z^x = k$, in der k eine positive Konstante ist, z als eine positivwertige Funktion von x und y. Bestimmen Sie die partiellen Ableitungen von z bezüglich x und y.

5. Betrachten Sie das Modell aus Aufgabe 15.3.6, angewendet auf einen Markt für eine landwirtschaftliche Ernte. Ersetzen Sie $S = g(P)$ durch $S = g(w, P)$, wobei w ein Index dafür ist, wie günstig das Wetter war. Nehmen Sie an, dass $g'_w(w, P) > 0$ ist. Das Gleichgewicht verlangt jetzt, dass $f(R, P) = g(w, P)$ ist. Nehmen Sie an, dass diese Gleichung P implizit als eine differenzierbare Funktion von R und w definiert. Bestimmen Sie einen Ausdruck für P'_w und kommentieren Sie sein Vorzeichen.

6. Die Funktion F sei für alle x und y durch $F(x, y) = xe^{y-3} + xy^2 - 2y$ definiert. Zeigen Sie, dass der Punkt $(1, 3)$ auf der Höhenlinie $F(x, y) = 4$ liegt, und finden Sie die Gleichung für die Tangente an die Kurve im Punkt $(1, 3)$.

7. Die Nerlove-Ringstad-Produktionsfunktion $y = y(K, L)$ ist implizit definiert durch

$$y^{1+c\ln y} = AK^{\alpha}L^{\beta},$$

wobei A, α und β positive Konstanten sind. Bestimmen Sie die Grenzproduktivitäten von Kapital und Arbeit, nämlich $\partial y/\partial K$ und $\partial y/\partial L$. (*Hinweis:* Bilden Sie auf jeder Seite den Logarithmus und differenzieren Sie dann implizit.)

► Lösungen zu den Aufgaben finden Sie im Anhang des Buches.

15.5 Substitutionselastizität

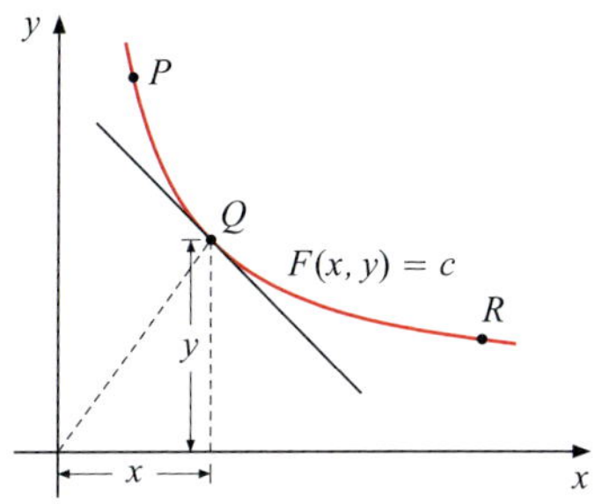

Abbildung 15.5.1: R_{yx} an der Stelle Q

Betrachten Sie eine Höhenlinie $F(x, y) = c$ für eine Funktion F von zwei Variablen. Die GRS R_{yx}, die in (15.3.4) definiert wurde, ist das Negative der Steigung der Tangente in einem Punkt wie Q in Abb. 15.5.1. Im Punkt P ist R_{yx} eine große positive Zahl. Im Punkt Q ist die Zahl R_{yx} ungefähr 1 und im Punkt R ungefähr 0.2. Wenn wir uns entlang der Höhenlinie von links nach rechts bewegen, ist R_{yx} eine strikt monoton fallende Funktion des Quotienten x/y mit Werten in einem positiven Intervall I. Umgekehrt gibt es zu jedem Wert von R_{yx} in I einen eindeutigen zugehörigen Punkt (x, y) auf der Höhenlinie $F(x, y) = c$ und somit einen zugehörigen Wert von y/x. Der Bruch y/x ist deshalb eine Funktion von R_{yx}, die uns die folgende Definition erlaubt:

Substitutionselastizität

Entlang der Höhenlinie $F(x, y) = c$ ist die *Substitutionselastizität zwischen y und x*

$$\sigma_{yx} = \mathrm{El}_{R_{yx}}(y/x) \tag{15.5.1}$$

Dies definiert σ_{yx} als die Elastizität des Bruches y/x bezüglich der GRS R_{yx}. Für jedes kleine δ ist somit die Zahl $\sigma_{yx}\delta$ die approximative prozentuale Änderung in dem Quotienten y/x, wenn wir uns entlang der Höhenlinie $F(x, y) = c$ so weit bewegen, dass δ der prozentuale Zuwachs in R_{yx} ist. Beachten Sie, dass σ_{yx} symmetrisch in x und y ist. In der Tat ist $R_{xy} = 1/R_{yx}$ und somit impliziert die logarithmische Formel für Elastizitäten, dass $\sigma_{xy} = \sigma_{yx}$. Auch in Aufgabe 3 sollen Sie mit einem (symmetrischen) Ausdruck für die Substitutionselastizität in Abhängigkeit von den partiellen Ableitungen erster und zweiter Ordnung von F arbeiten.

Beispiel 15.5.1

Berechnen Sie σ_{KL} für die Cobb-Douglas-Funktion $F(K, L) = AK^aL^b$.

Lösung: Die GRS von K für L ist

$$R_{KL} = \frac{F'_L}{F'_K} = \frac{bAK^aL^{b-1}}{aAK^{a-1}L^b} = \frac{b}{a}\frac{K}{L}$$

Daher ist $K/L = (a/b)R_{KL}$. Somit ist die Elastizität von K/L bezüglich R_{KL} gleich 1. Dies zeigt, dass $\sigma_{KL} = 1$ für die Cobb-Douglas-Funktion.

Beispiel 15.5.2

Bestimmen Sie die Substitutionselastizität für die CES-Funktion

$$F(K, L) = A(aK^{-\varrho} + bL^{-\varrho})^{-\mu/\varrho},$$

wobei A, a, b, μ und ρ Konstanten sind mit $A > 0$, $a > 0$, $b > 0$, $\mu \neq 0$, $\rho > -1$ und $\rho \neq 0$.

Lösung: Hier ist

$$F'_K = A(-\mu/\rho)(aK^{-\rho} + bL^{-\rho})^{(-\mu/\rho)-1}a(-\rho)K^{-\rho-1}$$
$$F'_L = A(-\mu/\rho)(aK^{-\rho} + bL^{-\rho})^{(-\mu/\rho)-1}b(-\rho)L^{-\rho-1}$$

Es folgt, dass die GRS zwischen K und L gegeben ist durch

$$R_{KL} = \frac{F'_L}{F'_K} = \frac{b}{a}\frac{L^{-\varrho-1}}{K^{-\varrho-1}} = \frac{b}{a}\left(\frac{K}{L}\right)^{\varrho+1}$$

Auflösen dieser Gleichung nach K/L ergibt

$$\frac{K}{L} = \left(\frac{a}{b}\right)^{1/(\varrho+1)}(R_{KL})^{1/(\varrho+1)}$$

Indem Sie sich erinnern, dass die Elastizität von Ax^b bezüglich x gleich b ist, impliziert Definition (15.5.1), dass

$$\sigma_{KL} = \mathrm{El}_{R_{KL}}\left(\frac{K}{L}\right) = \frac{1}{\varrho + 1}$$

Somit hat die Funktion F die konstante Substitutionselastizität $1/(\varrho + 1)$ hat. Dies erklärt natürlich, warum F die *CES-Funktion* genannt wird, wobei CES für „constant elasticity of substitution" steht.

Beachten Sie, dass die Substitutionselastizität für die CES-Funktion gegen 1 strebt, wenn $\varrho \to 0$, und dies ist genau die Substitutionselastizität für die Cobb-Douglas-Funktion in dem vorangehenden Beispiel. Dies ist in Übereinstimmung mit dem Resultat in Beispiel 7.12.5.

Aufgaben für Kapitel 15.5

1. Berechnen Sie die Substitutionselastizität zwischen y und x für die Funktion $F(x, y) = 10x^2 + 15y^2$.

2. Sei $F(x, y) = x^a + y^a$, wobei a eine Konstante ist mit $a \neq 0$ und $a \neq 1$.

   (a) Bestimmen Sie die Grenzrate der Substitution von y für x.

   (b) Berechnen Sie die Substitutionselastizität zwischen y und x.

3. Die in (15.5.1) definierte Substitutionselastizität kann in Abhängigkeit der partiellen Ableitungen der Funktion F ausgedrückt werden. In der Tat: Entlang der typischen

➜ Fortsetzung

Isoquante $F(x, y) = c$ gilt:

$$\sigma_{yx} = \frac{-F_1' F_2' (xF_1' + yF_2')}{xy[(F_2')^2 F_{11}'' - 2F_1' F_2' F_{12}'' + (F_1')^2 F_{22}'']}$$

Verwenden Sie diese Formel, um das Resultat in Beispiel 15.5.1 herzuleiten.

► Lösungen zu den Aufgaben finden Sie im Anhang des Buches.

15.6 Homogene Funktionen von zwei Variablen

Eine Produktionsfunktion wie $Y = F(K, L)$ gibt die Menge des Outputs an, die produziert werden kann, wenn K Einheiten Kapital und L Einheiten Arbeit als Input verwendet werden. Bei solch einer Produktionsfunktion fragen Ökonomen oft, was mit dem Output geschieht, wenn wir beide Inputs, Kapital und Arbeit, verdoppeln? Wird die produzierte Menge um mehr oder weniger als einen Faktor 2 steigen? Beispiel 14.1.4 beantwortete solche Fragen für Cobb-Douglas-Funktionen. Um dies für allgemeine Funktionen von zwei Variablen zu beantworten, führen wir das Konzept der *Homogenität* ein.

Homogenität

Eine Funktion $f(x, y)$ von zwei Variablen x und y, definiert in einem Definitionsbereich D, heißt *homogen vom Grad k*, wenn für alle (x, y) in D und alle $t > 0$ gilt

$$f(tx, ty) = t^k f(x, y) \qquad (15.6.1)$$

In Worten bedeutet dies, dass Multiplikation beider Variablen mit einem positiven Faktor t den Wert der Funktion mit dem Faktor t^k multiplizieren wird.

Der Grad der Homogenität einer Funktion kann eine beliebige Zahl sein – positiv, Null oder negativ. Früher haben wir den Grad der Homogenität für mehrere spezielle Funktionen bestimmt. So haben wir z. B. in Beispiel 14.1.4 herausgefunden, dass die Cobb-Douglas-Funktion F, die durch $F(x, y) = Ax^a y^b$ definiert ist, homogen vom Grad $a + b$ ist. Hier ist ein noch einfacheres Beispiel:

Beispiel 15.6.1

Zeigen Sie, dass $f(x, y) = 3x^2y - y^3$ homogen vom Grad 3 ist.

Lösung: Wenn wir x durch tx und y durch ty in der Formel für $f(x, y)$ ersetzen, erhalten wir

$$f(tx, ty) = 3(tx)^2(ty) - (ty)^3 = 3t^2x^2ty - t^3y^3 = t^3(3x^2y - y^3) = t^3 f(x, y)$$

Daher ist f homogen vom Grad 3. Wenn wir z. B. $t = 2$ setzen, dann ist

$$f(2x, 2y) = 2^3 f(x, y) = 8f(x, y)$$

Nach der Verdopplung von x und y steigt der Wert dieser Funktion um einen Faktor von 8.

Beachten Sie, dass die Summe der Exponenten in jedem Term des Polynoms in Beispiel 15.6.1 gleich 3 ist. Im Allgemeinen ist ein Polynom genau dann homogen vom Grad k, wenn die Summe der Exponenten in jedem Term gleich k ist. Andere Typen von Polynomen mit verschiedenen Summen der Exponenten, wie $f(x,y) = 1 + xy$ oder $g(x,y) = x^3 + xy$, sind nicht homogen für irgendeinen Grad, wie sie in Aufgabe 6 zeigen sollen.

Eulers Theorem

Homogene Funktionen von zwei Variablen haben einige wichtige Eigenschaften, die für Ökonomen von Interesse sind. Die erste ist:

Theorem 15.6.1 (*Eulers Theorem*)

Die stetig differenzierbare Funktion $f(x,y)$ ist homogen vom Grad k genau dann, wenn

$$xf_1'(x,y) + yf_2'(x,y) = kf(x,y) \tag{15.6.2}$$

Hier ist eine einfache Demonstration, dass Gleichung (15.6.2) gelten muss, wenn f homogen vom Grad k ist:

Beweis: Differenzieren Sie jede Seite der Gleichung (15.6.1) nach t, indem Sie die Kettenregel benutzen, um die linke Seite zu differenzieren. Das Resultat ist

$$xf_1'(tx, ty) + yf_2'(tx, ty) = kt^{k-1}f(x,y)$$

Wenn Sie $t = 1$ setzen, ergibt dies sofort $xf_1'(x,y) + yf_2'(x,y) = kf(x,y)$.

Theorem 15.7.1 im nächsten Abschnitt beweist die umgekehrte Richtung und betrachtet auch den Fall von n Variablen.

Wir bemerken drei andere interessante allgemeine Eigenschaften von Funktionen $f(x,y)$, die homogen vom Grad k sind:

$$f_1'(x,y) \text{ und } f_2'(x,y) \text{ sind beide homogen vom Grad } k-1 \tag{15.6.3}$$

$$f(x,y) = x^k f(1, y/x) = y^k f(x/y, 1), \quad \text{falls } x > 0 \text{ und } y > 0 \tag{15.6.4}$$

$$x^2 f_{11}''(x,y) + 2xyf_{12}''(x,y) + y^2 f_{22}''(x,y) = k(k-1)f(x,y) \tag{15.6.5}$$

Wieder sind diese Resultate nicht schwierig zu beweisen:

Beweis: Um (15.6.3) zu beweisen, halten wir t und y konstant und differenzieren Gl. (15.6.1) partiell nach x. Das Resultat ist $tf_1'(tx, ty) = t^k f_1'(x,y)$, so dass $f_1'(tx, ty) = t^{k-1}f_1'(x,y)$. Dies bestätigt, dass $f_1'(x,y)$ homogen ist vom Grad $k-1$. Ein ähnliches Argument zeigt, dass $f_2'(x,y)$ homogen ist vom Grad $k-1$.

Um die zwei Gleichheiten in (15.6.4) zu zeigen, ersetzen wir t in (15.6.1) zuerst durch $1/x$ bzw. dann durch $1/y$.

Um schließlich (15.6.5) zu zeigen, unter der Annahme, dass $f(x, y)$ zweimal stetig differenzierbar ist, bemerken wir zuerst: Weil $f_1'(x, y)$ und $f_2'(x, y)$ beide homogen vom Grad $k - 1$ sind, kann Eulers Theorem (15.6.2) separat zuerst auf f_1' und dann auf f_2' angewendet werden. Es impliziert:

$$xf_{11}''(x, y) + yf_{12}''(x, y) = (k - 1)f_1'(x, y) \tag{15.6.6}$$

$$xf_{21}''(x, y) + yf_{22}''(x, y) = (k - 1)f_2'(x, y) \tag{15.6.7}$$

Wir multiplizieren jetzt (15.6.6) mit x und (15.6.7) mit y und addieren sie dann. Da f eine C^2-Funktion ist, impliziert Youngs Theorem (Theorem 14.6.1), dass $f_{12}'' = f_{21}''$, so dass sich die resultierende Gleichung vereinfacht zu:

$$x^2 f_{11}''(x, y) + 2xyf_{12}''(x, y) + y^2 f_{22}''(x, y) = (k - 1)[xf_1'(x, y) + yf_2'(x, y)]$$

Nach Eulers Theorem ist jedoch $xf_1'(x, y) + yf_2'(x, y) = kf(x, y)$, so dass (15.6.5) verifiziert ist.

Beispiel 15.6.2

Überprüfen Sie die Eigenschaften (15.6.2) bis (15.6.5) für die Funktion $f(x, y) = 3x^2y - y^3$.

Lösung: Wir erhalten $f_1'(x, y) = 6xy$ und $f_2'(x, y) = 3x^2 - 3y^2$. Daher ist

$$xf_1'(x, y) + yf_2'(x, y) = 6x^2y + 3x^2y - 3y^3 = 3(3x^2y - y^3) = 3f(x, y)$$

Beispiel 15.6.1 hat gezeigt, dass f homogen vom Grad 3 ist. Somit ist (15.6.2) bestätigt.

Offensichtlich sind f_1' und f_2' beide Polynome, die homogen vom Grad 2 sind, was (15.6.3) bestätigt. Was (15.6.4) anbetrifft: In diesem Fall hat es die Gestalt

$$3x^2y - y^3 = x^3[3(y/x) - (y/x)^3] = y^3[3(x/y)^2 - 1]$$

Um schließlich (15.6.5) zu zeigen, berechnen wir zunächst die partiellen Ableitungen zweiter Ordnung von f. Diese sind $f_{11}''(x, y) = 6y$, $f_{12}''(x, y) = 6x$ und $f_{22}''(x, y) = -6y$. Damit ist

$$\begin{aligned} x^2 f_{11}''(x, y) + 2xyf_{12}''(x, y) + y^2 f_{22}''(x, y) &= 6x^2y + 12x^2y - 6y^3 = 6(3x^2y - y^3) \\ &= 3 \cdot 2f(x, y) \end{aligned}$$

Dies bestätigt auch (15.6.5).

Beispiel 15.6.3

Nehmen Sie an, dass die Produktionsfunktion $Y = F(K, L)$ homogen vom Grad 1 ist. Zeigen Sie, dass man das Output-Arbeit-Verhältnis Y/L als eine Funktion $Y/L = f(K/L)$ des Kapital-Arbeit-Verhältnisses $k = K/L$ ausdrücken kann, wobei $f(k) = F(k, 1)$. Bestimmen Sie die Form von f, wenn F die Cobb-Douglas-Funktion AK^aL^b mit $a + b = 1$ ist.

Lösung: Weil F homogen vom Grad 1 ist, erhält man als einen Spezialfall von (15.6.4), dass

$$Y = F(K, L) = F(L(K/L), L \cdot 1) = LF(k, 1) = Lf(k)\,, \text{ wobei } k = K/L$$

Für die Funktion $F(K, L) = AK^aL^{1-a}$ ist $f(k) = F(k, 1) = Ak^a$.

Geometrische Aspekte homogener Funktionen

Homogene Funktionen in zwei Variablen haben einige interessante geometrische Eigenschaften. Sei $f(x, y)$ homogen vom Grad k. Wie in Abb. 15.6.1 gezeigt, betrachten Sie einen Strahl in der xy-Ebene, der im Ursprung $(0, 0)$ startet und durch den Punkt $(x_0, y_0) \neq (0, 0)$ verläuft. Ein beliebiger Punkt auf diesem Strahl hat die Form (tx_0, ty_0) für eine positive Zahl t. Wenn $f(x_0, y_0) = c$, dann ist $f(tx_0, ty_0) = t^k f(x_0, y_0) = t^k c$. Dies zeigt, dass über jedem Strahl in der xy-Ebene durch einen Punkt (x_0, y_0) der relevante Teil des Graphen von f aus der Kurve $z = t^k c$ besteht, wobei t den Abstand vom Ursprung entlang des Strahls misst und $c = f(x_0, y_0)$. Eine Funktion, die homogen vom Grad k ist, ist deshalb vollständig bestimmt durch ihren Wert $c = f(x_0, y_0)$ in einem beliebigen Punkt (x_0, y_0) auf jedem Strahl durch den Ursprung.

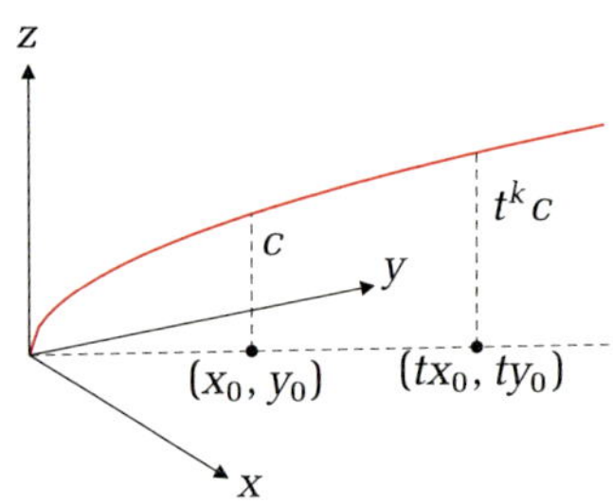

Abbildung 15.6.1: Funktion f entlang eines Strahls

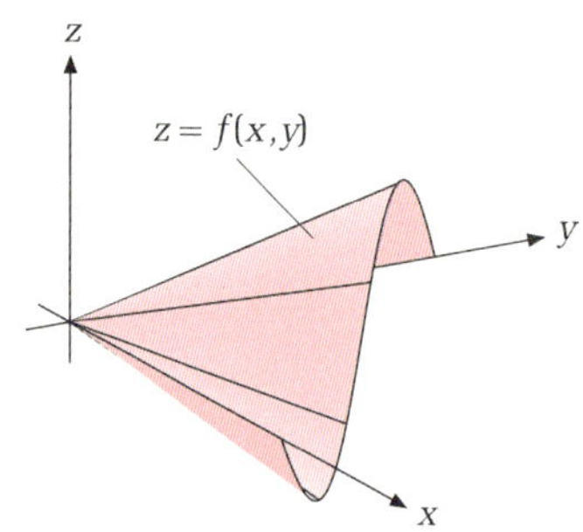

Abbildung 15.6.2: Homogenität vom Grad 1

Insbesondere sei $k = 1$, so dass $f(x, y)$ homogen vom Grad 1 ist. Die Kurve $z = t^k c$, die vertikal über jedem relevanten Strahl durch den Ursprung liegt, ist dann die Gerade $z = tc$. Deswegen wird oft gesagt, dass *der Graph einer homogenen Funktion vom Grad 1 durch die Geraden durch den Ursprung erzeugt wird.* Der Teil des Graphen, der in Abb. 15.6.2 gezeigt wird, illustriert dies.

Für eine Funktion $f(x, y)$ von zwei Variablen haben wir gesehen, dass es oft zweckmäßig ist, die Höhenlinien in der xy-Ebene anstelle des dreidimensioaneln Graphen zu betrachten. Was können wir über die Höhenlinien einer homogenen Funktion sagen? Es stellt sich heraus: *Wenn für eine homogene Funktion nur eine ihrer Höhenlinien gegeben ist, dann sind es auch alle ihre anderen Höhenlinien.* Um dies zu sehen, betrachten wir eine Funktion $f(x, y)$, die homogen vom Grad k ist. Es sei $f(x, y) = c$ eine ihrer Höhenlinien, wie in Abb. 15.6.3 illustriert.

Wir erklären jetzt, wie man die Höhenlinie durch einen beliebigen Punkt A konstruiert, der nicht auf $f(x, y) = c$ liegt: Zeichnen Sie zunächst den eindeutigen Strahl vom Ursprung aus, der durch A verläuft. Dieser Strahl muss die Höhenlinie $f(x, y) = c$ in einem eindeutigen Punkt D schneiden, dessen Koordinaten wir mit (x_1, y_1) bezeichnen. Die Koordinaten von A sind dann von der Gestalt (tx_1, ty_1) für einen eindeutigen Wert von t, der in der Abbildung ungefähr 1.7 ist.

Um einen weiteren Punkt auf derselben Höhenlinie $f(x, y) = f(tx_1, ty_1)$ durch A zu konstruieren, zeichnen Sie zunächst einen neuen Strahl durch den Ursprung. Dieser Strahl muss die ursprüngliche Höhenlinie $f(x, y) = c$ in einem eindeutigen Punkt C schneiden, dessen Koordianten wir mit (x_2, y_2) bezeichnen. Bewegen Sie sich jetzt

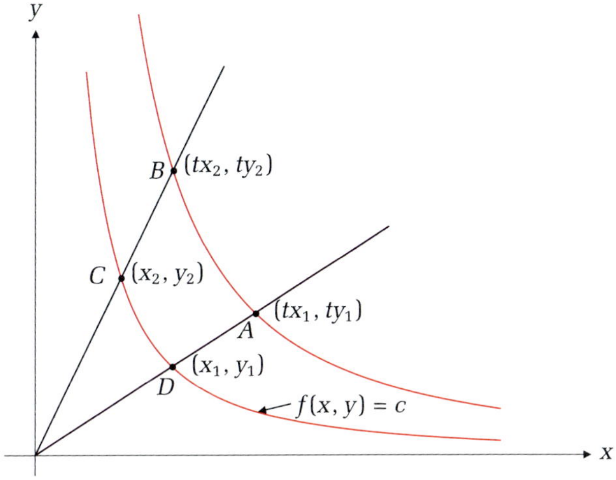

Abbildung 15.6.3: Höhenlinien für eine homogene Funktion

entlang des Strahls durch C zu dem neuen Punkt B mit den Koordinaten (tx_2, ty_2), wobei t der früher gefundene Wert ist, als D von A aus konstriert wurde. Dieser neue Punkt B liegt auf derselben Höhenlinie wie A, da die Homogenität vom Grad k impliziert, dass

$$f(tx_2, ty_2) = t^k f(x_2, y_2) = t^k c = t^k f(x_1, y_1) = f(tx_1, ty_1)$$

Indem wir diese Konstruktion wiederholen für verschiedene Strahlen durch den Ursprung, die die Höhenlinie $f(x, y) = c$ schneiden, können wir so viele Punkte, wie wir wollen, auf der neuen Höhenlinie $f(x, y) = f(tx_1, ty_1)$ bestimmen. Ferner: Das Ergebnis in jedem Punkt (x, y) auf dieser neuen Höhenlinie ist $f(x, y) = t^k f(x_1, y_1)$.

Die vorangehende Argumentation zeigt, dass eine homogene Funktion $f(x, y)$ vollständig bestimmt ist durch eine ihrer Höhenlinien und ihren Grad der Homogenität. Die Gestalt jeder Höhenlinie einer homogenen Funktion wird oft bestimmt, indem man ihre Substitutionselastizität angibt, die in (15.5.1) definiert wurde.

Ein andere Eigenschaft von Abb. 15.6.3 ist: Wenn zwei Punkte auf einem Strahl durch den Ursprung gegeben sind, sind die Tangenten zu den zwei Höhenlinien an diesen Punkten parallele Geraden. Um dies einzusehen, erinnern Sie von (15.3.2), dass die Steigung einer Höhenlinie $f(x, y) = c$ in jedem Punkt (x, y) gleich $-f_1'(x, y)/f_2'(x, y)$ ist. Wir behalten die Annahme bei, dass f homogen vom Grad k ist. Nach Gl. (15.6.3) folgt, dass die partiellen Ableitungen erster Ordnung von f beide homogen vom Grad $k - 1$ sind. In den Punkten A und D in Abb. 15.6.3 ist deshalb die Steigung der Höhenlinie gleich und es gilt

$$-\frac{f_1'(tx_1, ty_1)}{f_2'(tx_1, ty_1)} = -\frac{t^{k-1} f_1'(x_1, y_1)}{t^{k-1} f_2'(x_1, y_1)} = -\frac{f_1'(x_1, y_1)}{f_2'(x_1, y_1)} \tag{15.6.8}$$

Dies zeigt, dass entlang eines Strahls vom Urspung aus die Steigung der entsprechenden Höhenlinie in jedem Punkt dieselbe ist. Ferner: Folgt man der Definition der GRS von y für x in Gl. (15.3.4), entfernt dabei das Minuszeichen aus Gl. (15.6.8), so sieht man, dass diese GRS eine homogene Funktion vom Grad 0 ist.

Aufgaben für Kapitel 15.6

1. Zeigen Sie, dass $f(x,y) = x^4 + x^2y^2$ homogen vom Grad 4 ist, indem Sie Definition (15.6.1) verwenden.

2. Bestimmen Sie den Grad der Homogenität von $x(p,r) = Ap^{-1.5}r^{2.08}$.

3. Zeigen Sie, dass $f(x,y) = xy^2 + x^3$ homogen vom Grad 3 ist. Verifizieren Sie, dass die vier in den Gl. (15.6.2) bis (15.6.5) angegebenen Eigenschaften alle gültig sind.

4. Prüfen Sie, ob die Funktion $f(x,y) = xy/(x^2+y^2)$ homogen ist, und wenn sie es ist, überprüfen Sie Eulers Theorem.

5. Zeigen Sie, dass die CES-Funktion $F(K,L) = A(aK^{-\varrho} + bL^{-\varrho})^{-1/\varrho}$ homogen vom Grad 1 ist. Adaptieren Sie dann das Argument aus Beispiel 15.6.3, um $F(K,L)/L$ als eine Funktion von $k = K/L$ auszudrücken.

6. Zeigen Sie, dass $f(x,y) = x^3 + xy$ nicht homogen ist. (*Hinweis:* Gegeben sei $x = y = 1$. Wenden Sie (15.6.1) mit $t = 2$ und $t = 4$ an, um einen Widerspruch zu erhalten.)

7. Verwenden Sie die Gleichungen (15.6.6) und (15.6.7), um zu zeigen: Wenn $f(x,y)$ homogen vom Grad 1 ist für $x > 0$ und $y > 0$, dann gilt: $f''_{11}(x,y)f''_{22}(x,y) - [f''_{12}(x,y)]^2 = 0$.

8. Sei $f(x,y)$ homogen vom Grad 2 mit $f'_1(2,3) = 4$ und $f'_2(4,6) = 12$. Bestimmen Sie $f(6,9)$.

Anspruchsvollere Aufgabe

9. Beweisen Sie: Wenn $F(x,y)$ homogen vom Grad 1 ist, dann kann die Substitutionselastizität durch $\sigma_{yx} = F'_1F'_2/FF''_{12}$ ausgedrückt werden. (*Hinweis:* Verwenden Sie Eulers Theorem zusammen mit den Gleichungen (15.6.6) und (15.6.7) und auch das Resultat in Aufgabe 15.5.3.)

► Lösungen zu den Aufgaben finden Sie im Anhang des Buches.

15.7 Homogene und homothetische Funktionen

Nehmen Sie an, dass f eine Funktion von n Variablen ist, definiert in einem Definitionsbereich D. Die Menge D heißt ein *Konus*, wenn gilt: Falls $(x_1, x_2, \ldots, x_n) \in D$ und $t > 0$, dann liegt der Punkt $(tx_1, tx_2, \ldots, tx_n)$ auch in D. Wenn D ein Konus ist, dann sagen wir, dass f *homogen vom Grad* k auf D ist, falls

$$f(tx_1, tx_2, \ldots, tx_n) = t^k f(x_1, x_2, \ldots, x_n) \tag{15.7.1}$$

für alle $t > 0$. Die Konstante k kann eine beliebige Zahl sein – positiv, Null oder negativ.

Beispiel 15.7.1

Prüfen Sie die Homogenität von $f(x_1, x_2, x_3) = \dfrac{x_1 + 2x_2 + 3x_3}{x_1^2 + x_2^2 + x_3^2}$.

Lösung: Hier ist f auf der Menge D aller Punkte im dreidimensionalen Raum definiert, wobei der Ursprung ausgeschlossen ist. Diese Menge ist ein Konus. Außerdem ist

$$f(tx_1, tx_2, tx_3) = \frac{tx_1 + 2tx_2 + 3tx_3}{(tx_1)^2 + (tx_2)^2 + (tx_3)^2} = \frac{t(x_1 + 2x_2 + 3x_3)}{t^2(x_1^2 + x_2^2 + x_3^2)} = t^{-1}f(x_1, x_2, x_3)$$

Daher ist f homogen vom Grad -1.

Eulers Theorem, das wir als Theorem 15.6.1 für Funktionen von zwei Variablen kennengelernt haben, kann auf Funktionen von n Variablen verallgemeinert werden:

Theorem 15.7.1 (Eulers Theorem)

Nehmen Sie an, dass f eine C^1-Funktion von n Variablen ist, definiert auf einem offenen Konus D. Dann ist f genau dann homogen vom Grad k, wenn für alle $\mathbf{x}$ in D gilt:

$$\sum_{i=1}^{n} x_i f_i'(\mathbf{x}) = kf(\mathbf{x}) \tag{15.7.2}$$

Der Beweis dieses Resultats ist nicht schwierig und ergänzt das Argument, das für Theorem 15.6.1 gegeben wurde:

Beweis von Eulers Theorem: Nehmen Sie an, dass f homogen vom Grad k ist, so dass (15.7.1) gilt. Differenzieren dieser Gleichung nach t, bei konstantem $\mathbf{x}$, ergibt

$$\sum_{i=1}^{n} x_i f_i'(t\mathbf{x}) = kt^{k-1}f(\mathbf{x})$$

Wenn wir $t = 1$ setzen, folgt (15.7.2) sofort.

Um die Umkehrung zu beweisen, nehmen Sie an, dass (15.7.2) für alle $\mathbf{x}$ in dem Konus D gültig ist. Halten Sie $\mathbf{x}$ fest und definieren Sie die Funktion g für alle $t > 0$ durch $g(t) = t^{-k}f(t\mathbf{x}) - f(\mathbf{x})$. Differenzieren nach t ergibt dann

$$g'(t) = -kt^{-k-1}f(t\mathbf{x}) + t^{-k}\sum_{i=1}^{n} x_i f_i'(t\mathbf{x}) \tag{$*$}$$

Weil $t\mathbf{x}$ in D liegt, muss (15.7.2) auch gültig sein, wenn jedes x_i durch tx_i ersetzt wird. Es folgt, dass $\sum_{i=1}^{n}(tx_i)f_i'(t\mathbf{x}) = kf(t\mathbf{x})$. Multiplikation jeder Seite dieser letzten Gleichung mit t^{-k-1} ergibt

$$t^{-k}\sum_{i=1}^{n} x_i f_i'(t\mathbf{x}) = kt^{-k-1}f(t\mathbf{x}) \tag{$**$}$$

Es folgt aus ($*$) und ($**$), dass für alle $t > 0$ gilt $g'(t) = 0$, so dass $g(t)$ eine Konstante c sein muss. Offensichtlich ist $g(1) = 0$, so dass $c = 0$. Dies impliziert, dass $g(t) = 0$ für *alle* $t > 0$. Nach Definition von g beweist dies, dass $f(t\mathbf{x}) = t^k f(\mathbf{x})$, so dass f in der Tat homogen vom Grad k ist.

Man erhält eine interessante Version von Eulers Gleichung (15.7.2), indem man jeden Term der Gleichung durch $f(\mathbf{x})$ dividiert, vorausgesetzt, dass dies nicht 0 ist. Indem wir die Definition der partiellen Elastizität in (14.10.3) nutzen, können wir schreiben $\mathrm{El}_i f(\mathbf{x}) = (x_i/f(\mathbf{x}))f_i'(\mathbf{x})$.

$$\mathrm{El}_1 f(\mathbf{x}) + \mathrm{El}_2 f(\mathbf{x}) + \cdots + \mathrm{El}_n f(\mathbf{x}) = k \tag{15.7.3}$$

Daher muss die Summe der partiellen Elastizitäten einer Funktion von n Variablen, die homogen vom Grad k ist, gleich k sein.

Die Resultate in (15.6.3) bis (15.6.5) können auch auf Funktionen von n Variablen verallgemeinert werden. Die Beweise sind ähnlich, so dass sie dem interessierten Leser überlassen werden können. Wir formulieren einfach die Erweiterungen von (15.6.3) und (15.6.5): Falls $f(\mathbf{x})$ homogen vom Grad k ist, dann gilt für jedes $i = 1, 2, \ldots, n$:

$$f_i'(\mathbf{x}) \text{ ist homogen vom Grad } k-1 \tag{15.7.4}$$

$$\sum_{i=1}^{n}\sum_{j=1}^{n} x_i x_j f_{ij}''(\mathbf{x}) = k(k-1)f(\mathbf{x}) \tag{15.7.5}$$

Ökonomische Anwendungen

Wir wollen einige typische Beispiele von homogenen Funktionen in den Wirtschaftswissenschaften betrachten.

Beispiel 15.7.2

Es bezeichne $f(\mathbf{v}) = f(v_1, \ldots, v_n)$ den Output eines Produktionsprozesses, wenn die Inputgrößen $v_1, \ldots, v_n$ sind. Es wird oft angenommen: Wenn alle Inputgrößen mit einem Faktor t multipliziert werden, dann wird t-mal so viel Output wie zuvor produziert, so dass für alle $t > 0$

$$f(t\mathbf{v}) = tf(\mathbf{v}) \tag{$*$}$$

Dies impliziert, dass f homogen vom Grad 1 ist. Von Produktionsfunktionen mit dieser Eigenschaft sagt man, dass sie *konstante Skalenerträge besitzen*.

Betrachten Sie für einen festen Inputvektor $\mathbf{v}$ die Funktion $\varphi(t) = f(t\mathbf{v})/t$. Diese gibt den durchschnittlichen Skalenertrag an – d. h. den durchschnittlichen Output pro Einheit Input, wenn alle Inputgrößen mit demselben Faktor umskaliert werden. Wenn z. B. $t = 2$ ist, werden alle Inputgrößen verdoppelt. Wenn aber $t = 3/4$ ist, werden alle Inputgrößen proportional um $1/4$ reduziert.

Wenn nun $(*)$ gilt, dann ist $\varphi(t) = f(\mathbf{v})$, unabhängig von t. Eine Produktionsfunktion, die homogen vom Grad $k < 1$ ist, hat *abnehmende Skalenerträge*, weil $\varphi(t) = t^{k-1}f(\mathbf{v})$ und damit $\varphi'(t) < 0$. Andererseits hat eine Produktionsfunktion *zunehmende Skalenerträge*, wenn $k > 1$ ist, weil dann $\varphi'(t) > 0$.

Beispiel 15.7.3

Die allgemeine Cobb-Douglas-Funktion $F(v_1, \ldots, v_n) = Av_1^{a_1} \cdots v_n^{a_n}$ wird oft als ein Beispiel einer Produktionsfunktion mit n Inputs verwendet. Beweisen Sie, dass sie homogen ist und untersuchen Sie, wann sie konstante, abnehmende oder zunehmende Skalenerträge hat. Bestätigen Sie auch Formel (15.7.3).

Lösung: Die Definition der Cobb-Douglas-Funktion impliziert, dass

$$F(t\mathbf{v}) = A(tv_1)^{a_1} \ldots (tv_n)^{a_n} = At^{a_1} v_1^{a_1} \ldots t^{a_n} v_n^{a_n} = t^{a_1+\cdots+a_n} F(\mathbf{v})$$

Somit ist F homogen vom Grad $a_1 + \cdots + a_n$. Sie hat damit konstante, abnehmende oder zunehmende Skalenerträge, je nachdem ob $a_1 + \cdots + a_n$ gleich, kleiner oder größer als 1 ist. Weil für jedes $i = 1, \ldots, n$ die partielle Elestizität $\text{El}_i F = a_i$ ist, erhalten wir $\sum_{i=1}^n \text{El}_i F = \sum_{i=1}^n a_i$. Dies bestätigt (15.7.3).

Beispiel 15.7.4

Betrachten Sie einen Markt mit drei Gütern, deren Mengen mit x, y und z bezeichnet werden und deren Preise pro Einheit p, q bzw. r sind. Nehmen Sie an, dass die Nachfrage nach einem dieser Güter durch einen Verbraucher mit Einkommen m durch $D(p, q, r, m)$ gegeben ist. Nehmen Sie weiter an, dass die drei Preise und das Einkommen m alle mit einem Faktor $t > 0$ multipliziert werden.[4] Dann wird die Budgetbeschränkung des Verbrauchers $px + qy + rz \leq m$ zu $tpx + tqy + trz \leq tm$, welches genau dieselbe Einschränkung ist. Die multiplikative Konstante t ist irrelevant für den Verbraucher. Es ist deshalb vernünftig anzunehmen, dass die Nachfrage des Verbrauchers unverändert bleibt mit

$$D(tp, tq, tr, tm) = D(p, q, r, m)$$

Wenn wir verlangen, dass diese Gleichung für alle $t > 0$ gelten soll, bedeutet dies, dass die Nachfragefunktion D homogen vom Grad 0 ist. In diesem Fall wird oft gesagt, dass die Nachfrage nicht durch „Geldillusion" beeinflusst wird; ein Verbraucher mit 10 % mehr Geld zum Ausgeben sollte realisieren, dass sich real nichts verändert hat, wenn alle Preise auch um 10 % gestiegen sind.

Als ein spezielles Beispiel einer Funktion, die verbreitet ist in der Nachfrageanalyse, betrachten Sie

$$D(p, q, r, m) = \frac{mp^b}{p^{b+1} + q^{b+1} + r^{b+1}},$$

wobei b eine Konstante ist. Hier ist

$$D(tp, tq, tr, tm) = \frac{(tm)(tp)^b}{(tp)^{b+1} + (tq)^{b+1} + (tr)^{b+1}} = D(p, q, r, m),$$

da der Faktor t^{b+1} in jedem Term herausgekürzt werden kann.

Manchmal begegnen uns nichthomogene Funktionen von mehreren Variablen, die jedoch „teilweise homogen" sind, wenn man sie als Funktion von nur einigen der Variablen betrachtet und die anderen dabei konstant hält. So werden z. B. die (minimalen) Kosten für die Produktion von y Einheiten eines einzelnen Outputs oft als eine Funktion $C(\mathbf{w}, y)$ von y und dem Vektor $\mathbf{w} = (w_1, \ldots, w_n)$ ausgedrückt, dessen Kom-

[4] Stellen Sie sich z. B. vor, dass die Preise für alle Güter um 10 % steigen, dass aber auch das Einkommen des Verbrauchers um 10 % steigt. Oder: Alle Preise und Einkommen sind in Euro umgewandelt worden, z. B. von DM aus.

ponenten die Preise von n verschiedenen Inputfaktoren sind. In diesem Fall erwartet ein Ökonom gewöhnlich, dass sich die Kosten verdoppeln, wenn sich alle Inputpreise verdoppeln. Deshalb ist es eine übliche Annahme, dass $C(t\mathbf{w}, y) = tC(\mathbf{w}, y)$ für alle $t > 0$ – d. h. dass die Kostenfunktion „teilweise homogen" vom Grad 1 ist in dem Input-Vektor $\mathbf{w}$ für jedes feste Outputniveau y. Siehe Aufgabe 7 für ein bedeutendes Beispiel.

Homothetische Funktionen

Es sei f eine Funktion von n Variablen $\mathbf{x} = (x_1, \ldots, x_n)$, definiert auf einem Konus K. Dann wird f *homothetisch* genannt, wenn gilt:

$$\mathbf{x}, \mathbf{y} \in K\,,\ f(\mathbf{x}) = f(\mathbf{y})\,,\ t > 0 \quad \Longrightarrow \quad f(t\mathbf{x}) = f(t\mathbf{y}) \tag{15.7.6}$$

Wenn z. B. f die Nutzenfunktion eines Verbrauchers ist, dann verlangt (15.7.6): Wenn der Verbraucher indifferent zwischen den zwei Warenbündeln $\mathbf{x}$ und $\mathbf{y}$ ist, dann ist er auch indifferent, nachdem sie beide im selben Verhältnis vergrößert oder reduziert worden sind. Zum Beispiel: Wenn ein Verbraucher indifferent zwischen zwei Litern Soda und drei Litern Saft ist, dann muss er auch indifferent zwischen vier Litern Soda und sechs Litern Saft sein. Offensichtlich mag diese Eigenschaft zutreffen für einige Verbraucher, aber man sollte sie nicht für alle Leute annehmen.

Eine homogene Funktion f eines beliebigen Grades k ist homothetisch. Es ist in der Tat einfach, ein allgemeineres Resultat zu beweisen.

Theorem 15.7.2

Nehmen Sie an, dass die Funktion F geschrieben werden kann als die Verkettung von zwei reellwertigen Funktionen H und f, so dass $F(\mathbf{x}) = H(f(\mathbf{x}))$. Wenn H strikt monoton wachsend ist und f homogen mit beliebigem Grad, dann ist F homothetisch.

Beweis: Nehmen Sie an, dass $F(\mathbf{x}) = F(\mathbf{y})$ oder äquivalent, dass $H(f(\mathbf{x})) = H(f(\mathbf{y}))$. Weil H strikt monoton wachsend ist, impliziert dies, dass $f(\mathbf{x}) = f(\mathbf{y})$. Da f homogen vom Grad k ist, folgt für $t > 0$, dass

$$F(t\mathbf{x}) = H(f(t\mathbf{x})) = H(t^k f(\mathbf{x})) = H(t^k f(\mathbf{y})) = H(f(t\mathbf{y})) = F(t\mathbf{y})$$

Dies beweist, dass $F(\mathbf{x})$ die Definition (15.7.6) erfüllt und somit homothetisch ist.

Daher ist jede strikt monoton wachsende Funktion einer homogenen Funktion homothetisch. Es ist tatsächlich weit verbreitet, diese Eigenschaft als die Definition einer homothetischen Funktion zu verwenden, wobei gewöhnlich $k = 1$ angenommen wird.[5]

---

[5] Nehmen Sie an, dass $F(\mathbf{x})$ eine stetige homothetische Funktion ist, die auf dem Konus K definiert ist, der aus allen n-Vektoren mit $x_i \geq 0$ für alle $i = 1, \ldots, n$ besteht. (In anderen Worten: K ist der nichtnegative Orthant des $\mathbb{R}^n$.) Nehmen Sie weiterhin an, dass $F(t\mathbf{x}_0)$ eine strikt monoton wachsende Funktion von t ist für jedes feste $\mathbf{x}_0 \neq \mathbf{0}$ in K. Dann kann man zeigen, dass es eine strikt monoton wachsende Funktion H gibt, so dass $F(\mathbf{x}) = H(f(\mathbf{x}))$, wobei die Funktion $f(\mathbf{x})$ homogen vom Grad 1 ist. Tatsächlich könnte f eine homogene Funktion von beliebigem positiven Grad k sein, indem man H modifiziert zu der Potenzfunktion $\tilde{H}(u) = u^k$.

Das nächste Beispiel zeigt, dass nicht alle homothetischen Funktionen homogen sind.

Beispiel 15.7.5

Zeigen Sie, dass die Funktion $F(x, y) = xy + 1$, die offensichtlich nicht homogen ist, dennoch homothetisch ist.

Lösung: Definieren Sie $H(u) = u + 1$ und $f(x, y) = xy$. Für alle (x, y) gilt dann $F(x, y) = xy + 1 = H(f(x, y))$, wobei H strikt monoton wachsend und f homogen vom Grad 2 ist. Somit impliziert Theorem 15.7.2, dass F homothetisch ist. Alternativ können Sie auch die Definition in (15.7.6) verwenden, um direkt zu zeigen, dass F homothetisch ist.

Nehmen Sie an, dass $F(\mathbf{x}) = F(x_1, x_2, \ldots, x_n)$ eine differenzierbare Produktionsfunktion ist, definiert für alle n-Vektoren $\mathbf{x} = (x_1, \ldots, x_n)$ mit $x_i \geq 0$ für $i = 1, \ldots, n$. Erinnern Sie, dass die *Grenzrate der Substitution*, oder GRS, des Faktors j für den Faktor i definiert ist für $i, j = 1, 2, \ldots, n$ durch

$$h_{ji}(\mathbf{x}) = \frac{\partial F(\mathbf{x})}{\partial x_i} \div \frac{\partial F(\mathbf{x})}{\partial x_j} \tag{15.7.7}$$

Nehmen Sie an, dass $F(\mathbf{x}) = H(f(\mathbf{x}))$, wobei H eine differenzierbare Funktion einer Variablen mit $H'(u) > 0$ für alle u aus ihrem Definitionsbereich. Nehmen Sie auch an, dass $f(\mathbf{x})$ homogen vom Grad k ist. Dann gilt

$$\partial F(\mathbf{x})/\partial x_i = H'(f(\mathbf{x}))(\partial f(\mathbf{x})/\partial x_i)$$

Dies impliziert: Wo $\partial f(\mathbf{x})/\partial x_j > 0$ und somit $\partial F(\mathbf{x})/\partial x_j > 0$, gilt:

$$\frac{\partial F(\mathbf{x})}{\partial x_i} \div \frac{\partial F(\mathbf{x})}{\partial x_j} = \frac{\partial f(\mathbf{x})}{\partial x_i} \div \frac{\partial f(\mathbf{x})}{\partial x_j}, \tag{15.7.8}$$

Indem wir $\mathbf{x}$ durch $t\mathbf{x}$ in (15.7.7) und (15.7.8) ersetzen, ergibt sich

$$h_{ji}(t\mathbf{x}) = \frac{\partial f(t\mathbf{x})}{\partial x_i} \div \frac{\partial f(t\mathbf{x})}{\partial x_j} \tag{15.7.9}$$

Aber f ist homogen vom Grad k. Somit implizieren (15.7.4) und (15.7.9) zusammen, dass für alle $t > 0$ gilt:

$$h_{ji}(t\mathbf{x}) = \frac{\partial f(t\mathbf{x})}{\partial x_i} \div \frac{\partial f(t\mathbf{x})}{\partial x_j} = t^{k-1}\frac{\partial f(\mathbf{x})}{\partial x_i} \div \left[t^{k-1}\frac{\partial f(\mathbf{x})}{\partial x_j}\right] = h_{ji}(\mathbf{x}) \tag{15.7.10}$$

Formel (15.7.10) zeigt, dass die Grenzraten der Substitution homogen vom Grad 0 sind. Dies demonstriert das folgende allgemeine Resultat: *Nehmen Sie an, dass die Funktion $F(\mathbf{x}) = H(f(\mathbf{x}))$ eine strikt monoton wachsende Transformation $H(u)$ einer homogenen Funktion $u = f(\mathbf{x})$ ist, wie in den Voraussetzungen von Theorem 15.7.2, wobei H differenzierbar ist mit $H'(u) > 0$ für alle u aus seinem Definitionsbereich.*

Dann sind die Grenzraten der Substitution von $F(\mathbf{x})$ homogen vom Grad 0.[6] Dieses Resultat verallgemeinert die Beobachtung, die für den Fall von zwei Variablen am Ende von Kap. 15.6 gemacht wurde.

Aufgaben für Kapitel 15.7

1. Bestimmen Sie den Grad der Homogenität, wenn es einen gibt, für jede der folgenden Funktionen:

(a) $f(x, y, z) = 3x + 4y - 3z$ (b) $g(x, y, z) = 3x + 4y - 2z - 2$

(c) $h(x, y, z) = \dfrac{\sqrt{x} + \sqrt{y} + \sqrt{z}}{x + y + z}$ (d) $G(x, y) = \sqrt{xy} \ln\left(\dfrac{x^2 + y^2}{xy}\right)$

(e) $H(x, y) = \ln x + \ln y$ (f) $p(x_1, \ldots, x_n) = \sum_{i=1}^{n} x_i^n$

2. Bestimmen Sie den Grad der Homogenität, wenn es einen gibt, für jede der folgenden Funktionen:

(a) $f(x_1, x_2, x_3) = \dfrac{(x_1 x_2 x_3)^2}{x_1^4 + x_2^4 + x_3^4}\left(\dfrac{1}{x_1} + \dfrac{1}{x_2} + \dfrac{1}{x_3}\right)$

(b) die CES-Funktion: $x(v_1, v_2, \ldots, v_n) = A(\delta_1 v_1^{-\rho} + \delta_2 v_2^{-\rho} + \cdots + \delta_n v_n^{-\rho})^{-\mu/\rho}$

3. Untersuchen Sie die Homogenität der drei Mittelwerte $\bar{x}_A$, $\bar{x}_G$ und $\bar{x}_H$, die in Beispiel 14.5.2 definiert wurden.

4. Betrachten Sie die Nutzenfunktion $u(\mathbf{x}) = u(x_1, \ldots, x_n)$, deren stetige partielle Ableitungen für eine Konstante a die Gleichung $\sum_{i=1}^{n} x_i \frac{\partial u}{\partial x_i} = a$ für alle $x_1 > 0, \ldots, x_n > 0$ erfüllen. Zeigen Sie, dass die Funktion $v(\mathbf{x}) = u(\mathbf{x}) - a \ln(x_1 + \cdots + x_n)$ homogen vom Grad 0 ist.[7] (*Hinweis*: Verwenden Sie Eulers Theorem.)

5. Welche der folgenden Funktionen $f(x, y)$ sind homothetisch?

(a) $(xy)^2 + 1$ (b) $\dfrac{2(xy)^2}{(xy)^2 + 1}$ (c) $x^2 + y^3$ (d) $e^{x^2 y}$

Anspruchsvollere Aufgaben

6. Nehmen Sie an, dass $f(\mathbf{x})$ und $g(\mathbf{x})$ homogen vom Grad r bzw. s sind. Bestimmen Sie, welche der folgenden Funktionen h homogen sind. Bestimmen Sie für jeden Fall den Grad der Homogenität, wenn es einen gibt.

(a) $h(\mathbf{x}) = f(x_1^m, x_2^m, \ldots, x_n^m)$ (b) $h(\mathbf{x}) = (g(\mathbf{x}))^p$ (c) $h = f + g$

(d) $h = fg$ (e) $h = f/g$

➡

[6] Wegen unserer früheren Fußnote muss dasselbe gelten, wenn F eine homothetische Funktion mit der Eigenschaft ist, dass $F(t\mathbf{x})$ eine monoton wachsende Funktion des Skalars t ist für jeden festen Vektor $\mathbf{x}$.

[7] Diese Funktion wurde zuerst von D.W. Katzner untersucht.

➡ Fortsetzung

7. Die *transzendent logarithmische oder „translog"-Kostenfunktion* $C(\mathbf{w}, y)$ ist implizit für jeden n-Vektor $\mathbf{w} = (w_1, w_2, \ldots)$ von positiven Faktorpreisen und jedes positive Outputniveau y definiert durch

$$\ln C(\mathbf{w}, y) = a_0 + c_0 \ln y + \sum_{i=1}^{n} a_i \ln w_i + \frac{1}{2} \sum_{i=1}^{n} \sum_{j=1}^{n} b_{ij} \ln w_i \ln w_j + \ln y \sum_{i=1}^{n} c_i \ln w_i$$

Beweisen Sie, dass diese Funktion für jedes feste y homogen vom Grad 1 in $\mathbf{w}$ ist, vorausgesetzt, dass alle folgenden Bedingungen erfüllt sind: (i) $\sum_{i=1}^{n} a_i = 1$; (ii) $\sum_{i=1}^{n} c_i = 0$; (iii) $\sum_{j=1}^{n} b_{ij} = 0$ für alle i und (iv) $\sum_{i=1}^{n} b_{ij} = 0$ für alle j.

► Lösungen zu den Aufgaben finden Sie im Anhang des Buches.

15.8 Lineare Approximationen

In Kap. 7.4 wurde die lineare Approximation $f(x_0 + \Delta x) \approx f(x_0) + f'(x_0)(\Delta x)$ für eine Funktion einer Variablen erörtert, die man erhält, wenn man in (7.4.1) $\Delta x = x - x_0$ setzt. Es ist wichtig, Bescheid zu wissen über die Größe des Fehlers oder Restgliedes $R(\Delta x) = f(x_0 + \Delta x) - f(x_0) - f'(x_0)\Delta x$ in dieser Approximation. Es ist ziemlich offensichtlich, dass $R(\Delta x) \to 0$, wenn $\Delta x \to 0$. Aber die Definition der Ableitung $f'(x_0)$ impliziert die strengere Eigenschaft, dass für $\Delta x \to 0$, gilt

$$\frac{1}{\Delta x} R(\Delta x) = \frac{1}{\Delta x}[f(x_0 + \Delta x) - f(x_0)] - f'(x_0) \to f'(x_0) - f'(x_0) = 0 \tag{15.8.1}$$

Wir wollen jetzt eine ähnliche lineare Approximation finden für eine C^1-Funktion f von zwei Variablen und später für eine Funktion von n Variablen.

Für feste Werte von x_0, y_0, x und y definieren wir die Funktion $g(t)$ von einer Variablen durch

$$g(t) = f(x_0 + t(x - x_0),\ y_0 + t(y - y_0)) \tag{15.8.2}$$

Wir sehen, dass $g(0) = f(x_0, y_0)$ und $g(1) = f(x, y)$. Für allgemeines t sehen wir, dass $g(t)$ der Wert von f an der Stelle

$$(x(t), y(t)) = (x_0 + t(x - x_0), y_0 + t(y - y_0)) = ((1 - t)x_0 + tx, (1 - t)y_0 + ty)$$

ist, die auf der Strecke liegt, die (x_0, y_0) mit (x, y) verbindet. Da $x'(t) = x - x_0$ und $y'(t) = y - y_0$, ist nach der Kettenregel (15.1.1) die Ableitung $g'(t)$ gleich

$$f_1'(x_0 + t(x - x_0), y_0 + t(y - y_0))(x - x_0) + f_2'(x_0 + t(x - x_0), y_0 + t(y - y_0))(y - y_0)$$

Setzen wir $t = 0$, ergibt sich

$$g'(0) = f_1'(x_0,\ y_0)(x - x_0) + f_2'(x_0,\ y_0)(y - y_0) \tag{15.8.3}$$

Indem wir die Approximation $g(1) \approx g(0) + g'(0)$ verwenden, erhalten wir das Resultat:

Lineare Approximation

Die lineare Approximation von $f(x, y)$ um (x_0, y_0) ist

$$f(x,y) \approx f(x_0, y_0) + f_1'(x_0, y_0)(x - x_0) + f_2'(x_0, y_0)(y - y_0) \tag{15.8.4}$$

Indem wir $h = x - x_0$ und $k = y - y_0$ setzen in (15.8.4) und den Rest- oder Fehlerterm $R(h, k)$ einbeziehen, ergibt sich

$$f(x_0 + h, y_0 + k) = f(x_0, y_0) + f_1'(x_0, y_0)h + f_2'(x_0, y_0)k + R(h, k)$$

Bezeichne $\|(h, k)\| = \sqrt{h^2 + k^2}$ die Norm von (h, k). Vorausgesetzt, dass die Funktion $f(x, y)$ eine C^1-Funktion in der Nähe von (x_0, y_0) ist, gilt für diesen Fehlerterm $R(h, k)/\|(h, k)\| \to 0$, wenn $\|(h, k)\| \to 0$. Dies ist die Erweiterung von (15.8.1) auf Funktionen von zwei Variablen. Später in diesem Abschnitt werden wir das entsprechende allgemeine Resultat erörtern, wenn f eine Funktion von n Variablen ist.

Beispiel 15.8.1

Bestimmen Sie die lineare Approximation von $f(x, y) = e^{x+y}(xy - 1)$ um $(0, 0)$.

Lösung: Hier ist $f(0, 0) = -1$ und

$$f_1'(x, y) = e^{x+y}(xy - 1) + e^{x+y}y \quad \text{und} \quad f_2'(x, y) = e^{x+y}(xy - 1) + e^{x+y}x$$

Somit ist $f_1'(0, 0) = -1$ und $f_2'(0, 0) = -1$. Daher ergibt Gl. (15.8.4)

$$e^{x+y}(xy - 1) \approx -1 - x - y$$

Daher wird für x und y in der Nähe von 0 die komplizierte Funktion $z = e^{x+y}(xy - 1)$ approximiert durch die einfache lineare Funktion $z = -1 - x - y$.

Formel (15.8.4) kann verwendet werden, um Näherungswerte einer Funktion in der Nähe einer Stelle zu finden, an der der Funktionswert und ihre Ableitungen leicht berechnet werden können, wie in dem folgenden Beispiel.

Beispiel 15.8.2

Sei $f(x, y) = xy^3 - 2x^3$. Dann ist $f(2, 3) = 38$. Bestimmen Sie mit Hilfe von (15.8.4) einen approximativen numerischen Wert für $f(2.01, 2.98)$.

Lösung: Hier ist $f_1'(x, y) = y^3 - 6x^2$ und $f_2'(x, y) = 3xy^2$, so dass $f_1'(2, 3) = 3$ und $f_2'(2, 3) = 54$. Wir setzen $x_0 = 2$, $y_0 = 3$, $x = 2 + 0.01$ und $y = 3 - 0.02$ und erhalten damit

$$f(2.01, 2.98) \approx f(2, 3) + f_1'(2, 3) \cdot 0.01 + f_2'(2, 3) \cdot (-0.02)$$

$$= 38 + 3(0.01) + 54(-0.02) = 36.95$$

Der exakte Wert ist $f(2.01, 2.98) = 36.95061792$. Der Fehler in der Approximation ist deshalb nur etwas größer als 0.0006 im Absolutbetrag.

Die Approximation (15.8.4) kann auf Funktionen von mehreren Variablen verallgemeinert werden.

Lineare Approximation

Für eine gegebene C^1-Funktion $f(\mathbf{x}) = f(x_1, \ldots, x_n)$ von n Variablen ist die lineare Approximation um die Stelle $\mathbf{x}^0 = (x_1^0, \ldots, x_n^0)$ gleich

$$f(\mathbf{x}) \approx f(\mathbf{x}^0) + f_1'(\mathbf{x}^0)(x_1 - x_1^0) + \cdots + f_n'(\mathbf{x}^0)(x_n - x_n^0) \tag{15.8.5}$$

Aufgabe 8 fordert Sie zu einem Beweis auf. Gleichung (14.3.2) führte die Notation $\nabla f(\mathbf{x}^0) = \big(f_1'(\mathbf{x}^0), \ldots, f_n'(\mathbf{x}^0)\big)$ ein für den Gradienten-n-Vektor, berechnet an der Stelle $\mathbf{x}^0$. Die Verwendung der Punktproduktnotation erlaubt uns dann Gl. (15.8.5) prägnanter umzuschreiben als

$$f(\mathbf{x}) \approx f(\mathbf{x}^0) + \nabla f(\mathbf{x}^0) \cdot (\mathbf{x} - \mathbf{x}^0) \tag{15.8.6}$$

Differenzierbarkeit und Gradientenvektoren

Um die Größe des Fehlers in Gl. (15.8.6) zu besprechen, werden wir die Definition in (14.5.6) der Stetigkeit einer Funktion von n Variablen benutzen, sowie die folgende Definition:

Differenzierbarkeit und Ableitung

Nehmen Sie an, dass die Funktion $f(\mathbf{x}) = f(x_1, \ldots, x_n)$ von n Variablen definiert ist auf der Teilmenge S von $\mathbb{R}^n$. Sei $\mathbf{a}$ ein innerer Punkt von S. Dann heißt f *differenzierbar* an der Stelle $\mathbf{a}$, mit dem n-Vektor $\mathbf{p}$ als ihre *Ableitung* an der Stelle $\mathbf{a}$, wenn

$$\frac{1}{\|\mathbf{h}\|}[f(\mathbf{a} + \mathbf{h}) - f(\mathbf{a}) - \mathbf{p} \cdot \mathbf{h}] \to 0\,, \quad \text{wenn } \mathbf{h} \to \mathbf{0} \tag{15.8.7}$$

Im n-Raum kann eine *Richtung* bestimmt werden durch einen n-Vektor $\mathbf{u}$, der in der Einheitssphäre liegt, weil $\|\mathbf{u}\| = \sqrt{\mathbf{u} \cdot \mathbf{u}} = 1$. Wenn $n = 2$ und die Einheitssphäre somit ein Kreis ist, kann man an einen Kompass denken, dessen Nadel in eine Richtung $\mathbf{u}$ zeigt, die um einen Kreis herum gemessen wird, der markiert ist mit Indikatoren wie SW für Südwest. Es gibt eine enge Beziehung zwischen der Ableitung einer Funktion von n Variablen, die durch (15.8.7) definiert ist und ihren Richtungsableitungen, die wir gerade definieren wollen.

Richtungsableitung

Nehmen Sie an, dass die Funktion $f(\mathbf{x})$ von n Variablen definiert ist auf der Teilmenge S von $\mathbb{R}^n$. Sei $\mathbf{a}$ ein innerer Punkt von S und $\mathbf{u}$ ein Richtungsvektor. Dann ist die *Richtungsableitung* von f an der Stelle $\mathbf{a}$ in die Richtung $\mathbf{u}$ definiert durch

$$\nabla_{\mathbf{u}} f(\mathbf{a}) = \lim_{\theta \to 0} \frac{1}{\theta}[f(\mathbf{a} + \theta\mathbf{u}) - f(\mathbf{a})] \tag{15.8.8}$$

Damit ist $\nabla_{\mathbf{u}} f(\mathbf{a})$ die gewöhnliche Ableitung an der Stelle $\theta = 0$ der Funktion $g_{\mathbf{u}}(\mathbf{a}; \theta) = f(\mathbf{a} + \theta \mathbf{u})$. Das folgende Resultat nutzt sowohl die Richtungsableitungen als auch den Gradientenvektor, um die Ableitung $\mathbf{p}$ zu charakterisieren, die in (15.8.7) definiert wurde.

Theorem 15.8.1 (Charakterisierung der Ableitung)

Nehmen Sie an, dass die Funktion $f(\mathbf{x})$ von n Variablen definiert ist auf der Teilmenge S von $\mathbb{R}^n$ und differenzierbar ist in einem inneren Punkt $\mathbf{a}$ von S mit Ableitung gleich dem n-Vektor $\mathbf{p}$. Dann ist die Ableitung $\mathbf{p}$ gleich dem Gradientenvektor $\nabla f(\mathbf{a})$. Ferner existiert die Richtungsableitung $\nabla_{\mathbf{u}} f(\mathbf{a})$ von f an der Stelle $\mathbf{a}$ in jede Richtung $\mathbf{u}$ mit $\|\mathbf{u}\| = 1$ und ist gegeben durch

$$\nabla_{\mathbf{u}} f(\mathbf{a}) = \mathbf{p} \cdot \mathbf{u} = \nabla f(\mathbf{a}) \cdot \mathbf{u} \qquad (15.8.9)$$

Beweis: Für eine gegebene Richtung $\mathbf{u}$ in der Einheitssphäre des n-Raums und ein kleines $\theta > 0$, setzen wir $\mathbf{h} = \theta \mathbf{u}$. Dann gilt

$$\frac{1}{\theta}[f(\mathbf{a} + \theta \mathbf{u}) - f(\mathbf{a}) - \mathbf{p} \cdot (\theta \mathbf{u})] = \frac{1}{\|\mathbf{h}\|}[f(\mathbf{a} + \mathbf{h}) - f(\mathbf{a}) - \mathbf{p} \cdot \mathbf{h}]$$

Wenn $\theta \to 0$ und somit $\mathbf{h} \to \mathbf{0}$, zeigt die Anwendung von (15.8.8), dass der Grenzwert der linken Seite $\nabla_{\mathbf{u}} f(\mathbf{a}) - \mathbf{p} \cdot \mathbf{u}$ ist, während die Anwendung von (15.8.7) zeigt, dass der Grenzwert der rechten Seite gleich 0 ist. Dies zeigt, dass $\nabla_{\mathbf{u}} f(\mathbf{a}) = \mathbf{p} \cdot \mathbf{u}$.

Betrachten Sie jetzt für jedes $i = 1, 2, \ldots, n$ den Fall, wenn $\mathbf{u} = \mathbf{e}_i$, definiert als der Richtungsvektor, dessen i-te Komponent gleich 1 ist, was impliziert dass alle anderen Komponenten gleich 0 sind. Dann impliziert die Gleichheit $\nabla_{\mathbf{e}_i} f(\mathbf{a}) = \mathbf{p} \cdot \mathbf{e}_i$ offensichtlich, dass für die i-te partielle Ableitung gilt $f_i'(\mathbf{a}) = p_i$, die i-te Komponente von $\mathbf{p}$. Somit impliziert die Definition von $\nabla f(\mathbf{a})$ als Vektor der partiellen Ableitungen, dass es gleich der Ableitung $\mathbf{p}$ sein muss. ∎

In (7.9.3) haben wir gezeigt: Wenn eine Funktion einer Variablen differenzierbar ist an der Stelle $x = a$, dann ist sie stetig an der Stelle $x = a$. Die Definition in (15.8.7) impliziert ein ähnliches Resultat für eine Funktion von n Variablen.

Theorem 15.8.2 (Differenzierbarkeit impliziert Stetigkeit)

Wenn die Funktion $f(\mathbf{x})$ von n Variablen definiert ist auf einer Teilmenge S des $\mathbb{R}^n$ und differenzierbar ist in einem inneren Punkt $\mathbf{a}$ von S, dann ist f stetig in $\mathbf{a}$.

Beweis: Bezeichne $\mathbf{p}$ die Ableitung, definiert, so dass Gl. (15.8.7) erfüllt ist. Wie in Kap. 14.5 diskutiert, ist die lineare Funktion $\mathbf{p} \cdot \mathbf{x} = p_1 x_1 + \cdots + p_n x_n$ offensichtlich stetig in $\mathbf{x}$. Es folgt, dass $\mathbf{p} \cdot \mathbf{h} \to 0$, wenn $\mathbf{h} \to \mathbf{0}$. Ferner gilt:

$$f(\mathbf{a} + \mathbf{h}) - f(\mathbf{a}) = \|\mathbf{h}\| \left(\frac{1}{\|\mathbf{h}\|}[f(\mathbf{a} + \mathbf{h}) - f(\mathbf{a}) - \mathbf{p} \cdot \mathbf{h}] \right) + \mathbf{p} \cdot \mathbf{h}$$

Wenn nun $\mathbf{h} \to \mathbf{0}$, impliziert die Definition von $\mathbf{p}$, dass der Quotient in Klammern gegen 0 strebt, wenn $\mathbf{p} \cdot \mathbf{h}$ es tut. Es folgt, dass $f(\mathbf{a} + \mathbf{h}) \to f(\mathbf{a})$, so dass f stetig ist an der Stelle $\mathbf{a}$.

Aufgabe 10 fordert Sie auf, eine Funktion von zwei Variablen zu betrachten, für die beide partiellen Ableitungen in $(0, 0)$ existieren. Indem wir das für die Herleitung von Gl. (15.8.3) benutzte Argument verwenden, folgt, dass f eine Richtungsableitung $\nabla_{\mathbf{u}} f(\mathbf{a})$ für jeden Richtungsvektor $\mathbf{u}$ im Einheitskreis des 2-Raums hat. Jedoch ist f nicht einmal stetig, geschweige denn differenzierbar in $(0, 0)$. Wie das folgende Resultat zeigt, liegt das daran, dass die partiellen Ableitungen nicht stetig sind.

Eine C^1-Funktion ist differenzierbar

Wenn die Funktion $f(\mathbf{x})$ von n Variablen definiert und eine C^1-Funktion ist auf der Teilmenge S von $\mathbb{R}^n$, dann ist f differenzierbar in jedem inneren Punkt $\mathbf{a}$ von S.

Der folgende Beweis betrachtet den zweidimensionalen Fall. Für einen Beweis, der auch für $n > 2$ anwendbar ist, siehe FMEA.

Beweis: Im zweidimensionalen Fall haben wir für gegebenes $(h, k) \neq (0, 0)$:

$$f(x+h, y+k) - f(x, y) = [f(x+h, y+k) - f(x+h, y)] + [f(x+h, y) - f(x, y)] \quad (*)$$

Weil die partiellen Ableitungen von $f(x+h, y+k)$ bezüglich beiden h und k stetig sind für alle kleinen h und k, sind es auch die Ableitungen der Funktionen $\varphi(\theta) = f(x + \theta h, y)$ von θ und $\psi(\eta) = f(x+h, y+\eta k)$ von η, die beide definiert sind auf $[0, 1]$. Es folgt aus dem Mittelwertsatz, Theorem 9.4.2, dass ein θ^* und ein η^* in $(0, 1)$ existieren, so dass

$$f(x+h, y) - f(x, y) = \varphi(1) - \varphi(0) = \varphi'(\theta^*) = f_1'(x + \theta^* h, y)\, h \quad (**)$$

$$\text{und} \quad f(x+h, y+k) - f(x+h, y) = \psi(1) - \psi(0) = \psi'(\eta^*) = f_2'(x+h, y+\eta^* k)\, k \quad (***)$$

Nun definieren Sie für alle (h, k) in der Nähe von aber nicht gleich $(0, 0)$:

$$R(h, k) = f(x+h, y+k) - f(x, y) - f_1'(x, y)\, h - f_2'(x, y)\, k$$

Es folgt aus $(*)$, $(**)$ und $(***)$, dass

$$R(h, k) = [f_1'(x + \theta^* h, y) - f_1'(x, y)]\, h + [f_2'(x+h, y+\eta^* k) - f_2'(x, y)]\, k$$

Indem wir jede Seite dieser Gleichung dividieren durch die Norm $\|(h, k)\|$, sehen wir, dass

$$\frac{1}{\|(h, k)\|} R(h, k) = [f_1'(x+\theta^* h, y) - f_1'(x, y)] \frac{h}{\|(h, k)\|} + [f_2'(x+h, y+\eta^* k) - f_2'(x, y)] \frac{k}{\|(h, k)\|}$$

Wir haben angenommen, dass f_1' und f_2' beide stetig sind an der Stelle (x, y), so dass $R(h, k)/\|(h, k)\| \to 0$, wenn $(h, k) \to (0, 0)$. Es folgt, dass die Funktion f differenzierbar ist an der Stelle (x, y), wobei die Ableitung gleich dem Gradientenvektor $(f_1'(x, y), f_2'(x, y))$ ist.

Tangentialebenen

In (15.8.4) wird die Funktion $f(x,y)$ approximiert durch die *lineare Funktion*

$$z = f(x_0, y_0) + f_1'(x_0, y_0)(x - x_0) + f_2'(x_0, y_0)(y - y_0)$$

Der Graph von $z = f(x,y)$ ist eine Ebene, die durch den Punkt $P = (x_0, y_0, z_0)$ verläuft, der auf dem Graphen liegt, da $z_0 = f(x_0, y_0)$. Diese Ebene heißt die *Tangentialebene* an $z = f(x,y)$ in P:

Tangentialebene

Im Punkt (x_0, y_0, z_0) mit $z_0 = f(x_0, y_0)$ hat die Tangentialebene an den Graphen von $z = f(x,y)$ die Gleichung

$$z - z_0 = f_1'(x_0, y_0)(x - x_0) + f_2'(x_0, y_0)(y - y_0) \qquad (15.8.10)$$

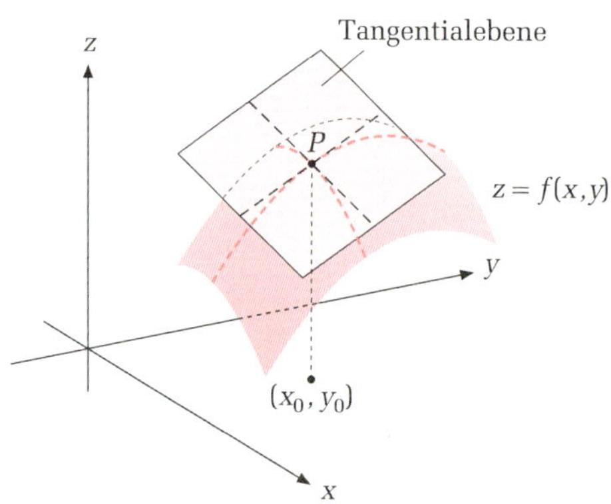

Abbildung 15.8.1: Der Graph von $z = f(x,y)$ und die Tangentialebene in P

Die Tangentialebene ist in Abb. 15.8.1 illustriert. Verdient sie diesen Namen? Schauen Sie auf Abb. 14.3.8 zurück, wo ℓ_x und ℓ_y die Tangenten in P an die zwei Kurven K_x und K_y sind, die auf der Fläche liegen. Da die Steigung der Geraden ℓ_x gleich $f_2'(x_0, y_0)$ ist, sind die Punkte (x, y, z), die auf ℓ_x liegen, charakterisiert durch $x = x_0$ und $z - z_0 = f_2'(x_0, y_0)(y - y_0)$. Aber (15.8.10) impliziert, dass diese Punkte auch auf der Tangentialebene liegen. In derselben Weise sehen wir, dass die Gerade ℓ_y auch in der Tangentialebene liegt. Da der Graph von (15.8.10) die einzige Ebene ist, die beide Tangenten, ℓ_x und ℓ_y, enthält, macht es großen Sinn, die Bezeichnung „Tangentialebene" an (x_0, y_0, z_o)zu verwenden.

Beispiel 15.8.3

Bestimmen Sie die Tangentialebene in $P = (x_0, y_0, z_0) = (1, 1, 5)$ an den Graphen von

$$f(x,y) = x^2 + 2xy + 2y^2$$

Lösung: Da $f(1,1) = 5$ ist, liegt der Punkt P auf dem Graphen von f. Wir erhalten $f_1'(x,y) = 2x + 2y$ und $f_2'(x,y) = 2x + 4y$. Daher ist $f_1'(1,1) = 4$ und $f_2'(1,1) = 6$. Gleichung (15.8.10) ergibt daher

$$z - 5 = 4(x - 1) + 6(y - 1)$$

Dies vereinfacht sich zu $z = 4x + 6y - 5$.

Supergradienten und Subgradienten

Sei $z = f(x, y)$ eine Funktion mit Definitionsbereich S in der xy-Ebene. Nach Definition (14.3.1) gilt: Wenn f differenzierbar ist an der Stelle (x_0, y_0), dann ist der Gradientenvektor $\nabla f(x_0, y_0)$ an dieser Stelle das geordnete Paar $(f_1'(x_0, y_0), f_2'(x_0, y_0))$ der partiellen Ableitungen.

Insbesondere, wenn eine Funktion konkav oder konvex ist, sind wir in der Lage, das Vorzeichen des Fehlers in der linearen Approximation (15.8.4) anzugeben. In der Tat: Den Definitionen (8.4.1) und (8.4.2) eines Supergradienten und Subgradienten für eine Funktion einer Variablen folgend führen wir die folgenden Definitionen für Funktionen von zwei Variablen ein:

Supergradienten- und Subgradientenvektoren

Die Funktion $z = f(x, y)$ mit Definitionsbreich S in der xy-Ebene sei differenzierbar an der Stelle (x_0, y_0). Dann heißt der Gradientenvektor $\nabla f(x_0, y_0) = (f_1'(x_0, y_0), f_2'(x_0, y_0))$ an dieser Stelle

(i) ein *Supergradientenvektor*, wenn für alle (x, y) in S gilt

$$f(x, y) \leq f(x_0, y_0) + f_1'(x_0, y_0)(x - x_0) + f_2'(x_0, y_0)(y - y_0) \tag{15.8.11}$$

(ii) ein *Subgradientenvektor*, wenn für alle (x, y) in S gilt

$$f(x, y) \geq f(x_0, y_0) + f_1'(x_0, y_0)(x - x_0) + f_2'(x_0, y_0)(y - y_0) \tag{15.8.12}$$

Somit ist im Fall eines Supergradientenvektors die rechte Seite der Formel (15.8.4) der linearen Approximation größer oder gleich der linken Seite, so dass (15.8.4) eine Über-Approximation gibt. Andererseits: Im Falle eines Subgradientenvektors ergibt Formel (15.8.4) eine Unter-Approximation, weil die rechte Seite von (15.8.4) kleiner oder gleich der linken Seite ist.

Das Hauptargument für die Einführung des Konzepts der Supergradienten- und Subgradientenvektoren ist, dass sie uns ermöglichen, das folgende wichtige Resultat anzugeben:

Theorem 15.8.3 (Supergradienten und Subgradienten)

Die Funktion $z = f(x, y)$ sei definiert auf der konvexen Menge S in der xy-Ebene und differenzierbar in dem inneren Punkt (x_0, y_0) von S. Dann ist der Gradientenvektor $\nabla f(x_0, y_0) = (f_1'(x_0, y_0), f_2'(x_0, y_0))$ in (x_0, y_0):

(i) ein Supergradientenvektor, wenn f konkav ist;

(ii) ein Subgradientenvektor, wenn f konvex ist.

Beweis: Halten Sie ein Paar (x, y) in S fest, das verschieden ist von (x_0, y_0). Betrachten Sie dann wieder die Funktion einer Variablen, die in (15.8.2) definiert wurde durch

$$g(t) = f(x_0 + t(x - x_0), y_0 + t(y - y_0))$$

Weil S konvex ist, ist die Funktion $g(t)$ definiert für alle t in $[0, 1]$. Weil (x_0, y_0) ein innerer Punkt von S ist, gibt es ein $\varepsilon > 0$, das klein genug ist, so dass $g(t)$ definiert ist auf einem Intervall I, das $(-\varepsilon, 1]$ enthält. Weil f differenzierbar ist an der Stelle (x_0, y_0), folgt aus (15.8.3), dass g differenzierbar ist an der Stelle $t = 0$ mit

$$g'(0) = f_1'(x_0, y_0)(x - x_0) + f_2'(x_0, y_0)(y - y_0)$$

Betrachten Sie jetzt den Fall, in dem die Funktion f konkav ist auf S. Nehmen Sie an, dass u und v zwei Punkte in I sind. Halten Sie einen Skalar λ in $[0, 1]$ fest und sei $s = \lambda u + (1 - \lambda)v$. Betrachten Sie die drei Punkte $(x(t), y(t)) = (x_0 + t(x - x_0), y_0 + t(y - y_0))$, definiert für $t = u, v, s$. Die obigen Definitionen implizieren, dass alle drei Punkte zu S gehören, wobei gilt $(x(s), y(s)) = \lambda(x(u), y(u)) + (1 - \lambda)(x(v), y(v))$. Nun impliziert die Konkavität von f auf S, dass g konkav ist auf I, weil

$$g(s) = f(x(s), y(s)) \geq \lambda f(x(u), y(u)) + (1 - \lambda)f(x(v), y(v)) = \lambda g(u) + (1 - \lambda)g(v)$$

Weil $g(t)$ konkav ist auf I und differenzierbar an der Stelle $t = 0$, welches ein innerer Punkt von I ist, folgt aus der Supergradienten-Eigenschaft in Theorem 8.4.1 für Funktionen einer Variablen, dass für alle t in I gilt $g(t) - g(0) \leq g'(0)(t - 0)$. Insbesondere gilt für $t = 1$, dass $g(1) \leq g(0) + g'(0)$. Nach Definition von g folgt, dass der Gradientenvektor $\nabla f(x_0, y_0)$ an der Stelle (x_0, y_0) die Supergradienten-Eigenschaft hat, die durch die Ungleichung (15.8.11) definiert ist.

Der Fall, in dem f konvex ist, folgt, weil dann $-f$ konkav ist, was impliziert, dass der Gradientenvektor $\nabla(-f) = -\nabla f$ ein Supergradientenvektor von $-f$ ist. Dies ist äquivalent dazu, dass ∇f ein Subgradientenvektor von f ist. ∎

Bei n Variablen können die zwei Ungleichungen (15.8.11) und (15.8.12), die bestimmen, ob der Gradientenvektor $\nabla f(\mathbf{x}^0) = (f_1'(\mathbf{x}^0), \ldots, f_n'(\mathbf{x}^0))$ ein Supergradienten- bzw. ein Subgradientenvektor ist, mit der Punktprodukt-Notation so geschrieben werden:

$$f(\mathbf{x}) - f(\mathbf{x}^0) \leq f_1'(\mathbf{x}^0)(x_1 - x_1^0) + \cdots + f_n'(\mathbf{x}^0)(x_n - x_n^0) = \nabla f(\mathbf{x}^0) \cdot (\mathbf{x} - \mathbf{x}^0) \qquad (15.8.13)$$

$$f(\mathbf{x}) - f(\mathbf{x}^0) \geq f_1'(\mathbf{x}^0)(x_1 - x_1^0) + \cdots + f_n'(\mathbf{x}^0)(x_n - x_n^0) = \nabla f(\mathbf{x}^0) \cdot (\mathbf{x} - \mathbf{x}^0) \qquad (15.8.14)$$

Außer ihrer eigenen Bedeutung werden Theorem 15.8.3 und die zwei Ungleichungen (15.8.13) und (15.8.14) in Kap. 17 genutzt, um zu zeigen, dass eine innere kritische Stelle einer konkaven Funktion eine Maximumstelle ist, während eine innere kritische Stelle einer konvexen Funktion eine Minimumstelle ist.

Wir schließen diesen Abschnitt mit einer Erweiterung von Theorem 8.4.2 auf Funktionen von n Variablen und leiten eine hinreichende Bedingung für Konkavität mithilfe von Supergradienten her und eine hinreichende Bedingung für Konvexität mithilfe von Subgradienten.

Theorem 15.8.4 (Hinreichende Bedingungen für Konkavität und Konvexität)

Die Funktion f sei definiert auf einer offenen konvexen Menge D im n-Raum. Dann ist f:

(i) konkav, wenn sie einen Supergradientenvektor $\mathbf{p}$ an jeder Stelle in D hat;

(ii) konvex, wenn sie einen Subgradientenvektor $\mathbf{p}$ an jeder Stelle in D hat.

Beweis: Halten Sie $\mathbf{a}$ und $\mathbf{b}$ in D fest sowie λ in $[0, 1]$. Sei $\mathbf{c} = \lambda\mathbf{a} + (1-\lambda)\mathbf{b}$, was zu D gehört, da wir angenommen haben, dass D eine konvexe Menge ist. Nehmen Sie an, dass f einen Supergradientenvektor $\mathbf{p}$ in $\mathbf{c}$ hat, so dass

$$f(\mathbf{a}) - f(\mathbf{c}) \leq \mathbf{p} \cdot (\mathbf{a} - \mathbf{c}) \quad \text{und} \quad f(\mathbf{b}) - f(\mathbf{c}) \leq \mathbf{p} \cdot (\mathbf{b} - \mathbf{c})$$

Multiplizieren Sie jetzt beide Seiten der ersten Ungleichung mit λ, dann beide Seiten der zweiten Ungleichung mit $1 - \lambda$, und dann addieren Sie diese beiden Ungleichungen. Da beide Multiplikatoren nichtnegativ sind, erhalten wir

$$\lambda f(\mathbf{a}) + (1-\lambda)f(b) - f(\mathbf{c}) \leq \mathbf{p} \cdot [\lambda(\mathbf{a} - \mathbf{c}) + (1-\lambda)(\mathbf{b} - \mathbf{c})] = \mathbf{p} \cdot \mathbf{0} = 0$$

Daher gilt $f(\lambda\mathbf{a} + (1-\lambda)\mathbf{b}) \geq \lambda f(\mathbf{a}) + (1-\lambda)f(\mathbf{b})$, wie es verlangt wird, damit f konkav ist.

Aufgaben für Kapitel 15.8

1. Bestimmen Sie die lineare Approximation um $(0, 0)$ für die folgenden Funktionen:

(a) $f(x, y) = (x+1)^5(y+1)^6$ (b) $f(x, y) = \sqrt{1+x+y}$ (c) $f(x, y) = e^x \ln(1+y)$

2. Bestimmen Sie die lineare Approximation um (x_0, y_0) für $f(x, y) = Ax^a y^b$.

3. Nehmen Sie an, dass $g(\mu, \varepsilon) = [(1+\mu)(1+\varepsilon)^\alpha]^{1/(1-\beta)} - 1$, wobei α und β Konstante sind. Zeigen Sie: Wenn μ und ε nahe bei 0 sind, dann ist $g(\mu, \varepsilon) \approx (\mu + \alpha\varepsilon)/(1-\beta)$.

4. Sei $f(x, y) = 3x^2y + 2y^3$. Dann ist $f(1, -1) = -5$. Verwenden Sie die lineare Approximation (15.8.4) um den Punkt $(x, y) = (1, -1)$, um den Wert von $f(0.98, -1.01)$ abzuschätzen. Wie groß ist der Fehler, der durch diese Approximation verursacht wird?

5. Sei $f(x, y) = 3x^2 + xy - y^2$.

(a) Berechnen Sie $f(1.02, 1.99)$ exakt.

(b) Verwenden Sie (15.8.4) für die lineare Approximation um $(x, y) = (1, 2)$, um einen Näherungswert für den Funktionswert $f(1.02, 1.99) = f(1+0.02, 2-0.01)$ zu finden. Wie groß ist der Fehler?

6. Nehmen Sie an, dass für eine differenzierbare Funktion v von zwei Variablen $v(1, 0) = -1$, $v_1'(1, 0) = -4/3$ und $v_2'(1, 0) = 1/3$ gilt. Bestimmen Sie einen Näherungswert für $v(1.01, 0.02)$.

➡ Fortsetzung

7. Bestimmen Sie die Tangentialebenen an die folgenden Flächen in den angegebenen Punkten: (a) $z = x^2 + y^2$ in $(1, 2, 5)$ und (b) $z = (y - x^2)(y - 2x^2)$ in $(1, 3, 2)$.

Anspruchsvollere Aufgaben

8. Definieren Sie die Funktion

$$g(t) = f(x_1^0 + t\,(x_1 - x_1^0), \ldots, x_n^0 + t\,(x_n - x_n^0))$$

Verwenden Sie die Approximation $g(1) \approx g(0) + g'(0)$, um Gl. (15.8.5) herzuleiten, indem Sie dem Argument folgen, das zur Herleitung von Gl. (15.8.4) verwendet wurde.

9. Sei $f(x, y)$ eine stetig differenzierbare Funktion. Beweisen Sie, dass f genau dann homogen vom Grad 1 ist, wenn die Tangentialebene zu jedem Punkt auf ihrem Graphen durch den Ursprung verläuft.

10. Für alle $(x, y) \neq (0, 0)$ sei $f(x, y) = \dfrac{xy^2}{x^2 + y^4}$ und $f(0, 0) = 0$.

(a) Zeigen Sie: Für jedes reelle α sind in der xy-Ebene alle Punkte auf der Kurve $x = \alpha y^2$ außer $(0, 0)$ auf derselben Höhenkurve von f.

(b) Zeigen Sie, dass f nicht stetig ist in $(0, 0)$.

(c) Zeigen Sie, dass $f_1'(x, y)$ und $f_2'(x, y)$ beide für alle (x, y) existieren.

(d) Zeigen Sie, dass f in jedem Punkt eine Richtungsableitung in jede Richtung hat.

(e) Ist f differenzierbar an der Stelle $(0, 0)$?

► Lösungen zu den Aufgaben finden Sie im Anhang des Buches.

15.9 Differentiale

Sei $z = f(x, y)$ eine stetig differenzierbare Funktion von zwei Variablen. Seien dx und dy beliebige reelle Zahlen, nicht notwendig klein. Dann definieren wir das *Differential* von $z = f(x, y)$ an der Stelle (x, y), das mit dz oder df bezeichnet wird, so dass gilt:

$$z = f(x, y) \implies dz = f_1'(x, y)\,dx + f_2'(x, y)\,dy \tag{15.9.1}$$

Andererseits: Wenn x auf $x + dx$ und y auf $y + dy$ geändert wird, dann ist die tatsächliche Änderung im Funktionswert der *Zuwachs*

$$\Delta z = f(x + dx, y + dy) - f(x, y)$$

Wenn dx und dy klein im Absolutwert sind, dann kann Δz durch dz approximiert werden:

$$\Delta z \approx dz = f_1'(x, y)\,dx + f_2'(x, y)\,dy, \text{ wenn } |dx| \text{ und } |dy| \text{ klein sind} \tag{15.9.2}$$

Diese Approximation folgt aus (15.8.4). Um dies zu zeigen, ersetzen wir zunächst $x - x_0$ durch $\mathrm{d}x$ und $y - y_0$ durch $\mathrm{d}y$. Dann ersetzen wir in der sich ergebenden Formel x_0 durch x und y_0 durch y.

Die Approximation in (15.9.2) kann geometrisch interpretiert werden, wie in Abb. 15.9.1 gezeigt wird. Der Fehler, der durch das Ersetzen von Δz durch $\mathrm{d}z$ entsteht, resultiert daraus, dass „man der Tangentialebene" von P zu dem Punkt S folgt, anstatt „dem Graphen zu folgen" von P zum Punkt R.

Etwas formaler ist die Tangentialebene in $P = (x, y, f(x, y))$ definiert als die Menge der Punkte (X, Y, Z), deren Koordinaten die folgende lineare Gleichung erfüllen:

$$Z - f(x, y) = f_1'(x, y)(X - x) + f_2'(x, y)(Y - y)$$

Indem wir $X = x + \mathrm{d}x$ und $Y = y + \mathrm{d}y$ setzen, erhalten wir

$$Z = f(x, y) + f_1'(x, y)\,\mathrm{d}x + f_2'(x, y)\,\mathrm{d}y = f(x, y) + \mathrm{d}z$$

Die Länge der Strecke QS in Abb. 15.9.1 ist daher $f(x, y) + \mathrm{d}z$.

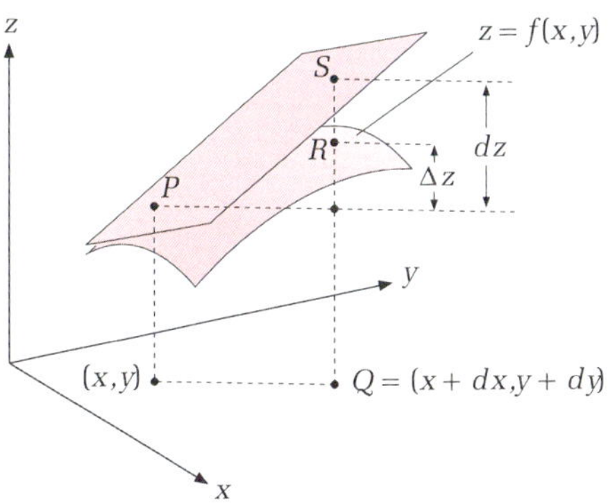

Abbildung 15.9.1: Δz und das Differential $\mathrm{d}z$

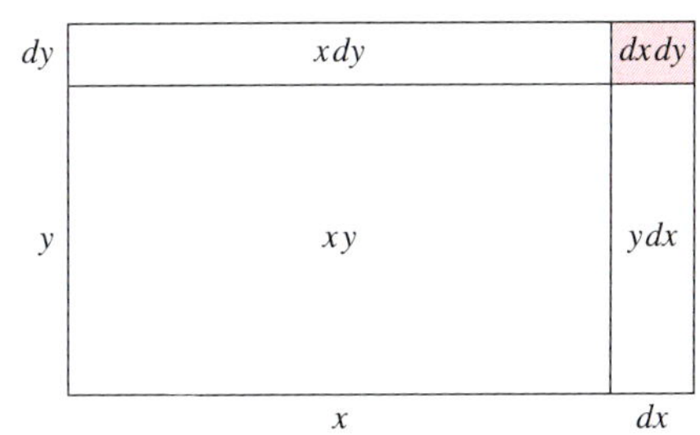

Abbildung 15.9.2: $\Delta z - \mathrm{d}z = \mathrm{d}x\,\mathrm{d}y$

Hier ist ein Wort der Vorsicht angebracht. In der Literatur über Mathematik für Ökonomen verlangt eine weit verbreitete Definition des Differentials $\mathrm{d}z$ in Gleichung (15.9.1), dass $\mathrm{d}x$ und $\mathrm{d}y$ „infinitesimal" oder „unendlich klein" sind. In diesem Fall wird oft behauptet, dass Δz gleich $\mathrm{d}z$ wird. Ungenaue Ideen dieser Art haben über Jahrhunderte Verwirrung gestiftet, seitdem Leibniz sie zuerst eingeführt hatte. Sie wurden in der Mathematik weitgehend fallen gelassen.[8]

Beispiel 15.9.1

Sei $z = f(x, y) = xy$. Dann gilt

$$\Delta z = f(x + \mathrm{d}x, y + \mathrm{d}y) - f(x, y) = (x + \mathrm{d}x)(y + \mathrm{d}y) - xy = y\,\mathrm{d}x + x\,\mathrm{d}y + \mathrm{d}x\,\mathrm{d}y$$

8 Jedoch in Nichtstandard-Analysis, einem beachtlichen Zweig der modernen Mathematik, kann eine modifizierte Version von Leibniz' Ideen über Infinitesimale präzise gemacht werden. Es gibt einige interessante Anwendungen der Nichtstandard-Analysis in den theoretischen Wirtschaftswissenschaften.

In diesem Fall ist $\mathrm{d}z = f_1'(x,y)\,\mathrm{d}x + f_2'(x,y)\,\mathrm{d}y = y\,\mathrm{d}x + x\,\mathrm{d}y$, so dass $\Delta z - \mathrm{d}z = \mathrm{d}x\,\mathrm{d}y$. Der Fehlerterm ist $\mathrm{d}x\,\mathrm{d}y$ und die Approximation ist illustriert in Abb. 15.9.2. Wenn in diesem Beispiel $\mathrm{d}x$ und $\mathrm{d}y$ beide sehr kleine Zahlen sind wie 10^{-3}, dann ist der Fehlerterm $\mathrm{d}x\,\mathrm{d}y$ eine „sehr sehr kleine" – Zahl wie 10^{-6}.

Beispiel 15.9.2

Sei $Y = F(K,L)$ eine Produktionsfunktion mit K und L als Kapital- und Arbeitsinput. Dann sind F_K' und F_L' die Grenzprodukte des Kapitals und der Arbeit. Wenn $\mathrm{d}K$ und $\mathrm{d}L$ beliebige Zuwächse in K bzw. L sind, dann ist das *Differential* von $Y = F(K,L)$ gleich $\mathrm{d}Y = F_K'\,\mathrm{d}K + F_L'\,\mathrm{d}L$. Dann kann der Zuwachs $\Delta Y = F(K+\mathrm{d}K, L+\mathrm{d}L) - F(K,L)$ in Y approximiert werden durch $\mathrm{d}Y$, vorausgesetzt, dass $\mathrm{d}K$ und $\mathrm{d}L$ dem Absolutbetrag nach klein sind. Dies erlaubt uns zu schreiben

$$\Delta Y = F(K+\mathrm{d}K, L+\mathrm{d}L) - F(K,L) \approx F_K'\,\mathrm{d}K + F_L'\,\mathrm{d}L$$

Beachten Sie: Falls $z = f(x,y)$ differenzierbar ist, können wir das Differential $\mathrm{d}z = \mathrm{d}f$ immer finden, indem wir zuerst die partiellen Ableitungen $f_1'(x,y)$ und $f_2'(x,y)$ bestimmen und dann die Definition (15.9.1) von $\mathrm{d}z$ verwenden. Wenn wir umgekehrt das Differential $\mathrm{d}f$ einer Funktion von zwei Variablen kennen, dann können wir die partiellen Ableitungen finden. In der Tat: Nehmen Sie an, dass $\mathrm{d}z = A\,\mathrm{d}x + B\,\mathrm{d}y$ für alle $\mathrm{d}x$ und $\mathrm{d}y$. Nach Definition ist $\mathrm{d}z = f_1'(x,y)\,\mathrm{d}x + f_2'(x,y)\,\mathrm{d}y$ für alle $\mathrm{d}x$ und $\mathrm{d}y$. Wenn wir $\mathrm{d}x = 1$ und $\mathrm{d}y = 0$ setzen, ergibt sich $A = f_1'(x,y)$. In derselben Weise ergibt $\mathrm{d}x = 0$ und $\mathrm{d}y = 1$, dass $B = f_2'(x,y)$. Somit gilt

$$\mathrm{d}z = A\,\mathrm{d}x + B\,\mathrm{d}y \implies \frac{\partial z}{\partial x} = A \quad \text{und} \quad \frac{\partial z}{\partial y} = B \tag{15.9.3}$$

Regeln für Differentiale

In Kap. 7.4 wurden mehrere Regeln für das Arbeiten mit Differentialen von Funktionen einer Variablen hergeleitet. Dieselben Regeln gelten für Funktionen mehrerer Variablen. Nehmen Sie dazu an, dass $f(x,y)$ und $g(x,y)$ differenzierbar sind mit den Differentialen $\mathrm{d}f = f_1'\,\mathrm{d}x + f_2'\,\mathrm{d}y$ bzw. $\mathrm{d}g = g_1'\,\mathrm{d}x + g_2'\,\mathrm{d}y$. Falls $\mathrm{d}(\;)$ das Differential eines Ausdrucks innerhalb der Klammern bezeichnet, dann sind die folgenden Regeln exakt dieselben wie die Regeln (7.4.4) bis (7.4.6):

Regeln für Differentiale

Seien f und g differenzierbare Funktionen von x und y und seien a und b Konstanten. Dann gelten die folgenden Regeln:

$$\mathrm{d}(af + bg) = a\,\mathrm{d}f + b\,\mathrm{d}g \tag{15.9.4}$$

$$\mathrm{d}(fg) = g\,\mathrm{d}f + f\,\mathrm{d}g \tag{15.9.5}$$

und, falls $g \neq 0$,

$$\mathrm{d}\left(\frac{f}{g}\right) = \frac{g\,\mathrm{d}f - f\,\mathrm{d}g}{g^2} \tag{15.9.6}$$

Diese Regeln sind wieder ganz einfach zu beweisen. Das Argument für Regel (15.9.5) ist nicht sehr verschieden von dem, das wir für Regel (7.4.5) gegeben haben: Weil $(fg)(x,y) = f(x,y) \cdot g(x,y)$ ist, haben wir:

$$\begin{aligned} \mathrm{d}(fg) &= \frac{\partial}{\partial x}[f(x,y) \cdot g(x,y)]\,\mathrm{d}x + \frac{\partial}{\partial y}[f(x,y) \cdot g(x,y)]\,\mathrm{d}y \\ &= (f'_x \cdot g + f \cdot g'_x)\,\mathrm{d}x + (f'_y \cdot g + f \cdot g'_y)\,\mathrm{d}y \\ &= g(f'_x\,\mathrm{d}x + f'_y\,\mathrm{d}y) + f(g'_x\,\mathrm{d}x + g'_y\,\mathrm{d}y) \\ &= g\,\mathrm{d}f + f\,\mathrm{d}g \end{aligned}$$

Es gibt auch eine Kettenregel für Differentiale. Nehmen Sie an, dass $z = F(x,y) = g(f(x,y))$, wobei g eine differenzierbare Funktion einer Variablen ist. Dann ist

$$\begin{aligned} \mathrm{d}z &= F'_x\,\mathrm{d}x + F'_y\,\mathrm{d}y \\ &= g'(f(x,y))f'_x\,\mathrm{d}x + g'(f(x,y))f'_y\,\mathrm{d}y \\ &= g'(f(x,y))(f'_x\,\mathrm{d}x + f'_y\,\mathrm{d}y) \\ &= g'(f(x,y))\,\mathrm{d}f \end{aligned}$$

weil $F'_x = g'f'_x$, $F'_y = g'f'_y$ und $\mathrm{d}f = f'_x\,\mathrm{d}x + f'_y\,\mathrm{d}y$. Kurz formuliert, gilt:

Die Kettenregel für Differentiale

$$z = g(f(x,y)) \implies \mathrm{d}z = g'(f(x,y))\,\mathrm{d}f \qquad (15.9.7)$$

Beispiel 15.9.3

Bestimmen Sie einen Ausdruck für $\mathrm{d}z$ in Abhängigkeit von $\mathrm{d}x$ und $\mathrm{d}y$ für die folgenden Funktionen: (a) $z = Ax^a + By^b$ (b) $z = e^{xu}$ mit $u = u(x,y)$ (c) $z = \ln(x^2 + y)$

Lösung:

(a) $\mathrm{d}z = A\,\mathrm{d}(x^a) + B\,\mathrm{d}(y^b) = Aax^{a-1}\,\mathrm{d}x + Bby^{b-1}\,\mathrm{d}y$

(b) Mit direkter Argumentation, bei der wir eine verkürzte Notation verwenden, indem wir (x,y) weglassen, erhalten wir:

$$\begin{aligned} \mathrm{d}z = e^{xu}\,\mathrm{d}(xu) = e^{xu}(x\,\mathrm{d}u + u\,\mathrm{d}x) &= e^{xu}\{x[u'_1\,\mathrm{d}x + u'_2\,\mathrm{d}y] + u\,\mathrm{d}x\} \\ &= e^{xu}\{[xu'_1 + u]\,\mathrm{d}x + xu'_2\,\mathrm{d}y\} \end{aligned}$$

(c) $\mathrm{d}z = \mathrm{d}\ln(x^2 + y) = \dfrac{\mathrm{d}(x^2 + y)}{x^2 + y} = \dfrac{2x\,\mathrm{d}x + \mathrm{d}y}{x^2 + y}$

Invarianz des Differentials

Nehmen Sie an, dass $z = f(x,y)$, $x = g(t,s)$ und $y = h(t,s)$ alles differenzierbare Funktionen sind. Dann ist z eine differenzierbare verkettete Funktion von t und

s zusammen. Nehmen Sie an, dass t und s um $\mathrm{d}t$ bzw. $\mathrm{d}s$ geändert werden. Das Differential von z ist dann

$$\mathrm{d}z = z'_t\,\mathrm{d}t + z'_s\,\mathrm{d}s$$

Indem man die Ausdrücke für z'_t und z'_s verwendet, die man aus der Kettenregel (15.2.1) und (15.2.2) erhält, ergibt sich

$$\begin{aligned}\mathrm{d}z &= [f'_1(x,y)x'_t + f'_2(x,y)y'_t]\,\mathrm{d}t + [f'_1(x,y)x'_s + f'_2(x,y)y'_s]\,\mathrm{d}s\\ &= f'_1(x,y)(x'_t\,\mathrm{d}t + x'_s\,\mathrm{d}s) + f'_2(x,y)(y'_t\,\mathrm{d}t + y'_s\,\mathrm{d}s)\\ &= f'_1(x,y)\,\mathrm{d}x + f'_2(x,y)\,\mathrm{d}y\end{aligned}$$

wobei $\mathrm{d}x$ und $\mathrm{d}y$ die Differentiale von $x = g(t,s)$ bzw. $y = h(t,s)$ als Funktionen von t und s bezeichnen.

Beachten Sie insbesondere, dass der endgültige Ausdruck für $\mathrm{d}z$ genau die Definition des Differentials von $z = f(x,y)$ ist, wenn x und y um $\mathrm{d}x$ bzw. $\mathrm{d}y$ geändert werden. Damit *hat das Differential von z dieselbe Form, egal ob x und y freie Variablen sind oder ob sie von anderen Variablen t und s abhängen*. Diese Eigenschaft wird die *Invarianz* des Differentials genannt.

Das Differential einer Funktion von *n* Variablen

Als offensichtliche Verallgemeinerung von (15.9.1) definieren wir das Differential einer Funktion $z = f(x_1, x_2, \dots, x_n)$ von n Variablen als

$$\mathrm{d}z = \mathrm{d}f = f'_1\,\mathrm{d}x_1 + f'_2\,\mathrm{d}x_2 + \cdots + f'_n\,\mathrm{d}x_n \qquad (15.9.8)$$

Wenn die Absolutbeträge von $\mathrm{d}x_1, \dots, \mathrm{d}x_n$ alle klein sind, dann gilt wie in (15.9.2) wieder $\Delta z \approx \mathrm{d}z$, wobei Δz der tatsächliche Zuwachs von z ist, wenn der n-Vektor $\mathbf{x} = (x_1, \dots, x_n)$ geändert wird in $\mathbf{x} + \mathrm{d}\mathbf{x} = (x_1 + \mathrm{d}x_1, \dots, x_n + \mathrm{d}x_n)$.

Die Regeln für Differentiale in den Gleichungen (15.9.4) bis (15.9.6) wie auch die Kettenregel (15.9.7) sind alle gültig für Funktionen von n Variablen. Es gibt auch eine allgemeine Regel für die Invarianz des Differentials: *Das Differential von $z = F(x_1, \dots, x_n)$ hat dieselbe Form, egal ob $x_1, \dots, x_n$ freie Variablen sind oder ob sie von anderen Basisvariablen abhängen*. Die Beweise sind einfache Erweiterungen der entsprechenden Beweise für zwei Variablen.

Aufgaben für Kapitel 15.9

1. Bestimmen Sie das Differential von $z = xy^2 + x^3$, indem Sie

(a) $\partial z/\partial x$ und $\partial z/\partial y$ berechnen und anschließend die Definition von $\mathrm{d}z$ verwenden.

(b) die Regeln in den Gleichungen (15.9.4) bis (15.9.6) verwenden.

2. Berechnen Sie die Differentiale der folgenden Funktionen:

(a) $z = x^3 + y^3$ (b) $z = xe^{y^2}$ (c) $z = \ln(x^2 - y^2)$

➜ Fortsetzung

3. Bestimmen Sie $\mathrm{d}z$, in Termen von $\mathrm{d}x$ und $\mathrm{d}y$ ausgedrückt, wenn $u = u(x, y)$ und

(a) $z = x^2 u$ (b) $z = u^2$ (c) $z = \ln(xy + yu)$

4. Bestimmen Sie einen Näherungswert für $T = [(2.01)^2 + (2.99)^2 + (6.02)^2]^{1/2}$, indem Sie die Approximation $\Delta T \approx \mathrm{d}T$ verwenden.

5. Bestimmen Sie $\mathrm{d}U$, in Termen von $\mathrm{d}x$ und $\mathrm{d}y$ ausgedrückt, wenn $U = U(x, y)$ die Gleichung $Ue^U = x\sqrt{y}$ erfüllt.

6. Bestimmen Sie das Differential der Funktion $X = AN^\beta e^{\varrho t}$, wobei A, β und ϱ Konstanten sind.

7. Bestimmen Sie das Differential der Funktion $X_1 = BX^E N^{1-E}$, wobei B und E Konstanten sind.

8. Berechnen Sie die Differentiale der folgenden Funktionen, wobei $a_1, \ldots, a_n$, A, $\delta_1, \ldots, \delta_n$ und ϱ alle positive Konstanten sind.

(a) $U = a_1 u_1^2 + \cdots + a_n u_n^2$ (b) $U = A(\delta_1 u_1^{-\varrho} + \cdots + \delta_n u_n^{-\varrho})^{-1/\varrho}$

9. Bestimmen Sie $\mathrm{d}z$, wenn $z = Ax_1^{a_1} x_2^{a_2} \ldots x_n^{a_n}$ für $x_1 > 0, x_2 > 0, \ldots, x_n > 0$, wobei $A, a_1, a_2, \ldots, a_n$ alle Konstanten sind und A positiv ist. (*Hinweis:* Bilden Sie zunächst auf jeder Seite den natürlichen Logarithmus.)

Anspruchsvollere Aufgabe

10. Das in (15.9.1) definierte Differential $\mathrm{d}z$ wird das *Differential erster Ordnung* genannt. Wenn f stetige partielle Ableitungen zweiter Ordnung hat, definieren wir das *Differential zweiter Ordnung* $\mathrm{d}^2 z$ als das Differential $\mathrm{d}(\mathrm{d}z)$ von $\mathrm{d}z = f_1'(x, y)\,\mathrm{d}x + f_2'(x, y)\,\mathrm{d}y$. Dies impliziert, dass

$$\mathrm{d}^2 z = \mathrm{d}(\mathrm{d}z) = f_{11}''(x, y)\,(\mathrm{d}x)^2 + 2f_{12}''(x, y)\,\mathrm{d}x\,\mathrm{d}y + f_{22}''(x, y)\,(\mathrm{d}y)^2$$

(a) Berechnen Sie $\mathrm{d}^2 z$ für $z = xy + y^2$.

(b) Nehmen Sie an, dass $x = t$ und $y = t^2$ ist. Drücken Sie $\mathrm{d}z$ und $\mathrm{d}^2 z$ in Termen von $\mathrm{d}t$ für die Funktion in Teil (a) aus. Bestimmen Sie auch $\mathrm{d}^2 z/\mathrm{d}t^2$ und zeigen Sie dann, dass $\mathrm{d}^2 z \neq (\mathrm{d}^2 z/\mathrm{d}t^2)(\mathrm{d}t)^2$. (Dieses Resultat zeigt, dass es keine Invarianzregel für Differentiale zweiter Ordnung gibt.)

► Lösungen zu den Aufgaben finden Sie im Anhang des Buches.

15.10 Gleichungssysteme

Viele ökonomische Modelle setzen eine große Zahl an Variablen durch ein System von simultanen Gleichungen zueinander in Beziehung. Um den Überblick über die Struktur des Modells zu behalten, ist das Konzept der *Freiheitsgrade* sehr nützlich.

$x_1, x_2, \ldots, x_n$ seien n Variablen. Nehmen Sie an, dass sie keinen Restriktionen ausgesetzt sind. Dann gibt es per Definition n *Freiheitsgrade*, da alle n Variablen frei gewählt werden können.[9] Wenn die Variablen *eine* Gleichung der Form $f_1(x_1, x_2, \ldots, x_n) = 0$ erfüllen müssen, dann wird die Anzahl der Freiheitsgrade gewöhnlich um 1 reduziert. Immer wenn eine weitere „unabhängige" Restriktion eingeführt wird, wird die Anzahl der Freiheitsgrade gewöhnlich um 1 reduziert. Im Allgemeinen bedeutet die Einführung von $m < n$ unabhängigen Restriktionen an die Variablen $x_1, x_2, \ldots, x_n$, dass sie ein System von m unabhängigen Gleichungen erfüllen, die die folgende Form haben:

$$\begin{aligned} f_1(x_1, x_2, \ldots, x_n) &= 0 \\ f_2(x_1, x_2, \ldots, x_n) &= 0 \\ \cdots\cdots\cdots \\ f_m(x_1, x_2, \ldots, x_n) &= 0 \end{aligned} \tag{15.10.1}$$

Unter der Vorausssetzung $m < n$ ist die Anzahl der verbleibenden Freiheitsgrade $n - m$. Die Regel, die aus diesen Betrachtungen erwächst, ist ziemlich vage, besonders deshalb, weil es schwierig ist, präzise zu erklären, was es für Gleichungen bedeutet, „unabhängig" zu sein. Trotzdem wird die folgende Regel in den Wirtschaftswissenschaften und in der Statistik oft benutzt:

Die Abzählregel

Um die Anzahl der Freiheitsgrade für ein System von Gleichungen zu bestimmen, zähle man die Anzahl der Variablen n und die Anzahl der „unabhängigen" Gleichungen m. Im Allgemeinen gilt dann: (15.10.2)

(i) Wenn $n > m$, dann hat das System $n - m$ Freiheitsgrade.

(ii) Wenn $n < m$, dann hat das System keine Lösung.

Diese Regel, die die Variablen und Gleichungen zählt, wird verwendet, um die folgende ökonomische Aussage zu rechtfertigen: „Die Anzahl der unabhängigen Ziele, die eine Regierung verfolgen kann, darf nicht größer sein als die Anzahl der verfügbaren politischen Maßnahmen." Nehmen Sie z. B. an, dass die Regierung eines Landes eine niedrige Inflation, eine niedrige Arbeitslosigkeit sowie einen stabilen Wechselkurs ihrer Währung gegen den US-Dollar anstrebt. Um diese drei Ziele einzuhalten, braucht sie wenigstens drei unabhängige politische Maßnahmen.[10]

Es ist offensichtlich, dass das Wort „unabhängig" in der Aussage der Abzählregel nicht weggelassen werden darf. Wenn wir z. B. nur eine Gleichung wiederholen, die gerade zuvor aufgestellt wurde, wird die Anzahl der Freiheitsgrade dadurch bestimmt nicht reduziert. Ferner zeigt Teil (b) von Aufgabe 4, dass die Abzählregel nicht allgemein gültig ist, selbst dann nicht, wenn es nur eine Gleichung gibt.

Das früher aufgestellte Konzept der Freiheitsgrade muss verallgemeinert werden.

---

9 Wenn das System 0 Freiheitsgrade hat, kann keine der Variablen frei gewählt werden und deshalb müssen alle durch das System gelöst werden.

10 Viele Ökonomen kennen dies als die „Tinbergen-Regel". Sie ist benannt nach Jan Tinbergen (1903–1994), der den ersten Nobelpreis in Wirtschaftswissenschaften erhielt. Die Regel erschien 1956 in seinem Buch *Economic Policy: Principles and Design*.

Freiheitsgrade für ein Gleichungssystem

Man sagt: Ein System von Gleichungen in n Variablen hat k *Freiheitsgrade*, wenn es eine Menge von k Variablen gibt, die frei gewählt werden können, während die restlichen $n - k$ Variablen eindeutig bestimmt sind, sobald den k freien Variablen spezielle Werte zugeordnet wurden. (15.10.3)

Damit ein System k Freiheitsgrade hat, reicht es, dass k von den Variablen *existieren*, die frei wählbar sind. Wir verlangen nicht, dass *jede* Menge von k Variablen frei gewählt werden kann. Wenn die Variation der n Variablen auf eine Teilmenge A des $\mathbb{R}^n$ eingeschränkt ist, sagen wir, dass das System *k Freiheitsgrade in A* hat.

Beispiel 15.10.1

In Beispiel 12.8.2 haben wir das folgende Gleichungssystem betrachtet:

$$\begin{aligned} x_1 + 3x_2 - x_3 &= 4 \\ 2x_1 + x_2 + x_3 &= 7 \\ 2x_1 - 4x_2 + 4x_3 &= 6 \\ 3x_1 + 4x_2 &= 11 \end{aligned}$$

Wir haben gezeigt, dass die Lösungen des Systems gegeben sind durch

$$(x_1, x_2, x_3) = \left(-\tfrac{4}{5}t + \tfrac{17}{5},\ \tfrac{3}{5}t + \tfrac{1}{5},\ t\right)$$

wobei t eine beliebige reelle Zahl ist. Dies führt uns dazu zu sagen, dass das System *einen Freiheitsgrad* hat, weil eine der Variablen frei gewählt werden kann. Wenn man dieser Variablen jedoch einen festen Wert gegeben hat, sind die anderen Variablen eindeutig bestimmt.

In Beispiel 15.10.1 gibt es einen Freiheitsgrad, obwohl das System vier Gleichungen in nur drei Unbekannten hat. Trotzdem behauptet die Abzählregel im Allgemeinen: Wenn die Anzahl der Gleichungen größer als die Anzahl der Variablen ist, dann ist das System im Allgemeinen *inkonsistent* in dem Sinn, dass es keine Lösungen hat. Betrachten Sie z. B. das System von zwei Variablen und den folgenden drei Gleichungen

$$f(x, y) = 0\,, \qquad g(x, y) = 0\,, \qquad h(x, y) = 0$$

Dieses System ist gewöhnlich inkonsistent. In der Tat: Jede der Gleichungen stellt eine Kurve in der Ebene dar und jedes Paar von Kurven wird gewöhnlich wenigstens einen gemeinsamen Punkt haben. Wenn wir aber eine dritte Gleichung hinzufügen, wird die zugehörige Kurve nur selten durch einen Schnittpunkt der zwei ersten Kurven verlaufen, so dass das System gewöhnlich inkonsistent ist.

Bisher haben wir die zwei Fälle $m < n$ und $m > n$ betrachtet. Was passiert im Fall $m = n$, in dem die Anzahl der Gleichungen gleich der Anzahl der Unbekannten ist? Selbst in dem einfachsten Fall einer Gleichung in einer Variablen $f(x) = 0$, kann solch eine Gleichung jede beliebige Anzahl von Lösungen haben. Betrachten Sie z. B. die folgenden drei einzelnen Gleichungen in einer Variablen:

$$x^2 + 1 = 0\,, \qquad x - 1 = 0\,, \qquad (x-1)(x-2)(x-3)(x-4)(x-5) = 0$$

Diese haben 0, 1 bzw. 5 Lösungen. Diejenigen von Ihnen, die mit trigonometrischen Funktionen vertraut sind, werden wissen, dass die einfache Gleichung $\sin x = 0$ unendlich viele Lösungen hat, nämlich $x = n\pi$ für jede ganze Zahl n.

Im Allgemeinen ist ein System mit genau so vielen Gleichungen wie Unbekannten gewöhnlich *konsistent*, in dem Sinn, dass es Lösungen gibt, aber es können mehrere Lösungen sein. Ökonomen bevorzugen es jedoch idealerweise, dass ihre Modelle aus einem System von Gleichungen bestehen, die eine eindeutige ökonomisch bedeutungsvolle Lösung liefern, weil dann das Modell vorgibt, den Wert bestimmter ökonomischer Variablen vorherzusagen. Auf der Basis der vorausgehenden Diskussion können wir zumindest die folgende grobe Regel formulieren: *Ein System von Gleichungen hat im Allgemeinen keine eindeutige Lösung, es sei denn es gibt genauso viele Gleichungen wie Unbekannte.*

Beispiel 15.10.2

Betrachten Sie das makroökonomische Modell, das durch das folgende System von Gleichungen beschrieben wird

(i) $Y = C + I + G$ (ii) $C = f(Y - T)$ (iii) $I = h(r)$ (iv) $r = m(M)$

Dabei sind f, h und m gegebene Funktionen, Y ist das BIP, C ist der Konsum, I ist die Investition, G sind die Staatsausgaben, T sind die Steuereinnahmen, r ist die Zinsrate und M ist die Menge des Geldes im Umlauf. Wie viele Freiheitsgrade gibt es hier?

Lösung: Das System hat sieben Variablen und vier Gleichungen, so dass die Abzählregel sagt, dass es $7 - 4 = 3$ Freiheitsgrade sein sollten. Gewöhnlich betrachten Makroökonomen M, T und G als die exogenen (freien) Variablen, die durch ökonomische Strategie festgelegt sind. Dann wird das System im Allgemeinen die vier endogenen Variablen Y, C, I und r als Funktionen der drei exogenen Variablen M, T und G bestimmen.[11]

Beispiel 15.10.3

Betrachten Sie das alternative makroökonomische Modell, bestehend aus den Gleichungen

(i) $Y = C + I + G$ (ii) $C = f(Y - T)$ (iii) $G = \overline{G}$

Die Variablen haben dieselben Interpretationen wie in Beispiel 15.10.2. Hier ist die Höhe der Staatsausgaben eine Konstante $\overline{G}$. Bestimmen Sie die Anzahl der Freiheitsgrade in dem Modell.

Lösung: Es gibt jetzt drei Gleichungen in den fünf Variablen Y, C, I, G und T. Somit besagt die Abzählregel, dass es zwei Freiheitsgrade geben sollte. Vorausgesetzt, dass

[11] Für eine weitere Analyse dieses Modells siehe Beispiel 15.11.3. Für eine Diskussion von exogenen und endogenen Variablen siehe Kap. 15.11.

die Funktion f geeignet ist, können zwei der Variablen frei gewählt werden, während die übrigen drei Variablen bestimmt sind, sobald die Werte dieser zwei festgelegt sind. Es ist üblich, I und T als die zwei freien Variablen zu betrachten. Beachten Sie, dass G nicht als freie Variable gewählt werden kann, da G vollständig festgelegt ist durch Gleichung (iii).

Aufgaben für Kapitel 15.10

1. Verwenden Sie die Abzählregel, um die Anzahl der Freiheitsgrade für die folgenden Gleichungssysteme zu bestimmen. Dabei sollten Sie in (c) annehmen, dass f und g gegebene Funktionen sind.

(a) $\begin{aligned} xu^3 + v &= y^2 \\ 3uv - x &= 4 \end{aligned}$ (b) $\begin{aligned} x_2^2 - x_3^3 + 2y_1 - y_2^3 &= 1 \\ x_1^3 - x_2 + y_1^5 - y_2 &= 0 \end{aligned}$ (c) $\begin{aligned} f(y+z+w) &= x^3 \\ x^2 + y^2 + z^2 &= w^2 \\ g(x,y) - z^3 &= w^3 \end{aligned}$

2. Betrachten Sie das makroökonomische Modell mit den Gleichungen

$$\text{(i)}\ Y = C + I + G \qquad \text{(ii)}\ C = F(Y, T, r) \qquad \text{(iii)}\ I = f(Y, r)$$

Die Variablen sind hier wie in Beispiel 15.10.2 zu interpretieren, wobei F und f zwei gegebene Funktionen sind. Verwenden Sie die Abzählregel, um die Anzahl der Freiheitsgrade zu bestimmen.

3. Bestimmen Sie für jedes der folgenden drei Gleichungssysteme die Anzahl der Freiheitsgrade und wenn es welche gibt, diskutieren Sie, ob die Abzählregel anwendbar ist:

(a) $\begin{aligned} 3x - y &= 2 \\ 6x - 2y &= 4 \\ 9x - 3y &= 6 \end{aligned}$ (b) $\begin{aligned} x - 2y &= 3 \\ x - 2y &= 4 \end{aligned}$ (c) $\begin{aligned} x - 2y &= 3 \\ 2x - 4y &= 6 \end{aligned}$

4. Für jedes der folgenden zwei „Systeme“, die aus nur einer Gleichung bestehen, bestimmen Sie die Anzahl der Freiheitsgrade und wenn es welche gibt, diskutieren Sie, ob die Abzählregel anwendbar ist:

(a) $x_1^2 + x_2^2 + \cdots + x_{100}^2 = 1$ (b) $x_1^2 + x_2^2 + \cdots + x_{100}^2 = -1$

► Lösungen zu den Aufgaben finden Sie im Anhang des Buches.

15.11 Differenzieren von Gleichungssystemen

Dieser Abschnitt zeigt, wie die Verwendung von Differentialen ein effizienter Weg sein kann, die partiellen Ableitungen von Funktionen zu bestimmen, die implizit durch ein Gleichungsystem definiert sind. Wir beginnen mit drei Beispielen.

Beispiel 15.11.1

Betrachten Sie das folgende System von zwei linearen Gleichungen in vier Variablen:

$$5u + 5v = 2x - 3y$$
$$2u + 4v = 3x - 2y$$

Es hat zwei Freiheitsgrade und kann genutzt werden, um u und v als Funktionen von x und y zu definieren. Differenzieren Sie das System und bestimmen Sie dann die Differentiale $\mathrm{d}u$ und $\mathrm{d}v$ ausgedrückt in Termen von $\mathrm{d}x$ und $\mathrm{d}y$. Bestimmen Sie die partiellen Ableitungen von u und v nach x und y. Überprüfen Sie die Resultate, indem Sie das System explizit nach u und v auflösen.

Lösung: Nutzen Sie für beide Gleichungen die Regeln aus Kap. 15.9, um für jede Seite das Differential zu bilden. Das Resultat ist:

$$5\,\mathrm{d}u + 5\,\mathrm{d}v = 2\,\mathrm{d}x - 3\,\mathrm{d}y$$
$$2\,\mathrm{d}u + 4\,\mathrm{d}v = 3\,\mathrm{d}x - 2\,\mathrm{d}y$$

Beachten Sie, dass in einem linearen System wie diesem, ohne konstante Terme, die Differentiale genau dieselben Gleichungen wie die Variablen erfüllen.

Simultanes Auflösen nach $\mathrm{d}u$ und $\mathrm{d}v$ in Abhängigkeit von $\mathrm{d}x$ und $\mathrm{d}y$ ergibt die eindeutige Lösung

$$\mathrm{d}u = -\frac{7}{10}\,\mathrm{d}x - \frac{1}{5}\,\mathrm{d}y\,, \qquad \mathrm{d}v = \frac{11}{10}\,\mathrm{d}x - \frac{2}{5}\,\mathrm{d}y$$

Jetzt können wir die partiellen Ableitungen einfach ablesen: $u'_x = -\frac{7}{10}$, $u'_y = -\frac{1}{5}$, $v'_x = \frac{11}{10}$ und $v'_y = -\frac{2}{5}$.

Nehmen Sie an, dass wir anstelle der Bildung des Differentials das gegebene Gleichungssystem direkt nach u und v als Funktionen von x und y auflösen. Das Resultat ist $u = -\frac{7}{10}x - \frac{1}{5}y$ und $v = \frac{11}{10}x - \frac{2}{5}y$. Von diesen Ausdrücken ausgehend bestätigen wir leicht die gefundenen Werte für die partiellen Ableitungen.

Beispiel 15.11.2

Betrachten Sie das System von zwei nichtlinearen Gleichungen:

$$u^2 + v = xy \quad \text{und} \quad uv = -x^2 + y^2$$

(a) Was sagt die Abzählregel über dieses System aus?

(b) Bestimmen Sie die Differentiale von u und v, ausgedrückt in Abhängigkeit von $\mathrm{d}x$ und $\mathrm{d}y$. Welches sind die partiellen Ableitungen von u und v nach x und y?

(c) Der Punkt $P = (x, y, u, v) = (1, 0, 1, -1)$ erfüllt das Gleichungssystem. Nehmen Sie an, dass $x = 1$ um 0.01 erhöht wird und $y = 0$ um 0.02 erhöht wird. Welches ist approximativ der neue Wert von u?

(d) Berechnen Sie u''_{12} in dem Punkt P.

Lösung:

(a) Es gibt vier Variablen und zwei Gleichungen, so dass es zwei Freiheitsgrade geben sollte. Nehmen Sie an, dass wir feste Werte für x und y wählen. Dann gibt es zwei Gleichungen für die Bestimmung der verbleibenden Variablen, u und v. Wenn z. B. $x = 1$ und $y = 0$ ist, dann reduziert sich das Gleichungssystem auf $u^2 = -v$ und $uv = -1$, woraus folgt, dass $u^3 = 1$, also $u = 1$ und $v = -1$. Für andere Werte von x und y ist es schwieriger, Lösungen für u und v zu finden. Es erscheint jedoch vernünftig anzunehmen, dass das System $u = u(x, y)$ und $v = v(x, y)$ als differenzierbare Funktionen von x und y definiert, zumindest dann, wenn der Bereich der Paare (x, y) geeignet eingeschränkt wird.

(b) Die zwei Seiten jeder Gleichung in dem System müssen die gleichen Funktionen von x und y sein. So können wir die Differentiale jeder Seite gleichsetzen und erhalten die zwei Gleichungen $\mathrm{d}(u^2+v) = \mathrm{d}(xy)$ und $\mathrm{d}(uv) = \mathrm{d}(-x^2+y^2)$. Indem wir die Regeln für Differentiale verwenden, erhalten wir

$$\begin{aligned} 2u\,\mathrm{d}u + \mathrm{d}v &= y\,\mathrm{d}x + x\,\mathrm{d}y \\ v\,\mathrm{d}u + u\,\mathrm{d}v &= -2x\,\mathrm{d}x + 2y\,\mathrm{d}y \end{aligned}$$

In Matrixnotation kann dies geschrieben werden als die Gleichung

$$\begin{pmatrix} 2u & 1 \\ v & u \end{pmatrix} \begin{pmatrix} \mathrm{d}u \\ \mathrm{d}v \end{pmatrix} = \begin{pmatrix} y & x \\ -2x & 2y \end{pmatrix} \begin{pmatrix} \mathrm{d}x \\ \mathrm{d}y \end{pmatrix} \tag{15.11.1}$$

Beachten Sie, dass nach der Invarianzeigenschaft des Differentials aus Kap. 15.9 dieses System gültig ist, egal welches Paar von Variablen wir als das unabhängige betrachten.

Vorausgesetzt, dass $v \neq 2u^2$, können wir eine der Methoden aus Kap. 3.6 oder Kap. 13 verwenden, um die Lösung der 2×2-Matrixgleichung (15.11.1) zu finden. Diese ist

$$\mathrm{d}u = \frac{2x + yu}{2u^2 - v}\,\mathrm{d}x + \frac{xu - 2y}{2u^2 - v}\,\mathrm{d}y\,, \qquad \mathrm{d}v = \frac{-4xu - yv}{2u^2 - v}\,\mathrm{d}x + \frac{4uy - xv}{2u^2 - v}\,\mathrm{d}y$$

Aus diesen zwei Gleichungen erhalten wir sofort

$$u_1' = \frac{2x + yu}{2u^2 - v}, \quad u_2' = \frac{xu - 2y}{2u^2 - v}, \quad v_1' = \frac{-4xu - yv}{2u^2 - v}, \quad v_2' = \frac{4uy - xv}{2u^2 - v} \tag{$*$}$$

(c) Wir verwenden die Approximation $u(x + \mathrm{d}x, y + \mathrm{d}y) \approx u(x, y) + \mathrm{d}u$ in der Nähe des Punktes P, wo $(x, y, u, v) = (1, 0, 1, -1)$. Mit $(*)$ erhält man $u_1' = \frac{2}{3}$ und $u_2' = \frac{1}{3}$ in P, so dass

$$\begin{aligned} u(1 + 0.01, 0 + 0.02) &\approx u(1, 0) + u_1'(1, 0) \cdot 0.01 + u_2'(1, 0) \cdot 0.02 \\ &= 1 + \tfrac{2}{3} \cdot 0.01 + \tfrac{1}{3} \cdot 0.02 \\ &= 1 + \tfrac{4}{3} \cdot 0.01 \\ &\approx 1.0133 \end{aligned}$$

Beachten Sie, dass es in diesem Fall nicht einfach ist, den exakten Wert von $u(1.01, 0.02)$ zu bestimmen.

(d) Wir bestimmen u''_{12} mit Hilfe der Kettenregel wie folgt:

$$u''_{12} = \frac{\partial}{\partial y}(u'_1) = \frac{\partial}{\partial y}\left(\frac{2x+yu}{2u^2-v}\right) = \frac{(yu'_2+u)(2u^2-v)-(2x+yu)(4uu'_2-v'_2)}{(2u^2-v)^2}$$

Im Punkt P, wo $(x, y, u, v) = (1, 0, 1, -1)$, folgt aus Teil (c), dass $u'_2 = 1/3$ und aus $(*)$, dass $v'_2 = 1/3$, so dass $u''_{12} = 1/9$.

Beispiel 15.11.3

Betrachten Sie wieder das makroökonomische Modell aus Beispiel 15.10.2. Nehmen Sie an, dass f, h und m differenzierbare Funktionen mit $0 < f' < 1$, $h' < 0$ und $m' < 0$ sind. Dann werden die vier Gleichungen des Modells die endogenen Variablen Y, C, I und r als differenzierbare Funktionen der exogenen Variablen M, T und G bestimmen.

(a) Differenzieren Sie das System und drücken Sie die Differentiale von Y, C, I und r in Abhängigkeit der Differentiale von M, T und G aus. Bestimmen Sie $\partial Y/\partial T$ und $\partial C/\partial T$ und kommentieren Sie ihre Vorzeichen.

(b) Nehmen Sie ferner an, dass $P_0 = (M_0, T_0, G_0, Y_0, C_0, I_0, r_0)$ ein anfänglicher Gleichgewichtspunkt für das System ist. Bestimmen Sie die approximativen Änderungen ΔY und ΔC im Volkseinkommen und im Konsum, wenn das Geldangebot M, die Steuereinnahmen T und die Staatsausgaben G alle geringfügig als Resultat einer Regierungsmaßnahme oder einer Zentralbankintervention geändert werden.

Lösung:

(a) Das Bilden der Differentiale der Gleichungen (i)–(iv) in Beispiel (15.10.2) ergibt das System von vier Gleichungen:

$$\mathrm{d}Y = \mathrm{d}C + \mathrm{d}I + \mathrm{d}G \tag{v}$$

$$\mathrm{d}C = f'(Y-T)(\mathrm{d}Y - \mathrm{d}T) \tag{vi}$$

$$\mathrm{d}I = h'(r)\,\mathrm{d}r \tag{vii}$$

$$\mathrm{d}r = m'(M)\,\mathrm{d}M \tag{viii}$$

Wir wollen dieses lineare System lösen, um die differentiellen Änderungen $\mathrm{d}Y$, $\mathrm{d}C$, $\mathrm{d}I$ und $\mathrm{d}r$ in den vier endogenen Variablen durch die Differentiale $\mathrm{d}M$, $\mathrm{d}T$ und $\mathrm{d}G$ der drei exogenen politischen Variablen auszudrücken. Um dies zu tun, beginnen Sie damit, (viii) in (vii) einzusetzen, um $\mathrm{d}I = h'(r)m'(M)\,\mathrm{d}M$ zu erhalten. Setzen Sie dann in (v) diesen Ausdruck für $\mathrm{d}I$ ein und die rechte Seite von (vi) für $\mathrm{d}C$, um diese eine Gleichung zu erhalten

$$\mathrm{d}Y = f'(Y-T)(\mathrm{d}Y - \mathrm{d}T) + h'(r)m'(M)\,\mathrm{d}M + \mathrm{d}G$$

Weil wir angenommen haben, dass $f' < 1$, können wir diese Gleichung nach $\mathrm{d}Y$ auflösen. In vereinfachter Notation ist das Resultat

$$\mathrm{d}Y = \frac{h'm'}{1-f'}\,\mathrm{d}M - \frac{f'}{1-f'}\,\mathrm{d}T + \frac{1}{1-f'}\,\mathrm{d}G \tag{ix}$$

Nach Einsetzen von (ix) in (vi) und Vereinfachen des Resultats erhält man

$$\mathrm{d}C = \frac{f'h'm'}{1-f'}\,\mathrm{d}M - \frac{f'}{1-f'}\,\mathrm{d}T + \frac{f'}{1-f'}\,\mathrm{d}G \tag{x}$$

Die Gleichungen (ix) und (x) drücken die Differentiale $\mathrm{d}Y$ und $\mathrm{d}C$ als lineare Funktionen der Differentiale $\mathrm{d}M$, $\mathrm{d}T$ und $\mathrm{d}G$ aus.

Aus den vier Gleichungen (vii)–(x) können wir leicht die partiellen Ableitungen von Y, C, I und r nach M, T und G bestimmen. So ist z. B. $\partial Y/\partial T = \partial C/\partial T = -f'/(1-f')$ und $\partial r/\partial T = 0$. Beachten Sie, dass wegen $0 < f' < 1$ gilt, dass $\partial Y/\partial T = \partial C/\partial T < 0$. Somit verringert ein kleiner Anstieg der Steuer, bei konstantem M und G, das BIP. Wenn aber die zusätzlichen Steuereinnahmen alle durch die Regierung ausgegeben werden, erhält man $\mathrm{d}T = \mathrm{d}G = \mathrm{d}x$ (und $\mathrm{d}M = 0$). In diesem Fall ist $\mathrm{d}Y = \mathrm{d}x$ und $\mathrm{d}C = \mathrm{d}I = \mathrm{d}r = 0$.

(b) Falls $|\,\mathrm{d}M|$, $|\,\mathrm{d}T|$ und $|\,\mathrm{d}G|$ alle klein sind, dann gilt für die approximativen Änderungen

$$\Delta Y = Y(M_0 + \mathrm{d}M, T_0 + \mathrm{d}T, G_0 + \mathrm{d}G) - Y(M_0, T_0, G_0) \approx \mathrm{d}Y$$
$$\text{und} \quad \Delta C = C(M_0 + \mathrm{d}M, T_0 + \mathrm{d}T, G_0 + \mathrm{d}G) - C(M_0, T_0, G_0) \approx \mathrm{d}C$$

Bei der Berechnung von $\mathrm{d}Y$ und $\mathrm{d}C$ müssen alle partiellen Ableitungen im ursprünglichen Gleichgewichtspunkt P_0 berechnet werden.

Einige Lehrbücher empfehlen, dass Studierende zunächst eine Matrixgleichung verwenden sollten, um makroökonomische Modelle wie das in den Beispielen 15.10.2 und 15.11.3 darzustellen und dann fortfahren mit der Cramer'schen Regel oder Matrizeninversion, um die Lösung zu finden. Wenn sie funktioniert, ist die Eliminationsmethode, die wir in Beispiel 15.11.3 verwendet haben, wesentlich einfacher, was das Risiko, Fehler zu machen, drastisch reduziert.

Beispiel 15.11.4

Nehmen Sie an, dass die beiden Gleichungen

$$(z + 2w)^5 + xy^2 = 2z - yw$$
$$(1 + z^2)^3 - z^2 w = 8x + y^5 w^2$$

z und w als differenzierbare Funktionen $z = \varphi(x, y)$ und $w = \psi(x, y)$ von x und y in einer Umgebung des Punktes $(x, y, z, w) = (1, 1, 1, 0)$ definieren.

(a) Berechnen Sie $\partial z/\partial x$, $\partial z/\partial y$, $\partial w/\partial x$ und $\partial w/\partial y$ in $(1, 1, 1, 0)$.

(b) Verwenden Sie die obigen Resultate, um einen approximativen Wert von $\varphi(1 + 0.1, 1 + 0.2)$ zu bestimmen.

Lösung:

(a) Indem wir die Differentiale der beiden Seiten in jeder der zwei Gleichungen, betrachtet als Funktionen von (x, y), gleichsetzen, erhalten wir

$$5(z + 2w)^4(\mathrm{d}z + 2\,\mathrm{d}w) + y^2\,\mathrm{d}x + 2xy\,\mathrm{d}y = 2\,\mathrm{d}z - w\,\mathrm{d}y - y\,\mathrm{d}w$$
$$3(1 + z^2)^2 2z\,\mathrm{d}z - 2zw\,\mathrm{d}z - z^2\,\mathrm{d}w = 8\,\mathrm{d}x + 5y^4w^2\,\mathrm{d}y + 2y^5w\,\mathrm{d}w$$

In dem gegebenen Punkt $(x, y, z, w) = (1, 1, 1, 0)$ reduziert sich dieses System zu

$$3\,dz + 11\,dw = -\,dx - 2\,dy\,, \qquad 24\,dz - dw = 8\,dx$$

Indem wir diese zwei Gleichungen simultan nach dz und dw in Abhängigkeit von dx und dy auflösen, erhalten wir

$$dz = \tfrac{29}{89}\,dx - \tfrac{2}{267}\,dy\,, \qquad dw = -\tfrac{16}{89}\,dx - \tfrac{16}{89}\,dy$$

Damit gilt $\partial z/\partial x = 29/89$, $\partial z/\partial y = -2/267$, $\partial w/\partial x = -16/89$, $\partial w/\partial y = -16/89$.

(b) Wenn $x = 1$ um $dx = 0.1$ und $y = 1$ um $dy = 0.2$ erhöht wird, ist die zugehörige Änderung in $z = \varphi(x, y)$ ungefähr $dz = (29/89) \cdot 0.1 - (2/267) \cdot 0.2 \approx 0.03$. Daher gilt $\varphi(1 + 0.1, 1 + 0.2) \approx \varphi(1, 1) + dz \approx 1 + 0.03 = 1.03$.

Allgemeine Systeme

Wenn Ökonomen mit Gleichungssystemen arbeiten, besonders in komparativ statischen Analysen, sind die Variablen gewöhnlich a priori in zwei Typen aufgeteilt: *endogene* Variablen, die das Modell bestimmen soll, und *exogene* Variablen, von denen angenommen wird, dass sie durch „Umstände" außerhalb des ökonomischen Modells, wie politische Maßnahmen der Regierung, Verbauchergewohnheiten oder technischen Fortschritt bestimmt sind. Diese Klassifizerung hängt von dem betrachteten Modell ab. Staatsausgaben z. B. werden oft als exogen in der Finanzwissenschaft betrachtet, die versucht zu verstehen, wie Steueränderungen die Wirtschaft beeinflussen. Sie sind jedoch oft endogen in einem Modell der „Volkswirtschaftspolitik", die zu erkären versucht, wie politische Variablen wie Staatsausgaben durch das politische System entstehen.

Ökonomische Modelle führen oft zu einem allgemeinen System von *strukturellen Gleichungen*, die die folgende Form haben:

$$\begin{aligned} f_1(x_1, x_2, \ldots, x_n, y_1, y_2, \ldots, y_m) &= 0 \\ f_2(x_1, x_2, \ldots, x_n, y_1, y_2, \ldots, y_m) &= 0 \\ \cdots\cdots\cdots\cdots\cdots\cdots\cdots\cdots\cdots \\ f_m(x_1, x_2, \ldots, x_n, y_1, y_2, \ldots, y_m) &= 0 \end{aligned} \qquad (15.11.2)$$

Hier unterscheiden wir zwischen dem n-Vektor $\mathbf{x} = (x_1, \ldots, x_n)$ der exogenen Variablen und dem m-Vektor $\mathbf{y} = (y_1, \ldots, y_m)$ der endogenen Variablen. Wir nehmen an, dass es ein „Anfangsgleichgewicht" oder eine „Status quo" Lösung $(\mathbf{x}^0, \mathbf{y}^0) = (x_1^0, \ldots, x_n^0, y_1^0, \ldots, y_m^0)$ gibt. Dieses Gleichgewicht könnte z. B. einen Zustand repräsentieren, in dem die m endogenen Variablen bestimmt sind, so dass sie das gegenwärtige Angebot und die Nachfrage nach m verschiedenen Gütern gleichsetzen.

Beachten Sie, dass das System (15.11.2) m Gleichungen in $n+m$ Unbekannten hat. Wenn die Abzählregel anwendbar ist, gibt es $n + m - m = n$ Freiheitsgrade. Nehmen Sie an, das System definiert alle endogenen Variablen $y_1, \ldots, y_m$ als C^1-Funktionen von $x_1, \ldots, x_n$ in einer Umgebung von $(\mathbf{x}^0, \mathbf{y}^0)$. Dann kann das System „im Prinzip" nach $y_1, \ldots, y_m$ in Abhängigkeit von $x_1, \ldots, x_n$ aufgelöst werden, so dass

$$y_1 = \varphi_1(x_1, \ldots, x_n), \ldots, y_m = \varphi_m(x_1, \ldots, x_n) \qquad (15.11.3)$$

In diesem Fall sagt man, dass (15.11.3) die *reduzierte Form* des strukturellen Gleichungssystems (15.11.2) ist. Die endogenen Variablen wurden alle als Funktionen der exogenen Variablen ausgedrückt. Die Form der Funktionen $\varphi_1, \varphi_2, \ldots, \varphi_m$ ist nicht notwendigerweise bekannt.

Die vorangehenden Beispiele haben gezeigt, wie wir häufig einen expliziten Ausdruck für die partiellen Ableitungen jeder endogenen Variablen bezüglich jeder exogenen Variablen finden können. Ähnliche Argumente können im allgemeinen Fall verwendet werden, aber eine ausführliche Diskussion folgt in FMEA.

Aufgaben für Kapitel 15.11

1. Nehmen Sie an, dass a, b, c, d, e, f, g und h Konstanten sind mit $af \neq be$. Differenzieren Sie das System

$$au + bv = cx + dy$$
$$eu + fv = gx + hy$$

Bestimmen Sie dann die partiellen Ableitungen von u und v nach x und y.

2. Betrachten Sie das Gleichungsystem, das durch $xu^3 + v = y^2$ und $3uv - x = 4$ definiert ist.

(a) Differenzieren Sie das System und lösen Sie nach $\mathrm{d}u$ und $\mathrm{d}v$ in Termen von $\mathrm{d}x$ und $\mathrm{d}y$ auf.

(b) Bestimmen Sie u'_x und v'_x, indem Sie die Resultate aus Teil (a) verwenden.

(c) Der Punkt $(x, y, u, v) = (0, 1, 4/3, 1)$ erfüllt das System. Bestimmen Sie u'_x und v'_x in diesem Punkt.

3. Nehmen Sie an, dass y_1 und y_2 implizit als differenzierbare Funktionen von x_1 und x_2 definiert sind durch das System: $3x_1 + x_2^2 - y_1 - 3y_2^3 = 0$; $x_1^3 - 2x_2 + 2y_1^3 - y_2 = 0$. Bestimmen Sie $\partial y_1/\partial x_1$ und $\partial y_2/\partial x_1$.

4. Eine Version des „IS-LM“ makroökonomischen Modells führt zu dem System von Gleichungen $I(r) = S(Y)$ und $aY + L(r) = M$, wobei a ein positiver Parameter, während I, S und L drei gegebene stetig differenzierbare Funktionen sind.[12]
Nehmen Sie an, dass das System Y und r implizit als differenzierbare Funktionen von a und M definiert. Bestimmen Sie Ausdrücke für $\partial Y/\partial M$ und $\partial r/\partial M$.

5. Bestimmen Sie die zweite Ableitung u''_{xx}, wenn u und v als Funktionen von x und y durch die Gleichungen $xy + uv = 1$ und $xu + yv = 0$ definiert sind.

6. Betrachten Sie das makroökonomische Modell

(i) $Y = C + I + G$ (ii) $C = F(Y, T, r)$ (iii) $I = f(Y, r)$

wobei F und f stetig differenzierbare Funktionen mit $F'_Y > 0$, $F'_T < 0$, $F'_r < 0$, $f'_Y > 0$, $f'_r < 0$ und $F'_Y + f'_Y < 1$ sind.

➡

[12] Die erste „IS-Gleichung“ enthält die Investitionsfunktion I und die Sparfunktion S. Die zweite „LM-Gleichung“ enthält die Liquiditätspräferenz-Funktion L (die Nachfrage nach Geld) und das Geldangebot M. Die Variable Y bezeichnet das BIP und r bezeichnet die Zinsrate. Das „IS-LM“ Modell wurde ursprünglich von J.R. Hicks entwickelt.

➜ Fortsetzung

(a) Differenzieren Sie das System und drücken Sie $\mathrm{d}Y$ in Termen von $\mathrm{d}T$, $\mathrm{d}G$ und $\mathrm{d}r$ aus.

(b) Was geschieht mit Y, wenn T steigt oder wenn T und G gleich stark anwachsen?

7. Sei Y das BIP, r die Zinsrate, I die Gesamtinvestition, α der öffentliche Konsum, β die öffentliche Investition und M das Geldangebot. Betrachten Sie das makroökonomischen Modell

(i) $Y = C(Y, r) + I + \alpha$ (ii) $I = F(Y, r) + \beta$ (iii) $M = L(Y, r)$

wobei C, F und L gegebene differenzierbare Funktionen sind.

(a) Bestimmen Sie die Anzahl der Freiheitsgrade in dem Modell.

(b) Differenzieren Sie das System. Setzen Sie $\mathrm{d}\beta = \mathrm{d}M = 0$ und bestimmen Sie $\mathrm{d}Y$, $\mathrm{d}r$ und $\mathrm{d}I$, ausgedrückt in Termen von $\mathrm{d}\alpha$.

8. Ein makroökonomisches Standardmodell besteht aus den zwei Gleichungen

(i) $M = \alpha P y + L(r)$ (ii) $S(y, r, g) = I(y, r)$

Dabei sind M, α und P positive Konstanten, während L, S und I differenzierbare Funktionen sind.

(a) Erklären Sie unter Verwendung der Abzählregel, warum es vernünftig ist, anzunehmen, dass das System im Allgemeinen y und r als differenzierbare Funktionen von g definiert.

(b) Differenzieren Sie das System und bestimmen Sie Ausdrücke für $\mathrm{d}y/\mathrm{d}g$ und $\mathrm{d}r/\mathrm{d}g$.

9. Die zwei Gleichungen $u^2 v - u = x^3 + 2y^3$ und $e^{ux} = vy$ definieren u und v als differenzierbare Funktionen von x und y um den Punkt $P = (x, y, u, v) = (0, 1, 2, 1)$.

(a) Bestimmen Sie die Differentiale von u und v, ausgedrückt in Termen der Differentiale von x und y. Bestimmen Sie dann $\partial u/\partial y$ und $\partial v/\partial x$ in P.

(b) Nehmen Sie an, dass x um 0.1 wächst und y um 0.2 fällt, ausgehend von ihren Werten in P. Bestimmen Sie die approximativen Änderungen in u und v.

Anspruchsvollere Aufgabe

10. Bei zwei Gütern verwendet die Verbrauchertheorie das Gleichungssystem

(i) $U_1'(x_1, x_2) = \lambda p_1$ (ii) $U_2'(x_1, x_2) = \lambda p_2$ (iii) $p_1 x_1 + p_2 x_2 = m$

Dabei ist $U(x_1, x_2)$ eine gegebene Nutzenfunktion. Nehmen Sie an, dass das System x_1, x_2 und λ als differenzierbare Funktionen von p_1, p_2 und m definiert. Bestimmen Sie einen Ausdruck für $\partial x_1/\partial p_1$.

► Lösungen zu den Aufgaben finden Sie im Anhang des Buches.

Aufgaben zur Wiederholung für Kapitel 15

1. Bestimmen Sie in jedem der folgenden zwei Fälle zuerst $\mathrm{d}z/\mathrm{d}t$, indem Sie die Kettenregel verwenden. Überprüfen Sie dann die Antworten, indem Sie die Ausdrücke für x und y in F einsetzen und dann differenzieren.

(a) $z = F(x, y) = 6x + y^3$, mit $x = 2t^2$ und $y = 3t^3$

(b) $z = F(x, y) = x^p + y^p$, mit $x = at$ und $y = bt$

2. Sei $z = G(u, v)$, $u = \varphi(t, s)$ und $v = \psi(s)$. Bestimmen Sie Ausdrücke für $\partial z/\partial t$ und $\partial z/\partial s$.

3. Finden Sie Ausdrücke für $\partial w/\partial t$ und $\partial w/\partial s$, wenn $w = x^2 + y^3 + z^4$ mit $x = t + s$, $y = t - s$ und $z = st$.

4. Nehmen Sie an, dass die Produktion X von der Anzahl der Beschäftigten N gemäß der Formel $X = Ng\big(\varphi(N)/N\big)$ abhängt, wobei g und φ gegebene differenzierbare Funktionen sind. Bestimmen Sie $\mathrm{d}X/\mathrm{d}N$ und $\mathrm{d}^2X/\mathrm{d}N^2$.

5. Nehmen Sie an, dass die Nachfrage eines Haushalts nach einem Gut eine Funktion $E(p, m) = Ap^{-a}m^b$ des Preises p und des Einkommens m ist, wobei A, a und b positive Konstanten sind.

(a) Nehmen Sie an, dass p und m beides differenzierbare Funktionen der Zeit t sind. Dann ist die Nachfrage E eine Funktion von t allein. Bestimmen Sie $\dot{E}/E$ in Abhängigkeit von $\dot{p}/p$ und $\dot{m}/m$.

(b) Setzen Sie $p = p_0(1.06)^t$, $m = m_0(1.08)^t$, wobei p_0 der Preis und m_0 das Einkommen zur Zeit $t = 0$ ist. Zeigen Sie, dass in diesem Fall gilt: $\dot{E}/E = \ln Q$, wobei $Q = (1.08)^b/(1.06)^a$.

6. Die Gleichung $x^3 \ln x + y^3 \ln y = 2z^3 \ln z$ definiert z als eine differenzierbare Funktion von x und y in einer Umgebung des Punktes $(x, y, z) = (e, e, e)$. Berechnen Sie $z_1'(e, e)$ und $z_{11}''(e, e)$.

7. Bestimmen Sie die Substitutionselastizität zwischen y und x für $F(x, y) = x^2 - 10y^2$.

8. Bestimmen Sie die GRS von y bzgl. x für:

(a) $U(x, y) = 2x^{0.4}y^{0.6}$ (b) $U(x, y) = xy + y$ (c) $U(x, y) = 10(x^{-2} + y^{-2})^{-4}$

9. Bestimmen Sie den Grad der Homogenität, wenn es sie gibt, für jeder der folgenden Funktionen.

(a) $f(x, y) = 3x^3y^{-4} + 2xy^{-2}$ (b) $Y(K, L) = (K^a + L^a)^{2c}e^{K^2/L^2}$

(c) $f(x_1, x_2) = 5x_1^4 + 6x_1x_2^3$ (d) $F(x_1, x_2, x_3) = e^{x_1 + x_2 + x_3}$

10. Bestimmen Sie die Substitutionselastiztät zwischen y und x für $U(x, y) = 10(x^{-2} + y^{-2})^{-4}$.

11. Bestimmen Sie die Elastizität von y bezüglich x, wenn $y^2 e^{x+1/y} = 3$. (*Hinweis:* Setzen Sie $u = \ln x$ und $v = \ln y$ und erinnern Sie, dass $\mathrm{El}_x y = v'_u$.)

12. Im Falle der Homogenität der hier gegebenen Funktionen bestimmen Sie bitte deren Grad.

(a) $f(x, y) = xg(y/x)$, wobei g eine beliebige Funktion einer Variablen ist.

(b) $F(x, y, z) = z^k f(x/z, y/z)$, wobei f eine beliebige Funktion von zwei Variablen ist.

(c) $G(K, L, M, N) = K^{a-b} L^{b-c} M^{c-d} N^{d-a}$, wobei a, b, c und d Konstanten sind.

13. Nehmen Sie an, dass die Produktionsfunktion $F(K, L)$, definiert für $K > 0$, $L > 0$, homogen vom Grad 1 ist. Zeigen Sie: Wenn $F''_{KK} < 0$, d. h. wenn die Grenzproduktivität des Kapitals eine strikt fallende Funktion von K ist, dann ist $F''_{KL} > 0$, so dass die Grenzproduktivität des Kapitals eine strikt monoton wachsende Funktion ist, wenn der Arbeitsinput steigt.[13] (*Hinweis:* Verwenden Sie die Gl. (15.6.6) und (15.6.7).)

14. Zeigen Sie, dass keine Verallgemeinerung des Konzepts einer homogenen Funktion entsteht, wenn man t^k in Definition (15.6.1) oder (15.7.1) durch eine beliebige Funktion $g(t)$ ersetzt. (*Hinweis:* Differenzieren Sie die neue Definition nach t und setzen Sie $t = 1$. Verwenden Sie dann Eulers Theorem.)

15. Das folgende Paar von Gleichungen definiert $u = u(x, y)$ und $v = v(x, y)$ als differenzierbare Funktionen von x und y in einer Umgebung des Punktes $P = (x, y, u, v) = (1, 1, -1, 0)$:

$$u + xe^y + v = e - 1$$
$$x + e^{u+v^2} - y = e^{-1}$$

Differenzieren Sie das System und bestimmen Sie die Werte für u'_x, u'_y, v'_x und v'_y in dem Punkt P.

16. Ein Gleichgewichtsmodell zwischen der Arbeitsnachfrage und dem Preis des Outputs führt zu dem folgenden Paar von Gleichungen:

$$pF'(L) - w = 0$$
$$pF(L) - wL - B = 0$$

Nehmen Sie hier an, dass alle Variablen positiv sind und dass die Funktion $F(L)$ definiert und zweimal differenzierbar ist für alle $L > 0$ mit $F'(L) > 0$ und $F''(L) < 0$. Betrachten Sie w und B als exogene Variablen und p und L als endogene Variablen, die Funktionen von w und B sind.

[13] Dies wird *Wicksells Gesetz* genannt.

(a) Bestimmen Sie $\partial p/\partial w$, $\partial p/\partial B$, $\partial L/\partial w$ und $\partial L/\partial B$ durch implizites Differenzieren.

(b) Was kann über die Vorzeichen der partiellen Ableitungen gesagt werden? Zeigen Sie insbesondere, dass $\partial L/\partial w < 0$ ist.

17. Das folgende Gleichungssystem definiert $u = u(x, y)$ und $v = v(x, y)$ als differenzierbare Funktionen von x und y um den Punkt $P = (x, y, u, v) = (1, 1, 1, 2)$:

$$u^\alpha + v^\beta = 2^\beta x + y^3$$
$$u^\alpha v^\beta - v^\beta = x - y$$

Dabei sind α und β positive Konstanten.

(a) Differenzieren Sie das System. Bestimmen Sie dann $\partial u/\partial x$, $\partial u/\partial y$, $\partial v/\partial x$ und $\partial v/\partial y$ im Punkt P.

(b) Bestimmen Sie eine Approximation an $u(0.99, 1.01)$

18. Eine Untersuchung der Nachfrage nach einem Gut verwendet das Integral

$$S = \int_0^T e^{-rx}(e^{g(T-x)} - 1)\,\mathrm{d}x$$

Dabei sind T, r und g positive Konstanten.

(a) Zeigen Sie, dass

$$r(r+g)S = re^{gT} + ge^{-rT} - (r+g) \qquad (*)$$

(b) Die Gleichung $(*)$ definiert T als differenzierbare Funktion von g, r und S. Benutzen Sie dies, um einen Ausdruck für $\partial T/\partial g$ zu bestimmen.

19. Nehmen Sie an, dass ein Oldtimer-Auto einen geschätzten Marktwert hat, der durch die Funktion $V(t)$ gegeben ist, wobei t die Zeit ist. Nehmen Sie an, dass die Erhaltung des Autos stetige Ausgaben mit der konstanten Rate m pro Jahr verlangt. Indem wir stetige Diskontierung mit der Rate r pro Jahr anwenden, erhalten wir den gegenwärtigen diskontierten Wert aus dem Verkauf des Autos zum Zeitpunkt t als $P(t) = V(t)e^{-rt} - \int_0^t me^{-r\tau}\,\mathrm{d}\tau$.

(a) Zeigen Sie, dass die optimale Wahl t^* von t, die $P(t)$ maximiert, die Gleichung $V'(t^*) = rV(t^*) + m$ erfüllen muss. Geben Sie dieser Bedingung eine ökonomische Interpretation.

(b) Zeigen Sie, dass die Standardbedingung zweiter Ordnung für ein striktes lokales Maximum von $P(t)$ an der Stelle $t^*(r, m)$ zu der Bedingung $D = V''(t^*) - rV'(t^*) < 0$ führt.

(c) Bestimmen Sie die partiellen Ableitungen $\partial t^*/\partial r$ und $\partial t^*/\partial m$. Benutzen Sie dann die Bedingung $D < 0$, die in der Antwort zu (b) hergeleitet wurde, um zu erörten, wie ein Ökonom ihre Vorzeichen interpretieren würde.

► Lösungen zu den Aufgaben finden Sie im Anhang des Buches.

Multiple Integrale

16.1 Doppelintegrale über endliche Rechtecke . . . 772
16.2 Integration über unendliche Rechtecke 779
16.3 Unstetige Integranden und andere Erweiterungen 781
16.4 Integration bei mehreren Variablen 783

ÜBERBLICK

16

Eine mathematische Theorie kann nicht als abgeschlossen betrachtet werden, bevor Sie es so klar gemacht haben, dass Sie es dem ersten Mann erklären können, dem Sie auf der Straße begegnen.[1]

–David Hilbert (1900)

Diese Kapitel ist eine kurze Einführung in das Thema der multiplen Integrale. Diese treten in Statistik auf, wenn man mehrdimensionale stetige Wahrscheinlichkeitsverteilungen betrachtet. Doppelintegrale spielen auch eine Rolle in einigen interessanten dynamischen Optimierungsproblemen in kontinuierlicher Zeit. Wir untersuchen nur den einfachsten Fall, in dem der Integrationsbereich im Wesentlichen ein Rechteck ist. Wir überlassen die allgemeineren Fälle für FMEA.

16.1 Doppelintegrale über endliche Rechtecke

Das erste Thema ist Integration von Funktionen von zwei Variablen, die definiert sind auf Rechtecken in der xy-Ebene. In Kap. 10.2 haben wir das bestimmte Integral einer Funktion von einer Variablen mit nichtnegativen Werten in Beziehung gebracht zu der Fläche unter ihrem zweidimensionalen Graphen. Hier setzen wir das Integral einer Funktion von zwei Variablen mit nichtnegativen Werten in Beziehung zu dem Volumen unter ihrem dreidimensionalen Graphen.

Nach Definition ist das kartesische Produkt der zwei Intervalle $[a, b]$ und $[c, d]$ die rechteckige Menge $R = [a, b] \times [c, d]$ der Punkte (x, y) in der Ebene, die die vier Ungleichungen $a \leq x \leq b$ und $c \leq y \leq d$ erfüllen. Sei f eine stetige Funktion, definiert auf R, die $f(x, y) \geq 0$ für alle (x, y) in R erfüllt. Betrachten Sie jetzt Abb. 16.1.1, die einen festen Block zeigt aus einem Material wie Holz. Die Basis dieses Blocks ist das vollkommen flache Rechteck R in der horizontalen Ebene $z = 0$, während ihre gekrümmte Oberfläche der Graph von f ist. Der Block besteht aus allen Punkten (x, y, z) im 3-Raum, für die gilt $(x, y) \in R$ und $0 \leq z \leq f(x, y)$. Dies wird auch die *Ordinatenmenge* von f über R genannt.

Wir wollen das Doppelintegral von f über R definieren, so dass es gleich dem Volumen V von diesem Block ist. Abb. 10.2.1 hat den Zusammenhang zwischen dem bestimmten Integral einer nichtnegativwertigen Funktion einer Variablen und der Fläche unter ihrem Graphen illustriert. Das Analogon für eine Funktion f auf einem rechteckigen Definitionsbereich R wird in Abb. 16.1.1 gezeigt.

Sei t eine beliebige Stelle in dem Intervall $[a, b]$. In Abb. 10.2.2 haben wir den eingeschränkten Bereich illustriert, der aus der Einschränkung des Integrationsbereiches auf das Intervall $[a, t]$ resultiert, dessen obere Grenze an der Stelle $x = t$ eintritt. Ähnlich haben wir in Abb. 16.1.2 die eindeutige vertikale Ebene konstruiert, die parallel zu der yz-Ebene ist und die x-Achse an der Stelle $x = t$ schneidet. Diese Ebene teilt

[1] Teil der berühmten Rede von Hilbert (Deutschland, 1862–1943) auf dem Zweiten Internationalen Kongress der Mathematiker in Paris 1900, wo er das präsentierte, was er dann als die größten offenen Probleme in Mathematik betrachtete. Die ursprüngliche Quelle scheint ein viel früher in Französisch geschriebener Brief von J.-D. Gergonne an W.H. Fox Talbot zu sein, datiert am 16. Dezember 1826.

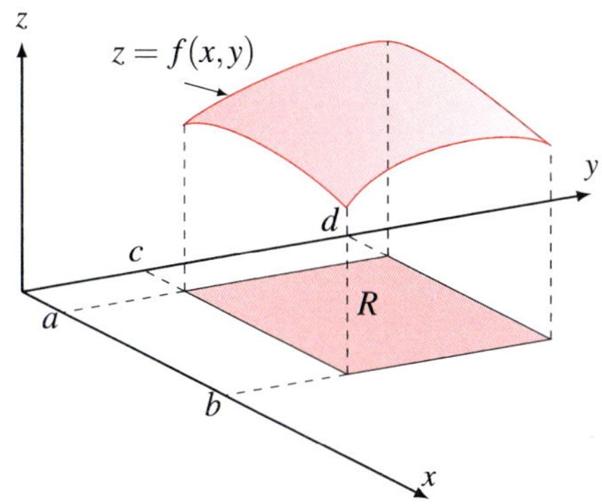

1

Abbildung 16.1.1: Volumen unter dem Graphen

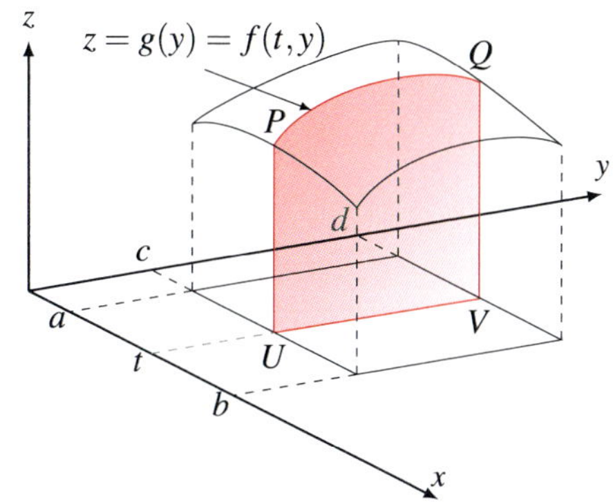

1

Abbildung 16.1.2: Einschränkung des Definitionsbereichs auf $x \leq t$

die Ordinatenebene von f in zwei Teile. In der Tat: Die Benutzung einer sehr dünnen Säge zur Teilung des Holzblocks entlang dieser Ebene würde zwei kleinere Blöcke produzieren, die getrennt sind durch die schattierte Ebene in Abb. 16.1.2, die mit $UPQV$ gekennzeichnet ist. Die Fläche dieser Ebene ist abhängig von t, so dass wir sie durch die Funktion $\alpha(t)$ bezeichnen. Es ist die Fläche unter der in Abb. 16.1.2 gezeigten Kurve PQ, die P mit Q verbindet, wenn y über das Intervall $[c, d]$ variiert. Diese Kurve ist der Schnitt des Graphen von $z = f(x, y)$ mit der Ebene $x = t$, so dass wir ihre Gleichung als $z = g(y) = f(t, y)$ schreiben können mit festem t und $y \in [c, d]$. Somit ist die Fläche unter der Kurve PQ gleich

$$\alpha(t) = \int_c^d g(y)\,\mathrm{d}y = \int_c^d f(t, y)\,\mathrm{d}y \tag{16.1.1}$$

Betrachten Sie jetzt das Volumen der verkürzten Ordinatenmenge von f, deren Grundfläche das variable Rechteck $[a, t] \times [c, d]$ geworden ist, nachdem der Teil der Ordinatenmenge abgesägt wurde, der oberhalb von $(t, b] \times [c, d]$ liegt. Bezeichne $V(t)$ dies abgeschnittene Volumen, welches analog ist zu der abgeschnittenen Fläche $A(t)$, die in Abb. (10.2.2) definiert wurde. Offensichtlich ist $V(t)$ eine monoton wachsende Funktion von t. Insbesondere am unteren Endes des Intervalls $[a, b]$ hat man $V(a) = 0$ und am oberen Ende $V(b) = V$, welches das gesamte zu berechnende Volumen ist.

Wenn wir $\delta > 0$ zu t hinzufügen, ist das zusätzliche Volumen gleich $\Delta = V(t + \delta) - V(t)$. In Abb. 16.1.3 ist dies das Volumen der Scheibe, die zwischen den zwei parallelen Ebenen $UPQV$ und $U'P'Q'V'$ liegt. Wenn δ die Dicke der Säge wäre, die zum Zerschneiden des Holzblocks in zwei Teile benutzt wurde, könnte dies als die Scheibe betrachtet werden, die der Sägeprozess in Sägespäne verwandelt hat. Vorausgesetzt, dass δ klein ist, ist das Volumen der Sägespäne, die diese Scheibe gebildet hatten, approximativ gleich $\alpha(t)\delta$. Es folgt, dass $V(t+\delta) - V(t) \approx \alpha(t)\delta$. Dies impliziert, dass nach Division jeder Seite durch $\delta > 0$ gilt

$$\frac{V(t + \delta) - V(t)}{\delta} \approx \alpha(t)$$

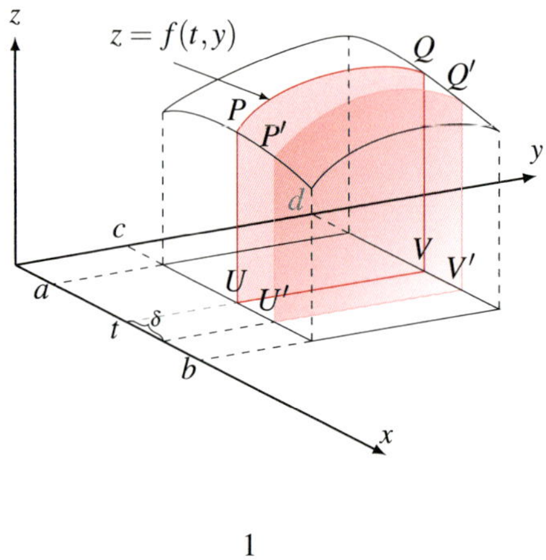

Abbildung 16.1.3: Schnittflächen von f über x

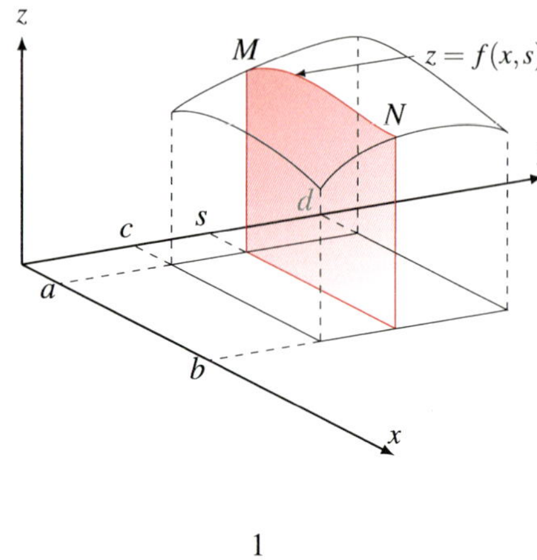

Abbildung 16.1.4: Eine Schnittfläche von f über y

Im Allgemeinen wird diese Approximation besser, wenn die Scheibe dünner wird, weil die Flächenfunktion weniger über $[t, t+\delta]$ variiert, wenn δ kleiner wird. Denken Sie an eine Brotscheibe: Je dünner sie ist, desto weniger Variation gibt es in der Dicke der Kruste. Die linke Seite der Approximation ist ein Newton-Quotient der Funktion $V(t)$, so dass wir in vernünftiger Weise annehmen können, dass für jedes t in $[a, b]$ gilt $V'(t) = \alpha(t)$ im Grenzfall, wenn $\delta \to 0$. Dann impliziert die Definition des bestimmten Integrals, dass $V(b) - V(a) = \int_a^b \alpha(t)\,\mathrm{d}t$. Weil $V(a) = 0$ und $V(b) = V$, können wir Gl. (16.1.1) nutzen, um zum Doppelintegral zu gelangen

$$V = \int_a^b \left[\int_c^d f(t, y)\,\mathrm{d}y \right] \mathrm{d}t \qquad (16.1.2)$$

Beispiel 16.1.1

Sei $f(x, y) = k$ für alle (x, y) in dem Rechteck $R = [a, b] \times [c, d]$, dass in Abb. 16.1.1 gezeigt wird, wobei k eine positive Konstante ist. Dann ist der Block, der die Ordinatenmenge von f über R ausmacht, eine stabile rechteckige Box oder ein Prisma, auch ein Quader genannt. Seine Grundfläche ist $(b-a)(d-c)$ und seine Höhe ist k, so dass sein Volumen $k(b-a)(d-c)$ ist. Zeigen Sie, dass (16.1.2) dasselbe Resultat ergibt.

Lösung: Wir setzen $f(x, y) = k$ in (16.1.2) ein, berechnen dann die Integrale und erhalten

$$\int_a^b \left[\int_c^d k\,\mathrm{d}y \right] \mathrm{d}t = \int_a^b \left(\Big|_c^d ky \right) \mathrm{d}t = \int_a^b k(d-c)\,\mathrm{d}t = \Big|_a^b k(d-c)t = k(d-c)(b-a)$$

Dieses Beispiel erweckt die Vorstellung, dass Formel (16.1.2) in der Tat ein korrektes Maß des Volumens unter dem Graphen einer Funktion f ergibt. Bevor wir dies bestätigen, sollten wir verstehen, was passiert, wenn wir die Reihenfolge ändern, in der wir bezüglich der zwei Variablen x und y integrieren.

Nehmen Sie an, wir versuchen das Volumen V der Ordinatenmenge von f über $R = [a, b] \times [c, d]$ zu bestimmen, indem wir dasselbe Argument wie oben benutzen, abgesehen von einer wichtigen Änderung. Nehmen Sie speziell an, dass wir wie in Abb. 16.1.4 illustriert zuerst s in $[c, d]$ wählen und dann die Schnittebene wählen als die einzige, die parallel zu der xz-Ebene ist und durch den Punkt $y = s$ auf der y-Achse verläuft. Der Durchschnitt der Ordinatenmenge und der Ebene $y = s$ ist der Bereich der ebenen Fläche unter der mit MN in Abb. 16.1.4 bezeichneten Kurve. Diese Kurve hat die Gleichung $z = f(x, s)$, wobei s fest ist. Somit ist die Fläche unterhalb der Kurve gleich $\int_a^b f(x, s)\,\mathrm{d}x$. Die Formel für das Volumen ist das Integral dieser Fläche, wenn s variiert von c bis d, d. h.

$$V = \int_c^d \left[\int_a^b f(x, s)\,\mathrm{d}x \right] \mathrm{d}s \tag{16.1.3}$$

Weil wir in beiden Fällen dasselbe Volumen V berechnen, sollten wir, wenn unser obiges intuitives Argument korrekt ist, dieselbe Antwort bekommen. Das nächste Theorem garantiert, dass die zwei Zahlen in den Gleichungen (16.1.2) und (16.1.3) tatsächlich gleich sind, vorausgesetzt, dass f stetig ist auf R. Indem wir die Hilfsvariablen der Integration t und s durch x bzw. y ersetzen, erhalten wir das folgende Resultat.[2]

Theorem 16.1.1 (Unabhängigkeit der Integrationsreihenfolge)

Sei f eine stetige Funktion, definiert auf dem Rechteck $R = [a, b] \times [c, d]$. Dann gilt:

$$\int_a^b \left[\int_c^d f(x, y)\,\mathrm{d}y \right] \mathrm{d}x = \int_c^d \left[\int_a^b f(x, y)\,\mathrm{d}x \right] \mathrm{d}y$$

Sei f eine beliebige stetige Funktion über dem Rechteck $R = [a, b] \times [c, d]$. Wir definieren dass *Doppelintegral von f über R*, das mit $\iint_R f(x, y)\,\mathrm{d}x\,\mathrm{d}y$ bezeichnet wird, durch

$$\iint_R f(x, y)\,\mathrm{d}x\,\mathrm{d}y = \int_a^b \left[\int_c^d f(x, y)\,\mathrm{d}y \right] \mathrm{d}x = \int_c^d \left[\int_a^b f(x, y)\,\mathrm{d}x \right] \mathrm{d}y \tag{16.1.4}$$

Wir können jeden der zwei letzten Ausdrücke verwenden, um das Doppelintegral zu definieren, weil Theorem 16.1.1 uns sagt, dass beide gleich sind. Theorem 16.1.1 und Formel (16.1.4) zusammen erlauben uns $\int_a^b [\int_c^d f(x, y)\,\mathrm{d}y]\,\mathrm{d}x$ in zwei Schritten wie folgt zu berechnen:

(a) Halten Sie zuerst x fest und integrieren Sie $f(x, y)$ bezüglich y von $y = c$ bis $y = d$. Dies ergibt $\alpha(x) = \int_c^d f(x, y)\,\mathrm{d}y$, eine Funktion von x.

(b) Integrieren Sie dann $\alpha(x)$ von $x = a$ bis $x = b$, um $\int_a^b [\int_c^d f(x, y)\,\mathrm{d}y]\,\mathrm{d}x$ zu erhalten.

[2] Siehe Protter und Morrey (1991), Kap. 8 für einen von vielen möglichen Beweisen.

Beachten Sie, dass Definition (16.1.4) nicht verlangt, dass der Integrand $f(x, y)$ nichtnegativ sein soll. Genau so wie ein Einzelintegral nicht immer als eine Fläche interpretiert werden muss, muss ein Doppelintegral nicht immer als ein Volumen interpretiert werden.

Hier sind einige Anwendungen von Formel (16.1.4).

Beispiel 16.1.2

Berechnen Sie $\iint_R (x^2y + xy^2 + 2x)\,\mathrm{d}x\,\mathrm{d}y$, wobei $R = [0, 1] \times [-1, 3]$.

Lösung: Der Integrand ist überall stetig. Betrachten Sie zuerst

$$\int_0^1 \left[\int_{-1}^3 (x^2y + xy^2 + 2x)\,\mathrm{d}y\right]\mathrm{d}x$$

Indem man x wie eine Konstante behandelt und zuerst das innere Integral berechnet, ergibt sich:

$$\begin{aligned}\int_{-1}^3 (x^2y + xy^2 + 2x)\,\mathrm{d}y &= \Big|_{y=-1}^{y=3} \left(\tfrac{1}{2}x^2y^2 + \tfrac{1}{3}xy^3 + 2xy\right) \\ &= \left(\tfrac{9}{2}x^2 + 9x + 6x\right) - \left(\tfrac{1}{2}x^2 - \tfrac{1}{3}x - 2x\right) = 4x^2 + \tfrac{52}{3}x\end{aligned}$$

Indem man ein zweites Mal integriert, ergibt sich:

$$\int_0^1 \left[\int_{-1}^3 (x^2y + xy^2 + 2x)\,\mathrm{d}y\right]\mathrm{d}x = \int_0^1 (4x^2 + \tfrac{52}{3}x)\,\mathrm{d}x = \Big|_0^1 (\tfrac{4}{3}x^3 + \tfrac{26}{3}x^2) = 10$$

Wir wollen jetzt die Integration in umgekehrter Reihenfolge durchführen. Indem wir zuerst y konstant halten, ergibt sich:

$$\int_0^1 (x^2y + xy^2 + 2x)\,\mathrm{d}x = \Big|_{x=0}^{x=1} \left(\tfrac{1}{3}x^3y + \tfrac{1}{2}x^2y^2 + x^2\right) = \tfrac{1}{3}y + \tfrac{1}{2}y^2 + 1$$

Deshalb ergibt sich, wenn wir ein zweites Mal integrieren:

$$\begin{aligned}\int_{-1}^3 \left[\int_0^1 (x^2y + xy^2 + 2x)\,\mathrm{d}x\right]\mathrm{d}y &= \int_{-1}^3 \left(\tfrac{1}{3}y + \tfrac{1}{2}y^2 + 1\right)\mathrm{d}y = \Big|_{y=-1}^{y=3} \left(\tfrac{1}{6}y^2 + \tfrac{1}{6}y^3 + y\right) \\ &= \left(\tfrac{3}{2} + \tfrac{9}{2} + 3\right) - \left(\tfrac{1}{6} - \tfrac{1}{6} - 1\right) = 10\end{aligned}$$

Beide Verfahren kommen zu derselben Antwort, was Theorem 16.1.1 in diesem Fall bestätigt. So gibt es keine Unklarheit, wenn wir schreiben

$$\iint_R (x^2y + xy^2 + 2x)\,\mathrm{d}x\,\mathrm{d}y = 10$$

wobei $R = [0, 1] \times [-1, 3]$

Beispiel 16.1.3

Berechnen Sie $\int_1^b \left[\int_1^d \frac{y-x}{(y+x)^3}\,\mathrm{d}y\right]\mathrm{d}x$, wobei b und d beide Konstanten größer als 1 sind.

Lösung: Um das Integrieren bezüglich y etwas einfacher zu machen, beachten Sie zuerst, dass

$$\frac{y-x}{(y+x)^3} = \frac{1}{(y+x)^2} - \frac{2x}{(y+x)^3}$$

Damit ist das innere Integral

$$\begin{aligned}\int_1^d \frac{y-x}{(y+x)^3}\,\mathrm{d}y &= \int_1^d \frac{1}{(y+x)^2}\,\mathrm{d}y - 2x\int_1^d \frac{1}{(y+x)^3}\,\mathrm{d}y \\ &= \Big|_{y=1}^{y=d}\left(-\frac{1}{y+x}\right) - 2x\Big|_{y=1}^{y=d}\left(-\frac{1}{2}\frac{1}{(y+x)^2}\right) \\ &= -\frac{1}{d+x} + \frac{1}{1+x} + \frac{x}{(x+d)^2} - \frac{x}{(1+x)^2} = -\frac{d}{(x+d)^2} + \frac{1}{(x+1)^2}\end{aligned}$$

Indem wir dies jetzt bezüglich x integrieren, ergibt sich

$$\begin{aligned}\int_1^b \left[\int_1^d \frac{y-x}{(y+x)^3}\,\mathrm{d}y\right]\mathrm{d}x &= \int_1^b \left[-\frac{d}{(x+d)^2} + \frac{1}{(x+1)^2}\right]\mathrm{d}x = \Big|_{x=1}^{x=b}\left(\frac{d}{x+d} - \frac{1}{x+1}\right) \\ &= \frac{d}{b+d} - \frac{1}{b+1} - \frac{d}{d+1} + \frac{1}{2} \qquad (*)\end{aligned}$$

Wenn wir stattdessen zuerst bezüglich x integrieren, ergibt ein ähnlicher Trick

$$\frac{y-x}{(y+x)^3} = -\frac{1}{(y+x)^2} + \frac{2y}{(y+x)^3}$$

Nun ist das innere Integral bezüglich x

$$\begin{aligned}\int_1^b \frac{y-x}{(y+x)^3}\,\mathrm{d}x &= \Big|_{x=1}^{x=b}\left[\frac{1}{y+x} - \frac{y}{(y+x)^2}\right] \\ &= \left[\frac{1}{y+b} - \frac{y}{(y+b)^2}\right] - \left[\frac{1}{y+1} - \frac{y}{(y+1)^2}\right] = \frac{b}{(y+b)^2} - \frac{1}{(y+1)^2}\end{aligned}$$

Dann ist

$$\int_1^d \left[\int_1^b \frac{y-x}{(y+x)^3}\,\mathrm{d}x\right]\mathrm{d}y = \Big|_{y=1}^{y=d}\left(-\frac{b}{y+b} + \frac{1}{y+1}\right) = -\frac{b}{b+d} + \frac{b}{b+1} + \frac{1}{d+1} - \frac{1}{2} \qquad (**)$$

Eine Möglichkeit zu zeigen, dass die zwei Resultate gleich sind, ist (∗∗) von (∗) zu subtrahieren. Das ergibt:

$$\left(\frac{d}{b+d} - \frac{1}{b+1} - \frac{d}{d+1} + \frac{1}{2}\right) - \left(-\frac{b}{b+d} + \frac{b}{b+1} + \frac{1}{d+1} - \frac{1}{2}\right)$$

Mit einfacher Algebra kann dies reduziert werden auf $1 - 1 - 1 + 1 = 0$.

Es ist wichtig zu bemerken, dass die Gleichheit in Theorem 16.1.1 nicht immer gilt, wenn die Grenzen der Integration unendlich sind.

Beispiel 16.1.4

In Statistik sagt man, dass zwei Zufallsvariablen X und Y eine *bivariate Rechteckverteilung* haben über $[a, b] \times [c, d]$ mit $a < b$ und $c < d$, wenn für jedes Paar von Zahlen x in $[a, b]$ und y in $[c, d]$ die Wahrscheinlichkeit $F(x, y)$, dass $X \leq x$ und $Y \leq y$ gegeben ist durch

$$F(x, y) = \frac{x - a}{b - a} \cdot \frac{y - c}{d - c}$$

Die Funktion $F(x, y)$ wird die *gemeinsame Verteilungsfunktion* von X und Y genannt. Die zugehörige *gemeinsame Dichtefunktion* ist für alle x in $[a, b]$ und y in $[c, d]$ definiert durch

$$f(x, y) = k = \frac{1}{(b - a)(d - c)} \qquad (*)$$

unabhängig von x und y. Es ist leicht zu prüfen, dass diese Definitionen von F und f implizieren, dass für alle x in $[a, b]$ und y in $[c, d]$ gilt $F(x, y) = \int_a^x \int_c^y f(s, t)\,\mathrm{d}t\,\mathrm{d}s$.

Berechnen Sie jetzt für die gegebene Zufallsvariable $Z = X + Y$ ihren *Erwartungswert*, der definiert ist als

$$\mathrm{E}(Z) = \int_a^b \int_c^d (x + y) f(x, y)\,\mathrm{d}y\,\mathrm{d}x$$

Lösung: Wegen $(*)$ gilt

$$\begin{aligned}
\mathrm{E}(Z) &= k \int_a^b \left[\int_c^d (x + y)\,\mathrm{d}y \right] \mathrm{d}x = k \int_a^b \left[\Big|_c^d \left(xy + \tfrac{1}{2}y^2\right) \right] \mathrm{d}x \\
&= k \int_a^b \left(xd + \tfrac{1}{2}d^2 - xc - \tfrac{1}{2}c^2\right) \mathrm{d}x = k \int_a^b \left[(d - c)x + \tfrac{1}{2}(d^2 - c^2)\right] \mathrm{d}x \\
&= k \Big|_a^b \left[(d - c)\tfrac{1}{2}x^2 + \tfrac{1}{2}(d^2 - c^2)x\right] = \tfrac{1}{2}k \left[(d - c)(b^2 - a^2) + (d^2 - c^2)(b - a)\right] \\
&= \tfrac{1}{2}k \left[(d - c)(b + a)(b - a) + (d - c)(d + c)(b - a)\right] \\
&= \tfrac{1}{2}k(b - a)(d - c)(a + b + c + d) = \tfrac{1}{2}(a + b + c + d)
\end{aligned}$$

Aufgaben für Kap. 16.1

1. Berechnen Sie die folgenden Doppelintegrale:

   (a) $\int_0^2 \int_0^1 (2x + 3y + 4)\,\mathrm{d}x\,\mathrm{d}y$ (b) $\int_0^a \int_0^b (x - a)(x - b)\,\mathrm{d}x\,\mathrm{d}y$

   (c) $\int_1^3 \int_1^2 \frac{x - y}{x + y}\,\mathrm{d}x\,\mathrm{d}y$

2. Nehmen Sie an, dass $a > 1$ und $b > 0$. Bestimmen Sie:

$$I = \int_1^a \left(\int_0^b \frac{1}{x^3} e^{y/x}\,\mathrm{d}y \right) \mathrm{d}x$$

➡ Fortsetzung

3. Betrachten Sie die Funktion

$$f(x,y) = \frac{2k}{(x+y+1)^3}$$

wobei k eine Konstante ist. Sei R das Rechteck $R = [0,a] \times [0,1]$, wobei $a > 0$ eine Konstante ist. Bestimmen Sie den Wert k_a von k, so dass $\iint_R f(x,y)\,dx\,dy = 1$. Zeigen Sie, dass $k_a > 2$ für alle $a > 0$.

4. Berechnen Sie das Doppelintegral $I = \int_0^2 \left[\int_{-2}^1 (x^2y^3 - (y+1)^2)\,dy\right] dx$.

► Lösungen zu den Aufgaben finden Sie im Anhang des Buches.

16.2 Integration über unendliche Rechtecke

In Kap. 10.7 haben wir die Definition des Integrals einer Funktion von einer Variablen auf den Fall eines unendlichen Integrationsintervalls erweitert. In Gl. (10.7.3) war dieses Intervall die ganze reelle Zahlengerade. Wir wollen jetzt das analoge bivariate Problem der Erweiterung unserer Definition (16.1.4) eines Doppelintegrals betrachten, so dass

$$\iint_R f(x,y)\,dy\,dx \tag{16.2.1}$$

Sinn ergibt auch dann, wenn das Rechteck R die ganze xy-Ebene $(-\infty,\infty) \times (-\infty,\infty)$ ist. Wir verschieben eine tiefere Analysis auf FMEA. Hier versuchen wir nur, das Integral in Gl. (16.2.1) umzuschreiben als das Doppelintegral

$$\int_{-\infty}^{\infty} \left[\int_{-\infty}^{\infty} f(x,y)\,dy\right] dx$$

Beachten Sie zuerst, dass das innere Integral $\int_{-\infty}^{\infty} f(x,y)\,dy$ ein uneigentliches Integral der Art ist, die in (10.7.3) betrachtet wurde. Nehmen Sie an, dass dieses innere Integral konvergiert für *alle* Werte von x gegen einen Wert, den wir mit $I(x) = \int_{-\infty}^{\infty} f(x,y)\,dy$ bezeichnen. Dann können wir schreiben

$$\iint_R f(x,y)\,dy\,dx = \int_{-\infty}^{\infty} I(x)\,dx \tag{16.2.2}$$

Nun ist die rechte Seite von (16.2.2) wieder ein uneigentliches Integral einer Variablen. Vorausgesetzt, dass es auch konvergiert, so dass Gl. (10.7.3) anwendbar ist, können wir dann das uneigentliche Doppelintegral (16.2.1) definieren als $\int_{-\infty}^{\infty} I(x)\,dx$.

Beispiel 16.2.1

In Beispiel 10.7.5 und dann in Aufgabe 10.7.12 haben wir die *Normalverteilung* betrachtet mit der Dichtefunktion[3]

$$f(x) = \frac{1}{\sqrt{2\pi}} e^{-\frac{1}{2}x^2}$$

[3] Dies ist tatsächlich die Dichtefunktion der *Standardnormalverteilung*. Es ist die Funktion, die in Aufgabe 10.7.12 betrachtet wurde für den Spezialfall, dass $\mu = 0$ und $\sigma^2 = 1$.

Wir haben dort festgestellt, dass die Verteilung wohldefiniert ist in dem Sinn, dass das uneigentliche Integral $\int_{-\infty}^{+\infty} f(x)\,\mathrm{d}x$ konvergiert und dass gilt:

$$\int_{-\infty}^{+\infty} f(x)\,\mathrm{d}x = \frac{1}{\sqrt{2\pi}} \int_{-\infty}^{+\infty} e^{-\frac{1}{2}x^2}\,\mathrm{d}x = 1 \qquad (16.2.3)$$

Die bivariate Normalverteilung ist eine natürliche Erweiterung dieser Verteilung auf $\mathbb{R}^2$. Sie ist definiert durch die gemeinsame Dichtefunktion

$$f(x,y) = \frac{1}{2\pi} \frac{1}{\sqrt{1-\rho^2}} \exp\left\{-\left[\frac{x^2 - 2\rho xy + y^2}{2(1-\rho^2)}\right]\right\}$$

Hier ist ρ eine Konstante in dem Intervall $[-1,1]$, bekannt als der *Korrelationskoeffizient* zwischen X und Y. Zeigen Sie, dass das uneigentliche Integral

$$\int_{-\infty}^{+\infty} \int_{-\infty}^{+\infty} f(x,y)\,\mathrm{d}y\,\mathrm{d}x$$

gegen 1 konvergiert.

Lösung: Das betrachtete Integral kann geschrieben werden als

$$\frac{1}{2\pi} \frac{1}{\sqrt{1-\rho^2}} \int_{-\infty}^{+\infty} \int_{-\infty}^{+\infty} \exp\left\{-\left[\frac{x^2 - 2\rho xy + y^2}{2(1-\rho^2)}\right]\right\}\mathrm{d}y\,\mathrm{d}x \qquad (16.2.4)$$

Indem wir für den Moment die konstanten Terme und das äußere Integral außer Acht lassen, müssen wir zuerst für jeden Wert der Konstanten x das innere Integral berechnen:

$$I(x) = \int_{-\infty}^{+\infty} \exp\left\{-\left[\frac{x^2 - 2\rho xy + y^2}{2(1-\rho^2)}\right]\right\}\mathrm{d}y \qquad (*)$$

Nutzen Sie jetzt Integration durch Substitution mit der neuen Variablen $u = (y - \rho x)/\sqrt{2(1-\rho^2)}$. Beachten Sie, dass für festes x gilt

$$\mathrm{d}u = \frac{1}{\sqrt{2(1-\rho^2)}}\,\mathrm{d}y \quad \text{und} \quad u^2 = \frac{y^2 - 2\rho xy + \rho^2 x^2}{2(1-\rho^2)}$$

Dann wird der Quotient in eckigen Klammern in $(*)$ zu

$$\frac{x^2 - 2\rho xy + y^2}{2(1-\rho^2)} = \frac{x^2 - \rho^2 x^2 + \rho^2 x^2 - 2\rho xy + y^2}{2(1-\rho^2)} = \frac{x^2}{2} + u^2$$

Weil $\mathrm{d}y = \sqrt{2(1-\rho^2)}\,\mathrm{d}u$ und x eine Konstante ist, kann das Integral $(*)$ umgeschrieben werden als

$$I(x) = \int_{-\infty}^{+\infty} e^{-\left(\frac{1}{2}x^2 + u^2\right)} \sqrt{2(1-\rho^2)}\,\mathrm{d}u = e^{-\frac{1}{2}x^2} \sqrt{2(1-\rho^2)} \int_{-\infty}^{+\infty} e^{-u^2}\,\mathrm{d}u$$

Wie in Gl. (10.7.9) schon angegeben, ist das letzte Integral gleich $\sqrt{\pi}$. Wenn wir also das Resultat für $I(x)$ in Gl. (16.2.4) einsetzen und dann Gl. (16.2.3) für den letzten

Schritt benutzen, erhalten wir

$$\begin{aligned}\int_{-\infty}^{+\infty}\int_{-\infty}^{+\infty} f(x,y)\,\mathrm{d}y\,\mathrm{d}x &= \frac{1}{2\pi}\frac{1}{\sqrt{1-\rho^2}}\int_{-\infty}^{+\infty} I(x)\,\mathrm{d}x \\ &= \frac{1}{2\pi}\frac{1}{\sqrt{1-\rho^2}}\int_{-\infty}^{+\infty} e^{-x^2/2}\sqrt{2(1-\rho^2)}\sqrt{\pi}\,\mathrm{d}x \\ &= \frac{1}{\sqrt{2\pi}}\int_{-\infty}^{+\infty} e^{-x^2/2}\,\mathrm{d}x = 1 \quad \blacksquare\end{aligned}$$

16.3 Unstetige Integranden und andere Erweiterungen

Bisher haben wir nur Doppelintegrale betrachtet, in denen der Integrand stetig ist. Betrachten Sie jetzt zwei Zufallsvariablen X und Y, deren gemeinsame Dichtefunktion die unstetige Funktion

$$f(x,y) = \begin{cases} e^{-y}, & \text{falls } 0 < x < y\,; \\ 0, & \text{sonst} \end{cases} \tag{16.3.1}$$

ist. Um zu verifizieren, dass dies eine wohldefinierte Dichte ist, müssen wir prüfen, ob das Volumen unter ihrem Graphen exakt 1 ist, weil

$$\int_{-\infty}^{\infty}\int_{-\infty}^{\infty} f(x,y)\,\mathrm{d}y\,\mathrm{d}x = 1 \tag{16.3.2}$$

Da aber die Funktion f stückweise definiert ist, ist es passend für uns, den Bereich der Integration wie in Abb. 16.3.1 aufzuteilen. Dies ist so gezeichnet, dass die Dichte $f(x,y)$ genau dann positiv ist, wenn (x,y) zu dem schattierten Bereich gehört, wo $0 < x < y$. Dieser unendliche keilförmige Bereich lässt jedes $x > 0$ zu, aber für einen gegebenen Wert von x sind nur y-Werte im Intervall (x,∞) zulässig. Somit können wir das Volumen berechnen als das Doppelintegral

$$\int_0^{\infty}\left[\int_x^{\infty} e^{-y}\,\mathrm{d}y\right]\mathrm{d}x$$

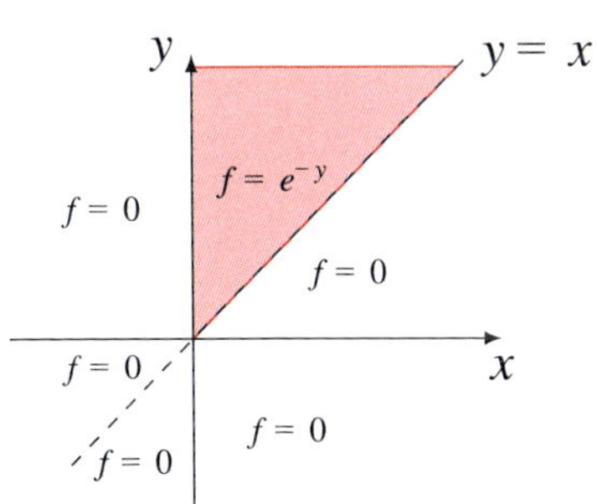

Abbildung 16.3.1: Definitionsbereich von $f(x,y)$ in Gl. (16.3.1)

Hier ist x sowohl die untere Grenze des inneren Integrals und die Integrationsvariable des äußeren Integrals.

In FMEA besprechen wir allgemeine Integrale, die diese Gestalt aufweisen. In diesem Kapitel werden wir jedoch nur verifizieren, dass die Dichtefunktion in (16.3.1) die Gl. (16.3.2) erfüllt. Um dies zu tun, beachten Sie zunächst: Da das innere Integral x als Konstante behandelt, ist es einfach

$$\int_x^{\infty} e^{-y}\,\mathrm{d}y = \lim_{b\to\infty}\int_x^b e^{-y}\,\mathrm{d}y = -\lim_{b\to\infty}\Big|_x^b e^{-y} = -\lim_{b\to\infty} e^{-b} + e^{-x} = e^{-x}$$

Es folgt, dass

$$\int_0^{\infty}\left[\int_x^{\infty} e^{-y}\,\mathrm{d}y\right]\mathrm{d}x = \int_0^{\infty} e^{-x}\,\mathrm{d}x = \lim_{b\to\infty}\int_0^b e^{-x}\,\mathrm{d}x$$

$$= -\lim_{b\to\infty}\Big|_0^b e^{-x} = -\lim_{b\to\infty} e^{-b} + 1 = 1$$

Dies bestätigt Gl. (16.3.2).

Beispiel 16.3.1

Betrachten Sie die zwei Zufallsvariablen X und Y aus Beispiel 16.1.4 für den Spezialfall, wenn $a = c = 0$ und $b = d = 1$. Berechnen Sie die Dichtefunktion der Zufallsvariablen $Z = X + Y$ und nutzen Sie diese, um zu zeigen, dass der Wert von $\mathrm{E}(Z)$ gleich 1 ist in diesem Spezialfall.

Lösung: Definieren Sie zuerst die Verteilungsfunktion $G(z)$ von Z für alle reellen z, so dass $G(z)$ die Wahrscheinlichkeit ist, dass $Z = X + Y \leq z$. Beachten Sie, dass beide X und Y Werte in dem Intervall $[0, 1]$ annehmen. Es folgt: Wenn $z < 0$, dann ist $X + Y \leq z$ unmöglich und somit ist $G(z) = 0$. Wenn $z > 2$, dann ist $X + Y \leq z$ sicher und somit ist $G(z) = 1$.

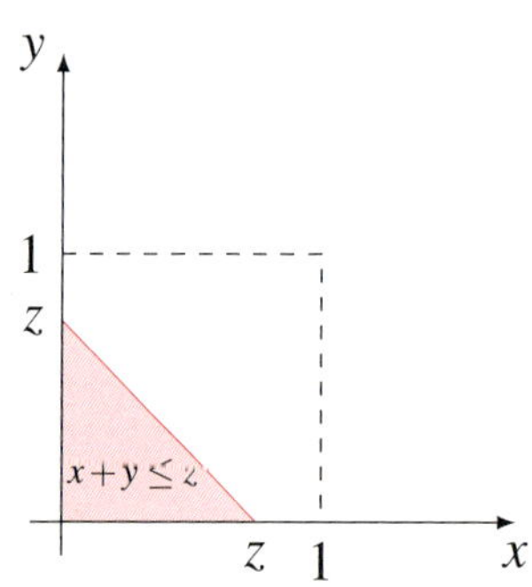

Abbildung 16.3.2: Der Bereich $x + y \leq z$, wenn $z \leq 1$ in Beispiel 16.1.4

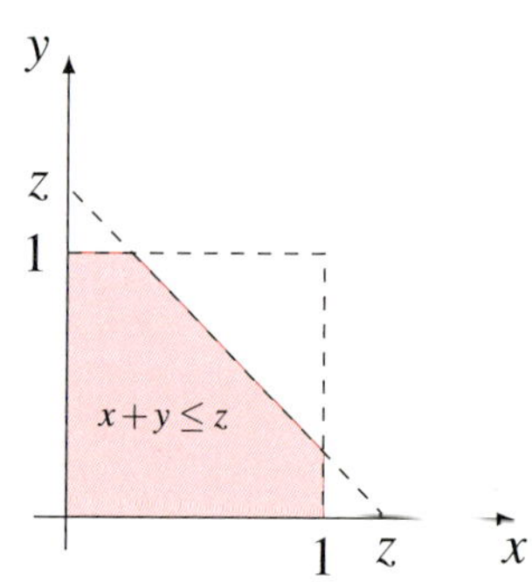

Abbildung 16.3.3: Der Bereich $x + y \leq z$, wenn $1 < z \leq 2$ in Beispiel 16.1.4

Falls $0 \le z \le 1$, ist die Wahrscheinlichkeit, dass $X + Y \le z$ gleich der Fläche der schattierten Region in Abb. 16.3.2. Dies ist die Wahrscheinlichkeit, dass $X \le z$ und $Y \le z - X$. Diese ist

$$G(z) = \int_0^z \left[\int_0^{z-x} f(x,y)\,dy\right] dx = \int_0^z \left(\int_0^{z-x} 1\,dy\right) dx = \int_0^z \left(\Big|_0^{z-x} y\right) dx$$
$$= \int_0^z (z-x)\,dx = \Big|_0^z \left(zx - \tfrac{1}{2}x^2\right) = \tfrac{1}{2}z^2$$

In diesem Fall, wenn $0 < z < 1$, ist die zugehörige Dichte von Z gleich $g(z) = G'(z) = z$.

Falls $1 < z \le 2$, ist die Wahrscheinlichkeit, dass $X + Y \le z$ gleich der Fläche der schattierten Region in Abb. 16.3.3. Aufgabe 1 fordert Sie auf, zu zeigen, dass

$$G(z) = 1 - \tfrac{1}{2}(2-z)^2$$

In diesem Fall, wenn $1 < z < 2$, ist die zugehörige Dichte von Z gleich $g(z) = G'(z) = 2 - z$.

Es folgt, dass der Erwartungswert von Z gegeben ist durch

$$E(Z) = \int_0^2 zg(z)\,dx = \int_0^1 z^2\,dx + \int_1^2 (2z - z^2)\,dx$$
$$= \Big|_0^1 \tfrac{1}{3}z^3 + \Big|_1^2 \left(z^2 - \tfrac{1}{3}z^3\right) = \frac{1}{3} - 0 + \left(4 - \frac{8}{3} - 1 + \frac{1}{3}\right) = 1$$

Aufgabe für Kap. 16.3

1. Zeigen Sie, dass die Fläche der schattierten Region in Abb. 16.3.3 gleich $1-(2-z)^2/2$ ist.

► Lösungen zu den Aufgaben finden Sie im Anhang des Buches.

16.4 Integration bei mehreren Variablen

In diesem kurzen Abschnitt erörteren wir, wie man Integrale von Funktionen behandelt, die mehr als zwei Variablen haben. Anstelle des zweidimensionalen Rechtecks bezeichne $\mathcal{R}$ das n-fache kartesische Produkt $[a_1, b_1] \times \cdots \times [a_n, b_n]$ der abgeschlossenen Intervalle $[a_1, b_1]$, ..., $[a_n, b_n]$. Es ist die Menge aller n-Vektoren $\mathbf{x} = (x_1, x_2, \ldots, x_n)$ in $\mathbb{R}^n$ mit $a_i \le x_i \le b_i$ für $i = 1, 2, \ldots, n$. Wir nennen die Menge $\mathcal{R}$ ein *n-dimensionales Rechteck* oder einen *n-dimensionalen Quader*.

Sei f eine stetige Funktion, definiert auf $\mathcal{R}$. Dann definieren wir das *multiple Integral* von f über $\mathcal{R}$ als

$$\int \cdots \int_{\mathcal{R}} f(x_1, \ldots, x_{n-1}, x_n)\, \mathrm{d}x_1 \ldots \mathrm{d}x_{n-1}\, \mathrm{d}x_n$$
$$= \int_{a_n}^{b_n} \left\{ \int_{a_{n-1}}^{b_{n-1}} \cdots \left[\int_{a_1}^{b_1} f(x_1, \ldots, x_{n-1}, x_n)\, \mathrm{d}x_1 \right] \ldots \mathrm{d}x_{n-1} \right\} \mathrm{d}x_n \quad (16.4.1)$$

Die Bedeutung der Notation auf der rechten Seite von Gl. (16.4.1) ist, dass Integration n-mal durchzuführen ist. Wir beginnen mit der Integration bezüglich x_1, wobei alle anderen Variablen wie Konstanten behandelt werden. Als Nächstes integrieren wir bezüglich x_2, wobei wir die restlichen Variablen $(x_3, \ldots, x_n)$ wie Konstanten behandeln. Und so weiter, für n Schritte insgesamt.

Definition (16.4.1) ist eine einfache Verallgemeinerung von (16.1.4). In diesem allgemeinen Fall mit n Integrationsvariablen kann man immer noch beweisen, dass die Reihenfolge der Integration auf der rechten Seite unwesentlich ist, vorausgesetzt, dass f stetig ist in $\mathcal{R}$.

Aufgabe für Kap. 16.4

Anspruchsvollere Aufgabe

1. Bestimmen Sie

$$I = \iiint_C (x_1^2 + x_2^2 + x_3^2)\, \mathrm{d}x_1\, \mathrm{d}x_2\, \mathrm{d}x_3$$

wobei C der *Einheitswürfel* in $\mathbb{R}^3$ ist, der bestimmt ist durch die Ungleichungen $0 \leq x_i \leq 1$ für $i = 1, 2, 3$.

► Lösungen zu den Aufgaben finden Sie im Anhang des Buches.

TEIL V

Multivariate Optimierung

17 Optimierung ohne Nebenbedingungen 787

18 Nebenbedingungen in Gleichheit 835

19 Lineare Programmierung 877

20 Nichtlineare Programmierung 929

Optimierung ohne Nebenbedingungen

17

17.1 Zwei Variablen: Notwendige Bedingungen . . 788

17.2 Zwei Variablen: Hinreichende Bedingungen . 794

17.3 Lokale Extremstellen 800

17.4 Lineare Modelle mit quadratischer Zielfunktion 806

17.5 Der Extremwertsatz 814

17.6 Funktionen von mehreren Variablen 819

17.7 Komparative Statik und das Envelope-Theorem 825

Aufgaben zur Wiederholung für Kapitel 17 831

ÜBERBLICK

Auf den ersten Blick ist es merkwürdig, dass ein so reines und leidenschaftsloses Fachgebiet wie die Mathematik uns irgendetwas Nützliches über diese chaotische, unstrukturierte, risikoreiche Welt, in der wir leben, sagen könnte. Zum Glück entdecken wir aber, dass – wann immer wir etwas zuvor Geheimnisvolles verstehen – im Zentrum von allem Ordnung, Struktur und gesunder Menschenverstand herrschen.

–Patrick (B. H. P.) Rivett (1978)

Kapitel 9 beschäftigte sich mit Optimierungsproblemen bei Funktionen einer Variablen. Die meisten interessanten ökonomischen Optimierungsprobleme verlangen jedoch die gleichzeitige Wahl von mehreren Variablen. Zum Beispiel: Ein gewinnmaximierender Produzent eines einzelnen Gutes wählt nicht nur die Höhe des Outputs, sondern auch die Größen vieler verschiedener Inputs. Ein Verbraucher wählt Mengen von den vielen verschiedenen Gütern, die zum Kauf auf dem Markt verfügbar sind.

Die meisten der mathematischen Schwierigkeiten entstehen schon beim Übergang von einer zu zwei Variablen. Außerdem illustrieren Lehrbücher in den Wirtschaftswissenschaften ökonomische Probleme oft, indem sie nur Funktionen mit zwei Variablen verwenden, für die man wenigstens Höhenlinien in der Ebene zeichnen kann. Wir beginnen deshalb dieses Kapitel mit der Untersuchung des Zwei-Variablen-Falles. Kapitel 17.1 präsentiert die grundlegenden Resultate, die durch relativ einfache Beispiele und Aufgaben illustriert werden. In den Kap. 17.2, 17.3 und 17.5 geben wir eine systematischere Darstellung der Theorie mit zwei Variablen. Das dazwischenliegende Kap. 17.4 behandelt den relativ einfachen Spezialfall, in dem das Ziel die Maximierung oder Minimierung einer quadratischen Funktion ist. Anschließend zeigen wir in Kap. 17.6, wie die Theorie auf Funktionen mit mehreren Variablen verallgemeinert werden kann.

Ein großer Teil der ökonomischen Analysis befasst sich mit der Frage, wie die Lösung eines Optimierungsproblems reagiert, wenn die Situation sich verändert. Oft wird diese sich verändernde Situation beschrieben durch Änderungen in einigen relevanten Parametern. So betrachtet die Theorie der Unternehmung wie eine Preisänderung eines Gutes, das entweder ein Input- oder Outputgut ist, die optimalen Größen aller Inputs und Outputs beeinflussen kann, sowie auch den maximalen Gewinn. Einige einfache Resultate dieser Art werden kurz am Ende des Kapitels betrachtet.

Dieses Kapitel behandelt Optimierungsprobleme ohne Nebenbedingungen. Verschiedene Arten der Optimierungsprobleme unter Nebenbedingungen werden in den drei letzten Kapiteln behandelt.

17.1 Zwei Variablen: Notwendige Bedingungen

Betrachten Sie eine differenzierbare Funktion $z = f(x, y)$, die auf einer Menge S in der xy-Ebene definiert ist. Rufen Sie sich von Kap. 14.8 die Definition eines inneren Punktes ins Gedächtnis. Nehmen Sie an, dass f ihren größten Wert (ihr Maximum) in einem inneren Punkt (x_0, y_0) von S annimmt, wie in Abb. 17.1.1 durch den Punkt P im dreidimensioanlen Raum angedeutet ist, dessen Koordinaten $(x, y, z) = (x_0, y_0, f(x_0, y_0))$ sind.[1]

Nehmen Sie an, dass wir jetzt y an der Stelle y_0 festhalten. Und es sei D die Menge aller x, so dass (x, y_0) in S liegt. Betrachten Sie jetzt die Funktion einer Variablen, definiert durch $g(x) = f(x, y_0)$ für alle x im Definitionsbereich D. Weil f differenzierbar ist, ist es auch g mit der Ableitung $g'(x)$, die exakt mit der partiellen Ableitung $f_1'(x, y_0)$ für alle x in D übereinstimmt. Ferner impliziert die Annahme, dass $f(x, y) \leq f(x_0, y_0)$ für alle (x, y) in S, dass $g(x) \leq g(x_0) = f(x_0, y_0)$ für alle $x \in D$, so dass x_0 eine Maximumstelle von g in D ist. Schließlich folgt, da wir angenommen haben, dass (x_0, y_0) ein innerer Punkt von S ist und somit umgeben werden kann von einem kleinen Kreis von Punkten in S, dass x_0 von einem kleinen Intervall von Punkten in D umgeben werden kann, was impliziert, dass x_0 ein innerer Punkt in D ist.

Das Argument in dem obigen Absatz impliziert, dass alle Bedingungen in Theorem 9.1.1 erfüllt sind. Nach diesem Theorem folgt, dass an der Stelle x_0 gilt: $g'(x_0) = 0$. Aber $g'(x) = f_1'(x, y_0)$ für alle x in D, so dass $f_1'(x_0, y_0) = 0$.

Nehmen Sie jetzt an, dass wir x festhalten an der Stelle x_0 anstelle y an der Stelle y_0. Und betrachten Sie dann die Funktion h der alleinigen Variablen y, die definiert ist für alle y in der Nähe von y_0 durch $h(y) = f(x_0, y)$. Indem man ein ähnliches Argument verwendet, kann man zeigen, dass h differenzierbar ist mit der Ableitung $h'(y) = f_2'(x_0, y)$ und dass es ein Maximum annimmt an der inneren Stelle $y = y_0$. Deshalb können wir wieder Theorem 9.1.1 anwenden, das $h'(y_0) = f_2'(x_0, y) = 0$ impliziert.

Eine Stelle (x_0, y_0), in der beide partiellen Ableitungen erster Ordnung 0 sind, wird eine *kritische* (oder *stationäre*) *Stelle* von f genannt.

Wenn f ihren kleinsten Wert (ihr Minimum) in einem inneren Punkt (x_0, y_0) von S annimmt, zeigt ein ähnliches Argument, dass auch in diesem Fall (x_0, y_0) eine kritische (stationäre) Stelle sein muss. Somit haben wir das folgende wichtige Resultat:

Theorem 17.1.1 (Notwendige Bedingungen erster Ordnung)

Eine differenzierbare Funktion $z = f(x, y)$ kann nur dann ein Maximum oder Minimum in einem inneren Punkt (x_0, y_0) von S annehmen, wenn dieser eine *kritische Stelle* ist – d. h. wenn das Paar $(x, y) = (x_0, y_0)$ die folgenden zwei *Bedingungen erster Ordnung* erfüllt:

$$f_1'(x, y) = 0 \quad \text{und} \quad f_2'(x, y) = 0 \tag{17.1.1}$$

In Abb. 17.1.2 sind die drei Punkte P, Q und R alle an kritischen Stellen, aber nur P ist ein Maximumpunkt.[2] In den Beispielen und Aufgaben in diesem Abschnitt werden nur die Bedingungen erster Ordnung betrachtet. Kap. 17.2 erklärt, wie man Bedingungen zweiter Ordnung benutzen kann, um zu verifizieren, dass wir ein Maximum oder Minimum gefunden haben.

1 Das Konzept eines inneren Punktes wurde in Kap. 14.8 eingeführt vor den Aussagen über die Bedingungen zweiter Ordnung (14.8.3)–(14.8.6) für die Konkavität oder Konvexität einer Funktion.

2 Später werden wir Q einen *lokalen Maximumpunkt* nennen, während R ein *Sattelpunkt* ist.

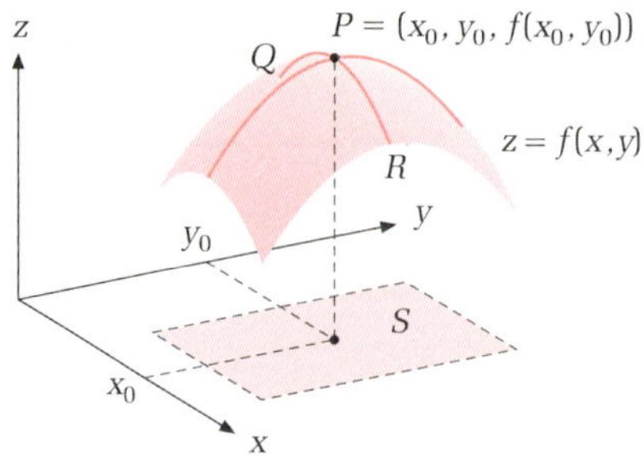

Abbildung 17.1.1: Maximumpunkt P, kritische Stelle (x_0, y_0)

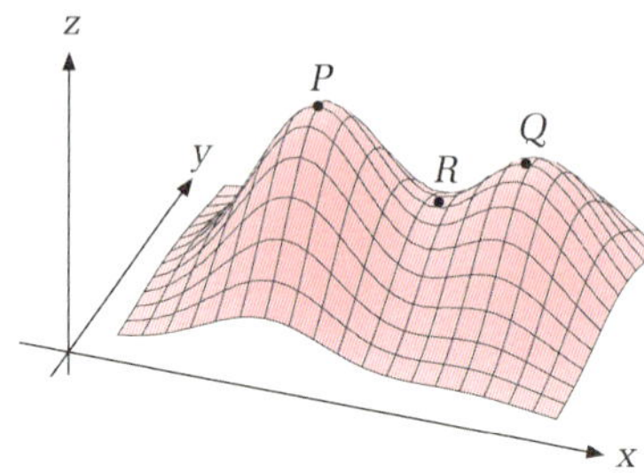

Abbildung 17.1.2: Nur P ist ein Maximumpunkt

Beispiel 17.1.1

Die Funktion f sei für alle (x, y) definiert durch

$$f(x, y) = -2x^2 - 2xy - 2y^2 + 36x + 42y - 158$$

Setzen Sie voraus, dass f eine Maximumstelle hat. Bestimmen Sie diese.

Lösung: Theorem 17.1.1 kann angewendet werden. Somit muss eine Maximumstelle (x, y) eine kritische Stelle sein, die also die Bedingungen erster Ordnung erfüllen muss:

$$f_1'(x, y) = -4x - 2y + 36 = 0 \quad \text{und} \quad f_2'(x, y) = -2x - 4y + 42 = 0$$

Dies sind zwei lineare Gleichungen, die zusammen x und y beide bestimmen. Wir finden heraus, dass $(x, y) = (5, 8)$ das einzige Paar von Zahlen ist, dass beide Gleichungen erfüllt. Unter der Annahme, dass es eine Maximumstelle gibt, müssen dies ihre Koordinaten sein. Indem wir $(x, y) = (5, 8)$ in die Definition von f einsetzen, erhalten wir den Maximalwert, der $f(5, 8) = 100$ ist. (In Beispiel 17.2.2 werden wir zeigen, dass $(5, 8)$ *wirklich* eine Maximumstelle ist.)

Beispiel 17.1.2

Ein Unternehmen produziert zwei verschiedene Sorten A und B eines Gutes. Die täglichen Kosten in Euro der Produktion von x Einheiten des Gutes A und y Einheiten des Gutes B sind

$$C(x, y) = 0.04x^2 + 0.01xy + 0.01y^2 + 4x + 2y + 500$$

Nehmen Sie an, dass das Unternehmen den ganzen Output verkauft, und zwar zu einem Stückpreis von 15 Euro für A und 9 Euro für B. Bestimmen Sie die täglichen Produktionsniveaus x und y, die den Gewinn pro Tag maximieren.

Lösung: Der Gewinn pro Tag in Euro ist $\pi(x, y) = 15x + 9y - C(x, y)$, so dass

$$\begin{aligned}\pi(x, y) &= 15x + 9y - 0.04x^2 - 0.01xy - 0.01y^2 - 4x - 2y - 500 \\ &= -0.04x^2 - 0.01xy - 0.01y^2 + 11x + 7y - 500\end{aligned}$$

Wenn die zwei Größen $x > 0$ und $y > 0$ gemeinsam den Gewinn maximieren, dann muss (x, y) die beiden folgenden Bedingungen erster Ordnung erfüllen

$$\frac{\partial \pi}{\partial x} = -0.08x - 0.01y + 11 = 0\,, \qquad \frac{\partial \pi}{\partial y} = -0.01x - 0.02y + 7 = 0$$

Diese beiden linearen Gleichungen in x und y haben die eindeutige Lösung $x = 100$, $y = 300$. Der zugehörige Maximalgewinn in Euro ist $\pi(100, 300) = 1100$. (Wir haben bisher nicht gezeigt, dass dies tatsächlich ein Maximum ist. Siehe dazu Aufgabe 17.2.1.)

Beispiel 17.1.3 **(Gewinnmaximierung)**

Nehmen Sie an, dass $Q = F(K, L)$ eine Produktionsfunktion mit $K \geq 0$ als Kapitalinput und $L \geq 0$ als Arbeitsinput ist. Der Preis pro Einheit des Outputs sei p, die Kosten (oder Zinsen) pro Einheit des Kapitals seien r, und der Lohnsatz sei w, wobei die Konstanten p, r und w alle positiv sind. Der Gewinn π aus der Produktion und dem Verkauf von $F(K, L)$ Einheiten ist dann gegeben durch die Funktion

$$\pi(K, L) = pF(K, L) - rK - wL$$

Wenn F differenzierbar ist und π ein Maximum mit $K > 0$ und $L > 0$ hat, dann sind die zwei Bedingungen erster Ordnung

$$\pi'_K(K, L) = pF'_K(K, L) - r = 0 \quad \text{und} \quad \pi'_L(K, L) = pF'_L(K, L) - w = 0$$

Eine notwendige Bedingung dafür, dass der Gewinn ein Maximum hat für $K = K^*$ und $L = L^*$, ist somit

$$pF'_K(K^*, L^*) = r \quad \text{und} \quad pF'_L(K^*, L^*) = w \tag{$*$}$$

Die erste Gleichung in $(*)$ besagt, dass r, die Kosten des Kapitals, gleich dem Wert des Grenzprodukts des Kapitals sein muss beim Preis p pro Einheit. Nehmen Sie an, wir denken daran, den Kapitalinput vom Niveau K^* aus um k Einheiten zu erhöhen, wobei k klein ist. Um wie viel würde der Gewinn ansteigen? Die Produktion würde um annähernd $F'_K(K^*, L^*)k$ Einheiten erhöht. Da jede von ihnen den Preis p erbringt, ist die Zunahme des Erlöses annähernd $pF'_K(K^*, L^*)k$. Aber: Wie viel geht verloren? Die Antwort ist rk, denn jede Einheit Kapital kostet r. Diese beiden Größen, d. h. das, was man gewinnt und das, was man verliert, müssen in einem Gewinnmaximum gleich sein.

Die zweite Gleichung in $(*)$ hat eine ähnliche Interpretation: Vorausgesetzt, dass ℓ klein ist, führt die Erhöhung des Arbeitsinputs um ℓ Einheiten vom Niveau L^* aus zu einer approximativen Steigerung $pF'_L(K^*, L^*)\ell$ im Erlös, während der zusätzliche Arbeitseinsatz $w\ell$ kostet. Das den Gewinn maximierende Paar (K^*, L^*) hat daher die Eigenschaft, dass der zusätzliche Erlös aus der Erhöhung eines Inputs gerade durch die zusätzlichen Kosten aufgezehrt wird.

Ökonomen dividieren die Bedingungen erster Ordnung $(*)$ oft durch den positiven Preis p und kommen so zu der alternativen Form $F'_K(K, L) = r/p$ und $F'_L(K, L) = w/p$. Somit muss das Unternehmen, um maximalen Gewinn zu erzielen, K und L so wählen, dass die Grenzproduktivität des Kapitals gleich dem „relativen" Preis r/p und die Grenzproduktivität der Arbeit gleich dem relativen Preis w/p ist.

Beachten Sie, dass die Bedingungen in (∗) notwendig, aber im Allgemeinen nicht hinreichend sind für ein inneres Maximum. Hinreichende Bedingungen für ein Optimum werden in Beispiel 17.3.3 untersucht.

Beispiel 17.1.4

Bestimmen Sie die einzig mögliche Lösung des folgenden Spezialfalls von Beispiel 17.1.3.

$$\max \pi(K, L) = 12K^{1/2}L^{1/4} - 1.2K - 0.6L$$

Lösung: Die Bedingungen erster Ordnung sind

$$\pi'_K(K, L) = 6K^{-1/2}L^{1/4} - 1.2 = 0 \quad \text{und} \quad \pi'_L(K, L) = 3K^{1/2}L^{-3/4} - 0.6 = 0$$

Diese Gleichungen implizieren, dass $K^{-1/2}L^{1/4} = K^{1/2}L^{-3/4} = 0.2 = 1/5$. Indem wir jede Seite der ersten Gleichung hier mit $K^{1/2}L^{3/4}$ multiplizieren, erhalten wir $L = K$ und damit $K^{-1/4} = L^{-1/4} = 1/5$. Es folgt, dass $K = L = 5^4 = 625$ die einzig mögliche Lösung ist. (Siehe Beispiel 17.2.3 für einen Beweis, dass dies tatsächlich eine Maximumstelle ist.)

Beispiel 17.1.5

Ein Unternehmen ist ein Monopolist im inländischen Markt, nimmt jedoch den Preis p_w seines Produktes auf dem Weltmarkt als gegeben hin. Die auf den zwei Märkten verkauften Mengen seien mit x_d bzw. x_w bezeichnet. Der auf dem inländischen Markt erzielte Preis als Funktion der Verkäufe ist $p_d = P(x_d)$. Die Kosten für die Herstellung von x Einheiten sind $C(x)$, unabhängig davon, wie der Output verteilt ist zwischen inländischem Markt und Weltmarkt.

(a) Bestimmen Sie die Gewinnfunktion $\pi(x_d, x_w)$ und schreiben Sie die Bedingungen erster Ordnung für einen maximalen Gewinn in $x_d > 0$, $x_w > 0$ auf. Geben Sie ökonomische Interpretationen für diese Bedingungen an.

(b) Nehmen Sie an, dass das Unternehmen auf dem inländischen Markt mit einer Nachfragekurve konfrontiert ist, deren Preiselastizität eine Konstante und zwar -2 ist. Welches ist die Beziehung zwischen den Preisen auf dem inländischen und dem Weltmarkt?

Lösung:

(a) Der Erlös aus dem Verkauf von x_d Einheiten auf dem inländischen Markt zum Preis $p_d = P(x_d)$ ist $P(x_d) \cdot x_d$. Auf dem Weltmarkt ist der Erlös $p_w x_w$. Die Gewinnfunktion ist $\pi = \pi(x_d, x_w) = P(x_d)x_d + p_w x_w - C(x_d + x_w)$. Daher sind die Bedingungen erster Ordnung:

$$\pi'_1 = p_d + P'(x_d) \cdot x_d - C'(x_d + x_w) = 0 \qquad (*)$$

$$\pi'_2 = p_w - C'(x_d + x_w) = 0 \qquad (**)$$

Gemäß (∗∗) müssen die Grenzkosten auf dem Weltmarkt gleich dem Preis p_w sein, der in diesem Fall gleich dem Grenzerlös ist. Auf dem inländischen Markt müssen die Grenzkosten ebenfalls gleich dem Grenzerlös sein, der $p_d + P'(x_d)x_d$ ist. Nehmen Sie an, dass das Unternehmen erwägt, ein wenig mehr zu produzieren und zu verkaufen auf ihrem inländischen Markt. Der zusätzliche Erlös pro Einheit Zuwachs im Output ist p_d, verringert um den Verlust, der entsteht, weil der Verkauf dieser zusätzlichen Einheit den Preis aller auf dem inländischen Markt verkauften Einheiten reduziert. Dieser Verlust ist ungefähr $P'(x_d)x_d$. Da die Kosten für eine Extraeinheit Output ungefähr gleich den Grenzkosten $C'(x_d + x_w)$ ist, drückt (∗) die Bedingung aus, dass, pro Extraeinheit Output, der zusätzliche Erlös auf dem inländischen Markt gerade durch die zusätzlichen Kosten ausgeglichen wird.

(b) Die Preiselastizität der Nachfrage ist −2, was bedeutet, dass $\mathrm{El}_{p_d} x_d = (p_d/x_d)(dx_d/dp_d) = -2$. Nach der Regel für die Differentiation inverser Funktionen folgt:

$$P'(x_d) = \frac{\mathrm{d}p_d}{\mathrm{d}x_d} = 1/(\mathrm{d}x_d/\mathrm{d}p_d) = -\frac{1}{2}\frac{p_d}{x_d} \qquad (***)$$

Dann implizieren die Gl. (∗), (∗∗) und (∗∗∗) zusammen, dass $\frac{1}{2}p_d = C'(x_d + x_w) = p_w$. Somit ist auf dem inländischen Markt, wo das Unternehmen ein Monopolist ist, der erzielte Preis das Zweifache des Preises auf dem Weltmarkt, wo der Preis als gegeben hingenommen werden muss.

Aufgaben für Kapitel 17.1

1. Die Funktion f, die für alle (x, y) durch $f(x, y) = -2x^2 - y^2 + 4x + 4y - 3$ definiert ist, hat eine Maximumstelle. Bestimmen Sie die entsprechenden Werte von x und y.

2. Betrachten Sie die Funktion f, die für alle (x, y) durch $f(x, y) = x^2 + y^2 - 6x + 8y + 35$ definiert ist.

(a) Die Funktion hat eine Minimumstelle. Bestimmen Sie diese.

(b) Zeigen Sie, dass $f(x, y)$ in der Form $f(x, y) = (x - 3)^2 + (y + 4)^2 + 10$ geschrieben werden kann. Erklären Sie, warum diese Form zeigt, dass Sie in Teil (a) wirklich das Minimum gefunden haben.

3. In dem Gewinn-Maximierungs-Problem des Beispiels 17.1.3 sei $p = 1$, $r = 0.65$, $w = 1.2$ und

$$F(K, L) = 80 - (K - 3)^2 - 2(L - 6)^2 - (K - 3)(L - 6)$$

Bestimmen Sie die einzig möglichen Werte von K und L, die den Gewinn maximieren.

4. Die jährlichen Gewinne für ein Unternehmen seien gegeben durch

$$\pi(x, y) = -x^2 - y^2 + 22x + 18y - 102$$

Dabei ist x der für Produktentwicklung ausgegebene Betrag und y ist der für Werbung ausgegebene Betrag.

(a) Bestimmen Sie die Gewinne, wenn $x = 10$, $y = 8$, und wenn $x = 12$, $y = 10$ ist.

(b) Bestimmen Sie die einzig möglichen Werte von x und y, die den Gewinn maximieren können und den entsprechenden Gewinn.

► Lösungen zu den Aufgaben finden Sie im Anhang des Buches.

17.2 Zwei Variablen: Hinreichende Bedingungen

Konkavität oder Konvexität als eine hinreichende Bedingung

Wir beginnen mit der Erinnerung an einige relevante Resultate aus den Kap. 8 und 9. Nehmen Sie dazu an, dass f eine konkave Funktion einer Variablen ist, definiert in einem Intervall I der reellen Zahlengeraden. Erinnern Sie sich an die Supergradienteneigenschaft in Theorem 8.4.1, die besagt, dass der Gradient einer Funktion an jeder inneren Stelle, wo f differenzierbar ist, ein Supergradient ist, in dem Sinn, dass die Tangente oberhalb des Graphen der Funktion liegt. Dies führte uns zu Theorem 9.2.2, das eine sehr einfache hinreichende Bedingung dafür angibt, dass eine innere kritische (stationäre) Stelle in I eine Maximumstelle ist, nämlich, dass die Funktion f konkav ist. Der Grund ist, dass der Gradient von f an einer kritischen Stelle Null ist, laut Definition. Somit ist, nach der Supergradienteneigenschaft von konkaven Funktion, in einer krtischen Stelle der Supergradient Null, was sofort impliziert, dass die kritische Stelle eine Maximumstelle ist.

Dieses Resultat für eine Variable gilt sogar dann, wenn die Funktion f nicht differenzierbar ist an verschiedenen Stellen von I. In der Tat: Das Entscheidende ist, dass sie an einer inneren kritischen Stelle differenzierbar sein sollte, da das hinreichend dafür ist, dass eine konkave Funktion dort eine Maximumstelle hat. Analog: Eine hinreichende Bedingung dafür, dass eine innere kritische Stelle in I eine Minimumstelle ist, ist, dass f konvex ist.

Für eine Funktion von zwei Variablen gelten ähnliche Resultate. Erinnern Sie zunächst von Kap. 14.7, dass eine Menge S in der xy-Ebene konvex ist, wenn für jedes Paar von Punkten P und Q in S der ganze Streckenabschnitt zwischen P und Q in S liegt. Erinnern Sie auch von Kap. 14.8 die Definition einer konkaven oder konvexen Funktion. Nun sei $z = f(x, y)$ eine konkave Funktion von zwei Variablen, definiert auf einer konvexen Menge S. Betrachten Sie in jedem inneren Punkt (x^0, y^0), wo f differenzierbar ist, den Gradientenvektor $\nabla f(x^0, y^0) = \big(f_1'(x^0, y^0), f_2'(x^0, y^0)\big)$ und die zugehörige Tangentialebene, gegeben durch Gl. (15.8.10), die umgeschrieben werden kann als

$$z - f(x^0, y^0) = f_1'(x^0, y^0)(x - x^0) + f_2'(x^0, y^0)(y - y^0) \tag{17.2.1}$$

Dann sagt die in Theorem 15.8.3 gegebene Supergradienteneigenschaft aus, dass der Gradientenvektor $\nabla f(x^0, y^0)$ der konkaven Funktion f ein Supergradientenvektor ist, in dem Sinn, dass die durch Gl. (17.2.1) gegebene Tangentialebene oberhalb des Graphen der Funktion liegt. Das heißt: Für alle (x, y) in S gilt

$$f(x, y) - f(x^0, y^0) \le f_1'(x^0, y^0)(x - x^0) + f_2'(x^0, y^0)(y - y^0) \tag{17.2.2}$$

Nun ist nach der Definition in Theorem 17.1.1 der Gradientenvektor $\nabla f(x^0, y^0)$ der Funktion f an einer inneren kritischen Stelle (x^0, y^0) der Nullvektor $(0, 0)$. Indem man $f_1'(x^0, y^0) = f_2'(x^0, y^0) = 0$ in (17.2.2) einsetzt, folgt sofort, dass für alle (x, y) in S gilt

$$f(x, y) - f(x^0, y^0) \le 0 \tag{17.2.3}$$

Dies besagt natürlich, dass die innere kritische Stelle (x^0, y^0) eine Maximumstelle der konkaven Funktion f ist. Mit Hilfe eines Standardarguments folgt auch: Wenn die Funktion f konvex ist und somit $-f$ konkav ist, dann ist die innere kritische Stelle (x^0, y^0) eine Maximumstelle der konkaven Funktion $-f$ und somit eine Minimumstelle der konvexen Funktion f. Somit haben wir das folgende Schlüsselresultat bewiesen:

Theorem 17.2.1 (Konkavität oder Konvexität als eine hinreichende Bedingung)

Nehmen Sie an, dass die Funktion $z = f(x, y)$ von zwei Variablen definiert ist auf einer konvexen Menge S und dass (x^0, y^0) eine innere kritische Stelle in S ist. Dann gilt:

(a) Falls die Funktion f konkav ist, ist die Stelle (x^0, y^0) eine Maximumstelle.

(b) Falls die Funktion f konvex ist, ist die Stelle (x^0, y^0) eine Minimumstelle.

Bedingungen zweiter Ordnung für Konkavität oder Konvexität

Jetzt suchen wir nach Bedingungen an die partiellen Ableitungen zweiter Ordnung einer Funktion f, die gewährleisten, dass sie konkav oder konvex ist, so dass Theorem 17.2.1 anwendbar ist. Nehmen Sie zunächst an, dass f eine zweimal differenzierbare Funktion nur einer Variablen ist, definiert auf einem Intervall I der reellen Zahlengeraden. In diesem Fall bietet Gl. (8.5.3) eine notwendige und hinreichende Bedingung dafür, dass f konkav ist auf I, nämlich dass $f''(x) \leq 0$ für alle x im Inneren von I. Ähnlich bietet Gl. (8.5.4) eine notwendige und hinreichende Bedingung dafür, dass f konvex ist auf I, nämlich dass $f''(x) \geq 0$ für alle x im Inneren von I.

Für eine Funktion von zwei Variablen haben wir in (14.8.3)–(14.8.6) entsprechende Tests auf Konkavität oder Konvexität bereitgestellt, sowie auch hinreichende Bedingungen für strikte Konkavität oder Konvexität, die auf den *partiellen* Ableitungen zweiter Ordnung basieren. Vorausgesetzt, dass die Funktion eine innere kritische Stelle hat, impliziert dieser Test, dass ihr Graph eine Oberfläche hat, die wie die in Abb. 17.1.1 geformt ist.

Betrachten Sie eine Kurve, die wie QPR in Abb. 17.1.1 in der durch den Graphen gebildeten Fläche liegt und parallel zur xz-Ebene ist. Jede solche Kurve ist der Graph einer konkaven Funktion einer Variablen, was $f''_{11}(x, y) \leq 0$ impliziert. Ein ähnliches Argument gilt für jede Kurve in der Fläche, die parallel zur yz-Ebene ist, was $f''_{22}(x, y) \leq 0$ impliziert. Im Allgemeinen ist es jedoch allein *nicht* hinreichend, wenn diese zwei partiellen Ableitungen zweiter Ordnung nichtpositiv sind, um zu garantieren, dass die Funktion konkav ist mit einem Graphen, dessen Form so ist wie in Abb. 17.1.1. Dies wird klar durch das folgende Beispiel.

Beispiel 17.2.1

Für die Funktion $f(x, y) = 3xy - x^2 - y^2$ gilt $f''_{11}(x, y) = f''_{22}(x, y) = -2$. Alle Kurven parallel zur xz-Ebene, die auf der Fläche liegen, die durch den Graphen definiert wird, haben die Gleichung $z = 3xy_0 - x^2 - y_0^2$ für ein festes y_0. Es handelt sich deshalb um eine konkave Parabel. Dasselbe gilt für jede Kurve parallel zur yz-Ebene, die auf der Fläche liegt. Jedoch reduziert sich die Funktion entlang der Geraden $y = x$ zu

$f(x, x) = x^2$, welches eine konvexe und keine konkave Parabel ist. Es folgt, dass f kein Maximum (oder Minimum) in $(0, 0)$ hat, welches die einzige kritische Stelle ist.

Was Beispiel 17.2.1 zeigt, ist: Bedingungen, die sicherstellen, dass der Graph von f wie der in Abb. 17.1.1 aussieht, dürfen die gemischten partiellen Ableitungen zweiter Ordnung $f''_{12}(x, y)$ nicht ignorieren.

Sei $z = f(x, y)$ eine zweimal differenzierbare Funktion von zwei Variablen, definiert auf einer konvexen Menge S. Einnern Sie die Bedingungen zweiter Ordnung in (14.8.3) für Konkavität von f und jene in (14.8.4) für Konvexität von f. Das folgende Resultat baut auf Theorem 17.2.1 auf, indem es die Bedingungen zweiter Ordnung für Konkavität oder Konvexität benutzt, um hinreichende Bedingungen zu erlangen, dass eine innere kritische Stelle von f eine Maximum- oder Minimumstelle ist.

Theorem 17.2.2 (Hinreichende Bedingungen für ein Maximum oder Minimum)

Nehmen Sie an, dass (x_0, y_0) eine innere kritische Stelle für eine C^2-Funktion $f(x, y)$ ist, die auf einer konvexen Menge S in $\mathbb{R}^2$ definiert ist.

(a) Falls für alle (x, y) in S

$$f''_{11}(x, y) \leq 0, \; f''_{22}(x, y) \leq 0 \quad \text{und} \quad f''_{11}(x, y)f''_{22}(x, y) - \left[f''_{12}(x, y)\right]^2 \geq 0$$

dann ist f konkav und (x_0, y_0) eine Maximumstelle für $f(x, y)$ in S.

(b) Falls für alle (x, y) in S

$$f''_{11}(x, y) \geq 0, \; f''_{22}(x, y) \geq 0 \quad \text{und} \quad f''_{11}(x, y)f''_{22}(x, y) - \left[f''_{12}(x, y)\right]^2 \geq 0$$

dann ist f konvex und (x_0, y_0) eine Minimumstelle für $f(x, y)$ in S.

Die Bedingungen in Teil (a) von Theorem 17.2.2 sind hinreichend dafür, dass eine innere kritische Stelle eine Maximumstelle ist. Sie sind weit davon entfernt, auch notwendig zu sein. Dies wird klar von der Funktion, deren Graph in Abb. 17.1.2 gezeigt ist. Diese *hat* ein Maximum in P, aber die Bedingungen in (a) sind gewiss nicht in ihrem ganzen Definitionsbereich erfüllt.

Beispiel 17.2.2

Zeigen Sie, dass die kritische Stelle, die wir in Beispiel 17.1.1 gefunden haben, eine Maximumstelle ist.

Lösung: Wir hatten $f'_1(x, y) = -4x - 2y + 36$ und $f'_2(x, y) = -2x - 4y + 42$. Ferner ist $f''_{11} = -4$, $f''_{12} = -2$ und $f''_{22} = -4$. Daher ist $f''_{11}(x, y) \leq 0$, $f''_{22}(x, y) \leq 0$ und

$$f''_{11}(x, y)f''_{22}(x, y) - \left[f''_{12}(x, y)\right]^2 = 16 - 4 = 12 \geq 0$$

Nach (a) in Theorem 17.2.2 garantieren diese Ungleichungen, dass an der kritischen Stelle $(5, 8)$ ein Maximum vorliegt.

Beispiel 17.2.3

Zeigen Sie, dass die kritische Stelle, die wir in Beispiel 17.1.4 gefunden haben, eine Maximumstelle ist.

Lösung: Für alle $K > 0$ und $L > 0$ sind die partiellen Ableitungen zweiter Ordnung

$$\pi''_{KK} = -3K^{-3/2}L^{1/4}, \qquad \pi''_{KL} = \tfrac{3}{2}K^{-1/2}L^{-3/4} \quad \text{und} \quad \pi''_{LL} = -\tfrac{9}{4}K^{1/2}L^{-7/4}$$

Es ist klar, dass $\pi''_{KK} < 0$ und $\pi''_{LL} < 0$. Ferner ist

$$\pi''_{KK}\pi''_{LL} - (\pi''_{KL})^2 = \tfrac{27}{4}K^{-1}L^{-3/2} - \tfrac{9}{4}K^{-1}L^{-3/2} = \tfrac{9}{2}K^{-1}L^{-3/2} > 0$$

Es folgt, dass die kritische Stelle $(K, L) = (625, 625)$ den Gewinn maximiert.

Dieser Abschnitt endet mit zwei Beispielen von Optimierungsproblemen, in denen die Wahl der Variablen Nebenbedingungen unterworfen ist. Es kann jedoch eine einfache Transformation angewendet werden, um das Problem in die Form überzuführen, die wir bisher erörtert haben, ohne irgendeine Nebenbedingung.

Beispiel 17.2.4

Nehmen Sie an, dass die Produktion des Unternehmens in Beispiel 17.1.2 eine Umweltbelastung hervorruft, so dass das Unternehmen per Gesetz eingeschränkt ist, insgesamt 320 Einheiten der beiden Güter zu produzieren. Das Problem des Unternehmens ist dann:

$$\max -0.04x^2 - 0.01xy - 0.01y^2 + 11x + 7y - 500$$

unter der Nebenbedingung $x + y = 320$.

Welches sind jetzt die beiden optimalen Mengen des Outputs?

Lösung: Das Unternehmen möchte weiterhin seinen Gewinn maximieren. Wegen der Restriktion $y = 320 - x$ kann jedoch die Gewinnfunktion als Funktion von x allein ausgedrückt werden. In der Tat: Die neue Gewinnfunktion ist

$$\hat{\pi}(x) = -0.04x^2 - 0.01x(320 - x) - 0.01(320 - x)^2 + 11x + 7(320 - x) - 500$$

Wir erhalten, dass $\hat{\pi}'(x) = -0.08x + 7.2$, so dass $\hat{\pi}'(x) = 0$ für $x = 7.2/0.08 = 90$. Da $\hat{\pi}''(x) = -0.08 < 0$ für alle x, maximiert $x = 90$ den Gewinn $\hat{\pi}$. Der entsprechende Wert von y ist $y = 320 - 90 = 230$. Der maximale Gewinn ist 1040.

Beispiel 17.2.5

Ein Unternehmen hat drei Fabriken, die alle dasselbe Gut produzieren. Es seien x, y und z die entsprechenden Mengen des Outputs, den die drei Fabriken produzieren, um einen Auftrag von insgesamt 2000 Einheiten zu erfüllen. Hier ist $x + y + z = 2000$. Die Kostenfunktionen für die drei Fabriken sind

$$C_1(x) = 200 + \frac{1}{100}x^2, \qquad C_2(y) = 200 + y + \frac{1}{300}y^3, \qquad C_3(z) = 200 + 10z$$

Bestimmen Sie diejenigen Werte von x, y und z, die die Gesamtkosten $C(x, y, z) = C_1(x) + C_2(y) + C_3(z)$ zur Erfüllung dieses Auftrages minimieren.

Lösung: Auflösen der Gleichung $x + y + z = 2000$ nach z ergibt $z = 2000 - x - y$. Einsetzen dieses Ausdrucks für z in den Ausdruck für C ergibt nach Vereinfachung

$$\hat{C}(x, y) = C_1(x) + C_2(y) + C_3(2000 - x - y) = \frac{1}{100}x^2 - 10x + \frac{1}{300}y^3 - 9y + 20\,600$$

Jede kritische Stelle von $\hat{C}$ muss die zwei Gleichungen

$$\hat{C}'_1(x, y) = \frac{1}{50}x - 10 = 0 \quad \text{und} \quad \hat{C}'_2(x, y) = \frac{1}{100}y^2 - 9 = 0$$

erfüllen. Wir schließen die Lösung mit $y < 0$ aus, so dass $x = 500$ und $y = 30$ als einzige ökonomisch sinvolle Lösung bleibt. Dies impliziert $z = 1470$. Der entsprechende Wert von C ist 17 920.

Die partiellen Ableitungen zweiter Ordnung von $\hat{C}$ sind

$$\hat{C}''_{11}(x, y) = \frac{1}{50}, \qquad \hat{C}''_{12}(x, y) = 0 \quad \text{und} \quad \hat{C}''_{22}(x, y) = \frac{1}{50}y$$

Es folgt, dass für alle $x \geq 0$, $y \geq 0$ gilt $\hat{C}''_{11}(x, y) \geq 0$, $\hat{C}''_{22}(x, y) \geq 0$ und

$$\hat{C}''_{11}(x, y)\hat{C}''_{22}(x, y) - \left(\hat{C}''_{12}(x, y)\right)^2 = \frac{y}{2500} \geq 0$$

Jetzt können wir Teil (b) von Theorem 17.2.2 anwenden, um zu zeigen, dass $(500, 30)$ eine Minimumstelle von $\hat{C}$ innerhalb des konvexen Bereichs der Punkte (x, y) mit $x \geq 0$, $y \geq 0$ und $x + y \leq 2000$ ist. Es folgt, dass $(500, 30, 1470)$ eine Minimumstelle von C innerhalb des Bereichs (x, y, z) mit $x \geq 0$, $y \geq 0$, $z \geq 0$ und $x + y + z = 2000$ ist.

Aufgaben für Kapitel 17.2

1. Beweisen Sie, dass das wahre Maximum gefunden wurde in:
(a) Beispiel 17.1.2; (b) Aufgabe 17.1.1; (c) Aufgabe 17.1.3.

2. Ein Unternehmen produziert zwei verschiedene Arten A und B eines Gutes. Die täglichen Kosten für die Produktion von x Einheiten der Sorte A und y Einheiten der Sorte B sind

$$C(x, y) = 2x^2 - 4xy + 4y^2 - 40x - 20y + 514$$

Nehmen Sie an, dass das Unternehmen den ganzen Output zu einem Preis pro Einheit von 24 Euro für A und 12 Euro für B verkauft.

(a) Finden Sie die täglichen Produktionsniveaus x und y, die den Gewinn maximieren.

(b) Es wird von dem Unternehmen verlangt, dass es genau 54 Einheiten pro Tag von den beiden Arten zusammen produziert. Wie sieht der optimale Produktionsplan jetzt aus?

➜ Fortsetzung

3. Maximieren Sie die Nutzenfunktion $U(x, y, z) = xyz$ unter der Nebenbedingung $x + 3y + 4z = 108$ und $x, y, z > 0$ durch Elimination der Variablen x und Definition einer geeigneten Funktion von y und z allein.

4. Die Preise p und q, die ein Monopolist für jedes seiner zwei Produkte erzielt, sind bestimmt durch die inversen Nachfragefunktionen $p = 25 - x$ und $q = 24 - 2y$, wobei x und y die entsprechenden Outputgrößen sind, die der Monopolist wählt. Die Kosten für die Produktion von x Einheiten des ersten Gutes und y Einheiten des zweiten Gutes sind $C(x, y) = 3x^2 + 3xy + y^2$.

(a) Bestimmen Sie die Gewinnfunktion $\pi(x, y)$ des Monopolisten aus der Produktion und dem Verkauf von x Einheiten des ersten Gutes und y Einheiten des anderen Gutes.

(b) Bestimmen Sie die Werte von x und y, die $\pi(x, y)$ maximieren. Verifizieren Sie, dass Sie den maximalen Gewinn gefunden haben.

5. Ein Unternehmen produziert zwei Güter. Die Kosten der Produktion von x Einheiten des Gutes 1 und y Einheiten des Gutes 2 seien

$$C(x, y) = x^2 + xy + y^2 + x + y + 14$$

Nehmen Sie an, dass das Unternehmen den ganzen Output beider Güter zu den Preisen p bzw. q pro Einheit verkauft. Bestimmen Sie diejenigen Werte von x und y, die den Gewinn maximieren unter der Annahme $\frac{1}{2}p + \frac{1}{2} < q < 2p - 1$ und $p > 1$.

6. Die Gewinnfunktion eines Unternehmens ist $\pi(x, y) = px + qy - \alpha x^2 - \beta y^2$, wobei p und q die Preise pro Einheit und $\alpha x^2 + \beta y^2$ die Kosten für die Herstellung und den Verkauf von x Einheiten des ersten Gutes und y Einheiten des anderen Gutes sind. Die Konstanten sind alle positiv.

(a) Bestimmen Sie diejenigen Werte von x und y, die den Gewinn maximieren. Bezeichnen Sie diese mit x^* und y^*. Überprüfen Sie, dass die Bedingungen zweiter Ordnung erfüllt sind.

(b) Definieren Sie die Funktion π^*, so dass $\pi^*(p, q) = \pi(x^*, y^*)$ der maximale Gewinn des Unternehmens bei den Preisen p und q ist. Überprüfen Sie, dass $\partial\pi^*(p, q)/\partial p = x^*$ und $\partial\pi^*(p, q)/\partial q = y^*$. Geben Sie ökonomische Interpretationen für diese zwei Gleichungen.

7. Bestimmen Sie den kleinsten Wert von $x^2 + y^2 + z^2$, wenn wir verlangen, dass $4x + 2y - z = 5$ sein soll.[3]

8. Seien A, a, b positive Konstanten und p, q und r beliebige Konstanten. Zeigen Sie, dass die Funktion $f(x, y) = Ax^a y^b - px - qy - r$ konkav ist für $x > 0$, $y > 0$, vorausgesetzt, dass $a + b \leq 1$ ist.

► Lösungen zu den Aufgaben finden Sie im Anhang des Buches.

[3] Geometrisch entspricht dies dem Problem, den Punkt in der Ebene $4x + 2y - z = 5$ zu finden, der dem Ursprung am nächsten ist.

17.3 Lokale Extremstellen

Ökonomen müssen oft *lokale* Extremstellen einer Funktion von zwei Variablen untersuchen. Hier erweitern wir die Definitionen und Resultate für Funktionen einer Variablen, die wir in Kap. 9.6 gegeben haben. Somit wird der Punkt (x_0, y_0) eine *lokale Maximumstelle* von f in der Menge S genannt, wenn $f(x, y) \leq f(x_0, y_0)$ für alle Paare (x, y) in S, die hinreichend nahe an (x_0, y_0) liegen. Etwas präziser ist die Definition, dass es eine positive Zahl r gibt, so dass $f(x, y) \leq f(x_0, y_0)$ für alle (x, y) in S, die innerhalb eines Kreises mit Mittelpunkt (x_0, y_0) und Radius r liegen. Wenn die Ungleichung strikt ist für $(x, y) \neq (x_0, y_0)$, dann ist (x_0, y_0) eine *strikte* lokale Maximumstelle.

Eine *strikte lokale Minimum*stelle wird in analoger Weise definiert. Es sollte auch klar sein, was wir mit *lokalen Maximum- und Minimumwerten, lokalen Extremstellen* und *lokalen Extremwerten* meinen. Beachten Sie, wie diese Definitionen implizieren, dass eine globale Extremstelle auch eine lokale Extremstelle ist; jedoch ist die Umkehrung natürlich nicht wahr.

Bei der Suche nach Maximum- und Minimumstellen waren die Bedingungen erster Ordnung, die wir in Theorem 17.1.1 präsentiert haben, sehr nützlich. Dieselben Bedingungen sind auch für lokale Extremstellen anwendbar: *Jede lokale Extremstelle im Innern des Definitionsbereichs einer differenzierbaren Funktion muss eine kritische Stelle sein.* Dieses Resultat folgt, weil es in dem Argument für Theorem 17.1.1 genügte, das Verhalten der Funktion in einer kleinen Umgebung um die Optimalstelle herum zu betrachten.

Diese Bedingungen erster Ordnung sind notwendig in dem Sinn, dass für eine gegebene differenzierbare Funktion $z = f(x, y)$, definiert auf einer Menge S in der Ebene, nur eine kritische Stelle eine lokale Extremstelle sein kann. Jedoch muss eine kritische Stelle keine Extremstelle sein. In der Tat: Betrachten Sie eine kritische Stelle (x_0, y_0) von f, die wie im Fall des Punktes $(0, 0)$ in Abb. 17.3.1 weder eine lokale Maximum- noch eine lokale Minimumstelle ist. Weil der in der Abbildung gezeigte Graph geformt ist wie ein Sattel, den man gewöhnlich auf dem Rücken eines Pferdes findet, das ein Reiter besteigen möchte, wird diese kritische Stelle eine *Sattelstelle* von f genannt. Etwas präziser: *Eine Sattelstelle* (x_0, y_0) *ist eine kritische Stelle mit der Eigenschaft, dass es Punkte* (x, y) *und* (x', y') *gibt, beide beliebig nahe an* (x_0, y_0), *mit* $f(x, y) < f(x_0, y_0)$ *und* $f(x', y') > f(x_0, y_0)$.

Beispiel 17.3.1

Zeigen Sie, dass $(0, 0)$ eine Sattelstelle von $f(x, y) = x^2 - y^2$ ist. Zeichnen Sie den Graphen.

Lösung: Es ist leicht zu überprüfen, dass $(0, 0)$ eine kritische Stelle ist, in der $f(0, 0) = 0$ gilt. Ferner ist $f(x, 0) = x^2$ und $f(0, y) = -y^2$, so dass $f(x, y)$ beliebig nahe am Ursprung positive und negative Werte annimmt. Daher ist $(0, 0)$ eine Sattelstelle. Der Graph der Funktion ist in Abb. 17.3.1 dargestellt.

Lokale Extrempunkte und Sattelpunkte können illustriert werden, indem man an Berge im Himalaya denkt. Jeder Gipfel ist ein lokales Maximum, aber nur der höchste (Mount Everest) ist das (globale) Maximum. Die tiefsten Punkte der Seen oder Glet-

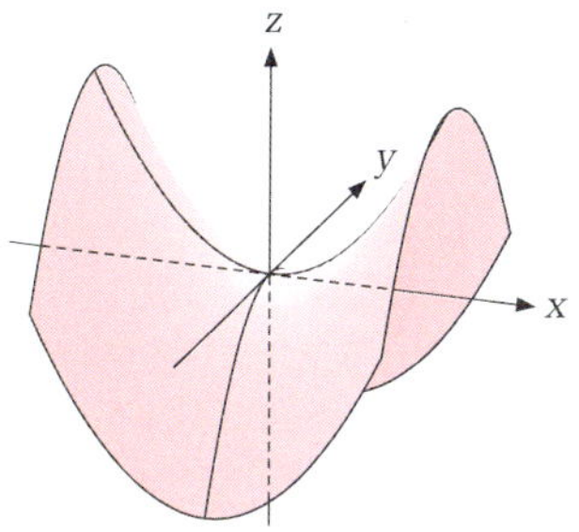

Abbildung 17.3.1: $z = x^2 - y^2$ *mit Sattelpunkt an der Stelle* $(0, 0)$

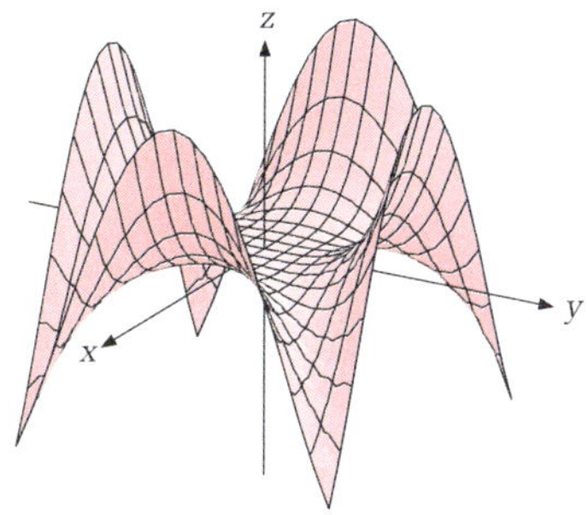

Abbildung 17.3.2: $z = x^4 - 3x^2y^2 + y^4$ *mit Sattelpunkt an der Stelle* $(0, 0)$

scher sind lokale Minima. In jedem Gebirgspass wird es einen Sattelpunkt geben, der der höchste Punkt in einer Himmelsrichtung ist und der niedrigste in einer anderen Richtung. Nichtsdestoweniger: Die Fläche in Abb. 17.3.2 zeigt, dass nicht alle Sattelpunkte zu Graphen gehören, die so akkurat aussehen wie der in Abb. 17.3.1 gezeigte. Unsere Definitionen implizieren, dass die kritischen Stellen einer Funktion in drei Kategorien fallen: Lokale Maximumstellen, lokale Minimumstellen und Sattelstellen. Wie unterscheiden wir zwischen diesen drei Fällen?

Betrachten Sie zuerst den Fall, in dem $z = f(x, y)$ ein lokales Maximum in (x_0, y_0) hat. Die zwei Funktionen $g(x) = f(x, y_0)$ und $h(y) = f(x_0, y)$ beschreiben das Verhalten von f entlang der Geraden $y = y_0$ bzw. $x = x_0$, wie in Abb. 17.1.1 gezeigt. Die Funktionen g und h müssen lokale Maxima in x_0 bzw. y_0 annehmen. Es folgt, dass die zwei Bedingungen zweiter Ordnung $g''(x_0) = f''_{11}(x_0, y_0) \leq 0$ und $h''(y_0) = f''_{22}(x_0, y_0) \leq 0$ beide erfüllt sein müssen.

Wenn andererseits $g''(x_0) < 0$ und $h''(y_0) < 0$, dann wissen wir, dass g und h tatsächlich lokale Maxima annehmen in x_0 bzw. y_0. Anders ausgedrückt: Die Bedingungen $f''_{11}(x_0, y_0) < 0$ und $f''_{22}(x_0, y_0) < 0$ garantieren, dass $f(x, y)$ ein lokales Maximum hat in den zwei speziellen Richtungen durch (x_0, y_0), die parallel zur x-Achse und zur y-Achse sind. Beachten Sie jedoch, dass die Vorzeichen von $f''_{11}(x_0, y_0)$ und $f''_{22}(x_0, y_0)$ allein nicht viel über das Verhalten des Graphen von $z = f(x, y)$ aussagen, wenn wir uns von (x_0, y_0) in anderen als die zwei erwähnten Richtungen fortbewegen. Beispiel 17.3.1 illustriert diese Schwierigkeit. Es stellt sich heraus, dass man für einen korrekten Test der zweiten Ableitungen für Funktionen f von zwei Variablen auch die gemischte partielle Ableitung $f''_{12}(x_0, y_0)$ zweiter Ordnung betrachten muss, genau so wie es in Kap. 17.2 gemacht werden musste.

Für eine Funktion $f(x)$ einer Variablen, definiert auf einem Intervall I, sei x_0 eine kritische Stelle im Innern von I. Dann impliziert Theorem 9.2.2: Wenn die schwache Ungleichung $f''(x) \leq 0$ in ganz I gilt, dann ist f konkav und somit x_0 eine Maximumstelle. Andererseits impliziert Theorem 9.6.2: Wenn f zweimal stetig differenzierbar ist in der Nähe von x_0 und die strikte Ungleichung $f''(x_0) < 0$ gilt an der kritischen Stelle, dann ist x_0 eine strikte lokale Maximumstelle. Es gibt offensichtlich entsprechende Tests, dass x_0 eine Minimumstelle oder eine lokale Minimumstelle ist.

Betrachten Sie jetzt eine Funktion $f(x, y)$ von zwei Variablen, definiert auf einer Menge S in der Ebene und sei (x_0, y_0) eine kritische Stelle im Innern von S. Vorausgesetzt, dass der Definitionsbereich S konvex ist, impliziert Theorem 17.2.2 dann: Wenn die drei schwachen Ungleichungen $f''_{11}(x,y) \leq 0$, $f''_{22}(x,y) \leq 0$ und $f''_{11}(x,y)f''_{22}(x,y) - [f''_{12}(x,y)]^2 \geq 0$ überall in S gelten, dann ist f konkav und somit ist (x_0, y_0) eine Maximumstelle. Wie immer gibt es eine analogen Test für eine Minimumstelle. Nun ist es wie für Funktionen von einer Variablen: Wenn wir die Ungleichungen strikt machen, aber nur verlangen, dass sie an der kritischen Stelle gelten, erreichen wir Bedingungen, die hinreichend dafür sind, dass diese Stelle eine strikte lokale Maximum- oder Minimumstelle ist. Dies wird impliziert durch das folgende Theorem:

Theorem 17.3.1 (Test der zweiten Ableitungen auf lokale Extrema)

Sei $f(x,y)$ eine C^2-Funktion mit Definitionsbereich S und sei (x_0, y_0) eine innere kritische Stelle von S. Setzen Sie

$$A = f''_{11}(x_0, y_0)\,, \qquad B = f''_{12}(x_0, y_0) \quad \text{und} \quad C = f''_{22}(x_0, y_0)$$

Dann gilt:

(a) Wenn $A < 0$ und $AC - B^2 > 0$, dann ist (x_0, y_0) eine strikte lokale Maximumstelle.

(b) Wenn $A > 0$ und $AC - B^2 > 0$, dann ist (x_0, y_0) eine strikte lokale Minimumstelle.

(c) Wenn $AC - B^2 < 0$, dann ist (x_0, y_0) eine Sattelstelle.

(d) Wenn $AC - B^2 = 0$, dann kann (x_0, y_0) eine lokale Maximumstelle, eine lokale Minimumstelle oder eine Sattelstelle sein.

Beachten Sie, dass die Bedingung $AC - B^2 > 0$ in (a) und (b) impliziert, dass $AC > B^2 \geq 0$ und somit $AC > 0$. Es folgt, dass A und C entweder beide positiv oder beide negativ sind. Damit ist die Ungleichung $C < 0$ in (a) oder $C > 0$ in (b) indirekt in den anderen Annahmen enthalten.

Die Bedingungen in (a), (b) und (c) werden gewöhnlich lokale *Bedingungen zweiter Ordnung* genannt. Beachten Sie, dass dies hinreichende Bedingungen dafür sind, dass eine kritische Stelle eine *strikte lokale* Maximumstelle, eine *strikte lokale* Minimumstelle oder eine Sattelstelle ist. Keine dieser Bedingungen ist notwendig. Das Resultat in Aufgabe 4 wird (d) bestätigen, denn es zeigt, dass eine kritische Stelle, für die $AC - B^2 = 0$ gilt, in jede der drei Kategorien fallen kann. Der Test der zweiten Ableitungen ist ergebnislos in diesem Fall.

Der Beweis von Theorem 17.3.1 wird am Ende dieses Abschnitts behandelt.

Beispiel 17.3.2

Bestimmen Sie die kritischen Stellen und klassifizieren Sie diese, wenn $f(x,y) = x^3 - x^2 - y^2 + 8$.

Lösung: Die kritischen Stellen müssen die zwei Gleichungen $f'_1(x,y) = 3x^2 - 2x = 0$ und $f'_2(x,y) = -2y = 0$ erfüllen. Da $3x^2 - 2x = x(3x-2)$, sehen wir, dass die erste Gleichung die Lösungen $x = 0$ und $x = 2/3$ hat. Die zweite Gleichung hat die Lösung $y = 0$. Wir schließen, dass $(0, 0)$ und $(2/3, 0)$ die einzigen kritischen Stellen sind.

Weiterhin ist $f''_{11}(x,y) = 6x - 2$, $f''_{12}(x,y) = 0$ und $f''_{22}(x,y) = -2$. Ein geeigneter Weg zur Klassifizierung kritischer Stellen ist es, eine Tabelle wie die folgende anzulegen, wobei A, B und C wie in Theorem 17.3.1 definiert sind:

(x,y)	A	B	C	$AC - B^2$	Typ der Stelle
$(0,0)$	-2	0	-2	4	Lokale Maximumstelle
$(2/3,0)$	2	0	-2	-4	Sattelstelle

Beispiel 17.3.3

Betrachten Sie Beispiel 17.1.3 und nehmen Sie an, dass die Produktionsfunktion F zweimal differenzierbar ist. Definieren Sie

$$\Delta(K,L) = F''_{KK}(K,L)F''_{LL}(K,L) - \left[F''_{KL}(K,L)\right]^2$$

Sei (K^*, L^*) ein Input-Paar, dass die Bedingungen erster Ordnung $(*)$ in dem Beispiel erfüllt.

(a) Zeigen Sie: Wenn

$$F''_{KK}(K,L) \leq 0,\ F''_{LL}(K,L) \leq 0 \ \text{ und } \ \Delta(K,L) \geq 0 \quad \text{für alle } K \geq 0 \text{ und } L \geq 0, \qquad (*)$$

so dass die Produktionsfunktion F konkav ist, dann maximiert (K^*, L^*) den Gewinn.

(b) Zeigen Sie auch: Wenn

$$F''_{KK}(K^*,L^*) < 0 \quad \text{und} \quad \Delta(K^*,L^*) > 0 \qquad (17.3.1)$$

dann ist in (K^*, L^*) eine strikte lokale Maximumstelle für die Gewinnfunktion.

Lösung:

(a) Die partiellen Ableitungen zweiter Ordnung der Gewinnfunktion sind

$$\pi''_{KK}(K,L) = pF''_{KK}(K,L)\,; \quad \pi''_{KL}(K,L) = pF''_{KL}(K,L)\,; \quad \pi''_{LL}(K,L) = pF''_{LL}(K,L)$$

Da $p > 0$ folgt die Behauptung aus Teil (a) in Theorem 17.2.2.

(b) In diesem Fall folgt die Behauptung aus Teil (a) in Theorem 17.3.1.

Zum Beweis des Tests der zweiten Ableitungen

Wir wollen jetzt diskutieren, wie man Theorem 17.3.1 mit den hinreichenden Bedingungen für lokale Extrema beweisen kann. Die Diskussion baut auf dem entsprechenden Theorem 9.6.2 auf, das anwendbar ist, wenn f eine Funktion von nur einer Variablen ist. Bevor wir das tun, ist es aufschlussreich, etwas Intuition zu entwickeln, indem wir einige *notwendige Bedingungen* für lokale Optimierung bestimmen.

Sei $z = f(x,y)$ die C^2-Funktion, die in Abb. 17.3.3 dargestellt ist, mit (x_0, y_0) als einer lokalen Maximumstelle im Inneren des Definitionsbereiches von f. Nehmen Sie beliebige feste reelle Zahlen h und k mit $(h,k) \neq (0,0)$. Wenn $|t|$ hinreichend klein ist, wird die Funktion f definiert

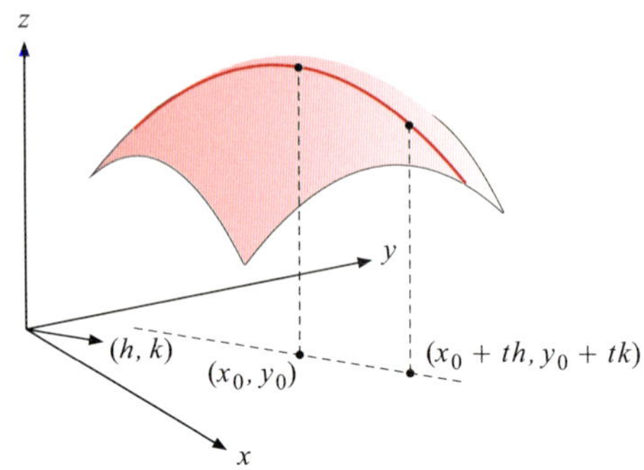

Abbildung 17.3.3: Test der zweiten Ableitungen

sein an der Stelle $(x_0 + th, y_0 + tk)$. Somit können wir für alle kleinen $|t|$ die Funktion g von einer Variablen definieren durch

$$g(t) = f(x_0 + th, y_0 + tk)$$

Diese Funktion gibt uns den Wert von f, wenn man sich von (x_0, y_0) aus ein kleines Stück in die Richtung (h, k) bewegt, wenn $t > 0$, oder in die umgekehrte Richtung $(-h, -k)$, wenn $t < 0$.

Indem wir der Anwendung der Kettenregel folgen, die wir zur Herleitung der Gl. (15.8.3) aus der Definition (15.8.2) verwendet haben, folgt, dass die erste und zweite Ableitung von $g(t)$ beide existieren für alle kleinen $|t|$. Ferner können sie berechnet werden als

$$g'(t) = f_1'(x_0 + th, y_0 + tk)\,h + f_2'(x_0 + th, y_0 + tk)\,k$$
$$g''(t) = f_{11}''(x_0 + th, y_0 + tk)\,h^2 + 2f_{12}''(x_0 + th, y_0 + tk)\,hk + f_{22}''(x_0 + th, y_0 + tk)\,k^2$$

Insbesondere ist die zweite Ableitung von g an der Stelle $t = 0$ gleich

$$g''(0) = f_{11}''(x_0, y_0)\,h^2 + 2f_{12}''(x_0, y_0)\,hk + f_{22}''(x_0, y_0)\,k^2 \qquad (17.3.2)$$

Wenn nun f ein lokales Maximum hat an der Stelle (x_0, y_0), dann muss $g(t)$ mit Sicherheit ein lokales Maximum haben an der Stelle $t = 0$. Weil $g(t)$ eine C^2-Funktion ist für kleine $|t|$, folgt aus Theorem 9.1.1 und Gl. (9.6.3), dass die notwendigen Bedingungen $g'(0) = 0$ und $g''(0) \leq 0$ gelten müssen. Wenn also f ein lokales Maximum an der Stelle (x_0, y_0) hat, dann muss der Ausdruck in Gl. (17.3.2) nichtpositiv sein für jede Wahl des Paares (h, k).

Nachdem wir eine *notwendige* Bedingung gefunden haben für ein lokales Maximum von f an der Stelle (x_0, y_0), schauen wir jetzt nach *hinreichenden* Bedingungen. Für den Fall einer Variablen wissen wir von Teil (i) in Theorem 9.6.2, dass die Bedingungen $g'(0) = 0$ und $g''(0) < 0$ hinreichend dafür sind, dass g ein striktes lokales Maximum hat an der Stelle $t = 0$. Daher scheint die folgende Vermutung naheliegend:

> Wenn $f_1'(x_0, y_0) = f_2'(x_0, y_0) = 0$ und der Ausdruck für $g''(0)$ in (17.3.2) negativ ist für *alle* Richtungen $(h, k) \neq (0, 0)$, dann ist (x_0, y_0) eine (strikte) lokale Maximumstelle für f.

Dies stellt sich als richtig heraus, wie in FMEA gezeigt wird. Aufgabe 6 zeigt jedoch, dass der Ausdruck in (17.3.2) tatsächlich negativ sein muss für *alle* Richtungen (h, k), ohne Ausnahme. Auf der Basis dieses Resultats können wir Teil (a) in Theorem 17.3.1 beweisen, indem wir die quadratische Form $Ah^2 + 2Bhk + Ck^2$ betrachten und mittels Bedingung (13.12.7) zeigen, dass sie negativ definit ist. Es folgt sofort, dass $A < 0$ und $AC - B^2 > 0$ zusammen implizieren, dass

$$Ah^2 + 2Bhk + Ck^2 < 0 \quad \text{für alle} \quad (h, k) \neq (0, 0) \qquad (17.3.3)$$

Dies ist es, was wir beweisen mussten.

Aufgaben für Kapitel 17.3

1. Betrachten Sie die Funktion f, die für alle (x, y) definiert ist durch $f(x, y) = 5 - x^2 + 6x - 2y^2 + 8y$.

(a) Bestimmen Sie alle partiellen Ableitungen erster und zweiter Ordnung.

(b) Bestimmen Sie die einzige kritische Stelle und klassifizieren Sie diese, indem Sie den Test der zweiten Ableitungen verwenden. Was sagt uns Theorem 17.2.2?

2. Betrachten Sie die Funktion f, definiert für alle (x, y) durch $f(x, y) = x^2 + 2xy^2 + 2y^2$.

(a) Bestimmen Sie die alle partiellen Ableitungen erster und zweiter Ordnung.

(b) Zeigen Sie, dass die kritischen Stellen $(0, 0)$, $(-1, 1)$, $(-1, -1)$ sind und klassifizieren Sie diese.

3. Sei f eine Funktion von zwei Variablen, die für jedes Paar (x, y) in der Ebene gegeben ist durch $f(x, y; a) = (x^2 - axy)e^y$, wobei $a \neq 0$ ein Parameter ist.

(a) Bestimmen Sie für jedes $a \neq 0$ die kritischen Stellen von f und entscheiden Sie in jedem Fall, ob es eine lokale Maximumstelle, eine lokale Minimumstelle oder eine Sattelstelle ist.

(b) Für jedes $a \neq 0$ sei $(x^*(a), y^*(a))$ die kritische Stelle mit $x^*(a) \neq 0$. Definieren Sie dann die Funktion $f^*(a) = f(x^*(a), y^*(a); a)$. Zeigen Sie, dass f^* differenzierbar ist und bestimmen Sie dann $\mathrm{d}f^*(a)/\mathrm{d}a$. Zeigen Sie auch: Wenn man f als Funktion von (x, y, a) betrachtet, dann ist

$$f_3'(x^*(a), y^*(a); a) = \frac{\mathrm{d}f^*(a)}{\mathrm{d}a}$$

4. Betrachten Sie die drei Funktionen:
(i) $z = -x^4 - y^4$; (ii) $z = x^4 + y^4$; (iii) $z = x^3 + y^3$.

(a) Zeigen Sie, dass der Ursprung für jede dieser Funktionen eine kritische Stelle ist und dass in der Notation von Theorem 17.3.1 in jedem Fall $AC - B^2 = 0$ im Ursprung gilt.

(b) Untersuchen Sie die Funktionen direkt und zeigen Sie dadurch, dass der Ursprung eine Maximumstelle für (i), eine Minimumstelle für (ii) und eine Sattelstelle für (iii) ist.

Anspruchsvollere Aufgaben

5. Betrachten Sie die Funktion $f(x, y) = \ln(1 + x^2y)$.

(a) Bestimmen Sie den Definitionsbereich.

(b) Zeigen Sie, dass die kritischen Stellen durch alle Punkte auf der y-Achse gegeben sind.

(c) Zeigen Sie, dass der Test der zweiten Ableitungen fehlschlägt, um lokale Maximum- oder Minimumstellen zu identifizieren.

(d) Klassifizieren Sie die kritischen Stellen, indem Sie direkt auf das Vorzeichen von $f(x, y)$ schauen.

➡

→ Fortsetzung

6. Betrachten Sie die Funktion $f(x, y) = (y - x^2)(y - 2x^2)$, die auf der ganzen xy-Ebene definiert ist.

(a) Zeigen Sie, dass der Graph von f die xy-Ebene $z = 0$ in zwei Parabeln schneidet.

(b) Zeichnen Sie in der xy-Ebene die Bereiche, in denen f negativ bzw. positiv ist.

(c) Zeigen Sie, dass $(0, 0)$ die einzige kritische Stelle ist und dass es eine Sattelstelle ist.

(d) Für einen festen Richtungsvektor $(h, k) \neq (0, 0)$ sei $g(t) = f(th, tk)$ für alle reellen t. Zeigen Sie, dass die Funktion g ein lokales Minimum an der Stelle $t = 0$ hat, wie auch immer die Richtung (h, k) sein mag.[4]

► Lösungen zu den Aufgaben finden Sie im Anhang des Buches.

17.4 Lineare Modelle mit quadratischer Zielfunktion

In diesem Abschnitt betrachten wir einige andere interessante ökonomische Anwendungen der Optimierungstheorie, wenn es zwei Variablen gibt. Versionen des ersten Beispiels sind bereits im Beispiel 17.1.5 und Aufgabe 17.2.4 erschienen.

Beispiel 17.4.1 **(Diskriminierender Monopolist)**

Betrachten Sie ein Unternehmen, das dasselbe Produkt in zwei isolierten geografischen Gebieten verkauft. Wenn es nicht verboten ist, kann das Unternehmen verschiedene Preise in den verschiedenen Gebieten berechnen, denn was in dem einen Gebiet gekauft wurde, kann nicht ohne weiteres in dem anderen Gebiet weiterverkauft werden.[5] Nehmen Sie an, dass solch ein Unternehmen auch die Monopolstellung hat, die verschiedenen Preise in den zwei separierten Märkten durch die Mengen zu beeinflussen, die es in jedem der Gebiete verkauft. Ökonomen benutzen gewöhnlich den Term „diskriminierender Monopolist" für die Beschreibung eines Unternehmens mit diesem Einfluss.

Angesichts dieser zwei isolierten Märkte hat der diskriminierende Monopolist zwei unabhängige Nachfragekurven. Nehmen Sie an, dass diese in inverser Form gegeben sind durch

$$P_1 = a_1 - b_1 Q_1 \quad \text{und} \quad P_2 = a_2 - b_2 Q_2 \tag{17.4.1}$$

für die Absatzgebiete 1 bzw. 2. Nehmen Sie weiter an, dass die Gesamtkosten proportional zur Gesamtproduktion sind, so dass $C(Q) = \alpha Q$ für eine positive Konstante α.[6]

[4] Daher gilt: Obwohl $(0, 0)$ eine Sattelstelle ist, hat die Funktion im Ursprung ein lokales Minimum in jeder Richtung.

[5] Zum Beispiel scheint es so zu sein, dass Eilboten- oder Kurierdienste in Europa viel höhere Preise als in Nordamerika berechnen können. Ein anderes bedeutenderes Beispiel ist, dass pharmazeutische Unternehmen oft viel mehr für dasselbe Medikament in den USA als in Europa oder Kanada berechnen.

[6] Es ist wahr, dass diese Kostenfunktion die Transportkosten außer Acht lässt. Aber der Punkt, auf den es ankommt, ist: Obwohl die Angebote in den zwei Gebieten vollständige Substitute in der Produktion sind, wird der Monopolist im Allgemeinen in der Lage sein, höhere Gewinn zu erzielen, indem er verschiedene Preise berechnet, wenn es erlaubt ist.

Wir nehmen an, dass die anderen vier Parameter a_1, a_2, b_1, b_2 auch positiv sind, wobei a_1 und a_2 beide größer sind als α.

Als Funktion von Q_1 und Q_2 ist der Gesamtgewinn:

$$\begin{aligned}\pi(Q_1, Q_2) &= P_1 Q_1 + P_2 Q_2 - C(Q_1 + Q_2)\\ &= (a_1 - b_1 Q_1)Q_1 + (a_2 - b_2 Q_2)Q_2 - \alpha(Q_1 + Q_2)\\ &= (a_1 - \alpha)Q_1 + (a_2 - \alpha)Q_2 - b_1 Q_1^2 - b_2 Q_2^2\end{aligned}$$

Das Unternehmen möchte diejenigen Werte von $Q_1 \geq 0$ und $Q_2 \geq 0$ finden, die den Gewinn maximieren. Die Bedingungen erster Ordnung sind

$$\pi_1'(Q_1, Q_2) = (a_1 - \alpha) - 2b_1 Q_1 = 0 \quad \text{und} \quad \pi_2'(Q_1, Q_2) = (a_2 - \alpha) - 2b_2 Q_2 = 0$$

Die Lösungen dieser zwei Gleichungen sind offensichtlich

$$Q_1^* = (a_1 - \alpha)/2b_1 \quad \text{und} \quad Q_2^* = (a_2 - \alpha)/2b_2 \tag{17.4.2}$$

Unsere Annahmen über die Parameter implizieren, dass Q_1^* und Q_2^* beide positiv sind.

Ferner ist $\pi_{11}''(Q_1, Q_2) = -2b_1$, $\pi_{12}''(Q_1, Q_2) = 0$ und $\pi_{22}''(Q_1, Q_2) = -2b_2$. Daher folgt für alle (Q_1, Q_2), dass

$$\pi_{11}'' \leq 0\,, \qquad \pi_{22}'' \leq 0 \quad \text{und} \quad \pi_{11}''\pi_{22}'' - (\pi_{12}'')^2 = 4b_1 b_2 \geq 0$$

An der kritischen Stelle sind Q_1^* und Q_2^* beide positiv, so dass (Q_1^*, Q_2^*) ein innerer Punkt im Definitionsbereich von π ist. Nach Theorem 17.2.2 maximiert das Paar (Q_1^*, Q_2^*) tatsächlich den Gewinn.

Die zugehörigen Preise können gefunden werden, indem man diese Werte in (17.4.1) einsetzt, woraus folgt

$$P_1^* = a_1 - b_1 Q_1^* = \tfrac{1}{2}(a_1 + \alpha) \quad \text{und} \quad P_2^* = a_2 - b_2 Q_2^* = \tfrac{1}{2}(a_2 + \alpha) \tag{17.4.3}$$

Der maximale Gewinn ist

$$\pi^* = \frac{(a_1 - \alpha)^2}{4b_1} + \frac{(a_2 - \alpha)^2}{4b_2}$$

Unter unseren gegebenen Annahmen, dass $a_1 > \alpha$ und $a_2 > \alpha$, sind P_1^* und P_2^* beide größer als α. Dies impliziert, dass es kein „Dumping“ gibt, d. h. dass der Preis in einem Markt geringer ist als die Kosten α. Es gibt auch keine „Kreuz-Subvention“, d. h. dass die Verluste infolge von Dumping in einem der Märkte durch Gewinne im anderen Markt subventioniert werden. Es ist bemerkenswert, dass die optimalen Preise unabhängig von b_1 und b_2 sind. Noch wichtiger ist, dass die Preise in den zwei Märkten *nicht* gleich sind, abgesehen von dem Spezialfall $a_1 = a_2$. Tatsächlich gilt $P_1^* > P_2^*$ genau dann, wenn $a_1 > a_2$. Dies besagt, dass der Preis in dem Markt höher ist, in dem die Konsumenten bereit sind, einen höheren Preis pro Einheit zu zahlen, wenn die Menge nahe bei Null ist.

Beispiel 17.4.2

Nehmen Sie an, dass der Monopolist in Beispiel 17.4.1 die Nachfragefunktionen $P_1 = 100 - Q_1$ und $P_2 = 80 - Q_2$ hat und dass die Kostenfunktion $C = 6Q$ ist.

(a) Wie viel sollte in den beiden Märkten verkauft werden, um den Gewinn zu maximieren? Welches sind die zugehörigen Preise?

(b) Wie viel Gewinn geht verloren, wenn es illegal ist, zu diskriminieren?

(c) Die Behörden erheben eine Steuer der Höhe τ für jede im ersten Markt verkaufte Einheit. Diskutieren Sie die Konsequenzen.

Lösung:

(a) Dies ist Beispiel 17.4.1 mit den speziellen Parameterwerten $a_1 = 100$, $a_2 = 80$, $b_1 = b_2 = 1$ und $\alpha = 6$. Einsetzen dieser Werte in die Gl. (17.4.2) und (17.4.3) ergibt die numerischen Antworten

$$Q_1^* = (100 - 6)/2 = 47\,, \quad Q_2^* = 37\,, \quad P_1^* = \frac{1}{2}(100 + 6) = 53\,, \quad P_2^* = 43$$

Der entsprechende Gewinn ist $P_1^* Q_1^* + P_2^* Q_2^* - 6(Q_1^* + Q_2^*) = 3578$.

(b) Falls die Preisdiskriminerung nicht zugelassen ist, ist $P_1 = P_2 = P$. Die Nachfragegleichungen (17.4.1) implizieren dann, dass $Q_1 = 100 - P$, $Q_2 = 80 - P$. Dann ist die Gesamtnachfrage gegeben durch $Q = Q_1 + Q_2 = 180 - 2P$, woraus folgt, dass $P = 90 - \frac{1}{2}Q$. Somit ist der Gewinn:

$$\pi = \left(90 - \tfrac{1}{2}Q\right)Q - 6Q = 84Q - \tfrac{1}{2}Q^2$$

Der Gewinn hat ein Maximum für $Q = 84$. Dann ist $P = 48$. Der entsprechende Gewinn ist jetzt 3528 und somit ist der Rückgang des Gewinns $3578 - 3528 = 50$.

(c) Mit der Einführung der Steuer auf die Verkäufe im ersten Markt ist die neue Gewinnfunktion

$$\hat{\pi} = (100 - Q_1)Q_1 + (80 - Q_2)Q_2 - 6(Q_1 + Q_2) - \tau Q_1$$

Es ist leicht zu sehen, dass diese ein Maximum hat an der Stelle $\hat{Q}_1 = 47 - \frac{1}{2}\tau$ und $\hat{Q}_2 = 37$ mit den zugehörigen Preisen $\hat{P}_1 = 53 + \frac{1}{2}\tau$, $\hat{P}_2 = 43$. Die Steuer hat daher keinen Einfluss auf die Verkäufe in Markt 2. In Markt 1 jedoch fällt die verkaufte Menge, während der Preis steigt. Der maximale Gewinn π^* errechnet sich leicht. Er ist gleich

$$\left(53 + \frac{1}{2}\tau\right)\left(47 - \frac{1}{2}\tau\right) + 43 \cdot 37 - 6\left(84 - \frac{1}{2}\tau\right) - \tau\left(47 - \frac{1}{2}\tau\right) = 3578 - 47\tau + \frac{1}{4}\tau^2$$

Verglichen mit (a) verursacht die Einführung der Steuer somit, dass der Gewinn um $47\tau - \frac{1}{4}\tau^2$ fällt. Die Behörden in Markt 1 erzielen Steuereinnahmen der Höhe

$$T = \tau \hat{Q}_1 = \tau\left(47 - \frac{1}{2}\tau\right) = 47\tau - \frac{1}{2}\tau^2$$

Dies zeigt, dass die Gewinne um $\frac{1}{4}\tau^2$ mehr fallen als die Steuereinnahmen. Dieser Betrag $\frac{1}{4}\tau^2$ stellt den sogenannten *Nettowohlfahrtsverlust* durch die Steuer dar.

Ein monopolistisches Unternehmen sieht sich einer abwärts geneigten Nachfragekurve gegenüber. Ein *diskriminierender Monopolist* wie in Beispiel 17.4.1 hat es mit separaten abwärts geneigten Nachfragekurven in zwei oder mehr isolierten Märkten zu tun. Ein *monopsonistisches* Unternehmen andererseits hat es mit einer aufwärts geneigten Angebotskurve für einen oder mehrere seiner Produktionsfaktoren zu tun. Und dann, laut Definition, hat es ein *diskriminierender Monopsonist* mit zwei oder mehr aufwärts geneigten Angebotskurven für verschiedene Arten desselben Inputs zu tun – z. B. Arbeitskräften verschiedener Rasse oder verschiedenen Geschlechts. Aus guten Gründen ist Diskriminierung nach Rasse oder Geschlecht in vielen Ländern illegal geworden. Ökonomen sollten jedoch die möglichen Implikationen für Löhne und Arbeitsplätze verstehen, die sich ergeben, wenn es nicht gelingt, solche Regelungen einzuführen und durchzusetzen.

Beispiel 17.4.3 **(Diskriminierender Monopsonist)**

Betrachten Sie ein Unternehmen, das die Mengen L_1 und L_2 zweier Arten von Arbeit als einzigen Input verwendet, um den Output Q zu produzieren, entsprechend der einfachen Produktionsfunktion $Q = L_1 + L_2$. Daher werden sowohl Output als auch Arbeitsangebot so gemessen, dass jede Arbeitseinheit eine Einheit des Outputs produziert. Beachten Sie insbesondere, dass die beiden Arten der Arbeit im Wesentlichen ununterscheidbar sind, da jede Einheit von jeder Art einen gleich großen Beitrag zum Output des Unternehmens bewirkt. Nehmen Sie jedoch an, dass es zwei getrennte Arbeitsmärkte gibt mit verschiedenen inversen Angebotsfunktionen, die den Lohn angeben, der gezahlt werden muss, um ein gegebenes Arbeitsangebot zu erhalten. Nehmen Sie speziell an, dass

$$w_1 = \alpha_1 + \beta_1 L_1 \quad \text{und} \quad w_2 = \alpha_2 + \beta_2 L_2$$

wobei die Parameter $\alpha_1, \beta_1, \alpha_2$ und β_2 alle positiv sind. Nehmen Sie ferner an, dass das Unternehmen konkurrenzfähig in seinem Output ist, indem es den Preis P als fest betrachtet. Dann ist der Gewinn des Unternehmens

$$\begin{aligned}\pi(L_1, L_2) &= PQ - w_1 L_1 - w_2 L_2 \\ &= P(L_1 + L_2) - (\alpha_1 + \beta_1 L_1)L_1 - (\alpha_2 + \beta_2 L_2)L_2 \\ &= (P - \alpha_1)L_1 - \beta_1 L_1^2 + (P - \alpha_2)L_2 - \beta_2 L_2^2\end{aligned}$$

Das Unternehmen möchte den Gewinn maximieren. Die Bedingungen erster Ordnung dafür sind

$$\pi_1'(L_1, L_2) = (P - \alpha_1) - 2\beta_1 L_1 = 0 \quad \text{und} \quad \pi_2'(L_1, L_2) = (P - \alpha_2) - 2\beta_2 L_2 = 0$$

Diese haben die Lösungen

$$L_1^* = \frac{P - \alpha_1}{2\beta_1} \quad \text{und} \quad L_2^* = \frac{P - \alpha_2}{2\beta_2}$$

Unter der Voraussetzung $P > \alpha_1$ und $P > \alpha_2$ ist leicht zu sehen, dass die hinreichenden Bedingungen für ein Maximum in Theorem 17.2.1 erfüllt sind, so dass L_1^*, L_2^* tatsächlich den Gewinn maximieren. Der maximale Gewinn ist

$$\pi^* = \frac{(P - \alpha_1)^2}{4\beta_1} + \frac{(P - \alpha_2)^2}{4\beta_2}$$

Die entsprechenden Löhne sind

$$w_1^* = \alpha_1 + \beta_1 L_1^* = \tfrac{1}{2}(P + \alpha_1) \quad \text{und} \quad w_2^* = \alpha_2 + \beta_2 L_2^* = \tfrac{1}{2}(P + \alpha_2)$$

Daher gilt $w_1^* = w_2^*$ nur, wenn $\alpha_1 = \alpha_2$. Im Allgemeinen ist der Lohn höher für den Typ von Arbeit, der einen höheren Lohn für sehr niedrige Niveaus des Arbeitsangebots verlangt. Vielleicht ist dies der Typ von Arbeit mit besseren Arbeitsaussichten anderswo.

Beispiel 17.4.4 **(Ökonometrie: Lineare Regression II)**

Nehmen Sie an: Es wird vermutet, dass eine ökonomische Variable y von einer anderen ökonomischen Variablen x abhängt. Nehmen Sie weiter an, das wir Beobachtungen (x_t, y_t) von beiden Variablen zu Zeiten $t = 1, 2, \ldots, T$ haben. Unter der Annahme, dass beide Variablen den arithmethischen Mittelwert Null haben, haben wir in Beispiel 9.3.1 das Verfahren der *linearen Regression* eingeführt, das Ökonomen ermöglicht, eine Funktion der Gestalt $y_t = \beta x_t$ zu schätzen. Wenn die in Frage stehenden Variablen jedoch keinen Mittelwert Null haben, versucht die Technik der linearen Regression eine linear Funktion

$$y = \alpha + \beta x \tag{$*$}$$

an die Daten anzupassen.

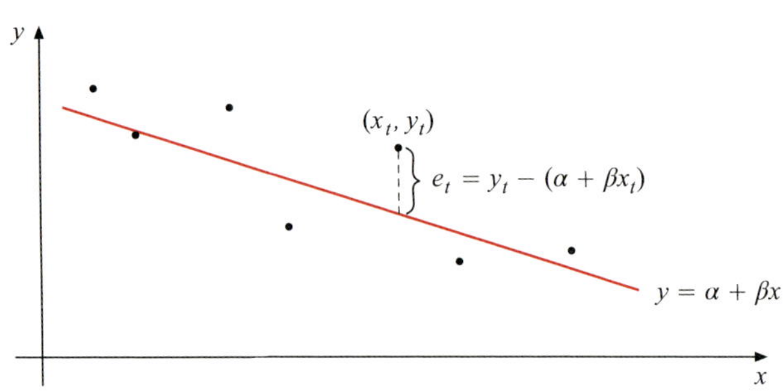

Abbildung 17.4.1: Lineare Regression

Abbildung 17.4.1 zeigt sieben Datenpunkte sowie eine Gerade, die sich in einem gewissen Sinn so nah wie möglich an die Punkte anpasst. Wie allerdings die Abbildung vermuten lässt: Egal wie α und β in Gl. $(*)$ gewählt werden, man muss einen Fehlerterm zulassen. Dies führt uns dazu, stattdessen die folgende Gleichung zu betrachten

$$y_t = \alpha + \beta x_t + e_t \quad \text{für} \quad t = 1, 2, \ldots, T$$

In Beispiel 9.3.1 haben wir die quadratische Verlustfunktion betrachtet, die gleich dem mittleren (oder durchschnittlichen) quadratischen Fehler ist. In diesem Beispiel wird der entsprechende Verlust

$$L(\alpha, \beta) = \frac{1}{T}\sum_{t=1}^{T} e_t^2 = \frac{1}{T}\sum_{t=1}^{T} (y_t - \alpha - \beta x_t)^2 \tag{$**$}$$

Ausmultiplizieren des Quadrats ergibt die folgende quadratische Funktion von α und β:

$$L(\alpha, \beta) = \frac{1}{T} \sum_{t=1}^{T} \left(y_t^2 + \alpha^2 + \beta^2 x_t^2 - 2\alpha y_t - 2\beta x_t y_t + 2\alpha\beta x_t \right)$$

Wir bezeichnen mit $\mu_x = \frac{1}{T} \sum_{t=1}^{T} x_t$ und $\mu_y = \frac{1}{T} \sum_{t=1}^{T} y_t$ die arithmetischen Mittelwerte der zwei Variablen, wie es in Beispiel 2.10.2 definiert wurde. Wir erweitern auch die Definition ihrer *statistischen Varianzen* bzw. *Kovarianz* zu

$$\sigma_{xx} = \frac{1}{T} \sum_{t=1}^{T} (x_t - \mu_x)^2, \quad \sigma_{yy} = \frac{1}{T} \sum_{t=1}^{T} (y_t - \mu_y)^2 \quad \text{und} \quad \sigma_{xy} = \frac{1}{T} \sum_{t=1}^{T} (x_t - \mu_x)(y_t - \mu_y)$$

Nehmen Sie wieder an, dass $\sigma_{xx} > 0$. Mit Hilfe des Resultats in Beispiel 2.10.2 erhalten wir

$$\sigma_{xx} = \frac{1}{T} \sum_{t=1}^{T} x_t^2 - \mu_x^2 \quad \text{und} \quad \sigma_{yy} = \frac{1}{T} \sum_{t=1}^{T} y_t^2 - \mu_y^2$$

Sie sollten jetzt verifizieren, dass analog

$$\sigma_{xy} = \frac{1}{T} \sum_{t=1}^{T} x_t y_t - \mu_x \mu_y$$

Mit dieser Notation wird der Ausdruck für $L(\alpha, \beta)$ zu

$$\begin{aligned} L(\alpha, \beta) &= \left(\sigma_{yy} + \mu_y^2 \right) + \alpha^2 + \beta^2 \left(\sigma_{xx} + \mu_x^2 \right) - 2\alpha\mu_y - 2\beta \left(\sigma_{xy} + \mu_x \mu_y \right) + 2\alpha\beta\mu_x \\ &= \alpha^2 + \mu_y^2 + \beta^2 \mu_x^2 - 2\alpha\mu_y - 2\beta\mu_x\mu_y + 2\alpha\beta\mu_x + \beta^2\sigma_{xx} - 2\beta\sigma_{xy} + \sigma_{yy} \end{aligned}$$

Die Bedingungen erster Ordnung für ein Minimum von $L(\alpha, \beta)$ haben die Form

$$\begin{aligned} L_1'(\alpha, \beta) &= 2\alpha - 2\mu_y + 2\beta\mu_x = 0 \\ L_2'(\alpha, \beta) &= 2\beta\mu_x^2 - 2\mu_x\mu_y + 2\alpha\mu_x + 2\beta\sigma_{xx} - 2\sigma_{xy} = 0 \end{aligned}$$

Beachten Sie, dass $L_2'(\alpha, \beta) = \mu_x L_1'(\alpha, \beta) + 2\beta\sigma_{xx} - 2\sigma_{xy}$. Somit tritt die kritische Stelle von $L(\alpha, \beta)$ an der Stelle $(\hat{\alpha}, \hat{\beta})$ ein, wobei

$$\hat{\beta} = \frac{\sigma_{xy}}{\sigma_{xx}} \quad \text{und} \quad \hat{\alpha} = \mu_y - \hat{\beta}\mu_x = \mu_y - \frac{\sigma_{xy}}{\sigma_{xx}} \mu_x \tag{***}$$

Ferner ist $L_{11}'' = 2$, $L_{12}'' = 2\mu_x$, $L_{22}'' = 2\mu_x^2 + 2\sigma_{xx}$. Somit ist $L_{11}'' \geq 0$, $L_{22}'' \geq 0$ und

$$L_{11}'' L_{22}'' - (L_{12}'')^2 = 2(2\mu_x^2 + 2\sigma_{xx}) - (2\mu_x)^2 = 4\sigma_{xx} = \frac{4}{T} \sum_{t=1}^{T} (x_t - \mu_x)^2 \geq 0$$

Wir schließen, dass die Bedingungen in Teil (b) von Theorem 17.2.2 erfüllt sind und deshalb minimiert das Paar $(\hat{\alpha}, \hat{\beta})$ aus (∗∗∗) $L(\alpha, \beta)$. Das Problem ist damit komplett gelöst:

Die Gerade, die sich am besten den Beobachtungen (x_1, y_1), (x_2, y_2), …, (x_T, y_T) anpasst in dem Sinn, dass der mittlere quadratische Fehler in (∗∗) minimiert wird, ist $y = \hat{\alpha} + \hat{\beta}x$, wobei die geschätzten Koeffizienten $\hat{\alpha}$ und $\hat{\beta}$ gegeben sind durch (∗∗∗).

Beachten Sie insbesondere, dass die geschätzte Gerade durch den Mittelwert (μ_x, μ_y) der beobachteten Paare (x_t, y_t), $t = 1, \dots, T$ verläuft. Außerdem erhalten wir mit ein klein wenig ermüdender Algebra:

$$L(\alpha, \beta) = \left(\alpha + \beta\mu_x - \mu_y\right)^2 + \sigma_{xx}\left(\beta - \frac{\sigma_{xy}}{\sigma_{xx}}\right)^2 + \frac{\sigma_{xx}\sigma_{yy} - \sigma_{xy}^2}{\sigma_{xx}}$$

Die ersten zwei Terme auf der rechten Seite sind immer nichtnegativ. Außerdem sind mit $\alpha = \hat{\alpha}$ und $\beta = \hat{\beta}$ diese beiden Terme gleich Null. Dies bestätigt, dass das Paar $(\hat{\alpha}, \hat{\beta})$ wirklich $L(\alpha, \beta)$ minimiert.

Aufgaben für Kapitel 17.4

1. Nehmen Sie an, dass der Monopolist in Beispiel 17.4.1 die zwei inversen Nachfragefunktionen $P_1 = 200 - 2Q_1$ und $P_2 = 180 - 4Q_2$ hat und dass die Kostenfunktion $C = 20(Q_1 + Q_2)$ ist.

(a) Wie viel sollte in den zwei Märkten verkauft werden, um den Gesamtgewinn zu maximieren? Welches sind die entsprechenden Preise?

(b) Wie viel Gewinn geht verloren, wenn es illegal ist, zu diskriminieren?

(c) Diskutieren Sie die Konsequenzen, falls im Markt 1 auf jede verkaufte Einheit eine Steuer der Höhe $\tau = 5$ erhoben wird.

2. Ein Unternehmen produziert und verkauft ein Produkt in zwei getrennten Märkten. Wenn der Preis im Markt 1 gleich P_1 pro Tonne und der Preis in Markt 2 gleich P_2 pro Tonne ist, dann ist die Nachfrage in den zwei Märkten gleich $Q_1 = \alpha_1 - \beta_1 P_1$ und $Q_2 = \alpha_2 - \beta_2 P_2$. Die Kostenfunktion ist $C(Q_1, Q_2) = \gamma + \delta(Q_1 + Q_2)$. Alle Konstanten sind positiv.

(a) Bestimmen Sie den Gewinn des Unternehmens als Funktion der Preise P_1 und P_2 und bestimmen Sie dann dasjenige Paar (P_1^*, P_2^*), das den Gewinn maximiert.

(b) Nehmen Sie an, dass es gesetzeswidrig ist, durch die Preise zu diskriminieren, so dass das Unternehmen denselben Preis in den beiden Märkten erheben muss. Welcher Preis $\hat{P}$ maximiert jetzt den Gewinn?

(c) Bestimmen Sie für den Fall $\delta = 0$ den Rückgang des Gewinns für das Unternehmen, wenn es denselben Preis in beiden Märkten erheben muss. Kommentar?

3. Diskutieren Sie für Beispiel 17.4.1 den Effekt einer in Markt 1 erhobenen Steuer der Höhe τ pro Einheit auf den Output Q_1.

4. Die folgende Tabelle zeigt das Norwegische Bruttosozialprodukt (BSP) und die Ausgaben für Auslandshilfe (AH) für den Zeitraum 1970–1973, gemessen in Millionen norwegischen Kronen.

Jahr	1970	1971	1972	1973
BSP	79 835	89 112	97 339	110 156
AH	274	307	436	524

➡ Fortsetzung

Das Wachstum von beiden BSP und AH war annähernd exponentiell während der Periode, so dass approximativ BSP $= Ae^{a(t-t_0)}$ mit $t_0 = 1970$. Sei $x = t - t_0$ und $b = \ln A$. Dann ist $\ln(\text{BSP}) = ax + b$. Auf der Basis der obigen Tabelle erhält man:

Jahr	1970	1971	1972	1973
$y = \ln(\text{BSP})$	11.29	11.40	11.49	11.61

(a) Bestimmen Sie nach der Methode der kleinsten Quadrate die Gerade $y = ax + b$, die sich den Daten in der letzten Tabelle am besten anpasst.

(b) Wiederholen Sie die obige Methode, um c und d zu schätzen, wobei $\ln(\text{AH}) = cx + d$.

(c) Die norwegische Regierung hat sich als Ziel gesetzt, letztendlich 1 % seines BSP als Auslandshilfe zu geben. Wann wird Norwegen dieses Ziel erreicht haben, wenn der zeitliche Trend der beiden Variablen sich so wie in der Periode 1970–1973 fortsetzt?

5. *(Duopol)* Jedes von zwei Unternehmen A und B produziert seine eigene Marke eines Gutes wie z. B. Mineralwasser in den mit x und y bezeichneten Mengen, und diese werden zu den Preisen p bzw. q pro Einheit verkauft. Jedes Unternehmen bestimmt seinen eigenen Preis und produziert genau so viel, wie nachgefragt wird. Die Nachfragen nach den beiden Marken sind gegeben durch

$$x = 29 - 5p + 4q\,, \qquad y = 16 + 4p - 6q$$

Unternehmen A hat Gesamtkosten von $5 + x$, während Unternehmen B Gesamtkosten von $3 + 2y$ hat. (Setzen Sie voraus, dass die Funktionen Maxima haben und zwar bei positiven Preisen.)

(a) Anfangs konspirieren die beiden Unternehmen, um den zusammengefassten Gewinn zu maximieren, wie es ein Monopolist tun würde. Bestimmen Sie die Preise (p, q), die Produktionsniveaus (x, y) und die Gewinne der zwei Unternehmen A und B.

(b) Dann wurde Konspiration durch eine Anti-Trust-Gesetzgebung verboten und jeder Unternehmer maximierte seinen eigenen Gewinn und nahm die Preise des anderen als gegeben an. Wie wird A den Preis p als eine Funktion $p = p_A(q)$ von q wählen, wenn q fest ist? Wie wird B den Preis q als eine Funktion $q = q_B(p)$ von p wählen, wenn p fest ist?

(c) Welche konstanten Gleichgewichtspreise sind unter den Annahmen in Teil (b) möglich? Wie hoch sind die Produktionsniveaus und die Gewinne in diesem Fall?

(d) Zeichnen Sie ein Diagramm mit p entlang der horizontalen Achse und q entlang der vertikalen Achse und zeichnen Sie die „Reaktions"kurven $p_A(q)$ und $q_B(p)$. Zeigen Sie an dem Diagramm, wie sich die Preise der beiden Unternehmen ändern, wenn A zuerst die Kooperation bricht, indem es den eigenen Gewinn maximiert und dabei den Anfangspreis von B als fest annimmt. Dann antwortet B, indem es seinen Gewinn mit dem Preis von A als fest maximiert, dann antwortet A usw.

► Lösungen zu den Aufgaben finden Sie im Anhang des Buches.

17.5 Der Extremwertsatz

Wie bei Funktionen einer Variablen ist es leicht, Beispiele von Funktionen mehrerer Variablen zu finden, die keine Maximum- oder Minimumstellen haben. Der Extremwertsatz, Theorem 9.4.1, gab jedoch sehr nützliche hinreichende Bedingungen, die die Existenz von Extremstellen für Funktionen einer Variablen garantieren. Das Theorem kann direkt auf Funktionen mehrerer Variablen verallgemeinert werden. Bevor wir jedoch den Extremwertsatz für mehrere Variablen formulieren, sollten wir die Schlüsselkonzepte offener und abgeschlossener Mengen in Erinnerung rufen, wie auch die von inneren Punkten und Randpunkten. Diese wurden in Kap. 14.8 eingeführt und in Abb. 14.8.4 illustriert, die wir hier der Einfachheit halber unten als Abb. 17.5.1 wiederholen.

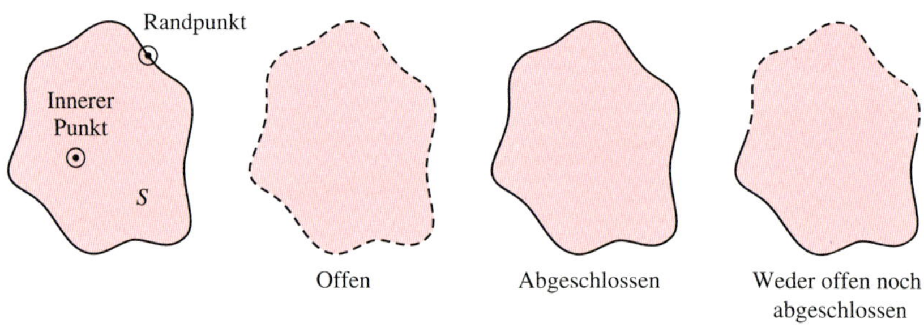

Abbildung 17.5.1: Offene und abgeschlossene Mengen

In vielen Opptimierungsproblemen, die in den Wirtschaftswissenschaften betrachtet werden, werden Mengen durch eine oder mehrere Ungleichungen definiert. Dann kommen Randpunkte vor, wenn eine oder mehrere dieser Ungleichungen mit Gleichheit erfüllt sind. Wenn z. B. p, q und m positive Parameter sind, gibt es eine abgeschlossene „Budgetmenge“ von Punkten (x, y), die die folgenden Ungleichungen erfüllen:

$$px + qy \leq m\,, \quad x \geq 0\,, \quad y \geq 0 \tag{$*$}$$

Diese Menge ist ein Dreieck, wie in Abb. 4.4.12 gezeigt. Ihr Rand besteht aus den drei Seiten des Dreiecks. Jede der drei Seiten entspricht dem Fall, in dem eine der Ungleichungen in $(*)$ mit Gleichheit erfüllt ist. Andererseits ist die Menge offen, die entsteht, wenn man $\leq$ durch $<$ und jedes $\geq$ durch $>$ in $(*)$ ersetzt.

Nehmen Sie allgemein an, dass $g(x, y)$ eine stetige Funktion und c eine reelle Zahl ist. Dann sind die drei Mengen

$$\{(x, y) \colon g(x, y) \geq c\}\,, \quad \{(x, y) \colon g(x, y) \leq c\}\,, \quad \{(x, y) \colon g(x, y) = c\}$$

mit schwachen Ungleichheitszeichen alle abgeschlossen. Aber die entsprechenden drei Mengen

$$\{(x, y) \colon g(x, y) > c\}\,, \quad \{(x, y) \colon g(x, y) < c\}\,, \quad \{(x, y) \colon g(x, y) \neq c\}$$

mit strikten Ungleichheitszeichen sind alle offen.

Eine Menge in der Ebene ist *beschränkt*, wenn die ganze Menge in einem hinreichend großen Kreis enthalten ist. Die vier Mengen in Abb. 17.5.1 und das Budget-Dreieck in Abb. 4.4.12 sind alle beschränkt. Andererseits ist die Menge aller (x, y) mit $x \geq 1$ und $y \geq 0$, die in Abb. 14.1.1 zu sehen ist, eine abgeschlossene, aber unbeschränkte Menge. Sie ist abgeschlossen, da sie alle ihre Randpunkte enthält. Aber sie ist unbeschränkt, da kein Kreis mit endlichem Radius sie ganz umschließen kann. Dieses Beispiel zeigt, dass abgeschlossene Mengen nicht beschränkt sein müssen. Die umgekehrte Implikation gilt auch nicht: Die vierte in Abb. 17.5.1 dargestellte Menge ist weder offen noch abgeschlossen, aber sie ist beschränkt. Wichtig: Eine Menge in der Ebene, die sowohl abgeschlossen als auch beschränkt ist, wird oft *kompakt* genannt.

Wir sind nun in der Lage, das Hauptresultat in diesem Abschnitt zu formulieren.

Theorem 17.5.1 (Extremwertsatz)

Wenn die Funktion $f(x, y)$ überall in einer nichtleeren, abgeschlossenen und beschränkten Menge S in der Ebene stetig ist, dann existiert sowohl eine Stelle (a, b) in S, an der f ein Minimum hat als auch eine Stelle (c, d) in S, an der f ein Maximum hat – d. h. es existieren Punkte (a, b) und (c, d) in S, so dass für alle (x, y) in S gilt

$$f(a, b) \leq f(x, y) \leq f(c, d)$$

Theorem 17.5.1 ist ein reines Existenztheorem. Es sagt uns nicht, *wie* die Extremstellen zu *finden* sind. Den Beweis findet man in den meisten Lehrbüchern der angewandten Analysis und in FMEA. Obwohl die Bedingungen in dem Theorem *hinreichend* sind, die Existenz von Extremstellen zu garantieren, sind sie weit davon entfernt, auch notwendig zu sein. Dies ist auch wahr für Funktionen einer Variablen, wie in Kap. 9.4 erörtert wurde.

Das Auffinden der Maxima und Minima

Kap. 17.1 und 17.2 präsentierten einige einfache Fälle, in denen wir Maximum- und Minimumstellen einer Funktion von zwei Variablen finden konnten, indem wir die kritischen Stellen bestimmten. Das Verfahren, das wir im folgenden Kasten beschreiben, deckt viele weitere Optimierungsprobleme ab. Die Teile (i) und (ii) finden gewöhnlich nur eine kleine endliche Menge von inneren Punkten bzw. Randpunkten. Somit sollten die in Teil (iii) verlangten Berechnungen nicht zu aufwendig sein.

Das Auffinden der Maxima und Minima

Um die Maximum- und Minimumwerte einer differenzierbaren Funktion $f(x, y)$ zu finden, die auf einer abgeschlossenen, beschränkten Menge S in der Ebene definiert ist, gehen Sie wie folgt vor:

(i) Bestimmen Sie alle kritischen Stellen von f im Innern von S.

(ii) Bestimmen Sie den größten und den kleinsten Wert von f auf dem Rand von S und die zugehörige Stelle. Wenn es angebracht ist, den Rand in mehrere Teilstücke zu unterteilen, so bestimmen Sie den größten und den kleinsten Wert in jedem Teilstück. (17.5.1)

(iii) Berechnen Sie die Werte der Funktion an allen verschiedenen Stellen, die Sie in (i) und (ii) gefunden haben. Der größte Funktionswert ist der Maximalwert von f in S. Der kleinste Funktionswert ist der Minimalwert von f in S.

Wir wollen dieses Vorgehen an der Funktion ausprobieren, deren Graph in Abb. 17.5.2 dargestellt ist. Da die Funktion nicht analytisch angegeben ist, können wir nur ein grobes geometrisches Argument verwenden. Bemerken Sie zuerst, dass die Funktion einen rechteckigen Definitionsbereich S von Punkten (x, y) in der Ebene hat.

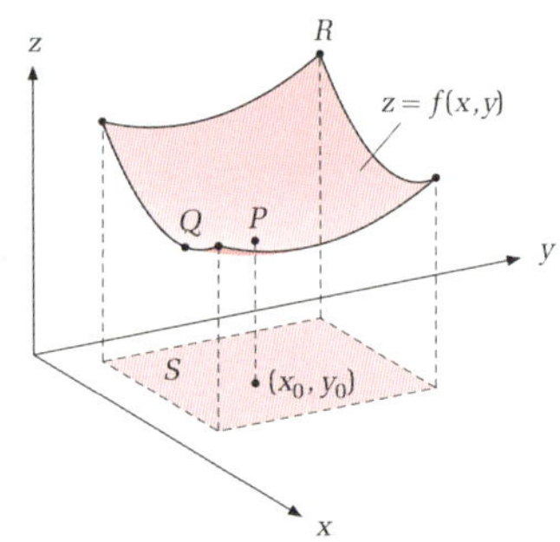

Abbildung 17.5.2: Auffinden der Maxima und Minima

Teil (i) dieses Verfahrens ergibt die einzige kritische Stelle von f, welche (x_0, y_0) ist, die dem Punkt P auf dem Graphen entspricht. Gehen wir zu Teil (ii) des Verfahrens: Der Rand von S besteht aus vier Streckenabschnitten. Der Punkt R, der senkrecht über einem der Eckpunkte von S liegt, repräsentiert den Maximalwert von f entlang des Randes; ähnlich repräsentiert Q den Minimalwert von f entlang des Randes. Die einzigen Kandidaten für ein Maximum/Minimum sind daher die drei Punkte P, Q und R. Gehen wir zu Teil (iii) des Verfahrens und vergleichen wir die Funktionswerte von f an diesen drei Stellen. Das Resultat ist, dass P den Minimalwert von f in S darstellt, während R den Maximalwert darstellt.

Als ein angehender Ökonom werden Sie sicherlich froh sein zu hören, dass die meisten Optimierungsprobleme in den Wirtschaftswisenschaften, besonders die in Lehrbüchern erscheinenden, selten so viele Schwierigkeiten hervorrufen, dass das vollständige Rezept nötig ist. Gewöhnlich gibt es ein inneres Optimum, das bestimmt werden kann, indem man alle partiellen Ableitungen erster Ordnung gleich Null setzt. Bedingungen, die für dieses einfachere Vorgehen hinreichend sind, wurden bereits in Kap. 17.2 erörtert. Trotzdem betrachten wir ein Beispiel eines schwereren Problems, das illustriert, wie das gesamte Rezept manchmal gebraucht wird. Dieses Rezept wird auch in mehreren Aufgaben zu diesem Unterkapitel benötigt. Insbesondere bietet Aufgabe 3 ein praktisches ökonomisches Beispiel.

Beispiel 17.5.1

Bestimmen Sie die Extremwerte von $f(x,y)$, definiert auf S, wenn

$$f(x,y) = x^2 + y^2 + y - 1 \quad \text{und} \quad S = \{(x,y) : x^2 + y^2 \leq 1\}$$

Lösung: Wie in Abb. 17.5.3 gezeigt, besteht die Menge S aus allen Punkten auf oder innerhalb des Kreises mit Radius 1 und Mittelpunkt im Ursprung. Weil die Funktion f stetig ist und der Definitionsbereich S abgeschlossen und beschränkt ist, impliziert der Extremwertsatz (Theorem 17.5.1), dass f ein Maximum und ein Minimum auf S annimmt.

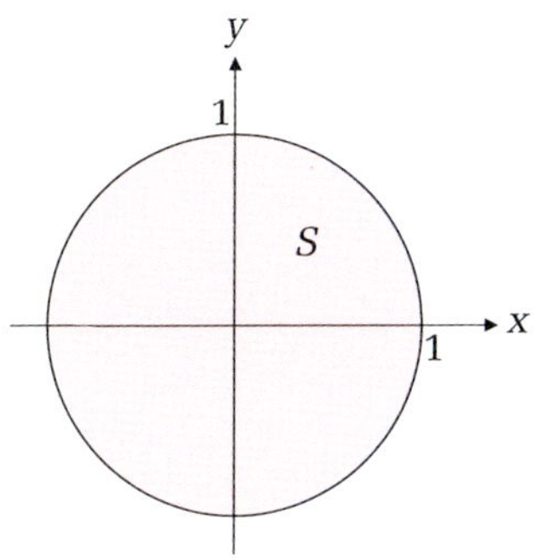

Abbildung 17.5.3: Der Definitionsbereich in Beispiel 17.5.1

Indem wir Teil (i) des vorausgegangenen Rezepts folgen, beginnen wir mit der Bestimmung aller kritischen Stellen im Innern von S. Diese kritischen Stellen erfüllen die zwei Gleichungen

$$f_1'(x,y) = 2x = 0 \quad \text{und} \quad f_2'(x,y) = 2y + 1 = 0$$

Somit ist $(x,y) = (0, -1/2)$ die einzige kritische Stelle und es ist ein innerer Punkt von S mit $f(0, -1/2) = -5/4$.

Wir begeben uns zu Teil (ii) des Rezepts: Der Rand von S besteht aus dem Kreis $x^2 + y^2 = 1$. Beachten Sie: Wenn (x,y) auf dem Kreis liegt, dann liegen sowohl x als auch y im Intervall $[-1, 1]$. Das Einsetzen von $x^2 + y^2 = 1$ in den Ausdruck für $f(x,y)$ zeigt, dass der Wert von f *entlang des Randes von S* durch die folgende Funktion einer Variablen bestimmt ist:

$$g(y) = 1 + y - 1 = y, \quad \text{definiert für } y \in [-1, 1]$$

Der Maximalwert von g ist 1 für $y = 1$ und damit $x = 0$. Der Minimalwert ist -1, wenn $y = -1$ und damit wiederum $x = 0$.

Wir haben nun die drei einzig möglichen Kandidaten für Extremstellen gefunden, nämlich

$$(0, -1/2)\,, \quad (0, 1) \quad \text{und} \quad (0, -1)$$

Nun ist $f(0, -1/2) = -5/4$, $f(0, 1) = 1$ und $f(0, -1) = -1$. Wir schließen daraus, dass der *Maximalwert* von f in S gleich 1 ist und in $(0, 1)$ angenommen wird, während der *Minimalwert* gleich $-5/4$ ist und in $(0, -1/2)$ angenommen wird.

Aufgaben für Kapitel 17.5

1. Es sei $f(x,y) = 4x - 2x^2 - 2y^2$ mit dem Definitionsbereich $S = \{(x,y)\colon x^2 + y^2 \leq 25\}$.
   (a) Berechnen Sie $f_1'(x,y)$ und $f_2'(x,y)$ und bestimmen Sie dann die einzige kritische Stelle von f.
   (b) Bestimmen Sie die Extremstellen von f in S.

2. Bestimmen Sie die Maximum- und Minimumstellen für die folgenden zwei Funktionen:
   (a) $f(x,y) = x^3 + y^3 - 9xy + 27$, definiert auf $S = \{0 \leq x \leq 4 \text{ und } 0 \leq y \leq 4\}$.
   (b) $f(x,y) = x^2 + 2y^2 - x$ definiert auf $S = \{(x,y)\colon x^2 + y^2 \leq 1\}$.

3. In einer Untersuchung über die Mengen x und y des Erdgases, die Westeuropa aus Norwegen bzw. Sibirien importieren sollte, wurde angenommen, dass der Nutzen gegeben ist durch die Funktion
$$f(x,y) = 9x + 8y - 6(x+y)^2$$
Wegen Kapazitätsbeschränkungen müssen die Größen x und y die Ungleichungen $0 \leq x \leq 5$ und $0 \leq y \leq 3$ erfüllen. Schließlich war man aus politischen Gründen der Meinung, dass der Anteil der Importe aus Norwegen an den Gesamtimporten nicht zu klein sein sollte, so dass gelten sollte $x \geq 2(y-1)$. Zeichnen Sie in der xy-Ebene die Menge S aller Punkte, die diese drei Einschränkungen erfüllen und bestimmen Sie dann die Größen, die den Nutzen unter diesen Bedingungen maximieren.

4. Betrachten Sie die Funktion $f(x,y) = ax^2y + bxy + 2xy^2 + c$.
   (a) Bestimmen Sie Werte der Konstanten a, b und c, so dass f ein lokales Minimum an der Stelle $(2/3, 1/3)$ hat mit dem lokalen Minimalwert $-1/9$.
   (b) Bestimmen Sie mit den in Teil (a) gefundenen Werten für a, b und c den Maximal- und Minimalwert von f über der Menge $S = \{(x,y)\colon x \geq 0, y \geq 0, 2x + y \leq 4\}$.

5. Betrachten Sie die für alle reellen x und y definierte Funktion $f(x,y) = xe^{-x}(y^2 - 4y)$.
   (a) Bestimmen Sie alle kritischen Stellen von f und klassifizieren Sie diese, indem Sie den Test der partiellen Ableitungen zweiter Ordnung verwenden.
   (b) Zeigen Sie, dass f weder ein globales Maximum noch ein globales Minimum besitzt.
   (c) Gegeben sei $S = \{(x,y)\colon 0 \leq x \leq 5,\ 0 \leq y \leq 4\}$. Zeigen Sie, dass f eine globale Maximum- und eine globale Minimumstelle in S hat und bestimmen Sie diese.
   (d) Bestimmen Sie die Steigung der Tangente an die Höhenlinie $xe^{-x}(y^2 - 4y) = e - 4$ an der Stelle, wo $x = 1$ und $y = 4 - e$ gilt.

6. Welche der folgenden Mengen sind offen, abgeschlossen, beschränkt oder kompakt?
   (a) $\{(x,y) : 5x^2 + 5y^2 \leq 9\}$ (b) $\{(x,y) : x^2 + y^2 > 9\}$ (c) $\{(x,y) : x^2 + y^2 \leq 9\}$
   (d) $\{(x,y) : 2x + 5y \geq 6\}$ (e) $\{(x,y) : 5x + 8y = 8\}$ (f) $\{(x,y) : 5x + 8y > 8\}$

Anspruchsvollere Aufgabe

7. Geben Sie ein Beispiel einer unstetigen Funktion g einer Variablen, so dass die Menge $\{x\colon g(x) \leq 1\}$ nicht abgeschlossen ist.

► Lösungen zu den Aufgaben finden Sie im Anhang des Buches.

17.6 Funktionen von mehreren Variablen

Bisher haben wir in diesem Kapitel nur Optimierungsprobleme für Funktionen von zwei Variablen betrachtet. Um darauf vorbereitet zu sein, moderne ökonomische Theorie zu verstehen, müssen wir die Analysis auf eine beliebige Anzahl von Variablen erweitern.

Es gibt fast offensichtliche Erweiterungen der Definitionen von Maximum- und Minimumstellen, Extremstellen usw. Sei $f(\mathbf{x}) = f(x_1, \ldots, x_n)$ eine Funktion von n Variablen, die auf einer Menge S in $\mathbb{R}^n$ definiert ist. Dann ist $\mathbf{c} = (c_1, \ldots, c_n)$ eine (globale) *Maximumstelle* für f in S, falls

$$f(\mathbf{x}) \leq f(\mathbf{c}) \qquad \text{für alle } \mathbf{x} \text{ in } S \tag{17.6.1}$$

Wenn dies der Fall ist, dann ist $-f(\mathbf{x}) \geq -f(\mathbf{c})$ für alle $\mathbf{x}$ in S. Daher maximiert $\mathbf{c}$ die Funktion f auf S genau dann, wenn $\mathbf{c}$ die Funktion $-f$ auf S minimiert. Wir können diese einfache Beobachtung verwenden, um Maximierungsprobleme in Minimierungsprobleme umzuwandeln und umgekehrt.[7]

Die Konzepte von inneren Punkten und Randpunkten und von offenen, abgeschlossenen und beschränkten Mengen sind auch sehr leicht zu verallgemeinern. Definieren Sie zuerst den *Abstand* zwischen den Punkten $\mathbf{x} = (x_1, \ldots, x_n)$ und $\mathbf{y} = (y_1, \ldots, y_n)$ durch

$$\|\mathbf{x} - \mathbf{y}\| = \sqrt{(x_1 - y_1)^2 + (x_2 - y_2)^2 + \cdots + (x_n - y_n)^2} \tag{17.6.2}$$

Für $n = 1, 2$ und 3 reduziert sich dies auf den früher erörterten Abstandsbegriff. Wenn insbesondere $\mathbf{y} = \mathbf{0}$ ist, dann reduziert sich Gl. (17.6.2) zu

$$\|\mathbf{x}\| = \sqrt{x_1^2 + x_2^2 + \cdots + x_n^2}$$

Dies ist natürlich der Abstand zwischen $\mathbf{x}$ und dem Ursprung. Die Zahl $\|\mathbf{x}\|$ wird auch die *Norm* oder die *Länge* des Vektors $\mathbf{x}$ genannt.

Die *offene Kugel mit Mittelpunkt* $\mathbf{a} = (a_1, \ldots, a_n)$ *und Radius* r ist die Menge aller Punkte $\mathbf{x} = (x_1, \ldots, x_n)$, so dass $\|\mathbf{x} - \mathbf{a}\| < r$ gilt. Die Definitionen in Kap. 17.5 des inneren Punktes, der offenen Menge, des Randpunktes, der abgeschlossenen Menge, der beschränkten und der kompakten Menge bleiben alle gültig für Mengen im $\mathbb{R}^n$, wenn wir das Wort „Kreis" durch „Kugel" ersetzen. Wenn A eine beliebige Menge in $\mathbb{R}^n$ ist, so definieren wir das *Innere* von A als die Menge der inneren Punkte in A. Wenn A offen ist, so ist das Innere von A die Menge A selbst.[8]

Wenn $g(\mathbf{x}) = g(x_1, \ldots, x_n)$ eine stetige Funktion und c eine reelle Zahl ist, dann ist jede der drei Mengen $\{\mathbf{x}\colon g(\mathbf{x}) \geq c\}, \{\mathbf{x}\colon g(\mathbf{x}) \leq c\}$ und $\{\mathbf{x}\colon g(\mathbf{x}) = c\}$ abgeschlossen. Wie im Fall für $n = 1$ oder 2 gilt: Falls $\geq$ ersetzt wird durch $>$, $\leq$ durch $<$ oder $=$ durch $\neq$, so sind die entsprechenden Mengen offen.

Eine *kritische* (oder *stationäre*) *Stelle* für eine Funktion von n Variablen ist eine Stelle, an der alle partiellen Ableitungen erster Ordnung 0 sind. Wir haben die folgende wichtige Verallgemeinerung von Theorem 17.1.1:

---

[7] Erinnern Sie sich an Abb. 9.1.1, die dies für den Fall von Funktionen einer Variablen illustiert.

[8] Diese topologischen Definitionen und Resultate werden ausführlich in FMEA behandelt.

Theorem 17.6.1 (Notwendige Bedingungen erster Ordnung für innere Extrema)

Die Funktion f sei definiert auf einer Menge S in $\mathbb{R}^n$ und $\mathbf{c} = (c_1, \ldots, c_n)$ sei ein innerer Punkt in S, in dem f differenzierbar ist. Eine notwendige Bedingung für eine Maximum- oder Minimumstelle von f in $\mathbf{c}$ ist, dass $\mathbf{c}$ eine kritische Stelle von f ist, d. h. $\mathbf{x} = \mathbf{c}$ erfüllt die n *Bedingungen erster Ordnung*, d. h. für jedes $i = 1, \ldots, n$ gilt:

$$f_i'(\mathbf{x}) = 0 \tag{17.6.3}$$

Wir haben schon alles zur Verfügung, was wir brauchen, um dieses Theorem zu beweisen.

Beweis: Sei der Punkt $\mathbf{c}$ eine Maximumstelle für f im Innern von S, wo f differenzierbar ist. Für jedes feste $i = 1, \ldots, n$, sei $S_i(\mathbf{c})$ die Menge aller reellen x, so dass $(c_1, \ldots, c_{i-1}, x, c_{i+1}, \ldots, c_n)$ zu S gehört. Auf der Menge $S_i(\mathbf{c})$ können wir die Funktion

$$g(x) = f(c_1, \ldots, c_{i-1}, x, c_{i+1}, \ldots, c_n)$$

definieren. Wenn $\mathbf{c} = (c_1, \ldots, c_n)$ eine Maximumstelle für f ist, dann muss die Funktion g von einer Variablen ein Maximum annehmen an der Stelle $x = c_i$. Weil $\mathbf{c}$ ein innerer Punkt von S ist, folgt, dass c_i auch ein innerer Punkt in $S_i(\mathbf{c})$ ist. Damit muss nach Theorem 9.1.1 $g'(c_i) = 0$ gelten. Aber $g'(c_i) = f_i'(c_1, \ldots, c_n)$, so dass die Behauptung folgt. Das Argument ist identisch, wenn $\mathbf{c}$ eine Minimumstelle ist.

Im Raum $\mathbb{R}^n$ heißt eine Menge S *beschränkt*, wenn ein Punkt $\mathbf{x}^0$ in $\mathbb{R}^n$ existiert und ein endliches $r \geq 0$, so dass S eine Teilmenge der Kugel $\{\mathbf{x} \in \mathbb{R}^n \colon \|\mathbf{x} - \mathbf{x}^0\| \leq r\}$ mit Mittelpunkt $\mathbf{x}^0$ und Radius r ist. Mit dieser Definition ist der Extremwertsatz auch gültig für Funktionen von n Variablen:

Theorem 17.6.2 (Extremwertsatz)

Nehmen Sie an, dass die Funktion f stetig ist auf einer nicht leeren abgeschlossenen und beschränkten Menge S in $\mathbb{R}^n$. Dann gibt es sowohl eine Stelle $\mathbf{a}$ in S, an der f ein Minimum hat, als auch eine Stelle $\mathbf{c}$ in S, an der f ein Maximum hat, d. h. es existieren $\mathbf{a}$ und $\mathbf{c}$ in S, so dass für alle $\mathbf{x}$ in S gilt:

$$f(\mathbf{a}) \leq f(\mathbf{x}) \leq f(\mathbf{c})$$

Wenn $f(\mathbf{x})$ auf einer Menge S in $\mathbb{R}^n$ definiert ist, dann müssen die Maximum- und Minimumstellen, wenn es welche gibt, entweder im Innern von S oder auf dem Rand von S liegen. Nach Theorem 17.6.1 muss, wenn f differenzierbar ist, jede Maximum- und Minimumstelle im Innern die Bedingungen erster Ordnung erfüllen. Folglich ist das Rezept in (17.5.1) auch gültig für jede Funktion von n Variablen, die auf einer abgeschlossenen und beschränkten Menge in $\mathbb{R}^n$ definiert ist.

Hinreichende Bedingungen mit Hilfe Konkavität oder Konvexität

Im ersten Teil von Kap. 17.2 haben wir für eine Funktion von zwei Variablen gezeigt, wie Konkavität oder Konvexität als eine hinreichende Bedingung dienen kann, dass an einer inneren kritischen Stelle ein Maximum oder Minimum vorliegt. Wir haben auch Bedingungen zweiter Ordnung für Konkavität oder Konvexität gegeben. Hier geben wir Ihnen Erweiterungen dieser Resultate für Funktionen von n Variablen, indem wir freie Verwendung der Vektornotation machen. Die Bedingungen zweiter Ordnung für Funktionen von n Variablen werden deutlich komplizierter als im Fall von zwei Variablen.

Sei $z = f(\mathbf{x})$ eine Funktion von n Variablen, definiert auf einer konvexen Menge S in $\mathbb{R}^n$. Betrachten Sie in einem inneren Punkt $\mathbf{x}_0$ von S, in dem f differenzierbar ist, den Gradientenvektor

$$\nabla f(\mathbf{x}_0) = \big(f_1'(\mathbf{x}_0), f_2'(\mathbf{x}_0), \ldots, f_n'(\mathbf{x}_0)\big)$$

der partiellen Ableitungen erster Ordnung. Wenn nun f konkav ist, dann ist $\nabla f(\mathbf{x}_0)$ ein Supergradientenvektor, wie in (15.8.13) spezifiziert in dem Sinn, dass

$$f(\mathbf{x}) - f(\mathbf{x}_0) \leq \nabla f(\mathbf{x}_0) \cdot (\mathbf{x} - \mathbf{x}_0) \text{ für alle } \mathbf{x} \text{ in } S \tag{17.6.4}$$

Andererseits: Wenn f konvex ist, dann ist $\nabla f(\mathbf{x}_0)$ ein Subgradientenvektor, wie in (15.8.14) spezifiziert in dem Sinn, dass (17.6.4) gilt mit $\leq$ ersetzt durch $\geq$. Diese Resultate führen unmittelbar zu der folgenden Erweiterung von Theorem 17.2.1, wenn $\mathbf{x}_0$ eine kritische Stelle ist, an der $\nabla f(\mathbf{x}_0) = \mathbf{0}$.

Theorem 17.6.3 (Konkavität oder Konvexität als eine hinreichende Bedingung)

Die Funktion $z = f(\mathbf{x})$ von n Variablen sei definiert auf einer konvexen Menge S in $\mathbb{R}^n$ und $\mathbf{x}_0$ sei eine innere kritische Stelle in S. Dann gilt:

(a) Wenn die Funktion f konkav ist, dann ist die Stelle $\mathbf{x}_0$ eine Maximumstelle.

(b) Wenn die Funktion f konvex ist, dann ist die Stelle $\mathbf{x}_0$ eine Minimumstelle.

Bedingungen zweiter Ordnung für Konkavität oder Konvexität

Dem folgend, was wir in Kap. 17.2 für Funktionen von zwei Variablen getan haben, schauen wir jetzt nach Bedingungen an die partiellen Ableitungen zweiter Ordnung einer Funktion f von n Variablen, die sicherstellen, dass die Funktion konkav oder konvex ist und somit erlauben, dass Theorem 17.6.3 angewendet werden darf. Sei $z = f(\mathbf{x})$ eine C^2-Funktion von n Variablen, definiert auf einer konvexen Menge S. In diesem Fall bietet Theorem 14.8.2 Bedingungen an die Hesse-Matrix $\mathbf{f}''(\mathbf{x})$ der partiellen Ableitungen zweiter Ordnung in jedem inneren Punkt von S, die sicherstellen, dass f konkav oder konvex ist, eventuell strikt. Dieses Resultat erlaubt uns, Theorem 17.6.3 anzuwenden, um hinreichende Bedingungen dafür zu erhalten, dass eine innere kritische Stelle von f eine Maximum- oder Minimumstelle ist.

Theorem 17.6.4 (Hinreichende Bedingungen für ein Maximum oder Minimum)

Sei $z = f(\mathbf{x})$ eine C^2-Funktion von n Variablen, die definiert ist auf einer konvexen Menge S in $\mathbb{R}^n$ mit der Hesse-Matrix $\mathbf{f}''(\mathbf{x})$ in jedem Punkt $\mathbf{x}$ im Innern von S. Sei $\mathbf{x}_0$ eine innere kritische Stelle.

(a) Wenn $\mathbf{f}''(\mathbf{x})$ negativ semidefinit ist für alle (x, y) in S, dann ist f konkav und $\mathbf{x}_0$ ist eine Maximumstelle für $f(x, y)$ in S.

(b) Wenn $\mathbf{f}''(\mathbf{x})$ positiv semidefinit ist für alle (x, y) in S, dann ist f konvex und $\mathbf{x}_0$ ist eine Minimumstelle für $f(x, y)$ in S.

(c) Wenn $\mathbf{f}''(\mathbf{x})$ negativ definit ist für alle (x, y) in S, dann ist f strikt konkav und $\mathbf{x}_0$ ist die eindeutige Maximumstelle für $f(x, y)$ in S.

(d) Wenn $\mathbf{f}''(\mathbf{x})$ positiv definit ist für alle (x, y) in S, dann ist f strikt konvex und $\mathbf{x}_0$ ist die eindeutige Minimumstelle für $f(x, y)$ in S.

Wir merken an, dass Theorem 17.2.2 ein Spezialfall diese Resultats ist, weil die dortigen Bedingungen für eine Funktion von zwei Variablen sicherstellen, dass die 2×2-Hesse-Matrix negativ oder positiv semidefinit ist. Ein anderer in Beispiel 14.8.7 betrachteter Spezialfall tritt ein, wenn die Funktion $z = f(\mathbf{x})$ selbst eine quadratische Form $\mathbf{x}'\mathbf{A}\mathbf{x}$ ist, wobei $\mathbf{A}$ eine symmetrische $n\times n$-Matrix ist.

Bedingungen für lokale Extremstellen

Wir begannen Kap. 17.3 mit Definitionen von lokalen Maximum-, lokalen Minimum-, strikten lokalen Maximum- und strikten lokalen Minimumstellen für Funktionen von zwei Variablen. Wir unterlassen es, die offensichtlichen Erweiterungen dieser Definitionen für Funktionen von n Variablen anzugeben. Stattdessen erklären wir nur die Erweiterungen für Funktionen von n Variablen der Resultate bezüglich lokaler Extremstellen, die für Funktionen von einer Variablen in Kap. 9.6 und für Funktionen von zwei Variablen in Theorem 17.3.1 dargelegt wurden. Diese Erweiterungen beruhen auf den Definitheitseigenschaften der Hesse-Matrix der partiellen Ableitungen zweiter Ordnung, berechnet an der relevanten kritischen Stelle. Erinnern Sie, dass diese Definitheitseigenschaften in Kap. 13.12 definiert und charakterisiert wurden.

Theorem 17.6.5 (Tests der zweiten Ableitungen auf lokale Extrema)

Nehmen Sie an, dass die Funktion $z = f(\mathbf{x})$ von n Variablen eine C^2-Funktion ist in ihrem Definitionsbereich S. Sei $\mathbf{x}_0$ eine innere kritische Stelle in S mit der $n\times n$-Hesse-Matrix $\mathbf{f}''(\mathbf{x}_0)$. Dann gilt:

(a) Wenn $\mathbf{f}''(\mathbf{x}_0)$ negativ definit, dann ist $\mathbf{x}_0$ eine strikte lokale Maximumstelle.

(b) Wenn $\mathbf{f}''(\mathbf{x}_0)$ positiv definit, dann ist $\mathbf{x}_0$ eine strikte lokale Minimumstelle.

(c) Wenn $\mathbf{f}''(\mathbf{x}_0)$ entweder negativ semidefinit oder positiv semidefinit, dann kann $\mathbf{x}_0$ eine lokale Maximumstelle, eine lokale Minimumstelle oder eine Sattelstelle sein.

(d) Wenn $\mathbf{f}''(\mathbf{x}_0)$ indefinit, dann ist $\mathbf{x}_0$ eine Sattelstelle.

(e) Wenn $\mathbf{x}_0$ eine lokale Maximumstelle, dann ist $\mathbf{f}''(\mathbf{x}_0)$ negativ semidefinit.

(f) Wenn $\mathbf{x}^0$ eine lokale Minimumstelle, dann ist $\mathbf{f}''(\mathbf{x}_0)$ positiv semidefinit.

Von den sechs Aussagen in Theorem 17.6.5 sind die ersten zwei hinreichende Bedingungen für eine strikte lokale Maximum- oder Minimumstelle, während die zwei letzten notwendige Bedingungen für ein lokales Maximum oder Minimum sind, auch wenn es nicht strikt ist. Bedingung (d) ist eine hinreichend Bedingung für eine Sattelstelle. Schließlich betont Bedingung (c), dass negative oder positive Semidefinitheit nicht hinreichend ist, dass die innere kritische Stelle $\mathbf{x}_0$ überhaupt eine schwache, d. h. nicht strikte lokale Maximum- oder Minimumstelle ist. Die Resultate in Aufgabe 17.3.4 können genutzt werden, um diese Behauptung zu rechtfertigen.

Monoton wachsende Transformationen

Wie beenden diesen Abschnitt mit einem einfachen Resultat von beachtlichem Interesse in den theoretischen Wirtschaftswissenschaften. Es ist wie folgt: *Die Maximierung einer Funktion ist äquivalent zur Maximierung einer strikt monoton wachsenden Transformation dieser Funktion.* Nehmen Sie z. B. an, dass wir alle Paare (x, y) finden wollen, die $f(x, y)$ auf einer Menge S in der xy-Ebene maximieren. Stattdessen können wir all jene (x, y) bestimmen, die auf S irgendeine der folgenden Zielfunktionen maximieren:

1. $af(x, y) + b$ (falls die Konstante $a > 0$);
2. $e^{f(x,y)}$;
3. $\ln f(x, y)$ (falls $f(x, y) > 0$ in S).

Die Maximum*stellen* sind genau dieselben. Aber die Maximum*werte* sind natürlich ganz verschieden. Betrachten wir ein konkretes Beispiel: Da die Funktion $u \to \ln u$ strikt monoton wachsend für $u > 0$ ist, haben die folgenden zwei Probleme exakt dieselben Lösungen: Für $(x, y) \in S$:

$$\max e^{x^2+2xy^2-y^3} \quad \text{und} \quad \max x^2 + 2xy^2 - y^3$$

Theorem 17.6.6

Nehmen Sie an, dass $f(\mathbf{x}) = f(x_1, \ldots, x_n)$ definiert ist auf einer Menge S in $\mathbb{R}^n$. Sei F eine Funktion einer Variablen, die auf dem Wertebereich von f definiert ist, und sei $\mathbf{c}$ ein Punkt in S. Definieren Sie die Funktion g auf S durch $g(\mathbf{x}) = F(f(\mathbf{x}))$.

(a) Wenn F monoton wachsend ist und $\mathbf{c}$ die Funktion f auf S maximiert (minimiert), dann maximiert (bzw. minimiert) dieselbe Stelle $\mathbf{c}$ auch g auf S.

(b) Wenn F strikt monoton wachsend ist, dann maximiert (minimiert) $\mathbf{c}$ die Funktion f auf S genau dann, wenn $\mathbf{c}$ die Funktion g auf S maximiert (minimiert).

Wir geben einen Beweis nur für den Fall der Maximierung, da der Fall der Minimierung ähnlich ist.

(a) Da $\mathbf{c}$ die Funktion f auf S maximiert, haben wir $f(\mathbf{x}) \leq f(\mathbf{c})$ für alle $\mathbf{x}$ in S. Weil F monoton wachsend ist, haben wir dann $g(\mathbf{x}) = F\big(f(\mathbf{x})\big) \leq F\big(f(\mathbf{c})\big) = g(\mathbf{c})$ für alle $\mathbf{x}$ in S. Es folgt, dass $\mathbf{c}$ die Funktion g auf S maximiert.

(b) Nehmen Sie an, dass F auch strikt monoton wachsend ist und $f(\mathbf{x}) > f(\mathbf{c})$. Dann gilt: $g(\mathbf{x}) = F(f(\mathbf{x})) > F(f(\mathbf{c})) = g(\mathbf{c})$. Somit impliziert $g(\mathbf{x}) \leq g(\mathbf{c})$ für alle $\mathbf{x}$ in S, dass $f(\mathbf{x}) \leq f(\mathbf{c})$ für alle $\mathbf{x}$ in S.

Beachten Sie, wie extrem einfach das Argument war. Keine Stetigkeits- oder Differenzierbarkeitsannahmen wurden verlangt. Stattdessen basiert der Beweis nur auf den Konzepten von Maximum und monoton wachsenden/strikt monoton wachsenden Funktionen. Manche Menschen scheinen solchen einfachen direkten Argumenten zu misstrauen und ersetzen sie durch ineffiziente oder sogar unzureichende Argumente, die darauf basieren „alles nur mögliche zu differenzieren“, um Bedingungen erster und zweiter Ordnung anwenden zu können. Solches Misstrauen macht die Sache unnötig kompliziert und verleitet zu Fehlern.

Aufgaben für Kapitel 17.6

1. Jede der folgenden Funktionen hat eine Maximumstelle. Bestimmen Sie diese.

(a) $f(x, y, z) = 2x - x^2 + 10y - y^2 + 3 - z^2$

(b) $f(x, y, z) = 3 - x^2 - 2y^2 - 3z^2 - 2xy - 2xz$

2. Definieren Sie: $f(x) = e^{-x^2}$.

(a) Sei $F(u) = \ln u$. Verifizieren Sie, dass die zwei Funktionen $f(x)$ und $F(f(x))$ Maxima für dieselben Werte von x haben.

(b) Sei $F(u) = 5$. Dann ist $g(x) = F(f(x)) = 5$. Erklären Sie, warum dieses Beispiel zeigt, dass die Implikation (a) in Theorem 17.6.6 nicht umgekehrt werden kann. (Erinnern Sie sich, dass unsere Definition einer monoton wachsenden Funktion durch eine konstante Funktion erfüllt ist.)

3. Nehmen Sie an, dass $g(\mathbf{x}) = F(f(\mathbf{x}))$, wobei $f\colon \mathbb{R}^n \to \mathbb{R}$ und $F\colon \mathbb{R} \to \mathbb{R}$ differenzierbare Funktionen sind mit $F' \neq 0$ überall. Zeigen Sie, dass $\mathbf{x}$ genau dann eine kritische Stelle für f ist, wenn es eine kritische Stelle für g ist.

4. Bestimmen Sie die partiellen Ableitungen erster Ordnung der Funktion von drei Variablen, die gegeben ist durch

$$f(x, y, z) = -2x^3 + 15x^2 - 36x + 2y - 3z + \int_y^z e^{t^2}\, dt$$

Bestimmen Sie dann ihre acht kritischen Stellen.

5. Schlagen Sie vor, wie man jedes der zwei folgenden Maximierungsprobleme vereinfachen kann:

(a) $\max \frac{1}{2}[e^{x^2+y^2-2x} - e^{-(x^2+y^2-2x)}]$ für $(x, y) \in S$

(b) $\max A x_1^{a_1} \cdots x_n^{a_n}$ für $x_1 + x_2 + \cdots + x_n = 1$, wobei $A > 0$ und $x_1 > 0, \ldots, x_n > 0$.

► Lösungen zu den Aufgaben finden Sie im Anhang des Buches.

17.7 Komparative Statik und das Envelope-Theorem

Optimierungsprobleme in den Wirtschaftswissenschaften verlangen gewöhnlich die Maximierung oder Minimierung einer Zielfunktion, die von endogenen Variablen abhängen, die man wählen kann. Aber sehr oft hängt die Funktion auch von einem oder mehreren exogenen Parametern wie Preisen, Steuersätzen oder Einkommensniveaus ab, die nicht gewählt werden können. Obwohl diese Parameter während der Optimierung konstant gehalten werden müssen, variieren sie entsprechend den exogenen Umständen, die die ökonomische Situation beeinflussen. Zum Beispiel sollten wir nach der Definition eines Unternehmens bei vollkommenem Wettbwerb oder „preisnehmenden Unternehmens“ die den Gewinn maximierenden Input- und Outputgrößen berechnen und dabei die zugrunde liegenden Preise als Parameter betrachten. Aber dann könnten wir fragen, wie diese optimalen Größen auf Änderungen in den Preisen reagieren, oder auf Änderungen in anderen exogenen Parametern, die das Maximierungsproblem beeinflussen, das wir betrachten.

Betrachten Sie zunächst das folgende einfache Problem, das wir als ein Maximierungsproblem betrachten, wobei wir anmerken, dass die Theorie im Wesentlichen identisch ist für den Fall der Minimierung. Nehmen Sie an, dass eine Funktion f von einer einzigen Variablen x abhängt sowie von einem einzigen Parameter r. Wir wollen $f(x, r)$ bezüglich x maximieren, wobei wir r konstant halten, was wir so schreiben:

$$\max_x \; f(x, r)$$

Der Wert von x, der f maximiert wird gewöhnlich von r abhängen, so dass wir ihn mit $x^*(r)$ bezeichnen. Wenn wir $x^*(r)$ in $f(x, r)$ einsetzen, erhalten wir die *Optimalwertfunktion*

$$f^*(r) = f(x^*(r), r)$$

Was geschieht mit der Optimalwertfunktion, wenn r sich ändert? Wenn wir annehmen, dass $f^*(r)$ differenzierbar ist, ergibt die Kettenregel

$$\frac{\mathrm{d}f^*(r)}{\mathrm{d}r} = f_1'(x^*(r), r)\frac{\mathrm{d}x^*(r)}{\mathrm{d}r} + f_2'(x^*(r), r) \qquad (17.7.1)$$

Wenn $f(x, r)$ ein Maximum annimmt an einer innere Stelle $x^*(r)$ in dem Bereich, wo $f(x)$ definiert ist, dann muss die Bedingung erster Ordnung $f_1'(x^*(r), r) = 0$ erfüllt sein. Es folgt, dass der erste Term auf der rechten Seite von (17.7.1) Null ist, so dass die Gleichung sich reduziert zu

$$\frac{\mathrm{d}f^*(r)}{\mathrm{d}r} = f_2'(x^*(r), r) \qquad (17.7.2)$$

Beachten Sie: Wenn der Parameter r sich ändert, dann ändert sich $f^*(r)$ aus zwei Gründen. Erstens bewirkt eine Änderung in r direkt eine Änderung in f^*, weil r die zweite Variable in $f(x, r)$ ist. Zweitens bewirkt eine Änderung in r eine Änderung des Funktionswertes $x^*(r)$ und daher wird $f(x^*(r), r)$ indirekt geändert. Gleichung (17.7.2) zeigt, dass der Gesamteffekt einer Änderung in r einfach bestimmt wird, indem man die partielle Ableitung von $f(x^*(r), r)$ nach r berechnet und den indirekten Effekt der Abhängigkeit von x^* von r vollständig ignoriert. Auf den ersten Blick erscheint dies ziemlich überraschend. Bei näherer Betrachtung werden Sie jedoch realisieren, dass die Bedingung erster Ordnung $f_1'(x^*(r), r) = 0$ für $x^*(r)$ zur Maximierung von $f(x, r)$ bezüglich x impliziert, dass eine kleine Änderung in x, ob sie hervorgerufen ist durch eine kleine Änderung in r oder nicht, einen vernachlässigbaren Effekt auf den Wert $f^*(r)$ von $f(x^*, r)$ haben muss.

Beispiel 17.7.1

Nehmen Sie an: Wenn ein Unternehmen x Einheiten eines Gutes produziert und verkauft, so ist der Erlös $R(x) = rx$, wobei r ein positiver Parameter ist. Nehmen Sie weiter an, dass die Kosten des Unternehmens $C(x) = x^2$ sind. Der Gewinn ist dann

$$\pi(x, r) = R(x) - C(x) = rx - x^2$$

Bestimmen Sie die optimale Wahl x^* von x und verifizieren Sie (17.7.2) in diesem Fall.

Lösung: Die quadratische Gewinnfunktion hat ein Maximum, wenn $\pi_1' = r - 2x = 0$ ist, d. h. für $x^* = r/2$. Dann ist der maximale Gewinn als Funktion von r gegeben durch

$$\pi^*(r) = rx^* - (x^*)^2 = r(r/2) - (r/2)^2 = r^2/4$$

Die Ableitung ist $\mathrm{d}\pi^*/\mathrm{d}r = r/2$. Anwendung von Formel (17.7.2) ist jedoch viel direkter: Da $\pi_2'(x, r) = x$, impliziert die Formel, dass $\mathrm{d}\pi^*/\mathrm{d}r = \pi_2'(x^*(r), r) = x^*(r) = r/2$.

Beispiel 17.7.2

In Beispiel 9.6.5 haben wir ein Unternehmen mit der Gewinnfunktion $\hat{\pi}(Q, \tau) = R(Q) - C(Q) - \tau Q$ untersucht, wobei τ die Steuer pro produzierter Einheit bezeichnet. Es bezeichne $Q^* = Q^*(\tau)$ die optimale Wahl von Q als Funktion der Steuerrate τ und es sei $\pi^*(\tau)$ die zugehörige Optimalwertfunktion. Da $\hat{\pi}_2' = -Q$, ergibt Gleichung (17.7.2):

$$\frac{\mathrm{d}}{\mathrm{d}\tau}\pi^*(\tau) = \widehat{\pi}_2'(Q^*(\tau), \tau) = -Q^*(\tau)$$

Dies stimmt mit dem früher erhaltenen Resultat überein.

Betrachten Sie den Fall, wenn es einen n-Vektor $\mathbf{x} = (x_1, \ldots, x_n)$ von freien Variablen und einen m-Vektor $\mathbf{r} = (r_1, \ldots, r_m)$ von Parametern gibt. Unter der Annahme, dass die Funktion $f(\mathbf{x}, \mathbf{r})$ und die *Optimalwertfunktion* $f^*(\mathbf{r})$ entsprechend differenzierbar sind, ist hier eine offensichtliche Verallgemeinerung von Formel (17.7.2), die für alle m partiellen Ableitungen erster Ordnung $(\partial/\partial r_j)f^*(\mathbf{r})$ gilt:

Theorem 17.7.1 (Envelope-Theorem)

Nehmen Sie für alle Parametervektoren $\mathbf{r}$ in der Nähe von $\mathbf{r}^0$ an, dass die Optimalwertfunktion $f^*(\mathbf{r}) = \max_{\mathbf{x}} f(\mathbf{x}, \mathbf{r})$ existiert. Es sei $\mathbf{x}^*(\mathbf{r})$ ein Wert von $\mathbf{x}$, der $f(\mathbf{x}, \mathbf{r})$ bzgl. $\mathbf{x}$ maximiert. Ferner sei $\mathbf{x}^0$ gleich $\mathbf{x}^*(\mathbf{r}^0)$. Unter der Annahme, dass die zwei

Funktionen $f(\mathbf{x}^0, \mathbf{r})$ und $f^*(\mathbf{r})$ von $\mathbf{r}$ beide differenzierbar sind an der Stelle $\mathbf{r}^0$ für jedes $j = 1, \ldots, m$, sind ihre entsprechenden j-ten partiellen Ableitungen an der Stelle $\mathbf{r}^0$ gleich

$$\left.\frac{\partial f^*(\mathbf{r})}{\partial r_j}\right|_{\mathbf{r}=\mathbf{r}^0} = \left.\frac{\partial f(\mathbf{x}^*(\mathbf{r}), \mathbf{r})}{\partial r_j}\right|_{\mathbf{r}=\mathbf{r}^0} \tag{17.7.3}$$

Beachten Sie, dass die Gleichheiten (17.7.3) gelten, wenn wir $f(\mathbf{x}, \mathbf{r})$ bzgl. $\mathbf{x}$ minimieren anstelle maximieren oder sogar, wenn $\mathbf{x}^*(\mathbf{r})$ für jedes $\mathbf{r}$ in der Nähe von $\mathbf{r}^0$ eine kritische Stelle ist.

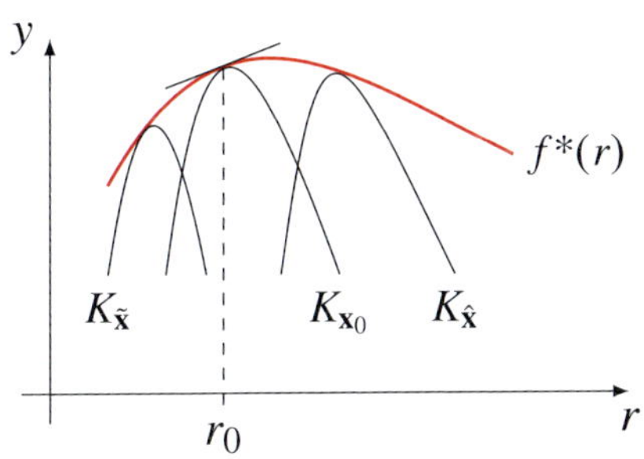

Abbildung 17.7.1: Die Kurve $y = f^*(r)$ ist die Einhüllende für alle Kurven $y = f(\mathbf{x}, r)$

Abb. 17.7.1 illustriert (17.7.3) in dem Fall, in dem es nur einen Parameter r gibt, der variieren darf. Für jeden festen Wert von $\mathbf{x}$ gibt es eine Kurve $K_{\mathbf{x}}$ in der ry-Ebene, die gegeben ist durch die Gleichung $y = f(\mathbf{x}, r)$. Abb. 17.7.1 zeigt drei dieser Kurven zusammen mit dem Graphen von $f^*(r)$. Für alle $\tilde{\mathbf{x}}$ und alle r haben wir

$$f(\tilde{\mathbf{x}}, r) \leq \max_{\mathbf{x}} f(\mathbf{x}, r) = f^*(r)$$

Es folgt, dass keine der Kurven $K_{\mathbf{x}}$ jemals oberhalb der Kurve $y = f^*(r)$ liegen kann. Andererseits gibt es für jeden Wert von r wenigstens einen Wert $\mathbf{x}^*(r)$ von $\mathbf{x}$, so dass $f(\mathbf{x}^*(r), r) = f^*(r)$, nämlich einen Wert von $\mathbf{x}$, der das Maximierungsproblem für den gegebenen Wert von r löst. Wenn wir z. B. $r = r_0$ festhalten und $\mathbf{x}_0$ für $\mathbf{x}^*(r_0)$ schreiben, dann wird die Kurve $K_{\mathbf{x}_0}$ die Kurve $y = f^*(r)$ in dem Punkt $(r_0, f^*(r_0))$ berühren, wie in dem Bild. Ferner: Weil $K_{\mathbf{x}_0}$ niemals über diesen Graphen gehen kann, muss sie genau dieselbe Tangente wie der Graph von f^* haben in dem Punkt, in dem die Kurven sich berühren. Die Steigung dieser gemeinsamen Tangente muss deshalb nicht nur $\mathrm{d}f^*/\mathrm{d}r$, die Steigung der Tangente an den Graphen von f^* in $(r_0, f^*(r_0))$, sondern auch $\partial f(\mathbf{x}_0, r)/\partial r$ sein, die Steigung der Tangente an die Kurve $K_{\mathbf{x}_0}$ im Punkt $(r_0, f(\mathbf{x}_0, r_0))$. Gleichung (17.7.3) folgt, weil $K_{\mathbf{x}_0}$ der Graph von $f(\mathbf{x}_0, r)$ ist, wenn $\mathbf{x}_0$ fest ist.

Wie Abb. 17.7.1 vermuten lässt, ist der Graph von $y = f^*(r)$ die niedrigste Kurve mit der Eigenschaft, dass sie auf oder oberhalb aller Kurven $K_{\mathbf{x}}$ liegt. Somit ist ihr Graph wie eine Einhüllende (envelope = „Einhüllende, Briefhülle“) oder wie eine „Frischhaltefolie“, die verwendet wird, um alle diese Kurven „einzuhüllen“ oder abzudecken. In der Tat ist ein Punkt genau dann auf oder unterhalb des Graphen, wenn er auf oder unterhalb einer der Kurven $K_{\mathbf{x}}$ liegt. Aus diesem Grunde nennen wir den Graphen von f^* die *Einhüllende (Envelope)* der Familie der $K_{\mathbf{x}}$-Kurven.

Beispiel 17.7.3

In Beispiel 17.1.3 bezeichnete $Q = F(K, L)$ eine Produktionsfunktion mit K als Kapitalinput und L als Arbeitsinput. Der Preis pro Einheit des Produkts war p, die Kosten pro Einheit des Kapitals waren r und die Kosten pro Einheit der Arbeit waren w. Der Gewinn, der durch den Einsatz von K und L Einheiten als Inputs und die anschließende Produktion und den Verkauf von $F(K, L)$ Einheiten des Produkts erzielt wird, ist gegeben durch

$$\hat{\pi}(K, L, p, r, w) = pF(K, L) - rK - wL$$

Hier wurde der Gewinn als eine neue Funktion $\hat{\pi}$ der Parameter p, r und w sowie der freien Variablen K und L ausgedrückt. Wir halten p, r und w fest und maximieren $\hat{\pi}$ bezüglich K und L. Die Optimalwerte von K und L sind Funktionen von p, r und w, die wir mit $K^* = K^*(p, r, w)$ und $L^* = L^*(p, r, w)$ bezeichnen. Die Optimalwertfunktion für das Problem ist $\hat{\pi}^*(p, r, w) = \hat{\pi}(K^*, L^*, p, r, w)$. Gewöhnlich wird $\hat{\pi}^*$ als die *Gewinnfunktion* des Unternehmens bezeichnet, obwohl sie eigentlich genauer mit „Maximalgewinnfunktion“ beschrieben werden müsste. Man erhält sie, indem man den Preis und die Kosten als gegeben betrachtet und die optimalen Input- und Outputgrößen bestimmt.

Nach Theorem 17.7.1 erhält man

$$\frac{\partial \hat{\pi}^*}{\partial p} = F(K^*, L^*) = Q^* , \qquad \frac{\partial \hat{\pi}^*}{\partial r} = -K^* , \qquad \frac{\partial \hat{\pi}^*}{\partial w} = -L^* \tag{$*$}$$

Diese drei Gleichungen sind Beispiele von dem, was man in der Produktionstheorie als *Hotellings Lemma* bezeichnet. Eine ökonomische Interpretation der mittleren Gleichung ist die folgende: Wie viel Gewinn geht verloren, wenn der Preis des Kapitals um einen kleinen Betrag steigt? Im Optimum verwendet das Unternehmen K^* Einheiten Kapital, so dass die Antwort K^* pro Einheit Anstieg im Preis ist. Siehe Aufgabe 4 für weitere interessante Zusammenhänge.

Beweis des Envelope-Theorems

Eine Möglichkeit, Theorem 17.7.1 zu beweisen, ist die Anwendung der Bedingungen erster Ordnung, um andere Terme zu eliminieren, wie in dem Argument, das wir für Gl. (17.7.2) gegeben haben. Der folgende alternative Beweis, den wir anbieten, ist vielleicht einfacher. Wir konstruieren eine geeignete „Trick“-Funktion, die nach Konstruktion eine lokale Maximumstelle in $\mathbf{r}^0$ haben muss. Dann argumentieren wir, dass die Gleichungen (17.7.3) notwendige Bedingungen erster Ordnung sind, damit $\mathbf{r}^0$ eine lokale Maximumstelle dieser Funktion ist.

Beweis: Um Theorem 17.7.1 zu beweisen, halten Sie den m-Vektor der Parameter $\mathbf{r}^0$ und den zugehörigen n-Vektor $\mathbf{x}^0 = \mathbf{x}^*(\mathbf{r}^0)$ der freien Variablen fest, die $f(\mathbf{x}, \mathbf{r}^0)$ bzgl $\mathbf{x}$ maximieren. Definieren Sie dann für alle Parametervektoren $\mathbf{r}$ in der Nähe von $\mathbf{r}^0$ die „Trick“-Funktion

$$\varphi(\mathbf{r}) = f(\mathbf{x}^0, \mathbf{r}) - f^*(\mathbf{r}) \tag{$*$}$$

Nach Definition der Optimalwertfunktion $f^*(\mathbf{r})$ und der Maximumstelle $\mathbf{x}^*(\mathbf{r})$ gilt für alle $\mathbf{r}$ in der Nähe von $\mathbf{r}^0$

$$f(\mathbf{x}^0, \mathbf{r}) \leq f(\mathbf{x}^*(\mathbf{r}), \mathbf{r}) = f^*(\mathbf{r})$$

Dies Ungleichung impliziert, dass $\varphi(\mathbf{r}) \leq 0$. Aber an der Stelle $\mathbf{r} = \mathbf{r}^0$ gilt

$$f(\mathbf{x}^0, \mathbf{r}^0) = f(\mathbf{x}^*(\mathbf{r}^0), \mathbf{r}^0) = f^*(\mathbf{r}^0)$$

Diese Ungleichung impliziert, dass $\varphi(\mathbf{r}^0) = 0$. Wir haben damit bewiesen, dass für alle $\mathbf{r}$ in der Nähe von $\mathbf{r}^0$ gilt $\varphi(\mathbf{r}) \leq \varphi(\mathbf{r}^0) = 0$. Somit hat $\varphi(\mathbf{r})$ eine lokale Maximumstelle in $\mathbf{r}^0$.

Schließlich implizieren die angegebenen Differenzierbarkeitsannahmen, dass die durch ($*$) definierte Funktion $\varphi(\mathbf{r})$ differenzierbar ist an der Stelle $\mathbf{r}^0$ mit den folgenden partiellen Ableitungen

$$\varphi_j'(\mathbf{r}^0) = \left.\frac{\partial f^*(\mathbf{r})}{\partial r_j}\right|_{\mathbf{r}=\mathbf{r}^0} - \left.\frac{\partial f(\mathbf{x}^*(\mathbf{r}), \mathbf{r})}{\partial r_j}\right|_{\mathbf{r}=\mathbf{r}^0}$$

Da $\mathbf{r}^0$ eine lokale Maximumstelle von $\varphi(\mathbf{r})$ ist, muss es eine kritische Stelle sein. Dann ist für jedes $j = 1, 2, \ldots, m$ Gl. (17.7.3) direkt impliziert durch die notwendige Bedingung erster Ordnung $\varphi_j'(\mathbf{r}^0) = 0$.

Aufgaben für Kapitel 17.7

1. Ein Unternehmen produziert ein einziges Gut und erzielt den Preis p für jede verkaufte Einheit. Die Kosten für die Herstellung von x Einheiten sind $ax + bx^2$ und die Steuer pro Einheit ist t. Nehmen Sie an, dass die Parameter positiv sind mit $p > a + t$. Das Unternehmen möchte den Gewinn maximieren.

(a) Bestimmen Sie die optimale Produktionsmenge x^* und den optimalen Gewinn π^*.

(b) Zeigen Sie, dass $\partial\pi^*/\partial p = x^*$ und geben Sie dafür eine ökonomische Interpretation.

2. Ein Unternehmen produziert $Q = \sqrt{L}$ Einheiten eines Gutes, wenn der Arbeitsinput L Einheiten ist. Der pro Einheit Output erzielte Preis ist P und die Kosten pro Einheit Arbeit sind w, beide positiv.

(a) Schreiben Sie die Gewinnfunktion π auf. Welche Wahl des Arbeitsinputs $L = L^*$ maximiert den Gewinn?

(b) Betrachten Sie L^* als eine Funktion $L^*(P, w)$ der zwei Preise und definieren Sie die Optimalwertfunktion als:

$$\pi^*(P, w) = \pi(L^*(P, w), P, w)$$

Verifizieren Sie, dass $\partial\pi^*/\partial P = \pi_P'(L^*, P, w)$ und $\partial\pi^*/\partial w = \pi_w'(L^*, P, w)$, womit das Envelope-Theorem bestätigt wird.

3. Ein Unternehmen verwendet Kapital K, Arbeit L und Land T, um Q Einheiten eines Gutes herzustellen, wobei

$$Q = K^{2/3} + L^{1/2} + T^{1/3}$$

Nehmen Sie an, dass das Unternehmen einen positiven Preis von p Euro für jede produzierte Einheit erzielt und dass die positiven Preise, die es pro Einheit Kapital, Arbeit und Land bezahlt, r, w bzw. q sind.

➡ Fortsetzung

(a) Drücken Sie den Gewinn des Unternehmens als eine Funktion π von (K, L, T) aus und bestimmen Sie dann die Werte von K, L und T, die den Gewinn des Unternehmens maximieren, als Funktionen der vier Preise. (Nehmen Sie an, dass ein Maximum existiert).

(b) Es bezeichne Q^* die optimale Anzahl produzierter Einheiten und K^* den optimalen Kapitalstock. Zeigen Sie, dass $\partial Q^*/\partial r = -\partial K^*/\partial p$.

4. Zeigen Sie mit Bezug auf Beispiel 17.7.3 unter der Annahme, dass F eine C^2-Funktion ist, die folgenden Symmetrierelationen:

$$\frac{\partial Q^*}{\partial r} = -\frac{\partial K^*}{\partial p}, \quad \frac{\partial Q^*}{\partial w} = -\frac{\partial L^*}{\partial p}, \quad \frac{\partial L^*}{\partial r} = \frac{\partial K^*}{\partial w}$$

(*Hinweis:* Zeigen Sie zunächst, dass $\dfrac{\partial Q^*}{\partial r} = \dfrac{\partial}{\partial r}\left(\dfrac{\partial \widehat{\pi}^*}{\partial p}\right) = \dfrac{\partial}{\partial p}\left(\dfrac{\partial \widehat{\pi}^*}{\partial r}\right)$, indem Sie das erste Resultat in Beispiel 17.7.3 in Verbindung mit Youngs Theorem 14.6.1 verwenden. Nutzen Sie dann die anderen Resultate in Beispiel 17.7.3.)

5. Mit Bezug auf Beispiel 17.1.3 wollen wir untersuchen, wie die optimalen Nachfragen nach Kapital und Arbeit, die zwei Inputfaktoren, auf Preisänderungen reagieren.

(a) Nehmen Sie die Differentiale der Bedingungen erster Ordnung (∗) in Beispiel 17.1.3, um zu verifizieren, dass:

$$F'_K(K^*, L^*)\,\mathrm{d}p + pF''_{KK}(K^*, L^*)\,\mathrm{d}K + pF''_{KL}(K^*, L^*)\,\mathrm{d}L = \mathrm{d}r$$
$$F'_L(K^*, L^*)\,\mathrm{d}p + pF''_{LK}(K^*, L^*)\,\mathrm{d}K + pF''_{LL}(K^*, L^*)\,\mathrm{d}L = \mathrm{d}w$$

(b) Verwenden Sie die in Teil (a) erhaltenen Gleichungen, um die partiellen Ableitungen von K^* und L^* nach p, r und w zu bestimmen. (*Hinweis:* Es ist vielleicht einfacher, zunächst $\partial K^*/\partial p$ und $\partial L^*/\partial p$ zu bestimmen, indem Sie in (a) $\mathrm{d}r = \mathrm{d}w = 0$ setzen usw.)

(c) Nehmen Sie an, dass die lokalen Bedingungen zweiter Ordnung in Theorem 17.3.1 für ein striktes lokales Maximum erfüllt sind. Was können Sie mit dieser Annahme über die Vorzeichen der sechs partiellen Ableitungen sagen, die Sie in (a) gefunden haben? Zeigen Sie insbesondere, dass die Nachfrage für jeden Faktor als eine Funktion ihres eigenen Preises abfallend ist. Verifizieren Sie schließlich, dass $\partial K^*/\partial w = \partial L^*/\partial r$.

6. Ein gewinnmaximierender Monopolist produziert zwei Güter, deren Mengen mit x_1 und x_2 bezeichnet seien. Gut 1 wird mit einer Rate von σ Euro pro Einheit subventioniert und Gut 2 wird mit τ Euro pro Einheit besteuert. Die Gewinnfunktion des Monopolisten ist dann gegeben durch

$$\pi(x_1, x_2) = R(x_1, x_2) - C(x_1, x_2) + \sigma x_1 - \tau x_2$$

Dabei sind R und C die Erlös- bzw. Kostenfunktion des Unternehmens. Nehmen Sie an, dass diese Funktionen beide C^2-Funktionen sind für alle positiven x_1 und x_2 mit partiellen Ableitungen, für die gilt:

$$R'_1 > 0, \; R'_2 > 0, \; R''_{11} < 0, \; R''_{12} = R''_{21} < 0, \; R''_{22} < 0$$
$$C'_1 > 0, \; C'_2 > 0, \; C''_{11} > 0, \; C''_{12} = C''_{21} > 0, \; C''_{22} > 0$$

➡

➡ Fortsetzung

(a) Bestimmen Sie die Bedingungen erster Ordnung für maximalen Gewinn.

(b) Schreiben Sie die lokalen Bedingungen zweiter Ordnung für maximalen Gewinn auf.

(c) Nehmen Sie an, dass $x_1^* = x_1^*(\sigma, \tau)$ und $x_2^* = x_2^*(\sigma, \tau)$ das Problem lösen. Bestimmen Sie die Vorzeichen von $\partial x_1^*/\partial\sigma$, $\partial x_1^*/\partial\tau$, $\partial x_2^*/\partial\sigma$ und $\partial x_2^*/\partial\tau$ unter der Annahme, dass die lokalen Bedingungen zweiter Ordnung erfüllt sind.

(d) Zeigen Sie, dass $\partial x_1^*/\partial\tau = -\partial x_2^*/\partial\sigma$.

► Lösungen zu den Aufgaben finden Sie im Anhang des Buches.

Aufgaben zur Wiederholung für Kapitel 17

1. Die Funktion f, die für alle (x, y) durch $f(x, y) = -2x^2 + 2xy - y^2 + 18x - 14y + 4$ definiert ist, hat ein Maximum. Bestimmen Sie die entsprechenden Werte von x und y. Nutzen Sie Theorem 17.2.2, um zu beweisen, dass es eine Maximumstelle ist.

2. Ein Unternehmen produziert zwei verschiedene Arten A und B eines Gutes. Die täglichen Kosten der Herstellung von Q_1 Einheiten von A und Q_2 Einheiten von B sind $C(Q_1, Q_2) = 0.1(Q_1^2 + Q_1 Q_2 + Q_2^2)$. Nehmen Sie an, dass das Unternehmen den gesamten Output zu einem Preis pro Einheit von $P_1 = 120$ für A und $P_2 = 90$ für B verkauft.

(a) Bestimmen Sie die täglichen Produktionsmengen, die den Gewinn maximieren.

(b) Nehmen Sie an, dass P_2 unverändert bei 90 bleibt. Welcher neue Preis P_1 pro Einheit von A würde implizieren, dass die optimale tägliche Produktionsmenge von A gleich 400 Einheiten ist?

3. Der Gewinn, den ein Unternehmen durch die Produktion und den Verkauf von x bzw. y Einheiten von zwei Marken eines Gutes erzielt, ist gegeben durch $P(x, y) = -0.1x^2 - 0.2xy - 0.2y^2 + 47x + 48y - 600$.

(a) Bestimmen Sie die Produktionsmengen, die den Gewinn maximieren.

(b) Ein entscheidendes Rohmaterials ist rationiert, so dass die Gesamtproduktion auf 200 Einheiten beschränkt werden musste. Bestimmen Sie die Produktionsmengen, die jetzt den Gewinn maximieren.

4. Bestimmen Sie die kritischen Stellen der folgenden Funktionen von (x, y):

(a) $x^3 - x^2y + y^2$ (b) $xye^{4x^2 - 5xy + y^2}$ (c) $4y^3 + 12x^2y - 24x^2 - 24y^2$

5. Es sei $f(x, y, a) = ax^2 - 2x + y^2 - 4ay$, wobei a ein Parameter ist. Bestimmen Sie für jedes feste $a \neq 0$ die einzige kritische Stelle $(x^*(a), y^*(a))$ für die Funktion f bezüglich (x, y). Bestimmen Sie auch die Optimalwertfunktion

$f^*(a) = f(x^*(a), y^*(a), a)$ und verifizieren Sie das Envelope-Theorem in diesem Fall.

6. Nehmen Sie an, dass die Produktionsfunktion in Aufg. 17.7.3 durch $Q = K^a + L^b + T^c$ ersetzt wird, wobei $a, b, c \in (0, 1)$ Parameter sind.

(a) Bestimmen Sie unter der Annahme, dass ein Maximum existiert, die Werte von K, L und T, die den Gewinn des Unternehmens maximieren.

(b) Sei π^* der optimale Gewinn als Funktion der vier Preise p, q, r und w. Berechnen Sie die partielle Ableitung $\partial\pi^*/\partial r$.

(c) Verifizieren Sie das Envelope-Theorem in diesem Fall.

7. Definieren Sie $f(x, y)$ für alle (x, y) durch $f(x, y) = e^{x+y} + e^{x-y} - \frac{3}{2}x - \frac{1}{2}y$.

(a) Bestimmen Sie die partiellen Ableitungen erster und zweiter Ordnung von f und zeigen Sie dann, dass $f(x, y)$ konvex ist.

(b) Bestimmen Sie die Minimumstelle von $f(x, y)$.

8. Betrachten Sie die Funktion $f(x, y) = x^2 - y^2 - xy - x^3$.

(a) Bestimmen und klassifizieren Sie die kritischen Stellen.

(b) Bestimmen Sie den Bereich S, in dem f konkav ist und bestimmen Sie den größten Wert von f in S.

9. Sei $f(x, y) = \frac{1}{2}x^2 - x + ay(x - 1) - \frac{1}{3}y^3 + a^2y^2$ für alle (x, y) und eine Konstante a.

(a) Zeigen Sie, dass $(x^*, y^*) = (1 - a^3, a^2)$ eine kritische Stelle für f ist.

(b) Verifizieren Sie das Envelope-Theorem für diesen Fall.

(c) In welchem Bereich der xy-Ebene ist f konvex?

10. In dieser Aufgabe werden wir mehrere der bisher betrachteten ökonomischen Beispiele und Aufgaben verallgemeinern. Betrachten Sie ein Unternehmen, dass die Outputmengen x und y von zwei verschiedenen Gütern A und B produziert, deren Preise p bzw. q sind. Wenn die Gesamtkostenfunktion $C(x, y)$ ist, dann ist der Gewinn des Unternehmens

$$\pi(x, y) = px + qy - C(x, y) \qquad \text{(i)}$$

(a) Nehmen Sie zunächst an, dass das Unternehmen einen kleinen Marktanteil für beide Güter hat und daher p und q als gegeben betrachtet. Schreiben Sie die Bedingungen erster Ordnung für ein Maximum des Gewinns in $x^* > 0$ und $y^* > 0$ auf und interpretieren Sie diese.

(b) Nehmen Sie jetzt an, dass des Unternehmen eine Monopolstellung im Verkauf für beide Güter hat. Die Preise sind nicht mehr fest, sondern sind gegeben als Funktionen von x und y durch die inversen Nachfragefunktionen

$$p = F(x, y) \quad \text{und} \quad q = G(x, y) \qquad \text{(ii)}$$

Dann ist der Gewinn als Funktion von x und y gleich

$$\pi(x, y) = xF(x, y) + yG(x, y) - C(x, y) \qquad \text{(iii)}$$

Bestimmen und interpretieren Sie die Bedingungen erster Ordnung für ein Maximum des Gewinns in $x^* > 0$ und $y^* > 0$.

(c) Nehmen Sie an, dass $p = a - bx - cy$ und $q = \alpha - \beta x - \gamma y$, wobei b und γ positiv sind.[9] Die Kostenfunktion sei $C(x, y) = Px + Qy + R$. Schreiben Sie die Bedingungen erster Ordnung für maximalen Gewinn auf.

(d) Zeigen Sie, dass die (globalen) Bedingungen zweiter Ordnung erfüllt sind, wenn $4\gamma b \geq (\beta + c)^2$.

► Lösungen zu den Aufgaben finden Sie im Anhang des Buches.

[9] Eine Zunahme im Preis eines Gutes verringert die Nachfrage nach diesem Gut, kann aber die Nachfrage nach dem anderen Gut erhöhen oder verringern.

Nebenbedingungen in Gleichheit

18

18.1 Die Methode der Lagrange-Multiplikatoren . 836

18.2 Interpretation des Lagrange-Multiplikators . . 845

18.3 Mehrere Lösungskandidaten 848

18.4 Warum funktioniert die Methode der Lagrange-Multiplikatoren? 851

18.5 Hinreichende Bedingungen 856

18.6 Zusätzliche Variablen und Nebenbedingungen 860

18.7 Komparative Statik 867

Aufgaben zur Wiederholung für Kapitel 18 874

ÜBERBLICK

Die Mathematik ist von den Turbulenzen des menschlichen Lebens entfernt,
doch ihre Methoden und Beziehungen sind wie ein Spiegel,
ein unglaublich klarer Spiegel der Beziehungen,
die die Tatsachen unserer Existenz miteinander verbinden.

–Konrad Knopp (1928)

Das vorausgehende Kapitel brachte eine Einführung in Optimierungsprobleme mit mehreren Variablen ohne Nebenbedingungen. In den Wirtschaftswissenschaften müssen die betrachteten Variablen jedoch oft eine oder mehrere Nebenbedingungen erfüllen. Dementsprechend ist dieses Kapitel das erste von dreien, die Optimierungsprobleme unter Nebenbedingungen behandeln. Speziell hier betrachten wir Nebenbedingungn in Gleichheitsform, während die folgenden Kap. 19 und 20 Nebenbedingungen in Ungleichheitsform betrachten.

Das Hauptthema dieses Kapitels ist die Methode der Lagrange-Multiplikatoren. Diese Methode wird eingeführt in Kap. 18.1 für den Fall von zwei Variablen unter einer Nebenbedingung in Gleichheitsform. Ein wichtiges in Kap. 18.2 diskutiertes Thema ist, wie der Lagrange-Multiplikator, der mit einer Nebenbedingung assoziiert ist, zu interpretieren ist. Das kurze Thema in Kap. 18.3 geht darum, wie mehrere Lösungskandidaten zu behandeln sind, die sich bei der Methode der Lagrange-Multiplikatoren ergeben, weil sie alle die relevanten Bedingungen erster Ordnung erfüllen. Kap. 18.4 bietet eine Erklärung, warum die Methode der Lagrange-Multiplikatoren funktioniert. Hinreichende Bedingungen dafür, dass ein Vektor der freien Variablen zu einem Optimum unter Nebenbedingungen führt, werden in Kap. 18.5 behandelt. Danach erweitert Kap. 18.6 unsere Analysis über den Spezialfall von zwei freien Variablen und einer Nebenbedingung hinaus. Das abschließende Kap. 18.7 präsentiert einige Resultate der komparativen Statik und ein Envelope-Theorem.

Allgemeinere Optimierungsproblem unter Nebenbedingungen auch in Ungleichheitsform werden in Kap. 19 und 20 eingeführt. Eine viel ausführlichere Behandlung von Optimierung unter Nebenbedingungen kann in FMEA *gefunden werden.*

18.1 Die Methode der Lagrange-Multiplikatoren

Ein typisches ökonomisches Beispiel eines Optimierungsproblems unter Nebenbedingungen betrifft einen Verbraucher, der vor der Wahl steht, wie viel er von seinem verfügbaren Einkommen m für ein Gut ausgibt, dessen Preis pro Einheit p ist, und welchen Betrag y er für den Kauf anderer Güter übrig lässt. Beim Kauf von x Einheiten des betreffenden Gutes ist seine Budgetbeschränkung $px + y = m$. Nehmen Sie an, dass die Präferenzen durch eine Nutzenfunktion $u(x, y)$ dargestellt werden. In mathematischen Termen kann das Problem des Verbrauchers so ausgedrückt werden:

$$\max u(x, y) \quad \text{u.d.N.} \quad px + y = m$$

Dabei steht „u.d.N." für „unter der Nebenbedingung". Dies ist ein typisches *Maximierungsproblem unter einer Nebenbedingung*. Da hier $y = m - px$ ist, kann in diesem Fall dasselbe Problem als *Maximierung* der Funktion $h(x) = u(x, m - px)$ bezüglich der einzigen Variablen x *ohne irgendeine Nebenbedingung* ausgedrückt werden. Diese Methode der Umwandlung eines Optimierungsproblems mit zwei Variablen und einer Nebenbedingung in ein Ein-Variablen-Problem ohne Nebenbedingungen wurde bereits in Kap. 17.2 verwendet.

Wenn die Nebenbedingung jedoch eine komplizierte Funktion mit sich bringt oder wenn mehrere Nebenbedingungen in Gleichheitsform zu berücksichtigen sind, kann diese Substitutionsmethode schwierig werden oder es wird unmöglich, sie in der Praxis durchzuführen. In solchen Fällen machen Ökonomen oft Gebrauch von der *Methode der Lagrange-Multiplikatoren.*[1]

Wir beginnen mit dem Problem der Maximierung einer Funktion $f(x, y)$ von zwei Variablen, wenn x und y derart eingeschränkt sind, dass sie eine einzige Nebenbedingung in Gleichheitsform $g(x, y) = c$ erfüllen müssen. Dies Problem kann geschrieben werden als:

$$\max f(x, y) \quad \text{u.d.N.} \quad g(x, y) = c \tag{18.1.1}$$

Der erste Schritt der Methode ist, einen *Lagrange-Multiplikator* einzuführen, der oft mit λ bezeichnet wird und „assoziiert" ist mit der Nebenbedingung $g(x, y) = c$. Wir tun dies, indem wir die *Lagrange-Funktion* $\mathcal{L}$ definieren durch

$$\mathcal{L}(x, y) = f(x, y) - \lambda[g(x, y) - c] \tag{18.1.2}$$

Darin wird der Ausdruck $g(x, y) - c$, der laut Nebenbedingung 0 sein muss, mit λ multipliziert. Beachten Sie für spätere Bezugnahmen, dass $\mathcal{L}(x, y) = f(x, y)$ für alle (x, y), die die Nebenbedingung $g(x, y) = c$ erfüllen.

Wir entwickeln jetzt geeignete Bedingungen erster Ordnung zur Lösung des Problems (18.1.1). Dazu betrachten wir den Lagrange-Multiplikator λ als eine Konstante und betrachten die zwei partiellen Ableitungen von $\mathcal{L}(x, y)$ nach x und y. Diese sind

$$\mathcal{L}_1'(x, y) = f_1'(x, y) - \lambda g_1'(x, y) \quad \text{und} \quad \mathcal{L}_2'(x, y) = f_2'(x, y) - \lambda g_2'(x, y) \tag{18.1.3}$$

Wie wir in Kap. 18.4 erklären werden, kann, abgesehen von seltenen Fällen, die Lösung des Problems (18.1.1) nur ein Paar (x, y) sein, das, für einen geeigneten Wert des Lagrange-Multiplikators λ, nicht nur eine kritische Stelle der Lagrange-Funktion $\mathcal{L}$ ist, sondern auch die Nebenbedingung $g(x, y) = c$ erfüllt. Wie in den Kap. 9 und 17 nennen wir die Kombination der zwei Gleichungen (18.1.3) mit der Nebenbedingung die Bedingungen „erster Ordnung".

[1] Die Methode ist nach ihrem Entdecker, dem in Italien geborenen französischen Mathematiker J.-L. Lagrange (1736–1813) benannt. Der dänische Ökonom Harald Westergaard scheint der Erste gewesen zu sein, der dies in den Wirtschaftswissenschaften benutzte, im Jahre 1876. Tatsächlich wird diese Methode von Ökonomen oft sogar für Probleme verwendet, die ganz leicht als Optimierungsprobleme ohne Nebenbedingungen ausgedrückt werden können. Ein Grund dafür ist, dass Lagrange-Multiplikatoren eine wichtige ökonomische Interpretation haben. Außerdem kann die Idee der Einführung Lagrange'scher Multiplikatoren in einer Vielzahl komplizierterer Optimierungsprobleme adaptiert werden, wie z. B. in solchen, in denen die Nebenbedingungen in Ungleichungsform ausgedrückt sind, wie wir später in den Kap. 19 und 20 sehen werden.

Hier ist eine einfache ökonomische Anwendung:

Beispiel 18.1.1

Ein Verbraucher habe die Nutzenfunktion $u(x, y) = xy$, definiert für alle positiven x, y und die Budgetbeschränkung $2x + y = 100$. Nutzen Sie die Lagrange-Multiplikator-Methode, um den einzigen Lösungskandidaten des Nutzenmaximierungsproblems zu finden. Bestätigen Sie dann, dass dies die Lösung des Problems ist, indem Sie das uneingeschränkte Maximierungsproblem betrachten, dass sich ergibt, wenn Sie die Budgetbeschränkung benutzen, um eine der Variablen zu eliminieren.

Lösung: Das eingeschränkte Maximierungsproblem ist:

$$\max xy \quad \text{u.d.N.} \quad 2x + y = 100$$

Indem wir dem Rezept folgen, dass zu (18.1.2) führte, erhalten wir die assoziierte Lagrange-Funktion:

$$\mathcal{L}(x, y) = xy - \lambda(2x + y - 100)$$

Einschließlich der Nebenbedingung sind die Bedingungen erster Ordnung für die Lösung des Problems

$$\mathcal{L}'_1(x, y) = y - 2\lambda = 0\,, \qquad \mathcal{L}'_2(x, y) = x - \lambda = 0 \quad \text{und} \quad 2x + y = 100\,.$$

Die beiden ersten Gleichungen implizieren, dass $y = 2\lambda$ und $x = \lambda$. Somit ist $y = 2x$. Wenn wir dies in die Nebenbedingung einsetzen, erhalten wir $2x + 2x = 100$. Damit ist $x = 25$ und $y = 50$, woraus $\lambda = x = 25$ folgt.

Diese Lösung kann durch die Substitutionsmethode bestätigt werden. Aus $2x+y = 100$ erhalten wir $y = 100 - 2x$. Indem wir y in der Nutzenfunktion durch $100 - 2x$ ersetzen, reduziert sich das Originalproblem auf die Maximierung der Funktion $h(x) = x(100 - 2x) = -2x^2 + 100x$, definiert auf dem offenen Intervall $(0, 50)$, ohne eine Einschränkung. Die Bedingung erster Ordnung für dieses uneingeschränkte Maximierungsproblem ist $h'(x) = -4x + 100 = 0$. Die eindeutige kritische Stelle ergibt sich für $x = 25$. Da $h''(x) = -4 < 0$ für alle x, ist die Funktion h konkav auf $(0, 50)$, so dass die kritische Stelle $x = 25$ eine Maximumstelle *ist*. Wenn wir dies in die Budgetbeschränkung einsetzen, ergibt sich $y = 50$, welches die eindeutige Lösung des ursprünglichen Maximierungsproblems unter der Nebenbedingung war.

Vielleicht überraschend: Für das alternative Minimierungsproblem

$$\min f(x, y) \quad \text{u.d.N.} \quad g(x, y) = c \tag{18.1.4}$$

ist die Funktion $\mathcal{L}$ exakt in derselben Weise durch Gleichung (18.1.2) definiert. Ferner sind die relevanten Bedingungen erster Ordnung dieselben. Deshalb schreiben wir oft

$$\max(\min) f(x, y) \quad \text{u.d.N.} \quad g(x, y) = c\,,$$

wenn wir uns sowohl auf Maximierungs- und Minimierungsprobleme beziehen.[2]

[2] Möglicherweise haben Sie Ausdrücke wie $\max\min f(x, y)$ z. B. in Spieltheoriekursen gesehen. Solche Ausdrücke meinen etwas völlig anderes.

Beispiel 18.1.1 illustriert die folgende allgemeine Methode:

Die Methode des Lagrange-Multiplikators

Um die einzig möglichen Lösungen der Probleme (18.1.1) und (18.1.4) zu finden, gehen Sie wie folgt vor:

(i) Schreiben Sie die Lagrange-Funktion $\mathcal{L}$ wie in Gleichung (18.1.2) auf, wobei λ eine Konstante ist.

(ii) Differenzieren Sie $\mathcal{L}$ nach x und y und setzen Sie die partiellen Ableitungen gleich 0.

(iii) Die zwei Gleichungen in (ii) ergeben zusammen mit der Nebenbedingung die folgenden drei *Bedingungen erster Ordnung*:

$$\begin{aligned} \mathcal{L}_1'(x,y) = f_1'(x,y) - \lambda g_1'(x,y) &= 0 \\ \mathcal{L}_2'(x,y) = f_2'(x,y) - \lambda g_2'(x,y) &= 0 \\ g(x,y) &= c \end{aligned}$$

(iv) Lösen Sie die drei Gleichungen in (iii) simultan für die drei Unbekannten x, y und λ. Jedes Tripel (x,y,λ), das diese Gleichungen löst, ist ein *Kandidat* für die Lösung des eingeschränkten Maximierungs-/Minimierungsproblems. Wenigstens einer von diesen Kandidaten muss das Problem lösen, wenn es eine Lösung gibt.

Wichtig: Wenn $g_1'(x,y)$ und $g_2'(x,y)$ beide verschwinden an der Stelle der wahren Lösung, kann die Methode scheitern, die richtige Antwort zu geben.

Einige Ökonomen ziehen es vor, die Lagrange-Funktion als eine Funktion $\tilde{\mathcal{L}}(x,y,\lambda)$ von drei Variablen zu betrachten. Dann ergibt die dritte Bedingung erster Ordnung $\tilde{\mathcal{L}}_3'(x,y,\lambda) = 0$ sofort die Nebenbedingung $g(x,y) = c$ des Problems. Der Vorteil dieser alternativen Sicht ist: Geschrieben in dieser Weise erhält man alle drei notwendigen Bedingungen, indem man die drei partiellen Ableitungen von $\tilde{\mathcal{L}}$ gleich 0 setzt. Dies erlaubt es, die Bedingungen erster Ordnung zusammenfassend als Aufforderung zu verstehen, eine kritische Stelle (x,y,λ) der Lagrange-Funktion $\tilde{\mathcal{L}}(x,y,\lambda)$ zu bestimmen.

Es erscheint jedoch etwas unnatürlich, eine Differentiation durchzuführen, um solch eine offensichtlich notwendige Bedingung zu erhalten, nämlich die Gleichung, die die Nebenbedingung spezifiziert. Außerdem kann dieses Verfahren zu Schwierigkeiten führen, wenn wir Probleme mit Nebenbedingungen in Ungleichungsform behandeln. Ein dritter Grund, die Lagrange-Funktion als eine Funktion $\mathcal{L}(x,y)$ von nur zwei Variablen zu betrachten, ist, dass dies uns erlaubt, einige wichtige Resultate später in diesem Kapitel abzuleiten, die die Maximum-/Minimumstellen von $\mathcal{L}$ bezüglich (x,y) betreffen. Diese sind besonders nützlich, da, wie in Kap. 18.5 diskutiert wird, die Funktion $\mathcal{L}(x,y)$ von zwei Variablen konkav oder konvex sein kann, während es sehr unwahrscheinlich ist, dass die Funktion $\tilde{\mathcal{L}}(x,y,\lambda)$ von drei Variablen konkav oder konvex ist. Aus diesen drei Gründen ziehen wir es vor, die Funktion $\mathcal{L}(x,y)$ von zwei Variablen zu betrachten.

Beispiel 18.1.2

Ein Unternehmen, das nur ein einziges Produkt herstellt, möchte 30 Einheiten so billig wie möglich produzieren. Unter Verwendung von K Einheiten Kapital und L Einheiten Arbeit, beide nichtnegativ, kann es $\sqrt{K}+L$ Einheiten herstellen. Die Kosten für Kapital und Arbeit seien 1 bzw. 20 Euro. Das Problem des Unternehmens ist dann:

$$\min K + 20L \quad \text{u.d.N.} \quad \sqrt{K} + L = 30$$

(a) Bestimmen Sie die optimalen Werte von K und L.

(b) Welches sind die zusätzlichen Kosten für die Herstellung von 31 statt 30 Einheiten?

Lösung:

(a) Die Lagrange-Funktion ist:

$$\mathcal{L} = K + 20L - \lambda(\sqrt{K} + L - 30)$$

Damit sind die Bedingungen erster Ordnung:

$$\mathcal{L}'_K = 1 - \lambda/(2\sqrt{K}) = 0\,, \qquad \mathcal{L}'_L = 20 - \lambda = 0 \quad \text{und} \quad \sqrt{K} + L = 30$$

Die zweite Gleichung ergibt $\lambda = 20$. Wenn wir dies in die erste Gleichung einsetzen, ergibt sich $1 = 20/(2\sqrt{K})$. Es folgt $\sqrt{K} = 10$ und damit $K = 100$. Eingesetzt in die Nebenbedingung ergibt dies $\sqrt{100} + L = 30$ und damit $L = 20$.
Die billigste Möglichkeit, 30 Einheiten des Outputs zu produzieren, ist deshalb, 100 Einheiten Kapital und 20 Einheiten Arbeit zu verwenden. Die damit verbundenen Kosten sind $K + 20L = 500$.[3]

(b) Indem man das Problem mit der Nebenbedingung $\sqrt{K} + L = 31$ löst, sieht man dass immer noch $\lambda = 20$ und $K = 100$, während $L = 31 - 10 = 21$ ist. Die zugehörigen minimalen Kosten sind $100 + 20 \cdot 21 = 520$, so dass die zusätzlichen Kosten $520 - 500 = 20$ sind. Dies ist genau gleich dem Lagrange-Multiplikator! Somit sagt uns der Lagrange-Multiplikator in diesem Fall, um wieviel die Kosten ansteigen, wenn die Poduktionsanforderung um eine Einheit von 30 auf 31 erhöht wird.[4]

Beispiel 18.1.3

Ein Verbraucher hat die Cobb-Douglas Nutzenfunktion $u(x,y) = Ax^a y^b$, definiert für alle nichtnegativen x, y, und unterliegt der Budgetbeschränkung $px + qy = m$, wobei A, a, b, p, q und m positive Konstanten sind. Bestimmen Sie die einzige mögliche Lösung zu diesem Konsumnachfrageproblem:

$$\max\ Ax^a y^b \quad \text{u.d.N.} \quad px + qy = m \tag{$*$}$$

[3] Theorem 18.5.1 wird uns sagen, dass dies das Minimum unter der Nebenbedingung ist, weil $\mathcal{L}$ konvex ist in (K, L).

[4] Kap. 18.2 wird uns sagen, warum dies nicht ganz zufällig so ist.

Lösung: Die Lagrange-Funktion ist $\mathcal{L}(x,y) = Ax^a y^b - \lambda(px + qy - m)$. Somit sind die drei Bedingungen erster Ordnung:

$$\mathcal{L}_1'(x,y) = aAx^{a-1}y^b - \lambda p = 0\,, \quad \mathcal{L}_2'(x,y) = bAx^a y^{b-1} - \lambda q = 0 \text{ und } px + qy = m$$

Wir beginnen mit der Auflösung der zwei ersten Gleichungen nach λ in Abhängigkeit von x, y und den Parametern. Dies ergibt die zwei Gleichheiten:

$$\lambda = \frac{aAx^{a-1}y^b}{p} = \frac{bAx^a y^{b-1}}{q}$$

Entfernen des gemeinsamen Faktors $Ax^{a-1}y^{b-1}$ aus der letzten Gleichheit ergibt $ay/p = bx/q$. Auflösen dieser Gleichung nach qy ergibt $qy = (b/a)px$. Wenn wir dies in die Budgetbeschränkung einsetzen, ergibt sich $px + (b/a)px = m$. Aus dieser letzten Gleichung können wir zuerst x und dann y bestimmen. Die Resultate sind die folgenden *Nachfragefunktionen*:

$$x = x(p,q,m) = \frac{a}{a+b}\frac{m}{p} \quad \text{und} \quad y = y(p,q,m) = \frac{b}{a+b}\frac{m}{q} \tag{$**$}$$

Die Lösung, die wir gefunden haben, macht guten ökonomischen Sinn. In der Tat folgt aus $(**)$, dass für alle $t > 0$ gilt $x(tp, tq, tm) = x(p,q,m)$ und $y(tp, tq, tm) = y(p,q,m)$, was impliziert, dass beide Nachfragefunktionen homogen vom Grade 0 sind. Nach Beispiel 15.7.4 ist dies, wie es zu erwarten war. Denn wenn das Tripel (p,q,m) in (tp, tq, tm) geändert wird, dann bleibt die Nebenbedingung in $(*)$ unverändert und somit auch die optimalen Werte von x und y.

Beachten Sie, dass die relativen Größen der Koeffizienten a und b in der Nutzenfunktion $Ax^a y^b$ die relative Bedeutung von x und y für die Präferenzen des Individuums angeben. Wenn z. B. a größer als b ist, dann wertet der Verbraucher einen 1%-Anstieg in x höher als einen 1%-Anstieg in y. Nun ist das Produkt px der Betrag, der für das erste Gut ausgegeben wird, so dass $(**)$ impliziert, dass der Verbraucher den Anteil $a/(a+b)$ des Einkommens für das erste Gut und den Anteil $b/(a+b)$ für das zweite Gut ausgeben sollte.

Formel $(**)$ kann sofort benutzt werden, um die richtige Antwort für Tausende von Examensfragen zu bestimmen, die jedes Jahr über die ganze Welt in Kursen „Mathematik für Wirtschaftswissenschaften" gestellt werden. Aber beachten Sie: Wenn die Nutzenfunktion nicht exakt vom Cobb-Douglas-Typ $Ax^a y^b$ oder etwas Äquivalentem ist, dann sind die durch $(**)$ gegebenen Nachfragen sicherlich falsch.[5]

Eine andere Warnung ist hier angebracht: Wir haben in Problem $(*)$ angenommen, dass $x \geq 0$ und $y \geq 0$. Damit maximieren wir eine stetige Funktion $Ax^a y^b$ auf einer abgeschlossenen beschränkten Menge $S = \{(x,y)\colon px + qy = m, x \geq 0, y \geq 0\}$. Nach dem Extremwertsatz, Theorem 17.5.1, muss deshalb ein Maximum existieren. Da der Nutzen 0 ist, wenn $x = 0$ oder wenn $y = 0$ ist, und positiv an der durch $(**)$ gegebenen Stelle, löst diese Stelle tatsächlich das Problem. Ohne die Nichtnegativitätsbedingungen an x und y kann es jedoch passieren, dass das Problem kein Maximum hat. In der Tat: Betrachten Sie das Problem max $x^2 y$ u.d.N. $x + y = 1$, welches ein Spezialfall

[5] Wenn z. B. $u(x,y) = x^a + y^b$ ist, *ist* die Lösung nicht durch $(**)$ gegeben. Um dies zu überprüfen, unter der Annahme $0 < a < 1$, siehe Aufgabe 9 für den Fall $b = 1$ und Aufgabe 18.5.4 für den Fall $a = b$.

des Problems $(*)$ ist. Für jedes reelle t erfüllt das Paar $(x, y) = (-t, 1 + t)$ die Nebenbedingung. Jedoch gilt: $x^2 y = t^2(1 + t) \to \infty$ für $t \to \infty$, so dass es keine Maximumstelle gibt.

Beispiel 18.1.4

Unter der Annahme, dass die Nutzenfunktion $u(x, y)$ definiert ist, wenn $x > 0$ und $y > 0$, und dass sie positive Ableitungen erster Ordnung u'_x und u'_y hat, untersuchen Sie das *allgemeine Nutzenmaximierungsproblem* mit zwei Gütern:

$$\max u(x, y) \quad \text{u.d.N.} \quad px + qy = m \tag{18.1.5}$$

Lösung: Die Lagrange-Funktion ist $\mathcal{L}(x, y) = u(x, y) - \lambda(px + qy - m)$. Somit sind die drei Bedingungen erster Ordnung:

$$\mathcal{L}'_x(x, y) = u'_x(x, y) - \lambda p = 0 \tag{i}$$

$$\mathcal{L}'_y(x, y) = u'_y(x, y) - \lambda q = 0 \tag{ii}$$

$$px + qy = m \tag{iii}$$

Aus Gleichung (i) erhalten wir $\lambda = u'_x(x, y)/p$ und aus (ii): $\lambda = u'_y(x, y)/q$. Daher gilt $u'_x(x, y)/p = u'_y(x, y)/q$, was umgeschrieben werden kann als

$$\frac{u'_x(x, y)}{u'_y(x, y)} = \frac{p}{q} \tag{18.1.6}$$

Die linke Seite der Gl. (18.1.6) ist die *Grenzrate der Substitution*, oder GRS, die in Kap. 15.3 untersucht wurde. Nutzenmaximierung verlangt somit, dass man GRS dem Preisquotienten p/q gleichsetzt.

Eine geometrische Interpretation von Gleichung (18.1.6) ist, dass der Verbraucher die Stelle auf der Budget-Geraden $px + qy = m$ wählen sollte, an der die Steigung der Höhenlinie der Nutzenfunktion, welche $-u'_x(x, y)/u'_y(x, y)$ ist, gleich der Steigung der Budget-Geraden ist, welche $-p/q$ ist.[6] Somit ist an der optimalen Stelle die Budget-Gerade Tangente zu einer Höhenlinie der Nutzenfunktion, wie in Abb. 18.1.1 durch den Punkt P illustriert wird. Die Höhenlinien der Nutzenfunktion sind die *Indifferenzkurven*, entlang derer die Höhe des Nutzens per Definition konstant ist. Nutzenmaximierung tritt somit an einer Stelle ein, an der die Budget-Gerade Tangente zu einer Indifferenzkurve ist. Die Tatsache, dass $\lambda = u'_x(x, y)/p = u'_y(x, y)/q$ ist im Punkt P, bedeutet, dass der Grenznutzen pro Euro für beide Güter derselbe ist. An jeder anderen Stelle (x, y), an der z. B. $u'_x(x, y)/p > u'_y(x, y)/q$, kann der Verbraucher den Nutzen erhöhen, indem er die Ausgaben von y zu x verschiebt. In der Tat wäre dann der Zuwachs im Nutzen für jeden zusätzlich für x ausgegebenen Euro gleich $u'_x(x, y)/p$, und dies ist mehr als die Abnahme des Nutzens pro Euro, der weniger für y ausgegeben wird. Diese Abnahme ist $u'_y(x, y)/q$.

Wie in Beispiel 18.1.3 können die optimalen Werte von x und y als *Nachfragefunktionen* von (p, q, m) ausgedrückt werden, die homogen vom Grad Null in den drei Variablen sein müssen.

[6] Siehe Kap. 15.3, wo gezeigt wird, wie diese Steigungen berechnet werden.

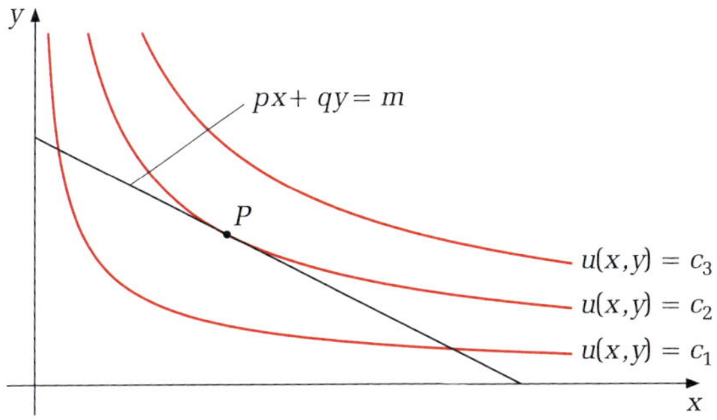

Abbildung 18.1.1: Die Lösung zu Problem 18.1.4 ist in P.

Aufgaben für Kapitel 18.1

Alle Aufgaben haben nur einen Lösungskandidaten, der die optimale Lösung ergibt.

1. Betrachten Sie das Problem: max xy u.d.N. $x + 3y = 24$.

(a) Verwenden Sie die Lagrange-Methode, um die einzig mögliche Lösung zu finden.

(b) Überprüfen Sie die Lösung, indem Sie die Resultate in Beispiel 18.1.3 verwenden.

2. Verwenden Sie die Lagrange-Methode, um das folgende Problem zu lösen:

$$\min \; -40Q_1 + Q_1^2 - 2Q_1Q_2 - 20Q_2 + Q_2^2 \quad \text{u.d.N.} \quad Q_1 + Q_2 = 15$$

3. Verwenden Sie die Resultate aus Beispiel 18.1.3, um die folgende Probleme zu lösen.

(a) $\max 10x^{1/2}y^{1/3}$ u.d.N. $2x + 4y = m$

(b) $\max x^{1/2}y^{1/2}$ u.d.N. $50\,000x + 0.08y = 1\,000\,000$

(c) $\max 12x\sqrt{y}$ u.d.N. $3x + 4y = 12$

4. Lösen Sie die folgenden Probleme:

(a) $\min f(x,y) = x^2 + y^2$ u.d.N. $g(x,y) = x + 2y = 4$

(b) $\min f(x,y) = x^2 + 2y^2$ u.d.N. $g(x,y) = x + y = 12$

(c) $\max f(x,y) = x^2 + 3xy + y^2$ u.d.N. $g(x,y) = x + y = 100$

5. Eine Person habe die Nutzenfunktion $u(x,y) = 100xy + x + 2y$. Nehmen Sie an, dass der Preis pro Einheit von x gleich 2 Euro ist und dass der Preis pro Einheit von y gleich 4 Euro ist. Die Person erhält 1 000 Euro, die alle für die zwei Güter x und y auszugeben sind. Lösen Sie das Nutzenmaximierungsproblem.

6. Eine Person habe die Cobb-Douglas Nutzenfunktion $U(m,l) = Am^a l^b$, wobei m das Einkommen und l die Freizeit sei. Hier sind A, a und b positive Konstanten mit $a + b \leq 1$. Eine Gesamtanzahl von T_0 Stunden werde aufgeteilt in W Stunden Arbeit und l Stunden Freizeit, so dass $W + l = T_0$. Wenn der Stundenlohn w ist, folgt

➡ Fortsetzung

$m = wW$ und das Problem der Person ist:

$$\max Am^a l^b \quad \text{u.d.N.} \quad \frac{m}{w} + l = T_0$$

Lösen Sie das Problem unter Verwendung von (∗∗) in Beispiel 18.1.3.

7. Lösen Sie Teil (b) der Wiederholungsaufgabe 17.3 mit der Lagrange-Methode.

8. Ein Unternehmen produziert und verkauft zwei Güter. Durch den Verkauf von x Tonnen des ersten Gutes erhält das Unternehmen einen Preis pro Tonne, der gegeben ist durch $p = 96 - 4x$. Werden vom anderen Gut y Tonnen verkauft, ist der Preis gegeben durch $q = 84 - 2y$. Die Kosten für die Produktion und den Verkauf von x Tonnen des ersten und y Tonnen des zweiten Gutes sind gegeben durch $C(x, y) = 2x^2 + 2xy + y^2$.

(a) Zeigen Sie, dass die Gewinnfunktion des Unternehmens $P(x, y) = -6x^2 - 3y^2 - 2xy + 96x + 84y$ ist.

(b) Berechnen Sie die partiellen Ableitungen erster Ordnung von P und bestimmen Sie die einzige kritische Stelle von P.

(c) Nehmen Sie an, dass die Produktion eine Umweltverschmutzung hervorruft und dass die Behörden aus diesem Grund verlangen, dass das Unternehmen insgesamt nur 11 Tonnen produziert. Lösen Sie in diesem Fall das Maximierungsproblem des Unternehmens. Verifizieren Sie, dass die Produktionsbeschränkungen den maximal möglichen Wert von $P(x, y)$ verringern.

9. Betrachten Sie das Nutzenmaximierungsproblem: $\max x^a + y$ u.d.N. $px + y = m$, wobei die Parameter p und m positiv sind und für die Konstante a gilt $0 < a < 1$.

(a) Bestimmen Sie die Nachfragefunktionen $x^*(p, m)$ und $y^*(p, m)$.

(b) Bestimmen Sie die partiellen Ableitungen erster Ordnung der Nachfragefunktionen nach p und m und überprüfen Sie ihre Vorzeichen.

(c) Wie verändern sich die optimalen Ausgaben für das zu x gehörige Gut mit p? Untersuchen Sie dann die Elastizität von $px^*(p, m)$ bezüglich p.

(d) Setzen Sie $a = 1/2$. Welches sind die Nachfragefunktionen in diesem Fall? Bezeichnen Sie den maximalen Nutzen als Funktion von p und m mit $U^*(p, m)$, die Optimalwertfunktion, die auch als indirekte Nutzenfunktion bezeichnet wird. Verifizieren Sie, dass $\partial U^* / \partial p = -x^*(p, m)$.

Anspruchsvollere Aufgabe

10. Betrachten Sie das Problem: $\max U(x, y) = 100 - e^{-x} - e^{-y}$ u.d.N. $px + qy = m$.

(a) Schreiben Sie die Bedingungen erster Ordnung für das Problem auf und lösen Sie diese nach x, y und λ als Funktionen von p, q und m auf. Welche Annahmen sind nötig, damit x und y nichtnegativ sind?

(b) Verifizieren Sie, dass x und y als Funktionen von p, q und m homogen vom Grad 0 sind.

► Lösungen zu den Aufgaben finden Sie im Anhang des Buches.

18.2 Interpretation des Lagrange-Multiplikators

Betrachten Sie wieder das Problem

$$\max(\min) f(x,y) \quad \text{u.d.N.} \quad g(x,y) = c$$

Seien x^* und y^* die Werte von x und y sind, die das Problem lösen. Im Allgemeinen hängen x^* und y^* von c ab, so dass wir schreiben $x^* = x^*(c)$ und $y^* = y^*(c)$. Wir *nehmen an*, dass diese Lösungen differenzierbare Funktionen von c sind. Der zugehörige Maximumwert von $f(x,y)$ ist dann auch eine Funktion von c, die wir die *Optimalwertfunktion* nennen und so bezeichnen

$$f^*(c) = f(x^*(c), y^*(c)) \tag{18.2.1}$$

Natürlich hängt der zugehörige Wert des Lagrange-Multiplikators im Allgemeinen auch von c ab, so dass wir schreiben $\lambda(c)$. Vorausgesetzt, dass gewisse Regularitätsbedingungen erfüllt sind, haben wir das bemerkenswerte Resultat:

$$\frac{\mathrm{d}f^*(c)}{\mathrm{d}c} = \lambda(c) \tag{18.2.2}$$

Damit *ist der Lagrange-Multiplikator* $\lambda = \lambda(c)$ *die Rate, mit der sich der optimale Wert der Zielfunktion ändert, wenn die Konstante* c *in der Nebenbedingung sich ändert.*

Wenn insbesondere $\mathrm{d}c$ eine kleine Änderung in c ist, dann ist

$$f^*(c + \mathrm{d}c) - f^*(c) \approx \lambda(c)\,\mathrm{d}c \tag{18.2.3}$$

In ökonomischen Anwendungen bezeichnet c oft den verfügbaren Vorrat einer Ressource, während $f(x,y)$ den Nutzen oder den Gewinn beschreibt. Dann misst $\lambda(c)\,\mathrm{d}c$ die approximative Änderung des Nutzens oder des Gewinns, die sich aus $\mathrm{d}c$ mehr Einheiten der Ressource ergibt oder $-\mathrm{d}c$ weniger, wenn $\mathrm{d}c < 0$. Ökonomen nennen λ einen *Schattenpreis* der Ressource. Bei der von uns gegebenen Definition von $f^*(c)$ als maximalen Gewinn beim Ressourcen-Input c, besagt Gleichung (18.2.3), dass λ den approximativen Zuwachs im Gewinn pro Einheit Zuwachs in der Ressource anzeigt.

Unter der Annahme, dass $f^*(c)$ *differenzierbar ist*, können wir Gleichung (18.2.2) wie folgt beweisen:

Bilden des Differentials der Optimalwertfunktion, definiert durch Gleichung (18.2.1) ergibt

$$\mathrm{d}f^*(c) = \mathrm{d}f(x^*, y^*) = f_1'(x^*, y^*)\,\mathrm{d}x^* + f_2'(x^*, y^*)\,\mathrm{d}y^* \tag{$*$}$$

Aber aus den Bedingungen erster Ordnung erhalten wir $f_1'(x^*, y^*) = \lambda g_1'(x^*, y^*)$ und $f_2'(x^*, y^*) = \lambda g_2'(x^*, y^*)$, so dass wir $(*)$ schreiben können als

$$\begin{aligned} \mathrm{d}f^*(c) &= \lambda g_1'(x^*, y^*)\,\mathrm{d}x^* + \lambda g_2'(x^*, y^*)\,\mathrm{d}y^* \\ &= \lambda[g_1'(x^*, y^*)\,\mathrm{d}x^* + g_2'(x^*, y^*)\,\mathrm{d}y^*] \end{aligned} \tag{$**$}$$

Ferner impliziert die Nebenbedingung, dass $g(x^*(c), y^*(c)) = c$. Indem wir auf jeder Seite das Differential bilden, ergibt sich die Gleichheit

$$\mathrm{d}g(x^*, y^*) = g_1'(x^*, y^*)\,\mathrm{d}x^* + g_2'(x^*, y^*)\,\mathrm{d}y^* = \mathrm{d}c$$

Einsetzen dieser Gleichheit in $(**)$, impliziert $\mathrm{d}f^*(c) = \lambda\,\mathrm{d}c$.

Beispiel 18.2.1

Betrachten Sie die folgende Verallgemeinerung von Beispiel 18.1.1:

$$\max\ xy \quad \text{u.d.N.} \quad 2x + y = m$$

Die Bedingungen erster Ordnung ergeben wieder $y = 2x$ mit $\lambda = x$. Einsetzen von $y = 2x$ in die Nebenbedingung ergibt jetzt $2x + 2x = m$, so dass $x = m/4$. Mit der oben eingeführten Notation ist die Lösung $x^*(m) = m/4$ und $y^*(m) = m/2$ mit $\lambda(m) = m/4$. Die Optimalwertfunktion ist daher $f^*(m) = (m/4)(m/2) = m^2/8$. Es folgt $\mathrm{d}f^*(m)/\mathrm{d}m = m/4 = \lambda(m)$. Damit ist (18.2.2) bestätigt.

Nehmen Sie insbesondere an, dass $m = 100$ ist, so dass $f^*(100) = 100^2/8$. Wenn m von 100 um 1 auf 101 ansteigt, ist der neue Optimalwert $f^*(101) = 101^2/8$. Es folgt, dass

$$f^*(101) - f^*(100) = 101^2/8 - 100^2/8 = 201/8 = 25.125$$

Bemerken Sie: Formel (18.2.3) mit $\mathrm{d}c = 1$ ergibt $f^*(101) - f^*(100) \approx \lambda(100) \cdot 1 = 25 \cdot 1 = 25$, welches ganz nah an dem exakten Wert 25.125 ist.

Beispiel 18.2.2

Nehmen Sie an, dass $Q = F(K, L)$ den Output eines staatseigenen Unternehmens bezeichnet, wenn der Input an Kapital K und der Input an Arbeit L ist. Nehmen Sie an, dass die Kosten für Kapital und Arbeit r bzw. w pro Einheit sind und dass das Unternehmen ein Gesamtbudget von m Euro für die Finanzierung der zwei Inputfaktoren zur Verfügung hat. Das Unternehmen möchte diejenigen Inputgrößen finden, die die Anzahl produzierter Einheiten maximieren. So steht es vor dem Problem

$$\max\ F(K, L) \quad \text{u.d.N.} \quad rK + wL = m$$

Wenn wir dieses Problem mit der Methode des Lagrange-Multiplikators lösen, wird der Wert des Lagrange-Multiplikators uns sagen, wie viele Einheiten ungefähr mehr produziert werden, wenn m um 1 Euro erhöht wird.

Betrachten Sie z. B. das spezielle Problem: $\max\ 120KL$ u.d.N. $2K + 5L = m$. Bemerken Sie, dass dies, mathematisch, ein Spezialfall des Problems in Beispiel 18.1.3 ist. In der Tat ist nur die Notation verschieden und die Tatsache, dass der Verbraucher, der den Nutzen maximieren will, durch ein Unternehmen ersetzt wurde, das den Output maximieren möchte.

Aus (∗∗) in Beispiel 18.1.3 erhalten wir die Lösung $K^* = m/4$ und $L^* = m/10$ mit $\lambda = 6m$. Der optimale Output ist

$$Q^*(m) = 120K^*L^* = 120 \cdot \frac{1}{4}m \cdot \frac{1}{10}m = 3m^2\,,$$

so dass $\mathrm{d}Q^*/\mathrm{d}m = 6m = \lambda$ und (18.2.2) bestätigt ist.

Aufgaben für Kapitel 18.2

1. Verifizieren Sie, dass Gleichung (18.2.2) gilt für das Problem: $\max x^3 y$ u.d.N. $2x + 3y = m$.

2. Mit Bezug auf Beispiel 18.1.2:

(a) Lösen Sie das Problem $\min rK + wL$ u.d.N. $\sqrt{K} + L = Q$ unter der Annahme, dass $Q > w/2r$, wobei r, w und Q positive Konstanten sind.

(b) Verifizieren Sie Gleichung (18.2.2).

3. Betrachten Sie das Problem $\min x^2 + y^2$ u.d.N. $x + 2y = a$, wobei a eine Konstante ist.

(a) Lösen Sie das Problem durch Transformation in ein Problem ohne Nebenbedingungen mit einer Variablen.

(b) Zeigen Sie, dass die Lagrange-Methode zu derselben Lösung führt und verifizieren Sie Gleichung (18.2.2).

(c) Erläutern Sie die Lösung, indem Sie die Höhenlinien von $f(x, y) = x^2 + y^2$ und den Graphen der Geraden $x + 2y = a$ untersuchen. Können Sie eine geometrische Interpretation des Problems geben? Hat das entsprechende Maximierungsproblem eine Lösung?

4. Betrachten Sie das Nutzenmaximierungsproblem $\max U(x, y) = \sqrt{x} + y$ u.d.N. $x + 4y = 100$.

(a) Bestimmen Sie unter Verwendung der Lagrange-Methode die nachgefragten Mengen der zwei Güter.

(b) Nehmen Sie an, dass das Einkommen von 100 auf 101 steigt. Welches ist der exakte Zuwachs der Optimalwertfunktion $U(x, y)$? Vergleichen Sie dies mit dem Wert, den Sie in (a) für den Lagrange-Multiplikator erhalten haben.

(c) Nehmen Sie an, dass wir die Budget-Beschränkung in $px + qy = m$ ändern, jedoch dieselbe Nutzenfunktion behalten. Bestimmen Sie die nachgefragten Mengen der zwei Güter, falls $m > q^2/4p$.

5. Betrachten Sie das Verbraucher-Nachfrage-Problem

$$\max U(x, y) = \alpha \ln(x - a) + \beta \ln(y - b) \quad \text{u.d.N.} \quad px + qy = m \qquad (*)$$

Dabei sind α, β, a, b, p, q und m positive Konstanten mit $\alpha + \beta = 1$ und $m > ap + bq$.

(a) Zeigen Sie: Wenn x^*, y^* das Problem $(*)$ lösen, dann sind die Ausgaben für die zwei Güter gegeben durch die zwei linearen Funktionen

$$px^* = \alpha m + pa - \alpha(pa + qb) \quad \text{und} \quad qy^* = \beta m + qb - \beta(pa + qb) \qquad (**)$$

der drei Variablen (m, p, q).[7]

(b) Sei $U^*(p, q, m) = U(x^*, y^*)$ die indirekte Nutzenfunktion. Zeigen Sie, dass $\partial U^*/\partial m > 0$ und verifizieren Sie dann die sogenannten Identitäten von Roy:

$$\frac{\partial U^*}{\partial p} = -\frac{\partial U^*}{\partial m} x^* \quad \text{und} \quad \frac{\partial U^*}{\partial q} = -\frac{\partial U^*}{\partial m} y^*$$

➡

[7] Dies ist ein Spezialfall des *linearen Ausgabensystems*, das der britische Ökonom und Nobelpreisgewinner R. Stone an die UK-Verbrauchsdaten angepasst hat, wie beschrieben ist im *Economic Journal*, 1954.

➡ Fortsetzung

Anspruchsvollere Aufgabe

6. Ein Ölproduzent beginnt zur Zeit $t = 0$ mit der Förderung von Öl aus einer Quelle und endet zur Zeit $t = T$, die der Produzent wählt. Nehmen Sie an, dass die Produktion zu jeder Zeit t im Intervall $[0, T]$ gleich $xt(T - t)$ Barrel pro Zeiteinheit ist, wobei die Intensität x auch frei gewählt werden kann. Die Gesamtmenge an Öl, die in der gesamten Zeitspanne gefördert wurde, ist dann gegeben durch die Funktion $g(x, T) = \int_0^T xt(T - t)\,dt$ von x und T.

Nehmen Sie weiter an, dass der Verkaufspreis pro Barrel zur Zeit t gleich $p = 1 + t$ ist und dass die Kosten pro gefördertem Barrel gleich αT^2 sind, wobei α eine positive Konstante ist. Der Gewinn pro Zeiteinheit ist dann $(1 + t - \alpha T^2)xt(T - t)$, so dass der Gesamtgewinn im Zeitintervall $[0, T]$ eine Funktion von x und T ist, die gegeben ist durch

$$f(x, T) = \int_0^T (1 + t - \alpha T^2)\,xt\,(T - t)\,dt$$

Falls die Gesamtmenge des auf dem Feld vorrätigen Öls gleich M Barrel ist, kann der Produzent die Werte von x und T so wählen, dass $g(x, T) = M$. Das Problem des Produzenten ist daher

$$\max f(x, T) \quad \text{u.d.N.} \quad g(x, T) = M \qquad (*)$$

Bestimmen Sie explizite Ausdrücke für $f(x, T)$ und $g(x, T)$, indem Sie die gegebenen Integrale berechnen. Lösen Sie dann das Problem (∗) und verifizieren Sie Gleichung (18.2.2).

► Lösungen zu den Aufgaben finden Sie im Anhang des Buches.

18.3 Mehrere Lösungskandidaten

In allen bisher in diesem Kapitel betrachteten Beispielen und Aufgaben führte das Rezept zur Lösung von Optimierunsproblemen unter Nebenbedingungen nur zu einem einzigen Lösungskandidaten. In diesem Unterkapitel betrachten wir ein Beispiel mit mehreren Lösungskandidaten. In solchen Fällen müssen wir entscheiden, welcher der Kandidaten tatsächlich das Problem löst, vorausgesetzt es hat überhaupt eine Lösung.

Beispiel 18.3.1

Lösen Sie das Problem

$$\max\,(\min)\; f(x,y) = x^2 + y^2 \quad \text{u.d.N.} \quad g(x,y) = x^2 + xy + y^2 = 3$$

Lösung: Für beide Probleme, Maximum und Minimum, ist die Lagrange-Funktion

$$\mathcal{L}(x,y) = x^2 + y^2 - \lambda(x^2 + xy + y^2 - 3)$$

Die drei zu betrachtenden Bedingungen erster Ordnung sind daher

$$\mathcal{L}_1'(x,y) = 2x - \lambda(2x+y) = 0 \qquad \text{(i)}$$
$$\mathcal{L}_2'(x,y) = 2y - \lambda(x+2y) = 0 \qquad \text{(ii)}$$
$$x^2 + xy + y^2 - 3 = 0 \qquad \text{(iii)}$$

Um dies zu lösen, wollen wir λ aus (i) und (ii) eliminieren. Aus (i) erhalten wir $\lambda = 2x/(2x+y)$, vorausgesetzt $y \neq -2x$. Wenn wir diesen Wert von λ in (ii) einsetzen, erhalten wir

$$2y = \frac{2x}{2x+y}(x+2y)$$

Indem wir jede Seite dieser Gleichung mit $2x+y$ multiplizieren und dann vereinfachen, reduziert sich dies zu $y^2 = x^2$. Es folgt, dass $y = \pm x$. Dies hinterlässt uns die folgenden drei Möglichkeiten:

1. *Nehmen Sie zuerst an, dass* $y = x$. Dann ergibt (iii), dass $x^2 = 1$, so dass $x = 1$ oder $x = -1$ ist. Dies ergibt die zwei Lösungskandidaten $(x,y) = (1,1)$ und $(-1,-1)$ mit $\lambda = 2/3$.
2. *Alternativ nehmen Sie* $y = -x$ *an*. Dann ergibt (iii), dass $x^2 = 3$, so dass $x = \sqrt{3}$ oder $x = -\sqrt{3}$ ist. Dies ergibt die zwei Lösungskandidaten $(x,y) = (\sqrt{3}, -\sqrt{3})$ und $(-\sqrt{3}, \sqrt{3})$ mit $\lambda = 2$.
3. Es bleibt nur der Fall $y = -2x$ zu betrachten. Dann würde aus (i) folgen, dass $x = 0$ und somit $y = 0$. Aber dies widerspricht (iii), so dass dieser Fall nicht eintreten kann.

Wir haben vier mögliche Stellen (x,y) gefunden, die das Problem lösen können. Ferner ist

$$f(1,1) = f(-1,-1) = 2 \quad \text{und} \quad f(\sqrt{3}, -\sqrt{3}) = f(-\sqrt{3}, \sqrt{3}) = 6$$

Wir schließen: Wenn das Problem Lösungen hat, dann lösen $(1,1)$ und $(-1,-1)$ das Minimierungsproblem, während $(\sqrt{3}, -\sqrt{3})$ und $(-\sqrt{3}, \sqrt{3})$ das Maximierungsproblem lösen.

Geometrisch beschreibt die Nebenbedingung eine Ellipse. Das Problem besteht deshalb darin herauszufinden, welche Punkte auf der Ellipse am nächsten oder am weitesten vom Ursprung entfernt sind, wie in Abb. 18.3.1 gezeigt wird. Es ist „geometrisch offensichtlich“, dass die Ellipse eine abgeschlossene und beschränkte Menge ist. Da Abstand eine stetige Funktion von (x,y) ist, sichert der Extremwertsatz, dass diese nächsten und weitesten Punkte beide existieren müssen.

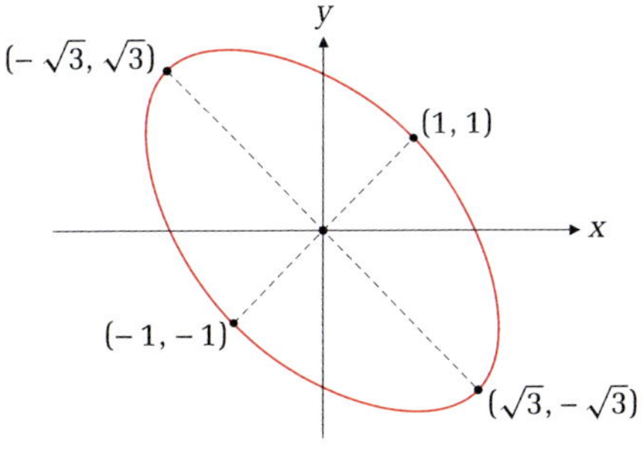

Abbildung 18.3.1: Die Nebenbedingungskurve in Beispiel 18.3.1

Aufgaben für Kapitel 18.3

1. Lösen Sie die Probleme:

(a) max(min) $3xy$ u.d.N. $x^2 + y^2 = 8$

(b) max(min) $x + y$ u.d.N. $x^2 + 3xy + 3y^2 = 3$

2. Lösen Sie die Probleme:[8]

(a) max $x^2 + y^2 - 2x + 1$ u.d.N. $x^2 + 4y^2 = 16$

(b) min $\ln(2 + x^2) + y^2$ u.d.N. $x^2 + 2y = 2$

3. Betrachten Sie das Problem max(min) $f(x, y) = x + y$ u.d.N. $g(x, y) = x^2 + y = 1$.

(a) Bestimmen Sie die Lösungen zu den notwendigen Bedingungen für diese Probleme.

(b) Erklären Sie geometrisch die Lösung, indem Sie geeignete Höhenlinien für $f(x, y)$ zusammen mit dem Graphen der Parabel $x^2 + y = 1$ zeichnen. Hat das entsprechende Minimierungsproblem eine Lösung?

(c) Ersetzen Sie die Nebenbedingung durch $x^2 + y = 1.1$ und lösen Sie das geänderte Problem in diesem neuen Fall. Bestimmen Sie die zugehörige Änderung des Optimalwertes von $f(x, y) = x + y$ und überprüfen Sie dann, ob diese Änderung annähernd gleich $\lambda \cdot 0.1$ ist, wie es nach Gl. (18.2.3) sein sollte.

4. Betrachten Sie das Problem max $f(x, y) = 24x - x^2 + 16y - 2y^2$ u.d.N. $g(x, y) = x^2 + 2y^2 = 44$

(a) Lösen Sie das Problem.

(b) Welches ist die approximative Änderung des Optimalwertes von $f(x, y)$, wenn 44 auf 45 geändert wird?

Anspruchsvollere Aufgabe

5. Betrachten Sie das Problem

$$\max(\min)\ Q = 2x_1^2 + 14x_1x_2 + 2x_2^2 \quad \text{u.d.N.} \quad x_1^2 + x_2^2 = 1$$

(a) Zeigen Sie, dass Q geschrieben werden kann als die quadratische Form $Q = \mathbf{x}'\mathbf{A}\mathbf{x}$, wobei $\mathbf{x}$ ein 2-dimensionaler Spaltenvektor und $\mathbf{A}$ eine symmetrische 2×2-Matrix ist.

(b) Nutzen Sie die Lagrange-Methode, um zu zeigen, dass die Bedingung erster Ordnung, dass der Vektor $\mathbf{x}$ eines der Probleme löst, ist, dass $\mathbf{x}$ ein Eigenvektor von $\mathbf{A}$ ist mit dem Eigenwert als assoziierten Lagrange-Multiplikator.

(c) Beweisen Sie, dass der größte (kleinste) Eigenwert von $\mathbf{A}$ der maximale (minimale) Wert von Q unter der Nebenbedingung ist. (*Hinweis:* Multiplizieren Sie jede Seite von $\mathbf{A}\mathbf{x} = \lambda\mathbf{x}$ von links mit dem Zeilenvektor $\mathbf{x}'$.)

(d) Finden Sie die Lösungen zu den Maximierungs- und Minimierungsproblemen unter Nebenbedingungen.

► Lösungen zu den Aufgaben finden Sie im Anhang des Buches.

[8] In (b) dürfen Sie es als gesichert annehmen, dass der Minimalwert existiert.

18.4 Warum funktioniert die Methode der Lagrange-Multiplikatoren?

Bisher haben wir die Methode der Lagrange-Multiplikatoren nur angeboten als ein Verfahren zur Lösung eines Maximierungsproblems mit zwei Variablen unter einer Nebenbedingung in Gleichheitsform, das in der Standardform so dargestellt werden kann:

$$\max f(x, y) \quad \text{u.d.N.} \quad g(x, y) = c \tag{18.4.1}$$

Jetzt ist es an der Zeit, in diesem Abschnitt sowohl eine geometrische als auch eine analytische Erklärung zu geben, warum die Methode der Lagrange-Multiplikatoren funktioniert.

Ein geometrisches Argument

Abb. 18.4.1 stellt das Maximierungsproblem in (18.4.1) geometrisch in drei Dimensionen dar. Es wird der Graph von f gezeigt wie etwas, das aussieht wie die Fläche einer umgedrehten Schale, während die Gleichung $g(x, y) = c$ dargestellt ist durch eine gestrichelte Kurve in der xy-Ebene. Die rote Kurve K in Abb. 18.4.1 besteht aus den Punkten auf der Schale, die direkt oberhalb der Kurve $g(x, y) = c$ liegen.

Wenn wir die Nebenbedingung ignorieren sollten, wäre das Maximum von $f(x, y)$ im Gipfel A in Abb. 18.4.1. Wenn wir jedoch die Nebenbedingung $g(x, y) = c$ einführen, dürfen wir nur Punkte entlang der Kurve K wählen. Somit ist die Lösung zu Problem (18.4.1) im Punkt B, welcher der höchste Punkt auf der Kurve K ist. Wenn wir uns den Graphen von f als ein Gebirge vorstellen und K als einen Gebirgspfad, dann suchen wir den höchsten Punkt auf dem Pfad, welcher B ist. Analytisch ist es das Problem, die Koordinaten von B zu finden.

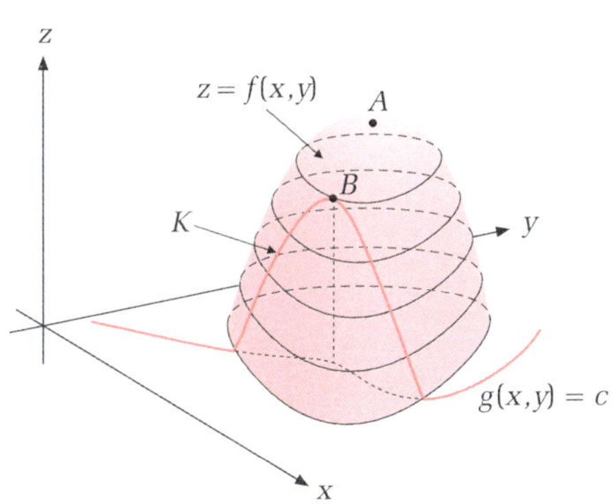

Abbildung 18.4.1: Optimierung unter einer Nebenbedingung

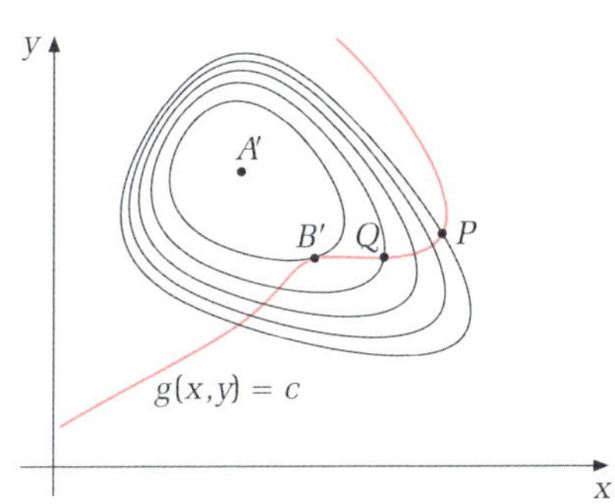

Abbildung 18.4.2: Geometrie der Lagrange-Methode

Abbildung 18.4.2 „projiziert" die Information aus der dreidimensionalen Abb. 18.4.1 in die zweidimensionale xy-Ebene. Wenn die umgedrehte Schale gegeben ist, die der Graph von f ist, zeigen die Abb. 18.4.1 und 18.4.2 beide einige ihrer sich entsprechenden Höhenlinien. Die Kurve $g(x, y) = c$, die auch in beiden Abbildungen erscheint, ist einfach von Abb. 18.4.1 in 18.4.2 kopiert worden. Abb. 18.4.2 enthält aber erweitert auch die Projektion auf die xy-Ebene der dreidimensionalen Kurve K, welche der rote Teil der Kurve $g(x, y) = c$ ist.

Beim Aufsteigen zum Punkt A auf der in Abb. 18.4.1 gezeigten Fläche bewegt man sich hinauf zu immer höheren Höhenlinien bis es keine mehr gibt, die höher sind. Die entsprechende Bewegung in Abb. 18.4.2 geht zu immer kleineren Höhenlinien, bis im Punkt A' die Höhenlinie auf einen einzelnen Punkt geschrumpft ist, wo $f(x, y)$ ihr uneingeschränktes Maximum erreicht. Je näher eine Höhenlinie von f zum Gipfel im Punkt A' ist, desto höher ist der konstante Wert von f entlang dieser Höhenlinie.

Das Maximierungsproblem in (18.4.1) fordert uns auf, die Stelle auf der Nebenbedingungskurve $g(x, y) = c$ zu finden, wo f ihren höchsten Wert annimmt. Wenn wir in Abb. 18.4.2 starten an der Stelle P auf der Nebenbedingungskurve und uns entlang dieser Kurve in Richtung A' bewegen, dann steigen wir auf zu Punkten auf Höhenlinien mit immer höhrene Werten von f. Denken Sie daran, dass jede Höhenlinie von f Punkte in der Ebene, wo f höher ist, von Punkten trennt, wo f niedriger ist. Nun an dem mit Q markierten Punkt in Abb. 18.4.2 *kreuzt* unser Weg entlang der Nebenbedingungskurve die Höhenlinie von f, die durch Q verläuft. Wenn wir uns in einer Richtung von Q fortbewegen, kommen wir zurück nach unten zu P, während der Weg in die umgekehrte Richtung weg von Q uns weiter aufwärts führen wird. Aus diesem Grund ist der mit Q markierte Punkt in Abb. 18.4.2 definitiv nicht die Stelle auf $g(x, y) = c$, an der f ihren höchsten Wert annimmt.

Sobald wir jedoch so weit gekommen sind wie zum Punkt B in Abb. 18.4.1, können wir nicht mehr höher kommen entlang der Kurve K. In der Tat: Würden wir den Weg entlang K über B hinaus fortsetzen, würden wir zu immer niedrigeren Höhenlinien von f kommen. Zusammen sollten es die Abb. 18.4.1 und Abb. 18.4.2 intuitiv klarmachen, dass der höchste Punkt B entlang des Weges K mit dem Punkt B' in der Ebene korrespondiert. Außerdem tritt der Punkt genau dort ein, wo die Nebenbedingungskurve $g(x, y) = c$ gerade eine Höhenlinie von f *berührt, ohne sie zu schneiden.* Diese Schlüsselbeobachtung impliziert, dass in Abb. 18.4.2 die Steigung der Tangente an die Kurve $g(x, y) = c$ an der optimalen Stelle B' *gleich* der Steigung der Tangente an die Höhenlinie von f an derselben Stelle sein *muss*.

Wenn eine Höhenlinie $F(x, y) = c$ einer Funktion F gegeben ist, so erinnern Sie von Kap. 15.3, dass an jeder Stelle (x, y), wo F differenzierbar ist, die Steigung der Höhenlinie gegeben ist durch $\mathrm{d}y/\mathrm{d}x = -F'_1(x, y)/F'_2(x, y)$. Beachten Sie im Moment nicht eine Stelle, wo eine partielle Ableitung erster Ordnung Null ist. Dann kann die Bedingung, dass die Steigungen der jeweiligen Tangenten an die Nebenbedingungskurve $g(x, y) = c$ und an die Höhenlinie für $f(x, y)$ gleich sein sollen, wo sie sich treffen, analytisch ausgedrückt werden als:

$$-\frac{g'_1(x, y)}{g'_2(x, y)} = -\frac{f'_1(x, y)}{f'_2(x, y)}$$

Da wir annehmen, dass keine der partiellen Ableitungen Null ist, ist dies offensichtlich äquivalent zu

$$\frac{f'_1(x, y)}{g'_1(x, y)} = \frac{f'_2(x, y)}{g'_2(x, y)} \tag{18.4.2}$$

Es folgt: Eine notwendige Bedingung dafür, dass (x, y) das Problem (18.4.1) lösen, ist, dass die linke und rechte Seite von Gl. (18.4.2) an der Stelle (x, y) gleich sind.

Bezeichne λ den gemeinsamen Wert dieser zwei Brüche. Dies ist der Lagrange-Multiplikator, den wir in Kap. 18.1 eingeführt haben. Mit dieser Definition erhält man

$$f_1'(x,y) - \lambda g_1'(x,y) = 0 \quad \text{und} \quad f_2'(x,y) - \lambda g_2'(x,y) = 0 \tag{18.4.3}$$

In der Tat: Wir sehen, dass (18.4.3) gerade besagt, dass die in Gl. (18.1.2) definierte Lagrange-Funktion eine kritische Stelle in (x,y) haben muss. Ein analoges Argument für das Problem der Minimierung von $f(x,y)$ unter der Nebenbedingung $g(x,y) = c$ ergibt dieselbe Bedingung.

Das geometrische Argument, das wir gerade gegeben haben, sollte hinreichend überzeugend sein. Trotzdem: Das analytische Argument, das jetzt folgt, ist einfacher zu erweitern auf den Fall von mehr als zwei Variablen.

Ein analytisches Argument

Bisher haben wir in diesem Kapitel das Problem untersucht, den größten oder kleinsten Wert von $f(x,y)$ unter der Nebenbedingung $g(x,y) = c$ zu finden. Manchmal müssen Ökonomen Stellen betrachten, die lokale Maximum- oder Minimumstellen sind, in dem Sinn wie in Kap. 17.3. Das heißt wir suchen nach Stellen (x_0, y_0) mit $g(x_0, y_0) = c$, wo für alle Paare (x,y) mit $g(x,y) = c$, die hinreichend nah an (x_0, y_0) liegen, gilt: (i) Entweder $f(x,y) \leq f(x^0, y^0)$, falls (x^0, y^0) eine lokale Maximumstelle; (ii) oder $f(x,y) \geq f(x^0, y^0)$, falls (x^0, y^0) eine lokale Minimumstelle ist.

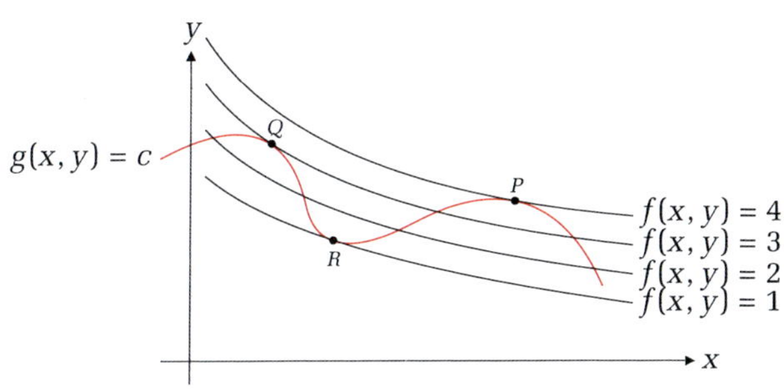

Abbildung 18.4.3: Q, R und P erfüllen alle die Bedingungen erster Ordnung.

Grafisch sind mögliche lokale Extrema illustriert in Abb. 18.4.3. Die Stelle R ist eine lokale Minimumstelle für $f(x,y)$ unter der Nebenbedingung $g(x,y) = c$, während Q und P lokale Maximumstellen sind. Das globale Maximum von $f(x,y)$ unter der Nebenbedingung $g(x,y) = c$ wird nur an der Stelle P angenommen. An jeder der drei Stellen P, Q und R in Abb. 18.4.3 haben die Nebenbedingungskurve $g(x,y) = c$ und die Höhenlinie eine gemeinsame Tangente, so dass Bedingung (18.4.2) erfüllt ist. Das heißt: Die Bedingungen erster Ordnung sind genau wie vorher. Wir wollen diese Bedingungen jetzt in einer Weise herleiten, die nicht auf geometrischer Intuition beruht.

Wie in Kap. 15.3 diskutiert: Abgesehen von einigen Spezialfällen definiert die Gleichung $g(x,y) = c$, mit festem c, implizit y als eine differenzierbare Funktion $y = h(x)$ von x in der Nähe eines Punktes (x,y), der die Gleichung erfüllt und auch die Bedingung $g_2'(x, y) \neq 0$. Ferner gilt, wenn diese Bedingung erfüllt, ist nach Formel (15.3.2):

$$y' = h'(x) = -\frac{g_1'(x, y)}{g_2'(x, y)} \tag{18.4.4}$$

Wenn wir jetzt $y = h(x)$ in $f(x, y)$ einsetzen, ergibt sich $z = f(x, y) = f(x, h(x))$, so dass die Zielfunktion nur noch von x allein abhängt. Dann ist eine notwendige Bedingung für eine lokale Extremstelle, dass $\mathrm{d}z/\mathrm{d}x = 0$. Indem wir die Kettenregel mit Gl. (18.4.4) kombinieren, ergibt sich

$$\frac{\mathrm{d}z}{\mathrm{d}x} = f_1'(x, y) + f_2'(x, y)y' = f_1'(x, y) + f_2'(x, y)h'(x) = f_1'(x, y) - f_2'(x, y)\frac{g_1'(x, y)}{g_2'(x, y)}$$

Somit haben wir die folgende notwendige Bedingung dafür, dass (x, y) das Problem (18.4.1) löst:

$$\frac{\mathrm{d}z}{\mathrm{d}x} = f_1'(x, y) - f_2'(x, y)\frac{g_1'(x, y)}{g_2'(x, y)} = 0 \tag{18.4.5}$$

Unter der Annahme $g_2'(x, y) \neq 0$ können wir $\lambda = f_2'(x, y)/g_2'(x, y)$ definieren. Dies impliziert, dass die zwei Gleichungen $f_1'(x, y) - \lambda g_1'(x, y) = 0$ und $f_2'(x, y) - \lambda g_2'(x, y) = 0$ beide erfüllt sein müssen, wie es war in (18.4.3). Wieder einmal muss deshalb die in Gl. (18.1.2) definierte Lagrange-Funktion eine kritische Stelle in (x, y) haben. Dasselbe Resultat gilt, nach einem analogen Argument, wenn $g_1'(x, y) \neq 0$. Zusammenfassend kann man das folgende präzise Resultat beweisen:

Theorem 18.4.1 (Lagrange-Theorem)

Nehmen Sie an, dass $f(x, y)$ und $g(x, y)$ stetige partielle Ableitungen in einem Bereich A der xy-Ebene haben und dass (x_0, y_0) ein innerer Punkt von A und eine lokale Extremstelle für $f(x, y)$ unter der Nebenbedingung $g(x, y) = c$ ist. Nehmen Sie ferner an, dass $g_1'(x_0, y_0)$ und $g_2'(x_0, y_0)$ nicht beide 0 sind. Dann existiert eine eindeutige Zahl λ, so dass die Lagrange-Funktion eine kritische Stelle in (x_0, y_0) hat.

In Aufgabe 3 sollen Sie zeigen, wie Probleme aus einer unkritischen Anwendung der Methode der Lagrange-Multiplikatoren entstehen können, wenn man die Voraussetzungen in Theorem 18.4.1 missachtet. In Aufgabe 4 sollen Sie zeigen, was schiefgehen kann, wenn $g_1'(x_0, y_0)$ und $g_2'(x_0, y_0)$ beide 0 sind.

Bei Optimierungsproblemen unter Nebenbedingungen in den Wirtschaftswissenschaften wird oft implizit angenommen, dass die Variablen nichtnegativ sind. Dies ist mit Sicherheit der Fall in dem speziellen Nutzenmaximierungsproblem in Beispiel 18.1.3. Da die optimalen Lösungen positiv waren, ging nichts verloren durch die Nichtbeachtung der Nichtnegativitätsbeschränkung. Hier ist ein Beispiel, das zeigt, dass wir manchmal sorgfältiger sein müssen.

Beispiel 18.4.1

Betrachten Sie das Nutzenmaximierungsproblem

$$\max xy + x + 2y \quad \text{u.d.N.} \quad 2x + y = m,\ x \geq 0 \text{ und } y \geq 0$$

Hier verlangen wir explizit, dass die Mengen von jedem Gut nichtnegativ sind. Die Lagrange-Funktion ist $\mathcal{L} = xy + x + 2y - \lambda(2x + y - m)$. Somit sind die Bedingungen erster Ordnung, wobei wir im Moment die Nichtnegativitätsbedingungen außer Acht lassen:

$$\mathcal{L}_1'(x, y) = y + 1 - 2\lambda = 0 \quad \text{und} \quad \mathcal{L}_2'(x, y) = x + 2 - \lambda = 0$$

Um λ zu eliminieren, finden wir, dass $y = 2\lambda - 1 = 2(x+2) - 1 = 2x+3$. Wenn wir dies in die Budgetbeschränkung einsetzen, folgt $2x + 2x + 3 = m$, so dass $x = \frac{1}{4}(m-3)$. Es ist leicht, den entsprechenden Wert von y zu finden. Die dadurch angeregte Lösung wäre: $x^* = \frac{1}{4}(m-3), y^* = \frac{1}{2}(m+3)$.

Beachten Sie, dass für den Fall $m < 3$ folgt, dass $x^* < 0$. Dies impliziert, dass die vorgeschlagene Lösung nicht die wirkliche ist. Wie wir unten zeigen, ist die Lösung in diesem Fall tatsächlich $x^* = 0$, $y^* = m$. Wenn also das Einkommen niedrig ist, sollte dieser Verbraucher alles nur für das zweite Gut ausgeben.

Wir wollen dieses Problem weiter analysieren, indem wir es in ein uneingeschränktes Problem umwandeln. Um dies zu tun, bemerken Sie, dass die Nebenbedingung $y = m - 2x$ impliziert. Damit x und y beide nichtnegativ sind, muss man verlangen, dass $0 \leq x \leq m/2$ und $0 \leq y \leq m$. Indem wir $y = m - 2x$ in die Nutzenfunktion einsetzen, erhalten wir den Nutzen als folgende Funktion $U(x)$ von x allein:

$$U(x) = x(m - 2x) + x + 2(m - 2x) = -2x^2 + (m-3)x + 2m \quad \text{für alle } x \in [0, m/2]$$

Im Intervall $[0, m/2]$ ist dies eine quadratische Funktion mit $x = \frac{1}{4}(m-3)$ als kritische Stelle. Wenn $m > 3$ ist, ist dies eine innere kritische Stelle für die konkave Funktion U, so dass es eine Maximumstelle ist. Wenn aber $m \leq 3$ ist, dann ist $U'(x) = -4x + (m-3) < 0$ für alle $x > 0$. Weil aber x aus $[0, m/2]$ sein muss, ist in diesem Fall $x = 0$ die eindeutige Maximumstelle von $U(x)$.

Wenn die Methode der Lagrange-Multiplikatoren motiviert wird, ist ein häufig auftretender Fehler in der ökonomischen Literatur (sogar in einigen führenden Lehrbüchern) die Behauptung, dass sie ein Optimierungsproblem unter Nebenbedingungen in das Problem transformiert, ein uneingeschränktes Optimum der Lagrange-Funktion zu finden. Aufgabe 1 zeigt, dass dies falsch ist. Was die Methode stattdessen tut, ist, dass sie ein Optimierungsproblem unter Nebenbedingungen in das Problem transformiert, die kritischen Stellen der Lagrange-Funktion zu finden. Manchmal sind dies Maximumstellen, aber oft sind sie es nicht.

Um Ihr Verständnis zu prüfen, wann die Lagrange-Methode benutzt werden kann, ist es eine gute Übung zu erklären, warum sie mit Sicherheit funktioniert, zum Beispiel in Aufgabe 1, aber weder in Aufgabe 3 noch in Aufgabe 4.

Aufgaben für Kapitel 18.4

1. Betrachten Sie das Problem $\max xy$ u.d.N. $x + y = 2$. Reduzieren Sie es auf ein Ein-Variablen-Problem der Maximierung von $x(2-x)$ und zeigen Sie, dass $(x, y) = (1, 1)$ die einzig mögliche Lösung ist. Zeigen Sie, dass diese Stelle die Bedingungen ers-

➡ Fortsetzung

ter Ordnung für das Maximierungsproblem unter Nebenbedingungen mit dem Lagrange-Multiplikator $\lambda = 1$ erfüllt. Zeigen Sie, dass $(1, 1)$ nicht die Lagrange-Funktion $\mathcal{L}(x, y) = xy - 1 \cdot (x + y - 2)$ maximiert. Ist das von Bedeutung?

2. Der folgende Text, der versucht die Lagrange-Methode zu begründen, ist einem Buch über Mathematik für das Management entnommen. Er enthält *schwerwiegende* Fehler. Finden Sie diese heraus.

„Betrachten Sie dass allgemeine Problem, die Extremstellen von $z = f(x, y)$ unter der Nebenbedingung $g(x, y) = 0$ zu finden. Selbstverständlich müssen die Extremstellen die beiden Gleichungen $f'_x(x, y) = 0$, $f'_y(x, y) = 0$ zusätzlich zu der Nebenbedingung $g(x, y) = 0$ erfüllen. Damit gibt es drei Gleichungen, die durch das Paar der Unbekannten x, y erfüllt werden müssen. Da es mehr Gleichungen als Unbekannte gibt, sagt man, dass das System überbestimmt und im Allgemeinen schwierig zu lösen ist. Um die Berechnungen zu erleichtern, ... “

Anspruchsvollere Aufgaben

3. Betrachten Sie das Problem: $\max f(x, y) = 2x + 3y$ u.d.N. $g(x, y) = \sqrt{x} + \sqrt{y} = 5$

(a) Zeigen Sie, dass die Methode der Lagrange-Multiplikatoren zu $(x, y) = (9, 4)$ führt. Zeigen Sie, dass dies keine Lösung des Problems ist, weil $f(9, 4) = 30$ und jedoch $f(25, 0) = 50$ ist.

(b) Lösen Sie das Problem durch Untersuchung der Höhenlinien von $f(x, y) = 2x+3y$ und des Graphen der Nebenbedingungsgleichung. (*Hinweis:* Siehe Aufgabe 5.4.2.)

(c) Welche Voraussetzung aus Theorem 18.4.1 ist verletzt?

4. Lösen Sie das Problem

$$\min f(x, y) = (x + 2)^2 + y^2 \quad \text{u.d.N.} \quad g(x, y) = y^2 - x(x + 1)^2 = 0$$

Zeigen Sie, dass die Methode der Lagrange-Multiplikatoren dieses Minimum nicht finden kann. (*Hinweis:* Zeichnen Sie den Graphen von $g(x, y) = 0$. Beachten Sie insbesondere, dass $g(-1, 0) = 0$.)

► Lösungen zu den Aufgaben finden Sie im Anhang des Buches.

18.5 Hinreichende Bedingungen

Theorem 18.4.1 gibt *notwendige* Bedingungen für die lokale Lösung von Optimierungsproblemen unter Nebenbedingungen. Um festzustellen, dass wir tatsächlich die Lösung gefunden haben, ist jedoch eine genauere Untersuchung nötig. Die Beispiele und Aufgaben in Kap. 18.3 haben geometrische Interpretationen, aus denen wir schließen können, dass wir die Lösung gefunden haben. In der Tat: Wenn die durch die Nebenbedingung eingeschränkte Menge eine abgeschlossene, beschränkte Menge ist, dann garantiert Theorem 17.5.1, der Extremwertsatz, dass eine stetige Funktion sowohl ihren Maximal- als auch ihren Minimalwert auf dieser Menge annehmen *wird*.

Betrachten Sie z. B. Beispiel 18.3.1. Hier *ist* die eingeschränkte Menge, die in Abb. 18.3.1 dargestellt ist, abgeschlossen und beschränkt. Die stetige Funktion $f(x, y) = x^2 + y^2$ wird deshalb ein Maximum und ein Minimum auf dieser eingeschränkten Menge annehmen. Da es vier Stellen gibt, die die Bedingungen erster Ordnung erfüllen, bleibt nur zu überprüfen, welcher von ihnen zum höchsten und niedrigsten Wert von f führt.

Konkave/konvexe Lagrange-Funktionen

Betrachten Sie das das Problem

$$\max (\min) f(x, y) \quad \text{u.d.N.} \quad g(x, y) = c \tag{18.5.1}$$

mit der Lagrange-Funktion

$$\mathcal{L}(x, y) = f(x, y) - \lambda[g(x, y) - c] \tag{18.5.2}$$

Wir wissen bereits: Wenn (x_0, y_0) das Problem löst, dann hat die Lagrange-Funktion (18.5.2) gewöhnlich eine kritische Stelle in (x_0, y_0). Aber Aufgabe 18.4.1 zeigt, dass $\mathcal{L}$ nicht notwendig ein Maximum (Minimum) in (x_0, y_0) haben muss. Nehmen Sie jedoch an, dass $\mathcal{L}$ ein uneingeschränktes globales Maximum in (x_0, y_0) annimmt, in dem Sinn, dass $\mathcal{L}(x_0, y_0) \geq \mathcal{L}(x, y)$ für *alle* (x, y) in der Ebene. Dann gilt für alle (x, y)

$$\mathcal{L}(x_0, y_0) = f(x_0, y_0) - \lambda[g(x_0, y_0) - c] \geq \mathcal{L}(x, y) = f(x, y) - \lambda[g(x, y) - c] \tag{$*$}$$

Wenn nun (x_0, y_0) auch die Nebenbedingung $g(x_0, y_0) = c$ erfüllt, dann sind für alle (x, y), die die Nebenbedingung $g(x, y) = c$ erfüllen, beide Terme innerhalb der Klammern in $(*)$ gleich Null, so dass $(*)$ sich reduziert auf

$$\mathcal{L}(x_0, y_0) = f(x_0, y_0) \geq \mathcal{L}(x, y) = f(x, y)$$

Es folgt, dass $f(x_0, y_0) \geq f(x, y)$ für alle (x, y), die die Nebenbedingung $g(x, y) = c$ erfüllen. Daher löst (x_0, y_0) tatsächlich das Maximierungsproblem in (18.5.1). Ein entsprechendes Resultat erhält man für das Minimierungsproblem in (18.5.1), vorausgesetzt, dass $\mathcal{L}$ ein uneingeschränktes globales Minimum in (x_0, y_0) annimmt.

Nun erinnern wir von Theorem 17.2.1, dass eine kritische Stelle (x_0, y_0) einer konkaven (konvexen) Funktion tatsächlich die Funktion maximiert (minimiert). Zusammenfassend haben wir das folgende Schlüsselresultat:

Theorem 18.5.1 (Konkave/Konvexe Lagrange-Funktion)

Betrachten Sie die Probleme (18.5.1) und nehmen Sie an, dass (x_0, y_0) eine kritische Stelle für die in (18.5.2) definierte Lagrange-Funktion $\mathcal{L}$ ist, die die Nebenbedingung $g(x_0, y_0) = c$ erfüllt. Dann gilt:

(a) Wenn die Lagrange-Funktion konkav ist oder wenn (x_0, y_0) $\mathcal{L}$ maximiert, dann löst (x_0, y_0) das Maximierungsproblem mit Nebenbedingung.

(b) Wenn die Lagrange-Funktion konvex ist oder wenn (x_0, y_0) $\mathcal{L}$ minimiert, dann löst (x_0, y_0) das Minimierungsproblem mit Nebenbedingung.

Warnung: Bei der Anwendung von Theorem 18.5.1 auf ein spezifisches Problem ist es wichtig zu beachten, dass die Konkavität oder Konvexität von $\mathcal{L}$ oft vom Vorzeichen von λ abhängt. Nehmen Sie z. B. an, dass f konkav und g konvex ist. Dann ist die Lagrange-Funktion $\mathcal{L} = f - \lambda g$ konkav, wenn $\lambda \geq 0$, aber im Allgemeinen nicht konkav, wenn $\lambda < 0$. Eine interessante Ausnahme, bei der sie auch konkav ist, wenn $\lambda < 0$, tritt ein, wenn g nicht nur konvex, sondern auch konkav ist, weil es zufällig linear ist.

Beispiel 18.5.1

Betrachten Sie ein Unternehmen, das die positiven Inputmengen K und L von Kapital bzw. Arbeit verwendet, um einen einzigen Output Q entsprechend der Cobb-Douglas-Produktionsfunktion $Q = F(K, L) = AK^aL^b$ zu produzieren, wobei A, a und b positive Parameter mit $a + b \leq 1$ sind. Nehmen Sie an, dass die Kosten pro Einheit für Kapital und Arbeit $r > 0$ bzw. $w > 0$ sind. Die die Kosten minimierenden Inputgrößen von K und L müssen das Problem

$$\min\ rK + wL \quad \text{u.d.N.} \quad AK^aL^b = Q$$

lösen. Erklären Sie, warum der Lagrange-Multiplikator λ positiv ist an jeder kritischen Stelle der Lagrange-Funktion. Erklären Sie auch, warum dies impliziert, dass eine kritische Stelle die Kosten minimiert. (*Hinweis:* Siehe Aufgabe 17.2.8.)

Lösung: Die Lagrange-Funktion ist $\mathcal{L} = rK + wL - \lambda(AK^aL^b - Q)$. Die Bedingungen erster Ordnung für eine kritische Stelle sind $r = \lambda AaK^{a-1}L^b$ und $w = \lambda AbK^aL^{b-1}$. Dies impliziert, dass $\lambda > 0$ ist. Nach Aufgabe 17.2.8 sehen wir, dass $-\mathcal{L}$ konkav und somit $\mathcal{L}$ konvex ist.

Lokale Bedingungen zweiter Ordnung

Manchmal sind Ökonomen an Bedingungen interessiert, die hinreichend dafür sind, dass (x_0, y_0) eine lokale Extremstelle von $f(x, y)$ unter der Nebenbedingung $g(x, y) = c$ ist. Wir beginnen mit einem Blick auf den Ausdruck (18.4.5) für $\mathrm{d}z/\mathrm{d}x$. Die Bedingung $\mathrm{d}z/\mathrm{d}x = 0$ ist notwendig für lokale Optimalität. Wenn zusätzlich $\mathrm{d}^2z/\mathrm{d}x^2 < 0$ an der kritischen Stelle der Lagrange-Funktion, dann muss diese Stelle das lokale Maximierungsproblem lösen.

Die zweite Ableitung $\mathrm{d}^2z/\mathrm{d}x^2$ ist gerade die totale Ableitung von $\mathrm{d}z/\mathrm{d}x$ bezüglich x. Unter der Annahme, dass f und g beide C^2-Funktionen sind und dass $g_2'(x_0, y_0) \neq 0$, differenzieren wir (18.4.5) noch einmal, wobei wir uns erinnern, dass y eine Funktion von x ist. Das Resultat ist:

$$\frac{\mathrm{d}^2z}{\mathrm{d}x^2} = f_{11}'' + f_{12}''y' - (f_{21}'' + f_{22}''y')\frac{g_1'}{g_2'} - f_2'\frac{(g_{11}'' + g_{12}''y')g_2' - (g_{21}'' + g_{22}''y')g_1'}{(g_2')^2}$$

Da f und g beide C^2-Funktionen sind, haben wir $f_{12}'' = f_{21}''$ und $g_{12}'' = g_{21}''$. Ferner ist $y' = -g_1'/g_2'$. Außerdem implizieren die Bedingungen erster Ordnung, dass an jeder kritischen Stelle der Lagrange-Funktion $f_1' = \lambda g_1'$ und $f_2' = \lambda g_2'$. Indem wir diese Beziehungen nutzen, um y' und f_2' zu eliminieren und danach einige elementare Algebra nutzen, erhalten wir schließlich:

$$\frac{d^2z}{dx^2} = \frac{1}{(g_2')^2}\left[(f_{11}'' - \lambda g_{11}'')(g_2')^2 - 2(f_{12}'' - \lambda g_{12}'')g_1'g_2' + (f_{22}'' - \lambda g_{22}'')(g_1')^2\right]$$

Als Nächstes definieren wir

$$D(x, y, \lambda) = (f_{11}'' - \lambda g_{11}'')(g_2')^2 - 2(f_{12}'' - \lambda g_{12}'')g_1'g_2' + (f_{22}'' - \lambda g_{22}'')(g_1')^2 \qquad (18.5.3)$$

Offensichtlich gilt $d^2z/\,dx^2 < 0$, vorausgesetzt, dass $D(x, y, \lambda) < 0$. Außerdem: $d^2z/\,dx^2 > 0$, vorausgesetzt, dass $D(x, y, \lambda) > 0$. Somit haben wir das folgende Resultat, in dem die Bedingung an das Vorzeichen von $D(x^0, y^0, \lambda)$ die *lokale Bedingung zweiter Ordnung* genannt wird:

Theorem 18.5.2 (Lokale Bedingungen zweiter Ordnung)

Betrachten Sie das Problem in Gleichung (18.5.1) und nehmen Sie an, dass das Tripel (x_0, y_0, λ) die drei Bedingungen erster Ordnung erfüllt

$$f_1'(x, y) = \lambda g_1'(x, y), \quad f_2'(x, y) = \lambda g_2'(x, y) \quad \text{und} \quad g(x, y) = c$$

Dann gilt mit der in (18.5.3) gegebenen Definition von $D(x_0, y_0, \lambda)$:

(a) Wenn $D(x_0, y_0, \lambda) < 0$, dann löst (x_0, y_0) das Maximierungsproblem lokal.

(b) Wenn $D(x_0, y_0, \lambda) > 0$, dann löst (x_0, y_0) das Minimierungsproblem lokal.

Beispiel 18.5.2

Betrachten Sie das Problem

$$\max(\min) f(x, y) = x^2 + y^2 \quad \text{u.d.N.} \quad g(x, y) = x^2 + xy + y^2 = 3$$

In Beispiel 18.3.1 haben wir gesehen, dass die Bedingungen erster Ordnung als Lösungskandidaten die Stellen $(1, 1)$ und $(-1, -1)$ mit $\lambda = 2/3$ sowie $(\sqrt{3}, -\sqrt{3})$ und $(-\sqrt{3}, \sqrt{3})$ mit $\lambda = 2$ ergeben. Überprüfen Sie die lokalen Bedingungen zweiter Ordnung aus Theorem 18.5.2 für diesen Fall.

Lösung: Wir erhalten $f_{11}'' = 2$, $f_{12}'' = 0$, $f_{22}'' = 2$, $g_{11}'' = 2$, $g_{12}'' = 1$ und $g_{22}'' = 2$. Nach Definition (18.5.3) ist somit

$$D(x, y, \lambda) = (2 - 2\lambda)(x + 2y)^2 + 2\lambda(2x + y)(x + 2y) + (2 - 2\lambda)(2x + y)^2$$

Mit einigen Routineberechnungen kann man zeigen, dass

$$D(1, 1, \tfrac{2}{3}) = D(-1, -1, \tfrac{2}{3}) = 24 \quad \text{und} \quad D(\sqrt{3}, -\sqrt{3}, 2) = D(-\sqrt{3}, \sqrt{3}, 2) = -24$$

Aus den Vorzeichen von D an diesen vier Stellen schließen wir, dass $(1, 1)$ und $(-1, -1)$ lokale Minimumstellen sind, während $(\sqrt{3}, -\sqrt{3})$ und $(-\sqrt{3}, \sqrt{3})$ lokale Maximumstellen sind.[9]

[9] In Beispiel 18.3.1 haben wir gezeigt, dass diese Stellen tatsächlich *globale* Extremstellen sind.

Wie im Fall der Gl. (15.3.5) kann mit dem Konzept der 3×3-Determinanten, die wir in Kap. 13.2 behandelt haben, Formel (18.5.3) in einer symmetrischen Form geschrieben werden, die einfacher zu merken ist, nämlich:

$$D(x,y,\lambda) = -\begin{vmatrix} 0 & g_1'(x,y) & g_2'(x,y) \\ g_1'(x,y) & \mathcal{L}_{11}''(x,y) & \mathcal{L}_{12}''(x,y) \\ g_2'(x,y) & \mathcal{L}_{21}''(x,y) & \mathcal{L}_{22}''(x,y) \end{vmatrix} \tag{18.5.4}$$

Beachten Sie, dass nach Definition (14.6.2) die 2×2-Matrix unten rechts in der Determinante die Hesse-Matrix der Lagrange-Funktion ist. Deshalb wird die Determinante in Gl. (18.5.4) normalerweise eine *berandete Hesse-Determinante* genannt; ihre Ränder in der ersten Zeile und ersten Spalte, abgesehen von 0 oben links, sind 2-Vektoren, deren Komponenten die zwei partiellen Ableitungen erster Ordnung von g sind.

Aufgaben für Kapitel 18.5

1. Benutzen Sie Theorem 18.5.1, um zu überprüfen, dass die in Teil (a) von Aufgabe 18.1.3 gefundene Lösung optimal ist.

2. Betrachten Sie das Problem max $\ln x + \ln y$ u.d.N. $px + qy = m$. Berechnen Sie $D(x, y, \lambda)$, wie in (18.5.3) definiert, und zeigen Sie, dass die Bedingungen zweiter Ordnung in diesem Theorem erfüllt sind.[10]

3. Berechnen Sie $D(x, y, \lambda)$ in Theorem 18.5.2 für Aufgabe 18.2.3 (a). Was können Sie daraus schließen?

4. Zeigen Sie, dass $U(x, y) = x^a + y^a$, wobei $a \in (0, 1)$, konkav ist für alle $x > 0$ und $y > 0$. Lösen Sie dann das Problem max $U(x, y)$ u.d.N. $px + qy = m$, wobei p, q und m positive Konstanten sind.

► Lösungen zu den Aufgaben finden Sie im Anhang des Buches.

18.6 Zusätzliche Variablen und Nebenbedingungen

Viele Optimierungsprobleme mit Nebenbedingungen in den Wirtschaftswissenschaften beziehen mehr als nur zwei Variablen ein. Das typische Problem mit n Variablen und einer Nebenbedingung kann so geschrieben werden:

$$\max(\min) f(x_1, \ldots, x_n) \quad \text{u.d.N.} \quad g(x_1, \ldots, x_n) = c \tag{18.6.1}$$

[10] Beachten Sie, dass für dieses Problem die Lagrange-Funktion konkav ist als eine Funktion von (x, y) für alle reellen λ, wie man leicht sieht. Damit ist die eindeutige Lösung $(x, y) = (m/2p, m/2q)$ der Bedingungen erster Ordnung tatsächlich ein globales Maximum unter Nebenbedingungen.

Die Methode der Lagrange-Multiplikatoren, die in den vorangehenden Abschnitten dargestellt wurde, kann leicht verallgemeinert werden. Wie zuvor ordnen wir der Nebenbedingung einen Lagrange-Multiplikator λ zu und bilden die Lagrange-Funktion

$$\mathcal{L}(x_1, \ldots, x_n) = f(x_1, \ldots, x_n) - \lambda\big[g(x_1, \ldots, x_n) - c\big] \tag{18.6.2}$$

Als Nächstes bilden wir die partiellen Ableitungen von $\mathcal{L}$ und setzen sie gleich Null, so dass

$$\begin{aligned} \mathcal{L}_1' &= f_1'(x_1, \ldots, x_n) - \lambda g_1'(x_1, \ldots, x_n) = 0 \\ &\vdots \\ \mathcal{L}_n' &= f_n'(x_1, \ldots, x_n) - \lambda g_n'(x_1, \ldots, x_n) = 0 \end{aligned} \tag{18.6.3}$$

Diese n Gleichungen bilden zusammen mit der Nebenbedingung $n + 1$ Gleichungen, die simultan gelöst werden müssen, um die $n+1$ Unbekannten zu bestimmen, welche $x_1, \ldots, x_n$ und λ sind.

Diese Methode wird im Allgemeinen keine korrekten notwendigen Bedingungen liefern, wenn es passiert, dass alle partiellen Ableitungen erster Ordnung von $g(x_1, \ldots, x_n)$ an der kritischen Stelle der Lagrange-Funktion verschwinden. Andernfalls kann eine leichte Verallgemeinerung des analytischen Arguments in Kap. 18.4 benutzt werden, um eine offensichtliche Verallgemeinerung der Bedingungen erster Ordnung auf n Variablen in Theorem 18.4.1 zu beweisen. In der Tat: Nehmen Sie an, dass z. B. $\partial g/\partial x_n \neq 0$. Dann können wir in der Nähe der kritischen Stelle $g(x_1, \ldots, x_n) = c$ nach x_n „auflösen" und somit das Problem auf ein uneingeschränktes Extremwertproblem in den verbleibenden $n - 1$ Variablen $x_1, \ldots, x_{n-1}$ reduzieren.

Beispiel 18.6.1

Lösen Sie das Nachfrageproblem des Verbrauchers

$$\max U(x, y, z) = x^2y^3z \quad \text{u.d.N.} \quad x + y + z = 12$$

Lösung: Definieren Sie die Lagrange-Funktion $\mathcal{L}(x, y, z) = x^2y^3z - \lambda(x + y + z - 12)$. Zusätzlich zu der Nebenbedingung $x + y + z = 12$ sind die drei Bedingungen erster Ordnung

$$\mathcal{L}_1' = 2xy^3z - \lambda = 0\,, \qquad \mathcal{L}_2' = 3x^2y^2z - \lambda = 0\,, \qquad \mathcal{L}_3' = x^2y^3 - \lambda = 0 \tag{$*$}$$

Wenn *eine* der Variablen x, y und z gleich 0 ist, dann ist $x^2y^3z = 0$. Dies ist definitiv nicht der Maximalwert, da z. B. die Wahl $(x, y, z) = (4, 4, 4)$ zu einem positiven Wert von $U(x, y, z)$ führt. Deshalb nehmen wir an, dass x, y und z alle positiv sind.

Aus den zwei ersten Gleichungen in $(*)$ erhalten wir $\lambda = 2xy^3z = 3x^2y^2z$, so dass $y = 3x/2$ ist. Gleichermaßen ergeben die erste und dritte Gleichung in $(*)$, dass $\lambda = 2xy^3z = x^2y^3$, so dass $z = x/2$ ist. Einsetzen von $y = 3x/2$ und $z = x/2$ in die Nebenbedingung ergibt $x + 3x/2 + x/2 = 12$, so dass $x = 4$ ist. Dann ist $y = 3x/2 = 6$ und $z = x/2 = 2$. Damit ist die einzige mögliche Lösung $(x, y, z) = (4, 6, 2)$.

Beispiel 18.6.2

Lösen Sie das Problem

$$\min f(x,y,z) = (x-4)^2 + (y-4)^2 + \left(z-\tfrac{1}{2}\right)^2 \quad \text{u.d.N.} \quad x^2+y^2=z$$

Können Sie eine geometrische Interpretation des Problems geben?

Lösung: Die Lagrange-Funktion ist

$$\mathcal{L}(x,y,z) = (x-4)^2 + (y-4)^2 + \left(z-\tfrac{1}{2}\right)^2 - \lambda(x^2+y^2-z)$$

Einschließlich der Nebenbedingung sind die vier Bedingungen erster Ordnung:

$$\mathcal{L}_1'(x,y,z) = 2(x-4) - 2\lambda x = 0 \qquad \text{(i)}$$
$$\mathcal{L}_2'(x,y,z) = 2(y-4) - 2\lambda y = 0 \qquad \text{(ii)}$$
$$\mathcal{L}_3'(x,y,z) = 2\left(z-\tfrac{1}{2}\right) + \lambda \quad = 0 \qquad \text{(iii)}$$
$$x^2+y^2 = z \qquad \text{(iv)}$$

Aus (i) sehen wir, dass $x = 0$ unmöglich ist. Gleichung (i) ergibt daher $\lambda = 1 - 4/x$. Wenn wir dies in (ii) und (iii) einsetzen, erhalten wir $y = x$ und $z = 2/x$. Wenn wir diese Resultate benutzen, reduziert sich Gleichung (iv) auf $2x^2 = 2/x$, d. h. $x^3 = 1$, so dass $x = 1$ ist. Es folgt, dass $(x,y,z) = (1,1,2)$ mit $\lambda = -3$ der einzige Lösungskandidat für dieses Problem ist.

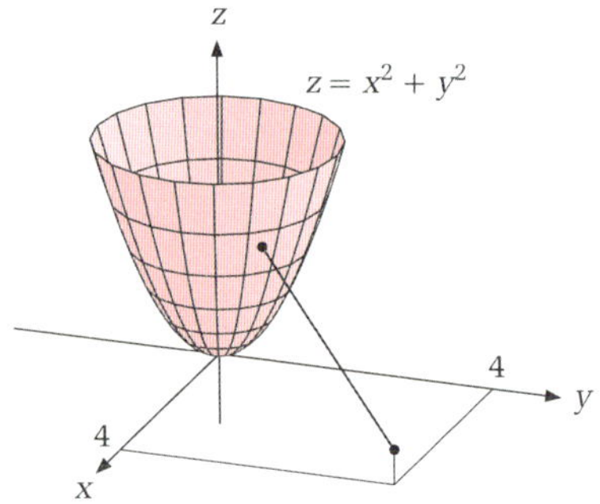

Abbildung 18.6.1: Eine Illustration des Beispiels 18.6.2

Der Ausdruck $(x-4)^2 + (y-4)^2 + (z-1/2)^2$ misst das Quadrat des Abstands des Punktes (x,y,z) vom Punkt $(4,4,1/2)$. Die Menge der Punkte (x,y,z), die die Gleichung $z = x^2+y^2$ erfüllen, ist eine Fläche, die als Paraboloid bezeichnet wird, das zum Teil in Abb. 18.6.1 gezeigt ist. Das Minimierungsproblem besteht deshalb darin, den Punkt auf dem Paraboloid zu finden, der den kleinsten (quadratischen) Abstand von $(4,4,1/2)$ hat. Es ist „geometrisch offensichtlich", dass dieses Problem eine Lösung hat. Andererseits hat das Problem, den größten Abstand von $(4,4,1/2)$ zu einem Punkt des Paraboloids zu finden, keine Lösung, da der Abstand beliebig groß gemacht werden kann.

Beispiel 18.6.3

Das allgemeine Konsumentenoptimierungsproblem mit n Gütern ist

$$\max U(x_1, \dots, x_n) \quad \text{u.d.N.} \quad p_1 x_1 + \cdots + p_n x_n = m \tag{18.6.4}$$

Hier nehmen wir an, dass die Nutzenfunktion U definiert ist für alle $x_1 \geq 0, \dots, x_n \geq 0$ und dass die Preise $p_1, p_2, \dots, p_n$ alle positive Parameter sind. Es bezeichne $\mathbf{x}$ den n-Vektor $(x_1, \dots, x_n)$. Dann ist die Lagrange-Funktion

$$\mathcal{L}(\mathbf{x}) = U(\mathbf{x}) - \lambda(p_1 x_1 + \cdots + p_n x_n - m)$$

Zusätzlich zur Budgetbeschränkung sind die n Bedingungen erster Ordnung

$$\mathcal{L}'_i(\mathbf{x}) = U'_i(\mathbf{x}) - \lambda p_i = 0 \quad (i = 1, \dots, n)$$

Diese n Gleichungen implizieren, dass:

$$\frac{U'_1(\mathbf{x})}{p_1} = \frac{U'_2(\mathbf{x})}{p_2} = \cdots = \frac{U'_n(\mathbf{x})}{p_n} = \lambda \tag{18.6.5}$$

Wir können die letzte Gleichung dazu benutzen, den Lagrange-Multiplikator λ zu bestimmen. Nachdem wir sie entfernt haben, bleiben $n-1$ Gleichungen.[11] Zusätzlich muss die Nebenbedingung erfüllt sein. Damit haben wir insgesamt n Gleichungen, um die Werte der n Variablen $x_1, \dots, x_n$ zu bestimmen.

Aus (18.6.5) folgt auch, dass für jedes Paar von Gütern j und k gilt:

$$\frac{U'_j(\mathbf{x})}{U'_k(\mathbf{x})} = \frac{p_j}{p_k} \tag{18.6.6}$$

Die linke Seite ist die Grenzrate der Substitution (GRS) von Gut k bzgl. Gut j, während die rechte Seite das entsprechende Preisverhältnis oder Tauschverhältnis von Gut k für Gut j ist. Somit setzt Bedingung (18.6.6) die GRS zwischen jedem Paar von Gütern gleich ihrem Preisverhältnis.

Betrachten Sie die n Gleichungen in (18.6.5) zusammen mit der Budgetbeschränkung. Nehmen Sie an, dass dieses System von $n+1$ Gleichungen aufgelöst ist nach dem n-Vektor $\mathbf{x} = (x_1, \dots, x_n)$ der Nachfragegrößen und nach λ, alle als Funktionen des Preisvektors $\mathbf{p} = (p_1, \dots, p_n)$ und m. Die ersten n Variablen in dieser Lösung können geschrieben werden als $x_i = D_i(\mathbf{p}, m)$, für $i = 1, \dots, n$, wobei $D_i(\mathbf{p}, m)$ die Menge des i-ten Gutes bezeichnet, die von dem Verbraucher nachgefragt wird, wenn die Preise durch $\mathbf{p}$ gegeben sind und das Einkommen m ist. Aus diesem Grunde werden die n Funktionen $x_i = D_i(\mathbf{p}, m)$ die *Verbraucher-Nachfragefunktionen* genannt. Mit demselben Argument wie in den Beispielen 15.7.4 und 18.1.3 sehen wir, dass die Nachfragefunktionen homogen vom Grad 0 sind als Funktionen von $\mathbf{p}$ und m zusammen. Als eine Überprüfung, dass Sie die Nachfragefunktionen korrekt hergeleitet haben, empfiehlt es sich, zu zeigen, dass die von Ihnen gefundenen Funktionen tatsächlich homogen vom Grade 0 sind und die Budgetbeschränkung erfüllen.

[11] Für $n = 2$ gibt es eine Gleichung; für $n = 3$ gibt es zwei Gleichungen usw.

In dem Spezialfall, in dem der Verbraucher eine Cobb-Douglas-Nutzenfunktion hat, hat das eingeschränkte Maximierungsproblem in (18.6.4) die Gestalt

$$\max Ax_1^{a_1} \cdots x_n^{a_n} \quad \text{u.d.N.} \quad p_1x_1 + \cdots + p_nx_n = m \tag{18.6.7}$$

wobei wir annehmen, dass die „Geschmacks"-Parameter $a_i > 0$ sind. Wie in Teil (a) von Aufgabe 8 sind die Nachfragefunktionen dann:

$$D_i(\mathbf{p}, m) = \frac{a_i}{a_1 + \cdots + a_n} \frac{m}{p_i} \tag{18.6.8}$$

Wir sehen, wie sich das Muster des Zwei-Variablen-Falles in Beispiel 18.1.3 wiederholt, mit einem konstanten Anteil des Einkommens m für jedes Gut, unabhängig von allen Preisen. Bemerken Sie auch, dass die Nachfrage nach einem Gut i vollständig unbeeinflusst ist von Preisänderungen eines anderen Gutes. Dies ist ein Argument gegen die Cobb-Douglas-Nutzenfunktion, da wir erwarten, dass realistische Nachfragefunktionen von Preisen anderer Güter abhängen, die entweder komplementär oder Substitute sind.

Mehrere Nebenbedingungen

Gelegentlich müssen Ökonomen Optimierungsprobleme mit mehr als einer Nebenbedingung in Gleichheitsform betrachten, obwohl es viel häufiger vorkommt, dass die Nebenbedingungen in Ungleichungsform vorliegen. Die offensichtliche Erweiterung des in (18.6.1) gegebenen Problems auf m Nebenbedingungen in Gleichheitsform ist

$$\max(\min) f(x_1, \dots, x_n) \quad \text{u.d.N.} \quad \begin{cases} g_1(x_1, \dots, x_n) = c_1 \\ \dots\dots\dots \\ g_m(x_1, \dots, x_n) = c_m \end{cases} \tag{18.6.9}$$

Das heißt: Wenn wir mit $\mathbf{x} = (x_1, \dots, x_n)$ den n-Vektor der freien Variablen bezeichen, wird aus der einzigen Nebenbedingung $g(\mathbf{x}) = c$ das erweiterte System von m Nebenbedingungen $g_j(\mathbf{x}) = c_j$ (für $j = 1, 2, \dots, m$). Die Lagrange-Methode kann erweitert werden zur Bearbeitung des Problems (18.6.9). Um dies zu tun, müssen wir zunächst jeder Nebenbedingung $g_j(\mathbf{x}) = c_j$ einen separaten Lagrange-Multiplikator λ_j zuweisen. Danach ersetzen wir den einzelnen Term $\lambda[g(\mathbf{x}) - c]$ in (18.6.2) durch eine Summe von m Termen, einen für jede Nebenbedingung, was zu einer erweiterten Lagrange-Funktion der folgenden Form führt:

$$\mathcal{L}(\mathbf{x}) = f(\mathbf{x}) - \sum_{j=1}^{m} \lambda_j [g_j(\mathbf{x}) - c_j] \tag{18.6.10}$$

Außer in einigen Spezialfällen muss jede optimale Stelle, egal ob lokal oder global, eine kritische Stelle der Lagrange-Funktion sein. Das heißt die partielle Ableitung bezüglich jeder Variablen x_i muss verschwinden. Für jedes $i = 1, 2, \dots, n$ muss also gelten:

$$\frac{\partial \mathcal{L}}{\partial x_i} = \frac{\partial f(\mathbf{x})}{\partial x_i} - \sum_{j=1}^{m} \lambda_j \frac{\partial g_j(\mathbf{x})}{\partial x_i} = 0 \tag{18.6.11}$$

Zusammen mit den m Nebenbedingungen in (18.6.9) bilden diese n Gleichungen insgesamt $n + m$ Gleichungen in den $n + m$ Unbekannten $x_1, \ldots, x_n$ und $\lambda_1, \ldots, \lambda_m$.

Wir präsentieren jetzt ein relativ einfaches Beispiel mit drei freien Variablen und zwei Nebenbedingungen in Gleichheitsform.

Beispiel 18.6.4

Lösen Sie das Problem

$$\min\ x^2 + y^2 + z^2 \quad \text{u.d.N.} \quad \begin{cases} x + 2y + z = 30 \\ 2x - y - 3z = 10 \end{cases}$$

Lösung: Die Lagrange-Funktion ist

$$\mathcal{L}(x, y, z) = x^2 + y^2 + z^2 - \lambda_1(x + 2y + z - 30) - \lambda_2(2x - y - 3z - 10)$$

Die Bedingungen erster Ordnung in (18.6.11) verlangen, dass

$$\frac{\partial \mathcal{L}}{\partial x} = 2x - \lambda_1 - 2\lambda_2 = 0 \tag{i}$$

$$\frac{\partial \mathcal{L}}{\partial y} = 2y - 2\lambda_1 + \lambda_2 = 0 \tag{ii}$$

$$\frac{\partial \mathcal{L}}{\partial z} = 2z - \lambda_1 + 3\lambda_2 = 0 \tag{iii}$$

zusätzlich zu den zwei Nebenbedingungen

$$x + 2y + z = 30 \tag{iv}$$

$$2x - y - 3z = 10 \tag{v}$$

Somit gibt es fünf Gleichungen (i) bis (v) zur Bestimmumg der fünf Unbekannten x, y, z, λ_1 und λ_2.

Eine Möglichkeit, diese fünf Gleichungen zu lösen beginnt mit dem gleichzeitigen Auflösen von (i) und (ii) nach λ_1 und λ_2 in Abhängigkeit von x und y. Dies ergibt:

$$\lambda_1 = \tfrac{2}{5}x + \tfrac{4}{5}y \quad \text{und} \quad \lambda_2 = \tfrac{4}{5}x - \tfrac{2}{5}y \tag{vi}$$

Wenn wir diese Ausdrücke für λ_1 und λ_2 in (iii) einsetzen und dann vereinfachen, ergibt sich

$$x - y + z = 0 \tag{vii}$$

Diese Gleichung bildet zusammen mit (iv) und (v) ein System von drei linearen Gleichungen in den Unbekannten x, y und z. Die Lösung nach dem Eliminationsverfahren ergibt $(x, y, z) = (10, 10, 0)$ als einzige Lösung. Nach (vi) sind die zugehörigen Werte der Lagrange-Multiplikatoren $\lambda_1 = 12$ und $\lambda_2 = 4$.

Hier ist ein geometrisches Argument, dass uns überzeugen mag, dass wir die Lösung zu dem Minimierungsproblem gefunden haben. Jede der zwei Nebenbedingungen repräsentiert eine Ebene im $\mathbb{R}^3$ und die Punkte, die beide Nebenbedingungen erfüllen, liegen folglich auf der Schnittgeraden dieser zwei Ebenen. Nun misst $x^2 + y^2 + z^2$ das Quadrat der Entfernung vom Ursprung zu einem Punkt auf der Geraden.

Das uns gestellte Problem ist, dass wir diesen Abstand so klein wie möglich machen sollen, indem wir den Punkt auf der Geraden wählen, der am nächsten zum Ursprung ist. Es existiert natürlich kein größter Abstand, aber es ist geometrisch offensichtlich, dass es einen minimalen Abstand gibt und dass dieser an diesem nächsten Punkt angenommen wird.

Es gibt eine alternative Methode, dieses spezielle Problem zu lösen. Und wir geben zu, dass diese viel einfacher ist. Nämlich, das Problem auf ein Optimierungsproblem mit einer Variablen zu reduzieren, indem man die zwei Nebenbedingungen (iv) und (v) benutzt, um y und z simultan durch x auszudrücken, was $y = 20-x$ und $z = x-10$ ergibt. In der Tat sind dies die zwei Gleichungen der Geraden im 3-Raum, in der sich die beiden Ebenen schneiden. Dann ist das Quadrat des Abstandes vom Ursprung

$$x^2 + y^2 + z^2 = x^2 + (20-x)^2 + (x-10)^2 = 3(x-10)^2 + 200$$

Man sieht leicht, dass diese Funktion ein Minimum hat, wenn $x = 10$ ist, was $y = 10$ und $z = 0$ impliziert. Siehe auch Aufgabe 5.

Aufgaben für Kapitel 18.6

1. Betrachten Sie das Problem min $x^2 + y^2 + z^2$ u.d.N. $x + y + z = 1$.

(a) Schreiben Sie die Lagrange-Funktion für dieses Problem auf und bestimmen Sie die einzige Stelle (x, y, z), die die notwendigen Bedingungen erfüllt.

(b) Geben Sie ein geometrisches Argument für die Existenz einer Lösung an. Hat das entsprechende Maximierungsproblem eine Lösung?

2. Verwenden Sie Gl. (18.6.8) um das folgende Nutzenmaximierungsproblem zu lösen:

$$\max 10x^{1/2}y^{1/3}z^{1/4} \quad \text{u.d.N.} \quad 4x + 3y + 6z = 390$$

3. Die Nachfragen x, y, z eines Verbrauchers nach drei Gütern sind so gewählt, dass die Nutzenfunktion

$$U(x, y, z) = x + \sqrt{y} - 1/z$$

maximiert wird, die für alle $x \geq 0$, $y > 0$ und $z > 0$ definiert ist. Die Budgetbeschränkung ist $px + qy + rz = m$, wobei $p, q, r > 0$ und $m \geq \sqrt{pr} + p^2/4q$.

(a) Schreiben Sie die Bedingungen erster Ordnung für ein Maximum unter Nebenbedingungen auf.

(b) Bestimmen Sie die den Nutzen maximierenden Nachfragen für alle drei Güter als Funktionen der vier Parameter (p, q, r, m).

(c) Zeigen Sie, dass der maximale Nutzen gegeben ist durch die indirekte Nutzenfunktion

$$U^*(p, q, r, m) = \frac{m}{p} + \frac{p}{4q} - 2\sqrt{\frac{r}{p}}$$

(d) Bestimmen Sie $\partial U^*/\partial m$ und kommentieren Sie Ihre Antwort.

4. Jede Woche konsumiert ein Verbraucher die Mengen x und y von zwei Gütern und er arbeitet für ℓ Stunden. Diese Größen sind so gewählt, dass sie die Nutzenfunktion

$$U(x, y, \ell) = \alpha \ln x + \beta \ln y + (1 - \alpha - \beta) \ln(L - \ell)$$

➡ Fortsetzung

maximieren, die für $0 \leq \ell < L$ und für $x, y > 0$ definiert ist. Dabei sind α und β positive Parameter mit $\alpha + \beta < 1$. Der Verbraucher unterliegt der Budgetbeschränkung $px + qy = wl$, wobei w der Stundenlohn ist. Definieren Sie $\gamma = (\alpha + \beta)/(1 - \alpha - \beta)$. Bestimmen Sie die Nachfragen des Verbrauchers x^*, y^* und das Arbeitsangebot l^* als Funktionen von p, q und w.

5. Betrachten Sie das Problem in Beispiel 18.6.4 und sei $(x, y, z) = (10 + h, 10 + k, \ell)$. Zeigen Sie: Falls (x, y, z) beide Nebenbedingungen erfüllt, dann gilt $k = -h$ und $\ell = h$. Zeigen Sie dann, dass $x^2 + y^2 + z^2 = 200 + 3h^2$. Was schließen Sie daraus?

6. Ein wichtiges Problem in der Statistik verlangt die Lösung von

$$\min\ a_1^2 x_1^2 + a_2^2 x_2^2 + \cdots + a_n^2 x_n^2 \quad \text{u.d.N.} \quad x_1 + x_2 + \cdots + x_n = 1$$

Dabei sind alle Konstanten a_i ungleich Null. Lösen Sie das Problem und nehmen Sie es als gesichert an, dass der Minimalwert existiert. Welches ist die Lösung, wenn wenigstens eins der a_i gleich Null ist?

7. Lösen Sie das Problem:

$$\max(\min)\, x + y \quad \text{u.d.N.} \quad \begin{cases} x^2 + 2y^2 + z^2 = 1 \\ x + \ \ y + \ \ z = 1 \end{cases}$$

Anspruchsvollere Aufgabe

8. Betrachten Sie das Konsumentenoptimierungsproblem aus Beispiel 18.6.3. Bestimmen Sie die Nachfragefunktionen, wenn:

(a) $U(x_1, \ldots, x_n) = A x_1^{a_1} \cdots x_n^{a_n}$, wobei $A > 0$, $a_1 > 0, \ldots, a_n > 0$.

(b) $U(x_1, \ldots, x_n) = x_1^a + \cdots + x_n^a$, wobei $0 < a < 1$.

► Lösungen zu den Aufgaben finden Sie im Anhang des Buches.

18.7 Komparative Statik

Gleichung (18.2.2) bietet eine ökonomische Interpretation des Lagrange-Multiplikators für den Fall von zwei Variablen und einer Nebenbedingung. Diese kann verallgemeinert werden auf das Problem mit n Variablen und m Nebenbedingungen. In Vektornotation schreiben wir dieses Problem in der Form:

$$\max(\min) f(\mathbf{x}) \quad \text{u.d.N.} \quad g_j(\mathbf{x}) = c_j \ \text{ für } j = 1, \ldots, m \tag{18.7.1}$$

Seien $\mathbf{x}^* = (x_1^*, \ldots, x_n^*)$ die Werte von $\mathbf{x}$, die die notwendigen Bedingungen für die Lösung von (18.7.1) erfüllen. Im Allgemeinen hängt $\mathbf{x}^*$ von den Werten des m-Vektors $\mathbf{c} = (c_1, \ldots, c_m)$ der Parameter ab, die auf den rechten Seiten der m Nebenbedingungen in Gleichheitsform in (18.7.1) auftreten. Wir nehmen an, dass jedes $x_i^* = x_i^*(\mathbf{c})$ eine differenzierbare Funktion ist, wenn der Parametervektor $\mathbf{c}$ sich ändert. Wir definieren die zugehörige Optimalwertfunktion, f^* von $\mathbf{c}$, so dass:

$$f^*(\mathbf{c}) = f(\mathbf{x}^*(\mathbf{c})) \tag{18.7.2}$$

Die m Lagrange-Multiplikatoren, die zu $\mathbf{x}^*$ gehören, nämlich $\lambda_1, \ldots, \lambda_m$, hängen auch von $\mathbf{c}$ ab. Vorausgesetzt, dass gewisse Regularitätsbedingungen erfüllt sind, gilt für jedes $j = 1, \ldots, m$:

$$\frac{\partial f^*(\mathbf{c})}{\partial c_j} = \lambda_j(\mathbf{c}) \tag{18.7.3}$$

Daher *ist der Lagrange-Multiplikator* $\lambda_j = \lambda_j(\mathbf{c})$ *für die j-te Nebenbedingung die Rate, mit der sich der Optimalwert der Zielfunktion ändert, wenn die Konstante* c_j *sich ändert*. Aus diesem Grund wird die Zahl λ_j als unterstellter *Schattenpreis* (oder *Grenzwert*) pro Einheit der Ressource j bezeichnet.
Nehmen Sie an, wir ändern die Komponenten des Vektors $\mathbf{c} = (c_1, \ldots, c_m)$ um die jeweilgen Beträge $\mathrm{d}\mathbf{c} = (\mathrm{d}c_1, \ldots, \mathrm{d}c_m)$. Nach der linearen Approximation (15.8.5), wenn $\mathrm{d}c_1, \ldots, \mathrm{d}c_m$ alle klein sind im Absolutbetrag, impliziert Gleichung (18.7.3), dass

$$f^*(\mathbf{c} + \mathrm{d}\mathbf{c}) - f^*(\mathbf{c}) \approx \lambda_1(\mathbf{c})\,\mathrm{d}c_1 + \cdots + \lambda_m(\mathbf{c})\,\mathrm{d}c_m \tag{18.7.4}$$

Beispiel 18.7.1

Betrachten Sie Beispiel 18.6.4 und nehmen Sie an, wir ändern die erste Nebenbedingung in $x + 2y + z = 31$ und die zweite in $2x - y - 3z = 9$. Schätzen Sie die entsprechende Änderung der Optimalwertfunktion, indem Sie (18.7.4) benutzen. Bestimmen Sie auch den neuen exakten Wert der Optimalwertfunktion.

Lösung: Wenn wir die oben eingeführte Notation und die Resultate aus Beispiel 18.6.4 benutzen, haben wir

$$c_1 = 30,\ c_2 = 10,\ \mathrm{d}c_1 = 1,\ \mathrm{d}c_2 = -1,\ \lambda_1(30, 10) = 12,\ \lambda_2(30, 10) = 4$$

Außerdem war die Lösung, die wir gefunden hatten $(x^*, y^*, z^*) = (10, 10, 0)$. Dies impliziert, dass

$$f^*(c_1, c_2) = f^*(30, 10) = 10^2 + 10^2 + 0^2 = 200$$

Dann ergibt die Approximation (18.7.4):

$$\begin{aligned} f^*(30 + 1, 10 - 1) - f^*(30, 10) &\approx \lambda_1(30, 10)\,\mathrm{d}c_1 + \lambda_2(30, 10)\,\mathrm{d}c_2 \\ &= 12 \cdot 1 + 4 \cdot (-1) = 8 \end{aligned}$$

Daher ist $f^*(31, 9) \approx 200 + 8 = 208$.

Um den exakten Wert von $f^*(31, 9)$ zu bestimmen, beachten Sie, dass die Gleichungen (i)–(iii), (vi) und (vii) in Beispiel 18.6.4 immer noch gültig sind. Daher haben wir die drei simultanen Gleichungen $x + 2y + z = 31$, $2x - y - 3z = 9$, $x - y + z = 0$, deren Lösungen für x, y und z sind $151/15$, $31/3$ bzw. $4/15$. Wir erhalten nach einigen Berechnungen mit Brüchen, dass $f^*(31, 9) = 15614/75 \approx 208.19$. Der Fehler in der Approximation ist $14/75 \approx 0.19$.

Das Envelope-Theorem

Die folgenden Beispiele 18.7.2 und 18.7.3 sind gerade zwei Illustrationen, wie Ökonomen extensiven Gebrauch von Resultaten machen, die durch die Einführung eines Vektors $\mathbf{r} = (r_1, \ldots, r_k)$ von k Parametern in das Problem (18.7.1) entstehen. Insbesondere erlauben wir, dass sowohl die Zielfunktion f als auch alle Nebenbedingungsfunktionen g_j nicht nur von dem n-Vektor $\mathbf{x}$ der freien Variablen abhängen, sondern auch von dem Parametervektor $\mathbf{r}$. Mit dieser Notation wird das Problem

$$\max(\min)_{\mathbf{x}} f(\mathbf{x}, \mathbf{r}) \quad \text{u.d.N.} \quad g_j(\mathbf{x}, \mathbf{r}) = 0 \text{ für } j = 1, \ldots, m \tag{18.7.5}$$

Beachten Sie, dass die rechte Seite jeder Nebenbedingung $g_j(\mathbf{x}) = c_j$ in Problem (18.7.1) jetzt Null ist. Denn wir könnten auch immer c_j als einen zusätzlichen Parameter einführen in der Funktion $g_j(\mathbf{x}, \mathbf{r})$, so dass sie zu $\tilde{g}_j(\mathbf{x}, \mathbf{r}, c_j) = g_j(\mathbf{x}, \mathbf{r}) - c_j$ würde und somit die Nebenbedingung $g_j(\mathbf{x}, \mathbf{r}) = c_j$ in $\tilde{g}_j(\mathbf{x}, \mathbf{r}, c_j) = 0$ transformiert würde.

Wie üblich: Für jedes $j = 1, \ldots, m$ assoziieren wir einen Lagrange-Multiplikator λ_j mit der j-ten Nebenbedingung in Problem (18.7.5). Dann kann die Lagrange-Funktion geschrieben werden als

$$\mathcal{L}(\mathbf{x}, \mathbf{r}) = f(\mathbf{x}, \mathbf{r}) - \sum_{j=1}^{m} \lambda_j g_j(\mathbf{x}, \mathbf{r}) \tag{18.7.6}$$

Zusätzlich zu den m Nebenbedingungsgleichungen in Problem (18.7.5) haben die anderen n Bedingungen erster Ordnung die Form

$$0 = \frac{\partial}{\partial x_i}\mathcal{L}(\mathbf{x}, \mathbf{r}) = \frac{\partial}{\partial x_i} f(\mathbf{x}, \mathbf{r}) - \sum_{j=1}^{m} \lambda_j \frac{\partial}{\partial x_i} g_j(\mathbf{x}, \mathbf{r}) \quad (\text{für } i = 1, 2, \ldots, n)$$

In Analogie zu Gl. (18.7.2) bezeichne $\mathbf{x}^*(\mathbf{r})$ die optimale Wahl von $\mathbf{x}$, wenn der Parametervektor $\mathbf{r}$ ist. Unter geeigneten Regularitätsannahmen muss für jedes $\mathbf{r}$ und jedes $j = 1, \ldots, m$ eine Lagrange-Multiplikator-Funktion $\lambda_j(\mathbf{r})$ von $\mathbf{r}$ existieren, so dass $\mathbf{x}^*(\mathbf{r})$ die $n + m$ Bedingungen erster Ordnung erfüllt:

$$\frac{\partial f(\mathbf{x}^*(\mathbf{r}), \mathbf{r})}{\partial x_i} - \sum_{j=1}^{m} \lambda_j \frac{\partial g_j(\mathbf{x}^*(\mathbf{r}), \mathbf{r})}{\partial x_i} = 0 \text{ (für alle } i\text{)}\,; \quad g_j(\mathbf{x}^*(\mathbf{r}), \mathbf{r}) = 0 \text{ (für alle } j\text{)} \tag{18.7.7}$$

Definieren Sie jetzt die Optimalwertfunktion

$$f^*(\mathbf{r}) = f(\mathbf{x}^*(\mathbf{r}), \mathbf{r}) \tag{18.7.8}$$

Mit den Definitionen in (18.7.6) und (18.7.8) gilt das folgende Resultat:

Theorem 18.7.1 (Das Envelope-Theorem)

Sei $\mathbf{r}_0$ ein Parametervektor und $\mathbf{x}_0$ ein Vektor der freien Variablen, so dass:

(a) für alle n-Vektoren $\mathbf{x}$ in der Nähe von $\mathbf{x}_0$ und alle Parametervektoren $\mathbf{r}$ in der Nähe von $\mathbf{r}_0$ die Funktionen $f(\mathbf{x}, \mathbf{r})$ und $g_j(\mathbf{x}, \mathbf{r})$ $(j = 1, 2, \ldots, m)$ alle differenzierbar sind als Funktionen von $(\mathbf{x}, \mathbf{r})$;

(b) für alle Parametervektoren $\mathbf{r}$ in der Nähe von $\mathbf{r}_0$ ein n-Vektor $\mathbf{x}^*(\mathbf{r})$ existiert, der differenzierbar ist als eine Funktion von $\mathbf{r}$ und $\mathbf{x}^*(\mathbf{r}_0) = \mathbf{x}_0$ erfüllt, sowie auch Lagrange-Multiplikatoren $\lambda_j(\mathbf{r})$ $(j = 1, 2, \ldots, m)$ existieren, die zusammen die $n + m$ Bedingungen erster Ordnung in (18.7.7) erfüllen.

Dann sind die Optimalwertfunktion $f^*(\mathbf{r})$ und auch die Lagrange-Funktion $\mathcal{L}(\mathbf{x}^*(\mathbf{r}), \mathbf{r})$ differenzierbare Funktionen von $\mathbf{r}$ an der Stelle $\mathbf{r} = \mathbf{r}_0$. Ferner gilt für jedes $h = 1, \ldots, k$:

$$\left.\frac{\partial f^*(\mathbf{r})}{\partial r_h}\right|_{\mathbf{r}=\mathbf{r}_0} = \left.\frac{\partial \mathcal{L}(\mathbf{x}_0, \mathbf{r})}{\partial r_h}\right|_{\mathbf{r}=\mathbf{r}_0} \tag{18.7.9}$$

Dies ist ein sehr nützliches allgemeines Resultat, das gründlich studiert werden sollte. Wenn ein Parameter geändert wird, dann ändert sich $f^*(\mathbf{r})$ aus zwei Gründen: Erstens bewirkt eine Änderung in r_h eine Änderung des Vektors $\mathbf{r}$ und ändert somit $f(\mathbf{x}^*(\mathbf{r}), \mathbf{r})$ direkt. Und zweitens bewirkt eine Änderung in r_h im Allgemeinen eine Änderung aller Funktionen $x_1^*(\mathbf{r}), \ldots, x_n^*(\mathbf{r})$ und somit wird $f(\mathbf{x}^*(\mathbf{r}), \mathbf{r})$ indirekt geändert. Theorem 18.7.1 zeigt, dass der Gesamteffekt auf die Optimalwertfunktion, der durch eine kleine Änderung in r_h an der Stelle $\mathbf{r} = \mathbf{r}_0$ hervorgerufen wird, bestimmt werden kann, indem man einfach die *partielle* Ableitung von $\mathcal{L}(\mathbf{x}, \mathbf{r})$ nach r_h bestimmt und den Wert an der Stelle $\mathbf{x}_0 = \mathbf{x}^*(\mathbf{r}_0)$ berechnet und den indirekten Effekt der Abhängigkeit von $\mathbf{x}^*$ von $\mathbf{r}$ vollständig ignoriert. Der Grund dafür ist, dass wegen der Bedingungen erster Ordnung (18.7.7) jede kleine Änderung in $\mathbf{x}$, die die Nebenbedingungen des Problems (18.7.5) erhält, einen vernachlässigbaren Effekt auf den Wert von $f(\mathbf{x}^*, \mathbf{r})$ haben wird, so dass Gleichung (18.7.9) gilt.

Beispiel 18.7.2

In Beispiel 18.6.3 bezeichne $U^*(\mathbf{p}, m)$ die *indirekte Nutzenfunktion*, deren Wert der maximal für den Verbraucher erreichbare Nutzen ist, wenn die Preise $\mathbf{p} = (p_1, \ldots, p_n)$ sind und das Einkommen m ist. Es bezeichne λ den mit der Budgetbeschränkung assoziierten Lagrange-Multiplikator. Wenn wir (18.7.3) anwenden, sehen wir, dass

$$\lambda = \frac{\partial U^*}{\partial m} \tag{18.7.10}$$

Daher ist λ die Wachstumsrate im maximalen Nutzen, wenn das Einkommen steigt. Aus diesem Grund wird λ gewöhnlich der *Grenznutzen des Einkommens* genannt.

Einschließlich des Vektors $(\mathbf{p}, m)$ aller $n + 1$ Parameter nimmt die Lagrange-Funktion die folgende Form an

$$\mathcal{L}(\mathbf{x}, \mathbf{p}, m) = U(\mathbf{x}) - \lambda(p_1 x_1 + \cdots + p_n x_n - m)$$

Offensichtlich ist $\partial\mathcal{L}/\partial m = \lambda$ und $\partial\mathcal{L}/\partial p_i = -\lambda x_i$. Daher erhalten wir aus (18.7.9):

$$\frac{\partial U^*(\mathbf{p}, m)}{\partial m} = \frac{\partial \mathcal{L}(\mathbf{x}, \mathbf{p}, m)}{\partial m} = \lambda$$

Dies wiederholt (18.7.10). Ferner ist

$$\frac{\partial U^*(\mathbf{p}, m)}{\partial p_i} = \frac{\partial \mathcal{L}(\mathbf{x}, \mathbf{p}, m)}{\partial p_i} = -\lambda x_i^*$$

Dies wird *Roys Identität* genannt.[12] Diese Formel hat eine schöne Interpretation: der negative Grenznutzen einer Preiserhöhung ist der Grenznutzen des Einkommens, λ, multipliziert mit der nachgefragten Menge, x_i^*. Intuitiv liegt das daran, dass bei einer kleinen Preisänderung der Verlust des realen Einkommens annähernd gleich der Änderung des Preises ist, multipliziert mit der nachgefragten Menge.

Als eine Illustration von Roys Identität betrachten wir das Nutzenmaximierungsproblem eines Verbrauchers mit einer Cobb-Douglas Nutzenfunktion wie in Gleichung (18.6.7). Indem wir die durch Gleichung (18.6.8) gegebenen Nachfragen in die Nutzenfunktion einsetzen, erhalten wir die indirekte Nutzenfunktion:

$$U^*(\mathbf{p}, m) = A\left(\frac{a_1 m}{a p_1}\right)^{a_1} \cdots \left(\frac{a_n m}{a p_n}\right)^{a_n} = \frac{Bm^a}{P(p_1, \ldots, p_n)} \tag{18.7.11}$$

Dabei haben wir die Notation $a = a_1 + a_2 + \cdots + a_n$ benutzt, während B die Konstante $Aa_1{}^{a_1} \cdots a_n{}^{a_n}/a^a$ bezeichnet und $P = P(p_1, \ldots, p_n)$ die Funktion $p_1^{a_1} \cdots p_n^{a_n}$ bezeichnet. In der Tat ist P auch eine Cobb-Douglas-Funktion, deren Exponenten mit denen der ursprünglichen Nutzenfunktion übereinstimmen. Ferner: Weil P homogen vom Grad a ist, ist die durch $\tilde{P} = P^{1/a}$ definierte Funktion homogen vom Grad 1 und hat die Eigenschaft, dass $U^*(\mathbf{p}, m) = B(m/\tilde{P})^a$, welches eine monoton wachsende Funktion von $m/\tilde{P}$ ist. In der Tat: $m/\tilde{P}$ ist homogen vom Grad 0 und ist das Maß des *Realeinkommens*, das man erhält, nachdem man das Einkommen durch einen *Preisindex* $\tilde{P}$ dividiert hat, der homogen vom Grad 1 ist als eine Funktion des Preisvektors $\mathbf{p} = (p_1, \ldots, p_n)$.

Formel (18.7.11) für die indirekte Nutzenfunktion impliziert, dass $\partial U^*/\partial m = Bam^{a-1}/P$ und auch, dass

$$\frac{\partial U^*}{\partial p_i} = -\frac{Bm^a}{P^2}\frac{\partial P}{\partial p_i} = -\frac{Bm^a}{P^2}\frac{a_i P}{p_i} = -\frac{Bam^{a-1}}{P}\frac{a_i m}{a p_i} = -\frac{\partial U^*}{\partial m}D_i(\mathbf{p}, m)$$

Dies bestätigt Roys Identität für den Fall einer Cobb-Douglas-Nutzenfunktion.

Beispiel 18.7.3

Ein Unternehmen verwendet K Einheiten Kapital und L Einheiten Arbeit, um eine Outputmenge von $Q = F(K, L)$ Einheiten eines Gutes zu produzieren. Die Preise für Kapital und Arbeit seien r bzw. w. Bei der gegebenen Outputforderung Q sei $C^*(r, w, Q)$ die Optimalwertfunktion des Problems, K und L zu bestimmen, die die Kosten für die Produktion von Q Einheiten Output minimieren:

$$\min C(K, L) = rK + wL \quad \text{u.d.N.} \quad F(K, L) = Q$$

Bestimmen Sie Ausdrücke für $\partial C^*/\partial r$, $\partial C^*/\partial w$ und $\partial C^*/\partial Q$.

Lösung: Unter Einbeziehung der Outputforderung Q und der Preisparameter r und w ist die Lagrange-Funktion

$$\mathcal{L}(K, L, r, w, Q) = rK + wL - \lambda[F(K, L) - Q]$$

[12] Benannt nach dem französischen Ökonomen René Roy (1894–1977).

Ihre partiellen Ableitungen bzgl. r, w und Q sind

$$\partial\mathcal{L}/\partial r = K,\ \partial\mathcal{L}/\partial w = L \text{ und } \partial\mathcal{L}/\partial Q = \lambda$$

Nach Theorem 18.7.1 gilt deshalb

$$\frac{\partial C^*}{\partial r} = K^*, \qquad \frac{\partial C^*}{\partial w} = L^* \quad \text{und} \quad \frac{\partial C^*}{\partial Q} = \lambda \tag{$*$}$$

Die zwei ersten Gleichungen sind Beispiele von *Shephards Lemma.*[13] Die letzte Gleichung zeigt, dass der Lagrange-Multiplikator λ gleich den *Grenzkosten* sein muss, d. h. gleich der partiellen Ableitung der minimalen Kosten bzgl. des Outputs.

Zum Schluss geben wir einen Beweis von Theorem 18.7.1:

Beweis: In dem folgenden Beweis sollten alle relevanten partiellen Ableitungen berechnet werden, wo $\mathbf{r} = \mathbf{r}_0$ und $\mathbf{x} = \mathbf{x}_0 = \mathbf{x}^*(\mathbf{r}_0)$, an welchen Stellen angenommen wird, dass die Funktionen $f(\mathbf{x}, \mathbf{r})$, $g_j(\mathbf{x}, \mathbf{r})$ $(j = 1, \ldots, k)$ und $\mathbf{x}^*(\mathbf{r})$ alle differenzierbar sind. Es folgt, dass die verkettete Funktion $\mathbf{f}^*(\mathbf{r}) = f(\mathbf{x}^*(\mathbf{r}), \mathbf{r})$, definiert durch (18.7.8), differenzierbar ist an der Stelle $\mathbf{r} = \mathbf{r}_0$. Ferner kann man die rechte Seite von (18.7.8) partiell nach r_h differenzieren für jedes $h = 1, 2, \ldots, k$, indem man die Kettenregel dafür benutzt. Das Resultat ist

$$\frac{\partial f^*(\mathbf{r})}{\partial r_h} = \sum_{i=1}^{n} \frac{\partial f(\mathbf{x}^*(\mathbf{r}), \mathbf{r})}{\partial x_i} \frac{\partial x_i^*(\mathbf{r})}{\partial r_h} + \frac{\partial f(\mathbf{x}^*(\mathbf{r}), \mathbf{r})}{\partial r_h} \tag{i}$$

Wenn aber die durch (18.7.6) definierte Lagrange-Funktion gegeben ist, sind ihre entsprechenden partiellen Ableitungen nach r_h gleich:

$$\frac{\partial\mathcal{L}(\mathbf{x}^*(\mathbf{r}), \mathbf{r})}{\partial r_h} = \frac{\partial f(\mathbf{x}^*(\mathbf{r}), \mathbf{r})}{\partial r_h} - \sum_{j=1}^{m} \lambda_j \frac{\partial g_j(\mathbf{x}^*(\mathbf{r}), \mathbf{r})}{\partial r_h} \tag{ii}$$

Indem wir jede Seite von (ii) von der entsprechenden Seite von (i) subtrahieren, erhalten wir

$$\frac{\partial f^*(\mathbf{r})}{\partial r_h} - \frac{\partial\mathcal{L}(\mathbf{x}^*(\mathbf{r}), \mathbf{r})}{\partial r_h} = \sum_{i=1}^{n} \frac{\partial f(\mathbf{x}^*(\mathbf{r}), \mathbf{r})}{\partial x_i} \frac{\partial x_i^*(\mathbf{r})}{\partial r_h} + \sum_{j=1}^{m} \lambda_j \frac{\partial g_j(\mathbf{x}^*(\mathbf{r}), \mathbf{r})}{\partial r_h} \tag{iii}$$

Differenzieren jeder Nebenbedingung $g_j(\mathbf{x}^*(\mathbf{r}), \mathbf{r}) = 0$ partiell nach r_h ergibt jedoch

$$\sum_{i=1}^{n} \frac{\partial g_j(\mathbf{x}^*(\mathbf{r}), \mathbf{r})}{\partial x_i} \frac{\partial x_i^*(\mathbf{r})}{\partial r_h} + \frac{\partial g_j(\mathbf{x}^*(\mathbf{r}), \mathbf{r})}{\partial r_h} = 0 \tag{iv}$$

Indem wir (iv) benutzen, um jeden Term $\partial g_j(\mathbf{x}^*(\mathbf{r}), \mathbf{r})/\partial r_h$ in (iii) zu ersetzen, ergibt sich

$$\frac{\partial f^*(\mathbf{r})}{\partial r_h} - \frac{\partial\mathcal{L}(\mathbf{x}^*(\mathbf{r}), \mathbf{r})}{\partial r_h} = \sum_{i=1}^{n} \left\{ \left[\frac{\partial f(\mathbf{x}^*(\mathbf{r}), \mathbf{r})}{\partial x_i} - \sum_{j=1}^{m} \lambda_j \frac{\partial g_j(\mathbf{x}^*(\mathbf{r}), \mathbf{r})}{\partial x_i} \right] \frac{\partial x_i^*(\mathbf{r})}{\partial r_h} \right\} \tag{v}$$

[13] Benannt nach dem amerikanischen Wirtschaftsmathematiker Ronald Shephard (1912–1982).

Für jedes $i = 1, 2, \ldots, n$ ist jedoch der entsprechende Term in eckigen Klammern gleich der partiellen Ableitung $\partial\mathcal{L}/\partial x_i$. Aber dann verlangen die Bedingungen erster Ordnung (18.6.11), dass diese alle Null sind an der Optimalstelle $(\mathbf{x}^*(\mathbf{r}), \mathbf{r})$. Daher reduziert sich Gl. (v) auf

$$\frac{\partial f^*(\mathbf{r})}{\partial r_h} - \frac{\partial \mathcal{L}(\mathbf{x}^*(\mathbf{r}), \mathbf{r})}{\partial r_h} = 0$$

Dies beweist Gl. (18.7.9).

Beachten Sie, dass dieser Beweis nur die Bedingungen erster Ordnung (18.6.11) für das in (18.7.5) beschriebene Problem benutzt. Deshalb gelten die Resultate in Theorem 18.7.1 genauso, wenn wir $f(\mathbf{x}, \mathbf{r})$ minimieren statt maximieren. Beachten Sie auch, dass wir *nicht* gezeigt haben, dass f^* differenzierbar ist. Hinreichende Bedingungen dafür werden in FMEA behandelt.

Aufgaben für Kapitel 18.7

1. Betrachten Sie das Nutzenmaximierungsproblem max $x + a \ln y$ u.d.N. $px + qy = m$, wobei $0 \leq a < m/p$.

(a) Bestimmen Sie die Lösung (x^*, y^*).

(b) Bestimmen Sie die indirekte Nutzenfunktion $U^*(p, q, m, a)$ und berechnen Sie deren partielle Ableitungen nach p, q, m und a.

(c) Verifizieren Sie das Envelope-Theorem.

2. Betrachten Sie das Problem min $x + 4y + 3z$ u.d.N. $x^2 + 2y^2 + \frac{1}{3}z^2 = b$, wobei $b > 0$. Nehmen Sie an, dass das Problem eine Lösung hat. Bestimmen Sie diese. Verifizieren Sie dann Gl. (18.7.3).

3. Ein Unternehmen hat L Einheiten Arbeit zur Verfügung, um drei verschiedene Outputgüter herzustellen. Wenn die Outputs dieser drei Güter x, y und z Einheiten sind, dann sind die benötigten Arbeitseinheiten αx^2, βy^2 bzw. γz^2.

(a) Lösen Sie das Problem max $ax + by + cz$ u.d.N. $\alpha x^2 + \beta y^2 + \gamma z^2 = L$, wobei a, b, c, α, β und γ positive Konstanten sind.

(b) Setzen Sie $a = 4$, $b = c = 1$, $\alpha = 1$, $\beta = \frac{1}{4}$ und $\gamma = \frac{1}{5}$. Zeigen Sie, dass in diesem Fall das Problem in (a) die Lösung $x = \frac{4}{5}\sqrt{L}$, $y = \frac{4}{5}\sqrt{L}$ und $z = \sqrt{L}$ hat.

(c) Was geschieht mit dem Maximalwert von $4x + y + z$, wenn L von 100 auf 101 anwächst? Bestimmen Sie sowohl die exakte Zunahme oder Abnahme als auch die approximative lineare Approximation, die auf der Interpretation des Lagrange-Multiplikators beruht.

4. Betrachten Sie die zwei Probleme[14]

$$\max(\min) f(x, y, z) = x^2 + y^2 + z \quad \text{u.d.N.} \quad g(x, y, z) = x^2 + 2y^2 + 4z^2 = 1$$

[14] Beachten Sie, dass der Graph der Nebenbedingung die Oberfläche eines Ellipsoids im $\mathbb{R}^3$ ist, welche eine abgeschlossene und beschränkte Menge ist.

→ Fortsetzung

(a) Lösen Sie beide unter der angegebenen Nebenbedingung.

(b) Nehmen Sie an, dass die Nebenbedingung in $x^2 + 2y^2 + 4z^2 = 1.02$ geändert wird. Welches ist die approximative Änderung im Maximalwert von $f(x, y, z)$?

5. Lösen Sie das Problem in Beispiel 18.7.3 für den Spezialfall, wenn $F(K, L) = K^{1/2}L^{1/4}$, indem Sie explizite Ausdrücke für K^*, L^*, C^* und λ bestimmen. Verifizieren Sie die Gleichungen (∗) in diesem Spezialfall.

6. Nehmen Sie an, dass die Kostenfunktion C^* in Beispiel 18.7.3 zweimal stetig differenzierbar ist, und beweisen Sie die Symmetrierelation $\partial K^*/\partial w = \partial L^*/\partial r$.

7. Gegeben seien die vier positiven Parameter a, m, p, q, für die gilt $m > q^2/4a^2p$. Betrachten Sie das Nutzenmaximierungsproblem max $\sqrt{x} + ay$ u.d.N. $px + qy = m$.

(a) Bestimmen Sie die Nachfragefunktionen $x^*(p, q, m, a)$ und $y^*(p, q, m, a)$, sowie die indirekte Nutzenfunktion $U^*(p, q, m, a)$.

(b) Bestimmen Sie alle vier partiellen Ableitungen von $U^*(p, q, m, a) = \sqrt{x^*} + ay^*$ und verifizieren Sie das Envelope-Theorem.

► Lösungen zu den Aufgaben finden Sie im Anhang des Buches.

Aufgaben zur Wiederholung für Kapitel 18

1. Betrachten Sie das Problem max $f(x, y) = 3x + 4y$ u.d.N. $g(x, y) = x^2 + y^2 = 225$.

(a) Lösen Sie dieses Problem und auch das entsprechende Minimierungsproblem mit der Methode der Lagrange-Multiplikatoren.

(b) Nehmen Sie an, dass die rechte Seite der Nebenbedingung von 225 auf 224 geändert wird. Welches ist die approximative Änderung im Maximalwert von f?

2. Nutzen Sie die Nachfragefunktionen $x(p, q, m)$ und $y(p, q, m)$, die in Gl. (∗∗) in Beispiel 18.1.3 spezifiziert wurden, um für jede der drei folgenden Funktionen $f(x, y)$, die für alle $x \geq 0$ und alle $y \geq 0$ definiert sind, die Lösung des Problems der Maximierung von $f(x, y)$ u.d.N. $px + qy = m$ aufzuschreiben:

(a) $f(x, y) = 25x^2y^3$ (b) $f(x, y) = x^{1/5}y^{2/5}$ (c) $f(x, y) = 10\sqrt{x}\sqrt[3]{y}$

3. Durch den Verkauf von x Tonnen eines Gutes erzielt ein Unternehmen den Preis $p(x)$ pro Tonne. Durch den Verkauf von y Tonnen eines anderen Gutes wird der Preis $q(y)$ erzielt. Die Kosten für die Herstellung und den Verkauf von x Tonnen des ersten Gutes und y Tonnen des zweiten Gutes sind gegeben durch die differenzierbare Funktion $C(x, y)$, die für alle $x \geq 0$ und $y \geq 0$ definiert ist.

(a) Schreiben Sie die Gewinnfunktion des Unternehmens auf und bestimmen Sie notwendige Bedingungen für eine Lösung $x^* > 0$ und $y^* > 0$. Geben Sie ökonomische Interpretationen für die notwendigen Bedingungen an.

(b) Nehmen Sie an, dass die Produktion eine Umweltbelastung verursacht und dass die Behörden aus diesem Grund verlangen, dass das Unternehmen nicht mehr als m Tonnen Gesamtoutput produziert. Geben Sie die notwendigen Bedingungen an, dass $\hat{x} > 0$ und $\hat{y} > 0$ das neue Problem lösen.

4. Es bezeichne $U(x,y)$ den Nutzen, den eine Person genießt, wenn es pro Tag (von 24 Stunden) x Stunden Freizeit und y Einheiten pro Tag an anderen Gütern konsumiert. Die Person erhält einen Stundenlohn der Höhe w und zahlt einen durchschnittlichen Preis p pro Einheit der anderen Güter, so dass

$$py = w(24 - x) \qquad (*)$$

wobei angenommen wird, dass die Person ihren ganzen Verdienst ausgibt.

(a) Zeigen Sie, dass die Maximierung von $U(x,y)$ unter der Nebenbedingung $(*)$ zu der folgenden Gleichung führt:

$$pU_1'(x,y) = wU_2'(x,y) \qquad (**)$$

(b) Nehmen Sie an, dass die Gleichungen $(*)$ und $(**)$ x und y als differenzierbare Funktionen $x = x(p,w)$, $y = y(p,w)$ von p und w definieren. Zeigen Sie, dass mit geeigneten Voraussetzungen an $U(x,y)$ gilt:

$$\frac{\partial x}{\partial w} = \frac{(24-x)(wU_{22}'' - pU_{12}'') + pU_2'}{p^2U_{11}'' - 2pwU_{12}'' + w^2U_{22}''}$$

5. Betrachten Sie das Problem

$$\max(\min)\ x^2 + y^2 - 2x + 1 \quad \text{u.d.N.} \quad \tfrac{1}{4}x^2 + y^2 = b$$

wobei b eine Konstante mit $b > 4/9$ ist.[15]

(a) Lösen Sie das Maximierungs- und Minimierungsproblem.

(b) Bezeichnen Sie mit $f^*(b)$ die Optimalwertfunktion für das Maximierungsproblem. Verifizieren Sie, dass $\mathrm{d}f^*(b)/\mathrm{d}b$ gleich dem zugehörigen Lagrange-Multiplikator λ ist.

6. Betrachten Sie das Nutzenmaximierungsproblem (18.1.5) für den Fall, dass die Nutzenfunktion $u(x,y)$ die „separierbare“ Form $v(x) + w(y)$ hat, wobei $v'(x) > 0$, $w'(y) > 0$, $v''(x) \leq 0$ und $w''(y) \leq 0$.

[15] Die Nebenbedingung hat einen Graphen, der eine Ellipse in der xy-Ebene ist, so dass sie eine abgeschlossene beschränkte Menge definiert.

(a) Stellen Sie die Bedingungen erster Ordnung für die Nutzenmaximierung auf.

(b) Warum sind diese Bedingungen hinreichend für Optimalität?

7. Betrachten Sie das Problem

$$\min\ x^2 - 2x + 1 + y^2 - 2y \quad \text{u.d.N.} \quad (x+y)\sqrt{x+y+b} = 2\sqrt{a}$$

Dabei sind a und b positive Konstanten und x und y positiv.

(a) Nehmen Sie an, dass (x, y) das Problem lösen. Zeigen Sie, dass x und y dann die folgenden Gleichungen erfüllen müssen:

$$x = y \quad \text{und} \quad 2x^3 + bx^2 = a \qquad (*)$$

(b) Die Gleichungen in $(*)$ definieren die Lösung (x^*, y^*) als differenzierbare Funktionen von (a, b). Bestimmen Sie Ausdrücke für $\partial x/\partial a$, $\partial^2 x/\partial a^2$ und $\partial x/\partial b$ unter der Annahme, dass jede partielle Ableitung existiert.

► Lösungen zu den Aufgaben finden Sie im Anhang des Buches.

Lineare Programmierung

19

19.1 Ein grafischer Ansatz ... 879

19.2 Einführung in die Dualitätstheorie ... 885

19.3 Das Dualitätstheorem ... 890

19.4 Eine allgemeine ökonomische Interpretation 896

19.5 Komplementärer Schlupf ... 899

19.6 Die Simplexmethode, erklärt an einem einfachen Beispiel ... 905

19.7 Mehr über die Simplexmethode ... 908

19.8 Die Simplexmethode im allgemeinen Fall ... 911

19.9 Dualität mit Hilfe der Simplexmethode ... 919

19.10 Sensitivitätsanalyse ... 922

Aufgaben zur Wiederholung für Kapitel 19 ... 927

ÜBERBLICK

> Wenn man Statistiken darüber führte, welches mathematische Problem die meiste Computerzeit in der Welt verbrauchte, dann wäre die Antwort (wenn man Datenbankprobleme wie Sortieren und Suchen nicht mitzählt) wahrscheinlich Lineare Programmierung.
>
> –László Lovász (1980)

Lineare Programmierung ist der Name, der genutzt wird, um Optimierungsprobleme unter Nebenbedingungen zu beschreiben, deren Ziel es ist, eine lineare Funktion unter linearen Nebenbedingungen in Ungleichheitsform zu maximieren oder minimieren. Wegen der weitreichenden Anwendung dieser Methoden in ökomischen Entscheidungsproblemen sollten alle Ökonomen etwas wissen über die grundlegende Theorie der linearen Programmierung.

Im Prinzip kann jedes lineare Programmierungsproblem, oft LP-Problem genannt, numerisch gelöst werden, vorausgesetzt, dass eine Lösung existiert. Der Grund dafür ist, dass das Simplex-Verfahren, das 1947 von dem amerikanischen Mathematiker George B. Dantzig (1914–2005) entwickelt wurde, einen sehr effizienten numerischen Algorithmus bietet, der die Lösung in einer endlichen Anzahl von Schritten findet. Wie das obige Zitat von Lovász andeutet, hat das Simplex-Verfahren die Lineare Programmierung zu einer mathematischen Technik mit immenser praktischer Bedeutung gemacht.[1]

Die Bedeutung der LP geht über die praktischen Anwendungen hinaus. Insbesondere die Dualitätstheorie der Linearen Programmierung ist eine Basis für das Verständnis komplizierterer theoretischer Schlüsseleigenschaften sogar nichtlinearer Optimierungsprobleme der Art, wie wir sie in Kap. 20 diskutieren werden. Diese haben natürlich einen signifikant größeren Bereich interessanter ökonomischer Anwendungen.

Dieses Kapitel beginnt in Kap. 19.1 mit einigen Beispielen mit nur zwei freien Variablen, die man grafisch lösen kann. Danach führt Kap. 19.2 das duale Problem ein, gefolgt von Kap. 19.3, das auf das Dualitätstheorem fokussiert ist. Kap. 19.4 beschäftigt sich mit dem Thema, wie den Variablen im dualen LP-Problem eine ökonomische Interpretation als Schattenpreise gegeben werden kann. Kap. 19.5 führt das Konzept des komplementären Schlupfes ein, das auch eine Schlüsselrolle in Kap. 20 spielen wird.

In der deutschen Ausgabe wird auf Wunsch mehrerer Nutzer auch das Simplexverfahren in den Kap. 19.6–19.10 behandelt.

[1] Es wird berichtet: Als die Mobil Oil Company ihr Multimillionen-Dollar-Computer-System 1958 installierte, machte sich diese hohe Investition innerhalb von zwei Wochen bezahlt, indem lineare Programmierung angewendet wurde. Siehe: Joel Franklin, „Mathematical methods of economics“, *The American Mathematical Monthly,* 1983, Vol. 90, no. 4.

19.1 Ein grafischer Ansatz

Ein allgemeines lineares Programmierungsproblem mit nur zwei Entscheidungsvariablen führt zur Maximierung oder Minimierung einer linearen *Zielfunktion*

$$z = c_1x_1 + c_2x_2$$

unter den m linearen *Nebenbedingungen in Ungleichheitsform*

$$\begin{aligned} a_{11}x_1 + a_{12}x_2 &\leq b_1 \\ a_{21}x_1 + a_{22}x_2 &\leq b_2 \\ &\cdots\cdots \\ a_{m1}x_1 + a_{m2}x_2 &\leq b_m \end{aligned}$$

Gewöhnlich verlangen wir auch explizit *Nichtnegativitätsbedingungen* für x_1 und x_2:

$$x_1 \geq 0, \ x_2 \geq 0$$

Beachten Sie, dass die ausschließliche Verwendung von $\leq$ Zeichen anstelle von $\geq$ Zeichen in jeder Ungleichheitsbedingung nur eine Konvention ist, da jede Ungleichung der alternativen Form $ax_1 + bx_2 \geq c$ äquivalent zu der Ungleichung $-ax_1 - bx_2 \leq -c$ ist.

Glücklicherweise können LP-Probleme mit nur zwei Entscheidungsvariablen mit einem einfachen grafischen Verfahren gelöst werden.

Beispiel 19.1.1

Ein kommerzieller Bäcker hat Vorräte von 150 Kilogramm Mehl, 22 Kilogramm Zucker und 27.5 Kilogramm Butter zur Verfügung, um Kekse und Kuchen zu backen. Nehmen Sie an: Um ein Dutzend Kekse zu backen, werden drei Kilo Mehl, ein Kilo Zucker und ein Kilo Butter benötigt, während für ein Dutzend Kuchen sechs Kilo Mehl, ein halbes Kilo Zucker und ein Kilo Butter benötigt werden.[2] Nehmen Sie an, dass der Gewinn aus einem Dutzend Kekse gleich 20 und aus einem Dutzend Kuchen gleich 30 ist. Wie viele Dutzend (x_1) Kekse und wie viele Dutzend (x_2) Kuchen sollte der Bäcker backen, um den Gewinn zu maximieren?

Lösung: Die Produktion eines Outputs von x_1 Dutzend Keksen und x_2 Dutzend Kuchen verlangen $3x_1 + 6x_2$ Kilo Mehl. Da nur 150 Kilo Mehl zur Verfügung stehen, muss die Ungleichung

$$3x_1 + 6x_2 \leq 150 \quad \text{(Mehl-Beschränkung)}$$

erfüllt sein. Analog muss für Zucker

$$x_1 + 0.5x_2 \leq 22 \qquad \text{(Zucker-Beschränkung)}$$

[2] Diese Mengen sind nur illustrativ gedacht. Wer beabsichtigt reale Kekse oder realen Kuchen zum Essen für reale Leute zu backen, wird dringend gebeten, reale Rezepte für reale Bäcker zu konsultieren.

und für Butter

$$x_1 + x_2 \leq 27.5 \qquad \text{(Butter-Beschränkung)}$$

gelten. Selbstverständlich muss $x_1 \geq 0$ und $x_2 \geq 0$ gelten, da Kekse und Kuchen nicht „zurückgebacken“ werden können in ihre Originalzutaten. Der Gewinn, der aus der Produktion von x_1 Dutzend Keksen und x_2 Dutzend Kuchen erzielt wird, ist $z = 20x_1 + 30x_2$. Somit ist das LP-Problem des Bäckers:

$$\max\ z = 20x_1 + 30x_2 \text{ u.d.N. } \begin{cases} 3x_1 + 6x_2 & \leq 150 \\ x_1 + 0.5x_2 & \leq 22 \\ x_1 + x_2 & \leq 27.5 \end{cases} \quad \text{und} \quad x_1 \geq 0,\ x_2 \geq 0 \qquad (*)$$

Dieses Problem kann grafisch gelöst werden. Das Output-Paar (x_1, x_2) heißt *zulässig* für das Problem $(*)$, wenn alle fünf Nebenbedingungen erfüllt sind. Betrachten Sie jetzt die Mehl-Beschränkung $3x_1 + 6x_2 \leq 150$. Wenn wir das gesamte Mehl verbrauchen, dann ist $3x_1 + 6x_2 = 150$, und wir nennen die entsprechende Gerade die *Mehl-Begrenzung*.

Wir können zwei ähnliche „Begrenzungen“ für die beiden anderen Input-Variablen finden. Abbildung 19.1.1 zeigt die drei Geraden, die die Mehl-Begrenzung, die Zucker-Begrenzung und die Butter-Begrenzung darstellen. Damit (x_1, x_2) zulässig ist, muss es auf oder unterhalb (im „Südwesten“ von) *jeder* der drei Begrenzungslinien gleichzeitig liegen. Da die Nebenbedingungen $x_1 \geq 0$ und $x_2 \geq 0$ das Paar (x_1, x_2) auf den nichtnegativen Quadranten einschränken, ist die Menge der zulässigen Paare für das Problem $(*)$ die in Abb. 19.1.2 gezeigte schattierte Menge S.[3]

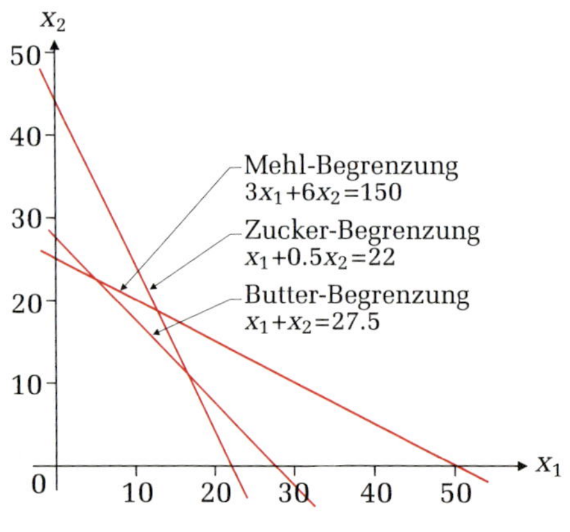

Abbildung 19.1.1: Begrenzungen in Problem des Bäckers

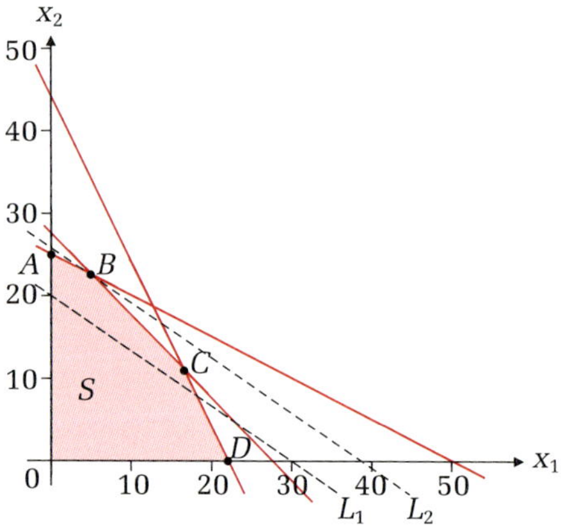

Abbildung 19.1.2: Zulässige Region für den Bäcker

Um die Stelle in der zulässigen Region zu finden, die den Gewinn maximiert, mag ein mathematisch ungebildeter Bäcker daran denken, $20x_1 + 30x_2$ in jedem Punkt von S zu berechnen und dann den höchsten Wert herauszupicken. In der Praxis ist dies unmöglich, da es unendlich viele zulässige Stellen gibt.

[3] Diese Menge S ist ein sogenanntes *konvexes Polyeder*. Die fünf Eckpunkte O, A, B, C und D werden die *Extremstellen* von S genannt.

Stattdessen beginnen wir mit der Frage: Kann der Bäcker einen Gewinn von, sagen wir mal 600 erzielen? Wenn das möglich wäre, müsste die Gerade $20x_1 + 30x_2 = 600$ gemeinsame Punkte mit S haben. Diese Gerade ist in Abb. 19.1.2 durch die gestrichelte Linie L_1 dargestellt. Sie hat Punkte mit S gemeinsam. Einer von ihnen ist $(x_1, x_2) = (0, 20)$, wo L_1 die x_2-Achse schneidet. Die zwei Zahlen sagen uns, dass überhaupt keine Kekse produziert werden, aber 20 Dutzend Kuchen. An der Stelle $(0, 20)$ ist der Gewinn des Bäckers $20 \cdot 0 + 30 \cdot 20 = 600$.

Kann der Bäcker noch mehr Gewinn erzielen? Ja. Weil zum Beispiel die Gerade $20x_1 + 30x_2 = 601$, entlang welcher der Gewinn 601 ist, auch gemeinsame Punkte mit S hat. In der Tat: Für jeden Wert der Konstanten c ist die Gerade

$$20x_1 + 30x_2 = c$$

parallel zu L_1, die die Gleichung $20x_1 + 30x_2 = 600$ hat. Wenn c wächst, bewegt sich die Gerade immer weiter nach Nordosten. Aber wenn c zu groß wird, wird die Gerade ganz oberhalb und rechts von der zulässigen Menge verlaufen. Um den Gewinn zu maximieren, sollte der Bäcker die Gerade $20x_1 + 30x_2 = c$ mit dem höchsten Wert von c finden, für den die Gerade wenigstens einen gemeinsamen Punkt mit S hat. Inspektion der Abb. 19.1.2 zeigt, dass dies die gestrichelte mit L_2 bezeichnete Gerade ist, die die zulässige Menge S in dem einzigen mit B bezeichneten Punkt berührt.

Beachten Sie, dass der Punkt B eintritt im Schnittpunkt der Mehl-Begrenzung, zu der die Stecke AB gehört, mit der Butter-Begrenzung, zu der die Strecke BC gehört. Daher müssen seine Koordinaten die zwei Gleichungen $3x_1 + 6x_2 = 150$ und $x_1 + x_2 = 27.5$ erfüllen, da diese die Mehl-Begrenzung bzw. die Butter-Begrenzung repräsentieren. Das Lösen dieser beiden simultanen Gleichungen ergibt $x_1 = 5$ und $x_2 = 22.5$. Diese zwei Zahlen sagen uns, dass der Bäcker seinen Gewinn maximiert, wenn er fünf Dutzend Kekse und 22.5 Dutzend Kuchen backt. Diese zwei Mengen verbrauchen alle Mehl- und Buttervorräte. Aber die verbrauchte Menge Zucker, wenn $x_1 = 5$ und $x_2 = 22.5$, ist $x_1 + 0.5x_2 = 5 + 0.5 \cdot 22.5 = 16.25$ Kilo, so dass $22 - 16.25 = 5.75$ Kilo Zucker übrig bleiben. Der erzielte Gewinn ist $20x_1 + 30x_2 = 775$.

Beispiel 19.1.2

Ein Elektronik-Unternehmen, das Telefone und Tablets produziert, hat zwei Fabriken, die gemeinsam die beiden Güter in den folgenden Mengen pro Stunde herstellen:

	Fabrik 1	Fabrik 2
Telefone	10	20
Tablets	25	25

Das Unternehmen erhält einen Auftrag über 300 Telefone und 500 Tablets. Die Kosten für den Betrieb der beiden Fabriken sind 10 000 bzw. 8 000 Euro pro Stunde. Formulieren Sie das LP-Problem zur Minimierung der Gesamtkosten für die Erfüllung dieses Auftrages.

Lösung: Seien u_1 und u_2 die Anzahl der Stunden, die die zwei Fabriken benötigen, um diesen Auftrag zu erfüllen. Dann sagt uns die obige Tabelle, dass $10u_1 + 20u_2$ Telefone und $25u_1 + 25u_2$ Tablets hergestellt werden. Da 300 Telefone und 500 Tablets bestellt sind, muss das Paar (u_1, u_2) die folgenden Ungleichungen erfüllen:

$$\begin{aligned} 10u_1 + 20u_2 &\geq 300 \\ 25u_1 + 25u_2 &\geq 500 \end{aligned} \qquad \text{(i)}$$

Zusätzlich muss natürlich $u_1 \geq 0$ und $u_2 \geq 0$ sein. Die Gesamtkosten zum Betrieb der beiden Fabriken für u_1 bzw. u_2 Stunden sind $10\,000\,u_1 + 8\,000\,u_2$. Deshalb ist das Problem:

$$\min\ 10\,000\,u_1 + 8000\,u_2 \quad \text{u.d.N.} \quad \begin{cases} 10u_1 + 20u_2 & \geq 300 \\ 25u_1 + 25u_2 & \geq 500 \end{cases} \quad \text{und} \quad u_1 \geq 0,\ u_2 \geq 0$$

Die zulässige Menge S ist in Abb. 19.1.3 dargestellt. Da die Ungleichungen in (i) vom $\geq$ Typ sind und alle Koeffizienten von u_1 und u_2 positiv sind, erstreckt sich die zulässige Menge nach außen Richtung Nordosten, wie in Abb. 19.1.3 durch die schattierte Menge angezeigt wird.

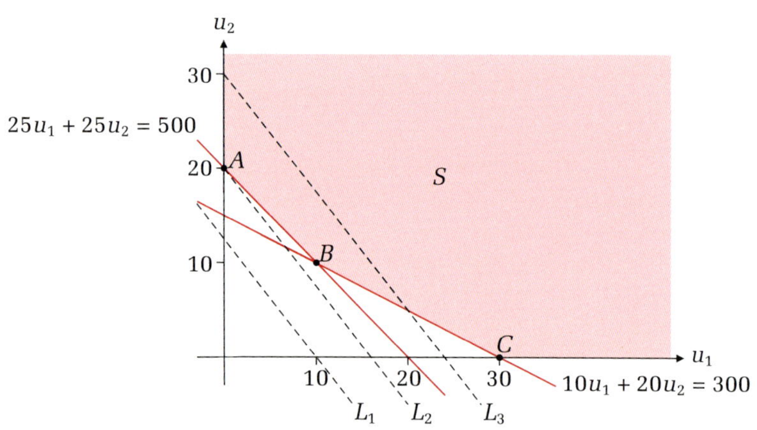

Abbildung 19.1.3: Zulässige Menge, Beispiel 19.1.2

Die Kosten des Unternehmens sind gegeben durch die lineare Funktion $c = 10\,000u_1 + 8\,000u_2$. Abbildung 19.1.3 enthält drei parallele gestrichelte Geraden, die mit L_1, L_2 und L_3 bezeichnet sind, die zu den Höhenlinien $10\,000u_1 + 8\,000u_2 = c$ für die Werte 100 000, 160 000 bzw. 240 000 des Kostenniveaus c gehören. Wenn c ansteigt, bewegen sich die Höhenlinien weiter und weiter nach Nordosten.

Um die Kosten zu minimieren, muss das Unternehmen eine Stelle auf der niedrigsten Höhenlinie $10\,000\,u_1 + 8000\,u_2 = c$ auswählen, die die zulässige Menge S gerade berührt. Somit tritt die Lösung des Problems der Kostenminimierung an der Stelle A mit den Koordinaten $(0, 20)$ ein. Daher ist es die optimale Lösung, Fabrik 2 für 20 Stunden arbeiten zu lassen und Fabrik 1 überhaupt nicht zu nutzen. Die resultierenden minimalen Kosten sind 160 000 Euro.

Dieses grafische Verfahren zur Lösung linearer Programmierungsprobleme funktioniert sehr gut, wenn es nur zwei Entscheidungsvariablen gibt. Im Prinzip könnte man die Methode auf den Fall mit drei Entscheidungsvariablen verallgemeinern. Dann ist die zulässige Menge ein konvexes Polyeder im 3-Raum, und die Höhenflächen der Zielfunktion sind Ebenen im 3-Raum. Dann ist es jedoch nicht leicht, die Lösung in drei Dimensionen zu visualisieren. Für mehr als drei Entscheidungsvariablen gibt es kein grafisches Verfahren.[4]

Die beiden obigen Beispiele hatten optimale Lösungen. Wenn die zulässige Region jedoch unbeschränkt ist, ist es möglich, dass keine endliche optimale Lösung existiert, wie das Beispiel in Aufgabe 4 zeigt.

Das allgemeine LP-Problem

Das allgemeine LP-Problem ist das der Maximierung (oder Minimierung) der *Zielfunktion*

$$z = c_1x_1 + \cdots + c_nx_n \tag{19.1.1}$$

Hier sind die n Koeffizienten $c_1, \ldots, c_n$ alle gegebene Konstanten. Das Ziel ist es, z zu maximieren oder minimieren unter m *Nebenbedingungen in Ungleichheitsform*:

$$\begin{aligned} a_{11}x_1 + \cdots + a_{1n}x_n &\leq b_1 \\ a_{21}x_1 + \cdots + a_{2n}x_n &\leq b_2 \\ \cdots\cdots\cdots\cdots&\cdots\cdots \\ a_{m1}x_1 + \cdots + a_{mn}x_n &\leq b_m \end{aligned} \tag{19.1.2}$$

Wieder sind alle Elemente a_{ij} und b_i gegebene Konstanten. Gewöhnlich verlangen wir explizit, dass:

$$x_1 \geq 0, \; \ldots, \; x_n \geq 0 \tag{19.1.3}$$

Diese werden als *Nichtnegativitätsbedingungen* bezeichnet.[5] Ein n-Vektor $(x_1, \ldots, x_n)$, der (19.1.2) und (19.1.3) erfüllt, wird *zulässig* genannt.

Die Menge der zulässigen Punkte ist ein sogenanntes *konvexes Polyeder* in dem *nichtnegativen Orthanten* des n-dimensionalen Raumes. Ein typisches Beispiel im 3-dimensionalen Raum wird in Abb. 19.1.4 gezeigt. Hier werden die acht Punkte O, P, Q, R, S, T, U und V *Eckpunkte* genannt. Die 15 Strecken OP, OT, OV usw., die zwei Eckpunkte verbinden und in Abb. 19.1.4 markiert sind, heißen *Ränder*. Dazu gehören OT und RT, die durch gestrichelte Linien gekennzeichnet sind, da sie verdeckt sind durch den Körper des Polyeders. Die ebenen Teilbereiche der Begrenzung, die Dreiecke oder Vierecke sind, die innerhalb von drei oder vier dieser Ränder liegen, heißen *Oberflächen*. Im n-Raum hat jedes konvexe Polyeder Eckpunkte, Ränder und Oberflächen.

Falls n und m groß sind, kann die Anzahl der Eckpunkte des konvexen Polyeders, definiert durch die $m + n$ Ungleichungen in (19.1.2) und (19.1.3) astronomisch hoch sein, wie die Anzahl der Sterne im Universum. Im n-dimensionalen Raum gelten für den typische Eckpunkt n der $m + n$ Ungleichheitsbedingungen mit Gleichheit. Daher kann es so viele wie $(m + n)!/m!n!$ Eckpunkte geben. Zum Beispiel, wenn $n = 50$ und $m = 60$ ist (was ziemlich klein ist im Hinblick auf die üblichen Probleme, die numerisch gelöst werden können), kann es $110!/50!60!$ oder mehr als $6 \cdot 10^{31}$ Eckpunkte geben.

[4] Unter Nutzung der Dualitätstheorie diskutieren wir jedoch in Kap. 19.5, wie man LP-Probleme grafisch lösen kann, wenn *entweder* die Anzahl der Unbekannten *oder* die Anzahl der Nebenbedingungen nicht größer als 2 ist.

[5] Beachten Sie, dass es keinen wesentlichen Unterschied zwischen einem Minimierungsproblem und einem Maximierungsproblem gibt. Denn eine optimale Lösung $(x_1^*, \ldots, x_n^*)$, die (19.1.1) unter (19.1.2) und (19.1.3) minimiert, maximiert auch $-z$ unter denselben Bedingungen.

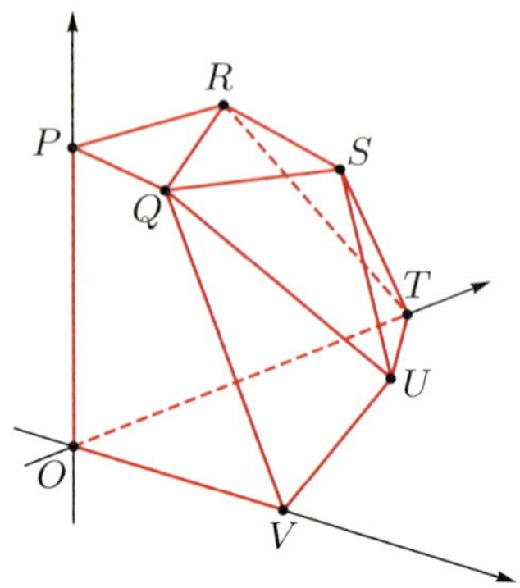

Abbildung 19.1.4: Ein konvexes Polyeder

Trotzdem kann das Simplexverfahren solche Probleme lösen. Es beruht auf der Tatsache: Wenn ein LP-Problem eine Lösung hat, dann muss es eine Lösung in einem Eckpunkt haben. Dementsprechend bietet die Methode ein Verfahren, das sich wiederholt zwischen benachbarten Eckpunkten des Polyeders entlang der Ränder bewegt, wobei der Wert der Zielfunktion niemals abnimmt und gewöhnlich steigt. Das Verfahren endet, wenn es einen Eckpunkt erreicht, von dem aus der Übergang zu jedem benachbarten Eckpunkt nicht zu einer Vergrößerung des Wertes der Zielfunktion führt. Wir haben dann die optimale Lösung gefunden.

Aufgaben für Kapitel 19.1

1. Verwenden sie die grafische Methode zur Lösung der folgenden LP-Probleme:

(a) $\max\ 3x_1 + 4x_2$ u.d.N. $\begin{cases} 3x_1 + 2x_2 \leq 6 \\ x_1 + 4x_2 \leq 4 \end{cases}$ $\quad x_1 \geq 0,\ x_2 \geq 0$

(b) $\min\ 10u_1 + 27u_2$ u.d.N. $\begin{cases} u_1 + 3u_2 \geq 11 \\ 2u_1 + 5u_2 \geq 20 \end{cases}$ $\quad u_1 \geq 0,\ u_2 \geq 0$

2. Verwenden Sie die grafische Methode zur Lösung der folgenden LP-Probleme:

(a) $\max\ 2x_1 + 5x_2$ u.d.N. $\begin{cases} -2x_1 + 3x_2 \leq 6 \\ 7x_1 - 2x_2 \leq 14 \\ x_1 + x_2 \leq 5 \end{cases}$ $\quad x_1 \geq 0,\ x_2 \geq 0$

(b) $\max\ 8x_1 + 9x_2$ u.d.N. $\begin{cases} x_1 + 2x_2 \leq 8 \\ 2x_1 + 3x_2 \leq 13 \\ x_1 + x_2 \leq 6 \end{cases}$ $\quad x_1 \geq 0,\ x_2 \geq 0$

(c) $\max\ -2x_1 + x_2$, u.d.N. $0 \leq x_1 - 3x_2 \leq 3,\ x_1 \geq 2,\ x_1 \geq 0,\ x_2 \geq 0$

3. Die Menge A besteht aus allen (x_1, x_2), die die folgenden Bedingungen erfüllen:

$$-2x_1 + x_2 \leq 2\,, \quad x_1 + 2x_2 \leq 8\,, \quad x_1 \geq 0,\ x_2 \geq 0$$

Lösen Sie die folgenden Probleme nach der grafischen Methode mit A als zulässiger Menge:

(a) $\max x_2$ (b) $\max x_1$ (c) $\max 3x_1 + 2x_2$

(d) $\min 2x_1 - 2x_2$ (e) $\max 2x_1 + 4x_2$ (f) $\min -3x_1 - 2x_2$

➜ Fortsetzung

4. Betrachten Sie das folgende Problem:

$$\max x_1 + x_2 \quad \text{u.d.N.} \quad \begin{cases} -x_1 + x_2 & \leq -1 \\ -x_1 + 3x_2 & \leq 3 \end{cases} \qquad x_1 \geq 0,\ x_2 \geq 0$$

(a) Gibt es eine Lösung dieses Problems?

(b) Gibt es eine Lösung, falls die Zielfunktion $z = -x_1 - x_2$ ist?

5. Ersetzen Sie die Zielfunktion in Beispiel 19.1.1 durch $20x_1 + tx_2$. Für welche Werte von t wird der maximale Gewinn weiterhin an der Stelle $x_1 = 5$ und $x_2 = 22.5$ sein?

6. Ein Unternehmen produziert zwei Typen von Fernsehgeräten, einen billigen Typ A und einen teuren Typ B. Das Unternehmen erzielt einen Gewinn von 700 \$ für jeden Fernseher vom Typ A und von 1000 für jeden Fernseher vom Typ B. Es gibt drei Phasen im Produktionsprozess, die jeweils ihre eigene spezialisierte Art Arbeit verlangen. In der Phase I werden drei Arbeitseinheiten für jeden Fernseher vom Typ A und fünf Arbeitseinheiten für jeden Fernseher vom Typ B benötigt. Die insgesamt zur Verfügung stehende Menge an Arbeitseinheiten für diese Phase ist 3900. Phase II verlangt eine Arbeitseinheit für jeden Fernseher vom Typ A und drei Einheiten für jeden Fernseher vom Typ B. Die insgesamt zur Verfügung stehende Menge an Arbeitseinheiten für diese Phase ist 2100. In der Phase III werden für jeden Typ zwei Arbeitseinheiten benötigt und es stehen 2200 Arbeitseinheiten für diese Phase zur Verfügung. Wie viele Fernsehgeräte sollten von jedem Typ hergestellt werden, um den Gewinn des Unternehmens zu maximieren?

► Lösungen zu den Aufgaben finden Sie im Anhang des Buches.

19.2 Einführung in die Dualitätstheorie

Wird ein Ökonom mit einem Optimierungsproblem unter knappen Ressourcen konfrontiert, so wird er sich oft fragen: Was passiert mit der optimalen Lösung, wenn sich die Menge der verfügbaren Ressourcen ändert? Für lineare Programmierungs-Probleme sind Antworten zu solchen Fragen eng verbunden mit der sogenannten Dualitätstheorie der LP. Als Ausgangspunkt betrachten wir wieder das Problem des Bäckers in Beispiel 19.1.1.

Beispiel 19.2.1

Nehmen Sie an, dass der Bäcker zufällig ein weiteres Kilo Mehl findet, das im Lager versteckt lag. Um wie viel würde dieses zusätzliche Kilo Mehl seinen maximalen Gewinn vergrößern? Wie viel würde ein zusätzliches Kilo Zucker zum Gewinn beitragen oder ein zusätzliches Kilo Butter?

Lösung: Falls der Bäcker ein zusätzliches Kilo Mehl findet, wird die Mehl-Beschränkung $3x_1 + 6x_2 = 151$. Man sieht aus Abb. 19.1.2, dass die zulässige Menge S sich leicht ausdehnt und die Stelle B wird sich entlang der Butter-Begrenzung etwas nach oben bewegen. Die neue optimale Stelle B' wird der Schnittpunkt der Geraden $3x_1 +$

$6x_2 = 151$ und $x_1 + x_2 = 27.5$. Die Lösung dieser Gleichungen ergibt $x_1 = 14/3$ und $x_2 = 137/6$. Die Zielfunktion hat dort den Wert $20(14/3) + 30(137/6) = 2335/3 = 775 + 10/3$. Der Gewinn steigt also um 10/3.

Falls der Bäcker ein zusätzliches Kilo Zucker findet, wird sich die zulässige Menge vergrößern, der optimale Punkt bleibt jedoch an der Stelle B. Erinnern Sie sich daran, dass im Optimum des ursprünglichen Problems der Bäcker 5.75 Kilo ungenutzten Zuckers übrig hatte. Es gibt keinen zusätzlichen Gewinn.

Ein zusätzliches Kilo Butter würde eine neue optimale Stelle im Schnittpunkt der Geraden $3x_1 + 6x_2 = 150$ und $x_1 + x_2 = 28.5$ ergeben. Die Lösung dieser Gleichungen ergibt $x_1 = 7$ und $x_2 = 21.5$ mit $20x_1 + 30x_2 = 775 + 10$. Der Gewinn steigt um 10.

Wir führen die Notation u_1^*, u_2^* und u_3^* für diese drei Beträge der Gewinnzunahme ein. Dann können die drei obigen Resultate wie folgt zusammengefasst werden:
(a) Ein Kilo mehr Mehl würde den maximalen Gewinn um $u_1^* = 10/3$ vergrößern;
(b) ein Kilo mehr Zucker würde den maximalen Gewinn um $u_2^* = 0$ vergrößern;
(c) ein Kilo mehr Butter würde den maximalen Gewinn um $u_3^* = 10$ vergrößern.

Die drei Zahlen $u_1^* = 10/3$, $u_2^* = 0$ und $u_3^* = 10$ sind die *Grenzgewinne* von einem Kilo mehr Mehl, Zucker bzw. Butter. Diese Zahlen haben viele interessante Eigenschaften, die wir jetzt untersuchen werden.

Nehmen Sie an, dass (x_1, x_2) ein zulässiges Paar für dieses Problem ist, so dass die drei Bedingungen in Beispiel 19.1.1 erfüllt sind. Nehmen Sie an: Wir multiplizieren jetzt:

(a) die Mehl-Begrenzung mit 10/3, dem Grenzgewinn von Mehl;

(b) die Zucker-Begrenzung mit 0, dem Grenzgewinn von Zucker;

(c) die Butter-Begrenzung mit 10, dem Grenzgewinn von Butter.

Da die Multiplikatoren alle ≥ 0 sind, bleiben die Ungleichungen erhalten, d. h.

$$\begin{aligned}(10/3)(3x_1 + 6x_2) &\leq \tfrac{10}{3} \cdot 150 \\ 0(x_1 + 0.5x_2) &\leq 0 \cdot 22 \\ 10(x_1 + x_2) &\leq 10 \cdot 27.5\end{aligned}$$

Jetzt addieren wir all diese Ungleichungen und nutzen dabei die Tatsache: Wenn $A \leq B$, $C \leq D$ und $E \leq F$, dann ist $A + C + E \leq B + D + F$. Das Resultat ist:

$$10x_1 + 20x_2 + 10x_1 + 10x_2 \leq \frac{10}{3} \cdot 150 + 10 \cdot 27.5$$

Dies vereinfacht sich zu $20x_1 + 30x_2 \leq 775$. Wenn wir die „magischen" Zahlen u_1^*, u_2^* und u_3^* verwenden, die oben definiert wurden, so haben wir also gezeigt: Wenn (x_1, x_2) ein zulässiges Paar ist, dann kann die Zielfunktion nicht größer sein als 775. Aber $x_1 = 5$ und $x_2 = 22.5$ machen z gleich 775. Dies ergibt einen *algebraischen Beweis*, dass (5, 22.5) eine Maximumstelle *ist*.

Das duale Problem

Das Muster, das sich in Beispiel 19.2.1 gezeigt hat, taucht in allen linearen Programmierungsproblemen auf. Tatsächlich sind die Zahlen u_1^*, u_2^* und u_3^*, die wir gefunden haben, Lösungen zu einem neuen LP-Problem, das sogenannte *duale* Problem.

Erinnern Sie sich an das Problem des Bäckers in Beispiel 19.1.1. Wir wollen es jetzt das *primäre* Problem nennen und mit (P) bezeichnen. Es kann geschrieben werden als:

$$\max 20x_1 + 30x_2 \ \text{u.d.N.} \begin{cases} 3x_1 + \ \ 6x_2 \leq 150 \\ x_1 + 0.5x_2 \leq 22 \\ x_1 + \ \ \ x_2 \leq 27.5 \end{cases} \quad x_1 \geq 0\,, \quad x_2 \geq 0 \tag{P}$$

Nehmen Sie an, dass der Bäcker keine Lust mehr hat, das Geschäft zu führen. Ein Berufsanfänger möchte das Geschäft übernehmen und alle Zutaten kaufen. Der bisherige Bäcker beabsichtigt, einen Preis u_1 für jedes Kilo Mehl, u_2 für jedes Kilo Zucker und u_3 für jedes Kilo Butter zu verlangen.

Da ein Dutzend Kekse drei Kilo Mehl und je ein Kilo Zucker und Butter erfordern, wird der Bäcker $3u_1 + u_2 + u_3$ für die Zutaten fordern, die nötig sind, um ein Dutzend Kekse herzustellen. Es gab ursprünglich einen Gewinn von 20 für jedes Dutzend Kekse, so dass es angemessen erscheint für den bisherigen Bäcker, aus dem Verkauf dieser Zutaten mindestens genau so viel zu verdienen. Dies führt den bisherigen Bäcker dazu, dass das Preistripel (u_1, u_2, u_3) die folgende Ungleichung erfüllen muss:

$$3u_1 + u_2 + u_3 \geq 20$$

Sonst wäre es für den bisherigen Betreiber gewinnbringender, die Zutaten selbst zu nutzen, um ein Dutzend Kekse zum Verkauf zu produzieren, als diese Zutaten zu verkaufen, bevor er das Geschäft an den Bewerber übergibt.

Wenn der Bäcker auch mindestens genau so viel wie vorher an den Zutaten verdienen möchte, die für ein Dutzend Kuchen nötig sind, muss das Preistripel (u_1, u_2, u_3) auch die folgende Ungleichung erfüllen:

$$6u_1 + 0.5u_2 + u_3 \geq 30$$

Vermutlich wird der Kaufinteressent die Ressourcen des Bäckers so günstig wie möglich kaufen wollen. Die Gesamtkosten für 150 Kilo Mehl, 22 Kilo Zucker und 27.5 Kilo Butter sind $150u_1 + 22u_2 + 27.5u_3$. Um so wenig wie möglich zu bezahlen und gleichzeitig den Zuschlag auf das Angebot durch den Bäcker zu erhalten, sollte der Interessent ein Preistripel (u_1, u_2, u_3) vorschlagen, das das folgende LP-Problem löst:

$$\min\ 150u_1 + 22u_2 + 27.5u_3 \ \text{u.d.N.} \begin{cases} 3u_1 + \ \ \ \ u_2 + u_3 \geq 20 \\ 6u_1 + 0.5u_2 + u_3 \geq 30 \end{cases} \quad u_1 \geq 0,\ u_2 \geq 0,\ u_3 \geq 0 \tag{D}$$

Dieses Problem wird *dual* zu dem primären Problem genannt und deshalb bezeichen wir es mit dem Label (D).

Nehmen Sie an, dass der Bäcker dem Interessenten das Geschäft überlässt und den Vorrat an Zutaten zu Preisen verkauft, die das Problem (D) lösen. Wird der Bäcker so viel wie vorher verdienen? Es stellt sich heraus, dass dies der Fall ist. Die Lösung zu Problem (D) besteht aus den drei Preisen $u_1^* = 10/3$, $u_2^* = 0$ und $u_3^* = 10$, die wir in Beispiel 19.2.1 bestimmt haben. Bei diesen Preisen ist der Gesamtbetrag, den der Bäcker für den Verkauf seiner Ressourcen erhält, gleich $150u_1^* + 22u_2^* + 27.5u_3^* = 775$, welches genau der Maximalwert der Zielfunktion in Problem (P) ist. Der Preis pro

Einheit, den der Käufer für jede Zutat zahlt, ist genau gleich dem Grenzgewinn dieser Zutat, der in Beispiel 19.2.1 ausgerechnet wurde. Insbesondere ist der Preis für Zucker 0, da der Bäcker mehr zur Verfügung hat als optimal genutzt werden kann.

Es zeigt sich, dass das primäre Problem (P) und das duale Problem (D) sehr eng zusammenhängen. Wir werden jetzt erklären, wie das duale Problem zu einem allgemeinen LP-Problem konstruiert wird.

Der allgemeine Fall

Betrachten Sie das allgemeine LP-Problem

$$\max\ c_1x_1 + \cdots + c_nx_n \quad \text{u.d.N.} \quad \begin{cases} a_{11}x_1 + \cdots + \ a_{1n}x_n \leq b_1 \\ \dots\dots\dots\dots\dots\dots\dots\dots \\ a_{m1}x_1 + \cdots + a_{mn}x_n \leq b_m \end{cases} \tag{19.2.1}$$

mit den Nichtnegativitätsbedingungen $x_1 \geq 0, \dots, x_n \geq 0$. Wir definieren das zugehörige *duale* Problem als das LP-Problem

$$\min\ b_1u_1 + \cdots + b_mu_m \quad \text{u.d.N.} \quad \begin{cases} a_{11}u_1 + \cdots + a_{m1}u_m \geq c_1 \\ \dots\dots\dots\dots\dots\dots\dots\dots \\ a_{1n}u_1 + \cdots + a_{mn}u_m \geq c_n \end{cases} \tag{19.2.2}$$

mit Nichtnegativitätsbedingungen $u_1 \geq 0, \ \dots, \ u_m \geq 0$. Beachten Sie, dass Problem (19.2.2) mit genau den gleichen Koeffizienten $c_1, \dots, c_n$, $a_{11}, \dots, a_{mn}$ und $b_1, \dots, b_m$ wie in (19.2.1) gebildet wird.

In dem *primären* Problem (19.2.1) gibt es n Variablen $x_1, \dots, x_n$ und m Nebenbedingungen unter Vernachlässigung der Nichtnegativitätsbedingungen. Im dualen Problem (19.2.2) gibt es m Variablen $u_1, \dots, u_m$ und n Nebenbedingungen. Während das primäre Problem ein Maximierungsproblem ist, ist das duale ein Minimierungsproblem. In beiden Problemen sind alle Variablen nichtnegativ. Die m Nebenbedingungen im primären Problem (19.2.1) sind vom Typ „kleiner oder gleich", während die n Nebenbedingungen im dualen Problem (19.2.2) vom Typ „größer oder gleich" sind. Die Koeffizienten der Zielfunktion in dem einen Problem sind die rechten Seiten der Nebenbedingungen in dem anderen Problem. Schließlich sind die zwei Matrizen, die durch die Koeffizienten der Variablen in den Nebenbedingungen des primären und des dualen Problems gebildet werden, jeweils Transponierte voneinander, da sie die folgende Gestalt haben:

$$\mathbf{A} = \begin{pmatrix} a_{11} & a_{12} & \dots & a_{1n} \\ a_{21} & a_{22} & \dots & a_{2n} \\ \vdots & \vdots & & \vdots \\ a_{m1} & a_{m2} & \dots & a_{mn} \end{pmatrix} \quad \text{und} \quad \mathbf{A}' = \begin{pmatrix} a_{11} & a_{21} & \dots & a_{m1} \\ a_{12} & a_{22} & \dots & a_{m2} \\ \vdots & \vdots & & \vdots \\ a_{1n} & a_{2n} & \dots & a_{mn} \end{pmatrix} \tag{19.2.3}$$

Sie sollten jetzt sorgfältig prüfen, dass Problem (D) wirklich das duale Problem zu Problem (P) ist in dem gerade erklärten Sinn. Ferner könnte man den Prozess der Konstruktion des Dualen (19.2.2) zu dem linearen Programm (19.2.1) auf das resultierende Duale anwenden. Wegen der Symmetrie zwischen den zwei Problemen führt dieser Prozess uns von (19.2.2) zurück zum ursprünglich primären Problem (19.2.1). Aus diesem Grund ist jedes Problem dual zu dem anderen, wie es formal in Theorem 19.2.1 weiter unten gezeigt wird.

Matrix-Formulierung

Wir wollen jetzt das primäre und das duale Problem in Matrixnotation ausdrücken. Um das zu tun, führen wir zusätzlich zu den in (19.2.3) gegebenen Matrizen $\mathbf{A}$ und $\mathbf{A}'$ die folgenden vier Spaltenvektoren ein:

$$\mathbf{x} = \begin{pmatrix} x_1 \\ \vdots \\ x_n \end{pmatrix}, \quad \mathbf{c} = \begin{pmatrix} c_1 \\ \vdots \\ c_n \end{pmatrix}, \quad \mathbf{b} = \begin{pmatrix} b_1 \\ \vdots \\ b_m \end{pmatrix} \quad \text{und} \quad \mathbf{u} = \begin{pmatrix} u_1 \\ \vdots \\ u_m \end{pmatrix} \tag{19.2.4}$$

Außerdem: Für ein gegebenes Paar von Vektoren $\mathbf{y}$ und $\mathbf{z}$ derselben Dimension führen wir die Notation $\mathbf{y} \leqq \mathbf{z}$ ein, die bedeutet, dass jede Komponente von $\mathbf{y}$ kleiner oder gleich der entsprechenden Komponente von $\mathbf{z}$ ist. Dann ist $\mathbf{y} \geqq \mathbf{z}$ die umgekehrte Ungleichung.

Mit dieser Notation kann das primäre Problem (19.2.1) wie folgt geschrieben werden:

$$\max \ \mathbf{c}'\mathbf{x} \quad \text{u.d.N.} \quad \mathbf{A}\mathbf{x} \leqq \mathbf{b}, \ \mathbf{x} \geqq \mathbf{0} \tag{19.2.5}$$

Und das duale Problem (19.2.2) kann so geschrieben werden:

$$\min \ \mathbf{b}'\mathbf{u} \quad \text{u.d.N.} \quad \mathbf{A}'\mathbf{u} \geqq \mathbf{c}, \ \mathbf{u} \geqq \mathbf{0} \tag{19.2.6}$$

Manchmal ist es jedoch günstiger, das duale Problem in leicht abgewandelter Form zu schreiben. Indem wir die Vektor-Ungleichung $\mathbf{A}'\mathbf{u} \geqq \mathbf{c}$ transponieren unter Beachtung der Regeln für das Transponieren in (12.7.2) bis (12.7.5), erhalten wir $\mathbf{u}'\mathbf{A} \geq \mathbf{c}'$ und ferner $\mathbf{b}'\mathbf{u} = \mathbf{u}'\mathbf{b}$. Somit kann das duale Problem in der folgenden Form geschrieben werden:

$$\min \ \mathbf{u}'\mathbf{b} \quad \text{u.d.N.} \quad \mathbf{u}'\mathbf{A} \geqq \mathbf{c}', \ \mathbf{u}' \geqq \mathbf{0} \tag{19.2.7}$$

Ein Vorteil der Matrixnotation ist, dass sie einen relativ einfachen Beweis des folgenden Resultats ermöglicht:

Theorem 19.2.1 (Das Duale des Dualen ist das Primäre)

Gegeben seien das primäre LP in (19.2.5) und das duale LP in (19.2.6). Dann ist das Duale vom Dualen das Primäre.

Beweis: Indem wir die Vorzeichen von $\mathbf{A}'$, $\mathbf{b}$ und $\mathbf{c}$ wechseln, kann das duale LP in (19.2.6) umgeschrieben werden als das folgende primäre LP mit einer $\leqq$ Nebenbedingung in Vektorform:

$$\max \ (-\mathbf{b}')\mathbf{u} \quad \text{u.d.N.} \quad (-\mathbf{A}')\mathbf{u} \leqq -\mathbf{c}, \ \mathbf{u} \geqq \mathbf{0} \tag{$*$}$$

Jetzt folgen wir den Regeln, die benötigt werden, um vom primären Problem in (19.2.5) zum dualen Problem in (19.2.6) überzugehen, wenden sie aber auf das Duale des LP in (∗) an, das wir als ein Primäres betrachten. Da die Transponierte von $-\mathbf{A}'$ gleich $-\mathbf{A}$ ist, erhalten wir:

$$\min\ (-\mathbf{c})'\mathbf{x} \quad \text{u.d.N.} \quad (-\mathbf{A})\mathbf{x} \geqq -\mathbf{b},\ \mathbf{x} \geqq \mathbf{0}$$

Nach Umkehrung der Vorzeichen ist dies offensichtlich äquivalent zu dem primären LP in (19.2.5).

Aufgaben für Kapitel 19.2

1. Betrachten Sie Aufgabe 19.1.1 (a).

(a) Ersetzen Sie die Nebenbedingung $3x_1 + 2x_2 \leq 6$ durch $3x_1 + 2x_2 \leq 7$. Bestimmen Sie die neue optimale Lösung und berechnen Sie den Zuwachs u_1^* in der Zielfunktion.

(b) Ersetzen Sie die Nebenbedingung $x_1 + 4x_2 \leq 4$ durch $x_1 + 4x_2 \leq 5$. Bestimmen Sie die neue optimale Lösung und berechnen Sie den Zuwachs u_2^* in der Zielfunktion.

(c) Zeigen Sie mit demselben Argument wie in Beispiel 19.2.1: Wenn (x_1, x_2) zulässig ist für das Originalproblem, so kann die Zielfunktion niemals größer als 36/5 sein.

2. Formulieren Sie das duale Problem zu Teil (b) in Aufgabe 19.1.2.

3. Formulieren Sie die dualen Probleme zu den Teilen (a) und (b) in Aufgabe 19.1.1.

4. Betrachten Sie das LP-Problem:

$$\max\ x_1 + x_2 \quad \text{u.d.N.} \quad \begin{cases} x_1 + 2x_2 \leq 14 \\ 2x_1 + x_2 \leq 13 \end{cases} \qquad x_1 \geq 0,\ x_2 \geq 0$$

(a) Verwenden Sie die grafische Methode, um die Lösung zu finden.

(b) Schreiben Sie das duale Problem auf und bestimmen Sie dessen Lösung.

► Lösungen zu den Aufgaben finden Sie im Anhang des Buches.

19.3 Das Dualitätstheorem

Dieser Abschnitt präsentiert die Hauptresultate der Beziehungen der Lösung eines LP-Problems zu der Lösung des dualen Problems. Zu Beginn betrachten wir noch einmal das Problem des Bäckers, das zuerst in Beispiel 19.1.1 erschien.

Beispiel 19.3.1

Betrachten Sie das primäre und das duale Probleme, die in Kap. 19.2, mit (P) und (D) gelabelt wurden. Nehmen Sie an, dass (x_1, x_2) ein beliebiges zulässiges Paar für (P) ist, in dem Sinn, dass alle fünf Ungleichungen in (P) erfüllt sind. Sei (u_1, u_2, u_3) ein beliebiges zulässiges Tripel, dass alle fünf Ungleichungen in (D) erfüllt. Abgesehen von den zwei Nichtnegativitätsbedingungen multiplizieren wir die drei anderen

Ungleichungen in (P) mit den nichtnegativen Zahlen u_1, u_2 bzw. u_3. Addition der resultierenden drei Ungleichungen führt zu

$$(3x_1 + 6x_2)u_1 + (x_1 + 0.5x_2)u_2 + (x_1 + x_2)u_3 \leq 150u_1 + 22u_2 + 27.5u_3$$

Umordnen der Terme auf der linken Seite ergibt

$$(3u_1 + u_2 + u_3)x_1 + (6u_1 + 0.5u_2 + u_3)x_2 \leq 150u_1 + 22u_2 + 27.5u_3 \quad \text{(i)}$$

Analog multiplizieren wir, abgesehen von den drei Nichtnegativitätsbedingungen, die zwei anderen Ungleichungen in (D) mit den nichtnegativen Zahlen x_1 bzw. x_2, bevor wir die Resultate addieren. Nach einigen Umordnungen ergibt sich:

$$(3u_1 + u_2 + u_3)x_1 + (6u_1 + 0.5u_2 + u_3)x_2 \geq 20x_1 + 30x_2 \quad \text{(ii)}$$

Aus (i) und (ii) zusammen schließen wir, dass für alle zulässigen (x_1, x_2) in Problem (P) und für alle zulässigen (u_1, u_2, u_3) in Problem (D) gilt:

$$150u_1 + 22u_2 + 27.5u_3 \geq 20x_1 + 30x_2 \quad \text{(iii)}$$

Es folgt: Welches Paar (x_1, x_2), das zulässig ist für das primäre Problem (P), wir auch zusammen mit einem Tripel (u_1, u_2, u_3) wählen, das zulässig für das Problem (D) ist, der Wert der Zielfunktion in dem dualen Problem ist immer größer oder gleich dem Wert der Zielfunktion im primären Problem.

Die Ungleichung (iii) ist insbesondere gültig für das zulässige Paar $(x_1, x_2) = (5, 22.5)$. Für jedes zulässige Tripel (u_1, u_2, u_3) erhalten wir deshalb

$$150u_1 + 22u_2 + 27.5u_3 \geq 20 \cdot 5 + 30 \cdot 22.5 = 775$$

Nehmen Sie an, dass wir ein zulässiges Tripel (u_1^*, u_2^*, u_3^*) für Problem (D) finden können, so dass

$$150u_1^* + 22u_2^* + 27.5u_3^* = 775$$

Weil kein kleinerer Wert der Zielfunktion in Problem (D) gefunden werden kann, folgt, dass (u_1^*, u_2^*, u_3^*) das Problem (D) lösen muss. In unserer Diskussion des Problems (D) in Kap. 19.2 haben wir gesehen, dass für $(u_1^*, u_2^*, u_3^*) = (10/3, 0, 10)$ die Zielfunktion den Wert 775 annimmt. Deshalb löst das Tripel $(10/3, 0, 10)$ das duale Problem.

Unsere Analyse dieses Beispiels illustriert zwei bedeutende allgemeine Resultate der LP-Theorie. Hier ist das erste:

Theorem 19.3.1

Wenn $(x_1, \ldots, x_n)$ zulässig ist für das primäre Problem (19.2.1) und $(u_1, \ldots, u_m)$ zulässig ist für das duale Problem (19.2.2), dann gilt:

$$b_1u_1 + \cdots + b_mu_m \geq c_1x_1 + \cdots + c_nx_n \quad (19.3.1)$$

Somit hat die duale Zielfunktion einen Wert, der immer mindestens so groß ist wie der Wert der primären Zielfunktion.

Der Beweis für dieses Resultat ist nicht schwierig:

Beweis: Multiplizieren Sie die m Ungleichungen in (19.2.1) mit den nichtnegativen Zahlen u_1, ..., u_m und addieren Sie dann alle Ungleichungen. Multiplizieren Sie auch die n Ungleichungen in (19.2.2) mit den nichtnegativen Zahlen $x_1, \dots, x_n$ und addieren Sie dann alle Ungleichungen. Diese zwei Operationen führen zu den zwei Ungleichungen

$$(a_{11}x_1 + \cdots + a_{1n}x_n)u_1 + \cdots + (a_{m1}x_1 + \cdots + a_{mn}x_n)u_m \leq b_1u_1 + \cdots + b_mu_m$$
$$(a_{11}u_1 + \cdots + a_{m1}u_m)x_1 + \cdots + (a_{1n}u_1 + \cdots + a_{mn}u_m)x_n \geq c_1x_1 + \cdots + c_nx_n$$

Indem wir die Terme auf der linken Seite jeder Ungleichung umordnen, sehen wir, dass sich jeweils die Doppelsumme $\sum_{i=1}^{m} \sum_{j=1}^{n} a_{ij}u_ix_j$ ergibt. Dann folgt (19.3.1) sofort.

Aus Theorem 19.3.1 können wir ein zweites bedeutendes Resultat ableiten:

Theorem 19.3.2

Nehmen Sie an, dass $(x_1^*, \dots, x_n^*)$ zulässig ist für das primäre Problem (19.2.1) und $(u_1^*, \dots, u_m^*)$ zulässig ist für das duale Problem (19.2.2) und dass

$$c_1x_1^* + \cdots + c_nx_n^* = b_1u_1^* + \cdots + b_mu_m^* \tag{19.3.2}$$

Dann löst $(x_1^*, \dots, x_n^*)$ das primäre Problem (19.2.1) und $(u_1^*, \dots, u_m^*)$ löst das duale Problem (19.2.2).

Wieder haben wir alle notwendigen Voraussetzungen zur Verfügung, um dieses wichtige Resultat zu beweisen:

Beweis: Sei $(x_1, \dots, x_n)$ ein beliebiger n-Vektor, der zulässig ist für das Problem (19.2.1). Unter Verwendung von (19.3.1) mit $u_1 = u_1^*, \dots, u_m = u_m^*$ und (19.3.2) erhalten wir

$$c_1x_1 + \cdots + c_nx_n \leq b_1u_1^* + \cdots + b_mu_m^* = c_1x_1^* + \cdots + c_nx_n^*$$

Dies zeigt: $(x_1^*, \dots, x_n^*)$ löst (19.2.1).

Nehmen Sie jetzt an, dass $(u_1, \dots, u_m)$ zulässig ist für Problem (19.2.2). Dann implizieren (19.3.1) und (19.3.2) zusammen, dass

$$b_1u_1 + \cdots + b_mu_m \geq c_1x_1^* + \cdots + c_nx_n^* = b_1u_1^* + \cdots + b_mu_m^*$$

Dies zeigt: $(u_1^*, \dots, u_m^*)$ löst (19.2.2).

Theorem 19.3.2 zeigt: Wenn wir in der Lage sind, *zulässige* Lösungen für die zwei Probleme (19.2.1) und (19.2.2) zu finden, die denselben Wert für die relevanten Zielfunktionen ergeben, so sind diese zulässigen Lösungen tatsächlich *optimale* Lösungen.

Unzulässige und unbeschränkte LP

Bisher hatten alle LPs, die wir untersucht haben, optimale Lösungen, welche Maximum- oder Minimumstellen unter Nebenbedingungen in Ungleichheitsform waren. Das wichtigste Resultat in der Dualitätstheorie ist das Dualitätstheorem, das wir am Ende dieses Unterkapitels präsentieren werden. Um es jedoch schneller verständlich zu machen, sollten wir zuerst erklären, warum ein LP wie das in (19.2.1) keine Lösung haben kann.

Ein offensichtlicher Grund, dass (19.2.1) keine Lösung hat, ist, dass die $m+n$ Nebenbedingungen in Ungleichheitsform, einschließlich der Nichtnegativitätsbedingungen, eine leere zulässige Menge von n-Vektoren $(x_1, \ldots, x_n)$ bestimmen, die alle Nebenbedingungen erfüllen. In diesem Fall sagt man, dass das LP *unzulässig* ist.

Es ist offensichtlich, dass die $m+n$ Ungleichheitsnebenbedingungen eine abgeschlossene Menge bestimmen. Nehmen Sie an, dass diese zulässige Menge nicht leer und auch beschränkt ist. Weil eine lineare Funktion offensichtlich stetig ist, ist der Extremwertsatz dann anwendbar und sagt uns, dass eine Maximumstelle existiert. Dies muss das LP-Problem lösen.

Jedoch muss die zulässige Menge nicht beschränkt sein. In diesem Fall könnte das LP keine Lösung haben, weil es n-Vektoren $(x_1, \ldots, x_n)$ in der zulässigen Menge gibt, die die Zielfunktion $c_1x_1 + \cdots + c_nx_n$ beliebig groß machen. Wenn dies geschieht, sagt man, dass das LP *unbeschränkt ist*. Beachten Sie: Wie in Beispiel 19.1.2 gezeigt wurde, kann ein LP selbst dann beschränkt sein, wenn seine zulässige Menge unbeschränkt ist.

Die verschiedenen Möglichkeiten werden in dem folgenden minimalen Beispiel untersucht, das nur eine freie Variable x enthält und eine Nebenbedingung $ax \leq b$, zusätzlich zu $x \geq 0$:

Beispiel 19.3.2

Betrachten Sie für drei reelle Konstanten a, b, c, alle $\neq 0$, das folgende duale Paar von LPs:

$$\text{Primär: } \max\ cx \quad \text{u.d.N. } ax \leq b,\ x \geq 0 \qquad \text{Dual: } \min\ bu \quad \text{u.d.N. } au \geq c,\ u \geq 0$$

Bestimmen Sie für die in (a) bis (d) gegebenen Werte der Parametertripel (a, b, c) jeweils die Lösung des primären und dualen Problems, wenn sie existiert. Andernfalls erklären Sie, warum es keine Lösung gibt.

(a) $(1, 1, 1)$; *(b)* $(1, 1, -1)$; *(c)* $(1, -1, 1)$; *(d)* $(-1, 1, 1)$.

Lösung:

(a) Mit $(a, b, c) = (1, 1, 1)$ ist das Primäre $\max\ x$ u.d.N. $x \leq 1,\ x \geq 0$, dessen Lösung offensichtlich $x = 1$ ist mit dem Maximalwert 1.
Das Duale ist $\min\ u$ u.d.N. $u \geq 1,\ u \geq 0$, dessen Lösung $u = 1$ ist mit dem Minimalwert 1.

(b) Hier ist das Primäre $\max\ -x$ u.d.N. $x \leq 1,\ x \geq 0$, dessen Lösung offensichtlich $x = 0$ ist mit dem Maximalwert 0.
Das Duale ist $\min\ u$ u.d.N. $u \geq -1,\ u \geq 0$, dessen Lösung $u = 0$ ist mit dem Minimalwert 0.

(c) Das Primäre ist $\max\ x$ u.d.N. $x \leq -1,\ x \geq 0$, welches unzulässig ist.
Das Duale ist $\min\ -u$ u.d.N. $u \geq 1,\ u \geq 0$, welches unbeschränkt ist.

(d) Das Primäre ist $\max\ x$ u.d.N. $-x \leq -1,\ x \geq 0$, welches unbeschränkt ist.
Das Duale ist $\min\ u$ u.d.N. $-u \geq 1,\ u \geq 0$, welches unzulässig ist.

Das nächste Beispiel zeigt, dass es auch möglich ist, dass das primäre und das duale LP beide unzulässig sind.

Beispiel 19.3.3

Betrachten Sie das folgende primäre LP:

$$\max\ x_1 + x_2 \ \text{ u.d.N. } \ -x_1 \leq -1,\ x_2 \leq -1\,, \quad x_1 \geq 0,\ x_2 \geq 0$$

Die zwei Nebenbedingungen $x_2 \leq -1$ und $x_2 \geq 0$ sind offensichtlich inkonsistent, so dass das primäre LP unzuläsig ist. Das zugehörige Duale ist:

$$\min\ -u_1 - u_2 \ \text{ u.d.N. } \ -u_1 \geq 1,\ u_2 \geq 1\,, \quad u_1 \geq 0,\ u_2 \geq 0$$

Hier impliziert die Nebenbedingung $-u_1 \geq 1$, dass $u_1 \leq -1$, was inkonsistent mit $u_1 \geq 0$ ist. Somit ist das duale LP auch unzulässig.

Die in Beispiel 19.3.2 und 19.3.3 präsentierten Resultate stimmen überein mit dem folgenden versprochenen Hauptresultat:

Theorem 19.3.3 (Das Dualitätstheorem)

Betrachten Sie das primäre Problem (19.2.1) zusammen mit dem dualen Problem (19.2.2).

(a) Wenn das primäre Problem zulässig und beschränkt ist, dann ist es auch das duale. Außerdem hat dann jedes LP eine Lösung, wobei der Maximalwert des primären Problems gleich dem Minimalwert des dualen Problems ist.

(b) Wenn das primäre Problem unbeschränkt ist, dann ist das duale Problem unzulässig.

(c) Wenn das duale Problem unbeschränkt ist, dann ist das primäre Problem unzulässig.

Die Beweise von Theorem 19.3.1 und 19.3.2 waren sehr einfach. Es ist sehr viel schwieriger, Teil (a) von Theorem 19.3.3 zu beweisen. Und wir werden nicht versuchen, es hier zu tun.

Teil (b) von Theorem 19.3.3 folgt jedoch schnell aus der Ungleichung (19.3.1). Denn, wenn $(u_1, \ldots, u_m)$ eine zulässige Lösung des dualen Problems, dann ist $b_1 u_1 + \cdots + b_m u_m$ eine endliche Zahl, die größer oder gleich *jeder* Zahl $c_1 x_1 + \cdots + c_n x_n$ ist, wenn $(x_1, \ldots, x_n)$ zulässig im primären Problem ist. Dies legt eine obere Schranke auf die möglichen Werte von $c_1 x_1 + \cdots + c_n x_n$.

Schließlich folgt Teil (c) von Theorem 19.3.3, indem man das duale LP als ein primäres betrachtet. In der Tat: Teil (b) impliziert: Wenn das Duale unbeschränkt ist, dann ist das Duale des Dualen unzulässig. Aber nach Theorem 19.2.1 ist das Duale des Dualen das Primäre, so dass Teil (c) folgt.

Es ist eine lehrreiche Übung, die Theoreme 19.3.1 und 19.3.2 unter Nutzung von Matrizenalgebra zu formulieren und zu beweisen. Wir wollen das für Theorem 19.3.1 tun. Nehmen Sie an, dass der n-Vektor $\mathbf{x}$ zulässig ist in (19.2.5) und dass der m-Vektor $\mathbf{u}$ zulässig ist in (19.2.7). Dann gilt $\mathbf{x} \geqq \mathbf{0}$ und $\mathbf{Ax} \leqq \mathbf{b}$ im primären Problem, während

$\mathbf{u} \geqq \mathbf{0}$ und $\mathbf{u}'\mathbf{A} \geqq \mathbf{c}'$ im dualen Problem. Aus diesen vier Ungleichungen folgern wir, dass:

$$\mathbf{u}'\mathbf{b} \geq \mathbf{u}'(\mathbf{A}\mathbf{x}) = (\mathbf{u}'\mathbf{A})\mathbf{x} \geq \mathbf{c}'\mathbf{x}$$

Beachten Sie sorgfältig, wie diese Ungleichungen zu denen korrespondieren, die wir in dem früheren Beweis von Theorem 19.3.1 begründet haben.

Aufgaben für Kapitel 19.3

1. Betrachten Sie das LP-Problem $\max\ 2x+7y$ u.d.N. $\begin{cases} 4x + 5y \leq 20 \\ 3x + 7y \leq 21 \end{cases}$ $x \geq 0,\ y \geq 0.$

(a) Lösen Sie es mit einem grafischen Argument.

(b) Formulieren Sie das duale Problem und lösen Sie es durch ein graphisches Argument.

(c) Sind die Werte der Zielfunktionen gleich?[6]

2. Formulieren Sie das Duale zu dem Problem aus Beispiel 19.1.2 und lösen Sie es. Überzeugen Sie sich, dass die optimalen Werte der primären und dualen Zielfunktion gleich sind.

3. Ein Unternehmen produziert kleine und mittlere Fernsehgeräte. Der Gewinn ist 400 für jedes kleine und 500 für jedes mittlere Fernsehgerät. Jedes Gerät wird in drei Bereichen des Unternehmens produziert. Jedes kleine Gerät beansprucht zwei, eine und eine Stunde in den Bereichen 1, 2 und 3. Die entsprechenden Zahlen für die mittleren Geräte sind eins, vier und zwei. Nehmen Sie an, dass die Bereiche 1 und 2 jeweils eine Kapazität von höchstens 16 Stunden pro Tag haben, während Bereich 3 eine Kapazität von höchstens 11 Stunden pro Tag hat. Mit x_1 und x_2 seien die Anzahl der pro Tag produzierten kleinen und mittleren Fernsehgeräte bezeichnet.

(a) Zeigen Sie: Um den Gewinn pro Tag zu maximieren, ist das folgende Problem zu lösen:

$$\max\ 400x_1 + 500x_2 \ \text{u.d.N.} \begin{cases} 2x_1 + \ \ x_2 \leq 16 \\ \ \ x_1 + 4x_2 \leq 16 \\ \ \ x_1 + 2x_2 \leq 11 \end{cases} \quad x_1 \geq 0, x_2 \geq 0$$

(b) Lösen Sie dieses Problem grafisch.

(c) Nehmen Sie an, dass das Unternehmen in der Lage ist, die Kapazität in genau einem Bereich um eine Stunde pro Tag zu erhöhen. In welchem der drei Bereiche sollte die Kapazität vergrößert werden?

► Lösungen zu den Aufgaben finden Sie im Anhang des Buches.

[6] Falls nicht, so haben Sie nach Theorem 19.3.3 einen Fehler gemacht.

19.4 Eine allgemeine ökonomische Interpretation

Dieses Unterkapitel gibt eine ökonomische Interpretation des allgemeinen LP-Problems (19.2.1) und des zugehörigen dualen Problems (19.2.2). Denken Sie an ein Unternehmen, das wie der kommerzielle Bäcker in Beispiel 19.1.1 eine oder mehrere verschiedene Arten Output unter Verwendung von m verschiedenen Input-*Ressourcen* herstellt. Der Produktionsprozess bestehe aus n verschiedenen *Aktivitäten* (oder Prozessen). Eine typische Aktivität benötigt eine bestimmte Menge von jeder Ressource, um sie auf Einheitsniveau zu betreiben. Sei a_{ij} die Anzahl der Einheiten von Ressource i, die benötigt werden, um die Aktivität j auf Einheitsniveau zu betreiben. Dann gibt der Vektor mit den Komponenten $a_{1j}, a_{2j}, \ldots, a_{mj}$ die m verschiedenen Ressourcenanforderungen an, um die Aktivität j auf Einheitsniveau zu betreiben. Wenn wir die n verschiedenen Aktivitäten auf den Niveaus $x_1, \ldots, x_n$ betreiben, können die gesamten Ressourcenanforderungen für die m verschiedenen Ressourcen ausgedrückt werden durch den m-Spaltenvektor

$$x_1 \begin{pmatrix} a_{11} \\ \vdots \\ a_{m1} \end{pmatrix} + \cdots + x_n \begin{pmatrix} a_{1n} \\ \vdots \\ a_{mn} \end{pmatrix}$$

Wenn die verfügbaren Mengen der m Ressourcen $b_1, \ldots, b_m$ sind, dann sind die zulässigen Aktivitätsniveaus diejenigen, die die m Nebenbedingungen in (19.2.1) erfüllen. Die Nichtnegativitätsbedingungen spiegeln die Tatsache wider, dass wir die Aktivitäten nicht auf negativen Niveaus betreiben können.

Für jedes $j = 1, 2, \ldots, n$ bringt der Betrieb der Aktivität j auf Einheitsniveau ein gewisses Entgelt (oder Wert), den wir mit c_j bezeichnen. Der Gesamtwert aus dem Betrieb der n Aktivitäten auf den Niveaus $x_1, \ldots, x_n$ ist dann $c_1x_1 + \cdots + c_nx_n$. Somit ist das Unternehmen mit dem folgenden LP-Problem konfrontiert.

Bestimmen Sie diejenigen Niveaus für die n verschiedenen Aktivitäten, die den Gesamtwert unter den m gegebenen Ressourcenbeschränkungen maximieren.

In dem Problem des Bäckers in Beispiel 19.1.1 sind die zwei Aktivitäten das Backen der zwei verschiedenen Sorten Gebäck (Kekse und Kuchen), wobei als Zutaten geeignete Mengen der drei verschiedenen Ressourcen (Mehl, Zucker und Butter) genutzt werden.

Gehen wir zum dualen Problem (19.2.2) über. Um im Geschäft zu bleiben, muss das Unternehmen einige Ressourcen verbrauchen. Jede Ressource hat daher einen Wert, den ein typischer Ökonom als Preis betrachten wird. Bezeichne u_i den Preis für jede Einheit der Ressource i. Anstatt an u_i als einen Marktpreis für Ressource i zu denken, sollten wir es besser als ein Maß für den Beitrag interpretieren, den eine Einheit der Ressource i am gesamten ökonomischen Wert hat. Da diese keine realen Marktpreise sind, werden sie oft *Schattenpreise* genannt.

Da $a_{1j}, a_{2j}, \ldots, a_{mj}$ diejenigen Mengen von jeder der m Ressourcen sind, die nötig sind, um Aktivität j auf Einheitsniveau zu betreiben, sind $a_{1j}u_1 + a_{2j}u_2 + \cdots + a_{mj}u_m$ die Gesamtschattenkosten für den Betrieb der Aktivität j auf Einheitsniveau. Da c_j das

Entgelt aus dem Betrieb der Aktivität j auf Einheitsniveau ist, kann die Differenz

$$c_j - (a_{1j}u_1 + a_{2j}u_2 + \cdots + a_{mj}u_m)$$

als Schatten*gewinn* aus dem Betrieb der Aktivität j auf Einheitsniveau betrachtet werden. Beachten Sie, dass die j-te Nebenbedingung im dualen Problem (19.2.2) besagt, dass der Schattengewinn aus dem Betrieb der Aktivität j auf Einheitsniveau nicht positiv sein kann.

Entsprechend ist der Teil des Entgelts c_j aus dem Betrieb der Aktivität j, der jeder Ressource i zuzurechnen ist, gleich $a_{ij}u_i$. Dann sagt die j-te Nebenbedingung in dem dualen Problem (19.2.2), dass der Gesamtbetrag, der allen Ressourcen zuzurechnen ist, wenn Aktivität j auf Einheitsniveau betrieben wird, nicht kleiner sein kann als der zugehörige Ertrag c_j.

Die Zielfunktion $Z = b_1u_1 + \cdots + b_mu_m$ im dualen LP-Problem (19.2.2) misst den Schattenwert des Anfangsbestandes aller Ressourcen. Das duale Problem ist deshalb:

Bestimmen Sie unter allen Möglichkeiten nichtnegativer Schattenpreise $u_1, \ldots, u_m$, für die der Gewinn aus dem Betrieb jeder Aktivität auf Einheitsniveau nichtpositiv ist, diejenigen Preise, die zusammen den Schattenwert der Anfangsressourcen minimieren.

Die optimalen dualen Variablen als Schattenpreise

Betrachten Sie wieder das primäre Problem (19.2.1). Was geschieht mit dem optimalen Wert der Zielfunktion, wenn die Zahlen $b_1, \ldots, b_m$ sich ändern? Wenn die Änderungen $\Delta b_1, \ldots, \Delta b_m$ positiv sind, wird die zulässige Menge vergrößert und der neue optimale Wert der Zielfunktion kann nicht kleiner sein und im Allgemeinen wird er größer werden. Die folgenden Berechnungen sind auch gültig, wenn einige oder alle Änderungen $\Delta b_1, \ldots, \Delta b_m$ negativ sind.

Nehmen Sie an, dass die zwei n-Vektoren $\mathbf{x}^* = (x_1^*, \ldots, x_n^*)$ und $\mathbf{x}^* + \Delta\mathbf{x} = (x_1^* + \Delta x_1, \ldots, x_n^* + \Delta x_n)$ optimale Lösungen des primären Problems sind, wenn die rechten Seiten der Nebenbedingungen in (19.2.1) die zwei m-Vektoren $(b_1, \ldots, b_m)$ bzw. $(b_1 + \Delta b_1, \ldots, b_m + \Delta b_m)$ sind. Beachten Sie, dass die Komponenten dieser zwei Vektoren $\mathbf{b}$ und $\mathbf{b} + \Delta\mathbf{b}$ die Koeffizienten b_i und $b_i + \Delta b_i$ der freien Variablen u_i in dem zugehörigen dualen Problem (19.2.2) sind. Nun sind die Ungleichheits- und Nichtnegativitätsbedingungen in jedem dieser dualen Probleme exakt dieselben, nur die Koeffizienten in den Zielfunktionen sind geringfügig verschieden. Es folgt, dass die Menge aller zulässigen Stellen für diese beiden dualen Probleme genau dieselben konvexen Polyeder im m-dimensionalen Raum sind, wie in Abb. 19.1.4 illustriert. Schließlich: Eine optimale Lösung jedes dualen Problems wird in einer Ecke dieses Polyeders eintreten. Typischerweise gilt daher: Wenn $|\Delta b_1|, \ldots, |\Delta b_m|$ alle hinreichend klein sind, werden die Lösungen der beiden dualen Probleme in genau derselben Ecke dieses gemeinsamen Polyeders auftreten. Dies impliziert, dass beide duale Probleme exakt dieselben optimalen Lösungen $u_1^*, \ldots, u_m^*$ haben. Dann hat man gemäß Theorem 19.3.3:

$$c_1x_1^* + \cdots + c_nx_n^* = b_1u_1^* + \cdots + b_mu_m^*$$

$$\text{und} \quad c_1(x_1^* + \Delta x_1) + \cdots + c_n(x_n^* + \Delta x_n) = (b_1 + \Delta b_1)u_1^* + \cdots + (b_m + \Delta b_m)u_m^*$$

Durch Subtraktion folgt:

$$c_1 \triangle x_1 + \cdots + c_n \triangle x_n = u_1^* \triangle b_1 + \cdots + u_m^* \triangle b_m$$

Die linke Seite ist hier die Änderung im Maximalwert der Zielfunktion in (19.2.1), die wir erhalten, wenn $b_1, \ldots, b_m$ um $\triangle b_1, \ldots, \triangle b_m$ geändert werden. Wenn wir diese Änderung in z mit $\triangle z^*$ bezeichnen, erhalten wir

$$\Delta z^* = u_1^* \Delta b_1 + \cdots + u_m^* \Delta b_m \tag{19.4.1}$$

Es ist wichtig zu beachten, dass zur Herleiung von (19.4.1) die Annahme genutzt wurde, dass die Zahlen b_i sich nicht genug ändern, um eine Änderung der optimalen dualen Variablen zu verursachen. Falls (19.4.1) gilt und wenn $\triangle b_i = 1$, während alle $\triangle b_h = 0$ für $h \neq i$, dann ist $\triangle z^* = u_i^*$. Dies stimmt mit den Resultaten in Beispiel 19.2.1 überein. Aus diesem Grund ist die reelle Zahl u_i^* auch bekannt als der *Schattenpreis* der i-ten Ungleichheitsnebenbedingung

$$a_{i1}x_1 + \cdots + a_{in}x_n \leq b_i$$

Aufgaben für Kapitel 19.4

1. Betrachten Sie Aufgabe 19.3.1. Wir haben herausgefunden, dass die optimale Lösung dieses Problems $x^* = 0$ und $y^* = 3$ mit $z^* = 2x^* + 7y^* = 21$ war. Die optimale Lösung des dualen Problems war $u_1^* = 0$ und $u_2^* = 1$. Nehmen Sie an, wir ändern 20 in 20.1 und 21 in 20.8. Bestimmen Sie die zugehörige Änderung im Maximalwert der Zielfunktion.

2. Ein Unternehmen produziert zwei Güter A und B. Das Unternehmen erzielt einen Gewinn der Höhe 300 für jede Einheit von A und 200 für jede Einheit von B. Es gibt drei Schritte im Produktionsprozess. Gut A erfordert sechs Stunden in der Maschinenabteilung, dann vier Stunden am Montageband und schließlich fünf Stunden in der Verpackung. Die entsprechenden Zahlen für B sind drei, sechs bzw. fünf. Die Gesamtanzahlen der zur Verfügung stehenden Stunden für die drei Schritte sind 54, 48 bzw. 50.

(a) Formulieren und lösen Sie das LP-Problem der Maximierung des Gewinns unter den gegebenen Einschränkungen.

(b) Schreiben Sie das duale Problem auf und lösen Sie es.

(c) Um wieviel würde der optimale Gewinn steigen, wenn das Unternehmen zwei Stunden mehr in der Maschinenabteilung und eine Stunde mehr Verpackungszeit zur Verfügung hätte?

► Lösungen zu den Aufgaben finden Sie im Anhang des Buches.

19.5 Komplementärer Schlupf

Betrachten Sie wieder das Problem (P) des Bäckers in Kap. 19.2 und das zugehörige duale Problem (D). Die Lösung zu (P) war $x_1^* = 5$ und $x_2^* = 22.5$, wobei die erste und dritte Ungleichung beide mit Gleichheit erfüllt waren. Die Lösung des dualen Problems war $u_1^* = 10/3$, $u_2^* = 0$ und $u_3^* = 10$, wobei beide Ungleichungen in dem dualen Problem mit Gleichheit erfüllt waren. Somit gilt in diesem Beispiel

$$x_1^* > 0,\ x_2^* > 0 \Longrightarrow \begin{cases} \text{die erste und zweite Ungleichung} \\ \text{im dualen Problem sind mit Gleichheit erfüllt} \end{cases}$$

$$u_1^* > 0,\ u_3^* > 0 \Longrightarrow \begin{cases} \text{die erste und dritte Ungleichung} \\ \text{im primären Problem sind mit Gleichheit erfüllt} \end{cases}$$

Wir interpretieren die zweite Implikation wie folgt: Da die Schattenpreise für Mehl und Butter positiv sind, verlangt die optimale Lösung, dass alle verfügbaren Vorräte an Mehl und Butter verbraucht werden. Da die optimale Lösung aber nicht alle verfügbaren Vorräte an Zucker verbraucht, ist der Schattenpreis für Zucker Null; Zucker ist keine knappe Ressource.

Solche Implikationen gelten allgemeiner. Betrachten Sie dazu das Problem

$$\max c_1x_1 + c_2x_2 \ \text{ u.d.N. } \begin{cases} a_{11}x_1 + a_{12}x_2 \le b_1 \\ a_{21}x_1 + a_{22}x_2 \le b_2 \\ a_{31}x_1 + a_{32}x_2 \le b_3 \end{cases} \quad x_1 \ge 0,\ x_2 \ge 0 \qquad \text{(i)}$$

Das zugehörige duale Problem ist:

$$\min\ b_1u_1 + b_2u_2 + b_3u_3 \ \text{ u.d.N. } \begin{cases} a_{11}u_1 + a_{21}u_2 + a_{31}u_3 \ge c_1 \\ a_{12}u_1 + a_{22}u_2 + a_{32}u_3 \ge c_2 \end{cases} \quad u_1 \ge 0,\ u_2 \ge 0,\ u_3 \ge 0 \qquad \text{(ii)}$$

Nehmen Sie an: (x_1^*, x_2^*) löst (i) und (u_1^*, u_2^*, u_3^*) löst (ii). Dann gilt:

$$\text{(iii)} \begin{cases} a_{11}x_1^* + a_{12}x_2^* \le b_1 \\ a_{21}x_1^* + a_{22}x_2^* \le b_2 \\ a_{31}x_1^* + a_{32}x_2^* \le b_3 \end{cases} \quad \text{und} \quad \text{(iv)} \begin{cases} a_{11}u_1^* + a_{21}u_2^* + a_{31}u_3^* \ge c_1 \\ a_{12}u_1^* + a_{22}u_2^* + a_{32}u_3^* \ge c_2 \end{cases}$$

Multiplizieren Sie jetzt die drei Ungleichungen in (iii) mit den nichtnegativen Zahlen u_1^*, u_2^* bzw. u_3^*. Addieren Sie dann die Resultate. Dies ergibt die Ungleichung

$$(a_{11}x_1^* + a_{12}x_2^*)u_1^* + (a_{21}x_1^* + a_{22}x_2^*)u_2^* + (a_{31}x_1^* + a_{32}x_2^*)u_3^* \le b_1u_1^* + b_2u_2^* + b_3u_3^* \quad \text{(v)}$$

Multiplizieren Sie die zwei Ungleichungen in (iv) mit x_1^* bzw. x_2^* und addieren Sie dann die Resultate. Weil x_1^* und x_2^* auch nichtnegativ sind, ergibt dies:

$$(a_{11}u_1^* + a_{21}u_2^* + a_{31}u_3^*)x_1^* + (a_{12}u_1^* + a_{22}u_2^* + a_{32}u_3^*)x_2^* \ge c_1x_1^* + c_2x_2^* \qquad \text{(vi)}$$

Die linken Seiten der Ungleichungen (v) und (vi) sind aber beide Entwicklungen der gleichen Doppelsumme $\sum_{i=1}^{3}\sum_{j=1}^{2} u_i^* a_{ij} x_j^*$, so dass sie Umordnungen von einander sein müssen. Ferner sind nach dem Dualitätstheorem 19.3.3 ihre rechten Seiten gleich dem gemeinsamen Wert der Zielfunktion im primären und dualen Problem. Es folgt, dass

$$c_1 x_1^* + c_2 x_2^* = \sum_{i=1}^{3}\sum_{j=1}^{2} u_i^* a_{ij} x_j^* = b_1 u_1^* + b_2 u_2^* + b_3 u_3^* \qquad \text{(vii)}$$

Insbesondere können beide Ungleichungen in (v) und (vi) durch *Gleichheiten* ersetzt werden. Die Gleichheitsversion von (v) können wir so umordnen, dass wir

$$(a_{11}x_1^* + a_{12}x_2^* - b_1)u_1^* + (a_{21}x_1^* + a_{22}x_2^* - b_2)u_2^* + (a_{31}x_1^* + a_{32}x_2^* - b_3)u_3^* = 0$$

erhalten. Da (x_1^*, x_2^*) zulässig ist, implizieren die Ungleichungen in (iii), dass jeder der drei Terme in den Klammern ≤ 0 ist. Aber jedes $u_i^* \geq 0$, so dass die linke Seite die Summe von drei Termen ≤ 0 ist. Falls einer negativ wäre, so wäre es auch ihre Summe. Da die Summe jedoch Null ist, muss jeder Term Null sein. Deshalb gilt:

$$(a_{i1}x_1^* + a_{i2}x_2^* - b_i)u_i^* = 0 \qquad (i = 1, 2, 3)$$

Wir schließen, dass

$$a_{i1}x_1^* + a_{i2}x_2^* \leq b_i \quad \text{mit} \quad a_{i1}x_1^* + a_{i2}x_2^* = b_i\,, \quad \text{falls } u_i^* > 0 \qquad (i = 1, 2, 3) \quad (*)$$

Indem wir (vii) wieder verwenden, oder äquivalent die Tatsache, dass das Ungleichheitszeichen in (vi) durch = ersetzt werden, erhalten wir:

$$(a_{11}u_1^* + a_{21}u_2^* + a_{31}u_3^* - c_1)x_1^* + (a_{12}u_1^* + a_{22}u_2^* + a_{32}u_3^* - c_2)x_2^* = 0$$

Indem wir in der gleichen Weise argumentieren, wie wir es für die Herleitung von $(*)$ getan haben, ergibt sich

$$a_{1j}u_1^* + a_{2j}u_2^* + a_{3j}u_3^* \geq c_j, \quad \text{mit} \quad a_{1j}u_1^* + a_{2j}u_2^* + a_{3j}u_3^* = c_j \text{ falls } x_j^* > 0 \quad (j = 1, 2) \quad (**)$$

Diese zwei Mengen von Ungleichungen (oder Gleichheiten) heißen *komplementäre Schlupfbedingungen*. Die Argumente, die verwendet wurden, um zu zeigen, dass diese Bedingungen notwendig sind, lassen sich in offensichtlicher Weise auf den allgemeinen Fall übertragen. Weiterhin sind dieselben komplementären Schlupfbedingungen in $(*)$ und $(**)$ auch hinreichend für Optimalität. Hier ist ein allgemeines Resultat mit Beweis:

Theorem 19.5.1 (Komplementärer Schlupf)

Nehmen Sie an, dass das primäre Maximierungsproblem (19.2.1) eine optimale Lösung $\mathbf{x}^* = (x_1^*, \ldots, x_n^*)$ hat, während das duale Minimierungsproblem (19.2.2) eine optimale Lösung $\mathbf{u}^* = (u_1^*, \ldots, u_m^*)$ hat. Dann gelten für $i = 1, \ldots, m$ und $j = 1, \ldots, n$ die komplementären Schlupfbedingungen:

$$a_{1j}u_1^* + \cdots + a_{mj}u_m^* \geq c_j \text{ mit } a_{1j}u_1^* + \cdots + a_{mj}u_m^* = c_j, \text{ falls } x_j^* > 0 \qquad (19.5.1)$$

und

$$a_{i1}x_1^* + \cdots + a_{in}x_n^* \le b_i \text{ mit } a_{i1}x_1^* + \cdots + a_{in}x_n^* = b_i, \text{ falls } u_i^* > 0 \qquad (19.5.2)$$

Nehmen Sie umgekehrt an, dass alle Komponenten von $\mathbf{x}^*$ und $\mathbf{u}^*$ nichtnegativ sind und sowohl (19.5.1) als auch (19.5.2) erfüllen. Dann lösen $\mathbf{x}^*$ und $\mathbf{u}^*$ das primäre Problem (19.2.1) bzw. das duale Problem (19.2.2).

Obwohl länger als frühere Argumente, sollte der folgende Beweis dieses Theorems wohl innerhalb Ihrer Auffassungsgabe sein:

Beweis: Nehmen Sie an: Der n-Vektor $\mathbf{x}^* \geqq \mathbf{0}$ löst (19.2.1) und der m-Vektor $\mathbf{u}^* \geqq \mathbf{0}$ löst (19.2.2). Dann folgt unter Benutzung der Matrixnotation aus (19.2.5) und (19.2.7):

$$\mathbf{A}\mathbf{x}^* \leqq \mathbf{b} \quad \text{und} \quad (\mathbf{u}^*)'\mathbf{A} \geqq \mathbf{c}' \qquad \text{(i)}$$

Multiplikation jeder Seite der ersten (linken) Ungleichung in (i) mit dem Zeilenvektor $(\mathbf{u}^*)' \geqq \mathbf{0}$ und jeder Seite der zweiten (rechten) Ungleichung mit dem Spaltenvektor $\mathbf{x}^* \geqq \mathbf{0}$ ergibt

$$(\mathbf{u}^*)'\mathbf{A}\mathbf{x}^* \le (\mathbf{u}^*)'\mathbf{b} \quad \text{und} \quad (\mathbf{u}^*)'\mathbf{A}\mathbf{x}^* \ge \mathbf{c}'\mathbf{x}^* \qquad \text{(ii)}$$

Nach Theorem 19.3.3 gilt $(\mathbf{u}^*)'\mathbf{b} = \mathbf{c}'\mathbf{x}^*$. Somit müssen beide Ungleichungen in (ii) Gleichheiten sein. Sie können geschrieben werden als:

$$(\mathbf{u}^*)'(\mathbf{A}\mathbf{x}^* - \mathbf{b}) = 0 \quad \text{und} \quad [(\mathbf{u}^*)'\mathbf{A} - \mathbf{c}']\mathbf{x}^* = 0 \qquad \text{(iii)}$$

Diese beiden Gleichungen sind jedoch äquivalent zu

$$\sum_{i=1}^{m} u_i^*(a_{i1}x_1^* + \cdots + a_{in}x_n^* - b_i) = 0 \qquad \text{(iv)}$$

$$\sum_{j=1}^{n}(a_{1j}u_1^* + \cdots + a_{mj}u_m^* - c_j)x_j^* = 0 \qquad \text{(v)}$$

Für $i = 1, \ldots, m$ hat man sowohl $u_i^* \ge 0$ als auch $a_{i1}x_1^* + \cdots + a_{in}x_n^* - b_i \le 0$. Somit ist jeder Term in der Summe (iv) ≤ 0. Falls ein Term negativ ist, so ist es auch ihre Summe. Die Summe aller Terme ist jedoch Null und deshalb muss auch jeder Term in (iv) Null sein. Deshalb gilt:

$$u_i^*(a_{i1}x_1^* + \cdots + a_{in}x_n^* - b_i) = 0\,, \qquad i = 1, \ldots, m \qquad \text{(vi)}$$

Nun folgt (19.5.2) sofort. Eigenschaft (19.5.1) wird analog bewiesen, indem man beachtet, dass (v) folgendes impliziert:

$$(a_{1j}u_1^* + \cdots + a_{mj}u_m^* - c_j)x_j^* = 0\,, \qquad j = 1, \ldots, n \qquad \text{(vii)}$$

Nehmen Sie umgekehrt an, dass alle Komponenten von $\mathbf{x}^*$ und $\mathbf{u}^*$ nichtnegativ sind und (19.5.1) bzw. (19.5.2) erfüllen. Es folgt sofort, dass (vi) und (vii) erfüllt sind. Indem wir über i bzw. j summieren, erhalten wir somit (iv) und (v). Diese Gleichungen implizieren, dass

$$\sum_{i=1}^{m} b_i u_i^* = \sum_{i=1}^{m}\sum_{j=1}^{n} u_i^* a_{ij} x_j^* \quad \text{und auch} \quad \sum_{j=1}^{n} c_j x_j^* = \sum_{j=1}^{n}\sum_{i=1}^{m} u_i^* a_{ij} x_j^*$$

Da die zwei Doppelsummen auf den rechten Seiten gleich sind, folgt, dass $\sum_{i=1}^{m} b_i u_i^* = \sum_{j=1}^{n} c_j x_j^*$. Gemäß Theorem 19.3.2 löst somit $\mathbf{x}^*$ das Problem (19.2.1) und $\mathbf{u}^*$ löst das duale Problem.

Mit den allgemeinen ökonomischen Interpretationen, die wir in Kap. 19.4 dargestellt haben, können die Bedingungen (19.5.1) und (19.5.2) wie folgt interpretiert werden:

Interpretation der komplementären Schlupfbedingungen

(i) Falls die optimale Lösung des primären Problems impliziert, dass Aktivität j in Betrieb ($x_j^* > 0$) ist, dann ist der Schattengewinn aus dem Betrieb dieser Aktivität auf Einheitsniveau gleich 0.

(ii) Wenn der Schattenpreis der Ressource i positiv ($u_i^* > 0$) ist, dann müssen alle verfügbaren Vorräte der Ressource i in einem Optimum verbraucht werden.

Wie komplementärer Schlupf helfen kann, LP-Probleme zu lösen

Falls entweder die Lösung des primären oder des dualen Problems bekannt ist, können die komplementären Schlupfbedingungen helfen, die Lösungen des anderen Problems zu finden, indem man bestimmt, welche Ungleichungsbedingungen echte Ungleichungen sind, und welche mit Gleichheit gelten. Wir betrachten dazu ein Beispiel.

Beispiel 19.5.1

Schreiben Sie das duale Problem für das folgende LP-Problem auf und nutzen Sie ein grafisches Argument, um das duale Problem zu lösen.

$$\max\ 3x_1 + 4x_2 + 6x_3 \ \text{ u.d.N. } \begin{cases} 3x_1 + x_2 + x_3 \le 2 \\ x_1 + 2x_2 + 6x_3 \le 1 \end{cases}, \quad x_1 \ge 0,\ x_2 \ge 0,\ x_3 \ge 0 \qquad \text{(i)}$$

Verwenden Sie dann die komplementären Schlupfbedingungen, um (i) zu lösen.

Lösung: Das duale Problem ist

$$\min\ 2u_1 + u_2 \ \text{ u.d.N. } \begin{cases} 3u_1 + u_2 \ge 3 \\ u_1 + 2u_2 \ge 4 \\ u_1 + 6u_2 \ge 6 \end{cases}, \quad u_1 \ge 0,\ u_2 \ge 0 \qquad \text{(ii)}$$

Indem wir dieselben grafischen Lösungstechniken verwenden, die wir benutzt haben, um Beispiel 19.1.2 zu lösen, finden wir die Lösung $u_1^* = 2/5$ und $u_2^* = 9/5$. Indem wir diese Werte in die drei Nebenbedingungen einsetzen, erhalten wir $3u_1^* + u_2^* = 3$, $u_1^* + 2u_2^* = 4$ und $u_1^* + 6u_2^* = 56/5 > 6$.

Was sagt uns diese Lösung von (ii) über die Lösung (x_1^*, x_2^*, x_3^*) von (i)? Da $u_1^* > 0$ und $u_2^* > 0$, müssen wegen (19.5.2) beide Ungleichungen in (i) mit Gleichheit erfüllt sein, so dass

$$3x_1^* + x_2^* + x_3^* = 2 \qquad \text{und} \qquad x_1^* + 2x_2^* + 6x_3^* = 1 \qquad \text{(iii)}$$

Da $u_1^* + 6u_2^* > 6$ folgt weiter aus der komplementären Schlupfbedingung (19.5.1), dass $x_3^* = 0$. Indem wir $x_3^* = 0$ in (iii) einsetzen und nach x_1^* und x_2^* auflösen, erhalten wir

$$x_1^* = 3/5\,, \qquad x_2^* = 1/5\,, \qquad x_3^* = 0$$

Dies ist die Lösung zu Problem (i). Beachten Sie, dass die optimalen Werte der Zielfunktionen in den zwei Problemen tatsächlich gleich sind: $2u_1^* + u_2^* = 13/5$ und $3x_1^* + 4x_2^* + 6x_3^* = 13/5$, genau wie es nach dem Dualitätstheorem sein sollte.

Dualität, wenn einige Bedingungen Gleichheiten sind

Nehmen Sie an, dass wir für die i-te der m Nebenbedingungen in dem primären Problem (19.2.1) anstelle eienr Ungleichung eine Gleichheit haben:

$$a_{i1}x_1 + \cdots + a_{in}x_n = b_i \tag{$*$}$$

Um das Problem in die Standardform in (19.2.1) zu bringen, können wir die einzelne Gleichung $(*)$ durch die zwei folgenden Ungleichungen ersetzen:

$$a_{i1}x_1 + \cdots + a_{in}x_n \leq b_i \qquad \text{und} \qquad -a_{i1}x_1 - \cdots - a_{in}x_n \leq -b_i \tag{$**$}$$

Bedingung $(*)$ führt somit zu zwei dualen Variablen u_i' und u_i'', die mit den zwei Bedingungen in $(**)$ assoziiert sind. Für jedes $j = 1, \ldots, n$ wird der Term $a_{ij}u_i$ in der Summe auf der linken Seite der Bedingung $\sum_{k=1}^{m} a_{kj}u_k \geq c_j$ in (19.2.2) ersetzt durch $a_{ij}u_i' - a_{ij}u_i''$. Deshalb können wir u_i' und u_i'' durch die einzige Variable $u_i = u_i' - u_i''$ ersetzen, wobei es jetzt keine Beschränkung des Vorzeichens von u_i gibt. Wir sehen daher: *Wenn die i-te Nebenbedingung im primären Problem eine Gleichheit ist, dann hat die i-te duale Variable ein unbeschränktes Vorzeichen.*

Dies ist in Übereinstimmung mit der ökonomischen Interpretation, die wir gegeben haben. Wenn wir gezwungen sind, alle Vorräte der Ressource i zu verbrauchen, dann ist es nicht überraschend, dass die Ressource einen negativen Schattenpreis haben kann – es kann etwas sein, das abträglich ist im Überschuss. Wenn z. B. der Bäcker in Beispiel 19.1.1 gezwungen wäre, seinen ganzen Vorrat an Zucker für die Kuchen zu verwenden, wäre der beste Punkt in Abb. 19.1.2 der Punkt C, nicht B. Einiges an Gewinn würde verloren gehen.

Aus der Symmetrie zwischen dem primären und dem dualen Problem realisieren wir jetzt: *Wenn eine der Variablen im primären Problem ein unbeschränktes Vorzeichen hat, dann ist die entsprechende Bedingung im dualen Problem eine Gleichheit.*

Aufgaben für Kapitel 19.5

1. Betrachten Sie Aufgabe 19.3.1. Die Lösung des primären Problems war $x^* = 0$ und $y^* = 3$, während $u_1^* = 0$ und $u_2^* = 1$ die Lösung des dualen Problems war. Überprüfen Sie, dass (19.5.1) und (19.5.2) in diesem Fall erfüllt sind.

2. Betrachten Sie das folgende Problem:

$$\min\ y_1 + 2y_2 \quad \text{u.d.N.} \begin{cases} y_1 + 6y_2 \geq 15 \\ y_1 + y_2 \geq 5 \\ -y_1 + y_2 \geq -5 \\ y_1 - 2y_2 \geq -20 \end{cases} \qquad y_1 \geq 0,\ y_2 \geq 0$$

(a) Lösen Sie dieses LP grafisch.

(b) Formulieren Sie das duale Problem und lösen Sie es.

(c) Was geschieht mit den optimalen Werten der dualen Variablen, wenn die Bedingung $y_1 + 6y_2 \geq 15$ in $y_1 + 6y_2 \geq 15.1$ geändert wird?

➡ Fortsetzung

3. Ein Unternehmen produziert zwei Güter A und B. Das Unternehmen hat drei Fabriken, die gemeinsam beide Güter nach den in der folgenden Tabelle gegebenen Mengen pro Stunde produzieren:

	Fabrik 1	Fabrik 2	Fabrik 3
Gut A	10	20	20
Gut B	20	10	20

Das Unternehmen erhält einen Auftrag für 300 Einheiten von A und 500 Einheiten von B. Die Betriebskosten pro Stunde für die Fabriken 1, 2 bzw. 3 sind 10 000, 8 000 bzw. 11 000 Euro.

(a) Seien y_1, y_2 bzw. y_3 die Anzahl der Stunden, in denen die drei Fabriken genutzt werden. Formulieren Sie das lineare Programmierungsproblem zur Minimierung der Kosten für die Erfüllung des Auftrags.

(b) Formulieren Sie das duale LP und lösen Sie es grafisch. Bestimmen Sie dann die Lösung in Teil (a).

(c) Um wie viel werden die minimalen Produktionskosten ansteigen, wenn die Kosten pro Stunde in Fabrik 1 um 100 Euro steigen?

Anspruchsvollere Aufgabe

4. Betrachten Sie das LP-Problem

$$\max 3x_1 + 2x_2 \quad \text{u.d.N.} \quad \begin{cases} x_1 + x_2 \phantom{{}- 2x_3} \leq 3 \\ 2x_1 + x_2 - x_3 \leq 1 \\ x_1 + 2x_2 - 2x_3 \leq 1 \end{cases} \qquad x_1 \geq 0,\ x_2 \geq 0,\ x_3 \geq 0$$

(a) Nehmen Sie an, dass x_3 eine feste Zahl ist. Lösen Sie das Problem in den zwei alternativen Fällen, wenn $x_3 = 0$ und wenn $x_3 = 3$ ist.

(b) Formulieren und lösen Sie das Problem für jeden festen Wert von x_3 in $[0, \infty)$. Der maximale Wert von $3x_1 + 2x_2$ ist eine Funktion von x_3. Bestimmen Sie diese Funktion und maximieren Sie diese.

(c) Sagen die Resultate in Teil (b) irgendetwas über die Lösung des ursprünglichen Problems aus, in dem x_3 auch gewählt werden konnte?

► Lösungen zu den Aufgaben finden Sie im Anhang des Buches.

19.6 Die Simplexmethode, erklärt an einem einfachen Beispiel

In den nächsten beiden Unterkapiteln wollen wir eine systematische Darstellung der Simplexmethode geben. Wir wollen an Beispiel 19.1.1 erklären, wie die Methode funktioniert.

$$\max z = 20x_1 + 30x_2$$

u.d.N.

$$3x_1 + 6x_2 \leq 150 \tag{19.6.1}$$

$$x_1 + 0.5x_2 \leq 22 \tag{19.6.2}$$

$$x_1 + x_2 \leq 27.5 \tag{19.6.3}$$

und den Nichtnegativitätsbedingungen $x_1 \geq 0$, $x_2 \geq 0$.

Da es einfacher ist, mit Gleichungen als mit Ungleichungen zu arbeiten, wandeln wir (19.6.1)–(19.6.3) in lineare Gleichungen um, indem wir *Schlupfvariablen* y_1, y_2 und y_3 einführen:

$$\begin{aligned} A_1 &: y_1 + 3x_1 + 6x_2 = 150 \\ B_1 &: y_2 + x_1 + 0.5x_2 = 22 \\ C_1 &: y_3 + x_1 + x_2 = 27.5 \end{aligned} \tag{19.6.4}$$

Dabei verlangen wir, dass x_1, x_2, y_1, y_2 und y_3 alle ≥ 0 sind. Beachten Sie, dass nach unserer Interpretation y_1 gleich der Anzahl kg Mehl ist, die nicht verbraucht wird, wenn x_1 Dutzend Kekse und x_2 Dutzend Kuchen gebacken werden, d. h. y_1 misst den „Schlupf". Entsprechende Interpretationen haben y_2 und y_3. Das Gleichungssystem (19.6.4) besteht aus drei Gleichungen mit fünf Unbekannten. Nach der Abzählregel (15.10.2) sollte das System zwei Freiheitsgrade haben. (Dies kann mit Theorem 1.4.2 aus FMEA mathematisch exakt gezeigt werden). Somit können zwei der Variablen (ungeachtet welche) frei gewählt werden und dadurch sind die anderen eindeutig bestimmt. Eine Lösung, die entsteht, wenn man zwei der Variablen gleich 0 setzt, heißt eine *Basis-Lösung*. Wenn zusätzlich alle Variablen nichtnegative Werte haben, wird die Lösung eine *zulässige Basislösung* genannt. Man kann dann zeigen, dass die Eckpunkte der zulässigen Menge genau mit den zulässigen Basislösungen des zugehörigen Gleichungssystems mit Schlupfvariablen korrespondieren. Um das lineare Programmierungsproblem zu lösen, reicht es also, unter den zulässigen Basislösungen zu suchen. Die Idee der Simplexmethode ist, von solch einer Lösung (d. h. einem Eckpunkt) zu einer zweiten Lösung zu gehen, so dass wir (im *Maximierungs*falle) ständig zu einem *größeren* Wert von z gelangen, solange bis ein weiteres Anwachsen nicht mehr möglich ist und das Maximum somit gefunden ist.

Wie wir von einer zulässigen Basislösung als Ausgangspunkt zu einer neuen kommen, die einen größeren Wert für z hat, illustrieren wir, indem wir unser Beispiel rechnen:

Als erste zulässige Basislösung wählen wir:

$$x_1 = 0\,, \quad x_2 = 0\,, \quad y_1 = 150\,, \quad y_2 = 22\,, \quad y_3 = 27.5$$

Diese Lösung ergibt $z = 0$. Mit dieser Ausgangssituation sehen wir in dem Ausdruck für z, dass z vergrößert werden kann, wenn wir entweder x_1 oder x_2 vergrößern. Wir entschließen uns, x_2 zu vergrößern, da es im Vergleich zu x_1 den größeren Koeffizienten im Ausdruck für z hat. Gleichzeitig müssen wir, um eine zulässige Basislösung zu erhalten, entweder y_1, y_2 oder y_3 gleich 0 setzen. Die Fragen, die wir uns jetzt natürlich stellen müssen, sind:

(a_1) Um wieviel können wir x_2 von 0 aus erhöhen?

(b_1) Welche der Variablen y_1, y_2 oder y_3 sollen wir gleich 0 setzen?

Wir halten $x_1 = 0$ fest und betrachten die Gleichungen in (19.6.4). Wir sehen: Wenn $y_1 = 0$, folgt aus A_1, dass $x_2 = 25$. Wenn $y_2 = 0$, folgt aus B_1, dass $x_2 = 44$. Wenn $y_3 = 0$, folgt aus C_1, dass $x_2 = 27.5$. Gleichung A_1 ist daher entscheidend: Wenn nämlich $x_2 > 25$, ist $y_1 < 0$ und dann haben wir keine zulässige Basislösung. Daher dürfen wir x_2 höchstens auf 25 erhöhen. Wir setzen daher $x_2 = 25$, woraus $y_1 = 0$ folgt. Die neuen Werte der Variablen sind jetzt

$$x_1 = 0\,, \quad x_2 = 25\,, \quad y_1 = 0\,, \quad y_2 = 9.5\,, \quad y_3 = 2.5$$

Der neue Wert von z ist 750.

Im nächsten Schritt schreiben wir das Gleichungssystem (19.6.4) so um, dass *die Variablen, die nicht gleich 0 gesetzt sind (x_2, y_2 und y_3), durch diejenigen ausgedrückt werden, die gleich 0 gesetzt wurden (x_1 und y_1).* Nach einer kleinen Umformung erhalten wir:

$$\begin{array}{llcclcl} A_2: & x_2 & = & 25 & - \tfrac{1}{2}x_1 & - & \tfrac{1}{6}y_1 \\ B_2: & y_2 & = & 9.5 & - \tfrac{3}{4}x_1 & + & \tfrac{1}{12}y_1 \\ C_2: & y_3 & = & 2.5 & - \tfrac{1}{2}x_1 & + & \tfrac{1}{6}y_1 \end{array} \qquad (19.6.5)$$

Wir drücken auch z durch x_1 und y_1 aus:

$$\begin{aligned} z &= 20x_1 + 30x_2 = 20x_1 + 30\left(25 - \tfrac{1}{2}x_1 - \tfrac{1}{6}y_1\right) \\ &= 750 + 5x_1 - 5y_1 \end{aligned} \qquad (19.6.6)$$

Eine Iteration der Simplexmethode ist jetzt beendet. Der Wert von z hat sich von 0 auf 750 erhöht. Wir gehen jetzt ein weiteres Mal durch dieselbe Prozedur. Wir fragen zunächst:

Kann z noch weiter vergrößert werden?

Wir müssen in diesem Fall entweder x_1 oder y_1 von 0 aus erhöhen. Am Ausdruck für z in (19.6.6) sehen wir, dass z ansteigt, wenn x_1 ansteigt (jedoch abnimmt, wenn y_1 ansteigt). Wir setzen deshalb während dieser Iteration $y_1 = 0$ und stellen die Fragen:

(a_2) Um wieviel können wir x_1 von 0 aus erhöhen?

(b_2) Welche der Variablen x_2, y_2 oder y_3 sollen wir gleich 0 setzen?

An Gleichung A_2 (mit $y_1 = 0$) sehen wir: Aus $x_2 = 0$ folgt $x_1 = 50$. Aus Gleichung B_2 mit $y_2 = 0$ folgt $x_1 = 38/3$. Aus Gleichung C_2 mit $y_3 = 0$ folgt $x_1 = 5$. Gleichung C_2 ist daher entscheidend und x_1 darf höchstens auf 5 erhöht werden. (Wenn es noch weiter vergrößert würde, wäre $y_3 < 0$.) Daher erhöhen wir x_1 auf 5. Dann ist $y_3 = 0$

und wir erhalten

$$x_1 = 5\,, \quad x_2 = 22.5\,, \quad y_1 = 0\,, \quad y_2 = 5.75\,, \quad y_3 = 0\,, \quad z = 775 \tag{19.6.7}$$

Wir führen diese zweite Iteration in der Simplexmethode zu Ende, indem wir z und die Variablen, die jetzt nicht gleich 0 gesetzt sind, mit Hilfe derjenigen Variablen ausdrücken, die gleich 0 gesetzt sind:

$$\begin{aligned} x_1 &= 5 + \tfrac{1}{3}y_1 - 2y_3 \\ x_2 &= 22.5 - \tfrac{1}{3}y_1 + y_3 \\ y_2 &= 5.75 - \tfrac{1}{6}y_1 + \tfrac{3}{2}y_3 \\ z &= 775 - \tfrac{10}{3}y_1 - 10y_3 \end{aligned} \tag{19.6.8}$$

Wir beginnen die Iteration Nr. 3, indem wir die Frage stellen, ob wir z noch weiter erhöhen können. Dieses Mal muss entweder y_1 oder y_3 von 0 aus erhöht werden. Am Ausdruck für z in (19.6.8) sehen wir, dass eine Erhöhung von y_1 oder y_3 den Wert von z verringern wird. Wir haben deshalb die optimale Lösung gefunden:

$$x_1 = 5\,, \qquad x_2 = 22.5\,, \qquad z = 775$$

Der Prozess ist somit beendet.

Betrachten wir Abb. 19.1.2 in Zusammenhang mit diesem Beispiel. Die geometrische Interpretation der Simplexmethode ist wie folgt: Wir versuchen es zunächst mit dem Eckpunkt O in der zulässigen Menge, danach mit dem Punkt A und schließlich mit dem Punkt B, der zum Maximum führt. In diesem Fall ist die zulässige Menge so einfach, dass es leichter ist, mit geometrischen Argumenten zur Lösung zu kommen, als einfach alle z-Werte in allen verschiedenen Eckpunkten auszurechnen und sie zu vergleichen. Mit mehreren Variablen verlässt uns die geometrische Auffassungsmöglichkeit und die Gesamtanzahl der Eckpunkte steigt sehr schnell. Die Simplexmethode hat den Vorteil, dass sie nicht darauf basiert, zu wissen, was geometrisch vor sich geht und dass sie darüber hinaus nicht die z-Werte in *allen* Eckpunkten ausprobiert. Im nächsten Unterkapitel werden wir die Methode systematischer betrachten.

Aufgaben für Kapitel 19.6

1. Verwenden Sie die Simplexmethode, um das Problem in Aufgabe 19.1.1 (a) zu lösen.

2. Verwenden Sie die Simplexmethode, um die folgenden Probleme zu lösen:

(a) $\max\ 6x_1 + 2x_2$, wenn $\begin{cases} -3x_1 + 2x_2 \leq 6 \\ 5x_1 + 3x_2 \leq 15 \end{cases}$ $\quad x_1 \geq 0,\ x_2 \geq 0$

(b) $\max\ 3x_1 + 2x_2$, wenn $\begin{cases} 2x_1 + x_2 \leq 6 \\ x_1 + 2x_2 \leq 8 \end{cases}$ $\quad x_1 \geq 0,\ x_2 \geq 0$

► Lösungen zu den Aufgaben finden Sie im Anhang des Buches.

19.7 Mehr über die Simplexmethode

Im vorausgehenden Unterkapitel haben wir erklärt, wie die Simplexmethode in einem einfachen Beispiel funktioniert. Wenn wir größere, kompliziertere Probleme lösen müssen, *können* wir in derselben Weise vorgehen. Es ist jedoch nötig, das Vorgehen zu ordnen und zu systematisieren. Wir werden sehen, wie man dies machen kann. Wir beginnen damit, indem wir uns noch einmal das Beispiel aus dem vorigen Unterkapitel ansehen.

Beispiel 19.7.1

$$\max\ 20x_1 + 30x_2 \quad \text{u.d.N.} \quad \left\{ \begin{array}{rcrcr} 3x_1 & + & 6x_2 & \leq & 150 \\ x_1 & + & 0.5x_2 & \leq & 22 \\ x_1 & + & x_2 & \leq & 27.5 \end{array} \right. \quad x_1 \geq 0, x_2 \geq 0 \tag{19.7.1}$$

Lösung: Wie zuvor führen wir die Schlupfvariablen y_1, y_2 und y_3 ein und betrachten das Gleichungssystem

$$\begin{array}{ccccrcrcr} z & & & & -\ 20x_1 & - & 30x_2 & = & 0 \\ & y_1 & & & +\ 3x_1 & + & 6x_2 & = & 150 \\ & & y_2 & & +\ x_1 & + & \frac{1}{2}x_2 & = & 22 \\ & & & y_3 & +\ x_1 & + & x_2 & = & 27.5 \end{array} \tag{19.7.2}$$

Wir nennen das Paar (x_1, x_2) *zulässig für* (19.7.1), wenn es alle Nebenbedingungen in (19.7.1) erfüllt, d. h. wenn es in der zulässigen Menge liegt. Ein für (19.7.1) zulässiges Paar, dass z maximiert, wird ein *optimales* Paar genannt. Ferner nennen wir das 5-Tupel $(x_1, x_2, y_1, y_2, y_3)$ *zulässig für* (19.7.2), wenn es die letzten drei Gleichungen in (19.7.2) erfüllt und wenn alle 5 Komponenten ≥ 0 sind. Ein für (19.7.2) zulässiges 5-Tupel, das z so groß wie möglich macht, wird *optimal* genannt.

Nehmen Sie an, dass $\mathbf{x}^* = (x_1^*, x_2^*)$ zulässig ist für (19.7.1). Wenn wir $y_1^* = 150 - 3x_1^* - 6x_2^*$, $y_2^* = 22 - x_1^* - \frac{1}{2}x_2^*$ und $y_3^* = 27.5 - x_1^* - x_2^*$ definieren, sehen wir, dass $\mathbf{w}^* = (x_1^*, x_2^*, y_1^*, y_2^*, y_3^*)$ zulässig ist für (19.7.2) und der zugehörige Wert von z ist $z^* = 20x_1^* + 30x_2^*$ in beiden Fällen. Wenn $\mathbf{x}^*$ ein optimales Paar für (19.7.1) ist, ist insbesondere $\mathbf{w}^*$ zulässig für (19.7.2) und der optimale Wert von z in (19.7.2) ist *mindestens* gleich z^*. Umgekehrt gilt: Wenn $\hat{\mathbf{w}} = (\hat{x}_1, \hat{x}_2, \hat{y}_1, \hat{y}_2, \hat{y}_3)$ zulässig ist für (19.7.2), sehen wir, dass $\hat{\mathbf{x}} = (\hat{x}_1, \hat{x}_2)$ zulässig ist für (19.7.1) und der zugehörige Wert von z ist in beiden Fällen derselbe. Ist $\hat{\mathbf{w}}$ optimal für (19.7.2), so ist deshalb insbesondere $\hat{\mathbf{x}}$ zulässig für (19.7.1) und es folgt, dass der optimale Wert von z in (19.7.1) wenigstens genau so groß wie der optimale Wert von z in (19.7.2) ist. Wir schließen, dass die Optimalwerte von z in den beiden Problemen (wenn sie ein endliches Optimum haben) gleich sind.

Das Argument, das wir geführt haben, zeigt das folgende: Das Problem, eine optimale Lösung von (19.7.1) zu finden, ist äquivalent zu dem Problem, unter allen Lösungen $(x_1, x_2, y_1, y_2, y_3, z)$ von (19.7.2), wobei x_1, x_2, y_1, y_2 und y_3 alle ≥ 0 sind, eine mit größtmöglichem z zu finden.

Die Hauptidee bei der Simplexmethode ist nun diese: *Führen Sie solche Umformungen an dem Gleichungssystem* (19.7.2) *durch, dass das neue dabei entstehende*

Gleichungsyystem dieselben Lösungen hat und wir mit einem System enden, bei dem die Lösung des Problems offensichtlich ist.

Die Operationen, die wir vornehmen, sind elementare Zeilenoperationen (siehe Kap. 12.8) und in diesem Fall kommen wir am Ende zu dem System

$$\begin{aligned} z + \tfrac{10}{3}y_1 \quad + 10y_3 \quad &= 775 \\ \tfrac{1}{3}y_1 \quad - \quad y_3 \quad + x_2 &= 22.5 \\ \tfrac{1}{6}y_1 + y_2 - \tfrac{3}{2}y_3 \quad &= 5.75 \\ -\tfrac{1}{3}y_1 \quad + 2y_3 + x_1 \quad &= 5 \end{aligned} \tag{19.7.3}$$

Wir sehen unmittelbar, dass $x_1 = 5$, $x_2 = 22.5$, $y_1 = 0$, $y_2 = 5.75$, $y_3 = 0$, $z = 775$ *eine* Lösung von (19.7.3) ist. Sollten wir eine Lösung haben, in der $y_1 \geq 0$, $y_3 \geq 0$ ist, sehen wir ferner an der ersten Gleichung in (19.7.3), dass $z \leq 775$ sein muss, da die Koeffizienten von y_1 und y_3 beide ≥ 0 sind. Es folgt, dass wir unter allen Lösungen $(x_1, x_2, y_1, y_2, y_3, z)$ von (19.7.3), in denen x_1, x_2, y_1, y_2, y_3 alle ≥ 0 sind, eine gefunden haben, für die z größtmöglich ist. *Die Lösung des Problems* (19.7.1) *ist deshalb* $x_1 = 5$, $x_2 = 22.5$, $z = 775$.

Wie kommen wir zu (19.7.3)? Der aufmerksame Leser hat vermutlich bemerkt, dass das System (19.7.3) genau dasselbe ist wie das System (19.6.8). Daher kennen wir bereits *eine* Methode, die wir im folgenden verwenden können. Wir werden genau diese Methode verwenden, werden aber eine andere Darstellung davon zeigen. Als erstes stellen wir das System (19.7.2) durch seine erweiterte Koeffizientenmatrix dar:

$$\begin{pmatrix} 1 & 0 & 0 & 0 & -20 & -30 & 0 \\ 0 & 1 & 0 & 0 & 3 & \boxed{6} & 150 \\ 0 & 0 & 1 & 0 & 1 & 1/2 & 22 \\ 0 & 0 & 0 & 1 & 1 & 1 & 27.5 \end{pmatrix} \tag{19.7.4}$$

(Über den Spalten x_1 und x_2 steht die Markierung $(*)$, über der Spalte x_2 ein Pfeil $\downarrow$. Spaltenbeschriftung unterhalb: z, y_1, y_2, y_3, x_1, x_2.)

Beachten Sie, zu welcher Variablen in (19.7.3) die verschiedenen Spalten in (19.7.4) gehören. (Dies wird unterhalb der Matrix angedeutet.)

Die erste Iteration der Simplexmethode beginnt damit, dass wir eine der Spalten unter $(*)$ in (19.7.4) als *Pivotspalte* auswählen. Wir wählen diejenige Spalte, deren oberstes Element am stärksten negativ ist, also ist die 6. Spalte die sogenannte Pivotspalte. Im nächsten Schritt wählen wir ein Element aus der Pivotspalte als *Pivotelement*. Um herauszufinden, welches wir wählen sollen, berechnen wir die Verhältnisse

$$150 : 6 = 25\,, \qquad 22 : \frac{1}{2} = 44\,, \qquad 27.5 : 1 = 27.5$$

Wir stellen fest, dass das erste am kleinsten ist. Das Pivotelement ist dann die Zahl 6. Wir führen jetzt elementare Zeilenoperationen an der Matrix in (19.7.4) derart aus, dass die Pivotspalte zu einem Einheitsvektor (das ist ein Vektor, der genau eine 1 und sonst nur Nullen enthält) wird mit der Zahl 1 an der Stelle, wo das Pivotelement steht:

$$\left(\begin{array}{cccccc c} 1 & 0 & 0 & 0 & -20 & -30 & 0 \\ 0 & 1 & 0 & 0 & 3 & \boxed{6} & 150 \\ 0 & 0 & 1 & 0 & 1 & 1/2 & 22 \\ 0 & 0 & 0 & 1 & 1 & 1 & 27.5 \end{array}\right) \quad \begin{array}{cccc} \frac{1}{6} & 30 & -\frac{1}{2} & -1 \end{array}$$

Zuerst multiplizieren wir die 2. Zeile mit $\frac{1}{6}$. Dann führen wir die anderen Operationen durch, d. h. wir addieren das 30-, bzw. $\frac{-1}{2}$ bzw. -1-fache der neuen 2. Zeile zur 1 bzw. 3 bzw. 4. Zeile. Wir erhalten:

$$\left(\begin{array}{ccccccc} 1 & 5 & 0 & 0 & -5 & 0 & 750 \\ 0 & 1/6 & 0 & 0 & 1/2 & 1 & 25 \\ 0 & -1/12 & 1 & 0 & 3/4 & 0 & 9.5 \\ 0 & -1/6 & 0 & 1 & \boxed{1/2} & 0 & 2.5 \end{array}\right)$$

Die erste Iteration ist beendet. Die nächste Iteration beginnt mit der Wahl der Pivotspalte, die mit ↓ markiert ist. Wir berechnen dann die Verhältnisse $25 : \frac{1}{2} = 50$, $9.5 : \frac{3}{4} = 38/3$ und $2.5 : \frac{1}{2} = 5$. Da die letzte Zahl die kleinste ist, wählen wir die eingerahmte Zahl 1/2 als Pivotelement. Wir führen nun elementare Zeilenoperationen aus, so dass die Pivotspalte zu einem Einheitsvektor wird mit der Zahl 1 an der Stelle, wo das Pivotelement steht:

$$\left(\begin{array}{ccccccc} 1 & 5 & 0 & 0 & -5 & 0 & 750 \\ 0 & 1/6 & 0 & 0 & 1/2 & 1 & 25 \\ 0 & -1/12 & 1 & 0 & 3/4 & 0 & 9.5 \\ 0 & -1/6 & 0 & 1 & \boxed{1/2} & 0 & 2.5 \end{array}\right) \quad \begin{array}{cccc} 2 & -3/4 & -1/2 & 5 \end{array}$$

Dies führt zu

$$\left(\begin{array}{ccccccc} 1 & \boxed{10/3} & \boxed{0} & \boxed{10} & 0 & 0 & 775 \\ 0 & 1/3 & 0 & -1 & 0 & 1 & 22.5 \\ 0 & 1/6 & 1 & -3/2 & 0 & 0 & 5.75 \\ 0 & -1/3 & 0 & 2 & 1 & 0 & 5 \end{array}\right) \tag{19.7.5}$$
$$\begin{array}{cccccc} z & y_1 & y_2 & y_3 & x_1 & x_2 \end{array}$$

Wir sehen, dass diese erweiterte Matrix genau das Gleichungssystem (19.7.3) darstellt und damit haben wir mit (19.7.5) das Ziel erreicht. Die Lösung des Problems kann unmittelbar abgelesen werden: $x_1 = 5$, $x_2 = 22.5$, $z = 775$. Gehen Sie dazu in die Spalten mit den Einheitsvektoren, schauen Sie unten nach, zu welcher Variable diese Spalte gehört und lesen Sie dann den Wert dieser Variablen in der letzten Spalte (in der Zeile mit der 1) ab.

Die drei eingerahmten Zahlen in (19.7.5) sind gerade die Lösungen des dualen Problems.

Aufgaben für Kapitel 19.7

1. Betrachten Sie das Problem:

$$\max\ x_1 + x_2 + 3x_3 \quad \text{u.d.N.} \quad \begin{cases} 2x_1 + x_2 + 2x_3 \le 2 \\ 4x_1 + 2x_2 + x_3 \le 2 \end{cases} \quad x_1 \ge 0,\ x_2 \ge 0,\ x_3 \ge 0$$

➜ Fortsetzung

(a) Lösen Sie das Problem mit der Simplexmethode.

(b) Versuchen Sie, das Problem grafisch zu lösen. (Die zulässige Menge liegt in diesem Fall im $\mathbb{R}^3$.)

2. Lösen Sie das folgende Problem mit der Simplexmethode:

$$\max\ 3x_1 + x_2 + 3x_3 \quad \text{u.d.N.} \begin{cases} 2x_1 + x_2 + x_3 \leq 2 \\ x_1 + 2x_2 + 3x_3 \leq 5 \\ 2x_1 + 2x_2 + x_3 \leq 6 \end{cases} \quad x_1 \geq 0,\ x_2 \geq 0\ x_3 \geq 0$$

► Lösungen zu den Aufgaben finden Sie im Anhang des Buches.

19.8 Die Simplexmethode im allgemeinen Fall

Wir wollen jetzt erklären, wie die Simplexmethode im allgemeinen Fall funktioniert.

$$\max\ c_1x_1 + \ldots + c_nx_n \quad \text{u.d.N.} \begin{cases} a_{11}x_1 + \ldots + a_{1n}x_n \leq b_1 \\ \ldots\ldots\ldots\ldots\ldots\ldots\ldots\ldots \\ a_{m1}x_1 + \ldots + a_{mn}x_n \leq b_m \end{cases} \quad x_1 \geq 0, \ldots, x_n \geq 0 \tag{19.8.1}$$

Nehmen Sie an, dass $b_1, \ldots, b_m$ alle ≥ 0 sind. Wir führen die *Schlupfvariablen* $y_1, \ldots, y_m$ ein und betrachten das Gleichungssystem

$$\begin{array}{lllllllllll} z & & & - & c_1x_1 & - & \ldots & - & c_nx_n & = & 0 \\ & y_1 & & + & a_{11}x_1 & + & \ldots & + & a_{1n}x_n & = & b_1 \\ & & \ddots & & \vdots & & & & \vdots & & \vdots \\ & & y_m & + & a_{m1}x_1 & + & \ldots & + & a_{mn}x_n & = & b_m \end{array} \tag{19.8.2}$$

In der gleichen Weise wie in Beispiel 19.7.1 zeigen wir jetzt, dass die Lösung des Problems (19.8.1) äquivalent ist zu dem Problem, unter allen möglichen Werten für $(x_1, \ldots, x_n, y_1, \ldots, y_m, z)$, die (19.8.2) erfüllen und für die $x_1, \ldots, x_n, y_1, \ldots, y_m$ alle ≥ 0 sind, diejenigen zu finden, die z so groß wie möglich machen.

Die Hauptidee der Simplexmethode ist, elementare Zeilenoperationen an (19.8.2) auszuführen, so dass wir am Ende zu einem System der Gestalt

$$\begin{array}{lllllllllll} z & & & + & c'_1x'_1 & + & \ldots & + & c'_nx'_n & = & z^* \\ & y'_1 & & + & a'_{11}x'_1 & + & \ldots & + & a'_{1n}x'_n & = & b'_1 \\ & & \ddots & & \vdots & & & & \vdots & & \vdots \\ & & y'_m & + & a'_{m1}x'_1 & + & \ldots & + & a'_{mn}x'_n & = & b'_m \end{array} \tag{19.8.3}$$

kommen, wobei $c'_1, \ldots, c'_n$ und $b'_1, \ldots, b'_m$ alle ≥ 0 sind. Die Lösung des Problems ist $z = z^*$ für $x'_1 = \cdots = x'_n = 0$, $y'_1 = b'_1, \ldots, y'_m = b'_m$. Dabei ist $(y'_1, \ldots, y'_m, x'_1, \ldots, x'_n)$ eine Umordnung von $(y_1, \ldots, y_m, x_1, \ldots, x_n)$.[7]

[7] In der Praxis (auch im weiteren Verlauf dieses Buches) wird auf die tatsächliche Umordnung der Variablen verzichtet.

In der Praxis gehen wir wie in dem erwähnten Beispiel vor und stellen (19.8.2) durch die folgende Matrix dar:

$$
\begin{array}{c}
\overbrace{\hphantom{0 \ \ -c_1 \ \ldots \ -c_j \ \ldots \ -c_n}}^{(*)} \\
\begin{pmatrix}
1 & 0 & \ldots & 0 & -c_1 & \ldots & -c_j & \ldots & -c_n & 0 \\
0 & 1 & \ldots & 0 & a_{11} & \ldots & a_{1j} & \ldots & a_{1n} & b_1 \\
\vdots & \vdots & \ddots & \vdots & \vdots & & \vdots & & \vdots & \vdots \\
0 & 0 & \ldots & 1 & a_{m1} & \ldots & a_{mj} & \ldots & a_{mn} & b_m
\end{pmatrix} \\
z \ y_1 \ \ldots \ y_m \quad x_1 \ \ldots \ x_j \ \ldots \ x_n
\end{array}
\tag{19.8.4}
$$

Wir wollen alle Elemente in der ersten Zeile unter $(*)$ *Indikatoren* nennen. (Einer der Indikatoren ist z. B. $-c_j$.)

Wenn alle Indikatoren ≥ 0 sind, d. h. wenn $c_1 \leq 0, \ldots, c_n \leq 0$, haben wir das Ziel erreicht und können die Lösungen direkt ablesen: $x_1 = \cdots = x_n = 0$ lösen das Problem. (Siehe (19.8.1) und erklären Sie, warum.) Beachten Sie, dass die Annahme $b_1 \geq 0, \ldots, b_m \geq 0$ wichtig ist, denn sonst wäre $x_1 = \cdots = x_n = 0$ keine zulässige Lösung von (19.8.1).

Nehmen Sie an, dass wenigstens einer der Indikatoren in (19.8.4) < 0 ist, z. B. $c_j > 0$. (Es ist allgemein üblich, jedoch nicht notwendig, denjenigen der Indikatoren zu wählen, der am stärksten negativ ist.) Wir wählen die zugehörige Spalte als *Pivotspalte*. Das *Pivotelement* wird ausgewählt unter dem Gesichtspunkt, dass bei der Pivotisierung, d. h. bei den elementaren Zeilenumformungen die neue rechte Seite immer noch aus nur nichtnegativen Elementen bestehen soll. Wir wollen untersuchen, unter welchen Umständen dies möglich ist.

Lassen Sie uns allgemein annehmen, dass wir nach einer gewissen Anzahl von Pivotoperationen die in der folgenden Matrix gezeigte Situation erreicht haben:

$$
\begin{pmatrix}
1 & \ldots & c'_j & \ldots & z'_0 \\
0 & \ldots & a'_{1j} & \ldots & b'_1 \\
\vdots & & \vdots & & \vdots \\
0 & \ldots & \boxed{a'_{ij}} & \ldots & b'_i \\
\vdots & & \vdots & & \vdots \\
0 & \ldots & a'_{mj} & \ldots & b'_m
\end{pmatrix}
\qquad
-\frac{a'_{1j}}{a'_{ij}} \ \ldots \ -\frac{a'_{mj}}{a'_{ij}} \ \ -\frac{c'_j}{a'_{ij}} \ \leftarrow \ \frac{1}{a'_{ij}}
\tag{19.8.5}
$$

Dabei sei $c'_j < 0$, $a'_{ij} > 0$ und $b'_1, \ldots, b'_i, \ldots, b'_m$ sind alle ≥ 0. Danach führen wir die Pivotisierung durch, die in (19.8.5) angedeutet ist. Dabei wird das Element in der oberen rechten Ecke, das den Wert der Zielfunktion angibt, von z'_0 auf

$$
z'_0 - b'_i c'_j / a'_{ij} \tag{19.8.6}
$$

geändert. Da $b'_i \geq 0$, $c'_j < 0$ und $a'_{ij} > 0$, sehen wir, dass der Ausdruck in (19.8.6) $\geq z'_0$ und $> z'_0$, falls $b'_i > 0$. Durch diese Pivotisierung steigt der Wert der Zielfunktion, wenn $b'_i \neq 0$ ist. Falls $b'_i = 0$, sagen wir, dass wir in diesem Pivotisierungsschritt eine *Degeneration* haben.

Wir sehen auch, dass die Pivotoperationen $b'_1, \ldots, b'_{i-1}, b'_i, b'_{i+1}, \ldots, b'_m$ ändern in

$$b'_1 - b'_i a'_{1j}/a'_{ij}, \ldots, b'_{i-1} - b'_i a'_{i-1,j}/a'_{ij}, b'_i/a'_{ij}, b'_{i+1} - b'_i a'_{i+1,j}/a'_{ij}, \ldots, b'_m - b'_i a'_{mj}/a'_{ij}$$

Hier ist das Element $b'_i/a'_{ij} \geq 0$, während die anderen Elemente die folgende Gestalt haben:

$$b'_k - b'_i \frac{a'_{kj}}{a'_{ij}} \tag{19.8.7}$$

Wenn $a'_{kj} \leq 0$, sehen wir, dass der Ausdruck in (19.8.7) ≥ 0 ist. Wenn andererseits $a'_{kj} > 0$, sehen wir, dass der Ausdruck genau dann ≥ 0 ist, wenn

$$\frac{b'_k}{a'_{kj}} \geq \frac{b'_i}{a'_{ij}}$$

Daraus folgern wir: Wenn wir unter den positiven Zahlen aus $a'_{1j}, \ldots, a'_{mj}$ in der Pivotspalte diejenige wählen, für die das Verhältnis b'_i/a'_{ij} am kleinsten ist, sind die neuen rechten Seiten alle ≥ 0. Hier haben wir auch *eine* Erklärung für das bisher verwendete Prinzip der Auswahl des Pivotelements. Beachten Sie übrigens, dass in der Ausgangsmatrix in (19.8.4) die $(m+1)$-ersten Spalten eine Einheitsmatrix der Ordnung $(m+1) \times (m+1)$ bilden und dass bei jedem Pivotisierungsschritt ein neuer Einheitsvektor dazukommt, während einer von den bisherigen Einheitsvektoren verschwindet.

Wir wollen jetzt den Fall $c'_j < 0$ betrachten, wobei jedoch keine der Zahlen $a'_{1j}, \ldots, a'_{mj}$ größer als 0 ist. Dann können wir die oben erwähnte Pivotisierung nicht vornehmen. Das zu (19.8.5) gehörige LP-Problem hat die Gestalt:

$$\max\ z = \ldots - c'_j x'_j - \ldots \quad \text{u.d.N.} \begin{cases} \ldots + a'_{1j} x'_j + \ldots \leq b'_1 \\ \quad \vdots \qquad\qquad\qquad \vdots \\ \ldots + a'_{mj} x'_j + \ldots \leq b'_m \end{cases} \tag{19.8.8}$$

Wenn wir alle Variablen in dem ursprünglichen Problem mit Ausnahme von x'_j gleich 0 setzen und dann x'_j gegen unendlich wachsen lassen, folgt aufgrund der Vorzeichen von $a'_{1j}, \ldots, a'_{mj}$ und $b'_1, \ldots, b'_m$, dass wir immer zulässige Punkte erhalten und dass gleichzeitig $z = -c'_j x'_j$ über alle Grenzen wächst. Daraus ziehen wir den folgenden wichtigen Schluss:

Wenn wir nach einer gewissen Anzahl Pivotschritten die Situation erreicht haben, dass einer der Indikatoren < 0 ist, während alle Elemente unter dem entsprechenden Indikator ≤ 0 sind, hat das gegebene LP-Problem keine Lösung. Die Zielfunktion kann beliebig groß gewählt werden.

Ein Beispiel dafür sehen wir in Aufgabe 3, die Sie rechnen sollten, bevor Sie weiter fortfahren.

Nehmen Sie an, dass wir durch Pivotisierung niemals zu einer Degeneration kommen. Wir wollen zeigen, dass die Simplexmethode dann nach einer endlichen Anzahl von Schritten stoppen muss. Wenn der Prozess nicht mit der Situation in (19.8.8) stoppt, kommen wir zu einer Matrix der Gestalt

$$\begin{pmatrix} 1 & u_1^* & \dots & u_m^* & u_1' & \dots & u_n' & z^* \\ 0 & c_{11} & \dots & c_{1m} & a_{11}' & \dots & a_{1n}' & b_1' \\ \vdots & \vdots & \ddots & \vdots & \vdots & & \vdots & \vdots \\ 0 & c_{m1} & \dots & c_{mm} & a_{m1}' & \dots & a_{mn}' & b_m' \end{pmatrix} \tag{19.8.9}$$

Dabei gilt:

(1) Alle Indikatoren $u_1^*, \dots, u_m^*; u_1', \dots, u_n'$ sind ≥ 0;

(2) Alle rechten Seiten $b_1', \dots, b_m'$ sind ≥ 0;

(3) Es existiert eine $(m+1)\times(m+1)$-Einheitsmatrix unter den ersten $1+m+n$ Spalten.

Wie wir oben erklärt haben, ist das Problem dann gelöst und die Variablen, die zu den letzten m Spalten der erwähnten Einheitsmatrix gehören, nehmen ihre durch $b_1', \dots, b_m'$ gegebenen optimalen Werte an. Alle anderen Variablen sind im Optimum gleich 0.

Es bleibt zu zeigen, dass die Simplexmethode nach einer endlichen Anzahl von Schritten stoppt, wenn wir nicht zu einer Degeneration kommen. Das Argument ist das folgende:

(i) Da wir keine Degeneration haben, wird das Element in der oberen rechten Ecke der zu dem Problem gehörenden Matrix bei jeder Pivotisierung strikt anwachsen. (Siehe die obige Anmerkung zu (19.8.6).) Wir kommen deshalb niemals zu derselben Matrix zurück.

(ii) Es gibt eine endliche Anzahl von Möglichkeiten, eine Einheitsmatrix der Ordnung $m+1$ unter den ersten $1+m+n$ Spalten anzuordnen.

(iii) Da Pivotoperationen (elementare Zeilenoperationen) alle linearen Abhängigkeiten[8] zwischen den Spalten erhalten, werden zwei aus (19.8.4) durch Pivotoperationen abgeleitete Matrizen, die die Einheitsmatrix an derselben Stelle haben, identisch sein. (Siehe Aufgabe 8.)

Selbst wenn wir Degeneration nach einem gewissen Iterationsschritt in der Simplexmethode haben, wird es praktisch gelöst, indem wir mit den Pivotoperationen fortfahren. Degeneration wird jedoch die Rechenzeit verlängern. Die theoretische Möglichkeit, die bei Degeneration vorliegt, ist, dass wir in ein sogenanntes *Kreiseln* geraten, bei dem das Optimum nie erreicht wird, da man die Pivotoperationen in einem Kreis zwischen den Eckpunkten der zulässigen Menge durchführt, ohne weiter zu kommen. Mit einem ein wenig abgeändertem Prinzip für die Auswahl der Pivotspalte und des Pivotelementes kann man das Kreiseln umgehen. Das Problem ist jedoch höchstens von theoretischem Interesse.

Zusammenfassung

(I) Wir führen Schlupfvariablen ein und stellen das Problem durch die Matrix (19.8.4) dar.

[8] Eine Menge von Vektoren heißt linear abhängig, wenn einer von ihnen als Linearkombination der anderen geschrieben werden kann.

(II) Wenn die Indikatoren (die Elemente der ersten Zeile unter (∗) in (19.8.4)) alle ≥ 0 sind, ist die Lösung des Problems $x_1 = \ldots = x_n = 0$.

(III) Wenn mindestens einer der Indikatoren in (19.8.4) < 0 ist, wählen wir denjenigen Indikator aus, der am stärksten negativ ist und pivotisieren die entsprechende Spalte nach dem oben erklärten Prinzip.

(IV) Wenn es unmöglich ist, Pivotoperationen durchzuführen, sind wir in der Situation in (19.8.8), so dass das LP-Problem keine Lösung hat.

(V) Wenn die Situation in (IV) nie eintritt, setzen wir die Pivotoperationen fort bis wir nach einer endlichen Anzahl von Schritten zu einer Lösung des Problems kommen, die im Zusammenhang mit (19.8.9) erklärt wurde.

Beispiel 19.8.1

Lösen Sie die Aufgabe 19.1.6:

$$\max\ 700x_1 + 1000x_2 \quad \text{u.d.N.} \begin{cases} 3x_1 + 5x_2 \leq 3900 \\ x_1 + 3x_2 \leq 2100 \\ 2x_1 + 2x_2 \leq 2200 \end{cases} \quad x_1 \geq 0,\ x_2 \geq 0 \qquad (*)$$

mit Hilfe der Simplexmethode. Vergleichen Sie Ihre Lösung mit der Lösung im Kapitel „Antworten zu Aufgaben aus Kap. 19.1“.

Lösung: Wir führen die drei Schlupfvariablen y_1, y_2 und y_3 ein, stellen das Problem durch die folgende Matrix dar und führen die angedeuteten Pivotoperationen durch:

$$\begin{pmatrix} 1 & 0 & 0 & 0 & -700 & -1000 & 0 \\ 0 & 1 & 0 & 0 & 3 & 5 & 3900 \\ 0 & 0 & 1 & 0 & 1 & \boxed{3} & 2100 \\ 0 & 0 & 0 & 1 & 2 & 2 & 2200 \end{pmatrix} \begin{matrix} \leftarrow \\ \leftarrow \\ \leftarrow\ \ 1/3 \quad -2 \quad -5 \quad 1000 \\ \leftarrow \end{matrix}$$
$$z \quad y_1 \quad y_2 \quad y_3 \quad x_1 \quad x_2$$

$$\begin{pmatrix} 1 & 0 & 1000/3 & 0 & -1100/3 & 0 & 700\,000 \\ 0 & 1 & -5/3 & 0 & \boxed{4/3} & 0 & 400 \\ 0 & 0 & 1/3 & 0 & 1/3 & 1 & 700 \\ 0 & 0 & -2/3 & 1 & 4/3 & 0 & 800 \end{pmatrix} \begin{matrix} \leftarrow \\ \leftarrow\ \ 3/4 \quad -1/3 \quad -4/3 \quad 1100/3 \\ \leftarrow \\ \leftarrow \end{matrix}$$

$$\begin{pmatrix} 1 & 275 & -125 & 0 & 0 & 0 & 810\,000 \\ 0 & 3/4 & -5/4 & 0 & 1 & 0 & 300 \\ 0 & -1/4 & 3/4 & 0 & 0 & 1 & 600 \\ 0 & -1 & \boxed{1} & 1 & 0 & 0 & 400 \end{pmatrix} \begin{matrix} \leftarrow \\ \leftarrow \\ \leftarrow \\ -3/4 \quad 5/4 \quad 125 \end{matrix}$$

$$\begin{pmatrix} 1 & \boxed{150} & \boxed{0} & \boxed{125} & 0 & 0 & 860\,000 \\ 0 & -1/2 & 0 & 5/4 & 1 & 0 & 800 \\ 0 & 1/2 & 0 & -3/4 & 0 & 1 & 300 \\ 0 & -1 & 1 & 1 & 0 & 0 & 400 \end{pmatrix}$$
$$z \quad y_1 \quad y_2 \quad y_3 \quad x_1 \quad x_2$$

Hier sind wir zu einer Matrix gekommen, aus der wir die Lösung des ursprünglichen Problems ablesen können: $x_1 = 800$, $x_2 = 300$, $z_{\max} = 860\,000$, dasselbe Resultat, das wir in Aufgabe 19.1.6 erhalten haben. Beachten Sie ferner die Werte der Schlupfvariablen im Optimum: $y_1 = 0$, $y_2 = 400$ und $y_3 = 0$. Dies zeigt uns, dass im Optimum die erste und die dritte Nebenbedingung in (∗) mit Gleichheit erfüllt sind, während die zweite mit Ungleichheit erfüllt ist. Der „Schlupf" in der zweiten Nebenbedingung ist genau $400 (= 2100 - 800 - 3 \cdot 300)$.

Es zeigt sich, dass die eingerahmten Zahlen in der letzten Matrix genau die Werte der optimalen dualen Variablen sind. Dies wird genauer im nächsten Unterkapitel erklärt.

Wir beenden dieses Unterkapitel, indem wir einige Verallgemeinerungen andeuten.

Die rechten Seiten sind nicht alle ≥ 0

In vielen angewandten Optimierungsproblemen haben die Nebenbedingungen die folgende Gestalt

$$a_{i1}x_1 + \cdots + a_{in}x_n \geq b_i \tag{19.8.10}$$

Dabei gilt $b_i > 0$. Die Ungleichung (19.8.10) kann z. B. die Forderung darstellen, dass ein gewisses minimales Niveau für ein Gut oder eine Aktivität eingehalten werden muss. Die Ungleichung in (19.8.10) ist äquivalent zu der folgenden Ungleichung

$$-a_{i1}x_1 - \cdots - a_{in}x_n \leq -b_i \tag{19.8.11}$$

Jedoch ist die rechte Seite negativ, wenn $b_i > 0$. In solch einem Fall ist $(0, 0, \ldots, 0)$ keine zulässige Basislösung mehr, was eine Voraussetzung ist, um mit dem Simplexverfahren starten zu können. Was kann man jetzt tun?

Es gibt mehrere Möglichkeiten dazu, die in der einschlägigen Literatur behandelt werden. Wenn *alle* Ungleichungen im LP-Problem die Form (19.8.11) haben, kann man stattdessen das duale Problem mit Hilfe der Simplexmethode lösen. (Siehe Kap. 19.9.)

Nebenbedingungen in Form von Gleichungen

In einigen LP-Problemen sind eine oder mehrere der Nebenbedingungen in Gleichheitsform anstatt in Ungleichungsform gegeben. Solche Probleme können auf das bekannte Verfahren reduziert werden, wenn wir nur beachten, dass eine Gleichung der Form $A = B$ äquivalent zu den zwei Ungleichungen $A \leq B$ und $-A \leq -B$ ist.

LP-Probleme, in denen einige Variablen keine Vorzeichenbedingung haben

Nehmen Sie an, dass wir in dem LP-Problem (19.8.1) z. B. die Bedingung entfernen, dass $x_1 \geq 0$ ist, so dass x_1 positive und negative Werte annehmen kann. Wir schreiben dann $x_1 = u_1 - v_1$, wobei wir verlangen, dass $u_1 \geq 0$ und $v_1 \geq 0$. Wenn wir jetzt überall im Problem (19.8.1) x_1 durch $u_1 - v_1$ ersetzen, haben wir ein äquivalentes LP-Problem in den Variablen $u_1, v_1, x_2, \ldots, x_n$, die jetzt alle ≥ 0 sind. Die Simplexmethode kann dann in der üblichen Weise angewendet werden.

Eine ökonomische Interpretation

Wir haben an früherer Stelle eine allgemeine ökonomische Interpretation des LP-Problems (19.8.1) gegeben. Diese ermöglicht uns gleichzeitig eine Interpretation der $x_1, \ldots, x_n$-Spalten im Simplexschema (19.8.4). Wir können so sagen, dass die x_j-Spalte uns sagt: Um Aktivität Nr. j auf Einheitsniveau auszuführen, benötigen wir a_{1j} Einheiten der Ressource Nr. 1, a_{2j} Einheiten der Ressource Nr. 2 usw. Dadurch erreichen wir eine Wertschöpfung von c_j Einheiten. (Die Ökonomen sagen aus diesem Grund, dass die Zahlen in diesen Spalten die marginalen Substitutionsraten darstellen.) Mit jeder Iteration der Simplexmethode können die Spalten in der entsprechenden Weise interpretiert werden.

Aufgaben für Kapitel 19.8

1. Verwenden Sie die Simplexmethode, um die folgenden Probleme zu lösen. (Merken Sie sich die abschließende Matrix für spätere Aufgaben.)

(a) $$\max\ 2x_1 + 5x_2 \quad \text{u.d.N.} \begin{cases} x_1 \leq 4 \\ x_1 + 2x_2 \leq 8 \\ x_2 \leq 3 \end{cases} \quad x_1 \geq 0,\ x_2 \geq 0$$

(b) $$\max\ 3x_1 + 2x_2 + 2x_3 \quad \text{u.d.N.} \begin{cases} x_1 + 3x_2 + 8x_3 \leq 6 \\ 8x_1 + 4x_2 + 2x_3 \leq 5 \end{cases} \quad x_j \geq 0,\ j = 1, 2, 3$$

2. Verwenden Sie die Simplexmethode, um das folgende Problem zu lösen, wobei $x_1, \ldots, x_4$ alle ≥ 0 sind:

$$\max\ 2x_1 + 4x_2 + x_3 + x_4 \quad \text{u.d.N.} \begin{cases} x_1 + 3x_2 + x_4 \leq 4 \\ 2x_1 + x_2 \leq 3 \\ x_2 + 4x_3 + x_4 \leq 3 \end{cases}$$

3. Betrachten Sie das Problem

$$\max\ x_1 + x_2 \quad \text{u.d.N.} \begin{cases} x_1 - 2x_2 \leq 1 \\ -2x_1 + x_2 \leq 1 \end{cases} \quad x_1 \geq 0,\ x_2 \geq 0$$

(a) Zeigen Sie durch grafische Überlegungen, dass das Problem keine Lösung hat.

(b) Verwenden Sie die Simplexmethode und zeigen Sie, dass wir die Situation in (19.8.8) erhalten.

4. (a) Kommentieren Sie im Hinblick auf die oben gegebene ökonomische Interpretation des LP-Problems die folgende Aussage: Man muss sich immer „selbst entlohnen", indem man diejenige Spalte pivotisiert, die den am stärksten negativen Indikator hat.

➡

→ Fortsetzung

(b) Was können wir sicher sagen, wenn wir in einem möglichen Optimum eines LP-Problems nach einer gewissen Anzahl Iterationen der Simplexmethode die folgende Situation erhalten haben:

$$\begin{pmatrix} \dots & -3 & -2 & \dots \\ \dots & 4 & 5 & \dots \\ \dots & 3 & 4 & \dots \\ \dots & 2 & 3 & \dots \end{pmatrix} ?$$
$$\qquad x_4 \quad x_5$$

5. (a) Betrachten Sie ein LP-Problem mit den Variablen x_1 und x_2, wobei der Koeffizient von x_1 in der Zielfunktion negativ ist. Muss dann x_1 im Optimum gleich 0 sein? Geben Sie ein Argument an.

(b) Erfahren wir aus der Simplexmethode, ob ein LP-Problem mehrere Lösungen hat? Untersuchen Sie Aufgabe 19.1.3 (e) und zusätzlich das Problem:

$$\max\ x_1 + 2x_2 \quad \text{u.d.N.} \quad \begin{cases} x_1 + 2x_2 \leq 1 \\ 2x_1 + \ \ x_2 \leq 1 \end{cases} \qquad x_1,\ x_2 \geq 0$$

Was haben die abschließenden Matrizen in diesen beiden Aufgaben gemeinsam? Können Sie eine allgemeine Regel formulieren?

6. Lösen Sie das folgende Problem mit der Simplexmethode:

$$\max\ x_1 + 2x_2 + x_3 + 3x_4 \quad \text{u.d.N.} \quad \begin{cases} x_1 + \ \ x_2 + 2x_3 + \ \ x_4 \leq 8 \\ 3x_1 + \ \ x_2 \leq 5 \\ 4x_1 + 8x_2 \leq 12 \\ x_3 + 4x_4 \leq 5 \\ 3x_3 + 4x_4 \leq 13 \end{cases}$$

Dabei seien $x_1, \dots, x_4$ alle ≥ 0.

7. Ein Kantinenleiter hat folgendes Problem: Ein Erwachsener soll täglich mindestens 75 g Protein, 90 g Fett und 300 g Kohlenhydrate aufnehmen. Nehmen Sie an, dass diese Forderungen erfüllt werden sollen und die folgenden Informationen beachtet werden sollen. Welche Waren sollten gekauft werden und vieviel sollte von jedem Gut gekauft werden, wenn die billigste Möglichkeit realisiert werden soll? Die Anzahl Gramm an Proteinen, Fett und Kohlehydraten in 100 g einer Reihe von Nahrungsmitteln ist in folgender Tabelle gegeben:

	Protein	Fett	Kohlenhydrate
Weißbrot	8	1	54
Käse	25	35	0
Hähnchen	30	8	0
Fisch	22	1	0
Backpflaumen	3	0	42
Nüsse	8	33	4
Schwarzbrot	6	13	63
Margarine	0	98	0

→

➡ Fortsetzung

Die Preise in Öre pro 100 g werden für die verschiedenen Lebensmittel wie folgt angenommen:

W	K	H	F	B	N	S	M
67	120	100	60	97	124	22	62

Stellen Sie ein Modell für das Problem auf. (Siehe auch Aufgabe 19.9.3.)

8. Bei elementaren Operationen (insbesondere Pivotoperationen) auf eine Matrix bleiben lineare Abhängigkeiten erhalten. Zeigen Sie dies in dem folgenden Fall: Betrachten Sie die 3×4-Matrix

$$(\mathbf{a}, \mathbf{b}, \mathbf{c}, \mathbf{d}) = \begin{pmatrix} a_1 & b_1 & c_1 & d_1 \\ a_2 & b_2 & c_2 & d_2 \\ a_3 & b_3 & c_3 & d_3 \end{pmatrix} \begin{matrix} p \; q \\ \leftarrow\!\lrcorner \\ \leftarrow\!\lrcorner \end{matrix}$$

Dabei nehmen wir an, dass $\mathbf{d} = \alpha\mathbf{a} + \beta\mathbf{b} + \gamma\mathbf{c}$ für gewisse Zahlen α, β und γ, so dass $\mathbf{d}$ linear abhängig von $\mathbf{a}$, $\mathbf{b}$ und $\mathbf{c}$ ist. Führen Sie die angedeuteten elementaren Operationen an der Matrix aus und zeigen Sie: Wenn wir die vier Spaltenvektoren in der neuen Matrix mit $\mathbf{a}_0$, $\mathbf{b}_0$, $\mathbf{c}_0$ und $\mathbf{d}_0$ bezeichnen, gilt $\mathbf{d}_0 = \alpha\mathbf{a}_0 + \beta\mathbf{b}_0 + \gamma\mathbf{c}_0$.

► Lösungen zu den Aufgaben finden Sie im Anhang des Buches.

19.9 Dualität mit Hilfe der Simplexmethode

In diesem Unterkapitel wollen wir zeigen, wie man mit Hilfe der Simplexmethode die Hauptsätze der Dualitätstheorie beweisen kann. Wir beginnen mit dem primären Problem (19.8.1), führen Schlupfvariablen ein und stellen das Problem durch die erweiterte Matrix (19.8.4) dar.

$$\mathbf{F} = \begin{pmatrix} 1 & 0 & \dots & 0 & -c_1 & \dots & -c_j & \dots & -c_n & 0 \\ 0 & 1 & \dots & 0 & a_{11} & \dots & a_{1j} & \dots & a_{1n} & b_1 \\ \vdots & \vdots & & \vdots & \vdots & & \vdots & & \vdots & \vdots \\ 0 & 0 & \dots & 1 & a_{m1} & \dots & a_{mj} & \dots & a_{mn} & b_m \end{pmatrix} \tag{19.9.1}$$

Im vorausgehenden Unterkapitel haben wir gezeigt: Wenn das primäre Problem ein endliches Maximum hat, kommt man nach einer endlichen Anzahl von Pivotoperationen von der Matrix $\mathbf{F}$ zu der Matrix

$$\mathbf{F}' = \begin{pmatrix} 1 & u_1^* & \dots & u_m^* & u_1' & \dots & u_j' & \dots & u_n' & z^* \\ 0 & c_{11} & \dots & c_{1m} & a_{11}' & \dots & a_{1j}' & \dots & a_{1n}' & b_1' \\ \vdots & \vdots & \ddots & \vdots & \vdots & & \vdots & & \vdots & \vdots \\ 0 & c_{m1} & \dots & c_{mm} & a_{m1}' & \dots & a_{mj}' & \dots & a_{mn}' & b_m' \end{pmatrix} \tag{19.9.2}$$

Dabei

(i) sind die Indikatoren $u_1^*, \dots, u_m^*, u_1', \dots, u_j', \dots, u_n'$ alle ≥ 0;

(ii) $b_1' \geq 0, \dots, b_m' \geq 0$;

(iii) existiert eine $(m+1)\times(m+1)$-Einheitsmatrix unter den ersten $1+m+n$ Spalten.

Das Problem ist dann gelöst und die mit den letzten m Spalten in der erwähnten Einheitsmatrix assoziierten Variablen nehmen ihre durch $b'_1, \ldots, b'_m$ gegebenen optimalen Werte an. Alle anderen Variablen sind im Optimum gleich 0.

In der Matrix **F** haben wir offensichtlich die folgende lineare Abhängigkeit (Lineare Abhängigkeit bedeutet hier, dass eine Spalte als Linearkombination anderer Spalten geschrieben werden kann. Siehe auch FMEA, Kap. 1.3):

$$\begin{pmatrix} -c_j \\ a_{1j} \\ \vdots \\ a_{mj} \end{pmatrix} = -c_j \begin{pmatrix} 1 \\ 0 \\ \vdots \\ 0 \end{pmatrix} + a_{1j} \begin{pmatrix} 0 \\ 1 \\ \vdots \\ 0 \end{pmatrix} + \cdots + a_{mj} \begin{pmatrix} 0 \\ 0 \\ \vdots \\ 1 \end{pmatrix} \tag{19.9.3}$$

Hier haben wir die x_j-Spalte in **F** linear durch die ersten $m+1$ Spalten in **F** ausgedrückt. Da Pivotoperationen lineare Abhängigkeiten erhalten (siehe Aufgabe 19.8.8), müssen wir in der Matrix **F**′ dieselbe lineare Abhängigkeit wie in (19.9.3) haben:

$$\begin{pmatrix} u'_j \\ a'_{1j} \\ \vdots \\ a'_{mj} \end{pmatrix} = -c_j \begin{pmatrix} 1 \\ 0 \\ \vdots \\ 0 \end{pmatrix} + a_{1j} \begin{pmatrix} u_1^* \\ c_{11} \\ \vdots \\ c_{m1} \end{pmatrix} + \cdots + a_{mj} \begin{pmatrix} u_m^* \\ c_{1m} \\ \vdots \\ c_{mm} \end{pmatrix} \tag{19.9.4}$$

Sehen wir die oberste Zeile an, haben wir somit:

$$u'_j = -c_j + a_{1j}u_1^* + \cdots + a_{mj}u_m^*, \qquad j = 1, \ldots, n \tag{19.9.5}$$

Da $u'_j \geq 0$, drückt (19.9.5) aus, dass $(u_1^*, \ldots, u_m^*)$ *alle n Ungleichungen des dualen Problems* (19.2.2) *erfüllen*. Die im Optimum stattfindenden Aktivitäten haben in **F**′ einen Einheitsvektor am entsprechenden Platz und insbesondere ist das oberste Element gleich 0. Ist im Optimum $x_j^* > 0$, so folgt $u'_j = 0$, da der Gewinn aus dem Betrieb der Aktivität Nr. j auf Einheitsniveau gleich 0 ist. Dies zeigt (19.5.1) in Theorem 19.5.1 über komplementären Schlupf.

Die Aussage (19.5.2) in Theorem 19.5.1 kann auch aus **F**′ abgelesen werden: Wenn $u_i^* > 0$ im Optimum, ist die Schlupfvariable $y_i = 0$ und dies bedeutet, dass die i-te Ungleichung im primären Problem mit Gleichheit erfüllt ist.
Betrachten wir wieder **F** und **F**′. Wir sehen, dass in **F** gilt:

$$\begin{pmatrix} 0 \\ b_1 \\ \vdots \\ b_m \end{pmatrix} = 0 \cdot \begin{pmatrix} 1 \\ 0 \\ \vdots \\ 0 \end{pmatrix} + b_1 \begin{pmatrix} 0 \\ 1 \\ \vdots \\ 0 \end{pmatrix} + \cdots + b_m \begin{pmatrix} 0 \\ 0 \\ \vdots \\ 1 \end{pmatrix} \tag{19.9.6}$$

Deshalb haben wir in **F**′:

$$\begin{pmatrix} z^* \\ b'_1 \\ \vdots \\ b'_m \end{pmatrix} = 0 \cdot \begin{pmatrix} 1 \\ 0 \\ \vdots \\ 0 \end{pmatrix} + b_1 \begin{pmatrix} u_1^* \\ c_{11} \\ \vdots \\ c_{m1} \end{pmatrix} + \cdots + b_m \begin{pmatrix} u_m^* \\ c_{1m} \\ \vdots \\ c_{mm} \end{pmatrix} \tag{19.9.7}$$

Sehen wir auf die erste Zeile in (19.9.7), erhalten wir:

$$z^* = b_1 u_1^* + \cdots + b_m u_m^* \tag{19.9.8}$$

Aber z^* war der Optimalwert der Zielfunktion im primären Problem und (19.9.8) drückt aus, dass der Wert der Zielfunktion im dualen Problem (19.2.2) für $u_1 = u_1^*$, $\ldots$, $u_m = u_m^*$ genau gleich z^* ist. Theorem 19.5.1 zeigt dann, dass $(u_1^*, \ldots, u_m^*)$ das duale Problem lösen. Wir haben somit einen Beweis des Dualitätstheorems der linearen Programmierung erhalten, Theorem 19.3.3.

Aufgaben für Kapitel 19.9

1. Gegeben sei das folgende LP-Problem

$$\max\ x_1 + x_2 + 3x_3 \quad \text{u.d.N.} \quad \begin{cases} 2x_1 + x_2 + 2x_3 \le 2 \\ 4x_1 + 2x_2 + x_3 \le 2 \end{cases} \qquad x_1 \ge 0,\ x_2 \ge 0,\ x_3 \ge 0$$

(a) Formulieren Sie das duale Problem und lösen Sie dieses grafisch.

(b) Lösen Sie das primäre Problem mit Hilfe der Simplexmethode und der Bedingung des komplementären Schlupfes.

2. Ein Stofffabrikant produziert Stoffrollen in einer Standardbreite von 108 cm. Er erhielt den folgenden Auftrag für Rollen mit einer geringeren Breite:

Breite in cm	Anzahl Rollen
60	12
45	16
39	20

Der Produzent muss die Standardrollen in Rollen mit geringerer Breite aufteilen. Er will das so machen, dass die Anzahl der benötigten Standardrollen so klein wie möglich ist.

(a) Bestimmen Sie die 5 möglichen Aufteilungskombinationen. Zeigen Sie, dass das Problem des Fabrikanten wie folgt formuliert werden kann:

$$\text{Minimiere } \sum_{i=1}^{5} x_i \quad \text{u.d.N.} \quad \begin{cases} x_1 + x_2 & & & \ge 12 \\ x_1 & + 2x_3 + x_4 & & \ge 16 \\ & x_2 & + x_4 + 2x_5 & \ge 20 \end{cases}$$

Dabei sind alle $x_i \ge 0$ und x_1, x_2, x_3, x_4 und x_5 geben an, wie viele Standardrollen nach den verschiedenen Aufteilungskombinationen benötigt werden.

(b) Lösen Sie das Problem mit der Simplexmethode für das duale Problem.

3. Lösen Sie das Problem in Aufgabe 19.8.7, indem Sie das duale Problem lösen.

► Lösungen zu den Aufgaben finden Sie im Anhang des Buches.

19.10 Sensitivitätsanalyse

Was geschieht mit der optimalen Lösung eines LP-Problems, wenn die Situation sich verändert, indem die Parameter in dem Problem geändert werden? Dies ist im Zusammenhang mit praktischen LP-Problemen eine sehr wichtige Frage. Wir wollen andeuten, warum das so ist.

Als erstes sind die Parameter, die in das Modell eingehen, im Allgemeinen nur Approximationen. Die Untersuchung, wie sensitiv die optimale Lösung auf Parameteränderungen reagiert, ist deshalb von großem Interesse. Wenn die Sensitivitätsanalyse zeigt, dass der optimale Wert der Zielfunktion sehr stark auf Änderungen gewisser Parameter reagiert, ist es wichtig, dass die entsprechenden Parameter mit größerer Genauigkeit geschätzt werden.

Ein zweiter Grund für die Bedeutung einer Sensitivtätsanalyse ist, dass einige der Variablen, wie z. B. Ressourcen das Ergebnis bewusster Entscheidungen sein können. Es kann dann von Bedeutung sein, die Konsequenzen einer Erhöhung oder Senkung der Ressourcenvorräte, die der Produktion zur Verfügung stehen, zu untersuchen. Die Effekte solcher Änderungen haben wir bereits in Kap. 19.4 untersucht. In anderen Situationen kann es z. B. von Interesse sein, zu fragen, wie viel man verlieren wird, wenn man Aktivitäten in die Produktion hineinzwingt, die nicht in der optimalen Lösung vorhanden sind.

Im Prinzip kann man natürlich Antworten auf solche Fragen finden, indem man die Simplexmethode für jede geänderte Wahl der Parameter neu durchführt. Wenn es sich jedoch um ein größeres LP-Problem handelt, ist diese Methode zeit- und kostenaufwendig. Es zeigt sich glücklicherweise, dass die abschließende Simplextabelle oder einfache Veränderungen davon Antworten auf viele Sensitivitätsprobleme geben. Hier können wir nur andeuten, wie das funktioniert.

Änderungen der Ressourcen

Mit Hilfe der Dualitätstheorie haben wir Formel (19.4.1) hergeleitet. Diese Formel zeigt, wie sich die Zielfunktion im primären Problem verändert, wenn die Ressourcen geringfügig verändert werden. Diese Formel können wir auch herleiten, wenn wir von der Darstellung des Problems (19.8.1) durch die Matrix $\mathbf{F}$ in (19.9.1) ausgehen. Wenn das Problem ein endliches Maximum hat, erhalten wir nach einer gewissen Anzahl Pivotoperationen die Matrix $\mathbf{F}'$ in (19.9.2) und aus dieser Matrix können wir die optimale Lösung ablesen.

Nehmen Sie an, dass wir $b_1, \ldots, b_m$ in $b_1 + \Delta b_1, \ldots, b_m + \Delta b_m$ ändern. Die $\mathbf{F}$ entsprechende Matrix ist dann

$$\mathbf{F}_\Delta = \begin{pmatrix} 1 & 0 & \ldots & 0 & \ldots & 0 \\ 0 & 1 & \ldots & 0 & \ldots & b_1 + \Delta b_1 \\ \vdots & \vdots & & \vdots & & \vdots \\ 0 & 0 & \ldots & 1 & \ldots & b_m + \Delta b_m \end{pmatrix}$$

Diese unterscheidet sich nur in der letzten Spalte von $\mathbf{F}$. Wir wollen jetzt an $\mathbf{F}_\Delta$ dieselben Pivotoperationen durchführen, die wir benötigt haben, um von $\mathbf{F}$ zu $\mathbf{F}'$ zu kommen. Wir kommen dann zu einer Matrix der Gestalt

$$\mathbf{F}'_\Delta = \begin{pmatrix} 1 & u_1^* & \dots & u_m^* & \dots & z^* + \Delta z^* \\ 0 & c_{11} & \dots & c_{1m} & \dots & b'_1 + \Delta b'_1 \\ \vdots & \vdots & & \vdots & & \vdots \\ 0 & c_{m1} & \dots & c_{mm} & \dots & b'_m + \Delta b'_m \end{pmatrix}$$

Diese ist identisch mit $\mathbf{F}'$, abgesehen von den Änderungen in der letzten Spalte. *Wenn es so ist, dass in der letzten Spalte $b'_1 + \Delta b'_1, \dots, b'_m + \Delta b'_m$ alle* ≥ 0 sind, können wir direkt aus $\mathbf{F}'_\Delta$ die optimale Lösung des Problems (19.8.1) ablesen, wenn die rechten Seiten in $b_1 + \Delta b_1, \dots, b_m + \Delta b_m$ geändert werden.

In $\mathbf{F}_\Delta$ haben wir die folgende lineare Abhängigkeit:

$$\begin{pmatrix} 0 \\ b_1 + \Delta b_1 \\ \vdots \\ b_m + \Delta b_m \end{pmatrix} = 0 \cdot \begin{pmatrix} 1 \\ 0 \\ \vdots \\ 0 \end{pmatrix} + (b_1 + \Delta b_1) \begin{pmatrix} 0 \\ 1 \\ \vdots \\ 0 \end{pmatrix} + \dots + (b_m + \Delta b_m) \begin{pmatrix} 0 \\ 0 \\ \vdots \\ 1 \end{pmatrix} \tag{19.10.1}$$

Dieselbe lineare Abhängigkeit muss in $\mathbf{F}'_\Delta$ gelten:

$$\begin{pmatrix} z^* + \Delta z^* \\ b'_1 + \Delta b'_1 \\ \vdots \\ b'_m + \Delta b'_m \end{pmatrix} = 0 \cdot \begin{pmatrix} 1 \\ 0 \\ \vdots \\ 0 \end{pmatrix} + (b_1 + \Delta b_1) \begin{pmatrix} u_1^* \\ c_{11} \\ \vdots \\ c_{m1} \end{pmatrix} + \dots + (b_m + \Delta b_m) \begin{pmatrix} u_m^* \\ c_{1m} \\ \vdots \\ c_{mm} \end{pmatrix} \tag{19.10.2}$$

Sehen wir die oberste Zeile an, erhalten wir insbesondere

$$z^* + \Delta z^* = (b_1 + \Delta b_1)u_1^* + \dots + (b_m + \Delta b_m)u_m^* \tag{19.10.3}$$

Verwenden wir (19.9.8), so folgt aus (19.10.3), dass

$$\Delta z^* = u_1^* \, \Delta b_1 + \dots + u_m^* \, \Delta b_m$$

Dies ist genau Formel (19.4.1).

Betrachten wir noch einmal (19.10.2). Wir sehen, dass für alle $i = 1, \dots, m$ gilt:

$$b'_i + \Delta b'_i = (b_1 + \Delta b_1)c_{i1} + \dots + (b_m + \Delta b_m)c_{im} \tag{19.10.4}$$

Aus (19.9.7) erhalten wir $b'_i = b_1 c_{i1} + \dots + b_m c_{im}$, so dass

$$\Delta b'_i = c_{i1} \, \Delta b_1 + \dots + c_{im} \, \Delta b_m \tag{19.10.5}$$

Wir erinnern uns, dass $b'_1, \dots, b'_m$ die optimalen Werte der Variablen im ursprünglichen Problem darstellen, während $\Delta b'_i$ die Änderung ist, die b'_i erfährt, wenn $b_1, \dots, b_m$ um $\Delta b_1, \dots, \Delta b_m$ geändert werden. Nach (19.10.5) haben wir damit herausgefunden, wie sich die Werte der Variablen im Optimum verändern, wenn die Werte der rechten Seiten im primären Problem geändert werden. Insbesondere sehen wir: Wenn $\Delta b_h = 1$, während die anderen Δb alle 0 sind, ist $\Delta b'_i = c_{ih}$. Die Zahlen $c_{11}, \dots, c_{mm}$, die in der abschließenden Matrix (19.9.2) erscheinen, geben uns daher Informationen, wie sich die optimalen Werte der Variablen im primären Problem ändern, wenn die Ressourcenzufuhr geändert wird. Die Annahme, dass (19.10.5) gelten soll, ist dieselbe wie für (19.4.1), nämlich, dass die Änderungen $\Delta b_1, \ldots, \Delta b_m$ nicht zu groß sind in dem oben präzisierten Sinne. Betrachten wir ein Beispiel.

Beispiel 19.10.1

Betrachten Sie wieder das Problem in Beispiel 19.7.1. Wir wollen im Detail untersuchen, was mit dem Optimum geschieht, wenn wir $b_1 = 150$ in $150 + \Delta b_1$ ändern. Die (19.7.4) in dem Beispiel entsprechende Matrix ist

$$\begin{pmatrix} 1 & 0 & 0 & 0 & -20 & -30 & 0 \\ 0 & 1 & 0 & 0 & 3 & \boxed{6} & 150 + \Delta b_1 \\ 0 & 0 & 1 & 0 & 1 & 1/2 & 22 \\ 0 & 0 & 0 & 1 & 1 & 1 & 27.5 \end{pmatrix} \quad 1/6 \quad 30 \quad -1/2 \quad -1$$

Wir wenden genau dieselben Pivotoperationen an wie für den Fall, wenn $\Delta b_1 = 0$. Die einzige Änderung gegenüber dem früheren Fall ist in der letzten Spalte:

$$\begin{pmatrix} \cdots & 750 + 5\Delta b_1 \\ \cdots & 25 + (1/6)\Delta b_1 \\ \cdots & 9.5 - (1/12)\Delta b_1 \\ \cdots & 2.5 - (1/6)\Delta b_1 \end{pmatrix} \quad 2 \quad -3/4 \quad -1/2 \quad 5$$

Wieder pivotisieren wir genau wie in dem Beispiel. Wir erhalten schließlich

$$\begin{pmatrix} 1 & 10/3 & 0 & 10 & 0 & 0 & 775 + (10/3)\Delta b_1 \\ 0 & 1/3 & 0 & -1 & 0 & 1 & 22.5 + (1/3)\Delta b_1 \\ 0 & 1/6 & 1 & -3/2 & 0 & 0 & 5.75 + (1/6)\Delta b_1 \\ 0 & -1/3 & 0 & 2 & 1 & 0 & 5 - (1/3)\Delta b_1 \end{pmatrix} \qquad (*)$$

Wieder hat sich gegenüber dem ursprünglichen Problem (19.7.5) nur die letzte Spalte geändert. Wir können jetzt die neue optimale Lösung aus $(*)$ ablesen. Diese ist

$$z = 775 + \tfrac{10}{3}\Delta b_1 \quad \text{wenn } x_1 = 5 - \tfrac{1}{3}\Delta b_1,\ x_2 = 22.5 + \tfrac{1}{3}\Delta b_1 \qquad (**)$$

Mit den oben eingeführten Bezeichnungen ist $u_1^* = \frac{10}{3}$, $u_2^* = 0$, $u_3^* = 10$, $z^* = 775$, $\Delta z^* = \frac{10}{3}\Delta b_1$, $c_{11} = \frac{1}{3}$, $c_{12} = 0$, $c_{13} = -1$, $c_{21} = \frac{1}{6}$, $c_{22} = 1$, $c_{23} = -\frac{3}{2}$, $c_{31} = -\frac{1}{3}$, $c_{32} = 0$ und $c_{33} = 2$. Es ist deshalb leicht zu sehen, dass (19.4.1) und (19.10.5) in diesem Beispiel erfüllt sind.

Wann können wir sicher sein, dass $(**)$ die Lösung des neuen Problems darstellt? Die einzige Forderung, die wir stellen müssen, damit wir aus $(*)$ die Lösung $(**)$ ablesen können, ist, dass die „rechten Seiten" in $(*)$ alle ≥ 0 sind:

$$22.5 + \tfrac{1}{3}\Delta b_1 \geq 0\,, \quad 5.75 + \tfrac{1}{6}\Delta b_1 \geq 0\,, \quad 5 - \tfrac{1}{3}\Delta b_1 \geq 0$$

Eine einfache Berechnung zeigt, dass diese Ungleichungen genau dann erfüllt sind, wenn

$$-34.5 \leq \Delta b_1 \leq 15$$

Wenn $\Delta b_1 < -34.5$ oder $\Delta b_1 > 15$, können wir die Lösung nicht aus $(**)$ erhalten. Wir müssen weitere Pivotoperationen ausführen, um ein Optimum zu finden, eine andere Basislösung wird optimal sein.

Wir wollen das allgemeine duale Problem (19.2.2) betrachten. Eine analoge Untersuchung dieses Problems wird zeigen: Wenn $c_1, \ldots, c_n$ in $c_1 + \Delta c_1, \ldots, c_n + \Delta c_n$ geändert wird, ändert sich der optimale Wert in dem dualen Problem um

$$\Delta z^* = x_1^* \, \Delta c_1 + \cdots + x_n^* \, \Delta c_n \tag{19.10.6}$$

Dabei sind $x_1^*, \ldots, x_n^*$ die optimalen x-Werte im primären Problem. Es wird hier vorausgesetzt, dass die Änderungen Δc_i so klein sind, dass sich die Lösungen im primären Problem nicht ändern. Beachten Sie: Wenn $\Delta c_1, \ldots, \Delta c_n$ positiv sind, ist $\Delta z^* \geq 0$. Dies stimmt damit überein, dass eine Erhöhung von $c_1, \ldots, c_n$ im dualen Problem dazu führt, dass die zulässige Menge kleiner wird, so dass der Minimalwert steigt anstelle zu fallen.

Änderungen in den Wertschöpfungskoeffizienten

Nehmen Sie an, dass einer der Wertschöpfungskoeffizienten steigt, z. B. c_j. Das bedeutet, dass es noch lohnender ist, diese Aktivität durchzuführen. Wenn x_j^* der ursprüngliche optimale Wert der Variablen Nr. j und $x_j^* > 0$ ist, gilt: Wenn diese Aktivität im Optimum in Betrieb ist, wird der optimale Wert der Zielfunktion steigen, wenn c_j steigt. Um wieviel wird die Zielfunktion steigen? Indem wir vom Resultat in (19.10.6) und dem Dualitätstheorem Gebrauch machen, finden wir heraus: Wenn wir $c_1, \ldots, c_n$ um $\Delta c_1, \ldots, \Delta c_n$ ändern, ist die Änderung im Optimalwert im primären Problem (19.2.1) gegeben durch

$$\Delta z^* = x_1^* \, \Delta c_1 + \cdots + x_n^* \, \Delta c_n \tag{19.10.7}$$

Wir gehen nicht weiter ins Detail, sondern betrachten ein Beispiel. Beachten Sie jedoch die in der obigen Anmerkung gegebene Voraussetzung über die Änderung Δc_i.

Beispiel 19.10.2

Wir betrachten erneut das Beispiel 19.7.1, nehmen jedoch an, dass der Koeffizient von x_2 in der Zielfunktion von 30 auf $30 + \Delta_2$ geändert wird. Das Problem wird dargestellt durch die Matrix

$$\begin{pmatrix} 1 & 0 & 0 & 0 & -20 & -30-\Delta_2 & 0 \\ 0 & 1 & 0 & 0 & 3 & \boxed{6} & 150 \\ 0 & 0 & 1 & 0 & 1 & 1/2 & 22 \\ 0 & 0 & 0 & 1 & 1 & 1 & 27.5 \end{pmatrix} \begin{array}{l} \leftarrow \\ 1/6 \quad 30+\Delta_2 \quad -1/2 \quad -1 \\ \leftarrow \\ \leftarrow \end{array}$$

Wir führen die angedeuteten Pivotoperationen durch und fahren mit denselben Pivotoperationen wie in Beispiel 19.7.1 fort. Wir erhalten

$$\left(\begin{array}{ccccccc} 1 & 5+(1/6)\Delta_2 & 0 & 0 & -5+(1/2)\Delta_2 & 0 & 750+25\Delta_2 \\ 0 & 1/6 & 0 & 0 & 1/2 & 1 & 25 \\ 0 & -1/12 & 1 & 0 & 3/4 & 0 & 9.5 \\ 0 & -1/6 & 0 & 1 & \boxed{1/2} & 0 & 2.5 \end{array}\right) \quad 2 \quad -3/4 \quad -1/2 \quad 5-\tfrac{1}{2}\Delta_2$$

Daraus ergibt sich

$$\left(\begin{array}{ccccccc} 1 & 10/3+(1/3)\Delta_2 & 0 & 10-\Delta_2 & 0 & 0 & 775+22.5\,\Delta_2 \\ 0 & \boxed{1/3} & \boxed{0} & \boxed{-1} & 0 & 1 & 22.5 \\ 0 & 1/6 & 1 & -3/2 & 0 & 0 & 5.75 \\ 0 & -1/3 & 0 & 2 & 1 & 0 & 5 \end{array}\right) \qquad (19.10.8)$$

Wenn nun die geänderten optimalen Schattenpreise $\frac{10}{3}+\frac{1}{3}\Delta_2$ und $10-\Delta_2$ beide ≥ 0 sind, d. h. wenn $-10 \leq \Delta_2 \leq 10$, sehen wir, dass die Lösung des geänderten Problems durch

$$z+\Delta z = 775+22.5\,\Delta_2\,, \quad x_1 = 5\,, \quad x_2 = 22.5$$

gegeben ist. Die Änderung in der Zielfunktion ist in Übereinstimmung mit (19.10.6). Man erhält die neuen Schattenpreise, indem man $\frac{1}{3}\Delta_2$, 0 bzw. $-\Delta_2$ zu den ursprünglichen Werten dieser Preise addiert. Die drei Adjustierungszahlen sind die eingerahmten Zahlen in der abschließenden Matrix.

Änderungen in den Aktivitätskoeffizienten

Wenn einer oder mehrere der a_{ij}-Koeffizienten im primären Problem geändert werden, wird (im Allgemeinen) natürlich die optimale Lösung geändert. Es ist auch hier nicht nötig, das ganze Simplexverfahren neu zu durchlaufen für jede Änderung eines a-Wertes. Die Effekte dieser Änderungen in den a_{ij}-Koeffizienten hängen davon ab, ob diese Koeffizienten zu einer Aktivität gehören, die in Betrieb ist oder nicht. Für Einzelheiten muss auf Spezialliteratur verwiesen werden.

Aufgaben für Kapitel 19.10

1. (a) Was geschieht mit dem maximalen Gewinn und den zugehörigen Anzahlen billiger Typen (x_1) und teurer Typen (x_2) in Aufgabe 19.1.6, wenn

(i) die Kapazität in Phase I um 100 Arbeitsstunden erhöht wird?

(ii) die Kapazität in Phase II um 100 Arbeitsstunden erhöht wird?

(iii) die Kapazität in Phase III um 100 Arbeitsstunden erhöht wird?

(b) Was geschieht mit dem Optimalwert in Aufgabe 19.1.6, wenn

(i) der Gewinn des billigen Typs auf 710 steigt?

(ii) der Gewinn des teuren Typs auf 1010 steigt?

➡ Fortsetzung

2. Lösen Sie Aufgabe 19.3.3 mit Hilfe der Simplexmethode.

(a) Was geschieht mit dem Optimalwert und den zugehörigen Werten von x_1 und x_2, wenn die Kapazität im Bereich

(i) 1 von 16 auf 16.25 steigt?

(ii) 2 von 16 auf 16.25 steigt?

(iii) 3 von 11 auf 11.25 steigt?

(b) Was geschieht mit dem Optimalwert, wenn der Gewinn der

(i) kleinen Geräte von 400 auf 410 steigt?

(ii) großen Geräte von 500 auf 510 steigt?

► Lösungen zu den Aufgaben finden Sie im Anhang des Buches.

Aufgaben zur Wiederholung für Kapitel 19

1. Betrachten Sie das LP-Problem max $x + 2y$ u.d.N. $\begin{cases} x + y \leq 4 \\ -x + y \leq 1 \\ 2x - y \leq 3 \end{cases}$ $x \geq 0, y \geq 0$

(a) Lösen Sie das Problem.

(b) Formulieren und lösen Sie das duale Problem.

2. Betrachten Sie das LP-Problem

$$\min\ 16y_1 + 6y_2 - 8y_3 - 15y_4 \quad \text{u.d.N.} \quad \begin{cases} -y_1 + \ \ y_2 - 2y_3 - 4y_4 \geq -1 \\ 2y_1 - 2y_2 - \ \ y_3 - 5y_4 \geq \ \ 1 \end{cases}$$

wobei $y_i \geq 0$, $i = 1, 2, 3, 4$.

(a) Formulieren und lösen Sie das duale Problem.

(b) Bestimmen Sie die Lösung des primären Problems.

(c) Nehmen Sie an, dass die erste Bedingung des primären Problems geändert wird in $-y_1 + y_2 - 2y_3 - 4y_4 \geq k$. Für welche Werte von k tritt die Lösung des dualen Problems an derselben Stelle wie für $k = -1$ ein?

3. Betrachten Sie das LP-Problem:

$$\min\ 5x + y \text{ u.d.N.} \begin{cases} 4x + y \geq 4 \\ 2x + y \geq 3 \\ 3x + 2y \geq 2 \\ -x + 2y \geq -0 \end{cases} \qquad x \geq 0,\ y \geq 0$$

(a) Lösen Sie das Problem.

(b) Formulieren Sie das duale Problem und lösen Sie es.

4. Ein Unternehmen hat zwei Fabriken, die gemeinsam die Outputs von drei verschiedenen Gütern produzieren. Ihr gesamtes Arbeitskräftepotential ist fest. Wenn ein Anteil λ ihrer Arbeitskräfte, wobei $0 \leq \lambda \leq 1$, ihrer ersten Fabrik und ein Anteil $1 - \lambda$ ihrer zweiten Fabrik zugeordnet wird, dann ist der Gesamtoutput der drei Güter gegeben durch die Komponenten des Vektors

$$\lambda(8,4,4) + (1-\lambda)(2,6,10) = (6\lambda + 2, -2\lambda + 6, -6\lambda + 10)$$

(a) Ist es für das Unternehmen möglich einen der beiden Outputvektoren $\mathbf{a} = (5,5,7)$ und $\mathbf{b} = (7,5,5)$ zu produzieren, wenn Output nicht weggeworfen werden kann?

(b) Wie ändern sich Ihre Antworten zu Teil (a), wenn Output weggeworfen werden kann?

(c) Bezeichne (p_1, p_2, p_3) den Vektor der Preise, zu denen das Unternehmen diese drei Güter verkaufen kann. Wie wird die den Gewinn maximierende Wahl des Anteils λ von diesem Preisvektor abhängen? Welche Bedingungen muss der Vektor erfüllen, damit beide Fabriken in Betrieb bleiben?

5. Die Produktion von drei Gütern verlangt den Einsatz von zwei Maschinen. Maschine 1 kann b_1 Stunden benutzt werden, während Maschine 2 in b_2 Stunden benutzt werden kann. Die benötigte Zeit für die Produktion einer Einheit jeden Gutes kann der folgenden Tabelle entnommen werden:

	Maschine 1	Maschine 2
Gut 1	3	2
Gut 2	1	2
Gut 3	4	1

Die Gewinne pro produzierter Einheit der drei Güter sind 6, 3 bzw. 4 Euro.

(a) Schreiben Sie das zugehörige lineare Programmierungsproblem auf.

(b) Zeigen Sie: Das duale Problem ist

$$\min\ b_1 y_1 + b_2 y_2 \quad \text{u.d.N.} \quad \begin{cases} 3y_1 + 2y_2 \geq 6 \\ \ \ y_1 + 2y_2 \geq 3 \\ 4y_1 + \ \ y_2 \geq 4 \end{cases} \qquad y_1 \geq 0,\ y_2 \geq 0\,.$$

Lösen Sie dieses Problem grafisch für $b_1 = b_2 = 100$.

(c) Lösen Sie das Problem in (a) für $b_1 = b_2 = 100$.

(d) Wie hoch ist der neue maximale Gewinn, wenn die Kapazität der Maschine 1 auf 101 erhöht wird, während $b_2 = 100$ bleibt?

(e) Der maximale Gewinn in Problem (a) ist eine Funktion von b_1 und b_2, die wir mit $F(b_1, b_2)$ bezeichnen. Welches ist der Grad der Homogenität der Funktion F?

► Lösungen zu den Aufgaben finden Sie im Anhang des Buches.

Nichtlineare Programmierung

20.1 Zwei Variablen und eine Nebenbedingung . . 930

20.2 Mehrere Variablen und Nebenbedingungen in Ungleichungsform 938

20.3 Nichtnegativitätsbedingungen 946

Aufgaben zur Wiederholung für Kapitel 20 951

ÜBERBLICK

20

Wenn ich mich unglücklich fühle, mache ich Mathematik, um glücklich zu werden.
Wenn ich glücklich bin, mache ich Mathematik, um glücklich zu bleiben.
–Alfréd Rényi (1921–1970)

Kapitel 18 betrachtete die Maximierung oder Minimierung einer Funktion unter Nebenbedingungen in Gleichheitsform. Kapitel 19 erlaubte dann Nebenbedingungen in Ungleichheitsform, aber konzentrierte sich auf den Spezialfall, in dem sowohl die Zielfunktion als auch alle Funktionen, die die Nebenbedingungen definieren, linear waren. In diesem letzten Kapitel des Buches studieren wir Probleme der „nichtlinearen Programmierung", in denen sowohl die Zielfunktion als auch alle Funktionen, die die Nebenbedingungen in Ungleichheitsform *definieren, nichtlinear sind. Einige besonders einfache Nebenbedingungen in Ungleichheitsform sind diejenigen, die verlangen, dass gewisse Variablen nichtnegativ sind. Diese sind oft nötig, damit die Lösung ökonomischen Sinn ergibt. Außerdem werden Beschränkungen der verfügbaren Ressourcen eher als Ungleichungen denn als Gleichheit ausgedrückt.*

Kapitel 20.1 diskutiert den einfachen Fall von zwei Variablen und einer Nebenbedingung in Ungleichheitsform. Als nächstes erweitert Kap. 20.2 unsere Diskussion auf Probleme mit mehreren freien Variablen und Nebenbedingungen in Ungleichheitsform. Das letzte Unterkapitel 20.3 schließt mit der Betrachtung eines wichtigen Spezialfalls, in dem einige der Nebenbedingungen in Ungleichheitsform verlangen, dass eine oder mehrere freie Variable nichtnegativ sind.

20.1 Zwei Variablen und eine Nebenbedingung

In diesem Unterkapitel betrachten wir die einfachen *nichtlinearen Programmierungsprobleme* mit nur zwei Variablen und einer Nebenbedingung in Ungleichungsform. Im Fall von Maximierungsproblemen haben diese die Form

$$\max f(x,y) \text{ u.d.N. } g(x,y) \le c \tag{20.1.1}$$

Damit suchen wir den größten Wert, den $f(x,y)$ annimmt in der *zulässigen* oder *möglichen* Menge S aller Paare (x,y), die $g(x,y) \le c$ erfüllen. Probleme, in denen man $f(x,y)$ minimieren möchte u.d.N. $(x,y) \in S$ können behandelt werden, indem man stattdessen das Problem der Maximierung von $-f(x,y)$ u.d.N. $(x,y) \in S$ studiert.

Problem (20.1.1) kann gelöst werden, indem man die Methoden der unbeschränkten Optimierung nutzt, die in Kap. 17 erklärt wurden. Dies beinhaltet nicht nur die Untersuchung der kritischen Stellen von f im Innern der zulässigen Menge S, sondern auch das Verhalten von f auf dem Rand von S. Seit den 1950-ern haben Ökonomen solche Probleme jedoch generell mit einer Erweiterung der Methode der Lagrange-Multiplikatoren gelöst. Diese werden wir kurz die *Karush-Kuhn-Tucker-Methode* oder *KKT-Methode* nennen.[1]

[1] Die meisten Ökonomen nennen dies immer noch die Kuhn-Tucker-Methode nach dem Amerikaner H.W. Kuhn (1925–2014) und dem KanadierA.W. Tucker (1905–1975). Mathematiker, einschließlich Kuhn insbesondere, haben jedoch schon lange die Relevanz und auch Priorität der Masterarbeit von W. Karush (1939) anerkannt.

Um die KKT-Methode anzuwenden, beginnen wir mit dem folgenden Rezept, das alle Stellen (x, y) in der xy-Ebene angibt, die von einigen bizarren Spezialfällen abgesehen, möglicherweise das Problem (20.1.1) lösen können. Da der einzige Unterschied zu Problem (18.1.1) ist, dass die dortige Nebenbedingung in Gleichheitsform hier eine Nebenbedingung in Ungleichungsform geworden ist, sollte es nicht überraschen, dass das Rezept sehr der Methode der Lagrange-Multiplikatoren ähnelt, die wir in Kap. 18.1 vorgestellt haben.

Die KKT-Methode, Einfacher Fall

Um die einzig möglichen Lösungen des Problems (20.1.1) zu finden, gehen Sie wie folgt vor:

(i) Verbinden Sie einen konstanten Lagrange-Multiplikator λ mit der Nebenbedingung $g(x, y) \leq c$ und definieren Sie die Lagrange-Funktion

$$\mathcal{L}(x, y) = f(x, y) - \lambda[g(x, y) - c]$$

(ii) Bestimmen Sie die kritischen Stellen von $\mathcal{L}(x, y)$, indem Sie ihre partiellen Ableitungen gleich Null setzen:

$$\begin{aligned} &\mathcal{L}'_1(x, y) = f'_1(x, y) - \lambda g'_1(x, y) = 0 \\ \text{und} \quad &\mathcal{L}'_2(x, y) = f'_2(x, y) - \lambda g'_2(x, y) = 0 \end{aligned} \tag{20.1.2}$$

(iii) Führen Sie die *komplementäre Schlupfbedingung* ein:

$$\lambda \geq 0 \text{ und } \lambda = 0, \quad \text{falls} \quad g(x, y) < c \tag{20.1.3}$$

(iv) Verlangen Sie, dass (x, y) die Nebenbedingung erfüllt:

$$g(x, y) \leq c \tag{20.1.4}$$

(v) Finden Sie alle die Stellen (x, y), die zusammen mit den assoziierten Werten von λ, alle Bedingungen (20.1.2) bis (20.1.4) erfüllen. Diese sind die Lösungskandidaten, von denen wenigstens einer das Problem löst, wenn es eine Lösung gibt.

Wenn $g = c$ und $g'_1 = g'_2 = 0$ an der Maximumstelle des Problems, kann diese Methode fehlschlagen.

Beachten Sie, dass die Bedingungen (20.1.2) exakt zwei derselben Bedingungen erster Ordnung sind, die in der Methode der Lagrange-Multiplikatoren in Kap. 18.1 benutzt wurden. Ferner muss die Bedingung in (20.1.4) offensichtlich erfüllt werden.

Somit ist die einzige neue Besonderheit Bedingung (20.1.3), die ziemlich trickreich sein kann. Es könnte hilfreich sein, die entsprechende komplementäre Schlupfbedingung (19.5.2) für das typische lineare Programmierungsproblem in Erinnerung zu rufen. Für das nichtlineare Programmierungsproblem, das wir hier betrachten, verlangt Bedingung (20.1.3), dass λ nichtnegativ ist und dazu, dass $\lambda = 0$, wenn $g(x, y) < c$. Wenn also $\lambda > 0$, muss gelten $g(x, y) = c$. Eine alternative Formulierung von Bedingung (20.1.3) ist dann, dass

$$\lambda \geq 0 \text{ mit } \lambda \cdot [g(x,y) - c] = 0 \tag{20.1.5}$$

Später werden wir sehen, dass der Lagrange-Multiplikator, der mit einer Nebenbedingung in Ungleichungsform assoziiert ist, interpretiert werden kann als ein „Schattenpreis“, genau wie es in Kap. 18 für eine Nebenbedingung in Gleichheitsform war und im letzten Teil von Kap. 19.4 für lineare Programmierungsprobleme. Das bedeutet: Für kleine Änderungen in der rechten Seite c der „Ressourcenbeschränkung“ $g(x,y) \leq c$, ist der Lagrange-Multiplikator λ approximativ gleich dem Gewinn in der maximierten Zielfunktion pro Einheit Zuwachs in c. Mit dieser Interpretation ist der Schattenpreis nichtnegativ. Wenn $g(x,y) < c$ im Optimum, so dass die Ressourcenbedingung nicht bindend ist, impliziert dann (20.1.3), dass $\lambda = 0$, was bedeutet, dass der zusätzliche Wert, der mit einem kleinen Zuwachs in c verbunden ist, gleich 0 ist.

Die zwei Ungleichungen $\lambda \geq 0$ und $g(x,y) \leq c$ sind *komplementär* in dem Sinn, dass höchstens eine „echt“ sein kann, d. h. höchstens eine kann mit strikter Ungleicheit gelten. Äquivalent: Wenigstens eine muss eine Gleichheit sein. Nicht zu beachten, dass es *möglich ist*, in der komplementären Schlupfbedingung *beides* $\lambda = 0$ *und* $g(x,y) = c$ zu haben, ist wahrscheinlich der häufigste Fehler bei der Lösung nichtlinearer Programmierungsprobleme.

Die Teile (ii)–(iv) der oben dargestellten KKT-Methode werden zusammen die *KKT-Bedingungen* genannt. Beachten Sie, dass diese (im Wesentlichen) *notwendige* Bedingungen für die Lösung des Problems (20.1.1) sind. Im Allgemeinen jedoch sind sie alles andere als hinreichend. In der Tat: Nehmen Sie an, dass man eine Stelle (x_0, y_0) finden kann, die kritisch ist für f und wo $g(x_0, y_0) < c$. Dann sind die KKT-Bedingungen automatisch erfüllt durch (x_0, y_0) zusammen mit dem Lagrange-Multiplikator $\lambda = 0$. Jedoch kann dann (x_0, y_0) eine lokale oder globale Minimum- oder Maximumstelle oder sogar eine Sattelstelle sein.

Wir sagen, dass diese KKT-Bedingungen nur *im Wesentlichen* notwendig sind, weil es sein kann, das es nicht immer einen Lagrange-Multiplikator gibt, für den die KKT-Bedingungen gelten. Die Ausnahmen sind einige sehr seltene Optimierungsprobleme unter Nebenbedingungen, die eine spezielle technische Bedingung nicht erfüllen, die die „Nebenbedingungsqualifikation“ genannt wird. Für Einzelheiten siehe FMEA.

Setzt man bei Nebenbedingungen in Gleichheitsform die partielle Ableitung $\partial\mathcal{L}/\partial\lambda$ gleich Null, ergibt sich gerade wieder die Nebenbedingung $g(x,y) = c$. Jedoch kann man mit einer Nebenbedingung in Ungleichungsform $\partial\mathcal{L}/\partial\lambda = -g(x,y)+c > 0$ haben, wenn die Bedingung eine echte Ungleichung oder inaktiv ist im Optimum. Dies war ein Grund, warum wir uns in Kap. 18 gegen das Differenzieren der Lagrange-Funktion bzgl. des Lagrange-Multiplikators λ entschieden haben, obwohl viele andere Bücher dieses Verfahren empfehlen.

Für den Fall einer Nebenbedingung in Gleichheitsform haben wir in Theorem 18.5.1 bewiesen: Wenn die Lagrange-Funktion konkav ist oder wenn aus einem anderen Grund eine kritische Stelle der Lagrange-Funktion eine globale Maximumstelle der Funktion ist, dann sind die Bedingungen erster Ordnung in Problem (18.5.1) hinreichend für Optimalität. Ein sehr ähnliches Resultat gilt auch für das entsprechende Problem mit einer Nebenbedingung in Ungleichungsform:

Theorem 20.1.1 (Hinreichende Bedingungen)

Nehmen Sie für das Problem in (20.1.1) an, dass (x_0, y_0) alle Bedingungen (20.1.2) bis (20.1.4) erfüllt für die Lagrange-Funktion

$$\mathcal{L}(x, y) = f(x, y) - \lambda[g(x, y) - c]$$

Wenn die Lagrange-Funktion konkav ist oder wenn (x_0, y_0) zufällig $\mathcal{L}$ maximiert, dann löst (x_0, y_0) das Maximierungsproblem unter Nebenbedingungen.

Der Beweis dieses Resultats ist wirklich sehr instruktiv:

Beweis: Jedes Paar (x_0, y_0), dass die Bedingungen (20.1.2) erfüllt, muss eine kritische Stelle der Lagrange-Funktion sein. Nach Theorem 17.2.2 gilt: Wenn die Lagrange-Funktion konkav ist, dann ist dieses (x_0, y_0) eine globale Maximumstelle. Deshalb muss für alle Paare (x, y) gelten:

$$\mathcal{L}(x_0, y_0) = f(x_0, y_0) - \lambda[g(x_0, y_0) - c] \geq \mathcal{L}(x, y) = f(x, y) - \lambda[g(x, y) - c] \qquad (*)$$

Ob $\mathcal{L}$ konkav ist oder nicht, nehmen Sie auf jeden Fall an, dass $(*)$ trotzdem gilt. Durch Umordnen der Terme von $(*)$ erhalten wir

$$f(x_0, y_0) - f(x, y) \geq \lambda[g(x_0, y_0) - g(x, y)] \qquad (**)$$

Wegen der komplementären Schlupfbedingung in ihrer alternativen Form (20.1.5) hat man beides $\lambda \geq 0$ und $\lambda[g(x_0, y_0) - c] = 0$. Es folgt: Immer wenn das Paar (x, y) die Ungleichungsbedingung $g(x, y) \leq c$ erfüllt, dann gilt für die rechte Seite von $(**)$:

$$\lambda[g(x_0, y_0) - g(x, y)] = \lambda[c - g(x, y)] \geq 0$$

Die Ungleichung $(**)$ impliziert deshalb, dass $f(x_0, y_0) \geq f(x, y)$. Es folgt, dass (x_0, y_0) das Maximierungsproblem unter Nebenbedingungen (20.1.1) löst.

Beispiel 20.1.1

Ein Unternehmen kann eine Gesamtheit von L Einheiten Arbeit verteilen auf die Produktion von zwei verschiedenen Gütern, die zu festen positiven Preisen a bzw. b verkauft werden können. Die Produktion von x Einheiten des ersten Gutes erfordert αx^2 Einheiten Arbeit, während die Produktion von y Einheiten des zweiten Gutes βy^2 Einheiten Arbeit erfordert, wobei α und β positive Konstanten sind. Bestimmen Sie, welche Outputlevel der zwei Güter die Gesamteinnahmen maximieren, die das Unternehmen erzielen kann durch dieses feste Quantum Arbeit.

Lösung: Das Problem des Unternehmens ist max $ax + by$ u.d.N. $\alpha x^2 + \beta y^2 \leq L$. Die Lagrange-Funktion ist:

$$\mathcal{L}(x, y) = ax + by - \lambda(\alpha x^2 + \beta y^2 - L) \qquad (*)$$

Nach dem Rezept in (20.1.2)–(20.1.4) sind die notwendigen Bedingungen dafür, dass (x^*, y^*) das Problem lösen:

$$\mathcal{L}'_x = a - 2\lambda\alpha x^* = 0 \tag{i}$$

$$\mathcal{L}'_y = b - 2\lambda\beta y^* = 0 \tag{ii}$$

zusammen mit der komplementären Schlupfbedingung

$$\lambda \geq 0 \text{ mit } \lambda = 0, \text{ wenn } \alpha(x^*)^2 + \beta(y^*)^2 < L \tag{iii}$$

und der Ressourcenbeschränkung $\alpha x^2 + \beta y^2 \leq L$. Da a und b positiv sind, implizieren die Gleichungen (i) und (ii) zusammen, dass λ, x^* und y^* alle positiv sind mit:

$$x^* = \frac{a}{2\alpha\lambda} \text{ und } y^* = \frac{b}{2\beta\lambda} \tag{**}$$

Weil $\lambda > 0$, impliziert Bedingung (iii), dass $\alpha(x^*)^2 + \beta(y^*)^2 = L$. Indem wir die Ausdrücke für x^* und y^* in diese Gleichung einsetzen, ergibt sich

$$\frac{a^2}{4\alpha\lambda^2} + \frac{b^2}{4\beta\lambda^2} = L$$

Aus dieser Gleichung können wir λ bestimmen, nämlich:

$$\lambda = \tfrac{1}{2}L^{-1/2}\sqrt{\frac{a^2}{\alpha} + \frac{b^2}{\beta}} \tag{***}$$

Unser Rezept hat einen eindeutigen Lösungskandidaten erzeugt. Es sind x^* und y^* gegeben durch $(**)$ und λ durch $(***)$. Weil $\lambda > 0$ ist, ist die Lagrange-Funktion $\mathcal{L}$, die durch $(*)$ gegeben ist, offensichtlich konkav. Nach Theorem 20.1.1 haben wir deshalb das Maximierungsproblem unter Nebenbedingungen gelöst.

Beispiel 20.1.2

Lösen Sie das Problem

$$\max\ f(x, y) = x^2 + y^2 + y - 1 \text{ u.d.N. } g(x, y) = x^2 + y^2 \leq 1$$

Lösung: Die Lagrange-Funktion ist

$$\mathcal{L}(x, y) = x^2 + y^2 + y - 1 - \lambda(x^2 + y^2 - 1)$$

Notwendige Bedingungen erster Ordnung, damit (x, y) eine kritische Stelle von $\mathcal{L}$ ist, sind:

$$\mathcal{L}'_1(x, y) = 2x - 2\lambda x = 0 \tag{i}$$

$$\mathcal{L}'_2(x, y) = 2y + 1 - 2\lambda y = 0 \tag{ii}$$

Die komplementäre Schlupfbedingung ist

$$\lambda \geq 0 \text{ mit } \lambda = 0, \text{ wenn } x^2 + y^2 < 1 \tag{iii}$$

Wir beginnen jetzt damit, alle Lösungskandidaten in der Form von Tripeln (x, y, λ) zu finden, die die Bedingungen (i)–(iii) erfüllen.

Die Gleichungen (i) und (ii) können als $2x(1-\lambda) = 0$ bzw. $2y(1-\lambda) = -1$ geschrieben werden. Die zweite von ihnen impliziert, dass $\lambda \neq 1$, so dass die erste $x = 0$ impliziert.

Betrachten Sie den ersten Fall, in dem $x^2 + y^2 = 1$. Da $x = 0$, haben wir $y = \pm 1$. Versuchen Sie zuerst $y = 1$. Dann impliziert (ii), dass $\lambda = 3/2$. Da $\lambda > 0$, ist Bedingung (iii) erfüllt. Es folgt, dass das Tripel $(x, y, \lambda) = (0, 1, 3/2)$ *ein erster Kandidat für Optimalität* ist, der alle drei Bedingungen (i)–(iii) erfüllt. Versuchen Sie als Nächstes $y = -1$. Dann ergibt Bedingung (ii), dass $\lambda = 1/2 > 0$, so dass (iii) wieder erfüllt ist. Also: $(x, y, \lambda) = (0, -1, 1/2)$ *ist ein zweiter Kandidat für Optimalität.*

Betrachten Sie schließlich den zweiten Fall, wenn $x^2 + y^2 = y^2 < 1$. Mit $x = 0$ impliziert dies $y^2 < 1$ und somit $-1 < y < 1$. In diesem Fall impliziert (iii), dass $\lambda = 0$. Und somit ergibt Gleichung (ii), dass $y = -1/2$. Es folgt: Das Tripel $(0, -1/2, 0)$ *ist ein dritter Kandidat für Optimalität.*

Wir schließen, dass es drei Kandidaten für Optimalität gibt. Die zugehörigen Funktionswerte sind:

$$f(0, 1) = 1\,, \quad f(0, -1) = -1 \quad \text{und} \quad f(0, -1/2) = -\tfrac{5}{4}$$

Nun: Wir versuchen die stetige Funktion $x^2 + y^2 + y - 1$ über dem Einheitskreis von Punkten (x, y) in der Ebene zu maximieren, die $x^2 + y^2 \leq 1$ erfüllen. Da diese Menge abgeschlossen und beschränkt ist, impliziert der Extremwertsatz, dass es eine Lösung des Problems gibt. Da die einzig möglichen Lösungen die drei Stellen sind, die wir bereits gefunden haben, schließen wir, dass $(x, y) = (0, 1)$ das Maximierungsproblem löst.[2]

Warum funktioniert die KKT-Methode?

Nehmen Sie an, dass die Stelle (x^*, y^*) in der xy-Ebene das Problem (20.1.1) löst. Zwei Fälle sind möglich. Entweder ist $g(x^*, y^*) < c$. In diesem Fall sagen wir, dass die Bedingung $g(x^*, y^*) \leq c$ *inaktiv* oder *nichtbindend* ist an der Stelle (x^*, y^*). Oder $g(x^*, y^*) = c$. In diesem Fall sagen wir, dass dieselbe Bedingung *bindend* oder *aktiv* oder *straff* ist an der Stelle (x^*, y^*).

Die zwei verschiedenen Fälle sind illustriert in Abb. 20.1.1 und 20.1.2 für zwei verschiedene Werte des Parameters c. Zusätzlich zeigen die beiden Abbildungen dieselben vier Höhenlinien derselben Zielfunktion f. Es ist angenommen, dass diese Funktion steigt, wenn die Höhenlinien kleiner werden.

Der in Abb. 20.1.1 gezeigte Fall tritt ein, wenn die Lösung (x^*, y^*) des Problems (20.1.1) eine innere Stelle P der schattierten zulässigen Menge ist, da für sie gilt $g(x^*, y^*) < c$. Dann muss (x^*, y^*) eine lokale Maximumstelle der Funktion f sein, d. h. es muss eine kritische Stelle sein, an der $f_1'(x^*, y^*) = f_2'(x^*, y^*) = 0$. Wenn wir $\lambda = 0$ setzen, dann erfüllt in diesem Fall das Tripel $(x^*, y^*, 0)$ alle Bedingungen (20.1.2) bis (20.1.4).

[2] Die Stelle $(0, -1/2)$ löst das entsprechende Minimierunsproblem. In Beispiel 17.5.1 haben wir beide Probleme mithilfe einer anderen Technik gelöst.

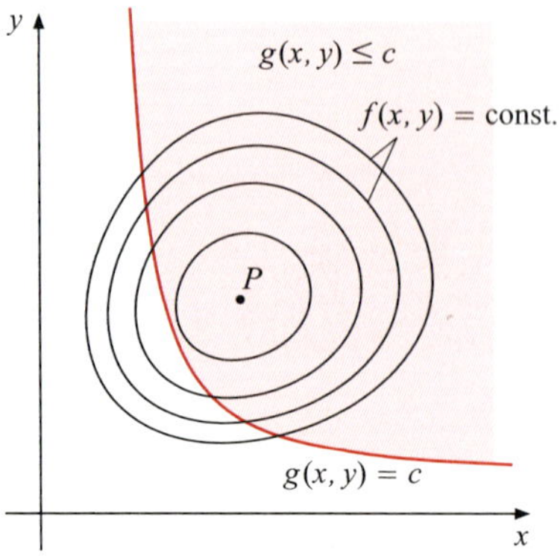

Abbildung 20.1.1: $P = (x^*, y^*)$ ist ein innerer Punkt der zulässigen Menge.

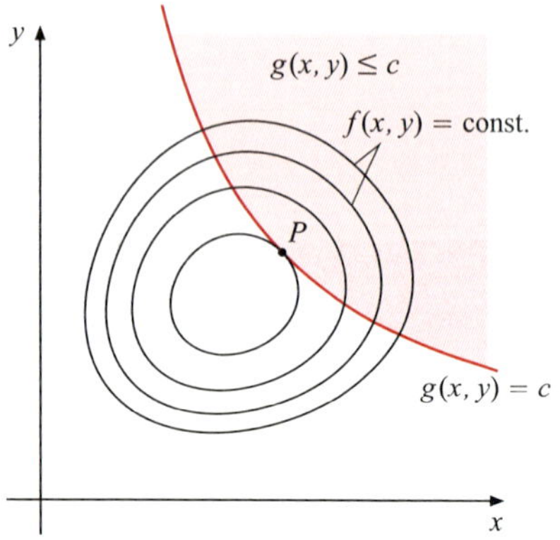

Abbildung 20.1.2: Bedingung $g(x, y) \leq c$ ist bindend in $P = (x^*, y^*)$.

Der andere Fall wird in Abb. 20.1.2 gezeigt. Dies tritt ein, wenn die Lösung (x^*, y^*) zu Problem (20.1.1) auf dem Rand der schattierten zulässigen Menge liegt, da sie $g(x^*, y^*) = c$ erfüllt. Dann ist die Bedingung $g(x, y) \leq c$ bindend und in der Tat muss die Stelle (x^*, y^*) das Problem

$$\max f(x, y) \text{ u.d.N. } g(x, y) = c$$

lösen mit einer Nebenbedingung in Gleichheit. Vorausgesetzt, dass die Bedingungen von Theorem 18.4.1 alle erfüllt sind, wird ein eindeutiger Lagrange-Multiplikator λ existieren, so dass die Lagrange-Funktion die Bedingungen erster Ordnung (20.1.2) an der Stelle (x^*, y^*) erfüllt. Es bleibt zu zeigen, dass für den Lagrange-Multiplikator λ gilt $\lambda \geq 0$, womit gesichert ist, dass (20.1.3) auch erfüllt ist an der Stelle (x^*, y^*).

Um zu zeigen, dass $\lambda \geq 0$ ist, ersetzen Sie die Konstante c auf der rechten Seite der Nebenbedingung durch den variablen Parameter b und betrachten Sie dann die folgenden zwei Probleme:

$$\max f(x, y) \text{ u.d.N. } g(x, y) \leq b \quad \text{und} \quad \max f(x, y) \text{ u.d.N. } g(x, y) = b$$

Bezeichne $v(b)$ die Maximalwertfunktion für das erste Problem mit der Nebenbedingung in Ungleichheitsform und $f^*(b)$ die entsprechende Maximalwertfunktion für das zweite Problem mit der Nebenbedingung in Gleichheitsform. Erinnern Sie von (18.2.2): Wenn die Funktion $f^*(b)$ differenzierbar ist an der Stelle $b = c$, dann muss der Lagrange-Multiplikator λ gleich der Ableitung $\mathrm{d}f^*(b)/\,\mathrm{d}b|_{b=c}$ an dieser Stelle sein. Wir wollen zeigen, dass $f^*(b) \leq f^*(c)$, wenn $b < c$. Dies impliziert: Wenigstens, wenn f^* differenzierbar ist an der Stelle $b = c$, dann gilt $\lambda = \mathrm{d}f^*(b)/\,\mathrm{d}b|_{b=c} \geq 0$.

Nun: Eine offensichtlich allgemeine Eigenschaft eines Maximierungsproblems unter Nebenbedingungen ist, dass die Einführung einer schärferen Nebenbedingung niemals einen höheren Maximalwert zulässt. Weil die Gleichheitsbedingung $g(x, y) = b$ schärfer ist als $g(x, y) \leq b$, implizieren unsere Definitionen der Funktionen v und f^*, dass $f^*(b) \leq v(b)$ für alle b. Aber auch im Fall $b < c$ ist die Bedingung $g(x, y) \leq b$ schärfer als $g(x, y) \leq c$, was $v(b) \leq v(c)$ impliziert. Schließlich: Weil wir den Fall diskutieren, in dem die Lösung (x^*, y^*) zu Problem (20.1.1) $g(x^*, y^*) = c$ erfüllt, müssen wir $v(c) = f^*(c)$ haben. Das heißt: Wenn $b < c$, gelten die Ungleichungen

$$f^*(b) \leq v(b) \leq v(c) = f^*(c)$$

Insbesondere gilt $f^*(b) \leq f^*(c)$, wie verlangt.

Aufgaben für Kap. 20.1

1. Betrachten Sie das Problem max $-x^2 - y^2$ u.d.N. $x - 3y \leq -10$.
   (a) Bestimmen Sie das Paar (x^*, y^*), das das Problem löst.
   (b) Dasselbe Paar (x^*, y^*) löst auch das Problem der Minimierung von $x^2 + y^2$ unter derselben Nebenbedingung $x - 3y \leq -10$. Skizzieren Sie die zulässige Menge S und erklären Sie die Lösung geometrisch.

2. Betrachten Sie das Nachfrageproblem des Verbrauchers max $\sqrt{x} + \sqrt{y}$ u.d.N. $px + qy \leq m$.
   (a) Finden Sie die Nachfragefunktionen, die die optimalen Nachfragen x^* und y^* als Funktionen des Parametertripels (p, q, m) bestimmen.
   (b) Sind diese Nachfragefunktionen homogen vom Grad 0?

3. Betrachten Sie das Problem max $4 - \frac{1}{2}x^2 - 4y$ u.d.N. $6x - 4y \leq a$.
   (a) Schreiben Sie die KKT-Bedingungen auf.
   (b) Lösen Sie das Problem.
   (c) Wenn $V(a)$ die Maximalwertfunktion bezeichnet, verifizieren Sie, dass $V'(a) = \lambda$, wobei λ der Lagrange-Multiplikator in (b) ist.

4. Betrachten Sie das Problem max $x^2 + 2y^2 - x$ u.d.N. $x^2 + y^2 \leq 1$.
   (a) Schreiben Sie die Lagrange-Funktion und die zwei Bedingungen erster Ordnung (20.1.2) auf.
   (b) Bestimmen Sie die fünf Tripel (x, y, λ), die alle notwendigen Bedingungen erfüllen.
   (c) Bestimmen Sie die Lösung des Problems.

5. Betrachten Sie das Problem max $f(x, y) = 2 - (x-1)^2 - e^{y^2}$ u.d.N. $x^2 + y^2 \leq a$, wobei a eine positive Konstante ist.
   (a) Schreiben Sie die KKT-Bedingungen für die Lösung des Problems auf, wobei Sie zwischen den Fällen $a \in (0, 1)$ und $a \geq 1$ unterscheiden. Bestimmen Sie dann den einzigen Lösungskandidaten (x, y, λ).
   (b) Nutzen Sie Theorem 20.1.1, um zu beweisen, dass dieser Lösungskandidat optimal ist.
   (c) Sei $f^*(a)$ die Optimalwertfunktion für das Problem. Verifizieren Sie, dass $\mathrm{d}f^*(a)/\mathrm{d}a = \lambda$.

6. Nehmen Sie an: Ein Unternehmen erzielt als Funktionen ihres Outputs $Q \geq 0$ die Einnahmen $R(Q) = aQ - bQ^2$ und hat die Kosten $C(Q) = \alpha Q + \beta Q^2$, wobei a, b, α und β alle positive Parameter sind. Das Unternehmen maximiert den Gewinn $\pi(Q) = R(Q) - C(Q)$ unter der Nebenbedingung $Q \geq 0$. Lösen Sie dieses Ein-Variablenproblem mit Hilfe der KKT-Methode und finden Sie Bedingungen, dass die Nebenbedingung im Optimum bindend ist.

► Lösungen zu den Aufgaben finden Sie im Anhang des Buches.

20.2 Mehrere Variablen und Nebenbedingungen in Ungleichungsform

Ein ziemlich allgemeines nichtlineares Programmierungsproblem mit n Variablen und m Nebenbedingungen in Ungleichungsform kann wie folgt formuliert werden:

$$\max\ f(x_1,\ldots,x_n) \quad \text{u.d.N.} \quad \begin{cases} g_1(x_1,\ldots,x_n) \leq c_1 \\ \ldots\ldots\ldots\ldots\ldots\ldots \\ g_m(x_1,\ldots,x_n) \leq c_m \end{cases} \tag{20.2.1}$$

Die Menge der n-Vektoren $\mathbf{x} = (x_1,\ldots,x_n)$, die alle Nebenbedingungen erfüllen, wird die *zulässige Menge* oder die *mögliche Menge* genannt.

Erinnern Sie: Die Minimierung von $f(\mathbf{x})$ ist äquivalent zur Maximierung von $-f(\mathbf{x})$. Außerdem kann eine Nebenbedingung der Form $g_j(\mathbf{x}) \geq c_j$ umgeschrieben werden als $-g_j(\mathbf{x}) \leq -c_j$, während eine Gleichheitsbedingung $g_j(\mathbf{x}) = c_j$ äquivalent zur Doppel-Ungleichungsbedingung $g_j(\mathbf{x}) \leq c_j$ und $-g_j(\mathbf{x}) \leq -c_j$. Auf diese Weise können die meisten Optimierungsprobleme unter Nebenbedingungen in der Form (20.2.1) ausgedrückt werden.

In Kap. 18.6 gaben die zwei Gleichungen (18.6.10) und (18.6.11) an, wie die Methode der Lagrange-Multiplikatoren angewendet werden kann auf das entsprechende Problem mit m Ungleichheits-Nebenbedingungen. Hier ist ein ähnliches Rezept, für die Lösung des in (20.2.1) dargestellten Problems:

Die KKT-Methode

Um alle möglichen Lösungen des Problems (20.2.1) zu finden, gehen Sie wie folgt vor:

(i) Für jedes $j = 1,\ldots,m$ assoziieren Sie einen Lagrange-Multiplikator λ_j mit der j-ten Nebenbedingung und schreiben dann die Lagrange-Funktion auf:

$$\mathcal{L}(\mathbf{x}) = f(\mathbf{x}) - \sum_{j=1}^{m} \lambda_j [g_j(\mathbf{x}) - c_j] \tag{20.2.2}$$

(ii) Bestimmen Sie für die m Lagrange-Multiplikatoren $\lambda_1,\ldots,\lambda_m$ die kritischen Stellen von $\mathcal{L}(\mathbf{x})$, indem Sie für jedes $i = 1,\ldots,n$ die partielle Ableitung nach x_i bilden und dann die folgenden n simultanen Gleichungen lösen:

$$\frac{\partial \mathcal{L}(\mathbf{x})}{\partial x_i} = \frac{\partial f(\mathbf{x})}{\partial x_i} - \sum_{j=1}^{m} \lambda_j \frac{\partial g_j(\mathbf{x})}{\partial x_i} = 0$$

(iii) Stellen Sie für jedes $j = 1,\ldots,m$ die komplementäre Schlupfbedingung auf:

$$\lambda_j \geq 0 \text{ mit } \lambda_j = 0\,, \quad \text{falls } g_j(\mathbf{x}) < c_j$$

(iv) Verlangen Sie, dass $\mathbf{x}$ alle Nebenbedingungen $g_j(\mathbf{x}) \leq c_j$ erfüllt.

(v) Bestimmen Sie alle Vektoren $\mathbf{x}$, die zusammen mit den assoziierten Werten von $\lambda_1, \ldots, \lambda_m$ die Bedingungen (ii), (iii) und (iv) erfüllen. Diese Kombinationen $(\mathbf{x}, \lambda_1, \ldots, \lambda_m)$ sind die Lösungskandidaten. Mindestens einer von diesen löst das Problem, wenn es eine Lösung gibt.

Damit die Bedingungen wirklich notwendig sind, benötigt man eine Nebenbedingungsqualifikation der Art, wie sie in FMEA diskutiert wird.

Beachten Sie: Wie im Fall der Gl. (20.1.5) können für jedes $j = 1, \ldots, m$ die Bedingungen in (iii) und (iv) der KKT-Methode bzgl. der j-ten Nebenbedingung zusammengefasst werden in die Dreifachforderung, dass:

$$\lambda_j \geq 0\,, \quad g_j(\mathbf{x}) \leq c_j \quad \text{und} \quad \lambda_j[g_j(\mathbf{x}) - c_j] = 0 \tag{20.2.3}$$

Tatsächlich ist eine weitere Zusammenfassung möglich. Offensichtlich: Wenn (20.2.3) für jedes $j = 1, \ldots, m$ gilt, dann ergibt die Summation der letzten Gleichheit über j:

$$\sum_{j=1}^{m} \lambda_j[g_j(\mathbf{x}) - c_j] = 0 \tag{20.2.4}$$

Aber ein umgekehrtes Resultat ist auch wahr. Denn für jedes $j = 1, \ldots, m$ implizieren die zwei ersten Ungleichungen in (20.2.3) offensichtlich, dass $\lambda_j[g_j(\mathbf{x}) - c_j] \leq 0$, so dass jeder Term der Summe auf der linken Seite von (20.2.4) nichtpositiv ist. Damit dann aber die ganze Summe Null ist, ist es notwendig, dass jeder Term Null ist. Es folgt, dass alle m Bedingungen (20.2.3) genau dann gleichzeitig gelten, wenn die folgende einzige kombinierte Bedingung gilt:

$$\lambda_j \geq 0\,, \quad g_j(\mathbf{x}) \leq c_j \quad (j = 1, \ldots, m) \quad \text{und} \quad \sum_{j=1}^{m} \lambda_j[g_j(\mathbf{x}) - c_j] = 0 \tag{20.2.5}$$

Die beiden äquivalenten Bedingungen (20.2.3) und (20.2.5) sind vielleicht einfacher zu merken und machen auch einige folgende Herleitungen viel leichter.

Konkave Programmierung

Für den Fall eines Maximierungsproblems mit einer Nebenbedingung in Gleichheitsform zeigte Theorem 18.5.1 die Bedeutung des Spezialfalls auf, in dem die Lagrange-Function $\mathcal{L}(\mathbf{x})$ konkav ist in $\mathbf{x}$. Der Grund ist: Jede kritische Stelle von $\mathcal{L}(\mathbf{x})$, die die Nebenbedingung erfüllt, muss das Maximierungsproblem lösen. In der Tat: Selbst wenn die Lagrange-Funktion nicht konkav ist, gilt: Eine kritische Stelle, die sie trotzdem maximiert und die Nebenbedingung erfüllt, muss das Maximierungsproblem lösen. Bei Nebenbedingungen in Ungleichungsform haben wir nicht nur ähnliche Resultate, sondern auch nützliche hinreichende Bedingungen, dass die Lagrange-Funktion konkav ist. Das folgende Resultat bietet solche hinreichenden Bedingungen:

Konkave Programmierung

Betrachten Sie das Problem in (20.2.1) der Maximierung der Funktion $f(\mathbf{x})$ von n Variablen unter den m Ungleichheits-Nebenbedingungen $g_j(\mathbf{x}) \leq c_j$ ($j = 1, 2, \ldots, m$). Das Problem wird eine *konkave Programmierung* genannt, wenn die Zielfunktion f konkav und jede Nebenbedingungsfunktion g_j ($j = 1, 2, \ldots, m$) konvex ist.

Für das Problem in (20.2.1) sowie in (20.2.2) ist die Lagrange-Funktion

$$\mathcal{L}(\mathbf{x}) = f(\mathbf{x}) - \sum_{j=1}^{m} \lambda_j [g_j(\mathbf{x}) - c_j]$$

Nach Theorem 14.8.1 ist die Summe einer endlichen Anzahl konkaver Funktionen konkav. Ebenso ist das Negative eines nichtnegativen Vielfachen einer konvexen Funktion konkav. Wenn deshalb das Problem in (20.2.1) eine konkave Programmierung ist und alle m Lagrange-Multiplikatoren λ_j ($j = 1, 2, \ldots, m$) nichtnegativ sind, dann ist jeder der $m + 1$ Terme der Lagrangeschen Summe konkav und deshalb ist es dann die Lagrange-Funktion $\mathcal{L}(\mathbf{x})$ selbst auch.

Theorem 20.2.1 (Hinreichende Bedingungen für eine konkave Programmierung)

Für das in (20.2.1) gegebene Maximierungsproblem unter Nebenbedingungen sei $\mathbf{x}_0$ eine kritische Stelle der in (20.2.2) definierten Lagrange-Funktion $\mathcal{L}(\mathbf{x})$, die die kombinierte Bedingung des komplementären Schlupfes (20.2.5) erfüllt. Wenn $\mathcal{L}$ konkav ist oder wenn $\mathbf{x}_0$ zufällig $\mathcal{L}$ irgendwie maximiert, dann löst $\mathbf{x}_0$ das Maximierungsproblem unter Nebenbedingungen.

Beweis: Nehmen Sie an, dass für alle $\mathbf{x}$ gilt $\mathcal{L}(\mathbf{x}_0) \geq \mathcal{L}(\mathbf{x})$ und somit

$$\mathcal{L}(\mathbf{x}_0) = f(\mathbf{x}_0) - \sum_{j=1}^{m} \lambda_j [g_j(\mathbf{x}_0) - c_j] \geq \mathcal{L}(\mathbf{x}) = f(\mathbf{x}) - \sum_{j=1}^{m} \lambda_j [g_j(\mathbf{x}) - c_j] \qquad (*)$$

Nehmen Sie weiter an, dass die kombinierte komplementäre Schlupfbedingung (20.2.5) erfüllt ist, was $\sum_{j=1}^{m} \lambda_j [g_j(\mathbf{x}_0) - c_j] = 0$ impliziert. Dann gilt für alle $\mathbf{x}$, die alle m Nebenbedingungen $g_j(\mathbf{x}) \leq c_j$ ($j = 1, \ldots, m$) erfüllen, weil jeder Lagrange-Multiplikator $\lambda_j \geq 0$ erfüllt, dass $\sum_{j=1}^{m} \lambda_j [g_j(\mathbf{x}_0) - c_j] \leq 0$. Somit folgt für jedes $\mathbf{x}$, das alle m Ungleichungsbedingungen erfüllt, aus $(*)$, dass

$$f(\mathbf{x}_0) - \sum_{j=1}^{m} \lambda_j [g_j(\mathbf{x}_0) - c_j] = f(\mathbf{x}_0) \geq f(\mathbf{x}) - \sum_{j=1}^{m} \lambda_j [g_j(\mathbf{x}) - c_j] \geq f(\mathbf{x})$$

Dies beweist, dass $\mathbf{x}_0$ eine Maximumstelle unter den Nebenbedingungen ist.

Ein Minimierunsproblem, dass (20.2.1) entspricht, hat die Form

$$\min\ f(\mathbf{x}) \quad \text{u.d.N.} \quad g_j(\mathbf{x}) \geq c_j \quad (j = 1, 2, \ldots, m) \qquad (20.2.6)$$

Die Lagrange-Funktion ist natürlich immer noch

$$\mathcal{L}(\mathbf{x}) = f(\mathbf{x}) - \sum_{j=1}^{m} \lambda_j [g_j(\mathbf{x}) - c_j]$$

Man nennt das Minimierungsproblem in (20.2.6) eine *konvexe Programmierung*, wenn die Zielfunktion f konvex ist und jede Nebenbedingungsfunktion g_j ($j = 1, 2, \ldots, m$) konkav ist. Diese Bedingungen garantieren, dass die Lagrange-Funktion konvex ist. Dann gibt es ein offensichtliches Gegenstück zu Theorem 20.2.1 für die konvexe Programmierung, wobei „konkav" ersetzt wird durch „konvex" und „maximieren" ersetzt wird durch „minimieren". In der Tat: Der Wechsel aller Vorzeichen konvertiert das Problem in (20.2.6) in das folgende konkave Programmierungsproblem:

$$\max\ -f(\mathbf{x}) \quad \text{u.d.N.} \quad -g_j(\mathbf{x}) \leq -c_j \quad (j = 1, 2, \ldots, m)$$

Dann kann man Theorem 20.2.1 auf dieses Problem anwenden.

Beispiele konkaver Programmierung

Beispiel 20.2.1

Betrachten Sie das nichtlineare Programmierungsproblem

$$\max\ x + 3y - 4e^{-x-y} \quad \text{u.d.N.} \quad \begin{cases} 2 - x \geq 2y \\ x - 1 \leq -y \end{cases}$$

(a) Verifizieren Sie, dass dies ein konkaves Programmierungsproblem ist.

(b) Schreiben Sie die notwendigen KKT-Bedingungen dafür auf, dass die Stelle (x^*, y^*) eine Lösung des Problems ist. Sind diese Bedingungen hinreichend für Optimalität?

(c) Lösen Sie das Problem.

Lösung:

(a) Der erste Schritt ist es, das Problem in derselben Form wie (20.2.1) zu schreiben:

$$\max\ x + 3y - 4e^{-x-y} \quad \text{u.d.N.} \quad \begin{cases} x + 2y \leq 2 \\ x + y \leq 1 \end{cases} \tag{$*$}$$

Die linke Seite jeder Nebenbedingung ist eine lineare Funktion, also konvex. Die Zielfunktion $f(x, y) = x + 3y - 4e^{-x-y}$ hat partielle Ableitungen zweiter Ordnung, für die gilt $f''_{11} = f''_{22} = f''_{12} = -4e^{-x-y}$. Es folgt, dass für die Hesse-Matrix von f gilt $f''_{11} = f''_{22} < 0$ und $f''_{11} f''_{22} - (f''_{12})^2 = 0$. Dies impliziert, dass die Zielfunktion f konkav ist. Somit sind alle Bedingungen erfüllt, dass $(*)$ ein konkaves Programmierungsproblem ist.

(b) Die Lagrange-Funktion ist

$$\mathcal{L}(x, y) = x + 3y - 4e^{-x-y} - \lambda_1(x + 2y - 2) - \lambda_2(x + y - 1)$$

Die KKT-Bedingungen, damit (x^*, y^*) das Problem löst, sind:

$$\mathcal{L}'_1 = 1 + 4e^{-x^*-y^*} - \lambda_1 - \lambda_2 = 0 \qquad \text{(i)}$$

$$\mathcal{L}'_2 = 3 + 4e^{-x^*-y^*} - 2\lambda_1 - \lambda_2 = 0 \qquad \text{(ii)}$$

$$\lambda_1 \geq 0 \ \text{ mit } \ \lambda_1 = 0\,, \text{ wenn } \ x^* + 2y^* < 2 \qquad \text{(iii)}$$

$$\lambda_2 \geq 0 \ \text{ mit } \ \lambda_2 = 0\,, \text{ wenn } \ x^* + y^* < 1 \qquad \text{(iv)}$$

In Teil (a) haben wir gezeigt, dass $(*)$ ein konkaves Programmierungsproblem ist, so dass die KKT-Bedingungen hinreichend sind für Optimalität.

(c) Wenn wir (ii) von (i) subtrahieren, erhalten wir $-2 + \lambda_1 = 0$ und somit $\lambda_1 = 2$. Aber dann ergibt (iii) zusammen mit $x^* + 2y^* \leq 2$, dass $x^* + 2y^* = 2$.
Nehmen Sie an, dass $\lambda_2 = 0$. Dann würde aus (i) folgen, dass $4e^{-x^*-y^*} = 1$, so dass $-x^* - y^* = \ln(1/4)$. Es folgt, dass $x^* + y^* = \ln 4 > 1$, was die Nebenbedingung $x^* + y^* \leq 1$ verletzt. Deshalb muss gelten $\lambda_2 > 0$. Dann folgt aus (iv) und $x^* + y^* \leq 1$, dass $x^* + y^* = 1$. Aber wir haben gezeigt, dass $x^* + 2y^* = 2$, so dass $x^* = 0$ und $y^* = 1$. Einsetzen von $\lambda_1 = 2$ und dieser Werte für x^* und y^* in (i) und (ii) ergibt $\lambda_2 = 4e^{-1} - 1$ und das ist positiv, weil $e < 1$. Die Lösung ist somit: $x^* = 0$ und $y^* = 1$ mit $\lambda_1 = 2$ und $\lambda_2 = 4e^{-1} - 1$.

Beispiel 20.2.2

Ein Arbeiter wählt sowohl den Konsum c als auch das Arbeitsangebot ℓ so aus, dass die Nutzenfunktion $\alpha \ln c + (1-\alpha)\ln(1-\ell)$ aus Konsum $c > 0$ und Freizeit $1-\ell > 0$ maximiert wird, wobei $0 < \alpha < 1$. Die Budgetbeschränkung des Arbeiters ist $c \leq w\ell + m$, wobei $w > 0$ der Lohn pro Einheit Arbeit und $m \geq 0$ Einkommen aus Kapitalerträgen ist. Zusätzlich muss der Arbeiter $\ell \geq 0$ wählen. Lösen Sie das Maximierungsproblem des Arbeiters unter den gegebenen Nebenbedingungen.

Lösung: Das Problem des Arbeiters ist

$$\max \alpha \ln c + (1-\alpha)\ln(1-\ell) \quad \text{u.d.N.} \quad c \leq w\ell + m \ \text{ und } \ \ell \geq 0$$

Weil $\ln x$ konkav in x ist, wenn $x > 0$, und $c > 0$, $l < 1$ und $0 < \alpha < 1$, ist dies offensichtlich ein konkaves Programmierungspoblem. Die Lagrangefunktion ist

$$\mathcal{L}(c, \ell) = \alpha \ln c + (1-\alpha)\ln(1-\ell) - \lambda(c - w\ell - m) + \mu\ell$$

Somit sind die KKT-Bedingungen, dass (c^*, ℓ^*) das Problem löst:

$$\mathcal{L}'_c = \frac{\alpha}{c^*} - \lambda = 0 \qquad \text{(i)}$$

$$\mathcal{L}'_l = \frac{-(1-\alpha)}{1-l^*} + \lambda w + \mu = 0 \qquad \text{(ii)}$$

$$\lambda \geq 0 \ \text{ mit } \ \lambda = 0, \quad \text{wenn} \quad c^* < wl^* + m \qquad \text{(iii)}$$

$$\mu \geq 0 \ \text{ mit } \ \mu = 0, \quad \text{wenn} \quad l^* > 0 \qquad \text{(iv)}$$

Aus (i) folgt $\lambda = \alpha/c^* > 0$. Dann ergibt (iii) zusammen mit der ersten Nebenbedingung

$$c^* = w\ell^* + m \qquad \text{(v)}$$

Unsere Annahmen garantieren, dass $c^* > 0$. Jetzt haben wir zwei Fälle:

Fall I: $\mu = 0$. Aus (i) und (ii) erhalten wir $c^* = \alpha/\lambda$ und $l^* = 1-(1-\alpha)/\lambda w$. Einsetzen dieser Werte in (v) impliziert, dass $\alpha/\lambda = w-(1-\alpha)/\lambda + m$. Es folgt, dass $\lambda = 1/(w+m)$, so dass $c^* = \alpha(w+m)$ und $l^* = 1-(1-\alpha)(w+m)/w = \alpha-(1-\alpha)m/w$. Die KKT-Bedingungen sind alle erfüllt, vorausgesetzt, dass $l^* \geq 0$, was genau dann gilt, wenn $m \leq \alpha w/(1-\alpha)$.

Fall II: $\mu > 0$. Dann impliziert (iv), dass $l^* = 0$, so dass (v) impliziert, dass $c^* = m$. Und dann impliziert (i), dass $\lambda = \alpha/c^* = \alpha/m$. Aus (ii) folgt, dass $\mu = 1-\alpha-\alpha w/m$. Dieser Fall gilt genau dann, wenn $\mu > 0$, oder genau dann, wenn $m > \alpha w/(1-\alpha)$.

In den letzten beiden Beispielen war es nicht zu schwierig, herauszufinden, welche Nebenbedingungen im Optimum bindend sind, d. h. mit Gleichheit gelten. In komplizierteren nichtlinearen Programmierungsproblemen, einschließlich der konkaven Programmierungsprobleme, die wir hier betrachten, kann dies jedoch schwieriger sein. Eine allgemeine Methode, alle Kandidaten für Optimalität in einem nichtlinearen Programmierunsproblem mit zwei Nebenbedingungen zu finden, kann wie folgt formuliert werden: Betrachten Sie zunächst den Fall, in dem beide Nebenbedingungen bindend sind. Betrachten Sie dann die zwei Fälle, in denen nur eine Bedingung bindend ist. Betrachten Sie zum Schluss den Fall, in dem keine Bedingung bindend ist. Bestimmen Sie in jedem Fall alle Vektoren $\mathbf{x}$ mit den zugehörigen nichtnegativen Werten der beiden Lagrange-Multiplikatoren, die alle relevanten Bedingungen erfüllen – falls es welche gibt. Berechnen Sie dann den Wert von $f(\mathbf{x})$ für diese Werte von $\mathbf{x}$ und wählen Sie diejenigen $\mathbf{x}$, für die $f(\mathbf{x})$ am größten ist. Abgesehen von ausgearteten Problemen wird dieses Vorgehen zum Optimum führen. Das nächste Beispiel illustriert, wie dieses Verfahren in der Praxis funktioniert.

Beispiel 20.2.3

Nehmen Sie an, Ihr Nutzen aus dem Konsum von x_1 Einheiten des Gutes A und x_2 Einheiten des Gutes B sei $U(x_1, x_2) = \ln x_1 + \ln x_2$ und die Preise pro Einheit von A und B seien 10 bzw. 5 Euro. Sie haben höchstens 350 Euro zum Kauf der beiden Güter zur Verfügung. Nehmen Sie an, der Konsum einer Einheit von A dauert 0.1 Stunden und der Konsum einer Einheit von B dauert 0.2 Stunden. Sie haben höchstens 8 Stunden Zeit für den Konsum der beiden Güter. Wieviel sollten Sie von jedem Gut kaufen, um Ihren Nutzen zu maximieren?

Lösung: Das Problem ist

$$\max U(x_1, x_2) = \ln x_1 + \ln x_2 \text{ u.d.N. } \begin{cases} 10x_1 + 5x_2 \leq 350 \\ 0.1x_1 + 0.2x_2 \leq 8 \end{cases}$$

Die Lagrange-Funktion ist

$$\mathcal{L} = \ln x_1 + \ln x_2 - \lambda_1(10x_1 + 5x_2 - 350) - \lambda_2(0.1x_1 + 0.2x_2 - 8)$$

Die notwendigen KKT-Bedingungen sind, dass Zahlen λ_1 und λ_2 existieren, so dass

$$\mathcal{L}_1' = 1/x_1^* - 10\lambda_1 - 0.1\lambda_2 = 0 \tag{i}$$

$$\mathcal{L}_2' = 1/x_2^* - 5\lambda_1 - 0.2\lambda_2 = 0 \tag{ii}$$

$$\lambda_1 \geq 0 \text{ mit } \lambda_1 = 0, \text{ wenn } 10x_1^* + 5x_2^* < 350 \tag{iiii}$$

$$\lambda_2 \geq 0 \text{ mit } \lambda_2 = 0, \text{ wenn } 0.1x_1^* + 0.2x_2^* < 8 \tag{iv}$$

Wir beginnen mit dem systematischen Vorgehen:

Fall 1: Beide Nebenbedingungen sind bindend. Dann gilt

$$10x_1^* + 5x_2^* = 350 \tag{v}$$

und $0.1x_1^* + 0.2x_2^* = 8$. Die einzige Lösung dieser zwei Gleichungen ist $(x_1^*, x_2^*) = (20, 30)$. Einsetzen dieser Werte in (i) und (ii) ergibt das Gleichungssystem $10\lambda_1 + 0.1\lambda_2 = 1/20$ und $5\lambda_1 + 0.2\lambda_2 = 1/30$ mit der eindeutigen Lösung $(\lambda_1, \lambda_2) = (1/225, 1/18)$. Insbesondere sind λ_1 und λ_2 beide nichtnegativ. Damit haben wir einen Lösungskandidaten gefunden, der alle KKT-Bedingungen erfüllt.

Fall 2: Bedingung 1 ist bindend, 2 nicht. Dann gilt (v) und $0.1x_1^* + 0.2x_2^* < 8$. Aus (iv) erhalten wir $\lambda_2 = 0$. Nun ergeben (i) und (ii), dass $x_2^* = 2x_1^*$. Wenn wir dies in (v) einsetzen, erhalten wir $x_1^* = 17.5$ und dann $x_2^* = 2x_1^* = 35$. Aber dann ist $0.1x_1^* + 0.2x_2^* = 8.75$, was gegen die zweite Bedingung verstößt. Somit gibt es in diesem Fall keinen Lösungskandidaten.

Fall 3: Bedingung 2 ist bindend, 1 nicht. Dann gilt $10x_1^* + 5x_2^* < 350$ und $0.1x_1^* + 0.2x_2^* = 8$. Aus (iii) folgt $\lambda_1 = 0$ und (i) und (ii) ergeben $0.1x_1^* = 0.2x_2^*$. Eingesetzt in $0.1x_1^* + 0.2x_2^* = 8$ ergibt dies $x_2^* = 20$ und somit $x_1^* = 40$. Dann ist aber $10x_1^* + 5x_2^* = 500$, was gegen die erste Bedingung verstößt. Auch in diesem Fall gibt es also keinen Lösungskandidaten.

Fall 4: Beide Bedingungen sind nicht bindend. Dann gilt $\lambda_1 = \lambda_2 = 0$ und in diesem Fall ergeben (i) und (ii) keinen Sinn.

Somit gibt es nur einen Kandidaten für Optimalität, nämlich $(x_1^*, x_2^*) = (20, 30)$. Da es leicht zu sehen ist, dass wir ein konkaves Programmierungsproblem haben, muss dies die Lösung des Maximierungsproblems unter Nebenbedingungen sein.

Eigenschaften der Optimalwertfunktion

Wie in früheren Maximierungsproblemen unter Nebenbedingungen ist die *Optimalwertfunktion* des Problems (20.2.1) für jeden m-Vektor $\mathbf{c} = (c_1, \ldots, c_m)$ definiert durch $f^*(\mathbf{c}) = f(\mathbf{x}^*(\mathbf{c}))$, wobei $\mathbf{x}^*(\mathbf{c})$ die Lösung des Problems ist. Die folgenden Eigenschaften von f^* sind sehr nützlich:

$$f^*(\boldsymbol{c}) \text{ ist nichtfallend in jeder Variablen } c_1, \ldots, c_m. \tag{20.2.7}$$

$$\text{Wenn } \partial f^*(\boldsymbol{c})/\partial c_j \text{ existiert, dann ist es gleich } \lambda_j(\boldsymbol{c}) \text{ für } j = 1, \ldots, m. \tag{20.2.8}$$

Eigenschaft (20.2.7) folgt hier unmittelbar, denn: Wenn c_j wächst und alle anderen Variablen festgehalten werden, wird die zulässige Menge nicht kleiner und daher kann $f^*(\boldsymbol{c})$ nicht fallen.

Bezüglich Eigenschaft (20.2.8): Jedes $\lambda_j(\mathbf{c})$ ist ein Lagrange-Multiplikator zu den KKT-Bedingungen. Es gibt jedoch einen Haken: Die Optimalwertfunktion f^* muss nicht differenzierbar sein. Selbst wenn f und $g_1, \ldots, g_m$ alle differenzierbar sind, kann die Optimalwertfunktion plötzliche Änderungen in der Steigung haben. Solche Fälle werden in FMEA betrachtet.

Aufgaben für Kapitel 20.2

1. Betrachten Sie das Problem $\max\ \frac{1}{2}x - y$ u.d.N. $x + e^{-x} \leq y$ und $x \geq 0$.

(a) Schreiben Sie die Lagrange-Funktion und die notwendigen KKT-Bedingungen auf.

(b) Bestimmen Sie die Lösung des Problems.

2. Seien p, q und m positive Parameter und nehmen Sie an, dass $0 < \alpha < 1$. Lösen Sie das folgende Konsumentennachfrageproblem, in dem es zusätzlich zu der Budgetbeschränkung noch eine obere Grenze $\bar{x}$ gibt, die reguliert, wieviel von dem ersten Gut gekauft werden kann:

$$\max\ \alpha \ln x + (1-\alpha)\ln y \quad \text{u.d.N.} \quad px + qy \leq m \ \text{ und } \ x \leq \bar{x}$$

3. Betrachten Sie das Problem $\max\ x+y-e^x-e^{x+y}$ u.d.N. $x+y \geq 4, x \geq -1$ und $y \geq 1$.

(a) Skizzieren Sie die zulässige Menge S.

(b) Bestimmen Sie alle Paare (x, y), die alle notwendigen Bedingungen erfüllen.

(c) Bestimmen Sie die Lösung des Problems.

4. Betrachten Sie das Problem $\max x + ay$ u.d.N. $x^2 + y^2 \leq 1$ und $x + y \geq 0$, wobei a eine Konstante ist.

(a) Skizzieren Sie die zulässige Menge und schreiben Sie die notwendigen Bedingungen auf.

(b) Bestimmen Sie die Lösung für alle Werte der Konstanten a.

5. Lösen Sie das folgende Problem unter der Voraussetzung, dass es eine Lösung hat:

$$\max\ y - x^2 \quad \text{u.d.N.} \quad y \geq 0,\ y - x \geq -2 \ \text{ und } \ y^2 \leq x$$

6. Betrachten Sie das Problem $\max\ -\left(x + \frac{1}{2}\right)^2 - \frac{1}{2}y^2$ u.d.N. $e^{-x} - y \leq 0$ und $y \leq \frac{2}{3}$.

(a) Skizzieren Sie die zulässige Menge.

(b) Geben Sie die KKT-Bedingungen an und lösen Sie das Problem.

7. Betrachten Sie das Problem $\max\ xz + yz$ u.d.N. $x^2 + y^2 + z^2 \leq 1$.

(a) Schreiben Sie die KKT-Bedingungen auf.

(b) Lösen Sie das Problem.

► Lösungen zu den Aufgaben finden Sie im Anhang des Buches.

20.3 Nichtnegativitätsbedingungen

Betrachten Sie wieder das allgemeine nichtlineare Programmierungsproblem (20.2.1). Häufig müssen die in ökonomischen Optimierungsproblemen auftretenden Variablen von ihrer Natur aus nichtnegativ sein. Es ist nicht schwierig, solche Bedingungen in die Formulierung von (20.2.1) einzubeziehen. Falls z. B. $x_1 \geq 0$ ist, so kann dies durch die zusätzliche Bedingung $h_1(x_1, \ldots, x_n) = -x_1 \leq 0$ ausgedrückt werden. Natürlich müssen wir einen zusätzlichen Lagrange-Multiplikator für diese Nebenbedingung einführen. Um jedoch nicht zu viele Lagrange-Multiplikatoren zu haben, werden die notwendigen Bedingungen für eine Lösung eines nichtlinearen Programmierungsproblems mit Nichtnegativitätsbedingung manchmal in einer etwas anderen Weise formuliert.

Betrachten Sie zunächst das Problem

$$\max f(x, y) \text{ u.d.N. } g(x, y) \leq c, \; x \geq 0 \text{ und } y \geq 0 \tag{20.3.1}$$

Hier führen wir die Funktionen $h_1(x, y) = -x$ und $h_2(x, y) = -y$ ein, so dass die drei Nebenbedingungen in (20.3.1) durch $g(x, y) \leq c$, $h_1(x, y) \leq 0$ und $h_2(x, y) \leq 0$ ausgedrückt werden können. Um das Rezept für die Lösung von (20.2.1) anzuwenden, führen wir zwei zusätzliche Lagrange-Multiplikatoren ein, die wir mit μ_1 und μ_2 bezeichnen, und bilden dann die Lagrange-Funktion:

$$\mathcal{L}(x, y) = f(x, y) - \lambda[g(x, y) - c] - \mu_1(-x) - \mu_2(-y)$$

Die KKT-Bedingungen sind:

$$\mathcal{L}'_1 = f'_1(x, y) - \lambda g'_1(x, y) + \mu_1 = 0 \tag{i}$$

$$\mathcal{L}'_2 = f'_2(x, y) - \lambda g'_2(x, y) + \mu_2 = 0 \tag{ii}$$

$$\lambda \geq 0 \text{ mit } \lambda = 0, \text{ falls } g(x, y) < c \tag{iii}$$

$$\mu_1 \geq 0 \text{ mit } \mu_1 = 0, \text{ falls } x > 0 \tag{iv}$$

$$\mu_2 \geq 0 \text{ mit } \mu_2 = 0, \text{ falls } y > 0 \tag{v}$$

Aus (i) erhalten wir $f'_1(x, y) - \lambda g'_1(x, y) = -\mu_1$. Aus (iv) bekommen wir $-\mu_1 \leq 0$ mit $-\mu_1 = 0$, falls $x > 0$ ist. Dies zeigt, dass (i) und (iv) zusammen äquivalent sind zu

$$f'_1(x, y) - \lambda g'_1(x, y) \leq 0 \text{ mit Gleichheit, falls } x > 0 \tag{vi}$$

In derselben Weise sind (ii) und (v) zusammen äquivalent zu

$$f'_2(x, y) - \lambda g'_2(x, y) \leq 0 \text{ mit Gleichheit, falls } y > 0 \tag{vii}$$

Zusammen mit (iii) haben wir die zwei modifizierten KKT-Bedingungen (vi) und (vii). Beachten Sie, dass nach der Ersetzung von (i) und (iv) durch (vi), sowie der von (ii) und (v) durch (vii) nur der eine Multiplikator λ übrig bleibt, der zu der Ungleichungsbedingung $g(x, y) \leq c$ gehört.

Dieselbe Idee lässt sich offensichtlich auf das folgende allgemeine Problem mit n nichtnegativen Variablen und m Ungleichheitsbedingungen übertragen:

$$\max f(\mathbf{x}) \quad \text{u.d.N.} \quad \begin{cases} g_1(\mathbf{x}) \leq c_1 \\ \dots\dots\dots \\ g_m(\mathbf{x}) \leq c_m \end{cases} \qquad x_1 \geq 0, \dots, x_n \geq 0 \tag{20.3.2}$$

Kurz formuliert: Die notwendigen Bedingungen für die Lösung des Problems (20.3.2) sind, dass für jedes $i = 1, \dots, n$ gilt:

$$\frac{\partial f(\mathbf{x})}{\partial x_i} - \sum_{j=1}^{m} \lambda_j \frac{\partial g_j(\mathbf{x})}{\partial x_i} \leq 0 \text{ mit Gleichheit, falls } x_i > 0 \tag{20.3.3}$$

Zusätzlich hat man für jedes $j = 1, \dots, m$ die komplementäre Schlupfbedingung

$$\lambda_j \geq 0 \text{ mit } \lambda_j = 0\,, \text{ falls } g_j(\mathbf{x}) < c_j \tag{20.3.4}$$

Wie in Theorem 20.2.1 sind im Fall einer konkaven Programmierung, wenn f konkav ist und jede Funktion g_j konvex ist, die Bedingungen in (20.3.3) und (20.3.4) hinreichend im folgenden Sinn: Wenn $(\mathbf{x}, \lambda_1, \dots, \lambda_m)$ diese Bedingungen erfüllt, dann ist der n-Vektor $\mathbf{x}$ eine Lösung des Maximierungsproblems (20.3.2).

Das KKT-Theorem angewendet auf LP-Probleme

Das allgemeine LP-Problem, das in (19.2.1) definiert wurde, ist ein Spezialfall des allgemeinen nichtlinearen Optimierungsproblems mit Nebenbedingungen in Ungleichheitsform, das in (20.3.2) definiert wurde. In der Tat: Die Zielfunktion ist $f(\mathbf{x}) = \sum_{j=1}^{n} c_j x_j$ und für jedes $i = 1, 2, \dots, m$ ist die i-te Nebenbedingung $g_i(\mathbf{x}) = \sum_{j=1}^{n} a_{ij} x_j \leq b_i$. Wir wollen sehen, welche Form die KKT-Bedingungen (20.3.3) und (20.3.4) in diesem Spezialfall annehmen. Tatsächlich ist ein LP-Problem eigentlich ein konkaves Programmierungsproblem, so dass die KKT-Bedingungen hinreichend sind, um eine Maximumstelle zu bestimmen.

Wir verwenden die Notation aus Kap. 19 und für jedes $i = 1, \dots, m$ bezeichne u_i^* anstelle von λ_i den nichtnegativen Lagrange-Multiplikator, der mit der i-ten Nebenbedingung des LP-Problems in (19.2.1) assoziiert ist. Für jedes $j = 1, \dots, n$ nimmt Bedingung (20.3.3) die folgende Form an:

$$c_j - \sum_{i=1}^{m} u_i^* a_{ij} \leq 0 \text{ mit Gleichheit, falls } x_j^* > 0 \tag{20.3.5}$$

Auf der anderen Seite nimmt für jedes $i = 1, \dots, m$ die komplementäre Schlupfbedingung (20.3.4) diese Form an:

$$u_i^* \geq 0 \text{ mit } u_i^* = 0, \quad \text{falls } \sum_{j=1}^{n} a_{ij} x_j^* < b_i \tag{20.3.6}$$

Kombiniert mit der Forderung, dass der n-Vektor $\mathbf{x}^*$ die Ungleichungs- und Nichtnegativitätsbedingungen in dem LP-Problem (19.2.1) erfüllt, sind diese Bedingungen gerade die komplementären Schlupfbedingungen aus Theorem 19.5.1.

Drei Beispiele

Wir schließen den Haupttext diese Kapitels wie auch des Buches mit drei ökonomischen Beispielen ab. Zusammen illustrieren Sie die Macht und weite Anwendungsmöglichkeit der KKT-Methode, insbesondere bei der Anwendung auf konkave Programmierung.

Beispiel 20.3.1 **(Import von norwegischem oder sibirischem Erdgas)**

Wie in Aufgabe 17.5.3 bezeichnen x und y die Mengen an Erdgas, die Westeuropa aus Norwegen bzw. Sibirien importiert. Die optimale Wahl dieser wichtigen Importmengen wurde in der Aufgabe dargestellt durch das folgende konkave Programmierungsproblem:

$$\max\ f(x,y) = 9x + 8y - 6(x+y)^2 \quad \text{u.d.N.} \quad 0 \leq x \leq 5,\ 0 \leq y \leq 3,\ x \geq 2(y-1)$$

Nutzen Sie die Bedingungen (20.3.3) und (20.3.4), um zu zeigen, dass $(x,y) = (\frac{3}{4}, 0)$ die Lösung ist.

Lösung: Wir schreiben die letzte Bedingung als $-x + 2y \leq 2$. Das Maximierungsproblem unter Nebenbedingungen ist offensichtlich ein konkaves Programmierunsproblem mit der Lagrange-Funktion

$$\mathcal{L}(x,y) = 9x + 8y - 6(x+y)^2 - \lambda_1(x-5) - \lambda_2(y-3) - \lambda_3(-x+2y-2)$$

Die Bedingungen (20.3.3) sind hier:

$$\begin{aligned} 9 - 12(x+y) - \lambda_1 + \lambda_3 &\leq 0 \text{ und } = 0, \text{ falls } x > 0\,; \\ 8 - 12(x+y) - \lambda_2 - 2\lambda_3 &\leq 0 \text{ und } = 0, \text{ falls } y > 0\,. \end{aligned}$$

Es ist leicht zu sehen, dass $(x,y) = (\frac{3}{4}, 0)$ zusammen mit $(\lambda_1, \lambda_2, \lambda_3) = (0,0,0)$ diese Bedingungen erfüllt, wie auch die komplementären Schlupfbedingungen in Gl. (20.3.4). Somit ist $(\frac{3}{4}, 0)$ eine Lösung.

Beispiel 20.3.2

Betrachten Sie das Nutzenmaximierungsproblem

$$\max\ x + \ln(1+y) \quad \text{u.d.N.} \quad px + y \leq m,\ \ x \geq 0 \text{ und } y \geq 0$$

Dabei wird explizit verlangt, dass der Konsum beider Güter nichtnegativ ist.

(a) Schreiben Sie die notwendigen KKT-Bedingungen für eine Lösung an der Stelle (x^*, y^*) auf.

(b) Bestimmen Sie die Lösung des Problems für alle positiven Werte von p und m.

Lösung:

(a) Die Lagrange-Funktion ist:

$$\mathcal{L}(x,y) = x + \ln(1+y) - \lambda(px + y - m)$$

Die notwendigen KKT-Bedingungen für eine Lösung (x^*, y^*) sind: Es existiert ein λ, so dass

$$\mathcal{L}_1'(x^*, y^*) = 1 - p\lambda \leq 0 \text{ mit } 1 - p\lambda = 0, \text{ wenn } x^* > 0 \tag{i}$$

$$\mathcal{L}_2'(x^*, y^*) = \frac{1}{1+y^*} - \lambda \leq 0 \text{ mit } \frac{1}{1+y^*} - \lambda = 0, \text{ wenn } y^* > 0 \tag{ii}$$

$$\lambda \geq 0 \text{ mit } \lambda = 0, \text{ wenn } px^* + y^* < m \tag{iii}$$

Zusätzlich muss $x^* \geq 0, y^* \geq 0$ und die Budgetbeschränkung $px^* + y^* \leq m$ erfüllt sein.

(b) Beachten Sie, dass wir ein konkaves Programmierungsproblem haben, so dass jedes Tripel (x^*, y^*, λ), das die KKT-Bedingungen erfüllt, eine Maximumstelle ist. Wegen (i) ist klar, dass $\lambda \neq 0$ und deshalb $\lambda > 0$. Dann implizieren (iii) und $px^* + y^* \leq m$, dass

$$px^* + y^* = m \tag{iv}$$

Indem wir betrachten, welche der Bedingungen $x \geq 0$ und $y \geq 0$ bindend sind, sind vier Fälle zu unterscheiden:

Fall 1: Sei $x^* = 0, y^* = 0$. Da $m > 0$, ist dies wegen (iv) unmöglich.

Fall 2: Sei $x^* > 0, y^* = 0$. Aus (ii) und $y^* = 0$ erhalten wir $\lambda \geq 1$. Dann impliziert (i), dass $p = 1/\lambda \leq 1$. Gleichung (iv) ergibt $x^* = m/p$, so dass wir einen Kandidaten für eine Maximumstelle haben:

$$(x^*, y^*) = (m/p, 0) \quad \text{und} \quad \lambda = 1/p, \text{ falls } 0 < p \leq 1$$

Fall 3: Sei $x^* = 0, y^* > 0$. Aus (iv) folgt $y^* = m$. Dann ergibt (ii) $\lambda = 1/(1 + y^*) = 1/(1 + m)$. Aus (i) erhalten wir $p \geq 1/\lambda = m + 1$. Dies ergibt einen weiteren Lösungskandidaten:

$$(x^*, y^*) = (0, m) \text{ und } \lambda = 1/(1 + m), \text{ falls } p \geq m + 1$$

Fall 4: Sei $x^* > 0, y^* > 0$. Hier muss Gleichheit in (i) und (ii) sein, so dass $\lambda = 1/p = 1/(1 + y^*)$. Es folgt $y^* = p - 1$ und dann $p > 1$, weil $y^* > 0$. Gleichung (iv) impliziert $px^* = m - y^* = m - p + 1$, so dass $x^* = (m + 1 - p)/p$. Da $x^* > 0$, muss $p < m + 1$ gelten. Daher erhalten wir einen letzten Lösungskandidaten:

$$(x^*, y^*) = \left(\frac{m+1-p}{p}, p-1\right) \text{ und } \lambda = 1/p, \text{ falls } 1 < p < m + 1$$

Wenn wir dies alles zusammenfassen, sehen wir, dass die Lösung des Problems gegeben ist durch:

Für $0 < p \leq 1$ trifft Fall 2 zu. Dann ist $(x^*, y^*) = (m/p, 0)$ mit $\lambda = 1/p$.
Für $1 < p < m + 1$ trifft Fall 4 zu. Dann ist $(x^*, y^*) = ((m + 1 - p)/p, p - 1)$ mit $\lambda = 1/p$.
Für $p \geq m + 1$ trifft Fall 3 zu. Dann ist $(x^*, y^*) = (0, m)$ mit $\lambda = 1/(m + 1)$.

Beachten Sie, dass es abgesehen vom mittleren Fall, wenn $1 < p < m + 1$, optimal ist, alles nur für das billigere der zwei Güter auszugeben, welches x ist im Fall $0 < p \leq 1$ oder y im Fall $p \geq m + 1$.

Beispiel 20.3.3 **(Spitzenlast-Preisbildung)**

Betrachten Sie einen großen Elektrizitätserzeuger, der Elektrizität in einer großen Zahl verschiedener Kraftwerke erzeugt, die die Energie aus verschiedenen Quellen wie Sonne, Wind, Wasser, Erdgas, Kohle oder Kernspaltung gewinnen. Die Nachfrage nach Elektrizität variiert zwischen Perioden mit Spitzenauslastung, während der ein Großteil der erzeugten Kapazität gebraucht wird, und Schwachlastzeiten, in denen es beträchtliche ungenutzte Kapazität gibt. Wir betrachten ein bestimmtes Zeitintervall (sagen wir ein Jahr), eingeteilt in n Perioden gleicher Länge. Die Verkäufe elektrischer Energie in diesen n Perioden seien $x_1, x_2, \ldots, x_n$. Nehmen Sie an, dass eine regulierende Behörde die entsprechenden Preise auf die Höhen $p_1, p_2, \ldots, p_n$ festlegt. Die gesamten Betriebskosten über alle n Perioden seien $C(\mathbf{x})$, wobei $\mathbf{x} = (x_1, \ldots, x_n)$ und k sei die konstante Outputkapazität in jeder Periode. Es seien $D(k)$ die Kosten, um die Output-Kapazität auf dem Level k zu erhalten. Der Gesamtgewinn des Produzenten ist dann

$$\pi(\mathbf{x}, k) = \sum_{i=1}^{n} p_i x_i - C(\mathbf{x}) - D(k)$$

Da der Produzent in jeder Periode die Kapazität k nicht überschreiten kann, unterliegt er den Einschränkungen

$$x_1 \leq k, \ \ldots, \ x_n \leq k$$

Wir betrachten das Problem, $x_1 \geq 0, \ldots, x_n \geq 0$ und $k \geq 0$ zu bestimmen, so dass der Gewinn unter den obigen Kapazitätseinschränkungen maximiert wird.

Dies ist ein Problem der nichtlinearen Programmierung mit $n+1$ Variablen und n Nebenbedingungen sowie n Nichtnegativitätsbedingungen. Die Lagrange-Funktion ist

$$\mathcal{L}(\mathbf{x}, k) = \sum_{i=1}^{n} p_i x_i - C(\mathbf{x}) - D(k) - \sum_{i=1}^{n} \lambda_i (x_i - k)$$

Nach (20.3.3) und (20.3.4) kann $(\mathbf{x}^0, k^0) \geq 0$ das Problem nur lösen, wenn es nichtnegative Lagrange-Multiplikatoren $\lambda_1, \ldots, \lambda_n \geq 0$ gibt, so dass

$$\frac{\partial \mathcal{L}}{\partial x_i} = p_i - C_i'(\mathbf{x}^0) - \lambda_i \leq 0 \text{ mit Gleichheit, falls } x_i^0 > 0, \text{ für } i = 1, \ldots, n \tag{i}$$

$$\frac{\partial \mathcal{L}}{\partial k} = -D'(k^0) + \sum_{i=1}^{n} \lambda_i \leq 0 \text{ mit Gleichheit, falls } k^0 > 0 \tag{ii}$$

$$\lambda_i \geq 0 \text{ mit } \lambda_i = 0, \text{ falls } x_i^0 < k^0, \text{ für } i = 1, \ldots, n \tag{iii}$$

Nehmen Sie an, dass in Periode i gilt $x_i^0 > 0$. Dann impliziert (i), dass

$$p_i = C_i'(\mathbf{x}^0) + \lambda_i \tag{iv}$$

Wenn in Periode i keine Spitzenauslastung vorliegt, dann ist $x_i^0 < k^0$ und somit $\lambda_i = 0$ nach (iii). Aus (iv) folgt, dass $p_i = C_i'(x_1^0, \ldots, x_n^0)$ ist. Daher sehen wir, dass das *den Gewinn maximierende Muster des Outputs* $\mathbf{x}^0$ *Gleichheit zwischen den Preisen der regulierenden Behörde und den entsprechenden Grenzbetriebskosten in allen Perioden mit Schwachauslastung herstellt.*

Andererseits kann λ_i positiv sein in einer Periode mit Spitzenauslastung, wenn $x_i^0 = k^0$ ist. Falls $k^0 > 0$ ist, so folgt aus (ii), dass $\sum_{i=1}^{n} \lambda_i = D'(k^0)$. Wir schließen, dass das Output-Muster so sein wird, dass *in Spitzenperioden, der durch die Regulierungsbehörde festgesetzte Preis die Grenzbetriebskosten um einen zusätzlichen Betrag λ_i übersteigt, der gleich dem „Schattenpreis" ist, der zu der Kapazitätseinschränkung $x_i^0 \leq k^0$ gehört. Die Summen dieser Schattenpreise über alle Perioden mit Spitzenauslastung ist gleich den Grenzkapazitätskosten $D'(k^0)$.*

Aufgaben für Kapitel 20.3

1. Betrachten Sie das Nutzenmaximierungsproblem $\max x + \ln(1+y)$ u.d.N. $16x + y \leq 495$, $x \geq 0$, $y \geq 0$.

(a) Schreiben Sie die notwendigen KKT-Bedingungen mit Nichtnegativitätsbedingungen für eine mögliche Lösungsstelle auf.

(b) Bestimmen Sie die Lösung des Problems.

(c) Schätzen Sie ab, um wieviel der Nutzen ungefähr zunimmt, wenn das Einkommen von 495 auf 500 steigt.

2. Lösen Sie das folgende Problem unter der Annahme, dass es eine Lösung hat:

$$\max \quad xe^{y-x} - 2ey \quad \text{u.d.N.} \quad y \leq 1 + x/2, \quad x \geq 0, \quad y \geq 0$$

3. Nehmen Sie an, dass die optimale Ausnutzung der Kapazität durch ein Unternehmen verlangt, dass ihre Outputgrößen x_1 und x_2 und ihr Kapazitätsniveau k so gewählt werden sollten, dass sie das folgende Problem lösen:

$$\max x_1 + 3x_2 - x_1^2 - x_2^2 - k^2 \quad \text{u.d.N.} \quad x_1 \leq k\,, \quad x_2 \leq k\,, \quad x_1 \geq 0\,, \quad x_2 \geq 0\,, \quad k \geq 0$$

Zeigen Sie, dass $k = 0$ nicht optimal sein kann und finden Sie dann die Lösung.

► Lösungen zu den Aufgaben finden Sie im Anhang des Buches.

Aufgaben zur Wiederholung für Kapitel 20

1. Lösen Sie für alle $a > 0$ das Problem

$$\max \quad 10 - (x-2)^2 - (y-1)^2 \quad \text{u.d.N.} \quad g(x,y) = x^2 + y^2 \leq a$$

2. Betrachten Sie das nichtlineare Programmierungsproblem

$$\max xy \quad \text{u.d.N.} \quad x^2 + ry^2 \leq m \quad \text{und} \quad x \geq 1$$

Dabei sind r und m positive Konstanten mit $m > 1$.

(a) Schreiben Sie die notwendigen KKT-Bedingungen für eine Lösung des Problems an der Stelle (x, y) auf.

(b) Lösen Sie das Problem.

(c) Es bezeichne $V(r, m)$ die Optimalwertfunktion. Berechnen Sie $\partial V(r, m)/\partial m$ und kommentieren Sie das Vorzeichen.

(d) Verifizieren Sie, dass $\partial V(r, m)/\partial r = \partial \mathcal{L}/\partial r$, wobei $\mathcal{L}$ die Lagrange-Funktion ist.

3. Ein Unternehmen produziert x_1 Autos und x_2 Lastwagen pro Monat, wobei $x_1 \geq 0$ und $x_2 \geq 0$. Nehmen Sie an, dass jedes Auto 0.04 % der Kapazität pro Monat in der Karosserieabteilung verlangt, 0.025 % der Kapazität pro Monat in der Motorenabteilung und 0.05 % der Kapazität pro Monat am spezialisierten Autofließband. Die entsprechenden Zahlen für Lastwagen sind 0.03 % in der Karosserieabteilung, 0.05 % in der Motorenabteilung und 0.08 % am spezialisierten Lastwagenfließband. Das Unternehmen kann deshalb x_1 Autos und x_2 Lastwagen pro Monat liefern, wenn die folgenden Ungleichungen erfüllt sind:

$$\begin{aligned} 0.04x_1 + 0.03x_2 &\leq 100 \\ 0.025x_1 + 0.05x_2 &\leq 100 \\ 0.05x_1 \qquad\qquad &\leq 100 \\ 0.08x_2 &\leq 100 \end{aligned} \qquad (*)$$

wobei $x_1 \geq 0$, $x_2 \geq 0$. Nehmen Sie an: Der Gewinn pro Auto ist $500 - ax_1$, wobei a eine nichtnegative Konstante ist, während der Gewinn pro Lastwagen 250 ist. Das Unternehmen versucht das Problem

$$\max\ (500 - ax_1)x_1 + 250x_2$$

zu lösen u.d.N. $(*)$ sowie $x_1 \geq 0$ und $x_2 \geq 0$.

(a) Für den Fall $a = 0$, in dem sich das Maximierungsproblem zu einem linearen Programmierungsproblem reduziert, lösen Sie dieses grafisch.

(b) Schreiben Sie die Bedingungen (20.3.3) und (20.3.4) für das Problem auf, wenn $a \geq 0$.

(c) Nutzen Sie die in (b) erhaltenen Bedingungen, um zu untersuchen, für welche Werte von $a \geq 0$ die Lösung dieselbe ist wie für $a = 0$.

4. Nehmen Sie an, dass das Unternehmen in Beispiel 9.5.1 den Erlös $R(Q)$ erzielt und die Kosten $C(Q)$ als Funktionen des Outputs $Q \geq 0$ hat, wobei $R'(Q) > 0$, $C'(Q) > 0$, $R''(Q) < 0$ und $C''(Q) > 0$ für alle $Q \geq 0$. Das Unternehmen maximiert den Gewinn $\pi(Q) = R(Q) - C(Q)$ unter der Nebenbedingung $Q \geq 0$. Schreiben Sie die Bedingungen erster Ordnung für die Lösung dieses Problems auf und finden Sie hinreichende Bedingungen dafür, dass die Nebenbedingung $Q \geq 0$ im Optimum bindend ist.

5. Ein Unternehmen verwendet K und L Einheiten zweier Inputfaktoren, um $\sqrt{KL}$ Einheiten eines Produkts herzustellen, wobei $K > 0$ und $L > 0$. Die Kosten der Inputfaktoren sind r bzw. w pro Einheit. Das Unternehmen möchte die Kosten der Herstellung von wenigstens Q Einheiten minimieren.

(a) Formulieren Sie das zugehörige nichtlineare Programmierungsproblem. Formen Sie das Problem um in ein Maximierungsproblem und schreiben Sie die KKT-Bedingungen für das Optimum auf. Lösen Sie diese Bedingungen, um K^* und L^* als Funktionen von (r, w, Q) zu bestimmen.

(b) Definieren Sie die Minimalkostenfunktion als $c^*(r, w, Q) = rK^* + wL^*$. Verifizieren Sie, dass $\partial c^*/\partial r = K^*$ und $\partial c^*/\partial w = L^*$. Geben Sie dann ökonomische Interpretationen für diese Resultate an.

► Lösungen zu den Aufgaben finden Sie im Anhang des Buches.

Anhang

A.1 Geometrie 956

A.2 Das Griechische Alphabet 958

A.3 Literaturverzeichnis 959

ÜBERBLICK

A

Niemand der Geometrie Unkundiger möge eintreten.

–Inschrift über dem Eingang von Platons Akademie

Dieser Anhang soll dem Leser einige einfache Formeln und Resultate aus der Geometrie in Erinnerung bringen, die gelegentlich für Wirtschaftswissenschaftler nützlich sind und manchmal in diesem Buch verwendet werden. Am Ende ist auch eine Liste des griechischen Alphabets, gefolgt von einer Liste der Referenzen, die in diesem Text zitiert wurden.

A.1 Geometrie

Dreieck

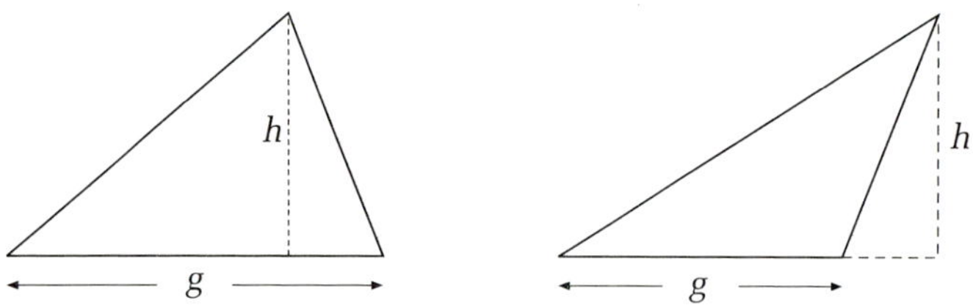

Fläche: $F = \frac{1}{2}gh$

Kreis

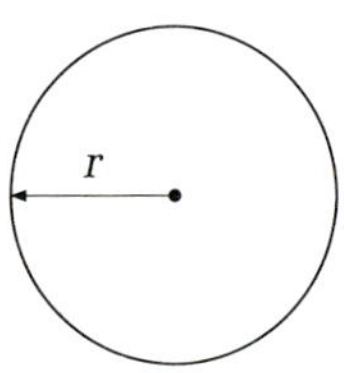

Fläche: $F = \pi r^2$

Umfang: $U = 2\pi r$

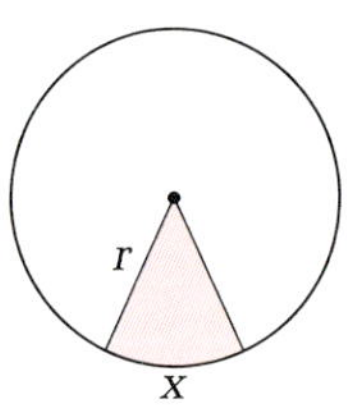

Fläche: $F = \frac{1}{2}xr$

Quader

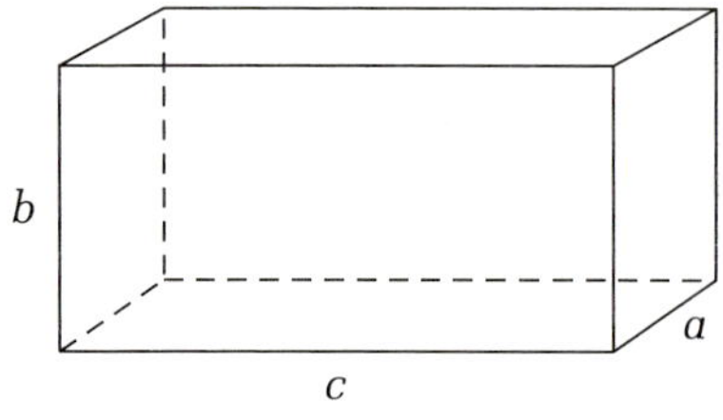

Volumne: $V = abc$

Oberfläche: $O = 2ab + 2ac + 2bc$

Kugel

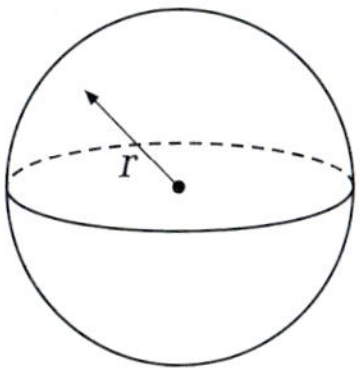

Volumen: $V = \frac{4}{3}\pi r^3$

Oberfläche: $O = 4\pi r^2$

Kegel

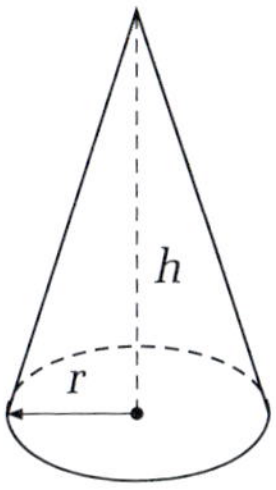

Volumen: $V = \frac{1}{3}\pi r^2 h$

Oberfläche: $O = \pi r^2 + \pi r\sqrt{h^2 + r^2}$

Pyramide (oder Tetraeder)

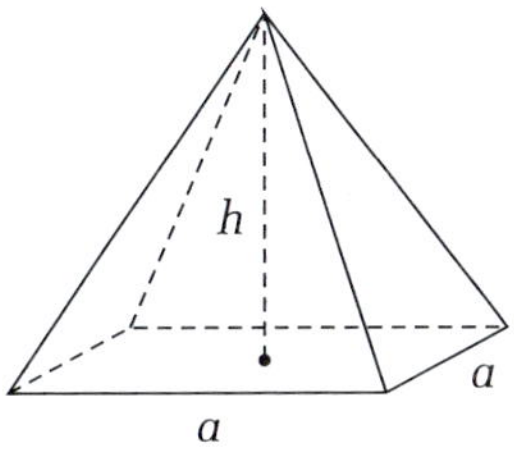

Volumen: $V = \frac{1}{3}\, a^2 h$

Oberfläche: $O = a^2 + a\sqrt{a^2 + 4\, h^2}$

Winkel

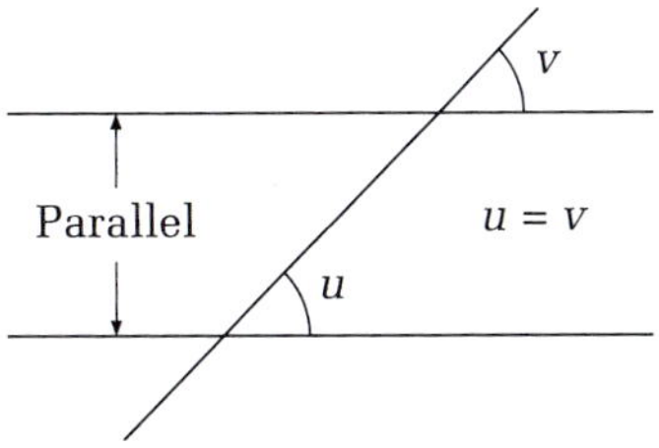

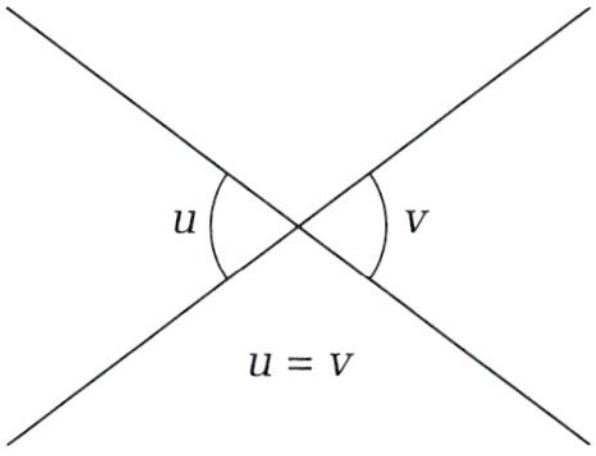

Strahlensatz

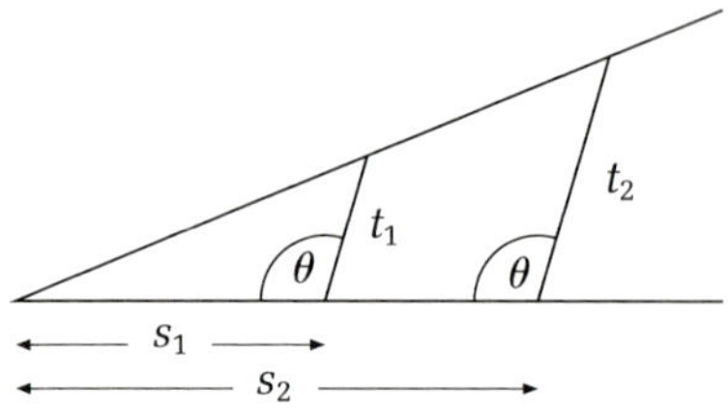

$$t_1/s_1 = t_2/s_2$$

Winkelsumme in einem Dreieck

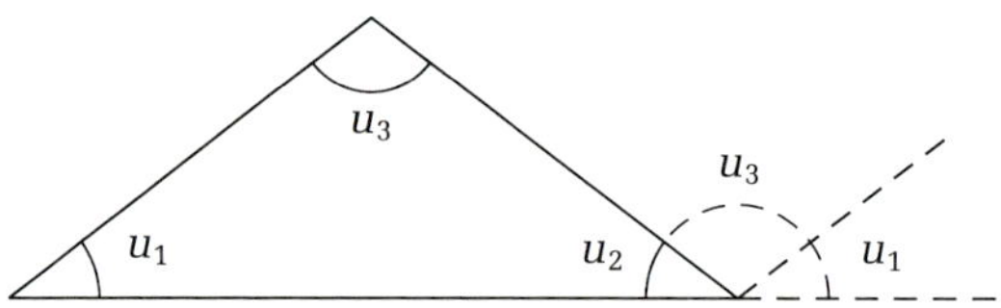

$$u_1 + u_2 + u_3 = 180°$$

Satz des Pythagoras

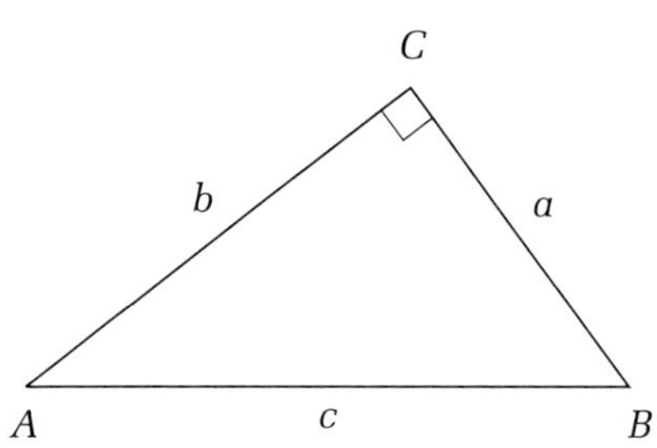

$$\angle C = 90° \iff a^2 + b^2 = c^2$$

A.2 Das Griechische Alphabet

$\mathrm{A}\ \alpha$	alpha	$\mathrm{N}\ \nu$	nü
$\mathrm{B}\ \beta$	beta	$\Xi\ \xi$	xi
$\Gamma\ \gamma$	gamma	$\mathrm{O}\ o$	omicron
$\Delta\ \delta$	delta	$\Pi\ \pi\ \varpi$	pi
$\mathrm{E}\ \epsilon\ \varepsilon$	epsilon	$\mathrm{P}\rho\ \varrho$	rho
$\mathrm{Z}\ \zeta$	zeta	$\Sigma\ \sigma\ \varsigma$	sigma
$\mathrm{H}\ \eta$	eta	$\mathrm{T}\ \tau$	tau
$\Theta\ \theta\ \vartheta$	theta	$\Upsilon\ \upsilon$	ypsilon
$\mathrm{I}\ \iota$	jota	$\Phi\ \phi\ \varphi$	phi
$\mathrm{K}\ \kappa\ \varkappa$	kappa	$\mathrm{X}\ \chi$	chi
$\Lambda\ \lambda$	lambda	$\Psi\ \psi$	psi
$\mathrm{M}\mu$	mü	$\Omega\ \omega$	omega

A.3 Literaturverzeichnis

Körner, T.W. (2013) *Vectors, Pure and Applied* (Cambridge University Press: Cambridge).

Meyer, C.D. (2000) *Matrix Analysis and Applied Linear Algebra* (SIAM: Philadelphia).

Sydsæter, K., Hammond, P., Seierstad, A. and Strøm, A. (2008) *Further Mathematics for Economic Analysis* (2nd ed.) (FT/Prentice Hall: Harlow and London).

Varian, H.L. (2009) *Intermediate Microeconomics: A Modern Approach* (8th ed.) (W.W. Norton: New York and London).

Lösungen und Antworten zu den Aufgaben

B

Kapitel 1 962
Kapitel 2 966
Kapitel 3 976
Kapitel 4 980
Kapitel 5 990
Kapitel 6 997
Kapitel 7 1005
Kapitel 8 1017
Kapitel 9 1024
Kapitel 10 1031
Kapitel 11 1041
Kapitel 12 1048
Kapitel 13 1058
Kapitel 14 1070
Kapitel 15 1080
Kapitel 16 1091
Kapitel 17 1092
Kapitel 18 1100
Kapitel 19 1108
Kapitel 20 1117

ÜBERBLICK

Kapitel 1

1.1

1. (a) $5 \in C$, $D \subseteq C$ und $B = C$ sind wahr. Die drei anderen sind falsch.
(b) $A \cap B = \{2\}$, $A \cup B = \{2, 3, 4, 5, 6\}$, $A \setminus B = \{3, 4\}$, $B \setminus A = \{5, 6\}$, $(A \cup B) \setminus (A \cap B) = \{3, 4, 5, 6\}$, $A \cup B \cup C \cup D = \{2, 3, 4, 5, 6\}$, $A \cap B \cap C = \{2\}$ und $A \cap B \cap C \cap D = \emptyset$.

2. (a) Die Menge $F \cap B \cap C$ besteht aus allen weiblichen Biologiestudierenden in Ω, die im Universitätschor sind; $M \cap F$ aus allen weiblichen Mathematikstudierenden; $((M \cap B) \setminus C) \setminus T$ aus allen Studierenden in Ω, die sowohl Mathematik als auch Biologie studieren, aber weder Tennis spielen noch im Universitätschor sind.
(b) (i) $B \subseteq M$ (ii) $F \cap B \cap C \neq \emptyset$ (iii) $T \cap B = \emptyset$ (iv) $(F \setminus T) \setminus C \subseteq B$.

3. Beachten Sie, dass $50 - 35 = 15$ Kaffee mögen, aber keinen Tee. Und $40 - 35 = 5$ mögen Tee, aber keinen Kaffee. Da 35 beides mögen und 10 keins von beiden, gab es $15 + 5 + 35 + 10 = 65$, die geantwortet haben.

4. Die $2^3 = 8$ Teilmengen von $\{a, b, c\}$ sind die Menge selbst und die leere Menge, zusammen mit den sechs Teilmengen $\{a\}$, $\{b\}$, $\{c\}$, $\{a, b\}$, $\{a, c\}$ und $\{b, c\}$. Die $2^4 = 16$ Teilmengen von $\{a, b, c, d\}$ sind die acht vorangehenden Mengen zusammen mit acht weiteren Mengen, die d enthalten, nämlich $\{d\}$, $\{a, d\}$, $\{b, d\}$, $\{c, d\}$, $\{a, b, d\}$, $\{a, c, d\}$, $\{b, c, d\}$ und $\{a, b, c, d\}$. Abgesehen von $\{a, b, c, d\}$ und der leeren Menge gibt es 14 andere Teilmengen.

5. (b) ist wahr, weil $A \cap (B \cup C) = (A \cap B) \cup (A \cap C) \subseteq (A \cap B) \cup C$; die anderen drei sind im Allgemeinen falsch. Nämlich: (a) $A \setminus B \neq B \setminus A$, wenn $B \subseteq A$ mit $\emptyset \neq B \neq A$; (c) gilt genau dann, wenn $A \subseteq C$; (d) ist verletzt, wenn $A = \{1, 2\}$, $B = \{1\}$ und $C = \{1, 3\}$.

6. Für $i = 1, 2, 3$ bezeichne S_i die mit (i) markierte Menge in Abb. A1.1.6. Ferner sei S_4 die Menge aller Punkte außerhalb der mit (1), (2) oder (3) markierten Regionen. Dann gilt: (a) $(A \cup B)^c = S_4$, während $A^c = S_3 \cup S_4$ und $B^c = S_1 \cup S_4$, so dass $A^c \cap B^c = S_4$. (b) $A \cap B = S_2$, so dass $(A \cap B)^c = S_1 \cup S_3 \cup S_4$, während $A^c \cup B^c = (S_3 \cup S_4) \cup (S_1 \cup S_4) = S_1 \cup S_3 \cup S_4$.

7. (a) Betrachten Sie wieder Abb. A1.1.6. Nun ist $n(A \cup B)$ die Summe der Anzahlen der Elemente in den paarweise disjunkten Mengen, die mit (1), (2) bzw. (3) markiert sind, d. h. $n(A \setminus B) + n(A \cap B) + n(B \setminus A)$. Aber $n(A) + n(B)$ ist die Anzahl der Elemente in (1) und (2) zusammen, plus die Anzahl der Elemente in (2) und (3) zusammen. Daher werden die Elemente in (2) zweimal gezählt. Sie müssen daher $n(A \cap B)$, die Anzahl der Elemente in (2) abziehen, um Gleichheit zu erhalten. (b) Betrachten Sie wieder Abb. A1.1.6. Nun ist $n(A \setminus B)$ die Anzahl der Elemente in (1), während $n(A) - n(A \cap B)$ die Anzahl der Elemente in (1) und (2) zusammen, minus die Anzahl der Elemente in (2). Daher ist es die Anzahl der Elemente in (1).

8. (a) Betrachten Sie Abb. A1.1.8, in der die Kreise die Leserschaft der drei Zeitungen repräsentieren. Es bezeichne n_k die Anzahl der Personen in der mit S_k

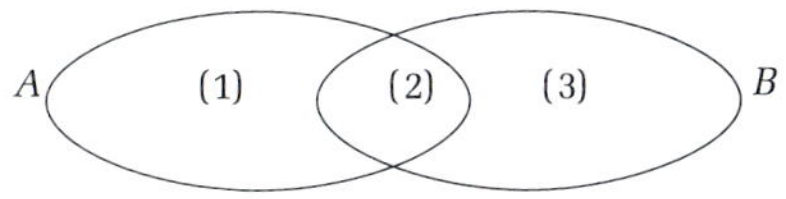

Abbildung A1.1.6

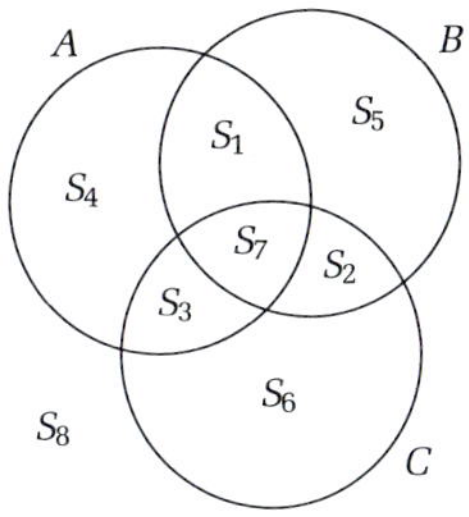

Abbildung A1.1.8

bezeichneten Menge für $k = 1, 2, \ldots, 8$. Offensichtlich ist $n_1 + n_2 + \cdots + n_8 = 1000$. Die Antworten implizieren: $n_1 + n_3 + n_4 + n_7 = 420$; $n_1 + n_2 + n_5 + n_7 = 316$; $n_2 + n_3 + n_6 + n_7 = 160$; $n_1 + n_7 = 116$; $n_3 + n_7 = 100$; $n_2 + n_7 = 30$ und $n_7 = 16$. Aus diesen Gleichungen folgt leicht $n_1 = 100$, $n_2 = 14$, $n_3 = 84$, $n_4 = 220$, $n_5 = 186$, $n_6 = 46$, $n_7 = 16$ und $n_8 = 334$. Somit: $n_3 + n_4 = 304$ haben A, aber nicht B gelesen; (b) $n_6 = 46$; (c) $n_8 = 334$. (d) Wir finden $n(A \setminus B) = n_3 + n_4 = 304$, $n(C \setminus (A \cup B)) = n_6 = 46$ und $n(\Omega \setminus (A \cup B \cup C)) = n_8 = 334$. Die letzte Gleichung ist ein Spezialfall von $n(\Omega \setminus D) = n(\Omega) - n(D)$. (Die Anzahl der Personen, die in Ω, aber nicht in D sind, ist die Anzahl der Personen in ganz Ω, minus die Anzahl derer, die in D sind.)

9. (Beachten Sie: Damit das Konzept des Komplements einer Menge Sinn macht, muss angenommen werden, dass alle Mengen, die wir betrachten, Teilmengen einer „universalen" Menge Ω sind. Unglücklicherweise ist die Vereinigung von allem keine Menge!)

Bezeichne $\{A_i : i \in I\}$ die Familie von Mengen mit der Vereinigung $A^{\cup} = \bigcup_{i \in I} A_i$ und dem Durchschnitt $A^{\cap} = \bigcap_{i \in I} A_i$. Dann sind die zwei Aussagen in der Aufgabe: (a) $(A^{\cup})^c = \bigcap_{i \in I} A_i^c$, (b) $(A^{\cap})^c = \bigcup_{i \in I} A_i^c$.

Beweise: (a) $a \in (A^{\cup})^c$ genau dann, wenn $a \notin A^{\cup}$, d. h. genau dann, wenn a zu keiner der Mengen A_i gehört, was genau dann gilt, wenn $a \in A_i^c$ für alle $i \in I$, und somit genau dann, wenn $a \in \bigcap_{i \in I} A_i^c$.
(b) $a \in (A^{\cap})^c$ genau dann, wenn $a \notin A^{\cap}$, d. h. genau dann, wenn ein $i \in I$ existiert, so dass $a \notin A_i$, was genau dann gilt, wenn ein $i \in I$ existiert, so dass $a \in A_i^c$, und somit genau dann, wenn $a \in \bigcup_{i \in I} A_i^c$.
► Ausführliche Lösung siehe Lösungshandbuch MyLab.

1.2

1. (a) $2x - 4 = 2 \Longrightarrow x = 3$ (b) $x = 3 \Longrightarrow 2x - 4 = 2$ (c) $x = 1 \Longrightarrow x^2 - 2x + 1 = 0$ (d) $x^2 > 4 \Longleftrightarrow |x| > 2$

2. (a), (b) und (e) sind alle wahr; in der Tat ist (e) die übliche Definition für die Gleichheit von zwei Mengen. Für (c) nehmen Sie z. B. an, dass $A = \{x\}$, $B = \{y\}$ und $C = \{z\}$, wobei x, y, z alle verschieden sind. Dann ist $A \cap B = A \cap C = \emptyset$, jedoch $B \neq C$. Für (d) nehmen Sie z. B. an, dass $A = \{x, y, z\}$, $B = \{y\}$

und $C = \{z\}$, wobei x, y, z alle verschieden sind. Dann ist $A \cup B = A \cup C = A$, jedoch $B \neq C$.

3. (a) $\Rightarrow$ wahr, $\Leftarrow$ wahr (b) $\Rightarrow$ wahr, $\Leftarrow$ falsch (c) $\Rightarrow$ falsch, $\Leftarrow$ wahr (d) $\Rightarrow$ wahr (tatsächlich sind x und y beide 0), $\Leftarrow$ falsch (e) $\Rightarrow$ wahr, $\Leftarrow$ wahr (f) $\Rightarrow$ falsch ($0 \cdot 5 = 0 \cdot 4$, aber $5 \neq 4$), $\Leftarrow$ wahr

4. Es gilt $2x + 5 \geq 13 \iff 2x \geq 8 \iff x \geq 4$, so dass folgt:
(a) $x \geq 0$ ist notwendig, aber nicht hinreichend.
(b) $x \geq 50$ ist hinreichend, aber nicht notwendig.
(c) $x \geq 4$ ist notwendig und hinreichend.

5. (a) $x < 0$ oder $y < 0$ (b) Es existiert ein x, so dass $x < a$. (c) $x < 5$ oder $y < 5$ oder beides. (d) Es existiert ein $\varepsilon > 0$, so dass B nicht erfüllt ist für jedes $\delta > 0$. (e) Es gibt jemanden, der keine Katzen mag. (f) Es gibt jemanden, der niemals irgendeinen liebt.
► Ausführliche Lösung siehe Lösungshandbuch MyLab.

1.3

1. (b), (d) und (e) drücken alle dieselbe Bedingung aus. (a) und (c) sind verschieden.

2. Logisch sind die beiden Aussagen äquivalent. Die zweite Aussage mag noch eine nützliche und ausdrucksvolle poetische Verstärkung sein.

3. Wenn die Zahlen x und y *nicht* beide ungerade sind, muss wenigstens eine von ihnen gerade sein. Wenn z. B. $x = 2n$, wobei n eine ganze Zahl ist, dann ist $xy = 2ny$ auch gerade. Analog, wenn $y = 2m$, wobei m eine ganze Zahl ist.

1.4

1. Für $n = 1$ sind beide Seiten gleich 1. Nehmen Sie an, dass $(*)$ für $n = k$ wahr ist. Dann ist $1 + 2 + 3 + \cdots + k + (k+1) = \frac{1}{2}k(k+1) + (k+1) = \frac{1}{2}(k+1)(k+2)$ und dies ist $(*)$ für $n = k + 1$. Daher ist $(*)$ durch Induktion für alle n wahr.

2. Für $n = 1$ sind beide Seiten gleich $\frac{1}{2}$. Nehmen Sie an, dass $(**)$ wahr ist für $n = k$. Dann gilt:

$$\frac{1}{1 \cdot 2} + \cdots + \frac{1}{k(k+1)} + \frac{1}{(k+1)(k+2)} = \frac{k}{k+1} + \frac{1}{(k+1)(k+2)} = \frac{k(k+2)+1}{(k+1)(k+2)}$$

Aber $k(k+2) + 1 = k^2 + 2k + 1 = (k+1)^2$, so dass der letzte Bruch sich vereinfacht zu $(k+1)/(k+2)$. Daher ist $(**)$ auch wahr für $n = k+1$ und es folgt durch Induktion, dass $(**)$ wahr ist für alle natürlichen Zahlen n.

3. Für $n = 1$ ist die Summe $n^3 + (n+1)^3 + (n+2)^3 = 36$, was durch 9 teilbar ist. Als Induktionshypothese für $n = k$ nehmen Sie an, dass $k^3 + (k+1)^3 + (k +$

$2)^3 = 9m_k$ für eine natürliche Zahl m_k. Dann folgt:

$$(k+1)^3 + (k+2)^3 + (k+3)^3 = -k^3 + 9m_k + (k+3)^3 = 9m_k + 9k^2 + 27k + 27$$
$$= 9(m_k + k^2 + 3k + 3)$$

Offensichtlich ist dies auch durch 9 teilbar, welches die Induktionshypothese für $n = k + 1$ bestätigt.

4. Der Induktionsschritt bricht zusammen für $k = 1$: Nehmen Sie zwei Personen A und B. Schicken Sie A nach draußen. B hat dasselbe Einkommen wie er selbst. Holen Sie A zurück und schicken Sie B nach draußen. A hat dasselbe Einkommen wie er selbst. Das impliziert jedoch *nicht*, dass die zwei Personen dasselbe Einkommen haben! (Das Induktionsargument ist korrekt für alle $k > 1$, weil dann die beiden nach draußen geschickten Personen dasselbe Einkommen wie die anderen haben.)

Wiederholungsaufgaben für Kap. 1

1. $A \cap B = \{1,4\}$; $A \cup B = \{1,3,4,6\}$; $A \setminus B = \{3\}$; $B \setminus A = \{6\}$; $(A \cup B) \setminus (A \cap B) = \{3,6\}$; $A \cup B \cup C \cup D = \{1,2,3,4,5,6\}$; $A \cap B \cap C = \{4\}$ und $A \cap B \cap C \cap D = \emptyset$.

2. $A \cap B = \emptyset$; $A \cup B = \{1,2,4,6,11\}$; $\Omega \setminus B = \{1,3,4,5,6,7,8,9,10\}$; $A^c = \Omega \setminus A = \{2,3,5,7,8,9,10,11\}$

3. Seien $n_E = 780$, $n_F = 220$ und $n_S = 52$ die Anzahlen der Studierenden, die Englisch, Französisch bzw. Spanisch studieren. Ferner seien $n_{EF} = 110$, $n_{ES} = 32$ und $n_{FS} = 15$ die Anzahlen der Studierenden, die zwei der Sprachen studieren, und $n_{EFS} = 10$ sei die Anzahl der Studierenden, die alle drei Sprachen studieren.
(a) $n_{EF} - n_{EFS} = 110 - 10 = 100$ studieren Englisch und Französich, aber nicht Spanisch.
(b) $n_E - n_{EF} = 780 - 110 = 670$ studieren Englisch, aber nicht Französich.
(c) Die Anzahl derer, die wenigstens eine Sprache studieren, kann so berechnet werden:

$$n_E + (n_F - n_{EF}) + (n_S - n_{ES} - n_{FS} + n_{EFS})$$
$$= 780 + (220 - 110) + (52 - 32 - 15 + 10)$$
$$= 780 + 110 + 15 = 905$$

Damit gibt es 95 von den 1000 Studierenden, die keine Sprache studieren.
▶ Ausführliche Lösung siehe Lösungshandbuch MyLab.

4. (a) $\Rightarrow$ wahr; $\Leftarrow$ falsch. (b) $\Rightarrow$ falsch, weil $(-4)^2 = 16$; $\Leftarrow$ wahr. (c) $\Rightarrow$ wahr; $\Leftarrow$ falsch, wenn $x = 3$. (d) $\Rightarrow$ und $\Leftarrow$ beide wahr.
▶ Ausführliche Lösung siehe Lösungshandbuch MyLab.

5. Wir beweisen das Resultat durch Induktion über n mit einem festen $x \geq -1$. Offensichtlich gilt $(1+x)^n \geq 1 + nx$ mit Gleichheit, wenn $n = 1$. Nehmen Sie als Induktionshypothese an, dass $(1+x)^k \geq 1 + kx$ für eine natürliche Zahl k.

Da $1+x \geq 0$ gilt $(1+x)^{k+1} = (1+x)^k(1+x) \geq (1+kx)(1+x)$. Aber $(1+kx)(1+x) = 1+(k+1)x+kx^2 \geq 1+(k+1)x$, was $(1+x)^{k+1} \geq 1+(k+1)x$ impliziert. Dies beendet den Beweis durch Induktion.

Kapitel 2

2.1

1. (a) Wahr. (b) Falsch. -5 ist kleiner als -3 und liegt daher auf der Zahlengeraden links von -3. (c) Falsch, weil alle natürlichen Zahlen positiv sind. (d) Wahr. Jede natürliche Zahl ist rational. Zum Beispiel $5 = 5/1$. (e) Falsch, da $3.1415 = 31415/10000$ ein Quotient von zwei ganzen Zahlen. (Beachten Sie, dass 3.1415 nur eine Approximation der irrationalen Zahl π ist). (f) Falsch. Gegenbeispiel: $\sqrt{2} + (-\sqrt{2}) = 0$. (g) Wahr. (h) Wahr.

2. In der Zahl 1.01001000100001000001... wird zwischen jedem aufeinander folgenden Paar von Einsen eine weitere Null hinzugefügt. Somit gibt es offensichtlich keine endliche Folge von Ziffern, die sich selbst unendlich oft wiederholt.

2.2

1. (a) $10^3 = 10 \cdot 10 \cdot 10 = 1000$ (b) $(-0.3)^2 = 0.09$ (c) $4^{-2} = 1/16$ (d) $(0.1)^{-1} = 1/0.1 = 10$

2. (a) $4 = 2^2$ (b) $1 = 2^0$ (c) $64 = 2^6$ (d) $1/16 = 2^{-4}$

3. (a) 15^3 (b) $\left(-\frac{1}{3}\right)^3$ (c) 10^{-1} (d) 10^{-7} (e) t^6 (f) $(a-b)^3$ (g) a^2b^4 (h) $(-a)^3$

4. (a) $2^5 \cdot 2^5 = 2^{5+5} = 2^{10}$ (b) $3^8 \cdot 3^{-2} \cdot 3^{-3} = 3^{8-2-3} = 3^3$

   (c) $(2x)^3 = 2^3x^3 = 8x^3$ (d) $(-3xy^2)^3 = (-3)^3x^3(y^2)^3 = -27x^3y^6$

   (e) $\dfrac{p^{24}p^3}{p^4p} = p^{24+3-4-1} = p^{22}$ (f) $\dfrac{a^4b^{-3}}{(a^2b^{-3})^2} = \dfrac{a^4b^{-3}}{a^4b^{-6}} = a^{4-4}b^{-3-(-6)} = b^3$

   (g) $\dfrac{3^4(3^2)^6}{(-3)^{15}3^7} = \dfrac{3^4 3^{12}}{-3^{15}3^7} = -3^{-6}$ (h) $\dfrac{p^\gamma(pq)^\sigma}{p^{2\gamma+\sigma}q^{\sigma-2}} = p^{-\gamma}q^2$

5. (a) $2^6 = 64$ (b) $64/27$ (c) $8/3$ (d) x^9 (e) y^{12} (f) $8x^3y^3$ (g)$10^{-2} = 1/100$ (h) k^4 (i) $(x+1)^2$

6. (a) Da $4\pi(3r)^2 = 4\pi 3^2r^2 = 9(4\pi r^2)$ wächst die Oberfläche um den Faktor 9. (b) Wenn r um 16 % zunimmt, nimmt es mit einem Faktor von 1.16 zu und r^2 wächst um den Faktor $(1.16)^2 = 1.3456$. Damit wächst die Oberfläche um 34.56 %.

7. (a) Falsch. $a^0 = 1$. (b) Wahr. $c^{-n} = 1/c^n$ für alle $c \neq 0$. (c) Wahr. $a^m \cdot a^m = a^{m+m} = a^{2m}$. (d) Falsch (es sei denn $m = 0$ oder $ab = 1$). $a^mb^m = (ab)^m$. (e) Falsch (es sei denn $m = 1$ oder $ab = 0$). Zum Beispiel ist

$(a+b)^2$ gleich $a^2 + 2ab + b^2$, welches ungleich $a^2 + b^2$ ist, es sei denn $ab = 0$. (f) Falsch (es sei denn $a^m b^n = 1$). So ist z. B. a^2b^3 nicht gleich $(ab)^{2+3} = (ab)^5 = a^5b^5$.

8. (a) $x^3y^3 = (xy)^3 = 3^3 = 27$ (b) $(ab)^4 = (-2)^4 = 16$
(c) $(a^8)^0 = 1$ für alle $a \neq 0$. (d) $(-1)^{2n} = [(-1)^2]^n = 1^n = 1$

9. (a) $150 \cdot 0.13 = 19.5$ (b) $2400 \cdot 0.06 = 144$ (c) $200 \cdot 0.055 = 11$

10. (a) Bei einer konstanten Zinsrate von 11 % pro Jahr wird ein Anfangskapital von 50 Euro nach 8 Jahren $50 \cdot (1.11)^8 \approx 115.23$ Euro wert sein.
(b) Bei einem konstanten Zinssatz von 12 % pro Jahr wird ein Anfangskapital von 10 000 Euro in 20 Jahren $10\,000 \cdot (1.12)^{20} \approx 96\,462.93$ Euro wert sein.
(c) $5000 \cdot (1.07)^{-10} \approx 2541.75$ Euro ist der Betrag, den Sie vor 10 Jahren hätten anlegen müssen, um heute 5000 Euro zu haben, vorausgesetzt der konstante Zinssatz von 7 %.

11. 1.50 Euro billiger und dies sind 15 % von 10 Euro.

12. (a) $12\,000 \cdot (1.04)^{15} \approx 21611.32$ (b) $50\,000 \cdot (1.06)^{-5} \approx 37362.91$

13. $p \approx 95.3\,\%$, da $(1.25)^3 \approx 1.953$.

14. (a) Der Gewinn war 2010 höher. ($(1+0.2)(1-0.17) = 1.2 \cdot 0.83 = 0.996$.)
(b) Wenn die Abnahme des Gewinns von 2011 auf 2012 gleich p % war, dann wären die Gewinne in 2010 und 2012 gleich, vorausgesetzt $1.2 \cdot (1 - p/100) = 1$ oder $p = 100(1 - 1/1.2) = 100/6 \approx 16.67$.

2.3

1. (a) 1 (b) 6 (c) -18 (d) -18 (e) $3x+12$ (f) $45x-27y$ (g) 3 (h) 0 (i) -1

2. (a) $3a^2 - 5b$ (b) $-2x^2 + 3x + 4y$ (c) t (d) $2r^3 - 6r^2s + 2s^3$

3. (a) $-3n^2 + 6n - 9$ (b) $x^5 + x^2$ (c) $4n^2 - 11n + 6$ (d) $-18a^3b^3 + 30a^3b^2$
(e) $a^3b - ab^3$ (f) $x^3 - 6x^2y + 11xy^2 - 6y^3$ (g) $acx^2 + (ad + bc)x + bd$
(h) $4 - t^4$ (i)$[(u-v)(u+v)]^2 = (u^2 - v^2)^2 = u^4 - 2u^2v^2 + v^4$

4. (a) $2t^3 - 5t^2 + 4t - 1$ (b) 4 (c) $x^2 + y^2 + z^2 + 2xy + 2xz + 2yz$ (d) $4xy + 4xz$
▶ Ausführliche Lösung siehe Lösungshandbuch MyLab.

5. (a) $x^2 + 4xy + 4y^2$ (b) $\dfrac{1}{x^2} - 2 + x^2$ (c) $9u^2 - 30uv + 25v^2$ (d) $4z^2 - 25w^2$

6. (a) $201^2 - 199^2 = (201 + 199)(201 - 199) = 400 \cdot 2 = 800$
(b) Wenn $u^2 - 4u + 4 = (u-2)^2 = 1$, dann ist $u - 2 = \pm 1$, so dass $u = 1$ oder $u = 3$.
(c) $\dfrac{(a+1)^2 - (a-1)^2}{(b+1)^2 - (b-1)^2} = \dfrac{a^2 + 2a + 1 - (a^2 - 2a + 1)}{b^2 + 2b + 1 - (b^2 - 2b + 1)} = \dfrac{4a}{4b} = \dfrac{a}{b}$

7. $1000^2/(252^2 - 248^2) = 1000^2/(252 + 248)(252 - 248) = 1000^2/500 \cdot 4 = 500$

8. (a) $(a+b)^3 = (a+b)^2(a+b) = (a^2 + 2ab + b^2)(a+b) = a^3 + 3a^2b + 3ab^2 + b^3$
(b)$(a-b)^3 = (a-b)^2(a-b) = (a^2 - 2ab + b^2)(a-b) = a^3 - 3a^2b + 3ab^2 - b^3$
(c) und (d): Multiplizieren Sie die rechten Seiten aus.

9. (a) $3 \cdot 7 \cdot xxyyy$ (b) $3(x - 3y + 9z)$ (c) $aa(a - b)$ (d) $2 \cdot 2 \cdot 2xy(xy - 2)$ (e) $2 \cdot 2 \cdot 7aabbb$ (f) $2 \cdot 2(x + 2y - 6z)$ (g) $2x(x - 3y)$ (h) $2aabb(3a + 2b)$ (i) $7x(x - 7y)$ (j) $5xyy(1 - 3x)(1 + 3x)$ (k) $(4 + b)(4 - b)$ (l) $3(x + 2)(x - 2)$

10. (a) $(a + 2b)(a + 2b)$ (b) $KL(K - L)$ (c) $K^{-5}(K - L)$ (d) $(3z - 4w)(3z + 4w)$ (e) $-\frac{1}{5}(x - 5y)(x - 5y)$ (f) $(a^2 - b^2)(a^2 + b^2) = (a + b)(a - b)(a^2 + b^2)$

11. (a) $(x - 2)(x - 2)$ (b) $2 \cdot 2ts(t - 2s)$ (c) $2 \cdot 2(2a + b)(2a + b)$ (d) $5x(x + \sqrt{2}y)(x - \sqrt{2}y)$ (e) $(5 + a)(x + y)$

(f) $u^2 - v^2 + 3(u + v) = (u + v)(u - v) + 3(u + v) = (u + v)(u - v + 3)$

(g) $(P + Q)(P^2 + Q^2)$ (h) $KK(K - L)$ (i) $KL(L^2 + 1)$ (j) $(L + K)(L - K)$ (k) $(K - L)(K - L)$ (l) $KL(K - 2L)(K - 2L)$

2.4

1. (a) 2/7 (b) 13/12 (c) 5/24 (d) 2/25 (e) 9/5 (Beachten Sie, dass die gemischten Zahlen $3\frac{3}{5}$ und $1\frac{4}{5}$ gleich $3 + \frac{3}{5}$ bzw. gleich $1 + \frac{4}{5}$ sind.) (f) 1/2 (g) 1/2 (h) 11/27

2. (a) $3x/2$ (b) $3a/5$ (c) $1/5$ (d) $\frac{1}{12}(-5x + 11)$ (e) $-1/(6b)$ (f) $1/b$

3. (a) $\dfrac{5 \cdot 5 \cdot 13}{5 \cdot 5 \cdot 5 \cdot 5} = \dfrac{13}{25}$ (b) $\dfrac{ab^2}{8c^2}$ (c) $\dfrac{2}{3}(a - b)$ (d) $\dfrac{P(P + Q)(P - Q)}{(P + Q)^2} = \dfrac{P(P - Q)}{P + Q}$

4. (a) 1/2 (b) 6 (c) 5/7 (d) 9/2

5. (a) $\dfrac{4}{x^2 - 4}$ (b) $\dfrac{21}{2(2x + 1)}$ (c) $\dfrac{a}{a - 3b}$ (d) $\dfrac{1}{4ab(a + 2)}$ (e) $\dfrac{-3t^2}{t + 2}$ (f) $4(1 - a)$

▶ Ausführliche Lösung siehe Lösungshandbuch MyLab.

6. (a) $\dfrac{2 - 3x^2}{x(x + 1)}$ (b) $\dfrac{-2t}{4t^2 - 1}$ (c) $\dfrac{7x^2 + 1}{x^2 - 4}$ (d) $x + y$ (e) $\frac{y^2 - x^2}{y^2 + x^2}$ (f) $\dfrac{y - x}{y + x}$

▶ Ausführliche Lösung siehe Lösungshandbuch MyLab.

7. $\dfrac{-8x}{x^2 + 2xy - 3y^2}$

8. (a) 400 (b) $\dfrac{-n}{n - 1}$ (c) 1 (d) $\dfrac{1}{(x - 1)^2}$ (e) $\dfrac{-2x - h}{x^2(x + h)^2}$ (f) $\dfrac{2x}{x - 1}$

▶ Ausführliche Lösung siehe Lösungshandbuch MyLab.

2.5

1. (a) 3 (b) 40 (c) 10 (d) 5 (e) 1/6 (f) 0.7 (g) 0.1 (h) 1/5

2. (a) =. (Beide Ausdrücke sind gleich 20.)

(b) $\neq$. Denn $\sqrt{25 + 16} = \sqrt{41} \neq 9 = \sqrt{25} + \sqrt{16}$.

(c) $\neq$. (Setzen Sie $a = b = 1$.)

(d) =. Denn $(\sqrt{a + b})^{-1} = [(a + b)^{1/2}]^{-1} = (a + b)^{-1/2}$.

3. (a) 81 (b) 4 (c) 623 (d) 15 (e) -1

(f) $2^x - 2^{x-1} = 2^{x-1}(2-1) = 2^{x-1} = 4$ für $x = 3$.

4. (a) $\frac{6}{7}\sqrt{7}$ (b) 4 (c) $\frac{1}{8}\sqrt{6}$ (d) 1 (e) $\frac{1}{6}\sqrt{6}$ (f) $\dfrac{2\sqrt{2y}}{y}$ (g) $\dfrac{\sqrt{2x}}{2}$ (h) $x + \sqrt{x}$

5. (a) $\frac{1}{2}(\sqrt{7} - \sqrt{5})$ (b) $4 - \sqrt{15}$ (c) $-x(\sqrt{3} + 2)$
(d) $\dfrac{(\sqrt{x} - \sqrt{y})^2}{x - y}$ (e) $\sqrt{x+h} + \sqrt{x}$ (f) $\dfrac{1}{x}(2\sqrt{x+1} - x - 2)$
► Ausführliche Lösung siehe Lösungshandbuch MyLab.

6. (a) $\sqrt[3]{125} = 5$, da $5^3 = 125$. (b)$(243)^{1/5} = 3$, da $3^5 = 243$. (c) -2
(d) $\sqrt[3]{0.008} = 0.2$, da $(0.2)^3 = 0.008$. (e) 9 (f) $(64)^{-1/3} = (4^3)^{-1/3} = 4^{-1} = 1/4$
(g) $(16)^{-2.25} = (2^4)^{-9/4} = 2^{-9} = 1/512$ (h) $\left(\frac{1}{3^{-2}}\right)^{-2} = (3^2)^{-2} = 3^{-4} = 1/81$

7. (a) $\sqrt[3]{55} \approx 3.80295$ (b) $(160)^{1/4} \approx 3.55656$ (c) $(2.71828)^{1/5} \approx 1.22140$
(d) $(1.0001)^{10000} \approx 2.718146$

8. $40(1 + p/100)^{12} = 60$ ergibt $(1 + p/100)^{12} = 1.5$ und deshalb $1 + p/100 = (1.5)^{1/12}$. Auflösen nach p ergibt $p = 100[(1.5)^{1/12} - 1] \approx 3.44$.

9. (a) $3x^py^{2q}z^{4r}$ (b) $(x+15)^{4/3-5/6} = (x+15)^{1/2} = \sqrt{x+15}$
(c) $\dfrac{8x^{2/3}y^{1/4}z^{-1/2}}{-2x^{1/3}y^{5/2}z^{1/2}} = -4x^{1/3}y^{-9/4}z^{-1}$

10. (a) $a^{\frac{1}{2}\frac{2}{3}\frac{3}{4}\frac{4}{5}} = a^{1/5}$ (b) $a^{\frac{1}{2}+\frac{2}{3}+\frac{3}{4}+\frac{4}{5}} = a^{163/60}$ (c) $9a^7/2$ (d) $a^{1/4}$

11. $V = (4/3)\pi r^3$ impliziert $r^3 = 3V/4\pi$ und somit $r = (3V/4\pi)^{1/3}$. Daher ist $S = 4\pi r^2 = 4\pi(3V/4\pi)^{2/3} = \sqrt[3]{36\pi}\, V^{2/3}$.

12. (a) $(2^x)^2 = 2^{2x}$, so dass $(2^x)^2 = 2^{x^2}$ genau dann, wenn $2x = x^2$ genau dann, wenn $x = 0$ oder $x = 2$. (b) ist gültig (c) ist gültig

(d) Wenn $x \neq 0$, dann ist $\dfrac{1}{5^x} = 5^{-x} = 5^{1/x}$ genau dann, wenn $-x^2 = 1$, was falsch ist für alle reellen x.

(e) Wenn $a > 0$, dann ist $a^{x+y} = a^x \cdot a^y \neq a^x + a^y$, wenn z. B. $a = 1$.

(f) Wenn $x > 0$ und $y > 0$, dann ist $2^{\sqrt{x}} \cdot 2^{\sqrt{y}} = 2^{\sqrt{xy}}$ genau dann, wenn $\sqrt{x} + \sqrt{y} = \sqrt{xy}$. Dies ist falsch, wenn z. B. $x = y = 1$.
► Ausführliche Lösung siehe Lösungshandbuch MyLab.

13. $x < 4$ (Wenn $x > 0$, dann ist $32x^{3/2} > 4x^3$ genau dann, wenn $8x^{3/2} > x^3$ und dies ist äquivalent zu $8 > x^{3/2}$ und somit $x < 8^{2/3} = 4$.)

2.6

1. (a), (b), (d), (f) und (h) sind gültig, (c), (e) und (g) sind nicht gültig.

2. (a) $x \geq -8$ (b) $x < -9$ (c) Alle x. (d) $x \leq 25/2$ (e) $x \leq 19/7$
(f) $x > -17/12$

3. (a) $-41/6 < x \leq 2/3$ (b) $x < -1/5$

4. (a) $x(x+3) < 0$ für x in $(-3, 0)$, so dass $\Rightarrow$ (b) $x^2 < 9$ für x in $(-3, 3)$, so dass $\Rightarrow$ (c) $\Leftarrow$ (d) $y^2 \geq 0$, so dass $\Rightarrow$
▶ Ausführliche Lösung siehe Lösungshandbuch MyLab.

5. (a) Ja. (b) Nein, setzen Sie z. B. $x = \frac{1}{2}$. (c) Nein, nicht für $x \leq 0$.

(d) Ja, weil die Ungleichung äquivalent ist zu $x^2 - 2xy + y^2 \geq 0$ oder $(x-y)^2 \geq 0$, was für alle x und y gilt.

6. (a) $4 \leq C \leq 6$ impliziert, dass $\frac{9}{5} \cdot 4 + 32 \leq F \leq \frac{9}{5} \cdot 6 + 32$ oder $39.2 \leq F \leq 42.8$ in Grad Fahrenheit.

(b) $F = \frac{9}{5}C + 32$ impliziert, dass $C = \frac{5}{9}(F - 32)$, so dass $36 \leq F \leq 40$ impliziert, dass $2.2 \leq C \leq 4.4$, approximativ.

7. Für jedes $k = 1, 2, \ldots$ sei s_k die Summe $a_1 + a_2 + \cdots + a_k$ und p_k das Produkt $a_1 \cdot a_2 \cdot \ldots \cdot a_k$. Das Resultat, dass s_2 und p_2 beide positiv sind, folgt direkt aus (2.6.1). Als Induktionshypothese nehmen Sie an, dass s_k und p_k beide positiv sind. Weil $s_{k+1} = s_k + a_{k+1}$ und $p_{k+1} = p_k \cdot a_{k+1}$, folgt aus (2.6.1), dass s_{k+1} und p_{k+1} beide positiv sind. Das Resultat folgt durch Induktion.

8. $\left(\sqrt{a} - \sqrt{b}\right)^2 = a - 2\sqrt{ab} + b \geq 0$ ergibt $a + b \geq 2\sqrt{ab}$; Division durch 2 ergibt $m_A \geq m_G$. Da $\left(\sqrt{a} - \sqrt{b}\right)^2 = 0$ äquivalent zu $a = b$ ist, hat man auch $m_A > m_G$, es sei denn $a = b$. Die Ungleichung $m_G \geq m_H$ folgt ganz leicht aus dem Hinweis.
▶ Ausführliche Lösung siehe Lösungshandbuch MyLab.

2.7

1. (a) $|2 \cdot 0 - 3| = 3$, $|2 \cdot \frac{1}{2} - 3| = 2$, $|2 \cdot \frac{7}{2} - 3| = 4$ (b) $|2x - 3| = 0 \Leftrightarrow 2x - 3 = 0$, so dass $x = 3/2$. (c) $|2x - 3| = 2x - 3$ für $x \geq 3/2$ und $3 - 2x$ für $x < 3/2$

2. (a) $|5-3(-1)| = 8$, $|5-3\cdot 2| = 1$, $|5-3\cdot 4| = 7$ (b) $|5-3x| = 5 \iff 5-3x = \pm 5$, so dass $x = 0$ oder $10/3$. (c) $|5 - 3x| = 5 - 3x$ für $x \leq 5/3$ und $3x - 5$ für $x > 5/3$

3. (a) $x = -1$ und $x = 4$ (b) $-2 \leq x \leq 2$ (c) $1 \leq x \leq 3$ (d) $-1/4 \leq x \leq 1$ (e) $x > \sqrt{2}$ oder $x < -\sqrt{2}$ (f) $-1 \leq x^2 - 2 \leq 1$, so dass $1 \leq x^2 \leq 3$ und damit $-\sqrt{3} \leq x \leq -1$ oder $1 \leq x \leq \sqrt{3}$.

4. (a) $4.999 < x < 5.001$ (b) $|x - 5| < 0.001$

2.8

1. (a) $-7 < x < -2$ (b) $n \geq 160$ oder $n < 0$ (c) $0 \leq g \leq 2$
(d) $p \geq -1$ und $p \neq 2$ (e) $-4 < n < -10/3$ (f) $-1 < x < 0$ oder $0 < x < 1$.
(*Hinweis:* $x^4 - x^2 = x^2(x+1)(x-1)$.)
▶ Ausführliche Lösung siehe Lösungshandbuch MyLab.

2. (a) $-2 < x < 1$ (b) $x < -4$ oder $x > 3$ (c) $-5 \leq a \leq 5$
(d) $x < -4$ oder $x > 1$ (e) $x > -4$ und $x \neq 1$ (f) $1 \leq x \leq 2$
(g) $x < 1$ und $x \neq 1/5$ (h) $1/5 < x < 1$ (i) $x < 0$
(j) $-3 < x < -2$ oder $x > 0$ (k) $x \neq 2$ (l) $x \leq 0$

3. $-1 < x < 0$

2.9

1. (a) $1 + 2 + 3 + \cdots + 10 = 55$
(b) $(5 \cdot 3^0 - 2) + (5 \cdot 3^1 - 3) + (5 \cdot 3^2 - 4) + (5 \cdot 3^3 - 5) + (5 \cdot 3^4 - 6) = 585$
(c) $1 + 3 + 5 + 7 + 9 + 11 = 36$ (d) $2^{2^0} + 2^{2^1} + 2^{2^2} = 2^1 + 2^2 + 2^4 = 22$
(e) $2 \cdot 10 = 20$ (f) $2/1 + 3/2 + 4/3 + 5/4 = 73/12$

2. (a) $2\sqrt{0} + 2\sqrt{1} + 2\sqrt{2} + 2\sqrt{3} + 2\sqrt{4} = 2(3 + \sqrt{2} + \sqrt{3})$
(b) $(x + 0)^2 + (x + 2)^2 + (x + 4)^2 + (x + 6)^2 = 4(x^2 + 6x + 14)$
(c) $a_{1i}b^2 + a_{2i}b^3 + a_{3i}b^4 + \cdots + a_{ni}b^{n+1}$
(d) $f(x_0)\Delta x_0 + f(x_1)\Delta x_1 + f(x_2)\Delta x_2 + \cdots + f(x_m)\Delta x_m$

3. (a) $\sum_{k=1}^{n} 4k$ (b) $\sum_{k=1}^{n} k^3$ (c) $\sum_{k=0}^{n} (-1)^k \frac{1}{2k+1}$ (d) $\sum_{k=1}^{n} a_{ik}b_{kj}$ (e) $\sum_{n=1}^{5} 3^n x^n$
(f) $\sum_{j=3}^{p} a_i^j b_{i+j}$ (g) $\sum_{k=0}^{p} a_{i+k}^{k+3} b_{i+k+3}$ (h) $\sum_{k=0}^{3} (81\,297 + 198k)$
► Ausführliche Lösung siehe Lösungshandbuch MyLab.

4. $\frac{2 \cdot 3 + 3 \cdot 5 + 4 \cdot 7}{1 \cdot 3 + 2 \cdot 5 + 3 \cdot 7} \cdot 100 = \frac{6 + 15 + 28}{3 + 10 + 21} \cdot 100 = \frac{49}{34} \cdot 100 \approx 144.12$

5. (a) $\sum_{k=1}^{10} (k-2)t^k = \sum_{m=-1}^{8} mt^{m+2}$ (b) $\sum_{n=0}^{N} 2^{n+5} = \sum_{j=1}^{N+1} 32 \cdot 2^{j-1}$ (weil $32 = 2^5$)

6. (a) Die Gesamtanzahl der Personen, die sich innerhalb EWR von Nation i fortbewegen. (b) Die Gesamtanzahl der Personen, die sich innerhalb EWR zu Nation j hinbewegen.

7. (a), (c), (d) und (e) sind immer wahr; (b) und (f) sind nicht allgemein wahr.
► Ausführliche Lösung siehe Lösungshandbuch MyLab.

2.10

1. Wir beweisen nur (2.10.6); der Beweis von (2.10.5) ist sehr ähnlich, aber wesentlich leichter. Beachten Sie, dass die letzte Gleichheit in (2.10.6) unmittelbar aus (2.10.4) folgt, so dass wir uns konzentrieren auf den Beweis der Gleichheit

$$1^3 + 2^3 + 3^3 + \cdots + n^3 = \left[\tfrac{1}{2}n(n+1)\right]^2 \qquad (*)$$

Für $n = 1$ sind die linke und die rechte Seite von $(*)$ beide gleich 1. Nehmen Sie als Induktionshypothese an, dass $(*)$ wahr ist für $n = k$. Dann folgt

$\sum_{i=1}^{k+1} i^3 = \sum_{i=1}^{k} i^3 + (k+1)^3 = [\frac{1}{2}k(k+1)]^2 + (k+1)^3 = (k+1)^2(\frac{1}{4}k^2 + k + 1)$. Aber dieser letzte Ausdruck ist gleich $\frac{1}{4}(k+1)^2(k^2+4k+4) = [\frac{1}{2}(k+1)(k+2)]^2$. Dies beweist, dass $(*)$ wahr ist für $n = k+1$. Durch Induktion haben wir $(*)$ bewiesen.

2. $\sum_{k=1}^{n}(k^2+3k+2) = \sum_{k=1}^{n} k^2 + 3\sum_{k=1}^{n} k + \sum_{k=1}^{n} 2 = \dfrac{1}{6}n(n+1)(2n+1) + 3\Big[\dfrac{1}{2}n(n+1)\Big] + 2n = \dfrac{1}{3}n(n^2+6n+11)$

3. $\sum_{i=0}^{n-1}(a+id) = \sum_{i=0}^{n-1} a + d\sum_{i=0}^{n-1} i = na + d\frac{1}{2}[1+(n-1)](n-1) = na + \frac{1}{2}n(n-1)d$. Wenn Sie diese Formel verwenden, ist die Summe, die Gauss (angeblich) berechnet hat: $100 \cdot 81297 + \frac{1}{2}100 \cdot 99 \cdot 198 = 9\,109\,800$. (Man benötigt keine Summationszeichen. Die Summe ist $a + (a+d) + (a+2d) + \cdots + (a+(n-1)d)$. Das sind n Terme. Die Summe aller a's ist na. Der Rest ist $d(1+2+\cdots+n-1)$. Benutzen Sie dann Formel (2.10.4).)

4. (a) Indem wir die Summe als $(a_2 - a_1) + (a_3 - a_2) + (a_4 - a_3) + \cdots + (a_n - a_{n-1}) + (a_{n+1} - a_n)$ schreiben, sehen wir, dass alle a_i sich paarweise aufheben, abgesehen von $-a_1$ und a_{n+1}. In der Tat ist das eindrucksvoller, wenn wir die Summe mit dem letzten Term beginnen lassen und uns rückwärts zum ersten Term hin arbeiten: $(a_{n+1} - a_n) + (a_n - a_{n-1}) + \cdots + (a_4 - a_3) + (a_3 - a_2) + (a_2 - a_1) = a_{n+1} - a_1$. (b) (i) $1 - (1/51) = 50/51$ (ii) $3^{13} - 3 = 1\,594\,320$ (iii) $ar(r^n - 1)$

2.11

1. $(a+b)^6 = a^6 + 6a^5b + 15a^4b^2 + 20a^3b^3 + 15a^2b^4 + 6ab^5 + b^6$. (Die Koeffizienten sind die Zahlen aus der 6. Zeile des Pascal'schen Dreiecks, wobei wir der obersten Zeile die Zahl 0 geben.)

2. (a) $\binom{8}{3} = 56$. Auch $\binom{8}{8-3} = \binom{8}{5} = 56$; $\binom{8}{3} + \binom{8}{3+1} = 56 + 70 = 126$ und $\binom{8+1}{3+1} = \binom{9}{4} = 126$. (c) $\binom{m}{k} = \dfrac{m!}{(m-k)!k!} = \binom{m}{m-k}$ und $\binom{m}{k} + \binom{m}{k+1} = \dfrac{m!}{(m-k)!k!} + \dfrac{m!}{(m-k-1)!(k+1)!}$ Der letzte Ausdruck reduziert sich zu $\dfrac{m!(k+1+m-k)}{(m-k)!(k+1)!} = \dfrac{(m+1)!}{(m-k)!(k+1)!} = \binom{m+1}{k+1}$

3. $\sum_{k=0}^{m}\binom{m}{k} = \sum_{k=0}^{m}\binom{m}{k}1^k 1^{m-k} = (1+1)^m = 2^m$.

2.12

1. (a) $\sum_{i=1}^{3}\sum_{j=1}^{4} i \cdot 3^j = \sum_{i=1}^{3}(i \cdot 3 + i \cdot 9 + i \cdot 27 + i \cdot 81) = \sum_{i=1}^{3} 120i = 720$ (b) $5 + \frac{3113}{3600}$
(c) $\frac{1}{6}mn(2n^2 + 3n + 3m + 4)$ (d) $\frac{1}{3}m(m+1)(m+2)$
► Ausführliche Lösung siehe Lösungshandbuch MyLab.

2. (a) Die Gesamtanzahl der Einheiten des Gutes i.
(b) Die Gesamtanzahl Einheiten aller Güter, die Person j besitzt.
(c) Die Gesamtanzahl aller Güter, die die Gruppe insgesamt besitzt.

3. Erstens: $\sum_{j=1}^{i} a_{ij}$ ist die Summe aller i Zahlen in der i-ten Zeile, so dass wir in der ersten Doppelsumme all diese m Zeilensummen aufaddieren. Zweitens: $\sum_{i=j}^{m} a_{ij}$ ist die Summe aller $m - j + 1$ Zahlen in der j-ten Spalte, so dass wir in der zweiten Doppelsumme all diese m Spaltensummen aufaddieren.

4. Der Mittelwert der n Spaltenmittelwerte ist $\frac{1}{n}\sum_{j=1}^{n} \bar{a}_j = \frac{1}{n}\sum_{j=1}^{n} \frac{1}{m}\sum_{i=1}^{m} a_{ij} = \bar{a}$. Außerdem ist

$$\sum_{r=1}^{m}\sum_{s=1}^{m}(a_{rj} - \bar{a})(a_{sj} - \bar{a}) = \sum_{r=1}^{m}(a_{rj} - \bar{a})\sum_{s=1}^{m}(a_{sj} - \bar{a}) = [m(\bar{a}_j - \bar{a})][m(\bar{a}_j - \bar{a})] = m^2(\bar{a}_j - \bar{a})^2$$

► Ausführliche Lösung siehe Lösungshandbuch MyLab.

Wiederholungsaufgaben für Kap. 2

1. (a) Der Preis ohne Mehrwertsteuer sei p. Dann ist der Preis mit Steuer $p + 20p/100 = p(1 + 0.2) = 1.2p$. Daher ist $a = 1.2p$, so dass $p = \dfrac{a}{1.2}$. (b) $p_1x_1 + p_2x_2 + p_3x_3$ (c) $F + bx$ (d) $(F + cx)/x = F/x + c$
(e) Nach der Erhöhung um $p\%$ ist das Einkommen $L + pL/100 = L(1 + p/100)$. Eine Erhöhung des neuen Einkommens um $q\%$ ergibt die endgültige Antwort: $L(1 + p/100)(1 + q/100)$.

2. (a) $5^3 = 5 \cdot 5 \cdot 5 = 125$ (b) $10^{-3} = 1/10^3 = 1/1000 = 0.0001$
(c) $1/3^{-3} = 3^3 = 27$ (d) -1000 (e) 3 (f) $(3^{-2})^{-3} = 3^6 = 729$ (g) -1
(h) $\left(-\frac{1}{2}\right)^{-3} = \frac{1}{(-\frac{1}{2})^3} = \frac{1}{-\frac{1}{8}} = -8$

3. (a) 1 (b) Nicht definiert. (c) 1 (d) 1

4. (a) $2^{-6} = 1/64$ (b) $\frac{3}{2} - \frac{3}{4} = \frac{3}{4}$ (c) $-45/4$ (d) 1

5. (a) $16x^4$ (b) 4 (c) $6xyz$ (d) $a^{27}b^9$ (e) a^3 (f) x^{-15}
► Ausführliche Lösung siehe Lösungshandbuch MyLab.

6. (a) $x^3y^3 = (x^{-1}y^{-1})^{-3} = 3^{-3} = 1/27$
(b) $(x^{-3})^6(x^2)^2 = x^{-18}x^4 = x^{-14} = (x^7)^{-2} = 2^{-2} = 1/4$
(c) $(z/xy)^6 = (xy/z)^{-6} = [(xy/z)^{-2}]^3 = 3^3 = 27$
(d) $(abc)^4 = (a^{-1}b^{-1}c^{-1})^{-4} = (1/4)^{-4} = 4^4 = 256$

7. (a) Bei einem gegebenen Zinssatz von 1 % pro Jahr wird eine Investition von 100 Millionen Euro in acht Jahren anwachsen auf $100 \cdot (1.01)^8 \approx 108.3$ Millionen Euro. (b) Bei einer Zinsrate von 15 % pro Jahr wird eine Anfangsinvestition von 50 000 Euro in 10 Jahren $50\,000 \cdot (1.15)^{10} \approx 202\,277$ Euro wert sein. (c) $6000 \cdot (1.03)^{-8} \approx 4736$ Euro ist der Betrag, den Sie vor 8 Jahren hätten anlegen müssen, um heute 6000 Euro zu haben, gegeben der konstante Zinssatz von 3 %.

8. (a) $100\,000(1.08)^{10} \approx 215\,892$ (b) $25\,000(1.08)^{-6} \approx 15\,754$

9. (a) $a^2 - a$ (b) $x^2 + 4x - 21$ (c) $-3 + 3\sqrt{2}$ (d) $3 - 2\sqrt{2}$ (e) $x^3 - 3x^2 + 3x - 1$ (f) $1 - b^4$ (g) $1 - x^4$ (h) $x^4 + 4x^3 + 6x^2 + 4x + 1$
► Ausführliche Lösung siehe Lösungshandbuch MyLab.

10. (a) $5(5x - 1)$ (b) $xx(3 - xy)$ (c) $(\sqrt{50} - x)(\sqrt{50} + x)$ (d) $a(a - 2b)^2$

11. (a) $(5 + a)(x + 2y)$ (b) $(a + b)(c - d)$ (c) $(a + 2)(x + y)$ (d) $(2x - y)(x + 5z)$ (e) $(p - q)(p + q + 1)$ (f) $(u - v)(u - v)(u + v)$
► Ausführliche Lösung siehe Lösungshandbuch MyLab.

12. (a) $16^{1/4} = \sqrt[4]{16} = 2$ (b) $243^{-1/5} = (3^5)^{-1/5} = 3^{-1} = 1/3$ (c) $5^{1/7} \cdot 5^{6/7} = 5^{1/7+6/7} = 5^1 = 5$ (d) $4^{-3/2} = 1/8$ (e) $64^{1/3} + \sqrt[3]{125} = 4 + 5 = 9$ (f) $(-8/27)^{2/3} = (\sqrt[3]{-8/27})^2 = (-2/3)^2 = 4/9$ (g) $(-1/8)^{-2/3} + (1/27)^{-2/3} = (\sqrt[3]{-1/8})^{-2} + (\sqrt[3]{1/27})^{-2} = (-1/2)^{-2} + (1/3)^{-2} = 4 + 9 = 13$ (h) $\dfrac{1000^{-2/3}}{\sqrt[3]{5^{-3}}} = \dfrac{(\sqrt[3]{1000})^{-2}}{5^{-1}} = \dfrac{10^{-2}}{5^{-1}} = \dfrac{1}{20}$

13. (a) $8 = 2^3$, so dass $x = 3/2$ (b) $1/81 = 3^{-4}$, so dass $3x + 1 = -4$ oder $x = -5/3$ (c) $x^2 - 2x + 2 = 2$, so dass $x = 0$ oder $x = 2$.

14. (a) $5 + x = 3$, so dass $x = -2$. (b) $3^x - 3^{x-2} = 3^{x-2}(3^2 - 1) = 3^{x-2} \cdot 8$, so dass $3^{x-2} = 3$ und damit $x = 3$. (c) $3^x \cdot 3^{x-1} = 3^{2x-1} = 81 = 3^4$, vorausgesetzt $x = 5/2$. (d) $3^5 + 3^5 + 3^5 = 3 \cdot 3^5 = 3^6$, so dass $x = 6$. (e) $4^{-6} + 4^{-6} + 4^{-6} + 4^{-6} = 4 \cdot 4^{-6} = 4^{-5}$, so dass $x = -5$. (f) $\dfrac{2^{26} - 2^{23}}{2^{26} + 2^{23}} = \dfrac{2^{23}(2^3 - 1)}{2^{23}(2^3 + 1)} = \dfrac{7}{9}$, so dass $x = 7$.

15. (a) $\dfrac{2s}{4s^2 - 1}$ (b) $\dfrac{7}{3 - x}$ (c) $\dfrac{1}{x + y}$
► Ausführliche Lösung siehe Lösungshandbuch MyLab.

16. (a) $\frac{1}{5}a^2b$ (b) $x - y$ (c) $\dfrac{2a - 3b}{2a + 3b}$ (d) $\dfrac{x(x + 2)}{2 - x}$
► Ausführliche Lösung siehe Lösungshandbuch MyLab.

17. (a) $x < 13/2$ (b) $y \geq -3$ (c) Gültig für alle x (d) $x < 29/14$ (e) $-1 \leq x \leq 13/3$ (f) $-\sqrt{6} \leq x \leq -\sqrt{2}$ oder $\sqrt{2} \leq x \leq \sqrt{6}$

18. (a) $30 + 0.16x$ (b) Kleinste Zahl in Stunden: 7.5. Größte Zahl in Stunden: 10

19. $2\pi(r + 1) - 2\pi r = 2\pi$, wobei r der Radius der Erde (als Kugel approximiert) ist. Somit ist das verlängerte Seil nur ungefähr 6.28 m länger!

20. (a) Sei $p/100 = r$. Dann wird aus dem gegebenen Ausdruck $a + ar - (a + ar)r = a(1 - r^2)$, wie verlangt. (b) $2000€ \cdot 1.05 \cdot 0.95 = 1995€$. (c) Das Resultat ist genau die Formel in (a). (d) Mit der Notation wie in der Antwort zu (a) erhalten wir: $a - ar + (a - ar)r = a(1 - r^2)$, welches derselbe Ausdruck wie in (a) ist.

21. (a) Nein, z. B. $-1 > -2$, aber $(-1)^2 < (-2)^2$. (b) Nehmen Sie an, dass $a > b$ ist, so dass $a-b > 0$. Wenn auch $a+b > 0$, dann ist $a^2-b^2 = (a+b)(a-b) > 0$, so dass $a^2 > b^2$.

22. (a) $2 > 1$ und $1/2 < 1/1$. Auch $-1 > -2$ und $1/(-1) = -1 < -1/2 = 1/(-2)$. Andererseits $2 > -1$ und $1/2 > 1/(-1) = -1$.
(b) Wenn $ab > 0$ und $a > b$, dann ist $1/b - 1/a = (a-b)/ab > 0$, so dass $1/b > 1/a$.

(Und: Wenn $ab < 0$ und $a > b$, dann ist $1/b - 1/a = (a-b)/ab < 0$, so dass $1/b < 1/a$.)

23. (i) Für jede Zahl c gilt $|c| = \sqrt{c^2}$. Dann ist $|ab| = \sqrt{(ab)^2} = \sqrt{a^2b^2} = \sqrt{a^2}\sqrt{b^2} = |a| \cdot |b|$.
(ii) Entweder $a = |a|$ oder $a = -|a|$, so dass $-|a| \leq a \leq |a|$. Genauso gilt: $-|b| \leq b \leq |b|$. Addition dieser Ungleichungen ergibt $-|a| - |b| \leq a + b \leq |a| + |b|$ und damit $|a + b| \leq |a| + |b|$.

24. Bezeichne s die Länge jeder Seite des gleichseitigen Dreiecks. Dann ist die Gesamtfläche F des Dreiecks die Summe der Flächen der drei Dreiecke mit der Grundseite s und den Höhen h_1, h_2 bzw. h_3. Somit gilt $F = \frac{1}{2}sh_1 + \frac{1}{2}sh_2 + \frac{1}{2}sh_3$. Es folgt, dass $h_1 + h_2 + h_3 = 2F/s$, unabhängig von P. Siehe Lösungshandbuch für ein Bild. (Für die Neugierigen: $F = \frac{1}{4}\sqrt{3}s^2$, so dass $h_1 + h_2 + h_3 = \frac{1}{2}\sqrt{3}s$.)
► Ausführliche Lösung siehe Lösungshandbuch MyLab.

25. (a) $\sum_{i=1}^{4} \frac{1}{i(i+2)} = \frac{1}{1 \cdot 3} + \frac{1}{2 \cdot 4} + \frac{1}{3 \cdot 5} + \frac{1}{4 \cdot 6} = \frac{1}{3} + \frac{1}{8} + \frac{1}{15} + \frac{1}{24} = \frac{40 + 15 + 8 + 5}{120} = \frac{68}{120} = \frac{17}{30}$
(b) $\sum_{j=5}^{9}(2j-8)^2 = 2^2 + 4^2 + 6^2 + 8^2 + 10^2 = 4 + 16 + 36 + 64 + 100 = 220$
(c) $\sum_{k=1}^{5} \frac{k-1}{k+1} = \sum_{k=1}^{5}\left(1 - \frac{2}{k+1}\right) = 5 - \frac{2}{2} - \frac{2}{3} - \frac{2}{4} - \frac{2}{5} - \frac{2}{6} = \frac{21}{10}$
(d) $\sum_{n=2}^{5}(n-1)^2(n+2) = 1^2 \cdot 4 + 2^2 \cdot 5 + 3^2 \cdot 6 + 4^2 \cdot 7 = 4 + 20 + 54 + 112 = 190$
(e) $\sum_{k=1}^{5}\left(\frac{1}{k} - \frac{1}{k+1}\right) = \frac{1}{1} - \frac{1}{6} = \frac{5}{6}$
(f) $\sum_{i=-2}^{3}(i+3)^i = 1^{-2} + 2^{-1} + 3^0 + 4^1 + 5^2 + 6^3 = 1 + \frac{1}{2} + 1 + 4 + 25 + 216 = 247\frac{1}{2}$

26. (a) $3 + 5 + 7 + \cdots + 199 + 201 = \sum_{i=1}^{100}(1 + 2i)$
(b) $\frac{2}{1} + \frac{3}{2} + \frac{4}{3} + \cdots + \frac{97}{96} = \sum_{i=1}^{96} \frac{1+i}{i}$
(c) $4 \cdot 6 + 5 \cdot 7 + 6 \cdot 8 + \cdots + 38 \cdot 40 = \sum_{i=4}^{38} i(i+2)$ (d) $\frac{1}{x} + \frac{1}{x^2} + \cdots + \frac{1}{x^n} = \sum_{i=1}^{n} x^{-i}$
(e) $1 + \frac{x^2}{3} + \frac{x^4}{5} + \frac{x^6}{7} + \cdots + \frac{x^{32}}{33} = \sum_{i=0}^{16} \frac{x^{2i}}{1+2i}$
(f) $1 - \frac{1}{2} + \frac{1}{3} - \frac{1}{4} + \cdots - \frac{1}{80} + \frac{1}{81} = \sum_{i=1}^{81}(-1)^{i-1}\frac{1}{i}$

27. (a) und (c) sind richtig. (b) ist falsch, es sei denn die Differenz zwischen der linken und rechten Seite, die gleich $2\sum_{i=1}^{n} a_i b_i$ ist, ist zufällig Null. (d) ist auch falsch.

28. (a) $3+5+7+\cdots+197+199+201 = \sum_{i=1}^{100}(1+2i) = 100+2\sum_{i=1}^{100} i = 100+100\cdot 101 = 10\,200$ (b) $1001+2002+3003+\cdots+8008+9009+10010 = 1001\sum_{i=1}^{10} i = 1001\cdot\frac{1}{2}\cdot 10\cdot 11 = 55\,055$
► Ausführliche Lösung siehe Lösungshandbuch MyLab.

Kapitel 3

3.1

1. (a) $x=3$ (b) $x=6$ (c) Jedes x ist eine Lösung. (d) $x=1$ (e) $x=-5$. (*Hinweis:* $x^2+10x+25=(x+5)^2$.) (f) $x=-1$

2. (a) $x=-28/11$ (b) $x=5/11$ (c) $x=1$ (d) $x=121$

3. (a) $x=0$ (b) $x=-6$ (c) $x=5$
► Ausführliche Lösung siehe Lösungshandbuch MyLab.

4. (a) Mit x als der kleinsten Zahl hat man $x+(x+1)+(x+2)=10+2x$, so dass $x=7$. Die Zahlen sind 7, 8 und 9. (b) Wenn x Janes regulärer Stundenlohn ist, dann ist $38x+(48-38)2x=812$. Lösung: $x=812/56=14$. (c) $1500+12x/100=2100$, so dass $12x=60\,000$ impliziert, dass $x=5000$.
(d) $\frac{2}{3}x+\frac{1}{4}x+100\,000=x$. Lösung: $x=1\,200\,000$.

5. (a) $y=17/23$ (b) $x=-4$ (c) $z=4$ (d) $p=15/16$
► Ausführliche Lösung siehe Lösungshandbuch MyLab.

6. Sie gibt $y/3$ Euro für jede Sorte Obst aus. Sie kauft $y/9$ Kilo Äpfel, $y/6$ Kilo Bananen und $y/18$ Kilo Kirschen. Das Gesamtgewicht ist $\left(\frac{1}{9}+\frac{1}{6}+\frac{1}{18}\right)y = \left(\frac{2+3+1}{18}\right)y = \frac{6}{18}y = \frac{1}{3}y$ Kilo. Sie bezahlt 3 Euro pro Kilo Obst.

3.2

1. Einsetzen der zweiten Gleichung in die erste ergibt $Y=750+0.9Y$. Die Lösung ist $Y=7500$. Alternativ ergibt Formel (∗∗), dass $Y=\dfrac{a}{1-b}+\dfrac{1}{1-b}\bar{I} = \dfrac{600}{1-0.9}+\dfrac{150}{1-0.9}=\dfrac{750}{1-0.9}=7500$.

2. (a) $x=\dfrac{1}{2}\left(\dfrac{1}{a}+\dfrac{1}{b}\right)$ (b) $x=\dfrac{dA-b}{a-cA}$ (c) $x=\dfrac{p^2}{4w^2}$ (d) $x=-\dfrac{1}{1+a}$
(e) $x=\pm\dfrac{b}{a}$ (f) $x=0$
► Ausführliche Lösung siehe Lösungshandbuch MyLab.

3. (a) $p=20q/3-14/15$ (b) $P=(S-\alpha)/\beta$ (c) $g=2A/h$ (d) $r=\left(\dfrac{3V}{4\pi}\right)^{1/3}$
(e) $L=(Y_0A^{-1}K^{-\alpha})^{1/\beta}$

4. (a) $x = (a - b)/(\alpha - \beta)$ (b) $p = (3q + 5)^2/q$ (c) $Y = 100$
(d) $K = (2wQ^4/r)^{1/3}$ (e) $L = rK/(2w)$ (f) $K = \frac{1}{32}p^4r^{-3}w^{-1} = p^4/(32r^3w)$
► Ausführliche Lösung siehe Lösungshandbuch MyLab.

5. (a) $s = \dfrac{tT}{T - t}$ (b) $M = \dfrac{(B + \alpha L)^2}{KL}$ (c) $z = \dfrac{4xy - x + 2y}{x + 4y}$ (d) $T = N\left(1 - \dfrac{V}{C}\right)$

3.3

1. (a) $x(15 - x) = 0$, so dass die Lösungen $x = 0$ und $x = 15$ sind. (b) $p = \pm 4$
(c) $q = 3$ und $q = -4$ (d) Keine Lösung. (e) $x = 0$ und $x = 3$ (f) $x = 2$. (Beachten Sie, dass $x^2 - 4x + 4 = (x - 2)^2$.)

2. (a) $x^2 - 5x + 6 = (x - 2)(x - 3) = 0$ für $x = 2$ und $x = 3$. (Wir erhalten aus der Gleichung $x^2 - 5x = -6$. Quadratische Ergänzung ergibt $x^2 - 5x + (5/2)^2 = (5/2)^2 - 6 = 25/4 - 6 = 1/4$ oder $(x - 5/2)^2 = 1/4$. Es folgt, dass $(x - 5/2) = \pm 1/2$.)
(b) $y^2 - y - 12 = (y - 4)(y + 3) = 0$ für $y = 4$ und $y = -3$
(c) Keine Lösungen und keine Faktorisierung.
(d) $-\frac{1}{4}x^2 + \frac{1}{2}x + \frac{1}{2} = -\frac{1}{4}[x - (1 + \sqrt{3})][x - (1 - \sqrt{3})] = 0$ für $x = 1 \pm \sqrt{3}$
(e) $m^2 - 5m - 3 = [m - \frac{1}{2}(5 + \sqrt{37})][m - \frac{1}{2}(5 - \sqrt{37})] = 0$ für $m = \frac{1}{2}(5 \pm \sqrt{37})$
(f) $0.1p^2 + p - 2.4 = 0.1(p - 2)(p + 12) = 0$ für $p = 2$ und $p = -12$

3. (a) $r = -13, r = 2$ (b) $p = -16, p = 1$ (c) $K = 100, K = 200$
(d) $r = -\sqrt{3}, r = \sqrt{2}$ (e) $x = -0.5, x = 0.8$ (f) $p = -1/6, p = 1/4$
► Ausführliche Lösung siehe Lösungshandbuch MyLab.

4. (a) $x = 1, x = 2$ (b) $t = \frac{1}{10}(1 \pm \sqrt{61})$ (c) $x = \frac{1}{4}(3 \pm \sqrt{13})$
(d) $x = \frac{1}{3}(-7 \pm \sqrt{5})$ (e) $x = -300, x = 100$ (f) $x = \frac{1}{6}(5 \pm \sqrt{13})$

5. (a) Wenn die Seiten die Längen x und y haben, dann hat der Umfang die Länge $2x + 2y = 40$ und die Fläche ist $xy = 75$. Es folgt aus den Regeln für quadratische Funktionen (3.3.7), dass x und y die Lösungen der quadratischen Gleichung $z^2 - 20z + 75 = 0$ sind, so dass die Seiten die Längen 5 und 15 haben. (b) Wenn die zwei Zahlen n und $n + 1$ sind, dann ist $n^2 + (n + 1)^2 = 13$, so dass $2n^2 + 2n - 12 = 0$. Die Lösungen dieser Gleichung sind $n_1 = 2$ und $n_2 = -3$. Aber n muss positiv sein, so dass die einzige Möglichkeit $n = 2$ ist. Damit sind die zwei Zahlen 2 und 3. (Natürlich: Wenn die Zahlen so klein sind, ist es einfacher, die Lösung durch Probieren zu finden, indem man mit den kleinsten Zahlen beginnt. $1^2 + 2^2 = 5$, was zu klein ist, aber $2^2 + 3^2 = 13$, welches genau richtig ist und geht man weiter, werden die Zahlen zu groß, so dass die Antwort 2 und 3 ist.) (c) Die Länge x der kürzeren Seite erfüllt $x^2 + (x + 14)^2 = 34^2$ oder $2x^2 + 28x = 1156 - 196 = 960$ oder $x^2 + 14x - 480 = 0$. Die Längen sind 16 cm und 30 cm. (d) Wenn seine übliche Geschwindigkeit s ist, ist die übliche Zeit $80/s$ Stunden oder $4800/s$ Minuten. Fährt er mit der Geschwindigkeit $s + 10$, so ist die Zeit $\dfrac{4800}{s + 10} = \dfrac{4800}{s} - 16$. Vereinfachen der Brüche ergibt $4800s = (4800 - 16s)(s + 10)$ oder $16s^2 + 160s - 48\,000 = 0$, was $s^2 + 10s - 3000 = 0$ impliziert. Die einzige positive Lösung dieser Glei-

chung ist $s = 50$. Daher ist seine übliche Geschwindigkeit 50 km/h.
► Ausführliche Lösung siehe Lösungshandbuch MyLab.

6. (a) $x = -2$, $x = 0$, $x = 2$. (Denn: $x(x^2 - 4) = 0$ oder $x(x+2)(x-2) = 0$)
(b) $x = -2$, $x = -1$, $x = 1$, $x = 2$. (Setzen Sie $x^2 = u$.)
(c) $z = -1/3$, $z = 1/5$. (Setzen Sie $z^{-1} = u$.)

3.4

1. (a) $x = 0$ und $x = -3$ (b) $x = 0$ und $x = 1/2$ (c) $x = 1$ und $x = 3$
(d) $x = -5/2$ (e) Keine Lösungen. (f) $x = 0$ und $x = -1$

2. (a) Keine Lösungen. (b) $x = -1$ (c) $x = -3/2$ (d) $x = 0$ und $x = 1/2$
► Ausführliche Lösung siehe Lösungshandbuch MyLab.

3. (a) $z = 0$ oder $z = a/(1-a-b)$ für $a+b \neq 1$. Für $a+b = 1$ ist die einzige Lösung $z = 0$. (b) $\lambda = -1$ oder $\mu = 0$ oder $x = y$ (c) $\lambda = 0$ und $\mu \neq \pm 1$ oder $\mu = 2$
(d) $a = 2$ oder $b = 0$ oder $\lambda = -1$
► Ausführliche Lösung siehe Lösungshandbuch MyLab.

3.5

1. Für $x = -1, 0$ und 1 ist die Gleichung bedeutungslos (nicht definiert). Indem wir jeden Term mit dem gemeinsamen Nenner $x(x-1)(x+1)$ multiplizieren, erhalten wir die einzige Lösung aus den Äquivalenzen:

$$\begin{aligned}\frac{(x+1)^2}{x(x-1)} + \frac{(x-1)^2}{x(x+1)} - 2\frac{3x+1}{x^2-1} = 0 &\Leftrightarrow x \notin \{-1, 0, 1\} \text{ und } 2x(x^2 - 3x + 2) = 0 \\ &\Leftrightarrow x \notin \{-1, 0, 1\} \text{ und } 2x(x-1)(x-2) = 0 \\ &\Leftrightarrow x = 2\end{aligned}$$

2. (a) Quadrieren beider Seiten und Umordnen ergibt $x + 2 = \sqrt{4x + 13} \Rightarrow (x + 2)^2 = 4x + 13 \Rightarrow x^2 = 9 \Rightarrow x = \pm 3$. Aber $x + 2 = \sqrt{4x + 13} \Rightarrow x + 2 \geq 0$. Somit ist nur $x = 3$ eine Lösung.
(b) Quadrieren beider Seiten und Umordnen ergibt $x(x+5) = 0$. Sowohl $x = 0$ als auch $x = -5$ sind Lösungen.
(c) Die äquivalente Gleichung $|x|^2 - 2|x| - 3 = 0$ ergibt $|x| = 3$ oder $|x| = -1$. Da $|x| \geq 0$, sind nur $x = \pm 3$ Lösungen.

3. (a) Keine Lösungen. (b) $x = 20$
► Ausführliche Lösung siehe Lösungshandbuch MyLab.

4. (a) $x + \sqrt{x+4} = 2 \Rightarrow \sqrt{x+4} = 2 - x \Rightarrow x + 4 = 4 - 4x + x^2 \Rightarrow x^2 - 5x = 0 \overset{(i)}{\Rightarrow} x - 5 = 0 \overset{(ii)}{\Leftarrow} x = 5$. Hier ist Implikation (i) nicht korrekt ($x^2 - 5x = 0 \Rightarrow x - 5 = 0$ oder $x = 0$.) Implikation (ii) ist korrekt, sie unterbricht jedoch die Kette der Implikationen.

(b) $x = 0$. (Nach Korrektur der Implikation (i) sehen wir, dass die gegebene Gleichung $x = 5$ oder $x = 0$ impliziert. Aber nur $x = 0$ ist eine Lösung; $x = 5$ löst die Gleichung $x - \sqrt{x+4} = 2$.)

3.6

1. (a) $x = 8,\ y = 3$ (b) $x = 1/2,\ y = 1/3$ (c) $x = 1.1,\ y = -0.3$

2. (a) $x = 1,\ y = -1$ (b) $x = -4,\ y = 7$ (c) $x = -7/2,\ y = 10/3$

3. (a) $p = 2,\ q = 3$ (b) $r = 2.1,\ s = 0.1$

4. (a) 39 und 13 (b) 120 Euro für einen Tisch und 60 Euro für einen Stuhl. (c) 450 der Qualität B und 300 der Qualität P. (d) 2 000 Euro zu 5 % und 8 000 Euro zu 7.2 % Zinsen.
► Ausführliche Lösung siehe Lösungshandbuch MyLab.

Wiederholungsaufgaben für Kap. 3

1. (a) $x = 12$ (b) $x = 3$ (c) $x = -3/2$ (d) $x = -19$ (e) $x = 11/7$ (f) $x = 39$

2. (a) $x = 0$ (b) $x = -6$ (c) $x = 5$ (d) $x = -1$
► Ausführliche Lösung siehe Lösungshandbuch MyLab.

3. (a) $x = \frac{2}{3}(y-3)+y = \frac{2}{3}y-2+y = \frac{5}{3}y-2$ oder $\frac{5}{3}y = x+2$, so dass $y = \frac{3}{5}(x+2)$.
(b) $ax - cx = b + d$ oder $(a-c)x = b + d$, so dass $x = (b+d)/(a-c)$.
(c) $\sqrt{L} = Y_0/AK$, so dass Quadrieren beider Seiten $L = (Y_0/AK)^2$ ergibt.
(d) $qy = m - px$, so dass $y = (m - px)/q$. (e) Setze $s = 1/(1+r)$. Dann ist $s = (a+bc)/(1-c)$, so dass $r = (1/s) - 1 = [(1-a) - c(1+b)]/(a+bc)$.
(f) Multiplikation mit $(Px+Q)^{1/3}$ ergibt $Px+Px+Q = 0$ und somit $x = -Q/2P$.

4. (a) $K = 225L^{2/3}$ (b) $r = 100(2^{1/t} - 1)$ (c) $x_0 = (p/ab)^{1/(b-1)}$
(d) $b = \lambda^{1/\varrho}\,(c^{-\varrho} - (1-\lambda)a^{-\varrho})^{-1/\varrho}$
► Ausführliche Lösung siehe Lösungshandbuch MyLab.

5. (a) $z = 0$ oder $z = 8$ (b) $x = -7$ oder $x = 5$ (c) $p = -7$ oder $p = 2$
(d) $p = 1/4$ oder $p = 1/3$ (e) $y = 4 \pm \sqrt{31}$ (f) $x = -7$ oder $x = 6$

6. (a) $x = \pm 2$ oder $x = 5$ (b) $x = -4$. ($x^4 + 1$ ist niemals 0.)
(c) $\lambda = 1$ oder $x = y$

7. Wenn er x Euro zu 15 % Zinsen und y Euro zu 20 % investiert, gilt $0.15x + 0.20y = 275$. Außerdem ist $x + y = 1500$. Die Lösung dieses Systems ergibt $x = 500,\ y = 1000$.

8. (a) Aus der zweiten und dritten Gleichung des Modells folgt $C = b(Y - tY) = b(1-t)Y$. Einsetzen in die erste Gleichung und Auflösen nach Y ergibt $Y = \dfrac{\bar{I} + G}{1 - b(1-t)}$. Damit ist $C = \dfrac{b(1-t)(\bar{I} + G)}{1 - b(1-t)}$.
(b) Beachten Sie, dass $0 < b(1-t) < 1$. Wenn t wächst, fallen Y und $1 - t$ und somit auch $C = b(1-t)Y$.

9. $5^{3x} = 25^{y+2} = 5^{2(y+2)}$, so dass $3x = 2(y+2)$. Mit $x-2y = 8$ ergibt dies $x = -2$ und $y = -5$, so dass $x - y = 3$.

10. (a) Sei $u = 1/x$ und $v = 1/y$. Dann reduziert sich das System zu $2u + 3v = 4$, $3u - 2v = 19$ mit der Lösung $u = 5$, $v = -2$ und somit $x = 1/u = 1/5$, $y = 1/v = -1/2$. (b) Sei $u = \sqrt{x}$ und $v = \sqrt{y}$. Dann ist $3u+2v = 2$, $2u-3v = 1/4$ mit der Lösung $u = 1/2$, $v = 1/4$, so dass $x = 1/4$, $y = 1/16$. (c) Mit $u = x^2$ und $v = y^2$ erhalten wir $u+v = 13$, $4u-3v = 24$ mit der Lösung $u = 9$, $v = 4$ und somit $x = \pm 3$ und $y = \pm 2$.

Kapitel 4

4.2

1. (a) $f(0) = 1$, $f(-1) = 2$, $f(1/2) = 5/4$ und $f(\sqrt{2}) = 3$ (b) (i) Für alle x. (ii) Wenn $x = 1/2$. (iii) Wenn $x = \pm\sqrt{1/2} = \pm\frac{1}{2}\sqrt{2}$.
▶ Ausführliche Lösung siehe Lösungshandbuch MyLab.

2. $F(0) = F(-3) = 10$, $F(a+h) - F(a) = 10 - 10 = 0$

3. (a) $f(0) = 0$, $f(a) = a^2$, $f(-a) = a^2 - (-a-a)^2 = -3a^2$ und $f(2a) = 0$
(b) $3f(a) + f(-2a) = 3a^2 + [a^2 - (-2a-a)^2] = 3a^2 + a^2 - 9a^2 = -5a^2$

4. (a) $f(-1/10) = -10/101$, $f(0) = 0$, $f(1/\sqrt{2}) = \sqrt{2}/3$, $f(\sqrt{\pi}) = \sqrt{\pi}/(1+\pi)$, $f(2) = 2/5$ (b) $f(-x) = -x/(1+(-x)^2) = -x/(1+x^2) = -f(x)$ und $f(1/x) = (1/x)/[1+(1/x)^2] = (1/x)\cdot x^2/[1+(1/x)^2]\cdot x^2 = x/(1+x^2) = f(x)$

5. $F(0) = 2$, $F(-3) = \sqrt{19}$, $F(t+1) = \sqrt{t^2+3}$

6. (a) $C(0) = 1000$, $C(100) = 41\,000$ und $C(101) - C(100) = 501$
(b) $C(x+1) - C(x) = 2x + 301$ sind die zusätzliche Kosten für die Erhöhung der Produktion von x auf $x+1$.

7. (a) $D(8) = 4$, $D(10) = 3.4$ und $D(10.22) = 3.334$. (b) $P = 10.9$

8. (a) $f(tx) = 100(tx)^2 = 100t^2x^2 = t^2 f(x)$
(b) $P(tx) = (tx)^{1/2} = t^{1/2}x^{1/2} = t^{1/2}P(x)$

9. (a) $b(0) = 0$, $b(50) = 100/11$, $b(100) = 200$ (b) $b(50+h) - b(50)$ sind die zusätzlichen Kosten der Beseitigung von h % mehr als 50 % der Verunreinigungen.

10. (a) Nein: $f(2+1) = f(3) = 18$, während $f(2) + f(1) = 8 + 2 = 10$.
(b) Ja: $f(2+1) = f(2)+f(1) = -9$. (c) Nein: $f(2+1) = f(3) = \sqrt{3} \approx 1.73$, während $f(2) + f(1) = \sqrt{2} + 1 \approx 2.41$.

11. (a) $f(a+b) = A(a+b) = Aa + Ab = f(a) + f(b)$ (b) $f(a+b) = 10^{a+b} = 10^a \cdot 10^b = f(a)\cdot f(b)$

12. Siehe Abb. A4.2.12a und A4.2.12b.

13. (a) $x \leq 5$ (b) $x \neq 0$ und $x \neq 1$ (c) $-3 < x \leq 1$ oder $x > 2$
▶ Ausführliche Lösung siehe Lösungshandbuch MyLab.

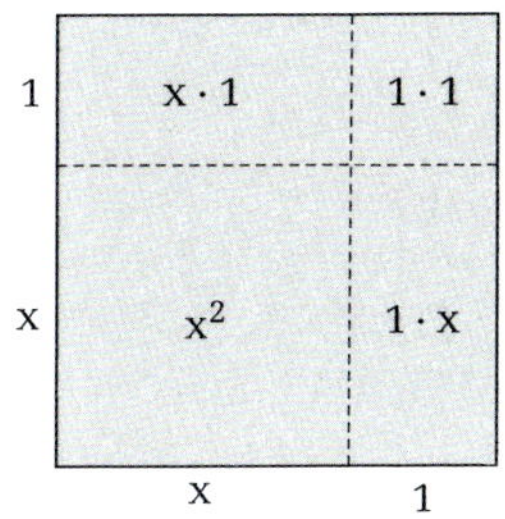

Abbildung A4.2.12a: Die Fläche ist $(x+1)^2 = x^2 + 2x + 1$.

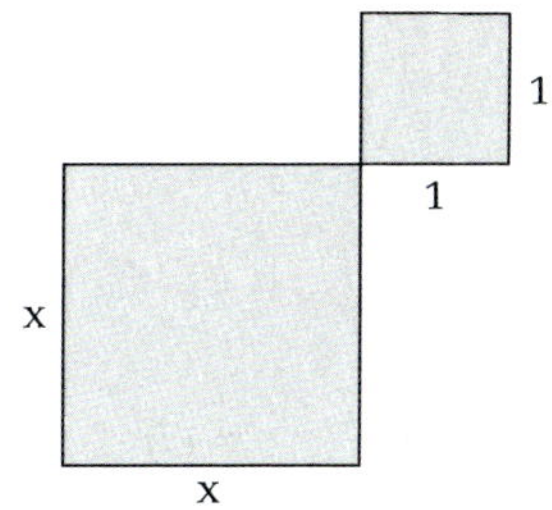

Abbildung A4.2.12b: Die Fläche ist $x^2 + 1$.

14. (a) Definiert für $x \neq 2$, d. h. $D_f = (-\infty, 2) \cup (2, \infty)$ (b) $f(8) = 5$
(c) $f(x) = \dfrac{3x+6}{x-2} = 3 \iff 3x + 6 = 3(x-2) \iff 6 = -6$, was unmöglich ist.

15. Da g offensichtlich für $x \geq -2$ definiert ist, ist $D_g = [-2, \infty)$. Beachten Sie, dass $g(-2) = 1$ und $g(x) \leq 1$ für alle $x \in D_f$. Wenn x von -2 bis ∞ wächst, fällt $g(x)$ von 1 bis $-\infty$, so dass $R_g = (-\infty, 1]$.

4.3

1. Siehe Abb. A4.3.1.

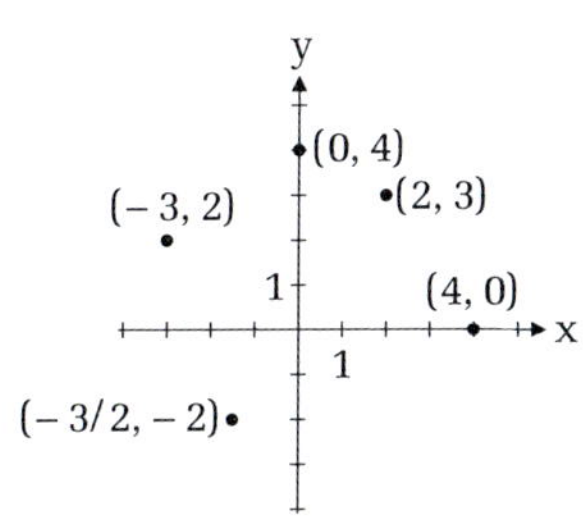

Abbildung A4.3.1

2. (a) $f(-5) = 0, f(-3) = -3, f(-2) = 0, f(0) = 2, f(3) = 4, f(4) = 0$
(b) $D_f = [-5, 4]$, $R_f = [-3, 4]$

3. (a)

x	0	1	2	3	4
$g(x) = -2x + 5$	5	3	1	-1	-3

Siehe Abb. A4.3.3a.

(b)

x	-2	-1	0	1	2	3	4
$h(x) = x^2 - 2x - 3$	5	0	-3	-4	-3	0	5

Siehe Abb. A4.3.3b.

(c)

x	-2	-1	0	1	2
$F(x) = 3^x$	$\frac{1}{9}$	$\frac{1}{3}$	1	3	9

Siehe Abb. A4.3.3c.

(d)

x	-2	-1	0	1	2	3
$G(x) = 1 - 2^{-x}$	-3	-1	0	$1/2$	$3/4$	$7/8$

Siehe Abb. A4.3.3d.

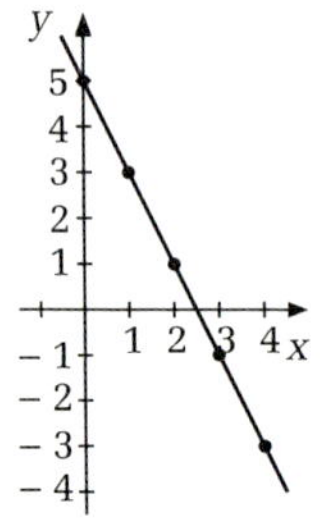

Abbildung A4.3.3a

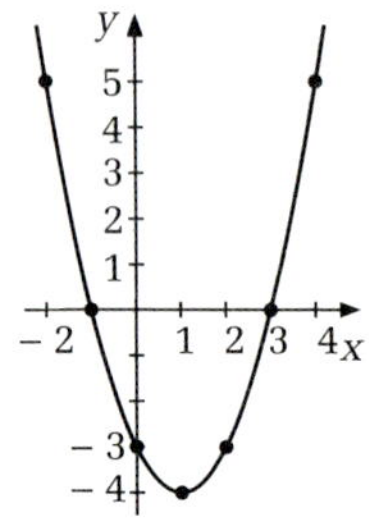

Abbildung A4.3.3b

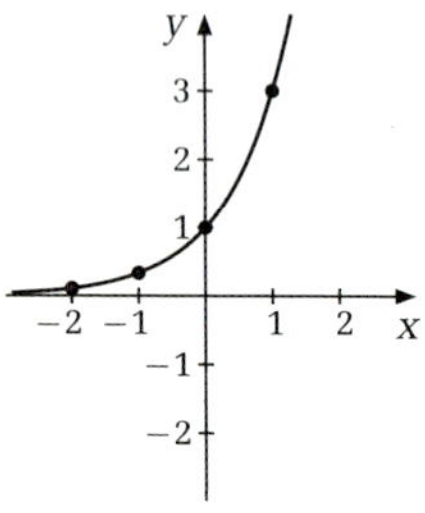

Abbildung A4.3.3c

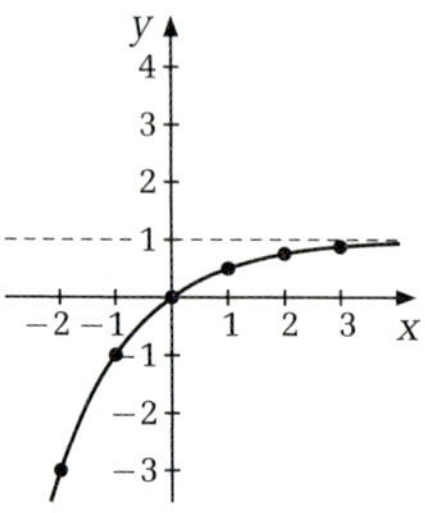

Abbildung A4.3.3d

4.4

1. (a) Steigung $= (8-3)/(5-2) = 5/3$ (b) $-2/3$ (c) $51/5$
2. Siehe Abb. A4.4.2a, A4.4.2b, A4.4.2c

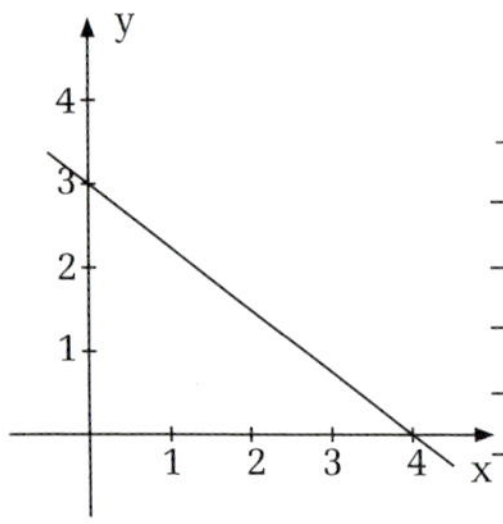

Abbildung A4.4.2a

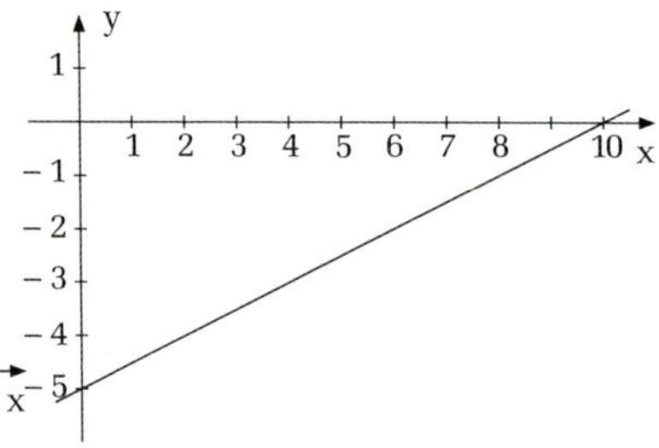

Abbildung A4.4.2b

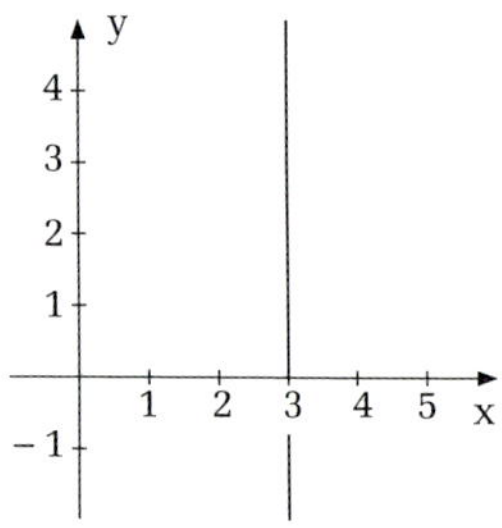

Abbildung A4.4.2c

3. Wenn $D = a + bP$, dann ist $a + 10b = 200$ und $a + 15b = 150$. Auflösen nach a und b ergibt $a = 300$ und $b = -10$, so dass $D = 300 - 10P$.
4. (a), (b) und (d) sind alle linear; (c) ist nicht linear, sondern quadratisch.
5. Wenn P der Preis für Q Kopien ist, ergibt die Anwendung der Zwei-Punkte-Formel $P - 1400 = \frac{3000-1400}{500-100}(Q-100)$ oder $P = 1000 + 4Q$. Der Preis für 300 Kopien ist daher $P = 1000 + 4 \cdot 300 = 2200$.
6. L_1: Die Steigung ist 1. Die Punkt-Steigungsformel mit $(x_1, y_1) = (0, 2)$ und $a = 1$ ergibt $y = x + 2$. L_2: Mit der Zwei-Punkte-Formel für $(x_1, y_1) = (0, 3)$ und $(x_2, y_2) = (5, 0)$ ergibt sich $y - 3 = \dfrac{0-3}{5-0}x$ oder $y = -\frac{3}{5}x + 3$. L_3: Gleichung ist $y = 1$ mit der Steigung 0. L_4: Gleichung ist $y = 3x - 14$ mit der Steigung 3. L_5: Gleichung ist $y = \frac{1}{9}x + 2$ mit der Steigung 1/9.

7. (a) L_1: $y - 3 = 2(x - 1)$ oder $y = 2x + 1$
(b) L_2: $y - 2 = \dfrac{3-2}{3-(-2)}[x - (-2)]$ oder $y = x/5 + 12/5$ (c) L_3: $y = -x/2$
(d) L_4: $x/a + y/b = 1$ oder $y = -bx/a + b$.

8. Für (a), siehe Abb. A4.4.8a, ist die Lösung $x = 3$, $y = -2$. Für (b), siehe Abb. A4.4.8b, ist die Lösung $x = 2$, $y = 0$. Für (c), siehe Abb. A4.4.8c, gibt es keine Lösung, weil die zwei Geraden parallel sind.

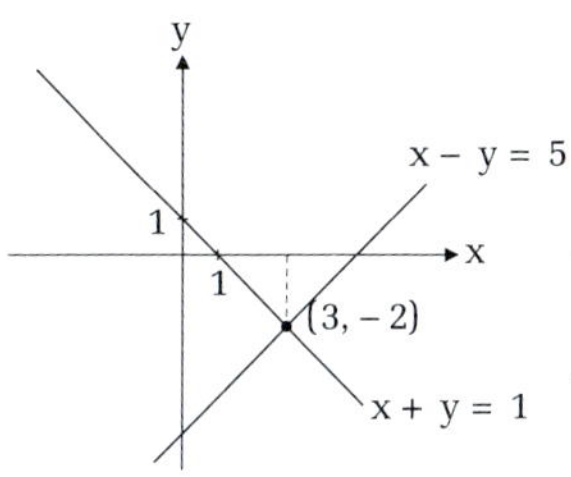

Abbildung A4.4.8a

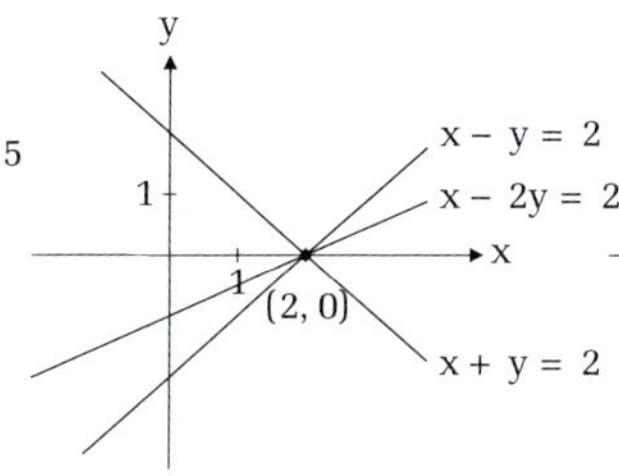

Abbildung A4.4.8b

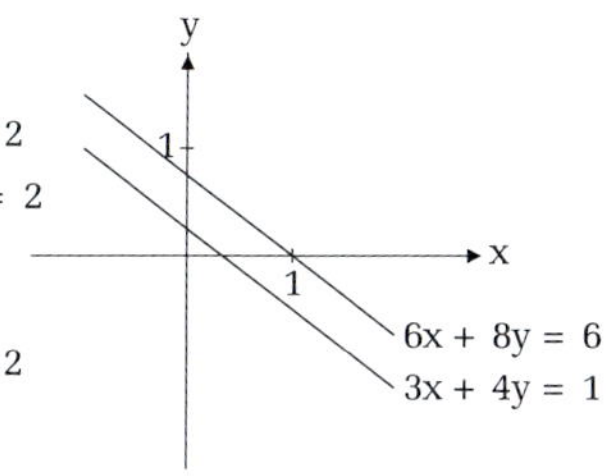

Abbildung A4.4.8c

9. (a) Siehe Abb. A4.4.9a, A4.9.9b und A4.9.9c.

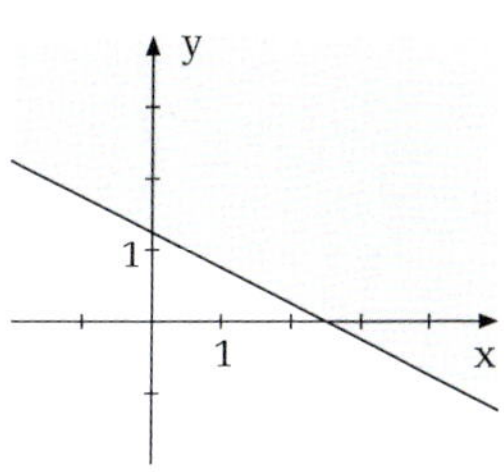

Abbildung A4.4.9a

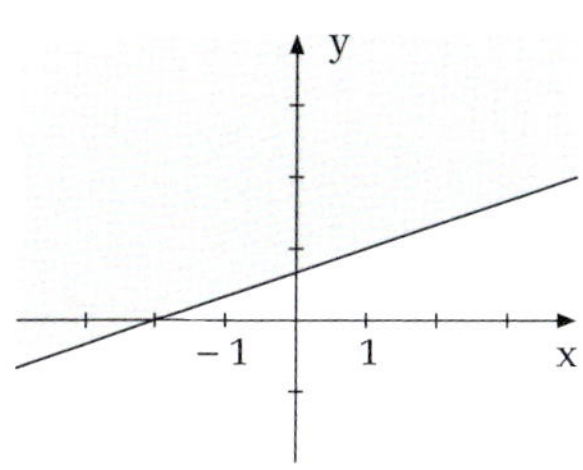

Abbildung A4.4.9b

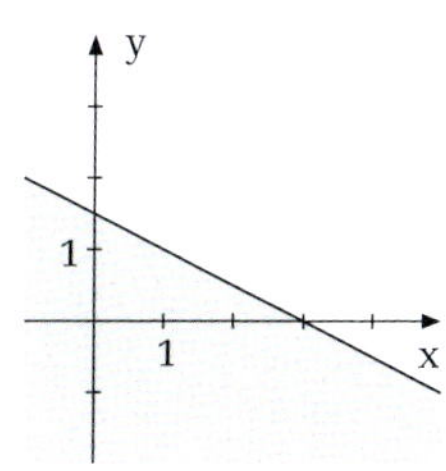

Abbildung A4.4.9c

10. Siehe Abb. A4.4.10. Jeder kleine Pfeil an der Seite einer Geraden zeigt zu der Seite der Geraden, auf der die relevante Ungleichung erfüllt ist. Das schattierte Dreieck ist die gesuchte Menge.
▶ Ausführliche Lösung siehe Lösungshandbuch MyLab.

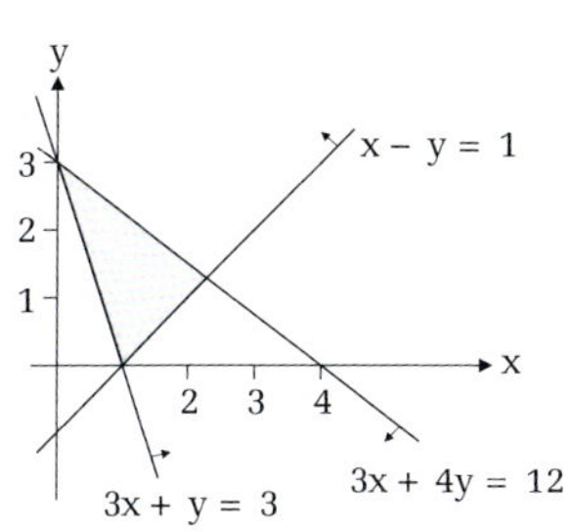

Abbildung A4.4.10

4.5

1. 0.78

2. (a) $75 - 3P^e = 2P^e$ und damit $P^e = 15$. (b) $P^e = 90$

3. Die Zwei-Punkte-Formel ergibt $C - 200 = \dfrac{275 - 200}{150 - 100}(x - 100)$ oder $C = \dfrac{3}{2}x + 50$.

4. $C = 0.8y + 100$. (Mit $C = ay + b$ erhalten wir $900 = 1000a + b$ und $a = 80/100 = 0.8$, so dass $b = 100$.)

5. (a) $P(t) = 20\,000 - 2000t$ (b) $W(t) = 500 - 50t$

4.6

1. (a)

x	-1	0	1	2	3	4	5
$f(x) = x^2 - 4x$	5	0	-3	-4	-3	0	5

Siehe Abb. A4.6.1.

(b) Minimum an der Stelle $x = 2$ mit $f(2) = -4$. (c) $x = 0$ und $x = 4$.
(d) $x = 0$ und $x = 4$

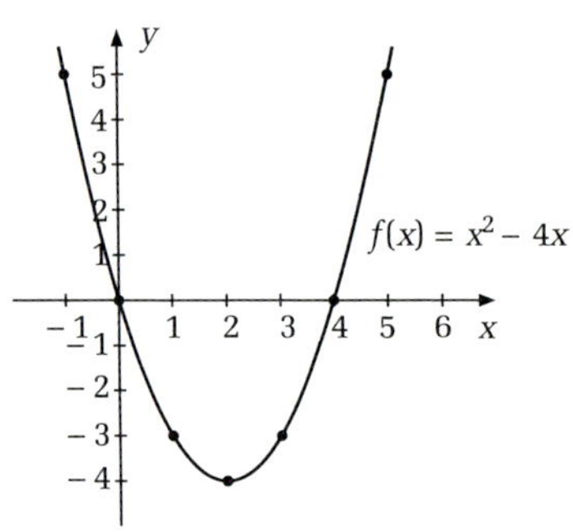

Abbildung A4.6.1

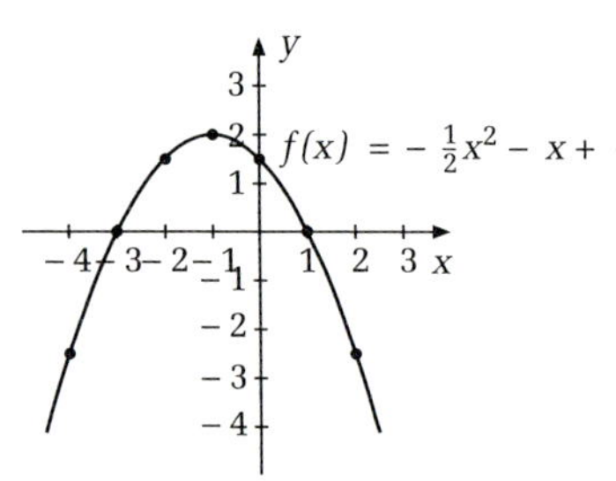

Abbildung A4.6.2

2. (a)

x	-4	-3	-2	-1	0	1	2
$f(x) = -\frac{1}{2}x^2 - x + \frac{3}{2}$	-2.5	0	1.5	2	1.5	0	-2.5

Siehe Abb. A4.6.2.

(b) Maximum an der Stelle $x = -1$ mit $f(-1) = 2$.
(c) $x = -3$ und $x = 1$. (d) $f(x) > 0$ in $(-3, 1)$, $f(x) < 0$ für $x < -3$ und für $x > 1$.

3. (a) Minimum -4 für $x = -2$. (b) Minimum 9 für $x = -3$.
(c) Maximum 45 für $x = 5$. (d) Minimum -45 für $x = 1/3$.
(e) Maximum $40\,000$ für $x = -100$. (f) Minimum $-22\,500$ für $x = -50$.

4. (a) $x(x + 4)$. Nullstellen 0 und -4. (b) Keine Faktorisierung möglich. Keine Nullstellen. (c) $-3(x - x_1)(x - x_2)$, wobei die Nullstellen $x_1 = 5 + \sqrt{15}$ und $x_2 = 5 - \sqrt{15}$ sind. (d) $9(x - x_1)(x - x_2)$, wobei die Nullstellen $x_1 = 1/3 + \sqrt{5}$ und $x_2 = 1/3 - \sqrt{5}$ sind. (e) $-(x + 300)(x - 100)$. Nullstellen: -300 und 100. (f) $(x + 200)(x - 100)$. Nullstellen -200 und 100.

5. (a) $x = 2a$ und $x = a$ (b) $x = a$ und $x = b$ (c) $x = \frac{1}{2}a$ und $x = -2b$

6. Durch Ausmultiplizieren erhalten wir $U(x) = -(1 + r^2)x^2 + 8(r - 1)x + 40$. Nach (4.6.4) hat $U(x)$ ein Maximum für $x = 4(r - 1)/(1 + r^2)$.

7. (a) Die Flächen für $x = 100, 250$ und 350 sind $100 \cdot 400 = 40\,000$, $250 \cdot 250 = 62\,500$ bzw. $350 \cdot 150 = 52\,500$. (b) Die Fläche ist $F = (250 + x)(250 - x) = 62\,500 - x^2$. Diese hat offensichtlich ihr Maximum, wenn $x = 0$. Dann ist das Rechteck ein Quadrat.

8. (a) $\pi(Q) = (P_E - P_G - \gamma)Q = -\frac{1}{2}Q^2 + (\alpha_1 - \alpha_2 - \gamma)Q$. (b) Mit (4.6.4) sehen wir, dass $Q^* = \alpha_1 - \alpha_2 - \gamma$ den Gewinn maximiert, wenn $\alpha_1 - \alpha_2 - \gamma > 0$. Wenn $\alpha_1 - \alpha_2 - \gamma \leq 0$, dann ist $Q^* = 0$. (c) $\pi(Q) = -\frac{1}{2}Q^2 + (\alpha_1 - \alpha_2 - \gamma - \tau)Q$ und $Q^* = \alpha_1 - \alpha_2 - \gamma - \tau$, wenn $\alpha_1 - \alpha_2 - \gamma - \tau > 0$. (d) $T = \tau Q^* = \tau(\alpha_1 - \alpha_2 - \gamma - \tau)$ ist eine quadratische Funktion von τ; sie ist 0, wenn $\tau = 0$ und wenn $\tau = \tau_1 = \alpha_1 - \alpha_2 - \gamma$, und sie ist positiv für τ zwischen 0 und τ_1. (e) Die Steuereinnahmen werden maximiert, wenn $\tau = \frac{1}{2}(\alpha_1 - \alpha_2 - \gamma)$.
▶ Ausführliche Lösung siehe Lösungshandbuch MyLab.

9. (a) $361 \leq 377$ (b) Wenn $B^2 - 4AC > 0$, dann hätte nach Formel (3.3.5) die Gleichung $f(x) = Ax^2 + Bx + C = 0$ zwei verschiedene Lösungen, was $f(x) \geq 0$ für alle x widerspricht. Deshalb gilt $B^2 - 4AC \leq 0$.
(c) (4.6.8) ist äquivalent zu $\frac{1}{4}B^2 \leq AC$.
▶ Ausführliche Lösung siehe Lösungshandbuch MyLab.

4.7

1. (a) $-2, -1, 1, 3$ (b) $1, -6$ (c) keine (d) $1, 2, -2$
▶ Ausführliche Lösung siehe Lösungshandbuch MyLab.

2. (a) 1 und -2 (b) 1, 5 und -5 (c) -1

3. (a) $2x^2 + 2x + 4 + 3/(x - 1)$ (b) $x^2 + 1$ (c) $x^3 - 4x^2 + 3x + 1 - 4x/(x^2 + x + 1)$
(d) $3x^5 + 6x^3 - 3x^2 + 12x - 12 + (28x^2 - 36x + 13)/(x^3 - 2x + 1)$
▶ Ausführliche Lösung siehe Lösungshandbuch MyLab.

4. (a) $y = \frac{1}{2}(x + 1)(x - 3)$ (b) $y = -2(x + 3)(x - 1)(x - 2)$ (c) $y = \frac{1}{2}(x + 3)(x - 2)^2$
▶ Ausführliche Lösung siehe Lösungshandbuch MyLab.

5. (a) $x + 4$ (b) $x^2 + x + 1$ (c) $-3x^2 - 12x$

6. $c^4 + 3c^2 + 5 \geq 5 \neq 0$ für alle c, so dass bei der Division ein Rest bleiben muss.

7. Berechnen Sie die rechte Seite. (Beachten Sie, dass $R(x) \to a/c$, wenn $x \to \infty$.)

8. $E = \alpha\big(x - (\beta + \gamma)\big) + \dfrac{\alpha\beta(\gamma + \beta)}{x + \beta}$
▶ Ausführliche Lösung siehe Lösungshandbuch MyLab.

4.8

1. Siehe Abb. A4.8.1.

2. (a) 1.6325269 (b) 36.4621596

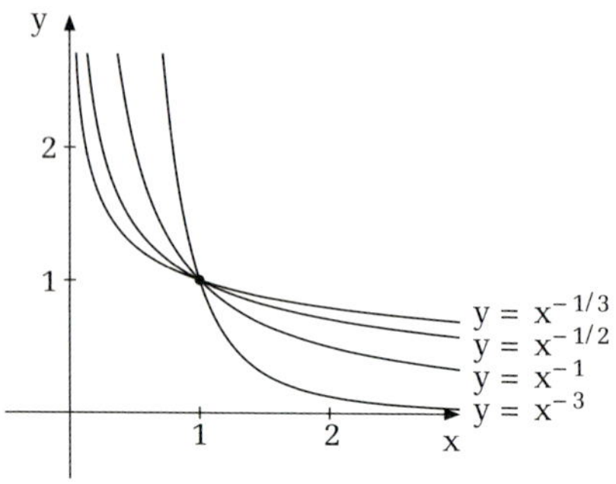

Abbildung A4.8.1

3. (a) $2^3 = 8$, so dass $x = 3/2$ (b) $1/81 = 3^{-4}$, so dass $3x+1 = -4$ und deshalb $x = -5/3$ (c) $x^2 - 2x + 2 = 2$, so dass $x^2 - 2x = 0$ und deshalb $x = 0$ oder $x = 2$.

4. (a) $3^{5t}9^t = 3^{5t}(3^2)^t = 3^{5t+2t} = 3^{7t}$ und $27 = 3^3$, so dass $7t = 3$ und damit $t = 3/7$. (b) $9^t = (3^2)^t = 3^{2t}$ und $(27)^{1/5}/3 = (3^3)^{1/5}/3 = 3^{3/5}/3 = 3^{-2/5}$ und damit $2t = -2/5$, so dass $t = -1/5$.

4.9

1. Der Betrag auf dem Sparkonto nach t Jahren ist: $100\,(1 + 12/100)^t = 100 \cdot (1.12)^t$. Wir erhalten die folgende Tabelle:

t	1	2	5	10	20	30	50
$100 \cdot (1.12)^t$	112	125.44	176.23	310.58	964.63	2995.99	28 900.21

2. Die Graphen sind in Abb. A4.9.2 dargestellt. Wir erhalten die folgende Tabelle:

x	−3	−2	−1	0	1	2	3
2^x	1/8	1/4	1/2	1	2	4	8
2^{-x}	8	4	2	1	1/2	1/4	1/8

3. Der Graph ist in Abb. A4.9.3 dargestellt. Hier ist eine Tabelle:

x	−2	−1	0	1	2
$y = \frac{1}{\sqrt{2\pi}}e^{-\frac{1}{2}x^2}$	0.05	0.24	0.40	0.24	0.05

4. (b) und (d) definieren keine Exponentialfunktionen. (In (f): $y = (1/2)^x$.)

5. (a) $16(1.19)^5 \approx 38.18$ (b) $4.40(1.19)^{10} \approx 25.06$ (c) $250\,000(1.19)^4 \approx 501\,335$

6. Betrachten Sie $y = Ab^x$ mit $b > 0$. Dann erhalten wir für Graph A, da er durch die Punkte $(x, y) = (0, 2)$ und $(x, y) = (2, 8)$ geht, $2 = Ab^0$, so dass $A = 2$ und $8 = 2b^2$, so dass $b = 2$. Daher ist $y = 2 \cdot 2^x$.
Für Graph B ist $\frac{2}{3} = Ab^{-1}$ und $6 = Ab$. Es folgt, dass $A = 2$ und $b = 3$ und

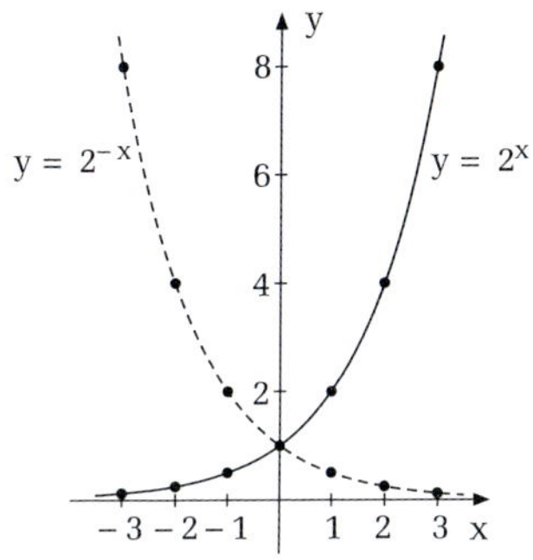

Abbildung A4.9.2

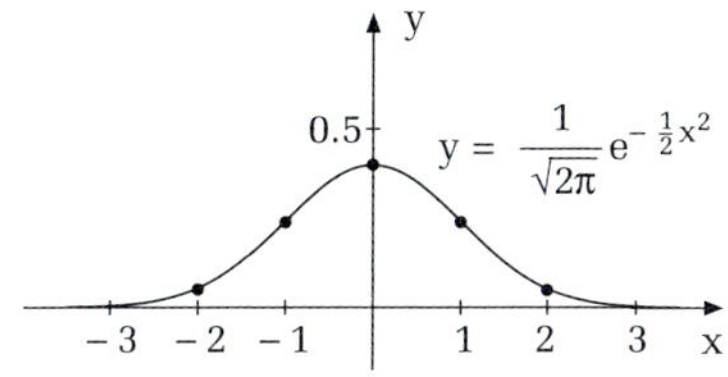

Abbildung A4.9.3

somit $y = 2 \cdot 3^x$.
Für Graph C ist $4 = Ab^0$ und $1/4 = Ab^4$. Es folgt, dass $A = 4$ und $b^4 = 1/16$ und somit $b = 1/2$. Daher ist $y = 4(1/2)^x$.

4.10

1. (a) $\ln 9 = \ln 3^2 = 2\ln 3$ (b) $\frac{1}{2}\ln 3$ (c) $\ln \sqrt[5]{3^2} = \ln 3^{2/5} = \frac{2}{5}\ln 3$
(d) $\ln(1/81) = \ln 3^{-4} = -4\ln 3$

2. (a) $\ln 3^x = x\ln 3 = \ln 8$, so dass $x = \ln 8/\ln 3$. (b) $x = e^3$ (c) $x^2-4x+5 = 1$, so dass $(x-2)^2 = 0$. Damit ist $x = 2$. (d) $x(x-2) = 1$ oder $x^2 - 2x - 1 = 0$, so dass $x = 1 \pm \sqrt{2}$. (e) $x = 0$ oder $\ln(x+3) = 0$, so dass $x = 0$ oder $x = -2$. (f) $\sqrt{x} - 5 = 1$, so dass $x = 36$.

3. (a) $x = -\ln 2/\ln 12$ (b) $x = e^{6/7}$ (c) $x = \ln(8/3)/\ln(4/3)$ (d) $x = 4$
(e) $x = e$ (f) $x = 1/27$
► Ausführliche Lösung siehe Lösungshandbuch MyLab.

4. $t = \dfrac{1}{r-s}\ln\dfrac{B}{A}$
► Ausführliche Lösung siehe Lösungshandbuch MyLab.

5. Die Antwort zu Aufgabe 4 impliziert, dass $t \approx 22$, so dass das Datum 2012 sein sollte.
► Ausführliche Lösung siehe Lösungshandbuch MyLab.

6. (a) Falsch. (Sei $A = e$.) (b) $2\ln\sqrt{B} = 2\ln B^{1/2} = 2(1/2)\ln B = \ln B$.
(c) $\ln A^{10} - \ln A^4 = 10\ln A - 4\ln A = 6\ln A = 3\cdot 2\ln A = 3\ln A^2$. (d) Falsch. (Setzen Sie $A = B = C = 1$.) (e) Korrekt nach Regel (4.10.3)(b). (f) Korrekt. (Benutzen Sie (4.10.3)(b) zweimal.) (g) Falsch. (Wenn $A = e$ und $p = 2$, wird die Gleichung zu $0 = \ln 2$.) (h) Korrekt nach (4.10.3)(c). (i) Falsch. (Setzen Sie $A = 2$, $B = C = 1$.)

7. (a) $\exp[\ln(x)] - \ln[\exp(x)] = e^{\ln x} - \ln e^x = x - x = 0$
(b) $\ln[x^4\exp(-x)] = 4\ln x - x$ (c) x^2/y^2

8. Die Verdopplungszeit t^* ist bestimmt durch $(1.0072)^{t^*} = 2$. Mit einem Rechner finden wir $t^* = \ln 2/\ln 1.0072 \approx 96.6$.

9. $P(t) = 1.22 \cdot 1.034^t$. Die Verdopplungszeit t^* ist gegeben durch die Gleichung $(1.034)^{t^*} = 2$. Die Lösung ist $t^* \approx 20.7$ (Jahre).

10. Wir erhalten $(1.035)^t = 3.91 \cdot 10^5/5.1 \approx 76\,666.67$ und mit einem Rechner erhalten wir $t \approx 327$. damit ist das Jahr $1969 + 327 = 2296$. Dies ist das Jahr, in dem jeder Einwohner Zimbabwes im Durchschnitt nur $1\,\mathrm{m}^2$ Land haben würde.

11. Wenn die Anfangszeit t ist, dann ist die Verdopplungszeit t^* gegeben durch die Gleichung $Aa^{t+t^*} = 2Aa^t$. Diese impliziert $Aa^t a^{t^*} = 2Aa^t$, so dass $a^{t^*} = 2$, unabhängig von t.

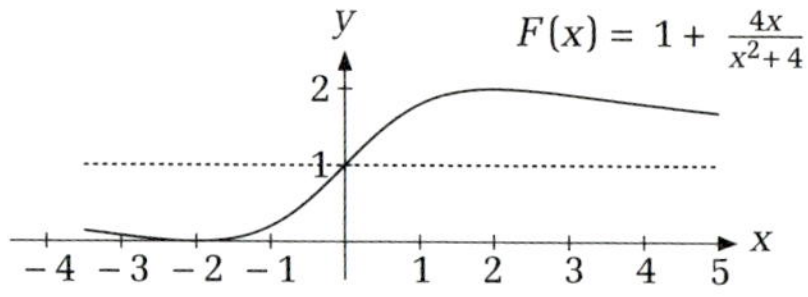

Abbildung A4.W.2

Wiederholungsaufgaben für Kap. 4

1. (a) $f(0) = 3, f(-1) = 30, f(1/3) = 2, f(\sqrt[3]{2}) = 3 - 27(2^{1/3})^3 = 3 - 27 \cdot 2 = -51$ (b) $f(x) + f(-x) = 3 - 27x^3 + 3 - 27(-x)^3 = 3 - 27x^3 + 3 + 27x^3 = 6$.

2. (a) $F(0) = 1, F(-2) = 0, F(2) = 2$ und $F(3) = 25/13$ (b) $F(x) = 1 + \dfrac{4}{x + 4/x}$ strebt gegen 1, wenn x sehr groß positiv oder negativ wird. (c) Siehe Abb. A4.W.2.

3. (i) $f(x) \leq g(x)$, wenn $-2 \leq x \leq 3$. (ii) $f(x) \leq 0$, wenn $-1 \leq x \leq 3$. (iii) $g(x) \geq 0$, wenn $x \leq 3$.

4. (a) $x^2 \geq 1$, d. h. $x \geq 1$ oder $x \leq -1$. (b) Die Quadratwurzel ist definiert, wenn $x \geq 4$. Für $x = 4$ ist der Nenner jedoch 0, so dass wir $x > 4$ verlangen müssen. (c) Wir müssen $(x - 3)(5 - x) \geq 0$ haben, d. h. $3 \leq x \leq 5$ (verwenden Sie ein Vorzeichen-Diagramm).

5. (a) $C(0) = 100, C(100) = 24\,100, C(101) - C(100) = 24\,542 - 24\,100 = 442$. (b) $C(x + 1) - C(x) = 4x + 42$ sind die zusätzlichen Kosten der Herstellung einer weiteren Einheit, d. h. eine mehr als x Einheiten.

6. (a) Steigung -4 (b) Steigung $-3/4$ (c) Auflösen nach y ergibt $y = b[1 - (x/a)] = b - (b/a)x$, so dass die Steigung $-b/a$ ist.

7. (a) Die Punkt-Steigungs-Formel ergibt $y - 3 = -3(x + 2)$ oder $y = -3x - 3$. (b) Die Zwei-Punkte-Formel ergibt $y - 5 = \dfrac{7-5}{2-(-3)}(x - (-3))$ oder $y = 2x/5 + 31/5$. (c) Die Zwei-Punkte-Formel ergibt $y - b = \dfrac{3b - b}{2a - a}(x - a)$ oder $y = (2b/a)x - b$.

8. $f(2) = 3$ und $f(-1) = -3$ ergibt $2a + b = 3$ und $-a + b = -3$, so dass $a = 2$, $b = -1$. Daher ist $f(x) = 2x - 1$ und $f(-3) = -7$. (Oder verwenden Sie die Zwei-Punkte-Formel.)

9.

x	-5	-4	-3	-2	-1	0	1
$y = x^2e^x$	0.17	0.29	0.45	0.54	0.37	0	2.7

Der Graph ist in Abb. A4.W.9 dargestellt.

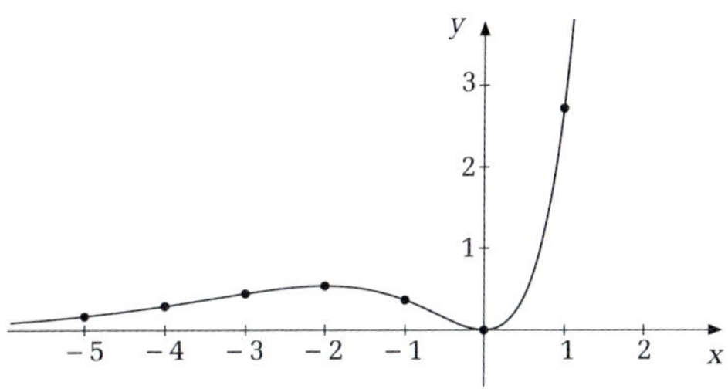

Abbildung A4.W.9

10. $(1, -3)$ liegt auf dem Graphen, wenn $a + b + c = -3$. $(0, -6)$ liegt auf dem Graphen, wenn $c = -6$. Und $(3, 15)$ liegt auf dem Graphen, wenn $9a+3b+c = 15$. Es folgt: $a = 2$, $b = 1$ und $c = -6$.

11. (a) $\pi = \left(1000 - \frac{1}{3}Q\right)Q - \left(800 + \frac{1}{5}Q\right)Q - 100Q = 100Q - \frac{8}{15}Q^2$. Daher maximiert $Q = 1500/16 = 93.75$ den Gewinn π.
(b) $\hat{\pi} = 100Q - \frac{8}{15}Q^2 - 10Q = 90Q - \frac{8}{15}Q^2$. Daher maximiert $\hat{Q} = 1350/16 = 84.375$ den Gewinn $\hat{\pi}$

12. Der neue Gewinn ist $\pi_\tau = 100Q - \frac{5}{2}Q^2 - \tau Q$. Dieser wird maximiert für $Q_\tau = \frac{1}{5}(100 - \tau)$.

13. (a) Die Gewinnfunktion ist $\pi(x) = 100x - 20x - 0.25x^2 = 80x - 0.25x^2$. Sie hat ein Maximum an der Stelle $x^* = 160$.
(b) Die Gewinnfunktion ist $\pi_\tau(x) = 80x - 0.25x^2 - 10x$. Sie hat ein Maximum an der Stelle $x^* = 140$.
(c) Die Gewinnfunktion ist $\pi_\tau(x) = (p - \tau - \alpha)x - \beta x^2$. Sie hat ein Maximum an der Stelle $x^* = (p - \alpha - \tau)/2\beta$.

14. (a) $p(x) = x(x - 3)(x + 4)$ (b) $q(x) = 2(x - 2)(x + 4)(x - 1/2)$
▶ Ausführliche Lösung siehe Lösungshandbuch MyLab.

15. (a) $x^3 - x - 1$ ist nicht 0 für $x = 1$, so dass die Division einen Rest lässt.
(b) $2x^3 - x - 1$ ist 0 für $x = 1$, so dass die Divsion keinen Rest lässt.
(c) $x^3 - ax^2 + bx - ab$ ist 0 für $x = a$, so dass die Divsion keinen Rest lässt.
(d) $x^{2n} - 1$ ist 0 für $x = -1$, so dass die Divsion keinen Rest lässt.

16. Wir verwenden (4.7.5). (a) $p(2) = 8 - 2k = 0$ für $k = 4$. (b) $p(-2) = 4k^2 + 2k - 6 = 0$ für $k = -3/2$ und $k = 1$. (c) $p(-2) = -26 + k = 0$ für $k = 26$. (d) $p(1) = k^2 - 3k - 4 = 0$ für $k = -1$ und $k = 4$.

17. $p(x) = \frac{1}{4}(x-2)(x+3)(x-5)$, so dass die anderen Lösungen $x = -3$ und $x = 5$ sind.
► Ausführliche Lösung siehe Lösungshandbuch MyLab.

18. $(1 + p/100)^{15} = 2$ ergibt $p = 100(2^{1/15} - 1) \approx 4.7$ als prozentuale Rate.

19. (a) Nehmen Sie an: $F = aC + b$. Dann ist $32 = a \cdot 0 + b$ und $212 = a \cdot 100 + b$. Deshalb ist $a = 180/100 = 9/5$ und $b = 32$, so dass $F = 9C/5 + 32$.
(b) Wenn $X = 9X/5 + 32$, dann ist $X = -40$.

20. (a) $\ln x = \ln e^{at+b} = at+b$, so dass $t = (\ln x - b)/a$. (b) $-at = \ln(1/2) = \ln 1 - \ln 2 = -\ln 2$, so dass $t = (\ln 2)/a$. (c) $e^{-\frac{1}{2}t^2} = 2^{1/2}\pi^{1/2}2^{-3}$, so dass $-\frac{1}{2}t^2 = \frac{1}{2}\ln 2 + \frac{1}{2}\ln \pi - 3\ln 2 = -\frac{5}{2}\ln 2 + \frac{1}{2}\ln \pi$, so dass $t^2 = 5\ln 2 - \ln \pi = \ln(32/\pi)$ und schließlich $t = \pm\sqrt{\ln(32/\pi)}$.

21. Die senkrechte gestrichelte Gerade ist $x = -c$, so dass $c < 0$. Der Graph zeigt, dass $f(0) = b/c$ positiv ist, so dass b auch negativ ist. Weil $f(x) = (a + b/x)/(1 + c/x)$ sich immer mehr an a annähert, wenn x sehr groß wird, ist die horizontale gestrichelte Gerade gleich $y = a$. Dies zeigt, dass $a > 0$.
► Ausführliche Lösung siehe Lösungshandbuch MyLab.

22. Weil $f(x) > 0$, wenn $|x|$ groß ist, hat man $p > 0$. Weil $f(0) < 0$, hat man $r < 0$. Weil die Summe der zwei Lösungen von $f(x) = 0$ offensichtlich positiv ist, hat man $q < 0$.

23. (a) C (b) D (c) E (d) B (e) A (f) F: Die Funktion $y = 2 - (1/2)^x$ ist geeignet.

24. (a), (b) und (c) folgen offensichtlich aus den Regeln für die natürliche Logarithmusfunktion, vorausgesetzt, dass x, y und z alle positiv sind.

(d) Wenn $x > 0$, beachten Sie, dass $\frac{1}{2}\ln x - \frac{3}{2}\ln(1/x) - \ln(x+1)$ sich vereinfacht zu

$$\frac{1}{2}\ln x + \frac{3}{2}\ln x - \ln(x+1) = 2\ln x - \ln(x+1) = \ln x^2 - \ln(x+1) = \ln[x^2/(x+1)].$$

► Ausführliche Lösung siehe Lösungshandbuch MyLab.

Kapitel 5

5.1

1. (a) $y = x^2 + 1$ hat den Graphen von $y = x^2$, um eine Einheit nach oben verschoben. Siehe Abb. A5.1.1a. (b) $y = (x + 3)^2$ hat den Graphen von $y = x^2$, um drei Einheiten nach links verschoben. Siehe Abb. A5.1.1b. (c) $y = 3 - (x+1)^2$ hat den Graphen von $y = x^2$, zunächst gespiegelt an der x-Achse und dann mit $(0,0)$ verschoben nach $(-1,3)$. Siehe Abb. A5.1.1c.

2. (a) Der Graph von $y = f(x)$ wird um zwei Einheiten nach rechts verschoben. Siehe Abb. A5.1.2a. (b) Der Graph von $y = f(x)$ wird um zwei Einheiten nach unten verschoben. Siehe Abb. A5.1.2b. (c) Der Graph von $y = f(x)$ wird an der y-Achse gespiegelt. Siehe Abb. A5.1.2c.

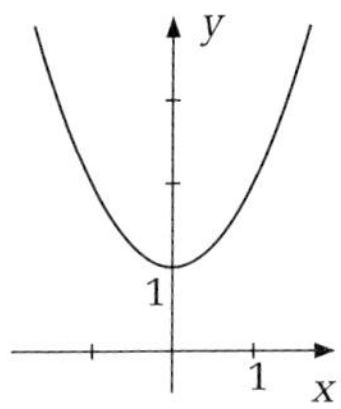

Abbildung A5.1.1a

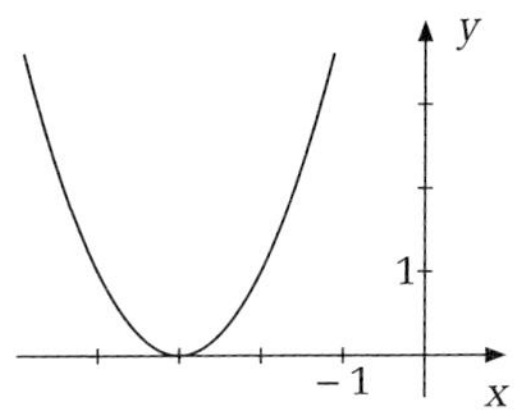

Abbildung A5.1.1b

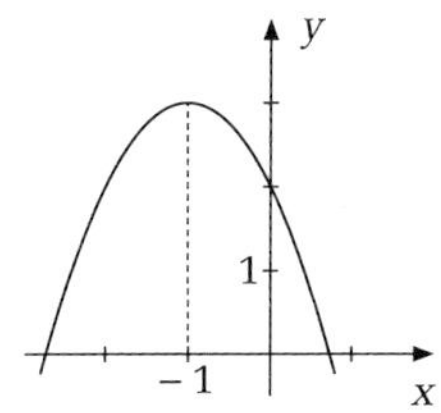

Abbildung A5.1.1c

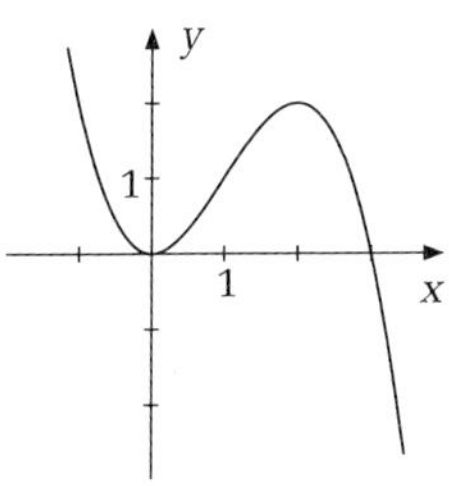

Abbildung A5.1.2a

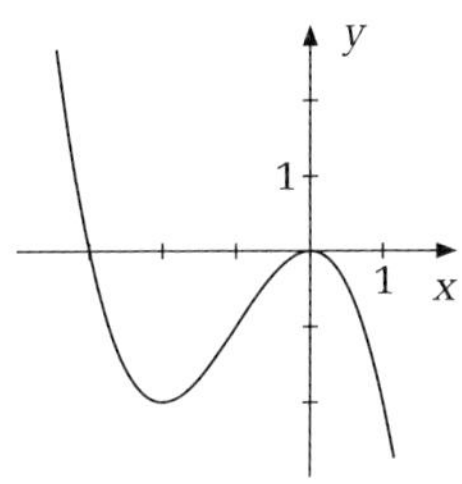

Abbildung A5.1.2b

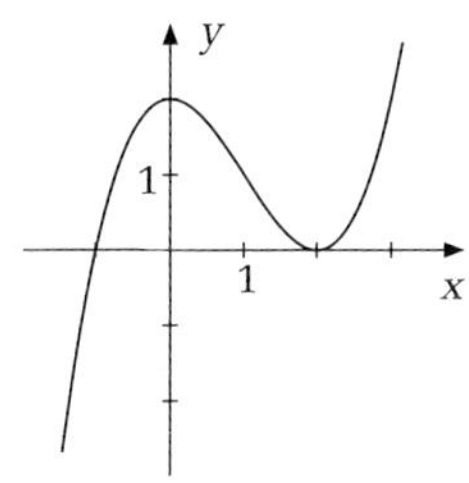

Abbildung A5.1.2c

3. Die Gleichgewichtsbedingung ist $106 - P = 10 + 2P$ und damit $P = 32$. Die zugehörige Menge ist $Q = 106 - 32 = 74$. Siehe Abb. A5.1.3.

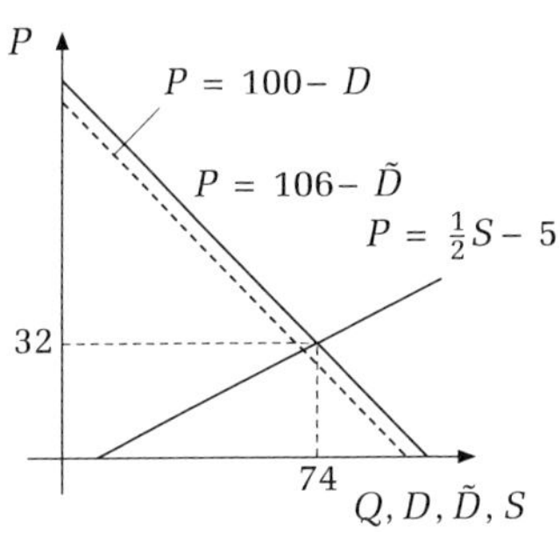

Abbildung A5.1.3

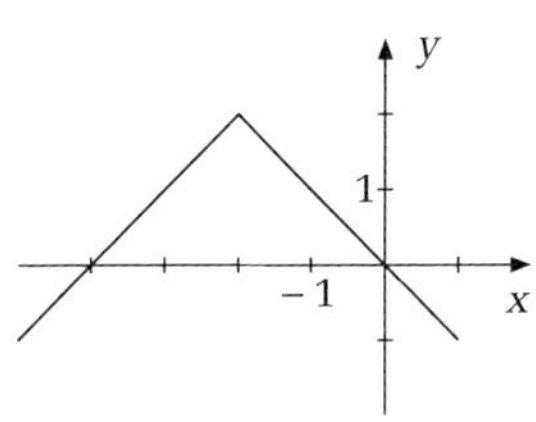

Abbildung A5.1.4

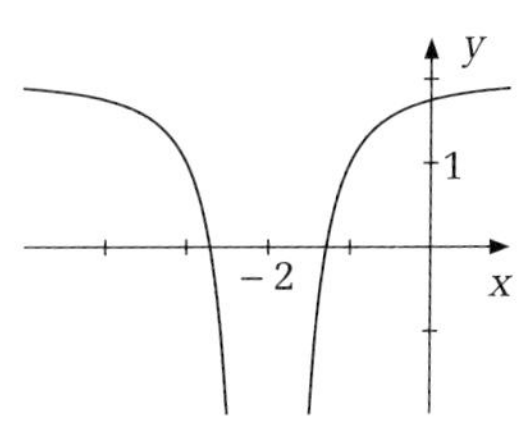

Abbildung A5.1.5

4. Verschieben Sie den Graphen von $y = |x|$ um zwei Einheiten nach links. Spiegeln Sie dann den Graphen an der x-Achse und verschieben Sie dann den Graphen um zwei Einheiten nach oben. Siehe Abb. A5.1.4.

5. Zeichnen Sie den Graphen von $y = 1/x^2$. Verschieben Sie ihn um zwei Einheiten nach links. Spiegeln Sie dann den Graphen an der x-Achse und verschieben Sie ihn dann um zwei Einheiten nach oben, um Abb. A5.1.5 zu erhalten.

6. $f(y^* - d) = f(y^*) - c$ ergibt $A(y^* - d) + B(y^* - d)^2 = Ay^* + B(y^*)^2 - c$ oder $Ay^* - Ad + B(y^*)^2 - 2Bdy^* + Bd^2 = Ay^* + B(y^*)^2 - c$. Es folgt $y^* = [Bd^2 - Ad + c]/2Bd$.

5.2

1. Siehe Abb. A5.2.1.

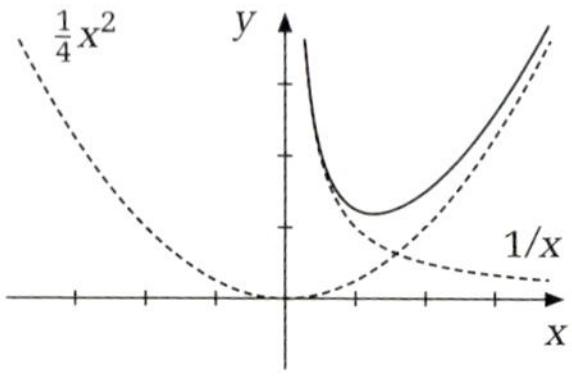

Abbildung A5.2.1

2. Siehe Abb. A5.2.2a bis A5.2.2c.

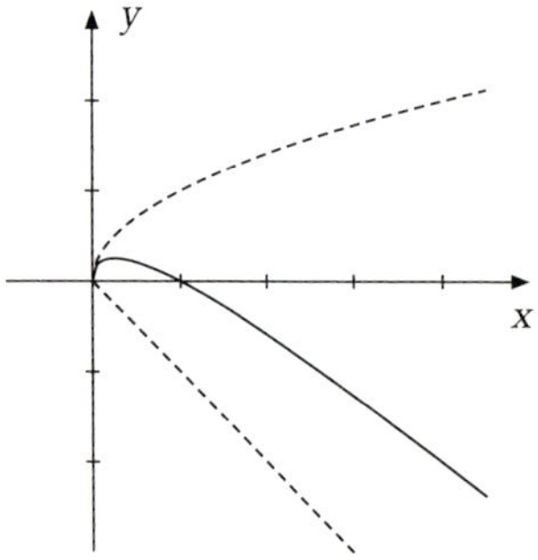

Abbildung A5.2.2a

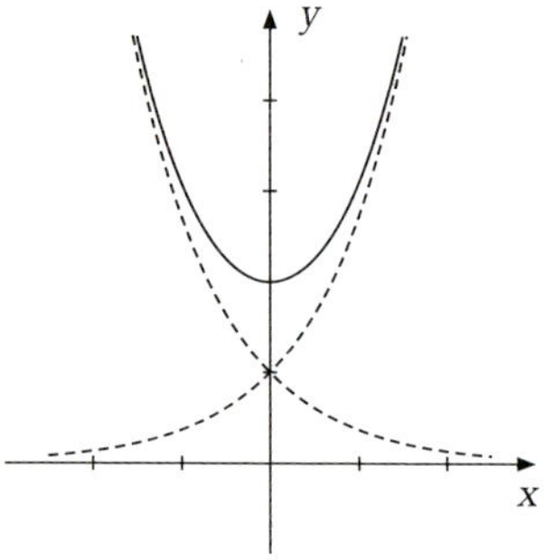

Abbildung A5.2.2b

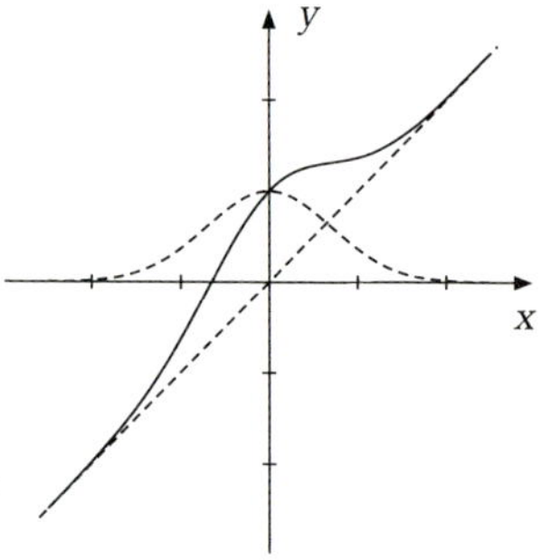

Abbildung A5.2.2c

3. $(f+g)(x) = 3x$, $(f-g)(x) = 3x - 2x^3$, $(fg)(x) = 3x^4 - x^6$, $(f/g)(x) = 3/x^2 - 1$, $f(g(1)) = f(1) = 2$ und $g(f(1)) = g(2) = 8$

4. Wenn $f(x) = 3x + 7$, dann ist $f(f(x)) = f(3x+7) = 3(3x+7) + 7 = 9x + 28$. Die Gleichheit $f(f(x^*)) = 100$ verlangt $9x^* + 28 = 100$ und somit $x^* = 8$.

5. $\ln(\ln e) = \ln 1 = 0$, während $(\ln e)^2 = 1^2 = 1$.

5.3

1. $P = \frac{1}{3}(64 - 10D)$

2. $P = (157.8/D)^{10/3}$

3. (a) Definitions- und Wertebereich: $\mathbb{R}$; Inverse: $x = -y/3$. (b) Definitions- und Wertebereich: $\mathbb{R} \setminus \{0\}$; Inverse: $x = 1/y$. (c) Definitions- und Wertebereich: $\mathbb{R}$; Inverse: $x = y^{1/3}$.
(d) Definitionsbereich: $[4, \infty)$, Wertebereich: $[0, \infty)$; Inverse: $x = (y^2 + 2)^2$.

4. (a) Der Definitionsbereich von f^{-1} ist $\{-4, -2, 0, 2, 4, 6, 8\}$. $f^{-1}(2) = -1$
(b) $f(x) = 2x + 4$, $f^{-1}(x) = \frac{1}{2}x - 2$
► Ausführliche Lösung siehe Lösungshandbuch MyLab.

5. $f(x) = x^2$ ist nicht Eins zu Eins auf $(-\infty, \infty)$ und hat daher keine Inverse. Auf $[0, \infty)$ ist f strikt monoton wachsend und hat daher eine Inverse, nämlich $f^{-1}(x) = \sqrt{x}$.

6. (a) $f(x) = x/2$ und $g(x) = 2x$ sind inverse Funktionen. (b) $f(x) = 3x - 2$ und $g(x) = \frac{1}{3}(x+2)$ sind inverse Funktionen. (c) $C = \frac{5}{9}(F - 32)$ und $F = \frac{9}{5}C + 32$ sind inverse Funktionen.

7. $f^{-1}(Q)$ bestimmt die Kosten von Q Kilogramm Karotten.

8. (a) Siehe Abb. A5.3.8a. (b) Siehe Abb. A5.3.8b. Die Dreiecke OBA und OBC sind kongruent. Der Punkt in der Mitte zwischen den beiden Punkten A und C ist $B = (\frac{1}{2}(a+b), \frac{1}{2}(a+b))$.

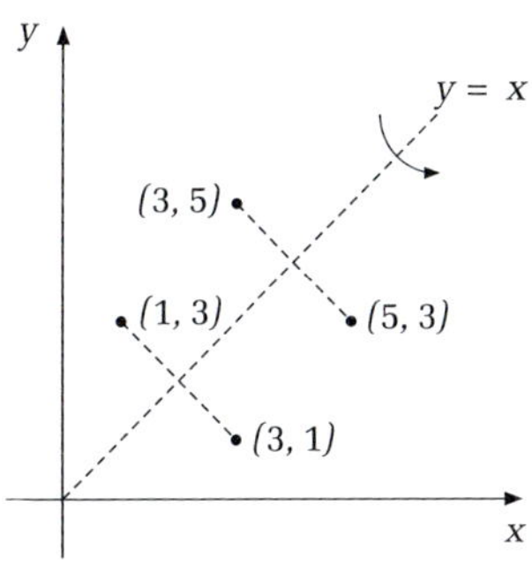

Abbildung A5.3.8a

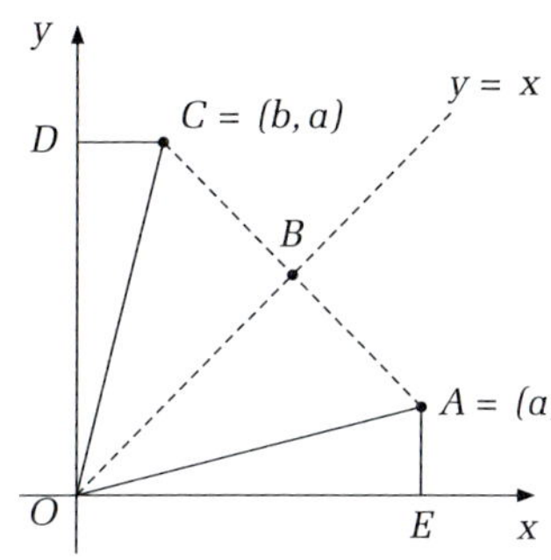

Abbildung A5.3.8b

9. (a) $f^{-1}(x) = (x^3 + 1)^{1/3}$ (b) $f^{-1}(x) = \dfrac{2x+1}{x-1}$ (c) $f^{-1}(x) = \left(1 - (x-2)^5\right)^{1/3}$
▶ Ausführliche Lösung siehe Lösungshandbuch MyLab.

10. (a) $x = \ln y - 4$, definiert für $y > 0$. (b) $x = e^{y+4}$, definiert für $y \in (-\infty, \infty)$. (c) $x = 3 + \ln(e^y - 2)$, definiert für $y > \ln 2$.
▶ Ausführliche Lösung siehe Lösungshandbuch MyLab.

11. Wir müssen $x = \frac{1}{2}(e^y - e^{-y})$ nach y auflösen. Multiplizieren Sie die Gleichung mit e^y. Sie erhalten $\frac{1}{2}e^{2y} - \frac{1}{2} = xe^y$ oder $e^{2y} - 2xe^y - 1 = 0$. Setzen wir $e^y = z$, so folgt $z^2 - 2xz - 1 = 0$ mit der Lösung $z = x \pm \sqrt{x^2+1}$. Als Lösung kommt nur $z = e^y = x + \sqrt{x^2+1}$ in Frage, da $x - \sqrt{x^2+1}$ negativ ist und $z = e^y$ nicht negativ sein kann. Dies ergibt $y = \ln\left(x + \sqrt{x^2+1}\right)$ als inverse Funktion.

5.4

1. (a) Lösungen sind u. a. $(0, \pm\sqrt{3})$, $(\pm\sqrt{6}, 0)$ und $(\pm\sqrt{2}, \pm\sqrt{2})$.
Siehe Abb. A5.4.1a.
(b) Lösungen sind u. a. $(0, \pm 1)$, $(\pm 1, \pm\sqrt{2})$ und $(\pm 3, \pm\sqrt{10})$.
Siehe Abb. A5.4.1b.
▶ Ausführliche Lösung siehe Lösungshandbuch MyLab.

2. Wir sehen, dass $x \geq 0$ und $y \geq 0$ gelten muss. Wenn (a, b) auf dem Graphen liegt, so auch (b, a), d. h. der Graph ist symmetrisch zu der Geraden $y = x$ und

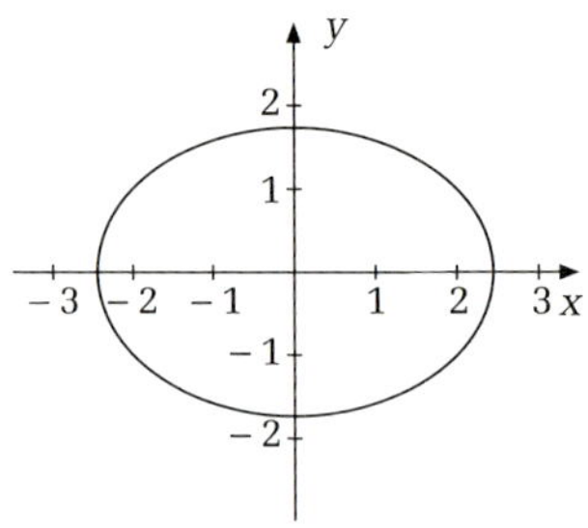

Abbildung A5.4.1a

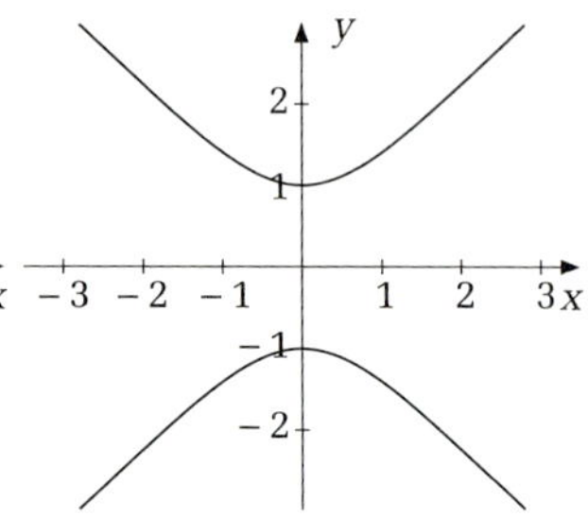

Abbildung A5.4.1b

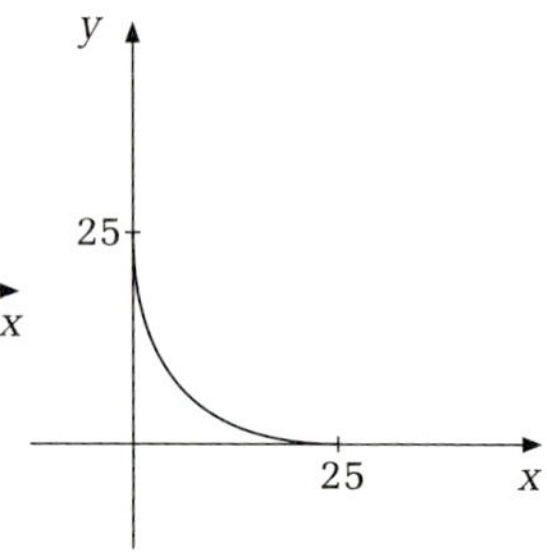

Abbildung A5.4.2

enthält die Punkte (25, 0), (0, 25) und (25/4, 25/4). Eine einfache Möglichkeit Punkte auf dem Graphen zu finden, ist wie folgt: Wählen Sie nichtnegative Zahlen u und v, so dass $u + v = 5$, und setzen Sie dann $x = u^2$, $y = v^2$. Siehe Abb. A5.4.2.

3. $F(100\,000) = 4070$. Der Graph ist die fett dargestellte Linie in Abb. A5.4.3.

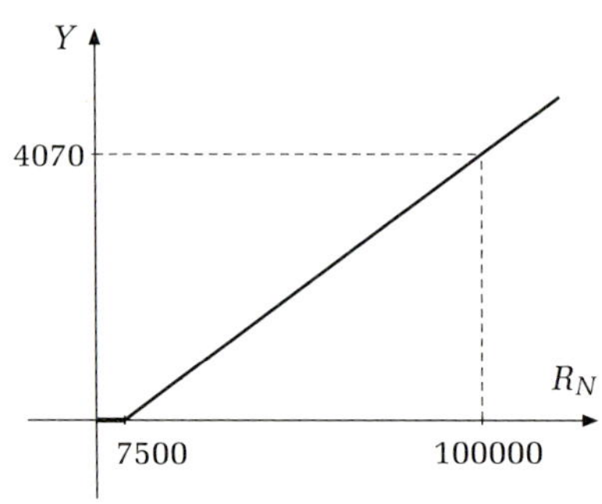

Abbildung A5.4.3

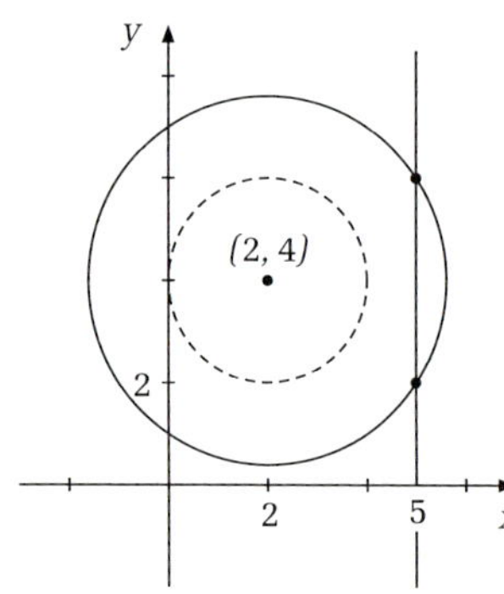

Abbildung A5.5.2

5.5

1. (a) $\sqrt{(2-1)^2 + (4-3)^2} = \sqrt{2}$ (b) $\sqrt{5}$ (c) $\frac{1}{2}\sqrt{205}$ (d) $\sqrt{x^2+9}$ (e) $2|a|$ (f) $2\sqrt{2}$

2. $(5-2)^2 + (y-4)^2 = 13$ oder $y^2 - 8y + 12 = 0$ mit den Lösungen $y = 2$ und $y = 6$. Geometrische Erklärung: Der Kreis mit Mittelpunkt (2, 4) und Radius $\sqrt{13}$ schneidet die Gerade $x = 5$ in zwei Punkten. Siehe Abb. A5.5.2.

3. (a) 5.362 (b) $\sqrt{(2\pi)^2 + (2\pi - 1)^2} = \sqrt{8\pi^2 - 4\pi + 1} \approx 8.209$

4. (a) $(x-2)^2 + (y-3)^2 = 16$ (b) Da der Mittelpunkt des Kreises in (2, 5) ist, ist die Kreisgleichung $(x-2)^2 + (y-5)^2 = r^2$. Da $(-1, 3)$ auf dem Kreis liegt, gilt $(-1-2)^2 + (3-5)^2 = r^2$, so dass $r^2 = 13$.

5. (a) Quadratische Ergänzung ergibt $(x+5)^2+(y-3)^2=4$, so dass der Kreis den Mittelpunkt $(-5,3)$ und den Radius 2 hat. (b) $(x+3)^2+(y-4)^2=12$, so dass der Mittelpunkt in $(-3,4)$ und der Radius $\sqrt{12}=2\sqrt{3}$ ist.

6. Die Bedingung ist $\sqrt{(x+2)^2+y^2}=2\sqrt{(x-4)^2+y^2}$, welches sich auf $(x-6)^2+y^2=4^2$ reduziert.

7. Wir können die Formel als $cxy-ax+dy-b=0$ schreiben. Durch den Vergleich mit (5.5.5) folgt: $A=C=0$ und $B=c$, so dass $4AC<B^2$ sich reduziert auf $0<c^2$, d. h. $c\neq 0$, genau die in Beispiel 4.7.7 angenommene Bedingung.

8. Wenn $A^2+B^2>4C$, dann ist der Graph der Gleichung der Kreis mit Mittelpunkt in $(-\frac{1}{2}A,-\frac{1}{4}B)$ und Radius $\sqrt{C-\frac{1}{4}A^2-\frac{1}{4}B^2}$. Wenn $A^2+B^2=4C$, dann ist der Graph der einzelne Punkt $\{(-\frac{1}{2}A,-\frac{1}{2}B)\}$. Wenn $A^2+B^2<4C$, ist der Graph die leere Menge.
▶ Ausführliche Lösung siehe Lösungshandbuch MyLab.

9. Nach der quadratischen Ergänzung, wenn $D=E=0$, wird Gl. (5.5.5) zu
$$A\left(x+\frac{By}{2A}\right)^2+\frac{1}{4A}(4AC-B^2)y^2+F=0 \text{ mit } A>0.$$
(i) Wenn $4AC-B^2>0$, ist der Graph: eine Ellipse genau dann, wenn $F<0$ (oder ein Kreis, falls $4AC-B^2=4A^2$); der einzelne Punkt $(-B/2A,0)$ genau dann, wenn $F=0$; die leere Menge genau dann, wenn $F>0$. (ii) Wenn $4AC-B^2=0$, dann ist der Graph: zwei parallele Geraden $x=-By/2A\pm\sqrt{-F/A}$ genau dann, wenn $F<0$; die einzelne Gerade $x=-By/2A$ genau dann, wenn $F=0$; die leere Menge genau dann, wenn $F>0$. (Eine Parabel kann es nicht sein, wenn $D=E=0$ in (5.5.5).) (iii) Wenn $4AC-B^2<0$, dann ist der Graph: eine Hyperbel genau dann, wenn $F\neq 0$; die zwei sich schneidenden Geraden $x=(-B\pm\sqrt{B^2-4AC})y/2A$ genau dann, wenn $F=0$.
▶ Ausführliche Lösung siehe Lösungshandbuch MyLab.

5.6

1. Nur (c) definiert keine Funktion. (Rechtecke mit denselben Flächen können verschiedene Umfänge haben.)
▶ Ausführliche Lösung siehe Lösungshandbuch MyLab.

2. Die Funktion in (b) ist umkehrbar eindeutig und hat eine Inverse: die Regel, die jedes jüngste heute lebende Kind seiner Mutter zuordnet. (Obwohl das jüngste Kind einer Mutter mit mehreren Kindern zu verschiedenen Zeitpunkten ein anderes gewesen sein wird.)
Die Funktion in (d) ist umkehrbar eindeutig und hat eine Inverse: Die Regel, die der Oberfläche das Volumen zuordnet.
Die Funktion in (e) ist umkehrbar eindeutig und hat eine Inverse: Die Regel, die (u,v) auf $(u-3,v)$ abbildet.
Die Funktion in (a) ist im Allgemeinen „Viele zu Eins“ und hat somit keine Inverse.

Wiederholungsaufgaben für Kap. 5

1. Die Verschiebungen von $y = |x|$ sind dieselben wie die von $y = x^2$ in Aufgabe 5.1.1. Siehe Abb. A5.W.1a–c.

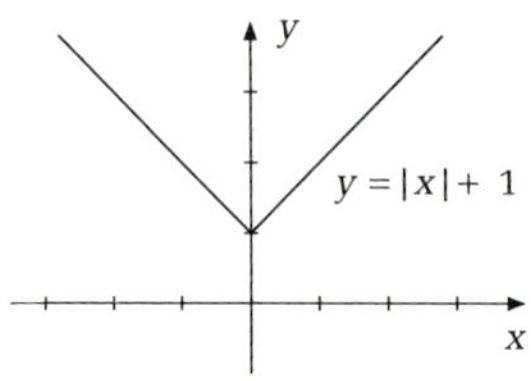

Abbildung A5.W.1a

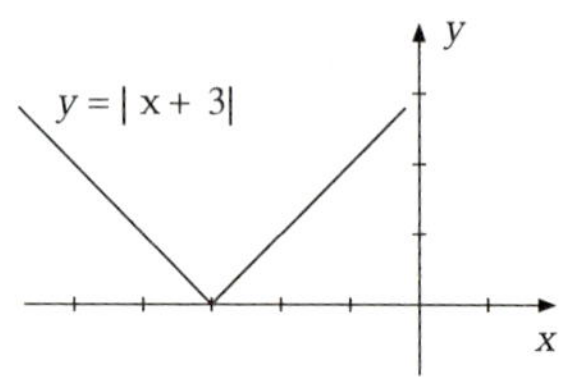

Abbildung A5.W.1b

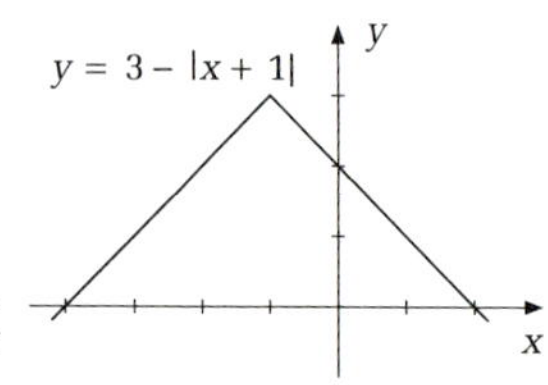

Abbildung A5.W.1c

2. $(f+g)(x) = x^2-2$, $(f-g)(x) = 2x^3-x^2-2$, $(fg)(x) = x^2(1-x)(x^3-2)$, $(f/g)(x) = (x^3-2)/x^2(1-x)$, $f(g(1)) = f(0) = -2$ und $g(f(1)) = g(-1) = 2$.

3. (a) Gleichgewichtsbedingung: $150 - \frac{1}{2}P^* = 20 + 2P^*$, woraus $P^* = 52$ und $Q^* = 20 + 2P^* = 124$ folgt. (b) $S = 20 + 2(\hat{P} - 2) = 16 + 2\hat{P}$, so dass $S = D$, wenn $5\hat{P}/2 = 134$. Daher ist $\hat{P} = 53.6$, $\hat{Q} = 123.2$. (c) Vor der Steuer ist $R^* = P^*Q^* = 6448$. Nach der Steuer ist $\hat{R} = (\hat{P} - 2)\hat{Q} = 51.6 \cdot 123.2 = 6357.12$.

4. $P = (64 - 10D)/3$

5. $P = 24 - \frac{1}{5}D$

6. (a) $x = 50 - \frac{1}{2}y$ (b) $x = \sqrt[5]{y/2}$ (c) $x = \frac{1}{3}[2 + \ln(y/5)]$, definiert für $y > 0$

7. (a) $y = \ln(2 + e^{x-3})$, definiert für $x \in \mathbb{R}$ (b) $y = -\dfrac{1}{\lambda}\ln a - \dfrac{1}{\lambda}\ln\left(\dfrac{1}{x} - 1\right)$, definiert für $x \in (0, 1)$

► Ausführliche Lösung siehe Lösungshandbuch MyLab.

8. (a) $\sqrt{13}$ (b) $\sqrt{17}$ (c) $\sqrt{(2-3a)^2} = |2 - 3a|$. (Beachten Sie, dass $2 - 3a$ nur dann die korrekte Lösung ist, wenn $2-3a \geq 0$, d. h. wenn $a \leq 2/3$. Überprüfen Sie das mit $a = 3$.)

9. (a) $(x-2)^2 + (y+3)^2 = 25$ (b) $(x+2)^2 + (y-2)^2 = 65$

10. $(x-3)^2+(y-2)^2 = (x-5)^2+(y+4)^2$, was sich auf $x-3y = 7$ reduziert. Siehe Abb. A5.W.10.

11. Die Funktion kann nicht umkehrbar eindeutig sein, da mindestens zwei von je fünf Personen dieselbe Blutgruppe haben müssen.

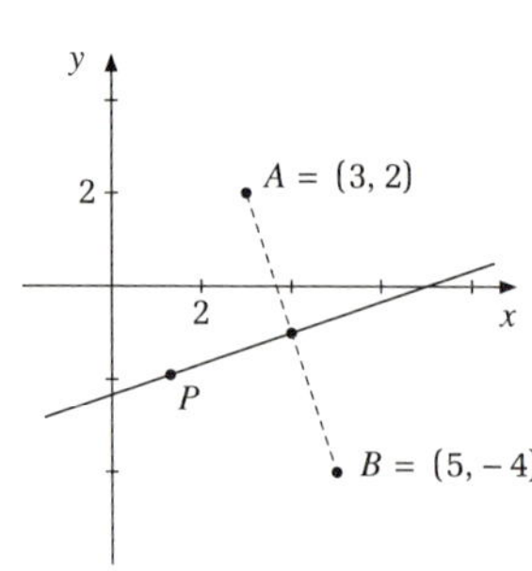

Abbildung A5.W.10

Kapitel 6

6.1

1. $f(3) = 2$. Die Tangente geht durch $(0, 3)$, so dass sie die Steigung $-1/3$ hat. Daher ist $f'(3) = -1/3$.

2. $g(5) = 1$, $g'(5) = 1$

6.2

1. $f(5+\Delta x) - f(5) = 4(5+\Delta x)^2 - 4 \cdot 5^2 = 4(25 + 10\Delta x + (\Delta x)^2) - 100 = 40\Delta x + 4(\Delta x)^2$. Somit gilt $[f(5+\Delta x) - f(5)]/\Delta x = 40 + 4\Delta x \to 40$, wenn $\Delta x \to 0$. Daher gilt $f'(5) = 40$. Dies stimmt mit (6.2.7) überein, wenn $a = 4$ und $b = c = 0$.

2. (a) $f'(x) = 6x + 2$ (b) $f'(0) = 2$, $f'(-2) = -10$, $f'(3) = 20$. Die Gleichung der Tangente ist $y = 2x - 1$.

3. $\mathrm{d}D(P)/\mathrm{d}P = -b$

4. $C'(x) = 2qx$

5.
$$\frac{f(x+\Delta x) - f(x)}{\Delta x} = \frac{1/(x+\Delta x) - 1/x}{\Delta x} = \frac{x - (x+\Delta x)}{\Delta x \cdot x(x+\Delta x)}$$
$$= \frac{-\Delta x}{\Delta x \cdot x(x+\Delta x)} = \frac{-1}{x(x+\Delta x)} \underset{\Delta x \to 0}{\longrightarrow} -\frac{1}{x^2}$$

6. (a) $f'(0) = 3$ (b) $f'(1) = 2$ (c) $f'(3) = -1/3$ (d) $f'(0) = -2$
(e) $f'(-1) = 0$ (f) $f'(1) = 4$
► Ausführliche Lösung siehe Lösungshandbuch MyLab.

7. (a) $f(x+\Delta x) - f(x) = a(x+\Delta x)^2 + b(x+\Delta x) + c - (ax^2 + bx + c) = 2a\Delta x \cdot x + b\Delta x + a(\Delta x)^2$, so dass $[f(x+\Delta x) - f(x)]/\Delta x = 2ax + b + a\Delta x \to 2ax + b$ für $\Delta x \to 0$. Damit gilt $f'(x) = 2ax + b$.
(b) $f'(x) = 0$ für $x = -b/2a$. Die Tangente ist parallel zur x-Achse im Minimum-/Maximumpunkt.

8. $f'(a) < 0$, $f'(b) = 0$, $f'(c) > 0$, $f'(d) < 0$

9. (a) Multiplizieren Sie die linke Seite aus. (b) Ordnen Sie die Identität in (a) um. (c) Für $\Delta x \to 0$ folgt die Formel. (Beachten Sie, dass $\sqrt{x} = x^{1/2}$ und $1/\sqrt{x} = x^{-1/2}$.)
► Ausführliche Lösung siehe Lösungshandbuch MyLab.

10. (a) $f'(x) = 3ax^2 + 2bx + c$ (b) Setzen Sie $a = 1$ und $b = c = d = 0$, um das Resultat in Beispiel 6.2.2 zu erhalten. Setzen Sie dann $a = 0$, um einen quadratischen Ausdruck wie in Teil (a) der Aufgabe 6.2.7 zu erhalten.

11.
$$\frac{(x+\Delta x)^{1/3} - x^{1/3}}{\Delta x} = \frac{1}{(x+\Delta x)^{2/3} + (x+\Delta x)^{1/3}x^{1/3} + x^{2/3}} \to \frac{1}{3x^{2/3}} = \frac{1}{3}x^{-2/3}$$
für $\Delta x \to 0$.

6.3

1. $f'(x) = 2x - 4$, so dass $f(x)$ monoton fallend auf $(-\infty, 2]$ und monoton wachsend auf $[2, \infty)$ ist.

2. $f'(x) = -3x^2 + 8x - 1 = -3(x - x_0)(x - x_1)$, wobei $x_0 = \frac{1}{3}(4 - \sqrt{13}) \approx 0.13$ und $x_1 = \frac{1}{3}(4 + \sqrt{13}) \approx 2.54$. Dann ist $f(x)$ monoton fallend in $(-\infty, x_0]$, monoton wachsend in $[x_0, x_1]$ und monoton fallend in $[x_1, \infty)$.

3. Der Ausdruck in eckigen Klammern ist eine Summe von zwei Quadraten, so dass er niemals negativ ist und nur dann 0 ist, wenn sowohl $x_1 + \frac{1}{2}x_2$ als auch x_2 gleich 0 sind. Dies geschieht nur, wenn $x_1 = x_2 = 0$. Damit ist der Ausdruck in den eckigen Klammern immer positiv, wenn $x_1 \neq x_2$. Und dann hat $x_2^3 - x_1^3$ dasselbe Vorzeichen, wie $x_2 - x_1$. Es folgt, dass f strikt monoton wachsend ist.

6.4

1. $C'(100) = 203$ und $C'(x) = 2x + 3$.

2. Hier sind c die Grenzkosten und auch die (konstanten) zusätzlichen Kosten für die Produktion jeder weiteren Einheit, während $\bar{C}$ die Fixkosten sind.

3. (a) $S'(Y) = s$ (b) $S'(Y) = 0.1 + 0.0004Y$

4. $T'(y) = t$, so dass der Grenzsteuersatz konstant ist.

5. Die Interpretation von $\dot{x}(0) = -3$ ist, dass zur Zeit $t = 0$ die Förderungsrate drei Barrel pro Minute ist.

6. (a) $C'(x) = 3x^2 - 180x + 7500$ (b) Nach (4.6.4) hat die quadratische Funktion $C'(x)$ ein Minimum an der Stelle $x = 180/6 = 30$.

7. (a) $\pi'(Q) = 24 - 2Q$ und $Q^* = 12$ (b) $R'(Q) = 500 - Q^2$ (c) $C'(Q) = -3Q^2 + 428.4Q - 7900$

8. (a) $C'(x) = 2a_1x + b_1$ (b) $C'(x) = 3a_1x^2$

6.5

1. (a) 3 (b) $-1/2$ (c) $13^3 = 2197$ (d) 40 (e) 1 (f) $-3/4$

2. (a) 0.6931 (b) 1.0986 (c) 0.4055 (Wenn wir das Resultat aus Beispiel 7.12.2 verwenden, erhalten wir die genauen Grenzwerte: $\ln 2$, $\ln 3$ und $\ln(3/2)$.)

3. (a) Wir haben die folgende Tabelle (, wobei $*$ „nicht definiert“ bedeutet):

x	0.9	0.99	0.999	1	1.001	1.01	1.1
$\frac{x^2+7x-8}{x-1}$	8.9	8.99	8.999	$*$	9.001	9.01	9.1

(b) $x^2 + 7x - 8 = (x - 1)(x + 8)$, so dass $(x^2 + 7x - 8)/(x - 1) = x + 8 \to 9$, wenn $x \to 1$.

4. (a) 5 (b) 1/5 (c) 1 (d) −2 (e) $3x^2$ (f) $(\Delta x)^2$

5. (a) 1/6 (b) $-\infty$ (der Grenzwert existiert nicht) (c) 2 (d) $\sqrt{3}/6$ (e) −2/3 (f) 1/4
▶ Ausführliche Lösung siehe Lösungshandbuch MyLab.

6. (a) 4 (b) 5 (c) 6 (d) $2x_0 + 2$ (e) $2x_0 + 2$ (f) $4x_0 + 4$.
▶ Ausführliche Lösung siehe Lösungshandbuch MyLab.

7. (a) $x^3 - 8 = (x-2)(x^2 + 2x + 4)$, so dass der Grenzwert 1/6 ist.
(b) $\lim_{\Delta x \to 0}[\sqrt[3]{27 + \Delta x} - 3]/\Delta x = \lim_{u\to 3}(u-3)/(u^3 - 27)$ und $u^3 - 27 = (u-3)(u^2 + 3u + 9)$, so dass der Grenzwert $\lim_{u\to 3} 1/(u^2 + 3u + 9) = 1/27$ ist.
(c) $x^n - 1 = (x-1)(x^{n-1} + x^{n-2} + \dots + x + 1)$, so dass der Grenzwert n ist.

6.6

1. (a) 0 (b) $4x^3$ (c) $90x^9$ (d) 0 (Erinnern Sie, dass π eine Konstante ist!)

2. (a) $2g'(x)$ (b) $-\frac{1}{6}g'(x)$ (c) $\frac{1}{3}g'(x)$

3. (a) $6x^5$ (b) $33x^{10}$ (c) $50x^{49}$ (d) $28x^{-8}$ (e) x^{11} (f) $4x^{-3}$ (g) $-x^{-4/3}$ (h) $3x^{-5/2}$

4. (a) $8\pi r$ (b) $A(b+1)y^b$ (c) $(-5/2)A^{-7/2}$

5. Wählen Sie in (6.2.2) (Definition der Ableitung) $\Delta x = x - x_0$, so dass $x_0 + \Delta x$ durch x ersetzt wird und $\Delta x \to 0$ impliziert $x \to x_0$. Für $f(x) = x^2$ erhalten wir $f'(x_0) = 2x_0$.

6. (a) $F(x) = \frac{1}{3}x^3 + C$ (b) $F(x) = x^2 + 3x + C$ (c) $F(x) = x^{a+1}/(a+1) + C$. (In allen Fällen ist C eine beliebige Konstante.)

7. (a) Mit $f(x) = x^2$ und $x_0 = 5$ erhält man

$$\lim_{\Delta x \to 0} \frac{(5 + \Delta x)^2 - 5^2}{\Delta x} = \lim_{\Delta x \to 0} \frac{f(x_0 + \Delta x) - f(x_0)}{\Delta x} = f'(x_0) = f'(5)\,.$$

Andererseits ist $f'(x) = 2x$, so dass $f'(5) = 10$. Damit ist der Grenzwert 10.
(b) Sei $f(x) = x^5$. Dann ist $f'(x) = 5x^4$ und der Grenzwert ist $f'(1) = 5 \cdot 1^4 = 5$.
(c) Sei $f(x) = 5x^2 + 10$. Dann ist $f'(x) = 10x$ und dies ist der Grenzwert.

6.7

1. (a) 1 (b) $1+2x$ (c) $15x^4+8x^3$ (d) $32x^3+x^{-1/2}$ (e) $\frac{1}{2}-3x+15x^2$ (f) $-21x^6$

2. (a) $\frac{6}{5}x - 14x^6 - \frac{1}{2}x^{-1/2}$ (b) $4x(3x^4 - x^2 - 1)$ (c) $10x^9 + 5x^4 + 4x^3 - x^{-2}$ (In (b) und (c): Multiplizieren Sie zuerst aus und differenzieren Sie dann.)

3. (a) $-6x^{-7}$ (b) $\frac{3}{2}x^{1/2} - \frac{1}{2}x^{-3/2}$ (c) $-(3/2)x^{-5/2}$ (d) $-2/(x-1)^2$ (e) $-4x^{-5} - 5x^{-6}$ (f) $34/(2x+8)^2$ (g) $-33x^{-12}$ (h) $(-3x^2 + 2x + 4)/(x^2 + x + 1)^2$
▶ Ausführliche Lösung siehe Lösungshandbuch MyLab.

4. (a) $\dfrac{3}{2\sqrt{x}(\sqrt{x}+1)^2}$ (b) $\dfrac{4x}{(x^2+1)^2}$ (c) $\dfrac{-2x^2+2}{(x^2-x+1)^2}$

5. (a) $f'(L^*) < f(L^*)/L^*$. Siehe Abb. A6.7.5. Die Tangente in P hat die Steigung $f'(L^*)$. Wir „sehen“, dass die Tangente in P weniger steil ist als die Gerade vom Ursprung zu P, die die Steigung $f(L^*)/L^* = g(L^*)$ hat. (Die Ungleichung folgt direkt aus der Charakterisierung differenzierbarer konkaver Funktionen in Gl. (8.4.3)) (b) $\frac{\mathrm{d}}{\mathrm{d}L}(f(L)/L) = \frac{1}{L}(f'(L) - f(L)/L)$, wie in Beispiel 6.7.7.

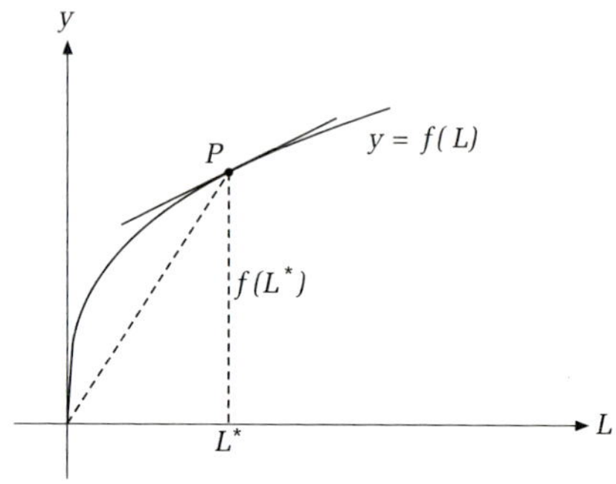

Abbildung A6.7.5

6. (a) $[2, \infty)$ (b) $\left[-\sqrt{3}, 0\right]$ und $\left[\sqrt{3}, \infty\right)$ (c) $\left[-\sqrt{2}, \sqrt{2}\right]$
(d) $(-\infty, \frac{1}{2}(-1-\sqrt{5})]$ und $[0, \frac{1}{2}(-1+\sqrt{5})]$.
► Ausführliche Lösung siehe Lösungshandbuch MyLab.

7. (a) $y = -3x + 4$ (b) $y = x - 1$ (c) $y = (17x - 19)/4$ (d) $y = -(x-3)/9$
► Ausführliche Lösung siehe Lösungshandbuch MyLab.

8. $\dot{R}(t) = \dot{p}(t)x(t) + p(t)\dot{x}(t)$. Hier steigt $R(t)$ aus zwei Gründen. Erstens steigt $R(t)$, weil der Preis steigt. Dieser Anstieg ist proportional zum Betrag der Fördermenge $x(t)$ und ist $\dot{p}(t)x(t)$. Aber $R(t)$ steigt auch, weil die Förderung steigt. Dieser Beitrag zur Änderungsrate von $R(t)$ muss proportional zum Preis sein und ist $p(t)\dot{x}(t)$. Schließlich ist $\dot{R}(t)$ die Gesamtänderungsrate von $R(t)$ und ist die Summe dieser beiden Teile.

9. (a) $\dfrac{ad - bc}{(ct + d)^2}$ (b) $a(n + 1/2)t^{n-1/2} + nbt^{n-1}$ (c) $\dfrac{-(2at + b)}{(at^2 + bt + c)^2}$
► Ausführliche Lösung siehe Lösungshandbuch MyLab.

10. Die Produktregel ergibt $f'(x) \cdot f(x) + f(x) \cdot f'(x) = 1$, so dass $2f'(x) \cdot f(x) = 1$. Daher ist $f'(x) = 1/2f(x) = 1/2\sqrt{x}$.

11. Wenn $f(x) = 1/x^n$, ergibt die Quotientenregel $f'(x) = (0 \cdot x^n - 1 \cdot nx^{n-1})/(x^n)^2 = -nx^{-n-1}$ und dies ist die Potenzregel.

6.8

1. (a) $\mathrm{d}z/\mathrm{d}x = (\mathrm{d}z/\mathrm{d}u)(\mathrm{d}u/\mathrm{d}x) = 20u^{4-1}\,\mathrm{d}u/\mathrm{d}x = 20(1+x^2)^3 2x = 40x(1+x^2)^3$
(b) $\mathrm{d}z/\mathrm{d}x = (1 - 6u^5)(\mathrm{d}u/\mathrm{d}x) = (-1/x^2)\left(1 - 6(1 + 1/x)^5\right)$

2. (a) $\mathrm{d}Y/\mathrm{d}t = (\mathrm{d}Y/\mathrm{d}V)(\mathrm{d}V/\mathrm{d}t) = (-3)5(V+1)^4t^2 = -15t^2(t^3/3+1)^4$
(b) $\mathrm{d}K/\mathrm{d}t = (\mathrm{d}K/\mathrm{d}L)(\mathrm{d}L/\mathrm{d}t) = AaL^{a-1}b = Aab(bt+c)^{a-1}$

3. (a) $y' = -5(x^2+x+1)^{-6}(2x+1)$
(b) $y' = \frac{1}{2}\left[x+(x+x^{1/2})^{1/2}\right]^{-1/2}\left(1+\frac{1}{2}(x+x^{1/2})^{-1/2}\left(1+\frac{1}{2}x^{-1/2}\right)\right)$
(c) $y' = ax^{a-1}(px+q)^b + x^a bp(px+q)^{b-1} = x^{a-1}(px+q)^{b-1}[(a+b)px+aq]$
► Ausführliche Lösung siehe Lösungshandbuch MyLab.

4. $(\mathrm{d}Y/\mathrm{d}t)_{t=t_0} = (\mathrm{d}Y/\mathrm{d}K)_{t=t_0} \cdot (\mathrm{d}K/\mathrm{d}t)_{t=t_0} = Y'(K(t_0))K'(t_0)$

5. $\mathrm{d}Y/\mathrm{d}t = F'\big(h(t)\big) \cdot h'(t)$

6. $x = b - \sqrt{ap-c} = b - \sqrt{u}$ mit $u = ap - c$.
Dann ist $\dfrac{\mathrm{d}x}{\mathrm{d}p} = -\dfrac{1}{2\sqrt{u}}u' = -\dfrac{a}{2\sqrt{ap-c}}$.

7. (i) $h'(x) = f'(x^2)2x$ (ii) $h'(x) = g'\big(x^nf(x)\big)\big(nx^{n-1}f(x) + x^nf'(x)\big)$

8. $b(t)$ ist der Gesamtbenzinverbrauch nach t Stunden. Dann ist $b'(t) = B'\big(s(t)\big)s'(t)$, so dass die Rate des Benzinverbrauchs pro Stunde gleich der Rate pro Kilometer, multipliziert mit der Geschwindigkeit in km/h, ist.

9. $\mathrm{d}C/\mathrm{d}x = q\left(25 - \frac{1}{2}x\right)^{-1/2}$

10. (a) $y' = 5(x^4)^4 \cdot 4x^3 = 20x^{19}$ (b) $y' = 3(1-x)^2(-1) = -3 + 6x - 3x^2$

11. (a) (i) $g(5)$ ist der akkumulierte Betrag, wenn der Zinssatz 5 % pro Jahr ist, was annähernd 1 629 Euro ist. (ii) $g'(5)$ ist der Zuwachs dieses Wertes pro Einheit Zuwachs im Zinssatz, was annähernd 155 Euro ist.
(b) $g(p) = 1000(1+p/100)^{10}$, so dass $g(5) = 1000(1+5/100)^{10} \approx 1628.89$ auf den nächsten Cent genau. Ferner ist $g'(p) = 1000 \cdot 10(1+p/100)^9 \cdot 1/100 = 100\cdot(1+p/100)^9$, so dass $g'(5) = 100\cdot(1+5/100)^9 \approx 155.13$ auf den nächsten Cent genau.

12. (a) $1 + f'(x)$ (b) $2f(x)f'(x) - 1$ (c) $4\big[f(x)\big]^3 f'(x)$
(d) $2xf(x) + x^2f'(x) + 3\big[f(x)\big]^2 f'(x)$ (e) $f(x) + xf'(x)$ (f) $f'(x)/\left[2\sqrt{f(x)}\right]$
(g) $[2xf(x) - x^2f'(x)]/[f(x)]^2$ (h) $[2xf(x)f'(x) - 3(f(x))^2]/x^4$

13. Vorausgesetzt, dass $x \neq 0$ und $0 < |\Delta x| < |x|$, gilt $\dfrac{1}{\Delta x}[\varphi(x+\Delta x) - \varphi(x)] = \dfrac{1}{\Delta x}\left(\dfrac{1}{x+\Delta x} - \dfrac{1}{x}\right) = \dfrac{-\Delta x}{\Delta x(x+\Delta x)x} = \dfrac{-1}{(x+\Delta x)x}$, was gegen $-1/x^2$ konvergiert, wenn $\Delta x \to 0$. Insbesondere ist $\varphi(x) = 1/x$ differenzierbar, wenn $x \neq 0$.

(b) Für jedes x mit $g(x) \neq 0$ gilt: Wenn f und g differenzierbar sind an der Stelle x, dann folgt:

(i) Die Kombination von (a) mit der Kettenregel impliziert, dass $1/g(x) = \varphi(g(x))$ differenzierbar ist an der Stelle x.

(ii) Die Produktregel impliziert, dass $f(x)/g(x) = f(x)\cdot[1/g(x)]$ differenzierbar ist an der Stelle x.

6.9

1. (a) $y'' = 20x^3 - 36x^2$ (b) $y'' = (-1/4)x^{-3/2}$ (c) $y' = 20x(1 + x^2)^9$, $y'' = 20(1 + x^2)^9 + 20x \cdot 9 \cdot 2x(1 + x^2)^8 = 20(1 + x^2)^8(1 + 19x^2)$

2. $d^2y/dx^2 = (1 + x^2)^{-1/2} - x^2(1 + x^2)^{-3/2} = (1 + x^2)^{-3/2}$

3. (a) $y'' = 18x$ (b) $Y''' = 36$ (c) $d^3z/dt^3 = -2$ (d) $f^{(4)}(1) = 84\,000$

4. $g'(t) = \dfrac{2t(t-1) - t^2}{(t-1)^2} = \dfrac{t^2 - 2t}{(t-1)^2}$, $g''(t) = \dfrac{2}{(t-1)^3}$, so dass $g''(2) = 2$.

5. Mit vereinfachter Notation: $y' = f'g + fg'$, $y'' = f''g + f'g' + f'g' + fg'' = f''g + 2f'g' + fg''$, $y''' = f'''g + f''g' + 2f''g' + 2f'g'' + f'g'' + fg''' = f'''g + 3f''g' + 3f'g'' + fg'''$.

6. $L = (2t - 1)^{-1/2}$, so dass $dL/dt = -\frac{1}{2} \cdot 2(2t - 1)^{-3/2} = -(2t - 1)^{-3/2}$, so dass $d^2L/dt^2 = 3(2t - 1)^{-5/2}$.

7. (a) $R = 0$ (b) $R = 1/2$ (c) $R = 3$ (d) $R = \rho$

8. Das Verteidigungsministerium: $P' < 0$. Gray: $P' \geq 0$ und $P'' < 0$.

9. $d^3L/dt^3 > 0$

6.10

1. (a) $y' = e^x + 2x$ (b) $y' = 5e^x - 9x^2$ (c) $y' = (1 \cdot e^x - xe^x)/e^{2x} = (1 - x)e^{-x}$
(d) $y' = [(1 + 2x)(e^x + 1) - (x + x^2)e^x]/(e^x + 1)^2 = [1 + 2x + e^x(1 + x - x^2)]/(e^x + 1)^2$ (e) $y' = -1 - e^x$ (f) $y' = x^2e^x(3 + x)$
(g) $y' = e^x(x - 2)/x^3$ (h) $y' = 2(x + e^x)(1 + e^x)$

2. (a) $dx/dt = (b + 2ct)e^t + (a + bt + ct^2)e^t = (a + b + (b + 2c)t + ct^2)e^t$
(b) $\dfrac{dx}{dt} = \dfrac{3qt^2te^t - (p + qt^3)(1 + t)e^t}{t^2e^{2t}} = \dfrac{-qt^4 + 2qt^3 - pt - p}{t^2e^t}$
(c) $dx/dt = [2(at + bt^2)(a + 2bt)e^t - (at + bt^2)^2e^t]/(e^t)^2 = [t(a + bt)(-bt^2 + (4b - a)t + 2a)]e^{-t}$

3. (a) $y' = -3e^{-3x}$, $y'' = 9e^{-3x}$ (b) $y' = 6x^2e^{x^3}$, $y'' = 6xe^{x^3}(3x^3 + 2)$
(c) $y' = -x^{-2}e^{1/x}$, $y'' = x^{-4}e^{1/x}(2x + 1)$
(d) $y' = 5(4x - 3)e^{2x^2-3x+1}$, $y'' = 5e^{2x^2-3x+1}(16x^2 - 24x + 13)$

4. (a) $(-\infty, \infty)$ (b) $[0, 1/2]$ (c) $(-\infty, -1]$ und in $[0, 1]$
► Ausführliche Lösung siehe Lösungshandbuch MyLab.

5. (a) $y' = 2xe^{-2x}(1 - x)$, so dass y monoton wachsend ist in $[0, 1]$.
(b) $y' = e^x(1 - 3e^{2x})$, so dass y monoton wachsend ist in $(-\infty, -\frac{1}{2}\ln 3]$.
(c) $y' = \dfrac{(2x + 3)e^{2x}}{(x + 2)^2}$, so dass y monoton wachsend ist in $[-3/2, \infty)$.

6. (a) $e^{e^x}e^x = e^{e^x+x}$ (b) $\frac{1}{2}(e^{t/2} - e^{-t/2})$ (c) $-\dfrac{e^t - e^{-t}}{(e^t + e^{-t})^2}$ (d) $z^2e^{z^3}(e^{z^3} - 1)^{-2/3}$

7. (a) $y' = 5^x \ln 5$ (b) $y' = 2^x + x2^x \ln 2 = 2^x(1 + x \ln 2)$
(c) $y' = 2x2^{x^2}(1 + x^2 \ln 2)$ (d) $y' = e^x10^x + e^x10^x \ln 10 = e^x10^x(1 + \ln 10)$

6.11

1. (a) $y' = \frac{1}{x} + 3$, $y'' = \frac{-1}{x^2}$ (b) $y' = 2x - \frac{2}{x}$, $y'' = 2 + \frac{2}{x^2}$
(c) $y' = 3x^2 \ln x + x^2$, $y'' = x(6 \ln x + 5)$ (d) $y' = \frac{1 - \ln x}{x^2}$, $y'' = \frac{2 \ln x - 3}{x^3}$

2. (a) $x^2 \ln x(3 \ln x + 2)$ (b) $x(2 \ln x - 1)/(\ln x)^2$ (c) $10(\ln x)^9/x$
(d) $2 \ln x/x + 6 \ln x + 18x + 6$

3. (a) $1/(x \ln x)$ (b) $-x/(1 - x^2)$ (c) $e^x (\ln x + 1/x)$ (d) $e^{x^3}(3x^2 \ln x^2 + 2/x)$
(e) $e^x/(e^x + 1)$ (f) $(2x+3)/(x^2+3x-1)$ (g) $-2e^x(e^x-1)^{-2}$ (h) $(4x-1)e^{2x^2-x}$
▶ Ausführliche Lösung siehe Lösungshandbuch MyLab.

4. (a) $x > -1$ (b) $1/3 < x < 1$ (c) $x \neq 0$

5. (a) $|x| > 1$ (b) $x > 1$ (c) $x \neq e^e$ und $x > 1$
▶ Ausführliche Lösung siehe Lösungshandbuch MyLab.

6. (a) y ist nur in $(-2, 2)$ definiert, wo $y' = -8x/(4 - x^2) > 0$ genau dann, wenn $x < 0$. Daher ist y monoton wachsend in $(-2, 0]$
(b) y ist definiert für $x > 0$, wo $y' = x^2(3 \ln x + 1) > 0$ genau dann, wenn $\ln x > -1/3$, Deshalb ist y monoton wachsend in $[e^{-1/3}, \infty)$
(c) y ist definiert für $x > 0$, wo $y' = (1 - \ln x)(\ln x - 3)/2x^2 > 0$ genau dann, wenn $1 < \ln x < 3$. Deshalb ist y monoton wachsend in $[e, e^3]$.
▶ Ausführliche Lösung siehe Lösungshandbuch MyLab.

7. (a) (i) $y = x - 1$ (ii) $y = 2x - 1 - \ln 2$ (iii) $y = x/e$
(b) (i) $y = x$ (ii) $y = 2ex - e$ (iii) $y = -e^{-2}x - 4e^{-2}$

8. (a) $f'(x)/f(x) = 2 \ln x + 2$ (b) $f'(x)/f(x) = 1/(2x-4) + 2x/(x^2+1) + 4x^3/(x^4 + 6)$ (c) $f'(x)/f(x) = -2/[3(x^2 - 1)]$

9. (a) $(2x)^x(1 + \ln 2 + \ln x)$ (b) $x^{\sqrt{x} - \frac{1}{2}}\left(\frac{1}{2} \ln x + 1\right)$ (c) $\frac{1}{2}\left(\sqrt{x}\right)^x (\ln x + 1)$
▶ Ausführliche Lösung siehe Lösungshandbuch MyLab.

10. $\ln y = v \ln u$, so dass $y'/y = v' \ln u + vu'/u$ und deshalb $y' = u^v(v' \ln u + vu'/u)$. (Alternative: $y = (e^{\ln u})^v = e^{v \ln u}$, benutzen Sie jetzt die Kettenregel.)

11. (a) Sei $f(x) = e^x - (1 + x + \frac{1}{2}x^2)$. Dann ist $f(0) = 0$ und $f'(x) = e^x - (1 + x) > 0$ für alle $x > 0$, wie in der Aufgabe gezeigt wurde. Daher ist $f(x) > 0$ für alle $x > 0$ und die Ungleichung folgt.
(b) Betrachten Sie die zwei Funktionen $f_1(x) = \ln(1 + x) - \frac{1}{2}x$ und $f_2(x) = x - \ln(1 + x)$.
(c) Betrachten Sie die Funktion $g(x) = 2(\sqrt{x} - 1) - \ln x$.
▶ Ausführliche Lösung siehe Lösungshandbuch MyLab.

Wiederholungsaufgaben für Kap. 6

1. $[f(x + \Delta x) - f(x)]/\Delta x = [(x + \Delta x)^2 - (x + \Delta x) + 2 - x^2 + x - 2]/\Delta x = [2x\Delta x + (\Delta x)^2 - \Delta x]/\Delta x = 2x + \Delta x - 1 \to 2x - 1$ für $\Delta x \to 0$, so dass $f'(x) = 2x - 1$.

2. $[f(x+\Delta x)-f(x)]/\Delta x = -6x^2+2x-6x\Delta x-2(\Delta x)^2+\Delta x \to -6x^2+2x$ für $\Delta x \to 0$, so dass $f'(x) = -6x^2 + 2x$.

3. (a) $y' = 2$, $y'' = 0$ (b) $y' = 3x^8$, $y'' = 24x^7$ (c) $y' = -x^9$, $y'' = -9x^8$ (d) $y' = 21x^6$, $y'' = 126x^5$ (e) $y' = 1/10$, $y'' = 0$ (f) $y' = 5x^4 + 5x^{-6}$, $y'' = 20x^3 - 30x^{-7}$ (g) $y' = x^3 + x^2$, $y'' = 3x^2 + 2x$ (h) $y' = -x^{-2} - 3x^{-4}$, $y'' = 2x^{-3} + 12x^{-5}$

4. Weil $C'(1000) \approx C(1001) - C(1000)$, sind, falls $C'(1000) = 25$, die zusätzlichen Kosten für die Produktion von etwas mehr als 1000 Einheiten ungefähr 25 pro Einheit. Wenn der Preis pro Einheit fest ist bei 30, ist der zusätzliche Gewinn aus der Erhöhung des Outputs auf etwas mehr als 1000 Einheiten ungefähr gleich $30 - 25 = 5$ pro Einheit.

5. (a) $y = -3$ und $y' = -6x = -6$ für $x = 1$, so dass $y - (-3) = (-6)(x - 1)$ oder $y = -6x + 3$. (b) $y = -14$ und $y' = 1/2\sqrt{x} - 2x = -31/4$ für $x = 4$, so dass $y = -(31/4)x + 17$. (c) $y = 0$ und $y' = (-2x^3 - 8x^2 + 6x)/(x+3)^2 = -1/4$ für $x = 1$, so dass $y = (-1/4)(x - 1)$.

6. Die zusätzlichen Kosten für die Flächenvergrößerung um einen kleinen Betrag über $100\,\text{m}^2$ hinaus sind ungefähr 250 Euro pro m^2.

7. (a) $f(x) = x^3 + x$, so dass $f'(x) = 3x^2 + 1$. (b) $g'(w) = -5w^{-6}$ (c) $h(y) = y(y^2 - 1) = y^3 - y$, so dass $h'(y) = 3y^2 - 1$. (d) $G'(t) = (-2t^2 - 2t + 6)/(t^2 + 3)^2$ (e) $\varphi'(\xi) = (4 - 2\xi^2)/(\xi^2 + 2)^2$ (f) $F'(s) = -(s^2 + 2)/(s^2 + s - 2)^2$

8. (a) $2at$ (b) $a^2 - 2t$ (c) $2x\phi - 1/2\sqrt{\phi}$

9. (a) $y' = 20uu' = 20(5 - x^2)(-2x) = 40x^3 - 200x$
(b) $y' = \dfrac{1}{2\sqrt{u}} \cdot u' = \dfrac{-1}{2x^2\sqrt{1/x - 1}}$
► Ausführliche Lösung siehe Lösungshandbuch MyLab.

10. (a) $dZ/dt = (dZ/du)(du/dt) = 3(u^2 - 1)^2 2u3t^2 = 18t^5(t^6 - 1)^2$
(b) $dK/dt = (dK/dL)(dL/dt) = (1/[2\sqrt{L}])(-1/t^2) = -1/[2t^2\sqrt{1 + 1/t}]$

11. (a) $\dot{x}/x = 2\dot{a}/a + \dot{b}/b$ (b) $\dot{x}/x = \alpha\dot{a}/a + \beta\dot{b}/b$
(c) $\dot{x}/x = (\alpha + \beta)(\alpha a^{\alpha-1}\dot{a} + \beta b^{\beta-1}\dot{b})/(a^\alpha + b^\beta)$

12. $dR/dt = (dR/dS)(dS/dK)(dK/dt) = \alpha S^{\alpha-1}\beta\gamma K^{\gamma-1}Apt^{p-1} = A\alpha\beta\gamma pt^{p-1}S^{\alpha-1}K^{\gamma-1}$

13. (a) $h'(L) = apL^{a-1}(L^a + b)^{p-1}$ (b) $C'(Q) = a + 2bQ$
(c) $P'(x) = ax^{1/q-1}(ax^{1/q} + b)^{q-1}$

14. (a) $y' = -7e^x$ (b) $y' = -6xe^{-3x^2}$ (c) $y' = xe^{-x}(2 - x)$
(d) $y' = e^x[\ln(x^2 + 2) + 2x/(x^2 + 2)]$ (e) $y' = 15x^2e^{5x^3}$ (f) $y' = x^3e^{-x}(x - 4)$
(g) $y' = 10(e^x + 2x)(e^x + x^2)^9$ (h) $y' = 1/2\sqrt{x}(\sqrt{x} + 1)$

15. (a) $[1, \infty)$ (b) $[0, \infty)$ (c) $(-\infty, 1]$ und $[2, \infty)$
► Ausführliche Lösung siehe Lösungshandbuch MyLab.

16. (a) $d\pi/dQ = P(Q) + QP'(Q) - c$ (b) $d\pi/dL = PF'(L) - w$

Kapitel 7

7.1

1. Differenzieren nach x ergibt $6x + 2y' = 0$, so dass $y' = -3x$. Auflösen der gegebenen Gleichung nach y ergibt $y = 5/2 - 3x^2/2$ und wiederum $y' = -3x$.

2. Implizite Differentiation ergibt $(*)$ $2xy + x^2(dy/dx) = 0$ und somit $dy/dx = -2y/x$. Indem wir $(*)$ implizit nach x differenzieren, ergibt sich $2y + 2x(dy/dx) + 2x(dy/dx) + x^2(d^2y/dx^2) = 0$. Indem wir das Resultat für dy/dx einsetzen und vereinfachen, ergibt sich $d^2y/dx^2 = 6y/x^2$. Diese Resultate ergeben sich einfacher, indem man $y = x^{-2}$ zweimal differenziert.

3. (a) $y' = (1 + 3y)/(1 - 3x) = -5/(1 - 3x)^2$, $y'' = 6y'/(1 - 3x) = -30/(1 - 3x)^3$
(b) $y' = 6x^5/5y^4 = (6/5)x^{1/5}$, $y'' = 6x^4y^{-4} - (144/25)x^{10}y^{-9} = (6/25)x^{-4/5}$
► Ausführliche Lösung siehe Lösungshandbuch MyLab.

4. $2u + v + u(dv/du) - 3v^2(dv/du) = 0$, somit $dv/du = (2u + v)/(3v^2 - u)$. Daher gilt $dv/du = 0$, wenn $v = -2u$ (vorausgesetzt, dass $3v^2 - u \neq 0$). Einsetzen von v in die ursprüngliche Gleichung ergibt $8u^3 - u^2 = 0$. Somit ist der einzige Punkt auf der Kurve, in dem $dv/du = 0$ und $u \neq 0$ ist, $(u, v) = (1/8, -1/4)$.

5. Differenzieren nach x ergibt $(*)$ $4x + 6y + 6xy' + 2yy' = 0$, so dass
$y' = -\dfrac{2x + 3y}{3x + y} = -\dfrac{8}{5}$ in $(1, 2)$. Differenzieren von $(*)$ nach x ergibt
$4 + 6y' + 6y' + 6xy'' + 2(y')^2 + 2yy'' = 0$. Einsetzen von $x = 1$, $y = 2$ und $y' = -8/5$ ergibt $y'' = 126/125$.

6. (a) $2x + 2yy' = 0$, Auflösen nach y' ergibt $y' = -x/y$. (b) $1/2\sqrt{x} + y'/2\sqrt{y} = 0$, Auflösen nach y' ergibt $y' = -\sqrt{y/x}$. (c) $4x^3 - 4y^3y' = 2xy^3 + x^2 3y^2 y'$, Auflösen nach y' ergibt $y' = 2x(2x^2 - y^3)/y^2(3x^2 + 4y)$. (d) $e^{xy}(y + xy') - 2xy - x^2y' = 0$, Auflösen nach y' ergibt $y' = y(2x - e^{xy})/x(e^{xy} - x)$.

7. (a) Differenzieren der Gleichung nach x ergibt $(*)$ $2y + 2xy' - 6yy' = 0$. Einsetzen von $x = 6$ und $y = 1$ in $(*)$ ergibt $2 + 12y' - 6y' = 0$ und somit $y' = -1/3$.
(b) Differenzieren von $(*)$ nach x ergibt $(**)$ $2y' + 2y' + 2xy'' - 6y'y' - 6yy'' = 0$. Einsetzen von $x = 6$, $y = 1$ und $y' = -1/3$ in $(**)$ ergibt $y'' = 1/3$.

8. (a) $y' = \dfrac{g'(x) - y}{x - 3y^2}$ (b) $y' = \dfrac{2x - g'(x + y)}{g'(x + y) - 2y}$ (c) $y' = \dfrac{2y[xg'(x^2y) - xy - 1]}{x[2xy + 2 - xg'(x^2y)]}$
► Ausführliche Lösung siehe Lösungshandbuch MyLab.

9. Differentiation nach x ergibt $3x^2F(xy) + x^3F'(xy)(y + xy') + e^{xy}(y + xy') = 1$. Einsetzen von $x = 1$ und $y = 0$ in diese Gleichung ergibt $3F(0) + F'(0)y' + y' = 1$. Weil $F(0) = 0$, impliziert dies $y' = 1/[F'(0) + 1]$. (Beachten Sie, dass F eine Funktion von nur einer Variablen mit dem Argument xy ist.)

10. (a) $y' = \dfrac{x[a^2 - 2(x^2 + y^2)]}{y[2(x^2 + y^2) + a^2]}$ (b) $(\pm\frac{1}{4}a\sqrt{6}, \pm\frac{1}{4}a\sqrt{2})$, wobei alle vier Vorzeichenkombinationen erlaubt sind.
► Ausführliche Lösung siehe Lösungshandbuch MyLab.

7.2

1. Implizite Differentiation nach P, wobei zu beachten ist, dass Q eine Funktion von P ist, ergibt $(\mathrm{d}Q/\mathrm{d}P)\cdot P^{1/2}+Q\cdot\frac{1}{2}P^{-1/2}=0$. Daher ist $\mathrm{d}Q/\mathrm{d}P=-\frac{1}{2}QP^{-1}=-19/P^{3/2}$.

2. (a) $1=C''(Q^*)(\mathrm{d}Q^*/\mathrm{d}P)$, so dass $\mathrm{d}Q^*/\mathrm{d}P=1/C''(Q^*)$ (b) $\mathrm{d}Q^*/\mathrm{d}P>0$, was plausibel ist, denn: Wenn der vom Hersteller erzielte Preis steigt, sollte die optimale Produktionsmenge ansteigen.

3. (a) Indem man den natürlichen Logarithmus auf beiden Seiten bildet, ergibt sich: $\ln A-\alpha\ln P-\beta\ln r=\ln S$. Differentiation nach r ergibt: $-(\alpha/P)(\mathrm{d}P/\mathrm{d}r)-\beta/r=0$. Es folgt, dass $\mathrm{d}P/\mathrm{d}r=-(\beta/\alpha)(P/r)<0$. (b) Somit drückt ein Anstieg der Zinsrate die Nachfrage und zum Ausgleich fällt der Gleichgewichtspreis.

4. (a) $Y=f(Y)+\bar{I}+\bar{X}-g(Y)$ (b) $\mathrm{d}Y/\mathrm{d}\bar{I}=1/\left[1-f'(Y)+g'(Y)\right]>0$, weil $f'(Y)<1$ und $g'(Y)>0$. (c) $\mathrm{d}^2Y/\mathrm{d}\bar{I}^2=(f''-g'')/(1-f'+g')^3$
► Ausführliche Lösung siehe Lösungshandbuch MyLab.

5. Differentiation von (7.2.6) nach τ ergibt $f''(P+\tau)\left(\mathrm{d}P/\mathrm{d}\tau+1\right)^2+f'(P+\tau)\mathrm{d}^2P/\mathrm{d}\tau^2=g''(P)\left(\mathrm{d}P/\mathrm{d}\tau\right)^2+g'(P)\mathrm{d}^2P/\mathrm{d}\tau^2$. Mit vereinfachter Notation gilt $f''(P'+1)^2+f'P''=g''(P')^2+g'P''$. Substitution von $P'=f'/(g'-f')$ und Auflösen nach P'' ergibt $P''=[f''(g')^2-g''(f')^2]/(g'-f')^3$.

6. (a) Differentiation von $(*)$ nach τ ergibt

$$f'(P)(\mathrm{d}P/\mathrm{d}\tau)=g'((1-\tau)P)[-P+(1-\tau)(\mathrm{d}P/\mathrm{d}\tau)]$$

und somit

$$\frac{\mathrm{d}P}{\mathrm{d}\tau}=\frac{-Pg'((1-\tau)P)}{f'(P)-(1-\tau)g'((1-\tau)P)}$$

(b) Der Zähler und auch der Nenner sind negativ, so dass $\mathrm{d}P/\mathrm{d}\tau$ positiv ist. Erhöhung der Steuern für den Verbraucher erhöhen den Gleichgewichtspreis.

7.3

1. $f(1)=1$ und $f'(x)=2e^{2x-2}=2$ für $x=1$. Nach (7.3.2) ist dann $g'(1)=1/f'(1)=1/2$. Die inverse Funktion ist $g(x)=1+\frac{1}{2}\ln x$, so dass $g'(x)=1/2x=1/2$ für $x=1$.

2. (a) $f'(x)=x^2\sqrt{4-x^2}+\dfrac{1}{3}x^3\dfrac{-2x}{2\sqrt{4-x^2}}=\dfrac{4x^2(3-x^2)}{3\sqrt{4-x^2}}$. Somit steigt f in $[-\sqrt{3},\sqrt{3}]$ und fällt in $[-2,-\sqrt{3}]$ und in $[\sqrt{3},2]$. Siehe Abb. A7.3.2.
(b) f hat eine Inverse im Intervall $[0,\sqrt{3}]$, weil f dort strikt monoton steigend ist. $g'(\frac{1}{3}\sqrt{3})=1/f'(1)=3\sqrt{3}/8$.

3. (a) $f'(x)=e^{x-3}/(e^{x-3}+2)>0$ für alle x, so dass f strikt monoton wachsend ist. $f(x)\to\ln 2$ für $x\to-\infty$ und $f(x)\to\infty$ für $x\to\infty$, so dass der Wertebereich von f gleich $(\ln 2,\infty)$ ist. (b) $g(x)=3+\ln(e^x-2)$, definiert auf $(\ln 2,\infty)$, dem Wertebereich von f. (c) $f'(3)=1/3$ und $1/g'(f(3))=1/3$

4. $\mathrm{d}D/\mathrm{d}P = -0.3 \cdot 157.8P^{-1.3} = -47.34P^{-1.3}$, so dass $\mathrm{d}P/\mathrm{d}D = 1/(\mathrm{d}D/\mathrm{d}P) \approx -0.021P^{1.3}$.

5. (a) $\mathrm{d}x/\mathrm{d}y = -e^{x+5} = -1/y$ (b) $\mathrm{d}x/\mathrm{d}y = -1 - 3e^x$
(c) $\mathrm{d}x/\mathrm{d}y = x(3y^2 - x^2)/(2 + 3x^2y - y^3)$
► Ausführliche Lösung siehe Lösungshandbuch MyLab.

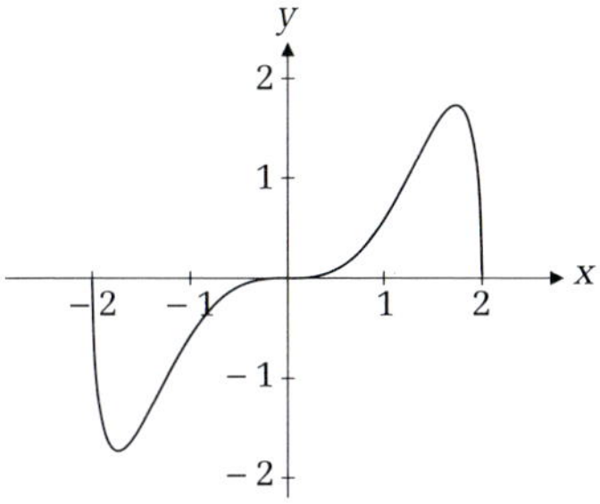

Abbildung A7.3.2

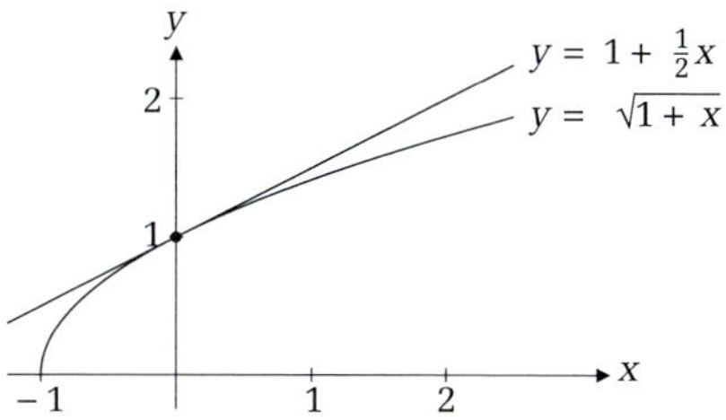

Abbildung A7.4.1

7.4

1. Wenn $f(x) = \sqrt{1+x}$, dann ist $f'(x) = 1/(2\sqrt{1+x})$, so dass $f(0) = 1$ und $f'(0) = 1/2$. Nach (7.4.1) ist daher $\sqrt{1+x} \approx 1 + \frac{1}{2}(x - 0) = 1 + \frac{1}{2}x$. Siehe Abb. A7.4.1.

2. Hier ist $f(0) = 1/9$ und $f'(x) = -10(5x+3)^{-3}$, so dass $f'(0) = -10/27$. Daher gilt $(5x+3)^{-2} \approx 1/9 - 10x/27$.

3. (a) $(1+x)^{-1} \approx 1 - x$ (b) $(1+x)^5 \approx 1 + 5x$ (c) $(1-x)^{1/4} \approx 1 - \frac{1}{4}x$
► Ausführliche Lösung siehe Lösungshandbuch MyLab.

4. $F(1) = A$ und $F'(K) = \alpha AK^{\alpha-1}$, so dass $F'(1) = \alpha A$. Dann gilt $F(K) \approx F(1) + F'(1)(K-1) = A + \alpha A(K-1) = A(1 + \alpha(K-1))$.

5. (a) $30x^2\,\mathrm{d}x$ (b) $15x^2\,\mathrm{d}x - 10x\,\mathrm{d}x + 5\,\mathrm{d}x$ (c) $-3x^{-4}\,\mathrm{d}x$ (d) $(1/x)\,\mathrm{d}x$
(e) $(px^{p-1} + qx^{q-1})\,\mathrm{d}x$ (f) $(p+q)x^{p+q-1}\,\mathrm{d}x$ (g) $rp(px+q)^{r-1}\,\mathrm{d}x$
(h) $(pe^{px} + qe^{qx})\,\mathrm{d}x$

6. (a) Wenn $f(x) = (1+x)^m$, dann ist $f(0) = 1$ und $f'(0) = m$, so dass $1 + mx$ die lineare Approximation für $f(x)$ um $x = 0$ ist. (b) (i) $\sqrt[3]{1.1} = (1 + 1/10)^{1/3} \approx 1 + (1/3)(1/10) \approx 1.033$ (ii) $\sqrt[5]{33} = 2(1 + 1/32)^{1/5} \approx 2(1 + 1/160) = 2.0125$ (iii) $\sqrt[3]{9} = 2(1 + 1/8)^{1/3} \approx 2(1 + 1/24) \approx 2.083$ (iv) $(0.98)^{25} = (1 - 0.02)^{25} = (1 - 1/50)^{25} \approx 1 - 1/2 = 1/2$

7. (a) (i) $\Delta y = 0.61$, $\mathrm{d}y = 0.6$ (ii) $\Delta y = 0.0601$, $\mathrm{d}y = 0.06$
(b) (i) $\Delta y = 0.011\,494$, $\mathrm{d}y = 0.011\,111$ (ii) $\Delta y = 0.001\,115$, $\mathrm{d}y = 0.001\,111$
(c) (i) $\Delta y = 0.012\,461$, $\mathrm{d}y = 0.0125$ (ii) $\Delta y = 0.002\,498$, $\mathrm{d}y = 0.0025$

8. (a) $y' = -3/2$ (b) $y(x) \approx -\frac{3}{2}x + \frac{3}{2}$
► Ausführliche Lösung siehe Lösungshandbuch MyLab.

9. (a) $F(r + \mathrm{d}r) - F(r)$ ist die schraffierte Fläche in Abb. A7.4.9. Sie ist ungefähr gleich dem Umfang des inneren Kreises, $2\pi r$, mal $\mathrm{d}r$. (b) $V(r + \mathrm{d}r) - V(r)$ ist das Volumen des Mantels zwischen der Kugel mit Radius $r + \mathrm{d}r$ und der Kugel mit Radius r. Es ist ungefähr gleich der Oberfläche $4\pi r^2$ der inneren Kugel mal der Dicke $\mathrm{d}r$ des Mantels.

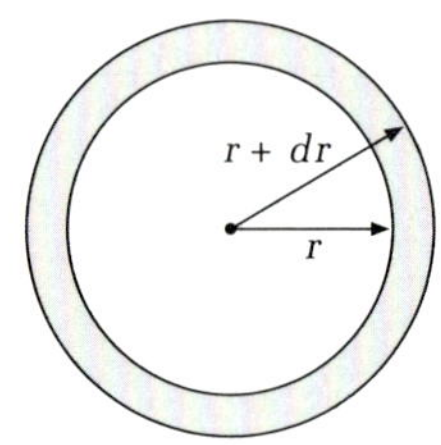

Abbildung A7.4.9

10. Logarithmieren ergibt $\ln K_t = \ln K + t\ln(1 + p/100) \approx \ln K + tp/100$. Wenn $K_t = 2K$, dann ist $\ln K_t = \ln 2 + \ln K$ und mit t^* als Verdopplungszeit muss p die Gleichung $\ln 2 \approx t^* p/100$ erfüllen, so dass $p \approx 100 \ln 2/t^*$. (Unter Benutzung der Approximation $\ln 2 \approx 0.7$ stimmt dieses Resultat mit der „70-er Regel" in Beispiel 7.4.3 überein.) Der exakte Prozentsatz p^* erfüllt die Gleichung $\ln 2 = t^* \ln(1 + p^*/100)$ oder $p^* = 100(2^{1/t^*} - 1)$.

11. $g(0) = A - 1$ und $g'(\mu) = \big(Aa/(1+b)\big)(1+\mu)^{[a/(1+b)]-1}$, so dass $g'(0) = Aa/(1+b)$. Daher ist $g(\mu) \approx g(0) + g'(0)\mu = A - 1 + \dfrac{aA}{1+b}\mu$.

12. Weil die Ableitung existiert, gilt $\lim_{\Delta x \to 0} \frac{1}{\Delta x}[f(x + \Delta x) - f(x)] = f'(x)$. Aber offensichtlich ist $\lim_{\Delta x \to 0} \frac{1}{\Delta x}[f'(x)\Delta x] = f'(x)$. Somit gilt nach den Regeln für Grenzwerte in Kap. 6.5:
$\lim_{\Delta x \to 0} \frac{1}{\Delta x}[f(x + \Delta x) - (f(x) + f'(x)\Delta x)] = f'(x) - f'(x) = 0$.

7.5

1. (a) Hier ist $f'(x) = 5(1+x)^4$ und $f''(x) = 20(1+x)^3$, so dass $f(0) = 1$, $f'(0) = 5$, $f''(0) = 20$. Dies impliziert die quadratische Approximation: $f(x) = (1+x)^5 \approx 1 + 5x + \frac{1}{2} \cdot 20x^2 = 1 + 5x + 10x^2$ (b) $AK^\alpha \approx A + \alpha A(K-1) + \frac{1}{2}\alpha(\alpha-1)A(K-1)^2$ (c) $(1 + \frac{3}{2}\varepsilon + \frac{1}{2}\varepsilon^2)^{1/2} \approx 1 + \frac{3}{4}\varepsilon - \frac{1}{32}\varepsilon^2$ (d) Hier ist $H'(x) = (-1)(1-x)^{-2}(-1) = (1-x)^{-2} = 1$ für $x = 0$ und $H''(x) = 2(1-x)^{-3} = 2$ für $x = 0$. Es folgt, dass $(1-x)^{-1} \approx 1 + x + x^2$.

2. $x - \frac{1}{2}x^2 + \frac{1}{3}x^3 - \frac{1}{4}x^4 + \frac{1}{5}x^5$
► Ausführliche Lösung siehe Lösungshandbuch MyLab.

3. $-5 + \frac{5}{2}x - \frac{15}{8}x^2$
► Ausführliche Lösung siehe Lösungshandbuch MyLab.

4. Nutzen Sie Formel (7.5.2) mit $f = U$, $x_0 = y$, $x = y + M - s$.

5. Implizites Differenzieren ergibt: (∗) $3x^2y + x^3y' + 1 = \frac{1}{2}y^{-1/2}y'$. Einsetzen von $x = 0$ und $y = 1$ ergibt $1 = (\frac{1}{2})1^{-1/2}y'$, so dass $y' = 2$. Nochmaliges Differenzieren von (∗) nach x ergibt $6xy + 3x^2y' + 3x^2y' + x^3y'' = -\frac{1}{4}y^{-3/2}(y')^2 + \frac{1}{2}y^{-1/2}y''$. Einsetzen von $x = 0$, $y = 1$ und $y' = 2$ ergibt $y'' = 2$. Daher gilt $y(x) \approx 1 + 2x + x^2$.

6. Es ist $\dot{x}(0) = 2[x(0)]^2 = 2$. Differenzieren des Ausdrucks für $\dot{x}(t)$ ergibt $\ddot{x}(t) = x(t) + t\dot{x}(t) + 4[x(t)]\dot{x}(t)$ und somit $\ddot{x}(0) = x(0) + 4[x(0)]\dot{x}(0) = 1 + 4 \cdot 1 \cdot 2 = 9$. Daher gilt $x(t) \approx x(0) + \dot{x}(0)t + \frac{1}{2}\ddot{x}(0)t^2 = 1 + 2t + \frac{9}{2}t^2$.

7. Verwenden Sie (7.5.6) mit $x = \sigma\sqrt{t/n}$ und behalten Sie dabei nur drei Terme auf der rechten Seite.

8. Verwenden Sie (7.5.2) mit $f(x) = (1 + x)^n$ und $x = p/100$. Dann ist $f'(x) = n(1 + x)^{n-1}$ und $f''(x) = n(n-1)(1 + x)^{n-2}$. Die Approximation folgt.

9. $h'(x) = \dfrac{(px^{p-1} - qx^{q-1})(x^p + x^q) - (x^p - x^q)(px^{p-1} + qx^{q-1})}{(x^p + x^q)^2} =$
$\dfrac{2(p-q)x^{p+q-1}}{(x^p + x^q)^2}$, so dass $h'(1) = \frac{1}{2}(p - q)$.
Da $h(1) = 0$, erhalten wir $h(x) \approx h(1) + h'(1)(x - 1) = \frac{1}{2}(p - q)(x - 1)$.

7.6

1. Unter Benutzung der Lösung zu Aufg. 7.5.2 ist $f(0) = 0$, $f'(0) = 1$, $f''(0) = -1$ und $f'''(c) = 2(1 + c)^{-3}$. Mit (7.6.3) folgt dann

$$f(x) = f(0) + \frac{1}{1!}f'(0)x + \frac{1}{2!}f''(0)x + \frac{1}{3!}f'''(c)x^3 = x - \frac{1}{2}x^2 + \frac{1}{3}(1 + c)^{-3}x^3$$

2. (a) $\sqrt[3]{25} = 3(1 - 2/27)^{1/3} \approx 3(1 - \frac{1}{3}\frac{2}{27} - \frac{1}{9}\frac{4}{27^2}) \approx 2.924$
(b) $\sqrt[5]{33} = 2(1 + 1/32)^{1/5} \approx 2(1 + \frac{1}{5 \cdot 32} - \frac{2}{25}\frac{1}{32^2}) \approx 2.0125$

3. $(1 + 1/8)^{1/3} = 1 + 1/24 - 1/576 + R_3(1/8)$, wobei $0 < R_3(1/8) < 5/(81 \cdot 8^3)$. Daher ist $\sqrt[3]{9} = 2(1 + 1/8)^{1/3} \approx 2.080$ mit drei korrekten Dezimalstellen.

4. (a) $1 + \frac{1}{3}x - \frac{1}{9}x^2$ (b) $g'''(x) = \dfrac{10}{27}(1 + x)^{-8/3}$, so dass (7.6.2) impliziert, dass $R_3(x) = \dfrac{1}{6}\dfrac{10}{27}(1+c)^{-8/3}x^3$ für ein $c \in (0, x)$. Daher ist $|R_3(x)| \le \dfrac{5}{81}x^3$. Für weitere Einzelheiten siehe MyLab.
(c) Beachten Sie zunächst, dass $\sqrt[3]{1003} = 10(1 + 3 \cdot 10^{-3})^{1/3}$. Mit Hilfe der Approximation in Teil (a) ergibt sich $(1 + 3 \cdot 10^{-3})^{1/3} \approx 1.000\,999$ und somit $\sqrt[3]{1003} \approx 10.009\,99$. Nach Teil (b) gilt für den Fehler in dieser Approximation $10R_3(3 \cdot 10^{-3})$. Für dessen Absolutbetrag gilt: $10|R_3(3 \cdot 10^{-3})| \le \dfrac{50}{81} \cdot 27 \cdot 10^{-9} = \dfrac{50}{3}10^{-9} < 2 \cdot 10^{-8}$, was impliziert, dass die Antwort korrekt ist auf 7 Dezimalstellen. Für weitere Einzelheiten siehe MyLab.

► Ausführliche Lösung siehe Lösungshandbuch MyLab.

7.7

1. In allen Fällen verwenden wir Formel (7.7.3): (a) -3 (b) 100 (c) $1/2$, da $\sqrt{x} = x^{1/2}$. (d) $-3/2$, da $A/x\sqrt{x} = Ax^{-3/2}$.

2. $\mathrm{El}_K T = 1.06$. Eine 1%-ige Erhöhung der Ausgaben für Straßenbau führen zu einer Erhöhung des Verkehrsaufkommens von ungefähr 1.06 %.

3. (a) Eine Erhöhung der Fahrpreise um 10 % führt zu einer Abnahme des Verkehrsaufkommens von ungefähr 4 %. (b) Ein Grund könnte sein, dass bei Reisen über große Entfernungen viele Leute fliegen, wenn die Bahnpreise steigen. Ein anderer Grund könnte sein, dass viele Leute 60 km täglich pendeln, während fast niemand 300 km täglich pendelt und die Nachfrage von Pendlern ist wahrscheinlich weniger elastisch.

4. (a) $\mathrm{El}_x e^{ax} = (x/e^{ax})ae^{ax} = ax$ (b) $\mathrm{El}_x \ln x = (x/\ln x)(1/x) = 1/\ln x$
(c) $\mathrm{El}_x(x^p e^{ax}) = \dfrac{x}{x^p e^{ax}}(px^{p-1}e^{ax} + x^p a e^{ax}) = p + ax$
(d) $\mathrm{El}_x(x^p \ln x) = \dfrac{x}{x^p \ln x}(px^{p-1}\ln x + x^p(1/x)) = p + 1/\ln x$

5. $\mathrm{El}_x(f(x))^p = \dfrac{x}{(f(x))^p} p(f(x))^{p-1} f'(x) = p\dfrac{x}{f(x)} f'(x) = p\,\mathrm{El}_x f(x)$

6. Mit Formel (7.7.3) erhalten wir $\mathrm{El}_r D = 1.23$. Eine 1%-ige Erhöhung des Einkommens führt zu einer Erhöhung der Nachfrage von ungefähr 1.23 %

7. $\ln m = -0.02 + 0.19 \ln N$. Wenn $N = 480\,000$, dann ist $m \approx 11.77$.

8. (a) $\mathrm{El}_x Af(x) = \dfrac{x}{Af(x)} Af'(x) = \dfrac{x}{f(x)} f'(x) = \mathrm{El}_x f(x)$
(b) $\mathrm{El}_x\big(A + f(x)\big) = \dfrac{x}{A + f(x)} f'(x) = \dfrac{f(x)xf'(x)/f(x)}{A + f(x)} = \dfrac{f(x)\mathrm{El}_x f(x)}{A + f(x)}$

9. Wir zeigen hier nur (d): $\mathrm{El}_x(f + g) = \dfrac{x(f' + g')}{f + g} = \dfrac{f(xf'/f) + g(xg'/g)}{f + g} = \dfrac{f\mathrm{El}_x f + g\mathrm{El}_x g}{f + g}$. ► Für die anderen Beweise siehe MyLab.

10. (a) -5 (b) $\dfrac{1 + 2x}{1 + x}$ (c) $\dfrac{30x^3}{x^3 + 1}$ (d) $\mathrm{El}_x 5x^2 = 2$, so dass $\mathrm{El}_x(\mathrm{El}_x 5x^2) = 0$
(e) $\dfrac{2x^2}{1 + x^2}$ (f) $\mathrm{El}_x\left(\dfrac{x - 1}{x^5 + 1}\right) = \mathrm{El}_x(x - 1) - \mathrm{El}_x(x^5 + 1) = \dfrac{x\,\mathrm{El}_x x}{x - 1} - \dfrac{x^5 \mathrm{El}_x x^5}{x^5 + 1} = \dfrac{x}{x - 1} - \dfrac{5x^5}{x^5 + 1}$

7.8

1. Nur die Funktion in (a) ist nicht stetig.

2. f ist unstetig an der Stelle $x = 0$ und g ist stetig an der Stelle $x = 2$. Die Graphen von f und g sind in Abb. A7.8.2a und A7.8.2b zu sehen.

3. (a) Stetig für alle x. (b) Stetig für alle $x \neq 1$. (c) Stetig für alle $x < 2$.
(d) Stetig für alle x. (e) Stetig für alle x, für die $x \neq \sqrt{3} - 1$ und $x \neq -\sqrt{3} - 1$.

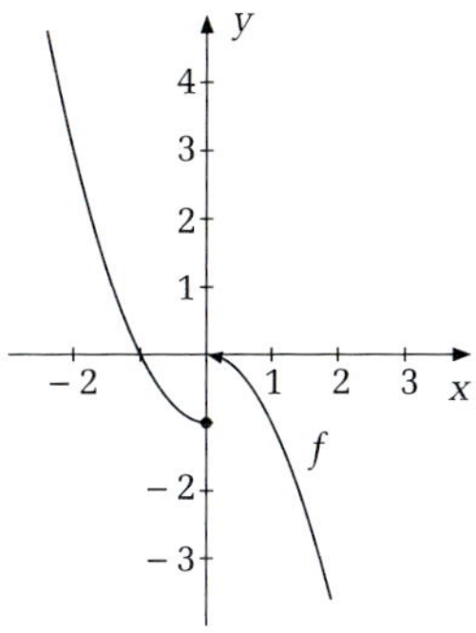

Abbildung A7.8.2a

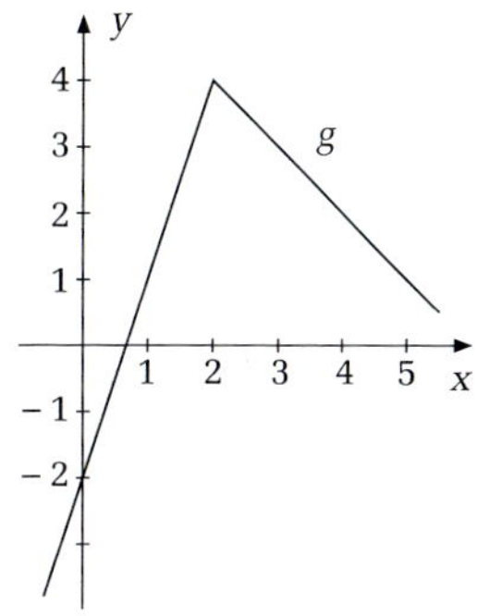

Abbildung A7.8.2b

(f) Stetig für alle $x > 0$.
► Ausführliche Lösung siehe Lösungshandbuch MyLab.

4. Siehe Abb. A7.8.4; y ist unstetig an der Stelle $x = a$, wo das Flugzeug senkrecht über der Spitze des vorspringenden Felsens ist.

5. $a = 5$. (Die Gerade $y = ax-1$ und die Parabel $y = 3x^2+1$ müssen sich schneiden an der Stelle $x = 1$. Dies gilt genau dann, wenn $a = 5$.)

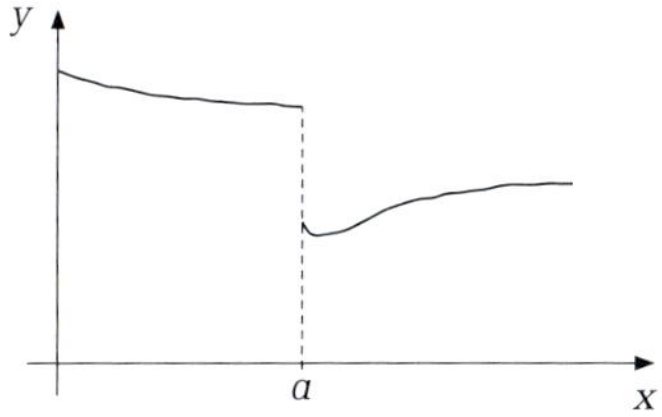

Abbildung A7.8.4

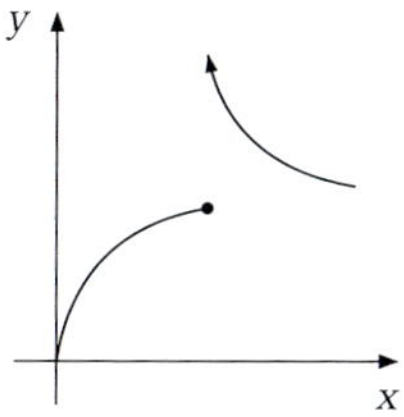

Abbildung A7.8.6

6. Siehe Abb. A7.8.6. (Dieses Beispiel zeigt, dass die häufig zu lesende Behauptung: „Wenn die inverse Funktion existiert, müssen die urpüngliche Funktion und die inverse Funktion beide monoton sein" falsch ist. Diese Behauptung ist jedoch für eine auf einem Intervall stetige Funktion wahr.)

7.9

1. (a) A (b) A (c) B (d) 0

2. (a) -4 (b) 0 (c) 2 (d) $-\infty$ (e) ∞ (f) $-\infty$
► Ausführliche Lösung siehe Lösungshandbuch MyLab.

3. (a) $\dfrac{x-3}{x^2+1} = \dfrac{1/x-3/x^2}{1+1/x^2} \to 0$, wenn $x \to \infty$. (b) $\sqrt{\dfrac{2+3x}{x-1}} = \sqrt{\dfrac{3+2/x}{1-1/x}} \to \sqrt{3}$, wenn $x \to \infty$. (c) a^2

4. $\lim_{x\to\infty} f_i(x) = \infty$ für $i = 1, 2, 3$; $\lim_{x\to\infty} f_4(x) = 0$. Dann: (a) ∞ (b) 0 (c) $-\infty$ (d) 1 (e) 0 (f) ∞ (g) 1 (h) ∞

5. (a) $y = x - 1$ ($x = -1$ ist eine vertikale Asymptote). (b) $y = 2x - 3$ (c) $y = 3x + 5$ ($x = 1$ ist eine vertikale Asymptote). (d) $y = 5x$ ($x = 1$ ist eine vertikale Asymptote).
▶ Ausführliche Lösung siehe Lösungshandbuch MyLab.

6. $y = Ax + A(b - c) + d$ ist eine Asymptote, wenn $x \to \infty$. ($x = -c$ ist keine Asymptote, weil $x \geq 0$.)

7. (a) Weder stetig noch differenzierbar an der Stelle $x = 1$. (b) Stetig, aber nicht differenzierbar an der Stelle $x = 2$. (c) Weder stetig noch differenzierbar an der Stelle $x = 3$. (d) Stetig, aber nicht differenzierbar an der Stelle $x = 4$.

8. $f'(0^+) = 1$ und $f'(0^-) = 0$. Siehe Abb. A7.9.8.

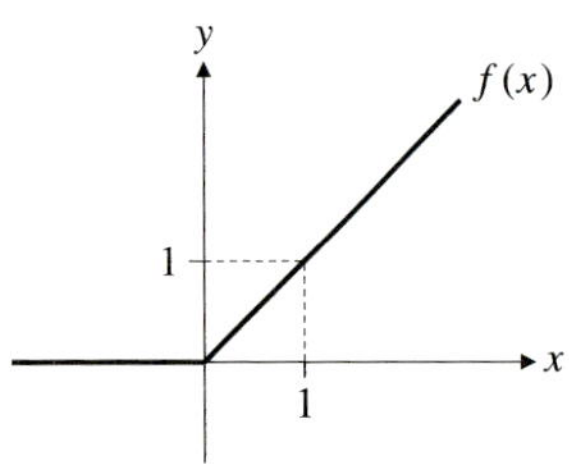

Abbildung A7.9.8

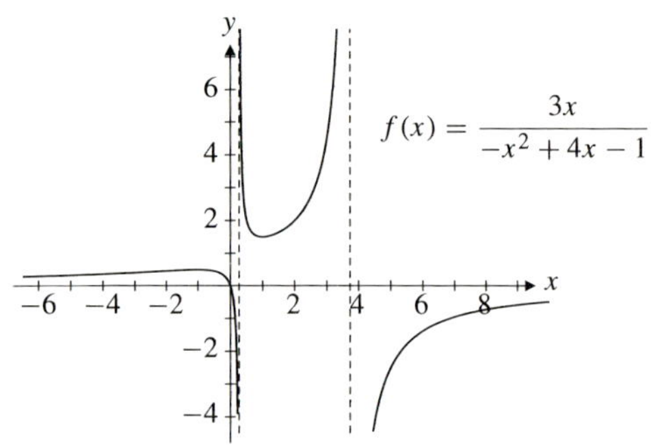

Abbildung A7.9.9

9. $f'(x) = \dfrac{3(x-1)(x+1)}{(-x^2+4x-1)^2}$. Der Nenner ist 0 für $x_1 = 2 - \sqrt{3}$ und $x_2 = 2 + \sqrt{3}$. Ein Vorzeichen-Diagramm zeigt, dass $f(x)$ monoton wachsend in $(-\infty, -1]$, in $[1, x_2)$ und in (x_2, ∞). Siehe Abb. A7.9.9, in der die vertikalen gestrichelten Geraden $x = 2 \pm \sqrt{3}$ sind.
▶ Ausführliche Lösung siehe Lösungshandbuch MyLab.

7.10

1. (a) Sei $f(x) = x^7 - 5x^5 + x^3 - 1$. Dann ist f stetig, $f(-1) = 2$ und $f(1) = -4$, so dass nach Theorem 7.10.1 die Gleichung $f(x) = 0$ eine Lösung in $(-1, 1)$ hat. (b) Hier ist $f(x) = x^3 + 3x - 8$ stetig mit $f(1) < 0 < f(3)$.

(c) Hier ist $f(x) = \sqrt{x^2+1} - 3x$ stetig mit $f(0) > 0 > f(1)$.

(d) Hier ist $f(x) = e^{x-1} - 2x$ stetig mit $f(0) > 0 > f(1)$.

2. Die Körpergröße einer Person ist eine stetige Funktion der Zeit (obwohl das Wachstum in zeitweiligen Schüben, manchmal über Nacht stattfindet).

Der Zwischenwertsatz (und der gesunde Menschenverstand) führen zu der Schlussfolgerung.

3. Sei $f(x) = x^3 - 17$. Dann ist $f(x) = 0$ für $x = \sqrt[3]{17}$. Ferner ist $f'(x) = 3x^2$. Setzen Sie $x_0 = 2.5$. Dann ist $f(x_0) = -1.375$ und $f'(x_0) = 18.75$. Formel (7.10.1) mit $n = 0$ ergibt $x_1 = x_0 - f(x_0)/f'(x_0) = 2.5 - (-1.375)/18.75 \approx 2.573$.

4. Die ganzzahlige Lösung ist $x = -3$. Ein Schritt im Newton-Verfahren ergibt für jeden der drei vorgeschlagenen Anfangswerte -1.879, 0.347 und 1.534 für die drei anderen Lösungen.
► Ausführliche Lösung siehe Lösungshandbuch MyLab.

5. Die ganze Zahl, die am nächsten an einer Lösung ist, ist $x = 2$. Setzen Sie $f(x) = (2x)^x - 15$. Dann ist $f'(x) = (2x)^x[\ln(2x)+1]$. Formel (7.10.1) mit $x_0 = 2$ und $n = 0$ ergibt: $x_1 = x_0 - f(x_0)/f'(x_0) = 2 - f(2)/f'(2) = 2 - 1/[16(\ln 4 + 1)] \approx 1.9738$.

6. Wenn $f(x_0)$ und $f'(x_0)$ entgegengesetzte Vorzeichen haben wie in Abb. 7.10.1, dann impliziert Formel (7.10.1) offensichtlich, dass $x_1 > x_0$. Wenn sie gleiche Vorzeichen haben wie in Abb. 7.10.2, dann impliziert Formel (7.10.1), dass $x_1 < x_0$.

7.11

1. (a) $\alpha_n = \dfrac{(3/n) - 1}{2 - (1/n)} \to -\dfrac{1}{2}$ für $n \to \infty$
(b) $\beta_n = \dfrac{1 + (2/n) - (1/n^2)}{3 - (2/n^2)} \to \dfrac{1}{3}$ für $n \to \infty$ (c) $3(-1/2) + 4(1/3) = -1/6$
(d) $(-1/2) \cdot (1/3) = -1/6$ (e) $(-1/2) \div (1/3) = -3/2$
(f) $\sqrt{(1/3) - (-1/2)} = \sqrt{5/6} = \sqrt{30}/6$

2. (a) Wenn $n \to \infty$, dann gilt $2/n \to 0$ und somit $5 - 2/n \to 5$. (b) Wenn $n \to \infty$, dann gilt $\dfrac{n^2 - 1}{n} = n - 1/n \to \infty$. (c) Wenn $n \to \infty$, dann gilt $\dfrac{3n}{\sqrt{2n^2 - 1}} = \dfrac{3n}{n\sqrt{2 - 1/n^2}} = \dfrac{3}{\sqrt{2 - 1/n^2}} \to \dfrac{3}{\sqrt{2}} = \dfrac{3\sqrt{2}}{2}$.

3. Für eine feste Zahl x setzen Sie $x/n = 1/m$. Dann ist $n = mx$ und für $n \to \infty$ gilt auch $m \to \infty$. Daher gilt $(1 + x/n)^n = (1 + 1/m)^{mx} = [(1 + 1/m)^m]^x \to e^x$ für $m \to \infty$.

7.12

1. (a) $\lim\limits_{x \to 3} \dfrac{3x^2 - 27}{x - 3} =$ „0/0“ $= \lim\limits_{x \to 3} \dfrac{6x}{1} = 18$, (oder verwenden Sie $3x^2 - 27 = 3(x-3)(x+3)$). (b) $\lim\limits_{x \to 0} \dfrac{e^x - 1 - x - \frac{1}{2}x^2}{3x^3} =$ „0/0“ $= \lim\limits_{x \to 0} \dfrac{e^x - 1 - x}{9x^2} =$ „0/0“ $= \lim\limits_{x \to 0} \dfrac{e^x - 1}{18x} =$ „0/0“ $= \lim\limits_{x \to 0} \dfrac{e^x}{18} = \dfrac{1}{18}$ (c) $\lim\limits_{x \to 0} \dfrac{e^{-3x} - e^{-2x} + x}{x^2} =$ „0/0“ $= \lim\limits_{x \to 0} \dfrac{-3e^{-3x} + 2e^{-2x} + 1}{2x} =$ „0/0“ $= \lim\limits_{x \to 0} \dfrac{9e^{-3x} - 4e^{-2x}}{2} = \dfrac{5}{2}$

2. (a) $\lim_{x \to a} \frac{x^2 - a^2}{x - a} =$ „0/0“ $= \lim_{x \to a} \frac{2x}{1} = 2a$, (oder $x^2 - a^2 = (x+a)(x-a)$ verwenden). (b) $\lim_{x \to 0} \frac{2(1+x)^{1/2} - 2 - x}{2(1+x+x^2)^{1/2} - 2 - x} =$ „0/0“ $=$
$\lim_{x \to 0} \frac{(1+x)^{-1/2} - 1}{(1+2x)(1+x+x^2)^{-1/2} - 1} =$ „0/0“ $=$
$\lim_{x \to 0} \frac{-\frac{1}{2}(1+x)^{-3/2}}{2(1+x+x^2)^{-1/2} + (1+2x)^2(-\frac{1}{2})(1+x+x^2)^{-3/2}} = \frac{-\frac{1}{2}}{2 - \frac{1}{2}} = -\frac{1}{3}$

3. (a) $\frac{1}{2}$ (b) 3 (c) 2 (d) $-\frac{1}{2}$ (e) $\frac{3}{8}$ (f) -2
▶ Ausführliche Lösung siehe Lösungshandbuch MyLab.

4. (a) $\lim_{x \to \infty} \frac{\ln x}{x^{1/2}} =$ „∞/∞“ $= \lim_{x \to \infty} \frac{1/x}{(1/2)x^{-1/2}} = \lim_{x \to \infty} \frac{2}{x^{1/2}} = 0$ (b) 0. (Schreiben Sie $x \ln x = \frac{\ln x}{1/x}$ und wenden Sie dann die Regel von l'Hôspital an.) (c) $+\infty$. (Schreiben Sie $xe^{1/x} - x = x(e^{1/x} - 1) = (e^{1/x} - 1)/(1/x)$ und wenden Sie dann die Regel von l'Hôspital an.)

5. Der zweite Bruch ist nicht „0/0“. Der korrekte Grenzwert ist 5/2.

6. $L = \lim_{v \to 0^+} \frac{1 - (1 + v^\beta)^{-\gamma}}{v} =$ „0/0“ $= \lim_{v \to 0^+} \frac{\gamma(1+v^\beta)^{-\gamma-1}\beta v^{\beta-1}}{1}$.

Wenn $\beta = 1$, dann ist $L = \gamma$. Wenn $\beta > 1$, dann ist $L = 0$ und wenn $\beta < 1$, dann ist $L = \infty$.

7. Weil $\frac{d}{d\rho} c^{1-\rho} = -c^{1-\rho} \ln c$, hat man $\lim_{\rho \to 1} \frac{c^{1-\rho} - 1}{1 - \rho} =$ „0/0“ $= \lim_{\rho \to 1} \frac{-c^{1-\rho} \ln c}{-1} =$ $\ln c$.

8. $\lim_{x \to \infty} \frac{f(x)}{g(x)} = \lim_{t \to 0^+} \frac{f(1/t)}{g(1/t)} =$ „0/0“ $= \lim_{t \to 0^+} \frac{f'(1/t)(-1/t^2)}{g'(1/t)(-1/t^2)} = \lim_{t \to 0^+} \frac{f'(1/t)}{g'(1/t)} =$ $\lim_{x \to \infty} \frac{f'(x)}{g'(x)}$

9. Beachten Sie, dass $L = \lim_{x \to x_0} \frac{1/g(x)}{1/f(x)} =$ „0/0“ $= \lim_{x \to x_0} \frac{-1/(g(x))^2}{-1/(f(x))^2} \cdot \frac{g'(x)}{f'(x)}$ $= L^2 \cdot \lim_{x \to x_0} \frac{g'(x)}{f'(x)}$. ▶ Siehe MyLab für weitere Einzelheiten.

Wiederholungsaufgaben für Kap. 7

1. (a) $y' = -5$, $y'' = 0$ (b) Differenzieren nach x ergibt $y^3 + 3xy^2y' = 0$, so dass $y' = -y/3x$. Differenzieren von $y' = -y/3x$ nach x ergibt $y'' = -[y'3x - 3y]/9x^2 = -[(-y/3x)3x - 3y]/9x^2 = 4y/9x^2$. Da $y = 5x^{-1/3}$, erhalten wir $y' = -(5/3)x^{-4/3}$ und $y'' = (20/9)x^{-7/3}$. Die Antworten durch Differenzieren von $y = 5x^{-1/3}$ sind dieselben. (c) $2y'e^{2y} = 3x^2$, so dass $y' = (3x^2/2)e^{-2y}$. Dann ist $y'' = 3xe^{-2y} + \frac{1}{2}3x^2e^{-2y}(-2y') = 3xe^{-2y} - \frac{1}{2}9x^4e^{-4y}$. Aus der gegebenen Gleichung erhalten wir $2y = \ln x^3 = 3 \ln x$, so dass $y = \frac{3}{2} \ln x$ und dann $y' = \frac{3}{2}x^{-1}$, $y'' = -\frac{3}{2}x^{-2}$. Beachten Sie, dass $e^{-2y} = e^{-3 \ln x} = (e^{\ln x})^{-3} = x^{-3}$ und $e^{-4y} = (e^{-2y})^2 = x^{-6}$ und überprüfen Sie, dass die Antworten dieselben sind.

2. $5y^4y' - y^2 - 2xyy' = 0$, so dass $y' = \dfrac{y^2}{5y^4 - 2xy} = \dfrac{y}{5y^3 - 2x}$. Da $y = 0$ die gegebene Gleichung bedeutungslos macht, ist y' niemals 0.

3. Differenzieren nach x ergibt $3x^2 + 3y^2y' = 3y + 3xy'$. Wenn $x = y = 3/2$, dann ist $y' = -1$. Siehe Abb. 7.W.1.

4. (a) Implizites Differenzieren ergibt (∗) $2xy + x^2y' + 9y^2y' = 0$. Einsetzen von $x = 2$ und $y = 1$ ergibt $y' = -4/13$.
(b) Differentiation von (∗) nach x ergibt $2y + 2xy' + 2xy' + x^2y'' + 18yy'y' + 9y^2y'' = 0$. Einsetzen von $x = 2$, $y = 1$ und $y' = -4/13$ ergibt die Lösung.

5. $(1/3)K^{-2/3}L^{1/3} + (1/3)K^{1/3}L^{-2/3}(\mathrm{d}L/\mathrm{d}K) = 0$, so dass $\mathrm{d}L/\mathrm{d}K = -L/K$.

6. Differentiation nach x ergibt $y'/y + y' = -2/x - 0.4(\ln x)/x$. Auflösen nach y' ergibt $y' = \dfrac{-(2/x)(1 + \frac{1}{5}\ln x)}{1 + 1/y}$. Damit ist $y' = 0$, wenn $1 + \frac{1}{5}\ln x = 0$, d. h. $\ln x = -5$ und damit $x = e^{-5}$.

7. (a) Setzen Sie den Ausdruck für T aus (iii) in (ii) ein. Setzen Sie dann den resultierenden Ausdruck für C in (i) ein. (b) $\mathrm{d}Y/\mathrm{d}I = f'((1-\beta)Y - \alpha)(1-\beta)(\mathrm{d}Y/\mathrm{d}I) + 1$. Auflösen nach $\mathrm{d}Y/\mathrm{d}I$ ergibt $\dfrac{\mathrm{d}Y}{\mathrm{d}I} = \dfrac{1}{1 - (1-\beta)f'((1-\beta)Y - \alpha)}$.
(c) Da $f' \in (0,1)$ und $\beta \in (0,1)$, erhalten wir $(1-\beta)f'((1-\beta)Y - \alpha) \in (0,1)$, so dass $\mathrm{d}Y/\mathrm{d}I > 0$.

8. (a) Differenzieren nach x ergibt $2x - y - xy' + 4yy' = 0$, so dass $y' = (y - 2x)/(4y - x)$. (b) Horizontale Tangente in $(1, 2)$ und $(-1, -2)$. ($y' = 0$, wenn $y = 2x$. Setzen Sie dies in die gegbene Gleichung ein.) Vertikale Tangenten in $(2\sqrt{2}, \sqrt{2}/2) \approx (2.8, 0.7)$ und in $(-2\sqrt{2}, -\sqrt{2}/2) \approx (-2.8, -0.7)$. (Vertikale Tangente, wenn der Nenner in dem Ausdruck für y' gleich 0 ist, d. h. wenn $x = 4y$.) Siehe Abb. 7.W.2 im Aufgabenteil.

9. (a) $y' = \dfrac{2 - 2xy}{x^2 - 9y^2} = -\dfrac{1}{2}$ in $(-1, 1)$. (b) Vertikale Tangente in $(0, 0)$, $(-3, -1)$ und $(3, 1)$. (Vertikale Tangente verlangt, dass der Nenner von y' gleich 0 ist, d. h. $x = \pm 3y$. Setzen wir $x = 3y$ in die gegebene Gleichung ein, ergibt sich $y^3 = y$, so dass $y = 0$, $y = 1$ oder $y = -1$. Die zugehörigen Werte von x sind 0, 3 und -3. Wenn wir $x = -3y$ setzen, ergeben sich keine neuen Punkte.) Horizontale Tangenten ergeben sich, wenn $y' = 0$, d. h. $xy = 1$. Setzen wir jedoch $y = 1/x$ in die gegebene Gleichung ein, ergibt sich $x^4 = -3$ und dies hat keine Lösung. All diese Ergebnisse stimmen mit Abb. 7.W.3 im Aufgabenteil überein.

10. (a) $D_f = (-1, 1)$, $R_f = (-\infty, \infty)$. (b) Die Inverse ist $g(y) = (e^{2y} - 1)/(e^{2y} + 1)$ und dann ist $g'(\frac{1}{2}\ln 3) = 3/4$.
▶ Ausführliche Lösung siehe Lösungshandbuch MyLab.

11. (a) $f(e^2) = 2$ und $f(x) = \ln x(\ln x - 1)^2 = 0$ für $\ln x = 0$ und $\ln x = 1$, so dass $x = 1$ oder $x = e$.
(b) $f'(x) = (3/x)(\ln x - 1)(\ln x - 1/3) > 0$ für $x > e$. Somit ist f strikt monoton wachsend in $[e, \infty)$. Es gibt deshalb eine Inverse h. Da $f(e^2) = 2$, haben wir nach (7.3.2), dass $h'(2) = 1/f'(e^2) = e^2/5$.

12. (a) $f(x) \approx \ln 4 + \frac{1}{2}x - \frac{1}{8}x^2$ (b) $g(x) \approx 1 - \frac{1}{2}x + \frac{3}{8}x^2$ (c) $h(x) \approx x + 2x^2$
▶ Ausführliche Lösung siehe Lösungshandbuch MyLab.

13. (a) $x\,dx/\sqrt{1+x^2}$ (b) $8\pi r\,dr$ (c) $400K^3\,dK$ (d) $-3x^2\,dx/(1-x^3)$

14. $df(x) = f'(x)\,dx = \dfrac{3x^2}{2\sqrt{1+x^3}}\,dx$. Ferner ist $\Delta f(2) \approx df(2) = \dfrac{3 \cdot 2^2}{2\sqrt{1+2^3}}(0.2) = 0.4$

15. Setzen Sie $x = \frac{1}{2}$ und $n = 5$ und verwenden Sie Formel (7.6.6). Dies ergibt $\sqrt{e} \approx 1.649$. Ein Rechner zeigt, dass dies korrekt auf drei Dezimalstellen ist.
▶ Ausführliche Lösung siehe Lösungshandbuch MyLab.

16. $y' + (1/y)y' = 1$ oder $(*)$ $yy' + y' = y$. Wenn $y = 1$, ist $y' = 1/2$. Differentiation von $(*)$ nach x ergibt $(y')^2 + yy'' + y'' = y'$. Mit $y = 1$ und $y' = 1/2$, erhalten wir $y'' = 1/8$, so dass $y(x) \approx 1 + \frac{1}{2}x + \frac{1}{16}x^2$.

17. (a) Stetig für alle $x \neq 0$. (b) Stetig für alle $x > 0$. (Beachten Sie: $x^2 + 2x + 2$ ist nie 0.) (c) Stetig für alle $x \in (-2, 2)$.

18. (a) $1 = f'(y^2)2yy'$, so dass $y' = \dfrac{1}{2yf'(y^2)}$

(b) $y^2 + x2yy' = f'(x) - 3y^2y'$ und somit $y' = \dfrac{f'(x) - y^2}{y(2x+3y)}$

(c) $f'(2x+y)(2+y') = 1 + 2yy'$, so dass $y' = \dfrac{1 - 2f'(2x+y)}{f'(2x+y) - 2y}$

19. $\mathrm{El}_r(D_{\text{marg}}) = -0.165$ und $\mathrm{El}_r(D_{\text{mah}}) = 2.39$. Wenn das Einkommen um 1 % angestiegen ist, nahm die Nachfrage nach Margarine um ungefähr 0.165 % ab, während die Nachfrage nach Verpflegung außer Haus um ungefähr 2.39 % zunahm.

20. (a) 5 (mit Hilfe von (7.7.3)). (b) 1/3 (mit Hilfe $\sqrt[3]{x} = x^{1/3}$ und (7.7.3)). (c) $\mathrm{El}_x(x^3 + x^5) = \dfrac{x}{x^3 + x^5}(3x^2 + 5x^4) = (5x^2 + 3)/(x^2 + 1)$ mit Hilfe von (7.7.3). Oder Alternative: Verwenden Sie Aufg. 7.7.9 (d).) (d) $2x/(x^2 - 1)$ unter Verwendung von (c) und (d) aus Aufg. 7.7.9.

21. Setzen Sie $f(x) = x^3 - x - 5$. Dann ist $f'(x) = 3x^2 - 1$. Wählt man $x_0 = 2$, ergibt Formel (7.10.1) mit $n = 1$: $x_1 = 2 - f(2)/f'(2) = 1 - 1/11 \approx 1.909$.

22. f ist stetig, $f(1) = e - 3 < 0$ und $f(4) = e^2 - 3 > 0$. Daher gibt es nach Theorem 7.10.1(i) eine Nullstelle für f in $(1, 4)$. Da $f'(x) > 0$, ist die Lösung eindeutig. Formel (7.10.1) ergibt $x_1 = 1 - f(1)/f'(1) = 1 - (e-3)/\frac{1}{2}e = -1 + 6/e \approx 1.21$.

23. (a) 2 (b) Geht gegen $+\infty$. (c) Es existiert kein Grenzwert. (d) $-1/6$. (e) 1/5 (f) 1/16 (g) 1 (h) $-1/16$ (i) 0
▶ Ausführliche Lösung siehe Lösungshandbuch MyLab.

24. Existiert nicht, wenn $b \neq d$. Für $b = d$ ist der Grenzwert $(a - c)/2\sqrt{b}$.
▶ Ausführliche Lösung siehe Lösungshandbuch MyLab.

25. $\lim\limits_{x \to 0} \dfrac{a^x - b^x}{e^{ax} - e^{bx}} = „0/0“ = \lim\limits_{x \to 0} \dfrac{a^x \ln a - b^x \ln b}{ae^{ax} - be^{bx}} = \dfrac{\ln a - \ln b}{a - b}$

26. $x_1 = 0.9 - f(0.9)/f'(0.9) \approx 0.9247924, x_2 = x_1 - f(x_1)/f'(x_1) \approx 0.9279565, x_3 = x_2 - f(x_2)/f'(x_2) \approx 0.9280338$ und $x_4 = x_3 - f(x_3)/f'(x_3) \approx 0.9280339$. Es sieht so aus, dass die auf drei Dezimalstellen korrekte Lösung 0.928 ist.

Kapitel 8

8.2

1. Der Graph von f, der in Abb. 8.2.9 gezeigt ist, besteht aus zwei Strecken, die an der Spitze zusammentreffen. Wenn die zwei Stellen a und b zu demselben Streckenabschnitt, einschließlich der Spitze, gehören, dann sind die zwei Ungleichungen (8.2.1) und (8.2.2) beide mit Gleichheit erfüllt. Wenn a und b jedoch zu verschiedenen Streckenabschnitten gehören, dann ist nur (8.2.1) erfüllt. Die Funktion ist konkav, aber nicht strikt konkav.

2. (a) Wenn die Funktion f strikt konkav ist, dann ist die Ungleichung (8.2.1) strikt erfüllt für alle verschiedenen Stellen a und b in I und alle $0 < \lambda < 1$. Sie ist deshalb schwach erfüllt. Sie ist trivialer Weise auch als Gleichheit erfüllt, wenn $a = b$ oder wenn $\lambda = 0$ oder wenn $\lambda = 1$.

(b) Wenn der Graph der Funktion f eine Strecke ist, dann sind die Ungleichungen (8.2.1) und (8.2.2) beide mit Gleichheit erfüllt für alle a und b in I und alle $\lambda \in [0, 1]$. Somit ist f konkav und konvex.

(c) Die Funktion, die durch $f(x) = 0$ für alle reellen x definiert ist, ist ein Beispiel einer Funktion, die konkav aber nicht strikt konkav ist. Dasselbe gilt für jede lineare Funktion oder die Funktion in Aufgabe 1.

(d) Wenn eine Funktion strikt konkav ist, dann gilt die Ungleichung (8.2.1) strikt für alle verschiedenen a und b in I und alle $0 < \lambda < 1$. Diese strikte Ungleichung widerspricht der Ungleichung (8.2.2), so dass die Funktion nicht konvex sein kann.

3. Die Funktion mit dem in Abb. 8.2.7 gezeigten Graphen ist strikt konkav, während die mit dem in Abb. 8.2.8 gezeigten Graphen strikt konvex ist.

4. Nehmen Sie an, dass das Unternehmen bei einem gegebenen Outputlevel $Q > 0$ die Gesamtkosten vergleicht: (i) $c(Q)$ bei der Produktion von Q im Ursprungsbetrieb ohne einen neuen Betrieb; (ii) $2c(\frac{1}{2}Q)$ bei der Nutzung von zwei Betrieben und gleichmäßiger Aufteilung des Outputs zwischen den zwei Betrieben. Wegen der Annahme, dass c strikt konvex ist, haben wir $c\left(\frac{1}{2}Q\right) = c\left(\frac{1}{2}Q + \frac{1}{2}0\right) < \frac{1}{2}c(Q) + \frac{1}{2}c(0) = \frac{1}{2}c(Q)$ und dies impliziert $2c(\frac{1}{2}Q) < c(Q)$. Somit ist Option (ii) billiger und das Unternehmen sollte seinen Output aufteilen.

5. Betrachten Sie zwei Einkommenniveaus y und z mit $z > y$. Wir wissen aus Beispiel 5.4.4 und dem Graphen der Steuerfunktion in Abb. 5.4.9: Wenn das zu versteuernde Einkommen von y auf z ansteigt, steigt die zu zahlende Steuer nicht nur von $T(y)$ auf $T(z)$, sondern die durschnittliche Rate

$[T(z) - T(y)]/(z-y)$ auf die $z-y$ Dollar zusätzliches Einkommen steigt. Aber diese durchschnittliche Rate ist die Steigung $s(y, z)$ der Steuerfunktion T. Aus Teil (iii) von Theorem 8.2.1 folgt, dass T konvex ist. Weil der Graph von T aber lineare Abschnitte hat, kann T nicht strikt konvex sein.

6. Nehmen Sie an, dass f monoton wachsend, aber nicht strikt monoton wachsend ist. Dann existieren a, b in I, so dass $a < b$ und $f(a) = f(b) = f(x)$ für alle x in (a, b). Es folgt, dass $f(a) = f(b) = f\left(\frac{1}{2}(a+b)\right) \not> \frac{1}{2}[f(a) + f(b)]$, was gegen strikte Konkavität verstößt. Wenn also f monoton wachsend und strikt konkav ist, dann muss f strikt monoton wachsend sein.

7. (a) Für alle a und alle x in $(-\infty, \infty)$ mit $x \neq a$ gilt für die Steigung von x^2: $s(a, x) = (x^2 - a^2)/(x-a) = x+a$. Dies ist offensichtlich strikt monoton wachsend in x. Somit ist x^2 strikt konvex auf $(-\infty, \infty)$.

(b) Für alle a und alle x in $[0, \infty)$ mit $x \neq a$ gilt für die Steigung von x^n: $s(a, x) = (x^n - a^n)/(x-a) = \sum_{k=1}^{n} x^{n-k}a^{k-1}$. Wenn nun x über das Intervall $[0, \infty)$ variiert, ist jeder Term der Summe strikt monoton wachsend in x und jeder Term, abgesehen vom konstanten letzten Term a^{n-1}, strikt monoton wachsend in x. Es folgt, dass die ganze Summe $s(a, x)$ strikt monoton wachsend in x ist, so dass die Potenzfunktion x^n strikt konvex auf $[0, \infty)$ ist.

(c) Wenn n gerade ist, dann gilt für die Steigung der Funktion $y = (-x)^n$: $s(-a, -x) = \dfrac{(-x)^n - (-a)^n}{(-x) - (-a)} = \dfrac{x^n - a^n}{a - x} = -s(a, x)$. Wir haben bewiesen: Wenn $a \geq 0$ und $x \geq 0$, dann ist $s(a, x)$ strikt monoton wachsend in x. Es folgt, dass $s(-a, -x)$ strikt monoton fallend ist in x und somit strikt monton wachsend in $-x$. Dies zeigt, dass x^n strikt konvex ist auf $(-\infty, 0]$.

(d) Wenn n ungerade ist, dann gilt: $s(-a, -x) = \dfrac{(-x)^n - (-a)^n}{(-x) - (-a)} = \dfrac{-x^n + a^n}{a - x} = s(a, x)$. In diesem Fall gilt: Wenn $a \geq 0$ und $x \geq 0$, dann ist $s(-a, -x)$ strikt monoton wachsend in x und somit strikt monton fallend in $-x$. Dies zeigt, dass x^n strikt konkav ist auf $(-\infty, 0]$.

8. (i) Die Funktion $f(x) = \ln x$ ist monoton wachsend in x. Nun impliziert die Ungleichung aus Aufgabe 2.6.8, dass $\frac{1}{2}a + \frac{1}{2}b \geq \sqrt{ab}$, so dass

$$\ln\left(\tfrac{1}{2}a + \tfrac{1}{2}b\right) \geq \ln\left(\sqrt{ab}\right) = \ln\left(\sqrt{a}\right) + \ln\left(\sqrt{b}\right) = \tfrac{1}{2}\ln a + \tfrac{1}{2}\ln b$$

Dies beweist, dass $\ln x$ mittelpunktkonkav und somit konkav ist.

(ii) Nach der Ungleichung aus Aufgabe 2.6.8 gilt für die zwei Zahlen e^a und e^b: $\frac{1}{2}e^a + \frac{1}{2}e^b \geq \sqrt{e^a e^b} = e^{\frac{1}{2}a + \frac{1}{2}b}$ Es folgt sofort, dass die Funktion $f(x) = e^x$ mittelpunktkonvex und somit konvex ist.

9. Die Definition der Konkavität impliziert, dass die Ungleichung gilt, wenn $n = 2$. Nehmen Sie als Induktionshypothese an, dass sie auch gilt, wenn $n = k$ für $k = 2, 3, \ldots$. Nehmen Sie jetzt an, dass $n = k+1$ und dass für die $k+1$ positiven Konstanten λ_i $(i = 1, \ldots, k+1)$ gilt $\sum_{i=1}^{k+1} \lambda_i = 1$. Definieren Sie jetzt für jedes $i = 1, \ldots, k$ die neue positive Konstante $\theta_i = \lambda_i/(1 - \lambda_{k+1})$. Offensichtlich impliziert die Hypothese $\sum_{i=1}^{k+1} \lambda_i = 1$, dass $\sum_{i=1}^{k} \theta_i = 1$. Ferner bezeichne x^k die Summe $\sum_{i=1}^{k} \theta_i x_i$. Dann gilt $\sum_{i=1}^{k+1} \lambda_i x_i = (1 - \lambda_{k+1})x^k + \lambda_{k+1}x_{k+1}$.

Weil f konkav ist und $0 < \lambda_{k+1} = 1 - \sum_{i=1}^{k} \lambda_i < 1$, folgt, dass

$$f\left(\sum_{i=1}^{k+1} \lambda_i x_i\right) \geq (1 - \lambda_{k+1}) f(x^k) + \lambda_{k+1} f(x_{k+1})$$

Aber die Induktionshypothese impliziert, dass $f(x^k) \geq \sum_{i=1}^{k} \theta_i f(x_i)$. Weil $\lambda_{k+1} < 1$, implizieren die obigen Definitionen, dass

$$f\left(\sum_{i=1}^{k+1} \lambda_i x_i\right) \geq (1 - \lambda_{k+1}) \sum_{i=1}^{k} \theta_i f(x_i) + \lambda_{k+1} f(x_{k+1}) = \sum_{i=1}^{k+1} \lambda_i f(x_i)$$

Dies vervollständigt den Beweis durch Induktion.

8.3

1. Die Definitionen implizieren, dass für alle verschiedenen a und b in I und alle $0 < \lambda < 1$ gilt:

$$f(\lambda a + (1 - \lambda) b) > \lambda f(a) + (1 - \lambda) f(b) \quad \text{und}$$
$$g(\lambda a + (1 - \lambda) b) \geq \lambda g(a) + (1 - \lambda) g(b)$$

Addition dieser zwei Ungleichungen zeigt, dass für die Funktion $h(x) = f(x) + g(x)$ gilt:

$$h(\lambda a + (1 - \lambda) b) > \lambda h(a) + (1 - \lambda) h(b)$$

Deshalb ist $f + g$ strikt konkav.

2. Die Inverse der monoton wachsenden konkaven Funktion $g(x) = \sqrt{x}$, die für alle $x \geq 0$ definiert ist, ist die monoton wachsende konvexe Funktion $h(x) = x^2$, die für alle $x \geq 0$ definiert ist. Dann ist für $a \geq 0$ die Funktion $f(x) = ax^2 + b = ah(x) + b$, die für alle $x \geq 0$ definiert ist, eine monoton wachsende Funktion der konvexen Funktion $h(x)$, also konvex.

3. Nutzen Sie die Funktion $f(x) = c$, wobei c eine Konstante ist, als ein Beispiel einer konkaven Funktion, die nicht strikt konkav ist. Und nutzen Sie die Funktion $g(y) = c'$, wobei c' eine Konstante ist, als ein Beispiel einer monoton wachsenden konkaven Funktion, die nicht strikt monoton wachsend ist. In jedem Fall ist die verkettete Funktion $h(x) = g(f(x))$ eine Konstante, so dass sie nicht strikt konkav ist.

4. Nehmen Sie als Induktionshypothese an, dass die auf dem Intervall I durch $f_*^k(x) = \min\{f_i(x) \colon i = 1, 2, \ldots, k\}$ definierte Funktion konkav ist, wenn die k Funktionen $f_i(x)$ $(i = 1, 2, \ldots, k)$ alle konkav sind. Dies wurde in Kap. 8.3 gezeigt für den Fall $k = 2$. Nehmen Sie an, dass es wahr ist für ein $k \geq 2$. Dann ist $f_*^{k+1}(x) = \min\{f_*^k(x), f_{k+1}(x)\}$, wobei $f_*^k(x)$ konkav ist nach Induktionshypothese. Unter der Annahme, dass $f_{k+1}(x)$ auch konkav ist, folgt dann, dass $f_*^{k+1}(x)$ das Minimum von zwei konkaven Funktionen ist, also auch konkav. Dies vervollständigt den Induktionsschritt.

5. (a) Mit Argumenten wie in Beispiel 8.3.2 folgt, dass die Funktion $f(x) = -|x-1| = -\max\{x-1, 1-x\}$ konkav ist, während die Funktion $g(x) = |x+1| = \max\{x+1, -x-1\}$ konvex ist.

(b) Beachten Sie, dass $f(x)+g(x) = |x+1|-|x-1|$ gleich: $-(x+1)-(1-x) = -2$ auf $(-\infty, -1)$; $(x+1)-(1-x) = 2x$ auf $(-1, 1)$; $(x+1)-(x-1) = 2$ auf $(1, \infty)$. Auf dem Intervall (a, b) ist die Funktion $f+g$ somit:

(i) konvex, wenn (a, b) nicht $x = 1$ enthält, wo ein Knick ist;

(ii) konkav, wenn (a, b) nicht -1 enthält, wo ein zweiter Knick ist;

(iii) sowohl konkav als auch konvex, wenn (a, b) weder -1 noch 1 enthält;

(iv) weder konkav noch konvex, wenn (a, b) sowohl -1 als auch 1 enthält.

Siehe Abb. A8.3.5 für den Graphen von $f+g$.

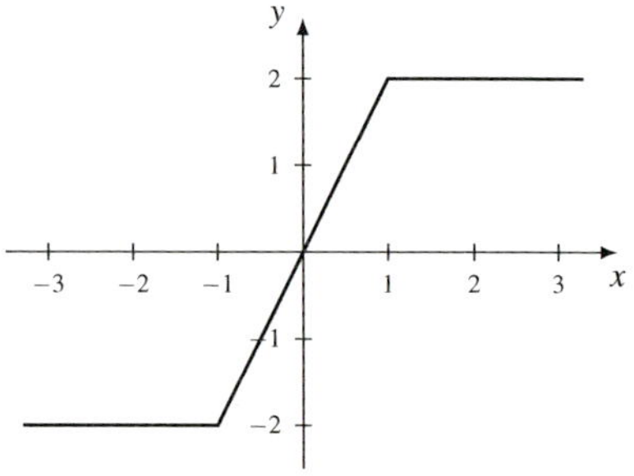

Abbildung A8.3.5: $y = -|x-1| + |x+1|$

6. Nach Teil (a) von Aufgabe 8.2.7 ist die Funktion $f(x) = x^2$ strikt konvex auf $(-\infty, \infty)$ mit Wertebereich $[0, \infty)$. Ferner ist die Funktion $g(y) = y^m$ strikt konvex und strikt monoton wachsend auf $[0, \infty)$. Es folgt, dass die verkettete Funktion $g(f(x)) = (x^2)^m = x^n$ strikt konvex auf $(-\infty, \infty)$ ist.

8.5

1. Für $f(x) = \ln x$, definiert für alle $x > 0$, gilt $f''(x) = -x^{-2} < 0$, so dass $\ln x$ strikt konkav auf $(0, \infty)$ ist. Für $g(x) = e^x$, definiert für alle alle reellen x, gilt $g''(x) = e^x > 0$, so dass e^x strikt konvex auf der ganzen reellen Zahlengeraden ist.

2. Die zwei ersten Ableitungen von $h(x) = -x^2 + x^3$ sind $h'(x) = -2x + 3x^2$ und $h''(x) = -2 + 6x$. Somit gilt $h''(x) < 0 \Leftrightarrow x < \frac{1}{3}$ und $h''(x) > 0 \Leftrightarrow x > \frac{1}{3}$. Damit ist h: (a) konkav auf (a, b) genau dann, wenn $0 \leq a < b \leq \frac{1}{3}$; (b) konvex auf (a, b) genau dann, wenn $\frac{1}{3} \leq a < b$; (c) weder konkav noch konvex auf (a, b) genau dann, wenn $a < \frac{1}{3} < b$. Siehe Abb. A8.5.2 für den Graphen von $h(x)$.

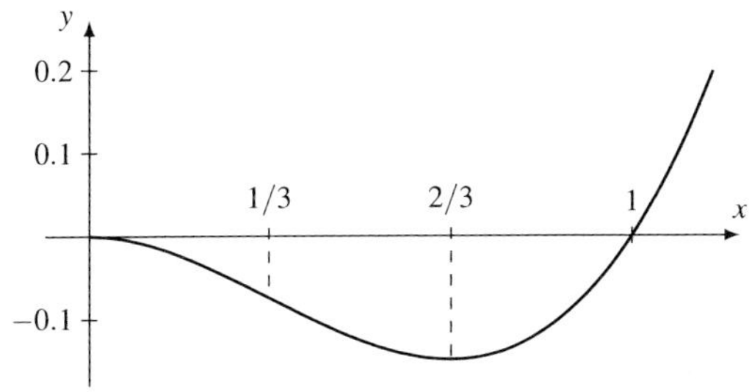

Abbildung A8.5.2: $y = x^3 - x^2$

3. Differenziert man $h(x) = g(f(x))$ zweimal unter Benutzung der Kettenregel ergibt sich zunächst $h'(x) = g'(f(x))f'(x)$ und dann unter zusätzlicher Benutzung der Produktregel: $h''(x) = g''(f(x))(f'(x))^2 + g'(f(x))f''(x)$. Aufgrund der Annahmen gilt $f'' \leq 0$, $g' \geq 0$ und $g'' \leq 0$. Damit folgt $h''(x) \leq 0$. Somit ist $h(x)$ konkav.

4. Betrachten Sie die Funktion $f(x) = -x^4$, definiert für alle reellen x. Nach Aufgabe 8.3.6 ist die gerade Potenzfunktion x^4 strikt konvex, so dass f strikt konkav ist. Jedoch ist $f''(x) = -12x^2 \not< 0$ an der Stelle $x = 0$.

5. (a) Weil $f'(x) \neq 0$ für alle x in I, impliziert Theorem 7.3.1, dass die Inverse $g(y) = f^{-1}(y)$ definiert und differenzierbar ist für alle y im Wertebreich $f(I)$ und $g'(f(x)) = 1/f'(x)$. Weil ferner $f'(x) \neq 0$, ist die Funktion g zweimal differenzierbar mit $g''(f(x)) = -f''(x)/[f'(x)]^3$ wie in Gl. (7.3.3).

(b) Wenn $f' < 0$, dann haben f'' und g'' dasselbe Vorzeichen. Wenn aber $f' > 0$, dann haben sie entgegengesetzte Vorzeichen.

(c) Wenn $f'(x) \neq 0$ und $f''(x) \neq 0$ für alle x in I, dann haben wir die folgenden Verstärkungen der Resultate aus Kap. 8.3:

(i) Wenn $f' > 0$ in ganz I und f strikt konkav ist, dann gilt für ihre Inverse g: $g' > 0$ und sie ist strikt konvex.

(ii) Wenn $f' > 0$ in ganz I und f strikt konvex ist, dann gilt für ihre Inverse g: $g' > 0$ und sie ist strikt konkav.

(iii) Wenn $f' < 0$ in ganz I und f strikt konkav ist, dann gilt für ihre Inverse g: $g' < 0$ und sie ist strikt konkav.

(iv) Wenn $f' < 0$ in ganz I und f strikt konvex ist, dann gilt für ihre Inverse g: $g' < 0$ und sie ist strikt konvex.

8.6

1. (a) $f'(x) = 3x^2+3x-6 = 3(x-1)(x+2)$, so dass $f'(x) = 0$ für $x = -2$ und $x = 1$. Ein Vorzeichen-Diagramm zeigt, dass f monoton wachsend in $(-\infty, -2]$ und in $[1, \infty)$.

(b) $f''(x) = 6x + 3 = 0$ für $x = -1/2$. Weil $f''(x)$ das Vorzeichen wechselt an der Stelle $x = -1/2$, ist dies eine Wendestelle.

2. (a) $f''(x) = 2x(x^2 - 3)/(1 + x^2)^3$. Ein Vorzeichen-Diagramm ergibt, dass f konvex ist in $[-\sqrt{3}, 0]$ und in $[\sqrt{3}, \infty)$. Die Wendestellen, an denen f'' das Vorzeichen wechselt sind in $x = -\sqrt{3}$, 0 und $\sqrt{3}$.

(b) $g''(x) = 4(1 + x)^{-3} > 0$, wenn $x > -1$, so dass g (strikt) konvex ist in $(-1, \infty)$. Keine Wendestelle.

(c) $h''(x) = (2 + x)e^x$, so dass h konvex ist in $[-2, \infty)$. Eine Wendestelle ist in $x = -2$.

3. (a) $x = 0$ ist eine Wendestelle. Die Funktion ist konkav in $(-\infty, 0]$, konvex in $[0, \infty)$.

(b) $x = 2$ ist eine Wendestelle; die Funktion ist konvex in $(0, 2]$, konkav in $[2, \infty)$.

(c) Drei Wendestellen: $x_1 = 0$, $x_2 = 3 - \sqrt{3}$ und $x_3 = 3 + \sqrt{3}$. Konkav in $(-\infty, x_1]$, konvex in $[x_1, x_2]$, konkav in $[x_2, x_3]$, konvex in $[x_3, \infty)$.

(d) Wendestelle $x_0 = e^{5/6} \approx 2.30$. Konkav in $(0, x_0]$, konvex in $[x_0, \infty)$.

(e) Wendestelle $x_0 = -\ln 2$. Konkav in $(-\infty, -\ln 2]$, konvex in $[-\ln 2, \infty)$.

(f) Wendestellen: $x_1 = 1 - \sqrt{3}$ und $x_2 = 1 + \sqrt{3}$. Konvex in $(-\infty, x_1]$, konkav in $[x_1, x_2]$, konvex in $[x_2, \infty)$.

4. Vier Wendestellen: $x = 0$, $x = 1$, $x = 3$ und $x = 5$.

5. $f(-1) = 1$ impliziert $-a+b = 1$. Ferner: $f'(x) = 3ax^2+2bx$ und $f''(x) = 6ax+2b$, so dass $f''(1/2) = 0$ zu $3a+2b = 0$ führt. Lösen der zwei simultanen Gleichungen für a und b ergibt $a = -2/5$ und $b = 3/5$.

Wiederholungsaufgaben für Kap. 8

1. Die Funktion $f(x) = \sqrt{x}$ ist konkav, während $g(y) = y^3$ konvex ist. Die verkettete Funktion ist $h(x) = g(f(x)) = \left(\sqrt{x}\right)^3 = x^{3/2}$ mit $h'(x) = \frac{3}{2}x^{1/2}$ und $h''(x) = \frac{3}{4}x^{-1/2} > 0$. Somit ist h strikt konvex für $x > 0$. Dies ist kein Widerspruch, da die Resultate in Kap. 8.3 nichts aussagen über eine konvexe Funktion einer konkaven Funktion.

2. (a) Hier ist $g'(x) = 9x^2 - x^4$ und $g''(x) = 18x - 4x^3$. (b) g ist monoton wachsend in dem Intervall $(-3, 3)$ und konkav in jedem der Intervalle $(-\frac{3}{2}\sqrt{2}, 0)$ und $(\frac{3}{2}\sqrt{2}, \infty)$. (c) Abbildung A8.W.2 zeigt den Graphen von g und die Wendepunkte an den Stellen $x = 0$ und $x = \pm\frac{3}{2}\sqrt{2} \approx \pm 2.1213$.

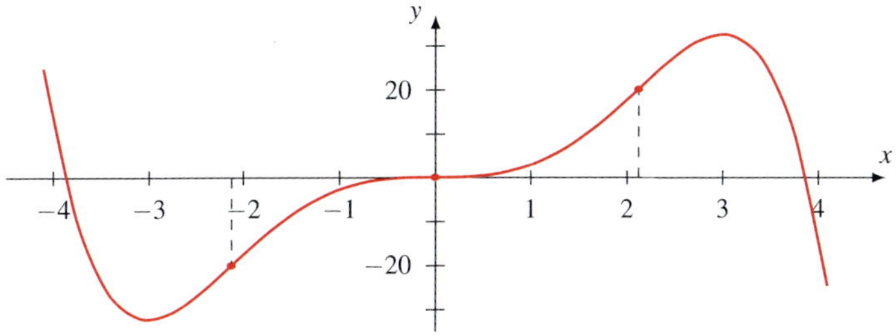

Abbildung A8.W.2

3. Hier ist $f'(a) = f'(c) = 0$, $f'(b) < 0$, $f''(a) < 0$, $f''(b) = 0$ und $f''(c) > 0$. Somit ist nur Kombination (b) korrekt.

4. (a) Hier ist $f''(x) = 12x - 24$. Somit ist f konkav in $(-\infty, 2]$ und konvex in $[2, \infty)$.

   (b) Hier ist $f''(x) = 8x^{-3}$ für $x \neq 0$. Somit ist f konkav in $(-\infty, 0)$ und konvex in $(0, \infty)$.

   (c) Hier ist $f''(x) = \dfrac{2x^3 - 96x}{(x^2+16)^3}$. Somit ist f konkav in $(-\infty, -4\sqrt{3}]$ und $[0, 4\sqrt{3}]$, jedoch konvex in $[-4\sqrt{3}, 0]$ und $[4\sqrt{3}, \infty)$.

5. Hier ist $f'(x) = -x^{-2}e^{1/x}$ und somit $f''(x) = 2x^{-3}e^{1/x} + x^{-4}e^{1/x} = x^{-4}e^{1/x}(2x + 1)$. Es folgt, dass f konkav ist in $(-\infty, -\frac{1}{2}]$, jedoch konvex in $[-\frac{1}{2}, 0)$ und in $(0, \infty)$. (f ist nicht definiert an der Stelle $x = 0$. Ferner gilt: $e^{1/x} \to 0$, wenn $x \to 0^-$, aber $e^{1/x} \to \infty$, wenn $x \to 0^+$. Aber die Funktion konvergiert gegen 1, wenn $x \to \infty$ und wenn $x \to -\infty$.) Siehe Abb. A8.W.5.

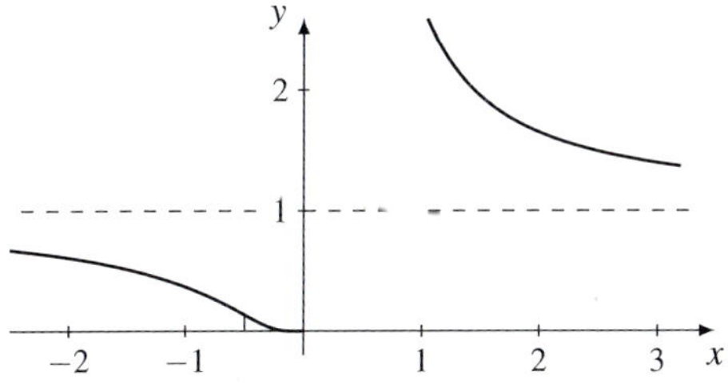

Abbildung A8.W.5: $y = e^{1/x}$

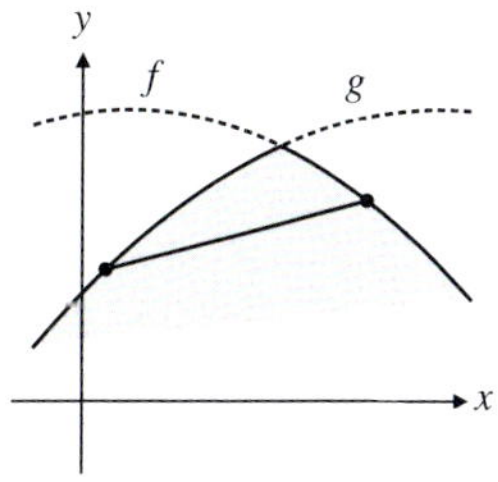

Abbildung A8.W.7

6. Die zweite Ableitung ist $C''(x) = 6ax + 2b$. Somit ist $C(x)$ konkav in $[0, -b/3a]$, konvex in $[-b/3a, \infty)$. Die einzige Wendestelle ist an der Stelle $x = -b/3a$.

7. Siehe Abb. A8.W.7. In Kap. 8.3 wurde gezeigt, dass das Minimum von zwei konkaven Funktionen konkav ist.

Kapitel 9

9.1

1. (a) Da der Nenner niemals kleiner ist als 4, haben wir $f(x) \leq 2$ für alle x. Aber $f(0) = 2$, so dass $f(x)$ durch $x = 0$ maximiert wird. (b) $g(x) \geq -3$ für alle x und $g(-2) = -3$, so dass $g(x)$ durch $x = -2$ minimiert wird. Außerdem $g(x) \to \infty$, wenn $x \to \infty$, so dass es kein Maximum gibt. (c) Weil $1 + x^4 \geq 1$, gilt $h(x) \leq 1$ für alle x. Aber $h(0) = 1$, d. h. $x = 0$ maximiert h. Wenn $x \in [-1, 1]$, ist $1 + x^4 \leq 2$, so dass $h(x) \geq 1/2$. Es folgt: Die Stellen $x = \pm 1$ minimieren h. (d) Für alle x gilt $2 + x^2 \geq 2$ und somit $2/(2 + x^2) \leq 1$, woraus folgt, dass $-2/(2 + x^2) \geq -1 = F(0)$. Deshalb gibt es ein Minimum -1 an der Stelle $x = 0$, aber kein Maximum. (e) Maximum 2 an der Stelle $x = 1$. Kein Minimum. (f) Minimum 99 an der Stelle $x = 0$. Kein Maximum. (Wenn $x \to \pm\infty$, gilt $H(x) \to 100$.)

9.2

1. $y' = 1.06 - 0.08x$. Dann ist $y' \geq 0$ für $x \leq 13.25$ und $y' \leq 0$ für $x \geq 13.25$, so dass y ein Maximum an der Stelle $x = 13.25$ hat.

2. $h'(x) = \dfrac{8(2 - \sqrt{3}x)(2 + \sqrt{3}x)}{(3x^2 + 4)^2}$. Die Funktion hat ein Maximum an der Stelle $x = 2\sqrt{3}/3$ und ein Minimum an der Stelle $x = -2\sqrt{3}/3$.
   ► Ausführliche Lösung siehe Lösungshandbuch MyLab.

3. $h'(t) = 1/2\sqrt{t} - \frac{1}{2} = (1 - \sqrt{t})/2\sqrt{t}$. Wir sehen, dass $h'(t) \geq 0$ in $[0, 1]$ und $h'(t) \leq 0$ in $[1, \infty)$. Nach Teil (i) von Theorem 9.2.1 hat $h(t)$ ein Maximum an der Stelle $t = 1$.

4. Hier ist $f'(x) = \dfrac{4x(x^4 + 1) - 2x^2 \cdot 4x^3}{(x^4 + 1)^2} = \dfrac{4x - 4x^5}{(x^4 + 1)^2} = \dfrac{4x(1 + x^2)(1 + x)(1 - x)}{(x^4 + 1)^2}$.
   Für x eingeschränkt auf $[0, \infty)$, folgt, dass $f(x)$ monoton wachsend in $[0, 1]$, aber monoton fallend in $[1, \infty)$. Somit: f hat ein Maximum $f(1) = 1$ an der Stelle $x = 1$.

5. $g'(x) = 3x^2 \ln x + x^3/x = 3x^2(\ln x + \frac{1}{3})$. Somit gilt $g'(x) = 0$, wenn $\ln x = -\frac{1}{3}$, d. h. $x = e^{-1/3}$. Wir sehen, dass $g'(x) \leq 0$ in $(0, e^{-1/3}]$ und $g'(x) \geq 0$ in $[e^{-1/3}, \infty)$, so dass $x = e^{-1/3}$ die Funktion $g(x)$ minimiert. Da $g(x) \to \infty$, wenn $x \to \infty$, gibt es kein Maximum.

6. $f'(x) = 3e^x(e^{2x} - 2)$. Dann gilt $f'(x) = 0$, wenn $e^{2x} = 2$, d. h. $x = \frac{1}{2}\ln 2$. Wenn $x < \frac{1}{2}\ln 2$, dann ist $f'(x) < 0$. Wenn $x > \frac{1}{2}\ln 2$, dann ist $f'(x) > 0$. Damit ist $x = \frac{1}{2}\ln 2$ eine Minimumstelle. Beachten Sie, dass $f(x) = e^x(e^{2x} - 6)$ gegen $+\infty$ geht, wenn $x \to \infty$, so dass f kein Maximum hat.

7. $y' = xe^{-x}(2 - x)$ ist positiv in $(0, 2)$ und negativ in $(2, 4)$, so dass y ein Maximum $4e^{-2} \approx 0.54$ an der Stelle $x = 2$ hat.

8. (a) $x = \frac{1}{3}\ln 2$ ist eine Minimumstelle. (b) $x = \frac{1}{3}(a + 2b)$ ist eine Maximumstelle. (c) $x = \frac{1}{5}$ ist eine Maximumstelle.
► Ausführliche Lösung siehe Lösungshandbuch MyLab.

9. Hier ist $d'(x) = 2(x - a_1) + 2(x - a_2) + \cdots + 2(x - a_n) = 2[nx - (a_1 + a_2 + \cdots + a_n)]$. Somit ist $d'(x) = 0$ für $x = \bar{x}$, wobei $\bar{x} = \frac{1}{n}(a_1 + a_2 + \cdots + a_n)$ das *arithmetische Mittel* von $a_1, a_2, \ldots, a_n$. Da $d''(x) = 2n > 0$, ist $\bar{x}$ eine Minimumstelle für $d(x)$.

10. (a) $x_0 = (1/\alpha)\ln(A\alpha/k)$. (b) Einsetzen für A in den Ausdruck für x_0 ergibt die optimale Höhe als eine Funktion von p_0, V, δ und k. ► Siehe MyLab.

9.3

1. (a) $\pi(L) = 320\sqrt{L} - 40L$, so dass $\pi'(L) = \dfrac{160}{\sqrt{L}} - 40 = \dfrac{40(4 - \sqrt{L})}{\sqrt{L}}$. Wir sehen, dass $\pi'(L) \geq 0$ für $0 \leq L \leq 16$, $\pi'(16) = 0$ und $\pi'(L) \leq 0$ für $L \geq 16$, so dass $L = 16$ den Gewinn maximiert. (b) Die Gewinnfunktion ist $\pi(L) = f(L) - wL$, so dass die Bedingung erster Ordnung $\pi'(L^*) = f'(L^*) - w = 0$ ist. (c) Die Bedingung erster Ordnung in (b) definiert L^* als Funktion von w. Differentiation nach w ergibt: $f''(L^*)(dL^*/dw) - 1 = 0$ oder $(dL^*/dw) = 1/f''(L^*) < 0$. (Wenn der Preis für Arbeit steigt, fällt der optimale Arbeitsinput.)

2. (a) $Q^* = \frac{1}{2}(a - k)$, $\pi(Q^*) = \frac{1}{4}(a - k)^2$ (b) $d\pi(Q^*)/dk = -\frac{1}{2}(a - k) = -Q^*$ (c) $s = a - k$
► Ausführliche Lösung siehe Lösungshandbuch MyLab.

3. Siehe Abb. A9.3.3a und A9.3.3b. Wenn $x = 9$, wird alles weggeschnitten, so dass $x \leq 9$ gelten muss. Differenzieren der Formel für das Volumen V ergibt $V'(x) = 12x^2 - 144x + 324 = 12(x - 3)(x - 9)$. Somit ist $V'(x) > 0$, wenn $x < 3$, aber $V'(x) < 0$, wenn $3 < x < 9$. Theorem 9.2.1 impliziert, dass die Box maximales Volumen hat, wenn das Quadrat, das aus jeder Ecke ausgeschnitten wird, die Seitenlänge 3 cm hat. Dann ist das Volumen $12 \cdot 12 \cdot 3 = 432\,\text{cm}^3$.

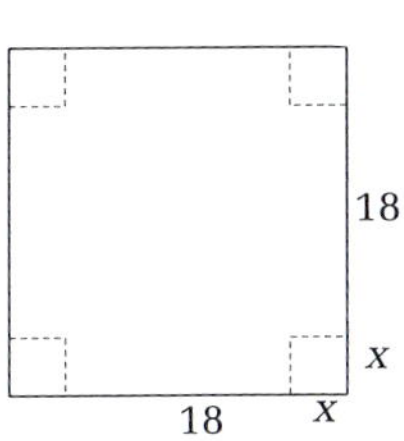

Abbildung A9.3.3a

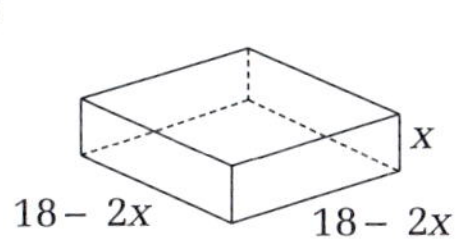

Abbildung A9.3.3b

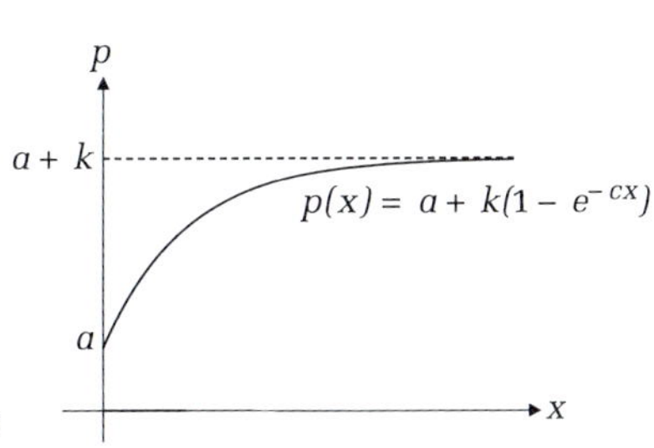

Abbildung A9.3.4

4. $p'(x) = kce^{-cx} > 0$ und $p''(x) = -kc^2e^{-cx} < 0$ für alle x. Es existiert kein Maximum und $p(x) \to a + k$, wenn $x \to \infty$. Siehe Abb. A9.3.4.

5. $\overline{T}'(w) = a\dfrac{pb(bw+c)^{p-1}w - (bw+c)^p}{w^2} = a(bw+c)^{p-1}\dfrac{bw(p-1)-c}{w^2}$. Dies ist 0 für $w^* = c/b(p-1)$. Dies muss eine Minimumstelle sein, weil $\overline{T}'(w)$ negativ ist für $w < w^*$ und positiv für $w > w^*$.

9.4

1. $f'(x) = 8x - 40 = 0$ für $x = 5$. Es gilt: $f(0) = 80$, $f(5) = -20$ und $f(8) = 16$. Maximum 80 für $x = 0$. Minimum -20 für $x = 5$. Siehe Abb. A9.4.1.

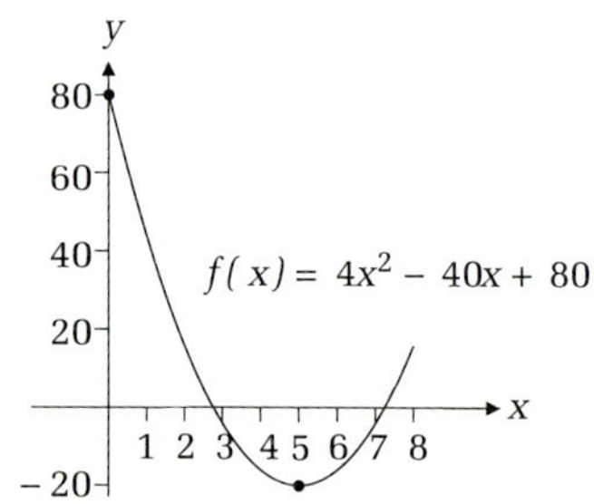

Abbildung A9.4.1

2. (a) Maximum -1 an der Stelle $x = 0$. Minimum -7 an der Stelle $x = 3$. (b) Maximum 10 an den Stellen $x = -1$ und $x = 2$. Minimum 6 an der Stelle $x = 1$. (c) Maximum $5/2$ an den Stellen $x = 1/2$ und $x = 2$. Minimum 2 an der Stelle $x = 1$. (d) Maximum 4 an der Stelle $x = -1$. Minimum $-6\sqrt{3}$ an der Stelle $x = \sqrt{3}$. (e) Maximum $4.5 \cdot 10^9$ an der Stelle $x = 3000$. Minimum 0 an der Stelle $x = 0$.
▶ Ausführliche Lösung siehe Lösungshandbuch MyLab.

3. $g'(x) = \frac{2}{5}xe^{x^2}(1 - e^{2-2x^2})$. Kritische Stellen: $x = 0$ und $x = \pm 1$. Hier ist $x = 2$ eine Maximumstelle, während $x = 1$ und $x = -1$ Minimumstellen sind. (Beachten Sie, dass $g(2) = \frac{1}{5}(e^4 + e^{-2}) > g(0) = \frac{1}{5}(1 + e^2)$.)

4. (a) Die Provision ist 4819, 4900 bzw. 4800 Euro und $C = \frac{1}{10}(60 + x)(800 - 10x) = 4800 + 20x - x^2$, $x \in [0, 20]$. (Wenn es $60 + x$ Passagiere gibt, verdient die Chartergesellschaft $800 - 10x$ von jedem, so dass sie $(60 + x)(800 - 10x)$ Euro verdient. Der Sportverein verdient 1/10 dieses Betrages.) (b) Die quadratische Funktion C hat ihr Maximum für $x = 10$, so dass die maximale Provision mit 70 Reisenden erreicht wird.

5. (a) $f(x) = \ln x(\ln x - 1)^2$, $f(e^{1/3}) = 4/27$, $f(e^2) = 2$, $f(e^3) = 12$. Nullstellen: $x = 1$ und $x = e$.
(b) $f'(x) = (3/x)(\ln x - 1)(\ln x - 1/3)$. Minimum 0 für $x = 1$ und für $x = e$. Maximum 12 für $x = e^3$.
(c) $f'(x) > 0$ in $[e, e^3]$, so dass $f(x)$ eine Inverse hat. $g'(2) = 1/f'(e^2) = e^2/5$.

6. (a) $x^* = 3/2$ (b) $x^* = \sqrt{2}/2$ (c) $x^* = \sqrt{12}$ (d) $x^* = \sqrt{3}$
▶ Ausführliche Lösung siehe Lösungshandbuch MyLab.

7. Es gibt wenigstens einen Punkt, in dem Sie in die Richtung der Verbindungslinie von A nach B segeln müssen (selbst dann, wenn diese Gerade die Küste schneidet).

8. f ist nicht stetig in $x = -1$ und $x = 1$. Es gibt kein Maximum, weil $f(x)$ beliebig nahe an 1 ist, wenn x hinreichend nah an 1 ist. Aber es gibt keinen Wert von x mit $f(x) = 1$. Genauso gibt es kein Minimum.

9. f hat ein Maximum für $x = 1$ und ein Minimum in allen $x > 1$. (Zeichnen Sie den Graphen.) Die Funktion ist jedoch unstetig in $x = 1$ und ihr Definitionsbereich ist weder abgeschlossen noch beschränkt.

9.5

1. $\pi(Q) = 10Q - \frac{1}{1000}Q^2 - (5000 + 2Q) = 8Q - \frac{1}{1000}Q^2 - 5000$. Da $\pi'(Q) = 8 - \frac{1}{500}Q = 0$ für $Q = 4000$ und $\pi''(Q) = -\frac{1}{500} < 0$, maximiert $Q = 4000$ den Gewinn.

2. (a) Siehe Abb. A9.5.2. (b) (i) Die Bedingung ist $\pi(Q) \geq 0$ und $Q \in [0, 50]$, d. h. $-Q^2 + 70Q - 900 \geq 0$ und $Q \in [0, 50]$. Das Unternehmen muss mindestens $Q_0 = 35 - 5\sqrt{13} \approx 17$ Einheiten herstellen. (ii) Der Gewinn wird maximiert, wenn $Q^* = 35$.

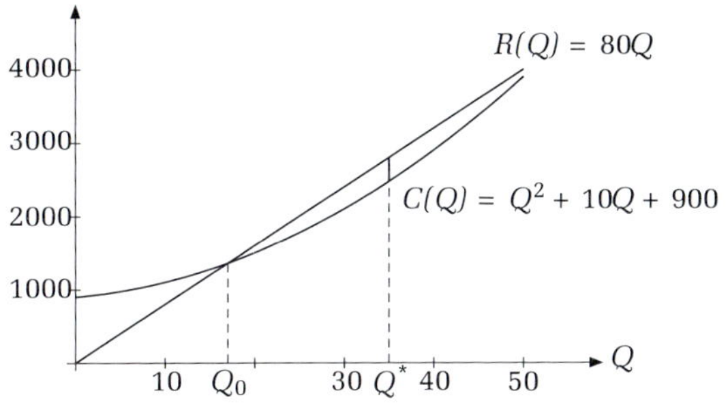

Abbildung A9.5.2

3. Gewinnfunktion: $\pi(x) = -0.003x^2 + 120x - 500\,000$ und dies wird maximiert für $x = 20\,000$.

4. (i) $Q^* = 450$ (ii) $Q^* = 550$ (iii) $Q^* = 0$
► Ausführliche Lösung siehe Lösungshandbuch MyLab.

5. (a) $\pi(Q) = QP(Q) - C(Q) = -0.01Q^2 + 14Q - 4500$. Dies wird maximiert für $Q = 700$.
(b) $\text{El}_Q P(Q) = (Q/P(Q))P'(Q) = Q/(Q - 3000) = -1$ für $Q^* = 1500$.
(c) $R(Q) = QP(Q) = 18Q - 0.006Q^2$, so dass $R'(Q) = 18 - 0.012Q = 0$ für $Q^* = 1500$.

6. $\pi'(Q) = P - abQ^{b-1} = 0$, wenn $Q^{b-1} = P/ab$, d. h. $Q = (P/ab)^{1/(b-1)}$. Ferner ist $\pi''(Q) = -ab(b-1)Q^{b-2} < 0$ für alle $Q > 0$, so dass dies eine Maximumstelle ist.

9.6

1. $f'(x) = 3x^2 - 12 = 0$ für $x = \pm 2$. Ein Vorzeichen-Diagramm zeigt, dass $x = 2$ eine lokale Minimumstelle und $x = -2$ eine lokale Maximumstelle ist. Da $f''(x) = 6x$, wird dies durch Theorem 9.6.2 bestätigt.

2. (a) Keine lokalen Extrema. (b) Lokales Maximum 10 an der Stelle $x = -1$. Lokales Minimum 6 an der Stelle $x = 1$. (c) Lokales Maximum -2 an der Stelle $x = -1$. Lokales Minimum 2 an der Stelle $x = 1$. (d) Lokales Maximum $6\sqrt{3}$ an der Stelle $x = -\sqrt{3}$. Lokales Minimum $-6\sqrt{3}$ an der Stelle $x = \sqrt{3}$. (e) Kein lokales Maximum. Lokales Minimum $1/2$ an der Stelle $x = 3$. (f) Lokales Maximum 2 an der Stelle $x = -2$. Lokales Minimum -2 an der Stelle $x = 0$.
   ► Ausführliche Lösung siehe Lösungshandbuch MyLab.

3. (a) $D_f = [-6, 0) \cup (0, \infty)$; $f(x) > 0$ in $(-6, -2) \cup (0, \infty)$. (b) Lokales Maximum $\frac{1}{2}\sqrt{2}$ für $x = -4$. Lokale Minima $(8/3)\sqrt{3}$ für $x = 6$ und 0 für $x = -6$ (wo $f'(x)$ nicht definiert ist). (c) $f(x) \to -\infty$ für $x \to 0^-$, $f(x) \to \infty$ für $x \to 0^+$, $f(x) \to \infty$ für $x \to \infty$ und $f'(x) \to 0$ für $x \to \infty$. f nimmt weder ein Maximum noch ein Minimum an.
   ► Ausführliche Lösung siehe Lösungshandbuch MyLab.

4. Betrachten Sie die Stelle a. Da der Graph $f'(x)$ zeigt, sehen wir, dass $f'(x) < 0$ links von a, $f'(a) = 0$ und $f'(x) > 0$ rechts von a, so dass a eine lokale Minimumstelle ist. In den Stellen b und e ist $f'(x) > 0$ auf beiden Seiten dieser Stellen, so dass sie keine Extremstellen sein können. An der Stelle c hat f ein lokales Maximum und d ist eine lokale Minimumstelle.

5. (a) $f'(x) = 3x^2 + 2ax + b$, $f''(x) = 6x + 2a$. Somit verlangt $f'(0) = 0$, dass $b = 0$. Und $f''(0) \geq 0$ verlangt $a \geq 0$. Wenn $a = 0$ und $b = 0$, ist $f(x) = x^3 + c$ und dies hat kein lokales Minimum für $x = 0$. Daher hat f genau dann ein lokales Minimum in 0, wenn $a > 0$ und $b = 0$. (b) $f'(1) = 0$ und $f'(3) = 0$ verlangen $3 + 2a + b = 0$ und $27 + 6a + b = 0$, woraus $a = -6$ und $b = 9$ folgt.

6. (a) $f'(x) = x^2 e^x (3 + x)$. Verwenden Sie ein Vorzeichen-Diagramm, um zu zeigen, dass $x = -3$ eine lokale (und globale) Minimumstelle ist. Es gibt keine lokalen Maximumstellen. ($x = 0$ ist eine Wendestelle. (b) $g'(x) = x2^x(2 + x \ln 2)$. Dann ist $x = 0$ eine lokale Minimumstelle und $x = -2/\ln 2$ eine lokale Maximumstelle.

7. Es ist leicht zu sehen, dass $f(x) \to \infty$, wenn $x \to \infty$ und $f(x) \to -\infty$, wenn $x \to -\infty$, so dass nach dem Zwischenwertsatz $f(x) = 0$ für wenigstens ein x. Wenn $a \geq 0$, dann gilt $f'(x) > 0$ für alle $x \neq 0$, so dass f strikt monoton wachsend ist im gesamten Definitionsbereich und die Gleichung $f(x) = 0$ kann nicht mehr als eine Lösung haben. Wenn $a < 0$, dann ist $f'(0) < 0$ und der Graph von f hat ungefähr die Gestalt wie der Graph in Abb. 4.7.4. Dann hat f eine lokale Maximumstelle und eine lokale Minimumstelle und es ist leicht zu sehen, dass der Graph die x-Achse in drei verschiedenen Stellen schneidet genau dann, wenn das lokale Maximum größer als Null und das lokale

Minimum kleiner als Null ist. Bestimmen Sie Ausdrücke für diese zwei lokalen Extremwerte und bestimmen Sie dann ein Kriterium dafür, dass sie verschiedene Vorzeichen haben.

► Ausführliche Lösung siehe Lösungshandbuch MyLab.

Wiederholungsaufgaben für Kap. 9

1. (a) $f'(x) = \dfrac{4x}{(x^2+2)^2}$. Daher ist $f(x)$ monoton fallend für $x \leq 0$ und monoton wachsend für $x \geq 0$. (b) $f''(x) = \dfrac{4(2-3x^2)}{(x^2+2)^3}$. Wendestellen in $x = \pm\frac{1}{3}\sqrt{6}$. (c) $f(x) \to 1$ für $x \to \pm\infty$. Siehe Abb. A9.W.1.

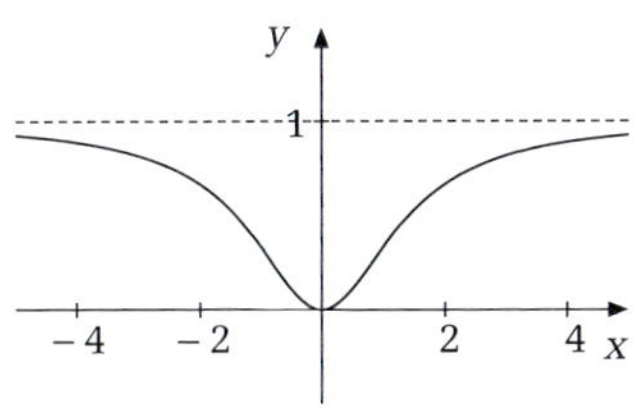

Abbildung A9.W.1

2. (a) $Q'(L) = 3L(8 - \frac{1}{20}L) = 0$ für $L = 160$ und $Q(L)$ ist monoton wachsend in $[0, 160]$, monoton fallend in $[160, 200]$, so dass $Q(L)$ durch $Q^* = 160$ maximiert wird. (b) Der Output pro Arbeitskraft ist $Q(L)/L = 12L - \frac{1}{20}L^2$ und diese quadratische Funktion hat ein Maximum für $L^* = 120$. Und: $Q'(120) = Q(120)/120 = 720$. Allgemein gilt (siehe Beispiel 6.7.6), $(\mathrm{d}/\mathrm{d}L)(Q(L)/L) = (1/L)(Q'(L) - Q(L)/L)$. Wenn $L > 0$ den Output pro Arbeitskraft maximiert, so muss gelten $Q'(L) = Q(L)/L$.

3. Wenn die Seite parallel zum Fluss y ist und die andere Seite x, dann ist $2x + y = 1000$, so dass $y = 1000 - 2x$. Die eingeschlossene Fläche ist $xy = 1000x - 2x^2$ und diese quadratische Funktion hat ein Maximum, wenn $x = 250$ und damit $y = 500$.

4. (a) $\pi = -0.0016Q^2 + 44Q - 0.0004Q^2 - 8Q - 64\,000 = -0.002Q^2 + 36Q - 64\,000$ und $Q = 9000$ maximiert π. (b) $\mathrm{El}_Q C(Q) = \dfrac{Q}{C(Q)} C'(Q) = \dfrac{0.0008Q^2 + 8Q}{0.0004Q^2 + 8Q + 64\,000} \approx 0.12$, wenn $Q = 1000$. Dies bedeutet: Wenn Q von 1000 aus um 1 % ansteigt, werden die Kosten um ungefähr 0.12 % ansteigen.

5. Der Gewinn als Funktion von Q ist $\pi(Q) = PQ - C = (a - bQ^2)Q - \alpha + \beta Q = -bQ^3 + (a+\beta)Q - \alpha$. Dann ist $\pi'(Q) = -3bQ^2 + a + \beta$, was 0 ist für $Q^2 = (a+\beta)/3b$ und somit $Q = \sqrt{(a+\beta)/3b}$. Dieser Wert von Q maximiert den Gewinn, weil $\pi''(Q) = -6bQ \leq 0$ für alle $Q \geq 0$.

6. (a) Für $x > 0$ ist $R = p\sqrt{x}$, $C = wx + F$ und $\pi(x) = p\sqrt{x} - wx - F$.

(b) $\pi'(x) = 0$, wenn $w = p/2\sqrt{x}$. (Grenzkosten = Preis mal Grenzprodukt.) Dann ist $x = p^2/4w^2$. Ferner ist $\pi''(x) = -\frac{1}{4}px^{-3/2} < 0$ für alle $x > 0$, so dass der Gewinn maximiert wird über $(0, \infty)$. Wenn $x = p^2/4w^2$, dann ist $\pi = p^2/2w - p^2/4w - F = p^2/4w - F$. Somit ist dies ein Maximum des Gewinns, wenn $F \leq p^2/4w$. Sonst wäre es für das Unternehmen besser, den Betrieb nicht aufzunehmen und $x = 0$ zu wählen.

7. (a) g ist definiert für $x > -1$. (b) $g'(x) = 1-2/(x+1) = (x-1)/(x+1)$, $g''(x) = 2/(x+1)^2$. (c) Da $g'(x) < 0$ in $(-1, 1)$, $g'(1) = 0$ und $g'(x) > 0$ in $(1, \infty)$, ist $x = 1$ eine (globale) Minimumstelle. Da $g''(x) > 0$ für alle $x > -1$, ist die Funktion g konvex und es gibt keine Wendestellen. Wenn $x \to (-1)^-$, gilt $g(x) \to \infty$. Wenn $x \to \infty$, gilt $g(x) \to \infty$. Siehe Abb. A9.W.7.

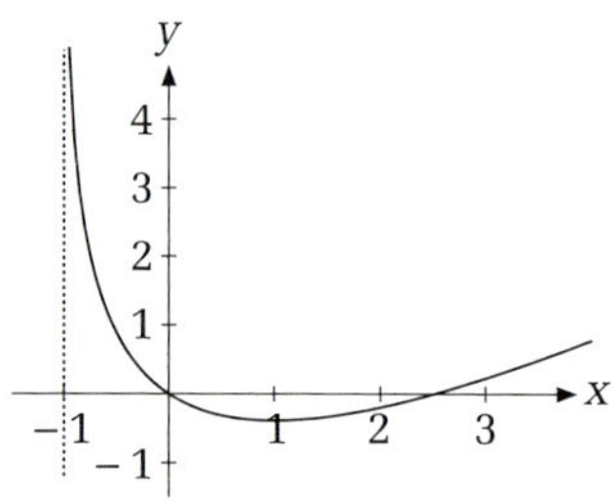

Abbildung A9.W.7

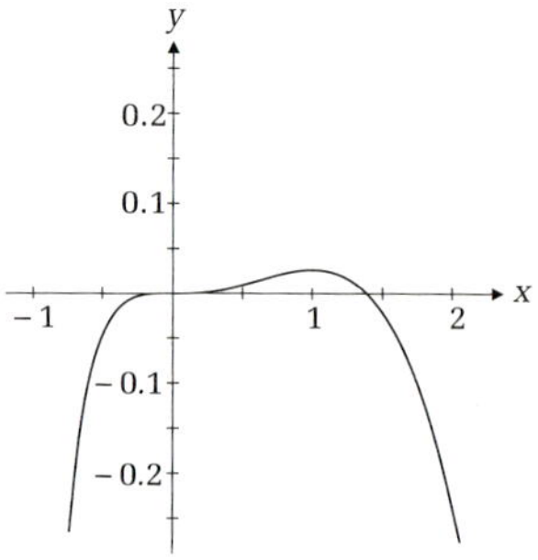

Abbildung A9.W.8

8. (a) $D_f = (-1, \infty)$. (b) Ein Vorzeichen-Diagramm zeigt, dass $f'(x) \geq 0$ in $(-1, 1]$ und $f'(x) \leq 0$ in $[1, \infty)$. Daher ist $x = 1$ eine Maximumstelle. f hat kein Minimum. $f''(x) = \dfrac{-x(x^2 + x - 1)}{(x+1)^2} = 0$ für $x = 0$ und $x = \frac{1}{2}(\sqrt{5} - 1)$. (Der Punkt $x = \frac{1}{2}(-\sqrt{5} - 1)$ ist außerhalb des Definitionsbereiches.) Da $f''(x)$ an diesen beiden Stellen, $x = 0$ und $x = \frac{1}{2}(\sqrt{5} - 1)$, das Vorzeichen wechselt, sind es Wendestellen. (c) $f(x) \to -\infty$, wenn $x \to (-1)^+$. Siehe Abb. A9.W.8.

9. (a) h ist monoton wachsend in $(-\infty, \frac{1}{2}\ln 2\,]$ und monoton fallend in $[\,\frac{1}{2}\ln 2, \infty)$. Daher hat h ein (globales) Maximum für $x = \frac{1}{2}\ln 2 = \ln\sqrt{2}$. Sie hat kein Minimum. (b) h ist strikt monoton wachsend in $(-\infty, 0]$ (mit Wertebereich $(0, 1/3]$) und hat deshalb eine Inverse. Die Inverse ist $h^{-1}(y) = \ln(1 - \sqrt{1 - 8y^2}\,) - \ln(2y)$.
► Siehe Abb. CWS9.W.9 in MyLab.

10. (a) $f'(x) = 4e^{4x} + 8e^x - 32e^{-2x}$, $f''(x) = 16e^{4x} + 8e^x + 64e^{-2x}$ (b) $f'(x) = 4e^{-2x}(e^{3x} + 4)(e^{3x} - 2)$, so dass $f(x)$ monoton fallend in $(-\infty, \frac{1}{3}\ln 2]$ und monoton wachsend in $[\frac{1}{3}\ln 2, \infty)$ ist. $f''(x) > 0$ für alle x, so dass f strikt konvex ist. (c) $\frac{1}{3}\ln 2$ ist eine (globale) Minimumstelle. Es existiert kein Maximum, weil $f(x) \to \infty$, wenn $x \to \infty$.

11. (a) D_f ist die Menge aller $x \neq \pm\sqrt{a}$. Also ist $f(x)$ positiv in $(-\sqrt{a}, 0)$ und in $(\sqrt{a}, \infty)$. Der Graph ist symmetrisch um den Ursprung, weil $f(-x) = -f(x)$.

Siehe am Ende von Kap. 5.2. (b) $f(x)$ ist monoton wachsend in $(-\infty, -\sqrt{3a})$ und in $(\sqrt{3a}, \infty)$, monoton fallend in $(-\sqrt{3a}, -\sqrt{a})$, in $(-\sqrt{a}, \sqrt{a})$ und in $(\sqrt{a}, \sqrt{3a})$. Es folgt: $x = -\sqrt{3a}$ ist eine lokale Maximumstelle und $x = \sqrt{3a}$ ist eine lokale Minimumstelle. (c) Wendestellen: $-3\sqrt{a}$, 0 und $3\sqrt{a}$.
► Ausführliche Lösung siehe Lösungshandbuch MyLab.

12. $x = \sqrt{3}$ ist eine Maximumstelle, $x = -\sqrt{3}$ ist eine Minimumstelle und $x = 0$ ist eine Wendestelle. Siehe Abb. A9.W.12.
► Ausführliche Lösung siehe Lösungshandbuch MyLab.

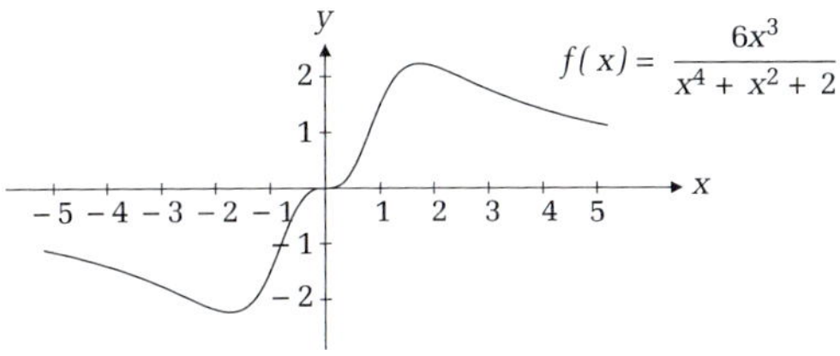

Abbildung A9.W.12

Kapitel 10

10.1

1. (a) $\frac{1}{14}x^{14}+C$ (b) $\frac{2}{5}x^2\sqrt{x}+C$. (Beachten Sie: $x\sqrt{x} = x\cdot x^{1/2} = x^{3/2}$.) (c) $2\sqrt{x}+C$. (Beachten Sie: $1/\sqrt{x} = x^{-1/2}$.) (d) $\frac{8}{15}x^{\frac{15}{8}} + C$. (Beachten Sie: $\sqrt{x\sqrt{x\sqrt{x}}} = \sqrt{x\sqrt{x^{3/2}}} = \sqrt{x \cdot x^{3/4}} = \sqrt{x^{7/4}} = x^{7/8}$.)
(e) $-e^{-x} + C$ (f) $4e^{\frac{1}{4}x} + C$ (g) $-\frac{3}{2}e^{-2x} + C$ (h) $(1/\ln 2)2^x + C$

2. (a) $C(x) = \frac{3}{2}x^2 + 4x + 40$. (Beachten Sie: $C(x) = \int(3x+4)\,dx = \frac{3}{2}x^2 + 4x + C$. $C(0) = 40$ ergibt $C = 40$.) (b) $C(x) = \frac{1}{2}ax^2 + bx + C_0$

3. (a) $\frac{1}{4}x^4+x^2-3x+C$ (b) $\frac{1}{3}(x-1)^3+C$ (c) $\frac{1}{3}x^3+\frac{1}{2}x^2-2x+C$ (d) $\frac{1}{4}(x+2)^4+C$ (e) $\frac{1}{3}e^{3x} - \frac{1}{2}e^{2x} + e^x + C$ (f) $\frac{1}{3}x^3 - 3x + 4\ln|x| + C$
► Ausführliche Lösung siehe Lösungshandbuch MyLab.

4. (a) $\frac{2}{5}y^2\sqrt{y} - \frac{8}{3}y\sqrt{y} + 8\sqrt{y} + C$ (b) $\frac{1}{3}x^3 - \frac{1}{2}x^2 + x - \ln|x+1| + C$. (Beachten Sie: $x^3/(x+1) = x^2 - x + 1 - 1/(x+1)$.) (c) $\frac{1}{32}(1+x^2)^{16} + C$
► Ausführliche Lösung siehe Lösungshandbuch MyLab.

5. (a) und (b): Differenzieren Sie die rechte Seite und überprüfen Sie, dass Sie den Integranden erhalten haben. (Für (a) siehe auch Aufgabe 10.5.5.)

6. (a) Abb. 10.1.1 zeigt, dass die quadratische Gleichung $f'(x) = 0$ die Lösungen $x = -1$ und $x = 3$ hat. Somit muss gelten $f'(x) = A(x+1)(x-3)$. (b) Abb. 10.1.1 zeigt auch, dass $f'(1) = -1$. Dies impliziert, dass $A = 1/4$, so dass $f'(x) = \frac{1}{4}(x+1)(x-3) = \frac{1}{4}x^2 - \frac{1}{2}x - \frac{3}{4}$. Integration ergibt $f(x) = \frac{1}{12}x^3 - \frac{1}{4}x^2 - \frac{3}{4}x + C$. Da $f(0) = 2$, ist $C = 2$. (c) Siehe Abb. A10.1.6.

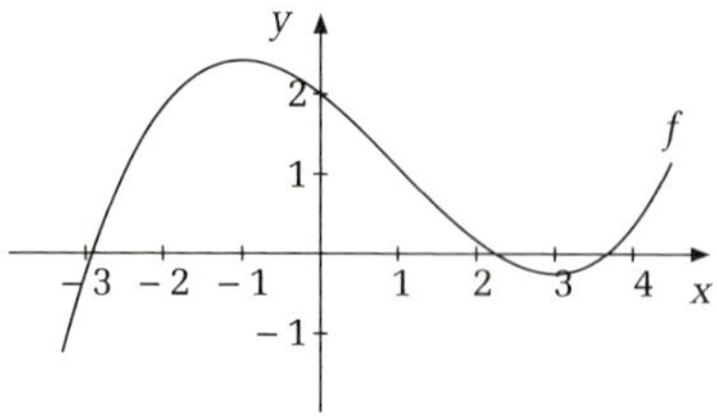

Abbildung A10.1.6

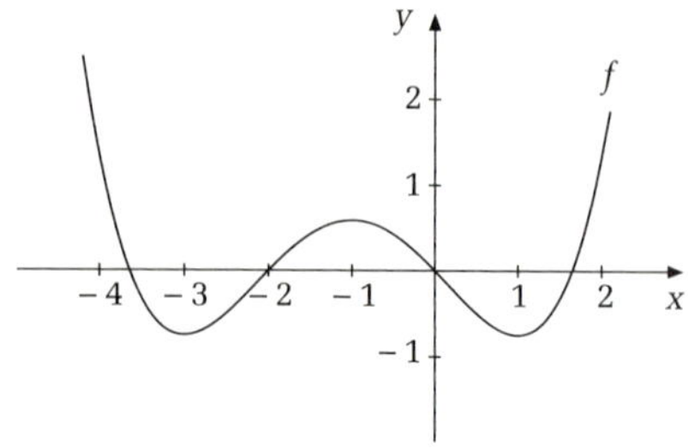

Abbildung A10.1.7

7. Der Graph von $f'(x)$ in Abb. 10.1.2 kann der einer kubischen Funktion sein mit Nullstellen in -3, -1 und 1 und mit $f'(0) = -1$. Somit ist $f'(x) = \frac{1}{3}(x+3)(x+1)(x-1) = \frac{1}{3}x^3 + x^2 - \frac{1}{3}x - 1$. Wenn $f(0) = 0$ ist, ergibt die Integration $f(x) = \frac{1}{12}x^4 + \frac{1}{3}x^3 - \frac{1}{6}x^2 - x$. Abbildung A10.1.7 zeigt den Graphen von diesem f.

8. Differenzieren Sie die rechte Seite und überprüfen Sie, dass Sie den Integranden erhalten haben.

9. Differenzieren Sie die rechte Seite. (Wenn wir Integration durch Substitution in Kap. 10.6 kennengelernt haben, wird dieses Integral einfach sein.)

10. (a) $\frac{1}{10}(2x+1)^5 + C$ (b) $\frac{2}{3}(x+2)^{3/2} + C$ (c) $-2\sqrt{4-x} + C$

11. (a) $F(x) = \int \left(\frac{1}{2}e^x - 2x\right) dx = \frac{1}{2}e^x - x^2 + C$ und $F(0) = \frac{1}{2}$ impliziert $C = 0$.
(b) $F(x) = \int (x - x^3)\, dx = \frac{1}{2}x^2 - \frac{1}{4}x^4 + C$ und $F(1) = \frac{5}{12}$ impliziert $C = \frac{1}{6}$.

12. Die allgemeine Form für f' ist $f'(x) = \frac{1}{3}x^3 + A$, so dass die für f gleich $f(x) = \frac{1}{12}x^4 + Ax + B$ ist. Wenn wir verlangen, dass $f(0) = 1$ und $f'(0) = -1$, dann ist $B = 1$ und $A = -1$, so dass $f(x) = \frac{1}{12}x^4 - x + 1$.

13. $f(x) = -\ln x + \frac{1}{20}x^5 + x^2 - x - \frac{1}{20}$
▶ Ausführliche Lösung siehe Lösungshandbuch MyLab.

10.2

1. (a) $F = \int_0^1 x^3\, dx = \Big|_0^1 \frac{1}{4}x^4 = \frac{1}{4}1^4 - \frac{1}{4}0^4 = \frac{1}{4}$. (b) $F = \int_0^1 x^{10}\, dx = \Big|_0^1 \frac{1}{11}x^{11} = \frac{1}{11}$

2. (a) $\int_0^2 3x^2\, dx = \Big|_0^2 x^3 = 8$ (b) 1/7
(c) $e - 1/e$. (Siehe die schraffierte Fläche in Abb. A10.2.2.) (d) 9/10

3. Siehe Abb. A10.2.3. $F = -\int_{-2}^{-1} x^{-3}\, dx = -\Big|_{-2}^{-1}\left(-\frac{1}{2}\right)x^{-2} = -\left[-\frac{1}{2} - \left(-\frac{1}{8}\right)\right] = \frac{3}{8}$

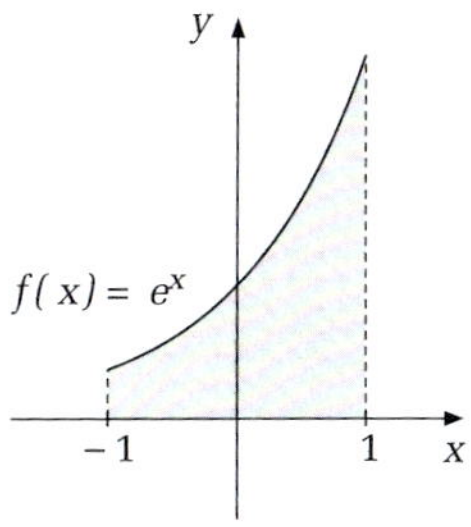

Abbildung A10.2.2

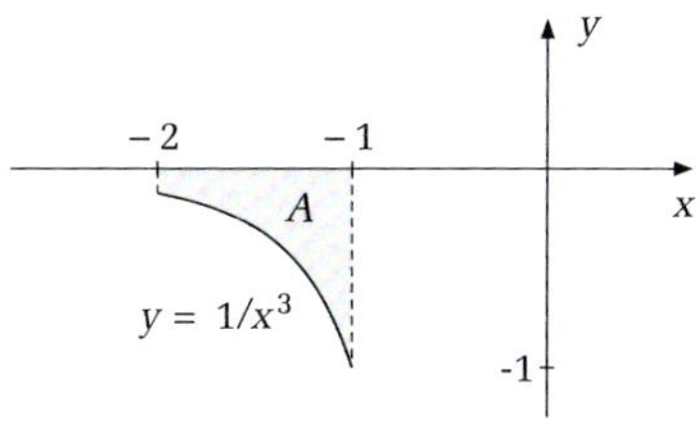

Abbildung A10.2.3

4. $F = \frac{1}{2}\int_{-1}^{1}(e^x + e^{-x})\,dx = \frac{1}{2}\Big|_{-1}^{1}(e^x - e^{-x}) = e - e^{-1}$

5. (a) $\int_0^1 x\,dx = \Big|_0^1 \frac{1}{2}x^2 = \frac{1}{2}$ (b) $16/3$ (c) $5/12$ (d) $-12/5$ (e) $41/2$
(f) $\ln 2 + 5/2$
► Ausführliche Lösung siehe Lösungshandbuch MyLab.

6. (a) $f'(x) = 3x^2 - 6x + 2 = 0$ für $x_0 = 1 - \frac{1}{3}\sqrt{3}$ und $x_1 = 1 + \frac{1}{3}\sqrt{3}$, so dass $f(x)$ monoton steigend ist in $(-\infty, x_0)$ und in (x_1, ∞). (b) Siehe Abb. A10.2.6. Die schraffierte Fläche ist $\frac{1}{4}$.
► Ausführliche Lösung siehe Lösungshandbuch MyLab.

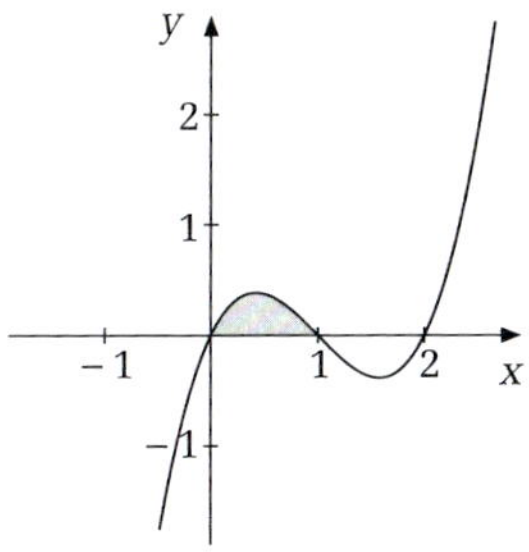

Abbildung A10.2.6

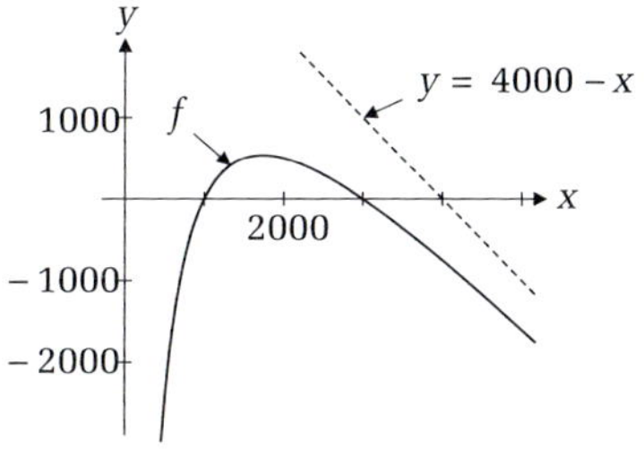

Abbildung A10.2.7

7. (a) $f'(x) = -1 + 3\,000\,000/x^2 = 0$ für $x = \sqrt{3\,000\,000} = 1000\sqrt{3}$. (Beachten Sie, dass $x > 0$.) Der Gewinn wird maximiert für $x = 1000\sqrt{3}$. Siehe Abb. A10.2.7.
(b) $I = \frac{1}{2000}\Big|_{1000}^{3000}\left(4000x - \frac{1}{2}x^2 - 3\,000\,000\ln x\right) = 2000 - 1500\ln 3 \approx 352$

8. (a) $6/5$ (b) $26/3$ (c) $\alpha(e^{\beta} - 1)/\beta$ (d) $-\ln 2$

10.3

1. (a) $\Big|_0^5 \left(\frac{1}{2}x^2 + \frac{1}{3}x^3\right) = 325/6$ (b) 0 (c) $\ln 9$ (d) $e - 1$ (e) -136 (f) $687/64$

(g) $\int_0^4 \frac{1}{2}x^{1/2}\,dx = \Big|_0^4 \frac{1}{2}\cdot\frac{2}{3}x^{3/2} = \frac{8}{3}$

(h) $\int_1^2 \frac{1+x^3}{x^2}\,dx = \int_1^2 \left(\frac{1}{x^2} + x\right)dx = \Big|_1^2 \left(-\frac{1}{x} + \frac{1}{2}x^2\right) = 2$

2. $\int_c^b f(x)\,dx = \int_a^b f(x)\,dx - \int_a^c f(x)\,dx = 8 - 4 = 4$

3. Sei $A = \int_0^1 f(x)\,dx$ und $B = \int_0^1 g(x)\,dx$. Dann folgt aus den zwei Gleichungen, dass $A - 2B = 6$ und $2A + 2B = 9$. Daraus folgt $A = 5$ und $B = -1/2$ und damit $I = A - B = 11/2$.

4. $1/(p+q+1) + 1/(p+r+1)$
► Ausführliche Lösung siehe Lösungshandbuch MyLab.

5. $f(x) = 4x^3 - 3x^2 + 5$
► Ausführliche Lösung siehe Lösungshandbuch MyLab.

6. (a) $\Big|_0^3 \left[\frac{1}{9}e^{3t-2} + \ln(t+2)\right] = \frac{1}{9}(e^7 - e^{-2}) + \ln(5/2)$ (b) 83/15 (c) $2\sqrt{2} - 3/2$
(d) $A\{b - 1 + (b-c)\ln[(b+c)/(1+c)]\} + d\ln b$
► Ausführliche Lösung siehe Lösungshandbuch MyLab.

7. Formel (10.3.6) impliziert $F'(x) = x^2 + 2$. In Verbindung mit der Kettenregel folgt daraus: $G'(x) = [(x^2)^2 + 2]2x = 2x^5 + 4x$.

8. Formel (10.3.6) impliziert in Verbindung mit der Kettenregel
$H'(t) = 2tK(t^2)e^{-\rho t^2}$.

9. Wir verwenden Formel (10.3.8), um die Ableitungen zu bestimmen: (a) t^2 (b) $-e^{-t^2}$ (c) $2/\sqrt{t^4+1}$ (d) $(f(2) - g(2))\cdot 0 - (f(-\lambda) - g(-\lambda))\cdot(-1) = f(-\lambda) - g(-\lambda)$

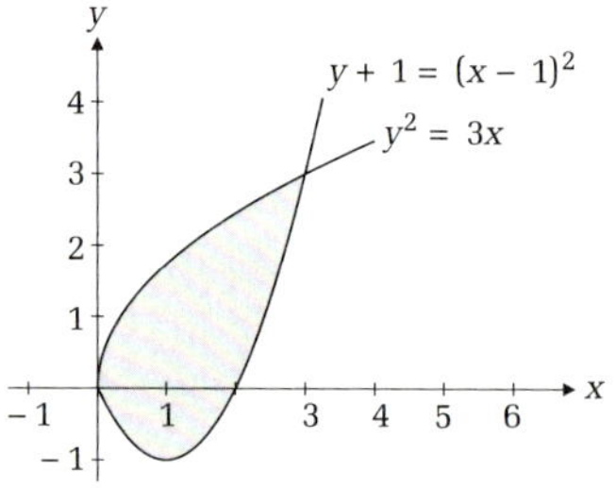

Abbildung A10.3.10

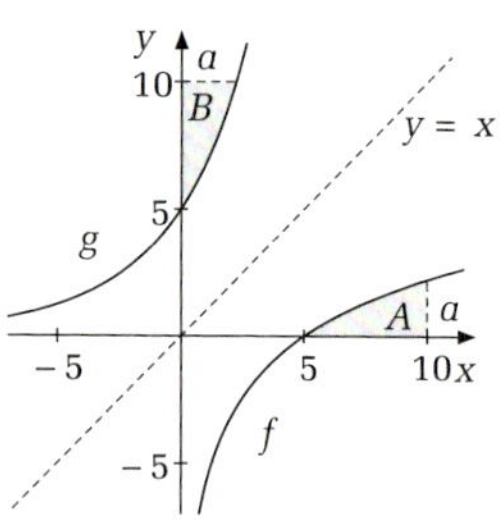

Abbildung A10.3.12

10. Aus $y^2 = 3x$ folgt $x = \frac{1}{3}y^2$. Eingesetzt in die andere Gleichung ergibt sich $y + 1 = (\frac{1}{3}y^2 - 1)^2$ oder $y(y^3 - 6y - 9) = 0$. Hier ist $y^3 - 6y - 9 = (y-3)(y^2 + 3y + 3)$, wobei $y^2 + 3y + 3$ niemals 0 ist. Somit sind $(0,0)$ und $(3,3)$ die einzigen Schnittpunkte. Die Fläche zwischen den Parabeln ist $F = \int_0^3 (\sqrt{3x} - x^2 + 2x)\,dx = 6$. Siehe Abb. A10.3.10.

11. $W(T) = (K/T)\Big|_0^T (-1/\varrho)e^{-\varrho t} = K(1 - e^{-\varrho T})/\varrho T$
▶ Ausführliche Lösung siehe Lösungshandbuch MyLab.

12. Man findet die Inverse, indem man $x = 4\ln(\sqrt{y+4} - 2)$ nach y auflöst. Man erhält $e^{x/4} = \sqrt{y+4} - 2$ und somit $y = (e^{x/4} + 2)^2 - 4$. Daher ist $y = g(x) = e^{x/2} + 4e^{x/4}$, definiert auf $(-\infty, \infty)$. (b) Siehe Abb. A10.3.12.
(c) Weil f und g Inverse sind, sind die mit A und B markierten schattierten Flächen in Fig. A10.3.12 gleich.

Somit: $\int_5^{10} 4\ln(\sqrt{x+4} - 2)\mathrm{d}x = A = B = 10a - \int_0^a \left[e^{x/2} + 4e^{x/4}\right] \mathrm{d}x = 10a - 2e^{a/2} - 16e^{x/4} + 18$.
▶ Ausführliche Lösung siehe Lösungshandbuch MyLab.

10.4

1. $x(t) = K - \int_0^t \bar{u}e^{-as}\,\mathrm{d}s = K - \bar{u}(1 - e^{-at})/a$. Beachten Sie, dass $x(t) \to K - \bar{u}/a$ für $t \to \infty$. Wenn $K \geq \bar{u}/a$, wird die Quelle niemals versiegen.

2. (a) $m = 2b\ln 2$ (b) $x(p) = nABp^{\gamma}b^{\delta-1}(2^{\delta-1} - 1)/(\delta - 1)$
▶ Ausführliche Lösung siehe Lösungshandbuch MyLab.

3. Wir haben $S = \Big|_0^T (1/r)e^{rt} = (e^{rT} - 1)/r$, so dass $e^{rT} - 1 = rS$. Auflösen nach T ergibt: $T = \frac{1}{r}\ln(1 + rS)$

4. (a) $K(5) - K(0) = \int_0^5 (3t^2 + 2t + 5)\,\mathrm{d}t = 175$
(b) $K(T) - K_0 = (T^3 - t_0^3) + (T^2 - t_0^2) + 5(T - t_0)$

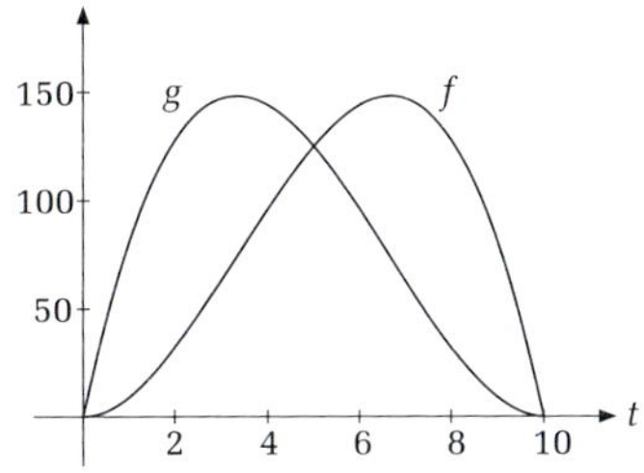

Abbildung A10.4.5

5. (a) Siehe Abb. A10.4.5.
(b) $\int_0^t (g(\tau) - f(\tau))\,\mathrm{d}\tau = \int_0^t (2\tau^3 - 30\tau^2 + 100\tau)\,\mathrm{d}\tau = \frac{1}{2}t^2(t-10)^2 \geq 0$ für alle t.
(c) $\int_0^{10} p(t)f(t)\,\mathrm{d}t = \int_0^{10} (-t^3 + 9t^2 + 11t - 11 + 11/(t+1))\,\mathrm{d}t = 940 + 11\ln 11 \approx 966.38$, während $\int_0^{10} p(t)g(t)\,\mathrm{d}t = \int_0^{10} (t^3 - 19t^2 + 79t + 121 - 121/(t+1))\,\mathrm{d}t = 3980/3 - 121\ln 11 \approx 1036.52$.
Profil g sollte gewählt werden.

6. Die Gleichgewichtsmenge ist $Q^* = 600$, wobei $P^* = 80$. Dann ist CS $= \int_0^{600} (120 - 0.2Q)\,\mathrm{d}Q = 36\,000$ und PS $= \int_0^{600} (60 - 0.1Q)\,\mathrm{d}Q = 18\,000$.

7. Es herrscht Gleichgewicht, wenn $6000/(Q^* + 50) = Q^* + 10$. Die einzige positive Lösung ist $Q^* = 50$. Dann ist $P^* = 60$.
$\text{CS} = \int_0^{50} \left[\frac{6000}{Q+50} - 60\right] dQ = \Big|_0^{50} [6000 \ln(Q+50) - 60Q] = 6000 \ln 2 - 3000$,
$\text{PS} = \int_0^{50} (50 - Q)\, dQ = 1250$

10.5

1. (a) Verwenden Sie (10.5.1) mit $f(x) = x$ und $g'(x) = e^{-x}$. Dann ist $\int xe^{-x}\, dx = x(-e^{-x}) - \int 1 \cdot (-e^{-x})\, dx = -xe^{-x} - e^{-x} + C$.
(b) $\frac{3}{4}xe^{4x} - \frac{3}{16}e^{4x} + C$ (c) $-x^2e^{-x} - 2xe^{-x} - 3e^{-x} + C$ (d) $\frac{1}{2}x^2 \ln x - \frac{1}{4}x^2 + C$.
► Ausführliche Lösung siehe Lösungshandbuch MyLab.

2. (a) $\int_{-1}^{1} x \ln(x+2)\, dx = \Big|_{-1}^{1} \frac{1}{2}x^2 \ln(x+2) - \int_{-1}^{1} \frac{1}{2}x^2 \frac{1}{x+2}\, dx = \frac{1}{2}\ln 3$
$- \frac{1}{2}\int_{-1}^{1} \left(x - 2 + \frac{4}{x+2}\right) dx = 2 - \frac{3}{2}\ln 3$ (b) $8/(\ln 2) - 3/(\ln 2)^2$ (c) $e - 2$
(d) $7\frac{11}{15} = \frac{116}{15}$
► Ausführliche Lösung siehe Lösungshandbuch MyLab.

3. (a) $\int_1^4 \sqrt{t} \ln t\, dt = \int_1^4 t^{1/2} \ln t\, dt = \Big|_1^4 \frac{2}{3}t^{3/2} \ln t - \frac{2}{3}\int_1^4 t^{3/2}(1/t)\, dt = \frac{16}{3}\ln 4 - \frac{2}{3}\Big|_1^4 \frac{2}{3}t^{3/2} = \frac{16}{3}\ln 4 - \frac{28}{9}$ (b) $\int_0^2 (x-2)e^{-x/2}\, dx = \Big|_0^2 (x-2)(-2)e^{-x/2} - \int_0^2 (-2)e^{-x/2}\, dx = -4 - 4\Big|_0^2 e^{-x/2} = -4 - 4(e^{-1} - 1) = -4e^{-1}$
(c) $\int_0^3 (3-x)3^x\, dx = \Big|_0^3 (3-x)(3^x/\ln 3) - \int_0^3 (-1)(3^x/\ln 3)\, dx = 26/(\ln 3)^2 - 3/\ln 3$

4. Die allgemeine Formel folgt aus (10.5.1) und ergibt $\int \ln x\, dx = x \ln x - x + C$.

5. Verwenden Sie (10.5.1) mit $f(x) = \ln x$ und $g'(x) = x^\rho$. (Alternativ: Differenzieren Sie einfach die rechte Seite.)

6. (a) $\frac{b}{r^2}\left[1 - (1 + rT)e^{-rT}\right]$ (b) $\frac{a}{r}(1 - e^{-rT}) + \frac{b}{r^2}\left[1 - (1 + rT)e^{-rT}\right]$
(c) $\frac{a}{r}(1 - e^{-rT}) - \frac{b}{r^2}\left[1 - (1 + rT)e^{-rT}\right] + \frac{c}{r^3}\left[2(1 - e^{-rT}) - 2rTe^{-rT} - r^2T^2e^{-rT}\right]$
► Ausführliche Lösung siehe Lösungshandbuch MyLab.

10.6

1. (a) $\frac{1}{9}(x^2 + 1)^9 + C$ (Substituieren Sie $u = x^2 + 1$, so dass $du = 2x\, dx$.)
(b) $\frac{1}{11}(x + 2)^{11} + C$ (Substituieren Sie $u = x + 2$.)
(c) $\ln|x^2 - x + 8| + C$ (Substituieren Sie $u = x^2 - x + 8$.)

2. (a) $\frac{1}{24}(2x^2+3)^6 + C$. (Substituieren Sie $u = 2x^2+3$, so dass $\mathrm{d}u = 4x\,\mathrm{d}x$.)
(b) $\frac{1}{3}e^{x^3+2} + C$. (Substituieren Sie $u = e^{x^3+2}$.)
(c) $\frac{1}{4}\big(\ln(x+2)\big)^2 + C$. (Substituieren Sie $u = \ln(x+2)$.)
(d) $\frac{2}{5}(1+x)^{5/2} - \frac{2}{3}(1+x)^{3/2} + C$. (Substituieren Sie $u = \sqrt{1+x}$.)
(e) $\dfrac{-1}{2(1+x^2)} + \dfrac{1}{4(1+x^2)^2} + C$. (f) $\frac{2}{15}(4-x^3)^{5/2} - \frac{8}{9}(4-x^3)^{3/2} + C$.
► Ausführliche Lösung siehe Lösungshandbuch MyLab.

3. (a) Sei $u = \sqrt{1+x^2}$. Dann ist $u^2 = 1+x^2$, so dass $u\,\mathrm{d}u = x\,\mathrm{d}x$. Wenn $x = 0$, ist $u = 1$; wenn $x = 1$, ist $u = \sqrt{2}$. Daher ist $\int_0^1 x\sqrt{1+x^2}\,\mathrm{d}x = \int_1^{\sqrt{2}} u^2\,\mathrm{d}u = \Big|_1^{\sqrt{2}} \frac{1}{3}u^3 = \frac{1}{3}(2\sqrt{2}-1)$. (b) 1/2. (Setzen Sie $u = \ln y$.) (c) $\frac{1}{2}(e^2 - e^{2/3})$. (Setzen Sie $u = 2/x$.) (d) Methode 1: $\int_5^8 \frac{x}{x-4}\,\mathrm{d}x = \int_5^8 \frac{x-4+4}{x-4}\,\mathrm{d}x = \int_5^8 \left(1 + \frac{4}{x-4}\right)\mathrm{d}x = \Big|_5^8 [(x + 4\ln(x-4)] = 3 + 4\ln 4$.
Methode 2: Führen Sie die neue Variable $u = x-4$ ein. Dann ist $\mathrm{d}u = \mathrm{d}x$ und $x = u+4$. Wenn $x = 5$, ist $u = 1$. Wenn $x = 8$, ist $u = 4$, so dass $\int_5^8 \frac{x}{x-4}\,\mathrm{d}x = \int_1^4 \frac{u+4}{u}\,\mathrm{d}u = \int_1^4 \left(1+\frac{4}{u}\right)\mathrm{d}u = \Big|_1^4 (u + 4\ln u) = 3 + 4\ln 4$.

4. $\int_3^x \frac{2t-2}{t^2-2t}\,\mathrm{d}t = \Big|_3^x \ln(t^2-2t) = \ln(x^2-2x) - \ln 3 = \ln\left(\frac{1}{3}(x^2-2x)\right)$. Die Gleichung in der Aufgabe wird zu $\ln\left(\frac{1}{3}(x^2-2x)\right) = \ln(\frac{2}{3}x - 1) = \ln\left(\frac{1}{3}(2x-3)\right)$. Dies impliziert $x^2 - 2x = 2x - 3$. Daher muss gelten $x^2 - 4x + 3 = 0$ mit den Lösungen $x = 1$ und $x = 3$. Nur $x = 3$ ist im gegebenen Definitionsbereich $x > 2$. Daher ist die Lösung $x = 3$.

5. Substituieren Sie $z = x(t)$. Dann ist $\mathrm{d}z = \dot{x}(t)\,\mathrm{d}t$ und das Resultat folgt mit (10.6.2).

6. (a) 1/70. ($(x^4-x^9)(x^5-1)^{12} = -x^4(x^5-1)^{13}$.) (b) $2\sqrt{x}\ln x - 4\sqrt{x} + C$. (Setzen Sie $u = \sqrt{x}$.) (c) 8/3
► Ausführliche Lösung siehe Lösungshandbuch MyLab.

7. (a) $2\ln(1+e^2) - 2\ln(1+e)$ (b) $\ln 2 - \ln(e^{-1/3}+1)$ (c) $7 + 2\ln 2$
► Ausführliche Lösung siehe Lösungshandbuch MyLab.

8. Substitutieren Sie $u = x^{1/6}$. Dann ist $I = 6\int \frac{u^8}{1-u^2}\,\mathrm{d}u$. Es gilt $u^8 \div (-u^2 + 1) = -u^6 - u^4 - u^2 - 1 + 1/(-u^2+1)$. Es folgt $I = -\frac{6}{7}x^{7/6} - \frac{6}{5}x^{5/6} - 2x^{1/2} - 6x^{1/6} - 3\ln|1-x^{1/6}| + 3\ln|1+x^{1/6}| + C$.

9. Es gilt $f(x) = \dfrac{1}{a-b}\left[\dfrac{ac+d}{x-a} - \dfrac{bc+d}{x-b}\right]$.
(a) $\displaystyle\int \frac{x\,\mathrm{d}x}{(x+1)(x+2)} = \int \frac{-1\,\mathrm{d}x}{x+1} + \int \frac{2\,\mathrm{d}x}{x+2} = -\ln|x+1| + 2\ln|x+2| + C$
(b) $\displaystyle\int \frac{(1-2x)\,\mathrm{d}x}{(x+3)(x-5)} = \int \left[-\frac{7}{8}\frac{1}{x+3} - \frac{9}{8}\frac{1}{x-5}\right]\mathrm{d}x = -\tfrac{7}{8}\ln|x+3| - \tfrac{9}{8}\ln|x-5| + C$

10.7

1. (a) $\int_1^b x^{-3}\,dx = \Big|_1^b(-\frac{1}{2}x^{-2}) = \frac{1}{2} - \frac{1}{2}b^{-2} \to \frac{1}{2}$ für $b \to \infty$. Somit gilt $\int_1^{\infty}(1/x^3)\,dx = \frac{1}{2}$. (b) $\int_1^b x^{-1/2}\,dx = \Big|_1^b 2x^{1/2} = 2b^{1/2} - 2 \to \infty$ für $b \to \infty$, so dass das Integral divergiert. (c) 1 (d) $\displaystyle\int_0^a \frac{x\,dx}{\sqrt{a^2-x^2}} = -\Big|_0^a \sqrt{a^2-x^2} = a$

2. (a) $\displaystyle\int_{-\infty}^{+\infty} f(x)\,dx = \int_a^b \frac{1}{b-a}\,dx = \frac{1}{b-a}\Big|_a^b x = \frac{1}{b-a}(b-a) = 1$

(b) $\displaystyle\int_{-\infty}^{+\infty} xf(x)\,dx = \frac{1}{b-a}\int_a^b x\,dx = \frac{1}{2(b-a)}\Big|_a^b x^2 = \frac{1}{2(b-a)}(b^2-a^2) = \frac{1}{2}(a+b)$

(c) $\displaystyle\frac{1}{3(b-a)}\Big|_a^b x^3 = \frac{1}{3}\frac{b^3-a^3}{b-a} = \frac{1}{3}(a^2+ab+b^2)$

3. Mit einer vereinfachten Notation und dem Resultat aus Beispiel 10.7.1 haben wir: (a) $\int_0^{\infty} x\lambda e^{-\lambda x}\,dt = -\Big|_0^{\infty} xe^{-\lambda x} + \int_0^{\infty} e^{-\lambda x}\,dx = 1/\lambda$ (b) $1/\lambda^2$ (c) $2/\lambda^3$
► Ausführliche Lösung siehe Lösungshandbuch MyLab.

4. Das erste Integral divergiert, weil $\int_0^b [x/(1+x^2)]\,dx = \Big|_0^b \frac{1}{2}\ln(1+x^2) = \frac{1}{2}\ln(1+b^2) \to \infty$ für $b \to \infty$. Andererseits gilt $\int_{-b}^b [x/(1+x^2)]\,dx = \Big|_{-b}^b \frac{1}{2}\ln(1+x^2) = 0$ für alle b, so dass der Grenzwert für $b \to \infty$ gleich 0 ist.

5. (a) f hat ein Maximum in $(e^{1/3}, 1/3e)$, jedoch kein Minimum.
(b) $\int_0^1 x^{-3}\ln x\,dx$ divergiert. $\int_1^{\infty} x^{-3}\ln x\,dx = 1/4$.
► Ausführliche Lösung siehe Lösungshandbuch MyLab.

6. $1/(1+x^2) \le 1/x^2$ für $x \ge 1$ und $\int_1^b (1/x^2)\,dx = \Big|_1^b(-1/x) = 1 - 1/b \to 1$ für $b \to \infty$, so dass das Integral nach Theorem 10.7.1 konvergiert.

7. Setzen Sie $u = x + 2$ und $v = 3 - x$. Dann ist das Integral

$$\int_0^5 u^{-1/2}\,du - \int_5^0 v^{-1/2}\,dv = 2\lim_{\varepsilon\to 0}\int_{\varepsilon}^5 u^{-1/2}\,du = 4\lim_{\varepsilon\to 0}\Big|_{\varepsilon}^5 u^{1/2}$$

$= 4\lim_{\varepsilon\to 0}\left(\sqrt{5}-\sqrt{\varepsilon}\right) = 4\sqrt{5}$. ► Ausführliche Lösung siehe Lösungshandbuch MyLab.

8. (a) $z = \int_0^{\tau}(1/\tau)e^{-rs}\,ds = (1-e^{-r\tau})/r\tau$
(b) $z = \int_0^{\tau} 2(\tau - s)\tau^{-2}e^{-rs}\,ds = (2/r\tau)\,[1-(1/r\tau)(1-e^{-r\tau})]$

9. $\int x^{-2}\,dx = -x^{-1}+C$. So ergibt die Berechnung von $\int_{-1}^1 x^{-2}\,dx$ durch $\Big|_{-1}^1 -x^{-1}$ die unsinnige Antwort -2. Der Fehler entsteht, da x^{-2} gegen $+\infty$ divergiert für $x \to 0$. (In der Tat divergiert $\int_{-1}^1 x^{-2}\,dx$ gegen $+\infty$.)

10. Unter Verwendung der Lösung zu Aufgabe 10.6.6(b) ist $\int_h^1 (\ln x/\sqrt{x})\,dx = \Big|_h^1(2\sqrt{x}\ln x - 4\sqrt{x}) = -4-(2\sqrt{h}\ln h - 4\sqrt{h}) \to -4$ für $h \to 0^+$, so dass das gegebene Integral gegen -4 konvergiert. ($\sqrt{h}\ln h = \ln h/h^{-1/2} \to 0$, nach der Regel von l'Hôspital.)

11. $\int_1^A [k/x - k^2/(1+kx)]\,dx = k\ln[1/(1/A+k)] - k\ln[1/(1+k)] \to k\ln(1/k) - k\ln[1/(1+k)] = \ln(1+1/k)^k$ für $A \to \infty$. Somit ist $I_k = \ln(1+1/k)^k$ und dies strebt gegen $\ln e = 1$ für $k \to \infty$.

12. Die vorgeschlagene Substitution $u = (x-\mu)/\sqrt{2}\sigma$ ergibt $du = dx/\sigma\sqrt{2}$ und somit $dx = \sigma\sqrt{2}\,du$. Daher folgt:

(a) $\int_{-\infty}^{+\infty} f(x)\,dx = \frac{1}{\sqrt{\pi}}\int_{-\infty}^{+\infty} e^{-u^2}\,du = 1$ nach (10.7.9).

(b) $\int_{-\infty}^{+\infty} xf(x)\,dx = \frac{1}{\sqrt{\pi}}\int_{-\infty}^{+\infty} (\mu + \sqrt{2}\sigma u)e^{-u^2}\,du = \mu$, unter Benutzung von Teil (a) und (10.7.5).

(c) $\int_{-\infty}^{+\infty} (x-\mu)^2 f(x)\,dx = \int_{-\infty}^{+\infty} 2\sigma^2 u^2 \frac{1}{\sigma\sqrt{2\pi}} e^{-u^2}\sigma\sqrt{2}\,du =$ $\sigma^2 \frac{2}{\sqrt{\pi}}\int_{-\infty}^{+\infty} u^2 e^{-u^2}\,du$. Nun ergibt partielle Integration

$\int u^2 e^{-u^2}\,du = -\frac{1}{2}ue^{-u^2} + \int \frac{1}{2}e^{-u^2}\,du$, so dass $\int_{-\infty}^{+\infty} u^2 e^{-u^2}\,du = \frac{1}{2}\sqrt{\pi}$.

Daher ist das Integral gleich σ^2.

▶ Ausführliche Lösung siehe Lösungshandbuch MyLab.

Wiederholungsaufgaben für Kap. 10

1. (a) $-16x + C$ (b) $5^5 x + C$ (c) $3y - \frac{1}{2}y^2 + C$ (d) $\frac{1}{2}r^2 - \frac{16}{5}r^{5/4} + C$ (e) $\frac{1}{9}x^9 + C$ (f) $\frac{2}{7}x^{7/2} + C$. $(x^2\sqrt{x} = x^2 \cdot x^{1/2} = x^{5/2}.)$ (g) $-\frac{1}{4}p^{-4} + C$ (h) $\frac{1}{4}x^4 + \frac{1}{2}x^2 + C$

2. (a) $e^{2x} + C$ (b) $\frac{1}{2}x^2 - \frac{25}{2}e^{\frac{2}{5}x} + C$ (c) $-\frac{1}{3}e^{-3x} + \frac{1}{3}e^{3x} + C$ (d) $2\ln|x+5| + C$

3. (a) $\int_0^{12} 50\,dx = \Big|_0^{12} 50x = 600$ (b) $\int_0^2 (x - \frac{1}{2}x^2)\,dx = \Big|_0^2 (\frac{1}{2}x^2 - \frac{1}{6}x^3) = \frac{2}{3}$

(c) $\int_{-3}^{3} (u+1)^2\,du = \Big|_{-3}^{3} \frac{1}{3}(u+1)^3\,du = 24$ (d) $\int_1^5 \frac{2}{z}\,dz = \Big|_1^5 2\ln z = 2\ln 5$

(e) $\int_2^{12} \frac{3}{t+4}\,dt = \Big|_2^{12} 3\ln(t+4) = 3(\ln 16 - \ln 6) = 3\ln(8/3)$

(f) $I = \int_0^4 v\sqrt{v^2+9}\,dv = \Big|_0^4 \frac{1}{3}(v^2+9)^{3/2} = 98/3$. (Oder definieren Sie $z = \sqrt{v^2+9}$. Dann ist $z^2 = v^2 + 9$ und $2z\,dz = 2v\,dv$ oder $v\,dv = z\,dz$. Wenn $v = 0$, ist $z = 3$. Wenn $v = 4$, ist $z = 5$. Damit ist $I = \int_3^5 z^2\,dz = \Big|_3^5 \frac{1}{3}z^3 = 98/3$.)

4. (a) $5/4$ (b) $31/20$ (c) -5 (d) $e - 2$ (e) $52/9$ (f) $\frac{1}{3}\ln(6/5)$ (g) $(1/256)(3e^4 + 1)$ (h) $2e^{-1}$.

▶ Ausführliche Lösung siehe Lösungshandbuch MyLab.

5. (a) $10 - 18\ln(14/9)$ (Substituieren Sie $z = 9 + \sqrt{x}$).
(b) $886/15$ (Substituieren Sie $z = \sqrt{t+2}$).
(c) $195/4$ (Substituieren Sie $z = \sqrt[3]{19x^3 + 8}$).

▶ Ausführliche Lösung siehe Lösungshandbuch MyLab.

6. (a) $F'(x) = 4(\sqrt{x}-1)$. ($\int_4^x (u^{1/2}+xu^{-1/2})\,du = \Big|_4^x \frac{2}{3}u^{3/2}+2xu^{1/2} = \frac{8}{3}x^{3/2}-\frac{16}{3}-4x$.)
(b) Wir verwenden (10.3.8). $F'(x) = \ln x - (\ln\sqrt{x})(1/2\sqrt{x}) = \ln x - \ln x/4\sqrt{x}$.

7. $C(Y) = 0.69Y + 1000$.

8. Integration der Grenzkostenfunktion ergibt $C(x) = C_0+\int_0^x(\alpha e^{\beta u}+\gamma)\,du = C_0+\Big|_0^x \frac{\alpha}{\beta}e^{\beta u} = \frac{\alpha}{\beta}(e^{\beta x}-1)+\gamma x + C_0$.

9. Sei $\int_{-1}^3 (f(x)\,dx = A$ und $\int_{-1}^3 g(x))\,dx = B$. Dann gilt $A+B=6$ und $3A+4B=9$, woraus $A=15$ und $B=-9$ folgt. Dann ist $I = A+2B = -3$.

10. (a) $P^* = 70$, $Q^* = 600$. CS = 9000, PS = 18000. Siehe Abb. A10.W.10(a).
(b) $P^* = Q^* = 5$, CS = $50\ln 2 - 25$, PS = 1.25. Siehe Abb. A10.W.10(b).
► Ausführliche Lösung siehe Lösungshandbuch MyLab.

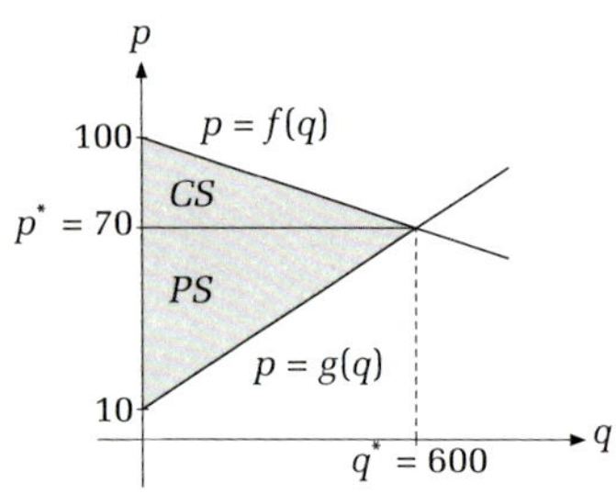

Abbildung A10.W.10(a)

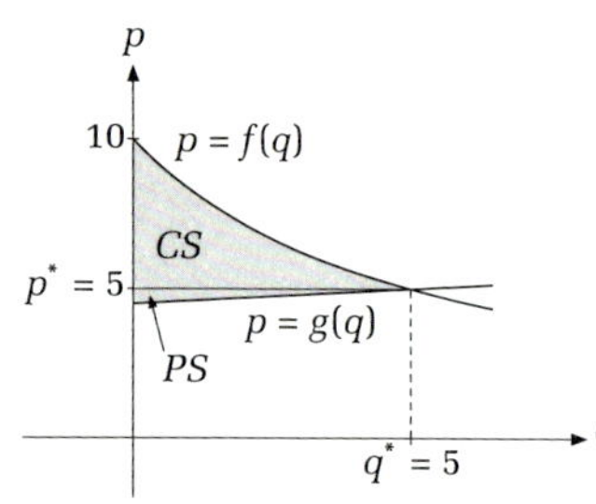

Abbildung A10.W.10(b)

11. (a) $f'(t) = 4\ln t(2-\ln t)/t^2$, $f''(t) = 8[(\ln t)^2 - 3\ln t + 1]/t^3$. (b) $(e^2, 16/e^2)$ ist eine lokale Maximumstelle, $(1,0)$ ist eine lokale (und globale) Minimumstelle. Siehe Abb. A10.W.11. (c) Fläche = 32/3 (*Hinweis:* $\int f(t)\,dt = \frac{4}{3}(\ln t)^3 + C$.)
► Ausführliche Lösung siehe Lösungshandbuch MyLab.

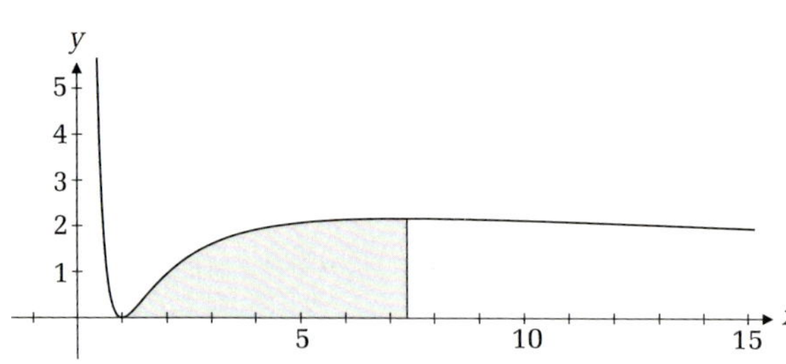

Abbildung A10.W.11

12. (a) $\int_0^\infty f(r)\,dr = \int_0^\infty (1/m)e^{-r/m}\,dr = 1$ (wie in Beispiel 10.7.1) und $\int_0^\infty rf(r)\,dr = \int_0^\infty r(1/m)e^{-r/m}\,dr = m$ (wie in Aufgabe 10.7.3 (a)), so dass das mittlere Einkommen m ist.
(b) $x(p) = n\int_0^\infty (ar-bp)f(r)\,dr = n(a\int_0^\infty rf(r)\,dr - bp\int_0^\infty f(r)\,dr = n(am-bp)$ nach den Resultaten in (a).

Kapitel 11

11.1

1. (a) (i) $8000(1+0.05/12)^{5\cdot 12} \approx 10266.87$ (ii) $8000(1+0.05/365)^{5\cdot 365} \approx 10272.03$
(b) $t = \ln 2/\ln(1+0.05/12) \approx 166.7$. Es dauert ungefähr $166.7/12 \approx 13.9$ Jahre.

2. (a) $5000(1+0.03)^{10} \approx 6719.58$ (b) 37.17 Jahre. ($5000(1.03)^t = 3\cdot 5000$, so dass $t = \ln 3/\ln 1.03 \approx 37.17$.)

3. Wir lösen $(1+p/100)^{100} = 100$ nach p auf. Indem wir jede Seite mit $1/100$ potenzieren, ergibt sich $1 + p/100 = \sqrt[100]{100}$, so dass $p = 100(\sqrt[100]{100} - 1) \approx 100(1.047 - 1) = 4.7$.

4. (a) (i) Nach 2 Jahren: $2000(1.07)^2 = 2289.80$
(ii) Nach 10 Jahren: $2000(1.07)^{10} \approx 3934.30$ (b) $2000(1.07)^t = 6000$ ergibt $(1.07)^t = 3$, so dass $t = \ln 3/\ln 1.07 \approx 16.2$ Jahre.

5. Verwenden Sie Formel (11.1.2). (i) $R = (1+0.17/2)^2 - 1 = (1+0.085)^2 - 1 = 0.177225$ oder ungefähr 17.72 % (ii) $100[(1.0425)^4 - 1] \approx 18.11\,\%$
(iii) $100[(1+0.17/12)^{12} - 1] \approx 18.39\,\%$

6. Die effektive jährliche Rate für Alternative (ii) ist $(1+0.2/4)^4 - 1 = 1.05^4 - 1 \approx 0.2155 > 0.215$, so dass Alternative (i) (geringfügig) billiger ist.

7. (a) $12\,000 \cdot (1.04)^{15} \approx 21\,611.32$ (b) $50\,000 \cdot (1.05)^{-5} \approx 39\,176.31$

8. $100[(1.02)^{12} - 1] \approx 26.82\,\%$

9. Die nominale jährliche Rate sei r. Nach (11.1.2) ist $0.28 = (1+r/4)^4 - 1$, so dass $r = 4(\sqrt[4]{1.28} - 1) \approx 0.25$ oder 25 %.

11.2

1. (a) $8000e^{0.05\cdot 5} = 8000e^{0.25} \approx 10272.20$ (b) $8000e^{0.05t} = 16000$. Dies ergibt $e^{0.05t} = 2$ und daher $t = \ln 2/0.05 \approx 13.86$ Jahre.

2. (a) (i) $1000(1+0.05/12)^{120} \approx 1647$ (ii) $1000e^{0.05\cdot 10} \approx 1649$
(b) (i) $1000(1+0.05/12)^{600} \approx 12119$ (ii) $1000e^{0.05\cdot 50} \approx 12182$

3. (a) $e^{0.1} - 1 \approx 0.105$, so dass der effektive Zinssatz ungefähr 10.5 ist.
(b) Dieselbe Antwort.

4. Wenn es 90 % seines Wertes verliert, dann ist $e^{-0.1t^*} = 1/10$, so dass $-0.1t^* = -\ln 10$. Daher ist $t^* = (\ln 10)/0.1 \approx 23$ Jahre.

5. $e^{-0.06t^*} = 1/2$, so dass $t^* = \ln 2/0.06 \approx 11.55$ Jahre.

11.3

1. (i) Der Barwert ist $350\,000 \cdot 1.08^{-10} \approx 162\,117.72$.
(ii) $350\,000 \cdot e^{-0.08\cdot 10} \approx 157\,265.14$.

2. (i) Der Barwert ist $50\,000 \cdot 1.0575^{-5} \approx 37\,806.64$.
(ii) $50\,000 \cdot e^{-0.0575 \cdot 5} \approx 37\,506.83$

3. (a) Es gilt $f'(t) = 0.05(t+5)(35-t)e^{-t}$. Offensichtlich ist $f'(t) > 0$ für $t < 35$ und $f'(t) < 0$ für $t > 35$, so dass f durch $t = 35$ maximiert wird (mit $f(35) \approx 278$). (b) $f(t) \to 0$, wenn $t \to \infty$. Siehe den Graphen in Abb. A11.3.3.

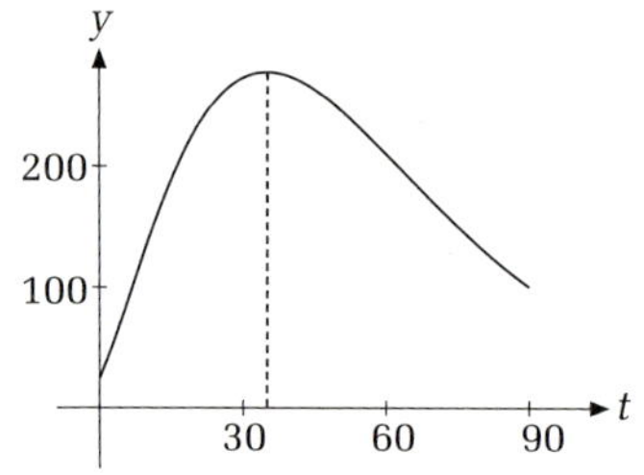

Abbildung A11.3.3

11.4

1. (a) $s_n = \frac{3}{2}\left(1 - \left(\frac{1}{3}\right)^n\right)$ (b) $s_n \to \frac{3}{2}$ für $n \to \infty$ (c) $\displaystyle\sum_{n=1}^{\infty} \frac{1}{3^{n-1}} = \frac{3}{2}$

2. Wir nutzen Formel (11.4.5): (a) $\dfrac{1/5}{1-1/5} = 1/4$ (b) $\dfrac{0.1}{1-0.1} = \dfrac{0.1}{0.9} = \dfrac{1}{9}$ (c) $\dfrac{517}{1-1/1.1} = 5687$ (d) $\dfrac{a}{1-1/(1+a)} = 1+a$ (e) $\dfrac{5}{1-3/7} = \dfrac{35}{4}$

3. (a) Geometrische Reihe mit dem Quotienten $1/8$. Die Summe ist $8/(1-1/8) = 64/7$. (b) Geometrische Reihe mit dem Quotienten -3. Sie divergiert. (c) Geometrisch mit Summe $\dfrac{2^{1/3}}{1-2^{-1/3}}$. (d) Nicht geometrisch. (Man kann zeigen, dass die Reihe konvergent ist mit der Summe $\ln 2$.)

4. (a) Quotient $k = 1/p$. Konvergiert gegen $1/(p-1)$ für $|p| > 1$, aber divergiert für $|p| \leq 1$. (b) Quotient $k = 1/\sqrt{x}$. Konvergiert gegen $x\sqrt{x}/(\sqrt{x}-1)$ für $\sqrt{x} > 1$, d. h. für $x > 1$, aber divergiert, wenn $0 < x \leq 1$. (c) Quotient $k = x^2$. Konvergiert gegen $x^2/(1-x^2)$ für $|x| < 1$, aber divergiert, wenn $x \geq 1$.

5. Geometrische Reihe mit dem Quotienten $(1+p/100)^{-1}$.
Ihre Summe ist $\dfrac{b}{1-(1+p/100)^{-1}} = b(1+100/p)$.

6. Die Ressourcen werden im Laufe des Jahres 2028 verbraucht sein.
► Ausführliche Lösung siehe Lösungshandbuch MyLab.

7. $1824 \cdot 1.02 + 1824 \cdot 1.02^2 + \cdots + 1824 \cdot 1.02^n = (1824/0.02)(1.02^{n+1} - 1.02)$ muss gleich 128 300 sein. Somit ist $n \approx 43.77$. Die Ressourcen werden bis zum Jahre 2037 vorhalten.

8. (a) $f(t) = \dfrac{P(t)}{e^{rt}-1}$ (b) Verwenden Sie $f'(t^*) = 0$. (c) $P'(t^*)/P(t^*) \to 1/t^*$, wenn $r \to 0$.

▶ Ausführliche Lösung siehe Lösungshandbuch MyLab.

9. Der allgemeine Term konvergiert in keinem der drei Fälle gegen 0, wenn $n \to \infty$, so dass jede der drei Reihen divergent ist.

10. (a) Eine geometrische Reihe mit dem Quotienten 100/101, konvergiert gegen 100. (b) Divergiert gemäß (11.4.11). (c) Konvergiert nach (11.4.11). (d) Divergiert, da der n-te Term $(1+n)/(4n-3) \to 1/4$, wenn $n \to \infty$. (e) Geometrische Reihe mit dem Quotienten $-1/2$, konvergiert gegen $-1/3$. (f) Geometrische Reihe mit dem Quotienten $1/\sqrt{3}$, konvergiert gegen $\sqrt{3}/(\sqrt{3}-1)$.

11. Wenn $p \geq 0$, gilt $\int_n^{n+1} x^{-p}dx \in [(n+1)^{-p}, n^{-p}]$. Somit gilt für $m = 2, 3, \ldots$:

(i) Wenn $p > 1$, dann gilt $\sum_{n=2}^{m} n^{-p} \leq \int_1^m x^{-p}dx \leq \dfrac{1}{p-1}$. (ii) Wenn $p \leq 1$, dann gilt $\sum_{n=1}^{m-1} n^{-p} \geq \int_1^m x^{-p}dx \geq \int_1^m x^{-1}dx = \ln m$.

Außerdem gilt für $p < 0$: Jeder Term $n^{-p} \to \infty$, wenn $p \to \infty$. Daher konvergiert $\sum_{n=1}^{\infty} n^{-p}$ genau dann, wenn $p > 1$.

▶ Ausführliche Lösung siehe Lösungshandbuch MyLab.

11.5

1. Verwenden Sie (11.5.2) mit $n = 15$, $r = 0.12$ und $a = 3500$. Dies ergibt $P_{15} = \dfrac{3500}{0.12}\left(1 - \dfrac{1}{(1.12)^{15}}\right) \approx 23\,838$.

2. Vor 10 Jahren war der Wert: $100\,000(1.04)^{-10} \approx 67556.42$

3. $10\,000(1.06^3 + 1.06^2 + 1.06 + 1) = 10\,000(1.06^4 - 1)/(1.06 - 1) \approx 43\,746.16$

4. Der zukünftige Wert von (i) nach 10 Jahren ist offensichtlich 13 000 Euro, während der entsprechende Wert von (ii) nach (11.5.3) gleich $F_{10} = \dfrac{1000}{0.06}(1.06^{10} - 1) \approx 13\,180.80$ ist. Somit ist (ii) mehr wert.

5. Angebot (i) ist besser, da der gegenwärtige Wert von (ii) $4600\dfrac{1-(1.06)^{-5}}{1-(1.06)^{-1}} \approx 20\,539$ ist.

6. $\dfrac{1500}{0.08} = 18\,750$ (nach (11.5.4)).

7. Wenn der größte Betrag a ist, dann gilt nach Formel (11.5.4) $a/r = K$, so dass $a = rK$.

8. Dies ist eine geometrische Reihe mit dem ersten Term $a = D/(1+r)$ und dem Quotienten $k = (1+g)/(1+r)$. Sie konvergiert genau dann, wenn $k < 1$, d. h. genau dann, wenn $g < r$. Die Summe ist $\dfrac{a}{1-k} = \dfrac{D/(1+r)}{1-(1+g)/(1+r)} = \dfrac{D}{r-g}$.

9. $\text{PDV} = \int_0^{15} 500e^{-0.06t}\,dt = 500 \Big|_0^{15} (-1/0.06)e^{-0.06t} = (500/0.06)\left[1 - e^{-0.9}\right] \approx 4945.25$.
$\text{FDV} = e^{0.06\cdot 15}\text{PDV} = e^{0.9}\text{PDV} \approx 2.4596 \cdot 4945.25 \approx 12163.3$.

11.6

1. (a) Mit Formel (11.6.2) erhalten wir die folgenden jährlichen Zahlungen: $a = \dfrac{0.07 \cdot 80\,000}{1 - 1.07^{-10}} \approx 11\,390.20$.
(b) Mit (11.6.2) ist $a = (0.07/12) \cdot 80\,000/[1 - (1 + 0.07/12)^{-120}] \approx 928.87$.

2. $\dfrac{8000}{0.07}[1.07^6 - 1] \approx 57\,226.33$. (Formel (11.5.3).) Vier Jahre nach der letzten Einzahlung haben Sie $57\,226.33 \cdot 1.07^4 \approx 75012.05$.

3. Bei jährlicher Verzinsung: $r = 3^{1/20} - 1 \approx 0.0565$, so dass der Zinssatz ungefähr 5.65 % ist. Bei stetiger Verzinsung ist $e^{20r} = 3$, so dass $r = \ln 3/20 \approx 0.0549$, so dass der Zinssatz ungefähr 5.49 % ist.

4. Plan (ii) hat den Barwert $\dfrac{120\,000 \cdot 1.115}{0.115}[1 - (1.115)^{-8}] \approx 676\,444$. Plan (iii) hat den Barwert $220\,000 + \dfrac{70\,000}{0.115}[1 - (1.115)^{-12}] \approx 663\,841$. Somit ist Plan (iii) am billigsten. Wenn die Zinsrate 12.5 % ist, haben die Pläne (ii) und (iii) die Barwerte 659 076 bzw. 643 743, so dass (ii) auch in diesem Fall am billigsten ist.

11.7

1. r muss $-50\,000 + 30\,000/(1+r) + 30\,000/(1+r)^2 = 0$ erfüllen. Mit $s = 1/(1+r)$ ergibt dies $s^2 + s - 5/3 = 0$ mit der positiven Lösung $s = -1/2 + \sqrt{23/12} \approx 0.884$, so dass $r \approx 0.13$.

2. Gleichung (11.7.1) ist hier $a/(1+r) + a/(1+r)^2 + \cdots = -a_0$. Daraus folgt $a/r = -a_0$, so dass $r = -a/a_0$.

3. Nach den Voraussetzungen ist $f(0) = a_0 + a_1 + \cdots + a_n > 0$. Es gilt auch $f(r) \to a_0 < 0$ für $r \to \infty$. Ferner ist $f'(r) = -a_1(1+r)^{-2} - 2a_2(1+r)^{-3} - \cdots - na_n(1+r)^{-n-1} < 0$, so dass $f(r)$ strikt monoton fallend ist. Dies garantiert, dass es eine eindeutige interne Ertragsrate mit $r > 0$ gibt.

4. Der maximale Preis ist $400\,000\big(1/1.175 + (1/1.175)^2 + \cdots + (1/1.175)^7\big) \approx 1\,546\,522.94$ oder ungefähr 1.546 Millionen Euro.

5. Mit $s = (1+r)^{-1}$ reduziert sich Gleichung (11.7.1) auf $s^{21} - 11s + 10 = 0$. ► Siehe MyLab.

6. Anwendung von (11.5.2) mit $a = 1000$ und $n = 5$ ergibt die Gleichung $P_5 = (1000/r)\big[1 - 1/(1+r)^5\big] = 4340$, die nach r aufzulösen ist. Für $r = 0.05$ ist der Barwert 4329.48 Euro und für $r = 0.045$ ist er 4389.98 Euro. Da $\mathrm{d}P_5/\mathrm{d}r < 0$, folgt, dass p ein wenig kleiner als 5 % ist.

11.8

1. (a) $x_t = x_0(-2)^t$ (b) $x_t = x_0(5/6)^t$ (c) $x_t = x_0(-0.3)^t$

2. (a) $x_t = -4t$. (b) $x_t = 2(1/2)^t + 4$
(c) $x_t = (13/8)(-3)^t - 5/8$ (d) $x_t = -2(-1)^t + 4$

3. Die Differenzengleichung impliziert $\alpha P_t - \beta = \gamma - \delta P_{t+1}$ oder $P_{t+1} = -(\alpha/\delta)P_t + (\beta+\gamma)/\delta$. Mit Formel (11.8.4) erhalten wir $P_t = \left(-\frac{\alpha}{\delta}\right)^t \left(P_0 - \frac{\beta+\gamma}{\alpha+\delta}\right) + \frac{\beta+\gamma}{\alpha+\delta}$.

11.9

1. Die Funktionen in (c) und (d) sind die einzigen, die eine konstante relative Wachstumsrate haben. Dies stimmt mit (11.9.3) überein. (Beachten Sie: $2^t = e^{(\ln 2)t}$.)

2. (a) $K(t) = (K_0 - I/\delta)e^{-\delta t} + I/\delta$ (b) (i) $K(t) = 200 - 50e^{-0.05t}$ und $K(t)$ geht von unten gegen 200, wenn $t \to \infty$. (ii) $K(t) = 200 + 50e^{-0.05t}$ und $K(t)$ geht von oben gegen 200, wenn $t \to \infty$.

3. $N(t) = P(1 - e^{-kt})$. Dann gilt $N(t) \to P$ für $t \to \infty$.

4. $\dot{N}(t) = 0.02N(t) + 4 \cdot 10^4$. Die Lösung mit $N(0) = 2 \cdot 10^6$ ist
$N(t) = 2 \cdot 10^6(2e^{0.02t} - 1)$.

5. $P(10) = 657$ ergibt $606e^{10k} = 657$ oder $e^{10k} = 657/606$. Wir bilden den natürlichen Logarithmus auf beiden Seiten: $10k = \ln(657/606)$, so dass $k = 0.1\ln(657/606) \approx 0.0081$. $P(15) \approx 684$ und $P(40) \approx 837$.

6. Der Prozentsatz, der nach t Sekunden überlebt, erfüllt $p(t) = 100e^{-\delta t}$, wobei $p(7) = 70.5$ und somit $\delta = -\ln 0.705/7 \approx 0.05$. Somit sind $p(30) = 100e^{-30\delta} \approx 22.3\,\%$ noch am Leben nach 30 Sekunden. Weil $100e^{-\delta t} = 5$, wenn $t \approx \ln 20/0.05 \approx 60$, dauert es ungefähr 60 Sekunden, um 95 % abzutöten.

7. (a) $x = Ae^{-0.5t}$ (b) $K = Ae^{0.02t}$ (c) $x = Ae^{-0.5t} + 10$ (d) $K = Ae^{0.2t} - 500$
(e) $x = 0.1/(3 - Ae^{0.1t})$ und $x \equiv 0$. (f) $K = 1/(2 - Ae^t)$ und $K \equiv 0$.

8. (a) $y(t) = 250 + \frac{230}{1 + 8.2e^{-0.34t}}$. (b) $y(t) \to 480$ für $t \to \infty$. Siehe Abb. A11.9.8.

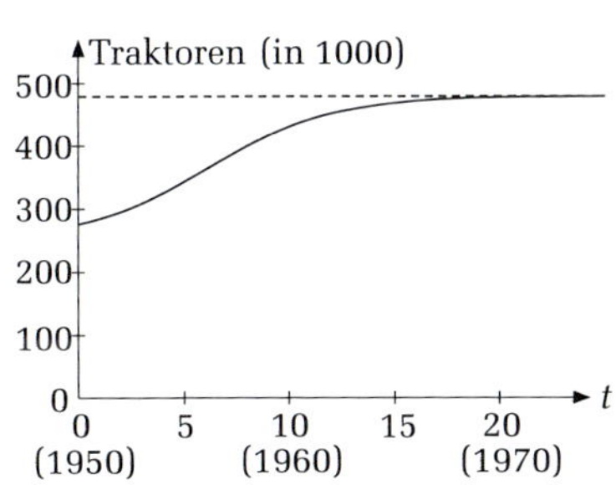

Abbildung A11.9.8

9. (a) Mit (11.9.11) erhalten wir $N(t) = 1000/(1 + 999e^{-0.39t})$. Nach 20 Tagen haben $N(20) \approx 710$ eine Grippe bekommen. (b) $800 = \frac{1000}{1 + 999e^{-0.39t^*}} \iff$

$999e^{-0.39t^*} = \frac{1}{4}$, so dass $e^{-0.39t^*} = 1/3996$ und somit $0.39t^* = \ln 3996$. Es folgt $t^* \approx 21$ Tage. (c) Nach ungefähr 35 Tagen werden 999 eine Grippe haben oder gehabt haben. $N(t) \to 1000$, wenn $t \to \infty$.

10. (a) Wenn $f \neq r$, ist die Lösung $x(t) = \dfrac{(1-f/r)K}{1 + \dfrac{(1-f/r)K - x_0}{x_0} e^{-(r-f)t}}$. Wenn $f = r$, ist die Lösung $x = \dfrac{1}{rt/K + 1/x_0}$.

(b) Wenn $f > r$, dann gilt $x(t) \to 0$, wenn $t \to \infty$.

► Ausführliche Lösung siehe Lösungshandbuch MyLab.

11. Um ungefähr 11:26. (Misst man die Zeit in Stunden, mit $t = 0$ gleich 12 Uhr Mittag, hat man $\dot{T} = k(20-T)$ mit $T(0) = 35$ und $T(1) = 32$. Somit ist die Körpertemperatur zur Zeit t gleich $T(t) = 20 + 15e^{-kt}$ mit $k = \ln(5/4)$. Unter der Annahme, dass die Temperatur zur Todeszeit t^* die übliche von 37 Grad war, ist dann $t^* = -\ln(17/15)/\ln(5/4) \approx -0.56$ Stunden oder ungefähr 34 Minuten vor 12:00.)

11.10

1. Die Gleichung ist separierbar: Das Rezept ergibt $\int x^4\,dx = \int (1-t)\,dt$, so dass $\frac{1}{5}x^5 = t - \frac{1}{2}t^2 + C_1$ und $x^5 = 5t - \frac{5}{2}t^2 + 5C_1$. Dies impliziert $x = \sqrt[5]{5t - \frac{5}{2}t^2 + 5C_1} = \sqrt[5]{5t - \frac{5}{2}t^2 + C}$ mit $C = 5C_1$. Aus $x(1) = 1$ ergibt sich $C = -3/2$.

2. (a) $x = \sqrt[3]{\frac{3}{2}e^{2t} + C}$ (b) $x = -\ln(e^{-t} + C)$ (c) $x = Ce^{3t} - 6$
(d) $x = \sqrt[7]{(1+t)^7 + C}$ (e) $x = Ce^{2t} + \frac{1}{2}t + \frac{1}{4}$ (f) $x = Ce^{-3t} + \frac{1}{2}e^{t^2-3t}$

► Ausführliche Lösung siehe Lösungshandbuch MyLab.

3. Die Gleichung ist separierbar: $dk/k = s\alpha e^{\beta t}\,dt$, so dass $\ln k = \frac{s\alpha}{\beta}e^{\beta t} + C_1$ oder $k = e^{\frac{s\alpha}{\beta}e^{\beta t}} e^{C_1} = Ce^{\frac{s\alpha}{\beta}e^{\beta t}}$. Mit $k(0) = k_0$ gilt $k_0 = Ce^{\frac{s\alpha}{\beta}}$ und damit $k = k_0 e^{\frac{s\alpha}{\beta}(e^{\beta t}-1)}$.

4. (a) $\dot{Y} = \alpha(a-1)Y + \alpha(b+\bar{I})$ (b) $Y = \left(Y_0 - \dfrac{b+\bar{I}}{1-a}\right)e^{-\alpha(1-a)t} + \dfrac{b+\bar{I}}{1-a} \to \dfrac{b+\bar{I}}{1-a}$, wenn $t \to \infty$.

5. (a) Aus (iii) folgt $L = L_0 e^{\beta t}$. Wenn wir dies in (ii) einsetzen und dann das Resultat in (i), erhält man die separierbare Gleichung $\dot{K} = \gamma K^\alpha L_0 e^{\beta t}$ oder $\int K^{-\alpha}dK = \gamma L_0 \int e^{\beta t}dt$.

Die Lösung ist $K = \left[\dfrac{(1-\alpha)\gamma}{\beta} L_0(e^{\beta t} - 1) + K_0^{1-\alpha}\right]^{1/(1-\alpha)}$.

► Ausführliche Lösung siehe Lösungshandbuch MyLab.

6. $\frac{t}{x}\frac{dx}{dt} = a$ ist separierbar: $\dfrac{dx}{x} = a\frac{dt}{t}$, so dass $\displaystyle\int \frac{dx}{x} = a\int \frac{dt}{t}$. Integration ergibt $\ln x = a\ln t + C_1$, so dass $x = e^{a\ln t + C_1} = (e^{\ln t})^a e^{C_1} = Ct^a$ mit $C = e^{C_1}$. Dies zeigt, dass $x = Ct^a$ der einzige Typ von Funktionen mit konstanter Elastizität ist.

Wiederholungsaufgaben für Kap. 11

1. (a) $5000 \cdot 1.03^{10} \approx 6719.58$ (b) $5000(1.03)^{t^*} = 10\,000$, so dass $(1.03)^{t^*} = 2$ oder $t^* = \ln 2/\ln 1.03 \approx 23.45$.

2. (a) $8000 \cdot 1.05^3 = 9261$ (b) $8000 \cdot 1.05^{13} \approx 15\,085.19$ (c) $(1.05)^{t^*} = 4$, so dass $t^* = \ln 4/1.05 \approx 28.5$

3. Wenn Sie a Euro leihen zu einem jährlichen Zinssatz von 11 % mit jährlicher Zinszahlung, sind die Schulden nach einem Jahr $a(1 + 11/100) = 1.11a$. Wenn Sie zu einem jährlichen Zinssatz von 10 % mit monatlicher Verzinsung leihen, sind Ihre Schulden nach 1 Jahr $a(1 + 10/(12 \cdot 100))^{12} \approx 1.1047a$, so dass Plan (ii) vorzuziehen ist.

4. $15\,000e^{0.07 \cdot 12} \approx 34\,745.50$

5. (a) $8000e^{0.06 \cdot 3} \approx 9577.74$ (b) $t^* = \ln 2/0.06 \approx 11.6$

6. Wir verwenden Formel (11.4.5) wie folgt: (a) Der erste Term ist 44 und der Quotient ist 0.56, so dass die Summe $\dfrac{44}{1 - 0.56} = 100$ ist. (b) Der erste Term is 20 und der Quotient ist 1/1.2, so dass die Summe $\dfrac{20}{1 - 1/1.2} = 120$ ist. (c) $\dfrac{3}{1 - 2/5} = 5$ (d) Der erste Term ist $(1/20)^{-2} = 400$ und der Quotient ist 1/20, so dass die Summe $\dfrac{400}{1 - 1/20} = 8000/19$ ist.

7. (a) $\int_0^T ae^{-rt}\,dt = (a/r)(1 - e^{-rT})$ (b) a/r, dasselbe wie (11.5.4).

8. $5000(1.04)^4 = 5849.29$

9. 21 232.32
▶ Ausführliche Lösung siehe Lösungshandbuch MyLab.

10. $K \approx 5990.47$
▶ Ausführliche Lösung siehe Lösungshandbuch MyLab.

11. (a) Nach Formel (11.6.2) ist die jährliche Zahlung: $500\,000\dfrac{0.07(1.07)^{10}}{1.07^{10} - 1} \approx 71\,188.80$. Der Gesamtbetrag ist $10 \cdot 71\,188.80 = 711\,888$.
(b) Wenn die Person zweimal im Jahr zahlen muss, ist die halbjährliche Zahlung $500\,000\dfrac{0.035(1.035)^{20}}{1.035^{20} - 1} \approx 35\,180.50$. Der Gesamtbetrag ist dann $20 \cdot 35\,180.50 = 703\,610.80$.

12. (i) Barwert: $(3200/0.08)[1 - (1.08)^{-10}] = 21\,472.26$.
(ii) Barwert: $7000 + (3000/0.08)[1 - 1.08^{-5}] = 18\,978.13$.
(iii) Der Barwert in vier Jahren ist $(4000/0.08)[1 - (1.08)^{-10}] = 26\,840.33$. Der Barwert, wenn Lucy ihre Entscheidung trifft, ist $26\,840.33 \cdot 1.08^{-4} = 19\,728.44$. Sie sollte Option (i) wählen.

13. (a) $t^* = 1/16r^2 = 25$ für $r = 0.05$. (b) $t^* = 1/\sqrt{r} = 5$ für $r = 0.04$.
▶ Ausführliche Lösung siehe Lösungshandbuch MyLab.

14. (a) Weil $F(0) = 0$, ist $F(10) = \int_0^{10} (1+0.4t)\,dt = \Big|_0^{10}(t+0.2t^2) = 30$. (b) Siehe Beispiel 10.5.3.

15. (a) $x_t = (-0.1)^t$ (b) $x_t = -2t + 4$ (c) $x_t = 4\left(\frac{3}{2}\right)^t - 2$

16. (a) $x = Ae^{-3t}$ (b) $x = Ae^{-4t} + 3$ (c) $x = 1/(Ae^{-3t} - 4)$ und $x \equiv 0$.
(d) $x = Ae^{-\frac{1}{5}t}$ (e) $x = Ae^{-2t} + 5/3$ (f) $x = 1/(Ae^{-\frac{1}{2}t} - 2)$ und $x \equiv 0$.

17. (a) $x = 1/(C - \frac{1}{2}t^2)$ und $x(t) \equiv 0$. (b) $x = Ce^{-3t/2} - 5$ (c) $x = Ce^{3t} - 10$
(d) $x = Ce^{-5t} + 2t - \frac{2}{5}$ (e) $x = Ce^{-t/2} + \frac{2}{3}e^t$ (f) $x = Ce^{-3t} + \frac{1}{3}t^2 - \frac{2}{9}t + \frac{2}{27}$
▶ Ausführliche Lösung siehe Lösungshandbuch MyLab.

18. (a) $V(x) = (V_0 + b/a)e^{-ax} - b/a$ (b) $V(x^*) = 0$ ergibt $x^* = (1/a)\ln(1 + aV_0/b)$.
(c) $0 = V(\hat{x}) = (V_m + b/a)e^{-a\hat{x}} - b/a$ ergibt $V_m = (b/a)(e^{a\hat{x}} - 1)$.
(d) $x^* = (1/0.001)\ln(1 + 0.001 \cdot 12\,000/8) \approx 916$ und
$V_m = (8/0.001)(e^{0.001\cdot 1200} - 1) = 8000(e^{1.2} - 1) \approx 18561$.

Kapitel 12

12.1

1. (a) 2×2 (b) 2×3 (c) $m \times n$

2. $\mathbf{A} = \begin{pmatrix} 1 & 0 & 0 \\ 0 & 1 & 0 \\ 0 & 0 & 1 \end{pmatrix}$

3. $u = 3$ und $v = -2$. (Gleichsetzen der Elemente in Zeile 1 und Spalte 3 ergibt $u = 3$. Danach setzen wir die Elemente in Zeile 2 und Spalte 3 gleich und erhalten $u - v = 5$ und somit $v = -2$. Die anderen Elemente müssen nur noch überprüft werden, aber das ist offensichtlich.)

12.2

1. Gleichungen (a), (c), (d) und (f) sind linear in x, y, z und w, während (b) und (e) nichtlinear sind.

2. Ja: Wenn x_1, y_1, x_2 und y_2 alle Konstanten sind, ist das System linear in a, b, c und d.

3. Die drei Zeilen sind $2x_1 + 4x_2 + 6x_3 + 8x_4 = 2$, $5x_1 + 7x_2 + 9x_3 + 11x_4 = 4$ und $4x_1 + 6x_2 + 8x_3 + 10x_4 = 8$.

4. Das System ist

$$\begin{cases} \qquad x_2 + x_3 + x_4 = b_1 \\ x_1 \qquad + x_3 + x_4 = b_2 \\ x_1 + x_2 \qquad + x_4 = b_3 \\ x_1 + x_2 + x_3 \qquad = b_4 \end{cases} \quad \text{mit Lösung} \quad \begin{cases} x_1 = -\frac{2}{3}b_1 + \frac{1}{3}(b_2 + b_3 + b_4) \\ x_2 = -\frac{2}{3}b_2 + \frac{1}{3}(b_1 + b_3 + b_4) \\ x_3 = -\frac{2}{3}b_3 + \frac{1}{3}(b_1 + b_2 + b_4) \\ x_4 = -\frac{2}{3}b_4 + \frac{1}{3}(b_1 + b_2 + b_3) \end{cases}$$

(Addieren der 4 Gleichungen und dann Division durch 3 ergibt $x_1 + x_2 + x_3 + x_4 = \frac{1}{3}(b_1 + b_2 + b_3 + b_4)$. Indem man jede der ursprünglichen Gleichungen der Reihe nach von dieser neuen Gleichung subtrahiert, erhält man die Ausdrücke für $x_1, \dots, x_4$. Eine alternative Lösungsmethode ist die systematische Elimination der Variablen, indem man (z. B.) mit der Elimination von x_4 beginnt.)

5. (a) Das Güter-Bündel, das Individuum j besitzt. (b) $a_{i1} + a_{i2} + \cdots + a_{in}$ ist der Gesamtbestand des Gutes i, den alle Personen besitzen. Der erste Fall ist für $i = 1$. (c) $p_1 a_{1j} + p_2 a_{2j} + \cdots + p_m a_{mj}$

6. Wenn wir die Terme mit Null als Koeffizienten weglassen, sind die Gleichungen:

$$\begin{cases} \qquad -0.712Y \qquad + \qquad C = 95.05 \\ X - \qquad Y - S + \qquad C = 0.00 \\ 0.158X \qquad - S + 0.158C = 34.30 \\ X \qquad = 93.53 \end{cases}$$

Die Lösung ist $X = 93.53$, $Y \approx 482.11$, $S \approx 49.73$ und $C \approx 438.31$.

► Ausführliche Lösung siehe Lösungshandbuch MyLab.

12.3

1. $\mathbf{A} + \mathbf{B} = \begin{pmatrix} 1 & 0 \\ 7 & 5 \end{pmatrix}$, $3\mathbf{A} = \begin{pmatrix} 0 & 3 \\ 6 & 9 \end{pmatrix}$

2. $\mathbf{A} + \mathbf{B} = \begin{pmatrix} 1 & 0 & 4 \\ 2 & 4 & 16 \end{pmatrix}$, $\mathbf{A} - \mathbf{B} = \begin{pmatrix} -1 & 2 & -6 \\ 2 & 2 & -2 \end{pmatrix}$ und $5\mathbf{A} - 3\mathbf{B} = \begin{pmatrix} -3 & 8 & -20 \\ 10 & 12 & 8 \end{pmatrix}$

12.4

1. $\mathbf{a} + \mathbf{b} = \begin{pmatrix} 5 \\ 3 \end{pmatrix}$, $\mathbf{a} - \mathbf{b} = \begin{pmatrix} -1 \\ -5 \end{pmatrix}$, $2\mathbf{a} + 3\mathbf{b} = \begin{pmatrix} 13 \\ 10 \end{pmatrix}$ und $-5\mathbf{a} + 2\mathbf{b} = \begin{pmatrix} -4 \\ 13 \end{pmatrix}$

2. $\mathbf{a} + \mathbf{b} + \mathbf{c} = (-1, 6, -4)$, $\mathbf{a} - 2\mathbf{b} + 2\mathbf{c} = (-3, 10, 2)$, $3\mathbf{a} + 2\mathbf{b} - 3\mathbf{c} = (9, -6, 9)$

3. Nach den Definitionen der Vektoraddition und der Multiplikation mit einem Skalar muss die linke Seite der Gleichung gleich dem Vektor $3(x, y, z) + 5(-1, 2, 3) = (3x - 5, 3y + 10, 3z + 15)$. Damit dies gleich dem Vektor $(4, 1, 3)$ ist, müssen die entsprechenden Komponenten gleich sein. Somit ist die Vektorgleichung äquivalent zu dem Gleichungssystem $3x - 5 = 4$, $3y + 10 = 1$ und $3z + 15 = 3$ mit der offensichtlichen Lösung $x = 3$, $y = -3$, $z = -4$.

4. Hier ist $\mathbf{x} = \mathbf{0}$, so dass für alle i für die i-te Komponente $x_i = 0$ gelten muss.

5. Nichts, da $0 \cdot \mathbf{x} = \mathbf{0}$ für alle $\mathbf{x}$.

6. Wir müssen Zahlen t und s finden, so dass $t(2,-1) + s(1,4) = (4,-11)$. Diese Vektorgleichung ist äquivalent zu $(2t+s, -t+4s) = (4,-11)$. Gleichsetzen der beiden Komponenten ergibt das Gleichungssystem (i) $2t+s = 4$ (ii) $-t+4s = -11$. Die Lösung ist $t = 3$, $s = -2$, so dass $(4,-11) = 3(2,-1) - 2(1,4)$.

7. $4\mathbf{x} - 2\mathbf{x} = 7\mathbf{a} + 8\mathbf{b} - \mathbf{a}$, so dass $2\mathbf{x} = 6\mathbf{a} + 8\mathbf{b}$ und $\mathbf{x} = 3\mathbf{a} + 4\mathbf{b}$.

8. $\mathbf{a} \cdot \mathbf{a} = 5$, $\mathbf{a} \cdot \mathbf{b} = 2$ und $\mathbf{a} \cdot (\mathbf{a} + \mathbf{b}) = 7$. Wir sehen, dass $\mathbf{a} \cdot \mathbf{a} + \mathbf{a} \cdot \mathbf{b} = \mathbf{a} \cdot (\mathbf{a} + \mathbf{b})$.

9. Das innere Produkt der zwei Vektoren ist $x^2 + (x-1)x + 3 \cdot 3x = x^2 + x^2 - x + 9x = 2x^2 + 8x = 2x(x+4)$. Dies ist 0 für $x = 0$ und $x = -4$.

10. (a) $\mathbf{x} = (5, 7, 12)$ (b) $\mathbf{u} = (20, 18, 25)$ (c) $\mathbf{u} \cdot \mathbf{x} = 526$

11. (a) Die Einnahmen des Unternehmens sind $\mathbf{p} \cdot \mathbf{z}$. Die Kosten sind $\mathbf{p} \cdot \mathbf{x}$.
(b) Gewinn = Einnahmen – Kosten = $\mathbf{p} \cdot \mathbf{z} - \mathbf{p} \cdot \mathbf{x} = \mathbf{p} \cdot (\mathbf{z} - \mathbf{x}) = \mathbf{p} \cdot \mathbf{y}$. Wenn $\mathbf{p} \cdot \mathbf{y} < 0$, macht das Unternehmen einen Verlust, der gleich $-\mathbf{p} \cdot \mathbf{y}$ ist.

12. (a) Inputvektor = $\begin{pmatrix} 0 \\ 1 \end{pmatrix}$ (b) Outputvektor = $\begin{pmatrix} 2 \\ 0 \end{pmatrix}$

(c) Kosten = $(1,3)\begin{pmatrix} 0 \\ 1 \end{pmatrix} = 3$ (d) Einnahmen = $(1,3)\begin{pmatrix} 2 \\ 0 \end{pmatrix} = 2$

(e) Wert des Netto-Outputs = $(1,3)\begin{pmatrix} 2 \\ -1 \end{pmatrix} = 2 - 3 = -1$

(f) Verlust = Kosten – Einnahmen = $3 - 2 = 1$, so dass Gewinn = -1.

12.5

1. (a) $\mathbf{AB} = \begin{pmatrix} 0 & -2 \\ 3 & 1 \end{pmatrix}\begin{pmatrix} -1 & 4 \\ 1 & 5 \end{pmatrix} = \begin{pmatrix} 0 \cdot (-1) + (-2) \cdot 1 & 0 \cdot 4 + (-2) \cdot 5 \\ 3 \cdot (-1) + 1 \cdot 1 & 3 \cdot 4 + 1 \cdot 5 \end{pmatrix} = \begin{pmatrix} -2 & -10 \\ -2 & 17 \end{pmatrix}$ und $\mathbf{BA} = \begin{pmatrix} 12 & 6 \\ 15 & 3 \end{pmatrix}$.

(b) $\mathbf{AB} = \begin{pmatrix} 26 & 3 \\ 6 & -22 \end{pmatrix}$ und $\mathbf{BA} = \begin{pmatrix} 14 & 6 & -12 \\ 35 & 12 & 4 \\ 3 & 3 & -22 \end{pmatrix}$ (c) $\mathbf{AB}$ ist nicht definiert, während $\mathbf{BA} = \begin{pmatrix} -1 & 4 \\ 3 & 4 \\ 4 & 8 \end{pmatrix}$

(d) $\mathbf{AB} = \begin{pmatrix} 0 & 0 & 0 \\ 0 & 4 & -6 \\ 0 & -8 & 12 \end{pmatrix}$ und $\mathbf{BA} = (16)$, eine 1×1-Matrix.

2. (i) $3\mathbf{A}+2\mathbf{B}-2\mathbf{C}+\mathbf{D}=\begin{pmatrix}-1 & 15\\ -6 & -13\end{pmatrix}$ (ii) $\mathbf{AB}=\begin{pmatrix}0 & 0\\ 0 & 0\end{pmatrix}$

(iii) Aus (ii) folgt, dass $\mathbf{C}(\mathbf{AB})=\begin{pmatrix}0 & 0\\ 0 & 0\end{pmatrix}$.

3. $\mathbf{A}+\mathbf{B}=\begin{pmatrix}4 & 1 & -1\\ 9 & 2 & 7\\ 3 & -1 & 4\end{pmatrix}$, $\mathbf{A}-\mathbf{B}=\begin{pmatrix}-2 & 3 & -5\\ 1 & -2 & -3\\ -1 & -1 & -2\end{pmatrix}$, $\mathbf{AB}=\begin{pmatrix}5 & 3 & 3\\ 19 & -5 & 16\\ 1 & -3 & 0\end{pmatrix}$,

$\mathbf{BA}=\begin{pmatrix}0 & 4 & -9\\ 19 & 3 & -3\\ 5 & 1 & -3\end{pmatrix}$, $(\mathbf{AB})\mathbf{C}=\mathbf{A}(\mathbf{BC})=\begin{pmatrix}23 & 8 & 25\\ 92 & -28 & 76\\ 4 & -8 & -4\end{pmatrix}$

4. (a) $\begin{pmatrix}1 & 1\\ 3 & 5\end{pmatrix}\begin{pmatrix}x_1\\ x_2\end{pmatrix}=\begin{pmatrix}3\\ 5\end{pmatrix}$ (b) $\begin{pmatrix}1 & 2 & 1\\ 1 & -1 & 1\\ 2 & 3 & -1\end{pmatrix}\begin{pmatrix}x_1\\ x_2\\ x_3\end{pmatrix}=\begin{pmatrix}4\\ 5\\ 1\end{pmatrix}$

(c) $\begin{pmatrix}2 & -3 & 1\\ 1 & 1 & -1\end{pmatrix}\begin{pmatrix}x_1\\ x_2\\ x_3\end{pmatrix}=\begin{pmatrix}0\\ 0\end{pmatrix}$

5. $\mathbf{A}-2\mathbf{I}=\begin{pmatrix}0 & 2\\ 1 & 3\end{pmatrix}$. Die Matrix **C** muss 2×2 sein. Mit $\mathbf{C}=\begin{pmatrix}c_{11} & c_{12}\\ c_{21} & c_{22}\end{pmatrix}$ muss gelten $\begin{pmatrix}0 & 2\\ 1 & 3\end{pmatrix}\begin{pmatrix}c_{11} & c_{12}\\ c_{21} & c_{22}\end{pmatrix}=\begin{pmatrix}1 & 0\\ 0 & 1\end{pmatrix}$ oder $\begin{pmatrix}2c_{21} & 2c_{22}\\ c_{11}+3c_{21} & c_{12}+3c_{22}\end{pmatrix}=\begin{pmatrix}1 & 0\\ 0 & 1\end{pmatrix}$. Es folgt, dass $c_{11}=-3/2$, $c_{12}=1$, $c_{21}=1/2$ und $c_{22}=0$.

(b) $\mathbf{B}-2\mathbf{I}=\begin{pmatrix}0 & 0\\ 3 & 0\end{pmatrix}$, so dass die erste Zeile in jedem Matrizenprodukt $(\mathbf{B}-2\mathbf{I})\mathbf{D}$ gleich $(0,0)$ sein muss. Deshalb gibt es keine Matrix **D**, für die $(\mathbf{B}-2\mathbf{I})\mathbf{D}=\mathbf{I}$.

6. Das Produkt **AB** ist nur definiert, wenn **B** n Zeilen hat. Und **BA** ist nur definiert, wenn **B** m Spalten hat. Somit muss **B** eine $n\times m$ Matrix sein.
► Ausführliche Lösung siehe Lösungshandbuch MyLab.

7. $\mathbf{B}=\begin{pmatrix}w-y & y\\ y & w\end{pmatrix}$, für beliebige y, w.
► Ausführliche Lösung siehe Lösungshandbuch MyLab.

8. $\mathbf{T}(\mathbf{Ts})=\begin{pmatrix}0.85 & 0.10 & 0.10\\ 0.05 & 0.55 & 0.05\\ 0.10 & 0.35 & 0.85\end{pmatrix}\begin{pmatrix}0.25\\ 0.35\\ 0.40\end{pmatrix}=\begin{pmatrix}0.2875\\ 0.2250\\ 0.4875\end{pmatrix}$

12.6

1. $\mathbf{A}(\mathbf{B}+\mathbf{C})=\mathbf{AB}+\mathbf{AC}=\begin{pmatrix}3 & 2 & 6 & 2\\ 7 & 4 & 14 & 6\end{pmatrix}$

2. Die 1×1-Matrix: $(ax^2+by^2+cz^2+2\,dxy+2exz+2fyz)$
► Ausführliche Lösung siehe Lösungshandbuch MyLab.

3. Es ist ganz einfach zu zeigen, dass $(\mathbf{AB})\mathbf{C}$ und $\mathbf{A}(\mathbf{BC})$ beide gleich der 2×2 Matrix $\mathbf{D} = (d_{ij})_{2\times 2}$ mit $d_{ij} = a_{i1}b_{11}c_{1j} + a_{i1}b_{12}c_{2j} + a_{i2}b_{21}c_{1j} + a_{i2}b_{22}c_{2j}$ für $i = 1, 2$ und $j = 1, 2$ sind.

4. (a) $\begin{pmatrix} 5 & 3 & 1 \\ 2 & 0 & 9 \\ 1 & 3 & 3 \end{pmatrix}$ (b) $(1, 2, -3)$

5. (a) Beachten Sie, dass $(\mathbf{A}+\mathbf{B})(\mathbf{A}-\mathbf{B}) = \mathbf{A}^2 - \mathbf{AB} + \mathbf{BA} - \mathbf{B}^2 \neq \mathbf{A}^2 - \mathbf{B}^2$, es sei denn $\mathbf{AB} = \mathbf{BA}$.
(b) Ähnlich $(\mathbf{A}-\mathbf{B})(\mathbf{A}-\mathbf{B}) = \mathbf{A}^2 - \mathbf{AB} - \mathbf{BA} + \mathbf{B}^2 \neq \mathbf{A}^2 - 2\mathbf{AB} + \mathbf{B}^2$, es sei denn $\mathbf{AB} = \mathbf{BA}$.
Gleichheit gilt in (a) und (b) genau dann, wenn $\mathbf{AB} = \mathbf{BA}$.

6. (a) Verifizieren Sie das direkt durch Matrixmultiplikation. (b) $\mathbf{AA} = (\mathbf{AB})\mathbf{A} = \mathbf{A}(\mathbf{BA}) = \mathbf{AB} = \mathbf{A}$, so dass $\mathbf{A}$ idempotent ist. Vertauschen Sie $\mathbf{A}$ und $\mathbf{B}$, um zu zeigen, dass $\mathbf{B}$ idempotent ist. (c) Als Induktionshypothese nehmen Sie an, dass $\mathbf{A}^k = \mathbf{A}$, was für $k = 1$ wahr ist. Dann ist $\mathbf{A}^{k+1} = \mathbf{A}^k\mathbf{A} = \mathbf{AA} = \mathbf{A}$. Dies schließt den Beweis durch Induktion.

7. Wenn $\mathbf{P}^3\mathbf{Q} = \mathbf{PQ}$, dann ist $\mathbf{P}^5\mathbf{Q} = \mathbf{P}^2(\mathbf{P}^3\mathbf{Q}) = \mathbf{P}^2(\mathbf{PQ}) = \mathbf{P}^3\mathbf{Q} = \mathbf{PQ}$.

8. (a) Verifizieren Sie das direkt durch Matrixmultiplikation. (b) Bei gegebenem $\mathbf{A} = \begin{pmatrix} a & b \\ c & d \end{pmatrix}$ reicht es, wenn $a + d = ad - bc = 0$, wobei a, b, c, d nicht alle 0. Ein Beispiel ist $\mathbf{A} = \begin{pmatrix} 1 & 1 \\ -1 & -1 \end{pmatrix}$. (c) Folgen Sie den Hinweisen. ► Siehe MyLab für Details.

12.7

1. $\mathbf{A}' = \begin{pmatrix} 3 & -1 \\ 5 & 2 \\ 8 & 6 \\ 3 & 2 \end{pmatrix}$, $\mathbf{B}' = (0, 1, -1, 2)$, $\mathbf{C}' = \begin{pmatrix} 1 \\ 5 \\ 0 \\ -1 \end{pmatrix}$

2. (a) $\mathbf{A}' = \begin{pmatrix} 3 & -1 \\ 2 & 5 \end{pmatrix}$, $\mathbf{B}' = \begin{pmatrix} 0 & 2 \\ 2 & 2 \end{pmatrix}$, $(\mathbf{A}+\mathbf{B})' = \begin{pmatrix} 3 & 1 \\ 4 & 7 \end{pmatrix}$, $(\alpha\mathbf{A})' = \begin{pmatrix} -6 & 2 \\ -4 & -10 \end{pmatrix}$,

$\mathbf{AB} = \begin{pmatrix} 4 & 10 \\ 10 & 8 \end{pmatrix}$, $(\mathbf{AB})' = \begin{pmatrix} 4 & 10 \\ 10 & 8 \end{pmatrix} = \mathbf{B}'\mathbf{A}'$, und $\mathbf{A}'\mathbf{B}' = \begin{pmatrix} -2 & 4 \\ 10 & 14 \end{pmatrix}$.

(b) Überprüfung der Regeln (12.7.2) bis (12.7.5) ist jetzt sehr einfach.

3. Direkte Verifikation zeigt, dass für jede der zwei Matrizen das Element in Position ij gleich dem Element in Position ji ist für $i = 1, 2, 3$ und $j = 1, 2, 3$.

4. Symmetrie verlangt $a^2 - 1 = a + 1$ und $a^2 + 4 = 4a$. Die zweite Gleichung hat die eindeutige Lösung $a = 2$, was auch die erste Gleichung erfüllt.

5. Nein! Zum Beispiel: $\begin{pmatrix} 0 & 0 \\ 0 & 1 \end{pmatrix}\begin{pmatrix} 1 & 1 \\ 1 & 1 \end{pmatrix} = \begin{pmatrix} 0 & 0 \\ 1 & 1 \end{pmatrix}$.

6. $(\mathbf{A}_1\mathbf{A}_2\mathbf{A}_3)' = (\mathbf{A}_1(\mathbf{A}_2\mathbf{A}_3))' = (\mathbf{A}_2\mathbf{A}_3)'\mathbf{A}_1' = (\mathbf{A}_3'\mathbf{A}_2')\mathbf{A}_1' = \mathbf{A}_3'\mathbf{A}_2'\mathbf{A}_1'$. Verwenden Sie Induktion für den allgemeinen Fall.
▶ Ausführliche Lösung siehe Lösungshandbuch MyLab.

7. (a) Direkte Überprüfung.

(b) $\begin{pmatrix} p & q \\ -q & p \end{pmatrix}\begin{pmatrix} p & -q \\ q & p \end{pmatrix} = \begin{pmatrix} p^2+q^2 & 0 \\ 0 & p^2+q^2 \end{pmatrix} = \begin{pmatrix} 1 & 0 \\ 0 & 1 \end{pmatrix} \Leftrightarrow p^2+q^2 = 1.$

(c) Wenn $\mathbf{P}'\mathbf{P} = \mathbf{Q}'\mathbf{Q} = \mathbf{I}_n$, dann ist $(\mathbf{PQ})'(\mathbf{PQ}) = (\mathbf{Q}'\mathbf{P}')(\mathbf{PQ}) = \mathbf{Q}'(\mathbf{P}'\mathbf{P})\mathbf{Q} = \mathbf{Q}'\mathbf{I}_n\mathbf{Q} = \mathbf{Q}'\mathbf{Q} = \mathbf{I}_n$.

8. (a) $\mathbf{TS} = \begin{pmatrix} p^3+p^2q & 2p^2q+2pq^2 & pq^2+q^3 \\ \frac{1}{2}p^3+\frac{1}{2}p^2+\frac{1}{2}p^2q & p^2q+pq+pq^2 & \frac{1}{2}pq^2+\frac{1}{2}q^2+\frac{1}{2}q^3 \\ p^3+p^2q & 2p^2q+2pq^2 & pq^2+q^3 \end{pmatrix} = \mathbf{S},$

da $p+q=1$.
Ein ähnliches Argument zeigt, dass $\mathbf{T}^2 = \frac{1}{2}\mathbf{T} + \frac{1}{2}\mathbf{S}$. Um die Formel für $\mathbf{T}^3$ herzuleiten, multiplizieren Sie jede Seite der letzten Gleichung von links mit $\mathbf{T}$.
(b) Die geeignete Formel ist $\mathbf{T}^n = 2^{1-n}\mathbf{T} + (1-2^{1-n})\mathbf{S}$.
▶ Ausführliche Lösung siehe Lösungshandbuch MyLab.

12.8

1. (a) Gauß'sche Elimination ergibt:

$$\begin{pmatrix} 1 & 1 & 3 \\ 3 & 5 & 5 \end{pmatrix} \begin{matrix} -3 \\ \leftarrow \end{matrix} \sim \begin{pmatrix} 1 & 1 & 3 \\ 0 & 2 & -4 \end{pmatrix} \begin{matrix} \\ 1/2 \end{matrix} \sim \begin{pmatrix} 1 & 1 & 3 \\ 0 & 1 & -2 \end{pmatrix} \begin{matrix} \leftarrow \\ -1 \end{matrix} \sim \begin{pmatrix} 1 & 0 & 5 \\ 0 & 1 & -2 \end{pmatrix}$$

Die Lösung ist deshalb: $x_1 = 5$, $x_2 = -2$.
(b) Gauß'sche Elimination ergibt:

$$\begin{pmatrix} 1 & 2 & 1 & 4 \\ 1 & -1 & 1 & 5 \\ 2 & 3 & -1 & 1 \end{pmatrix} \begin{matrix} -1 \quad -2 \\ \leftarrow \\ \leftarrow \end{matrix} \sim \begin{pmatrix} 1 & 2 & 1 & 4 \\ 0 & -3 & 0 & 1 \\ 0 & -1 & -3 & -7 \end{pmatrix} \begin{matrix} \\ -1/3 \\ \\ \end{matrix}$$

$$\sim \begin{pmatrix} 1 & 2 & 1 & 4 \\ 0 & 1 & 0 & -1/3 \\ 0 & -1 & -3 & -7 \end{pmatrix} \begin{matrix} \leftarrow \\ 1 \quad -2 \\ \leftarrow \end{matrix} \sim \begin{pmatrix} 1 & 0 & 1 & 14/3 \\ 0 & 1 & 0 & -1/3 \\ 0 & 0 & -3 & -22/3 \end{pmatrix} \begin{matrix} \\ \\ -1/3 \end{matrix}$$

$$\sim \begin{pmatrix} 1 & 0 & 1 & 14/3 \\ 0 & 1 & 0 & -1/3 \\ 0 & 0 & 1 & 22/9 \end{pmatrix} \begin{matrix} \leftarrow \\ \\ -1 \end{matrix} \sim \begin{pmatrix} 1 & 0 & 0 & 20/9 \\ 0 & 1 & 0 & -1/3 \\ 0 & 0 & 1 & 22/9 \end{pmatrix}$$

Die Lösung ist deshalb: $x_1 = 20/9$, $x_2 = -1/3$, $x_3 = 22/9$.
(c) Die allgemeine Lösung ist: $x_1 = (2/5)s$, $x_2 = (3/5)s$, $x_3 = s$, wobei s eine beliebige reelle Zahl ist.

2. Indem wir Gauß'sche Elimination anwenden, um x aus der zweiten und dritten Gleichung zu eliminieren und dann y aus der dritten Gleichung, gelangen wir zu der folgenden erweiterten Koeffizientenmatrix:

$$\begin{pmatrix} 1 & 1 & -1 & 1 \\ 0 & 1 & -3/2 & -1/2 \\ 0 & 0 & a+5/2 & b-1/2 \end{pmatrix}.$$

Die zwei ersten Gleichungen implizieren, dass für jedes z gilt: $y = -\frac{1}{2} + \frac{3}{2}z$ und $x = 1 - y + z = \frac{3}{2} - \frac{1}{2}z$. An der letzten Gleichung sehen wir, dass es für $a \neq -\frac{5}{2}$ eine eindeutige Lösung gibt mit $z = (b - \frac{1}{2})/(a + \frac{5}{2})$. Für $a = -\frac{5}{2}$ gibt es keine Lösungen, falls $b \neq \frac{1}{2}$. Es gibt jedoch einen Freiheitsgrad, falls $b = \frac{1}{2}$ (mit z beliebig).

3. Für $c = 1$ und für $c = -2/5$ ist die Lösung: $x = 2c^2 - 1 + t$, $y = s$, $z = t$, $w = 1 - c^2 - 2s - 2t$ für beliebige s und t. Für andere Werte von c gibt es keine Lösungen.
► Ausführliche Lösung siehe Lösungshandbuch MyLab.

4. Verschieben Sie die erste Zeile in die dritte Zeile und verwenden Sie Gauß'sche Elimination. Es gibt genau dann eine eindeutige Lösung, wenn $a \neq 3/4$.
► Ausführliche Lösung siehe Lösungshandbuch MyLab.

5. Falls $b_1 \neq \frac{1}{4}b_3$, gibt es keine Lösung. Falls $b_1 = \frac{1}{4}b_3$ gibt es unendlich viele Lösungen in der Gestalt $x = -2b_2 + b_3 - 5t$, $y = \frac{3}{2}b_2 - \frac{1}{2}b_3 + 2t$, $z = t$ mit $t \in \mathbb{R}$.
► Ausführliche Lösung siehe Lösungshandbuch MyLab.

12.9

1. $\mathbf{a} + \mathbf{b} = (3, 3)$ und $-\frac{1}{2}\mathbf{a} = (-2.5, 0.5)$. Siehe Abb. A12.9.1.

2. (a) (i) $\lambda = 0$ ergibt $\mathbf{x} = (-1, 2) = \mathbf{b}$, (ii) $\lambda = 1/4$ ergibt $\mathbf{x} = (0, 7/4)$, (iii) $\lambda = 1/2$ ergibt $\mathbf{x} = (1, 3/2)$, (iv) $\lambda = 3/4$ ergibt $\mathbf{x} = (2, 5/4)$ und (v) $\lambda = 1$ ergibt $\mathbf{x} = (3, 1) = \mathbf{a}$. Siehe Abb. A12.9.2. (b) Wenn λ das Intervall $[0, 1]$ durchläuft, füllt $\mathbf{x}$ den Streckenabschnitt mit den Endpunkten $\mathbf{a}$ und $\mathbf{b}$ in Abb. A12.9.2 aus. (c) Siehe MyLab.
► Ausführliche Lösung siehe Lösungshandbuch MyLab.

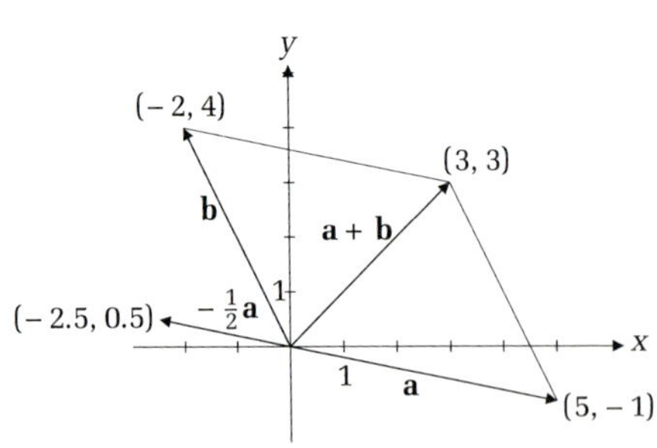

Abbildung A12.9.1

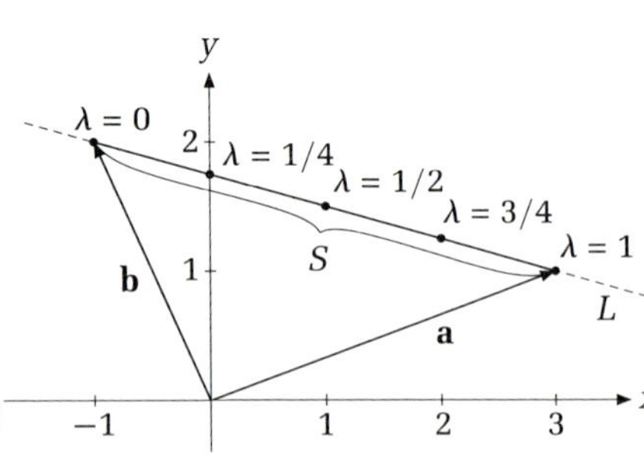

Abbildung A12.9.2

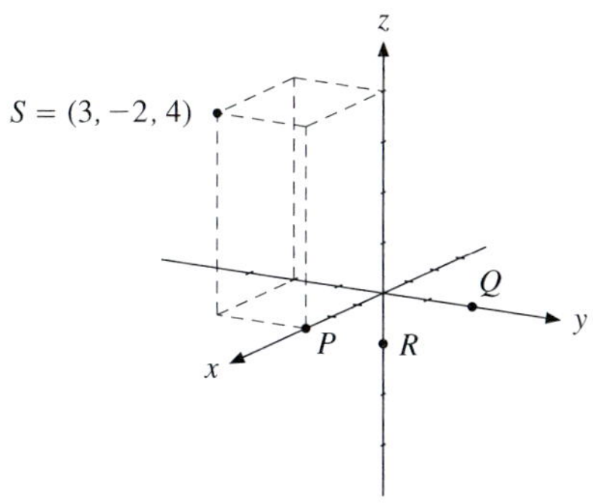

Abbildung A12.9.3

3. Siehe Abb. A12.9.3.

4. (a) Eine Gerade durch $(0, 2, 3)$ parallel zur x-Achse.

(b) Die eindeutige Ebene, die sowohl die z-Achse als auch die Gerade $y = x$ in der xy-Ebene enthält.

5. $||\mathbf{a}|| = 3$, $||\mathbf{b}|| = 3$, $||\mathbf{c}|| = \sqrt{29}$. Es ist $|\mathbf{a} \cdot \mathbf{b}| = 6 \leq ||\mathbf{a}|| \cdot ||\mathbf{b}|| = 9$

6. (a) $x_1(1, 2, 1) + x_2(-3, 0, -2) = (x_1 - 3x_2, 2x_1, x_1 - 2x_2) = (5, 4, 4)$, wenn $x_1 = 2$ und $x_2 = -1$. (b) x_1 und x_2 müssten $x_1(1, 2, 1) + x_2(-3, 0, -2) = (-3, 6, 1)$ erfüllen. Dann ist $x_1 - 3x_2 = -3$, $2x_1 = 6$ und $x_1 - 2x_2 = 1$. Die zwei ersten Gleichungen ergeben $x_1 = 3$ und $x_2 = 2$; dann ist die letzte Gleichung nicht erfüllt.

7. Die Paare von Vektoren in (a) und (c) sind orthogonal; das Paar in (b) nicht.

8. Die Vektoren sind genau dann orthogonal, wenn ihr inneres Produkt 0 ist, d. h. genau dann, wenn $x^2 - x - 8 - 2x + x = x^2 - 2x - 8 = 0$, was für $x = -2$ und $x = 4$ der Fall ist.

9. Wenn $\mathbf{P}$ orthogonal ist und wenn $\mathbf{c}_i$ und $\mathbf{c}_j$ zwei verschiedene Spalten von $\mathbf{P}$ sind, dann ist $\mathbf{c}_i'\mathbf{c}_j$ das Element in Zeile i und Spalte j von $\mathbf{P}'\mathbf{P} = \mathbf{I}$, so dass $\mathbf{c}_i'\mathbf{c}_j = 0$. Wenn $\mathbf{r}_i$ und $\mathbf{r}_j$ zwei verschiedene Zeilen von $\mathbf{P}$ sind, dann ist $\mathbf{r}_i\mathbf{r}_j'$ das Element in Zeile i und Spalte j von $\mathbf{PP}' = \mathbf{I}' = \mathbf{I}$, so dass wieder $\mathbf{r}_i\mathbf{r}_j' = 0$.

10. $(\|\mathbf{a}\| + \|\mathbf{b}\|)^2 = \|\mathbf{a}\|^2 + 2\|\mathbf{a}\| \cdot \|\mathbf{b}\| + \|\mathbf{b}\|^2$, während $\|\mathbf{a} + \mathbf{b}\|^2 = (\mathbf{a} + \mathbf{b}) \cdot (\mathbf{a} + \mathbf{b}) = \|\mathbf{a}\|^2 + 2\mathbf{a} \cdot \mathbf{b} + \|\mathbf{b}\|^2$. Es folgt $(\|\mathbf{a}\| + \|\mathbf{b}\|)^2 - \|\mathbf{a} + \mathbf{b}\|^2 = 2(\|\mathbf{a}\| \cdot \|\mathbf{b}\| - \mathbf{a} \cdot \mathbf{b}) \geq 0$ nach der Cauchy-Schwarz-Ungleichung (12.9.7).

12.10

1. (a) $x_1 = 3t + 10(1 - t) = 10 - 7t$, $x_2 = (-2)t + 2(1 - t) = 2 - 4t$ und $x_3 = 2t + (1 - t) = 1 + t$ (b) $x_1 = 1$, $x_2 = 3 - t$ und $x_3 = 2 + t$

2. (a) Um zu zeigen, dass $\mathbf{a}$ auf L liegt, setzen Sie $t = 0$. (b) Die Richtung von L ist gegeben durch $(-1, 2, 1)$ und die Gleichung von $\mathcal{P}$ ist $(-1)(x_1 - 2) + 2(x_2 -$

$(-1))+1\cdot(x_3-3)=0$ oder $-x_1+2x_2+x_3=-1$. (c) Es muss $3(-t+2)+5(2t-1)-(t+3)=6$ gelten und somit $t=4/3$. Daher ist $P=(2/3,5/3,13/3)$.

3. $x_1-3x_2-2x_3=-3$
▶ Ausführliche Lösung siehe Lösungshandbuch MyLab.

4. $2x+3y+5z\le m$ mit $m\ge 75$.

5. (a) Dies kann direkt verifiziert werden.
(b) $(x_1,x_2,x_3)=(-2,1,-1)+t(-1,2,3)=(-2-t,1+2t,-1+3t)$

Wiederholungsaufgaben für Kap. 12

1. a) $\mathbf{A}=\begin{pmatrix}2&3&4\\3&4&5\end{pmatrix}$ (b) $\mathbf{A}=\begin{pmatrix}1&-1&1\\-1&1&-1\end{pmatrix}$

2. (a) $\mathbf{A}-\mathbf{B}=\begin{pmatrix}3&-2\\-2&2\end{pmatrix}$ (b) $\mathbf{A}+\mathbf{B}-2\mathbf{C}=\begin{pmatrix}-3&-4\\-2&-8\end{pmatrix}$ (c) $\mathbf{AB}=\begin{pmatrix}-2&4\\2&-3\end{pmatrix}$

(d) $\mathbf{C}(\mathbf{AB})=\begin{pmatrix}2&-1\\6&-8\end{pmatrix}$

(e) $\mathbf{AD}=\begin{pmatrix}2&2&2\\0&2&3\end{pmatrix}$ (f) $\mathbf{DC}$ ist nicht definiert. (g) $2\mathbf{A}-3\mathbf{B}=\begin{pmatrix}7&-6\\-5&5\end{pmatrix}$

(h) $(\mathbf{A}-\mathbf{B})'=\begin{pmatrix}3&-2\\-2&2\end{pmatrix}$

(i) und (j): $(\mathbf{C}'\mathbf{A}')\mathbf{B}'=\mathbf{C}'(\mathbf{A}'\mathbf{B}')=\begin{pmatrix}-6&5\\-4&5\end{pmatrix}$ (k) $\mathbf{D}'\mathbf{D}'$ ist nicht definiert.

(l) $\mathbf{D}'\mathbf{D}=\begin{pmatrix}2&4&5\\4&10&13\\5&13&17\end{pmatrix}$.

3. (a) $\begin{pmatrix}2&-5\\5&8\end{pmatrix}\begin{pmatrix}x_1\\x_2\end{pmatrix}=\begin{pmatrix}3\\5\end{pmatrix}$ (b) $\begin{pmatrix}1&1&1&1\\1&3&2&4\\1&4&8&0\\2&0&1&-1\end{pmatrix}\begin{pmatrix}x\\y\\z\\t\end{pmatrix}=\begin{pmatrix}a\\b\\c\\d\end{pmatrix}$

(c) $\begin{pmatrix}a-1&3&-2\\a&2&-1\\1&-2&3\end{pmatrix}\begin{pmatrix}x\\y\\z\end{pmatrix}=\begin{pmatrix}5\\2\\1\end{pmatrix}$

4. $\mathbf{A}+\mathbf{B}=\begin{pmatrix}0&-4&1\\8&6&4\\-10&9&15\end{pmatrix}$, $\mathbf{A}-\mathbf{B}=\begin{pmatrix}0&6&-5\\-2&2&6\\-2&5&15\end{pmatrix}$, $\mathbf{AB}=\begin{pmatrix}13&-2&-1\\0&3&5\\-25&74&-25\end{pmatrix}$,

$\mathbf{BA}=\begin{pmatrix}-33&1&20\\12&6&-15\\6&4&18\end{pmatrix}$, $(\mathbf{AB})\mathbf{C}=\mathbf{A}(\mathbf{BC})=\begin{pmatrix}74&-31&-48\\6&25&38\\-2&-75&-26\end{pmatrix}$

5. Die Matrizenprodukte auf der linken Seite sind $\begin{pmatrix} 2a+b & a+b \\ 2x & x \end{pmatrix}$ und $\begin{pmatrix} a & b \\ 2a+x & 2b \end{pmatrix}$. Wenn wir ihre Differenz $\begin{pmatrix} a+b & a \\ x-2a & x-2b \end{pmatrix}$ gleich der Matrix $\begin{pmatrix} 2 & 1 \\ 4 & 4 \end{pmatrix}$ auf der rechten Seite setzen, ergeben sich die vier Gleichungen: $a+b=2$, $a=1$, $x-2a=4$ und $x-2=4$. Es folgt: $a=b=1$, $x=6$.

6. (a) $\mathbf{A}^2 = \begin{pmatrix} a^2-b^2 & 2ab & b^2 \\ -2ab & a^2-2b^2 & 2ab \\ b^2 & -2ab & a^2-b^2 \end{pmatrix}$

(b) $(\mathbf{C}'\mathbf{B}\mathbf{C})' = \mathbf{C}'\mathbf{B}'(\mathbf{C}')' = \mathbf{C}'(-\mathbf{B})\mathbf{C} = -\mathbf{C}'\mathbf{B}\mathbf{C}$. Somit ist $\mathbf{A}$ schiefsymmetrisch genau dann, wenn $a=0$. (c) $\mathbf{A}_1' = \frac{1}{2}(\mathbf{A}'+\mathbf{A}'') = \frac{1}{2}(\mathbf{A}'+\mathbf{A}) = \mathbf{A}_1$, so dass $\mathbf{A}_1$ symmetrisch ist. Es ist genauso leicht zu zeigen, dass $\mathbf{A}_2$ schiefsymmetrisch ist und dass jede quadratische Matrix $\mathbf{A}$ deshalb die Summe $\mathbf{A}_1+\mathbf{A}_2$ einer symmetrischen Matrix $\mathbf{A}_1$ und einer schiefsymmetrischen Matrix $\mathbf{A}_2$ ist.

7. (a) $\begin{pmatrix} 1 & 4 & 1 \\ 2 & 2 & 8 \end{pmatrix} \begin{matrix} -2 \\ \leftarrow\!\lrcorner \end{matrix} \sim \begin{pmatrix} 1 & 4 & 1 \\ 0 & -6 & 6 \end{pmatrix} -1/6 \sim \begin{pmatrix} 1 & 4 & 1 \\ 0 & 1 & -1 \end{pmatrix} \begin{matrix} \leftarrow\!\urcorner \\ -4 \end{matrix} \sim \begin{pmatrix} 1 & 0 & 5 \\ 0 & 1 & -1 \end{pmatrix}$

Die Lösung ist $x_1 = 5$, $x_2 = -1$.

(b) Lösung: $x_1 = 3/7$, $x_2 = -5/7$, $x_3 = -18/7$.

(c) Lösung: $x_1 = (1/14)x_3$, $x_2 = -(19/14)x_3$, wobei x_3 beliebig ist. (Ein Freiheitsgrad.)

► Ausführliche Lösung siehe Lösungshandbuch MyLab.

8. Wir verwenden die Gauß'sche Eliminationsmethode:

$$\begin{pmatrix} 1 & a & 2 & 0 \\ -2 & -a & 1 & 4 \\ 2a & 3a^2 & 9 & 4 \end{pmatrix} \begin{matrix} 2 \quad -2a \\ \leftarrow\!\lrcorner \\ \leftarrow\!\lrcorner \end{matrix} \sim \begin{pmatrix} 1 & a & 2 & 0 \\ 0 & a & 5 & 4 \\ 0 & a^2 & 9-4a & 4 \end{pmatrix} \begin{matrix} \\ -a \\ \leftarrow\!\lrcorner \end{matrix} \sim \begin{pmatrix} 1 & a & 2 & 0 \\ 0 & a & 5 & 4 \\ 0 & 0 & 9-9a & 4-4a \end{pmatrix}$$

Für $a=1$ ist die letzte Gleichung überflüssig. Die Lösung ist $x = 3t-4$, $y = -5t+4$, $z = t$ mit t beliebig. Wenn $a \neq 1$, haben wir $(9-9a)z = 4-4a$, so dass $z = 4/9$. Die anderen zwei Gleichungen sind dann $x + ay = -8/9$ und $ay = 16/9$. Wenn $a = 0$, gibt es keine Lösung. Wenn $a \neq 0$, ist die Lösung $x = -8/3$, $y = 16/9a$ und $z = 4/9$.

9. $\|\mathbf{a}\| = \sqrt{35}$, $\|\mathbf{b}\| = \sqrt{11}$ und $\|\mathbf{c}\| = \sqrt{69}$. Außerdem $|\mathbf{a}\cdot\mathbf{b}| = |(-1)\cdot 1 + 5\cdot 1 + 3\cdot(-3)| = |-5| = 5$. Dann ist $\|\mathbf{a}\|\|\mathbf{b}\| = \sqrt{35}\sqrt{11} = \sqrt{385}$ offensichtlich größer als 5, so dass die Cauchy-Schwarz-Ungleichung erfüllt ist.

10. Da $\mathbf{PQ} = \mathbf{QP} + \mathbf{P}$, ergibt die Multiplikation mit $\mathbf{P}$ von links $\mathbf{P}^2\mathbf{Q} = (\mathbf{PQ})\mathbf{P} + \mathbf{P}^2 = (\mathbf{QP}+\mathbf{P})\mathbf{P} + \mathbf{P}^2 = \mathbf{QP}^2 + 2\mathbf{P}^2$. ► Siehe MyLab für Einzelheiten, wie dieses Argument für höhere Potenzen von **P** wiederholt werden kann.

Kapitel 13

13.1

1. (a) $3 \cdot 6 - 2 \cdot 0 = 18$ (b) $ab - ba = 0$ (c) $(2-x)(-x) - 1 \cdot 8 = x^2 - 2x + 8$ (d) $(a+b)^2 - (a-b)^2 = 4ab$ (e) $3^t 2^{t-1} - 3^{t-1} 2^t = 3^{t-1} 2^{t-1}(3-2) = 6^{t-1}$

2. Siehe Abb. A13.1.2. Das schattierte Parallelogramm hat die Fläche $3 \cdot 6 = 18 = \begin{vmatrix} 3 & 0 \\ 2 & 6 \end{vmatrix}$.

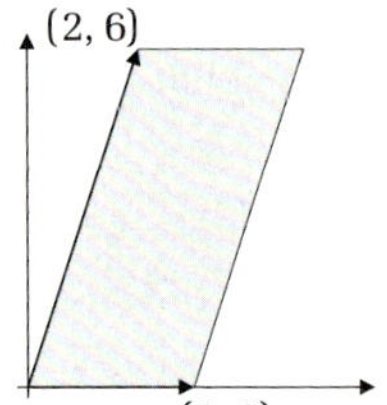

Abbildung A13.1.2

3. (a) Die Cramer'sche Regel ergibt

$$x = \frac{\begin{vmatrix} 8 & -1 \\ 5 & -2 \end{vmatrix}}{\begin{vmatrix} 3 & -1 \\ 1 & -2 \end{vmatrix}} = \frac{-16+5}{-6+1} = \frac{11}{5} \quad \text{und} \quad y = \frac{\begin{vmatrix} 3 & 8 \\ 1 & 5 \end{vmatrix}}{\begin{vmatrix} 3 & -1 \\ 1 & -2 \end{vmatrix}} = \frac{15-8}{-6+1} = \frac{7}{-5} = -\frac{7}{5}\,.$$

(b) $x = 4$ und $y = -1$ (c) $x = \dfrac{a+2b}{a^2+b^2}$ und $y = \dfrac{2a-b}{a^2+b^2}$, vorausgesetzt, dass $a^2 + b^2 \neq 0$.

4. Die Zahlen a und b müssen $a + 1 = 0$ und $a - 3b = -10$ erfüllen, so dass $a = -1$ und $b = 3$.

5. Die Entwicklung der Determinante ergibt $(2-x)(-x)-8 = 0$, d. h. $x^2 - 2x - 8 = 0$, so dass $x = -2$ oder $x = 4$.

6. Das Matrizenprodukt ist $\mathbf{AB} = \begin{pmatrix} a_{11}b_{11} + a_{12}b_{21} & a_{11}b_{12} + a_{12}b_{22} \\ a_{21}b_{11} + a_{22}b_{21} & a_{21}b_{12} + a_{22}b_{22} \end{pmatrix}$. Dies impliziert $|\mathbf{AB}| = (a_{11}b_{11} + a_{12}b_{21})(a_{21}b_{12} + a_{22}b_{22}) - (a_{11}b_{12} + a_{12}b_{22})(a_{21}b_{11} + a_{22}b_{21})$. Andererseits ist $|\mathbf{A}||\mathbf{B}| = (a_{11}a_{22} - a_{12}a_{21})(b_{11}b_{22} - b_{12}b_{21})$. Ein langwieriger Prozess des Ausmultiplizierens aller Ausdrücke und dann des Streichens von vier Termen im Ausdruck von $|\mathbf{A}||\mathbf{B}|$ ergibt, dass die zwei Ausdrücke gleich sind.

7. Wenn $\mathbf{A} = \mathbf{B} = \begin{pmatrix} 1 & 0 \\ 0 & 1 \end{pmatrix}$, dann ist $|\mathbf{A} + \mathbf{B}| = 4$, während $|\mathbf{A}| + |\mathbf{B}| = 2$. (Dies illustriert, dass $|\mathbf{A} + \mathbf{B}| \neq |\mathbf{A}| + |\mathbf{B}|$ für fast jede Wahl der Matrizen $\mathbf{A}$ und $\mathbf{B}$.)

8. Wir schreiben das System als $\begin{cases} Y - C = I_0 + G_0 \\ -bY + C = a \end{cases}$.
Dann ergibt die Cramer'sche Regel

$$Y = \frac{\begin{vmatrix} I_0 + G_0 & -1 \\ a & 1 \end{vmatrix}}{\begin{vmatrix} 1 & -1 \\ -b & 1 \end{vmatrix}} = \frac{a + I_0 + G_0}{1 - b}, \qquad C = \frac{\begin{vmatrix} 1 & I_0 + G_0 \\ -b & a \end{vmatrix}}{\begin{vmatrix} 1 & -1 \\ -b & 1 \end{vmatrix}} = \frac{a + b(I_0 + G_0)}{1 - b}$$

Anstelle die Cramer'sche Regel zu benutzen, ist der Ausdruck für Y am einfachsten so zu finden:
(i) Auflösen der zweiten Gleichung ergibt $C = a + bY$; (ii) Einsetzen dieses Ausdrucks für C in die erste Gleichung;
(iii) Auflösen der resultierenden Gleichung nach Y. (iv) Nutzen Sie schließlich wieder $C = a + bY$, um C zu bestimmen.

9. (a) Die Gleichung $X_1 = M_2$ besagt, dass die Exporte der Nation 1 gleich den Importen der Nation 2 sind. Analog ist $X_2 = M_1$ zu interpretieren. (b) Einsetzen für X_1, X_2, M_1, M_2, C_1 und C_2 ergibt die zwei Gleichungen:

$$(1 - c_1 + m_1)Y_1 - m_2 Y_2 = A_1 \quad \text{und} \quad (1 - c_2 + m_2)Y_2 - m_1 Y_1 = A_2$$

Unter Verwendung der Cramer'schen Regel mit $D = (1-c_1+m_1)(1-c_2+m_2) - m_1 m_2$ ergibt sich

$$Y_1 = [A_2 m_2 + A_1(1 - c_2 + m_2)]/D, \qquad Y_2 = [A_1 m_1 + A_2(1 - c_1 + m_1)]/D$$

(c) Y_2 wächst, wenn A_1 wächst.
► Ausführliche Lösung siehe Lösungshandbuch MyLab.

13.2

1. (a) -2 (b) -2 (c) adf (d) $e(ad - bc)$
► Ausführliche Lösung siehe Lösungshandbuch MyLab.

2. $\mathbf{AB} = \begin{pmatrix} -1 & -1 & -1 \\ 7 & 13 & 13 \\ 5 & 9 & 10 \end{pmatrix}$, $|\mathbf{A}| = -2$, $|\mathbf{B}| = 3$, $|\mathbf{AB}| = |\mathbf{A}| \cdot |\mathbf{B}| = -6$

3. (a) $x_1 = 1$, $x_2 = 2$ und $x_3 = 3$ (b) $x_1 = x_2 = x_3 = 0$ (c) $x = 1$, $y = 2$ und $z = 3$
► Ausführliche Lösung siehe Lösungshandbuch MyLab.

4. Nach der Regel von Sarrus ist die Determinante $(1 + a)(1 + b)(1 + c) + 1 + 1 - (1 + b) - (1 + a) - (1 + c)$, was sich auf den gegebenen Ausdruck reduziert.

5. Spur($\mathbf{A}$) $= a + b - 1 = 0$ und so $b = 1 - a$. Ferner ist $|\mathbf{A}| = -2ab = 12$ und so $-2a(1-a) = 12$ oder $a^2 - a - 6 = 0$. Die Lösungen dieser Gleichung sind $a = 3$ und $a = -2$. Damit sind die Lösungen $(a, b) = (3, -2)$ und $(a, b) = (-2, 3)$.

6. Nach der Regel von Sarrus ist die Determinante gleich $p(x) = (1-x)^3+8+8-4(1-x)-4(1-x)-4(1-x) = -x^3+3x^2+9x+5$.

Die Gleichung, die wir lösen möchten, ist deshalb die kubische Gleichung $-x^3+3x^2+9x+5=0$. Wir haben keine einfache allgemeine Formel zur Verfügung, um solche Gleichungen zu lösen. Da dies aber ein Polynom mit ganzzahligen Koeffizienten ist, folgt aus (4.7.7), dass jede ganzzahlige Lösung der Gleichung (wenn es welche gibt) ein Teiler des konstanten Terms 5 sein muss. Die einzigen Kandidaten sind deshalb ± 5 und ± 1. Es ist leicht zu sehen, dass $p(5)=0$ und $p(-1)=0$. Und somit müssen $x-5$ und $x+1$ beide Faktoren von $p(x)$ sein. Daher ist $p(x)=(x-5)(x+1)q(x)$ und Polynomdivision ergibt $q(x)=x+1$. Somit ist $x=-1$ eine mehrfache Lösung und die Determinante genau dann gleich 0, wenn $x=-1$ oder $x=5$.

7. (a) $|\mathbf{A}_t| = 2t^2-2t+1 = t^2+(t-1)^2 > 0$ für alle t. (Alternativ: Zeigen Sie, dass die quadratische Funktion $2t^2-2t+1$ keine reelle Nullstelle hat.)

(b) $\mathbf{A}_t^3 = \begin{pmatrix} 1 & 2t-2t^2 & t-t^2 \\ 4t-4 & 5t-4 & -t^2+4t-3 \\ 2-2t & t^2-4t+3 & t^3-2t+2 \end{pmatrix}$.

Wir erhalten $\mathbf{A}_t^3 = \mathbf{I}_3$ für $t=1$.

8. Mit $k = 1/[1-b(1-t)]$ muss im Gleichgewicht gelten: $Y = k(a-bd+A_0)$, $C = k[a-bd+A_0 b(1-t)]$ und $T = k[t(a+A_0)+(1-b)d]$.

▶ Ausführliche Lösung siehe Lösungshandbuch MyLab.

13.3

1. (a) $1\cdot 2\cdot 3\cdot 4 = 24$ (b) $d-a$ (Nur zwei Terme sind ungleich Null.)
(c) $1\cdot 1\cdot 1\cdot 11 - 1\cdot 1\cdot 4\cdot 4 - 1\cdot(-3)\cdot 1\cdot 3 - 2\cdot 1\cdot 1\cdot 2 = 0$

▶ Ausführliche Lösung siehe Lösungshandbuch MyLab.

2. Mit $\mathbf{A} = \begin{pmatrix} a_{11} & a_{12} & \dots & a_{1n} \\ 0 & a_{22} & \dots & a_{2n} \\ \vdots & \vdots & \ddots & \vdots \\ 0 & 0 & \dots & a_{nn} \end{pmatrix}$ und $\mathbf{B} = \begin{pmatrix} b_{11} & b_{12} & \dots & b_{1n} \\ 0 & b_{22} & \dots & b_{2n} \\ \vdots & \vdots & \ddots & \vdots \\ 0 & 0 & \dots & b_{nn} \end{pmatrix}$

sieht man leicht, dass das Produkt **AB** eine obere Dreiecksmatrix ist mit den Elementen $a_{11}b_{11}, a_{22}b_{22}, \dots, a_{nn}b_{nn}$ in der Hauptdiagonalen. Die Determinante $|\mathbf{AB}|$ ist nach (13.3.3) das Produkt dieser n Zahlen $a_{ii}b_{ii}$. Andererseits ist $|\mathbf{A}| = a_{11}a_{22}\cdots a_{nn}$ und $|\mathbf{B}| = b_{11}b_{22}\cdots b_{nn}$, so dass die angegebene Gleichheit sofort folgt.

3. $+a_{12}a_{23}a_{35}a_{41}a_{54}$. (Vier Verbindungslinien steigen, wenn man nach rechts geht.)

4. $-a_{15}a_{24}a_{32}a_{43}a_{51}$. (Es gibt neun nach rechts aufsteigende Linien.)

5. Sorgfältige Untersuchung, wie Formel (13.3.2) auf diese 4×4-Determinante anwendbar ist, ergibt, dass der einzige Term $\neq 0$ das Produkt der Diagonalelemente ist. Somit ist die Gleichung $(2-x)^4 = 0$, deren einzige Lösung $x = 2$ ist.

13.4

1. (a) $\mathbf{AB} = \begin{pmatrix} 13 & 16 \\ 29 & 36 \end{pmatrix}$, $\mathbf{BA} = \begin{pmatrix} 15 & 22 \\ 23 & 34 \end{pmatrix}$, $\mathbf{A'B'} = \begin{pmatrix} 15 & 23 \\ 22 & 34 \end{pmatrix}$, $\mathbf{B'A'} = \begin{pmatrix} 13 & 29 \\ 16 & 36 \end{pmatrix}$.

(b) $|\mathbf{A}| = |\mathbf{A}'| = -2$ und $|\mathbf{B}| = |\mathbf{B}'| = -2$. Somit ist $|\mathbf{AB}| = 4 = |\mathbf{A}| \cdot |\mathbf{B}|$.
(c) $|\mathbf{A'B'}| = 4$ und $|\mathbf{A}'| \cdot |\mathbf{B}'| = (-2) \cdot (-2) = 4$.

2. $\mathbf{A}' = \begin{pmatrix} 2 & 1 & 1 \\ 1 & 0 & 2 \\ 3 & 1 & 5 \end{pmatrix}$ und $|\mathbf{A}| = |\mathbf{A}'| = -2$

3. (a) 0 (Eine Spalte hat nur Nullen). (b) 0 (Zeile 1 und 4 sind proportional).
(c) $(a_1 - x)(-x)^3 = x^4 - a_1 x^3$ (Verwenden Sie die Definition einer Determinante und bemerken Sie, dass höchstens ein Term ungleich Null ist.)

4. $|\mathbf{AB}| = |\mathbf{A}||\mathbf{B}| = -12$, $3|\mathbf{A}| = 9$, $|-2\mathbf{B}| = (-2)^3(-4) = 32$, $|4\mathbf{A}| = 4^3|\mathbf{A}| = 4^3 \cdot 3 = 192$ und $|\mathbf{A}| + |\mathbf{B}| = -1$, während $|\mathbf{A} + \mathbf{B}|$ nicht bestimmt ist.

5. $\mathbf{A}^2 = \begin{pmatrix} a^2 + 6 & a + 1 & a^2 + 4a - 12 \\ a^2 + 2a + 2 & 3 & 8 - 2a^2 \\ a - 3 & 1 & 13 \end{pmatrix}$ und $|\mathbf{A}| = a^2 - 3a + 2$.

6. (a) Die erste und zweite Spalte sind proportional, so dass die Determinante 0 ist nach Regel (v) von Theorem 13.4.1.
(b) Addieren Sie die zweite Spalte zur dritten. Dadurch werden die erste und dritte Spalte proportional.
(c) Die erste Zeile ist das $(x - y)$-Fache der zweiten Zeile, so dass die beiden ersten Zeilen proportional sind, wenn $x \neq y$. Wenn $x = y$, sind alle Elemente der ersten Zeile 0. In jedem Fall ist die Determinante 0.

7. $\mathbf{X'X} = \begin{pmatrix} 4 & 3 & 2 \\ 3 & 5 & 1 \\ 2 & 1 & 2 \end{pmatrix}$ und $|\mathbf{X'X}| = 10$.

8. Nach der Regel von Sarrus z. B. ist $|\mathbf{A}_a| = a(a^2+1) + 4 + 4 - 4(a^2+1) - a - 4 = a^2(a-4)$. Für $a = 1$ ergibt sich $|\mathbf{A}_1| = -3$ und somit $|\mathbf{A}_1^6| = |\mathbf{A}_1|^6 = (-3)^6 = 729$. (Bemerken Sie, wieviel einfacher dies ist, als zunächst $\mathbf{A}_1^6$ zu bestimmen und dann davon die Determinante.)

9. Da $\mathbf{P'P} = \mathbf{I}_n$, folgt aus (13.4.1), dass $|\mathbf{P}'||\mathbf{P}| = |\mathbf{I}_n| = 1$. Aber $|\mathbf{P}'| = |\mathbf{P}|$ nach Regel (ii) in Theorem 13.4.1, so dass $|\mathbf{P}|^2 = 1$. Daher ist $|\mathbf{P}| = \pm 1$.

10. (a) Da $\mathbf{A}^2 = \mathbf{I}_n$, folgt aus (13.4.1), dass $|\mathbf{A}|^2 = |\mathbf{A}^2| = |\mathbf{I}_n| = 1$ und somit $|\mathbf{A}| = \pm 1$. (b) Direkte Überprüfung durch Matrizenmultiplikation. (c) Wir haben $(\mathbf{I}_n - \mathbf{A})(\mathbf{I}_n + \mathbf{A}) = \mathbf{I}_n \cdot \mathbf{I}_n - \mathbf{A}\mathbf{I}_n + \mathbf{I}_n\mathbf{A} - \mathbf{AA} = \mathbf{I}_n - \mathbf{A} + \mathbf{A} - \mathbf{A}^2 = \mathbf{I}_n - \mathbf{A}^2$, und dieser Ausdruck ist genau dann gleich $\mathbf{0}$, wenn $\mathbf{A}^2 = \mathbf{I}_n$.

11. (a) Die erste Gleichung ist wahr, die zweite ist falsch. (Die zweite Gleichung wird wahr, wenn der Faktor 2 durch 4 ersetzt wird.) (b) Allgemein falsch. (Beide Determinanten auf der rechten Seite sind 0, auch wenn $ad - bc \neq 0$.) (c) Beide Gleichungen sind wahr. (d) Wahr. (Man erhält die zweite Determinante, indem man das Zweifache der Zeile 1 der ersten Determinante von ihrer zweiten Zeile subtrahiert.)

12. Wir wollen zeigen, dass $\mathbf{B}(\mathbf{PQ}) = (\mathbf{PQ})\mathbf{B}$. Indem wir das Assoziativgesetz der Matrizenmultiplikation wiederholt anwenden, erhalten wir

$$\mathbf{B}(\mathbf{PQ}) = (\mathbf{BP})\mathbf{Q} \stackrel{(1)}{=} (\mathbf{PB})\mathbf{Q} = \mathbf{P}(\mathbf{BQ}) \stackrel{(2)}{=} \mathbf{P}(\mathbf{QB}) = (\mathbf{PQ})\mathbf{B}\,.$$

Dies zeigt, dass $\mathbf{PQ}$ wirklich mit $\mathbf{B}$ vertauschbar ist. (In (1) nutzten wir die Tatsache, dass $\mathbf{BP} = \mathbf{PB}$. Und in (2) verwendeten wir $\mathbf{BQ} = \mathbf{QB}$.)

13. Es sei $\mathbf{A} = \begin{pmatrix} 0 & c & b \\ c & 0 & a \\ b & a & 0 \end{pmatrix}$. Berechnen Sie dann $\mathbf{A}^2$ und erinnern Sie sich an (13.4.1).

14. Beginnen Sie mit der Addition jeder der letzten $n-1$ Zeilen zur ersten Zeile. Jedes Element in der ersten Zeile wird dann $na + b$. Ziehen Sie diesen Faktor vor die Determinante. Addieren Sie dann die mit $-a$ multiplizierte erste Zeile zu allen anderen $n-1$ Zeilen. Das Ergebnis ist eine obere Dreiecksmatrix, deren Diagonalelemente $1, b, b, \ldots, b$ sind. Deren Produkt ist b^{n-1}. Die Behauptung folgt dann sofort.
► Ausführliche Lösung siehe Lösungshandbuch MyLab.

13.5

1. (a) 2. (Subtrahieren Sie Zeile 1 von Zeile 2 und von Zeile 3, um eine Determinante zu erhalten, deren erste Spalte die Elemente $1, 0, 0$ hat. Entwickeln Sie dann nach der ersten Spalte.) (b) 30 (Man kann zwei elementare Zeilenoperationen anwenden, so dass alle Elemente der ersten Spalte unter dem ersten Element Null sind. Dann kann man wieder elementare Zeilenoperationen auf die reduzierte $3{\times}3$-Determinante anwenden. Siehe MyLab für Details.) (c) 0. (Spalten 2 und 4 sind proportional.)
► Ausführliche Lösung siehe Lösungshandbuch MyLab.

2. In jedem dieser Fälle entwickeln wir nach der letzten (übrig bleibenden) Spalte. Mit den passenden Vorzeichen sind die Antworten: (a) $a(-bc) = -abc$ (b) $(-a)b(-cd) = abcd$ (c) $1 \cdot (-5) \cdot 3 \cdot (-4) \cdot 6 = 360$

13.6

1. (a) Mit (13.6.4) folgt: $\begin{pmatrix} 3 & 0 \\ 2 & -1 \end{pmatrix} \cdot \begin{pmatrix} 1/3 & 0 \\ 2/3 & -1 \end{pmatrix} = \begin{pmatrix} 1 & 0 \\ 0 & 1 \end{pmatrix}$.
(b) Verwenden Sie (13.6.4).

2. Durch direkte Berechnung erhält man

$$\mathbf{AB} = \begin{pmatrix} 1 & 0 & 0 \\ a+b & 2a+1/4+3b & 4a+3/2+2b \\ 0 & 0 & 1 \end{pmatrix}.$$

Somit gilt $\mathbf{AB} = \mathbf{I}$ genau dann, wenn $a+b = 4a+3/2+2b = 0$ und $2a+1/4+3b = 1$. Dies gilt genau dann, wenn $a = -3/4$ und $b = 3/4$.

3. (a) $\begin{pmatrix} x \\ y \end{pmatrix} = \begin{pmatrix} 2 & -3 \\ 3 & -4 \end{pmatrix}^{-1} \begin{pmatrix} 3 \\ 5 \end{pmatrix} = \begin{pmatrix} -4 & 3 \\ -3 & 2 \end{pmatrix} \begin{pmatrix} 3 \\ 5 \end{pmatrix} = \begin{pmatrix} 3 \\ 1 \end{pmatrix}$

(b) $\begin{pmatrix} x \\ y \end{pmatrix} = \begin{pmatrix} -4 & 3 \\ -3 & 2 \end{pmatrix} \begin{pmatrix} 8 \\ 11 \end{pmatrix} = \begin{pmatrix} 1 \\ -2 \end{pmatrix}$ (c) $\begin{pmatrix} x \\ y \end{pmatrix} = \begin{pmatrix} -4 & 3 \\ -3 & 2 \end{pmatrix} \begin{pmatrix} 0 \\ 0 \end{pmatrix} = \begin{pmatrix} 0 \\ 0 \end{pmatrix}$

4. Aus $\mathbf{A}^3 = \mathbf{I}$ folgt, dass $\mathbf{A}^2\mathbf{A} = \mathbf{I}$, so dass $\mathbf{A}^{-1} = \mathbf{A}^2 = \frac{1}{2}\begin{pmatrix} -1 & \sqrt{3} \\ -\sqrt{3} & -1 \end{pmatrix}$.

5. (a) $|\mathbf{A}| = 1$, $\mathbf{A}^2 = \begin{pmatrix} 0 & 1 & 1 \\ 1 & 1 & 2 \\ 1 & 1 & 1 \end{pmatrix}$, $\mathbf{A}^3 = \begin{pmatrix} 1 & 1 & 2 \\ 2 & 2 & 3 \\ 1 & 2 & 2 \end{pmatrix}$ und somit $\mathbf{A}^3 - 2\mathbf{A}^2 + \mathbf{A} - \mathbf{I}_3 = \mathbf{0}$.

(b) Die letzte Gleichung in (a) ist äquivalent zu $\mathbf{A}(\mathbf{A}^2 - 2\mathbf{A} + \mathbf{I}_3) = \mathbf{A}(\mathbf{A} - \mathbf{I}_3)^2 = \mathbf{I}_3$, so dass $\mathbf{A}^{-1} = (\mathbf{A} - \mathbf{I}_3)^2$.

(c) Teil (b) regt die Wahl $\mathbf{P} = (\mathbf{A} - \mathbf{I}_3)^{-1}$ an, so dass $\mathbf{A} = [(\mathbf{A} - \mathbf{I}_3)^2]^{-1} = \mathbf{P}^2$. Die Matrix $-\mathbf{P}$ geht auch.

Also: $\mathbf{P} = \pm(\mathbf{A} - \mathbf{I}_3)^{-1} = \pm \begin{pmatrix} -1 & 1 & 0 \\ 0 & 0 & 1 \\ 1 & 0 & 0 \end{pmatrix}^{-1} = \pm \begin{pmatrix} 0 & 0 & 1 \\ 1 & 0 & 1 \\ 0 & 1 & 0 \end{pmatrix}$.

6. (a) $\mathbf{AA}' = \begin{pmatrix} 21 & 11 \\ 11 & 10 \end{pmatrix}$, $|\mathbf{AA}'| = 89$ und $(\mathbf{AA}')^{-1} = \dfrac{1}{89}\begin{pmatrix} 10 & -11 \\ -11 & 21 \end{pmatrix}$.

(b) Nein, weil wegen Beispiel 12.7.4 die Matrix $\mathbf{AA}'$ immer symmetrisch sein muss. Dann muss ihre Inverse $(\mathbf{AA}')^{-1}$ auch symmetrisch sein nach der Bemerkung unmittelbar nach Theorem 13.6.1.

7. $\mathbf{B}^2 + \mathbf{B} = \mathbf{I}$, $\mathbf{B}^3 - 2\mathbf{B} + \mathbf{I} = \mathbf{0}$ und $\mathbf{B}^{-1} = \mathbf{B} + \mathbf{I} = \begin{pmatrix} 1/2 & 5 \\ 1/4 & 1/2 \end{pmatrix}$.

▶ Ausführliche Lösung siehe Lösungshandbuch MyLab.

8. Sei $\mathbf{B} = \mathbf{X}(\mathbf{X}'\mathbf{X})^{-1}\mathbf{X}'$. Dann ist $\mathbf{A}^2 = (\mathbf{I}_m - \mathbf{B})(\mathbf{I}_m - \mathbf{B}) = \mathbf{I}_m - \mathbf{B} - \mathbf{B} + \mathbf{B}^2$. Hier ist

$$\mathbf{B}^2 = [\mathbf{X}(\mathbf{X}'\mathbf{X})^{-1}\mathbf{X}'][\mathbf{X}(\mathbf{X}'\mathbf{X})^{-1}\mathbf{X}'] = \mathbf{X}(\mathbf{X}'\mathbf{X})^{-1}(\mathbf{X}'\mathbf{X})(\mathbf{X}'\mathbf{X})^{-1}\mathbf{X}' = \mathbf{X}(\mathbf{X}'\mathbf{X})^{-1}\mathbf{X}' = \mathbf{B}$$

Daher ist $\mathbf{A}^2 = \mathbf{I}_m - \mathbf{B} - \mathbf{B} + \mathbf{B} = \mathbf{I}_m - \mathbf{B} = \mathbf{A}$.

9. $\mathbf{AB} = \begin{pmatrix} -7 & 0 \\ -2 & 10 \end{pmatrix}$, so dass $\mathbf{CX} = \mathbf{D} - \mathbf{AB} = \begin{pmatrix} -2 & 3 \\ -6 & 7 \end{pmatrix}$. Nun ist $\mathbf{C}^{-1} = \begin{pmatrix} -2 & 1 \\ 3/2 & -1/2 \end{pmatrix}$,

so dass $\mathbf{X} = \begin{pmatrix} -2 & 1 \\ 0 & 1 \end{pmatrix}$.

10. (a) Wenn $\mathbf{C}^2 + \mathbf{C} = \mathbf{I}$, dann ist $\mathbf{C}(\mathbf{C} + \mathbf{I}) = \mathbf{I}$ und somit $\mathbf{C}^{-1} = \mathbf{C} + \mathbf{I} = \mathbf{I} + \mathbf{C}$.

(b) Da $\mathbf{C}^2 = \mathbf{I} - \mathbf{C}$, folgt $\mathbf{C}^3 = \mathbf{C}^2\mathbf{C} = (\mathbf{I} - \mathbf{C})\mathbf{C} = \mathbf{C} - \mathbf{C}^2 = \mathbf{C} - (\mathbf{I} - \mathbf{C}) = -\mathbf{I} + 2\mathbf{C}$. Ferner ist $\mathbf{C}^4 = \mathbf{C}^3\mathbf{C} = (-\mathbf{I} + 2\mathbf{C})\mathbf{C} = -\mathbf{C} + 2\mathbf{C}^2 = -\mathbf{C} + 2(\mathbf{I} - \mathbf{C}) = 2\mathbf{I} - 3\mathbf{C}$.

13.7

1. (a) $\begin{pmatrix} -5/2 & 3/2 \\ 2 & -1 \end{pmatrix}$ (b) $\frac{1}{9}\begin{pmatrix} 1 & 4 & 2 \\ 2 & -1 & 4 \\ 4 & -2 & -1 \end{pmatrix}$ (c) $|\mathbf{C}| = 0$, so dass die Matrix $\mathbf{C}$ keine Inverse hat.
► Ausführliche Lösung siehe Lösungshandbuch MyLab.

2. Die Inverse ist $\frac{1}{|\mathbf{A}|}\begin{pmatrix} C_{11} & C_{21} & C_{31} \\ C_{12} & C_{22} & C_{32} \\ C_{13} & C_{23} & C_{33} \end{pmatrix} = \frac{1}{72}\begin{pmatrix} -3 & 5 & 9 \\ 18 & -6 & 18 \\ 6 & 14 & -18 \end{pmatrix}$.

3. $(\mathbf{I} - \mathbf{A})^{-1} = \frac{5}{62}\begin{pmatrix} 18 & 16 & 10 \\ 2 & 19 & 8 \\ 4 & 7 & 16 \end{pmatrix}$
► Ausführliche Lösung siehe Lösungshandbuch MyLab.

4. Wenn $k = r$, ist die Lösung $x_1 = b^*_{1r}, x_2 = b^*_{2r}, \dots, x_n = b^*_{nr}$.
► Ausführliche Lösung siehe Lösungshandbuch MyLab.

5.
(a) $\mathbf{A}^{-1} = \begin{pmatrix} -2 & 1 \\ 3/2 & -1/2 \end{pmatrix}$ (b) $\mathbf{B}^{-1} = \begin{pmatrix} 1 & -3 & 2 \\ -3 & 3 & -1 \\ 2 & -1 & 0 \end{pmatrix}$ (c) $|\mathbf{C}| = 0$, so dass es keine Inverse gibt.
► Ausführliche Lösung siehe Lösungshandbuch MyLab.

13.8

1. (a) $x = 1, y = -2$ und $z = 2$ (b) $x = -3, y = 6, z = 5$ und $u = -5$
► Ausführliche Lösung siehe Lösungshandbuch MyLab.

2. Die Determinante des Systems ist -10, so dass die Lösung eindeutig ist. Die Determinanten in (13.8.2) sind

$$D_1 = \begin{vmatrix} b_1 & 1 & 0 \\ b_2 & -1 & 2 \\ b_3 & 3 & -1 \end{vmatrix}, \quad D_2 = \begin{vmatrix} 3 & b_1 & 0 \\ 1 & b_2 & 2 \\ 2 & b_3 & -1 \end{vmatrix}, \quad D_3 = \begin{vmatrix} 3 & 1 & b_1 \\ 1 & -1 & b_2 \\ 2 & 3 & b_3 \end{vmatrix}$$

Entwickeln jeder dieser Determinanten nach der Spalte (b_1, b_2, b_3) ergibt:

$$D_1 = -5b_1 + b_2 + 2b_3\,, \quad D_2 = 5b_1 - 3b_2 - 6b_3\,, \quad D_3 = 5b_1 - 7b_2 - 4b_3$$

Indem wir dies durch -10 dividieren, ergibt sich $x_1 = \frac{1}{2}b_1 - \frac{1}{10}b_2 - \frac{1}{5}b_3$, $x_2 = -\frac{1}{2}b_1 + \frac{3}{10}b_2 + \frac{3}{5}b_3$, $x_3 = -\frac{1}{2}b_1 + \frac{7}{10}b_2 + \frac{2}{5}b_3$.

3. Zeigen Sie, dass die Determinante der Koeffizientenmatrix gleich $-(a^3 + b^3 + c^3 - 3abc)$ ist und benutzen Sie Theorem 13.8.2.
► Ausführliche Lösung siehe Lösungshandbuch MyLab.

13.9

1. $x_1 = \frac{1}{4}x_2 + 100$, $x_2 = 2x_3 + 80$, $x_3 = \frac{1}{2}x_1$. Lösung: $x_1 = 160$, $x_2 = 240$, $x_3 = 80$, wie $(**)$ impliziert.

2. (a) Bezeichnen Sie mit x und y die Gesamtproduktion in den Industrien A bzw. I. Dann ist $x = \frac{1}{6}x + \frac{1}{4}y + 60$ und $y = \frac{1}{4}x + \frac{1}{4}y + 60$. Somit ist $\frac{5}{6}x - \frac{1}{4}y = 60$ und $-\frac{1}{4}x + \frac{3}{4}y = 60$. (b) Die Lösung ist $x = 320/3$ und $y = 1040/9$.

3. (a) Kein Sektor beliefert sich selbst. (b) Die Gesamtmenge von Gut i, die nötig ist, um von jedem Gut eine Einheit zu produzieren. (c) Dieser Spaltenvektor gibt die Anzahl der Einheiten von jedem Gut an, die nötig sind, um eine Einheit von Gut j zu produzieren. (d) Keine sinnvolle ökonomische Interpretation. (Die Güter werden gewöhnlich in verschiedenen Einheiten gemessen, so dass es keinen Sinn ergibt, sie zu addieren. Wie man sagt: „Addieren Sie keine Äpfel und Orangen!")

4. $0.8x_1 - 0.3x_2 = 120$ und $-0.4x_1 + 0.9x_2 = 90$ mit der Lösung $x_1 = 225$ und $x_2 = 200$.

5. Das Leontief-Modell für dieses Drei-Sektoren-System ist wie folgt:

$$\begin{aligned} 0.9x_1 - 0.2x_2 - 0.1x_3 &= 85 \\ -0.3x_1 + 0.8x_2 - 0.2x_3 &= 95 \\ -0.2x_1 - 0.2x_2 + 0.9x_3 &= 20 \end{aligned}$$

Dieses Modell hat die angegebene Lösung.

6. Die Inputmatrix ist $\mathbf{A} = \begin{pmatrix} 0 & \beta & 0 \\ 0 & 0 & \gamma \\ \alpha & 0 & 0 \end{pmatrix}$ Die Summen der Elemente in jeder Spalte sind kleiner als 1, vorausgesetzt $\alpha < 1$, $\beta < 1$ bzw. $\gamma < 1$. Dann ist insbesondere das Produkt $\alpha\beta\gamma < 1$.

7. Der Mengenvektor $\mathbf{x}_0$ muss $(*)$ $(\mathbf{I}_n - \mathbf{A})\mathbf{x}_0 = \mathbf{b}$ erfüllen und der Preisvektor $\mathbf{p}_0'$ muss $(**)$ $\mathbf{p}_0'(\mathbf{I}_n - \mathbf{A}) = \mathbf{v}'$ erfüllen. Indem wir $(**)$ von rechts mit $\mathbf{x}_0$ multiplizieren, erhalten wir $\mathbf{v}'\mathbf{x}_0 = [\mathbf{p}_0'(\mathbf{I}_n - \mathbf{A})]\mathbf{x}_0 = \mathbf{p}_0'[(\mathbf{I}_n - \mathbf{A})\mathbf{x}_0] = \mathbf{p}_0'\mathbf{b}$.

13.10

1. (a) $-1, -5$; $\begin{pmatrix} 7 \\ 3 \end{pmatrix}, \begin{pmatrix} 1 \\ 1 \end{pmatrix}$ (b) $5, -5$; $\begin{pmatrix} 1 \\ 1 \end{pmatrix}, \begin{pmatrix} -2 \\ 3 \end{pmatrix}$ (c) $2, 3, 4$; $\begin{pmatrix} 1 \\ 0 \\ 0 \end{pmatrix}, \begin{pmatrix} 0 \\ 1 \\ 0 \end{pmatrix}, \begin{pmatrix} 0 \\ 0 \\ 1 \end{pmatrix}$

2. Erstens: $\mathbf{Av}_1 = 3\mathbf{v}_1$ ergibt $a - c = 3$, $b - e = 0$ und $c - f = -3$. Zweitens: $\mathbf{Av}_2 = \mathbf{v}_2$ ergibt $a + 2b + c = 1$, $b + 2d + e = 2$ und $c + 2e + f = 1$. Schließlich: $\mathbf{Av}_3 = 4\mathbf{v}_3$ ergibt $a - b + c = 4$, $b - d + e = -4$ und $c - e + f = 4$.

Subtraktion der Gleichung $a - b + c = 4$ von $a + 2b + c = 1$ ergibt $b = -1$ und $a + c = 3$. Subtraktion der Gleichung $a + c = 3$ von $a - c = 3$ ergibt $c = 0$ und somit $a = 3$. Indem wir für die anderen Zeilen von $\mathbf{A}$ ähnlich vorgehen, ergibt sich die Lösung

$$\mathbf{A} = \begin{pmatrix} 3 & -1 & 0 \\ -1 & 2 & -1 \\ 0 & -1 & 3 \end{pmatrix}$$

13.11

1. (a) Die Eigenwerte sind 1 und 3 mit den zugehörigen Eigenvektoren $\begin{pmatrix} 1 \\ -1 \end{pmatrix}$ und $\begin{pmatrix} 1 \\ 1 \end{pmatrix}$. Die Matrix, deren Spalten die normierten Eigenvektoren sind, ist $\mathbf{P} = \begin{pmatrix} 1/\sqrt{2} & 1/\sqrt{2} \\ -1/\sqrt{2} & 1/\sqrt{2} \end{pmatrix}$. Dann ist $\mathbf{P}^{-1}\mathbf{AP} = \text{diag}(1,3)$.

(b) $\mathbf{P} = \begin{pmatrix} 1/\sqrt{2} & 1/\sqrt{2} & 0 \\ -1/\sqrt{2} & 1/\sqrt{2} & 0 \\ 0 & 0 & 1 \end{pmatrix}$ (c) $\mathbf{P} = \begin{pmatrix} 0 & \sqrt{2}/2 & -\sqrt{2}/2 \\ -4/5 & 3\sqrt{2}/10 & 3\sqrt{2}/10 \\ 3/5 & 2\sqrt{2}/5 & 2\sqrt{2}/5 \end{pmatrix}$

2. (a) Die charakteristische Gleichung kann vereinfacht werden zu $(1-\lambda)[\lambda^2 + \lambda - 3(1+k)] = 0$.

Weil das Polynom $\lambda^2 + \lambda - 3(1+k)$ kein Vielfaches von $(1-\lambda)^2$ ist, muss mindestens eine Wurzel $\neq 1$ sein.

(b) Alle Wurzeln sind genau dann reell, wenn $\lambda^2 + \lambda - 3(1+k) = 0$ zwei reelle Lösungen hat, was genau dann wahr ist, wenn $k \geq -13/12$.

Wenn $k = 3$, sind die Eigenwerte -4, 1 und 3.

(c) $\mathbf{P}'\mathbf{A}_3\mathbf{P} = \begin{pmatrix} 1 & 0 & 0 \\ 0 & -4 & 0 \\ 0 & 0 & 3 \end{pmatrix}$, wie nach Theorem 13.11.2 versprochen.

3. (a) $\mathbf{A}^2 = (\mathbf{PDP}^{-1})(\mathbf{PDP}^{-1}) = \mathbf{PD}(\mathbf{P}^{-1}\mathbf{P})\mathbf{DP}^{-1} = \mathbf{PDIDP}^{-1} = \mathbf{PD}^2\mathbf{P}^{-1}$

(b) Die Formel gilt für $m = 1$. Nehmen Sie an, dass sie für $m = k$ gilt. Dann folgt:

$$\begin{aligned} \mathbf{A}^{k+1} = \mathbf{AA}^k = \mathbf{PDP}^{-1}(\mathbf{PD}^k\mathbf{P}^{-1}) &= \mathbf{PD}(\mathbf{P}^{-1}\mathbf{P})\mathbf{D}^k\mathbf{P}^{-1} \\ &= \mathbf{PID}^k\mathbf{P}^{-1} = \mathbf{PDD}^k\mathbf{P}^{-1} = \mathbf{PD}^{k+1}\mathbf{P}^{-1} \end{aligned}$$

Somit gilt die Formel auch für $m = k + 1$. Durch Induktion gilt sie für alle positiven ganzen Zahlen m.

4. Nach (13.11.1) haben die zwei Matrizen **AB** and $\mathbf{A}^{-1}(\mathbf{AB})\mathbf{A} = \mathbf{BA}$ dieselben Eigenwerte.

13.12

1. (a) Hier ist $a_{11} = -1$, $a_{12} = 1$ (nicht 2!) und $a_{22} = -6$. Daher ist $a_{11} < 0$ und $a_{11}a_{22} - a_{12}^2 = 6 - 1 = 5 > 0$, so dass nach (13.12.7) $Q(x_1, x_2)$ negativ definit ist.

(b) Hier ist $a_{11} = 4$, $a_{12} = 1$ und $a_{22} = 25$. Daher ist $a_{11} > 0$ und $a_{11}a_{22} - a_{12}^2 = 100 - 1 = 99 > 0$, so dass nach (13.12.5) $Q(x_1, x_2)$ positiv definit ist.

2. $a_{11}x_1^2 + 2a_{12}x_1x_2 + 2a_{13}x_1x_3 + a_{22}x_2^2 + 2a_{23}x_2x_3 + a_{33}x_3^2$

3. (a) $\begin{pmatrix} 1 & 1 \\ 1 & 1 \end{pmatrix}$ (b) $\begin{pmatrix} a & \frac{1}{2}b \\ \frac{1}{2}b & c \end{pmatrix}$ (c) $\begin{pmatrix} 3 & -1 & 3/2 \\ -1 & 1 & 0 \\ 3/2 & 0 & 3 \end{pmatrix}$

4. $\mathbf{A} = \begin{pmatrix} 3 & -1 & 2 & 4 \\ -1 & 1 & 3/2 & 0 \\ 2 & 3/2 & 1 & -1 \\ 4 & 0 & -1 & 1 \end{pmatrix}$

5. (a) Positiv definit (b) Positiv definit (c) Negativ semidefinit (d) Negativ definit.

6. Da $\mathbf{A}$ symmetrisch ist, sind nach Teil (a) von Theorem 13.11.4 alle Eigenwerte reell. Nach Teil (b) von Theorem 13.12.1 sind sie alle nichtnegativ genau dann, wenn $\mathbf{A}$ positiv semidefinit ist. Da $|\mathbf{A}| = 0$ genau dann, wenn 0 ein Eigenwert ist, müssen alle Eigenwerte positiv sein. Der Schluss folgt aus Teil (a) von Theorem 13.12.1.

7. Die zugehörige symmetrische Matrix $\mathbf{A}$ ist $\begin{pmatrix} 3 & -\frac{1}{2}(5+c) \\ -\frac{1}{2}(5+c) & 2c \end{pmatrix}$. Deren Determinante ist $|\mathbf{A}| = 6c - \frac{1}{4}(5+c)^2$. Dies kann faktorisiert werden als $|\mathbf{A}| = -\frac{1}{4}(c-c_1)(c-c_2)$, wobei $c_1 = 7 - 2\sqrt{6} \approx 2.1$ und $c_2 = 7 + 2\sqrt{6} \approx 11.9$. Indem wir die Tests in (13.12.5)–(13.12.8) anwenden, zeigt sich, dass Q positiv definit ist genau dann, wenn $c_1 < c < c_2$, positiv semidefinit genau dann, wenn $c_1 \le c \le c_2$, und indefinit genau dann, wenn $c < c_1$ oder $c > c_2$.

8. Für jeden n-Vektor $\mathbf{x}$ gilt $\mathbf{x}'\mathbf{A}\mathbf{x} = \mathbf{x}'(\mathbf{B}'\mathbf{B})\mathbf{x} = (\mathbf{B}\mathbf{x})'(\mathbf{B}\mathbf{x}) = \|\mathbf{B}\mathbf{x}\|^2 \ge 0$, so dass $\mathbf{A}$ positiv semidefinit ist. Sie ist positiv definit genau dann, wenn $\mathbf{B}\mathbf{x} \ne \mathbf{0}$ für alle $\mathbf{x} \ne \mathbf{0}$. Dies gilt genau dann, wenn $|\mathbf{B}| \ne 0$.

9. (a) Weil Q positiv definit ist, gilt $Q(0, \dots, x_i, \dots, 0) = a_{ii}x_i^2 > 0$ für alle $x_i \ne 0$. Es folgt, dass $a_{ii} > 0$.

(b) Weil Q positiv definit ist, gilt wieder für alle i, j mit $i < j$, dass $R(x_i, x_j) = Q(0, \dots, x_i, \dots, x_j, \dots, 0) > 0$, es sei denn $x_i = x_j = 0$. Aber $R(x_i, x_j)$ ist eine quadratische Form in den zwei Variablen x_i und x_j mit der zugehörigen symmetrischen Matrix $\mathbf{B} = \begin{pmatrix} a_{ii} & a_{ij} \\ a_{ji} & a_{jj} \end{pmatrix}$. Da Q positiv definit ist, ist es auch R. Nach Teil (a) von Theorem 13.12.2 folgt, dass $|\mathbf{B}| > 0$.

10. Nach Teil (a) von Theorem 13.11.4 sind alle Eigenwerte reell. Wenn $\mathbf{A}$ negativ definit ist, dann sind nach Teil (c) von Theorem 13.12.1 alle n Eigenwerte $\lambda_1, \dots, \lambda_n$ negativ. Aber dann muss für die Funktion, die durch $\psi(\lambda) = (-1)^n \varphi(\lambda)$ definiert ist, gelten:

$$\psi(\lambda) = (\lambda - \lambda_1)(\lambda - \lambda_2) \cdots (\lambda - \lambda_n) = (\lambda + r_1)(\lambda + r_2) \cdots (\lambda + r_n)$$

Dabei ist jedes $r_i = -\lambda_i$ positiv. Ausmultiplizieren dieses Produkts ergibt offensichtlich ein Polynom, deren Koeffizienten alle positiv sind. Andererseits: Wenn jeder Koeffizient a_i in $\psi(\lambda)$ positiv ist, dann gilt $\psi(\lambda) \geq a_0 > 0$ für alle $\lambda \geq 0$. Somit kann nur eine negative Zahl ein Eigenwert sein.

Wiederholungsaufgaben für Kap. 13

1. (a) $5(-2) - (-2)3 = -4$ (b) $1 - a^2$ (c) $6a^2b + 2b^3$ (d) $\lambda^2 - 5\lambda$

2. (a) -4 (b) 1. (Subtrahieren Sie Zeile 1 von Zeile 2 und 3. Subtrahieren Sie dann das Zweifache der Zeile 2 von Zeile 3. Die resultierende Determinante hat nur einen Term $\neq 0$ in der dritten Zeile.) (c) 1. (Verwenden Sie genau dieselben Zeilenoperationen wie in (b).)

3. Hier ist $\mathbf{A}^{-1} = 2\mathbf{I}_2 - 2\begin{pmatrix} 1 & 1 \\ 1 & 0 \end{pmatrix} = \begin{pmatrix} 2 & 0 \\ 0 & 2 \end{pmatrix} - \begin{pmatrix} 2 & 2 \\ 2 & 0 \end{pmatrix} = \begin{pmatrix} 0 & -2 \\ -2 & 2 \end{pmatrix}$.

Mit Hilfe von Formel (13.6.3) folgt:

$$\mathbf{A} = \begin{pmatrix} 0 & -2 \\ -2 & 2 \end{pmatrix}^{-1} = -\frac{1}{4}\begin{pmatrix} 2 & 2 \\ 2 & 0 \end{pmatrix} = \begin{pmatrix} -1/2 & -1/2 \\ -1/2 & 0 \end{pmatrix}.$$

4. (a) Entwicklung nach Co-Faktoren entlang einer Zeile oder Spalte, die eine Null enthält, ergibt $|\mathbf{A}_t| = t+1$, so dass $\mathbf{A}_t$ genau dann eine Inverse hat, wenn $t \neq -1$.
(b) Multiplikation der gegebenen Gleichung von rechts mit $\mathbf{A}_1$ ergibt $\mathbf{BA}_1 + \mathbf{X} = \mathbf{I}_3$. Daher ist $\mathbf{X} = \mathbf{I}_3 - \mathbf{BA}_1 = \begin{pmatrix} 0 & 0 & -1 \\ 0 & 0 & -1 \\ -2 & -1 & 0 \end{pmatrix}$.

5. (a) Routineberechnung ergibt $|\mathbf{A}| = (p+1)(q-2)$. Außerdem: $\mathbf{A} + \mathbf{E} = \begin{pmatrix} q+1 & 0 & q-1 \\ 2 & 1-p & 3-p \\ 3 & 0 & 1 \end{pmatrix}$. Die Determinante davon ist $|\mathbf{A}+\mathbf{E}| = (1-p)[q+1-3(q-1)] = 2(p-1)(q-2)$. (b) $\mathbf{A}+\mathbf{E}$ hat eine Inverse für $p \neq 1$ und $q \neq 2$. (c) Offensichtlich ist $|\mathbf{E}| = 0$. Daher ist $|\mathbf{BE}| = |\mathbf{B}||\mathbf{E}| = 0$, so dass $\mathbf{BE}$ keine Inverse hat.
► Ausführliche Lösung siehe Lösungshandbuch MyLab.

6. Die Determinante der Koeffizientenmatrix ist $\begin{vmatrix} -2 & 4 & -t \\ -3 & 1 & t \\ t-2 & -7 & 4 \end{vmatrix} = 5t^2 - 45t + 40 = 5(t-1)(t-8)$. Damit gibt es nach der Cramer'schen Regel genau dann eine eindeutige Lösung, wenn $t \neq 1$ und $t \neq 8$.

7. Wir sehen, dass $(\mathbf{I}-\mathbf{A})(\mathbf{I}+\mathbf{A}+\mathbf{A}^2+\mathbf{A}^3) = \mathbf{I}+\mathbf{A}+\mathbf{A}^2+\mathbf{A}^3-\mathbf{A}-\mathbf{A}^2-\mathbf{A}^3-\mathbf{A}^4 = \mathbf{I}-\mathbf{A}^4 = \mathbf{I}$. Nutzen Sie dann (13.6.4).

8. (a) $(\mathbf{I}_n + a\mathbf{U})(\mathbf{I}_n + b\mathbf{U}) = \mathbf{I}_n^2 + b\mathbf{U} + a\mathbf{U} + ab\mathbf{U}^2$.

Weil $\mathbf{U}^2 = n\mathbf{U}$, wie leicht zu sehen ist, vereinfacht sich der letzte Ausdruck zu $\mathbf{I}_n + (a+b+nab)\mathbf{U}$. (b) $\mathbf{A} = \mathbf{I}_3 + 3\mathbf{U}$, so dass für a und b in Teil (a) gelten muss: $a = 3$ und $a + b + 3ab = 0$, so dass $(\mathbf{I}_n + a\mathbf{U})(\mathbf{I}_n + b\mathbf{U}) = \mathbf{I}_n$.

Es folgt, dass $b = -3/(1+3a) = -3/10$ und somit $\mathbf{A}^{-1} = \dfrac{1}{10}\begin{pmatrix} 7 & -3 & -3 \\ -3 & 7 & -3 \\ -3 & -3 & 7 \end{pmatrix}$.

► Ausführliche Lösung siehe Lösungshandbuch MyLab.

9. Aus der ersten Gleichung folgt $\mathbf{Y} = \mathbf{B} - \mathbf{AX}$. Setzt man dies in die zweite Gleichung ein, ergibt sich $\mathbf{X} + 2\mathbf{A}^{-1}(\mathbf{B} - \mathbf{AX}) = \mathbf{C}$.

Auflösen nach $\mathbf{X}$ ergibt $\mathbf{X} = 2\mathbf{A}^{-1}\mathbf{B} - \mathbf{C}$ und dann $\mathbf{Y} = \mathbf{AC} - \mathbf{B}$.

10. (a) Für $a \neq 1$ und $a \neq 2$ gibt es eine eindeutige Lösung. Wenn $a = 1$, gibt es keine Lösung. Wenn $a = 2$, gibt es unendlich viele Lösungen. (b) Wenn $a = 1$ und $b_1 - b_2 + b_3 = 0$ oder wenn $a = 2$ und $b_1 = b_2$, gibt es unendlich viele Lösungen.
► Ausführliche Lösung siehe Lösungshandbuch MyLab.

11. (a) $|\mathbf{A}| = -2$. $\mathbf{A}^2 - 2\mathbf{I}_2 = \begin{pmatrix} 11 & -6 \\ 18 & -10 \end{pmatrix} = \mathbf{A}$, so dass $\mathbf{A}^2 + c\mathbf{A} = 2\mathbf{I}_2$, wenn $c = -1$. Es folgt, dass $\mathbf{A}(\frac{1}{2}\mathbf{A} - \frac{1}{2}\mathbf{I}_2) = \mathbf{I}_2$, so dass $\mathbf{A}^{-1} = \frac{1}{2}(\mathbf{A} - \mathbf{I}_2) = \begin{pmatrix} 5 & -3 \\ 9 & -11/2 \end{pmatrix}$.

(b) Wenn $\mathbf{B}^2 = \mathbf{A}$, dann ist $|\mathbf{B}|^2 = |\mathbf{A}| = -2$, was unmöglich ist.

12. Beachten Sie zunächst: Falls $\mathbf{A}'\mathbf{A} = \mathbf{I}_n$, dann impliziert Regel (13.6.5), dass $\mathbf{A}' = \mathbf{A}^{-1}$, so dass $\mathbf{AA}' = \mathbf{I}_n$. Aber dann gilt $(\mathbf{A}'\mathbf{B}^{-1}\mathbf{A})(\mathbf{A}'\mathbf{BA}) = \mathbf{A}'\mathbf{B}^{-1}(\mathbf{AA}')\mathbf{BA}$ $= \mathbf{A}'\mathbf{B}^{-1}\mathbf{I}_n\mathbf{BA} = \mathbf{A}'(\mathbf{B}^{-1}\mathbf{B})\mathbf{A} = \mathbf{A}'\mathbf{I}_n\mathbf{A} = \mathbf{A}'\mathbf{A} = \mathbf{I}_n$. Wiederum folgt nach Regel (13.6.5), dass $(\mathbf{A}'\mathbf{BA})^{-1} = \mathbf{A}'\mathbf{B}^{-1}A$.

13. Hier benutzen wir einmal „unsystematische Elimination". Lösen der ersten Gleichung ergibt $y = 3 - ax$, die zweite ergibt $z = 2 - x$ und die vierte $u = 1 - y$. Wenn wir dies alles in die dritte Gleichung einsetzen, erhalten wir das Resultat $3 - ax + a(2-x) + b(1 - 3 + ax) = 6$ oder $a(b-2)x = -2a + 2b + 3$. Es gibt eine eindeutige Lösung, wenn $a(b-2) \neq 0$. Die Lösung ist:

$$x = \frac{2b - 2a + 3}{a(b-2)}, \quad y = \frac{2a + b - 9}{b-2}, \quad z = \frac{2ab - 2a - 2b - 3}{a(b-2)}, \quad u = \frac{7-2a}{b-2}$$

14. Die Determinante auf der linken Seite ist $(a+x)d - c(b+y) = (ad-bc) + (dx - cy)$ und dies ist die Summe der Determinanten auf der rechten Seite.

15. $|\mathbf{B}^3| = |\mathbf{B}|^3$. Da $\mathbf{B}$ eine 3×3-Matrix ist, haben wir $|-\mathbf{B}| = (-1)^3|\mathbf{B}| = -|\mathbf{B}|$. Da $\mathbf{B}^3 = -\mathbf{B}$, folgt $|\mathbf{B}|^3 = -|\mathbf{B}|$ und somit $|\mathbf{B}|(|\mathbf{B}|^2 + 1) = 0$. Die letzte Gleichung impliziert $|\mathbf{B}| = 0$ und daher kann $\mathbf{B}$ keine Inverse haben.

16. Betrachten Sie der Einfachheit halber den Fall $r = 1$.
► Ausführliche Lösung siehe Lösungshandbuch MyLab.

17. Nach elementaren Zeilen- und Spaltenoperationen, die im Lösungshandbuch MyLab diskutiert werden, kann gezeigt werden, dass die Determinante auf der linken Seite gleich $(a-b)^2[4x^2 - (a+b)^2]$ ist. Somit sind für $a \neq b$ die

Lösungen $x = \pm\frac{1}{2}(a+b)$. Wenn aber $a = b$, ist die Determinante gleich 0 für alle Werte von x.
► Ausführliche Lösung siehe Lösungshandbuch MyLab.

18. Nach Regel (12.7.3) und Teil (ii) von Theorem 13.4.1 gilt für jedes λ: $|\mathbf{A}-\lambda\mathbf{I}| = |(\mathbf{A}-\lambda\mathbf{I})'| = |\mathbf{A}'-\lambda\mathbf{I}|$. Es folgt, dass $|\mathbf{A}-\lambda\mathbf{I}| = 0 \Leftrightarrow |\mathbf{A}'-\lambda\mathbf{I}| = 0$, so dass $\mathbf{A}$ und $\mathbf{A}'$ dieselben Eigenwerte haben.

19. Die Definition eines Eigenwertes impliziert, dass $\lambda = 0 \Leftrightarrow \mathbf{A}$ ist singulär $\Leftrightarrow |\mathbf{A}| = 0$. Wenn also $\lambda \neq 0$, dann hat $\mathbf{A}$ eine Inverse. Wenn dieses $\lambda \neq 0$ und ein $\mathbf{x} \neq \mathbf{0}$ gegeben sind, die $\mathbf{Ax} = \lambda\mathbf{x}$ erfüllen, so gilt $\mathbf{x} = \lambda\mathbf{A}^{-1}\mathbf{x}$ oder $\mathbf{A}^{-1}\mathbf{x} = (1/\lambda)\mathbf{x}$. Es folgt, dass $1/\lambda$ ein Eigenwert von $\mathbf{A}^{-1}$ ist.

20. $|\mathbf{A}-\mathbf{I}| = \begin{vmatrix} a_{11}-1 & a_{12} & \dots & a_{1n} \\ a_{21} & a_{22}-1 & \dots & a_{2n} \\ \vdots & \vdots & \ddots & \vdots \\ a_{n1} & a_{n2} & \dots & a_{nn}-1 \end{vmatrix}$. Jetzt können wir alle anderen $n-1$ Zeilen zur ersten Zeile addieren, ohne den Wert der Determinante zu ändern. Für jedes j ist der j-te Eintrag in der ersten Zeile dieser neuen Determinante gleich $\sum_{i=1}^{n} a_{ij} - 1$. Nach Voraussetzung sind alle Spaltensummen in $\mathbf{A}$ gleich 1, so dass diese erste Zeile $\mathbf{0}$ sein muss. Es folgt, dass $|\mathbf{A}-\mathbf{I}| = 0$, so dass 1 ein Eigenwert von $\mathbf{A}$ ist.

21. (a) -1 mit $\begin{pmatrix} 1 \\ -1 \\ 2 \end{pmatrix}$; 0 mit $\begin{pmatrix} 1 \\ -1 \\ 1 \end{pmatrix}$; 2 mit $\begin{pmatrix} 2 \\ 1 \\ 1 \end{pmatrix}$ (b) 0 mit $\begin{pmatrix} 1 \\ 1 \\ 1 \end{pmatrix}$; 1 mit $\begin{pmatrix} -1 \\ 0 \\ 1 \end{pmatrix}$; 3 mit $\begin{pmatrix} 1 \\ -2 \\ 1 \end{pmatrix}$. ► Ausführliche Lösung siehe Lösungshandbuch MyLab.

Kapitel 14

14.1

1. $f(0,1) = 1\cdot 0 + 2\cdot 1 = 2$, $f(2,-1) = 0$, $f(a,a) = 3a$ und $f(a+\Delta x, b) - f(a,b) = \Delta x$

2. $f(0,1) = 0$, $f(-1,2) = -4$, $f(10^4, 10^{-2}) = 1$, $f(a,a) = a^3$, $f(a+\Delta x, b) = (a+\Delta x)b^2 = ab^2 + \Delta x b^2$ und $f(a, b+\Delta y) - f(a,b) = 2ab\Delta y + a(\Delta y)^2$.

3. $f(1,1) = 2$, $f(-2,3) = 51$, $f(1/x, 1/y) = 3/x^2 - 2/xy + 1/y^3$, $p = 6x + 3\Delta x - 2y$, $q = -2x + 3y^2 + 3y\Delta y + (\Delta y)^2$

4. (a) $f(-1,2) = 1$, $f(a,a) = 4a^2$, $f(a+\Delta x, b) - f(a,b) = 2(a+b)\Delta x + (\Delta x)^2$
(b) $f(tx, ty) = (tx)^2 + 2(tx)(ty) + (ty)^2 = t^2(x^2 + 2xy + y^2) = t^2 f(x,y)$ für alle t, einschließlich $t = 2$.

5. $F(1,1) = 10$, $F(4,27) = 60$, $F(9, 1/27) = 10$, $F(3, \sqrt{2}) = 10\sqrt{3}\cdot\sqrt[6]{2}$, $F(100, 1000) = 1000$, $F(2K, 2L) = 10\cdot 2^{5/6}K^{1/2}L^{1/3} = 2^{5/6}F(K,L)$

6. (a) Der Nenner darf nicht 0 sein. Somit ist die Funktion definiert für diejenigen (x, y), bei denen $y \neq x - 2$. (b) Wir können die Quadratwurzel nur aus nichtnegativen Zahlen ziehen, d. h. wir müssen $2 - (x^2 + y^2) \geq 0$ verlangen, d. h. $x^2 + y^2 \leq 2$. (c) Sei $a = x^2 + y^2$. Es muss gelten $(4 - a)(a - 1) \geq 0$, d. h. $1 \leq a \leq 4$. (Verwenden Sie ein Vorzeichen-Diagramm.)
Die Definitionsbereiche in (b) und (c) sind die in Abb. A14.1.6b und A14.1.6c gezeigten schraffierten Mengen.

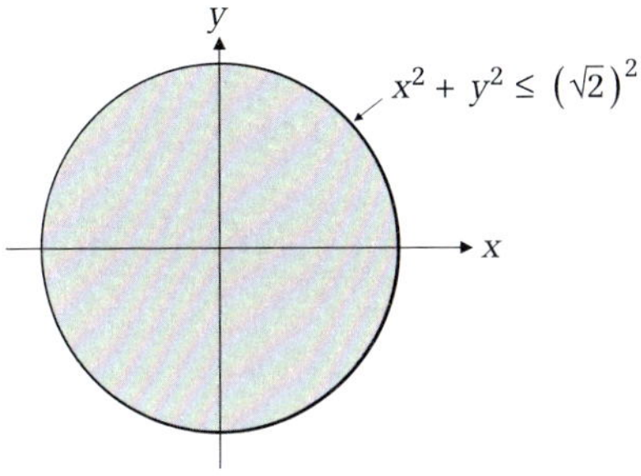

Abbildung A14.1.6b

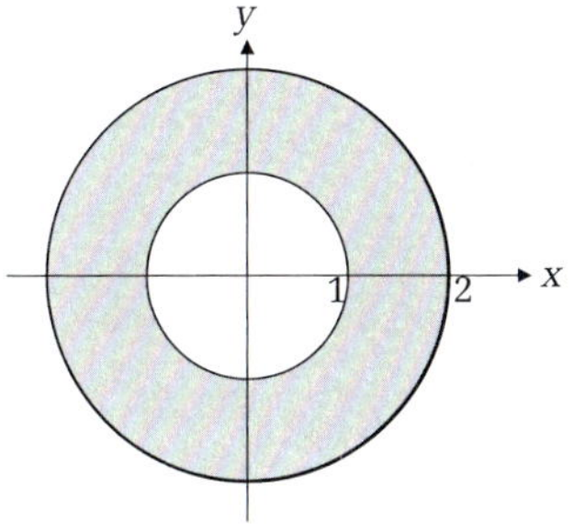

Abbildung A14.1.6c

7. (a) $e^{x+y} \neq 3$, d. h. $x + y \neq \ln 3$ (b) Um den ln nur von positiven Zahlen zu bilden, reicht es, wenn $x \neq a$ und $y \neq b$, so dass $(x-a)^2 > 0$ und $(y-b)^2 > 0$. (c) $x > a$ und $y > b$.

14.2

1. (a) $\partial z/\partial x = 2$, $\partial z/\partial y = 3$ (b) $\partial z/\partial x = 2x$, $\partial z/\partial y = 3y^2$ (c) $\partial z/\partial x = 3x^2y^4$, $\partial z/\partial y = 4x^3y^3$ (d) $\partial z/\partial x = \partial z/\partial y = 2(x + y)$

2. (a) $\partial z/\partial x = 2x$, $\partial z/\partial y = 6y$ (b) $\partial z/\partial x = y$, $\partial z/\partial y = x$ (c) $\partial z/\partial x = 20x^3y^2 - 2y^5$, $\partial z/\partial y = 10x^4y - 10xy^4$ (d) $\partial z/\partial x = \partial z/\partial y = e^{x+y}$ (e) $\partial z/\partial x = ye^{xy}$, $\partial z/\partial y = xe^{xy}$ (f) $\partial z/\partial x = e^x/y$, $\partial z/\partial y = -e^x/y^2$
(g) $\partial z/\partial x = \partial z/\partial y = 1/(x + y)$ (h) $\partial z/\partial x = 1/x$, $\partial z/\partial y = 1/y$

3. (a) $f_1'(x, y) = 7x^6$, $f_2'(x, y) = -7y^6$, $f_{12}''(x, y) = 0$
(b) $f_1'(x, y) = 5x^4 \ln y$, $f_2'(x, y) = x^5/y$, $f_{12}''(x, y) = 5x^4/y$
(c) $f(x, y) = (x^2 - 2y^2)^5 = u^5$, wobei $u = x^2 - 2y^2$. Dann ist $f_1'(x, y) = 5u^4u_1' = 5(x^2 - 2y^2)^4 2x = 10x(x^2 - 2y^2)^4$. In der gleichen Weise folgt $f_2'(x, y) = 5u^4u_2' = 5(x^2 - 2y^2)^4(-4y) = -20y(x^2 - 2y^2)^4$. Schließlich ist $f_{12}''(x, y) = (\partial/\partial y)(10x(x^2 - 2y^2)^4) = 10x4(x^2 - 2y^2)^3(-4y) = -160xy(x^2 - 2y^2)^3$.

4. (a) $z_x' = 3$, $z_y' = 4$ und $z_{xx}'' = z_{xy}'' = z_{yx}'' = z_{yy}'' = 0$
(b) $z_x' = 3x^2y^2$, $z_y' = 2x^3y$, $z_{xx}'' = 6xy^2$, $z_{yy}'' = 2x^3$ und $z_{xy}'' = 6x^2y$
(c) $z_x' = 5x^4 - 6xy$, $z_y' = -3x^2 + 6y^5$, $z_{xx}'' = 20x^3 - 6y$, $z_{yy}'' = 30y^4$ und $z_{xy}'' = -6x$
(d) $z_x' = 1/y$, $z_y' = -x/y^2$, $z_{xx}'' = 0$, $z_{yy}'' = 2x/y^3$ und $z_{xy}'' = -1/y^2$
(e) $z_x' = 2y(x+y)^{-2}$, $z_y' = -2x(x+y)^{-2}$, $z_{xx}'' = -4y(x+y)^{-3}$, $z_{yy}'' = 4x(x+y)^{-3}$ und $z_{xy}'' = 2(x - y)(x + y)^{-3}$

(f) $z'_x = x(x^2+y^2)^{-1/2}$, $z'_y = y(x^2+y^2)^{-1/2}$, $z''_{xx} = y^2(x^2+y^2)^{-3/2}$, $z''_{yy} = x^2(x^2+y^2)^{-3/2}$ und $z''_{xy} = -xy(x^2+y^2)^{-3/2}$

5. (a) $z'_x = 2x$, $z'_y = 2e^{2y}$, $z''_{xx} = 2$, $z''_{yy} = 4e^{2y}$, $z''_{xy} = z''_{yx} = 0$
(b) $z'_x = y/x$, $z'_y = \ln x$, $z''_{xx} = -y/x^2$, $z''_{yy} = 0$, $z''_{xy} = z''_{yx} = 1/x$
(c) $z'_x = y^2 - ye^{xy}$, $z'_y = 2xy - xe^{xy}$, $z''_{xx} = -y^2e^{xy}$, $z''_{yy} = 2x - x^2e^{xy}$, $z''_{xy} = z''_{yx} = 2y - e^{xy} - xye^{xy}$
(d) $z'_x = yx^{y-1}$, $z'_y = x^y \ln x$, $z''_{xx} = y(y-1)x^{y-2}$, $z''_{yy} = x^y(\ln x)^2$, $z''_{xy} = z''_{yx} = x^{y-1} + yx^{y-1}\ln x$
► Ausführliche Lösung siehe Lösungshandbuch MyLab.

6. (a) $F'_S = 2.26 \cdot 0.44 S^{-0.56}E^{0.48} = 0.9944 S^{-0.56}E^{0.48}$, $F'_E = 2.26 \cdot 0.48 S^{0.44}E^{-0.52} = 1.0848 S^{0.44}E^{-0.52}$
(b) $SF'_S + EF'_E = S \cdot 2.26 \cdot 0.44 S^{-0.56}E^{0.48} + E \cdot 2.26 \cdot 0.48 S^{0.44}E^{-0.52} = 0.44\,F + 0.48\,F = 0.92\,F$, so dass $k = 0.92$.

7. $xz'_x + yz'_y = x[2a(ax+by)] + y[2b(ax+by)] = (ax+by)2(ax+by) = 2(ax+by)^2 = 2z$

8. $\partial z/\partial x = x/(x^2+y^2)$, $\partial z/\partial y = y/(x^2+y^2)$, $\partial^2 z/\partial x^2 = (y^2-x^2)/(x^2+y^2)^2$ und $\partial^2 z/\partial y^2 = (x^2-y^2)/(x^2+y^2)^2$. Damit gilt $\partial^2 z/\partial x^2 + \partial^2 z/\partial y^2 = 0$.

9. (a) $s'_x(x,y) = 2/x$, so dass $s'_x(20,30) = 2/20 = 1/10$. (b) $s'_y(x,y) = 4/y$, so dass $s'_y(20,30) = 4/30 = 2/15$.

14.3

1. Wenn $x^2+y^2 = 6$, dann ist $f(x,y) = \sqrt{6} - 4$, so dass $x^2+y^2 = 6$ eine Höhenlinie von f zur Höhe $c = \sqrt{6} - 4$ ist.

2. $f(x,y) = e^{x^2-y^2} + (x^2-y^2)^2 = e^c + c^2$, wenn $x^2 - y^2 = c$ ist, so dass die letzte Gleichung eine Höhenlinie von f zum Niveau $e^c + c^2$ darstellt.

3. Im Schnittpunkt würde f zwei verschiedene Werte haben. Dies ist unmöglich, wenn f eine Funktion ist.

4. Allgemein besteht der Graph von $g(x,y) = f(x)$ im 3-dimensionalen Raum aus einer Fläche, die als Spur entsteht, wenn man den Graphen von $z = f(x)$ parallel zur y-Achse in beide Richtungen bewegt. Der Graph von $g(x,y) = x$ ist die Ebene durch die y-Achse in einem 45°-Winkel mit der xy-Ebene. Der Graph von $g(x,y) = -x^3$ ist in Abb. A14.3.4 gezeigt. (Natürlich ist nur ein Teil des unbeschränkten Graphen gezeigt.)

5. Siehe Abb. A14.3.5a und A14.3.5b, die beide aus zwei Teilen bestehen. (Beachten Sie, dass in Fall (a) nur ein Teil des Graphen angedeutet ist.)

6. (a) Der Punkt $(2,3)$ liegt auf der Höhenlinie $z = 8$, d. h. $f(2,3) = 8$. Die Punkte $(x,3)$ liegen auf der Geraden $y = 3$ parallel zur x-Achse. Diese Gerade schneidet die Höhenlinie $z = 8$, wenn $x = 2$ und $x = 5$. (b) Wenn y bei festem $x = 2$ variiert, ist das Minimum von $f(2,y)$ gleich 8 für $y = 3$. (c) An der

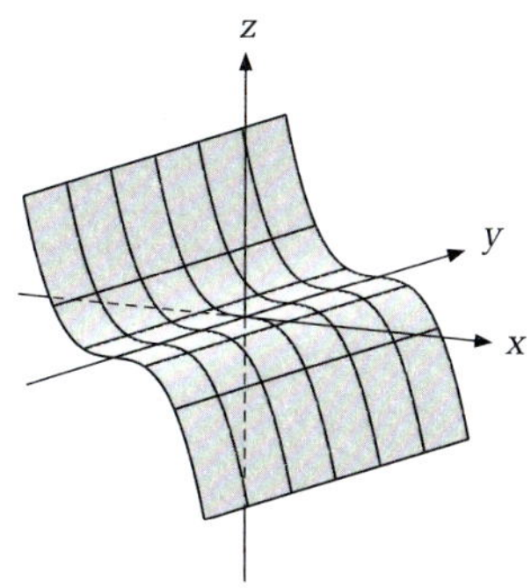

Abbildung A14.3.4

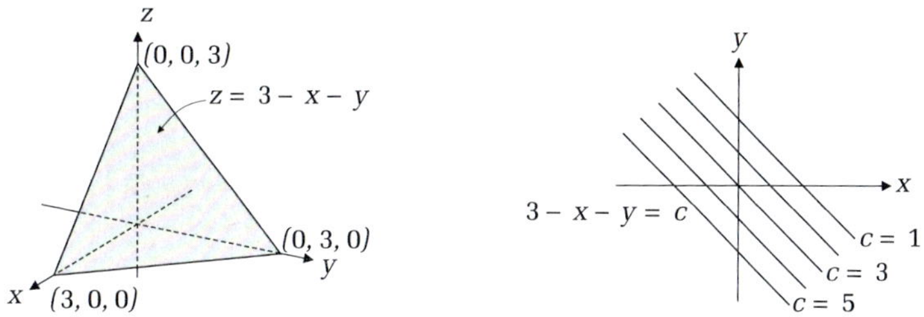

Abbildung A14.3.5a

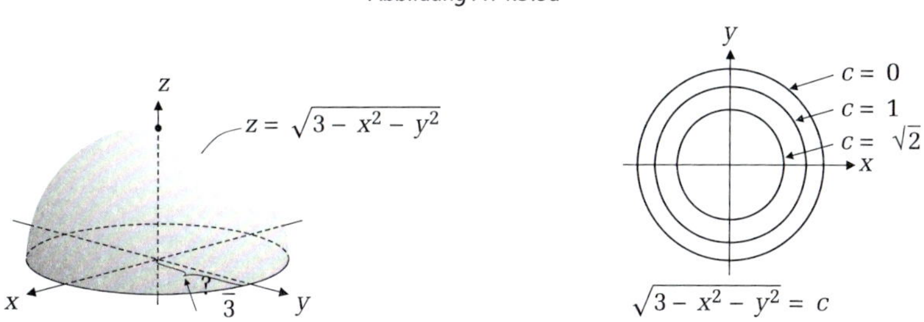

Abbildung A14.3.5b

Stelle A führt jede Bewegung in Richtung steigender x bei festem y zu Höhenlinien mit größerem Niveau, so dass $f_1'(x, y) > 0$. Ähnlich führt jede Bewegung in Richtung steigender y bei festem x zu Höhenlinien mit größerem Niveau, so dass $f_2'(x, y) > 0$. An der Stelle B: $f_1'(x, y) < 0, f_2'(x, y) < 0$. An der Stelle C: $f_1'(x, y) = 0, f_2'(x, y) = 0$. Schließlich: Um z um 2 Einheiten zu erhöhen, wenn man sich von A fort bewegt, sind die nötigen Erhöhungen von x und y ungefähr 1 bzw. 0.6. Daher ist $f_1' \approx 2/1 = 2$ und $f_2' \approx 2/0.6 = 10/3$.

7. (a) $f_x' > 0$ und $f_y' < 0$ in P, während $f_x' < 0$ und $f_y' > 0$ in Q. (b) (i) Keine Lösung unter den in der Abbildung gezeigten Punkten. (ii) $x \approx 2$ und $x \approx 6$ (c) Die Höhenlinie mit größtem Niveau, die die Gerade schneidet ist die zum Niveau 3, d. h. $z = 3$. Somit ist 3 der größte Wert.
► Ausführliche Lösung siehe Lösungshandbuch MyLab.

8. $F(1,0) - F(0,0)$, $F(2,0) - F(1,0)$ und $F(1,1) - F(0,1)$ sind alle ≥ 2; $F(0,1) - F(0,0)$ und $F(1,1) - F(1,0)$ sind beide ≤ 1.
▶ Ausführliche Lösung siehe Lösungshandbuch MyLab.

14.4

1. Siehe Abb. A14.4.1a–A14.4.1c.

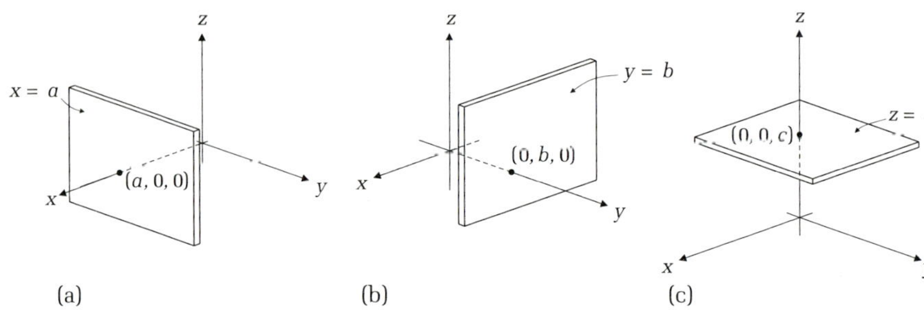

Abbildung A14.4.1

2. (a) $d = \sqrt{(4-(-1))^2 + (-2-2)^2 + (0-3)^2} = \sqrt{25+16+9} = \sqrt{50} = 5\sqrt{2}$
(b) $d = \sqrt{(a+1-a)^2 + (b+1-b)^2 + (c+1-c)^2} = \sqrt{3}$

3. $(x-2)^2 + (y-1)^2 + (z-1)^2 = 25$

4. Die Kugel mit dem Mittelpunkt in $(-3, 3, 4)$ und dem Radius 5.

5. $(x-4)^2 + (y-4)^2 + (z-\frac{1}{2})^2$ misst das Quadrat des Abstandes zwischen dem Punkt $(4, 4, \frac{1}{2})$ und dem Punkt (x, y, z) auf dem Paraboloid.

14.5

1. (a) $f(-1, 2, 3) = 1$ und $f(a+1, b+1, c+1) - f(a, b, c) = 2a + 2b + 2c + 3$.
(b) $f(tx, ty, tz) = (tx)(ty) + (tx)(tz) + (ty)(tz) = t^2(xy + xz + yz) = t^2 f(x, y, z)$

2. (a) Da 1.053 die Summe der Exponenten ist, folgt: y wird $2^{1.053} \approx 2.07$-mal so groß.
(b) $\ln y = \ln 2.9 + 0.015 \ln x_1 + 0.25 \ln x_2 + 0.35 \ln x_3 + 0.408 \ln x_4 + 0.03 \ln x_5$

3. (a) In aufeinander folgenden Wochen werden $120/50 = 2.4$, dann $120/60 = 2$, $120/45 \approx 2.667$, $120/40 = 3$, $120/75 = 1.6$ und schließlich $120/80 = 1.5$ Millionen Aktien gekauft und somit insgesamt ungefähr 13.167 Millionen.

(b) Der durchschnittliche Preis pro Aktie ist ungefähr $\$720/13.167 \approx 54.68$. Dies ist das harmonische Mittel, welches fast \$ 4 niedriger ist pro Aktie als das arithmetische Mittel $\$350/6 \approx 58.67$.
▶ Ausführliche Lösung siehe Lösungshandbuch MyLab.

4. (a) In jeder Woche w wird Bank A $100/p_w$ Millionen Euro gekauft haben für einen Gesamtbetrag von $e = \sum_{w=1}^{n} 100/p_w$ Millionen Euro. (b) Bank A wird

$100n$ Millionen Dollar bezahlt haben, so dass der Preis p pro Euro, den Bank A im Durchschnitt bezahlt hat, $p = 100n/e$ ist. Es folgt, dass $1/p = e/100n = (1/n)\sum_{w=1}^{n} 1/p_w$ Dollar pro Euro. Dies impliziert, dass p das harmonische Mittel von $p_1, \ldots, p_n$ ist. Da dies geringer als das arithmetische Mittel ist (außer in dem Fall, in dem p_w jede Woche gleich ist), ist dies ein angeblicher Vorteil der Dollardurchschnittskostenbildung.

5. (a) Jede Maschine würde 60 Einheiten pro Tag produzieren. Somit würde jede produzierte Einheit $480/60 = 8$ Minuten erfordern.
(b) Der Gesamtoutput ist $\sum_{i=1}^{n}(T/t_i) = T\sum_{i=1}^{n}(1/t_i)$. Wenn alle n Maschinen gleich effizient wären, wäre die für jede Einheit benötigte Zeit $nT/T\sum_{i=1}^{n}(1/t_i) = n/\sum_{i=1}^{n}(1/t_i)$, das harmonische Mittel von $t_1, \ldots, t_n$.

14.6

1. $F_1'(x, y, z) = 2xe^{xz} + x^2ze^{xz} + y^4e^{xy}$, so dass $F_1'(1, 1, 1) = 4e$; $F_2'(x, y, z) = 3y^2e^{xy} + xy^3e^{xy}$, so dass $F_2'(1, 1, 1) = 4e$; $F_3'(x, y, z) = x^3e^{xz}$, so dass $F_3'(1, 1, 1) = e$

2. (a) $f_1' = 2x$, $f_2' = 3y^2$ und $f_3' = 4z^3$ (b) $f_1' = 10x$, $f_2' = -9y^2$ und $f_3' = 12z^3$ (c) $f_1' = yz$, $f_2' = xz$ und $f_3' = xy$ (d) $f_1' = 4x^3/yz$, $f_2' = -x^4/y^2z$ und $f_3' = -x^4/yz^2$ (e) $f_1' = 12x(x^2 + y^3 + z^4)^5$, $f_2' = 18y^2(x^2 + y^3 + z^4)^5$ und $f_3' = 24z^3(x^2 + y^3 + z^4)^5$ (f) $f_1' = yze^{xyz}$, $f_2' = xze^{xyz}$ und $f_3' = xye^{xyz}$
► Ausführliche Lösung siehe Lösungshandbuch MyLab.

3. $\partial T/\partial x = ky/d^n$ und $\partial T/\partial y = kx/d^n$ sind beide positiv, so dass die Anzahl der Reisenden steigt, wenn die Größe einer der beiden Städte steigt, was plausibel ist. $\partial T/\partial d = -nkxy/d^{n+1}$ ist negativ, so dass die Anzahl der Reisenden abnimmt, wenn die Entfernung zwischen den beiden Städten größer wird, was auch plausibel ist.

4. (a) $g(2, 1, 1) = -2$, $g(3, -4, 2) = 352$ und $g(1, 1, z_0 + \Delta z) - g(1, 1, z_0) = 2z_0\Delta z + (\Delta z)^2 - \Delta z$.
(b) $g_1' = 4x - 4y - 4$, $g_2' = -4x + 20y - 28$, $g_3' = 2z - 1$. Die partiellen Ableitungen zweiter Ordnung sind: $g_{11}'' = 4$, $g_{12}'' = -4$, $g_{13}'' = 0$, $g_{21}'' = -4$, $g_{22}'' = 20$, $g_{23}'' = 0$, $g_{31}'' = 0$, $g_{32}'' = 0$ und $g_{33}'' = 2$.

5. $\partial\pi/\partial p = \frac{1}{2}p(1/r + 1/w)$, $\partial\pi/\partial r = -\frac{1}{4}p^2/r^2$, $\partial\pi/\partial w = -\frac{1}{4}p^2/w^2$

6. Partielle Ableitungen erster Ordnung: $w_1' = 3yz + 2xy - z^3$, $w_2' = 3xz + x^2$, $w_3' = 3xy - 3xz^2$. Partielle Ableitungen zweiter Ordnung: $w_{11}'' = 2y$, $w_{12}'' = w_{21}'' = 3z + 2x$, $w_{13}'' = w_{31}'' = 3y - 3z^2$, $w_{22}'' = 0$, $w_{23}'' = w_{32}'' = 3x$, $w_{33}'' = -6xz$.

7. $f_1' = p'(x)$, $f_2' = q'(y)$, $f_3' = r'(z)$

8. (a) $\begin{pmatrix} 2a & 0 & 0 \\ 0 & 2b & 0 \\ 0 & 0 & 2c \end{pmatrix}$ (b) Wir schreiben g für $Ax^ay^bz^c$. Die Hesse-Matrix ist dann

$$\begin{pmatrix} a(a-1)g/x^2 & abg/xy & acg/xz \\ abg/xy & b(b-1)g/y^2 & bcg/yz \\ acg/xz & bcg/yz & c(c-1)g/z^2 \end{pmatrix}.$$

9. Setzen Sie $w = u^h$, wobei $u = (x-y+z)/(x+y-z)$. Dann ist $\partial w/\partial x = hu^{h-1}\partial u/\partial x$, $\partial w/\partial y = hu^{h-1}\partial u/\partial y$ und $\partial w/\partial z = hu^{h-1}\partial u/\partial z$. Mit $v = x+y-z$ erhalten wir $\partial u/\partial x = (2y-2z)/v^2$, $\partial u/\partial y = -2x/v^2$ und $\partial u/\partial z = 2x/v^2$. Daher ist $x\frac{\partial w}{\partial x} + y\frac{\partial w}{\partial y} + z\frac{\partial w}{\partial z} = hu^{h-1}v^{-2}[x(2y-2z) + y(-2x) + z2x] = 0$. (In der Terminologie von Kap. 15.7 ist die Funktion w homogen vom Grad 0. Eulers Theorem 15.7.1 ergibt sofort das Resultat.)

10. $f'_x = y^z x^{y^z-1}$, $f'_y = zy^{z-1}(\ln x)x^{y^z}$, $f'_z = y^z(\ln x)(\ln y)x^{y^z}$
▶ Ausführliche Lösung siehe Lösungshandbuch MyLab.

11. Für alle $y \neq 0$ gilt $f'_1(0, y) = -y$ und $f''_{12}(0, y) = f''_{21}(0, y) = -1$.

Für alle $x \neq 0$ gilt $f'_2(x, 0) = x$ und $f''_{21}(x, 0) = f''_{12}(x, 0) = 1$. ▶ Siehe MyLab.

14.7

1. Siehe Abb. A14.7.1a–A14.7.1f

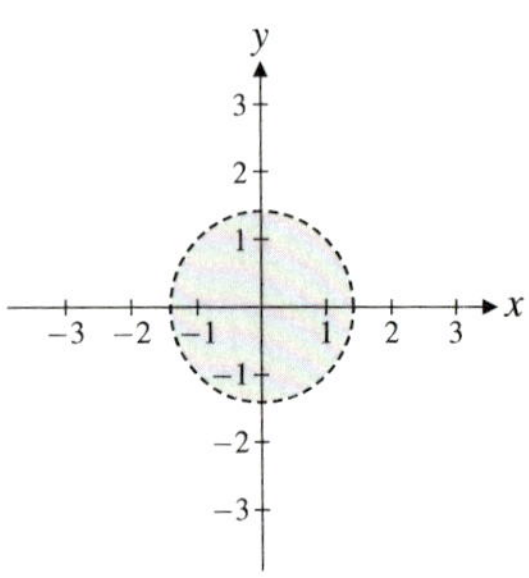

Abbildung A14.7.1a: $x^2 + y^2 < 2$

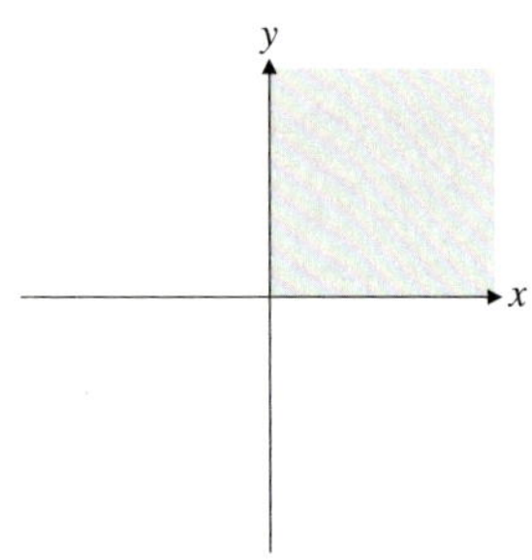

Abbildung A14.7.1b: $x \geq 0,\ y \geq 0$

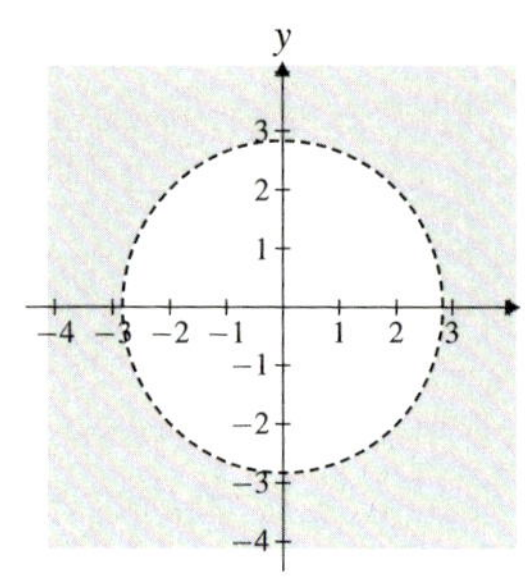

Abbildung A14.7.1c: $x^2 + y^2 > 8$

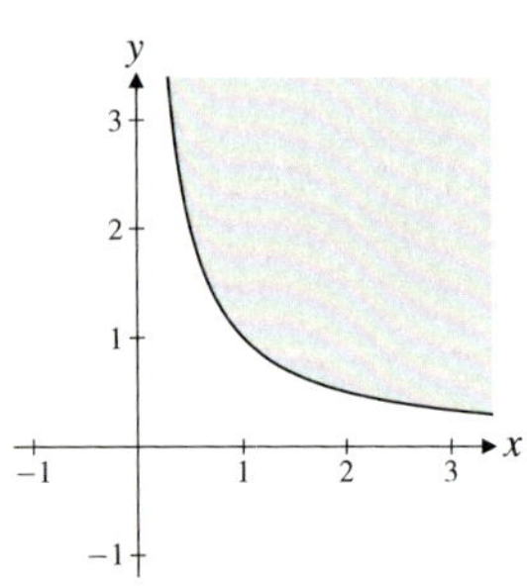

Abbildung A14.7.1d: $x \geq 0,\ y \geq 0,\ xy \geq 1$

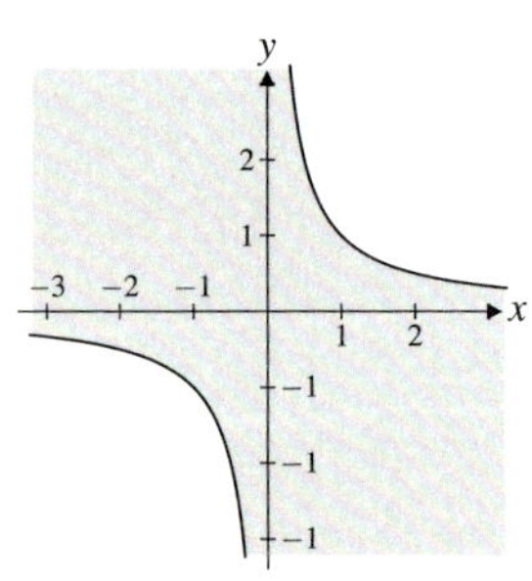

Abbildung A14.7.1e: $xy \geq 1$

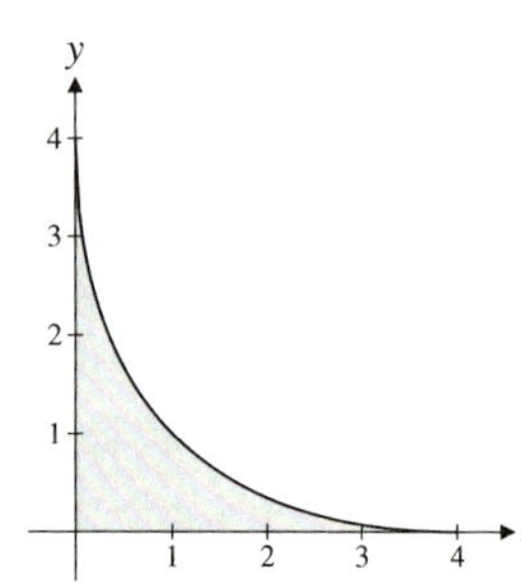

Abbildung A14.7.1f: $\sqrt{x} + \sqrt{y} \leq 2$

2. (a) Nehmen Sie an, dass (s_1, t_1) und (s_2, t_2) beide zu $S \times T$ gehören mit $s_1, s_2 \in S$ und $t_1, t_2 \in T$. Für ein $\lambda \in [0, 1]$ sei $s_0 = \lambda s_1 + (1-\lambda)s_2$ und $t_0 = \lambda t_1 + (1-\lambda)t_2$. Dann ist $(s_0, t_0) = \lambda(s_1, t_1) + (1-\lambda)(s_2, t_2)$. Ferner gilt, weil S und T beide konvex sind, dass $s_0 \in S$ und $t_0 \in T$. Es folgt, dass (s_0, t_0) zu $S \times T$ gehört, so dass $S \times T$ eine konvexe Menge ist.

(b) Es ist konvex. Das algebraische Argument in Teil (a) funktioniert für allgemeine konvexe Mengen $S \subseteq \mathbb{R}^m$ und $T \subseteq \mathbb{R}^n$ und Punkte $(\mathbf{s}_1, \mathbf{t}_1)$ und $(\mathbf{s}_2, \mathbf{t}_2)$ in $S \times T$.

14.8

1. Die Funktion mit dem Graphen links ist strikt konvex. Die Funktion in der Mitte ist weder konvex noch konkav (sie scheint links konvex zu sein, aber rechts konkav). Die Funktion auf der rechten Seite ist konkav, aber *nicht* strikt konkav.

2. $f''_{11} = -12 < 0, f''_{12} = 2a+4, f''_{22} = -2 < 0$. Weil $f''_{11} < 0$ ist die Funktion niemals konvex. Sie ist konkav genau dann, wenn $f''_{11}f''_{22} - (f''_{12})^2 = 24 - (2a+4)^2 \geq 0$, was genau dann der Fall ist, wenn $(a+2)^2 \leq 6$, d. h. genau dann, wenn $-2 - \sqrt{6} \leq a \leq -2 + \sqrt{6}$. Sie ist weder konkav noch konvex, wenn $a < -2 - \sqrt{6}$ oder $a > -2 + \sqrt{6}$.

3. Für (a) und (b) nutzen wir die Resultate in Theorem 14.8.1.

(a) z ist strikt konkav als Summe von vier konkaven Funktionen $x, y, -e^x$ und $-e^{x+y}$, von denen zwei strikt konkav sind.

(b) z ist strikt konvex als Summe von drei konvexen Funktionen e^{x+y}, e^{x-y} und $-\frac{1}{2}y$, von denen zwei strikt konvex sind.

(c) Mithilfe des Hinweises sehen wir, dass die quadratische Form w positiv semidefinit ist. Somit ist w konvex, aber nicht strikt konvex.

4. (a) Folgt aus (14.8.7). (b) Folgen Sie dem Hinweis und bemerken Sie: Weil $f(0,0) = 0$, impliziert die Definition von g, dass:

$$g(\lambda; x, y) = f(\lambda x, \lambda y)/\lambda = \frac{f(\lambda x, \lambda y) - f(0,0)}{\lambda - 0} = s(0, \lambda) \qquad (*)$$

Dabei ist $s(0,\lambda)$ die Steigung von $f(\lambda x, \lambda y)$, betrachtet als eine Funktion von λ, definiert für alle $\lambda \geq 0$. Nun: Wenn f konkav ist, dann gilt für alle $\mu \in [0,1]$ und alle $\lambda, \lambda' > 0$:

$$f\left(\mu(\lambda x, \lambda y) + (1-\mu)(\lambda' x, \lambda' y)\right) \geq \mu f(\lambda x, \lambda y) + (1-\mu) f(\lambda' x, \lambda' y) \qquad (**)$$

Dies impliziert, dass $f(\lambda x, \lambda y)$ konkav ist als Funktion von λ. Dann impliziert Theorem 8.2.1, dass $g(\lambda; x, y) = s(0, \lambda)$ eine monoton fallende Funktion von λ ist.

(c) Nehmen Sie an, dass f strikt konkav wäre. Nach einer offensichtlichen Modifikation von $(**)$, wäre die Funktion $f(\lambda x, \lambda y)$ von λ strikt konkav. Dann würde Theorem 8.2.1 implizieren, dass $g(\lambda; x, y) = s(0,\lambda)$ eine strikt monoton fallende Funktion von λ ist. Dies widerspricht der Hypothese, dass $g(\lambda; x, y)$ unabhängig von λ ist.

14.9

1. $\partial M/\partial Y = 0.14$ und $\partial M/\partial r = -0.84 \cdot 76.03(r-2)^{-1.84} = -63.8652(r-2)^{-1.84}$. Somit ist $\partial M/\partial Y$ positiv und $\partial M/\partial r$ negativ. Beide Vorzeichen stimmen mit standardgemäßer ökonomischer Intuition überein.

2. (a) $KY'_K + LY'_L = aY$ (b) $KY'_K + LY'_L = (a+b)Y$ (c) $KY'_K + LY'_L = Y$
► Ausführliche Lösung siehe Lösungshandbuch MyLab.

3. $D'_p(p,q) = -bq^{-\alpha}$ und $D'_q(p,q) = bp\alpha q^{-\alpha-1}$. Somit gilt $D'_p(p,q) < 0$, was zeigt, dass die Nachfrage abnimmt, wenn der Preis steigt. Ferner ist $D'_q(p,q) > 0$, was zeigt, dass die Nachfrage ansteigt, wenn der Preis bei einem konkurrierenden Produkt steigt.

4. $F'_K = aF/K$, $F'_L = bF/L$ und $F'_M = cF/M$, so dass $KF'_K + LF'_L + MF'_M = (a+b+c)F$.

5. $\partial D/\partial p$ und $\partial E/\partial q$ sind gewöhnlich negativ, da die Nachfrage nach einem Gut zurückgeht, wenn der Preis dieses Gutes steigt. Wenn die Güter substitutiv sind, bedeutet dies, dass die Nachfrage steigt, wenn der Preis des anderen Gutes steigt. Die üblichen Vorzeichen sind also $\partial D/\partial q > 0$ und $\partial E/\partial p > 0$.

6. $\partial U/\partial x_i = e^{-x_i}$ für $i = 1, \ldots, n$

7. $KY'_K + LY'_L = \mu Y$
► Ausführliche Lösung siehe Lösungshandbuch MyLab.

14.10

1. (a) $\mathrm{El}_x z = 1$ und $\mathrm{El}_y z = 1$ (b) $\mathrm{El}_x z = 2$ und $\mathrm{El}_y z = 5$ (c) $\mathrm{El}_x z = n + x$ und $\mathrm{El}_y z = n + y$ (d) $\mathrm{El}_x z = x/(x+y)$ und $\mathrm{El}_y z = y/(x+y)$

2. Sei $z = u^g$ mit $u = ax_1^d + bx_2^d + cx_3^d$. Dann ist $\mathrm{El}_1 z = \mathrm{El}_u u^g \mathrm{El}_1 u = g(x_1/u)adx_1^{d-1} = adgx_1^d/u$. Ähnlich ist $\mathrm{El}_2 z = bdgx_2^d/u$ und $\mathrm{El}_3 z = cdgx_3^d/u$, so dass $\mathrm{El}_1 z + \mathrm{El}_2 z + \mathrm{El}_3 z = dg(ax_1^d + bx_2^d + cx_3^d)/u = dg$. (Dieses Resultat folgt leicht aus der Tatsache, dass die Funktion homogen vom Grad dg ist und der Eulerschen Gleichung (15.7.3) für Elastizitäten.)

3. $\mathrm{El}_i z = p + a_i x_i$ für $i = 1, \ldots, n$.

4. Wir differenzieren $\ln(pD/m) = \ln p + \ln D - \ln m$ nach $\ln m$ und erhalten $\frac{d}{d(\ln m)} \ln(pD/m) = \mathrm{El}_m D - 1$. Offensichtlich steigt also pD/m mit m genau dann, wenn $\mathrm{El}_m D > 1$. ► Siehe MyLab.

Wiederholungsaufgaben für Kap. 14

1. $f(0,1) = -5$, $f(2,-1) = 11$, $f(a,a) = -2a$ und $f(a+\Delta x, b) - f(a,b) = 3\Delta x$

2. $f(-1,2) = -10$, $f(2a,2a) = -4a^2$, $f(a, b+\Delta y) - f(a,b) = -6b\Delta y - 3(\Delta y)^2$, $f(tx,ty) - t^2 f(x,y) = 0$

3. $f(3,4,0) = 5$, $f(-2,1,3) = \sqrt{14}$ und $f(tx,ty,tz) = \sqrt{t^2x^2 + t^2y^2 + t^2z^2} = tf(x,y,z)$

4. (a) $F(0,0) = 0$, $F(1,1) = 15$ und $F(32,243) = 15 \cdot 2 \cdot 9 = 270$.
(b) $F(K+1,L) - F(K,L) = 15(K+1)^{1/5}L^{2/5} - 15K^{1/5}L^{2/5} = 15L^{2/5}[(K+1)^{1/5} - K^{1/5}]$ ist zusätzlicher Output, wenn eine weitere Einheit Kapital eingesetzt wird, ungefähr gleich Grenzprodukt des Kapitals. (c) $F(32+1,243) - F(32,243) \approx 1.667$. Ferner ist $F'_K(K,L) = 3K^{-4/5}L^{2/5}$, so dass $F'_K(32,243) = 3 \cdot 32^{-4/5}243^{2/5} = 3 \cdot 2^{-4} \cdot 3^2 = 27/16 \approx 1.6875$. Wie zu erwarten ist $F(32+1,243) - F(32,243)$ ungefähr gleich $F'_K(32,243)$. (d) F ist homogen vom Grad $3/5$.

5. (a) $\partial Y/\partial K \approx 0.083K^{0.356}S^{0.562}$ und $\partial Y/\partial S \approx 0.035K^{1.356}S^{-0.438}$.
(b) Der Fang wird $2^{1.356+0.562} = 2^{1.918} \approx 3.779$ mal höher.

6. (a) Für alle (x,y) (b) Für $xy \leq 1$ (c) Für $x^2 + y^2 < 2$

7. (a) $x + y > 1$ (b) $x^2 \geq y^2$ und $x^2 + y^2 \geq 1$. Somit $x^2 + y^2 \geq 1$ und $|x| \geq |y|$.
(c) $y \geq x^2$, $x \geq 0$ und $\sqrt{x} \geq y$. Somit $0 \leq x \leq 1$ und $\sqrt{x} \geq y \geq x^2$.

8. (a) $\partial z/\partial x = 10xy^4(x^2y^4 + 2)^4$ (b) $\sqrt{K}(\partial F/\partial K) = 2\sqrt{K}(\sqrt{K} + \sqrt{L})(1/2\sqrt{K}) = \sqrt{K} + \sqrt{L}$ (c) $KF'_K + LF'_L = K(1/a)aK^{a-1}(K^a + L^a)^{1/a-1} + L(1/a)aL^{a-1}(K^a + L^a)^{1/a-1} = (K^a + L^a)(K^a + L^a)^{1/a-1} = F$ (d) $\partial g/\partial t = 3/w + 2wt$, so dass $\partial^2 g/\partial w \partial t = -3/w^2 + 2t$ (e) $g'_3 = t_3(t_1^2 + t_2^2 + t_3^2)^{-1/2}$ (f) $f'_1 = 4xyz + 2xz^2$, $f''_{13} = 4xy + 4xz$

9. (a) $f(0,0) = 36$, $f(-2,-3) = 0$, $f(a+2,b-3) = a^2b^2$
(b) $f'_x = 2(x-2)(y+3)^2$, $f'_y = 2(x-2)^2(y+3)$

10. Da $g(-1,5) = g(1,1) = 30$ liegen die zwei Punkte auf derselben Höhenlinie.

11. Wenn $x - y = c \neq 0$, dann ist $F(x,y) = \ln(x-y)^2 + e^{2(x-y)} = \ln c^2 + e^{2c}$ eine Konstante.

12. (a) $f'_1(x,y) = 4x^3 - 8xy$, $f'_2(x,y) = 4y - 4x^2 + 4$
(b) Die kritischen Stellen sind: $(0,-1)$, $(\sqrt{2},1)$ und $(-\sqrt{2},1)$.
► Ausführliche Lösung siehe Lösungshandbuch MyLab.

13. (a) Entlang der x-Achse hat der Graph in der xz-Ebene die Gestalt einer Schale, wie die einer strikt konvexen Funktion. Aber entlang der y Achse hat der Graph in der xz-Ebene die Gestalt einer Kuppel, wie die einer strikt konkaven Funktion. Die Funktion ist deshalb weder konkav noch konvex.

(b) Die Hesse-Matrix ist $\mathbf{f}'' = \begin{pmatrix} 2 & 0 \\ 0 & -2 \end{pmatrix}$ mit Determinante $|\mathbf{f}''| = -4 < 0$. Diese Ungleichung impliziert, dass alle vier Bedingungen in (14.8.7) bis (14.8.10) nicht erfüllt sind. Somit ist f weder konkav noch konvex.

14. (a) (i) $f''_{11} = -2 \leq 0$, $f''_{22} = 0 \leq 0$ und $f''_{11}f''_{22} - (f''_{12})^2 = 0 \geq 0$. Somit ist f nach (14.8.3) (oder nach (14.8.7)) konkav.

(ii) $f(x) = (x - y) + (-x^2)$ ist eine Summe von konkaven Funktionen, also konkav.

(b) Beachten Sie, dass $-e^{-f(x,y)} = F(f(x,y))$, wobei $F(u) = -e^{-u}$. Aber $F'(u) = e^{-u} > 0$ und $F''(u) = -e^{-u} < 0$, so dass F (strikt) monoton wachsend und konkav. Nach Teil (iii) von Theorem 14.8.1 folgt, dass $z = -e^{-f(x,y)}$ konkav ist.

15. (a) $f''_{11} = 2a$, $f''_{12} = 2b$, $f''_{22} = 2c$ und $f''_{11}f''_{22} - (f''_{12})^2 = 2a2c - (2b)^2 = 4(ac - b^2)$. Das Resultat folgt aus (14.8.5) und (14.8.6). (b) Nach (14.8.3) ist f genau dann konkav, wenn $a \leq 0$, $c \leq 0$ und $ac - b^2 \geq 0$. Nach (14.8.4) ist f genau dann konvex, wenn $a \geq 0$, $c \geq 0$ und $ac - b^2 \geq 0$.

16. (a) $\text{El}_x z = 3$, $\text{El}_y z = -4$ (b) $\text{El}_x z = 2x^2/(x^2 + y^2)\ln(x^2 + y^2)$, $\text{El}_y z = 2y^2/(x^2 + y^2)\ln(x^2 + y^2)$ (c) $\text{El}_x z = \text{El}_x(e^x e^y) = \text{El}_x e^x = x$, $\text{El}_y z = y$ (d) $\text{El}_x z = x^2/(x^2 + y^2)$, $\text{El}_y z = y^2/(x^2 + y^2)$

17. (a) $\partial F/\partial y = e^{2x}2(1-y)(-1) = -2e^{2x}(1-y)$. (b) $F'_L = (\ln K)(\ln M)/L$, $F'_{LK} = (\ln M)/KL$ (c) $w = x^x y^x z^x$ ergibt $\ln w = x\ln x + x\ln y + x\ln z$ und durch implizite Differentiation $w'_x/w = 1 \cdot \ln x + x(1/x) + \ln y + \ln z$, was $w'_x = w(\ln x + 1 + \ln y + \ln z) = x^x y^x z^x(\ln(xyz) + 1)$ impliziert.

18. (a) Differenzieren nach x ergibt $\partial^p z/\partial x^p = e^x \ln(1+y)$ für jede natürliche Zahl p. Wiederholtes Differenzieren nach y ergibt zunächst $\partial^{p+1}/\partial y \partial x^p = e^x(1+y)^{-1}$, dann $\partial^{p+2}/\partial y^2 \partial x^p = e^x(-1)(1+y)^{-2}$ usw. Durch Induktion nach q erhält man $\partial^{p+q}/\partial y^q \partial x^p = e^x(-1)^{q-1}(q-1)!(1+y)^{-q}$, welches gleich $(-1)^{q-1}(q-1)!$ ist für $(x,y) = (0,0)$.
(b) Schreiben Sie $z = z_1 + z_2 - z_3$, wobei $z_1 = xe^x \cdot ye^y$, $z_2 = e^x \cdot ye^y$ und $z_3 = e^x \cdot e^y$, und beachten Sie, dass $(\mathrm{d}/\mathrm{d}u)^n ue^u = e^u(u+n)$ für $n = 1, 2, \ldots$, wie leicht durch Induktion über n bewiesen werden kann. Dann ist $\partial^{p+q}z_1/\partial x^p \partial y^q = (\mathrm{d}/\mathrm{d}x)^p e^x x \cdot (\mathrm{d}/\mathrm{d}y)^q e^y y = e^x(x+p) \cdot e^y(y+q)$, während $\partial^{p+q}z_2/\partial x^p \partial y^q = (\mathrm{d}/\mathrm{d}x)^p e^x \cdot (\mathrm{d}/\mathrm{d}y)^q e^y y = e^x \cdot e^y(y+q)$, und $\partial^{p+q}z_3/\partial x^p \partial y^q = e^x \cdot e^y$. Durch Zusammenbfassen von Termen, folgt, dass $\partial^{p+q}z/\partial x^p \partial y^q = e^{x+y}[(x+p+1)(y+q) - 1]$, was sich auf $(p+1)q - 1$ vereinfacht an der Stelle $(x,y) = (0,0)$.

19. $u'_x = au/x$ und $u'_y = bu/y$, so dass $u''_{xy} = au'_y/x = abu/xy$. Daher ist $u''_{xy}/u'_x u'_y = 1/u$ $(u \neq 0)$. Dann gilt:

$$\frac{1}{u'_x}\frac{\partial}{\partial x}\left(\frac{u''_{xy}}{u'_x u'_y}\right) = \frac{1}{u'_x} \cdot \frac{-u'_x}{u^2} = -\frac{1}{u^2} = \frac{1}{u'_y}\frac{\partial}{\partial y}\left(\frac{u''_{xy}}{u'_x u'_y}\right)$$

Kapitel 15

15.1

1. (a) $\mathrm{d}z/\mathrm{d}t = F'_1(x,y)\,\mathrm{d}x/\mathrm{d}t + F'_2(x,y)\,\mathrm{d}y/\mathrm{d}t = 1 \cdot 2t + 2y \cdot 3t^2 = 2t + 6t^5$, die Ableitung von $z = t^2 + (t^3)^2 = t^2 + t^6$.
(b) $\mathrm{d}z/\mathrm{d}t = px^{p-1}y^q a + qx^p y^{q-1}b = x^{p-1}y^{q-1}(apy + bqx) = a^p b^q (p+q)t^{p+q-1}$, die Ableitung von $z = (at)^p \cdot (bt)^q$.

2. (a) $\mathrm{d}z/\mathrm{d}t = (\ln y + y/x) \cdot 1 + (x/y + \ln x)(1/t) = \ln(\ln t) + \ln t/(t+1) + (t+1)/t\ln t + \ln(t+1)/t$ (b) $\mathrm{d}z/\mathrm{d}t = Aae^{at}/x + Bbe^{bt}/y = a + b$

3. $\mathrm{d}z/\mathrm{d}t = F_1'(t,y) + F_2'(t,y)g'(t)$. Wenn $F(t,y) = t^2 + ye^y$ und $g(t) = t^2$, dann ist $F_1'(t,y) = 2t$, $F_2'(t,y) = e^y + ye^y$ und $g'(t) = 2t$. Daher ist $\mathrm{d}z/\mathrm{d}t = 2t(1 + e^{t^2} + t^2 e^{t^2})$.

4. $\mathrm{d}Y/\mathrm{d}L = F_K'(K,L)g'(L) + F_L'(K,L)$

5. $\mathrm{d}Y/\mathrm{d}t = \left(10L - \frac{1}{2}K^{-1/2}\right)0.2 + \left(10K - \frac{1}{2}L^{-1/2}\right)0.5e^{0.1t} = 35 - 7\sqrt{5}/100$, wenn $t = 0$ und somit $K = L = 5$.

6. Sie sollten die üblichen Regeln aus Kap. 6.7 und 6.8 erhalten für die Differentiation (a) einer Summe; (b) einer Differenz; (c) eines Produkts; (d) eines Quotienten; (e) einer verketteten Funktion einer Variablen.
► Ausführliche Lösung siehe Lösungshandbuch MyLab.

7. $x^* = \sqrt[4]{3b/a}$ ► Ausführliche Lösung siehe MyLab.

8. Differentiation von Gl. (15.1.1) nach t ergibt $\mathrm{d}^2z/\mathrm{d}t^2 = (\mathrm{d}/\mathrm{d}t)[F_1'(x,y)\,\mathrm{d}x/\mathrm{d}t] + (\mathrm{d}/\mathrm{d}t)[F_2'(x,y)\,\mathrm{d}y/\mathrm{d}t]$. Wenden Sie jetzt wieder die Kettenregel (15.1.1) an, um die zwei Ableitungen auf der rechten Seite zu berechnen. Die Behauptung folgt durch Summation unter der Annahme, dass $F_{12}'' = F_{21}''$.
► Siehe MyLab für weitere Einzelheiten.

9. (a) Mithilfe der Newton-Quotienten erhalten wir:

$$f_1'(0,0) = \lim_{\Delta x \to 0} \frac{1}{\Delta x}[f(\Delta x, 0) - f(0,0)] = \lim_{\Delta x \to 0} \frac{1}{\Delta x} 0 = 0 \quad \text{und}$$
$$f_2'(0,0) = \lim_{\Delta y \to 0} \frac{1}{\Delta y}[f(0, \Delta y) - f(0,0)] = \lim_{\Delta y \to 0} \frac{1}{\Delta y} \cdot \frac{(\Delta y)^3}{(\Delta y)^2} = 1$$

(b) Für $t \neq 0$ gilt $z(t) = \dfrac{b^3t^3}{a^2t^2 + b^2t^2}$. Somit gilt $z(t) = \dfrac{b^3t}{a^2 + b^2}$ für alle t, was $z'(0) = \dfrac{b^3}{a^2 + b^2}$ impliziert.

(c) Aus (a) folgt $f_1'(x(0), y(0))\dfrac{\mathrm{d}x}{\mathrm{d}t} + f_2'(x(0), y(0))\dfrac{\mathrm{d}y}{\mathrm{d}t} = b$. Aus (b) folgt: Weil $a \neq 0$ und $b \neq 0$, ist dies nicht gleich $z'(0)$.

(d) Dies ist kein Widerspruch, weil f keine C^1-Funktion ist an der Stelle $(0,0)$. In der Tat: Es gilt $f_2'(x,y) = \dfrac{3y^2(x^2+y^2) - y^3(2y)}{(x^2+y^2)^2}$ für alle $(x,y) \neq (0,0)$. Für alle $x \neq 0$ gilt somit $f_2'(x,0) = 0$, während $f_2'(0,0) = 1$.
► Ausführliche Lösung siehe Lösungshandbuch MyLab.

15.2

1. (a) $\partial z/\partial t = F_1'(x,y)\partial x/\partial t + F_2'(x,y)\partial y/\partial t = 1 \cdot 1 + 2ys = 1 + 2ts^2$,
$\partial z/\partial s = (\partial z/\partial x)(\partial x/\partial s) + (\partial z/\partial y)(\partial y/\partial s) = 1 \cdot (-1) + 2yt = -1 + 2t^2s$
(b) $\partial z/\partial t = 4x2t + 9y^2 = 8tx + 9y^2 = 8t^3 - 8ts + 9t^2 + 36ts^3 + 36s^6$,
$\partial z/\partial s = 4x(-1) + 9y^2 6s^2 = -4x + 54s^2y^2 = -4t^2 + 4s + 54t^2s^2 + 216ts^5 + 216s^8$

2. (a) $\partial z/\partial t = y^2 + 2xy2ts = 5t^4s^2 + 4t^3s^4$, $\partial z/\partial s = y^2 2s + 2xyt^2 = 2t^5s + 4t^4s^3$
(b) $\dfrac{\partial z}{\partial t} = \dfrac{2(1-s)e^{ts+t+s}}{(e^{t+s}+e^{ts})^2}$, $\dfrac{\partial z}{\partial s} = \dfrac{2(1-t)e^{ts+t+s}}{(e^{t+s}+e^{ts})^2}$
► Ausführliche Lösung siehe Lösungshandbuch MyLab.

3. $\partial z/\partial r = 2r\partial F/\partial u + (1/r)\partial F/\partial w$, $\partial z/\partial s = -4s\partial F/\partial v + (1/s)\partial F/\partial w$

4. $\partial z/\partial t_1 = F'(x)f_1'(t_1,t_2)$, $\partial z/\partial t_2 = F'(x)f_2'(t_1,t_2)$

5. $\partial x/\partial s = F_1' + F_2'f'(s) + F_3'g_1'(s,t)$, $\partial x/\partial t = F_3'g_2'(s,t)$

6. $\partial z/\partial x = F_1'f_1'(x,y) + F_2'2xh(y)$ und $\partial z/\partial y = F_1'f_2'(x,y) + F_2'x^2h'(y) + F_3'(-1/y^2)$.

7. (a) $\dfrac{\partial w}{\partial t} = \dfrac{\partial w}{\partial x}\dfrac{\partial x}{\partial t} + \dfrac{\partial w}{\partial y}\dfrac{\partial y}{\partial t} + \dfrac{\partial w}{\partial z}\dfrac{\partial z}{\partial t} = y^2z^3 \cdot 2t + 2xyz^3 \cdot 0 + 3xy^2z^2 \cdot 1 = 5s^2t^4$
(b) $\dfrac{\partial w}{\partial t} = 2x\dfrac{\partial x}{\partial t} + 2y\dfrac{\partial y}{\partial t} + 2z\dfrac{\partial z}{\partial t} = \dfrac{x}{\sqrt{t+s}} + 2sye^{ts} = 1 + 2se^{2ts}$

8. (a) Wir können schreiben: $z = F(u_1,u_2,u_3)$ mit $u_1 = t$, $u_2 = t^2$ und $u_3 = t^3$. Dann ist $\dfrac{dz}{dt} = F_1'\dfrac{du_1}{dt} + F_2'\dfrac{du_2}{dt} + F_3'\dfrac{du_3}{dt} = F_1'(t,t^2,t^3) + F_2'(t,t^2,t^3)2t + F_3'(t,t^2,t^3)3t^2$. (b) $z = F(t,f(t),g(t^2)) \Longrightarrow$
$\dfrac{dz}{dt} = F_1'(t,f(t),g(t^2)) + F_2'(t,f(t),g(t^2))f'(t) + F_3'(t,t^2,t^3)g'(t^2)2t$

9. $\partial Z/\partial G = 1 + 2Y\partial Y/\partial G + 2r\partial r/\partial G$

10. $\partial Z/\partial G = 1 + I_1'(Y,r)\partial Y/\partial G + I_2'(Y,r)\partial r/\partial G$

11. $\partial C/\partial p_1 = a\partial Q_1/\partial p_1 + b\partial Q_2/\partial p_1 + 2cQ_1\partial Q_1/\partial p_1$
$= -\alpha_1 A(a + 2cAp_1^{-\alpha_1}p_2^{\beta_1})p_1^{-\alpha_1-1}p_2^{\beta_1} + \alpha_2 bBp_1^{\alpha_2-1}p_2^{-\beta_2}$
$\partial C/\partial p_2 = \beta_1 A(a + 2cAp_1^{-\alpha_1}p_2^{\beta_1})p_1^{-\alpha_1}p_2^{\beta_1-1} - \beta_2 bBp_1^{\alpha_2}p_2^{-\beta_2-1}$

12. $\partial u/\partial x = 3(x^2 - yz)/(x^3 + y^3 + z^3 - 3xyz)$ usw. ► Siehe MyLab.

13. Hier ist $\partial z/\partial x = f'(x^2y)2xy$ und $\partial z/\partial y = f'(x^2y)x^2$. Der Rest folgt mit elementarer Algebra.

14. $\dfrac{\partial u}{\partial r} = \dfrac{\partial f}{\partial x}\dfrac{\partial x}{\partial r} + \dfrac{\partial f}{\partial y}\dfrac{\partial y}{\partial r} + \dfrac{\partial f}{\partial z}\dfrac{\partial z}{\partial r} + \dfrac{\partial f}{\partial w}\dfrac{\partial w}{\partial r}$

15. $\dfrac{\partial u}{\partial r} = yzw + xzw + xyws + xyz(1/s) = 28$

15.3

1. Formel (15.3.2) ergibt $y' = -F_1'/F_2' = -(4x+6y)/(6x+2y) = -(2x+3y)/(3x+y)$.

2. (a) Sei $F(x,y) = x^2y$. Dann ist $F_1' = 2xy$, $F_2' = x^2$, $F_{11}'' = 2y$, $F_{12}'' = 2x$, $F_{22}'' = 0$, so dass $y' = -F_1'/F_2' = -2xy/x^2 = -2y/x$. Ferner folgt mit Gleichung (15.3.5): $y'' = -(1/(F_2')^3)\big[F_{11}''(F_2')^2 - 2F_{12}''F_1'F_2' + F_{22}''(F_1')^2\big] = -(1/x^6)[2yx^4 - 2(2x)(2xy)x^2] = 6y/x^2$. (Siehe auch Aufgabe 7.1.2.) Für (b) und (c) siehe die Antworten zu Aufgabe 7.1.3.
► Ausführliche Lösung siehe Lösungshandbuch MyLab.

3. (a) $y' = -4$ und $y'' = -14$ in $(2, 0)$. Die Tangente hat die Gleichung $y = -4x + 8$.
(b) Es gibt eine horizontale Tangente in $(a, -4a)$ und $(-a, 4a)$, wobei $a = 2\sqrt{7}/7$.
► Ausführliche Lösung siehe Lösungshandbuch MyLab.

4. Mit $F(x, y) = 3x^2 - 3xy^2 + y^3 + 3y^2$ erhalten wir $F_1'(x, y) = 6x - 3y^2$ und $F_2'(x, y) = -6xy + 3y^2 + 6y$. Nach (15.3.2) gilt dann $h'(x) = y' = -(6x - 3y^2)/(-6xy + 3y^2 + 6y)$. Für x nahe 1 und somit (x, y) nahe $(1, 1)$ erhalten wir $h'(1) = -(6 - 3)/(-6 + 3 + 6) = -1$.

5. $D_P' < 0$ und $D_r' < 0$. Differenzieren der Gleichung nach r ergibt $D_P'(\mathrm{d}P/\mathrm{d}r) + D_r' = 0$ und somit $\mathrm{d}P/\mathrm{d}r = -D_r'/D_P < 0$. Somit senkt ein Anstieg der Zinsrate die Nachfrage und der Preis fällt zum Ausgleich.

6. $\dfrac{\mathrm{d}P}{\mathrm{d}R} = \dfrac{f_R'(R, P)}{g'(P) - f_P'(R, P)}$. Es ist plausibel, dass $f_R'(R, P) > 0$ (die Nachfrage steigt, wenn der Werbeaufwand steigt) und $g'(P) > 0$, $f_P'(R, P) < 0$, so dass $\mathrm{d}P/\mathrm{d}R > 0$.

7. Differenzieren der Gleichung nach x ergibt (i) $1 - az_x' = f'(y - bz)(-bz_x')$. Differenzieren nach y ergibt (ii) $-az_y' = f'(y - bz)(1 - bz_y')$. Wenn $bz_x' \neq 0$, ergibt das Auflösen von (i) nach f' und Einsetzen in (ii), dass $az_x' + bz_y' = 1$. Wenn $bz_x' = 0$, impliziert (i) dann $az_x' = 1$. Aber dann ist $z_x' \neq 0$, so dass $b = 0$ und dann wieder $az_x' + bz_y' = 1$.

15.4

1. (a) Mit $F(x, y) = 3x + y - z$ ist die gegebene Gleichung $F(x, y, z) = 0$ und $\partial z/\partial x = -F_1'/F_3' = -3/(-1) = 3$. (b) $\partial z/\partial x = -(yz + z^3 - y^2z^5)/(xy + 3xz^2 - 5xy^2z^4)$ (c) Mit $F(x, y, z) = e^{xyz} - 3xyz$ ist die gegebene Gleichung $F(x, y, z) = 0$. Nun ist $F_x'(x, y, z) = yze^{xyz} - 3yz$, $F_z'(x, y, z) = xye^{xyz} - 3xy$, so dass mit (15.4.2) folgt $z_x' = -F_x'/F_z' = -(yze^{xyz} - 3yz)/(xye^{xyz} - 3xy) = -yz(e^{xyz} - 3)/xy(e^{xyz} - 3) = -z/x$. (Tatsächlich hat die Gleichung $e^c = 3c$ zwei Lösungen. Von $xyz = c$ (c eine Konstante) finden wir z_x' viel einfacher.)

2. Partielle Differentiation nach x ergibt (∗) $3x^2 + 3z^2z_x' - 3z_x' = 0$, so dass $z_x' = x^2/(1 - z^2)$. Aus Symmetriegründen ist $z_y' = y^2/(1 - z^2)$. Um z_{xy}'' zu bestimmen, differenzieren Sie (∗) nach y. Sie erhalten $6zz_y'z_x' + 3z^2z_{xy}'' - 3z_{xy}'' = 0$, so dass $z_{xy}'' = 2zx^2y^2/(1 - z^2)^3$. (Alternativ differenzieren Sie $z_x' = x^2/(1 - z^2)$ nach y, indem Sie z als Funktion von y betrachten und den Ausdruck für z_y' benutzen.)

3. (a) $L^* = P^2/4w^2$, $\partial L^*/\partial P = P/2w^2 > 0$ und $\partial L^*/\partial w = -P^2/2w^3 < 0$.
(b) Bedingungen erster Ordnung: $Pf'(L^*) - C_L'(L^*, w) = 0$.
$\partial L^*/\partial P = -f'(L^*)/(Pf''(L^*) - C_{LL}''(L^*, w))$, $\partial L^*/\partial w = C_{Lw}''(L^*, w)/(Pf''(L^*) - C_{LL}''(L^*, w))$.
► Ausführliche Lösung siehe Lösungshandbuch MyLab.

4. Anwendung von (15.4.2) ergibt $z'_x = -\dfrac{yx^{y-1} + z^x \ln z}{y^z \ln y + xz^{x-1}}$ und $z'_y = -\dfrac{x^y \ln x + zy^{z-1}}{y^z \ln y + xz^{x-1}}$.

5. Implizites Differenzieren ergibt $f'_P(R, P)P'_w = g'_w(w, P) + g'_P(w, P)P'_w$. Daher ist $P'_w = \dfrac{-g'_w(w, P)}{g'_P(w, P) - f'_P(R, P)} < 0$, da $g'_w > 0$, $g'_P > 0$ und $f'_P < 0$.

6. $F(1, 3) = 4$. Die Gleichung der Tangente ist $y - 3 = -[F'_x(1, 3)/F'_y(1, 3)](x - 1)$ mit $F'_x(1, 3) = 10$ und $F'_y(1, 3) = 5$, so dass $y = -2x + 5$.
▶ Ausführliche Lösung siehe Lösungshandbuch MyLab.

7. $\partial y/\partial K = \alpha y/K(1 + 2c \ln y)$, $\partial y/\partial L = \beta y/L(1 + 2c \ln y)$
▶ Ausführliche Lösung siehe Lösungshandbuch MyLab.

15.5

1. Die Grenzrate der Substitution ist $R_{yx} = 20x/30y$, so dass $y/x = (2/3)(R_{yx})^{-1}$ und $\sigma_{yx} = -1$.

2. (a) $R_{yx} = (x/y)^{a-1} = (y/x)^{1-a}$ (b) $\sigma_{yx} = \mathrm{El}_{R_{yx}}(y/x) = \mathrm{El}_{R_{yx}}(R_{yx})^{1/(1-a)} = 1/(1-a)$

3. Bestimmen Sie die relevanten partiellen Ableitungen und setzen Sie diese in (15.5.1) ein und vereinfachen Sie dann. ▶ Siehe MyLab.

15.6

1. $f(tx, ty) = (tx)^4 + (tx)^2(ty)^2 = t^4x^4 + t^2x^2t^2y^2 = t^4(x^4 + x^2y^2) = t^4 f(x, y)$, so dass f homogen vom Grad 4 ist.

2. $x(tp, tr) = A(tp)^{-1.5}(tr)^{2.08} = At^{-1.5}p^{-1.5}\,t^{2.08}\,r^{2.08} = t^{-1.5}\,t^{2.08}Ap^{-1.5}r^{2.08} = t^{0.58}x(p, r)$, so dass die Funktion homogen vom Grad 0.58 ist. (Alternativ können Sie das Resultat aus Beispiel 14.1.4 verwenden.)

3. $f(tx, ty) = (tx)(ty)^2 + (tx)^3 = t^3(xy^2 + x^3) = t^3 f(x, y)$. f ist homogen vom Grad 3. Für den Rest:
▶ Ausführliche Lösung siehe Lösungshandbuch MyLab.

4. $f(tx, ty) = (tx)(ty)/[(tx)^2 + (ty)^2] = t^2xy/t^2[x^2 + y^2] = f(x, y) = t^0 f(x, y)$, so dass f homogen vom Grad 0 ist. Indem wir die Formeln für die partiellen Ableitungen dieser Funktion in Beispiel 14.2.1(b) benutzen, erhalten wir $x\dfrac{\partial f}{\partial x} + y\dfrac{\partial f}{\partial y} = \dfrac{xy^3 - x^3y + x^3y - xy^3}{(x^2 + y^2)^2} = 0 = 0 \cdot f$, wie in Eulers Theorem behauptet.

5. $F(tK, tL) = A(a(tK)^{-\varrho} + b(tL)^{-\varrho})^{-1/\varrho} = A(t^{-\varrho}aK^{-\varrho} + t^{-\varrho}bL^{-\varrho})^{-1/\varrho} = (t^{-\varrho})^{-1/\varrho}A(aK^{-\varrho} + bL^{-\varrho})^{-1/\varrho} = tF(K, L)$. Mit der Idee aus Beispiel 15.6.3 erhalten wir $F(K, L)/L = F(K/L, 1) = A[a(K/L)^{-\rho} + b]^{-1/\rho}$.

6. Definition (15.6.1) verlangt, dass für eine Zahl k gilt: $t^3x^3 + t^2xy = t^k(x^3 + xy)$ für alle $t > 0$ und alle (x, y). Insbesondere für $x = y = 1$ muss gelten $t^3 + t^2 = 2t^k$ für alle $t > 0$. Für $t = 2$ erhalten wir $12 = 2 \cdot 2^k$ oder $2^k = 6$. Für $t = 4$ erhalten wir $80 = 2 \cdot 4^k$ oder $4^k = 40$. Aber $2^k = 6$ impliziert $4^k = 36$. Somit müssen die zwei Werte von k verschieden sein und damit kann f nicht homogen sein.

7. Aus (15.6.6) und (15.6.7) mit $k = 1$ erhalten wir $f''_{11} = (-y/x)f''_{12}$ und $f''_{22} = (-x/y)f''_{21}$. Mit $f''_{12} = f''_{21}$ erhalten wir $f''_{11}f''_{22} - (f''_{12})^2 = (-y/x)f''_{12}(-x/y)f''_{12} - (f''_{12})^2 = 0$.

8. Nach (15.6.3) ist $f'_2(x, y)$ homogen vom Grad 1. so dass $12 = f'_2(4, 6) = f'_2(2 \cdot 2, 2 \cdot 3) = 2f'_2(2, 3)$. Dies impliziert $f'_2(2, 3) = 12/2 = 6$. Nach Eulers Theorem (15.6.2) ist $2f(2, 3) = 2f'_1(2, 3) + 3f'_2(2, 3) = 2 \cdot 4 + 3 \cdot 6 = 26$ und somit $f(2, 3) = 13$. Unter Benutzung von Definition (15.6.1) folgt $f(6, 9) = f(3 \cdot 2, 3 \cdot 3) = 3^2 f(2, 3) = 9 \cdot 13 = 117$.

9. Folgen Sie dem Hinweis. ▸ Siehe MyLab.

15.7

1. (a) Homogen vom Grad 1. (b) Nicht homogen. (c) Homogen vom Grad $-1/2$. (d) Homogen vom Grad 1. (e) Nicht homogen. (f) Homogen vom Grad n.
▸ Ausführliche Lösung siehe Lösungshandbuch MyLab.

2. (a) Homogen vom Grad 1. (b) Homogen vom Grad μ.
▸ Ausführliche Lösung siehe Lösungshandbuch MyLab.

3. Alle sind homogen vom Grad 1, wie leicht zu überprüfen ist, wenn man die Definition (15.7.1) benutzt.

4. Sei s gleich $x_1 + \cdots + x_n$. Dann gilt $v'_i = u'_i - a/s$, so dass $\sum_{i=1}^n x_i v'_i = \sum_{i=1}^n x_i u'_i - \sum_{i=1}^n ax_i/s = a - a = 0$. Nach Eulers Theorem (15.7.2) ist v homogen vom Grad 0.

5. (a) Homothetisch. (b) Homothetisch. (c) Nicht homothetisch. (d) Homothetisch.
▸ Ausführliche Lösung siehe Lösungshandbuch MyLab.

6. (a) $h(t\mathbf{x}) = f((tx_1)^m, \ldots, (tx_n)^m) = f(t^m x_1^m, \ldots, t^m x_n^m) = (t^m)^r f(x_1^m, \ldots, x_n^m) = t^{mr}h(\mathbf{x})$, so dass h homogen vom Grad mr ist.
(b) Homogen vom Grad sp.
(c) Homogen vom Grad r, wenn $r = s$, nicht homogen, wenn $r \neq s$.
(d) Homogen vom Grad $r + s$. (e) Homogen vom Grad $r - s$.

7. Routineanwendung der Definitionen ▸ Siehe MyLab.

15.8

1. Wir verwenden in jedem Fall die Approximation $f(x, y) \approx f(0, 0) + f'_1(0, 0)x + f'_2(0, 0)y$.

(a) $f_1'(x,y) = 5(x+1)^4(y+1)^6$; $f_2'(x,y) = 6(x+1)^5(y+1)^5$, so dass $f_1'(0,0) = 5$ und $f_2'(0,0) = 6$. Da $f(0,0) = 1$, $f(x,y) \approx 1 + 5x + 6y$.
(b) $f_1'(x,y) = f_2'(x,y) = \frac{1}{2}(1+x+y)^{-1/2}$, so dass $f_1'(0,0) = f_2'(0,0) = 1/2$. Da $f(0,0) = 1$, $f(x,y) \approx 1 + \frac{1}{2}x + \frac{1}{2}$.
(c) $f_1'(x,y) = e^x \ln(1+y)$, $f_2'(x,y) = e^x/(1+y)$, so dass $f_1'(0,0) = 0$ und $f_2'(0,0) = 1$. Da $f(0,0) = 0$, $f(x,y) \approx y$.

2. $f(x,y) \approx Ax_0^a y_0^b + aAx_0^{a-1}y_0^b(x-x_0) + bAx_0^a y_0^{b-1}(y-y_0) =$ $Ax_0^a y_0^b[1 + a(x-x_0)/x_0 + b(y-y_0)/y_0]$

3. Schreiben Sie die Funktion in der Gestalt $g^*(\mu,\varepsilon) = (1+\mu)^a(1+\varepsilon)^{\alpha a} - 1$, wobei $a = 1/(1-\beta)$. Dann ist $\partial g^*(\mu,\varepsilon)/\partial\mu = a(1+\mu)^{a-1}(1+\varepsilon)^{\alpha a}$ und $\partial g^*(\mu,\varepsilon)/\partial\varepsilon = (1+\mu)^a \alpha a(1+\varepsilon)^{\alpha a-1}$. Daher ist $g^*(0,0) = 0$, $\partial g^*(0,0)/\partial\mu = a$, $\partial g^*(0,0)/\partial\varepsilon = \alpha a$ und $g^*(\mu,\varepsilon) \approx a\mu + \alpha a\varepsilon = (\mu + \alpha\varepsilon)/(1-\beta)$.

4. $f(0.98, -1.01) \approx -5 - 6(-0.02) + 9(-0.01) = -4.97$. Der exakte Wert ist -4.970614, so dass der Fehler 0.000614 ist.

5. (a) $f(1.02, 1.99) = 1.1909$ (b) $f(1.02, 1.99) \approx f(1,2) + (0.02)\cdot 8 + (-0.01)\cdot(-3) = 1.19$. Der Fehler ist 0.0009.

6. $v(1.01, 0.02) \approx v(1,0) + v_1'(1,0)\cdot 0.01 + v_2'(1,0)\cdot 0.02 = -1 - 1/150$

7. (a) $z = 2x + 4y - 5$ (b) $z = -10x + 3y + 3$
► Ausführliche Lösung siehe MyLab.

8. Erweitern Sie das Argument zur Herleitung der linearen Approximation (15.8.4) von zwei auf n Variablen.► Siehe MyLab.

9. Die Tangentialebene (15.8.10) geht durch $(x,y,z) = (0,0,0)$ genau dann, wenn $-f(x_0,y_0) = f_1'(x_0,y_0)(-x_0) + f_2'(x_0,y_0)(-y_0)$. Wenn wir das Vorzeichen auf jeder Seite dieser Gleichung ändern und (x_0,y_0) durch (x,y) ersetzen, ergibt sich Eulers Charakterisierung (15.6.2) einer Funktion, die homogen vom Grad 1 ist.

10. (a) Entlang der Kurve $x = \alpha y^2$ liegt für alle $y \neq 0$ der Punkt $(\alpha y^2, y)$ auf der Höhenkurve $f(x,y) = \alpha/(1+\alpha^2)$.

(b) Wenn z. B. $\alpha = 1$ ist, dann gilt $f(y^2,y) = \frac{1}{2}$ für alle $y \neq 0$. Wenn jedoch $y = 0$, dann gilt $f(y^2,y) = f(0,0) = 0$. Somit ist f unstetig an der Stelle $(0,0)$.

(c) Für alle $(x,y) \neq (0,0)$ existieren offensichtlich beide partiellen Ableitungen $f_1'(x,y)$ und $f_2'(x,y)$ und sind stetig. Ferner gilt $f_1'(0,0) = \lim_{\Delta x\to 0}[f(\Delta x,0) - f(0,0)]/\Delta x = 0$ und ähnlich $f_2'(0,0) = 0$.

(d) Weil f stetig differenzierbar ist an jeder Stelle $(x,y) \neq (0,0)$, ist für alle Richtungen $(\Delta x, \Delta y) \neq (0,0)$, die Richtungsableitung gegeben durch $\nabla_{(\Delta x,\Delta y)} f(x,y) = f_1'(x,y)\,\Delta x + f_2'(x,y)\,\Delta y$. An der Stelle $(x,y) = (0,0)$ gilt, wenn $(\Delta x, \Delta y) \neq (0,0)$ eine Richtung mit $\Delta x \neq 0$ ist: $\nabla_{(\Delta x,\Delta y)} f(0,0) = \lim_{\theta\to 0} \dfrac{1}{\theta}[f(\theta\Delta x, \theta\Delta y) - f(0,0)] = \lim_{\theta\to 0} \dfrac{1}{\theta}\dfrac{\theta^3\Delta x(\Delta y)^2}{\theta^2(\Delta x)^2 + \theta^4(\Delta y)^4} = \dfrac{(\Delta y)^2}{\Delta x}$.

Wenn aber $(0,\Delta y)$ eine Richtung ist mit $\Delta y \neq 0$, dann gilt $\nabla_{(0,\Delta y)} f(0,0) = \lim_{\theta\to 0} \dfrac{1}{\theta}[f(0,\theta\Delta y) - f(0,0)] = 0$.

(e) Weil f unstetig ist an der Stelle $(0, 0)$, kann es nicht differenzierbar sein an der Stelle $(0, 0)$.

15.9

1. (a) und (b) ergeben jeweils: $\mathrm{d}z = (y^2 + 3x^2)\,\mathrm{d}x + 2xy\,\mathrm{d}y$.

2. Wir können entweder die Definition des Differentials (15.9.1) verwenden oder die Regeln für Differentiale, wie wir es hier tun werden.
(a) $\mathrm{d}z = \mathrm{d}(x^3) + \mathrm{d}(y^3) = 3x^2\,\mathrm{d}x + 3y^2\,\mathrm{d}y$ (b) $\mathrm{d}z = (\mathrm{d}x)e^{y^2} + x(\mathrm{d}e^{y^2})$. Hier ist $\mathrm{d}(e^{y^2}) = e^{y^2}\,\mathrm{d}y^2 = e^{y^2}2y\,\mathrm{d}y$, so dass $\mathrm{d}z = e^{y^2}\,\mathrm{d}x + 2xye^{y^2}\,\mathrm{d}y = e^{y^2}(\mathrm{d}x + 2xy\,\mathrm{d}y)$.
(c) $\mathrm{d}z = \mathrm{d}\ln u$, wobei $u = x^2 - y^2$. Dann ist $\mathrm{d}z = \dfrac{1}{u}\,\mathrm{d}u = \dfrac{2x\,\mathrm{d}x - 2y\,\mathrm{d}y}{x^2 - y^2}$.

3. (a) $\mathrm{d}z = 2xu\,\mathrm{d}x + x^2(u'_x\,\mathrm{d}x + u'_y\,\mathrm{d}y)$ (b) $\mathrm{d}z = 2u(u'_x\,\mathrm{d}x + u'_y\,\mathrm{d}y)$
(c) $\mathrm{d}z = \dfrac{1}{xy + yu}\left[(y + yu'_x)\,\mathrm{d}x + (x + u + yu'_y)\,\mathrm{d}y\right]$

4. $T \approx 7.015714$.
► Ausführliche Lösung siehe Lösungshandbuch MyLab.

5. Indem wir auf beiden Seiten der Gleichung das Differential bilden, erhalten wir $\mathrm{d}(Ue^U) = \mathrm{d}(x\sqrt{y})$ und so $e^U\,\mathrm{d}U + Ue^U\,\mathrm{d}U = \sqrt{y}\,\mathrm{d}x + (x/2\sqrt{y})\,\mathrm{d}y$. Auflösen nach $\mathrm{d}U$ ergibt $\mathrm{d}U = \sqrt{y}\,\mathrm{d}x/(e^U + Ue^U) + x\,\mathrm{d}y/2\sqrt{y}(e^U + Ue^U)$.

6. $\mathrm{d}X = A\beta N^{\beta-1}e^{\varrho t}\,\mathrm{d}N + AN^{\beta}\varrho e^{\varrho t}\,\mathrm{d}t$

7. $\mathrm{d}X_1 = BEX^{E-1}N^{1-E}\,\mathrm{d}X + B(1-E)X^EN^{-E}\,\mathrm{d}N$

8. (a) $\mathrm{d}U = 2a_1u_1\,\mathrm{d}u_1 + \cdots + 2a_nu_n\,\mathrm{d}u_n$
(b) $\mathrm{d}U = A(\delta_1u_1^{-\varrho} + \cdots + \delta_nu_n^{-\varrho})^{-1-1/\varrho}(\delta_1u_1^{-\varrho-1}\,\mathrm{d}u_1 + \cdots + \delta_nu_n^{-\varrho-1}\,\mathrm{d}u_n)$

9. $\mathrm{d}(\ln z) = a_1\,\mathrm{d}(\ln x_1) + \cdots + a_n\,\mathrm{d}(\ln x_n)$, so dass $\mathrm{d}z/z = a_1\,\mathrm{d}x_1/x_1 + a_2\,\mathrm{d}x_2/x_2 + \cdots + a_n\,\mathrm{d}x_n/x_n$.

10. (a) $\mathrm{d}^2z = 2\,\mathrm{d}x\,\mathrm{d}y + 2(\mathrm{d}y)^2$
(b) $\mathrm{d}z/\mathrm{d}t = 3t^2 + 4t^3$ und dann $(\mathrm{d}^2z/\mathrm{d}t^2)(\mathrm{d}t)^2 = (6t + 12t^2)(\mathrm{d}t)^2$. Andererseits ist der aus *(a)* hergeleitete Ausdruck für d^2z gleich $2\,\mathrm{d}t \cdot 2t\,\mathrm{d}t + 2(2t\,\mathrm{d}t)^2 = (4t + 8t^2)(\mathrm{d}t)^2$.

15.10

1. (a) Zwei Gleichungen in (u, v, x, y), so dass Anzahl der Freiheitsgrade $= 4 - 2 = 2$ (b) $5 - 2 = 3$ (c) $4 - 3 = 1$

2. Es gibt sechs Variablen Y, C, I, G, T und r und drei Gleichungen. Somit gibt es $6 - 3 = 3$ Freiheitsgrade.

3. Es bezeichne m die Anzahl der Gleichungen und n die Anzahl der Unbekannten.

(a) $m = 3, n = 2$; unendlich viele Lösungen. (b) $m = n = 2$; keine Lösungen. (c) $m = n = 2$; unendlich viele Lösungen.

4. (a) $m = 1$, $n = 100$; unendlich viele Lösungen. (b) $m = 1$, $n = 100$; keine Lösungen. Wir sehen, dass die Abzählregel deutlich fehlschlägt.

15.11

1. Differenzieren ergibt die zwei Gleichungen $a\,\mathrm{d}u + b\,\mathrm{d}v = c\,\mathrm{d}x + d\,\mathrm{d}y$ und $e\,\mathrm{d}u + f\,\mathrm{d}v = g\,\mathrm{d}x + h\,\mathrm{d}y$. Auflösen nach $\mathrm{d}u$ und $\mathrm{d}v$ ergibt $\mathrm{d}u = [(cf - bg)\,\mathrm{d}x + (df - bh)\,\mathrm{d}y]/D$ und $\mathrm{d}v = [(ag - ce)\,\mathrm{d}x + (ah - de)\,\mathrm{d}y]/D$, wobei $D = af - be$. Die gesuchten partiellen Ableitungen sind dann leicht abzulesen.

2. (a) Differenzieren ergibt: $u^3\,\mathrm{d}x + x3u^2\,\mathrm{d}u + \mathrm{d}v = 2y\,\mathrm{d}y$ und $3v\,\mathrm{d}u + 3u\,\mathrm{d}v - \mathrm{d}x = 0$. Auflösen nach $\mathrm{d}u$ und $\mathrm{d}v$ mit $D = 9xu^3 - 3v$ ergibt: $\mathrm{d}u = (-3u^4 - 1)\,\mathrm{d}x/D + 6yu\,\mathrm{d}y/D$ und $\mathrm{d}v = (3xu^2 + 3u^3v)\,\mathrm{d}x/D - 6yv\,\mathrm{d}y/D$ (b) $u'_x = (-3u^4 - 1)/D$, $v'_x = (3xu^2 + 3u^3v)/D$ (c) $u'_x = 283/81$ und $v'_x = -64/27$

3. $\partial y_1/\partial x_1 = (3 - 27x_1^2y_2^2)/J$ und $\partial y_2/\partial x_1 = (3x_1^2 + 18y_1^2)/J$ mit $J = 1 + 54y_1^2y_2^2$.
▶ Ausführliche Lösung siehe Lösungshandbuch MyLab.

4. $\partial Y/\partial M = I'(r)/[aI'(r) + L'(r)S'(Y)]$ und $\partial r/\partial M = S'(Y)/[aI'(r) + L'(r)S'(Y)]$.
▶ Ausführliche Lösung siehe Lösungshandbuch MyLab.

5. Differentiation nach x ergibt $y + u'_x v + u v'_x = 0$ und $u + x u'_x + y v'_x = 0$. Auflösen nach u'_x und v'_x ergibt

$$u'_x = \frac{u^2 - y^2}{yv - xu} = \frac{u^2 - y^2}{2yv}\,, \qquad v'_x = \frac{xy - uv}{yv - xu} = \frac{2xy - 1}{2yv}$$

Dabei haben wir $xu = -yv$ und $uv = 1 - xy$ verwendet. Differentiation von u'_x nach x ergibt schließlich

$$u''_{xx} = \frac{\partial^2 u}{\partial x^2} = \frac{\partial}{\partial x}u'_x = \frac{2uu'_x 2yv - (u^2 - y^2)2yv'_x}{4y^2v^2} = \frac{(u^2 - y^2)(4uv - 1)}{4y^2v^3}$$

(Die Antwort zu dieser Aufgabe kann auf viele verschiedene Arten ausgedrückt werden.)

6. (a) Differenzieren ergibt die Gleichungen: $\mathrm{d}Y = \mathrm{d}C + \mathrm{d}I + \mathrm{d}G$, $\mathrm{d}C = F'_Y\,\mathrm{d}Y + F'_T\,\mathrm{d}T + F'_r\,\mathrm{d}r$ und $\mathrm{d}I = f'_Y\,\mathrm{d}Y + f'_r\,\mathrm{d}r$. Daher ist $\mathrm{d}Y = \big(F'_T\,\mathrm{d}T + \mathrm{d}G + (F'_r + f'_r)\,\mathrm{d}r\big)/(1 - F'_Y - f'_Y)$.
(b) $\partial Y/\partial T = F'_T/(1 - F'_Y - f'_Y) < 0$. Somit nimmt Y ab, wenn T steigt. Wenn aber $\mathrm{d}T = \mathrm{d}G$ mit $\mathrm{d}r = 0$, dann ist $\mathrm{d}Y = \big(1 + F'_T\big)\,\mathrm{d}T/(1 - F'_Y - f'_Y)$. Dies ist positiv, vorausgesetzt, dass $F'_T > -1$.

7. (a) $6-3 = 3$ (b) Indem wir differenzieren und dann alle Terme in $\mathrm{d}Y$, $\mathrm{d}r$ und $\mathrm{d}I$ auf der linken Seite sammeln, erhalten wir (i) $(C'_Y - 1)\,\mathrm{d}Y + C'_r\,\mathrm{d}r + \mathrm{d}I = -\mathrm{d}\alpha$, (ii) $F'_Y\,\mathrm{d}Y + F'_r\,\mathrm{d}r - \mathrm{d}I = -\mathrm{d}\beta$ und (iii) $L'_Y\,\mathrm{d}Y + L'_r\,\mathrm{d}r = \mathrm{d}M$
Mit $\mathrm{d}\beta = \mathrm{d}M = 0$ erhalten wir $\mathrm{d}Y = -(L'_r/D)\,\mathrm{d}\alpha$, $\mathrm{d}r = (L'_Y/D)\,\mathrm{d}\alpha$ und $\mathrm{d}I = [(F'_rL'_Y - F'_YL'_r)/D]\,\mathrm{d}\alpha$, wobei $D = L'_r(C'_Y + F'_Y - 1) - L'_Y(C'_r + F'_r)$.

8. (a) Es gibt 3 Variablen und 2 Gleichungen, so dass es (im Allgemeinen) einen Freiheitsgrad gibt.
(b) Differenzieren ergibt $0 = \alpha P\,\mathrm{d}y + L'(r)\,\mathrm{d}r$ und $S'_y\,\mathrm{d}y + S'_r\,\mathrm{d}r + S'_g\,\mathrm{d}g = I'_y\,\mathrm{d}y + I'_r\,\mathrm{d}r$. Wir erhalten
$\mathrm{d}y/\mathrm{d}g = -L'(r)S'_g/D$, $\mathrm{d}r/\mathrm{d}g = \alpha PS'_g/D$, wobei $D = L'(r)(S'_y - I'_y) - \alpha P(S'_r - I'_r)$.

9. (a) Differentiation ergibt $2uv\,\mathrm{d}u + u^2\,\mathrm{d}v - \mathrm{d}u = 3x^2\,\mathrm{d}x + 6y^2\,\mathrm{d}y$ und $e^{ux}(u\,\mathrm{d}x + x\,\mathrm{d}u) = v\,\mathrm{d}y + y\,\mathrm{d}v$. In P werden diese Gleichungen zu $3\,\mathrm{d}u + 4\,\mathrm{d}v = 6\,\mathrm{d}y$ und $\mathrm{d}v = 2\,\mathrm{d}x - \mathrm{d}y$. Daher ist $\mathrm{d}u = 2\,\mathrm{d}y - (4/3)\,\mathrm{d}v = -(8/3)\,\mathrm{d}x + (10/3)\,\mathrm{d}y$. Somit ist $\partial u/\partial y = 10/3$ und $\partial v/\partial x = 2$. (b) $\Delta u \approx \mathrm{d}u = -(8/3)0.1 + (10/3)(-0.2) = -14/15 \approx -0.93$, $\Delta v \approx \mathrm{d}v = 2(0.1) + (-1)(-0.2) = 0.4$

10. Indem wir Differentiale bilden und $\mathrm{d}p_2 = \mathrm{d}m = 0$ setzen, erhalten wir:
(i) $U''_{11}\,\mathrm{d}x_1 + U''_{12}\,\mathrm{d}x_2 = p_1\,\mathrm{d}\lambda + \lambda\,\mathrm{d}p_1$;
(ii) $U''_{21}\,\mathrm{d}x_1 + U''_{22}\,\mathrm{d}x_2 = p_2\,\mathrm{d}\lambda$; (iii) $p_1\,\mathrm{d}x_1 + \mathrm{d}p_1 x_1 + p_2\,\mathrm{d}x_2 = 0$. Indem wir diese drei linearen Gleichungen in $\mathrm{d}x_1, \mathrm{d}x_2, \mathrm{d}\lambda$ nach $\mathrm{d}x_1$ auflösen, erhalten wir insbesondere
$\partial x_1/\partial p_1 = [\lambda p_2^2 + x_1(p_2U''_{12} - p_1U''_{22})]/(p_1^2U''_{22} - 2p_1p_2U''_{12} + p_2^2U''_{11})$.

Wiederholungsaufgaben für Kap. 15

1. (a) $\mathrm{d}z/\mathrm{d}t = 6\cdot 4t + 3y^2 9t^2 = 24t + 27t^2y^2 = 24t + 243t^8$ (b) $\mathrm{d}z/\mathrm{d}t = px^{p-1}a + py^{p-1}b = pt^{p-1}(a^p + b^p)$ (c) In (a), $z = 6(2t^2) + (3t^3)^3 = 12t^2 + 27t^9$, so dass $\mathrm{d}z/\mathrm{d}t = 24t + 243t^8$. In (b), $z = (at)^p + (bt)^p = a^pt^p + b^pt^p$, so dass $\mathrm{d}z/\mathrm{d}t = (a^p + b^p)pt^{p-1}$.

2. $\partial z/\partial t = G'_1(u,v)\phi'_1(t,s)$ und $\partial z/\partial s = G'_1(u,v)\phi'_2(t,s) + G'_2(u,v)\psi'(s)$

3. $\partial w/\partial t = 2x\cdot 1 + 3y^2\cdot 1 + 4z^3s = 2x + 3y^2 + 4sz^3 = 4s^4t^3 + 3s^2 + 3t^2 - 6ts + 2s + 2t$,
$\partial w/\partial s = 2x - 3y^2 + 4tz^3 = 4s^3t^4 - 3s^2 - 3t^2 + 6ts + 2s + 2t$

4. $\mathrm{d}X/\mathrm{d}N = g(u) + g'(u)(\varphi'(N) - u)$, wobei $u = \varphi(N)/N$ und
$\mathrm{d}^2X/\mathrm{d}N^2 = (1/N)g''(u)(\varphi'(N) - u)^2 + g'(u)\varphi''(N)$.
► Ausführliche Lösung siehe Lösungshandbuch MyLab.

5. (a) Bilden Sie den natürlichen Logarithmus $\ln E = \ln A - a\ln p + b\ln m$ und differenzieren Sie dann: $\dot{E}/E = -a(\dot{p}/p) + b(\dot{m}/m)$. (b) $\ln p = \ln p_0 + t\ln(1.06)$, so dass $\dot{p}/p = \ln 1.06$. Analog: $\dot{m}/m = \ln 1.08$. Dann gilt $\dot{E}/E = -a\ln 1.06 + b\ln 1.08 = \ln(1.08^b/1.06^a) = \ln Q$.

6. Wenn wir beide Seiten nach x differenzieren und dabei y konstant halten, ergibt sich $3x^2\ln x + x^2 = (6z^2\ln z + 2z^2)z'_1$. Wenn $x = y = z = e$, ergibt dies $z'_1 = 1/2$. Nochmaliges Differenzieren ergibt $6x\ln x + 5x = (12z\ln z + 10z)(z'_1)^2 + (6z^2\ln z + 2z^2)z''_{11}$. Wenn $x = y = z = e$ und $z'_1 = 1/2$, folgt $z''_{11} = 11/16e$.

7. $R_{yx} = F'_x/F'_y = -x/10y$. Daher ist $y/x = -(1/10)R_{yx}^{-1}$ und somit
$\sigma_{yx} = \mathrm{El}_{R_{yx}}(y/x) = -1$.

8. (a) GRS = $R_{yx} = U'_x/U'_y = 2y/3x$ (b) GRS = $R_{yx} = y/(x+1)$
(c) GRS = $R_{yx} = (y/x)^3$

9. (a) -1 (b) $2ac$ (c) 4. (d) Nicht homogen. (Wenn F homogen wäre, müsste nach Eulers Theorem für eine Konstante k gelten: $x_1 e^{x_1+x_2+x_3} + x_2 e^{x_1+x_2+x_3} + x_3 e^{x_1+x_2+x_3} = k e^{x_1+x_2+x_3}$ für alle positiven x_1, x_2, x_3 und somit $x_1 + x_2 + x_3 = k$. Dies ist offensichtlich unmöglich.)

10. Da $y/x = (R_{yx})^{1/3}$, folgt $\sigma_{yx} = \mathrm{El}_{R_{yx}}(y/x) = 1/3$.

11. Indem wir den Hinweis benutzen und auf jeder Seite ln bilden, folgt: $2\ln y + x + (1/y) = \ln 3$ oder $2v + e^u + e^{-v} = \ln 3$. Differenzieren jeder Seite der letzten Gleichung nach u ergibt $2v'_u + e^u - e^{-v}v'_u = 0$, so dass
$\mathrm{El}_x y = v'_u = e^u/(e^{-v} - 2) = x/((1/y) - 2) = xy/(1 - 2y)$.
▶ Ausführliche Lösung siehe Lösungshandbuch MyLab.

12. (a) Für alle $t > 0$ gilt $f(tx, ty) = (tx)g(tx/ty) = txg(x/y) = tf(x, y)$, so dass f homogenen vom Grad 1 ist.
(b) Mit einem ähnlichen Argument wie in (a) zeigt man,dass F homogen vom Grad k ist.
(c) Indem man die Antwort für die allgemeine Cobb-Douglas-Funktion in Beispiel 15.7.3 benutzt, zeigt sich, dass die Funktion G homogen ist vom Grad $(a - b) + (b - c) + (c - d) + (d - a) = 0$.

13. Da F homogen ist vom Grad 1, haben wir nach (15.6.6) oder (15.6.7): $KF''_{KK} + LF''_{KL} = 0$. Weil $F''_{KK} < 0$ und $K > 0$, $L > 0$, impliziert dies $F''_{KL} = -(K/L)F''_{KK} > 0$.

14. Differenzieren Sie $f(tx_1, \ldots, tx_n) = g(t)f(x_1, \ldots, x_n)$ nach t und setzen Sie $t = 1$, wie im Beweis von Eulers Theorem 15.7.1. Dies ergibt $\sum_{i=1}^{n} x_i f'_i(x_1, \ldots, x_n) = g'(1)f(x_1, \ldots, x_n)$. Daher muss nach Eulers Theorem f homogen vom Grad $k = g'(1)$ sein.

15. $du + e^y\,dx + xe^y\,dy + dv = 0$ und $dx + e^{u+v^2}\,du + e^{u+v^2}2v\,dv - dy = 0$. In dem gegebenen Punkt reduzieren sich diese Gleichungen auf $du + dv = -e\,dx - e\,dy$ und $du = -e\,dx + e\,dy$. Daraus folgt $u'_x = -e$, $u'_y = e$, $v'_x = 0$ und $v'_y = -2e$.

16. (a) $\partial p/\partial w = L/F(L)$, $\partial p/\partial B = 1/F(L)$, $\partial L/\partial w = (F(L) - LF'(L))/pF(L)F''(L)$, $\partial L/\partial B = -F'(L)/pF(L)F''(L)$ (b) ▶ Siehe MyLab.

17. (a) $\alpha u^{\alpha-1}\,du + \beta v^{\beta-1}\,dv = 2^\beta\,dx + 3y^2\,dy$ und $\alpha u^{\alpha-1}v^\beta\,du + u^\alpha \beta v^{\beta-1}\,dv - \beta v^{\beta-1}\,dv = dx - dy$. In P haben wir $\partial u/\partial x = 2^{-\beta}/\alpha$, $\partial u/\partial y = -2^{-\beta}/\alpha$, $\partial v/\partial x = (2^\beta - 2^{-\beta})/\beta 2^{\beta-1}$, $\partial v/\partial y = (2^{-\beta} + 3)/\beta 2^{\beta-1}$.
(b) $u(0.99, 1.01) \approx u(1, 1) + \partial u(1, 1)/\partial x \cdot (-0.01) + \partial u(1, 1)/\partial y \cdot 0.01 = 1 - 2^{-\beta}/100\alpha - 2^{-\beta}/100\alpha = 1 - 2^{-\beta}/50\alpha$

18. (a) $S = \int_0^T e^{-rx}(e^{gT-gx} - 1)\,dx = e^{gT}\int_0^T e^{-(r+g)x}\,dx - \int_0^T e^{-rx}\,dx = \dfrac{e^{gT} - e^{-rT}}{r+g} + \dfrac{e^{-rT} - 1}{r}$ und deshalb $r(r+g)S = re^{gT} + ge^{-rT} - (r+g)$. (b) Implizite Differentiation nach g ergibt $rS = re^{gT}(T + g\partial T/\partial g) + e^{-rT} + ge^{-rT}(-r\partial T/\partial g) - 1$, so dass $\partial T/\partial g = [rS + 1 - rTe^{gT} - e^{-rT}]/rg(e^{gT} - e^{-rT})$.

19. (a) Die Bedingung erster Ordnung ist $P'(t^*) = V'(t^*)e^{-rt^*} - rV(t^*)e^{-rt^*} - me^{-rt^*} = 0$. Multipikation mit e^{rt^*} ergibt $V'(t^*) = rV(t^*) + m$. Eine ökonomische Interpretation ist, dass es eine approximative Gleichheit geben muss zwischen:

(i) dem Vorteil, einen Bruchteil dt eines Jahres länger zu warten, welcher ungefähr $V'(t^*)\,\mathrm{d}t$ ist;

(ii) dem Verlust aus dt länger zu warten, welches entgangene Zinsen $r\,V(t^*)\,\mathrm{d}t$ sind plus dem Anteil $m\,\mathrm{d}t$ der jährlichen Kosten m.

(b) Die Bedingung zweiter Ordnung $P'(t^*) < 0$ für ein striktes lokales Maximum an der Stelle t^* gilt genau dann, wenn $V'(t^*) - rV(t^*) < 0$. ► Siehe MyLab für weitere Einzelheiten.

(c) Wenn wir das Differential von $V'(t^*) = rV(t^*) + m$ bilden, ergibt sich $V''(t^*)\mathrm{d}t^* = V(t^*)\mathrm{d}r + rV'(t^*)\mathrm{d}t^* + \mathrm{d}m$. Diese Gleichung kann genutzt werden, um die partiellen Ableitungen zu bestimmen und ihre Vorzeichen zu bestimmen, falls die Bedingung zweiter Ordnung erfüllt ist. ► Siehe MyLab.

Kapitel 16

16.1

1. (a) $\int_0^2 \left[\int_0^1 (2x+3y+4)\,\mathrm{d}x\right]\mathrm{d}y = \int_0^2 \left[\Big|_{x=0}^{x=1}(x^2+3xy+4x)\right]\mathrm{d}y$
$= \int_0^2 (5+3y)\,\mathrm{d}y = \Big|_0^2 (5y + \frac{3}{2}y^2) = 16$

(b) $\int_0^a \left[\int_0^b (x-a)(x-b)\mathrm{d}x\right]\mathrm{d}y = \int_0^a \left[\Big|_{x=0}^{x=b}\left(\frac{1}{3}x^3 - \frac{1}{2}(a+b)x^2 + abx\right)\right]\mathrm{d}y$
$= \int_0^a \left(\frac{1}{3}b^3 - \frac{1}{2}(a+b)b^2 + ab^2\right)\mathrm{d}y = a(\frac{1}{3}b^3 + \frac{1}{2}ab^2 - \frac{1}{2}b^3) = \frac{1}{6}ab^2(3a-b)$

(c) $16\ln 2 - 3\ln 3 - 5\ln 5$.
► Ausführliche Lösung siehe Lösungshandbuch MyLab.

2. $\frac{1}{b}(e^b - e^{b/a}) + \frac{1}{a} - 1$.
► Ausführliche Lösung siehe Lösungshandbuch MyLab.

3. $k_a = 2 + 4/(a^2+3a) > 2$ für alle $a > 0$.
► Ausführliche Lösung siehe Lösungshandbuch MyLab.

4. Das innere Integral ist $\int_{-2}^1 \left[x^2y^3 - (y+1)^2\right]\mathrm{d}y = \Big|_{y=-2}^{y=1}\left[\frac{1}{4}x^2y^4 - \frac{1}{3}(y+1)^3\right] = \frac{1}{4}x^2 - \frac{8}{3} - 4x^2 - \frac{1}{3} = -\frac{15}{4}x^2 - 3$.

Das Doppelintegral ist deshalb $I = -\int_0^2 \left(\frac{15}{4}x^2 + 3\right)\mathrm{d}x = -\Big|_{x=0}^{x=2}\left(\frac{5}{4}x^3 + 3x\right) = -(10+6) = -16$.

16.3

1. Die schattierte Fläche ist die Differez zwischen den Flächen: (i) des Einheitsquadrats und (ii) dem Dreieck mit den Ecken in $(z-1,1)$, $(1,z-1)$, und $(1,1)$. Diese Differenz ist $1-\frac{1}{2}(2-z)^2$.

16.4

1. Für $i=1,2,3$ gilt $\iiint_C x_i^2\,dx_1\,dx_2\,dx_3=\int_0^1 x^2\,dx=\frac{1}{3}$, so dass $\iiint_C(x_1^2+x_2^2+x_3^2)\,dx_1\,dx_2\,dx_3=3\int_0^1 x^2\,dx=1$.
▶ Ausführliche Lösung siehe Lösungshandbuch MyLab.

Kapitel 17

17.1

1. Die Bedingungen erster Ordnung $f_1'(x,y)=-4x+4=0$ und $f_2'(x,y)=-2y+4=0$ sind beide erfüllt, wenn $x=1$ und $y=2$.

2. (a) $f_1'(x,y)=2x-6$ und $f_2'(x,y)=2y+8$. Beide sind Null an der einzigen kritischen Stelle $(x,y)=(3,-4)$. (b) $f(x,y)=x^2-6x+3^2+y^2+8y+4^2+35-3^2-4^2=(x-3)^2+(y+4)^2+10\geq 10$ für alle (x,y), während $f(3,-4)=10$, so dass f durch $(3,-4)$ minimiert wird.

3. $F_K'=-2(K-3)-(L-6)$ und $F_L'=-4(L-6)-(K-3)$, so dass die Bedingungen erster Ordnung gleich $-2(K-3)-(L-6)=0.65$ und $-4(L-6)-(K-3)=1.2$ sind. Die einzige Lösung dieser beiden simultanen Gleichungen ist $(K,L)=(2.8,5.75)$.

4. (a) $\pi(10,8)=\pi(12,10)=98$ (b) Bedingungen erster Ordnung: $\pi_x'=-2x+22=0$, $\pi_y'=-2y+18=0$. Es folgt, dass $x=11$ und $y=9$. Der Gewinn ist $\pi(11,9)=100$.

17.2

1. Wir zeigen, dass die Bedingungen in (a) in Theorem 17.2.2 in allen drei Fällen erfüllt sind:
(a) Für alle (x,y) gilt: $\partial\pi^2/\partial x^2=-0.08\leq 0$, $\partial^2\pi/\partial y^2=-0.02\leq 0$ und $(\partial^2\pi/\partial x^2)(\partial^2\pi/\partial y^2)-(\partial^2\pi/\partial x\partial y)^2=0.0015\geq 0$. (b) Für alle (x,y) gilt: $f_{11}''=-4\leq 0$, $f_{12}''=0$ und $f_{22}''=-2\leq 0$, so dass $f_{11}''f_{22}''-(f_{12}'')^2=8\geq 0$. (c) Mit $\pi=F(K,L)-0.65K-1.2L$ ist $\pi_{KK}''=-2$, $\pi_{KL}''=-1$ und $\pi_{LL}''=-4$, so dass $\pi_{KK}''\pi_{LL}''-(\pi_{KL}'')^2=7$.

2. (a) Gewinn: $\pi(x,y)=24x+12y-C(x,y)=-2x^2-4y^2+4xy+64x+32y-514$. Kritische Stelle $x=40$, $y=24$ mit $\pi(40,24)=1150$. Da $\pi_{11}''=-4\leq 0$, $\pi_{22}''=-8\leq 0$ und $\pi_{11}''\pi_{22}''-(\pi_{12}'')^2=16\geq 0$ ist dies ein Maximum. (b) Mit $y=54-x$

ist der Gewinn $\hat{\pi} = -2x^2 - 4(54-x)^2 + 4x(54-x) + 64x + 32(54-x) - 514 = -10x^2 + 680x - 10\,450$. Dieser hat ein Maximum, wenn $\hat{\pi}'(x) = 0$, d.h. an der Stelle $x = 34$. Dann ist $y = 54 - 34 = 20$. Die Maximumstelle ist $x = 34$, $y = 20$. Der Maximalwert ist 1110.

3. Indem wir $x = 108 - 3y - 4z$ verwenden, erhalten wir die modifizierte Nutzenfunktion $\hat{U}(y, z) = (108 - 3y - 4z)yz$.

Maximierung bzgl. y und z ergibt Bedingungen erster Ordnung mit der Lösung $y = 12$, $z = 9$.

Dann ist $x = 36$ und der maximale Gewinn ist 3888.
► Ausführliche Lösung siehe Lösungshandbuch MyLab.

4. (a) $\pi(x,y) = px + qy - C(x,y) = (25-x)x + (24-2y)y - (3x^2 + 3xy + y^2) = -4x^2 - 3xy - 3y^2 + 25x + 24y$. (b) $\pi_1' = -8x - 3y + 25 = 0$ und $\pi_2' = -3x - 6y + 24 = 0$, wenn $(x, y) = (2, 3)$. Ferner ist dann $\pi_{11}'' = -8 \leq 0$, $\pi_{22}'' = -6 \leq 0$ und $\pi_{11}''\pi_{22}'' - (\pi_{12}'')^2 = (-8)(-6) - (-3)^2 = 39 \geq 0$. Somit maximiert $(x, y) = (2, 3)$ den Gewinn.

5. Der Gewinn ist $\pi(x,y) = px + qy - x^2 - xy - y^2 - x - y - 14$ und hat eine kritische Stelle (x^*, y^*), wobei $x^* = \frac{1}{3}(2p - q - 1)$ und $y^* = \frac{1}{3}(-p + 2q - 1)$. Wenn $q < 2p - 1$ und $q > \frac{1}{2}(p+1)$, erfüllt der innere Punkt (x^*, y^*) mit $x^* > 0$ und $y^* > 0$ die hinreichenden Bedingungen in Theorem 17.2.2 für ein Maximum des Gewinns.

6. (a) $x^* = p/2\alpha$, $y^* = q/2\beta$ und die Bedingungen zweiter Ordnung sind erfüllt. (b) $\pi^*(p,q) = px^* + qy^* - \alpha(x^*)^2 - \beta(y^*)^2 = p^2/4\alpha + q^2/2\beta$. Daher ist $\partial\pi^*(p,q)/\partial p = p/2\alpha = x^*$. Somit: Eine Erhöhung des Preises p um eine Einheit erhöht den optimalen Gewinn um ungefähr x^*, das optimale Produktionsniveau des ersten Gutes. Ferner ist $\partial\pi^*(p,q)/\partial q = y^*$ und dies hat eine ähnliche Interpretation.

7. Die Nebenbedingung impliziert, dass $z = 4x + 2y - 5$. Indem wir dies für z einsetzen, bestimmen wir (x, y) so, dass sie $P(x,y) = x^2 + y^2 + (4x + 2y - 5)^2$ bezüglich x und y minimieren. Die Bedingungen erster Ordnung sind: $P_1' = 34x + 16y - 40 = 0$ und $P_2' = 16x + 10y - 20 = 0$ mit der Lösung $x = 20/21$, $y = 10/21$. Da $P_{11}'' = 34$, $P_{12}'' = 16$ und $P_{22}'' = 10$, sind die Bedingungen zweiter Ordnung für ein Minimum erfüllt. Der Minimalwert ist $525/441$.

8. Um die hinreichenden Bedingungen in Teil (a) von Theorem 17.2.2 zu verifizieren, berechnen wir $f_{11}'' = a(a-1)Ax^{a-2}y^b$, dann $f_{12}'' = f_{21}'' = abAx^{a-1}y^{b-1}$ und $f_{22}'' = b(b-1)Ax^ay^{b-2}$. Daher ist $f_{11}''f_{22}'' - (f_{12}'')^2 = abA^2x^{2a-2}y^{2b-2}[1-(a+b)]$. Nehmen Sie an, dass $a + b \leq 1$. Dann ist $a \leq 1$ und auch $b \leq 1$. Wenn $x > 0$ und $y > 0$, dann ist $f_{11}'' \leq 0$ und $f_{22}'' \leq 0$ und $f_{11}''f_{22}'' - (f_{12}'')^2 \geq 0$. Wir schließen, dass f konkav ist für $x > 0$, $y > 0$.

17.3

1. (a) $f_1' = -2x + 6$, $f_2' = -4y + 8$, $f_{11}'' = -2$, $f_{12}'' = 0$, $f_{22}'' = -4$ (b) Nach Theorem 17.3.1 ist $(3, 2)$ ist eine lokale Maximumstelle, da $A = -2 < 0$ und $AC -$

$B^2 = 8 > 0$. Teil (a) von Theorem 17.2.2 impliziert, dass $(3, 2)$ sogar eine (globale) Maximumstelle ist.

2. (a) $f_1' = 2x + 2y^2, f_2' = 4xy + 4y, f_{11}'' = 2, f_{12}'' = 4y, f_{22}'' = 4x + 4$ (b) $f_2' = 0 \iff 4y(x+1) = 0 \iff x = -1$ oder $y = 0$. Falls $x = -1$, ist $f_1' = 0$ für $y = \pm 1$. Falls $y = 0$, ist $f_1' = 0$ für $x = 0$. Damit erhalten wir die drei in der Tabelle klassifizierten kritischen Stellen:

(x, y)	A	B	C	$AC - B^2$	Typ der kritischen Stelle:
$(0, 0)$	2	0	4	8	Lokale Minimumstelle
$(-1, 1)$	2	4	0	-16	Sattelstelle
$(\ 1, -1)$	2	-4	0	-16	Sattelstelle

3. (a) In $(0, 0)$ ist eine Sattelstelle und $(-a, -2)$ ist eine lokale Minimumstelle. (b) $\mathrm{d}f^*(a)/\mathrm{d}a = -2ae^{-2}$

► Ausführliche Lösung siehe Lösungshandbuch MyLab.

4. In allen drei Fällen ist $(0, 0)$ eine kritische Stelle, wobei $z = 0$ und $A = B = C = 0$, so dass $AC - B^2 = 0$. In Fall (i) ist $z \leq 0$ für alle (x, y), so dass der Ursprung eine Maximumstelle ist. In Fall (ii) ist $z \geq 0$ für alle (x, y), so dass der Ursprung eine Minimumstelle ist. In (iii) nimmt z positive und negative Werte an in Punkten, die beliebig nah am Ursprung sind, so dass dort eine Sattelstelle ist.

5. (a) f ist definiert für alle (x, y) mit $1 + x^2y > 0$, d. h. mit $x^2y > -1$. Somit ist f definiert für alle (x, y) mit (i) $x = 0$ oder (ii) $x \neq 0$ und $y > -1/x^2$. (b) $f_1'(x, y) = 2xy/(1 + x^2y)$ und $f_2'(x, y) = x^2/(1 + x^2y)$. Hier ist $f_1' = f_2' = 0$ in allen Punkten $(0, b)$ für alle $b \in \mathbb{R}$. (c) Da $AC - B^2 = 0$ für $(x, y) = (0, b)$, schlägt die Untersuchung der zweiten Ableitungen fehl. (d) Beachten Sie, dass $f(0, b) = 0$ in jeder kritischen Stelle $(0, b)$. Indem man das Vorzeichen von $f(x, y) = \ln(1 + x^2y)$ in der Umgebung jeder kritischen Stelle betrachtet, sieht man, dass f eine lokale Maximumstelle hat, falls $b < 0$; eine Sattelstelle, falls $b = 0$; und eine lokale Minimumstelle, falls $b > 0$. Siehe Abb. A17.3.5.

► Ausführliche Lösung siehe Lösungshandbuch MyLab.

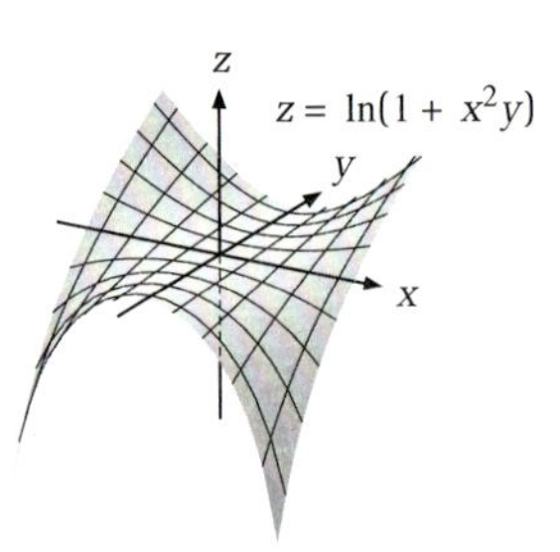

Abbildung A17.3.5

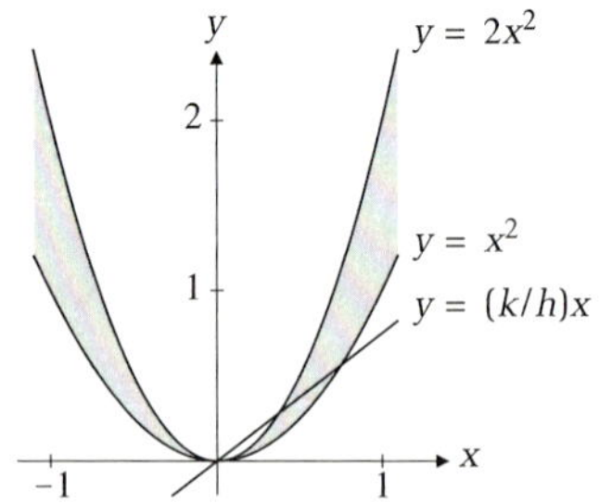

Abbildung A17.3.6

6. (a) $f(x, y) = 0$ entlang der zwei Parabeln $y = x^2$ und $y = 2x^2$.
(b) Siehe Abb. A17.3.6. Der Bereich $\{(x, y) \in \mathbb{R}^2 : x^2 < y < 2x^2\}$, in dem $f(x, y)$ negativ ist, ist schattiert.
(c) $f_1'(x, y) = 8x^3 - 6xy$ and $f_2'(x, y) = 2y - 3x^2$. Somit ist der Ursprung die einzige kritische Stelle und dort ist $f(0, 0) = 0$. Wie die Abbildung zeigt, nimmt $f(x, y)$ positive und negative Werte an Stellen an, die beliebig nahe an $(0, 0)$ sind, so dass es eine Sattelstelle ist.
(d) $g(t) = f(th, tk) = (tk - t^2h^2)(tk - 2t^2h^2) = 2h^4t^4 - 3h^2kt^3 + k^2t^2$, was impliziert, dass $g'(t) = 8h^4t^3 - 9h^2kt^2 + 2k^2t$ und $g''(t) = 24h^4t^2 - 18h^2kt + 2k^2$. Somit ist $g'(0) = 0$ und $g''(0) = 2k^2$. Für $k \neq 0$ ist deshalb die Stelle $t = 0$ eine strikte lokale Minimumstelle. Sie ist es auch, wenn $k = 0$ und somit $g(t) = 2t^4h^4$.

17.4

1. (a) $\pi = P_1Q_1 + P_2Q_2 - C(Q_1, Q_2) = -2Q_1^2 - 4Q_2^2 + 180Q_1 + 160Q_2$. Dies hat ein Maximum für $Q_1^* = 45$, $Q_2^* = 20$ mit $P_1^* = 110$, $P_2^* = 100$ und $\pi^* = 5650$
(b) Sei $P = P_1 = P_2$. Dann ist $Q_1 = 100 - \frac{1}{2}P$, $Q_2 = 45 - \frac{1}{4}P$, so dass Gewinn als Funktion von P gleich $\widehat{\pi} = (P - 20)(Q_1 + Q_2) = (P - 20)(145 - \frac{3}{4}P) = -\frac{3}{4}P^2 + 160P - 2900$ ist, was für $P = 320/3$ maximiert wird. Der zugehörige Gewinn ist $16900/3$. Verlorener Gewinn: $5650 - 16900/3 = 50/3$. (c) Neuer Gewinn: $\widetilde{\pi} = -2Q_1^2 - 4Q_2^2 + 175Q_1 + 160Q_2$ mit Maximum für $Q_1 = 43.75$, $Q_2 = 20$ mit Preisen $P_1 = 112.50$ und $P_2 = 100$. Der maximale Gewinn ist 5428.125. Die Anzahl der verkauften Einheiten in Markt 1 geht zurück, der Preis steigt und der Gewinn ist niedriger. In Markt 2 bleiben die Anzahl der verkauften Einheiten und der Preis unverändert.

2. (a) $\pi = -\beta_1p^2 - \beta_2q^2 + (\alpha_1 + \delta\beta_1)p + (\alpha_2 + \delta\beta_2)q - \gamma - \delta(\alpha_1 + \alpha_2)$, $p^* = (\alpha_1 + \delta\beta_1)/2\beta_1$, $q^* = (\alpha_2 + \delta\beta_2)/2\beta_2$. Die Bedingungen zweiter Ordnung sind offensichtlich erfüllt, da $\pi_{11}'' = -2\beta_1$, $\pi_{12}'' = 0$ und $\pi_{22}'' = -2\beta_2$. (b) $\hat{p} = (\alpha_1 + \alpha_2 + \delta(\beta_1 + \beta_2))/2(\beta_1 + \beta_2)$. (c) Der Gewinnverlust ist $(\alpha_1\beta_2 - \alpha_2\beta_1)^2/4\beta_1\beta_2(\beta_1 + \beta_2)$.
► Siehe MyLab.

3. Wie in Teil (c) von Beispiel 17.4.2 impliziert die Erhebung einer Steuer von τ pro verkaufter Einheit in Marktbereich 1, dass die neue Gewinnfunktion $\widehat{\pi}(Q_1, Q_2) = \pi(Q_1, Q_2) - \tau Q_1$ ist. Die optimale Wahl der Produktion in Markt 1 ist dann $\widehat{Q}_1 = (a_1 - \alpha - \tau)/2b_1$ und die Steuereinnahmen sind $T(\tau) = \tau(a_1 - \alpha - \tau)/2b_1 = [\tau(a_1 - \alpha) - \tau^2]/2b_1$. Diese quadratische Funktion hat ein Maximum, wenn $T'(\tau) = 0$, so dass $\tau = \frac{1}{2}(a_1 - \alpha)$.

4. (a) $\hat{a} = 0.105$ und $\hat{b} = 11.29$. (b) $\hat{c} = 0.23$ und $\hat{d} = 5.575$. (c) Spät im Jahr 1978 erreicht.
► Ausführliche Lösung siehe Lösungshandbuch MyLab.

5. (a) $p = 9$, $q = 8$, $x = 16$, $y = 4$. Der Gewinn von A ist 123, der von B ist 21. (b) Der Gewinn von A wird maximiert, wenn $p = p_A(q) = \frac{1}{5}(2q + 17)$. Der Gewinn von B wird maximiert, wenn $q = q_B(p) = \frac{1}{3}(p + 7)$. (c) Gleichgewicht tritt ein, wenn $p = 5$, $q = 4$, $x = 20$, $y = 12$. A gewinnt 75, B 21. (d) Die zwei Preise p und q ändern sich in wechselnden Perioden und (p, q) konvergiert gegen das Gleichgewicht. Siehe MyLab für ein Diagramm und weitere Einzelheiten. ► Siehe MyLab.

17.5

1. (a) $f_1'(x,y) = 4 - 4x$ und $f_2'(x,y) = -4y$. Die einzige kritische Stelle ist $(1,0)$ mit $f(1,0) = 2$. (b) $f(x,y)$ hat das Maximum 2 in $(1,0)$ und Minimum -70 in $(-5,0)$. (Ein Maximum und ein Minimum existieren nach dem Extremwertsatz. Auf dem Rand ist der Funktionswert $4x - 50$ mit $x \in [-5,5]$. So ist das Maximum auf dem Rand -30 für $x = 5$ und das Minimum ist -70 für $x = -5$.)

2. (a) Maximum 91 an den Stellen $(0,4)$ und $(4,0)$. Minimum 0 an der Stelle $(3,3)$. (b) Maximum $9/4$ an den Stellen $(-1/2, \sqrt{3}/2)$ und $(-1/2, -\sqrt{3}/2)$. Minimum $-1/4$ an der Stelle $(1/2, 0)$.
   ▶ Ausführliche Lösung siehe Lösungshandbuch MyLab.

3. Siehe Abb. A17.5.3. Keine kritischen Stellen im Innern. Der Maximalwert von f ist $27/8$ an der Stelle $(3/4, 0)$.
   ▶ Ausführliche Lösung siehe Lösungshandbuch MyLab.

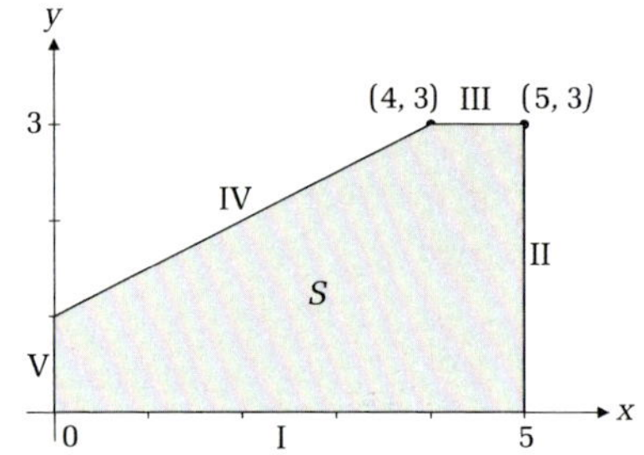

Abbildung A17.5.3

4. (a) Die Bedingungen erster Ordnung sind: $2axy + by + 2y^2 = 0$ und $ax^2 + bx + 4xy = 0$ müssen $(x,y) = (2/3, 1/3)$ als eine Lösung haben. Somit ist $a = 1$ und $b = -2$. Und es ist $c = 1/27$, so dass $f(2/3, 1/3) = -1/9$. Da $A = f_{11}''(2/3, 1/3) = 2/3$, $B = f_{12}''(2/3, 1/3) = 2/3$ und $C = f_{22}''(2/3, 1/3) = 8/3$, sagt Theorem 17.3.1, dass dies ein lokales Minimum ist.
   (b) Maximum $193/27$ an der Stelle $(2/3, 8/3)$. Minimum $-1/9$ an der Stelle $(2/3, 1/3)$.

5. (a) $(1,2)$ ist eine lokale Minimumstelle; $(0,0)$ und $(0,4)$ sind Sattelstellen. (b) Beachten Sie, dass $f(x,1) = -3xe^{-x} \to \infty$ für $x \to -\infty$ und $f(-1,y) = -e(y^2 - 4y) \to -\infty$ für $y \to \infty$. (c) f hat Minimumwert $-4/e$ an der Stelle $(1,2)$ und Maximumwert 0 in allen $(x,0)$ und $(x,4)$ mit $x \in [0,5]$ sowie in allen $(0,y)$ mit $y \in [0,4]$. (d) $y' = 0$, wenn $x = 1$ und $y = 4 - e$.
   ▶ Ausführliche Lösung siehe Lösungshandbuch MyLab.

6. (a) Abgeschlossen und beschränkt, somit kompakt. (b) Offen und nicht beschränkt. (c) Abgeschlossen und beschränkt, somit kompakt.
   (d) Abgeschlossen und nicht beschränkt. (e) Abgeschlossen und nicht beschränkt. (f) Offen und nicht beschränkt.

7. Sei $g(x) = 1$ in $(-\infty, 1)$ und $g(x) = 2$ in $[1, \infty)$. Dann ist g unstetig an der Stelle $x = 1$ und die Menge $\{x\colon g(x) \leq 1\} = (-\infty, 1)$ ist nicht abgeschlossen. (Es ist aufschlussreich, den Graphen von g zu zeichnen, der einen „Sprung" an der Stelle $x = 1$ hat.)

17.6

1. (a) Die drei Bedingungen erster Ordnung $f'_x(x, y, z) = 2 - 2x = 0$, $f'_y(x, y, z) = 10 - 2y = 0$ und $f'_z(x, y, z) = -2z = 0$ haben eine eindeutige Lösung $(x, y, z) = (1, 5, 0)$, die dann die Maximumstelle sein muss. (b) Die drei Bedingungen erster Ordnung sind $f'_x(x, y, z) = -2x - 2y - 2z = 0$, $f'_y(x, y, z) = -4y - 2x = 0$, $f'_z(x, y, z) = -6z - 2x = 0$. Aus den beiden letzten Gleichungen folgt $y = -\frac{1}{2}x$ und $z = -\frac{1}{3}x$. Wenn wir dies in die erste Gleichung einsetzen, erhalten wir $-2x + x + \frac{2}{3}x = 0$ und damit $x = 0$, was $y = z = 0$ impliziert. Somit ist $(x, y, z) = (0, 0, 0)$ die Maximumstelle.

2. (a) $f(x) = e^{-x^2}$ und $g(x) = F(f(x)) = \ln(e^{-x^2}) = -x^2$ haben beide ein eindeutiges Maximum an der Stelle $x = 0$.
(b) Nur $x = 0$ maximiert $f(x)$. Jedoch wird $g(x) = 5$ an jeder Stelle x maximiert, da es eine Konstante ist.

3. Nach der Kettenregel ist $g'_i(\mathbf{x}) = F'(f(\mathbf{x}))f'_i(\mathbf{x})$ für $i = 1, 2, \ldots, n$. Da überall $F' \neq 0$, folgt die Behauptung.

4. $f'_x = -6x^2 + 30x - 36$, $f'_y = 2 - e^{y^2}$, $f'_z = -3 + e^{z^2}$. Die acht kritischen Stellen sind $(x, y, z) = (3, \pm\sqrt{\ln 2}, \pm\sqrt{\ln 3})$ und $(x, y, z) = (2, \pm\sqrt{\ln 2}, \pm\sqrt{\ln 3})$, wobei alle Kombinationen der Vorzeichen erlaubt sind.
► Ausführliche Lösung siehe Lösungshandbuch MyLab.

5. (a) Da $F(u) = \frac{1}{2}(e^u - e^{-u})$ strikt monoton wachsend ist, ist das Problem äquivalent zu: $\max x^2 + y^2 - 2x$ für $(x, y) \in S$. (b) $\ln u$ ist strikt monoton wachsend für $u > 0$. Somit ist das Problem äquivalent zu: $\max \ln A + a_1 \ln x_1 + \cdots + a_n \ln x_n$ für $x_1 + \cdots + x_n = 1$.

17.7

1. (a) Der Gewinn ist $\pi = px - ax - bx^2 - tx$ und dies hat ein Maximum an der Stelle $x^* = (p - a - t)/2b$ mit $\pi^* = (p - a - t)^2/4b$. (b) $\partial\pi^*/\partial p = 2(p - a - t)/4b = x^*$. Wenn wir p um dp Euro erhöhen, wobei $|dp|$ klein ist, dann ist die approximative Zunahme im optimalen Gewinn $x^*\,dp$ Euro. (Für jede der x^* verkauften Einheiten, nehmen die Einnahmen um dp Euro zu.)

2. (a) Die Gewinnfunktion ist $\pi = \pi(L, P, w) = P\sqrt{L} - wL$. Der Wert von L, der den Gewinn maximiert, muss die Gleichung $\pi'_L(L, P, w) = P/2\sqrt{L} - w = 0$ erfüllen, was zu $L = (P/2w)^2$ führt. Nun ist $\pi''_{LL} = -P/4L^{3/2} < 0$ für alle L. Daher wird der Gewinn maximiert für $L = L^*(P, w) = (P/2w)^2$.

(b) Die Optimalwertfunktion ist $\pi^*(P, w) = \pi(L^*, P, w) = P\sqrt{L^*} - wL^* = P(P/2w) - w(P/2w)^2 = P^2/4w$. Es folgt, dass $\partial\pi^*/\partial P = P/2w = \sqrt{L^*} =$

$\pi'_P(L^*, P, w, a)$, und auch $\partial\pi^*/\partial w = -P^2/4w^2 = -L^* = \pi'_w(L^*, P, w)$. Damit ist das Envelope-Theorem für dieses Beispiel bestätigt.

3. (a) $\pi = p(K^{2/3} + L^{1/2} + T^{1/3}) - rK - wL - q$ und $K^* = \frac{8}{27}p^3r^{-3}$, $L^* = \frac{1}{4}p^2w^{-2}$, $T^* = \frac{1}{3\sqrt{3}}p^{3/2}q^{-3/2}$
(b) $Q^* = \frac{4}{9}p^2r^{-2} + \frac{1}{2}pw^{-1} + \frac{1}{\sqrt{3}}p^{1/2}q^{-1/2}$, so dass $\partial Q^*/\partial r = -\frac{8}{9}p^2r^{-3} = -\partial K^*/\partial p$
▶ Ausführliche Lösung siehe Lösungshandbuch MyLab.

4. $\frac{\partial Q^*}{\partial r} = \frac{\partial}{\partial r}\left(\frac{\partial\hat{\pi}^*}{\partial p}\right) = \frac{\partial}{\partial p}\left(\frac{\partial\hat{\pi}^*}{\partial r}\right) = \frac{\partial}{\partial p}(-K^*) = -\frac{\partial K^*}{\partial p}$. Die anderen Gleichungen werden in einer ähnlichen Weise bewiesen.

5. (a) Dies ist eine Routineanwendung der Formel (15.9.4) und (15.9.5) für Differentiale. ▶ Siehe MyLab.116.8 (b) Mit einer vereinfachten Notation, bei der wir die Tatsache unterdrücken, dass die partiellen Ableitungen an der Stelle (K^*, L^*) berechnet werden, erhalten wir

$$\frac{\partial K^*}{\partial p} = \frac{-F'_K F''_{LL} + F'_L F''_{KL}}{p[F''_{KK}F''_{LL} - (F''_{KL})^2]} \qquad \frac{\partial L^*}{\partial p} = \frac{-F'_L F''_{KK} + F'_K F''_{LK}}{p[F''_{KK}F''_{LL} - (F''_{KL})^2]}$$
$$\frac{\partial K^*}{\partial r} = \frac{F''_{LL}}{p[F''_{KK}F''_{LL} - (F''_{KL})^2]} \qquad \frac{\partial L^*}{\partial r} = \frac{-F''_{LK}}{p[F''_{KK}F''_{LL} - (F''_{KL})^2]}$$
$$\frac{\partial K^*}{\partial w} = \frac{-F''_{KL}}{p[F''_{KK}F''_{LL} - (F''_{KL})^2]} \qquad \frac{\partial L^*}{\partial w} = \frac{F''_{KK}}{p[F''_{KK}F''_{LL} - (F''_{KL})^2]}$$

(c) Die Bedingungen zweiter Ordnung, die hinreichend sind für ein striktes lokales Maximum implizieren, dass $F''_{KK} < 0$, $F''_{LL} < 0$, and $F''_{KK}F''_{LL} - (F''_{KL})^2) > 0$. Es folgt, dass $\partial K^*/\partial r$ und $\partial L^*/\partial w$ beide negativ sind. Wegen fehlender Information über das Vorzeichen von F''_{KL}, bleiben die Vorzeichen der anderen partiellen Ableitungen unbestimmt. Weil $F''_{KL} = F''_{LK}$, bemerken wir, dass $\partial K^*/\partial w = \partial L^*/\partial r$.

6. (a) Bedingungen erster Ordnung: (i) $R'_1 - C'_1 + \sigma = 0$, (ii) $R'_2 - C'_2 - \tau = 0$.
(b) $\pi''_{11} = R''_{11} - C''_{11} < 0$ und $D = \pi''_{11}\pi''_{22} - (\pi''_{12})^2 = (R''_{11} - C''_{11})(R''_{22} - C''_{22}) - (R''_{12} - C''_{12})^2 > 0$. (c) Bilden Sie wie in Aufgabe 5 das totale Differential der Bedingungen erster Ordnung für ein Maximum. Mit den in (b) gefundenen Vorzeichen kann man zeigen, dass $\partial x_1^*/\partial\sigma$ und $\partial x_1^*/\partial\tau$ positiv sind, während $\partial x_2^*/\partial\sigma$ und $\partial x_2^*/\partial\tau$ negativ sind. Siehe MyLab für Details. (d) Weil $R''_{12} = R''_{21}$ und $C''_{12} = C''_{21}$, folgt dies aus der Antwort zu (c). ▶ Siehe MyLab.

Wiederholungsaufgaben für Kap. 17

1. Bedingungen erster Ordnung $f'_1(x, y) = -4x + 2y + 18 = 0$ und $f'_2(x, y) = 2x - 2y - 14 = 0$ sind erfüllt für $(x, y) = (2, -5)$. Ferner ist $f''_{11} = -4$, $f''_{12} = 2$ und $f''_{22} = -2$, so dass $f''_{11}f''_{22} - (f''_{12})^2 = 4$. Die Bedingungen in (a) in Theorem 17.2.2 sind erfüllt.

2. (a) Indem wir auf Teil (b) der Aufgabe vorausschauen, behalten wir P_1 als eine Variable und schreiben den Gewinn als $\pi = P_1Q_1 + 90Q_2 - 0.1(Q_1^2 + Q_1Q_2 + Q_2^2)$.

Wenn $P_1 = 120$, ergeben die Bedingungen erster Ordnung für ein Maximum $(Q_1, Q_2) = (500, 200)$. Siehe MyLab für Details. (b) Damit die Bedingungen erster Ordnung aus Teil (a) eine Lösung mit $Q_1 = 400$ haben, muss $P_1 = 105$ sein.
► Ausführliche Lösung siehe Lösungshandbuch MyLab.

3. (a) Kritische Stellen sind dort, wo $P_1'(x, y) = -0.2x - 0.2y + 47 = 0$ und $P_2'(x, y) = -0.2x - 0.4y + 48 = 0$. Dies impliziert, dass $x = 230$ und $y = 5$, wo $P_{11}'' = -0.2 \leq 0$, $P_{12}'' = -0.2$ und $P_{22}'' = -0.4 \leq 0$. Da auch $P_{11}''P_{22}'' - (P_{12}'')^2 = 0.04 \geq 0$, maximiert $(230, 5)$ den Gewinn. (b) Mit $x + y = 200$ und somit $y = 200 - x$ ist die neue Gewinnfunktion $\hat{\pi}(x) = f(x, 200 - x) = -0.1x^2 + 39x + 1000$. Man sieht leicht, dass diese Funktion ein Maximum hat, wenn $x = 195$. Dann ist $y = 200 - 195 = 5$.

4. (a) Kritische Stellen: $(0, 0)$ und $(3, 9/2)$. (b) $(0, 0)$, $(\frac{1}{2}\sqrt{2}, \sqrt{2})$, $(-\frac{1}{2}\sqrt{2}, -\sqrt{2})$ (c) $(0, 0)$, $(0, 4)$, $(2, 2)$ und $(-2, 2)$.
► Ausführliche Lösung siehe Lösungshandbuch MyLab.

5. Kritische Stellen, wenn $f_x'(x, y, a) = 2ax - 2 = 0$ und $f_y'(x, y, a) = 2y - 4a = 0$ oder $x = x^*(a) = 1/a$ und $y = y^*(a) = 2a$. Die Optimalwertfunktion ist $f^*(a) = a(1/a)^2 - 2(1/a) + (2a)^2 - 4a(2a) = -(1/a) - 4a^2$. Damit ist $(d/da)f^*(a) = (1/a^2) - 8a$. Andererseits ist $(\partial/\partial a)f(x, y, a) = x^2 - 4y = (1/a^2) - 8a$ an der Stelle $(x^*(a), y^*(a)) = (1/a, 2a)$. Dies bestätigt das Envelope-Theorem.

6. (a) Der Gewinn ist $\pi(K, L, T) = p(K^a + L^b + T^c) - rK - wL - qT$ und dies ist konkav, wenn K, L und T alle nichtnegativ sind. Somit wird der Gewinn an seiner kritischen Stelle maximiert, was für $K^* = (ap/r)^{1/(1-a)}$, $L^* = (bp/w)^{1/(1-b)}$ und $T^* = (cp/q)^{1/(1-c)}$ der Fall ist.

(b) Fokussieren Sie sich auf die Terme, die von r abhängen, um zu zeigen, dass $\partial\pi^*/\partial r = -(ap/r)^{1/(1-a)}$. Für Details siehe MyLab.

(c) Aus (b) folgt $\partial\pi^*/\partial r = -K^*$. Eine zu (b) ähnliche Technik kann genutzt werden, um die anderen drei Gleichungen des Envelope-Theorems zu verifizieren. Diese sind $\partial\pi^*/\partial p = Q^*$, $\partial\pi^*/\partial w = -L^*$ und $\partial\pi^*/\partial q = -T^*$.
► Siehe MyLab.

7. (a) $f_1' = e^{x+y} + e^{x-y} - \frac{3}{2}$, $f_2' = e^{x+y} - e^{x-y} - \frac{1}{2}$, $f_{11}'' = e^{x+y} + e^{x-y}$, $f_{12}'' = e^{x+y} - e^{x-y}$, $f_{22}'' = e^{x+y} + e^{x-y}$. Es folgt, dass $f_{11}'' \geq 0$, $f_{22}'' \geq 0$ und $f_{11}''f_{22}'' - (f_{12}'')^2 = (e^{x+y} + e^{x-y})^2 - (e^{x+y} - e^{x-y})^2 = 4e^{x+y}e^{x-y} = 4e^{2x} \geq 0$, so dass f konvex ist. (b) An einer kritischen Stelle ist $e^{x+y} = 1$ und $e^{x-y} = \frac{1}{2}$, so dass $x+y = 0$ und $x-y = -\ln 2$. Die einzige kritische Stelle ist deshalb $(x, y) = (-\frac{1}{2}\ln 2, \frac{1}{2}\ln 2)$, wobei $f(x, y) = \frac{1}{2}(3 + \ln 2)$. Da f konvex ist, ist dies eine Minimumstelle.

8. (a) Die zwei kritischen Stellen sind $(0, 0)$, was eine Sattelstelle ist, und $(5/6, -5/12)$, was eine lokale Maximumstelle ist. (b) $f_{11}'' = 2 - 6x \leq 0 \iff x \geq 1/3$, während $f_{22}'' = -2 \leq 0$ und $f_{11}''f_{22}'' - (f_{12}'')^2 = 12x - 5 \geq 0 \iff x \geq 5/12$. Wir schließen, dass f konkav ist in $S = \{(x, y) \colon x \geq 5/12\}$. Der größte Wert von f in S tritt an der Stelle $(5/6, -5/12)$ ein und ist $125/432$.
► Ausführliche Lösung siehe Lösungshandbuch MyLab.

9. (a) $f_1'(x, y) = x - 1 + ay$, $f_2'(x, y) = a(x - 1) - y^2 + 2a^2y$, die beide 0 sind für $(x, y) = (1 - a^3, a^2)$.
(b) An der kritischen Stelle gilt $f^*(a) = -\frac{1}{2} + \frac{1}{6}a^6$ mit der Ableitung a^5. Die partielle Ableitung von f bzgl. a ist $y(x - 1) + 2ay^2$ und dies ist gleich a^5 an der kritischen Stelle $(x, y) = (1 - a^3, a^2)$. Siehe MyLab für Details.

(c) Die Berechnung der partiellen Ableitungen zweiter Ordnung von f zeigt, dass f konvex ist, wo $y \leq \frac{1}{2}a^2$. ► Siehe MyLab.

10. (a) $p = C_x'(x^*, y^*)$ und $q = C_y'(x^*, y^*)$ sind die bekannten Bedingungen, dass im Optimum der Preis jedes Gutes gleich den Grenzkosten sein sollte.
(b) Mit vereinfachter Notation gilt im Optimum $\hat{\pi}_x' = F + xF_x' + yG_x' - C_x' = 0$ und $\hat{\pi}_y' = xF_y' + G + yG_y' - C_y' = 0$. Die Interpretation ist, dass Grenzerlös = Grenzkosten, wie üblich, mit dem Zusatz, dass eine Änderung des Outputs eines Gutes auch Einfluss haben kann auf den Erlös des anderen Gutes.
(c) Die Gewinnfunktion ist $\pi = x(a - bx - cy) + y(\alpha - \beta x - \gamma y) - Px - Qy - R$ und die Bedingungen erster Ordnung sind $\partial\pi/\partial x = a - 2bx - cy - \beta y - P = 0$, $\partial\pi/\partial y = -cx + \alpha - \beta x - 2\gamma y - Q = 0$. (d) $\partial^2\pi/\partial x^2 = -2b$, $\partial^2\pi/\partial y^2 = -2\gamma$, $\partial^2\pi/\partial x\partial y = -(\beta + c)$. Die direkten partiellen Ableitungen zweiter Ordnung sind negativ und $\Delta = (\partial^2\pi/\partial x^2)(\partial^2\pi/\partial y^2) - (\partial^2\pi/\partial x\partial y)^2 = 4\gamma b - (\beta + c)^2$, so dass die Behauptung folgt.

Kapitel 18

18.1

1. (a) $\mathcal{L}(x, y) = xy - \lambda(x + 3y - 24)$. Die Bedingungen erster Ordnung $\mathcal{L}_1' = y - \lambda = 0$, $\mathcal{L}_2' = x - 3\lambda = 0$ implizieren, dass $x = 3y$, welches eingesetzt in die Nebenbedingung $3y + 3y = 24$ ergibt, so dass $y = 4$ und damit $x = 12$.
(b) Unter Benutzung von $(**)$ in Beispiel 18.1.3 mit $a = b = p = 1$, $q = 3$ und $m = 24$ haben wir $x = \frac{1}{2}(24/1) = 12$ und $y = \frac{1}{2}(24/3) = 4$.

2. Mit $\mathcal{L} = -40Q_1 + Q_1^2 - 2Q_1Q_2 - 20Q_2 + Q_2^2 - \lambda(Q_1 + Q_2 - 15)$ sind die Bedingungen erster Ordnung: $\mathcal{L}_1' = -40 + 2Q_1 - 2Q_2 - \lambda = 0$, $\mathcal{L}_2' = -2Q_1 - 20 + 2Q_2 - \lambda = 0$. Es folgt: $-40 + 2Q_1 - 2Q_2 = -2Q_1 - 20 + 2Q_2$ und somit $Q_1 - Q_2 = 5$. Diese Gleichung ergibt zusammen mit der Nebenbedingung die Lösung $Q_1 = 10$, $Q_2 = 5$ mit $\lambda = -30$.

3. (a) Nach $(**)$ in Beispiel 18.1.3, ist $x = \frac{3}{10}m$ und $y = \frac{1}{10}m$. (b) $x = 10$ und $y = 6\,250\,000$ (c) $x = 8/3$ und $y = 1$

4. (a) Mit $\mathcal{L}(x, y) = x^2 + y^2 - \lambda(x + 2y - 4)$ sind die Bedingungen erster Ordnung $\mathcal{L}_1' = 2x - \lambda = 0$, $\mathcal{L}_2' = 2y - 2\lambda = 0$. Diese implizieren $2x = y$. Indem wir dies in die Nebenbedingung einsetzen, ergibt sich die Lösung $(x, y) = (4/5, 8/5)$ mit $\lambda = 8/5$. (b) $(x, y) = (8, 4)$ mit $\lambda = 16$.
(c) $(x, y) = (50, 50)$ mit $\lambda = 250$.
► Ausführliche Lösung siehe Lösungshandbuch MyLab.

5. Die Budgetbeschränkung ist $2x + 4y = 1000$, so dass mit $\mathcal{L}(x, y) = 100xy + x + 2y - \lambda(2x + 4y - 1000)$ die Bedingungen erster Ordnung $\mathcal{L}_1' = 100y + 1 - 2\lambda = 0$ und $\mathcal{L}_2' = 100x + 2 - 4\lambda = 0$ sind. Aus diesen Gleichungen folgt durch Elimination von λ, dass $x = 2y$, was eingesetzt in die Nebenbedingung $2x + 2x = 1000$ ergibt, so dass $x = 250$ und $y = 125$.

6. Formel (∗∗) in Beispiel 18.1.3 mit x, y, p, q, m ersetzt durch $m, l, 1/w, 1, T_0$ ergibt $m = awT_0/(a + b)$ und $l = bT_0/(a + b)$.

7. Das Problem ist: max $-0.1x^2 - 0.2xy - 0.2y^2 + 47x + 48y - 600$ u.d.N. $x + y = 200$.
Mit $\mathcal{L}(x, y) = -0.1x^2 - 0.2xy - 0.2y^2 + 47x + 48y - 600 - \lambda(x + y - 200)$ sind die Bedingungen erster Ordnung $\mathcal{L}_1' = -0.2x - 0.2y + 47 - \lambda = 0$ und $\mathcal{L}_2' = -0.2x - 0.4y + 48 - \lambda = 0$. Elimination von x und λ ergibt $y = 5$. Aus der Budgetbeschränkung folgt dann $x = 195$ mit $\lambda = 7$.

8. (a) $P(x, y) = (96 - 4x)x + (84 - 2y)y - 2x^2 - 2xy - y^2 = -6x^2 - 3y^2 - 2xy + 96x + 84y$
(b) $P_x'(x, y) = -12x - 2y + 96$, $P_y'(x, y) = -6y - 2x + 84$. Die einzige kritische Stelle ist $(x, y) = (6, 12)$. (c) Die Lagrange-Funktion ist $\mathcal{L}(x, y) = -6x^2 - 3y^2 - 2xy + 96x + 84y - \lambda(x + y - 11)$. Die Bedingungen erster Ordnung sind: $\mathcal{L}_1' = -12x - 2y + 96 - \lambda = 0$ und $\mathcal{L}_2' = -6y - 2x + 84 - \lambda = 0$. Indem wir λ eliminieren, ergibt sich $10x - 4y = 12$. Die Nebenbedingung ist $x + y = 11$. Simultane Lösung dieser beiden Gleichungen ergibt $x = 4$, $y = 7$. Da $P(4, 7) = 673 < P(6, 12) = 792$, verringert die Produktionsbeschränkung den Gewinn um 119.

9. (a) $x^*(p, m) = a^\gamma p^{-\gamma}$, wobei $\gamma = 1/(1 - a)$ und $y^*(p, m) = m - a^\gamma p^{1-\gamma}$.
(b) $\partial x^*/\partial p = -x^*/(1 - a)p < 0$, $\partial x^*/\partial m = 0$, $\partial y^*/\partial p = ax^*/(1 - a) > 0$, $\partial y^*/\partial m = 1$.
(c) $\mathrm{El}_p px^*(p, m) = -a/(1 - a) < 0$. (d) $U^*(p, m) = m + 1/4p$. ► Siehe MyLab.

10. (a) $x(p, q, m) = [m + q\ln(q/p)]/(p + q)$, $y(p, q, m) = [m + p\ln(p/q)]/(p + q)$
(b) Beide sind nichtnegativ genau dann, wenn entweder (i) $p \geq q$ und $m \geq q\ln(p/q)$; oder (ii) $p \leq q$ und $m \geq p\ln(q/p)$.
(c) Direkte Überprüfung.
► Ausführliche Lösung siehe Lösungshandbuch MyLab.

18.2

1. Nach (∗∗) in Beispiel 18.1.3 ist die Lösung $x^* = 3m/8$, $y^* = m/12$ mit $\lambda = 9m^3/512$. Die Optimalwertfunktion ist $f^*(m) = (x^*)^3 y^* = 9m^4/2048$. Wir sehen, dass $\mathrm{d}f^*(m)/\mathrm{d}m = 9m^3/512 = \lambda$.

2. (a) Mit $\mathcal{L} = rK + wL - \lambda(\sqrt{K} + L - Q)$ sind die Bedingungen erster Ordnung $\mathcal{L}_K' = r - \lambda/2\sqrt{K^*} = 0$ und $\mathcal{L}_L' = w - \lambda = 0$. Einsetzen von λ aus der letzten Gleichung in die erste ergibt $\sqrt{K^*} = w/2r$. Dann ist $K^* = w^2/4r^2$ und aus der Nebenbedingung folgt $L^* = Q - w/2r$. (b) Die Optimalwertfunktion ist $C^*(Q) = rK^* + wL^* = wQ - w^2/4r$. Damit ist $\mathrm{d}C^*(Q)/\mathrm{d}Q = w = \lambda$.

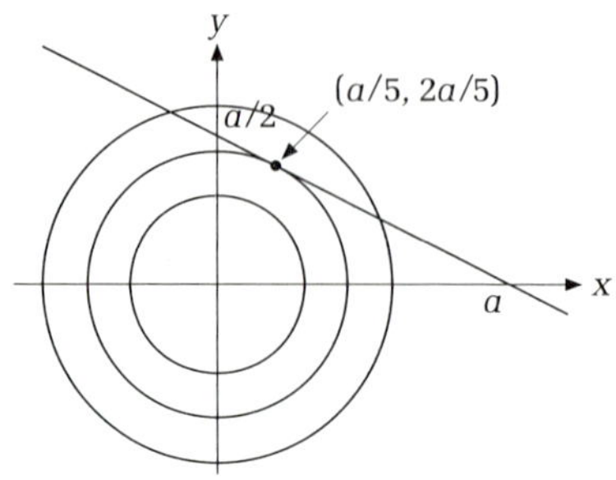

Abbildung A18.2.3

3. (a) $x + 2y = a$ ergibt $y = \frac{1}{2}a - \frac{1}{2}x$ und dann $x^2 + y^2 = x^2 + (\frac{1}{2}a - \frac{1}{2}x)^2 = \frac{5}{4}x^2 - \frac{1}{2}ax + \frac{1}{4}a^2$. Diese quadratische Funktion hat ein Minimum für $x = a/5$ und damit ist $y = 2a/5$. (b) $\mathcal{L}(x, y) = x^2 + y^2 - \lambda(x + 2y - a)$. Die notwendigen Bedingungen sind $\mathcal{L}'_1 = 2x - \lambda = 0$, $\mathcal{L}'_2 = 2y - 2\lambda = 0$, was $2x = y$ impliziert. Aus der Nebenbedingung folgt $x = a/5$ und dann $y = 2a/5$, $\lambda = 2a/5$.
(c) Siehe Abb. A18.2.3. Das Problem ist, den Punkt auf der Geraden $x+2y = a$ zu bestimmen, der den kleinsten Abstand vom Ursprung hat. Kein Punkt auf der Geraden ist am weitesten vom Ursprung entfernt, so dass das entsprechende Maximierungsproblem keine Lösung hat.

4. (a) $x^* = 4$, $y^* = 24$, $\lambda = 1/4$. (b) $\hat{y} = 97/4$, $\hat{x} = 4$. Der Zuwachs ist $\Delta U = 105/4 - 104/4 = 1/4$. Dies ist gleich dem Wert des Lagrange-Multiplikators aus (a). (Es gilt hier exakte Gleichheit, da U linear in einer der Variablen ist.)
(c) $x^* = q^2/4p^2$, $y^* = m/q - q/4p$. (Beachten Sie, dass $y^* > 0$ genau dann, wenn $m > q^2/4p$.)
▶ Ausführliche Lösung siehe Lösungshandbuch MyLab.

5. (a) Bedingungen erster Ordnung: (i) $\alpha/(x^* - a) = \lambda p$; (ii) $\beta/(y^* - b) = \lambda q$. Daher gilt $px^* = pa + \alpha/\lambda$ und $qy^* = qb + \beta/\lambda$. Verwenden Sie die Budget-Beschränkung, um λ zu eliminieren. Die Ausdrücke für px^* und qy^* folgen.
(b) $U^* = \alpha[\ln \alpha + \ln(m - (ap + bq)) - \ln p] + \beta[\ln \beta + \ln(m - (ap + bq)) - \ln q]$. Die Resultate folgen.
▶ Ausführliche Lösung siehe Lösungshandbuch MyLab.

6. $f(x, T) = -\frac{1}{6}\alpha x T^5 + \frac{1}{12}xT^4 + \frac{1}{6}xT^3$, $g(x, T) = \frac{1}{6}xT^3$. Die Lösung von (∗) ist $x = 384\alpha^3 M$, $T = 1/4\alpha$ und dann $f^*(M) = M + M/16\alpha$ mit $\lambda = 1 + 1/16\alpha$. Es ist $\partial f^*(M)/\partial M = \lambda$, was (18.2.2) bestätigt.
▶ Ausführliche Lösung siehe Lösungshandbuch MyLab.

18.3

1. (a) $(2, 2)$ und $(-2, -2)$ sind die einzig möglichen Lösungen für das Maximierungsproblem und $(-2, 2)$ und $(2, -2)$ sind die einzig möglichen Lösungen für das Minimierungsproblem. (b) $(3, -1)$ löst das Maximierunsproblem und $(-3, 1)$ löst das Minimierungsproblem.
▶ Ausführliche Lösung siehe Lösungshandbuch MyLab.

2. (a) Maximum an der Stelle: $(x, y, \lambda) = (-4, 0, 5/4)$, Minimum an der Stelle: $(x, y, \lambda) = (4/3, \pm 4\sqrt{2}/3, 1/4)$.
(b) Minimum in $(\sqrt[4]{2}, 1 - \frac{1}{2}\sqrt{2})$ und $(-\sqrt[4]{2}, 1 - \frac{1}{2}\sqrt{2})$
▶ Ausführliche Lösung siehe Lösungshandbuch MyLab.

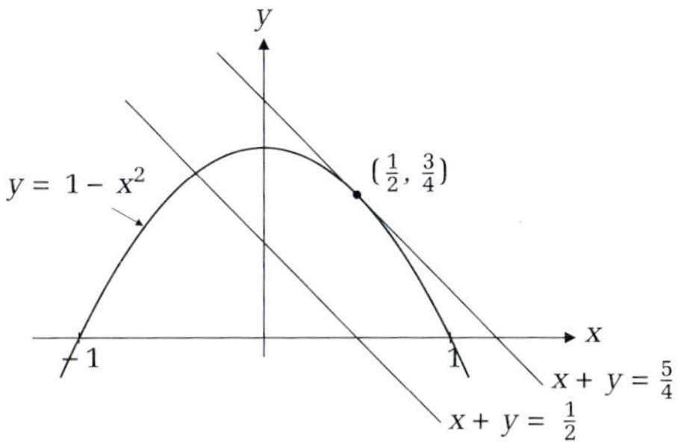

Abbildung A18.3.3

3. (a) $\mathcal{L} = x + y - \lambda(x^2 + y - 1)$. Die Gleichungen $\mathcal{L}_1' = 1 - 2\lambda x = 0$, $\mathcal{L}_2' = 1 - \lambda = 0$ und $x^2 + y = 1$ haben die Lösung $x = 1/2$, $y = 3/4$ und $\lambda = 1$. (b) Siehe Abb. A18.3.3, die das Maximum an der Stelle $(x, y) = (\frac{1}{2}, \frac{3}{4})$ zeigt. Das Minimierungsproblem hat keine Lösung, da $f(x, 1 - x^2) = x + 1 - x^2 \to -\infty$, wenn $x \to \infty$. (c) Die Lösung des geänderten Problems ist: $x = 0.5$ und $y = 0.85$. Die Änderung in der Optimalwertfunktion ist $f^*(1.1) - f^*(1) = (0.5 + 0.85) - (0.5 + 0.75) = 0.1$. Da $\lambda = 1$, erhält man $\lambda \cdot dc = 1 \cdot 0.1 = 0.1$. Somit ist (18.2.3) in diesem Fall mit Gleichheit erfüllt. (Dies liegt an der besonderen Form der Funktionen f und g.)

4. (a) $x = 6$, $y = 2$ (b) Die approximative Änderung ist 1.
▶ Ausführliche Lösung siehe Lösungshandbuch MyLab.

18.4

1. Setzt man $y = 2 - x$ reduziert sich das Problem auf das der Maximierung von $x(2 - x) = 2x - x^2$, welches die Lösung $x = 1$ hat. Somit ist der optimale Wert von y gleich $2 - x = 1$. Nutzt man die Lagrange-Methode mit der Lagrange-Funktion $\mathcal{L}(x, y) = xy - \lambda(x + y - 2)$, sind die Bedingungen erster Ordnung $y - \lambda = 0$, $x - \lambda = 0$ mit der eindeutigen Lösung $x = y = \lambda = 1$, die die Nebenbedingung $x + y = 2$ erfüllt. Für $\lambda = 1$ hat man dann $\mathcal{L}(2, 2) = 2 > \mathcal{L}(1, 1) = 1$, so dass $(1, 1)$ keine Maximumstelle für $\mathcal{L}$ ist. (In der Tat hat $\mathcal{L}(x, y)$ einen Sattelpunkt an der Stelle $(1, 1)$.)

2. Das Problem mit Systemen mit drei Gleichungen und zwei Unbekannten ist nicht, dass sie nur schwer zu lösen sind, sondern dass sie gewöhnlich inkonsistent sind – d. h. es ist *unmöglich*, sie zu lösen. Die Gleichungen $f_x'(x, y) = f_y'(x, y) = 0$ sind *nicht* gültig an der Optimalstelle.

3. (a) Mit $\mathcal{L} = 2x + 3y - \lambda(\sqrt{x} + \sqrt{y} - 5)$ müssen die Gleichungen $\mathcal{L}_1'(x, y) = 2 - \lambda/2\sqrt{x} = 0$ und $\mathcal{L}_2'(x, y) = 3 - \lambda/2\sqrt{y} = 0$ erfüllt sein. Sie implizieren

$\lambda = 4\sqrt{x} = 6\sqrt{y}$, so dass $y = 4x/9$. Daher ist $x = 9$ und $y = 4$ mit $\lambda = 12$.
(b) Siehe Abb. A18.4.3. Bewegen Sie die Gerade $2x + 3y = c$ so weit wie möglich in nordöstliche Richtung. Somit ist die Lösung an der Stelle $(x, y) = (0, 25)$.
(c) $g(x, y)$ ist nur auf der Menge A der (x, y) mit $x > 0$ und $y > 0$ stetig differenzierbar, so dass das Theorem an der Stelle $(x, y) = (0, 25)$ nicht angewendet werden kann.

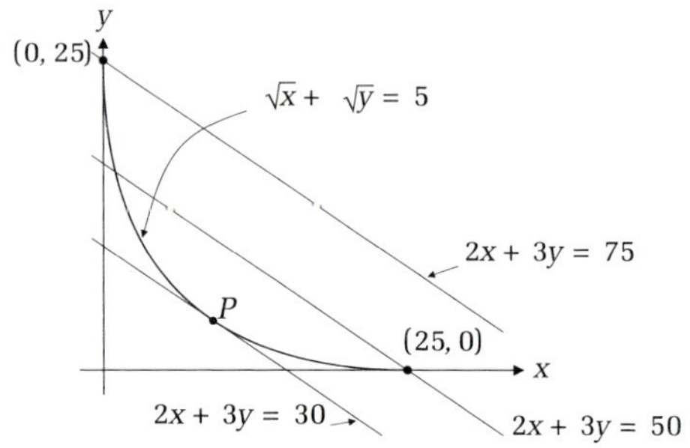

Abbildung A18.4.3

4. Die Lagrange-Methode liefert einen eindeutigen Lösungskandidaten $(x, y) = (0, 0)$ mit $\lambda = -4$, was eine lokale Minimumstelle ist. Das globale Minimum ist 1 an der Stelle $(x, y) = (-1, 0)$.Dies ist jedoch eine isolierte Stelle von $g(x, y) = 0$.
   ► Ausführliche Lösung siehe Lösungshandbuch MyLab.

18.5

1. Die Lagrange-Funktion $\mathcal{L}(x, y) = 10x^{1/2}y^{1/3} - \lambda(2x + 4y - m)$ ist konkav in (x, y). Damit impliziert Theorem 18.5.1, dass die Lösung in Teil (a) von Aufgabe 18.1.3 ein Maximum ist.

2. Mit $\mathcal{L} = \ln x + \ln y - \lambda(px + qy - m)$ ist $\mathcal{L}'_x = 1/x - p\lambda$, $\mathcal{L}'_y = 1/y - q\lambda$, $\mathcal{L}''_{xx} = -1/x^2$, $\mathcal{L}''_{xy} = 0$ und $\mathcal{L}''_{yy} = -1/y^2$. Ferner ist $g'_x = p$ und $g'_y = q$. Daher ist $D(x, y, \lambda) = -q^2/x^2 - p^2/y^2 < 0$. Bedingung (a) in Theorem 18.5.2 ist erfüllt.

3. $D(x, y, \lambda) = 10$, so dass mit Theorem 18.5.2 folgt: In $(a/5, 2a/5)$ ist ein lokales Minimum.

4. $U''_{11}(x, y) = a(a-1)x^{a-2} \leq 0$, $U''_{22}(x, y) = a(a-1)y^{a-2} \leq 0$ und $U''_{12}(x, y) = 0$, so dass U konkav ist. Die Lösung ist $x = mp^{1/(a-1)}/R$, $y = mq^{1/(a-1)}/R$, wobei $R = p^{a/(a-1)} + q^{a/(a-1)}$.
   ► Ausführliche Lösung siehe Lösungshandbuch MyLab.

18.6

1. (a) $\mathcal{L}(x,y,z) = x^2 + y^2 + z^2 - \lambda(x+y+z-1)$, so dass $\mathcal{L}'_x = 2x - \lambda = 0$, $\mathcal{L}'_y = 2y - \lambda = 0$, $\mathcal{L}'_z = 2z - \lambda = 0$. Es folgt $x = y = z = \frac{1}{2}\lambda$. Die einzige Lösung der notwendigen Bedingungen ist $(1/3, 1/3, 1/3)$ mit $\lambda = 2/3$. (b) Das Problem ist, die kürzeste Entfernung vom Ursprung zu einem Punkt in der Ebene $x + y + z = 1$ zu finden. Das entsprechende Maximierungsproblem hat keine Lösung.

2. $x = \dfrac{1/2}{1/2 + 1/3 + 1/4} \dfrac{390}{4} = 45$, $y = \dfrac{1/3}{1/2 + 1/3 + 1/4} \dfrac{390}{3} = 40$,
$z = \dfrac{1/4}{1/2 + 1/3 + 1/4} \dfrac{390}{6} = 15$

3. (a) Mit der Lagrange-Funktion $\mathcal{L} = x + \sqrt{y} - 1/z - \lambda(px + qy + rz - m)$ sind die Bedingungen erster Ordnung:

   (i) $\partial\mathcal{L}/\partial x = 1 - \lambda p = 0$; (ii) $\partial\mathcal{L}/\partial y = \frac{1}{2}y^{-1/2} - \lambda q = 0$; (iii) $\partial\mathcal{L}/\partial z = z^{-2} - \lambda r = 0$.

   (b) Aus den Gleichungen in (a) erhalten wir $\lambda = 1/p$ und dann $\frac{1}{2}y^{-1/2} = q/p$, somit $y = p^2/4q^2$ und schließlich $z = \sqrt{p/r}$. Einsetzen dieser Werte von y und z in die Budgetbeschränkung und Auflösen nach x ergibt $x = m/p - p/4q - \sqrt{r/p}$. (c) Folgt unmittlelbar durch Einsetzen. (d) $\partial U^*/\partial m = 1/p = \lambda$, wie nach Kap. 18.2 zu erwarten.

4. Die Lagrange-Funktion ist $\mathcal{L}(x,y,l) = \alpha \ln x + \beta \ln y + (1-\alpha-\beta)\ln(L-l) - \lambda(px + qy - wl)$ hat eine kritische Stelle, wenn: (i) $\mathcal{L}'_x = \alpha/x^* - \lambda p = 0$; (ii) $\mathcal{L}'_y = \beta/y^* - \lambda q = 0$; (iii) $\mathcal{L}'_l = -(1-\alpha-\beta)/(L-l^*) + \lambda w = 0$. Aus (i) und (ii) folgt $qy^* = (\beta/\alpha)px^*$, während aus (i) und (iii) $l^* = L - [(1-\alpha-\beta)/w\alpha]px^*$ folgt. Einsetzen in die Budgetbeschränkung und Auflösen nach x^* ergibt $x^* = \alpha wL/p$, $y^* = \beta wL/q$ und $l^* = (\alpha+\beta)L$.

5. Die Nebenbedingungen reduzieren sich zu $h + 2k + \ell = 0$ und $2h - k - 3\ell = 0$, so dass $k = -h$ und $\ell = h$. Dann ist aber $x^2 + y^2 + z^2 = 200 + 3h^2 \geq 200$ für alle h, so dass f maximiert wird für $h = 0$. Dann ist auch $k = \ell = 0$ und wir schließen, dass $(x,y,z) = (10,10,0)$ das Minimierungsproblem löst.

6. Hier ist $\mathcal{L} = a_1^2x_1^2 + \cdots + a_n^2x_n^2 - \lambda(x_1 + \cdots + x_n - 1)$. Notwendige Bedingungen sind, dass $\mathcal{L}'_j = 2a_j^2x_j - \lambda = 0$, $j = 1, \ldots, n$ und somit $x_j = \lambda/2a_j^2$. Eingesetzt in die Nebenbedingung impliziert dies $1 = \frac{1}{2}\lambda(1/a_1^2 + \cdots + 1/a_n^2)$. Für jedes $j = 1, \ldots, n$ haben wir daher $x_j = \frac{1}{a_j^2(1/a_1^2+\cdots+1/a_n^2)} = \frac{1}{a_j^2\sum_{i=1}^n(1/a_i^2)}$. Wenn mindestens ein a_i gleich 0 ist, ist der Minimalwert gleich 0, der angenommen wird, wenn das zugehörige x_i gleich 1 ist und alle anderen x_j gleich 0.

7. $(x,y,z) = (0,0,1)$ mit $\lambda = -1/2$ und $\mu = 1$ ergibt das Minimum, während $(x,y,z) = (4/5, 2/5, -1/5)$ mit $\lambda = 1/2$ und $\mu = 1/5$ das Maximum ergibt.
   ▶ Ausführliche Lösung siehe Lösungshandbuch MyLab.

8. (a) $x_j = a_j m/p_j(a_1 + \cdots + a_n)$ für $j = 1, \ldots, n$.

   (b) $x_j = mp_j^{-1/(1-a)} \Big/ \sum_{i=1}^{n} p_i^{-a/(1-a)}$ für $j = 1, \ldots, n$.
   ▶ Ausführliche Lösung siehe Lösungshandbuch MyLab.

18.7

1. (a) Mit $\mathcal{L} = x + a\ln y - \lambda(px + qy - m)$ erhält man $\mathcal{L}'_1 = 1 - \lambda p = 0$ und $\mathcal{L}'_2 = a/y^* - \lambda q = 0$. Damit ist $\lambda = 1/p$, was eingesetzt in die zweite Gleichung $y^* = ap/q$ ergibt. Aus der Budgetbeschränkung erhalten wir $x^* = m/p - a$. Die Lagrange-Funktion ist konkav, so dass dies die Lösung ist.
(b) $U^* = x^* + a\ln y^* = m/p - a + a\ln a + a\ln p - a\ln q$. Dann ist $\partial U^*/\partial p = -m/p^2 + a/p$, $\partial U^*/\partial q = -a/q$, $\partial U^*/\partial m = 1/p$ und $\partial U^*/\partial a = \ln a + \ln p - \ln q$.
(c) $\partial\mathcal{L}/\partial p = -\lambda x$, $\partial\mathcal{L}/\partial q = -\lambda y$, $\partial\mathcal{L}/\partial m = \lambda$ und $\partial\mathcal{L}/\partial a = \ln y$. Wenn wir diese vier partiellen Ableitungen an der Stelle (x^*, y^*) berechnen, sehen wir, dass das Envelope-Theorem bestätigt wird.

2. Die Minimumstelle ist $(x^*, y^*, z^*) = (a, 2a, 9a)$, wobei $a = -\sqrt{b}/6$ mit $\lambda = -3/\sqrt{b}$. Die Optimalwertfunktion ist $f^*(b) = x^* + 4y^* + 3z^* = -6\sqrt{b}$ und $\mathrm{d}f^*(b)/\mathrm{d}b = -3/\sqrt{b} = \lambda$.
► Ausführliche Lösung siehe Lösungshandbuch MyLab.

3. (a) $x = aM/\alpha$, $y = bM/\beta$, $z = cM/\gamma$, $\lambda = 1/2M$, wobei $M = \sqrt{L}/\sqrt{a^2/\alpha + b^2/\beta + c^2/\gamma}$. (Die Bedingungen erster Ordnung ergeben $x = a/2\lambda\alpha$, $y = b/2\lambda\beta$, $z = c/2\lambda\gamma$. Einsetzen in die Nebenbedingung und Auflösen nach λ ergibt die Lösung.) (b) Wir erhalten $M = \sqrt{L}/5$ und die angegebenen Werte von x, y und z folgen. (c) Für $L = 100$ hat man $M = 2$ und $\lambda = 1/4$. Der Anstieg im Maximalwert, wenn L von 100 auf 101 anwächst, ist approximativ $\lambda \cdot 1 = 0.25$. Der tatsächliche Anstieg ist $5(\sqrt{101} - \sqrt{100}) \approx 0.249378$.

4. (a) $\left(\frac{1}{4}\sqrt{15}, 0, \frac{1}{8}\right)$ und $\left(-\frac{1}{4}\sqrt{15}, 0, \frac{1}{8}\right)$ (mit $\lambda = 1$) lösen das Maximierungsproblem, während $\left(0, 0, -\frac{1}{2}\right)$ das Minimierungsproblem löst.
(b) $\Delta f^* \approx \lambda\Delta c = 1 \cdot 0.02 = 0.02$
► Ausführliche Lösung siehe Lösungshandbuch MyLab.

5. $K^* = 2^{1/3}r^{-1/3}w^{1/3}Q^{4/3}$, $L^* = 2^{-2/3}r^{2/3}w^{-2/3}Q^{4/3}$, $C^* = 3\cdot 2^{-2/3}r^{2/3}w^{1/3}Q^{4/3}$, $\lambda = 2^{4/3}r^{2/3}w^{1/3}Q^{1/3}$. Die Gleichheiten $(*)$ sind leicht nachzuweisen.
► Ausführliche Lösung siehe Lösungshandbuch MyLab.

6. $\dfrac{\partial K^*}{\partial w} = \dfrac{\partial}{\partial w}\left(\dfrac{\partial C^*}{\partial r}\right) = \dfrac{\partial}{\partial r}\left(\dfrac{\partial C^*}{\partial w}\right) = \dfrac{\partial L^*}{\partial r}$, wobei die erste und zweite Gleichung in $(*)$ in Beispiel 18.7.3 zu benutzen ist.

7. (a) Mit $\mathcal{L} = \sqrt{x} + ay - \lambda(px + qy - m)$ sind die Bedingungen erster Ordnung, damit (x^*, y^*) das Problem löst $px^* + qy^* = m$ und: (i) $\mathcal{L}'_x = 1/2\sqrt{x^*} - \lambda p = 0$, (ii) $\mathcal{L}'_y = a - \lambda q = 0$. Daher ist $\lambda = a/q$ und $x^* = q^2/4a^2p^2$, $y^* = m/q - q/4a^2p$. Die Lagrange-Funktion ist konkav, so dass dies die Lösung ist. Die indirekte Nutzenfunktion ist $U^*(p, q, a, m) = \sqrt{x^*} + ay^* = q/4ap + am/q$.
(b) Die partiellen Ableitungen von U^* nach den vier Parametern p, q, m, a sind: $\partial U^*/\partial p = -q/4ap^2$, $\partial U^*/\partial q = 1/4ap - am/q^2$, $\partial U^*/\partial m = a/q$ und $\partial U^*/\partial a = -q/4a^2p + m/q$. Andererseits: Mit $\mathcal{L}(x, y, p, q, a, m) = \sqrt{x} + ay - \lambda(px + qy - m)$ sind die partiellen Ableitungen von $\mathcal{L}$ bezüglich der vier Parameter, berechnet an der Stelle (x^*, y^*), gleich $\partial\mathcal{L}^*/\partial p = -\lambda x^* = -(a/q)(q^2/4a^2p^2) = -q/4ap^2$, $\partial\mathcal{L}^*/\partial q = -\lambda y^* = -(a/q)(m/q - q/4a^2p) =$

$1/4ap - am/q^2$, $\partial\mathcal{L}^*/\partial m = \lambda$ und $\partial\mathcal{L}^*/\partial a = y^* = m/q - q/4a^2p$. Das Envelope-Theorem ist in allen Fällen bestätigt.

Wiederholungsaufgaben für Kap. 18

1. (a) Mit der Lagrange-Funktion $\mathcal{L}(x,y) = 3x + 4y - \lambda(x^2 + y^2 - 225)$ implizieren die Bedingungen erster Ordnung $3 - 2\lambda x = 0$ und $4 - 2\lambda y = 0$, so dass $3y = 4x$. Eingesetzt in die Nebenbedingung ergibt dies $x^2 = 81$, so dass $x = \pm 9$. Die zwei Lösungen aller Bedingungen erster Ordnung sind $(x, y, \lambda) = \pm(9, 12, 1/6)$. Nun ist die Lagrange-Funktion konkav oder konvex ist, je nachdem ob $\lambda \geq 0$ oder $\lambda \leq 0$. Somit ist nach Theorem 18.5.1 $(x, y) = (9, 12$ eine Maximumstelle und $(x, y) = (-9, -12)$ eine Minimumstelle. (b) Unter Verwendung von (18.2.3) ist $f^*(225 - 1) - f^*(225) \approx \lambda(-1) = -1/6$.

2. (a) $x = 2m/5p$, $y = 3m/5q$ (b) $x = m/3p$, $y = 2m/3q$
(c) $x = 3m/5p$, $y = 2m/5q$

3. (a) $\pi = xp(x) + yq(y) - C(x, y)$. Bedingungen erster Ordnung:
(i) $p(x^*) = C_1'(x^*, y^*) - x^*p'(x^*)$ und (ii) $q(y^*) = C_2'(x^*, y^*) - y^*q'(y^*)$.
► Siehe MyLab für die ökonomischen Interpretationen. (b) Mit $\mathcal{L} = xp(x) + yq(y) - C(x, y) - \lambda(x + y - m)$ sind die Bedingungen erster Ordnung, damit $(\hat{x}, \hat{y})$ das Problem lösen: $\mathcal{L}_1' = p(\hat{x}) + \hat{x}p'(\hat{x}) - C_1'(\hat{x}, \hat{y}) - \lambda = 0$, $\mathcal{L}_2' = q(\hat{y}) + \hat{y}q'(\hat{y}) - C_2'(\hat{x}, \hat{y}) - \lambda = 0$.
► Ausführliche Lösung siehe Lösungshandbuch MyLab.

4. (a) Die Lagrange-Funktion ist $\mathcal{L}(x, y) = U(x, y) - \lambda[py - w(24 - x)]$. Die Bedingungen erster Ordnung implizieren $pU_1' = wU_2' = \lambda wp$, was unmittelbar zu $(**)$ führt. (b) Differenzieren von $(*)$ und $(**)$ nach w ergibt $py_w' = 24 - x - wx_w'$ und $p(U_{11}''x_w' + U_{12}''y_w') = U_2' + w(U_{21}''x_w' + U_{22}''y_w')$. Auflösen der linearen Gleichungen in den zwei Unbekannten x_w' und y_w' ergibt die gegebene Formel für $x_w' = \partial x/\partial w$.

5. (a) $x = -2\sqrt{b}$ und $y = 0$ mit $\lambda = 4 + 2/\sqrt{b}$ löst das Maximierungsproblem. $x = 4/3$, $y = \pm\sqrt{b - 4/9}$ mit $\lambda = 1$ löst das Minimierungsproblem. (b) Für $(x, y, \lambda) = (-2\sqrt{b}, 0, 4 + 2/\sqrt{b})$ ist $f^*(b) = 4b + 4\sqrt{b} + 1$. Somit ist die gegebene Gleichheit leicht zu verifizieren.
► Ausführliche Lösung siehe Lösungshandbuch MyLab.

6. (a) Mit $\mathcal{L}(x, y) = v(x) + w(y) - \lambda(px + qy - m)$ ergeben die Bedingungen erster Ordnung $v'(x) = \lambda p$ und $w'(y) = \lambda q$. Daher ist $v'(x)/w'(y) = p/q$. (b) Da $\mathcal{L}_{xx}'' = v''(x)$, $\mathcal{L}_{yy}'' = w''(y)$ und $\mathcal{L}_{xy}'' = 0$, sehen wir, dass die Lagrange-Funktion konkav ist.

7. (a) Die Bedingungen erster Ordnung implizieren, dass $2x - 2 = 2y - 2$, so dass $x = y$. Durch Einsetzen in die Nebenbedingung und Quadrieren mit anschließendem Vereinfachen erhält man die zweite Gleichung in $(*)$.
(b) $\partial x/\partial a = 1/2x(3x + b)$, $\partial^2 x/\partial a^2 = -\frac{1}{4}(6x + b)[x(3x + b)]^{-3}$ und $\partial x/\partial b = -x/2(3x + b)$.
► Ausführliche Lösung siehe Lösungshandbuch MyLab.

Kapitel 19

19.1

1. (a) Aus Abb. A19.1.1(a) sehen wir, dass die Lösung im Schnittpunkt der beiden Geraden $3x_1 + 2x_2 = 6$ und $x_1 + 4x_2 = 4$ ist. Lösung: max = 36/5 für $(x_1, x_2) = (8/5, 3/5)$. (b) Aus Abb. A19.1.1(b) sehen wir, dass die Lösung im Schnittpunkt der beiden Geraden $u_1 + 3u_2 = 11$ und $2u_1 + 5u_2 = 20$ ist. Lösung: min = 104 für $(u_1, u_2) = (5, 2)$.

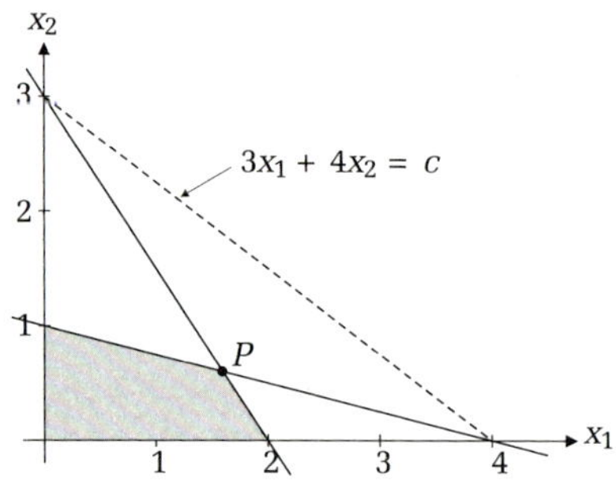

Abbildung A19.1.1(a)

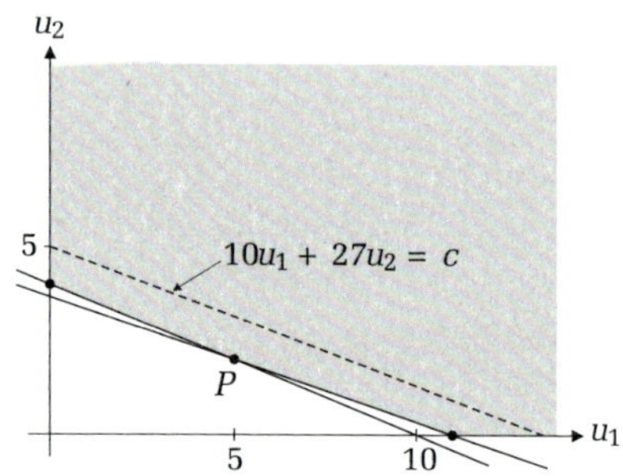

Abbildung A19.1.1(b)

2. (a) Ein Bild zeigt, dass die Lösung im Schnittpunkt der Geraden $-2x_1 + 3x_2 = 6$ und $x_1 + x_2 = 5$ liegt. Daher gilt: max = 98/5 für $(x_1, x_2) = (9/5, 16/5)$.
(b) Die Lösung erfüllt $2x_1 + 3x_2 = 13$ und $x_1 + x_2 = 6$. Daher gilt: max = 49 für $(x_1, x_2) = (5, 1)$. (c) Die Lösung erfüllt $x_1 - 3x_2 = 0$ und $x_1 = 2$. Daher gilt: max = $-10/3$ für $(x_1, x_2) = (2, 2/3)$

3. (a) max = 18/5 für $(x_1, x_2) = (4/5, 18/5)$. (b) max = 8 für $(x_1, x_2) = (8, 0)$.
(c) max = 24 für $(x_1, x_2) = (8, 0)$. (d) min = $-28/5$ für $(x_1, x_2) = (4/5, 18/5)$.
(e) max = 16 für alle $(x_1, x_2) = (\xi, 4 - \frac{1}{2}\xi)$, wobei $\xi \in [4/5, 8]$.
(f) min= -24 für $(x_1, x_2) = (8, 0)$ (folgt aus der Antwort zu (c)).
► Ausführliche Lösung siehe Lösungshandbuch MyLab.

4. (a) Es existiert kein Maximum. Betrachten Sie dazu Abb. A19.1.4. Wenn c beliebig groß wird, bewegt sich die gestrichelte Höhenlinie $x_1 + x_2 = c$ nach Nordosten und hat immer noch den Punkt $(c, 0)$ gemeinsam mit der schattierten zulässigen Menge.
(b) Maximum an der Stelle $P = (1, 0)$. Die Höhenlinien sind dieselben wie in (a), aber die Richtung des Anstiegs ist umgekehrt.

5. Die Steigung der Geraden $20x_1 + tx_2 = c$ muss zwischen $-1/2$ (Steigung der Mehl-Begrenzung) und -1 (Steigung der Butter-Begrenzung) liegen. Für $t = 0$ ist die Gerade vertikal und die Lösung ist der Punkt D in Abb. 19.1.2 im Text. Für $t \neq 0$ ist die Steigung der Geraden $-20/t$. Daher muss gelten $-1 \leq -20/t \leq -1/2$, was $t \in [20, 40]$ impliziert.

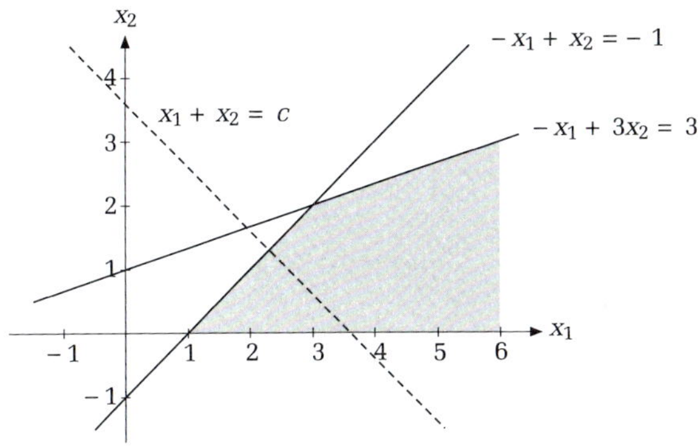

Abbildung A19.1.4

6. Das LP-Problem ist:

$$\max\ 700x + 1000y \ \text{ u.d.N. } \begin{cases} 3x + 5y \leq 3900 \\ x + 3y \leq 2100 \\ 2x + 2y \leq 2200 \end{cases} \quad x \geq 0,\ y \geq 0$$

Ein Bild der zulässigen Menge und eine geeignete Höhenlinie der Zielfunktion zeigen, dass die Lösung im Schnittpunkt der Geraden $3x + 5y = 3900$ und $2x + 2y = 2200$ liegt. Lösen dieser Gleichungen führt zu $x = 800$ und $y = 300$. Das Unternehmen sollte 800 vom Typ A und 300 vom Typ B produzieren.

19.2

1. (a) $(x_1, x_2) = (2, 1/2)$ und $u_1^* = 4/5$ (b) $(x_1, x_2) = (7/5, 9/10)$ und $u_2^* = 3/5$ (c) Nach Multiplikation der beiden $\leq$ Bedingungen mit 4/5 bzw. 3/5 und anschließender Addition erhalten wir $(4/5)(3x_1 + 2x_2) + (3/5)(x_1 + 4x_2) \leq 6 \cdot (4/5) + 4 \cdot (3/5)$, was sich zu $3x_1 + 4x_2 \leq 36/5$ reduziert.
▶ Ausführliche Lösung siehe Lösungshandbuch MyLab.

2. $\min\ 8u_1 + 13u_2 + 6u_3 \ \text{ u.d.N. } \begin{cases} u_1 + 2u_2 + u_3 \geq 8 \\ 2u_1 + 3u_2 + u_3 \geq 9 \end{cases} \quad u_1 \geq 0,\ u_2 \geq 0,\ u_3 \geq 0$

3. (a) $\min\ 6u_1 + 4u_2 \ \text{ u.d.N. } \begin{cases} 3u_1 + u_2 \geq 3 \\ 2u_1 + 4u_2 \geq 4 \end{cases}, \quad u_1 \geq 0,\ u_2 \geq 0$

(b) $\max\ 11x_1 + 20x_2 \ \text{ u.d.N. } \begin{cases} x_1 + 2x_2 \leq 10 \\ 3x_1 + 5x_2 \leq 27 \end{cases}, \quad x_1 \geq 0,\ x_2 \geq 0$

4. (a) Ein Bild zeigt, dass die Lösung im Schnittpunkt der Geraden $x_1 + 2x_2 = 14$ und $2x_1 + x_2 = 13$ liegt. Daher gilt max = 9 für $(x_1^*, x_2^*) = (4, 5)$. (b) Das duale Problem ist $\min\ 14u_1 + 13u_2 \ \text{ u.d.N. } \begin{cases} u_1 + 2u_2 \geq 1 \\ 2u_1 + u_2 \geq 1 \end{cases}, \quad u_1 \geq 0,\ u_2 \geq 0.$
Ein Bild zeigt, dass die Lösung im Schnittpunkt der Geraden $u_1 + 2u_2 = 1$ und $2u_1 + u_2 = 1$ liegt. Daher gilt: min = 9 für $(u_1^*, u_2^*) = (1/3, 1/3)$.

19.3

1. (a) $x = 0$ und $y = 3$ ergibt max $= 21$. Siehe Abb. A19.3.1(a), wo das Optimum in P ist.

(b) Duales Problem: $\min\ 20u_1 + 21u_2$ u.d.N. $\begin{cases} 4u_1 + 3u_2 \geq 2 \\ 5u_1 + 7u_2 \geq 7 \end{cases}$, $u_1 \geq 0,\ u_2 \geq 0.$

Es hat die Lösung $u_1 = 0$ und $u_2 = 1$ mit min $= 21$. Siehe Abb. A19.3.1(b).
(c) Ja. Beide Werte sind 21.

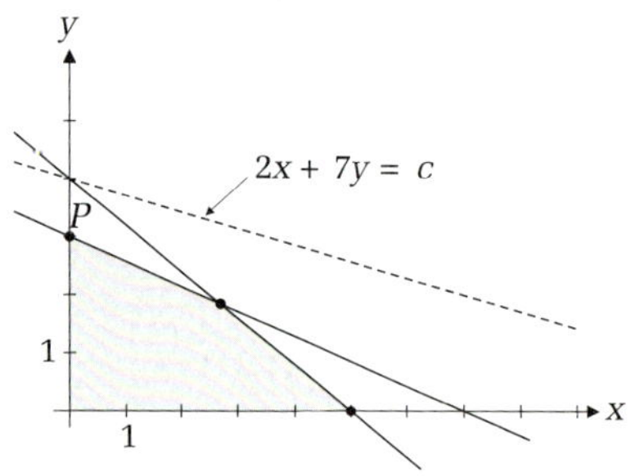

Abbildung A19.3.1(a)

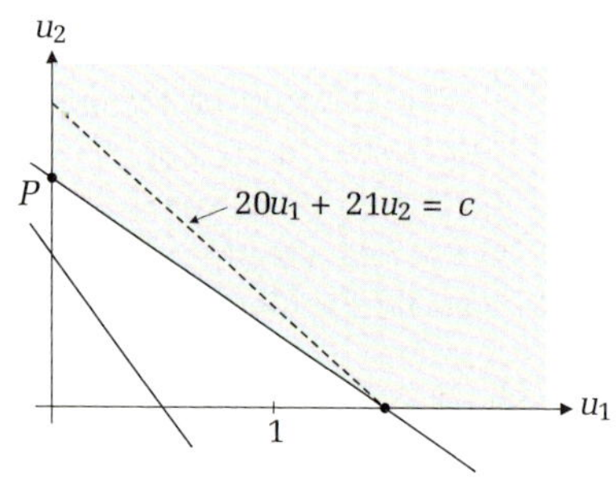

Abbildung A19.3.1(b)

► Ausführliche Lösung siehe Lösungshandbuch MyLab.

2. $\max\ 300x_1 + 500x_2$ u.d.N. $\begin{cases} 10x_1 + 25x_2 \leq 10\,000 \\ 20x_1 + 25x_2 \leq 8\,000 \end{cases}$, $x_1 \geq 0,\ x_2 \geq 0.$
Die Lösung kann grafisch gefunden werden. Sie ist $x_1^* = 0$, $x_2^* = 320$ und der Maximalwert der Zielfunktion ist 160 000, derselbe Wert, der in Beispiel 19.1.2 für das primäre Problem gefunden wurde.

3. (a) Der Gewinn aus dem Verkauf von x_1 kleinen und x_2 mittleren Fernsehgeräten ist $400x_1 + 500x_2$. Die erste Nebenbedingung $2x_1 + x_2 \leq 16$ besagt, dass wir nicht mehr Stunden im Bereich 1 verwenden können als Stunden verfügbar sind. Die anderen Nebenbedingungen haben ähnliche Interpretationen. (b) max $= 3800$ für $x_1 = 7$ und $x_2 = 2$. (c) In Bereich 1 sollte die Kapazität vergrößert werden.
► Ausführliche Lösung siehe Lösungshandbuch MyLab.

19.4

1. Nach Formel (19.4.1) ist: $\Delta z^* = u_1^*\,\Delta b_1 + u_2^*\,\Delta b_2 = 0 \cdot 0.1 + 1 \cdot (-0.2) = -0.2.$

2. (a) $\max\ 300x_1 + 200x_2$ u.d.N. $\begin{cases} 6x_1 + 3x_2 \leq 54 \\ 4x_1 + 6x_2 \leq 48 \\ 5x_1 + 5x_2 \leq 50 \end{cases}$, $x_1 \geq 0,\ x_2 \geq 0$
Dabei sind x_1 und x_2 die Anzahlen der von A bzw. B produzierten Einheiten. Lösung: $(x_1, x_2) = (8, 2)$. (b) Duale Lösung: $(u_1, u_2, u_3) = (100/3, 0, 20)$.
(c) Zuwachs des optimalen Gewinns: $\Delta\pi^* = u_1^* \cdot 2 + u_3^* \cdot 1 = 260/3$.
► Ausführliche Lösung siehe Lösungshandbuch MyLab.

19.5

1. $4u_1^* + 3u_2^* = 3 > 2$ und $x^* = 0$; $5u_1^* + 7u_2^* = 7$ und $y^* = 3 > 0$. Es ist auch $4x^* + 5y^* = 15 < 20$ und $u_1^* = 0$; $3x^* + 7y^* = 21$ und $u_2^* = 1 > 0$. Somit sehen wir, dass (19.5.1) und (19.5.2) erfüllt sind.

2. (a) Siehe Abb. A19.5.2. Das Minimum wird angenommen an der Stelle $(y_1^*, y_2^*) = (3, 2)$. (b) Das duale Problem ist:

$$\max 15x_1 + 5x_2 - 5x_3 - 20x_4 \text{ u.d.N. } \begin{cases} x_1 + x_2 - x_3 + x_4 \leq 1 \\ 6x_1 + x_2 + x_3 - 2x_4 \leq 2 \end{cases}, \quad \begin{array}{l} x_j \geq 0, \\ j = 1, \ldots, 4. \end{array}$$

Das Maximum ist an der Stelle $(x_1^*, x_2^*, x_3^*, x_4^*) = (1/5, 4/5, 0, 0)$. (c) Wenn die erste Bedingung geändert wird in $y_1 + 6y_2 \geq 15.1$, ist die Lösung des primären Problems immer noch im Schnittpunkt der Geraden (1) und (2) in Abb. A19.5.2, wobei jedoch (1) leicht nach oben verschoben ist. Die Lösung des dualen Problems bleibt unverändert. In beiden Problemen steigt der Optimalwert um $(15.1 - 15) \cdot x_1^* = 0.02$.

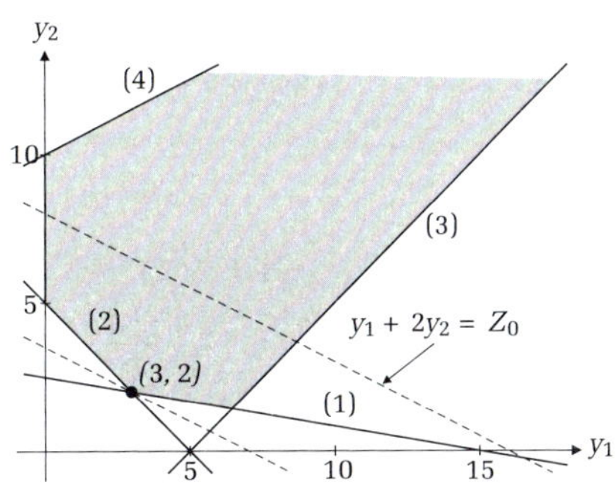

Abbildung A19.5.2

3. (a) $\min\ 10\,000\,y_1 + 8\,000\,y_2 + 11\,000\,y_3 \quad \text{u.d.N.} \begin{cases} 10y_1 + 20y_2 + 20y_3 \geq 300 \\ 20y_1 + 10y_2 + 20y_3 \geq 500 \end{cases},$

$y_1 \geq 0,\ y_2 \geq 0,\ y_3 \geq 0$

(b) Das duale Problem ist: $\max\ 300x_1 + 500x_2 \ \text{u.d.N.} \begin{cases} 10x_1 + 20x_2 \leq 10\,000 \\ 20x_1 + 10x_2 \leq 8\,000 \\ 20x_1 + 20x_2 \leq 11\,000 \end{cases},$

$x_1 \geq 0,\ x_2 \geq 0$

Lösung des dualen Problems: max $= 255\,000$ für $x_1 = 100$ und $x_2 = 450$.
Lösung des primären Problems: min $= 255\,000$ für $(y_1, y_2, y_3) = (20, 0, 5)$.
(c) Die Minimalkosten werden um 2000 steigen.
► Ausführliche Lösung siehe Lösungshandbuch MyLab.

4. (a) Für $x_3 = 0$ ist die Lösung $x_1 = x_2 = 1/3$. Für $x_3 = 3$ ist die Lösung $x_1 = 1$ und $x_2 = 2$. (b) Es bezeichne $z_{\max}$ den Maximalwert der Zielfunktion. Falls $0 \leq x_3 \leq 7/3$, ist $z_{\max}(x_3) = 2x_3 + 5/3$ für $x_1 = 1/3$ und $x_2 = x_3 + 1/3$. Falls $7/3 < x_3 \leq 5$, ist $z_{\max}(x_3) = x_3 + 4$ für $x_1 = x_3 - 2$ und $x_2 = 5 - x_3$. Falls $x_3 > 5$, ist $z_{\max}(x_3) = 9$ für $x_1 = 3$ und $x_2 = 0$. Da $z_{\max}(x_3)$ monoton wachsend ist, ist das Maximum 9 für $x_3 \geq 5$. (c) Die Lösung des ursprünglichen Problems ist $x_1 = 3$ und $x_2 = 0$, wobei x_3 eine beliebige Zahl ≥ 5.

19.6

1. Wir führen die Schlupfvariablen y_1 und y_2 und erhalten:

$$\begin{aligned} A_1 : y_1 + 3x_1 + 2x_2 &= 6 \\ B_1 : y_2 + x_1 + 4x_2 &= 4 \end{aligned} \qquad x_1, x_2, y_1, y_2 \geq 0 \tag{1}$$

Beginnen Sie mit

$$x_1 = 0\,, \quad x_2 = 0\,, \quad y_1 = 6\,, \quad y_2 = 4\,, \quad \text{woraus folgt} \quad z = 3x_1 + 4x_2 = 0$$

Wir entscheiden uns, x_2 zu erhöhen. Setzen Sie $x_1 = 0$. Für $y_1 = 0$ folgt aus A_1, dass $x_2 = 3$. Für $y_2 = 0$ folgt aus A_2, dass $x_2 = 1$. Wir setzen deshalb $y_2 = 0$ und $x_2 = 1$. Aus A_1 folgt $y_1 = 4$, so dass die nächste Iteration die folgende ist:

$$x_1 = 0\,, \quad x_2 = 1\,, \quad y_1 = 4\,, \quad y_2 = 0\,, \quad \text{woraus folgt} \quad z = 4$$

Mit Hilfe von (1) drücken wir jetzt x_2 und y_1 durch x_1 und y_2 aus:

$$\begin{aligned} A_2 &: x_2 = 1 - \tfrac{1}{4}x_1 - \tfrac{1}{4}y_2 \\ B_2 &: y_1 = 4 - \tfrac{5}{2}x_1 + \tfrac{1}{2}y_2 \end{aligned} \tag{2}$$

Dies ergibt $z = 3x_1 + 4x_2 = 3x_1 + 4 - x_1 - y_2 = 4 + 2x_1 - y_2$.
Wir erhöhen x_1 und setzen $y_2 = 0$. Wegen A_2 können wir x_1 bis 4 erhöhen. Wegen B_2 können wir x_1 bis 8/5 erhöhen. Deshalb setzen wir $x_1 = 8/5$ und $y_2 = 0$. Dann folgt aus A_2, dass $x_2 = 3/5$, sso dass wir jetzt folgendes erhalten:

$$x_1 = 8/5\,, \quad x_2 = 3/5\,, \quad y_1 = 0\,, \quad y_2 = 0\,, \quad \text{woraus folgt} \quad z = 36/5$$

Schließlich drücken wir die Variablen x_1, x_2 und z durch y_1 und y_2 aus:

$$\begin{aligned} x_1 &= \tfrac{8}{5} - \tfrac{2}{5}y_1 + \tfrac{1}{5}y_2 \\ x_2 &= \tfrac{3}{5} + \tfrac{1}{10}y_1 - \tfrac{3}{10}y_2 \\ z &= \tfrac{36}{5} - \tfrac{4}{5}y_1 - \tfrac{3}{5}y_2 \end{aligned}$$

Daran sehen wir, dass die Lösung $x_1 = 8/5$, $x_2 = 3/5$ mit $z_{\max} = 36/5$ ist.

2. (a) $z_{\max} = 18$ für $x_1 = 3$, $x_2 = 0$ (b) $z_{\max} = 32/3$ für $x_1 = 4/3$, $x_2 = 10/3$

19.7

1. (a) Wir verwenden die Simplexmethode und erhalten:

$$\begin{pmatrix} 1 & 0 & 0 & -1 & -1 & -3 & 0 \\ 0 & 1 & 0 & 2 & 1 & \boxed{2} & 2 \\ 0 & 0 & 1 & 4 & 2 & 1 & 2 \end{pmatrix} \quad 1/2 \;\; 3 \;\; -1$$

$$\begin{pmatrix} 1 & 3/2 & 0 & 2 & 1/2 & 0 & 3 \\ 0 & 1/2 & 0 & 1 & 1/2 & 1 & 1 \\ 0 & -1/2 & 1 & 3 & 3/2 & 0 & 1 \end{pmatrix}$$

Wir sehen daran, dass die Lösung $x_1 = 0$, $x_2 = 0$, $x_3 = 1$ mit $z = 3$ ist.
(b) Zeichnen Sie sich Ihre eigene Abbildung.

2. $z_{\max} = 27/5$ für $x_1 = 1/5$, $x_2 = 0$, $x_3 = 8/5$

19.8

1. (a) Die Simplexmethode ergibt:

$$\begin{pmatrix} 1 & 0 & 0 & 0 & -2 & -5 & 0 \\ 0 & 1 & 0 & 0 & 1 & 0 & 4 \\ 0 & 0 & 1 & 0 & 1 & 2 & 8 \\ 0 & 0 & 0 & 1 & 0 & \boxed{1} & 3 \end{pmatrix} \quad -2 \;\; 5$$

$$\begin{pmatrix} 1 & 0 & 0 & 5 & -2 & 0 & 15 \\ 0 & 1 & 0 & 0 & 1 & 0 & 4 \\ 0 & 0 & 1 & -2 & \boxed{1} & 0 & 2 \\ 0 & 0 & 0 & 1 & 0 & 1 & 3 \end{pmatrix} \quad -1 \;\; 2$$

$$\begin{pmatrix} 1 & 0 & 2 & 1 & 0 & 0 & 19 \\ 0 & 1 & -1 & 2 & 0 & 0 & 2 \\ 0 & 0 & 1 & -2 & 1 & 0 & 2 \\ 0 & 0 & 0 & 1 & 0 & 1 & 3 \end{pmatrix}$$

Wir erkennen die Lösung $x_1 = 2$, $x_2 = 3$ mit $z_{\max} = 19$.
(b) Zum Schluss ergibt sich die Matrix:

$$\begin{pmatrix} 1 & 2/13 & 5/13 & 3/13 & 0 & 0 & 37/13 \\ 0 & 2/13 & -3/26 & -10/13 & 0 & 1 & 9/26 \\ 0 & -1/13 & 4/13 & 31/13 & 1 & 0 & 14/13 \end{pmatrix}$$

Wir erkennen die Lösung $x_1 = 0$, $x_2 = 14/13$, $x_3 = 9/26$ mit $z_{\max} = 37/13$.

2. $z_{\max} = 13/2$ für $x_1 = 1$, $x_2 = 1$, $x_3 = 1/2$, $x_4 = 0$.

3. Die abschließende Matrix ist $\begin{pmatrix} 1 & 1 & 0 & 0 & -3 & 1 \\ 0 & 1 & 0 & 1 & -2 & 1 \\ 0 & 2 & 1 & 0 & -3 & 3 \end{pmatrix}$. Schlussfolgerung: Die Zielfunktion kann so groß wie möglich werden, da eine Spalte nur negative Elemente enthält. (Siehe (19.8.9).)

4. (a) Nein, es kann passieren, dass der Ressourcenverbrauch zu hoch ist.
(b) $x_5 = 0$. (Die Wertschöpfung durch Aktivität Nr. 5 ist geringer und der Verbrauch der drei Ressourcen ist höher als mit Aktivität Nr. 4.)

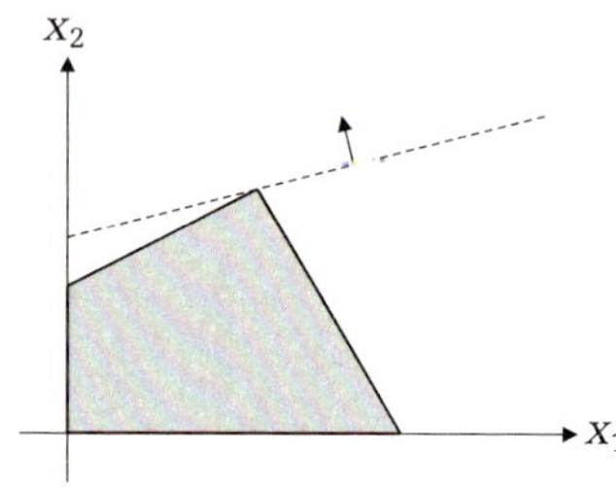

Abbildung A19.8.5

5. (a) x_1 muss nicht notwendigerweise 0 sein im Optimum. Das zeigt das Beispiel in Abb. A19.8.5, da die Zielfunktion von der Gestalt $c_1x_1 + c_2x_2$ mit negativem c_1 ist. (b) Das Problem hat mehrere Lösungen, falls es mindestens eine weitere 0 unter den Indikatoren gibt.

6. $z_{\max} = 15/2$ für $x_1 = 0$, $x_2 = 3/2$, $x_3 = 3$, $x_4 = 1/2$

7. min $67x_1 + 120x_2 + 100x_3 + 60x_4 + 97x_5 + 124x_6 + 22x_7 + 62x_8$,

$$\text{wenn} \begin{cases} 8x_1 + 25x_2 + 30x_3 + 22x_4 + 3x_5 + 8x_6 + 6x_7 \geq 75 \\ x_1 + 35x_2 + 8x_3 + x_4 + 33x_6 + 13x_7 + 98x_8 \geq 90 \\ 54x_1 + 42x_5 + 4x_6 + 63x_7 \geq 300 \end{cases}$$

Dabei sind $x_1, \ldots, x_8$ alle ≥ 0.

19.9

1. (a) min $2u_1 + 2u_2$, wenn $\begin{cases} 2u_1 + 4u_2 \geq 1 \\ u_1 + 2u_2 \geq 1 \\ 2u_1 + u_2 \geq 3 \end{cases}$ $u_1 \geq 0,\ u_2 \geq 0$

Die Lösung ist $z_{\min} = 3$ für $u_1 = 3/2$, $u_2 = 0$
(b) $z_{\max} = 3$ für $x_1 = x_2 = 0$, $x_3 = 1$

2. (a) x_1 = Anzahl Rollen, geschnitten in 60 cm und in 45 cm
x_2 = Anzahl Rollen, geschnitten in 60 cm und in 39 cm
x_3 = Anzahl Rollen, geschnitten in 45 cm und in 45 cm
x_4 = Anzahl Rollen, geschnitten in 45 cm und in 39 cm
x_5 = Anzahl Rollen, geschnitten in 39 cm und in 39 cm
(b) Minimum = 24 für (z. B.) $(x_1, x_2, x_3, x_4, x_5) = (0, 12, 4, 8, 0)$

3. Billigste Tagesration (einseitige, aber billige Kost): 155.36 g Fisch ($x_4 = 1.553571$), 680.36 g Schwarzbrot ($x_7 = 6.803571$). Kosten: Kr. 2.43 (242.89 Öre). (Die dualen Preise sind $u_1 = 2.707143$, $u_2 = 0.442857$, $u_3 = 0$.)

19.10

1. (a) (i) $\Delta z = 15\,000$, $\Delta x_1 = -\frac{1}{2} \cdot 100 = -50$, $\Delta x_2 = \frac{1}{2} \cdot 100 = 50$. (Beachten Sie, dass $\Delta z = 700\Delta x_1 + 1000\Delta x_2$.) (ii) $\Delta z = 0$, $\Delta x_1 = \Delta x_2 = 0$
(iii) $\Delta z = 12500$, $\Delta x_1 = \frac{5}{4} \cdot 100 = 125$, $\Delta x_2 = -\frac{3}{4} \cdot 100 = -75$, ($\Delta z = 700\Delta x_1 + 1000\Delta x_2$ wie oben)
(b) (i) $\Delta z = 800 \cdot 10 = 8000$ (ii) $\Delta z = 300 \cdot 10 = 3000$

2. Die abschließende Matrix ist

$$\begin{pmatrix} 1 & 100 & 0 & 200 & 0 & 0 & 3800 \\ 0 & 2/3 & 1 & -7/3 & 0 & 0 & 1 \\ 0 & -1/3 & 0 & 2/3 & 0 & 1 & 2 \\ 0 & 2/3 & 0 & -1/3 & 1 & 0 & 7 \end{pmatrix}$$
$$\begin{matrix} z & y_1 & y_2 & y_3 & x_1 & x_2 & \text{konst.} \end{matrix}$$

(a) (i) $\Delta z = 25$, $\Delta x_1 = 1/6$, $\Delta x_2 = -1/12$ (ii) $\Delta z = 0$, $\Delta x_1 = \Delta x_2 = 0$
(iii) $\Delta z = 50$, $\Delta x_1 = -1/12$, $\Delta x_2 = 1/6$
(b) (i) $\Delta z = 7 \cdot 10 = 70$ (ii) $\Delta z = 2 \cdot 10 = 20$

Wiederholungsaufgaben für Kap. 19

1. (a) $x^* = 3/2$, $y^* = 5/2$. (Ein Bild zeigt, dass die Lösung im Schnittpunkt der Geraden $x + y = 4$ und $-x + y = 1$ liegt.) (b) Das duale Problem ist

$$\min\ 4u_1 + u_2 + 3u_3 \quad \text{u.d.N.} \quad \begin{cases} u_1 - u_2 + 2u_3 \geq 1 \\ u_1 + u_2 - u_3 \geq 2 \end{cases} \quad u_1 \geq 0,\ u_2 \geq 0,\ u_3 \geq 0$$

Unter Verwendung der komplementären Schlupfbedingung ist die Lösung des dualen Problems: $u_1^* = 3/2$, $u_2^* = 1/2$ und $u_3^* = 0$.

2. (a) $$\max\ -x_1 + x_2 \quad \text{u.d.N.} \quad \begin{cases} -x_1 + 2x_2 \leq 16 \\ x_1 - 2x_2 \leq 6 \\ -2x_1 - x_2 \leq -8 \\ -4x_1 - 5x_2 \leq -15 \end{cases} \quad x_1 \geq 0,\ x_2 \geq 0.$$

Maximum 8 an der Stelle $(x_1, x_2) = (0, 8)$. (b) $(y_1, y_2, y_3, y_4) = (\frac{1}{2}(b+1), 0, b, 0)$ für jedes b mit $0 \leq b \leq 1/5$. (c) Die zu maximierende Funktion des dualen Problems wird $kx_1 + x_2$. Die Lösung verändert sich nicht, vorausgesetzt dass $k \leq -1/2$.
► Ausführliche Lösung siehe Lösungshandbuch MyLab.

3. (a) $x^* = 0$, $y^* = 4$. (Ein Bild zeigt, dass die Lösung im Schnittpunkt von $x = 0$ und $4x + y = 4$ liegt.) (b) Das duale Problem ist:

$$\max\ 4u_1 + 3u_2 + 2u_3 - 2u_4 \quad \text{u.d.N.} \quad \begin{cases} 4u_1 + 2u_2 + 3u_3 - u_4 \leq 5 \\ u_1 + u_2 + 2u_3 + 2u_4 \leq 1 \end{cases} \quad u_1, u_2, u_3, u_4 \geq 0$$

Wegen des komplementären Schlupfes ist die Lösung: $u_1^* = 1$, $u_2^* = u_3^* = u_4^* = 0$.

4. (a) Um $\mathbf{a} = (5, 5, 7)$ zu produzieren, setzen Sie $\lambda = 1/2$. Um $\mathbf{b} = (7, 5, 5)$ zu produzieren, müsste $6\lambda + 2 = 7$, $-2\lambda + 6 = 5$ und $-6\lambda + 10 = 5$ gelten. Aber diese Gleichungen haben keine Lösung.

(b) In (a) haben wir gesehen, dass **a** produziert werden kann, ohne dass Output weggeworfen werden muss. Damit **b** möglich ist, wenn es dem Unternehmen erlaubt ist, Output wegzuwerfen, müsste ein Skalar λ in $[0, 1]$ existieren, so dass $6\lambda + 2 \geq 7$, $-2\lambda + 6 \geq 5$ und $-6\lambda + 10 \geq 5$. Diese Ungleichungen reduzieren sich auf $\lambda \geq 5/6$, $\lambda \leq 1/2$, $\lambda \leq 5/6$, die unvereinbar sind.

(c) Die Einnahmen sind $R(\lambda) = p_1x_1 + p_2x_2 + p_3x_3 = (6p_1 - 2p_2 - 6p_3)\lambda + 2p_1 + 6p_2 + 10p_3$, wobei $R'(\lambda)$ gleich der Konstanten $s = 6p_1 - 2p_2 - 6p_3$ ist. Wenn $s > 0$, dann wird $R(\lambda)$ maximiert für $\lambda = 1$; wenn $s < 0$, dann wird es maximiert für $\lambda = 0$. Nur in dem Spezialfall, wenn $s = 0$ können beide Fabriken in Betrieb bleiben.

5. (a) Wenn die Anzahlen der von den drei Gütern produzierten Einheiten x_1, x_2 und x_3 sind, dann ist der Gewinn $6x_1 + 3x_2 + 4x_3$ und die auf den zwei Maschinen benötigte Zeit ist $3x_1 + x_2 + 4x_3$ bzw. $2x_1 + 2x_2 + x_3$. Das LP-Problem ist daher

$$\max\ 6x_1 + 3x_2 + 4x_3 \quad \text{u.d.N.} \begin{cases} 3x_1 + x_2 + 4x_3 \leq b_1 \\ 2x_1 + 2x_2 + x_3 \leq b_2 \end{cases}, \quad x_1,\ x_2,\ x_3 \geq 0$$

(b) Das duale Problem ist offensichtlich so wie gegeben. Optimum an der Stelle $P = (y_1^*, y_2^*) = (3/2, 3/4)$. Siehe MyLab für Details. (c) Mit der Lösung zu (b) und dem komplementären Schlupf ergibt sich $x_3^* = 0$ und $x_1^* = x_2^* = 25$. Siehe MyLab.

(d) Die Lösung des dualen Problems ändert sich nicht, so dass der Optimalwert um $y_1^* db_1 = 3/2$ auf 226.5 steigt, welches gleich dem Anstieg des Optimalwerts im primären Problem sein muss. Siehe MyLab für Details.

(e) Nach Theorem 19.3.3 ist für alle $b_1, b_2 \geq 0$ der Optimalwert $F(b_1, b_2)$ des primären Problems in (a) gleich dem Wert des dualen Problems in (b). Somit ist $F(b_1, b_2) = \min_{(y_1, y_2) \in S} b_1y_1 + b_2y_2 = b_1y_1^* + b_2y_2^*$ der Minimalwert, wenn (y_1, y_2) aus der Menge S von Paaren gewählt wird, die die fünf Bedingungen in (b) erfüllen. Wenn b_1 und b_2 beide mit $\alpha > 0$ multipliziert werden, ist die transformierte Zielfunktion des dualen Problems $\alpha(b_1y_1 + b_2y_2)$. Eine einfache Anwendung von Theorem 17.6.6 impliziert, dass diese Transformation die Minimumstelle (y_1^*, y_2^*) nicht verändert. Daher gilt $F(\alpha b_1, \alpha b_2) = \alpha(b_1y_1^* + b_2y_2^*) = \alpha F(b_1, b_2)$. Dies beweist, dass F homogen ist vom Grad 1. ► Siehe MyLab.

Kapitel 20

20.1

1. (a) Mit $\mathcal{L} = -x^2 - y^2 - \lambda(x - 3y + 10)$ ergeben die Gleichungen (20.1.2) und (20.1.3): (i) $\mathcal{L}'_x = -2x - \lambda = 0$; (ii) $\mathcal{L}'_y = -2y + 3\lambda = 0$; (iii) $\lambda \geq 0$ und $\lambda = 0$, falls $x - 3y < -10$. Nehmen Sie an, dass $\lambda = 0$. Dann wird durch (i) und (ii) impliziert, dass $x = y = 0$, was $x - 3y \leq -10$ widerspricht. Daher ist $\lambda > 0$ und aus (iii) folgt: $x - 3y = -10$. Ferner implizieren (i) und (ii), dass $\lambda = -2x = \frac{2}{3}y$, so dass $y = -3x$. Indem wir dies in $x - 3y = -10$ einsetzen, ergibt sich $x = -1$ und damit $y = 3$. Da die Lagrange-Funktion offensichtlich konkav ist, ist die Lösung $(x, y) = (-1, 3)$. (b) Siehe Abb. A20.1.1. Die Lösung ist derjenige Punkt auf der Geraden $x - 3y = -10$, der am nächsten zum Ursprung liegt.

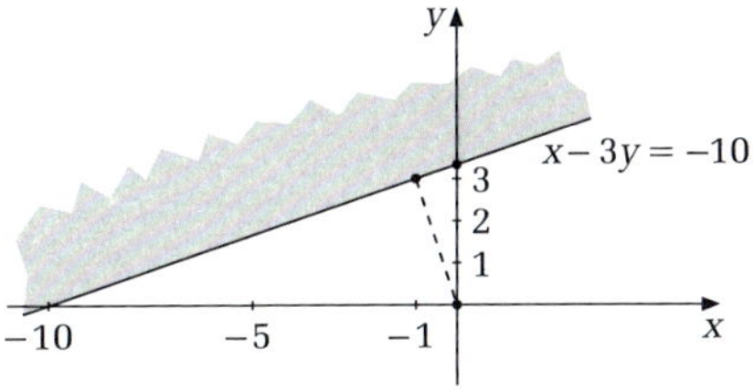

Abbildung A20.1.1

2. (a) Die KKT–Tucker-Bedingungen ergeben (i) $\frac{1}{2\sqrt{x}} - \lambda p = 0$, (ii) $\frac{1}{2\sqrt{y}} - \lambda q = 0$, (iii) $\lambda \geq 0$, und $\lambda = 0$, falls $px + qy < m$. Indem wir die Brüche in (i) und (ii) beseitigen, ergibt sich $1 = 2\lambda p\sqrt{x} = 2\lambda q\sqrt{y}$, woraus wir folgern, dass x, y und λ alle positiv sind und dass $y = p^2x/q^2$. Da $\lambda > 0$, gilt die Budgetgleichung $px + qy = m$, was $x = mq/(pq + p^2)$ impliziert. Der zugehörige Wert für y ist leicht zu finden und die Nachfragefunktionen sind

$$x = x(p, q, m) = \frac{mq}{p(p+q)}, \qquad y = y(p, q, m) = \frac{mp}{q(p+q)}$$

Diese Nachfragefunktionen lösen das Problem, weil $\mathcal{L}(x, y)$ konkav ist, wie man leicht sieht. (b) Es ist leicht zu sehen, dass die Nachfragefunktionen homogen vom Grad 0 sind, wie erwartet.

3. (a) Mit $\mathcal{L} = 4 - \frac{1}{2}x^2 - 4y - \lambda(6x - 4y - a)$ sind die KKT-Bedingungen: (i) $\partial\mathcal{L}/\partial x = -x - 6\lambda = 0$; (ii) $\partial\mathcal{L}/\partial y = -4 + 4\lambda = 0$; (iii) $\lambda \geq 0$ ($\lambda = 0$, falls $6x - 4y < a$). (b) Aus (ii) folgt $\lambda = 1$, so dass wegen (i) $x = -6$. Aus (iii) und der gegebenen Nebenbedingung folgt $y = -9 - \frac{1}{4}a$. Die Lagrange-Funktion ist konkav, so dass wir die Lösung gefunden haben. (c) $V(a) = a + 22$, so dass $V'(a) = 1 = \lambda$.

4. (a) $\mathcal{L}(x, y) = x^2 + 2y^2 - x - \lambda(x^2 + y^2 - 1)$. Die KKT-Bedingungen sind: (i) $2x - 1 - 2\lambda x = 0$; (ii) $4y - 2\lambda y = 0$; (iii) $\lambda \geq 0$ mit $\lambda = 0$, falls $x^2 + y^2 < 1$. (b) Aus (ii) folgt $y(2 - \lambda) = 0$, so dass entweder (I) $y = 0$ oder (II) $\lambda = 2$. (I) $y = 0$. Erstens: Falls $\lambda = 0$, folgt aus (i) $x = 1/2$ und $(x, y) = (1/2, 0)$ ist ein

Kandidat für das Optimum (da es alle KKT-Bedingungen erfüllt).
Zweitens: Falls $y = 0$ und $\lambda > 0$, folgt aus (iii) und $x^2 + y^2 \leq 1$, dass $x^2 + y^2 = 1$. Aber dann ist $x = \pm 1$, so dass $(x, y) = (\pm 1, 0)$ Kandidaten sind mit $\lambda = 1/2$ bzw. $3/2$.
(II) $\lambda = 2$. Dann folgt aus (i) $x = -1/2$ und (iii) ergibt $y^2 = 3/4$, so dass $y = \pm\sqrt{3}/2$. Somit sind $(-1/2, \pm\sqrt{3}/2)$ die zwei restlichen Kandidaten mit $\lambda = 2$.
(c) Da f stetig ist und die zuläsige Menge abgeschlossen und beschränkt ist, garantiert der Extremwertsatz, dass es ein Maximum gibt. Die Maximumstelle oder -stellen müssen unter den fünf Stellen sein, die die notwendigen Bedingungen erfüllen. Die Berechnung von $x^2 + 2y^2 - x$ in jeder dieser Stellen zeigt, dass der Maximalwert 9/4 ist für $(-1/2, \sqrt{3}/2)$ und für $(-1/2, -\sqrt{3}/2)$.

5. (a) Für $0 < a < 1$ ist die Lösung $x = \sqrt{a}$, $y = 0$ und $\lambda = a^{-1/2} - 1$; für $a \geq 1$, ist es $x = 1$, $y = 0$ und $\lambda = 0$. (b) Da $\lambda \geq 0$ und die Lagrange-Funktion konkav ist, sind dies die entsprechenden Maxima. (c) Für $a \in (0, 1)$ ist $f^*(a) = 2\sqrt{a} - a$ und $\mathrm{d}f^*(a)/\mathrm{d}a = \lambda$. Falls $a \geq 1$, ist $f^*(a) = 1$, so dass $\mathrm{d}f^*(a)/\mathrm{d}a = 0 = \lambda$.
► Ausführliche Lösung siehe Lösungshandbuch MyLab.

6. Mit $\mathcal{L} = aQ - bQ^2 - \alpha Q - \beta Q^2 + \lambda Q$ sind die notwendigen KKT-Bedingungen, damit Q^* das Problem löst, gegeben durch: (i) $\mathrm{d}\mathcal{L}/\mathrm{d}Q = a - \alpha - 2(b + \beta)Q^* + \lambda = 0$; (ii) $\lambda \geq 0$ und $\lambda = 0$, falls $Q^* > 0$. Nach Theorem 20.1.1 sind diese Bedingungen auch hinreichend, da die Lagrange-Funktion konkav ist. Wir erhalten $Q^* = (a - \alpha)/2(b + \beta)$ und $\lambda = 0$, falls $a > \alpha$, während $Q^* = 0$ und $\lambda = \alpha - a$, falls $a \leq \alpha$. (Siehe auch Beispiel 4.6.3.)

20.2

1. (a) Wenn wir die Nebenbedingungen als $g_1(x, y) = x + e^{-x} - y \leq 0$ und $g_2(x, y) = -x \leq 0$ schreiben, ist die Lagrange-Funktion $\mathcal{L} = \frac{1}{2}x - y - \lambda_1(x + e^{-x} - y) - \lambda_2(-x)$. Die KKT-Bedingungen sind dann:
(i) $\frac{1}{2} - \lambda_1(1 - e^{-x}) + \lambda_2 = 0$; (ii) $-1 + \lambda_1 = 0$; (iii) $\lambda_1 \geq 0$ und $\lambda_1 = 0$, falls $x + e^{-x} < y$; (iv) $\lambda_2 \geq 0$ und $\lambda_2 = 0$, falls $x > 0$.
(b) Aus (ii) folgt $\lambda_1 = 1$, so dass aus (iii) folgt $x + e^{-x} = y$. Entweder ist $x = 0$ oder $x > 0$. Wenn $x > 0$, dann impliziert (iv), dass $\lambda_2 = 0$. Dann impliziert (i), dass $\frac{1}{2} - (1 - e^{-x}) = 0$ oder $e^{-x} = \frac{1}{2}$. Daher ist $x = \ln 2$ und somit $y = x + e^{-x} = \ln 2 + \frac{1}{2}$. Wenn $x = 0$, dann impliziert (i), dass $\lambda_2 = -\frac{1}{2}$ und dies widerspricht $\lambda_2 \geq 0$.
Wir schließen, dass $(x, y) = (\ln 2, \ln 2 + \frac{1}{2})$ die einzige Stelle ist, die die KKT-Bedingungen mit $(\lambda_1, \lambda_2) = (1, 0)$ erfüllt. (Wenn man die zulässige Menge skizziert und die Höhenlinien $\frac{1}{2}x - y = c$ studiert, ist es leicht zu sehen, dass die Stelle, die wir gefunden haben, das Problem löst.)

2. Wenn $m \leq p\bar{x}/\alpha$, dann ist $x^* = m\alpha/p$ und $y^* = (1 - \alpha)m/q$ mit $\lambda = 1/m$ und $\mu = 0$. Wenn $m > p\bar{x}/\alpha$, dann ist $x^* = \bar{x}$ und $y^* = (m - p\bar{x})/q$ mit $\lambda = (1 - \alpha)/(m - p\bar{x})$ und $\mu = (\alpha m - p\bar{x})/\bar{x}(m - p\bar{x})$.
► Ausführliche Lösung siehe Lösungshandbuch MyLab.

3. (a) Die zulässige Menge ist die schattierte Region in Abb. A20.2.3.
(b) Der einzige Lösungskandidat ist $(x, y) = (-1, 5)$ mit geeigneten nichtnegativen Werten der drei Lagrange-Multiplikatoren. ► Ausführliche Lösung siehe Lösungshandbuch MyLab. (c) Da die Lagrange-Funktion konkav ist, wenn die Lagrange-Multiplikatoren nichtnegativ sind, muss die Stelle $(x, y) = (-1, 5)$ das Maximierungsproblem lösen.
► Ausführliche Lösung siehe Lösungshandbuch MyLab.

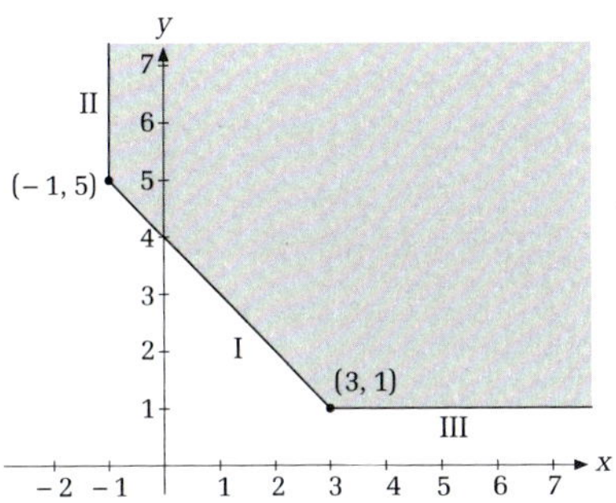

Abbildung A20.2.3

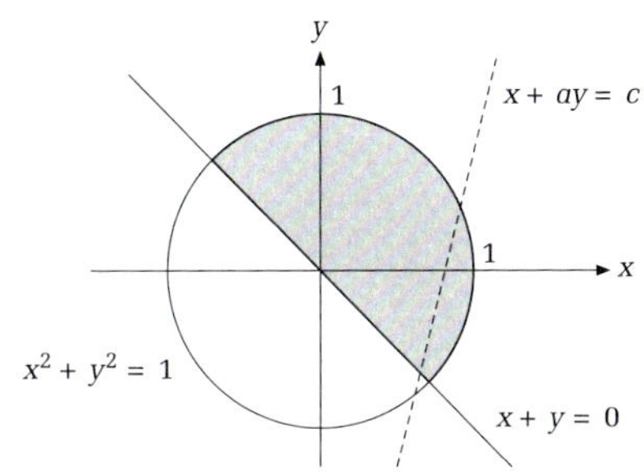

Abbildung A20.2.4

4. (a) Die zulässige Menge und eine der Höhenlinien für $x + ay$ sind in Abb. A20.2.4 gezeigt. Die verlangten notwendigen Bedingungen mit $\mathcal{L} = x + ay - \lambda(x^2 + y^2 - 1) + \mu(x + y)$ sind:
(i) $\mathcal{L}'_x = 1 - 2\lambda x + \mu = 0$; (ii) $\mathcal{L}'_y = a - 2\lambda y + \mu = 0$;
(iii) $\lambda \geq 0$, mit $\lambda = 0$, falls $x^2 + y^2 < 1$;
(iv) $\mu \geq 0$, mit $\mu = 0$, falls $x + y > 0$; (v) $x^2 + y^2 \leq 1$; (vi) $x + y \geq 0$.
(b) Die Lösung ist $(x^*, y^*) = (\frac{1}{2}\sqrt{2}, -\frac{1}{2}\sqrt{2})$, falls $a \leq -1$, aber $(x^*, y^*) = (1/\sqrt{1 + a^2}, a/\sqrt{1 + a^2})$, falls $a > -1$.
► Ausführliche Lösung siehe Lösungshandbuch MyLab.

5. $(x, y) = (4^{-2/3}, 4^{-1/3})$, mit Schattenpreisen $\lambda = 0$, $\mu = 0$ und $\nu = 1/2y = 4^{-1/6}$.
► Ausführliche Lösung siehe Lösungshandbuch MyLab.

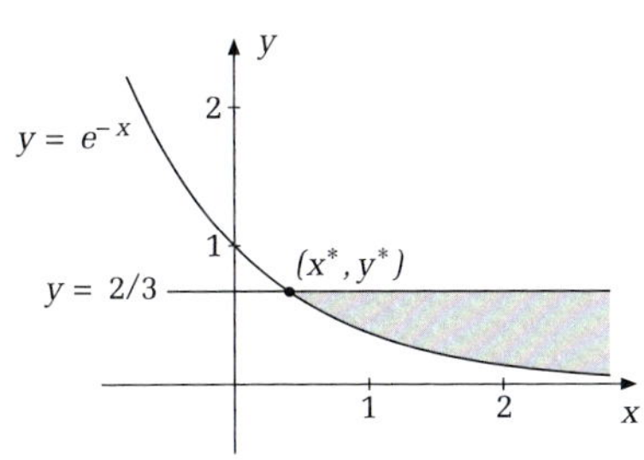

Abbildung A20.2.6

6. (a) Siehe Abb. A20.2.6. (b) Mit $\mathcal{L} = -(x+\frac{1}{2})^2 - \frac{1}{2}y^2 - \lambda(e^{-x} - y) - \mu(y - \frac{2}{3})$ sind die verlangten KKT-Bedingungen:

(i) $\mathcal{L}'_x = -2(x+\frac{1}{2}) + \lambda e^{-x} = 0$; (ii) $\mathcal{L}'_y = -y + \lambda - \mu = 0$; (iii) $\lambda \geq 0$, mit $\lambda = 0$, falls $e^{-x} - y < 0$;

(iv) $\mu \geq 0$, mit $\mu = 0$, falls $y < \frac{2}{3}$; (v) $e^{-x} - y \leq 0$; (vi) $y \leq \frac{2}{3}$.

Die Lösung ist: $(x^*, y^*) = (\ln(3/2), 2/3)$ mit $\lambda = 3[\ln(3/2) + 1/2]$ und $\mu = 3\ln(3/2) + 5/6$.

► Ausführliche Lösung siehe Lösungshandbuch MyLab.

7. (a) Mit $\mathcal{L} = xz + yz - \lambda(x^2 + y^2 + z^2 - 1)$ sind die KKT-Bedingungen:
(i) $z - 2\lambda x = 0$; (ii) $z - 2\lambda y = 0$; (iii) $x + y - 2\lambda z = 0$; (iv) $\lambda \geq 0$ und $\lambda = 0$, falls $x^2 + y^2 + z^2 < 1$.

(b) Falls $\lambda = 0$, dann erfüllt jede Stelle $(x, y, 0)$ mit $x + y = 0$ und $x^2 + y^2 \leq 1$ die KKT-Bedingungen. Aber der Wert von $xz + yz$ in diesen Stellen ist 0 und dies ist offensichtlich nicht der Maximumwert.

Falls $\lambda > 0$ und somit $x^2 + y^2 + z^2 = 1$, implizieren (i) und (ii), dass $x = y = z/2\lambda$. Dann folgt, dass $(z^2/4\lambda^2) + (z^2/4\lambda^2) + z^2 = 1$, so dass $z^2 = 4\lambda^2/(4\lambda^2 + 2)$. Aber dann impliziert (iii), dass $z/\lambda = 2\lambda z$ und somit, weil $z \neq 0$, dass $2\lambda^2 = 1$. Deshalb ist $z^2 = \frac{1}{2}$. Die Stellen, die die KKT-Bedingungen erfüllen, sind $\pm(\frac{1}{2}, \frac{1}{2}, \frac{1}{2}\sqrt{2})$ mit $\lambda = \frac{1}{2}\sqrt{2}$ und $xz + yz = \frac{1}{2}\sqrt{2}$. Der Extremwertsatz garantiert die Existenz einer Maximumstelle, die eine von diesen beiden ist.

20.3

1. (a) Mit $\mathcal{L}(x, y) = x + \ln(1+y) - \lambda(16x + y - 495)$ sind die KKT-Bedingungen für eine Lösung (x^*, y^*) gleich: (i) $\mathcal{L}'_1(x^*, y^*) = 1 - 16\lambda \leq 0\,(= 0,\ \text{falls}\ x^* > 0)$ (ii) $\mathcal{L}'_2(x^*, y^*) = \dfrac{1}{1+y^*} - \lambda \leq 0\,(= 0,\ \text{falls}\ y^* > 0)$ (iii) $\lambda \geq 0$, mit $\lambda = 0$, falls $16x^* + y^* < 495$ (iv) $x^* \geq 0, y^* \geq 0$ (v) $16x^* + y^* \leq 495$.

(b) Beachten Sie, dass die Lagrange-Funktion konkav ist, so dass eine Stelle, die die KKT-Bedingungen erfüllt, eine Maximumstelle ist. Aus (i) folgt $\lambda \geq 1/16 > 0$, so dass (iii) und (v) implizieren, dass (vi) $16x^* + y^* = 495$. Nehmen Sie an, dass $x^* = 0$. Aus (v) folgt dann $y^* = 495$ und aus (ii) $\lambda = 1/496$ im Widerspruch zu $\lambda \geq 1/16$. Daher ist $x^* > 0$ und nach (i) somit $\lambda = 1/16$. Nehmen Sie an, dass $y^* = 0$. Aus (ii) folgt dann $\lambda \geq 1$ im Widerspruch zu $\lambda = 1/16$. Daher ist $y^* > 0$ und nach (ii) somit $y^* = 15$. Und (v) ergibt dann $x^* = 30$. Somit ist die einzige Lösung der KKT-Bedingungen $(x^*, y^*) = (30, 15)$ mit $\lambda = 1/16$.

(c) Der Nutzen wird um ungefähr $\lambda \cdot 5 = 5/16$ steigen. (Tatsächlich ist die neue Lösung $(30\frac{5}{16}, 15)$ und die Nutzensteigerung ist exakt 5/16. Das liegt daran, dass die Nutzenfunktion eine spezielle „quasi-lineare" Form hat.)

2. $(x, y) = (1, 0)$ ist die einzige Stelle, die alle Bedingungen erfüllt, mit Lagrange-Multiplikator $\lambda = 0$.

► Ausführliche Lösung siehe Lösungshandbuch MyLab.

3. Die einzig mögliche Lösung ist $(x_1^*, x_2^*, k^*) = (1/2, 3/4, 3/4)$ mit den Lagrange-Multiplikatoren $\lambda = 0$ und $\mu = 3/2$.

► Ausführliche Lösung siehe Lösungshandbuch MyLab.

Wiederholungsaufgaben für Kap. 20

1. Für $a \geq 5$ ist die Lösung $(x, y) = (2, 1)$ mit $\lambda = 0$. Für $a < 5$ ist es $(x, y) = (2\sqrt{a/5}, \sqrt{a/5})$ mit $\lambda = \sqrt{5/a} - 1$.
▶ Ausführliche Lösung siehe Lösungshandbuch MyLab.

2. (a) Mit $\mathcal{L} = xy - \lambda_1(x^2 + ry^2 - m) - \lambda_2(-x + 1)$ sind die KKT-Bedingungen, damit (x^*, y^*) das Problem lösen: (i) $\mathcal{L}_1' = y^* - 2\lambda_1 x^* + \lambda_2 = 0$; (ii) $\mathcal{L}_2' = x^* - 2r\lambda_1 y^* = 0$; (iii) $\lambda_1 \geq 0$ mit $\lambda_1 = 0$, wenn $(x^*)^2 + r(y^*)^2 < m$;

(iv) $\lambda_2 \geq 0$ mit $\lambda_2 = 0$, wenn $x^* > 1$; (v) $(x^*)^2 + r(y^*)^2 \leq m$; (vi) $x^* \geq 1$.

(b) Für $m \geq 2$ ist die Lösung $x^* = \sqrt{m/2}$ und $y^* = \sqrt{m/2r}$ mit $\lambda_1 = 1/2\sqrt{r}$ und $\lambda_2 = 0$. Für $1 < m < 2$ ist es $x^* = 1$, $y^* = \sqrt{(m-1)/r}$ mit $\lambda_1 = 1/2\sqrt{r(m-1)}$ und $\lambda_2 = (2-m)/\sqrt{r(m-1)}$.
(c) Für $m \geq 2$ ist $V(r, m) = m/2\sqrt{r}$ und für $1 < m < 2$ ist es $\sqrt{(m-1)/r}$. Es ist leicht zu verifizieren, dass $V_m' = \lambda_1 > 0$, wie man erwartet.
▶ Ausführliche Lösung siehe Lösungshandbuch MyLab.
(d) Routineverifikation. ▶ Siehe MyLab.

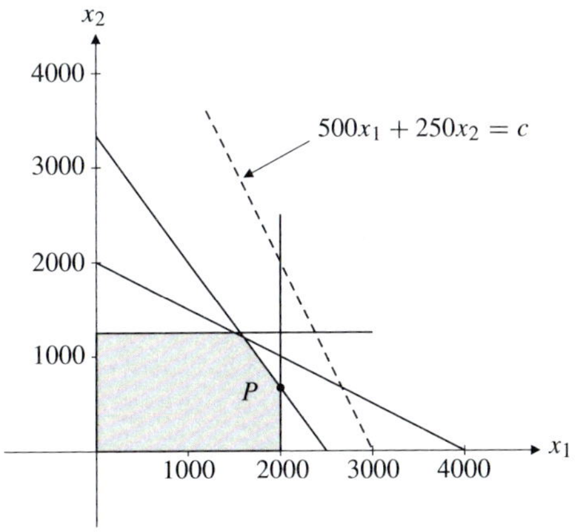

Abbildung A20.W.3

3. (a) Siehe Abb. A20.W.3. Die Lösung ist an der Stelle P, wo $(x_1, x_2) = (2000, 2000/3)$.

(b) Es gibt sechs Paare von komplementären Schlupfbedingungen.
▶ Ausführliche Lösung siehe Lösungshandbuch MyLab.
(c) Die Aufgabe ist, Lagrange-Multiplikatoren λ_i $(i = 1, \ldots 4)$ zu finden, so dass die KKT-Bedingungen noch erfüllt sind an der Stelle $(x_1, x_2) = (2000, 2000/3)$. Dies ist genau dann möglich, wenn $a \leq 1/24$.
▶ Ausführliche Lösung siehe Lösungshandbuch MyLab.

4. Mit der Lagrange-Funktion $\mathcal{L} = R(Q) - C(Q) - \lambda(-Q)$ sind die KKT-Bedingungen, damit Q^* das Problem löst:
(i) $R'(Q^*) - C'(Q^*) + \lambda = 0$; (ii) $\lambda \geq 0$ mit $\lambda = 0$, falls $Q^* > 0$. Diese Bedingungen sind auch hinreichend für Optimalität, da die Lagrange-Funktion konkav

ist in Q. Eine hinreichende (und notwendige) Bedingung, damit $Q^* = 0$ optimal ist, ist $\pi'(0) \leq 0$ oder äquivalent $R'(0) \leq C'(0)$. (Zeichnen Sie ein Bild.)

5. (a) Das Maximierungsproblem ist: $\max(-rK - wL)$ u.d.N. $-\sqrt{KL} \leq -Q$. Mit der Lagrange-Funktion $\mathcal{L} = -rK - wL - \lambda(-\sqrt{KL} + Q)$ sind die KKT-Bedingungen für eine Lösung (K^*, L^*):
(i) $\mathcal{L}'_K = -r + \lambda(\sqrt{L^*}/2\sqrt{K^*}) = 0$; (ii) $\mathcal{L}'_L = -w + \lambda(\sqrt{K^*}/2\sqrt{L^*}) = 0$;
(iii) $\lambda \geq 0$ ($\lambda = 0$, falls $\sqrt{K^*L^*} > Q$).
Offensichtlich würde $\lambda = 0$ den Bedingungen (i) und (ii) widersprechen, so dass $\lambda > 0$ und (iv) $\sqrt{K^*L^*} = Q$. Indem man λ aus (i) und (ii) eliminiert, erhält man $L^* = rK^*/w$. Dann ergibt (iv) $K^* = Q\sqrt{w/r}$ und $L^* = Q\sqrt{r/w}$.
(b) $c^*(r, w, Q) = rK^* + wL^* = 2Q\sqrt{rw}$, so dass $\partial c^*/\partial r = Q\sqrt{w/r} - K^*$. Wenn der Preis des Kapitals r um dr ansteigt, werden die minimalen Kosten um ungefähr K^*dr ansteigen, die optimale Wahl des Kapitalinputs pro Einheit Zuwachs in r. Die Gleichung $\partial c^*/\partial w = Q\sqrt{r/w} = L^*$ hat eine ähnliche Interpretation.

Register

$\varnothing$ 31
$\mapsto$ 221
$\int \cdots \int$ 784
$\iint$ 775
$\iiint$ 784

A

Abbildung 221
abc-Formel 119
Abgeschlossene Menge 688, 819
Abhängige Variable 136
Abhängige Variable 646
Ableitung 228
– der Inversen 297
– der Logarithmusfunktion 275
– des bestimmten Integrals, nach Grenze 440
– dritte 268
– einer Differenz 254
– einer Funktion 231, 250
– einer Konstanten 250
– einer Potenzfunktion 252
– einer Summe 254
– einer verketteten Funktion 262
– eines Produkts 256
– eines Quotienten 258
– erste 267
– höhere Ordnung 268
– höherer Ordnung 267
– linksseitige 332
– Ordnung 269
– partielle 651, 673
– rechtsseitige 332
– totale 707
– von Exponentialfunktionen 273
– zweite 267
Ableitung, *n* Variablen 743
Abschreibung
– lineare 178
– stetige 178
Absolutbetrag 84
Abstand 85
– im Raum 563, 819
  – Formel 563
– in der Ebene 215, 563
  – Formel 215
– zwischen zwei Vektoren 564
Abzählregel
– für Freiheitsgrade 756
Achsenabschnitt 146
Adjunkte 606
Agebra
– Regeln 62
Allgemeine Funktion 220
Allgemeine quadratische Gleichung 116, 218
Änderung des Funktionswertes 240
Änderungsrate 239, 240, 650
– durchschnittliche 240
– einer verketteten Funktion 262
– konstante relative 504
– proportionale 241
– relative 241, 504, 708
  – eines Quotienten 260
Änderungsrate
– momentane 240
Angebot und Nachfrage 154
Angebotsfunktion 448
Annuität 488
– Barwert 489
– nachschüssige 495
– vorschüssige 495
– zukünftiger Wert 489
Approximation
– höherer Ordnung 307
– lineare 300, 741
– polynomiale 306
– quadratische 306
– Taylor- 308

Approximationsfehler 308
Äquivalenz-Pfeil 40
Archimedes 431
Argument, einer Funktion 136
Arithmetisches Mittel 95, 669
Assoziativgesetz der Matrizenmultiplikation 541
Asymptote
– horizontale 329
– vertikale 326
Asypmptote 217
Aussage 39
Ausschöpfungsmethode 431, 441
Äußere Funktion, einer verketteten Funktion 202
Äußerer Punkt 688

B

Barwert 479, 488
– einer Annuität 489
– eines stetigen Einkommensstromes 491
Basislösung 905
– zulässige 905
Bedingung
– erster Ordnung
  – univariater Fall 388
Bedingung erster Ordnung 388
Bedingungen
– erster Ordnung 789
  – bei n Variablen 820
  – bei Optimierung mit Nebenbedingung 837
– zweiter Ordnung
  – für lokale Extrema 802
Bedingungen zweiter Ordnung 821, 822
Bernoulli, J. 50
Bernoullische Ungleichung 50
Beschränkt 820
Beschränkte Menge 815, 819
Beschränktes Intervall 83
Bestimmtes Integral 434
– Ableitung nach Grenze 440
– Eigenschaften 439
Beweis
– durch Induktion 47
Bild eines Elementes bei Funktion 221
Binomialkoeffizient 100
Binomialkoeffizienten 99, 100
Binomische Formel 98
– Beweis 101
Bivariate Rechteckverteilung 778
Bruch 67
– echter 67
– unechter 68
Bruchpotenz 74
Bruchrechnung
– Kürzen 69
– Regeln 68
Budget-Hyperebene 571
Budget-Menge 151, 665, 678

C

Cantor 36
Cauchy-Schwarz-Ungleichung 165, 564
CES-Funktion 347, 728
Charakteristische Gleichung 623
Charakteristischer Vektor 619
Charakteristischer Wert 619
Charakteristisches Polynom 623
Cobb-Douglas-Funktion 347, 647, 660, 668, 864
– Substitutionselastizität 727
Co-Faktor 595
Cramer'sche Regel
– 2 Unbekannte 577
– 3 Unbekannte 583
– n Unbekannte 609

D

Deduktive Schlussweise 45
Definitionsbereich einer Funktion 136, 139, 220, 646, 648, 667
Degeneration 912
Determinante 576
– der Ordnung 2 576
– der Ordnung 3 581
– der Ordnung n 586
– Entwicklung nach Co-Faktoren 581, 595, 598
– geometrische Interpretation 578, 584
– Regeln 590
Dezimalbruch
– endlicher 53
– nichtperiodischer 54
– periodischer 54
– unendlicher 53
Dezimaldarstellung 53

Dezimalnotation 97
Dezimalstelle 97
Dezimalziffern 53
Dichtefunktion 445
Differential 302, 750
– bei n Variablen 754
– Invarianzeigenschaft 303, 753
– Regeln 303, 752
– und partielle Ableitungen 752
Differentialgleichung 504
Differential-Notation 234
Differentiation 250
– der Logarithmusfunktion 275
– eines Produkts 255
– eines Quotienten 258
– implizite 287, 716, 720
  – zweite Ableitung 288
– von Exponentialfunktionen 273
Differenz
– von Funktionen 200
– von Mengen 33
– von Quadraten 63
– zweier Vektoren 533
Differenzengleichung 500
Differenzenquotient 230
Differenzierbar 250
Differenzierbar, stetig 676
Differenzierbare Funktion 250
Differenzierbarkeit 331
Differenzierbarkeit impliziert Stetigkeit 744
Differenzierbarkeit, n Variablen 743
Differenzieren
– implizites 284
– logarithmisches 278
– von Gleichungssystemen 759
Dimension
– einer Matrix 524
– eines Vektors 525
Direkter Beweis 44
Disjunkte Mengen 33
Diskontierungsfaktor 479
Diskontierungsrate 479
Diskrimimierender Monopsonist 809
Diskriminante 119
Diskriminierender Monopolist 806
Distributivgesetze der Matrizenmultiplikation 541
Divergenz
– einer Folge 341
– einer unendlichen Reihe 484
Division durch 0 54
Doppelintegral 775
Doppelsumme 102
Doppelungleichung 80
Dreieck 956
– Winkelsumme 958
Dreiecksungleichung 107, 567
Duales Problem 886
Dualitätstheorie 885, 919
Durchschnitt
– von Mengen 33
Durchschnittlicher Wert 668
Durchschnittskosten 200
Durchschnittskostenbildung 672

E

e (= 2.7182818284590...) 179, 278, 342
Effektive Zinsrate 474
Effektiver Zinssatz 477
Eigenvektor 618
Eigenwert 618
Einheitsmatrix 544
Einheitsvektor 624, 910
Einhüllende 827
Einkommen, mittleres 446
Einkommensdichtefunktion 435, 445
Einkommenselastizität der Nachfrage 697
Einkommensverteilung 444
Eins zu Eins 205, 221
Eins zu Viele 221
Einseitige Stetigkeit 328
Einseitiger Grenzwert 327
Elastizität 313
– allgemeine Definition 315
– als logarithmische Ableitung 316, 698
– der Potenzfunktion 315
– durchschnittliche 314
– partielle 697, 736
– Preiselastizität der Nachfrage 313
– Regeln 316, 318
– Substitutions- 727

Element
– einer Matrix 524
– einer Menge 30
Elementare Zeilenoperationen 554, 557
Eliminationsverfahren 127
Ellipse 217
Ellipsoid 666
Endogene Variable 136, 647, 764
Envelope 827
Envelope-Theorem 419, 825, 826, 869
Erste Ableitung 267
Erwartungswert 159, 778
Erweiterte Koeffizientenmatrix 556
Eudoxos 431
Euklid 53
Euklidischer n-dimensionaler space 562
Euler 179
Eulers Theorem 730, 735
Exogene Variable 136, 647, 758, 764
Exponentialfunktion 176, 270
– Eigenschaften 178, 272
– natürliche 178, 270
Exponentialverteilung 467
– Dichte 462
Exponentiell wachsend oder fallend 176
Exponentielle Abnahme 60
Exponentielles Wachstum 59, 505
Extrema
– globale 413
– Test der ersten Ableitung 390
Extrempunkt
– lokaler 413
Extremstelle 386, 387, 819
– für konkave/konvexe Funktion 391
– Kandidaten 402
– lokale 414, 800
– Typen 402
Extremum 386
Extremwert 387
– lokaler 414
Extremwertsatz 400, 814, 815
– bei n Variablen 820

F

Faktor eines Polynoms 167
Faktorenzerlegung 65, 118, 120, 123
Fakultät 100
Familie
– von Mengen 33
Fläche 665, 671
– unter Graphen 431
Flächen-Funktion 433
Flächeninhalt 431
Folge 341
– divergente 341
– konvergente 341
– unendliche 341
Freie Variable 758
Freiheitsgrade 755
– Abzählregel 756
– eines linearen Gleichungssystems 556
Führender Eintrag 554
Führender Hauptminor 636
Fundamentalsatz der Algebra 168
Funktion 134
– abhängige Variable 646
– Ableitung 231
– allgemeine 220
  – inverse 222
– Argumente 646
– Differenz 200
– differenzierbare 250
– einer reellen Variablen 136
– Elastizität 315
– gerade 203
– homogene 648
– homothetische 734, 738
– implizit definierte 284
– inverse 204, 205, 222, 297
  – Ableitung 297
– konkav 794
– konstante 238
– konvex 794
– kubische 165
– lineare 146
– log-lineare 668
– monoton fallende 140, 237
– monoton wachsende 140, 237, 405
– nichtfallend 140
– Potenz- 174
– Produkt 201
– quadratische 157
– quartische 167
– Quotient 201
– rationale 171

  - echte 172
  - unechte 172
- stetige 318, 670
- strikt (streng) monoton fallende 140
- strikt (streng) monoton wachsende 140
- Summe 200
- symmetrische 203
- umkehrbar eindeutige 205, 221
- unabhängige Variable 646
- ungerade 203
- unstetige 318
- verkettete 202, 706
  - äußere Funktion 202
  - innere Funktion 202
- von zwei Variablen 646
- Ziel 220
- Zielraum 221

G

Ganze Zahl 52
Gauß-Jordan-Methode 554
Gauß'sche Elimination 552, 591
Gauß'sche Verteilung 466
Gegenableitung 425
Gegenwärtiger diskontierter Wert 479, 491
Gegenwärtiger Nettowert eines Investitionsprojektes 498
Gegenwärtiger Wert 475, 479
Geldillusion 737
Gemeinsame Dichtefunktion 778
Gemeinsame Verteilungsfunktion 778
Gemischte Zahl 68
Geometrische Reihe 481
- endliche, Summenformel 482
- Quotient 482
- unendliche 483
  - Summenformel 483
Geometrischer Vektor 559
Geometrisches Mittel 669
Geordnetes Paar 143
Gerade 146, 568
Gerade Zahl 52
Geradengleichung 568
Gerichtete Strecke 559
Gesamtbarwert 488
Gesamteinkommen 445
Gesetz des exponentiellen Wachstums 504
Gesetz des natürlichen Wachstums 505
Gewinnfunktion 828
Gleichgewicht 155
- -smenge 155
- -spreis 155, 448
- -spunkt 448
Gleichgewichtszustand 502
Gleichung
- allgemeine n-ter Ordnung 168
  - ganzzahlige Lösungen 169
  - Lösungen 168
  - Wurzeln 168
- allgemeine quadratische 218
- einer Ebene 665
- einer Kugel 666
- eines Kreises 216
- Graph 211
- lineare 146
- Lösen 110, 124
- nichtlineare 122
- quadratische
  - allgemeine 116
- strukturelle 764
- unabhängige 756
Gleichungen, System von 129
Gleichungssystem 755
- Differenzieren 759
- Freiheitsgrade 757
- inkonsistentes 757
- reduzierte Form 115
- strukturelle Form 115
Globale Extrema 413
Globale Optimierung 413
Glockenkurve 180
Grad der Homogenität 729
Gradientenvektor 662, 663
Graph
- einer Funktion 139, 143
  - von zwei Variablen 657
- einer Gleichung 211, 665
- Spiegelung 196
- Verschiebung 196
- vertikale Streckung 196
Grenz-
- -erlös 408
- -kosten 241, 408, 872
- -kostenfunktion 424

– -neigung zum Konsum 154, 242
– -nutzen des Einkommens 870
– -produkt der Arbeit 242, 695
– -produkt der Nutzfläche 695
– -produkt des Kapitals 695
– -produktivität der Arbeit 242, 791
– -produktivität des Kapitals 791
Grenzneigung zum Konsum 131
Grenzrate der Substitution 288, 290, 720, 739, 863
Grenzwert 244, 326, 333, 670
– Definition 246
– Eigenschaften 330
– einseitiger 327
– linksseitiger 327
– rechtsseitiger 327
– Regeln 244, 246
– von oben 327
– von unten 327
Grenzwert einer Funktion von *n* Variablen 670
Griechisches Alphabet 958
Grundmenge 34
Grundrechenarten 54

H

Hadamard-Produkt 536
Harmonisches Mittel 669
Hauptdiagonale einer quadratischen Matrix 525
Hauptminor 635
– führender 636
Hesse-Matrix 674
Hinreichende Bedingung 41
– bei Optimierung unter Nebenbedingung 856
– für Extremstellen 794
Hintereinanderschaltung von Funktionen 202
Höhenfläche 671
Höhen-Funktion 433
Höhenlinie 658, 717
– einer homogenen Funktion 732
– zweite Ableitung 721
Höhere Ableitung 267
Homogene Funktion 648
– geometrische Eigenschaften 732
– Höhenlinien 732
– partielle Elastizitäten 736
Homogenes lineares Gleichungssystem 611
Homogenität 729
Homothetische Funktion 734, 738
L'Hôspital, Regeln von 344
– erweiterte Version 346
Hotellings Lemma 828
Hyperbel 217
Hyperebene 570
– Gleichung 571
Hyperfläche 671
Hypothek 493
Hypothekenrückzahlung 493

I

Implikation 40
Implizite Differentiation 287, 716, 720
– zweite Ableitung 288
Implizites Differenzieren 284
Indifferenzkurve 289
Indikator 912
Indirekter Beweis 44
Induktion, mathematische (vollständige) 46
Induktionshypothese 46, 48
Induktionsschritt 47, 48
Induktive Schlussweise 45
Inkonsistentes Gleichungssystem 757
Innere
– einer Menge 688
Innere eines Intervalls 84
Innere Funktion, einer verketteten Funktion 202
Innere, einer Menge 819
Innerer Punkt 84, 297, 388, 688, 788, 819
Inneres Produkt 565
– Regeln 534
– von Vektoren 533
Inputfaktoren 647
Input-Koeffizienten 616
Input-Matrix 616
Integral
– bestimmtes 434
  – Eigenschaften 439
– einer unbeschränkten Funktion 463
– Newton-Leibniz- 441
– Riemann- 441
– unbestimmtes 424

- uneigentliches 461
- unendliche Grenzen 461
Integral, Doppel 775
Integral, multiples 784
Integralzeichen 425
Integrand 425
Integration 424
- durch Substitution 455
- einfache Regeln 427
- partielle 451
Integrationsgrenze
- obere 434
- untere 434
Integrationskonstante 425
Integrationsvariable 425
Integrierbar
- R- 441
- Riemann- 441
Interne Ertragsrate 475, 498
Intervall 83
Intervall, geschlossen 83
Intervall, halboffen 83
Intervall, offen 83
Invarianz des Differentials 753
Inverse
- einer Funktion 204
- einer Matrix 545, 599
  - allgemeine Formel 606
  - Eigenschaften 602
Inverse Funktion 204, 205, 222, 297
- Ableitung 297
- Graph 207
- zweite Ableitung 298
Inverse Matrix, Eigenschaften 602
Investitionsmultiplikator 115
Investitionsprojekt
- gegenwärtiger Nettowert 498
- interne Ertragsrate 498
Irrationale Zahl 53, 54, 343
Isoquante 660, 672

J

Jährliche Zinsrate 472

K

Kahn, R. 154
Kardinalität 36
Kartesisches Koordinatensystem 142
Kartesisches Produkt 683
Karush-Kuhn-Tucker-Methode 930, 931, 938
Kegel 957
Kettenregel 706, 707
- bei *n* Variablen 712
- der Differentiation 262
- für Differentiale 753
kgN (Kleinster gemeinsamer Nenner) 69
KKT-Method 930
KKT-Methode 931, 938
Kleinste-Quadrate-Schätzer 395
Kleinster gemeinsamer Nenner (kgN) 69
Koeffizienten eines linearen Gleichungssystems 528
Koeffizientenmatrix 529, 576
- erweiterte 556
Kommutativ 534
Kompakte Menge 815, 819
Komparative Statik 825, 867
Komplement einer Menge 34
Komplementäre Faktoren 695
Komplementäre Schlupfbedingung 900, 931, 938
Komplementärer Schlupf 899
Komponenten
- eines Vektors 525
Komposition von Funktionen 202
Konkave Funktion 355, 358, 683, 685, 689, 690, 692, 794
- Extremstelle 391
Konkave Programmierung 939
Konkave Programmierung, hinreichende Bedingungen 940
Konsistentes lineares Gleichungssystem 528
Konstante Funktion 238
Konstante Skalenerträge 736
Konsumentenrente 448
Konsumfunktion 154
Kontraposition 41
Konus 734
Konvergenz
- einer Folge 341
- einer unendlichen Reihe 483
Konvexe Function 355
Konvexe Funktion 359, 683, 685, 689, 690, 692, 794
- Extremstelle 391
Konvexe Kombination 681

Konvexe Menge 678, 681
Konvexe Programmierung 940, 941
Koordinaten 143
– eines Vektors 525
Koordinatenachse 561
Koordinatenebene 562
Korrelation 566
– negative 566
– positive 566
– vollständige 566
Korrelationskoeffizient 566
Kovarianz 395, 566
Kreis 211, 212, 216, 956
– Gleichung 216
– Mittelpunkt 216
– Radius 216
Kreiseln 914
Kritische Stelle 388, 789, 800
– bei *n* Variablen 819
Kritische Stellen
– drei Kategorien 801
Kubische Funktion 165
Kubische Identitäten 67
Kugel 666, 957
– Gleichung 666
– Mittelpunkt 666
– offene 819
– Radius 666
Kuhn, H.W. 930
Kuhn-Tucker-Methode 930, 931
Kumulative Verteilungsfunktion 445

L

Laffer-Kurve 135
Lagrange 837, 864
Lagrange-Form des Restgliedes 310
Lagrange-Funktion 837, 864, 938
– bei *n* Variablen 861
– konkave 857
– konvexe 857
Lagrangefunktion 931
Lagrange-Multiplikator 837, 864, 931, 938
– Interpretation 868
– Methode 839
– ökonomische Interpretation 845
Lagrange'sche Restgliedformel 406
Lagrange-Theorem 854
Länge eines Vektors 564
Länge eines Vektors 819
Laspeyres, Preisindex 93
Leere Menge 31
Leontief-Matrix 616
Leontief-Modell 613
Leontief-System 616
$\lim_{x\to x_0} f(x)$ 231
Line segment 681
Lineare Abhängigkeit 914, 920
Lineare Algebra 524
Lineare Approximation 300, 741
Lineare Funktion 146
Lineare Gleichung 113, 146
– grafische Lösung 149
Lineare Programmierung 878
Lineare Regression 394, 566, 810
Lineare Ungleichungen, geometrische Darstellung 150
Lineares 2×2-Gleichungssystem 127, 129
Lineares Gleichungssystem 527, 609
– homogenes 611
– in Matrizenform 539
– Koeffizienten 528
– konsistentes 528
– konstante Terme 528
– Lösung 528
– rechte Seiten 528
Lineares Modell 153, 806
Linearkombination von Vektoren 533
Linksseitige Ableitung 332
Linksseitiger Grenzwert 327
Logarithmisches Differenzieren 278
Logarithmus zur Basis *a* 184
– Rechenregeln 185
Logarithmus, natürlicher 181
Logarithmusfunktion 274
– Ableitung 275
– Eigenschaften 277
– natürliche 184, 274
Logik 38
Logische Äquivalenz 40
Logistische Funktion 508
Logistisches Wachstum 508
Log-lineare Funktion 668
Lokale Bedingungen zweiter Ordnung
– unter Nebenbedingung 858
Lokale Extrema 414
Lokale Extremstelle 414, 800

Lokale Maximumstelle 800
– strikte 802
Lokale Minimumstelle, strikte 802
Lokaler Extremwert 414
Lokaler Maximumwert 414, 800
Lokaler Minimumwert 414
Lokales Maximum 389, 413, 414, 789
Lokales Minimum 389, 413, 414
Lösung
– eines linearen Gleichungssystems 528
Lösung
– der allgemeinen Gleichung *n*-ter Ordnung 168
LP
– unbeschränkt 893
– unzulässig 893
LP-Problem 878
– allgemeines 883
– duales 886
– primäres 888
– Zielfunktion 883

M

Makroökonomisches Modell 114, 292, 586, 758
Malthus-Gesetz 505
Marktanteilsvektor 538
Mathematische Induktion 46
Matrix 524
– Adjunkte 606
– Einheits- 544
– Eintrag 524
– Element 524
– Hadamard-Produkt 536
– idempotente 548
– inverse 545, 599
– Multiplikation mit Skalar 530
  – Regeln 531
– nichtsinguläre 600
– obere Dreiecks- 554
– Ordnung 525
– orthogonal 628
– orthogonale 552
– Potenzen 543
– quadratische 525
– singuläre 600
– Summe 530
– symmetrische 551
– transponierte 549
Matrizenaddition 530
Matrizenaddition, Regeln 531
Matrizenmultiplikation
– Regeln 541
Matrizenoperationen 524
Matrizenprodukt 537
Maxima und Minima, Rezept zum Auffinden 815
Maximalgewinnfunktion 828
Maximierung unter Nebenbedingung 836
Maximum
– einer Funktion
  – von zwei Variablen 788
– lokales 389, 413, 789
Maximum oder Minimum
– Test der ersten Ableitung 390, 415
– Test der zweiten Ableitung 417
Maximum und Minimum einer quadratischen Funktion 158
Maximum, lokales 414
Maximumstelle 386, 390, 400, 790, 819
– lokale 800
– strikte 387
Maximumwert 386
Maximumwert, lokaler 414, 800
Mehrkosten 242
Menge 30
– abgeschlossen 688
– beschränkte 815
– das Innere einer Menge 819
– Element 30
– kompakte 815
– Mitglied 30
– offen 688
– unendliche 36
Mengenlehre
– Cantor 36
Methode der Lagrange-Multiplikatoren 836, 861
Minimum 789
– lokales 389, 413
Minimum, lokales 414
Minimumstelle 386, 390, 400, 819
– strikte 387
Minimumwert 386
Minimumwert, lokaler 414

Minor 596
Mittel
– arithmetisches 95, 669
– geometrisches 669
– harmonisches 669
Mittelpunkt
– einer Kugel 666
– eines Kreises 216
Mittelpunktkonkav 366
Mittelpunktkonvex 366
Mittelwert 95, 566
Mittelwertsatz 404
Mittlere quadratische Abweichung 96
Mittlerer quadratischer Fehler 566
Mittleres Einkommen 446
Monopolist, diskriminierender 806
Monopolistenproblem 160
Monopsonist, diskriminierender 809
Monoton fallende Funktion 140, 237
Monoton wachsende Funktion 140, 237, 405
Monotone Transformation 823
Multiples Integral 784
Multivariate Optimierung 788

N

Nachfragefunktion 448
Nachschüssige Annuität 495
Natürliche Exponentialfunktion 178, 270
Natürliche Logarithmusfunktion 184
– Eigenschaften 277
Natürliche Zahl 52
Natürlicher Logarithmus 181
– Rechenregeln 182
n-dimensionaler Raum 562
Nebenbedingung
– in Ungleichheitsform 930
– lineare 879
Negative Korrelation 566
Negative Zahl 78
Nenner 67
– kleinster gemeinsamer 69
Newton 472
Newton, Binomische Formel 98
Newton-Leibniz-Integral 441
Newton-Quotient 230, 332
Newton-Verfahren 338
Nichtfallende Funktion 140
Nichtlineare Gleichung 122
Nichtlineare Programmierung 929
Nichtnegativitätsbedingung 879
Nichtnegativitätsbedingungen 946
Nichtsinguläre Matrix 600
Norm eines Vektors 564, 819
Normale 570
Normalverteilung 466
– Dichtefunktion der Standard- 180
Notwendige Bedingung 41
– erster Ordnung 789
Notwenige Bedingung 41
Notwenige und hinreichende Bedingung 41
Nullmatrix 531
Nullstelle
– einer Funktion 337
Nullstellen
– eines Polynoms 168
Nullstellenbestimmung 338

O

Obere Dreiecksmatrix 554, 588
Offene Aussage 39
Offene Menge 688, 819
Oktant 562
Optimalstelle 386, 387
Optimalwert 387
Optimalwertfunktion 825, 845
Optimierungsproblem 386
Ordinatenmenge 772
Ordnung
– der Ableitung 269
– einer Determinante 577
– einer Matrix 525
– einer quadratischen Matrix 525
Orthgonale Matrix 628
Orthogonale Matrix 552
Orthogonale Vektoren 565
Orthogonalität 565
– in Ökonometrie 566

P

Paasche, Preisindex 93
Parabel 157
– Scheitelpunkt 157
Paraboloid 659
Parallelogramm-Gesetz, Summe von Vektoren 560

Parameter 114
Pareto-Einkommensverteilung 253
Pareto-Verteilung 446
Partialbrucherweiterung 459
Partielle Ableitung 651, 673
– Definition 653, 676
– erster Ordnung 654, 674
– gemischte 655
– höherer Ordnung 654
– Notationen 652
– zweiter Ordnung 654, 674
  – direkte 674
  – gemischte 674
Partielle Ableitungen und Differential 752
Partielle Elastizität 697
– einer homogenen Funktion 736
Partielle Integration 451
– für bestimmte Integrale 454
Pascal, B. 99
Periodische Zinsrate 472
Pivotelement 909
Pivotspalte 909
Polynom 166
– allgemeines vom Grad *n* 166
– Koeffizienten 166
– *n*-ten Grades 168
  – Graph 168
– Nullstellen 168
Polynom-Division 170
– mit Rest 171
Polynomdivision 459
Polynomiale Approximation 306
Positive Korrelation 566
Positive Zahl 78
Potenz
– Basis 55
– Exponent 55
– ganzzahlige 55
– gebrochener Exponent 73
– negativer Exponent 56
– Rechenregeln 56
– von Matrizen 543
Potenzfunktion 81, 174, 279
– Graph 174
Potenzregel
– der Differentiation 252
pq-Formel 119
Preiselastizität der Nachfrage 697
Preisindex von Laspeyres 93
Preisindex von Paasche 93
Preisindizes 93
Produkt von Funktionen 201
Produktionsfunktion 381, 648, 736
Produktregel der Differentiation 256, 451
Produzentenrente 448, 449
Prozentrechnung 58
Punktnotation für Differentiation 240
Punktprodukt 533
Punkt-Steigungsformel einer Geraden 148
Pyramide 957
Pythagoras, Satz 215, 565, 958

Q

Quader 956
Quadrat, vollständiges 118
Quadratische Approximation 306
Quadratische Ergänzung 118
Quadratische Funktion 157
– Faktorenzerlegung 120
– Maximum 158
– Minimum 158
Quadratische Gleichung
– Lösungen 119
– Wurzeln 120
Quadratische Identitäten 63, 65
Quadratische Matrix 525
– Hauptdiagonale 525
Quadratische Zielfunktion 806
Quadratwurzel 39, 73
Quotient
– einer geometrischen Reihe 482
– von Funktionen 201
Quotientenregel der Differentiation 258

R

Radius
– einer Kugel 666
– eines Kreises 216
Randpunkt 688, 819
Rationale Funktion 171
– echte 172
– unechte 172
Rationale Zahl 53

Raum
– 2-dimensionaler 561
– dreidimensionaler 561
Rechte Seiten eines linearen Gleichungssystems 528
Rechtsseitiger Grenzwert 327
Rechtwinkliges Koordinatensystem 142
Reduzierte Form
– des strukurellen Gleichungssystems 765
– eines Gleichungssystems 115
Reelle Gerade 54
Reelle Zahl 54
Regel
– für inneres Produkt 534
– von L'Hôspital 344
  – erweiterte Version 346
– von Sarrus 585
Regressionskoeffizient 566
Reihe
– allgemeine unendliche 485
Reihe, geometrische 481
Relative Änderungsrate 708
Restglied, Lagrange-Form 310
Restglied-Theorem 167
Richtung 743
Richtungsableitung 743
Riemann-Integral 441
Riemann-integrierbar 441
Riemann-Summe 441
R-integrierbar 441
$\mathbb{R}^n$ 562
Roys Identität 871
Rückwärtseinsetzen 553

S

Sarrus
– Regel von 585
Sattelpunkt 789
Sattelstelle 800
Satz des Pythagoras 215, 565, 958
Schattenpreis 845, 868, 896, 898
Scheitelpunkt einer Parabel 157
Schlupf 905
Schlupfvariable 905, 908, 911
Sekante 230
Shephards Lemma 872
Simplexmethode 905
– Sensitivitätsanalyse 922
Simplex-Verfahren 878
Singuläre Matrix 600
Skalarprodukt 533
Skalenertrag 736
– durchschnittlicher 736
– konstanter 736
Spalten einer Matrix 524
Spaltenvektor 525, 532
Spektraltheorem 629
Spur 622
Standardnormalverteilung, Dichtefunktion 180
Stationäre Stelle 388, 789
Stationärer Zustand 502
Steigung
– der Sekante 230
– der Tangente 228
– einer Geraden 146, 147, 228
Steigung einer Kurve 228
Steilheit eines Graphen 228
Stetig differenzierbar 676, 745
Stetige Funktion 318
– Eigenschaften 321
Stetige Funktion von nVariablen 670
Stetige Verzinsung 476
– effektiver Zinssatz 477
Stetiger Einkommensstrom; Barwert 491
Stetigkeit 318, 331, 670
– Definition 319
– einseitige 328
– von links 328
– von rechts 328
Strahlensatz 958
Strik konvexe Funktion 692
Strikt konkave Funktion 362, 685, 689, 690, 692
Strikt konvexe Funktion 362, 685, 689, 690
Strikt mononoton wachsende Funktion 237
Strikt monoton fallende Funktion 237
Strikte lokale Maximumstelle 800, 802
Strikte lokale Minimumstelle 802
Strukturelle Form eines Gleichungssystems 115
Strukturelle Gleichungen 764
Strukurelles Gleichungssystem, reduzierte Form 765

Stückgewinn 617
Subgradient 371
Subgradientenvektor 747
Substitutionselastizität 727
– konstante 728
Substitutionsmethode der Integralrechnung 456
Summation, Additivität 94
Summation, Homogenität 94
Summationsgrenzen 91
Summationsindex 91
Summationssymbol 90
Summe
– Doppel- 102
– von Funktionen 200
– von Matrizen 530
– von Vektoren 532
  – Parallelogramm 560
Summen
– Regeln 94
Summenformel
– endliche geometrische Reihe 482
– unendliche geometrische Reihe 483
Summennotation 90
Summenregel der Differentiation 254
Summenzeichen 90
Supergradient 371
Supergradientenvektor 747
Sylvesters Kriterium 637
Symmetrie von Funktionen 203
Symmetrische Funktion 203
Symmetrische Matrix 551
System von Gleichungen 129

T

Tangente 228
– Definition 231
– Gleichung 231
– Steigung 228
Tangentialebene 746
Taylor-Approximation 308
– Restglied 310
  – Lagrange-Form 310
Taylor-Formel 310
Taylor-Polynom 308
Teilmenge 32
Test der ersten Ableitung 390, 415
Test der zweiten Ableitung 417
Tetraeder 957
Tinbergen-Regel 756
Totale Ableitung 707
Transformation 221
– monotone 823
Transponieren einer Matrix, Regeln 550
Transponierte
– einer Matrix 549
Treppenstufenform 554
Tucker, A.W. 930

U

Übergangsmatrix 539
Umkehrbar eindeutige Funktion 205, 221
Unabhängige Variable 136
Unabhängige Variablen 646
Unbestimmte Form 344
Unbestimmtes Integral 424
– der Exponentialfunktion 426
– einer Potenzfunktion 426
Uneigentliches Integral 461
Unendlich ∞ 83
Unendliche Folge 341
Ungerade Zahl 52
Ungleichung 78
– Doppel- 80
– Regeln 79
– schwach 79
– strikte 79
Unstetige Funktion 318
Unstetigkeit 320
Untere Dreiecksmatrix 588
Unzulässig 893

V

Variable
– abhängige 136
– endogene 764
– exogene 764
– frei wählbare 756
– unabhängige 136
Varianz 395, 566
Vektor 532, 667
– Differenz 533
– Dimension 525
– geometrischer 559
– inneres Produkt 533
– Länge 564, 819
– Linearkombination 533

- Marktanteils- 538
- Multiplikation mit Skalar 533
- Norm 564, 819
- orthogonale 565
- Spalten- 525, 532
- Summe von 532
  - Parallelogramm 560
- Zeilen- 525, 532

Vektoroperationen 532, 560
Venn, J. 34
Venn-Diagramm 34
Verbraucher-Nachfragefunktion 863
Verdopplungszeit 185
Vereinigung von Mengen 33
Verkettete Funktion 202, 706
- Ableitung 265
- Ableitung höherer Ordnung 709
- äußere Funktion einer 202
- innere Funktion einer 202

Verkettung von Funktionen 202
Verlustfunktion 566
- quadratische 395

Verteilungsfunktion, kumulative 445
Vertikale Gerade, Test 212
Verzinsung, stetige 476
Viele zu Eins 221
Vollständige Induktion 46
Vollständige Korrelation 566
Vollständiges Quadrat 118
Vorschüssige Annuität 495
Vorzeichen-Diagramm 87
Vorzeichenregel 587

W

Wachstum
- exponentielles 505
- gegen Schranke 506
- logistisches 508

Wachstumsfaktor 59
Wachstumsrate
- pro Kopf 505

Wechsel der Variablen 456
Wendestelle 389, 417
- Definition 379
- notwendige Bedingung 380

Wertebereich 221
- einer Funktion 136, 139, 647

Winkel 957
- zwischen zwei Vektoren 565

Winkelsumme, im Dreieck 958
Wurzel
- der allgemeinen Gleichung n-ter Ordnung 168
- der quadratischen Gleichung 120
- kubische 74
- n-te 74

Y

Y-Achsenabschnitt 146
Youngs Theorem 675

Z

Zahlengerade 52
Zähler 67
Zeilen einer Matrix 524
Zeilenvektor 525, 532
Ziel einer Funktion 220
Zielfunktion
- lineare 879

Zielfunktion, quadratische 806
Ziffer 53
Zins 472
- jährliche Rate 472
- nominale Rate 472
- periodische Rate 472

Zinsen 58
Zinseszinsen 58, 177
Zinsperiode 472
Zinsrate
- effektive 474

Zinssatz
- effektiver 477

Zukünftiger diskontierter Wert 491
Zukünftiger Wert 489
Zulässige Menge 930
Zulässiger Vektor, in LP 883
Zuwachs einer Funktion 750
Zwei-Punkte-Formel einer Geraden 149
Zweite Ableitung 267
Zwischenwertsatz 336, 342